Großkommentare der Praxis

Großkommentare der Praxis

Handelsgesetzbuch

Großkommentar

Begründet von Hermann Staub

4., neubearbeitete Auflage

herausgegeben von

Claus-Wilhelm Canaris
Wolfgang Schilling †
Peter Ulmer

Siebenter Band, 1. Teilband
§§ 425–452
(mit Versicherungen, SVS/RVS 1989, GüKG, KVO,
AGNB, ADSp, SchwergutBed., GüKUMT,
spartenübergr. Transp.)

Bearbeiter:
Johann Georg Helm
Sachregister: Volker Kluge

De Gruyter Recht · Berlin

Erscheinungsdaten der Lieferungen:

§§ 425–452 (mit Versicherungen, SVS/RVS 1989, GüKG, KVO, AGNB, ADSp, Schwergut-
Bed., GüKUMT, spartenübergr. Transp.)　　　(15. Lieferung):　　Dezember 1993
Sachregister　　　　　　　　　　　　　　　　(22. Lieferung):　　Juni 2004

Zitiervorschlag z. B.: *Helm* in Großkomm. HGB, § 430 Rdn. 53

Register: Rechtsanwalt Dr. Dr. *Volker Kluge*, Berlin

ISBN 3-89949-120-3

Bibliografische Information Der Deutschen Bibliothek

Die Deutsche Bibliothek verzeichnet diese Publikation in der Deutschen National-
bibliografie; detaillierte bibliografische Daten sind im Internet über http://dnb.ddb.de
abrufbar.

© Copyright 2004 by De Gruyter Rechtswissenschaften Verlags-GmbH, D-10785 Berlin

Dieses Werk einschließlich aller seiner Teile ist urheberrechtlich geschützt. Jede Verwertung außerhalb der engen Grenzen des Urheberrechtsgesetzes ist ohne Zustimmung des Verlages unzulässig
und strafbar. Das gilt insbesondere für Vervielfältigungen, Übersetzungen, Mikroverfilmungen und
die Einspeicherung und Verarbeitung in elektronischen Systemen.

Datenkonvertierung/Satz: WERKSATZ Schmidt & Schulz, 06773 Gräfenhainichen
Druck: Druckerei H. Heenemann GmbH, 12103 Berlin
Bindearbeiten: Lüderitz & Bauer GmbH, 10963 Berlin
Printed in Germany

Bearbeiter der 4. Auflage:

Dr. *Dieter Brüggemann* (†), Ministerialrat a. D., Celle

Professor Dr. Dr. h.c. mult. *Claus-Wilhelm Canaris*, München

Professor Dr. *Gerhard Dannecker*, Bayreuth

Professor Dr. *Mathias Habersack*, Mainz

Professor Dr. *Johann Georg Helm* (†), Königstein

Professor Dr. Dr. h. c. *Peter Hommelhoff*, Heidelberg

Professor Dr. *Uwe Hüffer*, Bochum

Professor Dr. *Rainer Hüttemann*, Osnabrück

Professor Dr. *Detlev Joost*, Hamburg

Professor Dr. *Peter Kindler*, Bochum

Professor Dr. *Detlef Kleindiek*, Bielefeld

Professor Dr. *Ingo Koller*, Regensburg

Professor Dr. Dr. h. c. Dr. h. c. *Horst Konzen*, Mainz
   (unter Mitarbeit von Dr. *Christoph Weber*, Mainz)

Dr. *Ernst Thomas Kraft*, Rechtsanwalt, Wirtschaftsprüfer und Steuerberater, Frankfurt/Main

Professor Dr. *Wolfgang Schilling* (†), Rechtsanwalt, Mannheim

Professor Dr. Dr. h.c. mult. *Peter Ulmer*, Heidelberg

Professor Dr. *Daniel Zimmer*, LL.M., Bonn

Dr. *Jürg Zutt*, Rechtsanwalt, Mannheim

Inhaltsübersicht

DRITTES BUCH

Handelsgeschäfte

Sechster Abschnitt. Frachtgeschäft §§ 425–452

Anhang I nach § 429
    Transportbezogene Versicherungen
Anhang II nach § 429
    Speditions- und Rollfuhrversicherungsschein (SVS/RVS 1989)

Anhang I nach § 452
    Güterkraftverkehrsgesetz (GüKG)
Anhang II nach § 452
    Kraftverkehrsordnung (KVO) für den Güterfernverkehr mit Kraftfahrzeugen
Anhang III/1 nach § 452
    Allgemeine Beförderungsbedingungen für den gewerblichen Güternahverkehr mit Kraftfahrzeugen (AGNB)
Anhang III/2 nach § 452
    Änderungen der Allgemeinen Deutschen Spediteurbedingungen (ADSp)
Anhang III/3 nach § 452
    Schwergutbedingungen
Anhang IV nach § 452
    Beförderung von Umzugsgut und Handelsmöbeln (GüKUMT)
Anhang V nach § 452
    Spartenübergreifende Transporte

Sachregister

Heid & Partner
STEUERBERATER WIRTSCHAFTSPRÜFER RECHTSANWÄLTE
36037 FULDA, LINDENSTRASSE 28
TELEFON (06 61) 83 04 - 00
Städtische Sparkasse Fulda
Kto.-Nr. 028 - 621

Sechster Abschnitt

Frachtgeschäft

§ 425

Frachtführer ist, wer es gewerbsmäßig übernimmt, die Beförderung von Gütern zu Lande oder auf Flüssen oder sonstigen Binnengewässern auszuführen.

Übersicht

		Rdn.
A.	Das auf Frachtverträge anzuwendende Recht	1
I.	Anwendungsbereiche und Bedeutung des HGB-Landfrachtrechts	1
II.	Überblick über das Frachtrecht aller Sparten	3
1.	Allgemeines	3
a)	Unterscheidung nach den verwendeten Verkehrsmitteln	4
b)	Vertragliche Vereinbarungen über Beförderungsmittel	6
aa)	Fest vereinbartes Beförderungsmittel	6
bb)	Multimodale Beförderung	7
cc)	Unbestimmtes Beförderungsmittel	8
dd)	Ersetzungsbefugnis hinsichtlich des Beförderungsmittels	9
ee)	Fixkostenspedition, Sammelladungsspedition, Selbsteintritt des Spediteurs	10
c)	Anwendbares Recht beim Einsatz nicht vereinbarter Arten von Transportmitteln	11
d)	Unterscheidung nach der Internationalität der Beförderung	12
e)	Ergänzend zu internationalem Einheitsrecht anwendbares deutsches Recht	13
f)	Sonderbestimmungen für bestimmte Arten beförderter Güter	14
aa)	Abfall	14
bb)	Chemikalien	15
cc)	Gefahrgut	16
dd)	Lebensmittel	19
ee)	Leichen	20
ff)	Kriegswaffen	21
gg)	Nukleares Material	22
hh)	Schwergut	23
ii)	Tiere	24
jj)	Verpackungen	25
2.	Sonderordnungen zum Landfrachtrecht	26
a)	Beförderung mit anderen Transportmitteln als Kraftfahrzeugen	27
b)	Grenzüberschreitender Kraftverkehr	28
c)	Innerdeutsches Kraftfahrzeug-Transportrecht	29
aa)	Umzugsgut, Handelsmöbel	33
bb)	Beförderung im Güterfernverkehr durch gewerbliche Unternehmer	34
cc)	Beförderung im innerdeutschen Güternahverkehr durch gewerbliche Unternehmer	35
aaa)	Allgemeine Deutsche Spediteurbedingungen (ADSp)	36
bbb)	AGNB	37
ccc)	Schwergutbedingungen	38
ddd)	Lokale und spezielle Geschäftsbedingungen	39
eee)	mehrere Bedingungen gleichzeitig	40
dd)	Beförderung von Gütern auf der Straße durch die Eisenbahn	41
ee)	Paketbeförderung	42
ff)	Kurierdienste	46

Johann Georg Helm

§ 425

Drittes Buch. Handelsgeschäfte

	Rdn.
gg) Beförderung von Luftfrachtgütern auf der Straße	47
3. Regelungen außerhalb des Landfrachtrechts	48
a) Eisenbahnfrachtrecht	48
aa) Grenzüberschreitender Verkehr	48
bb) Innerstaatlicher Bereich	49
b) Seefrachtrecht	50
c) Frachtrecht der Binnenschiffahrt	53
d) Luftfrachtrecht	54
4. Multimodale (kombinierte) Transporte und Frachtverträge mit unbestimmtem oder vertragswidrigem Beförderungsmittel	55
III. Internationales Einheitsrecht, EG-Recht, Internationales Privatrecht	56
1. Internationales Einheitsrecht	56
2. Europäisches Gemeinschaftsrecht	57
3. Internationales Privatrecht (Kollisionsrecht)	58
a) Deutsches Kollisionsrecht	58
b) Innerdeutsches Kollisionsrecht	61
c) Kabotage	62
B. Begriff des Frachtführers und des Frachtvertrages	63
I. Allgemeines	63
II. Die am Frachtvertrag beteiligten Personen. Terminologie	66
1. Der Frachtführer (Unternehmer)	66
2. Der Absender	68
3. Der Empfänger	70
a) Begriff und Bestimmung des Empfängers	70
b) Bedeutung der Rechtsfigur des Empfängers	73
III. Definition und Abgrenzung des Frachtvertrages	74
1. Die Definitionsmerkmale des § 425	74
a) Beförderung	74
aa) Ortsveränderung	74
bb) Beförderungserfolg als Leistungsgegenstand	75
cc) Sonderfall: Abfallbeseitigung	76
dd) Beförderungsmittel	78
ee) Beförderung als Hauptpflicht	79
b) Güter	80
c) Übernahme der Beförderung	82
d) Zu Lande oder auf Binnengewässern	85
e) Übernahme der Obhut	86
f) Gewerbsmäßigkeit	89

	Rdn.
2. Abgrenzung von anderen Vertragstypen	90
a) Speditionsvertrag	90
b) Miete von Beförderungsmitteln	91
c) Lohnfuhrvertrag, Dienstvertrag usw.	94
d) Schleppvertrag	95
e) Lagervertrag	97
f) Unentgeltliche Verträge	98
g) Beförderung als Nebenpflicht; gemischte Verträge	99
h) Kaufvertrag als Tarifumgehung	100
i) Gepäcktransport bei Personenbeförderung	101
IV. Die Rechtsnatur des Frachtvertrages	102
1. Werkvertrag	102
2. Geschäftsbesorgungsvertrag	103
3. Vertrag zugunsten Dritter	104
4. Gemischter Vertrag	106
V. Besondere Formen des Frachtvertrages	107
1. Unterfrachtvertrag, Zwischenfrachtvertrag, Teilfrachtvertrag	107
2. Dauerfrachtverträge und Rahmenverträge	108
C. Abschluß und Beendigung des Frachtvertrages	102
I. Abschluß	112
1. Abschlußfreiheit und Abschlußzwang	112
2. Formfreier Konsensualvertrag	113
3. Schweigen, konkludentes Handeln	116
4. Nichtigkeit	119
5. Verschulden bei Vertragsschluß	120
II. Beendigung	121
1. Allgemeine Beendigungsgründe	121
2. Beendigungstatbestände nach Werkvertragsrecht	122
3. Frachtvertragliche Beendigungsgründe	124
4. Konkurs	125
5. Tod einer Partei (bzw. Auflösung als juristische Person)	127
D. Die Pflichten des Frachtführers	129
I. Hauptpflichten des Frachtführers	129
1. Beförderung	130
2. Obhut	133
3. Ablieferung	134
4. Pflicht zur Befolgung von Weisungen	135
5. Hauptpflichten bei Sondertypen des Frachtvertrages	136
II. Nebenpflichten des Frachtführers	137
1. Laden und Entladen	138
2. Lagerung	140

Stand: 1. 7. 1993

(2)

	Rdn.		Rdn.

3. Benachrichtigung, Weisungseinholung 141
4. Weiterversendung, Dritt-Einlagerung 143
5. Verzollung 144
6. Einziehung von Nachnahmen ... 145
7. Versicherungsabschluß 147
8. Mängelrüge für den Absender ... 149
9. Weitere Nebenpflichten 152

III. Leistungsstörungen 153
    1. Grundsätzliches 153
    2. Schuldnerverzug 157
       a) Schadensersatz 158
       b) Rücktritt 160
    3. Unmöglichkeit 165
    4. positive Vertragsverletzung 166
    5. Werkvertragsrecht 167

IV. Haftung 170

E. Die Rechte des Frachtführers; Pflichten des Absenders 161

I. Anspruch auf Frachtzahlung 171
    1. Der normale Frachtanspruch 171

2. Fracht für Teilstrecken, zusätzliche Beförderung, nicht ausgeführte Beförderung 177
3. Standgeld 180
   a) Allgemeines 180
   b) Anspruchsgrundlagen 181
     aa) Vereinbarte und tarifliche Standgelder 181
       aaa) Auslegung von Standgeldvereinbarungen 182
       bbb) Standgeldabreden in CMR-Frachtverträgen 183
     bb) gesetzlich normierte Standgeldansprüche 188
   c) Standgeld als Schaden 191

II. Ersatz von Aufwendungen 192

III. Nebenpflichten und Schadensersatz des Absenders 194
    1. Laden und Verpacken 195
    2. Pflichten im Informationsbereich . 198
    3. Gefahrgut 199

IV. Sicherungsrechte 200

Alphabetische Übersicht

Abfall 14, 76 f, 81, 100, 136
Abholung 90, 143
Ablieferung 143, 176
Ablieferungsanspruch 134
Ablieferungshindernis 163–165
Ablieferungspflicht 156
Abnahme im werkvertraglichen Sinne 176
Abschleppen 96
Absender 17
– als Frachtschuldner 171
– als Vertragspartner 68
– Begriff 69
– Bestimmung 69
– Pflichten 171–175
ADNR 16
ADR 16
Adreßspediteur 145
ADSp 36, 44 f
AGB 39
– Inhaltskontrolle 44
– mehrere gleichzeitig 40
AGNB 37
Annahme 87
Annahmeverweigerung 176
Anwendungsbereich des Landfrachtrechts 1
Arten beförderter Güter 14
Atom- und Strahlenschutzrecht 22
Auftraggeber 68
Aufwendungsersatz 185, 192 f

Bare-boat-charter 92
Bedeutung des HGB-Landfrachtrechts 1, 2
Beförderer 67
Beförderung
– als Hauptpflicht 79, 82, 130, 131
– als Nebenpflicht 99
– auf Binnengewässern 84, 85
– Definitionsmerkmal 74
– durch Unterfrachtführer 83
– Leistungsgegenstand 75
– mit anderen Transportmitteln als Kraftfahrzeugen 27
– von Containern 96
– von Gütern 80
– von Luftfrachtgütern auf der Straße 47
– von Personen 80
– von Trailern 96
– zu Lande 84, 85
Beförderungshindernis 161–165
Beförderungsmittel 4, 6, 8, 131
– als Kriterium für Sonderordnung 77
– Änderung 9
– bestimmtes 9
– tatsächliches 6
– unbestimmtes 8, 55
– vereinbartes 6
– vertragswidriges 11, 55
Beförderungspflicht 91
Beförderungsweg 131

§ 425 Drittes Buch. Handelsgeschäfte

Beförderungszeit 131
Befrachter 68
Belüftung 152
Benachrichtigung 141 f
Bewachung 137, 152
Binnenschiffahrtsfrachtrecht 2, 52, 53, 85, 95
BinSchG 53
Bote 84
Bundesbahn 41

Chartervertrag 87 f, 91–94
Chemikalien 15
CMR 28, 56, 155, 184, 185
Container 152, 152b
CRTD 16

Dauerfrachtverträge 108, 109
Diebstahl 137
Dienstmann 89
Dienstverschaffungsvertrag 92, 94
Dienstvertrag 94
Distanzfracht 153, 177
Dokumentation der Beförderung 46
Dokumentenakkreditiv 151
Dritt-Einlagerung 143

EG-Recht 16, 57
Einholung von Weisungen 141
Eisenbahn 41
Eisenbahnfrachtrecht 48 f
Empfänger
– als begünstigter Dritter 104 f
– als Frachtschuldner 171
– Bedeutung 73
– Begriff 70
– Bestimmung 7–2
– Zufallsempfänger 71
Entladen 138, 139
ER/CIM 48
Ergänzend anwendbares deutsches Recht 13
Ersetzungsbefugnis 9
EVO 49

Fälligkeit 159
Fälligkeit des Frachtanspruchs 176
Fautfracht 153
Fix-Transportgeschäft 165
Fixkostenspedition 10
Fracht 171
Fracht für Teilstrecken 177
Frachtanspruch 171–180
Frachtbrief 171
Frachtcharter 93
Frachtführer
– Begriff 63
– Kaufmann 65
Frachtführerpfandrecht 200
Frachtminderung 168 f
Frachtrechtliche Verfügungen 178 f
Frachtvertrag
– Abgrenzung 74
– Abgrenzung zum Speditionsvertrag 82, 90

– Abgrenzung zur Miete 91
– Abschluß 112–117
– Abschluß durch konkludentes Handeln 117
– Abschluß durch Schweigen 116 f
– als gemischter Vertrag 106
– als Geschäftsbesorgungsvertrag 103, 132, 192
– als Vertrag zugunsten Dritter 104, 105
– Beendigung 121–128
– Beförderung als Abgrenzung zum Lagervertrag 97
– Begriff 63–66
– besondere Formen 107
– Definition 74, 88
– Beförderung durch Boten 84
– Konsensualvertrag 113 f
– Nichtigkeit 119
– Ortsveränderung 74
– Realvertrag 87, 113 f
– Rechtsnatur 102
– Werkvertrag 156
FreistellungsVO GüKG 14 f, 22, 24, 30, 77, 81

Gefahrgut 16–18, 136, 199
– Ordnungswidrigkeit 18
Gelegenheitsfrachtführer 89
Gemischter Vertrag 99, 106
Gepäckträger 89
Gepäcktransport bei Personenbeförderung 101
Gerichtsstandswahl 58
Geschäftsbesorgungsvertrag 103, 132
Gewerbsmäßigkeit 34, 35, 89
GGVS 16
GGVSee 16
Grenzüberschreitende Transporte 12
Grenzüberschreitender Kraftverkehr 28
Grobe Fahrlässigkeit 158
GüKG 31, 32
GüKUMT 33
Gut, Begriff 81
Güter 81
Güterfernverkehr 30, 41
Güternahverkehr 35, 37
Güterschadenshaftung 137
Güterversicherung 147

Haftpflichtversicherung 147
Haftung des Frachtführers 170
Haftungsbegrenzung 168
Handelsmöbel 33
Hauptfrachtführer 69
Hauptpflichten des Frachtführers 129–136

IMDG-Code 16
Informationspflichten 198
Innerdeutscher Kraftverkehr 29
Interessenwahrnehmungspflicht 149 f
Internationale Zuständigkeit 111
Internationales Einheitsrecht 12 f, 56, 155
Internationales Privatrecht 13, 56
Kabotage 16, 62
Kaufvertrag 100

Stand: 1. 7. 1993

Kollisionsrecht 13
– allgemein 56
– ausländisches Recht 59
– deutsches 58
– engster Sachzusammenhang 60
– innerdeutsches 61
– Kabotage 62
– Rechtswahl 58, 60
– zwingendes Recht 59
Konkurs des Absenders 125
Konkurs des Frachtführers 126
Kriegswaffen 21
Kühlfahrzeug 19
Kühlung 152
Kurierdienst 46
KVO 34, 42

Laden 138
Ladeschein 72
Lagerung 140
Lagervertrag
– Abgrenzung zum Frachtvertrag 97
– Nebenpflicht 97
Lebensmittel 19
Leichen 20, 28
Leistungsstörungen im Frachtvertrag 153–169
Lieferfristhaftung 157
Lohnfuhrvertrag 92, 94
Luftfrachtführer 67
Luftfrachtrecht 54
LuftVG 54

Mängelrüge für den Absender 149 f
Mietcharter 92
Miete von Beförderungsmitteln 91 f
Mitwirkungspflichten 190
Multimodaler Transport 7, 10, 55, 83

Nachforderungsansprüche 175
Nachnahme 145, 146, 192
Nebenabreden zur KVO 30
Nebenpflichten des Absenders 185, 194–199
Nebenpflichten des Frachtführers 137–152
Nichtkaufmännische Kunden 45
Nukleartransporte 22

Obhut 96, 156
– als Definitionsmerkmal 88
– Übernahme 86, 87
Obhutshaftung 165
Obhutspflicht 80, 137, 156
Öffentlichrechtliche Pflichten 136
Ordre public 59
Organisationsverschulden 46
Ortsveränderung 74
Ortsveränderung als geschuldeter Erfolg 75, 102
Österreich 1

Packen 138, 196
Paketbeförderung 42–44
– Frachtvertrag 42, 43
– Speditionsvertrag 42, 43, 44
Paletten 152, 152a

Pflicht zur Befolgung von Weisungen 132, 135
Positive Vertragsverletzung 137, 166, 197

Rahmenverträge 100, 108–111, 182
Realvertrag 113 f
Rollfuhrvertrag 94
Rückerstattung der Fracht 168
Rückforderungsansprüche 175
Rückführung von Verpackungen 136
Rückladung 190
Rücktransport 118
Rücktritt 160–165, 169

Sammelladungsspedition 10
Samtfrachtführer 107
Schadensersatz des Absenders 194–196
Schiffsmiete 95
Schleppvertrag 86, 87, 95
– im Straßenverkehr 96
Schuldnerverzug 157, 159, 164, 190
Schwergut 23, 38
Seefrachtrecht 50–52
Seerechtsänderungsgesetz 51
Selbsteintritt 10
Sicherungsrechte des Frachtführers 200
Sonderordnungen, frachtrechtliche 3, 4, 8, 9, 26, 27, 158, 165
Sparten 2
Spediteur 10, 36, 115
Spediteurübernahmebescheinigung 151
Speditionsversicherung 2, 44, 147
Standgeld 180–191
Standgeldvereinbarung 181, 183, 185, 186

Tarifaufhebungsgesetz 29, 31, 35, 62, 174
Tarifrecht 31, 35, 131, 174, 187
Tarifwidrigkeit 110
Teilfracht 177
Teilfrachtführer 107
Teilfrachtvertrag 107, 143
Tiere 24
Tod des Absenders 128
Tod des Frachtführers 127
Trageumzug 84
Transportversicherung 147 f

Überblick 3
Überführung auf eigenen Rädern 84
Übernahme der Beförderung 82
Überprüfung von Papieren 17
Überweisung der Frachtzahlung auf den Empfänger 146
Umzugsgut 28, 33
Unentgeltliche Verträge 98
Unerlaubte Handlung 18, 170
Unmöglichkeit 165
Unterfrachtführer 69, 107
Unterfrachtvertrag 107
Unternehmer 65

Verfrachter 67
Verkehrsmittel 4

Verlader 17
Verlust 165
Verpackungen 25
Verpackungsmangel 196
Verschulden bei Vertragsschluß 120
Versetzen von Fahrzeugen 74
Versicherungsabschluß 147, 148
Verspätungshaftung 157, 158, 169
Vertrag zugunsten Dritter 104 f
Vertragsfreiheit 30
Verunreinigung 15
Verzollung 144
Vorsatz 158

WA 54
Wagenstellungsvertrag 154

Weisungen 135, 141
Weiterversendung 143
Werkvertrag 102, 156
Werkvertragsrecht 168, 169, 176
– Anwendung auf Frachtvertrag 96, 122, 123
Wertersatz 168
Wiegegelder 192

Zeitcharter 92
Zollauslagen 192
Zubringen 97
Zubringerdienste 5
Zuführung 143
Zurückbehaltungsrecht 200
Zwingendes Recht 109
Zwischenfrachtführer 107, 143

Schrifttum

Ältere Darstellungen des deutschen Landfrachtrechts: Grundlegend, in der Gesamtkonzeption vorzüglich, aber weitgehend überholt, ist die Darstellung von *Ernst Rundnagel* Beförderungsgeschäfte, in: Handbuch des gesamten Handelsrechts, hrsg. von Victor Ehrenberg, Bd. 5, Abt. II, Kap. 7 (Leipzig 1915) zit. „Rundnagel". Hinweise zur älteren Literatur bei *Gierke/Sandrock* Handels- und Wirtschaftsrecht, Bd. 1, 9. Aufl. (1975) S. 53 ff.

Neuere Gesamtdarstellungen: *Basedow* Der Transportvertrag, Studien zum ausländischen und internationalen Privatrecht 50, (1987), zit. „Basedow"; *Dubischar* Grundriß des gesamten Gütertransportrechts (1987), zit. „Dubischar". Die handelsrechtlichen Grundrisse enthalten nur kurze Einführungen: *Karsten Schmidt* Handelsrecht (1980) zit. „Karsten Schmidt"; *Schneider* Verkehrshaftungsversicherungen (1992); *Lenz*, Straßentransportrecht (1988), zit. „*Lenz*".

Für Österreich: *Csoklich* Einführung in das Transportrecht (Wien 1990), zit. „Csoklich"; *Jesser* Frachtführerhaftung nach der CMR – Internationaler und nationaler Straßengütertransport (Wien 1992), zit. „Jesser".

Sammelbände: *Deutsche Gesellschaft für Transportrecht*, Gütertransport und Versicherungen (1990), zit. *DGTR* Gütertransport und Versicherungen; *DGTR* Transportrecht und Allgemeine Geschäftsbedingungen (1988).

Monographien zum Haftungsrecht: Zu den Haftungsproblemen des Frachtrechts sind mehrere monographische Darstellungen vorhanden. Spartenübergreifend siehe *Helm* Haftung für Schäden an Frachtgütern, Studien zur Schadensersatzpflicht aus Frachtgeschäften und zur Konkurrenz vertraglicher und außervertraglicher Ersatzansprüche (1966) vergriffen, zit. „Helm Haftung"; zu einzelnen Haftungsordnungen teilweise spartenübergreifend: *Becker* Die Haftung der Eisenbahn nach nationalem und internationalem Frachtrecht, verkehrswiss. Forschungen (1968); *Froeb* Die Haftung für Beschaffenheitsschäden im Transportrecht (1991); *Heuer* Die Haftung des Frachtführers nach der CMR (1975), zit. „Heuer".

Internationale Standardwerke: Im internationalen Bereich ist insbesondere auf *Rodière* Droit des Transports (Transports terrestres et aériens) 2. Aufl. (Paris 1977) hinzuweisen; ferner *Rodière/ Mercadal* Droit des Transports terrestres et aériens (5. Aufl. 1990). Spartenbezogene Gesamtdarstellungen finden sich im Rahmen der „International Encyclopedia of Comparative Law", Vol. XII (Law of Transport), von der bisher erschienen sind: Ch. 1, „Introduction to Transport Law and Combined Transports" (*Rodière*, 1972); Ch. 2, „Carriage by Rail" (*Haenni*, 1973); Ch. 6, „International Air Transport" (Matte, 1982). Für eingehende Studien wird auf das Literaturverzeichnis bei *Basedow* Der Transportvertrag (1987) S. 520-556 verwiesen.

Kommentare: *Alff*, Fracht-, Lager- und Speditionsrecht 2. Aufl. (1986); *Schlegelberger*, Handelsgesetzbuch, 5. Aufl., Bd. VI (1977), bearb. von Geßler; zit. „*Schlegelberger/Geßler*[5]"; *Baumbach/Duden/Hopt* Handelsgesetzbuch, 28. Aufl. (1989), zit. „Baumbach/Duden/Hopt[28]"; *Heymann/Kötter*, Handelsgesetzbuch, 21. Aufl. (1971), zit. „Heymann/Kötter[21]"; *Heymann*, Handelsgesetzbuch Bd. 4 (1990), bearb. von *Thomas Honsell*, zit. „*Heymann/Honsell*"; *Koller*, Transportrecht² (1993), zit. „*Koller²*".

Aufsätze zum Frachtrecht: Hierzu ist auf die speziellen Angaben zu den kommentierten Vorschriften zu verweisen. Allgemein und zu §§ 425–452 siehe:

Basedow Zulässigkeit und Vertragsstatut der Kabotagetransporte, ZHR **1992** 413 ff; *Baumann* Zur rechtlichen Problematik der Paketdienste und ihrer Bedingungen, TranspR **1988** 213 ff; *Benckelberg/Beier* Empfängerhaftung nach Maßgabe des Frachtbriefs – Versender als „Vormann" im Sinne des § 442 HGB?, TranspR **1989** 351 ff; *Butzer* Die Ermittlung des Ersatzwertes für Unikate im Frachtrecht, VersR **1991** 854 ff; *Herber* Auf dem Wege zu einer Regelung der Haftung für gefährliche Güter, TranspR **1983** 5 ff; *Herber* Das Transportrecht im vereinten Deutschland, TranspR **1991** 1 ff; *Koller*, Die Inanspruchnahme des Empfängers für Beförderungskosten durch Frachtführer oder Spediteur, TranspR **1993** 41 ff; *Lenz*, Konkurrierende Verjährungsfristen im Straßengütertransportrecht ..., TranspR **1989** 396 ff; *Rabe* Drittschadensliquidation im Güterbeförderungsrecht, TranspR **1993** 1 ff; *Seltmann* Neuregelung des österreichischen Frachtrechts durch das Binnen-Güterbeförderungsgesetz, TranspR **1990** 405 ff; *Valder* Die ADSp'93: Einführung schadenverhütender Verhaltenspflichten, TranspR **1993** 81 ff; *derselbe*, Die Neufassung der ADSp zum 1. 1. 1993, Spediteur **1993** 1 ff.

Literatur zu Spezialgebieten des Frachtrechts: Zum **GüKG** siehe zu § 1 GüKG, Anh. I nach § 452; zur **KVO** siehe § 1 KVO, Anh. II nach § 452; zur **CMR** siehe zu Art. 1 CMR, Anh. VI nach § 452; zum **Möbeltransport** siehe Anh. IV nach § 452 (GüKUMT); zu den **AGNB** siehe § 1 AGNB, Anh. III/1 nach § 452; zum **Luftrecht** siehe Vorbem. zu Anh. VII § 452; zum **multimodalen Transport** siehe Anh. V nach § 452; zum **Eisenbahnfrachtrecht** siehe vor § 453; zum **Binnenschiffahrtsrecht** siehe § 425 Rdn. 53; zum **Seefrachtrecht** siehe § 425 Rdn. 50; zur **Transportversicherung** siehe § 429 Anh. I.

Fachzeitschriften: Transportrecht – Zeitschrift für das gesamte Recht der Güterbeförderung, der Spedition, der Versicherung und des Transports, der Personenbeförderung und der Reiseveranstaltung (seit 1978), zit. „TranspR"; Europäisches Transportrecht (Antwerpen seit 1966), mehrsprachig, zit. „ETR", „ETL"; Der Spediteur, Mitteilungsblatt des Bundesverbands Spedition und Lagerei, zit. „Spediteur"; Versicherungsrecht, zit. „VersR"; Deutsche Verkehrszeitung (zit. „DVZ"): praxisbezogene Informationen. Zu den zahlreichen ausländischen Fachzeitschriften siehe die Hinweise vor Art. 1 CMR, Anh. VI nach § 452.

A. Das auf Frachtverträge anzuwendende Recht
I. Anwendungsbereiche und Bedeutung des HGB-Landfrachtrechts

§§ 425–452 HGB enthalten die heute weitgehend überholte und durch Spezialbestimmungen bzw. Beförderungsbedingungen verdrängte Regelung des Landfrachtrechts. Die gesetzlichen Spezialnormen des Landfrachtrechts beziehen sich auf den Transport mit Kraftfahrzeugen. Für andere Landtransporte ist an sich noch HGB-Recht anwendbar. Dieses ist aber dispositiv und wird – z. B. durch die ADSp im Bereich der speditionellen Nahbeförderung – teilweise abbedungen. Zur Postbeförderung siehe § 452. Innerhalb ganz Deutschlands sind das Landfrachtrecht des HGB und die speziellen Normen zum Straßentransport als Bundesrecht gleichmäßig anwendbar; siehe Rdn. 61. Das HGB gilt grundsätzlich (ohne die neueren Änderungen) **auch in Österreich.** Für §§ 425 ff ist aber im Straßengüterverkehr durch den neuen § 439a HGB die CMR für anwendbar erklärt worden; das HGB gilt danach nur noch ergänzend[1]. Für die österreichische Binnenschiffahrt gilt weiterhin das deutsche BinSchG, gem. § 26 ergänzt durch das HGB ohne CMR.

Die meisten Vorschriften des HGB-Landfrachtrechts sind danach heute **nicht mehr oder nur noch sehr begrenzt (ergänzend) anwendbar,** soweit die Spezialregeln

1

2

---
[1] *Seltmann* TranspR **1990** 405 ff.

nichts aussagen bzw. nicht eingreifen². Praktische Bedeutung haben noch: § 425 (Definition des Frachtgeschäfts); § 429 (Haftung des Frachtführers, nur noch ausnahmsweise oder ergänzend anwendbar, maßgeblich auch für die Bemessung der Speditionsversicherung; siehe § 3 SVS/RVS, Anh. II nach § 415 Rdn. 3); § 430 (Haftungsbegrenzung); § 431 (Gehilfenhaftung); § 432 (Haftung beim Unterfrachtgeschäft); §§ 435, 436 (Rechtsstellung des Empfängers); §§ 440–443 (Frachtführer-Pfandrecht, in den Spezialnormen jeweils nicht besonders geregelt); § 451 (Gelegenheitsfrachtgeschäft). Fast völlig außer Anwendung sind die §§ 444–450 (Ladescheinrecht), da im Landfrachtverkehr schon seit langer Zeit keine Ladescheine mehr ausgestellt werden und im Binnenschiffahrtsrecht, für das nach § 26 BinSchG die §§ 445–450 an sich gelten, die Spezialklauseln der Verlade- und Transport- bzw. Konnossementsbedingungen vorgehen³. In keinem praktischen Fall können Vorschriften des HGB-Landfrachtrechts ohne weiteres angewandt werden. Wegen der Aufspaltung des Frachtrechts in Sparten (Land-, Eisenbahn-, Binnenschiffahrts-, See- und Luftfrachtrecht, Speditionsrecht), sowie durch die Unterteilung des Landfrachtrechts in Güternahverkehr, -fernverkehr, Möbelbeförderung und Kraftverkehr der deutschen Bundesbahn; ferner im Hinblick auf die internationalen Übereinkommen, muß in jedem Frachtrechtsfall zunächst untersucht werden, welche Normen anzuwenden sind, bevor auf das Landfrachtrecht des HGB zurückgegriffen wird.

II. Überblick über das Frachtrecht aller Sparten
1. Allgemeines

3   Im folgenden soll ein Überblick über die frachtrechtlichen Regelungen, insbesondere auch die für die einzelnen Bereiche des Rechts der Güterbeförderung maßgeblichen Sonderordnungen gegeben werden: hierbei sollen die Anwendungsbereiche in großen Zügen gegeneinander abgegrenzt werden. Einzelheiten müssen den Kommentierungen zu den betreffenden Bestimmungen entnommen werden. Die frachtrechtlichen Sonderordnungen regeln den Frachtvertrag ihrer Sparte nicht vollständig. Ergänzend anzuwenden ist daher jeweils das maßgebliche Gesetzesrecht; soweit deutsches Recht nach den Regeln des IPR anwendbar ist (siehe Rdn. 58 ff), für den Landfrachtvertrag also zunächst die §§ 425 ff HGB, das allgemeine Handelsrecht sowie das bürgerliche Recht. Die Sonderordnungen haben nicht hinsichtlich aller Normen die gleichen Anwendungsvoraussetzungen. Danach kann es vorkommen, daß z. B. für eine Haftung aus allgemeinem Schuldrecht (positiver Vertragsverletzung) die Verjährungsvorschrift einer Sonderregelung gilt; siehe als Beispiel Art. 32 CMR, Anh. VI nach § 452. Auch die Aktivlegitimation für Ansprüche aus allgemeinem Schuldrecht kann sich nach Sonderbestimmungen des Frachtrechts richten⁴. Mit den folgenden Ausführungen können daher keine generellen, auf alle Gegenstände anwendbaren Aussagen gemacht werden. Es bedarf vielmehr neben der grundsätzlichen Prüfung der Anwendbarkeit einer Sonderordnung noch der Feststellung, wie weit der Anwendungsbereich der betreffenden Bestimmung selbst ist. Mit der Erörterung der Frage, ob eine Sonderordnung, insbesondere eine bestimmte Haftungsordnung anwendbar ist⁵ kann daher allenfalls ein allgemeines Grob-

---

² Siehe hierzu BGH vom 22. 1. 1971, BGHZ 55 217, 219.
³ Siehe z. B. den Fall BGH vom 2. 7. 1973, NJW 1973 2107.
⁴ So z. B. für Ansprüche aus positiver Vertragsverletzung nach § 95 EVO; BGH vom 19. 1. 1973, VersR **1973** 350 ff; gleiches ergibt sich aus Art. 13 Abs. 1 CMR.
⁵ Siehe z. B. *Koller*² § 425 Rdn. 2; *Koller* VersR **1988** 432 ff gegen *Blaschczok* TranspR **1987** 401 ff.

schema, nicht aber eine präzise Bestimmung der jeweils anzuwendenden Einzelrechtsnormen erreicht werden.

a) Unterscheidung nach den verwendeten Verkehrsmitteln

Frachtrechtliche Sonderrechtsordnungen richten sich primär nach den für den Vertrag vorgesehenen Verkehrsmitteln. Werden ersatzweise andere Transportmittel eingesetzt, kann dies aber auch zur Anwendung des für diese geltenden Rechts führen. Dies gilt zunächst für den Fall eines vertragswidrigen Beförderungsmittels[6], kann sich aber auch aus rechtmäßigen, aber risikoverändernden Umständen ergeben. Eine feste Regel, wonach es entweder nur auf das vereinbarte oder tatsächlich benutzte Verkehrsmittel ankommen sollte, läßt sich nicht generell aufstellen[7]. 4

Zubringerdienste mit dem Kraftwagen unterliegen teilweise den Regeln, die für das hauptsächlich verwendete Beförderungsmittel gelten. Andererseits kann auch die Haftung des Landfrachtführers für Eisenbahnstrecken, bei denen die Bahn als Unterfrachtführer eingesetzt wird, dem Landfrachtrecht (KVO-CMR) unterliegen; siehe dazu § 33 c KVO Anh. II nach § 452 Rdn. 7. 5

b) Vertragliche Vereinbarungen über Beförderungsmittel
aa) Fest vereinbartes Beförderungsmittel

Ist ein Beförderungsmittel fest vereinbart, dann ist für den Transport regelmäßig die Vertragsordnung des jeweiligen Vertragstypus anzuwenden. Ist sie zwingend, kann der Beförderer zumindest den ihn belastenden Bestimmungen dieser Ordnung nicht durch ausdrückliche oder stillschweigende Abdingung entrinnen[8]. Ist die Haftungsordnung für die primär vereinbarte Beförderung dispositiv, kann der Beförderer sie durch Vertrag oder AGB frei abwählen. Dies schließt auch die Vereinbarung der Anwendung einer anderen gesetzliche Regelung anstelle der dispositiv geltenden ein[9]. Allerdings ist damit noch nichts über das eventuelle Eingreifen der für das tatsächlich eingesetzte Beförderungsmittel maßgeblichen Haftungsordnung ausgesagt[10], auch nicht für die Sanktionen, die das bürgerliche Recht oder Handelsrecht dazu vorsieht. 6

bb) Multimodale Beförderung

Verträge über multimodale Beförderungen unterstehen nach neuerer Rechtsprechung des BGH hinsichtlich ihrer einzelnen Streckenabschnitte der für das jeweilige 7

---

[6] Siehe BGH vom 17. 5. 1989, TranspR **1990** 19, 20 = VersR **1990** 331, 332; dazu Anh. V nach § 452 Rdn. 81 ff.

[7] Die generellen Ansätze von *Koller*[2] § 425 Rdn. 2; *Koller* VersR **1988** 432–439 und *Blaschczok* TranspR **1987** 401–409 können daher allenfalls teilweise überzeugen. Dies zeigt sich deutlich im Urteil BGH vom 17. 5. 1989, TranspR **1990** 19, 20 = VersR **1990** 331, 332; Zur Luftfrachtbeförderung auf der Straße siehe Anh. V nach § 452 Rdn. 69 ff.

[8] Insbesondere im grenzüberschreitenden Gütertransport auf der Straße gem. Art. 41 CMR; im innerdeutschen Güterfernverkehr auf der Straße nach § 26 GüKG; im Bereich der innerdeutschen Möbelbeförderung auf der Straße nach GüKUMT gem. §§ 26, 85 Abs. 1 GüKG; im internationalen Luftfrachtverkehr nach Art. 23 WA; im innerdeutschen Luftfrachtverkehr nach § 49 LuftVG; im Internationalen Eisenbahnfrachtrecht nach ER/CIM und im innerdeutschen Eisenbahnfrachtrecht nach EVO, Anh. I nach § 460; im Seefrachtgeschäft teilweise bei Konnossementsausstellung nach §§ 662, 663a HGB.

[9] Dies gilt für den innerdeutschen Straßentransport im Güternahverkehr und in den von der Anwendung des GüKG ausgenommenen Bereichen nach § 4 GüKG und der Freistellungsverordnung zum GüKG; siehe dort, § 4 GüKG, Anh. I nach § 452; im Binnenschiffahrtsrecht und im Seerecht außerhalb seines zwingenden Geltungsbereichs. Verwiesen wird insbesondere auch auf die CMR, Anh. VI nach § 452, in Fällen, in denen sie nach ihren eigenen Anwendungsbestimmungen nicht gilt; siehe zu Art. 1 CMR.

[10] Siehe dazu Anh. V nach § 452 Rdn. 81 ff.

Beförderungsmittel geltenden Haftungsordnung[11]. Der Gesamtkomplex ist dargestellt in Anh. V nach § 452 Rdn. 15 ff, die BGH-Rechtsprechung in Rdn. 21 ff.

cc) Unbestimmtes Beförderungsmittel

8 Verträge mit noch unbestimmtem Beförderungsmittel sind alltäglich. Insbesondere wird bei Speditionsaufträgen zu festen Kosten häufig nicht verabredet, mit welchem Beförderungsmittel der Transport ausgeführt werden soll. Dies entspricht dem speditionsrechtlichen Grundsatz der Interessewahrung[12], ist aber auch bei Kurierdiensten (siehe Rdn. 46) üblich. Für diese Art von Verträgen besteht keine sondergesetzliche Regelung. Nach welcher frachtrechtlichen Sonderordnung sie zu behandeln sind, war bisher umstritten[13]. Nunmehr hat der BGH jedoch klargestellt, daß in diesen Fällen dem Frachtführer ein Wahlrecht nach § 315 zusteht, das durch die tatsächliche Entscheidung für die Verwendung eines bestimmten Beförderungsmittels ausgeübt wird[14]. Fehlt im Beförderungsvertrag die Bestimmung des zu verwendenden Beförderungsmittels[15], so kann dies weder dazu führen, daß überhaupt kein Frachtrecht gilt, noch dazu, daß die dispositiven Normen des Landfrachtrechts als lückenfüllendes Recht eingreifen[16]. Beide Ansichten sind weder dogmatisch zu begründen, noch führen sie zu brauchbaren Ergebnissen. Mit ihrer Hilfe könnte die zwingende Wirkung der sonst anwendbaren Haftungsordnung beliebig umgangen werden. Richtig ist vielmehr die Lösung nach den allgemeinen Regeln des bürgerliches Rechts[17]. Primär ist der Vertragsinhalt durch Auslegung zu bestimmen. Im Regelfall wird die nachträgliche Bestimmung des Beförderungsmittels danach in das Ermessen des Beförderers gestellt sein[18]. Schon dies führt oft zu einem Wahlrecht des Beförderers. Mangels Wahl des Absenders bei Erteilung des Beförderungsauftrags ist anzunehmen, daß im Rahmen der §§ 675, 677 BGB dem Beförderer das Bestimmungsrecht zustehen soll. Im übrigen ist § 315 BGB **anzuwenden,** der auch auf die Bestimmung von Leistungsmodalitäten[19] anwendbar ist. Setzt der Beförderer bestimmte Beförderungsmittel für die Gesamtstrecke oder auch für Teilstrecken ein, dann liegt hierin eine Leistungsbestimmung nach § 315 BGB. In diesen Fällen ist daher das Recht des tatsächlich eingesetzten Beförderungsmittels zwischen Absender und Beförderer maßgeblich – auch bei Ausführung durch Unterfrachtführer. Ist dieses Recht zwingend, kann es zu Kollisionen zwischen den Haftungsordnungen für das vereinbarte und das tatsächlich eingesetzte Beförderungsmittel kommen; diese sind nach den für multimodale Beförderungen geltenden Regeln zu behandeln.

---

[11] BGH vom 24. 6. 1987, BGHZ **101** 172 ff = NJW **1988** 640 ff = TranspR **1987** 447, 449 = VersR **1987** 1202 ff. Nach dem (offiziösen) Leitsatz nach der Haftungsordnung für das Beförderungsmittel, bei dessen *Verwendung* der Schaden eingetreten ist.

[12] Siehe §§ 407–409 Rdn. 98.

[13] Unklar OLG Köln vom 4. 4. 1986, TranspR **1986** 432, 433: ADSp auf Vertrag mit offenem Beförderungsmittel bei Straßentransport nach CMR; OLG Hamburg vom 31. 12. 1986, TranspR **1987** 142, 144 (die nachträgliche Ausstellung eines Luftfrachtbriefs ist Vertragsänderung, durch die der Transport dem Luftfrachtrecht unterworfen wird); Urteil aufgehoben durch BGH vom 13. 4. 1989, TranspR **1989** 327, 328 = VersR **1989** 1066, 1067, der Vertragsänderung bezweifelt.

[14] BGH vom 13. 4. 1989, TranspR **1989** 327; 328 = VersR **1989** 1066, 1067; ohne Eingehen auf dieses Urteil auch BGH vom 17. 5. 1989, TranspR **1990** 19, 20 = VersR **1990** 331, 332.

[15] Klauseln zum Bestimmungsrecht des Frachtführers finden sich regelmäßig in Bedingungen für multimodale Transporte; siehe oben Rdn. 4.

[16] So aber LG Hamburg vom 2. 5. 1985, TranspR **1985** 423 mit berechtigter Ablehnung von *Blaschczok*, ebenda 427 f.

[17] Für internationale Fälle siehe zu den Regeln des deutschen Kollisionsrechts Rdn. 58 f.

[18] Siehe schon ROHG vom 11. 10. 1872, ROHG 7 305 ff (Wahl durch den Beförderer „nach dem Gebrauche des Handelsverkehrs"). Siehe zur Zulässigkeit stillschweigender Vereinbarung der nachträglichen Leistungsbestimmung statt vieler nur *Palandt/Heinrichs*[52] § 315 BGB Rdn. 1.

[19] *Söllner* in MüKo[2] § 315 BGB Rdn. 8 *Palandt/Heinrichs*[52] § 315 BGB Rdn. 2.

dd) Ersetzungsbefugnis hinsichtlich des Beförderungsmittels

9 Ist für die Beförderung ein bestimmtes Beförderungsmittel vereinbart, hat sich aber der Frachtführer den Einsatz eines anderen Beförderungsmittels vorbehalten, ist zunächst zu prüfen, ob diese Option nach der Vertragsordnung des ursprünglich vereinbarten Beförderungsmittel überhaupt zulässig ist; wenn ja, ist auf die Ausübung des Wahlrechts ebenfalls § 315 BGB anzuwenden. Zwar ist es denkbar, daß die Änderung der Leistungserbringung als im Belieben des Schuldners stehende bloße Ersetzungsbefugnis gewertet werden kann. Auf diese ist nach allgemeiner Auffassung § 263 Abs. 2 BGB nicht anzuwenden[20]; es soll sich bei der Ersetzungsbefugnis demnach nur um die zulässige Erbringung einer anderen als der geschuldeten Leistung nach § 364 Abs. 1 BGB, nicht aber um eine Änderung des Vertragsinhalts handeln[21]. Die für diese Wertung maßgebliche Rechtsprechung bezieht sich aber nicht auf Fälle, in denen der für die Anwendung zwingenden Rechts maßgebliche Vertragstypus durch die nachträgliche Ausübung der Option verändert werden kann. In diesen Fällen bewirkt die Änderung der Hauptleistung eine Änderung der sie begründenden vertraglichen Pflicht. Sie ist daher keine bloße Ersetzungsbefugnis[22]. Die Option ist dahin auszulegen, daß in diesem Fall die Bestimmung der Leistung durch eine Partei im Wege nachträglicher Änderung erfolgen soll[23]. Denn es kann nicht davon ausgegangen werden, daß die Parteien übereinstimmend wünschen, den Frachtvertrag der Herrschaft des für die Ausführungsvorgänge maßgeblichen Rechts zu entziehen. Über § 315 BGB ist daher auch in diesem Fall die für die ausgeführte Beförderung zuständige Sonderordnung anzuwenden, da es sich hier um die Anpassung des Vertrages an veränderte Umstände[24] handelt. Ist die Vereinbarung der Ersetzungsbefugnis wegen des zwingenden Charakters der für die ursprünglich vereinbarte Beförderung maßgeblichen Sonderordnung nicht zulässig, muß es bei der Anwendung des zwingenden Rechts des ursprünglich vereinbarten Beförderungsmittels bleiben. Allerdings kann die für das tatsächlich eingesetzte Beförderungsmittel geltende Sonderordnung kumulativ anzuwenden sein; siehe dazu Anh. V nach § 452 Rdn. 81 ff.

ee) Fixkostenspedition, Sammelladungsspedition, Selbsteintritt des Spediteurs

10 In den genannten Fällen der §§ 413, 412 HGB gilt für die Rechtsbeziehungen zwischen Spediteur und Versender grundsätzlich die Haftungsordnung des für die Ausführung eingesetzten Beförderungsmittels[25], bei multimodaler Beförderung jeweils das Recht der Einzelabschnitte[26]. Zwingendes Recht kann dabei nicht abbedungen werden[27].

c) Anwendbares Recht beim Einsatz nicht vereinbarter Arten von Transportmitteln

11 Problematisch ist die Frage, welche Regelung anwendbar ist, wenn die geschuldete Beförderung mit einer anderen als der ursprünglich vorgesehenen Art von Beförde-

---

[20] Soergel/Wolf[12] § 262 BGB Rdn. 16 ff.
[21] Siehe statt vieler nur Palandt/Heinrichs[52] § 364 BGB Rdn. 1.
[22] Diese ist in Ausnahmefällen vom Frachtrecht zugelassen, so z. B. in § 33 c KVO, Anh. II nach § 452; siehe dort Rdn. 7.
[23] Siehe zur Auslegungsbedürftigkeit solcher Vertragsklauseln Soergel/Wolf[12] § 262 BGB Rdn. 19; wenig aussagekräftig die häufig zitierte Entscheidung des RG vom 31. 3. 1931, RGZ **132** 9, 13 ff. Die gelegentlich zitierte Entscheidung BGH vom 23. 10. 1953, LM Nr. 6 zu § 946 BGB betrifft die Ersetzungsbefugnis des Gläubigers in einem sachenrechtlichen Problembereich.
[24] Palandt/Heinrichs[52] § 315 BGB Rdn. 2. Für Preisänderungsklauseln ist diese Auslegung unbestritten; BGH vom 4. 4. 1951, BGHZ **1** 353, 354.
[25] Siehe eingehend §§ 412, 413 HGB Rdn. 7 ff.
[26] BGH vom 24. 6. 1987, BGHZ **101** 172 ff = NJW **1988** 640 ff = TranspR **1987** 447 ff = VersR **1987** 1202 ff.
[27] Siehe §§ 412, 413 HGB Rdn. 5.

rungsmittel – etwa durch Unterfrachtführer (vgl. § 432 HGB) – ausgeführt wird. Dies ist insbesondere wegen der unterschiedlichen Ausgestaltung der Haftungsregelungen von Bedeutung. Die komplexe Fragestellung wird in Anh. V nach § 452 Rdn. 65 ff behandelt.

d) Unterscheidung nach der Internationalität der Beförderung

12 Grenzüberschreitende Transporte unterliegen in den meisten Fällen internationalem Einheitsrecht; siehe Rdn. 28. Es ist jedoch zu beachten, daß nicht der Umstand der Grenzüberschreitung als solcher maßgeblich ist, sondern jeweils die besonderen Anwendungsvoraussetzungen des betreffenden Übereinkommens. Besondere Schwierigkeiten bereitet dies bei den regionalen Übereinkommen wie der CMR und CIM; aber auch im luftrechtlichen Warschauer Abkommen (WA) wegen der sehr unterschiedlichen Mitgliedstände der einzelnen Fassungen[28]. Es kann somit die Konstellation entstehen, daß auf eine grenzüberschreitende Beförderung nicht internationales Einheitsrecht, sondern das nach den Regeln des internationalen Privatrechts maßgebliche Transportrecht der betreffenden Rechtsordnung anzuwenden ist. Insbesondere können damit internationale Lufttransporte dem Luftverkehrsgesetz und dem ergänzend anzuwendenden allgemeineren deutschen Recht, internationale Straßengüterbeförderungen dem innerdeutschen Straßenverkehrsrecht unterworfen sein. Zu letzterer siehe zu Art. 1 CMR, Anh. VI nach § 452.

e) Ergänzend zu internationalem Einheitsrecht anwendbares deutsches Recht

13 Findet internationales Einheitsrecht Anwendung, so ist zu seiner Ergänzung in erheblichem Umfang innerstaatliches nationales Recht[29] zur Ergänzung der Bestimmungen des jeweiligen internationalen Übereinkommens heranzuziehen. Welches nationale Recht und welche innerstaatlichen Normen dieses Rechts dies sind, wird durch die Bestimmungen des internationalen Privatrechts und der Festlegung der Anwendungsbereiche der staatlichen ergänzend anwendbaren Sachrechtsnormen entschieden. Auch hierzu können nur sehr allgemeine Aussagen gemacht werden. Zu diesen gehört vor allem der Grundsatz, daß die ergänzende Anwendung nationalen Rechts (also auch des Landfrachtrechts des HGB und des bürgerlichen Rechts) im Interesse der Rechtsvereinheitlichung möglichst gering gehalten werden sollte[30].

f) Sonderbestimmungen für bestimmte Arten beförderter Güter
aa) Abfall

14 Ein Sonderfall der Beförderung ist die Abfallbeförderung. Bei ihr kommt es nicht nur auf den unversehrten Transport des Gutes, sondern auch entscheidend darauf an, daß die Entsorgung nach Abfallrecht ordnungsgemäß erfolgt[31]. Diese Pflichten haben eine

---

[28] Siehe dazu *Giemulla* Warschauer Abkommen Art. 1, Rdn. 1 ff, insbesondere Rdn. 15.
[29] Übliche Terminologie. Unpraktisch, weil sprachlich schwerfällig ist der Vorschlag von *Koller*, von „unvereinheitlichtem Transportrecht" (TranspR **1987** 317 Fn. 3) oder „unvereinheitlichtem nationalem Recht" (TranspR **1989** 260) zu sprechen; ähnlich *Lieser* Ergänzung der CMR durch unvereinheitlichtes deutsches Recht (1991). Siehe *Helm* TranspR **1989** 389 Fn. 6. Siehe ferner zu Art. 1 CMR, Anh. VI nach § 452. Der Ausdruck ist auch insoweit unzweckmäßig, weil das ergänzende deutsche Recht durchaus auch durch ein anderes Übereinkommen als die CMR vereinheitlichtes Recht sein kann.
[30] Siehe hierzu die Erl. zu Art. 1 CMR, Anh. VI nach § 452.
[31] Siehe zum **Abfallrecht** insgesamt die Gesetzessammlung in BAnz **1991** Nr. 12a vom 18. 1. 1991; zu den laufenden Ergänzungen Fundstellennachweis A, der jeweils im März für den Stand des Jahresendes veröffentlicht wird; für den 31. 12. 1992 siehe BGBl I Nr. 9a vom 19. 3. 1993, Nr. 2129-15. Siehe insbesondere das Abfallgesetz, zuletzt geändert BGBl **1991** I 1161 mit ständigen Änderungen und mehreren Verordnungen; insbeson-

erhebliche praktische Relevanz für Absender und Frachtführer. Wird die gesamte Entsorgung übernommen, kann die Erfüllung der Abfallbeseitigungspflichten so wichtig sein, daß sie zu Hauptpflichten im Rahmen eines Entsorgungsvertrages werden; siehe auch Rdn. 77. Die Abfallbeförderung ist durch § 1 Nr. 9, 10 und 18 der FreistellungsVO GüKG teilweise von der Anwendung des GüKG und damit der KVO ausgenommen[32]. Sie unterliegt hinsichtlich der Verbringung des Abfalls speziellen öffentlichrechtlichen Vorschriften.

bb) Chemikalien

Chemikalien[33] sind häufig Gefahrgut; siehe dazu Rdn. 16 f. Sie werfen aber auch Probleme hinsichtlich des Transports auf, insbesondere solche ihrer Verunreinigung durch das Fahrzeug[34] oder beigeladene Güter, aber auch wegen der von ihnen ausgehenden Verunreinigungsgefahr[35]. Die Beförderung von chemikalienverschmutzter Erde ist durch § 1 Nr. 10 der FreistellungsVO GüKG von der Anwendung des GüKG und damit der KVO ausgenommen[36].

15

cc) Gefahrgut
Schrifttum

Basedow Gefährliche Ladung, RabelsZ **1984** 365 ff; *Bottke* Zur straf- und ordnungswidrigkeitsrechtlichen Verantwortung bei der Beförderung gefährlicher Güter einschließlich der Verantwortlichkeit des Gefahrgutbeauftragten, TranspR **1992** 390 ff; *International Congress on transport of dangerous goods and transfer of dangerous wastes*, Antwerpen 1991, ETR **1991** Heft 1 und 2, S. 1–10; *Braun* Rechtsfragen des Transport-Unfall-Informations- und Hilfeleistungssystems der deutschen Chemischen Industrie (1987); *Bremer* Die Haftung beim Gefahrgutransport (1992); *Busch* Grundlagen der Regelungen des Transports gefährlicher Güter, in: RKT-Handbuch Transport, Stand 11/**1987** Nr. 7320; *Deutsche Gesellschaft für Transportrecht* (Bericht), TranspR **1992** 443 f; *de la Motte*, Haftung und Versicherung beim Transport gefährlicher Güter (Privatdruck ADEKRA und Oskar Schunck KG (1989); Bericht *Deutsche Gesellschaft für Transportrecht*; *Deutsche Ver-*

---

dere die VO über das Einsammeln und Befördern sowie über die Überwachung von Abfällen und Reststoffen (Abfall- und Reststoffüberwachungs-Verordnung – AbfRestÜberwV) vom 3. 4. 1990, BGBl **1990** I 648; Abdruck bei *Hein/Eichhoff* u. a. GüKG Bd. I G 280. Siehe ferner den Richtlinienvorschlag der EG-Kommission über die zivilrechtliche Haftung für durch Abfall verursachte Schäden vom 1. 9. 1989, ABl. **1989** Nr. C 251/3, nach dem eine zwingende Haftung auch des Beförderers nach Art. 2 b, 3, 8 möglich ist; *BSL* DVZ Nr. 32 vom 17. 3. 1992 S. 8; Beitrag o. V., DVZ Nr. 16 vom 8. 2. 1992 S. 8. Zur Abfall-Verbringungs-Verordnung (EWG Nr. 259/93, Abl. **1993** Nr. L 30 vom 6. 2. 1993 S. 1), die in jedem Mitgliedstaat spätestens ab dem 6. 5. 1993 unmittelbar anzuwenden ist, siehe EuZW **1993** 235 f.
Literatur: *Hösel/Schenkel/Schnurer* Müllhandbuch (Loseblatt); *Hösel/Kumpf* Technische Vorschriften für die Abfallbeseitigung (Loseblatt). Fachzeitschrift: Müll und Abfall.
Zum **Abfallbegriff** in § 1 Nr. 9 Freistellungsverordnung zum GüKG: BGH vom 1. 2. 1990, TranspR **1990** 232 ff = VersR **1990** 677 ff; zur Rechtsnatur des Abfalltransports siehe Rdn. 76 f.

zu den Begleitpapieren § 427 Rdn. 16; zur Beseitigung und Rückführung von Verpackungen siehe Rdn. 25.
Zur Entsorgungstechnik siehe *Rinschede u. a.* Entsorgungslogistik I (1992).

[32] Siehe § 4 GüKG, Anh. I nach § 452 Rdn. 3; zum Abfallbegriff BGH vom 1. 1. 1990, TranspR 1990, 232 ff = VersR **1990** 677 ff; OLG Celle vom 3. 7. 1992, TranspR **1993** 52 f (Altpapier zur Wiederverwertung).

[33] Zum Chemikalienrecht: Fundstellennachweis A, der jeweils im März für den Stand des Jahresendes veröffentlicht wird; für den 31. 12. 1992 siehe BGBl I Nr. 9a vom 19. 3. 1993, Nr. 8053-6. Siehe *Mahlmann* Chemikalienrecht – Gesetz zum Schutz vor gefährlichen Stoffen, BAnz Nr. 148 a vom 19. 8. 1991; *Nöthlichs* Gefahrstoffe – Kommentar zum Chemikaliengesetz und zur Gefahrstoffverordnung (Losebl.). Siehe ferner Rdn. 14 und 16 f.

[34] Siehe zur Binnenschiffahrt BGH vom 26. 5. 1975, VersR **1975** 823.

[35] Siehe § 429 Rdn. 19. Zur Charter von Seeschiffen siehe OLG Hamburg vom 3. 10. 1985, TranspR **1986** 26 = VersR **1986** 911 ff. Siehe auch Rdn. 17.

[36] Siehe § 4 GüKG, Anh. I nach § 452 Rdn. 3.

§ 425 Drittes Buch. Handelsgeschäfte

kehrswissenschaftliche Gesellschaft (DVWG) Haftung bei der Beförderung gefährlicher Güter, Schriftenreihe der DVWG Nr. 76 (1983); *Durschlag* Die Rechte und Pflichten sind eindeutig abgegrenzt, DVZ Nr. 54 vom 7. 5. **1987** S. 12 f; *Feldhaus* Zur Entwicklung der Haftung beim Seetransport gefährlicher Güter (1985); *Freise* Haftung für Schäden beim Gefahrguttransport mit der Eisenbahn, IZ **1985** 112 ff; *derselbe* Verschärfung der Haftung bei Beförderung gefährlicher Güter, IZ **1983** 1 ff; *Herber* Auf dem Wege zu einer Regelung der Haftung für gefährliche Güter, TranspR **1983** 5 ff; *Hole/Busch* Internationale und nationale Vorschriften für die Beförderung gefährlicher Güter, TranspR **1986** 401 ff; *Hommel* Handbuch der gefährlichen Güter (Losebl.); *Lankes* Hinweise zur Lagerung gefährlicher Güter bei gewerblichen Lagerhaltern, Spediteur **1988** 413–424; *Lorenz* Versicherungsprobleme beim Transport gefährlicher Güter, VW **1985** 42 ff. *derselbe* Haftung beim Transport gefährlicher Güter – ein noch ungelöstes Problem, TranspR **1987** 253 ff; *Montada* Künftig mehr Risiko für Gefahrguttransporte, DVZ Nr. 130 vom 2. 11. **1982** S. 3; *Müller* Kabotageverkehre in der BRD unterliegen nicht voll der GGVS, DVZ Nr. 30 vom 12. 3. **1991** 19; *Müller* Jeder Verkehrsträger hat seine eigenen Regeln, DVZ Nr. 45 vom 14. 4. **1993** S. 39 f; *Mutz* Übereinkommen ... (CRTD), ETR **1990** 32 ff; *Pabst* Gefahrguttransport mit Binnenschiffen und Haftung – ein Problem, das gelöst werden kann, TranspR **1988** 139 ff; *Renger* Die innerstaatliche Umsetzung der CRTD, VersR **1992** 778 ff; DGTR TranspR **1992** 443; *Richter* Haftung und Versicherung beim Transport gefährlicher Güter, VW **1993** 372 ff; *Richter-Hannes* Der Schutz Dritter bei Gefahrguttransporten – UNIDROIT-Konvention von 1986, RabelsZ **1987** 357–400; *Ridder* Gefahrgut-Handbuch (Losebl. Stand 1993); *Trappe* Haftung beim Transport gefährlicher Güter im Seeverkehr, VersR **1986** 942 ff; *Visser* Aktuelle Probleme des RID, IZ **1993** 51 ff; *Wiesbauer* Aktuelle Haftungsfragen des internationalen Gefahrguttransports, IZ **1987** 73 ff; *derselbe* DVZ Nr. 114 vom 24. 9. **1983**, S. 40 ff; *Zapp* Deutschland ohne GGVS, DVZ Nr. 41/42 vom 8./10. 4. 1993.

16   Das Recht der Gefahrgutbeförderung ist heillos zersplittert[37]. Insbesondere konkurrieren völkerrechtliche Übereinkommen[38], EG-Richtlinien[39] und innerstaatliche Gesetze und Rechtsverordnungen[40], jeweils nach Beförderungssparten getrennt oder auch teilweise gemeinsam geregelt. Siehe als Grundlagen insbesondere das Europäische Übereinkommen über die internationale Beförderung gefährlicher Güter auf der Straße (**ADR**)[41]. Die Anlagen A und B zum ADR enthalten laufend ergänzte Listen gefährlicher Güter[42]. Zum ADR gibt es zahlreiche Ausnahmeverordnungen[43]. Das die Haftung verschärfende Genfer ECE-Übereinkommen über die zivilrechtliche Haftung für Scha-

---

[37] Einen umfangreichen Überblick geben *Hole/Busch* TranspR **1986** 401, 403 ff. Zum vollständigen Überblick auf neuem Stand siehe „Fundstellennachweise" A (Inland) und B (Völkerrechtl. Vereinbarungen). Die Nachweise erscheinen jeweils im März für den Stand des Jahresendes; zum 31. 12. 1992: Nachweis A, BGBl I Nr. 9a vom 19. 3. **1993**; Nachweis B, BGBl II Nr. 6a vom 25. 2. **1993**, nach Datum des Übereinkommens geordnet.

[38] **Straßenbeförderung:** Fundstellennachweise B, BGBl II Nr. 6a vom 25. 2. 1993 S. 317; A Nr. 9241-15; **Eisenbahn:** Übereinkommen COTIF und die Anlage I (RID) zur ER/CIM 1980, Anh. II nach § 460. Geltende Fassung des RID vom 1. 8. 1991, BGBl. II vom 22. 8. 1991, Anlageband. Vornehmlich zur Rechtsvergleichung siehe *DVWG* Haftung ... (1983).

[39] Eine eigene EG-Richtlinie wird diskutiert; mehrheitlich wird aber die Durchsetzung der bisherigen internationalen Rechtsgrundlagen in allen EG-Staaten bevorzugt.

[40] Siehe zum Überblick über Gesetzeslage und Praxis DVZ Nr. 136 vom 27. 3. 1993 Beilage Gefahrgut Transport S. 17–35; die DVZ bringt regelmäßig aktuelle Beiträge zum Gefahrgutrecht. Zu Tank- und Siloförderungen von Gefahrgut DVZ Nr. 127 vom 24. 10. **1992** Beilage Tank- und Siloverkehre.
Im Fundstellennachweis A, für den 31. 12. 1992 BGBl I Nr. 9a vom 19. 3. **1993** finden sich ca. 15 Einträge, jeweils mit zahlreichen Änderungen: zur **Straßenbeförderung** Nr. 9241-23; zur **Binnenschiffahrt** Nr. 9502-13; 9241-15; zum Entwurf einer Neufassung des *BSL*, Spediteur **1992** 397 f; zur **Eisenbahn** Nr. 9241-23-10; 9241-15; zur **Seeschiffahrt** Nr. 9512-17; 9241-15.

[41] Vom 30. 7. 1957, BGBl **1969** II 1491 (Abdruck bei *Hein/Eichhoff u. a.* GüKG J 116.

[42] Siehe zuletzt BGBl **1993** 234 (mit separat zu bestellendem Anlageband).

[43] Siehe zuletzt die 21. ADR-Ausnahmeverordnung vom 13. 10. 1992, BGBl II 1070 ff; dazu *Hoffmann* DVZ Nr. 136 vom 14. 11. 1992 S. 10.

den bei der Beförderung gefährlicher Güter auf Straße, auf der Schiene und auf Binnenschiffen vom 10. 10. 1989 (**CRTD**)[44] ist bisher nicht in Kraft getreten[45]. Jedoch will die Bundesregierung es innerstaatlich durchführen[46]. Alle Gefahrgutvorschriften werden dem Stand der Erkenntnis entsprechend ständig geändert[47]. Eine nähere Darstellung in diesem Kommentar ist daher nicht möglich. Für die Beförderung auf der Straße ist insbesondere die **GGVS** maßgeblich[48]; auch für Kabotagebeförderungen ausländischer Frachtführer in Deutschland[49]. Das Eisenbahn-Gefahrgutrecht beruht auf eigenen Rechtsgrundlagen, entspricht aber sachlich dem für die Straße geltenden[50]; ebenso das der Binnenschiffahrt mit der ADNR[51]. Die Seeschiffahrt hat traditionell ein eigenes Gefahrgutrecht auf der Grundlage des IMDG-Codes und der GGVSee[52]. Neben den durch besondere Gesetze für gefährlich erklärten können auch andere Güter durch ihre Eigenart Schäden verursachen[53]. Man kann bei diesen von atypischem Gefahrgut sprechen.

Die **frachtvertragliche Haftung für Gefahrgutbeförderung** hat, obwohl sie ein **17** altes Problem darstellt[54], bisher keine besondere Regelung gefunden[55]. Daher muß grundsätzlich von den für den jeweiligen Frachtvertrag geltenden Normen ausgegangen

---

[44] Abdruck in englischer Sprache TranspR **1990** 83–88.

[45] Es ist bisher nur von Deutschland und Marokko ratifiziert und hat allenfalls geringe Aussichten eines Inkrafttretens oder gar europaweiter Anerkennung. Siehe *Renger* VersR **1992** 778; *DGTR* TranspR **1992** 443; *Bremer* Die Haftung beim Gefahrguttransport (1992) 336; *Richter* VW **1993** 372, 373 ff; kritisch zum Vorentwurf *Montada* DVZ Nr. 130 vom 2. 11. **1982** S. 3. Siehe eingehend auch *Bremer* 335–442.

[46] Siehe *Renger* VersR **1992** 778 ff.

[47] Siehe *DGTR* TranspR **1992** 443 f (Änderungen zum 1. 1. 1993); *Schmaltz/Nöthlichs* Sicherheitstechnik (Losebl., 10 Bände); *Wiesbauer* Aktuelle Haftungsfragen des internationalen Gefahrguttransports, IZ **1989** 73–82;

[48] Verordnung über die innerstaatliche und grenzüberschreitende Beförderung gefährlicher Güter auf der Straße (Gefahrgutverordnung Straße – GGVS) i. d. F. vom 24. 7. 1991, BGBl I 1714; Abdruck in jeweils geltender Fassung (mit Zeitverzögerungen) bei *Hein u. a.* GüKG (Losebl.) Nr. 275, auf der Ermächtigungsgrundlage von § 3 Gesetz über die Beförderung gefährlicher Güter (Gefahrgutgesetz). Die 4. ÄndVO, die die internationalen Änderungen (1. 1. 1993) in Deutschland einführen und mit dem Eisenbahnrecht koordinieren soll, ist bisher (1. 4. 1993) noch nicht erlassen. Zum Entwurf siehe kritisch *BSL*, Spediteur **1992** 397. Die EG-Kommission will anstelle der Transformation in nationale Rechte eine unmittelbar wirkende EG-Regelung einführen; DVZ Nr. 35 vom 25. 3. 1993 und *Zapp* DVZ Nr. 41/42 vom 8./ 10. 4. 1993.

[49] *Hole* DVZ Nr. 35 vom 22. 3. **1990**, S. 1 f; zu den Lücken der Anwendung der GGVS bei Kabotage *Müller* DVZ Nr. 30 vom 12. 3. 1991 S. 19.

[50] International auf dem Übereinkommen COTIF und die Anlage I (RID) zur ER/CIM 1980, Anh. II nach § 460; innerstaatlich auf der Gefahrgutverordnung Eisenbahn (GGVE); siehe Fundstellennachweis A für den 31. 12. 1992, BGBl I Nr. 9a vom 19. 3. **1993** Nr. 9241-23-10.

[51] Verordnung über die Beförderung gefährlicher Güter auf dem Rhein, deren Anpassung an das Straßen- und Eisenbahngefahrgut zum 1. 1. 1993 (rückwirkend) im Gange ist; siehe *BSL*, Spediteur **1992** 398. Für die übrigen Bundeswasserstraßen gilt diese ebenfalls; siehe Fundstellennachweis A für den 31. 12. 1992, BGBl I Nr. 9a vom 19. 3. **1993** Nr. 9502-13-1.

[52] § 564 b HGB; dazu *Prüßmann/Rabe*³ § 642 HGB Anm. B. Zum „International Maritime Dangerous Goods Code (IMDG-Code)" siehe dort Anm. B 2 a. Die GGVSee (BGBl **1991** I 1714 ff), durch die der IMDG-Code in das deutsche Recht eingeführt wird, unterliegt ständiger Anpassung, derzeit (rückwirkend zum 1. 1. 1993) unmittelbar bevorstehend.

[53] Beispiele: OLG Karlsruhe vom 14. 11. 1972, VersR **1974** 129 f (Kakaomaden in Lagergut); OLG Düsseldorf vom 4. 3. 1982, VersR **1982** 1202 f (feuchter Holzkohlengrus kein Gefahrgut).

[54] Siehe schon die Fälle RG vom 15. 2. 1895, RGZ **37** 10 ff und RG vom 27. 9. 1919, RGZ **96** 277 ff.

[55] Zur CRTD siehe Rdn. 16. Zur Haftung siehe besonders: *de la Motte*, Haftung und Versicherung beim Transport gefährlicher Güter (Privatdruck ADEKRA und Oskar Schunck KG 1989; *Herber* Auf dem Wege zu einer Regelung der Haftung für gefährliche Güter, TranspR **1983** 5 ff; *derselbe* Haftung beim Transport gefährlicher Güter – ein noch ungelöstes Problem, TranspR **1987** 253 ff; *Wiesbauer* Aktuelle Haftungsfragen des internationalen Gefahrguttransports, IZ **1987** 73 ff.

§ 425 Drittes Buch. Handelsgeschäfte

werden. Sonderregeln enthält insbesondere Art. 22 CMR, Anh. VI nach § 452. Besonderheiten ergeben sich durch die durch das öffentliche Gefahrgutrecht festgelegten besonderen Pflichten[56], aber auch durch eine Umdefinition frachtrechtlicher Begriffe. In erheblichem Umfang sind der **Absender** (auch wenn er nur Spediteur ist[57]) und der **„Verlader"**[58] für die richtige Kennzeichnung, Information und Mitgabe der Anweisungen und Abdrucke der Sicherheitsbestimmungen- und Anweisungen verantwortlich; § 4 GGVS. Informationen des Verladers sind an den Spediteur, von diesem an den Frachtführer, von diesem wieder an Unterfrachtführer, Fahrzeugführer, Lagerhalter und andere beteiligte Personen zuverlässig weiterzuleiten[59]. Der Frachtführer (insbesondere auch der Fahrer) ist nicht verpflichtet, die ihm übergebenen Unterlagen auf Vollständigkeit zu überprüfen[60]. Jedoch muß die Beachtung der typischen Gefahrgutpapiere und die Mitführung der Verhaltensanweisungen nach Gefahrgutrecht gefordert werden. Allerdings ist es Sache des Absenders, die Gefahrguteigenschaften zu kennen, den Frachtführer auf sie hinzuweisen und die vorgeschriebenen Papiere mit zu übergeben[61]. Der Internationale Spediteurverband FIATA hat ein Formular für die Absendererklärung zur Beförderung gefährlicher Güter herausgegeben: das „FIATA SDT"[62]. Vielfach ist auch **unzulängliche Verpackung** Grundlage der Gefahrgutschäden[63]. Der **Frachtführer kann haften wegen unsorgfältiger Verstauung** mit Schadensfolge für andere[64].

18 Eine **allgemeine internationale Haftungsregelung für Gefahrgut**, insbesondere zur Drittschadenshaftung, gibt es bisher nicht. Nur für Ölverschmutzungs- und Nuklearrisiken bestehen entsprechend scharfe Haftungs- und Versicherungsübereinkommen[65]. Die Drittschadenshaftung in Deutschland beruht auf unterschiedlichen Rechtsgrundlagen[66]. Zahlreiche im Gefahrgutrecht vorgeschriebenen Handlungen stehen unter der Androhung des **Ordnungswidrigkeitenrechts**; § 10 GGVS[67]. Daher ist der schuld-

---

[56] *Durchschlag* DVZ Nr. 54 vom 7. 5. 1987 S. 12.
[57] Dazu kritisch *BSL*, Spediteur **1992** 397.
[58] § 2 Abs. 1 Nr. 4 GGVS: „wer als unmittelbarer Besitzer das Gut dem Beförderer zur Beförderung übergibt oder selbst befördert". Dazu *Durschlag* DVZ Nr. 54 vom 7. 5. 1987 S. 12.
[59] Siehe *de la Motte* aaO S. 14 f. Aus der Rechtsprechung siehe RG vom 15. 2. 1895, RGZ **37** 10 ff und RG vom 27. 9. 1919, RGZ **96** 277 ff (beide zum Eisenbahnrecht).
[60] BGH vom 16. 10. 1986, TranspR **1987** 96, 97 = VersR **1987** 304 (zu Art. 11 Abs. 2 CMR).
[61] Zur Haftung nach § 5 b ADSp siehe BGH vom 26. 10. 1977, VersR **1978** 133 ff (Kenntnis des Spediteurs von der Gefahr); OLG Hamburg vom 19. 12. 1985, TranspR **1986** 146 ff = VersR **1986** 261 ff (Bariumsulfat, Fahrzeugverunreinigung, CMR); BGH vom 16. 10. 1986, TranspR **1987** 96 ff = VersR **1987** 304 ff (Drahtlack, Art. 22 CMR); OLG Düsseldorf vom 23. 1. 1992, TranspR **1992** 218 f (keine Haftung nach Art. 22 CMR für gegenüber Dritten unschädliches Gut). Zur Absenderhaftung siehe auch Rdn. 199.
[62] Abgedruckt bei *Krien/Valder* Speditions- und Lagerrecht (Losebl.) Nr. 6581.
[63] BGH vom 7. 6. 1962, VersR **1962** 721 f (Magnesium bei Eisenbahntransport); LG Düsseldorf vom 29. 11. 1985, TranspR **1987** 340 f (positive Vertragsverletzung, Aufwendungen des Frachtführers, CMR).
[64] BGH vom 14. 12. 1972, NJW **1973** 329 ff = VersR **1973** 218 ff (Natriumperoxyd auf Seeschiff); keine Haftung des Reeders für gestattete Gefahrgutverladung: BGH vom 17. 11. 1980, BGHZ **78** 384 f.
[65] *Wiesbauer* IZ **1987** 73, 77 f.
[66] Siehe umfassend *Bremer* Die Haftung beim Gefahrguttransport (1992); zur Haftung nach § 823 Abs. 2 BGB und zu den Unfallverhütungsvorschriften BGH vom 11. 6. 1974, VersR **1974** 1127 ff. Zur strengen Haftung nach Binnenschiffahrtsrecht *Pabst* TranspR **1988** 139 ff; *Bremer* S. 45–89; zur Haftpflichtversicherung für Gefahrgutschäden siehe *Lorenz* VW **1985** 42 ff; *Bremer* jeweils am Ende jeden speziellen Abschnitts; zur Haftung bei Eisenbahnbeförderung *Freise* IZ **1985** 112; generell *Basedow* RabelsZ **1984** 365 ff; *Trappe* VersR **1986** 942 ff.
[67] Dazu *Bottke* Zur straf- und ordnungswidrigkeitsrechtlichen Verantwortung bei der Beförderung gefährlicher Güter einschließlich der Verantwortlichkeit des Gefahrgutbeauftragten, TranspR **1992** 390 ff. Neuere Beispiele: OLG Düsseldorf vom 19. 5. 1989, TranspR **1989** 424 f; OLG Düsseldorf vom 15. 4. 1992, TranspR **1993** 93 f; OLG Oldenburg vom 2. 6. 1992, TranspR **1992** 324 ff.

hafte Verstoß wohl eine unerlaubte Handlung nach § 823 Abs. 2 BGB[68]. Von einem weiten Umfang des Schutzbereichs dieser Bestimmungen muß ausgegangen werden, weil sie Ausfluß eines alle Bürger schützenden Sicherungssystem gegen Risiken moderner Technik sind; dazu gehört vor allem auch der Schutz vor Risiken, die den einzelnen unvorhersehbar treffen und gegen die er selbst auch durch Versicherung keine ausreichende Vorsorge treffen kann. Freilich greift der Schutz durch § 823 BGB über den Kreis der am Transport beteiligten Personen weit hinaus.

dd) Lebensmittel

19 Das Lebensmittelrecht[69] betrifft ganz überwiegend nicht primär den Transport, sondern die Herstellung und den Verkauf von Lebensmitteln. Die Lebensmitteltransportmittel-Verordnung – LMTV[70] – enthält öffentlichrechtliche Vorschriften über die Anforderungen an solche Behälter, über ihre Reinigung und Verwendung. Diese Bestimmungen sind bei der Ausführung von Frachtverträgen zu beachten. Ihre Verletzung kann zu verschärfter Haftung (Vorsatz oder grobe Fahrlässigkeit) führen. Siehe auch das Fleischhygienegesetz (letzte Änderung vom 18. 12. 1992, BGBl **1992** 2022, 2229 ff und 2033 f) und das Geflügelfleischhygienegesetz (letzte Änderung vom 18. 12. 1992, BGBl **1992** 2022, 2234 ff). Für **leicht verderbliche Lebensmittel** gilt für grenzüberschreitende Transporte das Übereinkommen über internationale Beförderungen leicht verderblicher Lebensmittel und über die besonderen Beförderungsmittel, die für diese Transporte zu verwenden sind, vom 1. 9. 1970 (ATP)[71]. Von großer praktischer Bedeutung wird nach ihrer Umsetzung in das deutsche Recht die EG-Richtlinie 92/1/EWG vom 13. 1. 1993, die regelmäßige Kältekontrollen von Kühlfahrzeugen und deren Aufzeichnung und Aufbewahrung vorschreibt[72].

ee) Leichen

20 Gem. seinem § 4 Abs. 1 Nr. 3 fällt die Beförderung von Leichen nicht unter das GüKG[73]. Art. 1 Abs. 4 c CMR schließt Leichentransporte von der Anwendung der CMR aus. Leichentransporte unterliegen daher den §§ 425 ff.

ff) Kriegswaffen

21 Nach § 3 des Gesetzes über die Kontrolle von Kriegswaffen (KWKG)[74] ist deren Beförderung genehmigungspflichtig. Gem. § 12 Abs. 2 KWKG ist über die Beförderung

---

[68] Für Anwendung von § 823 Abs. 2: *Dubischar* 29; *de la Motte* aaO S. 14; dagegen *Schünemann* Schadensersatzrechtliche Grundfragen bei der Gefahrgutbeförderung, TranspR **1992** 53, 55 f.

[69] Letzte Änderungen des Lebensmittelrechts vom 18. 12. 1992, BGBl **1992** 2022 ff; *Zipfel/Rathke* Lebensmittelrecht, Loseblatt-Kommentar, Stand Januar **1993**.

[70] Verordnung über hygienische Anforderungen an Transportbehälter zur Beförderung von Lebensmitteln vom 13. 4. 1987 (Lebensmitteltransportmittel-Verordnung – LMTV) BGBl **1987** I 1212 ff.

[71] BGBl **1974** II 565 ff; Gesetz zur Änderung der Anlagen 1 und 3 des ATP-Übereinkommens vom 20./28. 7. 1988, BGBl II 630 ff, 672. Mitgliederstand jeweils im Fundstellennachweis B, für den 31. 12. 1992 siehe BGBl II Nr. 6a vom 25. 2. **1993** S. 414.

[72] Siehe dazu *Oldenburg* DVZ Nr. 62 vom 27. 5. 1993, S. 39.

[73] Siehe Anh. I nach § 452.

[74] Siehe dazu *Hucko* Außenwirtschaftsrecht – Kiegswaffenkontrollrecht, Textsammlung mit Einführung[3] (April 1992), BAnz Nr. 100a vom 30. 5. **1992**, insbesondere § 12 Abs. 4 Kriegswaffenkontrollgesetz – KWKG (S. 135) und §§ 4, 5 der 2. DVO zum KWKG (S. 158 f). Dazu *Pottmeyer* Kiegswaffenkontrollgesetz (Kommentar) (1991). Siehe zur laufenden Veränderung Fundstellennachweis A, der jeweils im März für den Stand des Jahresendes veröffentlicht wird; für den 31. 12. 1992 siehe BGBl I Nr. 9a vom 19. 3. 1993, Nr. 190-1.

§ 425   Drittes Buch. Handelsgeschäfte

von Kriegswaffen ein Kriegswaffenbuch zu führen. Nach Abs. 2 muß der Frachtführer sich bei Übernahme zur Beförderung eine Ausfertigung der Genehmigungsurkunde übergeben lassen, die er nach Abs. 4 mitzuführen hat. Es handelt sich demnach um eine in vollem Umfang zu kontrollierende Transportart, die besondere Sorgfaltspflichten begründet.

gg) Nukleares Material

22 Zum Atom- und Strahlenschutzrecht siehe das Atomgesetz und die Strahlenschutzverordnung[75]; zur Haftung siehe *Fischer* Haftung bei Nukleartransporten, TranspR **1989** 4 ff. Die Beförderung von nuklearem Material ist gem. § 1 Nr. 12 der FreistellungsVO GüKG (§ 4 GüKG, Anh. I nach § 452 Rdn. 3) von dessen Anwendung ausgenommen. Durch § 9 Abs. 1 Nr. 3 und 4 GüKUMT wird teilweise die Haftung des Frachtführers für Nuklearschäden ausgeschlossen.

hh) Schwergut

23 Schwerguttransporte verlangen besondere Maßnahmen. Sie werden in der Regel auf der Grundlage der Schwergutbedingungen, Anh. III/3 nach § 452 durchgeführt[76].

ii) Tiere

24 Zum Schutz lebender Tiere gibt es Sonderregeln: Das Europäische Übereinkommen vom 13. 12. 1968 über den Schutz von Tieren beim internationalen Transport[77] und das Europäische Übereinkommen vom 10. 5. 1979 über den Schutz von Schlachttieren[78] enthalten u. a. genaue Regelungen für Transport, Verladen, Ausladen und Behandlung der Tiere sowie über die Einrichtungen der Transportmittel. Ferner ist das Tierseuchengesetz (letzte Änderung vom 18. 12. 1992, BGBl **1992** 2022 ff) zu beachten, insbesondere § 6 ff. Auch das Tierschutzgesetz (letzte Änderung vom 18. 12. 1992, BGBl **1992** 2022, 2227 ff) enthält Vorschriften über Beförderung von Tieren. Die Tierbeförderung ist durch § 1 Nr. 11a der FreistellungsVO GüKG von der Anwendung des GüKG und damit der KVO ausgenommen[79]. Inwieweit bei begleiteten Tiertransporten den Frachtführer Obhutspflichten treffen, kann nicht einheitlich beantwortet werden. Man muß davon ausgehen, daß die Versorgung der Tiere dem Begleiter obliegt, die sich aus der Verpflichtung zu ihrer ordnungsgemäßen Beförderung ergebenden jedoch den Frachtführer.

jj) Verpackungen

25 Eine besondere Rolle spielt in neuester Zeit als Folge der Rücknahmepflicht für gebrauchte Transportverpackungen gem. § 4 VerpackV die Rückbeförderung solcher Verpackungen[80]. Da die Rücknahmepflicht nur Hersteller und Vertreiber betrifft, müs-

---

[75] Fundstellennachweis A, BGBl I Nr. 9a vom 19. 3. 1993, Nr. 751-1 und 751-1.
[76] Zur Stellung eines für den betreffenden Schwerguttransport ungeeigneten Fahrzeugs siehe OLG Düsseldorf vom 15. 3. 1984, TranspR **1984** 197 f.
[77] Vom 13. 12. 1968, BGBl II **1973** 721 ff, mit Zusatzprotokoll vom 13. 12. 1968, BGBl II **1980** 1153 ff, Mitgliederstand Fundstellennachweis B, für den 31. 12. 1992 siehe BGBl II Nr. 6a vom 25. 2. **1993** S. 405.
[78] Gesetz vom 9. 12. 1983, BGBl **1983** II 770 ff. Mitgliederstand im Fundstellennachweis B, für den 31. 12. 1992 siehe BGBl II Nr. 6a vom 25. 2. **1993** S. 462.
[79] Siehe § 4 GüKG, Anh. I nach § 452 Rdn. 3; ferner § 29 KVO, Anh. II nach § 452 Rdn. 6.
[80] Siehe dazu *Henselder-Ludwig* VerpackV vom 12. 6. 1991, Textausgabe mit Einführung, Anmerkungen und Materialien, BAnz Nr. 133a vom 21. 7. 1992, insbesondere S. 58–61; *Strecker/Berndt* Kommentar zur Verpackungsverordnung 1992; *Mischke* BB **1993** 672 ff.

sen diese entweder die Verpackungen selbst zurückholen oder durch einen Frachtführer zurückholen lassen. Nach anderer Auffassung muß der Empfänger sie auf seine Kosten zurücksenden[81]. Hieraus entwickelt sich derzeit ein neuer Zweig des Beförderungsgewerbes. Die Pflichten aus solchen Verträgen gehen insoweit über die eines normalen Frachtführers hinaus, als sie vor allem die dem Verpackungs- und Abfallrecht entsprechende Pflicht zur Rückführung oder sonstigen Behandlung enthalten. Diese ist als Hauptpflicht dieses besonderen Frachtvertrages anzusehen.

2. Sonderordnungen zum Landfrachtrecht

Das Landfrachtrecht war ursprünglich im HGB einheitlich geregelt, ist jedoch heute durch zahlreiche Sonderbestimmungen in einzelne Teilgebiete zersplittert, die untereinander durch sehr unterschiedliche Kriterien abgegrenzt werden. Grundsätzlich ist jede dieser Sonderordnungen anzuwenden, wenn der betreffende Frachtvertrag die Beförderung mit diesem vorsieht. Siehe im einzelnen aber Rdn. 4–11 und Anh. V nach § 452 Rdn. 65 ff. **26**

a) Beförderung mit anderen Transportmitteln als Kraftfahrzeugen

Hierzu bestehen keine Sonderbestimmungen. Es gelten (dispositiv) die §§ 425 ff; vielfach durch AGB, z. B. durch die ADSp abbedungen. **27**

b) Grenzüberschreitender Kraftverkehr

Innerhalb der Kraftfahrzeugbeförderung ist zwischen grenzüberschreitendem und innerdeutschem Transport zu unterscheiden. Beim grenzüberschreitenden Verkehr kann das Übereinkommen über den Beförderungsvertrag im Internationalen Straßengüterverkehr (CMR) Anwendung finden, wenn die Voraussetzungen seines Art. 1 vorliegen. Fehlen diese (so etwa beim Transport von Umzugsgut oder Leichen), gilt nationales Recht, entweder innerdeutsches und/oder ausländisches; siehe hierzu die Erl. zu Art. 1 CMR, Anh. VI nach § 452. **28**

c) Innerdeutsches Kraftfahrzeug-Transportrecht

Ist innerdeutsches Kraftfahrzeug-Frachtrecht maßgeblich, dann ist vorrangig das **Güterkraftverkehrsgesetz** (GüKG, Anh. I nach § 452) anzuwenden. Jedenfalls gilt dies für die Vergangenheit in vollem Umfang. Zum 1. 1. 1994 wird jedoch das gesamte Tarifrecht durch das Tarifaufhebungsgesetz[82] aufgehoben. Die Rechtsverordnungen KVO, Anh. II nach § 452 und GüKUMT, Anh. IV nach § 452 werden durch Beseitigung oder Änderung tariflicher Vorschriften durch Rechtsverordnungen der neuen Rechtslage angepaßt werden, bleiben aber in ihrem frachtrechtlichen Inhalt im übrigen erhalten. Siehe dazu im einzelnen vor 1 GüKG, Anh. I nach § 452 sowie die Bemerkungen zu GüKUMT und KVO. **29**

Das GüKG war und ist jedoch nicht auf alle mit dem Kraftfahrzeug ausgeführten Güterbeförderungen anzuwenden. Vielmehr nehmen § 4 GüKG und die „Freistellungsverordnung" die Beförderung dort bezeichneter Güter und Transportmittel von der Anwendung des GüKG und damit der zwingenden Tarife und Beförderungsbedingun- **30**

---

[81] Str.; die von *Strecker/Berndt* S. 66 vertretene Rücksendungspflicht ist kaum praktikabel und läuft dem Gesetzeszweck zuwider, weil der Endverbraucher eine solche Rücksendung nicht mit zumutbarem Aufwand organisieren kann.
[82] Siehe vor § 1 GüKG, Anh. I nach § 452 Rdn. 1 ff.

gen aus; siehe § 4 GüKG, Anh. I nach § 452. Im Bereich dieser Ausnahmen gilt grundsätzlich Vertragsfreiheit, soweit nicht andere Spezialnormen öffentlich-rechtlicher Art (siehe Rdn. 14 ff) eingreifen. Von dieser Vertragsfreiheit wird insbesondere durch die ADSp, Anh. I nach § 415 und die AGNB, Anh. III/1 nach § 452, Gebrauch gemacht. Nach Auffassung des BGH gilt ferner das HGB-Landfrachtrecht dann, wenn eine Güterfernbeförderung zwar formlos vereinbart, dann aber abredewidrig nicht durchgeführt worden ist; BGH vom 22. 1. 1971, BGHZ 55 217, 219; HGB-Landfrachtrecht schlägt letztlich auch bei der Formfreiheit von Nebenabreden zum KVO-Frachtvertrag in gewissem Maße durch; § 11 KVO, Anh. II nach § 452 Rdn. 10 ff KVO.

31 Das GüKG enthält neben seinem vor allem öffentlich-rechtlichen Kern **auch nach Inkrafttreten des Tarifaufhebungsgesetzes wichtige zivilrechtliche Bestimmungen.** Zu diesen gehören neben den zum 1. 1. 1994 ganz aufgehobenen Ermächtigungsnormen der § 20 Abs. 5 und 84 die ebenfalls aufgehobenen oder um ihre tariflichen Teile gekürzten §§ 20 a, 22, 23, 85, 84. Dagegen bleiben §§ 26 (zwingende Haftung zugunsten der Kunden) und § 27, 83 Abs. 4, 103 Abs. 2 Nr.4 (Versicherungspflicht) erhalten.

32 **Irreführend ist § 1 GüKG, nach dem die Beförderung von Gütern mit Kraftfahrzeugen „ausschließlich" dem GüKG unterliegen soll.** In privatrechtlicher Hinsicht bietet das GüKG nur wenige Rahmenvorschriften und die Ermächtigungsgrundlagen für die Rechtsverordnungen, die das materielle Recht regeln (KVO, Anh. II nach § 452, GüKUMT, Anh. IV nach § 452). Diese haben ihrerseits unterschiedliche Geltungsbereiche. Soweit das GüKG gilt, muß also zur Feststellung der anzuwendenden Vorschriften nochmals zwischen mehreren Unterarten des Frachtvertrages unterschieden werden:

aa) Umzugsgut, Handelsmöbel

33 Für den Umzugsverkehr und für Beförderung von Handelsmöbeln in besonders für die Möbelbeförderung eingerichteten Fahrzeugen im Güterfernverkehr und Güternahverkehr hat der Bundesverkehrsminister durch den Güterkraftverkehrstarif für den Umzugsverkehr und für die Beförderung von Handelsmöbeln in besonders für die Möbelbeförderung eingerichteten Fahrzeugen im Güterfernverkehr und Güternahverkehr (GüKUMT), Beförderungsbedingungen Anlage zu § 1 (Bed. GüKUMT)[83] die Beförderungsbedingungen zwingend vorgeschrieben.

bb) Beförderung im Güterfernverkehr durch gewerbliche Unternehmer
Schrifttum: siehe zu § 1 KVO, Anh. II nach § 452.

34 Im Bereich des Güterfernverkehrs (Definition in § 4 GüKG, Anh. I nach § 452) gilt die Kraftverkehrsordnung (KVO, Anh. II nach § 452). Ausnahmen des Anwendungsbereichs ergeben sich schon daraus, daß nicht für alle Transporte das GüKG (und damit die KVO) gilt[84]. Zur Anwendung auf Speditionsverträge siehe §§ 412, 413 Rdn. 12, 21 ff sowie Rdn. 90.

cc) Beförderung im innerdeutschen Güternahverkehr durch gewerbliche Unternehmer
Schrifttum: siehe zu § 1 AGNB, Anh. III/1 nach § 452.

35 Hinsichtlich der **Beförderungsentgelte** gilt im Güternahverkehr (Definition in § 2 GüKG, Anh. I nach § 452) derzeit noch zwingendes Tarifrecht. Der bislang geltende

---

[83] Abgedruckt und kommentiert in Anh. IV nach § 452; zu der Haftung nach dieser Rechtsverordnung siehe im Überblick § 429 Rdn. 192 ff.

[84] Siehe vor § 1 KVO, Anh. II nach § 452 Rdn. 6 ff und die Erl. zu § 4 GüKG, Anh. I nach § 452.

Höchst-Niedrigst-Margentarif ist ab 1. 1. 1993 nur noch Höchsttarif, der maximal um 10 % überschritten werden darf[85]. Mit dem Inkrafttreten des Tarifaufhebungsgesetzes (siehe vor 1 GüKG, Anh. I nach § 452 Rdn. 2 f) werden alle Tarife und auch die Ermächtigungsnorm des § 84 GüKG ersatzlos aufgehoben. Zwingende **Beförderungsbedingungen** sind außer für die Beförderung von Umzugsgut und Handelsmöbeln (siehe Rdn. 33) im Bereich des Güternahverkehrs nicht erlassen worden. Daneben existiert zwingendes Recht nur für grenzüberschreitende Transporte (CMR, siehe Rdn. 28). Im allgemeinen innerdeutschen Güternahverkehr fänden daher an sich die Regeln des Landfrachtrechts Anwendung, die jedoch von den Parteien weitgehend abbedungen werden[86]. Neben der Vereinbarung können auch Handelsbräuche bestimmte Konditionen zum Vertragsinhalt machen. Ohne Anspruch auf Vollständigkeit können folgende Bestimmungen als dominierend betrachtet werden:

aaa) Allgemeine Deutsche Spediteurbedingungen (ADSp)
Die ADSp[87] werden regelmäßig von Spediteuren vereinbart[88]. **36**

bbb) AGNB
Die allgemeinen Beförderungsbedingungen für den gewerblichen Güternahverkehr mit Kraftfahrzeugen (AGNB)[89]. Diese werden von Güternahverkehrsunternehmen häufig vereinbart, teilweise auch als Handelsbrauch betrachtet. **37**

ccc) Schwergutbedingungen
Zu den Allgemeinen Geschäftsbedingungen der Bundesfachgruppe Schwertransport und Kranarbeiten (Schwergutbedingungen) siehe Anh. III/3 nach § 452. **38**

ddd) Lokale und spezielle Geschäftsbedingungen
Lokale Bedingungen traditioneller Art sind wohl kaum mehr üblich: z. B. die „allgemeinen Bedingungen der gewerblichen Fuhrunternehmer in Hamburg" siehe BGH vom 15. 10. 1971, WM **1972** 49, 51. Dagegen entwickeln sich für neue Geschäftsbereiche ständig nicht durch Verbände standardisierte Unternehmensbedingungen, insbesondere für Paket- und Kurierdienste; siehe Rdn. 42–46. **39**

eee) mehrere Bedingungen gleichzeitig
Besonders problematisch ist die Rechtslage, wenn vom Frachtführer mehrere Bedingungen (z. B. AGNB und ADSp) gleichzeitig in Bezug genommen sind; dazu vor § 1 ADSp, Anh. I nach § 415 Rdn. 9 ff. **40**

dd) Beförderung von Gütern auf der Straße durch die Eisenbahn
Diese Beförderungen unterliegen im Fernverkehr seit dem 15. 5. 1989 der KVO, Anh. II nach § 452. Die bis dahin geltende Sonderregelung für Güterfernverkehrstrans- **41**

---

[85] Siehe §§ 84 ff GüKG, Anh. I nach § 452; dazu BGH vom 1. 3. 1974, I ZR 48/73 (unveröffentlicht) und vom 18. 6. 1976, VersR **1976** 1129.

[86] Die vorübergehende Rechtsprechung des BGH zur Unabdingbarkeit des HGB- und BGB-Rechts hat sich seinerzeit durch Gesetzesänderung erledigt; BGH vom 8. 11. 1967 (Ib ZR 35/63 und Ib ZR 135/65), BGHZ **69** 218 ff und 221 ff; OLG Frankfurt vom 18. 1. 1977, VersR **1977** 735, 736.

[87] Fassung 1993 abgedruckt in Anh. III/2 nach § 452; Fassung von 1986 abgedruckt und kommentiert in Anh I nach § 415. Zur Neufassung, die keine tiefgreifenden Änderungen gebracht hat, siehe *Valder* TranspR **1993** 81 ff; *derselbe*, Spediteur **1993** 1 ff.

[88] Siehe vor § 1 ADSp, Anh. I nach § 415 Rdn. 5 ff, insbesondere 17 ff.

[89] Kommentiert in Anh. III/1 nach § 452; Überblick über die Haftung § 429 Rdn. 181 ff.

porte durch die Deutsche Bundesbahn auf der Straße (KVORb)[90] ist mit diesem Datum aufgehoben worden.

ee) Paketbeförderung

42 Die gewerbliche Paketbeförderung, die dem Postmonopol nicht unterliegt, wird durch eine große Anzahl von Unternehmen in Konkurrenz zur Bundespost[91] auf dem Markt vorgenommen, die meist über eine sorgfältige Organisation in der Lage sind, schneller zu befördern als die Post und auch bei Einzelkunden Pakete abholen. Sie unterhalten ein Netz von Depots und befördern die Pakete als Sammelladungen mit vorausgehender und anschließender Beförderung im Nahverkehr[92]. Diese Unternehmen legen ihren Verträgen unterschiedliche AGB zugrunde[93]. Je nach Ausgestaltung der Verträge handelt es sich um Speditions- oder Frachtverträge. Ergibt sich aus den Bedingungen, daß der Paketdienst die Beförderung übernimmt, handelt es sich um Frachtverträge, bei denen es nicht darauf ankommt, ob er die Beförderung mit eigenen Fahrzeugen oder durch Subunternehmer ausführt. Sie unterliegen dann zwingendem Frachtrecht, insbesondere im Güterfernverkehr der KVO[94], aber auch dem Tarifrecht und der Unabdingbarkeit der überlangen Lieferfristen[95].

43 Sind die Verträge – wie wohl oft – als **Speditionsverträge** einzustufen[96], sind sie wegen der Fixpreise nach § 413 Abs. 1, eventuell auch wegen Selbsteintritts[97] regelmäßig den frachtrechtlichen Bestimmungen unterworfen. Im Bereich des Güterfernverkehrs ist daher die KVO anwendbar, im Güternahverkehr unterliegen die in den AGB formulierten Bedingungen, insbesondere zur Haftung, nur den Schranken des AGBG. Siehe zu den Grundlagen dieser Abgrenzung §§ 412, 413 Rdn. 2 ff. Wenn die Pakete im Güterfernverkehr befördert werden, kommt es nach § 1 Abs. 5 KVO darauf an, ob die Beförderung mit eigenen Fahrzeugen (im echten Selbsteintritt) erfolgt[98]. Nur in diesen Fällen, also im echten Selbsteintritt des Paketdienstunternehmers ist also zwingend Frachtrecht (KVO) anzuwenden[99]. Wird dagegen der Vertrag bereits primär als **Frachtvertrag** qualifiziert[100], gilt nicht § 1 Abs. 5 KVO, sondern ist bei Beförderung im Fernverkehr die KVO ohne weiteres anzuwenden[101].

---

[90] Siehe dazu die Voraufl., Kommentierung zur KVO, Anh. II nach § 452.
[91] Siehe zu deren Paketbeförderung § 452 Rdn. 1 ff.
[92] Siehe dazu *Baumann* Zur rechtlichen Problematik der Paketdienste und ihrer Bedingungen, TranspR **1988** 213.
[93] *Thonfeld* DVZ Nr. 61 vom 22. 5. 1990 S. 30 f.
[94] Siehe jedoch bei Annahme eines Fixkosten-Speditionsvertrages § 1 Abs. 5 KVO, Anh. II nach § 452 Rdn. 13 ff. Dagegen mit verfassungsrechtlicher Argumentation *Baumann* TranspR **1988** 213, 215.
[95] Siehe dazu § 26 KVO Rdn. 1. *Baumann* TranspR **1988** 213, 215 weist zu Recht darauf hin, daß damit das Versprechen kurzer Lieferfristen rechtsunwirksam ist.
[96] Siehe §§ 412, 413 Rdn. 61 ff. BGH vom 6. 12. 1990, TranspR **1991** 114, 117 = VersR **1991** 480 ff, insoweit entsprechend dem Berufungsurteil OLG Hamburg vom 20. 4. 1989, TranspR **1989** 284, 286 = VersR **1989** 932 ff; OLG Düsseldorf vom 29. 11. 1990, TranspR **1991** 75 f = VersR **1991** 240 f; OLG Hamm vom 19. 11. 1992, **1993** 99, 100.

Als Frachtverträge sehen sie: OLG Düsseldorf vom 7. 5. 1986, TranspR **1987** 27 ff = VersR **1987** 70; vom 5. 11. 1992, TranspR **1993** 99; OLG Hamburg vom 25. 5. 1988, TranspR **1989** 55 = VersR **1989** 382; LG Tübingen vom 11. 3. 1988, NJW-RR **1988** 1440 f; wohl auch OLG Frankfurt vom 28. 8. 1992, TranspR **1993** 102 f (wahrscheinlich ein Fall des Paket- oder Kurierdienstes); *Baumann* TranspR **1988** 213, 214 f an.
[97] OLG Düsseldorf vom 29. 11. 1990, TranspR **1991** 75 f = VersR **1991** 240 f.
[98] Siehe § 1 KVO Rdn. 16 und §§ 412, 413 Rdn. 21 ff.
[99] Unzutreffend *Mann* TranspR **1993** 13 ff, der weder § 1 Abs. 5 KVO, noch die Rechtspr. des BGH zu diesem Problemkreis berücksichtigt. OLG Hamm vom 19. 11. 1992, **1993** 99, 100 dehnt die KVO-Haftung entgegen der Rechtspr. des BGH wieder auf den Vor- und Nachlauf aus.
[100] So schon (vor dem Postmonopol) ROHG vom 2. 2. 1872, ROHG **9** 89, 90. Siehe die Angaben in der folgenden Fußnote; wohl für Frachtvertrag (im Nahverkehr?) LG Düsseldorf vom 19. 10. 1992, TranspR **1993** 140 f.

Soweit danach der Paketdienstunternehmer als Spediteur zu behandeln ist, sehen seine Bedingungen teilweise **die Vereinbarung der ADSp ohne deren §§ 39–41** vor, ersetzen aber die Speditionsversicherung durch eine Güterversicherung, die regelmäßig bessere Leistungen bietet als die Haftung der konkurrierenden Bundespost, aber je nach Fall hinter der Speditionsversicherung nach SVS/RVS zurückbleiben kann[102]. Diese Lösung ist auf Kritik gestoßen, weil sie das einheitliche System der ADSp mit dem Grundsatz der Ersetzung der Haftung des Spediteurs durch die Speditionsversicherung nicht übernimmt, sondern abändert[103]. Durch diese Ausnahme ist die bisherige Anerkennung der ADSp durch die Rechtsprechung[104] in Frage gestellt. Denn bei jeder Abweichung von der Originallösung der ADSp bedarf es der Prüfung, ob die höchstrichterlich festgestellte Vereinbarkeit der Gesamtlösung der ADSp mit § 9 ADSp (für kaufmännische Kunden) auch für die jeweilige Variante zu gelten hat[105]. Immerhin bedeutet die Anerkennung der ADSp als Gesamtsystem (ähnlich wie bei der VOB) eine der seltenen Ausnahmen vom Grundsatz der Einzelprüfung aller Klauseln im Rahmen der Inhaltskontrolle nach dem AGBG[106]. Von den ADSp abweichende Klauseln sind im übrigen deutlich der Inhaltskontrolle ausgesetzt[107].

44

Bei **Paketbeförderungen für nichtkaufmännische Kunden**[108] erscheint die Vereinbarung der ADSp als überaus problematisch. Man wird davon auszugehen haben, daß die Haftungsbeschränkungen der ADSp in diesen Fällen stets in Gefahr sind, zur vollständigen Unwirksamkeit der ADSp-Einbeziehung zu führen.

45

ff) Kurierdienste

Den Paketdiensten ähnlich sind sogenannte Kurierdienste, die vor allem eilige Einzelsendungen mit Dokumenten und anderen wertvollen Gütern befördern, meist von Haus zu Haus und oft per Luftfracht oder mit Kleinfahrzeugen, die nicht dem GüKG und der KVO unterliegen[109], von dessen Anwendung ausgenommen aber keine Sammellager und kein flächendeckendes Verteilungsverfahren unterhalten. Für sie gelten die gleichen Kriterien wie für Paketdienste. Allerdings führt der oft sehr hohe Wert der Güter dazu, daß eine niedrige Haftungsbeschränkung für sie noch problematischer ist und beim Fehlen einer effizienten und lückenlosen Kontrolle und Dokumentation des Beförderungsvorgangs unbegrenzte Haftung wegen groben Organisationsverschuldens

46

---

101 Zutreffend OLG Düsseldorf vom 7. 5. 1986, TranspR **1987** 27, 29 = VersR **1987** 70; OLG Hamburg vom 26. 5. 1988, TranspR **1989** 55 = VersR **1989** 382.

102 Siehe zu den DPD-Bedingungen BGH vom 6. 12. 1990, TranspR **1991** 114 ff = VersR **1991** 480 ff; AG Tauberbischofsheim vom 5. 6. 1992, TranspR **1993** 34 ff.

103 *Baumann* TranspR **1988** 213, 216; AG Tauberbischofsheim vom 5. 6. 1992, TranspR **1993** 34 ff; siehe auch demgegenüber BGH vom 6. 12. 1990, TranspR **1991** 114, 117 = VersR **1991** 480 ff.

104 Siehe besonders BGH vom 9. 10. 1981, VersR **1982** 486 = NJW **1982** 1820 f; dazu vor § 1 ADSp, Anh. I nach § 415 Rdn. 41 f.

105 Z. B. „für den Streitfall" bejaht von BGH vom 6. 12. 1990, TranspR **1991** 114, 117 = VersR **1991** 480 ff (für kaufmännische Kunden); verneint wegen schlechterer Versicherungsleistung von AG Tauberbischofsheim vom 5. 6. 1992, TranspR **1993** 34 ff mit beachtlichen fallbezogenen Sachargumenten; kritisch auch *Baumann* TranspR **1988** 213, 216.

106 Dazu vor § 1 ADSp, Anh. I nach § 415 Rdn. 41 f.

107 Siehe zur unzulässigen Abweichung von § 64 ADSp (Fristbeginn): BGH vom 6. 12. 1990, TranspR **1991** 114, 118 = VersR **1991** 480 ff unter Aufhebung von OLG Hamburg vom 20. 4. 1989, TranspR **1989** 284, 286 = VersR **1989** 932 ff; *Baumann* TranspR **1988** 213, 216; zur Unwirksamkeit einer Haftungsbegrenzung OLG Düsseldorf vom 29. 11. 1990, TranspR **1991** 75 f = VersR **1991** 240 ff; zu weiteren Klauseln BGH vom 6. 12. 1990, TranspR **1991** 114, 117 f = VersR **1991** 480 ff und *Baumann* aaO.

108 Siehe § 1 ADSp, Anh. I nach § 415 Rdn. 6 f.

109 Siehe dazu § 1 Nr. 28 FreistellungsVO GüKG (§ 4 GüKG, Anh. I nach § 452 Rdn. 3); dazu *Thonfeld* DVZ Nr. 61 vom 22. 5. 1990 S. 30, 31. Zum Kurierdienst unter Luftfrachtrecht siehe OLG Hamburg vom 31. 12. 1986, TranspR **1987** 142 ff.

§ 425 Drittes Buch. Handelsgeschäfte

vorliegt[110]. Kurierdienste legen der Haftung häufig eigene, auf der Haftung nach HGB und CMR beruhende Geschäftsbedingungen und eine dafür entwickelte Versicherung zugrunde[111].

gg) Beförderung von Luftfrachtgütern auf der Straße

47 Siehe dazu § 452 Anh. V.

3. Regelungen außerhalb des Landfrachtrechts
a) Eisenbahnfrachtrecht
Schrifttum

Hier kann nur eine verkürzte Angabe zu häufig zitierter Literatur gegeben werden. Im übrigen ist auf die Angaben vor § 453 in der 3. Auflage (1982) sowie auf die in Überarbeitung befindliche Neuauflage zu verweisen.

Becker Die Haftung der Eisenbahn nach nationalem und internationalem Frachtrecht (1968); *Finger* Eisenbahnverkehrsordnung, Loseblatt Stand Januar 1992; *Goltermann/Konow* Eisenbahnverkehrsordnung, Loseblatt (Stand März 1992); *Haenni* International Encyclopedia of Comparative Law XII 2 (1973); *Spera* Internationales Eisenbahnfrachtrecht (Wien 1986; Neubearbeitung des früheren Kommentars von *Wick*).

aa) Grenzüberschreitender Verkehr

48 Für die Güterbeförderung mit Eisenbahnen des öffentlichen Verkehrs gilt im grenzüberschreitenden Bereich das Übereinkommen über den internationalen Eisenbahnverkehr (COTIF) vom 9. 5. 1980, BGBl II 130. Dieses Rahmenübereinkommen für den internationalen Eisenbahnfracht- und Personenverkehr enthält im wesentlichen organisatorische Vorschriften. In Art. 3 verweist es auf die „Einheitlichen Rechtsvorschriften für den Vertrag über die internationale Eisenbahnbeförderung von Gütern (CIM)" (Anhang B zum Übereinkommen). Dieser Anhang wird unzweckmäßigerweise international mit „ER/CIM" zitiert. Wegen der Wahrscheinlichkeit von Änderungen durch die laufenden Revisionen erscheint es richtig, dieser schon umständlichen Bezeichnung das Jahr zuzusetzen, also: „ER/CIM 1980". Die ER/CIM 1980 wird abgedruckt und erläutert in Anh. II nach § 460. Das Übereinkommen war auch im Verkehr mit der DDR anwendbar. Hinsichtlich des Vorgängerabkommens CIM 1970 siehe die Vorauflage Anh. II nach § 460.

bb) Innerstaatlicher Bereich

49 Für den innerstaatlichen Bereich gilt die Regelung der §§ 453–459 HGB, ergänzt durch die Eisenbahnverkehrsordnung (EVO). Diese Rechtsverordnung ist abgedruckt und erläutert in Anh. I nach § 460. Soweit die Eisenbahnen die Beförderung durch Kraftfahrzeuge vornehmen, gilt grundsätzlich Landfrachtrecht. Die begrenzte Sonderstellung der Eisenbahn-Straßenbeförderung nach §§ 45 GüKG entfällt zum 1. 1. 1994 mit dem Inkrafttreten des Tarifaufhebungsgesetzes; siehe vor § 1 GüKG, Anh. I nach § 452 und § 45 GüKG.

---

[110] BGH vom 13. 4. 1989, TranspR **1989** 327 ff = VersR **1989** 1066 ff; siehe auch zu den Anforderungen LG München vom 14. 4. 1992, DVZ Nr. 62 vom 26. 5. 1992, S. 20. Wohl grundsätzlich für Anwendung von Frachtrecht; Nichtanwendbarkeit der AGB wegen kleiner Schrift OLG Düsseldorf vom 14. 3. 1991, TranspR **1991** 235, 240.

[111] Siehe *Pfeiffer* DVZ Nr. 23 vom 25. 2. **1993** S. 9. Zum Kurierdient der Bundesbahn siehe *Finger* DB **1985** 637 ff.

b) Seefrachtrecht
Schrifttum
Abraham Das Seerecht, Grundriß⁴ (1974); *Prüßmann/Rabe* Seehandelsrecht³ (1992); *Richter-Hannes/Richter/Trotz* Seehandelsrecht³ (Berlin-Ost 1987); *Schlegelberger/Liesecke* Seehandelsrecht² (1964); *Herber* Das Zweite Seerechtsänderungsgesetz; neues Haftungsrecht für See- und Binnenschiffahrt, TranspR **1986** 249–259; *derselbe*, Das internationale Seefrachtrecht der neunziger Jahre, TranspR **1990** 173 ff; *derselbe*, Gedanken zum Inkrafttreten der Hamburg-Regeln, TranspR **1992** 381 ff; *Rabe* Das Zweite Seerechtsänderungsgesetz, VersR **1987** 429–436.

Für die Beförderung von Gütern mit Seeschiffen ist das 5. Buch des HGB (§§ 485 ff, insbes. §§ 556 ff i. d. F. des 2. Seerechtsänderungsgesetzes vom 25. 7. 1986, BGBl I 1120) maßgeblich. Dieses ist traditionsgemäß in den Kommentaren zum HGB weder abgedruckt noch kommentiert. Es ist jedoch in den HGB-Textausgaben (Beck) abgedruckt. Für die Sammlung *Schönfelder* Deutsche Gesetze gibt es eine einfügbare Sonderlieferung. Abgrenzungsprobleme bestehen gegenüber dem Binnenschiffahrtsrecht im Falle der Benutzung von Binnenwasserstraßen durch seegängige Schiffe (z. B. durch Rhein-See-Motorschiffe) oder auch bei Durchfrachtgeschäften im LASH-Verkehr; siehe zum multimodalen Transport Anh. V nach § 452 Rdn. 2, 10. **50**

Das deutsche Seefrachtrecht **beruht auf dem Brüsseler Konnossementsabkommen von 1924 (sog. Haager Regeln).** Die Bestimmungen der Haager Regeln sind in das deutsche Seefrachtrecht eingearbeitet, das damit für innerstaatliche wie grenzüberschreitende Seetransporte Anwendung findet. Das 2. Seerechtsänderungsgesetz hat jedoch in Anlehnung an nicht in Kraft getretene Entwürfe Abweichungen von diesem Grundtypus in das deutsche Recht eingeführt[112]. Mit dem Inkrafttreten der Hamburg-Regeln zum 1. 11. 1992 stellt sich die Frage nach der Zukunft des internationalen Seefrachtrechts[113]. Deutschland und die meisten anderen großen Industrie- und Schiffahrtsländer sind dem Übereinkommen bisher (Anfang 1993) noch nicht beigetreten. **51**

Die **Abgrenzung zwischen Binnenschiffahrtsrecht und Seefrachtrecht** kann erhebliche praktische Bedeutung gewinnen, weil im Seefrachtrecht unter bestimmten Voraussetzungen zwingende Normen, die im Landfracht- und Binnenschiffahrtsrecht keine Parallele haben, die Freizeichnung verbieten. **52**

c) Frachtrecht der Binnenschiffahrt
Schrifttum
Der einzige Kommentar zum BinSchG von *Vortisch/Bemm* Binnenschiffahrtsrecht⁴ (1991) geht auf die üblichen Klauseln kaum ein. Zu den Freizeichnungen noch immer informativ *Laeuen*, Freizeichnung in den Frachtverträgen der internationalen Rheinschiffahrt (Diss. Frankfurt 1966); zum Überblick über die Haftung nach Binnenschiffahrtsrecht *Helm* Haftung 75 ff; zu den neueren Entwicklungen *Korioth, Werner* Die Neuregelung der Haftungsbeschränkung in der Binnenschiffahrt – unter besonderer Berücksichtigung des gerichtlichen Verfahrens, (Duisburg 1984); *König* Zeitschr. f. Binnenschiffahrt **1978** 383 ff. Referate des Rotterdamer Kongresses, ETR **1967** Sonderheft.

Für die **Frachtbeförderung durch Binnenschiffe** gilt das Gesetz über die privatrechtlichen Verhältnisse der Binnenschiffahrt von 1895 i. d. F. von 1898 (BinSchG). Die- **53**

---
[112] Siehe dazu *Herber* TranspR **1986** 249–259.
[113] *Herber* TranspR **1992** 381 ff.

ses Gesetz, das zum Teil auf das Landfrachtrecht und das Seerecht des HGB weiterverweist, ist zur Gänze dispositiv gestaltet und wird daher in der Praxis sehr weitgehend durch die unterschiedlichen Verlade- und Transport- bzw. Konnossementsbedingungen der Binnenschiffahrt verdrängt. In diesem Kommentar ist es nicht abgedruckt. Maßgeblich für die Anwendung des Binnenschiffahrtsrechts ist die Ausführung des Transports mit einem Binnenschiff. Hierzu gehören nicht nur die selbstfahrenden Frachtschiffe, Anhangkähne und Schubleichter, sondern nach richtiger Auffassung auch die schwimm- und manövrierfähigen Barge-Container. Wegen des dispositiven Charakters des deutschen Binnenschiffahrtsrechts kann allerdings das auf solche Transporte anzuwendende Recht vertraglich – auch durch AGB – bestimmt werden. Es ist also auch die Vereinbarung der Anwendung von Seerecht möglich.

d) Luftfrachtrecht
Schrifttum

Ruhwedel Der Luftbeförderungsvertrag[2] (1987); *Giemulla/Schmid* Luftverkehrsgesetz (Loseblatt-Kommentar) (Stand 1990); *Giemulla/Lau/Mölls/Schmid* Warschauer Abkommen – Internationales Lufttransportrecht, Losebl. (Stand 1991).

54 Für den Luftfrachtverkehr besteht keine einheitliche Rechtsgrundlage; siehe Vorbem. zu Anh. VII nach § 452; dieser Anhang enthält auch Abdrucke der betreffenden Bestimmungen sowie der Beförderungsbedingungen der Deutschen Lufthansa. Folgende Rechtsnormen regeln den Luftfrachtvertrag:

aa) Im internationalen Bereich das Abkommen zur Vereinheitlichung von Regeln über die Beförderung im internationalen Luftverkehr (Warschauer Abkommen, WA) in seinen drei Fassungen von 1929, 1955 und 1971, je nach Mitgliedschaft der betreffenden beteiligten Länder; siehe § 452 Anh. VII/2, 3.

bb) Für den innerdeutschen Bereich und den Verkehr mit Ländern, die nicht dem WA angehören, gelten die §§ 44 bis 52, 55–57 des Luftverkehrsgesetz (LuftVG), § 452 Anh. VII/1.

cc) Soweit die überwiegend zwingenden, unter aa) und bb) genannten Vorschriften es zulassen, gelten die Beförderungsbedingungen der Fluggesellschaften, die zumeist der internationalen IATA-Empfehlung Nr. 1013 entsprechen (§ 452 Anh. VII, 4–7). Beim Luftfrachtvertrag besteht die Hauptpflicht in der Beförderung der Güter durch Luftfahrzeuge. Dies schließt nicht aus, daß auch Bodenbeförderungen erforderlich werden, z. B. die Verbringung der Güter zum Flugzeug im Flughafenbereich, evtl. auch Abholen und Ausliefern außerhalb dieses Bereiches. Soweit es sich hierbei um Hilfstätigkeiten handelt, gilt für sie Luftbeförderungsrecht. Stellt sich dagegen die Beförderung als Vorgang mit eigenem Gewicht dar, etwa beim kombinierten Transport mit Containern oder bei An- oder Abtransport über erhebliche Strecken, so liegt ein gemischter Luft-Landfrachtvertrag vor, auf dessen Landbeförderungsteil das Landfrachtrecht Anwendung findet. Probleme bereitet auch die Beförderung von Luftfrachtgütern auf der Straße aufgrund einer Entscheidung des Luftfrachtführers; dazu § 452 Anh. V Rdn. 65 ff, insbesondere 69 ff. Landfrachtrecht ist nicht ergänzend zum Luftfrachtrecht anzuwenden[114]; statt dessen, soweit wirklich erforderlich, entsprechend die im Sachverhalt ähnlichste Sonderordnung, etwa zu Chartervertrag Seerecht.

---

[114] BGH vom 13. 4. 1989, TranspR **1989** 327, 328 f, VersR **1989** 1066, 1068 (gegen Anwendung von § 429 Abs. 2 HGB); für ergänzende Anwendung aber *Ruhwedel*[2] 18 ff.

4. Multimodale Transporte und Frachtverträge mit unbestimmtem oder vertragswidrigem Beförderungsmittel

Siehe zu diesen Typen von Beförderungsverträgen oben Rdn. 6–9 und eingehend Anh. V nach § 452. **55**

III. Internationales Einheitsrecht, EG-Recht, Internationales Privatrecht

Schrifttum

Von Bar Internationales Privatrecht Band I (1987); Band II (1991); *Basedow* Die EG-Kabotageverordnung, EuZW **1990** 305 ff; *derselbe* Das Statut der Gerichtsstandsvereinbarung nach der IPR-Reform, IPRax **1988** 15 f; *derselbe* Zulässigkeit und Vertragsstatut der Kabotagetransporte, ZHR **1992** 413 ff; *Carl* Der Verkehr im europäischen Binnenmarkt, TranspR **1992** 81, 85; *Drobnig* Innerdeutsches und interlokales Kollisionsrecht nach der Einigung Deutschlands, RabelsZ **1991** 268 ff; *Herber* Internationale Transportrechtsübereinkommen und die deutsche Einheit, TranspR **1990** 253 ff; *Herber* Das Transportrecht im vereinten Deutschland, TranspR **1991** 1 ff; *Hilf* Die Richtlinie der EG – ohne Richtung, ohne Linie?, Europarecht **1993** 1 ff; *Kropholler*, Internationales Privatrecht (1990); *Lorenz* Die Rechtswahlfreiheit im internationalen Schuldvertragsrecht, RIW **1987** 569–584; *Maiworm* Rechtslage im Güterkraftverkehr ab dem 1. Januar 1993, TranspR **1993** 129 ff; *Rittmeister* Kabotage – Geltendes Recht und Entwicklungen im Rahmen der EG, TranspR **1989** 312 ff; *Sandrock/Steinschulte* Handbuch der internationalen Vertragsgestaltung Band 1 (1980) S. 1 ff (erscheint 1993 neu); *Veelken* Die Bedeutung des EG-Rechts für die nationale Rechtsanwendung, JUS **1993** 265 ff; *Willenberg* § 1 KVO[4] Rdn. 95 ff.

1. Internationales Einheitsrecht

Im grenzüberschreitenden Bereich des Landtransports war bisher das Internationale **56** Privatrecht (Kollisionsrecht) praktisch nur ergänzend anwendbar. Die CMR setzt nur voraus, daß entweder der Übernahme- oder der Ablieferungsort in einem Mitgliedstaat liegen muß. Daher unterliegt sowohl der einkommende wie der ausgehende Verkehr auf der Straße diesem Übereinkommen. Innerstaatliches Recht, insbesondere innerdeutsches Frachtrecht, ist insoweit nur anzuwenden aufgrund Verweisung durch Bestimmungen der CMR oder soweit diese ergänzungsbedürftig war; dazu die Erl. zu Art 1 CMR, Anh. VI nach § 452. Die CMR enthält materielles deutsches Privatrecht internationalen Ursprungs (internationales Einheitsrecht). Art. 1 bindet die deutschen Gerichte als kollisionsrechtliche Norm. Sie zwingt die Gerichte zur ihrer Anwendung bei Vorliegen ihrer Voraussetzungen, selbst wenn die mitberührten Staaten dem Übereinkommen nicht angehören. Daß hiernach derselbe Frachtvertrag von eine deutschen oder einem ausländischen Gericht unter verschiedene Normen gestellt werden kann, ist in Kauf genommen. Da die CMR nach ihrem Art. 41 fast zur Gänze unabdingbar ist, können deutsche Frachtführer und Spediteure (§§ 412, 413 Rdn. 9) eigene Vertragsbedingungen nur durchsetzen, soweit sie mit der CMR vereinbar sind. Außer der CMR werden im Rahmen der in diesem Kommentar behandelten Gegenstände auch weitere Übereinkommen des internationalen Einheitsrechts bedeutsam; insbesondere im Bereich der Eisenbahnbeförderung (dazu die Anhänge nach § 460) und des multimodalen Transports, Anh. V nach § 452. Soweit internationales Privatrecht zur Bestimmung des ergänzend anzuwendenden Rechts dient, spielt es immerhin noch eine erhebliche praktische Rolle; siehe zu Art. 1 CMR.

2. Europäisches Gemeinschaftsrecht

57 Europäisches Gemeinschaftsrecht[115] hat bisher im Transportprivatrecht keine bedeutende Rolle gespielt. Nach dem Eingreifen des EuGH zur Erzwingung einer einheitlichen Verkehrspolitik[116] ist jedoch auch in diesem Bereich eine gewisse Bewegung entstanden. Die Organe der EG haben sich jedoch zurückgehalten, soweit es bereits Übereinkommen des internationalen Einheitsrechts gibt. Insbesondere ist nicht daran gedacht, die CMR, die zwar in der Geltung auf Europa beschränkt, aber kein Gemeinschaftsrecht der EG ist, durch Gemeinschaftsrecht zu verdrängen. Das gleiche gilt aber auch für die Übereinkommen weltweiter Geltung wie das luftrechtliche Warschauer Abkommen und die diversen seerechtlichen Übereinkommen. Einfluß auf die privatrechtliche Rechtspraxis hat das Gemeinschaftsrecht jedoch im Bereich der Kabotage; dort steigt auch wieder die Bedeutung des internationalen Privatrechts; siehe Rdn. 62. Zur Abfall-Verbringungs-Verordnung (EWG Nr. 259/93) siehe Rdn. 14. Die Richtlinie 92/106 betrifft Einzelfragen des kombinierten Transports[117].

3. Internationales Privatrecht (Kollisionsrecht)
a) Deutsches Kollisionsrecht

58 Für die Bestimmung des auf Frachtverträge anzuwendenden nationalen Sachrechts[118] sind vor deutschen Gerichten[119] die Regeln des deutschen internationalen Schuldrechts maßgeblich; Art. 27 ff EGBGB[120]. Danach gilt grundsätzlich das Prinzip der **freien Rechtswahl**[121]. Das Statut der Rechtswahlklausel ist das des gewählten Rechts; Art. 27 Abs. 4, 31 Abs. 1 EGBGB[122]. Zulässig ist auch die stillschweigende Rechtswahl[123], insbesondere auch noch im Prozeß durch Prozeßverhalten[124], auch durch bloßes Einlassen der Parteien[125]; ferner durch gemeinsame Gerichtsstandswahl[126]. Die Rechtswahlindi-

---

[115] Siehe einführend zur Wirkungsweise und Bedeutung des EG-Rechts *Veelken* JUS **1993** 265 ff.

[116] EuGH vom 22. 5. 1985, TranspR **1986** 100 ff (Rs 13/83).

[117] Vom 7. 12. 1992, ABl. Nr. L 368 vom 17. 12. **1992** 38 ff. Abdruck auch in EWS **1993** 64 f.

[118] Diese kann offenbleiben, wenn die Rechtsfolgen nach den in Frage kommenden Rechten sich nicht unterscheiden; BGH vom 25. 1. 1991, WM **1991** 837 f; zur Ermittlung ausländischen Rechts BGH vom 8. 5. 1992, RIW **1992** 673 f.

[119] Zur Gerichtstandswahl, die mittelbar zur Anwendung deutschen Kollisionsrechts führt, siehe § 65 ADSp, Anh. I nach § 415 Rdn. 3 ff. *Basedow* IPRax **1988** 15 f.

[120] Neu geregelt durch das IPR-Gesetz vom 25. 7. 1986, BGBl 1142 und in Ausführung des EG-Übereinkommens vom 19. 6. 1980 über das auf vertragliche Schuldverhältnisse anzuwendende Recht (EG-Schuldrechtsübereinkommen), BGBl **1986** II 809 ff; zum Mitgliederstand siehe den jährlichen Fundstellennachweis B, für den 31. 12. 1992 siehe BGBl II **1993** S. 469; zur Einführung *MüKo/Martiny*² vor Art. 27 EGBGB. Zur ähnlichen Rechtslage aufgrund der damaligen Rechtsprechung vor Inkrafttreten der Neuregelung siehe noch §§ 407–409 Rdn. 54 ff; eingehend *Sandrock/Steinschulte* S. 1 ff.

[121] Siehe dazu die Kommentare zu Art. 27 EGBGB; *von Bar* II Rdn. 460 ff; *Kropholler* IPR 392 ff; *Lorenz* Die Rechtswahlfreiheit im internationalen Schuldvertragsrecht, RIW **1987** 569–584.

[122] Siehe eingehend *MüKo/Martiny*² Art. 27 EGBGB Rdn. 73 ff. Zur entsprechenden früheren Rechtsprechung siehe z. B. BGH vom 15. 12. 1986, NJW **1987** 1145 f = TranspR **1987** 98, 99 = VersR **1987** 505.

[123] Art. 27 Abs. 1 EGBGB; unstr., siehe *MüKo/Martiny*² Art. 27 EGBGB Rdn. 44 ff.

[124] *MüKo/Martiny*² Art. 27 EGBGB Rdn. 51 ff; *Palandt/Heldrich*⁵² Art. 27 Rdn. 7, 10; kritisch *von Bar* II Rdn. 461; zu § 65 c ADSp OLG Düsseldorf vom 4. 3. 1982, VersR **1982** 1202; BGH vom 15. 1. 1986, WM **1986** 527, 528 (zum Kaufvertrag); BGH vom 28. 1. 1993, NJW **1993** 1126 (zweifelnd in einem Bürgschaftsfall); OLG Frankfurt vom 12. 11. 1991, WM **1992** 569, 570 (Akkreditiv).

[125] Speziell zum Frachtrecht: OLG Düsseldorf vom 6. 9. 1973, VersR **1975** 232 f; OLG Düsseldorf vom 12. 1. 1978, VersR **1978** 964 f (Luftrecht); vom 29. 9. 1988, TranspR **1989** 10, 11; vom 14. 3. 1991, TranspR **1991** 235, 237; vom 23. 1. 1992, TranspR **1992** 218; OLG München vom 8. 11. 1991, TranspR **1992** 60, 62; zum Eisenbahnrecht der DDR gem. Art. 236 § 1 EGBGB siehe BGH vom 14. 11. 1991, TranspR **1992** 273, 275 = VersR **1992** 767, 768. Zum Kaufrecht BGH vom 15. 1. 1986, WM **1986** 527, 528.

[126] *MüKo/Martiny*² Art. 27 EGBGB Rdn. 47; LG

zien aus den Umständen des Vertragsschlusses ähneln denen für den engsten Zusammenhang nach Art. 28 Abs. 1[127]. Werden die ADSp zwischen Absender und CMR-Frachtführer vereinbart, so kann insbesondere § 65 c ADSp die Geltung deutschen Rechts begründen[128]. Insoweit werden die ADSp nach richtiger Auffassung nicht durch zwingendes Recht verdrängt.

Zwingendes Recht kann durch die grundsätzliche Wahl eines ausländischen Rechts **59** nicht ohne weiteres abbedungen werden; Art. 34 EGBGB. Dies führt jedenfalls für Bestimmungen mit wirtschafts- und sozialpolitischer Zielsetzung zu einer Sonderanknüpfung an das deutsche Recht[129]. Dazu gehören jedenfalls die zur Herstellung von Markttransparenz oder zum Schutze der Auftraggeber bzw. Verbraucher erlassenen Bedingungsordnungen KVO und GüKUMT[130]. Freilich ist deren öffentlich-rechtliche Grundlage mit der Aufhebung des Tarifrechts durch das Tarifaufhebungsgesetz (siehe vor 1 GüKG, Anh. I nach § 452) und damit die Geltung als ordre public nicht mehr ohne weiteres zu bejahen[131].

Fehlt es an einer wirksamen Rechtswahl, ist nach Art. 28 Abs. 1 EGBGB das **60** Recht des Staates anzuwenden, mit dem der Vertrag die engsten Verbindungen aufweist. Dies entspricht der früheren Rechtsprechung vor Inkrafttreten der Neuregelung des EGBGB[132]. Die verschiedenen Anknüpfungspunkte (z. B. Übernahmeort, Entladeort, Staatsangehörigkeit oder Niederlassungssitz der Vertragsbeteiligten, Ort der Ausstellung eines Beförderungsdokuments, Gerichtsstandvereinbarung[133]) sind in einer ihrem Gewicht entsprechenden Weise zu berücksichtigen, um die engste Verbindung zu ermitteln[134]. Bei Güterbeförderungsverträgen wird jedoch gem. **Art. 28 Abs. 4 EGBGB** vermutet, daß sie mit dem Staat die engsten Verbindungen aufweisen, in dem der Beförderer im Zeitpunkt des Vertragsabschlusses seine Hauptniederlassung hat, sofern sich in diesem Staat auch der Verladeort oder der Entladeort oder die Hauptniederlassung des Absenders befindet[135]. Handelt es sich um Transporte, bei denen der Beförderer seine Hauptniederlassung in der Bundesrepublik Deutschland hat, und liegt entweder der Verladeort oder der Entladeort in der Bundesrepublik Deutschland, so ist daher mangels

---

München vom 3. 8. 1979, ETR **1981** 691; LG Bonn vom 24. 7. 1990, TranspR **1991** 25, 26. Insgesamt zu den Indizien einer Gerichtsstandwahl siehe z. B. *MüKo/Martiny*² vor Art. 27 EGBGB 49 ff; *Palandt/Heldrich*⁵² Art. 27 EGBGB Rdn. 7; kritisch zu dieser Praxis *von Bar* II Rdn. 469 f.

[127] *Kropholler* IPR 392. Zu diesen Kriterien siehe Rdn. 60. Beispiel: BGH vom 7. 7. 1980, RIW **1980** 725 f = WM **1980** 1148; alternativ verwendet auch von OLG Hamm vom 25. 9. 1984, TranspR **1985** 100, 101.

[128] Siehe Art. 27 Abs. 1 EGBGB und § 65 ADSp Anh. I nach § 415 Rdn. 10.

[129] *Palandt/Heldrich*⁵² Art. 34 Rdn. 1, 3, 4, 6.

[130] *Basedow* ZHR **1992** 413, 427; *MüKo/Martiny*² Art. 28 EGBGB Rdn. 167; Art. 34 Rdn. 78, 94.

[131] Siehe zu den Voraussetzungen des Art. 34 einschränkend *von Bar* I Rdn. 262.

[132] Siehe §§ 407–409 Rdn. 56 ff; *von Bar* II Rdn. 462. Zur CMR siehe z. B. OLG Hamm vom 25. 9. 1984, TranspR **1985** 100, 101 (zugleich als stillschweigender Vertragswille). Zum Kaufrecht: BGH vom 9. 10. 1986, RIW **1987** 148 f.

[133] OLG München vom 3. 5. 1989, TranspR **1991** 61, 62 (Frachtführer mit Niederlassung in Österreich, Verladeort und Absender-Sitz in Jugoslawien, Entladeort in Deutschland, deutscher Gerichtsstand vereinbart, Ergebnis eher begründbar mit konkludenter Rechtswahl); ähnlich schon der Altfall OLG München vom 5. 7. 1989, TranspR **1990** 16, 17 (niederländischer Frachtführer, Übernahme des Gutes in Deutschland, größter Teil der vertragstypischen Leistung in Deutschland; kein niederländischer, wohl aber deutscher Gerichtsstand nach Art. 31 CMR, daher deutsches Recht ergänzend zur CMR).

[134] Art. 28 Abs. 5 EGBGB; *MüKo/Martiny*² Art. 28 EGBGB Rdn. 74 ff; *Kropholler* IPR 402.

[135] Siehe *MüKo/Martiny*² Art. 28 EGBGB Rdn. 66 ff; *von Bar* II Rdn. 523 ff. Gemäß Art. 28 Abs. 4 gilt diese Regelung auch für den Fixkostenspediteur; OLG Hamburg vom 30. 3. 1989, TranspR **1989** 321, 322. Zur Anwendung des GüKUMT LG Bonn vom 24. 7. 1990, TranspR **1991** 25, 26. Zur Rechtslage vor der Neuregelung siehe §§ 407–409 Rdn. 54 ff.

anderer überwiegender Anknüpfungspunkte davon auszugehen, daß das Recht der Bundesrepublik Deutschland ergänzend anzuwenden ist. Auch nach früherem Recht ergab sich für deutsche Frachtführer, besonders aber durch den Geschäftssitz des Frachtführers bereits ein überwiegender Sachzusammenhang zum deutschen Recht[136]. Art. 28 Abs. 2 ist durch die lex specialis des Art. 28 Abs. 4 verdrängt[137]. Insgesamt kommt eine Widerlegung der Vermutung des Art. 28 Abs. 4 praktisch kaum in Betracht. Insbesondere ist die früher häufige Annahme des Rechts des jeweiligen Erfüllungsorts der streitbetroffenen Pflicht[138] oder auch der „typusbestimmenden" Pflicht[139] kaum mehr von Bedeutung. Bei Kabotagetranporten ist sie wegen Fehlens der Voraussetzungen nicht anwendbar; siehe Rdn. 62. Nicht anzuwenden ist die Verbraucherschutzregelung des Art. 29 EGBGB; siehe dort Abs. 4 S. 1 Nr. 1[140].

b) Innerdeutsches Kollisionsrecht

61   Innerdeutsches Kollisionsrecht[141] ist seit dem 3. 10. 1990 nicht mehr anzuwenden. Mit dem Beitritt der Länder der ehemaligen DDR gem. Art. 23 GG auf der Grundlage des Einigungsvertrages ist innerhalb Deutschlands das Transportrecht, insbesondere ausnahmslos das Landtransportrecht als Bundesrecht gleichmäßig, auch in den neuen Bundesländern anwendbar[142]. Hinsichtlich der Übereinkommen des internationalen Einheitsrechts sind teilweise noch bestehende Einzelfragen[143] jedenfalls für die CMR gelöst.

c) Kabotage

62   Kabotage ist die „innerstaatliche Beförderung durch einen Unternehmer der in einem anderen Staat niedergelassen ist", legal definiert in § 103 Abs. 5 GüKG aus der Sicht des deutschen Ordnungsrechts[144]. Kabotage ausländischer Frachtführer in Deutschland liegt also vor z. B. beim Transport von München nach Frankfurt durch einen niederländischen Frachtführer; Kabotage deutscher Frachtführer im Ausland etwa beim Transport von Straßburg nach Marseille. Innerhalb der EG ist durch die EG-KabotageVO[145] in begrenztem Umfang die Kabotage innerhalb der Gemeinschaftsstaaten eröffnet wor-

---

[136] Siehe noch BGH vom 28. 4. 1988, NJW **1988** 3095, 3096 = TranspR **1988** 338, 339 f = VersR **1988** 825 f (zur CMR); OLG München vom 30. 10. 1974, VersR **1975** 129; OLG Düsseldorf vom 4. 3. 1982, VersR **1982** 1202 f (neben weiterem auch Einlassung auf die Anwendung deutschen Rechts [CMR]); OLG Düsseldorf vom 29. 9. 1988, TranspR **1989** 10, 11; OLG Hamburg vom 3. 11. 1983, TranspR **1984** 190 = VersR **1984** 235 (CMR); Rabe EWiR Art. 1 CMR 1/87, 985, 986.

[137] *von Bar* II Rdn. 524; *MüKo/Martiny*[2] Art. 28 EGBGB Rdn. 59; *Palandt/Heldrich*[52] Art. 28 EGBGB Rdn. 6; *Basedow* ZHR **1992** 413, 432; OLG München vom 3. 5. 1989, TranspR **1991** 61, 62; OLG Frankfurt vom 23. 12. 1992, TranspR **1993** 103, 104 f Spezialität gegenüber Abs. 2, aber nicht, wenn dessen Voraussetzungen nicht vorliegen.

[138] OLG Hamm vom 17. 4. 1986, TranspR **1986** 431. Zur Unzulässigkeit der Statutsaufspaltung nach Einzelpflichten siehe *MüKo/Martiny*[2] Art. 28 EGBGB Rdn. 9.

[139] *MüKo/Martiny*[2] Art. 28 EGBGB Rdn. 9.; OLG Düsseldorf vom 6. 9. 1973, VersR **1975** 232

[140] *Koller*[2] vor § 1 GüKUMT Rdn. 4 a. E.

[141] Siehe dazu *Palandt/Heldrich*[52] Anhang zu Art. 3; *Drobnig* RabelsZ **1991** 268 ff.

[142] *Herber* TranspR **1991** 1 ff.

[143] Dazu noch *Herber* TranspR **1990** 253 ff.

[144] Dazu eingehend *Basedow* Zulässigkeit und Vertragsstatut der Kabotagetransporte, ZHR **1992** 413 ff.

[145] EG-Verordnung Nr. 4059 des Rats vom 21. 12. 1989 (ABl Nr. 930/3 vom 30. 12. 1989), geändert durch VO Nr. 296/91 vom 4. 2. 1991 (ABl Nr. 36/8 vom 8. 2. 1991), Hein/Eichhoff u. a. J 216. Die VO ist im Juli 1992 mit sofortiger Wirkung aus formalen Gründen aufgehoben worden, gilt aber jedenfalls bis zu einer neuen Entscheidung des Rats weiter fort. Sie wird vom EuGH sachlich nicht beanstandet, Urteil vom 7. 11. 1991, TranspR **1992** 14 f = EuZW **1992** 62 f. Dazu *Basedow* EuZW **1990** 305 ff und ZHR **1992** 413, 419 ff.

den¹⁴⁶. Der Ausführung der EG-VO dient die deutsche KabotageVO¹⁴⁷, die – jedenfalls grundsätzlich – mit EG-Recht vereinbar ist¹⁴⁸. Kabotagetransporte auf der Straße unterliegen dem internen Recht des Kabotagelandes¹⁴⁹, nicht der CMR, da es am Merkmal der grenzüberschreitenden Beförderung nach Art. 1 CMR fehlt. Grundsätzlich ist der Kabotageverkehr dem Kollisionsrecht des entscheidenden Gerichts unterstellt, in Deutschland also den Bestimmungen des EGBGB; siehe Rdn. 58 ff, im Ausland dem dort geltenden Kollisionsrecht¹⁵⁰. Danach ist die Rechtswahl durch die Parteien formlos zulässig. Diese wird zwar derzeit noch durch Art. 5 Abs. 1 a behindert, der dem nationalen Gesetzgeber die Durchführung im Bereich: „für den Beförderungsvertrag geltende Preise und Bedingungen" zuweist. Nach richtiger Auffassung betrifft diese Sonderkollisionsnorm aber nur zwingende Regelungen, zur Zeit also die allseitig zwingenden Tarifvorschriften und die Bedingungen KVO und GüKUMT¹⁵¹. Durch das Tarifaufhebungsgesetz entfällt jedoch zum 1. 1. 1994 das zwingende Tarifrecht und damit auch die Unzulässigkeit der Abweichungen zugunsten des Absenders¹⁵². Damit sind KVO und GüKUMT grundsätzlich noch zu Lasten des Frachtführers unabdingbar und insoweit auch nicht durch Rechtswahl abdingbar (Art. 34 EGBGB). Jedenfalls sind aber Rechtswahlvereinbarungen zulässig, die den Kunden begünstigen; siehe Rdn. 58 f. Im Kabotageverkehr ist Art. 28 Abs. 4 nicht anzuwenden, weil sich weder Verlade- noch Entladeort im Land der Hauptniederlassung des Frachtführers befinden. Gleichwohl ergibt sich aus Art. 28 Abs. 1 S. 1 EGBGB regelmäßig, daß der Vertrag mit Verlade- und Entladeort die engsten Verbindungen zum Kabotageland hat, also auf in Deutschland ausgeführte Beförderungen deutsches Recht maßgeblich ist¹⁵³. Im Güternahverkehr und in den Ausnahmebereichen des § 4 GüKG und der FreistellungsVO gelten ohnehin keine zwingenden Bedingungen. Hier ist jedenfalls ab 1994 Rechtswahlfreiheit und Freiheit der Vereinbarung von Preis und Konditionen gegeben¹⁵⁴. Zur Versicherung siehe Anh. I nach § 429 HGB Rdn. 54; zur Versicherungspflicht ausländischer Unternehmen bei Kabotage in Deutschland dort Rdn. 38.

B. Begriff des Frachtführers und des Frachtvertrages
I. Allgemeines

Nach der gesetzlichen Definition des § 425 ist Frachtführer, wer gewerbsmäßig die Beförderung von Gütern zu Lande oder auf Binnengewässern übernimmt, d. h. wer in

63

---

¹⁴⁶ Die bilateralen deutschen Abkommen mit Nicht-EG-Staaten über den grenzüberschreitenden Güterverkehr auf der Straße gestatten ausländischen Frachtführern keine Kabotage in Deutschland; siehe z. B. Tschechoslowakei, Art. 3 Abs. 5, BGBl **1992** II 1327.

¹⁴⁷ Vom 29. 3. 1991, BGBl I 860 ff Abdruck bei Hein/Eichhoff u. a. C 482 (auf der Grundlage des auch durch das Tarifaufhebungsgesetz nicht veränderten § 103 Abs. 5 GüKG).

¹⁴⁸ Das Urteil des EuGH vom 7. 11. 1991, TranspR **1992** 14 f = EuZW **1992** 62 f betraf eine Vorlage des BVerwG. Der Vorlagebeschluß zum EuGH des BVerwG vom 9. 11. 1989, EuZW **1990** mit Anm. von *de la Motte*, zur Kabotage hat sich praktisch erledigt; siehe auch ; *Maiworm* TranspR **1993** 129, 130.

¹⁴⁹ Probleme bestehen hinsichtlich der Durchsetzung des Gefahrgutrechts; siehe Rdn. 16.

¹⁵⁰ Diese Rechte können hier im einzelnen nicht dargestellt werden, entsprechen aber in den meisten EG-Staaten weitgehend dem EG-Schuldrechtsübereinkommen vom 19. 6. 1980. Zum Überblick über ausländisches internationales Schuldrecht siehe *Staudinger/Firsching*¹² vor Art. 27 EGBGB Rdn. 12–139.

¹⁵¹ *Basedow* ZHR **1992** 413, 429 f.

¹⁵² Siehe vor 1 GüKG, Anh. I nach § 452 Rdn. 2 f.

¹⁵³ Zu allem eingehend *Basedow* ZHR **1992** 413, 431 ff.

¹⁵⁴ Die Ausführungen von *Basedow* ZHR **1992** 413, 434 f werden durch das Tarifaufhebungsgesetz somit weitgehend überholt. Die Probleme des (bestehenbleibenden) § 6 b Abs. 1 GüKG lassen sich durch teleologische Reduktion lösen.

diesem Bereich Frachtverträge abschließt. Der Begriff des Frachtführers wird also mittelbar durch den Begriff des Land- oder Binnenschiffahrtsfrachtvertrages bestimmt. Da durch § 451 das Landfrachtrecht auch für Gelegenheitsfrachtführer gilt, sofern sie nur Kaufleute sind, enthält die Abgrenzung des Vertragstyps „Frachtvertrag" die eigentlichen Kriterien für die Anwendbarkeit der §§ 426 ff HGB. Häufig wird an Stelle des Begriffs „Frachtvertrag" der Oberbegriff „Beförderungsvertrag" gebraucht (z. B. in § 3 KVO, Anh. II nach § 452). Dieser umfaßt aber neben dem Frachtvertrag (Vertrag über die Beförderung von Gütern) auch den Personenbeförderungsvertrag (zu diesem siehe § 460).

64 **Ob ein Vertrag ein Frachtvertrag ist, hängt von dem von den Parteien vereinbarten Leistungsgegenstand ab.** Die geführte Berufsbezeichnung des die Beförderung Übernehmenden ist für die Frage, ob er Frachtführer ist, ob also das Landfrachtrecht Anwendung findet, allenfalls als Auslegungsgegenstand von Bedeutung, ebenso die Bezeichnung, die dem Geschäft von den Parteien gegeben wird. So ist z. B. der Möbelspediteur in aller Regel Frachtführer; siehe §§ 407–409 Rdn. 12 und oben Rdn. 33. Diese Fragen spielen vor allem eine Rolle bei der Abgrenzung zwischen Speditionsvertrag und einer zwingenden Sonderordnung unterstehendem Frachtvertrag; siehe eingehend §§ 412, 413 Rdn. 3–15 und 61 ff. Zum Abgrenzung vom multimodalen Frachtvertrag siehe § 452 Anh. V, insbesondere Rdn. 22; zur Abgrenzung gegenüber anderen Vertragstypen siehe unten Rdn. 90 ff; zur Rechtsnatur des Frachtvertrages Rdn. 102 ff.

65 Der Frachtführer ist stets **Kaufmann kraft Gesetzes**, auch ohne Eintragung in das Handelsregister („Mußkaufmann", „Kaufmann kraft betriebenen Handelsgewerbes"), § 1 Abs. 2 Ziff. 5. Eine auf den Betrieb von Frachtgeschäften gerichtete Personengesellschaft ist somit zwingend oHG oder KG.

II. Die am Frachtvertrag beteiligten Personen. Terminologie
1. Der Frachtführer (Unternehmer)

66 Das Landfrachtrecht des HGB bezeichnet den Güterbeförderer als „Frachtführer". Diese Terminologie wurde in die deutsche Übersetzung der CMR aufgenommen und gilt somit auch für den grenzüberschreitenden Straßengüterverkehr. Sie wird auch im BinSchG verwendet. Allerdings sprechen die gebräuchlichen Verlade- und Transportbedingungen der Binnenschiffahrt regelmäßig von der „Reederei". Das innerdeutsche Spezialrecht des Güterkraftverkehrs bedient sich – im Zusammenhang mit den öffentlich-rechtlichen Regelungen des Erlaubnisrechts im GüKG – des farblosen Ausdrucks „Unternehmer" (KVO, GüKUMT, AGNB). Die ADSp sprechen stets nur vom „Spediteur", auch soweit er nicht als solcher, sondern als Frachtführer tätig wird. Die terminologischen Unterschiede sind sachlich bedeutungslos. In allen Fällen handelt es sich um Frachtführer i. S. d. §§ 425 ff HGB.

67 **Die anderen Sparten des Frachtrechts haben eine eigene Terminologie.** Im Seerecht heißt der Frachtführer „Verfrachter", im Luftfrachtrecht des WA, des LuftVG und der deutschen Fassung der IATA-Bedingungen wird nur der Terminus „Luftfrachtführer" benutzt. Dieser gilt jedoch, anders als im Landfrachtrecht, auch für die Tätigkeit als Personenbeförderer. Im internationalen Abkommen werden die Frachtführer (und Personenbeförderer) aller Sparten englisch als „carrier", französisch als „transporteur" bezeichnet; nur im Eisenbahnrecht ist stets von „railway" oder „chemin de fer" die Rede. Soweit eine einheitliche Bezeichnung für Güterbeförderer erforderlich ist, werden in diesem Kommentar die Ausdrücke „Frachtführer" oder auch „Beförderer" verwendet.

2. Der Absender

„Absender" im Sinne des Landfrachtrechts ist der Vertragspartner des Frachtführers. **68**
Die Spezialregelungen schließen sich teilweise dieser Terminologie an (KVO, CMR).
Mit dem farblosen Ausdruck „Auftraggeber" wird der Absender in den Bedingungen
GüKUMT, den AGNB und den ADSp bezeichnet. Auch das deutsche und internationale Eisenbahnrecht bezeichnet den Vertragspartner als Absender, ebenso das Luftfrachtrecht. Im Seerecht heißt der Absender „Befrachter"; bestimmte Funktionen werden aber vom sogen. „Ablader" übernommen; siehe dazu z. B. §§ 563 ff, 642, 645 ff
HGB.

Wer Absender ist, ergibt sich im allgemeinen aus der Eintragung im Frachtbrief. **69**
Doch kann die durch die Eintragung begründete Vermutung widerlegt werden; siehe
§ 426 Rdn. 37. Die Ermittlung kann im Einzelfall schwierig sein, wenn verdeckte Stellvertretung und komplizierte gesellschaftsrechtliche Kooperationsformen auf der Absenderseite vorliegen. Zur Ermittlung, wer Absender ist, muß dann auf die gesamten Umstände (z. B. kaufmännisches Bestätigungsschreiben, Provisions- und Frachtzahlungen) abgestellt werden[155]. Ob derjenige, der den Frachtvertrag mit dem Frachtführer abgeschlossen hat, ein Eigeninteresse an Ware und Beförderung hat, oder nur als Strohmann eines anderen handelt, hat auf seine Stellung als Absender keinen Einfluß[156]. In sehr vielen Fällen ist der Absender eines Frachtvertrages Spediteur; siehe §§ 407–409 Rdn. 42; §§ 412, 413 Rdn. 65. Ebenso häufig ist der Abschluß von Frachtverträgen durch Hauptfrachtführer mit Unterfrachtführern; siehe die Erl. zu § 432 sowie zum multimodalen Verkehr Anh. V nach § 452 Rdn. 8.

3. Der Empfänger
a) Begriff und Bestimmung des Empfängers

Empfänger ist derjenige, an den nach dem jeweiligen Stand des Frachtvertrages das **70**
Frachtgut auszuliefern ist bzw. an den das Frachtgut berechtigterweise ausgeliefert worden ist, vielfach auch ein Empfangsspediteur[157]. Hierfür erbringt die Frachtbriefeintragung regelmäßig widerleglichen Beweis[158]. Im Regelfall ist daher nach allen frachtrechtlichen Regelungen derjenige Empfänger, an den das Frachtgut adressiert ist. Hierbei ist zunächst der ursprünglich[159] bezeichnete Empfänger gemeint. Allerdings besteht in der Regel auch die Möglichkeit des Absenders, durch nachträgliche Verfügungen eine andere Person als die ursprünglich bezeichnete als Empfänger zu benennen[160]. Wird eine solche vertragsändernde Verfügung getroffen, so wird die neu benannte Person Empfänger. Sie wird dann auch gesetzlich regelmäßig so bezeichnet. Siehe zur Rechtsstellung des Empfängers als Begünstigter aus einem Frachtvertrag zugunsten Dritter unten Rdn. 104 f. Spätestens nach der Ablieferung kann kein neuer Empfänger mehr benannt werden. Teilweise gestatten die frachtrechtlichen Normen dem Empfänger, eine andere Person zu benennen, an die abzuliefern ist. Diese wird dann als Ersatzempfänger bezeichnet.

---

[155] Siehe z. B. BGH vom 30. 1. 1964, VersR **1964** 479, 480 (zur KVO).
[156] BGH vom 23. 6. 1955, WM **1955** 1324, 1325; Niederländischer Hoge Raad vom 13. 12. 1973, ETR **1974** 602 ff; dazu *Czapski* AWD **1974** 161 und *Dorrestein* ETR **1974** 724.
[157] OLG Hamburg vom 19. 8. 1982, TranspR **1984** 99, 100 = VersR **1983** 453 f.
[158] Im Eisenbahnrecht soll die Vermutung nach der Rechtsprechung unwiderleglich sein. BGH vom 4. 6. 1976, NJW **1976** 966 f (zur EVO); siehe auch § 426 Rdn. 39.
[159] Regelmäßig im Frachtbrief; siehe § 426 Rdn. 39.
[160] Siehe §§ 433 Abs. 1; § 27 Abs. 1 d KVO; Art. 12 Abs. 1 CMR; § 3 Abs. 1 GüKUMT; Art. 12 Abs. 1 WA; § 72 Abs. 1 d EVO; Art. 30 § 1 d ER/CIM 1980.

71 **An wen tatsächlich ausgeliefert wird**, ist für die Bestimmung des Empfängers grundsätzlich nicht maßgeblich. Insbesondere ist nicht Empfänger im Rechtssinne die Person, an die vertragswidrig ausgeliefert wird (Zufallsempfänger)[161]. Wird an diese ausgeliefert, kann haftungsbegründender Verlust des Gutes vorliegen; siehe § 429 Rdn. 22. Auch Personen, die im „Notify"-Feld eines CMR-Frachtbriefs aufgeführt sind, werden dadurch nicht zu Empfängern, sondern nur zur „Ablieferungsstelle"; zutreffend OLG Düsseldorf vom 2. 3. 1989, TranspR **1989** 423 f.

72 Im Falle der **Ausstellung eines Ladescheins** – wie er im Binnenschiffahrtsrecht noch vorkommt – kann der Empfänger auch durch die wertpapierrechtliche Legitimation bestimmt sein; siehe § 447 Rdn. 1 ff sowie die Erl. zu §§ 433–435; im Seerecht gilt Entsprechendes für die Benennung des Empfängers durch das Konnossement; im multimodalen Transport durch die Bezeichnung im Dokument des multimodalen Transports, z. B. durch das FBL; zu letzterem siehe Anh. IV nach § 415 Rdn. 13 ff.

b) Bedeutung der Rechtsfigur des Empfängers

73 Entsprechend der Rechtsnatur des Frachtvertrages als eines Vertrages zugunsten Dritter (siehe Rdn. 104) sind die frachtrechtlichen Rechte, die sich gegen den Frachtführer richten, auf Absender und Empfänger verteilt; siehe zum Überblick über die Rechtsstellung des Empfängers die Erl. zu § 435; zur Zahlungspflicht des Empfängers § 436; zur Verteilung des frachtrechtlichen Verfügungsrechts § 433 Rdn. 34; zur Aktivlegitimation bei Geltendmachung von Ersatzansprüchen gegen den Frachtführer § 429 Rdn. 140 ff. Den Empfänger können unter besonderen Voraussetzungen auch frachtvertragliche Pflichten treffen; insbesondere aus § 436. Frachtrechtliche Sondervorschriften, wie etwa die Verjährung nach § 40 KVO, Anh. II nach § 452[162] oder nach Art. 32 CMR, Anh. VI nach § 452, gelten auch zu seinen Lasten.

III. Definition und Abgrenzung des Frachtvertrages
1. Die Definitionsmerkmale des § 425
a) Beförderung
aa) Ortsveränderung

74 Zentrales Bestimmungselement des Frachtvertrages ist die „Beförderung". Darunter versteht man die Verbringung von Personen oder Sachen von einem Ort an einen anderen, also die Überwindung einer (gegebenenfalls nur geringfügigen) räumlichen Distanz. Hierbei braucht es sich nicht um die Verbringung von einem geographisch bezeichneten Ort an einen anders bezeichneten zu handeln; so schon ROHG **12** 196, 198 zu Art. 390 AHGB. Es genügt vielmehr auch die Ortsveränderung auf kürzester Distanz, z. B. für Transport von Möbeln von einem Zimmer in ein anderes; Kranarbeiten; siehe Nr. 5.1 BSK, Anh. III/1 nach § 452. Beförderungstätigkeit ist somit auch das Verladen, der Gepäcktransport usw. Auch der Dienstmann befördert Güter, siehe jedoch Rdn. 101. Gleiches gilt für das Versetzen von Fahrzeugen und Anhängern; siehe Rdn. 87.

bb) Beförderungserfolg als Leistungsgegenstand

75 Mit dem Begriff „Beförderung" wird der gesamte Vorgang – eingeschlossen der Erfolg – bezeichnet. Ein Frachtvertrag liegt somit nur vor, wenn der Erfolg, also die Ver-

---

[161] *Lenz* Rdn. 965; OLG Düsseldorf vom 22. 2. 1973, BB **1973** 819 f.

[162] BGH vom 5. 7. 1962, NJW **1963** 102 ff = VersR **1962** 728.

bringung von Ort zu Ort, geschuldet wird. Damit erweist sich der Frachtvertrag als Sonderfall des Werkvertrages[163]. Von ihm sind Verträge zu unterscheiden, bei denen der Unternehmer nicht den Erfolg der Tätigkeit, die Verbringung an einen anderen Ort schuldet, so z. B. der Mietvertrag über ein Beförderungsmittel, der Dienstvertrag für zu leistende Beförderungstätigkeit oder der Lohnfuhrvertrag.

cc) Sonderfall: Abfallbeseitigung

Der Vertrag auf Abtransport von Abfällen[164] ist Frachtvertrag. Die früher vertretene **76** Meinung, daß in diesen Fällen kein Frachtvertrag vorliege, weil es an einem bestimmten Ort fehle, an den die Abfälle zu verbringen seien[165], ist – jedenfalls unter den Bedingungen des heutigen Rechts – unzutreffend. § 425 setzt nach seinem Wortlaut nicht voraus, daß das Frachtgut an einen vom Absender bestimmten Ort zu befördern ist. Der Vertrag kann vielmehr auch die Festlegung des Bestimmungsorts einem Dritten und auch dem Frachtführer selbst überlassen. Bei Abfällen im weitesten Sinne ist regelmäßig nur die Verbringung an einen der Art des Abfalls entsprechenden Ort zulässig. Dies gilt nicht nur für Industrieabfälle, sondern auch für Bodenaushub und dergleichen. Übernimmt ein Unternehmer das Wegschaffen von Abfällen, wird ihm häufig der Platz, zu dem der Abfall zu bringen ist, vom Absender vorgeschrieben sein. Es kann aber auch nur das Verbringen an einen zulässigen Abladeplatz unter Einhaltung des Abfallrechts geschuldet sein[166]. Wird also Altöl von dem betreffenden Beförderungsunternehmer in einen Flußlauf gepumpt, statt an die zulässige Altölsammelstelle gebracht zu werden, oder werden giftige Abfallstoffe nicht auf die vorgeschriebene Giftdeponie gebracht, sondern in die städtische Entwässerung eingeführt[167] oder sonst irgendwo abgeladen, so ist die Hauptpflicht aus dem Frachtvertrag nicht erfüllt. Auch wo die Bestimmung des Abladeorts dem abfahrenden Unternehmer überlassen wird, handelt es sich um einen Frachtvertrag, der freilich eine Reihe von andersartigen Nebenpflichten enthalten oder auch nur als Bestandteil eines gemischttypischen Vertrages erscheinen kann. Wer gewerbsmäßig Entsorgungstransporte durchführt, ist daher in aller Regel Frachtführer i. S. von §§ 425, 1 Abs. 2 Nr. 5 HGB[168]. Dabei kommt es nicht darauf an, ob alle Tätigkeiten bei der Entsorgung frachtvertraglicher Art sind; entscheidend ist, daß sie für die Einschätzung des Gewerbes wesentlich sind; siehe § 1 Rdn. 26, 92.

Diesen Grundsätzen entsprechen auch das **GüKG und die FreistellungsVO GüKG** **77** (§ 4 GüKG, Anh. I nach § 452 Rdn. 3). Diese Bestimmungen gehen vom frachtrechtlichen Charakter der Abfalltransporte aus. § 1 Ziff. 9 der Freistellungsverordnung setzt voraus, daß der Vertrag über die Beförderung von Abfällen zumindest ein Beförderungsvertrag sein kann. Er ordnet nur an, daß GüKG und damit vor allem das Tarifrecht auf ihn nicht anzuwenden sind. Die Rechtsprechung zur FreistellungsVO setzt daher das Bestehen von Frachtverträgen durchweg als unbestrittenen Kern voraus und bezieht

---

[163] Siehe dazu und zum Geschäftsbesorgungscharakter Rdn. 102 f.
[164] Hinweise zum Abfallrecht Rdn. 14 ff.
[165] So *Ratz* in der 2. Aufl. dieses Kommentars Anm. 3; KG vom 6. 6. 1904, OLGR **9** 237 (Müll bei Abholung derelinquiert); RG vom 3. 3. 1908, RGZ **68** 74 ff (Werkvertrag, keine Stellungnahme, ob Frachtvertrag).
[166] *Koller*[2] Rdn. 9; *Heymann/Honsell* Rdn. 6.
[167] Beispielsfall aus dem Jahre 1964 (Einleiten von benzolhaltigen Industrieabfällen mit Todesfolge für zwei Arbeiter): BGH vom 11. 6. 1974, VersR **1974** 1127 ff; möglicherweise arsenverseuchter Bodenaushub in einer Kiesgrube: BGH vom 11. 6. 1981, VersR **1981** 980 ff.
[168] Die Rechtsprechung sprach in solchen Fällen teilweise von Beförderung oder Beförderungsvertrag, ohne daß es für den jeweils entschiedenen Fall darauf ankam; siehe z. B. LG Frankenthal vom 25. 6. 1981, VersR **1983** 299.

sich nur auf die Anwendung des GüKG[169]. Dies entspricht auch den neuesten öffentlich-rechtlichen Vorschriften zur Abfallbeförderung[170]. Zum Güterschaden bei Verlust von Abfallsendungen siehe § 430 Rdn. 30.

dd) Beförderungsmittel

78 Für die Frage, ob ein Frachtvertrag vorliegt, ist es gleichgültig, mit welchen Mitteln die Beförderung vorgenommen wird, ob z. B. mit Kraftfahrzeug, durch Tragen oder mit Pferdewagen, Schlitten oder gar durch Treiben von Vieh (ROHG vom 24. 3. 1974, ROHG **13** 133 ff). Das vereinbarte oder tatsächlich benutzte Beförderungsmittel ist aber für die Bestimmung des anzuwendenden Sonderrechts von entscheidender Bedeutung; siehe Rdn. 3 ff. Ferner kann die Beförderung mit einem anderen als dem vereinbarten Beförderungsmittel eine Vertragsverletzung darstellen.

ee) Beförderung als Hauptpflicht

79 Die Beförderungspflicht muß die Hauptpflicht des betreffenden Vertrages sein. Verträge mit anderen Hauptmerkmalen, nach denen nur nebenbei Beförderungsleistungen zu erbringen sind, fallen nicht unter den Begriff des Frachtvertrages, so z. B. Lagerverträge, Kaufverträge mit Bringverpflichtung usw.; siehe im einzelnen unten Rdn. 90 ff.

b) Güter

80 Beförderungsverträge können sich auf Personen oder auf Güter beziehen. Man unterscheidet daher Personenbeförderungsverträge und Frachtverträge. Der strukturelle Unterschied liegt vor allem darin, daß bei der Personenbeförderung keine Herrschaft des Beförderers über den Beförderungsgegenstand und damit auch keine Obhutspflicht begründet wird. Zumindest geminderte Obhutspflichten treffen den Frachtführer bei begleiteten Tiertransporten; siehe Rdn. 24.

81 Der **Begriff „Gut" oder „Güter"** umfaßt alle körperlichen Gegenstände, die befördert werden können[171]; hierzu können auch Container gehören[172]. Zu den Gütern gehören danach auch Sachen, die nicht Gegenstände des Handelsverkehrs (Waren) sind. Auch wertlose Sachen (z. B. Abfälle, Müll) können daher Güter sein. Der „Güter"-Begriff des § 425 entspricht dem eisenbahnrechtlichen in § 453. Die EVO dagegen unterscheidet zwischen „Gütern", Reisegepäck, Leichen und Tieren, so daß der Begriff „Güter" dort einen eigenen Inhalt hat. Siehe die Kommentierung zu §§ 453 und 459. Welche Güter befördert werden, ist allerdings im Hinblick auf die anwendbaren Bestimmungen privatrechtlicher Art von Bedeutung. § 4 GüKG und § 1 Nr. 12 der FreistellungsVO GüKG (§ 4 GüKG, Anh. I nach § 452 Rdn. 3) nehmen die Transporte bestimmter dort aufgeführter Güter von der Anwendung des GüKG und damit der Tarifbestimmungen wie auch der KVO bzw. der Bed. GüKUMT, Anh. IV nach § 452, aus. In diesem Bereich besteht somit weitgehende Vertragsfreiheit.

---

[169] Waschbergemassen aus Schachtanlagen fallen z. B. nicht unter § 1 Ziff. 9; BGH vom 6. 2. 1976, MDR **1976** 555, im Gegensatz zur Vorentscheidung des OLG Düsseldorf vom 27. 9. 1974, DB **1974** 2001. Siehe auch BGH vom 30. 11. 1973, LM GüKG Nr. 47 (Beförderung von Waschberge im Güternahverkehr als Transportgeschäft, Freistellungsverordnung); BGH vom 1. 2. 1990, TranspR **1990** 232 ff = VersR **1990** 677 ff.

[170] Siehe Rdn. 14.
[171] RG vom 26. 11. 1887, RGZ **20** 47, 49 f (Briefe).
[172] Siehe § 429 Rdn. 31 f; zum Containerrecht siehe § 425 Rdn. 152b.

c) Übernahme der Beförderung

Dieses Definitionsmerkmal stellt klar, daß eine vertragliche Bindung zwischen den Parteien erforderlich ist und daß die Hauptpflicht des Frachtführers die Erbringung der Beförderungsleistung sein muß. Der Frachtvertrag unterscheidet sich damit vom Speditionsvertrag, weil durch diesen vom Spediteur nicht die Beförderungsleistung, sondern nur die Besorgung der Versendung durch Dritte geschuldet wird. Von anderen Verträgen, die ebenfalls Beförderungspflichten umfassen, ist der Frachtvertrag dadurch abzugrenzen, daß bei ihm gerade die den Vertragstypus bildende Hauptpflicht in der Beförderung besteht. Als Nebenpflichten anderstypischer Verträge kommen Beförderungspflichten sehr häufig vor (z. B. im Rahmen der Abholung und Zuführung beim Lager- und Speditionsvertrag, Bringpflicht beim Kaufvertrag u. ä.). **82**

Die Übernahme der Beförderungsverpflichtung durch einen Frachtführer bedeutet nicht, daß er die Beförderung selbst oder durch seinen Beförderungsbetrieb ausführen müßte. Vielmehr steht ihm – soweit der Frachtvertrag nichts anderes bestimmt – auch die Möglichkeit offen, die **Beförderung durch einen Unterfrachtführer** ausführen zu lassen; so schon ROHG vom 2. 2. 1872, ROHG 9 89, 90. Dabei bleibt die Beförderungspflicht als eigene Schuld des Hauptfrachtführers unberührt. Für den Unterfrachtführer wird nach § 431 gehaftet; siehe § 432 Rdn. 43. Unterfrachtverträge kommen gerade auch bei den modernsten Transporttechniken häufig vor. So läßt der Beförderungsunternehmer des multimodalen Transports (MTO) regelmäßig die von ihm übernommenen Container durch Unterfrachtführer befördern, zu denen auch Eisenbahnen, Schiffahrtsunternehmer und Luftfrachtführer gehören können; siehe dazu Anh. V nach § 452. **83**

Die Beförderung muß nicht mittels eines Fahrzeuges erfolgen[173]. **Frachtvertrag ist daher auch die Überführung von Fahrzeugen auf eigenen Rädern**[174]. Diese ist, wenn der Unternehmer die Pflicht zur Ortsveränderung und die Obhut übernimmt, Frachtvertrag. Sie fällt allerdings nicht unter die CMR, da sie nicht „mittels Fahrzeugen" erfolgt[175]. Der Überführung von Fahrzeugen kommt jedoch auch im innerdeutschen Verkehr erhebliche Bedeutung zu, insbesondere als Zubringerbeförderung zu Eisenbahntransporten. Frachtvertrag ist auch der Trageumzug, etwa von Stockwerk zu Stockwerk, oder die Beförderung durch einen Boten, der ein öffentliches Verkehrsmittel benutzt; ferner der Schleppvertrag bei Obhutsübernahme des Schleppenden über das abgeschleppte Schiff oder Fahrzeug; siehe Rdn. 95. **84**

d) Zu Lande oder auf Binnengewässern

Dieser Teil der Definition unterscheidet den Landfrachtvertrag von anderen Frachtverträgen: Vom Seefrachtvertrag (geregelt in §§ 556–663 b; siehe oben Rdn. 50); vom Luftfrachtvertrag (siehe Rdn. 54 und Anhang VII nach § 452). Indessen ist die Abgrenzung des § 425 erst vollständig, wenn §§ 453–460 und das Binnenschiffahrtsgesetz vollständig herangezogen werden. Ohne die Sonderregelung des 7. Abschnitts (§§ 453–460) und des speziellen Eisenbahnrechts (EVO, CIM, siehe Anhänge nach § 460) würde die Güterbeförderung durch die Eisenbahn, da sie zu Lande erfolgt, unter § 425 fallen. Die gesetzliche Sonderregelung macht jedoch klar, daß der Eisenbahnfrachtvertrag nicht dem Landfrachtrecht unterstehen soll. Für die Binnenschiffahrt ist die Rechtslage etwas **85**

---

[173] Unstr., siehe ebenso *Koller*² Rdn. 2, 8.
[174] Siehe zur Praxis dieser Transportart den Beitrag o. V., DVZ Nr. 140 vom 12. 11. **1988**, 19 und *Blum* DVZ Nr. 135 vom 21. 11. **1992**, 32 f.
[175] Zutreffend OLG Düsseldorf vom 14. 7. 1986, TranspR **1987** 24, 26; siehe auch die Erl. zu Art. 1 CMR, Anh. VI nach § 452.

anders. An sich fällt die Beförderung von Gütern mit Binnenschiffen unter § 425. Jedoch ist ein beträchtlicher Teil des Landfrachtrechts durch die speziellen Normen des (jüngeren) BinSchG von 1895 (1898) verdrängt. Siehe Rdn. 53.

e) Übernahme der Obhut

86   Zu den in § 425 aufgeführten Definitionsmerkmalen des Frachtvertrages kommt als weiteres die Übernahme der Obhut für das Frachtgut hinzu; so schon *Rundnagel* Ehrenbergs Handbuch 113, 116. Insbesondere aus den frachtrechtlichen Haftungsbestimmungen (z. B. § 429) läßt sich erkennen, daß der Frachtführer Besitz und Verantwortung hinsichtlich des Frachtguts zu übernehmen hat. Die Übernahme der Obhutspflicht wird als Abgrenzungsmerkmal des Frachtvertrages vielfach in Literatur und Rechtsprechung verwendet, wenn bei Verträgen zweifelhafter Rechtsnatur die Einordnung als Frachtverträge zu begründen ist. So wird z. B. der Schleppvertrag nur dann als Frachtvertrag bezeichnet, wenn das Schleppschiff die Obhut über den Anhang übernimmt[176].

87   Die Übernahme der Obhut als Erfordernis des Frachtvertrages drückt sich auch in der Auffassung aus, der Frachtvertrag sei **Realvertrag** und komme – jedenfalls nach Eisenbahnrecht und KVO – erst mit der Annahme der Güter durch den Frachtführer zustande; siehe dazu unten Rdn. 113 f. Wenn es auch rechtspolitisch fraglich erscheint, ob die Übernahme der Güter wirklich zu den Entstehungsvoraussetzungen des Frachtvertrages gehören sollte, so ist doch anzuerkennen, daß kein Frachtvertrag vorliegen kann, wenn die Übernahme der Obhut vertraglich überhaupt nicht vorgesehen ist, wenn also die tatsächliche Herrschaft über die Güter nicht auf den Frachtführer übergehen soll (Beispiel: Bestimmte Typen des Chartervertrages, Schleppvertrag). In solchen Fällen würde ein sehr großer Teil des Frachtrechts, der die Obhutsübernahme voraussetzt (insbesondere die Regelung über Haftung, Ablieferung, Verfügungsrechte des Absenders, Pfandrecht), überhaupt nicht passen. Wird in solchen Fällen wohl der Beförderungserfolg geschuldet, soll aber die Obhut beim anderen Vertragspartner verbleiben, dann liegt ein Fall des Werkvertrages (§§ 631 ff BGB) vor, auf den u. U. einzelne Vorschriften des Frachtrechts analoge Anwendung finden können. Zu diesen Ausnahmefällen gehört jedoch nicht das Versetzen eines LKW-Anhängers durch ein Speditions-Unternehmen. Vielmehr ist davon auszugehen, daß der Auftraggeber, wenn er nicht selbst den Vorgang überwacht, den Anhänger der Obhut des Spediteurs überläßt. Daher ist grundsätzlich Frachtrecht anzuwenden[177].

88   Sieht man die Übernahme der **Obhut als zusätzliches, in § 425 nicht aufgeführtes Definitionsmerkmal** des Frachtvertrages an, so lassen sich manche Abgrenzungen, insbesondere im Bereich der Charter-, Schlepp- und Mietverträge leichter begründen. Siehe dazu Rdn. 91 ff.

f) Gewerbsmäßigkeit

89   Frachtführer im Sinne des § 425 ist nur, wer gewerbsmäßig Land- oder Binnenschiffahrtsfrachtgeschäfte betreibt. Zum handelsrechtlichen Begriff des Gewerbes siehe § 1

---

[176] Siehe schon ROHG **23** 230 ff; BGH vom 13. 3. 1957, NJW **1956** 1065 ff; BGH vom 14. 3. 1957, VersR **1957** 286; *Schlegelberger/Geßler*⁵ § 425 Rdn. 12; *Prüßmann/Rabe*³ Anh. nach § 556 HGB (B); *Schaps/Abraham* Anm. 24 vor § 556 mit weiteren Hinweisen; zum Lohnfuhrvertrag siehe die Rechtsprechung des BGH, unten Rdn. 94.

[177] Unrichtig AG Düsseldorf im kaum begründeten Urteil vom 7. 2. 1991, TranspR **1991** 355 f. Auch die ADSp sind nach § 2 a ADSp wegen engen Zusammenhangs mit dem Speditionsgewerbe anzuwenden. Überdies waren kraft ausdrücklicher Vereinbarung die ADSp selbst dann wirksam, wenn dieser Zusammenhang fehlte; siehe § 2 ADSp, Anh. I nach § 415 Rdn. 3.

Rdn. 4–15. Für Kaufleute, die an sich ein anderes Gewerbe betreiben, gelten jedoch nach § 451 die Vorschriften des Landfrachtrechts, soweit sie im Einzelfall Frachtgeschäfte abschließen (Gelegenheitsfrachtführer). Ob der „Dienstmann" Landfrachtführer ist[178], muß davon abhängen, ob auf ihn auch die anderen Voraussetzungen des Frachtführerbegriffs zutreffen. Insbesondere ist zu bezweifeln, ob er selbständiger Gewerbetreibender ist. Für den bahnamtlich bestellten Gepäckträger trifft dies nicht zu. Dieser ist vielmehr Erfüllungsgehilfe der Eisenbahn, die auch die Haftung für ihn übernimmt[179].

2. Abgrenzung von anderen Vertragstypen
a) Speditionsvertrag

90 Der Speditionsvertrag unterscheidet sich vom Frachtvertrag dadurch, daß nicht die Beförderung selbst, sondern die „Besorgung der Beförderung" durch einen anderen geschuldet wird. Der Spediteur übernimmt also keine Beförderungspflicht. Im Falle des Selbsteintritts (§ 412), der Spedition zu festen Kosten (§ 413 Abs. 1) und der Sammelladungsspedition (§ 413 Abs. 2) ist jedoch im Verhältnis zwischen Spediteur und Versender Frachtrecht anwendbar. Wer vom Empfänger mit der Abholung von Gütern bei der Bahn über eine kurze Strecke beauftragt wird, ist Frachtführer, nicht Spediteur[180]. Für die KVO ist die Problematik durch die Novellierung des § 1 Abs. 5 KVO beseitigt worden. Danach findet die KVO auf Speditionsverträge nur Anwendung, soweit der Spediteur die Beförderung in eigenem LKW selbst ausführt. Siehe dazu §§ 412, 413 Rdn. 25 ff und § 1 KVO, Anh. II nach § 452 Rdn. 13 ff. Für die CMR besteht jedoch die Problematik in vollem Umfang weiter. Zur Neufassung der ADSp siehe Anh. III/2 nach § 452.

b) Miete und Charter von Beförderungsmitteln

91 Auf die Miete von Beförderungsmitteln ist kein Frachtrecht anzuwenden[181]. Sie unterscheidet sich vom Frachtvertrag dadurch, daß der Vermieter nur das Beförderungsmittel zur Verfügung stellt, jedoch keine Beförderungspflicht übernimmt[182]. **Mietverträge über Kraftfahrzeuge** unterliegen nicht den Vorschriften des GüKG über die Zulassungspflicht, die Kontingentierung und den Tarifzwang, selbst wenn die Voraussetzungen des Werkverkehrs nach § 48 GüKG nicht vollständig vorliegen; BayObLG vom 25. 10. 1966, BB **1967** 858.

92 In der Praxis spielen vor allem in der Seeschiffahrt, Binnenschiffahrt und Luftfahrt **Mietcharterverträge** eine erhebliche Rolle. Im Falle der sogenannten bare-boat-charter oder bare-hull-charter wird das Schiff bzw. die Maschine ohne Besatzung verchartert. In diesem Falle liegt ein reiner Mietvertrag vor. Vielfach werden jedoch die Dienste der Besatzung mit überlassen. Dann kann sowohl ein Frachtvertrag wie ein Mietvertrag vorliegen[183]. Ist die Qualifikation als Frachtvertrag zu verneinen, so stellt diese Form der

---

[178] Wie etwa von *Ratz* in der 2. Auflage Anm. 2 zu § 425 und von *Schlegelberger/Geßler*[5] Rdn. 5 behauptet.

[179] Siehe § 35 EVO Anh. I nach § 460; *Goltermann/Konow* § 35 EVO Anm. 1.

[180] Siehe zu diesen Fragen eingehend §§ 407–409 Rdn. 11 ff; §§ 412, 413 Rdn. 61 ff. Hinweise auf die seit 1972 veröffentlichte Rechtsprechung und Literatur siehe in Art. 41 CMR, Anh. VI nach § 452.

[181] RG vom 25. 5. 1889, RGZ **25** 108, 110 ff; BGH vom 16. 9. 1985, TranspR **1986** 29, 30 = VersR **1986** 31, 32 (zur Binnenschiffahrt); österr. ObGH vom 30. 5. 1985, TranspR **1986** 225 f.

[182] Beispiele: OLG Hamburg vom 25. 8. 1983, TranspR **1984** 58; vom 2. 5. 1985, TranspR **1985** 398 f = VersR **1986** 865 f.

[183] Siehe dazu eingehend *Schaps/Abraham* Anm. 17 vor § 556 und 6 f zu § 410; *Prüßmann/Rabe*[3] § 510 C 2; RG vom 25. 5. 1889, RGZ **25** 108 ff (zur Binnenschiffahrt); BGH vom 16. 9. 1985, TranspR **1986** 29, 30 f = VersR **1986** 31, 32 (zur Binnenschiffahrt); OLG Düsseldorf vom 14. 4. 1992, TranspR **1992** 415, 417. Zur entsprechenden Miete von Kränen BGH vom 15. 2. 1978, VersR **1978** 522 f.

Zeitcharter einen gemischten Vertrag, zusammengesetzt aus Fahrzeugmiete und Arbeitnehmerüberlassungsvertrag dar. Solche Verträge sind auch im Bereich der Landbeförderung denkbar und kommen wohl, insbesondere bei der gewerblichen Vermietung von Kraftwagen und Baumaschinen, auch vor[184]. Auch der Lohnfuhrvertrag (siehe Rdn. 94) gehört zu dieser Gruppe von Verträgen. Sie unterfallen nicht dem Frachtrecht, wenn der „Verleiher" nicht die Beförderung selbst übernimmt, insbesondere wenn die Besatzung des Transportmittels in vollem Umfang dem Charterer oder Mieter unterstellt wird[185]. In diesen Fällen haftet der Vermieter oder Verleiher nicht nach § 278 BGB für Verschulden des gestellten Personals, sondern nur für seine sorgfältige Auswahl. Auch ein gesetzliches Pfandrecht des Vermieters an der Ladung entsteht nicht[186].

93 Die see- und luftrechtlichen Charterverträge sind jedoch meist Frachtverträge (**Frachtcharter**); dann nämlich, wenn der Vercharterer die Herrschaft über die Besatzung mindestens zum Teil behält und die Beförderungspflicht selbst übernimmt. In diesem Fall können Unterfrachtverträge oder andere Gestaltungen vorliegen. Die Haftung für mitgestelltes Personal richtet sich nach den betreffenden frachtrechtlichen Vorschriften. Siehe zur Typologie der Charterverträge, insbesondere zu den Schwierigkeiten der Abgrenzung *Schaps/Abraham* aaO.

c) Lohnfuhrvertrag, Dienstvertrag usw.

94 § 25 AGNB, Anh. III/1 nach § 452 sieht für den Güternahverkehr den sogenannten **Lohnfuhrvertrag** vor. Danach hat der Unternehmer ein bemanntes Fahrzeug nach Anweisung des Auftraggebers zu stellen, übernimmt aber keine Beförderungspflicht im Sinne eines Erfolgsversprechens. Der Lohnfuhrvertrag ist daher kein Frachtvertrag; weder die Vorschriften des HGB noch der Spezialregelungen CMR und KVO sind auf ihn anzuwenden. Er entspricht etwa dem see- und luftrechtlichen Chartervertrag mit Employment-Klausel, dessen Zuordnung zum Typus Frachtvertrag wohl von der herrschenden Meinung angenommen wird (siehe oben Rdn. 91). Der Begriff des Lohnfuhrvertrages ist rechtlich nicht eindeutig festgelegt[187]. Es handelt sich am ehesten um einen kombinierten Miet- und Dienstverschaffungsvertrag[188]. Entsprechend der dadurch gegebenen Vertragsfreiheit kann er von den Parteien (auch) frachtrechtlichen Bestimmungen unterstellt werden. So übernimmt der Lohnfuhrunternehmer z. B. nach § 25 AGNB die volle frachtrechtliche Haftung[189]. Diese Haftung ist nur durch eine Mitverursachungsklausel eingeschränkt; siehe dazu eingehend BGH aaO. Diese Regelung spricht für einen zumindest teilweisen frachtrechtlichen Charakter des Lohnfuhrvertrages. Man wird daher wohl davon ausgehen müssen, daß der Lohnfuhrunternehmer die

---

[184] Siehe zu einem Fall unentgeltlicher Überlassung eines Tiefladers mit Fahrer BGH vom 14. 7. 1970, VersR **1970** 934, 935; zu einem Fall der Vermietung einer Planierraupe mit Fahrer KG NJW **1965** 976 f. Die entgeltliche Überlassung eines Raupenbaggers mit Fahrer wurde vom BGH im Urteil vom 22. 5. 1968, VersR **1968** 779 ff als Miete angesehen. Siehe ferner zur Vermietung von Kränen mit Personal BGH vom 15. 2. 1978, VersR **1978** 522, 523 und OLG Hamm, VersR **1978** 548.

[185] BGH vom 14. 7. 1970, VersR **1970** 934, 935.

[186] BGH vom 16. 9. 1985, TranspR **1986** 29, 30 = VersR **1986** 31, 32 (zur Binnenschiffahrt); dazu § 440 Rdn. 4.

[187] BGH vom 17. 1. 1975, VersR **1975** 369, 370 = NJW **1975** 780 = ETR **1976** 760 ff; österr. ObGH vom 8. 9. 1983, SZ **56** 129, S. 575 f = TranspR **1984** 281 f.

[188] Zutreffend *Cantrup/Willenberg/Hill* Der gewerbliche Güternahverkehr, 5. Aufl. 1977 257; *Koller*[2] Rdn. 7; österr. ObGH vom 8. 9. 1983, SZ **56** 129, S. 575 f = TranspR **1984** 281 f = *Greiter* 200 ff = ETR **1985** 282 ff.

[189] BGH vom 8. 12. 1965, LM Nr. **1** zu AGNB = VersR **1966** 180, 181; LG Hamburg vom 1. 7. 1977, VersR **1977** 1052.

Obhut, vielleicht auch die Beförderungspflicht übernimmt, aber nicht für den Beförderungserfolg einzustehen hat. Der BGH[190] sieht einen entscheidenden Unterschied zwischen Lohnfuhrvertrag und Frachtvertrag in der Obhutsübernahme und darin, daß der Auftraggeber beim Lohnfuhrvertrag frei über den Laderaum verfügen könne. Liegt, wie oben ausgeführt, jedoch auch beim Lohnfuhrvertrag eine Übernahme der Obhut vor, so kann dieser nur als gemischter Vertrag betrachtet werden, in dem Mietvertrag und Arbeitnehmerüberlassung mit frachtrechtlichen Elementen verbunden sind. Unabhängig von der Rechtsnatur des Lohnfuhrvertrages hat der Lohnfuhrunternehmer für Verschulden seiner Erfüllungsgehilfen nach § 278 BGB einzustehen[191]. Soweit die AGNB gelten, tritt § 19 AGNB an die Stelle des § 278; zweifelnd *Voigt* VP **1974** 34 f. Lohnfuhrverträge werden auch zwischen der Bundesbahn und Güterfernverkehrsunternehmen abgeschlossen, soweit die Bahn als Straßenfrachtführer tätig wird und sich der Unternehmer als Erfüllungsgehilfen bedient[192]. Ähnlich dem Lohnfuhrvertrag ist auch der **Rollfuhrvertrag der Eisenbahn** zu beurteilen (siehe die Erläuterungen zu § 456).

d) Schleppvertrag

Im Binnenschiffahrtsrecht spielt der Schleppvertrag eine erhebliche Rolle. Durch diesen Vertrag verpflichtet sich der Unternehmer, ein Schleppschiff mit Hilfe eines Schleppers auf dem Wasser zu bewegen. Dabei kommt es nicht darauf an, ob das Schleppschiff mittels einer Trosse gezogen oder aber – wie in der modernen Schubschiffahrt – geschoben wird. Der Schleppvertrag kann, je nach seinem Inhalt, Frachtvertrag, Schiffsmiete, evtl. gekoppelt mit einer Arbeitnehmerüberlassung, aber auch bloßer Werkvertrag sein[193]. Übernimmt der Schleppende die Obhut über das geschleppte Fahrzeug, liegt ein Frachtvertrag vor; siehe z. B. OLG Hamburg vom 10. 12. 1981, VersR **1982** 592 f. **95**

Auch im Straßenverkehr kommen Schleppverträge vor, z. B. beim Abschleppen beschädigter Fahrzeuge, bei der Beförderung von Containern auf verladereigenen Chassis oder von Fremdtrailern oder beim einfachen Mitbefördern von Anhängern. Dabei wird regelmäßig ein Frachtvertrag vorliegen, wenn der Schleppende die Verbringung an einen bestimmten Ort verspricht und die Obhut über das geschleppte Fahrzeug voll übernimmt. Insbesondere ist dies bei Beförderung fremder Sattelauflieger durch eine Zugmaschine wohl meist der Fall[194], so daß der Verwender der Zugmaschine in der Regel Frachtführer ist und nach den Grundsätzen der Obhutshaftung für Verlust und Beschädigung des Aufliegers haftet; siehe § 429 Rdn. 38. Wird dagegen ein abgeschlepptes Fahrzeug vom eigenen Fahrer gelenkt, so dürfte ein bloßer Werkvertrag ohne Übernahme einer Obhutspflicht bestehen. Allerdings kann auch in solchen Fällen eine Obhutsübernahme vorliegen, wenn nämlich der Fahrer als Erfüllungsgehilfe des Abschleppenden tätig werden soll. Ob frachtrechtliche oder werkvertragliche Normen auf den betreffenden Werkvertrag Anwendung finden, kann daher nur von Fall zu Fall durch Ermittlung des Vertragsinhalts unter Heranziehung der Umstände entschieden werden. **96**

---

[190] Vom 3. 6. 1964, VersR **1964** 967, 968 f und vom 12. 6. 1964, VersR **1964** 970, 972.

[191] BGH vom 17. 1. 1975, VersR **1975** 369 f = NJW **1975** 780 f = DB **1975** 781 ff; dazu die zweite Revisionsentscheidung vom 22. 4. 1977, VersR **1977** 662 ff = MDR **1977** 911.

[192] Siehe dazu § 47 GüKG, Anh. I nach § 452; sowie BGH vom 28. 3. 1957, VersR **1957** 388 (zur Verteilung des Beschlagnahmerisikos bei Transporten durch die DDR).

[193] Siehe dazu *Prüßmann/Rabe*[3] Anh. zu § 556 HGB; *Schaps/Abraham* II Anm. 23–27 vor § 556; *Koller*[2] Rdn. 8. Zum Schleppvertrag als reinem Werkvertrag siehe BGH vom 14. 3. 1957, VersR **1957** 286.

[194] Siehe z. B. OLG Düsseldorf vom 26. 4. 1990, TranspR **1991** 233, 235.

e) Lagervertrag

97 Der Lagerhalter übernimmt durch den Lagervertrag grundsätzlich keine Transportverpflichtungen. Jedoch kann zu seinen Nebenverpflichtungen auch das Abholen oder Zubringen gelagerter Güter gehören. Auf diese Nebenpflichten findet nicht Frachtrecht, sondern Lagervertragsrecht und allgemeines Schuldrecht Anwendung; anders nur, wenn sie ein so erhebliches Gewicht hat, daß sie nicht mehr als Nebenpflicht des Lagervertrages betrachtet werden kann. Dies gilt in jedem Fall bei Transporten in der Güterfernverkehrszone, wohl aber auch bei größeren Strecken im Güternahverkehr. Auch Anlieferungsfahrten vom Lager an einzelne Abnehmer des Einlagerers sind wohl als Frachtgeschäfte zu betrachten[195]. Umgekehrt ist eine Einlagerung nur Teil des Frachtvertrag und steht unter frachtrechtlicher Haftung, wenn sie nur erfolgt, um die Zeit bis zu einem schon vereinbarten, demnächst zu leistenden Transport zu überbrücken (RG vom 27. 3. 1929, HRR **1929** Nr. 1673).

f) Unentgeltliche Verträge

98 Der Frachtvertrag setzt – als Sonderform des Werkvertrages – Entgeltlichkeit voraus[196]. Fehlt es an der Vereinbarung des Entgelts und greifen aus fallbedingten Gründen auch die §§ 632 Abs. 1 BGB, 354 HGB nicht ein, so liegt ein Auftrag, evtl. auch Leihe vor[197]. An eine entsprechende Anwendung frachtrechtlicher Vorschriften zugunsten eines unentgeltlich handelnden Beförderers ist zu denken[198].

g) Beförderung als Nebenpflicht; gemischte Verträge

99 Vielfach werden Beförderungsleistungen als Nebenpflichten aus anderstypischen Verträgen übernommen; so etwa bei Erdbewegungen auf einer Baustelle im Rahmen eines weitere Arbeiten umfassenden Werkvertrages[199]; bei der Erfüllung der Bringschuld beim Kaufvertrag[200]. In diesen Fällen liegt auch keine unentgeltliche Beförderung vor[201]. Eine vorsichtige analoge Anwendung frachtrechtlicher Bestimmungen zur Lösung von Interessenkonflikten kann in Betracht kommen. Siehe auch Rdn. 100. Für die Beförderung im Werksfernverkehr eines Textilveredelungsbetriebs (und Transport zum Kunden) gelten die Bestimmungen des zwischen ihm und dem Kunden abgeschlossenen Vertrages, einschließlich der vereinbarten „Einheitsbedingungen für Textil-Lohnveredelungsaufträge"; die zwingende Wirkung des § 26 GüKG tritt nicht ein; BGH vom 10. 11. 1972, VersR **1973** 73 f. Schließlich ist es möglich, daß Beförderungen und andere Leistungen im Sinne eines gemischttypischen Vertrages nebeneinanderstehen, so daß etwa §§ 633 ff BGB neben Transportrecht anwendbar sind[202].

h) Kaufvertrag als Tarifumgehung

100 Ein Rahmenvertrag[203], durch den ein Baustoffgroßhändler einen (oder mehrere) Zwischenhändler in seine Rechtsbeziehungen zu Vorlieferanten (Kiesgrubenunterneh-

---

[195] Siehe Rdn. 140 und § 429 Rdn. 98 ff; zu einem gemischten Vertrag (Transport, Miete, Lagerung) hinsichtlich einer Hafenschute OLG Hamburg vom 12. 8. 1976, VersR **1977** 567 f.
[196] A. A. *Koller*[2] Rdn. 2.
[197] Siehe den Fall BGH vom 14. 7. 1970, VersR **1970** 934 ff (Zurverfügungstellen eines Tiefladers mit Fahrer).
[198] Insoweit ist *Koller*[2] Rdn. 2 zuzustimmen.
[199] LG Hagen vom 6. 9. 1991, TranspR **1992** 21 f.
[200] Zum Versendungskauf siehe *Schultz* JZ **1975** 240.
[201] Österr. ObGH vom 26. 5. 1983, SZ **56** 83, S. 376 (keine Anwendung der CMR).
[202] LG Frankfurt vom 10. 12. 1986, TranspR **1987** 387 (zur Eisenbahn-Personenbeförderung); siehe auch zum Reisevertrag §§ 651 a BGB.
[203] Dazu näher Rdn. 108 ff.

mern usw.) einschaltet, hat frachtrechtlichen Charakter, wenn der ausschließliche wirtschaftliche Zweck der Heranziehung der Zwischenhändler in deren Beförderungspflicht besteht. Die Bezeichnung der Geschäfte als Kaufgeschäfte ist in diesem Falle ein nach § 5 GüKG unbeachtlicher Scheintatbestand. Es handelt sich bei diesen Geschäften in Wahrheit um Frachtverträge[204]. Neben den Tarifvorschriften sind daher in solchen Fällen auch die zwingenden Haftungsbestimmungen anwendbar, z. B. im Güterfernverkehrsbereich die Haftungsnormen der KVO. Dagegen unterliegt ein Vertrag, durch den sich ein Beförderungsunternehmer verpflichtet, Grubenabfälle (Waschberge) abzutransportieren und selbst weiter zu verkaufen, nicht dem GüKG; BGH vom 30. 11. 1973, LM GüKG Nr. 47. Im einzelnen kann die Abgrenzung, wie auch in der zitierten Entscheidung, erhebliche Schwierigkeiten bereiten.

i) Gepäcktransport bei Personenbeförderung

101 Die Gepäckbeförderung im Rahmen des Personenbeförderungsvertrages erfolgt aufgrund einer besonderen Abrede über die Gepäckbeförderung. Sie begründet frachtvertragliche Rechtsbeziehungen zwischen Reisendem und Personenbeförderungsunternehmen[205]. Auf die Gepäckbeförderung im Straßenverkehr, insbesondere bei Omnibusreisen, wird, soweit es sich um aufgegebenes Gepäck handelt, grundsätzlich Landfrachtrecht, also §§ 425 ff, Anwendung zu finden haben. Dabei kommt es nicht darauf an, ob die Abrede über die Gepäckbeförderung einen besonderen Vertrag darstellt oder ob die frachtrechtlichen Verpflichtungen nur Nebenpflichten im Rahmen des Personenbeförderungsvertrages darstellen. Allgemeine Geschäftsbedingungen oder besondere vertragliche Abreden gehen der Anwendung des Landfrachtrechts vor.

IV. Die Rechtsnatur des Frachtvertrages

1. Werkvertrag

102 Aus dem in Rdn. 75 ff Gesagten ergibt sich, daß der Frachtvertrag auf einen durch Dienst- oder Arbeitsleistung zu bewirkenden Erfolg gerichtet ist, also begrifflich ein besonderer Untertyp des Werkvertrages (§§ 631 ff BGB) ist. Die Ortsveränderung ist der geschuldete Erfolg[206]. Damit kann der Frachtvertrag gegenüber Dienst-, Dienstverschaffungs-, Miet- und Frachtverträgen abgegrenzt werden. Die ergänzende Anwendung von Werkvertragsrecht (§§ 631 ff BGB) ist möglich und in einzelnen Punkten auch Gerichtspraxis[207]. Sie ist ausgeschlossen, soweit sich das Werkvertragsrecht an das Kaufrecht anlehnt, weil der Frachtvertrag mit dem Grundtypus des Werkvertrages zur Herstellung eines körperlichen Gegenstands für den Besteller keinerlei über das Erfolgsmerkmal hinausgehende Ähnlichkeit hat[208].

---

[204] BGH vom 29. 3. 1974, DB **1974** 1224 = LM GüKG Nr. 48.

[205] Siehe insoweit im einzelnen zum Eisenbahnrecht *Finger* § 25 EVO Anm. 2; *Goltermann/Konow* § 25 EVO Anm. 2; *Weihrauch/Heinze* § 25 EVO Anm. 1.

[206] Unstreitig: st. Rspr. seit ROHG **20** 340, 342 und RG vom 25. 5. 1889, RGZ **25** 108, 110); *Schlegelberger/Geßler*[5] § 425 Rdn. 8; *Baumbach/Duden/Hopt*[28] § 425 Anm. 2 A; *Heymann/Kötter* § 425 Anm. 2. Zum Personen-Luftfrachtvertrag siehe BGH vom 21. 12. 1973, NJW **1974** 852 ff = WM **1974** 396, 397 = ETR **1975** 91 ff; OLG Frankfurt vom 14. 7. 1980, RIW **1981** 852.

[207] Für die Begründung von Frachtansprüchen wird häufig § 631 BGB zitiert; zu § 632 siehe Rdn. 172; zur Fälligkeit nach § 641 Rdn. 171; zu § 634 Rdn. 167 ff; zu §§ 643, 645 Rdn. 122; zu § 649 Rdn. 122 f. Zu § 642 (Standgeld beim CMR-Frachtvertrag) siehe Rdn. 189.

[208] Zu § 640: BGH vom 22. 10. 1959, VersR **1960** 28, 29. Dagegen wurde § 634 BGB auf die Charter eines Seeschiffes angewendet; OLG Hamburg vom 11. 1. 1979, VersR **1979** 834 f; *Prüßmann/Rabe*[3] § 619 HGB, Anm. D 2 b; ebenso im Luftrecht nach WA; OLG Düsseldorf vom 12. 1. 1978, VersR **1978** 964 f.

2. Geschäftsbesorgungsvertrag

103 Zugleich fällt der Frachtvertrag jedoch in die Sondergruppe der auf eine Geschäftsbesorgung gerichteten Werkverträge (§ 675 BGB)[209]. Die Beförderung fremder Güter fällt stets unter den Begriff der Geschäftsführung für andere; § 675 BGB erfaßt unstreitig nicht nur die Besorgung von Rechtsgeschäften, sondern auch von tatsächlichen Geschäften. Zwar steht die Interessewahrungspflicht beim Frachtvertrag – anders als beim Speditionsvertrag (§§ 407–409 Rdn. 88 ff) – nicht im Mittelpunkt der Vertragspflichten. Dennoch treffen den Frachtführer, in vielen Situationen und vom Einzelvertrag abhängig, zahlreiche Einzelpflichten zur Interessewahrung. Konsequenterweise sehen §§ 1, 2a ADSp die Interessewahrnehmungspflicht des Spediteurs auch für Frachtverträge vor.

3. Vertrag zugunsten Dritter

104 Schließlich ist der Frachtvertrag nach herrschender Meinung in gewisser Hinsicht auch ein echter Vertrag zugunsten eines Dritten (§§ 328 ff BGB), soweit er dem Empfänger eigene Rechte gegenüber dem Frachtführer gewährt (im Landfrachtrecht des HGB §§ 433 Abs. 2, 434, 435, 436; Hinweise auf die Spezialregelungen der einzelnen Sparten des Frachtrechts siehe in der Kommentierung dieser Vorschriften)[210].

105 Die Eigenart als Vertrag zugunsten Dritter ist **kein Strukturmerkmal des Frachtvertrages**, da der Absender das Gut an sich selbst adressieren kann und da die betreffenden Bestimmungen des Frachtrechts überwiegend nicht zwingend sind und daher im Frachtvertrag zwischen Absender und Frachtführer abbedungen werden können. Im übrigen beschränkt sich die Einbeziehung des Empfängers in den Frachtvertrag nicht auf die Begründung von Rechtspositionen zu seinen Gunsten; vielmehr werden ihm vom Gesetz auch Pflichten (insbesondere die Frachtzahlungspflicht, § 436 und verwandte Vorschriften in Spezialregelungen) auferlegt. Es muß bezweifelt werden, ob die Rechtsstellung des Empfängers sich überhaupt in die üblichen Typen der BGB-Dogmatik widerspruchslos eingliedern läßt. Die Frage, ob der Frachtvertrag wirklich ein echter Vertrag zugunsten Dritter ist, hat vor allem theoretische Bedeutung. Vertrag zugunsten Dritter ist der Frachtvertrag jedenfalls nur in dem Umfang, in dem das Frachtrecht dem Empfänger Rechte zuweist; darüber hinaus kann der Empfänger nur Berechtigter sein, wenn eine besondere vertragliche Gestaltung ihm solche Rechte zuweist. Im Regelfall hat somit der Empfänger zunächst keinen Anspruch auf Erbringung der Beförderungsleistung; Auslieferungs-, Weisungs- und Schadensersatzrechte stehen ihm nur in dem Stadium zu, in dem ihm diese durch das betreffende Frachtrecht zugewiesen werden. Bis dahin kann man bestenfalls mit *Rundnagel* 141 von einer entziehbaren Anwartschaft des Empfängers sprechen. Im Rahmen der frachtrechtlichen Spezialbestimmungen können jedoch einzelne Normen der §§ 328 ff BGB zur dogmatischen Untermauerung

---

[209] *Koller*[2] Rdn. 12 spricht nur von „Elementen des Geschäftsbesorgungsvertrages"; siehe dort auch Rdn. 16 ff.

[210] Siehe zum Charakter des Frachtvertrages als Vertrag zugunsten Dritter *Baumbach/Duden/Hopt*[28] § 425 Anm. 2 B; *Heymann/Kötter* § 435 Anm. 1; *Soergel/Schmidt* § 328 BGB Rdn. 13; zum Kfz-Frachtrecht *Heuer* Die Haftung des Frachtführers nach der CMR; *Willenberg*[4] § 3 KVO Rdn. 5–8; RG JW 1900 314; BGH vom 10. 4. 1974, NJW **1974** 1614 ff = VersR **1974** 796 = MDR **1974** 733 f = LM CMR Nr. 4 (Anwendung von § 333 BGB); OLG Saarbrücken vom 21. 11. 1974, VersR **1976** 267, 269. Zum Seerecht siehe *Schaps/Abraham* vor § 556 Anm. 14; zum Luftfrachtvertrag OLG Frankfurt DB **1977** 1503; zum Eisenbahnrecht siehe *Konow* DB **1975** 137 ff; *Pelz* Frachtbrief und Übergabe des Frachtguts in ihrer Bedeutung für den Frachtvertrag (1980) 14 ff; a. A. *Götz* Der Eintritt des Empfängers in den Frachtvertrag, Münchner Dissertation (1941).

und Ergänzung frachtrechtlicher Regelungen von Bedeutung sein, so z. B. §§ 333 f BGB[211].

4. Gemischter Vertrag
Durch die vielfältigen Pflichten des Frachtführers[212] erlangt der Frachtvertrag den Rechtscharakter eines gemischten Vertrages. Denn neben der Beförderung müssen die Obhutspflicht und Ablieferungspflicht, die Pflicht zur Befolgung von Verfügungen als synallagmatisch mit der Frachtzahlung verknüpfte Hauptpflichten angesehen werden; siehe dazu Rdn. 133 f. Unter ihnen ist die Beförderungspflicht die für Benennung und Einordnung typusbestimmende Hauptpflicht. Freilich sind die aus Frachtverträgen entstehenden Rechtsfragen zu einem sehr hohen Anteil durch die Obhutspflicht bestimmt. **106**

V. Besondere Formen des Frachtvertrages
1. Unterfrachtvertrag, Zwischenfrachtvertrag, Teilfrachtvertrag
Der Frachtführer kann zur Ausführung seiner Beförderungspflicht andere selbständige Frachtführer heranziehen. In diesem Falle spricht man vom **Unterfrachtvertrag**; der vom Hauptfrachtführer eingesetzte **Unterfrachtführer** ist dessen Erfüllungsgehilfe; siehe im einzelnen § 432 Rdn. 34. **107**

Überträgt dagegen der Frachtführer eine von ihm nicht selbst geschuldete Beförderungsleistung an einen anderen Frachtführer, so wird dieser Vertrag als „**Zwischenfrachtvertrag**", der Eingesetzte als „**Zwischenfrachtführer**" bezeichnet. Siehe im einzelnen, auch zu den Begriffen „**Teilfrachtführer**" und „**Samtfrachtführer**" § 432 Rdn. 5 ff.

Die Haftungs- und Ausgleichsverhältnisse beim Unterfrachtvertrag sind – jedenfalls teilweise – in § 432 geregelt; siehe zur Problematik des Unterfrachtvertrages daher die dortige Kommentierung.

2. Dauerfrachtverträge und Rahmenverträge
Aufgrund der schuldrechtlichen Vertragsfreiheit können die Parteien grundsätzlich auch Dauerfrachtverträge oder Rahmenverträge abschließen. Ein Dauerfrachtvertrag liegt vor, wenn dem Vertragspartner für eine gewisse Dauer frachtvertragliche Leistungen versprochen werden, die von diesem noch im einzelnen bestimmt werden können[213]. Ein frachtrechtlicher Rahmenvertrag ist ein Vertrag zwischen Beförderer und Kunden, durch den gewisse Bedingungen zukünftig abzuschließender Frachtverträge im voraus generell festgelegt werden, z. B. die Anwendbarkeit einer bestimmten Rechtsordnung. In ihm können aber auch Pflichten zum Abschluß von Einzelverträgen derart festgelegt werden, daß darauf Ansprüche aus positiver Vertragsverletzung gestützt werden können[214]. Ausschließlichkeitsrechte und Abschlußpflichten können im Rahmenvertrag vorgesehen werden. Nicht als Rahmenvertrag bezeichnet, aber inhaltlich entsprechend umschrieben, ist das dem BGH-Urteil vom 11. 1. 1974, VersR **1974** 587 f zugrundeliegende, auf laufende Kiestransporte gerichtete Rechtsverhältnis. Siehe zu einem Rahmen- **108**

---

[211] Zu § 333 siehe § 433 Rdn. 27, 29; § 435 Rdn. 22; § 437 Rdn. 15 f; zu § 334 BGB siehe § 435, Rdn. 12.
[212] Siehe Rdn. 129 ff.
[213] Siehe z. B. OLG Frankfurt vom 23. 6. 1981, BB **1981** 1915, 1916.
[214] Siehe BGH vom 30. 4. 1959, VersR **1959** 502, 503; BGH vom 15. 3. 1990, WM **1990** 1583 ff; BGH vom 30. 4. 1992, WM **1992** 1435, 1437. Siehe Rdn. 166.

vertrag, durch den ein Baustoffgroßhändler kleine Zwischenhändler mit der alleinigen Aufgabe der Beförderung von Baustoffen einschaltet und damit den Tarifzwang nach § 5 GüKG umgeht, BGH vom 29. 3. 1974, DB **1974** 1224. Die durch diesen Rahmenvertrag zusammengefaßten Einzelgeschäfte sind Frachtverträge, auch wenn sie als Kaufverträge bezeichnet werden.

109 Trotz ihrer grundsätzlichen Zulässigkeit können **Dauer- oder Rahmenverträge leicht in Konflikt mit zwingendem Recht** kommen, insbesondere mit Tarif- und zwingendem Haftungsrecht. Die Auffassung von *Konow*[215], daß in Rahmenverträgen beliebig von den frachtrechtlichen Haftungsnormen abgewichen werden könne, ist allerdings in dieser Allgemeinheit unzutreffend. Für den Bereich der KVO und der Bedingungen GüKUMT, Anh. IV nach § 452, ist durch § 26 GüKG das Gegenteil geklärt. Die Haftungsregelung ist einseitig zwingend und kann nicht zugunsten des Beförderers abbedungen werden. Für den grenzüberschreitenden Kraftverkehr ist die CMR-Regelung gem. Art. 41 CMR für beide Parteien zwingend (mit Ausnahme der Art. 40, 37, 38). Im innerdeutschen Güternahverkehr sind bis heute keine zwingenden Beförderungsbedingungen vorhanden. Daher sind hier die Haftungsregelungen für die Parteien disponibel. Im Eisenbahnrecht und im Luftfrachtrecht sind die Haftungsbestimmungen ebenfalls zwingendes Recht; siehe Rdn. 48, 54. Rahmen- oder Dauerverträge, die sich an diese Regeln nicht halten, sind insoweit nichtig. Inwieweit Teilnichtigkeit oder Vollnichtigkeit eintritt, richtet sich nach den betreffenden Spezialnormen der Nichtigkeitsregelung (z. B. Art. 41 Abs. 1 Satz 2 CMR: nur Teilnichtigkeit); soweit solche fehlen, nach § 139 BGB.

110 Rahmenverträge dürfen bis zum 1. 1. 1994[216] die **Beförderungsentgelte nicht in tarifwidriger Weise festsetzen**. Werden dennoch im Güterfernverkehr solche Abreden getroffen, so müßten die Rahmenverträge an sich nach § 22 Abs. 3 GüKG unwirksam sein, so daß der Partner des Vertrages auf Dauer die tariflichen Entgelte schulden würde. Der Sinn des § 22 Abs. 3 GüKG besteht nicht darin, dem Güterfernverkehrsunternehmer die Möglichkeit zu geben, mit seinem Kunden durch tarifwidrige Dauerverträge ins Geschäft zu kommen und dann doch laufend das Tarifentgelt zu berechnen. Vielmehr müssen hier die allgemeinen bürgerlich-rechtlichen Regeln über Nichtigkeit und Teilnichtigkeit angewendet werden[217]. Eine Berufung auf Rechtsmißbrauch, die grundsätzlich von der Wirksamkeit des tarifwidrigen Rahmenvertrages ausginge und es dem Auftraggeber gestatten würde, die Zahlung des vollen Tarifentgelts zu verweigern, kann wegen der zwingenden Wirkung des § 22 GüKG nicht in Betracht gezogen werden; siehe dazu die Vorauflg. § 22 GüKG Anm. 1, Anh. I nach § 452.

111 **Rahmenverträge** können im internationalen Bereich auch geschlossen werden, **um die internationale Zuständigkeit festzulegen**; Art. 31 Abs. 1 CMR. Siehe zu einem derartigen Vertrag OLG Düsseldorf vom 18. 11. 1971, VersR **1973** 177. Siehe jedoch auch Art. 31 CMR, Anh. III nach § 452.

---

[216] Inkrafttreten des Tarifaufhebungsgesetzes, siehe vor 1 GüKG, Anh. I nach § 452 Rdn. 2 f.
[215] *Konow* DB **1970** 2111 und **1974** 565, 567; *Goltermann/Konow* § 6 EVO a. E.
[217] BGH vom 23. 4. 1969, VersR **1969** 790, 791 = LM § 139 BGB Nr. 42 = MDR **1969** 731 f; *Konow* DB **1970** 2109, 2111.

C. Abschluß und Beendigung des Frachtvertrages
I. Abschluß
1. Abschlußfreiheit und Abschlußzwang
Grundsätzlich besteht im Landfrachtrecht Abschlußfreiheit. **112**

2. Formfreier Konsensualvertrag
Wie bei jedem Vertragsschluß ist die Willensübereinstimmung der Vertragspartner – **113** also des Absenders und des Beförderers (Frachtführers) – erforderlich. In einzelnen Sparten des Frachtrechts wird der Frachtvertrag jedoch als formbedürftiger Realvertrag angesehen. Nach §§ 15 Abs. 1 Satz 1 KVO, 61 Abs. 1 Satz 1 EVO und Art. 8 § 1 Satz 1 CIM ist der Frachtvertrag abgeschlossen, wenn der Frachtführer bzw. die Eisenbahn das Frachtgut und den vom Absender ausgestellten Frachtbrief angenommen hat. Aus diesen Bestimmungen wird ganz überwiegend gefolgert, daß der Frachtvertrag in diesen Sparten ein Realvertrag sei, der die Übergabe des Guts zur Entstehungsvoraussetzung habe; siehe § 15 KVO, Anh. II nach § 452 Rdn. 8 ff. In der Literatur zum KVO- und Eisenbahnfrachtrecht herrscht ferner die Auffassung vor, die Frachtverträge dieser Sparten seien Formalverträge, zu deren gültigem Abschluß die Annahme des vom Absender ausgestellten Frachtbriefs durch den Frachtführer bzw. die Eisenbahn erforderlich sei. Die Rechtsprechung lehnt diese Lehre überwiegend ab; siehe § 15 KVO Rdn. 2 ff.

Die Auffassungen vom **Real- und Formalvertragscharakter** der KVO- und Eisen- **114** bahnfrachtverträge haben keine Grundlagen in der Rechtsnatur des Frachtgeschäfts. Zur Formalvertragstheorie insoweit zutreffend *Weirauch/Heinze* vor § 53 EVO Vorbem. 3. Vielmehr genügt bei Frachtgeschäften, wie sich aus den Regelungen der anderen Sparten ergibt, ohne weiteres auch der Abschluß ohne Übergabe des Gutes (Konsensualvertrag) und, selbst wo ein Frachtbrief vorgesehen ist, auch ohne dessen Ausstellung und Annahme. Siehe dazu die eindeutigen Regelungen in Art. 4 Satz 2 CMR; § 19 Abs. 6 GüKUMT, Anh. IV nach § 452; Art. 5 Abs. 2 WA, Anh. VII/2 nach § 452. Daher sollte, soweit irgendwie möglich, schon im Interesse einer möglichst einheitlichen Behandlung des gesamten Frachtrechts aller Sparten, auch ein ohne Übergabe von Gut und Frachtbrief an den Frachtführer formlos abgeschlossener Vertrag als gültiger Frachtvertrag der betreffenden Sparte anerkannt werden. Allerdings kann bei KVO- und Eisenbahnfrachtverträgen wegen der derzeitigen gesetzlichen Regelung auf die Annahme des Frachtguts als Voraussetzung des Vertragsschlusses noch nicht verzichtet werden (siehe § 15 KVO Rdn. 10 ff). Dagegen ist die Ausstellung und Übergabe eines Frachtbriefs auch im Bereich der KVO und der Eisenbahnbeförderung schon jetzt nicht mehr Voraussetzung des Vertragsabschlusses.

Auch der **Abschluß** des Vertrages durch einen Spediteur als Frachtführer **unter** **115** **Zugrundelegung der ADSp** unterwirft den Vertrag nicht einer gewillkürten Schriftform, da § 6 ADSp keine Formvorschrift ist, sondern nur Beweis- und Haftungsfragen regelt. Siehe § 6 ADSp, Anh. I nach § 415 Rdn. 2 ff.

3. Schweigen, konkludentes Handeln
Als besonderer Entstehungstatbestand des Frachtvertrages kommt das Schweigen **116** des Frachtführers auf ein Angebot des Absenders nach § 362 Abs. 1 in Betracht. Die Beförderung von Gütern für andere ist stets Geschäftsbesorgung; der Beruf des gewerbsmäßigen Frachtführers (KVO-Unternehmer, Güternahverkehrsunternehmer, Spediteur, „Möbelspediteur") bringt solche Beförderungen fremder Güter mit sich. Eine

Geschäftsverbindung im Sinne von § 362 Abs. 1 Satz 1 kann schon durch wenige, ja ein einziges Geschäft begründet werden. Zudem liegt, wenn der Frachtführer Werbung betreibt, sehr häufig ein öffentliches Erbieten zur Vornahme von Transporten i. S. d. § 362 Abs. 1 Satz 2 vor. Daher dürfte in den meisten Fällen der Frachtvertrag auch bei Schweigen des Frachtführers auf einen ausreichend bestimmten Antrag des Absenders zustande kommen. Fehlt es an einer Geschäftsverbindung oder an einem Sich-Erbieten, so kommt immer noch ein Vertragsschluß durch Schweigen auf ein Bestätigungsschreiben des Absenders in Betracht[218].

117 Der Abschluß eines Frachtvertrages kann durch **konkludentes Handeln** erfolgen; so etwa bei Zusendung von Gut und Frachtbrief durch den Absender, wenn der Frachtführer die Beförderung in die Wege leitet oder sonst zu erkennen gibt, daß er sie ausführen will. Liegen die Voraussetzungen des § 151 BGB vor, so bedarf es zum Abschluß des Vertrages keiner Kenntnisnahme des Absenders vom konkludenten Verhalten des Frachtführers.

118 Der **Rücktransport** ohne neuen Vertragsabschluß erfolgt in der Regel nicht aufgrund eines neuen konkludent abgeschlossenen Frachtvertrages. Beruht er auf einer zulässigen Absenderverfügung i. S. des § 433 oder ähnlicher Spezialvorschriften, wird er vom insoweit geänderten ursprünglichen Frachtvertrag beherrscht; siehe § 433 Rdn. 13. Die Obhutszeit des ursprünglichen Frachtvertrages wird durch den Rücktransport nicht beendet, da keine Ablieferung erfolgt ist; siehe § 429 Rdn. 62. Gleiches gilt, wenn der Frachtführer wegen eines Transportschadens die Güter zurückbefördert; Cour d'Appel Brüssel vom 6. 4. 1977, ETR **1977** 881, 884, 887 ff (zur CMR). Der Frachtführer ist nicht verpflichtet, ohne besonderen Frachtvertrag die von ihm beförderten Paletten zurückzubefördern. Es besteht auch kein entsprechender Handelsbrauch[219]. Rücktransporte entladener Container erfolgen auf der Grundlage besonderer Frachtverträge[220].

4. Nichtigkeit

119 Wie jeder andere Vertrag kann der Frachtvertrag nichtig sein, insbesondere aufgrund der §§ 134, 138 BGB. Eine Nichtigkeit nach § 134 BGB liegt z. B. vor, wenn der Vertrag zu Zwecken der Zollhinterziehung unter Verstoß gegen das Abgabenrecht abgeschlossen wird (Schmuggeltransport) und alle Parteien sich des Gesetzesverstoßes bewußt waren; BGH vom 23. 6. 1955, WM **1955** 1324, 1326. Tarifverstöße machen den Frachtvertrag nicht nichtig, sondern begründen, ohnehin nur bis zum 1. 1. 1994[221], ausschließlich Nach- oder Rückzahlungsansprüche; siehe insbesondere § 23 GüKG. Ab 1994 entfällt auch diese Wirkung.

5. Verschulden bei Vertragsschluß

120 Wie bei jedem schuldrechtlichen Vertrag kann sich eine Haftung der Partei für Verschulden bei Vertragsschluß ergeben. So handelt z. B. ein Güterfernverkehrsunternehmer pflichtwidrig, wenn er dem Absender vorspiegelt, die Beförderungsaufträge lägen in der Nahverkehrszone, und es dadurch nach § 23 zu Frachtnachforderungen Abs. 1

---

[218] Siehe dazu etwa BGH vom 17. 10. 1985, TranspR **1986** 205 ff.

[219] OLG Düsseldorf vom 4. 3. 1982, TranspR **1984** 250 f = VersR **1983** 583 f; Literatur- und Rechtsprechungsangaben zum Palettenrecht in Rdn. 152a.

[220] Siehe OLG Düsseldorf vom 27. 2. 1987, TranspR **1987** 183 f = VersR **1987** 932 (CMR).

[221] Inkrafttreten des Tarifaufhebungsgesetzes, siehe vor 1 GüKG, Anh. I nach § 452 Rdn. 2 f.

GüKG kommt. Der Absender kann gegenüber dem Nachforderungsanspruch aufrechne[222].

II. Beendigung

1. Allgemeine Beendigungsgründe

Wie alle schuldrechtlichen Verträge erlischt der Frachtvertrag durch vollständige Erfüllung. Auch durch Rücktritt wegen Verzug, Unmöglichkeit oder positiver Forderungsverletzung gem. §§ 325, 326, 327 BGB kann er beendet werden, ferner durch Rücktritt wegen Wegfalls der Geschäftsgrundlage, vertragliche Aufhebung und Anfechtung. **121**

2. Beendigungstatbestände nach Werkvertragsrecht

Da das Landfrachtrecht des HGB über die Kündigung nichts Grundsätzliches aussagt, kommen an sich ergänzend die Vorschriften des Werkvertragsrechts zur Anwendung. Nach § 649 BGB kann der Absender jederzeit ohne besonderen Grund, jedoch auch ohne Befreiung von der Frachtzahlungspflicht, den Frachtvertrag kündigen[223]. Dem Frachtführer steht bei Annahmeverzug des Absenders das Kündigungsrecht der §§ 643, 645 BGB zu. Annahmeverzug wird vor allem dann vorliegen, wenn der Absender die gebotenen Mitwirkungshandlungen unterläßt. Vor der Anwendung des BGB-Werkvertragsrechts muß jedoch stets geprüft werden, ob Spezialbestimmungen der einzelnen Sparten des Frachtrechts eingreifen. Siehe unten Rdn. 167 ff. **122**

Im Falle der Verzögerung der Beförderung kommt auch die Anwendung des § 636 BGB in Betracht, der dem Besteller (hier: dem Absender) ein Rücktrittsrecht nach §§ 327, 346 ff BGB unter Anwendung des § 634 Abs. 1–3 BGB gewährt und ihn von der Frachtzahlungspflicht befreit. Dieses Rücktrittsrecht kann jedoch durch § 428 Abs. 2 oder speziellere frachtrechtliche Normen verdrängt sein. Siehe dazu § 428 Rdn. 23 ff. Neben dem Rücktrittsrecht nach § 636 BGB steht dem Absender das Kündigungsrecht nach § 649 BGB zu, soweit die Voraussetzungen dieser Bestimmung erfüllt sind. Jedoch ist die Kündigung nach § 649 BGB wegen der Verpflichtung zur Entgelt-(Fracht-)zahlung für den Absender ungünstiger. **123**

3. Frachtvertragliche Beendigungsgründe

Das HGB-Landfrachtrecht kennt im Falle der schuldlosen Reisehindernisse in § 428 Abs. 2 ein besonderes Rücktrittsrecht mit Entschädigungspflicht; siehe § 428 Rdn. 23 ff. Einen besonderen Fall der Kündigung im Rahmen des frachtrechtlichen Verfügungsrechts stellt das Verlangen der Rückgabe des Frachtguts nach § 433 Abs. 1 dar; siehe dort Rdn. 13. Die Spezialregelungen der besonderen Sparten des Landfrachtrechts enthalten Sonderbestimmungen zum Rücktrittsrecht; siehe dazu § 428 Rdn. 3 und im einzelnen § 28 Abs. 2 KVO, Anh. II nach § 452; 8 Abs. 12 AGNB, Anh. III/1 nach § 452, 18 ADSp. Zur „Ersatzablieferung" als Beendigungsgrund siehe § 429 Rdn. 64, 71. **124**

4. Konkurs

Konkurs des Absenders hebt den Frachtvertrag gem. § 23 Abs. 2 KO auf; siehe auch § 27 KO. Für die Abwicklung bzw. bis zur Erlangung der Kenntnis vom Konkurs durch **125**

---

[222] BGH vom 29. 3. 1968, LM GüKG Nr. 32 = VersR **1968** 489 f.
[223] OLG Frankfurt vom 4. 7. 1978, VersR **1979** 286 (zur CMR); Koller[2] Rdn. 46. Siehe zur Luft-Personenbeförderung auch LG Köln vom 25. 7. 1990, TranspR **1991** 149, 150. § 649 BGB kann einem Rücktrittsrecht in allgemeinen Beförderungsbedingungen entgegenstehen; BGH vom 25. 10. 1984, NJW **1985** 633 ff = VersR **1985** 166 ff (Flugreise).

§ 425

den Frachtführer gelten nach § 23 Abs. 1 KO die §§ 672 Abs. 1, 674 BGB. Für die Zeit bis zur Kenntniserlangung, innerhalb der der Frachtvertrag durch § 674 BGB als fortbestehend fingiert wird, gelten auch die frachtvertraglichen Sonderregelungen weiter. Dies gilt auch für die nur durch Vereinbarung geltenden Geschäftsbedingungen, die AGNB oder die ADSp. Wird der Frachtführer danach noch tätig, so handelt er als Geschäftsführer ohne Auftrag. In diesem Falle gelten weder das gesetzliche Frachtrecht noch die AGNB noch die ADSp.

126 **Konkurs des Frachtführers** beendet den Frachtvertrag nicht, sondern gibt dem Konkursverwalter ein Erfüllungswahlrecht (siehe § 17 KO).

5. Tod einer Partei (bzw. Auflösung als juristische Person)

127 Der **Tod des Frachtführers** würde nach §§ 675, 673 BGB an sich im Zweifel den Frachtvertrag beenden. Als gewerbliche Verträge sind jedoch Frachtverträge in aller Regel nicht höchstpersönlicher Art und werden nach § 1922 BGB vom Erben fortgesetzt. Dieser hat es nicht in der Hand, durch Nichtfortführung des Handelsgeschäfts die Verträge zu beenden. Siehe im einzelnen §§ 407–409 Rdn. 86.

128 Der **Tod des Absenders** bringt den Frachtvertrag im Zweifel nicht zum Erlöschen (§§ 675, 672 BGB). Ist der Absender eine juristische Person, so gilt das gleiche im Falle ihrer Auflösung.

D. Die Pflichten des Frachtführers aus dem Frachtvertrag
I. Hauptpflichten des Frachtführers

129 Aus dem Frachtvertrag ergeben sich für den Frachtführer zahlreiche einzelne Pflichten. Der Frachtvertrag verpflichtet ihn nicht nur zur Beförderung, sondern auch zur Bewachung des Frachtguts, zur Auslieferung (Besitzübergabe) an die richtige Person und zur Befolgung der Dispositionen des Absenders bzw. Empfängers. Das Versprechen eines Entgelts (Fracht) durch den Absender erfolgt, um ihm vor allem die Rechte auf Beförderung, Sicherheit für das Frachtgut (entsprechend dem Lagervertrag) für die Zeit der Beförderung und einen kaufmännisch verwertbaren Auslieferungsanspruch hinsichtlich des Gutes zu sichern. Dafür erforderlich ist die jederzeitige Dispositionsmöglichkeit über das Gut. Eine synallagmatische Verknüpfung kann also zwischen dem Frachtanspruch des Frachtführers und allen diesen gekennzeichneten Pflichten angenommen werden[224]. Siehe zu den Auswirkungen dieser Sonderstruktur des Frachtvertrages auf die Leistungsstörungen Rdn. 153 ff.

1. Beförderung

130 Zentrale Hauptpflicht des Frachtführers ist die Beförderungspflicht. Diese ist auf einen Erfolg, nämlich auf die Ortsveränderung des Frachtguts gerichtet. Daher ist der Frachtvertrag ein Sonderfall des Werkvertrages; siehe oben Rdn. 102. Die Beförderung ist eine entgeltliche Besorgung eines fremden Geschäftes; über § 675 BGB gilt Auftragsrecht ergänzend. Der Frachtvertrag ist daher zunächst ein auf eine Geschäftsbesorgung gerichteter Werkvertrag. Bei Geschäftsbesorgungsverträgen kann man das „eigentliche

---

[224] Zur Komplexität der Leistungspflichten beim Werkvertrag siehe z. B. *Esser/Weyers* Schuldrecht II[7] 255 f.

Hauptleistungsprogramm ... in der Wahrnehmung der Interessen des Partners" sehen[225].

Beförderungsweg, Beförderungsmittel und Beförderungszeit ergeben sich aus den vertraglichen Vereinbarungen. Doch kann bisher noch das zwingende Tarifrecht erheblichen Einfluß auf den Vertragsinhalt gewinnen[226]. Welche Art von Beförderungsmittel einzusetzen ist, hat auf das Transportrisiko und die Kosten beachtlichen Auswirkungen und hängt vom Vertragsinhalt ab[227]. Bei der Beförderung hat der Frachtführer grundsätzlich den schnellsten und sichersten Transportweg zu nehmen und ein voll geeignetes Fahrzeug zu verwenden. **131**

Die **Pflicht des Frachtführers zur Befolgung von Verfügungen des Absenders oder Empfängers** ist Ausfluß des Geschäftsbesorgungscharakters[228] des Frachtvertrages. Sie konkretisiert seine Hauptpflicht zur Ausführung des Geschäftsbesorgungs-Werkvertrages und entspricht grundsätzlich dem in §§ 675, 665 BGB Vorausgesetzten[229]. Das Frachtrecht mißt ihr, wie die überall anzutreffenden Sonderregelungen des Verfügungsrechts zeigen (siehe die Randnummern zu §§ 433, 434), eine besondere Bedeutung zu. Im Hinblick auf die Geschäftsbesorgungskomponente des Frachtvertrages könnte daher auch die Folgepflicht als Hauptpflicht anzusehen sein. Siehe auch die Erl. zu § 433. **132**

2. Obhut

Die Pflicht des Frachtführers zum Schutz vor Schäden (Obhutspflicht) gehört zu den Definitionsmerkmalen des Frachtvertrages; siehe oben Rdn. 86. Sie muß daher zu den Hauptpflichten gerechnet werden[230] und verleiht dem Frachtvertrag zusätzlich den Charakter eines Verwahrungsvertrages. Die Verletzung der Obhutspflicht ist mit scharfen Haftungssanktionen bedacht[231]. Die Obhutspflicht gebietet dem Frachtführer, alle handelsüblichen und nach den Umständen des Falles zumutbaren Maßnahmen zum Schutz vor allem vor Witterungseinflüssen, Verderb und Diebstahl zu treffen. Fragen der Obhutspflichtverletzung tauchen meist nachträglich in Schadensfällen auf, können aber auch bereits von Anfang an vertraglich vorbestimmt werden. Die einzelnen aus der grundsätzlichen Obhutspflicht sich ergebenden Pflichten mögen als besondere Nebenpflichten deklariert werden. Zumindest ist es zweckmäßig, sie als besondere Pflichten zu katalogisieren und zu behandeln. Mit der Berücksichtigung der Obhutspflicht als Hauptpflicht wird der Frachtvertrag zum gemischten Vertrag; siehe Rdn. 106. **133**

3. Ablieferung

Auch die Ablieferungspflicht des Frachtführers kann als Hauptpflicht und nicht nur als Abwicklungs-(Neben-)pflicht betrachtet werden[232]. Dies liegt nahe, weil der Ablie- **134**

---

[225] *Esser/Weyers* Schuldrecht II[7] 308.
[226] Siehe z. B. zur Beförderungszeit im Güterfernverkehr § 26 KVO, Anh. II nach § 452 und die dortigen Randnummern; mit Inkrafttreten des Tarifaufhebungsgesetzes (siehe vor 1 GüKG, Anh. I nach § 452 Rdn. 2 f) am 1. 1. 1994 wird sich dies freilich ändern.
[227] Dazu Anh. V nach § 452; siehe z. B. auch § 4 AGNB, Anh. III/1 zu § 452.
[228] *Esser/Weyers* Schuldrecht II[7] 316.
[229] *Esser/Weyers* Schuldrecht II[7] 308; *Palandt/Thomas*[52] § 665 Rdn. 1 ff.

[230] Zur allgemeinen frachtvertraglichen Obhutspflicht siehe z. B. BGH vom 20. 3. 1970, VersR 1970 459, 460.
[231] Siehe dazu § 429 Rdn. 112 ff und die Kurzdarstellungen anderer frachtrechtlicher Ordnungen in § 429 Rdn. 170 ff; 182 ff; 195 ff; 204 ff.
[232] BGH vom 27. 10. 1978, NJW **1979** 2473 = VersR **1979** 276, 277; vom 2. 12. 1982, TranspR **1983** 73, 74 = VersR **1983** 339, 340; *Koller*[2] bejaht dies wohl in Rdn. 16 mit dem Hinweis auf § 631 BGB und in Rdn. 14 beim Frachtvertrag mit Paletten-Rückgabepflicht.

ferungsanspruch in Form eines Ladescheins verbrieft werden kann (siehe §§ 444 ff[233]) und u. U. dem Empfänger zusteht; siehe § 435 Rdn. 18. Konsequenterweise werden daher auf das Leistungsverweigerungsrecht des Absenders gegenüber dem Auslieferungsanspruch des Empfängers die §§ 320 ff BGB angewendet (siehe § 435 Rdn. 12). Der Auslieferungsanspruch richtet sich auf das verladene Gut selbst; im Falle der Unmöglichkeit tritt an seine Stelle u. U. ein Geldersatzanspruch.

4. Pflicht zur Befolgung von Weisungen

135 Weisungen sind verbindliche Anordnungen des Auftraggebers oder sonst dazu Berechtigten, die der Konkretisierung der übernommenen Geschäftsbesorgungspflichten dienen; siehe §§ 407–409 Rdn. 89 ff. Das Recht des Absenders, dem Frachtführer Weisungen zu erteilen, ist in §§ 433–435 in erweiterungsfähiger Weise festgelegt. Die Begründung des Weisungsrechts läßt sich auch aus dem Charakter des Frachtvertrages als Geschäftsbesorgungsvertrag ableiten; §§ 675, 665 BGB. Weisungen sind nur verbindlich, wenn sie sich im Rahmen des abgeschlossenen Vertrages halten[234]. Der Vertrag kann jedoch, wie dies im Frachtrecht von Gesetzes wegen vorgesehen ist, dem Absender oder Empfänger ein einseitiges Umgestaltungsrecht durch Weisungen einräumen. Die Pflicht zur Befolgung von Weisungen ist als Ausfluß der Interessewahrungspflicht[235] auch beim Frachtvertrag von wesentlicher Bedeutung. Sie könnte daher ebenfalls als Hauptpflicht betrachtet werden. Eher ist aber davon auszugehen, daß sie als Ausprägung der allen Verträgen innewohnenden Treuepflicht nach den Regeln über Nebenpflichten und als Begründung für Vertragswidrigkeit eines Verhaltens zu behandeln ist.

5. Hauptpflichten bei Sondertypen des Frachtvertrages

136 Erschöpft sich der konkrete Frachtvertrag nicht in der unbeschädigten Beförderung und Ablieferung des Frachtguts, sondern verfolgt zusätzliche Ziele, ist eine Erweiterung der Hauptpflichten anzunehmen. Dies gilt insbesondere für die Abfallbeseitigung und die Rückführung von Verpackungen, wohl aber auch für die Beförderung von Gefahrgut allgemein. Ziel des Vertrages ist hier vor allem auch die Erfüllung öffentlichrechtlicher Pflichten. Dieser Vertragszweck kann angesichts der sehr großen Bedeutung und der hohen Risiken nicht ordnungsgemäßer Erfüllung nicht als Nebengegenstand des Frachtvertrages gesehen werden. Die zu seiner Erreichung vom Frachtführer übernommenen Pflichten sind daher nicht nur bloße Nebenpflichten.

II. Nebenpflichten des Frachtführers

137 Neben den oben in Rdn. 129 ff dargestellten Hauptpflichten können den Frachtführer aus dem Frachtvertrag zahlreiche Nebenpflichten treffen. Es mag dahinstehen, wie die zur Sicherung und Ergänzung der Hauptpflichten bestehenden Sorgfaltspflichten zu bewerten sind. Im gleichen Verhalten kann vielfach die Schlechterfüllung einer Hauptpflicht oder die Nichterfüllung einer unselbständigen Nebenpflicht gesehen werden. Für die Haftungsfrage ist dies in den meisten Fällen bedeutungslos, da sich nach allgemeinem

---

[233] Im Seerecht in Form des Konnossements als des noch immer wichtigsten warenrepräsentierenden Papiers; in den Wirkungen vielfach durch Vertragsgestaltung imitiert; siehe zum FBL § 415 Anh. IV Rdn. 13 ff.
[234] Daher zutreffend OLG Düsseldorf vom 15. 12. 1983, TranspR **1984** 38, 39 (Weisung, Güter im offenen Wagen zu befördern, obwohl diese Beförderungsart im Frachtbrief nicht eingetragen war).
[235] Siehe zu dieser beim Speditionsvertrag §§ 407–409 Rdn. 88 ff.

Sechster Abschnitt. Frachtgeschäft § 425

Schuldrecht in beiden Fällen die Haftung nach den Regeln der positiven Forderungsverletzung bestimmt; für die frachtrechtliche Sonderhaftung für Güterschäden trifft das gleiche zu: soweit wie in § 429, das Verschulden des Frachtführers oder seiner Gehilfen eine Rolle spielt, kommt es nicht darauf an, ob die Pflichtwidrigkeit sich aus der Verletzung von Haupt- oder Nebenpflichten ergibt. So kann etwa die nicht ordnungsgemäße Bewachung des Frachtguts gegen Diebstahl als Schlechterfüllung der Obhutspflicht oder als Nichterfüllung der sie ergänzenden Nebenpflicht zur Bewachung betrachtet werden. Für den Frachtvertrag ist es jedoch darüber hinaus typisch, daß den Frachtführer je nach Lage des Falles oder des speziellen Frachtvertrages Pflichten treffen, die sich nicht auf die geschuldeten Hauptleistungen beziehen, sondern vom Frachtführer zusätzlich übernommen worden sind. Die wichtigsten frachtvertraglichen Nebenpflichten werden im folgenden erläutert.

1. Laden und Entladen, Packen

138 Die Pflicht zum Laden oder Entladen kann nach der speziellen Gestaltung des Frachtvertrages entweder den Frachtführer oder aber Absender oder Empfänger treffen. Das HGB stellt hierfür keine Regeln auf. Nach den Sonderordnungen ist die Ladetätigkeit sehr unterschiedlich verteilt. Die KVO enthält nach Art des Gutes als Stückgut oder Ladungsgut unterschiedliche Pflichtenverteilungen, die aber – wie die große Zahl von Prozessen beweist – unzureichend, zu starr und den sich ständig wandelnden technischen, wirtschaftlichen und gesetzlichen Rahmenbedingungen nicht gewachsen sind. Probleme entstehen vor allem bei der Behandlung des technisch, wirtschaftlich und aus Umweltgründen erforderlichen Zusammenwirkens von Frachtführer, Absender und Empfänger, die sich auch durch perfekte Bestimmungen nicht lösen lassen[236]. Die CMR hat auf die Festlegung dieser Pflichten völlig verzichtet, regelt aber in Art. 17 Abs. 4 c wesentliche Punkte der Haftung bei Fehlern der Verladung. Auch diese Regelung führt zu erheblichen praktischen Rechtsproblemen[237]. Die Bed. GüKUMT, Anh. IV nach § 452, erlegen in § 2 das Be- und Entladen dem Frachtführer auf und erstrecken folgerichtig in § 8 Abs. 1 S. 1 die Obhutshaftung auf diese Tätigkeiten. Insgesamt erscheint es zweckmäßig, für die Bestimmung der Pflichten auf die Grundlagen des bürgerlichen Rechts zurückzugreifen, insbesondere danach auch die Mitwirkungspflichten der Parteien zu bestimmen[238]. Zur Verpackung der Güter, die grundsätzlich nicht Aufgabe des Frachtführers ist, aber von ihm übernommen werden kann, siehe Rdn. 195.

139 **Beim Entladen hat der Frachtführer auch auf die Interessen des Empfängers Rücksicht zu nehmen**: Insbesondere kann er diesem gegenüber aus positiver Vertragsverletzung haftbar sein, z. B. wenn er durch falschen Anschluß des Entladeschlauchs Öl in das Grundstück des Empfängers laufen läßt. Den Schaden des Empfängers kann der Absender in Drittschadensliquidation geltend machen und diese Ansprüche auch an den Empfänger abtreten; siehe § 429 Rdn. 157 ff.

2. Lagerung

140 Vor oder nach dem Transport oder auch zwischen einzelnen Transportvorgängen kann es erforderlich werden, daß der Frachtführer das Gut aufbewahrt (Vor-, Nach- und

---

[236] Siehe dazu eingehend die Kommentierung zu § 17 KVO, Anh. II nach § 452 mit weiteren Hinweisen.
[237] Siehe eingehend die Kommentierung zu Art. 17 Abs. 4 c CMR, Anh. VI nach § 452.
[238] Siehe z. B. zum Entladen von Heizöl und Anrechnung der Haftung des Empfängers nach § 22 WHG: OLG Düsseldorf vom 16. 5. 1991, VersR **1992** 1478 ff (betr. Haftung des Lieferanten, § 254 BGB).

§ 425

Zwischenlagerung)[239]. Die Lagerung kann sich als Nebenpflicht aus der Obhutsübernahme darstellen. Insbesondere kann sie aus technischen Gründen, z. B. wegen Beförderungs- oder Ablieferungshindernissen notwendig werden; siehe § 437 Rdn. 15. Lagerungen können auch wegen der Ausübung des frachtvertraglichen Verfügungsrechts (§ 433) erforderlich werden. Wird ein selbständiger Lagervertrag abgeschlossen, so scheidet die Lagertätigkeit insoweit aus dem Kreis der frachtrechtlichen Nebenpflichten aus[240]. Die Haftung bei Lagerung aufgrund von frachtrechtlichen Nebenpflichten oder aufgrund einer vom Frachtführer getroffenen Entscheidung richtet sich nicht nach Lager- oder Verwahrungsrecht, sondern nach Frachtrecht[241]. Liegt dagegen ein besonderer Lagervertrag vor, so ist Lagervertragsrecht anzuwenden; siehe im einzelnen oben Rdn. 97 und § 429 Rdn. 98 ff. Die KVO enthält in § 33 d, e eine Sonderregelung, die insbesondere die Anwendungsbereiche der frachtrechtlichen und lagerrechtlichen Haftungsregeln nach besonderen Gesichtspunkten abgrenzt; siehe § 33 KVO, Anh. II nach § 452, Rdn. 8 ff. Ähnlich § 15 Abs. 3 AGNB, Anh. III/1 nach § 452 Rdn. 15; § 8 Abs. 1 S. 2 GüKUMT, Anh. IV nach § 452 und dort Rdn. 4. Möglich sind auch gemischte Lager- und Frachtverträge[242].

3. Benachrichtigung und Einholung von Anweisungen

141 In § 437 Abs. 1 und 3 und in Spezialbestimmungen der frachtrechtlichen Sonderordnungen ist eine **Benachrichtigung des Absenders bzw. des Empfängers vorgeschrieben**. Diese hat den Zweck, den Berechtigten die mittelbare Herrschaft über das Frachtgut und den Beförderungsvorgang zu sichern. Siehe § 434 Rdn. 1, § 437 Rdn. 10 ff und 18; ferner Art. 12 Abs. 6 CMR.

142 **Aus der konkreten Lage des Einzelfalles können sich weitere Benachrichtigungspflichten ergeben**[243], etwa aus der Pflicht zur Geringhaltung des Schadens nach § 254 BGB oder aus § 242 BGB; zur Interessewahrungspflicht siehe Rdn. 149 f. Die heute zur Verfügung stehenden Nachrichtenverbindungen[244] legen eine Benachrichtigung des Absenders eher als zur Entstehungszeit des HGB nahe. Zu den Möglichkeiten der Kommunikation mit dem fahrenden LKW siehe *Schramm* DVZ Nr. 149 vom 13. 12. **1990** S. 3, 12. Zur Benachrichtigungs- und Weisungseinholungspflicht bei einem Kaufvertrag siehe BGH vom 9. 2. 1977, WM **1977** 451, 452.

4. Weiterversendung, Dritt-Einlagerung

143 Die Weiterversendung kann bei angebrochenen Transporten zur vollständigen Erfüllung des Frachtvertrages gehören. Die Übergabe an den nächsten Frachtführer (nicht Unterfrachtführer) im Einverständnis mit dem Absender ist „Ablieferung" i. S. d. § 429, beendet also die Obhut des Frachtführers und dessen Haftungszeit, vgl. § 429 Rdn. 102.

---

[239] Zur Haftung für solche Lagerung siehe § 429 Rdn. 98. Siehe schon RG vom 27. 3. 1929, HRR **1929** Nr. 1673 (Zwischenlagerung bis zu einem schon vereinbarten, demnächst zu leistenden Transport).

[240] Siehe zur Abgrenzung zwischen Lager- und Frachtvertrag Rdn. 97.

[241] OLG Köln vom 30. 8. 1990, TranspR **1990** 425; siehe auch § 429 Rdn. 98.

[242] Beispiel aus dem Bereich des Umzugs: OLG Düsseldorf vom 9. 7. 1992, TranspR **1993** 17 f.

[243] Z. B. zur Versandanzeige; OLG Frankfurt vom 23. 6. 1981, BB **1981** 1915; zur Benachrichtigung bei „etwas unangenehmem Geruch von Fleisch" aus konkreten Gründen des Falles abgelehnt vom OLG Hamburg vom 14. 3. 1969, VersR **1970** 51, 52.

[244] Zur Zeit gibt es bereits eine Satellitenkommunikation für internationale Fuhrunternehmen und Speditionen zwischen dem Unternehmen und dem einzelnen eingesetzten Lastzug; siehe ferner zur Sendungsverfolgung mittels Barcode und Computer den Beitrag o. V. DVZ Nr. 56 vom 12. 5. **1992**, S. 10.

Sie erschöpft sich aber nicht im Ablieferungsvorgang, sondern stellt eine zusätzliche Spediteurtätigkeit des Frachtführers dar. Der vom ursprünglichen Frachtführer mit der Weiterbeförderung beauftragte Frachtführer wird als „Zwischenfrachtführer", sein Vertrag als „Zwischenfrachtvertrag" bezeichnet, wenn der ursprüngliche Frachtführer den neuen Frachtvertrag im eigenen Namen abschließt. Tut er dies im Namen des Absenders, so spricht man von „Teilfrachtvertrag". Siehe dazu und zur Abgrenzung vom Unterfrachtvertrag § 432 Rdn. 10. Folgerichtig beschränkt sich die Haftung des Frachtführers bei Weiterversendung im eigenen Namen auf Spediteurverschulden; die ADSp können eingreifen, soweit sie zwischen Absender und Frachtführer vereinbart sind, also insbesondere im Falle des selbsteintretenden Spediteurs. Siehe dazu §§ 412, 413 Rdn. 2 ff. Zur „Abholung" und „Zuführung" von Gütern durch den Güterfernverkehrsunternehmer siehe § 5 KVO und die dortige Erläuterung, Anh. II nach § 452.

5. Verzollung

144 Bei grenzüberschreitenden Transporten ist die Erledigung der Verzollungsangelegenheiten Aufgabe des Frachtführers; dies entspricht dem Charakter des Frachtvertrages als eines Geschäftsbesorgungsvertrages; siehe dazu Rdn. 144; ferner §§ 407–409 Rdn. 6, 115. Die Beschaffung der für die Verzollung erforderlichen Unterlagen ist Aufgabe des Absenders. Siehe hierzu § 427 und dort Rdn. 4 f. Für Folgen aus dem Mangel, der Unzulänglichkeit oder Unrichtigkeit der Zollunterlagen haftet der Absender dem Frachtführer nach § 427 bzw. nach den entsprechenden frachtrechtlichen Sonderordnungen. Für Fehler bei der zollrechtlichen Behandlung, die nicht auf mangelhafte Unterlagen zurückzuführen sind, hat dagegen der Frachtführer einzustehen. Siehe dazu § 427 Rdn. 13 ff.

6. Einziehung von Nachnahmen

145 Wie der Spediteur (siehe §§ 407–409 Rdn. 128 ff) kann auch der Frachtführer sich durch den Frachtvertrag verpflichten, Nachnahmen für den Absender einzuziehen[245]. Solche Nachnahmen können auch vom einliefernden Spediteur übernommen und über ganze Ketten von aufeinanderfolgenden Spediteuren und Frachtführern weitergeleitet werden. Auch hier handelt es sich um eine Geschäftsbesorgungstätigkeit. Diese entspricht dann der Einziehung von Nachnahmen durch den Spediteur[246]. Die Auslieferung der Güter ohne Einziehung von Nachnahmen kann nach §§ 435, 436 den Verlust der Nachnahmeansprüche gegen den Empfänger zur Folge haben. Siehe dazu im einzelnen § 435 Rdn. 12 f, § 436 und die Kommentierung zu § 442. Die Auslieferung an den in irgendeiner Weise bekannten „Endempfänger" ohne Zustimmung einer zur Zahlungssicherung eingeschalteten Bank oder eines mit dem Inkasso beauftragten Empfangsspediteurs („Adreßspediteurs", siehe § 407–409 Rdn. 16–20) ist grundsätzlich Verlust, wenn der Endempfänger das Gut nicht wieder herausgibt; siehe § 429 Rdn. 24 f.

146 Die **Überweisung der Frachtzahlung auf den Empfänger** ist keine Nachnahmeanweisung. Durch die Überweisung wird der Schuldner (z. B. nach § 436 und etwa §§ 21, 25 KVO, Anh. II nach § 452) als Gesamtschuldner neben dem Absender zur Frachtzahlung verpflichtet. Mit der Zahlung erlischt auch die frachtrechtliche Schuld des Absenders zur Zahlung der Fracht. Die Nachnahmeanweisung begründet demgegenüber eine Pflicht des Frachtführers, die angegebenen Beträge (Frachten oder andere Beträge, z. B.

---

[245] Spezialvorschriften: § 24 KVO, Anh. II nach § 452; Art. 21 CMR, Anh. VI nach § 452.

[246] Siehe §§ 407–409 Rdn. 128 ff und § 31 Abs. 1 d KVO, Anh. II nach § 452 Rdn. 23.

Kaufpreise) vom Empfänger einzuziehen und an den Absender abzuliefern. Wird die Einziehung der Fracht per Nachnahme angeordnet, ist der Frachtbetrag vom Frachtführer an den Absender auszukehren. Wenn die Fracht für den Transport vom Absender noch nicht bezahlt ist, kann allenfalls eine Aufrechnung oder ein Zurückbehaltungsrecht des Frachtführers an diesem Betrag in Betracht kommen[247].

7. Versicherungsabschluß

147 Zu den Versicherungen des Transports siehe zunächst die Anhänge I und II nach § 429. Den Frachtführer kann aus dem Frachtvertrag die Verpflichtung treffen, das Frachtgut versichern zu lassen. Das HGB trifft hierzu keine besondere Regelung. Zu unterscheiden ist daher zunächst zwischen einer Versicherung der Haftpflicht des Frachtführers (Haftpflichtversicherung bzw. Speditionsversicherung) und einer Güterversicherung (Transportversicherung) des Frachtguts selbst[248].

148 Der Frachtführer ist nach dem Landfrachtrecht des HGB nicht gesetzlich verpflichtet, für den Absender **Transportversicherung** zu nehmen. Jedoch kann sich eine solche Verpflichtung aus dem Frachtvertrag ergeben. Die frachtrechtlichen Sonderordnungen sehen ebenfalls keine Pflicht des Frachtführers zum Abschluß einer Güterversicherung vor. § 35 a ADSp stellt klar, daß der Spediteur nur bei ausdrücklicher schriftlicher Anweisung die Güter versichern muß. Bestand nach dem Inhalt des Frachtvertrages eine Pflicht des Frachtführers, das Gut zu versichern, so haftet der Frachtführer für die Unterlassung der Erfüllung dieser Nebenpflicht nach den Grundsätzen der positiven Vertragsverletzung[249].

8. Mängelrüge für den Absender

149 Übernimmt der Frachtführer das zu befördernde Gut nicht vom Absender, sondern von dritter Seite, so kann sich für ihn eine Verpflichtung ergeben, festgestellte Mängel zu rügen oder sogar das übernommene Frachtgut zu untersuchen. Die gleiche Problematik besteht beim Speditionsvertrag. Siehe daher §§ 407–409 Rdn. 141 f. Im Gegensatz zum Speditionsrecht verweist das Frachtrecht jedoch nicht auf § 388 Abs. 1. Daraus kann geschlossen werden, daß der Frachtführer im Gegensatz zum Spediteur oder Kommissionär grundsätzlich nicht zur Mängelrüge verpflichtet ist. Andererseits würde dies dazu führen, daß, soweit ein Frachtführer als Empfänger eines vorhergehenden Fracht- oder Speditionsvertrages fungiert, er durch Versäumung der Rüge den Verlust von Ansprüchen nach § 438 bzw. entsprechender Sondervorschriften (vgl. § 438 Rdn. 9 ff) herbeiführen würde. Für diese Fälle wird man davon ausgehen können, daß der Frachtführer im Rahmen der Interessenwahrnehmungspflicht die Rügeobliegenheit erfüllen muß. Das OLG Düsseldorf DB **1973** 1943, 1944 bejaht dies für erkannte, nicht aber schon für erkennbare Mängel. Die kaufrechtliche Untersuchung und Mängelrüge nach den §§ 377, 378 gehört nicht zu den Pflichten des Frachtführers; vgl. dazu §§ 407–409 Rdn. 141 f.

150 Die **pflichtwidrige Unterlassung der Beanstandung von Mängeln** hat für den Frachtführer doppelte Konsequenzen. Es kann sein, daß er für Güterschäden haftet, wenn er ihre Entstehung vor der Obhutszeit nicht mehr nachweisen kann – was sich durch eine Rüge wesentlich erleichtern würde. Zum anderen kann das Unterlassen der

---

[247] Dazu *Willenberg*[4] § 21 KVO Rdn. 8.
[248] Zur Haftpflichtversicherung des Frachtführers und zur Güter-(transport)versicherung siehe § 429 Anh. I Rdn. 12 ff.
[249] Siehe hierzu die Entscheidung des BGH vom 28. 2. 1975, WM **1975** 522, 523 = NJW **1975** 1597 = MDR **1975** 554 = LM CMR Nr. 7.

Rüge evtl. zu Rechtsverlusten des Absenders führen. Liegt eine schuldhafte Verletzung der Interessenwahrnehmungspflicht durch den Frachtführer vor, so kann sich daraus dessen Haftpflicht nach den Grundsätzen der positiven Vertragsverletzung ergeben.

Verpflichtet sich der Frachtführer dem Käufer als seinem Auftraggeber gegenüber, dem Verkäufer **eine Spediteurübernahmebescheinigung** bei Abholung der Güter **auszustellen,** so ist die Ausstellung einer „reinen" Übernahmebescheinigung bei sichtbaren Mängeln des Guts eine Vertragsverletzung – jedenfalls dann, wenn es dem Frachtführer bekannt war, daß die Bescheinigung zur Andienung im Rahmen eines Dokumentenakkreditivs bestimmt war; OLG Düsseldorf vom 6. 9. 1973, VersR **1975** 232 ff. **151**

9. Weitere Nebenpflichten

Je nach Art des Frachtvertrages können sich weitere Nebenpflichten ergeben, so z. B. Schutzpflichten für das Gut wie Kühlung, Belüftung, Bewachung[250]. §§ 433–435 und die diesen entsprechenden Sondernormen können den Pflichtenkreis des Frachtführers erweitern. Der Frachtvertrag kann aber auch unspezifische Pflichten begründen, z. B. zur Wahrung von Geschäftsgeheimnissen u. ä. Schließlich bestehen Verkehrssicherungspflichten hinsichtlich des gefahrlosen Zugangs zum Beförderungsmittel und zur Verladeanlage[251]. Diese Pflichtverletzungen können (soweit für sie keine Sonderregeln bestehen) nach den Grundsätzen der positiven Vertragsverletzung zur Schadenshaftung führen[252]. Eine besondere Rolle spielen die Nebenpflichten zur Rückführung von Paletten, Containern und anderen Hilfsmitteln. **152**

Paletten sind in der Regel nicht Gegenstand der Kaufverträge über die palettierten Güter. Der Frachtführer kann sie andererseits nicht mit zurücknehmen, da sie regelmäßig noch benötigt, werden um die Güter weiterzubefördern, zu lagern und in Verkaufsräumen zu transportieren. Ihre Entladung würde ohnehin für eine sofortige Rücknahme durch den Frachtführer zu lange dauern. Es ist daher aus der Sicht der Absenders sinnvoll, wenn der Beförderer ihm gleiche Paletten zurückgibt. Die damit verbundenen Probleme haben zu unterschiedlichen organisatorischen Lösungsansätzen, aber auch zu Streitigkeiten über die Rechtsnatur der betreffenden Verträge geführt (Darlehen, Kontokorrent, nachnahmeähnliches Verhältnis). Hierauf kann in diesem Rahmen nicht zusammenhängend eingegangen werden. **152 a**

Siehe aus der Literatur: *Eyl* Kaufrechtliche Aspekte des Palettenverkehrs, TranspR **1984** 237 ff; *Haake* Die Gefahrtragung für zufälligen Verlust oder zufällige Beschädigung beim Einsatz von Mehrweg-Paletten, BB **1982** 1389 ff; *Knorre* Zur rechtlichen Problematik des sogenannten „Palettentauschs", TranspR **1990** 99 ff; *Koller*[2] Rdn. 14; *Thume* Palettenverträge im Straßengüterverkehr, TranspR **1989** 47 ff; *Tunn* Rechtsfragen zum Verkehr mit Euro- und Gitterboxpaletten, TranspR **1992** 263 ff; *Willenberg*[4] Rdn. 103–158; *derselbe* Rechtsfragen des Palettenverkehrs auf der Straße, TranspR **1985** 161 ff; ferner ständige Beiträge in der DVZ.

Rechtsprechung: Die im folgenden zitierten Entscheidungen betreffen in beliebiger Weise Paletten; sie bilden zusammen kein „Palettenrecht". LG Krefeld vom 17. 11. 1970,

---

[250] Siehe z. B. OLG Hamburg vom 28. 2. 1974, MDR **1974** 674.
[251] Beispielsfall aus dem Eisenbahnrecht: BGH vom 19. 8. 1973, VersR **1973** 350, 351, Sicherung des Waggons gegen Rollen; Schaden des selbst entladenden Empfängers.
[252] Siehe zum Verhältnis von spezieller Frachtführerhaftung zur allgemeinen Haftung aus positiver Vertragsverletzung § 429 Rdn. 232 ff. Zur Haftung aus Verschulden bei Vertragsschluß siehe Rdn. 120.

§ 425   Drittes Buch. Handelsgeschäfte

TranspR **1985** 64 ff; OLG Köln vom 11. 1. 1973, TranspR **1984**, 251 ff; LG Mannheim vom 16. 5. 1974, TranspR **1984** 256 ff; LG Bonn vom 29. 10. 1974, TranspR **1984** 258 f; LG Ravensburg vom 5. 10. 1978, TranspR **1984** 259 ff; LG Darmstadt vom 30. 10. 1979, ZIP **1980** 113 f; LG Köln vom 7. 1. 1980, TranspR **1984** 263 ff; LG Stuttgart vom 30. 5. 1980, TranspR **1985** 67 ff; AG Calw vom 26. 6. 1980, TranspR **1985** 59; LG Bielefeld vom 31. 10. 1980, TranspR **1985** 56 f; LG Tübingen vom 6. 11. 1980, TranspR **1985** 77 f; LG Köln vom 20. 2. 1981, TranspR **1985** 63 f; LG Köln vom 9. 6. 1981, TranspR **1985** 58 f; AG Bonn vom 10. 7. 1981, TranspR **1985** 61 f; OLG Frankfurt vom 17. 9. 1981, TranspR **1984** 248 f; AG Hannover vom 25. 9. 1981, TranspR **1985** 60; OLG Düsseldorf vom 4. 3. 1982, TranspR **1984** 250 f = VersR **1983** 583 f; OLG Celle vom 16. 4. 1982, TranspR **1984** 253 f; LG Duisburg vom 23. 4. 1982, TranspR **1985** 73 f; OLG Hamburg vom 15. 7. 1982, TranspR **1984** 249 f = VersR **1983** 187 f; AG Köln vom 27. 7. 1982, TranspR **1985** 74; LG Köln vom 19. 8. 1982, TranspR **1984** 264; OLG Frankfurt vom 5. 10. 1982, TranspR **1984** 245 ff; AG Braunschweig vom 21. 12. 1982, TranspR **1985** 57 f; OLG Düsseldorf vom 30. 12. 1982, VersR **1983** 872 f; OLG Bamberg vom 9. 2. 1983, TranspR **1985** 75 ff; LG Hechingen vom 11. 2. 1983, TranspR **1984** 262 f; LG Hannover vom 1. 11. 1983, TranspR **1985** 74 f; OLG Köln vom 29. 12. 1983, TranspR **1985** 301 f; LG Wuppertal vom 15. 2 . 1984, TranspR **1985** 74 f; OLG Nürnberg vom 12. 7. 1984, TranspR **1985** 70 ff; LG Köln vom 23. 7. 1984, TranspR **1985** 69 f; LG Berlin vom 2. 10. 1984, TranspR **1985** 62 f; LG Offenburg vom 9. 10. 1984, TranspR **1985** 59 f; LG Offenburg vom 15. 1. 1985, TranspR **1985** 194 f; OLG Frankfurt vom 14. 2 . 1985, TranspR **1986** 354 f; KG vom 23. 5. 1985, TranspR **1985** 299 ff; OLG Köln vom 19. 6. 1985, TranspR **1985** 429 f; BGH vom 15. 1. 1987, TranspR **1987** 178 f; OLG Köln vom 10. 4. 1987, NJW-RR **1988** 370 ff; LG Bremen vom 22. 4. 1987, DVZ Nr. 135 v. 12. 11. **1987** S. 9; LG Hamburg vom 6. 7. 1987, VersR **1987** 1034; österr. ObGH vom 2. 9. 1987, SZ **60** 159; LG Bonn vom 21. 10. 1987, TranspR **1989** 74 ff; LG Berlin vom 2. 12. 1987, TranspR **1988** 209 f; LG Karlsruhe vom 26. 8. 1988, TranspR **1989** 97 f; OLG München vom 13. 1. 1989, TranspR **1989** 290 f; BGH vom 30. 3. 1989, VersR **1989** 760 f = WM **1989** 1182 ff; OLG Koblenz vom 23. 3. 1990, ZIP **1991** 376 ff; OLG München vom 24. 4. 1991, TranspR **1991** 248; AG Minden vom 25. 6. 1991, TranspR **1991** 347; LG Lüneburg vom 30. 7. 1992, TranspR **1992** 411 ff; OLG Frankfurt vom 9. 12. 1992, TranspR **1993** 145 f.

152 b   Das **Recht der Container** betrifft vor allem Seerecht und multimodale Transporte. Es kann im hier gegebenen Rahmen nicht zusammenhängend dargestellt werden. Zu den Fragen des multimodalen Transports siehe Anh. V nach § 452.

Siehe zum Containerrecht aus der Literatur: *Basedow* Die Incoterms und der Container oder wie man kodifizierte Usancen reformiert, RabelsZ **1979** 116 ff; *Bünz* die Frachtführerhaftung im internationalen Eisenbahnverkehr unter besonderer Berücksichtigung des Containerverkehrs (Diss. Hamburg 1967); *Herber* Das neue Haftungsrecht der Schiffahrt (1989) 207 f, 213 ff; *Jaegers* Probleme der Beförderer- und Spediteurhaftung im Container- und Trägerschiffsleichterverkehr, (Diss. Nürnberg 1986); *Lau* Container als Kreditsicherheit, WM **1985** 561 ff; *Prüßmann/Rabe*[3], insbesondere § 660 HGB Anm. C; *Scheer* Zur Vertragshaftung für Schäden an fremden Containern im innerdeutschen Güterverkehr mit Lastwagen, BB **1969** 117 ff; *Steenken* Der Containerverkehr aus der Sicht des deutschen Seerechts (Diss. Hamburg 1972); *Thume* Haftungsprobleme beim Containerverkehr, TranspR **1990** 41 ff; *Willenberg*[4] § 1 KVO Rdn. 92. 105; *Wodrich* Sind Containerpackstücke „Packungen" i. S. von § 660 HGB? VersR **1983**

621 ff; *Zoche* Die Per-Package-Limitation beim Transport in Containern, NJW **1978** 2421.

Rechtsprechung: Die im folgenden zitierten Entscheidungen betreffen in beliebiger Weise Container; sie bilden zusammen kein „Containerrecht". **Aus der Rechtsprechung:** LG Bielefeld vom 15. 11. 1961, ETR **1968** 694 ff; OLG Hamburg vom 6. 3. 1969, VersR **1969** 558; OLG Hamburg vom 6. 3. 1969, Hansa **1969** 1863 ff; OLG Hamburg vom 29. 6. 1970, MDR **1970** 116 f; LG Hamburg vom 26. 11. 1970, VersR **1971** 735–735 LS; BGH vom 18. 3. 1971, NJW **1971** 1363 = VersR **1971** 559; OLG Hamburg vom 13. 3. 1975, VersR **1975** 757 f; Hamburger Schiedsspruch vom 1. 8. 1977, VersR **1978** 659 f; BGH vom 19. 9. 1977, BGHZ **69** 243–249 = NJW **1977** 2314 f = VersR **1977** 150 f; AG Osnabrück vom 4. 4. 1978, VersR **1978** 635 f; LG Hamburg vom 1. 8. 1978, ETR **1980** 432 ff; OLG Hamburg vom 9. 11. 1978, VersR **1979** 933 f; LG Hamburg vom 11. 10. 1979, VersR **1980** 576–577; OLG Hamburg vom 25. 10. 1979, VersR **1980** 577 f; OLG Hamburg vom 13. 12. 1979, VersR **1981** 172; BGH vom 22. 9. 1980, = NJW **1981** 1159 f = VersR **1980** 1167 f; BGH vom 22. 9. 1980, VersR **1981** 34 f; BGH vom 6. 5. 1981, TranspR **1983** 16 ff; LG Frankenthal vom 25. 6. 1981, VersR **1983** 299 f; OLG Oldenburg vom 26. 10. 1981, RiW **1983** 60 f; OLG Hamburg vom 10. 12. 1981, VersR **1982** 361 f = RiW **1983** 373 ff; OLG Hamm vom 8. 2. 1982, TranspR **1985** 187 f; BGH vom 4. 3. 1982, VersR **1982** 498 f; BGH vom 16. 6. 1982, BB **1982** 1947 = Spediteur **1983** 32 ff; OLG Hamburg vom 15. 7. 1982, VersR **1983** 777; OLG Hamburg vom 16. 9. 1982, VersR **1983** 484 f; BGH vom 17. 1. 1983, NJW **1983** 1263 f = TranspR **1983** ff = VersR **1983** 342 f; AG Hamburg vom 8. 6. 1983, TranspR **1984** 290 f; OLG Hamburg vom 12. 1. 1984, TranspR **1984** 158 ff = VersR **1984** 190 f; OLG Düsseldorf vom 23. 2. 1984, TranspR **1984** 222 ff; OLG Hamburg vom 23. 2. 1984, TranspR **1984** 122 ff = VersR **1984** 135 f; OLG Düsseldorf vom 3. 5. 1984, TranspR **1984** 198 f = VersR **1984** 189 f; OLG Düsseldorf vom 7. 6. 1984, VersR **1984** 935 (LS); LG Frankfurt vom 9. 7. 1984, TranspR **1985** 110 ff; OLG Düsseldorf vom 18. 10. 1984, TranspR **1985** 357 = VersR **1986** 438 ff; OLG Hamburg vom 28. 2. 1985, TranspR **1986** 293 ff = VersR **1986** 116 ff; OLG München vom 30. 7. 1986, VersR **1988** 289 f; OLG Hamburg vom 11. 9. 1986, VersR **1987** 559; OLG Bremen vom 19. 9. 1986, VersR **1987** 43 f; österr. ObGH vom 6. 11. 1986, TranspR **1987** 459 f; OLG Düsseldorf vom 27. 2. 1987, TranspR **1987** 183 f = VersR **1987** 932; BGH vom 24. 6. 1987, BGHZ **11** 172 ff = NJW **1988** 640 ff = TranspR **1987** 447 ff; OLG Hamburg vom 26. 11. 1987, TranspR **1988** 238 f = VersR **1988** 595 f; LG Krefeld vom 15. 12. 1987, VersR **1988** 121 f; LG Duisburg vom 13. 4. 1988, TranspR **1988** 430 f = VersR **1988** 1250; LG Hamburg vom 6. 6. 1988, VersR **1989** 386 f; BGH vom 14. 7. 1988, TranspR **1988** 391 ff; OLG Düsseldorf vom 29. 9. 1988, TranspR **1989** 10 f; LG Duisburg vom 19. 10. 1988, VersR **1989** 531 f; OLG Hamburg vom 27. 10. 1988, TranspR **1989** 318 ff = VersR **1989** 719 ff; OLG Bremen vom 19. 1. 1989, TranspR **1990** 22 ff; OLG Hamburg vom 2. 2. 1989, TranspR **1989** 279 ff; LG Duisburg vom 14. 6. 1989, TranspR **1990** 113 f; LG Hamburg vom 19. 6. 1989, TranspR **1989** 278 f; OLG Hamburg vom 12. 10. 1989, TranspR **1990** 31 ff; OLG Düsseldorf vom 26. 4. 1990, TranspR **1991** 233 ff; OLG Hamburg vom 31. 5. 1990, VersR **1991** 25 f; LG Hamburg vom 18. 10. 1990, TranspR **1991** 353; OLG Hamburg vom 21. 2. 1991, VersR **1991** 1313; BFH vom 17. 9. 1991, RiW **1992** 75; OLG Hamburg vom 9. 12. 1991, Spediteur **1992** 25 ff; Hamburger Schiedsspruch vom 12. 12. 1991, TranspR **1992** 74 ff; OLG Hamburg vom 9. 7. 1992, TranspR **1993** 22 ff.

III. Leistungsstörungen
1. Grundsätzliches

153 Das Frachtrecht regelt die wichtigsten Folgen von Leistungsstörungen des Frachtvertrages speziell. Dies gilt nicht nur für das Landfrachtrecht des HGB, sondern auch für die anderen frachtrechtlichen Regelungen. Die allgemeinen Vorschriften des BGB über Leistungsstörungen sind daher nur anzuwenden, soweit sich aus Frachtrecht keine Lösung ergibt. Methodisch bereitet diese Abstimmung Schwierigkeiten. Die Regelungen im Landfrachtrecht, im Eisenbahnfrachtrecht und im Seerecht sind älter als das BGB und dessen Dogmatik. Wie andere handelsrechtliche Gesetze beruhen sie nicht so sehr auf dogmatischen Überlegungen, sondern auf Erfahrungen der Praxis. In ihnen sind vielfach international übliche, undogmatische Lösungsansätze dominant. Dies gilt im Seerecht, im Eisenbahnrecht, in der KVO und der CMR, teilweise auch im Luftrecht vor allem für die aus international üblichen Klauseln und den internationalen Gegenmaßnahmen herrührenden Haftungsregeln, ferner unmittelbar für Verzögerungs- und Rücktrittsfragen, Entgelt für Teilbeförderungen, Fautfracht, Distanzfracht und vieles andere. Diese Strukturen haben den Vorteil, überall auf der Welt verstanden zu werden, weil sie keine oder wenig national orientierte Rechtsdogmatik voraussetzen und die überall ähnlich bestehenden Probleme kasuistischer lösen. Auch gegenüber den werkvertraglichen Regelungen ist das Frachtrecht lex specialis. Werkvertragliche Regelungen können ausnahmsweise anwendbar sein; siehe Rdn. 167 ff.

154 Eine ganz besondere Lösung für einen Teil der Fälle enthält **§ 14 KVO** (in Anlehnung an den Ladungsverkehr im Eisenbahnrecht) durch die zwingende Festlegung eines **Wagenstellungsvertrages**, aus dem praktisch keine Haftung folgt[253]. Diese Zerlegung des Frachtvertrages in zwei Teilverträge ist zwar schuldrechtlich möglich, aber als gesetzliche Regelung für einen normalen Frachtvertrag rechtspolitisch abzulehnen[254].

155 Im Konflikt mit dem BGB-Schuldrecht muß versucht werden, **zunächst Lösungen aus dem Frachtrecht** zu finden, die es vor allem ermöglichen, innerhalb der geltenden frachtrechtlichen Ordnung den Interessenausgleich aufrechtzuerhalten. Methodisch abzulehnen ist es, die Leistungsstörungen zunächst nach Schuldrecht vorzuzeichnen und die frachtrechtlichen Lösungen als eng begrenzte Ausnahmeregelungen zum deutschen Schuldrechtssystem zu sehen[255]. Offenkundig ist dies bei der Anwendung internationalen Einheitsrechts, insbesondere der CMR, weil diese Normen im Interesse der internationalen Rechtsvereinheitlichung möglichst einheitlich angewendet werden müssen[256]. Aber auch das innerdeutsche Frachtrecht sollte nicht stärker als notwendig von den in anderen Ländern (vor allem aufgrund internationalen Einheitsrecht geltenden) Regelungen abweichen.

156 Bei der ergänzenden Anwendung des BGB-Leistungsstörungsrechts ist **vorab der Rechtscharakter des Frachtvertrages zu beachten, der kein auf die reine Erbringung des Erfolges der Ortsveränderung gerichteter Werkvertrag** ist[257]. Während der Ausführung dient der Vertrag ebenso der Bewahrung des Frachtguts, solange dieses in der Obhut des Frachtführers ist. Der Frachtvertrag kann insoweit einem Lagervertrag gleichgesetzt werden. Aus Fehlern bei der Erfüllung der Obhutspflicht entstehen bedeutend größere Schäden als aus Leistungsstörungen der Beförderungspflicht. Es erscheint daher richtig, die Obhut als zweite Hauptpflicht zu sehen. Allerdings lassen sich beide

---

[253] Siehe § 14 KVO, Anh. II nach § 452 Rdn. 9 ff.
[254] Siehe § 14 KVO, Anh. II nach § 452 Rdn. 4.
[255] So aber *Koller*² § 425 HGB Rdn. 23 ff.
[256] Siehe dazu eingehender zu Art. 1 CMR, Anh. VI nach § 452.
[257] So aber zu einseitig *Koller*² Rdn. 23 ff.

Komponenten nicht völlig trennen, weil die hinsichtlich des Frachtguts eingegangenen Risiken zum großen Teil durch die Beförderungsvorgänge bestimmt werden. Auch die Ablieferungspflicht des Frachtführers ist eine Pflicht, die grundsätzlich wegen ihrer überragenden Bedeutung als Hauptpflicht angesehen werden kann. Siehe hierzu auch Rdn. 133.

2. Schuldnerverzug

Das Frachtrecht regelt die praktisch wichtigsten Fragen des Schuldnerverzugs eingehend in Form der Lieferfristhaftung (Verspätungshaftung), und teilweise auch die Lösungsmöglichkeiten (im HGB in §§ 429, 430, 428, 437). **157**

a) Schadensersatz

Die frachtrechtliche Schadensersatzregelung betrifft den in der Praxis wichtigsten Fall der **Verzögerung der Beförderung des bereits vom Frachtführer übernommenen Frachtguts**. Im Landfracht des HGB ist diese Haftung in § 429 im Grundsatz ähnlich geregelt wie im allgemeinen Schuldrecht. Für den Regelfall ist auch die Haftung nicht beschränkt; § 430 HGB schränkt nach der hier vertretenen (aber ganz überwiegend abgelehnten) Auffassung jedoch im Falle des Sachschadens am Frachtgut die Ersatzpflicht auf Wertersatz ein und schließt daher den Ersatz mittelbarer Schäden aus[258]. Bei Vorsatz oder grober Fahrlässigkeit ist diese Haftungsbeschränkung nicht anzuwenden[259]. Die Sonderordnungen beschränken durchweg die Haftung für Verspätungsschäden auf einen mit dem Beförderungspreis (Fracht) in Zusammenhang stehenden Betrag[260]. Soweit diese Haftungsbeschränkungen wegen groben Verschuldens nicht anzuwenden sind, ist die Regelung des allgemeinen Schuldrechts, insbesondere §§ 249 ff BGB) BGB nicht verdrängt, sondern ersatzweise anzuwenden[261]. **158**

Schäden, die durch Verzögerung der Annahme des Frachtguts durch den Frachtführer entstehen, sind nicht durch frachtrechtliche Sonderregelungen erfaßt[262]. Ihr Ersatz bestimmt sich nach §§ 286 Abs. 1 und § 326 BGB und ist daher unbeschränkt[263]. Die Verweigerung der Ausführung des Frachtvertrages ist nach neuerer Rechtsprechung grundsätzlich nach § 326 BGB zu behandeln, jedoch entfällt die Fristsetzung und Ablehnungsandrohung[264]. Verweigerung schon vor Fälligkeit (also vor dem vereinbarten Übergabezeitpunkt) ist positive Vertragsverletzung; der Absender braucht also den Eintritt des Verzugs nicht abzuwarten[265]. Daß die Fälle des Verzugs vor Übernahme nicht unter die frachtrechtlichen Sonderregelungen fallen, ist zwar in den betreffenden Bestimmungen nicht eindeutig geregelt. Die Anwendung allgemeinen Schuldrechts rechtfertigt sich aber daraus, daß für diese Fälle der Frachtvertrag keine gegenüber anderen Schuldverträgen ins Gewicht fallenden Sonderprobleme aufweist. **159**

b) Rücktritt

Auch das Rücktrittsrecht bei Schuldnerverzug ist teilweise im Frachtrecht besonders geregelt, soweit es sich um „Beförderungshindernisse" oder „Ablieferungshindernisse" handelt. **160**

---

[258] Siehe § 430 Rdn. 20.
[259] Siehe § 430 Rdn. 55 f.
[260] Siehe zum Überblick § 429 Rdn. 133 ff.
[261] Siehe § 430 Abs. 3 und dort Rdn. 60; zu den Sonderordnungen Hinweise Rdn. 62 ff.
[262] Zum Ausnahmefall des Wagenstellungsvertrages siehe oben Rdn. 154.

[263] Siehe § 429 Rdn. 244.
[264] Hinweise bei *Palandt/Heinrichs*[52] § 326 Rdn. 20.
[265] Hinweise bei *Palandt/Heinrichs*[52] § 276 Rdn. 124.

161 **Beförderungshindernisse** im Sinne von § 428 Abs. 2 HGB geben dem Absender ein unmittelbares Rücktrittsrecht. Beförderungshindernisse sind zeitweilige Verhinderungen der Ausführung der Beförderung[266]. Das Rücktrittsrecht steht dem Absender nur zu, wenn er das Hindernis nicht verschuldet hat. Da hierfür § 278 BGB anzuwenden ist, entspricht der Ausschluß des Rücktritts bei Verschulden des Absenders §§ 285, 276 ff BGB. Dagegen geht das Rücktrittsrecht bei von keiner Seite verschuldetem Hindernis über das Schuldrecht des BGB hinaus. Es ermöglicht dem Absender eine freie Lösung gegen Entschädigung. Das Rücktrittsrecht nach § 428 hat seinen Grund darin, daß die geschuldete Beförderungsleistung durch die Verzögerung typischerweise in ihrem kaufmännischen Inhalt drastisch verändert wird – ganz typisch im Rahmen von Just-in-time-Kaufgeschäften, soweit dort keine Unmöglichkeit gegeben ist. § 428 nähert sich in der Sache bereits dem Fixgeschäft des § 361 BGB. Diese Lage ist nicht davon abhängig, ob das Frachtgut schon vom Frachtführer übernommen worden ist. Es ist auch vor Übernahme des Frachtguts besonders wichtig, um weitere Verzögerungen zu verhindern. Die frachtrechtlichen Sonderordnungen enthalten durchweg dem § 428 Abs. 2 HGB ähnliche Bestimmungen[267]. Für diese gilt das gleiche.

162 Für den **Rücktritt wegen zu vertretender Beförderungshindernisse** gilt uneingeschränkt § 326 BGB. Der Absender kann also ohne Entschädigungspflicht zurücktreten.

163 **Ablieferungshindernisse** nach § 437 HGB sind solche Umstände, an denen die Ablieferung des Frachtguts beim Empfänger scheitert oder doch auf eine dem Frachtführer unzumutbare Weise hinauszögert würde[268]. Unzweifelhaft liegen solche Hindernisse bei vom Frachtführer unverschuldeten Umständen vor, wie sie in den Beispielen in § 437 Abs. 1 genannt sind. Bei verschuldeten Ablieferungshindernissen ist es angemessen, die in § 437 HGB geregelten Pflichten des Frachtführers zu bejahen, während seine Rechte nicht entstehen; siehe § 437 Rdn. 6. Weitergehende Rechte aus Schuldnerverzug sind zu bejahen, wenn es sich um ein nur verzögerndes Hindernis handelt.

164 Bei **Schuldnerverzug, dem kein Beförderungs- oder Ablieferungshindernis zugrundeliegt**, regeln sich die Voraussetzungen des Rücktrittsrechts des Absenders nach den Grundsätzen des Schuldnerverzugs[269].

3. Unmöglichkeit

165 Die Beförderungsleistung wird unmöglich, wenn sie endgültig nicht mehr erbracht werden kann; insbesondere, wenn das Gut untergeht. Eine Überschreitung der Lieferfrist bewirkt im Regelfall noch keine Unmöglichkeit, sondern nur Schuldnerverzug, weil die Leistung mit dem Verstreichen der Frist zumeist wirtschaftlich noch sinnvoll bleiben wird. Bis zum endgültigen Unmöglichwerden liegt dann ein vorübergehendes Beförderungs- oder Ablieferungshindernis vor, mit der Wirkung des Rücktritts nach § 428 Abs. 2 oder den Rechten nach § 437[270]. Im Falle der Unmöglichkeit gelten grundsätzlich die Regelungen der §§ 323–325 BGB. Allerdings regelt das Frachtrecht den wichtigsten Teil dieser Fälle, nämlich die Schäden durch Verlust des Frachtguts, durch Spezialbestimmungen; im HGB durch die Obhutshaftung der §§ 429 ff, in den Sonderordnungen mit abweichenden Tatbeständen und Rechtsfolgen[271]. Soweit die dort vorge-

---

[266] Zum Begriff siehe § 428 Rdn. 19 ff; zu den Folgen dort Rdn. 23 ff.
[267] Siehe § 428 Rdn. 14 ff.
[268] Siehe § 437 Rdn. 4 ff.
[269] Zur Anwendbarkeit von § 636 BGB siehe Rdn. 123, 169.
[270] Siehe auch § 28 KVO, Anh. II nach § 452; Art. 14 CMR, Anh. VI nach § 452; weitere Hinweise: 428 Rdn. 23 ff und § 437 Rdn. 10 ff.
[271] Siehe § 14 KVO, Anh. II nach § 452 Rdn. 5, 17. Siehe dazu im Überblick § 429 Rdn. 10 ff, 170 ff, 182 ff, 195 ff, 204 ff; zu den Einzelheiten die dort

sehenen Haftungsbeschränkungen Anwendungsausnahmen für grobes Verschulden enthalten, wird damit der Rückgriff auf das allgemeine Recht der Leistungsstörungen und der Schadensberechnung nach §§ 249 ff BGB eröffnet[272]. Tritt die Unmöglichkeit der Beförderung vor Übernahme des Frachtguts ein, sind jedenfalls §§ 323 ff BGB anzuwenden[273]. Dies gilt insbesondere auch dann, wenn eine übernommene Transportleistung wegen Verzögerung unmöglich wird, also auch beim absoluten Fix-Transportgeschäft. Ist die Beförderung schon anfänglich unmöglich, sind §§ 306 ff BGB anzuwenden.

4. Positive Vertragsverletzung

166 Fehler bei der Ausführung des Frachtvertrages, die weder Unmöglichkeit noch Schuldnerverzug zur Folge haben, sind grundsätzlich nach den Regeln der positiven Vertragsverletzung zu behandeln. Die wichtigste Fallgruppe ist die Beschädigung des Frachtguts[274]. Ihre Haftungsfolge ist durchweg durch Sonderbestimmungen, im HGB durch § 429 Abs. 1 geregelt[275]. Alle Regelungen sehen bei Güterschäden eine Beschränkung der Haftung (das HGB nach § 430) vor. Im Falle von Vorsatz und grober Fahrlässigkeit wird auch diese Begrenzung durchbrochen, so daß unbeschränkte Haftung eintritt[276]. Dieser Fall der positiven Vertragsverletzung unterliegt also in den Voraussetzungen, teilweise auch in den Folgen, frachtrechtlichen Spezialregelungen. Soweit diese nicht eingreifen, ist bürgerliches Recht maßgeblich. Möglich ist in den Fällen der frachtrechtlich geregelten Verspätungshaftung auch die Anwendung der Rücktrittsmöglichkeiten nach § 326 BGB.

5. Werkvertragsrecht

167 Problematisch ist die Anwendbarkeit der §§ 634, 635 BGB neben den frachtrechtlichen Sondervorschriften zur Verspätungs- und Obhutshaftung. Grundsätzlich ist fraglich, ob Voraussetzungen und Umfang der Haftung für mangelhafte oder verspätete Ausführung des Frachtvertrages für diese beiden Arten von Schäden alleine durch die spezialgesetzlichen Sondervorschriften geregelt werden.

168 **Bei Güterschäden** enthalten die Bestimmungen unterschiedliche Lösungen. Art. 23 Abs. 4 CMR gewährt dem Absender ausdrücklich neben dem nach Abs. 1–3 beschränkten Schadensersatz das Recht auf gänzliche oder teilweise Rückerstattung der Fracht. Dies entspricht dem Umstand, daß der Schadensersatz nach Art. 23 Abs. 1 nach Maßgabe des Abgangsortes zu berechnen ist, also die umsonst aufgewandte Fracht in keinem Falle einschließt – im Hinblick auf die niedrige Haftungsbegrenzung der **CMR** auch rechtspolitisch eine richtige Entscheidung; siehe die Erl. zu Art. 23 CMR, Anh. VI nach § 452. Eine zusätzliche Anwendung von §§ 634 ff kommt daneben nicht in Betracht. Im Bereich der **KVO** ließe sich ein ähnliches Ergebnis auch nicht durch Anwendung von § 634 f BGB erreichen. Denn die Wandelung oder Minderung schließt nach § 635 eindeutig den gleichzeitigen Schadensersatz aus. Gleiches hat für das **HGB-Landfrachtrecht** zu gelten, das die Haftung nur auf Wertsatz beschränkt und daher im Rahmen der Wertberechnung am Ablieferungsort die Fracht als Schadensfaktor mit berücksich-

---

angegebenen Vorschriften und die dazugehörigen Erläuterungen.
[272] Siehe § 430 Abs. 3 und dort Rdn. 60; zu den Sonderordnungen Hinweise Rdn. 62 ff.
[273] Siehe dazu die Fälle in § 429 Rdn. 245.
[274] Verluste führen nach allgemeinem Schuldrecht zur Unmöglichkeit mit grundsätzlich gleichen Folgen.
[275] Zu den Sonderordnungen siehe § 429 Rdn. 170, 182, 195, 204.
[276] Siehe § 430 Abs. 3 und dort Rdn. 60 ff.

§ 425   Drittes Buch. Handelsgeschäfte

tigt. Nach diesen Regelungen ist daher keine zusätzliche Frachtminderung zu gestatten. Im Luftfrachtrecht nach WA wird § 634 angewendet; OLG Düsseldorf vom 12. 1. 1978, VersR **1978** 964 f.

169   Die **Frachtzahlungsansprüche werden** daher in der Praxis regelmäßig **gegen die Haftung aufgerechnet**. Jedoch ist es möglich, daß der Frachtführer seinen Schaden ohne Aufrechnungserklärung frachtschuld-mindernd geltend macht und daher die Frachtzahlung insoweit verweigert[277]. Eine Anwendung von § 634 BGB würde diese Risikoabgrenzung stören[278]. **Im Bereich der CMR** kann die Zulassung einer Frachtminderung zusätzlich zur begrenzten Verspätungshaftung nicht abgeleitet werden. Die Erstattung der Fracht nach Art. 23 Abs. 4 geht dem Absatz 5 zur Verspätungshaftung bewußt voran und gilt nicht für diese; siehe die Erl. zu Art. 23 CMR. **Außerhalb der CMR würde § 636 BGB eine zusätzliche** Lösungsmöglichkeit hinsichtlich des Vertrages bedeuten, aber keine Kombination von Wandelung und Verzugsschaden gestatten. Auch die frachtrechtlichen Haftungsbestimmungen als leges speciales zum allgemeinen Schuldnerverzugsrecht können nicht kumulativ zum Rücktritt angewendet werden. Der Frachtführer hat danach bei Vorliegen der Voraussetzungen der Haftung nicht mit dem Verlust der Vergütung einen zusätzlichen Teil des Schadens zu tragen. Dies ist bei Festlegung der Haftungsgrenzen des § 31 Abs. 2 KVO sicherlich gewollt, da diese die Höhe der Fracht weit überschreiten können. Auch für das Landfrachtrecht ist dies zu bejahen, weil die Haftung für Verspätungsschaden (außer auf Wertersatz) grundsätzlich unbeschränkt ist (siehe § 429 Rdn. 133, § 430 Rdn. 1). Demnach ist davon auszugehen, daß die Schadensersatzgrenzen der frachtrechtlichen Normen außerhalb der CMR das Verspätungsrisiko des Frachtführers abschließend beschränken sollen.

IV. Haftung

170   Siehe zur Haftung des Frachtführers die Erl. zu § 429, insbesondere auch zur Konkurrenz zwischen frachtvertraglicher Sonderhaftung und Haftung nach allgemeinem Schuldrecht Rdn. 231 ff und unerlaubter Handlung Rdn. 267 ff.

E. Die Rechte des Frachtführers; Pflichten des Absenders
I. Anspruch auf Frachtzahlung
1. Der normale Frachtanspruch

171   Die Vergütung des Frachtführers wird vom HGB als „Fracht" bezeichnet. Der Frachtzahlungsanspruch wird im HGB vorausgesetzt und entspricht dem Werklohnanspruch des Werkunternehmers (§§ 631 Abs. 1[279], 632, 641 BGB). Er ist die Gegenleistung für die Pflichten des Frachtführers; die Frachtzahlungspflicht ist daher Hauptpflicht. Schuldner der Fracht ist zunächst immer der Absender als Partner des Frachtvertrages, und zwar auch dann, wenn nach dem Frachtvertrag (bzw. dem Frachtbrief nach § 426 Abs. 2 Ziff. 7) der Empfänger die Fracht zahlen soll. In diesem Falle kann der Frachtführer zwar die Auslieferung des Frachtguts nach § 435 bis zur Zahlung der Fracht verweigern, aber ein Anspruch gegen den Empfänger steht ihm zunächst nicht zu; siehe § 435 Rdn. 12. Ein Anspruch auf Zahlung der Fracht gegen den Empfänger kann sich jedoch

---

[277] BGH vom 7. 3. 1985, BGHZ **94** 71, 76 = TranspR **1986** 68 ff = VersR **1985** 684 f (zu Transportschäden nach CMR); OLG Düsseldorf vom 30. 6. 1983, TranspR **1984** 130, 132; OLG Düsseldorf vom 9. 10. 1986, TranspR **1986** 429, 430.

[278] OLG Düsseldorf vom 9. 10. 1986, TranspR **1986** 429, 430.

[279] Als Begründung wird häufig § 631 BGB angegeben; siehe Rdn. 102.

aus § 436 oder den entsprechenden frachtrechtlichen Sondernormen (siehe dazu § 436 Rdn. 4) ergeben. Der Anspruch gegen den Empfänger ersetzt nicht den Anspruch gegen den Absender; vielmehr tritt der Empfänger als Gesamtschuldner neben den Absender (vgl. § 436 Rdn. 30). Auch eine Teilung der Frachtzahlungspflicht zwischen Absender und Empfänger kann Vereinbart werden, ohne daß der Vertrag den Rechtscharakter eines Frachtvertrags verliert; OLG Düsseldorf vom 13. 11. 1980, VersR **1982** 89. Zum Sonderfall der Ladescheinausstellung, die nur noch in der Binnenschiffahrt praktisch vorkommt, siehe § 446. Rdn. 2.

172 Die **Höhe des Frachtzahlungsanspruchs** ergibt sich, soweit zwingendes Tarifrecht besteht, aus dessen Bestimmungen[280]. Gelten keine solchen Tarife, oder ist in ihnen ein Spielraum für die vertragliche Vereinbarung vorgesehen (Margentarife), ist insoweit die Vereinbarung maßgeblich. Fehlt es auch an dieser, ist nach § 632 Abs. 2 BGB die taxmäßige Vergütung (nach amtlich vorgesehenen Tarifen oder sonstigen Bestimmungen[281]) als vereinbart anzusehen, ansonsten die übliche Vergütung, die durch Handelsbrauch bestimmt sein kann[282]. Fehlt es auch daran, steht das Bestimmungsrecht über die Höhe nach §§ 316, 315 BGB dem Frachtführer zu. Es ist gem. § 315 Abs. 2 nach Billigkeit auszuüben und unterliegt gem. § 315 Abs. 3 der gerichtlichen Kontrolle.

173 Die **Zahlungspflicht des Empfängers** nach § 436 und entsprechenden Sonderbestimmungen des Frachtrechts ist dagegen vom Inhalt des Frachtbriefs abhängig[283].

174 Das heutige Straßenfrachtrecht wird noch teilweise von zwingendem und halbzwingendem **Tarifrecht** beherrscht, das im noch gültigen GüKG (Anh. I nach § 452) seine Grundlage findet. Im Güterfernverkehr werden die Tarife durch Beschlüsse von Tarifkommissionen festgesetzt (§ 20 a GüKG) und durch den Bundesverkehrsminister in der Form von Rechtsverordnungen erlassen (§ 20 a Abs. 6 GüKG). Ihre zwingende Wirkung ist in § 22 GüKG festgelegt; siehe § 22 GüKG. Im grenzüberschreitenden Güterkraftverkehr in Europa gilt schon seit 1991 kein Tarifrecht mehr[284]. Ab 1. 1. 1994 wird es generell durch das Tarifaufhebungsgesetz (siehe vor § 1 GüKG, Anh. I nach § 452 Rdn. 1 ff) aufgehoben.

175 **Übertarifliche Frachten** müssen **bis zur Aufhebung des Tarifrechts** noch nach § 23 Abs. 2 GüKG vom Leistenden **zurückgefordert** werden. Geschieht dies nicht, so gehen nach Verstreichen der gesetzten angemessenen Frist die Rückforderungsansprüche auf die Bundesanstalt für den Güterfernverkehr über. Bleibt die Fracht unter Tarif, so hat der Frachtführer nach § 23 Abs. 1 GüKG die Differenz nachzufordern. Auch in diesem Fall geht nach Fristsetzung der Nachforderungsanspruch auf die Bundesanstalt über. Siehe den zum 1. 1. 1994 aufgehobenen § 23 GüKG, Anh. I nach § 452. Die Bestimmungen des GüKG für den Güterfernverkehr gelten nach § 37 GüKG entsprechend auch für die **Möbelfernbeförderung** (siehe zu dieser auch Anh. IV nach § 452). Im **Güternahverkehr** gilt noch ein teilweise abweichendes Tarifrecht, §§ 84 ff GüKG. § 84 Abs. 1 GüKG sieht zwar grundsätzlich nur eine einseitig zwingende Wirkung der Tarife (Höchstentgelte) vor, überläßt es aber der Tarifgestaltung durch die Tarifkommissionen und dem Bundesverkehrsminister, auch andersartige Tarife festzusetzen.

176 Der Frachtanspruch wird nach Werkvertragsrecht (§ 641 BGB) regelmäßig mit der Auslieferung des Gutes an den Empfänger **fällig**. Im Falle der vertragswidrigen Annah-

---

[280] Siehe Rdn. 29, 174 f; ferner vor § 1 GüKG, Anh. I nach § 452.
[281] OLG Köln vom 20. 5. 1976, 1 U 143/75 (unveröff.).
[282] BGH vom 13. 6. 1956, BB **1957** 799.
[283] § 436 Rdn. 20 ff; für den Fall der Ladescheinausstellung § 446 Rdn. 5 ff.
[284] Siehe dazu bereits *Pirk* TranspR **1989** 54.

meverweigerung des Empfängers hat jedoch der Frachtführer mit der Beförderung bis zum Ablieferungsort seine werkvertraglichen Pflichten trotz einer eventuell noch bestehenden Mitwirkungspflicht vollständig erbracht; die Frachtforderung ist mit dem Angebot der vertragsgemäßen Ablieferung fällig geworden. Der BGH begründet dies damit, daß beim Frachtvertrag eine Abnahme im werkvertraglichen Sinne nicht in Betracht komme[285]. Die Auffassung, beim Frachtvertrag sei die werkvertragliche Abnahme gänzlich ausgeschlossen (§ 646 BGB), kann nicht überzeugen, weil für die Ablieferung ein dem Werkvertrag entsprechender Abnahmewillen des Empfängers erforderlich ist; siehe § 429 Rdn. 78; 436 Rdn. 6. Richtiger ist es, mit *Koller*[286] für die Fälligkeit darauf abzustellen, ob der Empfänger in Annahmeverzug gekommen ist. Zur Fälligkeit enthalten KVO und CMR keine Sonderregelung[287], wohl aber § 17 GüKUMT, Anh. IV nach § 452.

2. Fracht für Teilstrecken, zusätzliche Beförderung, nicht ausgeführte Beförderung

177 Inwieweit für Teilleistungen des Frachtführers Entgeltansprüche bestehen, bestimmt sich grundsätzlich nach allgemeinem Schuldrecht. Das gleiche gilt für die Bezahlung nicht erbrachter Beförderungsleistungen und die Vergütung für ursprünglich nicht übernommene Leistungen. Allerdings enthält das Frachtrecht hierzu eine Reihe spezieller Regeln. Kann der Frachtführer aus Gründen, die nicht in seinem Verantwortungsbereich liegen, die Beförderung nur teilweise ausführen, so steht ihm u. U. ein Anspruch auf Teilfracht (Distanzfracht) zu; siehe § 428 Rdn. 12, 23, 25.

178 **Durch Ausführung frachtrechtlicher Verfügungen** können – jedenfalls nach hier vertretener Auffassung – und nach Spezialbestimmungen in den Sonderregelungen zusätzliche Beförderungen und damit zusätzliche Frachtansprüche entstehen[288].

179 **Für nicht ausgeführte Beförderungen** kommen ebenfalls Frachtansprüche in Betracht – zumindest dann, wenn der Frachtführer eine zulässige Verfügung (Rückgabe des Frachtguts, Anhalten) ausführt; siehe dazu § 433 Rdn. 16.

3. Standgeld
a) Allgemeines

180 Wird das Fahrzeug vor, nach oder während der Beförderung durch Umstände, die nicht im Einwirkungsbereich des Frachtführers liegen, aufgehalten, so daß es nicht anderweitig verwendet werden kann, ist in vielen Fällen eine Vergütung an den Frachtführer zu zahlen. Entsprechende Aufwendungen entstehen dem Frachtführer über den Nutzungsausfall durch Lohnzahlung an den Fahrer während der Wartezeiten[289]. Die

---

[285] BGH vom 27. 10. 1988, TranspR **1989** 60, 63 = NJW-RR **1989** (zum WA). Das Zitat des baurechtlichen RG-Urteils vom 24. 4. 1925, RGZ **110** 404, 408 enthält nur beiläufig einen Hinweis auf die Anwendbarkeit des § 646 BGB auf Transportverträge. Die beiden Urteile des RG vom 15. 4. 1907, RGZ **66** 12, 16 und RG vom 19. 6. 1905, JW **1905** 484 f beziehen sich auf Personenbeförderungen, bei denen eine Abnahme in der Tat ausscheidet. Sie betreffen also auch nicht den in §§ 439, 414 HGB speziell geregelten Verjährungsbeginn.

[286] *Koller*² Rdn. 40 und EWiR **1988** 1188.

[287] Siehe BGH vom 22. 10. 1959, VersR **1960** 28, 29, in BGHZ **31** 88 nicht abgedruckt; OLG Düsseldorf vom 1. 4. 1982, VersR **1983** 632, 633 (zur CMR); ferner *Willenberg*⁴ Rdn. 4. Zum WA BGH vom 27. 10. 1988, TranspR **1989** 60, 63 = NJW-RR **1989**.

[288] Siehe hierzu § 433 Rdn. 10, 17 ff. Ablehnend zur Umwegfracht bei vorhersehbaren Beförderungshindernissen OLG München vom 28. 6. 1983, TranspR **1984** 186, 188 = RIW **1983** 789; gegen dieses Urteil *Müller* DVZ Nr. 85 vom 18. 7. **1992**, 3.

[289] Siehe zur Frage der Lohnzahlungspflicht während der Wartezeit BAG vom 19. 8. 1987, NZA **1988** 168 ff, zum Bundesmanteltarifvertrag für den Güter- und Möbelfernverkehr (BMT-Fern).

Ursachen für die Nutzungsunterbrechung sind überaus vielfältiger Art. Häufige Fälle sind verspätete Bereitstellung der Ladung durch den Absender, Annahmeverzögerungen, Aufenthalte durch Verkehrsbehinderungen und -blockaden, überlange Grenz- und Zollformalitäten (z. B. bei fehlenden oder unzulänglichen Begleitpapieren), aber auch Ursachen aus der Sphäre des Frachtführers wie Defekte am Fahrzeug, Krankheit des Fahrers. Eine eindeutige Zurechnung der Ursachen bereitet vielfach Schwierigkeiten. Standgeld ist vor allem von Bedeutung bei Transporten, in denen der Fahrer mit dem Fahrzeug mehr oder weniger auf sich allein gestellt ist, also gehäuft bei langen Ferntransporten unter CMR[290], z. B. in die Türkei oder nach dem Iran; möglicherweise aber auch bei Wartezeiten in Just-in-time-Verträgen. Die Grundlagen für die Entschädigung sind uneinheitlich und von etwa anzuwendendem Sonderfrachtrecht und Tarifrecht abhängig[291]. Wie bei anderen Störungen des Transports ist das Risiko, daß der LKW bei Beförderungsstörungen stehen bleiben muß, nicht generell dem Absender zuzurechnen[292], sondern ist von den Parteien durch Vertrag zu verteilen.

b) Anspruchsgrundlagen
aa) Vereinbarte und tarifliche Standgelder

181 Der Anspruch des Frachtführers auf eine pauschalierte Entschädigung für Kosten und Gewinnentgang (Standgeld) kann auf **vertraglicher Vereinbarung** beruhen. Diese ist möglich und in entsprechenden Risikogeschäften wohl auch häufig[293]. Der Frachtvertrag kann Ansprüche auf Standgeld („Stehtage") begründen, wenn dies handelsüblich im Sinne von § 346 HGB ist[294]. Dieser vertraglichen Lösung stehen teilweise noch Tarife entgegen, die zwar Ansprüche gewähren, aber, falls sie zwingend gestaltet sind, auch die vertragliche Vereinbarung einschränken.

aaa) Auslegung von Standgeldvereinbarungen

182 Ein besonderes Problem ist die **Auslegung von Standgeldabreden**[295]. Ob sie insoweit eng auszulegen sind, als nicht davon ausgegangen werden kann, daß der Absender die Risiken aus nicht vorhersehbaren Ursachen übernehmen wolle[296], läßt sich nicht generell beantworten[297]. Vielfach ist gerade die Übernahme dieser Risiken Sinn der Abrede; insbesondere bei risikoreichen Auslandsfahrten, auch wenn die Formulierung dies nicht sicher erkennen läßt. Im übrigen ist § 4 AGBG anzuwenden, wonach Unklarheiten in AGB und Rahmenverträgen (§ 1 Abs. 2 AGBG) zu Lasten des Verwenders auszulegen sind. Mit Recht wird man davon auszugehen haben, daß Standgeld nicht für

---

[290] Dazu eingehend *Koller* TranspR **1988** 129 ff.
[291] Siehe *Braun* VersR **1988** 878, 883 ff; *Koller* TranspR **1988** 129 ff; *Koller*² Rdn. 41.
[292] OLG München vom 28. 6. 1983, TranspR **1984** 186, 188 = RIW **1983** 789; ablehnend zu diesem Urteil *Müller* DVZ Nr. 85 vom 18. 7. 1992, 3.
[293] Siehe z. B. OLG Hamburg vom 3. 5. 1984, TranspR **1985** 37 f; OLG Hamburg vom 15. 8. 1985, TranspR **1985** 341 ff; OLG Hamm vom 23. 9. 1985, TranspR **1986** 18 ff; OLG München vom 16. 11. 1979, Verkehr **1981** 366; OLG München vom 4. 6. 1987, TranspR **1987** 384 ff = VersR **1987** 932, 933 (Auslegung nach § 28 KVO); LG München vom 3. 8. 1979, ETR **1981** 691 ff; österr. ObGH vom 1. 2. 1983, TranspR **1983** 160 f. Siehe auch *Braun* VersR **1988** 878, 884.
[294] Österr. ObGH vom 1. 2. 1983, TranspR **1983** 160 f; a. A. für den mittleren Osten (aufgrund einer Sachverständigen-Stellungnahme) OLG Karlsruhe vom 14. 7. 1978, TranspR **1978** 44. Zu dieser Rechtsprechung *Seltmann* Die CMR in der österreichischen Praxis (1988) 27 f.
[295] Siehe dazu *Koller*² Rdn. 41, der zu Recht die analoge Anwendung von Seerecht (§§ 574, 598 HGB) ablehnt; eingehend auch *Koller* TranspR **1988** 129.
[296] So *Koller* TranspR **1988** 129, 137 f.
[297] Siehe z. B. dazu, ob der Fahrer die Rückfahrt verschieben muß, bis er eine Empfangsquittung erhalten hat und für die Verzögerung Standgeld verlangen kann, OLG Karlsruhe vom 14. 7. 1978, TranspR **1978** 43.

§ 425   Drittes Buch. Handelsgeschäfte

Samstage und Sonntage zu zahlen ist[298]. Inwieweit dies allerdings dem Umstand gerecht wird, daß der Frachtführer bei Fernfahrten Kosten für den Fahrer zu tragen hat, ist zweifelhaft.

bbb) Standgeldabreden in CMR-Frachtverträgen

183 Umstritten ist die Zulässigkeit von **Standgeldabreden in CMR-Frachtverträgen**, weil sie deren zwingenden Bestimmungen widersprächen[299].

184 Generell sind vereinbarte Standgelder ein **Teil der Vergütung des Frachtführers**[300]. Daraus ergibt sich, daß ihre Vereinbarung derzeit noch tarifwidrig sein kann; zwingende Tarife bestehen jedoch im grenzüberschreitenden Straßentransport in Europa schon seit 1991 nicht mehr; nach der CMR sind daher Standgeldabreden nicht grundsätzlich unwirksam. Ab 1. 1. 1994[301] steht ihnen kein Tarifrecht mehr entgegen. Sie beziehen sich auf eine bestimmte Leistung, nämlich das Zurverfügunghalten von Fahrzeug und Fahrer, etwa vergleichbar mit der Arbeitsbereitschaft eines Arbeitnehmers; vor allem aber auch auf die Lagerung im Fahrzeug[302] während Beförderungs- und Ablieferungshindernissen. Die Aufrechterhaltung der Obhutspflicht macht während der Stehtage den Frachtvertrag inhaltlich zu einer Variante des Verwahrungsvertrages. Insbesondere erfordert sie den vollen Einsatz des Fahrzeugs und mindestens eines Fahrers zur Bewachung oder Kontrolle (falls in einem bewachten Gelände abgestellt). Dies wird in Standgeldklauseln auch vorausgesetzt, wenn der Frachtführer dem Absender eine bestimmte Anzahl von standgeldfreien Tagen zusichert[303]. Eine Standgeldklausel wirkt auch dann, wenn der Frachtführer die Ladung nach Art. 16 Abs. 2 CMR entladen könnte. Sie ist daher insbesondere die Vereinbarung eines Entgelts für die Nichtausübung eines sonst bestehenden Lösungsrechts des Frachtführers. Da die CMR die Vereinbarung von Nebenleistungen nicht verbietet und sich mit der Festlegung der Vergütungen nicht befaßt, gilt für die Standgeldvereinbarung die zwingende Wirkung (Art. 41) nicht.

185 *Koller*[304] meint, Standgeldvereinbarungen seien **unwirksam, soweit sie den Aufwendungsersatzanspruch des Frachtführers abweichend von Art. 16 Abs. 1 CMR regelten**. Dem ist schon deshalb nicht zu folgen, weil Standgeld in der Regel einen Vergütungs- und keinen Kostenersatzcharakter hat; siehe vorhergehende Rdn. 184. Im übrigen ist die Höhe der Kosten- und Aufwendungsersatzansprüche in der CMR nicht geregelt, sondern bestimmt sich nach ergänzend anwendbarem nationalem Recht, das nicht nach Art. 41 CMR an der zwingenden Wirkung teilnimmt[305]. Schadensersatzansprüche nach CMR schließen zwar Vereinbarungen über Grund und Umfang der Haftung aus. Dies kann aber in der Regel bei Standgeld kaum in Betracht kommen, weil die Haftung des Absenders nicht abschließend geregelt ist. Eine vertragliche Standgeldregelung ver-

---

[298] OLG Karlsruhe vom 14. 7. 1978, TranspR **1978** 43.

[299] So insbesondere *Koller* TranspR **1988** 129 ff.

[300] Zutreffend österr. ObGH vom 1. 2. 1983, TranspR **1983** 160 f; *Seltmann* Die CMR in der österreichischen Praxis (1988) 37 („Bestandteil des Frachtlohns"). Aus der deutschen Rechtsprechung OLG München vom 26. 7. 1985, TranspR **1985** 395, 397 (pauschalierte Vergütung); *Rabe* EWiR Art. 1 CMR 1/87, 985; dagegen *Braun* VersR **1988** 878, 885.

[301] Inkrafttreten des Tarifaufhebungsgesetzes, siehe vor 1 GüKG, Anh. I nach § 452 Rdn. 2 f.

[302] Nach Lagerrecht gem. § 354 HGB zu vergüten; siehe zuletzt OLG Düsseldorf vom 16. 6. 1992, TranspR **1993** 37, 38.

[303] OLG Hamm vom 23. 9. 1985, TranspR **1986** 18 ff; LG München vom 3. 8. 1979, ETR **1981** 691 ff.

[304] TranspR **1988** 129, 132 f.

[305] Soweit nicht dadurch die Wirkung der Bestimmungen der CMR vereitelt würde; siehe die Erl. Art. 41 CMR.

stößt auch grundsätzlich nicht gegen die CMR, weil diese die Haftung des Absenders aus Nebenpflichtverletzungen überwiegend dem ergänzend anzuwendenden Recht überläßt. Nach richtiger Auffassung stehen auch die in der CMR zwingend geregelten Ansprüche des Frachtführers in Konkurrenz zu den vertraglichen Entgeltansprüchen. Diese Schadensersatzansprüche können vertraglich nicht ausgeschlossen oder beschränkt werden, wohl aber kann der gleiche Sachverhalt Gegenstand einer Entgeltregelung sein[306], die dann die Entstehung eines Schadens vorbeugend ausschließt.

Standzeitvereinbarungen unterliegen u. U. der **Inhaltskontrolle nach AGBG**. Vielfach werden z. B. die durch Störungen aller möglichen Arten verursachten Standzeiten der Fahrzeuge mit dem Frachtlohn nicht kostendeckend ausgeglichen und auch aufgrund der gesetzlichen Ansprüche nur unvollkommen erfaßt. Insbesondere im Just-in-time-Geschäft kann durch vom Absender oder Empfänger verursachte Wartezeiten eine erhebliche Schädigung des Frachtführers entstehen. Klauseln mit überlangen vereinbarten unbezahlten Wartezeiten in Allgemeinen Auftragsbedingungen oder Rahmenverträgen können gegen § 9 AGBG verstoßen. **186**

Tarifliche Ansprüche auf Standgeld sind ebenfalls Bestandteil der Vergütung des Frachtführers. Sie bestehen derzeit noch aufgrund der KVO i. V. mit dem Nebengebührentarif zum GFT[307]. Die KVO-Regelung und der Nebengebührentarif sind nach richtiger Auffassung nicht ergänzend zur CMR anzuwenden[308], für deren Geltungsbereich jedenfalls innerhalb der EG keine Tarife mehr gelten[309]. Schuldner der Standgeldansprüche nach KVO ist der Absender; der Empfänger schuldet Standgeld allenfalls gem. § 25 Abs. 2 S. 3 KVO nach Übernahme von Gut und Frachtbrief[310]. **187**

bb) Gesetzlich normierte Standgeldansprüche

Typische Gründe für die Entstehung von gesetzlich normierten Standgeldansprüchen sind die Fälle von Beförderungshindernissen und Ablieferungshindernissen[311]. Sie **188**

---

[306] Siehe dazu die Erl. zu Art. 16 CMR, Anh. VI nach § 452. Zutreffend (weil unbeeinflußt von Tarifdenken) die österreichische Rechtsprechung: ObGH vom 1. 2. 1983, TranspR **1983** 160 f (Vertragsansprüche) und ObGH vom 13. 6. 1985, Transport **1988** 13 ff = SZ **58** 102 S. 492 (Schadensersatzanspruch nach CMR und ergänzendem Recht); *Seltmann* Die CMR in der österreichischen Praxis (1988) 37 f. Siehe auch den Fall ObGH vom 12. 2. 1985, TranspR **1986** 374 ff = SZ **58** 22 (Vergütung für Stehtage als Schaden).

[307] § 12 Abs. 1; § 14 Abs. 5, 6 S. 2 KVO; § 19 S. 1 KVO; §§ 25 Abs. 4 S. 2, 28 Abs. 3 S. 2 KVO. Siehe insbesondere § 14 KVO, Anh. II nach § 452 Rdn. 26, 28; ferner § 11 KVO Rdn. 29 und § 19 KVO Rdn. 4. Eine ähnliche Regelung gilt im Eisenbahnverkehr nach § 63 Abs. 4, 5 und § 79 Abs. 6 EVO; neuerer Anwendungsfall: AG Hanau vom 2. 3. 1990, TranspR **1991** 104 f.

[308] Siehe die Erl. zu Art. 1 CMR, Anh. VI nach § 452; *Koller* TranspR **1988** 129, 134, 136; *Braun* VersR **1988** 878, 884. A. A. OLG München vom 4. 6. 1987, TranspR **1987** 384 ff = VersR **1987** 932, 933 (Standgeld nach § 28 KVO), dazu kritisch *Rabe* EWiR Art. 1 CMR 1/87, 985; wohl auch OLG Düsseldorf vom 25. 11. 1976, VersR **1977** 1047,

1048 (Standgeld nach § 19 KVO). Die Anwendung von § 14 Abs. 6 KVO wurde jedoch abgelehnt, da es nach der CMR keinen Wagenstellungsvertrag gibt; OLG Frankfurt vom 4. 7. 1978, VersR **1979** 286.

[309] Aufgehoben sind nicht nur die zwingenden bilateralen Tarife (z. B. der Deutsch-Französische Straßengütertarif, AG Köln vom 6. 2. 1985, TranspR **1985** 179 ff), sondern auch die dispositiven Referenztarife. Zur Rechtslage vor der Aufhebung des Tarifrechts *Koller* TranspR **1988** 129, insbesondere 134–136. Zur Aufhebung der Tarife im grenzüberschreitenden Güterkraftverkehr siehe *Helm* TranspR **1992** 95 ff.

[310] OLG Düsseldorf vom 30. 12. 1982, TranspR **1984** 10 f; nach Maßgabe des Frachtbriefs, nicht aber aus dem Frachtbrief alleine, ungenau *Decker*, S. 76 Rdn. 62; dazu kritisch *Braun* VersR **1988** 878, 883.

[311] Siehe hierzu die Erl. zu §§ 428 Abs. 2 und 437; ferner Rdn. 160 ff; *Koller* TranspR **1988** 129, 130 ff; *Braun* VersR **1988**; OLG München vom 28. 6. 1983, TranspR **1984** 186, 188 = RIW **1983** 789; ablehnend zu diesem Urteil *Müller* DVZ Nr. 85 vom 18. 7. 1992, 3.

können insbesondere **als Kostenerstattung** für die Ausführung von Weisungen gem. §§ 675, 670 BGB[312] oder aufgrund besonderer Erstattungsansprüche der frachtrechtlichen Sonderordnungen berechtigt sein; etwa nach Art. 16 Abs. 1 CMR[313] oder nach Art. 11 CMR[314].

189 Fehlt es an einem Standgeldanspruch, kann ein Anspruch auf § 642 **BGB** gestützt werden[315], wenn der Absender oder der Empfänger Mitwirkungshandlungen unterlassen oder verzögern, insbesondere bei der Verladung (nicht rechtzeitiges Zurverfügungstellen der Ladung[316]) oder der Entladung (Verzögerung der Entladung durch den Empfänger)[317]. Entsprechendes gilt bei Verzögerung der Stellung der vereinbarten Rückladung durch den Empfänger. Erforderlich ist aber ein Angebot des Frachtführers bzw. eine Mahnung[318]. Hat der Frachtführer schuldhaft selbst die Standzeiten verursacht, kann er keine Entschädigung verlangen[319].

190 Auf **Schuldnerverzug (§ 284 ff BGB)** kann der Frachtführer im Regelfall keine Standgeldforderung gründen, weil der Absender die Mitwirkungshandlungen in der Regel nicht schuldet und daher nur in Annahmeverzug kommt[320]. Jedoch können bestimmte Mitwirkungspflichten auch echte Schuldnerpflichten sein, z. B. die rechtzeitige Stellung einer vereinbarten Rückladung[321]. Der Anspruch aus § 642 vermindert sich nach richtiger Auffassung bei Mitverschulden des Frachtführers[322].

c) Standgeld als Schaden

191 Zahlt ein Absender Standgeld aufgrund rechtlicher Verpflichtungen an einen Frachtführer, kann er diese Kosten aufgrund von Schadensersatzansprüchen gegen einen vorher tätigen Frachtführer geltend machen, wenn dieser ihre Entstehung durch Versäumung der Lieferfrist zurechenbar verursacht hat[323].

II. Ersatz von Aufwendungen

192 Da der Frachtvertrag ein Sonderfall des Geschäftsbesorgungsvertrages ist, kann der Frachtführer nach §§ 675, 670 BGB Ersatz seiner Aufwendungen verlangen. Hier gilt weitgehend das zum Speditionsrecht in §§ 407–409 Rdn. 213 ff Gesagte. Zu ersetzen sind insbesondere Zollauslagen, Gebühren, vom Frachtführer verauslagte Wiegegelder, Nachnahmen und dergl. Jedoch sind nach § 670 BGB nur „erforderliche" Aufwendungen zu ersetzen, und die Aufwendungen müssen sich im Rahmen des frachtvertraglich Vereinbarten halten. Soweit Sonderregelungen bestehen, muß die Grundsatzregelung

---

[312] Siehe Rdn. 192 f und § 433 Rdn. 17 ff.
[313] Dazu BGH vom 11. 12. 1981, VersR 1982 649, 650; OLG Düsseldorf vom 15. 12. 1983, TranspR 1984 38, 41; in der Sache ablehnend OLG Nürnberg vom 16. 3. 1976, Spediteur 1985 320, 322.
[314] *Koller* TranspR 1988 129, 134.
[315] *Koller*[2] Rdn. 41.
[316] OLG Düsseldorf vom 1. 10. 1992, TranspR 1993 97, 98; LG Hamburg vom 6. 7. 1987, VersR 1987 1034; LG Stuttgart vom 10. 10. 1990, TranspR 1991 142 f.
[317] *Koller*[2] Rdn. 41.
[318] *Staudinger/Peters*[12] § 642 Rdn. 14.
[319] OLG Nürnberg vom 16. 3. 1976, Der Spediteur 1985 320, 322 gestützt auf den Gedanken des Art. 16 Abs. 1 CMR; ebenso *Koller* TranspR 1988 129, 133; OLG München vom 16. 11. 1979, Verkehr 1981 366 (beiläufig); zur EVO siehe *Goltermann/Konow* § 63 EVO Anm. 1 C c aa. In der Sache entspricht dies auch der seerechtlichen Entscheidung des AG Hamburg vom 8. 6. 1983, TranspR 1984 290 (fehlende Benachrichtigung, § 594 HGB analog).
[320] *Staudinger/Peters*[12] § 642 Rdn. 17 f; kritisch *Erman/Seiler*[8] § 642 BGB Rdn. 1, 2, 10. Insoweit zutreffend *Koller*[2] Rdn. 41 gegen *Lenz* Rdn. 324.
[321] *Staudinger/Peters*[12] § 642 Rdn. 20, 31.
[322] *Staudinger/Peters*[12] § 642 Rdn. 24; **a. A.** *Staudinger/Medicus*[12] § 254 Rdn. 23.
[323] Siehe dazu OLG Düsseldorf vom 30. 12. 1982, TranspR 1984 13 f (CMR); österr. ObGH 12. 2. 1985, TranspR 1986 374 ff und vom 13. 6. 1985, Transport 1988 13 ff = SZ 58 102, S. 492.

der §§ 675, 670 BGB immer als Reserveregelung anwendbar bleiben. Fehlt es an deren Voraussetzungen, kommen unterschiedliche Ansprüche, insbesondere aus Geschäftsführung ohne Auftrag in Betracht[324].

Zu den erstattungspflichtigen Aufwendungen gehören **in keinem Fall die für die normale Beförderung bzw. die vertragsgemäße Erhaltung des Gutes aufgewandten Kosten**. Daher ist beim Frachtvertrag vor allem von Bedeutung, welche unvorhergesehenen Kosten der Frachtführer erstattet verlangen kann. Grundsätzlich muß der Frachtführer das Risiko tragen, die Transportleistung zum vereinbarten Preis zu erbringen[325]. Selbst die Kosten unvorhergesehener Verzögerungen sind daher keine erstattungsfähigen Aufwendungen. Hierzu gehören in erster Linie die durch Weisungen des Absenders oder Empfängers – also in Ausübung des frachtrechtlichen Verfügungsrechts – entstandenen Kosten; siehe dazu § 433 Rdn. 17 ff, insbesondere auch die Bestimmungen über Beförderungshindernisse[326] und über Ablieferungshindernisse[327]. Die bei diesen Störungen erforderlich werdenden Maßnahmen können Frachtmehransprüche und Frachtteilansprüche erzeugen (siehe Rdn. 188 und § 433 Rdn. 17), aber auch zu Aufwendungen des Frachtführers (z. B. bei Einlagerung oder Verwertung) führen. Die Rechtslage nach den Spezialordnungen ist ungleich und ziemlich unübersichtlich. Die Kostenerstattungs- und Entgeltfrage ergibt sich entweder aus der gesetzlichen Regelung selbst (z. B. Art. 16 Abs. 1 und 12 Abs. 5 a CMR) oder aus Tarifrecht; zum Standgeld siehe Rdn. 180 ff. **193**

III. Nebenpflichten und Schadensersatz des Absenders

Wie bei jedem Vertrag treffen den Absender, gegebenenfalls auch den Empfänger, Nebenpflichten aus dem Frachtvertrag, aus deren Verletzung dem Frachtführer nach allgemeinem Schuldrecht Schadensersatzansprüche gegen den Absender zustehen können, vor allem aus positiver Forderungsverletzung. Die frachtrechtlichen Sonderbestimmungen sehen für bestimmte Fällen abweichende Regeln vor, die zum Teil Haftungen ohne Verschulden begründen. **194**

1. Laden und Verpacken

Von besonderer Bedeutung ist die Haftung des Absenders für Schäden am Beförderungsgut und mitverladenen Gütern beim **Selbstladen** des Fahrzeugs – entsprechendes gilt für **Entladen durch den Empfänger**. Hierzu ist im allgemeinen keine besondere Haftungsregelung vorgesehen[328]. **195**

Ein weiterer praktisch bedeutsamer Haftungstatbestand ist die Haftung ohne Verschulden für Schäden, die am Beförderungsmittel oder an mitverladenen Gütern durch **Mängel der Verpackung** entstehen[329]. Das Verpacken spielt eine erhebliche Rolle zur Verhinderung von Schäden und ist auch Gegenstand internationaler Regelungen: Siehe **196**

---

[324] Siehe §§ 407–409 Rdn. 226 ff.
[325] OLG Hamburg vom 8. 10. 1981, VersR **1982** 342, 343.
[326] Siehe § 428 Abs. 2 und dort Rdn. 7 mit Angaben über frachtrechtliche Sonderregeln.
[327] § 437 und dort Rdn. 2 über frachtrechtliche Sonderregeln.
[328] Siehe jedoch § 2 Abs. 2 GüKUMT, Anh. IV nach § 452 (Verschuldenshaftung); zum Laden und Entladen siehe Rdn. 138 f.
[329] Siehe dazu § 18 Abs. 3 KVO und dort Rdn. 1 ff; Art. 10 CMR; ähnlich § 62 Abs. 3 EVO und Art. 19 § 4 ER/CIM 1980, Anh. I nach § 460 = Art. 12 § 4 CIM 1970. Eingehend *Koller* VersR **1993** 519 ff.

die Richtlinien für das Packen und Sichern von Ladung in Containern und auf Straßenfahrzeugen (Container-Pack-Richtlinien)[330].

197 **Schäden aus Eigenschaften des verladenen Gutes** selbst können nach den Grundsätzen der positiven Vertragsverletzung ebenfalls zur Verschuldenshaftung des Absenders führen[331].

2. Pflichten im Informationsbereich

198 Besondere Ersatzansprüche, die teilweise kein Verschulden voraussetzen, sieht das Frachtrecht vor wegen **falscher oder fehlender Angaben im Frachtbrief** (siehe § 426 Abs. 3 und dort Rdn. 81 ff) und wegen **fehlender Begleitpapiere** (siehe dazu § 427 Abs. 2 und dort Rdn. 7 ff). Nebenpflichten zur Aufklärung oder aktuellen Warnung wegen besonderer Gefahren lassen sich aus der konkreten Situation begründen[332]. Auch die **mangelnde Kennzeichnung der Güter** kann zu beträchtlichen Schäden führen.

3. Gefahrgut

199 Ähnlich dem Seerecht statuiert Art. 22 Abs. 2 CMR eine besondere Haftung des Absenders ohne Verschulden für gefährliche Güter; ähnlich § 5 b ADSp, Anh. I nach § 415 und § 5 Abs. 3 Satz 2 AGNB, Anh. III/1 nach § 452. Das HGB, die KVO, Anh. II nach § 452 und die Bedingungen GüKUMT, Anh. IV nach § 452 sehen keine entsprechenden Haftungsregeln vor. Verstöße gegen die besonderen Gefahrgutvorschriften (siehe Rdn. 16 ff) sind in aller Regel positive Vertragsverletzungen. Auch eine Haftung des Absenders nach § 823 Abs. 2 BGB kommt in Betracht, soweit die öffentlich-rechtlichen Gefahrgutbestimmungen Schutzgesetze mit weitem Schutzbereich sind[333].

IV. Sicherungsrechte

200 Hinsichtlich der meisten seiner Ansprüche ist der Frachtführer in doppelter Weise gesichert: Er kann die Ablieferung des Frachtguts verweigern, bis der Empfänger die Verpflichtung aus dem Frachtvertrag erfüllt (Zurückbehaltungsrecht; siehe § 435 Rdn. 12). Ferner steht ihm mit Wirkung gegen jedermann das Frachtführerpfandrecht zu; siehe zu § 440.

---

[330] Deutsche Fassung des Amendments 25–28 zum IMDG-Code, BAnz Nr. 98a vom 1. 6. 1991; BAnz Nr. 69a vom 8. 4. 1992. Durch letztere Bekanntmachung werden die Container-Pack-Richtlinien von 1987 aufgehoben. Zum IMDG-Code siehe Rdn. 16. Zur Funktion der Verpackung siehe *Möhrlin* in *Rühle von Lilienstern/Stabenau* RKW-Handbuch der Verpackung Nr. 4760.

[331] Siehe z. B. OLG Düsseldorf vom 4. 3. 1982, VersR **1982** 1202 f (Mehrkosten wegen Entladungsschwierigkeiten und Fahrzeugreinigung bei zu feuchtem Holzkohlengrus in Silofahrzeug, CMR).

[332] Siehe z. B. OLG Frankfurt vom 19. 11. 1974, TranspR **1981** 21 ff (unzureichende Aufklärung über Gefährlichkeit von Natronlauge).

[333] Siehe Rdn. 18.

§ 426

(1) Der Frachtführer kann die Ausstellung eines Frachtbriefs verlangen.

(2) Der Frachtbrief soll enthalten:

1. den Ort und den Tag der Ausstellung;

2. den Namen und den Wohnort des Frachtführers;

3. den Namen dessen, an welchen das Gut abgeliefert werden soll (des Empfängers);

4. den Ort der Ablieferung;

5. die Bezeichnung des Gutes nach Beschaffenheit, Menge und Merkzeichen;

6. die Bezeichnung der für eine zoll- oder steueramtliche Behandlung oder polizeiliche Prüfung nötigen Begleitpapiere;

7. die Bestimmung über die Fracht sowie im Falle ihrer Vorausbezahlung einen Vermerk über die Vorausbezahlung;

8. die besonderen Vereinbarungen, welche die Beteiligten über andere Punkte, namentlich über die Zeit, innerhalb welcher die Beförderung bewirkt werden soll, über die Entschädigung wegen verspäteter Ablieferung und über die auf dem Gute haftenden Nachnahmen, getroffen haben;

9. die Unterschrift des Absenders; eine im Wege der mechanischen Vervielfältigung hergestellte Unterschrift ist genügend.

(3) Der Absender haftet dem Frachtführer für die Richtigkeit und die Vollständigkeit der in den Frachtbrief aufgenommenen Angaben.

Übersicht

	Rdn.
A. Grundlagen	1
I. Bedeutung	1
II. Begriff, Deskription	2
III. Wirksamkeitsvoraussetzungen	3
1. Grundtypus eines Frachtbriefs, Mindestinhalt	4
2. Willenserklärungen als Grundlage	11
a) Absendererklärung	12
b) Frachtführererklärung	18
3. Fehlende Unterschriften	23
IV. Folgen der Nichtausstellung eines Frachtbriefs	26
B. Funktionen des Frachtbriefs	27
I. Der Frachtbrief als konstitutive Urkunde?	27
II. Der Frachtbrief als Beweispapier	29
1. Beweisrechtliche Grundlagen	29
a) Bei Geltung von HGB-Landfrachtrecht	29
b) Aufgrund frachtrechtlicher Sonderbestimmungen	32
2. Beweis für Abschluß und Inhalt des Frachtvertrages	34
a) Beweis für Absendereigenschaft	37
b) Beweis für Abschluß durch den Frachtführer	38
c) Beweis für die Empfängerstellung	39
d) Beweis für den Inhalt des Frachtvertrages	40
3. Beweis für die Übernahme des Gutes	41
4. Beweis für die Identität, Stückzahl, Menge, Art und Zustand der übernommenen Güter	46
a) Allgemeine frachtrechtliche Beweisregeln	47
b) Spezialregelungen	52
c) Der Einfluß von Vermerken des Frachtführers auf die Beweiswirkung des Frachtbriefs	56
aa) Feststellungsvermerke	57
bb) Unbekannt-Vermerke	58
III. Weitere Funktionen des Frachtbriefs	59
1. Der Frachtbrief als Träger von Spezialabreden, Absenderanweisungen und -mitteilungen	59
2. Bedeutung des Frachtbriefs für den Unterfrachtvertrag	60
3. Der Frachtbrief als Grundlage der Frachtberechnung und der Kostentragung	61

Johann Georg Helm

	Rdn.		Rdn.
4. Der Frachtbrief als Zahlungssicherung und als verfügungshinderndes Papier (Sperrpapier)	62	2. Der Anspruch auf Ausstellung des Frachtbriefs nach Spezialregelungen des Frachtrechts	75
5. Frachtbrief und Entstehung der Empfängerrechte und -pflichten	69	3. Die Annahme des Frachtbriefs durch den Frachtführer	77
6. Öffentlich-rechtliche Funktionen des Frachtbriefs	70	4. Die Ausstellung der Absenderausfertigung	78
7. Bedeutung des Frachtbriefs für die Eigentumslage	71	5. Mängel und Unvollständigkeit	79
C. Rechtsnatur des Frachtbriefs	72	II. Inhalt	80
D. Die Regelung des § 426 im speziellen	73	III. Die Haftung des Absenders für die Richtigkeit und Vollständigkeit der Angaben im Frachtbrief (§ 426 Abs. 3)	81
I. Anspruch des Frachtführers auf Ausstellung eines Frachtbriefs (§ 426 Abs. 1)	74	1. Allgemeines	81
1. Grundsätzliches	74	2. Mitverschulden	83
		3. Ausfüllung des Frachtbriefs durch den Frachtführer	84
		4. Haftung für Begleitpapiere	85

Schrifttum

Siehe zu § 425. Speziell zum Frachtbrief: *Pelz* Frachtbrief und Übergabe des Frachtguts in ihrer Bedeutung für den Frachtvertrag (Diss. 1980)

A. Grundlagen
I. Bedeutung

1   Der Frachtbrief erfüllt in den meisten Sparten der Güterbeförderung vielfältige unterschiedliche Funktionen. Er kann konstitutiv für die Entstehung des Frachtvertrages oder einzelner Abreden sein, Informationsträger für die an der Ausführung der Beförderung beteiligten Personen und Beweishilfe, der Kreditsicherung und der Einziehung von Forderungen dienen oder als Kontrollpapier für Tarifüberwachung und grenzüberschreitende Formalitäten vorgeschrieben sein. Siehe hierzu im einzelnen Rdn. 70. Die Spartentrennung des Beförderungsgeschäfts (siehe § 425 Rdn. 3 ff) hat bewirkt, daß fast jede frachtrechtliche Sonderordnung spezielle Vorschriften für Frachtbriefe enthält. In jüngerer Zeit ist seine formale Bedeutung zurückgegangen, teils durch eine formliberale Rechtsprechung, teils durch die Zunahme schneller und leistungsfähiger Kommunikationsmittel wie Telefon, Fernschreiben und Telefax und durch weniger sorgfältige Ausfüllung[1]. Der Gedanke, ihn gänzlich durch elektronische Datenträger zu ersetzen, ist jedoch bislang noch verfrüht. Insbesondere im Landfrachtverkehr ist er wohl noch für lange Zeit nicht vollständig zu ersetzen. Die durch ihn bewirkte Standardisierung und seine grundsätzliche Handlichkeit und Sicherheit machen ihn im Inland, noch mehr aber im grenzüberschreitenden Verkehr weiterhin unentbehrlich. Eine Monopolfunktion, die andere Entwicklungen behindert, sollte ihm aber wohl künftig nicht mehr eingeräumt werden. Im internationalen Seerecht gibt es aber immerhin sogar eine neuere Entwicklung zur Einführung eines Seefrachtbriefs[2].

II. Begriff, Deskription

2   Der Frachtbrief ist ein warenbegleitendes Dokument, in dem die wichtigsten für den Gütertransport maßgeblichen Angaben über den Frachtvertrag, seine Parteien, das

---

[1] Siehe dazu *Koller* TranspR **1993** 41, 42 f.
[2] Zu diesem Papier, das eher in seinen Funktionen vermindertes Konnossement ist, eingehend *Herber* TranspR **1986** 169 ff; *Schinzing* TranspR **1988** 10 ff; *Prüßmann/Rabe*[3] vor § 642 HGB Anm. II C.

Frachtgut und über den Beförderungsvorgang eingetragen werden. Definitionen wie „einseitige schriftliche Erklärung des Absenders über den Inhalt des mit dem Frachtführer vereinbarten Frachtvertrages, die als Beweisurkunde für diesen Inhalt zu dienen geeignet ist"[3], treffen auch nicht annähernd sein Wesen und seine vielfältigen Funktionen. Zu seiner Rechtsnatur siehe Rdn. 72. Er wird in den meisten Fällen vom Absender ausgestellt[4] und vom Beförderer angenommen und begleitet in wenigstens einer seiner Ausfertigungen das Frachtgut. Abweichend davon wird der Frachtbrief aber nach CMR und GüKUMT von beiden Parteien als gemeinsame Vertragsurkunde ausgestellt[5]. Wegen der genauen Unterschriftenregelung in Art. 6 Abs. 2 WA ist zu dieser Gruppe sachlich auch der Luftfrachtbrief zu rechnen, obwohl er nach Art. 6 Abs. 1 WA zunächst vom Absender ausgestellt wird. Den Frachtbriefen liegt meist ein vom Beförderer verwendetes Formular zu Grunde. Wesentlich kommt es vor allem darauf an, daß der Beförderungsvorgang im Frachtbrief dokumentiert wird. Wieviele Ausfertigungen des Frachtbriefs ausgestellt werden, ist in den einzelnen Sonderbestimmungen unterschiedlich geregelt[6]. Meist gibt es zumindest je eine Ausfertigung für die Vertragsparteien Absender und Frachtführer, die für die Parteien als Beweismittel wichtig ist. Die Empfängerausfertigung kann als verfügungssperrendes Papier ausgebildet sein und der Kreditsicherung nutzbar gemacht werden (siehe Rdn. 62 ff). Die warenbegleitende Ausfertigung ist in bestimmten Punkten für die Rechte des Empfängers maßgeblich; siehe §§ 433 ff.

III. Wirksamkeitsvoraussetzungen

Die vollen Wirkungen eines Frachtbriefs setzen voraus, daß die grundlegenden **3** Merkmale eines Frachtbriefs vorliegen. Ein diesen Merkmalen nicht entsprechender Frachtbrief ist dennoch nicht völlig wirkungslos; siehe Rdn. 5 ff, 31 ff.

1. Grundtypus eines Frachtbriefs, Mindestinhalt

Es muß sich um eine Urkunde handeln, die dem grundsätzlichen Typus des Fracht- **4** briefs entspricht; siehe Rdn. 2.

Die für den **Inhalt des Frachtbriefes** maßgeblichen Vorschriften des § 426 Abs. 2 **5** HGB und der entsprechenden sondergesetzlichen Bestimmungen haben zunächst nur die Funktion, den Inhalt so zu steuern, daß der Frachtbrief seine zahlreichen Funktionen ordnungsgemäß erfüllen kann. Dies ergibt sich für das HGB-Landfrachtrecht schon daraus, daß § 426 Abs. 2 nur eine Sollvorschrift ist[7]. Aber auch zwingende Regelungen lassen nicht ohne weiteres den Schluß zu, daß der Verstoß gegen sie den Frachtbrief unwirksam macht. Die Auswirkung der einzelnen Unvollständigkeit oder Unrichtigkeit ergibt sich vielmehr jeweils aus der Funktion der betreffenden Eintragung. Das Fehlen einzelner Angaben beeinträchtigt weder den Charakter des Frachtbriefs, noch macht es ihn unwirksam. Die Spediteur-Übernahmebescheinigung (FCR) ist kein Frachtbrief[8].

---

[3] RG vom 9. 7. 1912, RGZ 80 58, 60 f; dazu *Pelz* 30 f.
[4] Dazu eingehender *Pelz* 41 ff.
[5] Art. 5 Abs. 1 CMR, Anh. VI nach § 452 und § 19 Abs. 1 GüKUMT, Anh. IV nach § 452.
[6] Zu den Ausfertigungen und ihrer Bedeutung siehe *Pelz* 32 ff.
[7] RG vom 9. 7. 1912, RGZ 80 58, 60 f.
[8] Siehe zur Unterscheidung von anderen Frachtpapieren, insbesondere von der Spediteur-Übernahmebescheinigung (FIATA-FCR) § 415 Anh. IV Rdn. 3; neuere Rechtsprechung dazu: OLG Hamburg vom 25. 7. 1985, TranspR **1986** 159 ff; OLG Zweibrücken vom 17. 11. 1986, VersR **1987** 376; OLG Hamburg vom 18. 5. 1989, TranspR **1990** 188 ff; OLG Karlsruhe vom 7. 11. 1991, TranspR **1992** 67 ff; österr. ObGH vom 21. 5. 1980, SZ **53** Nr. 80, S. 352, 355 = Verkehr **1981** 1388. OLG Hamburg vom 21. 1. 1982, Spediteur **1983** H. 10 S. 21 = VersR **1982** 1009 vermengt Frachtbrief und Durchkonnossement (through bill of lading).

6 Die frachtrechtlichen Sondernormen stellen gelegentlich spezielle **Regeln für solche Eintragungsverstöße** auf. So bestimmt z. B. Art. 7 Abs. 3 CMR, daß der Frachtführer dem jeweils Verfügungsberechtigten für Schadensfolgen haftet, wenn im CMR-Frachtbrief der Hinweis auf die zwingende Geltung der CMR fehlt. Weitergehend führt das Fehlen des Hinweises auf die zwingenden Bestimmungen des WA im Luftfrachtbrief nach Art. 9 WA 1955 zum gänzlichen Wegfall der summenmäßigen Haftungsbeschränkung nach Art. 22 Abs. 2. In der Fassung von 1929 ist eine Sanktionsregelung ähnlicher Art für zahlreiche Angaben des Luftfrachtbriefs enthalten. Siehe ferner zur Frage der Wirksamkeit nicht im Frachtbrief vermerkter Nebenabreden § 11 KVO Rdn. 10 ff.

7 **Ob beim Fehlen mehrerer wichtiger Angaben überhaupt noch ein Frachtbrief vorliegt**[9], ist nur wichtig, soweit dem Frachtbrief besondere rechtliche Wirkungen zukommen; im wichtigsten Bereich, bei seiner Beweiskraft, ist dies nach der Regelung des HGB nicht der Fall; siehe Rdn. 29. Ein großer Teil der Funktionen (siehe Rdn. 27 ff) kann auch von unvollständigen oder teilweise unrichtigen Frachtbriefen erfüllt werden. Da der Frachtbrief kein Wertpapier ist, entsteht vielfach niemand ein Nachteil, wenn man auch einen grob unvollständigen Frachtbrief als grundsätzlich gültig betrachtet. Daher finden sich in der neueren Literatur und Rechtsprechung keine verläßlichen Kriterien dafür, ab wann überhaupt von einem Frachtbrief gesprochen werden kann[10]. *Pelz* kommt nach gründlicher Untersuchung zu dem Ergebnis, daß die Unvollständigkeit auch hinsichtlich der Basisangaben sich jeweils überbrücken läßt. Immerhin können dann wenigstens die Angaben, die in ihm enthalten sind, ihre Wirkung entfalten. Allerdings kann z. B. das Fehlen der Unterschrift oder der Absenderangabe die Beweiswirkung zerstören, wenn nicht anderweitig bewiesen werden kann, daß der Frachtbrief vom Absender ausgestellt worden ist; siehe Rdn. 23. Fehlende Angaben über die Kennzeichnung der Frachtstücke können je nach Fall den besonderen Nachweis erforderlich machen, daß sich der Frachtbrief auf ein bestimmtes Gut bezieht. Das gleiche gilt für das Fehlen der Empfängerangabe. Ist im Frachtbrief der Frachtbetrag nicht eingetragen, so wird auch bei Annahme von Frachtbrief und Gut kein Zahlungsanspruch an den Empfänger begründet (siehe § 436 Rdn. 20 ff).

8 In der Literatur **zur KVO** herrscht demgegenüber die Auffassung vor, zumindest die Angaben über Absender, Empfänger, Inhalt der Sendung, Verlade- und Bestimmungsort seien erforderlich, damit überhaupt ein wirksamer Frachtbrief vorliege[11]. Diese Auffassung führt vielfach zu unangemessenen Ergebnissen. So würde z. B. dem KVO-Frachtführer kein Anspruch gegen den Empfänger auf Zahlung der Fracht und der Kosten nach § 25 Abs. 2 S. 3 KVO (entsprechend § 436) zustehen, wenn der Frachtbrief zum Verladeort oder dem Inhalt einer unbestritten korrekt abgelieferten Sendung keine Angaben enthält. Ohne wirksamen Frachtbrief würde es an einer Voraussetzung der Entstehung der Ansprüche gegen den Empfänger fehlen. Somit wäre der Frachtführer wegen eines kleinen Fehlers, nämlich mangelnder Überprüfung der Frachtbriefeintragungen, mit dem Verlust sämtlicher Ansprüche gegen den Empfänger belastet. Hierin läge eine sachlich nicht gerechtfertigte Überreaktion der Rechtsordnung. Demgegenüber ist die Beurteilung der Frage nach funktionalen Gesichtspunkten, wie sie hier vorgeschlagen wird, vorzuziehen.

---

[9] Für die KVO hätte dies – wenn man der hier abgelehnten Formalvertragstheorie folgen würde – sogar die unerwünschte Folge, daß kein Frachtvertrag zustande gekommen wäre. Siehe § 425 Rdn. 114 und § 15 KVO, Anh. II nach § 452 Rdn. 2 ff.

[10] *Pelz* 121; mit Ausnahme der haftungserhöhenden Wertangaben.

[11] Zu den inhaltlichen Mindestvoraussetzungen des Frachtbriefs siehe auch § 11 KVO, Anh. II nach § 452 Rdn. 6 und die Erl. zu Art. 5 CMR, Anh. VI nach § 452. Allgemein *Pelz* 43 ff.

Mindestvoraussetzungen der spezifischen Frachtbriefwirkungen lassen sich allerdings damit begründen, daß der Frachtbrief Angaben über den vorgesehenen Transport, insbesondere über Annahme- und Bestimmungsort enthalten muß, so daß er mit einem konkreten Frachtvertrag in Verbindung gebracht werden kann. Es muß daher grundsätzlich genügen, wenn sich aus dem Papier grundsätzlich ergibt, daß es inhaltlich als Frachtbrief gemeint ist und sich auf den betreffenden Frachtvertrag bezieht. Durch die regelmäßige Verwendung von Formularen sind diese Grundvoraussetzungen meist gesichert.

Auch wenn diese Voraussetzungen vorliegen, setzt die betreffende Frachtbriefwirkung regelmäßig **Eintragungen über den Umstand voraus, auf den es im Prozeß ankommt,** so etwa nach § 436 Angaben, aus denen der vom Empfänger zu zahlende Betrag bestimmt werden kann. Das Fehlen des Luftfrachtbriefs oder auch nur des vorgeschriebenen Hinweises auf das WA schaltet gem. Art. 9 und 22 Abs. 2 WA die summenmäßige Haftungsbegrenzung des WA aus. Dies kann sich vor allem für Spediteure nachteilig auswirken, wenn diese Papiere ausstellen, die auf eine entsprechende Luftbeförderung hinweisen, aber den Hinweis auf die Geltung des WA nicht enthalten[12].

2. Willenserklärungen als Grundlage

Als Dokument, das gegenüber mehreren Beteiligten verbindliche Wirkungen erzeugen soll, muß der Frachtbrief von Willenserklärungen der Vertragsbeteiligten getragen sein[13]. Ein Frachtbrief, der vom Absender offensichtlich nicht ausgestellt ist, kann jedenfalls diesem gegenüber keine Wirkung erzeugen[14]. Die Willenserklärungen der am Frachtbrief beteiligten Personen sind in den einzelnen frachtrechtlichen Sonderordnungen in unterschiedlicher Weise formalisiert.

a) Absendererklärung

In aller Regel wird der Frachtbrief durch den Absender ausgestellt[15] und (mit dem Gut) dem Frachtführer übergeben. Der Frachtführer schreibt ihm jedoch regelmäßig ein von ihm benutztes Formular vor und nimmt damit im voraus bereits bestimmenden Einfluß auf den Inhalt des Frachtbriefs. Schon bei Ausfüllung des Frachtbriefs durch den Absender werden in der Regel die wesentlichen Transportdaten eingetragen[16]. Verbindlichkeit erhalten diese Angaben und Erklärungen durch die Unterschrift des Absenders oder eine an ihre Stelle tretende signifikante Handlung – in jeder Sparte unterschiedlich geregelt.

Die Sollvorschrift des **§ 426 Abs. 2 Nr. 9** sieht für den Regelfall die handschriftliche oder eine im Wege mechanischer Vervielfältigung hergestellte (faksimilierte) Unterschrift vor. Es genügt die Unterschrift eines Vertreters; ob ein Eindruck oder Stempel ausreicht, ist umstritten. Aus dieser Regelung ist nicht klar zu entnehmen, ob die Unterschrift oder ihr Surrogat Voraussetzung der rechtlichen Wirksamkeit des Frachtbriefs ist. Ganz allgemein wurde dies verneint[17]. Seine Verbindlichkeit kann der Frachtbrief danach durch die Übergabe an den Frachtführer erhalten.

---

[12] *Ruhwedel* Der Luftbeförderungsvertrag[2] 89.
[13] Genauere Unterscheidungen zum Frachtbrief als vertragsbegründende Willenserklärung, die freilich der Realität kaum gerecht werden, bei *Pelz* 37 ff.
[14] Ein solcher Fall lag wohl dem Urteil des BGH vom 9. 2. 1979, VersR **1979** 466 f = NJW **1979** 2471 zugrunde.
[15] Siehe Rdn. 2.
[16] Siehe zur Rechtslage, wenn der Frachtführer den Frachtbrief selbst ausfüllt oder dem Absender bei der Ausfüllung behilflich ist, unten Rdn. 84.
[17] *Schlegelberger/Geßler*[5] Rdn. 20; *Heymann/Honsell* Rdn. 15; *Baumbach/Duden/Hopt*[28] II B 9; ohne Stellungnahme *Koller*[2] Rdn. 1.

14 Hinsichtlich der Form der Absendererklärung ergeben die **neben § 426 bestehenden anderen Regelungen des Landfrachtrechts** kein einheitliches Bild. Teilweise entsprechen sie im Ergebnis § 426 HGB. Dies trifft für KVO und GüKUMT zu. Nach § 11 Abs. 1 Buchst. f KVO hat der Absender den Frachtbrief zu unterschreiben. Wie nach § 426 Abs. 2 S. 9 HGB genügt eine gestempelte oder gedruckte Unterschrift; auch bei Fehlen der Unterschrift kann der Frachtbrief wirksam sein, wenn er vom Frachtführer angenommen wird[18]. Ähnlich ist die Regelung in § 19 Abs. 1 S. 2 GüKUMT. Art. 5 Abs. 1 S. 1 CMR sieht die Unterzeichnung des Frachtbriefs durch Absender und Frachtführer vor. Die Unterschriften können nach S. 2 auch gedruckt oder durch den Stempel des Absenders oder des Frachtführers ersetzt werden, wenn dies nach dem Recht des Staates, in dem der Frachtbrief ausgestellt wird, zulässig ist. Aus der ergänzenden Anwendung von § 426 ergibt sich daher hinsichtlich der Absendererklärung eine formal weitgehend dem HGB entsprechende Lösung; siehe die Erl. zu Art. 5 CMR, Anh. VI nach § 452.

15 Das innerdeutsche **Eisenbahnfrachtrecht** sieht in § 56 Abs. 1 d EVO, Anh. I nach § 460, keine Unterschrift, sondern nur Angaben über die Person des Absenders vor. Art. 13 § 1 h S. 1 ER/CIM 1980, Anh. II nach § 460 verlangt zwar keine Unterschrift, gestattet aber den nationalen Vorschriften der Mitgliedbahnen, eine solche vorzusehen. Damit wirkt sich § 56 Abs. 1 d EVO auch im grenzüberschreitenden deutschen Eisenbahnverkehr aus.

16 Art. 6 Abs. 2 WA sieht die **Unterzeichnung des Luftfrachtbriefs** (Ausfertigung für den Luftfrachtführer und für warenbegleitende zweite Ausfertigung) durch den Absender vor. Die Absenderunterschrift kann durch einen Stempel oder Eindruck ersetzt werden; Art. 6 Abs. 4.

17 **Insgesamt zeigt sich** damit, daß die Regelungen für das Landfrachtrecht inhaltlich weitgehend § 426 entsprechen. Unterschiede bestehen nur insoweit, als es sich bei den landfrachtrechtlichen Sonderordnungen um zumindest teilweise zwingendes Recht handelt[19]. Das Luftfrachtrecht entspricht dem im wesentlichen. Das Eisenbahnfrachtrecht verlangt keine Unterschrift, sondern begnügt sich mit der Angabe über die Person. Insgesamt läßt sich aus den verschiedenen Regelungen nicht feststellen, daß ein wirksamer Frachtbrief eine Absendererklärung in Form einer Unterschrift oder eines Unterschrifts-Surrogats erfordert; siehe aber Rdn. 23 f.

b) Frachtführererklärung

18 Das **HGB-Landfrachtrecht** verlangt keine formalisierte Erklärung des Frachtführers als Gültigkeitserfordernis. Um die Wirkungen des Frachtbriefs zu begründen, genügt seine Annahme durch den Frachtführer. Allerdings hängen diese Wirkungen sachlich von seinem Inhalt ab.

19 § 15 Abs. 2, 3 **KVO** sieht vor, daß der Frachtbrief „als Zeichen der Annahme" vom Frachtführer zu unterzeichnen ist; gedruckte oder gestempelte Unterschrift genügen. Diese Formulierung läßt darauf schließen, daß die Unterzeichnung nur der Sicherung der Beweiswirkung des Frachtbriefs dienen soll. Sie wird daher nicht als grundsätzliches Wirksamkeitserfordernis betrachtet; siehe § 15 KVO, Anh. II nach § 452 Rdn. 16.

---

[18] Siehe § 11 KVO, Anh. II nach § 452 Rdn. 3, 20.
[19] Art. 41 Abs. 1 CMR; für die KVO und GüKUMT abzulehnen, da die Voraussetzungen der §§ 26, 22 Abs. 2. S. 2 GüKG nicht erfüllt sind; siehe § 11 KVO Rdn. 3.

Nach Art. 5 Abs. 1 S. 1 und 2 **CMR ist der Frachtbrief auch vom Frachtführer zu** **20**
unterzeichnen[20]. Wie nach § 426 Abs. 2 S. 9 HGB genügt eine gestempelte oder
gedruckte Unterschrift. Dies entspricht § 19 Abs. 1 S. 2 GüKUMT. Beide Regelungen
gehen vom Konzept der gemeinsamen Ausstellung des Frachtbriefs aus.

Außerhalb des Landfrachtrechts sieht Art. 6 Abs. 2 WA die Unterzeichnung der **21**
warenbegleitenden Ausfertigung des Luftfrachtbriefs durch Absender und Luftfrachtführer und der Absenderausfertigung[21] vor. Die Unterschrift kann durch Stempel, nicht aber durch Eindruck ersetzt werden; Art. 6 Abs. 4 WA. Diese Regelung differenziert also – anders als die CMR – nach den unterschiedlichen Funktionen des Luftfrachtbriefs. Das Eisenbahnrecht sieht keine Unterschrift für die annehmende Eisenbahn vor, sondern begnügt sich mit der Abstempelung; § 61 Abs. 1 EVO, Anh. I nach § 460, Art. 11 § 1 S. 2 ER/CIM 1980, Anh. II nach § 460. Eine formalisierte Willenserklärung kann darin kaum gesehen werden. Diese liegt vielmehr in der Annahme als solcher.

Zusammenfassend ist festzustellen: Nach HGB-Landfrachtrecht ist für die Wirksamkeit des Frachtbriefs keine formalisierte Willenserklärung des Frachtführers erforderlich. Gleiches gilt für die KVO und (außerhalb des Landfrachtrechts) für das Eisenbahnrecht. CMR, GüKUMT und (außerhalb des Landfrachtrechts) das Luftrecht sehen den Frachtbrief als gemeinsame, von beiden Parteien durch Unterzeichnung (oder Surrogat) auszufertigende Vertragsurkunde, die also auch eine entsprechende Unterschrift des Frachtführers enthalten muß. Unterschiede bestehen auch darin, daß die CMR zwingende Regelungen enthält, HGB-Landfrachtrecht, KVO und GüKUMT dagegen (privatrechtlich) dispositiv sind; siehe Art. 41 CMR. **22**

3. Fehlende Unterschriften

23 Zur CMR hat die Rechtsprechung aus dem Fehlen von Unterschriften des Absenders **23**
und Frachtführers die Unwirksamkeit des Frachtbriefs gefolgert und daher Rechtswirkungen des nicht unterschriebenen Formulars verneint. Dies überzeugt, soweit sich die Parteien auf die in der CMR ausdrücklich festgelegte Beweiswirkung des Frachtbriefs oder die Wirkungen der Art. 34 ff CMR berufen. Fehlt z. B. die Unterschrift des Frachtführers, kann der Frachtbrief keinen Beweis gem. Art. 9 Abs. 2 CMR über die übernommenen Güter erbringen[22]. Fehlt die Unterschrift des Absenders, kann der Frachtbrief keine Beweiswirkung zu Lasten des Absenders noch des Frachtführers haben[23]. Ohne die Unterschrift des Absenders erbringt der Frachtbrief insbesondere keinen Beweis gegenüber dem Frachtführer. Die Beweiswirkung des Art. 9 Abs. 2 CMR zugunsten des Absenders setzt einen wirksamen Frachtbrief voraus. Daran fehlt es, wenn der Absender den Frachtbrief nicht unterschrieben hat[24]. Das Fehlen der Absenderunterschrift macht auch die Anwendung der Art. 34 ff CMR unmöglich[25]. Fehlen die Unterschriften von Frachtführer und Absender, so erbringt der Frachtbrief keinen Beweis gem. Art. 9

---

[20] Vereinfachtes Verfahren gegenüber dem grundsätzlich gleichen Art. 2 Abs. 2 WA; siehe Rdn. 21.
[21] Luftfrachtbriefdritt; Sperrpapier; siehe Rdn. 62 ff.
[22] OLG Hamm vom 18. 10. 1984, TranspR **1985** 107, 110 unter Bezugnahme auf die unklare Entscheidung BGH vom 9. 2. 1979, VersR **1979** 466 f = NJW **1979** 2471.
[23] BGH vom 16. 10. 1986, TranspR **1987** 96, 97 = VersR **1987** 304 hinsichtlich der Aktivlegitimation als Absender und Eintragung der Gefahrguteigenschaft nach Art. 22 Abs. 1 CMR; OLG Hamburg vom 3. 5. 1984, TranspR **1985** 37 f (zur Begründung einer Lieferfrist); zur fehlenden Unterschrift des Absenders siehe KG vom 24. 11. 1975, VRS **51** 184 f.
[24] BGH vom 8. 6. 1988, TranspR **1988** 370 = VersR **1988** 952; entsprechend bereits BGH vom 16. 10. 1986, TranspR **1987** 96, 97 = VersR **1987** 304; noch offenlassend OLG Düsseldorf vom 4. 3. 1982, VersR **1982** 1202.
[25] OLG Innsbruck 26. 1. 1990, TranspR **1991** 12, 17 f.

§ 426   Drittes Buch. Handelsgeschäfte

Abs. 1 dafür, daß die in der Absenderspalte eingetragene Person wirklich der Absender ist[26]. Die Vorschriften über aufeinanderfolgende Frachtführer der Art. 34–39 CMR sind nicht anzuwenden, wenn der Frachtbrief nur vom letzten Frachtführer, nicht aber von den anderen Beteiligten unterschrieben ist[27].

24   Die **Rechtsprechung zur CMR überzeugt**, da sie die Anwendung der für den CMR-Frachtbrief speziell vorgesehenen Rechtsfolgen betrifft. Dies schließt nicht aus, daß im Rahmen der freien Beweiswürdigung die in einem nicht von beiden Parteien unterschriebenen CMR-Frachtbrief eingetragenen Angaben zu Lasten dessen gewertet werden, der ihn unterschrieben hat. Ferner können auf dem Frachtbrief angebrachte Vermerke nach den allgemeinen Grundsätzen über Quittungen (siehe Rdn. 44) Beweis erbringen.

25   Für Wirkungen, die gesetzlich dem Frachtbrief beigelegt werden, **kann das Erfordernis einer gültigen Ausstellung auch auf die Frachtbriefe in anderen Sparten übertragen werden**. Soweit, wie nach § 426 HGB und § 11 KVO[28], die Unterschriften in den für den Frachtbrief geltenden Regeln nicht zwingend erforderlich sind[29], können auch nicht unterschriebene, aber von den Parteien ausgestellte bzw. angenommene Frachtbriefe diese Wirkungen entfalten. Die Kausalhaftung des Absenders nach § 13 Abs. 1 KVO wird jedoch teilweise verneint[30]. Dies gilt insbesondere für § 436 HGB und die Aktivlegitimation des Verfügungsberechtigten.

IV. Folgen der Nichtausstellung eines Frachtbriefs

26   Wird überhaupt kein Frachtbrief ausgestellt, hat dies zwar im Landfrachtrecht keine Folgen für die Wirksamkeit des Frachtvertrages[31], aber die Parteien erleiden Rechtsnachteile, weil sie die Wirkungen des Frachtbriefs nicht nutzen können. Auf die Beweisregel des Art. 9 Abs. 2 CMR kann sich der Geschädigte nach dem Urteil BGH vom 9. 2. 1979, VersR **1979** 466 f = NJW **1979** 2471, nicht berufen, wenn „ein ordnungsgemäßer Frachtbrief i. S. der Art. 5 und 6 CMR" … „im Streitfall nicht vorliege". Ob es sich hierbei um einen fehlerhaft ausgestellten Frachtbrief handelte oder ob das Papier dem Gericht nicht vorlag, ist nicht erkennbar. Jedenfalls ist ein Frachtbrief, der ohne jede Mitwirkung des Absenders ausgestellt ist, nicht als Beweismittel gegen diesen zu gebrauchen; siehe Rdn. 11.

B. Funktionen des Frachtbriefs
I. Der Frachtbrief als konstitutive Urkunde?

27   Nach dem Landfrachtrecht des HGB ist die Ausstellung und Annahme eines Frachtbriefs nicht Voraussetzung für die wirksame Entstehung eines Frachtvertrages. Mangels gegenteiliger Regelung kann der Frachtvertrag auch ohne Frachtbrief abgeschlossen werden. Auch wo der Frachtbrief von den Parteien zu unterschreiben ist, hat seine nicht ordnungsgemäße Ausstellung jedenfalls nicht die Nichtigkeitsfolge des § 125 BGB[32]. Für den Umzugsverkehr ist in § 19 Abs. 6 GüKUMT, Anh. IV nach § 452 ausdrücklich bestimmt, daß das Fehlen oder Mängel des Frachtbriefs auf die Gültigkeit des Frachtver-

---

[26] OLG Düsseldorf vom 12. 2. 1981, VersR **1982** 302.
[27] OLG Düsseldorf vom 18. 10. 1984, TranspR **1984** 276.
[28] Siehe § 11 KVO, Anh. II nach § 452 Rdn. 3.
[29] Siehe oben Rdn. 13 ff.
[30] OLG Düsseldorf vom 13. 6. 1985, TranspR **1985** 252, 253.
[31] Siehe dazu § 15 KVO, Anh. II nach § 452 Rdn. 2–7; Art. 4 Abs. 2 CMR, Anh. VI nach § 452.
[32] Zutreffend *Pelz* 75 ff, 83 ff; siehe besonders auch § 15 KVO, Anh. II nach § 452 Rdn. 3.

trages keinen Einfluß haben. Gleiches gilt nach Art. 4 S. 2 CMR für den internationalen Straßenfrachtvertrag und nach Art. 5 § 2 WA für die internationale Luftbeförderung. Anders ist jedoch die Rechtslage im Eisenbahnfrachtrecht (§ 160 Abs. 1 S. 1 EVO; Art. 11 § 1 S. 1 ER/CIM 1980, Anh. II nach § 460 = Art. 8 § 1 S. 1 CIM) und im Frachtrecht des innerdeutschen Güterfernverkehrs mit Lastkraftwagen (§ 15 Abs. 1 S. 1 KVO). In diesen Bereichen soll nach einer in der Literatur weit vertretenen, von der höchstrichterlichen Rechtsprechung für den Eisenbahnfrachtvertrag bestätigten[33], aber für die KVO abgelehnten Meinung, der Frachtvertrag ein Formularvertrag sein, der nur durch Annahme von Gut und Frachtbrief durch den Beförderer abgeschlossen werden könne. Dies kann jedoch nicht überzeugen[34]. Vielmehr kann nach richtiger Auffassung auch in den betreffenden Rechtsgebieten der Frachtvertrag ohne Frachtbrief gültig sein. Wird bei der Geltendmachung von Schadensersatzrechten nicht der Originalfrachtbrief vorgelegt, hindert dies den Anspruchsberechtigten nicht, den Anspruch mit anderen Mitteln zu beweisen. Der Frachtbrief ist daher keine Voraussetzung für die Geltendmachung von Rechten[35]. Zusammenfassend kann daher festgestellt werden, daß der Frachtbrief in keinem Bereich des Frachtrechts als konstitutive Urkunde anzusehen ist[36].

II. Der Frachtbrief als Voraussetzung der Anwendung frachtrechtlicher Normen

Nur im Eisenbahnrecht (Art. 1 § 1 ER/CIM 1980, Anh. II nach § 460) ist der Frachtbrief Anwendungsvoraussetzung vieler spezialgesetzlicher Regeln. Ohne ihn kann das Übereinkommen nicht angewendet werden[37]. Jedoch ist die Anwendbarkeit einzelner frachtrechtlicher Regelungen auch in anderen Teilgebieten häufig von einer Frachtbriefeintragung und damit von der Existenz eines Frachtbriefs abhängig. Hier kann man von einer **konstitutiven Wirkung einzelner Eintragungen** im Frachtbrief sprechen. Streitig ist noch immer, ob Nebenabreden zum KVO-Frachtvertrag zu ihrer Wirksamkeit der Eintragung in den Frachtbrief bedürfen. Dies wird für die meisten dieser Vereinbarungen von der Rechtsprechung abgelehnt[38]. In § 436 und den entsprechenden Sondervorschriften wird vorausgesetzt, daß Ansprüche des Frachtführers gegen den Empfänger erst mit Annahme des Gutes und des Frachtbriefs entstehen, und auch nur nach Maßgabe des Frachtbriefs, nicht etwa durch andere Beweismittel ersetzbar sind[39]. Der Eintritt des Unterfrachtführers in den Hauptfrachtvertrag nach § 432 und Art. 34 ff CMR setzt ebenfalls einen (durchgehenden) Frachtbrief voraus[40]. Die Durchbrechung der summenmäßigen Haftungsbegrenzung durch Art. 24 und 26 CMR ist ebenfalls von der Eintragung im Frachtbrief abhängig[41]. In diesen und weiteren Verknüpfungen des Frachtbriefs mit der Begründung von Rechten und Pflichten kann man konstitutive Wirkungen sehen.

28

---

[33] BGH vom 21. 5. 1980, WM **1980** 1124, 1125.
[34] Siehe § 15 KVO, Anh. II nach § 452 Rdn. 2–7.
[35] BGH vom 4. 6. 1974, NJW **1976** 1746 f = BB **1976** 1050 = MDR **1976** 996. Siehe aber zur Absenderausfertigung Rdn. 64.
[36] So aufgrund eingehender Untersuchungen *Pelz* 88.
[37] Dazu *Pelz* 71 ff.
[38] Siehe dazu § 11 KVO, Anh. II nach § 452 Rdn. 10 ff.
[39] Siehe z. B. zu Art. 13 Abs. 2 S. 1 CMR: OLG Hamm vom 12. 11. 1973, NJW **1974** 1056. Allerdings braucht nicht der zu zahlende Betrag im Frachtbrief eingetragen zu sein; es genügt, daß er sich aus den dortigen Angaben tariflich ermitteln läßt; BGH vom 23. 1. 1970, WM **1970** 692, 693 = NJW **1970** 604. Zur Nachnahme siehe OLG Frankfurt vom 17. 4. 1984, TranspR **1985** 139, 141.
[40] Siehe § 432 Rdn. 47; aus der neueren Rechtsprechung besonders deutlich OLG Düsseldorf vom 18. 10. 1984, TranspR **1984** 276 f.
[41] Siehe die Erl. zu Art. 24, 26 CMR, Anh. VI nach § 452.

III. Der Frachtbrief als Beweispapier
1. Beweisrechtliche Grundlagen
a) Bei Geltung von HGB-Landfrachtrecht

29 §§ 425 ff HGB enthalten keine besonderen Regeln über die Beweiskraft des Frachtbriefs. Gilt keine frachtrechtliche Sonderordnung oder enthält diese keine speziellen Beweisregeln[42], muß deshalb auf **allgemeines Beweisrecht** zurückgegriffen werden. Maßgeblich ist danach zunächst **§ 416 ZPO**. Danach kann der Frachtbrief als Urkunde gegen denjenigen Beweis erbringen, von dem er unterschrieben ist. Ob die in frachtrechtlichen Bestimmungen statt der Unterschrift vorgesehene oder an ihrer Stelle zugelassene Faksimile-Stempelung oder der Firmeneindruck für § 416 ausreicht, ist zweifelhaft[43]. Es erscheint bedenklich, diesen Formen des Eindrucks eine weitgehende Beweiswirkung zuzulegen, weil in sehr vielen Fällen nicht nur der Eindruck, sondern auch die Einstempelung generell – nicht auf das Einzelgeschäft bezogen – organisiert wird. Nach richtiger Auffassung hängt die Wirkung des § 416 ZPO – getrennt betrachtet – gegen Absender oder Frachtführer davon ab, ob der Betreffende den Frachtbrief unterschrieben hat. Die Eintragungen im Frachtbrief sind zumindest Wissenserklärungen (Urkunden) mit Beweiswirkung nach § 416 ZPO. Der Beweis nach § 416 beschränkt sich jedoch darauf, daß die Erklärung vom Aussteller abgegeben ist. Die materielle Beweiswirkung hinsichtlich der Richtigkeit des Inhalts der Wissenserklärung steht jedoch unstr. unter dem Grundsatz der freien Beweiswürdigung (**§ 286 ZPO**). Die durch die Urkunde (als Quittung) geschaffene Vermutung läßt sich daher mit allen Beweismitteln widerlegen. Die für die Richtigkeit und Vollständigkeit von Vertragsurkunden sprechende allgemeine Vermutung[44] gilt sicherlich auch für die den Inhalt des Frachtvertrages beschreibenden Angaben; angesichts der Massenhaftigkeit und Routinemäßigkeit der Ausstellung von Frachtbriefen ist jedoch die Beweiswirkung eines Frachtbriefs vielfach nicht zu hoch anzusetzen.

30 In der Rechtsprechung und Literatur **wird die Beweiswirkung** der Vermerke des Frachtführers – um die es meist geht – im Frachtbrief und in anderen Papieren weitgehend dadurch **ausgehöhlt**, daß ihm die Möglichkeit des Nachweises der Unrichtigkeit durch prima facie-Beweise gewährt wird, durch welche die Überzeugung des Gerichts von der Richtigkeit der Frachtbriefeintragung erschüttert wird[45]. Gleiches gilt für die Beweiskraft zu Lasten des Absenders. Sollte sich dieser z. B. darauf berufen, es seien keine Güter übergeben worden, oder er sei überhaupt nicht der Absender, muß auch er die durch seine Unterschrift begründete Beweiswirkung des Frachtbriefes widerlegen. Die Widerlegung der Beweisvermutung beseitigt zwar die Beweiswirkung im Verhältnis zum Absender. Fraglich ist aber, ob der Empfänger oder eine dritte Person (etwa eine kreditgebende Bank) sich dies entgegenhalten lassen muß, wenn er im Vertrauen auf die

---

[42] So die der Bed. GüKUMT, Anh. IV nach § 452 (für Umzugsgut und neue Handelsmöbel); das BinSchG; die ADSp, Anh. I nach § 415; die AGNB, Anh. III/1 nach § 452; die Schwergutbedingungen, siehe Anh. III/3 nach § 452.

[43] So aber *Pelz* 89. Zur Frage der Erforderlichkeit der Unterschrift unklar *Baumbach/Hartmann* § 416 ZPO[51] Rdn. 3; ebenso unter Hinweis auf den kaum einschlägigen § 439 Abs. 2 ZPO *Zöller/Stephan* § 416 ZPO[16] Rdn. 1.

[44] *Koller*[2] Rdn. 3 unter Hinweis auf BGH vom 18. 12. 1979, NJW **1980** 1680.

[45] Grundsätzlich zur Quittung BGH vom 14. 4. 1978, WM **1978** 849 = BB **1978** 1232; zur KVO *Willenberg* KVO[4] Rdn. 51 mit zahlreichen Angaben; zu § 429 HGB OLG Frankfurt vom 13. 7. 1984, TranspR **1985** 92 f; in der Sache bedenklich LG Münster vom 27. 4. 1989, TranspR **1989** 272 f; zutreffend aber LG Krefeld vom 28. 6. 1989, TranspR **1990** 18 f (zur KVO). Zur CMR OLG Hamburg vom 21. 1. 1982, Spediteur **1983** H. 10, S. 21 = VersR **1982** 1009; zum Speditionsrecht LG Köln vom 23. 7. 1984, TranspR **1985** 69 f. Siehe auch § 16 KVO Rdn. 24 ff.

Richtigkeit ungesichert Kredit gewährt hat. Dies ist grundsätzlich zu verneinen. Etwa der Beweis, der Fahrer habe den Empfang zahlenmäßig quittiert, aber in Wahrheit keine Möglichkeit der Kontrolle gehabt, kann gegenüber dem durch die falsche Quittung Geschädigten dem Frachtführer keine Entlastung bringen; siehe § 16 KVO Rdn. 25.

Fehlt es an der Unterschrift, ist der Frachtbrief dennoch nicht ohne Beweiswert. **31** Läßt sich nämlich nachweisen, daß der Frachtbrief vom Absender dem Frachtführer übergeben worden ist, bildet dies ein **Indiz für die Richtigkeit** der in ihm enthaltenen Absenderangaben. Gleiches gilt für die unterschiedlichen Eintragungen, wenn der Frachtführer ihn angenommen hat; ferner für solche Einträge, die nachträglich in den Frachtbrief eingetragen worden sind.

b) Aufgrund frachtrechtlicher Sonderbestimmungen

Die frachtrechtlichen Sonderbestimmungen sehen meist vor, wofür der Frachtbrief **32** im einzelnen Beweis erbringt. Die strukturell einander ähnlichen Bestimmungen der KVO[46], der CMR[47] und außerhalb des Landfrachtrechts der EVO[48], Anh. I nach § 460, der ER/CIM[49] und des WA[50] bestimmen insbesondere, daß der Frachtbrief für den Abschluß des Frachtvertrages und für bestimmte in ihm eingetragene Tatsachen Beweis erbringt. Alle diese Beweise sind nach der Rechtsprechung widerleglich[51]. Für die Angaben über Maße (insbesondere Gewichte) und über Art, Beschaffenheit und Zustand des Gutes wird meist davon ausgegangen, daß diese Angaben nur verbindlich sind, wenn sie vom Frachtführer überprüft worden sind[52] oder wenigstens überprüft werden konnten[53]. In Art. 9 Abs. 2 CMR ist vorgesehen, daß die Beweiswirkung für solche Angaben entfällt, wenn der Frachtführer begründete Vorbehalte im Frachtbrief einträgt.

Hinsichtlich der **Widerlegung der sondergesetzlich vorgesehenen Beweise** gilt das **33** zum allgemeinen Beweisrecht in Rdn. 29 ff Ausgesagte.

2. Beweis für Abschluß und Inhalt des Frachtvertrages

Mangels gesetzlicher Regelung (siehe Rdn. 29) ergibt sich die Beweiswirkung, soweit **34** der Frachtbrief unterschrieben ist, aus allgemeinem Beweisrecht. Der Frachtbrief kann zunächst den Beweis für die Vertragsschlußerklärungen des Frachtführers und Absenders erleichtern. Er ist insoweit gegenüber dem, der ihn unterschrieben hat, Privaturkunde i. S. von § 416 ZPO. Im Falle faksimilierter Unterschrift, die nach § 426 Abs. 1 Nr. 9 ausreichend ist, hat der Frachtbrief nicht die Wirkung des § 416 ZPO[54], wirkt aber gleichwohl in der Regel als Indiz. Der durch den Frachtbrief erbrachte Beweis für den Abschluß des Frachtvertrages kann jederzeit durch anderweitigen Gegenbeweis widerlegt werden; siehe Rdn. 29.

---

[46] § 15 Abs. 3 KVO, Anh. II nach § 452.
[47] Art. 9 Abs. 1 und 2 CMR, Anh. VI nach § 452.
[48] § 61 Abs. 2, 3 EVO, Anh. I nach § 460. Wird bei der Geltendmachung von Schadensersatzrechten nicht der Originalfrachtbrief vorgelegt, hindert dies den Anspruchsberechtigten nicht, den Anspruch mit anderen Mitteln zu beweisen; BGH vom 4. 6. 1974, NJW **1976** 1746 f = BB **1976** 1050 = MDR **1976** 996.
[49] Art. 11 §§ 3, 4 ER/CIM 1980, Anh. II nach § 460.
[50] Art. 11 WA, Anh. VII/2 nach § 452.
[51] Siehe § 15 KVO, Anh. II nach § 452 Rdn. 18. Art. 9 Abs. 1 und 2 CMR sehen ausdrücklich die Beweiswirkung nur „bis zum Beweis des Gegenteils" vor. Siehe hinsichtlich zahlreicher Einzelheiten die deutsche und ausländische Rechtsprechung in den Erl. zu Art. 9 CMR, Anh. VI nach § 452.
[52] Ausdrücklich geregelt in § 61 Abs. 3 EVO und Art. 11 § 4 ER/CIM 1980 sowie für den Luftfrachtbrief in Art. 11 Abs. 2 WA.
[53] Zur KVO siehe dort § 16 KVO, Anh. II nach § 452 Rdn. 23 ff. Dazu krit. § 16 KVO, Anh. II nach § 452 Rdn. 25.
[54] Offenlassend BGH vom 15. 10. 1959, VersR **1959** 983, 984 (zur KVO).

§ 426   Drittes Buch. Handelsgeschäfte

35   **Frachtrechtliche Sonderbestimmungen** gehen auf die Beweiswirkung hinsichtlich des Abschlusses und Inhalts des Frachtvertrages näher ein. Insbesondere erbringt nach § 15 Abs. 3 KVO, Anh. II nach § 452 der angenommene (und damit vom Frachtführer akzeptierte) Frachtbrief widerlichlichen Beweis für den Abschluß des KVO-Frachtvertrages. Gleiches gilt nach Art. 9 Abs. 1 CMR, Anh. VI nach § 452 für den vom Absender und Frachtführer unterzeichneten Frachtbrief; auch diese Beweiswirkung ist kraft der ausdrücklichen Regelung in Art. 9 Abs. 1 widerleglich.

36   **Die sondergesetzlich geregelten Beweiswirkungen setzen grundsätzlich einen wirksamen Frachtbrief voraus.** Dieser muß den Mindestanforderungen entsprechen, insbesondere von Absender und Frachtführer wirksam unterzeichnet bzw. angenommen sein[55]. Fehlt eine der Unterzeichnungen oder die Annahme, können Beweiswirkungen noch zu Lasten dessen bestehen, der eine Tatsache mit seiner Unterzeichnung oder der Annahme des Papiers bestätigt hat. Jedoch kann die Beweiswirkung in solchen Fällen auch gänzlich aufgehoben sein[56]. Sie ist hinsichtlich der Eintragungen des KVO-Frachtführers nach Annahme des Frachtbriefs zweifelhaft, weil die in § 11 Abs. 1 f KVO vorgesehene Unterzeichnung oder Unterstempelung durch den Absender keine nachfolgende Eintragungen des Frachtführers deckt[57].

a) Beweis für Absendereigenschaft

37   Die Eintragung einer Person als Absender im Frachtbrief begründet zwar eine Vermutung, daß dieser Absender sei. Diese läßt sich aber durch andere Umstände widerlegen (Bestätigungsschreiben, Frachtzahlungen, Provisionsabreden)[58]. Ist etwa in einem CMR-Frachtbrief der Speditions-Versender angegeben, unterschreibt aber der tatsächlich absendende Spediteur in der dafür vorgesehenen Spalte ohne Vertretungszusatz, ist der Spediteur Absender[59]. In der älteren Rechtsprechung spielten Fragen der Vollmacht oder der Anfechtung bei der Absendereintragung eine erhebliche Rolle. Da sich die Eintragung aber lediglich als Begründung einer widerlichlichen Beweisvermutung darstellt, kommt diesen Gesichtspunkten keine Bedeutung zu.

b) Beweis für Abschluß durch den Frachtführer

38   Als Beweis für den Abschluß des Frachtvertrages durch den Frachtführer kann der Frachtbrief dienen, wenn er von diesem angenommen worden ist bzw. wenn dieser im Frachtbrief eingetragen ist[60]. Allerdings hängt die formale Beweiswirkung des § 416 ZPO hier von der Unterschrift des Frachtführers ab, die in der Regel nicht erteilt wird. Nach der jeweiligen frachtvertraglichen Sonderordnung (gesetzlicher oder formularvertraglicher Spezialregelung) kann der vom Frachtführer angenommene Frachtbrief auch ohne Unterschrift Beweis für den Abschluß des Frachtvertrages erbringen[61]. Dazu ist die

---

[55] Siehe Rdn. 3 ff, 11 ff, 23 ff.
[56] Siehe zu Art. 5 CMR, Anh. VI nach § 452.
[57] Siehe dazu und zu den verbleibenden Wirkungen § 5 KVO, Anh. II nach § 452 Rdn. 19.
[58] Siehe zur KVO BGH vom 15. 10. 1959, VersR **1959** 983, 984; vom 30. 1. 1964, VersR **1964** 479, 480; ferner § 3 KVO Rdn. 2.
[59] OLG Düsseldorf vom 23. 10. 1980, VersR **1981** 1081, 1082; ähnlich OLG Hamburg vom 19. 8. 1982, TranspR **1984** 99 f = VersR **1983** 453 f.
[60] Für den Luftfrachtbrief OLG Stuttgart vom 2. 4. 1979, VersR **1980** 183 (Spediteur als Luftfrachtführer). Zur Unterzeichnung eines Frachtbriefs mit dem Zusatz „pour X" siehe OLG Hamburg vom 6. 11. 1980, VersR **1982** 556 (LS). Siehe zum nicht unterschriebenen CMR-Frachtbrief KG vom 24. 11. 1975, VRS **51** 184 f.
[61] Regelmäßig als Beweis für Abschluß und Inhalt des Frachtvertrages bezeichnet: Art. 9 Abs. 1 CMR, Anh. VI nach § 452; § 61 Abs. 2 EVO, Anh. I nach § 460; Art. 11 § 3 ER/CIM 1980, Anh. II nach § 460; Art. 11 Abs. 1 WA, Anh. VII/2 nach § 452.

c) Beweis für die Empfängerstellung

Die im Frachtbrief im entsprechenden Feld eingetragene Person gilt (widerleglich) **39** auch als Empfänger[62]. Im Eisenbahnrecht ergibt sich nach der Rechtsprechung die Empfängerstellung ausschließlich aus dem Frachtbrief. Der Beweis für die Eintragung kann aber auch durch andere Beweismittel geführt werden, wenn die Urschrift des Frachtbriefs nicht vorgelegt werden kann[63]. Zur Beweiswirkung der Eintragung siehe Rdn. 29 ff.

d) Beweis für den Inhalt des Frachtvertrages

Auch für den Inhalt des Frachtvertrages (etwa hinsichtlich des Bestimmungsortes **40** (Ablieferungsortes), des Transportwegs und der Frachthöhe) erbringt der Frachtbrief im allgemeinen Beweis; siehe Rdn. 29 ff. Dieser ist ebenfalls widerleglich[64].

3. Beweis für die Übernahme des Gutes

Die Beweiswirkung des Frachtbriefs wird besonders wichtig im Falle des Verlustes **41** oder der Beschädigung von Gütern, da hier die Angaben über Art, Menge und Beschaffenheit, Zustand, Merkzeichen, Gewicht usw. für die Höhe des Schadensersatzes ausschlaggebend werden können. Ebenso können diese Einzelheiten Bedeutung erlangen, wenn dem Frachtführer oder einer anderen Person durch die Güter Schaden entsteht; auch auf die Frachtberechnung können sie Einfluß haben. Hierbei muß zwischen zwei Fragenkreisen unterschieden werden: Ob überhaupt das Frachtgut übernommen worden ist und inwieweit die im Frachtbrief enthaltenen Angaben über das Gut Beweis erbringen. Siehe zu letzteren Fragen unten Rdn. 46 ff; zu den Rechtsgrundlagen der Beweiswirkung Rdn. 29 ff.

Ob Frachtgut übernommen worden ist, kann in zwei Richtungen von Bedeutung **42** sein: Knüpfen sich an die Übernahme negative Folgen für den Absender (z. B. Haftung wegen Schädigung von Transportmitteln oder mitbefördertem Gut, siehe zum Überblick § 425 Rdn. 184 ff), wird sich der Frachtführer auf den Frachtbrief berufen. Häufiger ist der Fall von Ladungsschäden, für die der Frachtführer haftbar gemacht werden soll. Vor allem bei Verlust von Ladungsgütern wird sich der Absender auf den Frachtbrief als Beweis für die Übergabe des Gutes beziehen.

Wird – wie im Regelfall – der Frachtbrief vom Absender ausgefüllt und dem Frachtführer **43** zusammen mit dem Gut übergeben, so erbringt er widerleglichen Beweis **zu Lasten des Absenders**, daß dieser die Güter dem Frachtführer übergeben hat.

Andererseits wirken die Eintragungen des Absenders im Frachtbrief nicht ohne weiteres **44** **zu Lasten des Frachtführers**. Eine solche Beweiswirkung könnte sich allenfalls

---

[62] Siehe OLG Düsseldorf vom 22. 2. 1973, BB **1973** 819, 820 (Unterscheidung vom „Zufallsempfänger"); zum Luftfrachtbrief siehe OLG Hamburg vom 27. 3. 1980, VersR **1980** 1075.

[63] BGH vom 4. 6. 1976, NJW **1976** 966 f (zur EVO); siehe § 435 Rdn. 1.

[64] BGH vom 4. 6. 1976, NJW **1976** 966 f (zur EVO). Siehe zu einer Verabredung im KVO-Frachtvertrag, ob Absender (= Hauptfrachtführer) oder Empfänger dem Unterfrachtführer die Fracht zu zahlen hatte, eingehend BGH vom 23. 1. 1970, WM **1970** 692, 693 = NJW **1970** 604.

aus der Annahmeerklärung des Frachtführers auf dem Frachtbrief bzw. aus der unbeanstandeten Annahme des Frachtbriefs ergeben. Soweit der bloße Nachweis des Empfanges von Gütern überhaupt in Frage steht, wird man dies bejahen können. Hat der Frachtführer also den Frachtbrief angenommen, so kann er sich bis zum Beweis des Gegenteils nicht mit der Behauptung verteidigen, er habe überhaupt niemals Güter empfangen. Eine solche Beweiswirkung kann aus der Urkundenfunktion des Frachtbriefs abgeleitet werden. Da der Absender regelmäßig eine Ausfertigung des Frachtbriefs, zumeist mit Annahmevermerk, erhält (siehe Rdn. 62 ff), kommt dieser die Funktion einer Empfangsbescheinigung (Quittung) zu[65]. Einzelne frachtrechtliche Spezialregelungen sehen eine derartige Beweiswirkung ausdrücklich vor (Art. 9 Abs. 1 CMR; Art. 11 Abs. 1 WA). Allerdings ist diese Beweiswirkung für den Umfang der Haftung nur von praktischer Bedeutung, soweit sie sich (nach Maßgabe der speziellen Bestimmungen) auch auf Art, Menge und Eigenschaften des übernommenen Gutes erstreckt; dazu Rdn. 46. In der Rechtsprechung begegnen Fälle, in denen der Frachtführer (oder meistens für ihn ein Fahrer) den Empfang auf dem Frachtbrief bestätigt, sich aber später darauf beruft, der übernehmende Fahrer habe nicht geprüft, ob die Ladung überhaupt übernommen worden sei[66].

45 Nicht selten **werden Eintragungen** im Frachtbrief, die an sich Sache des Absenders wären, **vom Personal des Frachtführers**, meist aufgrund von Angaben des Absenders, **vorgenommen**. Durch seine Unterschrift oder die Übergabe des ausgefüllten Frachtbriefs billigt der Absender diese Eintragungen und muß ihre Richtigkeit bis zum Beweis des Gegenteils gegen sich gelten lassen[67]. Unter Umständen kommt jedoch eine Haftung des Frachtführers aus Verschulden bei Vertragsschluß oder aus einem besonderen Vorvertrag in Betracht, wenn sein Personal hierbei schuldhaft Fehler begangen hat[68].

4. Beweis für die Identität, Stückzahl, Menge, Art und Zustand der übernommenen Güter

46 Dieser wichtigste Teil der Beweiswirkung des Frachtbriefs ist nicht im gesamten Frachtrecht nach einheitlichen Grundsätzen zu beurteilen. Vielmehr muß in jedem Fall zunächst untersucht werden, ob die betreffenden Spezialregelungen eine besondere Beweislage vorsehen. Fehlen solche Regeln, so kann und muß auf generelle Grundsätze des allgemeinen Urkunden- und Beweisrechts zurückgegriffen werden.

a) Allgemeine frachtrechtliche Beweisregeln

47 Zu Lasten des Absenders, der den Frachtbrief ausgefüllt hat, wird man nach den oben Rdn. 29 ff, 41 ff entwickelten Grundsätzen auch hinsichtlich der einzelnen Angaben über das Gut eine widerlegliche Beweiswirkung annehmen dürfen[69]. Trägt der Absender Angaben ohne eigene Überprüfung ein (z. B. als absendender Spediteur[70]), so tut er dies auf eigenes Risiko. Entsteht ihm daraus Nachteil (z. B. durch Haftung für gefährliche Güter), so muß er den Ausgleich im Verhältnis zum Vormann suchen (z. B. zum Versender).

---

[65] Siehe dazu § 16 KVO Rdn. 24 f; ferner § 61 Abs. 4 EVO, Art. 11 § 5 ER/CIM 1980, Anh. II nach § 460.
[66] Siehe z. B. LG Münster vom 27. 4. 1989, TranspR **1989** 272 f; zur KVO § 16 Rdn. 24 ff.
[67] § 13 Abs. 2 KVO, Anh. II nach § 452, siehe dort Rdn. 7 ff; Art. 7 Abs. 2 CMR und die dortigen Erl.; § 57 Abs. 2 EVO, Anh. I nach § 460.
[68] BGH vom 22. 1. 1971, BGHZ **55** 217, 221; *Willenberg*[4] § 13 KVO Rdn. 15 ff; *Muth/Andresen/Pollnow* § 13 KVO Anm. 3; *Goltermann/Konow* § 57 EVO Anm 2 b cc (S. 6).
[69] Siehe z. B. OLG Hamburg vom 14. 7. 1967, VersR **1967** 1047 f.
[70] Zur Haftung des Spediteurs siehe § 5 b ADSp, Anh. I zu § 415 Rdn. 6 ff; § 7 ADSp Rdn. 2 f.

Zu Lasten des Frachtführers können die einzelnen Angaben des Absenders im Frachtbrief nur wirken, wenn der Frachtbrief mindestens angenommen ist. Eine unbeschränkte Beweiswirkung der Angaben über das Gut wäre jedoch auch in diesem Fall zu weitgehend, weil der Frachtführer – wenn überhaupt – meist nur eingeschränkte Möglichkeiten zur Überprüfung dieser Angaben hat. Insbesondere bei verpackten Gütern und bei Ladungen in verschlossenen Behältern ist eine Untersuchung letztlich ausgeschlossen. Eine Beweiskraft des angenommenen Frachtbriefs für Angaben über die Güter kann bejaht werden, soweit ausdrückliche Spezialvorschriften sie vorsehen, sonst dagegen nur, soweit der Frachtführer die Angaben im Frachtbrief bei Übernahme des Guts geprüft hat oder hätte prüfen müssen[71].

Die vom Frachtführer nicht überprüfte Frachtbriefeintragung über Art, Menge, Beschaffenheit, Zustand der Güter genügt nicht als Beweis, sondern muß durch eine Überprüfungsobliegenheit des Frachtführers ergänzt werden. Dieses Erfordernis bedeutet, daß die vom Absender eingetragenen und nicht vom Frachtführer überprüften Annahmen nur dann Beweis erbringen, wenn der Frachtführer sie entweder überprüft hat, ohne Mängelfeststellungen einzutragen, oder wenn ihn eine Obliegenheit zur Überprüfung traf. Inwieweit es sich dabei um erzwingbare Schuldnerpflichten handelt, aus deren Versäumung Schadensersatzansprüche des Absenders oder Empfängers hergeleitet werden können, ist umstritten und kann auch nicht generell beantwortet werden. In jedem Fall muß aber der Frachtführer den Beweisnachteil tragen[72], wenn er die gebotene Überprüfung nicht vornimmt.

Die sachlich unbestrittene **Beweisregelung**, die zusätzlich zu den Angaben im Frachtbrief eine Überprüfungspflicht des Frachtführers erfordert, kann nicht aus Urkundenrecht abgeleitet werden, sondern **ergibt sich aus einem allgemeinen Grundsatz des Frachtrechts**, der sich aus dem Gesichtspunkt einer **sinnvollen Aufgaben- und Risikoverteilung** entwickelt hat und der überall da Geltung beanspruchen kann, wo keine speziellere Regelung besteht. Eine Überprüfungsobliegenheit oder -pflicht kann spezialgesetzlich geregelt sein[73]. Fehlt es daran, ist eine vertragliche Festlegung möglich. Im übrigen, insbesondere, soweit nur Landfrachtrecht des HGB Anwendung findet, oder die betreffende Regelung keine ausreichenden Aussagen enthält, ist die aus den Umständen der Beförderung zu ermittelnde Zumutbarkeit der Überprüfung entscheidend. Bei verpackten und selbstverladenen, ganz besonders aber bei zollverplombten Gütern liegt eine Öffnung zum Zweck der Überprüfung regelmäßig auch nicht im Interesse des Absenders. Schon die Öffnung für Stichproben kann bereits zu großen Schäden am Gut und zu Verzögerungen und zusätzlichen Kosten der Zollbehandlung führen. Andererseits kann bei aufeinanderfolgenden Beförderungen die Nichtüberprüfung des Gutes durch den nachfolgenden Frachtführer zum Verlust der Ansprüche gegen den Vorgänger mangels Schadensreklamation führen[74].

---

[71] Siehe zu dieser Poblematik Rdn. 49 ff und eingehend § 16 KVO, Anh. II nach § 452 Rdn. 24 ff; allgemein zum Landfrachtrecht *Rundnagel* Ehrenbergs Handbuch, S. 121; *Baumbach/Duden/Hopt*[28] § 426 Rdn. 1; zur CMR siehe Art. 8 und 9.

[72] Zu dieser Frage § 16 KVO, Anh. II nach § 452 Rdn. 2; ferner (auch zu ausländischen Rechten) die Kommentierung zu Art. 8 und 9 CMR, Anh. VI nach § 452.

[73] Zu dieser Überprüfungspflicht § 16 KVO und Art. 8 CMR sowie die dortige Kommentierung. Die Bed. GüKUMT enthalten keine diesbezüglichen Spezialnormen, ebensowenig die AGNB und die ADSp.

[74] Siehe zum Überblick § 438 Rdn. 1 ff; zu den ungelösten Problemen bei multimodalen Transporten Anh. V nach § 452 Rdn. 42.

51 **Container-Beförderungsbedingungen** sehen meist strikte Beweiswirkung der Angaben zu Lasten des Absenders, aber keinerlei Beweiskraft zu seinen Gunsten vor. Dies ist beim Container-Transport nicht unangemessen, da der Container (im Regelfall) vom Beförderer im beladenem Zustand übernommen wird und eine Überprüfung des Inhalts nicht üblich und auch von Seiten des Absenders nicht erwünscht ist.

b) Spezialregelungen

52 Das **Eisenbahnrecht** enthält den allgemeinen Grundsätzen ähnliche, aber in Einzelheiten abweichende Regelungen. Hinsichtlich der Angaben über Gewicht und Stückzahl erbringt der Frachtbrief gegen die Eisenbahn Beweis bei Gütern, die von ihr verladen werden, auch wenn die Eisenbahn die Angaben nicht überprüft hat. Bei vom Absender selbst verladenen Gütern erbringen deren Angaben im Frachtbrief keinen Beweis gegen die Eisenbahn, auch wenn diese zur Überprüfung verpflichtet war. Hat jedoch die Eisenbahn in diesem Fall das Gewicht und die Stückzahl festgestellt und dies im Frachtbrief vermerkt, so erbringt dieser Vermerk Beweis[75].

53 Im **Luftfrachtrecht** trifft Art. 11 Abs. 2 WA eine nach der Art der Eintragungen differenzierte Regelung. Die Angaben des Absenders im Luftfrachtbrief über Maße, Verpackung und Anzahl der Frachtstücke sowie über den äußerlich erkennbaren Zustand des Gutes gelten widerlegbar als richtig. Die Angaben über Menge, Raumgehalt und Zustand des Gutes erbringen gegenüber dem Luftfrachtführer nur insoweit Beweis, als dieser sie in Gegenwart des Absenders nachgeprüft hat und dies auch im Frachtbrief vermerkt ist.

54 Im **Binnenschiffahrtsrecht** bedingen die Verlade- und Transportbedingungen regelmäßig jede Verbindlichkeit der Angaben über das Frachtgut im Frachtbrief oder Ladeschein ab.

55 Die **CMR** löst das Problem angemessener und praktikabler durch die Möglichkeit des Frachtführers, bei Nichtüberprüfung beweisverhindernde Vorbehalte im Frachtbrief einzutragen; siehe Rdn. 58.

c) Der Einfluß von Vermerken des Frachtführers auf die Beweiswirkung des Frachtbriefs

56 Das HGB-Landfrachtrecht enthält keine Vorschriften über Frachtführervermerke im Frachtbrief. Nach Sonderbestimmungen des Kraftverkehrs-, Eisenbahn- und Luftfrachtrechts kann jedoch der Frachtführer durch Eintragung bestimmter Vermerke die Beweiswirkung für Frachtbriefangaben über die Güter einschränken. Ebenso kann die Eintragung von Vermerken des Frachtführers über die Feststellung von Identität, Stückzahl oder Gewicht des Frachtguts Beweis zu seinen Lasten erbringen.

aa) Feststellungsvermerke

57 Stellt der Frachtführer bei Prüfung des Gutes Abweichungen von den Angaben im Frachtbrief fest, so kann er diese seinerseits im Frachtbrief vermerken[76]. Solche Vermerke erbringen stets Beweis gegen den Frachtführer; siehe Rdn. 29. Zu Lasten des

---

[75] Zur Prüfungspflicht der Eisenbahn siehe § 58 EVO, Anh. I nach § 460; Art. 21, 22 ER/CIM 1980, Anh. II nach § 460; zur Beweiswirkung der Angaben § 61 Abs. 3 *Goltermann/Konow* § 61 EVO Rdn. 3. Für den Zustand der Verpackung siehe § 62 Abs. 3 EVO.

[76] Für die Güterfernbeförderung siehe § 16 KVO sowie dort Rdn. 7, 20 ff. Für den internationalen Straßenverkehr Art. 8 Abs. 1 b, Abs. 2 S. 2, 3, Abs. 3; Art. 9 Abs. 2 CMR; im Luftrecht Art. 3 Abs. 2 ABB-Fracht; siehe auch Art. 11 WA.

Ladungsberechtigten (Absenders, Empfängers) ist eine volle Beweiswirkung nur anzunehmen, wenn dieser die Richtigkeit der Feststellung auf dem Frachtbrief bescheinigt. Ist der Absender oder Empfänger[77] bei der Feststellung der Identität, Menge oder Eigenschaft des Frachtguts anwesend und rügt er die Eintragungen des Frachtführers im Frachtbrief nicht, so wird prima facie die Richtigkeit der Eintragungen des Frachtführers anzunehmen sein. Eine Bestätigung des Absenders über die Richtigkeit der Überprüfung des Frachtguts erbringt vollen Beweis für die Richtigkeit dieser Feststellung; siehe im einzelnen § 16 KVO Rdn. 24. Die **Eisenbahn und der KVO-Frachtführer können** ferner vom Absender die **Eintragung von Mängelvermerken im Frachtbrief verlangen**, wenn Verpackungsmängel oder äußere Beschädigungen des eingelieferten Gutes vorliegen[78]. Verweigert der Absender diese Eintragungen, so können Bahn oder KVO-Frachtführer die Beförderung verweigern. Die betreffenden Vermerke schließen die Beweiswirkung des Frachtbriefs aus. Mängelvermerke eines Unterfrachtführers, die nachträglich auf dem Frachtbrief angebracht werden, sind dem Empfänger gegenüber wirkungslos, können aber im Verhältnis Hauptfrachtführer – Unterfrachtführer Bedeutung gewinnen.

bb) Unbekannt-Vermerke

58 Im internationalen Straßentransportrecht haben Eintragungen im Frachtbrief über Anzahl, Zeichen und Nummern der Frachtstücke (Art. 8 Abs. 1 a CMR) auch dann Beweiskraft, wenn sie vom Frachtführer nicht nachgeprüft sind (Art. 9 Abs. 2 CMR). Diese Beweiskraft kann der Frachtführer durch die Eintragung eines mit Gründen versehenen Vorbehaltes ausschließen, wenn ihm keine ausreichenden Mittel zur Prüfung der Angaben zur Verfügung stehen. Hinsichtlich des Inhalts der Sendung werden bei Überprüfung Nichtübereinstimmungen mit den Absenderangaben auf dem Frachtbrief eingetragen und zerstören damit ebenfalls die Beweiswirkung des Frachtbriefs. Die KVO sieht einen derartigen Unbekannt-Vermerk an sich nicht vor; es ist jedoch unstreitig, daß er dann zulässig ist, wenn bei Stückgütern die Prüfung von Gewicht und Stückzahl dem Frachtführer nicht möglich ist. Auch in diesem Fall entfällt dann die Beweiskraft der Absenderangaben im Frachtbrief[79].

III. Weitere Funktionen des Frachtbriefs

1. Der Frachtbrief als Träger von Spezialabreden, Absenderanweisungen und -mitteilungen

59 Da der Frachtbrief das Frachtgut auf seiner Reise begleitet, eignet er sich dafür, jedem am Transport Beteiligten jederzeit Auskunft über die Einzelheiten der Beförderung zu geben. Er dient daher u. a. dazu, Sonderabreden, Absenderanweisungen wie Nachnahmen[80] und Absendermitteilungen aufzunehmen. Diese Funktion wird bei Bestimmungen über die freiwilligen Angaben im Frachtbrief deutlich[81]. In vielen Fällen sind Nebenabreden, Weisungen oder Angaben für den Beförderer nur verbindlich, wenn sie im

---

[77] Unzureichend ist jedenfalls die Bestätigung durch eine vom Empfänger nicht bevollmächtigte Person; OLG Köln vom 5. 2. 1981, AZ 12 U 157/80 (unveröff.).
[78] § 62 Abs. 2 S. 1 und Abs. 4 EVO; Art. 19 § 1 und 3 ER/CIM 1980, Anh. II nach § 460; § 18 Abs. 2, 4 KVO; dort Rdn. 15 ff, 24.
[79] Siehe § 16 KVO, Anh. II nach § 452 Rdn. 22, 31, 33.
[80] Siehe dazu § 11 KVO Rdn. 13, 32; Art. 6 Abs. 2 c CMR und dazu BGH vom 10. 2. 1982, BGHZ **83** 96, 100 = TranspR **1982** 74 f. *Pelz* 134 ff.
[81] Siehe hierzu § 11 Abs. 2 KVO; Art. 6 Abs. 2 CMR; § 19 Abs. 2 GüKUMT; § 56 Abs. 2 EVO; Art. 6 §§ 7, 9 CIM; für das Luftrecht Art. 8 WA und Art. 3 ABB-Fracht.

§ 426   Drittes Buch. Handelsgeschäfte

Frachtbrief eingetragen sind. Wertdeklarationen oder Angaben eines Lieferinteresses[82] beruhen regelmäßig auf entsprechenden Eintragungen im Frachtbrief.

2. Bedeutung des Frachtbriefs für den Unterfrachtvertrag

60 Die Übergabe des durchgehenden Frachtbriefs ist Voraussetzung für den Eintritt des Unterfrachtführers in den Unterfrachtvertrag; § 432 Abs. 2; Art. 34 ff CMR, Anh. VI nach § 452. Ohne dieses Merkmal ist das besondere Haftungs- und Regreßsystem der Samtfrachtführer nicht anwendbar.

3. Der Frachtbrief als Grundlage der Frachtberechnung und der Kostentragung

61 Der Frachtbrief ist, soweit eine Frachtzahlungspflicht des Empfängers besteht, für deren Höhe maßgeblich[83]. Solange noch öffentlichrechtliches (meist zwingendes) Tarifrecht besteht, ist dagegen die Frachtberechnung selbst regelmäßig vom wirklich beförderten Frachtgut, nicht von den Angaben im Frachtbrief abhängig. Da der Frachtbrief unter bestimmten Voraussetzungen Beweis für das verladene Gut erbringen kann (siehe Rdn. 46 ff), sind mangels Gegenbeweis die in ihm enthaltenen Angaben mittelbar auch für die Frachtberechnung maßgebend. Die im Frachtbrief enthaltene Kostenzahlungsangabe begründet nur unter den Voraussetzungen des § 436 eine Zahlungspflicht[84]. Voraussetzungen und Beträge einer Nachnahme sind ebenfalls vielfach vom Frachtbrief abhängig; siehe Rdn. 59.

4. Der Frachtbrief als Zahlungssicherung und als verfügungshinderndes Papier (Sperrpapier)

62 In allen Teilgebieten des Frachtrechts, in denen Frachtbriefe ausgestellt werden, wird eine bestimmte Ausfertigung dem Absender ausgehändigt. In der KVO ist diese als „Durchschrift für den Empfänger" bezeichnet (§ 10 Abs. 2 S. 2 KVO); in der CMR heißt sie „1. Ausfertigung" (Art. 5 Abs. 1 S. 3 CMR); in § 19 Abs. 4 GüKUMT „Durchschrift"; im Eisenbahnrecht als „Frachtbriefdoppel" bezeichnet (§ 56 Abs. 11 EVO; Art. 11 § 5, 12 § 2 ER/CIM 1980); im Luftrecht schließlich als „drittes Stück" (Art. 6 Abs. 2 S. 3 WA), in der Literatur üblicherweise als „Luftfrachtbriefdritt"[85].

63 Diese Ausfertigungen haben zunächst die **Funktion, dem Absender den Nachweis für den Abschluß des Frachtvertrages und die Übergabe der Güter zu erleichtern**. Hierfür kommt die erste Ausfertigung des Frachtbriefs nicht in Betracht, weil sie das Frachtgut auf der Reise zu begleiten hat. Die Absenderausfertigungen sind in keinem der Bereiche als begebbare Papiere (wie Konnossement, Ladeschein) ausgestattet. Vielmehr steht der Auslieferungsanspruch nicht ihrem Inhaber, sondern grundsätzlich dem im Frachtbrief bezeichneten Empfänger zu.

64 Die Absenderausfertigung des Frachtbriefs gewinnt aber in den meisten Sparten des Frachtrechts – nicht jedoch im innerdeutschen Straßenbeförderungsrecht – eine gewisse Bedeutung, sobald der Absender nachträglich seine während des Transports noch bestehende Herrschaft über das Frachtgut ausüben will. Die **Geltendmachung der frachtrechtlichen Verfügungsrechte** des Absenders (z. B. Anhaltung, Rückbeförderung,

---

[82] Siehe dazu § 429 Rdn. 127.
[83] Siehe § 436 und die dortige Kommentierung; § 25 Abs. 2 S. 3 KVO; Art. 13 Abs. 2 CMR; § 75 Abs. 2 EVO; Art. 16 § 1 Abs. 2 und 17 Abs. 4 S. 1 CIM; § 9 Abs. 3 S. 2 Transfracht-Geschäftsbedingungen.
[84] Siehe *Pelz* 49 f; § 436 Rdn. 18 ff.
[85] Siehe statt vieler *Ruhwedel*[2] 93; ders. TranspR **1983** 1, 5.

Auslieferung an eine andere als die im Frachtbrief genannte Person (siehe dazu im einzelnen § 433 Rdn. 9 ff) ist nämlich regelmäßig von der Vorlage der Absenderausfertigung abhängig[86].

Mit der Übergabe der Ausfertigung an eine andere Person (Empfänger, zur Zahlung des Kaufpreises angewiesene Bank) **begibt sich daher der Absender seiner Möglichkeit, noch in den Transportablauf einzugreifen.** Somit kann sich der Empfänger, sobald er die Absenderausfertigung in Händen hat, darauf verlassen, daß die Ware – vorbehaltlich der möglichen Transportschäden – an ihn abgeliefert wird. Hieraus rechtfertigt sich die Bezeichnung als **„Sperrpapier"**, denn die Weggabe der Empfängerausfertigung sperrt die Möglichkeit des Absenders zu weiteren Verfügungen[87]. Da der Inhaber des Sperrpapiers, wenn er auch als Empfänger benannt ist, eine praktisch unentziehbare Anwartschaft auf Auslieferung des Gutes hat, kann die Empfängerausfertigung im Rahmen von Dokumentenklauseln als andienungsfähig anerkannt werden. Enthält die Absenderausfertigung des Frachtbriefs ein Empfangsbekenntnis des Frachtführers, obwohl dieser das Gut nicht erhalten hat, so haftet der Frachtführer dem geschädigten Dritten, insbesondere im Falle der Zahlung aufgrund eines Dokumentenakkreditivs[88]. Die internationalen „Einheitlichen Richtlinien und Gebräuche für Dokumentenakkreditive (ERA)"[89] erkennen in Art. 25 Frachtbriefe wohl als andienungsfähige Dokumente an, ohne die Sperrfunktion vorauszusetzen[90]. Die Sicherungswirkung von Frachtpapieren, die keine Konnossemente sind, wird aber als schwach angesehen[91]. Immerhin kann die Vorlage des Frachtbriefs, wenn er im Akkreditiv als Dokument vorgeschrieben ist oder im Rahmen der Klausel „Kasse gegen Dokumente" vorgelegt wird, beträchtliche kaufrechtliche Wirkungen hervorrufen. Vor allem wegen der Pflicht zur Zahlung ohne vorherige Untersuchung der Ware[92] ist die genaue Warenbeschreibung einschließlich der Mängelvermerke von größter Bedeutung.

65

Im innerdeutschen Straßenfrachtrecht hat die Absenderausfertigung des Frachtbriefs keine verfügungssperrende Funktion. Nach §§ 27 KVO, 5 BefBMö sind Absenderverfügungen bis zur Ankunft des Guts am Bestimmungsort jederzeit möglich und nicht von der Vorlage der Absenderausfertigung abhängig. Der Sicherungswert der KVO- und BefBMö-Frachtbriefe ist daher nur gering. Wegen der kurzen Dauer innerdeutscher KFZ-Transporte dürfte diese Frage jedoch praktisch keine Rolle spielen.

66

---

[86] Art. 12 Abs. 5 a CMR; Art. 12 Abs. 3 WA; Art. 7 Abs. 1 S. 2 ABB-Fracht; § 72 Abs. 7 EVO; Art. 30 §§ 2, 3 ER/CIM.

[87] Siehe *Lenz* Rdn. 218, 985; *Zöllner* Wertpapierrecht[14] § 25 IV 6; *Pelz* 34 ff; österr. ObGH vom 21. 5. 1980, SZ **53** Nr. 80, S. 352, 355 = Verkehr **1981** 1388. Zur Sperrfunktion der Spediteur-Übernahme-Bescheinigung (FCR) OLG Zweibrücken vom 17. 11. 1986, VersR **1987** 376.

[88] Siehe §§ 407–409 Rdn. 137; § 415 Anh. IV Rdn. 5, 9; OLG Hamburg vom 25. 7. 1985, TranspR **1986** 159 ff; dazu zum Luftfrachtbrief eingehend BGH vom 19. 3. 1976, WM **1976** 566 ff.

[89] Revidierte Fassung von 1983, ICC Publikation Nr. 400. Text und Hinweise in: Documentary Credits, UCP 1974/1983 Revisions compared and explained, ICC (Paris 1984). Siehe zu den künftigen ERA UCP 500 eingehend *Nielsen*, WM Sonderbeilage zu Heft **3/1993**.

[90] Immerhin wird in Buchst. a iii die Aushändigung des vollen Satzes der an den Absender ausgestellten Dokumente als akkreditivfähig angesehen – bei den rechtlich normierten Sperrpapieren ist dies nur je ein Exemplar.

[91] *Zahn/Everding/Ehrlich* Zahlung und Zahlungssicherung im Außenhandel[6] (1986) Rdn. 2/403. Siehe auch den Fall der unklaren Zahlungsklausel: „50 % nach Vorlage des reingezeichneten CMR-Originalfrachtbriefs"; OLG München vom 29. 1. 1986, TranspR **1986** 59 = VersR **1986** 881. Zum Luftfrachtbrief als Dokument im Akkreditiv siehe auch OLG Frankfurt vom 25. 3. 1986, RIW **1986** 905, 908; zur Haftung des Spediteurs, der einen Luftfrachtbrief mit dem Vermerk „Auslieferung gegen Zahlung" ausstellt und das Gut dennoch unbezahlt ausliefert Cour de Cassation Paris vom 8. 1. 1985, ETR **1985** 305 ff.

[92] BGH vom 21. 1. 1987, WM **1987** 305 ff = ZIP **1987** 719 ff.

Allenfalls ist in diesen Fällen die Ausstellung einer Spediteur-Übernahmebescheinigung (FCR) möglich[93].

67 Die **Sperrwirkung** der Absenderausfertigung **erstreckt sich** nicht nur auf die Sicherung des Auslieferungsanspruchs, sondern **auch auf die Ersatzansprüche gegen den Frachtführer** wegen Ladungsschäden, die praktisch an die Stelle der Auslieferungsansprüche treten. Zur Geltendmachung dieser Ansprüche ist teilweise die Vorlage des Frachtbriefs bzw. der Absenderausfertigung vorgeschrieben. Nach § 95 Abs. 2 EVO, Art. 43 § 3 CIM hat der Absender das Frachtbriefdoppel, der Empfänger den Frachtbrief vorzulegen, wenn er ihn bereits erhalten hat. Nach § 37 KVO ist ebenfalls bei der Geltendmachung der Ersatzansprüche die Vorlage des Frachtbriefs vorgeschrieben. Es gelten aber Ausnahmen, wenn der Empfänger zustimmt oder die Annahme verweigert hat. Außerdem kann bei Verlust des Frachtbriefs der Beweis für die schadensersatzbegründenden Tatsachen auch in anderer Weise geführt werden.

68 Die **Sperrwirkung** der Absenderausfertigung des Frachtbriefs **ist nicht undurchbrechbar**. Vielmehr kann die Berechtigung auch in anderer Weise als durch den Frachtbrief nachgewiesen werden. Hierzu bedarf es keines wertpapierrechtlichen Aufgebotsverfahrens, sondern nur eines anderweitigen Berechtigungsnachweises. Regelmäßig wird jedoch der Absender, wenn er seine Ausfertigung des Frachtbriefs nicht vorlegen kann, die Ablieferung an den betreffenden Empfänger schon aus zeitlichen Gründen nicht mehr verhindern können. Insbesondere ist ihm auch eine Anhaltung des Frachtguts nur bei Berechtigungsnachweis möglich. Die Behandlung der Absenderausfertigung des Frachtbriefs als andienungsfähiges Papier in den ERA beweist, daß diese Sicherung für die Praxis ausreichend ist; siehe Rdn. 65.

5. Frachtbrief und Entstehung der Empfängerrechte und -pflichten

69 Siehe zur Übergabe des Frachtbriefs als Voraussetzung der Entstehung der Empfängerrechte §§ 433 Rdn. 34; 435 Rdn. 1; zur Bedeutung des Frachtbriefs für die Verpflichtungen des Empfängers § 436 Rdn. 5, 20.

6. Öffentlich-rechtliche Funktionen des Frachtbriefs

70 Im deutschen Güterkraftverkehrsrecht dient bisher der Frachtbrief auch als Unterlage der Tarifüberwachung. § 28 Abs. 1 GüKG sieht daher eine unter der Sanktion des Ordnungswidrigkeitsverfahrens (§ 99 Abs. 1 Nr. 5 GüKG) stehende Pflicht des Güterfernverkehrsunternehmers zur ordnungsgemäßen Ausstellung der Beförderungs- und Begleitpapiere vor, die allerdings den Frachtbrief nicht erwähnen und daher in ihrer Wirkung zweifelhaft sind[94]. Dementsprechend enthalten die betreffenden Frachtbriefformulare Kopien, die für die Tarifüberwachung bestimmt sind. Diese Funktionen des Frachtbriefs berühren die privatrechtlich-vertraglichen Rechtsbeziehungen zwischen den am Frachtvertrag Beteiligten nicht. Der Absender ist jedoch öffentlich-rechtlich für die Richtigkeit und Vollständigkeit der Angaben in den Frachtpapieren verantwortlich (§ 30 GüKG) und kann hierfür nach § 99 Nr. 4 a) b) mit einer Ordnungsstrafe bis zu 5000 DM belegt werden. Ferner kann die nicht ordnungsgemäße Ausfüllung des Frachtbriefs zur Verwirklichung von Frachtzuschlägen führen[95]. Am 1. 1. 1994[96] entfallen mit

---

[93] Siehe dazu § 415 Anh. IV Rdn. 5 und oben Rdn. 5; zur Aufstellung einer „reinen" Spediteurübernahmebescheinigung durch den CMR-Frachtführer als anzudienendes Dokument: OLG Düsseldorf vom 6. 9. 1973, VersR **1975** 232 f.

[94] Siehe *Hein/Eichhoff u. a.* § 28 GüKG Anm. 3.
[95] Siehe im einzelnen auch die Literatur zum GüKG, Anh. I nach § 452.
[96] Inkrafttreten des Tarifaufhebungsgesetzes, siehe vor 1 GüKG, Anh. I nach § 452 Rdn. 1 ff.

7. Bedeutung des Frachtbriefs für die Eigentumslage

Dient der Frachtvertrag der Erfüllung von Lieferpflichten des Absenders, so kann **71** der Frachtführer im Übereignungsgeschäft eine Rolle spielen, z. B. als Vertreter und Besitzmittler des Verkäufers oder Käufers auftreten. Neben anderen Indizien zur Ermittlung des Übereignungswillens des Verkäufers können auch Eintragungen im Frachtbrief bedeutsam sein[97].

C. Rechtsnatur des Frachtbriefs

Nach den oben beschriebenen Funktionen ist der Frachtbrief in erster Linie eine **72** Beweisurkunde mit vielfältiger, differenzierter Beweiswirkung. Ob er Wertpapier im definierten Sinn ist, läßt sich anhand der verwirrenden neueren Varianten der Wertpapierdefinitionen nicht klar entscheiden[98]. Er ist jedenfalls weder Inhaberverpflichtungszeichen, noch Legitimationspapier, noch Traditionspapier[99]. Die Ausübung der Absenderrechte ist nur formal an die Vorlage der Absenderausfertigung gebunden. Die Tatsache, daß ein anderweitiger Nachweis der Berechtigung ohne wertpapierrechtliches Aufgebotsverfahren die Absenderausfertigung ersetzen kann, beweist, daß es sich jedenfalls nicht um eine echte Verbriefung handelt. Im übrigen enden die Absenderrechte ohnehin spätestens mit der Ablieferung an den Empfänger, vielfach bereits mit der Ankunft am Bestimmungsort oder mit der Aushändigung des Frachtbrieforiginals an den Empfänger; siehe § 435 Rdn. 22 ff.

D. Die Regelung des § 426 im speziellen

§ 426 ist durch Spezialregelungen ähnlichen Inhalts praktisch weitgehend verdrängt. **73** Siehe oben Rdn. 1. Die Vorschrift bleibt jedoch überall anwendbar, wo es an Sonderbestimmungen fehlt und kann daher nicht als gänzlich bedeutungslos betrachtet werden.

I. Anspruch des Frachtführers auf Ausstellung eines Frachtbriefs (§ 426 Abs. 1)

1. Grundsätzliches

Zwischen der Ausstellung des Frachtbriefs durch den Absender und der Annahme **74** durch den Frachtführer muß unterschieden werden. An die Ausstellung knüpfen sich vor allem Beweis- und Haftungswirkungen zu Lasten des Absenders, an die Annahme solche zu Lasten des Frachtführers (siehe Rdn. 29 ff). Ferner kann nach bestimmten Spezialregelungen der Absender einen Anspruch gegen den Frachtführer auf Erteilung einer besonderen Ausfertigung haben (siehe Rdn. 62 ff). Der Anspruch auf Ausstellung eines

---

[97] Siehe hierzu BGH vom 18. 6. 1968, NJW **1968** 1929, 1932.
[98] Vgl. *Baumbach/Hefermehl* Wechsel- und Scheckrecht[17] (1991) WPR 10 f (kein Wertpapier); *Zöllner* Wertpapierrecht[14] § 3; *Richardi* Wertpapierrecht (1987) § 3; *Hueck/Canaris* Recht der Wertpapiere[12] § 1. Sperrpapiere wären nach neueren weiten Definitionen wohl Wertpapiere, weil ohne sie das frachtrechtliche Verfügungsrecht nicht geltend gemacht werden kann; aus der Sicht des englischen Rechts zum CMR-Frachtbrief verneinend: *Hill* ETR **1976** 188 f.
[99] BGH vom 4. 6. 1974, NJW **1976** 1746 f = BB **1976** 1050 = MDR **1976** 996. Zu Ladeschein und Traditionswirkung siehe § 450 Rdn. 2 ff; *Pelz* 36.

Frachtbriefs beruht auf dem schon abgeschlossenen Frachtvertrag. Er ist, da der Frachtvertrag grundsätzlich Konsensualvertrag ist (siehe § 15 KVO, Anh. II nach § 452 Rdn. 8 ff), zwar einklagbar. In der Praxis ist er aber allenfalls von mittelbarer Bedeutung. Die Verpflichtung des Absenders zur Ausstellung des Frachtbriefs gewinnt vor allem praktische Bedeutung, wenn sie verspätet oder unsorgfältig erfüllt wird. Es kann im Einzelfall durchaus ein Interesse des Frachtführers auf Ausstellung des Frachtbriefs bejaht werden, besonders, wenn er das Gut bereits übernommen hat[100].

2. Der Anspruch auf Ausstellung des Frachtbriefs nach Spezialregelungen des Frachtrechts

75 § 426 Abs. 1 ist im Landfrachtrecht teilweise durch Sonderbestimmungen verdrängt. Nach der KVO ist die Ausstellung wie im Eisenbahnrecht aus Verwaltungs- und Tarifgründen auch privatrechtlich verbindlich vorgeschrieben (§ 10 Abs. 1 KVO). Das gleiche gilt für die Beförderung von Handelsmöbeln im Fernverkehr mit Spezial-Möbelwagen; § 19 GüKUMT, Anh. IV nach § 452. Für die Beförderung von Umzugsgut ist in § 16 Abs. 2–4 GüKUMT ein Frachtbrief unter dem abweichenden Namen „Umzugsvertrag" vorgeschrieben; siehe dort. In der CMR ist die Ausstellung des Frachtbriefs als eine gemeinsame Angelegenheit der Parteien behandelt (Art. 5 Abs. 1), wobei offenbar jede Partei gegen die andere einen Anspruch auf Mitwirkung hat (arg. e. Art. 5 § 2 CMR). Im Güternahverkehr fehlt es in AGNB und ADSp an entsprechenden Bestimmungen. Somit gilt hier (wie im Binnenschiffahrtsrecht gem. § 26 BinSchG) noch § 426 Abs. 1, soweit es ausnahmsweise zur Ausstellung eines Frachtbriefs kommt[101].

76 **Auf die Ausstellung des Frachtbriefs kann der Frachtführer nach HGB-Recht verzichten.** Für den Güternahverkehr ist dies wohl auch üblich. Die AGNB sehen dementsprechend keinen Frachtbrief vor. Auch die ADSp enthalten keine Regelung. Nach der KVO und dem Eisenbahnrecht ist der Frachtbrief dagegen zwingend vorgeschrieben. Auch soweit die Ausstellung des Frachtbriefs zwingend angeordnet ist, wird durch sein Fehlen der Frachtvertrag nicht unwirksam; siehe Rdn. 27.

3. Die Annahme des Frachtbriefs durch den Frachtführer

77 Daß der Frachtbrief entgegengenommen wird, versteht sich von selbst[102]. Die frachtrechtlichen Spezialregelungen sehen aber durchweg eine Pflicht des Frachtführers zur Dokumentation der Annahme durch Unterschrift oder Abstempelung vor, um die daran geknüpfte Beweiswirkung besser abzusichern; siehe Rdn. 18 ff.

4. Die Ausstellung der Absenderausfertigung

78 Das HGB erwähnt die Absenderausfertigung des Frachtbriefs nicht. Da diese wegen ihrer Beweis- und Sperrwirkung wichtig sein kann, gewähren die Spezialregelungen dem Absender einen Anspruch auf Erteilung dieser Ausfertigung. Auch soweit von einem Anspruch nicht die Rede ist, sondern nur die Ausstellung angeordnet ist, kann davon ausgegangen werden, daß der Absender einen solchen Anspruch hat[103].

---

[100] Zutreffend *Heymann/Honsell* Rdn. 8; a. A. *Koller*² Rdn. 2.
[101] Zum Eisenbahnrecht siehe § 55 Abs. 1 EVO; Art. 12 ER/CIM 1980, Anh. I und II nach § 460; zum Luftrecht Art. 5 Abs. 1 WA, Art. 3 Abs. 1 S. 1, 2 ABB-Fracht.
[102] Zustimmend *Lenz* Rdn. 330.
[103] Art. 5 Abs. 1 S. 3 CMR; § 10 Abs. 2 KVO; § 16 Abs. 7 KVO; § 19 Abs. 1 GüKUMT; Art. 6 Abs. 2 WA; §§ 56 Abs. 11; 61 Abs. 4 EVO; Art. 6 Abs. 1 CIM; siehe auch Rdn. 62 ff.

5. Mängel und Unvollständigkeit
Siehe Rdn. 3 ff, insbesondere Rdn. 7 f.

79

II. Inhalt
§ 426 Abs. 2 enthält einen für moderne Verhältnisse unvollständigen und nicht zwingenden Katalog der Frachtbriefangaben. Die spezielleren Bestimmungen für die einzelnen Verkehrszweige weisen eingehendere Regelungen auf. Da die benutzten Frachtbriefformulare diesen Sonderbestimmungen entsprechen, ist § 426 Abs. 2 praktisch gegenstandslos[104]. Über den in § 426 vorgesehenen Inhalt sind viele weitere Eintragungen zulässig, unter bestimmten Umständen – etwa bei Transport von Problemgütern – sogar erforderlich.

80

III. Die Haftung des Absenders für die Richtigkeit und Vollständigkeit der Angaben im Frachtbrief (§ 426 Abs. 3)

1. Allgemeines

§ 426 erlegt dem Absender eine strenge Haftung für Richtigkeit und Vollständigkeit seiner Angaben im Frachtbrief auf. Diese Haftungsbestimmung ist durch inhaltlich entsprechende Sondernormen der Spezialregelungen weitgehend verdrängt[105]. Die Haftung des Absenders nach § 426 Abs. 3 ist objektive Haftung ohne Verschulden[106]. Der Gedanke, daß der Absender wegen unrichtiger Angaben im Frachtbrief ohne Verschulden haftet, ist dem Frachtrecht auch außerhalb des § 426 Abs. 3 nicht fremd. Dies rechtfertigt sich aus dem Gedanken der Risikozuweisung. Der Absender steht dem Frachtgut näher als der Frachtführer. Daher muß er die Gewähr für Fehler bei der Eintragung übernehmen. Der Grundsatz der Haftung ohne Verschulden ist in allen angeführten Spezialregelungen in gleicher Weise zugrunde gelegt. Der BGH hat deshalb eine solche Risikozuweisung im Seerecht sogar in einer Straffracht-Klausel eines Konnossements nicht als unangemessen beanstandet[107]. Die Haftung setzt voraus, daß die Eintragung im Frachtbrief erfolgt ist. Eine nicht unterschriebene Kopie reicht nicht aus[108]. Die Erfolgshaftung ist nur für solche Angaben gerechtfertigt, die der Absender in den Frachtbrief einträgt oder die vom Frachtführer nach seinen Angaben eingetragen werden; dazu Rdn. 84.

81

Typische Fälle der Haftung für Fehler bei der Frachtbriefausfüllung: Unrichtige oder unvollständige Angaben über die beförderte Ladung führen zu Schäden am Beförderungsmittel oder mitverladenen Gütern (z. B. durch Geruchs- und Feuchtigkeitseinwirkung, Selbsterhitzung, Ansteckung). Durch fehlerhafte Angaben können auch Verzögerungen und damit Nutzungsverluste des Beförderungsmittels eintreten. Siehe die Erl. zu den in Rdn. 81 Fn. 105 angegebenen Bestimmungen.

82

---

[104] Siehe daher statt dieser Vorschrift: § 11 KVO; Art. 6 Abs. 1–3 CMR; §§ 19 und 16 Abs. 2–4 GüKUMT, Anh. IV nach § 452; Art. 8 WA, Anh. VII/2 nach § 452; § 56 Abs. 1, 2 EVO, Anh. I nach § 460; Art. 12 ER/CIM 1980, Anh. I nach § 460.

[105] § 13 Abs. 1 und 2 KVO, Anh. II nach § 452; Art. 7 Abs. 1, 2 CMR, Anh. VI nach § 452; § 19 Abs. 7 GüKUMT, Anh. IV nach § 452; Art. 10 Abs.1 u. 2 WA, Anh. VII/2 nach § 452; Art. 3 Abs. 4 ABB-Fracht, Anh. VII/5 nach § 452; § 57 Abs. 1 EVO, Anh. I nach § 460; Art. 18 ER/CIM 1980, Anh. II nach § 460; siehe auch die öffentlich-rechtlichen Vorschriften der §§ 30, 31 GüKG.

[106] Siehe bereits RG vom 27. 9. 1919, RGZ **96** 277, 279 (zu § 57 EVO); *Koller*[2] Rdn. 2; *Heymann/Honsell* Rdn. 16; zu § 13 KVO siehe dort Rdn. 2; zu Art. 11 CMR *Koller*[2] Rdn. 3; nicht ganz eindeutig, aber ohne Prüfung von Verschulden BGH vom 16. 10. 1986, TranspR **1987** 96, 97; klar aber zum Luftfrachtbrief nach Art. 10 WA BGH vom 19. 3. 1976, NJW **1976** 1583 = VersR **1976** 778, 780; *Ruhwedel*[2] 982 f; *ders.* TranspR **1983** 1, 5.

[107] BGH vom 28. 9. 1978, BGHZ **72** 174, 181 = NJW **1979** 105 ff mit eingehender Begründung.

[108] OLG Düsseldorf vom 13. 6. 1985, TranspR **1985** 252, 253 zu § 13 KVO.

2. Mitverschulden

83 Wird der Schaden durch ein fehlerhaftes Verhalten des Frachtführers mitverursacht, so tritt eine Schadensteilung nach § 254 BGB ein, obwohl dies in § 426 im Gegensatz zu § 427 nicht besonders erwähnt ist[109]. Dies wird insbesondere dann der Fall sein, wenn die Unrichtigkeit oder Unvollständigkeit des Frachtbriefs für den Frachtführer erkennbar war und er dennoch die erforderliche Rückfrage oder Vorsichtsmaßnahme unterlassen hat. Die Abwägung der Schadensquote bereitet allerdings in solchen Fällen erhebliche Schwierigkeiten, da eine objektive Haftung ohne Verschulden mit allen Graden von Verschulden zusammentreffen kann. Generelle Regeln können hierfür nicht aufgestellt werden; vielmehr muß die Entscheidung an den Merkmalen des Einzelfalls orientiert werden. Inwieweit und wie eine Berücksichtigung unverschuldeter Ursachen aus dem Bereich des Frachtführers im Rahmen des § 254 BGB geboten ist[110], muß nach den Umständen des Falles geprüft werden. Wesentlich wird es auf eine Abwägung der Risiken ankommen. Liegt die Ursache im typischen Risikobereich des Frachtführers, ist jedenfalls an eine Schadensteilung zu denken.

3. Ausfüllung des Frachtbriefs durch den Frachtführer

84 Von besonderer Bedeutung ist der praktisch häufige Fall, daß die Absenderangaben im Frachtbrief auf Wunsch des Absenders vom Frachtführer oder seinen Leuten selbst eingetragen werden. Da diese Eintragungen an sich Pflicht des Absenders sind, handeln in solchen Fällen der Frachtführer bzw. seine Leute als Erfüllungsgehilfen des Absenders. Es kommt somit für die Absenderhaftung grundsätzlich nicht darauf an, wer den Frachtbrief ausgefüllt hat. Demgemäß sehen die Sonderbestimmungen der frachtrechtlichen Spezialregelungen teilweise ausdrücklich eine Haftung des Absenders vor, wenn der Frachtbrief durch den Frachtführer ausgefüllt ist (§ 13 Abs. 2 KVO; Art. 7 Abs. 2 CMR: Vermutung, daß der Frachtführer im Namen des Absenders gehandelt hat; Art. 3 Abs. 4 S. 2 ABB-Fracht; § 57 Abs. 2 EVO; Art. 50 Abs. 2 ER/CIM 1980, Anh. I nach § 460). Auch in diesen Fällen wird jedoch ein mitwirkendes Verschulden des Frachtführers oder seiner Leute zu berücksichtigen sein, so z. B., wenn diesem bekannt oder erkennbar war, daß die Angaben über das Frachtgut nicht richtig waren[111].

4. Haftung für Begleitpapiere

85 Zur Haftung für Begleitpapiere siehe § 427 Abs. 2. Zur öffentlich-rechtlichen Verantwortung des Absenders für die Richtigkeit der Angaben siehe oben Rdn. 70.

---

[109] *Baumbach/Duden/Hopt*[28] § 426 Rdn. 2 C; *Schlegelberger/Geßler*[5] § 426 Rdn. 22; *Helm* Haftung 141. Das häufig zitierte Urteil des RG vom 15. 2. 1895, RGZ **37** 12 ist kaum aussagekräftig; wohl aber RG vom 27. 9. 1919, RGZ **96** 277, 279 (zu § 57 EVO, Mitverschulden der Bahn verneinend); zur KVO beiläufig BGH vom 22. 1. 1954, BGHZ **12** 136, 140; *Willenberg*[4] § 13 KVO Rdn. 13; zu § 13 KVO auch OLG München vom 30. 7. 1986, VersR **1988** 289, 290; OLG Düsseldorf vom 14. 3. 1991, TranspR **1991** 235, 241 ("Kurierdienst").

[110] *Koller*[2] Rdn. 3; allgemein: BGH vom 14. 3. 1969, NJW **1969** 1380 (zu § 122 BGB); vom 18. 9. 1987, NJW-RR **1988** 136, 138 (zu § 906 Abs. 2 S. 2 BGB); vom 8. 3. 1990, NJW **1990** 2058. 2059 (zu §§ 683 f, 1004 BGB); *Palandt/Heinrichs*[52] § 254 Rdn. 4.

[111] Siehe zur Frage der Anrechnung von Verschulden des vom Gläubiger gestellten Hilfspersonals in einem kaufrechtlichen Fall: BGH vom 29. 10. 1975, NJW **1976** 234 f = WM **1975** 1257, 1258; beim Reisevertrag die Angestellte des Reisebüros, die für den Kunden das Buchungsformular ausfüllt, nicht Erfüllungsgehilfe des Reisenden; BGH vom 19. 11. 1981, WM **1982** 92, 93 = JZ **1982** 249 f.

§ 427

¹Der Absender ist verpflichtet, dem Frachtführer die Begleitpapiere zu übergeben, welche zur Erfüllung der Zoll-, Steuer- oder Polizeivorschriften vor der Ablieferung an den Empfänger erforderlich sind. ²Er haftet dem Frachtführer, sofern nicht diesem ein Verschulden zur Last fällt, für alle Folgen, die aus dem Mangel, der Unzulänglichkeit oder der Unrichtigkeit der Papiere entstehen.

Übersicht

	Rdn.
I. Allgemeines	1
1. Inhalt des § 427	1
2. Zweck der Pflicht zur Beschaffung der Begleitpapiere	2
3. Sonderregelungen frachtrechtlicher Spezialgebiete	3
II. Die Pflicht zur Besorgung der Begleitpapiere (§ 427 S. 1)	4
1. Die Besorgungspflicht im einzelnen	4
2. Überprüfung durch den Frachtführer	6
III. Haftung des Absenders für Fehlen, Unzulänglichkeit und Unrichtigkeit der Begleitpapiere	7
1. Kausalhaftung	7
2. Verschulden des Frachtführers	9
3. Umfang der Haftung	11
4. Haftung Dritter und zugunsten Dritter	12
IV. Haftung des Frachtführers für Schäden im Zusammenhang mit Begleitpapieren	13
V. Öffentlich-rechtliche Bestimmungen über Begleitpapiere	16

Schrifttum: siehe zu § 425

I. Allgemeines

1. Inhalt des § 427

§ 427 regelt in Satz 1 die Pflicht zur Übergabe der für die Beförderung erforderlichen **1** Begleitpapiere; Satz 2 statuiert die Haftung des Absenders beim Fehlen, der Unzulänglichkeit oder Unvollständigkeit dieser Papiere. Zur entsprechenden Haftung des Frachtführers für Verlust und Mißbrauch der Begleitpapiere siehe Rdn. 13 f.

2. Zweck der Pflicht zur Beschaffung der Begleitpapiere

Die Pflicht des Absenders zur Übergabe der Begleitpapiere soll den Frachtführer **2** instand setzen, den Transport ungestört durch behördliche Maßnahmen auszuführen. Insbesondere beim grenzüberschreitenden Verkehr, aber u. U. auch im Inlandsbereich, sind vielfache behördliche Erlaubnisse, Zoll- und Steuerformalitäten erforderlich. Für diese Verwaltungsverfahren werden im allgemeinen schriftliche Nachweise verlangt. Wird wegen des Fehlens dieser Papiere das Beförderungsmittel angehalten oder beschlagnahmt, weil die beförderten Güter den Anforderungen in- oder ausländischer Behörden nicht entsprechen oder weil mangels Begleitpapieren die notwendigen Nachweise nicht geführt sind, so können am Gut wie am Beförderungsmittel ebenso wie an mitbeförderten Gütern anderer Absender erhebliche Schäden entstehen; auch der Einnahmenverlust durch Stilliegen des Transportmittels kann beträchtlich sein. Andererseits ist der Frachtführer, der in der Regel weder das Gut noch die dieses Gut betreffenden Rechtsverhältnisse kennt, nicht in der Lage, die nötigen Begleitpapiere zu beschaffen. Durch § 427 S. 1 ist daher die Beschaffung dieser Papiere dem Absender zugewiesen; die nicht ordnungsgemäße Erfüllung dieser Verpflichtung wird von S. 2 mit scharfer Haftungssanktion belegt.

3. Sonderregelungen frachtrechtlicher Spezialgebiete

3 § 427 hat Parallelen in den meisten frachtrechtlichen Spezialregelungen[1]. In den genannten Bestimmungen ist durchweg eine dem § 427 sehr ähnliche Regelung vorgesehen. Diese Vorschriften gehen als leges speciales dem § 427 vor. Wegen ihrer Ähnlichkeit lassen sich aber praktisch alle zu § 427 entwickelten Grundsätze auf sie anwenden.

II. Die Pflicht zur Besorgung der Begleitpapiere (§ 427 S. 1)
1. Die Besorgungspflicht im einzelnen

4 Die Pflicht ist **echte Rechtspflicht**, nicht nur eine Mitwirkungsobliegenheit nach § 642 BGB[2]. Denn der Frachtführer hat, jedenfalls, wenn er das Gut übernommen hat oder gerade übernimmt, ein erhebliches Interesse an Besitz und Richtigkeit der Begleitpapiere. Er kann z. B. eine Fahrt ohne sie nicht antreten und damit gezwungen sein, Güter wieder auszuladen. Er kann sich, wenn er die Fahrt ohne Papiere oder gar nicht antritt, einer Haftung gegenüber Dritten, z. B. den Absendern mitverladener Güter aussetzen. Demgegenüber kommt es nicht darauf an, ob der Anspruch generell einklagbar ist[3]. Die selbständige Einklagbarkeit läßt sich dann verneinen, wenn der Frachtführer das Gut nicht übernommen hat und nicht befördern wird. Sie läßt sich in diesem Fall damit begründen, der Absender sei nicht verpflichtet, dem Frachtführer das Gut überhaupt zu übergeben. Die Übergabe der Begleitpapiere muß aber echte Rechtspflicht des Absenders sein, wenn der Frachtführer das Gut schon übernommen hat und die Begleitpapiere für die Ausführung der Beförderung benötigt. In diesen Fällen verletzt der Absender eine Nebenpflicht mit der Folge der **scharfen Haftung** nach S. 2. Zu seinem Schutz reicht der Schadensersatz aber nicht aus[4], weil er ein Interesse daran haben muß, Störungen des Transportablaufs und Schäden schon vorab zu vermeiden. Dies gilt besonders dann, wenn das Fehlen der Begleitpapiere dazu führen kann, daß der Frachtführer sich in Unkenntnis der aus den erforderlichen Begleitpapieren erkennbaren Eigenschaften des Gutes (z. B. Gefahrgut, Kriegswaffen; siehe Rdn. 5) der Gefahr behördlicher Maßnahmen, oder Verfahren wegen Ordnungswidrigkeiten oder strafrechtlichen Delikten aussetzen würde.

5 **Umfang und Einzelheiten der Pflicht** richten sich nach mehreren Faktoren: Zunächst nach dem Wortlaut des Gesetzes. Dieser erwähnt nur Zoll-, Steuer- und Polizeivorschriften. Unter Zugrundelegung des im Jahre 1900 noch geltenden sehr weiten Polizeibegriffs gehören dazu alle öffentlichrechtlichen Vorschriften[5]. Welche Papiere erforderlich sind, richtet sich insbesondere nach der Art des Gutes, des Beförderungsmittels, nach Zeit und Ort des vorgesehenen Transports, nach den anwendbaren öffentlich-rechtlichen Vorschriften, hier wiederum nach in- und ausländischen Zoll-, Devisen-, Transit- und Sicherheitsvorschriften[6]. In den letzten Jahren sind weitere Sondervor-

---

[1] Siehe § 12 Abs. 1 KVO, Anh. II nach § 452; Art. 11 Abs. 1, 2 CMR, Anh. VI nach § 452; § 6 S. 2 GüKUMT, Anh. IV nach § 452; §§ 9 AGNB, Anh. III/1 nach § 452, zum Speditionsrecht siehe §§ 407–409 Rdn. 113; § 65 Abs. 1 EVO, Anh. I nach § 460; Art. 25 § 1 ER/CIM 1980, Anh. I nach § 460; § 26 BinSchG verweist auf § 427; Art. 16 Abs. 1 S. 1 WA, Anh. VII/2 nach § 452. Einen ähnlichen Problembereich betrifft § 7 ADSp, Anh. I nach § 415.

[2] Entgegen *Koller*[2] Rdn. 1, *Heymann/Honsell* Rdn. 1.

[3] So aber *Schlegelberger/Geßler*[5] Rdn. 2, *Heymann/Honsell* Rdn. 1 und *Koller*[2] Rdn. 1. Wie hier noch *Koller*[1] Rdn. 1.

[4] Entgegen *Koller*[2] Rdn. 1, der ein solches Bedürfnis ohne nähere Begründung verneint.

[5] Auf analoge Anwendung gestützt: *Koller*[2] Rdn. 1. *Schlegelberger/Geßler*[5] Rdn. 3 f und *Heymann/Honsell* Rdn. 3 begründen das gleiche Ergebnis damit, daß die Aufzählung nicht abschließend sei.

[6] Siehe z. B. AG Flensburg vom 16. 12. 1988, Spediteur **1989** 218 (belgisches Zollrecht).

schriften, insbesondere zum Außenwirtschafts-[7], Umwelt- und Gefahrgut-[8], Abfall-[9] und Kriegswaffenrecht[10] dazugekommen. Da der Absender nicht nur das Frachtgut, sondern auch das Beförderungsziel und den Beförderungsweg auswählt, muß er auch die für diese Beförderung geltenden Bestimmungen kennen und für ihre Erfüllung sorgen. Ist der Absender ein Spediteur, so gehört die Sorge für die Begleitpapiere zu den ihm gegenüber dem Versender obliegenden Pflichten (siehe §§ 407–409 Rdn. 113). Befördert der Spediteur im Selbsteintritt das Frachtgut selbst, so bleiben seine Spediteurpflichten aufrechterhalten; siehe §§ 412, 413 Rdn. 96, 123, 140.

2. Überprüfung durch den Frachtführer

Der Frachtführer kann sich – vorbehaltlich eventuell noch bestehender tariflicher **6** Verbote – dazu verpflichten, die Papiere zu besorgen[11], auszufüllen[12] oder die vom Absender übernommenen zu überprüfen. Ist hierüber nichts vereinbart, ist er nicht verpflichtet, die Vollständigkeit, Richtigkeit und Zulänglichkeit der Papiere zu prüfen[13]; entsprechende Regelungen enthalten die meisten der in Rdn. 3 angegebenen frachtrechtlichen Sonderbestimmungen[14]. Fallen dem Frachtführer allerdings das Fehlen oder Mängel der Beförderungspapiere auf, so gebietet ihm die Treuepflicht, den Absender auf diesen Umstand hinzuweisen. Da der Frachtführer verpflichtet ist, Schaden vom Gut abzuwenden und auch eigenen Schaden zu verhüten (§ 254 BGB), kann trotz der grundsätzlichen Verneinung einer Rechtspflicht in krassen Fällen ausnahmsweise eine Prüfung der Begleitpapiere von seiner Seite erforderlich sein, insbesondere wenn der Frachtführer bereits den Verdacht der Unvollständigkeit der Papiere hat[15]. Dies gilt im Zweifel schon dann, wenn er sich selbst durch Werbung als Experte für die besonderen Probleme gewisser Transporte empfiehlt. Die Verletzung solcher Hinweis- und ausnahmsweisen Prüfungspflichten des Frachtführers führt zum Haftungsausschluß oder zur Schadensteilung, evtl. auch zu einer Haftung des Frachtführers selbst. Siehe Rdn. 9 f.

III. Haftung des Absenders für Fehlen, Unzulänglichkeit und Unrichtigkeit der Begleitpapiere

1. Kausalhaftung

§ 427 S. 2 gibt dem Frachtführer einen Anspruch auf Ersatz des Schadens, der ihm aus **7** dem Mangel, der Unzulänglichkeit oder der Unrichtigkeit der Begleitpapiere entsteht. Die Haftung ist wie die des § 426 Abs. 3 nicht von einem Verschulden des Absenders abhängig. Dieser hat vielmehr kraft Gesetzes für die ordnungsgemäße Erfüllung der in

---

[7] Dazu die Sammlung von *Hucko* Außenwirtschaftsrecht – Kriegswaffenkontrollrecht[3] BAnz Nr. 100 a vom 30. 5. 1992, insbesondere § 46 Außenwirtschaftsgesetz – AWG – und die Außenwirtschaftsverordnung – AWV; dort speziell zur Rechtsstellung von Spediteuren und Frachtführern § 8 Abs. 1 S. 2 und 23 Abs. 1 S. 2.

[8] Siehe § 425 Rdn. 16 ff.

[9] Siehe § 425 Rdn. 14.

[10] Dazu § 425 Rdn. 21.

[11] So z. B. ein Fixkostenspediteur zur Besorgung der Genehmigungen für den Interzonenhandel im geteilten Deutschland; OLG Düsseldorf vom 2. 12. 1953, MDR **1954** 170; zur Erstellung von Packlisten durch den Fixkostenspediteur OLG Hamburg vom 16. 9. 1982, VersR **1983** 484 f.

[12] *Koller*[2] Rdn. 2; *Heymann/Honsell* Rdn. 1; siehe auch § 13 KVO.

[13] Für grundsätzliche Prüfungspflicht *Koller*[2] Rdn. 2; *Schlegelberger/Geßler*[5] Rdn. 8.

[14] Siehe insbesondere § 12 KVO, Anh. II nach § 452 Rdn. 4; Art. 11 Abs. 2. S. 1 CMR, Anh. VI nach § 452; siehe dort Rdn. 3, insbesondere BGH vom 16. 10. 1986, TranspR **1987** 96, 97 = VersR **1987** 304; § 65 Abs. 1 S. 3 EVO, Anh. I nach § 460; Art. 25 § 2 ER/CIM 1980, Anh. II nach § 460; dazu AG Karlsruhe vom 11. 8. 1989, TranspR **1989** 436, 437.

[15] Siehe § 12 KVO, Anh. II nach § 452 Rdn. 6 f.

§ 427 S. 1 ihm auferlegten Pflichten Gewähr zu leisten[16]. Das gleiche gilt für die dem § 427 S. 2 entsprechenden frachtrechtlichen Spezialbestimmungen, siehe Rdn. 3. Die Unzulänglichkeit der Papiere und die daraus entstandenen Schäden hat der Frachtführer zu beweisen[17], ihre pflichtgemäße Übergabe der Absender[18].

8 Werden mehrere Frachtführer nacheinander tätig, so kann der vorhergehende Frachtführer Absender des folgenden Frachtvertrages sein; siehe § 432 Rdn. 9 f. In diesem Falle haftet er dem nächsten Frachtführer für Fehler der Begleitpapiere; nicht dagegen, wenn er zum nachfolgenden Frachtführer nicht selbst in einem frachtvertraglichen Verhältnis steht[19].

2. Verschulden des Frachtführers

9 Die volle Kausalhaftung tritt nicht ein, wenn den Frachtführer oder dessen Leute und Gehilfen (§ 431) ein eigenes Verschulden trifft; § 427 S. 2. Dies liegt vorab dann vor, wenn er die Unrichtigkeit der Begleitpapiere gekannt hat[20]. Dieser Haftungsausschluß kann sich jedoch nur auf den Fall beziehen, daß nur den Frachtführer ein Verschulden trifft, den Absender dagegen nicht. Fällt beiden Parteien oder ihren Gehilfen (beim Absender § 278 BGB; beim Frachtführer § 431) ein Verschulden zur Last, so muß eine Schadensteilung nach § 254 BGB stattfinden[21]. Für Frachtführerverschulden trägt der Absender die Beweislast[22].

10 Ein Mitverschulden des Frachtführers liegt in der Regel **nicht bereits darin, daß er die Begleitpapiere nicht geprüft hat**. Denn zu ihrer Prüfung ist er nicht verpflichtet[23]. Ein Mitverschulden liegt aber dann vor, wenn die Begleitpapiere gänzlich fehlen oder ihre Fehlerhaftigkeit oder Ungültigkeit dem Frachtführer bekannt war[24].

3. Umfang der Haftung

11 Die Haftung des Absenders ist nicht beschränkt[25]. Die Haftung nach § 12 Abs. 1 S. 4 KVO, die weitgehend der des § 427 S. 2 entspricht, erstreckt sich auch auf mittelbare Schäden[26].

4. Haftung Dritter und zugunsten Dritter

12 Die Haftung des Absenders besteht nur gegenüber dem Frachtführer[27]. Dieser kann gegebenenfalls Drittschäden liquidieren. Der Empfänger wird meist Ansprüche aus dem

---

[16] So schon zum früheren Art. 393 ADHGB: ROHG vom 27. 9. 1878, ROHG **24** 206, 213 f. Aus der Literatur siehe *Koller*[2] Rdn. 2; *Heymann/Honsell* Rdn. 4; *Baumbach/Duden/Hopt*[28] Anm. 1. Zu § 12 KVO dort Rdn. 8 und: BGH vom 29. 9. 1953, VersR **1953** 427, 428; vom 23. 11. 1954, BGHZ **15** 224 ff = VersR **1955** 77, 78; vom 22. 1. 1954, BGHZ **12** 136, 140; vom 20. 3. 1956, VersR **1956** 346, 348. Für die CMR nicht ganz unumstritten; siehe Art. 11 CMR, Anh. VI nach § 452.

[17] *Koller*[2] Rdn. 1; *Heymann/Honsell* Rdn. 10; *Baumgärtel/Reinicke* § 427 HGB Rdn. 1.

[18] Zutreffend *Koller*[2] Rdn. 1.

[19] Siehe § 432 Rdn. 9 f; *Heymann/Honsell* Rdn. 6. Undifferenziert hierzu ROHG vom 27. 9. 1878, ROHG **24** 206, 214.

[20] Zutreffend zu § 12 Abs. 1 KVO: BGH vom 20. 3. 1956, VersR **1956** 346, 348; siehe § 12 KVO, Anh. II nach § 452 Rdn. 8. Siehe aber auch oben Rdn. 6

[21] So zutreffend für § 12 KVO: BGH vom 22. 1. 1954, BGHZ **12** 136, 140 und vom 29. 9. 1953, VersR **1953** 427, 428; ferner vom 20. 3. 1956, VersR **1956** 346, 348.

[22] *Baumgärtel/Reinicke* § 427 HGB Rdn. 1; *Koller*[2] Rdn. 2.

[23] Siehe oben Rdn. 6; § 12 KVO, Anh. II nach § 452 Rdn. 7; § 6 S. 23 GüKUMT, Anh. IV nach § 452.

[24] Zutreffend *Willenberg*[4] § 12 KVO Rdn. 17 mit weiteren Nachweisen.

[25] *Heymann/Honsell* 5; *Schlegelberger/Geßler*[5] Rdn. 6; *Koller*[2] Rdn. 2.

[26] BGH vom 29. 9. 1953, VersR **1953** 427, 428; vom 22. 1. 1954, BGHZ **12** 136, 140; vom 23. 11. 1954, BGHZ **15** 224 ff = VersR **1955** 77, 78 (Verlust eines dem Frachtführer nicht selbst gehörenden LKW durch Beschlagnahme durch DDR-Behörden; Drittschadensliquidation); vom 20. 3. 1956, VersR **1956** 346, 348.

[27] *Heymann/Honsell* Rdn. 6.

Rechtsverhältnis zum Absender (z. B. als Käufer) haben. Personen, die nicht als Absender, sondern in anderer Funktion die Übergabe der Begleitpapiere vornehmen, können aus §§ 823 ff BGB für den Schaden haften, den der Frachtführer wegen Unrichtigkeit der Papiere erleidet[28]. Hierbei ist ein Unterlassen der Prüfung der Begleitpapiere u. U. als Mitverschulden zu qualifizieren, obwohl der Frachtführer nach § 12 Abs. 1 S. 3 KVO nicht zur Prüfung der Begleitpapiere verpflichtet ist. Dabei ist zu berücksichtigen, daß hier – außerhalb der frachtrechtlichen Kausalhaftung des Absenders – die Maßstäbe des Frachtrechts auf keine der beteiligten Seiten angewendet werden können.

IV. Haftung des Frachtführers für Schäden im Zusammenhang mit Begleitpapieren

§ 427 regelt den umgekehrten Fall einer Haftung für Schäden des Absenders nicht. **13** Solche Schäden können vor allem in zwei Hinsichten entstehen: der Frachtführer kann seiner eventuell bestehenden Hinweispflicht nicht genügt haben oder das Gut trotz Kenntnis des Fehlens der Begleitpapiere in Gefahr gebracht haben, so daß dem Absender Schaden am Gut oder Verzögerungsschaden, auch eventuell durch Strafen etc. entsteht. Dafür haftet er nach den Grundsätzen der positiven Vertragsverletzung (mit der Möglichkeit einer Schadensteilung bei Mitverschulden des Absenders). Auch für die Folgen von Verlust oder Mißbrauch gilt grundsätzlich diese Haftung. Allerdings sehen frachtrechtliche Sonderbestimmungen eine besondere, begrenzte Verschuldenshaftung des Frachtführers vor[29].

In Betracht kommt auch eine Haftung des Frachtführers, wenn er sich verpflichtet **14** hat, Begleitpapiere zu beschaffen, siehe Rdn. 6. In diesem Fall hat der Absender die Übernahme dieser Pflicht durch den Frachtführer zu beweisen[30].

Wird als Folge unrichtigen Umgangs mit Begleitpapieren Frachtgut geschädigt – **15** z. B. Verderb, weil an der Grenze wegen fehlender Papiere ein Aufenthalt entsteht – kommt auch eine Haftung aus den Sondertatbeständen für Verlust und Beschädigung oder Verspätung in Betracht[31].

V. Öffentlich-rechtliche Bestimmungen über Begleitpapiere

Öffentlich-rechtliche Pflichten zum Mitführen bzw. zur Ausstellung von Begleitpa- **16** pieren werden durch zahlreiche in- und ausländische Bestimmungen, die ständigen Änderungen unterliegen, aufgestellt, so vor allem im Steuer- und Zollrecht, aber auch durch Sicherheitsregelungen für Transporte gefährlicher Güter, Drogen, radioaktiver Stoffe, Kriegswaffen, zur Seuchenbekämpfung usw. Schließlich verlangt bisher auch noch § 28 GüKG aus Gründen der Tarifkontrolle die Ausstellung von Begleitpapieren unter der Sanktion des Ordnungswidrigkeitsverfahrens (§ 99 Abs. 1 Ziff. 4 GüKG). Hiermit sind jedoch die jeweils vorgesehenen Frachtbriefe gemeint, die zugleich als Unterlagen für die Tarifüberwachung gebraucht werden. Dies gilt nicht mehr für den grenzüberschreitenden Transport; mit dem Inkrafttreten des Tarifaufhebungsgesetzes

---

[28] Siehe zu einem Fall der Beschlagnahme durch DDR-Behörden BGH vom 15. 6. 1955, VersR **1955** 523 ff und die dazugehörige 2. Revisionsentscheidung vom 14. 2. 1958, VersR **1958** 267.

[29] § 12 Abs. 9 KVO, Anh. II nach § 452, siehe dort Rdn. 9 ff; Art. 11 Abs. 3 CMR, Anh. VI nach § 452; dazu dort Rdn. 8 ff; § 65 Abs. 2 EVO; Art. 25 § 3 S. 2 ER/CIM 1980, Anh. I nach § 460.

[30] OLG Hamburg vom 16. 9. 1982, VersR **1983** 484 f.

[31] Siehe § 429 Rdn. 10 ff; zum Eisenbahnrecht (Art. 27 § 1 alter Fassung) BGH vom 14. 4. 1976, MDR **1976** 906 f = DB **1976** 2013 f.

(vorgesehen zum 1. 1. 1994) entfallen diese Bestimmungen. Für die frachtrechtlichen Beziehungen zwischen Frachtführer und Absender spielen die öffentlich-rechtlichen Pflichten primär keine Rolle. Soweit sich Schäden aus ihrer Verletzung ergeben, fallen diese jedoch unter § 427 und können Ersatzansprüche in beiden Richtungen begründen.

§ 428

(1) ¹Ist über die Zeit, binnen welcher der Frachtführer die Beförderung bewirken soll, nichts bedungen, so bestimmt sich die Frist, innerhalb deren er die Reise anzutreten und zu vollenden hat, nach dem Ortsgebrauche. ²Besteht ein Ortsgebrauch nicht, so ist die Beförderung binnen einer den Umständen nach angemessenen Frist zu bewirken.

(2) ¹Wird der Antritt oder die Fortsetzung der Reise ohne Verschulden des Absenders zeitweilig verhindert, so kann der Absender von dem Vertrage zurücktreten; er hat jedoch den Frachtführer, wenn diesem kein Verschulden zur Last fällt, für die Vorbereitung der Reise, die Wiederausladung und den zurückgelegten Teil der Reise zu entschädigen. ²Über die Höhe der Entschädigung entscheidet der Ortsgebrauch; besteht ein Ortsgebrauch nicht, so ist eine den Umständen nach angemessene Entschädigung zu gewähren.

Übersicht

	Rdn.		Rdn.
I. Allgemeines	1	III. Beförderungshindernisse	14
II. Beförderungszeit (Lieferfrist; § 428 Abs. 1)	2	1. Anwendungsbereich des § 428 Abs. 2; Spezialregelungen	14
1. Bestimmung der Lieferfrist	2	2. Inhalt der Regelung	18
a) Allgemeines	2	a) Überblick	18
b) Besondere Systeme der Lieferfristbestimmung	2	b) Voraussetzungen	19
aa) System der festen Lieferfristen	6	aa) Verhinderung der Beförderung	20
bb) Anwendungsfälle des § 428 Abs. 1 und damit verwandte Systeme	7	bb) Zeitweilige Verhinderung	21
		cc) Nichtverschulden des Absenders	22
2. Folgen der Lieferzeitüberschreitung	10	c) Folgen der Beförderungsverhinderung	23
a) Haftung	10	aa) Rücktritt des Absenders	23
b) Rücktritt wegen Verzug oder Unmöglichkeit	11	bb) Entschädigungsanspruch des Frachtführers	25
		cc) Rechte des Absenders bei vom Frachtführer verschuldeter Verhinderung der Beförderung	26

Schrifttum: siehe zu § 425

I. Allgemeines

1 § 428, der die Verzögerung der Beförderung und einen Teil der Rechtsfolgen regelt, ist sehr weitgehend durch Sonderbestimmungen verdrängt. Die Vorschrift, die seit dem ADHGB nicht verändert wurde, ist noch am Modell der Beförderung mit Pferdefuhrwerken orientiert und wird besonders in Abs. 2 modernen Transportproblemen kaum

noch gerecht. Mit der Aufhebung des gesamten Tarifrechts zum 1. 1. 1994[1] kann jedoch Abs. 1 S. 2 eine gewisse Bedeutung zurückgewinnen[2]. Das Binnenschiffahrtsrecht verweist in § 26 BinSchG nicht auf § 428, sondern trifft in §§ 42 Abs. 2, 71 BinSchG eine spezielle Regelung und schaltet damit § 428 aus. In einer Reihe von Teilbereichen des Frachtrechts stimmen die Spezialnormen zumindest teilweise sinngemäß mit § 428 überein, so daß die für § 428 geltenden Grundsätze praktisch noch anwendbar sind; siehe Rdn. 7–9.

II. Beförderungszeit (Lieferfrist; § 428 Abs. 1)
1. Bestimmung der Lieferfrist
a) Allgemeines

§ 428 geht von **drei Möglichkeiten für die Bestimmung der Beförderungszeit** (Lieferzeit, Lieferfrist) aus: (1) besondere Vereinbarung; (2) subsidiär Ortsgebrauch; (3) fehlt auch dieser, eine den Umständen angemessene Frist. Die frachtrechtlichen Sonderregelungen legen demgegenüber anders konzipierte Regelungen für die Berechnung der Lieferfrist zugrunde. **2**

§ 428 geht aus von der **Zeit, innerhalb deren der geschuldete Erfolg, also die Beförderungsleistung zu erbringen ist.** Diese ist durch Ortsgebrauch oder durch die Umstände bestimmt. Wann der Frachtführer mit der Beförderung beginnt, steht ihm danach grundsätzlich frei. Versäumt der Frachtführer die Beförderung fristgemäß durchzuführen, liegt regelmäßig zunächst Schuldnerverzug vor. Für diese Verzögerung sieht jedoch § 429 Abs. 1 eine besondere Haftung vor; siehe Rdn. 10. Wird für die Erfüllung eine bestimmte Zeit vereinbart, ist die Überschreitung dieser Zeit lediglich Schuldnerverzug nach § 284 Abs. 2 BGB. Die einfache Fristvereinbarung erspart danach dem Absender nur die Mahnung. Wird die Frist „fix" vereinbart, ist einfache Fixschuld nach § 361 BGB gegeben. Ist die Erfüllung nach Fristablauf nicht mehr möglich, liegt ein absolutes Fixgeschäft, also nachträgliche Unmöglichkeit vor; etwa bei einer Zulieferung zu einer bestimmten Ausstellung oder zu einem bestimmten anderen Transportmittel wie einem besonderen Schiff beim fob-Geschäft. Ohne Fixklausel ist demgegenüber normalerweise nur Verzug gegeben[3]. Strenger wird dies bei der Versäumnis der Zulieferung zu einem bestimmten Flugzeug gesehen[4], angesichts der sehr kurzen und schnellen Beförderung im Luftverkehr verständlich. **3**

Eine Lieferfrist **beginnt zwar in der Regel erst mit der Übernahme des Gutes**[5]. Hat der Frachtführer das Gut abzuholen, kann aber die Lieferfrist nicht dadurch beeinflußt werden, daß der Frachtführer sich mit der Abholung verspätet. Vielmehr ist davon auszugehen, daß dann die Frist mit dem Abschluß des Frachtvertrages beginnt. **4**

Die Vereinbarung eines bestimmten **Zeitpunktes oder einer Frist für die Übernahme des Gutes** durch den Frachtführer ist zwar keine Lieferfristvereinbarung[6], gibt aber den Anfangspunkt der nach § 428 Abs. 1 zu bestimmenden Frist an. **5**

---

[1] Inkrafttreten des Tarifaufhebungsgesetzes, siehe vor 1 GüKG, Anh. I nach § 452 Rdn. 1 ff.
[2] Im Bereich der Paketdienstbeförderung hat das OLG Hamburg vom 20. 4. 1989, TranspR **1989** 284, 287 = VersR **1989** 932 ff § 28 Abs. 1 HGB als Maßstab der Inhaltskontrolle der AGB angesehen.
[3] *Koller*[2] § 428 Rdn. 1.
[4] *OLG* Frankfurt vom 24. 11. 1987, RIW **1989** 226–228.
[5] *Heymann/Honsell* Rdn. 1; *Roesch* VersR **1982** 830.
[6] *Heymann/Honsell* Rdn. 1.

§ 428 Drittes Buch. Handelsgeschäfte

b) Besondere Systeme der Lieferfristbestimmung
aa) System der festen Lieferfristen

6 § 26 KVO, der sich am eisenbahnrechtlichen Modell orientiert, sieht (noch bis zum 1. 1. 1994[7]) für den innerdeutschen Güterfernverkehr großzügige, nach der Entfernung gestaffelte Lieferfristen vor. Bei diesem System taucht nicht selten die Frage auf, ob es dem Beförderer in jedem Falle gestattet sein kann, die für den Transport nicht benötigte längere Frist auszunutzen; siehe dazu § 31 KVO Rdn. 6 ff. Ob sich der Frachtführer im Güterfernverkehr vor Übernahme des Gutes wirksam verpflichten kann, eine Beförderung bis zu einem bestimmten Zeitpunkt durchzuführen, ist wegen des zwingenden KVO-Rechts zweifelhaft. Der BGH hat angenommen, daß die zwingende Wirkung der KVO vor Übernahme nicht eintrete und stattdessen (soweit kein Wagenstellungsvertrag zustande komme) Landfrachtrecht des HGB mit § 428 Abs. 1 anzuwenden sei[8].

bb) Anwendungsfälle des § 428 Abs. 1 und damit verwandte Systeme

7 Unmittelbar anwendbar ist § 428 Abs. 1 im Güternahverkehr mit Kraftfahrzeugen, wenn keine Beförderungsbedingungen vereinbart sind oder wenn die ADSp gelten. § 17 ADSp schließt nur die Gewährleistung, nicht dagegen die Vereinbarung von Lieferfristen und die Haftungsfolge bei verschuldeter Überschreitung aus[9]. § 10 Abs. 1 AGNB, Anh. III/1 nach § 452 läßt die vereinbarte Frist maßgeblich sein, verpflichtet aber den Frachtführer, die Beförderung unverzüglich, d. h. ohne schuldhaftes Zögern, auszuführen. Die Bed. GüKUMT, Anh. IV nach § 452 enthalten nur Bestimmungen für die Versäumung einer vereinbarten Frist. § 428 Abs. 1 ist daher ergänzend anzuwenden; siehe § 8 GüKUMT, Anh. IV nach § 452 Rdn. 7.

8 Im **internationalen Transport mit Kraftfahrzeugen** sieht Art. 6 Abs. 3 Ziff. 6 CMR eine Aufnahme der etwa vereinbarten Lieferfrist in den Frachtbrief vor; neben dieser ist jedoch auch eine außerhalb des Frachtbriefs getroffene Lieferfristabrede gültig[10]. Fehlt diese Vereinbarung, so gilt nach Art. 19 CMR eine Frist, die „vernünftigerweise einem sorgfältigen Frachtführer zuzubilligen ist". Praktisch bedeutet dies eine Übernahme der HGB-Regelung unter Verzicht auf den heute kaum mehr bestehenden Ortsgebrauch.

9 Im **Luftrecht** sieht Art. 19 WA an sich eine Haftung für Verspätung vor. Aber in allen internationalen Beförderungsbedingungen (Art. 6 Abs. 3 ABBFracht, Anh. VII/4) werden sämtliche Flugpläne und andere Angaben über die Beförderungszeit für unverbindlich erklärt. Dies hat die Wirkung, daß nunmehr eine angemessene Lieferfrist zugrunde gelegt werden muß. Praktisch läuft dies ebenfalls auf eine dem § 428 Abs. 1 entsprechende Regelung hinaus.

2. Folgen der Lieferzeitüberschreitung
a) Haftung

10 Die Überschreitung der Lieferzeit durch den Frachtführer kann unter bestimmten – je nach Sparte unterschiedlichen – Voraussetzungen zur Haftung für den daraus entstandenen Schaden führen (§ 429 Abs. 1); siehe dazu § 429 Rdn. 133 ff, 178, 189, 200, 214 und die dort angegebenen Spezialbestimmungen. Die in frachtrechtlichen Spezialnormen

---

[7] Inkrafttreten des Tarifaufhebungsgesetzes, siehe vor 1 GüKG, Anh. I nach § 415 Rdn. 1 ff.

[8] Siehe dazu BGH vom 22. 1. 1971, BGHZ **55** 217, 222 f; ferner § 14 KVO, Anh. II nach § 452 Rdn. 5, 9.

[9] Siehe § 17 ADSp, Anh. I nach § 415 Rdn. 1.

[10] Siehe die Erl. zu Art. 6 CMR, Anh. VI nach § 453 HGB.

geregelte Verspätungshaftung ist lex specialis gegenüber der Haftung nach den allgemeinen Regeln über die Leistungsstörungen (Verzug, Unmöglichkeit, positive Vertragsverletzung); näheres dazu siehe § 429 Rdn. 242 ff.

b) Rücktritt wegen Verzug oder Unmöglichkeit

Anwendbar sind zunächst die **allgemeinen Vorschriften des Schuldrechts über Leistungsstörungen**, da das Frachtrecht hierfür keine Spezialnormen aufstellt. Zumeist wird die Verspätung der Beförderung Schuldnerverzug sein, so daß der Absender unter den Voraussetzungen der §§ 326, 284, 285 BGB vom Vertrag zurücktreten kann. Danach setzt der Rücktritt neben der Fristüberschreitung (§ 284 Abs. 2 BGB) ein Vertretenmüssen des Frachtführers (§ 285 BGB) voraus, wobei ihm ein eigenes Verschulden und das seiner Gehilfen (§ 431) zugerechnet wird; ferner eine Fristsetzung durch den Absender nach § 326 Abs. 1 BGB oder den Interessewegfall nach § 326 Abs. 2 BGB. Ausnahmsweise kann die Lieferfristüberschreitung auch zur Unmöglichkeit führen, wenn die Beförderung (z. B. bei eingetretener Transportunfähigkeit der Ware) nicht mehr ausgeführt werden kann; dann gelten §§ 323–325 BGB. Bei Erfüllungsverweigerung durch einen Vertragspartner (hier den Frachtführer) entfällt die Fristsetzung oder es sind die Grundsätze der positiven Vertragsverletzung anzuwenden[11].

In Betracht kommt jedoch daneben auch eine **Anwendung der spezielleren Rücktrittsregelung für Beförderungshindernisse** (§ 428 Abs. 2 und entsprechende Spezialregelungen); siehe Rdn. 23 f. Diese Regelungen erfassen zwar nicht alle Fälle von Lieferfristüberschreitungen, zumindest aber die in der Praxis bedeutsamsten. Sie gewähren dem Absender durchweg ein Rücktrittsrecht gegen Teilentschädigung (z. B. Distanzfracht, Aufwendungsersatz) ohne Rücksicht auf Verschulden des Frachtführers.

Zur grundsätzlichen Anwendbarkeit des **§ 649 BGB** siehe § 425 Rdn. 122 f.

III. Beförderungshindernisse

1. Anwendungsbereich des § 428 Abs. 2; Spezialregelungen

§ 428 Abs. 2 ist zwar teilweise durch Sonderbestimmungen verdrängt, gilt aber doch noch in beträchtlichem Umfang ergänzend. Im innerdeutschen Güterfernverkehr mit Kraftfahrzeugen gilt anstelle von § 428 Abs. 2 § 28 Abs. 1–4 KVO. Für die Möbelbeförderung verweist § 4 Abs. 2 GüKUMT, Anh. IV nach § 452 statt auf § 428 Abs. 2 auf § 437 Abs. 2 und 3, der sonst nur für Ablieferungshindernisse gelten würde. Im Güternahverkehr schließt § 12 AGNB, Anh. III/1 nach § 452 die Anwendung von § 428 Abs. 2 nicht aus, ergänzt und verändert aber die Bestimmung wesentlich. § 18 ADSp trifft für den Spediteur (damit auch für dessen Nahverkehrsbeförderung) eine dem § 428 Abs. 2 ähnliche Regelung für vom Spediteur unverschuldete Beförderungshindernisse. Das Rücktrittsrecht des Absenders besteht danach nur, wenn die Fortsetzung des Vertrages ihm billigerweise nicht zugemutet werden kann. Für vom Spediteur verschuldete Verhinderung der Beförderung verbleibt es bei § 428 Abs. 2, da dieser Fall in § 18 ADSp nicht geregelt ist.

Die **CMR** trifft in Art. 14, ergänzt durch Art. 16, eine eigene Regelung, die jedoch nichts über das Rücktrittsrecht des Absenders aussagt. Hier wird – soweit nach internationalem Privatrecht deutsches Recht ergänzend gilt – § 428 Abs. 2 eingreifen können[12].

---

[11] Siehe statt vieler *Palandt/Heinrichs*[52] § 26 Rdn. 20.
[12] Siehe zu Art. 14 CMR, Anh. VI nach § 452; zum Begriff des Beförderungshindernisses siehe *Koller* TranspR **1988** 129, 131.

16 Kennzeichnend für die speziellen Regeln des Frachtrechts ist die überall vorgesehene **Pflicht zur Einholung von Weisungen** des Absenders im Falle von Beförderungshindernissen. Dies entspricht den heute durchweg gegebenen leichten Kommunikationsmöglichkeiten.

17 Die in § 428 Abs. 2 vor allem geregelten Fragen, **ob der Absender vom Vertrag zurücktreten kann**, und wie weit er dann entschädigungspflichtig ist, werden jedoch nur von der KVO speziell und abweichend entschieden. § 428 Abs. 2 hat für die Entscheidung dieser Frage daher in allen anderen Anwendungsbereichen seine Bedeutung behalten.

2. Inhalt der Regelung
a) Überblick

18 § 428 Abs. 2 gestattet dem Absender, beim Auftreten von Transporthindernissen („Reise"-Hindernissen) ohne Rücksicht auf etwaiges Verschulden oder Nichtverschulden des Beförderers vom Frachtvertrag zurückzutreten – vorausgesetzt, das Beförderungshindernis ist nicht vom Absender selbst verschuldet. Trifft den Frachtführer kein Verschulden am Beförderungshindernis, so muß der Absender den Frachtführer entschädigen (§ 428 Abs. 2 S. 1, 2. Hs. und S. 2). Siehe zu den Leistungsstörungen im Frachtvertrag allgemein § 425 Rdn. 153.

b) Voraussetzungen

19 Der in § 428 gebrauchte Begriff des Beförderungshindernisses ist nicht sehr präzise umrissen: „Wird der Antritt oder die Fortsetzung der Reise ohne Verschulden des Absenders zeitweilig verhindert …". Zu den Merkmalen gehört danach:

aa) Verhinderung der Beförderung

20 Das Gesetz unterscheidet nicht zwischen innerbetrieblichen und äußeren Hindernissen. Beide könnten danach Grundlage für den Rücktritt nach § 428 Abs. 2 sein. Eine „Verhinderung" der Beförderung liegt nicht vor, wenn die Störung von nur ganz vorübergehender Zeitdauer ist; ebenso dann nicht, wenn der Beförderungsweg freigestellt war und auf einer der möglichen Routen durchgeführt werden kann[13].

bb) Zeitweilige Verhinderung

21 Die endgültige Verhinderung der Beförderung fällt nicht unter § 428 Abs. 2, sondern ist ein Fall der nachträglichen Unmöglichkeit[14], der nach §§ 323, 325 BGB zu behandeln ist; dazu § 425 Rdn. 165. Ob eine Verhinderung endgültig ist, muß nach wirtschaftlichen Gesichtspunkten, unter Berücksichtigung der Gegebenheiten des Einzelfalles, entschieden werden[15]. Eine Überschreitung der Lieferfrist verhindert zeitweilig die vertragsgemäße Erfüllung, solange diese noch nicht endgültig unmöglich geworden ist. § 428 Abs. 2 HGB betrifft also Fälle des Schuldnerverzugs und der nach BGB nicht zu vertretenden Leistungsverzögerung bei der Erfüllung der Beförderungs- und Ablieferungspflicht. Solange die fristgerechte Erfüllung des Beförderungsvertrages noch möglich ist, liegt kein Beförderungshindernis vor; siehe § 28 KVO Rdn. 2 f.

---

[13] OLG München vom 28. 6. 1983, TranspR **1984** 186, 790 zu § 28 Abs, 1 S. 2 KVO.
[14] § 28 KVO (Anh. II nach § 452 Rdn. 3) und Art. 14 CMR (siehe dort Anh. VI nach § 452) betreffen demgegenüber auch endgültige Beförderungshindernisse.
[15] So schon ROHG vom 28. 11. 1871, ROHG **4** 172, 174 f.

cc) Nichtverschulden des Absenders

Eine vom Absender verschuldete Verhinderung der Beförderung fällt ebenfalls nicht unter § 428 Abs. 2. In solchen Fällen dürfte im allgemeinen Gläubigerverzug des Absenders gem. § 295 BGB vorliegen. **22**

c) Folgen der Beförderungsverhinderung
aa) Rücktritt des Absenders

Dem Absender steht ohne Rücksicht auf Verschulden des Frachtführers oder auf Interessewegfall oder Fristsetzung ein Rücktrittsrecht zu. Für dieses gelten die §§ 346 ff BGB. Die Auffassung, im Falle bereits begonnener Erfüllung des Frachtvertrages handle es sich in Wahrheit um eine Kündigung[16], ist kaum vertretbar[17]. Es kann zwar sein, daß bereits erbrachte Leistungen nicht zurückgefordert werden können (Teilbeförderung, Distanzfracht). Im Falle des Verschuldens des Frachtführers gilt jedoch nicht der Grundsatz, daß bereits ausgeführte Vertragsteile von Bestand bleiben. Der Frachtführer hat in diesen Fällen auch keinen Anspruch auf Entgelt für Teilleistungen. **23**

Das Rücktrittsrecht **steht dem Absender offen, solange das Hindernis andauert.** Er ist nicht gezwungen, es alsbald nach Bekanntwerden des Hindernisses geltend zu machen. **24**

bb) Entschädigungsanspruch des Frachtführers

Wenn die Verhinderung der Beförderung vom Frachtführer nicht verschuldet ist, hat ihn der Absender im Falle des Rücktritts für die erbrachten Leistungen zu entschädigen. Insbesondere ist die Fracht für den zurückgelegten Teil der Reise (sog. „Distanzfracht") zu bezahlen, so schon ROHG 3 133, 136. Die Höhe der Entschädigung soll sich gem. § 428 Abs. 2 S. 2 nach Ortsgebrauch richten; soweit ein solcher (wie wohl überwiegend) nicht besteht, ist eine angemessene Entschädigung zu leisten. **25**

cc) Rechte des Absenders bei vom Frachtführer verschuldeter Verhinderung der Beförderung

§ 428 Abs. 2 sieht bei vom Frachtführer verschuldeten Beförderungshindernissen nur ein entschädigungsloses Rücktrittsrecht des Absenders vor. Daneben greifen aber die allgemeinen Regeln, insbesondere des Schuldnerverzugs ein. Der Frachtführer kann danach dem Absender aus §§ 286 Abs. 1, 326 BGB zum Schadensersatz wegen Schuldnerverzugs verpflichtet sein. **26**

---

[16] *Ritter*, ebenso *Ratz* in der 2. Aufl. dieses Kommentars zu § 428 Anm 5.
[17] Wie hier *Heymann/Honsell* Rdn. 5.

§ 429

(1) Der Frachtführer haftet für den Schaden, der durch Verlust oder Beschädigung des Gutes in der Zeit von der Annahme bis zur Ablieferung oder durch Versäumung der Lieferzeit entsteht, es sei denn, daß der Verlust, die Beschädigung oder die Verspätung auf Umständen beruht, die durch die Sorgfalt eines ordentlichen Frachtführers nicht abgewendet werden konnten.

(2) Für den Verlust oder die Beschädigung von Kostbarkeiten, Kunstgegenständen, Geld und Wertpapieren haftet der Frachtführer nur, wenn ihm diese Beschaffenheit oder der Wert des Gutes bei der Übergabe zur Beförderung angegeben worden ist.

Übersicht

	Rdn.
Vorbemerkung (Übersicht)	1
A. Die Haftung des Frachtführers nach § 429 HGB	10
I. Haftung für Verlust und Beschädigung des Frachtguts (Obhutshaftung)	10
1. Verlust oder Beschädigung	11
a) Verlust	12
b) Teilverlust	17
c) Beschädigung	19
d) Teilbeschädigung	20
e) Abgrenzung zwischen Verlust und Beschädigung	21
aa) Irreparable Beschädigung	21
bb) Völlige Entwertung	22
cc) Falschauslieferung	24
dd) Freihändiger Verkauf	26
f) Abgrenzung zwischen Beschädigung und Teilverlust	27
2. „Gut"	28
a) Allgemeines	28
b) Verpackung als Frachtgut	29
c) Transportmittel als Frachtgut	30
d) Transporthilfsmittel als Frachtgut	31
e) Sonstige Bestandteile des Gutes	39
3. Schaden	40
4. Zwischen „Annahme" und „Ablieferung"	41
a) Annahme	43
aa) Definition	43
bb) Annahme des Frachtguts und Abschluß des Frachtvertrages	47
cc) Rechtsnatur der Annahme	51
b) Ablieferung	52
aa) Definition	52
bb) Ort und Zeit der Ablieferung	57
aaa) Ablieferungsort	58
bbb) Ablieferungszeit	59
cc) Ablieferung an den falschen Empfänger (Falschauslieferung)	60
dd) Abnahmeverweigerung und Ablieferung	61
ee) Ausführung der Ablieferung	63
ff) Zur-Verfügungstellung durch bloßes Abstellen oder Abladen	65
gg) Ablieferung bei Tank- und Silotransporten	67
hh) Weitere Ablieferungsfälle	68
aaa) Zulässige Ablieferung an Empfangsspediteur	68
bbb) Ablieferung an eine Zollbehörde	69
ccc) Beschlagnahme	70
ddd) Ersatzablieferung, Hinterlegung, Selbsthilfeverkauf, Einlagerung	71
ii) Die Ablieferung als Rechtsgeschäft	72
aaa) Meinungsstand	72
bbb) Eigene Auffassung	73
c) Abgrenzung im einzelnen	82
aa) Laden und Entladen	83
aaa) Gesetzliche Regelungen	85
bbb) Fehlen gesetzlicher Regelungen	86
bb) Packen	96
cc) Zubringerdienste	97
dd) Vor-, Zwischen- und Nachlagerung	98
ee) Beförderung durch Nicht-Vertragspartner	102
ff) Beförderung mit einem anderen Verkehrsmittel	104
5. Beweislast	105
a) Für Verlust oder Beschädigung des Gutes	105
b) Für den Schadenszeitpunkt	107
aa) Für Unversehrtheit der Güter bei Annahme	108
bb) Für Schaden bei Ablieferung	110

Sechster Abschnitt. Frachtgeschäft § 429

		Rdn.
cc)	Für den Schadenszeitpunkt bei Wechsel der Haftungsordnung	111
6. Haftung für vermutetes Verschulden		112
a) Allgemeines		112
aa) Typus der Obhutshaftung		112
bb) Keine Verschärfung gegenüber positiver Vertragsverletzung		113
cc) Frachtrechtliche Sonderordnungen		114
dd) Gegenstand der „Verschuldensvermutung"		115
b) Schadensverursachender Umstand		116
c) Pflichtwidrigkeit und Verschulden		119
7. Verschulden oder Mitverschulden des Berechtigten		122
8. Sonderregelungen für Kostbarkeiten		124
a) Allgemeines		124
b) Die wertvollen Güter des § 429 Abs. 2		128
c) Angabe von Beschaffenheit oder Wert		130
9. Andere Haftungsausschlüsse		131
10. Haftungsfolgen (Hinweise)		132
II. Haftung für Verspätungsschäden		133
1. Allgemeines		133
2. Landfrachtrechtliche Spezialregelungen		134
3. Konkurrenzfragen		139
III. Person des Ersatzberechtigten		140
1. Allgemeines		140
a) Grundsatz: Aktivlegitimation formal frachtrechtlich bestimmt		140
b) Gespaltene oder doppelte Aktivlegitimation		141
c) Materieller Schaden und formelle Berechtigung		142
d) Abtretung der Ersatzansprüche; Forderungsübergang nach § 67 VVG		143
e) Aktivlegitimation für anspruchserhaltende Maßnahmen		144
2. Die formelle Ersatzberechtigung		147
a) Doppellegitimation von Absender und Empfänger		148
b) Doppelte Ersatzberechtigung des Empfängers bei Unterfrachtvertrag		154
3. Auseinanderfallen von formeller Berechtigung und Schaden		155
a) Vertrag mit Schutzwirkung für Dritte		156
b) Drittschadensliquidation		157
aa) Begründung: Rechtsverhältnis zwischen Berechtigtem und Geschädigtem		160
bb) Abtretung des Anspruchs an den Berechtigten		161
cc) Einschränkungen der Drittschadensliquidation		162
c) Gewillkürte Prozeßstandschaft		163
d) Rechtsstandschaft		164
e) Eigene Auffassung		168
B. Grundzüge der Haftung nach den Spezialnormen der Sparten des Landfrachtrechts		169
I. Güterfernverkehr (KVO)		169
1. Allgemeines		169
2. Obhutshaftung		170
a) Verlust, Beschädigung, Obhutszeit; Betriebs- und Transportmittelunfälle		170
b) Haftungsgrundsatz: Gewährhaftung		173
c) Haftungsausschlüsse		174
d) Gesamtstruktur der Haftung nach KVO		175
e) Ersatzberechtigter		176
f) Haftungsbeschränkungen		177
3. Haftung für Verspätungsschäden und andere Vertragsverletzungen		178
4. Gemeinsame Haftungsgrenzen für alle Haftungstatbestände		179
5. Präklusion und Verjährung der Ersatzansprüche		180
II. Güternahverkehr (AGNB)		181
1. Allgemeines		181
2. Obhutshaftung (§ 14 b AGNB)		182
a) Verlust oder Beschädigung in der Obhutszeit		182
b) Haftungsgrundsatz: Gewährhaftung		183
c) Gehilfenhaftung		184
d) Haftungsausschlüsse		185
e) Sonderhaftung für Betriebs- und Transportmittelunfälle		186
f) Ersatzberechtigter		187
g) Haftungsbeschränkungen		188
3. Haftung für andere Vertragsverletzungen		189
4. Präklusion und Verjährung der Ersatzansprüche		190
III. Beförderung durch Spediteure im Güternahverkehr (ADSp)		191
IV. Beförderung von Umzugsgut und Handelsmöbeln (Bed. GüKUMT)		192
1. Gesetzliche Grundlagen		192
2. Obhutshaftung		195

	Rdn.
a) Verlust oder Beschädigung im Haftungszeitraum	195
b) Haftungsgrundsatz: Gewährhaftung	196
c) Haftungsausschlüsse	197
d) Haftungsbeschränkungen	199
3. Haftung für Verspätungsschäden und andere Vertragsverletzungen	200
4. Ersatzberechtigter	201
5. Präklusion und Verjährung	202
V. Grenzüberschreitender Güterkraftverkehr (CMR)	203
1. Allgemeines	203
2. Obhutshaftung	204
a) Verlust oder Beschädigung in der Obhutszeit	204
b) Haftungsgrundsatz: verschärfte Haftung für vermutetes Verschulden	205
c) Haftungsausschlüsse	207
d) Haftungsbeschränkungen	212
3. Verspätungshaftung und andere Haftpflichttatbestände	214
4. Ersatzberechtigter	217
5. Präklusion und Verjährung	218
C. Haftungsregelungen außerhalb des Landfrachtrechts (Hinweise)	219
I. Binnenschiffahrtsfrachtrecht	219
1. Gesetzliche Grundlagen und AGB	219
2. Einwirkungen des AGB-Gesetzes	220
II. Eisenbahnfrachtrecht	224
III. Seefrachtrecht	225
IV. Luftfrachtrecht	226
V. Multimodale Transporte, unbenanntes Transportmittel	227
VI. Beförderung mit vertragswidrigem Beförderungsmittel	228
D. Konkurrenz zwischen frachtvertraglicher Sonderhaftung und allgemeiner Haftung	229
I. Überblick	229
1. Problemstellung	229
2. Grundsatz: Vorrang frachtvertraglicher Sonderhaftung	230
II. Frachtvertragliche Sonderhaftung und allgemeine Vertragshaftung (Unmöglichkeit, Schuldnerverzug, pVV)	231
1. Obhutshaftung in Konkurrenz mit allgemeiner Vertragshaftung (positiver Vertragsverletzung)	233
a) Grundsätzliche Auswirkungen der Konkurrenz	233
b) Rechtsprechung zum Konkurrenzproblem	235

	Rdn.
aa) Keine Haftung aus pVV für Güterschäden innerhalb der Obhutszeit	235
bb) Schäden außerhalb der Obhutszeit	240
2. Verspätungshaftung, Schuldnerverzug und Unmöglichkeit	242
a) Anwendungsmöglichkeiten für Schuldnerverzug und Unmöglichkeit	242
b) Vorrang der frachtrechtlichen Haftung	243
c) Anwendbarkeit von § 326 BGB	244
d) Unmöglichkeit (§ 325 BGB)	245
3. PVV bei Nebenpflichtverletzung und primären Vermögensschäden	246
4. PVV und Sonderregelungen des speziellen Frachtrechts	254
5. Ansprüche aus nachträglicher Unmöglichkeit (§ 325 BGB)	256
6. Haftungsumfang nach allgemeinem Schuldrecht und Sonderfrachtrecht	257
7. Aktivlegitimation bei Ansprüchen aus allgemeinem Schuldrecht	260
8. AGB, Freizeichnung und Ansprüche aus allgemeinem Schuldrecht	261
9. Verjährung von Ansprüchen aus allgemeinem Schuldrecht	262
10. Höhere Haftungsgrenzen und Vertragsstrafen	263
a) Entgegenstehendes zwingendes Recht	264
b) Abwehrklauseln in AGB des Transportgewerbes	265
III. Konkurrenz zwischen Sonderhaftungen aus Frachtrecht	266
IV. Konkurrenz zwischen Haftung aus Frachtrecht und Delikt	267
1. Voraussetzungen und Bedeutung der Konkurrenzen	267
a) Begünstigende Umstände	268
b) Bedeutungsmindernde Umstände	269
c) Grundsätzliche Bedeutung der Konkurrenzen	270
2. Folgen unbeeinflußter Anspruchskonkurrenzen	271
3. Lösungen der Konkurrenzfrage in Gesetzen und AGB	272
a) Art. 28 Abs. 1 CMR	273
b) § 63 a ADSp	274
aa) Im Güternahverkehr	274
bb) Im KVO-Verkehr	275
cc) § 63 a ADSp und konkurrierende Geschäftsbedingungen	276
dd) Vereinbarkeit mit dem AGBG	277

Stand: 1. 7. 1993

		Rdn.
c)	§ 15 Abs. 1 GüKUMT	278
d)	Art. 51 Abs. 1 ER/CIM 1980	279
e)	§ 607 a HGB	280
f)	Art. 24 Abs. 1 WA, 48 Abs. 1 LuftVG	281
g)	Multimodaler Transport	282
h)	Andere AGB des Transports	283
i)	Verbleibende Bereiche möglicher Anspruchskonkurrenz	284

4. Verbleibende Problematik zwischen Fracht- und Deliktshaftung . 285
   a) Rechtsprechung 285
      aa) Unbeeinflußte Anspruchskonkurrenz zwischen Delikt und Frachtvertrag 285
      bb) Anwendung haftungseinschränkenden Frachtrechts auf Deliktsansprüche 287
      cc) Außervertragliche Sonderbestimmungen und Deliktshaftung 288
   b) Literatur 289
   c) Eigene Auffassung 290
      aa) Keine generelle Gleichrangigkeit von Vertrags- und Deliktsrecht 290
      bb) Tragender Grundsatz: Risikozuteilung 295
         aaa) Frachtvertragliches Risiko, Haftung und Beförderungsentgelt 295

		Rdn.
	bbb) Risikobeschränkungen bei anderen Vertragsarten	297
	cc) Ausländische Auffassungen	302
	dd) Abschließende Stellungnahme	303

5. Rechte von Nicht-Vertragspartnern (nicht parallele Ansprüche) .. 304
6. Freizeichnungen in AGB für konkurrierende Deliktstatbestände ... 310

V. Konkurrenz Frachtvertrag – Eigentümer-Besitzverhältnis 314
VI. Konkurrenz Frachtvertrag – ungerechtfertigte Bereicherung 315

E. Haftung dritter Personen wegen Transportschäden 316
   I. Verkehrsteilnehmer und deren Haftpflichtversicherer 317
   II. Arbeitnehmer und selbständige Gehilfen des Frachtführers 318
      1. Haftung der Gehilfen 318
      2. Indirekte Inanspruchnahme des Beförderers aufgrund arbeitsrechtlicher Freistellung 323
      3. Haftungsausnahmen zugunsten von Gehilfen 330
      4. Neuerer Ansatz: Arbeitgeber-Haftungsbeschränkungen auch zugunsten seiner Arbeitnehmer 333

Alphabetische Übersicht

Abholung 63, 170
Ablieferung 14, 51–104
– Abgrenzung im einzelnen 82–104 82
– als Erfüllung 55
– an Empfangsspediteur 68
– an Nichtberechtigten 60
– an Zoll oder Steuerbehörde 69
– außerhalb der Geschäftszeit 59
– Begriff 52
– bei Tank- und Silotransporten 67
– bloßes Abstellen, Ausladen 65, 66
– Erfüllungshandlung 74
– Ersatzablieferung 64
– im Kaufrecht 54
– KVO 170
– nach Ausladung 89
– Realakt 74
– Rechtsgeschäft 72–81
– Teilablieferung 56
– Wirkungswille 78
Ablieferungsanspruch 54
Ablieferungshindernis 61

Ablieferungsort 57, 58
Ablieferungszeit 57, 59, 66
Abnahme 42
Abnahmeverweigerung 61
Absender 148–153
Absenderverfügung 149
Abtretung 140, 143, 166, 221
ADSp 94, 136, 191, 265
AGB 2, 219, 220–223, 261, 265, 274–277, 283, 331
AGNB 93, 114, 135, 181–190, 284
Aktivlegitimation 140–168
– AGNB 187
– anspruchserhaltende Maßnahmen 144, 146
– Assekuradeur 143, 161, 163, 166
– CMR 217
– doppelte 141, 148–154, 159, 168
– Drittschadensliquidation 157–162, 167 f
– formell Legitimierter 142, 146 f, 155, 168
– gegenüber Hauptfrachtführer 154
– gegenüber Unterfrachtführer 154
– gespaltene 141
– GüKUMT 201

- KVO 176
- Legitimation 142
- Materiell Geschädigter 142, 146, 155, 168
- Prozeßstandschaft 142, 159, 163 f, 167 f
- Rechtsstandschaft 142, 146, 159, 164–166
- rückwirkende 145
- Schadensreklamation 144, 165
- wertpapierrechtliche Verbriefung 153

Annahme 41–51
- Begriff 43
- der Frachtpapiere 65
- durch Empfänger 42, 52, 77
- Rechtsnatur 51
- vor Verladung 88
- zur Beförderung 45

Anspruchserhaltende Maßnahmen 144, 146, 165
Anspruchskonkurrenz 229–315
- AGNB 284
- allgemeine Vertragshaftung 231 f
- ausländische Auffassungen 302
- CMR 236, 273
- doppelte Haftung 271
- eigene Auffassung 290–296, 297–300, 303
- Eigentümer-Besitzerverhältnis 314
- ER/CIM 1980 279
- EVO 238, 284
- Folgen 271
- gegen zwingendes Recht 264 f
- Geschäftsführung ohne Auftrag 229
- gesetzliche Regelungen 272–282
- GüKUMT 278
- Haftungsumfang 257, 258, 259, 263
- Konkurrenz zwischen Sonderhaftungen 266
- KVO 237, 284
- Literatur 289
- Luftrecht 281
- Multimodaler Transport 282
- PVV (siehe auch „PVV") 231
- PVV wegen Nebenpflichten 246–253
- Rechte von Nicht-Vertragspartnern 304–309
- Rechtsprechung zu Vertrag und Delikt 285 f, 288
- Regelungen in AGB 272, 274–277, 283, 310–313
- Risikoveränderung 232
- Schuldnerverzug 231
- Seerecht 280
- Sonderregelungen der PVV 254 f
- ungerechtfertigte Bereicherung 315
- Unmöglichkeit 231, 246, 256
- Verspätungshaftung 264
- Vertrag vor Delikt 230
- Vertragsstrafen 263
- Vorrang frachtvertraglicher Haftung 230
- zwischen Frachtvertrag und Delikt 267–313
- zwischen PVV und Obhutshaftung 233–241
- zwischen Verspätungs- und Obhutshaftung 139
- zwischen Verspätungs- und Unmöglichkeitshaftung 245
- zwischen Verspätungs- und Verzugshaftung 242–244

Antauen von Tiefkühlgut 19, 22
Arbeitsrechtliche Freistellung 323–326
Aufforderung zur Abholung 63

Assekuradeur 143, 161, 163, 166
Aufrechnung 166
Auslieferung 42, 52, 170
Auslieferung an Nichtberechtigten 24
Auslieferung entgegen Vertragsbedingungen 25
Auslieferungsanspruch 71
Auswahl und Überwachung 268
Außervertragliche Schutzpflichten 268

BefBMö 194
Beförderung
- alsbaldige 45
- durch Dritte 102
- mit abweichendem Transportmittel 104, 228, 252
- mit der Eisenbahn 170
Beförderungsentgelt 296
Begleitpapiere 39
Behauptungslast 115 f
Beladen 182
Benachrichtigung des Empfängers 63
Bergung der Ladung 249
Berufspflichten 320
Beschädigung 11, 19–27
- Abgrenzung zum Teilverlust 27
- Abgrenzung zum Verlust 21
- Begriff 19
- Beispiele 19
- Beweislast 105
- irreparable 21
- Teilbeschädigung 20
Beschaffenheitsangabe 130
Beschlagnahme 70, 174
Besitzdiener 73–76, 80
Besitzerwerb 44, 47
Besitzmittlung 64
Besitzverschaffung 63
Besitzwillen 44
Betriebs- und Transportmittelunfälle 170, 174 f, 186
Beweis
- durch Frachtbriefeintragungen 106, 172, 182
- durch Quittung 109
Beweislast
- bei Delikt 269, 271
- bei Haftungsausschlüssen 207
- bei Wechsel der Haftungsordnung 111
- für Adäquanz 115
- für den Schadenszeitpunkt 107
- für Gehilfenverschulden 118
- für intakte Güter bei Annahme 108
- für Kausalität 115, 117, 207
- für Schaden bei Ablieferung 110
- für schadensverursachenden Umstand 116
- für Verlust oder Beschädigung 105
- für Verschulden 115, 119
- vermutetes Verschulden 112
Bezeichnung des Guts 63
Binnenschiffahrtsfrachtrecht 114, 137, 219–223
Bruch 19, 174

Chemikalien 19
CMR 95, 101, 137, 150, 203–218, 273
Container 31–37, 45
Container-Mietvertrag 36

Darlegungslast 115 f
Dauerfrachtvertrag, vertragswidrige Beendigung 248
Delikt 33, 267–313
Demontagearbeiten 88
Doppellegitimation siehe „Aktivlegitimation, doppelte"
Drittschadensliquidation 157 f, 159, 163, 167 f
- durch Absender 160
- durch Assekuradeur 163
- durch Empfänger 160
- durch Geschäftsbesorger 160
- durch Käufer 160, 162
- durch Obhutsausübenden 160
- durch Spediteur 160
- Nichtanerkennung 160

Eigentumsverletzung 268
Einlagerung 71
Einwilligung des Empfängers 52
Eisenbahnfrachtrecht 114, 224
Empfänger 148–153, 165
Empfangnahme 42
Empfangsspediteur 68
Endempfänger 24
Entgegennahme 44
Entladen 83–95, 170, 182
Entladepflicht 91
Entlastungsbeweis 268
Entwertung, völlige 22 f
ER/CIM 1980 279
Erfüllungssurrogate 71
Erfüllungstheorien 73
Ersatzablieferung 64, 71
Ersatzberechtigter siehe „Aktivlegitimation"
EVO 284

Fahrlässigkeitsbegriff 120
Fährverkehr 30
Fahrzeugmängel 210
Falschauslieferung 12, 24, 60, 189, 200, 248
Fehlmengen 174
Fixkostenspediteur 97
Forderungsübergang auf Versicherer 140, 143, 221
Formalvertrag 48
Frachtführerpfandrecht 9
Frachtgut
- Beschädigung siehe „Beschädigung", „Gut"
- Verlust siehe „Verlust"
- Wiederauffindung 16
Frachtrückzahlung 248
Frachtvertrag, Abschluß 47, 48
Freihändiger Verkauf 26
Freizeichnung 261
Frischegarantie 22
Frischfleisch 19
Frischobst oder -gemüse 19
Frost 174

Gefährdungshaftung siehe „Gewährhaftung"
Gefahren der Straße und des Fahrzeugs 173, 175, 183, 198
Gefälligkeit 90
Gehilfenhaftung 102

Geld 129
Geldersatz 13
Gesamtgläubiger 140
Gewährhaftung 114, 173, 183, 196
Gewahrsam 52, 86
Gewichtsverluste 174
Grobe Fahrlässigkeit 177, 199, 211, 222, 239
GüKUMT 92, 100, 134, 192–202, 278
Gut 28, 29, 30, 31, 32, 33, 34, 35, 36, 37, 38, 39
Güternahverkehr 138
Güterschadenshaftung siehe „Obhutshaftung"
Haftung
- für Pflichtwidrigkeit 119
- für Güterschäden siehe „Obhutshaftung"
- für Verlust und Beschädigung siehe „Obhutshaftung"
- für vermutetes Verschulden 10, 112, 115
- für Verschulden mit verschärftem Sorgfaltsmaßstab 114, 205
- für Verspätung siehe „Verspätungshaftung"
- für wertvolle Güter 128
- Gegenstand der „Verschuldensvermutung" 115
- Gewährhaftung 114
- ohne Verschulden 175, 198
- schadensverursachender Umstand 116
- selbständiger Gehilfen 318 f
- Verschärfung gegenüber BGB 113
- von Arbeitnehmern 318, 320–329, 333–335
Haftungsausnahmen zugunsten von Gehilfen 330–335
Haftungsausschlüsse 10, 131, 137, 169, 174, 197, 200, 207–211
Haftungsbeschränkung 10, 133, 169, 177, 179, 188, 199, 212 f, 298
Haftungsfolgen (Hinweise) 132
Handelsmöbel 192
Hauptfrachtführer 154
HGB-Haftungsrecht
- Anwendungsbereich 3
- dispositiv 1
- Orientierungsschema 7
- praktische Bedeutung 5, 6
- Verhältnis zu Sonderordnungen 9
- zwingend 4
Hinterlegung 71
Hitze 174
Höhere Gewalt 173, 175, 183, 196

Innerer Verderb 174

Kaffee 22
Kausalität 115
Kostbarkeiten 9, 124, 125, 126, 127, 128, 129, 130, 174
Kraftfahrzeughaftpflichtversicherung 317
Kraftfahrzeugunfall 317
Krieg 174
Kunstgegenstände 129 f
KVO 99, 134, 152, 169–180, 284, 300

Laden 83–95 83
Ladepflicht 91

Lagerung 50, 55
Leerfahrt 248
Lieferfrist 133 f, 214 f
Luftfrachtrecht 226
Luftrecht 114, 281

Mängel des Transportfahrzeugs 205
Minderung 18
Mithilfe des Fahrers 90
Mittelbare Schäden 177, 298
Mitverschulden 36, 122 f, 175
Multimodaler Transport 50, 111, 227

Nachlagerung 98, 99, 100, 101, 170
Nachnahme 24, 179, 189, 200, 216, 255
Nachvertragliche Pflichten 246
Nässeschaden 19

Obhut 46, 52
Obhutshaftung 10, 112, 137, 169 f, 182
– CMR 204
– GüKUMT 195
Obhutszeit 41–104
– Beendigung siehe „Ablieferung"
– Schäden außerhalb der Obhutszeit 240
Organisationsmängel 268
Österreich 53
Oxydation 19

Packen 96
Paletten 31
Pflicht zur Überprüfung des Frachtguts 247
Pflichtwidrigkeit 119
Positive Vertragsverletzung siehe „PVV"
PVV 24, 68, 86, 112 f, 169, 189, 200, 233–241, 246–255
Präklusion 42, 180, 190, 202, 218
Primäre Vermögensschäden 24
Privatgleisanschlüsse 65
Prozeßstandschaft 140, 142, 148, 159, 163 f, 167 f

Quittung 109

Rechtsstandschaft 142, 146, 158 f, 164–166
Rechtswidrigkeit 115
Regreßvereitelung 253
Reinigungsmaßnahmen 19
Reparatur 19
Reparaturunfähigkeit 21
Reparaturunwürdigkeit 21, 23
Risikozuteilung 295
Ro/Ro-Verkehr 30
Rückbeförderung 62

Sattelauflieger 38
Schaden
– als Haftungsvoraussetzung 40
– Überblick 40
– unmittelbarer 40
Schadensbeseitigungskosten 249
Schadensreklamation 144, 158
Schadensvermerk im Frachtbrief 61

Schadensverursachender Umstand 116
Scheck-Inkasso 251
Schrottwert 22
Seefrachtrecht 114, 225, 280
Selbsteintritt 68
Selbsthilfeverkauf 71
Sonderordnungen des Frachtrechts 1, 111, 114, 123, 126 f, 131, 134–137, 169–218
Sorgfalt eines ordentlichen Frachtführers 112
Spediteur-Obhut 50
Spediteur-Frachtführer 111
Spediteurübernahmebescheinigung 25
Speditionsrollfuhr 136
Speditionsversicherung 5
Stauen 32, 37
Steuerbehörde 69
Streitverkündung 157
Substantielle Veränderung 19
Summenmäßige Haftungsbeschränkung 127
SVS/RVS 265

Tank- und Silotransporte 67, 86
Tatsächliche Gewalt 44, 52, 63
Teilbeladung 84
Teilbeschädigung 20
Teilentladung 84
Teilverlust 17, 18, 27
Tiere 174
Totalbeschädigung 23
Totalschaden 21, 23
Totalverlust 17, 22 f
Transporthilfsmittel als Frachtgut 31
Transportmittel als Frachtgut 30

Überblick über Haftungsregelungen 8
Übergabe an den Empfänger 63
Übernahme 42
Umladen 170
Umweltschäden 249
Umzugsgut 192
Umzugsvertrag 140
Unerlaubte Handlung siehe „Delikt"
Unmittelbarer Schaden 40
Unmöglichkeit der Ablieferung 23
Unrichtige Informationen und Auskünfte 250
Unrichtige Versandanzeige 248
Unterbrechung der Kühlkette 19
Unterfrachtführer 154
Untergang 12
Unterlassung von Aufklärung 250, 251
Unternehmer 170

Verantwortungsbereich des Frachtführers 46, 112, 221
Verantwortungsbereich des Spediteur-Frachtführers 111
Verfügungen von hoher Hand 174
Verfügungsbefugnis (frachtrechtliche) 149 f, 152
Verhaltenspflichten 119
Verjährung
– AGNB 190
– Beginn 23

- Binnenschiffahrt 223
- CMR 218
- GüKUMT 202
- Hemmung 144, 165
- KVO 180
- Unterbrechung 143, 144, 145, 158, 163

Verladen 170
Verlorengehen 12
Verlust 12–17, 22
- Abgrenzung zur Beschädigung 21
- Begriff 11–13
- Beschlagnahme 70
- Beweislast 105
- Endgültigkeit 13
- Entwertung, völlige 22 f
- Falschauslieferung 24
- Grenzfälle 14
- Reparaturunfähigkeit 21, 23
- Reparaturunwürdigkeit 21, 23
- Wiedererlangung 12

Verlustfiktion bei Nichtablieferung 15, 171
Vermögensschaden 250
Vernichtung des Guts 59
Verpackung 33, 45
Verpackungen als Frachtgut 29
Verpackungsmängel 35
Verrosten 19
Verschmutzung 19
Verschulden des Berechtigten 122 f
Verschulden des Frachtführers 112 f
Versicherer (siehe auch „Assekuradeur") 140

Verspätungshaftung 133–139, 169, 178, 214 f, 264 f
Verspätungsschäden 200
Vertrag mit Schutzwirkung für Dritte 142, 156, 168
Vertrag zu Gunsten Dritter 141
Vertragsstrafe 263 f
Vertragswidrige Umladung 248
Vertreter ohne Vertretungsmacht 143
Verwahrungsvertrag 64
Verwertung beschädigten Gutes 19
Vorlagerung 98–101, 170
Vorlauf 111
Vorsatz 177, 199, 211, 222, 239

Wechselaufbauten 31 f
Weisungswidriges Verhalten 254
Wertangabe 130
Wertersatz 13, 139
Wertminderung 19
Wertpapiere 129
Wertsachen 250
Wertvolle Güter 128

Zerdrücken 19
Zerkratzen 19
Zerstörung 12
Zollbehörde 69
Zubringerdienst 97
Zuführung 170
Zurechnung von Gehilfenverhalten 175, 184, 198, 206
Zwischenlagerung 98–101, 170

Vorbemerkung (Übersicht)

Die §§ 429–431 HGB sind unstreitig dispositives Recht. Sie **waren früher die zentrale Regelung der wichtigsten Fragen des Landfrachtrechts**. Ihre Bedeutung ist vor allem durch die fast überall eingreifenden gesetzlichen Bestimmungen der frachtrechtlichen Sonderordnungen der einzelnen Sparten (KVO, GüKUMT, CMR) stark gemindert; siehe zu diesen § 425 Rdn. 26 ff sowie die kommentierten Texte in den Anhängen nach § 452. **1**

Soweit kein zwingendes Sonderfrachtrecht gilt, schränken **Allgemeine Geschäftsbedingungen** (insbesondere ADSp und AGNB) die Haftung stark ein. Die AGB unterliegen jedoch der Inhaltskontrolle nach dem AGBG; siehe dazu die Kommentierung dieser Bedingungen; zum Grundsätzlichen vor § 1 ADSp, Anh. I nach § 415. **2**

Uneingeschränkt angewendet werden die Bestimmungen des HGB-Landfrachtrechts noch im Güternahverkehr, wenn dem Frachtvertrag weder die AGNB, noch die ADSp noch andere Bedingungen zugrunde liegen. Auch die Haftung von Paketdiensten kann sich, soweit ihre Geschäfte nicht als Speditionsverträge organisiert sind (siehe § 425 Rdn. 43 f) oder der KVO unterliegen (siehe § 1 KVO, Anh. II nach § 452 Rdn. 13 ff), nach § 429 richten[1]. **3**

Ausnahmsweise wurden die §§ 429 ff als **zwingendes Recht** angesehen im Bereich des § 1 Abs. 5 KVO in der Zeit vom 1. 10. 1978 bis 9. 7. 1979; siehe §§ 412, 413 Rdn. 23. **4**

---
[1] OLG Hamburg vom 25. 5. 1988, TranspR **1989** 55 = VersR **1989** 382.

und Lehre von jeher als gemeinsame Grundlage für alle Sparten des Frachtrechts verstanden worden[5]. Sie entsprechen grundsätzlich auch den in §§ 390 Abs. 1, 407 Abs. 2, 417 Abs. 1 vorausgesetzten. Allerdings können sich Unterschiede aus der abweichenden Struktur dieser Geschäfte ergeben; siehe *Heymann/Kötter*[21] Anm. 1.

a) Verlust

12 Verlust ist der Untergang (Zerstörung) und das Verlorengehen der zu befördernden Sache. Der Frachtführer muß (nicht nur vorübergehend; siehe Rdn. 15) außerstande sein, das Gut abzuliefern, aus welchem Grunde auch immer[6]. Es kommt nicht darauf an, ob das Gut körperlich noch vorhanden ist und ob der Absender es nachträglich wieder auffinden konnte und in irgendeiner Weise wieder an sich gebracht hat[7]. Verlust liegt danach auch vor, **wenn das Frachtgut auf absehbare Zeit nicht ausgeliefert werden kann**[8], nicht aber, wenn der Frachtführer nur vorübergehend zur Auslieferung des Gutes nicht in der Lage war[9]. Zum Verlorengehen führen häufig Diebstähle und Unterschlagungen, Beschlagnahmen und Falschauslieferungen. Doch kommt es auf die Klärung der Ursache vielfach nicht an, wenn feststeht, daß der Frachtführer das Gut nicht abliefert.

13 *Koller*[10] will demgegenüber **Verlust nur** annehmen, **wenn der Frachtführer das Gut im Moment der letzten mündlichen Verhandlung auf unabsehbare Zeit nicht weisungsgemäß dem Absender oder Empfänger zur Verfügung stellen kann**. Im Klartext: Der Geschädigte hätte das Gut möglicherweise noch nach Jahren zurückzunehmen und würde – mindestens teilweise – den Ersatzanspruch verlieren. Damit würde ihm unzumutbar das Verwertungsrisiko der ihm nachträglich an Stelle der Entschädigung zur Verfügung gestellten Vertragsleistung „Frachtgut" zugewiesen. Diese Auffassung entspricht weder dem System des Frachtrechts noch den Grundgedanken des Rechts der Leistungsstörungen. Das von *Koller* zitierte Urteil des BGH vom 27. 4. 1967 besagt zur Frage, ob ein Totalschaden (Verlust) vorliegt, das Gegenteil. Der Zeitpunkt der letzten mündlichen Verhandlung wird nur für die Schadensberechnung als subsidiär möglicherweise maßgeblich erwähnt. Das von *Koller* ebenfalls angeführte BGH-Urteil vom 27. 10. 1978 weist mit Recht darauf hin: der Verlustbegriff wird durch Art. 20 Abs. 1 CMR „verdeutlicht". Obwohl nach HGB-Landfrachtrecht eine solche feste Regelung fehlt, ist die Grundlage dennoch die gleiche. Der Geschädigte wird regelmäßig Ersatz beschaffen oder sonst Vorsorge treffen. Daher kann von ihm nicht erwartet werden, daß er das Frachtgut nach Auffindung wieder anstelle des Wertersatzes akzeptiert. Es bleibt beim

---

[5] Dazu *Helm* Haftung 95 ff; *Lenz* Rdn. 513 ff.
[6] Im Grundsatz unbestritten für alle Sparten des Frachtrechts: Zur KVO *Willenberg*[4] Rdn. 33; zum Seerecht *Prüßmann/Rabe*[3] § 606 HGB Anm. D 1 a; OLG Hamburg vom 13. 3. 1953, VersR **1953** 277.
[7] BGH vom 27. 10. 1978, NJW **1979** 2473 = VersR **1979** 276, 277. Insbesondere ist auch deshalb Diebstahl in der Regel Verlust; *Heymann/Honsell* Rdn. 5 ff; *Willenberg*[4] § 29 KVO Rdn. 33.
[8] Z. B. durch endgültige behördliche Beschlagnahme; *Willenberg*[4] § 29 KVO Rdn. 34; durch Versinken im Meer; OLG Hamburg vom 10. 4. 1986, TranspR **1986** 389, 390 (zu den ADS Güterversicherung 1973); nicht, wenn der Berechtigte die zumutbare Möglichkeit hat, die Güter wiederzuerlangen, OLG Hamburg vom 25. 6. 1981, VersR **1982** 138; BGH vom 15. 2. 1982, VersR **1982** 394; siehe auch OLG Hamburg vom 10. 12. 1981, VersR **1982** 592 f (Untergang eines Schleppkahns als Verlust).
Aus der umfangreichen Literatur siehe *Schlegelberger/Geßler*[5] Rdn. 3; *Heymann/Honsell* Rdn. 5; *Koller*[2] Rdn. 3; *Lenz* Rdn. 518, jeweils m. w. Hinweisen. Siehe auch Rdn. 24.
[9] BGH vom 28. 2. 1975, VersR **1975** 658 (Diebstahl und Wiederauffindung eines Lastzugs mit Zeitschriften fällt unter die Lieferfristhaftung nach KVO); *Piper*[6] Rdn. 244.
[10] *Koller*[2] Rdn. 3, unter Bezugnahme auf BGH vom 27. 4. 1967, VersR **1967** 897, 898 und BGH vom 27. 10. 1978, NJW **1979** 2473 = VersR **1979** 276, 277. Wie *Koller* aber OLG Hamburg vom 17. 11. 1983, TranspR **1984** 188 = VersR **1984** 258.

5   Gewisse praktische Bedeutung hat die HGB-Haftungsregelung in der Speditionsversicherung. Soweit diese überhaupt Güterschäden ersetzt, richtet sich die Schadensdeckung durch den Speditionsversicherer – im Rahmen der Leistungsgrenzen der Speditionsversicherung – in Voraussetzungen und Umfang nach den gesetzlichen Haftungsbestimmungen. Besondere Bedeutung hat dies für die Speditionsrollfuhr[2]. Als Bemessungsgrundlage für die Versicherungsleistungen der Speditions-Rollfuhrversicherung, durch die die Frachtführerhaftung des Berufsspediteurs ersetzt wird, dient daher grundsätzlich die im HGB gesetzlich geregelte Frachtführerhaftung[3].

6   Die Haftungsregelung durch § 429 als ganzes hat heute auch kaum mehr Modellcharakter, da die betreffenden Spezialnormen anderen Grundsätzen folgen. Das Gleiche gilt für die Haftungsbeschränkung des § 430 HGB, die zwar teilweise noch gilt, aber durch engere, in der Regel summenmäßige Begrenzungen praktisch überall unterboten ist.

7   Eine Reihe von grundsätzlichen Begriffen des HGB-Landfrachtrechts entspricht jedoch denen der frachtrechtlichen Sondernormen, so daß die dazu ergangene Rechtsprechung jeweils auch in anderen Spezialbereichen verwertbar ist. Eine generelle Erläuterung dieser Elemente des § 429 soll daher – sozusagen als „Allgemeiner Teil" des Frachthaftungsrechts – hier versucht werden.

8   Um dem Leser einen groben **Überblick über die Gesamtregelungen des Frachtrechts**, insbes. des Landfrachtrechts zu verschaffen, wird den Kommentierungen der §§ 429–431 ein Überblick über die speziellen Haftungsregelungen vorangestellt. Einzelheiten sind den betreffenden Kommentierungen der Anhänge nach § 452 zu entnehmen.

9   Das **Verhältnis zwischen der HGB-Regelung und den speziellen Normen** wird jeweils bei der betreffenden Frage erörtert. Grundsätzlich ist jedoch davon auszugehen, daß jede speziellere Regelung das HGB-Landfrachtrecht verdrängt. So gelten z. B. die Haftungsausschlüsse der KVO nicht zusätzlich zur, sondern anstelle der Kostbarkeitenregelung des § 429 Abs. 2. Soweit Regelungskomplexe von den Spezialnormen nicht behandelt werden (z. B. zum Frachtführerpfandrecht), ist nach wie vor das allgemeine Landfrachtrecht des HGB ergänzend anzuwenden[4].

A. Die Haftung des Frachtführers nach § 429 HGB
I. Haftung für Verlust und Beschädigung des Frachtguts (Obhutshaftung)

10 § 429 sieht für die am Frachtgut entstandenen Schäden eine Haftung des Frachtführers für vermutetes Verschulden vor. Diese Haftung erstreckt sich auf das Verschulden der Gehilfen nach § 431. Sie ist im Umfang durch § 430 beschränkt. Das HGB-Landfrachtrecht enthält jedoch – anders als die meisten Sonderfrachtrechte – keine speziellen fallgruppenbedingten Haftungsausschlüsse oder Haftungsbeschränkungen.

1. Verlust oder Beschädigung

11 Die Begriffe des „Verlusts" und der „Beschädigung" sind von der Rechtsprechung

---

[2] Siehe zu den Bestimmungen Nr. 3.1 SVS/RVS (entsprechend § 3 SVS/RVS 1978); zu letzterem siehe Anh. II nach § 415; Abdruck der Neufassung 1989 in Anh. II nach § 429.
[3] Siehe als Beispielsfälle für die Bedeutung dieser Regelung OLG München vom 27. 6. 1984, TranspR **1987** 77 ff; kritisch dazu *Bischof* TranspR **1987** 423 ff; OLG Düsseldorf vom 1. 10. 1992, TranspR **1993** 117 ff.
[4] Ablehnend zur Anwendung auf einen Luftfrachtvertrag: BGH vom 13. 4. 1989, TranspR **1989** 327 ff = VersR **1989** 1066 ff.

§ 429   Drittes Buch. Handelsgeschäfte

Geldersatz, weil man den Geschädigten nicht zwingen kann, nochmals umzudisponieren; zu dieser Interessenlage zutreffend BGH vom 27. 4. 1967 aaO. Daher muß davon ausgegangen werden, daß Verlust i. S. v. § 429 HGB jedenfalls dann endgültig vorliegt, wenn Absender oder Empfänger nach einer angemessenen Wartezeit den Anspruch auf Schadensersatz geltend machen. Dies entspricht auch der Wertung des Allgemeinen Schuldrechts in § 326 BGB. *Heuer* 69 weist zu Recht darauf hin, daß die Nichtauslieferung zunächst Schuldnerverzug sein kann. Nach Ablauf einer angemessenen Frist könnte daher der Geschädigte sich in der Regel auf Interessewegfall berufen und statt der Auslieferung des Gutes gem. § 326 Abs. 2 BGB Schadensersatz wegen Nichterfüllung verlangen. Siehe zum Fall der Wiederauffindung eingehend § 430 Rdn. 36 ff.

14   **Grenzfälle des Verlustes** ergeben sich vielfach aus der Abgrenzung der **Ablieferung.** Tritt nach der Ablieferung ein Verlust ein, so ist dafür nicht zu haften, weil die Obhutszeit bereits beendet war. Daher kommt es in solchen Fällen darauf an, ob eine ordnungsgemäße Ablieferung etwa in einem Fall des Diebstahl bereits erfolgt war. Verlust liegt z. B. vor, wenn das Gut dem Empfänger durch Abladen vor dem Geschäftslokal nur zur Verfügung gestellt und dort gestohlen wurde, bevor es übernommen war. Zur Ablieferung siehe Rdn. 52 ff.

15   Bestimmte Spezialvorschriften des Frachtrechts sehen eine **Fiktion des Verlustes** vor, wenn innerhalb einer bestimmten Frist das Gut nicht abgeliefert wird[11]. Kann das falsch ausgelieferte Frachtgut innerhalb dieser Frist nicht wieder beschafft werden, so kann es vom Anspruchsberechtigten als verloren behandelt werden[12]. Ähnliches muß auch dort gelten, wo eine entsprechende Regelung nicht vorhanden ist; in diesem Fall muß eine Lage bestehen, in der eine Wiederauffindung nicht mehr zu erwarten ist[13].

16   Auch eine spätere **Wiederauffindung** kann, wenn der Geschädigte zu Recht die Sache als verloren erklärt, daran nichts ändern. Der Verlust ist nicht etwa ein vorübergehender Zustand[14], sondern ein Definitivum, auf das sich der Geschädigte einstellen muß, indem er z. B. die verlorene Sache neu beschafft oder andere sonst nicht erforderliche Dispositionen trifft. Daher muß ihm grundsätzlich auch die Gewißheit verschafft werden, daß er seine schadensbegrenzenden Maßnahmen nicht mehr zurückzunehmen braucht. Dies gilt insbesondere auch deshalb, weil der Frachtführer ihm ohnehin nur beschränkt haftet, also etwaige Folgeschäden des „vorübergehenden" Verlustes grundsätzlich nicht ersetzt werden. Wenn sich der Geschädigte für die Verlustentschädigung entschieden und diese geltend gemacht hat, kann man davon ausgehen, daß seine geschäftliche Disposition die Wiedererlangungsmöglichkeit nicht mehr einschließt. Das schließt nicht aus, daß ihm die Sondervorschriften eine Option geben, dennoch die verlorene Sache wieder herauszuverlangen – wegen der beschränkten Haftung vielfach ein Gebot der Gerechtigkeit.; siehe dazu Art. 20 CMR.

b) Teilverlust

17   In § 429 nicht besonders erwähnt ist der Teilverlust[15], d. h. der Verlust eines Teils der übernommenen Sendung. Die Vorschrift setzt jedoch voraus, daß für diesen nach den

---

[11] § 37 Abs. 4 KVO, Anh. II nach § 452; § 8 Nr. 1 GüKUMT, Anh. IV nach § 452; Art. 20 Abs. 1 CMR, Anh. VI nach § 452 ; § 87 Abs. 1 EVO, Anh. I nach § 460; Art. 39 § 1 ER/CIM 1980, Anh. II nach § 460 = Art. 30 § 1 CIM 1970; Art. 13 Abs. 3 WA.

[12] Siehe z. B. OLG Frankfurt vom 30. 3. 1977, VersR **1978** 169, 170 f; zur Rechtslage bei Wiederauffindung siehe § 430 Rdn. 36 ff.

[13] Siehe zum Luftrecht des WA OLG Frankfurt vom 3. 8. 1982, RiW **1982** 913.

[14] Davon scheint aber die Rechtsprechung gelegentlich auszugehen; siehe z. B. österr. ObGH vom 17. 2. 1982, SZ **55** 20 S. 107 f = *Greiter* 127.

[15] In § 430 Abs. 1 HGB als „teilweiser Verlust" bezeichnet; ebenso in Art. 23 Abs. 1 CMR, Anh. VI nach § 452. Siehe zum Lagervertrag BGH vom 8. 7. 1955, BGHZ **18** 98 ff.

selben Prinzipien wie für vollständigen Verlust gehaftet wird. Bei Teilverlust ergeben sich besondere Probleme der Schadensberechnung (siehe dazu § 430 Rdn. 46 ff); ferner bei der Frage, wer die Ersatzansprüche geltend machen kann[16]. Geringe Teilverluste werden in manchen Regelungen als Franchisen haftungsfrei dem Ladungsinhaber zugerechnet[17]. Teilverlust kann ausnahmsweise zur völligen Entwertung der Ladung führen. Dann liegt Totalverlust vor; siehe Rdn. 22 f. Siehe zum Erlöschen der Ansprüche bei Teilverlust § 438 Rdn. 12.

Neben dem Teilverlust kennt das Gesetz noch einen besonderen Begriff der „**Minderung**"[18]. Ob diesem Begriff eine vom Teilverlust zu unterscheidende Bedeutung zukommen soll, ist streitig. Für die Gleichbedeutung von „Minderung" und „Teilverlust" hat sich die Rechtsprechung und die überwiegende Literatur[19] ausgesprochen. Im Eisenbahnrecht wird durchgehend der Begriff des teilweisen Verlustes verwendet, der als mit der Minderung identisch behandelt wird[20]. *Schlegelberger/Geßler*[5] will jedoch dem Begriff der Minderung eine vom Teilverlust abweichende, verengende Bedeutung zumessen; er soll eine Verringerung der Substanz bezeichnen. Für diesen Sonderbegriff besteht kein Bedürfnis. Die Annahme, Teilverlust setze voraus, daß der verlorene Teil noch – wenn auch unauffindbar – existiere, stimmt nicht mit der Definition des Verlustes überein, die auch bei *Schlegelberger/Geßler*[5] Anm. 3 den Untergang des Gutes mit umfaßt; zutreffend *Heymann/Kötter*[21] § 430 Anm. 2. Die von *Schlegelberger/Geßler* mit dem veralteten Ausdruck „Minderung" bezeichneten geringfügigen Teilverluste können nach besonderen Franchise-Bedingungen der frachtrechtlichen Sonderordnungen unter engen Voraussetzungen haftungsfrei sein[21]. Dies rechtfertigt aber keinen die ohnehin bestehende Vielfalt der Bezeichnungen noch vermehrenden Sonderbegriff.

18

c) **Beschädigung**

Beschädigung ist eine wertmindernde substantielle Veränderung[22] des Frachtguts, die eine Wertminderung zur Folge hat[23]. Der Begriff ist überall im Frachtrecht der gleiche[24]. Beschädigungen können in vielfältiger Weise vorkommen[25]: Z. B. durch **mechanische Schäden wie Bruch, Zerkratzen, Zerdrücken; Verschmutzen; chemische Verunreinigungen**[26]**; Verrosten und Oxydation**[27]**; Nässe**[28]**; Antauen von Tiefkühlgut**[29]**; Frisch-**

19

---

[16] Siehe dazu § 435 Rdn. 10 und BGH vom 2. 12. 1982, TranspR **1983** 73, 74 = VersR **1983** 339, 340.

[17] Siehe z. B. OLG Hamburg vom 8. 12. 1983, VersR **1984** 235 (1 % Ölverlust, Eichfehlergrenze, § 606 HGB).

[18] In §§ 414, 423, 438 und 439.

[19] So schon OLG Hamburg vom 22. 5. 1909, OLGR **22** 84; eingehend zum Eisenbahnrecht BGH vom 8. 7. 1955, BGHZ **18** 98, 101 ff; *Heymann/Kötter*[21] § 414 Anm. 1 (S. 924), § 423 Anm. 2; siehe auch § 414 Rdn. 6.

[20] Siehe dazu insbesondere Art. 36 § 1, 40 § 1 ER/CIM 1980, Anh. II nach § 460; vgl. dazu schon BGH vom 8. 7. 1955, BGHZ **18** 98 ff.

[21] Z. B. nach § 30 f und § 34 S. 1 i KVO, Anh. II nach § 452; Art. 41 ER/CIM 1980, Anh. II nach § 460; § 84 EVO, Anh. I nach § 460. Im internationalen Eisenbahnrecht als „Schwund", in der EVO als „Gewichtsverlust", in der KVO auch als „Rinnverlust" bezeichnet.

[22] Ein Wertverlust ohne substantielle Veränderungen ist nicht als Güterschaden zu ersetzen; *Koller*[2] Rdn. 3; *Willenberg*[4] § 29 KVO Rdn. 38.

[23] *Schlegelberger/Geßler*[5] Rdn. 4; *Willenberg*[4] § 29 KVO Rdn. 36; *Rundnagel/Fritsch/Sperber* 33; *Goltermann/Konow* § 82 EVO S. 9; *Finger* § 82 EVO Anm. 2 d; *Weirauch/Heinze* § 82 EVO Anm. 5; *Nánássy/Wick* Art. 37 CIM Anm. 7; *Willenberg*[4] § 29 KVO Rdn. 36; *Schaps/Abraham* § 606 HGB Rdn. 12; *Prüßmann/Rabe*[3] § 606 HGB D 1 b; *Schleicher/Reymann/Abraham* Art. 18 WA Anm. 1; *Vortisch/Bemm* § 58 BinSchG Rdn. 8.

[24] OLG Hamburg vom 30. 3. 1989, TranspR **1989** 321, 323 (zur CMR).

[25] Siehe dazu die Aufzählung von Schadensarten bei *Willenberg*[4] Rdn. 36–38.

[26] Z. B. Verunreinigung von Feinkorndestillat durch Mineralöl im Tankwagen, BGH vom 13. 12. 1968, NJW **1968** 893 = VersR **1969** 228 ff; durch Vermischung von Schüttgut mit anderen Substanzen, OLG Köln vom 26. 9. 1985, TranspR **1986** 285 ff (nicht ausräumbarer Verdacht der Kontaminierung mit Bleistaub). Zur Verschmutzung von Flugbenzin durch Schmierölreste im Tank eines Schiffes siehe OLG Hamburg vom

fleisch[30]; **überlange Beförderungsdauer** für Frischobst oder -gemüse[31]. Werden in Fässern verladene Chemikalien wegen der durch den Transport verursachten Undichtigkeit umgefüllt, so liegt kein mittelbarer, sondern ein Güterschaden in Form der Beschädigung vor[32]. Die Beschädigung des Frachtguts muß keine endgültige sein. Sie ist auch dann gegeben, wenn das Gut durch Reparatur- oder Reinigungsmaßnahmen wieder voll hergestellt werden kann[33]. In diesem Fall schuldet der Frachtführer Ersatz der Kosten für diese Maßnahmen. Der Verdacht einer Beschädigung reicht nicht aus[34]. Liegen aber Gründe vor, die für Antauen von Gefriergut, also eine Unterbrechung der Kühlkette sprechen, ist eine Beschädigung auch dann anzunehmen, wenn später doch noch eine volle Verwertung erfolgt[35].

d) Teilbeschädigung

20 Ob nur eine **Teilbeschädigung** oder eine Beschädigung des gesamten Frachtguts vorliegt[36], kann für die Berechnung des Umfangs des Schadensersatzes von Bedeutung sein; siehe dazu § 430 Rdn. 50, 52.

e) Abgrenzung zwischen Verlust und Beschädigung
aa) Irreparable Beschädigung

21 Beschädigung, nicht Verlust, ist im allgemeinen anzunehmen, **wenn die Sache repariert wird**[37]. Ist dagegen die geschädigte Sache, z. B. eine Maschine, technisch nicht wie-

---

3. 10. 1985, TranspR **1986** 27 ff = VersR **1986** 911 ff (Schiffahrtsrecht); Verunreinigung eines Weichmachers durch Schwefelsäure, Cour de Cassation Paris VersRAI **1990** 13. Verunreinigung von Haselnüssen durch Chemikalien, OLG Hamburg vom 19. 12. 1985, TranspR **1986** 146 f (CMR) = VersR **1986** 261 f; von Kaffee durch Fischmehlreste, OLG Hamburg vom 2. 3. 1989, TranspR **1989** 331 ff (Seerecht). Siehe zu teuren Vorsorgemaßnahmen bei Verunreinigung eines Schiffes BGH vom 26. 6. 1975, VersR **1975** 824 ff.

[27] BGH vom 19. 11. 1959, BGHZ **31** 183 ff = NJW **1960** 337 ff = VersR **1960** 30, 32. LG Köln vom 11. 11. 1982, TranspR **1985** 54 f (Korrosion von Aluminium, CMR).

[28] BGH vom 7. 5. 1969, VersR **1969** 703 ff (CMR). OLG Hamm vom 24. 1. 1955, VersR **1956** 188 ff; BGH vom 26. 5. 1975, VersR **1975** 823 (Salpeter, Binnenschiffahrt); OLG Hamburg vom 25. 6. 1981, VersR **1982** 157 (zu den ADS Güterversicherung 1973, Seetransport).

[29] OLG Schleswig vom 18. 3. 1983, TranspR **1983** 148 f (Tiefkühlkost); OLG Celle vom 13. 1. 1975, NJW **1975** 1603 f = VersR **1975** 250 f (tiefgekühlte Bohnen, die zwar noch voll für den Genuß tauglich sind, aber wegen Verklumpung nur noch an Großabnehmer verkauft werden können, CMR); OLG Hamburg vom 21. 2. 1985, TranspR **1985** 400 f (angetaute Sauerkirschen, CMR); OLG Hamburg vom 29. 11. 1984 und vom 2. 5. 1985, TranspR **1985** 398 ff = VersR **1986** 865 f (tiefgefrorene Himbeeren, CMR); BGH vom 3. 7. 1974, NJW **1974** 1616 f = VersR **1974** 1013 ff (Gefrierfisch, CMR); OLG Hamburg vom 23. 9. 1982, VersR **1983** 827 f (Hasen-Gefrierfleisch, ADSp). Speziell zu Speiseeis BGH vom 28. 5. 1965, NJW **1965** 1593 = VersR **1965** 755 (Ausfall einer Kühlanlage); OLG Hamburg vom 30. 3. 1989, TranspR **1989** 321, 323 (tiefgekühlte Mousse-Torten, CMR).

[30] BGH vom 10. 1. 1968, VersR **1968** 291 ff; OLG Hamburg vom 14. 3. 1969, VersR **1970** 51; OLG Hamm vom 18. 10. 1984, TranspR **1985** 107 (CMR); OLG Hamm vom 11. 6. 1990, TranspR **1991** 375 (CMR); LG Bremen vom 23. 12. 1988, TranspR **1989** 267 f (CMR); LG Duisburg vom 14. 12. 1988, TranspR **1989** 268, 270.

[31] Weintrauben, da sie die Vermarktungszeit sehr einschränkt: AG Düsseldorf vom 12. 9. 1985, NJW-RR **1986** 452 f; Frischgurken: OLG Düsseldorf vom 12. 12. 1985, TranspR **1986** 56 ff.

[32] Unzutreffend LG Düsseldorf vom 29. 11. 1985, TranspR **1987** 340 (zur CMR).

[33] OLG Köln vom 26. 9. 1985, TranspR **1986** 285 ff = VersR **1987** 178 mit Anm. von *Knorre* S. 288 f; *Willenberg*[4] § 29 KVO Rdn. 38 mit weiteren Hinweisen.

[34] A. A. *Koller*[2] Rdn. 3; kurzfristiger, dann ausgeräumter Verdacht einer Beschädigung reicht in keinem Fall aus; OLG Hamburg vom 13. 9. 1990, TranspR **1991** 151.

[35] BGH vom 3. 7. 1974, NJW **1974** 1616 f = VersR **1974** 1013 ff (Gefrierfisch, CMR).

[36] Siehe dazu § 430 Rdn. 46 ff; § 35 KVO Rdn. 25 ff, 36, Anh. II nach § 452; Art. 23 CMR 25, Anh. VI nach § 452.

[37] BGH vom 27. 4. 1967, VersR **1967** 897, 898; siehe dort auch zum maßgeblichen Zeitpunkt für die Feststellung, ob Verlust oder Beschädigung vorliegen; ferner OLG Düsseldorf vom 14. 6. 1973, VersR **1973** 1163 f.

derherstellbar (Reparaturunfähigkeit), so liegt Totalschaden vor[38]. Dies ist jedoch auch dann regelmäßig der Fall, wenn die Herstellungskosten den Wert übersteigen[39] (Reparaturunwürdigkeit).

bb) Völlige Entwertung

Die **völlige Entwertung** des Frachtguts durch Beschädigungen ist, wenn man von einer wirtschaftlichen Betrachtungsweise ausgeht, Totalverlust[40]. Bleibt ein wirtschaftlich noch beachtlicher Schrottwert, liegt kein Totalverlust, sondern Beschädigung vor[41]. Eine solche völlige Entwertung liegt jedoch nicht vor, wenn durch eine Transportverzögerung **frisch gerösteter Kaffee** nicht mehr unter der Frischegarantie des Herstellers („rrröstfrisch...") verkauft werden kann[42]. In diesem Fall ist ein Verkauf nach Umpakken oder Umetikettieren ohne die entsprechende Markenbezeichnung noch möglich; es handelt sich um eine Beschädigung. Auch **bei aufgetauter Tiefkühlkost**, die als Markenware nicht mehr verwendbar oder nach den Umständen des Marktes allenfalls durch neue Maßnahmen verwertbar wird, liegt nur ausnahmsweise Verlust[43], meist aber nur Wertverminderung durch Beschädigung vor. Dagegen ist Totalverlust die völlige Durchnässung der Verpackung von Milchpulver, wenn dadurch seine keimfreie Beförderung zum Bestimmungsort nicht mehr möglich ist[44].

Überwiegend wird davon ausgegangen, daß bei Reparaturunfähigkeit[45], **Reparaturunwürdigkeit**[46] **und völliger Entwertung**[47] **oder bei mehreren dieser Fälle**[48] **Verlust vorliegt**. Eine andere Meinung sieht in diesen Fällen nur totale Beschädigung[49]. Die Frage kann nicht nach sprachlichen Gesichtspunkten, sondern muß im Hinblick auf die daraus entstehenden Folgen, z. B. für den Beginn der Verjährungsfristen, entschieden werden[50]. Aus dem Blickpunkt des Vertragsrechts entspricht der Verlust einer Unmöglichkeit der Ablieferung des Frachtguts. Durch die Totalbeschädigung ist daher die definiti-

---

[38] BGH vom 27. 4. 1967, VersR **1967** 898, 899; dabei kommt es nicht darauf an, ob z. B. eine Maschine entgegen der Prognose sich doch nachträglich als beschränkt reparaturfähig erweist.

[39] OLG Hamburg vom 24. 5. 1984, TranspR **1984** 274, 275; OLG Düsseldorf vom 12. 12. 1985, TranspR **1986** 56 ff (Teilverderb bei CMR-Transport wegen Aussonderungskosten als Totalverlust behandelt) *Heymann/Honsell* Rdn. 5.

[40] OLG Düsseldorf vom 12. 12. 1985, TranspR **1986** 56, 59 (wegen Verderbs vernichtete Gurken, Art. 29 CMR); beiläufig OLG Köln vom 26. 9. 1985, TranspR **1985** 285, 286; österr. ObGH vom 28. 6. 1988, TranspR **1989** 222, 225 = VersR **1989** 980 f („dem Verlust gleichzuhalten"); grundsätzlich auch *Koller*[2] Rdn. 3. **A.A.** teilweise *Willenberg*[4] § 29 KVO Rdn. 35 unter Berufung auf RGZ **56** 400; siehe aber dort Rdn. 42 f; *Heuer* 72.

[41] OLG Köln vom 30. 8. 1990, TranspR **1990** 425, 427.

[42] BGH vom 10. 2. 1983, BGHZ **86** 387 ff = TranspR **1983** 67 = VersR **1983** 629 ff und OLG Bremen vom 21. 5. 1981, VersR **1981** 974.

[43] BGH vom 28. 5. 1965, NJW **1965** 1593 = VersR **1965** 755 (KVO, Auftauen von Speiseeis); OLG Düsseldorf vom 30. 10. 1980, VersR **1981** 526 (KVO, Speiseeis); OLG Schleswig vom 18. 3. 1983, TranspR **1983** 148 f. Zur Abgrenzung zwischen Verlust und Beschädigung siehe Rdn. 21 ff.

[44] OLG Hamburg vom 25. 6. 1981, VersR **1982** 157 (zu den ADS Güterversicherung 1973, Seetransport).

[45] Oben Rdn. 21: BGH vom 27. 4. 1967, VersR **1967** 898, 899 (angenommene Reparaturunfähigkeit).

[46] Oben Rdn. 21: OLG Hamburg vom 24. 5. 1984, TranspR **1984** 274, 275; OLG Düsseldorf vom 12. 12. 1985, TranspR **1986** 56 ff (Teilverderb bei CMR-Transport wegen Aussonderungskosten als Totalverlust behandelt); *Heymann/Honsell* Rdn. 5.

[47] Oben Rdn. 22: OLG Hamburg vom 25. 6. 1981, VersR **1982** 157; OLG Düsseldorf vom 12. 12. 1985, TranspR **1986** 56, 59; beiläufig OLG Köln vom 26. 9. 1985, TranspR **1985** 285, 286; österr. ObGH vom 28. 6. 1988, TranspR **1989** 222, 225 = VersR **1989** 980 f.

[48] *Heymann/Honsell* Rdn. 5; *Koller*[2] Rdn. 3; *de la Motte* VersR **1988** 317, 318; *Willenberg*[4] § 29 KVO Rdn. 42 f; siehe aber dort Rdn. 35 unter Berufung auf RGZ **56** 400.

[49] *Heuer* S. 72; *Lenz* Rdn. 528; *Bischof* § 8 GüKUMT Rdn. 41, 63; OLG Köln vom 29. 9. 1980, VersR **1981** 842, weil das Gut ausgeliefert war.

[50] §§ 439, 414 Abs. 2; § 40 Abs. 2 d, e KVO; § 14 Abs. 2 GüKUMT; § Art. 32 Abs. 2 CMR.

ve Situation völliger Nichterfüllung eingetreten. Der Absender/Empfänger kann danach durch das Angebot der totalgeschädigten Ware nicht mehr in Annahmeverzug gebracht werden. Da es bei Totalschaden nicht mehr zur Ablieferung kommen muß, ist der Verjährungsbeginn in diesen Fällen an den Zeitpunkt der Ablieferung unzweckmäßig angeknüpft. Wird das reparaturunfähige oder total entwertete Gut noch abgeliefert, würde bei Annahme von bloßer Beschädigung statt Verlust die Verjährungsfrist mit der Ablieferung beginnen, früher als bei Annahmeverweigerung des Empfängers. Siehe dazu insbesondere die eingehende Erörterung zur Abgrenzung von Totalverlust und Totalbeschädigung zu Art. 32 CMR, Anh. VI nach § 452. Überdies ist es unrealistisch, mit den Formeln zur Berechnung des Wertersatzes bei Beschädigung zu rechnen, wenn eine vertragsgemäße Leistung nicht mehr möglich ist. Daher ist an der überwiegend vertretenen Auffassung festzuhalten.

cc) Falschauslieferung

24 Zu den wichtigsten Fällen des Verlustes gehört die Auslieferung an einen Nichtberechtigten, wenn dieser nicht zur Herausgabe bereit ist[51], und wenn nicht der berechtigte Empfänger sie genehmigt[52]. Nichtberechtigter kann vor allem auch der faktische Adressat (sog. „Endempfänger") sein, wenn die Ablieferung – insbesondere aus Gründen der Zahlungssicherung – an einen Empfangsspediteur („Adreßspediteurs", siehe §§ 407–409 Rdn. 17) oder an eine Bank frachtrechtlich vorgesehen ist. In vielen Fällen ist aus anderen Umständen, etwa aus der Beschriftung auf der Sendung, ersichtlich, wer Endempfänger sein soll. Der Frachtführer darf an diesen dennoch nicht ohne Zustimmung des Absenders oder des frachtbrieflichen Empfängers ausliefern. Diese Fälle ähneln teilweise den Fällen des Verstoßes gegen eine Nachnahmeanweisung; siehe § 425 Rdn. 145. Sie können aber, was den Verlust des Frachtguts und daraus entstehende Folgeschäden angeht, nicht aus der Haftungsordnung der Obhutshaftung ausgegliedert werden, die insbesondere den Ersatz von Folgeschäden ausschließt[53]. Entstehen dagegen durch die Falschauslieferung unabhängig vom Verlust des Gutes primäre Vermögensschäden, sind diese grundsätzlich als positive Vertragsverletzungen zu behandeln[54]. Soweit Nachnah-

---

[51] Zu § 439: OLG Hamburg vom 18. 5. 1989, TranspR **1990** 188, 190.
Zur KVO: OLG Hamburg vom 13. 3. 1953, VersR **1953** 277; LG Fulda vom 24. 1. 1992, TranspR **1992** 361 f; siehe auch die Spezialregelung des § 31 Abs. 1 b KVO, Anh. II nach § 452 und dort Rdn. 13.
Zur CMR: BGH vom 13. 7. 1979, VersR **1979** 1154 (Auslieferung an den Endabnehmer statt an den zum Inkasso vorgesehenen Empfangsspediteur); BGH vom 27. 10. 1978, VersR **1979** 276, 277 (Verlust auch, wenn der richtige Empfänger das Gut später noch erlangt); OLG Frankfurt vom 30. 3. 1977, VersR **1978** 169, 171; BGH vom 27. 1. 1982, TranspR **1982** 105 = VersR **1982** 669, 670.
Zum Seefrachtvertrag: BGH vom 5. 2. 1962, BGHZ 36 329, 332; BGH vom 25. 4. 1974, WM **1974** 563; siehe als Beispiel BGH vom 17. 1. 1974, VersR **1974** 590 ff; OLG Hamburg VersR **1964** 401; auch zu § 91 ADS: BGH vom 16. 3. 1970, VersR **1970** 437 f; LG Düsseldorf vom 23. 11. 1989, VersR **1990** 69. Viele Fälle betreffen die Auslieferung an eine nicht durch Konnossement legitimierte Person.
Zum Eisenbahnrecht: LG Heidelberg vom 29. 2. 1984, TranspR **1985** 283.
Zum insoweit entsprechenden **Lagervertrag:** siehe BGH vom 29. 10. 1962, BGHZ **38** 183 ff.
Zum Speditionsrecht: Falschauslieferung ist Verlust (Auslieferung an Endempfänger statt an sichernde Bank): österr. ObGH vom 23. 6. 1977, TranspR **1979** 75, 79.
Aus der Literatur *Piper*[6] Rdn. 243; *Schlegelberger/Geßler*[5] § 454 Rdn. 12; *Willenberg*[4] § 29 KVO Rdn. 33. *Heymann/Kötter*[21] § 429, Anm. 3 betrachtet die Falschauslieferung als „durch Versäumung der Lieferfrist entstandenen Schaden".
[52] OLG Frankfurt vom 7. 4. 1987, TranspR **1988** 150, 151 = BB **1987** 1424 f.
[53] So aber *Starosta* VersR **1992** 804 f.
[54] Siehe § 429 Rdn. 248; BGH vom 27. 10. 1978, TranspR **1982** 108 = VersR **1979** 276, 277 (zur CMR). Siehe auch § 31 Abs. 1 b KVO, Anh. II nach § 452 und dort Rdn. 13.

meanweisungen verletzt sind, wird teilweise zusätzlich nach Sonderrecht gehaftet; siehe § 425 Rdn. 145, §§ 407–409 Rdn. 128 ff. Dies ist besonders für den Fall von Nachnahmen von Bedeutung, deren Betrag die Haftungsgrenzen der Obhutshaftung oder den Wert des Gutes übersteigt.

Verlust ist auch die **Auslieferung entgegen den vereinbarten Vertragsbedingungen**, etwa ohne Vorlage der vereinbarten nicht den Auslieferungsanspruch verbriefenden Papiere wie z. B. einer Spediteur-Übernahmebescheinigung (FCR)[55]. **25**

dd) Freihändiger Verkauf
Unberechtigter freihändiger Verkauf ist Verlust; OLG Hamm vom 25. 9. 1984, TranspR **1985** 100, 103. **26**

f) Abgrenzung zwischen Beschädigung und Teilverlust
Auch die **Abgrenzung zwischen Beschädigung eines Packstücks und Teilverlust** kann Schwierigkeiten bereiten. Siehe zum Luftrecht nach WA eingehend OLG Köln vom 27. 3. 1986, TranspR **1987** 108 und OLG Hamburg vom 18. 2. 1988, TranspR **1988** 201 ff; kurz auch BGH vom 22. 4. 1982, BGHZ **84** 101, 107 f = VersR **1982** 896 ff. **27**

2. „Gut"
a) Allgemeines
§ 429 setzt den Verlust oder die Beschädigung des „Gutes", also der zu befördernden Ladung voraus. Schäden an anderen als den betreffenden Gütern können allenfalls dann ersetzt werden, wenn sie Folgen einer vorhergehenden Schädigung des Gutes sind. Jedoch sind solche Folgeschäden wegen § 430 HGB nur ausnahmsweise zu ersetzen; siehe § 430 Rdn. 20. Hat ein Fahrer neben dem vereinbarten Gut auf eigene Faust zusätzlich Güter zur Beförderung übernommen, ist der Frachtführer dafür nicht verantwortlich; OLG Hamburg vom 9. 2. 1984, TranspR **1985** 38. Ist vom „Gut" in der Einzahl in bezug auf einen bestimmten Frachtvertrag die Rede, so bezieht sich dies in der Regel auf die Gesamtheit der unter dem gleichen Frachtvertrag versandten Güter[56]. Üblicherweise wird dafür die Bezeichnung „Sendung" gebraucht. **28**

b) Verpackung als Frachtgut
Regelmäßig ist die Verpackung Bestandteil des Frachtguts. Dies wird deutlich, wenn das Gut selbst unbeschädigt ist, die beschädigte Verpackung aber für eine Anschlußbeförderung wiederhergestellt werden muß. Zur Verpackung gehören unter bestimmten Umständen auch Container, Paletten und andere Transporthilfsmittel[57]. **29**

c) Transportmittel als Frachtgut
Frachtgut können auch verladene Transportmittel sein, z. B. im Huckepack-Verkehr; siehe § 425 Anh. V nach § 452 Rdn. 2, ferner im Fähr- und Ro/Ro-Verkehr im Verhältnis zwischen den Frachtführern des Trägerbeförderungsmittels und des durch dieses beförderten Transportmittels; siehe z. B. Art. 2 CMR. **30**

---

[55] Höchstgericht in Dänemark vom 20. 5. 1988, ETR **1989** 53, 60 (CMR-Haftung für Auslieferung ohne die vereinbarte Vorlage des FCR). Zum FCR siehe § 415 Anh. IV Rdn. 2 ff.

[56] Siehe zu Art 23 Abs. 1 und 2: OLG Stuttgart vom 22. 12. 1978, VersR **1979** 637.

[57] Siehe Rdn. 31 ff; Literatur- und Rechtsprechungsangaben zum Palettenrecht 425 Rdn. 152a; zum Containerrecht siehe § 425 Rdn. 152b.

§ 429

d) Transporthilfsmittel als Frachtgut

31   Umstritten ist insbesondere, ob **Container und Wechselaufbauten und Paletten** in allen Fällen als Frachtgüter anzusehen sind[58]. Die Kontroverse kann, wie – *Endrigkeit* mit Recht feststellt – entschärft werden, wenn die zwei unterschiedlichen Fragen, ob für den Transport des Containers Fracht geschuldet wird und ob für Schäden am Container gehaftet wird, gänzlich voneinander getrennt werden. Damit ist es möglich, den Container (der u. U. dem Frachtführer den Aufbau des Fahrzeugs erspart) bei der Frachtberechnung nicht als Frachtgut zu behandeln, ihn aber doch unter den Schutz der frachtrechtlichen Obhutshaftung zu stellen[59]. Für Container, Wechselaufbauten und Paletten gilt nach GFT II/1 Nr.18 b und 18a die Regelung, daß ihr Gewicht dann für die Frachtberechnung maßgeblich ist, wenn sie leer befördert werden, aber andererseits beim Transport von Gütern in solchen Transporthilfsmitteln ihr Gewicht bei der Frachtberechnung nicht mitzählt. Diese Regelung berücksichtigt, daß ihre Verwendung auch für den Frachtführer kosten- und risikomindernde Auswirkungen hat. Mit dem Tarifaufhebungsgesetz (siehe vor § 1 GüKG, Anh. I nach § 452 Rdn. 2 f) entfällt ohnehin zum 1. 1. 1994 die Möglichkeit, aus amtlichen Tarifen Schlüsse auf die Frachtguteigenschaften zu ziehen.

32   Die **vom Frachtführer gestellten Container** sind jedenfalls dann nicht Bestandteil des Frachtguts oder Verpackung, wenn sie einen Teil des Fahrzeugs ersetzen. Insoweit stehen sie Wechselaufbauten gleich. Für sie als Teile des Fahrzeugs **haftet der Frachtführer nach den jeweiligen frachtrechtlichen Sonderbestimmungen**[60]. Auch das Stauen in einen selbst gestellten Container fällt in die Risikosphäre des Frachtführers; *Thume* aaO.

33   Die **vom Absender gestellten Container sind grundsätzlich Frachtgut** i. S. d. Haftungsrechts. Wenn sie beladen dem Frachtführer übergeben werden, sind sie als Verpackung ohnehin Frachtgut[61]. Es kann nicht angenommen werden, daß der Absender dem Frachtführer wertvolle Objekte wie Container (mit oder ohne Inhalt) übergibt, ohne sie in den Schutz der frachtvertraglichen Haftung stellen zu wollen. Im übrigen würde die Verneinung einer frachtrechtlichen Haftung die parallele unbeschränkte Haftung aus unerlaubter Handlung oder positiver Vertragsverletzung geradezu herausfordern; siehe Rdn. 229 ff.

34   **Von wem der Container „gestellt" ist**, hängt nicht von den Eigentumsverhältnissen, sondern von der jeweiligen Vertragsgestaltung ab[62]. Wird der Container vom Frachtführer durch besonderen Mietvertrag an den Absender vermietet, der ihn dann beladen dem Frachtführer wieder zur Beförderung übergibt, dann ist der Container jedenfalls Fracht-

---

[58] Für die Behandlung von Absender-Containern als Frachtgut: OLG Hamburg vom 29. 6. 1970, MDR **1970** 1016 f (Container fällt, wenn nicht als Frachtgut, so doch mindestens als Verpackung unter § 29 KVO); OLG Hamburg vom 13. 12. 1979, VersR **1981** 1072 (KVO, Container mit Ladung als Frachtgut); OLG Düsseldorf vom 8. 3. 1976, VersR **1976** 1161 (zu Art. 17 CMR); *Jaegers* Probleme der Beförderer- und Spediteurhaftung im Container- und Trägerschiffsleichterverkehr, wirtschaftswiss. Diss. Erlangen-Nürnberg **1986** 90 ff; *Scheer* BB **1969** 117 ff und **1970** 1120 ff; *Endrigkeit* VersR **1970** 999 (für Wechselaufbauten); *Willenberg*[4] § 1 KVO Rdn. 167 und § 15 KVO Rdn. 22; wohl auch *Thume* TranspR **1990** 44 f; *Piper*[6] Rdn. 245; dagegen noch *Willenberg* und *Preyer* BB **1970** 1118 ff.

[59] Zutreffend OLG Hamburg vom 29. 6. 1970, MDR **1970** 1016, 1017; *Thume* TranspR **1990** 41, 45.

[60] Z. B. nach Art. 17 Abs. 3 CMR, Anh. VI nach § 452 oder § 29 KVO, Anh. II nach § 452. Zu dieser Haftung siehe *Thume* DVZ Nr. 72 vom 16. 6. **1990**, S. 83, 84.

[61] *Heuer* Die Haftung des Frachtführers nach der CMR, 96 f, sieht Container weder als Frachtgut noch als Teil des Beförderungsmittels, sondern als Verpackungsmittel eigener Art an.

[62] Anders in den bisherigen Bedingungen der Eisenbahn; *Goltermann/Konow* § 82 EVO S. 5.

gut und zugleich Verpackung i. S. der frachtrechtlichen Haftungsausschlüsse. Dies gilt auch für Fälle, in denen die Vertragsgestaltung nicht eindeutig ist. Für Folgen von Mängeln des Containers haftet der Frachtführer dem Absender nach Mietrecht. Im einzelnen sollten die Vertragsbeziehungen nach wirtschaftlich-technischen Kriterien beurteilt werden; zutreffend *Jaegers* 92 f. Der vom Frachtführer gestellte Container ist u. U. Fahrzeugbestandteil; siehe Rdn. 32.

Häufig beruft sich der Frachtführer wegen **Mängeln des Containers auf Verpak- 35 kungsmängel** als haftungsbefreiende Gründe[63]. Dies ist jedenfalls bei vom Absender gestellten Containern zutreffend.

Mängel des Containers befreien dann den Frachtführer von der frachtrechtlichen 36 Haftung gem. Art. 17 ABS. 4 b CMR und § 18 KVO[64]. Die verbleibende Haftung aus dem Container-Mietvertrag unterliegt keinem zwingenden Recht. Jedenfalls dann, wenn der Mietvertrag in einem engen wirtschaftlichen Zusammenhang mit dem Beförderungsvertrag steht, muß sich allerdings sinnvollerweise der Frachtführer sein Verschulden bei der Überlassung des Containers als Mitverschulden anrechnen lassen[65].

Fehler beim Stauen im Container sind Verpackungsmängel, soweit der Container 37 Teil des Frachtguts und Verpackung ist. Verstauen in einen Container, der Fahrzeugbestandteil ist, können Verladefehler des Absenders sein[66].

Sattelauflieger, die vom Absender gestellt werden, können Gut im Sinne eines 38 Beförderungsvertrages sein[67].

e) Sonstige Bestandteile des Gutes

Zum Frachtgut gehören auch die Begleitpapiere als Zubehör gemäß § 97 BGB, denn 39 auch diese sind Gegenstand der übernommenen Beförderung. Für ihren Verlust bestehen jedoch teilweise Sonderregelungen; siehe 427 Rdn. 13.

3. Schaden

Wie jeder Schadensersatzanspruch setzt § 429 die Entstehung eines Schadens voraus. 40 Dieser muß in der Regel am Frachtgut entstanden sein (unmittelbarer Schaden). Meist kommt es jedoch nicht darauf an, wem der Schaden entstanden ist, denn im Frachtrecht wird die Drittschadensliquidation sehr großzügig zugelassen; siehe Rdn. 157 ff. Ein Schaden liegt daher regelmäßig in jedem Verlust oder jeder Beschädigung des Frachtguts, auch wenn der Absender oder Empfänger selbst nicht geschädigt ist. Als Anspruchsvoraussetzung wirft der Schaden daher i. d. R. keine besonderen Probleme auf. Sehr kompliziert geregelt ist dagegen im Frachtrecht die Frage, welche Schäden zu ersetzen sind und in welcher Höhe. Siehe dazu im Überblick die Erl. zu § 430 mit weiteren Hinweisen.

4. Zwischen „Annahme" und „Ablieferung"

Die Haftung aus § 429 HGB – wie nach den entsprechenden frachtrechtlichen Son- 41 derbestimmungen – beschränkt sich auf **Schäden, die während der Obhut des Fracht-**

---

[63] § 18 KVO, Anh. II nach § 452 (siehe dort Rdn. 21) und Art. 17 Abs. 4 b CMR.
[64] Siehe Art. 17 Abs. 4 b CMR, Anh. VI nach § 452; § 18 KVO, Anh. II nach § 452 Rdn. 4. Siehe auch das Internationale Übereinkommen über sichere Container vom 2. 12. 1972, BGBl **1985** II 1009.
[65] Im Rahmen von Art. 17 Abs. 5 und 17 Abs. 4 b CMR und von § 18 KVO; siehe Fn. 64.
[66] Siehe Art. 17 Abs. 4 c CMR, Anh. VI nach § 452, § 33 b KVO, Anh. II nach § 452 Rdn. 5 f.
[67] Dabei spielt die Unterscheidung zwischen Ladung und Fahrzeug nach StVZO (dazu OLG Düsseldorf vom 16. 9. 1991, TranspR **1992** 15 f) keine ausschlaggebende Rolle.

führers über das Frachtgut entstanden sind. Diese Obhutszeit bestimmt somit den Zeitraum der besonders geregelten Frachtführerhaftung. Vor und nach ihr entstandene Schäden können aufgrund anderer Anspruchsgrundlagen ersatzfähig sein[68].

42   Die Bestimmung der Obhutszeit ist im Kern in allen frachtrechtlichen Haftungsordnungen ähnlich. **Sie erfolgt regelmäßig durch die Begriffe „Annahme" und „Ablieferung", die sachlich den meisten frachtvertraglichen Haftungsregelungen gemeinsam sind**[69]. Zwar werden diese Begriffe in den einzelnen Bestimmungen sprachlich unterschiedlich bezeichnet; die Annahme heißt im BinSchG „Empfangnahme", in der CMR „Übernahme", die Ablieferung in der KVO „Auslieferung". Der tatsächliche Vorgang der Ablieferung wird vielfach vom Gesetz unter anderen Gesichtspunkten verschieden bezeichnet – im Seerecht als „Auslieferung" oder „Annahme"[70] und im Eisenbahnrecht als „Abnahme"[71]. Die meisten Vorschriften über die Präklusion der Ersatzansprüche (dazu § 438 Rdn. 4 ff) nehmen die „Annahme des Guts durch den Empfänger" als Ausgangspunkt, die mit der Ablieferung durch den Beförderer identisch ist. Die unterschiedlichen Bezeichnungen ändern aber nichts daran, daß begrifflich mit ihnen die gleichen Vorgänge für den Bereich des gesamten Frachtrechts gemeint sind. Annahme und Ablieferung sind verwandte Vorgänge, die Begründung und Beendigung der Obhut des Frachtführers kennzeichnen. Sie enthalten daher weitgehend gleiche Definitionsbestandteile[72].

a) Annahme
aa) Definition

43   Annahme bedeutet die Entgegennahme des Guts durch den Beförderer in Besitz oder Gewahrsam (in seine **Obhut**) zum Zwecke der Beförderung, d. h. zur Ausführung des jeweils vorgesehenen Frachtgeschäfts, zu der auch die vertraglich übernommene Verladung gehört[73].

44   Die Entgegennahme ist ein tatsächlicher Vorgang, enthält aber ein Willenselement – nämlich den Willen zum Besitzerwerb. Dieser ist z. B. nicht vorhanden, wenn der Selbstverlader-Absender nicht-beförderungsfähiges Gut einlädt und der Frachtführer sich weigert, es unter Verstoß gegen Straßenverkehrsvorschriften zu befördern; LG Hamburg, Transport-Dienst **1962** 327. Für die Entgegennahme genügt auch der Erwerb des mittelbaren Besitzes. Es genügt – insoweit entsprechend der Ablieferung – auch eine bloße Willenseinigung, wenn der Frachtführer in die Lage versetzt worden ist, die tatsächliche Gewalt über das Gut auszuüben und Schäden am Gut oder Verluste zu verhindern; BGH vom 27. 10. 1978, NJW **1979** 493 f = VersR **1979** 83, 84 f. Hat der Frachtführer in unmittelbarem Zusammenhang mit der Beförderung das Gut zu behandeln, beginnt die Obhutszeit bereits mit der Begründung des Besitzes[74].

45   Die Annahme muß zur **Beförderung** erfolgen. Übernimmt also z. B. ein Spediteur-Frachtführer Güter zunächst zur Einlagerung und erhält erst später den Auftrag zu ihrer

---

[68] Siehe zur allgemeinen Vertragshaftung Rdn. 240 ff.
[69] *Helm* Haftung, 96 ff; *Basedow* 38 f; *Lenz* Rdn. 494. Siehe zum Luftfrachtrecht *Ruhwedel*[2] 131 ff. Im Hinblick auf die Gegebenheiten des internationalen Luftrechts leicht differenzierend BGH vom 27. 10. 1978, VersR **1979** 83, 85.
[70] *Abraham* Seerecht, 157 f.
[71] RG vom 16. 4. 1924, RGZ **108** 50, 54 f; vom 22. 9. 1926, RGZ **114** 308, 313.

[72] Siehe eingehend BGH vom 27. 10. 1978, NJW **1979** 493 f = VersR **1979** 83, 84 f (Annahme durch Luftfrachtführer auf Flughafen).
[73] BGH vom 23. 5. 1990, TranspR **1990** 328, 329 = WM **1990** 1873 ff = NJW-RR **1990** 1314 ff. Zum Begriff der Obhut siehe eingehend BGH vom 27. 10. 1978, NJW **1979** 493 f = VersR **1979** 83, 84 f.
[74] *Koller*[2] Rdn. 4; zur Verladung siehe Rdn. 83; zur Vorlagerung Rdn. 98.

Beförderung, dann sind die Güter erst vom Augenblick des Abschlusses des Frachtvertrages[75] zur Beförderung angenommen. Dies ist zwar in § 429 HGB nicht ausdrücklich vorgesehen, ergibt sich aber aus der Rechtsnatur der frachtrechtlichen Beziehungen[76]. Gleiches gilt für die Annahme zur Verladung in einen vom Frachtführer zu stellenden Container, soweit dieser nicht als Verpackung anzusehen ist[77]. Es ist daher sicher zweckmäßig, vom Erfordernis der „alsbaldigen" Beförderung zu sprechen[78]. Auch die frachtrechtlichen Spezialvorschriften sprechen von der Annahme „zur Beförderung"[79].

Die Übernahme der Obhut muß als Bestandteil der Annahme gefordert werden; a. A. *Heymann/Kötter*[21] Anm. 2. Da sich an die Annahme der Beginn der Haftung für vermutetes Verschulden (in anderen Bereichen des Frachtrechts auch Haftung ohne Verschulden) knüpft, muß das Gut sich mindestens im Mit-Verantwortungsbereich des Frachtführers befinden. Dies entspricht auch der außerhalb des Frachtrechts maßgeblichen Abgrenzung für die Beweislastumkehr bei positiver Vertragsverletzung; siehe dazu Rdn. 112. **46**

bb) Annahme des Frachtguts und Abschluß des Frachtvertrages

Das Verhältnis der Annahme des Frachtguts zum Abschluß des Frachtvertrages kann Probleme aufwerfen. Nach der zur EVO und früher auch zur KVO vertretenen **Realvertragstheorie**[80] kommt in diesen Bereichen der Frachtvertrag erst mit der Annahme der Güter zustande. Für die Obhutshaftung ist dies meist bedeutungslos, da sie vor Besitzerlangung des Frachtführers nicht beginnen kann. **47**

Die konsequente Anwendung der (hier abgelehnten aber im Bereich der EVO und KVO noch vertretenen)[81] **Formalvertragstheorie** muß in manchen Fällen dazu führen, daß die Obhutszeit vor dem Frachtvertrag beginnt. Nach dieser Theorie, die die Übernahme des ausgefüllten Frachtbriefs durch den Frachtführer als Voraussetzung des Vertragsschlusses ansieht, erlangt der Frachtführer die Obhut mit der Annahme des Guts bereits vor dem Abschluß des Frachtvertrages. Dabei kann es sich um einen längeren Zeitraum, aber auch nur um Minuten handeln. Da in diesen Minuten z. B. zwischen dem Ausladen des anliefernden Fahrzeugs und der Frachtbriefausfüllung, das Gut vielfach besonders gefährdet ist, kommt dem Problem praktische Bedeutung zu. Auch in anderen Sparten als der EVO oder KVO kann der Frachtvertrag freilich nach Annahme des Gutes zustande kommen. Dies gilt immer dann, wenn das Gut sich bereits als Speditions- oder Lagergut im Besitz des Frachtführers befindet. **48**

Liegt die Annahme vor Vertragsbeginn, kann mit ihr die frachtrechtliche Obhutszeit vor dem Abschluß des Frachtvertrages beginnen. Dieser bezieht dann den Beginn der Vertragswirkungen in Bezug auf die Obhut auf den Zeitpunkt der Annahme zurück. Verträge solcher Art sind nicht ungewöhnlich; im Versicherungsrecht, aber auch bei anderen Dauerschuldverhältnissen, sind rückdatierte Rechtsverhält- **49**

---

[75] Beim Spediteur-Frachtführer des Eintretens der Wirkung der §§ 412, 413; für Selbsteintritt *Koller*[2] Rdn. 4.
[76] OLG Düsseldorf vom 5. 8. 1976, DB **1977** 250, 252 zum Abbau einer Messeeinrichtung vor Abtransport.
[77] *Thume* TranspR **1990** 41, 42; siehe zu diesem Fragenkomplex Rdn. 29 ff.
[78] Dazu *Willenberg* mit Rechtsprechungsangaben.
[79] § 29 KVO, Anh. II nach § 452; §§ 454 HGB, 82 Abs. 1 EVO, Anh. I nach § 460; Art. 35 § 1 und 36 § 1 ER/CIM 1980 = Art. 26, 27 CIM 1970; § 14 b AGNB, Anh. III/1 nach § 452.
[80] Siehe dazu § 15 KVO, Anh. II nach § 452 Rdn. 8 ff; *Finger* vor § 53 EVO Anm. 2 a.
[81] Zur EVO noch von Rspr. und Literatur einheitlich vertreten; siehe *Finger* vor § 53 EVO Anm. 2 b; zur KVO zumindest früher h. M., von der Rspr. und überwiegend auch der neueren Literatur mittlerweile abgelehnt; siehe § 15 KVO, Anh. II nach § 452 Rdn. 2 ff.

nisse durchaus üblich. Für den Frachtvertrag besteht kein Grund, sie nicht anzuerkennen. Daher wird es überwiegend als zulässig angesehen, daß der Haftungszeitraum mit der Annahme vor dem Vertragsschluß schon beginnt[82].

50 **Hatte allerdings der Frachtführer das Gut vor dem Beginn des Frachtvertrages schon** als Lagerhalter, Spediteur oder in einer anderen Funktion **in seiner Obhut**, muß nach den Umständen des Einzelfalls bestimmt werden, wann die Haftungszeit des vorhergehenden Rechtsverhältnisses durch die frachtrechtliche Obhutszeit abgelöst wird. So hat der Gerechtshof 's Gravenhage vom 15. 6. 1979, ETR **1980** 871, 876, 879 entschieden, daß die Annahme einer Teilpartie Schnittblumen in ein Kühlfahrzeug an einem Samstag mit der erklärten Absicht, den Rest am Montag zu laden, unter die CMR-Haftung fällt. Gleiches gilt beim Übergang zwischen Obhutszeiten, die unter verschiedenen frachtrechtlichen Sonderordnungen stehen[83]. Es ist zweifelhaft, ob in diesen Fällen wie beim multimodalen Transport im Ergebnis das dem Geschädigten günstigere Recht anzuwenden ist; zu dieser Frage siehe BGH vom 24. 6. 1987, BGHZ 101 172, 179 ff = TranspR **1987** 447, 450 f und unten Anh. V nach § 425 Rdn. 21 ff.

cc) Rechtsnatur der Annahme

51 Ob die Annahme des Frachtguts rechtsgeschäftlichen Charakter hat, ist zweifelhaft. Immerhin knüpft sich aber an sie der Beginn der frachtrechtlichen Obhutspflicht. Daher wird man sie auf der Seite des Frachtführers als Rechtsgeschäft zu qualifizieren haben – mit der Wirkung, daß die Annahme durch eine vertretungsberechtigte Person erfolgen muß[84]. Die Rechtslage entspricht – in einfacherer Variante – weitgehend der bei der Ablieferung, wobei jeweils derjenige, der das Gut entgegennimmt, den Schutz der Rechtgeschäftsvorschriften benötigt; siehe dazu eingehend unten Rdn. 72 ff.

b) Ablieferung
aa) Definition

52 „Ablieferung" ist „der Vorgang, durch den der Frachtführer (die Eisenbahn) den zur Beförderung erlangten Gewahrsam (die Obhut) am Gut mit ausdrücklicher oder stillschweigender Einwilligung des Empfängers wieder aufgibt und diesen in den Stand setzt, die tatsächliche Gewalt über das Gut auszuüben". Diese Definition[85] wurde mit kleinen sprachlichen Abweichungen in ständiger Rechtsprechung vom Reichsoberhandelsgericht und Reichsgericht für den Bereich des Eisenbahnrechts entwickelt und auch in der neueren Rechtsprechung, insbes. vom Bundesgerichtshof immer wieder bestätigt[86]. Sie gilt unverändert auch in allen anderen Bereichen des Frachtrechts, auch wenn

---

[82] Zum Seerecht *Schaps/Abraham* § 606 HGB Anm. 19; zum Binnenschiffahrtsrecht *Vortisch/ Bemm*[4] § 58 BinSchG Anm. 2 a.
[83] Beispielsfall: OLG Frankfurt vom 7. 4. 1987, TranspR **1988** 150, 151 = BB **1987** 1424 f.
[84] *Koller*[2] Rdn. 4 sieht sie als reinen Realakt.
[85] Zur Definition der Ablieferung siehe grundlegend den Aufsatz von *Leyens* ZHR 16 (1871) 86 ff; ferner aus der neueren Literatur *Schlegelberger/Geßler*[5] Rdn. 7 und § 454 Rdn. 11; *Baumbach/Duden/Hopt*[28] Anm. 2 C; *Goltermann/Konow* § 82 EVO Anm. 2 und § 75 EVO Anm. 2 S. 7 f; *Finger* § 75 EVO Anm. 1; *Weirauch/Heinze* § 75 EVO Anm. 2; *Rundnagel/Fritsch/Sperber* 21 ff; *Nánássy* Art. 16 CIM allgem. Bem.; *Willenberg* KVO[4] § 29 Rdn. 13; *Abraham* Seerecht[4] 158; *Schaps/Abraham*[4] § 606 Anm. 20; *Prüßmann/Rabe*[3] § 606 HGB D 2 a; *Vortisch/Bemm*[4] § 58 BinSchG Rdn. 3; *Piper*[6] Rdn. 237.
[86] Siehe ROHG vom 4. 5. 1871, ROHG **2** 247, 252 f; ROHG vom 12. 11. 1872, ROHG **8** 27, 29.
Zum Eisenbahnrecht RG vom 22. 9. 1926, RGZ 114 308, 313 f; siehe BGH vom 14. 2. 1963, VersR **1963** 745; vom 19. 1. 1973, VersR **1973** 350; siehe auch die Kommentierung zu § 454 HGB; OLG Hamburg vom 4. 6. 1981, VersR **1983** 42.
Zur KVO siehe BGH vom 23. 10. 1981, VersR **1981** 88; vom 9. 11. 1979, VersR **1980** 181, 182 = TranspR **1980** 94 f; OLG Düsseldorf vom 27. 4. 1955, VersR **1955**, 547 = NJW **1955** 1322 f; OLG

dort in der Rechtsprechung und in der Literatur teilweise eine kürzere und weniger umständliche Formulierung verwendet wird. Denn aus den zusätzlichen Ausführungen der Literatur und der Rechtsprechung ist zu entnehmen, daß der Sinngehalt des Wortes Ablieferung und der gleichbedeutenden Ausdrücke in allen Sparten des Frachtrechts gleich ist. Ihm entspricht auch die Bedeutung des Ausdrucks „Auslieferung" in § 435 S. 2 HGB. In sachlicher Hinsicht ist die Ablieferung identisch mit der „Annahme" in §§ 436–438. Unstreitig besteht auch Identität mit dem Begriff der Auslieferung in § 29 KVO[87] und im Seerecht (§ 611 Abs. 2 HGB)[88]. Der Begriff der Ablieferung in Art. 17 CMR entspricht ebenfalls dem allgemeinen frachtrechtlichen[89].

Er ist auch in **Österreich** zum dort ebenfalls geltenden § 429 HGB und entsprechenden Normen anerkannt[90]. **53**

Im **Kaufrecht** wird der Begriff der Ablieferung in §§ 477 BGB, 377 HGB von jeher ähnlich definiert wie im Frachtrecht[91]. **54**

Die Ablieferung ist **Erfüllung des frachtvertraglichen Ablieferungs- bzw. Auslieferungsanspruchs**; siehe § 425 Rdn. 134. Aus ihrer Definition ergibt sich, daß der Frachtführer nicht durch Weitergabe des Gutes an einen Dritten (z. B. zur Lagerung) die Beendigung seiner Obhut herbeiführen kann. Dadurch verliert er nur seinen unmittelbaren Besitz, bleibt aber bis zur definitionsgemäßen Ablieferung verantwortlich[92]. Nur in den Fällen der gesetzlich vorgesehenen Erfüllungssurrogate („Ersatzablieferung") ist dies anders; siehe Rdn. 71. **55**

Ist **von der Ladung nur ein Teil abgeliefert**, so beschränkt sich die Wirkung dieser Ablieferung auf die betreffende Teilladung, sofern die Obhut an anderen Ladungsteilen fortbesteht, z. B. wenn der Rest der Sendung noch an andere Entladestellen weiterbefördert wird; unzutreffend AG Osnabrück vom 4. 4. 1978, VersR **1978** 635. Gleiches gilt, wenn der Frachtführer zu entladen hat und die Entladung unterbrochen wird. Hat dage- **56**

Celle vom 19. 11. 1964, VersR **1965** 33; OLG Bremen vom 11. 2. 1971, VersR **1972** 248, 250; OLG Oldenburg vom 4. 3. 1976, VersR **1976** 583; OLG Hamm vom 11. 3. 1976, NJW **1976** 2077, 2078; OLG Köln vom 15. 11. 1982, VersR **1983** 486, 487; OLG Hamburg vom 7. 4. 1987, TranspR **1988** 150 f; vom 6. 2. 1989, TranspR **1989** 359, 360; OLG Celle vom 15. 2. 1989, TranspR **1989** 273, 274.
Zur CMR: BGH vom 29. 11. 1984, TranspR **1985** 182, 183 = VersR **1985** 258, 259; OLG Zweibrücken vom 23. 9. 1966, VersR **1967** 1145, 1146; OLG Bremen vom 11. 2. 1971, VersR **1972** 248, 250; OLG Hamm vom 13. 3. 1976, NJW **1976** 2077, 2078; OLG München vom 19. 9. **1980** 23 U 1819/80 (unveröff.); OLG Köln vom 5. 2. **1981**, 12 U 157/80 (unveröff.); OLG Nürnberg vom 21. 12. 1983, TranspR **1991** 99; OLG Düsseldorf vom 12. 12. 1985, TranspR **1986** 56, 56; OLG Hamburg vom 30. 1. 1986, VersR **1987** 813; OLG Düsseldorf vom 27. 11. 1986, TranspR **1987** 23 f. Beispiele siehe zu Art. 17 CMR, Anh. VI nach § 452.
Zum Seerecht siehe BGH vom 15. 11. 1965, BGHZ **44** 303, 306; vom 19. 4. 1982, TranspR **1982** 696, 697; OLG Hamburg vom 21. 5. 1981, VersR **1982** 62, 63 ; OLG München vom 1. 12. 1977, VersR **1978** 319.

Zum Luftrecht BGH vom 27. 10. 1978, NJW **1979** 493 f = VersR **1979** 83 ff.
[87] Siehe dazu § 29 KVO, Anh. II nach § 452 Rdn. 7, 9.
[88] BGH vom 15. 11. 1965, BGHZ **44** 303, 306; OLG Hamburg vom 10. 12. 1964, MDR **1965** 210.
[89] Ausdrücklich BGH vom 29. 11. 1984, TranspR **1985** 182, 183 = VersR **1985** 258, 259; OLG Zweibrücken vom 23. 9. 1966, VersR **1967** 1145, 1146; OLG Düsseldorf vom 11. 12. 1980, TranspR **1982** 13, 15; vom 12. 12. 1985, TranspR **1986** 56, 57; vom 27. 11. 1986, TranspR **1987** 23; OLG Hamm vom 11. 3. 1976, NJW **1976** 2077, 2078; siehe ferner zu Art. 17 CMR, Anh. VI nach § 452 .
[90] Österr. ObGH vom 4. 11. 1981, SZ **56** 160 S. 786, 788 f; LG Klagenfurt vom 5. 10. 1976, Verkehr **1981** 630 f; *Jesser* 58 f; *Csoklich* 133 f.
[91] Aus der neueren Rechtsprechung BGH vom 6. 5. 1981, WM **1981** 847, 848 (Ablieferung erfordert Verbringen in den Machtbereich des Käufers); vom 30. 1. 1985, ZIP **1985** 416, 419 und vom 20. 4. 1988, WM **1988** 1024 ff; siehe auch grundsätzlich LG Bonn vom 14. 10. 1988, TranspR **1988** 292 ff.
[92] Unstr., siehe zu Besitz und Obhut generell BGH vom 27. 10. 1978, VersR **1979** 493 = VersR **1979** 83 ff (zum WA); OLG Köln vom 20. 11. 1980, TranspR **1982** 43, 44.

gen der Empfänger zu entladen, ist mit der Übergabe zur Entladung die Obhut des Frachtführers über die gesamte Sendung beendet.

bb) Ort und Zeit der Ablieferung

57 Ob die Ablieferung zur richtigen Zeit und am richtigen Ort erfolgt, ist für die Beendigung der Obhutszeit irrelevant, wenn der Empfänger sich mit den Abweichungen von der vertraglichen Ablieferungspflicht einverstanden erklärt.

aaa) Ablieferungsort

58 Wird an einem falschen Ort abgeliefert, dann ist die Obhutszeit damit nicht beendet. Daher haftet der Frachtführer nach Maßgabe der CMR weiter, wenn das Gut vor dem Erreichen des Zielorts bei einer irakischen Zollstation abgeliefert wird[93]. Allerdings kann in einem solchen Fall das Handeln der ausländischen Zollbehörde unabwendbares Ereignis i. S. von Art. 17 Abs. 2 CMR sein. Genehmigt dagegen der richtige Empfänger Ablieferung an einem ursprünglich nicht vereinbarten Platz, dann ist mit dieser Ablieferung die Obhutszeit nach der KVO beendet[94].

bbb) Ablieferungszeit

59 Die Ablieferung hat innerhalb der Geschäftszeit zu erfolgen. Dies folgt aus § 358 HGB[95]. Wird freilich das Gut außerhalb der Geschäftszeit angenommen, ist die Ablieferung dennoch erfolgt; jedenfalls, wenn sie im Einverständnis einer für den Empfänger zuständigen Person geschieht[96]. Für den Verderb empfindlicher Ware (Gurken) durch Hitzeeinwirkung wegen Nichtannahme haftet der Frachtführer dann ohne die Haftungsbeschränkungen der CMR; auch die Kosten der Vernichtung und des Sachverständigen sind zu ersetzen[97]. Nachtablieferung kann von den Parteien selbstverständlich vereinbart werden; in der Praxis geschieht dies auch sehr häufig[98].

cc) Ablieferung an den falschen Empfänger (Falschauslieferung)

60 Eine Ablieferung ist nur an den Berechtigten oder an einen Dritten mit der Einwilligung des Berechtigten möglich; Ablieferung an einen Nichtberechtigten führt nicht zur Beendigung der Obhutspflicht[99]. Ist die falsch ausgelieferte Sache nicht mehr wiederzuerlangen, so liegt Verlust vor; siehe Rdn. 24 f.

dd) Abnahmeverweigerung und Ablieferung

61 Verweigert der Empfänger die Abnahme vorübergehend, so liegt noch keine Ablieferung vor; die Obhutshaftung dauert an[100]. In diesem Fall liegt u. U. ein Ablieferungs-

---

[93] Insoweit zutreffend OLG Hamburg vom 24. 5. 1984, TranspR **1984** 274, 276; siehe dazu auch Rdn. 69.
[94] OLG Hamm vom 11. 3. 1976, NJW **1976** 2077, 2078 (zur CMR, widersprüchlich in diesem Urteil allerdings dann die Haftung des Frachtführers für einen vom Empfangsspediteur besorgten Weitertransport); OLG Frankfurt vom 7. 4. 1987, TranspR **1988** 150 f (KVO); *Willenberg*[4] § 29 KVO Rdn. 16.
[95] OLG Düsseldorf vom 12. 12. 1985, TranspR **1986** 56, 58 (CMR).
[96] So z. B. des Lagermeisters, OLG Düsseldorf vom 27. 4. 1955, NJW **1955** 1322 f = VersR **1955** 547; keine wirksame Nachtablieferung ohne dieses Einverständnis: OLG Frankfurt vom 30. 5. 1984, TranspR **1984** 272 (nächtliches Abstellen auf dem Betriebsgelände des Empfängers keine Auslieferung nach KVO); eine Ablieferung liegt aber nicht vor, wenn es bei verfrühter Anlieferung an einem Einverständnis des Empfängers fehlt; BGH vom 23. 10. 1981, VersR **1982** 88 f.
[97] OLG Düsseldorf vom 12. 12. 1985, TranspR **1986** 56 ff = VersR **1986** 1069.
[98] *Willenberg*[4] § 29 KVO Rdn. 16; ohne solches Einverständnis keine Ablieferung: OLG Oldenburg vom 4. 3. 1976, VersR **1976** 583.
[99] OLG München vom 27. 3. 1981, VersR **1982** 264, 265; BGH vom 13. 7. 1979, VersR **1979** 1154; zur Rechtsstellung des „Zufallsempfängers" siehe § 435 Rdn. 3.
[100] OLG Düsseldorf vom 12. 1. 1984, TranspR **1984** 102, 103 (CMR); OLG Düsseldorf vom 12. 12. 1985, TranspR **1986** 56, 57.

hindernis vor; dem Frachtführer stehen die durch die speziellen Ordnungen für diesen Fall vorgesehenen Rechte zu. Siehe dazu die Erläuterungen zu § 437. Annahme des Gutes durch den Empfänger bedeutet auch dann Ablieferung, wenn er einen Schadensvermerk im Frachtbrief einträgt[101].

Wird das Gut durch den Frachtführer **zurückbefördert**, dauert die Obhutszeit an[102]. **62**

ee) Ausführung der Ablieferung

Die Ablieferung erfolgt in der Regel durch Übergabe an den Empfänger oder die **63** sonst berechtigte Person, also durch Verschaffung des unmittelbaren Besitzes[103]. In jedem Fall ist vorausgesetzt, daß der Empfänger willens und in der Lage ist, die tatsächliche Herrschaft auszuüben[104]. Eine bloße Benachrichtigung des Empfängers mit Frachtbriefübergabe und der Aufforderung zur Abholung genügt nicht[105]. Hat nach dem Frachtvertrag der Empfänger zu entladen, trifft den Frachtführer die Pflicht, das betreffende Gut entsprechend zu bezeichnen[106].

Der **Beförderer kann auch das Gut weiterhin für den Berechtigten im Besitz 64 behalten**[107] – aufgrund eines neuen Vertrages, etwa eines Verwahrungsvertrages, ROHG 14 293, 295 – oder eines neuen Frachtvertrages. In solchen Fällen, insbesondere auch bei „Ersatzablieferung" (Rdn. 74, 82) liegt die frachtvertragliche Ablieferung in dem Augenblick vor, in dem sich der Rechtsgrund des Besitzes ändert.

ff) Zur-Verfügungstellung durch bloßes Abstellen oder Abladen

Das Gut kann auch dem Berechtigten in seinem Einverständnis durch Abstellen oder **65** Abladen auf einen bestimmten Platz zur Verfügung gestellt werden; z. B. durch Abstellen des beladenen Wagens an die Rampe des Empfängers, wenn dieser zu entladen hat und die Frachtpapiere annimmt[108]. Es genügt jedoch nicht, das beladene Fahrzeug vor dem Betriebsgelände abzustellen und den Empfänger zu fragen, ob es dort stehen bleiben könne[109] oder einen abzuliefernden PKW verschlossen vor dem Betriebsgelände des Empfängers abzustellen[110]. Besondere Bedeutung hat dies vor allem auch im Eisenbahnrecht bei Privatgleisanschlüssen, wo das Abstellen der Waggons nach den allgemeinen Bedingungen für Privatgleisanschlüsse sogar schon dann als Ablieferung genügt, wenn

---

[101] OLG Frankfurt vom 16. 2. 1982, TranspR **1982** 19 f = MDR **1982** 583 f; *Willenberg*[4] § 29 KVO Rdn. 15.

[102] Siehe aus der Rechtsprechung: OLG Düsseldorf vom 24. 3. 1983, TranspR **1984** 14, 15 (für Verjährungsbeginn nach CMR); siehe zu weiteren Fällen Art. 17 CMR, Anh. VI nach § 452; siehe auch § 425 Rdn. 25.

[103] Siehe z. B. OLG Düsseldorf vom 19. 11. 1964, VersR **1965** 33 = NJW **1965** 204 (Anstellen an die Rampe bei Entladepflicht des Empfängers); OLG Hamburg vom 13. 12. 1979, VersR **1981** 1072 (Ablieferung eines Containers zur Entladung durch den Empfänger).

[104] Siehe zur Ablieferung der Eisenbahn durch Bereitstellung auf dem Privatgleis des Empfängers BGH vom 14. 2. 1963, VersR **1963** 745 f; eines Containers zur Entladung an der Rampe OLG Hamburg vom 13. 12. 1979, VersR **1981** 1072.

[105] *Willenberg*[4] § 29 KVO Rdn. 18.

[106] Zutreffend LG Fulda vom 24. 1. 1992, TranspR **1992** 361, 362.

[107] Siehe die Fälle RG vom 13. 4. 1921, RGZ **102** 92, 93 f; RG vom 16. 4. 1921, RGZ **108** 50, 55; RG vom 22. 9. 1926, RGZ **114** 308, 314; OLG Düsseldorf vom 18. 10. 1984, TranspR **1985** 357 = VersR **1986** 438, 439.
Siehe ferner Art. 16 CMR, Anh. VI nach § 452; *Schlegelberger/Geßler*[5] Rdn. 8, § 454 HGB Rdn. 11; *Finger* § 75 EVO Anm. 1 f; *Rundnagel/Fritsch/Sperber* 22; *Nánássy* Art. 16 CIM allgem. Anm.; *Schaps/Abraham*[4] § 606 Anm. 20; *Prüßmann/Rabe*[3] § 606 Anm. D 2 b mit eingehenden Ausführungen über die Besonderheit der Ablieferung im Seefrachtrecht; *Willenberg*[4] § 29 KVO Rdn. 13.

[108] OLG Düsseldorf vom 27. 4. 1955 VersR **1955** 547; *Willenberg*[4] § 29 KVO Rdn. 15.

[109] OLG Nürnberg vom 21. 12. 1989, TranspR **1991** 99 f (CMR).

[110] OLG Oldenburg vom 4. 3. 1976, VersR **1976** 583.

§ 429

der Empfänger es versäumt, bei der Ablieferung mitzuwirken[111]. Auch das Abstellen auf einem Gleis zur Selbstentladung kann ausreichen; OLG Celle vom 15. 2. 1989, TranspR **1989** 273, 274. Jedenfalls ist aber die vollständige Aufgabe des Gewahrsams des Frachtführers bzw. der Eisenbahn erforderlich; OLG Hamburg vom 4. 6. 1981, VersR **1983** 42 f.

66 **Ohne das Einverständnis** liegt jedoch im bloßen Ausladen, z. B. auf dem Kai eines Hafens, keine Ablieferung[112]. Gleiches gilt für die Entladung zu einem vorzeitigen Termin ohne Zustimmung des Empfängers, auch wenn dessen nicht vertretungsberechtigtes Personal mitwirkt[113].

gg) Ablieferung bei Tank- und Silotransporten

67 Beim Entladen aus Tank- und Silofahrzeugen ist die Rechtslage in hohem Maße situationsabhängig. Wird hierfür der Einsatz von fahrzeugeigenen Anlagen – z. B. Pumpen – benötigt, ist die Ablieferung regelmäßig erst abgeschlossen, wenn das Füllgut im Tank des Empfänger angelangt ist[114].

hh) Weitere Ablieferungsfälle

aaa) Zulässige Ablieferung an Empfangsspediteur

68 Wird das Gut einem vom Frachtführer ohne Einverständnis des Empfängers eingeschalteten Empfangsspediteur übergeben, ist darin keine Ablieferung zu sehen; ein solches Einverständnis liegt z. B. nicht vor, wenn der Nachweis des Zugangs des „Überweisungsscheins für Sammelgüter" an den Empfänger nicht erbracht werden kann; OLG München vom 1. 12. 1977, VersR **1978** 319 f. Eine Ablieferung ist jedoch gegeben, wenn an einen vom Empfänger benannten Empfangsspediteur vor dem Bestimmungsort abgeliefert wird; in diesem Falle kommt allerdings eine Haftung nach positiver Vertragsverletzung in Betracht[115]. Die Ablieferung durch den selbsteintretenden Spediteur an eine eigene Niederlassung als Empfangsspediteur (OLG Oldenburg vom 6. 2. 1989, TranspR **1989** 359 ff) beendet die frachtrechtliche Obhut und ersetzt sie durch eine speditionelle; siehe §§ 412, 413 Rdn. 26 f.

69 #### bbb) Ablieferung an eine Zollbehörde

Eine Ablieferung kann vorliegen, wenn an eine Zoll- oder Steuerbehörde abgeliefert wird, ROHG vom 4. 5. 1871, ROHG **2** 247, 253 ff. Dies gilt jedoch nicht, wenn die Beförderung nach der Zollüberprüfung noch fortzudauern hätte[116]. Allerdings ist die

---

[111] Siehe hierzu BGH vom 14. 2. 1963, VersR **1963** 745 f.

[112] *Schaps/Abraham*[4] § 606 Anm. 20 mit weiteren Einzelheiten; *Prüßmann/Rabe*[3] § 606 D 2 b aa (Absetzen auf den Kai); OLG Hamburg vom 16. 12. 1964, MDR **1965** 210; OLG Oldenburg vom 4. 3. 1976, VersR **1976** 583 f (Abstellen eines beförderten PKW auf der Straße ohne Schlüsselübergabe (KVO)); OLG Frankfurt vom 30. 5. 1984, TranspR **1984** 272 (nächtliches Abstellen auf dem Betriebsgelände des Empfängers keine Auslieferung nach KVO).

[113] BGH vom 23. 10. 1981, VersR **1982** 278 (KVO).

[114] OLG Koblenz vom 8. 12. 1961, VersR **1962** 458 f; OLG Düsseldorf vom 19. 11. 1964, NJW **1965** 204 = VersR **1965** 33 f; abweichend für den Fall, daß die Entladung alleine durch Schwerkraft erfolgt: LG Köln vom 6. 12. 1966, VersR **1968** 145 = MDR **1969** 511; siehe auch § 17 KVO, Anh. II nach § 452 Rdn. 8, 17, 42; *de la Motte* VersR **1965** 34; eingehend *Willenberg*[4] § 17 KVO Rdn. 72 ff.

[115] OLG Hamm vom 11. 3. 1976, NJW **1976** 2077 f. Siehe ferner die besondere Situation bei der Anwendung der KVO auf Spediteure, §§ 412, 413 Rdn. 26 ff und OLG Koblenz vom 14. 1. 1983, Spediteur **1986** 199, 200.

[116] OLG Hamburg vom 24. 5. 1984, TranspR **1984** 274, 276 und vom 30. 1. 1986, TranspR **1986** 229 ff. Siehe auch *Ruhwedel*[2] 133 f.

Haftung nach Art. 17 Abs. 2 CMR wohl regelmäßig ausgeschlossen, wenn der Frachtführer auf die Auslieferung an die Zollbehörde keinen Einfluß hatte und sie auch nicht durch eigenes Handeln verursacht hatte[117].

ccc) Beschlagnahme

Die Beschlagnahme eines beförderten PKW während der Ausladung erfolgt vor Ablieferung, da der Empfänger keine freie unangefochtene Verfügungsgewalt erlangt; OLG München vom 19. 9. 1980, 23 U 1819/80 (unveröff.). In diesen Fällen endet die Haftungsperiode nicht; insbesondere setzt sie sich nach Rückgabe der Ladung an den Frachtführer fort. Allerdings kann bei längerer oder endgültiger Beschlagnahme Verlust vorliegen. Die Haftung des Frachtführers ist in Beschlagnahmefällen regelmäßig ausgeschlossen, wenn ihn kein Verschulden trifft[118]. **70**

ddd) Ersatzablieferung, Hinterlegung, Selbsthilfeverkauf, Einlagerung

In Betracht kommen ferner die Erfüllungssurrogate des Auslieferungsanspruchs, insbesondere die berechtigte Hinterlegung, die der Ablieferung gleichstehen, durch die also die Obhut des Frachtführers rechtmäßig beendet wird[119]. Die gleiche Wirkung entsteht bei berechtigtem Selbsthilfeverkauf[120]. Das gleiche gilt, wenn der Frachtführer das Gut entsprechend einer Anweisung des Verfügungsberechtigten an einen Lagerhalter ausliefert. **71**

ii) Die Ablieferung als Rechtsgeschäft
aaa) Meinungsstand

Ob die Ablieferung Rechtsgeschäft oder rein tatsächliche Handlung ist, wird unterschiedlich beurteilt. Teilweise wird sie generell als Rechtsgeschäft[121] oder als „zweiseitiges" Rechtsgeschäft[122] bezeichnet. Vorsichtiger sprechen im Anschluß an das Reichsgericht die neuere Rechtsprechung[123] und ein Teil der Lehre[124] von einem „zweiseitigen Akt". Vielfach wird auch die dogmatische Frage offengelassen[125]. **72**

bbb) Eigene Auffassung

Ob die Ablieferung tatsächlich ein Rechtsgeschäft ist, erscheint zweifelhaft. Bei Personenidentität von Frachtführer und Empfänger (z. B. bei Selbstadressierung des **73**

---

[117] Siehe auch Art. 17 CMR, Anh. VI nach § 452. Zur Haftung für unter der Obhut der Zollbehörde entstandenen Schaden an Luftfrachtgut siehe *Ruhwedel*[2] 133 f; *Schmid* Die Arbeitsteilung im modernen Luftfrachtverkehr und ihr Einfluß auf die Haftung des Luftfrachtführers, Diss. Frankfurt **1983** 210. Eine Haftungsfreiheit für Schäden nach Übernahme des Luftfrachtguts nimmt generell an das OLG Karlsruhe vom 7. 3. 1984, TranspR **1984** 235. Zu dieser Problematik siehe schon *Rundnagel/Fritsch/Sperber* 26 f.

[118] Siehe insbesondere § 34 b KVO, Anh. II nach § 452 und Art. 17 Abs. 2 CMR, Anh. VI nach § 452 ferner § 33 KVO, Anh. II nach § 452 Rdn. 6.

[119] Beispiel aus der Praxis: Ersatzablieferung nach Art. 16 Abs. 2 CMR, LG Göttingen vom 13. 3. 1980, TranspR **1981** 21. *Rundnagel/Fritsch/Sperber* 22; *Schaps/Abraham*[4] § 606 Anm. 20 a. E. wollen die Hinterlegung nicht als Ablieferung anerkennen, ihr aber die gleiche Wirkung durch die Haftung zubilligen.

[120] Siehe dazu § 437 Rdn. 15 ff und § 28 KVO, Anh. II nach § 452 Rdn. 31; *Willenberg*, KVO[4] § 28 Rdn. 60 ff.

[121] Gegen die Ablieferung als Rechtsgeschäft *Heymann/Kötter*[21] Anm. 2.

[122] *Schlegelberger/Geßler*[5] Rdn. 7; *Willenberg*[4] Rdn. 14; wohl auch *Heymann/Honsell* Rdn. 12, 9.

[123] RG vom 22. 9. 1926, RGZ **114** 308, 314; BGH vom 15. 11. 1965, BGHZ **44** 304, 306; OLG Hamburg vom 21. 5. 1981, VersR **1982** 62, 63; OLG Oldenburg vom 4. 3. 1976, VersR **1976** 583; OLG Düsseldorf vom 12. 12. 1985, TranspR **1986** 56, 57 = VersR **1986** 1069 f.

[124] *Baumbach/Duden/Hopt*[28] Anm. 2 B.

[125] Dogmatisch offen *Piper*[6] Rdn. 238; *Lenz* Rdn. 401; *Heymann/Honsell* Rdn. 8 ff, 13.

Frachtführers an eine eigene Niederlassung als Empfangsspediteur) kommt eine rechtsgeschäftliche Deutung der Ablieferung jedenfalls nicht in Betracht. Mit Recht stellt daher das OLG Oldenburg vom 6. 2. 1989, TranspR **1989** 359, 360, in einem solchen Fall auf die tatsächlichen Vorgänge (Obhut) ab. Aber auch im Normalfall der Ablieferung an Dritte wäre zu denken an eine bloße Besitzübertragung mit besonderen Auswirkungen. Diese erfolgt nach § 854 Abs. 1 BGB grundsätzlich durch Übertragung der tatsächlichen Sachherrschaft, wobei bei den beteiligten Besitzern und Besitzdienern nur ein natürlicher Wille zur Übertragung und zum Erwerb des Besitzes vorhanden sein muß. Im Falle der Besitzübertragung nach § 854 Abs. 2 BGB ohne körperliche Übergabe ist dagegen ein Rechtsgeschäft (Einigung) erforderlich; vgl. dazu *Palandt/Bassenge*[52] § 854 Rdn. 9.

74 Da der Frachtführer aus dem Frachtvertrag die Ablieferung des Gutes am Bestimmungsort schuldet, ist die Ablieferung in erster Linie **Erfüllungshandlung**. Sie hat aber über die reine Tilgung der Verbindlichkeit hinaus weitere Auswirkungen. Insbesondere weist ihr § 429 HGB die Funktion der Beendigung der Verantwortlichkeit des Frachtführers (Obhut) zu; andererseits wird der Empfänger durch die Annahme des Gutes möglicherweise in eine Schuldnerposition gebracht. Die bürgerlichrechtlichen Erfüllungstheorien[126] können zwar Möglichkeiten für die Qualifikation der frachtrechtlichen Ablieferung bieten, müssen aber im Hinblick auf ihre frachtrechtlichen Auswirkungen überprüft werden. Grundsätzlich ist von der herrschenden und in ihren Auswirkungen einfachsten Theorie der realen Leistungsbewirkung auszugehen[127]. Danach ist die Erfüllung grundsätzlich Realakt; die erforderliche Tilgungsbestimmung erfolgt durch die Ablieferung. Bei Ablieferung durch Personal (Fahrer) oder Unterfrachtführer oder deren Personal wird die Tilgungsbestimmung durch die Ablieferungsanweisung an die abliefernde Person getroffen und geht dem Empfänger mit der realen Auslieferung des Gutes zu.

75 **Die praktischen Auswirkungen der Rechtsgeschäftstheorie sind demgegenüber negativ zu sehen**. Sieht man die Ablieferung und Annahme stets als Rechtsgeschäfte an, so kann das Gut immer nur durch einen bevollmächtigten Vertreter des Frachtführers an einen ebenso bevollmächtigten Vertreter des Empfängers abgeliefert werden. Die Abwicklung des Ablieferungsvorgangs durch bloße Besitzdiener könnte nur wirksam sein, wenn man für diese entsprechende Vollmachten annähme. Dazu muß man u. U. durch Auslegung den tatsächlichen Verhältnissen in großzügiger Weise rechtsgeschäftliche Bedeutung beimessen. Auch § 56 HGB kann nur in gewissem Umfang helfen[128]. Insbesondere bei der Ablieferung an nicht bevollmächtigte Besitzdiener von Privatpersonen wie Kinder, Hausangestellte usw. sind Schwierigkeiten unvermeidbar.

76 Die **Interessenabwägung** gibt folgendes Bild: Im Interesse des Frachtführers wäre es zwar wünschenswert, wenn die tatsächliche Ablieferung im Regelfall zur Erfüllung seiner vertraglichen Pflichten und zur Beendigung der Obhutshaftung führen würde. Andererseits bewirkt erst die Annahme des Frachtguts durch den Empfänger gem. § 436 HGB die ihn belastende Entstehung der Empfängerverpflichtung, ebenso wie auch der Verlust der Ersatzansprüche nach § 438 sich nur an die Annahme knüpft. Es entspricht dem Interesse des Empfängers, nicht ohne willentliche Annahme des Frachtguts (als

---

[126] Vgl. z. B. *Larenz* Schuldrecht Allgemeiner Teil[14] (1987) 235 ff.

[127] *A. A. Koller*[2] Rdn. 6; Zur realen Leistungsbewirkung siehe statt vieler *Larenz* Schuldrecht Allgemeiner Teil[14] (1987) 238 ff; *Esser/Schmidt* Schuldrecht Allgemeiner Teil[6] 247.

[128] Beispielsfall: OLG Köln vom 5. 2. 1981, 12 U 157/80 (unveröff.): Gabelstaplerfahrer auf dem Gelände des Empfängers ist nicht zur Annahme und Quittung auf dem Frachtbrief ermächtigt.

grundsätzlich vertragsgemäße Leistung) in die schuldrechtlichen Verpflichtungen hineingezogen zu werden oder Ansprüche zu verlieren. Von besonderer Bedeutung ist dies bei Annahme durch nicht vertretungsberechtigte Besitzdiener des Empfängers. Daher wird die Annahme von seiten des Empfängers berechtigterweise regelmäßig als Rechtsgeschäft bezeichnet[129].

Im Sinne einer einheitlichen rechtlichen Qualifikation ist es **daher wohl zweckmäßig, in der Ablieferung des § 429 und der Annahme durch den Empfänger (§§ 436–438) den gleichen Vorgang zu sehen und die Mitwirkung des Empfängers als Rechtsgeschäft zu qualifizieren.** Die Ablieferung bzw. Annahme erscheint demnach jedenfalls von seiten des Empfängers als Rechtsgeschäft; dieser Auffassung hat sich auch der BGH angeschlossen[130]. 77

Allerdings **muß der Wille des Empfängers die** gesetzlich vorgesehenen **Wirkungen der Ablieferung nicht umfassen**, sondern braucht sich – ähnlich wie nach Werkvertragsrecht[131] – nur auf die Anerkennung der Ablieferung als „in der Hauptsache dem Vertrag entsprechende Leistung" zu richten. Siehe hierzu auch § 436 Rdn. 9 ff, § 438 Rdn. 10. 78

Die sog. **Ersatzablieferung**[132] enthält dagegen keine Annahmeerklärung des Empfängers; sie wird nur in ihrer Wirkung der Ablieferung gleichgestellt; siehe § 438 Rdn. 11. 79

Auf der Seite des Frachtführers ist es dagegen **ausreichend, wenn die abliefernde Person (z. B. der Fahrer) als Besitzdiener handelt**[133]. Denn die Ablieferung hat für den Frachtführer – abgesehen vom Besitzverlust, der ohnehin eintritt – nur vorteilhafte Auswirkungen; die Einführung der erschwerenden Erfordernisse einer Willenserklärung, z. B. die Notwendigkeit einer Bevollmächtigung des Abliefernden, kann dem Frachtführer nichts nützen, sondern allenfalls zum Besitzverlust ohne die entlastende Wirkung der Ablieferung führen. 80

Insgesamt erscheint es daher **angemessen, den Ablieferungsvorgang (= Annahmevorgang) nur auf der Seite des Empfängers als Rechtsgeschäft anzusehen**[134]. Soweit die tatsächliche Ablieferung durch die Einigung nach § 854 Abs. 2 BGB ersetzt wird, bleibt allerdings eine rechtsgeschäftliche Mitwirkung des Frachtführers oder seines Personals erforderlich. Will man in der Ablieferung durch den Frachtführer und in der Annahme durch den Empfänger keinen einheitlichen Vorgang sehen, könnte man die Ablieferung grundsätzlich als Realakt, die Annahme durch den Empfänger dagegen als Rechtsgeschäft behandeln. 81

c) Abgrenzung im einzelnen

Wenn auch in fast allen Zweigen des Frachtrechts übereinstimmend die Zeit zwischen Annahme und Ablieferung den Haftungszeitraum der besonderen Obhutshaftung bildet, so ist doch die Abgrenzung im einzelnen schwierig und kann nach der Art des Frachtgeschäfts, ja selbst nach den einzelnen Vereinbarungen, unterschiedlich ausfallen. Vor allem werden z. B. durch ausdrückliche Regelungen Nebentätigkeiten unterschiedlich zur frachtrechtlichen Obhutszeit oder nicht dazu gerechnet. 82

---

[129] BGH vom 23. 10. 1981, VersR **1982** 88; siehe auch § 436 Rdn. 9.
[130] BGH vom 23. 10. 1981, VersR **1982** 88 (offenlassend, ob der Ablieferung die Annahme durch den Empfänger entspricht). Ferner im hier vertretenen Sinne OLG Köln vom 5. 2. 1981, 12 U 157/80 (unveröff.).
[131] § 640 BGB; vgl. BGH vom 18. 9. 1967, BGHZ **48** 257, 262; BGH vom 30. 6. 1983, WM **1983** 1104, 1105; siehe statt vieler *Palandt/Thomas*[52] § 640 Rdn. 2.
[132] Vgl. Rdn. 55, 64, 71.
[133] A. A. *Koller*[2] Rdn. 6.
[134] Ebenso *Lenz* Rdn. 401; wohl auch Koller[2] Rdn. 6.

aa) Laden und Entladen

83 Grundsätzlich ist davon auszugehen, daß Laden und Entladen in die Obhutszeit fallen, wenn die Lade- oder Entladetätigkeit dem Frachtführer obliegt[135]. Hat der Absender in das Beförderungsmittel zu verladen, beginnt also die Obhut des Frachtführers erst mit dem Verbringen in das Beförderungsmittel[136]. Hat der Empfänger zu entladen, fällt der beim Entladen entstehende Schaden nicht mehr in die Obhutszeit; insoweit zutreffend AG Hamburg vom 21. 6. 1977, VersR 1977 1048 f. Die Obhutszeit ist allerdings nicht alleine für die Haftung maßgeblich. Siehe zur Haftungslage, wenn der nicht lade- oder entladepflichtige Vertragsteil dem anderen bei dieser Tätigkeit Hilfe leistet oder diese Tätigkeiten überwacht oder überprüft, eingehend die Erl. zu § 17 KVO, Anh. II nach § 452 und zu Art. 17 Abs. 4 c CMR, Anh. VI nach § 452. Insbesondere ist eine Haftung für Verletzung von Nebenpflichten denkbar, wenn den Fahrer Verschulden trifft.

84 Vom Einzelfall abhängig ist die **genaue Abgrenzung der Obhutszeit bei teilweiser Beladung oder Entladung**. Grundsätzlich kommt es darauf an, in wessen Obhut (Risikosphäre) sich der schadensverursachende Umstand ereignet; siehe Rdn. 41. Meist ist nicht auf die Gesamtsendung, sondern auf die jeweils verladenen Teile abzustellen, weil sich während des Ladens Teile der Sendung in der Risikosphäre des Frachtführers, andere aber schon in der des Absenders oder Empfänger befinden können[137]. Bei Verladung durch den Absender ist diese Zuordnung meist fallabhängig. Denn der Ladevorgang ist oft erst mit dem Stauen und Befestigen der Ladung beendet; ab dann kann erst die Obhut und Verantwortung des Frachtführers beginnen. Bei Übernahme einer Teilladung an einer von mehreren Ladestellen ist zumindest in der Regel Annahme hinsichtlich des betr. Ladungsteils zu bejahen; österr. ObGH vom 4. 10. 1983, *Greiter* 210, 214. Hat der Frachtführer zu entladen, entsteht eine ähnliche Situation. Da bei jedem entladenen Teil der Sendung die Obhut des Empfängers und seine freien Einwirkungsmöglichkeiten mit der Entladung des Teils beginnen, ist richtigerweise nicht auf die Entladung der gesamten Sendung abzustellen, sondern auf die der einzelnen Teile. Auch hier können fallabhängige Abweichungen vorkommen. Hat der Frachtführer zu beladen, übernimmt er regelmäßig die Verantwortung über das Gut mit dem Beginn der Verladung. Auch in diesem Fall können sich aber Teile der Sendung noch außerhalb der Risikosphäre des Frachtführers befinden, z. B. weil sie noch aus einem Lager an die Rampe gebracht werden müssen. Hat der Empfänger zu entladen, stellt sich die Abgrenzung meist leichter dar. Mit dem Zurverfügungstellen des Fahrzeugs zum Entladen im Einverständnis mit dem Absender übernimmt dieser die Verantwortung für die gesamte Ladung.

aaa) Gesetzliche Regelungen

85 Die Ladetätigkeit ist positiv in den Haftungszeitraum einbezogen nach KVO, AGNB und GüKUMT – jedenfalls soweit der Frachtführer sie ausführt[138].

---

[135] BGH vom 9. 11. 1979, NJW **1980** 833 = TranspR **1980** 94 f = VersR **1980** 181 f; zum Verladen BGH vom 23. 5. 1990, TranspR **1990** 328, 329 = WM **1990** 1873 ff; zum Seerecht siehe z. B. Hamburger Schiedsspruch vom 28. 11. 1991, TranspR **1992** 238, 240; *Koller*² Rdn. 6; *Willenberg*⁴ § 33 Rdn. 8 für das Beladen; unzutreffend dagegen § 29 KVO Rdn. 20, wo er generell das Entladen nicht in die Obhutszeit einbeziehen will.

[136] Zutreffend OLG Celle vom 22. 11. 1973, NJW **1974** 1095 = VersR **1974** 383 (zur KVO); zur CMR österr. ObGH vom 3. 7. 1985, TranspR **1987** 374, 377.

[137] Davon geht bei Stückgut und Teilpartien auch das Seefrachtrecht aus; siehe *Prüßmann/Rabe*³ § 606 HGB Anm. D 2 a; zum seerechtlichen tackle-to-tackle-Grundsatz § 663 HGB Anm. B 3 b.

[138] §§ 33 b KVO, Anh. II nach § 452, 6 Abs. 2 S. 2 AGNB, Anh. III/1 nach § 452, 8 Abs. 1 und 2 Nr. 3 GüKUMT, Anh. IV nach § 452; siehe die betreffenden Kommentierungen in den Anh. nach § 452.

bbb) Fehlen gesetzlicher Regelungen

86

Soweit Regelungen fehlen, muß nach allgemeinen Grundsätzen ermittelt werden, in welchen Fällen für das Laden und Ausladen des Beförderers nach der Obhutshaftung gehaftet wird. Die Ladetätigkeit kann nicht in den Haftungszeitraum fallen, wenn der Beförderer während ihrer Ausführung keinen Gewahrsam am Frachtgut hat, etwa wenn er dem Absender oder Empfänger nur Hilfsdienste leistet. Denn ohne Gewahrsamsübernahme fehlt es an der Annahme[139]. Bei Entladung einer Maschine durch den Empfänger ist die Ablieferung nicht einfach mit dem Beginn des Entladens erfolgt, wenn der Fahrer aus technischen Gründen noch mitwirken muß. Für einen Schaden nach Abheben der Maschine von der Ladepritsche durch Verschulden des Fahrers ist daher zweifelhaft, ob nach Art. 17 CMR beschränkt oder nach positiver Vertragsverletzung unbeschränkt gehaftet wird; OLG Düsseldorf vom 27. 11. 1986, TranspR **1987** 23 f. Problematisch ist auch stets die Entladung und Auslieferung von Flüssigkeiten aus Tankwagen[140] und die Ölentladung aus dem Seeschiff in den Landtank[141]. Die Verladung von Sammelgut durch den der KVO unterworfenen Sammelladungsspediteur ergibt sich ebenfalls aus der Natur der Sache, weil der Versender/Absender keinen Zugang zu diesem Vorgang hat[142].

Aufgrund besonderer Bestimmungen oder Vereinbarungen kann die Beförderung über das reine Entladen hinaus ausgedehnt werden. In solchen Fällen erstreckt sich die Obhut des Frachtführers bis zur endgültigen Erreichung des Zielpunkts der Ladung; siehe zur „Beförderung frei Aufbauraum im Güterfernverkehr" BGH vom 9. 11. 1979, NJW **1980** 833 = TranspR **1980** 94 f = VersR **1980** 181 f. Ist für die Entladung ein späterer Termin vereinbart, dann liegt im vorzeitigen Entladen auch dann keine Ablieferung (Auslieferung i. S. v. § 29 KVO), wenn nicht vertretungsberechtigtes Personal des Empfängers mitwirkt; BGH vom 23. 10. 1981, VersR **1982** 88.

87

Die **Annahme liegt demnach vor der Verladung**, wenn der Beförderer zum Verladen verpflichtet ist[143]. Danach beginnt die Obhutszeit durch Annahme bereits mit der Einräumung der Möglichkeit zu Beginn der vom Frachtführer übernommenen, zur Verladung erforderlichen Demontagearbeiten an einer ersteigerten Maschine. Andererseits fehlt es an der Einwilligung des Empfängers, wenn entgegen telefonischer Vereinbarung der Pförtner einen Platz zum Entladen anweist, da dieser nicht berechtigt ist, einen im voraus festgelegten Ablieferungszeitpunkt zu ändern[144].

88

---

[139] Zutreffend daher OLG Celle vom 22. 11. 1973, NJW **1974** 1095 = VersR **1974** 383: die Annahme von Tiefkühlkost bei Verladung durch den Absender tritt erst mit der Beendigung des Ladevorgangs ein; siehe für die Annahme bei Abtransport noch zu demontierenden Versteigerungsguts eingehend OLG Düsseldorf vom 5. 8. 1976, DB **1977** 250, 251 f.

[140] Siehe OLG Düsseldorf vom 19. 11. 1964, VersR **1965** 33 f.

[141] BGH vom 19. 4. 1982, VersR **1982** 696 f; OLG Hamburg vom 7. 12. 1978, VersR **1979** 347 f und vom 21. 5. 1981, VersR **1982** 62 ff m. w. H.; *Prüßmann/Rabe*[3] § 606 D 2 b dd.

[142] OLG Saarbrücken vom 8. 11. 1991, TranspR **1992** 33, 34.

[143] Unzutreffend insoweit OLG Celle vom 22. 11. 1973, NJW **1974** 1075 = VersR **1974** 383, wonach bei Übernahme der Verladungspflicht durch den KVO-Frachtführer ein besonderer bürgerlich-rechtlicher Vertrag vor der Annahme bestehen soll. Das Zitat von *Guelde/Willenberg*[3] (§ 29 KVO Rdn. 9) deckt die Auffassung des OLG nicht; zutreffend OLG Düsseldorf vom 5. 8. 1976, DB **1977** 250, 251 (Einbeziehung der vor Einladung erforderlichen Demontage von Maschinen nach § 33 KVO).

[144] BGH vom 23. 10. 1981, VersR **1982** 88 f; *Willenberg*[4] § 29 KVO Rdn. 16.

89 **Die Ablieferung ist erst nach der Ausladung anzunehmen,** wenn diese zu den Pflichten des Beförderers gehört[145]. Entscheidend für die Haftung ist also, ob der Beförderer zum Be- und Entladen verpflichtet ist[146].

90 **Abweichende Vereinbarungen sind auch denkbar, soweit die gesetzlichen Bestimmungen die Ladetätigkeit** ausdrücklich **in die Haftung einbeziehen.** Auch Umstände des Falles können dazu führen, daß z. B. eine Mithilfe des Fahrers beim Entladen technisch erforderlich und daher Erfüllung echter Nebenleistungspflichten des Frachtführers mit der Folge der Haftung aus positiver Vertragsverletzung für Ausführungsfehler ist[147]. Für die Haftung ist dabei stets vorausgesetzt, daß der Beförderer oder seine Gehilfen in Ausübung der frachtvertraglichen Pflichten und nicht aus anderen Gründen, etwa nur aus Gefälligkeit, handeln. Im letzteren Fall erstreckt sich die Frachtführerhaftung nicht auf die betreffende Tätigkeit[148]. Doch ist **im Zweifel keine bloße Gefälligkeit** anzunehmen und zwar schon deshalb, weil der Beförderer nach §§ 612, 632 BGB, 354 HGB für seine Tätigkeit eine Vergütung fordern kann. Zwar ist bisher im Straßengüterverkehr infolge der tariflichen Eingriffe in die Entgeltfestlegung das Verhältnis von Abrede und Vergütungsanspruch ins Gegenteil verkehrt: eine Übernahme von Nebenpflichten ohne vorherige oder gleichzeitige Vereinbarung oder Zahlung eines Tarifzuschlags kann zur Teilnichtigkeit dieser Vereinbarung als tarifwidriger Vergünstigung nach § 22 GüKG führen. Diese Argumentation entfällt jedoch ab 1. 1. 1994 mit dem Tarifaufhebungsgesetz (siehe vor § 1 GüKG, Anh. I nach § 452 Rdn. 1 ff.

91 **Wer zu laden oder zu entladen hat**, bestimmt sich teilweise nach den betreffenden Sonderbestimmungen. So hat nach § 17 KVO der Unternehmer (Frachtführer) Stückgüter stets zu verladen, Massengüter sind dagegen mangels besonderer Abmachung vom Absender zu verladen. Für das Entladen ist streitig, ob § 17 entsprechend anzuwenden ist; siehe § 17 KVO, Anh. II nach § 452 Rdn. 42 ff. Da hier keine zwingende Vorschrift besteht, dürfte, abgesehen von besonderen Vereinbarungen (siehe auch § 11 Abs. 2 f KVO) nach der Art der Beförderung die Verkehrssitte entscheidend sein.

92 Für die **Möbelbeförderung** ist in § 2 Abs. 1 GüKUMT dargestellt, daß der Unternehmer zum Be- und Entladen verpflichtet ist, gleichzeitig wird in Abs. 2 jedoch auch die vertragliche Übernahme des Be- und Entladens durch den Auftraggeber eröffnet. Siehe dazu die Kommentierung zu dieser Vorschrift, Anh. IV nach § 452.

93 Genau umgekehrt betrachten die **AGNB** in § 6 Abs. 1 das Be- und Entladen grundsätzlich als Tätigkeit des Auftraggebers bzw. Absenders oder Empfängers und bestimmen nur eine Verantwortlichkeit des Frachtführers für betriebssichere Verladung und für Stauarbeit auf dem Fahrzeug; siehe § 6 AGNB, Anh. III/1 nach § 452 Rdn. 2 ff.

94 Die **ADSp** sehen etwas Besonderes nur für das Ende der Obhutszeit vor: die Haftung ist nach § 53 a ADSp beendet, „sobald die Güter dem Empfänger vor seinem Grundstück zur Abnahme bereitgestellt und abgenommen sind". Siehe zur Problematik dieser Vorschrift eingehend die Erl. zu § 53 ADSp, Anh. I nach § 415 sowie §§ 407–409 Rdn. 179.

---

[145] Zum Seerecht siehe OLG Hamburg vom 7. 12. 1978, VersR **1979** 347 f; zum Abladen eines PKW, der während des Abladens polizeilich beschlagnahmt wird: OLG München vom 19. 9. 1980, 23 U 1819/80 (unveröff.).

[146] Zutreffend BGH vom 9. 11. 1979, VersR **1980** 181, 182 = TranspR **1980** 94 f; bedenklich dagegen BGH vom 18. 11. 1977, DB **1978** 293, 294, wo beiläufig ausgeführt wird, das vereinbarte Laden durch den Frachtführer liege nach der Auslieferung.

[147] Zur CMR siehe OLG Düsseldorf vom 27. 11. 1986, TranspR **1987** 23, 24 = VersR **1987** 712.

[148] Insoweit richtig OLG Düsseldorf vom 27. 4. 1955, NJW **1955** 1322, 1323 = VersR **1955** 547 f; grundsätzlich auch OLG Hamburg vom 13. 12. 1979, VersR **1981** 1072.

Die **CMR** schließt in Art. 17 Abs. 4 c nur die Haftung aus, wenn „Behandlung, Verladen, Verstauen oder Ausladen des Guts durch den Absender, den Empfänger oder Dritte, die für den Absender oder Empfänger handeln, erfolgt ist". Daraus läßt sich die allgemeine Regel des Frachtrechts bestätigend ableiten, daß sich die Einbeziehung der Ladetätigkeit in den Haftungszeitraum danach richtet, wer vertragsgemäß die Arbeiten ausführt, daß aber im Zweifelsfall Lade- und Ausladerisiko in den Haftungsbereich fällt. Die CMR bestimmt andererseits nicht, wem diese Tätigkeiten grundsätzlich obliegen[149].

bb) Packen

Ausnahmsweise kann das Packen schon in die Obhutszeit fallen, insbesondere im Umzugsverkehr[150].

cc) Zubringerdienste

Der **An- und Abtransport mit Zubringer-Verkehrsmitteln** gehört nicht in die Obhutszeit, wenn schon die Ver- und Entladung nach dem eben Gesagten nicht dazugehören. Für die Zubringerdienste wird dagegen grundsätzlich dann nach Frachtrecht gehaftet, wenn sie vom Beförderer mit übernommen sind. In einzelnen Sparten des Frachtrechts bestehen daher spezielle Vorschriften und Klauseln. Die KVO läßt wie das Eisenbahnrecht die Abholung und Zuführung der Güter unter die Obhutshaftung fallen (33 c KVO, entsprechend § 77 Abs. 4 EVO, Art. 28 § 3 ER/CIM 1980, Anh. II nach § 460 = Art. 16 § 3 CIM 1970). Allerdings wird die Tätigkeit des Fixkostenspediteurs vor und nach Ausführung der eigentlichen Güterfernverkehrsbeförderung durch § 1 Abs. 5 KVO von der Anwendung der KVO ausgenommen, so daß sie in der Regel dem Haftungs- und Freizeichnungskonzept der ADSp unterliegt[151]. Entsprechend ist die Regelung der § 77 Abs. 4 EVO, Art. 28 § 3 ER/CIM **1980**. Im Luftrecht wird für die Zubringerdienste außerhalb von Flughäfen nicht zwingend, sondern allenfalls nach Maßgabe IATA-Bedingungen gehaftet; siehe Art. 10, 11 ABB-Fracht, Anh. VII/4 nach § 452.

dd) Vor-, Zwischen- und Nachlagerung

Für die mit dem Frachtvertrag verknüpften Lagerungen gelten im allgemeinen dann nicht die Grundsätze der Frachthaftung, wenn sie sich ihrer Dauer oder sonstigen Eigenart nach nicht mehr als Nebentätigkeiten des Beförderers, sondern als besondere Lagergeschäfte darstellen, insbesondere weil sie über das als Nebenpflicht nach dem Frachtvertrag Geschuldete hinausgehen[152]. Nur nach Frachtrecht wird gehaftet, wenn Güter vorübergehend im Transportmittel gelagert werden[153], aber auch wenn der Frachtführer sie anläßlich einer Umladung im Freien lagert[154].

Nach § 33 d **KVO** wird für die Vor- und Nachlagerung bis zu 15 Tagen, bei erforderlichen Zwischenlagerungen bis zu 8 Tagen nach Frachthaftungsgrundsätzen gehaftet.

---

[149] Siehe Art. 17 CMR Anh. VI nach § 452; zur Ablieferung nach der CMR bei vorzeitigem Abladen von defektem LKW OLG Zweibrücken 23. 9. 1966, VersR **1967** 1145, 1146.

[150] Siehe § 8 GÜKUMT, Anh. IV nach § 452; zur früheren Rechtslage schon OLG Hamburg vom 18. 3. 1931, HRR **1931** Nr. 1699.

[151] Siehe dazu §§ 412, 413 Rdn. 26–26 f sowie BGH vom 24. 6. 1987, BGHZ 101 172, 176 ff = NJW **1988** 640 ff = TranspR **1987** 447 ff = VersR **1987** 1212 ff.

[152] Beispiel: LG Bremen vom 10. 9. 1991, TranspR **1991** 445 (Übergewicht des Lagerungsvorgangs, daher Lagergeschäft); a. A. OLG Düsseldorf vom 26. 10. 1978, MDR **1979** 405.

[153] BGH vom 25. 6. 1973, MDR **1973** 1002, 1003 (Lagerung in einer Hafenschute).

[154] So schon RG vom 27. 3. 1929, HRR **1929** Nr. 1673 (Zwischenlagerung bis zu einem schon vereinbarten, demnächst zu leistenden Transport); OLG Köln vom 30. 8. 1990, TranspR **1990** 425 (zur CMR).

Ähnlich ist die Regelung des § 15 Abs. 3 AGNB. Die ADSp sehen für Lagerung und Transport in § 51 ff die gleiche Haftung vor; die Abgrenzung ist daher grundsätzlich ohne Bedeutung. Jedoch kann der Spediteur für die Nachlagerung statt nach den ADSp nach zwingendem Frachtrecht haften, wenn er diesem gemäß §§ 412, 413 untersteht[155].

100   Für **Möbel und Umzugsgut** sehen die Bedingungen GüKUMT in § 8 Nr. 1 die Erstreckung der Obhutshaftung auf verkehrsbedingte Vor-, Zwischen- und Nachlagerungen vor.

101   Die **CMR** trifft für Lagerung keine besondere Regelung. Die Lagerung im eigenen Interesse (wegen einer zu spät vom Frachtführer entdeckten Anhalteverfügung des Absenders) soll nach dem OLG Düsseldof vom 26. 10. 1978, MDR **1979** 405 dem Frachtführer verwehren, sich für Lagerschäden auf die Haftungsgrenzen des Art. 23 CMR zu berufen.

ee) Beförderung durch Nicht-Vertragspartner

102   Hat der Frachtführer von vornherein die Beförderung über die Gesamtstrecke übernommen, so kann sich am Obhutszeitraum durch die teilweise Übertragung der Ausführung auf einen anderen nichts ändern. Die Haftungsfrage ist daher in diesem Fall nur ein Problem der Gehilfenhaftung, nicht dagegen der Abgrenzung des Haftungszeitraums, der erst mit der Ablieferung durch den Unterfrachtführer endet. Anders ist die Rechtslage, wenn der Beförderer den Transport nur bis zur Umladung übernommen hat. Dann wird er im Anschluß daran nur als Spediteur tätig; seine Obhutspflicht endet mit der Ablieferung des Frachtguts an den darauffolgenden Beförderer[156].

103   Für die **Bestimmung der Obhutszeit**, also der durch Annahme und Ablieferung gekennzeichneten Haftungsperiode, spielt es keine Rolle, auf wen ein eventueller Schaden zurückzuführen ist. Insbesondere ist auch die durch Unterfrachtführer ausgeführte Strecke mit in diese Periode einzubeziehen. Demgegenüber ist die Frage, für wen der Hauptfrachtführer in diesen Fällen einzustehen hat, nach der jeweiligen Sonderordnung zu beurteilen. In den meisten Fällen hat der Frachtführer für seine Unterfrachtführer einzustehen; siehe dazu § 431 Rdn. 16 und § 432 Rdn. 43.

ff) Beförderung mit einem anderen Verkehrsmittel

104   Wird die Beförderung ganz oder teilweise mit einem anderen als dem vereinbarten Verkehrsmittel ausgeführt, z. B. dem LKW statt per Luftfracht, so ist nicht nur fraglich, welche Rechtsnormen (insbesondere Haftungsnormen) anwendbar sind (siehe dazu Anh. V nach § 452 Rdn. 69 ff), sondern auch, wann die Obhutszeit beginnt und endet. In jedem Fall muß die Lösung sicherstellen, daß der Absender durch die Änderung des Beförderungsmittels nicht ohne sein Einverständnis in eine verschlechterte haftungsrechtliche Lage gerät. Für eine Beförderung, die der KVO-Frachtführer innerhalb eines von ihm geschlossenen Beförderungsvertrages mit der Eisenbahn bewirkt, sieht § 33 c KVO ausdrücklich die Deckung durch die KVO-Haftung vor.

---

[155] Siehe dazu §§ 412, 413 Rdn. 26 d, 26 e; zusammenfassend zum Problem der Gesamtbetrachtung BGH vom 24. 6. 1987, BGHZ **101** 171, 176 ff = NJW **1988** 640 ff = TranspR **1987** 447 ff.

[156] Siehe § 432 Rdn. 9; *Baumbach/Duden/Hopt*[28] § 432 Anm. 1. Für den Seeverkehr *Schaps/Abraham*[4] Anh. zu § 656 HGB Anm. 2.

5. Beweislast
a) Für Verlust oder Beschädigung des Gutes

Der Verlust oder die Beschädigung muß vom Ersatzberechtigten nachgewiesen werden[157]. Bei einem Schaden, der auch schon vor Annahme bestanden haben kann, hängt daher die Haftung vom Nachweis des Absenders ab, daß das Gut unbeschädigt dem Frachtführer übergeben wurde[158].

Der **Beweis** der unversehrten, vom Geschädigten behaupteten Menge an Gütern kann **durch Frachtbriefeintragungen erleichtert** sein[159]. Er kann auch in anderer Weise, z. B. durch eine Quittung des Fahrers[160], oder durch eine Spediteurübernahmebescheinigung[161] (widerleglich) erbracht werden. Die Widerlegung einer solchen vom Frachtführer ausgestellten Empfangsbescheinigung über vollständige Übernahme der Ladung erfordert echten Gegenbeweis oder doch zumindest eine Erschütterung der Überzeugung des Gerichts; siehe § 16 KVO, Anh. II nach § 452, Rdn. 24 ff. Behauptungen, aus denen sich allenfalls die Wahrscheinlichkeit für unvollständige Übernahme ergibt, genügen nicht.

b) Für den Schadenszeitpunkt

Daß die Entstehung des Schadens in die Obhutszeit fällt, hat der Ersatzverlangende zu beweisen. Dies gilt nicht nur für die Haftung aus § 429 HGB, sondern für alle Sparten des Frachtrechts in gleicher Weise[162]. In unterschiedlicher Weise ergeben sich dazu aus den frachtrechtlichen Sonderordnungen Beweiserleichterungen für die Parteien, insbesondere durch Frachtbriefeinträge[163]. Vielfach ergibt sich die Möglichkeit, aus der Art des Schadens auf seine Entstehung in der Obhutszeit zu schließen[164].

aa) Für Unversehrtheit der Güter bei Annahme

Der Ersatzverlangende hat zunächst zu behaupten[165] und zu beweisen, daß die Güter vom Frachtführer in nicht geschädigtem Zustand angenommen worden sind[166]. Dies

---

[157] Unstr.: *Baumgärtel/Wittmann* § 429 HGB Rdn. 2; *Schlegelberger/Geßler*5 Anm. 15; aus der umfangreichen Rspr. siehe BGH vom 24. 6. 1987, BGHZ **101** 172, 179 ff = TranspR **1987** 447, 450 ff.
[158] Siehe im einzelnen Rdn. 108.
[159] Siehe § 426 Rdn. 46 ff; dort auch Hinweise auf die Spezialnormen zum Frachtbriefrecht; § 16 KVO, Anh. II nach § 452 Rdn. 24 ff.
[160] OLG Hamburg vom 14. 7. 1967, VersR **1967** 1047, 1048.
[161] OLG Hamburg vom 21. 1. 1982, Der Spediteur **1983** H. 10 S. 21.
[162] Dazu *Helm* Haftung 102; *Koller*2 Rdn. 8. Grundsätzlich zu dieser Beweislast siehe BGH vom 24. 6. 1987, BGHZ **101** 172, 179 ff = NJW **1988** 640 ff = TranspR **1987** 447 ff = VersR **1987** 1212 ff.
Zur CMR: OLG Düsseldorf vom 7. 2. 1974, VersR **1975** 638; OLG Hamm vom 18. 10. 1984, TranspR **1985** 107; OLG Köln vom 26. 9. 1985, TranspR **1986** 285, 288.
Zum Luftrecht: LG Frankfurt vom 6. 1. 1987, RiW **1987** 392.
Zur KVO: OLG Düsseldorf vom 30. 10. 1989, VersR **1981** 526 (Speiseeis); OLG Celle vom 22. 11. 1973, NJW **1974** 1095 (der selbstverladende Absender von Tiefkühlkost trägt die Beweislast dafür, daß die Ware bei Beendigung der Verladung (= Annahme) eine Ausgangstemperatur von mindestens – 18 °C hatte).
Zur seerechtlichen Beweislast nach § 559 HGB: BGH vom 23. 2. 1978, VersR **1978**, 440 f; zu § 606 BGH vom 9. 2. 1978, VersR **1978** 371 f und vom 19. 4. 1982, VersR **1982** 696.
[163] Siehe dazu § 426 Rdn. 41 ff; Art. 9 CMR, Anh. VI nach § 452; Art. 37 ER/CIM 1980, Anh. II nach § 460 = Art. 28 CIM 1970.
[164] Siehe z. B. OLG Hamburg vom 19. 12. 1985, TranspR **1986** 146, 147 = VersR **1986** 261, 262 (zur CMR).
[165] Speziell zur Darlegungslast nach Art. 17 Abs. 1 CMR: BGH vom 12. 12. 1985, TranspR **1986** 278, 280 f = VersR **1986** 381, 383; BGH vom 19. 6. 1986, TranspR **1986** 459, 461 = VersR **1986** 1019 ff (Lagervertrag).
[166] Beweislast für intakte Annahme beim Absender:
Zur CMR: BGH vom 10. 4. 1974, VersR **1974** 796, 798 (bei Annahme schon zu warmer Käse); vom 9. 2. 1979, NJW **1979** 2471 f = VersR **1979**

§ 429   Drittes Buch. Handelsgeschäfte

schließt die Tatsache der Übernahme von Gütern als solchen, die Identität der Güter, ihre Art, ihre Menge und ihren Zustand ein. Die Beweisführung ist grundsätzlich nach den allgemeinen Regeln des Zivilprozeßrechts zu beurteilen, insbesondere nach § 286 ZPO. Es genügt dabei in der Praxis, wenn der Ersatzverlangende alle nach dem Fall in Betracht kommenden, vor der Übernahme liegenden Schadensmöglichkeiten widerlegt[167]. Der Beweis hierfür ist durch die Frachtdokumente erleichtert, da sich die Vermutungen auf das Gut zum Zeitpunkt der Annahme durch den Frachtführer beziehen; siehe § 426 Rdn. 46 ff. Kann bewiesen werden, daß der Schaden seiner Art nach nicht während der Beförderung entstanden sein kann, so genügt dies[168].

109   Eine wichtige Rolle spielen in der Praxis **spezielle Quittungen** außerhalb des Frachtbriefs, insbesondere die vom Fahrer unterzeichnete **Bestätigung der Übernahme von Frachtgut** nach Menge, Zahl, Art, Zustand (Empfangsbestätigung). Eine solche Quittung ist eine Wissens-, keine Willenserklärung[169]. Inwieweit für sie die Regeln über Willenserklärungen und Vollmachten entsprechend anzuwenden sind, ist zweifelhaft. Im Prozeß erbringt die Quittung Beweis nach § 416 ZPO im Rahmen der freien Beweiswürdigung gem. § 286 ZPO[170]. Dabei kommt es auf eine Bevollmächtigung (oder „Ermächtigung", *Esser/Schmidt* aaO) letztlich nicht an, da eine Vollmacht den Beweiswert der Bestätigung des Fahrers über eigenes Wissen nicht verändern könnte. Es ist in diesem beweisrechtlichen Rahmen auch nicht erforderlich, eine Zurechnungsnorm (etwa §§ 431 HGB, 6 KVO; OLG Hamburg vom 14. 7. 1967, VersR **1967** 1047, 1048) heranzuziehen. Irrelevant ist auch, ob der Fahrer beim Laden anwesend war oder die Güter aus anderen Gründen nicht hat kontrollieren können[171]. Gegebenenfalls muß vom Frachtführer der Beweis dafür geführt werden, daß das Gut bei Annahme durch den Frachtführer nicht geschädigt war. Sonderordnungen sehen teilweise ein besonderes Verfahren zur Tatbestandsaufnahme vor; so z. B. das Eisenbahnrecht.

466, 467 (ungenügend vorgekühltes Speiseeis bei Fehlen eines Frachtbriefs); BGH vom 8. 6. 1988, TranspR **1988** 370 = VersR **1988** 952; OLG Köln vom 26. 9. 1985, TranspR **1986** 285, 288; OLG Hamm vom 11. 6. 1990, TranspR **1991** 375 f (nicht genügend vorgekühltes Fleisch); LG Bonn vom 24. 1. 1984, RIW **1985** 147 f; siehe auch Art. 17 CMR, Anh. VI nach § 452.
Zu den **AGNB** unzutreffend OLG Düsseldorf vom 27. 10. 1983, TranspR **1984** 109, 110; siehe § 7 AGNB, Anh. III/1 nach § 452 Rdn. 1.
Zum Binnenschiffahrtsrecht: OLG Düsseldorf vom 30. 4. 81, VersR **1982** 47, 48 (Rattenfreiheit von Mehl).
Zum Luftrecht: OLG Frankfurt vom 15. 11. 1983, TranspR **1984** 20.
Zum insoweit vergleichbaren **Lagerrecht:** BGH vom 17. 2. 1964, BGHZ **41** 151 ff; vom 19. 6. 1986, TranspR **1986** 459, 461 = VersR **1986** 1019 ff; BGH vom 19. 6. 1986, TranspR **1986** 459, 461 = VersR **1986** 1019 ff (Beweislast, welches Gut unversehrt vom Lagerhalter übernommen wurde, liegt beim Einlagerer); st. Rechtsprechung der OLGe.
Für **Vorschädigung bei Annahme des Frachtguts** ist der Frachtführer beweis- und darlegungsbelastet; siehe zur CMR BGH vom 10. 4. 1974, NJW **1974** 1614, 1616 = VersR **1974** 796, 798 (Käse); vom 9. 2. 1979, NJW **1979** 2471 f = VersR

1979 466, 467 (Tiefkühlgut); OLG Hamm vom 11. 6. 1990 (Fleisch); zur mangelhaften Vorkühlung nach CMR siehe Art. 17 CMR, Anh. VI nach § 452.
Zur besonderen Beweislast für **Landschäden nach Seefrachtrecht** BGH vom 13. 1. 1972, VersR **1972** 294 f; zum Luftrecht OLG Frankfurt vom 15. 11. 1983, TranspR **1984** 20.

[167] BGH vom 8. 6. 1988, TranspR **1988** 370 ff = VersR **1988** 952 ff.
[168] OLG Düsseldorf vom 7. 2. 1974, VersR **1975** 638; OLG Hamm vom 8. 2. 1982, TranspR **1985** 187 f.
[169] Unstr., *Larenz* Allgemeiner Teil[14] 147; *Palandt/Heinrichs*[52] § 368 BGB Rdn. 2; *Esser/Schmidt* Schuldrecht I[6] 55 f.
[170] Allgemein siehe *Baumbach/Hartmann*[51] § 416 ZPO Rdn. 1; *Zöller/Stephan*[16] § 416 ZPO Rdn. 5; zu § 29 KVO: OLG Köln vom 19. 6. 1969, Der Güterverkehr **1970** 132 f; LG Krefeld vom 28. 6. 1989, TranspR **1990** 18 f. Zu weitgehend für Umkehr der Beweislast durch die Quittung OLG Hamburg vom 14. 7. 1967, VersR **1967** 1047, 1048; AG Tauberbischofsheim vom 13. 12. 1983, TranspR **1984** 84.
[171] LG Krefeld vom 28. 6. 1989, TranspR **1990** 18 f; auch, ob die Quittung erst später ausgestellt ist; OLG Frankfurt vom 13. 7. 1984, TranspR **1985** 92 f.

bb) Für Schaden bei Ablieferung

Die Beweislast dafür, daß die vom Frachtführer übernommenen Güter vollständig an den richtigen Empfänger (siehe § 425 Rdn. 70 ff) abgeliefert sind, trägt der Frachtführer[172]; dafür, daß der Schaden nicht nach der Ablieferung entstanden ist, der Absender bzw. Empfänger[173]. Die vorbehaltlose Annahme der Güter durch den Empfänger begründet, wenn sie nicht zum völligen Erlöschen führt, zumindest die tatsächliche Vermutung, daß sie bei Ablieferung unbeschädigt waren, daß also der Schaden nach Ablieferung entstanden ist. Siehe dazu aber § 438 Rdn. 19 ff, 22.

cc) Für den Schadenszeitpunkt bei Wechsel der Haftungsordnung

Aus dem Blickwinkel der Anwendung einer bestimmten transportrechtlichen Sonderordnung kann es beim multimodalen Transport[174] entscheidend darauf ankommen, **ob das Gut zu einer Zeit geschädigt war, zu der es einer bestimmten Sonderordnung unterstand.** Dies gilt auch bei der Abgrenzung der Haftung des Spediteurs als Spediteur-Frachtführer nach § 1 Abs. 5 KVO, also beim Wechsel aus der Vorlagerung oder dem Vorlauf (ADSp-Haftung) zur zwingenden Phase der schärferen KVO-Haftung[175]. In diesen Fällen kann nicht die gleiche Beweislast gelten wie bei Annahme und Ablieferung. Denn der Auftraggeber hat für die maßgeblichen internen Vorgänge im Macht- und Verantwortungsbereich des Spediteur-Frachtführers keinen Zugang zu den Beweismöglichkeiten. Daher ist hier nach den im Bereich der positiven Vertragsverletzung entwickelten Grundsätzen zu verfahren, nach denen der Schuldner die Beweislast für die in seinem Kenntnisbereich liegenden Umstände trägt[176].

6. Haftung für vermutetes Verschulden
a) Allgemeines
aa) Typus der Obhutshaftung

§ 429 Abs. 1 gestattet dem Frachtführer, sich durch Nachweis, daß der Schaden durch die Sorgfalt eines ordentlichen Frachtführers nicht abgewendet werden konnte, von der Haftung zu befreien. Dies bedeutet, daß der Frachtführer Nichtverschulden seiner eigenen Person und seiner Gehilfen (§ 431) nachzuweisen hat[177]. Die Haftung nach § 429 wird daher dem **Typus der Haftungen für vermutetes Verschulden** zugerechnet. Der Frachtführer muß dazu eine nichtverschuldete Schadensursache behaupten und beweisen. Diese Regelung entspricht der analogen Anwendung von § 282 BGB auf positive Forderungsverletzungen, wie sie vom BGH in ständiger Rechtsprechung und auch in der Literatur unbestritten vorgenommen wird[178]. Güterschäden, die während der Obhut des Frachtführers entstehen, fallen ausschließlich in dessen Herrschafts- und Einwirkungsbereich[179]. Somit würde den Frachtführer auch bei Anwendung des allge-

---

[172] Beispielsfälle: ROHG vom 4. 5. 1871, ROHG **2** 247, 251 f; OLG Düsseldorf vom 29. 3. 1979 VersR **1979** 651; OLG Hamm vom 2. 12. 1991, TranspR **1992** 179, 180.
[173] BGH vom 8. 6. 1988, TranspR **1988** 371 = ETR **1988** 705, 708 f = VersR **1988** 952 f.
[174] Siehe Anh. V nach § 452 Rdn. 21 ff (Network).
[175] Siehe §§ 412, 413 Rdn. 26 ff.
[176] Zutreffend daher schon LG Münster vom 6. 6. 1984, TranspR **1984** 180, 181; zum entsprechenden Problem beim multimodalen Transport siehe Anh. V nach § 452 Rdn. 24 ff.
[177] Siehe zum Verschulden Rdn. 115 ff.
[178] Zur Übersicht über die Rechtsprechung und Literatur zur Beweislast bei positiver Vertragsverletzung siehe *Palandt/Heinrichs*[52] § 282 BGB Rdn. 6 ff; BGH vom 6. 3. 1972, WM **1972** 584; vom 1. 7. 1980, MDR **1981** 39 f (Maklervertrag); vom 23. 3. 1984, WM **1984** 1224, 1226; vom 28. 1. 1987, NJW **1987** 1634.
[179] Eingehend BGH vom 24. 6. 1987, BGHZ **101** 172, 179 ff = NJW **1988** 640 ff = TranspR **1987** 447, 450 ff. Zum Lagervertrag BGH vom 19. 6. 1986, TranspR **1986** 459, 461.

§ 429 Drittes Buch. Handelsgeschäfte

meinen Schuldrechts die gleiche Haftung wie nach § 429 HGB treffen[180]. Eine Umkehr der zu § 429 vorgesehenen Beweisverteilung verstößt im Verhältnis zu Nichtkaufleuten gegen § 11 Nr. 15a AGBG. Gegenüber Kaufleuten gilt nach der Rechtsprechung das gleiche auf der Grundlage von § 9 AGBG[181].

bb) Keine Verschärfung gegenüber positiver Vertragsverletzung

113 Die **Haftung aus § 429 Abs. 1 ist** somit – ausgehend von der heutigen Rechtsanwendung – **nicht verschärft gegenüber der des BGB**. Jede Argumentation, die in der „verschärften" Haftung eine Begründung für die frachtrechtlichen Haftungsbegrenzungen und Haftungsausschlüsse sehen will, kann daher heute nicht mehr überzeugen[182].

cc) Frachtrechtliche Sonderordnungen

114 Im Gegensatz zu § 429 sind **in den landfrachtrechtlichen Sonderordnungen und in anderen Sparten des Frachtrechts** teilweise andere, schärfere Haftungsgesichtspunkte maßgeblich, die meist mit dem in diesem Bereich abzulehnenden Ausdruck „**Gefährdungshaftung**", besser mit „**Gewährhaftung**" bezeichnet werden. Siehe hierzu *Helm* Haftung 102 f, besonders Fn. 513. Eine solche verschärfte Haftung besteht nach der KVO, dem GüKUMT und im innerdeutschen Eisenbahnrecht nach der EVO. Der Regelung des § 429 HGB entsprechen grundsätzlich mit gewissen Abweichungen die ADSp und die Haftungsregelungen des Luftrechts, des Seerechts und des Binnenschiffahrtsrechts. Die AGNB verbinden in §§ 14 b und 15 Abs. 2 verschiedene Haftungstypen. Eine Verschuldenshaftung mit verschärftem Sorgfaltsmaßstab enthält das internationale Eisenbahnrecht der ER/CIM sowie der CMR.

dd) Gegenstand der „Verschuldensvermutung"

115 Die „**Verschuldensvermutung" bezieht sich in Wahrheit nicht nur auf das Verschulden, sondern auf mehrere Tatbestandselemente**: Handlung (mit der Zurechnungsfrage bei Gehilfen), adäquate Kausalität, objektive Vertragswidrigkeit (Rechtswidrigkeit) und Verschulden. Für sie alle trägt der Frachtführer die Behauptungs- und Beweislast. Gelingt in einem Punkt keine sichere Aufklärung, dann verbleibt es bei seiner Haftung[183].

---

[180] Siehe hierzu *Helm* Haftung 102 ff; *Stoll* FS v. *Hippel* (**1967**) 517 ff. Zu § 61 BinSchG siehe BGH vom 22. 10. 1984, TranspR **1985** 155, 156 = VersR **1985** 36, 37; zum Lagervertragsrecht zutreffend BGH vom 17. 2. 1964, BGHZ **41** 151, 154 ff; BGH vom 19. 2. 1971, VersR **1971** 617, 618 und VersR **1971** 623, 624; vom 28. 3. 1973, VersR **1973** 822, 833; BGH vom 23. 2. 1978, NJW **1978** 1485 = VersR **1978** 440 f; zum Umfang des Gefahren- und Verantwortungsbereichs beim Stauen eines Containers siehe OLG Bremen vom 19. 1. 1989, TranspR **1990** 22, 25.

[181] Siehe grundsätzlich BGH vom 24. 6. 1987, BGHZ **101** 172, 183 ff = NJW **1988** 640 ff = TranspR **1988** 447, 450; aus der älteren Rspr. siehe bereits OLG Hamburg vom 18. 6. 1970, VersR **1970** 1101, 1102, zurückgehend auf das zum Lagervertrag ergangene Urteil des BGH vom 17. 2. 1964, BGHZ **41** 151 ff; BGH vom 28. 3. 1973, VersR **1973** 822, 824; OLG Hamburg vom 10. 12. 1981, VersR **1982** 592 f (Binnenschiffahrtsrecht). Zu anderen kaufmännischen Bedingungen aus der neueren Rspr.: BGH vom 23. 4. 1984, WM **1984** 1224, 1226.

[182] Insoweit unzutreffend BGH vom 23. 3. 1966, BGHZ **46** 140, 147; vom 19. 2. 1971, VersR **1971** 617, 618 und VersR **1971** 623, 624; zum ähnlich gelagerten Lagervertragsrecht (§§ 417, 390 HGB) BGH vom 1. 3. 1974, WM **1974** 436, 437. Zutreffend dagegen BGH vom 28. 3. 1973, VersR **1973**, 822, 823 zum Lagervertragsrecht; *Karsten Schmidt* Handelsrecht[3] § 31 IV 1 b; *Heymann/Honsell* § 430 Rdn. 1.

[183] Siehe zum multimodalen Transport BGH vom 24. 6. 1987, BGHZ **101** 172, 179 ff = NJW **1988** 640 ff = TranspR **1988** 447, 450; zum Speditionsrecht BGH vom 14. 7. 1988, TranspR **1988** 391, 392. Zutreffend *Koller*[2] Rdn. 7.

b) Schadensverursachender Umstand

116 Der Ersatzanspruch nach § 429 HGB ist bereits schlüssig, wenn dargetan ist, daß Verlust oder Beschädigung des Frachtguts in der Obhutszeit vorliegen; zur Beweislast dafür siehe Rdn. 105 ff. Hinsichtlich der Schadensursache sowie des Verschuldens braucht der Ersatzberechtigte keine Behauptungen aufzustellen. Auch bei Behauptung einer bestimmten Ursache durch den Absender genügt deren Widerlegung nicht zur Entlastung, wenn andere Ursachen möglich bleiben[184]. Anwendbar sind auch die zu § 282 BGB von der Rechtsprechung entwickelten Beweisgrundsätze. Es genügt z. B. nicht, daß aufgrund der Beweislage ein bestimmter Geschehensablauf, für den der in Anspruch Genommene nicht einzustehen hat, „unwahrscheinlich" sei; vielmehr bedarf es des vollen Beweises der überwiegenden Wahrscheinlichkeit eines solchen Umstands[185]. Äußert sich im Prozeß der Frachtführer nicht zur Schadensursache (z. B. im Versäumnisverfahren), so muß er antragsgemäß verurteilt werden; Behauptungen, die ein Verschulden des Frachtführers ausschließen sollen, müssen substantiiert sein. Bloßes Bestreiten des Vortrags des Ersatzverlangenden genügt nicht[186].

117 Kann die Ursächlichkeit keines bestimmten Umstandes nachgewiesen werden, so bleibt es bei der Haftung. Dies kann einmal dann der Fall sein, wenn der schadensverursachende Umstand selbst nicht rekonstruierbar ist[187], aber vor allem auch dann, wenn seine Ursächlichkeit für den Verlust oder die Beschädigung des Frachtguts nicht sicher festgestellt werden kann. Können mehrere Umstände ursächlich gewesen sein, so muß sich die weitere Entlastung hinsichtlich des Verschuldens auf sie alle beziehen. Mehrere Ursachen einer Schadensfolge liegen vor, wenn keine von ihnen hinweggedacht werden kann, ohne daß damit der Schaden entfiele. Praktisch bedeutet dies, daß nur eine vollständige Aufklärung der Schadensursache zur Entlastung führen kann. Allerdings kann die Aufklärungspflicht des Frachtführers nicht dazu führen, ihm einen „uferlosen Negativbeweis" zuzumuten; zutreffend zum Seerecht OLG Hamburg vom 20. 11. 1980, VersR **1983** 42.

118 Die Klärung der Schadensursache führt nur dann zur Entlastung, wenn **kein schuldhaftes Handeln des Frachtführers oder seiner Leute** mitgewirkt hat. Der Frachtführer ist insbesondere auch dann haftbar, wenn er einen aus unverschuldeter Ursache drohenden Schaden schuldhaft abzuwenden unterlassen hat. Da der Entlastungsbeweis letztlich auf ein Nichtverschulden gestützt ist, **bilden die vorgenommenen oder unterlassenen Handlungen des Frachtführers oder seiner Gehilfen (§ 431 HGB) den Kernpunkt der Entlastung.**

c) Pflichtwidrigkeit und Verschulden

119 Die Prüfung der Sorgfaltspflichtverletzung setzt stets das Bestehen von **Verhaltenspflichten** voraus. Hat der Frachtführer nicht pflichtwidrig gehandelt, so entfällt die Haftung. Die Verhaltenspflichten müssen dem konkreten Frachtvertrag entnommen werden. Sie hängen vom beförderten Gut, der Jahreszeit, der Witterung, dem Beförderungsweg, dem Beförderungsmittel, den Angaben des Absenders im Frachtbrief und zusätz-

---

[184] Zutreffend OLG Düsseldorf vom 14. 7. 1987, VersR **1987** 132 ff und *Schlegelberger/Geßler*[5] Rdn. 16. Die dort noch immer zitierte Entscheidung ROHG vom 22. 6. 1875, ROHG **19** 211, 216 spricht nicht für das Gegenteil, da sie sich mit der Beweislast bei höherer Gewalt befaßt.

[185] Siehe dazu BGH vom 16. 6. 1992, NJW-RR **1992** 1337 f (zu § 282 BGB).

[186] OLG Frankfurt vom 13. 7. 1984, TranspR **1985** 92, 94.

[187] Dazu im Rahmen von § 606 Abs. 2 HGB (Seerecht) BGH vom 9. 2. 1978, VersR **1978** 371, 372.

lich gegebenen Informationen sowie von vielen anderen Umständen ab. Maßgeblich sind insbesondere die zwischen den Parteien im einzelnen getroffenen Vereinbarungen[188].

120 Ist eine Handlungspflicht objektiv verletzt worden, so kann sich der Frachtführer **entlasten durch den Nachweis, daß weder er noch einer seiner Gehilfen die Sorgfaltspflicht eines ordentlichen Frachtführers verletzt**, d. h. vorsätzlich oder fahrlässig gehandelt **haben**. Hierbei sind zwar die konkreten Verhältnisse des Einzelfalls, nicht aber die persönlichen Fähigkeiten und Kenntnisse des Frachtführers oder seiner Gehilfen maßgeblich. Es gilt der auch zu § 276 BGB anerkannte objektivierte Fahrlässigkeitsbegriff, bezogen auf den Berufskreis der Frachtführer, wobei im einzelnen noch einmal nach engeren Merkmalen zu differenzieren ist (z. B. Differenzierung zwischen einem Spediteur und einem auf Baustoffe spezialisierten Güternahverkehrsunternehmen). Nicht vertretbar erscheint die von *Schlegelberger/Geßler*[5] Rdn. 17 vertretene Auffassung, nach der zu den Berufsgruppen bildenden Merkmalen auch der Umfang des Gewerbebetriebs zählen soll. Eine derartige Differenzierung würde zu unterschiedlichen Sorgfaltspflichten für größere oder kleinere Unternehmen führen und damit den Wettbewerb verzerren.

121 **Beispiele zu § 429 HGB** sind wegen seines geringen Anwendungsbereichs selten[189]. Anwendungsbeispiele siehe aber zu den ähnlich strukturierten Haftungsnormen der frachtrechtlichen Sonderordnungen[190].

7. Verschulden oder Mitverschulden des Berechtigten

122 Ist der Schaden durch Verschulden des Berechtigten (des Absenders, Empfängers oder einer Person, deren Handeln diesen zugerechnet wird), verursacht, so besteht keine Haftung des Frachtführers. Liegt daneben ein Verschulden des Frachtführers oder seiner Leute vor, so wird nach § 254 BGB der Schaden geteilt[191]. Sind neben dem nachgewiesenen Verschulden des Berechtigten weitere mögliche unaufgeklärte Umstände ursächlich, so kommt es ebenfalls zur Schadensteilung. Denn auch im Falle mitwirkenden Verschuldens des Berechtigten hat sich der Frachtführer nach § 429 hinsichtlich der unaufgeklärten Ursachen zu entlasten. Seine Haftpflicht wird ihm daher im Rahmen der Schadensteilung zugerechnet.

123 Von diesen Grundsätzen weichen die **Spezialregelungen zur frachtrechtlichen Haftpflicht** nicht unbeträchtlich ab. Siehe hierzu vergleichend *Helm* Haftung 136 ff. Das Verschulden des Berechtigten gehört nach § 34 S. 1 c KVO, 15 Abs. 1 c AGNB, § 9 Abs. 1 Nr. 1 GüKUMT, Art. 17 Abs. 2 CMR zu den besonderen Haftungsausschlüssen. Siehe zum Verhältnis dieser Haftungsausschlüsse zu § 254 HGB *Helm* Haftung 136 ff sowie die Erläuterungen zu den genannten Vorschriften in den Anhängen nach § 452.

8. Sonderregelungen für Kostbarkeiten
a) Allgemeines

124 § 429 Abs. 2 macht die Haftung für Kostbarkeiten, Kunstgegenstände, Geld und Wertpapiere zusätzlich davon abhängig, daß dem Frachtführer die Beschaffenheit oder der Wert des Gutes bei der Übergabe zur Beförderung angegeben worden ist. Diese

---

[188] Siehe zum Lagervertrag BGH vom 13. 2. 1992, TranspR **1992** 230 ff.

[189] Zum Anwendungsbereich siehe § 425 Rdn. 1 f; Beispiele zu § 429: OLG Frankfurt vom 13. 7. 1984, TranspR **1985** 92, 94 (Pflicht zur Sicherung des Fahrzeugs vor Diebstahl).

[190] Siehe z. B. Art. 17 CMR, Anh. VI nach § 452 im Rahmen der Entlastung bei unabwendbarem Ereignis.

[191] Siehe z. B. zu den AGNB BGH vom 12. 11. 1992, NJW-RR **1993** 606 f; zur KVO § 34 KVO, Anh. II nach § 452 Rdn. 5.

Angabe ist Voraussetzung der Haftung. Ohne sie wird für die genannten Kostbarkeiten überhaupt nicht gehaftet. Zweifelhaft ist, ob es stattdessen ausreicht, wenn der Frachtführer weiß, daß es sich um Kostbarkeiten handelt. Dies ist deshalb zu verneinen, weil der Frachtführer ohne klare Angabe nicht weiß, ob er besondere Vorkehrungen treffen und sie dem Absender in Rechnung stellen soll (Bewachung, Versicherung, besondere Dokumentation); a. A. *Koller*² Rdn. 9. Die angegebenen Werte stellen nach HGB keine Haftungsgrenzen dar. § 429 Abs. 2 soll den Frachtführer vor einem übergroßen Risiko schützen und in den Stand setzen, die betreffenden wertvollen Güter besonders zu schützen.

§ 429 Abs. 2 hat nur noch geringe Bedeutung, da alle Sonderregelungen des Landfrachtrechts Haftungsausschlüsse enthalten, die, soweit sie auf gültiger Grundlage beruhen oder von den Parteien vereinbart sind[192] dem § 429 Abs. 2 gegenüber als speziellere Regelungen ausschließlich gelten. Daher gibt es zu § 429 Abs. 2 auch wenig neuere Rechtsprechung. Immerhin wendet der BGH in einem Kurierdienstfall grundsätzlich § 429 Abs. 2 an; verwehrt aber dem Frachtführer, der den Anschein einer Luftbeförderung erweckt hat, die Berufung auf die Vorschrift[193]. Die CMR enthält keinen Haftungsausschluß für Kostbarkeiten; dies erklärt sich daraus, daß nach ihr ein höherer Wert und ein höheres Interesse deklariert werden kann; Art. 24, 26 CMR. Auf einen Luftfrachtvertrag ist § 429 nicht entsprechend anzuwenden. **125**

Den entsprechenden Regelungen des **§ 34 S. 1 d, e KVO**, Anh. II nach § 452, und des **§ 18 Abs. 1 GüKUMT**, Anh. IV nach § 452 **fehlt es allerdings teilweise an der für sie erforderlichen Ermächtigungsgrundlage**. Die Verordnungen GüKUMT und KVO beruhen auf der Ermächtigung des GüKG, das gem. § 1 Nr. 2 der Freistellungsverordnung zum GüKG (Abdruck zu § 4 GüKG Anh. I nach § 452 Rdn. 3) für Kunstgegenstände und Kunstwerke nicht gilt. Der Haftungsausschluß ergibt sich insoweit aus § 429 Abs. 2 HGB[194]. **126**

Der **Wert des Gutes** spielt in den summenmäßigen Haftungsbeschränkungen der speziellen Haftungsregelungen zusätzlich eine von § 429 abweichende Rolle. Aufgrund dieser Regelungen werden Schäden an Wertsachen kaum je voll entschädigt, selbst wenn die Voraussetzungen des Haftungsausschlusses nicht vorliegen sollten. In einzelnen Sparten gibt es jedoch die Möglichkeit, durch Wertdeklaration die Schadensersatzgrenzen zu erhöhen[195]. Diese Wertdeklaration rechtfertigt zugleich einen Frachtzuschlag; siehe zur Übersicht *Helm* Haftung 149. Im Landfrachtrecht fehlt in der KVO, den AGNB und den ADSp allerdings die Möglichkeit, die Haftungsgrenzen durch Wertangabe zu erhöhen. **127**

b) Die wertvollen Güter des § 429 Abs. 2

Die Kostbarkeitenregelung des § 429 Abs. 2 spielte früher eine erhebliche praktische Rolle. Sie hatte in §§ 462 HGB, 54 EVO eine heute nicht mehr bestehende Parallele. Die einzelnen in § 429 Abs. 2 aufgeführten Begriffe sind daher von der Rechtsprechung in **128**

---

[192] Wie etwa § 34 S. 1 d, e KVO; § 18 Abs. 1 GüKUMT, Anh. IV nach § 452, § 15 Abs. 1 e AGNB und § 56 a ADSp.
[193] BGH vom 13. 4. 1989, TranspR **1989** 327 ff = VersR **1989** 1066 ff = NJW-RR **1989** 1270 f.
[194] Fälle zu diesen Vorschriften sind relativ selten; siehe zu Schäden an Kunstgegenständen nach dem früheren § 10 Abs. 2 Nr. 7 BefBMö OLG Düsseldorf vom 9. 5. 1985, TranspR **1985** 284 ff.
[195] In Art. 24 CMR; § 90 EVO; Art. 46 ER/CIM 1980, Anh. I nach § 460 = Art. 36 CIM 1970; Art. 22 Abs. 2 S. 2 WA, Anh. VII/2 nach § 452; § 46 Abs. 2 LuftVG, Anh. VII/1 nach § 452; § 660 HGB, § 10 Abs. 1 Nr. 2 GüKUMT, Anh. IV nach § 452.

vielen Entscheidungen eingegrenzt worden. Zu den Einzelheiten dieser (meist zum damaligen Eisenbahnrecht ergangenen) weitgehend überholten Rechtsprechung siehe *Ratz* in der 2. Auflage dieses Kommentars, § 429 Anm. 19–21.

129   **Kostbarkeiten** im frachtrechtlichen Sinn sind Gegenstände, die im Verhältnis zum Umfang und Gewicht einen ungewöhnlich hohen Wert haben; jedoch ist dieser relative Maßstab nicht alleine entscheidend, sondern es ist auch die Verkehrsanschauung heranzuziehen[196]. **Kunstgegenstände** sind Gegenstände, die wegen ihres Kunstwerts im Verhältnis zum Gewicht und Umfang anderer Güter als besonders wertvoll erscheinen. **Geld** sind alle gültigen Zahlungsmittel des In- und Auslandes; zustimmend BGH vom 17. 3. 1981, VersR **1981** 732 f. **Wertpapiere** sind nicht nur die Wertpapiere im engeren Sinn, sondern auch Beweis- und Legitimationsurkunden[197].

c) Angabe von Beschaffenheit oder Wert

130   Es genügt die formlose Angabe der Beschaffenheit oder des Wertes spätestens bei der Übergabe. Wird die Angabe verspätet gemacht, so kann sie vom Frachtführer noch akzeptiert werden. Zumindest wird sie eine außerhalb des § 429 S. 1 liegende besondere Sorgfaltspflicht des Frachtführers begründen, für deren Verletzung er zu haften hat. Die Angabe muß so gemacht werden, daß der Frachtführer den besonderen Wert erkennen kann. Allerdings muß bezweifelt werden, ob z. B. die Bezeichnung als „Ölgemälde" bereits genügt, weil aus ihr zu erkennen sei, daß es sich wahrscheinlich um einen Kunstgegenstand handelte (RGZ **110** 59, 63 für einen Speditionsfall); **a. A.** für das Frachtrecht *Schlegelberger/Geßler*[5] Rdn. 31.

9. Andere Haftungsausschlüsse

131   Im Gegensatz zu allen Spezialbestimmungen des Landfrachtrechts kennt die HGB-Haftungsregelung außer der Kostbarkeitenregelung keine Haftungsausschlüsse für bestimmte Schadensursachen oder Schadensarten[198].

10. Haftungsfolgen (Hinweise)

132   Die Haftungsfolgen sind im HGB-Landfrachtrecht nicht besonders geregelt. Lediglich § 430 sieht die Beschränkung der Haftung auf Wertersatz vor. Der ersatzpflichtige Frachtführer hat nach § 438 Abs. 4 die Kosten der Schadensfeststellung zu tragen. Die Sondervorschriften für die einzelnen Sparten des Landfrachtgeschäfts unterwerfen dagegen die Haftung des Frachtführers verschiedenen und sehr unterschiedlichen Beschränkungen. Vor allem sehen sie feste, nach dem Gewicht des Frachtguts (in § 35 Abs. 4 KVO, Anh. II nach § 452 und in Art. 23 Abs. 3 CMR, Anh. VI nach § 452); nach dem benutzten Transportraum (§ 10 Abs. 1 Nr. 1, Abs. 5 GüKUMT, Anh. IV nach § 452); nach dem Schadensereignis (in § 17 Nr. 2 AGNB, Anh. III/1 nach § 452) bestimmte

---

[196] Siehe statt vieler die Urteile RG vom 9. 2. 1927, RGZ **116** 113, 115 f; RG vom 17. 3. 1928, RGZ **120** 313, 315; Rechtsprechung nach dem 2. Weltkrieg: OLG Düsseldorf vom 21. 12. 1949, DB **1950** 202; OLG Hamburg vom 20. 4. 1948, VRS **1** 143.

[197] Siehe auch § 1 Nr. 2 und 13 der Freistellungs-VO zum GüKG (§ 4 GüKG, Anh. I nach § 452 Rdn. 3) sowie § 34 KVO, Anh. II nach § 452 Rdn. 34.

[198] Siehe zu den frachtrechtlichen Haftungsausschlüssen typisierend *Helm* Haftung 114–135; insbesondere enthalten in §§ 30, 34 KVO, Anh. II nach § 452; Art. 17 Absätze 2 und 4 CMR, Anh. VI nach § 452; § 15 AGNB, Anh. III/1 nach § 452; §§ 9, 18 GüKUMT, Anh. IV nach § 452; §§ 52–57 ADSp, Anh. I nach § 415; §§ 28 Abs. 1, 83 EVO, Anh. I nach § 460; Art. 36 §§ 2, 3 ER/CIM 1980, Anh. II nach § 460; § 608 HGB.

Höchstbeträge der Haftung vor. Siehe zu den Haftungsbeschränkungen vergleichend *Helm* Haftung 142–155. Zum Umfang der Haftung, wenn nur das Landfrachtrecht des HGB Anwendung findet, siehe die Kommentierung zu § 430. Im übrigen bestimmt sich die Haftungsfolge nach §§ 249 ff BGB. Zur Frage des Mitverschuldens siehe Rdn. 122.

II. Haftung für Verspätungsschäden
1. Allgemeines

§ 429 Abs. 1 unterwirft die Haftung für Verspätungsschäden (Versäumung der Lieferfrist) denselben Grundsätzen wie die Haftung für Verlust und Beschädigung des Frachtguts. Jedoch gilt die Haftungsbeschränkung des § 430 HGB nach h. M. in der Regel nicht für Verspätungsschäden. Die Voraussetzungen einer Versäumung der Lieferfrist ergeben sich aus § 428 Abs. 1; siehe dort Rdn. 6 ff. **133**

2. Landfrachtrechtliche Spezialregelungen

Die landfrachtrechtlichen Spezialregelungen enthalten teilweise Sonderbestimmungen für die Verspätungshaftung. § 31 Abs. 1 a KVO regelt die Haftung für Lieferfristüberschreitung speziell, so daß insoweit § 429 Abs. 1 HGB ausgeschaltet ist. § 8 Nr. 2 a GüKUMT erlegt dem Frachtführer ebenfalls eine schärfere Haftung als § 429 Abs. 1 HGB auf. Andererseits enthalten KVO und GüKUMT besondere Haftungsgrenzen für die Verspätungshaftung. **134**

Die **AGNB** sehen keine besonderen Bestimmungen für die Verspätungshaftung vor. Daher ist fraglich, ob Verspätungsschäden nach Maßgabe des allgemeinen Tatbestandes der Vertragsverletzung des § 16 c AGNB oder nach § 429 Abs. 1 HGB zu ersetzen sind. Im Ergebnis wird hinsichtlich der Haftungsbegründung die Frage bedeutungslos sein, da auch die Ansprüche nach § 16 c AGNB der Umkehr der Beweislast im Sinne der Rechtsprechung zur positiven Forderungsverletzung unterliegen und daher die Haftung wie nach § 429 Abs. 1 Haftung für vermutetes Verschulden ist; siehe dazu § 16 AGNB, Anh. III/1 nach § 452. Jedoch unterliegt die Verspätungshaftung in den AGNB regelmäßig der Haftungsbegrenzung für Vermögensschäden nach § 17 Nr. 2 b AGNB. **135**

Im Bereich der **Speditionsrollfuhr** verbleibt es bei der Verspätungshaftung nach § 429 Abs. 1, da die ADSp in § 17 zwar die „Gewährleistung" für Lieferfristen ausschließen, nicht aber die Haftung für vermutetes Verschulden. Siehe § 17 ADSp, Anh. I nach § 415 Rdn. 1. Doch gelten hier die übrigen Haftungsbeschränkungen der ADSp, soweit sie auf Verspätungsfälle passen; siehe §§ 407–409 Rdn. 187 ff. **136**

Die **CMR** sieht für Verspätungsfälle in Art. 17 Abs. 2 und 18 Abs. 1 besondere, an die Obhutshaftung angeglichene Tatbestände vor; diese Haftung unterliegt auch einer besonderen Haftungsbegrenzung (Art. 23 Abs. 5 CMR). § 429 Abs. 1 HGB kann daher auch nicht subsidiär eingreifen. Im Binnenschiffahrtsrecht ist die Verspätungshaftung zwar in einer besonderen Bestimmung (§ 62 BinSchG) geregelt; sie ist aber in den Voraussetzungen entsprechend dem Landfrachtrecht an die Obhutshaftung angepaßt. In den Verlade- und Transportbedingungen wird regelmäßig jede Verspätungshaftung ausgeschlossen. **137**

Somit bleibt als Anwendungsbereich der in § 429 Abs. 1 geregelten **Verspätungshaftung** nur der Güternahverkehr und die aus dem Geltungsbereich des GüKG ausgenommenen Beförderungsfälle (§ 4 GüKG). **138**

3. Konkurrenzfragen

139 Die Haftung für Verspätungsschäden ist auch dann zu bejahen, ein, wenn das Gut beschädigt wird[199]; aber selbst dann, wenn es in Verlust gerät. Denn die wegen der Verspätung erforderlichen Maßnahmen verursachen dem Frachtführer Kosten, die durch die Wertersatz-Haftung beim Güterschaden nicht abgegolten werden. In vielen Bereichen des Frachtrechts, nämlich überall, wo Obhuts- und Verspätungshaftung in den Haftungsvoraussetzungen oder Haftungsfolgen unterschiedlich geregelt sind, ist die Frage von Bedeutung, welche Bestimmungen anzuwenden sind, wenn Schäden am Frachtgut durch Verspätung während der Obhutszeit entstehen. Dies kann deshalb leicht geschehen, weil sich mit der Obhuts- und Verspätungshaftung Tatbestände von unterschiedlicher Struktur gegenüberstehen. Die Obhutshaftung macht die Tatsache des Verlustes oder der Beschädigung, also eine bestimmte Schadensart zum entscheidenden Merkmal. Die Schadensursache ist dabei grundsätzlich gleichgültig. Der Verspätungshaftung liegt in der Verspätung als kennzeichnendem Erfordernis eine bestimmte Schadensursache zugrunde; auf die Art des Schadens kommt es zumeist nicht an. Die Ungleichheit der beiden Tatbestände führt überall zu Überschneidungen der Anwendungsbereiche, wo die Ursache „Verspätung" und die Schadensart „Verlust oder Beschädigung" gegeben sind. Im Landfrachtrecht spielt das Konkurrenzproblem im Rahmen des § 430 eine Rolle; nach richtiger Auffassung ist die Haftungsbegrenzung des § 430 auf Schäden am Frachtgut, die durch Verspätung entstehen, anzuwenden[200]. Zur Konkurrenz mit Ansprüchen aus unerlaubter Handlung, Schuldnerverzug, nachträglicher Unmöglichkeit und positiver Vertragsverletzung siehe Rdn. 229 ff, insbesondere 242 ff.

III. Person des Ersatzberechtigten

Schrifttum

Helm Der Ersatzberechtigte im CMR-Haftpflicht-Fall, TranspR **1983** 29 ff; *Koller* Die Verdoppelung des Prozeßrisikos von CMR-Frachtführern, VersR **1982** 414–417; *ders.* Die Person des Schadensersatzberechtigten bei Ansprüchen aus Art. 17 CMR, RIW **1988** 254 ff; *ders.* Die Person des Reklamierenden im Sinne des Art. 32 Abs. 2 CMR, TranspR **1989** 308–311; *Müller-Rostin* Verfügungsrechte und Anspruchsberechtigung von Absender und Empfänger nach dem Warschauer Abkommen, TranspR **1989** 1 ff; *Ries* Grundprobleme der Drittschadensliquidation, JA **1982** 453 ff; *Rabe* Drittschadensliquidation im Güterbeförderungsrecht, TranspR **1993** 1 ff.

1. Allgemeines

a) Grundsatz: Aktivlegitimation formal frachtrechtlich bestimmt

140 Die Geltendmachung der Ersatzansprüche aus Frachtverträgen setzt grundsätzlich die **besondere frachtrechtliche Gläubigerstellung** voraus. Ohne diese (formal aus der betreffenden Lage des Frachtvertrages in seiner konkreten Abwicklung zu bestimmende) Rechtsposition können die Ansprüche nur aufgrund einer Abtretung[201] oder eines gesetzlichen Forderungsübergangs (insbesondere nach § 67 VVG) geltend gemacht wer-

---

[199] *Schlegelberger/Geßler*[5] Rdn. 12; *Koller*[2] Rdn. 13.
[200] Siehe dazu § 430 Rdn. 20; zu den sich aus diesen Überschneidungen ergebenden Konkurrenzproblemen in den frachtrechtlichen Spezialbereichen *Helm* Haftung 28, 170 f; zur Haftungsbeschränkung in Überschneidungsfällen nach CMR siehe BGH vom 15. 10. 1992, VersR **1993** 635 f.
[201] Siehe Rdn. 143. An fehlender Abtretung scheitern vielfach die Ansprüche; siehe z. B. österr. ObGH vom 9. 9. 1982, TranspR **1984** 42 f = *Greiter* 170, 173.

den. Die Aktivlegitimation kann sich ausnahmsweise auch aus gewillkürter Prozeßstandschaft ergeben; siehe Rdn. 163. Sind mehrere Personen als Absender gemeinschaftlich beteiligt, liegt Gesamtgläubigerschaft gem. § 428 BGB vor, z. B. bei einem Umzugsvertrag von Eheleuten hinsichtlich der gemeinsamen Wohnungseinrichtung[202].

b) Gespaltene oder doppelte Aktivlegitimation

Als frachtrechtlich Ersatzberechtigter kann **nicht nur der Absender, sondern auch der Empfänger** als Begünstigter im Sinne des Frachtvertrages als eines Vertrages zugunsten Dritter in Betracht kommen. Daher muß von Fall zu Fall geklärt werden, wer Ersatzberechtigter ist. Zur Geltendmachung durch Versicherer aufgrund Forderungsübergangs gem. § 67 VVG oder Abtretung siehe § 429 Anh. I Rdn. 90 f. Die Aktivlegitimation für Deliktsansprüche hängt in erster Linie davon ab, wer im Augenblick der Schädigung Eigentümer der Ladung war. Deliktsansprüche stehen daher nicht notwendig in Parallele zu frachtvertraglichen Ansprüchen; siehe Rdn. 304 ff. Die Probleme der Aktivlegitimation sind im Grundsätzlichen in allen Sparten des Frachtrechts ähnlich. Sie werden daher hier gemeinsam erörtert. Einzelheiten, insbesondere zu den Voraussetzungen der Aktivlegitimation, sind den Erläuterungen zu den einzelnen frachtrechtlichen Sonderordnungen zu entnehmen. **141**

c) Materieller Schaden und formelle Berechtigung

Wie alle Schadensersatzansprüche setzt der Anspruch aus dem Frachtvertrag einen **materiellen Schaden** und eine **formelle Berechtigung** zur Geltendmachung des Schadens (Legitimation) voraus. Gerade beim Frachtvertrag fallen beide Voraussetzungen oft nicht in einer Person zusammen. Dann bedarf es der Anwendung der Grundsätze der Drittschadensliquidation oder der Abtretung der vollen formellen Berechtigung an den Geschädigten – unter bestimmten Umständen auch der Rechtsstandschaft oder Prozeßstandschaft. Dagegen hat die Rechtsprechung bisher keinen Gebrauch von der Möglichkeit gemacht, den Frachtvertrag als Vertrag mit Schutzwirkung für Dritte anzuerkennen und damit weitere vertraglich Schadensersatzberechtigte zu schaffen. **142**

d) Abtretung der Ersatzansprüche; Forderungsübergang nach § 67 VVG

Der formell Berechtigte ist auch grundsätzlich alleine berechtigt, die Ansprüche an einen Dritten abzutreten, insbesondere an den Transportversicherer[203], soweit sie nicht bereits nach § 67 VVG auf ihn übergegangen sind. Auch die Abtretung der Schuldbefreiungsansprüche an den Geschädigten ist zulässig; siehe auch Rdn. 326 ff. Sie verwandeln sich dabei in Schadensersatzansprüche[204]. Die Abtretung durch einen Vertreter ohne Vertretungsmacht kann vom Berechtigten gem. §§ 177 Abs. 1, 184 Abs. 1 BGB rückwirkend genehmigt werden, so daß eine vom Zessionar erhobene Klage die Verjährung unterbricht; OLG Düsseldorf vom 15. 12. 1983, TranspR **1984**, 38, 40 = VersR **1984** 686 f. **143**

---

[202] OLG Düsseldorf vom 10. 10. 1991, TranspR **1992** 269, 271; dazu § 8 GüKUMT, Anh. IV nach § 452 Rdn. 3.
[203] Siehe zu dessen Aktivlegitimation Anh. I nach § 429 Rdn. 90 f; zur Unwirksamkeit des Verbots der Abtretung dieser Ansprüche BGH vom 9. 11. 1981, BGHZ **82** 162, 171 f = NJW **1982** 992–994.
[204] Siehe BGH vom 14. 3. 1985, TranspR **1985** 335, 337 = VersR **1985** 753, 754 (CMR, Assekuradeur für Transportversicherer aufgrund abgetretener Rechte).

e) Aktivlegitimation für anspruchserhaltende Maßnahmen

144 Die Geltendmachung der frachtrechtlichen Ersatzansprüche setzt die **rechtzeitige Feststellung oder Rüge** der Schäden (vgl. § 438 Rdn. 26 ff) und die **rechtzeitige Klageerhebung zur Unterbrechung der Verjährung** (siehe § 414 Rdn. 8) voraus. Sondervorschriften knüpfen an eine rechtzeitige Schadensreklamation die Folge der **Hemmung der Verjährung**[205] Diese rechtserhaltenden Akte – wohl die wichtigsten Voraussetzungen der Durchsetzung der Ansprüche – können grundsätzlich nur vom Ersatzberechtigten vorgenommen werden. Es kommt daher entscheidend darauf an, daß im Augenblick ihrer Vornahme die Aktivlegitimation bereits bestand[206].

145 Die **Unterbrechung der Verjährung durch eine Klage eines Nichtlegitimierten** läßt sich auch nicht durch Nachholung der Abtretung bis zum Zeitpunkt der letzten mündlichen Verhandlung erreichen[207]. Zwar ist eine rückwirkende Herstellung der Aktivlegitimation bis zu diesem Zeitpunkt möglich[208]. Durch diese wird aber nicht die Verjährung unterbrochen, so daß dem Beklagten ab dem Ablauf der Verjährungsfrist die Einrede der Verjährung zusteht. Eine rückwirkende Genehmigung der Klageerhebung eines Vertreters ohne Vertretungsmacht wurde allerdings in einer älteren Entscheidung vom BGH[209] für möglich gehalten. Sie würde dann wegen ihrer Rückwirkung auch die Verjährung unterbrechen, aber zumindest voraussetzen, daß die Klage im Namen des (später genehmigenden) Rechtsinhabers erhoben worden ist. Erhebt der Nichtlegitimierte dagegen die Klage in eigenen Namen (wie dies regelmäßig der Fall ist) und läuft die Verjährungsfrist während des Prozesses ab, kommt eine Rückwirkung einer späteren Abtretung grundsätzlich nicht in Betracht. Die Verjährung ist eingetreten[210]. Der für das Frachtrecht zuständige I. Senat des BGH lehnt daher auch eine Genehmigung der verjährungshemmenden Schadensreklamation nach Art. 32 Abs. 2 CMR ab; siehe dazu kritisch Rdn. 165, 168.

146 Der **materiell Betroffene, aber nicht Aktivlegitimierte kann allerdings ausnahmsweise vorprozessuale rechtserhaltende Akte wirksam vornehmen**. Diese Rechtsprechung rechtfertigt sich – je nach Lage des Falles – durch eine der Weiterentwicklung der Rechtsstandschaft; siehe Rdn. 164.

2. Die formelle Ersatzberechtigung

147 Grundsätzlich steht die Berechtigung zur Geltendmachung von Ersatzansprüchen dem Vertragspartner, also dem Absender zu. Dabei handelt es sich jedoch nur um eine rein formelle, nicht von einem materiellen Schaden des Legitimierten abhängige Rechtsstellung[211]. Nach § 435 S. 1 kann jedoch der Empfänger ab dem Zeitpunkt der Ankunft des Gutes am Bestimmungsort gegen Erfüllung der sich aus dem Frachtvertrag ergebenden Verpflichtungen die Rechte aus dem Frachtvertrag in eigenem Namen geltend

---

[205] Siehe § 40 Abs. 3 KVO, Anh. II nach § 452 Rdn. 20 ff; Art. 32 Abs. 2, 3 CMR, Anh. VI nach § 452.

[206] Siehe z. B. zur Verjährungsunterbrechung BGH vom 1. 10. 1975, VersR **1976** 168 f; vom 24. 10. 1991, BGHZ **116** 15 ff = TranspR **1992** 177, 179 = VersR **1992**; OLG Düsseldorf vom 15. 12. 1983, TranspR **1984** 38, 40 = VersR **1984** 686 f (CMR, rechtzeitige Genehmigung einer Abtretung durch nicht Vertretungsberechtigten); zum präzisen Nachweis der Berechtigung nach Art. 42 § 3 CIM siehe Cour d'Appel Paris vom 21. 11. 1985, IZ **1987** 46 ff; zur verjährungshemmenden Reklamation durch den Empfänger nach Art. 54 § 3 ER/CIM **1980** siehe OLG Köln vom 17. 1. 1989, VersR **1989** 1282, 1283.

[207] BGH vom 1. 10. 1975, VersR **1976** 168, 169.

[208] BGH vom 1. 10. 1975, VersR **1976** 168 f.

[209] BGH vom 7. 7. 1960, LM Nr. 10.

[210] BGH vom 1. 10. 1975, VersR **1976** 168, 169. Siehe dazu *Palandt/Heinrichs*[52] § 209 Rdn. 11.

[211] Zutreffend LG Heidelberg vom 29. 2. 1984, TranspR **1985** 383.

a) Doppellegitimation von Absender und Empfänger

Durch die rein formale Bestimmung der Ersatzberechtigung können Doppellegitimationen (gleichzeitige Aktivlegitimation von Absender und Empfänger) entstehen[212]; ebenso durch eine zu großzügige Zulassung der Prozeßstandschaft[213]. Der BGH hält es – zur CMR – für ausreichend, daß der Frachtführer, wenn er an einen Berechtigten geleistet habe, dies dem seine Ansprüche später geltendmachenden Legitimierten entgegenhalten könne[214]. Diese Lösung kann freilich den Interessen der beiden Berechtigten, falls es zwischen ihnen zu Konflikten kommt (etwa wenn der Entschädigte in Konkurs fällt), nicht gerecht werden. Schon grundsätzlich ist es problematisch, die Schadensersatzleistungen nach einer Art von Prioritätsprinzip dem Schnelleren unter zwei Legitimierten zuzuweisen. Dies überzeugt auch deshalb nicht, weil sich der Frachtführer, insbesondere in Fällen mit internationalen Gerichtsständen, nicht ausreichend gegen doppelte Inanspruchnahme wehren kann. Bedenklich ist auch, daß der Schadensersatz, der in der Regel Surrogat für verkaufte Ware ist, nicht im voraus mit Sicherheit dem Empfänger (Käufer) zugewiesen werden kann, so daß der übliche internationale Sicherungsmechanismus „Zahlung bei Absendung" mit Unsicherheiten belastet wird. Auch mit Hilfe der Absenderausfertigung des Frachtbriefs[215] läßt sich das Problem nicht sicher lösen. Zumindest für die Belange des internationalen Geschäftsverkehrs wäre die Anknüpfung der Aktivlegitimation einschließlich des Erlöschens der Absenderlegitimation an leicht überprüfbare Kriterien aus der Abwicklung des Frachtvertrages günstiger. Im Regreßprozeß des Güterversicherers bedeutet die Doppellegitimation den Zwang, die Abtretung der möglicherweise nicht nach § 67 VVG auf ihn übergehenden Rechte des jeweils anderen Legitimierten zu erwirken, damit dieser die Ansprüche nicht seinerseits vorzeitig geltend machen kann[216]. Entgegen der Meinung des BGH ist die Doppellegitimation von Absender und Empfänger daher durchaus ein – allerdings nicht häufig praktisch werdendes – Problem. **148**

Zu den von Absender und/oder Empfänger geltend zu machenden Rechten gehören auch die Ersatzansprüche. Die Befugnis zur Geltendmachung kann dem Empfänger durch Absenderverfügung gemäß §§ 435 Satz 3, 433 HGB noch entzogen werden, solange weder die Ansprüche gerichtlich geltend gemacht sind noch der Frachtbrief dem **149**

---

[212] BGH vom 1. 10. 1975, VersR **1976** 168 f (CMR, 447 BGB); vom 6. 7. 1979, BGHZ **75** 92, 96 = VersR **1979** 1105, 1106 = ETR **1980** 863 ff (CMR); BGH vom 28. 4. 1988, NJW **1988** 3095 f = TranspR **1988** 338, 339 = VersR **1988** 825 f (CMR).
OLG Düsseldorf vom 16. 12. 1982, VersR **1983** 1132 (CMR); OLG Hamburg vom 9. 8. 1984, TranspR **1984** 299, 300 = VersR **1985** 158 f (zum WA); OLG Köln vom 22. 3. 1982, 7 U 151/81 (unveröff.) mit genauer Begr.; OLG München vom 21. 7. 1989, TranspR **1989** 324, 325 (CMR).
Österr. ObGH vom 12. 4. 1984, TranspR **1986** 344, 345 = SZ **57** 75, S. 342 ff; vom 12. 4. 1984, TranspR **1986** 344, 345 = SZ **57** 75, S. 342 ff; vom 28. 6. 1988, TranspR **1989** 222, 225 = VersR **1989** 980 f; *Ruhwedel*² (1987), 139 f.
Siehe zu Prozeßstandschaft und Drittschadensliquidation Rdn. 163, 157 ff.

[213] Beispiele: Zum Seerecht BGH vom 26. 9. 1957, BGHZ **25** 259 f; zur CMR BGH vom 6. 5. 1981, TranspR **1982** 41 ff = VersR **1981** 929 ff (CMR).

[214] BGH vom 6. 7. 1979, BGHZ **75** 92, 96 = VersR **1979** 1105, 1106 = ETR **1980** 863 ff. *Piper* VersR **1988** 202 hält die Doppellegitimation für unschädlich, ja sogar in manchen Fällen für nützlich. Siehe zu Art. 17 CMR, Anh. VI nach § 452 und unten Rdn. 152; dazu *Koller* VersR **1982** 414, 416; *Koller*² § 435 Rdn. 5; *Braun* VersR **1988** 649; *Willenberg*⁴ § 29 KVO Rdn. 53. Kritisch zu dieser Rechtsprechung *Helm* TranspR **1983** 29, 30 ff.

[215] Siehe § 426 Rdn. 62 ff.

[216] Siehe jedoch Rdn. 163 zur möglichen Kollision zwischen Abtretung und Prozeßstandschaft.

Empfänger übergeben ist; siehe insbesondere wegen der Einzelheiten § 435 Rdn. 8. Aus der **Koppelung zwischen dem „Erlöschen" der frachtvertraglichen Verfügungsbefugnis** (§ 433 Abs. 2) und der Geltendmachung der Rechte (§ 435 S. 2) ergibt sich, daß der Absender den Empfänger von diesem Zeitpunkt an nicht mehr an der Geltendmachung der Rechte hindern kann. Es liegt daher nahe, das im HGB nicht geregelte Erlöschen der Legitimation des Absenders hinsichtlich der Geltendmachung der Ersatzansprüche mit dem Erlöschen der frachtrechtlichen Verfügungsbefugnis zu koppeln[217]. Eine solche Koppelung sehen das innerdeutsche und das europäische Eisenbahnrecht vor[218].

150 In der **CMR** wird die Koppelung des Erlöschens der Absenderansprüche mit der Entstehung der Empfängeransprüche durch die deutsche Übersetzung – in sprachlicher Abweichung vom französischen und englischen Originaltext – zumindest teilweise vorgenommen. Der BGH zog zwar die Koppelung von Ersatzberechtigung und Verfügungsberechtigung zur Ergänzung der CMR in Erwägung[219], lehnte sie dann in späteren Entscheidungen jedoch wieder ganz oder teilweise ab[220]. Die weitgehende Ankoppelung der formalen Ersatzberechtigung an die frachtrechtliche Verfügungsbefugnis i. S. d. deutschen Übersetzung der **CMR** würde für den Bereich der CMR eine Doppellegitimation verhindern. Sie ist in der Literatur und in einem Teil der Rechtsprechung vertreten worden[221] und stellt gegenüber der Rechtsprechung die angemessenere Lösung dar. Im Luftrecht wurde sie bei Erarbeitung des WA für selbstverständlich gehalten[222].

151 Soweit **Landfrachtrecht des HGB** anzuwenden ist, kann die Doppellegitimation von Absender und Empfänger allerdings auch durch Koppelung von Ersatzberechtigung und frachtrechtlicher Verfügungsbefugnis nicht verhindert werden, da die Entstehung der Empfängerrechte nicht den Fortbestand der Absenderrechte ausschließt[223]. Daher ist die Rechtsprechung des BGH die unvermeidliche Konsequenz der ergänzenden Heranziehung deutschen Landfrachtrechts zur CMR; siehe dazu Art. 17 CMR Anh. nach § 452.

152 **Für die KVO** würde die Koppelung von formeller Ersatzberechtigung und frachtrechtlicher Verfügungsbefugnis eine Doppellegitimation von Absender und Empfänger vermeiden. Denn nach der KVO lösen sich Verfügungsbefugnis des Absenders und des Empfängers ohne Überschneidung ab; siehe § 29 KVO, Anh. II nach § 452 Rdn. 21 ff. Nach h. M. ist jedoch die Frage der Ersatzberechtigung nicht durch Interpretation der KVO selbst, sondern durch ergänzende Anwendung der (ebenfalls unklaren) HGB-

---

[217] *Helm* Haftung 155 f; *Koller* VersR **1982** 414; grundsätzlich zustimmend auch *Lenz* Rdn. 717; zum Seerecht unter Konnossement *Prüßmann/Rabe*³ § 606 HGB Anm. D 3 b.

[218] § 95 Abs. 1 EVO, Anh. I nach § 460; Anwendungsbeispiel LG Karlsruhe vom 30. 1. 1984, IZ **1987** 100 ff. Ebenso i. E. Art. 42 § 3 CIM 1980 = Art. 54 § 3 ER/CIM 1970, Anh. I nach § 460. Zu letzterer Bestimmung siehe Cour de Cassation Paris vom 13. 6. 1989, ETR **1990** 87 f; Cour d'Appel Paris vom 21. 11. 1985, IZ **1987** 46 ff; OLG Köln vom 17. 1. 1989, VersR **1989** 1282, 1283.

[219] Urteil vom 21. 12. 1973, NJW **1974** 412 = VersR **1974** 325, 326.

[220] Ablehnung im Urteil vom 10. 4. 1974, NJW **1974** 1614 ff = VersR **1974** 796, 797; Bejahung des mit der Verfügungsberechtigung gekoppelten Ersatzanspruchs des Empfängers nach CMR jedoch im Urteil vom 6. 7. 1979, BGHZ **75** 92 ff; siehe zum Lagervertrag BGH vom 10. 5. 1984, TranspR **1984** 283, 284 f; ebenso die österreichische Rechtsprechung. Siehe zu diesem Komplex eingehend Art. 17 CMR, Anh. VI nach § 452.

[221] Vorauf. Art. 17 Anm. 30; *Helm* Haftung 37; *Heuer* 178 Fn. 672; OLG Hamm vom 4. 11. 1971, VersR **1973** 911, 912; OLG Saarbrücken vom 21. 11. 1974, NJW **1975** 500 ff = VersR **1976** 267, 269; *Groth*, RIW **1977** 267.

[222] *Müller-Rostin* TranspR **1989** 1, 3 f.

[223] Siehe § 433 Rdn. 31. Insoweit sind die Entscheidungen des BGH vom 10. 4. 1974, NJW **1974** 1614 ff = VersR **1974** 796, 797 f und vom 1. 10. 1975, VersR **1976** 168, 169 (zur CMR mit ergänzender Anwendung deutschen Landfrachtrechts) grundsätzlich zutreffend.

Regelung zu lösen[224]. Die Anknüpfung der Schadensersatzlegitimation an das Verfügungsrecht wird jedoch vom BGH abgelehnt[225]. Allerdings würde auch die hier – zumindest für den Bereich der KVO – vorgeschlagene Koppelung von Ersatz- und Verfügungsberechtigung die Problematik noch nicht zu Ende lösen. Denn nach ganz überwiegender Auffassung **„erlischt" das Verfügungsrecht nicht endgültig**, wenn die Voraussetzungen des § 433 Abs. 2 S. 1 HGB vorliegen. Es besteht sozusagen „subsidiär" weiter oder lebt wieder auf, wenn der Empfänger die Rechte nicht geltend machen will; siehe § 433 Rdn. 27 ff; § 435 Rdn. 22. Danach müßte auch die formelle Ersatzberechtigung des Absenders wieder aufleben, wenn der Empfänger die Geltendmachung der Rechte gemäß § 333 BGB zurückweist[226].

153 **Bei wertpapierrechtlicher Verbriefung der frachtrechtlichen Ansprüche** durch Konnossement, Ladeschein oder im Rahmen der Vertragsfreiheit entwickelte Papiere stehen die Ansprüche aus dem Papier dem jeweiligen wertpapierrechtlich Legitimierten zu[227]. Durch sie werden die Ansprüche aus dem Frachtvertrag überlagert; siehe § 444 Rdn. 2 f. Der Frachtbrief ist kein die Ansprüche aus dem Frachtvertrag verbriefendes Papier, sondern dient nur dem Nachweis der Ersatzberechtigung. Gegebenenfalls ist seine Vorlage Voraussetzung der Geltendmachung der Ansprüche; siehe § 426 Rdn. 27, 67.

b) Doppelte Ersatzberechtigung des Empfängers bei Unterfrachtvertrag

154 Beauftragt der Hauptfrachtführer (oder Fixkostenspediteur) einen **Unterfrachtführer** mit der Ausführung der Beförderung, ist der Empfänger **doppelt aktivlegitimiert**: Einmal hinsichtlich der Empfängeransprüche aus dem Hauptfrachtvertrag gegen den Hauptfrachtführer. Soweit nach dem Unterfrachtvertrag das Gut an ihn abzuliefern ist, ist er zugleich Empfänger i. S. d. Unterfrachtvertrages. **Daher stehen ihm** – für die vom Unterfrachtführer übernommene Beförderung – **auch die Ansprüche aus dem Unterfrachtvertrag gegen den Unterfrachtführer zu**[228]. Nach Auffassung des BGH soll jedoch der Empfänger keine unmittelbaren Ansprüche gegen den vom Erstfrachtführer beauftragten Unterfrachtführer aus dem Unterfrachtvertrag erlangen, sondern auf seine Rechte gegen den Hauptfrachtführer beschränkt sein[229]. Dem kann nicht zugestimmt werden; siehe § 432 Rdn. 32 ff.

3. Auseinanderfallen von formeller Berechtigung und Schaden

155 Die Regelung der formellen Legitimation zur Geltendmachung des Schadensersatzanspruchs lehnt sich nicht einmal an eine Vermutung an, die dafür spräche, daß in der

---

[224] BGH vom 10. 4. 1974, NJW **1974** 1614, 1615 = VersR **1974** 796 ff; BGH vom 1. 10. 1975, VersR **1976** 168, 169; KG vom 22. 1. 1959, VersR **1959** 343, 344.

[225] BGH vom 10. 4. 1974, NJW **1974** 1614, 1615 = VersR **1974** 796 ff; BGH vom 1. 10. 1975, VersR **1976** 168, 169: Dazu genauer § 29 KVO Rdn. 21 ff.

[226] Zutreffend BGH vom 10. 4. 1974, NJW **1974** 1614, 1615 = VersR **1974** 796, 798. Für Übertragung dieses Ergebnisses auf die KVO *Willenberg*[4] § 29 Rdn. 52. Zum Luftrecht nach WA im Ergebnis auch OLG Frankfurt vom 12. 7. 1977, TranspR **1978** 195 f = RIW **1977** 650, 651. Siehe auch § 25 KVO, Anh. II nach § 452 Rdn. 5.

[227] Siehe z. B. zum Auslieferungsanspruch beim Seefrachtvertrag BGH vom 17. 1. 1974, VersR **1974** 590 ff und vom 25. 4. 1974, VersR **1974** 800 f = WM **1974** 563 f.

[228] Zutreffend OLG Düsseldorf vom 29. 9. 1988, TranspR **1989** 10 (CMR, Empfänger lt. Frachtbrief); OLG München vom 21. 7. 1989, TranspR **1989** 324, 325 (CMR, ausdrücklich gegen BGH vom 28. 4. 1988, NJW **1988** 3095 f = TranspR **1988** 338, 339 = VersR **1988** 825 f); österr. ObGH vom 17. 2. 1982, SZ **55** 20 S. 108 = *Greiter* 127; *Koller* VersR **1988** 673 f; Tribunal de Commerce Paris vom 14. 3. 1978, ETR **1978** 742, 747.

[229] BGH vom 24. 9. 1987, TranspR **1988** 108, 111 = VersR **1988** 244 ff; vom 28. 4. 1988, NJW **1988** 3095 f = TranspR **1988** 338, 340 = VersR **1988** 825 f (zur CMR); vom 23. 5. 1990, TranspR **1990** 328, 330 (zur KVO).

Regel dem so Legitimierten auch der Schaden entstanden sei. Beim Versendungskauf geht z. B. die Gefahr bereits im Augenblick der Annahme der verkauften Ware durch den Frachtführer oder Spediteur über (§ 447 Abs. 1 BGB), so daß dem Verkäufer, der seinen Anspruch auf den Kaufpreis behält, im Falle des Verlustes oder der Beschädigung in der Regel kein Schaden entsteht[230]. Die frachtrechtlichen Ersatzansprüche hat dagegen der Empfänger/Käufer u. U. erst nach Ankunft des Gutes, bei Ausstellung eines die Sache vertretenden Wertpapiers (Konnossement, Ladeschein, Dokument des kombinierten Transports) erst mit der Übertragung des Papiers. In allen Fällen, in denen Absender oder Empfänger Spediteure sind, haben sie bei Verlust und Beschädigung des Guts keinen Schaden, da sie nicht Eigentümer sind und auch ihrem Auftraggeber gemäß § 52 ADSp in der Regel für den Transportschaden nicht haften. Ähnliches gilt für den Fall, daß der Absender Kommissionär ist (RG vom 23. 3. 1904, RGZ **58** 39 ff). Es kommt also sehr häufig vor, daß formelle Ersatzberechtigung und Schaden nicht in einer Person zusammenfallen. Zur Lösung der daraus entstehenden Probleme stehen mehrere Möglichkeiten zur Verfügung:

a) Vertrag mit Schutzwirkung für Dritte

156 *Koller*[231] hält die Konstruktion des Vertrages mit Schutzwirkung für Dritte für den zweckmäßigsten Lösungsweg. Im Transport- und Lagerrecht ist jedoch diese Möglichkeit bisher von der Rechtspraxis nicht genutzt worden[232]. Der Grund hierfür ist in den besonders geregelten frachtrechtlichen Gestaltungsformen zu sehen: Die oft kaum vorhersehbare Vielfalt möglicher Interessenten hinsichtlich der frachtrechtlichen Rechte, Pflichten und Obliegenheiten ist hier typisch. Diese wechseln sogar im Verlauf der Vertragsabwicklung von einer Person (Absender) zu anderen (Empfänger, Ersatzempfänger). Die Bestimmung des Schutzkreises des Frachtvertrages ist daher dem Schuldner im voraus – das muß für eine Anerkennung der Drittschutzwirkung eines Vertrages gefordert werden[233] – kaum möglich und beispielsweise mit dem Mietrecht oder der Mitbeförderung von Personen auf Kosten des Vertragspartners an Schwierigkeit nicht zu vergleichen[234]. Traditionell wird daher stattdessen die Drittschadensliquidation im Frachtrecht großzügig zugelassen. Insbesondere war dies schon von jeher in § 435 Abs. 1 HGB für die Befugnisse des Empfängers gesetzlich geregelt. Demgegenüber ist nicht anzuerkennen, warum die Konstruktion des Vertrages mit Schutzwirkung für Dritte systematisch besser oder praktikabler sein sollte. Die Drittschutzwirkung darf nicht durch eine am Willen der Parteien vorbeigehende künstliche Auslegung begründet werden, sondern nur in engem Rahmen durch richterliche Rechtsfortbildung auf der Grundlage von Treu und Glauben[235]. Sie wird auch den ständig wechselnden Konstellationen des Frachtvertrages nicht gerecht. Da sie ebenso wie die Drittschadensliquidation auf Rechtsfortbildung beruht, kommt ihr auch kein Vorrang zu.

---

[230] Zur Haftung des Versendungsverkäufers siehe überblicksweise *Erman/Weitnauer*[8] § 447 BGB Rdn. 9, 14. Da der Versendungsverkäufer den Transport nicht schuldet, ist seine Haftung für Fehler bei der Transportausführung abzulehnen (a. A. *Schultz* JZ **1975** 240 ff). Die verbreitete Auffassung, bei Ausführung des Transports durch eigenes Personal müsse der Verkäufer für dieses gem. § 278 BGB einstehen, berücksichtigt nicht, daß auch eigenes Personal den Transport nicht in Erfüllung einer Verkäuferverbindlichkeit ausführt. In Betracht kommt allenfalls Haftung aus Geschäftsführung ohne Auftrag.

[231] *Koller*[2] § 407 Rdn. 71.

[232] Ablehnung für See-Zeitcharterverstrag: OLG Hamburg vom 13. 3. 1969, VersR **1969** 660, 663.

[233] BGH vom 10. 5. 1984, NJW **1985** 2411 f = TranspR **1984** 282, 284 f = VersR **1984** 932 ff (zum Lagervertrag); argumentativ ähnlich OLG Hamburg vom 13. 3. 1969, VersR **1969** 660, 663.

[234] Siehe beispielsweise den komplizierten Fall BGH vom 20. 4. 1989, RIW **1989** 819, 820 = TranspR **1989** 413, 414 (CMR).

[235] *Larenz* Schuldrecht I[14] 227; *Ries* JA **1982** 453–459.

b) Drittschadensliquidation

157 Fallen Ersatzberechtigung und Schaden[236] auseinander, ist – nach allgemeinen Grundsätzen – der formell Legitimierte berechtigt, den Drittschaden zu liquidieren. Diesem wird also ein **eigener Anspruch auf Ersatz fremden Schadens** gewährt. Er kann daher auf Leistung an sich selbst klagen; allerdings wahlweise auch auf Leistung an den Geschädigten[237]. Der zur Geltendmachung des Drittschadens gegenüber einem Unterfrachtführer legitimierte Hauptfrachtführer kann sich gegenüber dem Regreß seines Absenders durch Streitverkündung nach § 73 Abs. 1 ZPO, 2. Altern. – bei interessegerechter Interpretation der Vorschrift – schützen[238]. Das Frachtrecht weist auf diese Möglichkeit z. T. selbst hin. § 435 HGB gestattet dem Empfänger ausdrücklich, die frachtvertraglichen Rechte im eigenen Namen geltend zu machen, und zwar „ohne Unterschied, ob er hierbei in eigenem oder in fremdem Interesse handelt". Aus dieser Bestimmung ergibt sich nicht ohne weiteres auch das Recht des Absenders, fremden Schaden geltend zu machen, solange er noch anspruchsberechtigt ist. Die Gegebenheiten des Fracht- und Speditionsrechts gestatten jedoch eine Erweiterung des für die Rechtsstellung des Empfängers aufgestellten Grundsatzes. Die Frage, wer im Bereich von Absender, Empfänger oder deren Auftraggeber wirklich geschädigt ist, hat mit dem Frachtvertrag nichts zu tun und läßt sich von Seiten des Beförderers überhaupt nicht beantworten. Im Frachtvertrag hat daher als allgemeiner Grundsatz zu gelten: Der durch Verlust oder Beschädigung des Frachtguts entstandene Schaden ist dem Legitimierten zu ersetzen, ohne Rücksicht darauf, ob er materiell den Legitimierten selbst oder einen Dritten trifft, für den der Legitimierte gehandelt hat[239].

158 Mit der Klageerhebung kann der Legitimierte unbestritten die **Verjährung unterbrechen**[240]. Die zur Erhaltung dieser Rechte vorprozessual erforderlichen Maßnahmen wie Schadensrüge und verjährungshemmende Schadensanmeldung kann der Liquidationsberechtigte ebenfalls vornehmen[241]. Dies ergibt sich daraus, daß er Inhaber des Schadensersatzanspruchs ist, auch wenn er einen **fremden Schaden** geltend macht. Dieser Fall ist **von dem der Rechtsstandschaft** (siehe Rdn. 164 ff) **zu unterscheiden**, in dem der Standschafter einen **fremden Anspruch** im eigenen Namen geltend macht. Sogar die Aufrechnung des Spediteurs mit Gegenforderungen seines Auftraggebers wird als wirksam behandelt[242].

---

[236] Ein vom Spediteur zu liquidierender Schaden fehlt z. B., wenn der Geschädigte wegen Versäumung der Rüge einen Sachmangel nach § 377 HGB nicht mehr geltend machen kann; OLG Hamburg vom 9. 8. 1990, TranspR 1991 155 f.

[237] BGH vom 20. 4. 1989, TranspR 1989 413, 414 = VersR 1989 1168.

[238] Mit eingehender Begründung BGH vom 14. 11. 1991, TranspR 1992 135 ff = VersR 1992 850 ff; siehe § 432 Rdn. 27, 34.

[239] Kritisch dazu Koller[2] Rdn. 12; österr. ObGH vom 12. 4. 1984, TranspR 1986 344, 345 = SZ 57 75, S. 342 ff. Zu Deliktsansprüchen bei Schäden am Frachtgut einschränkend OLG Düsseldorf vom 12. 1. 1984, TranspR 1984 106, 109; diese Kombination ablehnend auch Rabe TranspR 1993 1, 4 f, der aber auch zutreffend bemerkt, daß die Fehlerquelle in diesen Fällen vor allem die Zulassung unbeschränkter Anspruchskonkurrenz zwischen frachtvertraglichen und deliktischen Ansprüchen ist. Siehe hierzu Rdn. 267 ff, insbesondere 285 ff; zu Deliktsansprüchen am Frachtvertrag Nichtbeteiligter Rdn. 304.

[240] Siehe z. B. BGH vom 1. 10. 1975, VersR 1976 168, 169.

[241] OLG Saarbrücken vom 21. 11. 1974, VersR 1976 267, 269, in NJW 1975 500 f nicht abgedr.; OLG Düsseldorf vom 16. 12. 1982, VersR 1983 1028 f (zur Schadensanmeldung nach Art. 32 Abs. 2 CMR durch Auftraggeber des wie ein Spediteur handelnden Absenders); OLG Frankfurt vom 5. 11. 1985, TranspR 1986 282, 285 (grundsätzlich, aber im betr. Fall nicht rechtzeitig); OLG Köln vom 17. 1. 1989, VersR 1989 1282, 1283 zur CIM.

[242] OLG Köln vom 16. 3. 1978, VersR 1978 971, 972 (Spediteur oder Frachtführer für Schaden des Auftraggebers; Aufrechnung mit der Drittschadensforderung); OLG Hamburg vom 3. 6. 1982, TranspR 1985 266, 268 (zur CMR, Fixkostenspediteur, Aufrechnung mit Auftraggeber-Forderung); OLG Hamm vom 11. 3. 1976, NJW 1976

159 **Der weiten Anwendung der Drittschadensliquidation** durch die ganz überwiegende Rechtsprechung und Literatur[243] widerspricht *Koller*[244], der den Schadensersatzanspruch im Falle der Doppellegitimation von Absender und Empfänger nur dem jeweils „eigentlich Geschädigten" hinsichtlich seines eigenen Schadens zubilligen will, anstatt dem frachtrechtlich Legitimierten die Geltendmachung des Gesamtschadens zu gestatten. Diese Lösung läßt sich mit der allenthalben im Frachtrecht (auch international) kompliziert geregelten formellen Legitimation nicht vereinbaren. Offenkundig will der Gesetzgeber alle Ansprüche der nach formellen Regeln zu bestimmenden Person (dem Absender oder Empfänger oder wertpapierrechtlich Legitimierten) gewähren, so daß dem Frachtführer grundsätzlich zwei am Vertrag beteiligte Personen gegenüberstehen, der Absender am Anfang und der Empfänger am Ende der Beförderung, hinter diesen stehend aber zahlreiche weitere materiell interessierte Personen[245]. *Koller* ist zwar zuzugeben, daß die von der Literatur entwickelten Kriterien der Drittschadensliquidation dann nicht passen, wenn der materiell Geschädigte selbst zur Geltendmachung legitimiert ist[246]. Bei diesen Versuchen, die verschiedenen Fälle der Drittschadensliquidation zu strukturieren[247], werden jedoch die komplizierten Interessenstrukturen des Transportgeschäfts von der juristischen Dogmatik nicht ausgeschöpft. Der Gesetzgeber hat die Frage deshalb pragmatischer gesehen. So gestattet z. B. § 435 Abs. 1 S. 1 HGB dem Empfänger die Liquidation fremder Interessen ausdrücklich ohne Aufstellung einengender Kriterien und stimmt darin mit der allgemeinen Handhabung im Frachtrecht überein[248]. Wollte man darin keine gesetzliche Zulassung der Drittschadensliquidation sehen, müßte man dem Legitimierten eine gesetzlich gewährte Prozeß- oder Rechtsstandschaft (siehe Rdn. 163 ff) für den jeweils anderen Legitimierten zuerkennen. Dem Legitimierten ist jedoch die Geltendmachung der Schäden von Personen, die am Frachtvertrag nicht beteiligt sind, ebenfalls – unbestritten – vom Gesetz gestattet. Sie ist auch nicht stets ausgeschlossen, wenn diesen Personen eigene Ansprüche zustehen[249]. Der Legitimierte müßte also Schäden Dritter aufgrund Drittschadensliquidation, solche des jeweils anderen Legitimierten dagegen als Rechtsstandschafter geltend machen – eine überflüssige und die Rechtsfindung störende Unterscheidung. Die von *Koller* befürwortete grundsätzliche Lösung des Schadensersatzanspruchs von der formellen Legitimation würde zudem erhebliche Unsicherheiten aus den dem Frachtvertrag zugrundeliegenden Kaufverhältnissen in die Feststellung der frachtrechtlichen Haftung hineintragen[250].

---

[243] 2077, 2078 (CMR, Absender, Aufrechnung mit Empfängerschaden, Anrechnung des Mitverschuldens von Personal des Liquidationsberechtigten).
[243] *Piper*[6] Rdn. 328 (zur CMR) *Piper* VersR **1988** 201, 203; *Willenberg*[4] § 29 KVO Rdn. 55 ff; *Lenz* Rdn. 728; *Dubischar* S. 58; kritisch zu den Fällen, in denen eine Drittschadensliquidation zuzulassen ist, *Rabe* TranspR **1993** 1 ff.
[244] VersR **1982** 414–417; RIW **1988** 254 ff; bejahend aber, solange sich der Vertrag mit Schutzwirkung für Dritte im Frachtrecht nicht fester etabliert hat, *Koller*[2] Rdn. § 407 Rdn. 71, § 429 Rdn. 12.
[245] Die Rechtsprechung ist mit der Geltendmachung von Empfängerschäden durch den Absender – und umgekehrt – in Drittschadensliquidation sehr großzügig; Beispiele in Rdn. 159.
[246] Ebenso *Rabe* TranspR **1993** 1, 6 ff für den Regreß des seinem Auftraggeber haftenden und daher selbst geschädigten Fixkostenspediteurs.

[247] Siehe z. B. grundlegend *von Caemmerer* ZHR **127** 241, 249 f.
[248] OLG Oldenburg vom 4. 3. 1976, VersR **1976** 583. In Art. 14 WA ist die Drittschadensliquidation für Absender und Empfänger gleichermaßen vorgesehen; OLG Frankfurt vom 12. 7. 1977, VersR **1978** 195 f = RIW **1977** 650, 651.
[249] Zum Lagervertrag siehe BGH vom 10. 5. 1984, NJW **1985** 2411 f = TranspR **1984** 282, 284 = VersR **1984** 932 ff (Drittschadensliquidation durch den Einlagerer neben den Deliktsansprüchen des Eigentümers). Einschränkend aber BGH vom 9. 7. 1979, VersR **1979** 906 f = WM **1979** 1242 (für einen Anspruch aus § 823 Abs. 1 BGB in Zusammenhang mit dem Binnenschiffahrtsrecht). Dazu kritisch *Rabe* TranspR **1993** 1, 7.
[250] Siehe *Helm* TranspR **1983** 29, 33; insoweit zustimmend *Koller*[2] § 407 Rdn. 71; aus der Rechtsprechung siehe zuletzt BGH vom 20. 4.

aa) Begründung: Rechtsverhältnis zwischen Berechtigtem und Geschädigtem

Die Befugnis zur Geltendmachung von Drittschäden muß sich freilich aus dem Verhältnis des Legitimierten zum Geschädigten ergeben (Spedition, Kauf, Kommission etc.)[251]. Die Rechtsprechung hat in diesen Fällen die Schadensliquidation im Drittinteresse außerordentlich großzügig anerkannt. Dies gilt zunächst für die Geltendmachung von Drittschäden durch Absender[252] und Empfänger[253]. Neben der Gefahrverlagerung nach § 447 BGB[254], den Fällen der Einschaltung eines Spediteurs[255] oder eines anderen im eigenen Namen handelnden Geschäftsbesorgers[256] gilt auch der allgemeine Grundsatz, daß, wer fremde Sachen in seiner Obhut hat, grundsätzlich die Abwehransprüche des Eigentümers in eigenem Namen geltend machen kann[257]. Nur in seltenen Fällen

---

1989, RIW **1989** 819, 820 = TranspR **1989** 413, 414 (CMR).
[251] Eingehend begründet in der Grundsatzentscheidung BGH vom 10. 7. 1963, BGHZ **40** 91, 99 = VersR **1963** 1172 ff.
[252] BGH vom 16. 2. 1984, NJW **1984** 2033, 2034 = TranspR **1984** 182 = VersR **1984** 551 f (CMR, Empfängerschaden); vom 1. 10. 1975, VersR **1976** 168 f (CMR, Empfängerschaden); vom 14. 3. 1985, TranspR **1985** 335, 337 = VersR **1985** 753, 754 (CMR, Empfängerschaden). OLG Düsseldorf vom 12. 12. 1985, TranspR **1986** 56, 57 = VersR **1986** 1069 (CMR, Absender für andere Geschädigte); OLG Hamburg vom 9. 8. 1984, TranspR **1984** 299, 300 = VersR **1985** 158 f (zum WA, Absender kann Empfängerschaden liqidieren); vom 4. 12. 1986, VersR **1987** 558 (CMR, Absender bei Rückbelastung wegen Schadens); OLG Hamburg vom 28. 2. 1985, NJW **1985** 670 f = TranspR **1985** 188, 189 (CMR, Absender für dritten Eigentümer); OLG Hamm vom 11. 3. 1976, NJW **1976** 2077, 2078 (CMR, Absender, Aufrechnung mit Empfängerschaden, Anrechnung von dessen Mitverschulden); OLG Koblenz vom 2. 7. 1976, VersR **1976** 1151 (CMR, abgetretene Ansprüche des Zwischenspediteurs (Absenders) gegen Unterfrachtführer wegen Empfängerschaden); OLG Köln vom 5. 2. 1981 12 U 157/80 (unveröff.) (CMR, Absender für Empfängerschaden).
[253] BGH vom 9. 11. 1981, BGHZ **82** 162, 170 = NJW **1982** 992, 993 (zum Binnenschiffahrtsrecht, Absenderschaden); OLG Düsseldorf vom 20. 6. 1985, TranspR **1985** 254 f (zu 435 HGB, Verjährungsunterbrechung nach § 64 ADSp); OLG München vom 21. 7. 1989, TranspR **1989** 324, 325 (CMR; Empfänger des Unterfrachtvertrages für Schäden des Absenders des Hauptfrachtvertrages).
[254] BGH vom 14. 7. 1972, VersR **1972** 1138, 1140 (KVO, § 447 BGB); BGH vom 1. 10. 1975, VersR **1976** 168 f (CMR, § 447 BGB); OLG München vom 27. 3. 1981, VersR **1982** 264, 265 (CMR, Absender gem. § 447 BGB); OLG Hamburg vom 9. 8. 1984, TranspR **1984** 299 f = VersR **1985** 158 f (WA, § 447 BGB).
[255] RG vom 29. 1. 1906, RGZ **62** 331, 334 f; RG vom 30. 1. 1911, RGZ **75** 169, 172; vom 16. 5. 1917, RG vom 16. 5. 1917, RGZ **90** 240, 246 f (Kommissionäre und Spediteure); RG vom 6. 12. 1924, RGZ **109** 288, 292 f; BGH vom 30. 4. 1959, VersR **1959** 502, 504 (Frachtführer oder Spediteur als Absender oder Empfänger des Unterfrachtvertrages für seinen Auftraggeber); BGH vom 10. 4. 1974, NJW **1974** 1614, 1616 (CMR); BGH vom 27. 10. 1978, NJW **1979** 493 f = VersR **1979** 83, 85 (zum WA); BGH vom 6. 5. 1981, VersR **1981** 929, 930 = TranspR **1982** 41 ff (CMR, Empfangsspediteur für von ihm beauftragten Endempfänger); BGH vom 20. 4. 1989, RIW **1989** 819, 820 = TranspR **1989** 413, 414 (CMR-Versandspediteur für Absender- und Empfängerschäden auf Leistung auch unmittelbar an Geschädigte). OLG Düsseldorf vom 29. 9. 1988, TranspR **1989** 10 (CMR); OLG Hamburg vom 3. 6. 1982, TranspR **1985** 266, 268 (CMR, Fixkostenspediteur, Aufrechnung mit Auftraggeber-Forderung); vom 9. 8. 1990, TranspR **1991** 155 f; OLG Köln vom 16. 3. 1978, VersR **1978** 971, 972 (Spediteur oder Frachtführer für Schaden des Auftraggebers); OLG München vom 5. 7. 1989, TranspR **1990** 16 = NJW-RR **1989** 1434, 1435 (Spediteur als CMR-Absender); OLG Stuttgart vom 28. 11. 1951, VersR **1952** 147 (Spediteur als KVO-Absender). Siehe auch *Rabe* TranspR **1993** 1 ff.
[256] Z. B. eines Kommissionärs: noch einschränkend RG vom 23. 3. 1904, RGZ **58** 39, 42 ff; OLG Düsseldorf vom 3. 6. 1982, TranspR **1985** 173 = VersR **1985** 1076; OLG Düsseldorf vom 16. 12. 1982, VersR **1983** 1028 f (Schadensanmeldung nach Art. 32 Abs. 2 CMR durch Auftraggeber der wie ein Spediteur handelnden Absenders); OLG Frankfurt vom 5. 11. 1985, TranspR **1986** 282 ff (CMR, mittelbare Stellvertreter, insbesondere Spediteure); OLG Hamburg vom 24. 8. 1967, VersR **1968** 179, 180 (Verfrachter gegenüber Kaianstalt für Schäden von Empfänger oder Eigentümer).
[257] RG vom 11. 5. 1918, RGZ **93** 39, 40 f (Mieter eines Schleppkahns für Vermieter); RG vom 1. 7. 1942, RGZ **170** 1, 6 f; OLG Kiel vom 16. 11. 1937, HRR **1938** Nr. 673; BGH vom 23. 11. 1954, BGHZ **15** 224 = VersR **1955** 77, 78 (KVO); BGH vom 17. 1. 1975, VersR **1975** 369, 370 (AGNB, Mieter als Lohnfuhr-Auftraggeber); Beispiel aus dem Seerecht BGH vom 26. 9. 1957, BGHZ **25**

§ 429   Drittes Buch. Handelsgeschäfte

wurde die Drittschadensliquidation nicht anerkannt[258]. Gelegentlich geht die Annahme einer Berechtigung zur Geltendmachung fremder Schäden deutlich zu weit[259].

bb) Abtretung des Anspruchs an den Berechtigten

161 Der Anspruch auf Ersatz des Drittschadens kann an den geschädigten Dritten abgetreten werden[260]. Er kann aber auch in der Variante als Anspruch des Absenders gegen den Frachtführer auf Freistellung von Ansprüchen Dritter wegen des Schadensfalls vorkommen. Er verwandelt sich bei seiner Abtretung an den Geschädigten in einen Schadensersatzanspruch[261].

cc) Einschränkungen der Drittschadensliquidation

162 In einzelnen Entscheidungen wird jedoch **eine Einschränkung der weiten Anwendung der Drittschadensliquidation** vorgenommen[262]. Danach ist keine Berechtigung des Versendungsverkäufers zur Geltendmachung des Käuferschadens anzunehmen. Der BGH differenziert im Hinblick auf § 7 Abs. 2 BinSchG zwischen Landfracht- und Binnenschiffahrtsrecht; auch soll dem Verkäufer die Geltendmachung der bereits nach § 67 VVG auf den Transportversicherer übergegangenen Ersatzforderung nicht zustehen.

c) Gewillkürte Prozeßstandschaft

163 In Ergänzung der Drittschadensliquidation läßt der BGH auch die Geltendmachung der frachtrechtlichen Ansprüche im Wege der **Prozeßstandschaft** zu, durch die ein **nicht Legitimierter ermächtigt ist, die Ansprüche des Legitimierten in eigenem Namen gerichtlich geltend zu machen**, wenn er ein eigenes rechtliches Interesse daran hat[263], folglich auch die Unterbrechung der Verjährung zu bewirken[264]. Die **Prozeß-**

250, 259 f; zur CMR BGH vom 6. 5. 1981, TranspR **1982** 41 ff = VersR **1981** 929 ff; zum Lagervertrag BGH vom 10. 5. 1984, NJW **1985** 2411 f = TranspR **1984** 282, 284 = VersR **1984** 932 ff. Siehe auch *Rabe* TranspR **1993** 1 ff.

[258] So bei Geltendmachung von Schäden des Empfängers durch den Auftraggeber des versendenden Spediteurs: BGH vom 6. 2. 1981, VersR **1981** 571 f = NJW **1981** 2750.

[259] Z. B. BGH vom 26. 9. 1957, BGHZ **25** 250, 259 f (Seerecht, sehr weitgehende Rechte des Abladers, der nicht Konnossementsinhaber ist, aufgrund Vereinbarung zwischen Ersatzberechtigtem und Abkäufer).

[260] Beispiele: RG vom 6. 12. 1924, RGZ **109** 288, 292; BGH vom 27. 10. 1978, VersR **1979** 83, 85 (WA, zusammenwirkende Abtretungen von Empfänger, Versender und Spediteur); vom 28. 4. 1988, NJW **1988** 3095 f = TranspR **1988** 338, 340 = VersR **1988** 825 f (Abtretung des selbstadressierenden Käufers/Versenders/Empfängers an den Verkäufer); OLG Düsseldorf vom 27. 2. 1987, TranspR **1987** 223, 225 (CMR; Abtretung des Spediteurs an geschädigten Versender); zur Abtretung siehe auch Rdn. 143.

[261] BGH vom 14. 3. 1985, TranspR **1985** 335, 337 = VersR **1985** 753, 754 (CMR, Assekuradeur für Transportversicherer aufgrund abgetretener Rechte).

[262] Zu den Grenzen der Drittschadensliquidation allgemein BGH vom 10. 7. 1963, VersR **1963** 1172; BGH vom 9. 7. 1979, VersR **1979** 906 f = WM **1979** 1242 für einen Anspruch aus § 823 Abs. 1 BGB im Zusammenhang mit dem Binnenschiffahrtsrecht.

[263] BGH vom 26. 9. 1957, BGHZ **25** 250, 259 f (zum Seerecht; Ermächtigung des Geschädigten durch den zur Drittschadensliquidation berechtigten Konnossementsinhaber); BGH vom 10. 4. 1974, NJW **1974** 1614, 1616 (CMR, Absender für den Empfänger); BGH vom 6. 5. 1981, VersR **1981** 929, 930 = TranspR **1982** 41 f (CMR, Geschädigter für zur Drittschadensliquidation berechtigten Spediteur). OLG Hamburg vom 24. 8. 1967, VersR **1968** 179, 180 (Empfänger als am Anspruch Interessierter (Geschädigter) für den Verfrachter, der die Ansprüche gegen die Kaianstalt nicht geltend macht); OLG München vom 6. 5. 1986, 23 U 5728/85 (unveröff., führender Versicherer eines Pools als Prozeßstandschafter). Zur neueren Rechtsprechung zum Mißbrauch der Prozeßstandschaft siehe BGH vom 21. 12. 1989, DB **1990** 1324 f und 1325.

[264] BGH vom 6. 5. 1981, VersR **1981** 929, 930 = TranspR **1982** 41 ff.

standschaft macht den Standschafter nicht zum Gläubiger des Ersatzanspruchs, sondern nur zum Verfügungsberechtigten über den Anspruch, **anders als die Drittschadensliquidation, die dem Liqidationsberechtigten einen eigenen Anspruch auf Liquidation eines fremden Schadens** gewährt; siehe Rdn. 157 ff. Prozeßstandschaft kann gesetzlich begründet sein oder auf einer rechtsgeschäftlichen Ermächtigung des Standschafters durch den Berechtigten beruhen („gewillkürte Prozeßstandschaft"). Ihre Zulassung beim transportrechtlichen Schadensersatzanspruch beruht auf der stillschweigenden oder ausdrücklichen Ermächtigung durch den Berechtigten. Doch haben sich mittlerweile Falltypen herausgebildet, bei denen das Vorliegen einer Ermächtigung nicht mehr im Einzelfall geprüft wird; z. B. die Klage auf Regreß aufgrund von Ansprüchen der Transportversicherer durch den Assekuradeur auf Leistung an sich selbst[265]. Klagt der Assekuradeur und läßt sich danach die Ansprüche abtreten, wird die Verjährung nicht unterbrochen. Probleme können sich auch ergeben, wenn nicht eindeutig ist, ob der Assekuradeur aus abgetretenem Recht oder in Prozeßstandschaft klagt[266]. Bei Klage des Nichtlegitimierten auf Leistung an den Legitimierten, ist großzügige Zulassung der Prozeßstandschaft zu befürworten. Bei Klage auf Leistung an den Prozeßstandschafter[267] muß jedoch am Erfordernis der rechtsgeschäftlichen Ermächtigung strikt festgehalten werden, da sonst der Berechtigte in die Gefahr gerät, seine Ansprüche zu verlieren, wenn der Schuldner urteilsgemäß an den Standschafter leistet. So lassen sich Urteile erklären, in denen die Prozeßstandschaft abgelehnt wird[268]. Die Rechtsprechung geht ferner davon aus, daß die Klageerhebung des Prozeßstandschafters die Unterbrechung der Verjährung erst nach ihrer Offenlegung der Standschaft bewirkt[269]. Das Bestehen eines eigenen (wirtschaftlichen) Interesses des Standschafters an der Geltendmachung des Anspruchs ist nach der Rechtsprechung Voraussetzung der Zulassung der Prozeßstandschaft[270]. Es kann aber die Ermächtigung nicht ersetzen.

d) Rechtsstandschaft

Im Frachtrecht scheitern Ansprüche vielfach schon vor dem Prozeß daran, daß Rechtshandlungen unterbleiben, die zum Erhalt, zur Wahrung der Beweissituation oder

---

[265] Siehe BGH vom 14. 3. 1985, TranspR **1985** 335, 337 = VersR **1985** 753, 754 (CMR, Assekuradeur für Transportversicherer aufgrund abgetretener Rechte); ferner die st. Rechtsprechung des OLG Hamburg, Urteile vom 4. 2. 1982, VersR **1982** 872; vom 23. 9. 1982, VersR **1983** 827 (Generalagent für regreßnehmenden Güterversicherer); vom 10. 5. 1984 AZ 6 U 246/83 (unveröff.); vom 9. 8. 1984, TranspR **1984** 299 f = VersR **1985** 158 f; LG Hamburg vom 13. 7. 1989, TranspR **1990** 33, 35; OLG Düsseldorf vom 14. 7. 1986, TranspR **1987** 24 ff (zur CMR, Assekuradeur für führenden Versicherer); LG Duisburg vom 14. 2. 1990, TranspR **1991** 71 f; wohl auch LG Bremen vom 10. 9. 1991, TranspR **1991** 445 (Assekuradeur für führenden Versicherer); **a. A.** für Straßengütertransporte LG Karlsruhe vom 11. 3. 1992, berichtet von *Starosta* DVZ Nr. 63/64 vom 30. 5. 1992.

[266] OLG Hamburg vom 4. 2. 1982, VersR **1982** 872 f verweigert in diesem Fall die Verjährungsunterbrechung; Urteil aufgehoben durch BGH vom 14. 3. 1985, TranspR **1985** 335 f = VersR **1985** 753 f.

[267] Regelmäßig wird dies der Fall sein. Die einschlägigen Urteile geben keine Hinweise auf Dritte als Leistungsempfänger. Zur Drittschadensliquidation siehe Rdn. 157 ff. Die Prozeßstandschaft ändert nichts an der Aufrechnungslage zwischen Ermächtigendem und Prozeßgegner; BGH vom 30. 5. 1972, NJW **1972** 1580.

[268] OLG Hamburg vom 4. 2. 1982, VersR **1982** 872, 873 (Abtretung der Ansprüche des Transportversicherers an den Assekuradeur weist möglicherweise darauf hin, daß dieser nicht vom Transportversicherer zur gerichtlichen Geltendmachung ermächtigt war, so daß die Klage die Verjährung nicht unterbrechen konnte); BGH vom 9. 7. 1979, VersR **1979** 906, 907 = WM **1979** 1242, 1243.

[269] BGH vom 30. 5. 1972, NJW **1972** 1580; OLG Frankfurt vom 12. 7. 1977, RIW **1977** 650, 651.

[270] BGH vom 26. 9. 1957, BGHZ **25** 250, 259 f (zum Seerecht; Ermächtigung des Geschädigten durch den zur Drittschadensliquidation berechtigten Konnossementsinhaber).

zur Verhinderung der Verjährung vorgeschrieben sind; siehe Rdn. 144 ff. Soweit eine Person als Prozeßstandschafter zur klageweisen Geltendmachung des Ersatzanspruchs in eigenem Namen berechtigt ist, muß man ihr mit der Rechtsprechung auch die wirksame Vornahme der betreffenden vorprozessualen Rechtshandlungen gestatten[271]. Die wirksame Geltendmachung von Forderungen durch Nichtgläubiger wird regelmäßig unter dem Stichwort „Einziehungsermächtigung" gesehen[272], deren vorprozessualer Teil nicht unter den Begriff „Prozeßstandschaft" fällt. Es erscheint zweckmäßig, die Rechtsstellung des Interessewahrers in diesem Tätigkeitsbereich mit einem noch nicht gebräuchlichen Ausdruck als **„Rechtsstandschaft"**[273] zu bezeichnen, da es sich nicht um prozeßrechtliche Akte handelt. Der Begriff „Einziehungsermächtigung" läßt demgegenüber den engen Zusammenhang mit der Prozeßstandschaft nicht erkennen. Zudem setzen die anspruchserhaltenden Maßnahmen nicht notwendig den gesamten Inhalt einer Einziehungsermächtigung voraus. Zu diesen Maßnahmen gehören die **Schadensrüge bei Ablieferung der Güter**[274] und die **verjährungshemmende Schadensreklamation**[275].

165 Der **großzügigen Zulassung von rechtserhaltenden Rügen und Reklamationen** in Rechtsstandschaft steht die Rechtsprechung jedoch grundsätzlich kritisch gegenüber. Der BGH lehnt eine Genehmigung der verjährungshemmenden Schadensreklamation des nicht besonders ermächtigten Transportversicherers nach § 40 Abs. 3 KVO und Art. 32 Abs. 2 CMR (vor Forderungsübergang) ab[276]. Eine Genehmigung nach § 185 Abs. 2 S. 1 BGB wird abgelehnt, weil die Reklamation ein einseitiges Gestaltungsgeschäft sei. Materiell wird diese Rechtsprechung damit begründet, daß dem Frachtführer nicht zuzumuten sei, sich auf die Reklamationen Nichtberechtigter einzulassen, diese zu prüfen und zu bescheiden, gegebenenfalls zurückzuweisen[277]. Dem ist für den Fall, daß ein materiell vom Schaden nicht Betroffener reklamiert, zuzustimmen. Für die Rügebefugnis des zur Drittschadensliquidation Berechtigten (siehe Rdn. 157 ff) gilt dies jedoch nicht. Darüber hinaus müssen auch dem, der als gewillkürter Prozeßstandschafter den Schadensersatzprozeß in eigenem Namen zu führen berechtigt ist, die dazu erforderlichen rechtserhaltenden Maßnahmen zugebilligt werden. Vielfach ist nicht einzusehen, warum die regelmäßig unter Zeitdruck erforderlich werdenden sachlich begründeten Rügen und Reklamationen durch materiell interessierte Personen für den Legitimierten

---

[271] *Piper* VersR **1988** 201, 203; BGH vom 24. 10. 1991, BGHZ **116** 15 ff = TranspR **1992** 177, 179 = VersR **1992** 640 f.

[272] Siehe z. B. *Larenz*, Schuldrecht I¹⁴ 597 ff; *Staudinger/Kaduk*¹² (1990) Einl. § 398 BGB Rdn. 131 ff; *Thiele* in MüKo² § 185 Rdn. 38 ff; *Doris*, Die rechtsgeschäftliche Ermächtigung (1974); BGH vom 11. 12. 1951, BGHZ **4** 153, 164 ff; vom 14. 7. 1965, LM § 185 BGB Nr. 16.

[273] Der Ausdruck „Rechtsstandschaft" wird vom BGH im Urteil vom 24. 10. 1991, BGHZ **116** 15 ff = TranspR **1992** 177, 179 = VersR **1992** 640 f verwendet; aus der Literatur siehe *Kämmerer* NJW **1966** 801, 804; *derselbe* FamRZ **1968** 10, 11 f; *Helm* TranspR **1983** 35.

[274] Zur Verhinderung des Anspruchsverlustes nach Art. 26 Abs. 2, 4 WA genügt die Schadensanzeige durch einen Beauftragten des Legitimierten; BGH vom 14. 3. 1985, TranspR **1986** 22 = VersR **1985** 686. Siehe auch § 438 Rdn. 26 und 3 ff.

[275] Anerkennung der Befugnis zur verjährungshemmenden Reklamation des Versenders neben dem Spediteur/Absender durch BGH vom 20. 2. 1970, **NJW 1970** 995 = VersR **1970** 416; grundsätzlich daran festhaltend, aber in concreto ablehnend BGH vom 6. 2. 1981, VersR **1981** 571, 572 = NJW **1981** 2750; *Piper* VersR **1988** 201, 203; Kritisch *Koller* TranspR **1989** 308 ff.

[276] BGH vom 6. 2. 1981, VersR **1981** 571 f (zu § 40 Abs. 3 KVO); BGH vom 24. 10. 1991, BGHZ **116** 15 ff = TranspR **1992** 177, 179 = VersR **1992** 640 f (zu Art. 32 Abs. 2 CMR). Großzügig dagegen in der Zulassung der Schadensrüge nach WA: BGH vom 14. 2. 1985, TranspR **1986** 22, 23 = VersR **1985** 686 (nicht klar, ob per Rechtsstandschaft oder Stellvertretung).

[277] BGH vom 24. 10. 1991, BGHZ **116** 15 ff = TranspR **1992** 177, 179 = VersR **1992** 640 f.

nicht grundsätzlich wirksam sein sollten. Der Zweck dieser gesetzlichen Obliegenheiten besteht in der Vermeidung von Beweisverschlechterungen und Unsicherheiten über die künftige Geltendmachung von Rechten. Die Frage, auf welchen Anspruchsberechtigten sich der Schädiger einzustellen hat, kann nicht als gesetzgeberischer Zweck angesehen werden[278]. Wer einen anderen geschädigt hat, kann die dann erforderlichen schadensbegrenzenden und beweissichernden Maßnahmen regelmäßig ohne Ansehen der Person des Ersatzberechtigten treffen. Durch ihre Wahrnehmung durch einen an sich nicht Legitimierten kann materiell keiner Partei ein Schaden entstehen. Es ist auch zu berücksichtigen, daß beim Frachtgeschäft sehr unterschiedliche Personen mit dem Gut oder der Geltendmachung von Ansprüchen zu tun haben können. So kann z. B. die Sendung an eine finanzierende Bank als Empfängerin adressiert sein, aber dennoch mit deren Einverständnis an den Käufer der Ware abgeliefert werden, der dann zwar alleine informiert und sachlich zur Schadensrüge kompetent, aber nicht formell legitimiert ist. Berücksichtigt man auch die extreme Kürze der frachtrechtlichen Verjährungsfristen, kann eine Rechtsstandschaft bei Schadensrügen und verjährungshemmenden Reklamationen auch in Fällen befürwortet werden, in denen eine Bevollmächtigung oder Ermächtigung nicht oder nur auf eine gekünstelte Weise begründet werden könnte. So hat z. B. das OLG Düsseldorf vom 16. 2. 1982, VersR **1983** 1028, dem Auftraggeber des CMR-Absenders, also einem nichtlegitimierten Träger des wirtschaftlichen Interesses, die Reklamation nach Art. 32 Abs. 2 CMR zur Hemmung der Verjährung gestattet. Dieses Urteil kann mit einer Rechtsstandschaft aufgrund offen gelegter wirtschaftlicher Trägerschaft gerechtfertigt werden[279]. Damit läßt sich auch die Zulassung der verjährungshemmenden Reklamation durch den Transportversicherer rechtfertigen.

In Betracht kommen auch die Befriedigung des Ersatzinteresses durch **Aufrechnung**[280] und die **Abtretung** von Ansprüchen an Dritte durch den Rechtsstandschafter[281]. Beide Maßnahmen sind grundsätzlich nur zuzulassen, wenn der Standschafter einwandfrei und deutlich zu ihrer Ausführung ermächtigt ist. Denn es ist zu vermeiden, daß durch die Zulassung der Rechtsstandschaft der Legitimierte (Rechtsinhaber) ohne eine deutlich von ihm erteilte Ermächtigung Einbußen seiner Rechtsstellung erleidet. **166**

Prozeßstandschaft und Drittschadensliquidation können miteinander kombiniert werden. Insbesondere kann u. U. der an sich nicht anspruchsberechtigte materiell Geschädigte die zu seinen Gunsten begründeten Drittschadens-Ansprüche des Legitimierten in Prozeßstandschaft geltendmachen[282]. **167**

---

[278] Im Gegensatz zu BGH vom 24. 10. 1991, BGHZ **116** 15 ff = TranspR **1992** 177, 179 = VersR **1992** 640 f; OLG München vom 21. 7. 1989, TranspR **1989** 324, 326 und Koller TranspR **1989** 308, 309.
[279] A. A. *Koller* TranspR **1989** 308 ff, und *Koller*² § 40 KVO Rdn. 15, der auf die Möglichkeit der Rechtsstandschaft nicht eingeht.
[280] Der Beklagte kann gegen die Forderungen seines Gläubigers, nicht aber seines Prozeßstandschafters aufrechnen; BGH vom 30. 5. 1972, NJW **1972** 1580. Da die Aufrechnung mit der Klageforderung ebenfalls Rechtsdurchsetzung ist, wird man auch eine Aufrechnung des Standschafters gegen eine Gegenforderung des Beklagten zulassen müssen. Siehe den verwickelten Fall OLG München vom 29. 1. 1986, TranspR **1987** 59, 61 = VersR **1986** 881 f (zur Aufrechnung des CMR-Versicherten).
[281] OLG Hamburg vom 17. 11. 1983, VersR **1984** 236 (Abtretung eines nach § 67 VVG auf den Versicherer übergegangenen Anspruchs durch den Assekuradeur).
[282] Beispiele: BGH vom 26. 9. 1957, BGHZ **25** 250, 259 f (zum Seerecht; Ermächtigung des Geschädigten durch den zur Drittschadensliquidation berechtigten Konnossementsinhaber); BGH vom 6. 5. 1981, VersR **1981** 929, 930 = TranspR **1982** 41 ff (CMR, Geschädigter für zur Drittschadensliquidation berechtigten Spediteur); siehe auch Rdn. 159; OLG Hamburg vom 24. 8. 1967, VersR **1968** 179, 180 (Geschädigter (Empfänger) für zur Drittschadensliquidation berechtigten Verfrachter).

e) Eigene Auffassung

168 Insgesamt ist der Rechtsprechung zur Drittschadensliquidation und zur Prozeßstandschaft, die auch im Zivilprozeßrecht offenbar nicht auf Widerstand gestoßen ist[283], aus der Sicht des Handelsrechts zuzustimmen. Auch die Rechtsstandschaft im vorprozessualen Stadium ist geeignet, die sehr komplizierten transportrechtlichen Fallgestaltungen differenziert und ohne Verlust an Rechtssicherheit zu lösen. Die bei Drittschadensliquidation u. U. problematische Frage, wer im Endergebnis die Ersatzleistung zu erhalten hat, sollte ohne Beteiligung des Beförderers unter den infrage kommenden Personen geklärt werden. Der Beförderer soll aus den in diesem Bereich möglicherweise bestehenden Unklarheiten keinen Nutzen ziehen dürfen, indem er sich auf das Auseinanderfallen von Schaden und Ersatzberechtigung beruft. Ebensowenig kann ihm aber auch zugemutet werden, an einen nicht formell Legitimierten Ersatz zu leisten. Nicht gebilligt werden kann in diesem Punkt allerdings die Auffassung des OLG Hamburg vom 9. 7. 1957, Hansa **1958** 863, das dem materiell Berechtigten, aber formell nicht Legitimierten die Ersatzansprüche zugestanden hat; siehe dazu *Helm* Haftung 164 f. Abzulehnen ist auch die Auffassung von *Koller*, der die Konstruktion des Vertrages mit Schutzwirkung für Dritte grundsätzlich bevorzugen will; siehe Rdn. 156. Entgegen *Koller* kann im Fall der Doppellegitimation von Absender und Empfänger jeder den Schaden des anderen geltend machen; siehe Rdn. 148.

B. Grundzüge der Haftung nach den Spezialnormen der Sparten des Landfrachtrechts

I. Güterfernverkehr (KVO)

1. Allgemeines

169 Die KVO ist im Anh. II nach § 452 HGB abgedruckt und kommentiert[284]. Sie zeichnet sich durch vier Hauptmerkmale aus:

(1) Grundsatz für die Obhutshaftung und die Verspätungshaftung ist die Verantwortlichkeit ohne Verschulden und ohne Exkulpationsmöglichkeit („Gewährhaftung").

(2) Diese strenge Haftung ist durch Haftungsausschlüsse für bestimmte Schäden oder Schadensursachen weitgehend durchbrochen.

(3) Die Haftung ist nicht nur auf den Wert, sondern zusätzlich auf feste Haftungshöchstbeträge vielfältig begrenzt.

(4) Die Haftung aus positiver Vertragsverletzung ist als im Umfang beschränkte Verschuldenshaftung speziell geregelt (§ 31 Abs. 1 c).

2. Obhutshaftung

a) Verlust, Beschädigung, Obhutszeit; Betriebs- und Transportmittelunfälle

170 Die Kraftverkehrsordnung sieht wie das Landfrachtrecht des HGB eine grundsätzliche Haftung des „Unternehmers" (als Frachtführer i. S. d. HGB) vor für Verluste und Beschädigungen, die zwischen Annahme und Ablieferung am Frachtgut entstehen; §§ 29, 2. Alt. KVO. Dabei verwendet die KVO statt „Ablieferung" den inhaltsgleichen

---

[283] *Baumbach/Hartmann*[51] Grundzüge vor § 50 ZPO Rdn. 26 ff.

[284] Zum Geltungsbereich der KVO siehe § 1 KVO, Anh. II nach § 452 Rdn. 6 ff. Die für den Straßengüterfernverkehr der Deutschen Bundesbahn früher geltende Spezialregelung, die KVORb, ist zum 15. 5. 1989 aufgehoben worden. Die Vorschriften der KVORb sind in der Voraufl. in den Text der KVO eingearbeitet bzw. jeweils in den Erl. zur KVO vollständig abgedruckt.

Ausdruck „Auslieferung". Als Alternativtatbestand kennt die KVO die besondere Haftung für Betriebs- und Transportmittelunfälle, für die nicht alle Haftungsausschlüsse eingreifen. Siehe dazu § 29 KVO Rdn. 10 ff. Nach § 33 KVO haftet der Unternehmer für folgende Tätigkeiten nach Obhutsgrundsätzen: Abholung und Zuführung der Güter; Mitwirkung beim Verladen; Ausladen und Umladen (siehe dazu § 17 KVO); Beförderung mit der Eisenbahn, die von ihm innerhalb des Beförderungsvertrages bewirkt wird; Vor-, Nach- und Zwischenlagerung in bestimmten zeitlichen Grenzen.

Der Ersatzverlangende muß wie nach § 429 HGB den **Nachweis der Schadensentstehung im Haftungszeitraum** erbringen. Ist das Frachtgut einen Monat nach Ablauf der Lieferfrist nicht abgeliefert, so kann der Berechtigte es nach § 37 Abs. 4 KVO ohne weiteren Nachweis als verloren betrachten; der Verlust wird unwiderleglich vermutet. **171**

Die **Beweiskraft des KVO-Frachtbriefs** folgt den für das Landfrachtrecht geltenden allgemeinen Grundsätzen. Siehe dazu § 426 Rdn. 29 ff. **172**

b) Haftungsgrundsatz: Gewährhaftung

Der Haftungsgrundsatz der KVO unterscheidet sich wesentlich von § 429 HGB. Der KVO-Frachtführer haftet nach §§ 29, 34 S. 1 a KVO nicht nur für vermutetes Verschulden, sondern bis zur höheren Gewalt, also für innerbetriebliche unverschuldete Umstände sowie für außerbetriebliche Umstände, die entweder wegen ihrer Häufigkeit in Kauf genommen werden müssen oder zu deren Vermeidung der Beförderer zwar die verkehrsübliche, nicht aber die äußerste wirtschaftlich zumutbare Sorgfalt aufgewendet hat. Siehe hierzu § 34 KVO Rdn. 3. Ferner ist ausdrücklich klargestellt, daß für die Gefahren der Straße und des Kraftwagens ohne jede Entlastungsmöglichkeit gehaftet wird; § 34 S. 1 a KVO. In § 30 KVO sind weitere genaue Abgrenzungen der Haftung in Sonderfällen enthalten. Für Transportmittel- und Betriebsunfälle wird noch verschärft gehaftet; siehe § 30 e KVO und § 34 S. 2 KVO sowie § 34 KVO Rdn. 12 f. **173**

c) Haftungsausschlüsse

Der in dieser Weise grundsätzlich verschärften Haftung steht andererseits – ähnlich wie im Eisenbahnrecht – ein ganzer Katalog von Haftungsausschlüssen gegenüber: Danach ist die Haftung nach § 34 KVO für folgende Schäden ausgeschlossen: Schäden aus Krieg, Verfügungen von hoher Hand, Beschlagnahme u. a.; Schäden aufgrund inneren Verderbs, Bruch bestimmter Güter, Frost, Hitze; Schäden an lebenden Tieren; Fehlmengen und Gewichtsverluste, die aus der Eigenart der Güter entstehen; Schäden an Kostbarkeiten, an selbstentzündlichen und explosionsgefährlichen Gütern aufgrund dieser ihrer Eigenschaften. Siehe genauer § 34 KVO. Ferner enthält § 30 e einen weiteren Haftungsausschluß für Bruchschäden. Diese Haftungsausschlüsse gelten jedoch nicht für den Fall nachgewiesenen Verschuldens des KVO-Frachtführers oder seiner Gehilfen (st. Rspr. des BGH; siehe § 34 KVO Rdn. 3). Bei Schäden durch Betriebs- und Transportmittelunfälle (§§ 29, 34 S. 2 KVO) greifen einige Haftungsausschlüsse, die sich aus Eigenart oder Empfindlichkeit des Guts ergeben, überhaupt nicht ein. **174**

d) Gesamtstruktur der Haftung nach KVO

Die Obhutshaftung nach der KVO stellt sich in ihrer Grundstruktur somit folgendermaßen dar: **175**
(1) Bei nachgewiesenem Verschulden des Frachtführers Haftung für jede Art von Schaden;

§ 429

(2) Bei höherer Gewalt (außerbetrieblichen, nicht kalkulierbaren, gänzlich unvorhersehbaren Ereignissen) keine Haftung. Gefahren des Kraftwagens und der Straße sind keine höhere Gewalt.

(3) Im übrigen Haftung ohne Verschulden, soweit keine Haftungsausschlüsse vorliegen. Die letzteren sind wieder unterschiedlich für Betriebs- und Transportmittelunfälle einerseits und für die allgemeine Obhutshaftung andererseits gestaltet.

(4) Die Zurechnungsnormen für Gehilfenverhalten in §§ 6 KVO; ähneln – enger als § 431 HGB – dem § 278 BGB.

(5) Zur Frage des Mitverschuldens siehe § 34 S. 1 c KVO sowie dort Rdn. 25 ff.

e) Ersatzberechtigter

176 Die Abgrenzung der Ersatzberechtigung zwischen Auftraggeber (Absender) und Empfänger ist in der KVO nicht geregelt; siehe dazu § 29 KVO Rdn. 20 ff.

f) Haftungsbeschränkungen

177 Der Umfang der KVO-Haftung weicht von der HGB-Regelung weit ab. Das HGB kennt in § 430 nur die Haftungsbeschränkung auf den gemeinen Wert und damit zugleich auf unmittelbaren Schaden. Die KVO sieht dagegen ein kompliziertes System sich überschneidender Haftungsbegrenzungen vor:

(1) Auf den Wert des Gutes ; § 35 Abs. 1–3 KVO. Mit dieser Wertbegrenzung sind auch alle mittelbaren Schäden ausgeschlossen;

(2) Allgemein auf DM 80,– pro kg Rohgewicht der Ladung; § 35 Abs. 4 KVO.

(3) Spezielle Haftungsgrenzen für bestimmte Schäden; § 30 c, e KVO.

(4) Diese Haftungsgrenzen der KVO gelten nach hier vertretener Auffassung entsprechend § 430 Abs. 3 HGB nicht im Falle vorsätzlichen oder grob fahrlässigen Handelns des Frachtführers oder seiner Bediensteten; siehe hierzu § 430 Rdn. 64.

3. Haftung für Verspätungsschäden und andere Vertragsverletzungen

178 § 31 Abs. 1 KVO sieht für Schäden, die nicht am Frachtgut entstehen, besondere Haftungsregeln vor. In § 31 Abs. 1 a, b und d ist eine Haftung ohne Verschulden für Überschreitung der Lieferfrist (§ 26 KVO), für Falschausliefer und für Fehler bei der Einbeziehung von Nachnahmen festgelegt. § 31 Abs. 1 c begründet eine Verschuldenshaftung für nicht ordnungsgemäße Ausführung des Beförderungsvertrages – ein Fall kodifizierter Haftung für Schlechterfüllung. Diese Ansprüche unterliegen den auch für die Obhutshaftung geltenden Haftungsausschlüssen des § 34 KVO, soweit diese auch für Vermögensschäden passen. Sie sind ferner durch spezielle Haftungshöchstbeträge in § 31 Abs. 2 KVO begrenzt.

4. Gemeinsame Haftungsgrenzen für alle Haftungstatbestände

179 Für alle Haftungstatbestände zusammen sieht die KVO in § 36 noch eine Gesamt-Haftungsgrenze vor. In keinem Fall darf die zu zahlende Entschädigung höher sein als bei gänzlichem Verlust des Frachtguts. Nur die Haftung für Fehler bei Einziehung von Nachnahmen kann darüber hinausgehen.

5. Präklusion und Verjährung der Ersatzansprüche

180 Zur Präklusion der Ersatzansprüche siehe §§ 39 KVO und die Kommentierung zu § 438 HGB; zur Verjährung siehe §§ 40 KVO sowie die Kommentierung zu § 439 HGB.

II. Güternahverkehr (AGNB)

1. Allgemeines

Die AGNB sind in Anh. III/1 nach § 452 abgedruckt und kommentiert. Siehe zu **181** ihrem Anwendungsbereich und Geltungsgrund § 1 AGNB Rdn. 1–8. Die AGNB sind der KVO in weitem Umfang nachgebildet, weichen jedoch von dieser in manchen Einzelheiten (meistens zugunsten des Auftraggebers) ab; siehe hierzu die Erläuterungen zu den Einzelbestimmungen der AGNB.

2. Obhutshaftung (§ 14 b AGNB)

a) Verlust oder Beschädigung in der Obhutszeit

Die Obhutshaftung umfaßt wie in § 429 HGB Verluste und Beschädigungen des **182** Frachtguts, die in der Zeit zwischen Annahme und Ablieferung entstehen; siehe hierzu oben Rdn. 41 ff. Mangels besonderer Vereinbarung oder örtlicher Übung gehört das Beladen und Entladen zu den Aufgaben des Absenders bzw. Empfängers; § 6 Abs. 1 AGNB. Es ist nur dann in den Haftungszeitraum eingeschlossen, wenn es vom Unternehmer „ganz oder teilweise vorgenommen wird". Die Beweislast für die Entstehung des Schadens im Obhutszeitraum trägt nach den AGNB der Ersatzverlangende. Da die AGNB keinen Frachtbrief vorsehen und dieser auch nicht üblich ist, entfallen die von diesem abhängigen Beweiserleichterungen. Sollte neben der Vereinbarung der AGNB doch ein Frachtbrief ausgestellt worden sein, so richtet sich seine Beweiswirkung nach dem allgemeinen Landfrachtrecht; siehe dazu § 426 Rdn. 29 ff.

b) Haftungsgrundsatz: Gewährhaftung

Wie nach HGB und KVO braucht der Geschädigte keine Behauptungen zur Scha- **183** densursache aufzustellen. Der AGNB-Frachtführer kann sich – abweichend von § 429 Abs. 1 HGB und entsprechend der KVO – auch nicht durch den Nachweis seines Nichtverschuldens von der Haftung befreien. Vielmehr ist die Haftung nach § 15 Abs. 1 a AGNB grundsätzlich Gewährhaftung bis zur höheren Gewalt (BGH vom 8. 12. 1965, VersR **1966** 180, 181: „Gefährdungsprinzip"). Siehe auch das oben in Rdn. 173 hinsichtlich der KVO Ausgeführte. Wie nach der KVO wird nach den AGNB für die Gefahren der Straße und des Kraftwagens, aber auch zusätzlich für „Schäden und Verluste durch Regen und Schnee, Eis, Hagel, Sturm, Straßenraub" ohne jede Entlastungsmöglichkeit selbst bei Vorliegen höherer Gewalt gehaftet.

c) Gehilfenhaftung

Soweit nach dem Gesagten das Verschulden von Gehilfen eine Rolle spielt, bestimmt **184** sich die Zurechnung von Gehilfenhandlungen nach § 19 AGNB, der sich – anders als § 6 KVO – fast wörtlich an § 431 HGB anlehnt.

d) Haftungsausschlüsse

Der Katalog der speziellen Haftungsausschlüsse in § 15 AGNB entspricht inhaltlich **185** ungefähr dem der KVO. Es gibt jedoch zwei unterschiedliche Gruppen. Die in § 15 Abs. 2 aufgeführten (überwiegend mit der Art des Frachtguts, seiner Empfindlichkeit usw. zusammenhängenden) Haftungsausschlüsse sollen nur eingreifen, wenn der Frachtführer sein Nichtverschulden nachweist. In diesen besonders geregelten Fällen entspricht somit die Haftung des AGNB-Frachtführers dem in § 429 Abs. 1 vorgesehenen Modell (Haftung für vermutetes Verschulden). Die in § 15 Abs. 1 geregelten Haftungsausschlüsse sind dagegen in ihrer Wirkung nicht vom Nachweis des Nichtverschuldens des Frachtführers abhängig und entsprechen damit den Haftungsausschlüssen nach der KVO. Siehe zu der Frage, ob sie auch dann gelten, wenn den Frachtführer nachgewiesenes Verschulden trifft: BGH vom 8. 12. 1965, VersR **1966** 180, 181.

e) Sonderhaftung für Betriebs- und Transportmittelunfälle

186 Die allgemeine Haftung für Verlust und Beschädigung in der Obhutszeit wird ergänzt durch eine besondere Haftung für Schäden, die durch Betriebs- oder Transportmittelunfälle unmittelbar am Frachtgut entstehen; § 14 a AGNB. Diese Haftung folgt den gleichen Grundsätzen wie die allgemeine Obhutshaftung des § 14 b AGNB. Als Haftungsausschlüsse gelten für sie jedoch nur die in § 15 Abs. 1 genannten, verschuldensunabhängigen Fälle.

f) Ersatzberechtigter

187 Wem die Ersatzansprüche zustehen, bestimmen die AGNB nicht. Siehe Rdn. 140 ff und § 435 Rdn. 20.

g) Haftungsbeschränkungen

188 Die Haftung nach den AGNB ist einem komplizierten System von Beschränkungen unterworfen. Zu seiner Vereinbarkeit mit dem AGB-Gesetz siehe die Anmerkungen zu den betreffenden Bestimmungen. Die Haftung ist beschränkt:

(1) Auf Wertersatz; siehe § 18 AGNB;

(2) auf den festen Betrag von 100.000,– DM je Schadensereignis, wobei sich mehrere Verlader evtl. diesen Betrag teilen müssen; § 17 Abs. 2 a, c AGNB;

(3) durch besondere, niedrigere Haftungsgrenzen für spezielle Risiken, wieder unterschiedlich geregelt je nachdem, ob der Anspruch auf die allgemeine Obhutshaftung (§ 14 b) oder auf die Haftung für Betriebs- und Transportmittelunfälle (§ 14 a) gestützt ist.

3. Haftung für andere Vertragsverletzungen

189 § 16 AGNB regelt speziell die Haftung für Vermögensschäden, die nicht am Frachtgut entstehen.

(1) Vermögensschäden durch Falschauslieferung oder Fehler bei Nachnahmeeinziehung unterliegen der Haftung ohne Verschulden. Es ist auch keine Entlastung durch Nachweis höherer Gewalt vorgesehen; § 16 a, b.

(2) Sonstige Verletzungen des Beförderungsvertrages sollen nur bei Verschulden des Unternehmers zur Haftung führen. Darunter fallen z. B. auch Vermögensschäden.

(3) Die gesamte Haftung für solche Vermögensschäden wird nach § 17 Abs. 2 b auf 10.000,– DM je Schadensereignis beschränkt, wobei auch dieser Betrag u. U. unter mehreren Geschädigten zu teilen ist.

4. Präklusion und Verjährung der Ersatzansprüche

190 Zur Präklusion der Ersatzansprüche siehe § 22 AGNB und die Kommentierung zu § 438 HGB. Zur Verjährung siehe § 26 AGNB und die Kommentierung zu § 439 HGB.

III. Beförderung durch Spediteure im Güternahverkehr (ADSp)

Die Haftung des Spediteurs als Nahverkehrsfrachtführer richtet sich nach den §§ 429 **191** ff bzw. nach den ADSp. Die ADSp sehen für alle Tätigkeiten des Spediteurs eine grundsätzlich gleiche Haftung vor, § 2 a ADSp; siehe daher zur Haftung des Spediteurs §§ 407–409 Rdn. 48, 49 und 174–197. Gegenüber der dort kommentierten Fassung der ADSp nach dem Stande von 1986 haben sich insbesondere § 39 und der Text der Muster-Speditionsversicherung SVS/RVS geändert; siehe den neuen Text des SVS/RVS in Anh. II nach § 429.

IV. Beförderung von Umzugsgut und Handelsmöbeln (Bed. GüKUMT)

1. Gesetzliche Grundlagen

Für die innerdeutsche Beförderung von Umzugsgut, Erbgut und Heiratsgut und für **192** die Beförderung von Handelsmöbeln in besonders für die Möbelbeförderung eingerichteten Fahrzeugen gelten die Beförderungsbedingungen GüKUMT vom 3. 8. 1983; siehe die kommentierten Texte dieser Bedingungen in Anh. IV nach § 452.

Die Anwendung der Bed. GüKUMT ist in bestimmten Situationen ausgeschlossen. **193** Hierzu ist auf die Erläuterung zu § 1 GüKUMT Anh. IV nach § 452 zu verweisen. **Im grenzüberschreitenden Bereich** können solche Transporte der **CMR** unterliegen; Art. 1 Abs. 4 c CMR; siehe dazu § 1 CMR, Anh. VI nach § 452. Die **Beförderung von Handelsmöbeln in normalen Lastkraftwagen** unterliegt im Güterfernverkehr der KVO, im Güternahverkehr dem nicht zwingenden HGB-Frachtrecht und damit den jeweils vereinbarten Geschäftsbedingungen, etwa den ADSp. Die entgeltliche Beförderung von Möbeln in Fahrzeugen, die als **Personenkraftwagen** zugelassen sind, unterliegt grenzüberschreitend der CMR, im Inland dem deutschen Landfrachtrecht, wiederum dispositiv.

Gegenüber der vor 1983 bestehenden Rechtslage brachten die Bedingungen **194** **GüKUMT einschneidende Änderungen.** Die Grundzüge der Haftung nach diesen Bedingungen werden im folgenden kurz dargestellt. Siehe zur Rechtslage nach den BefBMö von 1961 die 3. Auflage (1979) § 429 Anm. 56–63 sowie dort Anh. IV nach § 452.

2. Obhutshaftung

a) Verlust oder Beschädigung im Haftungszeitraum

§ 8 Nr. 1 S. 1 GüKUMT sieht – darin ähnlich wie alle anderen Haftungsregelungen – **195** eine besondere Haftung für Verlust und Beschädigung des Frachtguts vor. Abweichend von den üblichen Regelungen wird jedoch der Haftungszeitraum nicht durch die Begriffe „Annahme" und „Ablieferung" umschrieben. Der Verlust oder die Beschädigung muß vielmehr „während der dem Unternehmer obliegenden Behandlung oder Beförderung des Gutes" eingetreten sein. Sachlich ist der Unterschied gering. Während der Beförderung hat der Frachtführer ohnehin die Obhut. Auch die ihm „obliegende Behandlung" des Gutes setzt im allgemeinen seinen Besitz voraus. Da auch nach §§ 429 Abs. 1, 29 KVO, 14 b AGNB die Randzonen der Obhutszeit sich nach den Verpflichtungen des Frachtführers bestimmen, unterscheidet sich § 8 Nr. 1 kaum praktisch von anderen Regelungen. Durch S. 2 dieser Bestimmung werden verkehrsbedingte Vor-, Zwischen- und Nachlagerungen in die Obhutshaftung einbezogen. Beladen und Entladen sind hier entsprechend der Natur der zu verladenden Güter und dem Kundenkreis durch § 2 GüKUMT grundsätzlich dem Frachtführer zugewiesen. Für Schäden bei Beladen und Entladen wird grundsätzlich gehaftet. Zum Frachtbrief bei der Beförderung von Handelsmöbeln und zum Umzugsvertrag siehe §§ 19, 16 GüKUMT.

b) Haftungsgrundsatz: Gewährhaftung

196 Wie nach KVO und AGNB haftet der Möbelbeförderer nach § 8 GüKUMT grundsätzlich ohne Verschulden. Jedoch ist die Grenze seiner Haftung nicht durch den allgemeinen Grundsatz der höheren Gewalt bezeichnet, sondern nur durch spezielle haftungsausschließende Umstände. Soweit diese nicht vorliegen, haftet jedenfalls der Frachtführer auch für gänzlich unverschuldete Umstände.

c) Haftungsausschlüsse

197 Die Haftungsausschlüsse ähneln mit Ausnahme der Erwähnung der höheren Gewalt denen der KVO. Wie die AGNB unterscheiden die BefBMö zwei Gruppen von Haftungsausschlüssen:

(1) Solche, die nur dann gelten, wenn der Frachtführer die erforderliche Sorgfalt beachtet hat; § 9 Abs. 2 GüKUMT. Diese Haftungsausschlüsse gelten nicht bei Fahrzeugmängeln oder Gefahren, die der Straße eigentümlich sind.

(2) Die zweite Gruppe entlastet den Frachtführer ohne einen Sorgfaltsbeweis. Der Unterschied zwischen beiden Gruppen beschränkt sich jedoch auf die Beweislast. Auch die Haftungsausschlüsse nach § 9 Abs. 1 entfallen, wenn den Frachtführer oder seine Gehilfen Verschulden trifft. Dagegen trifft die Beweislast für das Verschulden in diesem Fall den Absender, in den Fällen des Abs. 2 den Frachtführer selbst.

198 Die Haftung nach den Bedingungen GüKUMT läßt sich danach **insgesamt folgendermaßen** kennzeichnen:

(1) Grundsätzlich Haftung ohne Verschulden;

(2) strikte Haftung für Gefahren der Straße und des Fahrzeugs ohne jede Entlastungsmöglichkeit;

(3) Entlastungsmöglichkeiten bei den Haftungsausschlüssen des § 9 Abs. 2 bei vom Unternehmer zu beweisender Beachtung der erforderlichen Sorgfalt, bei den Haftungsausschlüssen des § 9 Abs. 1 nur bei vom Absender zu beweisender Sorgfaltspflichtverletzung.

(4) Soweit hierbei die Verschuldensfrage eine Rolle spielt, gilt anstelle von § 431 HGB die Sonderbestimmung des § 11 GüKUMT, die sich an § 278 BGB anlehnt.

d) Haftungsbeschränkungen

199 Die Haftung ist durch § 10 GüKUMT dreifach beschränkt:

(1) Verlust und Beschädigung von Frachtgut auf unmittelbare Schäden; § 10 Abs. 5 GüKUMT;

(2) auf Wertersatz ähnlich § 430 Abs. 1 und 2 HGB; § 10 Abs. 3, 4 GüKUMT;

(3) auf den Betrag von 4.000,– DM pro benötigten Möbelwagenmeter (ein Möbelwagenmeter = 5 m³ Laderaum); § 10 Abs. 1 Nr. 1 und Abs. 8 GüKUMT; bzw. auf den vom Auftraggeber im Vertrag angegebenen höheren Wert der Sendung; § 10 Abs. 1 Nr. 2 GüKUMT.

(4) eine Durchbrechung dieser Haftungsbeschränkung im Falle von Vorsatz und grober Fahrlässigkeit, wie sie früher in § 11 Abs. 5 BefBMö vorgesehen war, ist nicht mehr

in den Bedingungen GüKUMT enthalten. An eine entsprechende Anwendung von § 430 Abs. 3 HGB ist jedoch zu denken; siehe § 430 Rdn. 63 f.

3. Haftung für Verspätungsschäden und andere Vertragsverletzungen

In § 8 Nr. 2 GüKUMT ist auch für die Überschreitung der Lieferfrist (Buchst. A), für Falschauslieferung (Buchst. B), für schuldhafte, nicht ordnungsgemäße Ausführung des Vertrages (Buchst. C) und für Fehler bei der Einziehung von Nachnahmen eine Haftung vorgesehen. Diese folgt den gleichen Grundsätzen wie die Obhutshaftung; auch die Haftungsausschlüsse des § 9 GüKUMT sind – soweit sie passen – anwendbar. Die Haftungsbegrenzung ist jedoch anders bestimmt als im Falle von Verlust und Beschädigung, nämlich auf die Höhe des nach dem Vertrag geschuldeten Entgelts, höchstens jedoch auf 5.000,– DM (§ 10 Abs. 6 Nr. 1); im Falle des Nachnahmeversehens auf den Betrag der Nachnahme, höchstens auf den Betrag von 5.000,– DM (§ 10 Abs. 6 Nr. 2). Durch die Einbeziehung der positiven Vertragsverletzung (§ 8 Nr. 2 c GüKUMT) ist der Rückgriff auf die Grundsätze des bürgerlichen Rechts zur positiven Vertragsverletzung zumindest insoweit gesperrt, als eine volle Haftung grundsätzlich nicht in Betracht kommt. **200**

4. Ersatzberechtigter

Wer zur Geltendmachung der Ansprüche berechtigt ist, wird in den Bedingungen GüKUMT nicht geregelt. Daher gelten hierzu die allgemeinen Grundsätze des Landfrachtrechts; siehe Rdn. 140 ff. **201**

5. Präklusion und Verjährung

Die **Präklusion** wird in § 13 dahingehend geregelt, daß mit der Annahme des Gutes grundsätzlich alle Ansprüche gegen den Unternehmer erlöschen. Diese Wirkung kann durch im einzelnen geregelte Rügen oder Anzeigen verhindert werden. Der Unternehmer muß den Empfänger bei der Ablieferung des Gutes auf diese Regelung hinweisen; andernfalls kann er sich auf sie nicht berufen; § 13 Abs. 3 GüKUMT. Durch diese Bestimmungen wird § 438 HGB verdrängt. Die **Verjährung** der Schadensersatzansprüche aus dem Vertrag beträgt nach § 14 Abs. 1 GüKUMT 1 Jahr. **202**

V. Grenzüberschreitender Güterkraftverkehr (CMR)

1. Allgemeines

Die CMR ist abgedruckt in Anh. VI nach § 452. Siehe zu ihrem Anwendungsbereich § 425 Rdn. 28 sowie eingehend Art. 1 CMR. Die Haftungsregelung der CMR weist Ähnlichkeiten mit der KVO, Anh. II nach § 452, und der ER/CIM 1980, Anh. II nach § 460, aber auch mit dem WA (Anh. VII/2 nach § 452) auf. **203**

2. Obhutshaftung

a) Verlust oder Beschädigung in der Obhutszeit

Art. 17 Abs. 1 CMR erlegt dem Frachtführer wie die meisten anderen Frachtregelungen für die Zeit zwischen Übernahme (= Annahme) und Ablieferung eine grundsätzliche Haftung für Verlust und Beschädigung des Frachtguts auf. Obwohl es sich bei der CMR um ein internationales Übereinkommen handelt, sind die Grundbegriffe inhaltsgleich mit denen des deutschen Frachtrechts; dazu Art. 17 CMR. In den Haftungszeitraum fällt – argumentum e contrario aus Art. 17 Abs. 4 e CMR – auch die Belade- und Entladetä- **204** tigkeit des Frachtführers. Der Verlust des Frachtguts wird unwiderleglich vermutet, wenn das Gut 30 Tage nach Ablauf der vereinbarten Lieferfrist, und, falls es an einer solchen Vereinbarung fehlt, 60 Tage nach Einlieferung nicht abgeliefert ist; Art. 20 Abs. 1 CMR. Der Frachtbrief schafft nach Art. 9 Abs. 1 CMR eine widerlegliche Vermutung für die Übernahme des Gutes durch den Frachtführer, und, wenn er keinen mit Gründen versehenen Vorbehalt enthält, auch dafür, daß Gut und Verpackung bei Übernahme in äußerlich gutem Zustand waren; ferner, daß die Anzahl der Frachtstücke und ihre Zeichen und Nummern mit den Angaben im Frachtbrief übereinstimmen. Siehe dazu Art. 9 CMR und § 426 Rdn. 29, 32.

b) Haftungsgrundsatz: verschärfte Haftung für vermutetes Verschulden

205 Ähnlich der Regelung des internationalen Eisenbahnrechts (vgl. Art. 36 ER/CIM 1980 = CIM 1970) haftet der Frachtführer nach Art. 17 Abs. 2 CMR dann nicht, wenn der Schaden durch Umstände verursacht worden ist, die er nicht vermeiden und deren Folgen er nicht abwenden konnte. Für Mängel des Transportfahrzeugs und Verschulden des evtl. Vermieters und dessen Bediensteter wird aber stets gehaftet (Art. 17 Abs. 3 CMR). Die CMR-Haftung ist Haftung für vermutetes Verschulden mit verschärftem Sorgfaltsmaßstab; str., siehe dazu Art. 17.

206 **Gehilfenverschulden** wird dem Frachtführer nach Art. 3 CMR zugerechnet: also Handlungen und Unterlassungen der Bediensteten des Frachtführers und aller Personen, deren er sich zur Ausführung der Beförderung bedient, wenn die Bediensteten oder sonstigen Personen in Ausführung ihrer Verrichtungen gehandelt haben. Art. 3 ähnelt damit § 431 HGB, läßt allerdings den Frachtführer für Handlungen, die nur bei Gelegenheit der Ausführung der Verrichtungen geschehen, nicht einstehen; siehe die Erl. zu Art. 3 CMR.

c) Haftungsausschlüsse

207 Die CMR enthält in Art. 17 Abs. 2, 4 eine dem Eisenbahnrecht und der KVO ähnliche Liste von Haftungsausschlüssen. Wie das Eisenbahnrecht unterscheidet die CMR zwischen sog. „einfachen" und „bevorrechtigten" Haftungsausschlüssen. Für das Vorliegen der einfachen Haftungsausschlüsse trägt der Frachtführer die volle Beweislast (Art. 18 Abs. 1 CMR); bei bevorrechtigten Haftungsausschlüssen genügt bereits die Darlegung der bloßen Möglichkeit der Entstehung des Schadens aus dem im Haftungsausschluß bestimmten Grund, um eine widerlegliche Vermutung für das Vorliegen des Umstandes zu begründen. Der Kausalitätsnachweis ist dadurch wesentlich erleichtert (Art. 18 Abs. 2 CMR).

208 **Einfache Haftungsausschlüsse** sind nach Art. 17 Abs. 2 (neben den „unabwendbaren Umständen"): Verschulden des Verfügungsberechtigten, Weisungen des Verfügungsberechtigten, besondere Mängel des Guts.

209 Die **bevorrechtigten Haftungsausschlüsse** sind: Beförderung im offenen Wagen, Verpackungsmängel, Selbstverladung, Selbstentladung und Stauen durch den Absender, natürliche Schadensanfälligkeit von Gütern, ungenügende Bezeichnung und Numerierung der Frachtstücke, Schäden an beförderten Tieren. Siehe genauer die Erl. zu Art. 17 und 18 CMR.

210 Für **Folgen von Fahrzeugmängeln** gelten die Haftungsausschlüsse gem. Art. 17 Abs. 3 nicht. Der Frachtführer ist ferner berechtigt, gefährliche Güter jederzeit auszuladen, zu vernichten oder unschädlich zu machen, ohne dafür haften zu müssen; Art. 22 Abs. 2 CMR.

Haftungsausschlüsse entfallen bei **Vorsatz und dem Vorsatz gleichgestellter** 211
(= nach deutschem Recht grober) **Fahrlässigkeit** des Frachtführers; Art. 29 CMR.

d) Haftungsbeschränkungen
Die CMR sieht eine doppelte Haftungsbeschränkung vor: 212
(1) auf Wertersatz, Art. 23 Abs. 1;
(2) auf 8,33 Sonderziehungsrechte (SZR) (insgesamt 18,92 DM[285] pro kg Rohgewicht). Zusätzlich werden Fracht, Zölle und sonstige Beförderungsposten erstattet; Art. 23 Abs. 4 CMR. Seit 1961 ist der Realwert der Haftungsbeschränkungssumme auf einen Bruchteil des ursprünglichen gefallen.

Beide Haftungsbeschränkungen kann der Absender durch besondere **Wert- und** 213
Interessedeklarationen ausschalten, so daß voller Schadensersatz zu leisten ist; Art. 24, 26 CMR. Bei Vorsatz und gleichgestellter (grober) Fahrlässigkeit gelten die Haftungsbeschränkungen nach Art. 29 CMR nicht; es wird daher in vollem Umfang gehaftet.

3. Verspätungshaftung und andere Haftpflichttatbestände
Art. 17 Abs. 1 CMR läßt den Frachtführer für die Überschreitung der Lieferfrist 214
nach den gleichen Grundsätzen haften, die für die Obhutshaftung gelten. Siehe zu der Frage, wann eine Lieferfristüberschreitung vorliegt, Art. 19 CMR und § 428 Rdn. 2 ff. Die einfachen Haftungsausschlüsse des Art. 17 Abs. 2 gelten auch für Lieferfristüberschreitungen.

Der Schadensersatzanspruch wegen Lieferfristüberschreitung **beschränkt sich nach** 215
Art. 23 Abs. 5 CMR auf die Höhe der Fracht, die für die betreffende Beförderung zu bezahlen wäre. Durch Interesseangabe nach Art. 26 CMR kann diese Begrenzung angehoben werden. Auch diese Haftungsbeschränkung gilt nicht bei Vorsatz und gleichgestellter (= grober) Fahrlässigkeit des Frachtführers; Art. 29 CMR.

Für **Ablieferung ohne Einziehung des Nachnahmebetrags** haftet der Frachtführer 216
dem Absender bis zur Höhe des Nachnahmebetrags ohne Verschulden; Art. 21 CMR. Andere vertragliche Ansprüche des Absenders oder Empfängers sind in der CMR nicht geregelt. Findet ergänzend deutsches Recht Anwendung, so kann wohl auf die Leistungsstörungen des bürgerlichen Rechts (Schuldnerverzug, Unmöglichkeit, positive Vertragsverletzung) zurückgegriffen werden[286].

4. Ersatzberechtigter
Wer zur Erhebung des Schadensersatzanspruchs berechtigt ist, wird von der CMR 217
nicht klar bestimmt. Die Rechtsprechung gewährt zwar dem Empfänger die Schadensersatzansprüche, sobald er die Verfügungsberechtigung erlangt hat. Jedoch wird das Erlöschen der Absenderansprüche nicht an den Verlust der Verfügungsberechtigung geknüpft; siehe hierzu Rdn. 150 und zu Art. 17 CMR.

5. Präklusion und Verjährung
Art. 30 CMR enthält eine eingehende Regelung der **Präklusion** bei vorbehaltloser 218
Annahme des Gutes durch den Empfänger. Ansprüche aus dem CMR-Frachtvertrag

---

[285] Am 1. 6. 1993, IMF-Survey vom 14. 6. 1993, S. 191 stand der Kurs bei 2,272 DM pro SZR. Er ändert sich ständig; siehe Art. 23 Abs. 3 und die dortige Erläuterung.

[286] Siehe dazu § 426 Rdn. 145; §§ 407–409 Rdn. 128 ff.

§ 429 Drittes Buch. Handelsgeschäfte

verjähren nach Art. 32 Abs. 1 CMR in einem Jahr, bei Vorsatz und diesem gleichstehender Fahrlässigkeit in 3 Jahren. Siehe dazu besonders zur Rechtsprechung des BGH die Erl. zu Art. 32 CMR.

C. Haftungsregelungen außerhalb des Landfrachtrechts (Hinweise)
I. Binnenschiffahrtsfrachtrecht
1. Gesetzliche Grundlagen und AGB

219 Gesetzliche Grundlage ist das Gesetz betr. die privatrechtlichen Verhältnisse der Binnenschiffahrt vom 15. 6. 1895 i. d. F. vom 10. 5. 1898 (Binnenschiffahrtsgesetz, BinSchG), das z. T. seinerseits auf das Landfrachtrecht des HGB, teilweise auch auf das Seerecht weiterverweist. Da seine Bestimmungen durchweg nicht zwingend sind, kommt den in der Binnenschiffahrt üblichen Verlade- und Transportbedingungen (Konnossementsbedingungen) ganz erhebliche Bedeutung zu. Hierbei dominiert die Gruppe von Bedingungen, die sich am Typus der früheren Oberrheinischen Konnossementsbedingungen orientiert. Die gesetzlich geregelte Haftung aus dem Ladeschein und aus dem Beförderungsvertrag lehnt sich zwar eng an das Landfrachtrecht des HGB an. Durch die üblichen Bedingungen ist sie jedoch in den weitaus meisten Fällen fast völlig abbedungen und durch Transportversicherung ersetzt. Großverlader treffen jedoch durch Rahmenverträge teilweise für sie wesentlich günstigere Regelungen.

2. Einwirkungen des AGB-Gesetzes

220 In Haftungsfragen ist die angegebene Literatur inzwischen teilweise durch die neuere Entwicklung des AGB-Rechts überholt. Formularmäßige Freizeichnungen sind inzwischen problematisch geworden.

221 Die Freizeichnung für anfängliche **Fahr- und Ladungsuntüchtigkeit** ist als Abdingung von Kardinalpflichten unwirksam; § 9 Abs. 2 Ziff. 2 AGBG. Bereits die frühere Rspr. hat dies angenommen[287]. Auch das Verbot der Abtretung von Ansprüchen gegenüber dem Frachtführer ist für unwirksam erklärt worden, soweit damit der Forderungsübergang auf den Transportversicherer nach § 67 VVG ausgeschlossen wäre; BGH vom 8. 12. 1975, BGHZ 65 364, 365 f = VersR 1976 295 ff. Problematisch sind ferner die Beweislastverschiebungen, besonders wenn die nachzuweisende Tatsache im „Verantwortungsbereich" des Frachtführers liegt; § 11 Nr. 15 AGB-Gesetz. Dieser Grundsatz galt auch bisher im Verhältnis zu kaufmännischen Kunden; OLG Hamburg VersR 1970 1101, 1102 (zum BinSchG). Siehe zu den Konsequenzen für Freizeichnungen insbesondere BGH vom 24. 6. 1987, BGHZ 101 172 ff = NJW 1988 640 = TranspR 1987 447 (zum multimodalen Transport, zur CMR und zu den ADSp).

222 Bei grobem **Eigenverschulden** (Vorsatz und grobe Fahrlässigkeit des Frachtführers oder seiner leitenden Angestellten; Organisationsverschulden) sind Freizeichnungen ganz allgemein nicht mehr wirksam; siehe dazu vor § 1 ADSp Rdn. 49 Anh. I nach § 415; allgemein *Helm* BB **1977** 1109 und VersR **1977** 585 ff.

223 Die starke Verkürzung der Verjährung auf sechs Monate in den üblichen Verlade- und Transportbedingungen ist **mit dem AGBG vereinbar**; siehe § 26 AGNB Rdn. 4.

---

[287] BGH vom 23. 6. 1966, VersR **1966** 871 ff; vom 25. 6. 1973, VersR **1973** 1060; vom 21. 4. 1975, VersR **1975** 1117 f = DB **1975** 2126; vom 8. 12. 1975, VersR **1976** 295; BGH vom 8. 12. 1975, BGHZ 65 364 f = VersR **1976** 295 ff.

II. Eisenbahnfrachtrecht

Die Haftung nach innerdeutschem und internationalem Eisenbahnrecht ähnelt den **224** Regelungen der CMR und KVO, für die sie teilweise als Vorbild gedient hat. Siehe zum System des Eisenbahnrechts vor § 453 HGB; zur Haftung der Eisenbahn siehe zu § 454 HGB. Zu den Einzelheiten siehe die kommentierten Texte der EVO, Anh. I nach § 460 und der ER/CIM 1980, Anh. II nach § 460.

III. Seefrachtrecht

Die seefrachtrechtliche Haftung ist in den Bestimmungen des 4. Buchs des HGB, ins- **225** besondere in den §§ 606 ff und 559 HGB geregelt. Diese Bestimmungen sind in den letzten Jahren mehrfach geändert worden, zuletzt durch die beiden Seerechtsänderungen vom 21. 6. 1972 (BGBl. I 966) und vom 25. 7. 1986 (BGBl. I 1120). Die Bestimmungen des Seerechts sind traditionsgemäß nicht im Großkommentar zum HGB abgedruckt und kommentiert[288].

IV. Luftfrachtrecht

Die luftfrachtrechtliche Haftung orientiert sich am internationalen Warschauer **226** Abkommen und den diesem nachgebildeten §§ 44 ff LuftVG, Anh. VII/1 nach § 452. Siehe hierzu die in Anh. VII nach § 452 vollständig abgedruckten Gesetzestexte, vor allem Art. 18 ff WA, Anh. VII/2 nach § 452 und §§ 44 ff LuftVG, Anh. VII/1 nach § 452, ferner die Vorbem. vor Anh. VII (mit Literaturhinweisen) sowie die Vorbem. zum WA.

V. Multimodale Transporte, unbenanntes Transportmittel

Nicht oder nur durch wenige Spezialnormen geregelt sind die Bereiche des multimo- **227** dalen (kombinierten) Transportvertrages, Frachtverträge über Beförderungen mit unbenannten Transportmittel; siehe Anh. V nach § 452.

VI. Beförderung mit vertragswidrigem Beförderungsmittel

Verwendet der Beförderer anstelle des vertraglich vereinbarten Beförderungsmittels **228** ein anderes, das einer von der ursprünglich vereinbarten Regelung abweichenden Vertragsordnung unterliegt, ergibt sich das Problem, wie diese Transportvorgänge rechtlich zu beurteilen sind; siehe dazu Anh. V nach § 452 Rdn. 65 ff.

D. Konkurrenz zwischen frachtvertraglicher Sonderhaftung und allgemeiner Haftung
I. Überblick
1. Problemstellung

Die Fragen der Konkurrenz zwischen verschiedenen, auf den gleichen Fall zutreffen- **229** den Haftpflichtansprüchen sind rechtstheoretisch – im Inland wie in ausländischen

---

[288] Siehe dazu die zu § 425 Rdn. 50 angegebene Literatur, insbesondere *Prüßmann/Rabe*[3] § 606 HGB Anm. D.

Rechten – sehr umstritten[289]. Die Problematik beschränkt sich im Frachtrecht nicht auf die bekannte Frage der Anspruchskonkurrenz zwischen Vertrags- und der Deliktsansprüchen. In Konkurrenz zu frachtrechtlich besonders geregelten Haftungstatbeständen können auch andere vertragliche Ansprüche, insbesondere aus dem allgemeinen Recht der Leistungsstörungen (aus positiver Vertragsverletzung, Schuldnerverzug und Unmöglichkeit) und – am Rande – auch Ansprüche aus Eigentümer-Besitzerverhältnis treten. Auch für Ansprüche aus Geschäftsführung ohne Auftrag kann die Anwendung von Sonderbestimmungen des speziellen Frachtrechts in Betracht kommen[290]. Die praktische Tragweite dieser Problematik ist erheblich, kann aber unter der Herrschaft der sehr unterschiedlichen frachtrechtlichen Sonderordnungen ganz verschieden sein; siehe dazu § 425 Rdn. 192 f.

2. Grundsatz: Vorrang der frachtvertraglichen Sonderhaftung

230 Ausgangspunkt ist eine grundsätzliche These: Vorrang der frachtvertraglichen Sonderregeln als leges speciales vor anderen Regeln des Schuldrechts. Da die Bestimmung der Spezialität von einzelnen Normen gegenüber anderen methodisch kaum möglich ist[291], kann vor allem dann ein Vorrang einer Norm vor einer anderen angenommen werden, wenn sie durch die kumulative Anwendung der anderen Norm in der Erfüllung ihres Normzwecks gehindert werden würde. Dies ist für Ansprüche des Vertragsrechts weitgehend anerkannt; siehe Rdn. 235 ff. Im Bereich der Konkurrenz der frachtvertraglichen Sonderordnungen zum Recht der unerlaubten Handlungen herrscht demgegenüber noch die Gegenmeinung vor, die freie Anspruchskonkurrenz zwischen Vertrags- und Deliktsrecht annimmt; siehe dazu eingehend Rdn. 285 ff.

II. Frachtvertragliche Sonderhaftung und allgemeine Vertragshaftung (Unmöglichkeit, Schuldnerverzug, pVV)

231 Die Rechtsnormen und Rechtsprechungsgrundsätze über Leistungsstörungen sind grundsätzlich auf Frachtverträge anzuwenden, soweit keine frachtrechtlichen Sonderregelungen bestehen; siehe § 425 Rdn. 153 ff. Insbesondere Nebenpflichtverletzungen sind im Frachtrecht nur in relativ wenigen Sondertatbeständen geregelt[292]. Auch hier kann die beschränkte Haftung des Frachtrechts mit unbeschränkter Haftung nach allgemeinem Schuldrecht fast in vollem Umfang konkurrieren. Siehe im einzelnen § 31 KVO Rdn. 15 ff, Anh. II nach § 452. Soweit die Voraussetzungen begrenzter Sonderhaftung nicht vorliegen, ist daher vor allem ungehindert positive Vertragsverletzung anwendbar.

232 Wird die frachtvertragliche Haftung durch Sondervorschriften beschränkt, ergibt sich allerdings ein anderes Bild: Da die allgemeine Vertragshaftung grundsätzlich unbeschränkt ist und auch bereits bei leichter Fahrlässigkeit voll eintritt, würde ihre **freie Zulassung neben den durch zahlreiche Haftungseinschränkungen gekennzeichne-**

---

[289] Siehe dazu aus neuerer rechtsvergleichender Sicht vor allem *Schlechtriem*, Vertragsordnung und außervertragliche Haftung, Arbeiten zur Rechtsvergleichung Nr. 54 (1972); *ders.* ZHR **133** (1970) 105–148; *Helm* Haftung S. 222 ff; aus dogmatischer und prozessualer Sicht *Georgiades*, Die Anspruchskonkurrenz im Zivilrecht und Zivilprozeßrecht, 1968; ferner *Arens*, AcP **170** (1970) 392 ff; zum Kaufmängelrecht (von einem generellen Ansatz ausgehend): *Schwark*, AcP **179** (1979) 57 ff; überprüfen *Götz* MDR **1987** 441, 443 (zum Seerecht).

[290] Siehe z. B. OLG Hamm vom 5. 7. 1982, RIW **1982** 838.

[291] Dazu *Helm* Haftung 296, 301.

[292] Die Haftung nach § 31 Abs. 1 c KVO ist mit der Haftung für positive Vertragsverletzung außerhalb des Güterschadens praktisch identisch (siehe Rdn. 15); ähnlich § 8 Nr. 2 c GüKUMT, Anh. IV nach § 452 Rdn. 10.

ten frachtrechtlichen **Sonderregelungen** den durch diese gesetzlich bestimmten besonderen Risikoausgleich wesentlich verändern, wenn nicht sogar weitgehend wirkungslos machen. In der Rspr. werden daher zu Recht die frachtrechtlichen Haftungsbestimmungen regelmäßig als vorrangig vor den Regeln des allgemeinen Schuldrechts behandelt[293]. Auch die Literatur vertritt durchweg diese Auffassung[294].

1. Obhutshaftung in Konkurrenz mit allgemeiner Vertragshaftung (positiver Vertragsverletzung)
a) Grundsätzliche Auswirkungen der Konkurrenz

Überall, wo die Obhutshaftung als Haftung für vermutetes Verschulden ausgebildet ist, also nach § 429 Abs. 1 (siehe Rdn. 112 ff) und nach den ADSp (siehe §§ 407–409 Rdn. 150), wird der Schaden nur ersetzt, wenn eine vermutete Verletzung einer frachtvertraglichen Sorgfaltspflicht oder die Schlechterfüllung der Hauptpflicht zur Bewahrung des Gutes (vgl. § 425 Rdn. 86, 133) vorliegt. Da die Beweislastregelungen praktisch identisch sind, kann wohl fast jeder Fall der Obhutshaftung auch als positive Vertragsverletzung gesehen werden[295]. In besonderen Fällen kommt auch, mit ähnlichem Ergebnis, eine Haftung für nachträgliche zu vertretende Unmöglichkeit in Betracht. Soweit der Frachtführer für Zufall (nach der KVO siehe Rdn. 173; nach den AGNB siehe Rdn. 183; nach dem GüKUMT siehe Rdn. 196) oder nach verschärftem Verschuldensmaßstab (nach der CMR siehe Rdn. 205) haftet, decken sich zwar die Bereiche der allgemeinen Vertragshaftung nicht vollständig mit der Obhutshaftung; aber auch hier fällt der größte Teil der Schadensfälle wegen der Beweislastumkehr bei positiver Vertragsverletzung unter beide Haftungsordnungen. **233**

Wegen der in Spezialnormen durchweg angeordneten Haftungsbeschränkungen **würde der Rückgriff auf allgemeines Schuldrecht eine erhebliche Haftungserhöhung zu Lasten der Beförderer mit sich bringen.** Die Haftung aus positiver Vertragsverletzung unterliegt auch grundsätzlich nicht der verkürzten frachtrechtlichen Verjährung[296]. **234**

b) Rechtsprechung zum Konkurrenzproblem
aa) Keine Haftung aus pVV für Güterschäden innerhalb der Obhutszeit

In keinem der vom BGH entschiedenen Fälle wurde bisher – soweit ersichtlich – die frachtrechtliche Haftung für Güterschäden innerhalb der Obhutszeit durch die Haftung aus positiver Vertragsverletzung überspielt. Der mißverständliche Leitsatz des BGH-Urteils vom 19. 1. 1973, VersR **1973** 350 bleibt daher als obiter dictum bedeutungslos. **235**

Die Haftungsregelung des Art. 17 **CMR** für Verlust und Beschädigung von Frachtgut während der Obhutszeit (Obhutshaftung) wird von der Rechtsprechung durchweg als **abschließende Regelung** betrachtet, neben der keine allgemein schuldrechtlichen **236**

---

[293] Für die Obhutshaftung siehe Rdn. 235; zur Verspätungshaftung Rdn. 243. Zum Verhältnis des HGB-Landfrachtrechts zum Allgemeinen Schuldrecht siehe auch österr. ObGH vom 14. 11. 1984, SZ **57** 173 S. 844 ff (in TranspR **1985** 346 ff unvollständig abgedruckt) vom 12. 12. 1984, SZ **57** 196 S. 980 f = TranspR **1986** 426, 427; vom 13. 6. 1985, SZ **58** 102 S. 491 = TranspR **1988** 13 ff; zur CMR siehe Art. 17 CMR, Anh. VI nach § 452.

[294] Zum Luftrecht siehe *Ruhwedel*[2] 98 f; zum Eisenbahnrecht BGH vom 13. 5. 1955, BGHZ **17** 214, 217 (eisenbahnrechtliche Obhutshaftung verdrängt Haftung wegen Schlechterfüllung); *Konow* TranspR **1987** 15.

[295] Siehe Rdn. 112 ff; *Konow* TranspR **1987** 14.

[296] Z. B. im Kaufrecht nicht § 477 BGB, BGH vom 26. 4. 1989, WM **1989** 911, 913.

Ansprüche geltend gemacht werden können[297]; ebenso für die Verspätungshaftung nach der CMR[298]. Dies gilt auch für die ausländische Rechtsprechung zu dieser Bestimmung; siehe zu Art. 17 CMR.

237 Für die **KVO** nimmt das Urteil vom 21. 4. 1960, BGHZ **32** 194, 201 ff, **Spezialität der Obhutshaftung gegenüber** der in **KVO** besonders kodifizierten allgemeinen Haftung aus positiver Vertragsverletzung an, da sonst die Haftungsbeschränkung bei Güterschäden beiseite geschoben würde. In einem weiteren KVO-Fall hat der BGH zu der Frage im Urteil vom 22. 1. 1971, BGHZ **55** 217, 220 f, am Rande Stellung genommen, in dem er zutreffend bemerkt, vor Übernahme des Gutes durch den Frachtführer könne eine Haftung aus positiver Vertragsverletzung bestehen. Die Entscheidung führt dafür als Rechtsprechungsbelege aber nur solche Fälle an, die sich nicht auf Güterschäden beziehen; überdies wird § 31 KVO offenbar übersehen.

238 Zur **EVO** gilt grundsätzlich das gleiche. Hier hat allerdings das BGH-Urteil vom 19. 1. 1973, VersR **1973** 350, für Irritationen gesorgt. Unter Hinweis auf die KVO-Entscheidung vom 22. 1. 1971, BGHZ **55** 217, 220 f, bejaht das Urteil grundsätzlich die Anwendbarkeit der Regeln für positive Vertragsverletzungen auf Güterschadensfälle bei einem Eisenbahntransport neben §§ 454 HGB, 82 EVO. Der Entscheidung lag aber in Wahrheit ein Fall zugrunde, in dem die Obhut der Bahn bei Schadensentstehung bereits beendet war. Denn der Schaden ereignete sich bei Selbstentladung eines Radladers vom Waggon durch den Empfänger als Folge unzureichender Sicherung des Waggons.

239 Eine der Haftung aus positiver Vertragsverletzung **ähnliche unbegrenzte Haftung** kann sich allerdings ergeben, soweit die betreffenden Sonderordnungen **bei grobem Eigenverschulden** eine unbeschränkte Haftung des Frachtführers eröffnen; siehe dazu etwa Art. 29 CMR, Anh. VI nach § 452.

bb) Schäden außerhalb der Obhutszeit

240 Die grundsätzliche Vorrangigkeit der Obhutshaftung gegenüber Ansprüchen aus allgemeinem Schuldrecht gilt nach allgemeiner Auffassung nicht für Schäden, die ihre Ursache in Vorgängen haben, die vor[299] oder nach der Obhutszeit liegen[300]. Die Haftung aus positiver Vertragsverletzung für Güterschäden außerhalb der Obhutszeit unterliegt nicht den Beschränkungen der CMR-Obhutshaftung, insbesondere aber auch nicht Art. 23, 25 CMR[301]. Die Güterschadenshaftung aus positiver Vertragsverletzung vor und nach einer KVO-Beförderung ist wohl ebenfalls unbeschränkt, da sie weder unter § 29 noch unter § 31 Abs. 1 c KVO fällt; siehe § 31 KVO, Anh. II nach § 452 Rdn. 17 f. Gleiches gilt grundsätzlich für eine Lagerung, die nicht mehr in die frachtvertragliche

---

[297] OLG Frankfurt vom 17. 11. 1981, TranspR **1982** 106, 107; OLG Düsseldorf vom 2. 12. 1982, VersR **1983** 749, 750; vom 9. 10. 1985, TranspR **1986** 429, 430; vom 27. 11. 1986, TranspR **1987** 23 = VersR **1987** 712; OLG München vom 27. 6. 1979, VersR **1980** 241 f; *Heuer* 185; *Muth/Glöckner*[6] Art. 17 Rdn. 69; *Piper* VersR **1988** 208; siehe auch § 31 c KVO und dort Rdn. 15 ff.

[298] BGH vom 27. 10. 1978, NJW **1979** = TranspR **1982** 108 f = VersR **1979** 276 ff; OLG Köln vom 26. 9. 1985, TranspR **1986** 285, 286; OLG Düsseldorf vom 26. 10. 1078, MDR **1979** 405.

[299] Für Schäden vor der Obhutszeit: BGH vom 22. 1. 1971, BGHZ **55** 217, 220 f (zur KVO); siehe § 31 KVO Rdn. 16; *Koller*[2] Rdn. 1.

[300] Für Schäden nach der Obhutszeit: BGH vom 19. 1. 1973, VersR **1973** 350 (zur EVO); für Schäden nach Ablieferung, z. B. OLG Hamm vom 11. 3. 1976, NJW **1976** 2077, 2078 (zur CMR, die Beendigung der Obhutszeit allerdings zweifelhaft); vom 24. 11. 1977, VersR **1979** 1063 (zum Eisenbahnrecht, obiter dictum); OLG Hamburg vom 13. 12. 1979, VersR **1981** 1072; OLG Düsseldorf vom 27. 11. 1986, TranspR **1987** 23 f (unbeschränkte Haftung nach positiver Vertragsverletzung); *Koller*[2] Rdn. 1.

[301] OLG Frankfurt vom 17. 11. 1981, TranspR **1982** 106, 107; OLG Düsseldorf vom 27. 11. 1986, TranspR **1987** 23 f.

Obhutzeit fällt; OLG Düsseldorf vom 26. 10. 1978, MDR **1979** 405. Doch gilt in diesen Fällen vorrangig Lagervertragsrecht.

Aus der Rechtsprechung des BGH läßt sich insgesamt entnehmen, daß die Obhutshaftung vor Beginn und nach Beendigung der Obhutszeit durch eine Haftung aus positiver Vertragsverletzung ergänzt werden kann. Dieser Auffassung muß in vollem Umfang zugestimmt werden[302]. Selbstverständlich kommt vor Abschluß des Frachtvertrages auch eine Haftung aus Verschulden bei Vertragsschluß in Betracht[303]. 241

2. Verspätungshaftung, Schuldnerverzug und Unmöglichkeit
a) Anwendungsmöglichkeiten für Schuldnerverzug und Unmöglichkeit

Die Sondertatbestände der frachtrechtlichen Verpätungshaftung (siehe Rdn. 133 ff, 178, 189, 200, 214) konkurrieren regelmäßig mit der Haftung für Schuldnerverzug. Die Überschreitung der Lieferfrist bedeutet einen nach § 284 Abs. 2 BGB ohne Mahnung eintretenden Verzug bei der Erfüllung der Ablieferungspflicht und begründet daher Ansprüche nach § 286 Abs. 1 BGB; qualifiziert man die Ablieferung als Hauptpflicht (siehe § 425 Rdn. 134) so greift auch § 326 BGB ein. Auch hier wird das Verschulden vermutet. Die Verspätungshaftung stünde somit praktisch stets in Konkurrenz mit der allgemeinen Haftung für Schuldnerverzug. 242

b) Vorrang der frachtrechtlichen Haftung

Unstreitig ist jedoch, daß neben der frachtrechtlichen Verspätungshaftung die allgemeinen Regeln über Schuldnerverzug und Unmöglichkeit zurückzutreten haben. Die Zulassung einer unbeschränkten Verzugshaftung würde jedenfalls die frachtvertraglichen Haftungsbeschränkungen völlig beiseite schieben[304]. Ansprüche aus den Regeln des allgemeinen Schuldrechts zum Schuldnerverzug werden durch Spezialregeln der CMR verdrängt, soweit es sich um eine Überschreitung der Lieferfrist handelt[305]. 243

c) Anwendbarkeit von § 326 BGB

Bei Nichterfüllung (Beförderungsverweigerung wegen Konkurses des Subunternehmers) gilt § 326 BGB[306]. Bei nicht rechtzeitiger Stellung des Kraftfahrzeugs hat der BGH[307] Ansprüche auf Schadensersatz wegen Nichterfüllung aus § 326 BGB gewährt, da Art. 17 Abs. 1 CMR nur den Verzögerungsschaden als solchen umfaßt. Das LG Bremen[308] stützt jedoch Ansprüche bei Verweigerung der Wagenstellung auf § 325 BGB. 244

d) Unmöglichkeit (§ 325 BGB)

Ausnahmsweise kann an die Stelle der Vermögensschadenhaftung für Verspätungsschäden die unbeschränkte Haftung auf Schadensersatz wegen Nichterfüllung treten. OLG Frankfurt vom 24. 11. 1987, RIW **1987** 226, 227, nimmt dies an, wenn der Luftfrachtführer das Gut mit einem bestimmten Flugzeug mitzunehmen hat und dies nicht tut. Danach soll ein absolutes Fixgeschäft vorliegen – was Unmöglichkeit und, wenn 245

---

[302] Vgl. dazu *Helm* Haftung 179; *Schlechtriem*, Vertragsordnung und außervertragliche Haftung 364.
[303] Beispielsfall: LG Nürnberg/Fürth vom 26. 2. 1987, IZ **1989** 35 ff.
[304] Siehe zu den einzelnen Tatbeständen der Verspätungshaftung Rdn. 178 f, 189, 200, 214 sowie § 430.
[305] Z. B. OLG Düsseldorf vom 9. 10. 1986, TranspR **1986** 429 ff = VersR **1987** 411; LG Frankfurt vom 9. 7. 1984, TranspR **1985** 110, 112 mit zust. Anm. von *Schiller*.
[306] OLG Hamburg vom 25. 10. 1979, VersR **1981** 526, 527 f (Seerecht, § 413 HGB).
[307] Urteil vom 9. 2. 1979, NJW **1979** 2470 f = VersR **1979** 445 f.
[308] Vom 6. 5. 1965, ETR **1966** 691, 697.

§ 429   Drittes Buch. Handelsgeschäfte

vom Frachtführer zu vertreten – Ansprüche aus § 325 BGB begründen würde. Ähnlich begründet das OLG Bremen vom 5. 12. 1985, TranspR **1986** 153 ff, die Haftung für unberechtigte Auslieferungsverweigerung durch den Seebeförderer mit §§ 325, 326 HGB. Die Verweigerung der Vertragserfüllung kann Ansprüche aus nachträglicher Unmöglichkeit (§ 325 BGB) begründen[309], auch bei Personenbeförderung im Luftverkehr[310].

3. PVV bei Nebenpflichtverletzung und primären Vermögensschäden

246   Grundsätzlich ist die Anwendung der Regeln der positiven Vertragsverletzung nur dann ausgeschlossen, wenn frachtrechtliche Sonderregeln bestehen; siehe Rdn. 230. Daher gibt es in der Rechtsprechung zahlreiche Urteile, die solche Konkurrenzfragen prüfen und häufig zugunsten des allgemeinen Haftungstatbestandes der positiven Vertragsverletzung entscheiden. Bei Nebenpflichtverletzungen sind nach den Grundsätzen des allgemeinen Rechts der Leistungsstörungen die Ansprüche nicht aus nachträglicher Unmöglichkeit (§ 325 BGB), sondern aus positiver Vertragsverletzung begründet. Wird allerdings eine Hauptpflicht des Frachtführers unmöglich (Mitnahme von Rückladung), wird aus § 325 gehaftet[311]. Schmuggelt der Fahrer große Mengen Whiskey nach Saudi-Arabien und wird infolgedessen der Lastzug samt Ladung beschlagnahmt, sind richtigerweise die Ansprüche gegen den Frachtführer wegen des Verlusts der Ladung nicht aus § 325 BGB begründet. Insoweit ist die CMR-Güterschadenshaftung nach Art. 17 CMR lex specialis. Unbeschränkter Schadensersatz ist daher nur im Falle der groben Fahrlässigkeit oder des Vorsatzes gem. Art. 29 CMR zu leisten[312]. Für nachvertragliche Pflichten steht der Anwendung der positiven Forderungsverletzung nichts entgegen; zum Eisenbahnrecht *Konow* TranspR **1987** 170 ff. Problematisch ist die Begründung allgemeiner Nebenpflichten des CMR-Frachtführers aus außervertraglicher (deliktischer) Obhutspflicht[313] durch den BGH[314]. Die dort verwendete Argumentation diente der Begründung von Mitverschulden des Frachtführers; sie kann jedenfalls Ansprüche aus positiver Vertragsverletzung begründen.

247   Der BGH prüft im Urteil vom 9. 2. 1979, VersR **1979** 466, 477, eine Haftung des Frachtführers aus positiver Vertragsverletzung wegen **Verletzung der Pflicht zur Überprüfung des Frachtguts.** Er lehnt jedoch die Begründung dieser Pflicht aus Art. 8 CMR ab, hält sie aber wohl aus nationalem ergänzend anwendbarem Recht für möglich (obiter dictum)[315]. Eine Haftung wegen Nichtüberprüfung der Feststellbremsen eines verladereigenen Container-Chassis wird vom OLG Düsseldorf vom 26. 4. 1990, TranspR **1991** 233 f abgelehnt.

248   Für zahlreiche **weitere Nebenpflichtverletzungen** hat die Rechtsprechung Ansprüche aus positiver Vertragsverletzung gewährt[316].

---

[309] Siehe z. B. LG Bremen vom 6. 5. 1965, ETR **1966** 691 f (zur CMR).

[310] Zur Haftung bei Verspätung von Luftbeförderungen von Personen siehe *Ruhwedel*[2] 157 ff, zu § 325 BGB 161 f; aus der Rechtsprechung dazu besonders BGH vom 28. 9. 1978, NJW **1979** 495; OLG Frankfurt vom 25. 4. 1983, TranspR **1984** 21, 22; vom 31. 1. 1984, TranspR **1984** 297, 298; vom 1. 11. 1991, TranspR **1992** 366 f.

[311] LG Bremen vom 6. 5. 1965, ETR **1966** 691 f.

[312] Unrichtig daher LG Nürnberg/Fürth vom 13. 10. 1983, TranspR **1985** 113 ff.

[313] Siehe dazu Rdn. 268.

[314] BGH vom 24. 9. 1987, TranspR **1988** 108, 109 f = VersR **1988** 244, 245.

[315] OLG München vom 3. 5. 1989, TranspR **1991** 61, 62 (ausdrücklich vereinbarte Überprüfungspflicht für die Kühlguttemperatur im CMR-Frachtvertrag).

[316] Kosten für eine wegen Nicht-Bereitstellung der Ladung erforderlich gewordene Leerfahrt, AG Köln vom 6. 2. 1985, TranspR **1985** 179, 181; **primäre Schäden, die nicht am Frachtgut entstehen,** BGH vom 22. 1. 1971, BGHZ **55** 217, 220

Auch **Umweltschäden, die den Absender oder Empfänger treffen**, sind nach den 249 Grundsätzen der positiven Vertragsverletzung zu ersetzen. Dringen z. B. infolge eines vom Frachtführer verschuldeten Verkehrsunfalls giftige Substanzen in den Erdboden ein, so ist dieser dem Absender aus positiver Vertragsverletzung zum Ersatz der an die Feuerwehr gezahlten Schadensbeseitigungskosten (neben Ansprüchen aus § 812 BGB) verpflichtet[317]. Das gleiche gilt, wenn der Frachtführer durch falschen Anschluß des Entladeschlauchs Öl in das Grundstück des Empfängers laufen läßt. Den Empfängerschaden kann der Absender in Drittschadensliquidation geltend machen[318]. Ebenso werden grundsätzlich auch Ansprüche auf Erstattung der Kosten für die Bergung der in ein öffentliches Gewässer gestürzten Ladung behandelt[319].

Auch für die Vermögensschadensfolgen der **unrichtigen Erteilung von Informationen und Auskünften** haftet der CMR-Frachtführer oder -Fixkostenspediteur nach 250 positiver Vertragsverletzung[320]. Die Eisenbahn haftet aus positiver Vertragsverletzung für die **Unterlassung der Aufklärung über die zu niedrigen Haftungsgrenzen bei Versand von Wertsachen** als Expreßgut[321].

Nach Auffassung des OLG Hamm vom 28. 4. 1983, TranspR **1983** 151, 153 f, haftet 251 der CMR-Frachtführer aus positiver Vertragsverletzung für **unzureichende Aufklärung des Absenders, der eine undurchführbare Auslieferungs/Nachnahme-Anweisung** erteilt hatte (Auslieferung gegen „travel-Schecks"). Eine so weitgehende Beratungspflicht des Frachtführers erscheint jedoch im Regelfall nicht aus dem Frachtvertrag ableitbar.

Bei **Beförderung mit einem vertragswidrigen Beförderungsmittel** kann Haftung 252 aus positiver Vertragsverletzung in Betracht kommen; siehe § 452 Anh. V Rdn. 65 ff. Hierzu gehört grundsätzlich auch die Vereinbarung des Transports „nur mit einem deutschen LKW"[322].

Möglich sind unter bestimmten Umständen auch Schadensersatzansprüche aus posi- 253 tiver Vertragsverletzung wegen **Regreßvereitelung**[323].

---

und die dort angeführten Fälle; **Vermögensschaden durch Falschauslieferung** mit der Folge der Lösung einer Geschäftsbeziehung, zur CMR BGH vom 27. 10. 1978, TranspR **1982** 108 = VersR **1979** 276, 277; **Ansprüche auf Frachtrückzahlung** nach ungerechtfertigter Bereicherung und positiver Vertragsverletzung unter der Verjährung von Art. 32 CMR), BGH vom 18. 2. 1972, NJW **1972** 1003 f = VersR **1972** 873 f; vertragswidrige Umladung und Erschwindelung von Frachtzahlungen, OLG Hamburg vom 30. 8. 1984, VersR **1985** 832; für Schlechterfüllung nach § 31 KVO auch BGH vom 21. 4. 1960, BGHZ **32** 194, 203; für die Haftung wegen unrichtiger Versandanzeige (im Rahmen der SVS-Deckung) OLG Frankfurt vom 23. 6. 1981, BB **1981** 1915, 1916 f. Vertragswidrige Beendigung des CMR-Dauerfrachtvertrages BGH vom 12. 12. 1985, TranspR **1986** 278, 280 f = VersR **1986** 381, 382, 384.

[317] OLG Hamburg vom 24. 1. 1985, TranspR **1985** 185 ff. Zu Ansprüchen des Deponieinhabers gegen den Entsorgungsunternehmer siehe BGH vom 11. 6. 1981, VersR **1981** 980 ff.

[318] BGH vom 15. 10. 1971, VersR **1972** 67 ff = WM **1972** 234 ff; daneben können Ersatzansprüche auch aus §§ 823, 831 BGB begründet sein; OLG Düsseldorf vom 23. 1. 1992, TranspR **1992** 218; LG Frankfurt vom 9. 7. 1984, TranspR **1985** 110, 112 m. Anm. von *Schiller* (allerdings beschränkt durch die ADSp); zum Eisenbahnrecht siehe auch BGH vom 14. 11. 1991, VersR **1992** 767, 768.

[319] OLG Düsseldorf vom 14. 7. 1986, TranspR **1987** 24, 27 (im konkreten Fall aber verjährt nach § 64 ADSp).

[320] OLG Düsseldorf vom 23. 1. 1992, TranspR **1992** 218; LG Frankfurt vom 9. 7. 1984, TranspR **1985** 110, 112 m. Anm. von *Schiller* (allerdings beschränkt durch die ADSp).

[321] OLG Celle vom 22. 10. 1982, TranspR **1985** 281 f.

[322] OLG Hamburg vom 7. 7. 1987, **1987** 457 (jedoch keine Haftung wegen § 52 a S. 2 ADSp).

[323] Siehe z. B. zum internationalen Eisenbahnrecht OLG Hamburg vom 15. 9. 1989, TranspR **1989** 98 (mangelhafte Tatbestandsaufnahme durch die Eisenbahn begründet keinen Anspruch aus positiver Vertragsverletzung; zweifelhaft).

4. PVV und Sonderregelungen des speziellen Frachtrechts

254 Für weisungswidriges Verhalten wird grundsätzlich nicht nach positiver Vertragsverletzung, sondern nach Art. 12 Abs. 7 CMR gehaftet; siehe zu Art. 12 CMR. Für andere in den frachtrechtlichen Sonderordnungen speziell geregelte Haftungsfälle gilt Ähnliches. Insbesondere ist die Haftung nach § 31 Abs. 1 c KVO – abgesehen von der Haftungsbeschränkung des § 31 Abs. 2 – praktisch mit der Haftung für positive Vertragsverletzung außerhalb des Güterschadensbereichs identisch. Auch hier kann die beschränkte Haftung des Frachtrechts mit unbeschränkter Haftung nach allgemeinem Schuldrecht fast in vollem Umfang konkurrieren. Siehe im einzelnen § 31 KVO Anh. II nach § 452, insbesondere Rdn. 15 ff.

255 Für **Nichteinziehung von Nachnahmen** haftet der Frachtführer, soweit keine Sonderbestimmungen eingreifen, nach positiver Vertragsverletzung[324]. Vorrangige Sondervorschriften enthält dagegen die CMR in Art. 21 und die KVO in § 31 Abs. 1 d. Auch im Eisenbahnrecht ist positive Vertragsverletzung neben Sonderhaftungstatbeständen ausgeschlossen[325].

5. Ansprüche aus nachträglicher Unmöglichkeit (§ 325 BGB)

256 Ansprüche aus § 325 BGB sind in der Rechtsprechung selten. Am ehesten begegnen sie in Grenzfällen der Verspätungshaftung; siehe Rdn. 243. Die Nichtausführung eines CMR-Frachtvertrages über Rückfracht wird aber als Vereitelung der Erfüllung einer Hauptpflicht vom LG Bremen vom 6. 5. 1965, ETR **1966** 691 f, zu Recht nach § 325 BGB beurteilt.

6. Haftungsumfang nach allgemeinem Schuldrecht und Sonderfrachtrecht

257 Die Haftung gem. Ansprüchen des allgemeinen Schuldrechts ist nach der CMR nicht der Höhe nach begrenzt[326]. Eine Begrenzung der Haftung aus der dort geregelten positiven Vertragsverletzung besteht jedoch nach § 31 Abs. 1 c KVO, Anh. II nach § 452; siehe dort Rdn. 25.

258 Auch der österr. ObGH vom 14. 11. 1984, TranspR **1985** 346 ff, hat die Ansprüche wegen verspäteter Stellung des Wagens grundsätzlich auf bürgerlichrechtliche Bestimmungen gestützt und als unbeschränkt behandelt. Eine Begrenzung von Folgeschäden ist jedoch durch die Lehre vom Schutzzweck der Norm und vom Rechtswidrigkeitszusammenhang erfolgt; in TranspR unvollständig abgedruckt; ähnlich, jedoch mit anderem Ergebnis österr. ObGH vom 12. 12. 1984, SZ **57** 196 S. 980 f = TranspR **1986** 426, 427.

259 Auch **Erschwerungen zu Lasten des Absenders oder Empfängers** bei den Haftungsvoraussetzungen in den frachtrechtlichen Sonderbestimmungen gelten nicht für Ansprüche aus positiver Vertragsverletzung; zu Art. 17 Abs. 4 c OLG Hamm vom 11. 3. 1976, NJW **1976** 2077, 2078.

7. Aktivlegitimation bei Ansprüchen aus allgemeinem Schuldrecht

260 Die Aktivlegitimation bei allgemein schuldrechtlichen Ansprüchen aus Frachtverträgen steht grundsätzlich dem Absender als Vertragspartner zu. Jedoch kann sie nach Son-

---

[324] Zum Landfrachtrecht siehe OLG Düsseldorf vom 3. 6. 1982, TranspR **1985** 173 f = VersR **1982** 1076.
[325] Zutreffend *Konow* TranspR **1987** 14, 16; dazu auch die Erl. zu §§ 67 Abs. 2, 71, 72 und 80 Abs. 6 EVO.
[326] Siehe die Fälle zu Rdn. 246 ff.

dernormen der frachtrechtlichen Regelungen auch dem Empfänger zustehen, soweit die entsprechenden Bestimmungen diesem alle Rechte aus dem Frachtvertrag zuweisen; siehe Rdn. 148 ff.

8. AGB, Freizeichnung und Ansprüche aus allgemeinem Schuldrecht

261 Die Freizeichnung von Ansprüchen aus allgemeinem Schuldrecht kann durch zwingende Sondernormen unwirksam sein. Für die CMR wird jedoch zu Recht eine völlige Selbständigkeit der Ansprüche aus allgemeinem Schuldrecht angenommen[327]. Für diese gilt die zwingende Wirkung von Art. 41 CMR nicht[328]. Freizeichnungen in AGB unterliegen der Inhaltskontrolle nach dem AGBG; siehe vor § 1 ADSp, Anh. I nach § 415 Rdn. 39 ff, zu den Paketdienstbedingungen § 425 Rdn. 45; zu den AGNB, Anh. III/1 nach § 452 § 1 Rdn. 5 ff; zu den Schwergutbedingungen Anh. III/3 nach § 452.

9. Verjährung von Ansprüchen aus allgemeinem Schuldrecht

262 Ob die Verjährung der Ansprüche aus allgemeinem Schuldrecht sich nach dem Verjährungsrecht des BGB oder nach Spezialvorschriften regelt, hängt davon ab, ob die betreffende frachtrechtliche Sonderordnung in Verjährungsfragen über die von ihr gewährten Ansprüche hinausgreift und auch Ansprüche aus anderen Rechtsgründen ihrer Regelung unterwirft. Hierzu finden sich unterschiedliche Regelungen. Die Verjährung von solchen Ansprüchen im Bereich der **CMR** richtet sich unstr. nach Art. 32 CMR[329].

10. Höhere Haftungsgrenzen und Vertragsstrafen

263 Die oft unzureichenden Entschädigungsgrenzen der frachtrechtlichen Sonderordnungen führen zu Versuchen, durch Vereinbarung von höheren Haftungsgrenzen, unbeschränkter Haftung oder Vertragsstrafen Abhilfe zu schaffen. Inwieweit solche vertraglichen Maßnahmen wirksam sind, hängt von der betreffenden Sonderordnung ab, da sie dies durch die Anordnung zwingender Geltung ihrer Bestimmungen verhindern kann.

a) Entgegenstehendes zwingendes Recht

264 Die Lieferfristhaftung nach Art. 23 Abs. 5 CMR wird gelegentlich durch Vereinbarung von Vertragsstrafen („Poenale") zu kompensieren versucht[330]. Eine solche Vereinbarung ist jedoch gem. Art. 41 Abs. 1 S. 1 und 23 Abs. 5 CMR unwirksam; zutreffend OLG München aaO. Betrachtet man die Vereinbarung einer Vertragsstrafe nicht als Verstoß gegen Art. 41 CMR, weil die Vertragsstrafe nicht in der CMR geregelt sei, dann wird der Vertragsstrafenanspruch vielfach an dem ergänzend anzuwendenden § 341 Abs. 3 BGB scheitern[331]. Eine die Haftungsgrenze des Art. 23 Abs. 5 CMR durchbrechende Garantiezusage ist ebenfalls nicht mit Art. 41 Abs. 1 S. 1 CMR vereinbar; eine

---

[327] Siehe etwa BGH vom 9. 2. 1979, NJW **1979** 1471 f = VersR **1979** 666, 467; *Piper* VersR **1988** TranspR **1988** 201, 209.

[328] Siehe die Kommentierung zu Art. 1 CMR, Anh. VI nach § 452; siehe auch § 425 Rdn. 185. Unzutreffend daher die insoweit eher beiläufige Bemerkung im Urteil des BGH vom 21. 11. 1975, BGHZ **65** 340, 344 = VersR **1976** 1029 f (zu § 32 ADSp) und *Koller*² Art. 16 CMR Rdn. 2.

[329] BGH vom 27. 10. 1978, VersR **1979** 276, 278; siehe Art. 17 CMR, Anh. VI nach § 452. *Piper* VersR **1988** 201, 209.

[330] OLG München vom 26. 7. 1985, TranspR **1985** 395; LG Essen vom 3. 7. 1984, TranspR **1984** 277 ff.

[331] LG Essen vom 3. 7. 1984, TranspR **1984** 277 ff; OLG München vom 26. 7. 1985, TranspR **1985** 395, 397 (hilfsweise).

„selbständige" Garantiezusage, die das OLG Saarbrücken vom 4. 7. 1972, TranspR **1978** 72, grundsätzlich für möglich hält, wäre wohl als Umgehungsgeschäft in aller Regel ebenfalls unwirksam.

b) Abwehrklauseln in AGB des Transportgewerbes

265 Der Auftraggeber kann die Haftungsgrenzen in AGB des Transportgewerbes an sich dadurch abwehren, daß er die Anwendung dieser Bedingungen ganz auszuschließen versucht. Dies ist insbesondere in Dauerfrachtverträgen und Rahmenverträgen für ganze Geschäftsbeziehungen möglich. Einzelabreden sind zwar ebenfalls denkbar, aber z. B. bei den praktisch ipso jure geltenden ADSp (siehe vor § 1 ADSp Rdn. 17 ff, Anh. I nach § 415) in der Eile der Wirtschaftspraxis oft nicht zu verwirklichen. Spediteure wehren sich gegen solche Bedingungen auch in der Regel, weil diese ihnen nach Nr. 5.5 SVS/RVS[332] den Schutz der Speditionsversicherung entziehen.

III. Konkurrenz zwischen Sonderhaftungen aus Frachtrecht

266 Zwischen unterschiedlich geregelten Anspruchsgrundlagen aufgrund frachtvertraglicher Sonderregelungen können Konkurrenzprobleme entstehen, vor allem zwischen der Haftung aus der Obhutshaftung für Verlust und Beschädigung von Frachtgut und Tatbeständen allgemeiner Vertragshaftung wie der Verspätungshaftung und anderen Sondertatbeständen. Diese Konkurrenzfragen werden innerhalb der Kommentierung der betreffenden Normen behandelt. Allgemeine Lösungen können hierfür nicht entwickelt werden[333].

IV. Konkurrenz zwischen Haftung aus Frachtrecht und Delikt
1. Voraussetzungen und Bedeutung der Konkurrenzen

267 In diesem Bereich ist die Haftungsüberlagerung nicht so vollständig wie zwischen den verschiedenen Vertragshaftungen. Für den Umfang der Überschneidungen soll auf meine eingehende Untersuchung (*Helm* Haftung für Schäden an Frachtgütern (1966) 241–284) verwiesen werden. Als konkurrierende Tatbestände kommen vor allem § 823 Abs. 1 und 2 und § 831 BGB in Betracht. Bei der Haftung wegen Ausstellung unrichtiger Dokumente spielt auch § 826 BGB eine gewisse Rolle; siehe § 415 Anh. VI Rdn. 9.

a) Begünstigende Umstände

268 Die Entstehung paralleler Deliktshaftung wird begünstigt und ihre praktische Bedeutung erhöht durch eine Reihe von Faktoren:

(1) Bei Güterschäden liegt stets Eigentumsverletzung vor, also greift § 823 Abs. 1 grundsätzlich ein. Darin unterscheidet sich die Risikosituation des Frachtführers wesentlich von den meisten anderen Schuldverträgen, deren Verletzung regelmäßig nur zu deliktisch meist irrelevanten Vermögensschäden führt[334]. Auch die Verletzung des mittelbaren Besitzes des Absenders genügt bereits; BGH vom 28. 2. 1975, VersR **1975** 658, 659. Auch Schäden beim Empfänger kommen vor; allerdings wird die mögliche Konkurrenz zur Vertragshaftung oft nicht gesehen.

---

[332] Zum entsprechenden § 5 Nr. 2 SVS/RVS a. F. siehe dort, Anh. II nach § 415 Rdn. 9 f.
[333] Siehe z. B. für die KVO BGH vom 21. 4. 1960, BGHZ **32** 194, 201 ff (Spezialität der Obhutshaftung gegenüber der in § 31 KVO besonders kodifizierten allgemeinen Haftung aus positiver Forderungsverletzung, da sonst die Haftungsbeschränkung bei Güterschäden beiseite geschoben würde). Siehe auch Rdn. 139.
[334] Dies übersieht OLG Celle vom 3. 7. 1991, TranspR **1991** 425, 426.

(2) Die Rechtswidrigkeit von Unterlassungen des Frachtführers oder seiner Gehilfen ist fast stets gesichert, da die Rechtsprechung schon des Reichsgerichts wie auch des BGH dem berufsmäßigen Frachtführer außervertragliche Schutzpflichten hinsichtlich des Frachtguts auferlegt hat, die hinter den vertraglichen wohl kaum zurückstehen. Diese Rechtsprechung beginnt mit den Entscheidungen des Reichsgerichts vom 25. 11. 1911, RGZ **77** 317, 319, und vom 23. 3. 1921, RGZ **102** 38, 42. Sie wurde vom BGH zunächst im Urteil vom 28. 4. 1953, BGHZ **9** 301 ff für den Lagervertrag, dann aber in zahlreichen weiteren Entscheidungen für verschiedene Arten von Frachtverträgen fortgeführt[335].

(3) Der Entlastungsbeweis nach § 831 Abs. 1 S. 2 BGB gelingt keineswegs immer[336]. Insbesondere ist die Rechtsprechung zur Auswahl und Überwachung von Kraftfahrern streng[337]. Vielfach fehlt es bereits an entlastenden Tatsachenbehauptungen des Geschäftsherrn[338].

(4) Die Haftung für Organisationsmängel erweitert den Anwendungsbereich der deliktischen Haftung aus § 823[339].

(5) Die Reduzierung der Entlastungsmöglichkeiten nach § 831 steigert auch die praktische Bedeutung dieser Vorschrift erheblich[340].

b) Bedeutungsmindernde Umstände

Die Durchsetzbarkeit der Deliktshaftung leidet andererseits auch unter zwei Hindernissen:

(1) Unter der dem Geschädigten ungünstigen Beweislastregelung;

(2) Unter der immer noch möglichen und daher das Prozeßrisiko erhöhenden Entlastungsmöglichkeit des Frachtführers für seine Verrichtungsgehilfen nach § 831 Abs. 2 BGB[341].

---

[335] BGH vom 7. 7. 1960, VersR **1960** 727, 730 und vom 14. 6. 1982, VersR **1982** 902 (beide zum BinSchG); vom 7. 11. 1961, VersR **1962** 37 (zur KVO); vom 13. 12. 1968, BGHZ **49** 282, 287; vom 28. 2. 1975, VersR **1975** 658, 659 (zur KVO); eingehend BGH vom 22. 4. 1977, VersR **1977** 662, 663 f (zum Lohnfuhrvertrag nach den AGNB; besonders deutliche Anknüpfung außervertraglicher Handlungspflichten an die Vertragsgestaltung); BGH vom 24. 9. 1987, TranspR **1988** 108, 109 f (zur CMR, zur Begründung vom Mitverschulden). OLG Celle vom 3. 7. 1991, TranspR **1991** 425, 426; OLG Düsseldorf vom 30. 6. 1977, VersR **1977** 912 (zu den AGNB); OLG Düsseldorf vom 5. 11. 1992, TranspR **1993** 99O (zur KVO); LG Hamburg vom 16. 9. 1976, VersR **1977** 811, 812 (zur Hafenschiffahrt); vom 18. 10. 1984, TranspR **1985** 95; einengend OLG Hamburg vom 24. 4. 1978, VersR **1979** 128, 130 (zur KVO); OLG Hamburg vom 19. 11. 1981, VersR **1982** 800 (zum Kraftverkehr); OLG Oldenburg vom 6. 2. 1989, TranspR **1989** 361 (zur KVO); auch zu Lasten eines Schiffsführers in der Binnenschiffahrt: BGH vom 9. 11. 1981, BGHZ **82** 162, 166; zu Lasten eins Unterfrachtführers in der Binnenschiffahrt: BGH vom 14. 6. 1982, VersR **1982** 902 f.

[336] Siehe z. B. BGH vom 9. 3. 1956, VersR **1956** 349, 350; vom 7. 11. 1961, VersR **1962** 37; vom 14. 7. 1972, VersR **1972** 1138, 1140; gerade noch gelungen: BGH vom 27. 1. 1970, VersR **1970** 318, 319.

[337] Siehe statt vieler *Palandt/Thomas*[52] § 831 BGB Rdn. 14; speziell zum Straßengütertransport OLG Celle vom 3. 7. 1991, TranspR **1991** 425 f.

[338] Siehe z. B. OLG Düsseldorf vom 5. 11. 1992, TranspR **1993** 99.

[339] BGH vom 7. 11. 1961 aaO.; vom 28. 5. 1971, VersR **1971** 755, 756; vom 28. 2. 1975, VersR **1975** 658, 659 f; OLG Frankfurt vom 17. 5. 1989, TranspR **1989** 283, 284; OLG Düsseldorf vom 5. 11. 1992, TranspR **1993** 99; *Palandt/Thomas*[52] § 831 BGB Rdn. 16.

[340] Siehe hierzu bereits nach dem Stand von 1966 *Helm* AcP **166** 389 ff; *Denck*, Der Schutz der Arbeitnehmer vor der Außenhaftung (1980) 165 ff. Aus der Rechtsprechung zum Frachtrecht siehe die in Rdn. 285 angegebenen Urteile; zur Überwachungspflicht hinsichtlich angestellter Kraftfahrer im Rahmen von § 831 siehe zuletzt BGH vom 15. 11. 1983, VersR **1984** 67; zur Anleitung des Personals des Frachtführers siehe OLG Hamburg vom 25. 10. 1984, TranspR **1985** 95, 96.

[341] Siehe z. B. den Fall BGH vom 27. 1. 1970, VersR **1970** 318, 319.

§ 429   Drittes Buch. Handelsgeschäfte

c) Grundsätzliche Bedeutung der Konkurrenzen

270 Insgesamt kann davon ausgegangen werden, daß der Überschneidungsbereich zwischen der frachtrechtlichen Obhutshaftung und der Delikthaftung einen ganz erheblichen Prozentsatz aller Schadensfälle umfaßt. Daneben treten deliktische Ansprüche von Personen, die zwar Eigentümer oder Besitzer, nicht aber am Frachtvertrag Beteiligte sind. Die Problematik ist zwar durch Spezialregelungen des Frachtrechts siehe unten Rdn. 272 ff weitgehend vermindert, besteht jedoch insbesondere in den Fällen fort, wo der Geschädigte nicht zugleich Inhaber der Rechte aus dem Frachtvertrag ist; siehe dazu unten Rdn. 304.

2. Folgen unbeeinflußter Anspruchskonkurrenzen

271 Die totale Konkurrenz zwischen den im Einzelfall gegebenen Ersatzansprüchen würde im Bereich der Überschneidung der Tatbestände alle Haftungsvergünstigungen, die das Frachtrecht dem Frachtführer zugesteht (vor allem Haftungsbeschränkungen, Haftungsausschlüsse, Präklusion der Ersatzansprüche, verkürzte Verjährung) hinfällig machen. Wo das Frachtrecht eine verschärfte Haftung zuläßt, etwa in der KVO für Zufall (siehe Rdn. 173) oder in der CMR für strenger definiertes Verschulden (siehe Rdn. 205), würden dem Geschädigten zusätzlich auch diese Vorteile verbleiben; gleiches gilt für die frachtvertragsrechtlichen Beweiserleichterungen. Da die Haftung aus unerlaubter Handlung regelmäßig gegenüber dem Eigentümer des Frachtguts besteht, kann der Frachtführer durch die Konkurrenz doppelt belastet werden: gegenüber dem frachtrechtlich Legitimierten (siehe Rdn. 140 ff) aus Frachtvertrag; gegenüber dem mit diesem nicht identischen Eigentümer (oder Besitzer) aus unerlaubter Handlung[342].

3. Lösungen der Konkurrenzfrage in Gesetzen und allgemeinen Geschäftsbedingungen

272 Die Problematik konkurrierender allgemeiner Ansprüche ist im Frachtrecht ganz überwiegend durch Sonderregelungen, die eine ausschließende Anwendung des frachtrechtlichen Sonderrechts sichern sollen, gelöst.

a) Art. 28 Abs. 1 CMR

273 Nach Art. 28 Abs. 1 CMR sind die Haftungseinschränkungen der CMR auf außervertragliche Ansprüche anzuwenden. Die nicht sehr klare Formulierung der Vorschrift läßt zwar noch Zweifelsfragen offen, jedoch kann folgendes festgehalten werden: Im Umfang der Haftung sind die außervertraglichen Ansprüche, soweit sie Verlust und Beschädigung des Frachtguts und Überschreitung der Lieferfrist betreffen, an die Regelung der CMR angepaßt. Die Haftungsausschlüsse der Art. 17 Abs. 2 und 4 und 22 Abs. 2 CMR finden auch gegenüber parallelen Deliktsansprüchen Anwendung. Die Beweiserleichterung des Art. 18 und die Bestimmungen über die Präklusion bei unterlassener Schadensrüge (Art. 30) werden wohl ebenfalls für die Deliktsansprüche zu gelten haben. Das Gleiche gilt gem. Art. 32 für die verkürzte Verjährung der CMR. Im übrigen verbleiben nach der CMR noch im begrenzten Umfang Anwendungsfelder für

---

[342] Ansprüche aus unerlaubter Handlung entstehen nämlich in der Person dessen, der im Augenblick der Schädigung Eigentümer oder Besitzer war. Durch eine wertpapierrechtliche Verbriefung werden sie nach der Rechtsprechung nicht erfaßt. Daher werden sie z. B. mit dem Konnossement nicht ohne weiteres mitübertragen; st. Rechtsprechung; siehe BGH vom 19. 2. 1971, VersR 1971 623, 624.

die Deliktshaftung; siehe dazu im einzelnen die Erl. zu Art. 28 CMR Anh. VI nach § 452. Für die Kollision zwischen Ansprüchen, die sich aus der CMR ergeben und solchen aus dem allgemeinen (ergänzend anwendbaren nationalen) Schuldrecht trifft die CMR keine Bestimmung.

b) § 63 a ADSp
aa) Im Güternahverkehr

Im Güternahtransport durch Spediteure, für den kein zwingendes Recht gilt, beschränkt § 63 a ADSp die deliktischen Ansprüche auf den Umfang der ADSp-Haftung. Alle haftungsbeschränkenden Formulierungen der ADSp sind im übrigen so weit gefaßt, daß jede Art von Vertragshaftung unter sie fällt. Danach ist die Konkurrenz mit deliktischer und allgemeiner vertraglicher Haftung praktisch gänzlich ausgeschlossen[343]. Im Regelfall des § 39 ADSp deckt ohnehin die Speditionsversicherung nach Nummer 3.2 = § 3 Ziff. 1, 2 alte Fassung SVS/RVS die gesamte vertragliche und außervertragliche Haftung des Spediteurs nach Maßgabe der gesetzlichen Bestimmungen (im Rahmen der Versicherungsgrenzen). Diese Vorschrift gilt auch für die Speditionsrollfuhr, die ein echtes Frachtgeschäft darstellt. Insgesamt spielt danach die Konkurrenzfrage im Güternahverkehr durch Spediteure keine besondere Rolle. Parallele Deliktsansprüche bestimmen aber den Umfang der Speditionsversicherungsdeckung.

274

bb) Im KVO-Verkehr

Wurde von einem Spediteur, der als KVO-Frachtführer tätig geworden ist, mit dem Auftraggeber die Geltung der ADSp vereinbart, so ergibt sich die Frage, ob § 63 a ADSp die Entstehung von Deliktsansprüchen verhindert, die über den ADSp-Rahmen hinausgehen. Der BGH hat dies im Urteil vom 28. 5. 1971, VersR **1971** 755, 756, verneint. Da die KVO als zwingendes Recht Anwendung finde, seien „insoweit die Regeln der ADSp ausgeschlossen". Diese Entscheidung erscheint jedoch in sich nicht logisch. Die KVO trifft keine Bestimmung über die Ansprüche aus unerlaubter Handlung, könnte dies wohl auch nicht, da die Ermächtigungsgrundlage der §§ 20, 20 a GüKG dies nicht tragen würde. „Insoweit" kann also die Geltung der ADSp nicht ausgeschlossen sein. § 63 a ADSp kann somit die Haftung aus unerlaubter Handlung durchaus wirksam begrenzen. Allenfalls ließe sich das BGH-Urteil auf die Erwägung einiger anderer BGH-Urteile stützen, nach denen zwei normative Ordnungen (hier ADSp und KVO) wohl nebeneinander nicht angewandt werden können; siehe vor § 1 ADSp Anh. I nach § 415 Rdn. 9. Doch ist diese Rechtsprechung, zu der es auch gegenteilige Anwendungsfälle gibt, hier nicht einschlägig, weil das Verhältnis der KVO als Rechtsverordnung zu AGB kein Fall der Vereinbarung mehrerer Ordnungen gleichzeitig ist. Somit entscheidet sich die Gültigkeit von § 63 a ADSp neben der KVO einzig nach dem Kriterium, ob diese Bestimmung zwingenden Vorschriften der KVO entgegensteht. Dies ist eindeutig zu verneinen; siehe §§ 412, 413 Rdn. 33. Der BGH hat im Urteil vom 28. 5. 1971, VersR **1971** 755, 756, sogar die Wirksamkeit des hier im konkreten Fall vereinbarten § 63 a ADSp verneint und damit der deliktischen Haftung im Bereich des Güterfernverkehrs eine zwingende Wirkung zugewiesen. Diese Entscheidung ist sachlich nicht zu rechtfertigen. Die KVO trifft keine Bestimmung zur Haftung aus unerlaubter Handlung; § 63 ADSp verstößt daher nicht gegen die KVO und damit nicht gegen § 26 GüKG.

275

---

[343] Siehe dazu § 63 ADSp, Anh. I nach § 415 Rdn. 2 ff.

cc) § 63 a ADSp und konkurrierende Geschäftsbedingungen

276 Werden neben den ADSp andere Geschäftsbedingungen vereinbart, so wird zwar teilweise die Auffassung vertreten, mehrere AGB nebeneinander könnten nicht vereinbart werden. Die überwiegende Rechtspraxis geht jedoch mit Recht davon aus, daß sich zwischen den verschiedenen Geschäftsbedingungen ein Verhältnis des Zusammenspiels und des Vorrangs entwickeln läßt, wonach beide Bedingungen nebeneinander Anwendung finden; siehe vor § 1 ADSp Anh. I nach § 415 Rdn. 9. Enthalten die betreffenden Bedingungen keine Klausel zum Ausschluß von Deliktsansprüchen, so läßt sich im Zweifel davon ausgehen, daß § 63 a in Ergänzung der anderen Klauseln anwendbar sein soll. Dies ist von der Rechtsprechung praktisch so gehandhabt worden[344].

dd) Vereinbarkeit mit dem AGBG

277 § 63 a ADSp, der nur im Verkehr mit Kaufleuten anzuwenden ist, verstößt auch nicht gegen das AGB-Gesetz, siehe § 63 ADSp Rdn. 8.

c) § 15 Abs. 1 GüKUMT

278 Nach dieser Vorschrift beziehen sich die Haftungsausschlüsse und -beschränkungen auf alle Ersatzansprüche ungeachtet des Rechtsgrunds der Haftung. Damit kann mit Hilfe von Deliktsansprüchen keine erweiterte Haftung begründet werden. Es bleibt jedoch zweifelhaft, ob dies auch dann gilt, wenn der Geschädigte nicht Vertragspartner des Umzugs- oder Möbelbeförderungsvertrages ist; siehe Rdn. 304 ff.

d) Art. 51 Abs. 1 ER/CIM 1980

279 Bei grenzüberschreitendem Verkehr kann gegen die Eisenbahn ein Anspruch auf Schadensersatz, auf welchem Rechtsgrund er auch beruht, nur unter den Voraussetzungen und Beschränkungen der ER/CIM geltend gemacht werden.

e) § 607 a HGB

280 Im Seerecht ist seit der Einfügung des § 607 a HGB durch das 2. Seerechtsänderungsgesetz (1986) bestimmt, daß die im HGB vorgesehenen Haftungsbefreiungen und Haftungsbeschränkungen für jeden Anspruch gegen den Verfrachter auf Ersatz des Schadens wegen Verlust und Beschädigung gelten, auf welchem Rechtsgrund der Anspruch auch beruht.

f) Art. 24 Abs. 1 WA, 48 Abs. 1 LuftVG

281 Nach den beiden luftrechtlichen Vorschriften können Ansprüche auf Schadensersatz, auf welchem Rechtsgrund sie auch beruhen, gegen den Luftfrachtführer nur unter den Voraussetzungen und Beschränkungen des WA bzw. des LuftVG geltend gemacht werden.

g) Multimodaler Transport

282 Nach Regel 16 der Uniform Rules der IHK in Paris gelten die Haftungseinschränkungen des CT-Dokumentes ausdrücklich auch für Ansprüche aus unerlaubter Hand-

---

[344] BGH vom 12. 12. 1960, VersR **1961** 170, 161 (ADSp und Konnossementsbedingungen der Binnenschifahrt); vom 2. 12. 1982, TranspR **1983** 73 ff (ADSp und AGNB gleichzeitig); vom 1. 6. 1979, VersR **1979** 901 ff (ADSp und Hafenschiffahrtsbedingungen bei Lagerung in einer Hafenschute); weitere Beispiele für das Zusammenwirken mehrerer ADSp vor § 1 Rdn. 9 f.

lung. Dies gilt auch für das FIATA Combined Transport Bill of Lading Ziff. 10.1, Anh. IV nach § 415 (nach Rdn. 18). Siehe im einzelnen zu diesen Dokumenten Anh. V nach § 452 Rdn. 59 ff. Auch Art. 20 Abs. 1 der UN-Konvention über die internationale multimodale Beförderung von Gütern (1980) enthält eine entsprechende Bestimmung.

h) Andere AGB des Transports

Die Schwergutbedingungen, Anh. III/3 nach § 452 beziehen sich nach ihrer Nr. 6 **283** „auf alle Ansprüche, gleichviel aus welchem Rechtsgrund".

i) Verbleibende Bereiche möglicher Anspruchskonkurrenz

KVO, EVO und AGNB enthalten, ebenso wie die landfrachtrechtliche Regelung des **284** HGB, keine Bestimmungen zur Anspruchskonkurrenz. Alle haftungseinschränkenden Vorschriften für diese Bereiche des Landfrachtrechts können daher bei Zulassung paralleler unbegrenzter Ansprüche aus Delikts- und allgemeiner Vertragshaftung umgangen werden. Dies führt zu einer Mehrbelastung der Frachtführer. Besonders deutlich wird dies im Bereich der KVO, da die KVO-Haftpflichtversicherung die Deliktshaftung in der Regel nicht abdeckt, der KVO-Binnenschiffsfrachtführer den Schaden im Deliktsfall, z. B. bei Schädigung durch Gehilfen nach § 831 oder bei organisatorischem Verschulden nach § 823 BGB, selbst tragen muß[345]. Trotz ihrer weitgehenden Zurückdrängung durch spezielle Normen ist die der parallele Deliktshaftung in diesen verbleibenden Bereichen eine zusätzliche Belastung des Frachtführers. Ferner kann die Deliktshaftung für nicht parallele Ansprüche (siehe Rdn. 304 ff) und als Bemessungsgrundlage für die Speditionsversicherung von erheblicher Bedeutung sein.

4. Verbleibende Problematik zwischen Fracht- und Deliktshaftung
a) Rechtsprechung
aa) Unbeeinflußte Anspruchskonkurrenz zwischen Delikt und Frachtvertrag

Besonders das **Reichsgericht** hatte in seiner jüngeren Rechtsprechung Anspruchs- **285** konkurrenz zwischen deliktischer und frachtvertraglicher Sonderhaftung angenommen[346]. Der **BGH** hat, anknüpfend an den OGHBrZ[347], zunächst für das ähnliche Lagervertragsrecht im Urteil vom 28. 4. 1953, BGHZ 9 301, 302 f, hinsichtlich der Verjährung eine freie Konkurrenz von vertraglichen und deliktischen Ansprüchen bejaht. In ständiger Rechtsprechung zum Eisenbahn- und Landfrachtrecht hat der BGH dann den Grundsatz der völligen Selbständigkeit der Deliktshaftung neben der Vertragshaftung immer wieder betont[348]. Seit längerer Zeit werden die Entscheidungen überwiegend nur

---

[345] Siehe dazu § 38 KVO Anh. II nach § 452 Rdn. 7; und als Beispiel aus der Rechtsprechung BGH vom 28. 2. 1975, VersR **1975** 658.
[346] Siehe statt vieler RG vom 13. 10 1916, RGZ **88** 433 ff; RG vom 6. 2. 1917, RGZ **89** 384 ff; vom 23. 3. 1921, RGZ **102** 38, 42.
[347] Vom 22. 9. 1950, OGHZ **4** 263, 266 ff.
[348] Siehe zur Verjährung nach §§ 439, 414 **HGB** zuletzt BGH vom 12. 12. 1991, TranspR **1992** 152 ff = VersR **1992** 589 ff.
Zum Eisenbahnrecht siehe die BGH-Urteile vom 3. 3. 1956, VersR **1956** 349, 350; vom 9. 5. 1955, BGHZ **24** 188, 191 (unbeschränkte Haftung für Reisegepäck nach § 831 BGB, mit eingehender Begründung); vom 13. 5. 1955, BGHZ **17** 214, 217 f (Ersatz mittelbarer Schäden des Empfängers nach Deliktsrecht); OLG Hamm vom 24. 11. 1977, VersR **1979** 1063 (Haftung für Beschädigung von Gütern, die nach dem Eisenbahntransport gelagert wurden).
Zur **KVO** siehe die Urteile vom 3. 3. 1956, VersR **1956** 349, 350; vom 21. 4. 1960, BGHZ **32** 194, 203 f (grundsätzliche Zulassung der Ansprüche aus unerlaubter Handlung, aber Ablehnung aus tatbestandlichen Gründen); vom 7. 11. 1961, VersR **1962** 37; vom 7. 7. 1964, VersR **1964** 1045, 1046 (§ 831, Verjährung nach § 852); vom 13. 12. 1968, VersR **1969** 230 und vom 7. 5. 1969, VersR

noch durch Bezugnahme auf frühere Urteile begründet. Die Begründung dieser BGH-Rechtsprechung ist einfach: Delikts- und Vertragsrecht stünden in einem Verhältnis der Gleichrangigkeit. Jeder der Ansprüche sei in seinen Voraussetzungen und Folgen selbständig. Eine analoge Anwendung vertragsrechtlicher Normen auf die Deliktsansprüche komme nur in Betracht, wenn die betreffenden Vorschriften „praktisch bedeutungslos" würden. Für diese Vertragsnormen hat der BGH dann jeweils festgestellt, daß noch Anwendungsfälle außerhalb des Konkurrenzbereichs blieben[349]. Der deutschen Rechtsprechung entspricht die österreichische. Hinsichtlich der Verjährung konkurrierender deliktischer und vertraglicher Schadensersatzansprüche gilt grundsätzliche die gleiche dreijährige Verjährung des § 1489 ABGB[350]. Jedoch werden die Sonderverjährungsvorschriften für besondere Vertragsarten nicht auf konkurrierende Deliktsansprüche angewendet. Vielmehr werden Vertrags- und Deliktsansprüche insoweit als völlig unabhängig behandelt[351].

286 **Aus der neueren Rechtsprechung ist jedoch der 2. Senat des BGH zu § 61 BinSchG[352] ausgebrochen**, indem er feststellt, bei Güterschäden lägen regelmäßig Eigentumsschäden vor. Wende man auf die daraus entstehenden Ansprüche aus unerlaubter Handlung den Präklusionstatbestand des § 61 BinSchG nicht an, so wäre diese

---

1969 703, 706 (Ersatz von Folgeschäden nach Deliktsrecht); vom 27. 1. 1970, VersR **1970** 318, 319 (Haftungsbegrenzung aus § 35 KVO überspielt); vom 28. 5. 1971, VersR **1971** 755, 756; vom 14. 7. 1972, VersR **1972** 1138, 1139 (§ 35 KVO überspielt); vom 28. 2. 1975, VersR **1975** 658, 659 f; aus der neueren OLG-Rechtsprechung OLG Celle vom 3. 7. 1991, TranspR **1991** 425, 426 f; OLG Frankfurt vom 17. 5. 1989, TranspR **1989** 283, 284; OLG Oldenburg vom 6. 2. 1989, TranspR **1989** 359.
Zum **Seerecht** BGH vom 14. 2. 1972, VersR **1973** 215 (§ 559 HGB); jedoch für Anwendung der Haftungsbeschränkung des § 660 HGB auf parallele Deliktsansprüche: BGH vom 17. 1. 1983, NJW **1983** 1263 1264 – TranspR **1983** 100–103 mit zust. Anm. von *Herber* 103 f; BGH vom 28. 4. 1966, VersR **1968** 552, 554.
Zum **Binnenschiffahrtsrecht** BGH vom 14. 6. 1982, VersR **1982** 902 f; jedoch neuerdings Verjährung nach § 61 BinSchG für parallele Deliktsansprüche: BGH vom 22. 10. 1984, TranspR **1985** 155, 156 = VersR **1984** 36.
Zu § 430 HGB BGH vom 23. 3. 1966, BGHZ **46** 140, 146 = VersR **1967** 40, 41 f; dort vollständig abgedruckt.
Zur Anwendung von § 438 HGB auf Ansprüche aus unerlaubter Handlung im Bereich der **Möbelbeförderung** siehe LG Itzehoe vom 3. 10. 1973, VersR **1975** 371.
Zu den **AGNB** siehe BGH vom 17. 1. 1975, VersR **1975** 369, 371 = NJW **1975** 780 f; vom 22. 4. 1977, VersR **1977** 662, 663; OLG Düsseldorf vom 30. 6. 1977, VersR **1977** 912 und vom 11. 6. 1987, TranspR **1987** 430 ff.
Unzutreffend zum **Luftrecht** unter Übergehung von Art. 24 WA LG Düsseldorf vom 4. 4. 1990, TranspR **1992** 29 f.

Zur Konkurrenz vertraglicher, durch die damalige Fassung der Hamburger **Kaibetriebsordnung** beschränkter Ersatzansprüche mit Ansprüchen aus § 831 BGB siehe BGH vom 19. 2. 1971, VersR **1971** 617, 18 f und VersR **1971** 623, 625; vom 29. 10. 1971, VersR **1972** 101 f; zum **Lagervertrag** siehe auch LG Bonn vom 19. 3. 1987, TranspR **1987** 200 f.
Zu **Kaufmängelhaftung** und Delikt BGH vom 18. 1. 1983, BGHZ **86** 256, 257 ff, 260; vom 16. 9. 1987, BGHZ **101** 337, 341 ff (zu §§ 377 ff HGB); vom 2. 11. 1989, WM **1990** 564 ff (differenziert zu Folgeschäden mangelhafter Weinkorken); BGH vom 31. 5. 1989, NJW **1989** 2532, 2533 (zu § 377 HGB). OLG Frankfurt vom 26. 9. 1986, WM **1986** 1566 (zu § 377 HGB); überprüfen OLG Hamburg vom 19. 11. 1981, VersR **1982** 800; BGH vom 24. 3. 1977, NJW **1977** 1819 ff mit Anm. von *Schlechtriem* zu **werkvertraglicher Verjährung** und Delikt); *Steinmayer* DB **1989** 2157, 2161 f (kritisch zur Funktionsausweitung des Deliktsrechts).

[349] Siehe aus der oben angegebenen Rechtsprechung besonders deutlich BGHZ **9** 301, 302 ff; **17** 214, 217; **24** 188, 190; **46** 140 ff; zur Verjährung deliktsrechtlicher Ansprüche wegen Mangelfolgeschäden beim Kauf BGH vom 24. 5. 1976, NJW **1976** 1505 f = VersR **1976** 936; BGH vom 24. 3. 1977, NJW **1977** 1819 ff.
[350] *Koziol/Welser* Grundriß des bürgerlichen Recht I⁹ (1991) 188.
[351] ObGH vom 9. 10. 1984, JBl **1986** 248, 249 (zu §§ 414, 439 und 438 HGB); zustimmend *Huber* JBl **1986** 227 ff.
[352] Urteil vom 22. 10. 1984, TranspR **1985** 155 f = VersR **1985** 36 f.

Vorschrift „weitgehend bedeutungslos". Diese zutreffende Argumentation läßt sich auf das gesamte Frachtrecht anwenden.

bb) Anwendung haftungseinschränkenden Frachtrechts auf Deliktsansprüche

287 Erst in neuerer Zeit gibt es Beispiele für eine andere Beurteilung der Konkurrenzfrage in der Rechtsprechung. Im See- und Binnenschiffahrtsfrachtrecht hat der BGH haftungseinschränkende Normen auf konkurrierende Deliktsansprüche angewendet und damit vorsichtig eine grundsätzliche Änderung der Rechtsprechung eingeleitet[353]. Entgegen der herrschenden Rechtsprechung wendet das LG Karlsruhe im Urteil vom 20. 3. 1989 die Verjährungsvorschrift des § 40 KVO auf Ansprüche aus § 823 BGB an[354]. In anderen Bereichen des Privatrechts dominiert – von wenigen Ausnahmen abgesehen – nach wie vor die Lehre von der unbeeinflußten Anspruchskonkurrenz. Nur im Mietrecht hat sich die Anwendung der mietrechtlichen Verjährungsvorschrift des § 558 BGB auf parallele Deliktsansprüche nachhaltig durchgesetzt[355]. Einer neueren Linie folgt auch die entsprechende Anwendung frachtrechtlicher Haftungsbeschränkungen auf die deliktische Haftung der Arbeitnehmer des Frachtführers, wenn auch in diesen Fällen arbeitsrechtliche Sondergesichtspunkte die entscheidende Rolle spielen[356].

cc) Außervertragliche Sonderbestimmungen und Delikthaftung

288 Ähnliche Probleme stellen sich auch bei der Konkurrenz zwischen außervertraglichen Sonderbestimmungen und allgemeiner Delikthaftung; siehe z. B. zu §§ 117, 118 BinSchG und § 852 BGB: BGH vom 2. 6. 1977, BGHZ **69** 62, 64.

b) Literatur

289 Die Rechtsprechung des BGH hat in der Literatur seit langem Widerspruch gefunden. Insbes. die Spezialliteratur zum Frachtrecht stand bislang überwiegend auf dem Standpunkt, die Haftungseinschränkungen des Frachtrechts seien auf konkurrierende Ansprüche aus unerlaubter Handlung wenigstens teilweise entsprechend anzuwenden oder sogar, deliktische Ansprüche hätten völlig auszuscheiden[357]. Die der Rechtsprechung zustimmende Literatur beschränkt sich meist auf die kommentarlose Wiedergabe

---

[353] Anwendung der Haftungsbeschränkung des § 660 HGB auf parallele Deliktsansprüche: BGH vom 17. 1. 1983, NJW **1983** 1263–1264 = TranspR **1983** 100–103 mit zust. Anm. von *Herber* 103 f; Verjährung nach § 61 BinSchG für parallele Deliktsansprüche: BGH vom 22. 10. 1984, TranspR **1985** 155, 156 = VersR **1984** 36; deutlich nunmehr zur KVO AG Emmerich vom 26. 7. 1989, TranspR **1989** 427, 428 (Vorrang der KVO-Regelung).

[354] TranspR **1989** 237 f; kritisch dazu *Lenz* TranspR **1989** 237–402.

[355] Siehe *Palandt/Putzo*⁵² § 558 Rdn. 7; BGH vom 29. 3. 1978, BGHZ **71** 175, 179 = NJW **1978** 1426, 1427. Zur Problematik der Konkurrenz zwischen Kaufmängelhaftung und Delikt siehe *Esser/Weyers* Besonderes Schuldrecht 66 ff.

[356] Siehe insbesondere OLG Düsseldorf vom 6. 2. 1984, TranspR **1985** 195; zu diesem Bereich siehe ergänzend Rdn. 330 ff.

[357] Eingehend begründete Ablehnungen der BGH-Rechtsprechung finden sich insbesondere bei *Helm* Haftung 301; *Schlechtriem* ZHR **133** 105 ff; *Schlechtriem* Vertragsordnung 361 ff; *Eberhardt* ZVersWesen 1968 645; *Bullinger* VersR **1981** 1098 f; zur Anwendung von § 377 HGB auf deliktische Ansprüche eingehend *Schwark* JZ **1990** 374 ff; kritisch, aber offenlassend *Karsten Schmidt* Handelsrecht³ § 31 ABS. 4 1 c. Für gänzliche Ablehnung des Deliktsrechts: *Finger* § 82 EVO Anm. 1 e; *Weirauch/Heinze* § 82 EVO Anm. 1. Für mindestens teilweisen Einfluß des Frachtvertragsrecht auf das Deliktsrecht siehe *Heymann/Kötter*²¹ HGB Anm. 1; *Abraham* Seerecht S. 199; *Schaps/Abraham*⁴ § 485 Anm. 28, *Prüßmann/Rabe*² § 606 HGB Anm. F 1 b (jetzt überholt durch § 607a HGB); *Herber* TranspR **1983** 103.

der Rechtsprechungsergebnisse, allenfalls der Argumentationen des BGH[358]. *Lenz* Straßengütertransportrecht Rdn. 784 f begründet seine Stellungnahme für unbeeinflußte Anspruchskonkurrenz damit, daß „die Haftung des Frachtführers soweit eingeschränkt und begrenzt" sei. Bei diesen Haftungsbegrenzungen handelt es sich jedoch um vom Gesetzgeber getroffene Grundsatzentscheidungen, die sich zumeist an internationalen Standards orientieren. Der Vergleich mit der Produzentenhaftung ist wegen der in diesem Bereich völlig anderen Ausgangslage nicht überzeugend. Die Bejahung der Ergebnisse der Rechtsprechung bei *Georgiades* Die Anspruchskonkurrenz im Zivilrecht und Zivilprozeßrecht (1968) und *Arens* AcP 170 392–425 stützt sich auf überwiegend prozeßrechtliche Gründe. *Piper*[6] Rdn. 241 vertritt die Auffassung, die Anwendbarkeit der haftungseinschränkenden Bestimmungen scheitere bereits an der fehlenden Breite der Ermächtigung zum Erlaß der Rechtsverordnung KVO. Allerdings ist diese Auslegung zu eng, weil es sich in der Sache um Haftung für Schäden aus Beförderungen im Güterfernverkehr handelt.

c) Eigene Auffassung
aa) Keine generelle Gleichrangigkeit von Vertrags- und Deliktsrecht

290 Die st. Rechtsprechung des BGH vermag nicht zu überzeugen. Sie beruht auf dem begriffsjuristischen, überholten System der Deduktion aus vorgefertigten Begriffen, weitgehend angelehnt an die methodisch überholte Schrift von *Dietz* Anspruchskonkurrenz bei Vertragsverletzung und Delikt (1934)[359] sowie auf einem undifferenzierten Mißtrauen gegenüber den im Frachtrecht eingebürgerten Haftungsbeschränkungen[360], das von der Überzeugung der Notwendigkeit des Alles-oder-Nichts-Prinzips im Schadensersatzrecht getragen wird.

291 Ein „duales System der Vertrags- und Deliktshaftung" (*Lenz* TranspR 1989 400 f), war und ist im BGB keineswegs in dieser Schärfe von Anfang an festgelegt. Bis zur Schrift von *Dietz* waren andere Deutungen in Literatur und Rechtsprechung vielfach vertreten. Die heute der Rechtsprechung zugrundeliegende **These von der Gleichrangigkeit deliktischer und vertraglicher Haftung** baut zwar auf diesem strikten Dualismus auf, setzt sich aber nirgends mit der Interessenlage auseinander, die den typischen Fallkonstellationen zugrunde liegt und geht zugleich über die rechtssystematischen und interessenbezogenen Argumente der Gegenmeinung erörterungslos hinweg – so z. B. neuerlich wieder *Lenz* TranspR 1989 237, 399 ff. Infolge ihrer Formalität muß sie stets zur Kumulierung und damit zur Haftungsverschärfung führen. Mit dem Argument der Gleichrangigkeit wird ausnahmslos der schärferen von zwei konkurrierenden Normen der Vorzug gegeben. Eine Diskussion der Normzwecke und der Interessenlage wird nach diesem methodischen Ansatz nicht erst versucht. Die von der Rechtsprechung eingenommene Position ist nicht, wie ihre theoretische Fundierung Glauben machen könnte, eine wertfreie Entscheidung nach den Rangverhältnissen abstrakter Normen, sondern stets eine Entscheidung für die Verschärfung der Haftung.

---

[358] Siehe z. B. *Baumbach/Duden/Hopt*[28] Anm. B; *Willenberg*[4] Rdn. 4 ff; *Schlegelberger/Geßler*[5] Rdn. 1 und § 454 Rdn. 81; *Koller*[2] § 430 Rdn. 1 und § 29 KVO Rdn. 10; *Goltermann/Konow* vor § 82 EVO Anm. 2 a; *Muth/Andresen/Pollnow* vor § 29 KVO S. 190.

[359] Siehe zu dieser dogmatischen Grundlage *Helm* Haftung 294 ff; *Schlechtriem* Vertragsordnung 82 ff; *ders.* ZHR 33 108, 131; *Schwark* AcP 179 57 ff.

[360] Undifferenziert aus diesem Verständnis neuerdings *Lenz* Straßengütertransportrecht (1988) Rdn. 785 und TranspR 1989 396, 399 ff; gegen diese Auffassung schon *Schlechtriem* ZHR 33 122 ff.

Geht man davon aus, daß die gesetzlichen Haftungsregelungen des Frachtrechts Risikobeschränkungen des Frachtführers bewußt aufstellen wollen, so ist die Zulassung jeder in nennenswertem Umfang kollidierenden Parallelhaftung – jedenfalls soweit typische frachtrechtliche Schadensfälle betroffen sind – eine **Entscheidung gegen den Gesetzeszweck der frachtrechtlichen Normen**. Man kann zwar zur Zweckmäßigkeit der gesetzgeberischen Entscheidung andere Auffassungen vertreten. Andererseits bleibt aber zweifelhaft, ob in solchen Bereichen wirtschaftlicher Risikoabgrenzungen die Korrektur der Gesetzgebung zu den Aufgaben des Richters gehört[361]. Im Energielieferungsrecht verhielt sich der BGH – anders als im Frachtrecht – vollkommen gesetzeskonform[362]. Auch im Mietrecht wendet er die Verjährungsvorschrift des § 558 BGB auf konkurrierende Deliktsansprüche an[363]. **292**

Der **BGH** setzt sich mit dieser Problematik praktisch kaum auseinander. Er **übernimmt vielmehr ohne nähere Prüfung die Prämisse von** *Dietz*, die Anwendung der Haftungsbeschränkungen auf Ansprüche aus unerlaubter Handlung komme nur in Betracht, wenn sonst die Haftungsbeschränkung anordnenden Normen im wesentlichen bedeutungslos würden[364]. Die *Dietz*sche These von der Gleichrangigkeit könnte zu annehmbaren Ergebnissen führen, wenn – als Konsequenz des „dualen Systems" – die auch vom BGH betonte Unterscheidung zwischen vertraglichen und außervertraglichen Pflichten des Frachtführers in der Sache wirklich ernst genommen würde – wie *Dietz* dies gefordert hatte. Da die Rechtsprechung jedoch dem Frachtführer außervertragliche Obhutspflichten auferlegt, die sich von den frachtvertraglichen kaum unterscheiden[365], führt sie praktisch ohne jede Interessenabwägung zur Haftungskumulierung – d. h. überall, wo die Deliktsansprüche bestehen können, zur Ausschaltung oder Gefährdung der frachtvertraglichen Haftungsgrenzen. **293**

Der zweite grundsätzliche Mangel dieser Rechtsprechung liegt in der **formalistischen Verengung des Arguments von der drohenden Bedeutungslosigkeit** der haftungsbeschränkenden Norm[366]. Aufgabe der Rechtssetzung wie der Rechtsprechung ist es nicht, Rechtsvorschriften vor der Bedeutungslosigkeit zu bewahren, sondern für sachliche Problemfragen sachliche Lösungen zu finden. Die in der Rechtsprechung zu Tage tretende Verengung führt teilweise zu grotesken Entscheidungsbegründungen. So verneint der BGH die Anwendung von Haftungsbeschränkungen beim Wagenstellungsvertrag der Deutschen Bundesbahn, weil „durchaus noch Fälle denkbar" sind, in denen „nur aus Einstellungsvertrag und nicht aus Deliktsrecht" gehaftet wird; BGH vom 9. 2. 1966, VersR **1966** 545, 546. Für § 430 HGB wird sorgfältig begründet, in welchen (mehr oder weniger zufälligen) Fällen die Vorschrift bei Zulassung unbeschränkter Deliktsansprüche noch Bedeutung haben könnte; BGH vom 23. 3. 1966, BGHZ **46** 140, 144 f. Das OLG Bremen vom 12. 2. 1952, VersR **1952** 127, 128 ist der Auffassung, bei Nichtanwen- **294**

---

[361] Siehe zu diesem Komplex eingehend *Helm* Haftung 301 ff; *Schlechtriem* Vertragsordnung 371 ff.
[362] Siehe BGH vom 4. 6. 1975, BGHZ **64** 355 ff = VersR **1975** 926, 927.
[363] Dazu *Palandt/Putzo*[52] § 558 BGB Rdn. 7; aus der Rechtsprechung BGH vom 29. 3. 1978, NJW **1978** 1426, 1427; BGH vom 21. 6. 1988, NJW-RR **1988** 1358 (auch gegenüber Ansprüchen eines im Schutzbereich des Mietvertrages stehenden Dritten); BGH vom 11. 12. 1991 BB **1992** 945.
[364] Siehe z. B. die grundlegende Entscheidung BGH vom 24. 4. 1953, BGHZ **9** 301, 302; unter Bezugnahme darauf BGH vom 9. 5. 1957, BGHZ **24** 188, 183; BGH vom 23. 3. 1966, BGHZ **46** 140, 144 f und weitere oben Rdn. 285 (Fn) genannte Urteile.
[365] Siehe z. B. BGH vom 24. 9. 1987, TranspR **1988** 108, 109 f = VersR **1988** 244, 245 (außervertragliche Obhutspflichten als Grundlage von Mitverschulden des Frachtführers).
[366] Mit Ausnahme des Urteils vom 22. 10. 1984, TranspR **1985** 155 f = VersR **1985** 36 f (zu § 61 BinSchG) verneint die Rechtsprechung des BGH, die drohende Bedeutungslosigkeit; siehe Rdn. 285.

§ 429 Drittes Buch. Handelsgeschäfte

dung auf Deliktsansprüche werde § 430 HGB im wesentlichen bedeutungslos. Demgegenüber kommt es sachlich nicht darauf an, ob der betreffenden Norm noch ein kleinerer oder größerer Anwendungsbereich verbleibt, sondern ob der aus der Funktion der frachtrechtlichen Haftungsbeschränkungen abzuleitende Normzweck eine Anwendung auf parallele Ansprüche aus unerlaubter Handlung fordert oder nicht[367].

bb) Tragender Grundsatz: Risikozuteilung
aaa) Frachtvertragliches Risiko, Haftung und Beförderungsentgelt

295 Die Gefahr der drohenden Bedeutungslosigkeit als einzige Rechtfertigung für die Nichtanwendung der Haftungsbeschränkung auf Ansprüche aus unerlaubter Handlung beruht weiterhin auf einer wenig überdachten Grundeinstellung gegenüber den Haftungsbeschränkungen; siehe oben Rdn. 292. Bei diesen handelt es sich um typische wirtschaftliche Risikobegrenzungen, die vom Gesetzgeber vorgesehen sind, um die besonders hohen Transportrisiken auf die Parteien zu verteilen. Dabei muß davon ausgegangen werden, daß der Frachtführer grundsätzlich in Zweifelsfällen zu haften hat, weil er als einziger die Risiken beherrschen kann[368]. Andererseits gibt es gerade beim Frachtvertrag zahlreiche Risiken, die auch bei sorgfältigem Verhalten nicht ausgeschlossen werden können und bei denen die Wahrscheinlichkeit groß ist, daß sie aus dem Einwirkungsbereich des Absenders stammen. Diese Risiken sind typischerweise in den Haftungsausschlußkatalogen[369] zusammengefaßt. Ferner gehört zu diesem nicht vom Frachtführer beherrschbaren Risiko das gesamte wirtschaftliche Folgerisiko des Verlustes. Dieses kann (z. B. bei jederzeit nachbeschaffbarer Handelsware) vollkommen fehlen oder (etwa bei Betriebsunterbrechungen wegen der verlorenen Lieferung von produktionsnotwendigen Vorprodukten) ins Unermeßliche steigen.

296 Das **Beförderungsentgelt ist keine Risikoprämie** für das Frachtgut und steht zu dem möglichen Schaden in keinem vorher bestimmbaren Verhältnis. Andererseits ist der Absender in aller Regel leicht in der Lage, durch eine entsprechende, am Wert der Güter orientierte Transportversicherung Verluste abzusichern. Soweit Folgeschäden nicht versicherbar sind, beruht dies meist darauf, daß sie letztlich nicht vorhersehbar sind. Ihre Auferlegung auf den Frachtführer, der über solche Folgeschadensmöglichkeiten keinerlei Kenntnisse hat, ist rechtspolitisch nicht akzeptabel. Die Betriebsunterbrechung als Folge eines Lieferungsausfalls ist auf dem deutschen Versicherungsmarkt nicht einmal versicherbar. Der Frachtführer kann dieses bei irgendeinem Kunden unvorhersehbar anfallende Großrisiko in keiner Weise abschätzen.

bbb) Risikobeschränkungen bei anderen Vertragsarten

297 Im übrigen sind in anderen Bereichen des Vertragsrechts Risikobeschränkungen verschiedener Art, wie sie dort in AGB vorgesehen sind, vom BGH unbeanstandet akzeptiert worden. So wurden z. B. die Haftungsbeschränkungen des Energielieferungsvertrages auf konkurrierende Deliktsansprüche angewandt; BGH vom 4. 6. 1975, VersR **1975**

---

[367] Siehe dazu *Helm* Haftung 301. In diesem Sinne auch BGH vom 4. 7. 1975, VersR **1975** 926, 927 (für Anwendung der Haftungsbeschränkungen für Lieferung von Strom in den AVB Niederspannung auf Ansprüche aus unerlaubter Handlung). BGH vom 18. 1. 1983, BGHZ **86** 256, 260 (zur Produkthaftung) bemerkt dazu richtig: „zwar darf die Delikthaftung nicht dazu dienen, die Vertragsordnung aus den Angeln zu heben ..."; der hier vertretenen Auffassung folgt das AG Emmerich vom 26. 7. 1989, TranspR **1989** 427 f.

[368] Siehe zu diesem Gesichtspunkt eingehend BGH vom 24. 6. 1987, BGHZ **101** 172, 181, 185 = TranspR **1987** 447, 450 ff.

[369] Z. B. § 34 KVO, 83 EVO; Art. 17 Abs. 2 und 4 CMR; Art. 36 § 3 ER/CIM 1980 = Art. 27 § 3 CIM 1970.

926, 927. Die Geschäftsunfähigkeitsklausel in den AGB der Banken wurde bislang ohne weiteres akzeptiert. Dies gilt auch für die Rechtsprechung nach dem Inkrafttreten des AGB-Gesetzes[370]. Schließlich hat selbst die Privatisierung der Postgeschäfte nicht dazu geführt, die engen Haftungsbeschränkungen des Postrechts zu beseitigen; siehe § 452 Rdn. 4.

Für das Frachtrecht typisch ist die Ausklammerung der **Haftung für mittelbare** **298** **Schäden** durch die gesetzlichen Regelungen oder AGB. Solche Freizeichnungen sind in anderen Rechtsgebieten durch den BGH in verschiedenen AGB unbeanstandet anerkannt worden[371]. Zwar hat der BGH in den meisten dieser Fälle versucht, die Haftungsfreizeichnung für mittelbare Schäden durch Auslegung einzuschränken, sie jedoch nicht prinzipiell mißbilligt. Auf der gleichen Linie liegt der bekannte Kontaktkleberfall[372], in dem Freizeichnung für mittelbare Schäden beim Kauf nur für unwirksam erklärt worden ist, weil gleichzeitig eine kaufrechtliche Zusicherung angenommen wurde. Auch **summenmäßige Haftungsbegrenzungen**, wie sie im Frachtrecht typisch sind, werden vom BGH in AGB durchweg anerkannt[373]. Haftungsbegrenzungen unterschiedlicher Art begegnen auch in Verbandsempfehlungen für die Verwendung von AGB, die im Verfahren nach § 38 Abs. 2 Ziff. 3 GWB vom Bundeskartellamt auf ihre Vereinbarkeit mit dem AGB-Gesetz geprüft worden sind und laufend im Bundesanzeiger veröffentlicht werden. Auch die Rechtsprechung nach dem AGB-Gesetz hat sie nicht grundsätzlich beanstandet.

Insgesamt besteht **kein zwingender Grund, den Absender gegenüber den gesetzli-** **299** **chen Haftungsbegrenzungen des Frachtrechts grundsätzlich mit der Zulassung von Ansprüchen aus unerlaubter Handlung zu schützen**. Der Schutz in besonders gravierenden Fällen kann mit frachtrechtlichen Mitteln bewirkt werden. Dies gilt besonders für die Fälle von Vorsatz und grober Fahrlässigkeit, in denen die frachtrechtliche Haftung durchweg verschärft ist. Nach § 91 EVO wird für grobe Fahrlässigkeit im verdoppelten Umfang und für Vorsatz ohne Wertbegrenzung gehaftet. § 430 Abs. 3 HGB läßt die Haftungsbeschränkung auf den gemeinen Wert nicht eingreifen; nach § 15 Abs. 2 GüKUMT gelten alle Haftungsbeschränkungen und Haftungsausschlüsse nicht bei Vorsatz und grober Fahrlässigkeit. Eine analoge Anwendung von § 430 Abs. 3 könnte im gesamten Landfrachtrecht alle den Haftungsumfang beschränkenden Bestimmungen (z. B. in der KVO) bei Vorsatz und grober Fahrlässigkeit ausschalten. Siehe hierzu im

---

[370] *Ulmer/Brandner*[6] §§ 9–11 AGBG Rdn. 168.
[371] Für allgemeine Lieferungsbedingungen siehe BGH vom 14. 10. 1969, WM **1969** 1452 ff; vom 23. 4. 1970, WM **1970** 903, 904 = VersR **1970** 677 f (grundsätzlich wirksam, aber die Erstreckung der Freizeichnung auf Ansprüche aus unerlaubter Handlung nicht deutlich genug ausgedrückt); sehr deutlich BGH vom 6. 12. 1973, NJW **1974** 272 f. Zu § 6 Ziff. 5 Abs. 2 VOB siehe beispielsweise BGH vom 15. 12. 1969, WM **1970** 290 ff; zu Architektenverträgen siehe BGH vom 11. 3. 1971, NJW **1971** 1130 = VersR **1971** 644 ff; vom 24. 6. 1971, NJW **1971** 1840 f = VersR **1971** 930 ff (grundsätzliche Wirksamkeit der Freizeichnung, aber enge Auslegung); ähnlich BGH vom 12. 7. 1971, VersR **1971** 1041 ff; vom 9. 12. 1971, WM **1972** 540, 541. Für die allgemeinen Bedingungen der gewerblichen Fuhrunternehmer in Hamburg siehe BGH vom 15. 10. 1971, VersR **1972** 67 ff (nur enge Auslegung).

[372] BGH vom 29. 5. 1968, NJW **1968** 1622, 1623 = BGHZ **50** 200, 206 f; zur Freizeichnungsmöglichkeit unter Kaufleuten bei Fehlen einer Zusicherung siehe *Ulmer/Hensen*[6] § 11 Nr. 11 AGBG Rdn. 22 ff.

[373] Siehe § 54 ADSp Anh. 1 nach § 415 Rdn. 4; ferner BGH vom 15. 5. 1985, TranspR **1985** 327 ff = VersR **1985** 829 ff; BGH vom 6. 12. 1990, TranspR **1991** 114, 117 f = VersR **1991** 480 ff. In nicht transportrechtlichen AGB wurden summenmäßige Haftungsbegrenzungen anerkannt: BGH vom 29. 9. 1960, BGHZ **33** 216 (Schiffsbewachungsvertrag); BGH vom 9. 5. 1966, WM **1966** 734, 736 (Lieferungsbedingungen für Werkzeugmaschinen).

einzelnen § 430 Rdn. 63 f; *Helm* Haftung 151 ff; *Schlechtriem* Vertragsordnung 373 Fn. 356.

300 **In der KVO hat** die Rechtsprechung des BGH die Haftungsausschlüsse in § 34 S. 1 c, k, l so interpretiert, daß sie bei nachgewiesenem Verschulden nicht eingreifen[374]. Abgekürzte Verjährung und kurzfristige Rügepflicht des Empfängers, wie sie im Frachtrecht durchweg vorgesehen sind, erscheinen andererseits unbedenklich. Die Ansprüche der Frachtführer wegen der Fracht und der Auslagen unterliegen nach § 196 Abs. 1 Nr. 3 BGB einer verkürzten zweijährigen Verjährung. Die Beschleunigung der Klärung von Schadensfällen durch den Druck der Verjährung ist eine begrüßenswerte Erscheinung. Sie hat dazu geführt, daß die Inhaltskontrolle von verjährungsverkürzenden AGB sich nicht durch besondere Schärfe auszeichnet[375]. Mängelrügen begegnen uns auch im Kaufrecht. Allerdings können sie dort nicht durch Ansprüche aus unerlaubter Handlung überspielt werden, da die Kaufsache vor Übergang des Gefahr noch dem Veräußerer gehörte und daher keine Deliktsansprüche nach § 823 Abs. 1 BGB in Betracht kommen. Wirtschaftlich gesehen bestimmen jedoch die frachtrechtlichen Rügeobliegenheiten nichts anderes als die Mängelrüge des Kaufrechts.

301 Die Deliktshaftung eignet sich nicht, dem Geschädigten unter Durchbrechung der frachtrechtlichen Haftungsbeschränkungen einen verläßlichen Mindestschutz für besonders schwerwiegende Schadensfälle[376] zu gewähren. Denn sie hängt in den Fällen des § 831 noch immer davon ab, ob der eingesetzte Gehilfe selbständig oder sozial abhängig war und ob der Frachtführer sich für Auswahl und Überwachung seines Gehilfen entlasten kann. Insbesondere das Risiko plötzlichen Versagens beim Führen von Transportmitteln bleibt weitgehend unkalkulierbar[377].

cc) Ausländische Auffassungen

302 Die Rechtsprechung des BGH entspricht auch nicht der Entwicklung des internationalen Einheitsrechts. Die internationalen Konventionen wie auch die standardisierten Geschäftsbedingungen sehen praktisch ausnahmslos Klauseln vor, die das Deliktsrecht weitgehend zurückdrängen; siehe Rdn. 272 ff. Auch im innerstaatlichen Recht haben neuere Ordnungen sich diesem Trend angeschlossen; siehe Rdn. 278, 280, 281. Rechtsvergleichend gesehen bildet die deutsche Rechtsprechung wohl eine Ausnahme. Zumindest ist dies für das französische und amerikanische Recht von *Schlechtriem* Vertragsordnung 371, 111 ff, 247 ff festgestellt worden.

dd) Abschließende Stellungnahme

303 Insgesamt sprechen damit **alle Argumente für eine Unterwerfung konkurrierender Deliktsansprüche unter die speziell frachtrechtlichen Haftungseinschränkungen.** Dies entspricht in vollem Umfang der internationalen und innerdeutschen Rechtsentwicklung wie der sich abzeichnenden Änderung der Rechtsprechung. Es erscheint vor allem nicht angemessen, die wenigen Sonderbereiche des Frachtrechts, in denen

---

[374] Dazu § 34 KVO Anh. II nach § 452 Rdn. 3 ff; OLG Düsseldorf vom 13. 11. 1957, VersR **1958** 39, 40 bezeichnet die Abhilfe gegenüber § 34 KVO durch Anwendung von Deliktsrecht als „der Interessenlage nicht angemessenen Umweg".

[375] Siehe § 414 Rdn. 22–25; § 26 AGNB Rdn. 4.

[376] So z. B. *Lenz* Rdn. 784 f.

[377] Siehe z. B. BGH vom 27. 1. 1970, VersR **1970** 318, 319 und OLG Celle vom 3. 7. 1991, TranspR **1991** 425 ff.

noch keine gesetzliche Regelung der Konkurrenzfrage eingeführt ist (KVO, HGB-Landfrachtrecht, EVO) mit einer zusätzlichen Haftung zu belasten. Bei EVO und KVO handelt es sich um die in Haftungsgrundsatz und -höhe strengsten Sonderordnungen, die kaum einer Ergänzung durch das Deliktsrecht bedürfen.

5. Rechte von Nicht-Vertragspartnern (nicht parallele Ansprüche)

Am Vertrag nicht beteiligte Personen können vielfach Inhaber von Deliktsansprüchen sein. Wegen der weitgehenden Abhängigkeit der Deliktsansprüche von der Eigentumslage ist dies immer dann der Fall, wenn der nach Frachtrecht aktivlegitimierte Absender oder Empfänger nicht Eigentümer des Gutes ist, z. B. wenn der frachtrechtlich Legitimierte wegen Eigentumsvorbehalt oder Sicherungsübereignung nicht Eigentümer der Ladung ist, vor allem aber immer, wenn er als Versand- oder Empfangsspediteur oder als vorausgehender Frachtführer zu keinem Zeitpunkt Eigentümer des Frachtguts war[378]. **304**

Eine Auswirkung des Auseinanderfallens der Ansprüche ist, **daß dem Inhaber der vertraglichen Rechte die später verjährenden Deliktsansprüche nicht zustehen**[379]. Nach den meisten frachtrechtlichen Sonderordnungen sind diese Fälle problemlos, weil der Frachtführer ohnehin aus Delikt nur nach Maßgabe der frachtrechtlichen Beschränkungsnormen haftet. **305**

Fraglich ist jedoch, ob dem aus Delikt anspruchsberechtigten Eigentümer die frachtrechtlichen Haftungsbeschränkungen entgegengesetzt werden können, wenn dieser am Vertrag weder als Absender noch als Empfänger beteiligt ist[380]. Er muß sich die frachtrechtlichen Haftungseinschränkungen entgegenhalten lassen, wenn der Absender für ihn als verdeckter Stellvertreter (z. B. als Spediteur oder Hauptfrachtführer) auftritt[381]. **306**

Hat der geschädigte Dritte das Frachtgut bewußt dem betreffenden Beförderungsrisiko ausgesetzt, wird man darüber hinaus eine Einschränkung der Deliktsansprüche durch das Frachtrecht akzeptieren können[382]. Dies wird z. B. bei Leasingverträgen, aber auch bei sehr vielen Fällen des Eigentumsvorbehalts und der Sicherungsübereignung der Fall sein. Unbeschränkt bleiben müssen demgegenüber die außervertraglichen Rechte von Eigentümern, die der betreffenden Beförderung nicht zugestimmt haben. **307**

---

[378] Siehe dazu vor § 1 ADSp, Anh. I nach § 415, Rdn. 26 und § 63 ADSp, Anh. I nach § 415, Rdn. 6 f. Beispiel: OLG Düsseldorf vom 12. 1. 1984, TranspR **1984** 106, 109 (auch keine Drittschadensliquidation); ferner BGH vom 11. 12. 1991 BB **1992** 945 f.

[379] Beispielsfall: OLG Hamburg vom 25. 9. 1984, TranspR **1985** 100, 101 (zur CMR).

[380] Dazu eingehend *Helm* Haftung 316 ff, *Schlechtriem* Vertragsordnung 380 ff; zum Speditionsrecht vor § 1 ADSp, Anh. I nach § 415 Rdn. 26 und § 63 ADSp, Anh. I nach § 415 Rdn. 6. Aus der Rechtsprechung siehe OLG Hamburg vom 27. 3. 1969, VersR **1969** 632; OLG Düsseldorf vom 22. 1. 1987, TranspR **1987** 146, 148.

[381] Zum Speditionsrecht BGH vom 12. 7. 1974, NJW **1974** 2177 ff = WM **1974** 1118 f (§ 63 ADSp gegenüber ausländischem Urversender); zum Binnenschiffahrtsrecht: BGH vom 22. 10. 1984, TranspR **1985** 155, 156 und vom 17. 11. 1980, VersR **1981** 229, 230; OLG Hamburg vom 10. 9. 1976, VersR **1977** 811, 812 und vom 14. 10. 1976, VersR **1977** 812, 813. Aus der Sicht des Speditionsrechts siehe § 63 ADSp, Anh. I nach § 415 Rdn. 6; siehe ferner oben Fn. 380; einschränkend zum Lohnfuhrvertrag nach AGNB: OLG Düsseldorf vom 30. 6. 1977, VersR **1977** 912 f. Siehe dazu auch BGH vom 12. 12. 1991, TranspR **1992** 152 ff = VersR **1992** 589 ff, der allerdings den Einfluß von Frachtvertragsrecht auf die Ansprüche aus unerlaubter Handlung ohnehin gänzlich ablehnt.

[382] *Schlechtriem* Vertragsordnung 382 f; OLG Hamburg vom 12. 2. 1981, VersR **198 2** 1204, 1205 f (§ 991 Abs. 2 BGB analog, dazu einschränkend *Helm* Haftung 201); siehe auch die Begründungen der Entscheidungen in Fn. 381.

308 Eine besondere Rechtslage besteht hinsichtlich der **Güter, die dem Empfänger im Augenblick des Schadens bereits gehört haben**[383]. Grundsätzlich ist der Empfänger nicht Vertragspartner und daher, solange er die Rechte aus dem Frachtvertrag nicht geltend macht bzw. Gut und Frachtbrief annimmt, an den Frachtvertrag nicht gebunden[384]. Daher habe ich in Haftung 326 die Auffassung vertreten, die außervertraglichen Rechte des Empfängers würden durch die frachtvertraglichen Einschränkungen nicht berührt. Doch bedarf diese Auffassung einer Einschränkung. Hat der Absender die Versendung im Einverständnis und im Interesse des Empfängers vorgenommen – wie dies meist der Fall sein wird – so muß sich der Empfänger auch die Haftungsbeschränkungen entgegenhalten lassen. Hat der Eigentümer-Empfänger dagegen überhaupt nicht oder nicht zu der vorgenommenen Weise zugestimmt, dann sollten ihm die Ansprüche aus unerlaubter Handlung in vollem Umfang verbleiben[385].

309 Die hier vertretene Auffassung ist ein **Kompromiß zwischen dem Schutz der Rechte des Dritten und dem Interesse des Frachtführers an der Haftungsbeschränkung**. Ein solcher Kompromiß muß notwendig unvollkommen bleiben; siehe *Schlechtriem* Vertragsordnung 382 f. Eine unbeschränkte Haftung gegenüber Dritten kommt nach der hier vorgeschlagenen Lösung jedoch noch in Betracht, wenn der Eigentümer in die Gefährdung der Güter durch den Transport nicht eingewilligt hat. In diesen Fällen stehen ihm gegen den Absender vielfach Ansprüche nach §§ 823 Abs. 1, 831 BGB zu. Der Frachtführer kann vom Geschädigten, wenn er in Anspruch genommen wird, Abtretung dieser Ansprüche gegen den Absender nach § 255 BGB verlangen. Dies führt wohl in den meisten Fällen zu einem angemessenen Interessenausgleich. Folgt man grundsätzlich der hier vertretenen Auffassung, so wird der Beförderer dem Deliktsanspruch des Dritten die Haftungseinschränkungen jedenfalls dann entgegensetzen können, wenn der Absender für ihn in verdeckter Stellvertretung oder doch mit seinem Einverständnis den Frachtvertrag abgeschlossen hat[386]. Dies ist z. B. der Fall beim Spediteur des Absenders.

6. Freizeichnungen in AGB für konkurrierende Deliktstatbestände

310 Da die Delikthaftung im deutschen Recht dispositiv ist, kann sie grundsätzlich vertraglich, auch formularvertraglich, ausgeschlossen werden. Zweifelhaft kann dies sein, soweit eigener Vorsatz oder grobe Fahrlässigkeit des Beförderers oder seiner leitenden Angestellten vorliegt[387]. Die Beförderungsbedingungen, die ihre Haftungseinschränkungen ausdrücklich auf Ansprüche jeder Anspruchsgrundlage erstrecken, bereiten daher keine Schwierigkeiten[388].

311 Daß die Freizeichnungen sich im Zweifel auch auf Deliktsansprüche erstrecken sollten, war auch hinsichtlich anderer Bedingungen, die nicht ausdrücklich ihre Anwendung

---

[383] Siehe als Beispiel den Fall BGH vom 27. 11. 1982, VersR **1982** 339, der jedoch als Speditionsversicherungs-Fall durch die hier erörterte Problematik nicht berührt wird.

[384] Siehe dazu § 435 Rdn. 4 und § 436 Rdn. 1.

[385] Zum entsprechenden Fall der Anwendung der Kai-Betriebsordnung auf den einkommenden Verkehr ebenso OLG Hamburg vom 15. 11. 1984, VersR **1986** 440.

[386] Zu den einzelnen Fällen siehe *Helm* Haftung 324 ff; siehe auch Rdn. 306; österr. ObGH vom 27. 9. 1983, TranspR **1984** 191, 192 f, VersR **1984** 548.

[387] Siehe vor § 1 ADSp, § 415 Anh. I Rdn. 49 und § 63 ADSp, Anh. I nach § 415 Rdn. 8 f.

[388] Sehr großzügig in der Erstreckung des § 63 ADSp auf ausländische Eigentümer BGH vom 12. 7. 1974, NJW **1974** 2177; BGH vom 18. 6. 1976, VersR **1976** 1129 f; OLG Düsseldorf VersR **1977** 912 f und vom 22. 1. 1987, TranspR **1987** 146, 148; zu den AVB Elbe BGH vom 17. 11. 1980, VersR **1981** 229, 230. Siehe auch Nr. 6 der Schwergutbedingungen, Anh. III/3 nach § 452.

auf Deliktsansprüche vorsahen, früher unstreitig[389]. Schon 1966 hat jedoch der BGH einen gegenteiligen Standpunkt eingenommen[390]. Die Begründung für die Nichtanwendung der Freizeichnungen auf Deliktsansprüche bestand zunächst nur im Prinzip der engen Auslegung von Freizeichnungen in AGB und in der Unklarheitenregel. Nur hilfsweise bezog sich der BGH auf die Rechtsprechung zur Nichtanwendung gesetzlicher Haftungsbeschränkungen auf Ansprüche aus unerlaubter Handlung. In den weiteren Entscheidungen zur Hamburgischen Kai-Betriebsordnung wurde jedoch die unbeschränkte Haftung aus unerlaubter Handlung auf beide Gründe gleichermaßen gestützt[391].

Auch die Verjährungsklausel des § 26 **AGNB** hat der BGH nicht mehr auf deliktische Ansprüche angewendet[392]. **312**

Diese **Rechtsprechung erscheint nach wie vor problematisch:** Die Unklarheitenregel paßt auf diese Klauseln nicht. Ein durchschnittlicher Absender wird die Freizeichnung kaum anders als allumfassend verstehen, da ihm juristische Alternativbegründungen aus Vertrag und unerlaubter Handlung nicht geläufig sein werden; siehe dazu *Helm* Haftung 314. Zur Ablehnung der für gesetzliche Haftungsbeschränkungen geltenden Rechtsprechung siehe ohnehin Rdn. 308 f. Kritisch zur Gleichbehandlung gesetzlicher und vertraglicher Haftungsbeschränkungen auch *Schlechtriem* ZHR **133** 141 f. § 63 a ADSp, der die deliktischen Ansprüche des Versenders bzw. Absenders den Haftungseinschränkungen der ADSp unterwirft, ist in der Entscheidung des BGH vom 18. 6. 1976, VersR **1976** 1129 f, sogar auch zu Lasten eines am Vertrag nicht Beteiligten angewendet worden. Es lagen jedoch besondere Umstände (Vereinbarung der gleichen Bedingungen im Haupt- und Untervertrag) vor[393]. **313**

V. Konkurrenz Frachtvertrag – Eigentümer-Besitzerverhältnis

Die Haftung aus §§ 989, 990, 991 Abs. 2 BGB greift nach neuerer Auffassung nur ein, soweit der Besitzer nicht zum Besitz berechtigt ist (Bestehen einer Vindikationslage als Voraussetzung der Haftung). An dieser Voraussetzung fehlt es in frachtrechtlichen Schadensfällen fast immer, da der Frachtführer berechtigter Besitzer ist und ihm selbst nach Abschluß der Beförderung durch sein Pfandrecht noch weitere Besitzrechte zustehen können. Eine Haftung aus Eigentümer-Besitzerverhältnis kommt daher praktisch nur in Betracht, wenn der Absender gegenüber dem Eigentümer nicht berechtigt war, dem Frachtführer den Besitz zu übertragen oder wenn der Frachtführer das Gut auch nach Erlöschen aller Besitzrechte nicht herausgibt. Die offenkundige Seltenheit solcher Fälle läßt die Haftung nach § 989 ff fast bedeutungslos erscheinen[394]. **314**

---

[389] Dazu *Helm* Haftung 314 ff; *Schlechtriem* ZHR **133** 142; aus der Rechtsprechung: Zu den AGNB: OLG Düsseldorf vom 30. 6. 1977, VersR **1977** 912, 913. Zur Schiffsbewachung: BGH vom 29. 9. 1960, VersR **1960** 1133 f; zur Kai-Betriebsordnung: OLG Hamburg vom 4. 9. 1969, VersR **1970** 1028, 1030; vom 14. 10. 1976, VersR **1977** 812 f; OLG Hamburg vom 15. 11. 1984, VersR **1986** 440; zu Schleppbedingungen der Hafenschiffahrt: BGH vom 12. 6. 1978, VersR **1978** 836, 837.

[390] BGH vom 9. 2. 1966, zu den „Bedingungen für die Einstellung von Privatgüterwagen" der Deutschen Bundesbahn; VersR **1966** 545 f.

[391] BGH vom 19. 2. 1971, VersR **1971** 617, 618 f und vom 19. 2. 1971, VersR **1971** 623, 625; vom 29. 10. 1971, VersR **1972** 101 f entgegen der Vorentscheidung OLG Hamburg vom 4. 9. 1969, VersR **1970** 1028; für Verlade- und Transportbedingungen in der Binnenschiffahrt wohl auch BGH vom 3. 12. 1964, VersR **1965** 230 ff (a. E.).
Aus der Rechtsprechung zu anderen AGB siehe BGH vom 24. 4. 1975, DB **1975** 1458 (Architekten-Formularvertrag); vom 24. 11. 1976, DB **1977** 299 f = WM **1977** 79, 82 (Kaufmängelklausel).

[392] BGH vom 2. 12. 1982, TranspR **1983** 73, 75 = VersR **1983** 339 ff; anders noch OLG Düsseldorf vom 30. 6. 1977, VersR **1977** 912, 913.

[393] Siehe auch OLG Hamburg vom 16. 9. 1976, VersR **1977** 811.

[394] Siehe dazu im einzelnen *Helm* Haftung 197–222; zu OLG Hamburg vom 12. 2. 1981, VersR **1982** 1204, 1205 siehe Nr. 1 BSK, Anh. III/1 nach § 452 Rdn. 2 (Fn.).

VI. Konkurrenz Frachtvertrag – ungerechtfertigte Bereicherung

315 Ansprüche aus ungerechtfertigter Bereicherung stehen zwar kaum jemals in Konkurrenz zu frachtvertraglichen Haftungsansprüchen, wohl aber zu Entgeltforderungen. Für diesen Fall hat der BGH ihre Verjährung nach § 40 KVO beurteilt; BGH vom 27. 5. 1957, VersR **1957** 503, 504; dazu auch OLG Bamberg vom 11. 12. 1964, VersR **1965** 1006, 1008.

E. Haftung dritter Personen wegen Transportschäden

316 Neben dem Frachtführer können dritte Personen für den Schaden verantwortlich sein. Vielfach steht der Frachtführer mit diesen Personen in der Sonderbeziehung eines besonderen Schuldverhältnisses (insbesondere Arbeitsvertrag und Unterfrachtvertrag). Regreßansprüche der Schädiger untereinander können auf Versicherer übergehen und von diesen geltend gemacht werden. Aus dem unübersehbaren Komplex solcher Rechtsbeziehungen können hier nur besonders typische Fälle herausgezogen und erörtert werden.

I. Verkehrsteilnehmer und deren Haftpflichtversicherer

317 Ist der Güterschaden oder die Verspätung auf einen Verkehrsunfall zurückzuführen, dann können dem Geschädigten Ersatzansprüche nach Maßgabe der §§ 7, 18 StVG und 823, 831 BGB zustehen. **Schäden an der Ladung, die durch einen Kraftfahrzeugunfall entstehen**, werden vom drittbeteiligten Halter oder Fahrer (im Rahmen der Haftungsgrenzen des § 12 Abs. 1 Satz 2 StVG) ersetzt. Die Kraftfahrzeughaftpflichtversicherung deckt nicht nur die (begrenzten) Ansprüche nach dem StVG, sondern grundsätzlich auch die verschuldensabhängigen Ansprüche aus §§ 823 Abs. 1 und 2 sowie § 831 BGB. Insoweit kann der geschädigte Ladungseigentümer oder -besitzer unmittelbar gegen den Schädiger oder gemäß § 3 PflichtVersG gegen den Kfz-Haftpflichtversicherer des Schädigers vorgehen. Nach der Anlage zu § 4 Abs. 2 PflVersG beträgt die Mindestversicherungssumme für die Pflichthaftpflichtversicherung für Sachschäden DM 400.000,– und für reine Vermögensschäden DM 40.000,–. Sie wird in den meisten Fällen im Rahmen der betreffenden Versicherungsverträge in der Praxis weit überschritten. Muß der Frachtführer aufgrund des Frachtvertrages dem Absender oder dem Empfänger Schadensersatz leisten, so kann er sich dessen Ansprüche gegen den Drittschädiger oder dessen Haftpflichtversicherer nach § 255 BGB abtreten lassen und auf dem Regreßwege gegen den Schädiger vorgehen. Im Verhältnis Frachtführer – Drittschädiger kann eine Schadensteilung nach §§ 9 StVG, 254 BGB eintreten[395]. Siehe auch Anh. I nach § 429 Rdn. 60.

II. Arbeitnehmer und selbständige Gehilfen des Frachtführers
1. Haftung der Gehilfen

318 Personen, deren sich der Frachtführer zur Erfüllung seiner Verbindlichkeiten bedient, stehen zum Absender und Empfänger in keiner vertraglichen Beziehung. Unmittelbare Ansprüche des Geschädigten gegen diese Personen können aber auf

---

[395] Zum Regreß eines KFZ-Haftpflichtversicherers gegen den Inhaber einer KFZ-Reparaturwerkstatt wegen schuldhafter Schädigung des Fahrzeugs durch einen Arbeitnehmer des Werkunternehmers und den Regreßverzicht bei schadensgeneigter Arbeit siehe BGH vom 5. 2. 1991, VersR **1992** 485 ff.

außervertragliche Anspruchsgrundlagen, vor allem auf §§ 823, 831 BGB gestützt werden. Das Personal des KVO- und CMR-Frachtführers genießt keinen Schutz durch die KVO- und CMR-Haftpflichtversicherung[396], möglicherweise aber durch die Kraftfahrzeug-Haftpflichtversicherung mit Regreßverzicht des Versicherers zugunsten mitversicherter Arbeitnehmer[397].

Eine deliktische Haftung von **selbständigen Subunternehmen** des Frachtführers **319** (vor allem von Beförderern, die im Rahmen von Unterfrachtverträgen und Lohnfuhrverträgen tätig werden, aber auch bei Lager-, Verlade- und Mietverträgen über Beförderungsmittel) kann auch in den häufigen Fällen der Schädigung durch Unterlassen begründet werden; siehe zur Herleitung der Rechtspflichten aus Beruf Rdn. 268.

Für die Begründung der Haftung **abhängig tätiger Personen** muß die Rechtslage **320** anders gesehen werden. Der Arbeitnehmer hat im Sozial- und Wirtschaftsleben eine andere Stellung als der selbständige Unternehmer. Außervertragliche, aus seinem Beruf abzuleitende Sorgfaltspflichten können ihm daher wohl nicht in gleichem Umfang auferlegt werden wie dem selbständigen Unternehmer. Neuere Literatur[398] und Urteile des BGH haben daher den Schutz der Arbeitnehmer bereits bei der **Begründung der Rechtswidrigkeit aufgrund von Berufspflichten** beginnen lassen. Bereits im Urteil vom 17. 12. 1953, BB **1954** 273 f, hat der BGH die Berufspflicht eines zur Beaufsichtigung von Pferden angestellten Mannes gegenüber dem Eigentümer der Pferde wegen mangelnder Selbständigkeit abgelehnt[399]. Im Urteil vom 16. 6. 1987, TranspR **1988** 121, 122 f, setzt der BGH diese Rechtsprechung fort und verneint die Haftung eines Wachmanns für den Diebstahl von Lagergut. Dem Wachmann konnte allenfalls ein Unterlassen vorgeworfen werden. Eine Haftung aus unerlaubter Handlung hätte jedoch in diesem Fall den Verstoß gegen eine bestehende Rechtspflicht vorausgesetzt. Eine solche wurde weder aus dem Arbeitsvertrag mit dem Lagerunternehmen, noch aus außervertraglichen Gründen bejaht. Insbesondere wurde eine Rechtspflicht aus allgemeiner Verkehrssicherheit verneint. Besonders bedeutsam ist, daß die Berufspflicht des Arbeitnehmers ausdrücklich nicht auf den Schutz von Gütern der Geschäftspartner des Arbeitgebers erstreckt worden ist. Wörtlich kommt der BGH zu dem Schluß: „Die außervertragliche Haftung wegen Verletzung beruflicher und gewerblicher Fürsorge- und Verwahrungspflichten ist deshalb auf Unternehmen mit einer gewissen Selbständigkeit zu begrenzen".

Für eine Haftung von Arbeitnehmern ergeben sich dennoch nach wie vor zahlreiche **321** Fälle. Insbesondere ist die Rechtspflicht bei **positivem Tun** indiziert, so daß es für die Rechtswidrigkeit keiner besonderen Begründung und im Prozeß grundsätzlich auch

---

[396] Siehe dazu schon *Voigt* VersR **1972** 1005 ff. Transporthaftpflichtversicherungsverträge sehen zum Teil ausdrücklich die Regreßnahme gegen vorsätzlich oder grob fahrlässig handelnde Fahrer oder sonstige Erfüllungsgehilfen des Frachtführers vor; siehe z. B. Nr. 9.3 BZG Bundespolice (Fassung 1992); dazu auch § 38 KVO Rdn. 8 f.

[397] Siehe zum Regreßverzicht des KFZ-Haftpflichtversicherers bei schadensgeneigter Arbeit BGH vom 5. 2. 1991, VersR **1992** 485 ff. Siehe auch Rdn. 325.

[398] Aus der Literatur siehe *Denck,* Der Schutz des Arbeitnehmers vor der Außenhaftung (1980) 61 f, 75 f, 88; *Geissler,* Vertrags- und Gesetzesprivilegien mit Wirkung für Erfüllungsgehilfen (1983); für den Kapitän im Seerecht *Blaschczok* VersR **1980** 1105 f.

[399] Das LG Duisburg vom 30. 1. 1976 (unveröff.) lehnte die Haftung eines angestellten Berufskraftfahrers wegen fehlender Kenntnisse über eine schwierige Verladung ab; aufgehoben durch OLG Düsseldorf 4. 11. 1976 (ebenfalls unveröff.).

§ 429   Drittes Buch. Handelsgeschäfte

keines Sachvortrags bedarf. Es kommt daher wie auch bisher zur Haftung des Arbeitnehmers[400].

322   Weitere Haftungsfälle ergeben sich besonders leicht auch **bei Unterlassen**, soweit der Arbeitnehmer gegen Ordnungsvorschriften verstößt, die als Schutzgesetze i. S. v. § 823 Abs. 2 BGB zum Schutze Außenstehender zu betrachten sind[401].

2. Indirekte Inanspruchnahme des Beförderers aufgrund arbeitsrechtlicher Freistellung

323   Hat der Arbeitnehmer schuldhaft Schäden verursacht[402], kann seine unbegrenzte Haftung in Kombination mit dem arbeitsrechtlichen Freistellungsanspruch zu einer systemwidrigen Durchbrechung der Haftungsbegrenzungen führen. Denn der Arbeitnehmer kann vom Beförderer als seinem Arbeitgeber volle Schadensabnahme (Freistellung) jedenfalls dann verlangen, wenn er in Ausübung schadensgeneigter Tätigkeit nur mit leichtester Fahrlässigkeit (i. S. einer culpa levissima) gehandelt hat. Nach langjähriger Rechtsprechung von BGH und BAG steht ihm in solchen Fällen ein Anspruch auf Schadensabnahme zu[403]. Aufs stärkste umstritten sind jedoch die Fragen der Erweiterung der Haftungsentlastung des Arbeitnehmers, vor allem, ob künftig auf die Voraussetzung der Schadensgeneigtheit ganz zu verzichten ist, und bei welchem Fahrlässigkeitsmaß volle Haftung oder teilweise Haftung eintritt[404]. Unklar ist zur Zeit die Stellung der Rechtsprechung zur Haftungsbefreiung bei sog. mittlerer Fahrlässigkeit. Die bisherige Rechtsprechung hatte in diesen Fällen dem Arbeitnehmer nur einen teilweisen Freistellungsanspruch gegen den Arbeitnehmer zugebilligt, so daß der Arbeitnehmer den anderen Schadensteil selbst zu ersetzen hatte. Davon abweichend hat der 7. Senat des BAG[405] dem Arbeitnehmer (Berufskraftfahrer) auch bei „mittlerer Fahrlässigkeit" volle Haftungsfreiheit zugestanden. Der 8. Senat hat die Schadensteilung bei mittlerer Fahrlässigkeit wieder eingeführt[406]. Das BAG will auf die Schadensgeneigtheit als Voraussetzung der Haftungsbefreiung nunmehr ganz verzichten. Der Große Senat hat daher die Frage dem Gemeinsamen Senat der Obersten Gerichtshöfe vorgelegt[407]. Darüber ist zur Zeit (April 1993) noch nicht entschieden. Der Freistellungsanspruch bei mittlerer Fahrlässigkeit wird bisher wegen der grundsätzlichen Risikoverteilung zwischen Arbeitgeber

---

[400] Siehe LG Weiden vom 31. 1. 1972, IZ **1975** (Lokomotivführer hatte zu früh gebremst und war nicht am erhöhten Teil des Bahnsteigs angekommen. Eine Reisende war beim Verlassen des Zuges gestürzt. Er wurde wegen dieses Schadens verurteilt); OLG Hamm vom 17. 12. 1981, TranspR **1985** 197 f (grundsätzliche Haftung des LKW-Fahrers, der im Rahmen der Mithilfe beim Entladen einen Gabelstapler des Empfängers beschädigt hatte).

[401] *Denck,* Der Schutz des Arbeitnehmers vor der Außenhaftung (1980) 75 will hier die Haftung des Arbeitnehmers erst beginnen lassen.

[402] Zur Einordnung von Arbeitnehmern in Betriebe des Beförderers, des Absenders oder Empfängers nach § 539 RVO siehe OLG Hamm vom 17. 12. 1981, TranspR **1985** 197, 198.

[403] Siehe zum Überblick *Otto* Gutachten E zum 56. DJT 1986 (**1986**) 1–94; *Gamillscheg/Hanau* Die Haftung des Arbeitnehmers² (**1974**) 89 ff; Rechtsprechung in AP BGB § 611 Haftung des Arbeitnehmers; *Walker* NZA **1988** 754–759; *Lipperheide* BB **1993** 720 ff.

[404] Siehe zum letzten Stand *Lipperheide* BB **1993** 720 ff.

[405] Vom 23. 3. 1983, BAGE 83 325 = NJW **1983** 1693 ff = VersR **1983** 940. Wieder infrage gestellt worden durch den (mittlerweile durch Erledigung des Vorlageprozesses mit erledigten) Vorlagebeschluß des 3. Senats des BAG vom 12. 2. 1985, NZA **1986** 92 ff und Pressemitteilung NZA **1987** 660.

[406] Urteile vom 24. 11. 1987, NZA **1988** 579 ff und vom 11. 8. 1988, NZA **1989** 54 f; ferner LAG München vom 24. 8. 1988, VersR **1989** 1170 f; siehe auch das weitere Urteil BAG vom 24. 11. 1987, NZA **1988** 584 ff, das sich mit der Schadenshaftung des AN gegenüber dem AG als Eigentümer eines nicht kaskoversicherten Betriebskraftwagens befaßt.

[407] Vorlagebeschluß des 8. Senats vom 12. 10. 1989, NZA **1990** 95 ff; dazu *Arens* BB **1990** 67 ff; Vorlagebeschluß des Großen Senats vom 12. 6. 1992, BB **1992** 1284.

und Arbeitnehmer nur teilweise gewährt. Aber selbst bei grober Fahrlässigkeit des Arbeitnehmers ist eine volle Haftung nicht allgemein, sondern nur „in aller Regel" ausgeschlossen[408]. Auch bei grober Fahrlässigkeit kann daher noch ein Freistellungsanspruch bestehen. Eine definitive Aussage über Umfang und Voraussetzungen der Arbeitnehmerhaftung ist daher derzeit anhand der Rechtsprechung kaum möglich[409].

324 Die arbeitsrechtliche Haftungseinschränkung **bezieht sich ausschließlich auf das Innenverhältnis zwischen Arbeitgeber und Arbeitnehmer.** Die deliktischen Ansprüche Dritter werden durch sie grundsätzlich nicht berührt. Dies ist in einem Urteil des BAG vom 19. 9. 1989, NJW **1989** 3237 ff, ausdrücklich auch für den Fall bestätigt worden, daß der Arbeitnehmer wegen Konkurses des Arbeitgebers seine Befreiungsansprüche nicht durchsetzen kann.

325 Die **arbeitsrechtliche Freistellung greift nach der Rechtsprechung des BGH nicht ein, wenn die Haftung des Arbeitnehmers durch eine Pflichtversicherung gedeckt ist.** Der Versicherer kann sich auf die von der arbeitsvertraglichen Fürsorgepflicht begründete Freistellung gegenüber dem Arbeitgeber nicht berufen. Der Kraftfahrzeug-Haftpflichtversicherer eines vermieteten LKW hat also Ansprüche zu decken, die dem Mieter gegen seinen Arbeitnehmer als Fahrer eines gemieteten Fahrzeugs aus § 18 StVG zustehen[410].

326 Ob der **Freistellungsanspruch des Arbeitnehmers** an den Geschädigten dann **abtretbar** ist oder nicht, kann zweifelhaft sein[411]. Jedenfalls kann aber der Geschädigte im Endergebnis die Haftung auf den Beförderer als Arbeitgeber weiterleiten, indem er beim Arbeitnehmer vollstreckt und dieser seinen Arbeitgeber zur Schadensabnahme zwingt. Damit wird die Begrenzung der Haftung, wie sie sich aus dem Beförderungsvertrag ergibt, durchbrochen[412].

327 Soweit die Begrenzung der Frachtführerhaftung auf vertraglicher Grundlage beruht, kann durch die **Einbeziehung des Arbeitnehmers in den Schutzbereich der Freizeichnung** Abhilfe geschaffen werden; siehe Rdn. 318 ff. Bei gesetzlichen Haftungseinschränkungen ist dieser Weg nicht ohne weiteres eröffnet. Da nach der Rechtsprechung die gesetzlichen Regelungen der Vertragshaftung nicht auf die deliktischen Ansprüche der Geschädigten einwirken, könnten sie erst recht nicht die deliktische Ersatzpflicht der Arbeitnehmer des Frachtführers begrenzen[413]. Der Geschädigte kann daher nach der Dogmatik des Zivilrechts den Arbeitnehmer – selbst wenn der Frachtführer sich nach § 831 BGB entlasten könnte – gemäß § 823 BGB auf den vollen Schaden in Anspruch nehmen, wobei dieser nach dem arbeitsrechtlichen Freistellungsgrund von dem Frachtführer Schadensabnahme verlangen kann.

---

[408] BAG, Urteil vom 12. 10. 1989, NZA **1990** 97, 98.
[409] Zum Stand der Gesetzgebungsbemühungen siehe *Lipperheide* BB **1993** 720, 725.
[410] BGH vom 8. 12. 1971, VersR **1972** 166 = NJW **1972** 440; BGH vom 3. 12. 1991, VersR **1992** 437, 439 (mit Auseinandersetzung an der Kritik der Literatur); BGH vom 5. 2. 1992, VersR **1992** 485 ff.
[411] Dazu *Gerhardt* Der Befreiungsanspruch **1966** 40 ff; *Denck,* Der Schutz des Arbeitnehmers vor der Außenhaftung (1980) 266 ff; BGH vom 22. 1. 1954, BGHZ **12** 136; vom 27. 2. 1964, BGHZ **41** 203 und vom 20. 3. 1978, VersR **1978** 557 (betrifft einen Fall des Unterfrachtvertrages mit umgekehrter Inanspruchnahme).

Zum Inhalt eines Freistellungsanspruchs generell BGH vom 19. 1. 1983 WM **1983** 387, 388; zum Binnenschiffahrtsrecht *Lorenz,* Zeitschrift für Binnenschiffahrt **1975** 491–502; *Schmid* TranspR **1986** 49, 51.
[412] Hierzu *Helm* AcP **160**, 134 ff; *Helm* Haftung 339 ff. Aus der Praxis siehe BGH vom 27. 2. 1964, BGHZ **41** 203 ff, vom 24. 11. 1975, BGHZ **66** 1 ff; OLG Hamburg vom 18. 6. 1970, VersR **1970** 1101, 1103; *Schmid* aaO.
[413] Zutreffend zu § 430 HGB *Denck,* Der Schutz des Arbeitnehmers vor der Außenhaftung (1980) 140 f.

328 Der BGH hat sich in vergleichbaren Fällen zunächst (teilweise) der von mir in AcP 160 152 f vertretenen Auffassung angeschlossen. Danach **handelt der geschädigte Dritte rechtsmißbräuchlich, wenn er sich die gegen den Arbeitgeber gerichteten Freistellungsansprüche abtreten läßt** und diesen damit auf den vollen Schaden in Anspruch nimmt, **obwohl er beim Arbeitnehmer mangels pfändbaren Vermögens nicht oder nicht vollen Schadensersatz hätte erlangen können**[414]. Im Hinblick auf Kritik aus der Wissenschaft[415] hat der Senat jedoch diese Rechtsprechung aus Gründen der Praktikabilität wieder aufgegeben[416]. Der Arbeitnehmer kann nunmehr grundsätzlich unbeschränkt in Anspruch genommen werden. Zwar betraf die Entscheidung des BGH vom 24. 11. 1975 einen Fall, in dem die indirekte Inanspruchnahme des Arbeitgebers die Höhe der Haftungsbegrenzungen nicht erreichte. Daher konnte der Senat die Frage ausdrücklich offenlassen, wie einer Umgehung der Haftungsbegrenzung in anderen Fällen begegnet werden könne. Die nunmehr festgelegte Linie der Rechtsprechung führt jedoch dazu, daß die Institution der arbeitsrechtlichen Risikoabnahme zur beliebigen Durchbrechung von Haftungsbeschränkungen mißbraucht werden kann[417]. Theoretisch könnte danach der Arbeitgeber bei leichtem Verschulden eines vermögenslosen Arbeitnehmers in Millionenhöhe haftbar sein. Bei grober Fahrlässigkeit des gleichen Arbeitnehmers entstünde dagegen kein Freistellungsanspruch und daher auch keine erhöhte Haftung des Arbeitgebers – ein paradoxes Ergebnis.

329 **Eine wirklich allen Interessen gerecht werdende Lösung kann daher auch der von der neueren Rechtsprechung verfolgte Weg nicht bieten.** Bisher muß jedenfalls damit gerechnet werden, daß bei schadensgeneigter Arbeit in allen Fällen leichtester Fahrlässigkeit des Gehilfen die Haftungsbegrenzung des Frachtrechts ganz, bei mittlerer Fahrlässigkeit möglicherweise in Höhe einer bestimmten Quote durchbrochen wird.

Abhilfe könnte jedoch die neuere Auffassung schaffen, die alle frachtrechtlichen Haftungseinschränkungen – vertragliche wie gesetzliche – zugunsten des Arbeitnehmers anwenden will. Da jedoch die Ansprüche der Vertragspartner des Frachtführers gegen dessen Arbeitnehmer ausschließlich auf unerlaubter Handlung beruhen und der BGH die deliktische Haftung unabhängig von frachtrechtlichen Haftungsbeschränkungen sieht (siehe Rdn. 285), können auf Grundlage der bisherigen BGH-Rechtsprechung die Haftungsbegünstigungen des Frachtführers dem Gehilfen nur zugute kommen, soweit sie sich auch auf die außervertragliche Haftung beziehen oder in ihrer Wirkung auf diese erweitert werden.

3. Haftungsausnahmen zugunsten von Gehilfen

330 Nach der neueren Rechtsentwicklung schließen die meisten **gesetzlichen Sonderordnungen** des Frachtrechts ausdrücklich die Gehilfen des Beförderers in den Schutz der Haftungsbegünstigungen mit ein, so daß der Geschädigte über die beschränkte Haftung des Frachtführers hinaus vom Gehilfen keine zusätzliche Haftung erlangen kann[418].

---

[414] BGH vom 27. 4. 1964, BGHZ **41** 203 ff.
[415] *Lorenz* Zeitschrift für Binnenschiffahrt **1975** 494 f (siehe auch *Gamillscheg/Hanau* aaO 92).
[416] Urteil vom 24. 11. 1975, BGHZ **66** 1, 4.
[417] Zutreffend *Schmid* TranspR **1986** 49, 51 m. w. Nachweisen.
[418] Zugunsten aller Erfüllungsgehilfen Art. 28 Abs. 2 CMR; Art. 51 Abs. 2 ER/CIM 1980 = Art. 40 § 2 CIM 1970; § 15 Abs. 3 der Bedingungen GüKUMT; im Luftrecht gilt das gleiche zugunsten aller „Leute" des Luftfrachtführers: Art. 25 A (WA nF) Anh. VII/2 nach § 452; Art. V des luftrechtlichen Charterabkommens von Guadalajara (Anh. VII/3 nach § 452); § 48 Abs. 2 Satz 2 LuftVG (Anh. VII/1 nach § 452). Gleiches gilt grundsätzlich für § 607a Abs. 2 HGB i. d. F. des 2. SeeRÄndG vom 25. 7. 1986. Entsprechende Regelungen enthält auch Art. 20 Abs. 2 des UNCTAD-Abkommens zum multimodalen Transport von 1980.

Soweit eine solche Erstreckung gesetzlich nicht vorgesehen ist, läßt sie sich allerdings auf der Grundlage der hier (Rdn. 290 ff) abgelehnten Rechtsprechung zur unbeeinflußten Anspruchskonkurrenz zwischen frachtvertraglichen und deliktischen Ansprüchen dogmatisch kaum begründen: Haftet schon der Frachtführer unbeschränkt aus Delikt, dann erst recht der von der Sonderordnung überhaupt nicht betroffene Gehilfe[419].

Die **AGB des Beförderungsgewerbes** sehen ebenfalls teilweise eine Drittwirkung zugunsten von Gehilfen vor[420]. Demnach verbleiben jedoch noch Fälle, in denen weder durch Gesetz noch durch AGB der Schutz der Haftungseinschränkungen des Transportrechts dem Gehilfen des Transportunternehmers gewährt wird. Für diese Fälle haben Rechtsprechung und Lehre zunehmend gefordert, derartige Haftungseinschränkungen auf die Haftung der Gehilfen entsprechend anzuwenden. **331**

Soweit eine Schutzklausel zugunsten des Gehilfen des Transportunternehmers in den Bedingungen nicht ausdrücklich vorgesehen ist, hat die Rechtsprechung schon seit langem in großzügiger Weise **eine Drittwirkung zugunsten von Gehilfen** angenommen[421]. Diese Rechtsprechung ist nicht unbedenklich. Die Erweiterung des Einwirkungsbereichs von AGB durch extensive Auslegung ist an sich unzulässig; siehe schon *Helm* AcP **161** 516. Dieser alte Grundsatz ist durch die gesetzliche Schranke des § 5 AGBG (Unklarheitenregel) gefestigt. Andererseits ist kaum zu bestreiten, daß gerade der abhängige Arbeitnehmer oder der wirtschaftlich schwächere Unterfrachtführer mindestens ebenso viel Schutz verdienen, wie der Frachtführer selbst. **332**

4. Neuerer Ansatz: Arbeitgeber-Haftungsbeschränkungen auch zugunsten seiner Arbeitnehmer

Ein neuerer Ansatz zur allgemeinen Lösung des Problems geht davon aus, daß alle Haftungseinschränkungen von Arbeitgebern auch ihren Arbeitnehmern als Gehilfen zugute kommen sollen. Grundlage dafür soll der soziale Schutz der Arbeitnehmer sein. In der Literatur wurde diese weitgehende Auffassung schon von *Lorenz*, Zeitschrift für **333**

---

[419] Dennoch für entsprechende Anwendung der Haftungseinschränkungen des § 35 KVO: OLG Düsseldorf vom 6. 2. 1984, TranspR **1984** 195 f.

[420] Siehe z. B. Art. 13 Nr. 12 der ABB-Fracht (Anh. VII/4 nach § 452); Nr. 6 S. 2 der Schwergutbedingungen BSK, siehe in § 452 Anh. III/3; Konnossementsformulare der Seeschiffahrt in Form der Himalaya-Klauseln; zu diesen *Karsten Schmidt* ETR **1984** 675 ff; auch übliche Bedingungen für kombinierte Transporte (siehe Anh. V nach § 452 Rdn. 53 ff), Nr. 11.1 FBL; die Uniform Rules der Internationalen Handelskammer enthalten in Rule 18 eine Klausel, die dem MTO die Vereinbarung einer Schutzklausel für Gehilfen gestattet.

[421] Siehe zugunsten eines Schiffsführers in der Binnenschiffahrt BGH vom 7. 7. 1960, VersR **1960** 727, 729; vom 29. 10. 1965, BGHZ **22** 109, 122 f; vom 21. 1. 1971, VersR **1971** 412 f; OLG Hamburg vom 18. 6. 1970, VersR **1970** 1101, 1103 f; OLG Hamburg vom 9. 12. 1981, MDR **1982** 584 (zugunsten des Kapitäns eines gecharterten Schiffes); BGH vom 26. 11. 1979, VersR **1980** 572 ff (zugunsten des Reeder-Kapitäns eines Küstenmotorschiffs; wohl vorinstanzliches Urteil dazu OLG Köln vom 27. 6. 1978, VersR **1979** 82 f); vom 4. 2. 1980, VersR **1980** 573 f (zugunsten des Kapitäns eines Seeschiffs); dazu auch BGH vom 9. 11. 1981, NJW **1982** 992 ff; OLG Hamburg vom 17. 5. 1984, TranspR **1985** 57 (zugunsten eines Schiffseigners in der Hafenschiffahrt); BGH vom 18. 6. 1976, VersR **1976** 1129 (zugunsten eines Unterfrachtführers im Güternahverkehr nach § 63 ADSp). Zugunsten eines Unterfrachtführers in der Binnenschiffahrt BGH vom 28. 4. 1977, WM **1977** 785 f. Einschränkend zum Binnenschiffahrtsrecht dagegen noch BGH vom 21. 10. 1971, WM **1972** 54 f.; gänzlich ablehnend noch OLG Düsseldorf vom 24. 11. 1966, VersR **1968** 551 (552) zu Lasten eines Schiffers in der Binnenschiffahrt.
Zur Freizeichnung zugunsten des Fahrers eines gemieteten Kleinbusses siehe BGH vom 7. 2. 1968, VersR **1968** 476, 477; zugunsten eines Gabelstaplerfahrers einer Kaianstalt OLG Hamburg, VersR **1970** 1028, 1031.
Positiv zu dieser Rechtsprechung *Schreiber* BB **1980** 1698; *Blaurock* ZHR **1982** 238–258; *Blaschczok* VersR **1980** 1104 ff; *Schmid* TranspR **1986** 49 ff.

§ 429

Binnenschiffahrt 1975 491 ff; *Denck,* Der Schutz des Arbeitnehmers vor der Außenhaftung (1980) 130 ff und von *Schmid,* TranspR 1986 49 ff, vertreten. Auch das OLG Düsseldorf vom 6. 2. 1984, TranspR 1985 195 ff, geht bei der Anwendung von §§ 430 HGB, 35 KVO letztlich von dieser Vorstellung aus, wenn auch die Begründung mit der vertraglichen Vereinbarung einer Schutzwirkung gesetzlicher Vorschriften zugunsten Dritter gekünstelt ist; ein Wille des Auftraggebers zum Verzicht auf Ansprüche gegen Dritte kann schwerlich unterstellt werden.

334 Die neuere Lösung entspricht der modernen Entwicklung des Transportrechts; siehe Rdn. 272 ff. Inhaltlich übernimmt sie auch die Rechtsprechung zu Freizeichnungsklauseln in AGB mit Schutzwirkungen für Arbeitnehmer des Verwenders. Sie bedeutet im übrigen zugleich eine Abwendung von der (hier abgelehnten) grundlegenden Annahme einer unbeeinflußten Anspruchskonkurrenz zwischen Vertrag und Delikt. Unter Aufgabe früherer Bedenken schließe ich mich dieser Auffassung nunmehr an. Sie wird einem gewandelten Verständnis vom erforderlichen Schutz des Arbeitnehmers vor übermäßigen Haftungsrisiken gerecht. In einem System des Sozialstaats ist es kaum vertretbar, Arbeitnehmer für den gleichen Schadensfall weitergehend haften zu lassen als ihre Arbeitgeber. In den Bereichen der gesetzlichen Haftungsbeschränkungen ist dies durch eine Rechtsanalogie aus den speziellen, die Haftung von Arbeitnehmern betreffenden Sonderregelungen (siehe Rdn. 330) zu rechtfertigen. Allerdings ist diese Begründung nur tragfähig, wenn man die frachtrechtlichen Haftungseinschränkungen auch für die Deliktshaftung des Frachtführers wirksam werden läßt. Soll der Arbeitgeber allerdings weiterhin mit der herrschenden Rechtsprechung aus Delikt unbeschränkt haften, handelt es sich nicht um eine Gleichstellung des Arbeitnehmers mit dem Arbeitgeber, sondern um eine Besserstellung, die einen erheblich weiteren Schritt in Richtung Sozialstaat bedeuten und der Entwicklung im Bereich der arbeitsrechtlichen Einschränkung der Arbeitnehmerhaftung weit vorauseilen würde.

Soweit die Haftungseinschränkungen auf AGB-Klauseln beruhen, läßt sich die Erweiterung ihres Wirkungskreises durch Auslegung zugunsten der Arbeitnehmer im Hinblick auf § 5 AGBG nur dadurch rechtfertigen, daß sich diese allenfalls mittelbar zugunsten des Verwenders auswirken kann, jedenfalls aber unmittelbar eine dritte Person betrifft. Eine derartige Auslegung ist wohl i. S. einer höherrangigen Wertung des Arbeitnehmerschutzes auch mit § 5 AGBG vereinbar.

335 Im Ergebnis ist daher davon auszugehen, daß die Arbeitnehmer der Beförderungsunternehmer sich in jedem Fall auf Haftungsausschlüsse und -beschränkungen berufen können, die dem Beförderer gegenüber seinen Kunden zustehen. Dies gilt auch für die Einrede der Verjährung[422].

---

[422] Siehe dazu § 414 Rdn. 24 und neuerdings BGH vom 4. 6. 1987, TranspR 1987 454, 456 = VersR 1987 1130 ff; OLG Nürnberg vom 19. 12. 1986, TranspR 1987 149, 150; OLG Hamburg vom 5. 2. 1987, TranspR 1987 395, 397; *Wegner* VersR 1986 124–126.

Anhang I nach § 429
Transportbezogene Versicherungen

Übersicht

	Rdn.
A. Überblick	1
I. Die Versicherungsarten	1
1. Nach versicherten Interessen (Güter-, Transporthaftpflicht-, Speditionsversicherung)	1
2. Nach „Sachersatzinteresse"?	2
II. Die Einordnung der Versicherungen als Transportversicherungen nach VVG und VAG	6
1. Güterversicherungen	7
2. Transporthaftpflichtversicherungen	8
3. Speditionsversicherung – Transportversicherung i. S. des Versicherungsaufsichts- und -vertragsrechts?	14
B. Übersicht über die einzelnen Versicherungsarten	15
I. Güterversicherung (Transportversicherung)	15
1. Gegenstand der Güterversicherung	15
2. Maßgebliche Regelungen für die Güterversicherung	17
3. Deckungsumfang der Güterversicherung	21
II. Haftpflichtversicherung	30
1. Allgemeines	30
a) Gegenstand der Haftpflichtversicherung	30
b) Versicherungspflicht	38
c) Unwirksamkeit und Inhaltskontrolle von AVB	40
d) Übliche Versicherungen	41
2. KVO-Haftpflichtversicherung	42
3. CMR-Haftpflichtversicherung	45
a) Einfache CMR-Versicherung	45
b) CMR-Fremdunternehmer-Versicherung	48
4. AGNB-Haftpflichtversicherung	51
5. Haftpflichtversicherung bei GüKUMT-Beförderung	52
6. Haftpflichtversicherung für Schwergut	53
7. Kabotageversicherung (Europa-Police)	54
8. Haftpflichtversicherung für kombinierte Transporte	55
9. Speditionshaftpflichtversicherung	56
10. Andere Haftpflichtversicherungen	60
III. Speditions- und Rollfuhrversicherung	61
C. Doppelversicherung, Subsidiarität, Regreß	62
I. Doppelversicherung	63
1. Begriff	63
2. Begriffsmerkmale i. S. v. § 59 VVG	64
a) Mehrere Versicherer	65
b) Gleiches versichertes Interesse	66
3. Doppelversicherung zwischen gleichartigen Versicherungen	68
4. Doppelversicherung zwischen artverschiedenen Versicherungen	69
II. Subsidiarität	75
1. Begriff der Subsidiarität	75
2. Wirkung der Subsidiaritätsklauseln	78
3. Beispiele im Transportschadensbereich	79
4. Unwirksamkeit von Subsidiaritätsklauseln	84
5. Konkurrierende Subsidiaritätsklauseln	85
III. Regreß	86
1. Grundlagen	86
a) Begriff	86
b) Zusammenhang zwischen Regreß und Subsidiarität	87
c) Aktivlegitimation für Regreßforderungen	90
aa) Aufgrund von § 67 VVG	90
bb) Aufgrund Abtretung nach §§ 398 ff BGB	91
2. Regreß des Güterversicherers	92
a) Mögliche Regreßbeziehungen (Regreßschuldner, anzuwendende Rechtsnormen)	92
aa) Subunternehmer, aufeinanderfolgende Unternehmer	93
bb) Spediteure	94
cc) Multimodaler Transport	100
b) Aktivlegitimation im Regreß des Güterversicherers	103
aa) Fracht- und speditionsrechtliche Aktivlegitimation	104
bb) Forderungsübergang nach § 67 VVG	107
cc) Abtretung	111
dd) Prozeßstandschaft	114

Anh. I § 429
(Versicherungen)

Drittes Buch. Handelsgeschäfte

	Rdn.		Rdn.
3. Regreß des Haftpflichtversicherers	115	c) Gegen Speditionsversicherer	118
a) Gegen Subunternehmer	116	d) Gegen Dritte	119
b) Gegen Personal und Subunternehmer des Beförderers (Spediteurs)	117	4. Regreß des Speditionsversicherers	120
		5. Regreßsperrende Klauseln	121

D. Rettungskosten nach §§ 62, 63 VVG 126

Schrifttum

Bischof, Güterkraftverkehrstarif für den Umzugsverkehr und für die Beförderung von Handelsmöbeln (1986), zit. „*Bischof*"; S. 80 ff; *Buthke* Rechtsstellung des Geschädigten gegenüber der KVO-Versicherung des Güterfernverkehrsunternehmers, VP **1959** 82 f; *Deutsche Gesellschaft für Transportrecht*, Gütertransport und Versicherungen (1990), zit. *DGTR* Gütertransport und Versicherungen; *Bruck/Möller/Sieg* Versicherungsvertragsgesetz[8] Bd. 2 (1980); *de la Motte* ADS Güterversicherung 1973 in der Fassung 1984, TranspR **1985** 124 f; *derselbe* CMR: Schaden – Entschädigung – Versicherung, VersR **1988** 317 ff; *Deutscher Transport-Versicherungs-Verband* e. V., DTV-Handbuch, Losebl.; *Enge* Erläuterung zu den ADS Güterversicherung 1973/84 und dazugehörigen DTV-Klauseln (1973); *derselbe* Transportversicherung[2] (1987); *DGTR* Gütertransport und Versicherungen" siehe Deutsche Gesellschaft ...; *Helm* Versicherung von Transportschäden und Versichererregreß, 25 Jahre Karlsruher Forum, in: Jubiläumsausgabe zu VersR (**1983**), S. 116 ff; *derselbe* Zusammenspiel der Versicherungen, in: *DGTR* Gütertransport und Versicherungen 197 ff; *Heuer* in *Willenberg* KVO[4] Erl. zu § 38 KVO; *derselbe* Verkehrshaftungsversicherungen, in: *DGTR* Gütertransport und Versicherungen 31 ff; *Johannsen* Zur Zulässigkeit einer unmittelbaren Leistungsklage des Geschädigten gegen den KVO-Versicherer ..., VersR **1978** 108 ff; *Kisch* Handbuch des Privatversicherungsrechts, Bd. 2: Die Lehre von der Versicherungsgefahr (1920); Bd. 3: Die Lehre vom Versicherungsinteresse (1921); *derselbe* Die mehrfache Versicherung desselben Risikos (1935); *Martin* Sachversicherungsrecht[3] (1992); *derselbe* Deckung des Haftpflichtrisikos in der Sachversicherung, VersR **1974** 821; *derselbe* Zusammentreffen zweier Subsidiaritätsabreden, VersR **1973** 691; *Muth* Die Güterversicherung nach der CMR, ZfV **1974** 47; *Prölss/Martin/Bearbeiter* Versicherungsvertragsgesetz[25] (1992); *Prölss/Schmidt/Frey* Versicherungsaufsichtsgesetz[10] 1989; *Remé* Institute Cargo Clauses und ADS Güterversicherung 1973 in einer Police?, VersR **1980** 207 ff; *Roesch* Haftung im gewerblichen Güterverkehr und die dazugehörigen Versicherungen, VP **1964** 49 ff; *derselbe* Ist der frachtrechtliche Haftpflichtversicherer des Straßenfrachtführers zur Führung „umgekehrter" (aktiver) Haftpflichtprozesse verpflichtet?, VersR **1977** 113 ff; *derselbe* Zur Zulässigkeit einer unmittelbaren Leistungsklage des Geschädigten gegen den KVO-Versicherer, VersR **1977** 891; *Roltsch* Die Haftpflichtversicherung des Straßenfrachtführers, Diss. Hamburg (1983); *derselbe* Der Direktanspruch des Verfügungsberechtigten gegen den Straßentransport-Haftpflichtversicherer, VersR **1985** 317 ff.; *derselbe* Die Zurechnung des Verhaltens Dritter im Straßengüterverkehr unter besonderer Berücksichtigung versicherungsrechtlicher Aspekte, VP **1984** 157–161; *Schirmer* Zur Versicherbarkeit des Sachersatzinteresses in der Sachversicherung, ZVersWiss **1981** 637; *Schneider* Verkehrshaftungsversicherungen (1992); *derselbe* Speditionsversicherung, in: *DGTR* Gütertransport und Versicherungen 71 f; *Schumacher* Die Versicherung des Lagergeschäfts (1988); *Seybold* Geltungserhaltende Reduktion ... bei Versicherungsbedingungen, VersR **1989** 784 ff; *Sieg* Abtretungsbeschränkungen in Verkehrs- und korrespondierenden Versicherungsverträgen, TranspR **1993** 48 ff; *Sievers* Transport- und Verkehrshaftungsversicherung beim Möbeltransport, TranspR **1982** 3 f; *Vogel* Subsidiaritätsabreden und Doppelversicherung, ZVersWiss **1973** 570; *Winter* Subsidiaritätsklauseln und AGBG, VersR **1991** 527 f; *Willenberg* Fragen aus der KVO-CMR-Versicherung, ZVersWiss **1974** 179 ff. Siehe ferner die Erläuterungen zu § 38 KVO zur KVO-Haftpflichtversicherung und zum Speditions- und Rollfuhrversicherungsschein (SVS/RVS, Anh. II nach § 415 und § 429 Anh. II).

A. Überblick
I. Die Versicherungsarten
1. Unterscheidung nach versicherten Interessen (Güter-, Transporthaftpflicht-, Speditionsversicherung)

Im Bereich der Transportrisiken muß zwischen **drei spezialisierten Versicherungsarten** unterschieden werden, die solche Risiken decken: (1) der **Versicherung der Güter in der Transportversicherung (Güterversicherung)**; (2) der **Versicherung der Haftpflicht des Frachtführers oder des Spediteurs (Transport-Haftpflichtversicherung)**; (3) der **haftungsersetzenden Versicherung** nach § 39 ADSp und dem SVS/RVS oder anderen Speditionsversicherungspolicen **(Speditions- und Rollfuhrversicherung)**. Diese drei Versicherungsarten unterscheiden sich grundsätzlich durch die Art der in den Bedingungen festgelegten Risiken (versicherten Interessen). Sie greifen in vielfältiger Weise ineinander und werden durch besondere Spielarten und durch Haftpflichtversicherungen und Sachversicherungen anderer Sparten sowie durch die Sozialversicherung ergänzt.

2. Unterscheidung nach „Sachersatzinteresse"?

Gegenüber der relativ einfachen herkömmlichen Aufteilung der Versicherungsarten nach dem jeweils im Versicherungsvertrag definierten Versicherungsanspruch, aus dem sich das versicherte Interesse nach formalen Kriterien ableiten läßt, sorgt die in jüngerer Zeit im Vordringen begriffene Theorie vom „Sachersatzinteresse"[1] für Verwirrung. Diese Theorie versucht eine teilweise **Umdefinition der versicherten Interessen** nach subtileren, mehr am wirtschaftlichen Zweck orientierten Interessebeschreibungen. Zugrunde liegt der Gedanke, **eine Güterversicherung könne als eine Art verdeckter Haftpflichtversicherung fungieren, wenn sie im Interesse eines potentiell Haftpflichtigen gedeckt worden sei.** Ausgangspunkt ist der Fall, daß eine Haftpflichtversicherung und eine die verletzten Güter versichernde Sachversicherung (Fremdversicherung) nebeneinander bestehen. In diesem Fall soll das sogenannte „Sachersatzinteresse" des Haftpflichtversicherten mittelbar als Haftpflichtinteresse fungieren, weil der Sachschaden eine Haftungsvoraussetzung ist, deren Beseitigung auch die von der Haftpflichtversicherung gedeckte Haftpflicht entfallen läßt[2]. In der Tat kann der Frachtführer sein Interesse an Haftungsfreistellung auf zwei Arten versichern: unmittelbar durch Haftpflichtversicherung und/oder mittelbar durch Sachversicherung, die den Schaden als Haftungsvoraussetzung beseitigt[3]. Das Sachersatzinteresse wird von *Martin* SachVersR[3] J III Rdn. 2 als Sonderform des Haftpflichtrisikos gesehen. *Bruck/Möller*[8] § 49 VVG Anm. 75

---

[1] Zur bisherigen Abgrenzung siehe deutlich BGH vom 7. 12. 1961, VersR **1962** 129 f; zum Sachersatzinteresse *Martin* VersR **1974** 826; *derselbe* VersWirtsch **1974** 1130, 1134; *Prölss/Martin/Voit*[25] vor § 51 VVG Anm. 6 E und 7 B c, § 79 VVG Anm. 1 und an weiteren Stellen; *Martin* SachversR[3] J 6 f, JIV 3, 13 ff; *Schaefer*, VersR **1975** 996 f; jetzt auch BGH vom 23. 11. 1988, TranspR **1989** 156, 157 = VersR **1989** 250 ff. Ablehnend *Schirmer* ZVersWiss **1981** 637 ff; *Sieg* NJW **1983** 270; *Heuer* in: *DGTR* Gütertransport und Versicherungen 48 ff; zu dieser Entwicklung eingehend *Helm* in: *DGTR* Gütertransport und Versicherungen 199 ff. Auch *de la Motte* VersR **1988** 317, 322 verwendet den Ausdruck „Sachersatzinteresse" gerade zur CMR-Haftpflichtversicherung noch im herkömmlichen Sinne.

[2] Grundsätzlich: *Kisch* Mehrfache Versicherung 57; *Martin* VersR **1974** 821 ff; im Hinblick auf die Anwendung von 67 VVG bei Fremdversicherung grundsätzlich auch BGH vom 11. 7. 1960, BGHZ **33** 97, 100. Ein solcher Fall hätte z. B. in der Entscheidung BGH vom 20. 3. 1974, VersR **1974** 535, 536 vorgelegen.

[3] BGH vom 20. 3. 1974, VersR **1974** 535, 536; *Martin* VersR **1974** 821 ff; einen solchen Fall betrifft auch das BGH-Urteil vom 24. 3. 1976, VersR **1976** 480, 481, nicht aber BGH vom 23. 11. 1988, TranspR **1989** 156, 157 = VersR **1989** 250 ff.

bezeichnet diesen Ausdruck mit Recht als irreführend. Dies gilt besonders dann, wenn er über seinen ursprünglichen Verwendungsbereich hinaus allgemein als für Haftpflichtversicherungen bestimmter Art kennzeichnend – d. h. als Synonym zum Haftpflichtrisiko – verwendet wird und daher zu einer Verwischung der Grenzen zwischen Sachversicherung und Haftpflichtversicherung führt[4]. Diese ist eindeutig gegeben, wenn *Martin* die Transporthaftpflichtversicherung (wegen des „Sachersatzinteresses") als Sachversicherung bezeichnet[5].

3 Eine **Identität der versicherten Interessen „Haftpflicht" und „Sachersatz" kann allerdings in den wenigsten Fällen angenommen werden**, schon weil sich Haftpflichtversicherungen zumeist nicht auf Sachschäden beschränken, sondern Personen- und allgemeine Vermögensschäden mit einbeziehen. Allenfalls läßt sich vertreten, daß das Sachersatzinteresse einen Teil des Haftpflichtrisikos beinhaltet. Irreführend ist der Ausdruck „Sachersatzinteresse" auch, weil aus ihm nicht hervorgeht, daß er nicht das Interesse des geschädigten Sachinteressenten, sondern das des Schädigers am haftungsbefreienden Sachersatz bezeichnet. Zu Recht ist der BGH einer Verwischung der Grenzen zwischen den Versicherungszweigen noch im Urteil vom 20. 3. 1974, VersR **1974** 535, 536 sehr deutlich entgegengetreten: „In keinem Fall führt der Beweggrund, Schadensersatzansprüche möglichst anders als über die zivilrechtliche Haftung auszugleichen, zu einer Änderung des Charakters der zu diesem Zweck tatsächlich abgeschlossenen Versicherung. Deren Art bestimmt sich allein nach dem versicherten Interesse, dessen Verletzung bedingungsgemäß den Versicherungsanspruch auslösen soll." Im damals entschiedenen Fall hätte die Theorie vom Sachersatzinteresse notwendig zur Qualifikation der von einem Werkstattinhaber abgeschlossenen KFZ-Kaskoversicherung für Schäden an Fremdfahrzeugen als mittelbare Haftpflichtversicherung führen müssen, weil der Versicherungsnehmer ausschließlich ein Interesse an der Haftungsbefreiung hatte. *Martin* VersR **1974** 822 ff wird bei der Besprechung des Urteils dieser Fallkonstellation nicht gerecht.

4 Vollends unrichtig wird die Theorie vom Sachersatzinteresse, **wenn sie dazu benutzt wird, einen ganzen Versicherungszweig wie die Transporthaftpflichtversicherung teilweise den für die Sachversicherung geltenden Regeln zu unterstellen**[6]. Diese Theorie kann vielleicht in Sonderfällen eine teilweise Behandlung einer vom Haftpflichtigen gedeckten Güterversicherung als (verdeckte) Haftpflichtversicherung rechtfertigen, nicht dagegen umgekehrt die Haftpflichtversicherung zur verdeckten Güterversicherung machen; am deutlichsten wird dies, wenn der Haftpflichtige selbst die Haftpflichtversicherung gedeckt hat. Die Haftpflichtversicherung dient weder primär noch sekundär dem Güterschutz des Ladungsberechtigten. Allenfalls hat sie im Fall der Pflichtversicherung die Funktion der Liquiditätssicherung für Haftpflichtversicherungsansprüche. Ihre Zweckbestimmung ergibt sich aus § 149 ff VVG, wo sie deutlich

---

[4] Eindrucksvolle Beispiele für die Folgen der durch diese Theorie bewirkten Unordnung bei *Schirmer* ZVersWiss **1981** 675 ff; zur Schaffung überflüssiger Komplikationen durch diese Theorie siehe die Besprechung von AG Bad Homburg vom 10. 3. 1975 von *Schaefer*, VersR **1975** 996 f.

[5] *Prölss/Martin*, VVG[24] § 129 Anm. 1 B b; ebenda S. 1571 (§§ 129 VVG ergänzend anzuwenden); ebenso noch *Prölss/Martin/Voit* VVG[25] S. 2126; auch außerhalb des Pflichtversicherungsbereichs nach § 27 Abs. 1 S. 2 GüKG will *Martin* VersR **1974** 823 die Transporthaftpflichtversicherung wohl als Sachversicherung qualifizieren; ausdrücklich zur AGNB-Versicherung in *Prölss/Martin*[24] aaO.

[6] So mit der generellen Qualifikation der Transporthaftpflichtversicherung als Transportversicherung, siehe Rdn. 2; mit der Annahme von Doppelversicherung zwischen Transporthaftpflichtversicherung und Transport-Güterversicherung, siehe Rdn. 69 ff.

geregelt ist. Auch die Versicherungspraxis hat sich immer daran gehalten. Wegen ihrer Bindung an die Haftungsvoraussetzungen der von ihr gedeckten Haftung eignet sich die Haftpflichtversicherung ohnehin nicht für einen umfassenden Güterschutz[7]. Die umgekehrte Anwendung der Theorie vom Sachersatzinteresse, nach der die Haftpflichtversicherung zugleich oder ausschließlich Sachversicherung sein soll, führt damit zu einem unannehmbaren Ergebnis.

Die **Theorie vom Sachersatzinteresse selbst wird überdies mit ihrer generalisierenden Anwendung in ihren entscheidenden Grundlagen verändert.** Sie geht auf *Kisch*[8] zurück, der mit ihr die besondere Fallkonstellation erfassen wollte, daß ein Versicherungsnehmer das Risiko seiner Haftpflicht für Sachschäden mittelbar durch eine Sachversicherung zugunsten des Sachinteressenten (potentiell Geschädigten) deckt[9]. Sie versucht, den Interessebegriff für diese Fälle wirtschaftlich schärfer zu fassen, in denen das versicherte Interesse zumindest auch ein solches des abschließenden Versicherungsnehmers an Haftungsfreistellung ist. Der Begriff des versicherten Interesses ist kein rein wirtschaftlicher[10]. Gegenstand des Interesses sind Beziehungen, kraft derer der Versicherungsnehmer oder ein versicherter Dritter einen Nachteil erleiden kann[11]. Er erlaubt also die Orientierung am wirtschaftlichen Begriff des Nachteils[12] und damit auch einen grundsätzlich weiten Ansatz für die Frage der Doppelversicherung. Die allgemeine Qualifikation der Transporthaftpflichtversicherung als eine Art mittelbarer Sachversicherung[13] und damit die Unterordnung unter die Transportversicherung von Gütern wird jedoch dem System der Versicherungsarten nicht gerecht[14]. Wäre dieser Ansatz richtig, so wäre jede Haftpflichtversicherung zugleich mittelbar eine andersartige Versicherung, so z. B. die Kraftfahrzeughaftpflichtversicherung zugleich Lebens-, Unfall-, Sach- und Krankenversicherung zugunsten des jeweils Geschädigten. 5

II. Die Einordnung der Versicherungen als Transportversicherungen nach VVG und VAG

Inwieweit die drei hier erörterten Versicherungsarten als Transportversicherungen anzusehen sind, ist insbesondere von Bedeutung für die **Versicherungsaufsicht**[15]. Das Versicherungsaufsichtsrecht knüpft zwar nicht terminologisch, aber doch sachlich in § 5 Abs. 6 und in § 111 Abs. 1 VAG an den Begriff der Transportversicherung an. Sonderregeln für die Transportversicherungen sind aber auch in wichtigen **versicherungsvertragsrechtlichen** Bestimmungen enthalten: insbesondere in §§ 148 und § 187 i. V. m. Art. 10 Abs. 1 S. 2 Nr. 1 EGVVG. Angesichts der sehr unterschiedlichen Aufgaben bei- 6

---

[7] Eindeutig gegen Doppelversicherung zwischen vom Auftraggeber gedeckter Transport-Güterversicherung und KVO-Haftpflichtversicherung BGH vom 7. 12. 1961, VersR **1962** 129 f; OLG Düsseldorf vom 18. 10. 1960, VersR **1961** 114 f; siehe zur Theorie vom Sachersatzinteresse und zur Doppelversicherung durch Güterversicherung und Transporthaftpflichtversicherung unten Rdn. 69 ff. Ausnahmefälle bei *Kisch* Mehrfache Versicherung desselben Interesses (1935) 55 Fn. 13 (Sachversicherung und Haftpflichtversicherung gegen sich selbst).

[8] Handbuch des Privatversicherungsrechts, Bd. 3: Die Lehre vom Versicherungsinteresse (1921) 120 ff. Gegen diese Theorie vor allem eingehend *Schirmer* ZVersWiss **1981** 637 ff.

[9] Auf solche Fallkonstellationen beschränkt sich auch noch der Aufsatz von *Martin*, VersR **1974** 821 ff.

[10] Als wirtschaftlich bezeichnet *Kisch* Mehrfache Versicherung 54 den Interessebegriff.

[11] Allgemein *Bruck/Möller*[8] vor § 49 VVG Rdn. 48; speziell zur Sachversicherung ähnlich *Martin* SachversR[3] J I Rdn. 1.

[12] *Bruck/Möller*[8] § 49 VVG Rdn. 31, 53 ff, zur Rspr. Anm. 55.

[13] So aber *Prölss/Martin*, VVG[24] § 129 Anm. 1 B b unter Lösung vom eigenen Ausgangspunkt aus VersR **1974** 821 ff (ohne Begründung).

[14] Siehe unten Rdn. 11 ff.

[15] Vor allem §§ 5 Abs. 6 VAG mit Anlage A Nr. 7, 10 b, 11, 12 und 111 Abs. 1 VAG, Neufassung vom 17. 12. 1992, BGBl **1993** 3 ff.

der Rechtsgebiete kann man nicht ohne weiteres davon ausgehen, daß die versicherungsvertragsrechtlichen und versicherungsaufsichtsrechtlichen Bestimmungen vom gleichen Inhalt des Begriffes „Transportversicherung" ausgehen, sondern daß die Begriffe im versicherungsvertragsrechtlichen und versicherungsaufsichtsrechtlichen Sinne voneinander abweichen können; zutreffend *Jenssen* TranspR **1989** 157.

1. Güterversicherungen

7 Die Güterversicherung von Transportgütern ist nach § 129 Abs. 1 VVG Transportversicherung; auch das Versicherungsaufsichtsrecht unterstellt sie in §§ 5 Abs. 6 und 111 Abs. 1 VAG i. V. m. Anl. A Nr. 7 dem Sonderrecht der Transportversicherung.

2. Transporthaftpflichtversicherungen

8 In Literatur und Rechtsprechung wird teilweise behauptet, die Transporthaftpflichtversicherungen (KVO-und AGNB-Haftpflichtversicherung) seien allgemein **Transportversicherungen, auch i. S. d. Versicherungsvertragsrechts** und unterlägen daher dessen Vorschriften für Transportversicherungen[16]. Richtigerweise muß jedoch differenziert werden zwischen Transportversicherung im Sinne des Versicherungsvertragsrechts[17] einerseits und des Versicherungsaufsichtsrechts andererseits[18]. §§ 129 Abs. 1 VVG betrifft die Transportversicherung „von Gütern"; § 148 VVG spricht nur von „Transportversicherung", bezieht sich aber nach seiner Stellung im Gesetz auf die im Titel „Transportversicherung" geregelten Typen der Güterversicherung und Schiffskaskoversicherung, nicht dagegen auf den folgenden Titel zur Haftpflichtversicherung. Versichertes Interesse muß bei einer Transportversicherung (von der Schiffskaskoversicherung abgesehen) danach das Interesse an den Gütern (Sachinteresse[19]) sein. Die Transporthaftpflichtversicherung versichert aber nicht das Sachinteresse an den Gütern, sondern das Interesse des Frachtführers an Freistellung vom Transporthaftungsrisiko. Da die Transporthaftpflichtversicherung keine Güterversicherung ist, konnte der frühere § 187 Abs. 1 VVG, der die volle Vertragsfreiheit herstellte, nach richtiger Auffassung auf die Transporthaftpflichtversicherung nicht angewendet werden[20] – soweit nicht die Verweisung in § 27 Abs. 1 S. 2 GüKG seine entsprechende Anwendung anordnete. Gleiches gilt für § 148 VVG. Jedenfalls gab es – soweit ersichtlich – in der Literatur niemand, der dies – wie vom BGH vollzogen[21] – befürwortete[22]. Die VVG-Novelle von 1990 bestätigt diese Auffassung deutlich; siehe Rdn. 9.

---

[16] BGH vom 23. 11. 1988, TranspR **1989** 156, 157 = VersR **1989** 250 ff; *Prölss/Martin* VVG[24] § 129 Anm. 1 B; nunmehr in der Sache aufgegeben von *Prölss/Martin/Voit* VVG[25] § 129 Anm. 2 b und c (in der Liste der Versicherungen), nach wie vor aber für ergänzende Anwendung der §§ 129 ff VVG auf die Transporthaftpflichtversicherung auf S. 2127. Zum angegebenen BGH-Urteil ablehnend *Heuer* in *Willenberg*[4] § 38 KVO Rdn. 4; *Jenssen* TranspR **1989** 157 f; *Helm* in Gütertransport und Versicherungen (1990) 197, 199 ff.

[17] Für das Versicherungsvertragsrecht offenlassend österr. ObGH vom 26. 6. 1986, SZ **59** 115 S. 580 ff, gekürzt in VersR **1987** 1255 f; OLG Frankfurt vom 25. 10. 1977, VersR **1978** 535; unzutreffend dagegen *Prölss/Martin*, VVG[24] § 129 Anm. 1 B b; BGH vom 24. 3. 1976, VersR **1976** 480, 481; BGH vom 23. 11. 1988, TranspR **1989** 156, 157 = VersR **1989** 156, 157 mit kritischer Anm. von *Jenssen*, TranspR **1989** 157 f.

[18] Insoweit zutreffend OLG Karlsruhe vom 4. 10. 1984, TranspR **1984** 273, 274.

[19] *Kisch*, Hdb. d. Privatversicherungsrechts Bd. III (1922) 120.

[20] Zutreffend *Jenssen*, TranspR **1989** 157 f.

[21] BGH vom 23. 11. 1988, TranspR **1989** 156, 157 = VersR **1989** 250 ff.

[22] Kein Hinweis dieser Art fand sich z. B. bei *Prölss/Martin/Voit* VVG[24] § 148; ebensowenig in der Beschreibung der Transportversicherung bei *Enge* Transportversicherung[2] S. 19–22 und bei *Bruck/Möller/Sieg*[8], § 67 VVG Anm. 93.

Sechster Abschnitt. Frachtgeschäft   Anh. I § 429
                                            (Versicherungen)

Die Konsequenz der – hier entschieden abgelehnten – Auffassung von *Martin*, Trans- **9**
porthaftpflichtversicherungen (KVO-Versicherung und AGNB-Versicherung) seien
„auch" **Transportversicherungen im versicherungsvertragsrechtlichen Sinn**, weil sie
„als Sachversicherungen" das (Sachersatz-)Interesse des Frachtführers beträfen, besteht
in der regelmäßigen Anwendung von § 148 VVG auf die Transporthaftpflichtversicherung. Für die allgemeine Aussage, die Transporthaftpflichtversicherung sei Transportversicherung, läßt sich das von *Martin* zitierte Urteil des BGH vom 24. 3. 1976, VersR
1976 480, 481 nicht als Beleg anführen. Dieses stellte nur zutreffend fest, daß § 187
Abs. 1 VVG a. F. auf die KVO-Haftpflichtversicherung kraft der Verweisung in § 27
Abs. 1 S. 2 GüKG anzuwenden war und fügte dem eine rechtspolitische Begründung
bei. Diese gesetzliche Anordnung der entsprechenden Anwendung von § 187 VVG stellte nur die Pflichthaftpflichtversicherungen des Straßentransportgewerbes nach § 27
GüKG teilweise der Transportversicherung gleich. Sie wäre sogar überflüssig gewesen,
wenn diese Versicherungen ohnehin bereits Transportversicherungen wären. Die Neufassung von § 187 VVG[23] verweist auf dem Umweg über Art. 10 Abs. 1 EGVVG und die
Anlage A Nr. 4, 5, 6, 7, 10 a, 11 und 12 auf unterschiedliche „Großrisiko-Versicherun-
gen", die in Art. 10 Abs. 1 Nr. 1 ausdrücklich als „Transport- und Haftpflichtversicherungen" bezeichnet werden[24]. Danach ist terminologisch vom Gesetzgeber geklärt, daß
die Transporthaftpflichtversicherungen nicht unter den Begriff der Transportversicherungen fallen. Auch das Versicherungsvertragsrecht ordnet die Transporthaftpflichtversicherung nicht der Transportversicherung zu. Die neue Regelungstechnik in § 187 VVG
n. F. verzichtet auf den Begriff der Transportversicherung und macht die Verweisung in
§ 27 Abs. 1 S. 2 GüKG n. F. überflüssig, die daher nur noch informativen Charakter hat.

In besonderen Fällen werden teilweise Transporthaftpflichtversicherungen **versiche-** **10**
rungsaufsichtsrechtlich entsprechend der Transportversicherung behandelt[25].

Damit ist jedoch keine Aussage über die **versicherungsvertragsrechtliche** Behand- **11**
lung der Transporthaftpflichtversicherungen begründbar. Es ist daher zu bedauern, daß
der BGH im Urteil vom 23. 11. 1988, TranspR **1989** 156, 157 = VersR **1989** 250 ff – offenbar ohne nähere Überlegungen – undifferenziert der globalen Einordnung der Transporthaftpflichtversicherung als Transportversicherung aufgrund ihres angeblichen Charakters als Sachversicherung durch *Martin* gefolgt ist und § 148 VVG auf die KVO-
Haftpflichtversicherung angewendet hat. Diese Aussage wurde insbesondere auch nicht
durch § 27 Abs. 1 S. 2 GüKG gedeckt, der nur § 187, nicht aber § 148 VVG für entsprechend anwendbar erklärte. Das Urteil übernahm auch – offenbar ungeprüft – von *Prölss/
Martin*[24] dessen Verweisung auf das BGH-Urteil vom 24. 3. 1976, VersR **1976** 480, 481,
obwohl das zitierte Urteil nur § 187 VVG betraf.

Insgesamt ist daher generell daran festzuhalten, **daß Transporthaftpflichtversiche-** **12**
rungen keine Transportversicherungen sind[26]. § 187 VVG n. F. ist auf Transporthaftpflichtversicherungen kraft gesetzlicher Anordnung anzuwenden. Die Verweisung in
§ 27 Abs. 1 S. 2 GüKG ist damit überflüssig geworden.

Für die Zeit vor der VVG-Änderung von 1990 (siehe Rdn. 9) wurde die Anwen- **13**
dung von § 187 Abs. 1 VVG a. F. auf die KVO- und GüKUMT-Versicherung durch
§ 27 Abs. 1 S. 2 GüKG sichergestellt. In den anderen Fällen der Transporthaftpflichtver-

---

[23] Gesetz vom 28. 6. 1990, BGBl I 1249 ff.
[24] Dazu *de la Motte* TranspR **1992** 352, 353.
[25] Siehe §§ 5 Abs. 6, 111 Abs. 1 VAG n. F. mit Anl. A Nr. 7, 10 b, 11, 12.
[26] Eindeutig *Schneider* Verkehrshaftungsversiche-rungen (1992) 198; jetzt auch *Prölss/Martin/Voit* VVG[25] § 129 Anm. 2 c (in der Liste der Versiche-rungen).

sicherungen wurde die zwingende Rechtsnatur der Schutzbestimmungen des VVG durch § 187 Abs. 2 VVG ebenfalls praktisch aufgehoben, da diese Versicherungen ganz regelmäßig als laufende (Generalpolicen) gezeichnet werden, also laufende Schadensversicherungen sind[27]. Heute ist die für sie bestehende erweiterte Vertragsfreiheit durch § 187 n. F. gesichert.

3. Speditionsversicherung – Transportversicherung i. S. des Versicherungsaufsichts- und -vertragsrechts?

14 Ob die **Speditionsversicherung** versicherungsaufsichtsrechtlich weiterhin wie eine Transportversicherung zu behandeln ist[28], insbesondere ob sie von der Bedingungsaufsicht nach § 5 Abs. 6 VVG befreit ist und ob sie nach § 111 VAG n. F. überhaupt der Versicherungsaufsicht entzogen ist, erscheint zweifelhaft, weil dieser Versicherungstyp in Anl. A zum VAG nicht ausdrücklich beschrieben und nur schwer in die dort aufgeführten Versicherungssparten einzuordnen ist. Aus dem gleichen Grunde ist nicht sicher, ob sie unter die versicherungsvertragsrechtlichen Vorschriften der §§ 129 Abs. 1, 187 VVG fällt[29]. Grundsätzlich ist jedoch davon auszugehen, daß diese Ausnahmebestimmungen eng auszulegen sind. Die Frage bedürfte daher der gesetzlichen Klärung.

B. Übersicht über die einzelnen Versicherungsarten
I. Güterversicherung (Transportversicherung)
1. Gegenstand der Güterversicherung

15 **Gegenstand der Güterversicherungen durch den Transportversicherer ist die Unversehrtheit der Güter** (Integritätsinteresse). Ersetzt werden Schäden an den Gütern, die während des Versicherungszeitraums entstehen. Dieser deckt sich – je nach Lage des Falles – weitgehend mit der Beförderungszeit und der Obhut des Beförderers oder mehrerer aufeinanderfolgender Beförderer, Spediteure, Lagerhalter oder sonst an der Beförderungsabwicklung beteiligter Unternehmer[30]. Die Deckung wird oft über den ganzen Beförderungsvorgang hinaus (von Haus zu Haus) gewährt[31].

16 Die **Ersatzansprüche des Geschädigten** (des Versicherungsnehmers oder begünstigten Dritten, in der Regel des Ladungseigentümers) **gehen nach § 67 VVG auf den Transportversicherer über**, der sie im Regreßweg gegen den Frachtführer – evtl. auch gegen dessen Haftpflichtversicherer (siehe dazu unten Rdn. 86 und § 38 KVO Rdn. 11) – geltend machen kann. Die primäre Schadensdeckung durch die Güterversicherung ist also von den Haftungsregelungen des Frachtrechts unabhängig; nur im Regreß des Versicherers gegen den Frachtführer erlangen diese Regelungen Geltung, siehe hierzu *Hannig* VP **1971** 243 f. Zu den Leistungsausschlüssen unten Rdn. 23 ff, zu den Problemen von Doppelversicherungen und Regreß Rdn. 62 ff.

---

[27] Siehe auch Rdn. 41. In der Begründung unzutreffend daher OLG Frankfurt vom 25. 10. 1977, VersR **1978** 535 f, das § 6 Abs. 3 VVG im Bereich der CMR-Versicherung zwingend anwenden will. Zutreffend dagegen *Schönwerth* VersR **1978** 536.

[28] Dazu § 39 ADSp, Anh. I nach § 415 Rdn. 6.

[29] *Prölss/Martin/Voit* VVG[25] § 129 Anm. 2 c führt sie in der Liste der Versicherungen nicht auf; *Koller*[2] § 39 ADSp Rdn. 2-4 (S. 153) und Vorbem. vor § 1 SVS/RVS (S. 212) äußert sich dazu nicht.

[30] Beispiele für die Relevanz des Versicherungszeitraums im Deckungsprozeß zwischen Versicherer und Versicherungsnehmer: OLG Düsseldorf vom 18. 10. 1984, TranspR **1985** 357 = VersR **1986** 438 ff; OLG Hamburg vom 9. 7. 1986, VersR **1986** 1189 f; vom 11. 9. 1986, TranspR **1987** 103 ff = VersR **1987** 1234 f; OLG Köln vom 10. 11. 1988, VersR **1989** 284 f.

[31] Zur Aktivlegitimation im Deckungsprozeß siehe OLG Hamburg vom 27. 4. 1989, ZIP **1991** 382, 387 f = VersR **1991** 544 f.

Sechster Abschnitt. Frachtgeschäft

2. Maßgebliche Regelungen für die Güterversicherung

Als **Grundlagen der Güterversicherung** kommen auf dem deutschen Versicherungsmarkt vor allem in Betracht die **Allgemeinen Deutschen Seeversicherungsbedingungen (ADS)**, im Bereich der Güterversicherung geändert durch die **ADS Güterversicherung 1973/1984**[32]. Weniger häufig finden die **Allgemeinen Deutschen Binnentransportversicherungsbedingungen 1963 (ADB)** Anwendung[33]. 17

Ferner kommen die **Allgemeinen Einheitsversicherungsbedingungen (EVB)**[34] in Betracht[35]. Diese decken nach einem einheitlichen Konzept die Sachrisiken „während des Transports und der damit im Reiseverlauf verbundenen Aufenthalte". 18

Zur **Transportversicherung im früheren COMECON-Verkehr**: *de la Motte* DVZ Sonderausgabe FIATA **79** 103 f; zur Kombination der ADS-Güterversicherung 1973/84 mit internationalen Klauseln siehe *Remé* VersR **1980** 207–209. 19

Die (Transport-)Güterversicherung ist mit der **Lagerversicherung** eng verzahnt; siehe dazu eingehend *Schumacher* Die Versicherung des Lagergeschäfts (1988). Lagerungen als kurzfristige Teile von Transportvorgängen werden in aller Regel von der (Transport-)Güterversicherung mit erfaßt. Für nicht transportbezogene Lagerungen gibt es die spezielle Lagerversicherung, die mit der Transportversicherung eng verwandt ist. Die Lagerversicherung wird ergänzt durch die haftungsorientierten Versicherungen der zwei Typen: Haftpflichtversicherung[36] und haftungsersetzende Speditionsversicherung[37]. Für Lagerungsschaden kommt auch die Feuer-Betriebsunterbrechungs-Versicherung in Betracht[38]. 20

3. Deckungsumfang der Güterversicherung

Die **Güterschäden werden ohne Rücksicht auf Verschulden oder Ursachen ersetzt**. Auch bei der Güterversicherung muß allerdings der Geschädigte beweisen, daß der Schaden während des Transports eingetreten ist; OLG Hamburg vom 11. 10. 1979, VersR **1980** 576 f. Auch eine Haus-zu-Haus-Deckung erfaßt nicht automatisch Schadensfälle, die vor dem Abschluß des Versicherungsvertrages liegen (keine Rückwärtsversicherung); OLG Hamburg vom 22. 12. 1988, VersR **1989** 845 f. Bei dieser Versicherung beginnt der Versicherungszeitraum bereits mit dem Verbringen vom Versandlager zur eigentlichen Beförderung; BGH vom 3. 10. 1983, TranspR **1984** 136, 137 = VersR **1984** 56 f. 21

In der Regel **ersetzt die Güterversicherung keine Folgeschäden**, die an anderen Vermögensgegenständen eintreten; diese können jedoch nach manchen allgemeinen Versicherungsbedingungen eingeschlossen werden. Die Deckung primärer Schäden an anderen als den beförderten Gütern (primäre Vermögensschäden) ist kein Gegenstand der Transportversicherung; zutreffend OLG Frankfurt vom 23. 6. 1981, BB **1981** 1915, 1916. 22

In Deutschland sehen die Bedingungswerke (ADS, ADB und EVB) im Grundsatz eine **globale Deckung** aller Schadensrisiken (Allgefahrendeckung) vor und nehmen ein- 23

---

[32] Mit zahlreichen Sonderbedingungen und -klauseln, Abdruck TranspR **1985** 157 ff und im DTV-Handbuch SW 1 ff und C 1 ff; zur Neufassung siehe *de la Motte* TranspR **1985** 124 ff.

[33] Zu den Bedingungen der Transportversicherung siehe *Enge* Transportversicherung² S. 40 f.

[34] Empfohlen vom Verband der Sachversicherer (Neufassung 1991).

[35] Anwendungsbeispiel OLG Düsseldorf vom 18. 10. 1979, VersR **1980** 63.

[36] Siehe im einzelnen *Schumacher* 90 ff; zur Transporthaftpflichtversicherung Rdn. 30 f.

[37] *Schumacher* 114 f; zur Speditionsversicherung § 39 ADSp, Anh. I nach § 415 Rdn. 6.

[38] *Muttray* in: *DGTR* Gütertransport und Versicherungen 111 ff.

zelne Risiken von der Deckung aus[39]. Die ausgeschlossenen Risiken können teilweise durch Zusatzklauseln wieder eingeschlossen werden. Die Annahme einer für alle Fälle ausreichenden Global-Schadensdeckung täuscht jedoch. Die **Leistungseinschränkungen** betreffen keineswegs nur marginale Risiken, sondern beruhen zum Teil auf normalem Transportgeschehen und können in Einzelfällen große Lücken im Versicherungsschutz aufreißen. Jedoch greifen die Ausschlüsse der ADS nur ein, wenn die betreffende Schadensursache „nächste Ursache" (causa proxima) ist; OLG Hamburg vom 18. 8. 1983, VersR **1983** 1151. Auf einige praktisch bedeutsame Leistungseinschränkungen wird im folgenden hingewiesen. Wird der Versandvorgang von einem Spediteur organisiert und war diesem ein wirksamer Auftrag zur Transportversicherung erteilt, kann in solchen Fällen der Versender u. U. den Spediteur auf Haftung in Anspruch nehmen, wenn die von diesem beschaffte Versicherung offensichtlich versicherungsbedürftige und versicherbare Risiken nicht deckt; siehe §§ 407–409 Rdn. 116 ff.

24 Nach § 33 ADS entfällt die Deckung, **wenn der Versicherungsnehmer den Versicherungsfall vorsätzlich oder grob fahrlässig herbeigeführt hat**; Beispiel: OLG Hamburg vom 29. 9. 1983, VersR **1987** 354. Entsprechend schließt § 10 Nr. 1 ADB die Deckung aus, wenn der Schaden vorsätzlich oder grob fahrlässig durch den Absender verursacht worden ist[40]. Die darum geführten erfolgreichen Deckungsprozesse zeigen, daß Versicherer auch von diesen Deckungsausnahmen Gebrauch machen. Gleiches gilt für Bewachungsklauseln in Allgemeinen Transportversicherungsbedingungen, die für nächtlichen Diebstahl keinen Schutz gewähren, wenn der LKW mehr als zwei Stunden unbewacht bleibt[41].

25 Zum Wegfall der Deckung kann auch eine **Gefahränderung** nach ADS Güterversicherung 1973/84 Nr. 2.1 führen; OLG Hamburg vom 28. 2. 1985, VersR **1986** 1016 f.

26 Die Schadensdeckung durch den Transportversicherer ist ausgeschlossen in den in ADS Güterversicherung 1973/84 Nr. 1.4 zusammengefaßten Fällen, insbesondere bei **Mängeln der handelsüblichen Verpackung**[42]; zu Temperatureinflüssen (§ 6 Abs. 2 AÖS) siehe österr. ObGH vom 11. 7. 1991, VersR **1992** 1031 f. Nach § 2 Abs. 2 c ADB sind Schäden aufgrund mangelhafter oder unsachgemäßer Verladung nicht gedeckt[43]. Deckungsausschlüsse sind immer wieder Gegenstand von Prozessen, z. B. bei inneren Mängeln nach Nr. 1.4.1.2 ADS Güterversicherung[44]; bei Verderbschäden und Kühlmaschinenausfall (Nr. 1.4.1.2 ADS Güterversicherung 1973/84)[45]; bei mangelnder Bewachung[46].

---

[39] Vom Frachtführer genommene Güter-Transportversicherungen können u. U. nur einzelne Risiken decken; siehe zum österreichischen Recht österr. ObGH vom 20. 6. 1984, Transport **1985** 143 ff = SZ **57** 113, S. 560 ff (für Transportmittelunfälle).

[40] Erörtert, aber in concreto abgelehnt: BGH vom 23. 3. 1977, VersR **1977** 517, 518; ebenso BGH vom 9. 4. 1981, VersR **1981** 748, 749 f für die DTV-Maschinenklausel; Einstehen auch dann, wenn der Absender nicht Versicherungsnehmer ist: OLG Nürnberg vom 24. 9. 1981, VersR **1982** 1166.

[41] OLG Köln vom 5. 11. 1992, VersR **1993** 574.

[42] Nr. 1.4.1.5; OLG Hamburg vom 28. 2. 1985 TranspR **1986** 293 = VersR **1986** 1016 ff; OLG Köln vom 10. 11. 1988, VersR **1989** 284 f; LG Berlin vom 21. 12. 1989, TranspR **1990** 296, 297. Zur alten Fassung von § 86 ADS siehe BGH vom 18. 3. 1971, DB **1971** 958 f. Entsprechend § 1 II 1 c EVB.

[43] Auch die Beweiserleichterung in § 2 Abs. 3 ADB ist wirksam; dazu OLG Köln vom 1. 12. 1977, VersR **1978** 760 f. Siehe ferner österr. ObGH vom 27. 6. 1991, VersR **1992** 1160.

[44] Siehe OLG Hamburg vom 21. 6. 1979, VersR **1979** 1123 f.

[45] Siehe OLG Hamburg vom 27. 4. 1989, ZIP **1991** 382, 387 f = VersR **1991** 544 f.

[46] Zum Ausschluß der Deckung nach AVB für Gütertransporte im Werkverkehr § 3 Nr. 3 a (Deckung zwei Stunden auch im unbeaufsichtigten Fahrzeug) siehe OLG München vom 11. 11. 1983, VersR **1984** 261; zu einer entsprechenden Bewachungsklausel in AGB für Transportversicherung OLG Köln vom 5. 11. 1992, VersR **1993** 574.

Einschränkungen gelten auch im Falle der **Verwendung eines nicht geeigneten** 27
Transportmittels (ADS Güterversicherung 1973/84 Nr. 3) und bei Umladung oder
Beförderung in einem anderen als dem vereinbarten Beförderungsmittel (ADS
Güterversicherung 1973/84 Nr. 4). Die Leistungseinschränkung in der DTV-Maschinenklausel (Ersatz nur des Zeitwerts bei Neuwert-Prämienberechnung) wurde vom
BGH wegen Verstoßes gegen § 9 AGBG für unwirksam erklärt[47]. Diese Klausel galt
auch für beförderte Kraftfahrzeuge.

Weitere Einschränkungen des Versicherungsschutzes ergeben sich **aus den im Ver-** 28
sicherungsvertrag enthaltenen Obliegenheiten[48], z. B. nach § 41 Abs. 1 und 3 ADS
(Verfolgung von Ansprüchen gegen Schädiger durch den Versicherungsnehmer)[49], aber
auch aus den für den Deckungsanspruch des Versicherungsnehmers regelmäßig vorgesehenen **Klagefristen**[50].

Die Güterversicherung ist gem. § 187 VVG i. V. m. Art. 10 Abs. 1 Nr. 1 EGVVG 29
und Nr. 7 Anl. A zum VAG **von der zwingenden Wirkung des VVG ausgenommen**.
Jedoch unterliegen ihre Klauseln der Inhaltskontrolle nach dem AGBG[51].

II. Haftpflichtversicherung
1. Allgemeines
a) Gegenstand der Haftpflichtversicherung

Gegenstand der Haftpflichtversicherung ist die **Haftung des Frachtführers (oder** 30
Spediteurs) aus dem Frachtvertrag (oder Speditionsvertrag); nicht dagegen das Integritätsinteresse an den Gütern; dazu deutlich BGH vom 7. 12. 1961, VersR **1962** 129 f; vom
1. 2. 1968, VersR **1968** 289. Da diese Haftung durch die verschiedenen Haftungsordnungen des Fracht- und Speditionsrechts in unterschiedlicher Weise umrissen ist, beruht die
Haftpflichtversicherung auf keiner einheitlichen Rechtsgrundlage. Sie ist vielmehr, je
nach der haftungsrechtlichen Grundlage, speziell organisiert.

Der Haftpflichtversicherer ist regelmäßig zur **Befriedigung begründeter und zur** 31
Abwehr unbegründeter Schadensersatzansprüche im Bereich des Frachtvertrages
verpflichtet. Der Anspruch auf Befriedigung begründeter Ansprüche geht auf Befreiung
von der Haftpflichtschuld, ist also ein **Schuldbefreiungsanspruch**, der durch Zahlung
an den Ersatzberechtigten erfüllt wird. Zahlung an sich kann der Versicherungsnehmer
nur ganz ausnahmsweise verlangen, wenn er den Dritten befugtermaßen bereits befriedigt hat oder Treu und Glauben die Zahlung an den Versicherungsnehmer erforderlich
machen; *Prölss/Martin/Voit*[25] § 149 VVG Anm. 1 a aa. Eine Zahlung an den Versicherungsnehmer ist gem. § 156 Abs. 1 S. 1 VVG dem ersatzberechtigten Dritten gegenüber
relativ unwirksam; gleiches gilt für Abtretung und Pfändung des Befreiungsanspruchs;
Prölss/Martin/Voit[24] § 156 VVG Anm. 5 c. Im Konkurs des Versicherungsnehmers
kann sich der ersatzberechtigte Dritte gem. dem zwingenden § 157 VVG vorrangig aus
dem Anspruch gegen den Versicherer befriedigen, der sich in diesem Fall in einen Zah-

---

[47] BGH vom 16. 11. 1992, VersR **1993** 312, 314 f (wegen Kardinalpflichtverletzung); Abdruck der Klausel in DTV-Handbuch W 10.

[48] Siehe zur Unzulässigkeit der Abdingung des § 6 VVG unten Rdn. 40 und Rdn. 47 (zur CMR-Haftpflichtversicherung).

[49] Die Klausel ist wirksam auch bei leicht fahrlässigem Verstoß; BGH vom 16. 11. 1992, VersR **1993** 312 f.

[50] Auch ohne Rechtsbelehrung mit dem AGBG vereinbar: OLG Hamm vom 15. 10. 1985, VersR **1986** 55 f (zu den AVB für Gütertransporte im Werkfernverkehr); ebenso LG Hamburg vom 4. 11. 1981, VersR **1983** 236 f und 2. 10. 1991, VersR **1993** 311 f; LG Stuttgart vom 24. 1. 1989, VersR **1989** 1191.

[51] Als Beispiel siehe OLG Hamm vom 15. 10. 1985, VersR **1986** 55 f.

lungsanspruch verwandelt. Der **Deckungsanspruch** des Haftpflichtversicherten gegen den Haftpflichtversicherer ist streng zu trennen von dem **Haftpflichtanspruch** des Geschädigten gegen den versicherten Schädiger (**„Trennungsprinzip"**)[52]. Siehe zur Bindungswirkung des Haftpflichturteil im Deckungsprozeß eingehend BGH vom 30. 9. 1992, NJW **1993** 68 f.

32 Der **geschädigte Dritte erwirbt** aus der Haftpflichtversicherung – anders als z. B. im französischen Recht – **keinen eigenen Anspruch gegen den Versicherer**; *Roltsch* VersR **1985** 317 ff; *Prölss/Martin/Voit*[25] § 156 VVG Anm. 1. Der Deckungsanspruch des Versicherungsnehmers kann aber an den Geschädigten abgetreten werden und verwandelt sich auch in diesem Fall in einen Zahlungsanspruch[53].

33 Wegen seiner **Pflicht zur Abwehr unbegründeter Ansprüche** führt der Transporthaftpflichtversicherer in aller Regel für den Beförderer den Schadensersatzprozeß. Siehe zu der Frage, ob die Abwehrpflicht auch die Führung aktiver Prozesse mit umfaßt, wenn sich der Geschädigte bereits durch Aufrechnung befriedigt hat: *Roesch* VersR **1977** 113 ff; *Schneider* Verkehrshaftungsversicherungen (1992) 201.

34 Die vom Beförderer bezahlte **Haftpflichtversicherung bietet**, wenn der Beförderer selbst solvent ist, **für den Verlader gegenüber der Transportversicherung keinen Vorteil**; sie deckt nicht alle Güterschäden und zwingt vielfach zum Haftpflichtprozeß gegen den Beförderer. Daher ist sie zur Sicherstellung des Käufers im Dokumentengeschäft nicht geeignet.

35 Probleme kann die **Feststellung des Deckungsbereichs der Haftpflichtversicherung** bereiten. Siehe zum Ausschluß der Deckung in einem grenzüberschreitenden Fall (Schunck) wegen Genehmigungswidrigkeit nach GüKG: Ein Nahverkehrsunternehmer war als Subunternehmer mit einem Transport von Frankreich in die deutsche Nahzone betraut. Weiterbeförderung im Fernverkehr mit Fahrzeugen des Hauptunternehmers war vorgesehen. Das OLG Hamburg vom 19. 7. 1978 (Stelle in MDR **1978** 939 weggekürzt) versagte die Versicherungsdeckung wegen Verstoßes gegen das GüKG. Das Urteil ist in der Sache nicht zutreffend, weil es dem Subunternehmer im Deckungsprozeß gegen seinen Versicherer entgegenhält, daß der Gesamtbeförderungsvorgang gegen das GüKG verstoße.

36 Inwieweit die Haftpflichtdeckung auch die **außervertragliche Haftung des Frachtführers** umfaßt, hängt von der Formulierung der betreffenden Policen ab. Soweit diese bei der Umschreibung der versicherten Risiken die Haftung „nach den gesetzlichen Vorschriften" mit einbeziehen und keine ausdrückliche Einschränkung auf „vertragliche" Haftung oder eine bestimmte Vertragsordnung vorsehen, ist auch die Haftung aus unerlaubter Handlung gedeckt. Z. B. ist nach Nr. 1.3 des Versicherungsvertrages der „Versicherungsgemeinschaft für den gewerblichen Güterkraftverkehr"[54] die „Haftung aus Frachtführertätigkeit" … „für mit der KVO konkurrierende Ansprüche aus HGB und BGB" versichert[55]. Nach Nr. 2.1 der Bedingungen der vom Drewe-Versicherungsdienst betreuten KVO/CMR-Versicherung (Fassung 1989) deckt die Versicherung „… Scha-

---

[52] Siehe zur Bindungswirkung des Haftpflichturteils im Deckungsprozeß eingehend BGH vom 30. 9. 1992, NJW **1993** 68 f; speziell zur Transporthaftpflichtversicherung *Schneider* Verkehrshaftungsversicherungen (1992) 195 ff.

[53] Grundlegend BGH vom 12. 3. 1975, NJW **1975** 1276 f = VersR **1975** 655 ff zur KVO-Haftpflichtversicherung; siehe eingehender § 38 KVO;

Anh. II nach § 452 Rdn. 16; zur CMR-Haftpflichtversicherung BGH vom 13. 2. 1980, VersR **1980** 522, 523; siehe ferner *Prölss/Martin/Voit*[25] § 156 VVG Anm. 5 c.

[54] Führender Versicherer Allianz (Fassung 1991).

[55] Siehe auch die zur Verhinderung negativer Konsequenzen aus § 22 Abs. 2 GüKG (Vergünstigungsverbot) dienende Klausel Nr. 3.4.

densersatzansprüche ... nach der KVO/CMR und den sonstigen deutschen gesetzlichen Bestimmungen". Nr. 3.1.1 nimmt vom Versicherungsschutz aus: Ansprüche aus Schäden, „... die mit einem Beförderungsvertrag, der unter Ziff. 1 dieser Bedingungen fällt, zusammenhängen und/oder über die gesetzliche Haftpflicht des Versicherungsnehmers hinausgehen ...". Somit sind Ansprüche aus dem gesetzlichen Schuldverhältnis der unerlaubten Handlung grundsätzlich gedeckt und nicht ausgeschlossen. Andere Policen versichern dagegen eindeutig nur die Haftung aus Beförderungsverträgen. Sind die Bedingungen weniger deutlich formuliert, sind sie nach § 5 AGBG im Zweifel zu Lasten des Versicherers auszulegen. Es bedarf jedenfalls einer sorgfältigen Interpretation der betreffenden Versicherungsbedingungen[56].

In der Regel **nicht gedeckt** ist eine eventuelle **eigene Haftpflicht des vom Beförderer eingesetzten Personals sowie die eigene Haftpflicht der Subunternehmer**. **37**

b) Versicherungspflicht

Versicherungspflicht besteht gemäß § 27 GüKG im Bereich der Beförderung nach KVO (siehe Rdn. 42), ebenso für die Beförderung von Umzugsgut, Erbgut und Heiratsgut nach GüKUMT gemäß §§ 41, 47 GüKG (siehe Rdn. 52). Daher gelten in diesen Bereichen §§ 158 b ff VVG[57]. Die Versicherungspflicht gilt auch für Kabotagetransporte ausländischer Frachtführer in Deutschland; § 5 Abs. 4 Nr. 1 KabotageVO[58]. **38**

Keine Versicherungspflicht besteht in den anderen Bereichen (CMR, AGNB, Spedition, See)[59]. Dort ist die Haftpflichtversicherung freiwillig; §§ 158 b ff VVG sind nicht anwendbar. Daran ändert auch die Zusammenfassung in einer einheitlichen Police nichts. Werden daher in einem LKW beispielsweise von Stuttgart bis München Güter transportiert, so unterliegt diese Beförderung dem Pflichtversicherungsrecht; im gleichen LKW weiter nach Italien beförderte Güter (CMR-Beförderung) unterliegen der Versicherungspflicht dagegen nicht. Eine sozusagen „private" Versicherungspflicht enthalten manche Allgemeinen Beförderungsbedingungen; siehe § 21 AGNB, Anh. III/1 nach § 452. **39**

c) Unwirksamkeit und Inhaltskontrolle von AVB

Ob eine Klausel der Haftpflichtpolice mit **§ 9 AGBG vereinbar ist**, muß bei Abweichungen vom insoweit dispositiven Recht des VVG jeweils geprüft werden[60]. Für die CMR-Versicherung hat die Rechtsprechung wegen Verstoßes gegen § 9 Abs. 2 AGBG die Wirksamkeit einer Klausel verneint, durch die § 6 VVG völlig ausgeschlossen wird[61]. § 6 VVG bleibt auch, soweit er an sich gem. § 187 VVG ausgeschlossen werden kann, Kontrollmaßstab nach § 9 AGBG, wobei dem Verschuldensprinzip in § 6 entscheidende Bedeutung zukommt[62]. Auch leistungsbeschränkende Klauseln in AVB unterliegen der **40**

---

[56] Siehe dazu § 38 KVO, Anh. II nach § 452 Rdn. 7. Zu global ablehnend daher *Heuer* in *Willenberg*[4] § 38 KVO Rdn. 6. Grundsätzlich zutreffend *Roltsch* Diss. 39 f.
[57] *Heuer* in *Willenberg*[4] § 38 KVO Rdn. 2; *Schneider* Verkehrshaftungsversicherungen (1992) 193.
[58] Zur Kabotage siehe § 425 Rdn. 62.
[59] Siehe zur CMR-Versicherung Rdn. 45, zur AGNB-Versicherung Rdn. 51; zur Versicherung für multimodale Transporte Rdn. 55.
[60] *Heuer* in: *DGTR* Gütertransport und Versicherungen S. 53 ff.
[61] BGH vom 9. 5. 1984, VersR **1984** 830 ff = TranspR **1984** 215 ff = NJW **1985** 559 f. Dazu *Heuer* in: *DGTR* Gütertransport und Versicherungen S. 31 ff; zu den Folgewirkungen dieser Entscheidung auf den SVS/RVS: § 10 SVS/RVS Anh. II nach § 415 Rdn. 1; zu Auswirkungen auf die KVO-Haftpflichtversicherung § 38 KVO, Anh. II nach § 452 Rdn. 15. Zur Annahme der Unwirksamkeit dieser Klausel „neigte" auch schon das OLG München vom 17. 9. 1980, VersR **1982** 257, 258 in einem ähnlichen Fall.
[62] Nunmehr auch zur Warenkreditversicherung: BGH vom 2. 12. 1992, VersR **1993** 590 ff.

Inhaltskontrolle; 8 AGBG steht dem nicht entgegen[63]. Risikoausschließende oder -begrenzende Klauseln sind eng auszulegen[64].

d) Übliche Versicherungen

41 Auf dem Versicherungsmarkt angeboten werden die **Verkehrshaftpflichtversicherungen in unterschiedlichen Kombinationen**[65]. Häufig sind KVO-, CMR-, AGNB- und GüKUMT-Haftpflichtversicherung in einer Police oder auch in Gruppen gebündelt[66], werden jedoch auch jeweils einzeln angeboten. Die Spediteur-Haftpflichtversicherung wird regelmäßig von Speditionsversicherern (z. B. durch die SVS-Gruppe in Form des sog. Ergänzungsvertrages) mit gedeckt. Die Transporthaftpflichtversicherungen werden durchweg als laufende Versicherungen genommen[67]. Sie unterliegen nach § 187 VVG n. F. nicht den im VVG vorgesehenen Beschränkungen der Vertragsfreiheit; siehe Rdn. 9.

2. KVO-Haftpflichtversicherung

42 Die KVO-Versicherung ist **Haftpflichtversicherung**[68], nicht **Güterversicherung**[69] Sie ist ferner **Pflichtversicherung**. Der KVO-Frachtführer ist nach § 27 Abs. 1 S. 1 GüKG (Anh. nach § 452) öffentlich-rechtlich zum Abschluß einer derartigen Versicherung verpflichtet, auf die § 187 VVG entsprechend anzuwenden ist[70]. Die entsprechende Anwendung von § 148 VVG ist nicht mehr erforderlich, da die KVO-Versicherung als Großrisiko-Versicherung den im VVG vorgesehenen Einschränkungen der Vertragsfreiheit nicht mehr unterliegt. Allerdings ist die Inhaltskontrolle nach § 9 AGBG nach wie vor maßgeblich. Insbesondere kann die Ausschließung von § 6 VVG unwirksam sein; siehe Rdn. 40.

43 **Versichert ist** nach den meisten Policen **das vertragliche Haftpflichtrisiko des KVO-Frachtführers**. Unterschiedlich ist dies für die Haftung aus unerlaubter Handlung[71]. Dem Geschädigten stehen keine unmittelbaren Ansprüche gegen den KVO-Haftpflichtversicherer zu – wie sie etwa in der Kraftfahrzeug-Pflichthaftpflichtversicherung nach § 3 PflVersG bestehen. Jedoch hat nach § 38 Abs. 3 KVO der Geschädigte gegen den KVO-Frachtführer einen Anspruch auf Abtretung des Anspruchs gegen den KVO-Haftpflichtversicherer. Nach Auffassung des BGH verwandelt sich der Schuldbefreiungsanspruch des KVO-Unternehmers aus dem Versicherungsvertrag bei **Abtre-**

---

[63] Siehe z. B. BGH vom 16. 11. 1992, VersR **1993** 312, 314 (zur DTV-Maschinenklausel); BGH vom 28. 11. 1990, NJW-RR **1990** 412, 413 (zur Berufshaftpflichtversicherung); BGH vom 1. 6. 1983, VersR **1983** 821, 822; *Wolf* § 9 AGBG Rdn. 12; *Prölss/Martin/Prölss* VVG[24], Vorbem. vor § 1, Anm. I 6 C (S. 10 f); *Ulmer/Hensen* AGBG[6] Anh. §§ 9–11 Rdn. 855. Siehe auch § 38 KVO, Anh. II nach § 452 Rdn. 10, 15.

[64] BGH vom 28. 11. 1990, NJW-RR **1990** 412, 413.

[65] Siehe zur Übersicht *Roltsch* Diss. 35 ff; *Schneider* Verkehrshaftungsversicherungen (1992) 219 f.

[66] *Heuer* in: *DGTR* Gütertransport und Versicherungen 51; *de la Motte* VersR **1988** 317, 322; *Roltsch* Diss. 35 f; *Glöckner* TranspR **1988** 327 ff.

[67] Dazu *Heuer* in *DGTR* Gütertransport und Versicherungen 51 f; *derselbe* in *Willenberg*[4] § 38 KVO Rdn. 15; *Roltsch* Diss. 14, 26 f, 30. Siehe auch Rdn. 13.

[68] Unstr.; *Heuer* in *Willenberg*[4] § 38 KVO Rdn. 3.

[69] Siehe statt aller *Heuer* in *Willenberg*[4] § 38 KVO Rdn. 3 mit umfangreichen Hinweisen; auch heute noch unstr. Siehe grundlegend BGH vom 7. 12. 1961, VersR **1962** 129 („reine" Haftpflichtversicherung); ferner BGH vom 9. 11. 1961, VersR **1961** 1110; BGH vom 21. 12. 1966, NJW **1967** 499, 500 = VersR **1967** 153, 154 (zur CMR-Versicherung); BGH vom 12. 3. 1975, NJW **1975** 1276 f = VersR **1975** 655 ff; BGH vom 15. 12. 1976, VersR **1977** 174; zuletzt BGH vom 23. 11. 1988, TranspR **1989** 156, 157 = VersR **1989** 250 ff; OLG-Rechtsprechung siehe *Heuer* aaO. Zur Frage, ob sie zugleich Transportversicherung ist, siehe Rdn. 2 ff, 11 ff.

[70] *Heuer* in *Willenberg*[4] Rdn. 6; siehe auch Rdn 5 ff.

[71] Siehe oben Rdn. 36 sowie § 38 KVO, Anh. II nach § 452 Rdn. 7; *Heuer* Verkehrshaftungsversicherungen, in: *DGTR* Gütertransport und Versicherungen 56 ff.

tung an den Geschädigten in einen Zahlungsanspruch. Damit ist eine direkte Inanspruchnahme des Haftpflichtversicherers durch den Geschädigten möglich.[72]

Die KVO-Versicherung wird **auf dem Versicherungsmarkt** alleine oder mit anderen Haftpflichtversicherungen in einer Police gekoppelt angeboten; siehe Rdn. 42. Sie kann aber auch durch eine besondere Klausel („geschriebene Bedingungen") zur (Transport-)Güterversicherung nach den ADB gedeckt werden; siehe dazu den Fall BGH vom 24. 3. 1976, VersR **1976** 480 ff. 44

3. CMR-Haftpflichtversicherung
a) Einfache CMR-Versicherung

Die CMR-Haftpflichtversicherung ist ebenfalls eine freiwillige Versicherung, da für den grenzüberschreitenden Güterkraftverkehr **keine Versicherungspflicht** besteht. Zwar ist § 27 Abs. 1 S. 1 GüKG an sich auch auf die im Güterfernverkehr innerhalb Deutschlands auszuführenden Teile der internationalen Kraftfahrzeugbeförderung anzuwenden. § 27 Abs. 1 verpflichtet aber nur zur Deckung der Haftung des Frachtführers „nach den Beförderungsbedingungen". Zu diesen gehört die CMR als formelles Gesetz nicht[73]. Dieses Ergebnis entspricht auch der weitaus herrschenden Meinung der Literatur und der gängigen Praxis[74]. Eine Versicherungspflicht für grenzüberschreitende Transporte hätte wohl auch eher in der CMR selbst normiert werden müssen. Die CMR-Haftpflichtversicherung wird von deutschen und österreichischen KFZ-Frachtführern weitgehend freiwillig gedeckt – i. d. R. durch Kombination mit der KVO- oder AGNB-Haftpflichtversicherung[75]. Die CMR-Haftpflichtversicherung deckt grundsätzlich die Haftung des Frachtführers nach der CMR, auf den Umfang des Art. 23 CMR beschränkt[76]. Das erhöhte Haftungsrisiko nach Art. 29 CMR ist regelmäßig nicht gedeckt[77] – eine für den Frachtführer empfindliche Einschränkung. 45

Die **Abtretung der Ansprüche des Frachtführers gegen den Versicherer an den Ersatzberechtigten** ist auch im Bereich der CMR-Versicherung möglich. Die CMR kennt zwar keine dem § 38 Abs. 3 KVO entsprechende Abtretungspflicht. Eine solche Abtretung wird jedoch vom BGH im Urteil vom 13. 2. 1980, VersR **1980** 522, 523 f mit Recht als zulässig angesehen. Im entschiedenen Fall deckte der Anspruch allerdings nicht die auf unerlaubte Handlung gestützte Haftung. Einer solchen Abtretung steht auch das Trennungsprinzip des Haftpflichtversicherungsrechts nicht entgegen[78]. 46

Die **Bedingungen der CMR-Haftpflichtversicherung** waren im Urteil des BGH[79] Gegenstand einer Überprüfung ihrer Vereinbarkeit mit § 9 AGBG; siehe Rdn. 40. Eine vertragliche Haftungserweiterung des versicherten Frachtführers aufgrund der Art. 24, 26 CMR wird in der Haftpflichtversicherung regelmäßig nicht gedeckt. Die Deckung der Haftung nach Art. 17 Abs. 1 CMR wird bei anderen haftungserweiternden Vereinbarungen nicht ausgeschlossen, so etwa, wenn der Frachtführer das Laden der Güter 47

---

[72] Siehe dazu ausführlich § 38 KVO Anh. II nach § 452 Rdn. 16; ferner unten Rdn. 46 zur CMR.
[73] *Heuer* Die Haftung des Frachtführers nach der CMR (1975) 189 ff; *Roltsch* Diss. 33.
[74] Siehe dazu die Angaben bei *Heuer* aaO Fn 38; OLG Frankfurt vom 25. 10. 1977, VersR **1978** 535; *de la Motte* VersR **1988** 317, 322; *Glöckner* TranspR **1988** 327, 333. Für Versicherungspflicht jedoch *Koller* TranspR **1988** 180 f.
[75] Siehe zur Unterscheidung von Speditions- und Transporthaftpflichtversicherung auch OLG Düsseldorf vom 14. 7. 1986, TranspR **1987** 24, 27.
[76] *Heuer* in: DGTR Gütertransport und Versicherungen 58.
[77] *Glöckner* TranspR **1988** 327, 334. Siehe zur Deckung von Vorsatz und grobem Eigenverschulden § 38 KVO, Anh. II nach § 452 Rdn. 5, 6, 8 ff.
[78] Siehe § 38 KVO Rdn. 16 und BGH vom 13. 2. 1980 aaO; zum Trennungsprinzip siehe Rdn. 31.
[79] Vom 9. 5. 1984, VersR **1984** 830 ff = TranspR **1984** 215 ff = NJW **1985** 559 f.

übernimmt[80]. Wenn die Versicherung zugleich einen Fremdunternehmer-Versicherungsschutz enthält, kann sich der Versicherer gegenüber seinem Versicherungsnehmer gem. § 79 VVG nicht auf ein grobes Verschulden der mitversicherten Unterfrachtführer berufen[81].

b) CMR-Fremdunternehmer-Versicherung

48 Nicht alle CMR-Frachtführer sind haftpflichtversichert. Dies gilt insbesondere für ausländische Frachtführer aus Ländern, in denen ohnehin keinerlei Versicherungspflicht besteht. Auf dem Versicherungsmarkt werden CMR-Fremdunternehmer-Policen angeboten, durch welche die Haftung des vom Spediteur eingesetzten (evtl. auch ausländischen) CMR-Frachtführers versichert ist[82], auch als Hauptfrachtführer, soweit er damit einen weiteren Frachtführer als Unterfrachtführer beauftragt[83]. Der beauftragte Fremdunternehmer ist Mitversicherter des Fremdunternehmer-Versicherungsvertrages[84]. Zum Einfluß der Koppelung dieser Versicherung mit einer einfachen CMR-Versicherung siehe Rdn. 44.

49 Setzt ein Spediteur einen unversicherten CMR-Frachtführer ein, so kann ein **Auswahlverschulden** nach § 408 Abs. 1 vorliegen; siehe dazu auch §§ 407–409 Rdn. 99. Erweist sich der beauftragte Beförderer als insolvent und hätte nach dem ergänzend anzuwendenden Recht der Geschädigte eine Möglichkeit gehabt, von dessen Haftpflichtversicherer Deckung zu erlangen, so kann sich der Mangel einer Haftpflichtversicherung empfindlich auf die Durchsetzbarkeit der Ersatzansprüche des Geschädigten oder seines Güterversicherers auswirken. Der Abschluß einer CMR-Haftpflichtversicherung gehört zwar ohne besonderen Auftrag nicht zu den Obliegenheiten eines Spediteurs; siehe § 35 ADSp. Dieser schützt sich aber mit der Fremdunternehmerversicherung weitgehend gegen eigenes Haftungsrisiko im Hinblick auf die Auswahl des Frachtführers. Beim Abschluß internationaler Speditions- und Straßenbeförderungsverträge ist daher zweckmäßigerweise auf den Nachweis der Haftpflichtversicherung der gewählten Frachtführer zu achten.

50 Die **Grundstruktur der CMR-Fremdunternehmerversicherung ist umstritten**. Nach dem Urteil des OLG München vom 19. 1. 1986, VersR **1986** 881 f = TranspR **1987** 59, 61 soll der versicherte Fremdunternehmer zwar materieller Anspruchsträger sein, dem Versicherungsnehmer (z. B. dem Versandspediteur) jedoch die Verfügungsmacht und die Prozeßstandschaft zu treuen Händen zustehen. Daher soll der Versicherte ein eigenes Verfolgungsrecht und daher Aufrechnungsbefugnis jedenfalls dann haben, wenn der Versicherungsnehmer erkennbar von seinem Verfügungsrecht zugunsten des Versicherten keinen Gebrauch macht. Dies ist zweifelhaft, weil damit die Zweckerfüllung der

---

[80] OLG Hamm vom 3. 4. 1981, VersR **1981** 1148, 1149 f; weitere Rechtsprechung zur CMR-Versicherung: OLG München vom 18. 5. 1990, TranspR **1990** 449 ff. Siehe zur Versicherungsdeckung des CMR-Haftpflichtrisikos in Belgien: Schiedsspruch Antwerpen vom 20. 10. 1989, ETR **1990** 722 ff; zu den Leistungsausschlüssen der CMR-Versicherung in Österreich ObGH vom 20. 7. 1989, TranspR **1991** 37 ff.

[81] Österr. ObGH vom 20. 7. 1989, TranspR **1991** 37, 41; *Prölss/Martin* VVG25 § 79 Anm. 1.

[82] *Schneider* Verkehrshaftungsversicherungen (1992) 143 f; Beispielsfall OLG München vom 29. 1. 1986, TranspR **1987** 59 ff = VersR **1986** 881 f und das zweite Berufungsurteil nach Zurückverweisung OLG München vom 12. 5. 1989, TranspR **1990** 427 ff. Eine solche Versicherung liegt wohl dem Urteil des OLG Frankfurt vom 30. 3. 1977, VersR **1978** 169 ff zugrunde (betr. Rückforderung der Versicherungsleistung). Siehe auch *de la Motte* VersR **1988** 317, 322.

[83] OLG München vom 29. 1. 1986, VersR **1986** 881 ff; in diesem Urteil weitere Ausführungen zu Grundfragen der Fremdunternehmerversicherung.

[84] *Heuer* in: *DGTR* Gütertransport und Versicherungen 60 f.

Fremdunternehmer-Versicherung – Sicherung des Geschädigten bei Einsatz nicht versicherter CMR-Frachtführer – nicht mehr ausreichend gewährleistet ist.

4. AGNB-Haftpflichtversicherung

Die AGNB-Haftpflichtversicherung ist, da für den Güternahverkehr keine Versicherungspflicht besteht, freiwillige Haftpflichtversicherung. Soweit die AGNB in diesem Bereich vereinbart werden, besteht jedoch nach § 21 AGNB eine vertragliche Pflicht zur Haftpflichtversicherung, bei deren Verletzung sich der Frachtführer nicht auf die AGNB berufen darf. Siehe dazu die § 21 AGNB, Anh. III/1 nach § 452 Rdn. 3. Die AGNB-Versicherung wird häufig im Zusammenhang mit der KVO-Versicherung gedeckt. Der Deckungsbereich hängt von der jeweiligen Police ab. Die Haftung aus unerlaubter Handlung ist vielfach in den Versicherungsschutz einbezogen[85].

51

5. Haftpflichtversicherung bei GüKUMT-Beförderung

Im Anwendungsbereich des GüKUMT ist eine Haftpflichtversicherung nach §§ 41, 27 Abs. 1 GüKG für die Beförderung von Umzugsgut vorgeschrieben[86], und zwar unabhängig davon, ob der Umzugsverkehr in der Nah- oder Fernzone stattfindet; *Hein/Eichhoff* u. a. zu § 27 GüKG. Für die Beförderung von neuen Handelsmöbeln besteht Versicherungspflicht nur bei Beförderung im Güterfernverkehr gemäß § 27 Abs. 1 S. 1 GüKG[87]. Dies ergibt sich deutlich auch aus den Bestimmungen zum Frachtbrief in § 19 Abs. 2 Nr. 11 GüKUMT. Da die Bedingungen GüKUMT eine dem § 38 Abs. 3 KVO entsprechende Bestimmung nicht enthalten, gilt für die Möglichkeiten zu einer direkten Inanspruchnahme des Versicherers das zur CMR-Versicherung[88] und zur KVO-Versicherung zu § 38 KVO[89] Gesagte entsprechend.

52

6. Haftpflichtversicherung für Schwergut

Siehe zu dieser Sparte *Heuer* in: *DGTR* Gütertransport und Versicherungen 63 f.

53

7. Kabotageversicherung (Europa-Police)

Ausgehend von der neueren verkehrspolitischen Entwicklung in der EG wird seit dem 1. Juli 1990 auf dem deutschen Versicherungsmarkt eine Europa-Police angeboten. Diese bietet einen Haftpflichtversicherungsschutz für im europäischen Straßengütertransport auf der Grundlage der jeweils anwendbaren nationalen Frachtrechtsordnungen durchgeführte Beförderungen. Damit wird das Risiko gedeckt, daß der deutsche Transportunternehmer im Rahmen der nunmehr teilweisen erlaubten Kabotage[90] (nicht grenzüberschreitender Transport in anderen EG-Staaten) dem jeweils zuständigen ausländischen innerstaatlichen Frachtrecht unterliegt. Die Deckung erstreckt sich auf außervertragliche Haftung und ermöglicht auch, individuelle Vereinbarungen für Beförderungsverträge in den Versicherungsschutz mit einzubeziehen[91]. Manche Versicherer sehen eine entsprechende Deckung im Rahmen ihrer allgemeinen Transport-Haftungspolice vor[92].

54

---

[85] *Heuer* in: *DGTR* Gütertransport und Versicherungen 61 ff; Roltsch Diss. 25.
[86] Roltsch Diss. 30. Siehe eingehend *Bischof* S. 122 ff.
[87] Roltsch Diss. 30.
[88] Siehe Rdn. 46.
[89] Siehe dort Rdn. 1 ff; im einzelnen *Bischof* S. 122 ff.
[90] Siehe dazu § 425 Rdn. 62.

[91] Siehe *Heuer* in: *DGTR* Gütertransport und Versicherungen 62; *Oskar Schunck KG*, Frachtführerhaftung mit Europa-Police erweitert, DVZ Nr. 28 vom 7. 3. 1991, 9; ferner *o. V.* DVZ Nr. 34 vom 21. 7. 1990, S. 9, *o. V.* Spediteur 1990 258.
[92] So etwa im Nachtrag zum Universal-Möbel-Versicherungsschein (UMVS), BAnz Nr. 179 S. 5004. Siehe auch DVZ Nr. 34 vom 30. 3. 1990, S. 8.

8. Haftpflichtversicherung für kombinierte Transporte

55 Die Haftpflichtversicherung für kombinierte Transporte ist freiwillig. Hierfür werden spezielle Haftpflichtversicherungen auf dem Versicherungsmarkt angeboten, siehe Anh. V nach § 452 Rdn. 57; *Schneider* Verkehrshaftungsversicherungen (1992) 145 ff.

9. Speditionshaftpflichtversicherung

56 Die Speditionshaftpflichtversicherung[93] dient der **Versicherung des nicht durch die Haftungserleichterungen der ADSp ausgeschlossenen Haftungsrisikos des Berufsspediteurs**. Gem. § 157 VVG kann der Versicherungsschutz auch dem regreßnehmenden Transportversicherer zugute kommen; BGH vom 18. 12. 1980, VersR **1981** 328 ff. Da der Berufsspediteur auch andere als Speditionsgeschäfte im Rechtssinne ausführt (siehe §§ 407–409 Rdn. 3 und § 2 ADSp, Anh. I nach § 415 Rdn. 2 f), fällt der Speditionshaftpflichtversicherung auch die **Aufgabe** zu, **die Lücken zwischen den Deckungsbereichen der Speditionsversicherung und der einzelnen speziellen Haftpflichtversicherungen des Transports und der Lagerei zu decken**. Die Haftung des Spediteurs als KVO-Unternehmer, als Beförderer im internationalen Straßengüterverkehr und als Multimodalbeförderer im kombinierten Verkehr wird durch die speziellen Haftpflichtversicherungen abgedeckt, soweit es sich dabei um freiwillig übernommene Frachtführer-Positionen handelt; siehe Rdn. 42, 45, 55. Im Güternahverkehr und in der reinen Speditionstätigkeit greift primär das System der Ersetzung der Haftung durch die Speditionsversicherung ein; siehe dazu auch §§ 407–409 Rdn. Rdn. 146–148; ferner die Kommentierung zu § 41 ADSp Anh. I nach § 415. Die Abdingung der Haftung durch § 41 a ADSp ist jedoch nicht vollständig. Insbesondere wenn der Kunde die Speditionsversicherung untersagt, aber auch dann, wenn Risikoausschlüsse der Speditionsversicherungsbedingungen die Versicherungsdeckung ausschließen, haftet der Spediteur selbst. Diese Haftung – die auch die Beförderung im Güternahverkehr betreffen kann – wird durch die Speditionshaftpflichtversicherung gedeckt. Ein weiteres wichtiges Feld ist ferner die Deckung der Haftung des Fixkosten- und Sammelladungsspediteurs nach § 413 HGB, die sich entsprechend der Rechtsprechung im internationalen Bereich nach der CMR richtet. Diese unfreiwillig vom Spediteur zu tragende Haftung wird durch eine besondere Klausel in die Speditionshaftpflichtversicherung eingeschlossen. Auch die Haftung für Fixkostenspedition im Luft-, See- und Binnenschiffahrtsrecht kann durch die Speditionshaftpflichtversicherung gedeckt werden; *Schneider* Verkehrshaftungsversicherungen (1992) 138 ff.

57 Schließlich übernimmt der Spediteur-Haftpflichtversicherer durch eine Zusatzvereinbarung das Risiko zusätzlicher **Haftung des Spediteurs gegenüber Nichtkaufleuten**. Diese Haftung richtet sich, da die Neufassung der ADSp nur noch gegenüber Kaufleuten und der öffentlichen Hand gelten soll (Änderung des § 2 ADSp) in aller Regel nach dem Speditions- und Landfrachtrecht des HGB; siehe § 2 ADSp, Anh. I nach § 415 Rdn. 5–8.

58 Die **Speditionshaftpflichtversicherung wird teilweise durch besondere Police vereinbart**, so z. B. in Verbindung mit der Musterpolice SVS/RVS[94], durch den „Ergän-

---

[93] Zu Unrecht von *Prölss/Martin/Voit* VVG[25] S. 2149 als Spediteur-Güterhaftpflichtversicherung bezeichnet, weil sie nicht nur Güter-, sondern vor allem Vermögensschäden deckt.

[94] Alte Fassung (kommentiert) Anh. II nach § 415, Text der Neufassung 1989 § 429 Anh. II.

zungsvertrag" der SVS/RVS-Versicherer. Nach der Speditionspolice[95] sind die Haftpflichtrisiken des Spediteurs zusammen mit dem Speditionsversicherungsrisiko gedeckt.

Der Abschluß einer Speditionshaftpflichtversicherung ist **nicht** wie der einer Speditionsversicherung **Bedingung der Freizeichnung nach § 41 c ADSp**; siehe dort, Anh. I nach § 415.

59

10. Andere Haftpflichtversicherungen

Für die Deckung von transportbezogenen Schäden kommen noch andere Haftpflichtversicherungen in Betracht, insbes. die KFZ-Pflichthaftpflichtversicherung[96] oder die Betriebshaftpflichtversicherung[97].

60

III. Speditions- und Rollfuhrversicherung

Die Speditions- und Rollfuhrversicherung ist eine Schadensversicherung eigener Art, die weder Güterversicherung noch Haftpflichtversicherung ist[98]. Nach dem Erscheinen der Kommentierung zu den ADSp sind zum 1. 3. 1989 die Bedingungen des SVS/RVS wesentlich geändert und umgegliedert worden. Diese Bedingungen sind daher (bis zum Erscheinen der 5. Aufl.) in Anh. II zu § 429 abgedruckt. Im übrigen wird auf die Kommentierung der alten Fassung des SVS/RVS in Anh. II nach § 415 verwiesen.

61

C. Doppelversicherung, Subsidiarität, Regreß

Werden Transportschäden wirtschaftlich von mehreren Versicherungen erfaßt, dann stellt sich die Frage, welche der Versicherungen den Schaden primär und im Endergebnis zu tragen hat. Dieses Zusammenspiel der Versicherungen wird durch die Regeln über Doppelversicherung, Subsidiarität und Regreß gesteuert, die verhindern, daß es zu einer wirtschaftlich nicht berechtigten Bereicherung des Geschädigten kommt.

62

I. Doppelversicherung
1. Begriff

Als Doppelversicherung könnte im weitesten Sinne jede Mehrheit von Versicherungen gesehen werden, die den gleichen Schadensfall zum Gegenstand von verschiedenen Versicherungen macht. Man kann dies als „wirtschaftliche Doppelversicherung" bezeichnen[99]. Der **rechtliche Begriff der Doppelversicherung** (§ 59 VVG) enthält jedoch eine Reihe von einschränkenden Tatbestandsmerkmalen. Insbesondere geht er nicht primär vom Schaden aus, sondern vom einheitlichen gegen dieselbe Gefahr versicherten Interesse. Daher führt die gleichzeitige Erfassung des Schadensfalles durch die Haftpflichtversicherung, die Speditionsversicherung und die Güterversicherung grundsätzlich nicht zur Doppelversicherung im Rechtssinne. Denn die versicherten Interessen

63

---

[95] Nr. 3 der Neufassung; Abdruck der alten Fassung Anh. III nach § 415.
[96] Z. B. für Personenschaden bei Entladung eines Tankwagens, BGH vom 19. 9. 1989, VersR **1989** 1187; für das Abpumpen von Flüssigkeiten mittels der Pumpe eines Tanklastwagens (Jauche), OLG Düsseldorf vom 4. 2. 1993, VersR **1993** 602 f; zu Ansprüchen gegen den mitversicherten Fahrer siehe § 429 Rdn. 317 f, 325.
[97] Etwa für die Beschädigung eines Entladegeräts („Ameise"); BGH vom 26. 3. 1986, VersR **1986** 537 f (kein Transportfall); zur Betriebshaft-
pflichtversicherung *Schramm* in: DGTR Gütertransport und Versicherungen 88 ff.
[98] Siehe § 39 ADSp, Anh. I nach § 415 Rdn. 1–6; zum Verhältnis der Speditionsversicherung zur Transport- und Haftpflichtversicherung dort Rdn. 7–18; *Schneider* Verkehrshaftungsversicherungen (1992).
[99] Nur in diesem Sinne zutreffend OLG Karlsruhe vom 4. 10. 1984, TranspR **1984** 273, 274, das die Deckung einer Spediteur-Feuerversicherung und einer KVO-Haftpflichtversicherung als Doppelversicherung ansieht.

sind unterschiedlich definiert (Haftung des Beförderers; Ersatz der Haftung durch Versicherung; Integrität der Güter); siehe dazu Rdn. 1 ff[100].

2. Begriffsmerkmale i.S.v. § 59 VVG

64 § 59 VVG knüpft die Folgen der Doppelversicherung an eine Reihe von engen Voraussetzungen, die im Zusammenspiel der transportbezogenen Versicherungen regelmäßig nicht vollständig vorliegen.

a) Mehrere Versicherer

65 Doppelversicherung scheidet von Anfang an aus, wenn die konkurrierenden Versicherungen beim gleichen Versicherer gedeckt sind[101]. Allenfalls kommt die entsprechende Anwendung der §§ 60, 61 VVG in Betracht[102]. Deckung bei verschiedenen Versicherern über den gleichen Versicherungsmakler schließt jedoch Doppelversicherung nicht aus.

b) Gleiches versichertes Interesse

66 Erforderlich ist weiter ein gleiches versichertes Interesse. Dieses enthält zwei Komponenten: sachliche Gleichheit und personelle Gleichheit. Die **personelle Gleichheit** auf der Seite des Versicherten erfordert in der Regel den gleichen Versicherungsnehmer bei den beteiligten Versicherungen; bei Versicherung für fremde Rechnung nicht notwendig des Versicherungsnehmers, wohl aber des Versicherten[103].

67 Die **sachliche Gleichheit** des versicherten Interesses wurde nach bisheriger Auffassung nur angenommen, wenn die Art des gedeckten Risikos die gleiche war[104]. Mit Übernahme der (hier abgelehnten) Theorie vom Sachersatzinteresse durch den BGH[105] ist jedoch die bisher bestehende übersichtliche Spartentrennung teilweise verwischt. Damit sind auch die Möglichkeiten der Annahme gleichartiger Versicherungen erweitert.

3. Doppelversicherung zwischen gleichartigen Versicherungen

68 **Doppelversicherung** kann im hier zu behandelnden Spezialbereich am ehesten vorliegen, **wenn durch den gleichen Beförderer mehrere den gleichen Schaden wenigstens teilweise deckende Haftpflichtversicherungen oder zwei Güterversicherungen beim gleichen Versicherer eingedeckt werden**. Regelmäßig wird in diesen Fällen aber die Mehrfachdeckung durch Subsidiaritätsklauseln verhindert[106].

---

[100] Grundsätzlich zutreffend zum Zusammentreffen von KVO-Haftpflichtversicherung und (Güter)-Transportversicherung OLG Karlsruhe vom 4. 10. 1984, TranspR **1984** 273, 274 (mit Ausnahmefall der Spedition-Feuerversicherung).

[101] Dazu *Kisch* Mehrfache Versicherung 63 ff; *Prölss/Martin*, VVG²⁵ § 58 Anm. 1 C; *Martin* SachversR³ V I Rdn. 6.

[102] *Prölss/Martin*, VVG²⁵ § 58 Anm. 1 C; *Kisch* Mehrfache Versicherung 43; *Martin* VersR **1974** 826; *Schirmer* ZVersWiss **1981** 709 ff; OLG Düsseldorf vom 18. 10. 1960, VersR **1961** 114 f.

[103] BGH vom 7. 12. 1961, VersR **1962** 129 f; BGH vom 20. 3. 1974, VersR **1974** 535, 536; *Martin* VersR **1974** 827, ders. SachversR² 1289.

[104] Siehe Rdn. 1. Durch vom Spediteur-Frachtführer eingedeckte KVO-Haftpflichtversicherung und zusätzliche Sachversicherung soll nach Auffassung des OLG Karlsruhe vom 4. 10. 1984, TranspR **1984** 273, 274 „das Haftpflichtrisiko doppelt versichert" sein. Damit ist jedoch wohl nur eine wirtschaftliche Doppelversicherung gemeint.

[105] BGH vom 23. 11. 1988, TranspR **1989** 156, 157 = VersR **1989** 250 ff; siehe oben Rdn. 2 ff.

[106] Siehe Rdn. 75 ff, 78 ff. Zu einem unterstellten Fall der Doppel-Transporthaftpflichtversicherung OLG München vom 23. 11. 1983, VersR **1985** 1137 f.

4. Doppelversicherung zwischen artverschiedenen Versicherungen

Eine Identität der versicherten Interessen wurde für die (Güter-)Transportversicherung bisher niemals angenommen[107]. Sie könnte allerdings nach der **„Theorie vom Sachersatzinteresse"** (siehe Rdn. 2 ff) gegeben sein, wenn eine Haftpflichtversicherung und eine die verletzten Güter versichernde Sachversicherung nebeneinander bestehen[108]. Träfe dies zu, dann könnte durch die Transporthaftpflichtversicherung und die (Transport-)Güterversicherung das Sachinteresse teilweise doppelt versichert sein. Selbst **wenn man die Theorie vom Sachersatzinteresse grundsätzlich anerkennen würde, verbliebe ihr allerdings für die Frage der Doppelversicherung i. S. v. § 59 VVG nur sehr eingeschränkte Anwendungsfelder.** 69

Doppelversicherung scheidet schon vorab aus, wenn die beiden Versicherungen **bei demselben Versicherer** eingedeckt sind; siehe oben Rdn. 65. Dies war möglicherweise in dem vom OLG Karlsruhe vom 4. 10. 1984, TranspR **1984** 273, 274 entschiedenen Fall gegeben. 70

Doppelversicherung im Verhältnis zur Transporthaftpflichtversicherung liegt **auch dann nicht vor, wenn** – wie weithin üblich – **der Sacheigentümer selbst sein Sachinteresse an den Gütern durch einen eigenen Sachversicherungsvertrag versichert** hat[109]. In diesen Fällen liegt keine Gleichheit der versicherten Interessen vor, weil diese verschiedenen Personen zuzuordnen sind, siehe Rdn. 66. Damit ist die Annahme einer Doppelversicherung zwischen Transport-Güterversicherung und Transporthaftpflichtversicherung im Regelfall der Deckung einer eigenen Transportversicherung von Verladerseite auch nach der Theorie vom Sachersatzinteresse ausgeschlossen. 71

Werden **Güterschadens- und Haftpflichtversicherungsverträge**, die im Ergebnis dem gleichen Begünstigten zugute kommen, **vom gleichen Versicherungsnehmer** abgeschlossen, könnte Doppelversicherung vorliegen. Dies gilt aber nicht, wenn diese Versicherungen beim gleichen Versicherer genommen sind; siehe Rdn. 65. 72

Im hier behandelten Bereich käme **allerdings** ein möglicher Anwendungsfall der Doppelversicherung aufgrund der Theorie vom Sachersatzinteresse in Frage: Die **Deckung der Speditionsversicherung und der Güterversicherung (diese in eigenem Namen für Rechnung des Kunden) durch einen Spediteur bei verschiedenen Versicherern** – auch bei Vermittlung durch denselben Agenten. Auch in diesem Fall liegt jedoch keine Doppelversicherung vor: Die Subsidiaritätsklausel der Nr. 5.1 SVS schließt die Deckung von transportversicherten Schäden durch die Speditionsversicherung aus und verhindert damit die doppelte Versicherung[110]. Selbst ohne diese Klausel läge im übrigen keine Doppelversicherung vor, weil die versicherten Risiken verschieden sind: Der Spediteur wird bei Deckung der Güterversicherung für den Kunden tätig und versichert daher nicht sein, sondern dessen Interesse. Zwar ist auch durch die Speditionsversicherung das Kundeninteressse an der Integrität der Güter in begrenztem Maße mit versichert, aber ihr Hauptgegenstand ist doch vorrangig das Interesse des Spediteurs an Ersetzung der Haftung durch Versicherung, also eines ihm drohenden Nachteils. Dabei kann es keine Rolle spielen, daß der Kunde aus beiden Versicherungen unmittelbare 73

---

[107] Siehe zuletzt *de la Motte* VersR **1988** 317, 322; *Heuer* in *Willenberg*[4] Rdn. 22.
[108] Nur für ganz besondere Ausnahmefälle hat dies *Kisch*, Mehrfache Versicherung 55 Fn. 13 angenommen (z. B. Sachversicherung und Haftpflichtversicherung gegen sich selbst).
[109] Sehr deutlich BGH vom 7. 12. 1961, VersR **1962** 129 f; siehe auch *Prölss/Martin*, VVG[25] § 58 Anm. 1 D 2 mit Rechtsprechungshinweisen; *Martin* VersR **1974** 826; *Heuer* in *Willenberg*[4] Rdn. 22.
[110] *Schneider* in: *DGTR* Gütertransport und Versicherungen 73; österr. ObGH vom 27. 6. 1991, VersR **1992** 1160.

Ansprüche gegen den Versicherer erhält und auch für beide die Prämie bezahlt. Auch hier ist also keine Identität der versicherten Interessen und daher keine Doppelversicherung gegeben.

74 Die **Theorie vom Sachersatzinteresse** erweist sich somit als **untauglich zur Begründung der Doppelversicherung** i. S. von § 59 VVG zwischen Transporthaftpflichtversicherung oder Speditionsversicherung einerseits und Transport-Güterversicherung andererseits.

II. Subsidiarität
1. Begriff der Subsidiarität

75 Der Begriff der Subsidiarität ist zweckmäßigerweise im funktionalen (weiten) Sinne zu bestimmen. Unter Subsidiarität soll hier ein Rangverhältnis zwischen zwei oder mehreren Versicherungen verstanden werden, wonach der subsidiär zur Deckung verpflichtete Versicherer nicht zu leisten hat, soweit Ersatz des Schadens aus einem anderen Versicherungsvertrag erlangt wurde oder erlangt werden kann. Sie beruht auf einer (regelmäßig durch Subsidiaritätsklausel im subsidiären Versicherungsvertrag getroffenen) Abrede. Subsidiaritätsklauseln sind in vielfältiger Weise möglich[111]. In der Regel bestehen sie darin, daß nach der Leistungsbeschreibung in den Bedingungen der subsidiären Versicherung keine Leistung zu erbringen ist, wenn der Schaden durch eine andere Versicherung gedeckt ist. Regelmäßig werden dazu Leistungsausschlüsse in die Bedingungen aufgenommen. Aufgrund der Vertragsfreiheit können die Parteien des Versicherungsvertrages Voraussetzungen und Auswirkungen dieser Kollisionsregelungen für Doppelversicherungen im weiteren Sinne gestalten.

76 Die Literatur geht wohl ganz allgemein davon aus, daß Subsidiaritätsabreden nur den Zweck haben, die echte Doppelversicherung nach § 59 VVG auszuschließen[112]. Eine **definitorische Einschränkung**, nach der keine Subsidiaritätsabrede vorliegen soll, wenn zwischen den betroffenen Versicherungen keine Doppelversicherung i. S. vom § 59 VVG besteht, **bringt allerdings keinen positiven Sinn**. Sie würde nur bewirken, daß für die Fälle des Fehlens der Voraussetzungen einer Doppelversicherung i. S. v. § 59 VVG, also nur wirtschaftlicher Mehrfachdeckung von Risiken durch Versicherung (Doppelversicherung im rein wirtschaftlichen Sinne), eine neue Terminologie entwickelt werden müßte. Solche Fälle sind besonders im Bereich der Deckung von Transportrisiken – wie oben Rdn. 69 ff dargestellt – häufig. Es erscheint daher zweckmäßig, von Subsidiarität auch beim Verhältnis zwischen Versicherungen zu sprechen, die nicht rechtlich, wohl aber wirtschaftlich das gleiche Risiko betreffen.

77 **Klauseln, die eine Kollision von Deckungen durch verschiedenartige Versicherungen nach dem Vorrang-(Subsidiaritäts-)Prinzip regeln, sind nicht unwirksam.** Aus der in Literatur und Rechtsprechung üblichen Begriffseinengung kann man nicht die Konsequenz ziehen, Klauseln zur Regelung der Konkurrenz zwischen artverschie-

---

[111] Siehe dazu *Bruck/Möller*[8] § 59 VVG Rdn. 50 ff.
[112] *Prölss/Martin* VVG[25] § 59 Anm. 6; *Martin* SachversR[3] V I Rdn. 18 ff; *Martin* VersR **1973** 691 f; *Vogel* ZVersWiss **1973** 570 ff; allerdings erörtern *Bruck/Möller*[8] § 59 VVG Rdn. 51 unter „Grenzgebilde" den § 5 SVS a. F., obwohl die Speditionsversicherung zu den vorrangigen Transportversicherungen und Transporthaftpflichtversicherun-

gen nicht im Verhältnis echter Doppelversicherung steht. *Winter* VersR **1991** 527 f bezeichnet solche Klauseln als „echte" oder als Subsidiaritätsklauseln „im engeren Sinn", akzeptiert also auch solche im weiteren Sinn. § 5 Abs. 1 A SVS wird vom österr. ObGH vom 27. 6. 1991, VersR **1992** 1160 als Subsidiaritätsklausel bezeichnet; siehe auch Rdn. 61.

denen Versicherungen seien keine Subsidiaritätsklauseln und daher unwirksam[113] oder könnten beim Fehlen der Voraussetzungen einer Doppelversicherung nach § 59 VVG keine Anwendung finden[114]. Der Grundsatz der Vertragsfreiheit erlaubt es nicht, Vertragsabreden ohne gesetzliche Grundlage die Wirksamkeit zu versagen. Unwirksamkeit kann sich unter materieller Würdigung der Auswirkungen der Klausel allenfalls aus § 138 BGB oder – näherliegend – aus § 9 AGBG ergeben.

2. Wirkung der Subsidiaritätsklauseln

Subsidiaritätsklauseln können danach vor allem **die Folgen echter Doppelversicherung (§ 59 VVG)**[115] **verhindern**, indem sie den Versicherungsanspruch der subsidiären Versicherung ausschließen. Mit ihnen kann aber **auch die mehrfache Schadensdeckung im Fall des Zusammentreffens verschiedenartiger Versicherungen** bei einem Schadensfall verhindert werden. **78**

3. Beispiele im Transportschadensbereich

Typische Beispiele für Subsidiarität außerhalb der Doppelversicherung nach § 59 VVG enthält der **SVS/RVS**. Durch Nr. 5.1 wird die Konkurrenz zwischen Speditionsversicherung und Güterversicherung, also nicht gleichartiger Versicherungen durch Subsidiarität der ersteren verhindert[116]. Nr. 5.2 löst die Konkurrenzfrage zwischen Speditionsversicherung und CMR- und KVO-Haftpflichtversicherung ebenfalls durch Subsidiarität der ersteren. **79**

Einen Fall möglicher **Konkurrenz zwischen Güterversicherungen**, also der Doppelversicherung i. S. des 59 VVG regelt Nr. 2.1 des Anhangs zum SVS/RVS und verhindert damit die Folgen des § 59 VVG. **80**

Subsidiarität bestimmt auch den Grundcharakter der **Speditionshaftpflichtversicherung** (Ergänzungsvertrag zum SVS/RVS); siehe Rdn. 56. Deren Deckung ist nur gedacht für den Fall, daß weder die Speditionsversicherung noch die CMR- und KVO-Haftpflichtversicherung den Schaden deckt. Gesichert wird diese Subsidiarität durch ein auf Ausfälle anderer Versicherungsdeckungen abgestimmtes Leistungsbild: Erfaßt werden nur Haftungsfälle, in denen der Speditionsversicherungsschutz versagt; auch diese im KVO- und CMR-Bereich nur durch Zusatzklauseln. Vielleicht nicht definitorisch, im wirtschaftlichen Ergebnis liegt aber Subsidiarität vor. **81**

Subsidiarität kann auch im Verhältnis der **Transporthaftpflichtversicherung zu anderen Versicherungen** vorliegen. Ein solcher Fall lag dem Urteil des BGH vom 23. 11. 1988[117] zugrunde. Für einen Ladungsschaden aus einem Zusammenstoß zwischen zwei eigenen Lastzügen eines KVO-Unternehmers kamen als Versicherungsdeckungen seine KFZ- und seine KVO-Haftpflichtversicherung in Betracht. Letztere war gegenüber der KFZ-Versicherung nach Nr. 5.5 der damaligen BZG-Bundespolice subsidiär. Indirekt bewirken auch die Abtretungs- und Anerkenntnisverbote in den Policen der Transporthaftpflichtversicherung[118] Subsidiarität, da sie verhindern sollen, daß der **82**

---

[113] OLG Düsseldorf vom 18. 10. 1960, VersR **1961** 114 f.
[114] So aber OLG Karlsruhe vom 4. 10. 1984, TranspR **1984** 273: „für die Anwendung einer Subsidiaritätsklausel ist kein Raum". Wohl um diese Wirkung zu vermeiden, versucht das OLG, mit der Theorie vom Sachinteresse eine echte Doppelversicherung zu konstruieren.
[115] BGH vom 23. 11. 1988, TranspR **1989** 156, 157 = VersR **1989** 250 f; *Bruck/Möller*[8] § 59 VVG Rdn. 53.
[116] LG Berlin vom 21. 12. 1989, TranspR **1990** 296, 298 bezeichnet § 5 Nr. 1 A SVS als Subsidiaritätsklausel.
[117] TranspR **1989** 156, 157 = VersR **1989** 250 ff.
[118] Siehe § 38 KVO, Anh. II nach § 452 Rdn. 15.

Güterversicherer (Transportversicherer) aus abgetretenem Recht gegen den Transporthaftpflichtversicherer vorgeht. Solche Klauseln entsprechen an sich § 158 c Abs. 4 VVG, erweisen sich aber als nicht bedeutsam. In der KVO widersprechen sie dem zwingenden § 38 Abs. 3 KVO; siehe § 38 KVO Rdn. 11.

83   Nicht zu den reinen Subsidiaritätsklauseln gehört Nr. 5.4.3 SVS/RVS. Diese Klausel sieht einen Leistungsausschluß für Lagerschäden nicht nur für den Fall anderweitiger Versicherungsdeckung, sondern auch der Unterlassung einer Schadensdeckung durch mögliche andere Versicherungen vor – im letzteren Bereich besteht also keine reale konkurrierende Versicherungsdeckung.

4. Unwirksamkeit von Subsidiaritätsklauseln

84   Fälle der Unwirksamkeit von Subsidiaritätsklauseln[119] im weiteren Sinne sind auch im hier behandelten Bereich möglich. Beispielsweise ist zweifelhaft, inwieweit eine Klausel im KVO-Haftpflichtversicherungsvertrag, die Subsidiarität (auch) gegenüber der vom Auftraggeber gedeckten Transport-Güterversicherung vorsieht, Zahlungsansprüche des KVO-Unternehmers gegen den KVO-Versicherer ausschließen kann. Das OLG Düsseldorf[120] hält die Klausel für unwirksam, wenn die Güterversicherung vom Auftraggeber selbst abgeschlossen ist. Die Hauptbegründung, Subsidiaritätsklauseln seien nur bei echter Doppelversicherung zulässig, kann nicht überzeugen; siehe oben Rdn. 76 f. Mit beachtlichen Argumenten wird jedoch die Unwirksamkeit des Deckungsausschlusses hilfsweise begründet. Inwieweit Subsidiaritätsklauseln unwirksam sind, kann nicht generell, sondern nur am Einzelproblem entschieden werden[121]. Die Frage ist vor allem nach AGB-Recht zu entscheiden. Wird durch eine Subsidiaritätsklausel der Versicherungsschutz unangemessen eingeschränkt, insbesondere wenn der typische Versicherungsnehmer die Tragweite der Klausel nicht übersehen kann, ist die Klausel nach § 9 Abs. 1 AGBG mindestens teilunwirksam. Sie kann aber – außer im Verbandsklageverfahren – durch eine einschränkende Auslegung nach § 5 AGB gerettet werden[122]. Je nach Lage des Einzelfalls kann eine Subsidiaritätsklausel auch überraschend im Sinne von § 3 AGBG sein. Im Falle des OLG Düsseldorf vom 18. 10. 1960 liegt zumindest eine Teilnichtigkeit der Klausel nach § 9 Abs. 1 AGBG nahe.

5. Konkurrierende Subsidiaritätsklauseln

85   Subsidiaritätsklauseln wirken sich auf den Deckungsumfang der subsidiären Versicherung und damit auch auf die dafür zu leistende Prämie aus. Zugleich weisen sie der konkurrierenden Versicherung die endgültige Schadensdeckung zu. Es liegt daher nahe, daß beim Zusammentreffen von Subsidiaritätsklauseln in zwei oder mehreren konkurrierenden Versicherungen schwerwiegende Kollisionsprobleme auftreten können. Konkurrieren zwei Versicherungen, die jeweils Subsidiaritätsklauseln enthalten, dann tritt eine umstrittene Rechtslage ein: beide Versicherer könnten haftungsfrei sein, beide könnten als Doppelversicherer gesamtschuldnerisch einzustehen haben; möglich ist

---

[119] Dazu allgemein: *Winter* VersR **1991** 527 f.
[120] Urteil vom 18. 10. 1960, VersR **1961** 114 f; der Wortlaut der Klausel ist dem Urteil nicht zu entnehmen.
[121] Kritische Ansätze zeigen sich – zur Auslegung von Subsidiaritätsklauseln – bei *Bruck/Möller* § 59 VVG Rdn. 53. Dagegen meinen *Prölss/Martin*, VVG²⁵ § 59 Anm. 6 A (S. 455), unter unzutreffender Zitierung des OLG Düsseldorf vom 18. 10. 1960, Subsidiaritätsklauseln seien zivilrechtlich stets wirksam.
[122] Siehe zur Teilnichtigkeit und geltungserhaltenden Reduktion vor § 1 ADSp, Anh. I nach § 415 Rdn. 35 ff, 51; zur Auslegung dort Rdn. 32 f; speziell für AVB siehe *Seybold* VersR **1989** 784 ff.

auch eine Abgrenzung der Deckungspflichten nach der Interessenlage[123]. Die Frage kann hier nicht zu Ende behandelt werden. Die Haftungsfreiheit aller beteiligten Versicherer scheidet nach überwiegender Auffassung stets aus, da sie den Interessen der Versicherten nicht entspricht. Soweit sich kein sachlich begründeter Vorrang einer Klausel begründen läßt („qualifizierte Subsidiaritätsklausel"), müssen unter Anwendung der zur Kollision von AGB entwickelten Grundsätze beide Klauseln dem Versicherten gegenüber als unwirksam betrachtet werden. Den Versicherern bleibt dann zumindest im Falle der Doppelversicherung die Möglichkeit des Ausgleichs nach § 59 Abs. 2. Die Lösung durch § 59 VVG kommt nur bei Konkurrenz gleichartiger Versicherungen (Doppelversicherung im Rechtssinne) in Betracht und bietet sich für diese Fälle an. Bei Konkurrenz zwischen Güterversicherungen und Haftpflichtversicherungen mit Subsidiaritätsklauseln kann der Regreß des Güterversicherers – solange er keinen Regreßverzicht erklärt hat – nicht durch eine Subsidiaritätsklausel des Haftpflichtversicherungsvertrages ausgeschlossen werden. Der Regreßprozeß richtet sich ohnehin nicht gegen den Haftpflichtversicherer, sondern gegen den Haftungsschuldner (Transportunternehmer). Die Subsidiaritätsklausel würde daher seinen Haftpflichtversicherungsschutz einschränken. Soweit dies nicht versteckt geschieht (§ 3 AGBG), und keine Versicherungspflicht vorliegt, ist dies zulässig, aber unzweckmäßig und unüblich. Im übrigen kommt eine analoge Anwendung von § 59 Abs. 2 VVG auf Fälle nur wirtschaftlicher Doppelversicherung in Betracht.

III. Regreß
1. Grundlagen
a) Begriff

Regreß (Rückgriff) des Versicherers ist die Geltendmachung von Ersatzansprüchen **86** des Versicherungsnehmers gegen vorrangig zur Schadenstragung verpflichtete Personen. Seine Grundlage sind die Rechte des Versicherungsnehmers. Der Regelfall ist der Regreß des Güterversicherers; siehe dazu eingehender Rdn. 92 ff. Regresse werden in diesem Bereich auf Schadensersatzansprüche gestützt, die durch Legalzession oder Abtretung auf den Versicherer übergegangen sind[124] oder vom Versicherer als Prozeßstandschafter geltend gemacht werden; dazu § 429 Rdn. 163. Dies sind in erster Linie Ansprüche des Absenders oder Empfängers gegen die am Transport beteiligten Beförderer, Spediteure und Lagerhalter sowie gegen andere Personen, die aufgrund von Werk- und Geschäftsbesorgungsverträgen auf die Güter eingewirkt haben. Soweit das spezielle Transportrecht parallele Ansprüche aus unerlaubter Handlung nicht ausschließt oder einschränkt, können allerdings die Ansprüche nach gefestigter, nur in der Literatur angegriffener Rechtsprechung auch auf die §§ 823 ff gestützt werden[125]. Ansprüche gegen das Personal des betreffenden Unternehmers, die im Wege arbeitsrechtlichen Risikoausgleichs im Ergebnis den Unternehmer belasten, sind ebenfalls als Regreßmittel geeignet[126]. Daneben kommen Ersatzansprüche außervertraglicher Art gegen Dritte, vor allem gegen Schädiger bei Verkehrsunfällen, in Betracht[127], sowie

---

[123] *Bruck/Möller*[8] § 59 VVG Rdn. 53; *Prölss/Martin*, VVG[25] § 59 Anm. 6 B; *Martin* SachversR[3] V I Rdn. 21; *Martin* VersR **1973** 691 ff; *Vogel* ZVersWiss **1973** 570 ff; *Schumacher* 130 ff.
[124] Auf andere Regreßwege wird nicht eingegangen. Siehe hierzu *Bruck/Möller/Sieg* VVG 8. Aufl. 1970 § 67 Anm. 9 ff.; siehe ferner *Enge* in VersWiss Studienwerk VI 324 ff. und 103 ff.
[125] Siehe dazu eingehend § 429 Rdn. 285 ff.
[126] Zu diesen Ansprüchen siehe § 429 Rdn. 317 f, 325; *Blaschczok* VersR **1980** 1104 ff; *Schreiber* BB **1980** 1698; *Blaurock* ZHR 146 (**1982**) 238 ff.
[127] Sie unterscheiden sich vom normalen Verkehrshaftpflichtfall nur durch die Auswechslung des Gläubigers. Die schwierigen Fälle bei internationalen Schiffszusammenstößen und großer Haverei können hier ebenfalls nicht behandelt werden.

Ansprüche gegen andere Absender wegen Schäden an zusammen verladener Ladung[128]. Regresse können sich auch gegen andere Versicherer richten, wenn diese zu vorrangiger Deckung verpflichtet sind; im Falle der Insolvenz des Haftpflichtigen auch gegen den Haftpflichtversicherer[129]. Aus § 67 VVG ergibt sich zugleich, daß sich der Schadensersatzanspruch nicht durch Anrechnung von Güterversicherungsleistungen mindert; siehe § 430 Rdn. 32.

b) Zusammenhang zwischen Regreß und Subsidiarität

87 Gelingt der Regreß eines leistenden Versicherers gegen einen anderen Versicherer, dann bewirkt dies insoweit de facto eine Subsidiarität der regreßnehmenden Versicherung, da deren Leistung im Endergebnis durch den Regreßgegner finanziert wird. Dies gilt aber wirtschaftlich auch, wenn der Güterversicherer erfolgreich gegen den Schädiger (Frachtführer, Spediteur, Lagerhalter) regressiert, soweit dessen Haftpflichtversicherer für diese Haftung einstehen muß. Die Transporthaftpflichtklage wegen Schäden an versicherten Gütern ist daher wirtschaftlich Regreß gegen den Transporthaftpflichtversicherer und führt insoweit zur Subsidiarität der Güterversicherung.

88 Ein „**Regreßausschluß**" (*Schirmer*, ZVersWiss **1981** 673) in diesem Verhältnis wirkt sich somit wirtschaftlich als Umkehrung des Subsidiaritätsverhältnisses aus. Durch ihn wird nun die Haftpflichtversicherung wirtschaftlich subsidiär, weil die zunächst in Anspruch genommene Güterversicherung sozusagen „auf dem Schaden sitzenbleibt". Ein Regreßausschluß kann zunächst auf einem **Regreßverzicht** des regreßberechtigten Versicherers beruhen, der sich – wem gegenüber auch immer – verpflichtet, die nach § 67 VVG auf ihn übergegangenen oder nach § 398 BGB abgetretenen Ansprüche gegen Schädiger oder Versicherer (z. B. den Speditionsversicherer) geltend zu machen. Einen solchen (stillschweigenden) Regreßverzicht gegenüber dem Verfrachter, Frachtführer, Spediteur oder Lagerhalter will Nr. 9.3. ADS Güterversicherung ausschließen. Auch gegenüber dem Speditionsversicherer liegt – soweit mir bekannt – kein Regreßverzicht der ADS-Versicherer vor.

89 Ein Regreßausschluß kann auch von der Seite des Haftpflichtigen durch **Beseitigung der Regreßvoraussetzungen** entstehen, z. B. durch Haftungsfreizeichnungen, denen aber rechtliche Schranken in Form zwingenden Rechts, insbesondere auch des AGB-Gesetzes, gezogen sind. Theoretisch eignet sich dazu aber die Haftungsersetzung durch Versicherung (etwa nach dem Muster der Speditionsversicherung), wenn Übergang oder Abtretung der Versicherungsansprüche des Geschädigten auf den Güterversicherer ausgeschlossen sind. Die Speditionsversicherung sieht dies nunmehr klar vor[130]. Die Klausel ist auch zulässig[131]. Regreßprozesse von Güterversicherern gegen Speditionsversicherer kamen auch bisher in der veröffentlichten Rechtsprechung wohl nicht vor. Im übrigen deckt die Speditionsversicherung Güterschäden nur ausnahmsweise und mangels höherer Angabe von Versicherungssummen nach Nr. 6.2 SVS/RVS auch nur in eng begrenztem Umfang.

---

[128] Beispiel: OLG Köln vom 8.11.1966, VersR **1967** 34 f.

[129] Zur Speditions-Haftpflichtversicherung siehe BGH vom 18. 12. 1980, VersR **1981** 328 ff.

[130] Nr. 12.2 SVS/RVS, Anh. II nach § 415 (milder noch § 11 SVS/RVS a. F.; Anh. II nach § 415; dort Rdn. 2).

[131] Zur Abdingbarkeit von § 67 VVG: BGH vom 8. 2. 1952, BGHZ **5** 105, 110 = VersR **1952** 137, 138; *Bruck/Möller/Sieg* VVG[8] § 67 Anm. 36; *Prölss/Martin/Prölss* VVG[25] § 67 Anm. 9, 4 A. Zustimmend auch *Sieg* TranspR **1993** 48, 51.

c) Aktivlegitimation für Regreßforderungen
aa) Aufgrund von § 67 VVG

Wichtigste Grundlage für die Aktivlegitimation[132] im Versicherer-Regreß ist der Forderungsübergang nach § 67 VVG. Typischer Fall ist der Übergang der frachtvertraglichen Schadensersatzansprüche gegen den Frachtführer, Spediteur oder Lagerhalter auf den Gütertransport- oder Lagerversicherer; siehe Rdn. 107 ff. Der Forderungsübergang nach § 67 VVG hat den Vorteil, daß – soweit die entsprechenden Voraussetzungen vorliegen – die Ansprüche des jeweils frachtrechtlich Berechtigten auf den Versicherer übergehen, daß also u. U. offengelassen werden kann, wessen Ansprüche (z. B. des Absenders oder Empfängers) dies sind[133]. Aus § 67 VVG ergibt sich zugleich, daß sich der Schadensersatzanspruch des Geschädigten nicht durch Anrechnung von Transportversicherungsleistungen vermindert; siehe § 430 Rdn. 32. 90

bb) Aufgrund Abtretung nach §§ 398 ff BGB

In vielen Fällen stehen dem Versicherungsnehmer oder Versicherten keine Ersatzansprüche zu, die auf den Versicherer übergehen könnten, z. B. weil er als Empfänger nach Frachtrecht noch nicht oder als Absender nicht mehr ersatzberechtigt ist oder weil die Ansprüche gegen den Frachtführer dem von ihm eingeschalteten Spediteur zustehen[134]. Auch soweit § 67 VVG für den Regreß ausreichen würde, ist schon deshalb Zahlung gegen Abtretung eine übliche, vorsichtige Rechtspraxis[135]. Siehe im einzelnen Rdn. 111 ff. 91

2. Regreß des Güterversicherers
a) Mögliche Regreßbeziehungen (Regreßschuldner, anzuwendende Rechtsnormen)

Grundlagen des Regresses sind die Ansprüche der Ladungsbeteiligten gegen Beförderer, Spediteure und Lagerhalter, eventuell auch gegen dritte haftpflichtige Personen. Die Ansprüche gegen beteiligte Unternehmer beruhen auf den Spezialnormen der betreffenden Geschäftszweige[136]. Welche Normen Anwendung finden, und unter welchen Umständen und in welchen Grenzen auf ihrer Grundlage gehaftet wird, richtet sich nach den Rechtsbeziehungen, die dem Beförderungsvertrag zugrunde liegen. Regelmäßig bestimmt die Art des Beförderungsmittels sowie die Internationalität des Beförderungsvorgangs die anzuwendenden Rechtsnormen. Aus der Fülle von Möglichkeiten kommen insbesondere folgende typische Konstellationen in Betracht: 92

aa) Subunternehmer, aufeinanderfolgende Unternehmer

Beförderungsvorgänge setzen sehr oft das Zusammenwirken mehrerer Unternehmer voraus, insbesondere im internationalen Verkehr. Typisch ist hierbei der Einsatz von Subunternehmern (meist Unterbeförderern, Unterfrachtführern), von aufeinanderfolgenden selbständigen Teilfrachtführern und von Spediteuren, die Absender- und Emp- 93

---

[132] Siehe dazu eingehend aus der Sicht des Transportrechts § 429 Rdn. 140 ff.

[133] Beispiel: OLG Hamburg vom 9. 8. 1984, TranspR **1984** 299, 300 = VersR **1985** 158.

[134] Beispiele: BGH vom 10. 2. 1983, TranspR **1983** 64 ff = VersR **1983** 551 ff; vom 24. 10. 1991, BGHZ **116** 15 ff = TranspR **1992** 177, 179 = VersR **1992** 640 f.

[135] So z. B. OLG Frankfurt vom 7. 6. 1977, OLGZ **78** 208 ff.

[136] Siehe dazu § 429 Rdn. 169 ff; *Enge* Transportversicherung[2] S. 323 ff; zum Überblick und zur rechtspolitischen Seite siehe *Herber* JZ **1974** 629 ff.

fängerfunktionen wahrnehmen. Tritt der Schaden bei einem Unterfrachtführer ein, dann haftet dieser dem Hauptfrachtführer aus dem Unterfrachtvertrag, der Hauptfrachtführer dem Absender aus dem Hauptfrachtvertrag für Fehler des Unterfrachtführers als seines Erfüllungsgehilfen[137]. Bei Einsatz von Teilfrachtführern ist jeder von ihnen für seinen Streckenabschnitt dem Absender allein verantwortlich. Die Haftung aus unerlaubter Handlung überspringt alle derartigen Vertragskonstruktionen. Der Schädiger haftet dem Eigentümer unmittelbar aus §§ 823, 831 BGB.

bb) Spediteure

94   Wird vom Verlader ein Spediteur eingeschaltet, der die Versendung besorgen soll, dann entstehen Vertragsbeziehungen zunächst nur zwischen diesem und dem Verlader als Versender. Da der Spediteur die Transportaufträge in eigenem Namen, wenn auch für Rechnung des Versenders, erteilt, stehen ihm die Rechte gegen den beauftragten Unternehmer aus den betreffenden Fracht-, Speditions- oder Lagerverträgen zu. Zu ihrer Abtretung an den Versender ist der Spediteur verpflichtet[138]. Aufgrund welcher Normen der Spediteur vom regreßnehmenden Güterversicherer in Anspruch genommen werden kann, ist Gegenstand einer umfangreichen Rechtsprechung; dazu §§ 412, 413. Grundsätzlich kann man folgende Fälle unterscheiden:

95   Die **frachtrechtliche Lösung**: Der Spediteur führt die Beförderung im Selbsteintritt aus (§ 412 HGB), oder er übernimmt die Spedition zu festen Kosten (§ 413 Abs. 1 HGB), oder er versendet die Güter in Sammelladung (§ 413 Abs. 2 HGB). In allen diesen Fällen regelt sich seine Haftung gegenüber dem Versender nach Frachtrecht[139]. Daher haftet der Spediteur für seine Auftragnehmer nach dem zwingenden Recht des betreffenden Beförderungsmittels wie ein Beförderer. Das Haftungs- und Versicherungssystem der ADSp greift nicht ein, außer in den Bereichen, in denen keine zwingende gesetzliche Beförderhaftung besteht, weil dort die Haftung durch § 52 c ADSp wirksam abbedungen ist. Soweit der Spediteur nach Frachtrecht haftet, wird seine Haftung durch die Speditionshaftpflichtversicherung des Ergänzungsvertrages gedeckt.

96   Die **speditionsrechtliche bzw. speditionsversicherungsrechtliche Lösung**: Nicht nach den Normen des Frachtrechts, sondern des Speditionsrechts richtet sich der Schadensersatzanspruch, wenn folgende Fallgestaltungen vorliegen:
– ein reines Speditionsgeschäft ohne Selbsteintritt, Fixkostenvereinbarung oder Sammelversendung;
– Fälle der Fixkosten- oder Sammelladungsspedition oder des Selbsteintritts, wenn die Beförderung durch einen vom Spediteur herangezogenen KVO-Unternehmer im (innerdeutschen) Güterfernverkehr ausgeführt wird, der Spediteur also kein eigenes Fernverkehrsfahrzeug einsetzt (§ 1 Abs. 5 KVO);
– wenn zwar Selbsteintritt, Fixkosten- oder Sammelladungsspedition vorliegen, das Ausführungsgeschäft mit dem Subunternehmer aber keinem zwingenden Recht unterliegt, also im Güternahverkehr, der Binnenschiffahrt und teilweise im Seefrachtrecht; § 52 c ADSp.

---

[137] So z. B. zum Sonderfall der Passivlegitimation beim Seetransport mit IOC-Klausel *Karsten Schmidt*, Verfrachterkonnossement, Reederkonnossement und Identity-of-Carrier-Klausel 1980; dazu *Wriede* ZHR 146 (1982), 81 ff; aus der neuesten Rechtsprechung OLG Hamburg vom 11. 6.1981, VersR 1982 65 f.

[138] Siehe dazu §§ 407–409 Rdn. 145; besonders festgelegt in § 52 a ADSp.

[139] Hinzu kommen die Fälle, in denen der Vertrag des Spediteurs mit seinem Auftraggeber durch Auslegung als Frachtvertrag qualifiziert wird. Die von ihm beauftragten Frachtführer sind dann seine Unterfrachtführer; dazu §§ 412, 413 Rdn. 61 ff.

Die frachtrechtliche Lösung bedeutet bessere Haftungsverhältnisse für Verlader **97**
und regreßnehmende Güterversicherer, weil sich die Ansprüche gegen den am Versandort niedergelassenen Spediteur nach den in der Regel schärferen Haftungsbestimmungen des Frachtrechts richten. In Fällen der speditionsrechtlichen Lösung greift das Haftungs- und Versicherungssystem der ADSp (siehe zum Überblick §§ 407–409 Rdn. 146 ff) mit folgenden Varianten ein:

– Bei vollem Verbot der Speditionsversicherung haftet der Spediteur aus Speditions-, Lager- und Güternahverkehrsverträgen nach Maßgabe der ADSp eng begrenzt. Nur bei Vorsatz und grober Fahrlässigkeit des Spediteurs selbst und seiner leitenden Angestellten sowie bei grobem Organisationsverschulden tritt die volle HGB-Haftung ein.

– Wird die Speditionsversicherung vom Versender nicht verboten, dann wird die Haftung des Spediteurs an sich durch den Direktanspruch gegen den Speditionsversicherer aufgrund der vom Spediteur gezeichneten Generalpolice ersetzt. Gemäß Nr. 5.1 SVS/RVS deckt aber der Speditionsversicherer keine in der Güterversicherung versicherten Schäden, so daß hier auch der Haftungsausschluß des § 41a ADSp nicht eingreift und daher die beschränkte Eigenhaftung des Spediteurs nach §§ 51 ff ADSp eintritt; zur früheren Fassung siehe § 5 SVS/RVS, Anh. II nach § 415.

Insbesondere wegen des regreßausschließenden Abtretungs- und Rechtsübergangs- **98**
verbots in Nr. 12.2 SVS/RVS **scheidet für den Güterversicherer der Speditionsversicherer als Regreßschuldner aus;** siehe Rdn. 88. Der Regreß gegen den Spediteur selbst ist möglich, soweit nicht seine Haftung nach den ADSp ausscheidet. Art und Umfang der geltend zu machenden Ansprüche hängen von mehreren Faktoren ab: Ob vom Spediteur Schadensersatz oder nur die Abtretung der Ansprüche gegen Subunternehmer verlangt werden kann, entscheidet sich nach den oben dargestellten Kriterien (§§ 412, 413 HGB, Verweisung auf zwingendes Recht). Die Höhe, aber auch die Begründung des Ersatzanspruchs ist unterschiedlich geregelt, nämlich im Normalfall begrenzt nach §§ 51 ff ADSp; bei Vorsatz und grober Fahrlässigkeit des Spediteurs oder seiner leitenden Angestellten sowie bei grobem Organisationsverschulden ist unbegrenzter Regreß gegen den Spediteur eröffnet (§ 51 b S. 2 ADSp).

Regreßnehmende Transportversicherer und Verlader kämpfen daher mit aller **99**
Verbissenheit in immer neuen Prozessen **darum, Spediteure nach zwingendem Frachtrecht haftbar zu machen,** vor allem nach KVO und CMR, aber mittlerweile auch nach zwingendem Luftfrachtrecht[140]. Gelingt dies, so besteht auch bei mehrstufigen Transportverträgen eine beachtliche zwingende Haftung des am Abgangsort belangbaren und meist gut versicherten Spediteurs. Insbesondere kann der Speditionshaftpflichtversicherer im Fall des Konkurses des haftpflichtigen Spediteurs nach § 157 VVG mit Hilfe des beschlagnahmten Deckungsanspruchs belangt werden, BGH vom 18. 12. 1980, VersR **1981** 328 ff.

cc) Multimodaler Transport

Die überragende Bedeutung von Containertransporten mit mehreren unterschiedlichen aufeinanderfolgenden Beförderungsmitteln hat den sogenannten multimodalen Beförderungsvertrag in den letzten zwei Jahrzehnten stark gefördert. Multimodale Transporte werden von einem Unternehmer organisiert, der die einzelnen Teilbeförderungen, soweit er sie nicht selbst ausführt, anderen Beförderern überträgt. Von einem **100**

---

[140] Siehe z. B. BGH vom 22. 4. 1982, VersR **1982** 896 f.

multimodalen Beförderungsvertrag spricht man, wenn der Hauptbeförderer nicht nur die Organisation der aufeinanderfolgenden Beförderungsvorgänge, sondern auch die Ausführung der gesamten Beförderung selbst übernimmt, wobei die einzelnen von ihm beauftragten Teilbeförderer im Verhältnis zum Absender seine Unterbeförderer sind; siehe Anh. V nach § 452 Rdn. 6 ff.

101 Ein weitgehend ähnlicher Effekt wird erreicht, wenn ein Spediteur die **Containerversendung zu festen Kosten** übernimmt. Dann haftet er dem Versender gem. § 413 Abs. 1 HGB nach Frachtrecht. Seine Rechtsstellung entspricht, soweit die Beförderungsabschnitte zwingendem Recht unterliegen, der des echten multimodalen Beförderers; siehe Anh. V nach § 452 Rdn. 22.

102 Aus rechtlichen und tatsächlichen Gründen ist der Schadensersatz des Verladers und damit der **Regreß des Transportversicherers, der einen multimodalen Transport versichert hat, schwierig**; dazu im einzelnen: Multimodale Transporte, Anh. V nach § 452.

b) Aktivlegitimation im Regreß des Güterversicherers

103 Obwohl nach § 67 VVG oder § 45 ADS die Ersatzansprüche des entschädigten Versicherungsnehmers oder Versicherten auf den regreßnehmenden Güterversicherer übergehen, bestehen in der Praxis erhebliche Probleme, die z. T. bereits in der Aktivlegitimation der am Schadensfall Beteiligten, zum anderen im Forderungsübergang auf den Versicherer begründet sind.

aa) Fracht- und speditionsrechtliche Aktivlegitimation

104 Die Erhebung von Ersatzansprüchen durch die am Transportvorgang unmittelbar Beteiligten weist schon erhebliche Probleme auf[141]. Im Versichererregreß treten weitere hinzu. Eine wichtige Rolle spielt die Frage, ob in einer bestimmten Situation der Absender oder der Empfänger zum Schadensersatz berechtigt ist. Dies beruht auf der grundsätzlichen Konstruktion des Frachtvertrages als eines Vertrages zugunsten Dritter. Das Frachtrecht der unterschiedlichen Sparten weist die formale Ersatzberechtigung von bestimmten Punkten im Verlauf der Abwicklung eines Frachtvertrages an dem Empfänger zu, oft wenig präzise, teilweise auch mit Überschneidungen zwischen Ersatzberechtigung von Empfänger und Absender[142]. Diese formale Zuweisung sagt im übrigen nichts darüber aus, wer materiell Geschädigter ist. Die Problematik kann mit einer großzügigen Anwendung der Grundsätze der Drittschadensliquidation zumindest teilweise gelöst werden, wenn der formal Berechtigte, aber nicht materiell Geschädigte den Schaden geltend macht[143]. Im umgekehrten Falle – bei Geltendmachung des Schadens durch den materiell Geschädigten, aber nicht formal Berechtigten – kann die Annahme einer Prozeßstandschaft durch Ermächtigung helfen, sie wird aber bedenklich, wenn dadurch

---

[141] Zur Person des Ersatzberechtigten siehe § 429 Rdn. 140 ff.

[142] Siehe *Koller* VersR **1982** 414 ff; *Helm* TranspR **1983** 29 ff; aus der neueren Rechtsprechung siehe BGH vom 21. 12. 1973, VersR **1974** 325 ff; vom 10. 4. 1974, VersR **1974** 796 ff; vom 1. 10. 1975, VersR **1976** 168 f; vom 4. 6. 1976, VersR **1976** 966 f; vom 6. 7. 1979, BGHZ **75** 92 ff = VersR **1979** 1105 ff; vom 9. 11. 1981, BGHZ **82** 162 ff = VersR **1982** 287 ff; BGH vom 5. 2. 1987, NJW **1987** 1885 f = TranspR **1987** 180 ff = VersR **1987** 678, 680; OLG Frankfurt vom 12. 7. 1977, VersR **1978** 159 f; OLG München vom 27. 3. 1981, VersR **1982** 264 f; OLG Köln vom 22. 3. 1982 – 7 U 151/81 – bisher unveröffentlicht. Siehe zur Aktivlegitimation nach Art. 13 CMR ferner österr. ObGH vom 17. 2. 1982, Verkehr (Wien) **83** 96 ff.

[143] Siehe dazu § 429 Rdn. 157 ff sowie *Helm* TranspR **1983** 33 f; BGH vom 9. 11. 1981, BGHZ **82** 162, 170 = VersR **1982** 287 ff; OLG Köln vom 16. 3. 1978, VersR **1978** 971; einschränkend für deliktische Ansprüche BGH vom 9. 7. 1979, VersR **1979** 906 ff; gegen zu großzügige Anwendung der Drittschadensliquidation *Koller* VersR **1982** 415.

dem Inhaber verbriefter Rechte, z. B. dem Konnossementsinhaber, deren Ausübung entzogen wird[144].

Zusätzliche Schwierigkeiten entstehen mit **deliktischen Ersatzansprüchen**. Diese stehen grundsätzlich der Person zu, die im Augenblick der Schädigung Eigentümer ist. Läßt man den Fall außeracht, daß dieser Eigentümer überhaupt nicht am Transportgeschehen beteiligt ist (z. B. ein Vorbehaltslieferant des Absenders), bleiben noch genügend Probleme: z. B. kann der Absender noch Eigentümer sein, während die frachtrechtlichen Rechte und die Gefahr bereits auf den Empfänger übergegangen sind[145]. **105**

Die Frage der Aktivlegitimation spielt auch bei **Fristwahrungen** eine Rolle. Die Unterbrechung der stets sehr kurzen Verjährungs- oder Erlöschensfristen des Frachtrechts setzt voraus, daß bei Klagerhebung die Ansprüche dem Kläger zustanden[146]. Auch die vielfach frachtrechtlich vorgesehenen verjährungshemmenden Schadensanmeldungen oder die präklusionsausschließenden Schadensrügen oder Feststellungsanträge sind nur wirksam, wenn sie durch den zu diesem Zeitpunkt Berechtigten erfolgen[147]. **106**

bb) Forderungsübergang nach § 67 VVG

Stehen die Ansprüche aus der Güterversicherung dem Absender als Versicherungsnehmer zu, dann liegen regelmäßig die Voraussetzungen des Forderungsübergangs auf den Güterversicherer nach § 67 VVG vor[148], soweit dieser den Schaden ersetzt[149]. Angesichts der Vielzahl der am Transportgeschäft und der Versicherungsregulierung beteiligten Personen kann der Nachweis der Voraussetzungen des Forderungsübergangs leicht mißlingen[150]. Rechtlich richtet sich der Regreß dann zwar gegen den Frachtführer etc. Ist dieser transporthaftpflichtversichert, ist allerdings der Haftpflichtversicherer der wirtschaftliche Regreßgegner, während der Frachtführer allenfalls Nachteile bei Prämie oder Selbstbeteiligung zu erwarten hat; siehe Rdn. 87. **107**

Stehen die Ansprüche aus der Güterversicherung einem begünstigten Dritten, z. B. **dem Empfänger zu,** gehen dessen Ersatzansprüche, aber auch die des Absenders als Versicherungsnehmer auf den Güterversicherer über. Bei der Versicherung für fremde Rechnung können nämlich entgegen der Formulierung des Gesetzes auch Ansprüche des Versicherten auf den leistenden Sachversicherer übergehen[151]. Eine wiederum besondere Lage besteht, wenn ein **Spediteur** aufgrund einer laufenden Police im Auftrag und für Rechnung des Auftraggebers die Transportversicherung deckt. Für diesen Fall sieht **108**

---

[144] So die Entscheidung des BGH vom 26. 9. 1957 BGHZ **25** 250, 259 f = VersR **1957** 705, 706 f, die im Hinblick auf die formelle Sicherheit des Dokumentengeschäfts nicht akzeptabel ist.
[145] Im Fall OLG Hamburg vom 27. 3. 1969, VersR **1969** 632, 633 hing der Eigentumsübergang von der Einlösung des Ladescheins ab, die während des Löschens der Ladung, also mitten im ladenstiftenden Vorgang, erfolgte. Zu Recht hält allerdings der BGH im Revisionsurteil vom 18. 3. 1971, VersR **1971** 559 = Hansa **1971** 2064 die Eigentumsfrage nicht für maßgeblich, weil der Anspruch auf § 511 HGB gestützt werden konnte, wonach das Eigentum nicht entscheidend ist.
[146] Siehe § 429 Rdn. 164 ff; § 40 KVO, Anh. II nach § 452 Rdn. 23 ff.
[147] Zur Verhinderung des Erlöschens der Ansprüche nach § 612 HGB; siehe BGH vom 28. 9. 1957, BGHZ **25** 250, 256 = VersR **1957** 705, 706; zur Verjährung nach Art. 32 CMR siehe OLG Düsseldorf vom 1. 4. 1976, VersR **1978** 173.
[148] Beispiel aus der Güterversicherung: KG vom 5. 11. 1965, VersR **1967** 446 ff. Bei Vereinbarung der ADS-Deckung ergibt sich der Forderungsübergang aus § 45 ADS. Auf den Versicherungsmakler gehen die Ansprüche nicht über; OLG Wien vom 25. 6. 1981, Verkehr (Wien) **1981** 1608.
[149] Voraussetzung ist allerdings der Nachweis der Zahlung; siehe OLG Düsseldorf vom 11. 10. 1990, TranspR **1990** 440, 441.
[150] Vgl. den Fall OLG Düsseldorf vom 13. 11. 1980, VersR **1982** 89 f (zur CMR).
[151] *Prölss/Martin*, VVG²⁵ § 59 Anm. 3 a (S. 519); BGH vom 11. 7. 1960, BGHZ **33** 97, 99 (eventuell sogar Ansprüche gegen den Versicherten).

§ 37 c ADSp eine Haftungsbefreiung des Spediteurs vor; dazu kritisch 37 ADSp, Anh. I nach § 415.

109 Anerkannt ist weiter der Forderungsübergang nach § 67 VVG in folgendem Fall: Formal standen die Ersatzrechte dem Empfänger zu, dieser belastete jedoch den Absender mit dem Schaden zurück. Der Empfänger hätte danach die Ansprüche im Wege der **Drittschadensliquidation** geltend machen können. Der Übergang dieser Ansprüche auf den Transportversicherer des Absenders, der diesen entschädigt hatte, wurde bejaht[152]. Weitgehend unklar ist dagegen, ob bei Leistungen an den Versicherten auch die Ansprüche des Versicherungsnehmers übergehen und umgekehrt[153]. Im Transportschadensfall sind Situationen des Auseinanderfallens von Empfang der Entschädigung und übergangsfähigen Ersatzforderungen schon deshalb häufig, weil die Ersatzberechtigung im Laufe des Transportvorgangs vom Absender auf den Empfänger überwechselt; siehe § 429 Rdn. 141 ff.

110 Nicht selten gerät der regreßnehmende Güterversicherer in Schwierigkeiten, weil er **zur Vornahme der anspruchserhaltenden und verjährungshemmenden oder -unterbrechenden Maßnahmen** ohne vorherigen Erwerb der Forderungen nicht legitimiert ist[154]. Problematisch ist der Forderungsübergang im Falle der Versendung durch Spediteure; denn die Ersatzansprüche aus dem vom Spediteur abgeschlossenen Ausführungsgeschäft stehen bis zur Abtretung nur dem Spediteur zu; der direkte Forderungsübergang auf den Güterversicherer könnte das Zurückbehaltungsrecht des Spediteurs an der Ersatzforderung beeinträchtigen[155]. Besondere Schwierigkeiten bereiten deliktische Ansprüche, weil der Entschädigte oft nicht Inhaber der Deliktsansprüche ist, und zwar immer dann, wenn er im Augenblick der Schädigung nicht Eigentümer war und auch vom damaligen Eigentümer die Ansprüche nicht übertragen erhalten hat; siehe auch Rdn. 105.

cc) Abtretung

111 Um die Regreßmöglichkeiten zu verbessern, ist es zweckmäßig, daß der Güterversicherer sich trotz des Forderungsübergangs nach § 67 VVG von den Beteiligten sicherheitshalber alle in Betracht kommenden Forderungen abtreten läßt[156]. Dies gilt insbe-

---

[152] BGH vom 1. 10. 1975 VersR **1975** 168, 169; ähnliche Fallgestaltung, aber mit einer Abtretungskonstruktion: BGH vom 9. 11. 1981, BGHZ **82** 162, 171 = VersR **1982** 287 f; BGH vom 14. 3. 1985, VersR **1985** 753.

[153] Bejahend BGH vom 11. 7. 1960, BGHZ **33** 97, 99; siehe dazu *Bruck/Möller/Sieg*, VVG[8] § 67 Anm. 126; *Prölss/Martin/Prölss*[25], VVG § 67 Anm. 3.

[154] So etwa, weil die Versicherungsleistung bei der verjährungshemmenden Schadensanmeldung nach § 40 Abs. 3 KVO noch nicht erbracht war, so daß der Güterversicherer die Schadensanmeldung nicht wirksam vornehmen konnte; BGH vom 6. 2. 1981, VersR **1981** 571; OLG München vom 21. 7. 1989, TranspR **1989** 324, 325.

[155] Siehe Rdn. 91; zur Abtretung dieser Ansprüche Rdn. 111. Zur Abtretungsbefugnis des Assekuradeurs OLG Hamburg vom 24. 6. 1982, VersR **1982** 1172.

[156] Z. B. Ansprüche des vom VN beauftragten Spediteurs gegen den Frachtführer, die nicht automatisch nach § 67 VVG auf den Güterversicherer übergehen; Beispielsfälle: BGH vom 20. 2. 1970, VersR **1970** 416; BGH vom 10. 2. 1983, VersR **1983** 551 und OLG Düsseldorf vom 1. 4. 1976, VersR **1978** 173; Ansprüche des Absenders, des Endempfängers, des Hauptfrachtführers und der zwei folgenden Unterfrachtführer gegen den letzten Unterfrachtführer: BGH vom 14. 6. 1982, VersR **1982** 902; Ansprüche des Empfängers gegen den Beförderer, wenn der Absender als VN vom Güterversicherer entschädigt worden ist: BGH vom 9. 11. 1981, BGHZ **82** 162 ff = VersR **1982** 287 ff; alternative Lösung zur Entscheidung vom 1. 10. 1975, siehe Rdn. 104; ähnlich wohl auch der (versicherungsrechtlich problemlose) EVO-Fall BGH vom 4. 6. 1976, VersR **1976** 966 f; Ansprüche des vom Empfänger nach Art. 12 Abs. 4 CMR benannten Sekundärempfängers: BGH vom 5. 2. 1987, NJW **1987** 1885 f = TranspR **1987** 180 ff = VersR **1987** 678, 680; siehe ferner BGH vom 28. 1. 1980, VersR **1980** 376 ff (konnossementsmäßiger Empfänger beim Seefrachtvertrag). Zur Abtretung konnossementsmäßig verbriefter

sondere auch für Ansprüche aus unerlaubter Handlung, die stets dem Ladungseigentümer, allenfalls dem Besitzer zustehen und nicht an die Ersatzberechtigung nach Frachtrecht gekoppelt sind; siehe z. B. OLG Frankfurt vom 17. 5. 1989, TranspR **1989** 283, 284. Oft scheint es einfacher zu sein, auch in klaren Fällen mit Abtretung zu arbeiten, statt sich auf § 67 VVG zu verlassen[157]. Angesichts der komplizierten Rechtsverhältnisse ist der Forderungsübergang nach § 67 VVG häufig eine zu unzuverlässige Regreßgrundlage. Es ist daher anwaltliche Pflicht – falls bei Beauftragung noch möglich – für alle Abtretungen zu sorgen, durch die Probleme der Aktivlegitimation aus dem Prozeßrisiko ausgeschieden werden können[158]. Auch soweit § 67 VVG für den Regreß ausreichen würde, ist Zahlung gegen Abtretung eine übliche, vorsichtige Rechtspraxis[159]. Andererseits hindert die Abtretung den ursprünglich Anspruchsberechtigten an der Geltendmachung der Ansprüche – was im Einzelfall neue Schwierigkeiten bereiten kann[160]. Werden die betreffenden Ansprüche verspätet abgetreten, so können die rechtswahrenden Handlungen des regreßnehmenden Versicherers unwirksam sein[161].

Die Abtretung von bereits durch einen Versicherer befriedigten Schadensersatzansprüchen ist nach BGH vom 23. 11. 1988, TranspR **1989** 156 = VersR **1989** 250 f nicht mehr möglich, weil der Schaden durch Erfüllung untergegangen ist. Ob dies rechtlich generell zutreffend ist, erscheint im Hinblick auf die Grundsätze der Vorteilsanrechnung und des Tilgungszwecks von Versicherungsleistungen im Einzelfall überprüfungsbedürftig. Läßt sich der Versicherer vor der Leistung die Ersatzansprüche abtreten, dann könnte dieser Effekt möglicherweise verhindert werden. **112**

Inwieweit ein **Rechtsanspruch auf eine solche Abtretung** gegen nicht entschädigte Personen besteht, ist fraglich. Jedenfalls kann der Versicherer vom nicht entschädigten Dritteigentümer der Güter keine Abtretung seiner Deliktsansprüche verlangen. Jedoch kann unter Umständen ein Dritter vom entschädigten VN oder Versicherten aufgrund der zwischen ihnen bestehenden Rechtsbeziehungen zur Abtretung gezwungen werden. **113**

dd) Prozeßstandschaft

Liegt weder ein Forderungsübergang noch eine Abtretung vor, dann kann – eine entsprechende Interessenlage vorausgesetzt – noch mit einer gewillkürten Prozeßstandschaft geholfen werden; dazu § 429 Rdn. 163 ff. Auf diese Weise überbrückte der BGH das Fehlen einer Abtretungserklärung des Spediteurs des VN an den Güterversicherer[162]. **114**

Ansprüche an den Transportversicherer: OLG Hamburg vom 30. 7. 1987, VersR **1987** 1190.

[157] Fall, in dem nicht klar ist, warum nicht aus § 67 VVG geklagt wurde: OLG Düsseldorf vom 7. 2. 1974, VersR **1975** 638 f.

[158] Beispiel: BGH vom 28. 3. 1985, NJW **1985** 2092 f = TranspR **1985** 261, 262 = VersR **1985** 754 ff: „… kann offenbleiben, wem von den in Betracht kommenden Schadensersatzberechtigten – Versenderin, Firma T, Firma R, Empfängerin – im Zeitpunkt des Schadenseintritts, des Forderungsübergangs nach § 67 VVG oder der Abtretungen ein Schadensersatzanspruch gegen den Bekl. zugestanden haben könnte. Die Kl. wäre in jedem Falle, die Entstehung des Anspruchs unterstellt, Rechtsinhaberin geworden, sei es auf Grund Abtretung, sei es kraft cessio legis".

[159] So z. B. OLG Frankfurt vom 7. 6. 1977, OLGZ **78** 208 ff.

[160] Beispiel aus dem Seerecht: OLG Hamburg vom 30. 7. 1987, TranspR **1988** 67 ff = VersR **1987** 1190 ff.

[161] Beispiele: BGH vom 6. 2. 1981, VersR **81** 571 f; vom 24. 10. 1991, BGHZ **116** 15 ff = TranspR **1992** 177, 179 = VersR **1992** 640 f (Verjährung nach CMR); OLG Frankfurt vom 31. 5. 1983, TranspR **1983** 155, 156 (kein Versicherer); siehe § 429 Rdn. 165.

[162] BGH vom 20. 2. 1970, VersR **1970** 416 f (betr. Schadensanmeldung nach KVO). Zur Zulassung der Prozeßstandschaft in anderen Bereichen siehe aus der neueren Rechtsprechung: BGH vom 23. 2. 1978, BGHZ **70** 389, 394 f (Bauträger für Erwerber; BGH vom 17. 1. 1983, WM **1983** 302 f (großzügige Zulassung im Wechselrecht); siehe auch OLG Hamburg vom 10. 7. 1980, VersR **1980** 1123 (insoweit nicht abgedruckt).

Eine stillschweigende Ermächtigung des Güterversicherers des Endempfängers (VN) zur Geltendmachung von Ansprüchen des vom VN beauftragten Empfangsspediteurs als frachtrechtlichen Empfängers half in einem anderen Fall[163]. Dagegen wurde es als unwirksam betrachtet, daß der nicht versicherte Absender den Güterversicherer des Empfängers zur Prozeßführung ermächtigte[164]. In einem weiteren Fall war die Schadensanmeldung durch den Güterversicherer des Absenders und vor der Abtretung der Empfängerrechte erfolgt; der BGH lehnte ebenfalls Prozeßstandschaft ab[165]. Vielfach wird eine Prozeßstandschaft des Assekuradeurs bejaht[166]. Im Regreß einer Transportversicherergemeinschaft gegen den Schädiger kann der Assekuradeur (Agent des führenden Versicherers) die Ansprüche geltend machen und auch an ein Havariebüro abtreten[167]. Geltendmachung durch Vertreter des Versicherers ist möglich, so durch die deutsche Direktion eines Schweizer Versicherers[168].

3. Regreß des Haftpflichtversicherers

115 Der Transport- oder Speditionshaftpflichtversicherer kann seinerseits Regreß nehmen gegen diejenigen Personen, die dem VN oder Versicherten[169] für den Schaden ihrerseits haften.

a) Gegen Subunternehmer

116 Die dem Regreß dienenden Ansprüche gegen Subunternehmer ergeben sich aus den oben unter II. 1. a) dargestellten Fällen jeweils aus den zwischen dem Hauptfrachtführer (so vor allem im multimodalen Transport) oder dem Spediteur und dem Unterspediteur oder Frachtführer im Bereich der §§ 412, 413 HGB bestehenden Vertragsbeziehungen, also z. B. nach CMR, WA, KVO. Da die Haftung des Subunternehmers in der Haftpflichtversicherung des Spediteurs oder Hauptfrachtführers nicht mitversichert ist, gehen die Ansprüche auf den Haftpflichtversicherer gemäß § 67 VVG über.

b) Gegen Personal und Subunternehmer des Beförderers (Spediteurs)

117 Grundsätzlich ist ein Regreß des Haftpflichtversicherers gegen Personal des Versicherten aufgrund der auf den Versicherer nach § 67 VVG übergegangenen Ersatzansprüche aus dem Arbeitsverhältnis möglich; zumindest dann, wenn diese Haftung des Arbeitnehmers nicht mitversichert ist, er also Dritter i. S. von § 67 VVG ist[170]. Die typischen Transporthaftpflichtpolicen versichern die Haftpflicht von AN des VN nicht mit. Daher kann der Haftpflichtversicherer – in den durch die arbeitsrechtliche Haftungserleichterung bei schadensgeneigter Arbeit gezogenen Grenzen – Regreß gegen AN des Beförderers oder Spediteurs nehmen[171]. Auch Subunternehmer des Spediteurs können sich u. U. auf die ADSp berufen, wenn sie vom Geschädigten unmittelbar aus Delikt in Anspruch genommen werden[172].

---

[163] Vom 6. 5. 1981, VersR 1981 929, 930 = TranspR 1982 41, 42; siehe dazu auch Sieg TranspR 1993 48, 50.
[164] BGH vom 9. 7. 1979, VersR 1979 906, 907.
[165] BGH vom 6. 2. 1981, VersR 1981 571 f.
[166] Siehe OLG Hamburg vom 4. 2. 1982, VersR 1982 872 und vom 9. 8. 1984, TranspR 1984 299; siehe eingehender § 429 Rdn. 163.
[167] OLG Hamburg vom 24. 6. 1982, VersR 1982 1172. Siehe zur Rechtsstellung des Havariekommissars *Gielisch* TranspR 1992 313 f.
[168] LG Bremen vom 17. 4. 1984, TranspR 1984 208; offen, ob aufgrund Abtretung oder Prozeßstandschaft.
[169] Bei der CMR-Fremdunternehmer-Versicherung des beauftragten CMR-Frachtführers; siehe den komplizierten Fall OLG München vom 29. 1. 1986, TranspR 1987 59, 61 = VersR 1986 881, 882.
[170] BAG vom 9. 11. 1967, VersR 1968 266 f.
[171] Siehe zum verwandten Komplex der Haftung des Arbeitnehmers gegenüber Ladungsberechtigten § 429 Rdn. 318 ff.
[172] BGH vom 18. 6. 1976, VersR 1976 1129, 1130.

c) Gegen Speditionsversicherer

Auch der Speditionsversicherer des Unterspediteurs könnte an sich vom Haftpflicht- **118** versicherer in Regreß genommen werden, soweit die Haftung des Unterspediteurs durch die Speditionsversicherung ersetzt wird. § 37 ADSp betrifft diese Fälle nicht, da die regreßnehmende Haftpflichtversicherung nicht „das Gut" i. S. von § 35 ADSp versichert. Jedoch verhindert Nr. 12.1 und 12.2 (= § 11 aF) SVS/RVS den Übergang der Ansprüche aus der Speditionsversicherung auf den Haftpflichtversicherer; siehe Rdn. 89.

d) Gegen Dritte

Auch hier kommen Regreßansprüche gegen Dritte, z. B. Unfallbeteiligte und zusam- **119** men verladende andere Absender, in Betracht.

4. Regreß des Speditionsversicherers

Auch der Speditionsversicherer kann grundsätzlich Regreß gegen Subunternehmer **120** und Arbeitnehmer des Spediteurs nehmen[173]. Denn mit der Übernahme der Haftung anstelle des Spediteurs erbringt er letztlich zugleich eine Leistung zugunsten des Spediteurs, der sonst gem. § 41 c ADSp im Rahmen der ADSp haften müßte (§ 41 a ADSp), so daß die Ansprüche des Spediteurs auf ihn gemäß § 67 VVG übergehen[174]. Zumindest ist dies zu bejahen, wenn man die Speditionsversicherung mit dem BGH in die Nähe einer Haftpflichtversicherung rückt[175]. Dem Forderungsübergang nach § 67 VVG stehen die gleichen Schwierigkeiten entgegen wie beim Güterversicherer. Insbesondere gehen Ansprüche des Zwischenspediteurs gegen den Frachtführer nicht auf den Speditionsversicherer des Hauptspediteurs über, obwohl er den Schaden nach Nr. 3.3.2 SVS zu decken hat[176].

5. Regreßsperrende Klauseln

In den ADSp und den Speditionsversicherungsbedingungen finden sich Klauseln, die **121** Regresse verhindern. Der Güterversicherer kann gegen den an sich haftenden Spediteur keinen Regreß nehmen, wenn dieser die Güterversicherung in eigenem Namen für Rechnung des Auftraggebers genommen hatte (§ 37 ADSp). Gegen den Speditionsversicherer kann der Güterversicherer ebenfalls keinen Regreß nehmen, weil Abtretung und Forderungsübergang auf andere Versicherer in Nr. 12.2 SVS/RVS ausgeschlossen sind[177], aber auch materiell, weil die Speditionsversicherung transportversicherte Risiken nicht deckt[178]. Auch die üblichen Policen der Transporthaftpflichtversicherung versuchen, Regresse der Güterversicherer einzuschränken, indem sie eine Obliegenheit aufstellen, ohne ihre Einwilligung die Ansprüche abzutreten. Ein nach dem Rechtsgedanken des § 158 c Abs. 4 VVG an sich zulässiges Abtretungsverbot liegt in diesen Bestimmungen nicht, da sie nur Verhaltenspflichten des Versicherungsnehmers festlegen, die überdies unter dem Vorbehalt des weitgehend unabdingbaren § 6 VVG stehen[179].

---

[173] Beispielsfall aus der Speditionsrollfuhr: LG Hamburg vom 1. 7. 1977, VersR **1977** 1052.
[174] OLG Köln vom 8. 11. 1966, VersR **1967** 34, 35; LG Hamburg vom 1. 7. 1977, VersR **1977** 1052.
[175] BGH vom 27. 11. 1981, VersR **1982** 339; dazu § 1 SVS/RVS, Anh. II nach § 415 Rdn. 8.
[176] Zum entsprechenden § 4 SVS a. F.: OLG Hamburg vom 19. 11. 1981, VersR **1982** 800.

[177] Siehe Rdn. 89, 98.
[178] Nr. 5.1 (= § 5 Abs. 1 A a. F.) SVS/RVS.
[179] BGH vom 9. 5. 1984, VersR **1984** 830 ff = TranspR **1984** 215, 217 = NJW **1985** 559 f; dazu Rdn. 40 und § 38 KVO, Anh. II nach § 452 Rdn. 15.

122 Der Transporthaftpflichtversicherer kann gegen den Speditionsversicherer des Unterspediteurs keinen Regreß nehmen, weil zulässigerweise **Übergang und Abtretung der Ansprüche aus der Speditionsversicherung ausgeschlossen** sind; siehe Rdn. 89.

123 Regreßsperrend wirken könnten auch **Klauseln in allgemeinen Beförderungsbedingungen**, die einen gesetzlichen Übergang und eine Übertragung der Schadensersatzansprüche gegen den Beförderer ausschließen oder von dessen Genehmigung abhängig machen wollen. Diese Klauseln sind jedoch nach der neueren Rechtsprechung des BGH unwirksam[180].

124 Auch **Verzichte des CMR-Fremdunternehmerversicherers auf Regreß** gegen den ausführenden Fremdunternehmer sind möglich und wirksam. Zur Beschränkung einer solchen Klausel auf Ansprüche gegen „Trucker" und zur Auslegung diese Begriffes siehe OLG München vom 12. 5. 1989, TranspR **1990** 427 ff.

125 Regresse werden schließlich wenigstens teilweise durch Schadensteilungsabkommen[181] zwischen den Versicherern verhindert, wie sie im hier behandelten Bereich zur Zeit für die Fälle unbeschränkter Haftung wegen grober Fahrlässigkeit bestehen.

D. Rettungskosten nach §§ 62, 63 VVG

126 Im Rahmen der Schadensgeringhaltung gem. § 254 BGB hat der Geschädigte Aufwendungen einzugehen, die nicht immer als Bestandteil der Schadensersatzansprüche gegen den Frachtführer geltend gemacht werden können. Werden solche Aufwendungen im Rahmen der versicherungsrechtlichen Rettungspflicht nach § 62 VVG gemacht, so kommt ihre Geltendmachung gegenüber diesem nach § 63 VVG in Betracht[182], so etwa für Kosten der Sicherung, Wiederverpackung oder Einlagerung von beschädigtem Frachtgut, aber auch der Wiedererlangung verlorener Güter, zu denen auch der Freikauf bei einer kriminellen Organisation gehören kann. Allerdings darf der VN hierbei nicht weisungswidrig handeln[183].

---

[180] Für den Forderungsübergang nach § 67 VVG: BGH vom 8. 12. 1975, BGHZ **65** 364, 365; vom 9. 7. 1979, VersR **1979** 906, 907; für die Forderungsabtretung: vom 9. 11. 1981, BGHZ **82** 162 ff = VersR **1982**; BGH vom 9. 11. 1981, BGHZ **82** 162, 171 f = VersR **1982** 287, 289.

[181] Dazu eingehend *Prölss/Martin/Prölss* VVG25 § 67 Anm. 10.

[182] Zu solchen Ansprüchen gegen den Transporthaftpflichtversicherer siehe *Roltsch* Diss. 47. Zu den Verhaltensobliegenheiten *derselbe* VP **1984** 157 ff.

[183] OLG Hamburg vom 17. 11. 1983, TranspR **1984** 188 ff = VersR **1984** 258 f.

Anhang II nach § 429

Speditions- und Rollfuhrversicherungsschein (SVS/RVS 1989)

Neufassung, gültig ab 1. 3. 1989 (BAnz 1989, 83),
mit Nachträgen bis 1. 7. 1991

Vorbemerkungen

Der SVS/RVS ist im Jahre 1989 neu formuliert und in wesentlichen Punkten sachlich geändert worden. Im Rahmen der frachtrechtlichen Kommentierung muß grundsätzlich auf die Erläuterung der alten Fassung in Anh. II nach § 415, auf § 39 ADSp, Anh. I nach § 415 Rdn. 1 ff § 41 ADSp Rdn. 1 ff sowie auf Anh. I nach § 429 verwiesen werden. Der Abdruck der derzeit gültigen Fassung soll das Arbeiten mit diesen Bedingungen erleichtern. Im Rahmen des Frachtrechts kann jedoch der SVS/RVS nicht neu erläutert werden. Um die Benutzung der Kommentierung in Anh. II nach § 415 und der umfangreichen älteren Rechtsprechung zu erleichtern, werden kurze Hinweise auf die a. F. zugefügt. Die bisher geringfügige Rechtsprechung zur Neufassung des SVS/RVS ist in die Kurzkommentierung eingearbeitet.

Auf folgende **Literatur** ist insbesondere auch wegen der neueren Rechtsprechung und Literatur zu verweisen: *Koller*[2] S. 212–252; *Koller* Im Labyrinth des Speditions- und Rollfuhrversicherungsscheins (SVS/RVS), TranspR **1992** 201 ff ; *Schneider* Verkehrshaftungsversicherungen (1992) S. 58–129; *Valder* Die Neufassung des SVS/RVS, Spediteur **1989** 1 ff.

1 **Gegenstand des Versicherungsvertrages**

1.1 **Gegenstand dieser Versicherung sind Verkehrsverträge. Das sind Speditions-, Fracht- und Lagerverträge unter Einschluß der im Speditionsgewerbe üblichen Vereinbarungen – auch als selbständige Verträge – z. B. über die Erhebung von Nachnahmen, Zollbehandlung, Besorgung der für die Güterabfertigung notwendigen Dokumente, Verwiegung, andere Mengenfeststellung, Verpackung, Musterziehung sowie Verladen und Entladen von Gütern.**

1.2 **Dazu zählt auch das im Zusammenhang mit einem Verkehrsvertrag stehende Besorgen von Versicherungsdeckungen, beschränkt auf Gütertransport- und Sachversicherungen.**

Nr. 1 entspricht sachlich etwa der Formulierung in § 2 SVS a. F.; siehe dort Rdn. 2.

2 **Versicherung für fremde Rechnung**

Die Versicherung wird für fremde Rechnung genommen. Versichert ist der Wareninteressent, d. h. der Auftraggeber oder derjenige, dem das versicherte Interesse im Zeitpunkt des Schadenereignisses zugestanden hat; insbesondere ist derjenige versichert, der die Transportgefahr trägt. Der Versicherte kann über den Versicherungsanspruch verfügen.

Zu Nr. 2 siehe § 1 SVS/RVS a. F.; siehe dort Rdn. 1 ff; ein Fall zu Nr. 2.1 Neufassung lag dem Urteil des BGH vom 13. 2. 1993, TranspR **1992** 230 ff zu Grunde, das aber nicht näher auf die Klausel eingeht.

3	Umfang des Versicherungsschutzes
3.1	Die Versicherer ersetzen nach Maßgabe der deutschen gesetzlichen Vorschriften über vom Spediteur als Auftragnehmer abgeschlossene Verkehrsverträge
3.1.1	Güterschäden: Verlust und Beschädigung des Gutes, das Gegenstand des Verkehrsvertrages ist;
3.1.2	Güterfolgeschäden: Aus einem Güterschaden herrührende Vermögensschäden;
3.1.3	reine Vermögensschäden: Vermögensschäden, die nicht mit einem Güterschaden am Speditionsgut oder einem sonstigen Sachschaden zusammenhängen.
3.2	Die Versicherungsleistung umfaßt den Ersatz von Schäden nach den deutschen gesetzlichen Vorschriften
3.2.1	über die vertragliche Haftung eines Spediteurs insbesondere nach den Vorschriften des Handelsgesetzbuches oder des Bürgerlichen Gesetzbuches;
3.2.2	aus unerlaubter Handlung, Eigentum oder ungerechtfertigter Bereicherung, sofern diese Ansprüche mit einem Verkehrsvertrag unmittelbar zusammenhängen.
3.3	Die Versicherer ersetzen nach Ziff. 3.1 auch Schäden,
3.3.1	entstanden im gewerblichen Güternahverkehr oder bei Beförderungen auf der Straße in der Bundesrepublik Deutschland einschließlich Berlin (West), die nicht den Vorschriften des Güterkraftverkehrsgesetzes (GüKG) unterliegen, auch wenn sie vom Zwischenspediteur oder einem fremden Unternehmer ausgeführt werden;
3.3.2	verursacht durch deutsche oder ausländische Zwischenspediteure;
3.3.3	entstanden aus verkehrsbedingten Vor-, Zwischen- und Nachlagerungen beim Spediteur oder Zwischenspediteur;
3.3.4	aus vom Spediteur oder Zwischenspediteur unterlassener Wahrung des Regresses;
3.3.5	verursacht durch eine vorsätzliche Handlung oder Unterlassung des Spediteurs oder Zwischenspediteurs oder deren gesetzliche Vertreter, Mitarbeiter oder Erfüllungsgehilfen;
3.3.6	die dadurch entstehen, daß eine wirksam abgeschlossene Schadenversicherung durch eine fehlerhafte Maßnahme des Spediteurs oder Zwischenspediteurs unwirksam wird.
3.4	Die Versicherer ersetzen ferner Schäden
3.4.1	nach der Eisenbahnverkehrsordnung (EVO) an Gütern, die im organisierten Bahnsammelgutverkehr zwischen Stationen der Deutschen Bundes-

bahn sowie von Stationen der Deutschen Bundesbahn nach Berlin (West) oder in umgekehrter Richtung befördert werden. Die Versicherungsleistung erstreckt sich auf Schäden, die zwischen der Abnahme der Sendungen durch den Spediteur bis zur Ablieferung beim Endempfänger entstehen. Eine Berufung der Versicherer auf § 83 (1) c EVO ist ausgeschlossen;

3.4.2 nach der Kraftverkehrsordnung (KVO), die vor Beginn oder im Anschluß an eine Güterfernverkehrsbeförderung im gewerblichen Güternahverkehr oder während des Umschlages oder während der Zwischenlagerung verursacht werden.

3.5 Die Versicherer verzichten auf alle Einwendungen, welche der Spediteur aus den in den ADSp und sonstigen Abmachungen oder Handels- und Verkehrsbräuchen entstandenen Bestimmungen über Ausschluß und Minderung der gesetzlichen Haftung erheben könnte.

Nr. 3 ersetzt § 3 SVS a. F.; Nr. 3.1 übernimmt aus § 3 Nr. 1 a. F. die Orientierung der Versicherungsdeckung an den gesetzlichen Bestimmungen; siehe dort Rdn. 3. Nr. 3.1.1 bis 3.1.3 gliedern die Schäden – abweichend von der alten Formulierung – in drei Schadensgruppen, auf die in anderen Klauseln, insbesondere in Nr. 5.4 und Nr. 7.1 Bezug genommen wird.

Nr. 3.2 entspricht im Deckungsumfang § 3 Nr. 1 und 2 SVS/RVS a. F. Siehe dazu dort Rdn. 3–4.

Nr. 3.3 entspricht überwiegend der Regelung in § Nr. 3–5 und § 4 a und b SVS/RVS a. F. Siehe zu Nr. 3.3.2 den Ausschluß für Güterschäden in Nr. 5.4.1.

Nr. 3.4 entspricht sachlich § 4 Nr. 1 c und d SVS/RVS a. F.

Nr. 3.5 entspricht § 3 Nr. 1 S. 2 SVS/RVS a. F.

4 Aufwendungsersatz

Die Versicherer ersetzen zusätzlich

4.1 die Aufwendungen zur Abwendung und Minderung eines ersatzpflichtigen Schadens, soweit sie den Umständen nach geboten waren, § 63 Versicherungsvertragsgesetz (VVG);

4.2 vom Spediteur oder Zwischenspediteur aus Anlaß der Fehlleitung aufgewendete Beförderungsmehrkosten einschließlich notwendiger anderer Kosten, sofern sie zur Verhütung eines ersatzpflichtigen Schadens erforderlich waren.

5 Ausschlüsse

Ausgeschlossen vom Versicherungsschutz sind

5.1 die durch eine Gütertransport-, Wareneinheits- oder Ausstellungsversicherung gedeckten Gefahren;

5.2 alle Schäden, die dem Grunde nach von einem Unternehmer im Güterfernverkehr zu vertreten sind, sowie Ansprüche nach dem „Übereinkommen über den Beförderungsvertrag im internationalen Straßengüterverkehr" (CMR) einschließlich aller damit zusammenhängenden außervertraglichen Ansprüche.

Schäden, die ein Güterfernverkehrsunternehmer nach der Kraftverkehrsordnung (KVO) zu verantworten hat, können den SVS/RVS-Versicherern gemeldet werden, die verpflichtet sind, sie mit den KVO-Versicherern zu regeln;

5.3 Schäden, die dem Grunde nach von einem Frachtführer oder dessen Agenten (Binnenschiffahrt, Eisenbahn, Luftfahrt, Seefahrt), einem Verfrachter, einer Hafen- oder Flughafenbetriebsgesellschaft oder vom Spediteur oder Zwischenspediteur in einer dieser Funktionen zu vertreten sind; Ziff. 3.3.3 und 3.4 bleiben unberührt;

5.4 Güterschäden,

5.4.1 verursacht durch ausländische Zwischenspediteure oder in Erfüllung von Verkehrsverträgen tätige andere ausländische Unternehmen;

5.4.2 verursacht während einer vom Wareninteressenten verfügten Lagerung im Ausland;

5.4.3 verursacht während einer vom Wareninteressenten verfügten Lagerung, soweit sie durch eine Feuer-, Einbruchsdiebstahl-, Leitungswasser- oder Sturmversicherung gedeckt sind oder hätten gedeckt werden können;

5.5 Schäden, deren Ersatz nur aufgrund vertraglicher, im Speditionsgewerbe allgemein nicht üblicher Vereinbarungen verlangt werden kann, wie Vertragsstrafen, Lieferfristgarantien usw., sowie Schäden aufgrund von Ansprüchen aus Haftungsvereinbarungen, soweit sie über die gesetzliche Haftung hinausgehen;

5.6 Schäden und Ansprüche, die durch eine andere Versicherung, z. B. Betriebs-Haftpflicht-, Kraftfahrzeug-Haftpflicht-, Feuer-, Einbruchsdiebstahl- oder Leitungswasser-Versicherung gedeckt sind;

5.7 Schäden, verursacht durch Krieg, Aufruhr oder Kernenergie;

5.8 Personenschäden;

5.9 Schäden, die unmittelbar dadurch entstehen, daß Vorschüsse, Erstattungsbeträge o. ä. nicht zweckentsprechend verwendet, weitergeleitet oder zurückgezahlt werden. Ein dadurch verursachter weitergehender Schaden bleibt davon unberührt.

Nr. 5 entspricht insgesamt dem § 5 SVS/RVS a. F.
Siehe zu Nr. 5.1 den Ausschluß in § 5 Nr. 1 A SVS/RVS a. F.

Nr. 5.2 entspricht § 5 Abs. 3 SVS/RVS a. F. Für Ansprüche aus dem Anh. zum SVS/RVS gilt der Risikoausschluß der Nr. 5.2. SVS/RVS nicht; OLG München vom 31. 1. 1992, TranspR **1992** 195.

Nr. 5.3 schließt grundlegend die Haftung für ausführende Beförderer mit Ausnahme der in Nr. 3.3.1 und 3.4 übernommenen Nahverkehrs- und Eisenbahnrollfuhr aus. Die wenig klare Klausel hat keine Entsprechung im SVS/RVS a. F.; ihr Ergebnis wurde jedoch schon früher durch das Zusammenspiel der Ausschlüsse ähnlich erreicht.

Nr. 5.4 regelt für Güterschäden (Nr. 3.1.1) weitgehende Leistungsausschlüsse, § 5 SVS/RVS a. F. ähneln. Nr. 5.4.1 gilt nicht für ausländische Erfüllungsgehilfen des deutschen Spediteurs; OLG Düsseldorf vom 4. 7. 1991, TranspR **1991** 356, 358.

Stand: 1. 7. 1993

Nr. 5.5 entspricht § 5 Nr. 2 SVS/RVS a. F. Die Vereinbarung von Gestellungsterminen bei Containertransporten ist keine unübliche Vereinbarung im Sinne von Nr. 5.5 SVS/RVS; OLG Hamburg vom 12. 10. 1989, TranspR 1990 31 ff.

Nr. 5.6 schließt grundsätzlich güterversicherte und güterversicherbare Schäden aus der Deckung aus; siehe dazu § 5 SVS/RVS a. F. Rdn. 4–7.

Zu **Nr. 5.7 und 5.8** siehe § 5 Nr. Nr. 4, 6 und 7 SVS/RVS a. F.

6 Versicherungswert/Versicherungssummen/Interessedeklaration

6.1 Als Versicherungswert ist der Versicherungspreis anzumelden, in Ermangelung dessen der gemeine Handelswert oder gemeine Wert, den das Gut am Ort und im Zeitpunkt der Übernahme hat, unter Einschluß aller Speditionsentgelte und Transportkosten sowie der Eingangsabgaben im Empfangsland. Die Versicherungssumme ist auf DM 1.0 Mio. je Verkehrsvertrag begrenzt.

6.2 Die Regelversicherungssumme beträgt DM 5.000,– je Verkehrsvertrag. Für Kleinsendungen ist eine Versicherungssumme von DM 1.000,– zulässig. Will der Auftraggeber einen höheren Betrag als DM 5.000,– versichern, hat er die gewünschte Versicherungssumme spätestens mit Abschluß des Verkehrsvertrages dem Spediteur schriftlich mitzuteilen.

6.3 Erhält der Spediteur keine Mitteilung über die Versicherungssumme, ist er berechtigt, den Versicherungswert aufgrund von Erfahrungswerten oder beigefügten Unterlagen von DM 5.000,– bis DM 1.0 Mio. zu schätzen.

6.4 Bis DM 1.0 Mio. Versicherungssumme hat der Versicherte keinen Nachteil, wenn dem Spediteur bei der Versicherungsanmeldung ein Versehen unterläuft, die Anmeldung der gewünschten Versicherungssumme unterbleibt, der Spediteur geschuldete Prämien nicht oder nicht rechtzeitig bezahlt, sofern nur der Auftraggeber die gewünschte höhere Versicherungssumme dem Spediteur rechtzeitig schriftlich mitgeteilt hatte. Schätzfehler (Ziff. 6.3) unterliegen nicht dieser Bestimmung.

6.5 Der Auftraggeber kann die Deckung eines höheren Wertes als DM 1.0 Mio. bis höchstens DM 10.0 Mio. vor, spätestens mit Abschluß des Verkehrsvertrages bei den Versicherern beantragen, die unverzüglich über die Annahme des Antrages und den Zeitpunkt des Inkrafttretens der höheren Versicherungssumme zu entscheiden haben. Die Entscheidung wird mit Zugang beim Auftraggeber wirksam.

Die Versehensklausel (Ziff. 6.4) findet insoweit keine Anwendung.

6.6 Der Einwand der Unterversicherung ist ausgeschlossen, wenn der Versicherungswert die Versicherungssumme von DM 1,0 Mio. oder die vereinbarte höhere Deckungssumme übersteigt.

6.7 Der Auftraggeber kann spätestens mit Abschluß des Verkehrsvertrages gegenüber dem Spediteur den Betrag eines Interesses an der Erfüllung des Verkehrsvertrages zu Gunsten des Versicherten deklarieren. Die Deklaration muß schriftlich erfolgen. Sie ist mit dem fünffachen Versicherungswert der Sendung, höchstens mit DM 100.000,– begrenzt. Die Versicherungssumme erhöht sich entsprechend.

Die Versehensklausel (Ziff. 6.4) findet entsprechende Anwendung.

6.8 Ein darüber hinausgehendes Interesse bis höchstens DM 1.0 Mio. kann mit ausdrücklicher Einwilligung der Versicherer vereinbart werden.

Der Auftraggeber hat den Betrag des Interesses und alle ihm bekannten gefahrerheblichen Umstände den Versicherern vor, spätestens mit Abschluß des Verkehrsvertrages schriftlich mitzuteilen, die ihm unverzüglich ein Angebot unterbreiten, ob, ab wann, zu welchen Bedingungen und gegen welche Prämie sie das Interesse zu versichern bereit sind. Nimmt der Auftraggeber das Angebot an, wird die Versicherung des höheren Interesses wirksam.

Die Versehensklausel (Ziff. 6.4) findet insoweit keine Anwendung.

6.9 In den Fällen Ziff. 6.5 und 6.8 haben die Versicherer bei Annahme eines Antrages auf die Beschränkungen der Ziff. 8 ausdrücklich hinzuweisen.

Zu **Nr. 6** siehe die in den Grundzügen entsprechende Regelung in § 6 C SVS/RVS a. F.

7 **Umfang der Versicherungsleistung je Schadenfall**

Die Leistung der Versicherer ist je Schadenfall begrenzt,

7.1 für Güterschäden,

7.1.1 falls das Gut bei Schadeneintritt verkauft war, mit dem Verkaufspreis unter Berücksichtigung entstandener und ersparter Kosten, wie z. B. Frachtentgelte, Eingangsabgaben;

7.1.2 sonst mit dem gemeinen Handelswert oder dem gemeinen Wert, den das Gut am Ort und in dem Zeitpunkt hatte, in welchem die Ablieferung zu bewirken war, unter Berücksichtigung entstandener und ersparter Kosten;

7.1.3 auf jeden Fall mit der Versicherungssumme (Ziff. 6);

7.2 für Güterfolgeschäden neben dem Güterschaden mit dem Versicherungswert, höchstens mit der Versicherungssumme;

7.3 für reine Vermögensschäden mit dem doppelten Versicherungswert, höchstens mit der doppelten Versicherungssumme;

7.4 für die Interesseversicherung (Ziff. 6.7, 6.8) mit dem vom Versicherten nachzuweisenden Schaden, höchstens mit der Versicherungssumme (Versicherung auf Erstes Risiko).

Nr. 7 hat die Grenzen der Versicherungsleistung gegenüber § 8 SVS/RVS a. F. übersichtlicher und etwas weiter abgesteckt; strukturell hat sich gegenüber der a. F. nichts Entscheidendes geändert.

8 **Grenzen der Versicherungsleistung je Schadenereignis**

8.1 Die Leistung der Versicherer ist je Schadenereignis begrenzt

8.1.1 mit DM 11.0 Mio., auch wenn mehrere Versicherte Ansprüche aus dem vom Spediteur abgeschlossenen Versicherungsvertrag geltend machen;

8.1.2 für Feuerschäden bei verkehrsbedingten Vor-, Zwischen- und Nachlagerungen mit DM 2.0 Mio., auch wenn mehrere Versicherte über Versicherungsverträge verschiedener Spediteure anspruchsberechtigt sind.

8.2 Die durch ein Schadenereignis mehreren Versicherten entstandenen Schäden werden anteilmäßig im Verhältnis der Versicherungsansprüche ersetzt, wenn sie die in Betracht kommende Grenze der Versicherungsleistung (Ziff. 8.1) übersteigen.

Zu **Nr. 8** siehe die Kommentierung zu § 9 SVS/RVS a. F. Die Grenzen pro Schadenereignis sind etwas anders und höher festgelegt.

9 Versicherungsverbote

9.1 Der Auftraggeber ist berechtigt, durch eine an den Spediteur gerichtete schriftliche Erklärung

9.1.1 die Versicherung zu untersagen (§ 39 a ADSp; generelles Verbot);

9.1.2 die Versicherung von Güterschäden im ausschließlich innerdeutschen Verkehr zu untersagen (partielles Verbot).

9.2 Der Spediteur ist verpflichtet, die Erklärung unverzüglich den Versicherern zu übermitteln. Sie kann nur durch eine schriftliche Mitteilung des Auftraggebers an den Spediteur geändert werden, der dann zur unverzüglichen Weitergabe an die Versicherer verpflichtet ist.

Nr. 9 regelt das früher in § 6 B SVS/RVS a. F. geregelte Verbot der Speditionsversicherung nunmehr übersichtlicher. Siehe dazu § 39 ADSp, Anh. I nach § 415 Rdn. 19 f und 24 f.

10 Versicherungsanmeldung/Fälligkeit der Prämien/Bucheinsicht

10.1 Der Spediteur ist verpflichtet, alle

10.1.1 im Kalendermonat abgeschlossenen, versicherten Verkehrsverträge am Ende des Monats den Versicherern anzumelden;

10.1.2 Verkehrsverträge mit Versicherungssummen von mehr als DM 10.000,– einzeln unter Bezeichnung des Auftrages in das dafür vorgesehene Formular einzutragen und dieses den Versicherern zu übermitteln.

10.2 Die Anmeldungen sind den Versicherern bis spätestens zum 20. des Folgemonats zuzusenden. Zu diesem Zeitpunkt sind die Prämien fällig.

10.3 Die Versicherer sind berechtigt, die Anmeldungen durch Einsichtnahme in die entsprechenden Geschäftsunterlagen zu überprüfen. Sie sind verpflichtet, über die erlangten Kenntnisse Stillschweigen gegenüber Dritten zu bewahren.

Zu Nr. 10 siehe § 6 Nr. 3 SVS/RVS a. F.

11 Obliegenheiten/Zahlung der Versicherungsleistung über den Spediteur/Ausschlußfrist

11.1 Dem Versicherten obliegt es, jeden Schaden den Versicherern oder dem Spediteur schriftlich zu melden, spätestens innerhalb eines Monats, nachdem er vom Schaden Kenntnis erlangt hat.

Die Versicherer sind nach Vorlage aller erforderlichen Unterlagen gemäß § 11 VVG zur Leistung verpflichtet.

11.2 Dem Spediteur und dem Versicherten obliegt es, für die Abwendung und Minderung eines Schadens zu sorgen, die Möglichkeiten eines Rückgriffs gegen Dritte zu wahren, den Versicherern jede notwendige Auskunft zu geben und Weisungen der Versicherer zu befolgen.

11.3 Verletzt der Versicherte eine in diesem Vertrag vereinbarte Obliegenheit vorsätzlich oder grob fahrlässig, so sind die Versicherer unter den Voraussetzungen des § 6 VVG von der Verpflichtung zur Leistung frei.

Verletzt der Spediteur, ein gesetzlicher Vertreter, Prokurist oder Leiter einer Niederlassung vorsätzlich oder grob fahrlässig eine Obliegenheit, sind die Versicherer berechtigt, den Spediteur in Rückgriff zu nehmen. § 6 Abs. 3 S. 2 VVG findet entsprechende Anwendung.

11.4 Die Versicherer sind berechtigt, Versicherungsleistungen über den Spediteur zu zahlen. Der Anspruch des Versicherten wird dadurch nicht berührt. Sie sind verpflichtet, an den Versicherten zu leisten, wenn dieser vor Zahlung an den Spediteur schriftlich einen Schadensausgleich an sich verlangt hat.

11.5 Alle Ansprüche des Versicherten oder des Spediteurs aus diesem Vertrag erlöschen, wenn nicht innerhalb von zwei Jahren, gerechnet vom Datum der Schadenanmeldung, Klage gegen den führenden Versicherer erhoben wird. Die Frist kann durch Vereinbarung verlängert werden.

Zu **Nr. 11** vgl. § 10 SVS/RVS a. F. Insbesondere Nr. 11.6. entspricht systematisch § 10 Nr. 6 SVS/RVS a. F., ist aber durch die längere Anmeldefrist entschärft; siehe dort Rdn. 2–9 und 14.

12 Abtretung der Versicherungsansprüche/Übergang von Rechten auf andere Versicherer.

12.1 Die Abtretung der Versicherungsansprüche des Versicherten aus diesem Vertrag an andere Personen als an den Spediteur ist nur mit Zustimmung der Versicherer zulässig.

12.2 Ansprüche anderer Versicherer aufgrund eines gesetzlichen Forderungsübergangs oder aus abgetretenem Recht sind ausgeschlossen.

12.3 Die Abtretung von Ansprüchen des Spediteurs aus diesem Versicherungsvertrag ist nur mit Zustimmung der Versicherer zulässig.

Zu **Nr. 12** siehe § 11 SVS/RVS a. F.

13 Rückgriffsverzicht und -recht der Versicherer

13.1 Die Versicherer verzichten auf einen Rückgriff gegen den Spediteur, seine Arbeitnehmer sowie gegen jeden Zwischenspediteur, der den SVS/RVS gezeichnet hat, und gegen dessen Arbeitnehmer.

Stand: 1. 7. 1993

13.2 Die Versicherer sind jedoch berechtigt, jeden in Regreß zu nehmen, der den Schaden vorsätzlich herbeigeführt hat.

Zu Nr. 13 siehe § 12 SVS/RVS a. F. und Anh. I nach § 429 Rdn. 86 ff und 120.

14 **Prämien**

14.1 Prämienpflichtig ist jeder zwischen Spediteur und Auftraggeber geschlossene Verkehrsvertrag (Ziff. 1).

14.2 Schließt ein Verkehrsvertrag Dispositionen an mehrere Empfänger ein, so gilt jede Disposition als prämienpflichtiger Verkehrsvertrag, es sei denn, es handelt sich um Auslieferungen an Selbstabholer.

Im Falle von abgeschlossenen Rahmen- oder General-Verträgen sind die einzelnen vom Spediteur durchgeführten Tätigkeiten (Versendungen, Abladungen, Einlagerungen usw.) als Verkehrsverträge prämienpflichtig.

14.3 Die Prämie einschließlich 12 % Versicherungssteuer beträgt für alle Verkehrsverträge

14.3.1 bei einer Versicherungssumme
bis zu DM 1.000,–   DM 2,50;

14.3.2 bei einer Versicherungssumme
über DM 1.000,– bis DM 5.000,–   DM 5,10;

14.3.3 bei einer Versicherungssumme
über DM 5.000,– für jede weiteren
angefangenen DM 5.000   DM 5,10;

14.3.4 bei einer Versicherungssumme
über DM 25.000,– für jede weiteren
angefangenen DM 5.000   DM 4,05.

14.4 Für Lagerverträge sind die Prämien je Lagermonat zu entrichten; angefangene Monate sind voll zu berechnen. Die Prämie einschließlich 12 % Versicherungssteuer ist durchzurechnen und beträgt DM 5,10 je DM 5.000,– des vollen Wertes des eingelagerten Gutes.

14.5 Für Fabrik- oder Konsignationsläger beträgt die Prämie einschließlich 12 % Versicherungssteuer DM 10,20 je DM 5.000,– des Warenwertes im Zeitpunkt der Annahme am Lager.

Die Prämie für zusätzliche Leistungen, wie das Zusammenstellen oder Verpacken von einzelnen Sendungen, ist damit abgegolten.

Für die Besorgung der Güterversendung oder Auslagerung mit Rollung von Gütern gelten als neuer Verkehrsvertrag beträgt die Prämie einschließlich 12 % Versicherungssteuer DM 5,10 je DM 5.000,– des Warenwertes.

14.6 Sofern das Gewicht je Verkehrsvertrag über Massengut 15 Tonnen übersteigt, betragen die Prämien einschließlich 12 % Versicherungssteuer für Verkehrsverträge, die ausschließlich den Binnenumschlag von Gütern (Beladen und Löschen von Schiffen im Binnenhafen) zum Gegenstand haben,

14.6.1	bei einer Versicherungssumme bis zu DM 5.000,–	DM 1,02;
14.6.2	bei einer Versicherungssumme über DM 5.000,– bis DM 10.000,–	DM 2,04;
14.6.3	bei einer Versicherungssumme über DM 10.000,– bis DM 15.000,–	DM 3,06;
14.6.4	bei einer Versicherungssumme über DM 15.000,– für jede weiteren angefangenen DM 15.000,–	DM 3,06.

14.7 Hat der Auftraggeber die Deckung der Güterschäden im ausschließlich innerdeutschen Verkehr untersagt (partielles Verbot) beträgt die Prämie einschließlich 12 % Versicherungssteuer

14.7.1	bei einer Versicherungssumme bis zu DM 5.000,–	DM 1,00;
14.7.2	bei einer Versicherungssumme über DM 5.000,– für jede weiteren angefangenen DM 5.000,–	DM 1,00.
14.8	Die Prämie für die Deklaration eines Interesses (Ziff. 6.7) beträgt einschließlich 12 % Versicherungssteuer für jede angefangenen DM 5.000,–	DM 4,05.

15 Schadenbeteiligung des Spediteurs

15.1 Die Schadenbeteiligung des Spediteurs beträgt 15 % des Betrages der Versicherungsleistung je Schadenfall, mindestens DM 150,–, höchstens jedoch DM 5.000,–.

Sie entfällt im organisierten Bahnsammelgutverkehr, wenn die Deutsche Bundesbahn den Schaden zu vertreten hat.

15.2 Die Schadenbeteiligung erhöht sich von 15 % auf 25 %, höchstens DM 25.000,–, wenn der Schaden von einem gesetzlichen Vertreter, Prokuristen oder Leiter einer Niederlassung durch eine vorsätzlich begangene Straftat verursacht worden ist und der Spediteur die Überwachungspflicht eines ordentlichen Spediteurs verletzt hat. Der Rückgriff der Versicherer bleibt in einem solchen Falle vorbehalten (Ziff. 13.2).

15.3 Der Zwischenspediteur, der einen von den Versicherern ersetzten Schaden verursacht hat, ist als Zeichner des SVS/RVS verpflichtet, die Schadenbeteiligung dem Erstspediteur zu erstatten. Diese Verpflichtung aus dem Versicherungsvertrag schließt eine Berufung des zur Zahlung Verpflichteten auf die Bestimmungen der ADSp oder sonstiger Haftungsausschlüsse und -beschränkungen aus.

16 Rückgriffsansprüche der Versicherer gegen den Spediteur

Der Spediteur hat den Versicherern erbrachte Versicherungsleistungen zu erstatten,

16.1 wenn er vorsätzlich die Verpflichtung zur Prämienanmeldung verletzt;

16.2 wenn ein Schaden durch einen erheblichen Mangel im Betrieb des Spediteurs entstanden ist, dessen Beseitigung die Versicherer wegen eines Vorschadens innerhalb einer angemessenen Frist unter Hinweis auf die Rechtsfolgen verlangt hatten.

17 Kündigung

17.1 Der Bundesverband Spedition und Lagerei e.V. (BSL), Bonn, und die Versicherer haben das Recht, das Vertragswerk des SVS/RVS in seiner Gesamtheit unter Einhaltung einer Frist von einem Jahr zu kündigen. Die Kündigung ist dann für jeden abgeschlossenen SVS/RVS wirksam.

17.2 Der Spediteur und die Versicherer sind darüber hinaus berechtigt, den einzelnen Versicherungsvertrag durch Einschreiben zum Ende des Versicherungsjahres zu kündigen. Die Kündigung muß drei Monate vor Ablauf des Vertrages zugegangen sein. Eine Kündigung durch die Versicherer ist nur mit Einwilligung des BSL wirksam.

17.3 Der Versicherungsschutz bleibt für alle vor Beendigung des Versicherungsvertrages abgeschlossenen Verkehrsverträge bis zur Erfüllung aller sich daraus ergebenden Verpflichtungen bestehen. Für Lagerverträge endet die Versicherungsdeckung spätestens drei Monate nach Beendigung des Versicherungsvertrages.

17.4 Übersteigen die in einem Kalenderjahr erbrachten Versicherungsleistungen die für denselben Zeitraum vom Spediteur geschuldeten Bruttoprämien abzüglich Versicherungssteuer, so können die Versicherer für das Folgejahr individuelle Sanierungsmaßnahmen verlangen. Kommt hierüber innerhalb einer angemessenen Frist keine Einigung zustande, sind die Versicherer berechtigt, den Vertrag mit einer weiteren Frist von vier Wochen zu kündigen. Ziff. 17.2 und 17.3 finden im Falle einer solchen Kündigung Anwendung.

18 Vertragsänderungen

Sollten Änderungen von den an diesem Versicherungsvertrag beteiligten Versicherern unter Genehmigung des BUNDESVERBANDES SPEDITION UND LAGEREI e.V. (BSL), Bonn, und des DEUTSCHEN INDUSTRIE- UND HANDELSTAGES (DIHT), Bonn, unter Mitwirkung des BUNDESVERBANDES DER DEUTSCHEN INDUSTRIE e.V. (BDI), Köln, des BUNDESVERBANDES DES DEUTSCHEN GROSS- UND AUSSENHANDELS e.V. (BGA), Bonn, des DEUTSCHEN VERSICHERUNGS-SCHUTZVERBANDES e.V. (DVS), Bonn, und der HAUPTGEMEINSCHAFT DES DEUTSCHEN EINZELHANDELS e.V. (HDE), Köln, mit der Oskar Schunck KG, München, vereinbart werden, so treten diese an die Stelle der bisherigen Bestimmungen.

19 Geschäftsverkehr/Gerichtsstand

19.1 Alle vom Spediteur und Versicherten abzugebenden Erklärungen, Versicherungs- und Schadenanmeldungen sind an die zuständige Niederlassung der Oskar Schunck KG zu richten. Sobald sie zugegangen sind, gelten sie als vertragsgemäß an die Versicherer bewirkt. Auch Prämien sind an die Oskar Schunck KG zu überweisen.

19.2 Der führende Versicherer ist von den Mitversicherern ermächtigt, alle Rechtsstreitigkeiten auch für ihre Anteile als Kläger oder Beklagter zu führen. Ein gegen den oder von dem führenden Versicherer erstrittenes Urteil wird deshalb von den Mitversicherern als auch für sie verbindlich anerkannt. Zustellungsbevollmächtigt ist die zuständige Niederlassung der Oskar Schunck KG.

19.3 Die Oskar Schunck KG ist befugt, die Rechte der Versicherer aus diesem Vertrag im eigenen Namen geltend zu machen.

19.4 Für Klagen gegen den führenden Versicherer ist das Gericht am Ort der zuständigen Niederlassung der Oskar Schunck KG (§ 48 VVG) zuständig.

19.5 Für Klagen der Versicherer gegen den Spediteur auf Zahlung der Prämien oder der Schadenbeteiligung ist das Gericht am Ort der Niederlassung des Spediteurs zuständig.

20 Bundesdatenschutzgesetz (BDSG)

Unter Beachtung der Vorschriften des BDSG werden die Daten des Versicherungsvertrages gespeichert, an die in Betracht kommenden Versicherer, ggf. die Rückversicherer, sowie zu statistischen Zwecken dem Deutschen Transport-Versicherungs-Verband e.V. (DTV) übermittelt, soweit dies erforderlich ist. Die Anschrift der jeweiligen Datenempfänger wird auf Wunsch mitgeteilt.

21 Beteiligungsliste und Führungsklausel

An diesem Versicherungsvertrag sind die nachfolgend genannten Versicherer mit ihren Anteilen als Einzelschuldner beteiligt. Die Geschäftsführung liegt bei dem erstgenannten Versicherer (führender Versicherer). Dieser ist ermächtigt, für alle Versicherer zu handeln.

Beteiligungsliste

1. VICTORIA Feuer-Versicherungs-AG, Victoriaplatz 1, 4000 Düsseldorf 14 %

2.–24. Mitversicherer

Anhang

zum Speditions- und Rollfuhrversicherungsschein (SVS/RVS) über internationale europäische Güterbeförderungen

1 Gegenstand der Versicherung

1.1 Gegenstand dieses Anhangs zum Speditions- und Rollfuhrversicherungsschein (SVS/RVS) sind Verkehrsverträge über Güterbeförderungen im internationalen Verkehr mit Abgangs- und Bestimmungsort innerhalb Europas.

1.2 Die Versicherer erstatten dem Versicherten (Ziff. 2 SVS/RVS)

1.2.1 alle Güterschäden, sofern sie zwischen dem Zeitpunkt der Übernahme des Gutes und der Ablieferung eingetreten und vom Spediteur, Zwischenspediteur oder einem anderen Verkehrsunternehmen zu vertreten sind;

1.2.2 andere als Güterschäden, soweit sie ein Frachtführer/Verfrachter zu vertreten hat.

Für Ansprüche aus dem Anh. zum SVS/RVS gilt der Risikoausschluß der Nr. 5.2. SVS/RVS nicht; OLG München vom 31. 1. 1992, TranspR **1992** 195.

2 Ausschlüsse

Ausgeschlossen vom Versicherungsschutz sind

2.1 die durch eine Gütertransport-, Wareneinheits- oder Ausstellungsversicherung gedeckten Gefahren;

2.2 Schäden, verursacht durch Verschulden des Auftraggebers, Versenders oder Empfängers, inneren Verderb oder durch die natürliche Beschaffenheit des Gutes, Fehlen oder Mängel der Verpackung.

3 Umfang und Grenzen der Versicherungsleistung

Die Leistung der Versicherer ist je Schadenfall begrenzt, und zwar

3.1 Güterschäden mit dem Verkaufspreis, wenn das Gut bei Schadeneintritt verkauft war, unter Berücksichtigung entstandener und ersparter Kosten, wie z. B. Frachtentgelte, Eingangsabgaben, sonst mit den in § 430 Abs. 1 und 2 HGB genannten Werten;

3.2 andere als Güterschäden (Ziff. 1.2.2) nach den §§ 249 ff BGB;

3.3 höchstens mit DM 5.000,– auf „Erstes Risiko".

Für Ansprüche aus dem Anh. zum SVS/RVS gilt der Risikoausschluß der Nr. 5.2. SVS/RVS nicht; OLG München vom 31. 1. 1992, TranspR **1992** 195.

4 Versicherungsverbot

Der Auftraggeber ist berechtigt, durch eine an den Spediteur gerichtete schriftliche Erklärung die Versicherung dieses Anhanges zu untersagen.

5 Prämie

Die Prämie einschließlich 7 % Versicherungssteuer beträgt je Verkehrsvertrag DM 2,50.

6 Anderweitige Bestimmungen

Im übrigen gelten die Bestimmungen des Speditions- und Rollfuhrversicherungsscheines (SVS/RVS).

§ 430

(1) Muß aufgrund des Frachtvertrages von dem Frachtführer für gänzlichen oder teilweisen Verlust des Gutes Ersatz geleistet werden, so ist der gemeine Handelswert und in dessen Ermangelung der gemeine Wert zu ersetzen, welchen das Gut derselben Art und Beschaffenheit am Orte der Ablieferung in dem Zeitpunkt hatte, in welchem die Ablieferung zu bewirken war; hiervon kommt in Abzug, was infolge des Verlustes an Zöllen oder sonstigen Kosten sowie an Fracht erspart ist.

(2) Im Falle der Beschädigung ist der Unterschied zwischen dem Verkaufswerte des Gutes im beschädigten Zustand und dem gemeinen Handelswert oder dem gemeinen Werte zu ersetzen, welchen das Gut ohne die Beschädigung am Orte und zur Zeit der Ablieferung gehabt haben würde; hiervon kommt in Abzug, was infolge der Beschädigung an Zöllen oder sonstigen Kosten erspart ist.

(3) Ist der Schaden durch Vorsatz oder grobe Fahrlässigkeit des Frachtführers herbeigeführt, so kann Ersatz des vollen Schadens gefordert werden.

Übersicht

	Rdn.
I. Allgemeines	1
1. Stellung im System der Frachtführerhaftung	1
2. Anwendungsbereich	2
3. Frachtrechtliche Sonderordnungen	3
II. Voraussetzungen der Haftungsbeschränkung	6
1. Verlust oder Beschädigung	6
a) Verlust	6
b) Beschädigung	7
2. Ersatzanspruch aufgrund des Frachtvertrages	8
a) Grundsatz: Frachtvertrag als Grundlage	8
b) Verhältnis des § 430 zu außervertraglichen Ansprüchen	9
c) Beschränkung von § 430 auf die Obhutshaftung	10
aa) Herrschende Meinung	10
bb) Kritik an der herrschenden Meinung	11
cc) Insbesondere Haftungsumfang bei Güterschäden infolge Lieferfristüberschreitung	15
dd) Güterschäden außerhalb der Obhutszeit	16
ee) Ergebnis	17
III. Inhalt der Haftungsbeschränkung	18
1. Beschränkung auf Wertersatz bei Totalverlust (§ 430 Abs. 1)	18
a) Grundsätzliche Wirkung der Haftungsbeschränkung	18
aa) Ausschluß der Naturalrestitution	19
bb) Ausschluß mittelbarer Schäden	20
cc) Beschränkung auf einen bestimmten Wert	21
dd) Wertersatz auch bei geringerem Schaden	22
aaa) Kein Schaden beim Anspruchsberechtigten	23
bbb) Schaden unter der Wertgrenze	24
b) Berechnung der Entschädigung bei Totalverlust	27
aa) Gemeiner Handelswert; gemeiner Wert	27
bb) Am Ort und zur Zeit der Ablieferung	31
cc) Abzug von Ersparnissen	32
dd) Keine Anwendung auf Kostenersatzansprüche nach § 438 Abs. 4	33
ee) Beweis für Wert und Ersparnisse	34
c) Wiederauffindung verlorener Güter; Ersatzansprüche gegen Dritte (§ 255 BGB)	36
aa) Grundsätzliche Rechts- und Interessenlage	36
bb) Wahlrecht des Geschädigten bei Wiederauffindung verlorener Güter	37
cc) Anwendbarkeit von § 255 BGB	42
2. Wertersatz bei Beschädigungen (§ 430 Abs. 2)	45
3. Wertersatz bei Teilverlust und Teilbeschädigung	46
a) Grundsätzliches	46
b) Fallgruppen	48

	Rdn.		Rdn.

4. Abweichende Methoden der Wertermittlung in anderen Bereichen des Frachtrechts	53	1. Voraussetzung der vollen Haftung
		  a) Vorsatz; grobe Fahrlässigkeit
		  b) Gehilfenverschulden
			55
			55
			59

IV. Wegfall der Haftungsbeschränkung bei Vorsatz oder grober Fahrlässigkeit (§ 430 Abs. 3)	55	2. Folgen: Unbeschränkte Haftung 3. Ähnliche Regelungen in Spezialgebieten; analoge Anwendung des § 430 Abs. 3	60 62

Schrifttum: siehe zu § 425

I. Allgemeines

1. Stellung im System der Frachtführerhaftung

§ 430 beschränkt die Haftung des Frachtführers in Fällen des Verlustes und der **1** Beschädigung auf den Ersatz des Wertes des Frachtguts. Andere Haftungsbeschränkungen sieht das Landfrachtrecht des HGB, im Gegensatz zu den Spezialregelungen, nicht vor. Daß die Beschränkung der Ersatzpflicht als Ausgleich für eine im Grundsatz verschärfte Haftung des Frachtführers nach § 429 zu gelten habe, ist kaum zutreffend[1].

2. Anwendungsbereich

§ 430 kann nur noch in einem begrenzten Bereich angewandt werden. Im Binnen- **2** schiffahrtsrecht verweist § 26 BinSchG. auf § 430; allerdings gibt es dort Einschränkungen für die Anwendung[2]. Im übrigen bleibt – zumindest für die Absätze 1 und 2 – als Anwendungsbereich der Güternahverkehr, soweit keine besonderen Bedingung vereinbart sind[3]. Die ADSp wiederholen § 430 Abs. 1 teilweise in § 54 c. Der Rest der Vorschrift gilt für die Speditionsrollfuhr ergänzend. Für die Möbelbeförderung[4] gelten zusätzliche Haftungsbeschränkungen; jedoch wird der Inhalt von § 430 Abs. 1 und 2 in § 10 Abs. 3 und 4 GüKUMT, Anh. IV nach § 452 wiederholt. § 430 Abs. 3 ist in erweiterter Form in § 15 Abs. 3 GüKUMT, Anh. IV nach § 452, übernommen; siehe dort Rdn. 3. Maßgeblich ist § 430 auch im Rahmen der grundsätzlichen Deckungsbeschreibung der Leistungen der Speditions- und Rollfuhrversicherung; siehe § 429 Rdn. 2; § 3 SVS/RVS, Anh. II nach § 415 Rdn. 3. Ferner verweist die Hamburger KaiBetrO teilweise auf § 430; BGH vom 19. 2. 1971, VersR **1971** 617 ff und 623 ff. Im Luftrecht ist § 430 nicht anzuwenden; OLG Frankfurt vom 28. 4. 1981, MDR **1982** 850, 851.

3. Frachtrechtliche Sonderordnungen

Überwiegend ist § 430 durch frachtrechtliche Sondernormen geregelt. Dies gilt vor **3** allem für den innerdeutschen Fernverkehr, wo § 35 Abs. 1–3 KVO, Anh. II nach § 452 die Regelungen des § 430 Abs. 1 und 2 verdrängen[5]; Ausnahmen von der Anwendung siehe § 4 GüKG, Anh. I nach § 452. Für Umzugs- und Handelsmöbeltransporte siehe § 10 GüKUMT, Anh. IV nach § 452. Im grenzüberschreitenden Güterfernverkehr trifft Art. 23 Abs. 1 und 2 CMR eine eigene, dem § 430 Abs. 1 und 2 HGB ähnliche Regelung. Die Anwendbarkeit des § 430 ist daher dort auch als Ergänzung ausgeschlossen.

---

[1] So aber die Urteile des BGH vom 19. 2. 1971, VersR **1971** 617, 618 und 623, 624; siehe zu dieser Frage § 429 Rdn. 112 f.

[2] Siehe z. B. OLG Düsseldorf vom 30. 4. 1981, VersR **1982** 47, 48.

[3] Beispiel: Güternahverkehr bei unwirksamer Einbeziehung der ADSp; OLG Düsseldorf vom 20. 6. 1985, TranspR **1985** 254, 256.

[4] Umzugsgut, Erbgut, Heiratsgut, Beförderung von Handelsmöbeln; siehe § 1 GüKUMT, Anh. IV nach § 452.

[5] Die Rspr. wendet beim Fehlen eines Fakturenwerts zu Recht § 430 HGB ergänzend an; BGH vom 4. 11. 1955, VersR **1955** 756, 757; vom 28. 2. 1975, VersR **1975** 658, 659.

4 Soweit § 430 an sich gilt, kann er **durch AGB ausgeschlossen** sein; dies gilt für § 18 AGNB, Anh. III/1 nach § 452, die § 430 Abs. 1 und 2 ausschließen.

5 Soweit § 430 noch gilt, ist seine Bedeutung stark gemindert durch die überall zusätzlich vorgesehenen **festen Haftungsbegrenzungen**. Diese betragen: Nach Art. 23 Abs. 2 CMR, Anh. VI nach § 452, 8,33 Sonderziehungsrechte (= ca. DM 18,92[6]) pro kg Rohgewicht; nach § 10 Abs. 1 Nr. 1 GüKUMT, Anh. IV nach § 452 DM 4.000 pro Möbelwagenmeter; nach Art. 40 § 2 ER/CIM 1980, Anh. II nach § 460, pro Kilogramm 17 Sonderziehungsrechte (= etwa DM 38,50); nach § 85 EVO DM 100,–; im Lufttransport nach Art. 20 Abs. 1 WA DM 53,20[7], nach § 46 Abs. 2 LuftVG DM 67,50. Die ADSp beschränken in 54 a Nr. 1 ADSp die Haftung auf DM 5,– pro Kilogramm. In der Binnenschiffahrt sind noch weit niedrigere Sätze üblich. Siehe ferner § 660 HGB zum Seerecht. Für § 430 Abs. 3 ist die Frage seiner analogen Anwendung auf andere als die in § 430 Abs. 1 und 2 geregelten Haftungsbeschränkungen problematisch, siehe Rdn. 64.

II. Voraussetzungen der Haftungsbeschränkung

1. Verlust oder Beschädigung

a) Verlust

6 § 430 Abs. 1 setzt voraus, daß ein Schaden durch gänzlichen oder teilweisen Verlust des Gutes eingetreten ist. Siehe zum umfassenden Begriff des „Verlustes" § 429 Rdn. 12 ff.

b) Beschädigung

7 § 430 Abs. 2 beschränkt auch die Haftung für die Beschädigung des Frachtguts. Beschädigung ist jede wertmindernde substantielle Veränderung des Frachtguts; siehe § 429 Rdn. 19 ff; zum Teilverlust dort Rdn. 17 f.

2. Ersatzanspruch aufgrund des Frachtvertrages

a) Grundsatz: Frachtvertrag als Grundlage

8 Der Ersatzanspruch muß aus dem Frachtvertrag begründet sein. Zumeist wird es sich dabei um Ansprüche aus § 429 Abs. 1 oder aus speziellen Regelungen der Obhutshaftung handeln. Inwieweit auch andere Ansprüche aus dem Frachtvertrag nach § 430 beschränkt sind, wenn sie den Verlust des Frachtguts betreffen, ist streitig; siehe Rdn. 10 ff; zu Ansprüchen wegen Verletzung von Nebenpflichten, die zum Verlust des Frachtguts führen, siehe § 437 Rdn. 14. Ansprüche aus Verträgen anderen Typs unterliegen nicht den Einschränkungen des § 430. Daher sind insbesondere speditionsvertragliche Ansprüche gesetzlich nicht in der Höhe beschränkt; eine Beschränkung wird jedoch regelmäßig durch die ADSp vorgesehen, siehe § 54 ADSp, Anh. I nach § 415.

b) Verhältnis des § 430 zu außervertraglichen Ansprüchen

9 Streitig ist die Anwendung § 430 auf außervertragliche Ansprüche. Die Rechtsprechung des BGH hat sich gegen die Analogie ausgesprochen; in der Literatur wird teilweise die gegenteilige Auffassung vertreten. Die Frage muß im Zusammenhang mit dem

---

[6] Am 1. 6. 1993, IMF-Survey vom 14. 6. 1993, S. 191 stand der Kurs bei 2,272 DM pro SZR. Er ändert sich ständig; siehe Art. 23 Abs. 3 und die dortige Erläuterung.

[7] *Ruhwedel* Luftbeförderungsvertrag[2] 151; Die Umstellung der Haftungsbeschränkung auf Sonderziehungsrechte durch das Montrealer Protokoll Nr. 3 von 1975 (*Ruhwedel* 117) ist noch nicht in Kraft getreten.

Grundproblem der Anspruchskonkurrenz zwischen frachtvertraglicher und deliktischer Haftung gesehen werden[8].

c) Beschränkung von § 430 auf die Obhutshaftung
aa) Herrschende Meinung

Nach weitaus herrschender Meinung soll § 430 Abs. 1, 2 nur auf Ansprüche anzuwenden sein, deren Grundlage die Obhutshaftung wegen Verlust und Beschädigung (§ 429 Abs. 1) ist[9]. Dagegen soll für Verspätungsschäden am Frachtgut sowie für Schäden, die auf andere vertragliche Anspruchsgrundlagen als § 429 Abs. 1 gestützt sind, unbeschränkt gehaftet werden.

bb) Kritik an der herrschenden Meinung

Selbstverständlich ist, daß die Beschränkung auf Wertersatz nur für Güterschäden in Betracht kommt. Damit kann jedoch die Nichtanwendung von § 430 auf Güterschadensansprüche aufgrund anderer Anspruchsgrundlagen nicht begründet werden; so aber *Koller*[2] Rdn. 1. Die für die herrschende Meinung angeführten Begründungen überzeugen nicht. Der Wortlaut des § 430 Abs. 1 läßt keinerlei solche Einschränkungen erkennen[10]. Seit 1858 bzw. 1897 haben sich sowohl die Verhältnisse der Transportpraxis wie die zivilrechtliche Dogmatik mit der Entwicklung der positiven Vertragsverletzung und der dazugehörigen Beweislastregelung so wesentlich gewandelt, daß die Argumentationen aus der Entstehungszeit des Gesetzes durchweg nicht mehr zutreffen. Nach der historisch-systematischen Begründung der herrschenden Meinung soll die Haftungsbeschränkung ursprünglich als Gegenstück zum verschärften Haftungsgrundsatz (bis zur höheren Gewalt) des § 395 ADHGB gedacht gewesen, und nur durch ein Versäumnis des Gesetzgebers soll es unterblieben sein, bei der Abmilderung der Obhutshaftung 1897 die Haftungsbegrenzung abzuschaffen. Schon die historischen Grundlagen dieser Argumentation sind zweifelhaft; siehe BGH vom 13. 3. 1966, BGHZ **46** 140, 142 und die dort angegebenen Quellen. Nicht einmal in den Beratungen über die Regelungen des ADHGB herrschte dazu Einigkeit. Im übrigen beruht die Auffassung, die eine Einschränkung des Anwendungsbereichs des § 430 begründen will, auf einer unzutreffenden Koppelung zwischen angeblich noch immer verschärfter Obhutshaftung und Beschränkung auf Wertersatz. Die frachtrechtliche Obhutshaftung ist gegenüber der Haftung aus positiver Vertragsverletzung nach heutiger Rechtsprechung im Haftungsgrundsatz nicht mehr verschärft; siehe § 429 Rdn. 112 f. Eine Verschärfung der frachtrechtlichen Haftung könnte allenfalls in der Erweiterung des Kreises der zurechenbaren Gehilfenhandlungen durch § 431 gesehen werden; insoweit zutreffend BGHZ **46** 140, 145. Diese gilt aber für alle frachtvertraglichen Ansprüche (siehe § 431 Rdn. 2), so daß aus ihr keine zwischen der Obhutshaftung und den anderen vertraglichen Haftungsgründen unterscheidenden Gesichtspunkte gewonnen werden können.

Die behauptete **Korrelation zwischen der Verschärfung des Haftungsgrundsatzes und der Beschränkung des Haftungsumfangs** kann auch rechtssystematisch nicht überzeugen. Wäre sie zwingend, so müßte auch die Haftung des Kommissionärs (§ 390),

---

[8] Siehe dazu im einzelnen § 429 Rdn. 267 ff, insbesondere 285 ff; speziell zu § 430 eingehend BGH vom 23. 3. 1966, BGHZ **46** 140 ff; OLG Düsseldorf vom 6. 2. 1984, TranspR **1985** 195, 196; *Karsten Schmidt* Handelsrecht[3] § 31 IV c.

[9] *Koller*[2] Rdn. 1 und § 429 Rdn. 13; *Schlegelberger*/*Geßler*[5] § 430 Rdn. 1; *Heymann/Kötter*[27] § 430 Anm. 1, 429 Anm. 3; nicht eindeutig BGH vom 23. 6. 1966, BGHZ **46** 140, 143 und vom 19. 2. 1971, VersR **1971** 623, 624.

[10] Wie hier *Karsten Schmidt* Handelsrecht[3] § 31 IV 1 c; *Heymann/Honsell* Rdn. 1.

des Spediteurs (§§ 407 Abs. 2, 390) und des Lagerhalters (§§ 417 Abs. 1, 390) im Umfang beschränkt sein. Denn auch in diesen Fällen gilt der Grundsatz der Haftung für vermutetes Verschulden. In Wahrheit beruhen dagegen die Haftungsbeschränkungen des Frachtrechts vor allem auf für den Transport typischen Umständen. Die Gefährdung des Gutes beim Transport ist als von beiden Parteien in Kauf zu nehmendes typisches Vertragsrisiko erheblich größer als bei anderen Verträgen, etwa bei Lager- oder Kommissionsverträgen; zutreffend BGH vom 23. 3. 1966, BGHZ **46** 140, 145 f. Dem Frachtführer ist in vielen Fällen, z. B. wenn das Gut verpackt ist, nicht einmal die wirkliche Beschaffenheit bekannt. Die Konsequenzen des Verlustes oder der Beschädigung sind für ihn weder überschaubar noch kalkulierbar. Im Gegensatz etwa zum Verkäufer oder Werkunternehmer kann er sich über die spätere Verwendung aller unterschiedlichen von ihm beförderten Güter keine präzisen Vorstellungen machen, weil ihm entsprechende Branchenkenntnisse fehlen. Das Folgeschadensrisiko findet auch im Preis der Beförderung keinen kalkulatorischen Niederschlag. Es scheint daher gerechtfertigt, bei leichter Fahrlässigkeit (vgl. § 430 Abs. 3) seine Ersatzpflicht auf die unmittelbaren Schäden am Frachtgut zu beschränken und die Schadensbemessung objektiv zu gestalten, d. h. zugleich einem vereinfachten Verfahren zu unterwerfen[11]. Die dargestellte frachtrechtliche Ausgangslage führte bisher weltweit zur Haftungsbegrenzung in ähnlicher und noch viel einschneidenderer Art; siehe dazu Rdn. 5.

13 Gegen das im deutschen Schadensersatzrecht grundsätzlich verwirklichte **Alles-oder-Nichts-Prinzip** bestehen seit längerer Zeit erhebliche Bedenken. Es kann daher nicht davon ausgegangen werden, daß § 430 HGB eine veraltete, modernem Rechtsdenken widersprechende, den Frachtführer einseitig begünstigende Vorschrift sei. Zu ihrer einschränkenden Auslegung besteht auch aus diesem Grund kein Anlaß; siehe dazu auch Rdn. 20.

14 § 430 HGB gibt dem Absender keine Möglichkeit, sich die Haftung auf **Ersatz eines weitergehenden Interesses** zu sichern. Die CMR gestattet in Art. 26 dem Absender, gegen Aufpreiszahlung ein besonderes Lieferinteresse zu deklarieren und damit eine höhere Haftung zu erzwingen. Diese wohl modernere, für beide Parteien befriedigendere Lösung, die auch schon in § 660 HGB entsprechend den Haager Regeln vorgezeichnet war, wäre auch als Modell für eine innerstaatliche Neuregelung des Frachtrechts zu befürworten. In der Praxis wird sie freilich bisher kaum in Anspruch genommen.

cc) Insbesondere Haftungsumfang bei Güterschäden infolge Lieferfristüberschreitung

15 Diese Erwägungen gelten besonders auch für den Fall, daß der Verlust oder die Beschädigung durch (leicht fahrlässige) Überschreitung der Lieferfrist entstanden ist, z. B. durch Verderb wegen zu langen Transports. Wollte man in solchen Fällen eine unbeschränkte Haftung des Beförderers annehmen[12], so würde diese Gruppe von Fällen – die stets zugleich unter die Obhutshaftung fallen – eine besondere Risikogruppe in der Kalkulation des Frachtführers darstellen. Dies wäre gerechtfertigt, wenn sich die (leicht fahrlässige) Transportverzögerung als besonders schwere Vertragsverletzung darstellen würde. Warum jedoch leicht fahrlässig verursachte Güterschäden unterschiedlich behandelt werden sollen, je nach dem, ob sie durch Verzögerung oder durch andere Feh-

---

[11] Dazu eingehend *Schlechtriem* Vertragsordnung und außervertragliche Haftung (1972) 372 ff; *Heymann/Honsell* Rdn. 1, 2; *Karsten Schmidt* Handelsrecht[3] § 31 IV 1 c.

[12] *Heymann/Kötter*[27] Anm. 2; *Koller*[2] § 429 Rdn. 13; i. E. auch *Schlegelberger/Geßler*[5] Rdn. 1; wie hier *Heymann/Honsell* Rdn. 4.

ler entstanden sind, ist nicht einzusehen. Auch das Argument von *Heymann/Kötter*[21], im Unterbleiben der Beförderung innerhalb der Lieferfrist liege eine Verletzung gerade der Hauptpflicht des Frachtführers, vermag nicht zu überzeugen. Wird das Gut verspätet befördert, so ist die Hauptpflicht an sich erfüllt; Mängel bei der Ausführung dieser Verpflichtung in zeitlicher Hinsicht (Verspätung) und in sachlicher Hinsicht (unzulängliche Behandlung des Frachtguts) stehen in keinem eindeutigen Rangverhältnis hinsichtlich der Schwere der Vertragsverletzung. Selbst auf der Grundlage der hier abgelehnten Vorstellung von der Haftungsbeschränkung als Ausgleich für die verschärfte Haftung nach § 429 (siehe Rdn. 11) wäre die Beschränkung nach § 430 für Verspätungs-Güterschäden gerechtfertigt, weil der Frachtführer auch für diese mit umgekehrter Beweislast haftet; dazu § 429 Rdn. 116 ff. Soweit in Vorschriften der Sonderordnungen die Haftung für Lieferfristüberschreitung einer besondern Haftungsbeschränkung unterliegt, sind Güterschäden infolge Lieferfristüberschreitung nicht nach diesen, sondern nach den Regeln über die Haftungsbeschränkung bei Güterschäden zu beschränken[13].

dd) Güterschäden außerhalb der Obhutszeit   16
Die Haftung aus positiver Vertragsverletzung für Schäden, die am Frachtgut vor und nach der Obhutszeit entstehen (siehe § 429 Rdn. 240 f), wird nach allgemeiner Auffassung nicht durch § 430 beschränkt. Diese teleologische Reduktion der Vorschrift läßt sich damit rechtfertigen, daß die besondere frachtvertragliche Risikosituation (siehe Rdn. 12) in diesen Fällen nicht vorliegt[14].

ee) Ergebnis
Nach alledem ist entgegen der herrschenden Meinung § 430 HGB auf alle vertraglichen Ansprüche auf Ersatz von Güterschäden, die unter der Obhut des Frachtführers entstanden sind, anzuwenden[15], gleich auf welcher Rechtsgrundlage sie beruhen. Nach der oben gegebenen Begründung rechtfertigt sich die „milde" Haftungsbeschränkung des § 430 aus der besonderen Art des Schadensrisikos beim Gütertransport. § 430 verlangt daher – unabhängig von der Anspruchsgrundlage – eine Anwendung überall, wo eine entsprechende Risikolage vorliegt.   17

III. Inhalt der Haftungsbeschränkung
1. Beschränkung auf Wertersatz bei Totalverlust (§ 430 Abs. 1)
a) Grundsätzliche Wirkung der Haftungsbeschränkung
Die in § 430 Abs. 1, 2 festgelegte Beschränkung auf den Wert des Frachtguts verbirgt eine dreifache Haftungsbeschränkung: 18

aa) Ausschluß der Naturalrestitution
Durch § 430 Abs. 1 wird die Schadensersatzschuld zur Wertersatzschuld umgestaltet. Diese ist ihrem Leistungsgegenstand nach Geldschuld. Damit ist § 249 Abs. 1 S. 2 BGB, der dem Ersatzberechtigten grundsätzlich die Wahl zwischen Naturalrestitution und Geldersatz läßt, nicht anwendbar[16].   19

---

[13] BGH vom 15. 10. 1992, TranspR **1993** 137 f = VersR **1993** 635 f (zu Art. 23, 25 CMR).
[14] Zutreffend begründet von *Heymann/Honsell* Rdn. 5; siehe ferner *Koller*[2] Rdn. 1.
[15] OLG Bremen vom 12. 2. 1952, VersR **1952** 127, 128 = VRS **4** 301.
[16] Unstreitig, siehe *Helm* Haftung 142 f mit weiteren Nachweisen; *Heuer*, 116; *Lenz* Rdn. 663 mit Hinweisen auf neuere Aufsätze; *Heymann/Honsell* Rdn. 12; BGH vom 21. 2. 1961, VersR **1962** 319, 320; vom 13. 2. 1980, VersR **1980** 522, 523 (zu Art. 25 CMR). § 37 Abs. 5 KVO regelt den Geldschuldcharakter ausdrücklich.

bb) Ausschluß mittelbarer Schäden

20 Da § 430 umschreibt, worin die Ersatzleistung im Fall des Güterverlustes besteht, sind für diesen Fall alle darüber hinaus gehenden Schäden (insbesondere die an anderen Gütern entstehenden Folgeschäden und entgangene Gewinne) von der Ersatzpflicht ausgeschlossen[17], eine Ausnahme zu der nach § 249 BGB nach h. M. geltenden Differenzmethode der Schadensberechnung. Im bürgerlichen Recht ist die Unterscheidung in unmittelbare und mittelbare Schäden umstritten; § 430 HGB und die entsprechenden Bestimmungen erscheinen (vorwiegend unter dem Beispiel des Kauf- und Werkvertragsrechts) als eher exotische und begrifflich kaum praktikable Ausnahmen[18]. Nicht berücksichtigt wird, daß die Abgrenzung rechtsvergleichend von höchster Bedeutung ist und international das Transportrecht und das gesamte Sachversicherungsrecht beherrscht, ohne besondere Schwierigkeiten zu bereiten. Da sie gut geeignet ist, die Schadensrisiken sinnvoll zwischen Beförderer und Ladungsberechtigtem zu verteilen[19], ist ihre abschätzige Beurteilung aus dem eingeengten Gesichtskreis des deutschen bürgerlichen Rechts abzulehnen. Vielmehr ist sie – wie jede juristische Begriffsbildung – nach ihrem Wert für den aktuellen Regelungsgegenstand zu treffen. Grundsätzliche rechtspolitische Bedenken bestehen daher bei niemand, der sich intensiv mit Transportrecht befaßt. Mit der Beschränkung der Haftung auf den unmittelbaren Schaden ist die Geltendmachung eines **bei Verlust des Gutes bereits entstandenen Verspätungsschadens neben dem Wertersatz** nicht ausgeschlossen[20].

cc) Beschränkung auf einen bestimmten Wert

21 Der am Gut entstandene, zu ersetzende Schaden ist gemäß § 430 nach dem dort bestimmten Wertberechnungsansatz zu berechnen. Andere Wertberechnungen, z. B. die sonst im Schadensersatzrecht unter Zugrundelegung eines Deckungskaufs oder eines bestimmten Verkaufsgewinns (konkrete Schadensberechnung) üblichen, sind damit ausgeschlossen.

dd) Wertersatz auch bei geringerem Schaden

22 Der Wortlaut des § 430 Abs. 1 schließt nicht aus, daß die Vorschrift den Wertersatzanspruch auch gewähren will, wenn dem Geschädigten ein entsprechender Schaden nicht in dieser Höhe entstanden ist, z. B. bei leicht verderblicher, am Ankunftsort aber schwer oder gar nicht verkäuflicher Ware. Bei solcher Auslegung ist in § 430 Abs. 1 keine Schadensbegrenzung, sondern am Wert des Gutes orientierte Schadenspauschalierung zu sehen.

---

[17] Unstreitig; siehe BGH vom 13. 2. 1980, VersR **1980** 522, 523; zur KVO BGH vom 10. 2. 1983, BGHZ **86** 387, 392 f = TranspR **1983** 67 = VersR **1983** 629, 630; zur CMR OLG Frankfurt vom 30. 3. 1977, VersR **1978** 169, 172; *Lenz* Rdn. 665; *Heuer* 117; *Koller*² Rdn. 1.

[18] Statt vieler *Medicus* Unmittelbarer und mittelbarer Schaden (1977) S. 10; *Weyers* JUS **1991** 999, 1003.

[19] Siehe dazu BGH vom 10. 2. 1983, BGHZ **86** 387, 392 f = TranspR **1983** 67 f = VersR **1983** 629, 630; *Koller*² § 29 KVO Rdn. 6; siehe auch Rdn. 12 f.

[20] Zutreffend *Heymann/Honsell* Rdn. 18; a. A. *Lenz* Rdn. 545. *Koller*² § 429 Rdn. 13 unterscheidet nicht zwischen Fällen des Güterschadens durch Verspätung (beschränkte Haftung) und des Vermögensschadens durch Verspätung mit nachfolgendem Güterschaden. Er bemerkt nicht, daß § 429 (anders als § 430) nicht rein nach Schadensformen, sondern auch nach Schadensursachen (Verspätung als Haftungsgrund) unterscheidet. Siehe Rdn. 15 und § 429 Rdn. 139.

aaa) Kein Schaden beim Anspruchsberechtigten

In jedem Fall muß jedoch ein Schaden entstanden sein. Fehlt es bereits daran, so kann kein Schadensersatzanspruch entstehen; § 430 findet kein Anwendungsfeld[21]. Allerdings kann es problematisch sein, ob ein Schaden bereits fehlt, wenn die Schadensfolgen des Verlustes und der Beschädigung des Frachtguts nicht beim Absender oder Empfänger, sondern bei einem Dritten entstehen. In solchen Situationen fallen jedoch nur Schaden und Ersatzberechtigung auseinander. Diese Fälle können mit Hilfe der Drittschadensliquidation gelöst werden, die im Landfrachtrecht zugunsten des Empfängers großzügig zugelassen ist[22]. Dabei bleiben wohl kaum praktisch bedeutsame Fälle übrig, in denen es an der Voraussetzung eines liquidierbaren Schadens überhaupt fehlt.

23

bbb) Schaden unter der Wertgrenze

Problematisch ist demgegenüber der Fall, daß der Schaden unter dem nach § 430 berechneten Wert liegt. Seit der Rechtsprechung des ROHG und des RG wird die Wertberechnung als eine Form abstrakter Schadensberechnung betrachtet, die es nicht nur ausschließt, einen höheren Schaden geltend zu machen, sondern auch den Frachtführer daran hindert, sich auf einen niedrigeren konkreten Schaden zu berufen[23]. Die herrschende Meinung rechtfertigt sich aus dem Zweck des § 430, die Schadensermittlung zu vereinfachen. Es ist einleuchtend, daß die konkreten Verhältnisse des Geschädigten weder zu seinen Gunsten, noch zu seinen Ungunsten zu berücksichtigen sind. Abzulehnen ist daher die diesen Grundsätzen widersprechende Meinung, der Ersatzberechtigte, z. B. der Empfänger, könne den vollen Wert nicht verlangen, wenn z. B. der Dritt-Eigentümer von ihm geringeren (oder keinen) Ersatz fordere[24].

24

Voller Wertersatz ist also auch zu leisten, wenn der Ersatzberechtigte dem Dritten, bei dem der Schaden im Endergebnis eintritt, aufgrund seiner AGB oder aus anderen Gründen keinen Ersatz schuldet. Der Fall, daß die Preisgefahr bereits auf den Abkäufer des Ersatzberechtigten übergegangen war, läßt sich mit der Drittschadensliquidation lösen; siehe § 429 Rdn. 160. Ist der Ersatzberechtigte Spediteur, so schuldet er seinem Auftraggeber zwar im allgemeinen keinen Ersatz, hat diesem aber die Ansprüche gegen den Frachtführer abzutreten; siehe §§ 407–409 Rdn. 145; § 52 ADSp, Anh. I nach § 415 Rdn. 9. Maßgeblich für die Wertberechnung muß danach der Schaden des Auftraggebers des Spediteurs sein[25].

25

---

[21] Unstr., siehe RG vom 21. 5. 1927, RGZ **117** 131, 136.
[22] Siehe § 429 Rdn. 157 ff; zur ergänzenden Hinziehung der bürgerlichrechtlichen Grundsätze über die Drittschadensliquidation vgl. vom *Caemmerer* ZHR **127** (1965) 241, 251.
[23] ROHG vom 13. 6. 1874, ROHG **13** 393, 395; RG vom 5. 11. 1919, RGZ **98** 150, 151; RG vom 6. 10. 1920, RGZ **100** 103, 104; vom 21. 5. 1927, RGZ **117** 131, 133; BGH vom 5. 2. 1962, VersR **1962** 319, 320; BGH vom 15. 10. 1992, TranspR **1993** 137 f = VersR **1993** 635 f (zur CMR); zustimmend *Baumbach/Duden/Hopt*[28] Anm. 1 B; *Koller*[2] Rdn. 2; *Heymann/Honsell* Rdn. 13, *Heymann/Kötter*[21] § 430 Anm. 2; vom *Caemmerer* ZHR **127** 251. Dagegen *Schlegelberger/Geßler*[5] § 430 Anm. 8, allerdings nur für einzelne Fälle; siehe eben dort Anm. 16. BGH vom 30. 1. 1981, BGHZ **79** 302 ff = VersR **1981** 473, 474 meint zur Haftung nach der CMR, der Geschädigte „könne niemals mehr als seinen tatsächlichen Schaden an den beförderten Gütern ersetzen verlangen". Die Entscheidung bezieht sich auf die gewichtsbezogene Haftungsbeschränkung nach Art. 23 Abs. 3 CMR; der anerkannte Grundsatz, daß der Wert des Gutes, nicht der konkrete Schaden zu ersetzen ist, wird von diesem Urteil nicht in Frage gestellt.
[24] *Baumbach/Duden/Hopt*[28] § 430 Anm. 1 B; *Schlegelberger/Geßler*[5] § 430 Anm. 8.
[25] *Decker* TranspR **1985** 311, 312; *Koller*[2] Rdn. 2.

b) Berechnung der Entschädigung bei Totalverlust
aa) Gemeiner Handelswert; gemeiner Wert

26 Der gemeine Handelswert ist der Börsen- oder Marktwert der Handelsware[26]. Für Güter, die nicht kaufmännisch gehandelt werden, kann sich im allgemeinen kein solcher Handelswert bilden. Daher muß „in dessen Ermangelung" der gemeine Wert maßgeblich sein. Dieser ist der Preis, den ein Gut gleicher Art und Güte ohne Berücksichtigung der besonderen Verhältnisse der Parteien bei einem Verkauf erzielen würde (allgemeiner „Verkäuflichkeitswert"): RG vom 21. 5. 1927, RGZ **117** 131, 133 ff). Der gemeine Handelswert ist daher nichts anderes als die vom kaufmännischen Markt bestimmte Sonderform des gemeinen Wertes[27]. Da es auf den Verkäuflichkeitswert ankommt, ist kaufmännisch nur ein Markt, auf dem entsprechende Güter von Kaufleuten angeboten werden, so daß dieser Wert nach deren Preisen ermittelt werden kann. Der Unterschied zwischen gemeinem Wert und gemeinem Handelswert ist kein struktureller, sondern bezieht sich nur auf das Umfeld, aus dem die wertbildenden Faktoren zu ermitteln sind. Dabei gibt das HGB dem Handelswert, also der Wertermittlung am kaufmännischen Verkaufsmarkt, den Vorrang und verweist die Ermittlungsfaktoren außerhalb dieses Marktes in die Subsidiarität. Güter, für die ein kaufmännischer Markt besteht, werden daher als Handelsgüter bezeichnet, für die der gemeine Handelswert maßgeblich ist, Güter, für die es keinen Handelsmarkt gibt, sind keine Handelsgüter. Das schließt nicht aus, daß solche Güter nach den Möglichkeiten ihrer Verwertung beurteilt werden müssen, die ebenfalls Marktcharakter haben; z. B. nach den auf Versteigerungen, Flohmärkten oder beim Verkauf an Gebrauchtwarenhändler und Haushaltsauflöser zu erzielenden Preisen.

27 Bei marktgängiger Ware sind demnach **nicht die Kosten der Wiederbeschaffung maßgeblich**[28]. Außer Betracht bleiben die konkreten Geschäftsbeziehungen des Geschädigten, die ihm ermöglichen würden, einen besseren Preis zu erzielen oder die einen Kauf erschweren würden[29]. Freilich ist die objektive Werteinschätzung beschädigter Ladung von den Umständen und daher auch davon abhängig, zu welcher Art von Ware das Gut gehört. Hierfür sind die vom Absender abgeschlossenen Verträge mit maßgeblich, wenn sie einem allgemeinen (auch in der Werbung geschaffenen) Standard entsprechen[30]. Aus dem Grundsatz des Wertersatzes rechtfertigt sich auch die Ersatzfähigkeit des merkantilen Minderwerts der beschädigten Sendung, auch wenn nicht alle Teile beschädigt sind oder die Substanz- und Wertverminderung erst durch die Dauer des Schadensfeststellungsverfahrens entsteht[31]. Im übrigen können die Besonderheiten des Verhältnisses zwischen Absender und Empfänger nicht berücksichtigt werden. Soweit

---

[26] RG vom 5. 11. 1919, RGZ **98** 151; RG vom 16. 6. 1919, RGZ **96** 124, 125. Dieser kann sich nicht nur nach dem freien Markt, sondern auch nach behördlich festgesetzten Preisen richten; *Heuer* 119.

[27] RG vom 21. 5. 1927, RGZ **117** 131, 134; in der Sache zu § 430 wohl unstr.; RG vom 5. 11. 1919, RGZ **98** 150; neuerer Anwendungsfall zu § 430: OLG Düsseldorf vom 29. 11. 1990, TranspR **1991** 75, 77; *Schlegelberger/Geßler*⁵ Rdn. 11; *Koller*² Rdn. 2. Siehe zur Bedeutung dieser Feststellung § 35 KVO, Anh. II nach § 452 Rdn. 18 ff.

[28] Siehe zum Verlust von Zeitschriften, deren Neudruckkosten den Verkaufserlös übersteigen: BGH vom 28. 2. 1975, VersR **1975** 658, 659 = DB **1975** 1073 f.

[29] Zutreffend *Heuer* 120; *Heymann/Honsell* Rdn. 10.

[30] Grundsätzlich schon RG vom 21. 5. 1927, RGZ **117** 131, 134; BGH vom 10. 2. 1983, BGHZ **86** 387, 392 f = TranspR **1983** 67 f = VersR **1983** 629, 630 (Zu lange Lagerung „rrröstfrischen" Kaffees).

[31] BGH vom 10. 2. 1983, BGHZ **86** 387, 390 f = TranspR **1983** 67 = VersR **1983** 629, 630 (Verkehrswertminderung bei unbeschädigten Partien von frischgeröstetem Kaffee, die durch den Schadensfall verspätet an die Abnehmer geliefert werden); zustimmend *Koller*² § 29 KVO Rdn. 6. Dagegen *Lenz* Rdn. 535, der das Wertersatzprinzip des Frachtrechts übersieht. Siehe ferner Rdn. 47; § 29 KVO Rdn. 18 und 35 KVO Rdn. 29, Anh. II nach § 452.

ein Börsen- oder Marktpreis nicht feststellbar ist, wird der gemeine Handelswert bzw. gemeine Wert durch Sachverständige zu ermitteln sein; siehe aber zu dessen Nachweis unten Rdn. 34 f.

Maßgeblich ist bei zum Verkauf bestimmten Gütern der **Verkaufswert, den die** **28** **Ware für den Absender am Ablieferungsort hätte**[32]. Dagegen ist der Verkaufswert, den sie für den Empfänger hat, nicht maßgeblich. Das Gesetz berücksichtigt somit den durch die Beförderung erzielten Wertzuwachs für den Absender. Wenn der Ersatzberechtigte eine Privatperson ist, muß nach richtiger Auffassung der Kaufpreis, den er entrichten müßte, als gemeiner Wert betrachtet werden[33].

Der gemeine Handelswert oder gemeine Wert ist **abhängig von der Handelsstufe**; **29** z. B. ist der Verkaufswert auf der Großhandelsstufe regelmäßig niedriger als auf der Einzelhandelsstufe. Nach richtiger Auffassung[34] ist die Handelsstufe des Ersatzberechtigten (Absenders oder Empfängers) für den gemeinen Handelswert ebenso wie für den gemeinen Wert[35]. Macht dieser Schäden Dritter im Wege der Drittschadensliquidation geltend (siehe § 429 Rdn. 157 ff), muß die Handelsstufe des Geschädigten maßgeblich sein. Ist z. B. ein Spediteur Empfänger, so kommt es auf dessen Auftraggeber an; siehe Rdn. 25. Der gemeine Wert von Gütern, die keinen Markt- oder Börsenpreis haben, richtet sich nach dem allgemeinen Verkäuflichkeitswert; siehe Rdn. 26. Hat das Gut für den Geschädigten keinen Verkaufswert, z. B. weil es für die private Nutzung des Empfängers bestimmt ist, wird zweckmäßigerweise der Verkaufswert der vorhergehenden Stufe am Bestimmungsort zugrundegelegt[36].

Daß die beschädigten oder verlorenen Güter **keinen gemeinen Wert haben**, kommt, **30** außer bei wertlosen Liebhaber-Sachen (*Koller*[2] § 425 Rdn. 27), allenfalls bei Schutt- und Abfallbeförderung in Betracht. In diesem Fall kann kein Ersatzanspruch entstehen, weil das Gesetz nur Wertersatz vorsieht. Hier mit *Koller*[2] § 425 Rdn. 27, 33 die vereinbarte Fracht als „Mindestschaden" zu berechnen, verstößt eindeutig gegen das Gesetz und wird auch in der Rechtsprechung nicht vertreten. Das von *Koller* zitierte BGH-Urteil vom 10. 12. 1982, NJW **1982** 1279, 1280 besagt, daß der gezahlte Kaufpreis im Falle des Schadensersatzes nach § 326 BGB den „Ausgangspunkt des Mindestschadens" darstellt und auf diesen bereits gezogene Gebrauchsvorteile anzurechnen sind. Wegen der völlig anderen Schadensersatzregelung des Frachtrechts (siehe Rdn. 18 ff) läßt sich der darin ausgedrückte Gedanke nicht übertragen; das leuchtet schon deshalb ein, weil die Fracht eine äquivalente Gegenleistung nur zur Beförderungsleistung, nicht aber zu einer Beschaffungsschuld (wie beim Kauf) ist. Dagegen kann der Frachtführer eventuell den Frachtzahlungsanspruch bei Unmöglichkeit der Erfüllung – auch des Beförderungserfolgs – gem. §§ 325 Abs. 1 oder 325 Abs. 1 S. 3, 323 Abs. 1 und 3 BGB verlieren oder verpflichtet sein, die Vorausfracht zurückzuzahlen[37]. Ist in solchen Fällen die Abfallbeseitigung (siehe § 425 Rdn. 46) Gegenstand des Vertrages, liegt – sofern den Absender nach Abfallrecht keine weiteren Pflichten mehr treffen – keine Unmöglichkeit vor. In solchen Fällen wird freilich in aller Regel kein reiner Frachtvertrag vorliegen.

---

[32] Schlegelberger/Geßler[5] Rdn. 12; OLG Düsseldorf vom 29. 11. 1990, TranspR **1991** 75, 77.

[33] Zutreffend RG vom 5. 11. 1919, RGZ **98** 150, 151 für gebrauchte Kleidung im ersten Weltkrieg.

[34] Heymann/Kötter[21] § 430 Anm. 2; Schlegelberger/Geßler[5] § 430 Anm. 10; Koller[2] Rdn. 2; Heymann/Honsell Rdn. 10.

[35] Dazu speziell Schlegelberger/Geßler[5] 10; Heymann/Honsell Rdn. 10.

[36] Koller[2] Rdn. 2; aus dem dort zitierten Urteil des RG vom 5. 11. 1919, RGZ **98** 150, 151 ergibt sich dies allerdings nicht.

[37] Insoweit zutreffend Koller[2] § 425 Rdn. 27; sinngemäß auch Lenz Rdn. 343. Das von Koller zitierte Urteil des BGH vom 14. 12. 1988, TranspR **1989** 141, 143 = VersR **1989** 309, 310 betrifft nur die Sonderregelung der CMR; siehe Art. 23 CMR, Anh. VI nach § 452 Rdn. 23.

30a Die Vorstellung, sogenannte „**Unikate**", insbesondere für einen singulären Verwendungszweck angefertigte Maschinen hätten keinen gemeinen Wert[38], geht von einer falschen Vorstellung von einer Wertermittlung am Markt aus. Daß sich am Markt derzeit kein alternativer Käufer finden läßt, kann nicht dazu führen, den Ersatzberechtigten rechtlos zu stellen. In diesem Falle ist die Ermittlung am konkreten Markt nicht möglich. Es kann aber durchaus ermittelt werden, was ein Käufer in einer vergleichbaren Lage nach betriebswirtschaftlichen Maßstäben zu zahlen bereit wäre. Eine exakt empirische Ermittlung des gemeinen Werts ist auch bei marktgängigen Waren meist nicht möglich. Ein Indiz für den gemeinen Wert ist wohl regelmäßig der konkret vereinbarte Kaufpreis, weil man prima facie von einem wirtschaftlichen Verhalten des Erwerbers ausgehen kann[39]. Bei Transporten innerhalb eines Unternehmens helfen oft die intern verwendeten „Verrechnungspreise" zwischen Unternehmensteilen weiter.

bb) Am Ort und zur Zeit der Ablieferung

31 § 430 geht vom Wert am Ort der Ablieferung aus. Gemeint ist damit der Ort, der im Frachtvertrag als Ablieferungsort vorgesehen ist; das gleiche gilt für die Ablieferungszeit. Stellen sich Preisschwankungen innerhalb der Lieferfristspanne heraus, so ist auf den bei normaler Abwicklung des Frachtvertrages wahrscheinlichen Tag der Ablieferung abzustellen. Dies erscheint richtiger als mit *Heymann/Kötter*[21] § 430 Anm. 3 auf den Ablauf der Lieferfrist als maßgeblichen Zeitpunkt abzustellen. Mit dem wahrscheinlichen Ablieferungstag nähert sich der Wertersatz dem wirklichen Schaden am ehesten. Es darf keiner Partei überlassen bleiben, den für sie günstigsten Zeitpunkt herauszusuchen.

cc) Abzug von Ersparnissen

32 Da der Wert am Bestimmungsort zugrunde gelegt wird, ist die im allgemeinen durch den Transport bewirkte Wertsteigerung schon inbegriffen. Die Transportkosten werden also im Wertermittlungsverfahren bereits berücksichtigt. Durch den Verlust oder die Beschädigung können für den Empfänger aber auch Ersparnisse entstehen, z. B. Zölle, Gebühren, Rollgeld, Speditionskosten usw.[40] Diese Ersparnisse werden daher vom ermittelten Wert wieder abgezogen. Kalkulatorische Kosten sind nicht zu erstatten[41]. Transportversicherungsleistungen sind nicht vom Wertersatz abzuziehen, da § 67 VVG den Übergang der Schadensersatzansprüche auf den Sachversicherer (zum Zwecke der Regreßnahme) vorsieht[42].

dd) Keine Anwendung auf Kostenersatzansprüche nach § 438 Abs. 4

33 § 430 bezieht sich nicht auf Kostenersatzansprüche. Der Frachtführer hat also z. B. die ihm durch § 438 Abs. 4 auferlegten Kosten der Schadensfeststellung zusätzlich zu erstatten.

---

[38] Dazu im einzelnen mit weiteren Hinweisen *Butzer* VersR 1991 854 ff; ferner *de la Motte* VersR 1988 317, 318; *Koller*² Rdn. 2.

[39] In vollem Umfang zutreffend *Butzer* VersR 1991 854, 859 f; ähnlich österr. ObGH vom 28. 6. 1988, TranspR 1989 222 225 = VersR 1989 980 ff; *de la Motte* VersR 1988 317, 318; *Koller*² Rdn. 2.

[40] Beispiele sind selten; siehe OLG Hamm vom 4. 12. 1953, VersR 1954 94, 95.

[41] BGH vom 4. 11. 1955, VersR 1955 756, 757; *Koller*² Rdn. 2.

[42] Dazu Anh. 1 nach § 429 Rdn. 86 ff; *Koller*² Rdn. 2; OLG Frankfurt vom 13. 7. 1984, TranspR 1985 92, 9.

ee) Beweis für Wert und Ersparnisse

Für die Höhe des Wertes trägt der Geschädigte die Beweislast[43]. Liegt der Kaufpreis am maßgeblichen Ort zur maßgeblichen Zeit durch den durch die Beförderung ausgeführten Kaufvertrag fest, so ist mangels abweichenden Parteivortrags davon auszugehen, daß dieser Preis dem Marktpreis entspricht[44]. Dies gilt zumindest dann, wenn die Beförderung im Auftrag des Empfängers erfolgt ist. Hat der Empfänger **entsprechende Ware** aus anderer Lieferung zum etwa gleichen Zeitpunkt verkauft, so bietet dieser Verkauf den Anhaltspunkt für die Wertermittlung; RG vom 21. 5. 1927, RGZ **117** 131, 134 für eine Rechnung des Absenders an den Empfänger/Käufer. Hierin liegt keine Zulassung der konkreten Schadensberechnung (siehe oben Rdn. 21 ff), sondern nur die Annahme einer Wahrscheinlichkeit, daß der Empfänger die Ware zu Marktpreisen verkaufen wird. Der Frachtführer kann diesen Anscheinsbeweis erschüttern, indem er nachweist, daß der vom Empfänger zu erzielende Preis auf besonderen Umständen beruht, also nicht dem gemeinen Handelswert oder gemeinen Wert entspricht. Einen Anhaltspunkt können auch die Wiederherstellungskosten geben; *de la Motte* VersR **1988** 317, 318. 34

Die **Beweislast für Ersparnisse** liegt beim Frachtführer[45]. 35

c) Wiederauffindung verlorener Güter; Ersatzansprüche gegen Dritte (§ 255 BGB)

aa) Grundsätzliche Rechts- und Interessenlage

Umstritten ist die Rechtslage, wenn die verlorene Sache wieder auftaucht, z. B. bei Falschauslieferung, bei Diebstahl, bei Aufhebung einer zunächst für endgültig erklärten Beschlagnahme des Frachtguts. Hierzu gibt es in § 35 Abs. 3 S. 3, 4 KVO, Anh. II nach § 452 eine Sonderregelung. In den anderen Fällen ist hierzu nur unstreitig, daß die Geltendmachung und Erfüllung des Ersatzanspruchs auf die Eigentumsverhältnisse keinen unmittelbaren Einfluß haben kann, da diese Vorgänge rein schuldrechtlicher Natur sind. Der Frachtführer wird auch nicht durch Zahlung der Entschädigung Eigentümer des Frachtguts. Der Eigentümer der verlorenen und wiederaufgefundenen Sache bleibt daher Eigentümer und hat auch grundsätzlich Herausgabeansprüche gegen den jeweiligen Besitzer gem. § 985 BGB, wenn nicht ausnahmsweise Eigentumserwerb eines Dritten eintritt. In der Regel wird es hierfür an der Einigung mit dem Dritten oder an dessen gutem Glauben fehlen oder der Erwerb wird an § 935 BGB scheitern. Streitig ist jedoch, ob dem Frachtführer ein Anspruch auf Abtretung von Ersatzansprüchen nach § 255 BGB oder aus Bereicherungsrecht zusteht oder ob er wenigstens die Herausgabe des Frachtguts bis zur Rückzahlung der Entschädigung verweigern kann. 36

bb) Wahlrecht des Geschädigten bei Wiederauffindung verlorener Güter

Auszugehen ist zunächst davon, daß es sich – rückwirkend betrachtet – im Falle der Wiedererlangung sachlich nicht um endgültigen Verlust, sondern um verspätete Auslieferung, eventuell verbunden mit Beschädigung oder Teilverlust, handelt. Wird das 37

---

[43] *Baumgärtel/Reinicke* Beweislast Bd. 4 (1988) § 430 Rdn. 3; *Baumbach/Duden/Hopt*[28] Anm. 2 A; *Schlegelberger/Geßler*[5] Rdn. 13; *Heymann/Honsell* Rdn. 10; *Koller*[2] Rdn. 2; OLG Frankfurt vom 13. 7. 1984, TranspR **1985** 92, 93.

[44] OLG Frankfurt vom 13. 7. 1984, TranspR **1985** 92, 93; OLG Düsseldorf vom 20. 6. 1985, TranspR **1985** 254, 256; OLG Nürnberg vom 14. 6. 1965, ETR **1971** 247, 262 (zur CMR). § 35 Abs. 1 KVO, Anh. II nach § 452 legt daher den Fakturenwert zugrunde.

[45] *Baumbach/Duden/Hopt*[28] Anm. 2 A; *Schlegelberger/Geßler*[5] Rdn. 13; *Baumgärtel/Reinicke* Beweislast Bd. 4 (1988) § 430 Rdn. 4; *Heymann/Honsell* Rdn. 11; *Koller*[2] Rdn. 2.

Frachtgut nach kurzer Zeit wieder aufgefunden, so liegt überhaupt kein Verlust, sondern nur Verspätung vor[46].

38 Durch die Wiederauffindung des Frachtguts entfällt der Ersatzanspruch nicht[47]. Dieser ist entstanden mit dem Eintritt des Verlustes, **wenn das Frachtgut auf absehbare Zeit nicht ausgeliefert werden kann**; siehe § 429 Rdn. 12, 15 f. Für verlorene und noch nicht wieder gefundene Güter werden die Entschädigungsansprüche wegen Verlustes (siehe 429 Rdn. 12–18) dem Geschädigten nur gewährt, weil ihm eine längere Ungewißheit angesichts der Vertragsverletzung des Frachtführers nicht zugemutet werden kann. Dies wird deutlich in den spezialgesetzlichen Vorschriften, die dem Berechtigten nach Ablauf einer bestimmten Frist gestatten, das Frachtgut ohne weiteres als verloren zu betrachten, ihm also die Wahl lassen, ob er noch zuwarten oder bei Wiederauffindung den Auslieferungsanspruch und zusätzlich Lieferfristentschädigung, oder ob er gleich die Verlustentschädigung verlangen will; vgl. § 429 Rdn. 16. Andererseits ist es vertretbar, ihm auch nach Geltendmachung des Schadensersatzes noch ein Wahlrecht auf Auslieferung des Frachtguts gegen Rückerstattung des bereits empfangenen Geldersatzes oder Erlaß der betreffenden Ansprüche zuzubilligen.

39 Das **Frachtgut kann bei Wiederauffindung noch einen höheren Wert haben als die** nach frachtrechtlichen Grundsätzen berechnete, vom Frachtführer geschuldete oder bereits gezahlte **Entschädigung**. Insbesondere bei den harten summenmäßigen Haftungsbeschränkungen der ADSp, aber auch der CMR und anderer frachtrechtlicher Sonderordnungen, kann diese Situation leicht eintreten. Geht man streng nach allgemeinem Schuldrecht vor, so ist die Ausübung des Wahlrechts eine einseitige rechtsgestaltende und unwiderrufliche Erklärung des Gläubigers; die gewählte Leistung gilt gem. § 263 Abs. 2 als die von Anfang an allein geschuldete. Danach hätte der Ersatzberechtigte gegenüber dem Frachtführer nicht die Möglichkeit, noch die Herausgabe des Gutes zu verlangen, wenn er bereits Ersatzansprüche gegen den Frachtführer wegen Verlustes geltend gemacht hat. In dieser Strenge durchgeführt würde das Wahlrecht des Geschädigten sich im Falle der Wiederauffindung massiv gegen ihn selbst wenden. Es ist jedoch dogmatisch nicht einfach, eine Wiederholung der Wahlmöglichkeit zu begründen. Ist der (vom Frachtführer realisierbare) Wert des wiederaufgefundenen Frachtguts größer als die nach § 430 HGB oder anderen Vorschriften berechnete Entschädigung, so kommt zunächst kein Bereicherungsanspruch des Ersatzberechtigten in Betracht, da die gesetzliche Anordnung der abstrakten Schadensberechnung als causa die Differenz zwischen wirklichem Schaden und Wertersatz deckt – gleich zu wessen Gunsten sie sich ergibt.

40 Im Falle der Wiederauffindung kann jedoch auf die allgemeinen bürgerlich-rechtlichen Grundsätze für die **Vorteilsausgleichung** zurückgegriffen werden. Zwar sind hierfür keine ausdrücklichen gesetzlichen Regelungen vorhanden. Die Rechtsprechung zur „Restwert-Anrechnung" bei Kraftfahrzeugschäden geht jedoch von der Prämisse aus, der Schadensersatz solle nicht zu einer wirtschaftlichen Besserstellung des Geschädigten führen, andererseits solle aber der Schädiger auch nicht unbillig begünstigt werden. Maßgeblich ist dabei die Zumutbarkeit[48]. Für bestimmte Fälle des Totalschadens bei Kraftfahrzeugen hat die Rechtsprechung den Geschädigten vollen Ersatz gegen „zur

---

[46] Siehe BGH vom 28. 2. 1975, VersR **1975** 658 (Wiederauffinden eines gestohlenen LKW nach vier Tagen).

[47] Entgegen OLG Hamburg vom 17. 11. 1983, TranspR **1984** 188 = VersR **1984** 258.

[48] BGH vom 17. 6. 1953, BGHZ 10 107, 108; bestätigend BGH vom 24. 3. 1959, BGHZ 30 29, 33; BGH vom 21. 1. 1992, NJW **1992** 903 f.

Verfügungstellung" des geschädigten Fahrzeugs zugebilligt[49]. Dies läuft darauf hinaus, dem Schadensersatzpflichtigen die Zurückhaltung zu erlauben, solange ihm die geschädigte Sache nicht übertragen ist. In den genannten Urteilen wurde das Verwertungsrisiko dem Schädiger aufgebürdet. In unserem Falle ist die Rechtslage ähnlich. Ist die Entschädigung für vollen Verlust bereits gezahlt oder doch so geschuldet, daß sich der Geschädigte wirtschaftlich darauf einstellen durfte, so ist ein nachträglicher Wegfall des Ersatzanspruchs und statt dessen Auslieferung der Sachen dem Geschädigten nicht mehr zumutbar. Das Verwertungsrisiko trägt dann der Frachtführer. Es bleibt nur die Möglichkeit, dem Frachtführer als Schädiger dann einen Anspruch gegen den Ersatzberechtigten auf Übereignung der verlorenen Sache (regelmäßig nach § 931 BGB) und ein Zurückbehaltungsrecht an der Schadensersatzleistung zu geben[50].

Gehörte das Frachtgut nicht dem Ersatzberechtigten, wird also Drittschaden **41** liquidiert, so kann der Frachtführer gleichwohl vom Ersatzberechtigten die Übereignung verlangen. Dies ergibt sich daraus, daß die Zuhilfenahme der Drittschadensliquidation für den Schädiger nicht zum Nachteil werden darf. Der Ersatzberechtigte kann in diesem Fall seinerseits den geschädigten Eigentümer zwingen, die Übereignung zu erklären, bevor er ihm die Ersatzleistung weiterleitet.

cc) Anwendbarkeit von § 255 BGB

In einem Teilbereich ist auch an die Anwendung von § 255 BGB zu denken. Der **42** Frachtführer kann, wenn diese Vorschrift anwendbar ist, vom Ersatzberechtigten die Abtretung etwaiger auf das Eigentum gegründeter Ansprüche gegen Dritte, z. B. gegen den Dieb verlangen. Die Meinungen über die Anwendbarkeit des § 255 auf den Fall verlorener Güter gehen jedoch auseinander. Teilweise wird angenommen, § 255 könne überhaupt nicht eingreifen, weil im Falle des § 430 kein voller Schadensersatz, sondern nur Wertersatz geleistet werde; *Heymann/Kötter*[21] Anm. 2. Dem Frachtführer stehe nur ein Zurückbehaltungsrecht an der wiedererlangten Sache bis zur Rückzahlung der Entschädigung zu. Die letztere Auffassung kann schon deshalb nicht zutreffend sein, weil ein Rückzahlungsanspruch hinsichtlich der Entschädigung und damit ein Zurückbehaltungsrecht kaum begründet werden kann. Die h. M. will § 255 nur insoweit anwenden, als der Geschädigte durch die Erlangung von Entschädigung und Frachtgut tatsächlich ungerechtfertigt bereichert wäre. Nur wenn der Frachtführer vollen Schadensersatz geleistet und der Geschädigte kein Affektionsinteresse am Gut habe, könne der Frachtführer Herausgabe nach § 255 verlangen[51].

Die Auffassung, nach der § 255 hier nicht gelten soll, überzeugt nicht, weder dog- **43** matisch noch im Ergebnis; zustimmend *Heymann/Honsell* Rdn. 14. Nach der herrschenden, auch hier vertretenen Auffassung ist der Wertersatzanspruch nach § 430 ein Fall abstrakter Schadensberechnung, die zugunsten, aber auch zu Lasten des Frachtführers vom konkreten an der Sache entstandenen Schaden abweichen kann. Nur hinsichtlich der Folgeschäden enthält § 430 HGB eine echte Haftungsbeschränkung. Diese ist aber gegenüber § 255 BGB ohne Belang, da sich diese Vorschrift ohnehin nicht auf Fol-

---

[49] BGH vom 29. 6. 1965, NJW **1965** 1756 f; vom 14. 6. 1983, NJW **1983** 2694, 2695 = VersR 1983 758 f; zum neuesten Stand siehe *Palandt/Heinrichs*[52] § 251 BGB Rdn. 16.

[50] Wie hier *Bischof* S. 166. Die Gegenauffassung von *Koller*[2] Rdn. 2 und Art. 23 CMR Rdn. 5 läßt eine Interessenabwägung vermissen.

[51] *Koller*[2] Rdn. 2; *Schlegelberger/Geßler*[5] § 430 Rdn. 18; *Baumbach/Duden/Hopt*[28] § 430 Anm. 2 A; *Ratz* in der 2. Aufl. mit weiteren Hinweisen auf die ältere Literatur.

geschäden, sondern nur auf Surrogate für den Sachverlust bezieht. Danach handelt es sich bei dem durch § 430 HGB umschriebenen Anspruch um einen Schadensersatzanspruch, auf den § 255 BGB anwendbar ist. Sachlich kann es nicht überzeugen, daß der zum Sachwert Entschädigte zusätzlich die Ansprüche gegen Dritte behalten soll.

44 Die hier vorgeschlagene Lösung kann nur für die Wertersatzbeschränkung nach § 430 gelten. Sie läßt sich nicht vertreten, soweit **summenmäßige Haftungsbegrenzungen** der frachtrechtlichen Sonderordnungen den vollen Wertersatz ausschließen. Dort würde sie dem Frachtführer den Erwerb der möglicherweise vollwertigen Ansprüche gegen Dritte wegen des Frachtguts bei nur eng begrenzter eigener Entschädigungspflicht gewähren, also im Ergebnis zu seiner Bereicherung führen.

2. Wertersatz bei Beschädigungen (§ 430 Abs. 2)

45 Für den Fall der Beschädigung ist nach § 430 Abs. 2 die Differenz zwischen den Werten des Gutes im beschädigten und unbeschädigten Zustand zu ersetzen. Auch hier liegt der gemeine Handelswert bzw. gemeine Wert am Ort und zu der Zeit (allerdings der wirklichen) Ablieferung zu Grunde. Auf den konkreten Schaden, auch auf den konkret berechneten Wertverlust kann weder zugunsten des Geschädigten noch zugunsten des Frachtführers zurückgegriffen werden. Es sind daher zwei abstrakt zu berechnende Größen miteinander zu vergleichen: der wirkliche Wert des beschädigten Gutes bei Ablieferung und der hypothetische Wert, den das Gut in unbeschädigten Zustand im gleichen Zeitpunkt und am gleichen Ort gehabt hätte. So wird z. B. aufgetautes Tiefkühlgut zu geringerem Preis gehandelt[52]. Vom Wertersatz für beschädigtes Gut ist wie bei Verlust die Einsparung an Zöllen abzuziehen. Der sogenannte merkantile Minderwert[53] ist Teil des Schadens an der Sache. Denn er ergibt sich aus dem Wert, den der Markt dem beschädigten und reparierten Gut zumißt. Er ist daher im Schadensersatz nach § 430 grundsätzlich mit eingeschlossen. Er ist auch ersatzfähiger „unmittelbarer" Schaden im Sinne von §§ 35 KVO Rdn. 29 und 14 a AGNB, Anh. III/1 nach § 452[54].

3. Wertersatz bei Teilverlust und Teilbeschädigung
a) Grundsätzliches

46 Erhebliche Unklarheit besteht in der Literatur hinsichtlich des in § 430 erwähnten Teilverlustes oder der Teilbeschädigung. Zunächst ist die Auffassung von *Schlegelberger/Geßler*[5] § 430 Anm. 5 strikt abzulehnen, die neben dem Teilverlust noch einen besonderen Begriff der Minderung einführen wollen; siehe dazu § 429 Rdn. 18. Stattdessen kommen nur vier Begriffe in Betracht: Totalverlust, Teilverlust, Beschädigung der gesamten Sendung und Teilbeschädigung. Zur Folge einer Beschädigung oder des Verlustes von Teilen für den Wert der ganzen Sendung siehe Rdn. 51 f.

47 Ferner ist problematisch, **was § 430 mit „dem Gut" meint, wenn verschiedenartige Gegenstände unter einem Frachtvertrag reisen**. Grundsätzlich ist davon auszugehen, daß die gesamte unter einem Frachtvertrag beförderte Sendung „das Gut" i. S. d. § 430 darstellt. Geht einer von mehreren Gegenständen verloren, so liegt Teilverlust, wird

---

[52] OLG Hamburg vom 30. 3. 1989, TranspR **1989** 321, 323 (zur CMR); BGH vom 3. 7. 1974, NJW **1974** 1616 f (zur CMR); BGH vom 28. 5. 1965, NJW **1965** 1593, 1594 = VersR **1965** 755 ff (zur KVO); OLG Hamburg vom 2. 5. 1985, TranspR **1985** 398 ff = VersR **1986** 865, 866 (CMR); OLG Celle vom 13. 1. 1975, NJW **1965** 1603, 1604 (CMR);. OLG Hamburg vom 21. 2. 1985, VersR **1986** 483 f (CMR).

[53] Siehe Rdn. 27; § 35 KVO, Anh. II nach § 452, Rdn. 29.

[54] OLG Frankfurt vom 15. 1. 1991, NJW-RR **1991** 670.

einer von mehreren Gegenständen beschädigt, liegt Teilbeschädigung vor. Bei Rahmenfrachtverträgen ist als Sendung die jeweils in einer Partie zusammengefaßte Gütermenge zu verstehen.

b) Fallgruppen

aa) Von einer einheitlichen unter einem Frachtvertrag (z. B. unter einem Frachtbrief) aufgegebenen Sendung geht ein Teil verloren (Teilverlust) oder wird ein Teil beschädigt (Teilbeschädigung). Dies gilt auch dann, wenn die Sendung mit mehreren Fahrzeugen und/oder zu mehreren Zeitpunkten befördert worden ist. **48**

bb) Von mehreren unter verschiedenen Frachtverträgen versandten Gütern geht eine Sendung vollständig verloren oder wird beschädigt. Dann liegt Totalverlust oder -beschädigung vor. Schäden an anderen Gütern (z. B. die Entwertung der anderen Sendungen durch den Verlust der einen) sind Folgeschäden und werden nicht ersetzt. **49**

cc) Streitig ist, wie die **Entschädigung bei Verlust und Beschädigung eines Teils der Sendung** zu bemessen ist, **wenn dadurch die gesamte Sendung einen Wertverlust erleidet** oder gänzlich entwertet wird. Zwischen Teilverlust und Beschädigung muß primär nach sachenrechtlichen Grundsätzen unterschieden werden. Geht eine Sache aus einer mehrere Sachen umfassenden Sendung verloren, so liegt Teilverlust vor. Geht ein Sachbestandteil (§ 93 BGB) verloren, so ist eine Beschädigung der Gesamtsache gegeben. Es wäre zwar auch denkbar, daß man die Unterscheidung nach rein wirtschaftlichen Gesichtspunkten vornähme, so daß der Teilverlust von wirtschaftlich zusammengehörenden Teilen als Beschädigung des „Gesamtguts" zu betrachten wäre. Doch ist die sachenrechtliche Anknüpfung wegen ihrer besseren Überschaubarkeit – vor allem für den Frachtführer – vorzuziehen. Auch im Rahmen der sachenrechtlichen Abgrenzung zwischen selbständiger Sache und Sachbestandteil fließen durch die Berücksichtigung der Verkehrsanschauung in ausreichendem Maße wirtschaftliche Gesichtspunkte mit ein; siehe dazu die Kommentarliteratur zu § 93 BGB. Bei beliebig austauschbaren und wiederbeschaffbaren Bestandteilen entstehen in der Praxis keine Probleme, da der Ersatz des Teilwerts deren Wiedereinfügung ermöglicht und ein überproportionaler Schaden an der Gesamtsache praktisch ausgeschlossen ist. Siehe zu der ähnlichen Problematik des Einflusses von Teilverlust und Teilbeschädigung auf die (insoweit freilich andersartige) summenmäßige Beschränkung der Haftung in § 35 Abs. 3, 4 KVO die Entscheidung des BGH vom 7. 5. 1969, VersR **1969** 703 ff. Der BGH bemißt dort die Haftungsgrenze bei totalem Verderb einzelner in einer gemeinsamen Verpackung verbundener Felle nach dem Gewicht der einzelnen Felle, nicht nach der Verpackungseinheit; damit ist ebenfalls, wenn auch nicht ausdrücklich, auf die einzelne Sache, nicht auf die wirtschaftliche Einheit abgestellt. **50**

Wie die **Entschädigung bei Teilverlust** bemessen werden soll, ist umstritten. Daß normalerweise der Wert des verlorenen Teilguts zu ersetzen ist, scheint übereinstimmend angenommen zu werden. Problematisch ist jedoch der Fall, daß der Teilverlust eine **überproportionale Entwertung des Gesamtguts** zur Folge hat. Während § 35 Abs. 3 KVO für diesen Fall nur den Ersatz des Schadens am Teil gewährt und den des höheren Schadens an der Sachgesamtheit der Sendung ausschließt, ist § 430 HGB nicht eindeutig formuliert. Das ROHG und das RG ließen den Ersatz des überproportionalen Schadens am Gesamtgut unbeschränkt zu[55]. Teilweise wird aber angenommen, daß diese **51**

---

[55] ROHG vom 21. 11. 1874, ROHG **15** 372, 374 f; ROHG vom 19. 12. 1886, ROHG **15** 133, 134; dem folgend *Heymann/Kötter*[21] Anm. 3; *Koller*[2] Rdn. 2; *de la Motte* VersR **1988** 317, 318.

§ 430

Wertberechnung bei Teilverlust und Teilbeschädigung nur anwendbar ist, wenn ein Teil eines unteilbaren Ganzen beschädigt ist[56]. Die letztere Auffassung ist, soweit reines HGB-Landfrachtrecht anzuwenden ist, im Ergebnis eher zutreffend. Das gesteigerte Schadensrisiko bei Verlust von Ladungsteilen gehört wirtschaftlich zu den vom Frachtführer nicht überschaubaren Folgeschadensrisiken, gegen die er nach HGB-Recht auch nicht durch eine summenmäßige Haftungsbegrenzung abgeschirmt ist. Denn es kann keinen Unterschied machen, ob der Folgeschaden zufällig an nicht unter dem selben Frachtvertrag oder nicht innerhalb der gleichen Sendung transportierten Gütern entsteht; dies ist vielmehr aus der Sicht des Frachtführers eine rein zufällige Unterscheidung[57]. Geht dagegen ein Sachbestandteil verloren, so ist die Entwertung der ganzen Sache eine überschaubare Konsequenz. Wird ein „unteilbares Ganzes" durch Verluste von Teilen verletzt, so liegt eine Beschädigung vor. Die hier vorgeschlagene Lösung entspricht etwa der Lösung der §§ 35 KVO, 18 AGNB, 55 ADSp. Siehe zur KVO *Willenberg*[3] § 35 Rdn. 30 f; abweichend jedoch Art. 23 CMR, Anh. VI nach § 452.

52 Bei der **Beschädigung von Teilen des Frachtguts** ist entsprechend zu verfahren. Auch hier ist nur der Wertverlust der einzelnen geschädigten Sache zu ersetzen.

4. Abweichende Methoden der Wertermittlung in anderen Bereichen des Frachtrechts

53 Obwohl in allen Sparten des Frachtrechts – außer im Luftrecht – die Haftung für Güterschäden auf den Wert des beschädigten Guts beschränkt ist, weichen die Methoden der Wertermittlung voneinander ab. Daher können Entscheidungen und Literaturmeinungen aus anderen Bereichen nicht ohne weiteres auf § 430 übertragen werden – vor allem aber auch umgekehrt. Es lassen sich verschiedene Arten der Wertberechnung unterscheiden. Ähnlich wie nach § 430 ist auch bei der Möbelbeförderung, nach Seerecht und den ADSp der gemeine Handelswert, in dessen Ermangelung der gemeine Wert zu ersetzen. Im Eisenbahnrecht und nach der CMR werden der Börsenpreis, subsidiär der Marktpreis bzw. der gemeine Wert zugrundegelegt[58]. Dieser Wertdefinition entspricht insoweit das Landfracht- und Seerecht inhaltlich, denn der gemeine Handelswert ist mit dem Börsen- oder Marktpreis identisch, wenn ein solcher besteht. Auch sachlich weichen davon aber KVO und AGNB ab: Sie gehen nicht von einem Schätzwert aus, sondern vom Fakturenwert, d. h. dem Preis des Guts aus dem mit dem Transport verbundenen Kaufgeschäft, zuzüglich bis zu 10% nachweislich entgangenen Gewinns und abzüglich ersparter Kosten; siehe § 35 KVO, Anh. II nach § 452 Rdn. 5 ff. Subsidiär, bei Fehlen eines Fakturenwerts kommt es wie nach § 430 HGB auf den gemeinen Wert an.

54 Für die Berechnung des Werts ist entscheidend, welcher Ort und welche Zeit als maßgeblich angesehen werden. Hier gilt eine dem § 430 entsprechende Regelung im Seerecht, im Binnenschiffahrtsrecht und in den Bed. GüKUMT[59]. Bei der anderen Gruppe von Normen, im Eisenbahnrecht, nach der CMR und den ADSp[60] wird demgegenüber

---

[56] So wohl *Schlegelberger/Geßler*[5] Rdn. 6, 22; *Heymann/Honsell* Rdn. 9.

[57] Siehe zu der ähnlichen Problematik § 35 Abs. 3 KVO: BGH vom 7. 5. 1969, VersR **1969** 703, 706.

[58] Siehe Art. 40 § 1 ER/CIM 1980, Anh. I nach § 460 = Art. 33 § 1 CIM 1970; § 85 Abs. 1 EVO, Anh. I nach § 460 und Art. 23 Abs. 2 CMR, Anh. VI nach § 452.

[59] §§ 658, 659 HGB im Seerecht; § 10 Abs. 3 GüKUMT, Anh. IV nach § 452.

[60] Art. 23 Abs. 1 CMR, Anh. VI nach § 452 Art. 40 § 1 ER/CIM 1980, Anh. I nach § 460 = Art. 31 § 2 Abs. 2 CIM 1970; bei Beschädigung Prozentsatz des Wertsatzes nach dem Annahmeort, Art. 42 § 1 ER/CIM 1980 = Art. 33 § 1 CIM 1970; § 85 Abs. 1 EVO, Anh. I nach § 460; § 54 c ADSp, Anh. I nach § 415.

grundsätzlich vom Wert des Gutes bei Annahme durch den Frachtführer ausgegangen. Fracht- und andere Kosten werden zusätzlich ersetzt, der durch die Ortsveränderung erzielte Wertzuwachs grundsätzlich nicht erstattet. Es lassen sich also **drei verschiedene Systeme der Wertberechnung** feststellen: maßgeblich ist entweder (1) der Schätzwert am Abgangsort, (2) der Schätzwert am Ankunftsort oder (3) der Fakturenwert. Die praktischen Unterschiede sind u. U. recht bedeutend. Welches der drei Systeme den Beförderer stärker entlastet, hängt von den konkreten Kosten und Preisen des Einzelfalls ab. Meist wird sich der Geschädigte bei Zugrundelegung des Werts am Ankunftsort am besten stehen, weil nach diesem der Gewinn der Ortsveränderung ersetzt wird. Bei Beschädigung wird entsprechend § 430 Abs. 2 auch im Seerecht nach § 659 HGB die Differenz zwischen dem Verkaufswert im beschädigten Zustand und dem Wert, der nach dem für den Verlust geltenden Gesichtspunkten errechnet wird, zu ersetzen sein. Nach Eisenbahnrecht, CMR, KVO und AGNB wird dagegen die „Wertverminderung" erstattet, über deren Berechnung z. T. wenig Klarheit besteht; § 85 Abs. 2 EVO; Art. 42 ER/CIM 1980 (früher Art. 33 CIM 1970); Art. 25 CMR; § 35 Abs. 3 KVO; § 18 Abs. 4 AGNB. Immerhin zeigen alle Regeln eine gewisse Übereinstimmung: Statt Schadensersatz wird Wert-, allenfalls auch Kostenersatz geleistet. In dieser entscheidenden Abweichung von den Grundsätzen des allgemeinen Schuldrechts, die für das Frachtrecht kennzeichnend ist, steht § 430 somit nicht alleine. Es handelt sich bei dieser Bestimmung danach nicht um eine außergewöhnliche Sondervorschrift, sondern nur um eine besondere Ausprägung eines weiter verbreiteten Rechtsgedankens.

IV. Wegfall der Haftungsbeschränkung bei Vorsatz oder grober Fahrlässigkeit (§ 430 Abs. 3)

Die Haftungsbeschränkungen der Abs. 1 und 2 entfallen bei Vorsatz oder grober 55
Fahrlässigkeit des Frachtführers. Diese Regelung ist grundsätzlich abdingbar, stellt aber andererseits den Maßstab der Inhaltskontrolle nach § 9 Abs. 2. Nr. 1 AGBG dar, von dem in angemessener Weise abgewichen werden kann[61].

1. Voraussetzung der vollen Haftung
a) Vorsatz; grobe Fahrlässigkeit

Die Begriffe „Vorsatz" und „grobe Fahrlässigkeit" entsprechen denen des bürgerli- 56
chen Rechts[62]. Neuere Beispiele aus der fracht- und speditionsrechtlichen Praxis sind häufig, insbesondere zu § 51 b S. 2 ADSp und zu Art. 29 CMR[63].

Vorsatz ist Wissen und Wollen der Tatumstände und des Erfolges (praktisch wich- 57
tige Fälle: Diebstahl, Unterschlagung). Auch **bedingter Vorsatz** genügt. **Grobe Fahr-**

---

[61] Siehe *Bartels* VersR **1990** 3255, 356 zu den Schwergutbedingungen.
[62] Vgl. dazu die Kommentare zu §§ 276, 277 BGB; eingehend dargestellt von *Marsilius* Die Gleichstellung von Vorsatz und grober Fahrlässigkeit und die Haftungsbeschränkungen im Verkehrsrecht, IZ **1967** 295–310; zur Gleichstellung von Vorsatz und grober Fahrlässigkeit siehe zu Art. 29 CMR, Anh. VI nach § 452.
[63] Zu § 430 HGB: OLG Düsseldorf vom 3. 5. 1984, TranspR **1984** 198 f = VersR **1984** 1089 f. Zu den ADSp siehe Anh. I nach 415 Rdn. 5; vor § 1 ADSp, Rdn. 49 sowie zu Art. 29 CMR, Anh. VI nach § 452: Aus der Rechtsprechung siehe insbesondere zu § 39 Abs. 2a KVO: BGH vom 26. 10. 1961, VersR **1961** 1108, 1109 (Verhalten bei Durchfahrt unter einer Brücke mit hoher Ladung); BGH vom 13. 12. 1968, VersR **1969** 228, 229 (Vorreinigung eines Tankwagens vor dem Transport von Feinkorndestillat). Zur EVO siehe BGH vom 6. 4. 1966, VersR **1966** 656. Zum Speditionsrecht: BGH vom 6. 3. 1957, BGHZ **20** 164; OLG Frankfurt, VersR **1976** 628. Zu den Hamburger Hafenschiffahrtsbedingungen (Bewachung einer Hafenschute): BGH vom 13. 3. 1969, VersR **1969** 511 = WM **1969** 561; zur Hamburger Kaibetriebsordnung: OLG Hamburg vom 20. 1. 1977, VersR **1977** 612 f.

lässigkeit liegt vor, wenn die erforderliche Sorgfalt nach den gesamten Umständen in ungewöhnlich großem Maße verletzt worden und wenn nicht das beachtet worden ist, was im gegebenen Fall jedem einleuchten mußte[64]. Ob im Einzelfall grobe Fahrlässigkeit vorgelegen hat, ist eine tatrichterliche Frage und unterliegt nicht der Nachprüfung in der Revision. Nachprüfbar ist in der Revisionsinstanz allerdings, ob das Berufungsgericht den Rechtsbegriff der groben Fahrlässigkeit verkannt hat; BGH aaO S. 16. Abzustellen ist auf die Kenntnisse und Fähigkeiten eines Frachtführers, so daß schon dann grobe Fahrlässigkeit vorliegt, wenn Gesichtspunkte übersehen wurden, die zwar für einen Frachtführer ganz nahe gelegen hätten, die aber ein Laie nicht so leicht erkannt hätte.

58 Die **Beweislast** für das grobe Verschulden liegt beim Ersatzverlangenden[65]. Dies ergibt sich rein formal aus dem Umstand, daß die volle Haftung nach § 430 Abs. 3 eine Ausnahmebestimmung ist, deren tatsächliche Voraussetzungen derjenige, der sich auf sie beruft, nachweisen muß. Dies setzt aber, da dem Geschädigten die näheren Umstände der Einlagerung nicht bekannt sein können, voraus, daß der Frachtführer zunächst substantiiert vorträgt, welche Sorgfalt er aufgewandt hat[66]. Auch der Anscheinsbeweis ist grundsätzlich zulässig[67]. Er kann bereits geführt sein, wenn der Geschädigte nachweist, das Gut habe nach Sachlage und Erfahrung des Lebens kaum ohne grobes Verschulden verschwinden oder beschädigt werden können[68]. Ohne nähere Gründe kann jedoch bei ungeklärter Schadensursache kein Anschein für grobe Fahrlässigkeit angenommen werden[69]. Die Frage des Nachweises für grobe Fahrlässigkeit zur Durchbrechung von Haftungsbeschränkungen in AGB ist streitig und in ständiger Bewegung; siehe § 51 ADSp, Anh. I nach § 415 Rdn. 6 und § 1 AGNB, Anh. III/1 nach § 452 Rdn. 11.

b) Gehilfenverschulden

59 Da § 431 dem Frachtführer das Verschulden seiner Leute und anderer Personen, deren er sich bei Ausführung der Beförderung bedient, voll zurechnet, liegen die Voraussetzungen der verschärften Haftung auch schon bei grober Fahrlässigkeit oder Vorsatz dieser Personen vor. Auch für das Gehilfenverschulden gelten die für den Frachtführer selbst gültigen Maßstäbe. Der Maßstab der groben Fahrlässigkeit ist insoweit nicht an die Fähigkeit der ausführenden Person gebunden, also kein relativer; siehe dazu BGH vom 30. 11. 1971, NJW **1972** 475 f.

2. Folgen: Unbeschränkte Haftung

60 § 430 Abs. 3 gewährt dem Ersatzberechtigten den Anspruch auf Ersatz des vollen Schadens. Die Ausnahmeregelung soll nur den Ersatzberechtigten schützen; zu seinen Gunsten sind statt §§ 430 Abs. 1 und 2 HGB die allgemeinen Bestimmungen der §§ 249 ff BGB anzuwenden. § 430 Abs. 3 gewährt dem Geschädigten die Möglichkeit,

---

[64] RG vom 26. 5. 1933, RGZ **141** 129, 131 (zu § 932 BGB); BGH vom 11. 5. 1953, BGHZ **10** 14, 16 f; BGH vom 8. 10. 1991, WM **1991** 1946, 1948; BGH vom 29. 8. 1992, WM **1992** 1449 f; vom 29. 10. 1992, WM **1992** 1849.

[65] *Baumgärtel/Reinicke* Beweislast Bd. 4 (1988) § 430 HGB; *Piper* VersR **1988** 200, 208 (zur CMR); *Heymann/Honsell* Rdn. 18; *Koller*[2] Rdn. 4; *Baumbach/Duden/Hopt*[28] Anm. 4 A; OLG Düsseldorf vom 14. 7. 1987, TranspR **1987** 378 f = VersR **1987** 932; OLG Frankfurt vom 10. 7. 1979, TranspR **1981** 20 (zu § 11 Abs. 5 BefBMö); BGH vom 19. 6. 1986, TranspR **1986** 459, 461.

[66] BGH vom 19. 6. 1986 aaO; *Piper* aaO.; *Koller* aaO.

[67] *Baumgärtel/Reinicke* Beweislast Bd. 4 (1988) § 430 Rdn. 5; *Koller*[2] Rdn. 4; zweifelnd *Heymann/Honsell* Rdn. 18.

[68] RG vom 28. 5. 1921, RGZ **102** 206, 208; OLG Frankfurt vom 10. 7. 1979, TranspR **1981** 20, 21 (sehr schweres Frachtstück).

[69] *Heymann/Honsell* Rdn. 18; a. A. *Baumgärtel/Reinicke* Beweislast Bd. 4 (1988) § 430 HGB Rdn. 5.

sowohl den Ausschluß mittelbarer Schäden wie auch das Verbot der konkreten Schadensberechnung zu durchbrechen. Auch das Recht der Naturalrestitution gehört zum vollen Schadensersatz.

Andererseits bleibt es dem Geschädigten unbenommen, Wertersatz nach Maßgabe **61** der Abs. 1 oder 2 zu fordern[70]. Andernfalls stünde er sich bei grober Fahrlässigkeit des Frachtführers u. U. schlechter als bei leichter Fahrlässigkeit. Danach hat bei Vorsatz oder grober Fahrlässigkeit des Frachtführers der Ersatzberechtigte ein **Wahlrecht zwischen dem Wertersatz** nach § 430 Abs. 1 und 2 HGB **oder Schadensersatz** nach §§ 249 ff BGB.

3. Ähnliche Regelungen in Spezialgebieten; analoge Anwendung des § 430 Abs. 3

Die von § 430 weitgehend abweichenden Haftungsbeschränkungen in den Spezialregelungen werden ebenfalls z. T. im Falle des Vorsatzes oder grober Fahrlässigkeit aufgehoben oder abgemildert[71]. **62**

Danach liegt es nahe, aus den betreffenden Normen einen **allgemeinen Rechts-** **63** **grundsatz** zu bilden. Dies ist jedoch schwierig, weil weder die Voraussetzungen noch die Wirkungen der Haftungsverschärfung ganz einheitlichen Prinzipien folgen. Vor allem ist zweifelhaft, welche Art von Haftungsverschärfung nach einem solchen, subsidiär anwendbaren allgemeinen Rechtsgrundsatz eintreten sollte. Während § 430 HGB, die luftrechtlichen Bestimmungen, die CMR und die Bed. GüKUMT, Anh. IV nach § 452 volle Haftung gewähren, erhöhen Art. 44 Abs. 1 ER/CIM Abs. 2 und § 91 Abs. 1 EVO die Haftungsgrenzen bei grober Fahrlässigkeit nur auf das Doppelte; bei Vorsatz tritt nach Art. 44 ER/CIM 1980 volle Haftung, nach § 91 Abs. 1 nur Haftung bis zur doppelten Begrenzung. Ein ausreichend bestimmter allgemeiner Rechtsgrundsatz läßt sich aus den genannten Bestimmungen somit nicht entwickeln.

Eine analoge Anwendung des § 430 Abs. 3 auf die Bereiche, in denen die Frage **64** **nicht geregelt ist (AGNB, KVO und ADSp)**, ist jedoch im Landfrachtrecht vertretbar. Denn die Spezialnormen oder -klauseln unterliegen der Ergänzung durch das HGB; siehe § 425 Rdn. 1 f. Auch soweit sie, wie KVO und AGNB, ein abweichendes System der Wertberechnung vorsehen, paßt § 430 Abs. 3, denn er setzt keine bestimmte Art der Wertberechnung voraus. Fraglich ist aber, ob § 430 Abs. 3 auch auf die von der KVO, den AGNB und den ADSp eingeführten summenmäßigen Haftungsbeschränkungen einwirken soll. Da das HGB Haftungsbeschränkungen dieser Art nicht kennt, ist § 430 Abs. 3 HGB an sich für diese auch nicht gemeint. Bei ihrem Erlaß erfaßte jedoch die Bestimmung die einzige damals bestehende Haftungsbeschränkung, wollte also, wie auch ihr Wortlaut sagt, „volle" Haftung des Frachtführers für den Fall des Nachweises grober Fahrlässigkeit und Vorsatz anordnen. Als ratio legis des § 430 Abs. 3 kann man deshalb annehmen, daß im Landfrachtrecht der Frachtführer für schweres Verschulden die Wohltat der Haftungsbeschränkung nicht verdiene und daher voll haften solle. Der Gesetzeszweck deckt daher die Anwendung von § 430 Abs. 3 auch auf die KVO und die Beförderungsbedingungen, die zur Frage des Haftungsumfangs bei Vorsatz und grober Fahrlässigkeit eine Regelungslücke enthalten; a.A. *Koller*[2] § 30 KVO Rdn. 6. Die hier

---

[70] *Schlegelberger/Geßler*[5] Anm. 26; *Heymann/Honsell* Rdn. 19.
[71] Siehe im Bereich des Landfrachtrechts § 15 Abs. 2 GüKG, Anh. I nach § 452; Art. 29 CMR; zum Eisenbahnrecht § 91 EVO, Anh. I nach § 460; Art. 44 ER/CIM 1980, entsprechend Art. 37 CIM 1970; im Luftrecht § 48 LuftVG und Art. 24 WA a. F.; wegen der besonderen dort definierten Fahrlässigkeit etwas abweichend Art. 25 WA n. F. und § 660 Abs. 3 Neufassung.

vertretene Auffassung teilte offenbar auch das Bundesverkehrsministerium bei Erlaß von § 15 Abs. 2 GüKUMT[72], denn dieser erstreckt den Grundsatz des § 430 Abs. 3 ausdrücklich auch auf die summenmäßige Haftungsbeschränkung. Die Ausnahme von der Haftungsbeschränkung ist in KVO und AGNB auch schon deshalb dringend erforderlich, weil der Absender in einem zwingenden Tarifsystem keine Möglichkeit zur Wertdeklaration hat. Alle Haftungsbeschränkungen des Landfrachtrechts, einschl. der in der KVO, den AGNB und ADSp getroffenen, können daher bei Vorsatz und grober Fahrlässigkeit des Frachtführers oder seiner Gehilfen nicht eingreifen; in letzteren Fällen im Wege einer an § 430 Abs. 3 orientierten Auslegung[73].

65 Die hiermit vorgeschlagene Einschränkung der frachtrechtlichen Haftungsbeschränkungen könnte auch das Zurückgreifen auf die **Deliktshaftung zum Schutz des Ladungsberechtigten** weitgehend überflüssig machen und damit die Frachthaftung überschaubarer gestalten; siehe § 429 Rdn. 299. Teilt man die hier vertretene Auffassung nicht, so können sich – zumindest für AGNB und ADSp als AGB – die allgemeinen Grenzen der Haftungsfreizeichnung auswirken. Zwar kann § 430 Abs. 3 kaum als zwingender Rechtssatz betrachtet werden. Jedoch griffe neben § 276 Abs. 2 BGB für die AGB die aufgrund von § 9 AGBG entwickelte Rechtsprechung ein, nach der die Freizeichnung (und damit auch die Haftungsbeschränkung) für Vorsatz und grobe Fahrlässigkeit des Schuldners und seiner leitenden Angestellten unwirksam ist[74].

66 Im Verhältnis zu nichtkaufmännischen Kunden tritt als weitere Schranke der Freizeichnung **§ 11 Nr. 7 AGBG** hinzu[75]. Danach ist die Haftungsbeschränkung für Vorsatz und Fahrlässigkeit einfacher Erfüllungsgehilfen nicht mehr zulässig. Für Verträge mit kaufmännischen Kunden und der öffentlichen Hand ist umstritten, inwieweit § 11 Nr. 7 AGB im Rahmen der Inhaltskontrolle nach § 9 anzuwenden ist[76]. Die hier vorgeschlagene Lösung hat den Vorteil, in der Gemengelage von AGB und objektiven Rechtsnormen, wie sie für das Frachtrecht typisch ist, beide Arten von Regelungen gleich zu behandeln, während sich die Lösung über §§ 11 Nr. 7, 9 AGBG nicht auf die KVO erstrecken könnte.

§ 431

Der Frachtführer hat ein Verschulden seiner Leute und ein Verschulden anderer Personen, deren er sich bei der Ausführung der Beförderung bedient, in gleichem Umfange zu vertreten wie eigenes Verschulden.

Übersicht

	Rdn.		Rdn.
I. Allgemeines	1	II. Der zuzurechnende Personenkreis	13
1. Funktion des § 431	1	1. „Leute"	13
2. Verhältnis zu § 278 BGB	2	a) Begriff der Leute	13
3. Frachtrechtliche Sonderregelungen	8	b Einstehen für „Leute"	15

---

[72] Früher § 11 der Vorgängerbedingungen BefBMö; OLG Frankfurt vom 10. 7. 1979, TranspR **1981** 20, 21.

[73] Wie hier *Lenz* Rdn. 713; siehe § 35 KVO, Anh. II nach § 452 Rdn. 1. Vorsichtig auf das Eingreifen des § 276 Abs. 2 im Falle des Vorsatzes beschränkt; siehe *Hein/Eichhoff u. a.* § 26 GüKG Anm. 3.

[74] Siehe vor § 1 ADSp, Anh. I nach § 415 Rdn. 49;

§ 1 AGNB, Anh. III/1 nach § 452 Rdn. 11; speziell zur Möglichkeit der Abdingung des § 430 Abs. 3 durch eine Kaibetriebsordnung Urteile des BGH vom 19. 2. 1971, VersR **1971** 617, 618 und VersR **1971** 623, 624.

[75] Siehe § 1 AGNB, Anh. III/1 nach § 452 Rdn. 14 f.

[76] Siehe vor § 1 ADSp, Anh. I nach § 415 Rdn. 49; aus der Literatur insbes. *Schlechtriem* Festschrift Duden (1977) 577 ff; *Helm* BB **1977** 1109 ff.

Rdn.		Rdn.
2. „Andere Personen" 16	b) § 278 BGB für „andere Personen", die außerhalb der „Ausführung der Beförderung" tätig sind 17	
a) Andere Personen, die bei „Ausführung der Beförderung" tätig sind 16		
	III. Folgen der Zurechnung 20	

I. Allgemeines

1. Funktion des § 431

§ 431 ist eine Zurechnungsnorm, die ähnlich wie § 278 BGB dem Geschäftsherrn die **1** Verantwortung für das Verschulden seiner Gehilfen zuweist. Weitergehend als § 278 BGB macht jedoch § 431 den Frachtführer für Handlungen seiner (angestellten) „Leute" auch dann verantwortlich, wenn diese nicht in Erfüllung der betreffenden Verbindlichkeit gehandelt haben. Die zentrale Bedeutung des § 431 liegt im Bereich der Haftung, siehe dazu § 429 Rdn. 118. Sie beschränkt sich aber nicht auf Schadensersatzfälle, sondern greift überall ein, wo es auf das „Vertretenmüssen" ankommt, so z. B. beim Rücktritt wegen Verzug oder Unmöglichkeit (siehe § 428 Rdn. 11); mißverständlich insoweit *Schlegelberger/Geßler*[5] Rdn. 1 („§ 431 handelt von der Haftung des Frachtführers für das Verschulden dritter Personen"). Zur Haftung der Leute des Frachtführers selbst siehe § 429 Rdn. 318 ff.

2. Verhältnis zu § 278 BGB

Grundsätzlich ersetzt § 431 (erweiternd) die Erfüllungsgehilfenregelung des § 278 **2** BGB. Die zusätzliche Anwendung von § 278 BGB zur Begründung von Haftung aus einem Frachtvertrag im Urteil des BGH vom 9. 2. 1979, VersR **1979** 445, 446 ist daher rechtssystematisch nicht akzeptabel und auch überflüssig. § 431 gilt auch für Ansprüche aus Schuldnerverzug und Unmöglichkeit, nicht nur für solche aus § 429 HGB. Der Wortlaut des § 431 rechtfertigt keine entsprechend einschränkende Anwendung[1].

Die Zurechnung der Handlungen gesetzlicher Vertreter richtet sich auch im **3** **Frachtrecht nur nach § 278.** An eine Anwendung von § 278 ist ferner zu denken, soweit die sog. **„anderen Personen" außerhalb der Ausführung der Beförderung** eingesetzt werden und daher § 431 HGB nicht eingreift; siehe Rdn. 17. Ist der Frachtführer eine Körperschaft oder eine Handelsgesellschaft, wird richtigerweise § 31 BGB anzuwenden sein. Für diesen Fall ist entsprechend § 276 Abs. 2 BGB eine Freizeichnung für Vorsatz unwirksam, da Organverschulden Eigenverschulden ist.

Die Ausnahmeregelung des § 278 S. 2 BGB ist im Rahmen des § 431 anwendbar. **4** Soweit nicht zwingende Regeln des Frachtrechts eingreifen, kann also grundsätzlich die Haftung für Vorsatz für Gehilfen im voraus ausgeschlossen werden. Bei Ausschluß durch AGB bestehen aber erhebliche Einschränkungen. Siehe dazu § 52 ADSp, § 415 Anh. 1 Rdn. 10 ff.

Für die **außervertragliche Haftung des Frachtführers** gilt nicht § 431 HGB, son- **5** dern im Deliktsrecht § 831 BGB, im Rahmen des Eigentümer-Besitzer-Verhältnisses und anderer gesetzlicher Schuldverhältnisse § 278 BGB.

Für die **Haftung aus Verschulden bei Vertragsschluß** ist die Anwendbarkeit **6** umstritten[2]. Besser sollte jedoch nach der Art des Verschuldens bei Vertragsschluß zu

---

[1] BGH vom 19. 1. 1973, VersR **1973** 350, 351 wendet die entsprechende Vorschrift des § 456 HGB auf positive Vertragsverletzung im Eisenbahnrecht an.

[2] *Baumbach/Duden/Hopt*[28] zu § 431; ; *Schlegelberger/Geßler*[5] Rdn. 6; für Anwendung **a. A.** *Koller*[2] Rdn. 1; unentschieden *Heymann/Honsell* Rdn. 1.

differenziert werden. Ist die Haftungssituation beförderungstypisch, z. B. bei Schädigung von angeliefertem Gut bei Nichtzustandekommen des Frachtvertrages, so ist die Anwendung von § 431 HGB zu bejahen. In Fällen des Verschuldens bei Vertragsschluß, die mit der besonderen Eigenart des Frachtvertrages nichts zu tun haben (z. B. bei Verletzung von allgemeinen vertraglichen Verkehrssicherungspflichten), ist § 278 BGB vorzuziehen, da hier eine unterschiedliche Behandlung gleicher Fälle je nach Vertragsart kaum zu begründen wäre.

7 Die **Verantwortung des Absenders oder Empfängers** richtet sich ausschließlich nach § 278 BGB. Hierzu enthält auch das Sonderfrachtrecht der einzelnen Transportsparten (siehe Rdn. 8) keine Sonderbestimmungen[3].

3. Frachtrechtliche Sonderregelungen

8 Der Anwendungsbereich des § 431 ist seinerseits durch Spezialregeln eingeschränkt. Die Vorschrift gilt noch im Güternahverkehr, soweit keine besonderen Bedingungen vereinbart sind. Auch bei Vereinbarung der ADSp ist sie anwendbar zur Bestimmung des Haftungsumfangs der Speditionsversicherung nach Nr. 3.1 SVS/RVS[4]. Unter diesen entspricht § 19 AGNB weitgehend der Formulierung des § 431. Im Binnenschiffahrtsrecht findet § 431 HGB an sich gem. § 26 BinSchG Anwendung, die Verlade- und Transportbedingungen enthalten jedoch weitgehende Freizeichnungen, die auch die Haftung für Gehilfen betreffen. Praktische Fälle liegen außer im Bereich der Flußschiffahrt[5] vor allem aus der Hafenschiffahrt vor[6]. Die besonderen Regelungen der §§ 3, 4 BinSchG macht überdies § 431 vielfach praktisch unwirksam[7].

9 Gesetzliche Sonderregelungen enthält **Art. 3 CMR, Anh. VI** nach § 452, der § 431 HGB ähnelt; siehe die dortigen Erläuterungen. Für Transporte von Umzugsgut und Handelsmöbeln regelt **§ 11 GÜKUMT**, Anh. IV nach § 452, die Haftung des Frachtführers für Gehilfenhaftung in einer verkürzten Form übereinstimmend mit der CMR-Regelung in ihrer deutschen Übersetzung. Abweichende Regelungen trifft lediglich **§ 6 KVO**, der inhaltlich § 278 BGB entspricht.

10 Außerhalb des Landfrachtrechts wird die Frage der Gehilfenhaftung für das **Eisenbahnrecht** sachlich entsprechend § 431 geregelt in § 456 HGB[8], Anh. I nach § 460; Art. 50 § 1 ER/CIM 1980, Anh. I nach § 460 = Art. 39 Abs. 1 CIM 1970. Auch die seerechtliche Vorschrift des § 607 HGB entspricht mit gewissen Abweichungen § 431.

11 Aus den **luftrechtlichen Vorschriften**[9] des LuftVG und des WA ergibt sich eine von § 278 BGB teilweise abweichende Regelung, die in der Haftung noch etwas über § 278 hinausgeht[10]. Zum Vergleich der Gehilfenhaftung siehe *Helm* Haftung S. 86 f. Siehe im einzelnen die Kommentierungen zu den genannten Bestimmungen in Anhängen nach § 452 HGB.

---

[3] Unrichtig daher OLG Hamburg vom 19. 12. 1985, TranspR **1986** 146, 147 = VersR **1986** 261, 262 (Anwendung von Art. 3 CMR auf Absender).

[4] Beispielsfall: OLG Düsseldorf vom 1. 10. 1992, TranspR **1993** 117 ff.

[5] Siehe z. B. BGH vom 11. 7. 1983, VersR **1983** 1075 f (Elbe); LG Duisburg vom 12. 2. 1990, TranspR **1991** 71 ff (Unterfrachtführer für die Rheinstrecke bei Beförderung von Archangelsk nach Duisburg, grobe Fahrlässigkeit).

[6] Z. B. OLG Hamburg vom 28. 2. 1874, VersR **1974** 1198 = MDR **1974** 674 und vom 17. 5. 1984, VersR **1985** 57.

[7] Siehe z. B. BGH vom 11. 7. 1983, VersR **1983** 1075 f.

[8] § 4 EVO, der früher eine entsprechende Regelung enthielt, ist aufgehoben.

[9] LuftVG und WA enthalten keine allgemeine Vorschrift über die Zurechnung von Gehilfenhandlungen. Beide Haftungsordnungen gehen aber davon aus, daß der Luftfrachtführer für Verschulden seiner „Leute" einzustehen hat; Art. 20, 25 WA; §§ 45, 48, 49 a LuftVG.

[10] Hierzu BGH vom 14. 2. 1989, TranspR **1989** 275, 276 f = VersR **1989** 522, 523 mit zahlr. Hinweisen.

Die **ADSp** enthalten keine Spezialregelung, schließen aber in § 52 die Haftung für **12** selbständige Gehilfen aus. Gegen die Wirksamkeit dieses allgemeinen Haftungsausschlusses bestehen jedoch Bedenken, weil eine solche weitergehende Substitution anderer Unternehmer nur ausnahmsweise mit dem Vertrag vereinbar ist[11]. Soweit die Regelung zwingendem Frachtrecht widerspricht, ist sie unwirksam[12].

II. Der zuzurechnende Personenkreis
1. „Leute"
a) Begriff der Leute

„Leute" sind alle Personen, die im Betrieb des Frachtführers als Arbeitnehmer **13** beschäftigt sind; zutreffend *Koller*[2] Rdn. 3. Selbständige Vertragspartner wie z. B. Unterfrachtführer[13] gehören nicht zu ihnen, sondern zu den „anderen Personen"[14].

Der **Leute-Begriff** liegt auch dem Luftrecht in Art. 20 WA und § 45 LuftVG und **14** dem Seerecht in § 607 HGB zugrunde; er entspricht dem des „**Bediensteten**" in Art. 3 CMR[15] und des Eisenbahnrechts[16]. Zum Seerecht wurde teilweise eine weitere Auslegung vertreten, die auch selbständige Gehilfen einschließt. Siehe überblicksweise *Helm* Haftung S. 60. Dem Begriff der „Leute" in § 431 entspricht der eisenbahnrechtliche sachlich vollständig.

b) Einstehen für „Leute"

Für das Verschulden der „Leute" hat der Frachtführer auch dann einzustehen, wenn **15** sie mit der Beförderung des geschädigten Guts nichts zu tun hatten[17]. Die Leute müssen nicht in Ausführung der ihnen übertragenen Dienstverrichtung bei der Beförderung gehandelt haben. Der Relativsatz „deren er sich bei der Ausführung der Beförderung bedient" bezieht sich nicht auf die „Leute", sondern nur auf die „anderen Personen". Es genügt vielmehr, im Gegensatz zu der zu § 278 BGB herrschenden Meinung, ein auch nur irgendwie gearteter äußerer Zusammenhang zwischen der dienstlichen Tätigkeit und der schädigenden Handlung des Gehilfen. Über den Grad des notwendigen Zusammenhangs besteht keine volle Übereinstimmung: überwiegend wird angenommen, daß es genüge, wenn die Beschäftigung der Leute im Betrieb des Frachtführers diesen die Möglichkeit zur schädigenden Handlung verschafft oder diese erleichtert hat. Danach haftet der Frachtführer auch für Diebstähle seines Personals[18].

2. „Andere Personen"
a) Andere Personen, die bei „Ausführung der Beförderung" tätig sind

Die „anderen Personen" sind solche Erfüllungsgehilfen, die nicht zu den „Leuten" **16**

---

[11] Siehe § 52 ADSp, Anh. I nach § 415 Rdn. 11 f; zur entsprechenden Enthaftung eines „Zwischenspediteurs" entgegen § 431 schon RG vom 2. 2. 1918, RGZ 94 97, 100 f.
[12] Siehe z. B OLG Bremen vom 21. 9. 1978, VersR **1968** 85 f (KVO).
[13] Siehe § 432 Rdn. 43.
[14] *Schlegelberger/Geßler*[5] 431 Rdn. 3; *Koller*[2] Rdn. 3. Abweichend nur für Art. 20 WA: *Schmidt, Roland* Die Arbeitsteilung im modernen Luftverkehr und ihr Einfluß auf die Haftung des Luftfrachtführers, Diss. Frankfurt 1983 S. 12 ff, 98.
[15] Siehe Art. 3 CMR, Anh. VI nach § 452, Rdn. 5 ff.
[16] In §§ 456 HGB, 4 EVO, Art. 39 Abs. 1 CIM = Art. 50 Abs. 1 ER/CIM 1980; dazu die Erl. zu § 456.
[17] Siehe *Schlegelberger/Geßler*[5] § 431 R 3; *Baumbach/Duden/Hopt*[28] § 431.
[18] RG vom 30. 9. 1882, RGZ **7** 125, 127 f; siehe *Schlegelberger/Geßler*[5] Rdn. 3; *Baumbach/Duden/Hopt*[28] zu § 431; Gegenbeispiel aus dem Bereich des § 278 BGB: RGZ **104** 141, 145 f (Haftung der Post). Siehe ebenso zu Fällen des Diebstahls durch Personal beim Bewachungsvertrag BGH vom 28. 1. 1953, LM § 447 ZPO Nr. 15, vom 17. 3. 1981, VersR **1981** 732. Zur einschränkenden Auslegung der eisenbahnrechtlichen Vorschriften siehe § 456.

gezählt werden können, also insbes. Aushilfskräfte, ausgeliehenes Personal und vor allem alle selbständigen Unternehmer, z. B. Unterfrachtführer[19], Lohnfuhrunternehmer, Lagerhalter sowie deren Personal und deren Unterfrachtführer einschl. Personal[20]. Für diese gilt nach § 431 eine dem § 278 BGB ähnliche, aber nicht voll entsprechende Regelung. Der Beförderer hat schuldhafte Handlungen der „anderen Personen" nur zu vertreten, soweit er sich dieser Personen „bei der Ausführung der Beförderung bedient". Gemeint ist dabei speziell die Beförderung, auf die sich die geltendgemachten Rechte beziehen; die betreffende „andere Person" muß also z. B. im Fall eines Ersatzanspruchs aus § 429 HGB gerade mit der Behandlung des betreffenden geschädigten Guts befaßt gewesen sein. Grenzzollbeamte sind keine Gehilfen des Frachtführers; LG Hamburg vom 19. 1. 1983, TranspR **1983** 47 f.

b) § 278 BGB für „andere Personen", die außerhalb der „Ausführung der Beförderung" tätig sind

17 Soweit die **„anderen Personen"** Erfüllungsgehilfen des Frachtführers **außerhalb der „Ausführung der Beförderung"** sind, **muß für sie ergänzend § 278 BGB** herangezogen werden. Dies läßt sich damit begründen, daß § 431 zwar lex specialis zu einem Teil-Anwendungsbereich des § 278 BGB ist, aber nicht den Sinn hat, Landfrachtgeschäfte völlig aus dem Verantwortungssystem des allgemeinen Schuldrechts herauszunehmen.

18 Die **Rechtsprechung** entwickelt demgegenüber aus § 431 eine Tendenz, selbständige Unternehmer, die mit der Instandhaltung des Verkehrsmittels betraut sind, nicht als Gehilfen anzuerkennen. Danach soll z. B. der Binnenschiffahrtsfrachtführer ein Verschulden eines von ihm beauftragten Unternehmens bei der Untersuchung eines Binnenschiffs auf Fahruntüchtigkeit nicht zu vertreten haben[21]. Diese Rechtsprechung überzeugt nicht, weil die Erfüllung der Pflicht, das benutzte Transportmittel in einem ordnungsgemäßen Zustand zu halten, nicht risikobegrenzend auf Dritte übertragen werden kann. Unter Zugrundelegung der herrschenden Rechtsprechung haftet z. B. der Schiffseigner, der selbst Binnenschiffahrtsfrachtführer ist, im Ergebnis schärfer als der Mieter, der mit dem gemieteten Schiff Frachtgeschäfte betreibt und für Verschulden seines Vermieters bei der Instandhaltung des Schiffes nicht aufzukommen hat. Dies steht im Widerspruch zur Rechtsprechung, die gerade die Sorge für einwandfreie Beschaffenheit von Beförderungsmitteln als Kardinalpflicht im Sinne von § 9 Abs. 2 Nr. 2 AGBG sieht. Die von der hier abgelehnten Rechtsprechung vorgenommene Differenzierung kann durch ergänzende Anwendung des funktional gedachten, auf alle schuldrechtlichen Verpflichtungen zu beziehenden § 278 BGB korrigiert werden. Dies entspricht auch praktischen Erfordernissen. Es ist z. B. nicht einzusehen, warum die Rechte des Ladungsberechtigten unterschiedlich sein sollen, je nachdem ob ein gemietetes oder ein eigenes Fahrzeug verwendet wird oder wer mit der Wartung oder Überwachung des Fahrzeugs betraut wird[22]. Für den Landfrachtvertrag spielt freilich die Frage bei Fahrzeugmängeln

---

[19] Siehe dazu eingehender § 432 Rdn. 43.
[20] Siehe zu einem CMR-Fall OLG München vom 19. 9. 1980, 23 U 1819/80 (unveröff.).
[21] Für ein „Spezialunternehmen" BGH vom 9. 11. 1981, BGHZ **82** 162, 170 = VersR **1982** 287 ff; für Vercharterer oder Vermieter einer Schute OLG Hamburg vom 28. 2. 1874, VersR **1974** 1198 = MDR **1974** 674; für eine beauftragte Werft, mit Nachweisen zum Seerecht. Hiervon ist der dem Frachtführer nicht erkennbare Fehler bei der Untersuchung einer amtlichen Stelle zu unterscheiden, der keine Haftung des Frachtführers auslöst; z. B. OLG Köln vom 13. 12. 1962, VersR **1964** 142 zur Binnenschiffahrt.
[22] Siehe vergleichend für einen Dienst- oder Lohnfuhrvertrag BGH vom 17. 3. 1981, WM **1981** 714, 715; für Subunternehmer, der Transportgut (Goldmünzen) entwendet, wird hierzu der Zusammenhang „in Erfüllung", § 278 BGB, bejaht.

keine bedeutende Rolle, da nach KVO, AGNB, GüKUMT und CMR für Fahrzeugmängel bzw. Gefahren der Straßen verschärft gehaftet wird; siehe § 429 Rdn. 173, 183, 198, 210.

Soweit der Frachtführer neben der Ausführung der Beförderung **zusätzliche Pflichten übernimmt**, so z. B. werkvertraglich das „Umsetzen" von Gütern oder die Nachnahmeerhebung, **ist er** für alle, auch selbständigen Erfüllungsgehilfen **dafür nach § 278 BGB verantwortlich**[23]. **19**

III. Folgen der Zurechnung

§ 431 besagt nur, daß der Frachtführer das Gehilfenverschulden wie eigenes zu vertreten hat. Welche Folgen sich daraus ergeben, muß der Norm, in deren Zusammenhang § 431 angewandt wird, entnommen werden; also z. B. den §§ 429, 430. Mißverständlich insoweit *Schlegelberger/Geßler*[5] § 431 Rdn. 6, wo der Eindruck erweckt wird, § 431 könne eine besondere Anspruchsgrundlage darstellen. § 431 kann auch nicht für die Zurechnung rechtsgeschäftlicher oder rechtsgeschäftsähnlicher Handlungen von Personal des Frachtführers maßgeblich sein. Hierfür gelten die rechtsgeschäftlichen Vertretungsregeln[24]. **20**

§ 432

(1) Übergibt der Frachtführer zur Ausführung der von ihm übernommenen Beförderung das Gut einem anderen Frachtführer, so haftet er für die Ausführung der Beförderung bis zur Ablieferung des Gutes an den Empfänger.

(2) Der nachfolgende Frachtführer tritt dadurch, daß er das Gut mit dem ursprünglichen Frachtbrief annimmt, diesem gemäß in den Frachtvertrag ein und übernimmt die selbständige Verpflichtung, die Beförderung nach dem Inhalt des Frachtbriefs auszuführen.

(3) ¹Hat aufgrund dieser Vorschriften einer der beteiligten Frachtführer Schadensersatz geleistet, so steht ihm der Rückgriff gegen denjenigen zu, welcher den Schaden verschuldet hat. ²Kann dieser nicht ermittelt werden, so haben die beteiligten Frachtführer den Schaden nach dem Verhältnis ihrer Anteile an der Fracht gemeinsam zu tragen, soweit nicht festgestellt wird, daß der Schaden nicht auf ihrer Beförderungsstrecke entstanden ist.

Übersicht

	Rdn.		Rdn.
A. Allgemeines	1	1. Unterfrachtführer	6
I. Bedeutung des § 432	1	2. Zwischenfrachtführer	9
II. Grundbegriffe	5	3. Teilfrachtführer	10
		4. „Samtfrachtführer"	11

---

[23] OLG Hamburg vom 4. 4. 1952, VersR **1953** 144, 145 (werkvertragliche Haftung für Erfüllungsgehilfen ohne §§-Angabe); OLG Düsseldorf vom 3. 6. 1982, TranspR **1985** 173, 175 = VersR **1982** 1076, 1077 (Nachnahme).

[24] Unzutreffend OLG Hamburg vom 14. 7. 1967, VersR **1967** 1047, 1048 (Zurechnung einer Quittung).

	Rdn.		Rdn.
III. Anwendungsbereich des § 432	12	I. Voraussetzungen der Haftung	38
1. Unterfrachtvertrag zwischen Landfrachtführern	12	1. Übergabe des Gutes	38
2. Im Binnenschiffahrtsrecht	16	2. An einen anderen Frachtführer	39
3. Zwischen Eisenbahn und Landfrachtführer	17	3. Zur Ausführung der übernommenen Beförderung	40
4. Zwischen Landfrachtführer, Verfrachter und Luftfrachtführer	22	4. Haftung des Spediteurs als Hauptfrachtführer	42
5. Im Durchfrachtgeschäft (multimodaler, kombinierter Verkehr)	23	II. Rechtsfolge: Haftung des Hauptfrachtführers für den Unterfrachtführer und seine Leute	43
IV. Der Unterfrachtvertrag	24	C. Eintritt des Unterfrachtführers in den Hauptfrachtvertrag (§ 432 Abs. 2)	46
1. Voraussetzungen des Unterfrachtvertrages	24	I. Voraussetzungen des Eintritts (Annahme von Gut und Frachtbrief)	46
a) Frachtvertrag zwischen Hauptfrachtführer und Unterfrachtführer	24	II. Rechtsfolgen des Eintritts	52
b) Abgrenzung des Unterfrachtvertrages von verwandten Geschäften	25	1. Eintritt	52
aa) Vom Speditionsvertrag	25	2. Gesamtschuldnerische Haftung	54
bb) Vom Lohnfuhrvertrag	26	D. Rückgriff und Ausgleich zwischen Hauptfrachtführer und Unterfrachtführer (§ 432 Abs. 3)	56
2. Folgen: Rechtsbeziehungen zwischen Haupt- und Unterfrachtführer	27	I. Anwendungsbereich des § 432 Abs. 3	57
3. Die Rechtsbeziehungen zwischen Absender und Unterfrachtführer	28	1. Literatur und Rechtsprechung	57
4. Die Rechtsbeziehungen zwischen Empfänger und Unterfrachtführer	31	2. Kritische Beurteilung der h. M.	58
B. Haftung des Hauptfrachtführers nach § 432 Abs. 1	38	II. Inhalt des § 432 Abs. 3	60
		1. Rückgriff (§ 432 Abs. 3 S. 1)	61
		2. Ausgleich (§ 432 Abs. 3 S. 2)	63

Schrifttum

Spezialliteratur zu § 432 HGB ist, soweit ersichtlich, nicht vorhanden; siehe daher die Kommentare zum HGB; besonders eingehend zu § 432 siehe *Heymann/Kötter*[21]; *Endrigkeit*, VersR **1969** 587 ff; *Konow*, DB **1973** 905 ff; *Voigt*, VP **1963** 49 ff; *Willenberg* Zur Rechtsstellung des Nahverkehrsunternehmers im nationalen und grenzüberschreitenden kombinierten Straßengüterverkehr, TranspR **1986** 309 ff; *Züchner* VersR **1969** 203 ff; *Heuer* VersR **1984** 169 ff.

A. Allgemeines
I. Bedeutung des § 432

1 § 432 regelt die Haftung des Hauptfrachtführers und des Unterfrachtführers sowie den Ausgleich zwischen beiden. Die praktische Bedeutung der Vorschrift scheint gering zu sein. In der recht großen Zahl von Entscheidungen zu § 432 kommt es sehr selten zur Anwendung anderer Vorschriften als des (hinsichtlich seiner Rechtsfolge überflüssigen; siehe Rdn. 43) § 432 Abs. 1. Der Grund dafür dürfte z. T. darin liegen, daß im Landfrachtgeschäft eine Umladung angesichts der Beweglichkeit des LKW von Haus zu Haus und der hohen Kosten des Ladens nach Möglichkeit vermieden wird; für die Anwendung der Abs. 2 und 3 im Fehlen durchgehender Frachtbriefe. Die Problematik als solche (Regreß) kann jedoch mit weiter zunehmender Aufgabenteilung zwischen den Verkehrsmitteln und dem Vordringen von Containern im Landfrachtverkehr wieder an Bedeutung gewinnen. Ob freilich dann die unzureichende und veraltete Bestimmung des

§ 432 HGB den modernen Transportproblemen noch gewachsen wäre, erscheint zweifelhaft.

Von praktischer Bedeutung ist dem gegenüber eher die **Sonderregelung der Art. 34–40 CMR**. Im Zusammenhang mit dieser wird häufig auch die an sich nicht anwendbare Vorschrift des § 432 vergleichsweise mit erwähnt. Siehe dazu die Erl. Anh. VI nach § 452.

Anwendungsfelder eröffnen sich auch, **wenn die Beförderung, deren Besorgung durch Spediteure übernommen worden ist, durch Frachtführer ausgeführt wird**. Dies gilt vor allem in den Fällen der **Fixkosten- und Sammelladungsspedition** (§ 413 Abs. 1 und 2) sowie bei primärer Qualifikation des vom Spediteur abgeschlossenen Vertrages als Frachtvertrag. Auch in diesen Fällen wird jedoch teilweise Sonderfrachtrecht (CMR, KVO) Anwendung finden[1]. In den Fällen des § 413 ist es problematisch, ob Vorschriften des Unterfrachtrechts auch zu Lasten des Unterfrachtführers angewendet werden können[2]. Häufiger ist wohl die Anwendbarkeit der Haftung gemäß § 432 Abs. 2, wenn Nahverkehrsunternehmer als (Teil-)Unterfrachtführer zur Erfüllung von KVO- oder CMR-Frachtverträgen eingesetzt werden.

Ein **Frachtführer kann stets Unterfrachtführer einsetzen**, statt die Beförderung selbst auszuführen, denn der Frachtvertrag ist kein Dienst-, sondern Werkvertrag, die Verpflichtung des Frachtführers daher keine persönliche; OLG Frankfurt vom 19. 11. 1974, TranspR **1981** 21 ff.

II. Grundbegriffe

§ 432 regelt nur den Fall des echten Unterfrachtvertrages. In der Literatur und Rechtsprechung werden beim Zusammenwirken mehrerer Frachtführer vier mit besonders entwickelten Begriffen umschriebene Fallgestaltungen unterschieden. Welche im Einzelfall vorliegt, ist Auslegungsfrage, wobei dem Frachtbrief besondere Bedeutung zukommt; siehe *Konow* DB **1973** 905.

1. Unterfrachtführer

Ein Unterfrachtvertrag liegt nur vor, wenn der ursprüngliche Frachtführer (auch Hauptfrachtführer, Gesamtfrachtführer, Erstfrachtführer) die von ihm selbst geschuldete (§ 432 Abs. 1: „die von ihm übernommene") Beförderung des Gutes einem anderen Frachtführer (Unterfrachtführer) in eigenem Namen überträgt. Ein Lohnfuhrunternehmer ist kein Unterfrachtführer; siehe Rdn. 26. Bei Beauftragung von Teilfrachtführern liegt kein Unterfrachtverhältnis vor[3]. An einem Unterfrachtverhältnis fehlt es stets zwischen den vom Empfänger und den von der Absenderseite beauftragten Frachtführern; siehe den Fall OLG Düsseldorf vom 14. 12. 1972, DB **1973** 1943 f.

Inwieweit zwischen Fixkostenspediteur und erstem von ihm beauftragten Frachtführer ein Unterfrachtverhältnis anzunehmen ist, erscheint zweifelhaft. Da der ausführende Frachtführer nicht wissen kann, ob der ihn beauftragende Spediteur zu festen Kosten arbeitet, ist zumindest die Anwendung von § 432 Abs. 2 und 3 und

---

[1] Zur CMR siehe §§ 412, 413 Rdn. 9 Fn. 11; zur KVO dort Fn. 12; zu diesem Fragenkomplex allgemein dort Rdn. 1 ff.

[2] Siehe dazu Rdn. 12 ff und *Heuer* VersR **1984** 171 f; zum Grundsätzlichen auch §§ 412, 413 Rdn. 41.

[3] *Koller*[2] Rdn. 1. Zur Abgrenzung zwischen Unterfrachtvertrag und Teilfrachtvertrag im Luftrecht siehe BGH vom 20 .5. 1974, VersR **1974** 1094 f.

Art. 34–37 CMR zwischen ihnen – entgegen der undifferenzierten h. M. – abzulehnen; siehe §§ 412, 413 Rdn. 41. In der Praxis wird es jedoch in diesen Fällen regelmäßig bereits am durchgehenden Frachtbrief fehlen.

8   Einen **engeren** als den hier und auch sonst allgemein in der frachtrechtlichen Literatur zugrunde gelegten **Begriff des Unterfrachtführers**[4] vertritt *Züchner* VersR **1969** 203 ff; ähnlich wohl *Voigt* VP **1963** 49. Eine solche Terminologie setzt sich in einen überflüssigen Gegensatz zu der für andere „Unter"-Rechtsgeschäfte, z. B. zur Untermiete allgemein anerkannten sprachlichen Übung. Sie kann aber wegen der damit bezeichneten unterschiedlichen Rechtsfolgen als zweckmäßig anerkannt werden, wenn der in den Frachtvertrag eingetretene Unterfrachtführer i. S. v. § 432 Abs. 2 und entsprechenden Sonderrechtsbestimmungen als „echter" Unterfrachtführer gekennzeichnet wird[5].

2. Zwischenfrachtführer

9   Überträgt der Frachtführer in eigenem Namen eine von ihm nicht selbst geschuldete Beförderung einem anderen Frachtführer, so ist dieser „Zwischenfrachtführer"[6]. Der erste Frachtführer betätigt sich daher als Spediteur (evtl. nach § 415). Sein Absender ist insoweit Versender i. S. d. Speditionsrechts. Der erste Frachtführer haftet in diesem Fall nur für Spediteurverschulden, also vor allem für mangelhafte Auswahl. Für diese Fälle gilt § 432 nicht; zutreffend *Endrigkeit* VersR **1969** 589. Inwieweit ein Spediteur von ihm selbst geschuldete Tätigkeiten haftungsbefreiend auf Subunternehmer übertragen kann, ist zweifelhaft; siehe § 52 ADSp, Anh. I nach § 415, Rdn. 10–12.

3. Teilfrachtführer

10 Überträgt der erste Frachtführer eine von ihm nicht geschuldete Beförderungsleistung im Namen des Absenders an einen anderen Frachtführer, so bezeichnet man im Hinblick auf den gesamten Beförderungsvorgang beide als „Teilfrachtführer"[7]. Dieser Fall unterscheidet sich frachtrechtlich nicht von dem, daß der Absender von Anfang an zwei oder mehrere Frachtführer jeweils mit Teilbeförderungen betraut; so zutreffend *Konow* DB **1973** 905. Allenfalls können besondere Probleme der rechtsgeschäftlichen Vertretung oder der Geschäftsführung auftreten. Jeder Teilfrachtführer haftet nur für seinen Teil des Beförderungsvorgangs. § 432 gilt nicht. *Züchner* VersR **1969** 203 ff versteht unter „Teilfrachtverhältnissen" die Übertragung der Beförderung für eine Teilstrecke an einen anderen Frachtführer unter Ausstellung eines neuen Frachtbriefs; ähnlich *Voigt* VersR **1963** 49. Wenn die weitervergebene Teilbeförderung zu der vom ersten Frachtführer ursprünglich übernommenen Teilstrecke gehört, handelt es sich allerdings nach herkömmlicher Terminologie nur um eine besondere Form von Unterfrachtvertrag. Die Ausstellung des neuen Frachtbriefs hat keinen Einfluß auf die Rechtsnatur des Vertrages; zutreffend *Endrigkeit* VersR **1969** 588. War die zweite Teilstrecke vom ersten Frachtvertrag nicht umfaßt, so liegt bei Vergabe im eigenen Namen ein Zwischenfrachtvertrag (Rdn. 9), bei Vergabe im Namen des ersten Absenders ein Teilfrachtvertrag vor. Unter Zugrundelegung seiner Terminologie kommt *Züchner* folgerichtig zur Anwendung des § 432 Abs. 1 auf „Teilfrachtverträge".

---

[4] *Schlegelberger/Geßler*[5] Rdn. 2; *Heymann/Kötter*[21] Anm. 1; *Baumbach/Duden/Hopt*[28] Anm. 1; *Endrigkeit*, VersR **1969** 587 f; *Heuer* 168 Fn. 589.

[5] Z. B. OLG Frankfurt vom 31.5.1983, TranspR **1983** 155, 156 (zur CMR).

[6] *Schlegelberger/Geßler*[5] Rdn. 4; *Baumbach/Duden/Hopt*[28] Anm. 1; *Karsten Schmidt* 708.

[7] *Schlegelberger/Geßler*[5] Rdn. 5; *Baumbach/Duden/Hopt*[28] Anm. 1; *Karsten Schmidt* 708.

4. „Samtfrachtführer"

In Literatur und älterer Rechtsprechung begegnet noch der Ausdruck „Samtfrachtführer". Damit sind die nach § 432 Abs. 2 solidarisch haftenden Frachtführer, also der Hauptfrachtführer und der in den Hauptfrachtvertrag nach dieser Vorschrift eingetretene Unterfrachtführer gemeint; siehe Rdn. 52.

III. Anwendungsbereich des § 432
1. Unterfrachtvertrag zwischen Landfrachtführern

§ 432 betrifft zunächst den Fall des Unterfrachtvertrages zwischen zwei Landfrachtführern. In den innerdeutschen Sonderregelungen des Landfrachtrechts (KVO, AGNB, GüKUMT) findet sich keine entsprechende Bestimmung. Soweit also noch Unterfrachtverträge im Güterkraftverkehr vorkommen, gilt § 432 unmittelbar. Gleiches gilt für Beförderungen durch Paketdienste, soweit deren Bedingungen ergeben, daß der Paketdienst Frachtführer ist; OLG Hamburg vom 26. 5. 1988, TranspR 1989 55. Wenn die ADSp vereinbart sind, ist die Haftung nach § 432 Abs. 1 auf „Speditionsverschulden", also insbesondere Auswahlverschulden begrenzt; § 52 ADSp. Siehe aber zu letzterer Vorschrift die Kommentierung in Anh. I nach § 415.

Danach wäre § 432 zunächst **anwendbar bei Unterfrachtverträgen zwischen zwei Frachtführern, die der gleichen Haftungsordnung unterliegen** (z. B. zwischen zwei Möbelfrachtführern oder zwei Güterfernverkehrsunternehmern).

Möglich ist auch der **Unterfrachtvertrag zwischen zwei Landfrachtführern, für die unterschiedliche Haftungsordnungen gelten**, z. B. Güterfernverkehrsunternehmer (KVO) und Güternahverkehrsunternehmer (HGB bzw. AGNB). Meist dürften aber die vollen Voraussetzungen des § 432 nicht vorliegen. An der danach vorausgesetzten Weiterbeförderung unter dem ursprünglichen Gesamtfrachtbrief (Rdn. 47) fehlt es in der Regel, weil im Güternahverkehr kein Frachtbrief üblich ist; immerhin kann aber die Übergabe des Frachtbriefs zur Weitergabe an den Endempfänger vorkommen; siehe Rdn. 47, 48. Bei Beförderungen im Möbeltransport gelten stets die besonderen Bedingungen des GüKUMT; siehe Anh. IV nach § 452. Zum Abschluß von Unterfrachtverträgen durch Spediteure siehe unten Rdn. 42.

Im grenzüberschreitenden Straßengüterverkehr[8] gilt die Sonderregelung der Art. 34–40 CMR, die im Grundsatz § 432 HGB ähnelt, aber wesentlich ausführlicher gestaltet ist. § 432 kann daher dort auch nicht ergänzend herangezogen werden.

2. Im Binnenschiffahrtsrecht

Nach § 27 BinSchG ist § 432 auch in der Binnenschiffahrt anzuwenden, wobei allerdings die dort üblichen Haftungsausschlüsse, soweit sie mit dem AGBG vereinbar sind, seine Anwendung als bedeutungslos erscheinen lassen[9]. Nach allgemeiner Auffassung soll § 432 auch gelten, soweit als Hauptfrachtführer ein Landfrachtführer und als Unterfrachtführer ein Binnenschiffahrtsfrachtführer beteiligt ist – und umgekehrt. Dieser Fall ist vor allem im Huckepack- und Containerverkehr gegeben, wenn der LKW, Wechselaufbau oder Container mit dem Binnenschiff befördert wird[10]. Auch der Fall, daß ein Straßenfrachtführer als Unterfrachtführer des Binnenschiffs-Frachtführers eingesetzt wird, könnte theoretisch vorkommen, wenn das Frachtgut eines Binnenschiffes wegen

---

[8] Siehe § 425 Rdn. 12, 28 sowie Anh. VI nach § 452.
[9] Anwendungsfall, in dem allerdings die Voraussetzungen des § 432 Abs. 2 nicht vorlagen: BGH vom 9. 7. 1979, VersR 1979 906.
[10] Siehe hierzu § 3 GüKG sowie Anh. VI nach § 452.

Schiffahrtshindernissen oder Unfällen nicht bis zum Bestimmungsort gebracht werden kann und die Ware mit dem Kraftwagen weiterbefördert wird. In diesem Fall dürften aber regelmäßig Sonderabreden gelten; auch ist kaum anzunehmen, daß dazu der ursprüngliche Frachtbrief verwendet wird. In diesen Fällen würde das Nebeneinander von völliger Vertragsfreiheit im Binnenschiffahrtsrecht und zwingender Haftungsregelung im Güterfernverkehr (KVO) erhebliche Schwierigkeiten bereiten.

3. Zwischen Eisenbahn und Landfrachtführer

17 Nach allgemeiner Auffassung soll § 432 HGB auch gelten, wenn der Unterfrachtführer eine Eisenbahn ist (und umgekehrt)[11]. Unterfrachtverhältnisse zwischen Eisenbahn- und Landfrachtführern treten in unterschiedlichen Variationen auf.

18 Die Eisenbahn kann **Kraftwagenfrachtführer zur Erfüllung einer von ihr übernommenen Pflicht zur Beförderung von Gütern auf der Straße einsetzen**, insbesondere Güterfernverkehrsunternehmer[12]. In diesen Fällen nimmt die Bahn den Frachtbrief entgegen; sie ist gegenüber dem Absender Landfrachtführer unter den Bedingungen der KVO (früher der KVORb)[13]. Setzt sie den Güterfernverkehrsunternehmer als echten Unterfrachtführer (nicht im Rahmen eines Lohnfuhrvertrages, siehe Rdn. 26) ein, so ist § 432 grundsätzlich anzuwenden.

19 Hiervon zu unterscheiden ist der Fall, daß die **Eisenbahn die Beförderung auf der Schiene übernommen hat und stattdessen auf der Straße durch einen Straßenfrachtführer als Unterfrachtführer ausführen läßt („Schienenersatzverkehr")** nach §§ 2 Abs. 3, 5 Abs. 2 d EVO); siehe dort Anh. II nach § 460. In diesem Fall regelt sich die Rechtsstellung der Eisenbahn im Verhältnis zum Absender grundsätzlich nach der EVO. Setzt die Eisenbahn Landfrachtführer als Unterfrachtführer ein, so ist die Anwendung des § 432 grundsätzlich fraglich. Die gesamtschuldnerische Haftung des Unterfrachtführers dürfte wohl regelmäßig ausgeschlossen sein, schon deshalb, weil ein durchgehender Frachtbrief für diesen Fall kaum vorkommen wird; *Konow*, DB **1973** 908 f.

20 Umgekehrt wird die **Eisenbahn als Unterfrachtführer bei der Ausführung von Landfrachtverträgen** tätig. Dies gilt insbesondere für den **Huckepack- und den Behälterverkehr** nach § 3 Abs. 2 GüKG[14]. Die KVO läßt in § 33 c den Güterfernverkehrsunternehmer, der sich der Eisenbahn als Unterfrachtführer bedient, ohne Rücksicht auf das Vorliegen der Voraussetzungen des § 432 haften. Bei den erwähnten Fallgestaltungen dürfte es schon aus organisatorischen Gründen kaum vorkommen, daß die Eisenbahn Güter unter KVO- oder Möbelfrachtbriefen weiterbefördert; so zutreffend *Voigt*, VersR **1963** 49. Auch der Güterfernverkehrsunternehmer und der Möbelbeförderer sind bisher wohl öffentlich-rechtlich verpflichtet, für jede Beförderung einen besonderen Frachtbrief auszustellen[15], auch wenn die Rechtsgrundlage in § 28 Abs. 1 GüKG schon bisher wenig tragfähig ist[16].

21 **Für die h. M., die § 432 zwischen Bahn und Landfrachtführer anwenden will**, lassen sich weder aus dem Gesetz noch sonst Gründe anführen. § 432 HGB spricht von

---

[11] Meist gestützt auf RG vom 7. 4. 1923, RGZ **106** 419, 421 (Fixkostenspedition mit ausführender Eisenbahn). Das Beispiel ist im Hinblick auf das Mitzitieren von § 431 nicht aussagekräftig; zur Eisenbahnfixkostenspedition siehe §§ 412, 413 Rdn. 13.

[12] Dazu derzeit noch §§ 46, 47 GüKG Anh. I nach § 452.

[13] Ein solcher Fall lag wohl dem Urteil des OLG Hamburg vom 14. 7. 1967, VersR **1967** 1047 zugrunde.

[14] Zu den Fallgestaltungen des multimodalen Verkehrs Anh. VI nach § 452.

[15] Bis zum 1. 1. 1994, Tarifaufhebungsgesetz, siehe vor 1 GüKG, Anh. I nach § 452; siehe dazu § 426 Rdn. 70.

[16] *Konow* DB **1973** 906 ff.

"Frachtführern". Dieser im sechsten Abschnitt des dritten Buches benutzte Ausdruck wird in der Regelung des Eisenbahnfrachtrechts im siebten Abschnitt seit langer Zeit nicht mehr verwendet. Die Eisenbahn ist nicht „Frachtführer" i. S. d. sechsten Abschnitts. Daher könnte auf sie § 432 HGB allenfalls entsprechend angewendet werden. Hiergegen bestehen aber sachliche Bedenken, weil es dazu führen könnte, daß nach § 432 Abs. 2 die Eisenbahn nach Landfrachtrecht und der Landfrachtführer nach Eisenbahnrecht mithaften müßten. Es besteht auch kein Bedürfnis für diese Analogie[17]. Das Ergebnis zu § 432 Abs. 1 läßt sich ohne Schwierigkeiten aus §§ 431, 456 HGB bzw. aus den speziellen Zurechnungsnormen des Frachtrechts ableiten; vgl. unten Rdn. 43. § 432 Abs. 2 und 3 dürften aus den oben genannten Gründen kaum praktisch werden. Es ist zu hoffen, daß mit der geplanten Reform des Frachtrechts klarere Regelungen entstehen.

4. Zwischen Landfrachtführer, Verfrachter und Luftfrachtführer

Ungeklärt scheint zu sein, ob § 432 für Unterfrachtverträge zwischen einem Landfrachtführer einerseits und einem (seerechtlichen) Verfrachter oder Luftfrachtführer andererseits gilt[18]. Aus den oben Rdn. 17 angeführten, auch hier weitgehend zutreffenden Gründen ist die Anwendung in dieser Beziehung abzulehnen[19]. Auf der Basis der fast allgemeinen Meinung gilt allerdings Landfrachtrecht und damit auch § 432 im innerdeutschen Bereich ergänzend. Damit käme auch die Anwendung von § 432 in Betracht; die Regelung des Ausgleichs unter aufeinanderfolgenden Luftfrachtführern (Art. 30 WA, könnte in analoger Anwendung von § 432 gelöst werden[20]. Im Seefrachtgeschäft gibt es gesetzlich bisher nicht einmal einen Frachtbrief[21]. **22**

5. Im Durchfrachtgeschäft (multimodaler, kombinierter Verkehr)

Von größerem praktischen Interesse ist das echte Durchfrachtgeschäft unter einheitlichem Beförderungsdokument, bei dem auch die Frage der Solidarhaftung eine gewichtige Rolle spielen kann. Für den Durchfrachtverkehr werden jedoch keine Landfrachtbriefe, sondern Durchkonnossemente oder eigens dafür entwickelte besondere Beförderungspapiere benutzt[22]. Eine dem § 432 Abs. 2 entsprechende Solidarhaftung bedürfte wegen der sehr großen rechtlichen Schwierigkeiten des Durchfrachtverkehrs einer einheitlichen Rechtsgrundlage in Form eines internationalen Abkommens oder wenigstens einheitlicher Vertragsbedingungen. Auch das UN-Übereinkommen über den Beförderungsvertrag im multimodalen Transport geht nicht von einer gesamtschuldnerischen Haftung aus[23]. **23**

IV. Der Unterfrachtvertrag
1. Voraussetzungen des Unterfrachtvertrages
a) Frachtvertrag zwischen Hauptfrachtführer und Unterfrachtführer

Vertragspartner des Unterfrachtvertrages sind der „Frachtführer" (Hauptfrachtführer) und ein weiterer von ihm mit der Erfüllung von Beförderungspflichten aus dem **24**

---

[17] *Koller*[2] Rdn. 1 begründet die h. M. nur mit einem Hinweis auf die veraltete Entscheidung RG vom 7. 4. 1923, RGZ **106** 419, 421.
[18] A. A. für den Luftfrachtvertrag *Voigt* VP **1963** 49, 50; zum Eintritt des Unterfrachtführers im Luftrecht (WA) ohne Zitat von § 432, siehe wenig präzise BGH vom 17. 5. 1989, TranspR **1990** 19 ff = VersR **1990** 331 ff; zur Vertragsgestaltung bei mehreren aufeinanderfolgenden Luftfrachtführern BGH vom 9. 10. 1981, VersR **1982** 60 f.
[19] Hier merkwürdigerweise zustimmend *Koller*[2] Rdn. 1.
[20] *Ruhwedel*[2] 176.
[21] Zum Seefrachtbrief siehe § 426 Rdn. 1.
[22] Siehe dazu Anh. V nach § 452 Rdn. 58 ff.
[23] Zu diesem siehe dazu Anh. V nach § 452 Rdn. 52.

§ 432

Hauptfrachtvertrag beauftragter Frachtführer (Unterfrachtführer). Der Hauptfrachtführer ist somit Absender des Unterfrachtvertrages. Der Vertrag muß die volle Beförderungspflicht zum Inhalt haben; andernfalls handelt es sich etwa um einen Dienstvertrag (Dienstverschaffungsvertrag, Mietvertrag o. ä.). Daher fallen Dienstverträge des Hauptfrachtführers mit eigenem Personal nicht unter den Begriff des Unterfrachtvertrages, ebenso auch nicht Hilfsgeschäfte, die der Frachtführer mit anderen selbständigen Unternehmern abschließt wie Miete, Dienstverschaffungsvertrag und Lohnfuhrvertrag[24]. Der Unterfrachtvertrag muß vom Hauptfrachtführer in eigenem Namen geschlossen werden. Verursacht der Unterfrachtführer einen Schaden des Absenders, für den der Hauptfrachtführer diesem gem. § 431 oder entsprechenden Vorschriften haftet, kann der Hauptfrachtführer aus dem Unterfrachtvertrag Regreß nehmen, indem er den Schaden des Absenders per Drittschadensliquidation geltend macht. Er kann hierbei dem Absender den Streit verkünden (§ 72 Abs. 1 ZPO).

b) Abgrenzung des Unterfrachtvertrages von verwandten Geschäften
aa) Vom Speditionsvertrag

25 Ein Unterfrachtvertrag liegt nicht vor, wenn der Vertrag zwischen einer als Spediteur handelnden Person und einem Frachtführer abgeschlossen wird. Hierbei kann es sich um einen „Zwischenfrachtführer"-Vertrag handeln, siehe Rdn. 9. Vor allem aber sind die normalen Ausführungsgeschäfte des Spediteurs (siehe §§ 407–409 Rdn. 39–46, 220) keine Unterfrachtverträge, begründen also auch keine Solidarhaftung zwischen Spediteur und Frachtführer. Unterfrachtverträge können vorliegen, wenn der Spediteur von Anfang an mit seinem Auftraggeber keinen Speditions-, sondern einen Frachtvertrag abgeschlossen hat und dann einen Unterfrachtführer einsetzt; siehe dazu §§ 412, 413 Rdn. 61 ff. Nach herrschender Meinung kann ein Unterfrachtvertrag auch dann vorliegen, wenn ein Spediteur den Selbsteintritt erklärt, aber die Beförderung einem Unterfrachtführer überträgt (sog. „unechter Selbsteintritt"). Nach der hier vertretenen Auffassung (§§ 412, 413 Rdn. 81–85) setzt der Selbsteintritt die tatsächliche Ausführung des Geschäfts durch den Spediteur voraus, so daß der sog. „unechte Selbsteintritt" durch bloße Erklärung, falls er dem Spediteur vom Versender nicht besonders gestattet ist, unzulässig ist. Danach kann in diesem Fall auch kein Unterfrachtvertrag bestehen. Zum Fall der **Fixkostenspedition** siehe Rdn. 7.

bb) Vom Lohnfuhrvertrag

26 Wird zwischen dem ursprünglichen Frachtführer und einem anderen Kraftfahrzeugunternehmer ein Lohnfuhrvertrag (siehe § 425 Rdn. 94) abgeschlossen, so liegt darin kein Unterfrachtvertrag; die Solidarhaftung des § 432 Abs. 1 kann nicht eingreifen[25]. Wohl aber sind der Lohnfuhrunternehmer und seine Gehilfen Erfüllungsgehilfen des Frachtführers nach § 431, so daß die Wirkung des § 432 Abs. 1 weitgehend aufgrund anderer Rechtsgrundlage eintritt.

2. Die Rechtsbeziehungen zwischen Haupt- und Unterfrachtführer

27 Im Verhältnis zum Unterfrachtführer ist der Hauptfrachtführer Absender. Der Unterfrachtführer haftet daher auch ohne den Eintritt in den Hauptfrachtvertrag aus dem Unterfrachtvertrag für Schäden des Hauptfrachtführers. Diese können darin beste-

---

[24] Zutreffend österr. ObGH vom 8. 9. 1983, SZ **56** 129 S. 575 f = TranspR **1984** 281 f.

[25] Zutreffend österr. ObGH vom 8. 9. 1983, SZ **56** 129 S. 575 f = TranspR **1984** 281 f.

hen, daß er seinerseits dem ursprünglichen Absender für Schäden zu haften hat, die durch einen vom Unterfrachtführer zu vertretenden Grund verursacht sind; z. B. nach § 431 oder einer entsprechenden Zurechnungsnorm. Diese Haftpflicht ist ein eigener Schaden des Hauptfrachtführers, den er als Vermögensschaden geltend machen könnte. Es bedarf dafür nach deutschem Recht keiner vorherigen Inanspruchnahme durch oder gar der Entschädigungsleistung an den ursprünglichen Absender. Handelt es sich um einen Güterschaden, kann der Hauptfrachtführer diesen gegenüber seinem Unterfrachtführer in Form der Drittschadensliquidation geltend machen. Er kann seinem Absender gem. § 72 Abs. 1, 2. Alternative ZPO den Streit verkünden, weil er mit der Geltendmachung des Schadens in Drittschadensliquidation einer Person gleichsteht, die „den Anspruch eines Dritten besorgt"[26].

3. Die Rechtsbeziehungen zwischen Absender und Unterfrachtführer

Partner des Unterfrachtvertrages sind nur der Hauptfrachtführer und der Unterfrachtführer. Der Hauptfrachtführer ist Absender i. S. des Unterfrachtvertrages. Zwischen dem Absender des Hauptfrachtvertrages – also dem ursprünglichen Absender des Guts – und dem Unterfrachtführer bestehen, vom Fall des § 432 Abs. 2 abgesehen, keine vertraglichen Beziehungen. Der Unterfrachtführer kann allerdings dem Absender des Hauptfrachtvertrages aus §§ 823 ff BGB haften. Nach der Rechtsprechung des RG sowie des BGH treffen den gewerbsmäßigen Frachtführer gegenüber dem Eigentümer der Ladung außervertragliche Sorgfaltspflichten, die sich aus seiner Stellung als Gewerbetreibender ergeben; siehe näher § 429 Rdn. 268. Diese führen dazu, daß auch Unterlassungen des Unterfrachtführers u. U. dem Eigentümer gegenüber eine Schadensersatzpflicht begründen können. **28**

Liegen dem Hauptfrachtvertrag **Freizeichnungsklauseln** zugrunde, so können sich diese zugunsten des Unterfrachtführers auswirken, wenn ein dementsprechender Wille aus dem Vertrag hervorgeht oder sich dies aus einer in der Branche bestehenden Übung ergibt. Siehe auch § 429 Rdn. 330 ff. Eine erweiternde Auslegung von Freizeichnungsklauseln zugunsten Dritter erscheint jedoch im Hinblick auf § 5 AGBG und das Gebot enger Auslegung von Freizeichnungsklauseln jedenfalls zugunsten selbständiger Unternehmer als Gehilfen bedenklich[27]. **29**

Das Fehlen vertraglicher Beziehungen bewirkt auch, daß der **Unterfrachtführer gegen den Absender des Hauptfrachtvertrages keine Ansprüche** auf Zahlung von Fracht oder Aufwendungsersatz hat. In Ausnahmefällen (insbesondere für die Zeit nach Beendigung des Unterfrachtvertrages) können sich evtl. Ansprüche aus dem Eigentümer-Besitzer-Verhältnis (Verwendungen), aus ungerechtfertigter Bereicherung oder aus Geschäftsführung ohne Auftrag ergeben. **30**

4. Die Rechtsbeziehungen zwischen Empfänger und Unterfrachtführer

Der Empfänger des Unterfrachtvertrages ist vielfach mit dem des Hauptfrachtvertrages identisch, wenn nämlich der Unterfrachtführer letztes (oder einziges) Glied in der Kette der ausführenden Frachtführer des Hauptfrachtvertrages ist. In diesem Falle hat der Empfänger **Ansprüche aus dem Hauptfrachtvertrag gegen den Hauptfrachtführer**. Soweit nach dem Unterfrachtvertrag das Gut an ihn abzuliefern ist, ist er zugleich **31**

---

[26] BGH vom 14. 11. 1991, TranspR **1992** 135 137 f = VersR **1992** 850 ff.

[27] Siehe § 429 Rdn. 332.

§ 432

Empfänger i. S. des Unterfrachtvertrages. Daher stehen ihm – für die vom Unterfrachtführer übernommene Beförderung – **auch die Ansprüche aus dem Unterfrachtvertrag gegen den Unterfrachtführer** zu[28].

32 Nach Auffassung des BGH soll im CMR-Frachtgeschäft jedoch der Empfänger **keine unmittelbaren Ansprüche gegen den vom Erstfrachtführer beauftragten Unterfrachtführer** aus dem Unterfrachtvertrag erlangen, sondern auf seine Rechte gegen den Hauptfrachtführer beschränkt sein[29]. Diese Rechtsprechung wurde zunächst damit begründet, Art. 34 ff, insbesondere Art. 36 CMR, regelten die Haftung des Unterfrachtführers abschließend; greife sie nicht ein, sei die Haftung abzulehnen. Zur KVO begründet der BGH sie nur mit einem Hinweis auf seine Entscheidungen zur CMR[30].

33 Der Rechtsprechung des BGH ist entgegenzutreten. Sie beruht auf einer **unzureichenden Trennung zwischen der Haftung des Hauptfrachtführers und des Unterfrachtführers**. Der Hauptfrachtführer schuldet dem durch den Hauptfrachtvertrag bestimmten Empfänger als begünstigtem Dritten die Ablieferung und haftet ihm für alle während der gesamten Beförderung entstandenen Schäden am Frachtgut, auch soweit sie durch selbständige Unternehmer wie Unterfrachtführer verursacht sind; siehe § 431. Wie auch der BGH annimmt, begründet die Eigenschaft als Erfüllungsgehilfe des Hauptfrachtführers keine Haftung des Unterfrachtführers aus dem Hauptfrachtvertrag. Nur unter den strengen Voraussetzungen des § 432 (bzw. der Art. 34 ff CMR) läßt sich eine Solidarhaftung des Unterfrachtführers für den gesamten Hauptfrachtvertrag begründen. Diese erstreckt sich dann auch auf die von ihm nicht ausgeführten bzw. übernommenen Beförderungsstrecken. Insoweit ist dem BGH beizupflichten.

34 **Fehlt es an den Voraussetzungen dieser Solidarhaftung, kann der Unterfrachtführer jedoch aus dem von ihm abgeschlossenen Unterfrachtvertrag haften.** Diese Haftung bezieht sich ausschließlich auf den von ihm übernommenen Beförderungsabschnitt; sie umfaßt nur dann den ganzen Beförderungsvorgang im Sinne des Hauptfrachtvertrages, wenn der Unterfrachtführer gegenüber dem Hauptfrachtführer die Ausführung des Hauptfrachtvertrages ganz übernommen hat. Die Haftung des Unterfrachtführers dient in der Regel dem Hauptfrachtführer als Grundlage seines Regresses gegen diesen. Der jeweilige Empfänger im Sinne des Unterfrachtvertrages erwirbt die Ansprüche nach Ankunft des Gutes am Ablieferungsort als begünstigter Dritter im Sinne von § 328 BGB. Sie stehen ihm gegen den abliefernden Unterfrachtführer zu. Sie erstrecken sich nur auf dessen Beförderungsabschnitt und brauchen nicht der gleichen rechtlichen Regelung zu unterliegen wie die Ansprüche aus dem Hauptfrachtvertrag. So haftet etwa bei einem grenzüberschreitenden Hauptfrachtvertrag (CMR-Frachtvertrag) der ausliefernde Unterfrachtführer, der nur den Zubringerverkehr in Deutschland übernommen hat, für seinen Streckenabschnitt nach HGB oder KVO. Danach bestimmen

---

[28] Zutreffend OLG Düsseldorf vom 29. 9. 1988, TranspR **1989** 10 (CMR, Empfänger lt. Frachtbrief); OLG München vom 21. 7. 1989, TranspR **1989** 324, 325 (CMR, ausdrücklich gegen BGH vom 28. 4. 1988); österr. ObGH vom 17. 2. 1982, SZ **55** 20 S. 108; *Koller* VersR **1988** 673 f; *Thume* TranspR **1991** 85 ff. Zur Möglichkeit, Reeder und Unterverfrachter in Anspruch zu nehmen, siehe OLG Hamburg vom 31. 12. 1991, TranspR **1992** 141 ff. Siehe auch Tribunal de Commerce Paris vom 14. 3. 1978, ETR **1978** 742, 747.

[29] BGH vom 24. 9. 1987, TranspR **1988** 108, 111 = VersR **1988** 244 ff (zur CMR); vom 28. 4. 1988, NJW **1988** 3095 f = TranspR **1988** 338, 340 = VersR **1988** 825 f (zur CMR); vom 23. 5. 1990, TranspR **1990** 328, 330 (zur KVO); OLG Düsseldorf vom 7. 7. 1988, TranspR **1988** 425, 427.

[30] BGH vom 23. 5. 1990, TranspR **1990** 328, 330; vom 24. 10. 1991, BGHZ **116** 15 ff = TranspR **1992** 177, 178 = VersR **1992** 640, 641.

sich dann auch die eventuellen Regreßansprüche des CMR-Hauptfrachtführers gegen den Unterfrachtführer[31].

Zu Unrecht verneint der BGH das Bestehen der Ansprüche in der Person des Empfängers. Er erkennt nicht, daß es sich um andere Ansprüche als die aus dem Hauptfrachtvertrag entstehenden handelt. Diese Rechtsprechung wird von der Vorstellung getragen, einzige in Betracht kommende Anspruchsgrundlage könne der Hauptfrachtvertrag sein. Es ist aber – gerade im Auslandsgeschäft – nicht einzusehen, warum die Geltendmachung der Empfängeransprüche aus dem Unterfrachtvertrag gegen den ausliefernden Frachtführer nicht zulässig sein sollte. Unzweifelhaft hat der letzte Unterfrachtführer sich (gegenüber dem Hauptfrachtführer) verpflichtet, dem Empfänger des Hauptfrachtvertrages das Gut abzuliefern. Ein anderer Empfänger des Unterfrachtvertrages kommt danach nicht in Betracht. Nach der Rechtsprechung des BGH wäre der Unterfrachtvertrag stets ein Frachtvertrag ohne Empfänger. Für eine solche bedenkliche Kürzung der Position des Endempfängers als Sanktion der Nichtausstellung oder Weitergabe eines durchgehenden Frachtbriefs sprechen keinerlei sachliche Gründe. Allein schon wegen der Schadensrügen oder -vorbehalte muß eindeutig zwischen den Haftungsschuldnern differenziert werden[32]. Besonders und problematisch ist, daß nach der Auffassung des BGH der inländische Empfänger nicht einmal wegen der inländischen Schäden, etwa Kraftfahrzeugunfällen im Inland oder Entladefehlern (z. B. bei Flüssigtransporten) Ansprüche gegen den abliefernden Frachtführer haben soll. 35

Insgesamt ist daher gegenüber der Rechtsprechung des BGH daran festzuhalten: **Der Unterfrachtführer haftet dem Empfänger stets aus dem Unterfrachtvertrag als selbständiger Verpflichteter für die ordnungsgemäße Erfüllung seines Transportabschnitts.** Ist er in den Hauptfrachtvertrag „eingetreten" (siehe Rdn. 46 ff), haftet er auch als Samtfrachtführer (siehe Rdn. 54) aus dem Hauptfrachtvertrag. Der Unterfrachtführer ist stets zugleich Erfüllungsgehilfe des Hauptfrachtführer[33]. 36

Selbst unter der Rechtsprechung des BGH kann es dennoch zu einer Haftung des Unterfrachtführers gegenüber dem Absender des Hauprachtvertrages kommen, **wenn bei Abholaufträgen der ausländische Lieferant einen eigenen Frachtvertrag mit dem ausführenden Unterfrachtführer abschließt**, etwa um durch Eintragungen im Frachtbrief sicherzustellen, daß pünktlich geliefert wird[34]. 37

B. Haftung des Hauptfrachtführers nach § 432 Abs. 1
I. Voraussetzungen der Haftung
1. Übergabe des Gutes

Übergabe ist die Übertragung des Gewahrsams am Gut. Sie stellt für den übernehmenden Frachtführer die Annahme dar, nicht aber für den Übergebenden die von ihm geschuldete Ablieferung, da die übernommene Beförderung mit der Übergabe an den Unterfrachtführer noch nicht beendet ist; siehe zu den Begriffen „Annahme" und „Ablieferung" § 429 Rdn. 41 ff. 38

2. An einen anderen Frachtführer

Dies muß so verstanden werden, daß der Übernehmende in seiner Funktion als Frachtführer das Gut annimmt. Damit ist ein Frachtvertrag zwischen dem Hauptfracht- 39

---

[31] Siehe zur Aufrechnung Rdn. 27 und BGH vom 14. 11. 1991, TranspR **1992** 135 137 f = VersR **1992** 850 ff.

[32] Siehe dazu Art. 30 CMR, Anh. VI nach § 452.

[33] Siehe auch Rdn. 43.

[34] OLG Düsseldorf vom 7. 7. 1988, TranspR **1988** 425, 428 f (zur CMR).

führer und dem Unterfrachtführer erforderlich. Der Absender wird durch den Abschluß des Unterfrachtvertrages nicht Partei dieses Vertrages; siehe aber zum Eintritt des Unterfrachtführers in den Hauptfrachtvertrag § 432 Abs. 2 und unten Rdn. 46 ff.

3. Zur Ausführung der übernommenen Beförderung

40 Ein Unterfrachtvertrag kann nur vorliegen, wenn der Hauptfrachtführer selbst die Beförderung übernommen hatte, und zwar muß Gegenstand des Unterfrachtvertrages die vom Hauptfrachtführer seinem Absender geschuldete Transportleistung – ganz oder teilweise – sein. Übergibt der Frachtführer nach vollständiger Erbringung der vom ihm dem Absender geschuldeten Beförderungsleistung das Gut vertragsmäßig an einen zweiten Frachtführer zur Weiterbeförderung, so liegt ein Zwischenfrachtvertrag vor, für den § 432 nicht gilt; siehe oben Rdn. 9.

41 Die vom Hauptfrachtführer übernommene Beförderung muß dem Unterfrachtführer **übertragen worden** sein. Hierzu genügt (unstr.) auch die Übertragung der Beförderung auf einer Teilstrecke.

4. Haftung des Spediteurs als Hauptfrachtführer

42 Gemäß §§ 412, 413 kann einen Spediteur die Haftung eines Hauptfrachtführers nach § 432 Abs. 1 treffen. Im Falle des § 412 will der Spediteur durch den Selbsteintritt einen Frachtvertrag mit dem Versender begründen, so daß er Rechte und Pflichten eines Frachtführers hat. Im Falle des § 413 Abs. 1 und 2 will er dagegen keine eigene Beförderungspflicht übernehmen, schließt also keinen Frachtvertrag mit dem Versender. Das Gesetz erlegt ihm aber im Hinblick auf sein Handeln für eigene Rechnung die Behandlung als Frachtführer auf. Hieraus ergibt sich die Anwendbarkeit von Unterfrachtrecht im Verhältnis des Spediteurs zu seinem Versender. Inwieweit auch im Verhältnis zwischen Fixkosten- oder Sammelladungsspediteur und von ihm beauftragten Frachtführer Frachtrecht zu gelten hat, ist zweifelhaft; siehe §§ 412, 413 Rdn. 41.

II. Rechtsfolge: Haftung des Hauptfrachtführers für den Unterfrachtführer und seine Leute

43 Die in § 432 Abs. 1 vorgesehene Haftungsfolge könnte überwiegend auch aus § 431 abgeleitet werden, denn der Unterfrachtführer gehört zu den „anderen Personen", deren sich der Hauptfrachtführer bei der Ausführung der Beförderung bedient[35]. Das gleiche gilt für Bedienstete des Unterfrachtführers. Die Haftung entspricht also der nach § 431

---

[35] Daher werden in vielen Urteilen zu Recht §§ 431, 432 gemeinsam oder auch nur § 431 als Grundlage der Haftung des Frachtführers für Unterfrachtführer zitiert; BGH vom 23. 6. 1978, VersR **1978** 946 (§§ 432 Abs. 1 HGB, 6 KVO); BGH vom 9. 2. 1979, NJW **1979** 2470 ff = VersR **1979** 445, 446 (§§ 432 Abs. 1, 431); vom 4. 5. 1979, VersR **1979** 811; vom 17. 5. 1989, TranspR **1990** 19, 20 ff = VersR **1990** 331 ff (§§ 432 Abs. 1, 431). OLG Bremen vom 21. 9. 1967, VersR **1968** 85, 86 (§§ 432 Abs. 1, 431); OLG Düsseldorf vom 8. 4. 1965, VersR **1965** 952 (§§ 432 Abs. 1 HGB, 6 KVO); OLG Hamburg vom 14. 7. 1967, VersR **1967** 1047 (§§ 432 Abs. 1, 431); OLG Köln vom 15. 11. 1982, TranspR **1984** 35 = VersR **1983** 486 (§§ 432 Abs. 1, 431 und 6 KVO); OLG Stuttgart vom 25. 5. 1970, VersR **1972** 532, 533; österr. ObGH vom 25. 4. 1984, TranspR **1985** 265 f; vom 16. 1. 1985, TranspR **1986** 20 21 = SZ 58 6 S. 29 („Erfüllungsgehilfe", Haftung nach § 432 Abs. 1); vom 13. 6. 1985, SZ 58 102 S. 493 = TranspR **1988** 13, 15 (Haftung nach § 431); vom 25. 2. 1988, VersR **1989** 427 (§§ 413 Abs. 2, 431 HGB); österr. ObGH vom 2. 1. 1982, Greiter S. 122, 124 (zu Art. 3 CMR und §§ 431, 432 Abs. 1 HGB); österr. ObGH vom 25. 2. 1988, VersR **1989** 427 nur § 431); OLG Wien vom 22. 10. 1982, TranspR **1984** 180 (zur CMR).
Zutreffend auch *Baumbach/Duden/Hopt*[28] Anm. 1; *Rundnagel* in Ehrenberg's Handbuch 179 f; *Karsten Schmidt*[3] 842; *Koller*[2] Rdn. 2. Zur KVO siehe dort § 6 Rdn. 9, § 452 Anh. II.

gegebenen. Für die Voraussetzungen der Haftung im einzelnen kommt es auf das Hauptfrachtverhältnis, insbesondere auf dessen Obhutszeit an; siehe 429 Rdn. 103.

Zweifelhaft könnte nur sein, **ob der Hauptfrachtführer auch für Handeln von Leuten** des Unterfrachtführers, **die nicht mit der Beförderung des Frachtguts betraut waren**, zu haften hat. Dies wurde von *Ratz* in der 2. Aufl. § 432 Anm. 3 ohne nähere Begründung verneint – die zitierte Entscheidung ROHG vom 22. 2. 1872, ROHG 9 89, 90 besagt zu dieser Frage nichts. Das Gegenteil liegt näher. Wird das Frachtgut vom Hauptfrachtführer in einen fremden, von ihm nicht beherrschten Risikobereich gegeben, so sollte es dort keinen verminderten Haftungsschutz haben; so grundsätzlich auch *Heymann/Kötter*[21] Anm. 1. Dazu gehört die volle Haftung für Leute des Unterfrachtführers wie für eigene Leute. Denn das Betriebsrisiko eines Transportbetriebes weist zahlreiche Möglichkeiten der Schädigung des Frachtguts durch nicht unmittelbar mit der Beförderung befaßte Personen auf. Bei dieser Auslegung erhält § 432 Abs. 1 einen eigenen, über § 431 hinausgehenden Sinn. **44**

Die **Haftung des KVO-Hauptfrachtführers** bestimmt sich, auch wenn er auf kurzen Teilstrecken Unterfrachtführer einsetzt, stets nach der KVO; zutreffend *Voigt* VP **1963** 50. Ein CMR-Frachtführer, der im nationalen Bereich Unterfrachtführer, die der KVO unterliegen, für eine Teilstrecke einsetzt, bleibt der CMR unterworfen und haftet gegenüber seinem Absender für den KVO-Frachtführer nach CMR. **45**

C. Eintritt des Unterfrachtführers in den Hauptfrachtvertrag (§ 432 Abs. 2)

I. Voraussetzungen des Eintritts (Annahme von Gut und Frachtbrief)

Annahme des Gutes ist die übliche frachtvertragliche Annahme in Ausführung des Unterfrachtvertrages; siehe zur Annahme § 429 Rdn. 43 ff. **46**

Die **Annahme des Frachtbriefs** setzt voraus, daß ein solcher überhaupt ausgestellt ist; daran fehlt es regelmäßig in den Fällen der bloßen Fixkostenspedition[36]. Ein als Ersatz für einen untergegangenen Frachtbrief ausgestellter Ersatzfrachtbrief genügt, nicht aber eine „Frachtkarte" (Bordero)[37] oder ein Speditionsübergabeschein[38] oder ein unwirksamer Frachtbrief[39]. Hinter der Formulierung „mit dem ursprünglichen Frachtbrief" verbirgt sich im übrigen mehr als die einfache Entgegennahme des Frachtbriefs. Nach richtiger Auffassung muß der Frachtbrief ein „durchgehender" sein[40], also die Beförderungsstrecke des Unterfrachtführers mit umfassen und vom Absender des Hauptfrachtvertrages (oder doch mindestens vom Hauptfrachtführer in dessen Vollmacht) ausgestellt sein[41]. Die Übernahme des Frachtbriefs unmittelbar vom Absender des Hauptfrachtvertrages genügt nicht; *Koller*[2] Rdn. 3. Die bloße Empfangnahme des Frachtbriefs vom Hauptfrachtführer – etwa zur Weitergabe an den Endempfänger – reicht nicht aus; vielmehr gehört dazu der Wille, die im Frachtbrief umschriebene Beförderung ganz oder teilweise auszuführen. Die Annahme von Gut und Frachtbrief enthält also eine Willensäußerung, die sich allerdings nicht auf die Folge des Vertragseintritts **47**

---

[36] Siehe Art. 34 CMR, Anh. VI nach § 452.
[37] OLG Frankfurt vom 24. 4. 1979, 14 U 41/78 (unveröff.).
[38] OLG Hamburg vom 19. 8. 1982, TranspR **1984** 99 f = VersR **1983** 453 f.
[39] OLG Innsbruck 26. 1. 1990, TranspR **1991** 12, 17 f (keine Absender-Unterschrift).
[40] BGH vom 23. 1. 1970, WM **1970** 692; BGH vom 23. 5. 1985, NJW **1986** 132 f = TranspR **1986** 334 f
= VersR **1985** 831 f; OLG Hamm vom 30. 4. 1981, 18 U 172/80 (unveröff.); OLG München vom 31. 12. 1982, TranspR **1983** 75, 76; österr. ObGH vom 2. 1. 1982, *Greiter* S. 122, 125 (zu Art. 34 CMR und § 432 Abs. 2 HGB).
[41] BGH vom 23. 1. 1970, WM **1970** 692; OLG Frankfurt vom 5. 12. 1967, TranspR **1981** 25; österr. ObGH vom 28. 11. 1990, TranspR **1991** 135, 137.

§ 432   Drittes Buch. Handelsgeschäfte

und der Haftung richtet⁴². Im Ergebnis bleibt es aber gleichgültig, ob man eine Willenserklärung oder eine Rechtshandlung darin sehen will, denn die Vorschriften über Willenserklärungen sind zumindest analog anzuwenden⁴³.

48 Besondere Probleme bereitet die Übernahme von Gut und Frachtbrief durch **Güternahverkehrsunternehmer**, die von einem KVO- oder CMR-Frachtführer aufgrund eines Unterfrachtvertrages mit Teilbeförderungen betraut worden sind. In solchen Fällen wird häufig der die gesamte Beförderung umfassende KVO- oder CMR-Frachtbrief dem Nahverkehrsunternehmen zur Weitergabe an den Endempfänger übergeben. Dies führt zur Haftung des Nahverkehrsunternehmers nach § 432 Abs. 2 auch für nicht von ihm ausgeführte Teilbeförderungen. Grundlage dafür ist die Haftung des Hauptfrachtführers, die sich nach KVO oder CMR richtet. Diese Haftung ist regelmäßig nicht in der üblichen AGNB-Haftpflichtversicherung (siehe § 429 Anh. I Rdn. 51) versichert. Ein Regreß des Nahverkehrsunternehmers gegen den Hauptfrachtführer ist dann auf der Grundlage von § 426 BGB (dazu Rdn. 44) oder Art. 37 ff CMR möglich⁴⁴.

49 Die **Anfechtung der Annahme von Gut und Frachtbrief** wegen Inhaltsirrtum mit der Begründung, die Folge des § 432 HGB sei nicht beabsichtigt gewesen, ist nicht zulässig⁴⁵. Nach der hier vertretenen Auffassung ist die Anfechtung wegen Irrtums über die Folgen der Erklärung schon deshalb nicht möglich, weil diese vom Willen nicht erfaßt sein müssen.

50 Läßt sich der **Unterfrachtführer einen neuen, nur für seine Strecke geltenden Frachtbrief ausstellen**, so fehlt es im Zweifel an dem nach § 432 Abs. 2 erforderlichen Willen, und zwar auch dann, wenn er zusätzlich den alten Frachtbrief entgegennimmt, etwa zur Mitbeförderung an den Empfänger. *Züchner* VersR **1969** 203 f bezeichnet den Fall, daß dem Unterfrachtführer die Teilstrecke zur Beförderung unter neuem Frachtbrief ohne Übergabe des ersten durchgehenden Frachtbriefs übertragen wird, als „Teilvertrag" und wendet folgerichtig § 432 Abs. 2 nicht an. Siehe zu den Bedenken gegen diese unübliche Terminologie oben Rdn. 8.

51 Der **„ursprüngliche" Frachtbrief** ist der vom Absender dem Hauptfrachtführer ausgestellte „durchgehende" Frachtbrief, der die vom Unterfrachtführer auszuführende Beförderung mit umfaßt. Es genügt nicht, wenn ein vom Unterfrachtführer ausgestellter neuer Frachtbrief auf den ersten Frachtbrief nur Bezug nimmt; ROHG vom 4. 10. 1872, ROHG 7 216, 218 f. Der ursprüngliche Frachtbrief kann aber auch durch eine Zweitschrift anstelle des verlorengegangenen Originals ersetzt werden. Nicht ausreichend ist die bloße Bestätigung des Empfängers der Sendung auf einer Frachtkarte⁴⁶.

II. Rechtsfolgen des Eintritts
1. Eintritt

52 Nach der eindeutigen Formulierung des § 432 Abs. 2 wird der Unterfrachtführer neben dem Hauptfrachtführer zum Partner des Absenders, also Vertragspartner des

---

⁴² Die Willenskomponente ist unstr. Die gekünstelte Begründung der Willenserklärung mit der „durch § 432 Abs. 2 typisierten Verkehrssitte" (*Koller*² Rdn. 3) kann aber nicht überzeugen, weil sie eine Verfälschung der Willenskomponente im Vertragsrecht ist.

⁴³ Siehe in der Literatur für Willenserklärung *Schlegelberger/Geßler*⁵ Rdn. 14, *Konow* BB **1973** 907; zu § 96 EVO. Für Qualifikation als Willenserklärung *Heymann/Kötter*²¹ § 432 Anm. 2.

⁴⁴ Siehe eingehend, insbesondere zu den Möglichkeiten, die Haftung des Nahverkehrsunternehmers auszuschließen, *Willenberg* TranspR **1986** 309 ff.

⁴⁵ *Karsten Schmidt*³ 844, 525 f; wohl auch *Koller*² Rdn. 3.

⁴⁶ OLG Frankfurt (Kassel) vom 24. 4. 1979, 14 U 41/78 (unveröff.).

Hauptfrachtvertrages[47]. Beide werden in der Literatur als „Samtfrachtführer" bezeichnet, siehe Rdn. 11. Der Vertragseintritt ähnelt den in §§ 571 und 613a BGB geregelten Fällen, allerdings mit dem Unterschied, daß der Hauptfrachtführer in vollem Umfang neben dem Unterfrachtführer Vertragspartner des Absenders bleibt. Im Luftrecht (Art. 30 Abs. 1 WA) hat der BGH im Urteil vom 9. 10. 1981, VersR **1982** 60, den Eintritt in den Luftfrachtvertrag auf die Annahme von Gut und Frachtbrief gestützt, dies jedoch nicht mit § 432 HGB, sondern mit Vertragsauslegung nach § 133 BGB begründet.

Nach allgemeiner Auffassung tritt der Unterfrachtführer in den Hauptfrachtvertrag **53 nur zu den Bedingungen ein, die sich aus dem übernommenen Frachtbrief selbst ergeben.** Sonstige Abreden zwischen Hauptfrachtführer und Absender sollen für ihn nicht wirksam sein[48]. Dies ergibt sich zwar nicht ohne weiteres aus § 432 Abs. 2. Jedoch läßt es sich damit begründen, daß die gesetzliche Haftungsüberbürdung zu weit ginge, wenn sie dem Unterfrachtführer nicht einmal aus dem Frachtbrief erkennbar war. Andererseits wird man kaum annehmen können, daß den Hauptfrachtführer begünstigende, nicht auf dem Frachtbrief vermerkte Abreden nicht zugunsten des Unterfrachtführers gelten sollten. Sonst würde der Absender durch die Weitergabe der Beförderung an den Unterfrachtführer ohne Grund begünstigt werden[49].

2. Gesamtschuldnerische Haftung

Die praktische Bedeutung des Vertragseintritts liegt darin, daß dem Absender der **54** eingetretene Unterfrachtführer rückwirkend zusätzlich zum Hauptfrachtführer voll für die Gesamtstrecke haftet[50]. Beide haften als echte Gesamtschuldner. Denn auch der Hauptfrachtführer haftet weiterhin neben dem Unterfrachtführer für dessen Verhalten[51]. §§ 422 ff BGB finden volle Anwendung, allerdings ist § 426 Abs. 1 BGB durch § 432 Abs. 3 HGB ersetzt. Modifikationen bei der Anwendbarkeit des Gesamtschuldrechts können sich eventuell auch daraus ergeben, daß die Frachtführer nicht nur Gesamtschuldner, sondern zugleich auch Partner im gleichen Vertrag sind. Fehlt es an den Voraussetzungen des § 432 Abs. 2, dann kann der Unterfrachtführer gegenüber dem Empfänger aus seinem Unterfrachtvertrag haften, da dieser Empfänger i. S. des Hauptfrachtvertrages (mit etwaigen Ansprüchen gegen den Hauptfrachtführer) und zugleich i. S. des Unterfrachtvertrages (mit etwaigen Ansprüchen gegen den Unterfrachtführer) ist. Dies wird vom BGH in zwei neueren Urteilen zur CMR[52] übersehen.

Die Haftung aus dem Frachtvertrag **kann der Frachtführer nicht durch Mängel- 55 vermerke auf dem Frachtbrief ausschließen.** Ein solcher Vermerk kann nur für den Rückgriff oder Ausgleich mit dem Hauptfrachtführer von Bedeutung sein[53], bleibt aber gegenüber dem Absender ebenso wirkungslos, wie wenn der Hauptfrachtführer nach der Annahme des Guts Mängelvermerke in den Frachtbrief einseitig einträgt. Auch wenn der nachfolgende Unterfrachtführer das Gut nicht vollständig erhalten hat, ist seine volle Haftung entsprechend dem Grundgedanken des § 96 Abs. 3 S. 1 EVO zu bejahen; *Konow* DB **1973** 907.

---

[47] Unstr., vgl. BGH vom 23. 1. 1970, WM **1970** 692.
[48] *Heymann/Honsell* Rdn. 12; *Koller²* Rdn. 4.
[49] Siehe hierzu *Heymann/Kötter²¹* § 432 Anm. 2.
[50] *Koller²* Rdn. 4; beiläufig erwähnt von BGH vom 17. 5. 1989, TranspR **1990** 19, 21 = VersR **1990** 331 ff.
[51] BGH vom 17. 5. 1989, TranspR **1990** 19 ff = VersR **1990** 331 ff; 1; österr. ObGH vom 10. 7. 1985, SZ **58** 122 S. 586 = TranspR **1986** 377, 378.
[52] Vom 24. 9. 1987, TranspR **1988** 108, 111 = VersR **1988** 244 ff und BGH vom 28. 4. 1988, NJW **1988** 3095 f = TranspR **1988** 338, 340 = VersR **1988** 825 f. Zutreffend dagegen OLG München vom 21. 7. 1989, TranspR **1989** 324, 325; Koller VersR **1988** 673 f.
[53] Zutreffend ROHG vom 11. 10. 1873, ROHG **11** 209, 211 ff; *Schlegelberger/Geßler⁵* Rdn. 18.

D. Rückgriff und Ausgleich zwischen Hauptfrachtführer und Unterfrachtführer (§ 432 Abs. 3)

56 Anwendungsbereich wie Inhalt des § 432 Abs. 3 sind unklar, teilweise streitig. Die neuere Literatur und Rechtsprechung betrifft jedoch in aller Regel die ähnliche Regelung der Art. 34 ff CMR. Sie wird, soweit die Gleichheit der Rechtslage dies rechtfertigt, hier mit berücksichtigt.

I. Anwendungsbereich des § 432 Abs. 3

1. Literatur und Rechtsprechung

57 In der Literatur wird überwiegend, wenn auch nicht immer mit besonderer Klarheit, angenommen, § 432 Abs. 3 beziehe sich nur auf die Fälle, in denen die Voraussetzungen des Abs. 2 (Samtfrachtführer nach Vertragseintritt, gesamtschuldnerische Haftung) vorlägen[54]. In der Rechtsprechung wird vor allem auch zu den ähnlichen Bestimmungen der Art. 34 bis 40 CMR (siehe auch zu Art. 34 CMR, Anh. VI nach § 452) ganz überwiegend die Auffassung vertreten, daß die Sondervorschriften über den Regreß zwischen aufeinanderfolgenden Frachtführern die Übernahme von Gut und Frachtbrief durch den oder die nachfolgenden Frachtführer voraussetzen; der Frachtbrief müsse sich auf die Gesamtbeförderung beziehen, setze also seinerseits einen einheitlichen Frachtvertrag für diese voraus[55]. Die für die CMR und das HGB ähnliche Rechtslage sollte nach Möglichkeit einheitlich behandelt werden.

2. Kritische Beurteilung der h. M.

58 § 432 Abs. 3 S. 2 mutet den (oft mehreren) Frachtführern eine Mithaftung bei nicht feststellbarer Schadensursache zu und bringt überdies eine Fülle schwer lösbarer Rechtsfragen. Die Überbürdung dieser Risiken läßt sich nur rechtfertigen, wenn der Unterfrachtführer durch den durchgehenden Frachtbrief über den Gesamtbeförderungsvorgang informiert ist. Fehlt es daran, so erscheint es angemessener, dem Erst-(Haupt-)frachtführer den Regreß unter den normalen Bedingungen des (Unter-)Frachtvertrages aufzubürden. Dies erscheint auch wirtschaftlich gerechtfertigt. Die in der Praxis vorhandenen Fälle (unter Einbeziehung von §§ 412, 413) zeigen, daß sehr häufig Unterfrachtführer mit praktisch der gesamten Beförderung gegen eine im Verhältnis zu der im Hauptfrachtvertrag bedungenen Fracht erheblich geringere Vergütung betraut werden. Diese übliche Preisdifferenz erlaubt es dem Hauptfrachtführer, sein Regreßrisiko entsprechend zu versichern.

59 Auf der anderen Seite ist der Rückgriffsanspruch nach § 432 Abs. 3 S. 1 für **den Unterfrachtführer von geringem Nutzen**. Gegen seinen Vormann (Hauptfrachtführer und Absender des Unterfrachtvertrages) kann er (bzw. sein Haftpflichtversicherer), falls dieser verantwortlich ist, ohnehin auf der Grundlage des Unterfrachtvertrages den Regreß durchführen. Gegen Vor-Vormänner hat er ohne durchgehenden Frachtbrief keine günstigen Regreßvoraussetzungen (wie z. B. frühere Schadensvermerke). Gegen einen etwaigen Nachmann kann er aufgrund des Unter-Unterfrachtvertrages vorgehen. Insgesamt ist daher zum Schutz des Unterfrachtführers mit der überwiegenden Meinung

---

[54] So bereits *Rundnagel*, Ehrenbergs Handbuch 183 ff. Aus der neueren Literatur siehe *Schlegelberger/Geßler*[5] Rdn. 24; *Koller*[2] Rdn. 5; dagegen *Heymann/Kötter*[21] Anm. 3, der Abs. 3 auch anwenden will, wenn Hauptfrachtführer und Unterfrachtführer nicht als Gesamtschuldner dem Absender gegenüber haften; dieser Auffassung zustimmend *Helm* in der Voraufl. dieses Kommentars, Anm. 24; dem folgend *Heymann/Honsell* Rdn. 14; *Karsten Schmidt* 710.

[55] Siehe Rdn. 47; ferner die Erl. zu Art. 34 CMR, Anh. VI nach § 452.

für die Anwendbarkeit von § 432 Abs. 3 das Vorliegen der Voraussetzung von § 432 Abs. 2 zu fordern⁵⁶. Entsprechendes gilt zu Art. 34 ff. CMR; siehe dort Anh. VI nach § 452. Die in der Vorauflage Anm. 24 von mir vertretene Gegenauffassung wird aufgegeben.

II. Inhalt des § 432 Abs. 3

60 Hauptfrachtführer und ein oder mehrere Unterfrachtführer haften u. U. für den gleichen Schaden. Dies kann vor allem dann vorkommen, wenn der Hauptfrachtführer dem Absender für einen Schaden haftbar ist, der im Beförderungsbereich des Unterfrachtführers entstanden ist, oder wenn der ausliefernde Unterfrachtführer den Empfänger für einen nicht in seinen Beförderungsbereich entstandenen Schaden entschädigt hat. Für den Regreß unter Samtfrachtführern geht § 432 Abs. 3 von folgenden Grundsätzen aus:

1. Rückgriff (§ 432 Abs. 3 S. 1)

61 Der Frachtführer, der dem Geschädigten Schadensersatz geleistet hat, kann die volle Übernahme des Schadens von dem Frachtführer verlangen, der den Schaden verursacht hat. Der Anspruch geht auf Erstattung der bereits geleisteten Schadensersatzzahlungen. Sind diese noch nicht erbracht, so besteht ein Anspruch auf Schuldbefreiung⁵⁷. Nach österreichischem Recht setzt der Regreß stets die vorherige Leistung des Schadensersatz durch den primären Schuldner voraus. Ein Schuldbefreiungsanspruch wird nicht gewährt.

62 **Beim Regreßanspruch kommt es nicht darauf an, unter wessen Obhut der Schaden entstanden ist.** Auch ein Schaden, der beim Unterfrachtführer entsteht, kann durch den Hauptfrachtführer verschuldet sein, z. B. wenn dieser die zur Schadensverhinderung notwendigen Informationen nicht weitergeleitet hat. Die Beweislast für das Verschulden trägt der Regreßverlangende.

2. Ausgleich (§ 432 Abs. 3 S. 2)

63 Kann kein Verschulden festgestellt werden, so tragen die Beteiligten nach S. 2 den Schaden nach dem Verhältnis ihrer Frachtanteile, wobei derjenige vom Schadensersatz frei wird, in dessen Beförderungsstrecke der Schaden nachweislich nicht entstanden ist. Wer danach nicht oder nur zum Teil für den Schaden haftet, hat entsprechende Regreßansprüche gegen den anderen bzw. gegen die anderen pro rata, falls er den Ladungsberechtigten entschädigt hat. Ist dies noch nicht der Fall, wird er aber vom Ladungsberechtigten in Anspruch genommen, so stehen ihm Schuldbefreiungsansprüche pro rata gegen den oder die Regreßpflichtigen zu; siehe Rdn. 61, insbesondere zum abweichenden österreichischen Recht.

---

⁵⁶ Eingehende Begründung zu Art. 37 CMR: BGH vom 25. 10. 1984, NJW **1985** 555 f = TranspR **1985** 48, 49 f = VersR **1985** 134 ff; BGH vom 23. 5. 1985, NJW **1986** 132 f = TranspR **1986** 334 f = VersR **1985** 831 f; BGH vom 24. 9. 1987, TranspR **1988**, 108, 111 = VersR **1988** 244, 247; OLG München vom 31. 12. 1982, TranspR **1983** 75, 76. Ferner österr. ObGH vom 10. 7. 1985, SZ **58** 122 S. 586 = TranspR **1986** 377, 378 und vom 16. 1. 1985, TranspR **1986** 20 = SZ **58** 6 S. 29; dagegen *Enzinger* RdW **1986** 360, 362 f. Offenlassend zu Art. 34 ff CMR und § 432 Abs. 2 österr. ObGH vom 16. 1. 1985, SZ **58** 6, S. 26 ff = TranspR **1986** 20 ff.

⁵⁷ Dazu grundsätzlich BGH vom 22. 10. 1957, NJW **1958** 497 mit Anm. von *Lange*; *Schlegelberger/Geßler*⁵ Rdn. 25; *Baumbach/Duden/Hopt*²⁸ Anm. 3. Dies gilt auch beim Regreß des Hauptfrachtführers gegen den nicht in den Hauptfrachtvertrag eingetretenen Unterfrachtführer aus § 431 HGB und ähnlichen Vorschriften; siehe Rdn. 43.

64 Streitig ist, **ob der Regreßverlangende das Verschulden** des in Anspruch Genommenen **nachweisen muß**[58]. *Baumbach/Duden/Hopt*[28] Anm. 3 wollen für die Entlastung nach Abs. 3 S. 1 die Beweislastumkehr des § 429 anwenden. Das Gesetz sieht dies nicht vor. Auch die Konstellation der Regreßfälle entspricht nicht dem Modell Absender-Frachtführer. Daher ist mit der h. M. davon auszugehen, daß der Regreßgläubiger das Verschulden des von ihm in Anspruch genommenen Regreßschuldners nachzuweisen hat. Dies entspricht auch Zweckmäßigkeitsüberlegungen. Es wäre unglücklich, wenn Regresse unter mehreren Frachtführern aufgrund nur vermuteten Verschuldens durchgeführt würden. Ein weiteres Argument ergibt sich aus § 432 Abs. 3 S. 2. Die dort vorgesehene pro rata-Teilung geht davon aus, daß der Frachtführer, der den Schaden verschuldet hat, nicht zu ermitteln ist. Sie erscheint als die gerechtere Lösung als die Schadenszuweisung aufgrund einer Verschuldensvermutung.

65 Im übrigen sind **weitere Einzelheiten str.**, etwa, was bei Zahlungsunfähigkeit eines Regreßpflichtigen zu geschehen hat[59]. Zu diesen Problemen fehlt es seit Jahrzehnten fast an jeder veröffentlichten Rechtsprechung oder sonstigen Hinweisen auf ihre praktische Bedeutung. Es erscheint zweifelhaft, ob derartige Streitfragen anhand erdachter Problemfälle sinnvoll entschieden werden können. Insbesondere gilt dies wegen der ineinandergreifenden Spezialregelungen, die schwierige Regreßsonderprobleme mit sich bringen können. Zu den einzelnen Fragen sehr eingehend, aber rein theoretisch-dogmatisch *Heymann/Kötter*[21] Anm. 3.

§ 433

(1) ¹Der Absender kann den Frachtführer anweisen, das Gut anzuhalten, zurückzugeben oder an einen anderen als den im Frachtbriefe bezeichneten Empfänger auszuliefern. ²Die Mehrkosten, die durch eine solche Verfügung entstehen, sind dem Frachtführer zu erstatten.

(2) ¹Das Verfügungsrecht des Absenders erlischt, wenn nach der Ankunft des Gutes am Orte der Ablieferung der Frachtbrief dem Empfänger übergeben oder von dem Empfänger Klage gemäß § 435 gegen den Frachtführer erhoben wird. ²Der Frachtführer hat in einem solchen Falle nur die Anweisungen des Empfängers zu beachten; verletzt er diese Verpflichtung, so ist er dem Empfänger für das Gut verhaftet.

Übersicht

	Rdn.		Rdn.
I. Allgemeines	1	2. Zulässige Verfügungen	12
1. Funktion und Zusammenhang des § 433	1	a) Anhalten des Guts	12
		b) Rückgabe	13
2. Begriff des frachtvertraglichen Verfügungsrechts	2	c) Auslieferung an einen anderen Empfänger	14
3. Anwendungsbereich des § 433; Spezialordnungen	3	d) Andere Anweisungen	15
		III. Ansprüche des Frachtführers aufgrund erteilter Weisungen (§ 433 Abs. 1 S. 2)	16
II. Inhalt des frachtvertraglichen Verfügungsrechts (§ 433 Abs. 1)	9	1. Frachtansprüche	17
		2. Aufwendungen	18
1. Allgemeines	9	3. Schäden	19

---

[58] Wie hier für Beweislast beim Regreßnehmenden *Schlegelberger/Geßler*[5] Rdn. 25; *Heymann/Honsell* Rdn. 16; *Heymann/Kötter*[21] Anm. 3.

[59] Für Teilung nach dem Verhältnis der Fracht unter den übrigen Frachtführern *Heymann/Honsell* Rdn. 19; wohl auch *Koller*[2] Rdn. 5.

	Rdn.
IV. Erlöschen des frachtrechtlichen Verfügungsrechts	20
1. Allgemeines	20
2. Erlöschen des Absender-Verfügungsrechts nach § 433 Abs. 2	21
a) Voraussetzungen des Erlöschens	21
aa) Ankunft des Guts	22
bb) Ablieferung des Frachtbriefs	25
cc) Klageerhebung des Empfängers nach § 435 HGB	26

Schrifttum: siehe zu § 425

I. Allgemeines

1. Funktion und Zusammenhang des § 433

§ 433 steht in engem Funktionszusammenhang mit §§ 434, 435. Die Regelung der **1** frachtrechtlichen Verfügungsrechte besteht aus einem Zusammenspiel von Absender- und Empfängerrechten, die sich teilweise überschneiden, teilweise auch einander ausschließen. Hierbei fällt § 433 die Funktion zu, die Absenderrechte zu umreißen, während §§ 434, 435 die Rechtsposition des Empfängers definieren. Ergänzt wird diese Regelung noch durch § 436, welcher die Pflichten des Empfängers bestimmt. Der Frachtführer kann sich auch durch Vertrag dem Verfügungsrecht eines Dritten unterwerfen[1]. Der Frachtvertrag erweist sich insbesondere durch §§ 434, 435 als echter – allerdings speziell geregelter – Vertrag zugunsten Dritter vgl. dazu § 425 Rdn. 104 f.

2. Begriff des frachtvertraglichen Verfügungsrechts

Dieses formlos durch einseitige empfangsbedürftige Willenserklärung auszuübende **2** Recht ist in seinen Voraussetzungen und Folgen trotz der Bezeichnung „Verfügung" in § 433 Abs. 1 S. 2 und Abs. 2 S. 1 von rein schuldrechtlicher Natur[2]. Es hängt in seinen Voraussetzungen nur von der schuldrechtlichen Vertragsposition ab – nicht vom Eigentum oder Besitz des Verfügungsberechtigten[3]. Auch die Wirkung seiner Ausübung hat keine unmittelbaren sachenrechtlichen Konsequenzen[4]. Allenfalls kann die Besitzlage durch frachtrechtliche Verfügungen beeinflußt werden[5]. Die Ausübung des frachtrechtlichen Verfügungsrechts ist daher keine dingliche Verfügung. Im Sinne der üblichen bürgerlich-rechtlichen Terminologie umfaßt der Begriff der Verfügung aber auch die unmittelbare einseitige Änderung schuldrechtlicher Rechte. Weil die frachtrechtliche Verfügung unmittelbar auf schuldrechtliche Rechte einwirkt, kann man ihre Bezeichnung als Verfügung jedoch mit ihrer Wirkung als einseitige Abänderung des Frachtvertrages durch den Verfügungsberechtigen begründen. Diese Sicht entspricht der gesetzlichen Terminologie des Eisenbahnrechts und der KVO[6]. Auf der anderen Seite liegt es nahe, sie nur als Weisung, bei der Rückgabeverfügung aber auch als Kündigung im Rahmen eines Schuldverhältnisses anzusehen. Inhaltlich sind die Verfügungen Weisungen

---

[1] BGH vom 15. 10. 1959, DB **1959** 1316. Er wird daran auch nicht durch § 27 KVO gehindert.
[2] *Lenz* Rdn. 961 ff.
[3] Siehe als Beispiel den Fall RG vom 30. 11. 1984, RGZ **34** 63, 66.
[4] *Heymann/Honsell* Rdn. 1.
[5] Dazu grundsätzlich ablehnend RG vom 13. 2. 1891, RGZ **27** 84, 86.
[6] Amtliche Überschriften vor § 27 KVO, Anh. II nach § 452 und in § 72 EVO, Anh. I nach § 460: Art. 30 ER/CIM 1980, Anh. II nach § 460.

§ 433   Drittes Buch. Handelsgeschäfte

des Verfügungsberechtigten. Dies kann auch dem Wort „anweisen" in § 433 Abs. 1 entnommen werden[7]. Sie reichen aber vielfach über die bloße Leistungsbestimmung hinaus in die Vertragsänderung. Wegen ihrer sehr unterschiedlichen Inhalte[8] sind frachtrechtliche Verfügungen also kaum gleichmäßig in die übliche Terminologie des bürgerlichen Rechts einzuordnen.

3. Anwendungsbereich des § 433; Spezialordnungen

3   § 433 **gilt noch unverändert im Bereich des Güternahverkehrs**, da weder die AGNB noch die ADSp Sonderregelungen treffen. Allerdings ist das frachtrechtliche Verfügungsrecht im Güternahverkehr wegen der kurzen Beförderungsdauer bzw. -strecke praktisch wenig bedeutend.

4   **§ 27 KVO** trifft eine in wesentlichen Punkten vom HGB abweichende Regelung. Insbesondere ist das Verfügungsrecht des Absenders auf den in § 27 Abs. 1 zusammengestellten Katalog von Verfügungen beschränkt. Auch das Ablehnungsrecht des Frachtführers ist in § 27 Abs. 2 KVO exakt umrissen. Im Bereich des Güterfernverkehrs können allenfalls noch einige zu § 433 entwickelte Grundgedanken angewendet werden. Siehe im einzelnen die Bestimmung mit Kommentar in Anh. II nach § 452.

5   Die Bed. **GüKUMT**, Anh. IV nach § 452, enthalten in § 3 ebenfalls eine eingehende Sonderregelung, die sich wiederum von § 27 KVO wesentlich unterscheidet.

6   Die ausführlichen Bestimmungen der Art. 12, 13 **CMR** lehnen sich eng an das Eisenbahnrecht an[9]. Für § 433 bleibt danach im Bereich der CMR kein Raum für ergänzende Anwendung. Der BGH[10] will die KVO und – wiederum ergänzend – § 433 anwenden. Dieses Verfahren ist systematisch kaum zu rechtfertigen, solange die Auslegungsmöglichkeiten nicht ausgeschöpft sind; siehe zu Art. 1 CMR, Anh. VI nach § 452.

7   Im **Binnenschiffahrtsrecht** findet § 433 kraft der Verweisung des § 26 BinSchG noch am ehesten ein praktisches Anwendungsfeld[11].

8   Zur unmittelbaren Anwendung des § 433 gibt es **keine veröffentlichte Rechtsprechung.** Auch das Reichsgericht hatte sich seit langem nicht mehr mit § 433 befaßt. Angesichts des heute nur noch begrenzten Anwendungsbereichs und der geringen praktischen Bedeutung der Vorschrift, die sich besonders auch im Fehlen neuerer Rechtsprechung äußert, muß für eine Reihe dogmatischer und sonstiger Streitfragen auf die Vorauflage und auf die älteren Kommentare verwiesen werden. Ergänzend zu Art. 12 CMR ist § 433 bisher nicht herangezogen worden[12].

II. Inhalt des frachtvertraglichen Verfügungsrechts (§ 433 Abs. 1)
1. Allgemeines

9   § 433 Abs. 1 gibt nur drei Möglichkeiten der frachtvertraglichen Verfügung an: Anhaltung, Rückgabe und Auslieferung an einen anderen Empfänger. In Literatur und

---

[7] Zum Weisungsbegriff siehe generell § 425 Rdn. 135; § 433 Rdn. 2, 10.
[8] Siehe dazu Rdn. 9; *Koller*[2] Rdn. 2; *Lenz* Rdn. 967.
[9] Siehe die Kommentierung zu diesen Art. in Anh. III nach § 452. Zum Eisenbahnfrachtrecht siehe § 72 EVO, Anh. I nach § 460; Art. 30 ER/CIM 1980, Anh. II nach § 460.
[10] Urteil vom 10. 4. 1974, VersR **1974** 796, 798 = NJW **1974** 1614, 1615 f.
[11] Vgl. BGH vom 14. 4. 1953, BGHZ **9** 221, 224; siehe *Vortisch/Bemm* Binnenschiffahrtsrecht[4] (1991), § 26 Rdn. 14.
[12] Bislang beschränkt sich die Heranziehung auf die beiläufige Feststellung der Ähnlichkeiten von Art. 12 CMR mit § 433 HGB; siehe z. B. österr. ObGH vom 13. 6. 1985, SZ **58** 102 S. 491, 493 = TranspR **1988** 13 f.

Rechtsprechung ist jedoch unstreitig, daß hiermit die Verfügungsrechte nicht vollständig aufgezählt werden sollten, sondern daß es sich nur um Beispiele handelt[13]. Das frachtrechtliche Verfügungsrecht kann über § 433 Abs. 1 S. 1 hinaus aus allgemeinen Rechtsgrundsätzen begründet werden. Das Rückgabeverlangen kann als Sonderfall der Kündigung des Werkvertrages nach § 649 BGB betrachtet werden; andere Verfügungen wie Anhaltung und Empfängeränderung entsprechen dem für Geschäftsbesorgungsverträge bestehenden allgemeinen Weisungsrecht des Auftraggebers (§§ 675, 665 BGB)[14]. Anders als § 433 enthält § 27 Abs. 1 KVO einen abschließenden Katalog der zulässigen Absenderverfügungen. Dagegen gestatten § 3 Abs. 1 GüKUMT und Art. 12 Abs. 1 CMR dem Absender – insofern ähnlich § 433 – auch andere Verfügungen. Durch die Verfügung entsteht kein neuer Frachtvertrag.

Der **Rahmen für die Zulässigkeit einer Absenderverfügung** ergibt sich aus ihrem **10** Rechtscharakter. Nach allgemeiner Auffassung darf durch Absenderverfügung nichts verlangt werden, was über die Leistungspflicht des Frachtführers aus dem ursprünglichen Frachtvertrag wesentlich hinausginge; es müsse sich stets um Weisungen handeln, die sich im Rahmen des ursprünglichen Vertrages hielten. Der Frachtvertrag dürfe durch die Weisungen nicht völlig umgestaltet werden[15]. Dies ist zwar grundsätzlich richtig. Doch muß gesehen werden, daß durch die Weisungen stets der Inhalt der geschuldeten Leistung verändert wird. Wird in einer Anweisung nur die Erfüllung der ursprünglich vorgesehenen Leistung verlangt, so liegt kein Fall der Anweisung nach § 433 Abs. 1, daher auch kein Anspruch auf Kostenersatz vor[16]. Das Verfügungsrecht des Absenders soll demgegenüber eine über die Anmahnung der Vertragserfüllung hinausgehende Bedeutung haben. Daher muß man bei der Prüfung der Zulässigkeit von Weisungen großzügig verfahren und dem Frachtführer wirtschaftlich sinnvolle und zumutbare Abweichungen von der ursprünglichen Transportleistung aufgrund der Weisungen auferlegen können. Dies ist auch deshalb unbedenklich, weil der Frachtführer durch § 433 Abs. 1 S. 2 Anspruch auf die Mehrkosten hat und auch durch das Pfandrecht am Frachtgut (§ 440) gesichert ist[17]. Für die Abgrenzung zulässiger Verfügungen darf nicht von Entscheidungen und Literaturmeinungen ausgegangen werden, die noch aus der Zeit der Pferdefuhrwerke und der Anfangszeit des Kraftverkehrs stammen, da sich insoweit die Grenzen des Weisungsrechts aus technischen Gründen (insbesondere der hochentwickelten Kommunikationstechnik) geändert haben.

Über den ursprünglichen Frachtvertrag weit hinausgehende und daher nach § 433 an **11** sich unzulässige Weisungen sind möglich, wenn der Frachtführer einverstanden ist. Dann liegt eine **vertragliche Änderung des ursprünglichen Frachtvertrages** vor.

---

[13] BGH vom 14. 4. 1953, BGHZ **9** 221, 225; *Schlegelberger/Geßler*[5] Rdn. 1; *Lenz* Rdn. 968; *Heymann/Kötter*[21] Anm. 1. Von dieser Möglichkeit geht auch OLG Koblenz vom 8. 12. 1961, VersR **1962** 458 aus.

[14] Siehe zutreffend *Heymann/Kötter*[21] Anm. 1; *Heymann/Honsell* Rdn. 4; *Schlegelberger/Geßler*[5] Rdn. 1; zur Rechtsnatur des Frachtvertrages als auf eine Geschäftsbesorgung gerichteten Vertrages siehe § 425 Rdn. 103. Mißverständlich drückt sich der BGH im Urteil vom 14. 4. 1953, BGHZ **9** 221, 225 aus, wenn er meint, § 433 enthalte nur die Anwendung eines Grundgedankens des Werkvertrages (§ 649 BGB). Denn in den meisten Fällen von frachtrechtlichen Anweisungen geht es nicht um Kündigung, sondern um Weisungen für die Ausführung des Frachtvertrages.

[15] *Schlegelberger/Geßler*[5] Rdn. 8, 9.

[16] So zutreffend BGH vom 14. 4. 1953, BGHZ **9** 221, 225.

[17] Vorsichtig zustimmend *Heymann/Honsell* Rdn. 7; zur Sicherung des Frachtführers siehe Rdn. 16 ff.

2. Zulässige Verfügungen
a) Anhalten des Guts

12 Nur begrenzt kann der Absender vom Frachtführer verlangen, das Gut unterwegs im Fahrzeug stehenzulassen, denn die Aufbewahrung des Guts gehört nicht zu den Pflichten des Frachtführers. Will der Absender das Gut auf längere Zeit anhalten, so muß er es sich zurückgeben oder es an einen anderen Empfänger (z. B. Lagerhaus) abliefern lassen.

b) Rückgabe

13 Hierzu wird allgemein die Auffassung vertreten, der Absender könne die Rückgabe nur am Ablieferungsort oder an einem Teilpunkt der Beförderung verlangen. Den Rücktransport oder den Transport an einen anderen Platz schulde der Frachtführer nicht[18]. Diese Auslegung ergebe sich daraus, daß der Rücktransport eine nicht vereinbarte zusätzliche Vertragsleistung darstellen solle. Für den Kraftfahrzeugtransport ist dies freilich kaum sehr praktisch, da der Rücktransport vor allem im Güternahverkehr eine problemlose Mehrleistung ist, solange der Wert der Güter den zusätzlichen Frachtanspruch deckt. Daher gibt auch für den Güterfernverkehr § 27 Abs. 1 S. 1 e KVO dem Absender ein Recht auf Rücksendung[19]; der KVO-Frachtführer darf diese nur aus den in § 27 Abs. 2 vorliegenden Gründen verweigern. Diese vernünftige und den modernen Verhältnissen besser entsprechende Regelung sollte im Wege der Auslegung auch für § 433 bejaht werden. Siehe auch § 425 Rdn. 118 und (zur Rückführung von Verpackungen) 44, 136.

c) Auslieferung an einen anderen Empfänger

14 Nach allgemeiner Auffassung soll sich dieses Recht auf die Auslieferung am selben Ort – oder allenfalls an einen auf dem Weg liegenden Ort – beschränken. Der Frachtführer soll nicht verpflichtet sein, das Frachtgut an einen sonstigen Ort zu bringen. Auch dies soll sich aus der Rechtsnatur der Verfügung als einer Weisung innerhalb des Frachtvertrages ergeben[20]. Hiergegen sind die gleichen Bedenken angebracht wie gegen die Ausschließung der Rückbeförderung. Im Rahmen des Frachtvertrages dürfte es ohne weiteres liegen, wenn das Gut in einem benachbarten Ort abgeliefert werden soll (z. B. in Offenbach statt Frankfurt a. M.). Ist dem Frachtführer die Beförderung an einen weiter entfernten Ort (gegen Kostenersatz, siehe Rdn. 16 f) zuzumuten, ist er im Hinblick auf seine Interessewahrungspflicht (§ 425 Rdn. 103, 135) sinnvollerweise auch dazu verpflichtet. Den modernen Möglichkeiten des Kraftwagen-Transports wird die Regelung der KVO, die in § 27 Abs. 1 h auch die Änderung des Bestimmungsortes durch die Absenderverfügung gestattet, besser gerecht; ebenso § 3 Abs. 1 GüKUMT. Im Güternahverkehr kann freilich der Absender, auch nach Inkrafttreten des Tarifaufhebungsgesetzes, nicht die Beförderung über die Nahverkehrszone hinaus verlangen[21].

d) Andere Anweisungen

15 Zu den zulässigen frachtrechtlichen Verfügungen zählen zahlreiche andere Veränderungen der ursprünglichen Pflichten des Frachtführers. Einen für die KVO erschöpfen-

---

[18] Zum Eisenbahnrecht ROHG vom 4. 11. 1873, ROHG 11 290 (293); ROHG vom 30. 11. 1874, ROHG 16 195, 198 f; *Schlegelberger/Geßler*[5] Rdn. 8; *Heymann/Kötter*[21] Anm. 1; *Heymann/Honsell* Rdn. 7; nur „in der Regel" soll dies gelten nach *Baumbach/Duden/Hopt*[28] Anm. 1 A.

[19] Siehe § 27 KVO, Anh. II nach § 452 Rdn. 16 f.

[20] *Schlegelberger/Geßler*[5] Rdn. 9; *Heymann/Kötter*[21] Anm. 1 zu § 433; *Heymann/Honsell* Rdn. 7; nur „in der Regel" *Baumbach/Duden/Hopt*[28] Anm. 1 A.

[21] §§ 2, 12 Abs. 1, 99 Abs. 1 1 Nr. 1 GüKG); dies wäre verbotswidrig.

den Katalog solcher Verfügungen enthält § 27 Abs. 1 KVO: Nachnahmeanweisungen, deren Änderung oder Widerruf, Weiterleitung an einen anderen Bestimmungsort, Teilauslieferung usw. Im Rahmen der § 433 ff ist dieser Katalog nur als Beispiel zu werten.

III. Ansprüche des Frachtführers aufgrund erteilter Weisungen (§ 433 Abs. 1 S. 2)

Der Frachtführer hat nach § 433 Abs. 1 S. 2 Anspruch auf Ersatz der durch die Verfügung entstehenden Mehrkosten. Hinsichtlich der ihm zustehenden Ansprüche ist zu unterscheiden: 16

1. Frachtansprüche

Die Frachtansprüche werden im allgemeinen durch die Verfügung nicht berührt. Verlangt jedoch der Absender Rückgabe vor Vollendung der vorgesehenen Beförderung, so verbleibt dem Frachtführer gem. § 649 S. 2 der Frachtanspruch abzüglich etwa ersparter Kosten. Damit würde die Fracht auch dann zu entrichten sein, wenn das Gut (bei Rückgabe am Versandort) überhaupt nicht und (bei Anhaltung unterwegs) nur über eine Teilstrecke befördert wird. Diese Lösung entspricht nicht den praktischen Erfordernissen und ebensowenig dem Tarifrecht. Daher sieht die KVO in § 27 Abs. 5, 6 eine gänzlich andere Lösung vor; es wird grundsätzlich die für die tatsächlich ausgeführte Beförderung maßgebliche Tariffracht erhoben[22]; § 3 Abs. 4 GüKUMT sieht eine Pflicht des Weisungsgebers zur Zahlung des tarifmäßigen Entgelts, und, soweit ein solches nicht vorgesehen ist, der Aufwendungen vor. Im Güternahverkehr sind die Entgelte nach dem Güternahverkehrstarif grundsätzlich nach der wirklich ausgeführten Beförderung zu berechnen. Nach Inkrafttreten des Tarifaufhebungsgesetzes am 1. 1. 1994 (vor § 1 GüKG, Anh. I nach § 452 Rdn. 2) entfällt die Möglichkeit einer tarifrechtlichen Vergütung. Eine solche läßt sich jedoch dann frei vereinbaren, auch durch AGB. Überdies wird nach § 354 Abs. 1 HGB bei Geschäftsbesorgungen ohnehin im Zweifel eine Vergütung geschuldet[23]. Bei gewerblichen Geschäftsführern umfassen übrigens schon die Erstattungsansprüche für Aufwendungen aus §§ 675, 670 bzw. 683 BGB die von ihnen normalerweise zu fordernde Vergütung[24]. 17

2. Aufwendungen

Ersatzansprüche für Aufwendungen entstehen, soweit Weisungen ausgeführt werden, die über die ursprünglichen Vertragspflichten hinausgehen. Mahnt der Absender beim Frachtführer nur die Erfüllung der ohnehin schon geschuldeten Leistungen an, so liegt keine einen Kostenerstattungsanspruch begründende Weisung vor[25]. Nach §§ 675, 670 BGB wären die durch Weisung verursachten Kosten auch ohne die Sonderbestimmung des § 433 Abs. 1 S. 2 zu ersetzen. Auch Kostenersatzansprüche sind teilweise in den Sonderbestimmungen geregelt (§ 27 Abs. 3, 6 KVO; § 5 Abs. 4 GüKUMT). 18

3. Schäden

Die Erteilung von Weisungen durch den Absender ist vertragsgemäß und macht den Weisungsgeber nur dann für aus der Befolgung entstehende Schadensfolgen haftbar, 19

---

[22] Siehe im einzelnen *Willenberg*[4] § 27 KVO Rdn. 45–51.
[23] Zutreffend *Koller*[2] Rdn. 4; *Heymann/Honsell* Rdn. 10. **A. A.** aufgrund seines engen Weisungsbegriffs *Schlegelberger/Geßler*[5] Rdn. 10.
[24] Siehe statt vieler zum Werkvertrag *Palandt/Thomas*[52] § 633 Rdn. 8; zur Geschäftsführung ohne Auftrag § 683 Rdn. 8.
[25] BGH vom 14. 4. 1953, BGHZ 9 221, 225.

wenn in der Erteilung der Weisung eine schuldhafte Vertragsverletzung lag, z. B. wenn infolge Anhaltung das Gut verdirbt und das Kraftfahrzeug oder mitverladene Güter beschädigt werden. U. U. können Schäden im Gewand von Kosten auftreten, wenn sie im Interesse des Weisungserteilenden bewußt in Kauf genommen wurden. Es ist aber zu berücksichtigen, daß der Frachtführer Weisungen, die Schäden herbeiführen, nicht unbedingt befolgen muß (vgl. § 665 BGB).

IV. Erlöschen des frachtrechtlichen Verfügungsrechts
1. Allgemeines

20 Das frachtrechtliche Verfügungsrecht erlischt wie alle Vertragsrechte spätestens mit der vollen Erfüllung des Frachtvertrages, also mit der wirksamen und unbeschädigten Ablieferung des Frachtguts an den richtigen Empfänger. Auch bei Ablieferung in beschädigtem Zustand muß das Verfügungsrecht erlöschen, da die Leistung, auf die sich die Weisungen beziehen, zwar mangelhaft, aber doch erbracht ist[26]. Nicht anzuerkennen ist, daß bei Ablieferung des Frachtguts dem Absender das Verfügungsrecht und die Ersatzansprüche zustehen sollen, wenn der Empfänger zu erkennen gibt, er lege auf die Ansprüche keinen Wert[27]. Die Verfügungsrechte des Absenders können jedoch bereits vor Erfüllung der Beförderungs- oder Ablieferungspflicht erlöschen. Die Eigenart des Frachtvertrages als Vertrages zugunsten Dritter und die Notwendigkeit, im Interesse des Frachtführers am Ablieferungsort einen sachlich kompetenten Verfügungsberechtigten zur Stelle zu haben, führt dazu, daß die Verfügungsberechtigung des Absenders von der des Empfängers abgelöst sein oder mit dieser konkurrieren kann.

2. Erlöschen des Absender-Verfügungsrechts nach § 433 Abs. 2
a) Voraussetzungen des Erlöschens

21 § 433 Abs. 2 sieht zwei Fälle des vorzeitigen Erlöschens vor Erfüllung des Frachtvertrages vor: (1) Ankunft des Guts und Ablieferung des Frachtbriefs; (2) Klageerhebung des Empfängers nach § 435. Diese müssen als vollständige Regelung des vorzeitigen Erlöschens betrachtet werden[28]. Ob zuerst das Gut ankommt oder der Frachtbrief übergeben wird, ist nicht entscheidend[29]. Eine Klage des Empfängers vor Ankunft des Gutes ist nach § 435 nicht berechtigt.

aa) Ankunft des Guts

22 Mit dem „Ort" der Ablieferung soll wohl die betreffende Gemeinde gemeint sein, nicht der konkret vorgesehene Platz der Ablieferungshandlung[30]. Liegt die Ablieferungsstelle in einer Großstadt oder Großgemeinde (bzw. wird innerhalb dieser im Nahverkehr befördert), kann an sich die Ankunft jedoch nur auf das Erreichen der Ablieferungsstelle[31] oder eines Ortsteils beziehen, da sonst das Empfänger-Verfügungsrecht schon von Beginn der Beförderung bestehen würde. Auch für die heute vorherrschende Haus-zu-Haus-Beförderung paßt die ganze Regelung kaum noch. Sie entspricht am ehe-

---

[26] So, wenn auch etwas unbestimmt, BGH vom 10. 4. 1974, VersR *1974* 796 ff = NJW *1974* 1614 ff.
[27] So aber OLG Königsberg vom 4. 1. 1921, SeuffA **76** 193 f (zum Eisenbahnrecht).
[28] A. A. OLG München vom 28. 2. 1910, OLGR **22** 51, 52.
[29] *Schlegelberger/Geßler*[5] Rdn. 14; *Heymann/Honsell* Rdn. 14.
[30] *Schlegelberger/Geßler*[5] § 435 Rdn. 5; *Heymann/Honsell* § 435 Rdn. 8; *Koller*[2] Rdn. 5 und § 435 Rdn. 2; wohl auch *Heymann/Kötter*[21] § 435 Rdn. 1.
[31] *Schlegelberger/Geßler*[5] § 435 Rdn. 5; *Koller*[2] § 435 Rdn. 2.

sten der Vorstellung, daß die Güter von Hafen zu Hafen, von Bahnhof zu Bahnhof oder zu einem Empfangsspediteur befördert werden und sich die Zustellung als besonderer Beförderungsvorgang anschließt. In der Praxis kommt den theoretischen Auseinandersetzungen keine Bedeutung mehr zu.

Die Ankunft des Gutes am Ort der Ablieferung bedeutet, daß das Gut am **vertragsgemäßen Ort der Ablieferung** angekommen ist. Dieser kann von dem im Frachtbrief eingetragenen abweichen, insbesondere aufgrund einer Verfügung des Absenders[32]. Der im Frachtbrief vermerkte Ablieferungsort ist nicht maßgeblich, weil der Frachtbrief ohnehin nur widerleglichen Beweis für die Eintragungen ergibt; siehe § 426 Rdn. 40.

23

Inwieweit die **Ankunft von Teilen einer Sendung**[33] bereits zum Erlöschen von Verfügungsrechten führen kann, ist streitig. Nach h. M.[34] soll das Verfügungsrecht des Absenders auch schon bei Ankunft von Teilen einer Sendung für die gesamte Sendung erlöschen, wenn der Frachtbrief übergeben ist – jedenfalls dann, wenn die Sendung als Ganzes ungetrennt zu befördern gewesen wäre. Vorzuziehen ist dagegen die Meinung, nach der das Verfügungsrecht hinsichtlich der angekommenen Teile noch dem Absender zustehen muß[35]. Aus der Fassung der §§ 433 Abs. 2 und 435 ist zwar kein Schluß zu ziehen. In sachlicher Hinsicht erscheint aber die letztere Argumentation als überzeugender: Im Interesse des Frachtführers muß ein Verfügungsrecht des Empfängers und ein Verlust des Absender-Verfügungsrechts vor Ankunft des Gutes grundsätzlich (mit Ausnahme des § 434 HGB) vermieden werden; allein schon deshalb, weil der eine Beförderung ausführende Frachtführer wissen muß, wessen Weisungen er zu folgen hat. Dazu bedarf es einer einfachen Regelung. Hängt das Verfügungsrecht davon ab, ob ein Teil des Gutes bereits angekommen ist, kann möglicherweise während des Transports der anderen Teile nicht oder nur sehr schwer festgestellt werden, ob der Absender noch verfügungsberechtigt ist. Daher sollte der Absender grundsätzlich Herr des gesamten Transportvorgangs bleiben und ein Eingreifen des Empfängers nur für solche Güter akzeptiert werden, die den Transport bereits hinter sich haben.

24

bb) Ablieferung des Frachtbriefs

25

Als „Übergabe" des Frachtbriefs genügt nach allgemeiner Auffassung auch die Verschaffung mittelbaren Besitzes. In der Literatur wird gefordert, daß die Übergabe oder Verschaffung des mittelbaren Besitzes am Frachtbrief „in der Absicht" erfolgen müsse, dem Empfänger dadurch „die Verfügung über den Frachtbrief" zu gewähren[36]. Richtig ist daran, daß die Anknüpfung des Erlöschens des Verfügungsrechts an die rein informatorische oder treuhänderische Übergabe des Frachtbriefs zu ungerechtfertigter Beschränkung der Rechte des Absenders führen kann. Es ist aber doch zweifelhaft, ob die legitimierende Funktion des Frachtbriefs nicht eher gebietet, die Beurteilung des Verfügungsrechts strikt an die Besitzlage anzuknüpfen[37]. Hat der Frachtführer dem Empfänger den Frachtbrief ausgehändigt, obwohl er das nach dem Frachtvertrag nicht durfte (so z. B. bei Anweisungen des Absenders, Nachnahmen etc.), so ist der Frachtführer dem Absender dafür verantwortlich. Dies kann aber nicht zu Lasten des Empfängers reguliert werden, der möglicherweise den Empfang des Frachtbriefs als Anlaß zu

---

[32] *Heymann/Honsell* Rdn. § 435 Rdn. 3; *Koller*[2] § 435 Rdn. 5.
[33] Zum Begriff der Sendung siehe § 429 Rdn. 28.
[34] Siehe § 435 Rdn. 10.
[35] *Heymann/Kötter*[21] Anm. 3; *Koller* Rdn. 5; *Heymann/Honsell* Rdn. 13.
[36] *Schlegelberger/Geßler*[5] Rdn. 14; *Heymann/Kötter*[21] Anm. 3.
[37] Eine treuhänderische bzw. „zur Ansicht" erfolgte Übergabe des Frachtbriefs reicht nach h. M. nicht aus: *Schlegelberger/Geßler*[5] Rdn. 14; *Heymann/Honsell* Rdn. 14; *Koller*[2] Rdn. 5.

Zahlungen oder anderen Verfügungen nimmt. Dem Verfügungsrecht des Empfängers könnte besser mit dem Einwand des Rechtsmißbrauchs begegnet werden, wenn der Empfänger eine treuhänderische oder informatorische Überlassung des Frachtbriefs zu Unrecht ausnützt. Der Beweis für den Rechtsmißbrauch muß dann vom Frachtführer geführt werden.

cc) Klageerhebung des Empfängers nach § 435 HGB

26 Anstelle der Ablieferung des Frachtbriefs begründet auch die Klageerhebung des Empfängers das Verfügungsrecht des Empfängers. § 435 HGB gibt diesem nach Ankunft des Frachtguts am Bestimmungsort, aber noch vor Erhalt des Frachtbriefs das Recht, vom Frachtführer in eigenem Namen die Erfüllung der frachtvertraglichen Pflichten gegen Erfüllung der sich daraus ergebenden Verpflichtungen zu verlangen. Hierzu gehört auch die Befolgung von Weisungen des Empfängers. Dieses Weisungsrecht steht allerdings bis zur Klageerhebung in Konkurrenz mit dem stärkeren Anspruch des Absenders nach § 433. Vgl. dazu § 435 Rdn. 1, 22 f. Macht der Empfänger Rechte aus § 435 klageweise geltend, so hat der Frachtführer ab Klageerhebung die Verfügungen des Empfängers zu befolgen. Die Empfängerrechte können dann auch vom Absender nicht mehr nach § 435 S. 3 zum Erlöschen gebracht werden, da der Absender nach § 433 Abs. 2 S. 2 keine Verfügungen mehr treffen kann.

27 § 433 Abs. 2 S. 1 klärt nicht, **welche Rechte des Empfängers klageweise geltend gemacht werden müssen**, damit das Absenderverfügungsrecht erlischt. Sicher ist, daß die Einklagung des Anspruchs auf Auslieferung des Frachtguts oder auf Schadensersatz diese Wirkung entfaltet[38]. Zweifelhaft erscheint dies für die Geltendmachung von Nebenrechten zu sein. Sinnvollerweise ist davon auszugehen, daß mit der Klageerhebung feststehen sollte, daß der Empfänger in die volle Rechtsstellung aus dem Frachtvertrag eintreten und diese nicht nach § 333 BGB zurückweisen will. Dies dürfte auch bei Geltendmachung von Verfügungsrechten oder Entschädigungsansprüchen der Fall sein. Beim bloßen Anspruch auf Vorlage des Frachtbriefs ist dies jedoch zweifelhaft[39], weil die Klage des Empfängers diesen nicht zur Abnahme oder zur Ausübung von Verfügungsrechten verpflichtet, er vielmehr, auch wenn er den Frachtbrief im Besitz hat, den Anfall der Rechte aus dem Frachtvertrag noch zurückweisen kann[40].

b) Wirkungen des „Erlöschens"

28 Obwohl § 433 Abs. 2 sprachlich eindeutig von „Erlöschen" des Verfügungsrechts spricht, ist der Sinn dieser Regelung teilweise umstritten. **Unstreitig ist, daß im Fall des Erlöschens der Absender nicht mehr in die Empfängerrechte eingreifen kann.** Der Zustand, nach welchem das Absenderrecht stärker als das Empfängerrecht ist (vor Ankunft gem. § 434, nach Ankunft gem. § 435), ändert sich also durch § 433 Abs. 2. Vom Augenblick des „Erlöschens" an hat der Frachtführer nur noch die Weisungen des Empfängers zu befolgen (§ 433 Abs. 2 S. 2 Hs. 1). Gegenüber Empfängeranweisungen ist der Absender dann machtlos.

29 Fraglich ist nur, was zu geschehen hat, **wenn der Empfänger seine Recht nicht ausübt**; etwa weil er die Annahme der Sendung verweigert[41]. Für diese Fälle wird angenommen, daß das Verfügungsrecht des Absenders fortbesteht[42] oder wieder auflebt[43]. Dog-

---

[38] Nur diese Klagen erwähnt *Koller*[2] Rdn. 6.
[39] Verneinend schon *Rundnagel* S. 148 mit Angaben zur älteren Literatur. Bejahend aber *Schlegelberger/Geßler*[5] Rdn. 15.
[40] Siehe hierzu § 435 Rdn. 22.
[41] Siehe dazu 437 Rdn. 8.
[42] Nicht ganz eindeutig BGH vom 10. 4. 1974, VersR **1974** 796, 798 = NJW **1974** 1614, 1616.
[43] *Heymann/Kötter*[21] Rdn. 3; *Schlegelberger/Geßler*[5] Rdn. 16.

matische Erwägungen über die Rechtsnatur des „Erlöschens" oder des „Übergangs", über „Ruhen", „Fortbestehen" oder „Wiederaufleben" des Absender-Verfügungsrechts[44] führen kaum weiter. Vielmehr muß die Frage von der sachlichen Notwendigkeit her entschieden werden. Danach besteht von seiten des Frachtführers ein dringendes Interesse nach Verfügungen des Absenders, wenn der Empfänger sich weigert, die Ablieferung des Gutes entgegenzunehmen oder Anweisungen zu erteilen. Für diesen Fall ist es sinnvoll, die Verantwortung für die Abwicklung des Frachtvertrages dem Absender zurückzugeben, statt sie bei dem uninteressierten Empfänger zu belassen. In diesen Fällen wird man eine Befugnis des Frachtführers, statt der ausbleibenden Anweisungen des Empfängers die des Absenders zu befolgen, bejahen müssen. Ebenso kann ein Recht des Absenders, seine Verfügungen gegenüber dem Frachtführer trotz „Erlöschens" seines Verfügungsrechts nach § 433 Abs. 2 S. 2 durchzusetzen, in diesem Falle kaum verweigert werden. Allerdings muß die Nichtausübung des Empfängerverfügungsrechts von demjenigen nachgewiesen werden, der sich auf sie beruft, also vom Frachtführer, wenn er die Befolgung von Absenderanweisungen rechtfertigen will oder vom Absender, wenn er ihre Befolgung durchsetzen will. Dogmatisch läßt sich diese Lösung als ein Sonderfall des § 333 BGB rechtfertigen[45]. Dabei kann eine Zurückweisung des Verfügungsrechtes, eventuell auch der anderen Rechte aus dem Frachtvertrag, schon in der Nichtausübung trotz Aufforderung gesehen werden; siehe dazu § 435 Rdn. 22 f. Mit dieser Lösung ist auch klargestellt, daß der Frachtführer in diesem Fall die Rückgabe des Frachtguts an den Absender nicht aufgrund von Zurückbehaltungsrechten wegen Ansprüchen gegen den Empfänger verweigern kann[46]. Hinsichtlich der Anknüpfung der Legitimation zur Geltendmachung von Ersatzansprüchen für Ladungsschäden an das frachtrechtliche Verfügungsrecht siehe § 429 Rdn. 149 ff.

V. Verfügungsrecht des Empfängers
1. Voraussetzungen

§ 433 Abs. 2 S. 2 knüpft die Entstehung des Empfänger-Verfügungsrechts an das Erlöschen des entsprechenden Absenderrechts an. Vor der Ankunft kann jedoch bereits ein eingeschränktes Notverfügungsrecht des Empfängers nach § 434 bestehen. Darüber hinaus gestattet aber § 435 dem Empfänger die Geltendmachung „der" Rechte aus dem Frachtvertrag, damit auch des Verfügungsrechts ab Ankunft des Gutes. Dieses ist nicht von der Übergabe des Frachtbriefs an den Empfänger abhängig. **30**

2. Konkurrenz zum Absender-Verfügungsrecht

Abgesehen von dem Fall, daß der Empfänger durch Nicht-Geltendmachung sein Verfügungsrecht wieder an den Absender verliert[47], kann eine Kompetenz-Konkurrenz zwischen Absender und Empfänger auftreten, wenn das Gut angekommen ist, der Empfänger aber weder den Frachtbrief erhalten, noch Klage erhoben hat. Dann kann er nach § 435 Verfügungen treffen, obwohl das Verfügungsrecht des Absenders noch nicht erloschen ist, also auch noch dieser verfügen darf. Der Frachtführer hat dann die jeweils ergangenen Verfügungen des Empfängers oder Absenders zu befolgen. Doch ergibt sich **31**

---

[44] So bei *Heymann/Kötter*[21] Anm. 3, 4.
[45] Siehe § 435 Rdn. 22; BGH vom 10. 4. 1974, VersR **1974** 796, 798 = NJW **1974** 1614, 1616; BGH vom 1. 10. 1975, VersR **1976** 168, 169; *Baumbach/Duden/Hopt*[28] Anm. 1 B; *Koller*[2] Rdn. 7; *Schlegelberger/Geßler*[5] Rdn. 16; *Heymann/Kötter*[21] Anm. 2.; *Baumbach/Duden/Hopt*[28] Anm. 1 B; *Koller*[2] Rdn. 7.
[46] So im Ergebnis zutreffend *Schlegelberger/Geßler*[5] Rdn. 16.
[47] Siehe Rdn. 29.

aus § 435 S. 3, daß die Absenderverfügungen vorrangig sind. Der Absender kann dem Frachtführer in diesem Stadium noch alle Rechte entziehen. Mit der Klageerhebung hat es andererseits der Empfänger in der Hand, die Verfügungsrechte des Absenders zu beseitigen und damit sich die Herrschaft ganz zu sichern[48]. Nach der KVO kann es im Güterfernverkehr nicht zu Überschneidungen zwischen den Verfügungsrechten kommen[49].

3. Inhalt des Verfügungsrechts; Folgen der Verletzung

32 Das Verfügungsrecht des Empfängers hat den vollen Inhalt entsprechend der Lage des Guts nach Ankunft. Folgt man der Rdn. 10 ff vertretenen großzügigen Auslegung der frachtrechtlichen Verfügung, so kann der Empfänger unter bestimmten Umständen auch Zurückbeförderung, Verbringung an einen anderen Ort usw. verlangen.

33 Die Folge der Nichtbefolgung der Verfügung des Empfängers ist **Schadensersatz**: § 433 Abs. 2 S. 2, 2. Hs. Bei richtiger Auffassung ist hierunter keine Haftung für das Gut in wörtlichem Sinne zu verstehen, sondern eine solche für Folgen der Nichtbefolgung von Verfügungen. Die Nichtbeachtung der Verfügungen kann freilich zu Beschädigung oder Verlust des Frachtguts führen und damit zur Verpflichtung des Substanzersatzes. Andererseits ist davon auszugehen, daß grundsätzlich auch Schäden zu ersetzen sind, die nicht am Gut, sondern an anderen Vermögenswerten des Empfängers entstehen[50]. Für Schäden am Gut gilt die Haftungsbeschränkung des § 430[51]. § 433 Abs. 2 S. 2 bestimmt nichts darüber, ob die Haftung des Frachtführers Verschulden voraussetzt. Da es keine Begründung für eine reine Erfolgshaftung gibt, muß wohl Verschulden gefordert werden[52].

VI. Übersicht über die Verteilung des Verfügungsrechts nach § 433–435

34 **(1) Vor Ankunft des Frachtguts** steht das Verfügungsrecht dem Absender zu; § 433 Abs. 1. Der Empfänger hat nur ein subsidiäres Notverfügungsrecht nach § 434.

(2) Nach Ankunft des Frachtguts vor Übergabe des Frachtbriefs oder Klageerhebung besteht Konkurrenz der Verfügungsrechte des Empfängers nach § 435 und des Absender nach § 433. Nach § 435 S. 3 ist jedoch das Absenderrecht stärker.

(3) Nach Ankunft des Frachtguts und Übergabe des Frachtbriefs besteht grundsätzlich ein Verfügungsrecht des Empfängers; das Verfügungsrecht des Absenders ist erloschen; § 433 Abs. 2. Weist der Empfänger jedoch das Verfügungsrecht zurück[53], so gilt es als von Anfang an beim Absender verblieben.

(4) Nach Ankunft des Frachtguts und Klageerhebung (§ 435) ist nur noch der Empfänger verfügungsberechtigt. Der Absender kann dann nur noch mit Ermächtigung des Empfängers klagen.

(5) Bei der (im Landfrachtrecht unüblichen) Ausstellung eines Ladescheins ist gem. § 447 Abs. 3 die Rückgabe des Ladeschein erforderlich.

---

[48] Wie hier *Koller*[2] § 435 HGB Rdn. 2. Siehe zur Übersicht Rdn. 34.
[49] Siehe § 27 KVO, Anh. II nach § 452 Rdn. 36.
[50] So zutreffend *Schlegelberger/Geßler*[5] Rdn. 19; *Heymann/Honsell* Rdn. 21.
[51] Siehe dazu § 430 Rdn. 10 ff.
[52] *Koller*[2] Rdn. 7; unklar *Heymann/Honsell* Rdn. 20.
[53] Siehe Rdn. 29.

§ 434

¹Der Empfänger ist vor der Ankunft des Gutes am Orte der Ablieferung dem Frachtführer gegenüber berechtigt, alle zur Sicherstellung des Gutes erforderlichen Maßregeln zu ergreifen und dem Frachtführer die zu diesem Zweck notwendigen Anweisungen zu erteilen. ²Die Auslieferung des Gutes kann er vor dessen Ankunft am Orte der Ablieferung nur fordern, wenn der Absender den Frachtführer dazu ermächtigt hat.

Übersicht

	Rdn.		Rdn.
I. Allgemeines	1	II. Voraussetzung des Notweisungsrechts	4
1. Rechtsnatur des Weisungsrechts	1	III. Inhalt des Weisungsrechts	5
2. Anwendungsbereich des § 434	3	IV. Rechtsfolgen der Weisung	6

I. Allgemeines

1. Rechtsnatur des Weisungsrechts

Das Not-Weisungsrecht nach § 434 ist eigenes Recht des Empfängers als begünstigten Dritten aus dem Frachtvertrag. § 434 macht von dem Grundsatz der §§ 433 Abs. 2, 435, nach dem der Empfänger vor Ankunft des Frachtguts am Bestimmungsort keine Verfügungsrechte hat, eine Ausnahme für Notfälle. Das Weisungsrecht des Empfängers nach § 434 steht immer in Konkurrenz zum Verfügungsrecht des Absenders nach § 433 Abs. 1. Hierbei geht das Recht des Absenders grundsätzlich vor. Widersprechen sich Absender- und Empfängeranweisungen, so ist die erstere zu befolgen[1]. Der Vorrang der Absenderverfügungen schließt nicht aus, daß eine Notverfügung des Empfängers einer allgemeinen, ohne Kenntnis der Notlage getroffenen Verfügung des Absenders vorgehen kann – so z. B. wenn wegen überraschender Wetterverhältnisse Maßnahmen zum Schutz des Frachtguts getroffen werden müssen.

1

Den **Empfänger trifft** gegenüber dem Frachtführer **keine Pflicht** zur Anordnung von Sicherheitsmaßnahmen. Eine solche Pflicht gegenüber dem Absender kann sich aber aus dem zwischen Absender und Empfänger bestehenden Rechtsverhältnis ergeben. Nach diesem Rechtsverhältnis bestimmt sich auch, inwieweit der Empfänger im Verhältnis zum Absender zu sichernden Maßnahmen befugt ist.

2

2. Anwendungsbereich des § 434

Die praktische Bedeutung des § 434 ist heute wegen der lückenlosen Nachrichtenverbindungen zwischen Absender und Transportmittel nur noch gering. Neuere Rechtsprechung zu § 434 existiert nicht. Die Spezialnormen des Landfrachtrechts (KVO, GüKUMT, CMR, AGNB) enthalten keine dem § 434 HGB entsprechenden Regeln. § 434 kann daher erforderlichenfalls in allen diesen Bereichen, insbesondere bei Auslandsbeförderungen unter Geltung deutschen Rechts, ergänzend angewandt werden. Die Anwendbarkeit beschränkt sich auf krasse Notfälle, in denen der Absender nicht erreicht werden kann. § 434 gilt auch im Binnenschiffahrtsrecht, nicht dagegen für die Eisenbahnbeförderung.

3

---

[1] Heute wohl allgemeine Auffassung: *Koller*² Rdn. 1; *Schlegelberger/Geßler*⁵ Rdn. 2; *Heymann/Honsell* Rdn. 2; *Heymann/Kötter* Anm. 2; *Baumbach/Duden/Hopt*²⁸ Anm. zu § 434; *Lenz* Rdn. 972.

II. Voraussetzung des Notweisungsrechts

4 § 434 betrifft nur die Situation vor Ankunft des Frachtguts am Ablieferungsort. Siehe zur Rechtsstellung des Empfängers nach Ankunft §§ 433 Rdn. 21; 435 Rdn. 9 ff. Empfängerverfügungen sind nur zulässig, wenn sie für die Sicherheit des Guts erforderlich sind. Zur „Sicherheit" soll nach allgemeiner Auffassung auch die Behebung von Hindernissen für die vertragsgemäße Weiterbeförderung gehören[2].

III. Inhalt des Weisungsrechts

5 Die zulässigen Anweisungen werden durch den Sicherungszweck begrenzt. Nur „erforderliche" Maßnahmen darf der Empfänger anordnen. Nach § 434 S. 2 kann der Empfänger die Anordnung der Auslieferung ohne eine besondere Ermächtigung, die der Absender dem Frachtführer erteilen muß, nicht verlangen, auch wenn diese für die Sicherheit des Guts erforderlich wäre. Die Ermächtigung kann im Frachtvertrag oder auch später, eventuell auch konkludent erteilt werden. Eine Erklärung des Absenders gegenüber dem Empfänger genügt jedoch nicht. Vielmehr muß sich die Ermächtigung an den Frachtführer selbst richten.

IV. Rechtsfolgen der Weisung

6 Der Frachtführer muß und darf die Weisungen nur befolgen, wenn die verlangte Maßnahme erforderlich ist. Sind mit der Ausführung zusätzliche Kosten verbunden, so kann er vom Empfänger einen Vorschuß verlangen. Trifft der Frachtführer eine nicht erforderliche Maßnahme, so kann er dem Absender gegenüber haftpflichtig werden. Verweigert er eine erforderliche Maßnahme, so kann ihn ebenfalls eine Pflicht zum Schadensersatz gegenüber dem Absender, wenn der Empfänger die Rechte nach § 435 erwirbt, auch gegenüber diesem treffen[3]. Man wird daher dem Frachtführer einen großen Spielraum in der Beurteilung der Erforderlichkeit zugestehen müssen.

§ 435

[1]Nach der Ankunft des Gutes am Orte der Ablieferung ist der Empfänger berechtigt, die durch den Frachtvertrag begründeten Rechte gegen Erfüllung der sich daraus ergebenden Verpflichtungen in eigenem Namen gegen den Frachtführer geltend zu machen, ohne Unterschied, ob er hierbei in eigenem oder in fremdem Interesse handelt. [2]Er ist insbesondere berechtigt, von dem Frachtführer die Übergabe des Frachtbriefs und die Auslieferung des Gutes zu verlangen. [3]Dieses Recht erlischt, wenn der Absender dem Frachtführer eine nach § 433 noch zulässige entgegenstehende Anweisung erteilt.

Übersicht

	Rdn.		Rdn.
I. Allgemeines	1	III. Inhalt der Empfängerrechte	14
1. Die Person des Empfängers	1	1. Allgemeines	14
2. Die Rechtsstellung des Empfängers (Überblick)	4	2. Einzelne Rechte	17
3. Anwendungsbereich des § 435 HGB – Spezialregelungen	8	a) Übergabe des Frachtbriefs	17
II. Voraussetzungen der Entstehung und Geltendmachung der Empfängerrechte	9	b) Auslieferung des Frachtguts	18
1. Ankunft	9	c) Verfügungsrecht	19
2. Empfängereigenschaft	11	d) Ersatzansprüche	20
3. Gegen Erfüllung der Pflichten aus dem Frachtvertrag	12	e) Weitere Rechte	21
		IV. Wegfall der Empfängerrechte	22
		1. Zurückweisung nach § 333 BGB	22
		2. Entziehung durch den Absender nach §§ 435 S. 3, 433 Abs. 2 HGB	23

---

[2] *Schlegelberger/ Geßler*[5] Rdn. 2.
[3] *Baumbach/Duden/Hopt*[28] zu § 334.

Schrifttum: siehe zu § 425

I. Allgemeines

1. Die Person des Empfängers

Empfänger ist die vom Absender bezeichnete Person, an die das Frachtgut auszuliefern ist[1]. Die Bezeichnung des Empfängers liegt regelmäßig in seiner Eintragung im Frachtbrief (§ 426 Abs. 2 Ziff. 3 HGB), aber sie kann auch in anderer Weise erfolgen[2]. Solange der Absender verfügungsberechtigt ist, kann er auch jederzeit die Auslieferung an eine andere als die ursprünglich benannte Person anordnen. Dann wird die neu bezeichnete Person Empfänger, der bisherige Empfänger verliert seine Anwartschaftsposition. Erst nach Ankunft des Frachtguts am Bestimmungsort und Übergabe des Frachtbriefs oder Klageerhebung nach § 435 wird das Empfängerrecht unentziehbar[3]. Man kann daher vor Ankunft des Gutes von einer Anwartschaft des Empfängers, gesichert durch das Not-Weisungsrecht nach § 434, nach Ankunft von einer durch den Absender entsprechend § 328 Abs. 2 BGB noch entziehbaren Rechtsposition des Empfängers sprechen. Für den Eisenbahnfrachtvertrag soll nach allgemeiner Auffassung der Empfänger nur durch den Frachtbrief oder eine Absenderanweisung bestimmt werden können[4]. 1

Die **Ausstellung eines Ladescheins** – wie er im Binnenschiffahrtsrecht noch als „Binnenkonossement" vorkommt – macht den Erwerb der Empfängerrechte von der berechtigten Inhaberschaft des Ladescheins abhängig. Die Bezeichnung des Empfängers erfolgt in diesem Falle durch das Wertpapier „Ladeschein"[5]. 2

Als Absender oder Empfänger können **Spediteure** eingeschaltet sein. Der Auftraggeber des versendenden Spediteurs ist dann nicht Absender, also am Frachtvertrag nicht beteiligt. Der Empfangsspediteur[6] ist regelmäßig Empfänger der Güter, insbesondere auch bei der Sammelladung, die er erst zu verteilen hat. Eine Person, an die das Frachtgut zufällig abgeliefert wird, ohne daß sie vom Absender bezeichnet worden ist („Zufallsempfänger"), ist nicht Empfänger im Sinne des § 435 HGB. Sie erwirbt daher auch keine Empfängerrechte[7]. 3

2. Die Rechtsstellung des Empfängers (Überblick)

Der **Empfänger ist nicht Partei des Frachtvertrages**, sondern in bestimmter Situation und in bestimmter Hinsicht begünstigter Dritter des zwischen dem Absender und dem Frachtführer abgeschlossenen Frachtvertrages. Insoweit ist der Frachtvertrag ein Vertrag zugunsten eines Dritten[8]. Die Rechte des Empfängers ergeben sich vor der Ankunft aus § 434 HGB (Not-Weisungsrecht zur Sicherung des Frachtguts) und nach der Ankunft des Frachtguts aus § 435 HGB, wobei jedoch § 433 Abs. 2 zu berücksichtigen ist. 4

Der **Empfänger macht die Rechte nach § 435 in eigenem Namen geltend.** Er ist nicht Rechtsnachfolger des Absenders[9]. §§ 398 ff BGB sind nicht anwendbar. Selbstver- 5

---

[1] Siehe § 425 Rdn. 70 ff.
[2] Siehe hierzu den instruktiven Fall ROHG vom 13. 9. 1879, ROHG **25** 330 ff; ferner OLG Düsseldorf vom 22. 2. 1973, BB **1973** 819 f.
[3] § 433 Abs. 2; dort Rdn. 21 ff.
[4] Siehe dazu zuletzt BGH vom 4. 6.1976, NJW **1976** 1746 = BB **1976** 1050 = MDR **1976** 99.
[5] Siehe dazu § 447 Rdn. 3.
[6] Beispiel: RG vom 8. 10. 1981, RGZ **103** 30, 31; OLG Hamburg vom 19. 8. 1982, TranspR **1984** 99, 100 = VersR **1983** 453, 454; OLG Hamburg vom 25. 6. 1981, VersR **1982** 375. Siehe auch §§ 407–409 Rdn. 17 f.
[7] OLG Düsseldorf vom 22. 2. 1973, BB **1973** 819 f.
[8] Siehe § 425 Rdn. 70 ff (Empfänger) und Rdn. 104 (Vertrag zugunsten eines Dritten).
[9] So schon zutreffend zur früheren Fassung des HGB: ROHG vom 9. 1. 1872, ROHG **4** 359, 361.

ständlich kann aber der Absender seine Rechte an den Empfänger abtreten, z. B. bereits vor Ankunft des Frachtguts, oder diesen bevollmächtigen. Soweit die Geltendmachung der Empfängerrechte von der Vorlage des Originalfrachtbriefs abhängig ist (z. B. nach § 95 Abs. 2 S. 3 EVO), kann statt dessen der Nachweis auch anderweitig geführt werden[10].

6 Die **Rechte des Empfängers sind abtretbar, verpfändbar und unterliegen auch der Zwangsvollstreckung in sein Vermögen.** Die Pfändbarkeit auch der Anwartschaft (oder des zukünftigen Rechts) des Empfängers vor Ankunft des Frachtguts ist heute wohl unstreitig[11]. Es besteht auch ein dringendes Bedürfnis, hier die Zwangsvollstreckung zuzulassen. Zur Überschneidung von Empfänger- und Absenderrechten siehe § 433 Rdn. 31.

7 **Verpflichtungen** des Empfängers ergeben sich – abgesehen von Obliegenheiten, die mit der Gläubigerstellung des Empfängers zusammenhängen (z. B. Schadensgeringhaltung nach § 254 BGB) nur im Falle des § 436 HGB.

3. Anwendungsbereich des § 435 HGB – Spezialregelungen

8 § 435 hat noch einen verhältnismäßig großen Anwendungsbereich. AGNB und ADSp und enthalten keine Sonderbestimmungen. § 435 gilt also im Güternahverkehr unverändert. Soweit Spezialbestimmungen bestehen, zeigen sie Ähnlichkeit mit § 435 HGB. Für den Güterfernverkehr ordnet § 25 Abs. 2 S. 1, 2 KVO die Rechtslage jedenfalls für den Anspruch auf Auslieferung und auf Übergabe des Frachtbrief ähnlich wie § 435 HGB; wegen des Empfänger-Verfügungsrechts siehe § 27 Abs.4 KVO, Anh. II nach § 452. Im grenzüberschreitenden Straßengüterverkehr bestimmt sich die Rechtsstellung des Empfängers nach Art. 13, 15 CMR ähnlich wie nach der KVO. Teilweise wird § 435 ergänzend angewendet[12]. § 3 GüKUMT lehnt sich in vereinfachter Form an §§ 433, 435 HGB an. Im Binnenschiffahrtsrecht gilt § 435, wird aber durch §§ 46 ff BinSchG. ergänzt[13]. Zum Eisenbahnrecht siehe § 75 Abs. 3 EVO und Art. 30 § 4 und 28 § 4 ER/CIM 1980, Anh. II nach § 460. Im innerdeutschen Luftverkehr wird § 435 ebenfalls anzuwenden sein[14].

II. Voraussetzungen der Entstehung und Geltendmachung der Empfängerrechte

1. Ankunft

9 § 435 macht die **Ankunft des Gutes am Bestimmungsort** zur Voraussetzung der Entstehung aller Empfängerrechte[15]. Nur das Not-Weisungsrecht nach § 434 steht dem Empfänger vor Ankunft bereits zu. Im Frachtvertrag kann Abweichendes vereinbart werden. Auch wäre die Rechtslage nach § 447 Abs. 2 HGB anders, wenn – was im Landfrachtrecht unüblich ist – ein Ladeschein ausgestellt würde. Aus der klaren Formulierung des § 435 ergibt sich, daß vor Ankunft des Gutes, auch bei Verlust oder Überschreitung der Lieferfrist, der Empfänger keine Rechte erwirbt. In diesen Fällen bleibt vielmehr der Absender allein weisungs- bzw. ersatzberechtigt[16]. Anders ist die Rechtslage im grenzüberschreitenden Güterverkehr nach Art. 13 Abs. 1 S. 2 CMR in Anlehnung an

---

[10] BGH vom 4. 6. 1976, NJW **1976** 1746.
[11] *Schlegelberger/Geßler*[5] Rdn. 18; *Heymann/Kötter*[21] Anm. 3.
[12] BGH vom 10. 4. 1974, VersR **1974** 796, 798 = NJW **1974** 1614, 1616; bestätigend BGH vom 1. 10. 1975, VersR **1976** 168, 169.
[13] BGH vom 9. 11 1981, BGHZ **82** 162, 170.
[14] OLG Hamburg vom 27. 3. 1980, VersR **1980** 1075.
[15] Siehe dazu § 433 Rdn. 22 ff.
[16] Zur Ersatzberechtigung siehe § 429 Rdn. 140 ff.

das Eisenbahnrecht[17]. Danach stehen die Rechte aus dem Frachtvertrag dem Empfänger auch dann zu, wenn der Verlust des Gutes festgestellt oder die Frist für die Verlustvermutung abgelaufen ist.

Ist nur ein Teil einer Sendung[18] **angekommen**, der übrige Teil jedoch noch nicht, soll noch der Absender verfügungsberechtigt sein[19]. Ist ein Teil der Sendung ausgeliefert worden, und steht der Verlust des restlichen Teils fest, sollen nach Auffassung des BGH und der überwiegenden Literaturmeinung dem Empfänger nicht nur die Verfügungsrechte nach § 433 Abs. 2, sondern auch die übrigen Rechte (insbesondere Schadensersatzansprüche hinsichtlich der verlorenen Teile des Gutes) zustehen[20]. Demgegenüber wurde von mir in der Vorauflage[21] die Auffassung vertreten, die Empfängerrechte könnten sich stets nur auf die angekommenen Teile einer Sendung beziehen. Hinsichtlich verlorengegangener Teile stünden die Rechte weiterhin dem Absender zu. An dieser Auffassung ist festzuhalten. Die Frage steht in engem Zusammenhang mit der Verfügungskompetenz nach § 433 Abs. 2; siehe dazu § 433 Rdn. 24. Es wäre widersprüchlich, dem Absender z. B. den Rückruf einer beschädigten Teilsendung, dem Empfänger dagegen die Verlustansprüche für einen anderen Teil zuzusprechen. Die Gründe, die für eine Herrschaft des Absenders über den gesamten Beförderungsvorgang bis zur Ankunft sprechen, verbieten daher auch, dem Empfänger für nicht angekommene Sendungsteile die übrigen Empfängerrechte einzuräumen. Insbesondere muß es auch möglich sein, daß der Absender die Auslieferung durch den Frachtführer davon abhängig machen will, daß der Kaufpreis bezahlt wird (Zug-um-Zug-Ablieferung; Nachnahme). Es ist daher nicht akzeptabel, daß dem Empfänger die Ersatzansprüche hinsichtlich des verlorenen Teiles in solchen Fällen ohne Sicherung der Gegenleistung zustehen sollten. Durch die in Literatur und Rechtsprechung herrschende Meinung wird das Gefüge der gegenseitigen Sicherung gestört. § 435 gibt keinerlei Handhabe oder auch nur Anlaß, dem Empfänger Rechte hinsichtlich verlorener Sendungsteile einzuräumen. Sicherlich wäre de lege ferenda eine Lösung, wie sie die CMR und das Eisenbahnrecht vorsehen, zu begrüßen: Danach stehen die Ansprüche bei festgestelltem Verlust stets dem Empfänger zu; in Fällen der Lieferfristüberschreitung ist der Zeitpunkt, zu dem die Güter als überfällig und damit verloren betrachtet werden, und Verlustansprüche geltend gemacht werden dürfen, zugleich maßgeblich für die Ablösung der Ersatzrechte des Absenders durch die des Empfängers[22]. Diese Lösung kann jedoch de lege lata im Landfrachtrecht nicht angewendet werden, da es an der entsprechenden genauen Regelung der Verlustvermutung nach Ablauf einer bestimmten Frist fehlt (Ausnahme: § 37 Abs. 4 KVO).

2. Empfängereigenschaft

Die Rechte aus dem Frachtvertrag erwirbt nur, wer Empfänger i. S. d. Frachtvertrages ist; siehe dazu oben Rdn. 1 ff. Ist das Frachtgut (z. B. als Sammelladung) an einen

---

[17] § 75 Abs. 3 S. 2 EVO; Art. 30 § 4 S. 2 ER/CIM 1980, Anh. II nach § 460.
[18] Zum Begriff der Sendung siehe § 429 Rdn. 28.
[19] *Koller*[2] Rdn. 2; *Heymann/Honsell* Rdn. 10.
[20] BGH vom 2. 12. 1982, TranspR **1983** 73 = VersR **1983** 339; OLG Frankfurt vom 7. 6. 1977, OLGZ **1978** 208, 211; OLG Düsseldorf vom 20. 6. 1985, TranspR **1985** 254, 255; *Ratz* in der 2. Aufl. Anm 1; *Schlegelberger/Geßler*[5] Rdn. 4 für den Fall, daß eine einheitliche Ablieferung des gesamten Frachtguts vorgesehen war; *Lenz* Rdn. 975;

jetzt auch *Baumbach/Duden/Hopt*[28] Anm. 1; mit Einschränkungen auch *Heymann/Honsell* Rdn. 10. Das ältere eisenbahnrechtliche Schrifttum ist überholt.
[21] Anm. 5; im Anschluß an *Baumbach/Duden*[22] Anm. 1 A zu §§ 435, 436; *Heymann/Kötter*[21] Anm. 1.
[22] Art. 13 Abs. 1 S. 2 CMR, Anh. VI nach § 452; Art. 30 § 4 S. 2 ER/CIM 1980, Anh. II nach § 460; § 75 Abs. 3 S. 2 EVO.

Empfangsspediteur adressiert, so ist nur dieser Empfänger, nicht dagegen der Endempfänger[23]. Außerhalb von § 435 HGB können aber Ansprüche dritter Personen durch Vertrag mit dem Frachtführer begründet werden[24].

3. Gegen Erfüllung der Pflichten aus dem Frachtvertrag

12   Der Empfänger kann seine frachtvertraglichen Rechte nur **Zug um Zug** gegen Erfüllung der gegenüber dem Frachtführer „sich daraus ergebenden Pflichten" geltend machen. Zur Erfüllung der Verbindlichkeit aus dem Frachtvertrag ist der Empfänger grundsätzlich nicht verpflichtet. Er zahlt also als Leistender im Sinne von § 267 BGB auf fremde (des Absenders) Schuld. Solange und soweit nicht die Voraussetzungen des § 436 HGB vorliegen, bleibt der Absender alleine Schuldner. Wird dem Empfänger das Gut ohne Zahlung ausgeliefert, wird er grundsätzlich nicht zur Befriedigung von Ansprüchen des Frachtführers verpflichtet, auch im Falle des § 436 nur von solchen, die sich aus dem Frachtbrief ergeben. Gleichwohl stehen dem Empfänger gem. § 334 BGB[25] die Einwendungen des Absenders zu. Dem Frachtführer kann somit die Einrede des nichterfüllten Vertrages (§ 320 BGB) geltend machen, soweit Hauptpflichten (synallagmatische Pflichten) des Absenders noch nicht erfüllt sind[26]. Für die Nebenpflichten gilt – was in der Literatur weitgehend übersehen wird – nicht § 320, sondern § 273 BGB[27]. Auch der Anspruch auf Erteilung einer Quittung kann vom Frachtführer durch Zurückbehaltungsrecht erzwungen werden[28].

13   Die Zug um Zug zu erfüllenden **Pflichten müssen sich „daraus", d. h. aus dem Frachtvertrag ergeben**, nur bei Ausstellung eines (im Landfrachtrecht unüblichen) Ladescheins aus diesem; § 446. In Betracht kommen namentlich Frachtzahlungs- und Aufwendungsersatzansprüche, aber auch Nachnahmen, die der Frachtführer beim Empfänger nach dem Frachtvertrag einzuziehen hat; ferner die Pfandrechte der Vormänner (dazu § 441 HGB) und die Ausstellung einer Quittung; Rdn. 12. Ansprüche, die der Frachtführer aus anderen Gründen gegen den Absender hat, kann er dem Auslieferungsanspruch des Empfängers nicht nach § 435 entgegensetzen. Doch dürfte die Behauptung, der Frachtführer habe kein Zurückbehaltungsrecht nach § 273 BGB oder § 369 HGB wegen seiner Ansprüche gegen den Empfänger[29] in dieser Allgemeinheit nicht haltbar sein. 435 HGB soll wohl nur die Funktion haben, die Zurückbehaltungsrechte des Frachtführers zu erweitern. Konnexe Gegenansprüche gegen den Empfänger dürften also wohl nach § 273 zur Zurückbehaltung berechtigen, z. B. Ersatzansprüche wegen Schäden, die bei der Zufahrt am Fahrzeug des Frachtführers entstanden und vom Empfänger zu ersetzen sind. Inkonnexe Forderungen gegen den Absender können gegenüber dem Empfänger – abweichend von § 369 HGB – keine Zurückbehaltung rechtfertigen. Bei sich hinzögernder Auslieferung kann der Frachtführer weitere Teilauslieferungen von a conto-Zahlungen abhängig machen[30].

III. Inhalt der Empfängerrechte

1. Allgemeines

14   Grundsätzlich kann der Empfänger nach § 435 HGB „die durch den Frachtvertrag begründeten Rechte", also unterschiedslos alle frachtvertraglichen Rechte geltend

---

[23] Siehe z. B. RG vom 8. 10. 1981, RGZ 103 30, 31; zum Luftrecht OLG Hamburg vom 27. 3. 1980, VersR **1980** 1075.
[24] RG vom 8. 10. 1921, RGZ 103 30, 32.
[25] So zutreffend *Heymann/Kötter*[21] Anm. 2; *Koller*[2] Rdn. 3.
[26] Grundlegend dazu schon RG vom 16. 6. 1909, RGZ **71** 342, 344 ff.
[27] So wohl auch *Heymann/Honsell* Rdn. 16.
[28] *Palandt/Heinrichs*[52] § 368 Rdn. 7.
[29] *Schlegelberger/Geßler*[5] Rdn. 23; dagegen *Koller*[2] Rdn. 3.
[30] OLG Hamburg vom 23. 5. 1907, OLGR **16** 135 f.

machen. Ausnahmsweise ist es jedoch denkbar, daß bestimmte Rechte dem Absender persönlich zustehen sollen, so z. B. Ansprüche aus positiver Vertragsverletzung wegen Schäden, die bei Abholung der Güter an Verladeanlagen des Absenders entstanden sind, oder auch Ansprüche wegen Nichtbefolgung von Weisungen des Absenders, die sich gerade auf die Wahrung der Belange des Absenders gegenüber dem Empfänger richten (z. B. Auslieferung ohne Nachnahmeerhebung oder entgegen einer Absenderverfügung), ferner Ansprüche wegen schuldhafter Befolgung von Empfängeranweisungen[31].

Die Rechte des Empfängers **bestimmen sich nach dem Inhalt des Frachtvertrages**, nicht des Frachtbriefs; anders § 436 HGB. Bei Widersprüchen zwischen Frachtvertrag und Frachtbrief kann der letztere nur eine Vermutung für den Inhalt des Frachtvertrages begründen, die sich aber vom Frachtführer widerlegen läßt[32]. Maßgeblich ist der Stand, in dem sich der Frachtvertrag bei Entstehung des Empfängerrechts befindet. **15**

Die Geltendmachung der Rechte erfolgt **in eigenem Namen**, auch soweit der Empfänger in fremdem Interesse handelt[33]. Hiermit ist ein Fall der Rechts- und Prozeßstandschaft gesetzlich geregelt. Für den wichtigsten Fall der Ersatzansprüche wegen Güter und Verspätungsschäden siehe § 429 Rdn. 163 ff. **16**

2. Einzelne Rechte
a) Übergabe des Frachtbriefs

Der Anspruch des Empfängers auf Übergabe des Frachtbriefs ist in § 435 S. 2 besonders erwähnt. Mit dieser Übergabe erlischt das Verfügungsrecht des Absenders nach § 433 Abs. 2. Von dann ab kann dem Empfänger seine gesamte Rechtsposition nach § 435 S. 3 nicht mehr entzogen werden. Der Anspruch auf Übergabe des Frachtbriefs ist unabhängig von der Fähigkeit oder Bereitschaft des Empfängers zur Abnahme des Gutes, allein schon deshalb, weil er die Auslieferung an einen Dritten anordnen kann; siehe § 433 Rdn. 30 ff. Vor der Übergabe des Frachtbriefs kann der Empfänger Einsicht gemäß § 810 BGB verlangen[34]. Dies ist u. U. notwendig, damit er die gemäß § 436 auf ihn zukommenden Kosten kennt. **17**

b) Auslieferung des Frachtguts

Ebenfalls in § 435 S. 2 speziell erwähnt ist der Anspruch des Empfängers auf Auslieferung des Gutes. „Auslieferung" ist der gleiche Vorgang wie die in § 429 vorgesehene „Ablieferung"; siehe § 429 Rdn. 52. Der Auslieferungsanspruch bezieht sich nach richtiger Auffassung nur auf die bereits angekommenen Ladungsteile. Die Auslieferungsplicht ist grundsätzlich Bringschuld. Daran ändert sich auch nichts, wenn der Empfänger das Gut bei der ersten Ablieferung nicht abgenommen hat. Er trägt dann allerdings die zusätzlichen Risiken aus Annahmeverzug. Soweit der Empfänger bereits den Anspruch erworben hat, hat er Mehrkosten nach § 304 BGB zu erstatten. Wo und wie der Frachtführer die Auslieferung vorzunehmen hat, ergibt sich aus dem Inhalt des jeweiligen Frachtvertrages. Siehe zum Überblick § 429 Rdn. 57 ff. Soweit den Empfänger nach dem Frachtvertrag die Obliegenheit trifft, das Gut beim Frachtführer selbst abzuholen, hat der Frachtführer dem Empfänger die Ankunft anzuzeigen und ihm gegebenenfalls den Frachtbrief auszuhändigen. Vor Übernahme kann der Empfänger das Gut beim Fracht- **18**

---

[31] Vgl. § 434 Rdn. 1; *Schlegelberger/Geßler*[5] Rdn. 13.
[32] Siehe zur Beweiskraft des Frachtbriefs § 426 Rdn. 29 ff, 40.
[33] Siehe schon RG vom 8. 12. 1883, RGZ 13 68, 75.
[34] *Heymann/Honsell* Rdn. 12; *Koller*[2] Rdn. 3.

führer besichtigen[35]. Allerdings kann er keine inhaltliche Überprüfung vornehmen und in der Regel wohl auch nicht die Ausladung zur Besichtigung beanspruchen.

c) Verfügungsrecht

19 Zu den Empfängerrechten gehört auch das frachtvertragliche Verfügungsrecht, das allerdings nach § 433 HGB mit dem Verfügungsrecht des Absenders konkurrieren kann[36]. Der Empfänger kann den Frachtführer noch anweisen, das Gut an eine andere Person abzuliefern, z. B. an den Abkäufer des Empfängers oder an den Endempfänger, wenn der frachtvertragliche Empfänger ein Empfangsspediteur ist. Zum Inhalt der möglichen Verfügungsrechte siehe im übrigen § 433 Rdn. 9 ff.

d) Ersatzansprüche

20 Der Empfänger ist auch befugt, die Ersatzansprüche wegen Beschädigung des Frachtguts oder Verspätung geltend zu machen[37]. Die Ansprüche wegen teilweisen Verlusts stehen ihm zu, wenn der Verlust der übrigen Sendungsteile feststeht. Siehe aber Rdn. 10. Zur Legitimationskonkurrenz zwischen Absender und Empfänger bei Ersatzansprüchen siehe § 429 Rdn. 141, 148 ff. § 435 S. 1 gestattet dem Empfänger, die Ersatzansprüche im eigenen Namen geltend zu machen, auch wenn der Schaden nicht ihm, sondern einer anderen Person, z. B. dem Verkäufer bei echter Bringschuld entstanden ist. Zur Drittschadensliquidation, siehe § 429 Rdn. 157 ff. Wird das Gut von einem Unterfrachtführer abgeliefert, stehen dem Empfänger die Ansprüche aus dem Hauptfrachtvertrag gegen den Hauptfrachtführer zu. Da er aber für die vom letzten Unterfrachtführer ausgeführte Beförderungstätigkeit ebenfalls Empfänger ist, kann er gegen diesen Unterfrachtführer auch die Rechte aus dem Unterfrachtvertrag geltend machen. Nach der Rechtsprechung sollen diese Rechte ausgeschlossen sein. Siehe dazu eingehend und ablehnend § 432 Rdn. 32 ff.

e) Weitere Rechte

21 Dem Empfänger stehen weitere Rechte aus dem Frachtvertrag zu, so z. B. die Ersatzansprüche, wenn er wegen mangelnder Sicherung der Beladungsanlagen bei Abholung verunglückt[38].

IV. Wegfall der Empfängerrechte
1. Zurückweisung nach § 333 BGB

22 Da der Empfänger die ihm mit der Ankunft zufallenden Rechte als Begünstigter im Sinne der §§ 328 ff BGB erwirbt (siehe Rdn. 4), gilt § 333 BGB[39]. Danach gelten im Fall der Zurückweisung die angefallenen Rechte als nicht vom Empfänger erworben; sie stehen rückwirkend dem Absender zu. Die Zurückweisung ist eine formlose einseitige Willenserklärung, die der Empfänger dem Frachtführer gegenüber abzugeben hat. Sie kann

---

[35] *Schlegelberger/Geßler*[5] Rdn. 24; *Koller*[2] Rdn. 3; *Heymann/Honsell* Rdn. 13.
[36] Siehe § 433 Rdn. 30 ff.
[37] Unstr., Beispiele: OLG Oldenburg vom 4. 3. 1976, VersR **1976** 583; LG München vom 3. 5. 1979, VersR **1979** 1099. Zur CMR siehe (teilweise mit ergänzender Bezugnahme auf § 435): BGH vom 21. 12. 1973, NJW **1974** 412 f = VersR **1974** 325 ff; BGH vom 24. 9. 1987, TranspR **1988** 108, 111 = VersR **1988** 244, 246; BGH vom 28. 4. 1988, TranspR **1988** 338, 339 = NJW **1988** 3095 = VersR **1988** 825 f.
[38] RGZ 73 148, 150.
[39] BGH vom 10. 4. 1974, VersR **1974** 796, 798 = NJW **1974** 1614, 1616; BGH vom 1. 10. 1975, VersR **1976** 168, 169; *Baumbach/Duden/Hopt*[28] Anm. 1 B; *Koller*[2] Rdn. 7; *Schlegelberger/Geßler*[5] Rdn. 16; *Heymann/Kötter*[21] Anm. 2; *Heymann/Honsell* Rdn. 19. Siehe auch § 433 Rdn. 29.

auch durch schlüssiges Handeln abgegeben werden, etwa durch eindeutige Verweigerung der Frachtzahlung oder durch Rückbelastung des Schadensbetrags auf den Absender[40]. In der bloßen Annahmeverweigerung liegt jedoch nicht notwendig eine Zurückweisung, da diese u. U. auch nur vorübergehend (mit der Folge des Annahmeverzugs) gemeint sein kann; ferner auch deshalb, weil der Empfänger kraft seines Weisungsrechtes anstelle seiner eigenen Abnahme auch die Auslieferung an eine dritte Person anordnen kann. Aus dem Verhalten des Empfängers muß sich eindeutig ergeben, daß er die Rechte aus dem Frachtvertrag nicht annehmen will.

2. Entziehung durch den Absender nach §§ 435 S. 3, 433 Abs. 2 HGB

23 Die Empfängerberechtigung erlischt nach § 435 S. 3 mit der Erteilung einer entgegenstehenden (also nicht auf Auslieferung an den betreffenden Empfänger lautenden) Verfügung des Frachtführers nach § 433. Danach bleibt der Absender, solange er das frachtrechtliche Verfügungsrecht hat, in der stärkeren Rechtsposition. Allerdings muß die Verfügung des Absenders nach § 433 noch zulässig sein, d. h. sein Verfügungsrecht darf nicht bereits erloschen sein. Da nach § 433 Abs. 2 das Verfügungsrecht des Absenders mit der Übergabe des Frachtbriefs an den Empfänger oder mit der Klageerhebung durch den Empfänger erlischt, markieren diese beiden Ereignisse die Zeitpunkte, zu denen die Empfängerrechte unentziehbar werden[41]. Ob der Absender nach § 335 BGB auch nach der Unentziehbarkeit der Empfängerrechte noch Leistung an den Empfänger verlangen kann, ist zweifelhaft, aber wohl von keiner praktischen Bedeutung; dazu *Koller*[2] Rdn. 4.

§ 436

Durch Annahme des Gutes und des Frachtbriefs wird der Empfänger verpflichtet, dem Frachtführer nach Maßgabe des Frachtbriefs Zahlung zu leisten.

Übersicht

	Rdn.
I. Allgemeines	1
1. Die Schuldnerstellung des Empfängers	1
2. Anwendungsbereich des § 436 – Spezialbestimmungen	4
II. Voraussetzungen der Zahlungspflicht nach § 436	5
1. Annahme von Gut und Frachtbrief im allgemeinen	5
2. Annahme des Frachtguts im besonderen	6
a) Besitzübernahme	7
b) Annahme als vertragsmäßige Leistung	9
3. Annahme des Frachtbriefs im besonderen	15
III. Inhalt der Empfängerverpflichtungen	18
1. „Zahlung leisten"	19
2. „Nach Maßgabe des Frachtbriefs"	20
IV. Das Verhältnis der Zahlungspflicht des Empfängers zu der des Absenders	30
1. Gesamtschuld	30
2. Verjährung der Empfängerschuld	31
V. Verpflichtung des Empfängers außerhalb von § 436	33
VI. Verpflichtung des Frachtführers zur Einziehung der Fracht	37

---

[40] BGH vom 10. 4. 1974, VersR **1974** 796, 798 = NJW **1974** 1614, 1616; BGH vom 1. 10. 1975, VersR **1976** 168, 169.

[41] Siehe dazu § 433 Rdn. 28.

§ 436

Schrifttum

Siehe zu § 425; insbesondere: *Benckelberg/Beier* Empfängerhaftung nach Maßgabe des Frachtbriefs – Versender als „Vormann" im Sinne des § 442 HGB? TranspR **1989** 351 ff; *Koller*, Die Inanspruchnahme des Empfängers für Beförderungskosten durch Frachtführer oder Spediteur, TranspR **1993** 41 ff; *Walz* Zivilrechtlicher Ausgleich bei Steuerzahlung für Dritte, ZIP **1991** 1405, 1407 ff.

I. Allgemeines

1. Die Schuldnerstellung des Empfängers

1 Der Empfänger ist nicht Partner des Frachtvertrages, daher auch nicht Schuldner der sich aus dem Frachtvertrag ergebenden Verpflichtungen. Als Vertrag zugunsten eines Dritten verschafft der Frachtvertrag dem Empfänger zwar eine Reihe von Rechten[1], erlegt ihm aber keine Pflichten auf. Siehe zur Zug-um-Zug-Verpflichtung des Frachtführers § 435 Rdn. 12 f.

2 **Absender und Frachtführer können auch nicht durch Vertragsschluß Pflichten für den Empfänger schaffen**, weil darin ein unzulässiger Vertrag zu Lasten eines Dritten läge[2]. Andererseits ist es dem Gesetzgeber möglich, dem Dritten von Gesetzes wegen die Erfüllung vertraglicher Pflichten aufzuerlegen. Dies ist in § 436 unter bestimmten Voraussetzungen geschehen. Das Entstehen der Empfängerverbindlichkeit nach § 436 bedeutet keinen „Eintritt" des Empfängers in den Frachtvertrag; siehe Rdn. 31.

3 Aus dieser grundsätzlichen Beurteilung der Lage lassen sich **zur Abgrenzung und Auslegung des § 436 dienliche Grundsätze** ableiten:

(1) § 436 ist nicht ohne Zustimmung des Empfängers durch Abreden zwischen Frachtführer und Absender erweiterungsfähig. Hier gilt das von der Rechtsprechung zur Erweiterung des Spediteurpfandrechts grundsätzlich Ausgeführte[3].

(2) Der Ausnahmecharakter des § 436 verbietet es nicht, die Vorschrift weit auszulegen. Jedoch muß der Schutz des Empfängers als begünstigten Dritten bei der Auslegung gewahrt bleiben[4]. Konkludente Zustimmung des Empfängers kann nur angenommen werden, wenn dessen Verpflichtungswillen sicher festgestellt werden kann, siehe hierzu unten Rdn. 33.

2. Anwendungsbereich des § 436 – Spezialbestimmungen

4 § 436 gilt überall im Landfrachtrecht, wo keine sondergesetzlichen Abweichungen vorliegen[5]. Durch Allgemeine Geschäftsbedingungen kann § 436 nicht zu Lasten des Empfängers ohne dessen Zustimmung erweitert werden. Im Güternahverkehr sehen die AGNB nichts Besonderes zu § 436 vor; die ADSp wollen (auch in der Neufassung von 1978) in § 34 die Zahlungspflicht des Empfängers bereits an die bloße Annahme des Guts knüpfen; dies hat der BGH bereits zur alten Fassung[6] grundsätzlich für unwirksam erklärt[7]. Da im Güternahverkehr der Frachtbrief nicht üblich ist, hat hier § 436 praktisch keine Bedeutung; siehe zur Erforderlichkeit des Frachtbriefs Rdn. 5. Für die den Bed. GüKUMT, Anh. IV nach § 452 unterliegenden Beförderungen (insbesondere im

---

[1] Siehe § 425 Rdn. 104 f.
[2] BGH vom 7. 12. 1959, VersR **1960** 111, 112.
[3] Siehe § 410 Rdn. 46 ff; BGH vom 8. 3. 1955, BGHZ **17** 1 ff.
[4] BGH vom 7. 12. 1959, VersR **1960** 111.
[5] Siehe zum gesamten Frachtrecht den allgemeinen Überblick von *Koller*[2] TranspR **1993** 41 ff.
[6] Urt. vom 29. 6. 1959, VersR **1959** 659, 661.
[7] Siehe dazu § 34 ADSp, Anh. I nach § 415 Rdn. 2 ff. Neuerlich *Koller* TranspR **1993** 41, 44; OLG München vom 9. 10. 1992, TranspR **1993** 75, 76.

Umzugsverkehr) gilt § 436 unverändert, da diese Bedingungen nichts Spezielles enthalten. § 25 Abs. 2 S. 3 KVO wiederholt praktisch wörtlich den Text des § 436. Die für § 436 maßgeblichen Grundsätze gelten also auch im Güterfernverkehr[8]. Art. 13 Abs. 2 CMR legt für den Fall der Geltendmachung von Auslieferungsansprüchen eine Zahlungspflicht des Empfängers fest. Ob damit eine echte Verpflichtung des Empfängers oder nur eine Zug-um-Zug-Verbindung entsprechend § 435[9] begründet wird, ist zweifelhaft[10]. Im Binnenschiffahrtsrecht gilt § 436 ebenfalls. Im Eisenbahnrecht knüpft sich die Zahlungspflicht des Empfängers an die bloße Annahme des Frachtbriefs ohne Auslieferung des Gutes[11]. Die EVO sieht sogar die Ersetzung seiner Annahme durch tarifliche Fiktionen vor[12]. Die Übergabe eines Ladescheins an den Empfänger verpflichtet diesen ebenfalls, die sich aus diesem ergebenden Zahlungen zu leisten; RG vom 13. 10. 1942, RGZ **170** 233, 235.

II. Voraussetzungen der Zahlungspflicht nach § 436
1. Annahme von Gut und Frachtbrief im allgemeinen

§ 436 setzt für die Entstehung der Zahlungspflicht des Empfängers die Annahme des Gutes und des Frachtbriefes – ohne Festlegung einer zeitlichen Reihenfolge – voraus. Fehlt es an einer dieser Voraussetzungen, so kann sich aus § 436 kein Zahlungsanspruch ergeben[13]. Für den Fall, daß nur der Frachtbrief, aber kein Frachtgut angenommen worden ist, scheint dies heute unstreitig zu sein[14]. Die bloße Annahme des Frachtguts reicht, auch wenn kein Frachtbrief ausgestellt oder angenommen ist, nicht aus[15]. Ohne dieses Erfordernis würde im Güternahverkehr (wo der Frachtbrief unüblich ist), aber auch im übrigen Landtransportrecht (wo er durch den Wegfall des Tarifzwangs an Bedeutung verlieren wird) jede Annahme des Frachtguts die volle Zahlungspflicht des Empfängers begründen. § 436 gestattet – nicht nur seinem Wortlaut nach – keine Verpflichtung des Empfänger ohne Annahme des Frachtbriefs. Dem Empfänger ist nicht zuzumuten, durch bloße Annahme des Guts automatisch und ohne Kenntnis Pflichten zu übernehmen, zu deren Tragung er dem Absender gegenüber möglicherweise nicht verpflichtet ist[16]. Auch die Übersendung von Frachtrechnungen kann die Übergabe des Frachtbriefs nicht ersetzen[17]. Wird dem Empfänger die Zahlung der Beträge bei Ablieferung angesonnen, und nimmt er das Gut unter diesen Umständen an, so kann darin höchstens die Vereinbarung einer besonderen, außerhalb des § 436 liegenden Zahlungspflicht liegen, siehe dazu unten Rdn. 31 ff. Zur Annahme eines Frachtbriefs ohne Kostenangaben siehe Rdn. 20 ff.

---

[8] Vgl. BGH vom 7. 12. 1959, VersR **1960** 111 und vom 23. 1. 1970, WM **1970** 692 f = LM Nr. 2 zu § 436.
[9] Siehe Rdn. 12 f.
[10] Siehe dazu die Erl. zu Art. 13 CMR, Anh. VI nach § 452.
[11] § 75 Abs. 2 S. 1 EVO; Art. 28 § 1 Abs. 2, 15 ER/CIM 1980, Anh. II nach § 460; neuerer Fall zu § 75 Abs. 2 S. 1 EVO: AG Wiesbaden vom 23. 2. 1989, TranspR **1989** 232 f.
[12] § 75 Abs. 2 S. 2 EVO.
[13] OLG Düsseldorf vom 11. 12. 1980, TranspR **1982** 13, 16 = NJW **1981** 1910 f; OLG Düsseldorf vom 27. 11. 1980, VersR **1981** 556 hält es zu Unrecht für möglich, daß ein „sonstiges, dem Frachtbrief u. U. gleichzustellendes Papier" ausreicht. Siehe dazu und zu den abweichenden Modellen frachtrechtlicher Sonderordnungen *Koller* TranspR **1993** 41 ff.
[14] Anders im Eisenbahnrecht, siehe Rdn. 4; *Koller* TranspR **1993** 41, 43. Zum Seerecht (§§ 614, 225 HGB) siehe kritisch *Koller* TranspR **1993** 41, 43 f.
[15] BGH vom 29. 6. 1959, VersR **1959** 659, 660; vom 7. 12. 1959, VersR **1960** 111, 112; vom 12. 6. 1964, VersR **1964** 970, 971; *Heymann/Honsell* Rdn. 4; *Heymann/Kötter*[21] Anm. 1; *Koller*[2] Rdn. 3; *Baumbach/Duden/Hopt*[28] Anm. 1; auch *Benckelberg/Beier* TranspR **1989** 351 ff gehen davon aus. A. A. *Schlegelberger/Geßler*[5] Rdn. 4. Siehe auch § 34 ADSp, Anh. I nach § 415 Rdn. 1 ff.
[16] Zutreffend *Koller* TranspR **1993** 41, 42 f.
[17] BGH vom 7. 12. 1959, VersR **1960** 111, 112 (zu § 25 KVO); zustimmend *Heymann/Kötter*[21] Anm. 1; *Koller*[2] Rdn. 3.

2. Annahme des Frachtguts im besonderen

6 Annahme des Frachtguts ist die Übernahme des Besitzes am Frachtgut mit dem Willen, diese als Empfang der vertragsgemäßen Leistung anzuerkennen. Es handelt sich um den gleichen Vorgang wie die in § 429 vorgesehene „Ablieferung", jedoch aus der Sicht des Empfängers. Der Begriff der „Annahme" ist mit dem der §§ 437, 438 identisch[18].

a) Besitzübernahme

7 Durch die Annahme (= Ablieferung durch den Frachtführer) muß der Empfänger in den Stand gesetzt werden, die tatsächliche Gewalt über das Gut auszuüben. Siehe dazu § 429 Rdn. 52. Regelfall ist die Übernahme des unmittelbaren Besitzes durch den Empfänger oder einen seiner Besitzdiener i. S. d. § 855 BGB. Es genügt jedoch auch Übernahme des Frachtguts durch eine dritte Person, die dem Empfänger den mittelbaren Besitz vermittelt. Ausreichend ist auch, wenn der Frachtführer das Gut unter Vereinbarung eines neuen Vertragsverhältnisses als Besitzmittler behält, z. B. zur Einlagerung oder Weiterversendung an eine andere Person[19]. Dagegen genügt es nicht, wenn der Empfänger nur die Weisung zur Ablieferung an eine andere Person oder andere im Rahmen des ursprünglichen Frachtvertrages zulässige Weisungen erteilt.

8 Eine **teilweise Übernahme des Gutes** kann als Teilannahme ausgelegt werden. Fraglich ist allerdings, ob in diesem Falle eine Teilverpflichtung des Empfängers eintritt[20]. Jedenfalls ist dies zu bejahen, wenn die Ablieferung in Teilpartien vorgesehen war[21]; aber auch wenn die Teilablieferung nicht vertragsgemäß ist, muß die Verpflichtungswirkung zu Lasten des Empfängers bejaht werden. Andernfalls würde der Frachtführer durch die Ablieferung des Guts in Teilpartien die Zurückbehaltungsmöglichkeit nach § 435 aufgeben, ohne ihm Ansprüche gegen den Empfänger zu gewähren. Da die Frage streitig ist, muß dem Frachtführer bei Ablieferung von Teilpartien empfohlen werden, mit dem Empfänger die Zahlungspflicht in soweit besonders zu vereinbaren; siehe dazu unten Rdn. 33.

b) Annahme als vertragsmäßige Leistung

9 Die bloße Inbesitznahme des Frachtguts durch den Empfänger ist Realakt, genügt nicht zur Annahme. Wird der Besitz am Frachtgut etwa nur zum Zwecke der Verwiegung, Begutachtung, Verwahrung oder zu ähnlichen Zwecken übernommen, liegt keine Ablieferung i. S. d. § 429 und keine Annahme nach §§ 436–438 vor[22]. Vielmehr wird für eine wirksame Annahme als zweites Element allgemein eine Willenserklärung des Empfängers[23], zumindest aber eine willentliche Rechtshandlung[24] als erforderlich angesehen. Der Wille richtet sich – ähnlich wie bei der werkvertraglichen Abnahme nach § 640 BGB[25] – darauf, die Übergabe als im wesentlichen vertragsgemäße Leistung anzuerken-

---

[18] Siehe dazu § 429 Rdn. 52.
[19] So z. B. im Falle RG vom 13. 4. 1921, RGZ 102 92, 93; dazu auch RG vom 22. 9. 1926, RGZ 114 308, 314 f (zur Ablieferung im Eisenbahnrecht).
[20] Dagegen die h. M.: *Schlegelberger/Geßler*[5] Rdn. 3; *Koller*[2] Rdn. 2; *Heymann/Honsell* Rdn. 9. Siehe jedoch zum Anspruchsverlust bei Teilannahme entsprechend § 438 Rdn. 12; OLG Düsseldorf vom 20. 6. 1985, TranspR **1985** 254, 256.
[21] Für selbständige Sendungen *Schlegelberger/Geßler*[5] Rdn. 3. Für Teilablieferungen, wenn sie vertraglich vorgesehen sind: *Heymann/Honsell* Rdn. 9.
[22] *Koller*[2] Rdn. 2; Prüfung und Musterentnahme sind keine Annahme; OLG Düsseldorf vom 24. 11. 1988, TranspR **1989** 59 (zum Eisenbahnrecht).
[23] OLG Celle vom 24. 11. 1988, TranspR **1989** 59; *Schlegelberger/Geßler*[5] Rdn. 3, 4; *Baumbach/Duden/Hopt*[28] Anm. 2; *Heymann/Honsell* Rdn. 8; *Koller*[2] Rdn. 2.
[24] *Heymann/Kötter*[21] Anm. 1 spricht von „einvernehmlicher Mitwirkung des Empfängers", die er aber eher als Rechtshandlung betrachtet.
[25] Siehe dazu grundlegend BGH vom 18. 9. 1967, BGHZ **48** 257, 262 ff.

nen[26]. Er braucht sich demnach nicht auf die gesetzlich angeordneten Folgewirkungen der Annahme zu erstrecken, insbesondere nicht die Selbstverpflichtung des Empfängers mit zu umfassen[27]. Aus dieser Qualifikation der Annahme ergeben sich Folgerungen:

(1) **Wird das Frachtgut** – wie meist – nicht durch den Empfänger persönlich, sondern **durch eine dritte Person angenommen** (z. B. Arbeitnehmer des Empfängers), so hängt die Wirksamkeit der Annahme von der Vertretungsmacht des Dritten ab. In der widerspruchslosen Weiterbehandlung des Guts durch den Empfänger wird man jedoch regelmäßig eine Genehmigung nach § 177 BGB (evtl. in Verbindung mit § 180 BGB) zu sehen haben[28]. Der Charakter der Annahme als Willenserklärung kann nicht mit dem in der arbeitsteiligen Welt überall möglichen Argument der Überforderung von Personal und Organisation verneint werden[29]. Es bedarf für eine ordnungsgemäße Organisation auch der Organisation der Arbeitsteilung bei Abgabe und Empfang von Willenserklärungen.

10

(2) Die **Annahmeerklärung ist anfechtbar**, insbesondere, wenn der Empfänger sich in einem Irrtum i. S. d. § 119 Abs. 1 BGB befand, z. B. wenn er der Meinung war, das Gut nur zur Verwahrung, Verwiegung, Überprüfung oder aus einem ähnlichen Grund, nicht aber als Empfänger i. S. d. Frachtrechts anzunehmen. Irrtum über den Inhalt der Erklärung liegt aber nicht vor, wenn der Empfänger nur nicht wußte, daß mit der Annahme eine Zahlungspflicht verbunden sein könnte oder sei; denn die gesetzlich angeordnete Zahlungspflicht des Empfängers erfordert keinen solchen, etwa in der Annahmeerklärung zum Ausdruck kommenden Verpflichtungswillen[30].

11

(3) **Annahme unter Vorbehalt ist möglich.** Hierbei bedarf es der Auslegung des Vorbehalts. Soll dieser die Anerkennung als Ablieferung ausschließen, so liegt eine nur tatsächliche Entgegennahme und keine Willenserklärung vor. Die Verpflichtungswirkung des § 436 tritt dann nicht ein. Soll dagegen ein mit dem Frachtführer vereinbarter Vorbehalt nur dem Verlust von Ersatzansprüchen entgegenwirken[31], so liegt eine Billigung der Frachtführerleistung als im wesentlichen vertragsgemäß („Annahme" i. S. d. § 436) vor. Lediglich die Rechte wegen Schäden sollen durch den Vorbehalt gewahrt werden. Vorbehalte nach Annahme des Gutes sind ohnehin wirkungslos[32].

12

(4) Die Qualifikation der Annahme als Willenserklärung legt nahe, **auch für die im tatsächlichen mit ihr identische „Ablieferung" i. S. d. § 429 eine Willenserklärung des Empfängers für erforderlich zu halten**[33].

13

Die tatsächliche **Entgegennahme** des Frachtguts **durch den Empfänger oder eine bevollmächtigte Person enthält regelmäßig als schlüssige Handlung auch die Annahmeerklärung.** Der tatsächlichen Annahme des Frachtguts ohne rechtsgeschäftli-

14

---

[26] Bestätigend mit Hinweis auf weitere Rechtsprechung BGH vom 6. 4. 1973, BGHZ **61** 42, 45.
[27] Mißverständlich *Koller*² Rdn. 2: Erklärung, „gesetzlich typisiert, daß er zur Zahlung bereit sei".
[28] So im Ergebnis ohne weitere Ausführungen wohl auch BGH vom 23. 1. 1970, WM **1970** 692 = LM Nr. 2 zu § 436 (a. E.). Auch sind § 56 und die Grundsätze der Anscheinsvollmacht zu beachten. Auch eine Annahme durch einen Vollmachtspediteur in eigenem Namen für Rechnung des Empfängers ist möglich; zum Seerecht siehe BGH vom 10. 10. 1957, BGHZ **55** 301, 307.

[29] So aber *Benckelberg/Beier* TranspR **1989** 351, 354.
[30] Wie hier *Schlegelberger/Geßler*⁵ Rdn. 8; *Baumbach/Duden/Hopt*²⁸ Anm. 2; *Koller*² Rdn. 1; a. A. *Heymann/Kötter*²¹ Anm. 1, der keinerlei Anfechtung zulassen will.
[31] Siehe dazu § 438 Rdn. 26.
[32] Siehe zu der ähnlichen Rechtslage im Werkvertragsrecht BGH vom 6. 4. 1973, BGHZ **61** 42, 45.
[33] Siehe § 429 Rdn. 72 ff.

chen Annahmewillen kann die Erklärung zeitlich folgen[34]. Sie kann in schlüssigem Verhalten gesehen werden, z. B. wenn der Empfänger das Frachtgut nach der tatsächlichen Annahme durch nicht bevollmächtigte Personen wie angenommenes Gut behandelt, etwa es verarbeitet oder über es verfügt[35]. § 151 S. 1 BGB kann zu § 436 hierbei großzügig angewendet werden. Fehlt es der annehmenden Person an der erforderlichen Vertretungsberechtigung, so kann dennoch ihr Verhalten dem Empfänger nach den Grundsätzen der Anscheinsvollmacht zugerechnet werden. Hier verwirklicht sich die Obliegenheit des Empfängers zu ordnungsmäßiger Organisation; siehe Rdn. 10.

3. Annahme des Frachtbriefs im besonderen

15   Die Annahme des Frachtbriefs als zweite Voraussetzung der Empfängerverpflichtung entspricht in ihrem Inhalt etwa der Annahme des Guts. Die Literatur verweist regelmäßig auf die Ausführungen zur Übernahme des Frachtguts. Im Ergebnis ist dem insoweit zuzustimmen, als auch hier grundsätzlich eine körperliche Inbesitznahme und eine Willenserklärung erforderlich sind. Allerdings dürften sich die Begründungen für die Qualifikation der Annahme des Frachtguts als Willenserklärung nur teilweise auf die Annahme des Frachtbriefs übertragen lassen; vgl. dazu Rdn. 9 ff.

16   Die Annahme des Frachtbriefs sollte gleichwohl **ebenfalls als Willenserklärung** betrachtet werden, weil sie die Entscheidung des Empfängers zum Inhalt hat, das Frachtgut unter den Konditionen des Frachtbriefs entgegenzunehmen[36]. Der zu fordernde Wille muß daher auf das Akzeptieren einer solchen Empfängerstellung bei Entgegennahme des Guts gehen, braucht aber nicht die einzelnen Folgen des § 436 mit zu umfassen. Die Entgegennahme des Frachtbriefs nur zum Zwecke der Überprüfung, Information oder Weiterleitung stellt keine Annahme dar. Die Qualifikation der Annahme des Frachtbriefs als Willenserklärung läßt sich damit begründen, daß der Empfänger mit der Annahme des Frachtbriefs letztlich eine Entscheidung über seine Verpflichtung trifft. Die Einsichtnahme, durch die ihm die Angaben über die Person des Absenders, des Frachtguts, über bezahlte Fracht, Nachnahmen und dgl. zur Kenntnis gebracht werden, geht dem voraus; wird der Frachtbrief anschließend zurückgegeben, liegt keine Annahme des Absenders vor[37]. Letztlich kann die Entscheidung – ebenso wie die Annahme des Guts – sinnvollerweise nur von einer informierten, vertretungsberechtigten Person getroffen werden. Auch hier ist daher der Schutz des Rechtes der Willenserklärung für den Empfänger erforderlich. Freilich wirft sich die Frage auf, ob der Frachtbrief der richtige Informationsträger hierfür ist, oder ob nicht eine deutlichere Entscheidungssituation de lege ferenda anzustreben wäre. Denn Frachtbriefe sind heute durch die üblicherweise geringe Sorgfalt ihrer Ausstellung und Handhabung eher rechtsgeschäftlich bedeutungslose Papiere geworden.

17   Die **Annahmeerklärung braucht sich** jedoch – ebenso wie bei der Annahme des Guts – **nicht auf die konkreten Folgen der Annahme zu erstrecken**. Diese sind vielmehr vom Gesetz in § 436 in typisierter Form festgesetzt. Es gilt das oben unter Rdn. 9 Gesagte.

---

[34] Dem Empfänger muß daher Gelegenheit gegeben werden, daß Gut vor Annahmeerklärung auf äußerlich erkennbare Mängel zu untersuchen; *Koller*[2] Rdn. 2.
[35] Zutreffend *Schlegelberger/Geßler*[5] Rdn. 3; im Ergebnis ohne nähere Begründung auch BGH vom 23. 1. 1970, WM **1970** 692 = LM Nr. 2 zu § 436.
[36] OLG Düsseldorf vom 24. 11. 1988, TranspR **1989** 59.
[37] OLG Düsseldorf vom 24. 11. 1988, TranspR **1989** 59 (zum Eisenbahnrecht).

III. Inhalt der Empfängerverpflichtungen

Der Empfänger wird nach § 436 verpflichtet, "nach Maßgabe des Frachtbriefs Zahlung zu leisten". Siehe hierzu die Sonderregelungen in §§ 25 und 23 Abs. 4 KVO.

1. "Zahlung leisten"

Dies bedeutet, daß die Verpflichtungen des Empfängers sich nach dem Gesetz nur auf die Zahlung von Geld erstrecken. Ob § 436 erweiternd dahingehend ausgelegt werden kann, daß die Empfängerpflichten nicht nur die Zahlung, sondern auch andere Leistungen betreffen können[38] erscheint zweifelhaft. Dabei kann es sich allenfalls um die Mitwirkung bei der Ablieferung handeln, die sich ohnehin als Obliegenheit aus der Gläubigerstellung des Empfängers ergibt, auf die jedoch der Frachtführer keinen klagbaren Anspruch hat.

2. "Nach Maßgabe des Frachtbriefs"

Mit dieser Formulierung ist klargestellt: Es muß sich um **Zahlungspflichten handeln, die sich aus dem Frachtbrief ermitteln lassen**[39] – in irgendeiner Weise, auch aus den im Frachtbrief in Bezug genommenen Schriftstücken[40]. Dabei ist bei einem kaufmännischen Empfänger die Fähigkeit zur Berechnung der Tariffracht vorauszusetzen[41], während bei nichtkaufmännischen Empfängern der genaue Betrag im Frachtbrief erforderlich ist; zutreffend *Koller*[2] Rdn. 4. Nachnahmebeträge müssen sich aus Frachtbrief oder Anlagen ergeben, erstattungspflichtige Kosten aus den Angaben des Frachtbriefs hervorgehen, z. B. aus amtlichen Tarifen wie dem Nebengebührentarif zum GFT[42]. Die vom Empfänger im einzelnen nicht überprüfbaren Zollauslagen müssen in der Regel ziffernmäßig bestimmt sein[43].

Maßgeblich ist also nicht der Frachtvertrag, sondern der Frachtbrief – im Gegensatz zu § 435[44]. Will der Frachtführer Ansprüche aus dem Frachtvertrag geltend machen, die sich nicht aus dem Frachtbrief ergeben, so kann er diese nur durch Zurückbehaltung nach § 435, nicht aber aktiv nach § 436 erzwingen[45]. Dies gilt vorab, wenn der Frachtbrief keinerlei Angaben enthält, aus denen sich die zu zahlenden Kosten auch nur ableiten lassen[46]. Mit der Auslieferung des Guts ist in solchen Fällen der Frachtführer nicht mehr in der Lage, gegen den Empfänger vorzugehen und muß sich gegebenenfalls an den Absender wenden. Diese Funktion des Frachtbriefs als inhaltgebendes Papier der Empfängerverpflichtung ist von *Benckelberg/Beier* TranspR **1989** 351 ff mit dem Argument angegriffen worden, es könne letztlich für die Empfängerverpflichtung nicht auf die

---

[38] *Ritter*[2] (1932) Anm. 5; *Schlegelberger/Geßler*[5] Rdn. 9.
[39] Grundlegend RG vom 16. 6. 1909, RGZ **71** 342, 344 ff und die im folgenden zitierte Rechtsprechung.
[40] *Baumbach/Duden/Hopt*[28] Anm. 3; österr. ObGH vom 3. 10. 1973, SZ **46** 95, S. 433 ff = TranspR **1978** 78 f (zu § 436 HGB und Art. 13 Abs. 2 CMR).
[41] BGH vom 23. 1. 1970, WM **1970** 692, 693 = LM Nr. 2 zu § 436; bestätigend BGH vom 25. 4. 1991, VersR **1991** 1037, 1039; OLG Hamburg vom 3. 11. 1983, TranspR **1984** 190, 191 = VersR **1984** 235 f; *Koller*[2] Rdn. 4; österr. ObGH vom 3. 10. 1973, SZ **46** 95, S. 435 = TranspR **1978** 78 f.
[42] Bis zum Inkrafttreten des Tarifaufhebungsgesetzes (wirksam ab 1. 1. 1994, siehe vor § 1 GüKG, Anh. I nach § 452 Rdn. 2).
[43] Noch immer maßgeblich RG vom 16. 6. 1909, RGZ **71** 342, 344 f.
[44] Eingehende Begründung: RG vom 16. 6. 1909, RGZ **71** 342, 344 f.
[45] Siehe Rdn. 12.
[46] Von diesem Ansatz geht BGH vom 23. 1. 1970, WM **1970** 692 = LM Nr. 2 zu § 436 aus; siehe schon OLG Breslau vom 26. 9. 1927, JW **1927**, 2817; OLG Stuttgart vom 15. 3. 1927, JW **1928** 1239; OLG Frankfurt vom 5. 12. 1967, TranspR **1981** 25, 26; OLG Hamm vom 15. 9. 1988, TranspR **1989** 55, 56 = NJW-RR **1989** 742 f (zu Art. 13 Abs. 2 S. 2 CMR).

§ 436 Drittes Buch. Handelsgeschäfte

Zahlen im Frachtbrief ankommen; dieser sei daher nur dem Grunde, nicht aber der Höhe nach für die Empfängerverpflichtung maßgeblich. In der Tat bereitet es Schwierigkeiten, diese Angaben so einzutragen, daß sich aus ihnen die Höhe der Zahlungen erkennen läßt. Auf der anderen Seite muß aber bedacht werden, daß § 436 eine Ausnahme vom grundsätzlichen Verbot des Vertrages zu Lasten Dritter darstellt. Bei keinem anderen Vertragstyp gibt es eine automatisch an die Erbringung einer Leistung gebundene Gegenleistungsgarantie des (dritten) Leistungsempfängers, obwohl die Risiken z. B. bei Lieferungsgeschäften erheblich höher sind als die Kosten eines einmaligen Transports[47]. § 436 erklärt sich aus den typischen Inkassoschwierigkeiten des Entgeltinkassos beim distanzübergreifenden Frachtgeschäft. Diese Problematik ist heute durch die Dichte des Informations- und Geldtransfernetzes grundsätzlich nicht mehr hoch einzuschätzen. Wo dieses nicht genutzt werden kann, bietet sich die Nachnahme oder die Verpflichtung des Absenders (durch Wahl der hierfür richtigen Handelsklauseln) als Sicherung an. Verzichtet man auf einen Informationsträger für die Bestimmung der Empfängerverpflichtung, zieht man den Empfänger in vielen Fällen als Träger eines für ihn nicht vorhersehbaren Insolvenzrisikos heran[48]. Aus diesen Gründen muß, trotz der abnehmenden Wirkung des Frachtbriefs in der Praxis[49], de lege lata an der Maßgeblichkeit des Frachtbriefs auch für die Höhe der Empfängerverpflichtung festgehalten werden[50]. De lege ferenda ist an eine Übertragung von Frachtbrieffunktionen auf andere Datenträger zu denken.

22 Aus dem Frachtbrief ergibt sich vielfach, daß der Absender die Fracht zu bezahlen hat, insbesondere durch eingetragene **Frankatur- oder Kostentragungsklauseln** wie etwa „frei" oder „cif". In solchen Fällen hat nach Maßgabe des Frachtbriefs der Empfänger keine Fracht zu bezahlen, wohl aber Kosten, die nach der betr. Klausel nicht vom Absender übernommen sind[51]. Dies ist von der Rechtsprechung anerkannt. Die Rechtsprechung hat insbesondere für den Fall, daß der „Absender im Frachtbrief die Übernahme der Fracht erklärt hat (§ 21 Abs. 1 und 4 KVO ...)" eine Zahlungspflicht des Empfängers nach § 436 verneint[52]. Selbstverständlich ergibt sich aus einem Franko- oder „prepaid"-Vermerk im Frachtbrief, daß der Empfänger nach § 436 nichts mehr zu zahlen hat, auch wenn dieser Vermerk unrichtig sein sollte. Gerade vor solchen Risiken will die Maßgeblichkeit des Frachtbriefs den Empfänger schützen[53].

23 Umgekehrt ergibt eine **im Frachtbrief eingetragene Klausel, nach der die Fracht-**

---

[47] Siehe beispielsweise zur Funktion des § 436 im Verhältnis zur kaufrechtlichen Übersicherungsrechtsprechung OLG Zweibrücken vom 9. 3. 1979, WM **1979** 819 f.

[48] Siehe Rdn. 30 und OLG Frankfurt vom 17. 4. 1984, TranspR **1985** 139 ff. Unzutreffend OLG Bremen vom 13. 3. 1986, TranspR **1986** 190, 191, das in einer seerechtlichen Entscheidung die Heranziehung des Empfängers statt des Frachtführers als Ausdruck eines das ganze Frachtrecht beherrschenden Rechtsgedankens ansieht und dem widersprechende übliche AGB nach § 9 AGBG für unwirksam erklärt.

[49] *Koller* TranspR **1993** 41, 42 ff.

[50] Entgegen *Benckelberg/Beier* TranspR **1989** 351 ff.

[51] Z. B. Rollgeld, wenn im Eisenbahnfrachtbrief „frei Station", nicht aber „frei Haus" eingetragen war.

[52] BGH vom 23. 1. 1970, WM **1970** 692, 693 = LM Nr. 2 zu § 436; OLG Düsseldorf vom 30. 12. 1982, TranspR **1984** 10, 11 = VersR **1983** 951 (zur KVO); davon ausgehend zur CMR auch OLG Hamm vom 12. 1. 1973, NJW **1974** 1056; *Schlegelberger/Geßler* Rdn. 11; *Lenz* Rdn. 1010.

[53] *Koller*[2] Rdn. 4. Zur ähnlichen Rechtslage bei Prepaid-Vermerken im Konnossement: OLG Hamburg vom 15. 12. 1983, TranspR **1984** 288, 289, vom 9. 7. 1986, VersR **1986** 1189 f und vom 30. 8. 1990, TranspR **1991** 109, 110 = VersR **1991** 604 f; LG Osnabrück vom 2. 2. 1977 und OLG Oldenburg vom 6. 10. 1977, VersR **1979** 1052. Zum prepaid-Vermerk im Luftfrachtbrief: OLG Düsseldorf vom 31. 7. 1986, TranspR **1986** 341, 342 = VersR **1987** 315 ff; LG Frankfurt vom 27. 3. 1992, TranspR **1992** 414; *Rabe* TranspR **1984** 288 ff; *Koller* TranspR **1993** 41, 42.

zahlungspflicht den Empfänger treffen soll (etwa „unfrei" oder „ex works") eine Grundlage für die Zahlungspflicht des Empfängers[54]. Jedoch kann diese nur entstehen, soweit sich ihre Höhe ebenfalls aus den Angaben im Frachtbrief berechnen läßt; siehe Rdn. 20.

Aus dem Frachtbrief **muß sich nicht notwendig der Betrag der geschuldeten Zahlungen ergeben**[55]. Es genügt vielmehr, wenn aus den im Frachtbrief eingetragenen Angaben der Umfang der Zahlungspflichten ermittelt werden kann[56]. Hierzu sind die gesetzlichen Bestimmungen, Handelsbräuche sowie die Schriftstücke heranzuziehen, auf die im Frachtbrief verwiesen wird. Für den KVO-Frachtbrief, der auf die KVO ausdrücklich verweist, ist damit unzweifelhaft, daß der Empfänger mit seiner Annahme und der Annahme des Frachtguts die Tariffracht schuldet, wenn keine abweichende Vereinbarung vorliegt[57]. Zum Eisenbahnrecht hat der BGH die Verpflichtung des Empfängers zur Frachtzahlung auch dann anerkannt, wenn im Frachtbrief der falsche Tarif eingetragen war[58]. Dies erklärt sich jedoch daraus, daß sich die Pflichten des Empfänger nach § 75 Abs. 2 S. 1 EVO nach dem Frachtvertrag, nicht nach dem Frachtbrief richten. 24

Allgemeine Geschäftsbedingungen sehen eine Zahlungspflicht des Empfängers unter weniger beschränkenden Bedingungen, insbesondere ohne Annahme des Frachtbriefs vor; z. B. § 34 ADSp. Sie können aber dem Empfänger nicht schon deshalb entgegengesetzt werden, weil sie vom Absender mit dem Frachtführer vereinbart sind. Vielmehr muß auf sie im Frachtbrief verwiesen werden, falls sie nicht kraft Handelsbrauchs schon gelten[59]. 25

Zu den typischen Pflichten des Empfängers gehört die **Zahlung der Fracht, von Auslagen wie Zöllen, Gebühren, Lagergeld, Stand- und Liegegeldern**[60], **bezahlter Vorfracht sowie Nachnahmen**, mit denen das Gut belastet ist. Fehlen hierzu die Angaben im Frachtbrief, so ergibt sich aus § 436 keine Zahlungspflicht des Empfänger[61]. Bei Nachnahmen, die nicht mit dem Frachtvertrag zusammenhängende Beträge betreffen, ist in jedem Fall zu fordern, daß der Auftrag zur Einziehung und die Höhe des Betrages sich zweifelsfrei aus dem Frachtbrief ergeben[62]. Will der Frachtführer das Frachtgut abliefern und sich die Ansprüche gegen den Empfänger sichern, so muß er mit ihm besondere Vereinbarungen treffen; siehe Rdn. 33 ff. Ist die Fracht im Frachtbrief unrichtig, insbesondere tarifwidrig berechnet, so kann sich (bis zum Inkrafttreten des Tarifaufhebungsgesetzes, wirksam ab 1. 1. 1994, siehe vor § 1 GüKG, Anh. I nach § 452 Rdn. 2) ein Nachforderungsanspruch des Frachtführers ergeben. Siehe zum Zwang, solche Nachforderungen geltend zu machen, § 23 GüKG, Anh. I nach § 452. § 23 GüKG nimmt keine Stellung zu der Frage, wer Schuldner der nachzuzahlenden Fracht ist. Nach 26

---

[54] Siehe dazu *Benckelberg/Beier* TranspR **1989** 351 ff; *Koller*[2] Rdn. 5.
[55] BGH vom 7. 12. 1959, VersR **1960** 111, 112; vom 23. 1. 1970, LM Nr. **2** zu § 436 = WM **1970** 692, 693.
[56] ROHG vom 20. 10. 1876, ROHG **21** 181, 182 f; BGH vom 7. 12. 1959, VersR **1960** 111, 112; BGH vom 23. 1. 1970, aaO; OLG Hamm vom 12. 11. 1973, NJW **1974** 1056 (zur CMR).
[57] BGH vom 2. 1. 1970, LM Nr. **2** zu § 436; zum Eisenbahnrecht siehe OLG Hamburg OLGR **16** 133 f.
[58] BGH vom 21. 4. 1960, VersR **1960** 604 f. Siehe auch Rdn. 20.
[59] Siehe vor § 1 ADSp, Anh. I nach § 415 Rdn. 5 ff sowie § 34 ADSp, Anh. I nach § 415 Rdn. 2 ff. Die gegenteilige Auffassung von *Schlegelberger/ Geßler*[5] Rdn. 10, die allgemeine Beförderungsbedingungen ohne weiteres anwenden wollen, läßt eine Begründung vermissen.
[60] RG vom 3. 11. 1928, RGZ **122** 221, 225.
[61] Aus der älteren Rechtsprechung siehe RG vom 16. 6. 1909, RGZ **71** 342, 345 f. Jedoch kann der Frachtführer die Zahlung nach § 435 S. 1 Zug um Zug erzwingen; dazu § 435 Rdn. 12 f.
[62] *Heymann/Kötter*[21] Anm. 2.

richtiger Auffassung muß der Frachtführer dem Empfänger gegenüber die Angaben des Frachtbriefs gelten lassen und sich wegen der Differenz an den Absender wenden[63]. Es macht daher einen Unterschied, ob die Tarifmanipulation im Frachtbrief durch falsche Angaben verdeckt ist oder nicht.

27 **Stimmen die Inhalte von Frachtvertrag und Frachtbrief nicht überein, gilt im Interesse des Empfängers nur das im Frachtbrief Enthaltene.** Ergibt sich z. B. daraus, daß der Absender die volle Frachtzahlung übernehmen wollte, so entsteht mit Annahme des Guts und des Frachtbriefs keine Empfängerverpflichtung; siehe Rdn. 21 f. Nach dem zutreffenden Urteil des BGH vom 23. 1. 1970[64] gilt das gleiche, wenn außerhalb des Frachtbriefs eine Vereinbarung zwischen Absender und Frachtführer bestand, nach der die Frachtzahlung vom Absender übernommen wurde. Die Entscheidung weist darauf hin, daß der Frachtbrief nur eine widerlegliche Vermutung für den Inhalt des Frachtvertrages aufstelle. Hieraus ergäbe sich allerdings noch nichts über die Zahlungspflicht des Empfängers, da vom Gesetz nicht der Frachtvertrag, sondern der Frachtbrief für maßgeblich erklärt ist. Gleichwohl ist der Entscheidung des BGH zuzustimmen. Die Maßgeblichkeit des Frachtbriefs für die Zahlungspflicht des Empfängers ist nur zu dessen Schutz normiert. Gehen die sich aus dem Frachtbrief ergebenden Verpflichtungen des Empfängers über die nach dem Frachtvertrag vorgesehenen hinaus, so muß der Frachtvertrag sich durchsetzen. Denn es ergibt keinen Sinn, dem Empfänger nur wegen der Unrichtigkeit des Frachtbriefs mehr Pflichten aufzuerlegen, als sie im Frachtvertrag vorgesehen sind[65].

28 Zahlungen, zu denen er nach dem Frachtbrief nicht verpflichtet war, kann der Empfänger nach den Grundsätzen der **ungerechtfertigten Bereicherung zurückfordern**[66]. Eindeutig ist dies für den Güterfernverkehr in § 23 Abs. 5 KVO geregelt. Die Bereicherungsansprüche haben sich freilich nach dem Rechtsgrund der Zahlungen des Empfängers zu richten. Dieser besteht im gesetzlichen Anspruch des § 346 in Verbindung mit den Angaben im Frachtbrief – der Inhalt des Frachtvertrag betrifft nur das Verhältnis zwischen Absender und Frachtführer, kann also zwischen Frachtführer und Empfänger keinen Rechtsgrund darstellen. Somit richtet sich der Rückforderungsanspruch nur nach dem Frachtbrief. Etwas anderes gilt freilich, wenn eine vertragliche Abrede zwischen Frachtführer und Empfänger etwas Abweichendes bestimmt, weil damit eine andersartige causa besteht[67]. § 435 Abs. 1 gibt dem Empfänger zwar ein Zurückbehaltungsrecht[68], stellt aber keine causa für Leistungen des Empfängers dar. Bei der Rückabwicklung nach Bereicherungsrecht ist jedoch das Zug-um-Zug-Verhältnis zu berücksichtigen, so daß nunmehr dem Frachtführer ein Zurückbehaltungsrecht zu gewähren ist.

29 Die nach § 436 gegen den Empfänger begründeten Ansprüche des Frachtführers **verjähren** nach § 196 Nr. 3 BGB in zwei Jahren[69], die Rückgewähransprüche nach § 195 BGB in 30 Jahren.

---

[63] **A. A.** wohl aus der älteren Rechtsprechung zum Eisenbahnrecht *Rundnagel* 163; *Heymann/Kötter*[21] Anm. 2; *Ratz* in der Vorauflage Anm. 5. Zum Eisenbahnrecht siehe ROHG 9 71, 73 ff; 21 181 ff.
[64] LM Nr. 2 = (vollständiger) WM 1970 692, 693 zu § 436.
[65] *Koller*[2] Rdn. 4; *Willenberg*[4] § 25 KVO Rdn. 21 gegen LG München VRS 6 404 und *Krien* NJW 1959 2021, ebenda.

[66] *Koller*[2] Rdn. 4; *Heymann/Honsell* Rdn. 18; *Lenz* Rdn. 1017. **A. A.** *Schlegelberger/Geßler*[5] Rdn. 12, der offenbar die causa im Frachtvertrag, nicht im Frachtbrief sieht.
[67] *Lenz* Rdn. 1022; *Koller*[2] Rdn. 4.
[68] Siehe § 435 Rdn. 12.
[69] Siehe dazu § 439 Rdn. 12 ff.

IV. Das Verhältnis der Zahlungspflicht des Empfängers zu der des Absenders

1. Gesamtschuld

Durch die Entstehung der Empfängerverpflichtung wird die Schuldnerstellung des Absenders nicht berührt. Vielmehr handelt es sich um eine gesetzliche Schuldmitübernahme des Empfängers, durch welche dieser als Gesamtschuldner im Sinne der §§ 421 ff BGB neben den Absender tritt[70]. Daher befreit auch die Leistung des Empfängers oder Absenders den anderen von seiner Schuld; § 422 Abs. 1 BGB. Der Absender kann allerdings u. U. dem Frachtführer andere Einwendungen entgegensetzen, da sich seine Rechtsposition aus dem Frachtvertrag, die des Empfängers nach § 436 jedoch nach dem Frachtbrief bestimmt. Ob die Gesamtschuld von Absender und Empfänger eine „echte" oder „unechte" ist (vgl. dazu *Heymann/Kötter*[21] Anm. 2), ist eine unergiebige theoretische Fragestellung. Vielmehr muß nach Lage des Falles gefragt werden, ob die Norm aus dem Bereich der Gesamtschuld, deren Anwendung erwogen wird, zu sinnvoller Lösung führen kann. Jedenfalls regelt sich die Frage, ob der Absender oder Empfänger die Kosten zu tragen hat, nach dem zwischen ihnen bestehenden Rechtsverhältnis, das „ein anderes bestimmt" (gilt § 426 Abs. 1 S. 1 BGB), so etwa aus der Transportkostenregelung zwischen Verkäufer-Absender und Käufer-Empfänger.

30

Das Entstehen der Empfängerverbindlichkeit nach § 436 bedeutet **keinen „Eintritt" des Empfängers in den Frachtvertrag**, sondern nur gesamtschuldnerische Haftung[71].

31

2. Verjährung der Empfängerschuld

Die Verjährung der durch (ähnlich § 436) § 25 Abs. 2 S. 3 begründeten Schuld des KVO-Empfängers folgt der Sondervorschrift des § 40 KVO; siehe hierzu § 25 KVO, Anh. II nach § 452 Rdn. 1.

32

V. Verpflichtung des Empfängers außerhalb von § 436

Fehlt es an einer der Voraussetzungen für die Entstehung der Empfängerverpflichtung nach § 436, ist z. B. kein Frachtbrief ausgestellt oder ein Anspruch des Frachtführers nicht aus dem Frachtbrief ersichtlich, oder nimmt der Empfänger den Frachtbrief nicht an, bleibt für den Frachtführer die Möglichkeit, die Auslieferung von der Anerkennung einer Zahlungspflicht durch den Empfänger abhängig zu machen. In diesem Falle bedarf es eines schuldrechtlichen Verpflichtungsvertrages mit dem Inhalt, daß der Frachtführer auf die Zurückbehaltung des Frachtguts verzichtet, wogegen sich der Empfänger zur Zahlung verpflichtet[72].

33

Ein solcher Vertrag kann vom Empfänger **auch stillschweigend** geschlossen werden. Doch muß stets aus seinem Verhalten auf seinen Verpflichtungswillen geschlossen werden können. Dies ist nicht der Fall, wenn der Frachtführer nicht bei der Ablieferung erklärt, daß er nur gegen Übernahme der Verpflichtungen ausliefere. Die bloße Annah-

34

---

[70] RGZ 84 237, 239; RG vom 3. 11. 1928, RGZ 122 221, 225; *Schlegelberger/Geßler*[5] Rdn. 14; *Koller*[2] Rdn. 4; *Heymann/Honsell* Rdn. 1.

[71] So schon zutreffend RG vom 16. 6. 1909, RGZ 71 342, 345 und RG vom 8. 3. 1919, 95 122, 123; OLG Königsberg OLGR 34 385, 386.

[72] RGZ 92 122, 123 f; OLG Düsseldorf vom 13. 12. 1973, VersR 1974 1074 ff; siehe auch BGH vom 29. 6. 1959, VersR 1959 659, 660 f = LM Nr. 1 zu § 436; eingehend, aber für den konkreten Fall ablehnend BGH vom 7. 12. 1959, VersR 1959 111, 112 zu § 25 KVO; Begründung einer Zahlungspflicht des Empfängers im Wege der Auslegung: BGH vom 12. 6. 1964, VersR 1964 970, 971; erfolglose Prüfung mehrerer Anspruchsgrundlagen BGH vom 25. 4. 1991, VersR 1991 1037 ff. Dazu auch *Koller*[2] Rdn. 5.

§ 436 Drittes Buch. Handelsgeschäfte

me des Frachtguts bewirkt auch dann keine Verpflichtung des Empfängers, wenn dieser weiß, daß der Frachtführer noch offene Ansprüche gegen den Absender hat. Eine Vermutung, nach der die bloße Annahme des Gutes einen Vertragswillen beweisen soll[73], ist nicht anzunehmen[74]. Einen Grenzfall behandelt RG vom 8. 3. 1919, **95** 122, 123 f: der Empfänger hatte irrtümlich mit dem Entladen eines Waggons begonnen und ihn weiter entladen, als er auf die Nachnahmebelastung hingewiesen war. Hierin sah das RG einen konkludenten Vertragsschluß. Dem schloß sich der BGH generell für die Annahme einer erkennbar mit Nachnahme belasteten Sendung an[75]. Insgesamt ist nach den allgemeinen bürgerlichrechtlichen Regeln über konkludente Vertragsabschlüsse zu entscheiden. Daher ist die Selbstverpflichtung des Empfänger eine Ausnahme, der Verpflichtungswille ist nicht zu vermuten. Vorsicht ist auch geboten, weil die Zahlung an den abliefernden Frachtführer sich erheblich zum Nachteil des Empfängers auswirken kann. So hat z. B. Zahlung einer nicht durch Frachtbrief dokumentierten Nachnahmeforderung (Kaufpreis bei Vereinbarung der Klausel „Kasse gegen Dokumente") mangels Inkassovollmacht des Frachtführers keine befreiende Wirkung gegenüber Verkäufer. Fällt der Frachtführer in Konkurs, muß der Empfänger an den Absender (Verkäufer) nochmals zahlen[76]. Daher reicht auch eine Vertragspraxis, die bereits mehrfach problemlose Zahlungen nach Ablieferung umfaßte, nicht für einen Verpflichtungswillen in einem Problemfall[77]. Ob sich etwas anderes aus einer laufenden Geschäftsverbindung schließen läßt, ist zweifelhaft[78].

35   Die **vertragliche Verpflichtung des Empfängers ist unabhängig vom Verhältnis des Empfängers zum Absender oder dritten Personen.** Der Empfänger kann dann dem Anspruch des Frachtführers keine Einwendungen aus diesen Verhältnissen entgegensetzen – Arglist des Frachtführers ausgenommen[79].

36   Denkbar sind auch Ansprüche **aus ungerechtfertigter Bereicherung oder Geschäftsführung ohne Auftrag**[80]. Jedoch ist es grundsätzlich nicht Zweck des Instituts der Geschäftsführung ohne Auftrag, einem Vertragsgläubiger einen zusätzlichen Schuldner zu verschaffen[81]. Die Ansprüche des Frachtführers auf Erstattung verauslagter Einfuhrumsatzsteuer gegen den steuerlich davon begünstigten Empfänger können davon gem. § 684 S. 2 wegen der besonderen, mit dem Frachtvertrag nicht verknüpften Interessenlage ausgenommen werden. Insoweit entspricht seine Interessenlage der des Grenzspediteurs[82].

---

[73] *Ritter* Anm. 1; *Schlegelberger/Geßler*[5] Rdn. 4.
[74] BGH vom 25. 4. 1991, VersR **1991** 1037 ff; auch wenn das Gut beim zweiten Anlieferungsversuch ohne Kostenspezifikation abgenommen wurde, OLG Düsseldorf vom 27. 11. 1980, VersR **1981** 556.
[75] Urt. vom 29. 6. 1959, VersR **1959** 659, 662; ihm folgend LG Stuttgart vom 11. 3. 1982, VersR **1982** 1177; grundsätzlich auch LG Köln vom 4. 4. 1991, TranspR **1992** 35 f, aber unklar, ob es doch eine ausdrückliche Erklärung fordert.
[76] Siehe den instruktiven Fall OLG Frankfurt vom 17. 4. 1984, TranspR **1985** 139 ff.
[77] OLG Hamm vom 15. 9. 1988, TranspR **1989** 55, 56 = NJW-RR **1989** 742 f (zu Art. 13 Abs. 2 S. 2 CMR).
[78] So aber *Koller*[2] Rdn. 3 unter Berufung auf das Urteil des 3. Senats des BGH vom 25. 4. 1991,

VersR **1991** 1037 ff, das zu dieser Frage nichts aussagt.
[79] Zutreffend OLG Düsseldorf vom 13. 12. 1973, VersR **1974** 1074, 1075.
[80] Siehe als Beispiel BGH vom 25. 4. 1991, VersR **1991** 1037 ff; ablehnend OLG Düsseldorf vom 11. 12. 1980, TranspR **1982** 13, 16 f = NJW **1981** 1910 f; siehe ferner *Koller*[2] Rdn. 3. Zur Grenzspedition siehe OLG Stuttgart vom 8. 4. 1976, NJW **1976** 2079; OLG Hamm vom 5. 7. 1982, RIW **1982** 838 ff = Spediteur **1982** H. 1 S. 14.
[81] *Helm* in Gutachten und Vorschläge zur Überarbeitung des Schuldrechts III (1983) S. 364, 394. *Koller* TranspR **1993** 41, 43 ff; beide mit weiteren Hinweisen; *Walz* ZIP **1991** 1405, 1407 ff.
[82] Siehe §§ 407–409 Rdn. 226 ff; a. A. *Koller* TranspR **1993** 41, 47 f.

VI. Verpflichtung des Frachtführers zur Einziehung der Fracht

Von der Begründung gerichtlich verfolgbarer Ansprüche gegen den Empfänger ist die Möglichkeit zu unterscheiden, daß der Absender den Frachtführer verpflichtet, das Gut nicht ohne Bezahlung auszuliefern. Dies geschieht in der Regel durch eine ausdrückliche Inkasso-(Nachnahme-)Anweisung. Ist diese im Frachtbrief eingetragen und werden Gut und Frachtbrief vom Empfänger angenommen, entsteht einer Verpflichtung des Empfänger nach § 436. Fehlt es an diesen Voraussetzungen, kann der Frachtführer sein Zurückbehaltungsrecht nach § 435 S. 1 geltend machen, d. h. die Auslieferung ohne Zahlung verweigern; siehe § 435 Rdn. 12. Liefert er ohne Zahlung aus, haftet er gegenüber dem Absender aus positiver Vertragsverletzung. Wird der Absender vom Frachtführer (als Gesamtschuldner; siehe Rdn. 30) auf Zahlung in Anspruch genommen, kann er Rechtsmißbrauch geltend machen[83].

§ 437

(1) Ist der Empfänger des Gutes nicht zu ermitteln oder verweigert er die Annahme oder ergibt sich ein sonstiges Ablieferungshindernis, so hat der Frachtführer den Absender unverzüglich hiervon in Kenntnis zu setzen und dessen Anweisung einzuholen.

(2) ¹Ist dies den Umständen nach nicht tunlich oder der Absender mit der Erteilung der Anweisung säumig oder die Anweisung nicht ausführbar, so ist der Frachtführer befugt, das Gut in einem öffentlichen Lagerhaus oder sonst in sicherer Weise zu hinterlegen. ²Er kann, falls das Gut dem Verderben ausgesetzt und Gefahr im Verzug ist, das Gut auch gemäß § 373 Abs. 2 bis 4 verkaufen lassen.

(3) Von der Hinterlegung und dem Verkaufe des Gutes hat der Frachtführer den Absender und den Empfänger unverzüglich zu benachrichtigen, es sei denn, daß dies untunlich ist; im Falle der Unterlassung ist er zum Schadensersatz verpflichtet.

Übersicht

	Rdn.
I. Allgemeines	1
1. Bedeutung des § 437 HGB	1
2. Anwendungsbereich und Spezialregelungen	2
II. Das Vorliegen eines „Ablieferungshindernisses"	4
1. Nicht-Ermittelbarkeit des Empfängers	7
2. Verweigerung der Annahme	8
3. Sonstige Ablieferungshindernisse	9
III. Rechtsstellung des Frachtführers bei Vorliegen eines Ablieferungshindernisses	10
1. Pflicht zur Benachrichtigung und Einholung von Weisungen (§ 437 Abs. 1 HGB)	10
a) Benachrichtigung des Absenders	10
b) Benachrichtigung des Empfängers	13
c) Folgen der Versäumnis der Benachrichtigung oder der Nichtbefolgung der Weisungen	14
2. Recht zur Hinterlegung und zum Selbsthilfeverkauf	15
a) Voraussetzungen der Hinterlegung	15
b) Ausführung und Rechtsfolgen der Hinterlegung	16
c) Besondere Voraussetzungen des Selbsthilfeverkaufs	19
d) Verfahren beim Selbsthilfeverkauf	20
3. Benachrichtigung von Hinterlegung oder Selbsthilfeverkauf (§ 437 Abs. 3 HGB)	21

---

[83] *Koller*² Rdn. 5.

§ 437   Drittes Buch. Handelsgeschäfte

Schrifttum: siehe zu § 425

I. Allgemeines
1. Bedeutung des § 437 HGB

1   Zu § 437 gibt es – soweit ersichtlich – kaum neuere veröffentlichte Rechtsprechung[1]. Es kann angenommen werden, daß im Güternahverkehr, wo § 437 alleine noch unbeschränkt gilt, die verbesserten Nachrichtenverbindungen (Telefon, Fernschreiber) und die Mobilität des Kraftwagens in den meisten Fällen eine einverständliche Regelung ohne Schwierigkeiten gestatten, insbesondere den unmittelbaren Rücktransport ohne Ausladung als einfachste Lösung nahelegen. Siehe dazu die unter Rdn. 2 aufgeführten Spezialregelungen. Ein erheblicher Teil der zu § 437 bestehenden Streitigkeiten (vgl. dazu noch eingehend *Heymann/Kötter*[27] in der Kommentierung zu § 437 HGB) dürfte daher für die Praxis weitgehend bedeutungslos sein.

2. Anwendungsbereich und Spezialregelungen

2   § 437 ist im Güterfernverkehr durch § 28 Abs. 5–7 KVO, Anh. II nach § 452, völlig verdrängt. Die KVO-Regelung orientiert sich grundsätzlich an § 437 HGB, ist aber genauer und besser an die Bedürfnisse der modernen Kraftfahrzeugbeförderung angepaßt. Im Güternahverkehr gestatten §§ 13, 12 AGNB – soweit vereinbart – dem Frachtführer ohne weiteres den Rücktransport der Güter an den Absender. Zwar könnte § 437 hier noch ergänzend gelten, aber nur in Sonderfällen wird der Frachtführer an der Einlagerung oder an Selbsthilfeverkauf anstelle des Rücktransports interessiert sein. Die ADSp enthalten zwar keine dem § 437 entsprechende Sonderbestimmung. § 13 gestattet aber dem Spediteur, mangels ausreichender oder ausführbarer Weisung „unter Wahrung des Interesses des Auftraggebers" nach seinem Ermessen zu handeln. Danach dürfte im Güternahverkehr der Rücktransport die regelmäßige Reaktion auf Ablieferungshindernisse sein. Im Möbelverkehr verweist § 4 Abs. 2 GüKUMT, Anh. IV nach § 452 auf § 437 Abs. 2, 3 HGB, eröffnet also die Möglichkeit der Einlagerung oder des Selbsthilfeverkaufs; die Kostenfrage ist in § 4 Abs. 3 besonders geregelt. Für den grenzüberschreitenden Güterkraftverkehr regeln die Art. 16, 15 CMR die Rechtsstellung des Frachtführers beim Auftreten von Ablieferungshindernissen genauer als § 437 HGB, der damit auch als ergänzende Norm praktisch ausscheidet.

3   Für das Binnenschiffahrtsrecht gilt nicht § 437 HGB, sondern § 52 BinSchG. Zum Eisenbahnrecht siehe § 80 EVO[2], Art. 34 ER/CIM 1980[3].

II. Das Vorliegen eines „Ablieferungshindernisses"

4   § 437 Abs. 1 setzt voraus, daß ein „Ablieferungshindernis" vorliegt. Die Vorschrift nennt zwei Beispiele, stellt aber durch die Erwähnung „sonstiger Ablieferungshindernisse" klar, daß auch beliebige andere Hindernisse in Betracht kommen[4]. Nicht in der Vorschrift bestimmt, aber für den Regelfall vorausgesetzt ist, daß das Frachtgut am Ablieferungsort angekommen ist, also die geschuldete Beförderungsleistung erbracht

---

[1] Der Fall AG Köln vom 1. 9. 1976, TranspR **1978** 76 hätte nach § 437 gelöst werden müssen, das Gericht kannte diese Vorschrift aber offenbar nicht; OLG Düsseldorf vom 20. 6. 1985, TranspR **1984** 254, 256 erwähnt nur, daß der Frachtführer eventuell nach § 437 hätte verfahren müssen.

[2] Neufassung wirksam ab 1. 12. 1992, Anh. I nach § 460.

[3] Anh. I nach § 460 (= Art. 25 CIM 1970).

[4] Die Neufassung von § 80 EVO (1992) lautet kurz: „kann das Gut nicht abgeliefert werden …".

ist⁵. Tritt dagegen eine Störung während oder vor Beginn der Beförderung ein, liegt ein Beförderungshindernis vor; § 428 Abs. 2 ist anzuwenden. *Koller* meint an anderer Stelle⁶, das Gut müsse nicht bereits am Empfangsort angekommen sein, damit überhaupt noch von einem „sonstigen" Ablieferungshindernis gesprochen werden könne. Dies ist unzutreffend, weil z. B. ein Streik oder eine Zollbeschlagnahme nach Ankunft am Ablieferungsort ein Ablieferungshindernis ist. Die Auffassung von *Koller* bringt auf der anderen Seite keinen Sinn, weil die Folgenregelung der § 437 auf die besondere Situation abgestimmt ist, daß bei durchgeführter Beförderung Entscheidungen über Verbleib und weitere Behandlung des Gutes erforderlich werden. Dies liegt nicht vor, wenn das Gut sich noch am Abgangsort befindet. Die Abgrenzung grundsätzlich so zu ziehen, daß alle am Ablieferungsort die Ablieferung verhindernden Umstände (unabhängig von Übernahme und Beförderung) unter § 437 fallen sollen, ist deshalb nicht sinnvoll⁷. Auch die Äußerung von *Schlegelberger/Geßler*⁵ Rdn. 7, der annimmt, ein Hindernis könne zugleich Ablieferungs- und Beförderungshindernis sein (z. B. bei einer Bahnsperre), wird dem nicht gerecht. Daher ist mit der wohl überwiegenden Auffassung ein Ablieferungshindernis nur dann zu bejahen, wenn das Gut am Empfangsort angekommen ist.

§ 437 verlangt ein Ablieferungshindernis, das **endgültig die Ablieferung verhindert** **5** **oder sie doch zumindest auf eine dem Frachtführer unzumutbare Weise hinauszögert**. Als endgültig kann ein Ablieferungshindernis jedenfalls immer dann angesehen werden, wenn das Gut bis zu seiner voraussichtlichen Behebung verdorben sein würde. Gleiches gilt, wenn nach den Umständen damit zu rechnen ist, daß durch die Verzögerung andere große Schäden zu erwarten sind.

Ob und von wem das Ablieferungshindernis **verschuldet** ist, spielt – wie beim Gläu- **6** bigerverzug nach §§ 293 ff BGB – grundsätzlich keine Rolle⁸. Doch wird man dem Frachtführer, der das Ablieferungshindernis selbst verschuldet hat, nur die Pflichten, nicht aber ohne weiteres die Rechte aus § 437 zubilligen⁹. Er ist dann vielmehr verpflichtet, Absender und Empfänger schadlos zu halten.

1. Nicht-Ermittelbarkeit des Empfängers

Damit ist nicht jede unrichtige Empfängerangabe gemeint. Vielmehr muß der Fracht- **7** führer in den Grenzen des Zumutbaren den falsch angegebenen Empfänger zu ermitteln versuchen, etwa durch Nachsehen im Telefonbuch oder zweckmäßigerweise durch Rückfrage beim Absender¹⁰. Grundsätzlich ist es Aufgabe des Absenders, die Anschrift des von ihm angegebenen Empfängers zu ermitteln¹¹. Aufgrund der heute bestehenden telefonischen Möglichkeiten sind größere Nachforschungen des Frachtführers nur erforderlich, wenn der Absender sie verweigert oder nicht anstellen kann oder nicht zu erreichen ist. Insoweit haben die gegenüber der Entstehungszeit der Vorschrift stark verbesserten Möglichkeiten der Nachrichtenübermittlung die Zumutbarkeitsgrenze zu Gunsten des Frachtführers verschoben. Nicht zumutbar sind umfangreiche und zeitrau-

---

⁵ Übliche Abgrenzung, siehe z. B. *Lenz* Rdn. 424; *Heymann/Kötter*²¹ Anm. 1; *Heymann/Honsell* Rdn. 3 (für die Rückfragepflicht); *Koller* TranspR **1988** 129, 132; zu § 80 EVO *Goltermann/Konow* Anm. 1 b; in § 28 Abs. 5 KVO entsprechend geregelt; ebenso in § 13 Abs. 1 AGNB, Anh. III/1 nach § 452.

⁶ *Koller*² Rdn. 2 unter Berufung auf die h. M., für die er nur *Schlegelberger/Geßler*⁵ Rdn. 7 zitiert.

⁷ Schlüssige Begründung bei *Heymann/Kötter*²¹ Anm. 1.

⁸ *Lenz* Rdn. 425; *Koller*² Rdn. 2.

⁹ *Schlegelberger/Geßler*⁵ Rdn. 8; *Lenz* Rdn. 425.

¹⁰ *Lenz* Rdn. 428.

¹¹ Siehe OLG Hamburg vom 25. 2. 1988, TranspR **1988** 277 f (zur CMR).

§ 437

Drittes Buch. Handelsgeschäfte

bende Nachforschungen. Erkundigung beim Einwohnermeldeamt[12] dürfte allenfalls zumutbar sein, wenn der Absender nicht erreicht werden oder die Anschrift nicht klären kann. Für Auslandsbeförderungen sind vielfach intensivere Nachforschungen des Frachtführers erforderlich, zugleich aber im Hinblick auf die beschränkten sprachlichen Möglichkeiten nicht immer zumutbar; siehe zu Art. 14 CMR, Anh. VI nach § 452.

2. Verweigerung der Annahme

8   Hierbei muß es sich um die **endgültige Verweigerung** handeln. Die vorübergehende Verweigerung (z. B. wegen vorübergehenden Platzmangels im Lager) ist zwar Annahmeverzug des Empfängers, für dessen Folgen dieser unter Umständen einzustehen hat (siehe z. B. § 304 BGB), aber der Frachtführer muß in diesem Fall den Ablieferungsversuch wiederholen. Verweigerung der Annahme ist die **Verweigerung unter den vom Frachtführer berechtigterweise gestellten Bedingungen**, also z. B. auch die Annahmebereitschaft unter Verweigerung der sich aus dem Frachtvertrag oder dem Frachtbrief ergebenden Fracht- oder Nachnahmezahlungen[13]. Annahmeverweigerung ist auch die Nichtannahme wegen einer dem Frachtführer nicht bekannten von der üblichen Geschäftszeit abweichenden Annahmezeitbeschränkung des Empfängers[14]. Grundsätzlich ist von §§ 293 ff BGB auszugehen.

3. Sonstige Ablieferungshindernisse

9   Sonstige Ablieferungshindernisse sind z. B. zollrechtliche oder aus anderen Gründen vorgenommene **Beschlagnahmen**[15]. Streiks werden als Ablieferungshindernisse betrachtet werden können, wenn die voraussichtliche oder ungewisse Dauer eine nach Art des Gutes vernünftige und dem Frachtführer zumutbare Frist überschreitet[16]. Einstweilige Verfügungen, durch die eine Auslieferung des Gutes verboten wird, (z. B. Zeitungen mit ehrverletzendem Inhalt) sind Auslieferungshindernisse; auch die Pfändung des Herausgabeanspruchs des Absenders (nicht des Empfängers) hindert die Ablieferung.

III. Rechtsstellung des Frachtführers bei Vorliegen eines Ablieferungshindernisses

1. Pflicht zur Benachrichtigung und Einholung von Weisungen (§ 437 Abs. 1 HGB)

a) Benachrichtigung des Absenders

10   § 437 Abs. 1 erlegt dem Frachtführer die Pflicht zur Benachrichtigung des Absenders auf. In welcher Weise die Benachrichtigung erfolgen muß, ist nicht bestimmt, wohl aber, daß sie unverzüglich (d. h. ohne schuldhaftes Zögern, § 121 BGB) vorzunehmen ist. Im Hinblick auf die hohen Kosten und Risiken der Ablieferungsverzögerung wird ganz

---

[12] Diese im Vergleich mit den schnellen Beförderungen oft relativ zeitaufwendige Maßnahme (Öffnungszeiten der Ämter!) wird meist noch vom Frachtführer gefordert, z. B. *Schlegelberger/Geßler*[5] Rdn. 3; *Heymann/Honsell* Rdn. 4.

[13] Vgl. dazu §§ 435, 436, für die Frachtzahlung siehe schon ROHG vom 28. 6. 1871, ROHG 2 416, 417 f; für die CMR zutreffend *Loewe*, ETR **1976** 548; LG Göttingen vom 13. 3. 1980, TranspR **1981** 21; OLG Hamm vom 16. 8. 1984, TranspR **1985** 97, 99 = Spediteur **1985** 367 ff.

[14] OLG Düsseldorf vom 12. 12. 1985, TranspR **1986** 56, 58f (zur CMR).

[15] Zur zollrechtlichen Beschlagnahme des Gutes als Ablieferungshindernis siehe OLG Hamburg vom 30. 1. 1986, TranspR **1986** 229 ff = VersR **1987** 813 (CMR).

[16] LG Köln vom 27. 10. 1988, TranspR **1989** 226 ff (Streik in Griechenland, §§ 4 Abs. 2 GüKUMT, 437 Abs. 2 HGB, wohl eher Beförderungs- als Ablieferungshindernis).

regelmäßig eine Benachrichtigung durch Telefon, Telefax oder Telex geboten sein. Mit einer telefonischen Benachrichtigung kann der Frachtführer zugleich Weisungen des Absenders einholen. Insbesondere Telefax erlaubt demgegenüber eine sehr zuverlässige Information des Absenders. § 28 Abs. 5 S. 2 KVO bestimmt, daß der Absender im Frachtbrief telegraphische Benachrichtigung verlangen kann. Die erforderlichen Kosten der Benachrichtigung kann der Frachtführer vom Absender erstattet verlangen; §§ 675, 670 BGB (siehe § 425 Rdn. 192).

Der Frachtführer **braucht den Absender** nach § 437 Abs. 2 **nicht zu benachrichtigen, wenn dies „untunlich" ist**. Der verschwommene Ausdruck soll wohl die Fälle ausschließen, in denen die Benachrichtigung unzweckmäßig oder überflüssig ist – z. B. wenn der Absender das Ablieferungshindernis bereits kennt, oder wenn die Entscheidung – etwa bei verderblichen Gütern – so schnell getroffen werden muß, daß die Benachrichtigung des Absenders zu spät käme. **11**

Der Frachtführer hat bei Benachrichtigung die **Entscheidung des Absenders abzuwarten**. Ihm muß, wenn nicht Gefahr im Verzug ist, zugestanden werden, den Eingang der Weisung durch Telefax, Telex, Brief, oder Telegramm abzuwarten. Wegen der Gefahr von Mißverständnissen wird man ihm in Fällen von größerer Bedeutung nicht zumuten können, telefonische Weisungen zu befolgen. Der Frachtführer muß die Benachrichtigung wiederholen, wenn er Grund zur Annahme hat, daß die Nachricht den Absender nicht erreicht hat. Bleibt die Anweisung des Absenders aus, so darf er erst die Rechte aus § 437 Abs. 2, 3 ausüben, wenn der Absender mit der Weisungserteilung „säumig" ist. Dies dürfte sinngemäß dem § 147 Abs. 2 BGB entsprechend zu behandeln sein. Solange der Frachtführer unter regelmäßigen Umständen den Eingang der Weisung erwarten darf, kann er nicht von „Säumigkeit" des Absenders ausgehen. Bei den „regelmäßigen Umständen" sind die Möglichkeiten schneller Kommunikation den Umständen entsprechend zu berücksichtigen. **12**

b) Benachrichtigung des Empfängers

Abs. 1 des § 437 erwähnt im Gegensatz zu Abs. 3 eine Benachrichtigung des Empfängers nicht. In der Literatur ist daher streitig, ob der Frachtführer bei „sonstigen Ablieferungshindernissen" zusätzlich oder anstelle des Absenders den Empfänger benachrichtigen kann oder muß[17]. Da die Benachrichtigung vor allem der Einholung von Weisungen dient, ist eine Benachrichtigung des Empfängers anstelle des Absenders dann geboten, wenn das Verfügungsrecht des Absenders erloschen ist und nur noch dem Empfänger zusteht; siehe dazu § 433 Rdn. 20 ff. Bis dahin geht das Verfügungsrecht des Absenders dem des Empfängers vor. Grundsätzlich hat daher der Frachtführer entsprechend dem Wortlaut des § 437 Abs. 1 nur den Absender zu benachrichtigen[18]. Jedoch kann sich die Einholung von Weisungen des Empfängers als geboten erweisen, so z. B. nach § 434 oder wenn der Empfänger leichter zu erreichen ist. Vorrangig ist nämlich die Wahrung der Interessen von Absender und Empfänger an einer schadensfreien Abwicklung des Transports. Ist der Absender unerreichbar oder säumig, so wird daher der Frachtführer nach Ankunft des Gutes am Bestimmungsort den Empfänger um Weisungen zu ersuchen haben. Handelte er nach Abs. 2 und 3, ohne den Empfänger zu befragen, so würde **13**

---

[17] Für Benachrichtigung des Empfängers mit ausführlicher Begründung *Heymann/Kötter*[27] Anm. 1 und *Koller*[2] Rdn. 4; dagegen *Schlegelberger/Geßler*[5] Rdn. 10; *Heymann/Honsell* Rdn. 9.

[18] Zutreffend *Koller*[2] Rdn. 4; die Empfängerbenachrichtigung ganz ablehnend *Heymann/Honsell* Rdn. 9.

er dessen Verfügungsrecht nach § 435 übergehen (vgl. § 433 Rdn. 30 ff) und damit unter Umständen erheblichen Schaden verursachen. Auch ohne besondere Erwähnung in § 437 Abs. 1 kann daher die Benachrichtigung des Empfängers zu den Nebenpflichten aus dem Frachtvertrag gehören[19].

c) Folgen der Versäumnis der Benachrichtigung oder der Nichtbefolgung der Weisungen

14 Der schuldhafte Verstoß gegen die Benachrichtigungspflicht oder die Nichtbefolgung der Weisungen ist eine Verletzung des Frachtvertrages. Der Frachtführer haftet daher für die Schadensfolgen. Als Anspruchsgrundlagen kommen bei Güterschäden nur § 429 HGB bzw. die entsprechenden Haftungsbestimmungen der Sonderregelungen in Betracht[20]. Diese Haftung wird durch § 430 beschränkt. Nach der hier bei § 430 Rdn. 9 ff vertretenen Auffassung greift die Haftungsbeschränkung des § 430 überdies unabhängig von der Anspruchsgrundlage ein, soweit der Schaden am Frachtgut entstanden oder Folge eines solchen Güterschadens ist[21]. Primäre Vermögensschäden unterfallen dagegen weder § 429 noch der Einschränkung des § 430. Der Anspruch ergibt sich aus allgemeinem Schuldrecht, meist wohl aus positiver Vertragsverletzung[22]. Eine nur beschränkte Haftung für solche Fälle sehen KVO und AGNB vor[23].

2. Recht zur Hinterlegung und zum Selbsthilfeverkauf
a) Voraussetzungen der Hinterlegung

15 Das Hinterlegungsrecht setzt zunächst das Fortbestehen des Ablieferungshindernisses voraus. Fällt das Hindernis weg, so entfällt damit der Grund zur Hinterlegung, der Frachtführer hat vertragsgemäß abzuliefern[24]. Etwaige Mehrkosten kann er bei Gläubigerverzug des Empfängers nach § 304 BGB erstattet verlangen. Ein Wegfall des Ablieferungshindernisses liegt auch im Widerruf der Annahmeverweigerung durch den Empfänger. Zwar hat dieser mit der Verweigerung der Annahme nach § 333 BGB seine ihm nach § 435 zugefallenen Empfängerrechte verloren; siehe dazu § 435 Rdn. 22. Aber solange der Absender keine abweichenden Weisungen gemäß § 433 erteilt hat, ist der Frachtführer weiterhin zur Ablieferung an den Empfänger verpflichtet[25]. Ferner hängt das Hinterlegungsrecht davon ab, daß die Benachrichtigung und Weisungseinholung untunlich waren (siehe Rdn. 11) oder daß innerhalb angemessener Frist keine Anweisung des Absenders ergangen ist („säumig", siehe dazu Rdn. 12) oder daß die eingegangene Anweisung unausführbar ist. Das letztere kann auch vorliegen, wenn die Befolgung der Weisung zur Beschädigung oder zum Verlust des Frachtguts führen würde oder wenn der Frachtführer rechtlich nicht zu ihrer Ausführung verpflichtet ist (z. B. Ausführung ohne vertragsgemäße Frachterhebung).

---

[19] A. A. *Heymann/Honsell* Rdn. 9 unter Berufung auf den Wortlaut des § 437.
[20] Siehe zu diesen im Überblick § 429 Rdn. 169 ff; zur Frage der Anspruchskonkurrenz mit allgemeinem Schuldrecht § 429 Rdn. 231 ff. Siehe dazu auch *Heymann/Honsell* Rdn. 9; *Koller*[2] Rdn. 4.
[21] Im Ergebnis wohl wie hier *Schlegelberger/Geßler*[5] Rdn. 17; *Heymann/Kötter*[27] Anm. 1 a.E.
[22] Unstr.: *Schlegelberger/Geßler*[5] Rdn. 13; *Lenz* Rdn. 432; *Koller*[2] Rdn. 4.
[23] Siehe § 31 Abs. 1 c KVO, Anh. II nach § 452 Rdn. 15 ff; §§ 16, 17 Abs. 2 b, c AGNB, Anh. III/1 nach § 452; §§ 8 Nr. 2 c und 10 Abs. 6 Nr. 1 GüKUMT, Anh. IV nach § 452.
[24] Wie hier *Koller*[2] Rdn. 5; *Schlegelberger/Geßler*[5] Rdn. 15.
[25] So zutreffend *Ritter* Anm. 7; *Heymann/Kötter*[27] Anm. 2 gegen *Ratz* in der 2. Auflage Anm. 2 und *Schlegelberger/Geßler*[5] Rdn. 15.

b) Ausführung und Rechtsfolgen der Hinterlegung

Die Hinterlegung entspricht der in § 373 Abs. 1 vorgesehenen; siehe § 373, 374 Rdn. 27 ff. Der Hinterlegungsvertrag zwischen Frachtführer und Verwahrer ist Vertrag zugunsten Dritter, und zwar entweder zugunsten des Absenders, wenn der Empfänger durch Annahmeverweigerung gemäß § 333 BGB seine Rechte aus § 435 verloren hat (vgl. § 435 Rdn. 22), oder zugunsten des Empfängers, wenn nach Ankunft andere Ablieferungshindernisse vorliegen. Der Verwahrungsvertrag ist somit Vertrag zugunsten des Dritten, den es angeht. **16**

Der Frachtführer ist **zur Hinterlegung berechtigt, nicht verpflichtet.** Ausnahmsweise kann auch eine Pflicht zur Einlagerung bestehen, z. B. von Gefriergut in einem Kühlhaus. Diese Pflicht ist jedoch nicht auf § 437, sondern auf die Fürsorgepflicht des Frachtführers für das Frachtgut gegründet. **17**

Die **Hinterlegung ist Erfüllungssurrogat.** Mit ihr endet daher die Frachtführerhaftung nach § 429, so daß man von einer Ersatzablieferung sprechen kann[26]. **18**

Macht der Frachtführer von seinem Hinterlegungsrecht keinen Gebrauch, verwahrt er das Gut also selbst weiter, so dauert seine Obhut und damit die Frachtführerhaftung fort[27]. Nach der Gegenmeinung soll in diesem Fall zwischen Frachtführer und Absender ein Verwahrungsvertrag entstehen[28]. Diese Auffassung ist nicht begründbar. Dem Frachtführer ist durch § 437 die Möglichkeit gegeben, sich durch Hinterlegung aus dem Haftungsrisiko zu lösen. Macht er davon keinen Gebrauch, so besteht kein Grund, ihm Haftungserleichterungen zu verschaffen[29]. Die Verwahrungskosten kann er als Aufwendungen beanspruchen, siehe § 425 Rdn. 192 f.

c) Besondere Voraussetzungen des Selbsthilfeverkaufs

Neben den Voraussetzungen der Hinterlegung erfordert das Recht des Frachtführers zum Selbsthilfeverkauf nach § 437 Abs. 2 S. 2 weitere Voraussetzungen: Verderblichkeit des Guts und Gefahr im Verzug. Diese Voraussetzungen entsprechen den in § 373 Abs. 2 S. 2 verwendeten; siehe dazu §§ 373, 374 Rdn. 33 ff. **19**

d) Verfahren beim Selbsthilfeverkauf

§ 437 Abs. 2 S. 2 verweist auf § 473 Abs. 2–4 HGB; auf §§ 373, 374 Rdn. 33 ff kann daher Bezug genommen werden. Die Verweisung bezieht sich jedoch nicht auf § 373 Abs. 5 HGB. Die Benachrichtigungspflicht ist vielmehr in § 437 Abs. 3 selbständig geregelt. **20**

3. Benachrichtigung von Hinterlegung oder Selbsthilfeverkauf (§ 437 Abs. 3 HGB)

Der Frachtführer hat bei Ausübung seiner Rechte aus § 437 den Absender und den Empfänger zu benachrichtigen. Nur bei „Untunlichkeit" entfällt diese Pflicht. Die **21**

---

[26] Beispielsfälle: BGH vom 5. 2. 1987, NJW **1987** 1885 ff = TranspR **1987** 180, 181 = VersR **1987** 678, 679 (Annahmeverweigerung der als Empfänger eingetragenen Sparkasse, CMR); LG Köln vom 27. 10. 1988, TranspR **1989** 226 ff (Streik in Griechenland, §§ 4 Abs. 2 GüKUMT, 437 Abs. 2 HGB).

[27] So zutreffend *Schlegelberger/Geßler*[5] Rdn. 5; *Heymann/Kötter*[27] Anm. 2.

[28] RG vom 20. 10. 1920, RGZ **100** 162, 163; RG vom 16. 4. 1924, RGZ **108** 50, 57 f (beide zum Eisenbahnrecht); *Ratz* in der 2. Auflage, Anm. 4; *Baumbach/Duden/Hopt*[28] Anm. 2.

[29] Zutreffend *Schlegelberger/Geßler* Rdn. 17; *Koller*[2] Rdn. 6; RG vom 21. 2. 1920, Recht **1920** Nr. 1572.

wenig genaue Formulierung des § 437 Abs. 3 wirft beim Selbsthilfeverkauf Probleme auf. Aus dem Gegensatz zwischen §§ 373 Abs. 4 und 437 Abs. 3 wird teilweise in der Literatur geschlossen, daß der Frachtführer den Absender und Empfänger nur von der Hinterlegung und vom bereits erfolgten Verkauf zu benachrichtigen habe, nicht dagegen von Ort und Zeit der Versteigerung[30]. Eine solche formalistische Auslegung erfordert der Wortlaut des § 437 Abs. 3 nicht. Der Zweck der Benachrichtigungspflicht widerspricht ihr. Aus § 437 Abs. 3 läßt sich sprachlich nicht sicher ableiten, ob der erfolgte Verkauf oder das Verfahren als solches anzuzeigen ist. Die Nichtmitteilung von Ort und Zeit der Versteigerung beraubt den Absender oder Empfänger ihrer Möglichkeit mitzubieten. Zutreffend weist *Heymann/Kötter*[27] darauf hin, daß § 373 Abs. 4 für anwendbar erklärt ist. Wägt man die geringe Mühe der Benachrichtigung und den möglicherweise dem Absender oder Empfänger entstehenden Schaden gegeneinander ab, so dürfte die Unterlassung der Benachrichtigung von Ort und Zeit der Versteigerung treuwidrig sein. Folge der Versäumnis der Benachrichtigungspflicht ist die Haftung des Frachtführers, die kein weiteres Verschulden voraussetzt.

§ 438

(1) Ist die Fracht nebst den sonst auf dem Gute haftenden Forderungen bezahlt und das Gut angenommen, so sind alle Ansprüche gegen den Frachtführer aus dem Frachtvertrag erloschen.

(2) Diese Vorschrift findet keine Anwendung, soweit die Beschädigung oder Minderung des Gutes vor dessen Annahme durch amtlich bestellte Sachverständige festgestellt ist.

(3)[1] Wegen einer Beschädigung oder Minderung des Gutes, die bei der Annahme äußerlich nicht erkennbar ist, kann der Frachtführer auch nach der Annahme des Gutes und der Bezahlung der Fracht in Anspruch genommen werden, wenn der Mangel in der Zeit zwischen der Übernahme des Gutes durch den Frachtführer und der Ablieferung entstanden ist und die Feststellung des Mangels durch amtlich bestellte Sachverständige unverzüglich nach der Entdeckung und spätestens binnen einer Woche nach der Annahme beantragt wird. [2]Ist dem Frachtführer der Mangel unverzüglich nach der Entdeckung und binnen der bezeichneten Frist angezeigt, so genügt es, wenn die Feststellung unverzüglich nach dem Zeitpunkte beantragt wird, bis zu welchem der Eingang einer Antwort des Frachtführers unter regelmäßigen Umständen erwartet werden darf.

(4) Die Kosten einer von dem Empfangsberechtigten beantragten Feststellung sind von dem Frachtführer zu tragen, wenn ein Verlust oder eine Beschädigung ermittelt wird, für welche der Frachtführer Ersatz leisten muß.

(5) Der Frachtführer kann sich auf diese Vorschriften nicht berufen, wenn er den Schaden durch Vorsatz oder grobe Fahrlässigkeit herbeigeführt hat.

Übersicht

	Rdn.		Rdn.
I. Allgemeines	1	II. Grundsatz: Erlöschen der Ansprüche bei Annahme des Frachtguts und Zahlung der Fracht (§ 438 Abs. 1)	9
1. Bedeutung des § 438	1		
2. Anwendungsbereich – Spezialregelungen	3	1. Annahme des Frachtguts	10

---

[30] *Ratz* in der 2. Auflage Anm. 4; *Schlegelberger/Geßler*[5] Rdn. 19; *Koller*[2] Rdn. 6. Dagegen wie hier *Heymann/Kötter*[27] Anm. 3; *Heymann/Honsell* Rdn. 17.

	Rdn.		Rdn.
2. Zahlung der Fracht und der sonstigen Forderungen	14	b) Rechtzeitiger Antrag auf Feststellung des Schadens durch Sachverständige oder Schadensanzeige	33
3. Erlöschen der Ansprüche	19		
III. Ausnahmen	25	c) Entstehung des Schadens in der Obhutszeit	37
1. Vorsatz oder grobe Fahrlässigkeit des Frachtführers (§ 438 Abs. 5)	25		
2. Schadensfeststellung vor Annahme	26		
3. Schadensfeststellung bei äußerlich nicht erkennbaren Mängeln	29	IV. Kosten des Schadensfeststellungsverfahrens	38
a) Äußerlich nicht erkennbare Beschädigung oder Minderung	30		

I. Allgemeines

1. Bedeutung des § 438

§ 438 enthält eine der kaufrechtlichen Mängelrüge (§§ 377 ff) ähnliche Regelung für **1** das Frachtrecht. Die Bestimmung soll eine schnelle Klärung und Erledigung von Schadensfällen bewirken und damit insbesondere für den Frachtführer Erleichterung schaffen. Der Schadensfeststellung und dem mit ihrer Versäumung verbundenen Rechtsverlust des Empfängers und Absenders kommt erhebliche praktische Bedeutung zu[1]. Allerdings ist § 438 im Güternahverkehr, wenn keine Geschäftsbedingungen vereinbart sind, nirgends mehr unmittelbar anwendbar[2]. Die Spezialregelungen weichen inhaltlich stark von § 438 ab. Sie knüpfen vielfach den Anspruchsverlust bereits an die bloße Auslieferung ohne Zahlung der Fracht an und ersetzen das kostspielige und schwerfällige Sachverständigenverfahren des § 438 durch einfachere Rüge- und Feststellungsmöglichkeiten. Aus diesen Gründen ist ältere Rechtsprechung und Literatur zu § 438 nur noch in Grenzen brauchbar. Allerdings sind eine Reihe von wichtigen Begriffen wie z. B. die „Annahme", der „äußerlich nicht erkennbare Mangel" und ähnliches für die Spezialbestimmungen nach wie vor von Bedeutung.

Die Anknüpfung des Rechtsverlustes an die Annahme des Frachtguts und die Zah- **2** lung der Fracht und der übrigen Kosten ergibt einen **scheinbaren Widerspruch im System des HGB-Landfrachtrechts**. Denn nach Annahme von Gut und Frachtbrief kann der Frachtführer den Empfänger gem. § 436 zur Zahlung zwingen und damit gemäß § 438 Abs. 1 das Erlöschen von dessen Ansprüchen herbeiführen. Diese Koppelung ist indessen durchaus zweckmäßig. Der Empfänger kann nach § 436 nicht zur Zahlung an den Frachtführer gezwungen werden, soweit ihm Schadensersatzansprüche gegen diesen zustehen. Diese Möglichkeit muß der Empfänger nutzen und seine Ersatzansprüche von der geschuldeten Frachtforderung sofort abziehen. Versäumt er dies, so verliert er die Ersatzansprüche.

2. Anwendungsbereich – Spezialregelungen

Nach h. M. ist § 438 **nicht auf konkurrierende Ansprüche aus unerlaubter Hand-** **3** **lung anzuwenden**; siehe § 429 Rdn. 285 ff.

---

[1] Frachtrechtliche Rügepflichten können in AGB des Verkäufers wirksam dem Käufer auferlegt werden; BGH vom 28. 1. 1987, ZIP **1987** 373, 375 = BB **1987** 2258 f.

[2] Siehe Rdn. 4 ff; *Lenz* Rdn. 739 ff.

4 Im **Güterfernverkehr** ist § 438 praktisch ganz verdrängt durch § 39 KVO[3]. Auch sachlich sind die Unterschiede erheblich: insbesondere wird nach der KVO die Schadensfeststellung (§ 37 KVO) nicht primär durch Sachverständige, sondern durch den Frachtführer selbst vorgenommen; die Präklusionswirkung tritt auch ohne Frachtzahlung mit der bloßen Annahme des Gutes ein.

5 Im **Güternahverkehr** lehnt sich § 22 AGNB[4] in vereinfachter Form an die KVO-Regelung an. § 438 wird dadurch praktisch ganz ausgeschaltet. § 60 a ADSp sieht eine schriftliche Schadensmitteilung vor, die unverzüglich – spätestens am 6. Tage nach der Ablieferung – in Besitz des abliefernden Spediteurs sein muß, auch bei äußerlich nicht erkennbaren Mängeln. Die Folge der Versäumnis der Rüge ist nach § 60 b ADSp praktisch der Verlust der Ansprüche[5].

6 Für den **Umzugsverkehr** regelt § 13 GüKUMT[6] das Erlöschen in Anlehnung an § 39 KVO[7].

7 Auch die CMR enthält in Art. 30[8] eine ausführliche Sonderregelung, wegen der § 438 auch ergänzend kaum in Betracht kommen kann. Die Versäumung der Geltendmachung von Vorbehalten bei der Annahme führt – anders als in § 438 – nicht zum Rechtsverlust, sondern nur zu einschneidenden Beweisnachteilen für den Geschädigten.

8 Auch **außerhalb des Landfrachtrechts** gibt es durchweg Vorschriften, die Rechtsverlust und anspruchserhaltende Rüge ähnlich wie § 438 regeln. Im Binnenschiffahrtsrecht gilt nicht § 438, sondern § 61 BinSchG. Siehe zum Seefrachtrecht 611 Abs. 3 HGB, zum Eisenbahnrecht § 93 Abs. 1 EVO, Art. 57 ER/CIM 1980, Anh. II nach § 460 (Art. 46 CIM 1970); zum Luftfrachtrecht Art. 26 WA, Anh. VII/2 nach § 452; siehe auch §§ 47, 40 LuftVG, Anh. VII/1 nach § 452.

II. Grundsatz: Erlöschen der Ansprüche bei Annahme des Frachtguts und Zahlung der Fracht (§ 438 Abs. 1)

9 § 438 Abs. 1 sieht grundsätzlich ein Erlöschen aller eventuell bestehenden Ansprüche aus dem Frachtvertrag vor, wenn das Frachtgut angenommen und die Fracht bezahlt ist. Das Gesetz geht davon aus, daß in solchen Fällen die Ablieferung, so wie sie erfolgt ist, als volle ordnungsgemäße Erfüllung des Frachtvertrages anzusehen ist. Von der Verjährung (§§ 439, 414) unterscheidet sich § 438 wesentlich, weil diese dem Frachtführer nur eine Einrede gewährt; siehe Rdn. 24.

1. Annahme des Frachtguts

10 Der Begriff der Annahme deckt sich grundsätzlich mit dem in § 436 verwendeten; siehe dort Rdn. 6 ff. Die Annahme muß, da sich an sie in beiden Fällen negative Folgen für den Empfänger knüpfen, neben der tatsächlichen Entgegennahme auch einen Willen des Empfängers als Komponente enthalten, insbesondere klarstellen, daß der Empfänger

---

[3] Ergänzt durch das Schadensfeststellungsverfahren nach § 37 KVO; siehe im einzelnen die Kommentierung in Anh. II nach § 452.
[4] Siehe im einzelnen die Kommentierung in Anh. III nach § 452.
[5] Siehe hierzu die Erläuterung zu § 60 ADSp, Anh. I nach § 415.
[6] Abgedruckt und erläutert in Anh. IV nach § 452.
[7] Da die Vorgängerbedingungen BefBMö keine spezielle Regelung enthielten, war im Bereich der Möbelbeförderung auf § 438 HGB zurückzugreifen. § 438 HGB hatte wegen der fehlenden Regelung in den BefBMö gem. § 26 GüKG sogar zwingenden Charakter; OLG Düsseldorf vom 30. 10. 1980, VersR **1982** 76, 77.
[8] Abgedruckt und erläutert in Anh. VI nach § 452.

das Gut als im wesentlichen vertragsgemäß ausgeliefert annimmt[9]. Nimmt ein Dritter das Gut für den Empfänger an, so ist darin keine „Annahme" zu sehen, wenn er nicht bevollmächtigt ist[10].

Eine den Anspruchsverlust begründende Annahme kann jedoch – insoweit abweichend von § 436 – nicht vorliegen, soweit der Frachtführer die Güter nicht tatsächlich abliefert, sondern im Einverständnis mit dem Verfügungsberechtigten einlagert oder weiterbefördert (sog. **Ersatzablieferung**; siehe § 429 Rdn. 71). Denn in diesen Fällen findet der Gewahrsamswechsel, der den Anlaß zur Überprüfung der Güter auf etwaige Schäden gibt, nicht statt[11]. Für den Fall der Weiterbeförderung unter neuem Frachtbrief geht das RG vom 22. 9. 1926, RGZ 114 308, 314 davon aus, der Empfänger habe Gelegenheit zur Überprüfung. **11**

Nicht völlig geklärt ist, was im Falle einer **Teilannahme** zu gelten hat[12]. Grundsätzlich gilt hierfür das zu § 436 Rdn. 8 Ausgeführte. Teilannahme (mit Teilzahlung) bewirkt daher den Anspruchsverlust hinsichtlich der den angenommenen Teil betreffenden Schäden[13]. Bei Teilannahme (und Teilzahlung) muß daher der Schaden ebenso durch Sachverständige festgestellt werden wie bei Vollannahme. Der Rechtsverlust kann sich allerdings nicht auf den nicht ausgelieferten und daher auch nicht angenommenen und bezahlten Teil der Sendung[14] beziehen. Schadensersatzansprüche wegen Minderung (Teilverlust) erlöschen nur, wenn die geminderte Sendung als Gesamtablieferung angeboten und bezahlt wird. Ist dagegen zwischen den Parteien klar, daß nur ein Sendungsteil ausgeliefert wird, so kann hinsichtlich der noch nicht ausgelieferten (möglicherweise bereits verlorenen) Teile kein Anspruchsverlust eintreten. **12**

Ob die **Rücknahme durch den Absender** der Annahme durch den Empfänger gleichgestellt werden kann, ist streitig[15]. Die Unterscheidung zwischen „Annahme" und „Rücknahme" ist indessen irreführend. § 438 erwähnt den Empfänger bei der „Annahme" nicht speziell. Ist die „Annahme" die Entgegennahme des Frachtguts als im wesentlichen vertragsgemäße Leistung (siehe § 436 Rdn. 9) und sachlich mit der „Ablieferung" des § 429 Abs. 1 identisch, dann spielt es grundsätzlich keine Rolle, an welchen Berechtigten abgeliefert wird, d. h. wer das Frachtgut annimmt. Adressiert der Absender es an sich selbst, so ist er zugleich Empfänger. Die Annahme des Frachtguts durch ihn fällt dann unzweifelhaft unter § 438 Abs. 1. Kommt ein entsprechendes Ergebnis erst durch Anweisungen oder Änderungen des Frachtvertrages zustande, so wird die Rückgabe kraft des im Leistungsgegenstande geänderten Frachtvertrages zur „Ablieferung", die Entgegennahme durch den Absender zur „Annahme". Daher ist mit der überwiegenden **13**

---

[9] So bereits ROHG vom 10. 12. 1872, ROHG 8 192, 195: „erkennt ... an"; ROHG vom 6. 11. 1874, ROHG 15 141, 142 ff; RG vom 22. 9. 1926, RGZ 114 308, 314; RG JW 1924 685: „Genehmigung"; OLG Hamburg vom 23. 9. 1913, OLGR 28 398, 399: „Billigung". OLG Frankfurt vom 16. 2. 1982, MDR 1982 583 f = TranspR 1982 19 f. Siehe dazu genauer § 429 Rdn. 52, 72 ff, insbesondere 78.

[10] Zum Seerecht (§ 611 Abs. 3) siehe BGH vom 15. 11. 1965, BGHZ 44 303 ff. Siehe im übrigen genauer § 436 Rdn. 10.

[11] Willenberg[4] Rdn. 10; siehe für den Fall der Erteilung einer Quittung ohne tatsächliche Annahme RG vom 16. 4. 1924, RGZ 108 50, 57 f. Siehe auch § 39 KVO, Anh. II nach § 452 Rdn. 5 und die Erl. zu § 93 EVO, Anh. I nach § 460.

[12] Siehe dazu *Heymann/Kötter* Anm. 1; *Baumbach/Duden/Hopt*[28] Anm. 1 b.

[13] Zutreffend OLG Düsseldorf vom 20. 6. 1985, TranspR 1985 254, 256; *Schlegelberger/Geßler*[5] Rdn. 13; *Koller*[2] Rdn. 2. Siehe auch § 39 KVO, Anh. II nach § 452 Rdn. 13.

[14] Zum Begriff der Sendung siehe § 429 Rdn. 28.

[15] Dagegen RG vom 2. 2. 1889, RGZ 22 145, 146 f; *Baumbach/Duden/Hopt*[28] Anm. 1 b. Grundsätzlich dafür *Heymann/Kötter* Anm. 1 (S. 995); *Heymann/Honsell* Rdn. 5; *Schlegelberger/Geßler*[5] Rdn. 11; *Koller*[2] Rdn. 2.

Meinung[16] die Rücknahme durch den Absender grundsätzlich der Annahme durch den Empfänger gleichzustellen und auch dem rücknehmenden Absender der mögliche Rechtsverlust nach § 438 aufzuerlegen. Dies gilt auch bei Aufhebung des Frachtvertrages[17], wenn Fracht gezahlt wird, weil auch in diesem Fall eine vom Frachtführer übernommene Obhut beendet wird und die Rügepflicht grundsätzlich zweckmäßig ist.

2. Zahlung der Fracht und der sonstigen Forderungen

14 Für den Eintritt der Präklusionswirkung ist weiterhin erforderlich, daß der Empfänger die Fracht und die „sonstigen" auf dem Gut haftenden Forderungen bezahlt hat. Diese Voraussetzung ist in den modernen Spezialregelungen (siehe Rdn. 4 ff) nicht mehr enthalten. Vielmehr knüpft der Rechtsverlust bereits an die bloße Annahme des Frachtguts an. Eine solche Lösung ist im Hinblick auf die bargeldlose Zahlung sachgerechter.

15 Nach h. M. sollen **zahlungshalber erbrachte Leistungen**, darunter auch Zahlungen mit Scheck nicht genügen[18]. Die Unterscheidung zwischen zahlungshalber und an Zahlungs Statt erbrachten Leistungen ist hier jedoch nicht sinnvoll. Denn der Wille des Empfängers zum Akzeptieren der Leistung als im wesentlichen vertragsgemäß wird auch durch abweichende Arten der Zahlung sinnfällig unterstrichen. Er kann sich in der Hingabe eines Schecks oder Wechsels ebenso deutlich äußern wie in der Barzahlung. Unstreitig ist, daß Aufrechnung, Novation, Erlaß und ähnliche Erfüllungssurrogate ausreichen; nicht dagegen a conto-Zahlungen[19]. Nach OLG Hamburg vom 20. 11. 1909, Recht **1910** Nr. 1444 soll auch eine Zahlung nicht ausreichen, die durch Androhung der Rückbeförderung erzwungen worden ist. Dieses Ergebnis läßt sich nur begründen, wenn die Berufung auf das Erlöschen rechtsmißbräuchlich ist.

16 Die **auf dem Gut „haftenden" Kosten** sind diejenigen, von deren Erfüllung der Frachtführer nach § 435 die Auslieferung abhängig machen kann (siehe § 435 Rdn. 12 f) bzw. die durch das gesetzliche Pfandrecht nach § 440 Abs. 1 geschützten Forderungen.

17 **Nur wenn voll gezahlt wird**, tritt der Rechtsverlust ein, weil eine Zurückbehaltung von Teilbeträgen dafür spricht, daß der Empfänger die Ablieferung nicht als ordnungsgemäß annehmen will. Wird jedoch eine angenommene Teilsendung voll bezahlt, gilt dies nicht. Dann liegt insoweit Annahme und Zahlung hinsichtlich des betreffenden Sendungsteils vor; vgl. Rdn. 12.

18 § 438 sagt nicht, **von wem die Forderungen bezahlt werden müssen**. Selbst wenn sie vom Absender vorausbezahlt sind („franko"), ist zweifelhaft, ob die bloße Annahme des Guts zur Begründung des Rechtsverlustes genügt[20]. Ob dies auch gelten soll, wenn ein Dritter die Fracht bezahlt, ist zweifelhaft[21]. *Heymann/Kötter* § 438 Anm. 1 ist zuzugeben, daß mit dieser Auffassung das Risiko des Empfängers bei der Annahme unüberschaubar vergrößert werden kann[22]. Daher ist eine Zahlung eines Dritten nur als Voraussetzung des § 438 anzuerkennen, wenn dieser auf konkrete Anweisung des Empfängers

---

[16] *Koller*[2] Rdn. 2; *Heymann/Honsell* Rdn. 5; differenzierend *Schlegelberger/Geßler*[5] Rdn. 11.
[17] Für diesen Fall gegen Anwendung von § 438: RG vom 2. 2. 1889, RGZ **22** 145, 146 f und *Baumbach/Duden/Hopt*[28] Anm. 1 b.
[18] I. E. RG vom 15. 1. 1890, RGZ **25** 31, 32; *Schlegelberger/Geßler*[5] Rdn. 4; *Heymann/Honsell* Rdn. 4; *Heymann/Kötter*[21] Anm. 1; *Koller*[2] Rdn. 2.
[19] So schon RG vom 15. 1. 1890, RGZ **25** 31, 33.
[20] ROHG vom 22. 5. 1897, ROHG **13**, 414 ff; RG vom 15. 1. 1890, RGZ **25** 31, 32; OLG Marienwerder vom 11. 3. 1892, SeuffA **48** 435, 438.
[21] Das von *Baumbach/Duden/Hopt*[28] Anm. 1 a dafür zitierte Urteil RG vom 15. 1. 1890, RGZ **25** 31, 32 betrifft keinen derartigen Fall.
[22] Siehe in eben diesem Sinn auch die lesenswerte Entscheidung ROHG vom 22. 5. 1897, ROHG **13**, 414 ff; ferner zur Zahlung an den Spediteur OLG Marienwerder vom 11. 3. 1892, SeuffA **48** 435, 438 f.

zahlt[23]. Die Frage ist jedoch praktisch nur noch von geringer Bedeutung, da die Zahlung heute nur noch im engsten Anwendungsbereich des § 438, also im Güternahverkehr ohne Vertragsbedingungen Voraussetzung für das Erlöschen der Ansprüche ist.

3. Erlöschen der Ansprüche

§ 438 Abs. 1 sieht ein völliges Erlöschen „aller Ansprüche gegen den Frachtführer" aus dem Frachtvertrag, also sowohl der Absender- als auch der Empfängeransprüche vor. Diese weite Formulierung bedarf der Einschränkung: gemeint sind wohl nur solche Ansprüche, die mit dem Frachtgut und seiner Ablieferung zusammenhängen, vor allem solche wegen Verlust und Beschädigung. Dies ergibt sich aus einer Interpretation der Ausnahme des Abs. 2. Im einzelnen ist streitig, welche Ansprüche erlöschen[24]. **19**

Nach h. M. sind **Ansprüche aus unerlaubter Handlung** und ungerechtfertigter Bereicherung vom Erlöschen nicht betroffen. Dies wird auch für mit der vertraglichen Güterschadenshaftung parallele Ansprüche aus unerlaubter Handlung vertreten[25]; anders jedoch zu § 61 BinSchG. mit einer sachlich auch für das Landfrachtrecht zutreffenden Begründung BGH vom 22. 10. 1984[26]. **20**

Nicht vom Erlöschen betroffen werden z. B. Ansprüche wegen zuviel gezahlter Fracht[27]. Das gleiche gilt für Ansprüche aus positiver Vertragsverletzung, die mit der Beförderung selbst nichts zu tun haben. Die in der Literatur vertretene Auffassung[28], Ansprüche aus positiver Vertragsverletzung, die ausschließlich dem Absender oder Empfänger zuständen, seien vom Erlöschen durch die Zahlung des jeweils anderen nicht betroffen, ist zu eng, weil sie Ansprüche zum Erlöschen bringen kann, die mit dem beförderten Frachtgut unmittelbar nichts zu tun haben. Nach allgemeiner Auffassung fallen unter das Erlöschen dagegen auch Verspätungsansprüche gem. § 429 Abs. 1; ausdrücklich ist Entsprechendes in § 39 Abs. 2 b KVO geregelt. Soweit § 438 auf Verspätungsansprüche anzuwenden ist, liegen vielfach zunächst nicht erkennbare Schäden vor, auf die auch § 438 Abs. 3 entsprechend anzuwenden ist; siehe auch § 39 KVO Rdn. 11. **21**

Im Gegensatz zu § 438 **sieht Art. 30 CMR kein Erlöschen der Ansprüche** vor, sondern nur Beweisverschlechterungen. Ähnlich ist die Regelung des § 611 Abs. 3 für das Seerecht. **22**

Nach § 438 **kann sich der Empfänger gegen den Rechtsverlust schützen, indem er die Fracht nicht oder nicht voll bezahlt.** Eventuell muß zwischen Frachtführer und Empfänger bei der Ablieferung § 438 durch Sondervereinbarung ausgeschlossen werden, damit der Empfänger bei Ablieferung die Fracht ohne Rechtsverlust bezahlen kann. Dies ist zulässig, da § 438 kein zwingendes Recht ist. **23**

Das „Erlöschen" vernichtet den Anspruch. Es ist daher grundsätzlich im Prozeß **von Amts wegen zu berücksichtigen**[29]. Beruft sich der Frachtführer jedoch nicht auf § 438, kann unter Umständen daraus auf einen Einwendungsverzicht oder eine Abdingung des § 438 geschlossen werden[30]. **24**

---

[23] Nur auf eine Ermächtigung abstellend *Baumbach/Duden/Hopt*[28] Anm. 1 a; *Heymann/Honsell* Rdn. 8.

[24] Für unterschiedsloses Erlöschen aller vertraglichen Ansprüche gem. dem Wortlaut des Gesetzes *Schlegelberger/Geßler*[5] Rdn. 15, 16; *Koller*[2] Rdn. 3 differenziert *Heymann/Kötter*[21] Anm. 1.

[25] *Schlegelberger/Geßler*[5] Rdn. 16; *Koller*[2] Rdn. 1.

[26] TranspR **1985** 155 f = VersR **1985** 36 f; siehe auch § 429 Rdn. 285 ff. Dagegen wurde auch die kaufmännische Rügepflicht nach § 377 HGB auf Deliktsansprüche nicht angewendet; BGH, 8. Senat vom 31. 5. 1989, NJW **1989** 2532, 2533.

[27] Siehe schon RG vom 11. 3. 1882, RGZ **6** 100, 104 f.

[28] *Heymann/Honsell* Rdn. 11.

[29] Zutreffend *Heymann/Honsell* Rdn. 12; *Koller*[2] Rdn. 3; **a. A.** *Schlegelberger/Geßler*[5] Rdn. 19.

[30] So zumindest im Ergebnis *Heymann/Kötter*[21] Anm. 1 (S. 997 oben); mit anderer Begründung *Schlegelberger/Geßler*[5] Rdn. 19.

III. Ausnahmen

1. Vorsatz oder grobe Fahrlässigkeit des Frachtführers (§ 438 Abs. 5)

25 Die gesamte Regelung gilt nach Abs. 5 nicht für Schäden, die der Frachtführer vorsätzlich oder grob fahrlässig herbeigeführt hat[31]. Auch grobes Verschulden seiner Leute wird ihm nach § 431 zugerechnet; OLG Düsseldorf vom 30. 10. 1980, VersR **1982** 76, 77.

2. Schadensfeststellung vor Annahme

26 Für die Erhaltung der Schadensersatzansprüche genügt kein vom Empfänger ausgesprochener Vorbehalt wegen Schäden[32]. Ansprüche auf Ersatz von Beschädigungen oder Minderungen (Teilverlusten) bleiben grundsätzlich nur erhalten, wenn sie vor Ablieferung durch amtlich bestellte Sachverständige festgestellt sind. Dies setzt voraus, daß der Empfänger das Gut vor Ablieferung überprüfen und den Sachverständigen hinzuziehen kann. Daher muß dem Empfänger ein Anspruch auf vorherige Untersuchung gewährt werden. Entgegen dem im Plural gefaßten Wortlaut des Gesetzes genügt nach allgemeiner Auffassung ein einzelner Sachverständiger zur Schadensfeststellung. Der Sachverständige muß amtlich bestellt sein. Es genügt die dauernde Bestellung durch eine zuständige, öffentlichrechtlich ermächtige Berufsvertretung. § 438 HGB schreibt aber nicht vor, wie der Sachverständige zu bestimmen ist. Daher ist jedenfalls eine Einigung zwischen den Parteien ausreichend, z. B. über die Heranziehung eines Havariekommissars[33]. Die Parteien können – da § 438 dispositiv ist – das Verfahren durch eine vereinfachte Lösung ersetzen. Davon macht z. B. § 22 AGNB Gebrauch. Im übrigen geht § 438 wohl davon aus, daß regelmäßig die Schadensfeststellung vom Empfänger beantragt wird, allerdings ist nicht klar, ob sich dieser „Antrag" unmittelbar an den Sachverständigen[34] oder an den Frachtführer zu richten hat, so daß dieser den Sachverständigen heranzuziehen hat. Das Sachverständigenverfahren kann nach §§ 485 Abs. 2 ZPO, 164 FGG gerichtlich erzwungen werden.

27 Das **schwerfällige Sachverständigenverfahren** des § 438 eignet sich für den modernen Gütertransport mit seinen hohen Transport- und Umschlagsgeschwindigkeiten nicht; *de la Motte* VersR **1982** 1037. Es ist nur in Ausnahmefällen, etwa nach Straßenverkehrsunfällen denkbar, daß im Straßentransport die Güter noch vor der Ablieferung, also praktisch auf dem Lkw, von Sachverständigen untersucht werden. Daher gehen die Spezialbestimmungen durchweg vom Sachverständigenverfahren des § 438 Abs. 2 ab. § 22 AGNB und § 13 GüKUMT begnügen sich zur Verhinderung des Erlöschens mit einer bloßen Rüge bzw. Geltendmachung gegenüber dem Frachtführer. Siehe § 22 AGNB, Anh. III/1 nach § 452 Rdn. 1, 7 f; § 13 GüKUMT, Anh. IV nach § 452 Rdn. 4; zum Überblick oben Rdn. 4 ff.

28 Anstelle der Feststellung durch Sachverständige **kann auch der Frachtführer den Schaden anerkennen**; dann tritt das Erlöschen der Ansprüche nicht ein[35]. Dies muß schon deshalb zugelassen werden, damit der Frachtführer die Möglichkeit hat, in klaren Fällen die Kosten der Feststellung (§ 438 Abs. 4) zu sparen; näher siehe *de la Motte* VersR **1982** 1037. In dem Anerkenntnis liegt eine Abdingung des § 438. Es genügt aber nicht, daß der Frachtführer es unterläßt, eine Schadensbehauptung des Empfängers

---

[31] Siehe dazu § 430 Abs. 3 und § 430 Rdn. 55; *Lenz* Rdn. 747 ff; Anwendungsfall: RG vom 6. 3. 1926, SeuffA **80** 227 f.

[32] Nach §§ 39, 37 KVO kann dagegen ein konkret begründeter Vorbehalt das Erlöschen verhindern; siehe § 39 KVO, Anh. II nach § 452 Rdn. 7.

[33] Siehe zur Rechtsstellung des Havariekommissars *Gielisch* TranspR **1992** 313 f.

[34] Davon geht wohl *Schlegelberger/Geßler*[5] Rdn. 23 aus.

[35] Zutreffend *Koller*[2] Rdn. 3.

zurückzuweisen, denn auch unter Kaufleuten ersetzt Schweigen keine Erklärung[36]. Immerhin läßt sich das Verhalten des Frachtführers unter Heranziehung von Üblichkeiten auslegen[37]. Die bloße Teilnahme des Frachtführers an einer Schadensfeststellung, die vom Empfänger vorgenommen wird, enthält ebenfalls kein Anerkenntnis[38]. Die Schadensfeststellung bindet die Parteien nicht[39]. Sie kann aber im etwaigen Schadensersatzprozeß als (widerlegbares) Beweismittel benutzt werden. Auch wenn sie fehlerhaft vorgenommen ist, hat sie jedenfalls die Wirkung, das Erlöschen etwaiger Ansprüche zu verhindern.

3. Schadensfeststellung bei äußerlich nicht erkennbaren Mängeln (§ 438 Abs. 3)

Bei äußerlich nicht erkennbaren Mängeln läßt sich das Feststellungsverfahren nach Abs. 2 nicht durchführen. § 438 Abs. 3 eröffnet daher dem Empfänger oder Absender auch nach der Annahme und Bezahlung noch begrenzte Möglichkeiten der Geltendmachung von Ansprüchen auf Ersatz von Güterschäden.

a) Äußerlich nicht erkennbare Beschädigung oder Minderung

Äußerlich nicht erkennbare Beschädigung oder Minderung[40] liegt vor allem bei verpackten Gütern vor, wenn die Verpackung äußerlich unbeschädigt ist, z. B. bei Gütern in Containern, auf Wechselpritschen und Paletten[41]. Ferner fallen darunter: innere Schäden an offen transportierten Gütern wie innere Verletzung oder Ansteckung an beförderten Tieren, Verderbsschäden oder Vergiftungen von Nahrungs- und Futtermitteln, die nicht offen erkennbar sind. Beispiele aus der Praxis liefert u. a. die Rechtsprechung zu den Haftungsbefreiungsvorschriften bei innerem Verderb, soweit es sich dabei um nicht erkennbaren Verderb handelt[42]. Zum Begriff der „Minderung" (= Teilverlust) siehe § 429 Rdn. 18.

Äußerlich erkennbar ist nur, was mit den **handelsüblichen Untersuchungsmethoden** von außen festgestellt werden kann. Der Begriff der „Erkennbarkeit" deckt sich im wesentlichen mit dem in § 377 Abs. 2 verwendeten. Siehe dazu § 377 Rdn. 85. Wesentliche Unterschiede bestehen jedoch darin, daß beim Handelskauf sich die Untersuchungspflicht nicht alleine auf den äußeren Zustand, sondern auch auf die innere Beschaffenheit der Güter bezieht, und daß die Untersuchung nach § 438 HGB auf äußere Mängel bereits vor Ablieferung des Frachtguts stattzufinden hat. Der Empfänger kann daher nicht die bei Kaufsachen erforderliche sorgfältige Prüfung (Öffnen von Verpackungen, Stichproben) vornehmen[43]. Maßgeblich für die zuzumutende Untersuchung sind die konkreten Verhältnisse der Ablieferung wie Dunkelheit, Witterungsverhältnisse, vom Frachtführer verursachter Zeitdruck[44]. Erlegt man dem Empfänger eine weitergehende Untersuchungsobliegenheit auf, führt dies zu unangemessenen Rechtsverlusten. Insgesamt sollten die Anforderungen nicht zu streng sein, weil auch bei nicht erkennbaren Mängeln der Frachtführer nach § 438 Abs. 3 S. 2 äußerst wirksam geschützt ist.

---

[36] *Koller*[2] Rdn. 3; *Schlegelberger/Geßler*[5] Rdn. 21; a. A. *Huber* öJBl **1986** 227, 229.
[37] Unter dieser Einschränkung ist auch *de la Motte* VersR **1982** 1037 zuzustimmen.
[38] RG vom 22. 1. 1921, RGZ 101 238, 239 f; *Heymann/Honsell* Rdn. 25; *Koller*[2] Rdn. 5.
[39] *Schlegelberger/Geßler*[5] Rdn. 27; *Baumbach/Duden/Hopt*[28] Anm. 2 A; *Heymann/Honsell* Rdn. 12.
[40] Diese entspricht dem Teilverlust; siehe § 429 Rdn. 18.
[41] *Roesch* VP **1977** 136.
[42] Siehe § 34 KVO, Anh. II nach § 452 Rdn. 42 ff; Art. 17 Abs. 4 d CMR, Anh. VI nach § 452.
[43] *Huber* öJBl **1986** 227, 229.
[44] OLG Düsseldorf vom 7. 3. 1985, TranspR **1985** 190, 191 = VersR **1986** 573 f und vom 11. 5. 1988, TranspR **1988** 340 ff (beide zu § 13 GüKUMT); *de la Motte* VersR **1982** 1037; *Koller*[2] Rdn. 5.

32 Ein besonderes Problem ist die Erkennbarkeit der Beschädigung **bei beschädigter Verpackung**. Hierzu können keine allgemeinen Sätze aufgestellt werden. Vielmehr hängt es von der Art der Beschädigung, dem Inhalt der Packung und den äußeren Umständen ab, ob der innere Schaden erkennbar war; siehe dazu § 39 KVO, Anh. II nach § 452. Einen erkennbaren Schaden hat das OLG Hamburg[45] bei deutlich erkennbarer Beschädigung der Verpackung eines Motorrads angenommen. Dies ist zutreffend, weil jedenfalls das (zumutbare) Öffnen der Verpackung zur Entdeckung des Schadens geführt hätte; siehe aber auch § 37 KVO Rdn. 4.

b) Rechtzeitiger Antrag auf Feststellung des Schadens durch Sachverständige oder Schadensanzeige

33 Bei äußerlich nicht erkennbaren Mängeln kann der Anspruchsberechtigte sich seinen Anspruch erhalten, wenn er rechtzeitig die Feststellung durch amtlich bestellte Sachverständige beantragt. Der Antrag hat sich an den Sachverständigen bzw. an die für seine Bestellung zuständige Behörde zu richten. Siehe Rdn. 33. Rechtzeitig ist der Antrag gestellt, wenn er unverzüglich (ohne schuldhaftes Zögern, § 121 BGB) nach der Entstehung spätestens innerhalb einer Woche nach Annahme durch den Empfänger gestellt ist. Nach Ablauf einer Woche ist der Frachtführer danach von jeder Haftung auch für unentdeckbare innere Schäden frei. Zumindest bei Handelsgütern, die in geschlossener Verpackung gehandelt werden und deren Fehler oft erst viel später beim Endverbraucher entdeckt werden, führt die Regelung dazu, daß selbst Schäden, die offenkundig vom Transport herrühren, nicht mehr zu ersetzen sind. Gegen diese Lösung, die auch § 39 Abs. 2 d KVO entspricht, bestehen rechtspolitische Bedenken. Art. 30 CMR, der nur eine Beweiserschwerung für den Geschädigten vorsieht, enthält demgegenüber eine angemessenere Regelung.

34 Anstelle des Antrags auf Schadensfeststellung durch Sachverständige genügt nach § 438 Abs. 3 S. 2 auch die **Schadensanzeige** an den Frachtführer innerhalb der gleichen Frist, wenn die Feststellung bei Ausbleiben einer Antwort des Frachtführers nachträglich unverzüglich beantragt wird.

35 Umstritten ist, ob Schadensanzeige oder Feststellungsantrag **innerhalb der Frist zugegangen** sein müssen[46] oder ob ihre nachweisliche Absendung innerhalb der Frist ausreicht[47]. Entsprechend den für kurze Fristen geltenden Gedanken der §§ 639, 478 Abs. 1 S. 1 BGB und 377 Abs. 4 HGB ist die rechtzeitige Absendung nur für die Fristwahrung, nicht aber als Ersatz des Zugangs ausreichend[48].

36 Hat der **Frachtführer innerhalb der Frist bereits Kenntnis** vom Schaden erlangt, erscheint die Anzeige an sich überflüssig. Dennoch ist es fraglich, ob die rechtzeitige Anzeige damit entfallen kann[49]. Richtigerweise ist dies zu verneinen, weil ohne die Anzeige der Frachtführer keine Sicherheit erlangt, ob er noch in Anspruch genommen werden wird. Diese Rechtsunsicherheit widerspricht dem Grundgedanken des § 348.

---

[45] Urteil vom 7. 5. 1987, TranspR **1988** 235 f = VersR **1987** 1087 f.
[46] *Willenberg*[4] § 39 KVO Rdn. 34.
[47] OLG Düsseldorf vom 7. 3. 1985, TranspR **1985** 190 f = VersR **1986** 573 f; *Heymann/Honsell* Rdn. 16; *Koller*[2] Rdn. 6.
[48] Zu § 377 BGH 13. 5. 1987, ZIP **1987** 852, 853; a. A. *Koller* Rdn. 6.
[49] So aber *Koller*[2] Rdn. 6; zu Art. 26 Abs. 2 WA, Anh. VII/2 nach § 452; OLG Frankfurt vom 13. 6. 1978, VersR **1978** 928 m. zust. Anm. von *Wodrich* = ZLW **1979** 67 und LG Frankfurt vom 27. 5. 1986, TranspR **1986** 292.

c) Entstehung des Schadens in der Obhutszeit

Die Ansprüche werden nur aufrechterhalten, soweit der Anspruchsberechtigte nachweisen kann, daß der Schaden beim Frachtführer zwischen Annahme und Ablieferung entstanden ist. Damit wird die Ausgangslage nach § 429 Abs. 1 wiederhergestellt[50], die aber für den Geschädigten ungünstig ist, da ihm nach Auslieferung keine Beweiserleichterungen mehr zur Verfügung stehen. Diese Regelung entspricht § 39 Abs. 2 d Nr. 2 KVO, wo auch eine ausdrückliche Zuweisung der Beweislast an den Geschädigten vorgesehen ist; siehe dort Rdn. 21. **37**

IV. Kosten des Schadensfeststellungsverfahrens

Beantragt der Empfänger die Schadensfeststellung durch einen Sachverständigen, so ist er diesem gegenüber zur Zahlung der Kosten verpflichtet. Er kann aber nach § 438 Abs. 4 vom Frachtführer Erstattung verlangen, wenn dieser für den entstandenen Schaden am Frachtgut ersatzpflichtig ist. Andernfalls fallen die Kosten dem Empfänger zur Last. Wer im Verhältnis zwischen Empfänger und Absender und weiteren Beteiligten im Endergebnis die Kosten zu tragen hat, bestimmt sich nicht nach § 438 Abs. 4, sondern nach den zwischen diesen Personen bestehenden Rechtsverhältnissen. **38**

§ 439

¹Auf die Verjährung der Ansprüche gegen den Frachtführer wegen Verlustes, Minderung, Beschädigung oder verspäteter Ablieferung des Gutes finden die Vorschriften des § 414 entsprechende Anwendung. ²Dies gilt nicht für die in § 432 Abs. 3 bezeichneten Ansprüche.

Übersicht

	Rdn.		Rdn.
I. Allgemeines	1	III. Verjährung der in § 439 nicht geregelten Ansprüche gegen den Frachtführer	8
1. Überblick	1		
2. Anwendungsbereich – Spezialregelungen	2	IV. Verjährung der Ansprüche des Frachtführers	10
II. Ansprüche gegen den Frachtführer wegen Verlust, Minderung, Beschädigung oder Verspätung (§§ 439, 414 HGB)	6	1. Frachtrechtliche Sonderbestimmungen	11
1. § 439 S. 1 HGB	6	2. Ansprüche wegen Fracht und Auslagen (§ 196 Abs. 1 Nr. 3 BGB)	12
2. § 439 S. 2 (Rückgriffsansprüche)	7	3. Andere Ansprüche	14

Schrifttum

Siehe zu § 425. Speziell zur Verjährung *Lenz* Konkurrierende Verjährungsfristen im Straßengütertransportrecht ..., TranspR **1989** 396 ff.

I. Allgemeines
1. Überblick

§ 439 regelt einen Teil der frachtrechtlichen Verjährungsfragen durch Verweisung auf § 414. Hinsichtlich der Einzelheiten wird auf die Kommentierung zu § 414 verwiesen. Tag der Ablieferung ist bei Teilablieferung der Tag, an dem der letzte Teil der Güter **1**

---

[50] Zur Beweislast § 429 Rdn. 105 ff, zu § 438 siehe *Koller*[2] Rdn. 6.

§ 439   Drittes Buch. Handelsgeschäfte

abgeliefert ist[1]. Nicht der Verjährungsfrist des § 414 unterliegen alle übrigen, in § 439 nicht aufgeführten Ansprüche gegen den Frachtführer (siehe Rdn. 8 f), sowie alle Ansprüche des Frachtführers; siehe Rdn. 10 ff. Wegen der Dauer der Verjährung bei Vorsatz siehe § 414 Rdn. 14, 24 und § 40 KVO, Anh. II nach § 452 Rdn. 11. Zur Hemmung und Unterbrechung[2] der Verjährung siehe § 414 Rdn. 3, § 40 KVO, Anh. II nach § 452 Rdn. 20 ff, 36. Der Verjährung kann der nur ausnahmsweise der Arglisteinwand entgegengesetzt werden[3]. Deliktische Ansprüche unterliegen nach h. M. nicht der frachtrechtlichen Sonderverjährung; siehe dazu kritisch § 429 Rdn. 285 ff.

2. Anwendungsbereich – Spezialregelungen

2 **Sonderregeln, die dem § 439 entsprechen**, teilweise (z. B. bei der Bestimmung der erfaßten Ansprüche)[4] auch über ihn hinausgehen, bestehen im Güterfernverkehrsrecht in §§ 40 KVO, Anh. II nach § 452; im Güternahverkehrsrecht in §§ 26 AGNB, Anh. III/1 nach § 452; 64 ADSp, Anh. I nach § 415; für die Möbelbeförderung in § 14 GüKUMT, Anh. IV nach § 452 und für den internationalen Gütertransport in Art. 32 CMR, Anh. VI nach § 452. Eine besondere Hemmung der Verjährung durch Schadensanmeldung sehen § 40 Abs. 3 KVO[5] und Art. 32 Abs. 2, 3 CMR vor.

3 Das **BinSchG.** verweist zwar in § 26 auf § 439, aber in der Praxis regeln die sehr weitgehend üblichen Konnossements- oder Verlade- und Transportbedingungen die Verjährung speziell und mit kürzeren Fristen. Auch wird die Verjährung, wenn der Frachtführer zugleich als Schiffseigner oder Schiffsführer haftet, durch §§ 117, 118 BinSchG. modifiziert; BGH vom 26. 5. 1975, VersR **1975** 823 f.

4 Die **Sondernormen gehen** § **439 vor**, soweit sie Rechtsnormcharakter haben (KVO, GüKUMT, CMR). Soweit sie in **AGB** enthalten sind (AGNB, ADSp, Bedingungen der Binnenschiffahrt) ist die Abdingung der Verjährung des § 439 gem. § 225 BGB zulässig, da die betreffenden Klauseln kürzere Fristen (maximal 6 Monate) vorsehen; siehe § 26 AGNB, Anh. III/1 nach § 452 Rdn. 4.

5 Im **Seehandelsrecht** gilt anstelle der Verjährung die Ausschlußfrist des § 612 HGB; siehe *Prüßmann/Rabe*[3] § 611 Rdn. 1. Siehe im Eisenbahnrecht § 93 EVO, Art. 58 ER/CIM 1980, Anh. II nach § 460 (früher 47 CIM 1970); im Luftrecht §§ 34, 39 LuftVG, Anh. VII/1 nach § 452 und die Ausschlußfrist des Art. 29 WA, Anh. VII/2 nach § 452; zu Art. 29 WA (unzulässige Rechtsausübung) siehe BGH vom 7. 5. 1963, NJW **1963** 1405 f = VersR **1963** 640 f (Luftrecht).

II. Ansprüche gegen den Frachtführer wegen Verlust, Minderung, Beschädigung oder Verspätung (§§ 439, 414 HGB)

1. § 439 S. 1 HGB

6 Der einjährigen Verjährung nach §§ 439 S. 1, 414 unterliegen nur die Ansprüche gegen den Frachtführer wegen Verlustes, Beschädigung, Verminderung (Teilverlust) oder verspäteter Ablieferung. Es handelt sich hierbei regelmäßig um die in § 429 Abs. 1

---

[1] OLG Hamburg vom 3. 2. 1971, VersR **1971** 729, 731; zum Verzicht auf die Verjährung: OLG Bremen vom 7. 10. 1976, VersR **1978** 135.
[2] Zu den Erfordernissen der Unterbrechung durch Mahnbescheide siehe neuerlich BGH vom 17. 12. 1992, VersR **1993** 629.
[3] Siehe § 414 Rdn. 9; neuerlich BGH vom 13. 4. 1989, TranspR **1989** 327, 328 f = VersR **1989** 1066, 1068.
[4] § 40 KVO betrifft auch Ansprüche gegen den Empfänger; BGH vom 5. 7. 1962, NJW **1963** 102 ff = VersR **1962** 728 f.
[5] Anh. II nach § 452 Rdn. 20 ff.

vorgesehenen Ersatzansprüche. Doch nimmt § 439 nicht auf eine bestimmte Anspruchsgrundlage Bezug; daher fallen alle wegen der betreffenden Schäden erhobenen Ansprüche unter § 439 HGB, gleich auf welcher Grundlage sie beruhen; z. B. Ansprüche wegen rechtswidrigen Pfandverkaufs[6].

2. § 439 S. 2 (Rückgriffsansprüche)

Ausgenommen von der einjährigen Verjährung sind die **Rückgriffsansprüche beim Unterfrachtvertrag mit durchgehendem Frachtbrief**, auch soweit sie Güterschäden betreffen; siehe § 432 Rdn. 56 ff. Diese Ansprüche verjähren nach § 195 BGB in 30 Jahren[7]. **7**

III. Verjährung der in § 439 nicht geregelten Ansprüche gegen den Frachtführer

Die Verjährung der nicht unter § 439 fallenden Ansprüche bestimmt sich, soweit nicht frachtrechtliche Sonderbestimmungen eingreifen, nach § 195 BGB und im Falle von **Deliktsansprüchen** nach herrschender Meinung und Auffassung des BGH (siehe § 414 Rdn. 4; § 429 Rdn. 285 ff) nach § 852 BGB. **8**

Die **dreißigjährige Verjährung greift meist in der Praxis nicht ein**, weil die Spezialregelungen weiter gefaßt sind. § 40 KVO sieht grundsätzlich eine einjährige Verjährung der Ansprüche gegen den Frachtführer vor; siehe dort Rdn. 1 ff, 7; ähnlich Art. 32 CMR. § 26 AGNB verkürzt die Verjährung wegen aller Ansprüche auf sechs, § 64 ADSp auf acht Monate. § 14 Abs. 1 GüKUMT unterwirft alle vertraglichen Schadensersatzansprüche einer einjährigen Verjährung; andere Ansprüche aus dem Vertrag unterliegen jedoch laut § 14 Abs. 4 den allgemeinen Verjährungsvorschriften, also, soweit sie sich gegen den Frachtführer richten, der dreißigjährigen Verjährung nach § 195 BGB; so z. B. aus positiver Vertragsverletzung[8]. **9**

IV. Verjährung der Ansprüche des Frachtführers

Die Verjährung der Ansprüche des Frachtführers ist im HGB nicht geregelt. Eine Reihe von Bestimmungen der frachtrechtlichen Sonderordnungen sehen jedoch Verjährungsregeln für Ansprüche des Frachtführers aus dem Frachtvertrag vor. Soweit diese nicht eingreifen, gelten §§ 195 ff BGB. **10**

1. Frachtrechtliche Sonderbestimmungen

Die speziellen Verjährungsbestimmungen der landfrachtrechtlichen Sonderordnungen beziehen sich teilweise auch auf die Ansprüche des Frachtführers. § 40 Abs. 1 KVO unterwirft auch die Ansprüche des Frachtführers grundsätzlich einer einjährigen Verjährungsfrist; bei Frachtzahlungsansprüchen ist auch der Fristbeginn in Abs. 2 a besonders geregelt. Für den grenzüberschreitenden Güterkraftverkehr sind Dauer und Beginn der Verjährung der Ansprüche des Frachtführers in Art. 32 Abs. 1 bestimmt. Nach § 26 AGNB beträgt die Frist für alle Ansprüche aus dem Frachtvertrag nur 6 Monate. Der **11**

---

[6] *Ritter*, Anm. 2; *Schlegelberger/Geßler*[5] Rdn. 6; *Heymann/Honsell* Rdn. 3 gegen das OLG Hamburg vom HansRGZ **1921** B 22; siehe zu Deliktsansprüchen Rdn. 8.
[7] RG vom 17. 1. 1934, JW **1934** 1113; BGH vom 23. 5. 1985, NJW **1986** 132 f = TranspR **1986** 334,
335 = VersR **1985** 831; OLG München vom 31. 12. 1982, TranspR **1983** 75 ff; *Koller*[2] Rdn. 1. Siehe auch § 40 KVO, Anh. II nach § 452 Rdn. 2.
[8] OLG Düsseldorf vom 3. 6. 1982, TranspR **1985** 173 f = VersR **1982** 1076 f; *Heymann/Honsell* Rdn. 4.

§ 440 Drittes Buch. Handelsgeschäfte

Fristbeginn richtet sich nach der Fälligkeit. Diese ist mangels besonderer Vereinbarung durch § 3 Abs. 4 AGNB auf den Zeitpunkt der Ablieferung festgelegt. § 14 GüKUMT, Anh. IV nach § 452 regelt die Verjährung für alle Ansprüche aus dem Frachtvertrag, also auch für solche des Frachtführers. § 64 ADSp trifft für die Verjährung der Ansprüche des Spediteurs keine Sonderregelung. § 414 Rdn. 20.

2. Ansprüche wegen Fracht und Auslagen (§ 196 Abs. 1 Nr. 3 BGB)

12 Soweit nicht die in Rdn. 11 aufgeführten Bestimmungen Sonderregeln enthalten, fallen unter die zweijährige Verjährungsfrist des § 196 Abs. 1 Nr. 3 BGB alle in § 425 Rdn. 171 ff erörterten Ansprüche des Frachtführers. Dabei muß es sich nicht um primäre Ansprüche auf Frachtzahlung handeln, sondern es genügt auch, wenn diese den ursprünglichen Grund des Anspruchs darstellt[9]. Nicht unter § 196 Ziff. 3 BGB fallen Ersatzansprüche wegen Vertragsverletzung, unerlaubter Handlung usw.

13 Der **Beginn der Verjährung** bestimmt sich nach §§ 198, 201 BGB: der Schluß des Jahres, in dem der Anspruch entsteht. Nach allgemeiner Auffassung ist unter „Entstehung" des Anspruchs in § 198 BGB der Zeitpunkt der Fälligkeit zu verstehen[10]. Danach hängt der Verjährungsbeginn davon ab, wann der Anspruch auf Frachtzahlung fällig geworden ist. Für die Zahlungspflicht des Empfängers ist dieser Zeitpunkt durch § 436 festgelegt: mit Annahme von Gut und Frachtbrief. Dagegen sehen die §§ 425 ff für die Zahlungspflicht des Absenders keine Fälligkeitsregelung vor. Mangels besonderer Vereinbarung müßte daher gem. dem ergänzend anwendbaren § 641 BGB die Annahme des Frachtguts durch den Empfänger Voraussetzung der Fälligkeit sein[11]. In den frachtrechtlichen Spezialbestimmungen ist allerdings dazu teilweise eine andere Fälligkeit bestimmt, die sich aus Tarifrecht ergeben kann.

3. Andere Ansprüche

14 Soweit keine Sonderbestimmungen frachtrechtlicher Art (siehe Rdn. 11) bestehen, verjähren Ansprüche des Frachtführers gegen den Absender aus positiver Vertragsverletzung in 30 Jahren (§ 195 BGB). Ansprüche des KVO-Unternehmers auf Wiedererstattung tarifwidriger Frachtrückzahlungen fallen als Bereicherungsansprüche ebenfalls unter die dreißigjährige Frist des § 195 BGB[12].

§ 440

(1) Der Frachtführer hat wegen aller durch den Frachtvertrag begründeten Forderungen, insbesondere der Fracht- und Liegegelder, der Zollgelder und anderer Auslagen, sowie wegen der auf das Gut geleisteten Vorschüsse ein Pfandrecht an dem Gute.

(2) Das Pfandrecht besteht, solange der Frachtführer das Gut noch im Besitze hat, insbesondere mittels Konnossements, Ladescheins und Lagerscheins darüber verfügen kann.

(3) Auch nach der Ablieferung dauert das Pfandrecht fort, sofern der Frachtführer es binnen 3 Tagen nach der Ablieferung gerichtlich geltend macht und das Gut noch im Besitze des Empfängers ist.

---

[9] Siehe (z. B. eines Schadensersatzanspruchs) RG vom 20. 10. 1905, RGZ **61** 390, 391 f; RG vom 14. 11. 1906, JW **1907** 56, 57 (Konventionalstrafe); RG vom 12. 6. 1915, RGZ **86** 422, 423; *Heymann/ Honsell* Rdn. 6.

[10] BGH vom 8. 7. 1968, NJW **1968** 1962; BGH vom 17. 2. 1971, BGHZ **55** 340, 341.

[11] So *Schlegelberger/Geßler*[5] Rdn. 9; siehe zu der Frage eingehend *Heymann/Kötter*[21] Anm. 2; *Heymann/Honsell* Rdn. 7.

[12] Siehe § 40 KVO, Anh. II nach § 452 Rdn. 5. Siehe auch Art. 32 CMR, Anh. VI nach § 452.

(4) ¹Die in § 1234 Abs. 1 des BGB bezeichnete Androhung des Pfandverkaufs sowie in den §§ 1237 und 1241 des BGB vorgesehenen Benachrichtigungen sind an den Empfänger zu richten. ²Ist dieser nicht zu ermitteln oder verweigert er die Annahme des Gutes, so hat die Androhung und Benachrichtigung gegenüber dem Absender zu erfolgen.

Übersicht

		Rdn.
I.	Allgemeines	1
II.	Voraussetzungen des Pfandrechts	4
1.	Allgemeine Entstehungsvoraussetzungen	4
	a) Frachtvertrag	4
	b) Besitz des Frachtführers am Gut (§ 440 Abs. 2)	5
	c) Eigentum oder Verfügungsbefugnis des Absenders, guter Glaube	6
2.	Die dem Pfandrecht unterliegenden Gegenstände	7
3.	Die gesicherten Forderungen	8
III.	Der Inhalt des Pfandrechts	12
IV.	Der Rang des Pfandrechts	13
V.	Dauer und Erlöschen des Pfandrechts	14
1.	Erlöschen des Pfandrechts durch Aufgabe	14
2.	Erlöschen des Pfandrechts durch Erlöschen der gesicherten Forderung	15
3.	Erlöschen durch Besitzverlust	16
4.	Fortdauer nach § 440 Abs. 3 HGB	17
	a) Gerichtliche Geltendmachung binnen 3 Tagen	18
	b) Besitz des Empfängers	20
VI.	Das Frachtführerpfandrecht im grenzüberschreitenden Verkehr	21
VII.	Das Frachtführerpfandrecht im grenzüberschreitenden Verkehr	22

Schrifttum

Siehe zu § 425; insbesondere: *Benckelberg/Beier* Empfängerhaftung nach Maßgabe des Frachtbriefs – Versender als „Vormann" im Sinne des § 442 HGB, TranspR **1989** 351 ff.

I. Allgemeines

Das gesetzliche Pfandrecht hat vor allem die Aufgabe, dem Frachtführer die Übernahme der Beförderung auch ohne Vorschuß des Absenders zu erleichtern, ebenso die Befolgung nachträglicher Weisungen oder die Erbringung von Aufwendungen zum Vorteil des Frachtguts. Die Regelung des § 440 unterscheidet sich nur in Einzelheiten von der für das Spediteurpfandrecht geltenden des § 410. Auf die dortige Kommentierung kann daher weitgehend verwiesen werden. **1**

Die §§ 440 ff sind **im Landfrachtrecht noch in vollem Umfang anwendbar.** Die frachtrechtlichen Sonderordnungen enthalten – mit Ausnahme der ADSp (zu diesen siehe § 410 Rdn. 34 ff) und des § 21 GüKUMT, Anh. IV nach § 452 – keine Bestimmungen über das Frachtführerpfandrecht. Die CMR überläßt es durch ihr Schweigen der ergänzend anzuwendenden Rechtsordnung[1]. Nach allgemeiner Auffassung gelten §§ 440 ff HGB, soweit deutsches Recht als Schuldstatut nach den Grundsätzen des deutschen internationalen Privatrechts anwendbar ist[2]. Im Binnenschiffahrtsrecht gilt § 440 kraft der Verweisung des § 26 BinSchG; im Eisenbahnrecht gemäß § 457. Eine analoge Anwendung auf das Luftrecht ist abzulehnen. **2**

Die **Bedeutung des Frachtführerpfandrechts** ist aus praktischen Gründen relativ gering. Zwar verstärkt es das Zurückbehaltungsrecht des Frachtführers nach § 435, **3**

---

[1] Zu dieser siehe § 425 Rdn. 58 ff.
[2] Siehe dazu § 425 Rdn. 58 ff; siehe ferner *Muth* Leitfaden zur CMR, Einleitung § 14; *Precht/Endrigkeit* CMR-Handbuch, 43; zu § 440 speziell BGH vom 5. 2. 1987, NJW **1987** 1885 f = TranspR **1987** 180, 182 = VersR **1987** 678, 680; OLG Düsseldorf vom 25. 11. 1976, VersR **1977** 1047, 1048.

indem es als absolutes Recht gegenüber jedermann (auch gegenüber dem Eigentümer) wirkt und dem Frachtführer die Verwertung des Frachtguts gestattet. In der Praxis ist die Regelung den ihr zufallenden Aufgaben nicht mehr gewachsen[3], weil sie angesichts der jetzt bestehenden leichteren Zahlungsmethoden, der besseren Nachrichtenverbindungen und der betriebswirtschaftlichen Unmöglichkeit einer längeren Zurückbehaltung des Gutes oder der Pfandrechtserhaltung nach § 440 Abs. 3 jedenfalls im Straßengüterverkehr weitgehend unbrauchbar ist. Offenbar hat das Pfandrecht eher noch in der Binnenschiffahrt eine Bedeutung, aus der fast alle entschiedenen Fälle stammen.

II. Voraussetzungen des Pfandrechts

1. Allgemeine Entstehungsvoraussetzungen

a) Frachtvertrag

4   § 440 setzt das Bestehen eines Landfrachtvertrages oder Binnenschiffahrtsfrachtvertrages voraus; siehe Rdn. 1 f. Ohne rechtswirksamen Frachtvertrag kann kein Pfandrecht entstehen[4]. Mietverträge, auch in Verbindung mit Dienstverschaffungverträgen, reichen nicht aus[5].

b) Besitz des Frachtführers am Gut (§ 440 Abs. 2)

5   § 440 Abs. 2 entspricht hinsichtlich der Entstehung des Pfandrechts völlig § 410[6]. Zur Fortdauer des einmal entstandenen Pfandrechts über den Besitz des Frachtführers hinaus siehe § 440 Abs. 3 und unten Rdn. 17 ff.

c) Eigentum oder Verfügungsbefugnis des Absenders, guter Glaube

6   Das Gut, an dem das Pfandrecht entstehen soll, muß im Eigentum des Absenders stehen, oder dieser muß zu seiner Absendung befugt (= verfügungsbefugt) sein[7]. § 366 Abs. 3 gestattet einen gutgläubigen Pfandrechtserwerb des Frachtführers hinsichtlich der konnexen Forderungen[8]. Die Rechtslage entspricht völlig der bei § 410 bestehenden[9].

2. Die dem Pfandrecht unterliegenden Gegenstände

7   Wie in § 410 ist in § 440 Abs. 1 vom Pfandrecht an dem „Gut" die Rede. Damit ist das unter dem betreffenden Frachtvertrag empfangene Frachtgut gemeint[10].

3. Die gesicherten Forderungen

8   Im Gegensatz zu § 410 gewährt § 440 Abs. 1 dem Frachtführer das Pfandrecht nicht nur wegen bestimmter, sondern **wegen aller Forderungen aus dem Frachtvertrag**[11] einschließlich der Schadensersatzansprüche. Dabei kommt es nicht darauf an, ob sich die Ansprüche gegen den Absender oder Empfänger richten, ob sie aus dem Frachtbrief her-

---

[3] Eindrucksvoll *Benckelberg/Beier* TranspR **1989** 351 ff.
[4] Siehe § 410 Rdn. 2 f; BGH vom 16. 9. 1985, TranspR **1986** 29, 30 = VersR **1986** 31, 32 (zur Binnenschiffahrt); *Koller*² Rdn. 1.
[5] BGH vom 16. 9. 1985, TranspR **1986** 29, 30 = VersR **1986** 31, 32 (zur Binnenschiffahrt); *Koller*² Rdn. 1.
[6] Siehe dort Rdn. 4; OLG Hamburg vom 19. 10. 1987, TranspR **1988** 69, 71 = VersR **1988** 177 f (zum Schweizer Recht).
[7] Unrichtig daher die beiläufige Bemerkung bei OLG Köln vom 18. 9. 1984, WM **1985** 119, 120.
[8] Siehe zu diesem unten Rdn. 11.
[9] Siehe § 410 Rdn. 5 f, 21 ff; zu § 50 ADSp siehe § 410 Rdn. 38 f.
[10] Siehe § 410 Rdn. 8 ff, 39; OLG Hamm vom 25. 9. 1984, TranspR **1985** 100, 101.
[11] OLG Düsseldorf vom 15. 2. 1990, TranspR **1990** 240, 241 (Erstattungsanspruch des Frachtführers wegen Zahlung auf eine nicht aus dem Frachtvertrag entstandene Forderung).

vorgehen oder nicht. Der Frachtführer kann also z. B. gegenüber dem Empfänger das Pfandrecht auf frachtvertragliche Ansprüche stützen, die er gegen den Absender hat und die sich nicht aus dem Frachtbrief ergeben[12]. Auch wenn Ablieferung „frei gegen Lieferschein" („frei von Kosten") vereinbart ist, also keine Ansprüche gegen den Empfänger bestehen, kann das Pfandrecht die Ansprüche des Frachtführers auf Liegegeld gegen den Absender sichern[13].

Inwieweit **Nachnahmeansprüche** durch das Pfandrecht gesichert werden, ist nicht einheitlich zu beurteilen. Jedenfalls gehören Kostennachnahmen (Vorfracht, Speditionskosten usw.) unzweifelhaft zu den gesicherten Ansprüchen, da der Frachtführer sie als Aufwendungsersatz aufgrund des Frachtvertrages (siehe § 425 Rdn. 192) geltend machen kann[14]. Wertnachnahmen unterliegen dem Pfandrecht, soweit der Frachtführer dem Absender oder Vormann Vorschüsse gegeben hat (§ 440 Abs. 1). Nicht bevorschußte Nachnahmen muß der Frachtführer dagegen bei Ablieferung einziehen[15]. Auf das Pfandrecht kann er sich gegenüber dem Empfänger allerdings nach § 436 HGB berufen, soweit dieser durch Annahme von Gut und Frachtbrief Schuldner der im Frachtbrief vermerkten Nachnahme ist[16]. Nach § 440 Abs. 3 kann das Pfandrecht in diesem Falle noch innerhalb einer Frist von 3 Tagen verfolgt werden[17]. **9**

Zu den durch das Pfandrecht nach § 440 Abs. 1 gesicherten **Auslagen** können neben Liegegeld-[18] oder Standgeldansprüchen[19] und Gebühren aller Art auch Protestkosten nach §§ 47 Abs. 3, 51 Abs. 1 S. 4 BinSchG[20] gezählt werden. Erfaßt werden vom Pfandrecht auch Lagergelder, die durch Verwahrung des Guts aus Anlaß der Geltendmachung des Pfandrechts selbst nach § 354 entstehen[21]. **10**

Gesichert werden durch § 440 HGB unstreitig **nur konnexe Forderungen**, d. h. solche, die mit dem Frachtgut und seiner Beförderung zusammenhängen. Allerdings ist die Frage, wie sich die Konnexität im einzelnen bestimmen läßt, zum Teil bzw. streitig[22]. Konnexität ist in der Regel gegeben zwischen Forderungen aus einem Frachtvertrag und dem unter diesem Vertrag beförderten Gut. Doch zwingt der gesetzgeberische Zweck der Konnexitätsvoraussetzung bei Frachtverträgen, die in mehreren selbständigen Partien auszuführen sind, zumindest aber bei Dauerfrachtverträgen zu engerer materieller Bestimmung des Konnexitätsbegriff. Zweckmäßigerweise ist zu fordern, daß eine Konnexitätsbeziehung zwischen beförderter Sendung und gesicherter Forderung besteht[23]. **11**

---

[12] BGH vom 25. 4. 1991, VersR **1991** 1037, 1039 f (beiläufig); OLG Hamm vom 25. 9. 1984, TranspR **1985** 100, 101, dort auch zu den Rechtsfolgen eines unzulässigen Freiverkaufs wegen unberechtigter Forderungen.

[13] RG vom 3. 11. 1928, RGZ **122** 221, 226.

[14] Siehe zu einem Grenzfall (Vorfracht für illegalen Interzonentransport) OLG Braunschweig vom 1. 3. 1951, NJW **1951** 804 f = VRS **3** 232 f.

[15] So zutreffend zum alten HGB bereits ROHG vom 28. 11. 1874, ROHG **15** 200, 201; ROHG vom 9. 11. 1875, ROHG **20** 187, 190; ROHG vom 6. 12. 1878, ROHG **24** 286, 288.

[16] OLG Hamburg vom 3. 11. 1983, TranspR **1984** 190, 191 = VersR **1984** 235 f (zu Art. 13 Abs. 2 CMR).

[17] Siehe dazu auch § 436 Rdn. 26; zum Nachnahmerecht im allgemeinen §§ 407–409 Rdn. 128 ff und § 425 Rdn. 145 f; zutreffend *Heymann/Kötter*[21] § 440 Anm. 1, S. 1002.

[18] RG vom 3. 11. 1928, RGZ **122** 221 ff.

[19] OLG Düsseldorf vom 25. 11. 1976, VersR **1977** 1047, 1048.

[20] BGH vom 29. 1. 1968, VersR **1968** 390 = LM Nr. 1 zu § 446 HGB.

[21] OLG Düsseldorf vom 25. 11. 1976, VersR **1977** 1047, 1048.

[22] Siehe hierzu § 410 Rdn. 22 ff; österr. ObGH vom 20. 1. 1981, SZ **54** 8 S. 45; ferner wegen des inkonnexen Spediteurpfandrechts § 410 Rdn. 43 ff; *Büchner/Ketterl* TranspR **1991** 125 f; *Koller*[2] § 410 Rdn. 3.

[23] Siehe dazu § 410 Rdn. 16; *Koller*[2] § 410 Rdn. 3; wie hier zu Dauerfrachtverträgen *Heymann/Honsell* Rdn. 10; a. A. die h. M.: *Heymann/Kötter*[21] § 440 Anm. 1; *Lenz* Rdn. 459; *Schlegelberger/Geßler*[5] § 440 Rdn. 7; OLG Düsseldorf vom 25. 11. 1976, VersR **1977** 1047, 1048; RG vom 8. 11. 1910, RGZ **74** 398, 400.

III. Der Inhalt des Pfandrechts

12 Der Inhalt des Pfandrechts richtet sich gemäß § 1257 BGB nach den Vorschriften des Vertragspfandrechts. Siehe im einzelnen § 410 Rdn. 26 ff. Über das Spediteurpfandrecht hinaus gibt das Frachtführerpfandrecht jedoch dem Frachtführer noch die Möglichkeit, vom Empfänger oder vom Dritten die Rückgabe des Guts zum Zweck der Pfandverwertung zu verlangen, da das Frachtführerpfandrecht unter den Voraussetzungen des § 440 Abs. 3 auch nach Ablieferung noch als besitzloses Pfandrecht fortdauern kann. Siehe dazu unten Rdn. 17 ff.

IV. Der Rang des Pfandrechts

13 Für den Rang des Pfandrechts ist gemäß §§ 1257, 1209 BGB grundsätzlich der Zeitpunkt seiner Entstehung maßgeblich (Prioritätsgrundsatz). Bestanden vor dem Frachtführerpfandrecht bereits andere Pfandrechte (rechtsgeschäftlich bestellte, gesetzliche Pfandrechte des BGB oder Pfändungspfandrechte), so geht es diesen nach. Jedoch kann der Frachtführer gemäß §§ 366 Abs. 3 HGB, 1208 BGB den Vorrang erwerben, wenn er das Gut im guten Glauben an die Lastenfreiheit oder an die Befugnis des Absenders, unter Aufgabe der Belastungen über das Gut zu verfügen, erlangt. Der Prioritätsgrundsatz gilt nicht zwischen den handelsrechtlichen und gesetzlichen Pfandrechten. Siehe zu diesen die Spezialregelungen des § 443 sowie die dortige Kommentierung.

V. Dauer und Erlöschen des Pfandrechts

1. Erlöschen des Pfandrechts durch Aufgabe

14 Siehe hierzu § 410 Rdn. 28.

2. Erlöschen des Pfandrechts durch Erlöschen der gesicherten Forderung

15 Nach §§ 1257, 1252 BGB erlischt das gesetzliche Pfandrecht des Frachtführers, wenn alle durch es gesicherten Forderungen des Frachtführers erlöschen. Siehe auch § 410 Rdn. 29.

3. Erlöschen durch Besitzverlust

16 Das Frachtführerpfandrecht ist Besitzpfandrecht; es erlischt grundsätzlich wie das Spediteurpfandrecht mit Besitzverlust des Frachtführers[24]. Anders als das Spediteurpfandrecht kann das Pfandrecht des Frachtführers den Besitzverlust ausnahmsweise nach § 440 Abs. 3 überdauern.

4. Fortdauer nach § 440 Abs. 3 HGB

17 Ausnahmsweise dauert das Frachtführerpfandrecht nach § 440 Abs. 3 als besitzloses Pfandrecht fort, wenn die in diesem Absatz umschriebenen besonderen Bedingungen vorliegen:

a) Gerichtliche Geltendmachung binnen 3 Tagen

18 Das Pfandrecht muß vom Frachtführer innerhalb einer Frist von 3 Tagen (§ 187 BGB) nach Ablieferung gerichtlich geltend gemacht werden. Zum Begriff „Ablieferung" siehe § 429 Rdn. 52. Gerichtliche Geltendmachung ist jede bei Gericht beantragte Maßnahme zur Durchsetzung des Pfandrechts oder zur Einleitung der Pfandverwertung,

---

[24] Z. B. wenn der Frachtführer das Gut in Räume verbringt, die er dem Auftraggeber vermietet hat, OLG Nürnberg vom 8. 8. 1972, MDR **1973** 55. Siehe dazu eingehender § 410 Rdn. 30 ff.

z. B. Klage auf Herausgabe zur Pfandverwertung, Duldungsklage, Feststellungsklage hinsichtlich des Pfandrechts oder auch dinglicher Arrest. Klage oder Antrag müssen innerhalb der 3-Tage-Frist bei Gericht eingegangen sein. Die Zustellung der Klageschrift an den Prozeßgegner braucht nicht innerhalb der Frist zu erfolgen. Andernfalls würde sich die kurz bemessene Frist des § 440 Abs. 3 in vielen Fällen als sinnlos erweisen[25]. Die Bestimmung könnte ihren Zweck, den Frachtführer nach Ablieferung noch einen Zugriff zu erlauben, verfehlen[26].

Die gerichtliche Geltendmachung ist **nicht erforderlich**, wenn der Empfänger das Frachtgut innerhalb der Frist freiwillig wieder an den Frachtführer herausgibt oder ihm doch zumindest mittelbaren Besitz an dem Gut verschafft[27]. Rückgabe des Guts nach Fristablauf führt nicht zum Wiederaufleben des Pfandrechts[28]. **19**

b) Besitz des Empfängers

Das Gut muß im Augenblick der gerichtlichen Geltendmachung des Pfandrechts noch im unmittelbaren (oder mittelbaren) Besitz des Empfängers sein[29]. Verliert der Empfänger den Besitz nach diesem Zeitpunkt freiwillig oder unfreiwillig, so dauert das Pfandrecht fort. Allerdings kann das Pfandrecht erlöschen, wenn ein gutgläubiger Dritter das Gut nach § 936 BGB evtl. mit § 366 Abs. 2 HGB zu Eigentum lastenfrei erwirbt. Gibt der Empfänger den Besitz noch vor der gerichtlichen Geltendmachung freiwillig auf, dann kann das Pfandrecht nicht mehr fortbestehen, weil es an einer gesetzlichen Voraussetzung hierfür fehlt[30]. Bei unfreiwilligem Besitzverlust vor rechtlicher Geltendmachung soll nach einer vor allem in der älteren Literatur vertretenen Auffassung[31] das Pfandrecht fortbestehen und nur bei Erwerb durch einen gutgläubigen Dritten untergehen – eine Begründung für diese vielleicht praktikable Unterscheidung ist nirgends zu finden. Hatte der Empfänger bei Geltendmachung des Pfandrechts keinen Besitz mehr, so lebt unbestritten das Pfandrecht auch dann nicht wieder auf, wenn der Empfänger den Besitz später wieder erlangt. **20**

VI. Das Frachtführerpfandrecht im grenzüberschreitenden Verkehr
Siehe hierzu Art. 1 CMR sowie Art. 16 Abs. 2 S. 3 CMR. **21**

VII. Das Frachtführerpfandrecht im grenzüberschreitenden Verkehr
Neben der gesetzlichen Pfandrecht kann der Frachtführer auch ein Zurückbehaltungsrecht gem. § 435 und den entsprechenden Sonderbestimmungen geltend machen; allerdings beschränkt auf die Rechte aus dem Frachtvertrag; siehe dort Rdn. 12 f. **22**

---

[25] *Heymann/Kötter*[21] Anm. 2.
[26] *Schlegelberger/Geßler*[5] Rdn. 17; *Heymann/Kötter*[21] § 440 Anm. 2; *Baumbach/Duden/Hopt*[28] Anm. 2 B b.
[27] RG vom 24. 9. 1934, JW **1934** 2971, 2972.
[28] Allgemeine Auffassung: *Schlegelberger/Geßler* § 440 Rdn. 17; *Heymann/Kötter*[21] § 440 Anm. 2; *Baumbach/Duden/Hopt*[28] § 440 Anm. 2 B 2; aus der älteren Rechtsprechung siehe RG vom 28. 10. 1899, RGZ **44** 116, 120.

[29] *Heymann/Honsell* Rdn. 18; *Koller*[2] Rdn. 4; *Lenz* Rdn. 447 f.
[30] Wie hier *Heymann/Honsell* Rdn. 18; *Heymann/Kötter*[21] Anm. 2; *Koller*[2] Rdn. 4; *Lenz* Rdn. 447 f;
a. A. *Schlegelberger/Geßler*[5] Rdn. 20; *Baumbach/Duden/Hopt*[28] § 440 Anm. 2 A.
[31] *Schlegelberger/Geßler*[5] Rdn. 20 m. w. H.; *Baumbach/Duden/Hopt*[28] Anm. 2 B.

§ 441

(1) ¹Der letzte Frachtführer hat, falls nicht im Frachtbrief ein anderes bestimmt ist, bei der Ablieferung auch die Forderungen der Vormänner sowie die auf dem Gute haftenden Nachnahmen einzuziehen und die Rechte der Vormänner, insbesondere auch das Pfandrecht auszuüben. ²Das Pfandrecht der Vormänner besteht so lange als das Pfandrecht des letzten Frachtführers.

(2) Wird der vorhergehende Frachtführer von dem nachfolgenden befriedigt, so gehen seine Forderungen und sein Pfandrecht auf den letzteren über.

(3) In gleicher Art gehen die Forderung und das Pfandrecht des Spediteurs auf den nachfolgenden Spediteur und den nachfolgenden Frachtführer über.

Übersicht

	Rdn.		Rdn.
I. Allgemeines	1	b) Der Spediteur als Nachmann	10
II. Allgemeine Anwendungsvoraussetzungen	3	III. Ausübung der Rechte der Vormänner durch den letzten Frachtführer (§ 441 Abs. 1 S. 1)	11
1. Zwei oder mehrere aufeinanderfolgende Frachtführer (Kette)	3	1. Rechte der Vormänner	12
a) Mittelbarer Besitz als Verbindung dieser Kette?	4	2. „Ausübung" der Rechte der Vormänner	13
b) Vertragliche Verbindung zwischen den Gliedern einer Kette	5	3. Pflicht zur Ausübung der Rechte	14
c) Wirtschaftlich-technischer Beförderungsvorgang als Kriterium der Kette	6	4. Fortdauer der Vormänner-Pfandrechte (§ 441 Abs. 1 S. 2)	19
2. Einschaltung von Spediteuren	8	IV. Rechtsübergang bei Befriedigung der Vormänner durch den Nachmann, § 441 Abs. 2 und 3	20
a) Der Spediteur als Vormann	9		

Schrifttum: siehe zu § 440 und § 425

I. Allgemeines

1 § 441 regelt – gemeinsam mit § 411 und ergänzt durch § 442 – die Geltendmachung des Frachtführer- und/oder Spediteurpfandrechts bei Vorliegen einer Kette aufeinanderfolgender Frachtführer und/oder Spediteure im Falle ihres Zusammenwirkens bei einem wirtschaftlich einheitlichen Transportvorgang. Hier könnte jedes Glied der Kette die Weitergabe an das nächste verweigern, bis seine Forderungen von diesem als (Zwischen-)Empfänger befriedigt wären. Eine solche Verzögerung wäre wirtschaftlich nicht sinnvoll, da ebensogut der letzte die Beträge vom Endempfänger einziehen und an die Vormänner weiterleiten kann. § 441 soll für dieses letztere Verfahren die rechtlich gesicherte Grundlage schaffen. Daher regelt die Bestimmung das Recht und die Pflicht des letzten, die Pfandrechte der Vormänner auszuüben. § 442 ordnet die Haftung des Nachmannes bei Verletzung dieser Pflicht als Sanktion an und ergänzt daher § 441.

2 Zu § 441 gibt **nur wenig** neuere[1] und ältere Rechtsprechung, obwohl die Vorschrift in allen Bereichen des Landfrachtrechts mangels Sonderbestimmungen anwendbar geblieben ist und nach § 457 HGB, 26 BinSchG auch für Eisenbahn- und Binnenschiffahrt gilt. Der Hauptgrund hierfür liegt wohl darin, daß der letzte Frachtführer, wenn Zweifel am Zahlungswillen oder der Zahlungsfähigkeit des Empfängers bestehen, die

---

[1] BGH vom 17. 1. 1991, TranspR **1991** 246, 247 f = VersR **1991** 1079 f; KG vom 23. 5. 1985, TranspR **1985** 299, 300 = Spediteur 317 ff (ohnehin verjährter Anspruch); OLG München vom 3. 11. 1989, TranspR **1990** 71 = VersR **1990** 182 (kein Anspruch aus § 441).

Auslieferung regelmäßig von der Zahlung der auf dem Gut liegenden Kosten – und Frachtansprüche gemäß § 435 o. ä. Spezialbestimmungen abhängig machen wird. Das durch § 441 dem letzten Frachtführer gegebene Verfolgungsrecht gemäß § 440 Abs. 3 ist demgegenüber wenig praktikabel. Immerhin kann nicht von der Hand gewiesen werden, daß § 441 die Rechtsstellung des die Auslieferung verweigernden letzten Frachtführers erheblich stärkt, auch wenn dies nicht Gegenstand von Prozessen ist.

II. Allgemeine Anwendungsvoraussetzungen
1. Zwei oder mehrere aufeinanderfolgende Frachtführer (Kette)

§ 441 läßt nicht erkennen, was unter „letzter Frachtführer" „Vormann" und „nachfolgender Frachtführer" zu verstehen ist. Sicher ist nur, daß irgendeine Verbindung zwischen diesen Beteiligten bestehen muß. In Betracht kommen nur solche Frachtführer, die nacheinander das selbe Gut befördert haben. Unstreitig ist auch, daß § 441 von einer Kette von Beteiligten ausgeht, deren letzter die Pfandrechte aller Vormänner ausüben kann und muß. Zur Art, in der die Glieder dieser Kette mit dieser Kette verbunden sein müssen, werden in der Literatur zwei unterschiedliche Gesichtspunkte gebracht, und zwar regelmäßig nebeneinander: 3

a) Mittelbarer Besitz als Verbindung dieser Kette?

Beiläufig die Bemerkung, das Pfandrecht des Vormanns bleibe erhalten, weil dieser bei Übernahme des Frachtguts durch den Nachmann mittelbarer Besitzer bleibe[2]. Danach würde – jedenfalls im Hinblick auf die Pfandrechte, denen hier entscheidende Bedeutung zukommt – § 440 Abs. 2 über die notwendige Verbindung zwischen Vormann und Nachmann entscheiden. Nach sachenrechtlichen Grundsätzen erlischt der mittelbare Besitz jedoch regelmäßig durch Wegfall des Besitzmittlungswillens des unmittelbaren Besitzers; vgl. statt vieler *Palandt/Bassenge*[52] § 868 BGB Rdn. 7. Die Pfandrechte aller Vormänner würden also erlöschen, wenn ein Nachmann nicht mehr den Willen hätte, für den Vormann, sondern für eine andere Person den Besitz zu vermitteln. In solchen Fällen würden §§ 440, 441 ihren Zweck verfehlen, denn es bestünde keine Sicherheit gegen willkürliche Unterbrechungen der Kette. Zweitens ist die Prämisse unrichtig, daß der Vormann bis zur Endablieferung mittelbarer Besitzer bleibe. Der letzte Frachtführer einer Kette kann seinen Vormännern nur so lange den Besitz vermitteln, als dies nach Sachenrecht möglich ist. Spätestens nach Ankunft des Gutes und Übergabe des Frachtbriefs an den Empfänger oder nach Klageerhebung durch den Empfänger stehen alle Rechte aus dem Frachtvertrag nach §§ 435, 433 unentziehbar dem Empfänger zu; siehe § 435 Rdn. 23. Der Vormann als Absender des letzten Frachtvertrages hat keine Rückgabeansprüche mehr. Mit dem Verlust der Herausgabeansprüche erlischt aber in aller Regel auch der mittelbare Besitz; siehe statt vieler *Palandt/Bassenge*[52] § 868 BGB Rdn. 23. Wären mittelbarer Besitz des Vormanns und weitere Existenz des Pfandrechts in diesem Falle gekoppelt, so ginge das Pfandrecht des Vormanns unter, noch bevor der Nachmann es geltend machen könnte. Die Basis für die Rechtsverfolgung (siehe auch § 242 Satz 1) ginge ihm verloren. Ein solches Ergebnis entspräche nicht dem Sinn des § 441. Daher ist davon auszugehen, daß es für das Fortbestehen der Pfandrechte der Vormänner nicht auf den Fortbestand des mittelbaren Besitzes ankommt. Vielmehr normiert § 441 Abs. 1 Satz 2 einen **eigenen Tatbestand**, bei dessen Vorliegen die Vormänner-Pfandrechte über den Besitzverlust des Vormanns hinaus fortbestehen. 4

---

[2] *Schlegelberger/Geßler*[5] Rdn. 9; *Ratz* in der 2. Auflage § 441 Anm. 4 b.

Die Besitzlage kann daher nicht entscheidendes Merkmal für das Bestehen einer Kette i. S. d. § 441 sein[3].

b) Vertragliche Verbindung zwischen den Gliedern einer Kette

5   In der Literatur wird – mit Varianten im Detail – die Auffassung vertreten, § 441 gelte nur für Fälle, in denen eine vertragliche Verbindung zwischen den aufeinanderfolgenden Gliedern der Beförderungskette bestehe. Danach soll § 441 nur zwischen Hauptfrachtführer und Unterfrachtführer oder Zwischenfrachtführer gelten, die Kette dagegen unterbrochen sein, wenn mehrere nicht untereinander, sondern jeweils nur mit dem Absender vertraglich verbundene Teilfrachtführer die Beförderung ausführen[4]. Diese Unterscheidung würde einem Frachtführer den Verlust der Vormännerpfandrechte bringen, wenn er seinen Teilbeförderungsauftrag vom vorherigen Frachtführer im Namen und Vollmacht des Absenders erhalten hätte; dagegen blieben ihm die Pfandrechte erhalten, wenn der vorhergehende Frachtführer ihm den Auftrag in eigenem Namen erteilt hätte, da sich dann eine Vertragskette nachweisen ließe; eine juristisch-dogmatische Unterscheidung, zu der das Gesetz durch seinen Wortlaut nicht zwingt, hat keinen sachlichen Hintergrund und ist für die Praxis wenig brauchbar.

c) Wirtschaftlich-technischer Beförderungsvorgang als Kriterium der Kette

6   Ein Rückgriff auf die ratio legis des § 441 (siehe Rdn. 1) führt zu wirtschaftlich-technischer Betrachtungsweise. Überall, wo ein wirtschaftlich einheitlicher Beförderungsvorgang vorliegt, wäre es zeitraubend und störend, wenn ein Glied der Beförderungskette die Weitergabe von vorheriger Bezahlung seiner Forderungen abhängig machen müßte. Daher sollte eine ununterbrochene Kette angenommen werden, wo ein vom Absender in Gang gesetzter, in wirtschaftlich-technischer Hinsicht zusammengehöriger Beförderungsvorgang durch aufeinanderfolgende Frachtführer verwirklicht wird; zur Einschaltung von Zwischen- oder Empfangsspediteuren siehe Rdn. 8 ff. Eine solche Interpretation würde Recht und Pflicht des Nachmanns zur Geltendmachung der Vormänner-Pfandrechte nicht aus Vertrag oder Besitz, sondern aus der gesetzlichen Anordnung des § 441 HGB ableiten. Sie brauchte auf Zufälligkeiten in der juristischen Ausgestaltung der Beförderungsvorgänge nicht zu achten.

7   Die **Vormänner-Nachmänner-Kette**, die zugleich eine Pfandrechtsverlängerung bewirkt, endet, wenn das Beförderungsziel erreicht ist, zum Beispiel wenn die Ware an den Absender oder an den vom Absender beauftragten Vollmachtspediteur (vgl. §§ 407–409 Rdn. 18) abgeliefert ist. Dieser kann die Pfandrechte der von der Absenderseite beauftragten Spediteure und Frachtführer gegenüber seinem Auftraggeber nicht geltend machen. Das gleiche gilt bei Ablieferung an einen vom Empfänger beauftragten Frachtführer oder bei Rückgängigmachung des Frachtvertrages und Ablieferung an einen anderen, vom Absender ersatzweise beauftragten Frachtführer; zustimmend *Koller*[2] Rdn. 2.

2. Einschaltung von Spediteuren

8   § 441 Abs. 3 stellt in einer bestimmten Beziehung, nämlich für den Übergang der Forderung und des Frachtrechts bei Befriedigung des Vormanns, den Spediteur als Vor-

---

[3] Zustimmend *Koller*[2] Rdn. 2; ablehnend *Heymann/Honsell* Rdn. 6.

[4] *Ratz* in der 2. Auflage § 441 Anm. 1; *Schlegelberger/Geßler*[5] Rdn. 2 mit dem zusätzlichen Erfordernis eines einheitlichen Frachtvertrages für die gesamte Beförderung; *Heymann/Honsell* Rdn. 6; *Heymann/Kötter*[21] Anm. 1; *Baumbach/Duden/Hopt*[28] Anm. 1; *Lenz* Rdn. 1065 ff. Siehe zu den Begriffen Unterfrachtführer, Zwischenfrachtführer, Teilfrachtführer § 432 Rdn. 5 ff.

mann einem Frachtführer gleich. Ergänzt wird diese Regelung durch § 411, nach dem auch ein Frachtführer Vormann und ein Zwischenspediteur Nachmann sein kann. Mit diesen Teilregelungen ist nicht ohne weiteres ausgesagt, daß ein Spediteur an beliebiger Stelle in die Kette eingeschaltet werden könnte, ohne diese zu unterbrechen. Insbesondere fehlt es an einer Bestimmung für den Fall, daß der Spediteur oder Frachtführer den Vormann nicht befriedigt hat (441 Abs. 1). Allgemein wird jedoch in der Literatur eine großzügige Handhabung des § 441 bei Einschaltung von Spediteuren empfohlen.

a) Der Spediteur als Vormann

Heymann/Kötter[21] § 441 Anm. 1 empfiehlt, **den Spediteur immer dann als Vormann einem Frachtführer gleichzustellen**, wenn er es nach § 441 in der Hand gehabt hätte, den von ihm abzuschließenden Frachtvertrag durch Selbsteintritt auszuführen. Dies ist sicher richtig, da es dann im Belieben des Spediteurs steht, durch Selbsteintritt sich das Pfandrecht zu erhalten. Praktisch wäre mit dieser Lösung in allen Fällen, in denen das Selbsteintrittsrecht durch Sondervereinbarungen ausgeschlossen wäre, der Spediteur vollwertiger Vormann im Sinne einer Pfandrechtskette.

b) Der Spediteur als Nachmann

Als Nachmann kann nach dem strengen Wortlaut des § 411 Abs. 2 S. 2 nur ein Zwischenspediteur oder Empfangsspediteur fungieren, wenn er den Vormann befriedigt; nicht dagegen, wenn er den Vormann noch nicht befriedigt hat. Andere Spediteure könnten nie Nachmänner sein. Besonders problematisch ist innerhalb dieser Falltypen die häufige Situation, daß der letzte Mann ein reiner Empfangsspediteur ist, den keine Pflicht zur Weiterversendung trifft (siehe §§ 407–409 Rdn. 17). Bei exakter Anwendung des Gesetzes könnte dieser die Pfandrechte der Vormänner nicht geltend machen, selbst wenn er sie befriedigt hätte. Die Pfandrechte würden bei ihm erlöschen[5]. Das Problem läßt sich teilweise durch gekünstelte (meist stillschweigende) Verträge lösen[6]. Man kann auch § 441 Abs. 3 oder 4 und § 411 Abs. 2 analog auf diese Fälle erweitern, also auf den Zwischenspediteur, der den Vormann nicht befriedigt hat, und auf den Empfangsspediteur. Die letztere, einfachere Lösung ist vorzuziehen. Sie wird der ratio der §§ 441, 411 alleine voll gerecht[7]. Aus einer Kombination von Auslegung und Analogie ergibt sich damit, daß ein in die Transportkette eingeschalteter Spediteur wie ein Frachtführer zu behandeln ist[8], auch wenn er als letzter Mann tätig wird. Es ist jedoch zu beachten, daß der vom Empfänger beauftragte Spediteur nicht dazugehört, da dieser seine Legitimation nicht von den Vorgängern, sondern vom Empfänger herleitet. Ebensowenig kann der reine Grenzspediteur in die Kette einbezogen werden[9], da er nicht Spediteur, sondern Geschäftsbesorger ist; siehe §§ 407–409 Rdn. 21.

III. Ausübung der Rechte der Vormänner durch den letzten Frachtführer (§ 441 Abs. 1 S. 1)

§ 441 Abs. 1 S. 1 erlegt dem letzten Frachtführer die Geltendmachung der Rechte seiner Vormänner auf. Aus dieser Verpflichtung ergibt sich, daß ihm auch das Recht zur ihrer Geltendmachung zustehen muß.

---

[5] Siehe *Heymann/Kötter*[21] § 441 Anm. 3.
[6] Empfehlungen dazu *Heymann/Kötter*[21] § 441 Anm. 3 a.E.
[7] Ebenso *Koller*[2] Rdn. 2; *Baumbach/Duden/Hopt*[28] Rdn. 1.
[8] Für § 440 Abs. 3 fraglich, siehe Rdn. 17 ff.
[9] *Koller*[2] Rdn. 2 gegen *Braun* VersR **1988** 878, 882, der darauf abstellt, daß die Verzollung auch vom Frachtführer ausgeführt werden könne. Diese Auffassung würde dazu führen, § 441 auf Subunternehmer vieler Nebentätigkeiten auszudehnen.

1. Rechte der Vormänner

12 Die auszuübenden Rechte der Vormänner bestehen aus den Forderungen, die diese jeweils dem Nachmann (Empfänger) gegenüber geltend machen können, d. h. die von § 435 (oder entsprechenden frachtrechtlichen Sonderbestimmungen) erfaßten Forderungen. Aus § 441 Abs. 1 S. 1 kann abgeleitet werden, daß sich der letzte Frachtführer auf das Zurückbehaltungsrecht der Vormänner hinsichtlich ihrer Forderungen berufen kann. Für das Pfandrecht ist dies ausdrücklich erwähnt. Doch würde das Pfandrecht nicht in jedem Fall ausreichen, da es an Sachen, die dem Absender nicht gehören, und über die er nicht verfügen darf, nur bei gutem Glauben entstehen kann. Vgl. dazu § 440 Rdn. 6. Bei den geltend zu machenden Forderungen handelt es sich zumeist um Fracht-, Auslagen- und Schadensersatzansprüche oder die hier ausdrücklich erwähnten Nachnahmen. Auf ihren Vermerk im Frachtbrief oder auch darauf, ob überhaupt ein Frachtbrief ausgestellt ist, kommt es nicht an; siehe im einzelnen § 435 Rdn. 12 ff.

2. „Ausübung" der Rechte der Vormänner

13 Unter „Ausübung" fremder Rechte ist sprachlich am ehesten eine Befugnis zur Geltendmachung der Rechte in eigenem Namen (Rechtsstandschaft, Prozeßstandschaft) zu verstehen[10]. Demgegenüber wird die „Ausübung" von anderen Autoren als Geltendmachung in fremdem Namen kraft gesetzlicher Vollmacht verstanden[11]. Die Ausübung im eigenen Namen erscheint weitaus praktikabler und prozeßökonomischer. Sie vermeidet Schwierigkeiten, wenn sich der Frachtführer gegen den Herausgabeanspruch des Empfängers mit den Rechten der Vormänner zu verteidigen hat.

3. Pflicht zur Ausübung der Rechte

14 § 441 Abs. 1 S. 1 statuiert eine gesetzliche Pflicht zur Ausübung der Vormännerrechte. Eine solche Pflicht müßte sich notwendig aus den zwischen den verschiedenen Frachtführern und Spediteuren bestehenden Rechtsbeziehungen bestehen. Insbesondere würde es ohne § 441 Abs. 1 S. 1 unter Umständen an den unmittelbaren Rechtsbeziehungen zwischen letztem Frachtführer und früheren Gliedern der Beförderungskette fehlen. Gerade solche Pflichten will § 441 Abs. 1 S. 1 aufstellen. Diese ergibt sich aus der Regelung für den Schadensersatz aus Verletzung der Pflicht in § 442 Abs. 1.

15 Die **Pflicht zur Rechtsausübung kann** nach allgemeiner Auffassung im Frachtvertrag des letzten Frachtführers mit seinem Absender **ausgeschlossen werden**, insbesondere durch besonderen Vermerk im Frachtbrief. Durch einen solchen Vertrag wird schon die Entstehung der Ansprüche der Vormänner auf Wahrnehmung ihrer Rechte ausgeschlossen. Er ist daher kein unzulässiger Vertrag zu Lasten Dritter. Durch den Ausschluß des § 441 Abs. 1 S. 1 kann sich der vorletzte Frachtführer oder Spediteur gegenüber seinen Vormännern allerdings nach § 442 haftbar machen.

16 Klauseln wie **„frei von Kosten"** oder **„frei gegen Lieferschein"**, durch die der Absender die Zahlungspflicht gegenüber dem Empfänger alleine übernimmt, befreien den letzten Frachtführer nicht von der Pflicht zur Wahrung der Rechte der Zwischenmänner. Liefert er das Frachtgut aus, bevor er vom Absender Zahlung erhalten hat, und bewirkt

---

[10] *Koller*[2] Rdn. 2; für § 411 ausdrücklich *Schlegelberger/Geßler*[5] § 411 Rdn. 3; *Baumbach/Duden/Hopt*[28] § 411 Anm. 1; *Lenz* Rdn. 1071.

[11] So *Heymann/Kötter*[21] § 441 Anm. 1; *Schlegelberger/Geßler*[5] § 441 Rdn. 6 (ohne nähere Begründung im Gegensatz zu der in § 411 vertretenen Meinung).

dadurch den Verlust der Pfandrechte seiner Vormänner, so verstößt er gegen § 441 Abs. 1 S. 1 und macht sich nach § 442 S. 1 den Vormännern gegenüber haftbar[12].

Der letzte Frachtführer hat nach dem Gesetz **die Rechte der Vormänner „bei Ablieferung" auszuüben**. Nach h. M. genügt jedoch auch ein Geltendmachen innerhalb der 3-Tages-Frist des § 440 Abs. 3, soweit der letzte Frachtführer nicht Spediteur ist. Dies kann aus der Haftungsregelung des § 442 Abs. 1 abgeleitet werden. 17

Die Pflicht zur Ausübung von Vormänner-Rechten, kann sich **nur auf solche Rechte beziehen, die dem letzten Frachtführer bekannt sind**[13]. Fehlende oder mangelhafte Information durch seinen Vormann kann wiederum dessen Haftung gegenüber den früheren Vormännern begründen. 18

4. Fortdauer der Vormänner-Pfandrechte (§ 441 Abs. 1 S. 2).

§ 441 Abs. 1 S. 2 trifft eine Sonderregelung für den Fortbestand der Vormänner-Pfandrechte. Die Vorschrift ist allerdings mißverständlich formuliert und bedarf der Korrektur. Das Fortbestehen der Vormänner-Pfandrechte ist entgegen dem Wortlaut nicht an das Bestehen oder den Fortbestand des eigenen Pfandrechts des letzten Frachtführers gekoppelt. Hatte dieser kein eigenes Pfandrecht oder ist es durch Befriedigung erloschen, so können die Vormänner-Pfandrechte gleichwohl fortbestehen[14]. Die Bestimmung soll nur klären, daß die Vormänner-Pfandrechte solange fortbestehen, wie der letzte Frachtführer sein eigenes Pfandrecht ausüben könnte, wenn er es hätte, also grundsätzlich bis zum Besitzverlust und unter den Voraussetzungen des § 440 Abs. 3 bei Geltendmachung innerhalb der 3-Tage-Frist auch über diesen hinaus. § 440 Abs. 3 gilt jedoch an sich nicht, wenn der letzte in der Kette ein Spediteur ist, da dann § 411 über die Dauer von dessen eigenem Pfandrecht entscheidet. Obwohl § 411 kein Verfolgungsrecht entsprechend § 440 Abs. 3 kennt, ist jedoch die analoge Anwendung dieser Vorschrift zu befürworten[15]. Die Regelung der Fortdauer des Pfandrechts in § 441 Abs. 1 S. 2 erklärt sich dogmatisch nicht aus Besitzgesichtspunkten sondern muß als gesetzlich angeordnete Sonderregelung betrachtet werden; siehe dazu oben Rdn. 4 ff. 19

IV. Rechtsübergang bei Befriedigung der Vormänner durch den Nachmann, § 441 Abs. 2 und 3

Jeder Frachtführer kann die Auslieferung des Frachtguts an den Nachmann nach § 435 von der Befriedigung seiner Forderungen (einschließlich derjenigen der seiner Vormänner) abhängig machen. Befriedigt der Nachmann den Vormann in dieser Weise, so gehen die Forderungen und vor allem auch die Pfandrechte der befriedigten Vormänner durch die cessio legis des § 441 Abs. 2 auf ihn über. Der Nachmann kann nunmehr Forderungen und Sicherungsrechte einschließlich der Pfandrechte in eigenem Namen geltend machen. § 441 Abs. 2 entspricht etwa § 411 Abs. 2 S. 1 für das Speditionsrecht; siehe dazu § 411 Rdn. 11. Nach § 441 Abs. 3 ist die Regelung auch auf die Fälle erweitert, in denen der Vormann ein Spediteur ist und in denen Vor- und Nachmänner Spediteure sind. Die Vorschrift ist noch darüber hinaus erweiternd auszulegen[16]. 20

---

[12] Siehe dazu den Fall RG vom 3. 11. 1928, RGZ **122** 221, 226.
[13] Koller[2] Rdn. 2.
[14] Heymann/Kötter[21] § 441 Anm. 1. Schlegelberger/Geßler[5] Rdn. 9; Baumbach/Duden/Hopt[28] Anm. 1; Koller[2] Rdn. 4.
[15] Heymann/Honsell Rdn. 17.
[16] Siehe oben Rdn. 8 ff. Die Einziehung einer Nachnahme durch den Fahrer des Frachtführers in unmittelbarem Auftrag des Versenders fällt jedoch nicht unter § 441; BGH vom 17. 1. 1991, TranspR **1991** 246, 247 f = VersR **1991** 1079 f.

§ 442

¹Der Frachtführer, welcher das Gut ohne Bezahlung abliefert und das Pfandrecht nicht binnen drei Tagen nach der Ablieferung gerichtlich geltend macht, ist den Vormännern verantwortlich. ²Er wird, ebenso wie die vorhergehenden Frachtführer und Spediteure, des Rückgriffs gegen die Vormänner verlustig. ³Der Anspruch gegen den Empfänger bleibt in Kraft.

Übersicht

	Rdn.
I. Allgemeines	1
II. Haftung des ausliefernden Frachtführers	3
1. Ausliefernder Frachtführer	3
2. Ablieferung ohne Bezahlung und Geltendmachung des Pfandrechts	4
a) Ablieferung ohne Bezahlung	5
b) Nicht-Geltendmachung des Pfandrechts	6
c) Vorliegen beider Versäumnisse	7
3. Verantwortlichkeit	9
4. Haftungsfolge	11
III. Rückgriffsverlust des ausliefernden Frachtführers, § 442 S. 2	11
1. „Rückgriff"	12
2. „Verlust"	15
3. Rechtsverlust bei Vormännern	16
4. Bestehenbleiben der Ansprüche gegen den Empfänger, § 442 S. 3	17

Schrifttum

Siehe zu § 425; *Benckelberg/Beier* Empfängerhaftung nach Maßgabe des Frachtbriefs – Versender als „Vormann" im Sinne des § 442 HGB, TranspR **1989** 351 ff.

I. Allgemeines

1 § 442 erlegt dem Frachtführer Nachteile (Haftung und Regreßverlust) auf, wenn er das Frachtgut ohne Wahrung der Rechte seiner Vormänner sowie seiner eigenen Rechte abliefert. Die unklar formulierte Vorschrift schien in der Praxis bisher bedeutungslos[1]. Dem Rechtsverlust nach § 442 S. 2 kommt jedoch eine gewisse praktische Bedeutung zu[2]. Die frachtrechtlichen Sonderordnungen enthalten keine entsprechenden Regeln, so daß § 442 ergänzend anzuwenden ist[3]. § 442 gilt auch im Binnenschiffahrtsrecht gemäß § 26 BinSchG und im Eisenbahnrecht gemäß § 457. Trotz seiner bisher eher geringen praktischen Bedeutung gibt § 442 Anlaß zu abstrakten Kontroversen über mehr oder weniger konstruierte Rechtsbeziehungen[4].

2 Nach h. M ist in § 442 auch der (ursprüngliche) Absender Vormann – der Begriff wird also anders interpretiert als in § 441. Dies wird vor allem vertreten, um den Rückgriff auf diesen nach § 442 S. 2 zu verhindern. Dieser Auffassung ist nicht zuzustimmen; siehe Rdn. 13 f.

---

[1] Seit RG vom 3. 11. 1928, RGZ **122** 221 ff (zum Binnenschiffahrtsrecht) sind nur wenige veröffentlichte Urteile bekannt: OLG Hamburg vom 3. 11. 1983, TranspR **1984** 190, 191 = VersR **1984** 235 f (Anspruchsverlust nach § 442 S. 2, CMR); OLG Bremen vom 13. 3. 1986, TranspR **1986** 190, 191 = VersR **1986** 679 ff (Seerecht, § 442 nur beiläufig erwähnt); AG Lindau vom 13. 1. 1989, berichtet von *Widmann* DVZ Nr. 33 vom 18. 3. 1989, S. 8 (Anspruchsverlust nach § 442 S. 2); OLG München vom 3. 11. 1989, TranspR **1990** 71 = VersR **1990** 182 (kein Auskehrungsanspruch für erhobene Nachnahme aus § 442).

[2] OLG Hamburg vom 3. 11. 1983, TranspR **1984** 190, 191 = VersR **1984** 235 f; AG Lindau vom 13. 1. 1989, DVZ Nr. 33 vom 18. 3. 1989, S. 8; eingehend dazu *Benckelberg/Beier* TranspR **1989** 351 ff, insbesondere S. 354.

[3] Zur CMR OLG Hamburg vom 3. 11. 1983, TranspR **1984** 190, 191 = VersR **1984** 235 f.

[4] Siehe zu diesen Streitfragen, auf die im einzelnen einzugehen kaum lohnend wäre, ausführlich *Heymann/Kötter*²¹ § 442 Anm. 1–3.

II. Haftung des ausliefernden Frachtführers

1. Ausliefernder Frachtführer

§ 442 S. 1 knüpft die Haftung an die Ablieferung ohne Bezahlung und Geltendmachung des Pfandrechts. Da nicht die Rede vom „letzten" Frachtführer ist, muß davon ausgegangen werden, daß grundsätzlich jeder Frachtführer, auch ein Zwischenglied innerhalb der Beförderungskette in Betracht kommt – soweit die übrigen Voraussetzungen der Haftung vorliegen[5].

2. Ablieferung ohne Bezahlung und Geltendmachung des Pfandrechts

Offenbar will § 442 die Haftung an den Verlust der Sicherheiten der Vormänner anknüpfen. Die Haftung soll aber nicht eintreten, bevor beide Sicherheiten, Zurückbehaltungsrecht und Pfandrecht, durch das Verhalten des Abliefernden ausfallen.

a) Ablieferung ohne Bezahlung

Hierbei handelt es sich um die Nichtausübung des dem Frachtführer nach § 435 zustehenden Zurückbehaltungsrechts[6], soweit dieses auch die Ansprüche der Vormänner abdeckt. Da der Frachtführer nach § 441 Abs. 1 die Pfandrechte seiner Vormänner geltend machen kann und muß (siehe dort Rdn. 11 ff), steht ihm auch jederzeit die Möglichkeit zu, sich auf diese Pfandrechte zu berufen und bis zur Befriedigung der zugrundeliegenden Forderungen die Auslieferung zu verweigern. Damit sind alle Fracht-, Aufwendungs- und Ersatzansprüche der Vormänner durch die Möglichkeit der Zurückbehaltung gesichert.

b) Nicht-Geltendmachung des Pfandrechts

Diese Formulierung bezieht sich auf die Versäumung der Drei-Tage-Frist des § 440 Abs. 3 (siehe dazu § 440 Rdn. 11 ff. Mit dem Verlust des Pfandrechts als letzter Sicherheit besteht nur noch im Rahmen des § 436 (bzw. nach entsprechenden Normen der frachtrechtlichen Sonderordnung) die Möglichkeit, die Ansprüche gegen den Empfänger durchzusetzen. Ist, wie z. B. im Güternahverkehr oder bei Selbsteintritt von Spediteuren, kein Frachtbrief ausgestellt, so kann der Empfänger überhaupt nicht mehr zur Zahlung gezwungen werden.

c) Vorliegen beider Versäumnisse

§ 442 S. 1 sieht eine Haftung gegenüber Vormännern nur vor, wenn beide Sicherungsmittel aus der Hand gegeben sind. Dies ergibt sich eindeutig aus dem Gesetzestext, der auf der Verlust nicht einer bestimmten Sicherheit, sondern aller Sicherheiten abstellt[7]. Keine Haftung gegenüber „den Vormännern" tritt also ein, wenn der ausliefernde Frachtführer zwar ohne Bezahlung ausliefert, das Pfandrecht aber noch gerichtlich geltend macht. Daß die Geltendmachung erfolgreich gewesen sein muß, sagt § 442 S. 1 nicht. Nach dem Wortlaut des Gesetzes kann man also davon ausgehen, daß der Frachtführer seinen Pflichten gegenüber den Vormännern genügt, wenn er das Gut ausliefert, aber dann das Pfandrecht noch innerhalb der Frist des § 440 Abs. 3 geltend macht[8].

---

[5] A. A. *Koller*[2] Rdn. 1; *Heymann/Honsell* Rdn. 1.
[6] Siehe dazu § 435 Rdn. 12 f.
[7] In der Literatur meist nicht als Problem gesehen; siehe z. B. *Lenz* Rdn. 1077. *Schlegelberger/Geßler*[5] Rdn. 2 und *Ratz* in der 2. Aufl. Anm. 4, diesen folgend auch *Koller*[2] Rdn. 1, wollen das „und" in ein „oder" umdeuten.
[8] *Heymann/Kötter*[21] § 442 Anm. 1. Dieses Ergebnis wollen *Ritter* § 442 Anm. 2, *Schlegelberger/Geßler*[5] Rdn. 2 und *Ratz* in der 2. Aufl. Anm. 4 durch eine Umdeutung des „und" in ein „oder" korrigieren.

§ 442   Drittes Buch. Handelsgeschäfte

8   **Seinem Absender** (unmittelbarem Vormann) gegenüber ist der Frachtführer jedoch möglicherweise aufgrund der Interessewahrungspflicht aus dem Frachtvertrag verpflichtet, das Gut nach § 435 zurückzuhalten, wenn Gefahr besteht, daß sonst die Forderungen beim Empfänger nicht eingezogen werden. Diese Pflicht erstreckt sich aber nicht auf die Vor-Vormänner, es sei denn, man interpretiere den Frachtvertrag insoweit als Vertrag zugunsten dieser Vormänner. Siehe jedoch zur weitergegebenen Nachnahmeweisung Rdn. 13.

3. Verantwortlichkeit

9   Zu § 442 S. 1 wird überwiegend angenommen, daß die Bestimmung eine Haftung **für Verschulden** begründen will[9]. Da § 442 zur Frage des Verschuldens und der dazugehörigen Beweislast schweigt, sind allgemeine Grundsätze des Schuldrechts ergänzend anzuwenden. Danach hat der Schuldner grundsätzlich Vorsatz und Fahrlässigkeit zu vertreten (§ 276 BGB) und zusätzlich das Verschulden der Hilfspersonen nach § 431. Das Verschulden wird im Falle des § 442 vermutet werden können. Dies kann aus der zur Beweislast bei positiver Forderungsverletzung entwickelten Rechtsprechung (siehe statt vieler *Palandt/Heinrichs* § 282 Anm. 2 b) abgeleitet werden. Denn die Entscheidungen über die Rechtswahrung bei Ablieferung fallen in die Risiko- und Einwirkungssphäre des Frachtführers; diesem kann die Aufklärung am ehesten zugemutet werden. Als Konsequenz ergibt sich u. a., daß den Frachtführer schon keine Pflicht zur Wahrung der Sicherheiten und keine Haftung trifft, wenn ihm Rechte, die er wahren könnte, nicht bekannt waren.

4. Haftungsfolge

10   Die Haftung soll den Verlust der Sicherheiten ausgleichen[10]. Der Ersatz erstreckt sich also auf den Schaden, der den Vormännern dadurch entsteht, daß das Frachtgut als Sicherheit ausfällt. Der Schaden wird daher durch die gesicherten Forderungen einerseits, durch den Veräußerungswert des Frachtguts andererseits begrenzt.

III. Rückgriffsverlust des ausliefernden Frachtführers, § 442 S. 2

11   § 442 S. 2 knüpft an die Versäumnis der Rechtswahrung des ausliefernden Frachtführers den Verlust des „Rückgriffs" gegen die Vormänner. In der Auslegung dieser Bestimmung ist fast alles streitig.

1. „Rückgriff"

12   Was § 442 S. 2 unter Rückgriff versteht, ist dunkel. Möglicherweise sind damit gemeint die jeweils gegen den Absender des einzelnen Frachtvertrages gerichteten Fracht- und Aufwendungsansprüche, die sich aus den Vertragspflichten der Absender ergeben und vom Frachtführer jedenfalls dann geltend gemacht werden können, wenn der Empfänger nicht zahlt; so im Fall RG vom 3. 11. 1928, RGZ **122** 221, 225. Wie weit solche Ansprüche gegen „die Vormänner" bestehen, hängt stark vom Einzelfall ab. Daß der Frachtführer sie nicht geltend machen kann, wenn er das Gut vertragswidrig ohne Inkasso, beim Empfänger ausgeliefert hat, ergäbe sich ohnehin aus den allgemeinen Grundsätzen des Vertragsrechts. Gemeint sein könnten auch die auf den Nachmann aus

---

[9] ROHG vom 22. 6. 1875, ROHG **19** 211, 217; *Ritter* § 442 Anm. 3; *Schlegelberger/Geßler*[5] § 442 Rdn. 3; *Baumbach/Duden/Hopt*[28] Anm. 1; *Heymann/Honsell* Rdn. 3; *Koller*[2] Rdn. 2.

[10] So zutreffend *Heymann/Kötter*[21] Anm. 1.

§ 441 Abs. 1 bei Befriedigung der Vormänner übergehenden Rechte oder die Regreßansprüche aus § 432 Abs. 3. Die große Zahl möglicher unterschiedlicher Fallgestaltungen und der völlige Mangel an praktischen Rechtsfällen läßt eine exakte Ausdeutung des Begriffs „Rückgriff" kaum zu. Daher scheint es zweckmäßig, den Sinn dieser Vorschrift nur darin zu sehen, die Vormänner vor Inanspruchnahmen zu schützen, die vermieden worden wären, wenn der Ausliefernde die Möglichkeiten (Zurückbehaltung, Pfandrecht) genutzt, also entweder die Zahlung erhalten oder das Gut noch zur Verfügung hätte[11]. Nur die uferlos weite Auslegung des Begriffs des Rückgriffs führt zu dem Problem, im Einzelfall auf die Art der „Rückgriffs"-Ansprüche abstellen zu müssen[12]. Für Ansprüche aus ungerechtfertigter Bereicherung gegen Vormänner dürfte der Rückgriffsverlust ohnehin nicht gelten, da diese keine Vertragsansprüche sind[13].

13 Ob **auch der ursprüngliche Absender** „Vormann" im Sinne von § 442 S. 2 ist[14], erscheint zweifelhaft[15]. Dogmatisch läßt sich die unterschiedliche Auslegung des gleichen Begriffs in §§ 441 und 442 nicht begründen. Der Rückgriffsverlust soll den Nachmann, der die frachtrechtlichen Pfand- und Zurückbehaltungsrechte nicht geltend gemacht hat, daran hindern, den Vormann zur Tragung des daraus entstehenden Schadens heranzuziehen. Solche Rechte hat jedoch der Absender nicht; er gehört also nicht zur Sicherungskette der Frachtführer. Er ist im Ergebnis, soweit der erstbeauftragte Spediteur oder Frachtführer mit der Einziehung der Kosten oder Nachnahmebeträge beauftragt war, durch dessen Haftung gesichert, wenn dieser die Anweisung nicht ausführt[16]. Gibt der erste Spediteur oder Frachtführer den Auftrag an einen anderen weiter, muß er auch die Nachnahmeweisung weitergeben. Bei Nichtausführung steht dem Absender somit ein Ersatzanspruch gegen den ersten Spediteur oder Frachtführer zu. Bei Nichtausführung der Weisung durch einen Nachmann haftet dieser seinem Vormann. Dieser Anspruch ist nach §§ 675, 667 bzw. § 281 BGB an den Absender abzutreten. Damit hängt die Frage, ob Absender bei Verlust der Sicherungsrechte den Ausfall zu tragen hat, von der Vertragsgestaltung seines mit dem ersten Spediteur oder Frachtführer geschlossenen Vertrages ab. Von einer Nachnahmevereinbarung oder -weisung kann nur ausgegangen werden, wenn diese in deutlicher Weise ausgesprochen ist. Denn die Einziehung von Nachnahmen ist meist mit einem zusätzlichen Zeitaufwand verbunden, häufig auch mit der Notwendigkeit, ein Scheckrisiko in Kauf zu nehmen[17], um abliefern und das Fahrzeug weiterverwenden zu können. Im Zweifel ist keine kostenlose Übernahme des Inkassos anzunehmen[18].

14 Bei **Beförderungen, die „unfrei" erfolgen**, bei denen aber eine eindeutige Nachnahmeweisung erfolgt, kann der ausliefernde Frachtführer zwar das Frachtgut gem. § 435

---

[11] *Benckelberg/Beier* TranspR **1989** 351, 354; *Heymann/Kötter*[21] Rdn. 2.

[12] Nach wohl h. M. ist eine solche Differenzierung ohnehin abzulehnen; RG vom 3. 11. 1928, RGZ **122** 221, 226; OLG Karlsruhe, BadRspr. **1930** 4; *Schlegelberger/Geßler* § 442 Rdn. 6; wohl auch *Baumbach/Duden/Hopt*[28] § 442 Anm. 2; dagegen differenziert *Heymann/Kötter*[21] § 442 Anm. 2 die theoretische Problematik bis ins einzelne aus.

[13] *Schlegelberger/Geßler*[5] Rdn. 6; *Baumbach/Duden/Hopt*[28] Anm. 2; *Heymann/Kötter*[21] Anm. 3.

[14] RG vom 3. 11. 1928, RGZ **122** 221, 225 aufgrund älterer Literatur; allgemein für § 442 zweifelnd *Schlegelberger/Geßler*[5] Rdn. 4, jedoch speziell zu § 442 Abs. 2 zustimmend Rdn. 8; *Heymann/Honsell* Rdn. 5, kritisch zu Abs. 2 Rdn. 8; OLG Karlsruhe, BadRspr. **1930** 4; OLG Hamburg vom 3. 11. 1983, TranspR **1984** 190, 191 = VersR **1984** 235 f; AG Lindau vom 13. 1. 1989, berichtet von *Widmann* DVZ Nr. 33 vom 18. 3. 1989, S. 8; *Baumbach/Duden/Hopt*[28] Anm. 1 (nur für S. 2).

[15] Dagegen vor allem *Benckelberg/Beier* TranspR **1989** 351 ff. Mit Einschränkungen ablehnend auch *Heymann/Kötter*[21] Anm. 1.

[16] Siehe §§ 407–409 Rdn. 131.

[17] Siehe §§ 407–409 Rdn. 131; besonders auch OLG Düsseldorf vom 18. 3. 1982, VersR **1983** 631.

[18] Siehe insbesondere die derzeit noch gültigen § 24 Abs. 2 KVO und Nr. XIII NGT; § 26 Abs. 2 Nr. 3 GüKUMT.

zurückhalten, ist dazu aber nur ausnahmsweise aus Interessewahrnehmungsgründen verpflichtet, etwa wenn die Zahlungsunfähigkeit des Empfängers dem Frachtführer bei Auslieferung bekannt oder offensichtlich ist. In solchen Situationen ist. Wenn der Absender keine Nachnahme vorschreibt, geht er das Risiko der subsidiären Zahlung der Frachtkosten ein[19]; dieses sollte ihm auch durch § 442 S. 2 nicht abgenommen werden; auch nicht durch analoge Anwendung[20].

2. „Verlust"

15   Mit der Formulierung „wird verlustig" umschreibt das Gesetz das Erlöschen der Rückgriffsansprüche. Man wird entsprechend dem zur Haftung Gesagten (oben Rdn. 9) Verschulden des ausliefernden Frachtführers als Grundlage des Rechtsverlustes zu verlangen haben[21]. Ob Mitverschulden des Vormanns nach § 254 BGB zu einem nur teilweisen Rechtsverlust führen muß, ist streitig[22].

3. Rechtsverlust bei Vormännern

16   Nach § 442 S. 2 verlieren bei Versäumnis des ausliefernden Frachtführers mit der Wahrung der Rechte auch die vorangehenden Frachtführer und Spediteure ihre Rückgriffsansprüche gegen ihre jeweiligen Vormänner. Dies ist konsequent, da die Weitergabe des Guts an den Nächsten ohne Geltendmachung des Zurückbehaltungsrecht oder Pfandrechts innerhalb der Beförderungskette auf der Voraussetzung beruht, daß der letzte die Inkassofunktion wahrnehmen wird. Verletzt dieser seine Inkassopflicht, so ist er seinen Vormännern verantwortlich. Die Schadensersatzpflicht des § 442 S. 1 verlagert den Schaden auf den letzten der Kette; S. 2 verhindert folgerichtig jede Rückverlagerung auf ein früheres Glied.

4. Bestehenbleiben der Ansprüche gegen den Empfänger, § 442 S. 3

17   § 442 S. 3 will keine neuen Rechte gegen den Empfänger gründen, sondern besagt nur, daß Ansprüche, die der Frachtführer gegen den Empfänger hat, nicht berührt werden – eine überflüssige, als selbstverständliche Klarstellung. Ansprüche gegen den Empfänger können sich insbesondere aus § 436 oder aus den entsprechenden Regelungen frachtrechtlicher Sonderordnungen ergeben; daneben aber auch aus Vereinbarungen bei der Ablieferung. Siehe dazu § 436 Rdn. 5 ff, 33 ff.

§ 443

(1) Bestehen an demselben Gute mehrere nach den §§ 397, 410, 421 und 440 begründete Pfandrechte, so geht unter denjenigen Pfandrechten, welche durch die Versendung oder durch die Beförderung des Gutes entstanden sind, das später entstandene dem früher entstandenen vor.

(2) Diese Pfandrechte haben sämtlich den Vorrang vor dem nicht aus der Versendung entstandenen Pfandrechte des Kommissionärs und des Lagerhalters sowie vor dem Pfandrechte des Spediteurs und des Frachtführers für Vorschüsse.

---

[19] Beispiel für eine ständige Praxis der Auslieferung von Frachtgut ohne Kosteneinziehung; bei Nichtzahlung des Empfängers dann auch keine Zahlungspflicht des Absenders: OLG Hamburg vom 3. 11. 1983, TranspR **1984** 190, 191 = VersR **1984** 235 f.

[20] *Benckelberg/Beier* TranspR **1989** 351, 354.
[21] *Koller*[2] Rdn. 3; *Heymann/Honsell* Rdn. 10; *Schlegelberger/Geßler*[5] Rdn. 6.
[22] Dafür *Schlegelberger/Geßler*[5] Rdn. 9; dagegen *Heymann/Kötter*[21] 7.

Übersicht

	Rdn.		Rdn.
I. Allgemeines	1	b) Besondere Merkmale dieser Pfandrechte	5
1. Bedeutung des § 443	1	2. Rangordnung innerhalb der bevorrechtigten Klasse des § 443 Abs. 1 .	7
2. Anwendungsbereich	2	III. Nicht bevorrechtigte Pfandrechte ...	8
3. Grundprinzipien der Regelung des § 443	3	1. § 443 Abs. 2	8
II. Die bevorrechtigten Pfandrechte nach § 443 Abs. 1	4	2. Rangordnung unter den nicht bevorrechtigten Pfandrechten	9
1. In Frage kommende Pfandrechte .	4		
a) Gesetzliche Pfandrechte des Handelsrechts	4		

I. Allgemeines

1. Bedeutung des § 443

§ 443 trifft für einen Teil der handelsrechtlichen gesetzlichen Pfandrechte eine von **1** § 1209 BGB abweichende Regelung ihrer Rangfolge. Insbesondere die Ansprüche der letzten Frachtführer, Spediteure und Lagerhalter wären unzureichend gesichert, wenn ihnen alle früher begründeten gesetzlichen Pfandrechte des Handelsrechts vorgingen. Damit wäre ohne Vorauszahlung der Weitertransport oder die Einlagerung von Gütern den späteren Beteiligten nicht zumutbar und damit nicht mehr gesichert. Die abweichende Bestimmung der Rangfolge ist in den durch § 443 Abs. 1 geregelten Fällen deshalb angemessen, weil man im allgemeinen davon ausgehen kann, daß Handelsgüter durch den Transport an Wert gewinnen oder doch Wertverluste vermieden werden. Die praktische Bedeutung des § 443 scheint gering zu sein; die letzte in der Literatur zitierte Gerichtsentscheidung entstammt – soweit erkennbar – dem Jahre 1916 (OLG Hamburg vom 20. 1. 1916, DJZ **1916**, 910).

2. Anwendungsbereich

§ 443 gilt nach § 26 BinSchG auch in der Binnenschiffahrt, nach § 457 auch für die **2** Eisenbahn.

3. Grundprinzipien der Regelung des § 443

§ 443 teilt die gesetzlichen Pfandrechte des Handelsrechts in zwei Klassen. Die in **3** Abs. 1 umschriebenen gehen den in Abs. 2 aufgeführten ohne Rücksicht auf den Zeitpunkt ihrer Entstehung vor. Innerhalb dieser Klasse bestimmt sich der Vorrang nach der umgekehrten Rangfolge der Entstehung. Die nicht bevorrechtigten gesetzlichen Pfandrechte konkurrieren mit allen anderen Pfandrechten nach Maßgabe des § 1209 BGB. Die Zuteilung zur bevorrechtigten Klasse erfolgt nicht generell, sondern differenziert nach Art des Pfandrechts und Art der gesicherten Forderungen. Danach wird u. U. – etwa bei einem einheitlichen Nachnahmebetrag, vgl. Rdn. 6 – die Aufteilung eines Pfandrechts in einen bevorrechtigten und einen nachrangigen Teil erforderlich.

II. Die bevorrechtigten Pfandrechte nach § 443 Abs. 1

1. In Frage kommende Pfandrechte

a) Gesetzliche Pfandrechte des Handelsrechts

§ 443 Abs. 1 erwähnt die Pfandrechte der Kommissionäre, Spediteure, Lagerhalter **4** und Frachtführer. Die Verweisungen in §§ 26 BinSchG, 457 HGB beziehen auch die Pfandrechte der Binnenschiffahrts-Frachtführer und der Eisenbahnen mit ein. Nach allgemeiner Auffassung sind diesen die Pfandrechte des Verfrachters (§ 623) und des Lagerhalters nach § 22 OLSchVO gleichzustellen[1].

b) Besondere Merkmale dieser Pfandrechte

5 Die Zuteilung der Pfandrechte zur bevorrechtigten Klasse richtet sich nach den zugrundeliegenden Forderungen. Die Abgrenzung ergibt sich aus dem Zusammenhang zwischen den beiden Absätzen des § 443. Erforderlich für die Zugehörigkeit zur bevorrechtigten Klasse des Abs. 1 ist, daß die betreffenden Pfandrechte „durch die Versendung oder durch die Beförderung des Gutes entstanden" sind. Die den Pfandrechten zugrundeliegenden Forderungen müssen also Versendung oder Beförderung betreffen. Darunter fallen alle Frachten und Spediteurprovisionen, auch die mit der Beförderung zusammenhängenden Aufwendungsansprüche, z. B. Liegegelder, Verpackungskosten, Verzollungskosten, Überwachungskosten, Wiegekosten, Transport- und Speditionsversicherungsprämien. Dabei ist es gleichgültig, ob die Forderungen bei Kommissionären, Lagerhaltern, Frachtführern, Spediteuren oder bei der Eisenbahn entstanden sind.

6 Für **gesetzliche Spediteur- und Frachtführerpfandrechte**, die sich nur auf konnexe Forderungen oder auf Wert-Vorschüsse beziehen können[2], ergibt sich daher eine Teilung. Forderungen für Vorschüsse fallen stets nur unter § 443 Abs. 2. Damit sind jedoch nur solche Vorschüsse gemeint, die sich nicht auf Beförderungskosten beziehen, also vor allem Vorschüsse auf Wertnachnahmen[3]; § 443 Abs. 2 muß insoweit korrigierend gelesen werden. Lagerkosten gehören zur bevorrechtigten Klasse, wenn die Lagerung im Hinblick auf die Versendung oder Beförderung erfolgte, so z. B. bei notwendigen Zwischenlagerungen, Lager nach § 437 Abs. 2. Nachnahmen können unter Abs. 1 fallen, wenn und soweit sie Versendungs- und Beförderungskosten betreffen. Nicht dagegen gehören dazu die Wertnachnahmen, die sich auf den Kaufpreis oder ähnliche mit der Beförderung nicht zusammenhängende Forderungen beziehen.

2. Rangordnung innerhalb der bevorrechtigten Klasse des § 443 Abs. 1

7 Innerhalb der Klasse des § 443 Abs. 1 geht das später entstandene Pfandrecht dem früher entstandenen vor. Der Prioritätsgrundsatz des § 1209 BGB ist also in sein Gegenteil verkehrt.

III. Nicht bevorrechtigte Pfandrechte
1. § 443 Abs. 2

8 Abs. 2 gilt für alle in Rdn. 4 genannten gesetzlichen Pfandrechte des Handelsrechts, soweit sie „nicht aus der Versendung entstanden" sind. Für das Spediteur- und Frachtführerpfandrecht sind dies nur die in § 443 Abs. 2 genannten Pfandrechte für Wertvorschüsse. Danach fallen unter § 443 Abs. 2 alle genannten gesetzlichen Pfandrechte des Handelsrechts (siehe Rdn. 4), die nicht in die bevorrechtigte Klasse des Abs. 1 (siehe Rdn. 7) einzuordnen sind.

2. Rangordnung unter den nicht bevorrechtigten Pfandrechten

9 Die nicht bevorrechtigten Pfandrechte des § 443 Abs. 2 konkurrieren miteinander und mit den sonst noch etwa vorliegenden Pfandrechten, z. B. Pfändungspfandrechten

---

[1] *Schlegelberger/Geßler*[5] Rdn. 3; *Heymann/Kötter*[21] Anm. 1; *Baumbach/Duden/Hopt*[28] Anm. 1; *Koller*[2] Rdn. 2.
[2] Siehe § 410 Rdn. 22 ff und § 440 Rdn. 11.
[3] *Baumbach/Duden/Hopt*[28] Anm. 2 a; *Koller*[2] Rdn. 2; *Schlegelberger/Geßler*[5] Rdn. 3; *Heymann/Honsell* Rdn. 5.

oder Vertragspfandrechten nach den allgemeinen Regeln der §§ 1257, 1209 BGB. Maßgeblich ist also der Prioritätsgrundsatz. Spediteur- oder Frachtführerpfandrechte für Vorschüsse haben also keinen Vorrang vor älteren Pfandrechten. Das gleiche gilt für die anderen, nicht unter § 443 Abs. 1 fallenden gesetzlichen Pfandrechte des Handelsrechts.

Ausnahmen von der Rangordnung können sich durch lastenfreien Erwerb (z. B. nach § 366 Abs. 3, 2) ergeben. Zur Konkurrenz zwischen den gesetzlichen Pfandrechten und dem kaufmännischen Zurückbehaltungsrecht, siehe § 369 Abs. 2 sowie die dortige Kommentierung. **10**

§ 444

Über die Verpflichtung zur Auslieferung des Gutes kann von dem Frachtführer ein Ladeschein ausgestellt werden.

Übersicht

	Rdn.		Rdn.
I. Allgemeines	1	III. Haftung aus dem Ladeschein, Beweiswirkungen	7
1. Praktische Bedeutung der §§ 444–450	1	IV. Zu § 444 HGB im besonderen	9
2. Rechtsnatur des Ladescheins	2	V. Dokumente des multimodalen Transports	10
3. Übertragung des Ladescheins	3		
II. Funktion des Ladescheins	4		

Schrifttum

Vortisch/Bemm Binnenschiffahrtsrecht[4] (1991); *Laeuen* Freizeichnungen in Frachtverträgen der internationalen Rheinschiffahrt, Diss. Frankfurt am Main (1966); *Kühlberg* Der Verkehrsschutz bei den Traditionspapieren, Diss. (Hamburg 1970). Zum Konnossementsrecht *Schaps/Abraham* Das Deutsche Seerecht, Band 2, 4. Aufl. 1978, Kommentierung zu §§ 642 ff; *Abraham* Das Seerecht, 4. Aufl. 1974, 164 ff; *Schlegelberger/Liesecke* Seehandelsrecht, Kommentar, 2. Aufl. 1964; *Prüßmann/Rabe* Seehandelsrecht[3] (1992) zu §§ 642 ff. *Helm* Das Dokument des kombinierten Transports – ein neues Wertpapier, FS Hefermehl (1976), 57 ff = ETR **1977** 679 ff. *Heymann/Horn* § 363 Rdn. 18 ff. Siehe zum Gesamtkomplex des Ladescheinrechts auch § 363 Rdn. 35 ff (*Canaris*[3]); *Schnauder* Sachenrechtliche und wertpapierrechtliche Wirkungen der kaufmännischen Traditionspapiere, NJW **1991** 1642 ff.

I. Allgemeines

1. Praktische Bedeutung der §§ 444–450

Der Ladeschein ist im Landfrachtrecht seit langem ungebräuchlich; § 444 gibt dem **1** Absender auch keinen Rechtsanspruch auf Ausstellung eines Ladescheins. In den Spezialnormen des Landfrachtrechts (CMR, KVO, AGNB) ist er nicht vorgesehen. In der Binnenschiffahrt ist der Ladeschein (Binnenkonnossement, Flußkonnossement) in Deutschland, wie in der internationalen Rheinschiffahrt noch gebräuchlich. Die §§ 444–450 werden dort jedoch durch §§ 72–76 BinSchG präzisiert und ergänzt. Da das deutsche Binnenschiffahrtsrecht wie auch das HGB-Recht des Ladescheins dispositiv ist, verweisen auch ausländische Transport- und Konnossementsbedingungen der Binnenschiffahrt zumeist auf das deutsche BinSchG[1]. Hierbei handelt es sich wohl um materiellrechtliche Verweisungen[2]. In den Formularen der Binnenkonnossemente zeichnen sich die Binnenschiffahrtsfrachtführer jedoch regelmäßig von allen sie belastenden Bestimmungen der §§ 440–450 HGB und 72–76 BinSchG frei. Mit Ausnahme des § 450

---

[1] *Vortisch/Bemm*[4] § 72 Rdn. 40 ff.
[2] Siehe *Laeuen* 60 ff; Beispielsfall: BGH vom 29. 1. 1968, VersR **1968** 390 = LM Nr. 1 zu § 446 HGB.

2. Rechtsnatur des Ladescheins

2 Der Ladeschein ist Wertpapier. Er wird, anders als der Frachtbrief (vgl. dazu § 426), vom Frachtführer dem Absender als Verbriefung des Auslieferungsanspruchs ausgestellt und entspricht damit ungefähr dem seerechtlichen Konnossement. Nach § 363 gehört der Ladeschein zu den gekorenen Orderpapieren; er kann jedoch auch als Inhaber- oder Rektapapier ausgestellt werden. Innerhalb der Unterteilung der Wertpapiere gehört der Ladeschein zu den „halbkausalen" Papieren, da die verbriefte Auslieferungsverpflichtung vom Frachtvertrag teilweise abhängig ist[3]. Nach § 450 HGB ist der Ladeschein ferner Traditionspapier, d. h., daß der Besitz am Ladeschein teilweise den Besitz am Frachtgut ersetzt, § 450 HGB.

3. Übertragung des Ladescheins

3 Die Übertragung folgt allgemeinen wertpapierrechtlichen Regeln; für den Orderladeschein gelten §§ 363–365, für den Inhaberladeschein die Bestimmungen über die Inhaberschuldverschreibung (§ 793 BGB). Der Rektaladeschein wird durch Abtretung übertragen[4].

II. Funktion des Ladescheins

4 Der Ladeschein soll vor allem dem Absender und seinen Nachmännern ohne Rücksicht auf die Dauer des Transports die sofortige Verfügung über das Gut (z. B. Weiterveräußerung oder Verpfändung) ermöglichen. In der Binnenschiffahrt ist dies bei den dort gegebenen langen Transportzeiten nur zweckmäßig. Im Landverkehr mit Lastkraftwagen ist dagegen der Ladeschein wegen der kurzen Transportdauer überflüssig geworden. Ein Teil der Funktionen des Ladescheins wird heute durch die Absenderausfertigung des Frachtbriefs erfüllt (vgl. § 426 Rdn. 62 ff, 72, 78).

5 In der Rheinschiffahrt ist die **Unterscheidung zwischen Ladeschein und Frachtbrief** nicht immer einfach, da dort für beide Papiere häufig der gleiche Formularsatz benutzt wird. Im allgemeinen wird das adressierte Formular als Frachtbrief, das an Order gestellte als „Konnossement" (Ladeschein) angesehen. Vielfach bestimmen Klauseln dies ausdrücklich; siehe zu diesen Fragen eingehend *Laeuen* 24 ff.

6 In der Binnenschiffahrt wird soweit nicht das AGBG dem entgegensteht, durch die üblichen **Freizeichnungen** die Schadenshaftung aus dem Ladeschein praktisch ganz ausgeschlossen (siehe dazu im einzelnen *Laeuen* 81–103); die Schadenshaftung wird meist durch die Transportversicherung übernommen, die wegen der scharfen Freizeichnungen nur eingeschränkte Regreßmöglichkeiten hat. Die Bedeutung des Ladescheins beschränkt sich damit im wesentlichen auf die Legitimation des Empfängers und die Traditionsfunktion bei der Weiterveräußerung.

III. Haftung aus dem Ladeschein, Beweiswirkungen

7 Die §§ 444–450 schweigen zu den Fragen der Haftung aus dem Ladeschein und zu dessen Beweiskraft. Die Haftung ist daher grundsätzlich die gleiche wie aus dem Fracht-

---

[3] Siehe § 363 Rdn. 41 (*Canaris*[3]); *Heymann/Honsell* Rdn. 5; *Vortisch/Bemm*[4] § 72 Rdn. 25, § 73 Rdn. 2; zum Konnossement siehe *Prüßmann/Rabe*[3] § 656 HGB Anm. A; *Schnauder* NJW 1991 1642 ff.

[4] Siehe § 447 Rdn. 7 und § 450 Rdn. 5. Zum Namenslagerschein BGH vom 25. 5. 1979, NJW 1979 2037 f = WM 1979 771 ff; siehe auch § 450 Rdn. 7.

vertrag; die Beweiswirkung ergibt sich aus allgemeinem Urkundenrecht[5]. Wie im Konnossementsrecht[6] verbrieft der Ladeschein nicht nur den Auslieferungsanspruch, sondern auch die vertraglichen Haftungsansprüche aus dem Frachtvertrag[7].

Das **Binnenschiffahrtsgesetz regelt dagegen die Haftung aus dem Binnenkonnossement in §§ 73–67 als scharfe Skripturhaftung**[8]. Danach hat der Frachtführer in der Binnenschiffahrt nur für die im Ladeschein angegebenen Zahlen, Maße und Gewichte (§ 73), für die Bezeichnungen des Gutes (§ 74) und für nicht im Ladeschein aufgeführte Vorschäden (§ 76) einzustehen. Durch die üblichen Freizeichnungen ist diese strenge Ladescheinhaftung bzw. Beweiswirkung in der Praxis jedoch völlig abbedungen. Zusammen mit den zahlreichen weiteren Haftungsfreizeichnungen der Verlade- und Transportbedingungen entfällt damit weitgehend die Schadenshaftung auf dem Ladeschein[9]. Allerdings können einzelne der Klauseln gegen § 9 AGBG verstoßen[10].

IV. Zu § 444 HGB im besonderen

Die Bedeutung des § 444 erschöpft sich in der Klärung, daß der Frachtführer einen Ladeschein nur ausstellen kann, nicht muß; anders § 72 Abs. 1 BinSchG und für das Konnossement § 642 Abs. 1 HGB.

V. Dokumente des multimodalen Transports

Für multimodale (kombinierte) Transporte, die alle Bereiche des Transports, insbesondere auch das Landfrachtrecht und das Binnenschiffahrtsrecht umfassen können, siehe eingehend Anh. V nach § 452 Rdn. 58 ff.

§ 445

(1) Der Ladeschein soll enthalten:
1. den Ort und den Tag der Ausstellung;
2. den Namen und den Wohnort des Frachtführers;
3. den Namen des Absenders;
4. den Namen desjenigen, an welchen oder an dessen Order das Gut abgeliefert werden soll; als solcher gilt der Absender, wenn der Ladeschein nur an Order gestellt ist;
5. den Ort der Ablieferung;
6. die Bezeichnung des Gutes nach Beschaffenheit, Menge und Merkzeichen;
7. die Bestimmung über die Fracht und über die auf dem Gute haftenden Nachnahmen sowie im Falle der Vorausbezahlung der Fracht einen Vermerk über die Vorausbezahlung.

(2) Der Ladeschein muß von dem Frachtführer unterzeichnet sein.

(3) Der Absender hat dem Frachtführer auf Verlangen eine von ihm unterschriebene Abschrift des Ladescheins auszuhändigen.

Schrifttum: siehe zu § 444

---

[5] Vgl. dazu § 426 Rdn. 29 ff (zum Frachtbrief).
[6] Das Konnossementsrecht enthält Sonderregelungen in § 656 Abs. 2, 3; dazu *Prüßmann/Rabe*[3] § 656 HGB Anm. C.
[7] Siehe BGH vom 26. 9. 1957, BGHZ **25** 250, 257. *Prüßmann/Rabe*[3] § 606 HGB Anm. D 3.
[8] *Vortisch/Bemm*[4] § 73 Rdn. 1; str., vgl. *Laeuen* 13 ff.
[9] Siehe dazu eingehend *Laeuen* 81–103. Zu der heute bedeutungslosen Frage, ob im Landfrachtrecht für unrichtige Angaben im Ladeschein die Grundsätze der Verschuldens- oder Skripturhaftung gelten, siehe *Ratz* in der 2. Aufl. § 446 Rdn. 2 a; *Heymann/Kötter*[21] § 446 Anm. 1 S. 1019 f; *Kühlberg* 29 ff.
[10] Siehe § 1 AGNB, Anh. III nach § 452 Rdn. 1 und § 26 AGNB Rdn. 4.

1. Der Angabenkatalog des § 445 Satz 1

1 Dieser Katalog entspricht weitgehend dem des § 643 für das Konnossement. Insoweit kann auf die seerechtliche Literatur, insbesondere auf *Prüßmann/Rabe*[3] sowie auf *Vortisch/Bemm*[4] Anmerkungen zu § 72 BinSchG verwiesen werden. Problematisch kann allenfalls sein, ob beim Fehlen einzelner der „Soll"-Erfordernisse noch ein Ladeschein im Rechtssinne vorliegt. Hierzu hat die Rechtsprechung von Fall zu Fall entschieden. Dabei hat sie den Grundsatz verfolgt, daß alle Angaben, auf die im konkreten Fall aus praktischen Gründen verzichtet werden kann, fehlen dürfen, ohne daß dem Papier damit der Charakter eines Ladescheins (Konnossements) abgesprochen werden könne. So für die Wohnortangabe schon ROHG vom 14. 4. 1875, ROHG **17** 96, 97 f; für Namen des Schiffers und Nationalität des Schiffes RG vom 5. 12. 1887, RGZ **20** 52, 57; ferner RG vom 28. 2. 1923, RGZ **106** 337, 339 f. Neueres aus *Prüßmann/Rabe*[3] § beitragen. Erforderlich sind stets die zur Bestimmtheit des Auslieferungsversprechens erforderlichen Angaben und die Angabe des Berechtigten. Beim Orderladeschein genügt nach Ziff. 4 die Absenderangabe, beim Inhaberladeschein ist naturgemäß keine Angabe des Berechtigten erforderlich. § 72 Abs. 2 u. 3 BinSchG erweitert den Angabenkatalog des § 445 durch die Angaben des Schiffes, und, beim Orderladeschein, der Meldeadresse der Person, an deren Order der Ladeschein lautet.

2. Unterzeichnung durch den Frachtführer

2 Die Unterzeichnung durch den Frachtführer (oder durch einen rechtsgeschäftlichen Vertreter, etwa gemäß dem gesetzlichen Vertretungsrecht nach § 16 Abs. 2 BinSchG durch den Schiffer) ist gesetzliches Wirksamkeitserfordernis. Ob die in der Praxis übliche faksimilierte Unterschrift oder ähnliches die handschriftliche Unterzeichnung ersetzen kann, ist vor allem für das Konnossement streitig[1]. Beim Ladeschein ist die Vorschrift des § 445 S. 2 eindeutig; ein nicht unterschriebenes Auslieferungsversprechen ist kein Ladeschein[2]. Aus dem Willen des Ausstellers kann sich aber – insbesondere bei Faksimileverwendung – ergeben, daß er sich im Rahmen des rechtlich Zulässigen wie ein Ladescheinaussteller behandeln lassen will. Somit können die Wirkungen des echten Ladescheins weitgehend durch Auslegung des Parteiwillens begründet werden. Dies bezieht sich allerdings nicht auf die volle Traditionswirkung des § 450; auch muß die Übertragung durch Indossament in eine Abtretung umgedeutet werden[3]. In der Praxis bereitet die Benutzung von Konnossementen und Ladescheinen ohne Unterschrift offenbar keine Schwierigkeiten.

3. Erteilung einer Abschrift durch den Absender (§ 445 S. 3)

3 Der Frachtführer hat Anspruch auf eine unterzeichnete Abschrift des Ladescheins; dies entspricht § 642 Abs. 3 für das Konnossement. Die Abschrift ist nicht zu verwechseln mit einer Duplikatsausstellung durch den Frachtführer. Sie hat keinerlei Wertpapiercharakter, sondern soll nur den Frachtführer gegen Änderungen des Ladescheins beweisrechtlich sichern.

---

[1] Für Unterschrift als Formerfordernis *Schaps/Abraham* § 642 Anm. 11; *Prüßmann/Rabe*[3] § 642 HGB Anm. E; dagegen *Schlegelberger/Liesecke* § 642 Anm. 11 im Anschluß an *Wüstendorfer* Neuzeitliches Seehandelsrecht, 2. Aufl. 1950, 298.

[2] *Heymann/Honsell* Rdn. 7; *Koller*[2] Rdn. 2.

[3] Siehe hierzu Anh. V nach § 452 Rdn. 10 ff.

§ 446

(1) Der Ladeschein entscheidet für das Rechtsverhältnis zwischen dem Frachtführer und dem Empfänger des Gutes; die nicht in den Ladeschein aufgenommenen Bestimmungen des Frachtvertrags sind dem Empfänger gegenüber unwirksam, sofern nicht der Ladeschein ausdrücklich auf sie Bezug nimmt.

(2) Für das Rechtsverhältnis zwischen dem Frachtführer und dem Absender bleiben die Bestimmungen des Frachtvertrags maßgebend.

Schrifttum: siehe zu § 444

1. Allgemeines

§ 446, der weitgehend der Regelung für das Konnossement in § 656 Abs. 1 und 4 entspricht, unterstellt die Rechtsbeziehungen zwischen dem Frachtführer und dem durch den Ladeschein bestimmten Empfänger allein dem Ladeschein. Das Rechtsverhältnis zwischen Frachtführer und Absender unterliegt dagegen weiterhin dem ursprünglichen Frachtvertrag. Beide Rechtsbeziehungen unterstehen dem gesetzlichen Recht des Frachtvertrages. Jedoch können sich z. B. die Schadensersatzpflichten unterschiedlich gestalten, ebenso auch die Ansprüche des Frachtführers auf Frachtzahlung und Kostenerstattung. Dies hängt jeweils davon ab, welche Vereinbarungen zwischen Absender und Frachtführer getroffen bzw. welche Klauseln im Ladeschein enthalten sind. 1

Durch **Ausstellung und Begebung des Ladescheins entsteht neben der frachtrechtlichen Auslieferungsverpflichtung eine zweite wertpapierrechtliche Verpflichtung des Absenders**. Zu ihrer Entstehung bedarf es grundsätzlich eines Begebungsvertrages. Jedoch kommen als Verpflichtungsgründe auch die wertpapierrechtlichen Rechtsscheinfälle in Betracht[1]. 2

Das **Verhältnis der beiden Rechtsbeziehungen des Frachtführers zum Absender und zum legitimierten Ladescheininhaber** ist dogmatisch schwer erklärbar[2]. Durch die Verbriefung werden die Absenderrechte nicht völlig aufgehoben, sondern nur durch die Ladescheinverpflichtung verlagert. Insbesondere wird das Verfügungsrecht des Absenders (§ 435 HGB) durch § 447 ausgeschlossen. Die Erfüllung der Pflichten gegenüber dem berechtigten Inhaber durch Ladeschein befreit auch gegenüber dem Absender. 3

Die **Ladeschein** schafft nicht nur Rechte für den berechtigten Inhaber. Er **dient auch der Bestimmung, wer Empfänger i. S. d. Frachtrechts ist** (§ 447) und daher die Empfängerpflichten zu erfüllen hat (vgl. §§ 435, 436 und die entsprechenden Bestimmung des BinSchG). Für die zwischen dem Frachtführer und dem durch den Ladeschein legitimierten Empfänger bestehenden Rechtsbeziehungen ist der Ladeschein nach § 446 Abs. 1 inhaltsbestimmend. 4

2. Maßgeblichkeit des Ladescheins zwischen Frachtführer und Empfänger

§ 446 Abs. 1 erklärt den Ladeschein dem Empfänger gegenüber für allein maßgeblich. Abreden zwischen Absender und Frachtführer gelten also nicht gegenüber dem Emp- 5

---

[1] Siehe § 363 Rdn. 38 ff (*Canaris*[3]) mit mühsamen Erklärungen über dessen Abschluß („Botentheorie"); *Koller*[2] Rdn. 1; allgemein *Zöllner*[14], S. 34 ff; *Hueck/Canaris* Wertpapierrecht[12] S. 31 ff; *Richardi* Wertpapierrecht S. 53 ff.
[2] Siehe § 363 Rdn. 41 ff (*Canaris*[3]); zum Konnossement BGH vom 10. 10. 1957, BGHZ **25** 300, 301 und BGH vom 23. 11. 1978, VersR **1979** 275, 276; siehe auch schon RG vom 14. 3. 1885, RGZ **14** 5, 8 f; *Prüßmann/Rabe*[3] § 656 HGB Anm. 4; *Schaps/Abraham* § 656 Anm. 2.

fänger, soweit der Ladeschein nicht auf sie Bezug nimmt[3]. Im übrigen ist aber der gesetzliche Inhalt des Frachtvertrages auch für Ansprüche aus dem Ladeschein maßgeblich. Geht also z. B. das Gut verloren, ohne daß nach dem gesetzlichen Recht eine Haftung des Frachtführers bestimmt ist (z. B. weil sich der Frachtführer nach § 429 entlasten kann) so besteht kein Anspruch aus dem Ladeschein. Wer im Verhältnis zum Ladescheininhaber überhaupt Frachtführer und Pfandgläubiger des gesetzlichen Frachtführerpfandrechts ist, ergibt sich ebenfalls aus dem Ladeschein (ROHG vom 14. 4. 1875, ROHG **17** 96, 97 f). Die Höhe der vom Empfänger zu bezahlenden Fracht, Kosten und Auslagen bestimmt sich ebenso wie der Auslieferungsanspruch des Empfängers nach dem Ladeschein.

6 Die **Zahlungspflicht des Empfängers** kann sich allerdings kaum aus dem Ladeschein selbst, sondern nur aus der Empfängerposition (§§ 435, 436) ergeben. Hierbei dürfte nach richtiger Auffassung die Annahme des Frachtbriefs durch die Ladescheinausstellung überflüssig werden, also die Annahme des Gutes allein bereits (entsprechend § 436 HGB) zur Zahlungspflicht des Empfängers nach Maßgabe des Ladescheins führen; so zutreffend *Heymann/Kötter*[21] § 446 Anm. 1; *Schlegelberger/Geßler*[5] § 446 Rdn. 5; *Koller*[2] Rdn. 4; a. A. *Heymann/Honsell* Rdn. 9.

7 **Nicht alle Ansprüche des Frachtführers müssen sich unmittelbar aus dem Ladeschein ergeben.** So muß sich der Empfänger z. B. bei der Geltendmachung des Auslieferungsanspruchs solche Erstattungsansprüche des Frachtführers entgegenhalten lassen, mit denen normalerweise nachträglich gerechnet werden muß, z. B. Liegegelder, Aufwendungen für am Ankunftsort erhobene Abgaben usw.[4]

8 Durch **Bezugnahme des Ladescheins auf den Frachtvertrag** kann dessen Inhalt auch zum Inhalt der Rechtsbeziehungen zwischen Frachtführer und legitimierten Empfänger gemacht werden[5]. Dabei genügt nach der Rechtsprechung des ROHG und des RG bereits eine ganz allgemeine Bezugnahme[6].

9 Der **Inhalt der durch den Ladeschein bestimmten Rechtsbeziehungen zwischen Frachtführer und Ladescheininhaber** kann durch Vereinbarungen unter diesen geändert werden. Zu einer solchen Änderung ist jedoch der Unter- oder Zwischenfrachtführer zu Lasten des den Ladeschein ausstellenden Hauptfrachtführers nicht befugt; so zutreffend bereits ROHG vom 15. 9. 1879, ROHG **25** 342, 343 f.

3. Einwendungen gegen die Ansprüche aus dem Ladeschein

10 Einwendungen des Frachtführers gegenüber dem Inhaber des Ladescheins sind nur nach wertpapierrechtlichen Gesichtspunkten zugelassen. Für den Order-Ladeschein ergibt sich dies aus § 364 Abs. 2. Danach stehen dem Frachtführer gegenüber dem Empfänger als legitimiertem Inhaber des Order-Ladescheins die drei Gruppen von Einwendungen zu, die in § 364 Abs. 2 aufgeführt sind. Gültigkeitseinwendungen, unmittelbare Einwendungen aus dem Verhältnis zwischen ihm und dem legitimierten Inhaber des Ladescheins, Einwendungen, die sich aus dem Ladeschein selbst ergeben. Bei letzteren

---

[3] Siehe BGH vom 29. 1. 1968, VersR **1968** 390 = LM Nr. 1 zu § 446 HGB; OLG Hamburg vom 10. 11. 1983, VersR **1984** 236 f (Schiedsabrede im Frachtvertrag nicht einbezogen).

[4] Zutreffend *Heymann/Kötter*[21] Anm. zu § 446, S. 1019. Zum Seerecht Anwendungsfälle: BGH vom 23. 11. 1978, VersR **1979** 275.

[5] BGH vom 29. 1. 1968, VersR **1968** 390 = LM Nr. 1 zu § 446 HGB Bl. 2: „ausdrückliche" Bezugnahme erforderlich.

[6] ROHG vom 9. 4. 1875, ROHG **17** 70, 74 f zum Verhältnis Konnossement – Charterpartie; RG vom 14. 7. 1906, RGZ **64** 73, 75 ff; BGH aaO; BGH vom 26. 9. 1957, BGHZ **25** 300, 304 ff; BGH vom 5. 12. 1966, VersR **1967** 156 ff = AWD **1967** 108; *Schaps/Abraham* § 656 Anm. 2 ff.

ist jedoch zu beachten, daß die auf dem Ladeschein enthaltenen Klauseln, ebenso wie die durch Verweisung anwendbaren Abreden des Frachtvertrages Einwendungen begründen können. Ferner können sich solche sich aus der gesetzlichen Regelung des Frachtrechts, so etwa bei schuldlosem Verlust der Ladung (Entlastung nach § 429) ergeben.

Einwendungen, welche die Gültigkeit betreffen, können nicht in jedem Fall dem Inhaber des Ladescheins entgegengesetzt werden, da diesem u. U. guter Glaube zugute kommen kann. Siehe zu diesen Fragen im einzelnen die Erl. zu § 364; zur wertpapierrechtlichen Einwendungslehre *Zöllner*[14], §§ 21, 25 II S. 130 ff; *Hueck/Canaris* Wertpapierrecht[12] S. 195, 102 ff. **11**

Bei **Inhaber-Ladescheinen** gilt für Einwendungen § 796 BGB, siehe hierzu die Kommentar-Literatur zum BGB sowie *Rehfeldt/Zöllner*, § 21 II. Der **Rekta- oder Namensladeschein** schneidet dem Frachtführer grundsätzlich keine Einwendungen ab. Da bei ihm die Berechtigung durch Abtretung übertragen wird, gilt § 404 BGB. Allerdings richtet sich beim Erwerber des Rekta-Ladescheins die Rechtsposition gemäß § 446 Abs. 1 ebenfalls nur nach dem Inhalt des Ladescheins. **12**

Eine besondere Rolle spielen **frachtrechtliche Einwendungen**. Eine solche ist etwa gegeben, wenn der Frachtführer sich gegenüber dem Herausgabe- oder Schadensersatzanspruch des wertpapierrechtlich Berechtigten damit verteidigt, es sei überhaupt kein Frachtgut übernommen oder die Angaben im Ladeschein seien unrichtig. Grundsätzlich gelten für diese Ansprüche die frachtrechtlichen Bestimmungen. Wegen seiner Angaben unterliegt der Frachtführer allerdings einer Vertrauenshaftung, durch welche die sonst geltenden Beweislastregeln verdrängt werden. Hinsichtlich des Haftungsumfangs ist das Frachtrecht maßgeblich, durch das der Inhalt der Ladescheinverpflichtung gestaltet wird. Wird also davon ausgegangen, daß der Ladescheininhaber auf die Angaben im Papier vertrauen durfte, ist die Nichtauslieferung Verlust im Sinne der §§ 429, 430, der Frachtführer haftet nur beschränkt, bei Vorsatz jedoch nach § 430 Abs. 3 voll. Die von § 363 Rdn. 55 ff (*Canaris*[3]) entwickelte, vom Frachtrecht losgelöste rein wertpapierrechtlich-schuldrechtliche Lösung einer Vertrauenshaftung aus Verschulden bei Vertragsschluß[7] ist mit dem Grundtypus des Frachtpapiers Ladeschein kaum zu vereinbaren. Sinnvollerweise richtet sich das Vertrauen des Ladescheininhabers nur auf die Richtigkeit der Angaben, so daß der Berechtigte nicht dem Nachweis ihrer Unrichtigkeit ausgesetzt ist. Die dort bezeichneten Güter müssen daher als übernommen fingiert werden; werden sie nicht abgeliefert, ist vom Verlust auszugehen; die Bestimmung des Schadensersatzanspruchs richtet sich nach Frachtrecht. Für das Konnossement ist diese in §§ 656, 658 ff HGB ausgedrückte Konstruktion selbstverständlich, da die Haftungsbeschränkungen des Verfrachters aus den konnossementsrechtlichen Haager Regeln kommen. Sie wird auch durch § 607a bestätigt[8]. Für eine diffuse Vertrauenshaftung allgemeiner Art besteht keine Berechtigung. **13**

4. Verhältnis Frachtführer – Absender (§ 446 Abs. 2)

Das Verhältnis zwischen Frachtführer und Absender unterliegt den Bestimmungen des Frachtvertrages, auch wenn ein Ladeschein ausgestellt ist[9]. RhSchOG Köln vom 11. 11. 1977, VersR **1978** 370 (keine Konnossementsbedingungen zu Lasten des Absen- **14**

---

[7] Übernommen von *Koller*[2] BGH vom 5. 2. 1987, NJW **1987** 1885 f = TranspR **1987** 190 ff = VersR **1987** 678 Rdn. 3 e, *Heymann/Honsell* Rdn. 7.

[8] Die Vorschrift ist regelungstechnisch an falscher Stelle eingefügt worden und bezieht sich auf den ganzen 4. Abschnitt (§§ 556–663 b); *Prüßmann/Rabe*[3] § 607 a Anm. 1.

§ 447   Drittes Buch. Handelsgeschäfte

ders); zur strikten Trennung vgl. auch BGH vom 23. 11. 1978, VersR **1979** 275, 276. Es kann daher vorkommen, daß der Frachtführer bestimmte Leistungen (Fracht, Kosten) vom Empfänger nicht verlangen kann, weil sich diese nicht aus dem Ladeschein ergeben, während ihm in soweit der Absender verpflichtet bleibt. Umgekehrt kann die Haftung des Frachtführers aus dem Ladeschein gegenüber dem Empfänger schärfer sein als die Haftung gegenüber dem Absender. Dann können Regreßansprüche des Frachtführers gegenüber dem Ablader in Betracht kommen. Im Seerecht spielt dies wegen der (sittenwidrigen) Ausstellung reiner Konnossemente gegen Revers eine international bedeutende Rolle[10]. Es kann auch vorkommen, daß der Ladeschein Haftungsbeschränkende Klauseln enthält, die für das Verhältnis Frachtführer – Absender unwirksam sind[11].

§ 447

(1) Zum Empfange des Gutes legitimiert ist derjenige, an welchen das Gut nach dem Ladeschein abgeliefert werden soll oder auf welchen der Ladeschein, wenn er an Order lautet, durch Indossament übertragen ist.

(2) Der zum Empfange Legitimierte hat schon vor der Ankunft des Gutes am Ablieferungsorte die Rechte, welche dem Absender in Ansehung der Verfügung über das Gut zustehen, wenn ein Ladeschein nicht ausgestellt ist.

(3) Der Frachtführer darf einer Anweisung des Absenders, das Gut anzuhalten, zurückzugeben oder an einen anderen als den durch den Ladeschein legitimierten Empfänger auszuliefern, nur Folge leisten, wenn ihm der Ladeschein zurückgeben wird; verletzt er diese Verpflichtung, so ist er dem rechtmäßigen Besitzer des Ladescheins für das Gut verhaftet.

Schrifttum: siehe zu § 444

1. Allgemeines

1 § 447 bestimmt die Rechtsstellung des Ladescheininhabers. Dieser wird nicht nur durch Abs. 1 als Empfänger legitimiert, sondern erhält, darüber hinausgehend, durch Abs. 2 auch die Absender-Verfügungsrechte. Abs. 3 bindet für den Frachtführer die Befolgung von Absenderverfügungen an die Rückgabe des Ladescheins und macht ihn bei Zuwiderhandlungen dem legitimierten Ladescheininhaber gegenüber haftbar.

2 Der Streit darüber, ob § 447 sich **nur mit der formellen Legitimation, nicht aber mit der materiellen Anspruchsberechtigung** befaßt[1] oder ob er eine Teilregelung zur materiellen Anspruchsberechtigung enthält, führt zu keinen differenzierten Ergebnissen.

3 Zunächst klärt Abs. 1, daß der im Rektaladeschein Benannte bzw. der durch ordnungsgemäßes Indossament eines Orderladescheins Bestimmte der **Empfänger** (§ 328

---

[9] RhSchOG Köln vom 11. 11. 1977, VersR **1978** 370 (keine Konnossementsbedingungen zu Lasten des Absenders); zur strikten Trennung vgl. auch BGH vom 23. 11. 1978, VersR **1979** 275, 276.

[10] Siehe dazu BGH vom 25. 1. 1973, BGHZ **60** 102; aus der Literatur siehe *Abraham* Seerecht, 202 ff; *Schaps/Abraham* Anh. II. nach § 656. *Prüßmann/Rabe*[3] § 565 Anm. F.

[11] BGH vom 20. 3. 1978, BGHZ **71** 167 ff = VersR **1978** 557, 559.

[1] So *Heymann/Kötter*[21] § 447 Anm. 1 und *Schlegelberger/Geßler*[5] § 447 Rdn. 2. *Ritter* Anm. zu § 447 sah in Abs. 1 nur eine Regelung der formellen Legitimation, in Abs. 2 soll das Gesetz dagegen von der materiellen Berechtigung ausgehen.

BGB) ist, an den auszuliefern ist. Mit dem im Ladeschein verbrieften Auslieferungsanspruch stehen dem Legitimierten bis zur Widerlegung seiner materiellen Berechtigung auch die an seine Stelle tretenden Ersatzansprüche zu. Für diese kommt es nicht darauf an, wer materiell Geschädigter ist, denn der formell Aktivlegitimierte kann sie gegebenenfalls im Wege der Drittschadensliquidation geltend machen[2].

Die **Legitimation im Falle materiell nicht wirksamer Übertragung des Orderladescheins** ergibt sich nicht aus § 447 Abs. 1, sondern aus §§ 363 Abs. 2, 364 Abs. 365 Abs. 1 S. 1 HGB, 16 Abs. 1 WG, durch welche die Vermutung der materiellen Inhaberschaft des Orderladescheins zugunsten des durch das Indossament Legitimierten begründet wird 4

Abs. 2 verschafft zugleich dem Legitimierten auch die frachtvertraglichen Verfügungsrechte bzw. legitimiert ihn zu ihrer Ausübung. 5

Ergänzend ist davon auszugehen, daß beim **Inhaberladeschein** die gleichen Wirkungen nach den Regeln für Inhaberpapiere eintreten. 6

2. Der Ladescheinbesitzer als Empfänger (§ 447 Abs. 1)

§ 447 Abs. 1 hat zwei Fälle im Auge: Den Rektaladeschein und den Orderladeschein. 7
Für den **Rektaladeschein** bestimmt das Gesetz, daß der im Schein genannte Empfänger legitimiert sein soll. Damit ist jedoch eine Abtretung der Rechte aus dem Rektaladeschein nicht ausgeschlossen, die auch in einem auf den Schein gesetzten Indossament gesehen werden kann; RG vom 3. 11. 1928, RGZ **122** 221, 224.

Durch den **Orderladeschein** wird der durch Indossament legitimierte Inhaber als 8
Empfänger qualifiziert. Es genügt hierfür nicht die Ausstellung als solche, sondern es ist seine wirksame Übertragung erforderlich; RG vom 22. 10. 1884, RGZ **13** 119, 120 f. Wie bei allen Orderpapieren kommt aber auch die Übertragung des blanko indossierten Orderladescheins in Betracht (§ 365 Abs. 1 HGB, Art. 13, 14 WG). Nach allgemeinen wertpapierrechtlichen Grundsätzen ist auch beim Orderladeschein die Abtretung möglich[3]. Auch diese Rechtsübertragungsarten verschaffen dem Berechtigten die Empfängerstellung (unstr.). Allerdings gestaltet sich bei der Abtretung der Nachweis der Berechtigung schwieriger, da die Legitimationswirkung des Indossaments entfällt[4].

Der **Inhaberladeschein** ist vom Gesetz nicht erwähnt. Bei ihm ist der Besitzer legiti- 9
miert. Der Frachtführer wird also (nach Maßgabe von § 793 Abs, 1 frei, wenn er an diesen leistet. Die materielle Rechtsposition des Empfängers wird durch Einigung und Übergabe des Inhaberladescheins erworben.

3. Verfügungsrecht des Ladescheininhabers (§ 447 Abs. 2, Abs. 3, 1. Hs.)

Nach § 447 Abs. 2 erhält der Ladescheininhaber die frachtrechtlichen Verfügungs- 10
rechte des Absenders; dieser hat nach Weiterbegebung des Ladescheins keine Möglichkeit mehr, dem Erwerber den Auslieferungsanspruch oder die Schadensersatzansprüche zu entziehen, und zwar auch schon vor Ankunft des Gutes am Bestimmungsort. Der Ladescheininhaber erhält somit gem. § 447 Abs. 1 und 2 alle Verfügungsrechte, die Absender und Empfänger haben können. Siehe hierzu § 433 und dort Rdn. 34.

---

[2] Siehe dazu § 429 Rdn. 157 ff.
[3] ROHG vom 13. 9. 1879, ROHG **25** 340 f; RG vom 8. 12. 1927, RGZ **119** 215, 217; siehe § 363 Rdn. 111 (*Canaris*[3]).
[4] Zutreffend *Schaps/Abraham* § 648 Anm. 5.

§ 448   Drittes Buch. Handelsgeschäfte

11 Die Konsequenz aus der Regelung des Abs. 2 ist die in Abs. 3, 1. Hs. klargestellte, **daß der Frachtführer keiner Absenderverfügung Folge leisten darf, wenn er nicht zuvor den Ladeschein zurückerhalten hat.** Bloßes Vorlegen des Scheins genügt nicht, weil der Absender sonst noch nachträglich den Schein weitergeben könnte, so daß Konflikte zwischen den mittlerweile befolgten Verfügungen des Absenders und den Rechten des Ladescheinerwerbers eintreten könnten.

12 Für den Absender bestehen eventuell **auch außerhalb des frachtrechtlichen Verfügungsrechts noch Möglichkeiten**, den Frachtführer zur Befolgung von Anweisungen zu zwingen, so vor allem durch Arrest oder einstweilige Verfügung, etwa bei der Ausübung des Verfolgungsrechtes nach § 44 KO[5].

4. Schadensersatzpflicht des Frachtführers bei Befolgung von Absenderanweisungen, § 447 Abs. 3, 2. Hs.

13 Als Sanktion des Verbots der Befolgung von Absenderverfügungen sieht das Gesetz vor, daß der Frachtführer dem Ladescheinberechtigten „für das Gut verhaftet" ist. Dies bedeutet praktisch, daß er Schadensersatz für die Verletzung des Verfügungsrechtes des Ladescheinberechtigten schuldet. Siehe zu dieser Haftung, die der des § 433 Abs. 2 S. 2 entspricht, § 433 Rdn. 33.

§ 448

Der Frachtführer ist zur Ablieferung des Gutes nur gegen Rückgabe des Ladescheins, auf dem die Ablieferung des Gutes bescheinigt ist, verpflichtet.

Schrifttum: siehe zu § 433

1. Leistung Zug um Zug gegen Rückgabe des Ladescheins

1 Der Frachtführer braucht nach § 448 das Gut **nur Zug um Zug gegen Rückgabe des Ladescheins** abzuliefern. Hierdurch wird er vor mehrfacher Inanspruchnahme geschützt. § 448 entspricht allgemeinen wertpapierrechtlichen Grundsätzen[1]. Daher kann auf Rechtsprechung und Literatur zu diesen Bestimmungen Bezug genommen werden.

2 § 448 erweitert diese Regel auf den **Namensladeschein**, für den keine entsprechenden gesetzlichen Regeln gelten; *Koller*[2] Rdn. 1.

3 Eine Sonderproblematik besteht, wenn der Auslieferungsvorgang sich über längere Zeit, insbesondere über mehrere Tage hinzieht. Teilweise wird hier ein Anspruch des Frachtführers auf Hinterlegung des Ladescheins oder Sicherheitsleistung angenommen[2]. Nach anderer Meinung soll dagegen die Erteilung von Teil-Quittungen bei Vorlage des Ladescheins ausreichen, und der Schein erst nach vollständiger Auslieferung an den Frachtführer abzuliefern sein[3]. Der letzteren Auffassung wird man sich mit *Heymann/Kötter*[21] § 448 Anm. 1 anschließen können, soweit die Teilquittungen auf dem Ladeschein selbst vermerkt werden. Auf die exakte Angabe der ausgelieferten Teilmengen auf

---

[5] *Schaps/Abraham* § 650 Anm. 29 ff.

[1] Siehe § 364 Abs. 3 für den Orderladeschein, § 643 für das Konnossement, § 797 Abs. 1 BGB für die Inhaberschuldverschreibung, § 26 Abs. 1 S. 1 OLSchVO für den Orderlagerschein; Art. 39 Abs. 1 WG; Art. 34 Abs. 1 SchG.

[2] KG vom 7. 4. 1904, OLGR **8** 390, 391; *Baumbach/Duden/Hopt*[28] Anm. 1.

[3] *Schlegelberger/Geßler*[5] § 448 Rdn. 4, *Ratz* in der 2. Aufl. § 448 Anm. 1, *Ritter* § 448 Anm. 2.

dem Schein wird es dagegen (entgegen *Heymann/Kötter*[21]) nicht ankommen, da ein eventueller Dritterwerber eines teilquittierten Ladescheins sich Ungenauigkeiten der Quittung nach § 242 BGB entgegenhalten lassen müßte.

2. Verlust des Ladescheins

Ist der Ladeschein verloren, so ist damit der Anspruch nicht aufgehoben. Vielmehr muß dann das übliche Verfahren beim Verlust von Wertpapieren angewandt werden. Der **Orderladeschein** muß nach § 365 Abs. 2 für kraftlos erklärt werden. Nach Einleitung des Verfahrens besteht ein Anspruch auf Auslieferung gegen Sicherheitsleistung. Beim **Inhaberladeschein** sind §§ 799, 800 BGB maßgeblich. Für den **Rektaladeschein** ist streitig, ob nach § 808 Abs. 2 S. 2 eine Kraftloserklärung erforderlich ist (so *Ritter* § 448 Anm. 2) oder ob die Erteilung einer Quittung durch den Empfänger und die Zustimmung des Absenders ausreichen[4]. Die Auffassung von *Ritter* führt zu besseren Ergebnissen, da sie für den Frachtführer mehr Sicherheit bietet. Der Empfänger kann den Rektaladeschein an einen Dritten abgetreten haben; daher sichern die Erklärungen des Absenders und des im Ladeschein benannten Empfängers den Frachtführer nicht ausreichend, wenn der Dritte unter Vorlage des Ladescheins den Auslieferungsanspruch geltend macht. Sachlich spricht daher vieles für das Erfordernis eines Aufgebotsverfahren analog § 808 Abs. 2 S. 2 BGB[5]. Auf der anderen Seite ist es fraglich, ob man dem Empfänger die Durchführung eines Aufgebotsverfahren aufgrund einer unsicheren Rechtsgrundlage zumuten kann. Man daher doch der h. M. zustimmen müssen. Eine großzügige Anwendung des § 407 BGB kann den Frachtführer wenigstens teilweise schützen. Es wäre auch an eine Auslieferung gegen Sicherheitsleistung zu denken.

3. Mehrere Ausfertigungen

Wird ausnahmsweise der Ladeschein in mehreren Ausfertigungen ausgestellt, so ist die analoge Anwendung des Konnossementsrechts (§ 648 ff) zu befürworten[6]. Zumindest in der Rheinschiffahrt ist jedoch die Ausstellung mehrerer Ausfertigungen unüblich. Vielmehr wird dort nur ein Original mit mehreren Abschriften ausgestellt; vgl. *Laeuen* 27 f.

§ 449

Im Falle des § 432 Abs. 1 wird der nachfolgende Frachtführer, der das Gut auf Grund des Ladescheins übernimmt, nach Maßgabe des Scheines verpflichtet.

Setzt der Frachtführer, der den Ladeschein ausgestellt hat, Unterfrachtführer ein, so werden diese nach Maßgabe des Scheins verpflichtet, ohne daß damit der erste

---

[4] H. M. Ratz, in der 2. Aufl., § 448 Anm. 2; Schlegelberger/Geßler[5] § 448 Rdn. 6; Heymann/Kötter[21] § 448 Anm. 2.
[5] Koller[2] Rdn. 3 unter Bezugnahme auf neuere wertpapierrechtliche Literatur.
[6] Ritter § 445 Anm. 6; Schlegelberger/Geßler[5] § 448 Rdn. 7; Ratz in der 2. Aufl.; für Order- und Inhaberladescheine auch Heymann/Kötter[21] § 448 Anm. 2; a. A. Düringer/Hachenburg/Bing § 445 Anm. 3.

Frachtführer entlastet würde[1]. Die Ausstellung eines (zusätzlichen) durchgehenden Frachtbriefs ist nicht erforderlich, da § 449 nur auf den Abs. 1 des § 432 verweist; unstr[2].

2   Wenig klar ist, **wann der Unterfrachtführer das Gut „aufgrund des Ladescheins übernimmt".** Nach allgemeiner Auffassung genügt hierfür die bloße Kenntnis des Unterfrachtführers von der Ausstellung des Ladescheins. Dazu eingehend *Heymann/Kötter*[21] § 449 Anm. 2. Die Frage ist im Binnenschiffahrtsrecht, wo der Ladeschein allein noch vorkommt, wohl praktisch bedeutungslos, weil der Ladeschein im allgemeinen mit zahlreichen Durchschriften oder Abschriften ausgefertigt wird, von denen eine das Gut begleitet und daher regelmäßig dem Unterfrachtführer bekannt sein wird.

§ 450

Die Übergabe des Ladescheins an denjenigen, welcher durch den Schein zur Empfangnahme des Gutes legitimiert wird, hat, wenn das Gut von dem Frachtführer übernommen ist, für den Erwerb von Rechten an dem Gute dieselben Wirkungen wie die Übergabe des Gutes.

Übersicht

	Rdn.		Rdn.
I. Allgemeines	1	III. Lastenfreier Erwerb	6
II. Voraussetzungen der dinglichen Wirkungen der Übergabe	4	IV. Eigentumsübertragung nach § 931 BGB	7
1. Übernahme des Guts durch den Frachtführer	4	V. Dingliche Wirkung des MT-Dokuments	8
2. Übergabe des Ladescheins an einen zum Empfang des Gutes Legitimierten	5		

Schrifttum

Siehe zu § 444; *Hager* Lagerschein und gutgläubiger Erwerb, WM **1980** 666 ff; *Kühlberg* Der Verkehrsschutz bei den Traditionspapieren, Diss. Hamburg **1970** 44 ff; *Stengel* Die Traditionsfunktion des Orderkonnossements, Abhandlungen zum deutschen und europäischen Handels- und Wirtschaftsrecht 9, **1975**; *Tiedtke* Die Übereignung eingelagerter Ware bei Ausstellung eines Lagerscheins, WM **1979** 1142 ff; siehe im übrigen die Angaben zu § 444. *Heymann/Horn* § 363 HGB Rdn. 22 ff; *Prüßmann/Rabe*[3] § 650 HGB.

I. Allgemeines

1   Nach § 450 ist der Ladeschein (gleich, ob Inhaber-, Order- oder Rektaladeschein) Traditionspapier, d. h. die Übertragung des Besitzes am Ladeschein hat für die Weiterveräußerung oder Verpfändung die gleiche Wirkung wie die Übertragung des Besitzes am Gut. Diese Regelung entspricht genau § 424 für den Orderladeschein und dem § 650

---

[1] Zutreffend *Heymann/Kötter*[21] § 449 Anm. 1; siehe zum Unterfrachtführer § 432 Rdn. 6 und 24 ff.
[2] Siehe zur Haftung in dem nur wenig praktischen Fall der Ausstellung eines durchgehenden Frachtbriefs und eines Ladescheins *Heymann/Kötter*[21] aaO; siehe ferner RG vom 5. 10. 1932, RGZ **137** 301, 304 f.

für das Konnossement. Sie ist von *Canaris*[3] in § 363 Rdn. 75 ff eingehend erläutert[1]; wegen der geringen praktischen Bedeutung des Ladescheins kann auf eine intensive Kommentierung daher hier verzichtet werden.

Die sog. **Traditionswirkung** der drei genannten Papiere ist seit vielen Jahrzehnten Gegenstand (rein theoretischer) Streitigkeiten. **2**

Die **„absolute" Theorie** sieht in § 450 eine besondere Übereignungsform anstelle von § 929 BGB[2].

Die **streng relative Theorie**[3] will die Eigentumsübertragung alleine nach §§ 929 ff BGB beurteilen. Nach ihr hätte § 450 bestenfalls deklaratorische Bedeutung.

Die **herrschende „Repräsentationstheorie"** ersetzt nur die Übergabe des Gutes durch die Übergabe des Papiers, läßt also die Übereignung nach § 929 BGB i. V. mit § 450 geschehen. Gutgläubiger Erwerb von Gütern, die dem Veräußerer nicht gehören, ist nach dieser Theorie nach § 932 BGB möglich; doch gilt dies nur, solange der Frachtführer mittelbarer Besitzer ist, also nicht, wenn er den unmittelbaren Besitz verloren hat oder keinen Besitzmittlungswillen mehr hat (letzteres unter den Vertretern der Theorie wiederum streitig). Auch für die Verpfändung der Güter mit Hilfe des Ladescheins ergeben sich Unterschiede aus den Theorien.

Seit einiger Zeit wird **zunehmend erkannt, daß der Theorienstreit nur in Sonderfällen** (Unterschlagung des Gutes durch den Frachtführer, einzelne Fälle gutgläubigen Erwerbs) **zu unterschiedlichen Ergebnissen führt**[4]. Für den Regelfall kann sich der Erwerber des Gutes, dem dieses unter Aushändigung des Traditionspapiers übereignet wird, jedenfalls darauf verlassen, Eigentümer zu werden. Hinsichtlich der Einzelheiten ist daher auf § 363 Rdn. 75 ff (*Canaris*[3]) zu verweisen. **3**

II. Voraussetzungen der dinglichen Wirkungen der Übergabe
1. Übernahme des Guts durch den Frachtführer

Die das Gut repräsentierende Wirkung des Ladescheins wird nur dann vom Gesetz angeordnet, wenn der Frachtführer auch wirklich Besitz am Gut übernommen hat – anders als die Haftung aus dem Ladeschein im Verhältnis zum Dritterwerber, die nicht von der Übernahme abhängt. Besitz des Frachtführers am Gut ist also die Grundlage der Traditionswirkung. Es muß sich dabei nach bisheriger Auffassung um Fremdbesitz handeln, und der Frachtführer muß den Willen haben, den Besitz gerade dem zu vermitteln, der durch den Ladeschein legitimiert ist. Danach müßte die Traditionswirkung versagen, wenn der Frachtführer für sich selbst oder einen außenstehenden Dritten besitzen will, z. B. im Fall der Unterschlagung. Nach neuerer, überzeugender Auffassung wollen aber die Vorschriften über die Traditionswirkung den Erwerber vor diesem Risiko schützen, so daß gutgläubiger Erwerb möglich ist; allerdings nicht im Falle des Besitzverlustes[5]. **4**

2. Übergabe des Ladescheins an einen zum Empfang des Gutes Legitimierten

Hierzu kann auf § 447 Rdn. 7 ff verwiesen werden. Legitimiert ist beim Rektaladeschein der Benannte, beim Orderladeschein der durch die Orderklausel bzw. das Indos- **5**

---

[1] Siehe ferner *Schlegelberger/Hefermehl*[5] § 363 Rdn. 57 ff; *Heymann/Horn* § 363 HGB Rdn. 22 ff; *Schnauder* NJW **1991** 1642, 1645 ff.

[2] In der neueren Literatur vertreten von *Kühlberg* 54 ff; *Heymann/Kötter*[21] § 424 Anm. 2 f, § 450 Anm. 4; *Schumann* Handelsrecht, Bd. II, 438; abgelehnt vom BGH vom 19. 6. 1958, LM Nr. 1 zu § 365 (zum Orderlagerschein).

[3] Neuerdings mit Abmilderungen wieder vertreten von *Canaris*[3] § 363 Rdn. 75 ff; dazu *Zöllner* Wertpapierrecht[14] 156 f.

[4] Siehe *Canaris*[3] § 363 Rdn. 94 ff; *Zöllner* Wertpapierrecht[14] 152 f.

[5] *Koller*[2] Rdn. 3; *Hueck/Canaris* Wertpapierrecht[12] 202 ff; *Zöllner*[14] Wertpapierrecht 155.

III. Lastenfreier Erwerb

6 Der gutgläubige Erwerber eines indossablen und indossierten reinen klauselfreien Ladescheins erwirbt das Eigentum des Gutes lastenfrei, also auch ohne das gesetzliche Pfandrecht des Frachtführers wegen rückständiger Frachtkosten, die er ohne grobe Fahrlässigkeit nicht kennt und die aus dem Ladeschein nicht ersichtlich sind[6]. Will sich der Frachtführer trotz Ausstellung eines indossablen Ladescheins sichern, so muß er die Kosten in den Ladeschein aufnehmen. Die von *Canaris*[3] § 363 Rdn. 100–102 a entwickelte, den Erwerberschutz stark einschränkende Lösung ist bedenklich, weil sie den Erfordernissen des internationalen Handels nicht genügend Rechnung trägt. Insbes. ist der Schutz besitzloser Pfandrechte Dritter (Rdn. 102 a) handelsfeindlich und entbehrlich. Hierin zeigt sich die Schwäche der streng-relativen Theorie bzw. der befürworteten Analogie des § 936 Abs. 3 BGB. Für eine Analogie besteht bei Bejahung der Repräsentations-Theorie kein Bedürfnis, da die Frage durch den mit dieser Theorie verbundenen stärkeren Verkehrsschutz ausreichend gelöst ist.

IV. Eigentumsübertragung nach § 931 BGB

7 Das Eigentum am Frachtgut kann außer durch Einigung und Übertragung des Ladescheins auch nach bürgerlich-rechtlichen Übereignungsregeln übertragen werden. Erfolgt die Übereignung nach § 931 BGB, so muß allerdings neben die Abtretung des Herausgabeanspruchs noch die Übergabe Papiers (ggf. ohne Indossament) treten[7]. Zur Übertragung durch Namenslagerschein siehe § 424 Rdn. 26 ff (*Koller*); BGH vom 25. 5. 1979, NJW **1979** 2037 f = WM **1979** 771 ff; *Hager* WM **1980** 666 ff; *Tiedtke* WM **1979** 1142, 1148 ff; *Koller*[2] Rdn. 4.

V. Dingliche Wirkung des MT-Dokuments

8 Das Dokument des multimodalen Verkehrs (MT-Dokument, siehe Anh. V nach § 452 Rdn. 58 ff), ist kein gesetzliches Traditionspapier. Doch kann in der wertpapierrechtlichen Weiterveräußerung des Papiers eine Abtretung des Auslieferungsanspruchs gegen den MT-Operator gesehen werden. Damit kann das Gut nach § 931 BGB übereignet werden. Auch gutgläubiger Erwerb ist nach § 934 BGB möglich. Die Traditionswirkung des MT-Dokuments entspricht damit etwa der Wirkung, die dem Ladeschein nach der streng relativen Traditionstheorie zukäme. Sie bleibt aber hinter der von *Canaris*[3] § 363 Rdn. 68 ff, 116 a befürworteten Wirkung zurück; siehe insbes. § 363 Rdn. 88 ff. Die Abtretung des Herausgabeanspruchs folgt allerdings beim MT-Dokument nur in der Inhaberversion den wertpapierrechtlichen Sonderregeln, während das Order-MT-Dokument nach reinem Abtretungsrecht übertragen werden muß. Siehe dazu Anh. V nach § 452 Rdn. 64.

---

[6] RG vom 28. 10. 1899, RGZ **44** 116, 119.
[7] RG vom 8. 12. 1927, RGZ **119** 215, 217 f und (für den Orderlagerschein) BGH vom 27. 10. 1967, BGHZ **49** 160, 162 ff; BGH vom 15. 12. 1976, WM **1977** 171, 172 (zum Konnossement); siehe § 363 Rdn. 111 (*Canaris*[3]).

§ 451

Die Vorschriften der §§ 426 bis 450 kommen auch zur Anwendung, wenn ein Kaufmann, der nicht Frachtführer ist, im Betriebe seines Handelsgewerbes eine Beförderung von Gütern zu Lande oder auf Flüssen oder sonstigen Binnengewässern auszuführen übernimmt.

Auf den „Gelegenheitsfrachtführer" finden die §§ 426–450 Anwendung; es **wird also vom Merkmal der gewerbsmäßigen Frachtführer** (dazu § 425 Rdn. 89) **abgesehen**. 1

Voraussetzungen: Zur Kaufmannseigenschaft siehe dazu § 1 ff; zur Übernahme der Beförderung von Gütern § 425 Rdn. 82; zum Betriebe des Handelsgewerbes § 343. 2

Übernimmt ein **Nichtkaufmann** die Beförderung von Gütern oder befördert ein Kaufmann außerhalb des Betriebs seines Handelsgewerbes Güter, so gilt grundsätzlich Werkvertragsrecht. Doch dürften viele der zum Frachtrecht entwickelten Grundsätze durch Auslegung ergänzend heranziehbar sein. 3

§ 452

[1]Auf die Beförderung von Gütern durch die Postverwaltungen des Reichs und der Bundesstaaten finden die Vorschriften dieses Abschnitts keine Anwendung. [2]Die bezeichneten Postverwaltungen gelten nicht als Kaufleute im Sinne dieses Gesetzbuchs.

Schrifttum
Vetter Privatrechtliche Leistungsbeziehungen der Unternehmen der Deutschen Bundespost (1992).

1. Struktur der Post und Anwendung von § 452

Mit der Neustrukturierung der Deutschen Bundespost wird das Ziel verfolgt, große Teile ihrer Tätigkeiten privatrechtlich zu organisieren und vor allem auch ihre Kundenbeziehungen dem Privatrecht zu unterwerfen; § 7 PostG i. d. F. vom 3. 7. 1989, BGBl I 1449[1]. Die Post bleibt jedoch nach wie vor ein Sondervermögen des Bundes; §§ 1, 2 PostVerfG[2]. Die die Tätigkeiten der Brief- und Paketbeförderung durch die „Deutsche Bundespost Postdienst" (sog. „gelbe Post") unterliegen also (im Verhältnis zum Kunden) nicht mehr dem Verwaltungs-, sondern dem Privatrecht. Somit gilt für sie grundsätzlich bürgerliches Recht und Handelsrecht. Dazu gehört an sich auch das Frachtrecht. § 452 hatte bisher nur klarstellende Bedeutung, weil unstr., wenn auch rechtspolitisch die Post auch bei der Beförderung hoheitlich tätig war. 1

Mit der Privatisierung der Post stellt sich die Frage, ob § 452 nach wie vor die Postbeförderungsgeschäfte der Anwendung des 6. Abschnitts des 4. Buchs des HGB (§§ 425–451 entzieht. Da die „Deutsche Bundespost Postdienst" nach wie vor Verwaltung des Bundes ist und nur ihre Tätigkeit dem Privatrecht unterliegt, ist § 452 S. 2 jedenfalls noch anwendbar; die Post ist nicht Kaufmann. Nach § 1 Abs. 1 S. 3 PostVerfG nimmt die Post zwar unternehmerische Aufgaben des Postwesens wahr. Sie ist aber 2

---

[1] Nach § 7 PostG a. F. waren die durch die Benutzung der Einrichtungen des Postwesens entstehenden Rechtsbeziehungen als öffentlich-rechtliche Postbenutzungsverhältnisse gestaltet.

[2] Zum Überblick über das Postrecht siehe jährlich den Fundstellennachweis A, der jeweils im März für den Stand des Jahresendes veröffentlicht wird; für den 31. 12. 1992 siehe BGBl I Nr. 9 a vom 19. 3. 1993.

§ 452 Drittes Buch. Handelsgeschäfte

nicht gewerblich tätig. Daher fehlt es für die Anwendung des Frachtrechts weiterhin am Erfordernis der Gewerblichkeit. Auch heute noch hat daher § 452 S. 1 eine rein klarstellende Bedeutung. Auf Beförderungen durch die Bundespost sind die §§ 425 ff nicht anzuwenden.

2. Anwendung von Frachtrecht auf Rechtsverhältnisse der Post als Absender oder Empfänger

3   Frachtrecht ist anwendbar, soweit die Post als Absender (oder Empfänger) ihrerseits Frachtverträge abschließt. Zum Verhältnis der Deutschen Bundespost zu den Eisenbahnen des öffentlichen Verkehrs siehe § 4 PostG. Die CMR ist nach ihrem Art. 1 Abs. 4 a nicht anzuwenden auf Beförderungen, die nach den Bestimmungen internationaler Postübereinkommen durchgeführt werden. Als Kunde genießt die Post nicht den vollen Schutz des AGB-Gesetzes für Nichtkaufleute; siehe § 24 Abs. 1 Nr. 2 AGBG. Siehe jedoch § 52 LuftVG, dessen Bedeutung schon bisher schwer abschätzbar war[3].

3. AGB der Deutschen Bundespost Postdienst

4   Die Post verwendet im Rahmen ihrer privatrechtlichen Tätigkeit mehrere unterschiedlich AGB: für den Frachtdienst Inland (AGB FrD Inl); für den Frachtdienst Ausland (AGB FrD Ausl); für den Briefdienst Inland (AGB BfD Inl); für den Briefdienst Ausland (AGB BfD Ausl). Die Paketbeförderung wird darin als Frachtgeschäft beschrieben[4]. Für die Haftung ist in Nr. 13 AGB FrD Inl auf die §§ 10 bis 24 des Gesetzes über das Postwesen[5] verwiesen, das eine eingehende Haftungsregelung einschließlich enger Haftungsgrenzen, Schadensrüge und Verjährung enthält. Diese Bestimmungen sind damit als AGB übernommen. Eine Inhaltskontrolle nach AGBG ist zwar nicht ausgeschlossen, wird aber im Verhältnis zu kaufmännischen Kunden wegen der Übereinstimmung mit der gesetzlichen Regelung kaum Erfolg versprechen. Ob diese Lösung nach den für nichtkaufmännische Kunden geltenden Regeln, insbesondere § 11 AGBG wirksam ist, erscheint zweifelhaft[6]. Für die Auslandspaketbeförderung wird in den AGB FrD Ausl eine Haftungsregelung eingeführt, die weitgehend auf das internationale Weltpostrecht verweist und bei der Haftung teilweise den Zügen eines Networkprinzips, vergleichbar dem für multimodale Transporte üblichen[7], ähnelt; siehe insbesondere Nr. 3 und 14.3 AGB FrD Ausl. Ähnliche Regelungen gelten für den Briefdienst Inland und Ausland.

---

[3] *Giemulla/Schmid* Luftverkehrsgesetz (Stand 1990), Erl. zu § 52; OLG Frankfurt vom 28. 11. 1984, TranspR **1985** 53 ff.
[4] Nr. 2 AGB FrD Inl; weniger deutlich in Nr. 1 und 2 AGB FrD Ausl.
[5] In der jedenfalls am 31. 12. 1992 noch gültigen Neufassung vom 3. 7. 1989, BGBl I 1449.
[6] *Palandt/Heinrichs*[52] § 276 BGB Rdn. 133: „weitgehende (bei einem privaten Anbieter mit dem AGBG kaum zu vereinbarende) Haftungsbeschränkungen".
[7] Siehe dazu Anh. V nach § 452 Rdn. 19 ff.

Sechster Abschnitt. Frachtgeschäft

Anhang I nach § 452
Güterkraftverkehrsgesetz (GüKG)
in der Fassung des Tarifaufhebungsgesetzes vom 13. 8. 1993 (BGBl I 1489)
(Inkrafttreten 1. Januar 1994)

Vorbemerkungen

Die KVO und die Bed. GüKUMT sind derzeit noch **Bestandteil**[1] **der Tarife GFT**[2] **1 und GüKUMT**[3]. Sie gelten – heute unstreitig[4] – als **Rechtsverordnung**[5]. Durch das Tarifaufhebungsgesetz werden die genannten Ermächtigungsgrundlagen zum 1. 1. 1994 aufgehoben[6]. KVO und Bed. GüKUMT gelten nachwirkend fort. Art. 6 Abs. 2 und 3 beschränken sich ausdrücklich auf die Aufhebung der Entgelttarife. Für die Anpassung von KVO und GüKUMT an den Wegfall dieser Teile der Tarife GFT und GüKUMT schafft § 20 GüKG n. F. eine neue gesetzliche Ermächtigungsgrundlage. Die Anpassung soll noch im Jahre 1993 erfolgen und sich auf die tarifrechtlichen Bestimmungen beschränken. Die Aufhebung der tariflichen Vorschriften hat vor allem die Wirkung, daß es kein zwingendes Tarifrecht mehr geben wird und daher nicht nur die Preisvereinbarungen frei werden, sondern daß nunmehr auch von der bisher zwingenden Wirkung der tariflichen Frachtrechtsordnungen KVO und GüKUMT zugunsten der Kunden abgewichen werden kann. Dem stand bisher § 22 Abs. 2 GüKG entgegen. Zu den weitreichenden Änderungen siehe § 1 KVO Rdn. 2 f.

Das GüKG wird im folgenden in der ab 1. 1. 1994 geltenden Fassung abgedruckt **2** (in normalem **Fettdruck**). Die mit dem 31. 12. 1993 außer Kraft tretenden, durch neue Formulierungen ersetzten oder geänderten Texte des GüKG i. d. F. vom 10. 3. 1983, BGBl I 256, zuletzt geändert am 21. 2. 1992, BGBl I 287) sind wegen der notwendigen Abwicklung von Altfällen *in den Erläuterungen zu den Vorschriften kursiv* abgedruckt bzw. sind die Änderungen (Abweichungen des alten vom neuen Text) dort angegeben. Die Ausarbeitung des neuen Textes des GüKG erfolgte vom Verfasser auf der Grundlage des Tarifaufhebungsgesetzes; die amtliche Neufassung gem. Art. 10 TAufhG lag bei Drucklegung dieses Buches noch nicht vor.

Im Hinblick auf den völligen Wegfall des Tarifrechts wird auf die Kommentierung **3** des GüKG grundsätzlich verzichtet. **Erläutert werden nur wenige Vorschriften, insbesondere §§ 20, 26, 27**, weil sie über 1993 hinaus privatrechtlich von Bedeutung bleiben. Hinsichtlich der übrigen Bestimmungen wird auf die Literaturangaben verwiesen.

Schrifttum

1. Zum GüKG vor dem Tarifaufhebungsgesetz: *Von Tegelen/Lammich* GüKG, Losebl. (1992); *Hein/Eichhoff u.a.* Güterkraftverkehrsrecht, Losebl. (1992); *Von Witzleben* Die Praxis des

---

[1] Unstr; BVerfG vom 27. 6. 1962, VRS 23, 321; BGH vom 21. 11. 1975, BGHZ **65** 340, 344 f; zur Rechtsnatur eingehend *Willenberg*[4] Rdn. 10 ff; Alff (1986) Vorbem 2 vor § 1 KVO; *Koller* Rdn. 1; *Koller/Jachmann* TranspR **1988** 177 ff.
[2] Siehe § 1 KVO, Anh. II nach § 452 Rdn. 2.
[3] Siehe § 1 GüKUMT, Anh. IV nach § 452 Rdn. 1.
[4] Siehe statt aller *Willenberg*[4] Rdn. 10 ff.
[5] Siehe hierzu § 20 GüKG in der derzeit noch geltenden Fassung, Anh. I nach § 452 sowie die Anmerkung zu § 106 GüKG.
[6] Für die KVO §§ 106 Abs. 2 und 3, 20 Abs. 1, 20 a Abs. 6 GüKG; siehe § 1 KVO, Anh. II nach § 452 Rdn. 1 f, Aufhebung durch Art. 1 Nr. 14, 13, 59 Tarifaufhebungsgesetz; für die Bed. GüKUMT §§ 40 Abs. 1 S. 4 und 84f Abs. 4 i. V. m. § 20a GüKG, Aufhebung durch Art. 1 Nr. 14, 21, 43 Tarifaufhebungsgesetz.

Güterfernverkehrs, Losebl. (1992); *Maiworm* Rechtslage im Güterkraftverkehr ab dem 1. Januar 1993, TranspR **1993** 129 ff.

2. Zur Aufhebung des Tarifrechts: *Carl* Der Verkehr im europäischen Binnenmarkt, TranspR **1992** 81, 82 ff.

Erster Abschnitt

Allgemeine Vorschriften

§ 1

Die Beförderung von Gütern mit Kraftfahrzeugen unterliegt ausschließlich den Bestimmungen dieses Gesetzes.

§ 2

(1) Güternahverkehr ist jede Beförderung von Gütern mit einem Kraftfahrzeug für andere innerhalb der Nahzone mit Ausnahme des Umzugsverkehrs. Güternahverkehr ist auch die Beförderung mit Kraftfahrzeugen des Güterkraftverkehrs, die die nach der Straßenverkehrs-Zulassungs-Ordnung höchstzulässigen Abmessungen oder Gewichte um mehr als zehn vom Hundert überschreiten, soweit Güter zur unmittelbar anschließenden Beförderung mit der Eisenbahn zu einem Bahnhof oder in unmittelbarem Anschluß an eine Beförderung mit der Eisenbahn von einem Bahnhof jeweils innerhalb der Nahzone der Gemeinde des Bahnhofs befördert werden.

(2) Die Nahzone ist das Gebiet innerhalb eines Umkreises von fünfundsiebzig Kilometern, gerechnet in der Luftlinie vom Mittelpunkt des Standorts des Kraftfahrzeugs (Ortsmittelpunkt) aus. Zur Nahzone gehören alle Gemeinden, deren Ortsmittelpunkt innerhalb der Nahzone liegt. Gemeinden mit mehr als einhunderttausend Einwohnern oder mit einer Fläche von mehr als einhundert Quadratkilometern können für die Bestimmung von Ortsmittelpunkten in Bezirke eingeteilt werden; für jeden Bezirk kann ein Ortsmittelpunkt bestimmt werden. Jeder dieser bezirklichen Ortsmittelpunkte gilt als Ortsmittelpunkt für das gesamte Gemeindegebiet. Der Ortsmittelpunkt muß ein verkehrswirtschaftlicher Schwerpunkt der Gemeinde oder des Bezirks sein.

(3) Werden Gemeinden oder Gemeindeteile in andere Gemeinden eingegliedert oder zu einer neuen Gemeinde zusammengeschlossen, so können für die in ihrem Gebietsumfang geänderte oder neugebildete Gemeinde bis zu drei bezirkliche Ortsmittelpunkte nach Absatz 2 bestimmt werden, auch wenn die Voraussetzungen des Absatzes 2 Satz 3 erster Halbsatz nicht vorliegen. Die Bestimmung ist nur zulässig, wenn es für die befriedigende Verkehrsbedienung eines bestimmten Gebiets erforderlich ist, eingerichtete Verkehrsverbindungen aufrechtzuerhalten, die unter Berücksichtigung der bisherigen Ortsmittelpunkte Güternahverkehr im Sinne dieser Vorschrift darstellen. Sind Gemeinden oder Gemeindeteile nach dem 31. Dezember 1968 in eine andere Gemeinde eingegliedert oder zu einer neuen Gemeinde zusammengeschlossen worden, so gelten die Sätze 1 und 2 entsprechend.

(4) Die Landesregierungen bestimmen die Ortsmittelpunkte nach Anhörung des Bundesamtes für Güterverkehr durch Rechtsverordnung. Sie können ihre Ermächtigung durch Rechtsverordnung weiter übertragen, in den Fällen des Absatzes 2 Satz 3 und des Absatzes 3 jedoch nur auf eine oberste Landesbehörde oder auf eine höhere Landesverkehrsbehörde.

1 In § 2 Abs. 4 S. 1 ist zum 1. 1. 1994 „*der Bundesanstalt für den Güterfernverkehr*" durch „des Bundesamtes für Güterverkehr" ersetzt.

§ 3

(1) Güterfernverkehr ist jede Beförderung von Gütern mit einem Kraftfahrzeug für andere über die Grenzen der Nahzone hinaus oder außerhalb dieser Grenzen mit Ausnahme des Umzugsverkehrs.

(2) Werden Güter für andere auf einem Teil der Strecke mit einem Kraftfahrzeug, auf einem anderen Teil der Strecke mit der Eisenbahn, einem Binnenschiff oder einem Seeschiff in einem Kraftfahrzeug, einem Anhänger oder deren Aufbauten (Huckepackverkehr) oder in Behältern befördert und wird der Vertrag über die Beförderung auf der Gesamtstrecke durch einen Unternehmer geschlossen, der im Besitz einer Genehmigung für den Güterfernverkehr ist, die die Beförderung auf der Gesamtstrecke deckt, so sind die Vorschriften für den Güterfernverkehr mit folgender Maßgabe entsprechend anzuwenden:

1. Wird die An- oder Abfuhr innerhalb der Nahzone des eingesetzten Kraftfahrzeugs durchgeführt, so gelten hierfür die Bestimmungen des § 12 nicht.

2. Wird die An- oder Abfuhr über die Grenzen der Nahzone des eingesetzten Kraftfahrzeugs hinaus oder außerhalb dieser Grenzen durchgeführt, so

a) kann abweichend von § 12 Abs. 1 Nr. 3 an Stelle der Genehmigungsurkunde eine Bescheinigung der Deutschen Bundesbahn über deren Hinterlegung mitgeführt werden und

b) gilt die Beschränkung des § 12 Abs. 1 Nr. 2 nicht.

3. Die Beförderung auf der Gesamtstrecke gilt mit der Genehmigung durchgeführt, die der Unternehmer bei der Deutschen Bundesbahn hinterlegt oder die er für die An- oder Abfuhr verwendet.

Dies gilt nicht für das Verhältnis zwischen dem Unternehmer des Güterfernverkehrs und der Eisenbahn oder dem Schiffahrttreibenden sowie einem für die An- oder Abfuhr innerhalb der Nahzone eingesetzten Unternehmer des Güternahverkehrs.

In § 3 Abs. 2 ist zum 1. 1. 1994 „*oder einem Binnenschiff*" durch „einem Binnenschiff oder einem Seeschiff" ersetzt. **1**

§ 4 wird mit dem Tarifaufhebungsgesetz überwiegend seine privatrechtliche Bedeutung verlieren. Immerhin entscheidet er jedoch noch immer über die **Anwendbarkeit der zwingenden KVO-Haftung** nach § 26 GüKG und wird daher besonders für Spediteure von Bedeutung bleiben. Siehe zu einem neuen Abgrenzungsfall zur Sammelversendung BGH vom 22. 10 1992, TranspR **1993** 143 f = VersR **1993** 633 ff. **2**

§ 4

(1) Die Vorschriften dieses Gesetzes finden keine Anwendung auf

1. die Beförderung von Gütern durch den Bund, die Länder, die Gemeinden (Gemeindeverbände) und durch andere Körperschaften des öffentlichen Rechts im Rahmen ihrer hoheitlichen Betätigung sowie auf die Beförderung von Gütern durch die Deutsche Bundespost im Rahmen der ihr übertragenen Aufgaben des Post- und Fernmeldewesens,

2. die Beförderung von Gütern mit Krafträdern oder mit Personenkraftwagen,

3. die Beförderung von Leichen in besonders hierfür eingerichteten und ausschließlich solchen Beförderungen dienenden Kraftfahrzeugen,

4. die Beförderung eines einzelnen beschädigten Fahrzeugs.

(2) Der Bundesminister für Verkehr wird ermächtigt, durch Rechtsverordnung mit Zustimmung des Bundesrates weitere, im Rahmen des Gesamtverkehrs nicht ins

Anh. I § 452
(§ 4 GüKG)   Drittes Buch. Handelsgeschäfte

Gewicht fallende Beförderungsfälle allgemein von den Bestimmungen dieses Gesetzes auszunehmen oder sie einer anderen Beförderungsart zuzuordnen.

1   § 4 Abs. 1 Nr. 5 ist zum 1. 1. 1994 aufgehoben. Er lautet bis dahin: „*5. die Beförderung von lebenden Tieren*".

2   Die in § 4 vorgesehenen Ausnahmen haben auch privatrechtliche Bedeutung, da sie zugleich die Anwendungsbereiche der KVO bzw. der Bed. GüKUMT, Anh. IV nach § 452 einschränken[1].

3   Aufgrund der nachstehend abgedruckten Freistellungsverordnung sind weitere Beförderungsfälle von der Anwendung des GüKG gänzlich ausgenommen:

Freistellungs-Verordnung GüKG
in der Neufassung vom 8. Juni 1993, BGBl I 1003

§ 1

Von den Bestimmungen des Güterkraftverkehrsgesetzes werden vorbehaltlich des § 2 ausgenommen

1. die Beförderung von Geräten und Zubehör zu oder von Theater-, Musik-, Film-, Sport- und Zirkusveranstaltungen, Schaustellungen oder Jahrmärkten, Rundfunk-, Film- oder Fernsehaufnahmen sowie Verkehrssicherheitsveranstaltungen,

2. die Beförderung von Kunstgegenständen und Kunstwerken,

3. die Beförderung von Gütern mit eigenen oder höchstens gegen Ersatz von Aufwendungen zur Verfügung gestellten fremden Kraftfahrzeugen durch Unternehmen, die mildtätigen oder kirchlichen Zwecken im Sinne der §§ 53 und 54 der Abgabenordnung (AO 1977) vom 16. März 1976 (BGBl I S. 613) dienen, für eigene mildtätige oder kirchliche Zwecke,

3a. die Beförderung von Medikamenten, medizinischen Geräten und Ausrüstungen sowie anderen zur Hilfeleistung in dringenden Notfällen (insbesondere bei Naturkatastrophen) bestimmten Gütern,

4. die gelegentliche Beförderung von Luftfrachtgütern nach und von Flughäfen bei Umleitung der Flugdienste,

5. die Beförderung von Gepäck in Anhängern an Kraftfahrzeugen, mit denen bestimmungsgemäß Reisende befördert werden, und die Beförderung von Gepäck mit Fahrzeugen jeglicher Art nach und von Flughäfen,

6. die Beförderung von Luftfahrzeugen, beschädigten Kraftfahrzeugen oder Anhängern für Mitglieder von Vereinen durch diese Vereine oder in deren Auftrag,

7. die Beförderung beschädigter oder notgelandeter Luftfahrzeuge,

8. die Beförderung von Gütern durch Privatpersonen mit eigenen Kraftfahrzeugen oder mit fremden Kraftfahrzeugen ohne Anhänger mit einer zulässigen Nutzlast von weniger als 4000 kg für eigene nichtgewerbliche Zwecke,

9. die Beförderung von Abfällen, nicht jedoch von Erdaushub, Bauschutt und Gestein, das bei der Gewinnung oder Aufbereitung von Bodenschätzen anfällt, von Schlacke, Schrott, Autowracks, Altreifen und Altöl sowie Stoffen und Gegenständen, die zur Verwertung oder Wiederverwendung bestimmt sind,

10. die Beförderung von Erde, die durch Öl oder Chemikalien verschmutzt ist,

---
[1] Siehe dazu § 1 KVO, Anh. II nach § 452 Rdn. 6;
vor § 1 GüKUMT, Anh. IV nach § 452 Rdn. 3.

11. die Beförderung von Tierkörpern zur Tierkörperbeseitigung,
11a. die Beförderung von lebenden Tieren,
12. die Beförderung von radioaktiven Stoffen,
13. die Beförderung von Geldmitteln, Gold und anderen Edelmetallen, Edelsteinen sowie Wertpapieren in besonders eingerichteten Sicherheitsfahrzeugen, die von der Polizei oder anderen Sicherheitskräften begleitet sind,
14. die Beförderung von Blutkonserven,
15. die Beförderung von Werkzeugen und ähnlichen Geräten sowie von Kleinmaterialien für eigene Zwecke eines Unternehmens, soweit diese Güter für Instandsetzungs-, Montage-, Demontage- oder Überprüfungsarbeiten benötigt werden,
15a. die Beförderung von Baubuden, Bauhütten und Baustellen-Wohnwagen von und zu Bauvorhaben,
16. die Beförderung von Auslegern und anderen Teilen selbstfahrender Kräne,
17. das Rücken von Holz,
18. die Beförderung von Knochen und ungegerbten Hautabfällen sowie von tierischen Rohfetten als Schlachtabfall, die nicht zum menschlichen Verzehr bestimmt sind,
19. die Beförderung in besonders eingerichteten Vorführungswagen zum ausschließlichen Zweck der Werbung oder Belehrung,
20. die Beförderung von Ersatzteilen für Seeschiffe und Flugzeuge,
21. die gelegentliche Beförderung von Gütern ausschließlich zur Werbung oder Unterrichtung im grenzüberschreitenden Güterkraftverkehr,
22. die Beförderung von beschädigten oder reparaturbedürftigen Fahrzeugen im grenzüberschreitenden Güterkraftverkehr,
23. die Überführung leerer Kraftfahrzeuganhänger, die der Güterbeförderung dienen, soweit für diese Anhänger Kennzeichen nach § 28 StVZO oder nach § 7 Abs. 2 der Verordnung über den internationalen Kraftfahrzeugverkehr ausgegeben worden sind,
24. die Beförderung fabrikneuer Lastkraftwagen, Sattelzugmaschinen und Kraftfahrzeuganhänger, die der Güterbeförderung dienen, auf fabrikneuen Lastkraftwagen und Kraftfahrzeuganhängern, für die Kennzeichen nach § 28 StVZO oder nach § 7 Abs. 2 der Verordnung über den internationalen Kraftfahrzeugverkehr ausgegeben worden sind, im grenzüberschreitenden Güterkraftverkehr,
25. die Beförderung von rechtswidrig abgestellten oder von amtlich sicherzustellenden Fahrzeugen,
26. die Beförderung von Ersatzteilen und Austauschaggregaten, Reparaturmaterialien und Montageausrüstungen mit Kraftfahrzeugen ohne Anhänger, deren Nutzlast 4 t nicht übersteigt,
27. die Beförderung von Sportbooten mit Spezialfahrzeugen,
28. die Beförderung von Gütern mit Kraftfahrzeugen, deren zulässiges Gesamtgewicht, einschließlich des Gesamtgewichts des Anhängers, 6 t nicht übersteigt oder deren zulässige Nutzlast, einschließlich der Nutzlast des Anhängers, 3,5 t nicht übersteigt und deren Ladung, einschließlich der des Anhängers, nicht mehr als 3,5 beträgt.

§ 2

(1) Wer nach dem 1. Januar 1994 gewerbliche Beförderungen für andere nach § 1 Nr. 1, 2, 4 bis 7, 9 bis 14, 15a bis 16 und 18 bis 27 durchführt, bedarf eines Nachweises darüber, daß er die Voraussetzungen nach § 10 Abs. 1 des Güterkraftverkehrsgesetzes erfüllt. Gleiches gilt befristet bis zum 31. Dezember 1995 für gewerbliche Beförderungen nach § 1 Nr. 28 im innerstaatlichen Verkehr.

(2) Der Nachweis wird durch Vorlage einer Bescheinigung gemäß § 7 der Berufszugangs-Verordnung GüKG vom 3. Mai 1991 (BGBl. I S. 1068), geändert durch Artikel 3 der Verordnung vom 23. Februar 1993 (BGBl. I S. 268), erbracht, die nicht älter als 5 Jahre sein darf.

(3) Die Bescheinigung ist bei allen Fahrten im Kraftfahrzeug mitzuführen und auf Verlangen der zuständigen Kontrollbeamten zur Prüfung vorzuweisen.

§ 3

Beförderungen von Gütern mit vor dem 1. Mai 1992 zugelassenen Lastkraftwagen, deren Nutzlast zu diesem Zeitpunkt höchstens 750 kg betrug und noch beträgt, werden im innerstaatlichen Verkehr bis zum 31. Dezember 1995 von den Bestimmungen des Güterkraftverkehrsgesetzes ausgenommen. Wird die in § 1 Nr. 28 genannte Nutzlastgrenze überschritten, gilt § 2 entsprechend.

4   Siehe **zu den einzelnen Ziffern des Abs. 1 FreistellungsVO:** zu Abfalltransporten (Nr. 9, 10, 18) § 425 Rdn. 14, 76; zur Beförderung von Tieren § 425 Rdn. 24; von Chemikalien dort Rdn. 15; von Kunstgegenständen und Kunstwerken (Nr. 2) und von Geld etc. in Sicherheitsfahrzeugen (Nr. 13) § 429 Rdn. 129 und § 34 KVO Rdn. 34; zur Beförderung von radioaktiven Stoffen (Nr. 12) siehe § 425 Rdn. 22.

§ 5

(1) Durch Schaffung von Scheintatbeständen dürfen die Vorschriften dieses Gesetzes nicht umgangen werden.

(2) Ein Scheintatbestand liegt auch dann vor, wenn

1. die Güter dem befördernden Unternehmer lediglich für die Zeit der Beförderung übereignet werden,

2. eine Sendung nach einem Ort innerhalb der Nahzone abgefertigt wird – außer beim Vorlauf für einen Spediteursammelgutverkehr –, sofern von vornherein eine Beförderung darüber hinaus beabsichtigt ist; Spediteursammelgut liegt vor, wenn der Spediteur die Versendung des Gutes zusammen mit dem Gut eines anderen Auftraggebers in einer Sendung bewirkt. Dabei macht es keinen Unterschied, ob die Beförderung auf demselben Kraftfahrzeug oder mit Umladung unterwegs ausgeführt wird und ob mehrere Unternehmer an der Beförderung beteiligt sind.

1   § 5 Abs. 2 Nr. 2 ist zum 1. 1. 1994 neu gefaßt; die bis dahin geltende Fassung lautet: *„eine Sendung nach einem Ort innerhalb der Nahzone abgefertigt wird – außer beim Vorlauf für einen Spediteursammelgutverkehr –, sofern von vornherein eine Beförderung darüber hinaus beabsichtigt ist; dabei macht es keinen Unterschied, ob die Beförderung auf demselben Kraftfahrzeug oder mit Umladung unterwegs ausgeführt wird und ob mehrere Unternehmer an der Beförderung beteiligt sind"*.

2   § 5 wird mit dem Tarifaufhebungsgesetz überwiegend seine privatrechtliche Bedeutung verlieren. Immerhin kann aber auch nach dem 1. 1. 1994 mit Umgehungen noch versucht werden, die **Anwendbarkeit der zwingenden KVO-Haftung** nach § 26 GÜKG zu vermeiden. Die Vorschrift wird daher besonders für Spediteure von Bedeutung bleiben. Siehe zu einem neuen Umgehungsfall zur Sammelversendung BGH vom 22. 10. 1992, TranspR **1993** 143 f = VersR **1993** 633 ff.

Sechster Abschnitt. Frachtgeschäft

§ 6

(1) Für jedes Kraftfahrzeug, das im Güterfernverkehr oder im Güternahverkehr verwendet werden soll, muß ein Standort bestimmt werden. Der Unternehmer muß an diesem Standort den Sitz seines Unternehmens oder eine nicht nur vorübergehende geschäftliche Niederlassung haben.

(2) Der Sitz eines Unternehmens kann nur anerkannt werden, wenn – bezogen auf Art und Umfang des Unternehmens – mindestens folgende Voraussetzungen gegeben sind:

a) ein besonderer durch den Unternehmer entsprechend eingerichteter und ständig benutzter Raum, der erforderlich, geeignet und bestimmt ist, Mittelpunkt der geschäftlichen Tätigkeit dieses Unternehmens zu bilden;

b) das Vorhandensein einer zu selbständigem Handeln befugten geschäftskundigen Person, soweit der Unternehmer die Geschäfte nicht selbst wahrnimmt;

c) eine dem Unternehmenszweck entsprechende Tätigkeit von erheblichem Umfang.

Diese Mindestanforderungen gelten auch für nicht nur vorübergehende geschäftliche Niederlassungen.

(3) Über die Bestimmung des Standorts ist eine amtliche Bescheinigung zu erteilen, die bei allen Fahrten im Kraftfahrzeug mitzuführen und auf Verlangen der zuständigen Kontrollbeamten zur Prüfung auszuhändigen ist.

(4) Sollen Kraftfahrzeuge über die Grenzen der Nahzone hinaus oder außerhalb dieser Grenzen vorübergehend im Nahverkehr verwendet werden, so kann die untere Verkehrsbehörde vorübergehend einen anderen Ort zum Standort erklären, wenn dies aus wirtschaftlichen Gründen geboten und mit dem öffentlichen Interesse an der Aufrechterhaltung eines geordneten Güterkraftverkehrs vereinbar ist.

(5) Ist ein Standort nach den Vorschriften dieses Gesetzes nicht bestimmt worden, so gilt als Standort der Ort des Sitzes oder der nicht nur vorübergehenden geschäftlichen Niederlassung, von dem aus das Kraftfahrzeug eingesetzt wird.

Abs. 4 (alt) ist zum 1. 1. 1994 aufgehoben. Er lautet bis dahin: *„(4) Für die im Güternahverkehr verwendeten Lastkraftwagen mit einer Nutzlast von nicht mehr als 750 kg gilt der im Fahrzeugschein eingetragene regelmäßige Standort als Standort im Sinne dieses Gesetzes, soweit nicht ein Standort nach den Absätzen 1 bis 3 bestimmt ist".* Abs. 5 und 6 sind umbenannt in 4 und 5. **1**

In Abs. 5 neuer Zählung sind zum 1. 1. 1994 nach „so gilt" die Wörter *„unbeschadet* **2** *von Absatz 4"* gestrichen.

§ 6 a

(1) Die von der Landesregierung bestimmte Behörde hat auf Antrag des Unternehmers einen Ort als Standort zu bestimmen, an dem der Unternehmer weder den Sitz seines Unternehmens noch eine geschäftliche Niederlassung hat (angenommener Standort).

(2) Der angenommene Standort darf nicht weiter als fünfundsiebzig Kilometer in der Luftlinie vom Sitz oder der Niederlassung entfernt liegen. Die Entfernung wird zum Ortsmittelpunkt des angenommenen Standortes sowie vom Ortsmittelpunkt der Gemeinde aus gemessen, in der sich der Sitz oder die Niederlassung befindet.

(3) Der angenommene Standort ist für alle Kraftfahrzeuge des Sitzes oder der Niederlassung zu bestimmen. Ist für einen Teil der Kraftfahrzeuge des Sitzes oder der Nie-

derlassung entgegen Satz 1 der angenommene Standort nicht bestimmt, so gilt auch für diese Kraftfahrzeuge der angenommene Standort. Die erneute Bestimmung eines angenommenen Standortes ist erst nach Ablauf eines Jahres zulässig.

(4) Liegt der Sitz oder eine nicht nur vorübergehende geschäftliche Niederlassung des Unternehmers

1. im Zonenrandgebiet oder

2. nördlich des Nordostseekanals nicht weiter als 40 Kilometer in der Luftlinie von der Westküste des Landes Schleswig-Holstein entfernt,

darf abweichend von Absatz 3 Satz 1 auf Antrag des Unternehmers der angenommene Standort auch für einen Teil der Kraftfahrzeuge des Sitzes oder der Niederlassung bestimmt werden.

(5) § 6 Abs. 4 gilt auch für Kraftfahrzeuge, für die ein angenommener Standort bestimmt ist.

§ 6 b

(1) Bei einer Beförderung von Gütern, die zu einem Teil innerhalb und zu einem anderen Teil außerhalb des Geltungsbereichs dieses Gesetzes durchgeführt wird (grenzüberschreitender Güterkraftverkehr), gilt für ein Kraftfahrzeug, das nicht im Geltungsbereich dieses Gesetzes zugelassen ist, die Gemeinde als Standort, in deren Gebiet das Kraftfahrzeug in diesen Geltungsbereich zuerst einfährt oder ihn zuletzt verläßt.

(2) Bei einer Beförderung von Gütern, bei der Be- und Entladeort innerhalb des Geltungsbereichs dieses Gesetzes liegen (Binnenverkehr), mit einem Kraftfahrzeug, das nicht im Geltungsbereich dieses Gesetzes zugelassen ist, gelten die Vorschriften über den Güternahverkehr, wenn ein Standort nach den Vorschriften dieses Gesetzes bestimmt ist und die Beförderung Güternahverkehr im Sinne des § 2 ist, in allen übrigen Fällen die Vorschriften über den Güterfernverkehr.

§ 7

Mit dem Ziel bester Verkehrsbedienung hat die Bundesregierung darauf hinzuwirken, daß die Wettbewerbsbedingungen der Verkehrsträger angeglichen werden und daß durch einen lauteren Wettbewerb der Verkehrsträger eine volkswirtschaftlich sinnvolle Aufgabenteilung ermöglicht wird.

1 § 7 ist zum 1. 1. 1994 neu gefaßt; die bis dahin geltende Fassung lautet:

„(1) Mit dem Ziel bester Verkehrsbedienung hat die Bundesregierung darauf hinzuwirken, daß die Wettbewerbsbedingungen der Verkehrsträger angeglichen werden und daß durch marktgerechte Entgelte und einen lauteren Wettbewerb der Verkehrsträger eine volkswirtschaftlich sinnvolle Aufgabenteilung ermöglicht wird.

(2) Die Leistungen und Entgelte der verschiedenen Verkehrsträger hat der Bundesminister für Verkehr insoweit aufeinander abzustimmen, als es die Verhinderung eines unbilligen Wettbewerbs erfordert.

(3) Der Bundesminister für Verkehr kann Richtlinien über die Genehmigung der Verkehrstarife bekanntmachen."

Sechster Abschnitt. Frachtgeschäft

Zweiter Abschnitt
Güterfernverkehr

Erster Titel
Genehmigung

§ 8

(1) Güterfernverkehr im Sinne des § 3 Abs. 1 ist genehmigungspflichtig.

(2) Entstehen Zweifel darüber, ob eine Güterbeförderung genehmigungspflichtig ist, so entscheidet die für den Sitz des Unternehmens zuständige höhere Landesverkehrsbehörde.

§ 9

(1) Mit Zustimmung des Bundesrates setzt der Bundesminister für Verkehr unter Berücksichtigung des öffentlichen Verkehrsbedürfnisses und der Verkehrssicherheit auf den Straßen die Höchstzahlen der Kraftfahrzeuge für den allgemeinen Güterfernverkehr fest und teilt sie auf die Länder auf.

(2) Die im Rahmen der Höchstzahlenaufteilung auf ein Land entfallenden Genehmigungen dürfen nur von einer Genehmigungsbehörde dieses Landes (§ 14 Abs. 1 und 2) erteilt werden. Ausnahmen von Satz 1 bedürfen der Zustimmung der obersten Verkehrsbehörde des Landes, zu dessen Höchstzahlenanteil die Genehmigung zählt; die Zustimmung darf nur aus struktur- oder regionalpolitischen Gründen oder zur Vermeidung des Handels mit Genehmigungen für den Güterfernverkehr versagt werden.

In § 9 Abs. 1 sind zum 1. 1. 1994 nach „für den allgemeinen Güterfernverkehr" die **1** Wörter *„und den Bezirksgüterfernverkehr (§ 13a)"* gestrichen.

§ 10

(1) Die Genehmigung kann im Rahmen des § 9 nur erteilt werden, wenn

1. der Unternehmer und die für die Führung der Geschäfte bestellte Person zuverlässig sind,

2. der Unternehmer oder die für die Führung der Geschäfte bestellte Person fachlich geeignet ist und

3. die finanzielle Leistungsfähigkeit des Betriebs gewährleistet ist.

(2) Die Bedingungen für den Berufszugang nach Absatz 1 sind gegeben, wenn folgende Voraussetzungen erfüllt sind:

1. Die Zuverlässigkeit ist gegeben, wenn die Person die Gewähr dafür bietet, daß der Betrieb den gesetzlichen Bestimmungen entsprechend geführt wird und die Allgemeinheit bei dem Betrieb des Unternehmens vor Schäden und Gefahren bewahrt bleibt.

2. Die fachliche Eignung wird durch eine angemessene Tätigkeit in einem Unternehmen des Güterkraftverkehrs oder in einem Speditionsunternehmen, das Güterkraftverkehr betreibt, oder durch Ablegung einer Prüfung nachgewiesen.

3. Die finanzielle Leistungsfähigkeit ist gegeben, wenn die zur Aufnahme und ordnungsgemäßen Führung des Betriebes erforderlichen finanziellen Mittel verfügbar sind.

Die näheren Einzelheiten regelt der Bundesminister für Verkehr durch Rechtsverordnung mit Zustimmung des Bundesrates.

(3) Neu zu erteilende Genehmigungen sind öffentlich auszuschreiben; die Ausschreibung kann auf bestimmte Bewerbergruppen oder Gebiete beschränkt werden. Bei der Verteilung der Genehmigungen sind Neubewerber, Klein-, Mittel- und Großunternehmer angemessen zu berücksichtigen. Innerhalb der jeweiligen Gruppe ist denjenigen Bewerbern der Vorzug zu geben, die die Gewähr dafür bieten, daß sie unter den gegebenen wirtschaftlichen Bedingungen das öffentliche Verkehrsbedürfnis nach Dienstleistungen des gewerblichen Güterfernverkehrs am besten befriedigen. Das Vorliegen eines öffentlichen Verkehrsbedürfnisses kann auch unter Berücksichtigung von struktur- oder regionalpolitischen Gesichtspunkten beurteilt werden. Einem Bewerber darf jeweils nur eine Genehmigung erteilt werden.

(4) In Fällen zwingender betrieblicher oder persönlicher Belange eines Bewerbers, z. B. im Erbfall oder zur Weiterführung eines Unternehmens oder eines selbständigen, abgrenzbaren Unternehmensteils, oder zur Erfüllung eines dringenden öffentlichen Verkehrsbedürfnisses kann im Einzelfall unter Anlegung eines strengen Maßstabes von den Vorschriften des Absatzes 3 abgewichen werden. Dabei kann die Genehmigung unter Auflagen und Bedingungen erteilt werden, wenn dies zur Vermeidung eines Handels mit Genehmigungen erforderlich ist.

(5) Genehmigungen, deren Gültigkeitsdauer abgelaufen ist, werden in der Regel und unbeschadet der Bestimmungen des Absatzes 6 dem bisherigen Genehmigungsinhaber erteilt; Absatz 3 findet in diesen Fällen keine Anwendung. Dies gilt nicht, wenn der bisherige Genehmigungsinhaber die Genehmigung in den letzten 24 Monaten vor Ablauf der Gültigkeitsdauer nicht hinreichend genutzt hat. Eine hinreichende Ausnutzung ist grundsätzlich dann nicht gegeben, wenn die mit der Genehmigung erzielten Leistungen nach Gewichtskilometern und Umsatz aus Gründen, die der Unternehmer zu vertreten hat, jeweils weniger als die Hälfte der im Durchschnitt des betreffenden Landes erzielten Leistungen betragen.

(6) Die Genehmigung ist zu versagen, wenn sie mit dem öffentlichen Interesse an der Aufrechterhaltung eines geordneten Güterfernverkehrs unvereinbar ist.

§ 11

(1) Die Genehmigung wird dem Unternehmer für seine Person erteilt. Sie ist nicht übertragbar.

(2) Die Genehmigung wird auf Zeit erteilt. Ihre Gültigkeitsdauer beträgt grundsätzlich 8 Jahre.

§ 12

(1) Die Genehmigung berechtigt den Unternehmer, ein Kraftfahrzeug im Güterfernverkehr unter folgenden Voraussetzungen einzusetzen (genehmigtes Kraftfahrzeug):

1. Das Kraftfahrzeug muß auf den Namen des Unternehmers zugelassen sein und ihm gehören oder von ihm auf Abzahlung gekauft sein.

2. Für das Kraftfahrzeug muß der in der Genehmigungsurkunde bezeichnete Standort bestimmt sein.

3. Die Genehmigungsurkunde (§ 15) und das Fahrtenbuch (§ 28 Abs. 2) sind auf der gesamten Beförderungsstrecke im Kraftfahrzeug mitzuführen.

4. Das amtliche Kennzeichen des Kraftfahrzeugs ist in das Fahrtenbuch einzutragen.

Sechster Abschnitt. Frachtgeschäft

(2) Verwendet ein Unternehmer des Güterfernverkehrs entweder zu Beginn oder am Ende einer Beförderung im Güterfernverkehr ein Kraftfahrzeug ohne Genehmigung innerhalb der Nahzone (§ 2 Abs. 2), so gilt diese Beförderung, wenn der Unternehmer auf der übrigen Beförderungsstrecke ein anderes Kraftfahrzeug unter den Voraussetzungen des Absatzes 1 mit einer Genehmigung einsetzt, die die gesamte Beförderung deckt, als gleichfalls mit dem genehmigten Kraftfahrzeug ausgeführt.

(3) Der Bundesminister für Verkehr wird ermächtigt, durch Rechtsverordnung mit Zustimmung des Bundesrates Ausnahmen von den Voraussetzungen des Absatzes 1 Nr. 1 zuzulassen für den kurzfristigen Ausfall von im Güterfernverkehr verwendeten Kraftfahrzeugen und zur Umsetzung der Richtlinie 84/647 EWG des Rates vom 19. Dezember 1984 über die Verwendung von ohne Fahrern gemieteten Fahrzeugen im Güterfernverkehr.

In § 12 Abs. 2 sind zum 1. 1. 1994 nach „innerhalb der Nahzone (§ 2 Abs. 2)" die Wörter „*oder ein Kraftfahrzeug mit einer Bezirksgenehmigung innerhalb der Bezirkszone (§ 13 a Abs. 1)*" gestrichen.

§ 12 a

(1) Anstelle einer Genehmigung dürfen dem Unternehmer mehrere Genehmigungen erteilt werden, wenn diese Genehmigungen den Unternehmer berechtigen, nur solche Kraftfahrzeuge zu verwenden, die einschließlich Anhänger insgesamt eine Nutzlast von 30 t nicht überschreiten.

(2) aufgehoben

(3) Anstelle mehrerer nach Absatz 1 erteilter Genehmigungen darf dem Unternehmer eine andere Anzahl von Genehmigungen erteilt werden, sofern die in Absatz 1 bezeichnete Nutzlast dabei nicht überschritten wird.

(4) Die Genehmigungen nach den Absätzen 1 oder 3 dürfen nur mit der Maßgabe erteilt werden, daß sie lediglich für Kraftfahrzeuge verwendet werden dürfen, die zu jeder Zeit denselben Standort haben müssen.

(5) Die nach den Absätzen 1 oder 3 erteilten mehreren Genehmigungen gelten als eine Genehmigung im Sinne des § 9.

§ 12 a Abs. 1 ist zum 1. 1. 1994 neu gefaßt; die bis dahin geltende Fassung lautet:
„*(1) Anstelle einer Genehmigung dürfen dem Unternehmer mehrere Genehmigungen erteilt werden, wenn diese Genehmigungen den Unternehmer berechtigen, nur solche Kraftfahrzeuge zu verwenden, die einschließlich Anhänger insgesamt eine bestimmte Nutzlast nicht überschreiten. Maßgebend für die Nutzlast nach Satz 1 ist die Nutzlast eines Kraftfahrzeuges einschließlich Anhänger, das im Zeitpunkt der Antragstellung auf den Namen des Unternehmers zugelassen ist und ihm gehört oder von ihm auf Abzahlung gekauft ist und das er auf Grund der Genehmigung hätte einsetzen können, höchstens jedoch 30 Tonnen. Die Nutzlast des Kraftfahrzeuges einschließlich Anhänger darf nur bei einer Genehmigung berücksichtigt werden. Ist eine Genehmigung im Sinne des § 9 mit einer Nutzlastbeschränkung erteilt, so ist abweichend von Satz 2 diese Nutzlast maßgebend.*"

§ 13

Die Genehmigung kann unter Bedingungen, Auflagen oder mit verkehrsmäßigen Beschränkungen erteilt werden, die sich im Rahmen der verkehrswirtschaftlichen Ziele des Gesetzes halten müssen.

Johann Georg Helm

§ 13 a
(aufgehoben 1. 1. 1994)

1 § 13 a ist zum 1. 1. 1994 aufgehoben. Er lautet bis dahin:

„*(1) Eine verkehrsmäßige Beschränkung im Sinne des § 13 liegt insbesondere vor, wenn die Genehmigung auf den Güterfernverkehr innerhalb eines Umkreises von höchstens einhundertfünfzig Kilometern, gerechnet in der Luftlinie vom Ortsmittelpunkt des Standortes der Kraftfahrzeuge aus, die auf Grund der Genehmigung eingesetzt werden dürfen, beschränkt wird (Bezirksgenehmigung); zur Bezirkszone gehören alle Gemeinden, deren Ortsmittelpunkt innerhalb des Umkreises liegt.*

(2) Sofern es für die befriedigende Verkehrsbedienung eines bestimmten Gebietes erforderlich ist, insbesondere im Hinblick auf die Stillegung von Eisenbahnstrecken oder die Einstellung des Abfertigungsdienstes an Eisenbahnstrecken, und es dem Unternehmer unter Berücksichtigung seiner wirtschaftlichen Lage zugemutet werden kann, kann eine Bezirksgenehmigung ferner nach § 13 mit der Auflage erteilt werden, daß der Unternehmer regelmäßig nach näherer Bestimmung durch die Genehmigungsbehörde vorgeschriebene Güterlinien bedient. Die Genehmigungsbehörde kann ihm hierfür einen besonderen Tarif genehmigen; auf den Tarif sind die Vorschriften der §§ 20, 22 und 23 anzuwenden. Der Unternehmer ist zur Beförderung nach dem Tarif verpflichtet, wenn

1. die Beförderung mit den regelmäßig für die Linie verwendeten Beförderungsmitteln möglich ist und

2. die Beförderung nicht durch Umstände verhindert wird, die der Unternehmer nicht zu vertreten hat."

§ 14

(1) Für die Erteilung der Genehmigung ist diejenige höhere Landesverkehrbehörde zuständig, in deren Bezirk der Unternehmer seinen Sitz oder eine nicht nur vorübergehende geschäftliche Niederlassung hat und die Kraftfahrzeuge, die auf Grund der Genehmigung eingesetzt werden sollen, zugelassen sind oder zugelassen werden sollen.

(2) Hat ein Unternehmen im Geltungsbereichs diese Gesetzes keinen Sitz, so entscheidet diejenige höhere Landesverkehrsbehörde, in deren Bezirk der Beladeort liegt.

(3) Die Genehmigungsbehörde ist verpflichtet, vor der Entscheidung über den Antrag auf Verteilung einer Genehmigung das Bundesamt für Güterverkehr (§ 53), die beteiligten Verbände des Verkehrsgewerbes, die fachlich zuständige Gewerkschaft und die zuständige Industrie- und Handelskammer zu hören. Das Nähere bestimmt der Bundesminister für Verkehr durch Rechtsverordnung.

1 In Abs. 3 ist zum 1. 1. 1994 „*die Bundesanstalt für den Güterfernverkehr*" in „*das Bundesamt für Güterverkehr*" geändert. Abs. 3 S. 2 ist zum 1. 1. 1994 aufgehoben. Er lautet bis dahin: „*Vor allen Entscheidungen nach § 13 a Abs. 2 ist außer den in Satz 1 genannten Stellen die zuständige Verwaltung der Eisenbahn zu hören, deren Verkehrsgebiet berührt wird, sowie die zuständige Landwirtschaftskammer oder, soweit eine solche nicht besteht, die oberste Landesbehörde für Ernährung und Landwirtschaft.*".

§ 15

(1) Die Genehmigung wird durch Aushändigung einer Genehmigungsurkunde erteilt.

(2) Die Genehmigungsurkunde muß enthalten

1. einen Hinweis auf dieses Gesetz,
2. die Bezeichnung des Unternehmers und den Sitz des Unternehmens,
3. die Bezeichnung eines Standortes, der für alle Kraftfahrzeuge bestimmt sein muß, für die die Genehmigung verwendet werden soll,
4. die Zeitdauer, für die die Genehmigung erteilt wird, und
5. die Bedingungen, Auflagen oder verkehrsmäßigen Beschränkungen, unter denen die Genehmigung erteilt wird.

(3) Ändert sich die Bezeichnung des Unternehmers oder der Sitz des Unternehmens, so ist die Genehmigungsurkunde der Genehmigungsbehörde zur Berichtigung vorzulegen. Das gleiche gilt, wenn die Genehmigung für Kraftfahrzeuge mit einem anderen als dem nach Absatz 2 Nr. 3 bezeichneten Standort verwendet werden soll.

(4) In den Fällen des § 6 a ist abweichend von Absatz 3 Satz 2 die Genehmigungsurkunde der für die Bestimmung des angenommenen Standortes zuständigen Behörde zur Berichtigung vorzulegen.

(5) Die Genehmigungsurkunde darf dem Unternehmer erst ausgehändigt werden, nachdem er den Nachweis der Versicherung erbracht hat (§ 27). Einer Aktiengesellschaft, Kommanditgesellschaft auf Aktien, Gesellschaft mit beschränkter Haftung oder einer Genossenschaft darf die Genehmigungsurkunde erst ausgehändigt werden, wenn außerdem die Eintragung in das Register nachgewiesen ist oder die Eintragung in das Register nur noch von der Vorlage der Genehmigungsurkunde beim Registergericht abhängt.

(6) Der Verlust der Genehmigungsurkunde ist der Genehmigungsbehörde zu melden.

Abs. 3 S. 3–5 sind zum 1. 1. 1994 aufgehoben. Sie lauten bis dahin: **1**
„Handelt es sich in diesem Falle um eine Bezirksgenehmigung, so bedarf es zur Berichtigung der Genehmigungsurkunde der vorherigen Zustimmung der für den bisherigen Standort zuständigen Genehmigungsbehörde, wenn
1. der bisherige Standort in einem der in § 6 a Abs. 2 genannten Gebiete liegt oder
2. der Standort der Kraftfahrzeuge, die auf Grund der Genehmigung eingesetzt werden sollen, in einem anderen Land liegt.

Die Zustimmung ist zu versagen, sofern die Beibehaltung des bisherigen Standortes für die befriedigende Verkehrsbedienung eines bestimmten Gebietes erforderlich ist und sie dem Unternehmer unter Berücksichtigung seiner wirtschaftlichen Lage zugemutet werden kann.

Vor der Entscheidung sind die für den neuen Standort zuständige Genehmigungsbehörde sowie die für den bisherigen und die für den neuen Standort zuständigen Außenstellen der Bundesanstalt für den Güterfernverkehr zu hören."

§ 16
(aufgehoben 1975)

§ 17

Die Genehmigungsbehörde kann jederzeit durch die zuständige Zulassungsbehörde die Betriebssicherheit der Kraftfahrzeuge auf Kosten des Unternehmers nachprüfen lassen.

§ 18

Die Genehmigungsbehörde hat der zuständigen Berufsgenossenschaft die Erteilung der Genehmigung mitzuteilen. Die Anzeigepflicht des Unternehmers nach § 661 der Reichsversicherungsordnung bleibt unberührt.

§ 19

(1) Nach dem Tod des Unternehmers darf der Erbe den Betrieb vorläufig weiterführen; das gleiche gilt für den Testamentsvollstrecker, Nachlaßpfleger oder Nachlaßverwalter während einer Testamentsvollstreckung, Nachlaßpflegschaft oder Nachlaßverwaltung.

(2) Die Befugnis erlischt, wenn nicht der Erbe binnen drei Monaten nach Ablauf der für die Ausschlagung der Erbschaft vorgesehenen Frist oder die in Absatz 1 zweiter Halbsatz genannten Personen binnen drei Monaten nach der Annahme ihres Amtes oder ihrer Bestellung die Genehmigung beantragt haben; ein in der Person des Erben wirksam gewordener Fristablauf wirkt auch gegen den Nachlaßverwalter.

(3) Wird die Genehmigung erteilt, so gilt sie als die dem Rechtsvorgänger erteilte Genehmigung.

(4) Im Falle der Erwerbs- oder Geschäftsunfähigkeit des Unternehmers oder der für die Führung der Geschäfte bestellten Person darf ein Dritter, bei dem die Voraussetzungen des § 10 Abs. 1 Nr. 1 und 2 noch nicht festgestellt sind, das Unternehmen bis zu sechs Monate nach Feststellung der Erwerbs- oder Geschäftsunfähigkeit weiterführen. In ausreichend begründeten Sonderfällen kann diese Frist um drei Monate verlängert werden.

§ 19 a

Die Genehmigungsbehörde kann für bestimmte Beförderungen Genehmigungen für Einzelfahrten abweichend von den Vorschriften des § 9 Abs. 1, § 10 Abs. 1 Nr. 3, Abs. 2 bis 6, § 14 Abs. 3 und der aufgrund des § 103 Abs. 2 und 3 erlassenen Verordnungen erteilen, wenn und soweit dies zur Versorgung der Bevölkerung mit lebensnotwendigen Gütern oder zur Vermeidung schwerwiegender volkswirtschaftlicher Nachteile zwingend geboten ist. Derartige Nachteile sind insbesondere für die Dauer einer Einschlagsbeschränkung im Sinne des § 1 des Forstschäden-Ausgleichsgesetzes anzunehmen.

§ 19 b

Der Unternehmer unterliegt wegen der Erfüllung der gesetzlichen Vorschriften und der ihm durch die Genehmigung auferlegten Bedingungen, Auflagen und verkehrsmäßigen Beschränkungen unbeschadet der §§ 53 bis 63 der Aufsicht der Genehmigungsbehörde.

[1] In § 19 b ist zum 1. 1. 1994 die Angabe „§§ 53 bis 76" durch „§§ 53 bis 63" ersetzt.

Zweiter Titel

Pflichten der am Beförderungsvertrag Beteiligten

§ 20

Der Bundesminister für Verkehr wird ermächtigt, im Einvernehmen mit dem Bundesminister der Justiz durch Rechtsverordnung ohne Zustimmung des Bundesrates die durch die Aufhebung der Tarife durch das Tarifaufhebungsgesetz vom 13. August

1993 (BGBl. I S. 1489) gebotenen Änderungen der Verordnung TS Nr. 12/58 über Tarife für den Güterfernverkehr mit Kraftfahrzeugen vom 23. Dezember 1958 (BAnz. Nr. 249 vom 31. Dezember 1958), zuletzt geändert durch Artikel 7 Abs. 2 des Tarifaufhebungsgesetzes vom 13. August 1993 (BGBl. I S. 1489), und der Verordnung TSU Nr. 3/83 über den Kraftverkehrstarif für den Umzugsverkehr und für die Beförderung von Handelsmöbeln in besonders für die Möbelbeförderung eingerichteten Fahrzeugen im Güterfernverkehr und Güternahverkehr (GüKUMT) vom 3. August 1983 (BAnz. Nr. 151 vom 16. August 1983), zuletzt geändert durch Artikel 7 Abs. 3 des Tarifaufhebungsgesetzes vom 13. August 1993 (BGBl. I S. 1489), vorzunehmen.

Die Zwischenüberschrift vor § 20 ist zum 1. 1. 1994 geändert. Sie lautet bis dahin: **1**
„*Zweiter Titel: Tarif*".

§ 20 ist zum 1. 1. 1994 neu gefaßt; die bis dahin geltende Fassung lautet: **2**
„*(1) Die Tarife müssen alle zur Bestimmung des Beförderungsentgelts (Entgelte für die Beförderung und für Nebenleistungen) notwendigen Angaben und alle anderen für den Beförderungsvertrag maßgebenden Beförderungsbedingungen enthalten.*
(2) Die Tarife gelten hinsichtlich der Beförderungsleistung auch für den Speditionsvertrag zwischen dem Spediteur und seinem Auftraggeber. Bewirkt der Spediteur die Versendung des Gutes zusammen mit dem Gut eines anderen Auftraggebers in einer Sendung, so ist jedoch das Entgelt für die Beförderung des einzelnen Gutes mindestens nach dem Frachtsatz der für die Sendung anzuwendenden Gewichtsklasse zu entrichten; unberührt bleiben besondere Regelungen nach dem Preisgesetz."

Die Ermächtigung im neugefaßten § 20 GüKG ist nunmehr an das Einvernehmen des **3**
Bundesjustizministers gebunden und bezieht sich ausschließlich auf die durch die Aufhebung der Tarife durch das Tarifaufhebungsgesetz „gebotenen Änderungen". Der Verordnungsgeber hat danach nur die durch den Wegfall des Tarifrechts eintretenden Änderungen in der KVO nachzuvollziehen. Ihm bleibt keine Möglichkeit zur Neugestaltung der KVO. Eine die KVO ersetzende Neuregelung soll durch die vom Justizminister durch die Beauftragung einer Sachverständigenkommission 1992 eingeleitete Reform des Transportrechts erfolgen. Die jetzige Anpassung der KVO dient nur der reibungslosen Überbrückung der Zeit bis zum Inkrafttreten der Neuregelung. Für die Bed. GüKUMT, Anh. IV nach § 452, gilt das gleiche.

§ 20 a
(aufgehoben 1. 1. 1994)

§ 20 a ist zum 1. 1. 1994 aufgehoben. Er lautet bis dahin: **1**
„*(1) Die Frachtsätze und alle anderen zur Bestimmung des Beförderungsentgelts notwendigen Angaben des Tarifs werden von Tarifkommissionen festgesetzt.*
(2) Die Beschlüsse der Tarifkommissionen nach Absatz 1 bedürfen der Genehmigung des Bundesministers für Verkehr. Er entscheidet im Einvernehmen mit dem Bundesminister für Wirtschaft.
(3) Der Bundesminister für Verkehr soll, wenn er nicht vorher entscheidet, sich innerhalb von drei Wochen nach Eingang des Beschlusses gegenüber der Tarifkommission äußern und innerhalb von zwei Monaten nach Eingang des Beschlusses über die Genehmigung entscheiden.
(4) Der Bundesminister für Verkehr kann im Einvernehmen mit dem Bundesminister für Wirtschaft an Stelle der Tarifkommission Frachtsätze und andere in Absatz 1 genannte Angaben festsetzen, wenn das allgemeine Wohl es erfordert.

(5) Alle anderen für den Beförderungsvertrag maßgebenden Beförderungsbedingungen werden vom Bundesminister für Verkehr festgesetzt.

(6) Die nach diesen Vorschriften festgesetzten und genehmigten Tarife erläßt der Bundesminister für Verkehr durch Rechtsverordnung ohne Zustimmung des Bundesrates. Er kann Rechtsverordnungen, die Frachtsätze und andere in Absatz 1 genannte Angaben enthalten, aufheben, wenn das allgemeine Wohl es erfordert; er bedarf hierzu des Einvernehmens mit dem Bundesminister für Wirtschaft."

§ 21
(aufgehoben 1. 1. 1994)

1 § 21 ist zum 1. 1. 1994 aufgehoben. Er lautet bis dahin:

„(1) Es werden Tarifkommissionen gebildet für den allgemeinen Güterfernverkehr und den Bezirksgüterfernverkehr.

An Stelle dieser Tarifkommissionen kann eine gemeinsame Tarifkommission gebildet werden.

(2) Die Tarifkommissionen setzen sich aus Tarifsachverständigen der beteiligten Zweige des Güterfernverkehrs zusammen. Die Mitglieder der Tarifkommissionen und ihre Stellvertreter werden vom Bundesminister für Verkehr auf die Dauer von drei Jahren aus dem Kreise der Personen berufen, die ihm von Angehörigen oder Verbänden des Güterfernverkehrsgewerbes vorgeschlagen werden. § 62 Abs. 4 und 5 ist entsprechend anzuwenden. Die Mitglieder der Tarifkommissionen sind ehrenamtlich tätig; sie sind nicht an Aufträge oder Weisungen gebunden."

§ 21 a
(aufgehoben 1. 1. 1994)

1 § 21 a ist zum 1. 1. 1994 aufgehoben. Er lautet bis dahin:

„(1) Bei jeder Tarifkommission wird ein beratender Ausschuß gebildet.

(2) Die beratenden Ausschüsse setzen sich aus Vertretern der Verlader zusammen. Die Mitglieder dieser Ausschüsse und ihre Stellvertreter werden von der Industrie und dem Handel, von der Spedition, dem Handwerk und der Agrarwirtschaft vorgeschlagen. Im übrigen ist § 21 Abs. 2 Satz 2 bis 4 entsprechend anzuwenden.

(3) Die Tarifkommissionen haben ihren beratenden Ausschüssen vor jeder Sitzung, in der über die Festsetzung von Tarifen beschlossen werden soll, nach Maßgabe der Geschäftsordnung Gelegenheit zur Stellungnahme zu geben."

§ 21 b
(aufgehoben 1. 1. 1994)

1 § 21 b ist zum 1. 1. 1994 aufgehoben. Er lautet bis dahin:

„(1) Der Bundesminister für Verkehr errichtet die Tarifkommissionen und ihre beratenden Ausschüsse und bestimmt ihre Zusammensetzung und ihren Aufbau sowie den Sitz der Tarifkommissionen durch Rechtsverordnung ohne Zustimmung des Bundesrates.

(2) Die Tarifkommissionen und ihre beratenden Ausschüsse geben sich Geschäftsordnungen, die der Genehmigung des Bundesminister für Verkehr bedürfen.

(3) Der Bundesminister für Verkehr ist berechtigt, an den Sitzungen der Tarifkommissionen und ihrer beratenden Ausschüsse teilzunehmen oder sich vertreten zu lassen.

§ 22
(aufgehoben 1. 1. 1994)

§ 22 ist zum 1. 1. 1994 aufgehoben. Er lautet bis dahin: **1**
„(1) Die Beförderungsentgelte sollen den wirtschaftlichen Verhältnissen der Unternehmer des Güterkraftverkehrsgewerbes Rechnung tragen; sie sind Mindest-Höchstentgelte, falls in dem Tarif nichts anderes bestimmt ist. Bei Festsetzung der Beförderungsentgelte sind unbillige Benachteiligungen landwirtschaftlicher und mittelständischer Wirtschaftskreise sowie wirtschaftlich schwacher und verkehrsungünstig gelegener Gebiete zu verhindern.
(2) Ermäßigungen des Beförderungsentgelts und andere Vergünstigungen, die nicht veröffentlicht worden sind und nicht unter gleichen Bedingungen jedermann zugute kommen, sind unzulässig. Unzulässig sind ferner Zahlungen oder andere Zuwendungen, die einer Umgehung des tarifmäßigen Beförderungsentgelts gleichkommen. Leistungen, die im Zusammenhang mit Beförderungen dem Unternehmer außerhalb des Beförderungsvertrages oder dem Spediteur außerhalb des Speditionsvertrages erbracht werden, dürfen nicht pauschal, sondern nur auf Grund einer Einzelabrechnung vergütet werden; unberührt bleiben Regelungen nach §§ 32, 35 und 84 h. Entgelte für eine Beschäftigungs- oder Umsatzgarantie oder für eine Organisation des Fahrzeugeinsatzes dürfen nur auf Grund des Tarifs oder einer anderen Rechtsverordnung nach diesem Gesetz gezahlt werden.
(3) Die rechtliche Wirksamkeit des Beförderungsvertrages wird durch tarifwidrige Abreden nicht berührt. Die Höhe des Beförderungsentgelts und die Beförderungsbedingungen richten sich auch in diesen Fällen nach den Bestimmungen des Tarifs."

Mit der Aufhebung von §§ 22 GüKG entfällt seine Wirkung, nach der bisher jede **2** tarifwidrige Vergünstigung unwirksam war; siehe die Erl. in der Vorauflage. Abweichungen zugunsten der Kunden von den durch Verordnung festgelegten Vertragsbedingungen KVO und GüKUMT sind daher ab 1. 1. 1994 zulässig. Da § 26 GüKG (abgesehen von einer geringfügigen Änderung) weitergilt, sind Abweichungen zu Lasten des Auftraggeber von Haftungsregelungen weiterhin unwirksam. KVO und GüKUMT sind daher ab 1. 1. 1994 grundsätzlich dispositives Recht. Nur ihre Haftungsbestimmungen sind noch einseitig zwingend zugunsten der Auftraggeber.

§ 22 a
(aufgehoben 1. 1. 1994)

§ 22 a ist zum 1. 1. 1994 aufgehoben. Er lautet bis dahin: **1**
„(1) Für die Beförderung von Gütern von und nach deutschen Seehäfen, die über See eingeführt worden sind oder über See ausgeführt werden, kann ein oder können mehrere in einer Bietergemeinschaft verbundene Unternehmer ohne Bindung an die Tarife Entgelte mit dem Vertragspartner schriftlich vereinbaren (Sonderabmachungen). Solche Sonderabmachungen sind nur zulässig,
1. wenn Umstände vorliegen, die bei der Festsetzung der Tarife nicht berücksichtigt worden sind, insbesondere, wenn der Wettbewerb gegenüber anderen Verkehrswegen oder Verkehrsträgern eine Sonderabmachung erfordert und ihm durch einen Wettbewerbstarif nicht Rechnung getragen wird, und

2. wenn die Sonderabmachung eine Gütermenge von mindestens 500 Tonnen in drei Monaten oder 1000 Tonnen in sechs Monaten, bei Ausfuhren über See 250 Tonnen in drei Monaten oder 500 Tonnen in sechs Monaten umfaßt, und

3. wenn die Sonderabmachung das finanzielle Betriebsergebnis des Unternehmers erhält oder verbessert.

(2) Der Unternehmer hat die Sonderabmachung unverzüglich nach ihrem Abschluß der Bundesanstalt für den Güterfernverkehr (§ 53) mitzuteilen; er hat zusammen mit der Sonderabmachung alle Unterlagen vorzulegen, die den Abschluß sowie die vereinbarten Beförderungentgelte rechtfertigen.

(3) Sonderabmachungen werden spätestens drei Monate nach Inkrafttreten eines Wettbewerbstarifs nach Absatz 1 Nr. 1 unwirksam.

(4) Ist der Markt für die Beförderung bestimmter Güter in bestimmten Verkehrsverbindungen gestört, so kann der Bundesminister für Verkehr durch Rechtsverordnung ohne Zustimmung des Bundesrates bestimmen, daß in diesen Fällen der Abschluß von Sonderabmachungen längstens für die Dauer eines Jahres der vorherigen Genehmigung des Bundesministers für Verkehr bedarf. Der Markt gilt insbesondere dann als gestört, wenn die durchschnittliche Höhe der während eines Kalenderjahres erhobenen Beförderungsentgelte nicht ausreicht, um die Rentabilität eines ordnungsgemäß geführten und normal beschäftigten Verkehrsunternehmens zu gewährleisten."

§ 23
(aufgehoben 1. 1. 1994)

1 § 23 ist zum 1. 1. 1994 aufgehoben. Er lautet bis dahin:

"(1) Ist Beförderungsentgelt unter Tarif berechnet, so hat der Unternehmer den Unterschiedsbetrag zwischen dem tarifmäßigen und dem tatsächlich berechneten Entgelt nachzufordern und erforderlichenfalls gerichtlich geltend zu machen und im Wege der Zwangsvollstreckung beizutreiben. Kommt der Unternehmer dieser Verpflichtung innerhalb einer von der Bundesanstalt für den Güterfernverkehr (§ 53) festzusetzenden angemessenen Frist nicht nach, so geht die Forderung auf die Bundesanstalt über, die das zuwenig berechnete Entgelt im eigenen Namen einzuziehen hat. In diesem Falle führt sie an Stelle des Unternehmers die in dem Unterschiedsbetrag enthaltene Umsatzsteuer an das für sie zuständige Finanzamt ab; die Unterschiedsberechnung gilt für den Vorsteuerabzug nach § 15 Abs. 1 des Umsatzsteuergesetzes als Rechnung des Unternehmers, wenn in ihr der Steuerbetrag gesondert ausgewiesen ist.

(2) Ist Beförderungsentgelt über Tarif berechnet oder sind andere tarifwidrige Zahlungen oder Zuwendungen geleistet, so muß der Leistende diese zurückfordern und erforderlichenfalls gerichtlich geltend machen und im Wege der Zwangsvollstreckung beitreiben. Kommt der Leistende dieser Verpflichtung innerhalb einer von der Bundesanstalt festzusetzenden angemessenen Frist nicht nach, so geht die Forderung auf die Bundesanstalt über, die das zuviel berechnete Entgelt im eigenen Namen einzuziehen hat. Bei Zuwendungen, die nicht in Geld bestehen, ist der dem Wert der Zuwendung entsprechende Geldbetrag einzuziehen. § 817 Satz 2 des Bürgerlichen Gesetzbuches ist nicht anzuwenden.

(3) Hat ein nach den Absätzen 1 und 2 Forderungsberechtigter vorsätzlich gehandelt, so geht die Forderung in dem Zeitpunkt auf die Bundesanstalt über, in dem diese dem Schuldner den Übergang mitteilt, im Falle des Konkurses eines Forderungsberechtigten jedoch nur, soweit die Forderung nicht zur Befriedigung der Gläubiger erforderlich ist. Tritt der Konkurs erst innerhalb von drei Monaten nach dem Forderungsübergang ein, so

kann der Konkursverwalter verlangen, daß die Bundesanstalt einen entsprechenden Teil der Forderung oder, falls diese bereits eingezogen ist, des Erlöses auf ihn zurücküberträgt.

(4) Der Bundesminister für Verkehr bestimmt durch Rechtsverordnung ohne Zustimmung des Bundesrates die Form, in der die nach Absatz 1 Satz 1 und Absatz 2 Satz 1 Berechtigten die Einziehung nach- oder zurückzufordernder Geldbeträge nachzuweisen haben.

(5) Die Absätze 1 bis 3 finden auf Beförderungen im grenzüberschreitenden Güterkraftverkehr keine Anwendung. Der Bundesminister für Verkehr kann jedoch durch Rechtsverordnung ohne Zustimmung des Bundesrates bestimmen, daß die Absätze 1 bis 3 auf Beförderungen im grenzüberschreitenden Güterkraftverkehr ganz oder teilweise Anwendung finden, wenn das Recht, das an dem außerhalb des Geltungsbereichs dieses Gesetzes liegenden Be- oder Entladeort gilt, entsprechende Bestimmungen enthält."

§ 23 GüKG war bisher von erheblicher Bedeutung. Nach dem Wegfall des gesamten **2** Tarifsystems am 1. 1. 1994 kann er nur noch für Altfälle nachwirken. Probleme bestehen jedoch für die Übergangszeit durch die offenbar starke Einschränkung der Tarifkontrolle im Jahre 1993. Die Weiteranwendung der Vorschrift bei nicht mehr konsequent durchgeführter Tarifüberwachung könnte sich als rechtsmißbräuchlich erweisen, soweit sie diskriminierend wirkt.

§ 24
(aufgehoben 1990)

§ 25
(aufgehoben 1961)

§ 26

Soweit Beförderungsbedingungen anzuwenden sind, kann der Unternehmer die ihm nach den gesetzlichen Vorschriften oder den Beförderungsbedingungen obliegende Haftung durch Vertrag weder ausschließen noch beschränken.

Vor § 26 wird zum 1. 1. 1994 die Zwischenüberschrift gestrichen. Sie lautet bis dahin **1** „Pflichten der am Beförderungsvertrag Beteiligten".

In § 26 wird zum 1. 1. 1994 nach „Soweit Beförderungsbedingungen" der Zusatz **2** „(§ 20)" gestrichen. Der Sinn dieser Streichung scheint darin zu bestehen, Zweifel an der einseitig zugunsten der Kunden bestehenden zwingenden Wirkung der Haftungsbestimmungen der KVO und des GüKUMT auszuschließen. Die Begründung der Regierungsvorlage enthält hierzu nur die Bemerkung „Redaktionelle Anpassung". Aus § 20 GüKG n. F. und Art. 6 Abs. 2 und 3 Tarifaufhebungsgesetz ergibt sich aber die grundsätzliche weitere Anwendung auch des § 26 ausschließlich auf die weitergeltenden bzw. angepaßten Vorschriften der KVO und des GüKUMT. Aus der Aufhebung von § 22 GüKG ergibt sich, daß nunmehr einer den Kunden begünstigenden Änderung der Haftung durch Vertrag nichts mehr entgegensteht[2]; § 26 betrifft ohnehin nur Haftungsverschlechterungen.

---

[2] Siehe vor § 1 GüKG Rdn. 1.

§ 27

(1) Der Unternehmer hat sich gegen alle Schäden, für die er nach den Beförderungsbedingungen haftet, zu versichern. Auf diese Versicherung finden die für die Transportversicherung geltenden Vorschriften des § 187 des Gesetzes über den Versicherungsvertrag (VVG) in der im Bundesgesetzblatt Teil III Gliederungsnummer 7632-1 veröffentlichten bereinigten Fassung mit späteren Änderungen entsprechende Anwendung.

(2) Der Nachweis der Versicherung ist durch eine vom Versicherer oder seinem Beauftragten zu erteilende Versicherungsbestätigung nach vorgeschriebenem Muster zu erbringen. Der Versicherer oder sein Beauftragter ist verpflichtet, dem Versicherungsnehmer bei Beginn des Versicherungsschutzes die Versicherungsbestätigung kostenlos zu erteilen.

(3) Die Genehmigungsbehörde hat dem Versicherer oder seinem Beauftragten die Nummer und das Ausstellungsdatum der Genehmigungsurkunde mitzuteilen.

(4) Versicherungsunternehmen, mit denen Unternehmer des Güterfernverkehrs eine Versicherung nach Absatz 1 abgeschlossen haben, sind verpflichtet, das Erlöschen des Versicherungsverhältnisses gemäß § 158 c des Gesetzes über den Versicherungsvertrag unverzüglich der Genehmigungsbehörde anzuzeigen.

(5) Die Genehmigungsbehörde kann jederzeit von dem Unternehmer den Nachweis der Versicherung verlangen.

(6) Der Unternehmer ist verpflichtet, die Genehmigungsurkunde unverzüglich an die Genehmigungsbehörde zurückzugeben, wenn eine ausreichende Schadensversicherung nicht mehr besteht.

(7) Die Einzelheiten des Nachweis- und Meldeverfahrens nach den Absätzen 1 bis 4 bestimmt der Bundesminister für Verkehr durch Rechtsverordnung.

1 Die Versicherungspflicht für den Güterfernverkehr soll auch nach dem 1. 1. 1994 (Inkrafttreten des Tarifaufhebungsgesetzes) bestehen bleiben. Sie betrifft derzeit auch Kabotage ausländischer Frachtführer in Deutschland; siehe § 429 Anh. I Rdn. 38.

2 § 187 VVG wurde mit Wirkung zum 1. 7. 1990 neu gefaßt; siehe § 429 Anh. I Rdn. 6, 8 ff, 41 f; § 38 KVO, Anh. II nach § 452 Rdn. 15.

§ 28

(1) Unternehmer und Absender haben dafür zu sorgen, daß über jede Sendung die von dem Bundesminister für Verkehr oder durch das Übereinkommen über den Beförderungsvertrag im internationalen Straßengüterverkehr (CMR; BGBl. 1961 II S. 1120) vorgeschriebenen Beförderungs- und Begleitpapiere ausgefertigt werden. Diese sind bei allen Beförderungen im Güterfernverkehr im Kraftfahrzeug mitzuführen.

(2) Der Unternehmer hat ein Fahrtenbuch zu führen. An Stelle eines Fahrtenbuchs kann er ein Fahrtberichtsheft führen, wenn andere Vorschriften, insbesondere Vorschriften der Europäischen Gemeinschaften dies vorsehen. Ein Fahrtenbuch ist nicht zu führen bei Verwendung von Genehmigungen, die nach § 19 a für eine Einzelfahrt oder für mehrere Einzelfahrten innerhalb von sieben aufeinanderfolgenden Tagen erteilt sind. Einzelheiten über Form und Ausfüllung des Fahrtenbuches und des Fahrtenberichtsheftes bestimmt der Bundesminister für Verkehr durch Rechtsverordnung ohne Zustimmung des Bundesrates.

(3) Die Genehmigungsurkunde, das Fahrtenbuch und die Beförderungs- und Begleitpapiere sind auf Verlangen der zuständigen Kontrollbeamten zur Prüfung auszuhändigen.

Stand: 1. 7. 1993

(4) Im Falle des § 12 Abs. 2 sind die Beförderungspapiere auch während der Beförderung auf der Teilstrecke mitzuführen, auf der ein Kraftfahrzeug ohne Genehmigung eingesetzt wird. Absatz 3 ist insoweit anzuwenden.

Abs. 2 ist zum 1. 1. 1994 neu gefaßt; die bis dahin geltende Fassung lautet: *„Der Unternehmer hat ein Fahrtenbuch zu führen. Einzelheiten über Form und Ausfüllen dieses Fahrtenbuches bestimmt der Bundesminister für Verkehr durch Rechtsverordnung ohne Zustimmung des Bundesrates."*

§ 29

Unternehmer und Spediteure haben über den Güterfernverkehr Bücher zu führen und in diesen die Beförderungsgeschäfte nach den Grundsätzen ordnungsmäßiger Buchführung ersichtlich zu machen. Der Unternehmer hat die Beförderungspapiere und das Fahrtenbuch nach Beendigung der Beförderung fünf Jahre, die Schaublätter der Fahrtschreiber und Kontrollgeräte ein Jahr geordnet aufzubewahren.

In § 29 werden nach „Beförderungsgeschäfte" zum 1. 1. 1994 die Wörter *„insbesondere das Beförderungsentgelt"* gestrichen.

§ 30

Die an dem Beförderungsvertrag Beteiligten sind für die Richtigkeit und Vollständigkeit ihrer Angaben und Erklärungen in den Beförderungspapieren verantwortlich.

§ 31
(aufgehoben 1983)

§ 32
(aufgehoben 1. 1. 1994)

§ 32 ist zum 1. 1. 1994 aufgehoben. Er lautet bis dahin:

„(1) Die Vermittlung von Ladegut oder Laderaum im Güterfernverkehr ist nur solchen Personen gestattet, bei denen eine derartige Tätigkeit im Rahmen ihres Gewerbebetriebs üblich ist. Über solche Geschäfte sind Bücher zu führen, die Angaben über die Parteien, das beförderte Ladegut, das Beförderungsentgelt und die Provision enthalten müssen. Die Bücher und sonstigen Unterlagen über das Vermittlungsgeschäft sind fünf Jahre aufzubewahren.

(2) Die am Beförderungsvertrag Beteiligten dürfen, unbeschadet der Vorschriften der §§ 33 bis 36, bei der Beschaffung von Ladegut oder Laderaum sich anderer als der in Absatz 1 bezeichneten Personen nicht bedienen; im übrigen darf den an dem Beförderungsvertrag oder seiner Durchführung Beteiligten eine in bezug auf das Beförderungsentgelt prozentual berechnete Provision nicht gezahlt werden.

(3) Der Vermittler hat gegen den Unternehmer Anspruch auf Vermittlungsprovision nur, wenn der Unternehmer bei dem Vermittler nachgesucht hat, ihm die Gelegenheit zum Abschluß eines Beförderungsvertrages nachzuweisen, und wenn der Beförderungsvertrag infolge der Vermittlung zustande gekommen ist. Ist der Vermittler wegen desselben Ladegutes bereits zur Beschaffung von Laderaum im Auftrag eines Dritten tätig, so hat er gegen den Unternehmer keinen Anspruch auf Provision; das gleiche gilt, wenn der Vermittler Beteiligter an den der Beförderung zugrunde liegenden Rechtsgeschäften ist.

(4) Die für das Vermittlungsgeschäft gezahlte Provision darf weder ganz noch teilweise in irgendeiner Form an Dritte weitergegeben werden.

(5) Der Bundesminister für Verkehr bestimmt im Einvernehmen mit dem Bundesminister für Wirtschaft durch Rechtsverordnung ohne Zustimmung des Bundesrates Höchstsätze für die Bemessung der Vermittlungsprovision und der Entgelte für Nebenleistungen, soweit diese vom Unternehmer gezahlt werden."

Vierter Titel
(insgesamt aufgehoben 1. 1. 1994)

Abfertigungsdienst

1 Der bisherige Vierte Titel des Zweiten Abschnitts „Abfertigungsdienst" ist zum 1. 1. 1994 aufgehoben.

§ 33
(aufgehoben 1. 1. 1994)

1 § 33 ist zum 1. 1. 1994 aufgehoben. Er lautet bis dahin:
„Abfertigungsspediteur ist ein Spediteur, der im Güterfernverkehr Transporte abfertigt."

§ 34
(aufgehoben 1. 1. 1994)

1 § 34 ist zum 1. 1. 1994 aufgehoben. Er lautet bis dahin:
„(1) Der Abfertigungsspediteur wird von der hoheren Landesverkehrsbehörde nach Anhörung der Bundesanstalt für den Güterfernverkehr (§ 53), der Vertretungen des gewerblichen Güterfernverkehrs und der Spedition und Lagerei bestellt.

(2) Bestellt werden kann nur eine handelsgerichtlich eingetragene Speditionsfirma, die zuverlässig ist und nach ihren betrieblichen und wirtschaftlichen Einrichtungen die Gewähr für die Erfüllung der Aufgaben des Abfertigungsdienstes bietet.

(3) Auf die Zurücknahme der Bestellung findet § 102 b Abs. 1 und 2 Nr. 4, 7 und 9 entsprechende Anwendung. Die Bestellung kann außerdem zurückgenommen werden, wenn der Abfertigungsspediteur wiederholt gegen die Abfertigungsordnung (§ 36) verstoßen hat.

(4) Für die Abfertigungsspediteure des Kraftverkehrs der Deutschen Bundesbahn finden die Vorschriften der §§ 33 bis 36 entsprechende Anwendung mit der Maßgabe, daß die Abfertigungsspediteure durch die Deutsche Bundesbahn nach Anhörung der höheren Landesverkehrsbehörde bestellt werden. Einer Anhörung der Vertretung des gewerblichen Güterfernverkehrs bedarf es nicht."

§ 35
(aufgehoben 1. 1. 1994)

1 § 35 ist zum 1. 1. 1994 aufgehoben. Er lautet bis dahin:
„Der Abfertigungsspediteur erhält von dem Unternehmer des Güterfernverkehrs für seine Tätigkeit ein Entgelt, das der Bundesminister für Verkehr im Einvernehmen mit dem Bundesminister für Wirtschaft durch Rechtsverordnung ohne Zustimmung des Bundesrates festsetzt."

Sechster Abschnitt. Frachtgeschäft

§ 36
(aufgehoben 1. 1. 1994)

§ 36 ist zum 1. 1. 1994 aufgehoben. Er lautet bis dahin: 1
„*Die Aufgaben des Abfertigungsspediteurs bei der Durchführung des Güterfernverkehrs, insbesondere seine Rechte und Pflichten, werden durch eine Abfertigungsordnung geregelt, die der Bundesminister für Verkehr durch Rechtsverordnung ohne Zustimmung des Bundesrates erläßt. Vor Erlaß der Abfertigungsordnung ist der Verwaltungsrat der Bundesanstalt für den Güterfernverkehr (§ 53) zu hören.*"

Dritter Abschnitt
Vorschriften für besondere Verkehre

Erster Titel
Sondervorschriften für den Umzugsverkehr

§ 37

Die Beförderung von Umzugsgut, Erbgut und Heiratsgut mit einem Kraftfahrzeug für andere (Umzugsverkehr) ist erlaubnispflichtig. Die Erlaubnis wird dem Unternehmer für seine Person zeitlich unbeschränkt erteilt.

§ 38

(1) Die Erlaubnis wird nur erteilt, wenn
1. der Unternehmer und die für die Führung der Geschäfte bestellte Person zuverlässig sind,
2. der Unternehmer oder die für die Führung der Geschäfte gestellte Person fachlich geeignet ist und
3. die finanzielle Leistungsfähigkeit des Betriebes gewährleistet ist.
(2) Für die Erteilung der Erlaubnis ist diejenige untere Verkehrsbehörde zuständig, in deren Bezirk der Unternehmer seinen Sitz oder eine gerichtlich eingetragene Zweigniederlassung hat (Erlaubnisbehörde).

§ 39

Auf das Erlaubnisverfahren für den Umzugsverkehr sind
§ 8 Abs. 2 über die Entscheidung in Zweifelsfällen,
§ 10 Abs. 2 über die Bedingungen für den Berufszugang,
§ 14 Abs. 2 über die Zuständigkeit bei einem Sitz des Unternehmens außerhalb des Geltungsbereichs dieses Gesetzes,
§ 14 Abs. 3 Satz 1 mit der Maßgabe, daß als beteiligte Verbände des Verkehrsgewerbes die Vertretungen des Möbeltransports und der Spedition zu hören sind,
§ 15 Abs. 1, 2 Nr. 1 und 2, Abs. 3 Satz 1, Abs. 5 Satz 2 und Abs. 6 über Aushändigung, Inhalt und Verlust der Urkunde,
§ 17 über die Nachprüfung der Betriebssicherheit der Kraftfahrzeuge,
§ 18 über die Pflicht zur Mitteilung an die Berufsgenossenschaft und

§ 19 über die Fortführung des Betriebes nach dem Tod des Unternehmers sowie nach dem Wegfall der Erwerbs- oder Geschäftsfähigkeit des Unternehmers oder der für die Führung der Geschäfte bestellten Person

entsprechend anzuwenden, wobei an die Stelle der nach § 8 Abs. 2 zuständigen höheren Landesverkehrsbehörde die untere Verkehrsbehörde tritt.

1 In § 39, vierter Teilsatz, werden zum 1. 1. 1994 nach „§ 14 Abs. 3 Satz 1 mit der Maßgabe, daß" die Wörter „*die Anhörung der Bundesanstalt unterbleibt und*" gestrichen.

§ 40
(aufgehoben 1. 1. 1994)

1 § 40 ist zum 1. 1. 1994 aufgehoben. Er lautet bis dahin:

„*(1) Entgelte für die Beförderung und für Nebenleistungen im Umzugsverkehr sind Mindest-Höchstentgelte, falls in dem Tarif nichts anderes bestimmt ist. Auf den Tarif sind die §§ 20 und 22 Abs. 1 Satz 1 erster Halbsatz und Abs. 3 anzuwenden. Falls der Tarif Mindest-Höchstentgelte vorsieht, gilt außerdem § 22 Abs. 2. Für das Tarifbildungsverfahren gilt § 20 a.*

(2) Der Bundesminister für Verkehr wird ermächtigt, durch Rechtsverordnung ohne Zustimmung des Bundesrates eine Tarifkommission für den Umzugsverkehr zu errichten. Die §§ 21, 21 a und 21 b gelten entsprechend mit der Maßgabe, daß die Mitglieder der Tarifkommission und ihre Stellvertreter auf Vorschlag von Angehörigen oder Verbänden des Umzugs- und Möbelverkehrs und die Mitglieder des beratenden Ausschusses auf Vorschlag der Verbände der Industrie, des Handels, der Spedition, des Handwerks und der Verbraucher berufen werden.

(3) Die Tarifkommission für den Umzugsverkehr ist auch zuständig zur Festsetzung von Tarifen für die Beförderung von Handelsmöbeln in besonders für die Möbelbeförderung eingerichteten Fahrzeugen im Güterfernverkehr und Güternahverkehr."

§ 41

§ 26 über das Verbot des Haftungsausschlusses und der Haftungsbeschränkung und § 27 über die Versicherungspflicht gelten entsprechend. § 29 über die Buchführungs- und Aufbewahrungspflicht gilt entsprechend mit der Maßgabe, daß der Unternehmer die Zweitschriften seiner Rechnungen fünf Jahre nach Rechnungsausstellung aufzubewahren hat.

§ 42

Auf allen Fahrten ist eine Ausfertigung der Erlaubnisurkunde mitzuführen und auf Verlangen der zuständigen Kontrollbeamten zur Prüfung auszuhändigen.

§ 43

Der Unternehmer unterliegt wegen der Erfüllung der gesetzlichen Vorschriften der Aufsicht der Erlaubnisbehörde. Im übrigen gilt § 55 Abs. 1 und 2 entsprechend.

1 In § 43 wird zum 1. 1. 1994 die Absatzbezeichnung „(1)" gestrichen. Absatz 2 wird aufgehoben. Er lautet bis dahin:

„*Der Bundesminister für Verkehr wird ermächtigt, durch Rechtsverordnung ohne Zustimmung des Bundesrates zu bestimmen, in welchem Umfang und nach welchem Verfahren Unterlagen zur Tarifüberwachung der Bundesanstalt für den Güterfernver-*

kehr vorzulegen sind. In der Rechtsverordnung kann auch die statistische Erfassung der Beförderungsleistungen vorgesehen werden."

§ 44
(alte Fassung, aufgehoben 1. 1. 1994)

§ 44 ist zum 1. 1. 1994 aufgehoben. Er lautet bis dahin: 1
Für den Umzugsverkehr der Deutschen Bundesbahn gelten nicht die §§ 37 bis 39, 42, 43 und 102 b.

Zweiter Titel
(aufgehoben 1. 1. 1994)

Sondervorschriften für den Güterfernverkehr der Deutschen Bundesbahn

Der Zweite Titel des Dritten Abschnitts „Sondervorschriften für den Güterfernver- 1 kehr der Deutschen Bundesbahn" ist zum 1. 1. 1994 aufgehoben.

§ 45
(aufgehoben 1. 1. 1994)

§ 45 ist zum 1. 1. 1994 aufgehoben. Er lautet bis dahin: 1
„(1) Die Deutsche Bundesbahn darf Güterfernverkehr mit eigenen Kraftfahrzeugen betreiben.
(2) Der Bundesminister für Verkehr setzt die Höchstzahl der bundesbahneigenen Kraftfahrzeuge, die im Güterfernverkehr eingesetzt werden dürfen, fest. Die Höchstzahl darf dreieinhalb vom Hundert der für den allgemeinen Güterfernverkehr nach § 9 festgesetzten Zahl nicht übersteigen."

§ 46
(aufgehoben 1. 1. 1994)

§ 46 ist zum 1. 1. 1994 aufgehoben. Er lautet bis dahin: 1
„*Für den Güterfernverkehr der Deutschen Bundesbahn mit bundesbahneigenen Kraftfahrzeugen gelten nicht die §§ 8 bis 15, 17 bis 19 b, 23 mit Ausnahme des Abs. 1 Satz 1, ferner die §§ 27, 58 und 102 b.*"

§ 47
(aufgehoben 1. 1. 1994)

§ 47 ist zum 1. 1. 1994 aufgehoben. Er lautet bis dahin: 1
„(1) *Die Deutsche Bundesbahn darf zur Durchführung ihres Güterfernverkehrs Unternehmer des genehmigten Güterfernverkehrs beschäftigen. Falls sie solche Unternehmer beschäftigt, hat sie ihnen ein Entgelt in Höhe der nach dem Tarif (§ 20) zu berechnenden Fracht zu zahlen. Hiervon dürfen als Ausgleich für die Leistungen der Deutschen Bundesbahn, insbesondere für die Bereitstellung des Ladegutes, die Fahrzeugdisposition, die Abwicklung des Frachtvertrages und die Abrechnung des Transports mit dem Unternehmer, Abzüge gemacht werden, die der Bundesminister für Verkehr durch Rechtsverordnung ohne Zustimmung des Bundesrates festsetzt. Der Bundesminister für*

Verkehr kann in Fällen besonderen öffentlichen Interesses Ausnahmen von Satz 2 zulassen.

(2) Bei Güterbeförderungen nach Absatz 1 ist Frachtführer die Deutsche Bundesbahn.

(3) Die Unternehmer des genehmigten Güterfernverkehrs unterliegen bei Güterbeförderungen nach Absatz 1 nicht den Vorschriften der §§ 20 und 23 Abs. 1 sowie der §§ 26, 27 und 58; die Vorschriften des § 23 Abs. 2 bis 4 und der §§ 28 und 29 finden entsprechende Anwendung. Die Verpflichtungen nach den §§ 20, 23 Abs. 1 Satz 1 und § 26 treffen an Stelle der Unternehmer die Deutsche Bundesbahn.

(4) Die von der Deutschen Bundesbahn über die Beschäftigung von Unternehmern des genehmigten Güterfernverkehrs abgeschlossenen Verträge dürfen nicht verlängert oder erneuert werden, soweit sie mit diesem Gesetz in Widerspruch stehen."

Zweiter Titel

Sondervorschriften für den Werkverkehr

1 Die Titelüberschrift ist zum 1. 1. 1994 geändert. Sie lautet bis dahin: *„Dritter Titel – Sondervorschriften für den Werkverkehr"*.

§ 48

(1) Werkverkehr ist jede Beförderung von Gütern für eigene Zwecke. Er ist nur zulässig, wenn folgende Voraussetzungen erfüllt sind:

1. Die beförderten Güter müssen zum Verbrauch oder zur Wiederveräußerung erworben oder zum Eigengebrauch oder zur gewerbsmäßigen Vermietung oder zur Veredelung oder Bearbeitung oder Verarbeitung bestimmt oder bestimmt gewesen oder von dem Unternehmen erzeugt, gefördert oder hergestellt sein.

2. Die Beförderung muß der Heranschaffung der Güter zum Unternehmen, ihrer Fortschaffung vom Unternehmen oder ihrer Überführung entweder innerhalb des Unternehmens oder zum Zweck des Eigengebrauchs außerhalb des Unternehmens dienen.

3. Die Kraftfahrzeuge müssen bei der Beförderung von Angehörigen des Unternehmens, die nicht Angestellte anderer Unternehmen oder selbständige Unternehmer sein dürfen, bedient werden. Werden im Huckepackverkehr die Güter mit der Eisenbahn oder mit einem Binnenschiff in einem Kraftfahrzeug befördert, so darf das Unternehmen bei der An- oder Abfuhr zu oder von der Eisenbahn oder einem Binnenschiff sich auch anderer als der in Satz 1 genannten Personen bedienen.

4. Die Kraftfahrzeuge müssen auf den Namen des Unternehmers zugelassen sein und ihm gehören oder von ihm auf Abzahlung gekauft sein. Der Bundesminister für Verkehr wird ermächtigt, durch Rechtsverordnung mit Zustimmung des Bundesrates Ausnahmen von der Voraussetzung des Satzes 1 für den kurzfristigen Ausfall von im Werkverkehr verwendeten Kraftfahrzeugen und zur Umsetzung der Richtlinie 84/647/EWG des Rates vom 19. Dezember 1984 über die Verwendung von ohne Fahrern gemieteten Fahrzeugen im Straßengüterverkehr (ABl. EG Nr. L 335/72 vom 22. Dezember 1984), geändert durch die Richtlinie 90/398/EWG vom 24. Juli 1990 (ABl. EG Nr. L 202 S. 46 vom 31. Juli 1990) zuzulassen.

5. Die Beförderung darf nur eine Hilfstätigkeit im Rahmen der gesamten Tätigkeit des Unternehmens darstellen.

(2) Werkfernverkehr ist Werkverkehr außerhalb der im § 2 Abs. 2 bestimmten Zone. § 2 Abs. 1 Satz 2 und § 3 finden entsprechende Anwendung.

Abs. 1 Nr. 4 ist zum 1. 1. 1994 neu gefaßt; die bis dahin geltende Fassung lautet: *„Die* **1**
Kraftfahrzeuge müssen auf den Namen des Unternehmers zugelassen sein und ihm gehören oder von ihm auf Abzahlung gekauft sein; dies gilt nicht bei Einsatz eines Ersatzfahrzeugs für die Dauer eines kurzfristigen Ausfalls des sonst im Werkverkehr verwendeten Kraftfahrzeugs und für Lastkraftwagen ohne Anhänger mit einer zulässigen Nutzlast von weniger als 4 t. Der Bundesminister für Verkehr bestimmt durch Rechtsverordnung mit Zustimmung des Bundesrates die höchstzulässige Dauer eines solchen Einsatzes sowie das seiner Überwachung dienende Verfahren."

§ 48 a

(1) Güter werden nur dann zur Wiederveräußerung im Sinne von § 48 Abs. 1 Nr. 1 erworben, wenn sie im Rahmen einer geschäftlichen Tätigkeit gekauft werden, die ein selbständiges, innerhalb üblicher Geschäftsbeziehungen unabhängiges Handeln des Unternehmens darstellt und nicht von anderen wahrgenommen wird, die an Geschäften über diese Güter beteiligt sind.

(2) Sind die beförderten Güter nicht zur Wiederveräußerung im Sinne von Absatz 1 erworben und ist auch keine der anderen Voraussetzungen des § 48 Abs. 1 Nr. 1 erfüllt, so finden die Bestimmungen über die Güterbeförderung für andere Anwendung.

§ 49

Den Bestimmungen über den Werkverkehr unterliegt auch die Beförderung von Gütern durch Handelsvertreter, Handelsmakler und Kommissionäre, soweit

1. deren geschäftliche Tätigkeit sich auf diese Güter bezieht,
2. die Voraussetzungen nach § 48 Abs. 1 Nr. 2 bis 5 vorliegen und
3. ein Lastkraftwagen von nicht mehr als 4 t Nutzlast ohne Anhänger verwendet wird.

§ 50

Der Werkfernverkehr ist nicht genehmigungspflichtig. Es besteht keine Versicherungspflicht (§ 27).

In § 50 ist nach „Es besteht" zum 1. 1. 1994 *„keine Tarifpflicht (§ 20) und"* gestrichen. **1**

§§ 50 a–50 f
(aufgehoben 1986)

§ 51

(1) Die Vorschriften über den Standort in § 6 Abs. 1, 2 und 5 sowie in § 6 a finden entsprechende Anwendung. Über die Bestimmung des Standorts ist eine amtliche Bescheinigung zu erteilen, die bei allen Fahrten im Kraftfahrzeug mitzuführen und auf Verlangen der zuständigen Kontrollbeamten zur Prüfung auszuhändigen ist.

(2) Für Lastkraftwagen mit einer Nutzlast von nicht mehr als 4 t und Zugmaschinen mit einer Leistung von nicht mehr als 40 kW sowie für Zugmaschinen, die durch land- und forstwirtschaftliche Betriebe ausschließlich im Werknahverkehr eingesetzt werden und die von der Kraftfahrzeugsteuer befreit sind, gilt der im Fahrzeugschein für den Unternehmer als Fahrzeughalter eingetragene regelmäßige Standort als Standort im Sinne dieses Gesetzes, soweit nicht ein Standort nach Absatz 1 bestimmt ist. Für Lastkraftwagen ohne Anhänger mit einer zulässigen Nutzlast von weniger als

4 t, die nicht auf den Unternehmer zugelassen sind, gilt die Niederlassung des Unternehmers, von der aus der Lastkraftwagen eingesetzt wird, als Standort im Sinne dieses Gesetzes, soweit nicht ein Standort nach Absatz 1 bestimmt ist.

(3) Werden Kraftfahrzeuge des Werkverkehrs über die Grenzen der Nahzone hinaus oder außerhalb dieser Grenzen vorübergehend im Nahverkehr verwendet, so kann die untere Verkehrsbehörde den Einsatzort zum Standort erklären, wenn dies aus wirtschaftlichen Gründen geboten und mit dem öffentlichen Interesse an der Aufrechterhaltung eines geordneten Güterkraftverkehrs vereinbar ist.

1 In § 51 Abs. 1 Satz 1 ist zum 1. 1. 1994 die Angabe „6" durch die Angabe „5" ersetzt.

§ 51 a

§ 6 b gilt auch im Werkverkehr.

§ 52

(1) Bei allen Werkfernverkehrsfahrten sind die von dem Bundesminister für Verkehr vorgeschriebenen Beförderungs- und Begleitpapiere mitzuführen und auf Verlangen den mit der Überwachung des Güterfernverkehrs beauftragten Stellen zur Prüfung vorzulegen.

(2) Unternehmen, die Werkfernverkehr durchführen, haben nach näherer Bestimmung durch den Bundesminister für Verkehr dem Bundesamt für Güterverkehr (§ 53) monatlich eine Übersicht aller durchgeführten Beförderungen im Werkfernverkehr oder eine Fehlanzeige vorzulegen. Eine Durchschrift hiervon ist fünf Jahre aufzubewahren.

(3) Zur statistischen Erfassung aller Beförderungsleistungen im Werkfernverkehr sind die Durchschriften der in Absatz 2 vorgeschriebenen Übersicht einer Stelle, die vom Bundesminister für Verkehr bestimmt wird, monatlich einzureichen.

(4) Die im Werkfernverkehr verwendeten Kraftfahrzeuge mit mehr als 4 t Nutzlast und Zugmaschinen mit einer Leistung über 40 kW sind bei dem Bundesamt für Güterverkehr mit einem von ihr vorgeschriebenen Formblatt anzumelden; die von dem Bundesamt für Güterverkehr erteilte Meldebestätigung ist bei allen Fahrten im Kraftfahrzeug mitzuführen und auf Verlangen der zuständigen Kontrollbeamten zur Prüfung auszuhändigen. Sie sind abzumelden, wenn sie nicht mehr im Werkfernverkehr verwendet werden.

(5) Die auf Grund der Absätze 1 bis 3 zu treffenden Bestimmungen erläßt der Bundesminister für Verkehr durch Rechtsverordnung ohne Zustimmung des Bundesrates.

1 § 52 wird zum 1. 1. 1994 wie folgt geändert:

In Abs. 1 sind nach „Werkfernverkehrsfahrten" die Wörter „*bei denen Kraftfahrzeuge von mehr als 1 t Nutzlast oder Zugmaschinen verwendet werden,*" gestrichen.

In Abs. 2 ist „*der Bundesanstalt für den Güterfernverkehr*" durch „dem Bundesamt für Güterverkehr" ersetzt.

In Abs. 4 ist „*der Bundesanstalt*" durch „dem Bundesamt für Güterverkehr" ersetzt.

Vierter Abschnitt
Bundesamt für Güterverkehr

§ 53

(1) Die durch § 53 Abs. 1 des Güterkraftverkehrsgesetzes vom 17. Oktober 1952 (BGBl. I S. 697) errichtete Bundesanstalt für den Güterfernverkehr wird in eine selbständige Bundesoberbehörde im Geschäftsbereich des Bundesministers für Verkehr umgewandelt. Sie trägt die Bezeichnung Bundesamt für Güterverkehr.

(2) Das Bundesamt für Güterverkehr wird von dem Präsidenten geleitet.

(3) Der Aufbau des Bundesamtes für Güterverkehr wird durch den Bundesminister für Verkehr geregelt.

(4) Das Bundesamt für Güterverkehr tritt in die Rechte und Pflichten der Bundesanstalt für den Güterfernverkehr ein.

(5) Arbeitnehmer der Bundesanstalt für den Güterfernverkehr werden Arbeitnehmer des Bundes. Bei der Bundesanstalt für den Güterfernverkehr im Arbeitsverhältnis zurückgelegte Zeiten gelten als Beschäftigungszeiten beim Bund.

(6) Die Beamten der Bundesanstalt für den Güterfernverkehr werden unmittelbare Bundesbeamte.

1 Die Abschnittsüberschrift ist zum 1. 1. 1994 neu gefaßt; die bis dahin geltende Fassung lautet: *„Bundesanstalt für den Güterfernverkehr".*

§ 53 wird neugefaßt. Die bis zum 1. 1. 1994 geltende Fassung lautet:

„(1) Zur Herstellung und Gewährleistung der Ordnung im Güterfernverkehr innerhalb seiner verschiedenen Zweige und im Verhältnis zu anderen Verkehrsträgern wird eine bundesunmittelbare Anstalt des öffentlichen Rechts errichtet, die den Namen „Bundesanstalt für den Güterfernverkehr" führt.

(2) Der Sitz der Bundesanstalt wird durch den Bundesminister für Verkehr nach Anhörung des Bundesrates bestimmt.

(3) Die Bundesanstalt errichtet in den Ländern Außenstellen. Zahl und Sitz der Außenstellen sind von ihr im Einvernehmen mit dem Bundesminister für Verkehr und den jeweils zuständigen obersten Landesverkehrsbehörden zu bestimmen. Das gleiche gilt für die Bestellung der Leiter der Außenstellen und ihrer Stellvertreter, die erfahrene Kenner des Verkehrs sein sollen. Die Außenstellen sind verpflichtet, den höheren und obersten Landesverkehrsbehörden auf Verlangen alle Auskünfte zu erteilen, die zur Durchführung der Aufsicht gemäß § 19 b erforderlich sind.

(4) Der Aufbau der Bundesanstalt wird durch eine Satzung geregelt, soweit das nicht bereits in diesem Gesetz geschieht. Der Bundesminister für Verkehr erläßt die Satzung nach Anhörung des Verwaltungsrats.

(5) Die Bundesanstalt führt ein Dienstsiegel. Es zeigt den Bundesadler mit der Umschrift „Bundesanstalt für den Güterfernverkehr."

§ 54

(1) Das Bundesamt für Güterverkehr erledigt Verwaltungsaufgaben des Bundes auf dem Gebiete des Güterkraftverkehrs, die ihm durch dieses Gesetz, durch andere Gesetze oder aufgrund dieser Gesetze zugewiesen werden.

(2) Das Bundesamt für Güterverkehr hat darüber zu wachen, daß

1. in- und ausländische Unternehmen des gewerblichen Güterkraftverkehrs und alle anderen am Beförderungsvertrag Beteiligten die ihnen nach diesem Gesetz obliegenden Pflichten erfüllen,

2. Werkfernverkehr nicht in unzulässiger Weise betrieben und die auf § 52 beruhenden Verpflichtungen eingehalten werden,

3. die Rechtsvorschriften über

a) die Beschäftigung und die Tätigkeiten des Fahrpersonals auf Kraftfahrzeugen,

b) die zulässigen Abmessungen sowie die zulässigen Achslasten und Gesamtgewichte von Kraftfahrzeugen und Anhängern,

c) die im internationalen Güterkraftverkehr verwendeten Container gemäß Artikel VI Abs. 1 des Internationalen Übereinkommens über sichere Container (CSC) in der Fassung der Bekanntmachung vom 27. Januar 1977 (BGBl. II S. 41),

d) die Abgaben, die für das Halten oder Verwenden von Fahrzeugen zur Straßengüterbeförderung sowie für die Benutzung von Straßen anfallen,

e) die Umsatzsteuer, die für die Beförderung von Gütern im Binnenverkehr durch ausländische Unternehmer oder mit nicht im Geltungsbereich dieses Gesetzes zugelassenen Fahrzeugen anfällt,

f) die Beförderung gefährlicher Güter auf der Straße,

g) die Beschaffenheit, Kennzeichnung und Benutzung von Beförderungsmitteln und Transportbehältnissen zur Beförderung von Lebensmitteln und Erzeugnissen des Weinrechts,

h) das Mitführen einer Ausfertigung der Genehmigungsurkunde nach § 12 Abs. 4 des Gesetzes über die Kontrolle von Kriegswaffen in der Fassung der Bekanntmachung vom 22. November 1990 (BGBl. I S. 2506),

i) die Beförderung von Abfall mit Fahrzeugen zur Straßengüterbeförderung im Hinblick auf die abfallrechtlichen Bestimmungen,

j) die zulässigen Werte für Geräusche und für verunreinigende Stoffe im Abgas von Kraftfahrzeugen zur Güterbeförderung,

eingehalten werden, soweit diese Überwachung im Rahmen der Maßnahmen nach § 55 Abs. 1 Nr. 4 durchgeführt werden kann. In den Fällen der Buchstaben d und e hat das Bundesamt ohne Ersuchen den zuständigen Finanzbehörden die zur Sicherung der Besteuerung notwendigen Daten zu übermitteln.

(3) Der Bundesminister für Verkehr erläßt mit Zustimmung des Bundesrates die zur Durchführung der dem Bundesamt für Güterverkehr nach dieser Vorschrift übertragenen Aufgaben und die zur Regelung des Zusammenwirkens mit den Behörden der Länder erforderlichen allgemeinen Verwaltungsvorschriften.

(4) Allgemeine Verwaltungsvorschriften zu den Aufgaben nach Absatz 2 Nr. 3 Buchstaben i und j werden vom Bundesminister für Verkehr und vom Bundesminister für Umwelt, Naturschutz und Reaktorsicherheit erlassen.

---

[1] § 54 ist zum 1. 1. 1994 neu gefaßt; die bis dahin geltende Fassung lautet:

„(1) Die Bundesanstalt hat dafür Sorge zu tragen, daß der Unternehmer des Güterfernverkehrs, der Spediteur und der Vermittler nach § 32, außerdem alle anderen am Beförderungsvertrag Beteiligten, die ihnen nach diesem Gesetz obliegenden Pflichten erfüllen, vor allem, daß die Tarife, die Beförderungsbedingungen und die Bestimmungen über Sonderabmachungen eingehalten werden.

(2) Die Bundesanstalt hat weiter – hinsichtlich Nummer 3 Buchstabe a im Zusammenwirken mit den Gewerbeaufsichtsämtern – darüber zu wachen, daß

Sechster Abschnitt. Frachtgeschäft

1. Güterfernverkehr nicht ohne die erforderliche Genehmigung sowie Werkfernverkehr nicht in unzulässiger Weise betrieben werden,
2. die auf § 52 beruhenden gesetzlichen Verpflichtungen eingehalten werden,
3. die Rechtsvorschriften über
   a) die Beschäftigung und die Tätigkeiten des Fahrpersonals auf Kraftfahrzeugen,
   b) die zulässigen Abmessungen sowie die zulässigen Achslasten und Gesamtgewichte von Kraftfahrzeugen und Anhängern,
   c) die im internationalen Güterkraftverkehr verwendeten Container gemäß Artikel VI Abs. 1 des Internationalen Übereinkommens über sichere Container (CSC) in der Fassung der Bekanntmachung vom 27. Januar 1977 (BGBl. II S. 41),
   d) die Steuerbefreiung nach § 3 Nr. 9 des Kraftfahrzeugsteuergesetzes,
   e) die Sonderregelung für Kraftfahrzeuganhänger nach § 10 des Kraftfahrzeugsteuergesetzes,
   f) die Beförderung gefährlicher Güter auf der Straße,
   g) die Beschaffenheit, Kennzeichnung und Benutzung von Transportbehältnissen zur Beförderung von Lebensmitteln,
   h) das Mitführen einer Ausfertigung der Genehmigungsurkunde nach § 12 Abs. 4 des Gesetzes über die Kontrolle von Kriegswaffen vom 20. April 1961 in der im Bundesgesetzblatt Teil III, Gliederungsnummer 190-1, veröffentlichten bereinigten Fassung, zuletzt geändert durch Artikel 2 des Gesetzes vom 31. Mai 1978 (BGBl. I S. 641),
eingehalten werden, soweit diese Überwachung im Rahmen der Maßnahmen nach § 55 Abs. 1 Nr. 4 durchgeführt werden kann.

(3) Der Bundesanstalt obliegt es ferner, auf Anforderung der Wasser- und Schiffahrtsdirektionen bei der Durchführung der ihnen nach § 31 a des Gesetzes über den gewerblichen Binnenschiffsverkehr in der Fassung der Bekanntmachung vom 8. Januar 1969 (BGBl. I S. 65), geändert durch Artikel 275 des Gesetzes vom 2. März 1974 (BGBl. I S. 469), obliegenden Überwachungsaufgabe gegen Erstattung der ihr dadurch entstehenden Kosten mitzuwirken."

§ 54 a
(aufgehoben 1. 1. 1994)

§ 54 a ist zum 1. 1. 1994 aufgehoben. Er lautet bis dahin: 1

„(1) Die Bundesanstalt unterstützt die Erlaubnisbehörde (§§ 43 und 82), soweit diese darüber zu wachen hat, daß der Unternehmer, der Umzugsverkehr oder Güternahverkehr betreibt, der Spediteur und der Vermittler nach den §§ 32 und 84 h, außerdem alle anderen am Beförderungsvertrag Beteiligten, die ihnen nach diesem Gesetz obliegenden Pflichten erfüllen, vor allem, daß die Tarife und Beförderungsbedingungen eingehalten werden, und daß Umzugsverkehr und Güternahverkehr nicht ohne die erforderliche Erlaubnis betrieben werden. Sie wird dabei durch Ermittlungen in Einzelfällen, insbesondere auf Grund von Hinweisen der Erlaubnisbehörde, tätig. Die Einzelheiten regelt der Bundesminister für Verkehr mit Zustimmung des Bundesrates in allgemeinen Verwaltungsvorschriften.

(2) § 54 Abs. 2 Nr. 3 findet Anwendung."

§ 55

(1) Zur Durchführung der Überwachungsaufgaben hat das Bundesamt für Güterverkehr folgende Befugnisse:

Anh. I § 452
(§ 55 GüKG) Drittes Buch. Handelsgeschäfte

1. Es kann durch Beauftragte die erforderlichen Ermittlungen anstellen, auch Einsicht in die Bücher und Geschäftspapiere einschließlich der Unterlagen über den Fahrzeugeinsatz nehmen lassen, und zwar bei

a) Eigentümern und Besitzern von Kraftfahrzeugen zur Güterbeförderung,
b) allen an der Beförderung Beteiligten und
c) den Beteiligten an Handelsgeschäften über die beförderten Güter.

2. Das Bundesamt für Güterverkehr und seine Beauftragten können von den in Nummer 1 genannten Beteiligten und den in deren Geschäftsbereichen tätigen Personen Auskunft über alle Tatsachen verlangen, die für die Durchführung der Überwachung von Bedeutung sind. Die Auskunft ist wahrheitsgemäß nach bestem Wissen und Gewissen zu erteilen. Der zur Auskunft Verpflichtete kann die Auskunft auf solche Fragen verweigern, deren Beantwortung ihn selbst oder einen der in § 383 Abs. 1 Nr. 1 bis 3 der Zivilprozeßordnung bezeichneten Angehörigen der Gefahr strafgerichtlicher Verfolgung oder eines Verfahrens nach dem Gesetz über Ordnungswidrigkeiten aussetzen würde.

3. Seine Beauftragten können Grundstücke und Geschäftsräume der in Nummer 1 genannten Beteiligten betreten, um an Ort und Stelle innerhalb der üblichen Geschäfts- und Arbeitsstunden Ermittlungen durchzuführen. Die in Nummer 2 genannten Personen haben ihnen hierbei jede Auskunft und Nachweisung zu erteilen, derer sie bedürfen.

4. Es kann auch außerhalb der Geschäftsräume der Beteiligten, insbesondere auf Straßen, auf Autohöfen und an Tankstellen Überwachungsmaßnahmen durchführen. Zu diesem Zweck dürfen seine Beauftragten das Fahrpersonal von Kraftfahrzeugen zur Güterbeförderung anhalten. Die Zeichen und Weisungen der Beauftragten des Bundesamtes für Güterverkehr sind zu befolgen, entbinden den Verkehrsteilnehmer jedoch nicht von seiner Sorgfaltspflicht.

5. Auf Antrag eines Landes können Beauftragte des Bundesamtes für Güterverkehr zur Überwachung von Rechtsvorschriften über die Beschäftigung und die Tätigkeit des Fahrpersonals auf Kraftfahrzeugen Kraftomnibusse anhalten.

(2) Die im Absatz 1 Nummer 1 genannten und die in deren Geschäftsbetrieb tätigen Personen haben den Beauftragten des Bundesamtes für Güterverkehr bei der Durchführung der Überwachungsmaßnahmen die erforderlichen Hilfsmittel zu stellen und die nötigen Hilfsdienste zu leisten.

(3) Stellt das Bundesamt für Güterverkehr in Ausübung der in Absatz 1 Nr. 1 bis 3 genannten Befugnisse schwerwiegende Verstöße gegen die in § 54 Abs. 2 Nr. 3 genannten Rechtsvorschriften fest, übermittelt es derartige Feststellungen den zuständigen Behörden. Gleiches gilt, wenn es bei Maßnahmen nach Absatz 1 Nr. 4 Tatbestände im Sinne des 24 a des Straßenverkehrsgesetzes, Tatbestände im Sinne des § 24 des Straßenverkehrsgesetzes, die nicht geringfügig sind, sowie Tatbestände nach § 18 Abs. 1 Nr. 3 Buchstabe a des Tierschutzgesetzes feststellt.

1 § 55 ist zum 1. 1. 1994 neu gefaßt; die bis dahin geltende Fassung lautet:
„(1) Zur Durchführung der Überwachungsaufgaben hat die Bundesanstalt folgende Befugnisse:

1. Sie kann durch Beauftragte die erforderlichen Ermittlungen anstellen, auch Einsicht in die Bücher und Geschäftspapiere einschließlich der Unterlagen über den Fahrzeugeinsatz nehmen lassen, und zwar bei

a) Eigentümern und Besitzern von Kraftfahrzeugen zur Güterbeförderung,
b) allen an der Beförderung oder ihrer Abrechnung und Prüfung Beteiligten sowie

Stand: 1. 7. 1993

den gesetzlich an den Tarif gebundenen Dritten und den Vermittlern von Ladegut und Laderaum (§§ 32, 84 h) und

c) den Beteiligten an Handelsgeschäften über die beförderten Güter.

2. Sie und ihre Beauftragten können von den in Nummer 1 genannten Beteiligten und den in deren Geschäftsbetrieb tätigen Personen Auskunft über alle Tatsachen verlangen, die für die Durchführung der Überwachung von Bedeutung sind. Die Auskunft ist wahrheitsgemäß nach bestem Wissen und Gewissen zu erteilen. Der zur Erteilung der Auskunft Verpflichtete kann die Auskunft auf solche Fragen verweigern, deren Beantwortung ihn selbst oder einen der in § 383 Abs. 1 Nummer 1 bis 3 der Zivilprozeßordnung bezeichneten Angehörigen der Gefahr strafgerichtlicher Verfolgung oder eines Verfahrens nach dem Gesetz über Ordnungswidrigkeiten aussetzen würde.

3. Ihre Beauftragten können Grundstücke und Geschäftsräume der in Nummer 1 genannten Beteiligten betreten, um an Ort und Stelle innerhalb der üblichen Geschäfts- und Arbeitsstunden Ermittlungen durchzuführen. Die in Nummer 2 genannten Personen haben ihnen hierbei jede Auskunft und Nachweisung zu erteilen, derer sie bedürfen.

4. Sie kann auch außerhalb der Geschäftsräume der Beteiligten, insbesondere auf Straßen, auf Autohöfen und an Tankstellen Überwachungsmaßnahmen durchführen. Zu diesem Zweck dürfen die Beauftragten der Bundesanstalt Verkehrsteilnehmer und Lastkraftfahrzeuge anhalten. Die Zeichen und Weisungen der Beauftragten der Bundesanstalt sind zu befolgen, entbinden den Verkehrsteilnehmer jedoch nicht von seiner Sorgfaltspflicht.

(2) Die in Absatz 1 Nummer 1 Genannten und die in deren Geschäftsbetrieb tätigen Personen haben den Beauftragten der Bundesanstalt bei der Durchführung der Überwachungsmaßnahmen die erforderlichen Hilfsmittel zu stellen und die nötigen Hilfsdienste zu leisten.

(3) Der Bundesminister für Verkehr erläßt zur Durchführung der der Bundesanstalt nach §§ 54 und 54 a übertragenen Aufgaben die erforderlichen allgemeinen Verwaltungsvorschriften, im Falle des § 54 Abs. 2 Nr. 3 Buchstabe a im Einvernehmen mit dem Bundesminister für Arbeit."

§ 56

Das Bundesamt kann die Durchführung der im Rahmen ihrer Überwachungsaufgaben erforderlichen Verwaltungsmaßnahmen nach den für die Durchsetzung von Verwaltungsmaßnahmen allgemein geltenden Bestimmungen erzwingen. Soweit es zur Wahrnehmung der hier nach § 54 Abs. 2 Nrn. 1 oder 3 übertragenen Aufgaben erforderlich ist, kann das Bundesamt die Weiterfahrt eines Kraftfahrzeugs untersagen.

In § 56 werden zum 1. 1. 1994 jeweils die Wörter *die Bundesanstalt* durch die Wörter *das Bundesamt* ersetzt. **1**

§ 57

Das Bundesamt für Güterverkehr beobachtet die Entwicklung des Marktgeschehens im Güterverkehr (Marktbeobachtung), um die Funktionsfähigkeit des mittelständisch strukturierten Verkehrsmarktes zu erhalten, ruinöse Konkurrenz mit dauerhaften Dumping-Frachten zu vermeiden, Ansätze zu struktureller Überkapazität rechtzeitig zu erkennen und zur Durchführung internationaler Abkommen sowie von Verordnungen, Richtlinien und Entscheidungen des Rates und der Kommission der Europäischen Gemeinschaften.

¹ § 57 ist zum 1. 1. 1994 neu gefaßt; die bis dahin geltende Fassung lautet:

„(1) Die Bundesanstalt hat die statistische Erfassung aller Beförderungsleistungen im Güterfernverkehr nach den Weisungen des Bundesministers für Verkehr und im Rahmen der für die Bundesstatistik vorgesehenen Bestimmungen vorzunehmen.

(2) Die Einzelheiten des Verfahrens bestimmt der Bundesminister für Verkehr durch Rechtsverordnung ohne Zustimmung des Bundesrates."

§ 58

(1) Zur Beurteilung der Struktur und der Entwicklung des Straßengüterverkehrs werden bei Unternehmen, die Straßengüterverkehr betreiben, durch das Bundesamt für Güterverkehr und durch das Kraftfahrt-Bundesamt repräsentative Erhebungen von Verkehrsleistungs-, Preis- und Unternehmensangaben über wirtschaftliche Tätigkeiten, Umsatz, Beschäftigte, Investitionen und Fuhrpark als Bundesstatistik mit Auskunftspflicht durchgeführt.

(2) Zur Durchführung der Statistik nach Absatz 1 werden im Bundesamt für Güterverkehr und im Kraftfahrt-Bundesamt Organisationseinheiten eingerichtet, die räumlich, organisatorisch und personell von anderen Aufgabenbereichen der Bundesämter zu trennen sind. Die in diesen Organisationseinheiten tätigen Personen müssen Amtsträger oder für den öffentlichen Dienst besonders Verpflichtete sein. Sie dürfen die aus ihrer Tätigkeit gewonnenen Erkenntnisse über Auskunftspflichtige nicht für andere Aufgaben verwenden.

¹ § 58 ist zum 1. 1. 1994 neu gefaßt; die bis dahin geltende Fassung lautet:

„(1) Der Unternehmer hat der Bundesanstalt monatlich die für die Überwachung der Tarife und der Sonderabmachungen (Tarifüberwachung) erforderlichen Unterlagen vorzulegen. Die in der Vorlage enthaltenen Erklärungen gelten als Steuererklärungen im Sinne der Abgabenordnung.

(2) Falls der Unternehmer eine Frachtenprüfstelle mit der Vorlage der Unterlagen beauftragt, hat er dies der Bundesanstalt mitzuteilen. Frachtenprüfstellen bedürfen der Zulassung durch die Bundesanstalt.

(3) Der Bundesminister für Verkehr bestimmt die Einzelheiten des Verfahrens bei der Tarifüberwachung durch Rechtsverordnung ohne Zustimmung des Bundesrates."

§ 59

(1) Die Erhebung und Aufbereitung der Bundesstatistik nach § 58 werden durch das Bundesamt für Güterverkehr und das Kraftfahrt-Bundesamt im Einvernehmen mit dem Statistischen Bundesamt hinsichtlich der methodischen Fragen durchgeführt.

(2) Der Bundesminister für Verkehr wird ermächtigt, die Einzelheiten zur Arbeitsteilung zwischen den Bundesämtern und zur Durchführung der Erhebung, insbesondere die Erhebungs- und Hilfsmerkmale sowie Periodizität, Berichtszeiträume und Berichtszeitpunkte sowie zur Aufbereitung durch Rechtsverordnung ohne Zustimmung des Bundesrates festzulegen.

¹ § 59 ist zum 1. 1. 1994 neu gefaßt; die bis dahin geltende Fassung lautet:

„(1) Frachtenprüfstellen im Sinne des § 58 dürfen nicht zugelassen werden, wenn nicht die Gewähr dafür gegeben ist, daß

a) die mit der Frachtenprüfung Befaßten persönlich zuverlässig und fachlich geeignet sind und

Sechster Abschnitt. Frachtgeschäft

b) die für die Durchführung der Prüfung gegebenen Richtlinien der Bundesanstalt ausgeführt werden.
Die Zulassung ist beim Wegfall einer dieser Voraussetzungen zu entziehen.
(2) Allen mit der Frachtenprüfung befaßten Personen ist es unbeschadet der Vorschriften der Abgabenordnung verboten, Geschäfts- oder Berufsgeheimnisse, die bei der Prüfung der Beförderungspapiere zu ihrer Kenntnis gelangen, zu verwerten oder anderen mitzuteilen."

§ 60

(1) Die Unternehmer des Güterfernverkehrs, des Umzugsverkehrs und des Güternahverkehrs haben ihre Unternehmen und auf Verlangen dem Bundesamt für Güterverkehr die verwendeten Kraftfahrzeuge und Anhänger bei dem Bundesamt für Güterverkehr anzumelden.
(2) Das Bundesamt für Güterverkehr hat über sämtliche Unternehmen des Güterfernverkehrs, des Umzugsverkehrs und des Güternahverkehrs Register zu führen.
(3) Absatz 2 gilt entsprechend für die im Werkfernverkehr verwendeten Kraftfahrzeuge und Anhänger mit mehr als 4 t Nutzlast und Zugmaschinen mit einer Leistung über 40 kW.
(4) Das Bundesamt für Güterverkehr ist berechtigt, die Register als Auswahlgrundlage für die Durchführung der Stichprobenerhebung nach § 58 zu nutzen.

§ 60 ist zum 1. 1. 1994 wie folgt geändert: [1]
In Abs. 1 S. 1 sind nach „des Güternahverkehrs" die Wörter *„sowie die Abfertigungsspediteure"* gestrichen und jeweils die Wörter *„der Bundesanstalt"* durch die Wörter *„des Bundesamtes für Güterverkehr"* bzw. *„dem Bundesamt für Güterverkehr"* ersetzt.
Abs. 1 S. 2 wird aufgehoben. Er lautet bis zum 1. 1. 1994: *„Die Deutsche Bundesbahn hat auf Verlangen der Bundesanstalt ihre im Güterfernverkehr verwendeten Kraftfahrzeuge und Anhänger anzumelden."*
In Absatz 2 werden die Wörter *„Die Bundesanstalt"* durch die Wörter *„Das Bundesamt für Güterverkehr"* ersetzt und nach „des Güternahverkehrs" die Wörter *„sowie über die Abfertigungsspediteure"* gestrichen.
Absatz 4 wird zum 1. 1. 1994 angefügt.

§ 61
(aufgehoben 1. 1. 1994)

§ 61 ist zum 1. 1. 1994 aufgehoben. Er lautet bis dahin: *„Organe der Bundesanstalt* [1] *sind der Verwaltungsrat und der Leiter."*

§ 62

Der Bundesminister für Verkehr kann durch Rechtsverordnung mit Zustimmung des Bundesrates das Bundesamt für Güterverkehr als die für die Bundesrepublik Deutschland zuständige Stelle bestimmen, soweit dies zur Durchführung von Rechtsakten der Europäischen Gemeinschaft oder eines internationalen Abkommens erforderlich ist.

§ 62 ist zum 1. 1. 1994 neu gefaßt; die bis dahin geltende Fassung lautet: [1]
*„(1) Der Verwaltungsrat besteht aus 27 Mitgliedern, und zwar aus
6 Vertretern des Bundesverbandes des Deutschen Güterfernverkehrs (BDF) e. V.,*

1 Vertreter des Bundesverbandes des Deutschen Güternahverkehrs (BDN) e. V.,
1 Vertreter der Arbeitsgemeinschaft Möbeltransport Bundesverband e. V.,
2 Vertretern des Bundesverbandes Spedition und Lagerei e. V.,
1 Vertreter der Deutschen Bundesbahn,
1 Vertreter des Deutschen Industrie- und Handelstags,
1 Vertreter des Bundesverbandes der Deutschen Industrie,
1 Vertreter des Zentralausschusses der Deutschen Landwirtschaft,
1 Vertreter des Zentralverbandes des Deutschen Handwerks,
1 Vertreter des Zentralverbandes der Versicherungswirtschaft,
5 Vertretern der Gewerkschaften,
6 Vertretern der obersten Landesverkehrsbehörden.
Die Mitglieder werden vom Bundesminister für Verkehr auf Vorschlag der vorstehenden Gruppen ernannt, die Vertreter der obersten Landesverkehrsbehörden auf Vorschlag des Bundesrates.

(2) Von jedem Vorschlagsberechtigten mit Ausnahme der Deutschen Bundesbahn und der obersten Landesverkehrsbehörden ist dem Bundesminister für Verkehr die doppelte Zahl vorzuschlagen.

(3) Die Mitglieder werden auf 3 Jahre ernannt. Nach der ersten Ernennung scheidet jedes Jahr ein Drittel der Mitglieder aus. Die Ausscheidenden werden durch das Los bestimmt; sie können wiederernannt werden.

(4) Die Mitglieder können jederzeit durch schriftliche Erklärung gegenüber dem Bundesminister für Verkehr ihr Amt niederlegen. Verliert ein Mitglied die Fähigkeit zur Bekleidung öffentlicher Ämter oder wird über sein Vermögen der Konkurs eröffnet, so erlischt seine Mitgliedschaft. Die Mitgliedschaft erlischt ferner, wenn der Bundesminister für Verkehr feststellt, daß ein Mitglied nicht mehr der Gruppe angehört, die ihn vorgeschlagen hat.

(5) Beim Ausscheiden eines Mitglieds während seiner Amtszeit wird sein Nachfolger für den Rest der Amtsdauer des ausgeschiedenen Mitglieds ernannt."

§ 63

(1) Das Bundesamt für Güterverkehr darf personenbezogene Daten über abgeschlossene Bußgeldverfahren wegen der in §§ 99 und 99 a genannten Ordnungswidrigkeiten speichern, verändern und nutzen, soweit dies für die Erfüllung seiner Aufgaben als Bußgeldbehörde nach § 102 a erforderlich ist.

(2) Das Bundesamt für Güterverkehr darf für Zwecke der Verfolgung weiterer Ordnungswidrigkeiten sowie für Zwecke der Beurteilung der Zuverlässigkeit des Unternehmens, bei dem der Betroffene angestellt ist, folgende personenbezogene Daten in Dateien speichern, verändern und nutzen:

1. Name, Anschrift und Geburtsdatum des Betroffenen, Name und Anschrift des Unternehmens,

2. Zeit und Ort der Begehung der Ordnungswidrigkeit,

3. die gesetzlichen Merkmale der Ordnungswidrigkeit,

4. Bußgeldbescheide mit dem Datum ihres Erlasses und dem Datum des Eintritts ihrer Rechtskraft sowie

5. die Höhe der Geldbuße.

(3) Das Bundesamt für Güterverkehr übermittelt die Daten nach Absatz 2 für die dort genannten Zwecke

Stand: 1. 7. 1993

1. an öffentliche Stellen, soweit die Daten für die Entscheidung über den Zugang zum Beruf des Güter- und Personenkraftunternehmers erforderlich sind, oder

2. auf Ersuchen an Gerichte und die Behörden, die in bezug auf die Aufgaben nach § 54 Verwaltungsbehörde nach § 36 Abs. 1 Nr. 1 des Gesetzes über Ordnungswidrigkeiten sind.

(4) Eine Übermittlung unterbleibt, soweit hierdurch schutzwürdige Interessen des Betroffenen beeinträchtigt würden und nicht das öffentliche Interesse das Geheimhaltungsinteresse des Betroffenen überwiegt.

(5) Der Empfänger darf die nach Absatz 3 übermittelten Daten nur für den Zweck verarbeiten oder nutzen, zu dessen Erfüllung sie ihm übermittelt werden.

(6) Erweisen sich übermittelte Daten als unrichtig, so ist der Empfänger unverzüglich zu unterrichten, wenn dies zur Wahrung schutzwürdiger Interessen des Betroffenen erforderlich ist.

(7) Die nach Absatz 1 und 2 gespeicherten Daten sind 2 Jahre nach dem Eintritt der Rechtskraft des Bußgeldbescheides zu löschen.

§ 63 ist zum 1. 1. 1994 neu gefaßt; die bis dahin geltende Fassung lautet: 1
„(1) Der Verwaltungsrat berät den Leiter bei der Durchführung der Geschäfte.
(2) Der Verwaltungsrat beschließt über
1. die Geschäftsordnung des Verwaltungsrats und des Leiters,
2. die Dienstbezüge des Leiters und der leitenden Angestellten,
3. den Haushaltsplan und den Jahresabschluß,
4. die Vorschläge zur Erhebung der Umlagen und Meldebeiträge gemäß § 75, § 97 d Abs. 5,
5. die Aufnahme von Krediten,
6. (weggefallen),
7. die Richtlinien für die Zulassung von Frachtprüfstellen (§ 59).
(3) Der Verwaltungsrat kann zur Vorbereitung seiner Entscheidungen Ausschüsse bilden. Die Geschäftsführung in diesen Ausschüssen obliegt dem Leiter.
(4) Die Mitglieder des Verwaltungsrats sind zur Verschwiegenheit über die Angelegenheiten der Bundesanstalt verpflichtet. Sie sind an keinerlei Aufträge oder Weisungen gebunden und haben ihr Amt nach bestem Wissen und Gewissen zu versehen."

§ 64
(aufgehoben 1. 1. 1994)

§ 64 ist zum 1. 1. 1994 aufgehoben. Er lautet bis dahin: 1
„(1) Der Verwaltungsrat faßt seine Beschlüsse mit Stimmenmehrheit. Bei Stimmengleichheit entscheidet der Vorsitzende. Zur Beschlußfassung ist die Anwesenheit von mindestens 15 Mitgliedern erforderlich.
(2) Der Verwaltungsrat wählt jährlich zu Beginn des Geschäftsjahrs aus seiner Mitte einen Vorsitzenden und einen stellvertretenden Vorsitzenden. Der Vorsitzende beruft die Sitzungen ein. Ordentliche Sitzungen müssen mindestens zweimal im Kalenderjahr stattfinden. Weitere Sitzungen müssen anberaumt werden, wenn ein Drittel der Mitglieder des Verwaltungsrats oder der Leiter oder der Bundesminister für Verkehr es verlangt. Der Vorsitzende kann jederzeit eine Sitzung anberaumen.
(3) Die Mitglieder des Verwaltungsrats sind ehrenamtlich tätig; sie erhalten angemessenen Ersatz ihrer Auslagen."

§ 65
(aufgehoben 1. 1. 1994)

§ 65 ist zum 1. 1. 1994 aufgehoben. Er lautet bis dahin:
„*(1) Der Leiter wird auf Vorschlag des Verwaltungsrats vom Bundesminister für Verkehr ernannt und unbeschadet der Vorschrift des § 76 Abs. 2 abberufen.*
(2) Der Leiter und alle Angestellten der Bundesanstalt sind hauptberuflich tätig. Sie dürfen weder dem Verwaltungsrat noch einem Unternehmen des Transportgewerbes oder der Spedition angehören."

§ 66
(aufgehoben 1. 1. 1994)

§ 66 ist zum 1. 1. 1994 aufgehoben. Er lautet bis dahin:
„*Der Leiter führt die Geschäfte der Bundesanstalt. Er hat dem Verwaltungsrat monatlich über den Stand der Geschäfte zu berichten.*"

§ 67
(aufgehoben)

§ 68
(aufgehoben 1. 1. 1994)

§ 68 ist zum 1. 1. 1994 aufgehoben. Er lautet bis dahin:
„*(1) Der Leiter und die bei der Bundesanstalt Beschäftigten sind zur Verschwiegenheit über die Angelegenheiten der Bundesanstalt verpflichtet.*
(2) Die Pflicht zur Verschwiegenheit gilt auch gegenüber dem Verwaltungsrat und seinen Mitgliedern hinsichtlich der Geschäftsvorgänge des einzelnen Unternehmers. Die Vorschriften der Abgabenordnung bleiben unberührt."

§ 69
(aufgehoben 1983)

§ 70
(aufgehoben 1. 1. 1994)

§ 70 ist zum 1. 1. 1994 aufgehoben. Er lautet bis dahin:
„*Der Leiter hat rechtzeitig vor Beginn eines jeden Haushaltsjahres einen Haushaltsplan aufzustellen. Dieser muß alle Einnahmen und Ausgaben, die für das Haushaltsjahr zu erwarten sind, nach Zweckbestimmung und Ansatz getrennt ausweisen und ausgeglichen sein.*"

§ 71
(aufgehoben 1. 1. 1994)

§ 71 ist zum 1. 1. 1994 aufgehoben. Er lautet bis dahin:
„*Der Haushaltsplan bedarf der Genehmigung des Bundesministers für Verkehr im Einvernehmen mit dem Bundesminister der Finanzen; er ist dem Bundesminister für Verkehr spätestens zwei Monate vor Beginn des Haushaltsjahres vorzulegen.*"

§ 72
(aufgehoben 1. 1. 1994)

§ 72 ist zum 1. 1. 1994 aufgehoben. Er lautet bis dahin:
„*Nach Abschluß des Haushaltsjahres hat der Leiter über alle Einnahmen und Ausgaben des abgeschlossenen Haushaltsjahres Rechnung zu legen (Haushaltsrechnung).*"

§ 73
(aufgehoben 1. 1. 1994)

§ 73 ist zum 1. 1. 1994 aufgehoben. Er lautet bis dahin:
„*(1) Der Bundesrechnungshof nimmt die Rechnungsprüfung vor. Er kann nach seinem Ermessen die Prüfung beschränken und Rechnungen ungeprüft lassen.*
(2) Die Haushaltsrechnung ist mit dem Prüfungsbericht dem Bundesminister für Verkehr vorzulegen, der die Entlastung im Einvernehmen mit dem Bundesminister der Finanzen erteilt."

§ 74
(aufgehoben 1. 1. 1994)

§ 74 ist zum 1. 1. 1994 aufgehoben. Er lautet bis dahin:
„*Die Haushaltsordnung, die Finanz- und Rechnungsbestimmungen und die sonstigen Vorschriften des Bundes über die Wirtschaftsführung finden auf die Bundesanstalt sinngemäß Anwendung.*"

§ 75
(aufgehoben 1. 1. 1994)

§ 75 ist zum 1. 1. 1994 aufgehoben. Er lautet bis dahin:
„*(1) Die Kosten der Bundesanstalt sind durch Umlagen zu decken. Die Höhe der Umlagen wird bei den Unternehmern des Güterfernverkehrs nach dem Frachtumsatz bemessen. Werden die Frachtunterlagen über eine Frachtprüfstelle nach § 58 vorgeprüft, so ermäßigt sich die Umlage um einen angemessenen Satz. Es kann eine jährliche Mindestumlage für jede erteilte Genehmigung und für jedes im Güterfernverkehr eingesetzte bundesbahneigene Kraftfahrzeug festgesetzt werden. Jährliche Meldebeiträge werden erhoben von Abfertigungsspediteuren, von Unternehmern, die Umzugsverkehr oder Güternahverkehr betreiben, sowie von Unternehmen, denen nach § 52 Abs. 4 eine Meldebestätigung erteilt ist.*
(2) Die Umlagen und Meldebeiträge werden auf Vorschlag des Verwaltungsrats von dem Bundesminister für Verkehr durch Rechtsverordnung ohne Zustimmung des Bundesrates festgesetzt. Sie können nach den Vorschriften über die Betreibung öffentlicher Abgaben eingezogen werden.
(3) Bei der Festsetzung der Umlagen und Meldebeiträge sind die der Bundesanstalt erwachsenden Kosten zugrunde zu legen. Überschüsse aus dem Geschäftsbetrieb sind zur Senkung der Umlagen und Meldebeiträge für das nächste Haushaltsjahr zu verwenden.
(4) Geldbußen der Bundesanstalt als Verwaltungsbehörde im Sinne des § 36 Abs. 1 Nummer 1 des Gesetzes über Ordnungswidrigkeiten werden zur Kasse der Bundesanstalt vereinnahmt."

§ 76
(aufgehoben 1. 1. 1994)

§ 76 ist zum 1. 1. 1994 aufgehoben. Er lautet bis dahin:

"(1) Die Bundesanstalt untersteht der Aufsicht des Bundesministers für Verkehr. Er kann vom Verwaltungsrat und vom Leiter Auskunft fordern und Einblick in alle Geschäftspapiere der Bundesanstalt nehmen.

(2) Stellt der Bundesminister für Verkehr fest, daß der Leiter der Bundesanstalt bei der Erfüllung der ihm obliegenden Aufgaben nicht gesetzmäßig handelt oder in erheblichem Umfang den Zwecken des Gesetzes zuwiderhandelt, so kann er den Leiter abberufen und vom Verwaltungsrat Vorschläge über eine Neubestellung des Leiters fordern. Kommt der Verwaltungsrat dieser Forderung nicht nach, so kann der Bundesminister für Verkehr die Aufgaben der Bundesanstalt durch von ihm Beauftragte wahrnehmen lassen.

(3) Die durch die Tätigkeit der Beauftragten des Bundesministers für Verkehr entstehenden Kosten trägt die Bundesanstalt."

§§ 77–79
(aufgehoben 1983)

Fünfter Abschnitt

Güternahverkehr

Erster Titel

Allgemeiner Güternahverkehr

§ 80

Wer Güternahverkehr gewerbsmäßig betreiben will (allgemeiner Güternahverkehr), bedarf der Erlaubnis. Die Erlaubnis wird dem Unternehmer für seine Person zeitlich unbeschränkt erteilt; sie kann auf Antrag auf bestimmte Beförderungsfälle beschränkt werden.

§ 81

Die Erlaubnis wird nur erteilt, wenn

1. der Unternehmer und die für die Führung der Geschäfte bestellte Person zuverlässig sind,

2. der Unternehmer oder die für die Führung der Geschäfte bestellte Person fachlich geeignet ist und

3. die finanzielle Leistungsfähigkeit des Betriebes gewährleistet ist.

§ 82

Für die Erteilung der Erlaubnis ist diejenige untere Verkehrsbehörde zuständig, in deren Bezirk der Unternehmer seinen Sitz oder eine gerichtlich eingetragene Zweigniederlassung hat (Erlaubnisbehörde).

§ 83

(1) Auf das Erlaubnisverfahren sind die Vorschriften des
§ 8 Abs. 2 über die Entscheidung in Zweifelsfällen,
§ 10 Abs. 2 über die Bedingungen für den Berufszugang,
§ 14 Abs. 2 über die Zuständigkeit bei einem Sitz des Unternehmens außerhalb des Geltungsbereichs dieses Gesetzes,
§ 15 Abs. 1, Abs. 2 Nr. 1, 2 und 5, Abs. 5 Satz 2 und Abs. 6 über Aushändigung, Inhalt und Verlust der Urkunde,
§ 17 über die Nachprüfung der Betriebssicherheit der Kraftfahrzeuge,
§ 18 über die Pflicht zur Mitteilung an die Berufsgenossenschaft und
§ 19 über die Fortführung des Betriebes nach dem Tod des Unternehmers sowie nach dem Wegfall der Erwerbs- oder Geschäftsfähigkeit des Unternehmers oder der für die Führung der Geschäfte bestellten Person
entsprechend anzuwenden, wobei an die Stelle der nach § 8 Abs. 2 zuständigen höheren Landesverkehrsbehörde die untere Verkehrsbehörde tritt.
(2) Die Vorschrift des § 14 Abs. 3 ist mit der Maßgabe entsprechend anzuwenden, daß als beteiligte Verbände des Verkehrsgewerbes die Vertretungen des Güternahverkehrs, des Möbeltransports und der Spedition und Lagerei zu hören sind.
(3) Ändert sich die Bezeichnung des Unternehmers oder der Sitz des Unternehmens, so ist der Erlaubnisbehörde die Erlaubnisurkunde zur Berichtigung vorzulegen.
(4) Wird nach § 103 Abs. 2 Nr. 4 eine Versicherungspflicht eingeführt, so darf die Erlaubnisurkunde dem Unternehmer erst ausgehändigt werden, nachdem er den Nachweis der Versicherung erbracht hat (§ 27).

§ 83 ist zum 1. 1. 1994 wie folgt geändert:
In Abs. 2 sind nach „mit der Maßgabe entsprechend anzuwenden, daß" die Wörter „eine Anhörung der Bundesanstalt unterbleibt und" gestrichen. In Abs. 4 ist „Nr. 5" in „Nr. 4" geändert.

§ 83 a
(aufgehoben 1990)

§ 84
(aufgehoben 1. 1. 1994)

§ 84 ist zum 1. 1. 1994 aufgehoben. Er lautet bis dahin:
*„(1) Entgelte für die Beförderung und für Nebenleistungen im Güternahverkehr sind Höchstentgelte, falls in dem Tarif nichts anderes bestimmt ist. In dem Tarif kann die Abrechnung oder die Nachprüfung der Abrechnung über eine Abrechnungsstelle angeordnet und die Entrichtung der dafür zu zahlenden Gebühren geregelt werden. Auf den Tarif sind die Vorschriften des § 20 Abs. 2 und des § 22 Abs. 1 Satz 1 erster Halbsatz, Abs. 2 und 3 unmittelbar sowie die Vorschriften des § 20 Abs. 1 entsprechend anzuwenden.
(2) Es werden Tarifkommissionen gebildet für
1. den allgemeinen Güternahverkehr,
2. den Speditionsnahverkehr.
Anstelle dieser Tarifkommissionen kann eine gemeinsame Tarifkommission gebildet werden.*

(3) Für den Güterfernverkehr und den Güternahverkehr oder für ihre Zweige können gemeinsame Tarifkommissionen gebildet werden. In diesem Fall gelten die §§ 20 a, 21 a und 21 b unmittelbar sowie § 21 Abs. 2 entsprechend."

§ 84 a
(aufgehoben 1. 1. 1994)

§ 84 a ist zum 1. 1. 1994 aufgehoben. Er lautet bis dahin:
„Die Tarifkommissionen haben die Aufgabe, marktgerechte Beförderungsentgelte zu bilden."

§ 84 b
(aufgehoben 1. 1. 1994)

§ 84 b ist zum 1. 1. 1994 aufgehoben. Er lautet bis dahin:
„(1) Der Bundesminister für Verkehr errichtet die Tarifkommissionen; er bestimmt ihre Zusammensetzung und ihren Aufbau sowie ihren Sitz durch Rechtsverordnung ohne Zustimmung des Bundesrates.
(2) Die Tarifkommissionen geben sich Geschäftsordnungen, die der Genehmigung des Bundesministers für Verkehr bedürfen.
(3) Die Bundesminister für Verkehr und Wirtschaft sind berechtigt, an den Sitzungen der Tarifkommissionen teilzunehmen oder sich vertreten zu lassen."

§ 84 c
(aufgehoben 1. 1. 1994)

§ 84 c ist zum 1. 1. 1994 aufgehoben. Er lautet bis dahin:
„(1) Die Tarifkommissionen bestehen jeweils aus zwei zahlenmäßig gleich starken Gruppen von Tarifsachverständigen der in § 84 Abs. 2 genannten Gewerbezweige (Unternehmer) und von Vertretern der Verlader. Die Mitglieder der Gruppe der Unternehmer werden auf Vorschlag von Angehörigen oder Verbänden der beteiligten Gewerbezweige, die Mitglieder der Gruppe der Verlader werden auf Vorschlag der Verbände der Industrie, des Handels, der Spedition, des Handwerks und der Agrarwirtschaft vom Bundesminister für Verkehr auf die Dauer von drei Jahren berufen; das gleiche gilt für ihre Stellvertreter.
(2) Für die Niederlegung des Amts eines Mitglieds der Tarifkommission, das Erlöschen der Mitgliedschaft und das Ausscheiden eines Mitglieds während seiner Amtszeit ist § 62 Abs. 4 und 5 entsprechend anzuwenden; das gleiche gilt für die Stellvertreter der Mitglieder.
(3) Die Mitglieder der Tarifkommissionen sind ehrenamtlich tätig; sie sind nicht an Aufträge oder Weisungen gebunden."

§ 84 d
(aufgehoben 1. 1. 1994)

§ 84 d ist zum 1. 1. 1994 aufgehoben. Er lautet bis dahin:
„In der Tarifkommission beraten die Gruppe der Unternehmer und die Gruppe der Verlader gemeinsam. Bei Abstimmungen verfügt jede Gruppe über eine Stimme."

Sechster Abschnitt. Frachtgeschäft

§ 84 e
(aufgehoben 1. 1. 1994)

§ 84 e ist zum 1. 1. 1994 aufgehoben. Er lautet bis dahin:
„*(1) Können sich die Gruppe der Unternehmer und die Gruppe der Verlader in der Tarifkommission über ein bestimmtes Beförderungsentgelt nicht einigen, so zeigt die Tarifkommission dies innerhalb einer Frist von 14 Tagen nach der ergebnislos verlaufenen Sitzung dem Vorsitzenden der erweiterten Tarifkommission an.*

(2) Die erweiterten Tarifkommissionen bestehen jeweils aus der Gruppe der Tarifsachverständigen der Unternehmer, der Gruppe der Verlader, einem unabhängigen Vorsitzenden und je einem von der Gruppe der Unternehmer und der Gruppe der Verlader benannten unabhängigen Beisitzer. Der Bundesminister für Verkehr beruft den Vorsitzenden und die beiden Beisitzer sowie ihre Stellvertreter für die Dauer von drei Jahren; er kann sie aus wichtigem Grund abberufen. Die §§ 84 b und 84 c Abs. 2 und 3 finden entsprechende Anwendung.

(3) Der Vorsitzende der erweiterten Tarifkommission beruft diese innerhalb von vier Wochen nach Eingang der Anzeige nach Absatz 1 ein.

(4) Die erweiterte Tarifkommission berät über das Beförderungsentgelt nach Absatz 1. Können sich die Gruppe der Unternehmer und die Gruppe der Verlader wiederum nicht einigen, so beschließt die erweiterte Tarifkommission über das Entgelt. Der Vorsitzende, die beiden Beisitzer, die Gruppe der Unternehmer und die Gruppe der Verlader haben hierbei je eine Stimme. Beschlossen ist das Entgelt, für das mindestens drei Stimmen abgegeben werden.

(5) Die von der Tarifkommission und den erweiterten Tarifkommissionen beschlossenen Beförderungsentgelte gelten als marktgerecht."

§ 84 f
(aufgehoben 1. 1. 1994)

§ 84 f ist zum 1. 1. 1994 aufgehoben. Er lautet bis dahin:
„*(1) Die Beschlüsse der Tarifkommissionen und der erweiterten Tarifkommissionen bedürfen der Genehmigung des Bundesministers für Verkehr. Er entscheidet im Einvernehmen mit dem Bundesminister für Wirtschaft.*

(2) Der Bundesminister für Verkehr soll, sofern er nicht vorher entscheidet, gegenüber der Tarifkommission innerhalb von drei Wochen und gegenüber der erweiterten Tarifkommission innerhalb von zwei Wochen nach Eingang des Beschlusses sich äußern und innerhalb von zwei Monaten nach Eingang des Beschlusses der Tarifkommission und innerhalb von einem Monat nach Eingang des Beschlusses der erweiterten Tarifkommission über die Genehmigung entscheiden.

(3) Der Bundesminister für Verkehr kann ohne Mitwirkung der Tarifkommissionen oder der erweiterten Tarifkommissionen Beförderungsentgelte festsetzen, wenn Gründe des allgemeinen Wohls es erfordern oder wenn eine Tarifkommission oder eine erweiterte Tarifkommission ein Beförderungsentgelt nicht beschließt; er bedarf hierzu des Einvernehmens mit dem Bundesminister für Wirtschaft.

(4) § 20 a Abs. 5 gilt entsprechend.

(5) Der Bundesminister für Verkehr erläßt die von ihm nach diesen Vorschriften genehmigten oder festgesetzten Tarife durch Rechtsverordnung ohne Zustimmung des Bundesrates. Er kann Rechtsverordnungen, die Beförderungsentgelte und alle anderen zur Bestimmung des Beförderungsentgelts notwendigen Angaben enthalten, aufheben,

wenn das allgemeine Wohl es erfordert; er bedarf hierzu des Einvernehmens mit dem Bundesminister für Wirtschaft."

§ 84 g
(aufgehoben 1. 1. 1994)

§ 84 g ist zum 1. 1. 1994 aufgehoben. Er lautet bis dahin:
„Die Tarife können auch ohne Mitwirkung der Tarifkommissionen von der Landesregierung im Benehmen mit den Bundesministern für Verkehr und Wirtschaft festgesetzt und durch Rechtsverordnung erlassen werden, wenn sie nur für ein Land oder einen Teil des Landes Geltung haben sollen und der Bundesminister für Verkehr für dieses Gebiet nicht bereits einen Tarif erlassen hat; die Landesregierung kann ihre Befugnis durch Rechtsverordnung auf eine oberste Landesbehörde weiter übertragen."

§ 84 h
(aufgehoben 1. 1. 1994)

§ 84 h ist zum 1. 1. 1994 aufgehoben. Er lautet bis dahin:
„(1) § 32 sowie die §§ 33 und 34 finden entsprechende Anwendung.
(2) Der Abfertigungsspediteur im Güternahverkehr erhält von dem Unternehmer des Güternahverkehrs für seine Tätigkeit ein vom Bundesminister für Verkehr festgesetztes Entgelt. Die Einzelheiten über die Höhe des Entgelts und die Voraussetzungen seiner Erhebung bestimmt der Bundesminister für Verkehr im Einvernehmen mit dem Bundesminister für Wirtschaft durch Rechtsverordnung."

§ 85

Die Vorschriften des § 29 über die Buchführungs- und Aufbewahrungspflicht gelten entsprechend mit der Maßgabe, daß der Unternehmer die Zweitschriften seiner Rechnungen fünf Jahre nach Rechnungsausstellung aufzubewahren hat.

1 § 85 ist zum 1. 1. 1994 wie folgt geändert: Abs. 1 und 2 sind aufgehoben; die Bezeichnung „Abs. 3" ist gestrichen.
Abs. 1 und 2 lauten bis zum 1. 1. 1994:
„(1) Die Vorschriften des § 26 über das Verbot des Haftungsausschlusses und der Haftungsbeschränkung der Unternehmer sind entsprechend anzuwenden, sofern Beförderungsbedingungen für den Güternahverkehr nach § 84 f Abs. 4 festgesetzt sind.
(2) Wird die Versicherungspflicht gegen Güterschäden nach § 103 Abs. 2 Nr. 5 eingeführt, so ist die Vorschrift des § 27 über die besonderen Pflichten der Unternehmer entsprechend anzuwenden."

§ 86

Auf allen Fahrten ist eine Ausfertigung der Erlaubnisurkunde mitzuführen und auf Verlangen den zuständigen Kontrollorganen zur Prüfung vorzulegen.

§ 87

Der Unternehmer unterliegt wegen der Erfüllung der gesetzlichen Vorschriften der Aufsicht der Erlaubnisbehörde. Im übrigen gelten die Vorschriften des § 55 Abs. 1 und 2 entsprechend.

Stand: 1. 7. 1993

Sechster Abschnitt. Frachtgeschäft

§§ 87 a, 87 b und 88
(aufgehoben 1983)

§ 89

Für den Güternahverkehr der Unternehmer des Güterfernverkehrs gelten nicht die Vorschriften der §§ 80, 81, 83 und 86. Die Erlaubnisbehörde hat jedoch eine Bescheinigung über die Berechtigung zur Ausübung des allgemeinen Güternahverkehrs zu erteilen. Eine Ausfertigung der Bescheinigung ist auf allen Fahrten mitzuführen und auf Verlangen den zuständigen Kontrollorganen zur Prüfung vorzulegen.

§ 89 ist zum 1. 1. 1994 neu gefaßt; die bis dahin geltende Fassung lautet: **1**
„(1) Es gelten nicht die Vorschriften
der §§ 80 bis 83, 85 Abs. 2, §§ 86, 87 und 102 b für den Güternahverkehr der Deutschen Bundesbahn;
des § 81 Nr. 1 und 2 für den Güternahverkehr anderer öffentlicher Eisenbahnen;
der §§ 80, 81, 83 und 86 für den Güternahverkehr der Unternehmer des Güterfernverkehrs; die Erlaubnisbehörde hat jedoch eine Bescheinigung über die Berechtigung zur Ausübung des allgemeinen Güternahverkehrs zu erteilen; eine Ausfertigung der Bescheinigung ist auf allen Fahrten mitzuführen und auf Verlangen den zuständigen Kontrollorganen zur Prüfung vorzulegen.
(2) Für den Güternahverkehr der Deutschen Bundesbahn gelten die Vorschriften des § 47 Abs. 1 und 2 entsprechend."

Zweiter Titel

Landwirtschaftliche Sonderverkehre

§ 89 a

Die §§ 80 bis 89 über den allgemeinen Güternahverkehr sind nicht anzuwenden auf
1. die Beförderung von Milch und Milcherzeugnissen für andere zwischen landwirtschaftlichen Betrieben, Milchsammelstellen und Molkereien durch landwirtschaftliche Unternehmer im Sinne des § 1 des Gesetzes über eine Altershilfe für Landwirte in der Fassung vom 14. September 1965 (BGBl. I S. 1449) mit eigenen oder von ihnen auf Abzahlung gekauften Kraftfahrzeugen oder Anhängern, sofern der Unternehmer nicht im Besitz der Erlaubnis für den Güternahverkehr ist,
2. die in land- und forstwirtschaftlichen Betrieben übliche Beförderung von land- und forstwirtschaftlichen Bedarfsgütern oder Erzeugnissen für andere Betriebe dieser Art
   a) im Rahmen der Nachbarschaftshilfe,
   b) im Rahmen eines Maschinenringes oder eines vergleichbaren wirtschaftlichen Zusammenschlusses, sofern die Beförderung mit Zugmaschinen oder Sonderfahrzeugen durchgeführt wird, die nach § 3 Nr. 7 des Kraftfahrzeugsteuergesetzes in der Fassung der Bekanntmachung vom 1. Februar 1979 (BGBl. I S. 132), das zuletzt durch Artikel 1 des Gesetzes vom 19. Dezember 1990 (BGBl. I S. 2906) geändert worden ist, von der Kraftfahrzeugsteuer befreit sind.

In § 89 a Nr. 2 b ist zum 1. 1. 1994 die bisher geltende Angabe „*§ 2 Nr. 6 des Kraft-* **1**
fahrzeugsteuergesetzes in der Fassung vom 1. Dezember 1972 (BGBl. I S. 2209)" aktualisiert worden.

Drittes Buch. Handelsgeschäfte

§ 89 b
(aufgehoben 1. 1. 1994)

1 § 89 b ist zum 1. 1. 1994 aufgehoben. Er lautet bis dahin:
„*(1) Der Bundesminister für Verkehr kann im Einvernehmen mit den Bundesministern für Wirtschaft und für Ernährung, Landwirtschaft und Forsten Entgelte für Beförderungen nach § 89 a Nr. 1 durch Rechtsverordnung ohne Zustimmung des Bundesrates festsetzen.*

(2) Soweit der Bundesminister für Verkehr von dieser Ermächtigung keinen Gebrauch gemacht hat, kann die Landesregierung im Benehmen mit den Bundesministern für Verkehr, für Wirtschaft und für Ernährung, Landwirtschaft und Forsten Entgelte nach Absatz 1 durch Rechtsverordnung festsetzen, wenn sie nur für ein Land oder einen Teil des Landes Geltung haben sollen; die Landesregierung kann ihre Befugnis auf eine oberste Landesbehörde weiter übertragen.

(3) Bei der Festsetzung der Entgelte sind die Selbstkosten für die Beförderung und die Belange der Milcherzeuger angemessen zu berücksichtigen."

§ 89 c

Wer Beförderungen nach § 89 a durchführt, unterliegt wegen der Erfüllung der gesetzlichen Vorschriften der Aufsicht der unteren Verkehrsbehörde, in deren Bezirk der land- oder forstwirtschaftliche Betrieb gelegen ist. Die Vorschriften des § 55 Abs. 1 und 3 gelten entsprechend.

Dritter Titel

§§ 90–97
(aufgehoben 1986)

Sechster Abschnitt
(insgesamt aufgehoben 1. 1. 1994)

*Durchführung bestimmter Vorschriften
der Europäischen Gemeinschaften*

1 Der gesamte 6. Abschnitt ist zum 1. 1. 1994 aufgehoben. Er lautet bis dahin:

„**§ 97 a**

(1) Die Bundesanstalt überwacht die Einhaltung der Pflichten, die nach Artikel 5 Abs. 2 und den Artikeln 6, 11 und 13 der Verordnung Nr. 11 des Rates der Europäischen Wirtschaftsgemeinschaft über die Beseitigung von Diskriminierungen auf dem Gebiet der Frachten und Beförderungsbedingungen gemäß Artikel 79 Abs. 3 des Vertrages zur Gründung der Europäischen Wirtschaftsgemeinschaft vom 27. Juni 1960 (Amtsblatt der Europäischen Gemeinschaften S. 1121, BGBl. II S. 2209) den
   1. Unternehmern des Güterfern- und -nahverkehrs sowie des Werkverkehrs,
   2. Spediteuren und Vermittlern von Beförderungsleistungen sowie Hilfsunternehmern des Verkehrs
obliegen.

(2) Im Rahmen der Überwachung dieser Pflichten ist die Bundesanstalt insbesondere auch zuständig

Stand: 1. 7. 1993

Sechster Abschnitt. Frachtgeschäft

1. für Entgegennahme von Mitteilungen und Unterrichtungen nach Artikel 5 Abs. 2 der genannten Verordnung und
2. für das Verlangen von Auskünften nach Artikel 13 der genannten Verordnung.
(3) Der Bundesanstalt obliegt ferner die Durchsetzung der Befugnisse, die den Beauftragten der Kommission der Europäischen Wirtschaftsgemeinschaft nach Artikel 14 Abs. 2 der genannten Verordnung zustehen.

§ 97 b

(1) Zur Durchführung ihrer Aufgaben nach § 97 a verfügt die Bundesanstalt über folgende Rechte und Befugnisse:
a) Prüfung der Bücher und anderer Geschäftsunterlagen der Unternehmen,
b) Anfertigung von Abschriften oder Auszügen aus diesen Büchern und Unterlagen an Ort und Stelle,
c) Zutritt zu allen Geschäftsräumlichkeiten, Betriebsgrundstücken und Fahrzeugen der Unternehmen,
d) Anspruch auf Anforderung jeder Erklärung zu den Büchern und Geschäftsunterlagen.
(2) Der Bundesminister für Verkehr erläßt zur Durchführung der der Bundesanstalt nach § 97 a übertragenen Aufgaben die erforderlichen Allgemeinen Verwaltungsvorschriften.

§ 97 c

(1) Unbeschadet der Anwendung des Artikels 5 der Verordnung Nr. 11 des Rates der Europäischen Wirtschaftsgemeinschaft (§ 97 a) haben die Unternehmer des Güterfern- und -nahverkehrs sowie des Werkverkehrs der Bundesanstalt auf Verlangen alle erforderlichen zusätzlichen Auskünfte über Tarife, Konventionen, Preisvereinbarungen und Beförderungsbedingungen zu erteilen.
(2) Die Bundesanstalt kann für die Erteilung dieser Auskünfte eine Frist von mindestens einem Monat festsetzen.
(3) § 97 b gilt entsprechend.

§ 97 d

(1) Die im Geltungsbereich dieses Gesetzes zuständige Behörde im Sinne der Artikel 14 und 15 der Verordnung (EWG) Nr. 2831/77 des Rates vom 12. Dezember 1977 über die Bildung der Beförderungsentgelte im Güterkraftverkehr zwischen den Mitgliedstaaten (ABl. EG Nr. L 334 S. 22) ist die Bundesanstalt für den Güterfernverkehr.
(2) Die Bundesanstalt überwacht die Einhaltung der Pflichten nach Artikel 9 Abs. 3 Satz 2 und Artikel 14 Abs. 2, 5 und 6 der Verordnung (EWG) Nr. 2831/77. § 55 findet Anwendung.
(3) Auf Beförderungen, die einem Referenztarif nach der Verordnung (EWG) Nr. 2831/77 unterliegen oder für die Sonderabmachungen nach Artikel 14 der genannten Verordnung getroffen werden, findet § 58 entsprechende Anwendung.
(4) Auf Beförderungen im Güternahverkehr, die der Verordnung (EWG) Nr. 2831/77 unterliegen, findet § 58 entsprechende Anwendung.
(5) Die Kosten der Bundesanstalt, die ihr durch die Überwachung der den Unternehmern des Güternahverkehrs nach der Verordnung (EWG) Nr. 2831/77 obliegenden Pflichten erwachsen, sind durch Umlagen bei den Unternehmern des Güternahverkehrs

zu decken. Die Höhe der Umlagen wird nach dem unter die Verordnung (EWG) Nr. 2831/77 fallenden Frachtumsatz bemessen. § 75 findet entsprechende Anwendung.

§ 97 e

(1) *Der Bundesminister für Verkehr erläßt die im Einvernehmen mit dem Bundesminister für Wirtschaft gemäß Artikel 11 der Verordnung (EWG) Nr. 2831/77 des Rates vom 12. Dezember 1977 über die Bildung der Beförderungsentgelte im Güterkraftverkehr zwischen den Mitgliedstaaten (ABl. EG Nr. L 334 S. 22) festgesetzten oder geänderten Tarife durch Rechtsverordnung ohne Zustimmung des Bundesrates. Die §§ 20 a, 84 f finden keine Anwendung. Die Geltung der bereits nach §§ 20 a, 84 f erlassenen Tarife bleibt unberührt.*

(2) *Der Bundesminister für Verkehr erläßt die durch wirksame Entscheidung der Kommission oder des Rates nach Artikel 13 der Verordnung (EWG) Nr. 2831/77 festgesetzten Tarife durch Rechtsverordnung ohne Zustimmung des Bundesrates.*"

Siebenter Abschnitt

Vorschriften über Geldbuße und Rücknahme der Genehmigung oder der Erlaubnis

§ 98
(aufgehoben 1. 1. 1994)

1 § 98 ist zum 1. 1. 1994 aufgehoben. Er lautet bis dahin:

„*Eine Ordnungswidrigkeit im Sinne des § 3 des Wirtschaftsstrafgesetzes 1954 begeht, wer vorsätzlich oder fahrlässig*

1. den Abschluß von Verträgen der in diesem Gesetz genannten Art in Abweichung von den gemäß § 20 Abs. 2, §§ 20 a, 22, 40, 84 Abs. 1, §§ 84 f, 84 g, 89 b und 97 e verbindlichen Bedingungen, Tarifen und Entgelten anbietet oder vermittelt oder wer solche Verträge abschließt oder erfüllt oder

2. entgegen § 22 a Abs. 1 oder entgegen Artikel 9 Abs. 3 Satz 2 der Verordnung (EWG) Nr. 2831/77 des Rates vom 12. Dezember 1977 über die Bildung der Beförderungsentgelte im Güterkraftverkehr zwischen den Mitgliedstaaten (ABl. EG Nr. L 334 S. 22) eine Sonderabmachung vereinbart oder erfüllt,

a) die eine geringere Gütermenge als vorgeschrieben umfaßt oder

b) obwohl ihn die Bundesanstalt auf die Unzulässigkeit der Sonderabmachung hingewiesen hat,

3. eine unzulässige oder eine höhere als die durch Rechtsverordnung nach § 32 Abs. 5 oder § 84 h in Verbindung mit § 32 Abs. 5 zugelassene Provision vom Unternehmer fordert oder annimmt oder als Unternehmer zahlt oder

4. ein anderes als das durch Rechtsverordnung nach § 35 festgesetzte Entgelt fordert, annimmt oder zahlt."

§ 98 a
(aufgehoben 1974)

§ 99

(1) Ordnungswidrig handelt, wer vorsätzlich oder fahrlässig

1. entgegen § 8 Güterfernverkehr betreibt, ohne im Besitz einer Genehmigung zu sein;

1a. entgegen § 12 Abs. 1 Güterfernverkehr in unzulässiger Weise betreibt;

1b. entgegen § 37 Umzugsverkehr betreibt, ohne im Besitz einer Erlaubnis zu sein;

1c. entgegen §§ 48, 49 Werkverkehr in unzulässiger Weise betreibt;

1d. (weggefallen);

1e. entgegen § 80 Güternahverkehr betreibt, ohne im Besitz einer Erlaubnis zu sein;

2. Beförderungen im Güterfernverkehr, Güternahverkehr oder Werkverkehr mit einem Kraftfahrzeug durchführt, für das ein Standort entgegen § 6 Abs. 1, § 51 Abs. 1 Satz 1 nicht bestimmt worden ist;

3. den auf Grund dieses Gesetzes erlassenen Bestimmungen oder vollziehbaren Anordnungen, sofern sie ausdrücklich auf diese Vorschrift verweisen, oder den Bedingungen, Auflagen oder verkehrsmäßigen Beschränkungen der Genehmigung oder der Erlaubnis zuwiderhandelt;

4. als Unternehmer des Güterfern-, Umzugs- oder Güternahverkehrs, als Spediteur, als in deren Geschäftsbetrieb tätige Person oder als sonst am Beförderungsvertrag Beteiligter

a) in vorgeschriebenen Beförderungspapieren über Art oder Menge der beförderten Güter oder über die Beförderungsstrecken unrichtige oder unvollständige Angaben macht,

b) vorgeschriebene Papiere, die im Sinne dieser Bestimmungen unrichtige, ungenaue oder unvollständige Angaben enthalten, den mit der Überwachung des Verkehrs beauftragten Stellen vorlegt oder sie bei der Beförderung von Gütern mit Kraftfahrzeugen mit sich führt,

c) gegen die in §§ 29, 41 oder 85 Abs. 3 angeordnete Buchführungs- und Aufbewahrungspflicht verstößt;

5. als an der Beförderung Beteiligter oder als in dessen Geschäftsbetrieb tätige Person gegen eine der Bestimmungen des § 6 Abs. 3, § 27 Abs. 1 bis 6, §§ 28, 42, 51 Abs. 1 Satz 2, §§ 52, 55 Abs. 1 Nr. 2 bis 4 oder Abs. 2, jeweils auch in Verbindung mit 87 Satz 2 oder § 89 c Satz 2, § 60 Abs. 1, § 86 oder 89 Satz 3 verstößt.

6. (aufgehoben 1. 1. 1994)

(2) Die Ordnungswidrigkeit nach Absatz 1 Nr. 1 bis 1 e und 3 kann mit einer Geldbuße bis zu zehntausend Deutsche Mark, die Ordnungswidrigkeit nach Absatz 1 Nr. 2, 4 und 5 kann mit einer Geldbuße bis zu fünftausend Deutsche Mark geahndet werden.

§ 99 ist zum 1. 1. 1994 wie folgt geändert:

1

Abs. 1 Nr. 4 Buchst. c ist aufgehoben; er lautet bis dahin: *„c) sich entgegen den Bestimmungen des § 32 Ladegut oder Laderaum vermitteln läßt oder".* Der bisherige Buchst. d ist jetzt Buchst. c.

Nr. 5 ist zum 1. 1. 1994 neu gefaßt; die bis dahin gültige Fassung lautet: *„als an der Beförderung oder ihrer Abrechnung und Prüfung Beteiligter oder gesetzlich an den Tarif gebundener Dritter oder Vermittler von Ladegut oder Laderaum oder als in deren Geschäftsbetrieb tätige Person gegen die Bestimmungen des § 6 Abs. 3, des § 22 a Abs. 2, der §§ 23, 27, 28, 42, § 51 Abs. 1 Satz 2, §§ 52, 55 Abs. 1 und 2, § 58 Abs. 1, § 60 Abs. 1, § 86, § 89 Abs. 1 letzter Halbsatz verstößt oder"*

Nr. 6 ist zum 1. 1. 1994 aufgehoben. Er lautet bis dahin: *„Ladegut oder Laderaum entgegen den Vorschriften des § 32 oder § 84 h vermittelt oder sonst gegen Bestimmungen dieser Paragraphen verstößt".*

In Abs. 2 ist die Angabe *„Absatz 1 Nr. 2, 4, 5 und 6"* durch *„Absatz 1 Nr. 2, 4 und 5"* ersetzt.

§ 99 a

(1) Ordnungswidrig handelt ferner, wer als Inhaber einer Gemeinschaftslizenz nach der Verordnung (EWG) Nr. 881/92 des Rates vom 26. März 1992 (ABl. EG Nr. L 95 S. 1) oder als in dessen Betrieb tätige Person vorsätzlich oder fahrlässig

a) entgegen Artikel 5 Abs. 4 Satz 2 der genannten Verordnung eine Gemeinschaftslizenz an Dritte überträgt,

b) entgegen Artikel 5 Abs. 4 Satz 3 der genannten Verordnung eine beglaubigte Abschrift der Gemeinschaftslizenz nicht im Fahrzeug mitführt oder auf Verlangen der zuständigen Kontrollbeamten nicht zur Prüfung aushändigt,

c) eine Gemeinschaftslizenz für eine gewerbliche Beförderung verwendet, die nicht grenzüberschreitender Verkehr nach Artikel 2 der genannten Verordnung ist oder

d) eine Gemeinschaftslizenz, die abgelaufen oder wirksam zurückgenommen oder wirksam widerrufen ist, benutzt.

(2) Die Ordnungswidrigkeit kann mit einer Geldbuße bis zu zehntausend Deutsche Mark geahndet werden.

1 § 99 a ist zum 1. 1. 1994 neu gefaßt; die bis dahin geltende Fassung lautet:
„(1) Ordnungswidrig handelt ferner, wer vorsätzlich oder fahrlässig
1. als Unternehmer des Güterfern-, des Güternahverkehrs oder des Werkverkehrs
a) entgegen Artikel 5 Abs. 2 der Verordnung Nr. 11 des Rates der Europäischen Gemeinschaften über die Beseitigung von Diskriminierungen auf dem Gebiet der Frachten und Beförderungsbedingungen gemäß Artikel 79 Abs. 3 des Vertrages zur Gründung der Europäischen Wirtschaftsgemeinschaft vom 27. Juni 1960 (Amtsblatt der Europäischen Gemeinschaften S. 1121, BGBl. II S. 2209) die Bundesanstalt nicht unverzüglich über die in Artikel 5 Abs. 1 der genannten Verordnung bezeichneten Tarife, Konventionen, Preisvereinbarungen und Beförderungsbedingungen unterrichtet, die bei Inkrafttreten dieser Vorschrift für das Unternehmen gelten oder nach dem Inkrafttreten dieser Vorschrift für das Unternehmen eingeführt, abgeschlossen oder geändert werden,
b) dem Artikel 6 der genannten Verordnung über die Ausstellung, Numerierung, Beigabe, Ausfüllung und Aufbewahrung der Beförderungspapiere zuwiderhandelt,
c) der Bundesanstalt entgegen § 97 c die verlangten Auskünfte nicht fristgemäß, unrichtig oder unvollständig erteilt, oder
2. als Spediteur, als Vermittler von Beförderungsleistungen oder als Hilfsunternehmer des Verkehrs der Bundesanstalt entgegen Artikel 13 der genannten Verordnung die verlangten Auskünfte nicht fristgemäß, unrichtig oder unvollständig erteilt, oder
3. als Unternehmer des Güterfern- oder -nahverkehrs
a) eine Sonderabmachung im Sinne des Artikels 14 der Verordnung (EWG) Nr. 2831/77 des Rates vom 12. Dezember 1977 über die Bildung der Beförderungsentgelte im Güterkraftverkehr zwischen den Mitgliedstaaten (ABl. EG Nr. L 334 S. 22) nicht schriftlich vereinbart,
b) entgegen Artikel 14 Abs. 2 der genannten Verordnung eine Sonderabmachung nicht unverzüglich nach ihrem Abschluß der Bundesanstalt mitteilt oder hierbei nicht alle Unterlagen vorlegt, die den Abschluß sowie die vereinbarten Beförderungsentgelte rechtfertigen,
c) entgegen Artikel 14 Abs. 5 Halbsatz 1 oder Artikel 14 Abs. 6 Satz 1 der genannten Verordnung eine Sonderabmachung ohne vorherige Genehmigung durch die zuständige Behörde durchführt oder abschließt oder

d) entgegen § 97 d Abs. 3 oder 4 in Verbindung mit § 58 Abs. 1 Satz 1 der Bundesanstalt nicht monatlich die für die Überwachung der Sonderabmachungen nach Artikel 14 der genannten Verordnung erforderlichen Unterlagen vorlegt oder

e) der Bundesanstalt entgegen Artikel 15 der genannten Verordnung die verlangten Auskünfte nicht, nicht fristgemäß, unrichtig oder unvollständig erteilt,

4. als Inhaber einer Gemeinschaftsgenehmigung nach der Verordnung (EWG) Nr. 3164/76 des Rates vom 16. Dezember 1976 über das Gemeinschaftskontingent für den Güterkraftverkehr zwischen den Mitgliedstaaten (ABl. EG Nr. L 357 S. 1) oder als in dessen Betrieb tätige Person

a) eine Gemeinschaftsgenehmigung entgegen Artikel 2 Abs. 1 der genannten Verordnung für gewerbliche Beförderungen im innerstaatlichen Verkehr der Bundesrepublik Deutschland verwendet,

b) entgegen Artikel 2 Abs. 3 der genannten Verordnung eine Gemeinschaftsgenehmigung an Dritte überträgt,

c) eine Gemeinschaftsgenehmigung, die abgelaufen oder zurückgenommen oder widerrufen worden ist, benutzt,

d) eine Gemeinschaftsgenehmigung entgegen Artikel 2 Abs. 1 der genannten Verordnung für Beförderungen zwischen der Bundesrepublik Deutschland und einem Drittland oder zwischen einem anderen Mitgliedstaat und einem Drittland unter Durchfahren der Bundesrepublik Deutschland benutzt,

e) eine Gemeinschaftsgenehmigung entgegen Artikel 2 Abs. 3 Satz 4 der genannten Verordnung nicht im Fahrzeug mitführt oder auf Verlangen der zuständigen Kontrollbeamten nicht zur Prüfung aushändigt,

f) das Fahrtenberichtheft entgegen Artikel 4 Abs. 1 der genannten Verordnung nicht im Fahrzeug mitführt oder auf Verlangen der zuständigen Kontrollbeamten nicht zur Prüfung aushändigt,

g) das Fahrtenberichtheft entgegen Artikel 4 Abs. 1 der genannten Verordnung nicht, nicht richtig oder nicht vollständig ausfüllt,

h) die Fahrtenberichte entgegen Artikel 4 Abs. 1 der genannten Verordnung nicht bei jedem Grenzübergang von der Eingangszollbehörde abstempeln läßt,

i) die Fahrtenberichte entgegen Artikel 4 Abs. 1 der genannten Verordnung nicht oder nicht fristgemäß der zuständigen Behörde vorlegt.

(2) Die Ordnungswidrigkeit kann mit einer Geldbuße bis zu zehntausend Deutsche Mark geahndet werden."

§ 99 b
(aufgehoben 1968)

§ 100

(1) Bei der Durchführung der Überwachungsaufgaben nach § 54 hat das Bundesamt für Güterverkehr und seine Beauftragten Zuwiderhandlungen gegen die gesetzlichen Vorschriften zu erforschen und zu verfolgen. Die Beauftragten des Bundesamtes für Güterverkehr haben insoweit die Rechte und Pflichten der Beamten des Polizeidienstes nach den Vorschriften der Strafprozeßordnung und nach dem Gesetz über Ordnungswidrigkeiten. § 163 der Strafprozeßordnung und § 53 des Gesetzes über Ordnungswidrigkeiten bleiben unberührt.

(2) In den Fällen des Absatzes 1 Satz 1 können auch das Bundesamt für Güterverkehr und seine Beauftragten die Verwarnung nach § 56 des Gesetzes über Ordnungs-

widrigkeiten erteilen. § 57 Abs. 1 des Gesetzes über Ordnungswidrigkeiten gilt entsprechend.

1 § 100 ist zum 1. 1. 1994 wie folgt geändert:.
In Abs. 1 S. 1 ist „§§ 54 und 54 a" durch „§ 54" und „haben die Bundesanstalt und ihre Beauftragten" durch „hat das Bundesamt für Güterverkehr und seine Beauftragten" ersetzt. In S. 2 wird „der Bundesanstalt" durch „des Bundesamtes für Güterverkehr" ersetzt. In Abs. 2 wird „die Bundesanstalt und ihre Beauftragten" durch „das Bundesamt für Güterverkehr und seine Beauftragten" ersetzt.

§ 101

Bei Verstößen gegen Bestimmungen, die den Güterfernverkehr betreffen, ist die zuständige Verwaltungsbehörde im Sinne des Gesetzes über Ordnungswidrigkeiten die höhere Landesverkehrsbehörde.

§ 102

Bei Verstößen gegen Bestimmungen, die den allgemeinen Güternahverkehr oder den Umzugsverkehr betreffen, ist die zuständige Verwaltungsbehörde im Sinne des Gesetzes über Ordnungswidrigkeiten die untere Verkehrsbehörde (§ 38 Abs. 2 und § 82) und bei Verstößen, die landwirtschaftliche Sonderverkehre betreffen, die in § 89 c Satz 1 bezeichnete Behörde.

§ 102 a

(1) Wird ein Verstoß in einem Unternehmen begangen, das im Geltungsbereich des Gesetzes weder seinen Sitz noch eine geschäftliche Niederlassung hat, und hat auch der Betroffene im Geltungsbereich des Gesetzes keinen Wohnsitz, so ist Verwaltungsbehörde im Sinne des § 36 Abs. 1 Nr. 1 des Gesetzes über Ordnungswidrigkeiten das Bundesamt für Güterverkehr.

(2) Das Bundesamt für Güterverkehr ist ferner Verwaltungsbehörde im Sinne des § 36 Abs. 1 Nr. 1 des Gesetzes über Ordnungswidrigkeiten bei Verstößen nach 99 a im grenzüberschreitenden Güterkraftverkehr.

1 § 102 a ist zum 1. 1. 1994 wie folgt geändert: In Abs. 1 ist „die Bundesanstalt" durch „das Bundesamt für Güterverkehr" ersetzt. In Abs. 2 ist „Die Bundesanstalt" durch „Das Bundesamt für Güterverkehr" sowie „§§ 98 und 99 a" durch „ § 99 a" ersetzt.

102 b

(1) Die Genehmigung oder die Erlaubnis kann zurückgenommen werden, wenn der Unternehmer oder sein Bevollmächtigter über Tatsachen, die für die Erteilung der Genehmigung oder der Erlaubnis erheblich waren, vorsätzlich oder grobfahrlässig unrichtige Angaben gemacht hat.

(2) Die Genehmigung oder die Erlaubnis kann widerrufen werden, wenn

1. der Unternehmer die in den §§ 27 bis 29, 41 und 85 festgesetzten Verpflichtungen wiederholt gröblich verletzt hat,

2. der Unternehmer des Güterfernverkehrs drei Monate kein Kraftfahrzeug mehr besitzt, das der Voraussetzung des § 12 Abs. 1 Nr. 1 entspricht,

3. ein nach den §§ 27 oder 85 Abs. 2 vorgeschriebenes Versicherungsverhältnis erloschen ist,

4. über das Vermögen des Unternehmers der Konkurs eröffnet oder die Eröffnung des Konkurses mangels einer den Kosten des Verfahrens entsprechenden Konkursmasse abgelehnt wird,

5. der Unternehmer die sozialrechtlichen oder arbeitsrechtlichen Verpflichtungen, die ihm kraft Gesetzes oder Tarifvertrages hinsichtlich der in seinem Betrieb Beschäftigten obliegen, wiederholt nicht erfüllt hat,

6. Personen, die für die Leitung des Unternehmens verantwortlich sind, gegen die Auflagen oder Beschränkungen der Genehmigung oder der Erlaubnis wiederholt in grober Weise verstoßen oder die im Interesse der öffentlichen Sicherheit erlassenen Vorschriften trotz Verwarnung nicht erfüllt haben,

7. *(aufgehoben 1. 1. 1994)*

8. der Unternehmer die ihm obliegenden steuerrechtlichen Verpflichtungen wiederholt nicht erfüllt hat,

9. nach Erteilung der Genehmigung oder Erlaubnis andere schwerwiegende Umstände eintreten, aus denen sich die Unzuverlässigkeit der für die Leitung des Unternehmens verantwortlichen Personen ergibt,

10. der Unternehmer den Fernverkehrsbetrieb nicht binnen drei Monaten nach Erteilung der Genehmigung aufgenommen oder die Genehmigung während einer Dauer von sechs Monaten nicht ausgenutzt hat oder

11. der Unternehmer im Zwangsvollstreckungsverfahren wegen einer Geldforderung in das bewegliche Vermögen eine eidesstattliche Versicherung abgegeben hat.

(3) In den Fällen des Absatzes 2 Nr. 8 und 11 dürfen die Finanzbehörden den Genehmigungsbehörden Mitteilung über die wiederholte Nichterfüllung der steuerrechtlichen Verpflichtungen oder die Abgabe der eidesstattlichen Versicherung nach § 284 der Abgabenordnung machen.

(4) Vor der Entziehung der Genehmigung ist das Bundesamt für Güterverkehr zu hören.

§ 102 b ist zum 1. 1. 1994 wie folgt geändert:

In Abs. 2 Nr. 1 ist nach „Unternehmer die in" „§ 22 Abs. 2" gestrichen.

Abs. 2 Nr 7 wird aufgehoben. Diese Vorschrift lautet bis zum 1. 1. 1994: *„7. Personen, die für die Leitung des Unternehmens verantwortlich sind, wegen Verstoßes gegen Tarifvorschriften mehr als zweimal rechtskräftig verurteilt worden sind,".*

In Abs. 4 ist *„die Bundesanstalt"* durch „das Bundesamt für Güterverkehr" ersetzt.

Achter Abschnitt

Schlußbestimmungen

§ 103

(1) Der Bundesminister für Verkehr erläßt mit Zustimmung des Bundesrates die zur Durchführung des Gesetzes erforderlichen allgemeinen Verwaltungsvorschriften.

(2) Der Bundesminister für Verkehr kann mit Zustimmung des Bundesrates Rechtsverordnungen erlassen

1. über die Verkehrs- und Betriebssicherheit des Fernverkehrs,

2. (aufgehoben)

3. über die statistische Erfassung des Güternahverkehrs und

4. über die Einführung einer Pflicht des Unternehmers, sich gegen Schäden, für die er bei Beförderungen im Güternahverkehr haftet, zu versichern.

(3) Der Bundesminister für Verkehr kann auf dem Gebiet des grenzüberschreitenden Güterkraftverkehrs und des Durchgangsverkehrs zur Ordnung dieser Verkehre und zur Durchführung internationaler Abkommen sowie von Verordnungen, Entscheidungen und Richtlinien des Rates und der Kommission der Europäischen Gemeinschaften durch Rechtsverordnung Vorschriften erlassen, durch die für diese Verkehre

1. die Genehmigungspflicht und die Pflicht zur Einhaltung anderer Ordnungsvorschriften dieses Gesetzes auch für den nach diesem Gesetz freien Straßengüterverkehr eingeführt werden oder ausländische Unternehmer von der Genehmigungspflicht oder der Einhaltung anderer Ordnungsvorschriften dieses Gesetzes befreit werden,

2. abweichend von den Bestimmungen der §§ 8 bis 19 a dieses Gesetzes das Genehmigungsverfahren geregelt sowie abweichend von den Bestimmungen des § 102 b dieses Gesetzes der vorübergehende oder dauernde Ausschluß vom grenzüberschreitenden Güterkraftverkehr vorgesehen werden,

3. die Erteilung der Genehmigung dem Bundesminister für Verkehr oder nach dessen Richtlinien dem Bundesamt für Güterverkehr übertragen wird,

4. die Pflicht zur Vorlage von Unterlagen zur Beobachtung des Marktgeschehens entsprechend § 58 geregelt wird,

5. Regelungen zur Gewährleistung zwischenstaatlicher Gegenseitigkeit oder gleicher Wettbewerbsbedingungen eingeführt werden.

(4) Der Bundesminister für Verkehr kann auf dem Gebiet des grenzüberschreitenden kombinierten Verkehrs (§ 3 Abs. 2) zur Ordnung dieses Verkehrs und zur Durchführung internationaler Abkommen sowie von Verordnungen, Entscheidungen und Richtlinien des Rates und der Kommission der Europäischen Gemeinschaften durch Rechtsverordnung Vorschriften erlassen, durch die für diesen Verkehr

1. auf die Genehmigungspflicht oder die Pflicht zur Einhaltung anderer Ordnungsvorschriften dieses Gesetzes verzichtet wird oder

2. Vorschriften über die Genehmigung, das Genehmigungsverfahren und die Überwachung eingeführt werden oder bestimmt wird, daß Beförderungen ausschließlich im Geltungsbereich dieses Gesetzes nur mit Kraftfahrzeugen durchgeführt werden dürfen, die im Geltungsbereich dieses Gesetzes zugelassen sind.

(5) Der Bundesminister für Verkehr kann auf dem Gebiet des Kabotage-Verkehrs (innerstaatliche Beförderungen durch einen Unternehmer, der in einem anderen Staat niedergelassen ist) zur Ordnung dieses Verkehrs und zur Durchführung von Verordnungen, Entscheidungen und Richtlinien des Rates und der Kommission der Europäischen Gemeinschaften durch Rechtsverordnung Vorschriften erlassen, durch die für diesen Verkehr

1. für Unternehmer, die im Geltungsbereich dieses Gesetzes ihren Sitz haben,

a) das Verfahren für die Erteilung von Genehmigungen für Kabotage-Verkehr (Kabotage-Genehmigungen) geregelt wird,

b) die Entziehung der Kabotage-Genehmigung entsprechend § 102 b vorgesehen wird,

c) die Erteilung und die Entziehung der Kabotage-Genehmigung dem Bundesminister für Verkehr oder nach dessen Richtlinien dem Bundesamt für Güterverkehr übertragen werden,

2. die Pflicht zur Einhaltung von Ordnungsvorschriften für die Unternehmer mit Kabotage-Genehmigungen eingeführt wird,

3. die Überwachung der Einhaltung der Pflichten, die den Unternehmern mit Kabotage-Genehmigungen obliegen, geregelt wird.

Sechster Abschnitt. Frachtgeschäft

(6) Rechtsverordnungen nach Absatz 3 Nr. 1 bis 3 und nach Absatz 4 und 5 bedürfen der Zustimmung des Bundesrates.

§ 103 ist zum 1. 1. 1994 wie folgt geändert:

In Abs. 3 Nr. 3 ist *„der Bundesanstalt"* durch „dem Bundesamt für Güterverkehr" ersetzt.

Abs. 3 Nr. 4 ist neu gefaßt; die bis zum 1. 1. 1994 geltende Fassung lautet: *„4. an Stelle von verbindlichen Tarifen nach diesem Gesetz Tariffreiheit eingeführt wird oder unverbindliche Empfehlungen für die Ermittlung von Beförderungsentgelten zugelassen werden sowie die Pflicht zur Vorlage von Unterlagen zur Beobachtung des Marktgeschehens entsprechend § 43 Abs. 2, § 58 geregelt wird."*

Abs. 3 Nr. 5 ist neu eingefügt.

In Abs. 4 Nr. 2 ist nach „Genehmigungsverfahren" *„den Tarif"* gestrichen.

In Abs. 5 Einleitungssatz ist *„innerhalb der Europäischen Gemeinschaften"* gestrichen und in Abs. 5 Nr. 1 c *„der Bundesanstalt für den Güterfernverkehr"* durch „dem Bundesamt für Güterverkehr" ersetzt.

§ 103 a

Die Grenzzollstellen und andere für die Kontrolle an der Grenze zuständige Stellen sind berechtigt, Kraftfahrzeuge zurückzuweisen, wenn nicht die Genehmigungsurkunde und die Beförderungspapiere, deren Mitführung vorgeschrieben ist, vorgelegt werden. Die Befugnisse des Bundesamtes für Güterverkehr bleiben unberührt.

In § 103 S. 2 ist zum 1. 1. 1994 *„der Bundesanstalt für den Güterfernverkehr"* durch „des Bundesamtes für Güterverkehr" ersetzt.

§ 103 b

(1) Für Amtshandlungen nach diesem Gesetz und nach den auf diesem Gesetz beruhenden Rechtsvorschriften sowie nach Verordnung des Rates der Europäischen Gemeinschaften und auf Grund internationaler Abkommen werden von demjenigen, der die Amtshandlung veranlaßt oder zu dessen Gunsten sie vorgenommen wird, Kosten (Gebühren und Auslagen) erhoben. Kostengläubiger ist der Rechtsträger, dessen Behörde die Amtshandlung vornimmt, bei Auslagen auch der Rechtsträger, bei dessen Behörde die Auslagen entstanden sind.

(2) Die gebührenpflichtigen Tatbestände im Güterverkehr mit Kraftfahrzeugen kann der Bundesminister für Verkehr mit Zustimmung des Bundesrates durch Rechtsverordnung näher bestimmen und dabei feste Gebührensätze oder Rahmensätze vorsehen. Die Gebührensätze sind so zu bemessen, daß zwischen der den Verwaltungsaufwand berücksichtigenden Höhe der Gebühr einerseits und der Bedeutung, dem wirtschaftlichen Wert oder dem sonstigen Nutzen der Amtshandlung andererseits ein angemessenes Verhältnis besteht. Dieser Grundsatz gilt auch bei Festsetzung der Gebühr im Einzelfall, soweit für die Gebühren Rahmensätze festgelegt sind.

(3) In der Rechtsverordnung nach Absatz 2 können der Umfang der zu erstattenden Auslagen, eine Vorschußpflicht, die Fälligkeit und die Verjährung der Kostenansprüche, die Befreiung von der Kostenpflicht, insbesondere für Unternehmen mit Betriebssitz im Ausland, soweit die Gegenseitigkeit verbürgt ist, sowie das Erhebungsverfahren geregelt werden.

In § 103b Abs. 1 S. 1 ist nach „Rechtsvorschriften" zum 1. 1. 1994 eingefügt: „sowie nach Verordnung des Rates der Europäischen Gemeinschaften und aufgrund internationaler Abkommen".

§ 104
Dieses Gesetz tritt am Tage nach seiner Verkündung in Kraft.

§ 105
(aufgehoben 1. 1. 1994)

1 § 105 ist zum 1. 1. 1994 aufgehoben. Er lautet bis dahin:
„*Dieses Gesetz gilt nach Maßgabe des § 13 Abs. 1 des Dritten Überleitungsgesetzes vom 4. Januar 1952 (BGBl. I S. 1) auch im Land Berlin. Rechtsverordnungen, die auf Grund dieses Gesetzes erlassen werden, gelten im Land Berlin nach § 14 des Dritten Überleitungsgesetzes.*"

§ 106
(1) Eine Genehmigung für den Umzugsverkehr, die vor dem 1. Juli 1983 erteilt worden ist, gilt als Erlaubnis für den Umzugsverkehr (§ 37) fort.

(2) Personen, die nachweislich bis zum Zeitpunkt des Inkrafttretens dieses Gesetzes das Güternahverkehrsgewerbe betrieben haben, gilt die Erlaubnis nach § 80 als erteilt; der Nachweis ist der nach § 82 zuständigen Behörde innerhalb von sechs Monaten nach Inkrafttreten dieses Gesetzes zu erbringen. Die Behörde stellt diesen Personen eine Bescheinigung aus, die als Urkunde im Sinne der §§ 15 und 86 gilt.

(3) Die nach § 50 Satz 2 und § 50 a in der bis zum 30. April 1986 geltenden Fassung erteilten Beförderungsbescheinigungen für den Werkfernverkehr, die an diesem Tag noch gültig sind, gelten als Meldebestätigung im Sinne des § 52 Abs. 4 ohne zeitliche Beschränkung.

1 Abs. 2 und 3 des § 106 sind zum 1. 1. 1994 aufgehoben. Sie lauten bis dahin:
„*(2) Der Reichskraftwagentarif vom 30. März 1936 (Reichsverkehrsblatt B S. 71) mit seinen bis zum 18. Oktober 1952 ergangenen Änderungen und Ergänzungen gilt als auf Grund des § 20 a erlassen.*

(3) Die ab 19. Oktober 1952 bis zum 30. Juni 1990 im Bundesanzeiger oder Verkehrsblatt veröffentlichten oder durch Nachweis der Fundstelle bekanntgemachten Änderungen und Ergänzungen des Reichskraftwagentarifs vom 30. März 1936 (Reichsverkehrsblatt B S. 71), in der am 18. Oktober 1952 geltenden Fassung, gelten als ordnungsgemäß verkündet im Sinne des Gesetzes über die Verkündung von Rechtsverordnungen vom 30. Januar 1950 (BGBl. S. 23)."
Aus den bisherigen Abs. 4 und 5 sind ab 1. 1. 1994 Abs. 2 und 3 geworden.

§ 107
Soweit im Rahmen einer kommunalen Neugliederung selbständige Gemeinden aufhören zu bestehen oder in ihrem Gebietsstand geändert werden, wird die Landesregierung ermächtigt, durch Rechtsverordnung anzuordnen, daß die bis zur Neugliederung bestehenden Gemeinden bis zu sechs Jahren seit Wirksamwerden der Neugliederung weiterhin als Gemeinden im Sinne dieses Gesetzes mit dem Gebietsstand, den sie am Tage vor dem Wirksamwerden der Neugliederung hatten, gelten, längstens jedoch bis zur Bestimmung eines Ortsmittelpunktes für die neue Gemeinde. Die Landesregierung kann die Ermächtigung durch Rechtsverordnung weiter übertragen.

Stand: 1. 7. 1993

Sechster Abschnitt. Frachtgeschäft Anh. II § 452
(§ 1 KVO)

Anhang II nach § 452
Kraftverkehrsordnung (KVO)
für den Güterfernverkehr mit Kraftfahrzeugen

I. Eingangsbestimmungen

§ 1
Geltungsbereich

(1) Die Kraftverkehrsordnung gilt für den gewerblichen Güterfernverkehr im Sinne von § 3 des Güterkraftverkehrsgesetzes.

(2) und (3) (weggefallen)

(4) Für die Beförderung von Umzugsgut, Erbgut und Heiratsgut mit einem Kraftfahrzeug für andere und für die Beförderung von Handelsmöbeln in besonders für die Möbelbeförderung eingerichteten Fahrzeugen im Güterfernverkehr und Güternahverkehr gilt der Güterkraftverkehrstarif für den Umzugsverkehr und für die Beförderung von Handelsmöbeln in besonders für die Möbelbeförderung eingerichteten Fahrzeugen im Güterfernverkehr und Güternahverkehr (GüKUMT).

(5) Hat ein Spediteur nach den §§ 412, 413 HGB Rechte und Pflichten eines Frachtführers, so gelten die Vorschriften dieser Verordnung über die Haftung aus dem Beförderungsvertrag nur, so weit wie der Spediteur das Gut mit eigenen Kraftfahrzeugen im Güterfernverkehr (§ 12 GüKG) befördert.

Übersicht

	Rdn.			Rdn.
I. Allgemeines	1		aa) Anwendung der KVO auf Spediteure: Primärer Frachtvertrag; echter Selbsteintritt	15
1. Geschichte, Rechtsnatur; Verhältnis zu HGB und BGB; zwingende Wirkung	1			
2. Geltung der KVO nach dem Tarifaufhebungsgesetz	2		bb) Keine Anwendung der KVO auf Spediteure: § 412, 413 bei Fremdausführung	17
3. KVORb	4			
4. Keine Anwendung des AGB-Gesetzes	5		cc) Teilweise Anwendung der KVO: Beschränkung von § 1 Abs. 5 auf Haftungsregelungen	18
II. Anwendungsvoraussetzungen; Geltungsbereich	6			
1. Voraussetzung: Anwendbarkeit des GÜKG; Fernverkehr	6		dd) Abgrenzung des zwingenden Haftungszeitraums	19
a) Transport im Güterfernverkehr	6		aaa) Grundsätzliches	19
b) Kabotage im Fernverkehr	8		bbb) Fremdausgeführte Vor- und Nachtätigkeiten	20
2. Keine Anwendung auf die Beförderung von Umzugsgut etc.	9			
3. Keine Anwendung auf grenzüberschreitende Beförderung	10		ccc) Selbstausgeführte Vor- und Nachtätigkeiten	21
4. Anwendung der KVO auf Spediteure (§ 1 Abs. 5 KVO)	13		ee) Beweislast für den Schadensort	26
a) Allgemeines	13		d) Aufspaltung der Fernverkehrsbeförderung in Nahverkehrsteilstrecken	29
b) Wirksamkeit von § 1 Abs. 5 KVO	14			
c) Voraussetzungen und Einschränkungen des § 1 Abs. 5	15		5. Vereinbarte Geltung	30

(439) Johann Georg Helm

Anh. II § 452
(§ 1 KVO)   Drittes Buch. Handelsgeschäfte

Schrifttum

Kommentare: *Willenberg*[4] (1991); *Muth/Andresen/Pollnow* in: *Hein/Eichhoff* u. a. (Loseblatt) P 110; *Koller*[2], Transportrecht S. 445 ff; *Alff* Fracht-, Lager und Speditionsrecht[2] (1991) S. 200 ff.

Andere Buchveröffentlichungen: *Pelz* Frachtbrief und Frachtgut in ihrer Bedeutung für den Frachtvertrag (1980); *Piper* Höchstrichterliche Rechtsprechung zum Speditions- und Frachtrecht[6] (1988) S. 76 ff, zit. *Piper*[6] Rdn. ; siehe im übrigen zu § 425 HGB.

Aufsätze: Die Aufsatzliteratur ist im einzelnen in der Kommentierung verarbeitet; siehe aus der neueren Literatur: *Ebenroth/Sorek* Der Abschluß des KVO-Beförderungsvertrages, TranspR **1990** 180 ff; *Helm* Eine sonderbare Rechtsverordnung, zur VO des Bundesverkehrsministers über Beförderungsentgelte im grenzüberschreitenden Güterkraftverkehr vom 4. 3. **1991**, BGBl. I 616, TranspR **1992** 95 ff; *Starosta* Zur Anwendbarkeit des § 40 KVO auf Entgeltansprüche des Verkehrsunternehmers, TranspR **1992** 97; *Thume* Die Grenzen der KVO-Haftung des selbsteintretenden Spediteurs, TranspR **1990** 401 ff; *Thume* Keine zwingende Haftung des Fixkosten- und Sammelladungsspediteurs im grenzüberschreitenden Straßengüterverkehr? TranspR **1992** 355 f.

I. Allgemeines

1. Geschichte, Rechtsnatur; Verhältnis zu HGB und BGB; zwingende Wirkung

1   Zur Geschichte der KVO siehe *Willenberg*[4] § 1 Rdn. 30. Die KVO wurde 1936 als Teil des Reichskraftwagentarifs (RKT, Vorläufer des heutigen Güterfernverkehrstarifs GFT) aufgrund der Ermächtigung des § 13 des Güterfernverkehrsgesetzes von 1935 vom damaligen Reichs-Kraftwagen-Betriebsverband (RKB) im Einvernehmen mit der Deutschen Reichsbahn und mit Genehmigung des Reichsverkehrsministers erlassen und im Reichsverkehrsblatt 1936, Ausgabe B S. 151 veröffentlicht. Ursprünglich war die KVO Vertragsgrundlage der vom RKB organisierten Güterfernverkehrsverträge. Mit der Auflösung des RKB 1945 wurden zwar zahlreiche Bestimmungen der KVO gegenstandslos. Sie galt aber in einer durch Praxis und Rechtsprechung angepaßten Form weiter. Das GüKG erhielt die Geltung der KVO weiterhin aufrecht. Durch § 106 Abs. 2 GüKG ist ihre Rechtsnatur als Rechtsverordnung eindeutig klargestellt. Die KVO wurde zum 1. 10. 1978 durch Einfügung von § 1 Abs. 5 KVO geändert. Die nächste Änderung erfolgte durch die Verordnung TSF Nr. 2/89 über Tarife für den Güterfernverkehr mit Kraftfahrzeugen vom 10. 4. 1989 (BAnz Nr. 71 vom 14. 4. 1989). Diese zweite Änderung bereinigte die KVO textlich. Insbesondere wurden alle Erwähnungen des RKB aus der KVO gestrichen, ferner überholte oder für überholt gehaltene Vorschriften entfernt. Sie trat zum 15. 5. 1989 in Kraft. Seit dem 3. 10. 1990 gilt die KVO in ganz Deutschland. Die KVO ist derzeit noch **Bestandteil**[1] **des Güterfernverkehrstarifs (GFT)**, also des früheren Reichskraftwagentarifs (RKT)[2]. Sie gilt nach §§ 106 Abs. 2 und 3, 20 Abs. 1, 20 a Abs. 6 GüKG – heute unstreitig[3] – als **Rechtsverordnung**[4]. Im **Verhältnis zu den Bestimmungen der §§ 425 ff HGB** und den Vorschriften des bürgerlichen Rechts ist die KVO lex specialis. Diese Vorschriften sind also nur ergänzend anzuwenden[5]. Soweit die CMR gilt[6], ist die KVO nicht anzuwenden.

---

[1] Unstr.; BVerfG vom 27. 6. 1962, VRS **23** 321; BGH vom 21. 11. 1975, BGHZ **65** 340, 344 f; zur Rechtsnatur eingehend *Willenberg*[4] Rdn. 10 ff; *Alff* (1986) Vorbem 2 vor § 1 KVO; *Koller*[2] Rdn. 1; *Koller/Jachmann* TranspR **1988** 177 ff.

[2] Zum 15. 5. 1989 umbenannt in „Güterfernverkehrstarif (GFT)" durch § 1 der VO TSF 3/89 vom 12. 4. 1989, BAnz S. 1373, Abdruck auch in TranspR **1989** 242 f. Siehe auch §§ 102 Abs. 1 und 2 GüKG.

[3] Siehe statt aller *Willenberg*[4] Rdn. 10 ff.

[4] Siehe hierzu § 20 GüKG in der derzeit noch geltenden Fassung, Anh. I nach § 452 sowie die Anmerkung zu § 106 GüKG.

[5] BGH vom 22. 1. 1971, BGHZ **55** 217, 219; *Willenberg*[4] Rdn. 24 f; *Piper*[6] Rdn. 220. Siehe dazu auch § 425 Rdn. 1 f.

[6] Anh. VI nach § 452, siehe dort zu Art. 1.

2. Geltung der KVO nach dem Tarifaufhebungsgesetz

Durch Art. I Nr. 14, 13, 59 Tarifaufhebungsgesetz[7] werden die genannten Ermächtigungsgrundlagen im GüKG zum 1. 1. 1994 aufgehoben. Die KVO gilt als Folge der Nachwirkung fort. Für ihre Anpassung an den Wegfall der Tarife schafft § 20 GüKG n. F. eine neue gesetzliche Ermächtigungsgrundlage. Die Anpassung soll noch im Jahre 1993 erfolgen und sich auf die tarifrechtlichen Bestimmungen beschränken; siehe vor § 1 GüKG, Anh. I nach § 452 Rdn. 1.

Die KVO ist bisher aufgrund der §§ 22 Abs. 2, 26 GüKG im Bereich des Güterfernverkehrs **weitgehend zwingendes Recht**[8]. Für reine Speditionsgeschäfte gilt die KVO nicht[9]. Die zwingende Wirkung der KVO ist bisher einerseits in § 26 GüKG (Verbot von Haftungseinschränkungen) festgelegt. Durch Art. 1 Nr. 15 Tarifaufhebungsgesetz (wirksam ab 1. 1. 1994, siehe vor § 1 GüKG, Anh. I nach § 452 Rdn. 2) wird diese Bestimmung unter Streichung des Klammerzusatzes „(§ 20)" aufrechterhalten. Damit ist der Wille des Gesetzgebers erkennbar, die Haftungsregeln der KVO als zwingenden Mindeststandard aufrechtzuerhalten. Mangels einer neuen Ermächtigungsgrundlage kann die angewandte Gesetzgebungstechnik Probleme bereiten. Die **Abweichungen** bei Nicht-Haftungsbestimmungen wurden bisher, soweit sie **zugunsten des Kunden** vereinbart wurden, wegen Verstoßes gegen § 22 Abs. 2, GüKG (Verbot tarifwidriger Begünstigungen) als unwirksam behandelt. Mit der Aufhebung der Tarifvorschriften ist **ab 1. 1. 1994 jede den Kunden begünstigende Abweichung von der KVO zulässig**, soweit sich nicht (bei Zugrundelegung abweichender Auftragsbedingungen durch den Kunden) aus der Anwendung des AGB-Gesetzes, vergleichbar mit der VOB, ein Verstoß gegen § 9 AGBG ergibt. Auch die **Auslegung** der KVO-Bestimmungen erhält nunmehr einen anderen Hintergrund. Das Tarifaufhebungsgesetz gibt den gesetzgeberischen Grund des Schutzes der Eisenbahn vor Wettbewerbsnachteilen nunmehr auf. Mit diesem Gesetzeszweck kann daher nicht mehr argumentiert werden. An seine Stelle treten zweckmäßige, alle Beteiligte gleichmäßig berücksichtigende Regelungsgesichtspunkte. Ferner entfallen alle Gebühren des Tarifrechts; siehe z. B. § 27 Rdn 37.

3. KVORb

Neben der KVO für den gewerblichen Güterfernverkehr gab es bis zum 15. Mai 1989 eine besondere Kraftverkehrsordnung für die Deutsche Reichsbahn bzw. ihre Rechtsnachfolgerin Deutsche Bundesbahn (KVORb). Siehe die Texte dazu in der Vorauflage (zu den entsprechenden §§ der KVO jeweils mit abgedruckt). Diese VO wurde durch Art. 2 der VO TSF vom 10. 3. 1983, BGBl. I 256 aufgehoben. Die Beförderung von Gütern im Güterfernverkehr mit eigenen Fahrzeugen ist derzeit der DB (und der Deutschen Reichsbahn) nach § 45 Abs. 1 GüKG, unter Einsatz von Unterfrachtführern nach § 47 GüKG gestattet. Sie unterliegt daher nach § 3 GüKG den Vorschriften des Tarifrechts und damit der KVO. Die Versicherungspflicht nach § 27 GüKG gilt nicht für diese Tätigkeiten; § 46, 47 Abs. 3 GüKG; dazu § 33 Rdn. 18. Durch Art. 1 Nr. 23 Tarifaufhebungsgesetz werden die §§ 45–47 GüKG zum 1. 1. 1994 (vor § 1 GüKG, Anh. I nach § 452 Rdn. 2) aufgehoben. Die bundeseigenen Eisenbahnen werden künftig in privatrechtlicher Form geführt und können daher Güterfernverkehr betreiben wie alle anderen Unternehmen.

---

[7] Siehe vor 1 GüKG, Anh. I nach § 452 Rdn. 1.
[8] Siehe zum zwingenden Charakter der KVO aus der Rechtsprechung nur BGH vom 30. 4. 1959, NJW **1959** 1368 f = VersR **1959** 502, 503 f; BGH vom 22. 1. 1971, BGHZ **55** 217, 219; BGH vom 23. 5. 1985, TranspR **1985** 334, 335 = VersR **1985** 831 f; ferner *Willenberg*[4] Rdn. 13 ff; *Piper*[6] Rdn. 219; *Koller*[2] Rdn. 2.
[9] Zum Spediteur-Frachtführer nach §§ 412, 413 siehe Rdn. 13 ff und §§ 412, 413 Rdn. 24 ff.

4. Keine Anwendung des AGB-Gesetzes

5 Das AGB-Gesetz ist auf die KVO nicht anzuwenden, da sie keine allgemeinen Geschäftsbedingungen enthält, sondern objektives Recht (materielles Gesetz) ist. Daher unterliegt sie keiner Inhaltskontrolle. Für sie gilt auch nicht die jetzt in § 5 AGBG kodifizierte Unklarheitenregel; ob die Parteien die KVO kennen, ist belanglos.

II. Anwendungsvoraussetzungen; Geltungsbereich

1. Voraussetzung: Anwendbarkeit des GüKG; Fernverkehr

a) Transport im Güterfernverkehr

6 Der Geltungsbereich bestimmt sich auch nach dem Inkrafttreten des Tarifaufhebungsgesetzes (wirksam ab 1. 1. 1994, siehe vor § 1 GüKG, Anh. I nach § 452 Rdn. 1) in erster Linie durch die Vorschriften des GüKG. Danach kann die KVO nur angewendet werden, soweit das GüKG überhaupt gilt. Andernfalls würde ihr die Ermächtigungsgrundlage fehlen. Insbesondere gilt damit die KVO nicht, soweit es an den Voraussetzungen für das Vorliegen von Güterfernverkehr fehlt. § 1 Abs. 1 KVO verweist deshalb auf § 3 GüKG. Von besonderer Bedeutung sind aber § 4 GüKG und die aufgrund des § 4 Abs. 2 GüKG erlassene Freistellungs-Verordnung GüKG[10]. Die Anwendungsausnahmen betreffen ganz beträchtliche Bereiche, so insbesondere die Beförderung in Personenkraftwagen (§ 4 Abs. 1 Nr. 2), die Beförderung einzelner beschädigter Fahrzeuge (Nr. 4) und die Beförderung von lebenden Tieren (Nr. 5). Die Freistellungsverordnung schließt die Beförderung von Gütern mit Lastkraftwagen mit einer Nutzlast von höchstens 750 kg von der Anwendung des Gesetzes und damit der KVO aus. Unter den 28 Ziffern ist besonders die Beförderung von Abfällen (Nr. 9), verschmutzter Erde (Nr. 10) und radioaktiver Stoffe (Nr. 12) von erheblicher Bedeutung.

7 Die **KVO setzt nicht voraus, daß der Güterferntransport durch einen konzessionierten Fernverkehrsunternehmer ausgeführt wird** oder daß ein konzessioniertes Fahrzeug verwendet wird. Derartiges rechtswidriges Verhalten kann nicht dadurch begünstigt werden, daß der Ausführende der zwingenden Haftung und dem Tarifrecht nicht unterworfen wird. Daher ist die Rechtsprechung stets davon ausgegangen, daß es alleine darauf ankommt, ob der Transport hinsichtlich der Ausführung die Voraussetzungen des Güterfernverkehrs erfüllt[11]. **Auch die Ausstellung eines KVO-Frachtbriefs ist keine Anwendungsvoraussetzung**; siehe § 15 Rdn. 2 ff.

b) Kabotage im Fernverkehr

8 GüKG und KVO finden auch auf den **Kabotagetransport** durch ausländische Frachtführer aus EG-Staaten Anwendung. Durch die EWG-VO Nr. 4059/89 vom 21. 12. 1989 (ABlEG **1989** Nr. L 390 S. 3) wurde grundsätzlich die inländische Beförderung von Gütern mit Lastkraftwagen durch EG-ausländische, im Inland nicht niedergelassene Frachtführer (Kabotage im Straßengütertransport) ermöglicht – vorerst im Rahmen einer Kontingentierung. In Ausführung dieser VO wurde vom Bundesverkehrsminister die GüKG-Kabotage-VO vom 29. 3. 1991 erlassen (BGBl. **1991** I 860). Nach § 5 Abs. 4 dieser VO unterliegen Inlandstransporte ausländischer Frachtführer dem GüKG und dem Güterfernverkehrstarif (GFT) und somit auch der KVO; selbst die Versiche-

---

[10] Abgedruckt zu § 4 GüKG, Anh. I nach § 452 Rdn. 3; zur Nichtanwendung der KVO auf radioaktive Transporte siehe BGH vom 30. 6. 1978, VersR **1978** 935 f.

[11] Siehe bereits OLG Düsseldorf vom 8. 4. 1965, VersR **1965** 952 f sowie die umfangreiche Rechtsprechung zur Anwendung der KVO auf Spediteure, §§ 412, 413 Rdn. 24 ff.

rungspflicht nach § 27 GüKG gilt in angepaßter Form für sie[12]. Auch soweit der Verkehr nicht die Fernverkehrsdistanz überschreitet, ist er als Ferntransport anzusehen[13]. Inwieweit dies rechtswirksam ist, erscheint zweifelhaft, weil durch die Belastung mit einer verschärften Haftung und durch die Versicherungspflicht ausländische Frachtführer gegenüber deutschen Nahverkehrs-Frachtführern diskriminiert werden. Siehe im übrigen § 425 Rdn. 62.

2. Keine Anwendung auf die Beförderung von Umzugsgut etc.

9 § 1 Abs. 4 stellt klar, daß die KVO für die Beförderung von Umzugsgut, Erbgut und Heiratsgut sowie für die Beförderung von Handelsmöbeln in besonders für die Möbelbeförderung eingerichteten Fahrzeugen nicht anzuwenden ist, weil dort die Bedingungen GüKUMT, Anh. IV nach § 452 ebenfalls als Rechtsverordnung gelten. Dies schließt auch eine ergänzende Anwendung von Bestimmungen der KVO auf dem GüKUMT unterliegende Verträge vollständig aus und klärt, daß diese beiden tariflichen Sonderordnungen auf gleicher Stufe stehen. Siehe zur Haftung für Transporte von Umzugsgütern im allgemeinen Güterfernverkehr § 34 KVO Rdn. 39.

3. Keine Anwendung auf grenzüberschreitende Beförderung

10 § 1 Abs. 2 KVO wurde zum 31. 5. 1990 aufgehoben. Die Bestimmung lautete: „Sie gilt für diese Unternehmer auch bei Beförderungsleistungen des Güterfernverkehrs von und nach dem Auslande, soweit nicht zwingende ausländische Rechtsvorschriften entgegenstehen". Auch schon vor dieser Aufhebung war die KVO, soweit die Bestimmungen der CMR, Anh. V nach § 452 galten, nicht anwendbar. Die KVO wurde jedoch **ergänzend zur CMR** angewendet, soweit deren Vorschriften einen Gegenstand nicht regelten. Hierzu wurde als Begründung teilweise § 1 Abs. 2 angeführt.

11 Der ergänzenden Anwendung der KVO ist jedoch mittlerweile jede Grundlage entzogen: Nach § 1 der VO des Bundesverkehrsministers über Beförderungsentgelte im grenzüberschreitenden Güterkraftverkehr **vom 4. 3. 1991, BGBl I 616, sollen die §§ 20 bis 23; 32 bis 36 und 84 bis 84h GüKG ab 1. 4. 1991 für grenzüberschreitende Beförderungen**[14] **keine Anwendung finden.** Diese mißlungene[15] VO wollte wohl vor allem die Entgelttarife des GFT für den grenzüberschreitenden Straßengütertransport aufheben. Hierfür hätte eine Änderung des GFT genügt. Daß der BMV die gesamte Grundlage seiner Verordnungstätigkeit für unanwendbar erklärte, macht deutlich, daß mit §§ 20, 20 a GüKG auch die auf diesen beruhende KVO (vgl. § 106 Abs. 2 GüKG und oben Rdn. 2) auf grenzüberschreitende Beförderungen nicht mehr angewendet werden soll. Zwar kann der BMV die Verordnungsermächtigung im GüKG nicht aufheben, wohl aber erklären, daß er von ihr für den grenzüberschreitenden Fernverkehr keinen Gebrauch mehr machen will und daß er die aufgrund dieser Vorschriften erlassenen Vorschriften als unanwendbar betrachtet. Man kann zwar bezweifeln, ob die VO vom 4. 3. 1991 dies wirklich ausdrückt. Im Zusammenhang mit der speziellen Ermächtigungsnorm des § 103 Abs. 3 Nr. 4 GüKG ist es jedoch wohl ihr Zweck. Da auch die

---

[12] Dazu *Willenberg*[4] Rdn. 95–97; *de la Motte* EuZW 1990 72; *Schneider* Versicherungswirtschaft 1990 984 f. Zur Versicherungspflicht siehe § 27 GüKG, Anh. I nach § 452.

[13] *Willenberg*[4] Rdn. 97; *Schneider* Versicherungswirtschaft 1990 984 f.

[14] „Beförderung von Gütern, bei der nur der Beladeort oder der Entladeort innerhalb des Geltungsbereichs des GüKG liegt, sowie im Durchgangsverkehr". Anwendungsfall zur CMR: LG Bielefeld vom 11. 11. 1986, TranspR 1987 338, 339.

[15] Dazu die Glosse von *Helm* TranspR 1992 95 ff.

KVO auf der Ermächtigung des „nicht mehr anzuwendenden" § 20 Abs. 4 und 6 GüKG beruht, ist sie auf den grenzüberschreitenden Güterkraftverkehr nicht mehr anzuwenden. Ihre ergänzende Anwendung zur CMR kann allerdings vereinbart werden.

12 Die Streichung von § 1 Abs. 2 KVO und die Außerkraftsetzung des gesamtem Verordnungsrechts des Güterfernverkehrs (im Hinblick auf das Territorialitätsprinzip) für den grenzüberschreitenden Verkehr führt dazu, daß die **KVO nicht mehr ergänzend zur CMR anwendbar ist**. Ergänzendes bzw. lückenfüllendes deutsches Sachrecht ist somit das HGB, das BGB und das übrige Zivilrecht. Diese Bestimmungen haben auch keine zwingende Wirkung gemäß § 26 GüKG mehr, dessen Anwendung durch die VO vom 4. 3. der Boden entzogen ist. Denn spätestens seit dem 1. 4. 1991 gelten für den grenzüberschreitenden Kraftverkehr keine Beförderungsbedingungen nach § 20 GüKG mehr. Damit entfällt die Voraussetzung der zwingenden gesetzlichen Haftung nach § 26 GüKG ersatzlos. Das ergänzend zur CMR anzuwendende Zivilrecht hat damit wieder seinen überwiegend dispositiven Charakter erlangt.

4. Anwendung der KVO auf Spediteure (§ 1 Abs. 5 KVO)
a) Allgemeines

13 Für Speditionsverträge gilt die KVO grundsätzlich nicht. Ihre Anwendung kann jedoch in Betracht kommen, wenn die Voraussetzungen der §§ 412, 413 HGB vorliegen. Vor 1979 machte die Rechtsprechung von der Möglichkeit, die zwingende Haftung der KVO auf Geschäfte von Spediteuren anzuwenden, in breitem Umfang Gebrauch. Insbesondere der Grundsatz der Gesamtbetrachtung erlaubte es, auch Schäden, die nicht während der Beförderung auf der Fernstrecke entstanden, dieser strengen Haftung zu unterwerfen; siehe §§ 412, 413 Rdn. 43 ff. Der Eindämmung dieser Rechtsprechung dient § 1 Abs. 5, der am 1. 10. 1978 in Kraft trat. Mit Wirkung vom 9. 7. 1979 wurde ferner § 26 GüKG geändert[16].

b) Wirksamkeit von § 1 Abs. 5 KVO

14 Nach Inkrafttreten von § 1 Abs. 5 KVO war vorübergehend streitig, ob die neue Bestimmung rechtswirksam sei (siehe eingehend §§ 412, 413 Rdn. 22), bis der BGH 1982 ihre Wirksamkeit anerkannte[17]. Seitdem wurde die Wirksamkeit in zahlreichen weiteren Urteilen bestätigt[18]. Siehe zur Wirksamkeit der Änderung von § 26 GüKG und zur

---

[16] Siehe dazu eingehend §§ 412, 413 Rdn. 21. Problematisch neuestens wieder die Ausdehnung der KVO auf Vor- und Nachlauf durch Gesamtbetrachtung bei Sammelladungsspedition durch OLG Hamm vom 19. 11. 1992, TranspR **1993** 99, 100.

[17] Grundsatzurteil betr. Zeit vor Inkrafttreten von § 26 GüKG n. F.: BGH vom 4. 2. 1982, BGHZ **83** 86 ff; Grundsatzurteil nach Inkrafttreten von § 26 GüKG n. F.: BGH vom 10. 2. 1983, BGHZ **87** 4 ff = TranspR **1983** 63 f = VersR **1983** 482 f. Der Dreierausschuß des BVerfG hat eine Verfassungsbeschwerde gegen die Anwendung von § 1 Abs. 5 nicht angenommen; Beschl. vom 25. 11. 1983, TranspR **1984** 120; dazu *Helm* TranspR **1984** 265 ff.

[18] BGH vom 10. 2. 1983, TranspR **1983** 64, 66 = VersR **1983** 551, 552; vom 6. 10. 1983, VersR **1984** 34 f; vom 13. 10. 1983, TranspR **1984** 172 f = VersR **1984** 680 f; vom 16. 2. 1984, TranspR **1984** 121 f = VersR **1984** 378, 379; vom 17. 5. 1984, TranspR **1984** 844, 845; vom 15. 11. 1984, TranspR **1985** 47 = VersR **1985** 157 f; zust. *Temme* VersR **1984** 815; vom 1. 5. 1985, TranspR **1985** 327 f; vom 13. 6. 1985, TranspR **1985** 329; vom 13. 6. 1985, TranspR **1985** 331 f; vom 11. 7. 1985, TranspR **1985** 333 f; vom 17. 10. 1985, TranspR **1986** 117, 118 = VersR **1986** 85 ff; vom 17. 10. 1985, TranspR **1986** 115, 116 = VersR **1986** 84 f; vom 24. 6. 1987, BGHZ **101** 172 ff = NJW **1988** 640 ff = TranspR **1987** 447 ff = VersR **1987** 1212 ff.
OLG Düsseldorf vom 13. 3. 1986, TranspR **1986** 165, 167; OLG Frankfurt vom 17. 9. 1980, DVZ vom 21. 10. 1980, S. 1 f; vom 2. 11. 1982, DVZ vom 27. 1. 1983, 7 f; vom 16. 11. 1982, TranspR **1984** 205 = VersR **1983** 1055 f; vom 19. 1. 1984, TranspR **1985** 420; OLG Hamburg vom 19. 5.

Rechtslage vor deren Inkrafttreten §§ 412, 413 Rdn. 23. § 1 Abs. 5 KVO hat keine Auswirkungen auf die CMR-Spedition[19]; ebensowenig auf die GüKUMT-Spedition[20].

c) Voraussetzungen und Einschränkungen des § 1 Abs. 5
aa) Anwendung der KVO auf Spediteure: Primärer Frachtvertrag; echter Selbsteintritt

15 § 1 Abs. 5 schließt die Haftung nach KVO nicht aus, wenn der Vertrag bereits **primär als Frachtvertrag im Güterfernverkehr zu qualifizieren** ist. Dies ist der ausdrücklichen Bezugnahme auf §§ 412, 413 HGB eindeutig zu entnehmen. Spediteure haften also weiterhin nach der KVO, wenn festgestellt wird, daß sie dem Versender gegenüber die Beförderungspflicht im Güterfernverkehr übernommen haben[21]. Ob die Parteien einen Speditions- oder Frachtvertrag abschließen wollten, ist durch Auslegung zu ermitteln[22].

16 § 1 Abs. 5 erklärt die KVO für anwendbar, „soweit wie der Spediteur das Gut mit eigenen Kraftfahrzeugen im Güterfernverkehr (§ 12 GüKG) befördert". Damit ist der **echte Selbsteintritt** des Spediteurs im Sinne von § 412 HGB insoweit dem primären Frachtvertrag gleichgestellt[23]. Ausführung mit eigenen Kraftfahrzeugen liegt nicht vor, wenn der Spediteur die Güterfernbeförderung mit Fahrzeugen von einer weitgehend personenidentischen, rechtlich aber selbständigen Gesellschaft ausführen läßt. Auch eine Umgehung nach § 5 GüKG ist in diesem Fall nicht gegeben[24]. Läßt ein Mitglied des DPD-Paketdienstes die Beförderung durch ein anderes Mitglied ausführen, liegt ebenfalls keine Beförderung mit eigenem Kraftfahrzeug[25] vor.

bb) Keine Anwendung der KVO auf Spediteure: §§ 412, 413 bei Fremdausführung

17 Die KVO ist dagegen in den sonstigen Fällen der §§ 412, 413 nicht auf Spediteure anwendbar. Bei Transportausführung durch Dritte bei sogenanntem unechtem Selbsteintritt und bei Fixkosten- und Sammelladungsspedition wird demgegenüber die Anwendbarkeit der KVO durch § 1 Abs. 5 ausgeschlossen[26].

1983, VersR **1984** 156; vom 23. 6. 1983, TranspR **1984** 178, 179 = VersR **1984** 57; KG vom 28. 9. 1982, TranspR **1983** 22 f= VersR **1983** 334; OLG Karlsruhe vom 6. 10. 1982, VersR **1983** 485; vom 11. 11. 1983, TranspR **1983** 146 f; OLG Köln vom 15. 11. 1982, VersR **1983** 486; OLG Koblenz vom 14. 1. 1983, TranspR **1984** 176 f = VersR **1983** 1073, 1074; OLG München vom 4. 4. 1979, VersR **1979** 713 f; vom 13. 4. 1983, TranspR **1984** 174, 175; OLG Saarbrücken vom 29. 10. 1982, TranspR **1984** 148, 151; OLG Stuttgart vom 2. 4. 1981, VersR **1982** 90, 91 f.

[19] Siehe §§ 412, 413 Rdn. 24, *Thume* TranspR **1992** 355 f; *Koller*[2] Art. 1 CMR Rdn. 3; OLG Hamburg vom 18. 6. 1992, TranspR **1992** 421; OLG Hamm vom 19. 11. 1992, TranspR **1993** 99, 100; a. A. *Brautlacht* TranspR **1992** 171, 172.

[20] Zutreffend *Koller*[2] § 8 GüKUMT Rdn. 1.

[21] OLG Düsseldorf vom 7. 5. 1986, TranspR **1987** 27, 29 = VersR **1987** 70; LG Berlin vom 4. 5. 1983, TranspR **1985** 134; OLG Düsseldorf vom 7. 12. 1989, TranspR **1990** 188; OLG München vom 21. 2. 1992, TranspR **1992** 185, 186; BGH vom 22. 10. 1992, TranspR **1993** 143 f = VersR **1993** 633 ff.

[22] Siehe §§ 412, 413 Rdn. 24, 61–72. Neuere Rechtsprechung: OLG Hamm vom 10. 12. 1987, TranspR **1989** 155 = VersR **1989** 413 (Speditionsvertrag bei Sammelladung mit Bordero); OLG Düsseldorf vom 7. 12. 1989, TranspR **1990** 188 (Frachtvertrag, wenn bei Auftragserteilung die Absicht der Selbstbeförderung erkennbar ist).

[23] Siehe §§ 412, 413 Rdn. 5; als Anwendungsfall aus der Rspr. siehe vor allem BGH vom 10. 2. 1983, TranspR **1983** 64, 66 = VersR **1983** 551, 552 sowie die in §§ 412, 413 Rdn. 26 ff erörterten Abgrenzungsfälle. Neuerer Fall: OLG Düsseldorf vom 26. 3. 1992, TranspR **1992** 419, 420.

[24] BGH vom 10. 2. 1983, VersR **1983** 482, 483 (Stelle in BGHZ **87** 4 ff nicht abgedruckt); BGH vom 6. 10. 1983, VersR **1984** 34, 35.

[25] BGH vom 6. 12. 1990, TranspR **1991** 114, 117 = VersR **1991** 480 ff.

[26] Beispiel aus der neueren Rechtsprechung: OLG Hamburg vom 18. 5. 1989, TranspR **1990** 188, 190; OLG Düsseldorf vom 1. 10. 1992, TranspR **1993** 117 ff.

cc) Teilweise Anwendung der KVO: Beschränkung von § 1 Abs. 5 auf Haftungsregelungen

18 § 1 Abs. 5 schließt von der Anwendung der KVO nach §§ 412, 413 nur deren Haftungsvorschriften aus[27]. Alle Bestimmungen der KVO, die nicht die Haftung des Unternehmers betreffen, sind daher gemäß der Rechtsprechung zu §§ 412, 413 HGB im Verhältnis zwischen Spediteur und Versender anzuwenden[28]. Auch diese Bestimmungen der KVO können bis zum 1. 1. 1994[29] nach § 22 Abs. 2 GüKG zwingend sein. Die Verjährung von Entgeltansprüchen des Spediteur-Frachtführers gegen den Versender richtet sich daher weiterhin, entsprechend der bisherigen Rspr. zu §§ 412, 413, nach § 40 Abs. 1 KVO, nicht dagegen nach § 196 Abs. 1 Nr. 1 BGB. Dabei kommt es nicht darauf an, ob der Spediteur das Frachtgut mit eigenem Fahrzeug befördert hat[30].

dd) Abgrenzung des zwingenden Haftungszeitraums
aaa) Grundsätzliches

19 § 1 Abs. 5 KVO erfordert eine **Abgrenzung, welche Teile eines Gesamtbeförderungsvorgangs noch unter die zwingende Haftung des Spediteurs fallen, und welche der Freizeichnung durch die ADSp offenstehen**[31]. Da der Spediteur nach § 1 Abs. 5 bei Fremdausführung der Güterfernverkehrsbeförderung für diesen Teil nicht nach KVO haftet, ist dabei von der üblichen Abgrenzung seiner Haftung nach §§ 29, 33 KVO auszugehen. Die KVO-Haftung des Spediteurs wird genau so abgegrenzt, wie wenn er das Gut vom Absender übernommen bzw. an den Empfänger abgeliefert hätte. Hierzu ist allerdings fraglich, ob der KVO-Haftungszeitraum durch § 1 Abs. 5 KVO selbst verändert wird. Das OLG Nürnberg[32] entnimmt dem Klammertext „(§ 12 GüKG)", daß der Normgeber den Begriff des Güterfernverkehrs nicht auf die reine Fahrzeit beschränken, sondern Lagerung und Ausrollen mit unter die zwingende KVO-Haftung nehmen wollte. In der Sache entsprechend, aber ohne Erwähnung der Verweisung auf § 12 GüKG erstreckte auch der BGH[33] die zwingende Haftung auf die Lagerung durch den Spediteur als Nachlagerung im Sinne von § 33 d KVO[34]. Weder die Auffassung des OLG Nürnberg noch die Ausweitung des § 33 d KVO durch den BGH hat sich aber in der Rechtspraxis durchgesetzt. Die neuere Rechtsprechung hat den Anwendungsbereich der KVO im Rahmen des § 1 Abs. 5 praktisch auf die reine Beförderung im Güterfernverkehr beschränkt. Zwar wird die Anwendung von § 33 d KVO ausdrücklich offen gelassen[35]. Jedoch werden die Regelfälle der Obhut des Spediteurs nach Beendigung der KVO-Beförderung nunmehr durchweg aus der KVO-Haftung ausgeschlossen. § 33 d

---

[27] Siehe §§ 412, 413 Rdn. 27; *Koller*[2] Rdn. 12; AG Montabaur vom 15. 5. 1991, TranspR **1991** 448 f; AG Montabaur vom 15. 5. 1991, TranspR **1991** 448 f.

[28] Unrichtig daher BGH vom 7. 3. 1985, BGHZ 94 71–76 = NJW **1985** 2091–2092 = TranspR **1986** 68 ff = VersR **1985** 684–686; dazu § 32 ADSp, Anh. I nach 415 Rdn. 13. Wie hier *Koller*[2] Rdn. 12.

[29] Aufhebung dieser Bestimmung wie des gesamten Tarifrechts durch das Tarifaufhebungsgesetz (siehe vor 1 GüKG, Anh. I nach § 452 Rdn. 1).

[30] OLG Düsseldorf vom 23. 12. 1982, VersR **1983** 274 f; OLG Köln vom 9. 10. 1991, TranspR **1992** 20 f; dagegen *Starosta* TranspR **1992** 97, 98 f, der § 40 nur unter den Sondervoraussetzungen des § 1 Abs. 5 KVO anwenden will.

[31] Dazu eingehend mit zahlreichen Fallbeispielen *Kirchhof* VersR **1983** 608–615; *Thume* TranspR **1990** 401 ff.

[32] OLG Nürnberg vom 10. 12. 1981, TranspR **1984** 177, 178.

[33] Vom 10. 2. 1983 TranspR **1983** 64, 66 = VersR **1983** 551, 552; ebenso OLG Hamburg vom 24. 11. 1983, TranspR **1984** 637, 638; dagegen *Bischof* VersR **1984** 420.

[34] Die Vorinstanz (OLG Stuttgart vom 2. 4. 1981, VersR **1982** 90, 91) hatte Schäden auf dem eigenen Lager des Spediteurs nicht unter den Haftungszeitraum gefaßt.

[35] BGH vom 15. 5. 1985, TranspR **1985** 327, 328 = VersR **1985** 829 ff.

KVO kann jedenfalls nach Auffassung der Rechtsprechung dann nicht angewendet werden, wenn der selbsteintretende Spediteur keine Obhut am Gut mehr hat. Konsequenterweise hat deshalb der BGH im Urt. vom 15. 11. 1984[36] bei Schadensentstehung während fremdausgeführter Nachlagerung und fremdausgeführtem Nachlauf keine KVO-Haftung des Spediteurs angenommen. Maßgeblich wird bei der Abgrenzung zum BGH-Urteil vom 10. 2. 1983, TranspR **1983** 64 ff = VersR **1983** 551f auf die Obhut des Spediteurs als Kriterium für die Haftungszeit nach der KVO abgestellt. Freilich ist fraglich, ob nicht § 33 d KVO selbst den Obhutszeitraum verlängert[37].

bbb) Fremdausgeführte Vor- und Nachtätigkeiten

Führt der Spediteur die Güterfernverkehrsbeförderung, nicht aber die vor- und nachher liegenden Tätigkeiten selbst aus, ist die Abgrenzung an sich einfach. Es ist zu prüfen, bei wem die Obhut nach §§ 29, 33 KVO bei Schadenseintritt lag. Hatte z. B. der Spediteur auf einer Teilstrecke die Güter im Fernverkehr selbst befördert, war der Schaden jedoch erst danach im Zwischenlager eines anschließend eingesetzten Fernverkehrs-[38] oder Nahverkehrsunternehmers[39] entstanden, haftet der Spediteur dem Versender und nicht nach KVO für Schäden im fremdausgeführten Nachlauf. Für **Schäden beim Umladen vom eigenen Fernverkehrs-LKW auf ein (fremdes) Nahverkehrsfahrzeug** soll dagegen nach Auffassung des OLG Köln[40] noch die zwingende Haftung nach §§ 412 HGB, 1 Abs. 5 KVO, 29 ff KVO gelten. Dies wird damit begründet, daß der Auftraggeber des Spediteurs bei einer Umladung im Nahbereich, aber außerhalb des Empfangsorts, durch die Entstehung „ungedeckter oder nur mangelhaft abgedeckter Zwischenräume" benachteiligt werde.

ccc) Selbstausgeführte Vor- und Nachtätigkeiten

War das Gut vor oder nach der selbstausgeführten Beförderung im Güterfernverkehr schon oder noch in der Obhut des Spediteurs, geht zwar die Obhut nicht von einer Person auf eine andere über. Zur Abgrenzung zwischen zwingender KVO-Haftung und ADSp-Freizeichnung müssen diese Fälle aber so behandelt werden, als ob die KVO-Beförderung durch einen dritten Frachtführer ausgeführt worden wäre. Es kommt also darauf an, ob nach den Tatsachen des Falles die Obhut bei Einsatz eines dritten Frachtführers schon (durch Annahme) von diesem übernommen oder (durch Ablieferung) an den Spediteur als Empfänger beendet worden wäre. Maßgeblich sind daher auch in diesen Fällen die für Beginn und Ende der Haftung nach § 29 KVO erforderlichen Maßnahmen.

Für **Entladen und Umladen nach Güterfernbeförderung** haftet der selbsteintretende Spediteur danach nur nach den ADSp bzw. der Speditionsversicherer nach SVS/RVS, wenn die Entladetätigkeit bei Fremdausführung der Güterbeförderung gem. KVO Aufgabe des Frachtführers gewesen wäre[41].

---

[36] BGH vom 15. 11. 1984, NJW **1986** 378 f = TranspR **1985** 47 f = VersR **1985** 157 f; vom 13. 6. 1985, TranspR **1985** 329, 330; OLG Koblenz vom 14. 1. 1983, TranspR **1984** 176 f = VersR **1983** 1073 f.

[37] OLG Frankfurt vom 30. 5. 1984, TranspR **1984** 272 f; siehe dazu § 33 Rdn 1.

[38] OLG Hamburg vom 30. 6. 1983, TranspR **1984** 153 = VersR **1984** 235.

[39] OLG Köln vom 15. 11. 1982, TranspR **1984** 35, 37 f = VersR **1983** 486 f. Dagegen *Kirchhof* VersR

1983 614 f. Siehe auch LG Bremen vom 10. 9. 1991, TranspR **1991** 445 f (Schaden in einem vom Fixkostenspediteur angewiesenen Fremdlager wegen drohenden Verderbs nach einer KVO-Beförderung; Lagervertragsrecht, ADSp).

[40] Vom 15. 11. 1982, TranspR **1984** 35, 37 f = VersR **1983** 486 f. Dagegen *Kirchhof* VersR **1983** 614 f.

[41] BGH vom 13. 6. 1985, TranspR **1985** 329 f (gegen OLG Köln vom 15. 11. 1982, TranspR **1984** 35, 37 = VersR **1983** 486, 487; zu diesem Urteil *Kirchhof* VersR **1983** 614 f); zustimmend *Thume* TranspR

23 Bei **Vor- oder Nachlagerung auf eigenem Lager des Spediteurs**[42] kommt es darauf an, ob das Gut schon vom Speditionslager aus unter die gedachte KVO-Obhut genommen oder aus dieser in die Speditions-Obhut zurückgegeben ist. Ist der Schaden bei Vorlagerung auf dem Lager des Spediteurs vor Durchführung der Sammelversendung entstanden, dann fällt er nicht unter die zwingende Haftung nach § 1 Abs. 5 KVO[43]. Das gleiche gilt für Vorlagerung bei Fixkostenspedition im Hinblick auf § 1 Abs. 5 KVO[44].

24 Ist der Schaden **bei der nach § 17 KVO vorgesehenen Absender-Verladung durch den Spediteur in ein eigenes Fernverkehrsfahrzeug** entstanden, so hat die KVO-Obhut noch nicht begonnen; der Spediteur haftet nach Speditionsrecht[45].

25 Entsteht der Schaden **nach Abschluß der selbstausgeführten KVO-Beförderung vor der Übernahme in das eigene Speditionslager,** dann hängt die Haftung des Spediteurs davon ab, ob die KVO-Obhutpflicht beendet ist. Ist das Gut in dieses Lager verbracht, endet die zwingende Haftung[46]. Waren die ordnungsgemäßen Maßnahmen der Übernahme in das Lager wie Überprüfung etc. noch nicht erfolgt, besteht die Haftung nach KVO mangels Ablieferung fort; die ADSp sind insoweit unwirksam[47].

ee) Beweislast für den Schadensort

26 § 1 Abs. 5 KVO und die dazu ergangene neuere Rechtsprechung werfen erhebliche **Beweisprobleme** auf. Soweit der Fixkosten- und Sammelladungsspeditionsvertrag im Güterfernverkehr vom Spediteur selbst ausgeführt wird, gilt für ihn zwingend die KVO-Haftung. Die übrigen, als speditionell bezeichneten Tätigkeiten wie **Abholung, Vorlagerung, Zwischenlagerung, Nachlagerung und Zuführung** sind dagegen nicht zwingend geregelt und unterstehen in der Regel den ADSp. Diese Rechtslage entspricht dem Problem des unbekannten Schadensorts, wie es in vergleichbarer Weise im multimodalen Transport international bekannt ist[48]. Führt der Spediteur auch die „speditionellen" Tätigkeiten selbst aus, dann trifft ihn beim Übergang von und zu der KVO-Beförderung eine Feststellungsobliegenheit. Bei Fremdausführung treffen ihn gegenüber dem beauftragten Unternehmer Rügepflichten und er muß sich bei Übernahme durch diesen zumindest die äußere Fehlerfreiheit bescheinigen lassen. Schon auf diese Weise kann dem Versender der Beweis des Schadensortes erleichtert werden.

27 Die eigentliche Frage der **Beweislast für Zeit und Ort der Schadensentstehung** ist in der Rechtsprechung bisher nicht voll geklärt. OLG Hamburg und Koblenz[49] gehen aufgrund allgemeiner Beweisregeln davon aus, daß der Versender die Entstehung des Schadens in der Obhutszeit des § 29 und damit auch das Vorliegen der Voraussetzungen des § 1 Abs. 5 KVO im Schadenszeitpunkt beweisen muß. Das OLG Frankfurt will über

---

1990 401, 402; BGH vom 13. 6. 1985, TranspR **1985** 331, 332. Zur Entladepflicht siehe § 17 Rdn. 42 ff.

[42] BGH vom 15. 5. 1985, TranspR **1985** 327, 328 = VersR **1985** 829 ff; vom 11. 7. 1985, TranspR **1985** 333, 334; OLG Hamburg vom 23. 6. 1983, TranspR **1984** 178, 179 = VersR **1984** 57 f.

[43] BGH vom 9. 5. 1985, TranspR **1985** 435 f = VersR **1985** 881 f; OLG Hamburg vom 23. 6. 1983, TranspR **1984** 178, 179 = VersR **1984** 57.

[44] Siehe dazu die Begründung des BGH-Urteils vom 9. 5. 1985, TranspR **1985** 435 f = VersR **1985** 881 f.

[45] OLG Nürnberg vom 1. 12. 1988, TranspR **1989** 288 f.

[46] OLG München vom 13. 4. 1983, TranspR **1984** 174, 175 m. w. Angaben; ebenso LG Münster vom 6. 6. 1984, TranspR **1984** 180, 181 = VersR **1984** 981 (ausdrücklich gegen BGH vom 10. 2. 1983, TranspR **1983** 64 ff = VersR **1983** 551 f).

[47] OLG Frankfurt vom 30. 5. 1984, TranspR **1984** 272, 273; OLG Oldenburg vom 6. 2. 1989, TranspR **1989** 359, 360 f.

[48] Siehe Anh. V nach § 429 Rdn. 19 ff.

[49] Hamburg vom 23. 6. 1983, TranspR **1984** 178, 179 = VersR **1984** 57; Koblenz vom 14. 1. 1983, TranspR **1984** 176 f = VersR **1983** 1073, 1074 (allerdings hatte der Spediteur die Unmöglichkeit früherer Schadensentstehung „dargelegt").

eine Beweissicherungs- und Kontrollpflicht des Spediteurs in Ergänzung zu § 51 a ADSp Organisationsverschulden begründen[50].

Gegenüber diesen tastenden Lösungsversuchen entschied bereits 1983 das OLG **28** München[51] **mit Hilfe einer Beweislastkonstruktion:** Der Nachweis treffe unter Berücksichtigung seiner aus § 675, 666 BGB bestehenden Informationspflicht den Spediteur. Dieser müsse die ordnungsgemäße Ablieferung in seinem Speditionslager beweisen. Mittlerweile hat sich der **BGH in der Grundsatzentscheidung zum multimodalen Transport** eingehend mit der Beweislastverteilung für den Schadensort befaßt[52]. Danach ergibt sich die gesetzliche Beweislast für die Voraussetzungen von Haftungsbeschränkungen formell aus dem Zusammenspiel zwischen Regel und Ausnahme und materiell aus dem Gedanken, daß der Spediteur-Frachtführer dem Beweis für den Schadensort relativ näher steht als der Versender[53]. Die Regelung in § 51 ADSp verstößt – trotz der Aufklärungspflicht des Spediteurs nach § 51 a S. 4 ADSp – insoweit gegen das AGBG, als dem Auftraggeber die Beweislast für den Schadenszeitpunkt bzw. -ort auferlegt wird. Der Spediteur als Verwender von AGB darf, wenn die dafür maßgeblichen Tatsachen sich der Kenntnis des Auftraggebers entziehen, die Beweislast nicht auf den Auftraggeber verschieben[54]. Diese Grundsätze lassen sich auf die Abgrenzung zwingender und nicht zwingender Haftung nach § 1 Abs. 5 KVO anwenden. Sie führen dazu, dem Spediteur wegen seiner größeren Nähe zum Schaden den Beweis aufzubürden[55].

d) Aufspaltung der Fernverkehrsbeförderung in Nahverkehrsteilstrecken

Problematisch ist die Anwendbarkeit der KVO auf Fälle, in denen der Frachtführer **29** eine Beförderung, die insgesamt die Voraussetzungen der Fernverkehrs erfüllen würde, in zwei oder mehrere Nahverkehrsstrecken aufspaltet (sog. „Nah-Nah-Anstoßverkehr"). Eine Beförderung im Güterfernverkehr liegt in solchen Fällen nicht vor, wenn wirtschaftlich einsehbare Gründe für die Aufspaltung bestehen; auch liegt keine Umgehung nach § 5 GÜKG vor[56]. Bei Aufspaltung in eine Nah- und eine Fernverkehrsstrecke ist die Frage durch § 1 Abs. 5 KVO geregelt. Die Rechtsprechung zur sogenannten Gesamtbetrachtung ist vom BGH aufgegeben worden[57].

5. Vereinbarte Geltung

Die KVO kann allerdings, wie auch andere Rechtsnormen, durch Vereinbarung zwi- **30** schen den Parteien auf solche Verträge anwendbar werden, die an sich nicht in ihren gesetzlichen Geltungsbereich fallen. Dadurch gewinnt sie den Charakter von AGB[58] und unterliegt damit auch der Inhaltskontrolle nach dem AGB-Gesetz. Allerdings ist

---

[50] Urteil vom 16. 11. 1982, TranspR **1984** 205 ff = VersR **1983** 1055, 1056.
[51] Vom 13. 4. 1983, TranspR **1984** 174, 176; i. E. ebenso LG Münster vom 6. 6. 1984, TranspR **1984** 180, 181 f.
[52] BGH vom 24. 6. 1987, BGHZ **101** 172 ff = NJW **1988** 640 ff = TranspR **1987** 447 ff = VersR **1987** 1212 ff.
[53] Siehe dazu Anh. V nach § 429 Rdn. 24 f.
[54] BGHZ **101** 172, 183 ff. Zur Beweislastveränderung in AGB siehe vor § 1 ADSp, Anh. I nach § 415 Rdn. 50.
[55] OLG Karlsruhe vom 7. 11. 1991, MDR **1992** 757 f; OLG München vom 31. 7. 1992, NJW-RR **1993** 166 f; *Thume* TranspR **1990** 401, 405; *Koller*² § 1 KVO Rdn. 13.

[56] LG Stuttgart vom 29. 1. 1988, TranspR **1988** 342, 343; anders in einem aus anderen Gründen problematischen Fall OLG Frankfurt vom 14. 12. 1982, TranspR **1985** 174 ff.
[57] BGH vom 24. 6. 1987, BGHZ **101** 172, 176 f = NJW **1988** 640 ff = TranspR **1987** 447 ff = VersR **1987** 1212 ff; zu solchen Fällen aus der früheren Rechtsprechung siehe BGH vom 13. 10. 1983, TranspR **1984** 172 f = VersR **1984** 680 f. Siehe jedoch zur nach wie vor genauer Abgrenzung (Vorlauf): BGH vom 22. 10. 1992, TranspR **1993** 143 f = VersR **1993** 633 ff.
[58] Siehe auch zu Art. 1 CMR, Anh. VI nach § 452.

dabei zu berücksichtigen, daß sie als Rechtsverordnung die Vermutung inhaltlicher Angemessenheit für sich hat[59]. Ihre Vorschriften unterliegen dann auch der Inhaltskontrolle nach dem AGBG. Dies entspricht etwa der für die AGNB, Anh. III nach § 452 bestehenden Rechtslage.

§ 2
(weggefallen)

II. Allgemeine Bestimmungen

§ 3
Berechtigte und Verpflichtete aus dem Beförderungsvertrag

Der Beförderungsvertrag wird zwischen dem Unternehmer und dem frachtbriefmäßigen Absender des Gutes geschlossen.

1 § 3 KVO hat rein terminologische Bedeutung[1]. Der „Unternehmer" der KVO ist Landfrachtführer im Sinne der §§ 425 ff HGB. Der Beförderungsvertrag ist Frachtvertrag. Der Oberbegriff „Beförderungsvertrag" umfaßt neben ihm noch den Personenbeförderungsvertrag; siehe § 425 Rdn. 33 ff. Über den Abschluß des KVO-Frachtvertrages macht § 3 keine Aussagen[2]. Dem Frachtvertrag steht der Speditionsvertrag, der nach §§ 412, 413 der KVO unterliegt[3], gleich.

2 Fraglich ist, ob durch § 3 Abs. 1 bindend festgelegt ist, **wer Partner des Frachtvertrages ist**. Liegt ein unterzeichneter Frachtbrief vor, so ergibt sich aus § 3 Abs. 1, daß die darin bezeichnete Person auch Absender im Sinne des Frachtbriefs ist[4]. Jedoch wird hierdurch nur eine widerlegliche Vermutung begründet; siehe dazu eingehender § 426 Rdn. 37. Zwar soll nach der Rechtsprechung[5] der Nachweis, daß ein anderer als der im Eisenbahnfrachtbrief Bezeichnete der wirkliche Absender sei, nicht möglich sein. Diese Entscheidung beruht aber auf der für die KVO vom BGH abgelehnten Formalvertragstheorie (vgl. § 15 Rdn. 2 ff). Nach Auffassung des Reichsgerichts kann zwischen dem nicht im Frachtvertrag aufgeführten Absender und der Eisenbahn kein Frachtvertrag zustande kommen, weil es an dem hierfür erforderlichen, den Absender bezeichnenden Frachtbrief fehlt. Mit der Ablehnung der Formalvertragstheorie für die KVO ist dieser Auffassung der Boden entzogen. Konsequenterweise hält der BGH an ihr auch nicht fest[6]. Die Vermutung, die durch den Frachtbrief hinsichtlich der Absenderstellung der eingetragenen Person begründet wird, ist widerleglich.[7]

3 Zur Rechtsstellung des Empfängers siehe überblicksweise § 425 Rdn. 40 f.

---

[59] Siehe § 1 AGNB, Anh. III nach § 452 Rdn. 5 ff sowie die Kommentierung zu den einzelnen §§ der AGNB.

[1] *Willenberg*[4] Rdn. 1.

[2] Siehe jedoch dazu, ob der KVO-Frachtvertrag ein Real- und Formalvertrag ist, § 425 Rdn. 113 f und § 15 KVO Rdn. 1 ff.

[3] Siehe § 1 KVO Rdn. 11 ff; §§ 412, 413 Rdn. 9 Fn. 12.

[4] Siehe aus neuerer Zeit OLG Köln vom 19. 6. 1985, TranspR **1985** 429.

[5] RG vom 30. 6. 1920, RGZ **99** 245, 246 f; BGH vom 21. 5. 1980, WM **1980** 1124, 1125.

[6] BGH vom 15. 10. 1959, VersR **1959** 983, 984 = NJW **1960** 29 f; BGH vom 30. 1. 1964, VersR **1964** 479, 483; *Willenberg*[4] Rdn. 12; *Koller*[2] Rdn. 2; a. A. *Muth/Andresen/Pollnow* Anm. 3.

[7] Siehe BGH vom 15. 10. 1959, VersR **1959** 983, 984; siehe auch (zur KVO) § 426 Rdn. 37.

Sechster Abschnitt. Frachtgeschäft   Anh. II § 452
                                                      (§ 4 KVO)

§ 4
Abfertigungsarten

Der Absender kann entweder
a) das Gut als Stückgut dem Unternehmer zur Verladung übergeben oder
b) sich ein Fahrzeug für die Verladung des Gutes bestellen (Ladungsverkehr).
Zum Ladungsverkehr gehört auch der Sammelgutverkehr der Spediteure.

Übersicht

		Rdn.			Rdn.
I.	Bedeutung der Unterscheidung zwischen Stückgut und Ladungsgut	1	2.	Tarifliche Bedeutung der Unterscheidung	6
1.	Frachtrechtliche Bedeutung der Unterscheidung	2	II.	Abgrenzung zwischen Stückgut und Ladungsgut	7
			III.	Spediteursammelgut	13

I. Bedeutung der Unterscheidung zwischen Stückgut und Ladungsgut

Die in § 4 KVO getroffene Unterscheidung ist bisher in zweierlei Hinsicht von **1** Bedeutung: Stückgut und Ladungsgut werden einmal hinsichtlich der Aufgaben und der Haftungsabgrenzung zwischen Unternehmer und Absender unterschiedlich behandelt (frachtrechtliche Unterscheidung); zum anderen auch hinsichtlich der Berechnung der Fracht (tarifrechtliche Unterscheidung). Diese Funktion wird mit dem Tarifaufhebungsgesetz zum 1. 1. 1994 entfallen. Da die Abgrenzungen für die beiden Bereiche nicht voll übereinstimmen, bedarf es umso mehr einer besonderen Betrachtung. Entscheidend kommt es dafür darauf an, was die Parteien vereinbart haben; siehe Rdn. 7. Argumente aus dem Bereich des Tarifrechts sind künftig überhaupt nicht verwendbar.

1. Frachtrechtliche Bedeutung der Unterscheidung

Nach § 17 Abs. 1 KVO sind Stückgüter vom Unternehmer zu verladen, Ladungsgü- **2** ter dagegen vom Absender – soweit keine Sondervereinbarungen getroffen sind; § 11 Abs. 2 f KVO. Trifft den Unternehmer keine Verladepflicht, so hat er auch nicht nach § 29 KVO zu haften, wenn das Frachtgut aufgrund fehlerhafter Verladung beschädigt wurde. In Betracht kommt in diesen Fällen nur noch eine Haftung wegen nicht betriebssicherer Verladungen; § 17 Abs. 1 S. 3 KVO. Insbesondere bei Vereinbarungen über die Verladung kann also die Eingruppierung des Frachtguts als Stück- oder Ladungsgut für das Verladerisiko entscheidend sein.

Ferner unterscheidet § 16 zwischen Stück- und Ladungsgut. Bei Stückgut hat nach **3** Abs. 3 stets der Unternehmer **Anzahl und Gewicht festzustellen**; Ladungsgüter dagegen nur auf Antrag des Absenders, der im Frachtbrief gestellt werden muß.

Da die **Beweiswirkung** der Frachtbriefangaben über Gewicht und Stückzahl **nur** **4** dann eintritt, **wenn der Frachtführer zur Überprüfung der Angaben rechtlich verpflichtet ist** (dazu § 426 Rdn. 48 ff), bedeutet für den Regelfall die Qualifikation des Gutes als Stückgut eine Verantwortlichkeit des Frachtführers für Anzahl und Gewicht der Stücke, während bei Ladungsgut eine Beweiswirkung der Frachtbriefangaben nur im Sonderfall des § 16 Abs. 4 KVO eintritt.

Stückgüter sind nach § 18 Abs. 5 KVO stets vom Absender **deutlich zu signieren.** **5** Die Verletzung dieser Kennzeichnungspflicht führt regelmäßig zum Haftungsausschluß wegen Absenderverschuldens, wenn das Gut wegen fehlender oder fehlerhafter Signierung falsch ausgeliefert wurde (§ 34 S. 1 c KVO). Nach § 31 KVO Abs. 2 KVO unterscheidet sich in den Haftungsfällen seines S. 1 a bis c die Haftungshöhe danach, ob Ladungs- oder Stückgut vorliegt.

2. Tarifliche Bedeutung der Unterscheidung

6 Die Fracht für Stückgut und Ladungsgut wird grundsätzlich nicht nach unterschiedlichen Tarifen berechnet. In bestimmten vom Tarif vorgesehenen Ausnahmefällen wird jedoch bei Stückgut der Ladungsgütertarif und bei Ladungsgut der Stückguttarif angewendet, wenn dies für den Verlader günstiger ist; siehe hierzu im einzelnen *Willenberg*[4] Rdn. 9, 10.

II. Abgrenzung zwischen Stückgut und Ladungsgut

7 Ob Stückgut oder Ladungsgut vorliegt, richtet sich gemäß der eindeutigen Formulierung des § 4 **nach der Wahl des Absenders**, die vom Unternehmer durch den Vertragsschluß bestätigt wird, also nach der Parteivereinbarung[1]. Dieses Wahlrecht ist nicht durch Tarifvorschriften eingeschränkt. Vielmehr ordnet das Tarifrecht grundsätzlich an, daß sich der Tarif nach der (zuvor getroffenen) Wahl der Beförderung als Stückgut oder Ladungsgut zu richten hat. Wenn die Tarifvorschriften ausnahmsweise auf Stückgut die Tarife für Ladungsgut und umgekehrt für anwendbar erklären, so geschieht dies zur tariflichen Begünstigung des Absenders, kann aber gegenüber der Vereinbarung der Parteien den frachtrechtlichen Charakter des Transports als Stück- oder Ladungsguttransport nicht ändern. Treffen also die Parteien – etwa wegen der Verladungs- oder Kennzeichnungspflicht – die Vereinbarung, daß Güter als Stückgut zu befördern sind, so ist dies in frachtrechtlicher Hinsicht auch dann gültig, wenn aus Tarifgründen der Ladungsgütertarif anzuwenden ist. Eine andere Frage ist allerdings, wie weit sich aus der tariflichen Behandlung der Güter ein Schluß daraus ziehen läßt, ob die Beförderung als Stückgut oder Ladungsgut von den Parteien gewollt war. Mehr als dies besagt auch die von *Willenberg*[4] angegebene OLG-Rechtsprechung nicht[2].

8 **Die Wahl zwischen Stückgut- oder Ladungsgutbeförderung kann formlos, auch stillschweigend getroffen werden.** Im Frachtbrief ist keine Angabe über sie vorgesehen. Doch läßt sich nach § 11 Abs. 1 e KVO aus der Angabe der Anzahl und der Bezeichnung der Stücke auch die Absicht des Absenders, die Sendung als Stückgut zu behandeln, schließen[3]. Das Fehlen solcher Angaben spricht für Ladungsgut[4]. Ein Vermerk im Frachtbrief, aus dem sich die Verladung durch den Absender ergibt, spricht ebenfalls für Ladungsgut[5]. Wird vom Fahrer eine stückzahlmäßige Quittung ausgestellt, soll dies nach Auffassung des OLG Düsseldorf ausreichen, um die Vereinbarung von Stückgut widerleglich zu beweisen[6].

---

[1] BGH vom 12. 4. 1967, VersR **1967** 597, 598; BGH vom 28. 5. 1971, **VersR 1971** 755, 756; OLG Hamburg vom 2. 12. 1966, VersR **1967** 796, 797; OLG Frankfurt vom 16. 11. 1982, TranspR **1984** 205, 206 = VersR **1983** 1055 f. *Willenberg*[4] Rdn. 11 sieht jedoch die tarifliche Einordnung als alleine maßgeblich an.

[2] *Willenberg*[4] Rdn. 11; OLG Hamburg vom 2. 12. 1966, VersR **1967** 796, 797; OLG Hamburg vom 14. 7. 1967, VersR **1967** 1047, 1048; OLG Köln vom 19. 6. 1969, VersR **1969** 1111, 1112.

[3] OLG Frankfurt vom 16. 11. 1982, TranspR **1984** 205, 206 = VersR **1983** 1055 f.

[4] OLG Hamburg vom 2. 12. 1966, VersR **1967** 796, 797.

[5] Siehe auch BGH vom 12. 4. 1967, VersR **1967** 597, 598.

[6] OLG Düsseldorf vom 12. 1. 1984, TranspR **1984** 106, 107; zweifelhaft.

Sechster Abschnitt. Frachtgeschäft

Wird der Laderaum im Fahrzeug voll ausgenützt, so liegt regelmäßig Ladungsgut **9** vor[7]. Es ist jedoch nicht Voraussetzung, daß eine Sendung von Ladungsgut die gesamte Fläche eines Wagens oder Anhängers einnimmt. Vielmehr können mehrere Partien Ladungsgüter auf einem Fahrzeug verladen sein.

Weitere Gesichtspunkte ergeben sich aus der Art der Ladung. Frachtstücke von **10** geringerem Gewicht, die wenig Raum in Anspruch nehmen und verpackt und bezeichnet übergeben werden, sind im Regelfall Stückgüter[8]. Maschinen und Anlagen von erheblichem Gewicht oder großen Abmessungen sind dagegen regelmäßig Ladungsgut[9]. Werden größere Partien als geschlossene Ladung und unter einheitlichem Frachtbrief aufgegeben, so handelt es sich regelmäßig um Ladungsgut.

Hat der Absender ein Fahrzeug durch **Wagenstellungsvertrag (§ 14 KVO)** bestellt, **11** so ist ebenfalls grundsätzlich Beförderung als Ladungsgut anzunehmen[10]. War zwischen den Parteien offensichtlich Verladung einer Maschine durch den Absender vorgesehen, so spricht dies für die Beförderung als Ladungsgut[11]. Insgesamt zeigt sich nach alledem, daß mangels ausdrücklicher Vereinbarung die gesamten Umstände für die Ermittlung des Parteiwillens maßgeblich sind[12].

Maßgeblich dafür, ob Stück- oder Ladungsgutbeförderung gewollt war, sind derzeit **12** **aber auch die tariflichen Gesichtspunkte:** haben sich die Parteien auf den Stückgut- oder Ladungsguttarif geeinigt, so ist anzunehmen, daß sie auch frachtrechtlich die Sendung entsprechend behandelt wissen wollen[13]. Diese Argumentation entfällt mit dem Tarifaufhebungsgesetz zum 1. 1. 1994.

III. Spediteursammelgut

Spediteursammelgut wird nach § 4 b Satz 2 KVO regelmäßig als Ladungsgut behan- **13** delt. Inwieweit diese Regelung zwingend ist, erscheint zweifelhaft. Eher ist davon auszugehen, daß mit der Vorschrift der praktische Regelfall umschrieben ist[14] und es letztlich doch entscheidend auf den von ihm mit dem KVO-Frachtführer abgeschlossenen Frachtvertrag ankommt. Im Regelfall trifft also den Sammelgutspediteur als Absender insbesondere die Verladepflicht. Jedenfalls gilt dies, wenn er das Gut verladen hat[15].

Zum **Begriff und zur Abgrenzung der Sammelladungspedition** zum Frachtvertrag **14** siehe §§ 412, 413 Rdn. 127 ff und § 1 KVO Rdn. 15 ff. Diese Abgrenzung stimmt im allgemeinen Frachtrecht, (nach § 413 Abs. 2 HGB) und im Tarifrecht nicht voll überein. Im Bereich des § 4 KVO ist auch bisher schon alleine die frachtrechtliche Abgrenzung maßgeblich. Zu den Entgelten in der Sammelladungspedition siehe §§ 412, 413 Rdn. 131.

---

[7] OLG Düsseldorf vom 29. 11 .1979, VersR **1980** 270; OLG Köln vom 19. 6. 1969, VersR **1969** 1111, 1112.
[8] OLG Hamburg vom 14. 7. 1967, VersR **1967** 1047, 1048.
[9] Z. B. ein Turmdrehkran, BGH vom 21. 4. 1960, BGHZ **32** 194, 196 = VersR **1960** 530, 533.
[10] OLG Hamburg vom 2. 12. 1966, VersR **1967** 796, 797; LG Itzehoe vom 6. 7. 1967, VersR **1968** 892.
[11] OLG Hamburg vom 2. 12. 1966, VersR **1967** 796, 797.
[12] OLG Hamburg vom 2. 12. 1966, VersR **1967** 796, 797; methodisch wohl auch BGH vom 12. 4. 1967, VersR **1967** 597, 598.
[13] OLG Hamburg vom 2. 12. 1966, VersR **1967** 796, 797; insoweit zutreffend *Willenberg*[4] Rdn 11. Vgl. OLG Hamburg vom 14. 7. 1967, VersR **1967** 1047, 1048.
[14] *Willenberg*[4] Rdn. 15 geht davon aus, daß keine Spediteursammelversendung vorliegt, wenn der Spediteur die Güter zwar zur Sammelversendung übernommen, aber als Stückgut versandt hat.
[15] OLG Nürnberg vom 1. 12. 1988, TranspR **1989** 288, 289.

§ 5
Abholung und Zustellung der Güter

(1) Stückgüter und Ladungsgüter werden, wenn der Absender nichts anderes beantragt oder im Frachtbrief ausdrücklich vorgeschrieben hat, vom Unternehmer abgeholt und zugestellt, wenn die Gütermenge, die für einen Urversender von einer Ladestelle abzuholen oder für einen Endempfänger nach einer Ladestelle zuzuführen ist, ein Gewicht von mehr als 2,5 t hat.

(2) Auch Güter von einem geringeren Gewicht als in (1) genannt, können durch den Unternehmer abgeholt oder zugeführt werden,

a) wenn die Güter den Laderaum des Kraftfahrzeuges oder Anhängers ausnutzen oder die einzige Ladung des Kraftfahrzeuges oder Anhängers bilden und bei nur einer Stelle aufgeladen oder bei nur einer Stelle abgeladen werden,

b) wenn die mehreren Stellen, an denen die Güter aufgeladen oder abgeladen werden, jeweils auf einer zusammenhängenden Grundfläche liegen, die dem Absender oder dem Empfänger gehört oder von ihm gemietet oder gepachtet ist, oder

c) wenn das Gut lose verladen und in besonderem Maße der Bruch- oder Beschädigungsgefahr ausgesetzt ist oder wenn eine besondere Rollfuhrleistung mit Zwischenumschlag mit erheblichen, den Verfrachtern nicht zumutbaren Umständlichkeiten oder Umwegen oder Kosten verbunden wäre,

d) wenn am Versandort oder am Bestimmungsort kein Spediteur oder Fuhrunternehmer oder Kraftfahrunternehmer des Güternahverkehrs ansässig ist.

(3–5) aufgehoben

Übersicht

	Rdn.		Rdn.
I. Grundsätzliches	1	3. Bei Gütermengen unter 2,5 to Gewicht	12
1. Vorbemerkung	1	III. Rechtslage bei Beförderung durch einen Spediteur (Selbsteintritt)	16
2. Begriffe „Abholung" und „Zustellung" („Zuführung")	2	IV. Aufhebung von § 5 Abs. 3–5 KVO	17
II. Die Pflicht des KVO-Unternehmers zur Abholung und Zuführung	7		
1. Grundsätzliches	7		
2. Bei Gütermengen über 2,5 to Gewicht (§ 5 Abs. 1 KVO)	8		

I. Grundsätzliches
1. Vorbemerkung

1 Die mißglückte und reformbedürftige Vorschrift des § 5 regelt – in Vermischung mit tariflichen Teilregelungen – die Pflicht des KVO-Frachtführers zur Abholung und Zuführung von Gütern (sog. „Vorlauf" und „Nachlauf"). Die stark am Eisenbahnrecht orientierte Regelung geht offenbar vom Modellfall einer bahnhofsähnlichen Lade- oder Entladestelle des ehemaligen Reichskraftwagenbetriebsverbands bzw. des KVO-Frachtführers aus und betrachtet die Abholung und Zustellung von und nach dieser Stelle als besonderen Beförderungsvorgang. Dies gilt auch, nachdem die überflüssig gewordenen Vorschriften der Absätze 3 bis 5 über Rollfuhrleistungen aufgehoben sind. Die der Vorschrift zugrundeliegende Auffassung wird der heutigen Transporttechnik des Straßengüterverkehrs nicht gerecht[1]. *Koller*[2] Rdn. 1 sieht § 5 KVO als nicht voll mit Art. 12 GG

---

[1] Siehe etwa (zur Abgrenzung von der Spediteurtätigkeit): OLG Stuttgart vom 18. 3. 1975, VersR **1975** 729, 730; OLG Stuttgart vom 2. 4. 1981, VersR **1982** 90 f.

vereinbar an. Für den Kraftverkehr als typische Haus-zu-Haus-Beförderungsart besteht allenfalls im Bereich der Sammelladungsbeförderung ein Bedürfnis, wie bei der Eisenbahn zwischen Beförderung, Abholung und Zuführung zu unterscheiden. Das Landfrachtrecht des HGB, die CMR und die Bedingungen GüKUMT kennen daher die Begriffe „Abholung", „Zuführung", „Vorlauf" und „Nachlauf" überhaupt nicht, sondern gehen als selbstverständlich davon aus, daß die Beförderung von der Stelle der Übernahme zu der Stelle der Ablieferung zu erfolgen hat (vgl. z. B. Art. 6 Abs. 1 b CMR Anh. III nach § 452). Wird das Frachtgut auf Weisung des Verfügungsberechtigten einem anderem als dem im Frachtbrief angegebenen Empfänger zugeführt, so hat nach Art. 16 CMR der Frachtführer Anspruch auf Erstattung der Kosten. Ähnliches sieht § 3 Abs. 4 GüKUMT vor. Es ist zu hoffen, daß § 5 bei Gelegenheit der Anpassung der KVO an den Wegfall des Tarifrechts (siehe § 1 Rdn. 2 f) aufgehoben werden wird.

2. Begriffe „Abholung" und „Zustellung" („Zuführung")

§ 5 bestimmt nicht näher, welchen Inhalt diese Begriffe haben. Jedoch ist in § 5 Abs. 1 **2** die Rede von der Abholung von einer Ladestelle und von der Zuführung nach einer Ladestelle. Der Begriff „Ladestelle" bezeichnet in § 5 unstreitig die konkrete Stelle, an der nach dem Frachtvertrag zu laden oder zu entladen ist. Ähnliche Begriffe werden auch in § 11 Abs. 1 b KVO gebraucht, wonach die „Ein- und Ausladestellen" als nähere Angaben zum Versand- und Bestimmungsort einzutragen sind. Es fragt sich, ob die Begriffe in den beiden Vorschriften dasselbe bedeuten. Auch § 25 Abs. 4 KVO bezieht sich – im Hinblick auf Entladefrist und Wagenstandgeld – auf den Begriff „Zuführung". Ob dieser den in § 5 vorgesehenen Inhalt hat, ist zweifelhaft; siehe § 25 Rdn. 10 Fn. 16.

§ 5 muß durch Auslegung an die modernen Verhältnisse des KFZ-Transports ange- **3** paßt werden. **Grundsätzlich muß davon ausgegangen werden, daß der KVO-Frachtführer die Beförderung von der im Frachtbrief angegebenen Ladestelle bis zu der im Frachtbrief angegebenen Entladestelle schuldet.** Für eine besondere Abholung und Zuführung bleibt in diesen Fällen kein Raum. Daher liegt eine Zuführung nur vor, wenn das Frachtgut aufgrund einer Verfügung im Frachtbrief nach § 11 Abs. 2 d KVO, einer Absenderverfügung nach § 27 Abs. 1 i oder einer Empfängeranweisung nach § 27 Abs. 4 KVO an eine andere als die nach § 11 Abs. 1 b im Frachtbrief angegebene Stelle versandt wird[2]. Ebenso gibt es keine „Abholung" im Sinne des § 5, wenn die wirkliche Ladestelle im Frachtbrief nach § 11 Abs. 1 d angegeben ist. Daher beginnt der Frachtvertrag in der Regel mit der Abholung; siehe § 15 Rdn. 14; § 33 Rdn. 4.

Die Abholungs- und Zustellungspflicht ist eine frachtvertragliche Pflicht. Legt **4** man die von der Rechtsprechung zu Recht abgelehnte Formalvertragstheorie (zu dieser § 15 Rdn. 3–7) zugrunde, fällt die „Abholung" in vielen Fällen in die Zeit vor Abschluß des Frachtvertrages, nämlich immer dann, wenn der abholende Fahrer den Frachtbrief nicht annimmt und unterzeichnet[3]. Damit würde ein Stück der vom KVO-Frachtführer geschuldeten Beförderungsleistung zur Nebenpflicht degradiert, für die nach § 33 a zwar die KVO-Haftung gelten würde, deren Rechtsstatus aber im übrigen ungeklärt wäre. Demgegenüber erscheint es klarer und zweckmäßiger, die Vor- und Nachlaufphase als integrale Bestandteile des KVO-Frachtvertrages zu betrachten, jedenfalls dann, wenn diese durch Annahme des Frachtguts auch im Sinne der Realvertragstheorie zustande gekommen ist. Danach ist es keineswegs ausgeschlossen, in diesem Fall eine

---

[2] Zutreffend *Willenberg*[4] Rdn. 3; **a. A.** *Koller*[2] Rdn. 2.   [3] Siehe hierzu konsequent *Willenberg*[4] Rdn. 2 und 33 KVO Rdn. 3 ff.

Rückwirkung der Vertragsentstehung auf den Zeitpunkt der Annahme zu bejahen und danach auch alle anderen Wirkungen der KVO, nicht nur den Haftungszeitraum nach § 33 a mit der Annahme beginnen zu lassen.

5 Mit der Änderung der KVO vom 15. Mai 1989 sind zwar neben anderen Textkorrekturen auch die **Absätze 3 bis 5 in § 5 KVO entfallen.** Eine Modernisierung des KVO-Rechts müßte jedoch Tarifrecht und Frachtrecht klar gegeneinander abgrenzen und die für den LKW typische Beförderungsleistung, die Haus- zu Hausbeförderung, als Normalfall den Bedingungen zugrunde legen, wie dies in selbstverständlicher Weise der internationalen Ordnung der CMR entspricht.

6 **Wird die KVO auf den Spediteur-Frachtführer nach §§ 412, 413 angewendet**, so unterliegt nach § 1 Abs. 5 der Vor- und Nachlauf nicht in jedem Fall der KVO. Vielmehr unterwirft § 1 Abs. 5 KVO ihn bei Ausführung der Straßenbeförderung mit eigenem Kraftfahrzeug im Güterfernverkehr den Bestimmungen der KVO. Soweit der Spediteur fremde Frachtführer mit der Ausführung der Beförderung beauftragt, haftet er nicht nach KVO; gleiches gilt für die Beförderung im Vor- und Nachlauf, auch wenn dieser vom Spediteur selbst im Bereich des Güternahverkehrs durchgeführt wird; siehe dazu § 1 KVO Rdn. 11 ff und §§ 412, 413 Rdn. 21 ff.

II. Die Pflicht des KVO-Unternehmers zur Abholung und Zuführung
1. Grundsätzliches

7 Die Vermischung von Zulassungsrecht, Tarifrecht und Frachtrecht erschwert die Beurteilung der Frage, in welchem Bereich eine Abholungs- oder Zustellungspflicht besteht. Einerseits ist nach dem Wortlaut des § 5 Abs. 1 KVO die Abholungs- und Zustellungspflicht nicht auf den Tarifbereich des frachttariflichen Absende- oder Bestimmungsorts beschränkt; zutreffend *Muth/Andresen/Pollnow* Anm. 3. Andererseits zwingt das Tarifrecht zur Annahme selbständiger Frachtverträge, sobald Abholung oder Zuführung über den Gemeindetarifbereich hinaus in die Nahverkehrszone oder sogar in die Fernverkehrszone hineinreichen. Hierfür besteht von Seiten des KVO-Unternehmers kein Abschlußzwang; hierzu § 7 Abs. 1 KVO Rdn. 1. Daher ist *Willenberg*[4] Rdn. 4, 5 zuzustimmen, daß eine Abholung oder Zustellung i. S. d. § 5 KVO nur innerhalb des Gemeindetarifbereichs des im Frachtbrief vorgesehenen Absende- oder Bestimmungsorts möglich ist. Geht die Anschlußstrecke darüber hinaus, so liegt eine selbständige Güternah- oder Güterfernbeförderung vor. Der hierfür erforderliche neue Frachtvertrag kann nach der hier vertretenen Auffassung formlos abgeschlossen werden; siehe § 15 Rdn. 6 f. Überschreitet die Anschlußbeförderung die Nahzone, so handelt es sich um Güterfernverkehr; dann muß ein zweiter Frachtbrief ausgestellt werden (§ 10 Abs. 1 KVO).

2. Bei Gütermengen über 2,5 to Gewicht (§ 5 Abs. 1 KVO)

8 Das Frachtgut ist vom KVO-Unternehmer nach § 5 Abs. 1 KVO von der Ladestelle abzuholen oder einer Ladestelle zuzuführen, wenn sein Gewicht mehr als 2,5 to beträgt. Maßgeblich ist die „Gütermenge", die bei einem „Ursender" abzuholen oder bei einem „Endempfänger" abzuliefern ist. Die Ausdrücke „Ursender" und „Endempfänger" sollen nur die Person bezeichnen, bei der die Ladung nach dem Frachtvertrag (siehe auch § 27 Abs. 4 KVO) tatsächlich abgeholt oder an die tatsächlich abgeliefert werden soll. Ob diese in irgendeiner Beziehung zum Frachtvertrag stehen oder nicht, ist für § 1 Abs. 5 KVO belanglos. Ursender kann z. B. der „Versender" des Speditionsvertrages sein, wenn Absender des KVO-Vertrags ein Spediteur ist; siehe §§ 407–409

Rdn. 4; ebenso aber auch der Verkäufer einer Ware, bei dem sie im Auftrag des Endempfängers abgeholt wird, oder sogar der Vorlieferant des betreffenden Verkäufers. Endempfänger kann z. B. die Person sein, an die das Frachtgut nach Weisung des absendenden Spediteurs, der wiederum nach Weisungen des Versenders handelt, abzuliefern ist. Siehe zu diesen Fragen *Willenberg*[4] Rdn. 11, 12.

Es kommt nicht darauf an, ob die betreffende Gütermenge **unter einem Frachtbrief** **9** **als einheitliche Sendung befördert** wird. Maßgeblich ist allein die Menge der an einer bestimmten Stelle zu ladenden oder zu entladenden Güter; *Willenberg*[4] Rdn. 6.

Zur **Abholung und Zuführung** ist der Unternehmer gerade dann verpflichtet, **wenn** **10** **der Frachtbrief die betreffende Ladestelle nicht ausweist**. Doch beschränkt sich die Abholungs- und Zuführungspflicht auf den maßgeblichen Tarifbereich; siehe Rdn. 7.

Der Absender kann beantragen oder im Frachtbrief vorschreiben, **daß die Güter** **11** **nicht abgeholt oder zugestellt werden sollen**.

3. Bei Gütermengen unter 2,5 to Gewicht

Liegt die Gütermenge unter der in § 5 Abs. 1 angegebenen Gewichtsgrenze, so ist der **12** KVO-Unternehmer nicht automatisch zur Abholung und Zuführung verpflichtet. Dabei ist jedoch im einzelnen zu beachten:

(a) **Die im Frachtbrief angegebene Ein- oder Ausladestelle ist primär maßgeblich.** **13** Der KVO-Frachtführer muß die betreffende Sendung zu dieser Stelle bringen bzw. von dieser Stelle abholen; insoweit liegt keine „Abholung" oder „Zustellung" vor. Siehe hierzu Rdn. 1 und 3. Der KVO-Frachtführer erfüllt also auch bei Sendungen leichten Gewichts seine Vertragspflichten nicht, wenn er sie in seiner Niederlassung auslädt und dem Empfänger zur Abholung bereitstellt. Ein solches Verhalten kann zur Haftung nach § 31 Abs. 1 c KVO führen; *Willenberg*[4] Rdn. 10.

(b) **Soll der KVO-Frachtführer eine Gütermenge unter 2,5 to zur Ladestelle** **14** **abholen oder von der Entladestelle aus dem Endempfänger zustellen, so muß dies vereinbart werden.** Dies kann für die Zuführung durch einen Vermerk nach § 11 Abs. 2 d KVO erfolgen, den der Frachtführer durch eine Annahme des Frachtbriefs (§ 15 KVO) akzeptiert.

(c) Die **Abholung und Zustellung** von Gütern unter 2,5 to Gütermenge **durch den** **15** **KVO-Frachtführer selbst** ist nur bei Vorliegen der Voraussetzungen des § 5 Abs. 2 KVO zulässig. Eine dagegen verstoßende Abmachung ist nach § 134 BGB nichtig und kann allenfalls – soweit das GüKG dies zuläßt – in einen selbständigen Güternahverkehrsvertrag umgedeutet werden[4]. Im übrigen ist in diesen Fällen die Zustellung durch ortsansässige Spediteure oder Nahverkehrsunternehmer auch nach Wegfall des § 5 Abs. 3 KVO zulässig. Schließlich ist es auch möglich, Sendungen unter 2,5 to unmittelbar an den Endempfänger zu adressieren, d. h. seine Adresse sofort als Entladestelle im Frachtbrief anzugeben.

III. Rechtslage bei Beförderung durch einen Spediteur (Selbsteintritt)

Befördert der Spediteur im echten Selbsteintritt das Gut im Güterfernverkehr, haftet **16** er gemäß § 412 und § 1 Abs. 5 KVO nach den Bestimmungen der KVO. Allerdings fallen Vorlauf- und Nachlaufbeförderungen, soweit sie nicht ihrerseits Güterfernverkehr

---

[4] Siehe z. B. den Fall OLG Karlsruhe vom 16. 12. 1964, VersR **1965** 329 f mit ablehnender Anmerkung von *Züchner*. *Koller*[2] Rdn. 4 hält die Umdeutung wegen Umgehung von § 5 Abs. 3 für unzulässig; diese Argumentation ist mit dem Wegfall der Vorschrift nicht mehr möglich.

IV. Aufhebung von § 5 Abs. 3–5 KVO

17 Die Streichung der Abs. 3 bis 5 des § 5 KVO hat zur Folge, daß die Vorschrift nicht regelt, inwieweit der Frachtführer die Abholung bzw. Zufuhr dritten Unternehmern überlassen muß. Es besteht also keine Pflicht zum Umschlag mehr. § 5 KVO regelt daher heute nur noch die Frage, wann der Unternehmer selbst zur Abholung und Zufuhr verpflichtet ist. Es besteht auch nach der Neufassung der KVO kein Anlaß, die Begriffe „Abholung" und „Zufuhr" restriktiv zu interpretieren, da dies das Recht des Frachtführers gemäß § 5 Abs. 2 KVO n. F. aushöhlen würde. Dieser eröffnet dem Frachtführer ein Gestaltungsrecht, das er in Parallele zum Selbsteintritt des Spediteurs (§ 412 HGB) dadurch ausübt, daß er seinen Willen zur Abholung bzw. Zufuhr manifestiert. Soweit Güter weder unter § 5 Abs. 1 KVO n. F. noch unter § 5 Abs. 2 KVO n. F. fallen, müssen sich die Parteien ausdrücklich darüber einigen, daß abgeholt bzw. zugeführt werden soll und darf. Nur auf diese Weise ist es möglich, der noch immer verunglückten Vorschrift des § 5 KVO n. F. Sinn zu verleihen. Würde man in jeder Abrede über die Entladestelle eine gültige Abrede über Zufuhr bzw. Abholung sehen, so würde § 5 Abs. 2 KVO n. F. weitgehend leerlaufen.

§ 6
Haftung für Dritte

Die Unternehmer haften für die Personen, deren sie sich zur Erfüllung und bei Ausführung ihrer Aufgaben bedienen.

Übersicht

	Rdn.		Rdn.
1. Verhältnis des § 6 KVO zu anderen Vorschriften über die Gehilfenhaftung	1	5. Erfüllung und Ausführung der Aufgaben des KVO-Frachtführers	11
2. Auslegung des § 6 KVO	2	6. Haftung für Verrichtungsgehilfen	14
3. Bedeutung des § 6 im Rahmen der KVO-Haftung	6	7. Keine Zurechnungsnorm für Erklärungen	15
4. Der von § 6 KVO erfaßte Personenkreis	9		

1. Verhältnis des § 6 KVO zu anderen Vorschriften über die Gehilfenhaftung

1 § 6 bestimmt, in welchen Fällen sich der KVO-Frachtführer das Verhalten dritter Personen wie eigenes zurechnen lassen muß. § 6 ist somit lex specialis zu §§ 431 HGB, 278 BGB. Siehe zum Überblick die Erläuterung zu § 431 HGB. § 6 KVO stimmt mit § 431 und den entsprechenden eisenbahnrechtlichen Bestimmungen der §§ 456 HGB, 4 EVO, Art. 50 ER/CIM 1980, Anh. I nach § 460 = Art. 39 CIM 1970 nicht überein. Auch Art. 3 CMR regelt die Zurechnungsfrage anders. Dagegen ist § 6 inhaltlich dem § 278 BGB und § 11 GüKUMT, Anh. IV nach § 452 ähnlich. Zwar weicht die Formulierung des § 6 sprachlich von § 278 BGB ab. Während nämlich § 278 BGB nur die Haftung für Personen, deren sich der Schuldner zur Erfüllung seiner Verbindlichkeiten bedient, anordnet, stellt § 6 darauf ab, daß sich die Unternehmer einer Person „zur Erfüllung und bei Ausführung ihrer Aufgaben" bedienen. Richtiger Auffassung nach kann aber hierbei nur die Erfüllung und Ausführung der vertraglich übernommenen Aufgaben gemeint sein. § 6 entspricht also wohl weitgehend dem § 278 BGB[1]. Dagegen ordnet § 431 HGB die Haftung für „Leute" des Frachtführers auch dann an, wenn diese nicht in Erfüllung, ja nicht einmal in Ausführung der ihnen übertragenen Tätigkeit gehandelt haben. Siehe hierzu § 431 Rdn. 7. Somit sieht § 6 KVO eine weniger strenge Zurechnung von Handlungen dritter Personen vor als § 431 HGB. Zum praktischen Unterschied siehe jedoch Rdn. 2.

2. Auslegung des § 6 KVO

Der inhaltliche Unterschied zwischen § 6 KVO und § 431 HGB hängt in der Praxis vor allem davon ab, was unter „Erfüllung und Ausführung der Aufgaben" des Unternehmers zu verstehen ist. In anderen Bereichen des Schuldrechts wird der dort anwendbare § 278 BGB sehr weit ausgelegt, insbesondere auf alle denkbaren Nebenpflichten angewandt und zur Begründung der Haftung aus positiver Vertragsverletzung und Verschulden bei Vertragsschluß verwendet. Diese Erweiterung des schuldrechtlichen Leistungsbegriffs kann vor dem Güterbeförderungsvertrag nicht Halt machen. Die meisten Personen, die in direktem oder indirektem Auftrag des Unternehmers mit dem Frachtgut oder Fahrzeug in Berührung kommen, oder irgendwie den Absender betreffende Angelegenheiten bearbeiten, können als in Erfüllung der Obhutspflicht oder anderer Pflichten des Frachtführers (vgl. dazu § 425 Rdn. 137 ff) handelnd angesehen werden[2]. **2**

Dagegen kann das Erfordernis eines **besonderen inneren Zusammenhangs mit der Beförderung** nicht aus § 6 abgeleitet werden[3]. Denn die Vorschrift stellt nicht alleine auf die Beförderung, sondern auf die Erfüllung und Ausführung der Aufgaben des Frachtführers ab. Diese beschränken sich aber nicht auf die Durchführung der Beförderung, sondern ergeben sich je nach Sachlage aus dem Schuldverhältnis „Frachtvertrag" – einschließlich der Schutz- und Nebenpflichten. Würde § 6 KVO auf die Beförderungsleistung beschränkt, müßte auf die Ausführung von Nebenpflichten § 278 BGB ergänzend angewendet werden. Denn es ist nicht vorstellbar, daß der Frachtführer für Handlungen seiner Gehilfen bei der Erfüllung von Nebenpflichten nicht haften sollte. Der BGH, der § 6 KVO auf Ansprüche aus Nichterbringung oder Verweigerung der Hauptleistung des Frachtführers nicht anwenden will[4], hat denn auch ersichtlich Schwierigkeiten damit, was nun gelten soll. **3**

Nicht nach § 6 zuzurechnen sind daher praktisch nur solche Fälle, in denen die betreffenden Personen nur bei Gelegenheit ihrer dienstlichen Tätigkeit, nicht dagegen in Erfüllung oder Ausführung gehandelt haben. Dies ist vor allem bei Diebstahl oder mutwilliger Beschädigung und Zerstörung von Frachtgut der Fall, ausnahmsweise wohl auch dann, wenn der Fahrer beim Kunden völlig freiwillig mithilft. Von solchen Fällen abgesehen, kann demnach § 6 KVO durch Auslegung sehr nahe an § 431 HGB angeglichen werden. **4**

---

[1] Grundsätzlich ebenso *Willenberg*[4] Rdn. 6.

[2] Siehe zum Eisenbahnrecht BGH vom 19. 1. 1973, VersR 1973, 350–351 = WM **1973** 365–366 = LM Nr. 8 zu § 454 HGB = ETR **1973** 642–648 = MDR **1973** 651–652. In diesem Urteil wendet der BGH § 454 HGB auf die Pflicht der Eisenbahn an, den von dem Empfänger zu entladenden Waggon gegen Wegrollen zu sichern.

[3] So aber die wohl h. M.: *Willenberg*[4] Rdn. 6;

Muth/Andresen/Pollnow Anm. 3 wollen wohl den Kreis der Nebenpflichten mit in § 6 einbeziehen, soweit sie mit der Beförderung zusammenhängen. Grundsätzlich wie hier dagegen *Koller*[2] Rdn. 2 und 5 f für die Verschuldenshaftung des KVO-Frachtführers.

[4] BGH vom 9. 2. 1979, NJW **1979** 2470 f = VersR **1979** 445, 446.

5 Gegen diese von mir bereits früher vertretene Auffassung[5] wendet sich *Willenberg*[4] Rdn. 4, indem er unter Berufung auf § 278 BGB eine **erheblich engere Auslegung des § 6 KVO** befürwortet[6]. Diese Auslegung ist jedoch heute durch die Anerkennung von Schutz- und Obhutspflichten im Rahmen des § 278 in der Praxis weit überholt.[7] Der Hinweis auf Art. 3 CMR geht fehl, da diese Bestimmung dem § 6 KVO nicht genau entspricht. Daher muß an der grundsätzlich weiten, der sonstigen Anwendung des § 278 BGB entsprechenden Auslegung des § 6 KVO festgehalten werden. Im übrigen erscheint die Streitfrage von geringer praktischer Bedeutung, was sich schon daraus ergibt, daß es mit Ausnahme der Mithilfefälle (dazu § 17 Rdn. 9, 21, 23, 38) keine Rechtsprechung zu ihr gibt.

3. Bedeutung des § 6 im Rahmen der KVO-Haftung

6 § 6 spricht nicht von Zurechnung von Verschulden, sondern nur von einer **Haftung für Personen**. Dieser sprachliche Unterschied zu § 278 BGB erklärt sich daraus, daß nach KVO teilweise ohne Verschulden gehaftet wird. Auch im Bereich dieser Gewährhaftung[8] ist jedoch die Zurechnung von Gehilfenhandlungen nach § 6 KVO von großer Bedeutung[9]. Denn eine reine Kausalhaftung enthält die KVO in § 29 nur für unmittelbare Schäden aus den der Straße und dem Kraftwagen eigentümlichen Gefahren. Im übrigen Bereich der Gewährhaftung kann sich gem. § 34 a KVO der Frachtführer durch den Nachweis höherer Gewalt entlasten. Höhere Gewalt liegt u. a. dann vor, wenn eine Person, die nicht zu den Gehilfen des Frachtführers gehört, durch ihr Handeln den Schaden verursacht hat. Um festzustellen, ob ein menschliches Handeln höhere Gewalt ist, weil es nicht dem Herrschafts- und Verantwortungsbereich des Frachtführers zuzurechnen ist, muß also auf § 6 KVO zurückgegriffen werden. Wenn äußere unvorhersehbare Umstände die Ursache des Schadens sind, liegt dennoch keine höhere Gewalt vor, wenn sie auch mit äußerster Sorgfalt des Frachtführers und seiner Gehilfen nicht abgewendet werden konnten[10]. Auch im Rahmen der höheren Gewalt ist also die Zurechnung unverschuldeten oder verschuldeten Gehilfenverhaltens vielfach haftungsentscheidend[11].

7 Das gleiche gilt für die Haftung nach § 34 S. 1 a, b und d KVO (**Lieferfristüberschreitung, Falschauslieferung, Nachnahmefehler**), die ebenfalls als Gewährhaftung bis zur höheren Gewalt ausgestaltet ist. Für alle anderen Vertragsverletzungen greift dagegen die Verschuldenshaftung ein; so für die Schlechterfüllung (§ 31 Abs. 1 b KVO) sowie für die Ansprüche aus Leistungsstörungen des allgemeinen Schuldrechts, soweit diese nicht durch Spezialbestimmungen der KVO verdrängt sind. Hier hängt die Haftung im Regelfall vom Verschulden des Gehilfen ab. § 6 KVO entspricht insoweit funktionell dem § 278 BGB.

8 Die Zurechnung von Gehilfenhandlungen ist ferner überall wichtig, **wo sich der Beförderer auf Haftungsausschlüsse im Falle seines Verschuldens nicht berufen kann**, insbesondere für den Fall des Verschuldens bei Haftungsausschlüssen des § 34

---

[5] Vorauflage Anm. 2; *Helm* Haftung 113.
[6] Noch vertreten von *Staudinger/Werner*[10/11] § 278 BGB Rdn. 52.
[7] Siehe dazu jetzt *Staudinger/Löwisch*[12] § 278 BGB Rdn. 25 f; *Palandt/Heinrichs*[52] § 278 BGB Rdn. 13 ff, insbesondere 16 ff.
[8] Zu diesem Begriff siehe § 29 Rdn. 2.
[9] **A. A.** *Koller*[2] Rdn. 1.
[10] Siehe dazu § 34 Rdn. 10, 19 und eingehend *Helm* Haftung 102 ff; OLG München vom 1. 12. 1977, VersR **1978** 319 zitiert im Zusammenhang damit ausdrücklich § 6 KVO.
[11] Insoweit offensichtlich unzutreffend *Koller*[2] Rdn. 1.

KVO[12]; ebenso für den Ausschluß der Präklusion in § 39 Abs. 2 a KVO bei grobem Verschulden des Frachtführers[13].

4. Der von § 6 KVO erfaßte Personenkreis

§ 6 umreißt wie § 278 BGB einen **funktionellen Gehilfenbereich**. Es kommt nur darauf an, ob sich der Unternehmer der betreffenden Person „bedient", nicht dagegen, ob diese Person selbständig oder unselbständig ist. Neben den beim Unternehmer fest angestellten Personen kommen also auch Gelegenheitspersonal, mitarbeitende Familienangehörige, aber auch selbständige Unternehmer in Betracht. Zu letzteren gehören vor allem **Unterfrachtführer**[14]. Unterfrachtführer kann auch die Eisenbahn sein; klargestellt in § 33 c KVO. Wie ein Unterfrachtführer wird der vom Spediteur-Frachtführer beauftragte Frachtführer behandelt. Für Personal des Auftraggebers oder Empfängers kann der Frachtführer ebenfalls haften, wenn er dieses zur Erfüllung von Pflichten, die er dem Absender gegenüber übernommen hat, einsetzt. Daher ist ein Gabelstaplerfahrer des Absenders, der mit dessen Einverständnis beim Rollen einer schweren Presse mitwirkt, eine „andere Person", für deren Verhalten der Frachtführer haftet[15]. 9

Lagerhalter sind Gehilfen nach § 6 KVO, soweit sie im Rahmen des KVO-Frachtvertrages Vor-, Zwischen- und Nachlagerungen vornehmen; siehe § 33 d, e KVO. Dagegen sind sie nicht Gehilfen des KVO-Frachtführers, soweit dieser zur Einlagerung nicht verpflichtet ist; siehe dazu Näheres in § 425 Rdn. 140. 10

5. Erfüllung und Ausführung der Aufgaben des KVO-Frachtführers

Handlungen der unter § 6 fallenden Personen werden den Unternehmern zugerechnet, soweit sie sich ihrer „zur Erfüllung und bei Ausführung ihrer Aufgaben bedienen". Entsprechend der oben in Rdn. 1, 2 dargelegten grundsätzlichen Auslegung ist darunter die Erfüllung von Pflichten aus dem Beförderungsvertrag zu verstehen. Solche Pflichten beschränken sich nicht auf die Beförderung, sondern betreffen auch alle den Umständen nach dem Unternehmer obliegenden Nebenpflichten. Von praktischer Bedeutung ist die Abgrenzung vor allem für Lade- und Entladetätigkeit der Fahrer. Soweit der Unternehmer zum Verladen und Entladen verpflichtet ist (§ 17 Abs. 1 KVO), wird ihm Verschulden seiner Gehilfen nach § 6 zugerechnet. In der Spezialliteratur zur KVO wird jedoch die Auffassung vertreten, die „freiwillige" Ladehilfe des Fahrers gegenüber dem Absender in Fällen, in denen der Unternehmer nicht zum Laden verpflichtet sei, begründe keine Haftung des Unternehmers nach § 6 KVO[16]. Dies ist jedoch nur mit Einschränkun- 11

---

[12] Siehe hierzu § 34 Rdn. 2 ff; zu § 6 KVO speziell BGH vom 21. 4. 1960, BGHZ **32** 194 ff = NJW **1960** 1201 ff = VersR **1960** 530, 533; BGH vom 10. 1. 1968, VersR **1968** 291, 292; OLG Düsseldorf vom 13. 11. 1957, NJW **1958** 305 = VersR **1958** 39, 40; OLG Celle vom 9. 11. 1959, VersR **1960** 55, 56 f; OLG Hamburg vom 2. 12. 1966, VersR **1967** 796, 798; OLG Hamm vom 31. 3. 1980, NJW **1980** 2200 f = VersR **1980** 966, 967; OLG Hamm vom 22. 4. 1982, unveröff. Grundsätzlich zutreffend *Koller*² Rdn. 2, aber in der Bedeutung unterschätzend Rdn. 1.

[13] OLG München vom 2. 12. 1981, TranspR **1983** 149, 151.

[14] Siehe § 432 HGB Rdn. 43; aus der Literatur insbesondere *Willenberg*⁴ Rdn. 8 ff. Zur KVO siehe BGH vom 23. 6. 1978, VersR **1978** 946; OLG Düsseldorf vom 8. 4. 1965, VersR **1965** 952; OLG Stuttgart vom 25. 5. 1970, VersR **1972** 532, 533; OLG Düsseldorf vom 25. 11. 1976, VersR **1978** 926, 928; OLG München vom 1. 12. 1977, VersR **1978** 319; OLG Karlsruhe vom 6. 10. 1982, VersR **1983** 485; OLG Koblenz vom 14. 1. 1983, TranspR **1984** 176, 177 = VersR **1983** 1073 f; LG München vom 3. 5. 1979, VersR **1979** 1099; LG Bonn vom 4. 5. 1983, TranspR **1985** 134.

[15] OLG München vom 23. 11. 1983, VersR **1985** 1137; unrichtig demgegenüber OLG Hamburg vom 14. 7. 1967, VersR **1967** 1047, 1048 (sogenannte freiwillige Hilfe beim Verladen nicht zuzurechnen, siehe § 17 KVO Rdn. 9).

[16] *Willenberg*⁴ § 6 Rdn. 26 ff; dazu 17 KVO Rdn 9 f und 39.

gen richtig. Der Unternehmer haftet jedenfalls für Verschulden der Fahrer bei nicht betriebssicherer Verladung (§ 17 Abs. 1 S. 2 KVO). Ferner sieht § 33 b KVO ausdrücklich die Haftung des Unternehmers für Ladetätigkeiten vor, wenn von ihm „Beauftragte" dabei mitwirken. Eine Beauftragung liegt auch dann schon vor, wenn die Fahrer diese Hilfeleistung als „Service" mit Wissen des Unternehmers regelmäßig erbringen. Darauf, ob der Frachtführer dafür eine Haftung übernehmen will[17], kommt es – wie in allen Haftungsfällen – ebensowenig an wie auf die tarifliche Zulässigkeit „kostenloser" Mithilfe. Vom Standpunkt des § 6 KVO rechtfertigt sich diese Haftungserweiterung daraus, daß der KVO-Frachtführer, wenn er als Fachmann selbst oder durch sein Personal Hilfsdienste leistet, zu denen er nicht vertraglich verpflichtet ist, dennoch die Anwendung der notwendigen Sorgfalt bei diesen Tätigkeiten schuldet. Würde eine solche Haftung nicht auf die KVO gestützt, so ergäbe sie sich (dann in der Höhe unbeschränkt) aus Auftrag, Geschäftsführung ohne Auftrag oder Verschulden bei Vertragsschluß. Siehe dazu eingehender § 33 KVO Rdn. 2 und § 429 Rdn. 257. In einem Urteil, das einen Arbeitsunfall betraf, hat der BGH den Fahrer, der das Abladen einer Maschine organisierte, obwohl der Spediteur nicht zum Abladen verpflichtet war, als nicht im Betriebe des Empfängers tätig behandelt[18].

12 **Strikt abzulehnen ist die Auffassung, nach der für Ladetätigkeiten regelmäßig überhaupt nicht gehaftet werde**, weil sie nach der Real- und Formalvertragstheorie vor dem Abschluß des Vertrages lägen[19] (*Willenberg*[4] Rdn. 27), und zwar schon deshalb, weil der Nebengebührentarif[20] für diese Tätigkeiten Gebühren vorsah.

13 Ähnliches gilt für die **Hilfstätigkeit beim Ausstellen des KVO-Frachtbriefs**. Zwar läßt § 13 Abs. 2 den Absender dem Unternehmer gegenüber auch dann für falsche Ausfüllung des Frachtbriefs haften, wenn Leute des Unternehmers die Ausfüllung vorgenommen haben. Andererseits handeln jedoch die Leute des Unternehmers nicht völlig unverbindlich, wenn sie für den Absender den Frachtbrief ausfüllen[21], schon weil das Ausfüllen des Frachtbriefs nach Nr. I, 8 Nebengebührentarif, § 9 Abs. 1 KVO zu vergüten ist. Diese Vergütung wird aber nur dann tariflich geschuldet, wenn ein KVO-Frachtvertrag zustandekommt. Andernfalls gilt das Tarifrecht ohnehin nicht, weil die Ermächtigungsgrundlage der §§ 20, 21 GüKG entfällt. Somit liegt es näher, an eine vorverlegte und besonders honorierte Sorgfaltspflicht des KVO-Unternehmers im Rahmen des Frachtvertrages zu denken.

6. Haftung für Verrichtungsgehilfen

14 Nach der Rechtsprechung des BGH haftet der KVO-Frachtführer für Ladungsschäden über die Grenzen der KVO-Haftung hinaus auch aus unerlaubter Handlung. In diesem Fall richtet sich die Verantwortlichkeit für Gehilfenhandeln nach § 831 BGB, ist also auf abhängige Gehilfen beschränkt. Siehe hierzu im einzelnen § 429 HGB Rdn. 267 ff.

---

[17] So *Willenberg*[4] Rdn. 29.
[18] Urteil vom 13. 12. 1966, VersR **1967** 230 f = MDR **1967** 294 = DB **1967** 329. *Willenberg*[4] Rdn. 29 ist zuzugeben, daß dieses Urteil keinen unmittelbaren Bezug zur frachtvertraglichen Haftungszurechnung hat.
[19] Siehe zu den zugrundeliegenden Theorien bereits § 15 KVO Rdn. 2 ff. Zur Verteilung der Ladepflichten und des Laderisikos siehe die Anmerkungen zu § 17 KVO.
[20] Abgedruckt bei *Hein/Eichhoff* u. a. GüKG C 525.
[21] Im Urteil vom 22. 1. 1971, BGHZ **55** 217, 221 erwähnt der BGH bereits beiläufig und „beispielsweise", in solchen Fällen sei ein Vorvertrag zwischen Absender und Frachtführer, der sich auf das Ausfüllen des Frachtbriefs richte, gegeben.

7. Keine Zurechnungsnorm für Erklärungen

§ 6 KVO ist keine Zurechnungsnorm für Wissens- oder Willenserklärungen[22]. Daher kann eine vom Fahrer erteilte Quittung nicht über § 6 dem Frachtführer zugerechnet werden. Hierfür müssen die allgemeinen Regeln über Vertretung und Zurechnung von Erklärungen herangezogen werden.

§ 7
Übernahme von Beförderungsaufträgen

Eine Pflicht zur Übernahme von Beförderungsaufträgen besteht nicht.
(2) und (3) weggefallen

1. Abschlußzwang

Im Güterfernverkehr besteht nach § 7 (früher Abs. 1) KVO kein Abschlußzwang. Mit der Aufhebung der KVORb (siehe § 1 Rdn. 4) ist auch für die Deutsche Bundesbahn im Güterfernverkehr mit Kraftfahrzeugen der Abschlußzwang nach § 7 KVORb entfallen.

2. Wegfall der Absätze 2 und 3

Die mit dem Wegfall des RKB (1945) ohnehin unanwendbar gewordenen Absätze 2 und 3 des § 7 sind zum 15. 5. 1989 weggefallen; siehe 1 KVO Rdn. 1.

§ 8
(weggefallen)

§ 9
Beförderungspreise, Nebengebühren

(1) Die Beförderungsentgelte (Entgelte für die Beförderung und für Nebenleistungen) werden nach den vom Bundesminister für Verkehr durch Rechtsverordnung in Kraft gesetzten Tarifen berechnet.

(2) ¹Ermäßigungen und Erhöhungen der Frachten und der Nebengebühren sowie andere Abweichungen von den Tarifen, die nicht in diesen selbst vorgesehen sind und nicht unter gleichen Bedingungen jedermann zugute kommen, sind unzulässig, es sei denn, daß es sich um solche Nebengebühren handelt, für die im Tarif ausdrücklich vorgesehen ist, daß sie in der angegebenen Höhe zwar erhoben werden können, aber nicht erhoben zu werden brauchen.
²Unzulässig sind ferner Zahlungen oder andere Zuwendungen – auch in der Form von Leistungen –, die einer Umgehung des tarifmäßigen Beförderungsentgelts gleichkommen. ³Das gleiche gilt von Aufwendungen irgendwelcher Art an Angestellte oder Familienangehörige der Verfrachter.
⁴Die rechtliche Wirksamkeit des Beförderungsvertrages wird jedoch durch tarifwidrige Abreden und Handlungen nicht berührt. ⁵Die Höhe des Beförderungsentgelts richtet sich auch in diesen Fällen nach der KVO und den Tarifen.
(3) und (4) (weggefallen)

---
[22] Unrichtig daher OLG Hamburg vom 14. 7. 1967, VersR **1967** 1047, 1048.

(5) Die Bestimmungen dieses Paragraphen beziehen sich nicht auf die Gebühren, die Unternehmer, die nicht zum Güterfernverkehr zugelassen sind, oder Spediteure für ihre Mitwirkung bei der Beförderung, insbesondere für speditionelle Verrichtungen im Sammelgut- und sonstigen Ladungsverkehr und für Rollfuhrleistungen erheben.

1 § 9 ist zum 15. 1. 1989 neu gefaßt und gekürzt worden. Der Vorschrift kam schon in der alten Fassung keine Bedeutung mehr zu[1]. Sie ist weitgehend durch das GüKG und die dazugehörigen Nebenvorschriften außer Kraft gesetzt. Siehe hierzu § 20 ff GüKG, Anh. I nach § 452. Alle Vorschriften können allenfalls noch Hinweis- oder Klarstellungsfunktion erfüllen; so z. B. §) Abs. 2 S. 4, 5. Die gesamte Vorschrift sollte im Rahmen der Anpassung der KVO an den Wegfall des Tarifrechts aufgehoben werden; siehe § 1 Rdn. 2.

III. Bestimmungen über die Beförderungspapiere

§ 10
Form des Frachtbriefs

(1) Jede Sendung muß von einem Frachtbrief begleitet sein.
(2) [1]Der Frachtbrief ist mit mindestens drei Durchschriften auszufertigen. [2]Die Erstschrift begleitet das Gut, eine Durchschrift erhält der Absender.

1. Pflicht zur Ausstellung des Frachtbriefes (§ 10 Abs. 1 KVO)

1 § 10 Abs. 1 Satz 1 KVO wiederholt die Regelung des § 426 Abs. 1 HGB. Siehe dazu diese Bestimmung sowie § 426 Rdn. 74 ff. Öffentlich-rechtlich ist die Ausstellung des Frachtbriefs bisher noch durch § 28 Abs. 1 GüKG vorgeschrieben. Siehe dazu § 426 Rdn. 70.

2. Frachtbriefmuster, Ausfertigungen (§ 10 Abs. 2 KVO)

2 Nach § 28 Abs. 1 Satz 1 GüKG kann der Bundesminister für Verkehr ein bestimmtes Formular vorschreiben. Da dies bisher nicht geschehen ist, steht es rechtlich jedem KVO-Frachtführer frei, beliebige Muster zu verwenden, die jedoch den Anforderungen des § 11 KVO entsprechen müssen. In der Praxis sind wohl ausschließlich einheitliche Formulare in Gebrauch. Sie bestehen aus vier Blättern: weiß, gelb, rot, grün für die Tarifüberwachung, den Absender, den Empfänger und den Frachtführer (Unternehmer)[1].

3 Dazu, wieviele Ausfertigungen des Frachtbriefes auszustellen sind und wie diese beschaffen sein müssen, fehlt es an öffentlichrechtlichen Bestimmungen des Bundesverkehrsministers nach 28 Abs. 1 GüKG. Dies ist jedoch durch die privatrechtliche Vorschrift des § 10 Abs. 2 KVO geregelt. Zur Bedeutung der Absenderausfertigung siehe § 426 Rdn. 72 ff.

3. Wirkungen des Frachtbriefs

4 Der Frachtbrief ist Beweisurkunde. Er erbringt (in beschränktem Umfang) widerleglichen Beweis für die in ihm enthaltenen Angaben; § 426 Rdn. 29 ff.

---

[1] Im wesentlichen wie hier *Willenberg*[4] Rdn. 1–5; *Koller*[2] Rdn. 1.

[1] Zu den Mehrfachfrachtbriefen für KVO- und GüKUMT-Beförderungen nach der BAG-Richtlinie zu § 3 GüKTV siehe *Willenberg*[4] Rdn. 6 ff und dort S. 603 ff.

§ 11
Inhalt des Frachtbriefes

(1) Der Absender hat in den Frachtbrief einzutragen:

a) Ort und Tag der Ausstellung,

b) den Versand- und Bestimmungsort unter näherer Angabe der Ein- und Ausladestellen,

c) die die Tarifentfernung bestimmenden Gemeindebereiche (Gemeindetarifbereiche), in denen die Ein- und Ausladestellen liegen,

d) Name, Wohnort und, wenn kein Ausladeplatz angegeben ist, auch Wohnung oder Geschäftsstelle des Empfängers, an den das Gut ausgeliefert werden soll, sowie nach Möglichkeit seine Drahtanschrift und Fernsprechnummer,

e) Bezeichnung der Sendung nach ihrem Inhalt, ferner die Angabe des Bruttogewichtes in Kilogramm oder den Antrag auf Feststellung des Gewichtes durch den Unternehmer, außerdem, wenn die Sendung vom Unternehmer als Stückgut übernommen werden soll, die Anzahl der Stücke unter Angabe von Zeichen und Nummer oder Adresse,

f) Name und Anschrift des Absenders sowie seine Unterschrift; die Unterschrift kann auch gedruckt oder gestempelt werden,

g) Angabe der durch die Zoll-, Steuer-, Polizei- oder sonstigen Verwaltungsbehörden vorgeschriebenen Begleitpapiere, die dem Frachtbrief beigefügt sind,

h) Angabe der Kosten, die der Absender übernehmen will (Freivermerk),

i) Höhe der Nachnahme, mit der das Gut belastet wird.

(2) Außerdem können mit dem Unternehmer folgende Vereinbarungen getroffen werden, die ebenfalls in den Frachtbrief eingetragen werden müssen:

a) Bezeichnung einer bestimmten Zoll- oder Steuerstelle, bei der eine Zoll- oder Steuerbehandlung vorgenommen werden soll,

b) Angabe, daß zur Zoll- oder Steuerbehandlung ein bestimmter Bevollmächtigter hinzugezogen werden soll,

c) Vereinbarung über eine gegenüber den Vorschriften des § 26 abgekürzte Lieferfrist,

d) Weisungen über die Zuführung der Sendung,

e) Erklärung gemäß § 18 (2) (mangelhafte Verpackung),

f) Vereinbarung über Ver- und Entladung des Gutes,

g) Weisungen wegen der Benachrichtigung bei Ablieferungshindernissen,

h) Weisungen wegen der Weiterbeförderung des Gutes auch mit anderen Verkehrsmitteln,

i) Anträge über die im Nebengebührentarif vorgesehenen Leistungen.

(3) [1]Andere als die vorbezeichneten Angaben und Erklärungen darf der Absender in den Frachtbrief nicht eintragen.

[2]Alle Eintragungen im Frachtbrief müssen in deutscher Sprache deutlich geschrieben sein.

[3]Frachtbriefe mit abgeänderten oder radierten Eintragungen brauchen nicht angenommen zu werden. [4]Durchstreichungen sind nur zulässig, wenn sie der Absender mit seiner Unterschrift anerkennt. [5]Handelt es sich um die Zahl der Stücke oder das Gewicht der Sendungen, so sind außerdem die berichtigten Angaben in Buchstabe zu wiederholen.

Übersicht

	Rdn.		Rdn.
I. Grundsätzliche Bedeutung der Angaben im Frachtbrief	1	1. Ort und Tag der Ausstellung des Frachtbriefes (§ 11 Abs. 1 Buchstabe a)	16
1. Keine vertragskonstitutive Bedeutung	1	2. Versand- und Bestimmungsort (§ 11 Abs. 1 Buchst. b, c)	17
2. Form des Frachtbriefs	2	3. Bezeichnung des Empfängers (§ 11 Abs. 1 Buchstabe d)	18
3. Notwendige und freiwillige Angaben im Frachtbrief	4	4. Bezeichnung der Sendung; Überprüfung durch den Frachtführer (§ 11 Abs. 1 e)	19
a) Notwendige Angaben (§ 11 Abs. 1)	5	5. Name, Anschrift, Unterschrift des Absenders (§ 11 Abs. 1 f)	20
b) Freiwillige Angaben (Nebenvereinbarungen, § 11 Abs. 2 und Abs. 1 h und i)	9	6. Angabe der beigefügten Begleitpapiere (§ 11 Abs. 1 g)	21
aa) Eintragungspflicht	9	III. Die einzelnen freiwilligen Angaben	22
bb) Wirksamkeit nichteingetragener Nebenabreden	10	1. § 11 Abs. 2	22
II. Die einzelnen in § 11 Abs. 1 vorgesehenen Angaben	15	2. § 11 Abs. 1	30

I. Grundsätzliche Bedeutung der Angaben im Frachtbrief

1. Keine vertragskonstitutive Bedeutung

1 Das Grundkonzept der KVO sah den Frachtbrief als vertragskonstitutiv an. Nach der von der Rechtsprechung vertretenen, zutreffenden liberaleren Auffassung ist seine Ausstellung und Annahme jedoch nicht Voraussetzung für einen gültigen Abschluß des Frachtvertrages; siehe § 15 KVO Rdn. 1 ff. Das Fehlen von Angaben im Frachtbrief führt also nicht zur Unwirksamkeit des Frachtvertrages[1].

2. Form des Frachtbriefs

2 Die Wirksamkeit des Frachtbriefs ist nicht von der Benutzung eines bestimmten Formulares abhängig; siehe § 10 Rdn. 2. § 11 Abs. 3 S. 2–5 stellt Regeln auf, nach denen der Frachtbrief auszufüllen ist. Die Nichteinhaltung dieser Ordnungsvorschriften hat jedoch nicht die Ungültigkeit des Frachtbriefs zur Folge; der Absender trägt aber bei Zweifeln und Unklarheiten die Beweislast; *Willenberg*[4] Rdn. 11 f. Eine Unwirksamkeit des Frachtbriefs kann sich jedoch ergeben, wenn essentielle Angaben (siehe Rdn. 5 ff) fehlen.

3 Ferner hat nach § 11 Abs. 1 Buchst. f der Absender den Frachtbrief **zu unterschreiben**. Vielfach wird hierfür in der Praxis ein Stempel oder ein Faksimile-Eindruck benutzt. Dies führt nicht zur Ungültigkeit des Frachtbriefs oder des Frachtvertrages[2]. Eindruck oder Einstempelung der Firmenanschrift ersetzen keine Unterschrift; siehe Art. 5 CMR, Anh. VI nach § 452. Der Frachtbrief erbringt eine widerlegliche[3] Vermutung, daß der als Absender Bezeichnete auch wirklich Absender ist. Der nicht unterschriebene Frachtbrief erbringt keinen Beweis nach § 416 ZPO[4]. Da die Nichteinhaltung der KVO hinsichtlich der Frachtbriefformalitäten weder haftungseinschränkend i. S. von § 26 GüKG, noch tarifwidrig begünstigend nach § 22 Abs. 2 S. 2 GüKG wirkt,

---

[1] St. Rspr. seit BGH vom 29. 4. 1952, BGHZ **6** 145, 146.
[2] *Willenberg*[4] Rdn. 27 zu § 11 KVO; *Koller*[2] Rdn. 3.
[3] Siehe generell § 426 Rdn. 29 ff; zur KVO BGH vom 30. 1. 1964, NJW **1964** 1224 f = VersR **1964** 479, 480.
[4] Siehe dazu § 426 Rdn. 29 ff; offenlassend BGH vom 15. 10. 1959, NJW **1960** 39 f = VersR **1959** 983, 984.

ist § 11 insoweit zwischen den Parteien (privatrechtlich)[5] nicht zwingend. Die Annahme eines nicht unterschriebenen Frachtbriefs ist daher Abbedingung des Unterschriftserfordernisses[6]. Besonders im Falle des Eindrucks oder der Einstempelung der Firmenanschrift im Absenderfeld kann daher vom Vorliegen eines wirksamen Frachtbriefs ausgegangen werden[7]. Davon abweichend hat die Rechtsprechung zur CMR Frachtbriefe ohne Unterschrift des Absenders als unwirksam angesehen; siehe § 426 Rdn. 23 ff.

3. Notwendige und freiwillige Angaben im Frachtbrief

§ 11 unterscheidet zwischen Angaben, die der Absender in den Frachtbrief einzutragen hat (Abs. 1) und solchen, die nur freiwillig getroffene Abreden mit dem Frachtführer im Frachtbrief dokumentieren sollen (Abs. 2). Die Aufteilung auf die beiden Absätze ist jedoch unpräzise, da die Buchstaben h und i des Absatzes 1 sachlich der im Absatz 2 zusammengefaßten Gruppe zugehören. **4**

a) Notwendige Angaben (§ 11 Abs. 1)

Hinsichtlich der notwendigen Angaben des § 11 Abs. 1 a–g stellt sich die Frage, ob bei ihrem Fehlen überhaupt noch ein wirksamer Frachtbrief vorliegt. Hierbei ist zweckmäßigerweise auf die Funktion der fehlenden Angaben abzustellen. Teilweise wird verlangt, daß der Frachtbrief gewisse Mindestangaben enthalten muß, um überhaupt wirksam zu sein[8]. Dies ist allenfalls hinsichtlich solcher Angaben anzunehmen, die es ermöglichen, die Verbindung des Papiers zum konkreten Frachtvertrag herzustellen; siehe § 426 Rdn. 4 ff. **5**

Grundsätzlich wird daher **ein vom Absender ausgefülltes Frachtbriefformular als Frachtbrief im Rechtssinn anzusehen sein, auch wenn in ihm die eine oder andere Angabe fehlt**; siehe dazu § 426 Rdn. 3 ff. Das Fehlen einzelner Angaben kann aber rechtliche Konsequenzen haben. So kann z. B. das Fehlen der Unterschrift des Absenders die Beweiswirkung des Frachtbriefes mindern; siehe dazu § 426 Rdn. 23 ff; das Fehlen von Angaben über das Frachtgut kann den Schadensnachweis erschweren; siehe § 426 Rdn. 40 ff. **6**

Das **Fehlen der Eintragung der Begleitpapiere** (§ 11 Abs. 1 g) begründet eine Ausnahme von der Haftung des KVO-Frachtführers für fehlerhafte Verwendung (Nichtvorlage) der Begleitpapiere nach § 12 Abs. 9 KVO, es sei denn, der Absender kann das Fehlen des Kausalzusammenhangs zwischen fehlendem Frachtbriefvermerk und fehlerhafter Verwendung nachweisen[9]. **7**

Die **Folgen des Fehlens einzelner Angaben im Frachtbrief** können also nicht generell beurteilt werden. Insbesondere kann die Bedeutung der Pflicht zur Eintragung der Angaben nicht darin bestehen, daß der KVO-Frachtführer wegen fehlender Angaben im Frachtbrief die Beförderung zurückweisen könnte. Denn der KVO-Frachtführer unterliegt nach § 7 KVO im Gegensatz zur Eisenbahn ohnehin keinem Kontrahierungszwang, kann also auch ohne Begründung die Annahme zur Beförderung zurückweisen. **8**

---

[5] Siehe dazu *Muth/Andresen/Pollnow* Anm. 1 (S. 4); zum privatrechtlichen Charakter von Frachtbriefeintragungen eingehend BGH vom 23. 5. 1990, TranspR **1990** 328, 330 = WM **1990** 1873 ff = NJW-RR **1990** 1314 ff.

[6] A. A. *Koller*[2] Rdn. 6 unter Bezugnahme auf die Rechtsprechung des BGH zur CMR.

[7] BGH vom 15. 10. 1959, VersR **1959** 983, 984 neigt zur grundsätzlichen Gültigkeit eines von keiner Seite unterschriebenen Frachtbriefs, läßt aber die Frage offen.

[8] *Willenberg*[4] Rdn. 4; *Schmeißer* VersR **1972** 324 f; a. A. *Koller*[2] Rdn. 2.

[9] BGH vom 4. 7. 1957, VersR **1957** 570 = BB **1957** 768. Siehe die Anmerkung zu § 9 KVO.

Dies wird offenbar von *Schmeißer* VersR **1972** 324, 325 übersehen. Als privatrechtliche Folge der Verletzung der Pflicht zur ordnungsgemäßen Eintragung ergibt sich jedoch aus § 13 Abs. 1 KVO eine Schadenshaftung des Absenders. Erleidet das Frachtgut wegen fehlender Angaben im Frachtbrief Schäden, so kann der Haftungsausschluß des § 34 S. 1 c KVO den Unternehmer ganz oder teilweise von der Haftung befreien. Ferner kann die nicht ordnungsgemäße Ausstellung des Frachtbriefes öffentlich-rechtliche Folgen nach Maßgabe des GüKG nach sich ziehen, z. B. eine Ordnungswidrigkeit des KVO-Frachtführers gem. § 99 Abs. 1 Ziff. 4 a und b GüKG.

b) Freiwillige Angaben (Nebenvereinbarungen, § 11 Abs. 2 und Abs. 1 h und i)
aa) Eintragungspflicht

9 Abs. 2 des § 11 KVO sieht vor, daß zwischen KVO-Frachtführer und Kunden bestimmte Nebenvereinbarungen getroffen werden können, die in den Frachtbrief eingetragen werden müssen. Sachlich würden hierzu eigentlich auch die Eintragungen des Freivermerkes (Abs. 1 h) und der Nachnahmeanweisung (Abs. 1 i) gehören, da diese nicht zu den „notwendigen" Eintragungen gerechnet werden können. Nach Abs. 3 S. 1 der Vorschrift sind die zusätzlichen Eintragungen auf die in Abs. 2 aufgeführten Vereinbarungen beschränkt.

bb) Wirksamkeit nichteingetragener Nebenabreden

10 Die Vereinbarung von Nebenpflichten ist auch ohne Eintragung im Frachtbrief wirksam, wie dies vom überwiegenden Schrifttum[10] angenommen wird, während vor allem *Willenberg*[11] hierzu eine streng formalistische Auffassung vertritt: In § 11 nicht zur Eintragung vorgesehene Nebenabreden könnten als Bestandteile des KVO-Frachtvertrages nicht wirksam getroffen werden. Nicht eintragungsfähige, aber dennoch getroffene Nebenabreden würden zumindest nicht Inhalt des KVO-Frachtvertrages[12]. Inwieweit neben der KVO Nebenabreden getroffen werden können, richtet sich alleine nach §§ 22, 26 GüKG[13]. Dabei muß davon ausgegangen werden, daß bei einer Vereinbarung von Tätigkeiten, die vergütungspflichtig sind, die Vereinbarung der Tätigkeit als solche nicht tarifwidrig ist, sondern daß sie wirksam begründet werden kann und die Vergütung unabhängig vom konkreten Willen der Parteien geschuldet wird[14]. Im übrigen gilt der Grundsatz der Vertragsfreiheit[15]. Die KVO sieht allerdings in § 11 keine Schriftform für Nebenabreden im Sinne von § 126 Abs. 1 BGB vor[16]. Sicher läßt sich der Bestimmung nur eine Pflicht zur Eintragung im Frachtbrief und eine Begrenzung der zulässigen Eintragungen auf die dort aufgeführten Abreden entnehmen. Inwieweit es sich hier um eine öffentlich-rechtliche Ordnungsvorschrift oder um privatrechtliche Pflichten handelt, ist fraglich[17]. Die privatrechliche Konsequenz der Nichteintragung braucht

---

[10] *Koller*[2] Rdn. 3; *Traumann* DB **1982** 1445 f; *Muth/Andresen/Pollnow* Anm. 3 (S. 62b).
[11] *Willenberg*[4] Rdn. 6 unter Angabe älterer Rechtsprechung; z. B. OLG Celle vom 9. 11. 1959, VersR **1960** 55; aus der neueren Rechtsprechung siehe noch AG Osnabrück vom 4. 4. 1978, VersR **1978** 635 (zu § 11 Abs. 1 f); wohl auch OLG Nürnberg vom 1. 12. 1988, TranspR **1989** 288, 289 = VersR **1990** 69 (zu § 11 Abs. 2 f); offenlassend OLG München vom 2. 12. 1981, TranspR **1983** 149, 150. Vereinbarungen über Nebenpflichten, die nicht nach § 11 Abs. 2 eingetragen sind, können nach *Willenberg* nicht als Bestandteile des KVO-Vertrages, möglicherweise aber nach BGB-Recht gültig sein (aaO Rdn. 10).
[12] *Willenberg*[4] Rdn. 9 f; dagegen *Traumann* DB **1982** 1445 f.
[13] Siehe aber zum Tarifaufhebungsgesetz § 1 KVO Rdn. 2 f.
[14] § 17 Rdn. 19.
[15] Zutreffend *Traumann* DB **1982** 1445 f.
[16] OLG Oldenburg vom 20. 12. 1983, TranspR **1984** 154–155 f; *Koller*[2] Rdn. 3.
[17] BGH vom 12. 5. 1960, NJW **1960** 1617 f = VersR **1960** 627, 629 läßt die Frage offen; für rein öffentlich-rechtliche Bedeutung OLG Hamm vom 23. 11. 1956, VRS **12** 396 f.

nicht in der Ungültigkeit der Abreden zu bestehen. Vielmehr kann sie sich auch darin erschöpfen, bei fehlender Eintragung eine widerlegliche Vermutung gegen das Bestehen solcher eintragungspflichtiger Vereinbarungen zu begründen[18]. Die CMR enthält z. B. in Art. 6 ebenfalls in Form einer Mußvorschrift einen Katalog eintragungspflichtiger Tatsachen, bestimmt jedoch in Art. 4 S. 2 ausdrücklich, daß weder der Bestand noch die Gültigkeit des Beförderungsvertrages vom Fehlen oder der Mangelhaftigkeit des Frachtbriefes berührt werden; siehe Art. 6 CMR, Anh. VI nach § 452. Dem entspricht die Regelung in § 19 Abs. 6 GüKUMT, Anh. IV nach § 452.

11 Die Rechtsprechung bejaht zumindest im Ergebnis überwiegend die Gültigkeit von nicht eingetragenen Nebenabreden[19]. Der BGH hat sich freilich vor dem Urteil vom 23. 5. 1990, TranspR 1990 328, 330 = NJW-RR 1990 1314, 1315 f dazu nicht völlig eindeutig geäußert. Durch die eingehende Begründung in dieser Grundsatzentscheidung hat er jedoch die Zweifelsfragen für § 11 Abs. 2 KVO im Sinne der Verneinung der Eintragungspflicht geklärt.

12 **Eigene Meinung:** Die Frage der Nichtigkeit von Nebenabreden muß generell nach §§ 26, 22 Abs. 2 GüKG beurteilt werden. Danach sind alle Haftungseinschränkungen gem. § 26 GüKG und alle wirtschaftlich relevanten Vergünstigungen nach § 22 Abs. 2 GüKG ungültig. Andere Abmachungen können demgegenüber nach dem Grundsatz der Vertragsfreiheit, der insoweit nicht eingeschränkt ist, frei getroffen werden. Diese Freiheit wird durch § 11 KVO nicht eingeschränkt; Nebenabreden sind daher auch wirksam, wenn sie nicht im Frachtbrief eingetragen sind. Nur diese Auffassung ist im übrigen mit der hier im Anschluß an die Rechtsprechung des BGH vertretenen Meinung vereinbar, nach welcher der KVO-Vertrag kein Formalvertrag, also von Ausstellung und Übergabe des Frachtbriefes unabhängig ist; siehe dazu § 15 KVO Rdn. 2 ff.

13 Für die Ablehnung der Formbedürftigkeit von Nebenabreden sprechen auch gewichtige **praktische Gründe**: Die konsequente Durchführung der Auffassung, nach der § 11 Abs. 2 eine Schriftform für alle dort aufgeführten Vereinbarungen vorsieht, würde praktisch keine für den Absender verläßlichen nachträglichen Nebenvereinbarungen ermöglichen. Alle telefonischen Abmachungen über Verladung oder Behandlung des Frachtguts bei unvorhergesehenen Abläufen des Transports wären unwirksam; siehe 17 KVO Rdn. 10 ff. Alle im Nebengebührentarif vorgesehenen Leistungen wären nur wirksam vereinbart, wenn im Frachtbrief entsprechende Angaben (§ 11 Abs. 2 i

---

[18] Ebenso OLG Oldenburg vom 20. 12. 1983, TranspR **1984** 154, 155; *Muth/Andresen/Pollnow* Anm. 3 (S. 62c).
[19] Mit eingehender Begründung BGH vom 23. 5. 1990, TranspR **1990** 328, 330 = WM **1990** 1873 ff = NJW-RR **1990** 1314 ff; in der Sache schon BGH vom 12. 5. 1960, NJW **1960** 1617 f = VersR **1960** 627, 629, in BGHZ **32** 297 ff nicht mit abgedruckt. Nicht aussagekräftig BGH vom 18. 11. 1977, VersR **1978** 148 f = DB **1978** 293; von *Koller*[2] Rdn. 3 unzutreffend als Votum für Wirksamkeitserfordernis gewertet. Auch BGH vom 10. 1. 1968, VersR **1968** 291 ff ist nicht zu entnehmen, daß eine nicht eingetragene Lieferfristabrede unwirksam sei. BGH vom 13. 6. 1985, TranspR **1985** 329–330 = VersR **1985** 1035 f geht von stillschweigenden Nebenabreden über die Entladepflicht aus; entsprechend bei Nichtausstellung eines Frachtbriefs auch schon BGH vom 9. 11. 1979, VersR **1980** 181, 182 = TranspR **1980** 94 f. Von den **Oberlandesgerichten** wurden überwiegend formlose Abdingungen der KVO-Rechtslage anerkannt: Siehe z. B. OLG Celle vom 8. 12. 1952, VersR **1953** 114, 115 (zur Lieferfrist); OLG Düsseldorf vom 27. 4. 1955, NJW **1955** 1322 f = VersR **1955** 547 (Abdingung der Ladepflicht für Stückgut nach §§ 17 Abs. 1, 11 Abs. 2 f KVO mit zustimmender Anmerkung von *Schmid-Loßberg*); OLG Düsseldorf vom 12. 1. 1984, TranspR **1984** 106, 107 (zu § 11 Abs. 1 e); OLG Hamm vom 23. 11. 1956, VRS **12** 396 f (zu Frachtzuschlägen nach RKT); OLG München vom 2. 12. 1981, TranspR **1983** 149, 150 (Abrede über Entladen, nur formal vom OLG offengelassen); OLG Oldenburg vom 20. 12. 1983, TranspR **1984** 154 ff (§ 11 Abs. 2 i KVO; Nr. IX NGT). Siehe im übrigen 17 KVO Rdn. 5.

KVO) enthalten wären. Eine derartige Einschränkung der Vertragsfreiheit würde der derzeitigen Struktur des Kraftverkehrs vollkommen widersprechen und ist daher abzulehnen. Auch Vertreter der strikten Formaltheorie halten daher nicht durchweg an ihr fest. *Willenberg*[4] Rdn. 28 zu § 17 KVO hält z. B. eine formlose Abdingung der Ladepflicht des Unternehmers bei Stückgütern für möglich, obwohl diese Vereinbarung nach § 11 Abs. 2 f KVO ebenfalls in den Frachtbrief eingetragen werden müßte. Andererseits betrachtet *Willenberg*[4] Rdn. 15 zu § 17 KVO bei Ladungsgut die Eintragung der Abweichung von § 17 KVO im Frachtbrief als Gültigkeitserfordernis. Für die Beförderung in Tank- und Silofahrzeugen wird kraft Verkehrssitte die Übernahme einer Mitwirkungspflicht des KVO-Frachtführers ohne Eintragung im Frachtbrief angenommen; *Willenberg*[4] Rdn. 21 f zu § 17 KVO. Siehe zu diesen Einzelheiten § 17 KVO Rdn. 8. Volle Beweiswirkung entfaltet ferner ein Anerkenntnis des Absenders hinsichtlich Verpackungsmängeln (§ 11 Abs. 2 e, 18 Abs. 2 KVO), wenn es schriftlich außerhalb des Frachtbriefes gegeben wird; *Willenberg*[4] § 18 Rdn. 25. Wenig sinnvoll ist es ferner, die Wirksamkeit von Nachnahmeanweisungen nach § 11 Abs. 1 i an die Eintragung im Frachtbrief zu binden, denn der Absender kann diese Anweisung jederzeit nach § 27 Abs. 1 f formlos nachträglich erteilen; siehe § 24 KVO Rdn. 3; *Koller*[2] Rdn. 9.

14   **Hält man** Nebenabreden ohne Eintragung im Frachtbrief für nichtig (entgegen der hier vertretenen Auffassung), kann sich eine Haftung des KVO-Frachtführers für den **Vertrauensschaden** eines weniger versierten Kunden aus §§ 309, 307 BGB ergeben. Denn vom Absender kann in aller Regel nicht erwartet werden, daß ihm das Tarifrecht voll geläufig ist und daß er die Nichtigkeit von Abreden außerhalb des Frachtbriefes kennen muß. Das Urteil des BGH vom 3. 10. 1963, VersR **1963** 1120, 1121 lehnt zwar eine solche Haftung des KVO-Frachtführers für den Fall ab, daß mit einem Gemüsegroßhändler eine tarifwidrige Verkürzung der Lieferfrist vereinbart war, weil dieser sich über das Tarifrecht hätte informieren müssen. Diese Entscheidung läßt sich jedoch auf die schwierige und keiner Verordnung sicher zu entnehmende Frage der Formbedürftigkeit nicht übertragen.

II. Die einzelnen in § 11 Abs. 1 vorgesehenen Angaben

15   Zu den einzelnen durch § 11 KVO vorgeschriebenen Angaben des Frachtbriefs siehe eingehend die Kommentarliteratur zur KVO: *Willenberg*[4] Rdn. 11 ff und *Muth/Andresen/Pollnow* zu § 11. Die Angaben im Frachtbrief sind nicht nur für den Beweis des Abschlusses des Frachtvertrages, sondern auch als Grundlage der tariflichen Frachtberechnung von Bedeutung. Allerdings ist bisher nach zwingendem KVO-Tarifrecht die wirklich erbrachte Beförderungsleistung ausschlaggebend. Die Angaben im Frachtbrief, die nicht mit dieser übereinstimmen, sind, solange noch Tarifrecht gilt, insoweit unmaßgeblich. Siehe dazu § 22 Abs. 3 GüKG; speziell hinsichtlich des Gewichts der Sendung Ziffer 2 der Vorschriften für die Frachtberechnung RKT II/1 (Abdruck in ergänzter Form bei *Hein/Eichhoff* u. a., Nr. C 521).

1. Ort und Tag der Ausstellung des Frachtbriefes (§ 11 Abs. 1 Buchstabe a)

16   Diese Angaben sind unstreitig keine zwingenden Erfordernisse eines gültigen Frachtbriefs[20]. Bedeutender als dieses Datum ist der Zeitpunkt der Beladung durch den KVO-Frachtführer (§ 15), da seine Eintragung den Beweis für den Zeitpunkt des Beladens und damit für den Beginn der Lieferfrist nach § 26 KVO zugunsten des Absenders

---

[20] *Willenberg*[4] Rdn. 13; *Koller*[2] Rdn. 4.

bzw. Empfängers erbringt. Auch für die Verjährungsfrist ist der Zeitpunkt der Ausstellung des Frachtbriefes ohne Bedeutung (siehe § 40 Abs. 2 KVO).

2. Versand- und Bestimmungsort (§ 11 Abs. 1 Buchst. b, c)

17 Diese Angaben sind in mehrfacher Hinsicht von Bedeutung. Einmal ist von diesen Orten die Höhe der Fracht nach Tarif abhängig; aber auch die Beurteilung der Fragen, ob überhaupt die KVO gilt oder ob die Beförderung der CMR oder dem Recht des Güternahverkehrs unterliegt. Ferner ist die Eintragung im Frachtbrief für die Bestimmung der Abholungs- und Zuführungspflichten maßgeblich; siehe dazu § 5 Rdn. 3; schließlich auch für die Ermittlung der vom Empfänger zu zahlenden Fracht. Fehlen die Angaben, ist aber der Frachtbrief nicht ungültig[21].

3. Bezeichnung des Empfängers (§ 11 Abs. 1 Buchstabe d)

18 Abgesehen davon, daß die Eintragung des Empfängers im Frachtbrief als Unterlage für den Fahrer noch immer im Regelfall technisch erforderlich ist, damit das Frachtgut überhaupt ordnungsgemäß ausgeliefert werden kann, wird die Person des Empfängers auch grundsätzlich durch diese Eintragung bezeichnet. Nur durch die Ablieferung an den im Frachtbrief bezeichneten Empfänger oder eine auf Grund einer wirksamen Verfügung bezeichnete andere Person wird der KVO-Frachtführer von seiner Ablieferungspflicht befreit. Jedoch kann bei fehlender oder unrichtiger Bezeichnung des Empfängers im Frachtbrief auch anderweitiger Beweis für die Empfängereigenschaft einer Person erbracht werden. Siehe dazu § 426 Rdn. 39 und § 435 Rdn. 1. Für die Schäden aus unrichtiger Empfängereintragung im Frachtbrief kann der Absender nach § 13 Abs. 1 KVO haftbar sein[22]. Ist kein Frachtbrief ausgestellt, muß auf andere Weise festgestellt werden, wen der Absender als Empfänger angegeben hat; das gleiche gilt, wenn er im Frachtbrief nicht oder nicht eindeutig eingetragen ist. Auch die Eintragung des Empfängers ist kein Gültigkeitserfordernis des Frachtbriefs; siehe § 426 Rdn. 7.

4. Bezeichnung der Sendung; Überprüfung durch den Frachtführer (§ 11 Abs. 1 e)

19 Die Angaben über die Sendung sind aus tariflichen wie aus frachtrechtlichen Gründen erforderlich. Die Frachtberechnung nach den tariflichen Vorschriften erfolgt jedoch, wenn die Angaben im Frachtbrief nicht mit dem wirklich beförderten Frachtgut übereinstimmen, nach Maßgabe der tatsächlichen Beförderung. Zu Lasten des Empfängers ist allerdings die Angabe im Frachtbrief maßgeblich; siehe § 25 Abs. 2 S. 3 KVO sowie § 426 Rdn. 47. Die Angabe „stückzahlmäßige Überprüfung" im Frachtbrief beweist zugleich, daß die Ladung als Stückgut aufgegeben worden ist[23]. Zur stückzahlmäßigen Überprüfung von Frachtgut kann der Frachtführer auch ohne Eintragung im Frachtbrief verpflichtet sein; OLG Düsseldorf vom 12. 1. 1984, TranspR **1984** 106, 107. **Hinsichtlich der Einzelheiten**, insbesondere der im Detail erforderlichen Eintragungen, **muß auf die Spezialliteratur zur KVO verwiesen werden**[24]. Wegen der Überprüfung und der Folgen unrichtiger Eintragungen durch den Absender siehe § 16 Abs. 2 bis 4; wegen der Bezeichnung von Stückgütern § 18 Abs. 5 KVO. Entstehen Schäden infolge fehlerhafter Eintragungen über das Frachtgut, so ist die Ersatzpflicht des KVO-Fracht-

---

[21] *Koller*[2] Rdn. 4 a; wohl auch *Willenberg*[4] Rdn. 16.
[22] OLG Hamburg vom 13. 3. 1953, VersR **1953** 277, 278.
[23] OLG Frankfurt vom 16. 11. 1982, TranspR **1984** 205, 206 = VersR **1983** 1055 f.
[24] Insbesondere auf *Willenberg*[4] Rdn. 19 ff; *Muth/Andresen/Pollnow* S. 61.

führers nach § 34 c KVO ausgeschlossen; der Absender selbst haftet gem. § 13 KVO. Solche Fälle liegen etwa dann vor, wenn wegen unrichtiger Bezeichnung die Güter vom Frachtführer falsch behandelt (z. B. nicht entsprechend vor Hitze oder Frost geschützt) werden oder wenn eine mit den wirklichen am Stückgut angebrachten Signierungen nicht übereinstimmende Angabe im Frachtbrief zur Falschauslieferung führt.

5. Name, Anschrift, Unterschrift des Absenders (§ 11 Abs. 1 f)

20   Siehe hierzu Rdn. 3.

6. Angabe der beigefügten Begleitpapiere (§ 11 Abs. 1 g)

21   Siehe hierzu § 12 KVO und die dortige Erläuterung.

III. Die einzelnen freiwilligen Angaben

1. § 11 Abs. 2

22   Die Angaben nach § 11 Abs. 2 halten besondere frachtvertragliche Vereinbarungen fest, die bereits vorher getroffen sind oder die mit der Annahme des Frachtbriefs durch den KVO-Frachtführer getroffen werden. Solche Vereinbarungen können auch ohne Eintragung im Frachtbrief geschlossen werden; doch ist ihr Nachweis dann erheblich erschwert. Ob solche Vereinbarungen ohne Eintragung im Frachtbrief wegen Formmangels ungültig sind, ist umstritten; siehe oben Rdn. 10 ff. Hinsichtlich der Einzelheiten muß auf die Kommentierung zu anderen Paragraphen der KVO verwiesen werden.

23   **Zu Buchst. a, b** (Zoll- und Steuerbehandlung) siehe § 12 Abs. 5 KVO und dort Rdn. 14 ff. Anweisungen dieser Art können auch außerhalb des Frachtbriefs wirksam erteilt werden[25].

24   **Zu Buchst. c** (Verkürzung der Lieferfrist) siehe § 26 KVO Rdn. 8; zu Buchst d (Zuführung): § 5 KVO und die dortige Erläuterung.

25   **Zu Buchst. e** (mangelhafte Verpackung) siehe § 18 Abs. 5 KVO und dort Rdn. 25.

26   **Zu Buchst. f** (Vereinbarung über Beladung und Entladung) siehe § 17 KVO und dort Rdn. 13 ff. Die Eintragung im Frachtbrief ist keine Voraussetzung der Wirksamkeit einer Verladeabrede[26].

27   **Zu Buchst. g** (Benachrichtigung bei Ablieferungshindernissen) siehe § 28 Abs. 2, 5 KVO und dort Rdn. 25 ff; das Fehlen der Angabe im Frachtbrief macht die entsprechenden Anweisungen nicht unwirksam[27].

28   **Zu Buchst. h** siehe § 425 Rdn. 143.

29   Unter **Buchstabe i** fallen zahlreiche Leistungen, die im einzelnen im Nebengebührentarif (GFT, Teil III/5, abgedruckt bei *Hein/Eichhoff* u. a. GüKG C 525) aufgeführt sind. Hierzu gehören u. a. Wiegegeld, Zählgeld, Ladegebühr, Lager- und Platzgeld, Standgeld, Abbestellungsgebühr, diverse Gebühren für die Erledigung von Verwaltungsangelegenheiten, Benachrichtigungen usw. Es liegt auf der Hand, daß solche Gebühren, wenn die betreffenden Leistungen erforderlich geworden sind, auch ohne Eintragung im Frachtbrief anfallen können.

---

[25] *Koller*[2] Rdn. 10; OLG Oldenburg vom 20. 12. 1983, TranspR **1984** 154, 155; a. A. *Willenberg*[4] Rdn. 35.
[26] BGH vom 23. 5. 1990, TranspR **1990** 328, 330 = NJW-RR **1990** 1314, 1315 f; gegenteilig noch AG Osnabrück vom 4. 4. 1978, VersR **1978** 635; ebenso wohl OLG Nürnberg vom 1. 12. 1988, TranspR **1989** 288, 289 = VersR **1990** 69; *Koller*[2] Rdn. 14; a. A. *Willenberg*[4] Rdn. 41.
[27] *Koller*[2] Rdn. 15; a. A. *Willenberg*[4] Rdn. 46.

Sechster Abschnitt. Frachtgeschäft

2. § 11 Abs. 1

Einzelne Angaben nach § 11 Abs. 1 sind ebenfalls freiwillig; siehe Rdn. 4, 9 ff; sie sind **30** nur einzutragen, wenn der Absender es wünscht:

Die Angabe nach Buchstabe h ist vor allem für die Einziehung der Fracht beim **31** Empfänger von Bedeutung; §§ 21 KVO und 436 HGB. Ohne diese Eintragungen kann der Empfänger nicht verpflichtet werden, die Zahlung zu leisten[28].

Gleiches gilt **für Buchstabe i**: die Einziehung der Nachnahmen. Die Nichtangabe des **32** Nachnahmebetrages (§ 11 Abs. 2 i KVO) führt dazu, daß der Frachtführer das Gut ohne Einziehung von Geld abliefern darf.

§ 12

Zoll-, Steuer-, Polizei- und sonstige verwaltungsbehördliche Vorschriften

(1) ¹Der Absender ist verpflichtet, dem Frachtbrief alle Begleitpapiere beizugeben, die zur Erfüllung der Zoll- und sonstigen verwaltungsbehördlichen Vorschriften bis zur Ablieferung an den Empfänger erforderlich sind; sie sind im Frachtbrief einzeln und genau zu bezeichnen. ²Diese Papiere dürfen nur Güter umfassen, die Gegenstand des Beförderungsvertrages sind, es sei denn, daß Verwaltungsvorschriften über die Anwendungsbedingungen des Tarifs etwas anderes bestimmen.

³Der Unternehmer ist berechtigt, aber nicht verpflichtet, die beigegebenen Papiere auf ihre Richtigkeit und Vollständigkeit zu prüfen. ⁴Der Absender haftet dem Unternehmer, sofern diesen kein Verschulden trifft, für alle Folgen, die aus dem Fehlen, der Unzulänglichkeit oder der Unrichtigkeit der Papiere entstehen. ⁵Auch ist für die Dauer eines durch solche Mängel verursachten Aufenthalts von mehr als 12 Stunden das tarifmäßige Lager- oder Standgeld zu zahlen.

(2) ¹Der Absender hat für alle Güter, die zur Einfuhr nach dem deutschen Zollgebiet oder zur Durchfuhr durch das deutsche Zollgebiet bestimmt sind, eine deutlich geschriebene Warenerklärung in doppelter Ausfertigung dem Frachtbrief offen beizulegen. ²Die Beigabe ist auf dem Frachtbrief zu vermerken.

(3) Güter mit Begleitscheinen des deutschen Zollgebietes, zu denen Frachtbriefe auf einen außerhalb des deutschen Zollgebietes gelegenen Bestimmungsort lauten, werden nur angenommen, wenn die Begleitscheine auf das Ausgangszollamt ausgestellt sind.

(4) ¹Der Absender ist verpflichtet, für die Verpackung und Bedeckung der Güter entsprechend den Zoll- und Steuervorschriften zu sorgen. ²Sendungen, deren Zoll- oder steueramtlicher Verschluß verletzt oder mangelhaft ist, kann der Unternehmer zurückweisen. ³Hat der Absender die Güter nicht vorschriftsmäßig verpackt oder nicht mit Decken versehen, so kann der Unternehmer dies gegen Berechnung der Kosten besorgen.

(5) ¹Solange das Gut unterwegs ist, hat der Unternehmer die zoll- und sonstigen verwaltungsbehördlichen Vorschriften für den Absender zu erfüllen. ²Hat der Absender im Frachtbrief erklärt, daß er selbst oder ein Bevollmächtigter zu dieser Behandlung zugezogen werden soll, so ist dem hiernach Bevollmächtigten die Ankunft des Gutes an dem Ort, wo die Zoll- usw. Behandlung stattfinden soll, mitzuteilen. ³Der Absender oder sein Bevollmächtigter soll alle nötigen Aufklärungen über das Gut geben; er ist jedoch nicht befugt, das Gut in Besitz zu nehmen oder die Behandlung selbst zu betreiben. ⁴Erscheint er nicht binnen angemessener Frist, so ist die Behandlung ohne ihn zu veranlassen.

---

[28] Siehe § 436 Rdn. 20 ff; OLG Hamm vom 12. 11. 1973, NJW **1974** 1056.

(6) Hat der Absender für die Behandlung durch die Zoll- oder sonstige Verwaltungsbehörde eine unzulässige oder undurchführbare Vorschrift gegeben, so handelt der Unternehmer nach dem mutmaßlichen Willen des Absenders und teilt ihm die getroffenen Maßnahmen mit.

(7) ¹Am Bestimmungsort kann der Empfänger die Zoll- usw. Behandlung betreiben, wenn die auf der Sendung ruhenden Fracht- usw. Beträge bezahlt sind und der Absender im Frachtbrief nichts anderes bestimmt hat. ²Andernfalls hat der Unternehmer entweder die Behandlung selbst zu veranlassen oder aber nach § 28 (Ablieferungshindernisse) zu verfahren. ³Die Güter dürfen dem Empfänger nur ausgeliefert werden, wenn nachgewiesen wird, daß der Zoll- oder Steuerbetrag bezahlt oder gestundet ist. ⁴Der Unternehmer hat bei der ihm nach den Absätzen (5), (6) und (7) obliegenden Tätigkeit die Pflichten eines Spediteurs. ⁵Er kann für diese Tätigkeit die tarifmäßigen Gebühren erheben.

(8) ¹Bei den über die Grenze des deutschen Wirtschaftsgebiets ein- und ausgehenden Gütern hat der inländische Empfänger oder Absender die nach den Bestimmungen über die Statistik des Warenverkehrs vorgeschriebenen Anmeldescheine zu beschaffen. ²Werden die Anmeldepapiere nicht rechtzeitig beigebracht, so kann der Unternehmer diese Papiere gegen Erstattung der tarifmäßigen Gebühren selbst ausstellen, soweit er nach den genannten Bestimmungen zur Ausfüllung befugt ist.

(9) ¹Der Unternehmer haftet für die Folgen des Verlustes oder der unrichtigen Verwendung der im Frachtbrief bezeichneten und ihm beigegebenen Papiere wie ein Spediteur. ²Er hat aber in keinem Fall einen höheren Schadensersatz zu leisten als bei Verlust des Gutes.

Übersicht

	Rdn.
I. Überblick	1
II. Begleitpapiere	2
1. Pflicht zur Beigabe der Begleitpapiere (§ 12 Abs. 1 S. 1)	3
2. Prüfung der Begleitpapiere durch den Frachtführer (§ 12 Abs. 1 S. 3)	4
3. Haftung des Absenders für Fehler bei der Lieferung der Begleitpapiere (§ 12 Abs. 1 S. 4)	8
4. Haftung des KVO-Frachtführers für Folgen des Verlustes und der unrichtigen Verwendung der Begleitpapiere (§ 12 Abs. 9 KVO)	9
a) § 12 Abs. 9 KVO als besonderer Haftungstatbestand	4
b) Haftungsvoraussetzungen	10
c) Haftungsumfang	13
III. Zollbehandlung und sonstige behördliche Behandlung	14
1. Klarierungsmonopol des Unternehmers (§ 12 Abs. 5 KVO)	15
2. Pflichten und Rechte des Absenders	16
3. Einbeziehung des Empfängers	17

I. Überblick

1 § 12 enthält frachtrechtliche, tarifrechtliche und verwaltungsrechtliche (insbes. zollrechtliche) Vorschriften. Hinsichtlich des Tarifs- und Verwaltungsrechts, insbes. der Frage, welche Einzelheiten durch anderweitige Regelungen überholt sind, muß auf die Spezialliteratur zur KVO (insbes. *Willenberg*[4] und *Muth/Andresen/Pollnow*) verwiesen werden. Die Bedeutung von § 12 lag vor allem im grenzüberschreitenden Verkehr; dort gilt aber ausschließlich die CMR; die KVO ist nicht ergänzend anzuwenden[1]. Eine neue Bedeutung hat die Vorschrift beim Gefahrguttransport erlangt.

---

[1] Siehe § 1 KVO Rdn 3; *Willenberg*[4] Rdn. 1; auch nicht als Auslegungshilfe; *Muth/Andresen/Pollnow* Anm. 8.

II. Begleitpapiere

Die Regelung der KVO entspricht weitgehend dem § 427 HGB. Auf die dortige Kommentierung kann daher grundsätzlich verwiesen werden. **2**

1. Pflicht zur Beigabe der Begleitpapiere (§ 12 Abs. 1 S. 1)

Die Formulierung der KVO entspricht fast wörtlich § 427 S. 1 HGB. Die besondere Erwähnung der Pflicht zur genauen Bezeichnung im Frachtbrief bestätigt nur § 11 Abs. 1 Buchst. g; siehe zur Bedeutung dieser Eintragung dort Rdn. 7. Auch das HGB sieht in § 426 Abs. 2 Ziff. 6 die Angabe der Begleitpapiere im Frachtbrief vor. Siehe im übrigen § 427 HGB Rdn. 4 f. Zur Beigabe der Begleitpapiere ist nicht der Ursender, sondern der Absender im Sinne des KVO-Frachtvertrags verpflichtet. Dies kann insbesondere im Gefahrgutrecht (§ 425 Rdn. 16 ff) Bedeutung erlangen. Hinzuweisen ist auch auf die Sonderbestimmungen des Abfallrechts (§ 425 Rdn. 14) und des Kriegswaffenrechts (§ 425 Rdn. 21); dazu § 427 Rdn. 5. Der KVO-Frachtführer hat die Begleitpapiere beim Transport mitzuführen; *Willenberg*[4] Rdn. 6. **3**

2. Prüfung der Begleitpapiere durch den Frachtführer (§ 12 Abs. 1 S. 3)

Das sogenannte „**Prüfungsrecht**" des Frachtführers hinsichtlich der Richtigkeit oder Vollständigkeit bedürfte an sich keiner Regelung, da es angesichts der Verpflichtung des Absenders zur Beigabe der Begleitpapiere selbstverständlich ist. Die Konsequenz aus der Feststellung von Mängeln der Papiere besteht darin, daß der Frachtführer nicht zur Beförderung verpflichtet ist, bis die Papiere vollständig und richtig vorliegen. **4**

§ 12 Abs. 1 S. 3 KVO stellt aber zusätzlich klar, daß **keine Prüfungspflicht** des KVO-Frachtführers hinsichtlich der Vollständigkeit und Richtigkeit der Begleitpapiere besteht[2]. **5**

Dies betrifft zunächst **Ansprüche des Frachtführers gegen den Absender** auf Schadensersatz aus § 12 Abs. 1 S. 4 KVO. Allerdings kann den Frachtführer in Sonderfällen eine Obliegenheit treffen, den grundsätzlich vom Absender zu tragenden Schaden von sich aus abzuwenden. In welchem Umfang dies sich aus den Umständen ergibt, ist zweifelhaft. Der BGH hat in einem Fall dem KVO-Frachtführer die Nichtüberprüfung von fehlerhaften Begleitpapieren als Mitverschulden nach § 254 BGB angelastet. Der Frachtführer müsse sich vor der Beschlagnahme des LKW im Interzonenverkehr durch die DDR-Behörden wegen Mängeln der Warenbegleitscheine der beförderten Waren[3] durch Prüfung der Begleitpapiere, mit denen angesichts der damaligen politischen Lage stets zu rechnen war, jedenfalls auch selbst schützen. Ob dies mit § 12 Abs. 1 S. 3 KVO zu vereinbaren ist, kann zweifelhaft sein[4]. Jedoch handelt es sich in § 254 BGB nicht um eine gegenüber dem Absender bestehende echte Pflicht des KVO-Frachtführers, sondern nur um eine Obliegenheit zur Schadensgeringhaltung, auf die möglicherweise § 12 Abs. 1 S. 3 nicht anzuwenden ist[5]. Jedenfalls bei Kenntnis der Mangelhaftigkeit oder des Fehlens von Begleitpapieren können sich besondere Pflichten aus § 242 BGB ergeben[6]. **6**

---

[2] BGH vom 20. 12. 1956, VersR **1957** 192 und vom 28. 3. 1957, VersR **1957** 388; vom 16. 10. 1986, TranspR **1987** 96, 97 = VersR **1987** 304, 306 (zu Art. 22 Abs. 2 CMR und beiläufig § 12 Abs. 1 S. 3 KVO); *Willenberg*[4] Rdn. 8 f.
[3] BGH vom 29. 9. 1953, VersR **1953** 427 f.
[4] Entgegengesetzt BGH vom 20. 12. 1956, VersR **1957** 192 und vom 28. 3. 1957, VersR **1957** 388, 389; dagegen aus Gründen des Einzelfalls *Willenberg*[4] Rdn. 14.
[5] *Koller*[2] Rdn. 1.
[6] BGH vom 20. 3. 1956, VersR **1956** 346–348; *Willenberg*[4] Rdn. 10.

Dies gilt auch für vorvertragliche Hinweispflichten, die eine Haftung aus Verschulden bei Vertragsschluß begründen können⁷.

7 Eine **Haftung des KVO-Frachtführers** gegenüber dem Absender kann sich aus Nebenpflichtverletzungen aus § 31 c KVO nur ausnahmsweise ergeben. Grundsätzlich schließt hier § 12 Abs. 1 S. 3 eine Prüfungspflicht aus. Ergeben sich aus dem Einzelfall besondere Umstände, aus denen sich die Verletzung von Treuepflichten durch den Frachtführer ergibt (siehe Rdn. 6), kann deren Verletzung zu vertraglicher oder deliktischer Schadensersatzpflicht führen⁸. Insbesondere die Verletzung von Hinweispflichten auf öffentlichrechtliche Vorschriften kann Ansprüche des Absenders aus Verschulden bei Vertragsschluß begründen; *Koller*² Rdn. 1.

3. Haftung des Absenders für Fehler bei der Lieferung der Begleitpapiere (§ 12 Abs. 1 S. 4)

8 § 12 Abs. 1 S. 4 KVO entspricht weitgehend dem § 427 S. 2 HGB. Der Absender haftet unstreitig ohne Verschulden (Kausalhaftung)⁹. Die Haftung umfaßt alle daraus entstehenden Schäden, auch mittelbare (Folgeschäden)¹⁰. Der Frachtführer kann Drittschäden (z. B. an mitbeförderter Ladung durch Beschlagnahme) im Rahmen der Drittschadensliquidation geltend machen¹¹. Der Absender-Spediteur hat gem § 31 ADSp einen Befreiungsanspruch gegen den Auftraggeber, den er an den Frachtführer abtreten kann¹². Die Kausalhaftung tritt nicht ein, wenn den KVO-Frachtführer selbst Verschulden trifft; § 12 Abs. 1 S. 4. Trifft dagegen Frachtführer und Absender Verschulden, ist § 254 BGB anzuwenden¹³. Daß der Frachtführer nicht zur Prüfung der Papiere verpflichtet ist, schließt in vielen Fällen sein Verschulden aus, nicht jedoch, wenn ihm die Unrichtigkeit der Begleitpapiere bekannt war¹⁴. Zum Einfluß der fehlerhaften Begleitpapiere auf die Haftung des KVO-Frachtführers § 34 KVO Rdn. 24.

4. Haftung des KVO-Frachtführers für Folgen des Verlustes und der unrichtigen Verwendung der Begleitpapiere (§ 12 Abs. 9 KVO)

a) § 12 Abs. 9 KVO als besonderer Haftungstatbestand

9 § 12 Abs. 9 KVO enthält einen besonderen Haftungstatbestand, der von §§ 29 ff KVO unabhängig ist¹⁵, und für den die Haftungsausschlüsse des § 34 KVO nicht gelten¹⁶. Dies wirkt sich sowohl bei den Voraussetzungen der Haftung als auch bei den Haftungsfolgen aus.

b) Haftungsvoraussetzungen

10 § 12 Abs. 9 KVO setzt den **Verlust oder die unrichtige Verwendung von Begleitpapieren** voraus. Unrichtige Verwendung ist u. a. das Nichtmitführen bei der Beförde-

---

[7] *Koller*² Rdn. 1 entgegen AG Karlsruhe vom 11. 8. 1989, TranspR **1989** 436 f (zum Eisenbahnrecht).

[8] *Koller*² Rdn. 1; *Willenberg*⁴ Rdn. 10.

[9] BGH vom 20. 3. 1956, VersR **1956** 346, 348; *Willenberg*⁴ Rdn. 13; *Koller*² Rdn. 2; *Muth/Andresen/Pollnow* Anm. 1. Siehe dazu eingehender § 427 HGB Rdn. 7 ff.

[10] BGH vom 29. 9. 1953, VersR **1953** 427, 428; vom 22. 1. 1954, BGHZ **12** 136, 139 f; vom 23. 11. 1954, BGHZ **15** 224 ff = VersR **1955** 77, 78 (Verlust eines dem Frachtführer nicht selbst gehörenden LKW durch Beschlagnahme durch DDR-Behörden; Drittschadensliquidation); vom 20. 3. 1956, VersR **1956** 346, 348; *Willenberg*⁴ Rdn. 16.

[11] BGH vom 23. 11. 1954, BGHZ **15** 224 ff = VersR **1955** 77, 78; *Willenberg*⁴ Rdn. 18; *Koller*² Rdn. 2.

[12] BGH vom 22. 1. 1954, BGHZ **12** 136 ff; *Willenberg*⁴ Rdn. 18.

[13] BGH vom 29. 9. 1953, VersR **1953** 427 f; BGH vom 22. 1. 1954, BGHZ **12** 136, 140.

[14] BGH vom 20. 3. 1956, VersR **1956** 346, 348; siehe § 427 Abs. 2.

[15] BGH vom 1. 12. 1955, MDR **1956** 408, 409 f.

[16] BGH vom 4. 7. 1957, VersR **1957** 570; BGH vom 1. 12. 1955, MDR **1956** 408, 409; *Koller*² Rdn. 7.

Sechster Abschnitt. Frachtgeschäft

rung[17]; aber auch der Mißbrauch der Begleitpapiere zur Verdeckung von Schmuggelgut[18]. Keine unrichtige Verwendung der Begleitpapiere sieht der BGH in dem eisenbahnrechtlichen Fall der Entscheidung vom 14. 4. 1976, DB **1976** 2013 f = RIW/AWD **1977** 47 f. In diesem Fall hatte die Eisenbahn die Sendung von den Begleitpapieren getrennt, so daß die verderbliche Ware die Grenze nicht überschreiten konnte. Die Haftung der Eisenbahn wurde aus Art. 27 § 1 CIM (Allgemeine Güterschadenshaftung), nicht aber aus Art. 13 § 2 Abs. 3 CIM (fehlerhafte Verwendung der Begleitpapiere) begründet.

§ 12 Abs. 9 spricht nur von den „**im Frachtbrief bezeichneten und ihm beigegebenen Papieren**". Daraus kann jedoch nicht der Schluß gezogen werden, für Begleitpapiere, die zwar dem Frachtführer übergeben, aber nicht im Frachtbrief aufgeführt sind, werde nicht gehaftet[19]. Vielmehr schafft nach der Rechtsprechung des BGH die Erwähnung im Frachtbrief nur eine Beweisvermutung. Fehlt der Vermerk, so haftet der KVO-Frachtführer nicht für fehlerhafte Verwendung der Begleitpapiere, es sei denn, der Geschädigte könne beweisen, daß die Unterlassung der Eintragung nicht für die fehlerhafte Verwendung der Papiere ursächlich gewesen sei[20].

§ 12 Abs. 9 KVO ordnet **Haftung „wie ein Spediteur"** an. Damit wird schon hinsichtlich der Haftungsvoraussetzungen auf das Speditionsrecht verwiesen. Diese Verweisung bezieht sich auf das gesetzliche, im HGB geregelte Speditionsrecht, nicht auf die ADSp. § 34 S. 1 b KVO ist nicht anwendbar[21]. Gehaftet wird demnach bei Verlust der Papiere für vermutetes Verschulden (Obhutshaftung) gem. §§ 407, Abs. 2, 390; dazu §§ 407–409 Rdn. 150 ff. Dies ergibt sich aus dem Umstand, daß die Papiere Zubehör zum Frachtgut gem. § 97 BGB sind. Die Haftung für unrichtige Verwendung der Papiere folgt dagegen den Grundsätzen der positiven Vertragsverletzung; siehe dazu §§ 407–409 Rdn. 169 ff.

c) Haftungsumfang

Der Umfang der Haftung richtet sich nach dem gesetzlichen Speditionsrecht, nicht nach den ADSp[22]. Denn auch durch die Vereinbarung der ADSp kann die Haftung des KVO-Frachtführers wegen § 26 GüKG nicht ausgeschlossen werden. Die Haftung ist nach § 12 Abs. 9 S. 2 KVO auf den Betrag begrenzt, der bei Verlust des Gutes zu ersetzen wäre. Dieser ermittelt sich unter Zugrundelegung des § 35 KVO. Dabei ist so zu verfahren, daß der Höchstbetrag der Haftung bei Verlust des Gutes zu errechnen ist und dieser dann die Höchstgrenze der Haftung nach § 12 Abs. 9 KVO bestimmt. Hierbei ist es nicht erforderlich, daß ein Verlust des Gutes überhaupt eingetreten ist[23]. Auch mittelbare Schäden werden ersetzt[24].

III. Zollbehandlung und sonstige behördliche Behandlung

§ 12 Abs. 2 und 3 sind nicht mehr anzuwenden, da für grenzüberschreitende Beförderungen nur noch die CMR gilt; siehe Rdn. 1.

---

[17] OLG Hamm vom 3. 10. 1955, VersR **1955** 689; BGH vom 4. 7. 1957, VersR **1957** 570.
[18] BGH vom 1. 12. 1955, MDR **1956** 408, 409 f.
[19] BGH vom 1. 12. 1955, MDR **1956** 408, 409 f; BGH vom 4. 7. 1957, VersR **1957** 570. So aber grundsätzlich *Koller*[2] Rdn. 7.
[20] BGH vom 4. 7. 1957, VersR **1957** 570.
[21] BGH vom 1. 12. 1955, MDR **1956** 408, 409 und vom 4. 7. 1957, VersR **1957** 570; *Buthke* VP **1958** 100.
[22] BGH vom 1. 12. 1955, MDR **1956** 408, 409 f.
[23] Zutreffend *Willenberg*[4] Rdn. 44 ff mit weiteren Hinweisen. Grundsätzlich wohl auch BGH vom 1. 12. 1955, MDR **1956** 408, 409 f.
[24] BGH vom 23. 11. 1954, BGHZ **15** 224 ff = VersR **1955** 77, 78.

1. Klarierungsmonopol des Unternehmers (§ 12 Abs. 5 KVO)

15 Zuständig für die Erfüllung der zoll- und sonstigen verwaltungsbehördlichen Vorschriften ist nach § 12 Abs. 5 S. 1 KVO der Frachtführer. Die Zollbehandlung unterliegt in der Regel ausschließlich dem CMR; siehe Rdn. 1. Es ist jedoch denkbar, daß der KVO-Frachtführer an der Grenze Zollmaßnahmen zu treffen hat, ohne daß seine Transportpflicht über die Grenze hinausgeht. Ferner gilt Abs. 5 noch für die innerstaatlichen Formalitäten, z. B für Abfall, Gefahrgut, Lebensmittel und Kriegswaffen und ähnliches; siehe § 425 Rdn. 14 ff. In diesen Fällen kann die KVO angewendet werden. Der Absender darf die Erledigung der Verfahren nicht selbst betreiben; § 12 Abs. 5 S. 3, 2. Hs. Die Güter dürfen an den Empfänger nicht ohne vorherige Bezahlung oder Stundung der Zoll- oder Abgabenbeträge ausgeliefert werden (§ 12 Abs. 7 S. 3 KVO). Nach § 12 Abs. 6 kann der Absender im Rahmen des Zulässigen Vorschriften geben, von denen der KVO-Frachtführer, wenn sie unzulässig oder undurchführbar sind, entsprechend dem mutmaßlichen Willen des Absenders abweichen darf. Im übrigen ist der Unternehmer bei der Erledigung dieser Angelegenheiten frei.

2. Pflichten und Rechte des Absenders

16 Der Absender ist nach § 12 Abs. 4 KVO verpflichtet, für die Verpackung und Bedekkung der Güter entsprechend den Zollvorschriften zu sorgen. Da die CMR im Bereich des grenzüberschreitenden Transports die KVO ganz verdrängt hat (siehe Rdn. 1), ist § 12 Abs. 4 weitgehend bedeutungslos geworden. Führt der Frachtführer den Transport durch, obwohl der Absender die Pflichten aus Abs. 4 nicht oder nicht ausreichend erfüllt hat, kann dies zu seiner Haftung nach § 31 c KVO führen[25]. Nach Abs. 5 S. 3 hat er dem KVO-Frachtführer die nötige Aufklärung über das Gut zu geben; siehe auch § 12 Abs. 8. Er hat andererseits das Recht, zu verlangen, daß er oder ein von ihm Bevollmächtigter zur Erledigung der Zoll- und anderen Verfahren hinzugezogen werden; Abs. 5 S. 2.

3. Einbeziehung des Empfängers

17 Nach § 12 Abs. 7 kann am Bestimmungsort anstelle des KVO-Frachtführers der Empfänger die behördliche Behandlung betreiben, wenn der Absender nicht im Frachtbrief etwas anderes bestimmt hat (Satz 1). Subsidiär bleibt aber der KVO-Frachtführer verantwortlich (Satz 2). Die Ablieferung darf nicht ohne vorherige Bezahlung oder Stundung des Zoll- oder Steuerbetrages erfolgen; Abs. 7 S. 3. Siehe als Beispielsfall für die zivilrechtlichen Auswirkungen dieser Vorschrift BGH vom 23. 6. 1955, VersR **1955** 602–602 (LS) = WM **1955** 1324, 1326.

§ 13

Haftung für die Angaben im Frachtbrief

(1) Sind die Angaben oder Erklärungen des Absenders im Frachtbrief unrichtig, ungenau, unvollständig oder unzulässig, so trägt er alle daraus entstehenden Folgen und haftet insbesondere für jeden etwa entstehenden Schaden.

(2) Die Haftung des frachtbriefmäßigen Absenders ändert sich nicht, wenn der Unternehmer auf seinen Antrag den Frachtbrief ausfüllt.

---

[25] *Willenberg*[4] Rdn. 19; *Koller*[2] Rdn. 4.

Übersicht

	Rdn.		Rdn.
I. Überblick	1	6. Ausfüllung des Frachtbriefs durch den KVO-Unternehmer	7
II. Haftung des Absenders für Angaben im Frachtbrief (§ 13 Abs. 1 KVO)	2	III. Einfluß der fehlerhaften Ausfüllung auf die Haftung des KVO-Unternehmers	10
1. Allgemeines	2		
2. Angaben oder Erklärungen des Absenders	3	IV. Öffentlich-rechtliche Bedeutung der Frachtbriefausfüllung	13
3. Unrichtige, ungenaue, unvollständige, unzulässige Eintragungen	4		
4. Zu ersetzender Schaden	5		
5. Mitverschulden des KVO-Unternehmers	6		

I. Überblick

§ 13 Abs. 1 KVO befaßt sich aus mehrerlei Sicht mit den Folgen fehlerhafter Frachtbriefausfüllung. In der Art einer Generalklausel werden dem Absender alle Folgen dieser fehlerhaften Ausfüllung zugewiesen. Die Folgen können u. a. bestehen in der noch besonders hervorgehobenen Haftung des Absenders für Schäden, ferner in zusätzlichen Aufwendungsersatz- oder Vergütungspflichten des Absenders gegenüber dem Unternehmer. Die Zuweisung der negativen Folgen von Fehlern bei der Frachtbriefausfüllung ist nicht von einem Verschulden abhängig. Speziell für die Haftung ist in § 13 Abs. 2 klargestellt, daß dem Absender das Handeln des KVO-Unternehmers beim Ausfüllen des Frachtbriefs zugerechnet werden kann. Siehe jedoch genauer Rdn. 7 ff.

II. Haftung des Absenders für Angaben im Frachtbrief (§ 13 Abs. 1 KVO)

1. Allgemeines

§ 13 KVO entspricht § 426 Abs. 3 HGB. Insbesondere setzt die Haftung des Absenders kein Verschulden voraus[1]. Ob die Unterschrift des Absenders für die Haftung erforderlich ist, erscheint zweifelhaft[2].

2. Angaben oder Erklärungen des Absenders

Zu den Angaben oder Erklärungen gehören alle nach § 11 Abs. 1 und 2 KVO erforderlichen bzw. zulässigen Eintragungen. Darüber hinaus werden aber auch die Folgen von solchen Angaben, die an sich nach § 11 Abs. 3 Satz 1 nicht eintragungsfähig sind, nach § 13 Abs. 1 beurteilt. Die Eintragungen müssen im Frachtbrief erfolgen. Eine nicht unterschriebene Kopie reicht nicht aus[3].

3. Unrichtige, ungenaue, unvollständige, unzulässige Eintragungen

Etwas genauer, aber sachlich kaum von § 426 Abs. 3 HGB abweichend, zählt § 13 Abs. 1 KVO die möglichen Fehler bei der Ausfüllung des Frachtbriefes auf. Mit der Aufnahme der Bezeichnung „ungenau" ist klargestellt, daß das Risiko bei unpräzisen und mißverständlichen Angaben auf der Seite des Absenders liegt. Unzulässig sind insbesondere auch Eintragungen, die gegen zwingendes Tarifrecht verstoßen. Unrichtig ist z. B.

---

[1] Siehe *Willenberg*[4] Rdn. 10; *Koller*[2] Rdn. 2; a. A. *Konow* DB **1972** 1613, 1615; siehe auch § 426 Rdn. 81.
[2] So aber OLG Düsseldorf vom 13. 6. 1985, TranspR **1985** 252, 253; siehe auch § 426 Rdn. 23 ff.
[3] OLG Düsseldorf vom 13. 6. 1985, TranspR **1985** 252, 253.

die Eintragung „Leergut", wenn der beförderte Container Flüssiggas enthielt[4]. In Betracht kommen sehr unterschiedliche Angaben, z. B. auch die unrichtige Anschrift des Empfängers[5].

4. Zu ersetzender Schaden

5   Der Schadenersatz nach § 13 KVO ist durch keine besonderen Vorschriften beschränkt. Es sind alle Arten von Vermögensschäden zu ersetzen, insbesondere mittelbare Schäden[6] und Aufwendungen, die durch die Fehlangaben erforderlich werden[7]. §§ 35, 30 KVO finden keine Anwendung.

5. Mitverschulden des KVO-Unternehmers

6   Die Haftung des Absenders aus § 13 Abs. 1 KVO kann nach § 254 BGB teilweise, evtl. auch ganz ausgeschlossen sein, wenn den KVO-Unternehmer oder seine Leute ein Mitverschulden an der Schadensentstehung trifft[8]. Dies ist besonders dann der Fall, wenn die Unrichtigkeit der Eintragungen dem KVO-Frachtführer bekannt oder erkennbar war. Siehe z. B. zur Abstempelung eines mit dem Original nicht übereinstimmenden Eisenbahnfrachtbrief-Doppels RGZ **107** 227, 273.

6. Ausfüllung des Frachtbriefs durch den KVO-Unternehmer

7   § 13 Abs. 2 KVO stellt ausdrücklich klar, daß die Haftung des Absenders auch dann eintritt, wenn der KVO-Unternehmer auf Antrag des Absenders den Frachtbrief ausgefüllt hat[9]. In diesem Falle handelt der Frachtführer als Gehilfe des Absenders gegenüber sich selbst. Allerdings erfaßt die Haftung nach § 13 Abs. 2 KVO nicht jeden Fall, in dem der Frachtführer den Frachtbrief ausgefüllt hat. Eigenmächtiges Handeln des Frachtführers (ohne Antrag des Absenders, auch soweit nur zur Ergänzung lückenhafter Ausfüllung) kann schon deshalb keine Haftung des Absenders zur Folge haben, weil es in diesen Fällen am (formlosen) Antrag des Absenders fehlt.

8   In Betracht kommt ein Einstehen des Absenders für die fehlerhaften Eintragungen des Unternehmers vor allem dann, wenn dieser die ihm **unrichtig übermittelten Daten** in den Frachtbrief einträgt. Übermittlungsfehler, besonders bei mündlicher und telefonischer Mitteilung der einzutragenden Angaben, gehen zu Lasten des Absenders. Nimmt der KVO-Frachtführer auch die Ermittlung der einzutragenden Tatsachen auf Antrag des Absenders selbst vor (z. B. Wiegen, Messen, Beschriften der Güter), dann scheidet eine Haftung des Absenders bei Verschulden des Frachtführers regelmäßig aus.

9   Das Ausfüllen des Frachtbriefes durch den KVO-Unternehmer ist eine nach Nr. I 8 des Nebengebührentarifs (GFT, Teil II/5; abgedruckt bei *Hein/Eichhoff* u. a. C 525) entgeltliche Tätigkeit. Nach der in der Literatur überwiegend vertretenen und beiläufig vom BGH erwähnten Auffassung soll die Rechtsgrundlage für das Ausfüllen des Frachtbriefs in einem auf eine Geschäftsbesorgung gerichteten Vorvertrag zum Frachtvertrag liegen[10]. Näher liegt die Annahme einer **Nebenpflicht aus dem zunächst formlos abge-**

---

[4] OLG München vom 30. 7. 1986, VersR **1988** 289, 290.
[5] OLG Hamburg vom 13. 3. 1953, VersR **1953** 277 f.
[6] Ausdrücklich BGH vom 23. 11. 1954, BGHZ **15** 224, 227 = VersR **1955** 77, 78. Beispielsweise Schäden durch Falschauslieferung, OLG Hamburg vom 13. 3. 1953, VersR **1953** 277, 278; durch Bezeichnung eines Containers als Leergut, OLG Düsseldorf vom 13. 6. 1985, TranspR **1985** 252, 253.
[7] OLG München vom 30. 7. 1986, VersR **1988** 289 290.
[8] OLG München vom 30. 7. 1986, VersR **1988** 289, 290; siehe auch § 426 Rdn. 83.
[9] Siehe dazu grundsätzlich § 426 Rdn. 45.
[10] BGH vom 22. 1. 1971, BGHZ **55** 217, 221; *Willenberg*[4] § Rdn. 16.

schlossenen Frachtvertrag. Siehe zum Zustandekommen des Frachtvertrages auch schon vor Übergabe des Frachtbriefs und Frachtguts § 15 KVO Rdn. 5. Unbestritten ist jedenfalls, daß der Frachtführer aus positiver Vertragsverletzung für schuldhafte Fehler beim Ausfüllen des Frachtbriefs haftet. Nach hier vertretener Auffassung würde die Haftung unter den Voraussetzungen und in den Grenzen des § 31 c KVO bestehen, nach wohl herrschender Meinung dagegen unbegrenzt nach bürgerlichem Recht. *Koller*[2] Rdn. 5 will ihn analog § 12 Abs. 9 KVO haften lassen. Im Hinblick auf § 31 c KVO besteht jedoch keine Regelungslücke, so daß diese Analogie nicht begründet werden kann. In Fällen der schuldhaften Verletzung der übernommenen Pflicht zur ordnungsgemäßen Ausfüllung des Frachtbriefs durch den KVO-Frachtführer haftet der Absender diesem nicht nach § 13 Abs. 2 KVO. Eine Schadensteilung nach § 254 BGB ist jedoch auch hier denkbar, soweit auch den Absender ein Verschulden trifft; siehe im übrigen § 6 KVO Rdn. 13.

III. Einfluß der fehlerhaften Ausfüllung auf die Haftung des KVO-Unternehmers

10 Hat der Absender den Frachtbrief fehlerhaft ausgefüllt bzw. eine fehlerhafte Ausfüllung durch den Unternehmer zu verantworten, so trägt er nach § 13 Abs. 1 KVO alle Folgen. Dies bedeutet, daß eine Haftung des KVO-Unternehmers für alle beim Absender entstehenden Schäden insoweit ausscheidet, als die Ursache für die Schäden in der fehlerhaften Ausfüllung des Frachtbriefs liegt. Auf Verschulden des Absenders oder seiner Leute kommt es dabei nach § 13 Abs. 1 KVO nicht an.

11 *Willenberg*[4] § 34 KVO Rdn. 18 stützt die Haftungsfreiheit des Frachtführers auf den Haftungsausschluß des **§ 34 S. 1 c KVO**. Die Folge dieser Auffassung wäre eine Haftung des Frachtführers bei Schäden aus schuldloser Fehlausfüllung des Frachtbriefs. Diese stünde im Gegensatz zu der Haftung des Absenders ohne Verschulden für Schäden auf der Frachtführerseite. Richtiger ist es demgegenüber, in der Folgenzuweisung des § 13 Abs. 1 KVO einen besonderen Haftungsausschließungsgrund zu sehen, der kein Verschulden des Absenders voraussetzt.

12 Die fehlerhafte Ausfüllung des Frachtbriefs steht einer Haftung des KVO-Frachtführers nach § 29 KVO (Verlust) wegen Falschauslieferung nicht entgegen, **wenn der Frachtführer die Nichtübereinstimmung der Empfängerangabe im Frachtbrief mit den Kolli-Aufschriften kennt** und ohne Rückfrage gem. § 28 Ziff. 5 u. 6 KVO an den auf den Kolli bezeichneten Empfänger ausliefert. Jedoch ist ein Schaden, der ohne den Verstoß gegen § 28 Ziff. 5 und 6 aus den falschen Angaben entsteht (z. B. Einlagerungskosten), nach § 13 KVO vom Absender zu tragen[11].

IV. Öffentlich-rechtliche Bedeutung der Frachtbriefausfüllung

13 Die Ausfüllung des KVO-Frachtbriefes erfolgt auch in Erfüllung einer öffentlich-rechtlichen Pflicht. Die Verweisung in § 13 Abs. 1 KVO auf den früheren § 37 Abs. 1 S. 3 Güterfernverkehrs-Gesetz stellt dies klar. An die Stelle dieser Vorschrift ist nunmehr § 30 GüKG (Anh. I nach § 452) getreten. Die Folgenzuordnung des § 13 KVO gilt somit auch hinsichtlich der öffentlichrechtlichen Folgen.

---

[11] OLG Hamburg vom 13. 3. 1953, VersR **1953** 277, 278.

IV. Abschluß des Beförderungsvertrages. Berechnung und Zahlung des Beförderungsentgelts. Nachnahmen

§ 14
Bestellung von Fahrzeugen, Wagenstellungsvertrag

(1) Der Absender bestellt beim Unternehmer des gewerblichen Güterfernverkehrs Fahrzeuge nach Maßgabe der folgenden Bestimmungen.

(2) Bei der Bestellung sind anzugeben:

a) Name, Wohnort und Wohnung des Absenders, möglichst mit Drahtanschrift und Fernsprechnummer,

b) Name, Wohnort und Wohnung des Bestellers, möglichst mit Drahtanschrift und Fernsprechnummer, wenn der Besteller ein anderer als der Absender ist,

c) Einladeplatz sowie Tag und Stunde, wann das Fahrzeug gestellt werden soll,

d) Name und Wohnort des Empfängers, der Bestimmungsort,

e) Art und ungefähres Gewicht des Gutes.

(3) ¹Ist die Bestellung nach (1) angenommen, so hat der Unternehmer die Verpflichtung, ein geeignetes Fahrzeug antragsgemäß zu stellen. ²Kann das Fahrzeug erst zu einem späteren Zeitpunkt gestellt werden, so ist der Besteller zu befragen, ob er mit der späteren Stellung einverstanden ist.

(4) Die Fahrzeuge sollen grundsätzlich, soweit sie für die Beförderung geeignet und fahrbereit sind, in der Reihenfolge gestellt werden, in der sie angefordert werden.

(5) Werden zugesagte Fahrzeuge nicht rechtzeitig gestellt, so werden dem Besteller die von ihm nachgewiesenen Kosten des vergeblichen Versuches der Auflieferung, höchstens aber der Betrag des Wagenstandgeldes für einen Tag erstattet.

(6) Wird ein Fahrzeug vor der Bereitstellung wieder abbestellt, so hat der Besteller die tarifmäßige Abbestellgebühr zu entrichten.

Wird ein Fahrzeug nach der Bereitstellung unbeladen zurückgegeben oder nach Ablauf der Beladefrist wegen Nichtbeladung dem Besteller wieder entzogen, so ist vom Zeitpunkt der Bereitstellung an das tarifmäßige Wagenstandgeld zu zahlen.

(7) (weggefallen)

(8) Bei Bestellung eines Wagens kann der Unternehmer Sicherheit in Höhe des tarifmäßigen Wagenstandgeldes für einen Tag verlangen.

Übersicht

	Rdn.		Rdn.
I. Grundsätzliches	1	V. Inhalt des Wagenstellungsvertrages und Leistungsstörungen	9
1. Wagenstellungsvertrag und Frachtvertrag	1	1. Stellung eines geeigneten Fahrzeugs	9
2. Wirksamkeit und Regelungsgegenstand des § 14 KVO	4	a) Grundsätzlicher Inhalt der Verpflichtung	9
3. Abschließende Regelung des § 14 KVO	5	b) Fehler bei der Wagenstellung	10
II. Beteiligte Personen	6	c) Weitere Rechte und Pflichten der Parteien	14
III. Rechtsnatur und Inhalt des Wagenstellungsvertrages	7	2. Folgen der Stellung eines ungeeigneten Fahrzeugs	15
IV. Abschluß des Wagenstellungsvertrages	8		

Stand: 1. 7. 1993

a) Zurückweisung des ungeeigneten Fahrzeugs 16	6. Verweigerung oder Unmöglichkeit der Wagenstellung 24
b) Haftung des Unternehmers ... 17	VI. Abbestellung 26
3. Beladung und Beförderung im ungeeigneten Fahrzeug 18	VII. Nichtbeladung und Rückgabe bzw. Rücknahme des Wagens 28
4. Geeignetheit 22	VIII. Sicherheitsleistung................. 29
5. Verzögerung der Wagenstellung .. 23	

I. Grundsätzliches
1. Wagenstellungsvertrag und Frachtvertrag

§ 14 KVO behandelt den sog. „Wagenstellungsvertrag" nach dem Vorbild des Eisenbahnrechts. Während in allen anderen Sparten des Frachtrechts die Stellung eines tauglichen Beförderungsmittels eine der Hauptpflichten aus dem Frachtvertrag selbst ist, teilt das Eisenbahnrecht und ihm folgend auch die KVO im Ladungsverkehr die frachtrechtlichen Verpflichtungen in zwei voneinander rechtlich unabhängige Verträge auf: den eigentlichen Frachtvertrag und den ihm vorausgehenden Wagenstellungsvertrag. Diese merkwürdige Aufspaltung ist weitgehend tariflich bedingt und wird voraussichtlich mit der Anpassung der KVO an die Aufhebung der Tarife[1] ihr Ende finden; siehe § 1 KVO Rdn. 2. **1**

Der **Frachtvertrag beginnt** nach § 15 Abs. 1 KVO[2] **erst mit der Annahme des Guts** durch den KVO-Unternehmer (bzw. die Eisenbahn). Er wird daher als Realvertrag bezeichnet[3]. Da die Erteilung des Beförderungsauftrags im Ladungsverkehr bei Selbstverladung (§ 17 Abs. 1 KVO) regelmäßig vor der Annahme des Gutes durch den Frachtführer liegt, muß sie – ebenso wie die Stellung des geeigneten Wagens – durch einen besonderen Vorvertrag, den Wagenstellungsvertrag erfolgen[4]. Die Rechtsgrundlage des § 14 ist freilich sehr zweifelhaft. § 20 a Abs. 5 und 6 GüKG ermächtigt den Bundesverkehrsminister nicht, Rechtsnormen für Rechtsgeschäfte zwischen an keinem Beförderungsvertrag beteiligten Personen festzusetzen. Jedenfalls dann, wenn es zwischen dem Wagenbesteller und dem KVO-Unternehmer nicht zu einem Frachtvertrag kommt, kann also an sich § 14 nicht angewendet werden. Dem könnte nur dadurch abgeholfen werden, daß man die Ermächtigung auf Vorverträge ausdehnend auslegt. **2**

Ein **Nebeneinander von Wagenstellungsvertrag und Frachtvertrag** wurde von der Rechtsprechung gelegentlich angenommen[5]. Dies wäre aber nur möglich, wenn gleichzeitig die Vorstellung vom KVO-Frachtvertrag als Realvertrag aufgegeben würde, wie es *Koller*[6] als Rechtsfortbildung vorgeschlagen hat und womit er weitgehend die Wirkung von § 14 KVO aufheben will. Allerdings ist dies eine sehr deutliche Fortbil- **3**

---

[1] Zum Inkrafttreten des Tarifaufhebungsgesetzes (wirksam ab 1. 1. 1994, siehe vor § 1 GüKG, Anh. I nach § 452 Rdn. 1).
[2] Siehe auch § 61 Abs. 1 EVO; Art. 11 § 1 ER/CIM 1980 = Art. 8 § 1 CIM 1970.
[3] Str., siehe dazu § 15 KVO Rdn. 8 ff.
[4] § 14 KVO entspricht § 63 Abs. 4 EVO; das internationale Eisenbahnrecht in der CIM kennt keinen besonderen Wagenstellungsvertrag, verweist aber auf das nationale Recht; Art. 20 § 1 ER/CIM 1980, Anh. I nach § 460; dazu *Goltermann/Konow* § 63 EVO Anm. 5 und Art. 20 ER/CIM 1980 Rdn. 1 b.
[5] BGH vom 22. 1. 1971, BGHZ **55** 217–223 (§ 425 ff HGB vor Übernahme des Gutes); OLG Düsseldorf vom 15. 3. 1984, TranspR **1984** 197 (§ 429 HGB neben § 14 KVO). OLG Frankfurt vom 4. 7. 1978, VersR **1979** 286 verneint dagegen den Abschluß eines Wagenstellungsvertrages ergänzend zur CMR nach § 14 KVO, weil der CMR-Frachtvertrag Konsensualvertrag ist; mit der Folge der Verneinung eines Anspruchs auf Wagenstandgeld nach Abs. 6.
[6] Rdn. 1; dazu eingehend unten § 15 KVO Rdn. 12.

dung contra legem und daher trotz des an sich wünschenswerten Ergebnisses de lege lata abzulehnen[7].

2. Wirksamkeit und Regelungsgegenstand des § 14 KVO

4   Der Text des § 14 enthielt bis in die jüngste Zeit Bezugnahmen auf den Reichs-Kraftwagen-Betriebsverband, der die Vergabe von Transportaufträgen regulierte. Diese seit 1945 unwirksamen Texte haben unstreitig nicht die Unwirksamkeit der Vorschrift zur Folge gehabt. Sie hat jedoch schon damals ihren ursprünglichen Sinn weitgehend verloren. 1989 ist § 14 an die schon bestehende, durch Interpretation bestimmte Rechtslage angepaßt worden. Dabei wurden die (unwirksamen) Bezugnahmen auf den RKB sprachlich beseitigt, so daß auch der Text der Vorschrift nur noch die Rechtsbeziehungen zwischen KVO-Unternehmer und Besteller betrifft. Der Verordnungsgeber hat damit zu erkennen gegeben, daß er die Vorschrift weiterhin für sinnvoll hält. Der Wagenstellungsvertrag nach § 14 stellt die Parteien nahezu völlig von jedem Risiko der Nichterfüllung ihrer Pflichten frei. Daß ein Vertrag dieser Art sich unter modernen Wirtschaftsbedingungen als zwingender Inhalt von Tarifvorschriften halten kann, ist unbegreiflich. Denn er erlaubt den Parteien keinerlei sinnvolle Regelung oder Kalkulation ihrer Risiken[8]. Solange die Tarife bestehen, ist dennoch das Gesetz zu respektieren. Wird die Vorschrift zum Inkrafttreten des Tarifaufhebungsgesetzes nicht aufgehoben, sollte man sie, insoweit *Koller*[2] Rdn. 4 ff folgend, nicht mehr anwenden. Der Ermächtigungsrahmen des Tarifrechts kann dann eine Weitergeltung und den mit ihr bestehenden Eingriff in die Vertragsfreiheit nicht mehr rechtfertigen.

3. Abschließende Regelung des § 14 KVO

5   Nach richtiger Auffassung ist die Regelung des § 14 KVO abschließend[9]. Durch sie ist ausgeschlossen, daß gleichzeitig – nämlich vor der Annahme der verladenen Güter zur Beförderung – ein Frachtvertrag besteht. Dies ergibt sich aus der Regelung der Abs. 5 f. Die dort vorgesehenen Bestimmungen über die verspätete Stellung des Wagens durch den Unternehmer (Abs. 5) und über Abbestellung (Abs. 6) begrenzen Verantwortlichkeit und Kosteneinsatz von Unternehmer und Besteller. Durch die gleichzeitige Anwendung von Frachtrecht würde diese Regelung in tarifrechtlich unzulässiger Weise beseitegeschoben[10]. Allerdings hat der BGH diese Auffassung im Urteil vom 22. 1. 1971[11] nicht geteilt, sondern auf die Zeit vor Annahme des Frachtguts § 428 f HGB für anwendbar erklärt, und zwar ausdrücklich unter Hinweis darauf, daß § 14 KVO keine abschließende Regelung enthalte. Dieses Urteil ist allerdings zweifelhaft in seiner Tragweite. Die Begründung führt nämlich aus, § 14 KVO regele nur eine genau umrissene Einzelmaßnahme, entziehe dadurch aber nicht andere Maßnahmen und Tätigkeiten einer vertraglichen Abrede. Aus dieser Begründung könnte man an sich darauf schließen, daß § 14 hinsichtlich der Stellung des Wagens doch eine abschließende Regelung enthalte. Das Urteil betrifft jedoch gerade den Kernpunkt des § 14, nämlich die verspätete Stellung des Wagens (verbunden mit der zusätzlich übernommenen Pflicht zur Verladung). Auf diese will der BGH nämlich neben § 14 Abs. 5 KVO die §§ 428, 429 HGB

---

[7] Dagegen auch *Ebenroth/Sorek* TranspR **1990** 180 ff.
[8] Siehe auch sehr kritisch *Pelz* 167 f.
[9] Allgemeine Auffassung: *Willenberg*[4] Rdn. 16; AG Osnabrück vom 23. 10. 1981, VersR **1982** 1157 f.
[10] Siehe hierzu § 15 Rdn. 12; *Willenberg*[4] Rdn. 16 mit weiteren Hinweisen. In einer sachlich sinnvollen Weise differenzierend *Koller*[2] Rdn. 2 ff.
[11] BGH vom 22. 1. 1971, BGHZ **55** 217, 222 f; dazu § 15 Rdn. 9 ff.

angewendet wissen. Praktisch bedeutet dies, daß der Schutz der Haftungsbeschränkung des § 14 Abs. 5 KVO für einen nicht genau umrissenen Anwendungsbereich dem KVO-Unternehmer entzogen ist; bis zum Inkrafttreten des Tarifaufhebungsgesetzes[12] ein kaum mit § 22 Abs. 2 GüKG zu vereinbarendes Ergebnis, da durch die betreffenden Sonderabreden (BGH aaO, S. 222) dem Kunden eine tarifwidrige Vergünstigung in Form strengerer Haftung zugewendet würde[13].

II. Beteiligte Personen

§ 14 spricht wechselnd vom „Absender" oder „Besteller". Die Neufassung von Abs. 1 spricht jedoch dafür, daß der Wagenstellungsvertrag ausschließlich zwischen Absender und Unternehmer abgeschlossen werden kann. Besteller könnte daher nur der spätere Absender sein; siehe § 14 Abs. 2 a, b. Dies entspricht auch dem äußersten zu ziehenden Rahmen für die Auslegung der Ermächtigung des Bundesverkehrsministers; siehe Rdn. 2[14].

6

III. Rechtsnatur und Inhalt des Wagenstellungsvertrages

Nach allgemeiner Auffassung ist der Wagenstellungsvertrag ein Vorvertrag zum Frachtvertrag, zugleich aber ein Werkvertrag nach § 631 ff BGB[15] – eine dogmatisch eigenartige Konstruktion. Der KVO-Unternehmer schuldet die Bereitstellung eines für die vom Besteller angegebene Beförderung geeigneten Wagens am angegebenen Ort zur angegebenen Zeit.

7

IV. Abschluß des Wagenstellungsvertrages

Wie jeder schuldrechtliche Vertrag kommt der Wagenstellungsvertrag durch Antrag und Annahme gem. §§ 145 ff BGB zustande. Die KVO geht davon aus, daß der Antrag („Bestellung") vom Absender ausgeht. Die Bestellung (Abs. 1, 2) ist ebenso wie die Annahme (Abs. 3) formlos gültig[16]. Für die Annahme genügt auch die Stellung des Wagens ohne vorhergehende verbale Zusage[17]. In § 14 Abs. 2 ist der Inhalt der Bestellung angegeben. Doch liegt ein wirksamer Vertragsantrag auch dann vor, wenn einzelne dieser Angaben fehlen. Erklärt sich der KVO-Unternehmer beispielsweise bereit, zu einem bestimmten Zeitpunkt einen Lastzug eines bestimmten Maßes zu stellen, so liegt ein wirksamer Wagenstellungsvertrag vor, ohne daß der Empfänger auch das Gewicht der Güter in der Bestellung hätte angeben müssen. Sehr fraglich ist, ob ein mit dem beiderseitigen deutlichen Willen, schon vor Übernahme des Gutes eine frachtrechtliche Verpflichtung zu begründen, geschlossener Vertrag angesichts der Realvertragstheorie in einen Wagenstellungsvertrag umgedeutet werden kann. Der BGH hat dies abgelehnt und stattdessen einen HGB-Frachtvertrag angenommen[18]. Es ist in diesem Fall aber

8

---

[12] Wirksam ab 1. 1. 1994, siehe vor § 1 GüKG, Anh. I nach § 452 Rdn. 1.
[13] Siehe dazu auch § 23 GüKG Anh. I nach § 452; *Koller*[2] Rdn. 3 ff will durch Rechtsfortbildung das Realvertragsprinzip der KVO (§ 15 Abs. 1) überwinden. Sachlich wäre dies begrüßenswert; siehe aber § 15 KVO Rdn. 10 ff.
[14] Nach *Willenberg*[4] Rdn. 6 kann der Besteller auch eine andere Person sein; **a. A.** offenbar *Koller*[2] Rdn. 5.

[15] So schon LG Köln vom 1. 3. 1956, VersR **1956** 475; *Willenberg*[4] Rdn. 5 f; *Koller*[2] Rdn. 5.
[16] *Willenberg*[4] Rdn. 8; *Koller*[2] Rdn. 5; OLG Hamburg vom 2. 12. 1966, VersR **1967** 796, 797.
[17] OLG Hamburg vom 2. 12. 1966, VersR **1967** 796, 797.
[18] BGH vom 22. 1. 1971, BGHZ **55** 217, 220.

wohl doch vertretbar, den beiderseitigen Willen zum Abschluß von zwei Verträgen zu entnehmen; zunächst eines Wagenstellungsvertrages und – mit Wirksamkeit ab Übernahme der Güter durch den Frachtführer – zusätzlich eines Frachtvertrages.

V. Inhalt des Wagenstellungsvertrages und Leistungsstörungen
1. Stellung eines geeigneten Fahrzeugs
a) Grundsätzlicher Inhalt der Verpflichtung

9 Nach § 14 Abs. 3 ist der KVO-Unternehmer verpflichtet, ein geeignetes Fahrzeug antragsgemäß zu stellen. In der Literatur zur KVO wird die „Stellung" des Fahrzeugs in Abs. 3–5 mit der „Bereitstellung" des Abs. 6 gleichgesetzt. Sie ist erfolgt, wenn das Fahrzeug an der vereinbarten Einladestelle ladegerecht zur Verfügung gestellt ist[19]. Durch sie wird zugleich die Grundlage der Haftung für den Frachtvertrag gelegt[20]; dies rechtfertigt sich aus der Verbindung des Wagenstellungsvertrages mit dem folgenden Frachtvertrag als dessen Vorvertrag; siehe Rdn. 7.

b) Fehler bei der Wagenstellung

10 Im einzelnen birgt die Wagenstellung eine Fülle von Einzelfragen. Mit Recht wird angenommen, daß Besteller und Frachtführer je nach ihren Kenntnissen zusammenzuwirken zu haben. Denn die Beurteilung der Geeignetheit eines Fahrzeugs setzt Kenntnisse von zwei verschiedenen Bereichen voraus: Vom Frachtführer ist zu erwarten, daß er hinsichtlich des Fahrzeugs sachkundig ist, vom Absender hinsichtlich der zur Beförderung vorgesehenen Güter[21]. In jedem Zweifelsfall sind beim Vertragspartner Informationen einzuholen oder ist er wenigstens zu verständigen[22].

11 Das Fahrzeug muß **seinem Typ nach geeignet** sein. Dieser ist, wenn der Absender nichts anderes vorschreibt, grundsätzlich nach dessen Angaben über Art und Gewicht des Gutes (§ 14 Abs. 2 e) vom Unternehmer zu bestimmen[23]. Stellt er ein ungeeignetes Fahrzeug (z. B.: ein nicht durch Plane gedecktes Fahrzeug für wasserempfindliche Güter), erfüllt er seine Pflicht nicht ordnungsgemäß.

12 **Wie ein Fahrzeug zu reinigen ist,** hängt wesentlich von der Art der zuvor beförderten Ladung ab. Bei normalen Fahrzeugen reicht mangels besonderer Empfindlichkeit der zu befördernden Ladung in der Regel eine äußerliche Reinigung: Auskehren mit einem Besen (besenrein) genügt aber jedenfalls dann nicht, wenn die Vorladung für die anschließend zu befördernden Güter gefährlich ist (z. B. Chemikalien für Lebensmittel)[24].

13 Bei **Spezialfahrzeugen** bestehen sehr häufig erhebliche Probleme. So muß ein **Kühlfahrzeug** in der für die Ladung erforderlichen Temperatur vorgekühlt sein; insbesondere bei Gefriergut. Besonders bei **Tank- und Silofahrzeugen** spielt der Reinheitsgrad des Fahrzeugs eine große Rolle[25].

c) Weitere Rechte und Pflichten der Parteien

14 Mit der Stellung des Wagens ist der Vertrag erfüllt. Der Besteller ist nicht verpflichtet, mit dem Unternehmer einen Frachtvertrag abzuschließen. Dies ergibt sich aus § 14

---

[19] *Willenberg*[4] Rdn. 18 ff; *Muth/Andresen/Pollnow* Anm. 4 zu § 14 KVO; siehe auch BGH vom 13. 12. 1968, NJW **1968** 893 = VersR **1969** 228, 229.

[20] BGH vom 13. 12. 1968 = NJW **1968** 893 = VersR **1969** 228, 229.

[21] *Willenberg*[4] Rdn. 25; *Koller*[2] Rdn. 7.

[22] *Koller*[2] Rdn. 7.

[23] *Willenberg*[4] Rdn. 19.

[24] *Willenberg*[4] § 33; zur CMR z. B. OLG Hamburg vom 19. 12. 1985, TranspR **1986** 146 ff = VersR **1986** 261 f.

[25] Siehe eingehend *Willenberg*[4] Rdn. 28–37.

Abs. 6 S. 2. In diesem Falle ist vom Besteller für die ungenutzte Zeit Wagenstandgeld zu zahlen; siehe Rdn. 28. Die Bestellung kann jederzeit wieder rückgängig gemacht werden (Abbestellung). Nach § 14 Abs. 6 S. 1 hat der Unternehmer nur Anspruch auf die tarifmäßige Abbestellgebühr nach Nr. VIII GFT. Ob sich aus dem Vertrag weitergehende Ansprüche ergeben können, ist zweifelhaft; nach fast allgemeiner Auffassung regelt § 14 die Folgen der Vertragsverletzungen abschließend.

2. Folgen der Stellung eines ungeeigneten Fahrzeugs

Die eventuelle Ungeeignetheit des Fahrzeugs kann grundsätzlich zu zwei Folgen **15** führen: einmal kann der Absender das Fahrzeug zurückweisen; zum anderen kann das Frachtgut in das ungeeignete Fahrzeug verladen und darin befördert werden; hierdurch kann Schaden am Frachtgut entstehen.

a) Zurückweisung des ungeeigneten Fahrzeugs

Das Recht zur Zurückweisung des ungeeigneten Fahrzeugs ergibt sich aus allgemeinem **16** Schuldrecht, da der Gläubiger nur die vom Schuldner geschuldete Leistung – also die Stellung eines geeigneten Fahrzeugs – anzunehmen braucht. Wird ein ungeeignetes Fahrzeug gestellt, so kann die weitere Folge auch darin bestehen, daß ein geeignetes Fahrzeug dann erst verspätet gestellt oder überhaupt nicht mehr gestellt werden kann.

b) Haftung des Unternehmers

Wird ein geeignetes Fahrzeug nicht rechtzeitig gestellt, stehen dem Besteller die sehr **17** begrenzten Ansprüche aus § 14 Abs. 5 KVO zu; siehe Rdn. 23; wird die Erfüllung verweigert oder unmöglich, ist die Rechtslage zweifelhaft; siehe Rdn. 24.

3. Beladung und Beförderung im ungeeigneten Fahrzeug

Wird das ungeeignete Fahrzeug beladen, so kann sich eine Haftung aus zwei **18** Gesichtspunkten ergeben: Wird die **Ungeeignetheit noch vor der Annahme** des Frachtguts durch den Frachtführer (§ 15 Abs. 1), also vor Abschluß des Frachtvertrages **bemerkt** und kommt es nicht mehr zur Beförderung, dann haftet der KVO-Unternehmer für Schäden (z. B. durch Geruchs-Beeinträchtigung der verladenen Güter) dem Besteller gegenüber unbeschränkt aus positiver Vertragsverletzung. *Koller* Rdn. 8 sieht diese Haftung als unabdingbar an. Ob dies aus § 26 GüKG abgeleitet werden kann, ist zweifelhaft. Die KVO legt gerade keine Haftung vor Annahme des Frachtguts fest. Im Gegenteil schützt sie den Unternehmer durch Beschränkungen seiner Einstandspflicht vor Übernahme des Frachtguts.

Tritt der **Schaden wegen des ungeeigneten Fahrzeugs nach der Übernahme** durch **19** den Unternehmer ein (z. B. bei mangelnder Kühlung, fehlendem Kälteschutz oder unzureichender Belüftung), dann wird dem Absender nach Maßgabe der §§ 29 KVO begrenzt gehaftet[26]. In beiden Fällen kann im Beladen des ungeeigneten Fahrzeugs durch den Absender (oder Besteller) bereits ein Mitverschulden liegen, wenn die Ungeeignetheit erkannt oder fahrlässig nicht erkannt wurde. Der Verladungspflichtige hat vor Beladung die Geeignetheit des Fahrzeugs zu prüfen[27] – was insbesondere für die Reinheit von Tankfahrzeugen erhebliche praktische Bedeutung hat[28].

---

[26] So wohl auch *Koller*[2] Rdn. 11.
[27] Zur Berücksichtigung des Mitverschuldens siehe OLG Hamburg vom 28. 6. 1984, TranspR **1985** 114 f; ferner § 34 KVO Rdn. 4.
[28] Siehe vor allem *Willenberg*[4] Rdn. 28 ff mit Literaturangaben; ferner *Roesch* VP **1976** 240; *Voigt* VP **1964** 71; OLG Hamburg vom 30. 11. 1973, VersR **1975** 708 f; für den Bereich der AGNB OLG Düsseldorf vom 6. 12. 1973, VersR **1975** 234 f (zweifelhaft).

20 Wird trotz der Ungeeignetheit das **Fahrzeug beladen und das Frachtgut zur Beförderung übernommen oder befördert,** haftet der Frachtführer grundsätzlich ohne Verschulden für Ladungsschäden nach § 29. In diesem Falle kommt ein Mitverschulden des Absenders in Betracht, wenn er das Fahrzeug beladen hat, ohne es auf seine Tauglichkeit zu prüfen (§ 34 S. 1 c KVO)[29] Auch eine Erkundigungsobliegenheit des Bestellers/Absenders kommt in Betracht[30].

21 Die **unglückliche Aufsplitterung des Frachtgeschäfts in einen Wagenstellungs- und einen Frachtvertrag** führt hier zu schwer lösbaren Haftungsproblemen, da möglicherweise zwei Anspruchsberechtigte (Besteller und Absender), jedenfalls aber zwei aufeinanderfolgende Haftungszeiträume mit verschiedenen Haftungsfolgen (Wagenstellungsvertrag, Frachtvertrag) zu berücksichtigen sind. Die Problematik wird noch dadurch erschwert, daß die Rechtsprechung zusätzlich Ansprüche aus unerlaubter Handlung gewährt; siehe dazu § 429 Rdn. 267 ff, insbesondere Rdn. 285.

4. Geeignetheit

22 Die Geeignetheit des gestellten Fahrzeugs richtet sich nach den Angaben des Bestellers; § 14 Abs. 2 KVO. Fehler bei der Angabe des zu verladenden Gutes oder der speziellen Anforderungen an das Fahrzeug (z. B. Kühlfahrzeug, Silo- oder Tankfahrzeug eines bestimmten Reinheitsgrades) gehen zu Lasten des Bestellers. Über die Geeignetheit eines Fahrzeugs können kaum generelle Aussagen gemacht werden; jedoch haben sich in der Praxis bestimmte Standards herausgebildet, die im Zweifel bei der Auslegung der Bestellung berücksichtigt werden müssen[31].

5. Verzögerung der Wagenstellung

23 Wird die Bereitstellung des Fahrzeugs verzögert, so ist nach § 14 Abs. 5 der KVO-Unternehmer nur in begrenztem Umfang zum Ersatz verpflichtet, nämlich nur zur Zahlung der Kosten der vergeblichen Auflieferung und auch dies nur bis zur Höhe des tariflichen Wagenstandgeldes für einen Tag. Die Haftung kann also auch bei mehrtägiger Verspätung der Wagenstellung nach Nr. VII Nebengütertarif nur maximal 168,- DM für einen nicht gestellten Lastzug betragen[32]. § 14 Abs. 5 ist lex specialis zu allen anderen Anspruchsgrundlagen des Rechts der Leistungsstörungen[33]. Da sämtliche mittelbaren Schäden durch diese Regelung vom Ersatz ausgeschlossen sind, bedeutet sie praktisch einen vollständigen Haftungsausschluß für verspätete Bereitstellung des Wagens. Die Vereinbarung einer Vertragsstrafe oder eines höheren Schadensersatzes würde nach § 22 Abs. 2 GüKG als unzulässige Vergünstigung unwirksam sein. Zusammen mit der sehr großzügig bemessenen Lieferfristregelung des § 26 KVO bedeutet § 14 Abs. 5, daß Eiltransporte im Güterfernverkehr zur Zeit kaum mit einer ernstzunehmenden rechtlichen Verbindlichkeit vereinbart werden können.

---

[29] BGH vom 13. 12. 1968, NJW **1968** 893 = VersR **1969** 228, 229 (genaue Prüfung, in concreto kein Mitverschulden); OLG Hamburg vom 28. 6. 1984, TranspR **1985** 114 f. Siehe auch eingehend *Koller*[2] Rdn. 9 ff.

[30] BGH vom 13. 12. 1968, = NJW **1968** 893 = VersR **1969** 228, 229 (in concreto kein Mitverschulden).

[31] Siehe dazu sehr eingehend mit Hinweisen auf die in den Verkehrszeitschriften veröffentlichten meist anonymen Beiträge *Willenberg*[4] Rdn. 18 ff; ferner *Muth/Andresen/Pollnow* Anm. 4 zu § 14 KVO; *Roesch* VP **1976** 240; *Voigt* VP **1967** 199 f (Silofahrzeuge). Siehe aus der Rspr.: OLG Hamburg vom 30. 11. 1973, VersR **1975** 708 f.

[32] Beispielsfall: AG Osnabrück vom 23. 10. 1981, VersR **1982** 1157 f.

[33] *Koller*[2] Rdn. 12.

Sechster Abschnitt. Frachtgeschäft

6. Verweigerung oder Unmöglichkeit der Wagenstellung

Die Erfüllungsverweigerung durch den KVO-Unternehmer fällt nicht unter § 14 **24** Abs. 5, der nur die „nicht rechtzeitige Stellung" des Wagens regelt. § 14 Abs. 5 ist auf diesen Fall wie auch auf die (wohl seltene) Unmöglichkeit nicht analog anzuwenden, weil er nur das auf der Eigenart des Transportgeschäfts beruhende besondere Verspätungsrisiko ausschließen soll. Daher wird für diese Fälle nach allgemeinem Schuldrecht voll gehaftet[34]. Ferner kann im Sichberufen auf die Haftungsbeschränkung bei vorsätzlicher Nichtstellung des Wagens eine unzulässige Rechtsausübung gesehen werden.

Die Haftung des KVO-Unternehmers wegen nicht rechtzeitiger Wagenstellung **fällt 25 nicht in den Deckungsbereich der KVO-Haftpflichtversicherung**; siehe *Willenberg*[4] Rdn. 48.

VI. Abbestellung

Nach § 14 Abs. 6 KVO hat die Abbestellung für den Besteller nur die Folge der Ent- **26** stehung einer Gebührenpflicht, nämlich bei Abbestellung vor Bereitstellung des Wagens die Zahlung einer Abbestellungsgebühr nach Nr. VIII Nebengebührentarif; bei Abbestellung nach Bereitstellung die Zahlung des Wagenstandgeldes nach Nr. VII Nebengebührentarif (Abdruck *Hein/Eichhoff* C 525). Eine Leerkilometervergütung nach § 14 Abs. 6 S. 3 KVO kann – nach dem Wegfall des RKB 1945 – nicht verlangt werden.

Unter **„Bereitstellung"** ist die „Stellung" i. S. d. Abs. 3 zu verstehen (siehe Rdn. 9), **27** nicht schon die vorsorgliche Bereitstellung beim Unternehmer (z. B. die Unterlassung des Einsatzes zu anderer Beförderung).

VII. Nichtbeladung und Rückgabe bzw. Rücknahme des Wagens

Nach § 14 Abs. 6 S. 2 kann der Unternehmer dem Besteller den Wagen, wenn er **28** innerhalb der Ladefrist (dazu § 19 KVO) nicht beladen wird, „wieder entziehen" und Wagenstandgeld verlangen. Gleiches gilt, wenn der Besteller den Wagen nach Bereitstellung wieder zurückgibt; siehe Rdn. 26. Streitig ist, ob die zusätzliche vertragliche Vereinbarung einer Leerkilometervergütung tarifrechtlich zulässig ist[35].

VIII. Sicherheitsleistung

Der Streit über die Rechtsnatur der in § 14 Abs. 8 tariflich angeordneten, aber unüb- **29** lichen Sicherheitsleistung[36] ist wenig ergiebig. Sie ist wohl als Ausgleich für den damals bestehenden Kontrahierungszwang zu sehen. Unter welchen Gesichtspunkten auch immer ist sie auf das Frachtentgelt anzurechnen.

§ 15

Abschluß des Beförderungsvertrages

(1) ¹Der Beförderungsvertrag ist abgeschlossen, sobald der Unternehmer Gut und Frachtbrief übernommen hat. ²Als Zeichen der Annahme ist der Frachtbrief nebst Durchschriften nach vollständiger Auflieferung des Gutes vom Unternehmer zu unterschreiben. ³Die Unterschrift kann auch gedruckt oder gestempelt werden.

---

[34] *Koller*[2] Rdn. 13; zur Haftung für Erfüllungsverweigerung nach § 326 BGB ergänzend zur CMR siehe BGH vom 9. 2. 1979, VersR **1979** 445, 446 = NJW **1979** 2470 f.

[35] Dafür *Willenberg*[4] Rdn. 44; dagegen *Koller*[2] Rdn. 15; *Runge* TranspR **1978** 34, 35.

[36] *Willenberg*[4] Rdn. 47, *Koller*[2] Rdn. 23.

(2) Der Unternehmer hat in den Frachtbrief und in die Durchschriften folgendes einzutragen:

a) Tag und Uhrzeit der Be- und Entladung,

b) den Namen des Fahrers und Begleiters,

c) das amtliche Kennzeichen des Lastkraftwagens,

d) die Nutzlast des Motorwagens und des Anhängers bzw. der Anhänger nach dem Kraftfahrzeugbrief,

e) die genaue Anschrift des Fahrzeughalters.

(3) Der vom Unternehmer unterschriebene Frachtbrief dient als Beweis für den Beförderungsvertrag.

Übersicht

	Rdn.
I. Der KVO-Frachtvertrag, ein Formal- und Realvertrag?	1
1. Der KVO-Frachtvertrag, ein Formalvertrag?	2
a) Schriftform nach § 15 KVO?	3
b) Ablehnung der Formalvertragstheorie durch die Rechtsprechung und neuere Literatur	4
c) Eigene Stellungnahme	5
2. Der KVO-Frachtvertrag, ein Realvertrag?	8
a) Die Theorie vom Realvertrag	8
b) Stellungnahme von Rechtsprechung und Literatur	9
c) Eigene Auffassung	10
II. Annahme des Gutes durch den KVO-Frachtführer	13
III. Annahme des Frachtbriefes durch den KVO-Frachtführer	15
1. Bedeutung der Annahme	15
2. Bedeutung der Unterschrift des Unternehmers	16
IV. Bedeutung der Eintragungen im Frachtbrief (§ 15 Abs. 2 KVO)	17
V. Der Frachtbrief als Beweisurkunde	18

I. Der KVO-Frachtvertrag, ein Formal- und Realvertrag?

1 Nach der in der Literatur zur KVO und zum Eisenbahnrecht traditionellen Meinung soll der Frachtvertrag in diesen Sparten ein Formal- und Realvertrag sein. Ausgehend von der eisenbahnrechtlichen Tradition und vom Wortlaut des § 15 Abs. 1 KVO steht diese Doppeltheorie auf dem Standpunkt, daß vor der Annahme des Frachtbriefs (Formalvertrag) und des Frachtguts (Realvertrag) kein KVO-Frachtvertrag zustande kommen könne. Die Formalvertragstheorie ist infolge der Rechtsprechung auch in der Literatur mittlerweile weitgehend aufgegeben worden, während die Vorstellung vom Realvertrag noch h. M. ist; siehe im einzelnen Rdn. 8 ff. Beide Aussagen dieser Doppeltheorie werden vor allem aus § 15 Abs. 1 KVO (entsprechend § 61 Abs. 1 EVO und Art. 8 § 1 CIM) abgeleitet. Sie müssen aber exakt getrennt werden und können im Ergebnis nicht gleich beurteilt werden.

2 **1. Der KVO-Frachtvertrag, ein Formalvertrag?**

Nach der Theorie vom Formalvertrag (irreführend gelegentlich auch als Formularvertrag bezeichnet) soll der Abschluß des Frachtvertrages an eine bestimmte Form, nämlich die Annahme des Frachtbriefs gebunden sein. Ohne Ausstellung und Annahme eines ordnungsgemäßen Frachtbriefs wäre danach der Frachtvertrag nicht zustande gekommen; bei verspäteter Ausstellung und Annahme bestünden Schwierigkeiten mit der Zurückbeziehung der Vertragswirkungen. Da im Güterfernverkehr tatsächlich nicht selten Beförderungen ohne Frachtbrief vorgenommen werden, würde die Formalvertragstheorie in erheblichem Umfang zur Ungültigkeit von Frachtverträgen führen, wobei völlig ungewiß bliebe, nach welchen Bestimmungen der von beiden Partnern gewollte Beförderungsvorgang zu beurteilen wäre[1]. Im Eisenbahnrecht ist die Problematik nur theoretisch vorhanden, weil die verwaltungsmäßige Organisation der Eisenbahnen bisher eine Beförderung ohne Frachtbrief praktisch ausschließt. Bei den kleinen und mittleren Betrieben des Güterfernverkehrsgewerbes und wegen der besonderen Bedeutung schneller Beförderung in diesem Bereich ist jedoch eine derart verwaltungsmäßige Organisation schon seit Jahrzehnten weder erreichbar noch zweckmäßig.

a) Schriftform nach § 15 KVO?

Nach der früher in der Literatur herrschenden Meinung sollte sich aus § 15 Abs. 1 KVO ergeben, daß der KVO-Frachtvertrag nicht zustande kommt, wenn der Frachtbrief nicht ausgestellt oder jedenfalls nicht vom KVO-Frachtführer angenommen wird; siehe die Voraufl. Anm. 4. Da § 15 Abs. 1 die Schriftform gesetzlich vorschreibe, sei der Frachtvertrag ohne den Frachtbrief wegen Formmangels nichtig (Theorie vom Formalvertrag). Auch sollte die Abholung von Gütern vor Übergabe des Frachtbriefs bzw. zu dem im Frachtbrief genannten Abgangsort nicht unter den KVO-Frachtvertrag fallen. Diese Auffassung herrscht im Eisenbahnrecht noch bei weitem vor[2]. **3**

b) Ablehnung der Formalvertragstheorie durch die Rechtsprechung und neuere Literatur

Die Rechtsprechung sieht schon seit langem den KVO-Frachtvertrag als formlos gültigen Vertrag an, zunächst noch darauf gestützt, daß die KVO keine Rechtsverordnung, sondern eine vereinbarungsbedürftige, jedenfalls aber abdingbare Vertragsordnung sei[3]. Schon seit 1955 wendet die Rechtsprechung die KVO auch dann an, wenn kein Frachtbrief vorliegt[4]. Die **neuere Literatur** hat sich durchweg der Rechtsprechung angeschlossen[5]. **4**

c) Eigene Stellungnahme

Die Formalvertragstheorie beruht einerseits auf der eisenbahnrechtlichen Tradition, andererseits auf einer nicht voll überzeugenden Auslegung des § 15 Abs. 1 KVO. Diese **5**

---

[1] Siehe hierzu z. B. die Kontroverse zwischen *Heise* und *Konow* BB 1966 1428 ff.

[2] Siehe zur EVO *Goltermann/Konow* Vorbem. 2 vor § 53 EVO (S. 5 f), § 61 EVO Anm. 1 a aa; ferner die oben zur KVO angegebene Literatur. Aus der Rechtsprechung RGZ **99** 245, 246; ohne nähere Begründung und nur beiläufig: BGH vom 4. 6. 1976, NJW **1976** 1746, 1747 = VersR **1976** 966, 967. Zur CIM *Goltermann/Konow* Art. 11 ER/CIM Anm. 2 a; *Finger* Vorbem. 2 b vor § 53 EVO; mit Einschränkungen schon *Weirauch/Heinze* Vorbem. 3 vor § 53 EVO. A. A. zur KVO *Schmeißer* VersR **1972** 324, 326. Siehe auch die Erläuterungen zu § 61 EVO, Anh. I nach § 460 und Art. 11 ER/CIM 1980, Anh. II nach § 460.

[3] BGH vom 29. 4. 1952, BGHZ **6** 145 ff = VersR **1952** 284 f.

[4] OLG Hamburg vom 9. 3. 1954, VersR **1954** 363 f; BGH vom 23. 6. 1955, VersR **1955** 602 (LS) = WM **1955** 1324, 1325; vom 30. 4. 1959, NJW **1959** 1368–1369 = VersR **1959** 502, 503 (Vertrag mit einem schweizerischen Partner bei Vereinbarung deutschen Rechts); ähnlich BGH vom 7. 12. 1959, VersR **1960** 111; BGH vom 22. 1. 1971, BGHZ **55** 217, 221 ff; BGH vom 23. 5. 1990, TranspR **1990** 328, 330 = WM **1990** 1873 ff = NJW-RR **1990** 1314 ff; ferner OLG München vom 20. 10. 1955, VersR **1955** 690; OLG Hamm vom 22. 3. 1956, VersR **1957** 125, 126; OLG München vom 22. 4. 1966, VersR **1966** 841, 842; OLG Frankfurt vom 2. 12. 1975, VersR **1976** 655, 656; OLG Oldenburg vom 6. 2. 1989, TranspR **1989** 359, 360. Siehe ferner vor allem die vielen Fälle der Anwendung der KVO auf den Spediteur-Frachtführer, §§ 412, 413 Rdn. 9 Fn. 12.
Weniger deutlich BGH vom 15. 10. 1959, NJW **1960** 39 f = VersR **1959** 983, 984 und vom 1. 2. 1968, NJW **1968** 836 f = VersR **1968** 289.

[5] *Willenberg*[4] Rdn. 2 ff, insbesondere Rdn. 10; *Koller*[2] Rdn. 3; *Piper*[6] Rdn. 222; *Lenz* Rdn. 197 ff; *Dubischar* 11; rechtspolitische Begründungen bei *Basedow* 235. Undeutlich *Muth/Andresen/Pollnow* § 15 S. 1 ff; mit eingehender eigener Begründung auch *Pelz* 144–177.

Bestimmung besagt strenggenommen nur, daß der KVO-Frachtvertrag jedenfalls dann als abgeschlossen anzusehen ist, wenn der KVO-Frachtführer Gut und Frachtbrief angenommen hat, und daß damit der Vertragsbeginn im Regelfall auf den Zeitpunkt der Übergabe von Gut und Frachtbrief festgelegt ist[6]. Ob der Vertrag auch ohne diese Voraussetzungen zustande kommen kann, läßt sich jedoch der Vorschrift nicht entnehmen[7]. Im Gegensatz zu typischen Formvorschriften enthält § 15 KVO keinen Hinweis auf die Schriftform. Es genügt bereits eine faksimilierte, gedruckte oder gestempelte Unterschrift des Frachtführers; § 15 Abs. 1 S. 3. Diese ist nur als „Zeichen der Annahme" zu leisten; Abs. 1 S. 2. Der KVO-Frachtbrief ist nach § 15 Abs. 3 KVO ein Beweispapier; nach BGH vom 22. 1. 1971 dient er „nur" zu Beweiszwecken. Die hier vertretene Auslegung des § 15 KVO stimmt auch mit § 22 Abs. 3 GüKG gut zusammen[8]. Nach dieser Vorschrift wird die rechtliche Wirksamkeit des Frachtvertrages durch tarifwidrige Abreden nicht berührt. Der Abschluß eines KVO-Frachtvertrages ohne Frachtbrief ist zwar tarifwidrig, muß deshalb aber nicht ungültig sein. Zum gleichen Ergebnis käme man wohl, wenn man den Formalvertragscharakter auf § 15 Abs. 1 KVO stützen wollte, weil in diesem Falle die Ermächtigungsgrundlage zweifelhaft wäre. § 20 a Abs. 5 GüKG ermächtigt den Verkehrsminister zum Erlaß von „für den Beförderungsvertrag maßgebenden Beförderungsbedingungen"; die KVO gilt nach § 106 Abs. 2 GüKG als aufgrund des § 20 a GüKG erlassen. Formvorschriften des Frachtvertrages gehören aber nicht zu den „Beförderungsbedingungen", sondern zu den Voraussetzungen des Frachtvertrages. Der Abschlußvorgang als solcher fällt danach nicht in den Aufgabenbereich der Ermächtigung.

6 Wäre die Anwendung der KVO von der Formalie der Ausstellung und Annahme eines Frachtbriefs abhängig, **könnte der Güterfernverkehrsunternehmer sich durch Nichtausstellung des Frachtbriefs der zwingend vorgeschriebenen Anwendung der KVO entziehen** – zumindest was die privatrechtlichen Beziehungen zum Absender und Empfänger angeht[9]. Auf der Ablehnung dieser Konsequenz beruht nicht zuletzt die gesamte Rechtsprechung zu §§ 412, 413 im Bereich des inländischen Güterfernverkehrs sowie § 1 Abs. 5 KVO; siehe §§ 412, 413 Rdn. 9, 21 ff. Denn die gegen ihren Willen der KVO unterworfenen Spediteure stellen in aller Regel keine Frachtbriefe aus, in denen sie als Frachtführer eingetragen sind.

7 Die von der Rechtsprechung vertretene und hier unterstützte Auffassung vermeidet auch die nahezu uferlosen praktischen Probleme der Formalvertragstheorie. Diese läßt nämlich die Frage nach dem **Rechtszustand bei tatsächlicher Ausführung des Frachtvertrages ohne Frachtbrief** völlig offen. Die herrschende Meinung nimmt an, es bestünde dann ein HGB-Landfrachtvertrag[10]. Dies verstößt jedoch gegen den Willen der Parteien wie auch gegen die tarifliche Ordnung des Güterfernverkehrs. Frachtverträge zu HGB-Bedingungen sind in diesem Bereich nicht zulässig[11]. Demgegenüber stellt die BGH-Rechtsprechung die besser vertretbare Lösung dar. Insbesondere ist nicht einzusehen, welche nachteiligen Wirkungen sich aus der Aufgabe der Formalvertragstheorie ergeben sollten. In den modernen Kodifikationen des internationalen Frachtrechts zeigt sich demgemäß auch eher eine gegenläufige Tendenz: für den Luftfrachtverkehr

---

[6] Zum letzteren siehe *Schmeißer* VersR **1972** 324, 327.
[7] Zutreffend *Schmeißer* VersR **1972** 324, 326.
[8] BGH vom 22. 1. 1971, BGHZ **55** 217, 223; *Muth/Andresen/Pollnow* § 15 KVO S. 2.
[9] *Schmeißer* VersR **1972** 324, 326; *Norf* Das Konnossement im gemischten Warenverkehr **1976** 69 f; *Dubischar* 11; OLG Hamm vom 22. 3. 1956, VersR **1957** 125 f.
[10] BGH vom 22. 1. 1971, BGHZ **55** 217, 221 ff.
[11] *Willenberg*[4] Rdn. 9, ähnlich *Schmeißer* VersR **1972** 324, 325; siehe auch *Konow* BB **1965** 149, sowie *Heise* und *Konow* BB **1966** 1428 ff.

bestimmt Art. 5 Abs. 2 WA, für den internationalen Straßengüterverkehr Art. 4 S. 2 CMR, für die Beförderung von Handelsmöbeln § 19 Abs. 6 GüKUMT, daß das Fehlen eines Frachtbriefs auf die Wirksamkeit des Frachtvertrages keinen Einfluß hat. Die AGNB sehen keinen Frachtbrief vor, nach ihrem § 3 Ziff. 1 genügt zum Abschluß des Beförderungsvertrages die formlose Einigung zwischen den Parteien. Zudem zeigen sich Tendenzen, den Frachtbrief überhaupt durch eine Erfassung der Transporte durch EDV zu ersetzen[12].

2. Der KVO-Frachtvertrag, ein Realvertrag?

a) Die Theorie vom Realvertrag

Nach noch immer weitaus herrschender Meinung ist der KVO-Frachtvertrag, wenn schon kein an die Ausstellung und die Übernahme des Frachtbriefs gebundener Formalvertrag, so doch Realvertrag, da seine Entstehung stets die Übernahme des Gutes[13] zur Beförderung voraussetze. Wie im Eisenbahnrecht knüpft diese Theorie auch im Bereich der KVO an die gesetzliche Formulierung in § 15 Abs. 1 S. 1 an, nach welcher der „Frachtvertrag abgeschlossen" ist, „sobald der Unternehmer Gut und Frachtbrief übernommen hat"[14].

8

b) Stellungnahme von Rechtsprechung und Literatur

Rechtsprechung[15] und Literatur[16] halten ganz überwiegend an der Realvertragstheorie fest. Der BGH hat allerdings im Urteil vom 22. 1. 1971 die Anwendbarkeit von HGB-Recht auf die Haftung für den Zeitraum vor Annahme des Frachtgutes angenommen. Diese Entscheidung betraf einen Fall, in dem es zum formlosen Abschluß eines Güterfernverkehrsvertrages gekommen war, die Verspätungshaftung der §§ 31 Abs. 1 a, 26 KVO und die Obhutshaftung des § 29 KVO mangels Übernahme jedoch nicht eingriff. Der BGH hat also für den Zeitraum vor Annahme des Gutes durch den Unternehmer die Existenz eines HGB-Frachtvertrages anstelle eines KVO-Frachtvertrages bejaht und §§ 428 ff HGB angewandt[17]. Damit soll die Annahme des Frachtguts offenbar nicht Voraussetzung des Abschlusses eines Frachtvertrages überhaupt, sondern nur der Anwendbarkeit der KVO sein.

9

c) Eigene Auffassung

Die Lösung des BGH beseitigt praktisch die Haftungsbeschränkungen des § 14 Abs. 5 KVO und ist daher nicht mit § 22 Abs. 2 GüKG vereinbar. Die Parteien können sich im Bereich des zwingenden KVO-Rechts nicht wirksam darüber einigen, einen Frachtvertrag mit dem Ziel einer Beförderung über eine Fernstrecke nach HGB-Recht

10

---

[12] Siehe zu dieser Problematik schon *Grönfors* ETR **1975** 638–647.

[13] Zur Annahme § 429 Rdn. 43 ff; § 29 KVO Rdn 8; *Willenberg*[4] Rdn. 21 ff.

[14] Entsprechend Art. 11 § 1 ER/CIM 1980, Anh. I nach § 460 = Art. 8 § 1 CIM 1970; § 61 Abs. 1 EVO.
Zum KVO-Recht siehe *Willenberg*[4] Rdn. 11 ff; *Muth/Andresen/Pollnow* Anm. 1; *Piper*[6] Rdn. 222; a. A. *Koller*[2] § 15 Rdn. 5 f und § 14 Rdn. 1 ff.
Siehe zur eisenbahnrechtlichen Literatur die Angaben zu Rdn. 3.

[15] BGH vom 22. 1. 1971, BGHZ **55** 217, 220; AG Osnabrück vom 23. 10. 1981, VersR **1982** 1157 f. Veröffentlichte Rechtsprechung ist allerdings kaum vorhanden, weil die Frage für den praktisch wichtigsten Fall der Schädigung übernommenen Gutes (§ 29 KVO) und auch für die Verspätung nach Übernahme des Gutes keine Rolle spielt.

[16] *Willenberg*[4] Rdn. 7 ff; *Piper*[6] Rdn. 222; *Lenz* Rdn. 195 ff; letztlich unentschieden *Dubischar* 11 f. **A. A.** *Koller*[2] § 15 Rdn. 5 f und § 14 Rdn. 1 ff.

[17] BGH vom 22. 1. 1971, BGHZ **55** 217, 220; ähnlich OLG Düsseldorf vom 15. 3. 1984, TranspR **1984** 197 (§ 429 HGB neben § 14 KVO).

abzuschließen. Die KVO jedoch hat – entsprechend der EVO – eine klare Entscheidung für den Realvertrag getroffen, die auch bei der Reform des Jahres 1989, in der § 14 in einzelnen Punkten geändert wurde, aufrechterhalten blieb. Diese Entscheidung ergibt sich aus der Schaffung des Wagenstellungsvertrages für den Fall der Selbstverladung[18]. Nach § 14 Abs. 2 KVO sollen bei der Wagenbestellung schon alle entscheidenden Merkmale des Frachtvertrages (Bestimmungsort, Empfänger, Art und Gewicht des Frachtguts, Zeit und Ort der Verladung) festgelegt werden. Man könnte ebensogut in diesem Augenblick den Abschluß des Frachtvertrages annehmen. Dennoch soll bis zur Annahme des Guts durch den Frachtführer nur ein besonderer Vorvertrag bestehen. Die Zerlegung des Frachtgeschäfts in einen Real-Frachtvertrag und einen konsensualen Vorvertrag wird wohl auch grundsätzlich durch die Ermächtigungsgrundlage des § 20 a Abs. 5, 22 GüKG getragen[19]. Der vom Wagenstellungsvertrag umfaßte Teil des Beförderungsgeschäfts untersteht einer besonderen Haftungsordnung, die insbesondere das Verspätungsrisiko des Frachtführers und das Abbestellungsrisiko des Absenders begrenzt. Davon können die Parteien jedenfalls bis zum 1. 1. 1994 nicht zu Lasten des KVO-Frachtführers abweichen; § 22 Abs. 2 GüKG[20].

11   Andererseits ist es **verständlich, daß der BGH nach einer Lösung zur Umgehung des § 14 KVO sucht.** Die Regelung der KVO beruht auf einem die Eisenbahnbeförderung beherrschenden Verwaltungsdenken, das in die unternehmerische Stellung des KFZ-Fernbeförderers nicht hineinpaßt. Was für eine Eisenbahnverwaltung eine Unregelmäßigkeit bedeutet, nämlich der Abschluß eines voll wirksamen Vertrages auf mündlichem oder telefonischem Wege, ist für den KVO-Unternehmer und seine Kunden ein selbstverständlicher Vorgang, an den aber die KVO nicht die vollen Rechtswirkungen eines Frachtvertrages anknüpfen will. Durch die Verschiebung des Vertragsabschlusses auf den Zeitpunkt der Annahme der Güter werden entscheidende Pflichten aus dem Frachtgeschäft, u. a. die zur rechtzeitigen Stellung eines geeigneten Beförderungsmittels, zu Gegenständen eines Vorvertrages mit extrem beschränkter Haftung degradiert. Im Seerecht gehört die Pflicht zur Stellung eines see- und ladungstüchtigen Schiffes zu den international zwingenden, eine Haftung des Verfrachters begründenden Pflichten; siehe dazu § 559 HGB. Im Binnenschiffahrtsrecht gilt (dispositiv) nach § 58 Abs. 2 BinSchG das gleiche. Der BGH hat die Freizeichnung von der Pflicht zur Stellung eines fahr- und ladungstüchtigen Schiffes als formularmäßige Freizeichnung von einer Kardinalpflicht als ungültig betrachtet[21]. Entsprechend der überragenden Bedeutung der sich vor der Beladung und Annahme des Frachtguts abspielenden Vorgänge ist der Frachtvertrag auch in allen anderen Sparten nicht von der Annahme der Güter abhängig. Er ist vielmehr reiner Konsensualvertrag. Dies ist schon das den §§ 425 ff HGB zugrundeliegende Prinzip. Siehe für das Seefrachtrecht die eindeutige Regelung der §§ 557 HGB. Für die Binnenschiffahrt siehe *Vortisch/Bemm*[4] § 26 BinSchG Rdn. 16; auch die gesamte Regelung der §§ 27 ff BinSchG beruht auf der Vorstellung, daß der Frachtvertrag vor Anlieferung der Güter geschlossen wird. Für die CMR siehe Art. 4 Anhang III zu § 452; für den Güternahverkehr ausdrücklich in § 3 AGNB Anhang V nach § 452. Für den übrigen

---

[18] § 14 KVO, entsprechend § 63 Abs. 4 EVO. Siehe § 14 KVO Rdn. 2.
[19] Mit der Einschränkung, daß hiermit in Rechte von Personen, die an keinem Beförderungsvertrag beteiligt sind, nicht eingegriffen werden kann; siehe § 14 KVO Rdn. 2.
[20] Siehe § 14 KVO Rdn. 5 sowie § 22 GüKG, Anh. I nach § 452 Rdn. 3, 4.

[21] BGH vom 13. 3. 1956, NJW **1956** 1065; vom 23. 6. 1966, VersR **1966** 871 = MDR **1966** 914; vom 25. 6. 1973, VersR **1973** 1060 = MDR **1973** 1002 = NJW **1973** 1878; vom 21. 4. 1975, MDR **1975** 29 = DB **1975** 2126; vom 8. 12. 1975, VersR **1976** 263 = NJW **1976** 672.

Nahverkehr gilt die HGB-Regelung, die keinen Realvertrag vorsieht. Die Bed. GüKUMT gehen in §§ 1, 19 Abs. 6 vom Konsensualprinzip aus, siehe Anh. IV nach § 452.

12 Die **Realvertrags-Lösung des KVO-Rechts** und des Eisenbahnrechts **steht auch im übrigen Zivilrecht fast ganz alleine**. Beim Darlehen, dem einzigen Vertragstypus, bei dem die Realvertragstheorie praktisch eine Rolle gespielt hat, ist heute in der Literatur, zumindest für seine übliche bankgeschäftliche Ausprägung, der Charakter als Konsensualvertrag anerkannt, so daß die umständliche Vorvertrags-Konstruktion entbehrlich ist; siehe *Palandt/Putzo*[52] Einf. § 607 BGB Rdn. 2. Auch der KVO-Frachtvertrag würde durch eine Umgestaltung als Konsensualvertrag wesentlich elastischer gestaltet und könnte den praktischen Bedürfnissen besser angepaßt werden. Auch käme das Frachtrecht der verschiedenen Sparten der Vereinheitlichung einen Schritt näher. **De lege lata ist dies jedoch wegen der eindeutigen Regelung der KVO nicht erreichbar.** Demgegenüber will *Koller*[22] im Wege der Rechtsfortbildung weitgehend die Wirkung von § 14 KVO aufheben. Dies ist der Versuch einer Rechtsfortbildung contra legem und daher trotz des an sich wünschenswerten Ergebnisses de lege lata noch abzulehnen[23]. Es ist zu hoffen, daß die Regelung der §§ 14 f KVO mit dem Wegfall des innerdeutschen Tarifrechts entfallen wird. Zumindest ist sie dann zugunsten des Absenders abdingbar.

II. Annahme des Gutes durch den KVO-Frachtführer

13 Das Gut muß zur Beförderung angenommen werden. Wird das Gut nicht „zur Beförderung" angenommen, entsteht überhaupt kein Frachtvertrag[24], sondern nach dem übereinstimmenden Willen der Parteien allenfalls ein Vertragsverhältnis anderer Art, meist ein Lagervertrag[25], für den die Parteien aber Haftung nach KVO vereinbaren können. Annahme liegt auch vor, wenn der KVO-Frachtführer die Güter vertragsgemäß beim Absender abholt; siehe § 5 KVO Rdn. 3. Der Begriff der Annahme ist der allgemein frachtrechtliche[26].

14 Die Annahme des Gutes zur Beförderung hat **wichtige Folgen**: mit ihr kommt unter Zugrundelegung der Realvertragstheorie der KVO-Frachtvertrag erst zustande[27], beginnen auch der Haftungszeitraum des § 29 KVO und die Lieferfrist nach § 26 Abs. 1 KVO sowie u. U. der Beginn der Verjährung nach § 40 Abs. 2 a KVO. Die Annahme des Gutes bezeichnet ferner zusammen mit der Annahme des Frachtbriefes den Zeitpunkt des Beginns der Vertragswirkungen, wenn keine abweichenden Vereinbarungen vorliegen. Dies gilt auch im Falle der vereinbarten Abholung beim Absender. Auch in diesem Fall beginnt nicht nur die Haftungszeit nach § 33 a KVO, sondern der volle Vertragszustand mit allen Rechten und Pflichten; siehe auch § 33 Rdn 2.

---

[22] *Koller*[2] § 15 Rdn. 5 f und § 14 Rdn. 1 ff. Die Bezugnahme in § 14 Rdn. 1 auf *Basedow* 235 ist unzutreffend, da dieser sich dort nur mit dem Frachtbriefzwang befaßt.
[23] Siehe Rdn. 10 ff; wie hier *Muth/Andresen/Pollnow* Anm. 1; *Willenberg*[4] Rdn. 11; Dagegen auch *Ebenroth/Sorek* TranspR **1990** 180, 182.
[24] Daher auch kein KVO-Frachtvertrag; *Willenberg*[4] Rdn. 15 ff; *Muth/Andresen/Pollnow* Anm. 3.
[25] *Willenberg*[4] Rdn. 15 ff; differenzierend wegen der Ablehnung des Realvertrages *Koller*[2] Rdn. 7.
[26] Siehe dazu § 429 Rdn. 43 ff; insbesondere auch dazu, daß der Obhutszeitraum mit der „Annahme" vor dem Abschluß des Beförderungsvertrages beginnen kann (Rdn. 49). Zum Begriff des „Gutes" siehe § 429 Rdn. 28 ff; zur Abgrenzung des Haftungszeitraums gegenüber Lagerung, Abholung und Zuführung, Verladen und Eisenbahntransporten siehe die Erl. zu § 33 KVO.
[27] Siehe Rdn. 8 ff. Konsequent aus seinem Ansatz *Koller*[2] Rdn. 7, der schon vor Annahme einen KVO-Frachtvertrag als möglich ansieht.

III. Annahme des Frachtbriefes durch den KVO-Frachtführer
1. Bedeutung der Annahme

15 Erst die Annahme des Frachtbriefs begründet dessen Beweiswirkung nach § 15 Abs. 3 KVO; siehe Rdn. 15. Nach der Formalvertragstheorie, die hier in Übereinstimmung mit der Rechtsprechung des BGH abgelehnt wird (siehe Rdn. 2 ff), soll die Annahme des Frachtbriefs darüber hinaus ein Formerfordernis für den Abschluß des KVO-Frachtvertrages sein.

2. Bedeutung der Unterschrift des Unternehmers

16 Die Unterschrift des Unternehmers im Frachtbrief wurde auch von den Vertretern der Formalvertragstheorie nicht als konstitutiv für den Frachtvertrag behandelt. Vielmehr sollte der Formalvertrag nicht durch die Unterschrift, sondern durch die bloße Annahme des Guts und des Frachtbriefs zustande kommen. Die Unterschrift des KVO-Frachtführers hat also, gleich welcher grundsätzlichen Meinung man sich anschließt, nur Beweisfunktion. Diese setzt aber wohl einen gültigen Frachtbrief voraus, der seinerseits der Unterschrift des KVO-Frachtführers bedarf; siehe § 426 Rdn. 23 ff.

IV. Bedeutung der Eintragungen im Frachtbrief (§ 15 Abs. 2 KVO)

17 Nach allgemeiner Auffassung ist § 15 Abs. 2 KVO nur eine Ordnungsvorschrift[28]; auch soweit die Theorie vom Formalvertrag vertreten wurde, hatte das Fehlen oder die Unrichtigkeit der Unterschrift keinen Einfluß auf die Gültigkeit des Frachtvertrages[29]. Abgesehen von der Beweiswirkung dieser Angaben (vgl. Rdn. 18) sind diese vor allem für die Tarifüberwachung von Bedeutung.

V. Der Frachtbrief als Beweisurkunde

18 Der angenommene Frachtbrief erbringt nach § 15 Abs. 3 KVO widerleglichen[30] Beweis für den Abschluß des KVO-Frachtvertrages. Nach allgemeinen frachtrechtlichen Beweisregeln erstreckt sich die Beweiswirkung auch auf die vom Absender eingetragenen Angaben über das Frachtgut, soweit der Unternehmer zu ihrer Überprüfung verpflichtet war[31].

19 Die **Beweiswirkung der Eintragungen des Unternehmers** nach § 15 Abs. 2 KVO ist dagegen zweifelhaft. Da diese von der bereits vorher erfolgten Unterzeichnung durch den Absender nicht gedeckt sind, kann der Frachtbrief hinsichtlich dieser Eintragungen zugunsten des Frachtführers keinen Beweis erbringen. Eine solche Beweiswirkung ist auch in § 15 Abs. 3 nicht vorgesehen. In Betracht kommt danach nur eine freie Beweiswürdigung dieser Eintragungen, wobei die Entgegennahme des Frachtbriefdoppels durch den Absender und die Eintragung durch Personal des Unternehmers zugunsten der Richtigkeit der Eintragungen sprechen können.

---

[28] *Willenberg*[4] Rdn. 26; *Koller*[2] Rdn. 8.
[29] *Willenberg*[4] Rdn. 34: zur jetzt unstreitigen Rechtslage *Willenberg*[4] Rdn. 25; *Koller*[2] Rdn. 8.
[30] Seit BGH vom 15. 10. 1959, NJW **1960** 39 f = VersR **1959** 983, 984; zuletzt BGH vom 23. 5. 1990, TranspR **1990** 328, 330 = NJW-RR **1990** 1314 ff.
[31] Siehe § 426 Rdn. 48 f sowie § 16 KVO Rdn. 3–19; *Willenberg*[4] Rdn. 28.

§ 16
Prüfung des Inhalts der Sendung. Feststellung von Anzahl und Gewicht

(1) ¹Der Unternehmer ist jederzeit berechtigt zu prüfen, ob die Sendung mit den Eintragungen des Absenders im Frachtbrief übereinstimmt. ²Gebühren werden hierfür nicht erhoben. ³Zur Prüfung des Inhalts ist am Versandort der Absender, am Bestimmungsort der Empfänger tunlichst einzuladen. ⁴Erscheint der Berechtigte nicht oder wird die Prüfung auf einem Unterwegsort vorgenommen, so sind Zeugen zuzuziehen. ⁵Weicht das Ergebnis der Nachprüfung von den Eintragungen im Frachtbrief ab, so ist es auf diesem zu vermerken. ⁶Geschieht die Nachprüfung am Versandort vor Aushändigung der Durchschrift des Frachtbriefes an den Absender, so ist der Vermerk auch auf diese zu setzen. ⁷Wenn die Sendung den Eintragungen im Frachtbrief nicht entspricht und dadurch eine Frachtverkürzung herbeigeführt werden könnte, haften die durch die Nachprüfung verursachten Kosten auf dem Gute.

(2) weggefallen

(3) ¹Bei Stückgütern ist der Unternehmer verpflichtet, Anzahl und Gewicht gebührenfrei festzustellen. ²Geschieht die Gewichtsfeststellung am Versandort, so ist dem Absender oder dessen Beauftragten freizustellen, ihr beizuwohnen.

(4) ¹Bei Ladungsgütern ist der Unternehmer auf Antrag des Absenders, der im Frachtbrief gestellt werden muß, verpflichtet, das Gewicht und gegebenenfalls auch die Stückzahl festzustellen, es sei denn, daß die vorhandenen Wiegevorrichtungen nicht ausreichen oder die Beschaffenheit des Gutes oder die Betriebsverhältnisse die Feststellung nicht gestatten. ²Das Gewicht hat der Unternehmer auch ohne Antrag festzustellen, wenn es im Frachtbrief nicht angegeben ist. ³Für diese Feststellungen wird die tarifmäßige Gebühr erhoben. ⁴Kann das Gewicht am Versandort nicht festgestellt werden, so geschieht es an einem anderen Ort.

(5) ¹Der Absender kann bei der Aufgabe verlangen, daß ihm Gelegenheit geboten wird, der Feststellung der Stückzahl und des Gewichtes beizuwohnen, wenn dies am Versandort geschieht. ²Stellt er ein solches Verlangen nicht oder versäumt er die ihm dargebotene Gelegenheit, so hat er, wenn die Feststellung auf seinen Antrag wiederholt wird, die tarifmäßige Gebühr nochmals zu zahlen.

(6) Ergibt die ohne Antrag des Verfügungsberechtigten vorgenommene Nachwiegung der Wagenladungsgüter keine größere Abweichung von dem im Frachtbrief angegebenen Gewicht des verladenen Gutes als zwei vom Hundert, so wird das im Frachtbrief angegebene Gewicht als richtig angenommen.

(7) ¹Die Feststellung des Gewichts und der Stückzahl hat der Unternehmer auf dem Frachtbrief zu bescheinigen. ²Geschieht die Feststellung am Versandort, so ist die Bescheinigung auch auf die Durchschriften zu setzen, und zwar auch auf die für den Absender bestimmte Durchschrift, wenn sie diesem noch nicht ausgehändigt ist.

Übersicht

	Rdn.		Rdn.
I. Grundsätzliche Bedeutung des § 16 KVO	1	3. Zuziehung von Absender, Empfänger oder Zeugen	6
II. Prüfung des Inhalts der Sendung (Identitätsprüfung, § 16 Abs. 1, 2 KVO)	3	4. Berichtigung des Frachtbriefs (§ 16 Abs. 1 S. 5, 6)	7
1. Prüfungsrecht und Prüfungspflicht	3	5. Kosten der Überprüfung	8
2. Ort und Zeit der Prüfung	5	III. Überprüfung von Stückzahl und Gewicht	9

Rdn.

1. Bei Stückgütern (§ 16 Abs. 3 KVO) 10
2. Bei Ladungsgütern (§ 16 Abs. 4) .. 12
   a) Pflicht des Frachtführers zum Wiegen und Zählen (§ 16 Abs. 4 KVO) 12
   b) Verwiegung ohne Pflicht gegenüber Verfügungsberechtigtem (§ 16 Abs. 6 KVO) 16
   c) Ort und Zeit der Stückzahl- und Gewichtsfeststellung 17
   d) Hinzuziehung von Absender, Empfänger oder Zeugen (§ 16 Abs. 5 S. 1) 18
   e) Kosten des Wiegens und Zählens 19

IV. Vermerke über die Feststellung im Frachtbrief 20
V. Beweislage hinsichtlich der Identitäts- und Mengenangaben 23
   1. Allgemeines 23
   2. Beweiskraft von Eintragungen des KVO-Frachtführers über das Frachtgut im Frachtbrief zu seinen Lasten 24
      a) Beweis durch Quittung und Möglichkeit der Widerlegung . 24
      b) Unzulässige Rechtsausübung . 26
   3. Beweiswirkung der Frachtführer-Eintragungen zu seinen Gunsten . 32
   4. Eintragungen des Absenders im Frachtbrief 33

I. Grundsätzliche Bedeutung des § 16 KVO

1 § 16 KVO hat in zwei Hinsichten Bedeutung: einmal als Grundlage der Frachtberechnung; insoweit wird die Bestimmung teilweise durch § 10 GüKG-GüKTV[1] überlagert. Diese Funktion wird zum 1. 1. 1994 durch das Tarifaufhebungsgesetz (siehe vor § 1 GüKG, Anh. I nach § 452) entfallen. Zum anderen ist jedoch die Feststellung über Identität und Menge der Ladung für Ersatzansprüche wegen Auslieferung falscher oder nach Stückzahl oder Gewicht unvollständiger Ladung von erheblicher praktischer Bedeutung. Die für diesen Fall sich ergebenden Beweisprobleme sind in der KVO nicht geregelt. Für sie muß daher auf allgemeine Rechtsgrundsätze zurückgegriffen werden.

2 Die an verschiedenen Stellen des § 16 normierten **Überprüfungstätigkeiten des KVO-Unternehmers** sind zum Teil keine echten erzwingbaren Schuldnerpflichten und begründen dann auch keine Haftung nach § 31 c KVO[2], sondern Obliegenheiten, deren Verletzung für den Unternehmer vor allem Beweisnachteile zur Folge hat[3]. Zur Prüfungspflicht bei Ablieferung siehe § 25 KVO Rdn. 12 f; § 37 KVO Rdn. 2 ff; § 39 KVO Rdn. 13 f.

II. Prüfung des Inhalts der Sendung (Identitätsprüfung, § 16 Abs. 1, 2 KVO)

1. Prüfungsrecht und Prüfungspflicht

3 Zur Prüfung, ob die Güter mit den Frachtbriefangaben übereinstimmen (sogenannte „Identitätsprüfung"), ist der Unternehmer zwar berechtigt, aber zivilrechtlich nicht verpflichtet. Dies bedeutet einerseits, daß der Absender dem KVO-Frachtführer die Überprüfung des Inhalts der Sendung gestatten muß. Andererseits ist der Unternehmer nicht verpflichtet, die Übereinstimmung von übergebenem Frachtgut und Frachtbriefangaben zu prüfen und haftet auch nicht, wenn auf diese Weise Güter falsch befördert werden. Fällt allerdings dem KVO-Frachtführer die Nichtidentität auf oder mußte sie ihm nach der Art der Güter offensichtlich ohne Überprüfung auffallen (z. B. Säcke statt Kisten), so muß er zumindest beim Absender rückfragen oder auf den Umstand hinweisen[4].

---

[1] Verordnung über die Tarifüberwachung nach dem GüKG vom 11. 12. 1984; Abdruck bei *Hein/Eichhoff u. a.* C 175.
[2] *Willenberg*[4] Rdn. 2; **a. A.** *Koller*[2] Rdn. 7.
[3] *Willenberg*[4] § 16 Rdn. 3 ff; siehe grundsätzlich § 426 Rdn. 48 ff.
[4] *Willenberg*[4] Rdn. 5 mit weiteren Literaturhinweisen; *Koller*[2] Rdn. 2; siehe auch grundsätzlich BGH vom 22. 1. 1954, BGHZ **12** 136, 140 und § 12 Rdn. 6.

Das **Prüfungsrecht** bezieht sich auch auf die Einhaltung der Vorschriften über die 4
Beförderung gefährlicher Güter; siehe § 425 Rdn. 16 ff. Daß der Frachtführer bei der
Überprüfung auf die Belange des Absenders oder Eigentümers Rücksicht zu nehmen
hat, wird von *Koller* Rdn. 1 zutreffend bemerkt. Gerade bei Gefahrgut dürften aber die
Interessen der öffentlichen Sicherheit regelmäßig überwiegen.

2. Ort und Zeit der Prüfung

Wenn auch für Zwecke der Tarifberechnung die Überprüfung zu einem beliebigen 5
Zeitpunkt und an beliebigem Ort vorgenommen werden könnte, so ist normalerweise
die Identitätskontrolle am Versandort vorzunehmen. Jedoch kann sie auch unterwegs
oder am Bestimmungsort erfolgen; § 16 Abs. 1 S. 3 und S. 6 KVO.

3. Zuziehung von Absender, Empfänger oder Zeugen

Die Feststellung von Unstimmigkeiten hat nur begrenzten Beweiswert, wenn sie aus- 6
schließlich durch den KVO-Frachtführer oder seine Leute erfolgt. Daher ist am Versandort der Absender, am Bestimmungsort der Empfänger „tunlichst einzuladen" (§ 16
Abs. 1 S. 3). Soweit diese nicht teilnehmen, sind andere Personen als Zeugen heranzuziehen (§ 16 Abs. 1 S. 4). Absender und Empfänger sind nicht zur Teilnahme verpflichtet.
Das ganze Verfahren ist, wenn weder Absender oder Empfänger noch Zeugen an ihm
teilnehmen, kaum von großem Beweiswert. Es gibt – soweit erkennbar – keine veröffentlichte Rechtsprechung dazu.

4. Berichtigung des Frachtbriefs (§ 16 Abs. 1 S. 5, 6).

Die Berichtigung des Frachtbriefs bei Abweichungen des Gutes von der Frachtbrief- 7
eintragung dient der Ermittlung des richtigen Tarifentgelts. Sie führt gegebenenfalls zu
Frachtnachzahlungs- oder Erstattungansprüchen nach § 23 GüKG, Anh. I nach § 452.
Siehe dazu im einzelnen *Willenberg*[4] Rdn. 12. Die Berichtigung kann zu Lasten der Ver-
laderseite nur dann zivilrechtliche Beweiswirkungen erzeugen, wenn der Absender oder
Empfänger sie billigt.

5. Kosten der Überprüfung

Die Kosten der Überprüfung hat der Absender (bzw. der Empfänger nach § 25 8
KVO) nur zu zahlen, wenn die falschen Angaben im Frachtbrief zu einer Frachtverkürzung geführt hätten; § 16 Abs. 1 letzter Satz. Sind dagegen die Angaben richtig oder
wenigstens tariflich neutral, so muß der KVO-Unternehmer die Kosten der Überprüfung selbst tragen.

III. Überprüfung von Stückzahl und Gewicht

Die Überprüfung der Stückzahl und des Gewichtes der Güter folgt unterschiedlichen 9
Regeln, je nachdem, ob es sich um Stückgüter oder Ladungsgüter handelt. Wegen der
beweisrechtlichen Bedeutung der Überprüfungspflicht (siehe Rdn. 24 f, 30 f, 33 sowie
§ 426 Rdn. 47 ff) kann die Frage nicht nur tarifrechtliche, sondern auch haftungsrechtliche Bedeutung erlangen. Zur Unterscheidung zwischen Stückgut und Ladungsgut siehe
§ 4 KVO Rdn. 1 ff.

---

[5] OLG Frankfurt vom 16. 11. 1982, TranspR **1984**
205, 206 = VersR **1983** 1055 f; *Willenberg*[4]
Rdn. 17; *Koller*[2] Rdn. 4.

1. Bei Stückgütern (§ 16 Abs. 3 KVO)

10 Nach § 16 Abs. 3 KVO ist der Frachtführer auch ohne Antrag des Absenders[5] verpflichtet, Anzahl und Gewicht festzustellen. Dies setzt allerdings voraus, daß der Frachtbrief tariflich das Gut als Stückgut ausweist und überprüfbare stückzahlmäßige Angaben enthält. Andernfalls kann der Absender keine Rechte aus § 16 Abs. 3 herleiten[6]. Unterbleibt die Feststellung, so erbringt nach allgemein frachtrechtlichen Grundsätzen die Annahme des Frachtbriefes durch den KVO-Unternehmer widerleglichen Beweis für die Richtigkeit der Frachtbriefangaben[7]. Darüber hinaus handelt es sich nach der Formulierung der KVO wohl um eine echte Schuldnerpflicht (Nebenpflicht) aus dem Frachtvertrag[8]. Der Frachtführer muß den Absender oder dessen Beauftragten hinzuziehen, wenn die Überprüfung des Gewichtes am Versandort geschieht; § 16 Abs. 3 S. 2 KVO. Auch im übrigen ist die Zuziehung des Absenders, Empfängers oder von Zeugen zumindest dann empfehlenswert, wenn Fehlmengen festgestellt werden, da hierdurch der Nachweis für den KVO-Frachtführer erleichtert wird[9].

11 Die Überprüfung der Stückzahl ist regelmäßig **am Versandort** vorzunehmen, obwohl dies in § 16 Abs. 4 nur für Ladungsgut entsprechend geregelt ist[10]. Eine Pflicht zur nochmaligen Überprüfung am Bestimmungsort kann sich aus § 25 Abs. 5 KVO ergeben[11].

2. Bei Ladungsgütern (§ 16 Abs. 4)
a) Pflicht des Frachtführers zum Wiegen und Zählen (§ 16 Abs. 4 KVO)

12 Die Pflicht zum Wiegen und Zählen von Ladungsgütern ist kompliziert und ungenau geregelt:

13 **Ist das Gewicht der Ladungsgüter im Frachtbrief angegeben**, so braucht der KVO-Frachtführer die Angaben grundsätzlich nicht zu überprüfen (§ 16 Abs. 4 S. 1)[12]. Jedoch kann eine ohne Überprüfung ausgestellte Quittung des Fahrers die Beweislast umkehren.

14 **Ist das Gewicht und/oder die Stückzahl angegeben und im Frachtbrief vom Absender der Antrag auf Überprüfung gestellt**, so hat der KVO-Frachtführer das Gut zu wiegen[13] bzw. zu zählen[14]. Diese Pflicht entsteht jedoch ausnahmsweise nicht, wenn „die vorhandenen Wiegeeinrichtungen nicht ausreichen" oder wenn „die Beschaffenheit des Gutes oder die Betriebsverhältnisse die Feststellung nicht gestatten". In diesen Fällen kann somit die Wiegepflicht, von der die Beweiswirkung der Absenderangaben abhängt, kaum mit Sicherheit im voraus festgestellt werden. Das Vorliegen der Ausnahmen hat der KVO-Frachtführer zu beweisen.

Ist das Gewicht im Frachtbrief nicht angegeben, so hat es der KVO-Unternehmer stets festzustellen; § 16 Abs. 4 S. 2 KVO[15]. Diese Feststellungspflicht dient in erster Linie

---

[6] OLG Köln vom 19. 6. 1969, VersR **1969** 1111, 1112; *Willenberg*[4] Rdn. 17; *Koller*[2] Rdn. 4.

[7] Siehe § 426 Rdn. 46 ff. Zur KVO speziell *Willenberg*[4] Rdn. 23; *Koller*[2] Rdn. 4; OLG Frankfurt vom 16. 11. 1982, TranspR **1984** 205, 206 = VersR **1983** 1055 f. Siehe dazu unten Rdn. 22 ff.

[8] *Willenberg*[4] Rdn. 18. Siehe aber § 426 Rdn. 49.

[9] Siehe dazu unten Rdn. 23 ff; *Willenberg*[4] Rdn. 21; *Koller*[2] Rdn. 4.

[10] *Willenberg*[4] Rdn. 22 mit Hinweisen auf ältere Rechtsprechung; *Koller*[2] Rdn. 4.

[11] Siehe dort Rdn. 13; *Willenberg*[4] Rdn. 22.

[12] *Willenberg*[4] Rdn. 28; Beispielsfall: OLG Hamburg vom 14. 7. 1967, VersR **1967** 1047, 1048.

[13] *Willenberg*[4] Rdn. 28; Beispielsfall: OLG Hamburg vom 14. 7. 1967, VersR **1967** 1047, 1048.

[14] *Willenberg*[4] Rdn. 29; *Koller*[2] Rdn. 8; OLG Köln vom 19. 6. 1969, VersR **1969** 1111, 1112.

[15] *Willenberg*[4] Rdn. 27; *Koller*[2] Rdn. 8; siehe auch die tarifrechtliche Regelung in § 7 GüKG-GüKTV.

b) Verwiegung ohne Pflicht gegenüber Verfügungsberechtigtem (§ 16 Abs. 6 KVO)

Der KVO-Frachtführer hat nach § 7 GüKG-GüKTV (siehe Rdn. 1) das Ladungsgut **16** auch dann nachzuwiegen, wenn der Verfügungsberechtigte[16] keinen Antrag gestellt hat und auch die Gewichtsangaben im Frachtbrief nicht fehlen. Er wird dann in Erfüllung seiner öffentlich-rechtlichen (tarifrechtlichen) Wiegepflicht tätig, ohne dem Kunden gegenüber dazu verpflichtet zu sein. § 16 Abs. 6 bestimmt für tarifliche Zwecke, daß eine Abweichung bis 2 % als richtig gilt, so daß keine Frachtnachzahlung oder Ermäßigung eintritt. Für Zwecke des Nachweises von Verlusten ist § 16 Abs. 6 KVO jedoch nicht anwendbar[17].

c) Ort und Zeit der Stückzahl- und Gewichtsfeststellung

Die Feststellung von Gewicht oder Stückzahl hat regelmäßig am Versandort zu **17** geschehen[18], ist aber auch anderswo möglich[19]. Eine volle und sichere Beweiswirkung für die übernommene Gütermenge kann dabei regelmäßig nur dann entstehen, wenn unmittelbar bei Annahme, also bei Verladung der Güter am Versandort, gezählt und gewogen wird. Erforderlich ist die Verwiegung des beladenen Fahrzeugs. Von dem dadurch ermittelten Gewicht ist das Leergewicht abzuziehen. Fraglich ist, ob der Absender das Leergewicht des Fahrzeugs anzugeben hat[20]. Allerdings kann die vom Absender mitgeteilte bloße Angabe des Leergewichts nur gegen ihn Beweis erbringen.

d) Hinzuziehung von Absender, Empfänger oder Zeugen (§ 16 Abs. 5 S. 1)

Grundsätzlich hat der Absender Anspruch darauf, der Feststellung von Stückzahl **18** und Gewicht beizuwohnen, wenn diese Feststellung am Versandort vorgenommen wird; § 16 Abs. 5 S. 1. Wegen der erhöhten Beweiswirkung der Feststellung hat auch der KVO-Frachtführer ein Interesse an der Anwesenheit des Absenders. Geschieht die Feststellung an einem anderen Ort, so ist eine Hinzuziehung von Zeugen nicht vorgesehen, aber im Hinblick auf die Beweiskraft der Feststellung empfehlenswert.

e) Kosten des Wiegens und Zählens

Wird Ladungsgut aufgrund eines Antrages des Absenders (§ 16 Abs. 4 S. 1) wegen **19** fehlender Gewichtsangabe im Frachtbrief (§ 16 Abs. 4 S. 2) oder zur Wiederholung auf Antrag des Absenders wegen Nichtanwesenheit (§ 16 Abs. 5 S. 2 KVO) verwogen und gezählt, so hat der KVO-Unternehmer Anspruch auf Wiegegeld bzw. Zählgeld nach II, III Nebengebührentarif[21]. Das Wiegen ohne frachtrechtliche Wiegepflicht erfolgt aus rein tarifrechtlichen Gründen (siehe Rdn. 16) und ist daher grundsätzlich nicht kostenpflichtig. Doch ist nach II, Ziff. 3 e Nebengebührentarif Wiegegeld zu erheben, wenn die Differenz zwischen frachtbrieflicher Angabe und tatsächlichem Gewicht mehr als 5 % beträgt.

---

[16] Zu diesem Begriff siehe § 433 Rdn. 2 ff und 9 ff, § 27 KVO Rdn. 1 ff.
[17] LG Köln vom 6. 10. 1954, VersR **1954** 581 f; *Willenberg*[4] Rdn. 34.
[18] *Willenberg*[4] Rdn. 30 und 32 mit Hinweisen auf ältere Rechtsprechung; *Koller*[2] Rdn. 8.
[19] § 16 Abs. 4 letzter Satz; Abs. 5 S. 1; Abs. 7 S. 2 KVO.
[20] Für Mitteilungspflicht *Koller*[2] Rdn. 8.
[21] Abdruck bei *Hein/Eichhoff u. a.* C 525. Zur Verwiegung auf Antrag des Empfängers siehe § 25 Abs. 5 KVO sowie dort Rdn. 13.

IV. Vermerke über die Feststellung im Frachtbrief

20 Die Feststellungen des KVO-Frachtführers hinsichtlich mangelnder Identität zwischen Frachtgut und Frachtbriefangaben sind nach § 16 Abs. 1 S. 5 KVO im Frachtbrief zu vermerken. Der Vermerk ist nach S. 6 auch auf der Frachtbriefdurchschrift einzutragen, wenn diese noch in den Händen des KVO-Unternehmers ist. Die Stückzahl- und Gewichtsfeststellung ist in jedem Falle in den Frachtbrief und in die noch nicht ausgehändigte Durchschrift einzutragen; § 16 Abs. 7 KVO. Dies gilt auch dann, wenn sie mit den Angaben des Frachtbriefs übereinstimmt. Die Vermerke über festgestellte Schäden müssen präzise sein, unzureichend ist ein allgemeiner Vermerk „unter Vorbehalt"[22].

21 **Inwieweit der zugezogene Absender oder Empfänger die Richtigkeit der Feststellung auf dem Frachtbrief zu bestätigen hat,** ist in der KVO nicht geregelt. Doch wird sich zumindest für den Absender eine solche Pflicht als Nebenpflicht aus dem Frachtvertrag ableiten lassen.

22 Nach allgemeiner Auffassung kann der Frachtführer – obwohl die KVO dies nicht besonders vorsieht – die Beweiswirkung der Absenderangaben durch einen **Unbekannt-Vermerk im Frachtbrief** entkräften, jedenfalls soweit er zur Überprüfung nicht verpflichtet ist[23].

V. Beweislage hinsichtlich der Identitäts- und Mengenangaben

1. Allgemeines

23 Die KVO sieht hierzu keinerlei Beweisregelungen vor. Daher muß auf allgemeines Beweisrecht unter Berücksichtigung frachtrechtlicher Besonderheiten zurückgegriffen werden; siehe § 426 Rdn. 29 ff, insbesondere Rdn. 46 ff: Danach erbringen die Vermerke im Frachtbrief grundsätzlich Beweis zu Lasten dessen, der sie eingetragen hat. Der Frachtführer muß also die von ihm und seinem Personal, aber auch die von Unterfrachtführern und deren Personal gemachten Eintragungen gegen sich gelten lassen, ebenso wie der Absender die von ihm gemachten Eintragungen; siehe dazu § 426 Rdn. 48.

2. Beweiskraft von Eintragungen des KVO-Frachtführers über das Frachtgut im Frachtbrief zu seinen Lasten

a) Beweis durch Quittung und Möglichkeit der Widerlegung

24 Nach allgemeiner Auffassung ist der Feststellungsvermerk über Stückzahl und Gewicht eine Quittung gemäß § 368 BGB[24]. Zumindest ist klar, daß diese Vermerke Wissenserklärungen (Urkunden) mit Beweiswirkung nach § 416 ZPO sind. Der Vollbeweis nach § 416 beschränkt sich jedoch darauf, daß die Erklärung vom Aussteller abgegeben ist. Die materielle Beweiswirkung hinsichtlich der Richtigkeit des Inhalts der Wissenserklärung steht jedoch unter dem Grundsatz der freien Beweiswürdigung (§ 286 ZPO). Die durch die Urkunde geschaffene Vermutung läßt sich daher mit allen Beweismitteln widerlegen. In der Rechtsprechung und Literatur zur KVO wird die Beweiswirkung der Vermerke des Frachtführers im Frachtbrief und in anderen Papieren weitgehend dadurch ausgehöhlt, daß dem Frachtführer die Möglichkeit des Nachweises der Unrichtigkeit durch prima facie-Beweise gewährt wird, durch welche die Überzeugung

---

[22] AG Tauberbischofsheim vom 19. 2. 1982, TranspR **1984** 84.
[23] *Willenberg*[4] Rdn. 26; *Lenz* Rdn. 228; OLG Hamburg vom 29. 10. 1981, VersR **1983** 187. Siehe auch § 426 Rdn. 58 und unten Rdn. 31.
[24] Dazu § 426 Rdn. 44; siehe auch *Willenberg*[4] Rdn. 23, 46 mit weiteren Hinweisen; *Koller*[2] Rdn. 4.

des Gerichts von der Richtigkeit der Quittung erschüttert wird[25]. Dies leuchtet z. B. ein, wenn unter eine vorbereitete Urkunde (z. B. ein Bordero) die Unterschrift des Fahrers unter Umständen gesetzt worden ist, die darauf schließen lassen, daß er sie nicht gelesen hatte[26] oder wenn der Frachtführer bei Annahme des Gutes vom Absender bereits auf Schäden hingewiesen worden war[27]. Die Beweiswirkung soll aber nach verbreiteter Auffassung überhaupt nicht eingreifen, wenn die Quittung erteilt wurde, ohne daß der Fahrer die entsprechenden Prüfungen überhaupt durchgeführt hatte[28] oder sogar stets, wenn der Frachtführer nicht zur Überprüfung des Guts verpflichtet war[29]; sie soll aber auch schon beseitigt sein, wenn der KVO-Frachtführer dartut, daß die Bestätigung auf dem Frachtbrief ohne reale Überprüfungsmöglichkeit erteilt wurde (etwa weil keinerlei Ladepapiere vorhanden waren)[30], weil der Fahrer beim Verladen nicht anwesend war[31] oder sein konnte[32] oder mitgeholfen hat[33] (und daher in Wahrheit nicht zählen konnte); schließlich sogar, wenn Stückzahlangaben vom Frachtführer bestätigt werden, obwohl die Überprüfung ihre Fehlerhaftigkeit aufgezeigt hatte[34].

Gegen diese Praxis besteht Grund zu Bedenken. Soweit der KVO-Frachtführer die Pflicht zur Überprüfung nach der KVO hat, muß er sie auch ordnungsgemäß erfüllen. Besteht diese Pflicht nicht (siehe Rdn. 3, 12), braucht er auch eine Prüfung im Frachtbrief nicht zu bestätigen. Die unzutreffende Bestätigung einer in Wahrheit nicht erfolgten Prüfung oder eines unrichtigen Prüfungsergebnisses kann vor allem bei Dritten, aber auch beim Absender selbst im Hinblick auf Unregelmäßigkeiten seiner eigenen Leute, Schäden durch Vertrauen auf die Richtigkeit der Angaben hervorrufen. Will der Frachtführer die Beweiswirkung der Bescheinigung beseitigen, so muß er grundsätzlich einen echten Gegenbeweis führen, d. h. die wirkliche Beschaffenheit, Stückzahl oder Gewicht des übernommenen Frachtguts nachweisen. Geht man davon aus, daß nur die richterliche Überzeugung von der Richtigkeit der Quittung erschüttert werden muß, sind dafür zumindest deutliche konkrete Tatsachenbehauptungen zu verlangen[35]. Gelingt dieser Nachweis nicht, so muß er sich an seinem Frachtbriefvermerk festhalten lassen[36]. Dagegen kann auch nicht geltend gemacht werden, daß Fahrer in der Praxis häufig durch Drohungen des Absenders oder Empfängers zu Unterschriften genötigt werden. Die Rechtsprechung darf solche Mißbräuche nicht zu leicht durch die Anerkennung ihrer Wirkungen fördern.

---

[25] Grundsätzlich zur Quittung BGH vom 14. 4. 1978, WM **1978** 849 = BB **1978** 1232; *Willenberg*⁴ Rdn. 51 mit zahlreichen Angaben; eingehend auch *Voigt* VP **1968** 72 ff.

[26] So im Fall OLG Köln vom 19. 6. 1969, VersR **1969** 1111, 1113 (Bestätigung nicht auf dem Frachtbrief, sondern auf einem Bordero).

[27] OLG Hamm vom 9. 5. 1952, VersR **1953** 116.

[28] So z. B. LG Münster vom 27. 4. 1989, TranspR **1989** 272 f (zum HGB).

[29] *Willenberg*⁴ Rdn. 41 mit weiteren Hinweisen; *Muth/Andresen/Pollnow* § 16 Anm. 4.

[30] *Willenberg*⁴ Rdn. 57 mit weiteren Hinweisen.

[31] Im Fall BGH vom 7. 11. 1985, TranspR **1986** 53, 56 hält der Senat diesen Umstand zusammen mit weiteren für geeignet, zu beweisen, daß die Quittung auf einem Empfangsschein unrichtig war; ebenso AG Tauberbischofsheim vom 19. 2. 1982, TranspR **1984** 84. Dagegen sieht das OLG Köln vom 17. 1. 1984, TranspR **1985** 192 f, ihn als grundsätzlich unerheblich an.

[32] OLG Hamm vom 18. 10. 1984, TranspR **1985** 107, 110 (zur CMR).

[33] OLG Köln vom 19. 6. 1969, VersR **1969** 1111, 1113.

[34] *Willenberg*⁴ Rdn. 58 mit Hinweisen auf Rechtsprechung; *Voigt* VP **1968** 72, 75 und VP **1969** 201, 204. Für den Fall der Bestätigung von Gewichtsangaben im Frachtbrief ohne Verpflichtung zur Gewichtsnachprüfung auch *von Berg* RKW-Handbuch Transport Nr. 3510, S. 23.

[35] OLG Hamm vom 16. 11. 1992, TranspR **1992** 359.

[36] OLG Köln vom 17. 1. 1984, TranspR **1985** 192 f; AG Andernach vom 15. 3. 1983, TranspR **1985** 193 f; OLG Hamm vom 16. 11. 1992, TranspR **1992** 359; *Heuer* VersR **1988** 312, 314. Grundsätzlich auch OLG Düsseldorf vom 30. 10. 1980, VersR **1981** 526 (Bestätigung über Temperatur von Kühlgut auf Quittung); OLG Düsseldorf vom 12. 1. 1984, TranspR **1984** 106, 109; beide Urteile dennoch mit geringen Beweisanforderun-

b) Unzulässige Rechtsausübung

26 Stellt der Frachtführer eine unrichtige Quittung aus, so handelt er damit rechts- oder sittenwidrig, ebenso aber auch der Absender mit der Nötigung zur ihrer Ausstellung[37]. Je nach Lage des Falles kann somit die Partei, die sich auf die durch ihr Verhalten geschaffene Beweissituation beruft oder die des Gegners bekämpft, rechtsmißbräuchlich handeln.

27 **Der Frachtführer wird sich in der Regel darauf berufen, die vom Fahrer erteilte Quittung sei von Anfang an unrichtig gewesen.** Beruft er sich gegenüber dem Absender darauf, die Quittung sei dem Fahrer abgenötigt worden, ist es damit möglich, ihre Wirkung zu widerlegen. Allerdings müssen die Umstände nachgewiesen werden[38]. Macht der Frachtführer geltend, die Quittung sei ohne Überprüfung ausgestellt worden, so kann darin seinerseits ein venire contra factum proprium liegen; *Koller* Rdn. 5. Denn die Wissenserklärung des Fahrers ist ihm zuzurechnen, und es kann durchaus sein, daß der Absender hinsichtlich der Überwachung seines eigenen Personals auf den Frachtführer vertraut.

28 Auf die beiden Beteiligten bekannten Umstände kann sich der Frachtführer im übrigen **nur gegenüber dem ursprünglich Beteiligten** (in der Regel dem Absender), nicht aber gegenüber Dritten und Rechtsnachfolgern berufen. Dies gilt insbesondere für sein Verhältnis zum Empfänger und zu Zessionaren der Auslieferungs- und Ersatzansprüche. Wenn diese Personen von den Umständen der Erteilung des Bestätigungsvermerks keine Kenntnis haben, ist ihr Sichberufen auf den Frachtbrief grundsätzlich nicht rechtsmißbräuchlich. Nur eine solche Lösung wird den Interessen Dritter, die unter Umständen ihre Gegenleistung an den Absender aufgrund der Frachtbriefangaben bereits erbracht haben, voll gerecht.

29 **Beruft sich der Absender auf Gefälligkeitsvermerke des Frachtführers** oder seines Personals, so kann auch dies unzulässige Rechtsausübung sein, z. B. wenn er sie dem Fahrer rechts- oder treuwidrig abgenötigt hat[39].

30 Die Rechtslage ist auch dann nicht anders, **wenn der KVO-Frachtführer zur Überprüfung der Frachtbriefangaben nicht verpflichtet war, aber dennoch die Angaben bestätigt**; zutreffend *Voigt* VP **1968** 72. Denn weder vom Absender noch von einem Dritten kann erwartet werden, daß er die komplizierten und unpräzisen Regelungen der Überprüfungspflichten nach der KVO kennt. Auch hier erbringt der Vermerk des KVO-Frachtführers Beweis und erzeugt Vertrauen der auf der Ladungsseite Beteiligten.

31 **Der Frachtführer kann sich selbst gegen die Folgen unrichtiger Empfangsbestätigungen absichern.** Er kann, wenn er nicht prüfungspflichtig ist, die Empfangsbestätigung verweigern. Etwa festgestellte Differenzen kann er vermerken[40]. Läßt sich der Inhalt der Sendung nicht eindeutig erkennen, kann er die Empfangsbestätigung im

---

gen im konkreten Fall. Siehe auch die negative Haltung des BGH zum Anscheinsbeweis beim „normalen Fahrtverlauf" als Beweis für mangelhafte Verladung: BGH vom 4. 10. 1984, NJW **1985** 554 f = TranspR **1985** 125, 126 f = VersR **1985** 133 f; dazu auch Art. 17 CMR, Anh. VI nach § 452. Nicht überzeugend die schwach begründete Entscheidung des LG Münster vom 27. 4. 1989, TranspR **1989** 272 f, die letztlich dem Frachtbriefeintrag überhaupt keine Beweiskraft zubilligt.

[37] Vgl. die Rechtsprechung zur Ausstellung reiner Konnossemente gegen Revers im Seefrachtrecht; *Prüßmann/Rabe*³ § 656 HGB Anm. F.
[38] Daran fehlt es z. B. in den Entscheidungsgründen des Falles LG Münster vom 27. 4. 1989, TranspR **1989** 272 f. Zutreffend aber LG Krefeld vom 28. 6. 1989, TranspR **1990** 18 f (zur KVO).
[39] So etwa im Fall des Urteils des OLG Köln vom 19. 6. 1969, VersR **1969** 1111 ff, der auch von *Voigt* VP **1969** 201 ff berichtet wird.
[40] Siehe Rdn. 20; *Lenz* Rdn. 227.

Frachtbrief oder in einer anderen Urkunde mit einem Unbekannt-Vermerk versehen[41]. Diese Maßnahmen sind nicht so schwierig, daß sie einem Fahrer nicht durch Anweisung vorgeschrieben werden könnten. Im Rahmen moderner Qualitätssicherungskonzepte sind sie zur Überwachung ohnehin unerläßlich. Fehlt es an sichernden Vermerken des Frachtführers, muß im übrigen davon ausgegangen werden, daß er den Inhalt der von ihm übernommenen Sendung meist nicht überprüfen kann. Die Empfangsbestätigung des Frachtführers ist daher auch aus der Sicht von Ladungsbeteiligten meist nur als eine generelle Empfangsbestätigung einer Sendung anzusehen, die eine eingehende Identitäts- und zahlenmäßige Prüfung der gemeinsam verpackten Stücke ohne entsprechenden Hinweis nicht beweist; zutreffend *Koller* Rdn. 5 a. E.

3. Beweiswirkung der Frachtführer-Eintragungen zu seinen Gunsten

Grundsätzlich können Eintragungen des Frachtführers – etwa über Fehlmengen oder fehlende Identität – keine Beweiswirkung zu seinen Gunsten entfalten. Eine solche Beweiswirkung entsteht jedoch, wenn der Absender, Empfänger oder ein Zeuge die Richtigkeit der Überprüfung bestätigt. War der Absender oder Empfänger bei der Überprüfung anwesend, so ist wohl prima facie anzunehmen, daß er die Angaben überprüft hat, so daß auch ihre Richtigkeit prima facie bewiesen ist.

4. Eintragungen des Absenders im Frachtbrief

Von der eben dargestellten Rechtslage streng zu unterscheiden ist die Beweislage, wenn kein Vermerk des Frachtführers vorliegt. In diesem Falle erbringt die Absenderangabe im Frachtbrief Beweis, soweit der KVO-Frachtführer zu ihrer Überprüfung verpflichtet war[42]. Im übrigen erbringen die Absenderangaben keinen Beweis zu seinen Gunsten[43]. Zusätzlich kann sich der Frachtführer durch einen Unbekannt-Vermerk sichern; siehe § 426 Rdn. 58.

§ 17
Beladung der Wagen. Überlastung

(1) ¹Die Güter – ausgenommen Stückgüter – sind vom Absender zu verladen. ²Übernimmt auf Antrag des Absenders der Unternehmer die Verladung, so kann er dafür die im Tarif vorgesehene Gebühr berechnen. ³Für die betriebssichere Verladung ist der Unternehmer verantwortlich.

(2) weggefallen

(3) ¹Wird am Versandort bei einer vom Absender verladenen Sendung eine Wagenüberlastung festgestellt, so kann der Unternehmer vom Absender die Abladung des Übergewichts verlangen. ²Geschieht dies nicht alsbald oder wird die Überlastung unterwegs festgestellt, so hat der Unternehmer das Übergewicht auf Gefahr des Absenders abzuladen. ³Der abgeladene Teil wird dem Absender zur Verfügung gestellt. ⁴Trifft dieser binnen angemessener Frist keine Anweisung, so gilt § 28.

⁵Für das auf dem Fahrzeug verbleibende Gewicht wird die Fracht vom Versand- bis zum Bestimmungsort berechnet. ⁶Für den abgeladenen Teil wird die Fracht für die

---

[41] Siehe Rdn. 22; *Lenz* Rdn. 228.
[42] Zu diesem Grundsatz siehe OLG Hamburg vom 23. 6. 1983, TranspR **1984** 178, 179 = VersR **1984** 57 f; AG Darmstadt vom 13. 12. 1983, TranspR **1984** 84; *Willenberg*⁴ Rdn. 23; *Koller*² § 426 HGB Rdn. 4; zur Überprüfungspflicht Rdn. 3, 9 f.
[43] OLG Stuttgart vom 5. 10. 1962, VRS **25** 188, 191; OLG Hamburg vom 14. 7. 1967, VersR **1967** 1047, 1048; OLG Hamburg vom 23. 6. 1983, TranspR **1984** 178, 179 = VersR **1984** 57 f; i. E. auch OLG Köln vom 19. 6. 1969, VersR **1969** 1111, 1113; *Koller*² Rdn. 9.

durchlaufene Strecke nach dem Frachtsatz berechnet, der vom Versand- bis zum Unterwegsort für die Hauptsendung gilt. ⁷Wenn auf Anweisung des Absenders der abgeladene Teil weiter- oder zurückbefördert wird, so ist er als besondere Sendung zu behandeln und für ihn die tarifmäßige Fracht zu berechnen.

Für Ab- und Aufladen, Einlagerung und Wagenaufenthalt können die tarifmäßigen Gebühren erhoben werden.

Übersicht

	Rdn.
I. Vorbemerkung	1
II. Öffentlich-rechtliche Vorschriften und andere Normen als Grundlagen der Verladung	3
III. Aufteilung der Verladung nach § 17 Abs. 1 KVO	4
1. Verladepflicht, Mitwirkungspflicht und Sorgfaltspflichten	4
a) Verlade- und Entladepflicht	5
b) Mitwirkungspflichten	7
aa) Die Pflichten	7
bb) Mitwirkung von Personal bei Pflichten des Vertragsgegners	9
c) Sorgfaltspflichten	11
2. Die Verteilung der Ladepflicht im besonderen	12
a) Gesetzliche Verteilung der Ladepflicht	12
b) Abweichende Vereinbarungen	13
aa) Grundsätzliche Möglichkeit	13
bb) Handeln außerhalb des Frachtvertrages?	14
cc) Abweichende Vereinbarungen als Erlaßvertrag?	16
dd) Fallgruppen abweichender Vereinbarungen	17
ee) Formlose Nebenpflichtvereinbarung	19
3. Die Verteilung der Sorgfaltspflichten	22
a) Bei Verladung durch den KVO-Frachtführer	23
b) Bei Verladung durch den Absender	24
c) Beförderungssichere (ladungssichere) und betriebssichere Verladung	25
aa) Grundsätzliches	25
bb) Überschneidung der Sorgfaltspflichten	29
cc) Fallgruppen	31
d) Überlagerung durch allgemeine schuldrechtliche Sorgfaltspflichten	35
e) Verantwortung und Schadensteilung als Konsequenz	37
4. Freiwillige Mitarbeit des Personals beim Vertragsgegner	38
IV. Überladung (§ 17 Abs. 3)	40
V. Entladung	42

I. Vorbemerkung

1 § 17 regelt nur die Pflichten bzw. Obliegenheiten der Parteien bei der Verladung der Güter. Die Folgen der Pflichtverletzungen ergeben sich aus anderen Vorschriften: Nach §§ 33 b, 29 KVO haftet der Unternehmer im Rahmen seiner Obhutshaftung, soweit er oder ein von ihm Beauftragter verladen oder bei der Verladung mitgewirkt hat. Fehler, die dem Absender bei der Verladung unterlaufen, schließen nach § 34 c die Haftung des Unternehmers aus. Entstehen infolge mangelhafter Verladung des Absenders Schäden am Kraftfahrzeug oder an mitbeförderten Gütern oder Personenschäden, so haftet der Absender hierfür nach den Grundsätzen der positiven Vertragsverletzung; § 18 Abs. 3[1] ist nicht entsprechend anzuwenden.

2 Zur Entladung enthält die KVO keine Regelung[2].

II. Öffentlich-rechtliche Vorschriften und andere Normen als Grundlagen der Verladung

3 Unabhängig davon, wer die Verladung vorzunehmen hat, sind nach § 17 Abs. 2 S. 1 die öffentlich-rechtlichen Vorschriften über die zulässige Belastung der Fahrzeuge maß-

---
[1] Siehe § 18 KVO Rdn. 19; *Koller*[2] Rdn. 9.
[2] Siehe dazu Rdn. 42 ff; Siehe Art. 3 CMR, Anh. VI nach § 452.

geblich, für deren Einhaltung in erster Linie der KVO-Unternehmer (KVO-Frachtführer) nach § 17 Abs. 1 S. 3 zu sorgen hat[3]. Maßgeblich sind ferner die VDI-Richtlinien 2700 „Ladungssicherung auf Straßenfahrzeugen" und 2701 „Ladungssicherung auf Straßenfahrzeugen – Zurrmittel" von 1985 sowie die Unfallverhütungsvorschriften der Berufsgenossenschaft für Fahrzeughaltungen[4]. Alle diese Normen sind keine Gesetze im materiellen Sinn (Rechtsnormen)[5]. Sie legen aber anerkannte Standards in Form allgemeiner Regeln – z. B. Deutsche Industrie-Normen (DIN) – fest, deren Nichtbeachtung in aller Regel Fahrlässigkeit begründet. Unzweckmäßig ist es, ihnen den Charakter als technische Normen abzusprechen, wie dies wegen der in der Rechtswissenschaft weithin üblichen Gleichsetzung der Begriffe „Norm" und „Rechtsnorm" geschieht[6]. Insbesondere die Unfallverhütungsvorschriften konkretisieren auf diese Weise die Verkehrssicherungspflichten von Gewerbetreibenden. Hinzuweisen ist auch auf die von Unternehmen angebotenen Leistungen im Bereich der Verladungs- und Transporttechnik, die zur Bildung neuer Standards ständig beitragen. Laufende Beiträge über den aktuellen Stand enthält z. B. regelmäßig die Deutsche Verkehrs-Zeitung (DVZ).

III. Aufteilung der Verladung nach § 17 Abs. 1 KVO
1. Verladepflicht, Mitwirkungspflicht und Sorgfaltspflichten

Die Frage, wer im einzelnen Fall die Ver- und Entladetätigkeiten vorzunehmen hat, insbesondere aber die Verantwortlichkeit für die dabei ausgeführten Tätigkeiten oder ihre Unterlassung sind in der KVO komplex geregelt. Die Bestimmungen entsprechen nicht entfernt den Anforderungen der Praxis und der praktischen Übung. Daher ist vieles in diesem Bereich streitig. Sinnvollerweise sollte unterschieden werden zwischen der eigentlichen vertraglichen Pflicht zur Vornahme der Lade- und Entladetätigkeiten, den dazugehörigen Pflichten der Parteien zur Mitwirkung und den darüber hinaus wie bei jedem Vertrag bestehenden allgemeinen Sorgfaltspflichten. Die beiden letzteren Gruppen lassen sich nicht scharf voneinander abgrenzen. **4**

a) Verlade- und Entladepflicht

Zunächst ist **grundsätzlich zu bestimmen, wer die Tätigkeit des Ver- und Entladens auszuführen verpflichtet ist.** § 17 Abs. 1 KVO teilt diese Pflichten zur Vornahme der Verladung nach Fallgruppen auf den KVO-Frachtführer und den Absender auf; die Entladepflicht ist nicht geregelt. Die Regelung der Verladepflicht ist nicht zwingend. Vielmehr kann sich aus besonderen Vereinbarungen, aber auch aus den Umständen des Falles eine andere Verteilung ergeben. **5**

Soweit nach § 17 Abs. 1 S. 1 KVO **der KVO-Frachtführer zur Verladung verpflichtet ist,** liegt eine echte Schuldnerpflicht aus dem Frachtvertrag vor. Mit der Annahme des Gutes zur Verladung beginnt der Haftungszeitraum (die Obhut) des Frachtführers[7]. Auch nach der Realvertragstheorie ist zu diesem Zeitpunkt der Frachtvertrag bereits abgeschlossen; § 15 KVO Rdn. 14. **Soweit dagegen der Absender zu verladen hat,** ist dies nur eine (nicht erzwingbare) Obliegenheit. Der Obhutszeitraum beginnt in **6**

---

[3] Siehe zur verkehrsrechtlichen Seite §§ 31 Abs. 2, 34, 42 StVZO und 22 StVO; BayObLG vom 10. 6. 1992 TranspR **1992** 358 f.
[4] *Willenberg*[4] Rdn. 8; zur technischen Seite des Verladens und zur Norm ISO 2700 siehe ferner *Cantrup/Stabenau/Zimmer* Sicherheit für Ladungen auf Fahrzeugen (o. Jahr, nach 1985), rechtlich unergiebig; wenig aussagekräftig auch das RKW-Handbuch Transport, hrsg. *Rühle von Lilienstern/Stabenau* (Loseblatt); zur Gefahrgutverladung o. V. DVZ Nr. 94 vom 8. 8. 1992 S. 8.
[5] *Palandt/Thomas*^{52} § 823 Rdn. 153, 155.
[6] Z. B. bei *Willenberg*[4] § 17 KVO Rdn. 8.
[7] Siehe § 429 Rdn. 41 ff und § 29 KVO Rdn. 7 sowie § 33 KVO Rdn. 5.

diesem Falle erst mit der Beendigung der Verladung[8]. Doch erstreckt § 33 b KVO die Haftung auch auf die Verladung, soweit der KVO-Frachtführer mitgewirkt hat – nach der Realvertragstheorie also auf einen Zeitpunkt vor Vertragsschluß des Beförderungsvertrages.

b) Mitwirkungspflichten
aa) Die Pflichten

7 Mitwirkungspflichten bestehen insbesondere hinsichtlich der **betriebssicheren Verladung** des Frachtguts. Für diese ist nach Art. 17 Abs. 1 S. 3 KVO der Frachtführer verantwortlich. Er hat daher entweder die notwendigen Tätigkeiten selbst auszuführen (z. B. Anweisungen über die Plazierung und Befestigung des Guts auf den Fahrzeugen zu geben) oder die Ladetätigkeiten des Absenders zu kontrollieren. Da der Absender für die Beförderungssicherheit der Verladung selbst verantwortlich ist, kommt es zu einem intensiven Zusammenwirken schon nach der KVO selbst. Siehe zu diesem Fragenkomplex Rdn. 25 ff. Die Verantwortung für betriebssichere Verladung kann auch zu weiteren Sorgfaltspflichten führen, so etwa zum vorsichtigen Fahren im Hinblick auf Rutschgefahren des verladenen Guts.

8 Zum anderen können sich aus den Verhältnissen der betreffenden Beförderungssituation **Mitwirkungspflichten für den an sich nicht Verladepflichtigen, insbesondere aus dem Grundsatz von Treu und Glauben** ergeben. Diese sind von großer praktischer Bedeutung, weil der Frachtführer für Fehler bei seiner Mitwirkung bei Ladetätigkeiten nach § 33 b KVO haftet und andererseits die fehlerhafte Mitwirkung von Absender oder Empfänger bei Ladetätigkeiten des Frachtführers diesen von der Haftung befreit. Daraus ergibt sich in vielen Fällen eine Schadensteilung nach § 254 BGB[9]. Pflichten zur Mitwirkung bei Ladetätigkeiten sind in jedem Fall vertragliche Nebenpflichten, deren Verletzung zu Schadensersatzansprüchen des Vertragspartners führen kann. Eine solche Mitwirkung des Personals des Beteiligten ist im Beförderungsgewerbe auch allgemein üblich[10]. Mitwirkungspflichten dieser Art ergeben sich in der Praxis besonders bei Transporten, bei denen die Fahrzeuge über besondere Beladeeinrichtungen verfügen, z. B. bei Transporten in Tank- und Silofahrzeugen[11]. In solchen Fällen liegen aber wohl häufig bereits Sondervereinbarungen der Parteien über die Verladung vor. Abweichende Vereinbarungen können sich auch auf einzelne Hilfstätigkeiten des KVO-Frachtführers bei der Verladung durch den Absender und umgekehrt beziehen. Mitwirkungspflichten der Frachtführers sind z. B. immer dann anzunehmen, wenn zur Ermöglichung des Ladens oder Entladens das Fahrzeug bewegt werden muß – was schon im Interesse des Frachtführers nur durch den zuständigen Fahrer erfolgen kann – etwa zur Benutzung von Ladeeinrichtungen des Absenders oder Empfängers[12]. Die mitwirkende Person kann sogar aus der Sicht des Sozialrechts in den Betrieb des anderen Vertragspartners vorübergehend eingegliedert sein[13]. Nach Auffassung von *Koller*[2] Rdn. 6 soll möglicher-

---

[8] *Koller*[2] Rdn. 9.
[9] Siehe dazu Rdn. 35 ff. Unrichtig daher, ein Entweder-Oder zwischen §§ 17 und 33 b KVO anzunehmen; so aber OLG München vom 23. 11. 1983, VersR **1985** 1137.
[10] So schon BGH vom 10. 11. 1954, VersR **1955** 40; vom 21. 3. 1958, VersR **1958** 376, 377 (beide Urteile zur RVO).
[11] Siehe schon OLG Koblenz vom 8. 12. 1961, VersR **1962** 458 f; *Willenberg*[4] § 17 Rdn. 21 ff; *Koller*[2] Rdn. 11.
[12] Zutreffend OLG Koblenz vom 8. 12. 1961, VersR **1962** 458 f. Nicht voll überzeugend daher OLG Hamburg vom 13. 12. 1979, VersR **1981** 1072.
[13] OLG Hamm vom 14. 6. 1976, VersR **1977** 869; BGH vom 7. 6. 1977, VersR **1977** 959; ähnlicher Fall ferner BGH vom 6. 12. 1977, VersR **1978** 150; siehe zum entgegengesetzten Fall BGH vom 13. 12. 1966, VersR **1967** 230 und BGH vom 21. 3. 1958, VersR **1958** 376.

weise ein besonderer Werkvertrag oder ein Gefälligkeitsverhältnis vorliegen. Insgesamt ist ein Frachtvertrag in vielen Fällen nur ordnungsgemäß durchführbar, wenn beide Parteien ihre Leistungen in das Ganze einbringen[14].

bb) Mitwirkung von Personal bei Pflichten des Vertragsgegners

Nach einer weitverbreiteten Auffassung soll, soweit der Absender zu verladen hat, **die Mitwirkung des Personals des Frachtführers**, insbesondere des Fahrers bei Verlade- und Entladearbeiten des Absenders oder Empfängers **ganz außerhalb des Frachtvertrages und auf volles Risiko des Ladungspflichtigen erfolgen**[15]. Gleiches soll für die Mithilfe des nicht entladepflichtigen Frachtführers beim Entladen gelten[16]. Umgekehrt soll jedoch der Absender für entsprechende Mithilfe seiner Leute voll verantwortlich sein[17]. 9

Diese Auffassung bedarf der Präzisierung. **Erfolgen die Hilfeleistungen aufgrund vertraglicher Nebenpflichten, so sind sie geschuldet**. Dann haftet z. B. der Frachtführer dem Vertragspartner für Verschulden des Fahrers als seines Gehilfen nach § 6 KVO[18]. Dies schließt nicht aus, daß es sich auch um eine bloße Gefälligkeit des Fahrers handeln kann, für die sein Arbeitgeber grundsätzlich nicht haftet[19]. Daß die Fälle unterschiedlich zu behandeln sein können, wird auch von der Literatur anerkannt für Fälle, in denen die Mitwirkung aus technischen Gründen erforderlich ist[20]. Aus den Mitwirkungspflichten ergeben sich notwendig entsprechende Sorgfaltspflichten, die zur Haftung oder Schadensteilung nach § 254 BGB führen können; siehe dazu Rdn. 22 ff. Auch Ladetätigkeiten aufgrund von Nebenpflichten unterfallen der Haftung nach § 33 b KVO[21]. 10

c) Sorgfaltspflichten

Die zusätzlichen **Sorgfaltspflichten** sind von der Pflicht zur Ausführung der Ladetätigkeit zu unterscheiden. Insbesondere im Hinblick auf die Verantwortung für betriebssichere Verladung (§ 17 Abs. 1 S. 3 KVO) kann den KVO-Frachtführer aus den besonderen Verhältnissen des Falles eine Kontrollpflicht treffen; siehe dazu Rdn. 26 ff. Aber auch andere Nebenpflichten während der Verladung oder als Folgen einer bestimmten Verladung sind möglich, insbesondere beiderseitige Hinweis- und Warnungspflichten bei erkannten Gefahren für Fahrzeug und/oder Ladung und die Pflicht zur vorsichtigen Behandlung bei Kenntnis bestimmter Verladungsarten und Risiken; siehe hierzu Rdn. 5, 6, 8, 10, 30, 36, 37; maßgeblich ist § 242 BGB. 11

2. Die Verteilung der Ladepflicht im besonderen
a) Gesetzliche Verteilung der Ladepflicht

§ 17 Abs. 1 KVO weist die Verladung von Ladungsgütern grundsätzlich dem Absender, die von Stückgütern dem KVO-Frachtführer zu. Die **Unterscheidung zwischen** 12

---

[14] Siehe z. B. OLG Koblenz vom 8. 12. 1961, VersR 1962 458 f. So auch *Koller*[2] Rdn. 9.
[15] BGH vom 28. 5. 1971, VersR 1971 755 f; OLG Hamburg vom 13. 12. 1979, VersR 1981 1072; OLG Hamm vom 19. 2. 1973, VersR 1974 28, 30 (zur CMR); *Willenberg*[4] Rdn. 13 f, § 33 Rdn. 14 ff; siehe dazu unten Rdn. 39 und § 6 Rdn. 11.
[16] *Willenberg*[4] Rdn. 63 f; *Muth/Andresen/Pollnow* S. 102.
[17] *Willenberg*[4] § 17 KVO Rdn. 18 f; *Muth/Andresen/Pollnow* S. 100 f.
[18] *Koller*[2] Rdn. 12.
[19] *Koller*[2] Rdn. 12; für den Absender bei Verladepflicht des Frachtführers Rdn. 6. Dabei soll der Absender aber nach §§ 34 c KVO, 278 BGB für die Handlungen seiner Leute einzustehen haben und trotz der bloßen Gefälligkeit auch sonst für sie einstehen müssen.
[20] *Willenberg*[4] § 17 KVO Rdn. 16 m. w. H.
[21] Siehe § 33 KVO Rdn. 5. Entgegenstehend auch nicht OLG Düsseldorf vom 27. 4. 1955, VersR 1955 547.

Stück- und Ladungsgütern ergibt sich aus § 4 KVO. Die Parteien können aber Abweichendes vereinbaren; insbesondere kann der KVO-Unternehmer die Verladung von Ladungsgütern gem. § 17 Abs. 1 S. 2 KVO übernehmen, aber auch umgekehrt[22]. Diese Vereinbarungen sind zwar nach § 11 Abs. 2 f KVO in den Frachtbrief einzutragen. Die Eintragung ist jedoch kein Wirksamkeitserfordernis; str., siehe § 11 KVO Rdn. 10 ff.

b) Abweichende Vereinbarungen
aa) Grundsätzliche Möglichkeit

13 **Aus der Art der Verladung kann sich** jedoch auch ohne formale Vereinbarung oder Frachtbriefeintragung bereits **eine Abweichung von der Grundregel** des § 17 Abs. 1 S. 1 KVO **ergeben**[23] Die bloße Mitwirkung von Personal des nicht Ladepflichtigen genügt allerdings nicht zur Annahme einer von der KVO grundsätzlich abweichenden Verteilung der Ladepflichten[24]. Übernimmt dagegen der KVO-Frachtführer die gesamte Verladung in eigener Regie im Einverständnis mit dem Absender, so trifft ihn die Verladepflicht. Ihm stehen gem. § 17 Abs. 3 letzter Satz KVO und IV Nebengebührentarif (Abdruck bei *Hein/Eichhoff* u. a. C 525) Ansprüche auf eine Ladegebühr zu. Die Vergütungspflicht ist nicht von einer Eintragung im Frachtbrief abhängig, sondern von der tatsächlichen Vereinbarung und Ausführung – wie dies auch bei der eigentlichen Fracht unbestritten der Fall ist; vgl. § 426 Rdn. 61. Sie ergibt sich überdies aus der Anwendung des § 354 HGB. Aus der Übernahme einer entgeltlichen Tätigkeit folgt, daß in solchen Fällen auch die sorgfältige Erbringung der Ladeleistung geschuldet ist[25]. Beim Abschluß einer Vereinbarung durch nicht vertretungsberechtigte Personen ergibt sich aus dem In-Rechnung-Stellen der Vergütung zumindest eine Genehmigung nach § 177 Abs. 1 BGB[26].

bb) Handeln außerhalb des Frachtvertrages?

14 Demgegenüber wird in der Spezialliteratur zur KVO durchweg die Auffassung vertreten, bei Ausführung der Verladung von Ladungsgütern ohne frachtbrieflichen Antrag handle der KVO-Frachtführer außerhalb seiner Verpflichtungen und damit auf Gefahr des Absenders[27]. Die Auffassung der Literatur beruht auf der Annahme, Abreden über die Verladung seien nach § 11 Abs. 2 f KVO ohne Eintragung in den Frachtbrief unwirksam. Siehe zu dieser nicht der neueren Rechtsprechung entsprechenden[28] und auch von den betreffenden Autoren nicht konsequent eingehaltenen Auffassung § 11 KVO Rdn. 10, 13.

15 Die in der Literatur überwiegend **vertretene Trennung von Tätigkeit und Verantwortung widerspricht den Grundsätzen** des schuldrechtlichen Vertragsrechts. Die Rechtslage im umgekehrten Fall entspricht dem in vollem Umfang. Der Absender kann

---

[22] Siehe z. B. BGH vom 28. 5. 1971, VersR **1971** 755, 756.
[23] BGH vom 23. 5. 1990, TranspR **1990** 328, 329 = WM **1990** 1873 ff = NJW-RR **1990** 1314 ff; auch früherer Rechtsprechung des BGH am Rand zu entnehmen, vgl. z. B. BGH vom 28. 5. 1971, VersR **1971** 755, 756; im Ergebnis ablehnend für das Befestigen von Kraftfahrzeugen auf einem Transporter OLG Düsseldorf vom 10. 5. 1979, VersR **1979** 862, 863.
[24] BGH vom 23. 5. 1990, TranspR **1990** 328, 329 = WM **1990** 1873 ff = NJW-RR **1990** 1314 ff; vom 28. 5. 1971, VersR **1971** 755, 756; OLG Düssel-
dorf vom 10. 5. 1979, VersR **1979** 862; OLG Frankfurt vom 15. 5. 1979, DB **1979** MDR **1979** 1026.
[25] BGH vom 23. 5. 1990, TranspR **1990** 328, 329 = WM **1990** 1873 ff = NJW-RR **1990** 1314 ff.
[26] BGH vom 23. 5. 1990, TranspR **1990** 328, 329 = WM **1990** 1873 ff = NJW-RR **1990** 1314 ff.
[27] *Züchner* VersR **1968** 723; *Voigt* VP **1971** 258. *Willenberg*[4] § 17 KVO Rdn. 13 beruft sich dafür zu Unrecht auf BGH vom 28. 5. 1971, VersR **1971** 755, 756.
[28] BGH vom 23. 5. 1990, TranspR **1990** 328, 330.

im Einverständnis mit dem Frachtführer die an sich diesem obliegende Verladung von Stückgütern vornehmen. Auch diese Abrede ist formlos gültig. *Willenberg*[4] Rdn. 28 will in diesem Falle die formlose Vereinbarung ohne Eintragung im Frachtbrief gültig sein lassen, obwohl auch für diese Vereinbarung § 11 Abs. 2 f KVO gelten müßte. Damit soll zugunsten des Frachtführers eine abweichende Vereinbarung nichtig sein. Für eine derart ungleiche Behandlung der Frage besteht kein ersichtlicher Grund.

cc) Abweichende Vereinbarungen als Erlaßvertrag?

Die abweichende Vereinbarung über die anderweitige Verladepflicht wird meist als Erlaßvertrag bezeichnet[29]. Doch dürfte eher eine Vertragsänderung gem. § 305 BGB in einer solchen Vereinbarung zu sehen sein, da derjenige, der abweichend vom ursprünglich Vorgesehenen nunmehr die Verladung übernimmt, nicht nur Rechte aufgibt, sondern auch neue Schutz- und Sorgfaltspflichten oder sogar die Ladepflicht selbst übernimmt.

16

dd) Fallgruppen abweichender Vereinbarungen

Eine abweichende Vereinbarung ist vor allem anzunehmen, wenn im konkretem Fall nach der **Natur der Sache** die Verladung abweichend von § 17 Abs. 1 KVO von einer bestimmten Partei übernommen werden muß, weil der anderen Partei die Ladeeinrichtungen hierzu fehlen. Dies kann z. B. bei Tank- und Silofahrzeugen, die mit den für die Verladung eingerichteten Pumpen vorgesehen sind, der Fall sein. Daher wird in der Literatur vielfach eine Verkehrssitte angenommen, die eine Mitwirkungspflicht des KVO-Unternehmers bei Beladung solcher Fahrzeuge schafft[30]. Die von *Roesch* aaO zitierte Entscheidung des OLG Hamburg vom 30. 11. 1973, VersR **1975** 708 ist aber für diese Frage nicht typisch, da in diesem Fall der Absender die Reinigung des Tankwagens in seiner eigenen Tankreinigungsanlage entgeltlich für den KVO-Unternehmer vor der Beladung übernommen hatte. Die betreffenden Fragen lassen sich vom formalen Ausgangspunkt des § 17 Abs. 1 KVO aus nicht sachgerecht lösen. Bei derartigen Ladevorgängen hat jede Partei die von ihrer Seite erforderlichen Handlungen sorgfältig auszuführen. Insbesondere hat der Absender empfindlicher Güter das Tankfahrzeug selbst zu überprüfen und vor der Behandlung Erkundigungen über die vorherige Verwendung einzuziehen, der Frachtführer demgegenüber die nötigen Aufklärungen zu geben. Die Verladung von Sammelgut durch den der KVO unterworfenen Sammelladungsspediteur ergibt sich ebenfalls aus der Natur der Sache, weil der Versender/Absender keinen Zugang zu diesem Vorgang hat[31].

17

Häufig liegen abweichende Vereinbarungen vor bei der **Verladung sperriger, überschwerer oder besonders empfindlicher Stückgüter**, deren Verladung entgegen § 17 Abs. 1 KVO nur vom Absender fachgemäß vorgenommen werden kann[32]. Nach vielfach vertretener Auffassung[33] soll sich die abweichende Verladepflicht bei solchen Stückgü-

18

---

[29] *Willenberg*[4] 21 zu § 17 KVO Rdn. 19 und 29; Muth/Andresen/Pollnow S. 103; *Züchner* VersR **1968** 723; *Voigt* VP **1971** 258; OLG München vom 2. 12. 1981, TranspR **1983** 149–150; dagegen *Koller*[2] Rdn. 2.

[30] *Willenberg*[4] § 17 KVO Rdn. 21 mit weiteren Angaben. *Roesch* VP **1976** 240 meint, der Absender habe alleine zu verladen und die Reinheit des Tankfahrzeugs zu prüfen.

[31] OLG Saarbrücken vom 8. 11. 1991, TranspR **1992** 33, 34.

[32] Z. B. OLG Düsseldorf vom 27. 4. 1955, VersR **1955** 547 f.

[33] *Willenberg*[4] § 17 KVO Rdn. 30, 72 ff; ebenso Muth/Andresen/Pollnow S. 98; OLG Frankfurt vom 15. 5. 1979, MDR **1979** 1026 f. Zu Unrecht wird jedoch das Urteil des BGH vom 21. 3. 1958, MDR **1958** 376 f zitiert, das sich nicht auf Vertragsinhalte, sondern auf die Zuordnung der Tätigkeit nach RVO bezieht.

tern **rein aus der Natur der Sache** ohne besondere Vereinbarung ergeben. Diese Auffassung läßt sich rechtlich kaum begründen[34]. Auch die von *Willenberg* hierfür zitierten BGH-Urteile vom 10. 11. 1954, VersR **1955** 40 und vom 21. 3. 1958, VersR **1958** 376 dekken diese These kaum. Das erstere betrifft nur eine Mitwirkung des KVO-Unternehmers bei der Verladung von Ladungsgut; das zweite einen Fall, in dem nicht einmal erörtert wurde, ob überhaupt Stück- oder Ladungsgut befördert werden sollte. In beiden Fällen handelte es sich um die Zuweisung der Unfallfolgen nach der RVO, nicht um frachtrechtliche Streitfragen. Dagegen begründet *Koller*[2] Rdn. 2 die Unwirksamkeit der abweichenden Vereinbarung der Ladepflicht bei entsprechendem Stückgut mit dem Verstoß gegen § 22 Abs. 2 GüKG und nimmt daher an, daß die Verladepflicht insoweit nicht wirksam geändert werden kann. Auch diese Auffassung ist abzulehnen, weil sie dazu führen würde, den Frachtführer mit einer subjektiv unmöglichen oder unzumutbaren Vertragspflicht zu belasten.

ee) Formlose Nebenpflichtvereinbarung

19 In aller Regel ist von einer formlosen Vereinbarung über die Verladung auszugehen, die auch die Mitwirkungspflichten regelt. Eine solche Annahme liegt vor allem deshalb nahe, weil die betreffenden Fälle meist eine regelmäßige Art der Ausführung der Transporte betreffen, sich also nicht auf einzelne Sonderfälle beziehen. Die Parteien haben sich bei Abschluß dieser Verträge durchaus etwas über die Nebenpflichten gedacht, aber im Hinblick auf das Tarifrecht des GüKG und der KVO diese Überlegungen nicht ausdrücklich zum Vertragsinhalt gemacht, sondern stillschweigend vereinbart. Sollte die Verladung beiden Parteien erhebliche Schwierigkeiten bereiten, so können die Konflikte kaum durch die „Natur der Sache" gelöst werden. Gerade dann ist die Notwendigkeit einer Vereinbarung in besonderer Weise gegeben. Sind nämlich beide Parteien nicht zur Verladung bereit, so liegt Dissens und damit Unwirksamkeit des Frachtvertrages bzw. des Wagenstellungsvertrages vor. Zweckmäßigerweise muß sich dann der Absender an ein Unternehmen wenden, das imstande ist, die Verladung durchzuführen. Bei der Frage, ob die Parteien sich über eine Übernahme der Verladung durch den Absender geeinigt haben, spielen freilich die Verhältnisse des Falles (**Natur der Sache**) als Auslegungskriterien auch stillschweigender Vereinbarungen eine gewichtige Rolle. Mit der Natur der Sache kann aber nicht der Verpflichtungswille der Parteien umgangen werden[35]. Die formlosen Nebenabreden über die Verladung sind auch nicht gem. § 22 Abs. 2 GüKG unwirksam[36], sondern begründen gegebenenfalls einen zusätzlichen Vergütungsanspruch. Abweichende Vereinbarungen können sich auch auf einzelne Hilfstätigkeiten des KVO-Frachtführers bei der Verladung durch den Absender und umgekehrt beziehen. Auch können sich solche Mitwirkungspflichten aus dem Beförderungsvertrag nach Treu und Glauben als Nebenpflichten ergeben. Vielfach sind solche Mitwirkungen auch durch die Verkehrssitte geboten.

20 Die hier vertretene **konsequente Einordnung der Tätigkeiten der Parteien als Erfüllung von Nebenpflichten aus dem Frachtvertrag** entspricht am ehesten der (nicht von Tarifvorstellungen vorgeprägten) Rechtswirklichkeit. Sie vermeidet unangemessene Ergebnisse, weil sie die Verantwortlichkeit nach Sachkriterien verteilt; auch

---

[34] *Koller*[2] Rdn. 2 lehnt daher diese Begründung der abweichenden Ladepflichten ab.

[35] Zutreffend daher OLG Düsseldorf vom 27. 4. 1955, VersR **1955** 547, das eine stillschweigende Sondervereinbarung annimmt.

[36] Siehe § 11 KVO Rdn. 10. *Koller*[2] § 11 Rdn. 1, 3, § 17 Rdn. 14.

unnötig komplizierte Konstruktionen wie Haftung trotz Gefälligkeitsverhältnis oder aus zusätzlich stillschweigenden Verträgen wie Werkverträgen werden vermieden[37].

Denkbar ist auch eine **Dienstverschaffungsabrede**, die eine Nebenpflicht einer Partei, eigene Leute dem Vertragspartner nur zur Mithilfe unter dessen Verantwortung zur Verfügung zu stellen, begründet[38]. Dann unterstehen diese dem Weisungsrecht des Vertragspartners. Derjenige, der die Dienste seines Personals dem anderen zur Verfügung stellt, haftet danach grundsätzlich nicht für dessen Fehler. Es ist aber denkbar, daß das Personal zugleich im Interesse seines eigentlichen Dienstherrn handelt und dieser sich deshalb ein Mitverschulden zurechnen lassen muß[39]. Die Dienstverschaffungsabrede ist wohl in der Regel kein selbständiger Vertrag, sondern eine an den Frachtvertrag gebundene Nebenvereinbarung[40]. **21**

3. Die Verteilung der Sorgfaltspflichten

Primär treffen die Sorgfaltspflichten denjenigen, der die Verladung durchzuführen hat. Doch können sich Abweichungen und Überschneidungen aus der Lage des Falles ergeben. **22**

a) Bei Verladung durch den KVO-Frachtführer

Hat der KVO-Frachtführer zu verladen, so übernimmt er damit auch die vollen Sorgfaltspflichten; siehe z. B. den Fall BGH vom 28. 5. 1971, VersR **1971** 755 f. Die Mitwirkung des Absenders beschränkt sich in diesen Fällen auf die zutreffende Information des Frachtführers, insbesondere durch richtige Eintragungen im Frachtbrief (siehe dazu § 13 KVO und dort Rdn. 2–5, 8). Im Falle der Mithilfe des Absenders treffen diesen die sich aus dem Umfang der Mithilfe ergebenden Sorgfaltspflichten, die sich aber auf die übernommene Mitwirkungshandlung zu beschränken haben. **23**

b) Bei Verladung durch den Absender

In diesem Falle wird die Verantwortlichkeit durch § 17 Abs. 1 S. 1 und 3 KVO aufgespalten. Der Absender schuldet die ordnungsgemäße, sorgfältige Ausführung der Verladetätigkeit. Dies ergibt sich nach allgemeinem Schuldrecht aus der Verpflichtung zum Laden. § 17 Abs. 1 S. 3 KVO erlegt jedoch dem Frachtführer die Verantwortlichkeit für betriebssichere Verladung auf. Ferner treffen ihn wie jeden Partner eines schuldrechtlichen Vertrages Sorgfaltspflichten allgemeiner Art, insbesondere zu Hinweisen über die Art der Verladung, soweit die Situation dies erfordert[41]. Dies leitet der BGH[42] teilweise aus der Obhutspflicht des Frachtführers her. Diese Bestimmung trifft nur hinsichtlich der Betriebssicherheit überhaupt eine Regelung über Sorgfaltspflichten der Parteien. Im übrigen bestimmt Abs. 1 S. 1, 2 nur, wer die Vornahme der Ladungstätigkeit schuldet. Wie bei allen anderen Verträgen bedürfen die Mitwirkungs- und Sorgfaltspflichten **24**

---

[37] Im einzelnen entwickelt von *Koller*[2] Rdn. 6.
[38] *Koller*[2] Rdn. 7, 12; *Willenberg*[4] Rdn. 26.
[39] Siehe etwa BGH vom 14. 7. 1970, VersR **1970** 934 ff (zur KFZ-Miete mit Dienstverschaffung).
[40] Dazu grundsätzlich *Koller*[2] Rdn. 7, der aber wohl stets von einem selbständigen Dienstverschaffungsvertrag ausgehen will. Die angeführten Entscheidungen des BGH vom 15. 2. 1978, VersR **1978** 522 und vom 14. 7. 1970, VersR **1970** 934 ff sagen zu dieser Frage nichts aus.
[41] BGH vom 21. 4. 1960, BGHZ **32** 194, 196 f = VersR **1960** 530 ff; vom 26. 10. 1961, VersR **1961** 1108 f; vom 24. 9. 1987, TranspR **1988** 108, 109 = VersR **1988** 244 ff (zur CMR); *Piper*[6] Rdn. 227; *Koller* DB 1988 589; *Koller*[2] Rdn. 13. *Willenberg* lehnte noch in der 3. Aufl. Rdn. 28, in Anlehnung an *Konow* und *Voigt*, solche Verpflichtungen mit dem Hinweis auf die ausschließliche Regelung der § 17 KVO ab.
[42] Vom 7. 11. 1961, VersR **1962** 37 und vom 20. 3. 1970, VersR **1970** 459, 460 f.

c) Beförderungssichere (ladungssichere) und betriebssichere Verladung
aa) Grundsätzliches

25 Bei Selbstverladung trifft die Obliegenheit[43] zur **beförderungssicheren (ladungssicheren) Verladung** zum Schutz der Ladung vor Schäden den Absender selbst. Es ist seine Aufgabe, die Ladung so auf dem Fahrzeug zu verstauen und zu befestigen, daß sie nicht durch Verrutschen, Herabfallen, Erschütterungen oder in ähnlicher Weise beschädigt wird[44]. Maßgeblich ist dabei ein normaler Fahrtverlauf; auch für Fälle plötzlichen Bremsens und ähnliche Zwischenfälle muß die Befestigung ausreichen[45]. Für diese Verladungstätigkeit gibt es anerkannte Standards in den VDI-Richtlinien; siehe Rdn. 3. Tiefkühlgut ist vom Absender während der Verladung ausreichend kühl zu halten[46]. Der Frachtführer ist jedoch für eine ordnungsgemäße Fahrweise verantwortlich; zumindest dafür, daß die Verkehrsregeln eingehalten werden[47]. Er ist ebenso dafür verantwortlich, daß durch vorher oder später unsorgfältig verladene Güter dritter Personen keine Schäden entstehen[48].

26 Der KVO-Frachtführer hat demgegenüber stets dafür zu sorgen, daß die **Betriebssicherheit des beladenen Fahrzeugs** nicht beeinträchtigt wird[49]. Unter Betriebssicherheit ist die Verkehrssicherheit i. S. des Straßenverkehrsrechts zu verstehen. Zu dieser Auslegung neigt der BGH schon im Urteil vom 21. 4. 1960, aaO. Die weitere Rechtsprechung hat sich in dieser Richtung verfestigt[50]. Der KVO-Frachtführer hat dafür zu sorgen, daß die Ladung das ordnungsgemäße Arbeiten der Vorrichtungen des Fahrzeugs nicht beeinträchtigt und den Fahrer bei der Handhabung dieser Vorrichtungen nicht behindert. In aller Regel gehört es zu den Pflichten des KVO-Frachtführers, dem Absender die Stelle der Ladefläche, an der vom Ladenden eine schwere Maschine auf dem Lastzug abgestellt werden muß, zu bestimmen[51]. Wird nach solcher Weisung die Maschine auf dem hinteren Teil des Anhängers eines unbeladenen Lastkraftwagens abgestellt und kommt durch die fehlerhafte Belastung der Anhänger auf einer Gefällestrecke ins Schleudern und kippt um, so trifft den KVO-Frachtführer die alleinige Verantwortung.

---

[43] Zutreffend *Koller*² Rdn. 9.

[44] Vom BGH im Urteil vom 12. 4. 1967, VersR **1967** 597, 599 entwickelte Formel; OLG Hamm vom 31. 3. 1980, NJW **1980** 2200 f = VersR **1980** 966 f; OLG Saarbrücken vom 8. 11. 1991, TranspR **1992** 33, 34 (Ausnahme bei Verladung von Sammelgut, die dem Sammelladungsspediteur obliegt); *Piper*⁶ Rdn. 226; zur CMR siehe Art. 17 Abs. 4 c CMR, Anh. VI nach § 452. *Willenberg*⁴ Rdn. 2 ff, mit Hinweisen auf (teilweise unveröffentlichte) instanzgerichtliche Rechtsprechung und mit zahlreichen Einzelheiten; *Koller*² Rdn. 10. Zum Unterschied dieser Regelung zu § 6 Abs. 1, 3 AGNB siehe BGH vom 23. 3. 1977, VersR **1977** 517, 518. Zu Haftung und Verschuldensbeweis § 34 KVO Rdn. 26 f.

[45] OLG Hamburg vom 15. 2. 1990, TranspR **1990** 242 f = VersR **1991** 205; auch für eine durch einen Dritten ausgelöste Notbremsung, OLG Düsseldorf vom 2. 4. 1984, MDR **1984** 945 (zu § 22 StVO).

[46] OLG Celle vom 22. 11. 1973, NJW **1974** 1095 f = VersR **1974** 383 f; *Piper*⁶ Rdn. 230. Zur Vorkühlung von Tiefkühlgut siehe § 34 KVO Rdn. 44.

[47] OLG Hamburg vom 15. 2. 1990, TranspR **1990** 242 f = VersR **1991** 205.

[48] *Willenberg*⁴ Rdn. 10; *Koller*² Rdn. 10; OLG Düsseldorf vom 13. 1. **1972** 178, 179 (zur CMR).

[49] Dies gilt auch außerhalb der KVO nach allgemeinen Grundsätzen, insbesondere nach Straßenverkehrsrecht; BGH vom 12. 11. 1992, NJW-RR **1993** 606 f (zu den AGNB).

[50] Siehe *Willenberg*⁴ Rdn. 33 ff mit weiteren Hinweisen; *Koller*² Rdn. 15. Zur Überschreitung der Ladungshöhe siehe BGH vom 26. 10. 1961, VersR **1961** 1108 f; *Piper*⁶ Rdn. 224; *Roesch* BB **1982** 20, 22 f.

[51] BGH vom 26. 3. 1962, NJW **1962** 1059 f = VersR **1962** 465, 466; vom 20. 3. 1970, VersR **1970** 459, 460; vom 24. 9. 1987, TranspR **1988** 108, 109 = VersR **1988** 244 ff (zur CMR); *Piper*⁶ Rdn. 227 f; OLG Düsseldorf vom 14. 7. 1987, TranspR **1987** 432 = VersR **1987** 1132 f (entsprechend zum Güternahverkehr).

Auch eine Pflicht zur Kontrolle, insbesondere zur Überprüfung, ob schwere Ladungsstücke ordnungsgemäß befestigt sind, ist zu bejahen[52]. Der Fahrer wird regelmäßig ermächtigt sein, dem Absender Anweisungen zur betriebssicheren Verladung zu geben; daraus folgt freilich keine Entlastung des Absenders von seiner Obliegenheit zu beförderungssicherer Verladung[53]. Wenn der Fahrer entgegen den Hinweisen des im Auftrag des Absenders Verladenden mit dem Hinweis, er habe es eilig, die Verzurrung einer schweren Maschine vereitelt und außerdem nicht besonders vorsichtig fährt, trifft den Frachtführer die alleinige Verantwortung[54].

Sind die Güter **nicht beförderungssicher verladen, ist aber dadurch die Betriebssicherheit des Fahrzeugs nicht in Frage gestellt**, ist nach § 17 Abs. 1 S. 3 der Frachtführer grundsätzlich nicht verantwortlich; etwa, wenn die vom Absender verladenen Güter unzureichend befestigt sind und durch Verrutschen beschädigt werden. Eine Verantwortlichkeit für eine solche Art der dem Absender obliegenden Verladung, die Beschädigungen des Guts während der Beförderung nach Möglichkeit ausschließt, kann aus § 17 Abs. 1 S. 3 KVO nicht hergeleitet werden. Insbesondere läßt sie sich nicht aus einer beim Unternehmer generell vorauszusetzenden größeren Vertrautheit mit der Verladung ableiten[55]. **27**

Kommt es wegen nicht betriebssicherer Verladung zum Unfall, beruht auch der dadurch entstandene Ladungsschaden auf der Verletzung der Sorgfaltspflicht des Frachtführers[56]. Dies gilt sogar dann, wenn das Fahrzeug nicht selbst beschädigt wird, wenn z. B. eine kopflastige Ladung in einer Kurve vom Fahrzeug kippt[57]. Die Zuweisung der Verantwortung zur betriebssicheren Verladung an den Frachtführer geschieht nach richtiger Auffassung nicht nur im Interesse der Allgemeinheit, sondern auch der Ladungsinteressenten; sie ist daher auch geeignet, entsprechende frachtvertragliche Sorgfaltspflichten zu begründen[58]. **28**

bb) Überschneidung der Sorgfaltspflichten

Die Sorgfaltspflichten von Absender und KVO-Frachtführer können sich überschneiden[59]. Die Schwierigkeit der Auslegung des § 17 Abs. 1 KVO ergibt sich daraus, daß S. 1 dem Absender die Pflicht zu einer bestimmten Tätigkeit, nämlich zum Verladen auferlegt, S. 3 aber für ein bestimmtes Ergebnis der Tätigkeit einen anderen, nämlich den Unternehmer verantwortlich macht[60]. Hieraus kann sich in den Fällen fehlender Betriebssicherheit sowohl eine Pflichtverletzung des Absenders als auch des KVO-Frachtführers durch mangelnde Überprüfung der Betriebssicherheit ergeben. Die Folge **29**

---

[52] BGH vom 9. 4. 1981, VersR **1981** 748, 749; dagegen OLG Hamm vom 22. 3. 1956, VersR **1957** 125, 126; *Willenberg*[4] Rdn. 40 ff; *Koller*[2] Rdn. 15. Zu den AGNB BGH vom 12. 11. 1992, NJW-RR **1993** 606 f.

[53] BGH vom 24. 9. 1987, TranspR **1988** 108, 109 = VersR **1988** 244, 245 (zur CMR); *Koller*[2] Rdn. 12.

[54] BGH vom 14. 7. 1972, VersR **1972** 1138, 1139.

[55] BGH vom 12. 4. 1967, VersR **1967** 597, 599; OLG Hamburg vom 2. 12. 1966, VersR **1967** 796, 797.BGH vom 9. 4. 1981, VersR **1981** 748, 749; *Koller*[2] Rdn. 13; a. A. OLG Hamm vom 22. 3. 1956, VersR **1957** 125, 126.

[56] BGH vom 9. 4. 1981, VersR **1981** 748 f.

[57] BGH vom 20. 3. 1970, VersR **1970** 459, 460. Die ältere Rechtsprechung der Oberlandesgerichte neigte zu einer einschränkenden Interpretation des § 17 Abs. 1 S. 3 KVO. OLG Düsseldorf vom 27. 4. 1955, VersR **1955** 547; OLG Celle vom 9. 11. 1959, VersR **1960** 55, 56; OLG Hamburg vom 2. 12. 1966, VersR **1967** 796 ff. *Willenberg*[4] § 17 KVO Rdn. 33 hat die in der Voraufl. Rdn. 27 vertretene Auffassung, die Pflicht, für betriebssichere Verladung zu sorgen, diene allein dem Schutze nicht an der Beförderung beteiligter Dritter, in der 4. Aufl. aufgegeben und sich dem BGH angeschlossen.

[58] Zutreffend *Koller*[2] Rdn. 16; *Willenberg*[4] Rdn. 43.

[59] BGH vom 20. 3. 1970, VersR **1970** 459, 460; *Piper*[6] Rdn. 230.

[60] BGH vom 21. 4. 1960, BGHZ **32** 194, 196 f = NJW **1960** 1201–1204 = VersR **1960** 530, 532.

kann in einer Schadensteilung nach § 254 BGB liegen[61]. In aller Regel wird sich diese Aufgabenteilung so auswirken, daß der Absender sorgfältig zu verladen, der Frachtführer dagegen die grundsätzlich für die Betriebssicherheit erforderlichen Anweisungen zu geben hat (z. B. Anweisung der Ladefläche) und die vom Absender vorgenommene Verladung auf Betriebssicherheit zu überprüfen hat[62].

30 Der **Rechtsprechung des BGH ist insgesamt zuzustimmen.** Sie belastet den KVO-Unternehmer zu Recht mit dem Risiko betriebssicherer Verladung, das zu seinem Kenntnis- und Einwirkungsbereich gehört und entlastet den Absender von Sorgfaltspflichten, die er in seiner Lage normalerweise nicht erfüllen kann. Der Frachtführer wird durch diese Rechtsprechung nicht mit zusätzlichen Pflichten belastet, da er nach öffentlichem Recht ohnehin die notwendigen Überprüfungen vorzunehmen hat. Ihm werden lediglich die Folgen der Pflichtverletzung gegenüber allen Betroffenen, auch dem Absender und Empfänger, auferlegt. Die Rechtsprechung des BGH wird in ihren Folgen für den KVO-Frachtführer durch die Berücksichtigung von Sorgfaltspflichten des Absenders und die damit herbeigeführte Schadensteilung gemindert. Siehe dazu insbesondere Rdn. 35 ff.

cc) Fallgruppen

31 (1) Die Verladung war **nicht beförderungssicher, die Betriebssicherheit des Fahrzeugs aber nicht beeinträchtigt**; verantwortlich ist allein der Absender[63]. Eine Überprüfungspflicht des KVO-Frachtführers auf „beförderungssichere Verladung" besteht danach grundsätzlich nicht[64]. Weist der Absender jedoch den Fahrer auf die besondere Gefahr beim Verladen einer schweren Kiste hin und ermahnt ihn, entsprechend vorsichtig zu fahren, trifft den Frachtführer das alleinige Verschulden[65], wenn er diese Hinweise nicht beachtet.

32 (2) Die Ladung war an sich **beförderungssicher** verladen, **aber die Betriebssicherheit des Fahrzeugs beeinträchtigt**; in diesen Fällen ist allein der KVO-Frachtführer verantwortlich[66].

33 (3) Die Verladung war **nicht beförderungssicher, dadurch war auch die Betriebssicherheit** des Fahrzeugs **gefährdet**, für die der Frachtführer verantwortlich ist. In diesen Fällen kommt es zur Schadensteilung gem. § 254 BGB[67]. In Betracht kommt auch eine Haftung aus § 823 Abs. 1 BGB, weil es sich nicht nur um die Verletzung spezieller Vertragspflichten, sondern allgemeiner Pflichten handelt[68].

---

[61] BGH vom 20. 3. 1970, VersR **1970** 459, 460; zu den AGNB BGH vom 12. 11. 1992, NJW-RR **1993** 606 f.; *Willenberg*[4] Rdn. 45 f. Unklar *Voigt* VersR **1970** 635 f, der § 254 bejaht, aber jede Kontrollpflicht ablehnt.

[62] BGH vom 20. 3. 1970, VersR **1970** 459, 460; siehe auch bereits BGH vom 21. 3. 1958, VersR **1958** 376, 377 und vom 12. 4. 1967, VersR **1967** 597, 599; nicht erst in Erwägung gezogen vom OLG Hamm vom 22. 3. 1956, VersR **1957** 125, 126; *Willenberg*[4] Rdn. 40 f.

[63] Fälle: BGH vom 12. 4. 1967, VersR **1967** 597 ff; vom 27. 1. 1970, VersR **1970** 318, 319 (Umstürzen einer unzureichend befestigten Maschine); OLG Düsseldorf vom 29. 11. 1979, VersR **1980** 276; OLG Nürnberg vom 24. 9. 1981, VersR **1982** 1166; OLG Hamm vom 22. 4. 1982, 18 U 53/82 (unveröff.).

[64] Zutreffend *Züchner* VersR **1963** 1103 ff.

[65] BGH vom 24. 9. 1987, TranspR **1988** 108, 109 = VersR **1988** 244, 245 (zur CMR).

[66] Fall: fehlerhafte Plazierung von Schwergut auf dem hinteren Teil des Anhängers bei guter Befestigung durch den Absender; BGH vom 26. 3. 1962, NJW **1962** 1059–1060 = VersR **1962** 465, 466 f.

[67] Fälle: BGH vom 21. 4. 1960, BGHZ **32** 194, 199 = NJW **1960** 1201–1204 = VersR **1960** 530–535; BGH vom 20. 3. 1970, VersR **1970** 459, 460; OLG Düsseldorf vom 10. 5. 1979, VersR **1979** 862, 863; OLG Frankfurt vom 15. 5. 1979, MDR **1979** 1026 f; OLG Hamm vom 31. 3. 1980, NJW **1980** 2200 f = VersR **1980** 966, 967; *Koller*[2] Rdn. 16; siehe auch Rdn. 37.

[68] *Koller*[2] Rdn. 16. Vgl. aber dazu § 429 Rdn. 241, 264.

Dabei ist es **nicht erforderlich, daß die mangelnde Betriebssicherheit zu einem Unfall des Fahrzeugs führt**[69]. Es reicht vielmehr aus, wenn die Betriebssicherheit fehlt und als Folge der unrichtigen Beladung zufällig nur die Ladung beschädigt wird. Dies ist z. B. der Fall, wenn eine kopflastige Ladung in einer Kurve wegen einer Gleichgewichtsstörung des Fahrzeugs von der Ladefläche kippt[70].

d) Überlagerung durch allgemeine schuldrechtliche Sorgfaltspflichten

Diese grundsätzliche Risikoaufteilung wird zusätzlich überlagert durch die allgemeinen schuldrechtlichen Sorgfaltspflichten der Parteien. Erkennt nämlich der KVO-Frachtführer, daß die Ladung nach der Art ihrer Verladung nicht ausreichend gegen Beschädigungen geschützt ist, so muß er den Absender auf diesen Umstand hinweisen. Hat er die Gefährdung der Ladung erkannt und setzt er die Beförderung (dazu noch auf einem besonders gefährlichen Weg) fort, so liegt darin eine Verletzung seiner allgemeinen Schuldnerpflicht[71]; Dies bedeutet jedoch nicht, daß der Frachtführer die Verladung daraufhin zu kontrollieren hätte, ob die Güter ausreichend vor Beschädigungen geschützt sind. Denn dies fällt nicht in seinen Verantwortungsbereich[72]. Ist mit Kenntnis des Fahrers ohne ausreichende Befestigung verladen, so muß er wenigstens vorsichtig fahren[73]. Entdeckt er eine fehlerhafte Stauung durch den Absender, darf er nicht nach provisorischem Zurechtstauen weiterfahren[74].

Andererseits trifft den verladenden Absender auch eine **Pflicht, den KVO-Frachtführer auf mangelnde Betriebssicherheit hinzuweisen,** wenn er diese erkannt hat. Mit Recht hat daher der BGH im Urteil vom 26. 3. 1962, NJW **1962** 1059 f = VersR **1962** 465, 467 die Tatsache, daß der Absender einen solchen Hinweis gegeben hatte, als jedes Verschulden ausschließend gewürdigt. Die Vernachlässigung dieser Hinweispflicht kann sogar zur alleinigen Verantwortlichkeit des Absenders führen, wenn die Betriebssicherheit durch Eigenschaften der Ladung gefährdet wird, die nur dem Absender bekannt sind, so daß der KVO-Frachtführer die mangelnde Betriebssicherheit ohne Hinweise auch bei Anwendung der erforderlichen Sorgfalt nicht erkennen konnte.

e) Verantwortung und Schadensteilung als Konsequenz

Die von der Rechtsprechung vorgenommene Aufteilung der Sorgfaltspflichten bei der Verladung führt in vielen Fällen zu einer schwer vorhersehbaren Teilung der Verantwortung und des Schadens nach § 254 BGB. Sie ist gleichwohl unvermeidlich. Denn eine optimale Sicherung von Ladung, Fahrzeug und Drittbeteiligung des Straßenverkehrs kann nur erreicht werden, wenn der KVO-Unternehmer mit seinen Kenntnissen und Erfahrungen über Fahrzeug und Transporttechnik und der Absender mit seinen Kenntnissen und Erfahrungen über Verladung und Risiken des von ihm zu verladenden Gutes zur Sicherheit beitragen[75]. Daher ist es angemessen und zweckmäßig, wenn beide Parteien gegebenenfalls auch in sich überschneidender Weise Verantwortung tragen.

---

[69] Freilich der wichtigste Fall; siehe *Willenberg*[4] Rdn. 43.
[70] BGH vom 20. 3. 1970, VersR **1970** 459 ff; *Koller*[2] Rdn. 16.
[71] BGH vom 20. 3. 1970, VersR **1970** 459 ff; BGH vom 24. 9. 1987, TranspR **1988** 108, 109 = VersR **1988** 244, 245 (zur CMR); OLG Hamburg vom 14. 3. 1969, VersR **1970** 51, 52; OLG Hamburg vom 4. 6. 1981, DVZ vom 1. 9. 1981, 7. Zweifelhaft eingehend LG Itzehoe vom 6. 7. 1967, VersR **1968** 892 f, das den Frachtführer, dessen Fahrer bei einer offensichtlich unsachgemäßen Verladung mitgeholfen hatte, nicht haften läßt.
[72] BGH vom 24. 9. 1987, TranspR **1988** 108, 109 = VersR **1988** 244, 245 (zur CMR); *Willenberg*[4] Rdn. 42; *Koller*[2] Rdn. 11.
[73] BGH vom 9. 4. 1981, VersR **1981** 748, 750.
[74] OLG Hamburg vom 4. 6. 1981, DVZ vom 1. 9. 1981, 7.
[75] Zutreffend BGH vom 21. 4. 1960, VersR **1960** 530, 532; BGH vom 20. 3. 1970, VersR **1970** 459, 460.

4. Freiwillige Mitarbeit des Personals beim Vertragsgegner

Eine besondere Problematik liegt vor, wenn Personal des nicht Ladungspflichtigen bei der Beladung oder Entladung „freiwillig" mithilft, wenn z. B. der Fahrer dem entladungspflichtigen Empfänger beim Entladen zur Hand geht[76]. Liegt wirklich ein rein „freiwilliges" Zugreifen des Fahrers vor, dann haftet der Frachtführer nicht für die im Rahmen dieser Eigenmächtigkeit begangenen Fehler des Fahrers[77]. Vielfach ist aber das Mithelfen in bestimmten Geschäftsbeziehungen üblich oder wird vom Empfänger erwartet. In diesen Fällen liegt eine stillschweigende Vereinbarung über die Mithilfe vor. Für den Güternahverkehr ist in § 6 Abs. 4 S. 2 AGNB die Verpflichtung des Frachtführers zur Leistung der ortsüblichen Hilfe ausdrücklich vorgesehen.

Der Fahrer kann auch vom Frachtführer **ermächtigt sein, seine Mithilfe anzubieten**. Aus der Tatsache der im Einverständnis mit seinem Dienstherrn angebotenen Mithilfe ergeben sich dann – ebenso wie beim rechtsgeschäftlichen Auftrag – Pflichten zu einem sorgfältigen Verhalten, auch wenn die Tätigkeit nicht besonders vergütet wird. Der Frachtführer haftet dann für das Verschulden des Fahrers. Das gleiche kann umgekehrt gelten, wenn Personal des Absenders oder Empfängers dem lade- oder entladepflichtigen Frachtführer hilft.

IV. Überladung (§ 17 Abs. 3)

40 § 17 Abs. 3 KVO trifft für den Fall der Überlastung des Fahrzeugs einige besondere Regelungen. Vorausgesetzt ist hierbei, daß der Frachtführer nach öffentlichem Recht mit überladenem Fahrzeug die Fahrt weder beginnen noch fortsetzen darf. War die Ladung durch den Absender zu verladen, so erlegt § 17 Abs. 3 KVO dem Absender alle mit der Abladung verbundenen Kosten und Risiken auf. Der Frachtführer hat ein Recht, die Abladung des Übergewichts zu verlangen, ferner das Übergewicht unterwegs auf Gefahr des Absenders abzuladen, Ansprüche auf Teilfracht und besondere Vergütung für Auf- und Abladung, Einlagerung und Wagenaufenthalt sowie besondere Beförderungsgebühren bei Weiter- und Rückbeförderung abgeladener Übergewichte. Durch das Abladen wird die Lieferfrist gehemmt (§ 26 Abs. 4 c KVO). Siehe im einzelnen *Willenberg*[4] Rdn. 48 ff.

41 **Generell ist der Frachtführer für die Einhaltung der verkehrsrechtlich zulässigen Gewichte verantwortlich**. Verlädt der Absender das Fahrzeug, trifft diesen jedoch die Verantwortung. Doch muß der Unternehmer ihm die zulässigen Ladegewichte mitteilen. Soweit sich nicht aus § 13 Abs. 2 KVO eine strengere Haftung ergibt, ergibt sich dann die Haftung des Absenders für Folgeschäden aus allgemeinen schuldrechtlichen Regeln, z. B. aus positiver Vertragsverletzung oder unerlaubter Handlung; *Koller*[2] Rdn. 17. Sie kann durch Mitverschulden des Frachtführers gemäß § 254 BGB gemildert sein, wenn dieser Informations- oder Hinweispflichten verletzt hat. Außerdem können besondere Verhältnisse Abweichungen von dieser Pflichtenverteilung mit sich bringen. Übernimmt der KVO-Unternehmer anstelle des Absenders die Gewichtskontrolle, so treten die in § 17 Abs. 3 bestimmten Folgen nicht ein.

V. Entladung

42 Die Entladepflicht ist in der KVO nicht geregelt. § 11 Abs. 2 f sieht jedoch die Eintragung von Vereinbarungen über die Entladung in den Frachtbrief vor, die aber keine

---

[76] Dazu grundsätzlich oben Rdn. 9 ff und § 6 KVO Rdn. 11.
[77] Die von *Koller*[2] Rdn. 8 befürwortete Haftung des Absenders überspannt die Verantwortlichkeit für Gehilfen.

Voraussetzung ihrer Wirksamkeit ist[78]. Nach § 33 b KVO ist die Entladungstätigkeit des Unternehmers in die Haftung einbezogen. In der Literatur ist danach nicht geklärt, wen die Entladepflicht trifft. Da das Laden und Entladen unterschiedliche Vorgänge sind, können Analogien zwischen Verladung und Entladung kaum weiterhelfen. So ist die Entladung von Ladungsgütern sehr häufig nur mit Hilfe des Fahrzeugs in wirtschaftlicher Weise möglich, während die Beladung durch den Absender erfolgen kann – etwa bei Schüttgütern oder Flüssigkeitstransporten in Tankwagen; dazu eingehend *Willenberg*[4] Rdn. 72 ff.

Richtigerweise wird die Frage **nach allgemeinem Schuldvertragsrecht zu beantworten** sein. Danach bedarf es grundsätzlich der Vereinbarung über die Entladungspflicht, deren Inhalt sich allerdings aus Verkehrssitten oder aus der Natur der Sache ergeben kann. Die Entladung von Tankfahrzeugen fällt z. B. häufig in den Verantwortungs- und Haftungsbereich des KVO-Frachtführers; das gleiche gilt für die Entladung von Massengütern durch Kippfahrzeuge und andere Spezialfahrzeuge mit Entladeeinrichtung. Der vertragsmäßige Einsatz solcher Fahrzeuge enthält in der Regel die Vereinbarung, der Frachtführer werde entladen[79]. Im übrigen muß davon ausgegangen werden, daß der Frachtführer zwar die Beförderung, nicht aber die Entladung übernimmt, wenn dies nicht besonders vertraglich vereinbart ist[80]. Denn die vertragliche Übernahme ist schon deshalb normalerweise nicht anzunehmen, weil der Fahrer eines Kraftfahrzeugs grundsätzlich kein Verladearbeiter und überdies gesetzlich zu Ruhepausen verpflichtet ist, für deren Zeit er keine anderen Tätigkeiten übernehmen darf. Dem KVO-Frachtführer ist im übrigen die Stellung von Entladepersonal am entfernten Entladungsplatz kaum möglich[81]. Der Vermerk „frei Haus" wird regelmäßig keine wirksame Vereinbarung der Entladepflicht des Frachtführers enthalten[82]. 43

Die somit bestehende grundsätzliche Entladungsobliegenheit oder -pflicht des Empfängers **kann allerdings nicht aus der Definition der Auslieferung abgeleitet werden**[83]. Denn die Auslieferung des Frachtguts (= Ablieferung) bedeutet die Verschaffung von Gewahrsam an der Ladung im Einverständnis mit dem Empfänger; unstreitig; siehe eingehend Anm. 12 zu § 429 HGB. Gehört das Entladen nach dem Vertrag zu den Aufgaben des Frachtführers, und ist der Empfänger nicht einverstanden, die Ladung dennoch selbst zu entladen, so kommt es nicht zur Ablieferung. Daher ist die Ablieferung von der Entladepflicht, nicht aber die Entladepflicht von der Ablieferung abhängig[84]. Etwas anderes gilt nur, wenn der Empfänger das Gut annimmt, in der Kenntnis, daß der Frachtführer nicht verpflichtet und nicht bereit ist, selbst zu entladen. In diesem Fall ist das Verhalten des Empfängers als vertragliche Übernahme der Entladepflicht gegenüber dem Frachtführer auszulegen. Denn beiden Parteien ist klar, daß ohne Übernahme der 44

---

[78] Siehe Rdn. 19; zur Entladung speziell auch *Koller*[2] Rdn. 19.
[79] BGH vom 13. 6. 1985, TranspR **1985** 329, 33 = VersR **1985** 1035 f; siehe auch BGH vom 30. 4. 1975, Deutsche Verkehrszeitung vom 10. 7. 1975 = gekürzt MDR **1975** 732 (zum Güternahverkehr).
[80] BGH vom 13. 6. 1985, TranspR **1985** 329, 330 = VersR **1985** 1035 f; BGH vom gleichen Tag, TranspR **1985** 331–333 = VersR **1985** 1036; OLG Celle vom 6. 4. 1955, VersR **1956** 93 = RdK **1955** 187 f. Dies gilt auch, wenn die KVO nach §§ 412, 413 HGB, 1 Abs. 5 KVO auf den Fixkostenspediteur anzuwenden ist und das Gut nur erst nach der Güterfernbeförderung geschädigt wird; OLG Stuttgart vom 2. 4. 1981, VersR **1982** 90.
[81] *Koller*[2] Rdn. 20.
[82] Grundsätzlich zutreffend *Willenberg*[4] Rdn. 66; *Muth/Andresen/Pollnow* S. 102; *Koller*[2] Rdn. 19.
[83] *Koller*[2] Rdn. 18. Siehe aber *Willenberg*[4] Rdn. 60, mit weiteren Hinweisen, insbesondere auf unveröffentlichte OLG-Rechtsprechung; *Endermann* VP **1967** 202.
[84] *Koller*[2] Rdn. 18; *Willenberg*[4] § 17 Rdn. 62; schief aber BGH vom 18. 11. 1977, VersR **1978** 148–149; siehe auch § 31 KVO Rdn. 2; § 33 KVO Rdn. 5.

45 Abzulehnen[85] ist hierbei die Auffassung, nach der eine Entladepflicht **nur durch Vermerk im Frachtbrief** gem. § 11 Abs. 2 f KVO übernommen werden kann[86]. Dies müßte konsequenterweise zu dem absurden Ergebnis führen, daß der KVO-Unternehmer beispielsweise zum Auspumpen von flüssigen Brennstoffen mit der fahrzeugeigenen Pumpe in den Tank des Empfängers nur verpflichtet wäre, wenn der Frachtbrief einen diesbezüglichen Vermerk enthielte. Für diesen Fall sieht *Willenberg*[4] Rdn. 72 auch wieder eine formlose Nebenvereinbarung zum Frachtvertrag als zulässig an. Im übrigen kann hierzu auf die Ausführungen in § 11 Rdn. 10 ff und § 17 Rdn. 13 zu (hinsichtlich der Verladung) Bezug genommen werden. Insbesondere erscheint es auch beim Entladen als selbstverständlich, daß Leistungs- und Sorgfaltspflichten mit den Gebühren nach dem Nebengütertarif im Einklang stehen. Abzulehnen ist die gekünstelte Unterscheidung beim Entladen von Tankfahrzeugen durch Schwerkraft (Verpflichtung des Frachtführers) und durch Pumpe (keine Verpflichtung ohne Frachtbriefvermerk, wie sie von *Voigt* VP **1967** 85 und dem dort wiedergegebenen Urteil des LG Köln vertreten wird). Ergibt sich aus den Vereinbarungen, aber evtl. auch aus den Verhältnissen des betreffenden Falles gem. § 242 BGB ein Zusammenwirken von Frachtführer und Absender bei der Entladung[87], so bestehen auch entsprechende Sorgfaltspflichten. Es kann daher auch hier zu einer Schadensteilung nach § 254 BGB kommen.

46 Wesentlich kommt es also auf die **Auslegung**[88] des gegebenenfalls stillschweigend abgeschlossenen Vertrages an. Der Vermerk „frei Haus" gibt keine Hinweise auf eine Entladungspflicht des Absenders[89]. Die vom Frachtführer übernommene Entladepflicht bedeutet grundsätzlich auch nicht die Übernahme einer Transportpflicht bis zu einem bestimmten Platz im Bereich des Empfängers[90]. Jedoch kann sich aus den Umständen etwas anderes ergeben[91]. Die Entladung von Tank- und Silofahrzeugen wird häufig Pflicht des Empfängers sein, wenn dieser über entsprechende Entladeeinrichtungen verfügt. Dabei wird der Frachtführer regelmäßig mitzuwirken haben; z. B. Schläuche am Fahrzeug anzuschließen[92]. Hat die Entladung durch eine vom Empfänger gestellte Druckluftanlage zu erfolgen, trifft diesen die Pflicht, die Tauglichkeit der verwendeten Schläuche zu überprüfen.[93] Nimmt der Empfänger das Frachtgut vom Frachtführer an, ohne daß dieser es ausgeladen hat, so wird sich in aller Regel seine stillschweigende Verpflichtung zur Entladung begründen lassen.

47 **Fehlt es an jeder,** auch stillschweigenden, **Vereinbarung,** muß davon ausgegangen werden, daß der Frachtführer nur den Transport, nicht die Entladung schuldet; siehe

---

[85] BGH vom 13. 6. 1985, TranspR **1985** 329, 330 = VersR **1985** 1035 f; BGH vom gleichen Tag, TranspR **1985** 331 f = VersR **1985** 1036; offenlassend für den Fall der Nichtausstellung eines Frachtbriefs schon BGH vom 9. 11. 1979, VersR **1980** 181, 182 = TranspR **1980** 94 f; OLG Düsseldorf vom 29. 9. 1988, TranspR **1989** 10, 11; der Sache nach für stillschweigende Vereinbarung auch OLG München vom 2. 12. 1981, TranspR **1983** 149, 150; *Muth/Andresen/Pollnow* S. 103.

[86] *Willenberg*[4] Rdn. 65, der aber aus den Umständen (Tank- und Silofahrzeuge) erhöhte Mitwirkungspflichten ableitet; dort Rdn. 72. Siehe dazu oben Rdn. 17.

[87] Siehe z. B. OLG Koblenz vom 8. 12. 1961, VersR **1962** 458 f.

[88] Eventuell auch ergänzende Auslegung; *Koller*[2] Rdn. 18.

[89] Siehe Rdn. 43 a. E.

[90] *Willenberg*[4] Rdn. 67.

[91] So etwa aus der Klausel „frei Aufbauraum"; BGH vom 9. 11. 1979, VersR **1980** 181, 182 = TranspR **1980** 94 f.

[92] Dazu eingehend *Willenberg*[4] Rdn. 72 ff.

[93] OLG Düsseldorf vom 29. 9. 1988, TranspR **1989** 10, 12 (zur CMR); *Willenberg*[4] Rdn. 73. OLG München vom 2. 12. 1981, TranspR **1983** 149, 150 nimmt allerdings in einem solchen Fall eine Entladepflicht des Frachtführers an.

Rdn. 42 ff. Daher trifft in der Regel den Empfänger eine Obliegenheit zum Entladen. Fehler bei der Entladung gehen daher zu seinen oder des Absenders Lasten; *Koller*[2] Rdn. 21.

§ 18
Verpackung, Zustand und Bezeichnung des Gutes

(1) Der Absender hat das Gut, soweit dessen Natur eine Verpackung erfordert, zum Schutze gegen gänzlichen oder teilweisen Verlust oder gegen Beschädigung sowie zur Verhütung einer Beschädigung von Personen, Betriebsmitteln oder anderen Gütern sicher zu verpacken.

(2) Ist der Absender dieser Vorschrift nicht nachgekommen, so kann der Unternehmer die Annahme des Gutes ablehnen oder auf Kosten des Absenders die Verpackung vervollständigen oder verlangen, daß der Absender im Frachtbrief das Fehlen oder die Mängel der Verpackung anerkennt.

(3) [1]Der Absender haftet für alle Folgen des Fehlens oder des mangelhaften Zustandes der Verpackung. [2]Er hat insbesondere dem Unternehmer den Schaden zu ersetzen, der ihm aus solchen Mängeln entsteht. [3]Sofern das Fehlen oder der mangelhafte Zustand der Verpackung im Frachtbrief nicht anerkannt ist, hat der Unternehmer die Mängel nachzuweisen.

(4) Nimmt der Unternehmer ein Gut zur Beförderung an, das offensichtlich Spuren von Beschädigungen aufweist, so kann er verlangen, daß der Absender den Zustand des Gutes im Frachtbrief besonders bescheinigt.

(5) [1]Stückgüter hat der Absender haltbar, deutlich und in einer Verwechslungen ausschließendem Weise zu zeichnen. [2]Die Zeichen müssen mit den Angaben im Frachtbrief übereinstimmen. [3]Alte Anschriften und Zettel müssen entfernt oder deutlich durchstrichen sein.

Übersicht

	Rdn.		Rdn.
A. Verpackung	1	cc) Schutz des Fahrzeugs und der Güter Dritter	13
I. Verpackungsbedürftigkeit	1	e) Zumutbarkeit	14
1. Grundsätzliches	1		
a) Zweck-Mittel-Verhältnis der Verpackungspflicht	2	II. Rechte des Frachtführers bei Verpackungsmängeln (§ 18 Abs. 2 KVO)	15
b) Verpflichtung oder Obliegenheit	3	III. Haftungsfolgen unzureichender Verpackung	19
2. Erforderlichkeit der Verpackung	4	1. Haftung des Absenders (§ 18 Abs. 3 KVO)	19
a) Nach Art der Güter	4	2. Haftungsbefreiung des KVO-Frachtführers	21
b) Im Hinblick auf Transportgefahren	5	3. Mitwirkendes Verschulden	22
aa) Typische Transportgefahren	5	B. Annahme beschädigter Güter (§ 18 Abs. 4 KVO)	24
bb) Gefahren nach §§ 29, 30 KVO	8		
c) Erforderlichkeit und Handelsüblichkeit	9	C. Kennzeichnung (Signierung) der Güter (§ 18 Abs. 5 KVO)	25
d) Abgrenzung	10		
aa) Schutz gegen Frost und Hitze	11		
bb) Schutz vor Erschütterungen des Straßenverkehrs	12		

A. Verpackung
I. Verpackungsbedürftigkeit
1. Grundsätzliches

1 Gemäß § 18 Abs. 1 KVO hat der Absender das Frachtgut beförderungssicher zu verpacken. Hierfür ist der Absender alleine verantwortlich[1]. Diese Verpflichtung steht in engem Zusammenhang mit der Pflicht zur ordnungsgemäßen Verladung, § 17 Abs. 1 KVO; siehe daher zum Vergleich die dortige Kommentierung. Verpackungsmängel können zu Schäden beim Frachtführer, bei den Eigentümern mitverladener Güter, den mit dem Transport betrauten Personen und beim Absender (bzw. Empfänger) selbst führen. Die Schadensersatzpflicht des Absenders ist in § 18 Abs. 3 geregelt. Der Einfluß von Verpackungsmängeln auf die Haftung des Frachtführers für Schäden an den mangelhaft verpackten Gütern selbst richtet sich dagegen grundsätzlich nach § 29 ff KVO; siehe dazu Rdn. 21 f. Darauf, ob der Verpackungsmangel verschuldet ist, kommt es nicht an[2].

a) Zweck-Mittel-Verhältnis der Verpackungspflicht

2 Die Verpackungspflicht ist durch mehrere Faktoren abgegrenzt. Sie ist vor allem durch ihren Zweck bestimmt, wie er in § 18 Abs. 1 KVO definiert ist: Schutz des Frachtguts und der Güter Dritter. Auf der anderen Seite steht der Schutz vor unterschiedlichen Gefahren. Grundsätzlich läßt sich daher sagen, daß die Verpackung erforderlich ist, die das Frachtgut vor Verlust und Beschädigung und Person und Güter des Frachtführers und Dritter vor Schäden durch solche Gefahren schützt, die dem Absender zugewiesen sind. Da die Verpackungsmöglichkeiten je nach Kostenaufwand sehr variabel sind[3], ist eine Grenze für die erforderlichen Verpackungsmaßnahmen festzulegen. Diese hat sich am konkreten Fall zu orientieren. Leitsätze wie etwa der des OLG Frankfurt „Eine Verpackung kann schon dann als nicht ordnungsgemäß[4] ... anzusehen sein, wenn sie bereits gebraucht war", sind falsch oder zumindest irreführend, weil sich aus dem Mehrfachgebrauch von Verpackungen regelmäßig kein solcher Schluß ziehen läßt. Das Zweck-Mittel-Verhältnis spielt auch im Umweltrecht eine erhebliche Rolle, insbesondere bei der Beförderung gefährlicher Güter[5] und im Hinblick auf Müllvermeidung und Recycling-Erleichterung[6].

b) Verpflichtung oder Obliegenheit

3 Soweit das Gut selbst der Verpackung zum Schutz gegen Schäden bedarf, läge an sich nur eine Obliegenheit des Absenders zum Schutze seiner eigenen Interessen vor; jedoch soll die Verpackung auch dem notwendigen Schutz der beteiligten Personen, des Beförderungsmittels und anderer Güter dienen[7]. Insoweit ist eine echte Schuldnerverpflichtung gegeben. Abgesehen von dem selbstverständlichen Fall, daß die Verpackung für den Transport technisch notwendig ist (z. B. Verpackung von Flüssigkeiten in Fässern), ist die Notwendigkeit der Verpackung immer dann anzunehmen, wenn der Schutz des

---

[1] OLG Düsseldorf vom 29. 11. 1979, VersR **1980** 276.
[2] *Koller*² Rdn. 2 gegen BGH vom 19. 11. 1959, BGHZ **31** 183 ff = VersR **1960** 30, 31.
[3] Siehe zur Frage der Wirtschaftlichkeit von Verpackungen *Mattei* in: *Rühle von Lilienstern/Stabenau* RKW-Handbuch Transport, 9120 S. 31 ff; *Koller* VersR **1993** 519 ff.
[4] OLG Frankfurt vom 15. 11. 1984, TranspR **1986** 276 (zum Eisenbahnrecht); zustimmend *Koller*² Rdn. 2; *Willenberg*⁴ Rdn. 10.
[5] Siehe dazu Hinweise in § 425 Rdn. 16 ff.
[6] Dazu *Henselder-Ludwig* VerpackV vom 12. 6. 1991, Textausgabe mit Einführung, Anmerkungen und Materialien, BAnz Nr. 133a vom 21. 7. 1992.
[7] BGH vom 19. 11. 1959, BGHZ **31** 183 ff = VersR **1960** 30, 31.

betreffenden Gutes oder von Rechtsgütern anderer vor Einwirkungen des Gutes die Verpackung erfordert[8].

2. Erforderlichkeit der Verpackung
a) Nach Art der Güter

Die Verpackungspflicht besteht nicht für alle Güter in gleicher Weise, sondern nur, soweit ihre Natur eine Verpackung erfordert. Diese Aussage wird in § 18 Abs. 1 KVO durch die Angabe der Zwecke der Verpackung weiter präzisiert. Bei manchen Gütern ist die Verpackung zum Schutz Dritter kaum erforderlich. Z. B. Teppiche können Schäden an Gütern Dritter kaum hervorrufen; sie bedürfen auch selbst (in einem einwandfreien Fahrzeug; siehe Rdn. 7) keines Schutzes durch Verpackung[9]; ebenso Textilien bei Beförderung in geschlossenen oder bedeckten Fahrzeugen[10]. Gleiches gilt für unempfindliche Güter anderer Art, wenn sie so verladen sind, daß sie das Fahrzeug und andere Güter nicht beschädigen können. Dagegen müssen z. B. Aluminiumpaneele in Wellpappverpackungen durch Unterlage von Holzrosten oder Brettern gegen Verbiegen geschützt werden[11]. Streitig ist, ob besonders wertvolle Güter einer besseren Verpackung bedürfen. Aus Gründen der Zumutbarkeit wird man dies bejahen müssen[12]. Für die Verpackungsnotwendigkeiten und -techniken gibt es internationale Richtlinien, insbesondere die Richtlinien für das Packen und Sichern von Ladung in Containern und auf Straßenfahrzeugen (Container-Pack-Richtlinien); siehe § 425 Rdn. 186.

4

b) Im Hinblick auf Transportgefahren
aa) Typische Transportgefahren

Der Schutz vor Transportgefahren bezieht sich auf die normalen Beförderungsrisiken wie Scheuern, Einfluß von Wärme und Kälte[13], Geruchseinflüsse, Verschmutzung u. ä., Austrocknen, Oxydation[14], für die der Frachtführer nicht haftet. Die Verpackung ist dabei nach dem für den Absender erkennbaren Risiko zu gestalten. Gegebenenfalls hat der Frachtführer ihn darauf aufmerksam zu machen, welche anderen Güter beigeladen werden sollen. Auch gegen die normalen, durch den Straßenverkehr bedingten Erschütterungen muß das Gut durch Verpackung geschützt sein; siehe Rdn. 12. Dazu gehören auch die normalen Risiken wie hartes Bremsen und Fliehkraftbewegungen bei Kurven[15]. Besondere Witterungsverhältnisse, wie scharfer Frost bei frostempfindlicher Ware, können eine Verpackungspflicht begründen[16]. Diebstahl und Raub sind grund-

5

---

[8] Siehe zu den Funktionen der Verpackung *Möhrlin* in: RKW-Handbuch Transport, hrsg. *Rühle von Lilienstern/Stabenau* (Loseblatt) 4760 mit Literaturhinweisen auf S. 19 f; *Mattei*, ebenda 9120 S. 41 ff.

[9] OLG Hamburg vom 28. 6. 1984, TranspR **1985** 114.

[10] OLG Nürnberg vom 12. 4. 1991, TranspR **1992** 63, 64 f (zur CMR).

[11] AG Karlsruhe vom 20. 9. 1991, IZ **1992** 95 f.

[12] OLG Düsseldorf vom 27. 10. 1983, TranspR **1984** 109, 111 (zu AGNB); dagegen *Koller*[2] Rdn. 1.

[13] Siehe § 34 S. 1 c KVO; Fall zur Bildung von Kondenswasser durch Wechsel von Frost und Wiedererwärmung BGH vom 15. 12. 1976, VersR **1977** 174, 176; Schutz von Früchten vor Frost, OLG Frankfurt vom 11. 6. 1992, EIW **1992** 1026 (zur CMR).

[14] Siehe *Willenberg*[4] Rdn. 5 mit weiteren Hinweisen; *Muth/Andresen/Pollnow*.

[15] OLG Celle vom 18. 4. 1977, VersR **1977** 911 f; *Willenberg*[4] Rdn. 11; auch bei besonders schlechten Straßen: OLG Hamburg vom 29. 5. 1980, VersR **1981** 539 (zur CMR). Dazu *Bischoff* VersR **1981** 539. Zur Verpackungsbedürftigkeit eines Motorrads beim Eisenbahntransport wegen der Umkippgefahr siehe LG Köln vom 27. 5. 1991, IZ **1992** 66 ff; AG Karlsruhe vom 8. 8. 1991, IZ **1992** 93 f.

[16] Beiläufig BGH vom 19. 11. 1959, BGHZ **31** 183 ff = VersR **1960** 30, 31; BGH vom 12. 5. 1960, BGHZ **32** 297 ff = VersR **1960** 627, 628. Dazu § 18 Rdn. 11; § 34 Rdn. 28; *Willenberg*[4] § 30 KVO Rdn. 4.

sätzlich keine besonderen Gefahren, gegen die das Gut durch besonders gestaltete Verpackung zu schützen ist. Daher sind handelsübliche Aufschriften auf Kartons, aus denen Diebe Informationen über Art und Wert gewinnen könne, kein Verpackungsmangel[17].

6 Maßgeblich ist der **konkret vorgesehene Transport**. Ist etwa mit mehreren Umladungen zu rechnen, muß die Verpackung darauf eingestellt werden[18]. Gleiches wird zu gelten haben, wenn der Frachtführer den Abs. auf eine ungewöhnlich schlechte Wegstrecke hinweist. Eine solche Hinweispflicht kann sich aus den Umständen ergeben, *Koller* VersR **1993** 519, 522.

7 Bei allen diesen Überlegungen ist aber davon auszugehen, daß der Schutz des Gutes **durch ein ordnungsgemäßes Fahrzeug gewährleistet** ist[19]. Undichte Planen des LKW gehören daher in den Risikobereich des Frachtführers, der für Schäden durch Regenwasser zu haften hat[20]. Verwendet der Frachtführer ohne besondere Vereinbarung einen nicht durch Planen gedeckten Wagen, kann er sich nicht darauf berufen, der Absender hätte die Güter gegen Regenwasser verpacken müssen[21]. Auch gegen die Gefahr eines verschmutzten Fahrzeugs braucht der Absender das Gut nicht durch Verpackung zu schützen[22]. Die bewußte Verladung in einen völlig ungeeigneten LKW kann aber ein Mitverschulden begründen[23]. Auf der anderen Seite braucht der Absender das Gut auch nur so zu verpacken, wie es das bestellte Fahrzeug erfordert, beispielsweise ein Kühlfahrzeug[24].

bb) Gefahren nach §§ 29, 30 KVO

8 Die Verpackung braucht keinen Schutz gegen die in §§ 29, 30 KVO dem Frachtführer auferlegten Risiken zu gewähren. Zumindest für Regen, Schnee, Hagel und Sturm (§ 30 a KVO) ist dies weitgehend unstreitig[25]. Dies dürfte auch für die Buchstaben b und c des § 30 KVO gelten. § 30 e nimmt teilweise selbst auf die Verpackung Bezug. Nach § 30 f sind Flüssigkeiten in Gefäßen grundsätzlich durch Verpackung gegen die normalen Beförderungsrisiken zu schützen.

c) Erforderlichkeit und Handelsüblichkeit

9 Maßgeblich für die Pflicht zur Verpackung ist nach einhelliger Auffassung nicht die Verkehrs- oder Handelsüblichkeit, sondern die konkrete Erforderlichkeit[26]. Ist z. B. die

---

[17] Zumindest, soweit eine neutrale Verpackung für den Absender erhebliche Kosten und Schwierigkeiten bereiten würde; OLG Frankfurt vom 19. 11. 1985, TranspR **1986** 231 ff (Eisenbahnrecht); ebenso *Koller*[2] Rdn. 2; *Koller* VersR **1993** 519, 522 f; ohne diese Einschränkung OLG München vom 7. 11. 1985, TranspR **1986** 234 f = VersR **1986** 678 (Eisenbahnrecht); *Willenberg*[4] Rdn. 16 mit weiteren Hinweisen.

[18] OLG Düsseldorf vom 27. 10. 1983, TranspR **1984** 109, 111 (zu AGNB); *Willenberg*[4] Rdn. 12.

[19] *Koller*[2] Rdn. 1; *Koller* VersR **1993** 519, 521.

[20] BGH vom 15. 12. 1976, VersR **1977** 174, 176; OLG Hamburg vom 28. 6. 1984, TranspR **1985** 114, 114. Eingehend auch zur Abgrenzung von höherer Gewalt *Willenberg*[4] Rdn. 4 f.

[21] OLG Frankfurt vom 25. 10. 1977, VersR **1978** 535 f (zur CMR); *Willenberg*[4] Rdn. 13; *Koller*[2] Rdn. 2.

[22] OLG Hamburg vom 19. 12. 1985, TranspR **1986** 146, 148 = VersR **1986** 162 (zur CMR); *Willenberg*[4] Rdn. 15; *Koller*[2] Rdn. 2.

[23] OLG Hamburg vom 28. 6. 1984, TranspR **1985** 114, 115; OLG Hamburg vom 19. 12. 1985, TranspR **1986** 146 = VersR **1986** 162 (zur CMR); *Willenberg*[4] Rdn. 15; siehe auch Rdn. 23.

[24] Zutreffend *Koller*[2] Rdn. 2 mit Hinweis auf BGH vom 25. 5. 1965, NJW **1965** 1593 ff, wo allerdings nichts zur Verpackung ausgesagt ist.

[25] BGH vom 19. 11. 1959, BGHZ **31** 183 ff = VersR **1960** 30, 31; vom 15. 12. 1976, VersR **1977** 174, 175; BGH vom 15. 12. 1976, VersR **1977** 174, 176; OLG Hamburg vom 28. 6. 1984, TranspR **1985** 114; *Willenberg*[4] Rdn. 3.

[26] BGH vom 19. 11. 1959, BGHZ **31** 183 ff = VersR **1960** 30 ff; OLG Nürnberg vom 12. 4. 1991, TranspR **1992** 63, 64 f (zur CMR); *Willenberg*[4] Rdn. 7, 10; *Piper*[6] Rdn. 232; *Muth/Andresen/Pollnow* S. 111; *Wussow* VersR **1964** 1119; *Voigt* VersR **1967** 22 f; *Hannig* VP **971** 220.

Verpackung aus Kostengründen vom Absender einfacher gestaltet, als dies zum vollständigen Schutz der Güter erforderlich wäre, so geht diese Sparmaßnahme, auch wenn sie verkehrsüblich ist, auf Kosten des Absenders[27]. Gleichwohl kann die Handelsüblichkeit eine gewisse Rolle spielen. Einmal kann man davon ausgehen, daß die handelsübliche Verpackung meist auch beförderungssicher sein wird. Zum anderen bedarf es einer Abgrenzung zwischen den vom Absender und den vom Frachtführer zu tragenden Risiken, die sich allein nach tatsächlichen Gesichtspunkten nicht treffen läßt. Zu der Frage, welche Verpackung für Lkw-Transporte erforderlich ist, haben sich in der Praxis gewisse **Standards** herausgebildet[28]. Teilweise sind Verpackungsmaßstäbe auch öffentlich-rechtlich festgelegt oder empfohlen[29].

d) Abgrenzung

Es bedarf somit einer Abgrenzung zwischen den Risikobereichen des Absenders (durch Verpackung verhinderbare Schäden) und des KVO-Frachtführers (durch Verpackung nicht verhinderbare bzw. gesetzlich dem Frachtführer auferlegte Transportgefahren). 10

aa) Schutz gegen Frost und Hitze

Gegen **Frost und Hitze** muß grundsätzlich der Absender die Güter durch entsprechende Verpackung und Wahl des Fahrzeugtyps (z. B. eines Kühlwagens) selbst schützen. Dies ergibt sich aus § 34 S. 1 k KVO[30]. 11

bb) Schutz vor Erschütterungen des Straßenverkehrs

Gegen Erschütterungen muß das Gut grundsätzlich durch entsprechende Verpackung geschützt werden. Doch beschränkt sich dies auf die Auswirkungen des normalen Straßenverkehrs. Umstritten ist daher, wie z. B. besonders schlechte Straßenverhältnisse zu bewerten sind. Unstreitig ist, daß die Verpackung auch Erschütterungen durch schlechte Straßen, Brems- und Ausweichmanöver und Fliehkrafteinwirkungen scharfer Kurven gewachsen sein muß[31]. In extremen Fällen, wie bei Auslandstranporten in Ländern mit besonders gelagerten Straßenverhältnissen, ist wohl eine Sonderverpackung erforderlich. Dies wirkt sich freilich im Bereich der KVO nicht aus, wohl aber in der CMR. 12

cc) Schutz des Fahrzeugs und der Güter Dritter

Ein solcher Schutz kann wegen der aggressiven Art der Güter erforderlich sein, insbesondere bei gefährlichen Gütern, für die es die entsprechenden Vorschriften im speziellen Gefahrgutrecht gibt[32]. Entsprechendes gilt aber auch bei Gütern, die wegen ihrer Eigenschaften gefahrträchtig sind, z. B. wegen ihrer Schwere oder Scharfkantigkeit, oder 13

---

[27] Zutreffend AG Nienburg vom 4. 7. 1973, VersR 1974 30 f.
[28] Siehe dazu die Fallgruppen bei *Willenberg*[4] Rdn. 13 ff; ferner *Heuer* Die Haftung des Frachtführers nach CMR, 94 ff. Zur Funktion der Verpackung siehe *Möhrlin* in *Rühle von Lilienstern/Stabenau* RKW-Handbuch der Verpackung Nr. 4760.
[29] So z. B. im Bereich der Gefahrguttransporte (siehe § 427 Rdn. 5); siehe ferner die Richtlinien für das Packen und Sichern von Ladung in Containern und auf Straßenfahrzeugen (Container-Pack-Richtlinien) der Internationalen Seeschiffahrts-Organisation (IMCO) und der Internationalen Arbeitsorganisation (ILO), deutsche Fassung 1990, BAnz Nr. 69 a vom 8. 4. 1992.
[30] BGH vom 12. 5. 1960, BGHZ **32** 297, 300 = NJW 1960 1617 f = VersR 1960 627, 628; OLG Frankfurt vom 11. 6. 1992, EIW 1992 1026 (zur CMR).
[31] OLG Celle vom 18. 4. 1977, VersR 1977 911, 912 (Steinzeugformstücke); *Willenberg*[4] Rdn. 11, zu den Straßenverhältnissen in Deutschland Rdn. 2; *Koller*[2] Rdn. 1; *Piper*[6] Rdn. 232.
[32] Siehe *Willinger*, TranspR **1981** 81 ff.

wegen der Gefahr des Rollens der Verpackung in Verschlägen oder Kisten bedürfen. Auch Geruchsausdünstungen können Schäden an mitverladenen Gütern oder auch am Fahrzeug verursachen. Hierbei kann sich der Schutz durch Verpackung auf die dem Absender erkennbaren Risiken (z. B. an beigeladenen empfindlichen Gütern) beschränken.

e) Zumutbarkeit

14   Die Abgrenzungen können jedoch nicht alleine nach technischen Gesichtspunkten getroffen werden. Denn vom technischen Standpunkt aus können auch extreme Beförderungsrisiken durch aufwendige Verpackungen ausgeschaltet werden. Andererseits verläuft die Grenze zwischen einer normalen Beförderung und besonders schadensanfälligen Situationen fließend (sehr schlechte Straßenverhältnisse, Notwendigkeit von Notbremsungen): Zur Grenzziehung wird daher auf die Zumutbarkeit eines bestimmten Verpackungsaufwandes abzustellen sein, wobei dem Absender mindestens die verkehrsübliche Verpackung jederzeit zuzumuten ist. Daß dem Absender ausnahmsweise auch ein Verpackungsschutz der Güter gegen Witterungseinflüsse zugemutet werden kann, schließt z. B. das Urteil des BGH vom 19. 11. 1959, BGHZ **31** 183 ff = VersR **1960** 30, 31 nicht aus, da es eine solche Verpackungspflicht nur „grundsätzlich" verneint.

II. Rechte des Frachtführers bei Verpackungsmängeln (§ 18 Abs. 2 KVO)

15   Dem Frachtführer stehen nach § 18 Abs. 2 KVO drei Möglichkeiten zur Verfügung: Die **Verweigerung der Annahme** des Guts bedürfte an sich keiner besonderen Erwähnung, da der KVO-Unternehmer ohnehin keinem Abschlußzwang unterliegt; § 7 KVO. Immerhin scheidet aber bei Verpackungsmängeln ein etwaiger Schadensersatz der KVO-Frachtführers aus Verschulden bei Vertragsschluß aus.

16   Die zweite Möglichkeit besteht darin, daß der KVO-Frachtführer die **Verpackung vervollständigen** und gem. § 670 BGB die Kosten dafür vom Absender verlangen kann[33]. Dazu ist er jedoch nicht verpflichtet. Er kann vielmehr den Absender auffordern, die Verpackung selbst zu ergänzen oder andere Weisungen anfordern. Notfalls kann er den Transport abbrechen und wie bei einem Beförderungshindernis verfahren. § 28 ist entsprechend anzuwenden[34].

17   Als dritte Möglichkeit steht ihm gegen den Absender ein **Anspruch auf Anerkenntnis des Fehlens oder der Mängel der Verpackung** im Frachtbrief zu. Bevor der Absender dieses Anerkenntnis erteilt hat, braucht der Frachtführer die Beförderung nicht auszuführen, auch wenn er das Gut bereits angenommen hat; § 273 BGB. Als **weitere Möglichkeit** setzt § 18 die Annahme der Güter und die Ausführung der Beförderung ohne solches Anerkenntnis voraus. Mit dieser wird durch den Unternehmer nicht etwa die ordnungsgemäße Verpackung anerkannt. Vielmehr bleibt nach § 18 Abs. 3 die anderweitige Möglichkeit des Nachweises mangelhafter Verpackung bestehen[35]. Allerdings verschlechtert sich die Beweissituation des KVO-Frachtführers[36]. § 18 Abs. 2 KVO ist nicht analog auf die Verladung anzuwenden; *Koller*[2] § 17 KVO Rdn. 9. Ein Anerkenntnis außerhalb des Frachtbriefes hat ebenfalls widerlegliche Beweiswirkung[37].

18   Die Beförderung von unzureichend verpackten Gütern ist in der Regel auch kein **Pflichtverstoß** des Frachtführers[38]. Er braucht auch die Verpackung bei Annahme nicht

---

[33] *Konow* TranspR **1988** 229, 231; *Koller*[2] Rdn. 4.
[34] *Koller*[2] Rdn. 4; *Willenberg*[4] Rdn. 4; *Willenberg*[4] Rdn. 21; *Konow* TranspR **1988** 229, 230.
[35] *Willenberg*[4] Rdn. 26; *Koller*[2] Rdn. 5.
[36] Siehe auch *Willenberg*[4] Rdn. 17.
[37] *Willenberg*[4] Rdn. 25; *Koller*[2] Rdn. 5.
[38] BGH vom 19. 11. 1959, BGHZ **31** 183 ff = VersR **1960** 30, 31 (beiläufig); *Willenberg*[4] Rdn. 17.

zu überprüfen³⁹. Immerhin kann aber aus der konkreten Lage des Falles heraus die Ausführung der Beförderung treuwidrig sein, etwa wenn der Frachtführer davon ausgehen muß, daß ein Schaden wahrscheinlich ist und er die Beförderung ohne Hinweis an den Absender ausführt⁴⁰. Eine Pflicht zu besonders sorgfältigem Fahren bei nicht gut verpackten Gütern kann ebenfalls aus der allgemeinen Sorgfaltspflicht abgeleitet werden. Auch die freiwillige Übernahme einer solchen Pflicht, die sich in bestimmten Fällen ohnehin aus § 242 ergeben würde, ist zulässig und verstößt nicht gegen § 22 Abs. 2 GüKG⁴¹.

III. Haftungsfolgen unzureichender Verpackung
1. Haftung des Absenders (§ 18 Abs. 3 KVO)

Den Absender trifft eine Haftung ohne Verschulden für alle Folgen mangelhafter Verpackung⁴². Der Frachtführer muß zur Begründung dieser Haftung das Fehlen oder die Mangelhaftigkeit der Verpackung sowie die Ursächlichkeit dieses Umstandes für den Schaden nachweisen. War der Schaden im Frachtbrief – oder auch in anderer Weise – schriftlich anerkannt, so erbringt dieses Anerkenntnis widerleglichen Beweis für die Verpackungsmängel; § 18 Abs. 3 S. 3. Der Beweis erstreckt sich nicht auf die Kausalität zwischen Verpackungsmangel und Schaden⁴³. Jedoch kann in manchen Fällen ein prima-facie-Beweis eingreifen⁴⁴ Auch eine Quittung des Fahrers über die intakte Verpackung ist widerleglich⁴⁵. Der Beweis für Bestehen und Ursächlichkeit eines Verpackungsmangels für einen Schaden kann nicht dadurch geführt werden, daß der Frachtführer nachweist, die Fahrt sei „normal" verlaufen. Hierfür bestehen keine Erfahrungssätze⁴⁶.

19

Ist der Schaden einem Dritten entstanden, z. B. dem Fahrer oder an Gütern anderer Absender, dann wird der Frachtführer in der Regel auch den Ersatz dieser Schäden verlangen können. Dies ist unzweifelhaft, wenn der Frachtführer selbst dem Dritten nach §§ 29, 30 c S. 1 KVO zum Ersatz verpflichtet ist und dann seine Ersatzleistung dem Absender als eigenen Schaden in Rechnung stellen kann⁴⁷. Darüber hinaus wird man dem Frachtführer aber auch in Fällen, in denen er dem Dritten gegenüber nicht oder nicht voll zum Ersatz verpflichtet ist, in der Regel die Liquidation des Drittschadens gestatten müssen, wie sie auch dem Absender bei Güterschäden zusteht⁴⁸. Im Hinblick auf die häufig in der mangelhaften oder fehlenden Verpackung liegende Sorgfaltspflichtverletzung kann aber auch der geschädigte Dritte Ansprüche aus §§ 823 ff BGB geltend machen. Ersatzansprüche wegen Personenschäden werden vielfach durch §§ 636, 637 RVO ausgeschlossen sein. Ob in solchen Fällen die den Schaden tragenden Berufsgenossenschaften Ansprüche nach § 116 SGB X erwerben können, ist zweifelhaft. Hat der

20

---

³⁹ OLG Hamburg vom 14. 3. 1969, VersR **1970** 51; *Willenberg*⁴ Rdn. 17; *Koller*² Rdn. 3.
⁴⁰ OLG Hamburg vom 14. 3. 1969, VersR **1970** 51, 52; OLG München vom 21. 2. 1992, TranspR **1992** 185, 186; *Willenberg*⁴ Rdn. 17; *Koller*² Rdn. 3.
⁴¹ A. A. *Koller*² Rdn. 2, 3, der solche Fälle aber mit Verschulden bei Vertragsschluß lösen will. Die Frage erledigt sich mit Inkrafttreten des Tarifaufhebungsgesetzes ab 1. 1. 1994.
⁴² Unstr., BGH vom 19. 11. 1959, BGHZ **31** 183 ff = VersR **1960** 30, 31; *Willenberg*⁴ Rdn. 27; *Koller*² Rdn. 6; siehe zu den ähnlichen Haftungstatbeständen der unrichtigen Frachtbriefausstellung und des Fehlens oder der Fehlerhaftigkeit der Begleitpapiere §§ 13 Abs. 1 und 12 Abs. 1 S. 4 KVO.
⁴³ Zutreffend *Wussow* VersR **1965** 1119; *Willenberg*⁴ Rdn. 33, 35.
⁴⁴ *Koller*² Rdn. 8; OLG Hamburg vom 12. 2. 1990, TranspR **1990** 242 f (zur Verladung).
⁴⁵ *Willenberg*⁴ Rdn. 35; siehe § 16 KVO Rdn. 24 f.
⁴⁶ BGH vom 4. 10. 1984, NJW **1985** 554 f = TranspR **1985** 125, 126 = VersR **1985** 133 f; *Koller*² Rdn. 8; *Willenberg*⁴ Rdn. 34 Rdn. 70; siehe dazu auch § 34 KVO Rdn. 27.
⁴⁷ Zutreffend *Willenberg*⁴ Rdn. 30; *Koller*² Rdn. 6.
⁴⁸ A. A. *Koller*² Rdn. 6; siehe jedoch § 429 Rdn. 157 ff.

Frachtführer die Verpackung vertraglich übernommen, insbesondere, wenn er den Container stellt und das Gut in diesen verlädt, haftet er dem Absender für Mängel des Containers nach Mietrecht und für Verstauungsmängel, wenn aus ihnen ein Schaden während der Beförderung entsteht, aus § 29 KVO, weil er sich auf Mängel selbstausgeführter Verpackung nicht berufen kann; anders wohl nur, wenn die Stauung auf Anweisungen des Absenders zurückzuführen ist[49].

2. Haftungsbefreiung des KVO-Frachtführers

21 In der älteren Literatur und Rechtsprechung wurde teilweise angenommen, der Frachtführer könne sich bei mangelhafter oder fehlender Verpackung gegenüber den Ersatzansprüchen auf § 34 S. 1 c KVO berufen, ohne daß es dabei auf ein Verschulden des Absenders ankomme[50]. Diese im Ergebnis richtige Auffassung kann aber in § 34 S. 1 c KVO keine Stütze finden, da diese Vorschrift Verschulden voraussetzt. Mit Recht ist daher anzunehmen, daß die mangelhafte oder fehlende Verpackung einen besonderen verschuldensunabhängigen Haftungsausschluß darstellt[51]. Nur bei dieser Annahme wird eine in sich einheitliche Risikozurechnung für alle Schäden, gleich ob sie beim Absender oder Frachtführer entstanden sind, erreicht[52].

3. Mitwirkendes Verschulden

22 Den KVO-Frachtführer trifft grundsätzlich keine Pflicht, die Beförderung unzureichend verpackter Güter abzulehnen oder ihre Verpackung zu vervollständigen; erst recht nicht die Geeignetheit der Verpackung zu überprüfen; *Voigt* VP **1969** 21. Dies ergibt sich eindeutig aus der Kann-Vorschrift des § 18 Abs. 2 KVO. Daraus kann aber nicht gefolgert werden, der Frachtführer sei niemals zu irgendwelchen Schutzmaßnahmen für unzureichend verpackte Güter verpflichtet. Vielmehr treffen auch den Frachtführer Schutzpflichten aus dem Frachtvertrag. Nach § 254 BGB besteht zunächst eine Obliegenheit, eigene Schäden zu verhindern oder gering zu halten. Auch zum Schutz des Absenders wird der Frachtführer aber in bestimmten Situationen etwas unternehmen müssen, wenn ihm die Gefahr durch die unzureichende Verpackung bekannt ist. In aller Regel wird ein Hinweis an den Absender erforderlich[53], aber auch ausreichend sein. Es können sich aber auch Situationen ergeben, in denen Vorsichts- oder Rettungsmaßnahmen von Seiten des Frachtführers erforderlich und diesem auch zumutbar sind. Nur für besondere Ausnahmefälle kann gefordert werden, daß der Frachtführer wegen mangelhaft verpackter Güter ganz besonders vorsichtig fährt[54]. Auch das Ruhen der Lieferfrist nach § 24 Abs. 4 f KVO tritt nur ein, wenn den KVO-Frachtführer kein Verschulden trifft. Inwieweit den Frachtführer ein Mitverschulden trifft, wenn er bei übermäßig emp-

---

[49] § 34 Abs. 1 c KVO; Werkmängelrecht ist auf diese Tätigkeit des Frachtführers nicht anzuwenden; a. A. *Koller*[2] Rdn. 6.

[50] BGH vom 19. 11. 1959, BGHZ **31** 183 ff = VersR **1960** 30, 31. Anwendung von § 34 S. 1 c ohne Eingehen auf die Verschuldensfrage: OLG Düsseldorf vom 29. 11. 1979, VersR **1980** 276; OLG Celle vom 18. 4. 1977, VersR **1977** 911 f; AG Nienburg vom 4. 7. 1973, VersR **1974** 30 f. Siehe auch *Willenberg*[4] Rdn. 28.

[51] So schon OLG Hamm vom 22. 3. 1956, VersR **1957** 125, 126; OLG Hamburg vom 27. 9. 1973, VersR **1974** 581, 582; *Voigt* VP **1962** 23, *Willenberg*[4] Rdn. 28 und *Hannig* VP **1971** 221; wohl auch *Piper*[6] Rdn. 232; *Koller*[2] Rdn. 7 will diesen Ausschluß auf Rechtsmißbrauch stützen.

[52] Zur Frage der Haftungsbefreiung wegen Verpackungsmängeln siehe auch Anm. 15 zu Art. 17 CMR, Anh. VI nach § 451. Dort ist auch die Frage, ob Container Verpackungen sind, erörtert.

[53] OLG München vom 21. 2. 1992, TranspR **1992** 185, 186; *Koller*[2] Rdn. 7; OLG Saarbrücken vom 8. 11. 1991, TranspR **1992** 33, 34 (Hinweispflicht, § 254 BGB).

[54] *Voigt* VP **1960** 53 ff und das dort zitierte Urteil des OLG Düsseldorf. Siehe zu den entsprechenden Problemen auch § 17 KVO Rdn. 35.

findlichem Gut nicht besonders vorsichtig fährt oder schlechte Wegstrecken meidet, ist umstritten[55].

Die **bewußte Verladung von an sich nicht verpackungsbedürftigem Gut in einen völlig ungeeigneten LKW** kann ein Mitverschulden des Absenders begründen[56]. Fraglich ist, ob die schwache Verpackung wertvoller Güter nicht im Hinblick auf die Schadenshöhe ein Mitverschulden begründen kann[57]. **23**

B. Annahme beschädigter Güter (§ 18 Abs. 4 KVO)

Bei Annahme offensichtlich (also ohne weiteres erkennbar) beschädigter Güter kann der Frachtführer vom Absender die Anerkennung der Mängel im Frachtbrief verlangen. Durch diese wird zu seinen Gunsten der Beweis erbracht, daß die betreffenden Beschädigungen bei Annahme zur Beförderung bereits vorhanden waren, also nicht während der Obhutszeit beim Frachtführer entstanden sind. Dieser Nachweis kann auch auf andere Weise als durch das Anerkenntnis erbracht werden. Der Frachtführer ist nach § 18 Abs. 4 KVO nicht verpflichtet, das ihm übergebene Gut auf Beschädigungen zu überprüfen; befördert er das Gut ohne solche Überprüfung, so erleidet er nur den Nachteil, zur Abwehr von Schadensersatzansprüchen des Absenders oder Empfängers nachweisen zu müssen, daß das Gut bei Annahme bereits beschädigt war[58]. Befördert der Frachtführer bereits offensichtlich beschädigtes Gut, können ihn besondere Sorgfaltspflichten aus § 242 BGB treffen[59]. **24**

C. Kennzeichnung (Signierung) der Güter (§ 18 Abs. 5 KVO)

Die dem Frachtführer übergebenen Stückgüter müssen nach § 18 Abs. 5 KVO deutlich und unverwechselbar mit dem Frachtbrief übereinstimmend bezeichnet (signiert) sein. Stimmen die Signaturen nicht mit den Frachtbriefangaben überein, so ist der Frachtbrief unrichtig ausgefüllt[60] – mit der Folge der Haftung des Absenders nach § 13 KVO[61]. Kommt es wegen fehlender oder unrichtiger Signierung zu Schäden am Frachtgut, so liegt in der Regel ein haftungsausschließendes Verschulden des Absenders nach § 34 S. 1 c KVO vor[62]. **25**

§ 18 Abs. 5 gilt unmittelbar nur für Stückgüter. Ladungsgüter brauchen daher vom Absender grundsätzlich nicht signiert zu werden; zur Abgrenzung zwischen Stück- und Ladungsgütern siehe § 4 KVO. Aus der Art der Beförderung kann sich aber auch bei Ladungsgütern eine Notwendigkeit der Signierung ergeben, z. B. wenn Teile einer Ladung an verschiedene Empfänger ausgeliefert werden sollen[63]. Sind Stückgüter vom Absender nicht signiert worden, so kann sie der KVO-Frachtführer selbst signieren und nach Nr. V Nebengütertarif (Abdruck bei *Hein/Eichhoff* u. a. C 525) die dort bestimmte Gebühr berechnen. Fehlende Signierung ist in der Regel Verschulden des Absenders **26**

---

[55] Dafür OLG Düsseldorf vom 29. 11. 1979, VersR **1980** 276 f; dagegen *Willenberg*[4] § 18 KVO Rdn. 11; *Koller*[2] Rdn. 1. Siehe auch § 34 KVO Rdn. 25.
[56] *Willenberg*[4] Rdn. 3 f mit weiteren Hinweisen.
[57] OLG Düsseldorf vom 27. 10. 1983, TranspR **1984** 109, 111 (zu AGNB) nimmt hier einen Verpackungsmangel an; dagegen *Koller*[2] Rdn. 1.
[58] Beispielsfall: OLG Hamburg vom 14. 3. 1969, VersR **1970** 51, 52; dagegen *Willenberg*[4] Rdn. 42.
[59] OLG Hamburg vom 14. 3. 1969, VersR **1970** 51, 52; *Willenberg*[4] Rdn. 39.
[60] Siehe hierzu § 11 Abs. 1 e und § 13 KVO sowie die Anmerkungen zu § 13, insbesondere Rdn. 10 zu den Fragen der Haftung.
[61] *Willenberg*[4] Rdn. 51; *Koller*[2] Rdn. 10.
[62] OLG Stuttgart vom 14. 4. 1954, VRS **6** 410, 415 f = VersR **1954** 399 (L);OLG Stuttgart vom 18. 3. 1975, VersR **1975** 729, 730; *Willenberg*[4] Rdn. 41.
[63] Siehe dazu *Willenberg*[4] Rdn. 44; *Koller*[2] Rdn. 10.

im Sinne von § 34 S. 1 c KVO. Den Frachtführer kann unter besonderen Umständen des Falles ein Mitverschulden treffen, wenn er nicht oder unrichtig signierte Güter falsch ausliefert[64].

§ 19
Annahme

[1]Wird die Frist, innerhalb der die Beladung regelmäßig beendet sein muß (Ladefrist), überschritten oder der wegen Unrichtigkeit oder Unvollständigkeit beanstandete Frachtbrief nicht innerhalb der Ladefrist berichtigt übergeben, so hat der Absender das tarifmäßige Wagenstandgeld zu zahlen. [2]Der Unternehmer kann, wenn die Ladefrist um mehr als 12 Stunden überschritten wird, das Gut auf Gefahr und Kosten des Absenders ausladen und auf Lager geben.

1 Seit dem 15. 5. 1989 gilt § 19 in neuer gekürzter Fassung; siehe § 1 KVO Rdn. 1.

2 § 19 Abs. 1 und 2 ist mit Wirkung zum 15. 5. 1989 weggefallen; siehe § 1 KVO Rdn. 1. Abs. 3 ist grundsätzlich gültig geblieben. Die Festsetzung der Ladefristen, die nach dieser Bestimmung vom RKB vorgenommen werden sollte, erfolgte durch den Erlaß des Reichsverkehrsministers vom 29. Oktober 1940 (RVkBl. **1940** B 321), dessen Fortgeltung jedoch zweifelhaft ist[1]. Dieser Erlaß hat folgenden Wortlaut:

„In Ausführung der §§ 19 und 25 KVO werden mit Zustimmung des Reichskommissars für Preisbildung folgende Be- und Entladefristen für den Güterfernverkehr mit Kraftfahrzeugen festgesetzt:

1. Die Ladefrist im Güterfernverkehr beträgt für je angefangene 10 000 kg 20 Minuten. Sie beginnt mit der Bereitstellung des Fahrzeugs, bei der Beladung frühestens mit dem Zeitpunkt der beantragten Bereitstellung.

2. Wird an mehreren Stellen für den gleichen Urversender oder Endempfänger be- oder entladen, so beginnt die Ladefrist mit der Bereitstellung an der ersten Be- oder Entladestelle.

3. Im Sammelgutverkehr steht dem Absender oder Empfänger für jeden Urversender bzw. Endempfänger eine Frist von 20 Minuten für je angefangene 1000 kg zu, beginnend mit der Bereitstellung des Fahrzeugs.

4. Die Ladefrist ruht an Sonn- und Feiertagen und von 20 bis 7 Uhr an Werktagen, sofern die Bereitstellung nicht für eine in diesen Zeitraum fallende Stunde beantragt worden ist. Sie ruht ferner während der Zeit, in der die Be- oder Entladung durch irgendwelche vom Verlader oder Empfänger nicht zu vertretende Umstände unterbrochen wurde. Sie ruht nicht, wenn dem Absender oder Empfänger bei Vorliegen besonderer Umstände zugemutet werden kann, das Be- oder Entladen auch innerhalb der Ruhezeiten vorzunehmen. Ist die Ladefrist vor Beginn der vorstehend verzeichneten Ruhezeiten abgelaufen, so ist Wagen- oder Ladestandgeld auch für die Ruhezeiten zu zahlen.

5. Abweichend von der allgemeinen Regelung können für Güter, die auf Grund ihrer Eigenart längere Ladezeiten beanspruchen, wie in kleinen Packungen gestapelte Waren (z. B. Zigaretten, Keks, Markenartikel, Konserven und dgl.) oder Güter, die unverpackt

---

[64] *Koller*[2] Rdn. 10; *Willenberg*[4] Rdn. 49.

[1] Dafür *Willenberg*[4] Rdn. 1; *Koller*[2] Rdn. 2; AG Hamburg vom 16. 7. 1991, TranspR **1991** 432 f. Dagegen *Herber* TranspR **1991** 434 f. Da die Festsetzung von Ladefristen letztlich auf tarifrechtlichen Erwägungen die Vertragsfreiheit einschränkt, sind abweichende Vereinbarungen nach Tarifaufhebungsgesetz (siehe vor § 1 GüKG, Anh. I nach § 452 Rdn. 1 ff) nicht mehr unzulässig.

in kleinen Einzelstücken verstaut werden (z. B. Porzellanwaren usw.), längere Ladefristen vereinbart werden".

§ 19 bezieht sich in der Regel nur auf Ladungsgüter, da Stückgüter vom Unternehmer zu verladen sind (§ 17 Abs. 1 S. 1 KVO). 3

Die **Rechtsfolge** der Fristüberschreitung besteht zunächst im Anspruch auf **Wagenstandgeld** nach § 19 S. 1[2]. Er setzt kein Verschulden voraus[3] und unterliegt dem Frachtführer-Pfandrecht nach § 440 HGB[4]. Standgeldansprüche sind unter Umständen auch aus anderen Gründen berechtigt, so zum Beispiel aus positiver Vertragsverletzung, wenn das leere Stehen des Fahrzeugs vom Absender oder Empfänger verschuldet ist. Im grenzüberschreitenden Transport unter CMR ist ein Standgeldanspruch in aller Regel nicht tariflich begründet. 4

Weitere Rechtsfolge ist das **Recht des Frachtführers zur Wiederausladung und Einlagerung des Frachtguts** nach § 19 S. 2. Diese Maßnahmen erfolgen auf Kosten und Gefahr des Absenders. Der Frachtführer haftet dabei nur für Verschulden (Sorgfalt eines ordentlichen Kaufmanns). 5

§ 20
Frachtberechnung

(1) [1]Die Fracht wird für die dem Unternehmer mit einem Frachtbrief übergebene Sendung berechnet. [2]Als eine Sendung dürfen nur Güter aufgeliefert werden, die dem Unternehmer von einem Absender und zur Auslieferung an einen Empfänger übergeben werden.

(2) [1]Güter, die an mehreren Stellen verladen oder an mehreren Stellen entladen werden, dürfen als eine Sendung nur dann behandelt werden, wenn sämtliche Einladestellen und sämtliche Ausladestellen jeweils innerhalb desselben die Tarifentfernung bestimmenden Gemeindebereichs (Gemeindetarifbereichs) liegen. [2]Wird eine Sendung zwischen Gemeindetarifbereichen derselben Gemeinde befördert, so kann vereinbart werden, daß die Fracht nur zum Teil oder nicht erhoben wird, wenn die Güter dieser Sendung anschließend mit anderen Gütern als neue Sendung weiterbefördert werden; das gleiche gilt, wenn die Güter dieser Sendung in einer vorausgegangenen Sendung befördert worden sind. [3]Die Vereinbarung ist in den Frachtbrief oder eine Anlage zu diesem einzutragen; sie ist nach Vorlage der für die Tarifüberwachung erforderlichen Unterlagen (§ 58 des Güterkraftverkehrsgesetzes) nicht mehr zulässig.

(3) [1]Mit einem Frachtbrief darf höchstens die Gütermenge aufgeliefert werden, die auf dem für die Beförderung gestellten Fahrzeug oder Lastzug verladen wird. [2]Es kann jedoch vereinbart werden, daß binnen eines Tages angebotene und verladebereite Güter bis zu 26 Tonnen als eine Sendung auf mehrere Fahrzeuge oder Lastzüge verteilt werden können. [3]Bei der Verteilung einer Sendung auf mehrere Fahrzeuge ist auf jedem Fahrzeug oder Lastzug eine Ausfertigung des Frachtbriefs mitzuführen. [4]Auf jeder Ausfertigung ist zu vermerken, daß die Sendung auf mehrere Fahrzeuge verteilt ist; § 10 Abs. 2 ist entsprechend anzuwenden.

(4) Der Tarif enthält die näheren Bestimmungen über die Frachtberechnung.

---

[2] Nr. VII Nebengebührentarif (Abdruck bei *Hein/Eichhoff* u. a. C 525).
[3] AG Köln vom 6. 12. 1985, Spediteur **1986** 60.
[4] OLG Düsseldorf vom 25. 11. 1976, VersR **1977** 1047, 1048.

1 Der 1989 nur geringfügig geänderte § 20 KVO hat **ausschließlich tarifrechtliche Bedeutung**[1]. Werden daher Sendungen entgegen den Vorschriften des § 20 unter einem Frachtbrief versandt, so folgt aus dem Verstoß gegen § 20 weder die Unwirksamkeit des Frachtvertrages noch des Frachtbriefs. Insbesondere entfaltet der Frachtbrief die vollen Wirkungen im Verhältnis zum Empfänger. Jedoch richtet sich die Frachtberechnung nach den Tarifvorschriften. Der in § 20 Abs. 1 umschriebene **Begriff der „Sendung"** deckt sich grundsätzlich mit dem entsprechenden frachtrechtlichen Begriff, der das unter einem Frachtvertrag versandte Gut beinhaltet, beschränkt ihn aber auf die unter einem Frachtbrief versandten Güter[2]. Siehe zu den tariflichen Fragen eingehender die Kommentierungen von *Willenberg*[4] Rdn. 2 ff und *Muth/Andresen/Pollnow* zu § 20 KVO.

2 Mit Inkrafttreten des Tarifaufhebungsgesetzes am 1. 1. 1994 (vor § 1 GüKG, Anh. I nach § 452 Rdn. 1) entfällt die tarifliche Grundlage der Vorschrift. Sie wird daher voraussichtlich bis dahin aufgehoben werden.

§ 21

Zahlung der Fracht

(1) Der Absender hat die Wahl, ob er die Fracht bei Aufgabe des Gutes bezahlen oder auf den Empfänger überweisen will.

(2) Der Unternehmer kann jedoch bei Gütern, die schnell verderben oder die wegen ihres geringen Wertes oder ihrer Natur nach die Fracht nicht sicher decken, Vorausbezahlung der Fracht verlangen.

(3) Der Absender kann als Freibetrag auch gewisse auf dem Beförderungsweg entstehende Kosten oder von diesen oder der Fracht einen bestimmten Betrag übernehmen.

(4) [1]Die Beträge, die der Absender übernehmen will, hat er in der dafür bezeichneten Spalte des Frachtbriefes anzugeben (Freivermerk). [2]Durch Ausfüllung des Freivermerks ohne Beifügung einer Beschränkung verpflichtet sich der Absender zur Bezahlung der ganzen Fracht und aller übrigen Kosten, die bei der Beförderung entstehen.

(5) Frachtbeträge und sonstige Kosten, deren Bezahlung der Absender nicht laut Frachtbriefvorschrift übernommen hat, gelten als auf den Empfänger überwiesen.

(6) Kann der vom Absender zu bezahlende Freibetrag bei der Aufgabe des Gutes nicht berechnet werden, so kann der Unternehmer ebenso wie für die vom Absender übernommenen Zoll- und ähnliche Kosten die Hinterlegung einer Sicherheit verlangen.

1 § 21 KVO enthält Ordnungsvorschriften[1] für die Frachtzahlung. **Grundsätzlich ist nur der Absender Schuldner der Fracht.** Selbstverständlich ist dies, wenn der Frachtbrief keinen Überweisungsvermerk enthält[2]. Der Empfänger schuldet aber auch dann noch nichts, wenn Überweisung der Fracht auf den Empfänger nach § 21 KVO wirksam

---

[1] Unstr.; *Willenberg*[4] Rdn. 1; *Muth/Andresen/Pollnow* § 20 KVO S. 122. Zu Einzelfragen der Vorschrift siehe BGH vom 11. 5. 1966, LM Nr. 23 KVO = ETR **1969** 797 ff; OLG Hamm vom 17. 9. 1987, TranspR **1988** 65 ff.

[2] Siehe § 430 Rdn. 47 ff; § 35 KVO und dort Rdn. 26; zur CMR BGH vom 30. 1. 1981, BGHZ **79** 302 ff = TranspR **1981** 129 f = VersR **1981** 473, 474; *Koller*[2] § 20 KVO Rdn. 2; *Lenz* Rdn. 352.

[1] OLG Düsseldorf vom 1. 4. 1982, VersR **1983** 632.

[2] OLG Düsseldorf vom 30. 12. 1982, TranspR **1984** 10 f = VersR **1983** 951.

erfolgt³ ist. Für die Begründung einer Zahlungspflicht des Empfängers bedarf es vielmehr nach § 25 Abs. 2 S. 3 KVO seiner Annahme des Frachtbriefes und des Gutes⁴. Auch soweit der Empfänger nach § 25 KVO Frachtschuldner geworden ist, bleibt neben ihm der Absender als Vertragspartner des Frachtführers zur Zahlung verpflichtet⁵.

Die Vorschriften des § 21 über **Vorauszahlung und Freivermerk und Überweisung** enthalten somit keine Regelung über die Begründung einer Schuld des Empfängers, sondern regeln nur die Frage, bei wem der Frachtführer die Fracht einzuziehen verpflichtet ist. Der KVO-Frachtführer kann im Falle der Überweisung der Fracht auf den Empfänger die Zahlung der Fracht durch den Empfänger nur dadurch erzwingen, daß er die Ablieferung nach § 25 Abs. 1 S. 2 von der Zahlung der auf den Empfänger überwiesenen Frachtbeträge abhängig macht. Siehe zu den verschiedenen Möglichkeiten zur Gestaltung der Frachtzahlung im einzelnen *Willenberg*⁴ Rdn. 6 ff. **2**

Da der Frachtführer auch bei Überweisung der Frachtzahlung auf den Empfänger nicht verpflichtet ist, die Auslieferung von der Zahlung abhängig zu machen, muß der Absender, wenn er die Einziehung sicherstellen will, eine **Nachnahmeanweisung** erteilen⁶. Andernfalls ist der Frachtführer auch nicht zur Zurückbehaltung bei der Ablieferung verpflichtet⁷. **3**

§ 22
(weggefallen)

§ 23

Frachtnachzahlung und Frachterstattung

(1) ¹Sind Fracht, Frachtzuschläge, Nebengebühren oder sonstige Kosten unrichtig oder gar nicht erhoben worden, so ist der Unterschiedsbetrag nachzuzahlen oder zu erstatten. ²Der Unternehmer hat unverzüglich nach Feststellung des Fehlers den Verpflichteten zur Zahlung aufzufordern oder dem Berechtigten den zuviel erhobenen Betrag zu erstatten. ³Gegen die Feststellung kann der Zahlungspflichtige binnen einer Frist von 6 Wochen Einspruch erheben.

(2) ¹Weist der Absender nach, daß seine Angaben im Frachtbrief über den Inhalt oder das Gewicht der Sendung den Tatsachen nicht entsprechen, so kann er die Erstattung der infolge der Unrichtigkeit seiner Angaben etwa erhobenen Mehrfracht verlangen. ²Hat der Absender im Frachtbrief eine im Tarif als Bedingung für eine günstigere Frachtberechnung vorgeschriebene Erklärung nicht oder unrichtig oder ungenau abgegeben, so kann der Unternehmer beim Vorliegen von Billigkeitsgründen die dadurch erwachsene Mehrfracht erstatten.

(3) (weggefallen)

(4) ¹Zuwenig gezahlte Beträge hat der Absender nachzuzahlen, wenn der Frachtbrief nicht eingelöst wird. ²Hat der Empfänger den Frachtbrief eingelöst, so haftet der

---

³ Die Überweisung kann nach den Grundsätzen der Vertragsfreiheit auch außerhalb des Frachtbriefs wirksam erteilt werden; BGH vom 23. 1. 1970, NJW **1970** 604 = WM **1970** 692 f; *Koller*² Rdn. 2; a. A. *Willenberg*⁴ Rdn. 13.
⁴ *Willenberg*⁴ Rdn. 1; BGH vom 7. 12. 1959, VersR **1959** 111, 112; siehe dazu § 25 KVO Rdn. 9 und § 436 Rdn. 5 ff.
⁵ Siehe hierzu § 425 Rdn. 171 und § 436 Rdn. 30; *Willenberg*⁴ Rdn. 2. Hinsichtlich weiterer Einzelheiten des § 21 KVO siehe *Willenberg*⁴ und *Muth/Andresen/Pollnow* zu § 21 KVO.
⁶ Zutreffend *Koller*² Rdn. 2. Zur Nachnahme siehe § 24 KVO.
⁷ Siehe § 25 Rdn. 7; *Willenberg*⁴ § 25 Rdn. 21 und § 25 Rdn. 19.

Absender nur für die Nachzahlung derjenigen Kosten, zu deren Vorauszahlung er durch den Freivermerk verpflichtet ist. ³Im übrigen ist der Empfänger zur Nachzahlung verpflichtet.

(5) Zur Geltendmachung von Ansprüchen auf Erstattung von Fracht, Frachtzuschlägen, Nebengebühren oder sonstigen Kosten sowie zur Empfangnahme zuviel erhobener Beträge ist derjenige berechtigt, der die Mehrzahlung geleistet hat.

(6) Bei Geltendmachung dieser Ansprüche ist der Frachtbrief oder eine Durchschrift des Frachtbriefes vorzulegen.

I. Frachtnachzahlung

1. Anspruchsgrundlage

1 Nach § 23 Abs. 1 KVO ist der KVO-Frachtführer berechtigt, nicht oder unrichtig erhobene Frachten, Frachtzuschläge, Nebengebühren oder sonstige Kosten nachträglich zu erheben. Gem. § 23 Abs. 1 GüKG ist er dazu sogar öffentlich-rechtlich verpflichtet. Die Bundesanstalt kann, falls der KVO-Frachtführer den nicht erhobenen Teil der Tariffracht nicht nachfordert, unter bestimmten Voraussetzungen dessen Ansprüche auf sich überleiten. Siehe dazu § 23 GüKG. Aus diesen Gründen kommt dem Nachforderungsanspruch bisher erhebliche praktische Bedeutung zu. Mit dem Inkrafttreten des Tarifaufhebungsgesetzes (wirksam ab 1. 1. 1994, siehe § 1 KVO Rdn. 2 und vor § 1 GüKG, Anh. I nach § 452 Rdn. 1) entfällt die Grundlage für § 23.

2 **Anspruchsgrundlage für die Nachforderung** ist der Frachtvertrag[1], dessen Vergütung sich zwingend nach Tarif richtet. Da die Tarifvorschriften zwingend sind und sich die tariflichen Ansprüche an dem tatsächlichen Beförderungsvorgang und (soweit zulässig) der Tarifwahl orientieren, kann die Einrede des Wegfalls der Geschäftsgrundlage nicht eingreifen.

3 Der Frage, **aus welchen Gründen die Tariffracht nicht vollständig erhoben worden ist,** mißt § 23 Abs. 1 KVO keine Bedeutung zu. Daher kommt es nicht darauf an, ob die Tarifunterschreitung aus dem Frachtbrief ersichtlich oder bei genauer Kenntnis des Tarifrechts feststellbar war oder die Mehrforderung sich aus unrichtigen oder unvollständigen Angaben im Frachtbrief ergibt. Für die Erstattung überbezahlter Fracht ist dies durch § 23 Abs. 2 weitgehend klargestellt. Es hat aber nach der weiten Fassung des Abs. 1 auch für die Nachzahlungsansprüche zu gelten; so im Ergebnis auch *Willenberg*[4] Rdn. 3.

2. Schuldner der Nachzahlung (§ 23 Abs. 4)

4 § 23 Abs. 4 KVO erlegt – weitgehend übereinstimmend mit § 70 Abs. 3 EVO – die Nachzahlungspflicht entweder dem Absender oder dem Empfänger auf. Danach muß der Absender vor Einlösung des Frachtbriefs die gesamte Nachzahlung erbringen. Nach Einlösung des Frachtbriefs durch den Empfänger hat der Absender nur noch die Fracht und Kosten nachzuzahlen, die er laut Freivermerk im Frachtbrief zu tragen hat; für alle anderen Nachzahlungsbeträge haftet dann der Empfänger. Die letztere Regelung stimmt mit § 25 Abs. 2 S. 3 KVO nicht überein, wonach sich die Zahlungspflicht des Empfängers ausschließlich nach dem Frachtbrief richtet[2]. Die Ermächtigungsgrundlage der KVO trägt es nicht, dem Empfänger Zahlungspflichten aufzuerlegen, mit denen er bei

---

[1] BGH vom 29. 9. 1955, DB **1955** 1163; BGH vom 7. 4. 1960, VersR **1960** 508; *Willenberg*[4] Rdn. 6 mit weiteren Hinweisen auf ältere Rechtsprechung.

[2] Siehe dazu § 25 Rdn. 9 und § 436 Rdn. 20–26.

Einlösung des Frachtbriefs nicht rechnen konnte. Es ist daher davon auszugehen, daß primär der Absender dem Frachtführer die volle Tariffracht (bzw. die Differenz) zu zahlen hat und gegen den Empfänger mit dem Anspruch auf Frachtnachzahlung vorgehen muß. Dabei sind dann alle eventuellen Einreden des Empfängers gegenüber dem Absender zu berücksichtigen. Der Versuch von *Koller*[2] Rdn. 2, die überdies unklare Regelung durch Auslegung teilweise zu retten, überzeugt nicht.

II. Frachterstattung
1. Anspruchsgrundlage
Die Ansprüche des Absenders auf Erstattung zu Unrecht erhobener Fracht und Kosten ergeben sich aus § 23 Abs. 1, 2 KVO. Ohne diese Bestimmungen würden die Ansprüche aus ungerechtfertigter Bereicherung (§ 812 Abs. 1 S. 1 BGB) begründet sein. Diesem Bereicherungsanspruch könnten Einwendungen aus § 817 und 818 Abs. 3 BGB entgegengestellt werden. Die Aufnahme des Erstattunganspruchs in die KVO läßt jedoch einen frachtvertraglichen Rückerstattungsanspruch zugunsten Dritter entstehen, für den Bereicherungsrecht nicht gilt[3]. § 23 Abs. 2 S. 4 GüKG hat danach nur klarstellende Bedeutung. Diese Lösung führt auch ohne besondere Probleme zur Verjährung nach § 40 KVO; siehe dort Rdn. 13 und *Willenberg*[4] § 23 KVO Rdn. 7.

5

2. Ausnahme: § 23 Abs. 2 S. 2
Kein Rückerstattungsanspruch besteht in den Fällen des § 23 Abs. 2 S. 2 KVO; der KVO-Frachtführer ist jedoch berechtigt, die Mehrfracht zu erstatten, ohne damit gegen das GüKG zu verstoßen.

6

3. Gläubiger des Frachterstattungsanspruchs
Nach § 23 Abs. 5 ist derjenige erstattungsberechtigt, der die Mehrzahlung geleistet hat. Es ist zweifelhaft, inwieweit der Begriff des „Leistenden" den modernen, zu § 812 BGB entwickelten Grundsätzen des Bereicherungsrechts entspricht *Erman/Westermann*[8] § 812 BGB Rdn. 10 ff.

7

4. Vorlage des Frachtbriefs (§ 23 Abs. 6)
Die Vorlage des Originalfrachtbriefs kann jedenfalls dann nicht vom Frachtführer verlangt werden, wenn es zu seiner Ausstellung nicht gekommen ist; dies gilt insbesondere für den Spediteur-Frachtführer; siehe § 15 KVO Rdn. 2, 6. Im übrigen genügt für die Geltendmachung zunächst Glaubhaftmachung; *Willenberg*[4] Rdn. 17.

8

§ 24
Nachnahme

(1) Der Absender kann das Gut bis zur Höhe seines Wertes mit Nachnahme belasten.

(2) Für die Belastung einer Sendung mit Nachnahme wird die tarifmäßige Gebühr erhoben.

---

[3] A. A. *Koller*[2] Rdn. 3; *Willenberg*[4] Rdn. 7 unter Berufung auf BGH vom 3. 3. 1960, VersR **1960** 435, 437 = NJW **1960** 1057 ff; dieses Urteil betrifft jedoch umgekehrt die auf die BAG übergeleiteten Rückerstattungsansprüche des Frachtführers hinsichtlich tarifwidriger Ausgleichszahlungen an den Absender.

Anh. II § 452
(§ 24 KVO)

1. Allgemeines

1 Die **Erhebung von Nachnahmen** ist im Speditionsrecht wie in den meisten Sparten des Frachtrechts ein **übliches Mittel zur Einziehung von Kosten beim Empfänger**[1]. Die Nachnahmeweisung verpflichtet den Frachtführer, nur Zug-um-Zug gegen Zahlung des Nachnahmebetrags auszuliefern. Kann der Frachtführer dies nicht erreichen, darf er das Gut nicht ausliefern. Dies gilt auch, wenn ihm Zahlung in einer der Weisung nicht genügenden Form angeboten wird[2].

2. Höhe der Nachnahme

2 Die KVO läßt sie nur bis zur Höhe des Wertes des Gutes zu. Maßgeblich ist der gemeine Wert am Abgangsort[3]. Dies erscheint zweckmäßig, weil nur so Absender und Frachtführer einigermaßen feststellen können, wie hoch die Nachnahme sein darf. Stellt sich heraus, daß der Wert des Gutes geringer ist, erwachsen daraus keine gewichtigen Folgen. Jedenfalls dürfte der Frachtführer das Gut dann nicht ohne die Erhebung des vorgesehenen Betrags ausliefern, sondern müßte nach § 28 Abs. 5 KVO verfahren. Es lohnt sich daher nicht, weitere Überlegungen darüber anzustellen, wie im Einzelfall der Wert zu berechnen ist.

3. Formbedürftigkeit der Nachnahmeweisung

3 Der anfängliche Nachnahmeauftrag ist nach § 11 Abs. 1 i KVO im Frachtbrief einzutragen. Die Eintragung ist jedoch zumindest insoweit kein Wirksamkeitserfordernis, als dieser Auftrag nach § 27 Abs. 1 f KVO auch formlos nachträglich durch den Absender erteilt werden kann. Es erscheint kaum überzeugend, die ursprüngliche Nachnahmeanweisung an den Formzwang der Frachtbriefeintragung zu binden, sie aber als nachträgliche einseitige Verfügung nach § 27 S. 1 f formlos zuzulassen[4]. Siehe zu dieser Frage auch § 11 KVO Rdn. 9 ff, 13.

4. Verpflichtung des Empfängers nur nach § 25 Abs. 2 S. 3

4 Mit **Annahme von Gut und Frachtbrief wird der Empfänger nach § 25 Abs. 2 S. 3 KVO verpflichtet**, den Nachnahmebetrag nach Maßgabe des Frachtbriefes zu bezahlen. Bis zu diesem Zeitpunkt kann der KVO-Frachtführer nur die Auslieferung des Gutes von der Zahlung abhängig machen. An den im Frachtbrief eingetragenen Betrag ist er dabei nicht gebunden. Siehe im einzelnen § 25 KVO Rdn. 7.

5. Art der zu leistenden Zahlung

5 Grundsätzlich ist der Nachnahmebetrag in bar zu erheben. Nach überwiegender Auffassung ist die Einziehung durch Scheckannahme nur zulässig, wenn dies vom Absender vorgeschrieben ist[5], weil der Scheck dem Inhaber keine ausreichende Rechtsstellung gewährt und deshalb regelmäßig nur zahlungshalber angenommen wird. Die Annahme von Euro-Schecks mit Scheckkartenvorlage ist im Rahmen der Garantiebeträge unbedenklich[6]; siehe ferner §§ 407–409 Rdn. 129. Die Entgegennahme einer Aufrech-

---

[1] Zur Nachnahmeerhebung siehe daher allgemein § 425 Rdn. 145 f und §§ 407–409 Rdn. 128 ff; ferner § 435 Rdn. 26 und § 436 HGB Rdn. 37; zur Verjährung siehe § 40 KVO, insbesondere Abs. 1 S. 2 f. Zur Abgrenzung zur Überweisung der Frachtzahlung auf den Empfänger (§ 21 KVO) siehe § 425 Rdn. 146.

[2] OLG Hamm vom 16. 8. 1984, TranspR **1985** 97 (zur CMR); *Willenberg*[4] Rdn. 7.

[3] *Willenberg*[4] Rdn. 5; a. A. *Koller*[2] Rdn. 3.

[4] *Willenberg*[4] Rdn. 3. Wie hier *Koller*[2] Rdn. 1.

[5] BGH vom 10. 2. 1982, BGHZ **83** 96, 101; dazu *Helm* IPRax **1982** 225, 226; *Willenberg*[4] Rdn. 6; *Heuer* S. 161; *Precht/Endrigkeit*[3] zu Art. 21 CMR; *Muth/Glöckner* CMR[6] Rdn. 3.

[6] *Willenberg*[4] Rdn. 6.

Stand: 1. 7. 1993

nungserklärung ist keine Nachnahmeerhebung⁷. In diesem Falle darf der Frachtführer ohne Rückfrage beim Absender nicht ausliefern⁸.

6. Folgen von Fehlern bei der Einziehung

Die Folgen von Fehlern bei der Einziehung von Nachnahmen bestimmen sich nach § 31 Abs. 1 d und Abs. 2 KVO. Die Haftungsbeschränkung des § 36 S. 1 KVO greift nicht ein, siehe § 36 S. 2 KVO. Liefert der Frachtführer entsprechend der Absenderanweisung gegen Scheck aus, ist er nicht verpflichtet, den Scheck im einzelnen zu prüfen, weil ein normaler Nachnahmeauftrag Barinkasso bedeutet und eine Prüfung von Schecks weit über einen solchen Auftrag hinausgeht⁹.

7. Auskehrung der Nachnahme an den Absender

Zur Frage, wie der Nachnahmebetrag an den Absender auszukehren ist, siehe §§ 407–409 Rdn. 131 und OLG Frankfurt vom 28. 4. 1981, RIW **1982** 56 f.

§ 25
Einlösung des Frachtbriefes und Abnahme des Gutes

(1) ¹Am Bestimmungsort werden Frachtbrief und Gut dem Empfänger gegen Empfangsbescheinigung übergeben. ²Die Übergabe kann von der Zahlung der durch den Beförderungsvertrag begründeten Forderung abhängig gemacht werden.

(2) ¹Nach Ankunft des Gutes am Bestimmungsort ist der Empfänger berechtigt, die Übergabe des Frachtbriefes und des Gutes zu verlangen. ²Dieses Recht erlischt, wenn der Absender eine nach § 27 noch zulässige entgegenstehende Verfügung erteilt.
³Durch die Annahme des Frachtbriefes und des Gutes wird der Empfänger verpflichtet, dem Unternehmer nach Maßgabe des Frachtbriefes Zahlung zu leisten.

(3) (weggefallen)

(4) ¹Wird das Gut vom Unternehmer dem Empfänger zugeführt, so ist dieser zu seiner Abnahme innerhalb der im Tarif festgesetzten Entladefrist verpflichtet. ²Wird das Gut nicht innerhalb dieser Frist abgenommen, so kann das tarifmäßige Wagenstandgeld [Standgeld] erhoben werden.
³Stellt der Empfänger den Antrag auf Feststellung eines behaupteten teilweisen Verlustes oder einer Beschädigung des Gutes, so ist, soweit die Feststellung nicht unverzüglich vorgenommen werden kann, der Unternehmer berechtigt, entweder das Gut gleichwohl dem Empfänger zu übergeben, wenn dieser dazu bereit ist, oder es auf Lager zu nehmen. ⁴In letzterem Falle geht die Lagerung auf Kosten des Unternehmers, wenn die Feststellung des Tatbestandes gegen ihn ausschlägt, umgekehrt auf Kosten des Empfängers.

(5) ¹Hat der Absender im Frachtbrief Nachzählung oder Verwiegung des Gutes am Bestimmungsort beantragt oder verlangt der Empfänger bei der Ablieferung, daß die Güter in seiner Gegenwart nachgezählt oder nachgewogen werden, so hat der Unternehmer diesem Verlangen zu entsprechen, falls geeignete Wiegevorrichtungen vorhanden sind und die Beschaffenheit des Gutes es gestattet. ²Für die Nachzählung oder Nachwiegung kann die tarifmäßige Gebühr erhoben werden.

---

⁷ Nachnahmeklauseln im Kaufvertrag („cash on delivery") schließen die Aufrechnung des Käufers mit der Kaufpreisforderung aus; BGH vom 19. 9. 1984, WM **1984** 1572, 1573 = NJW **1985** 550.

⁸ *Willenberg*⁴ Rdn. 6.
⁹ BGH vom 14. 4. 1978, VersR **1978** 659 (zum Lagervertrag nach ADSp); *Willenberg*⁴ Rdn. 6. Siehe auch §§ 407–409 Rdn. 129.

Anh. II § 452
(§ 25 KVO)

Übersicht

	Rdn.		Rdn.
I. Auslieferungsanspruch des Empfängers	1	2. Pfandrecht	8
1. Grundsatz: Auslieferungsanspruch nach Ankunft des Gutes (§ 25 Abs. 2 S. 1)	1	III. Zahlungspflicht des Empfängers	9
a) Auslieferung	2	IV. Entladefrist, Wagenstandgeld (§ 25 Abs. 4 S. 1, 2)	10
b) Anspruch des Empfängers	2	1. „Abnahmepflicht" des Empfängers	10
c) Am Bestimmungsort	4	2. Tarifliche Entladefrist	11
2. Ausnahme: Nachträgliche Verfügung des Absenders	5	V. Feststellung von Verlust und Beschädigung (§ 25 Abs. 4 S. 3, 4)	12
3. Andere Verfügungen des Empfängers	6	VI. Nachzählung oder Verwiegung am Bestimmungsort (§ 25 Abs. 5 KVO)	13
II. Sicherungsrechte des Frachtführers	7		
1. Zurückbehaltungsrecht	7		

I. Auslieferungsanspruch des Empfängers

1. Grundsatz: Auslieferungsanspruch nach Ankunft des Gutes (§ 25 Abs. 2 S. 1)

1 § 25 Abs. 2 S. 1 KVO entspricht grundsätzlich dem § 435 S. 1 HGB; siehe dazu § 435 Rdn. 4 ff.

a) Auslieferung

2 § 25 Abs. 1 S. 1 KVO sieht vor, daß der KVO-Frachtführer dem Empfänger Gut und Frachtbrief zu übergeben hat. Die Übergabe des Gutes entspricht der Ablieferung nach § 435 HGB und der Auslieferung im Sinne von § 29 KVO; siehe dort Rdn. 7 f. Die Erwähnung der Empfangsbestätigung entspricht § 368 S. 1 BGB. Sie wird regelmäßig auf dem Frachtbrief erteilt. Zu ihrer Wirkung siehe § 16 Rdn. 24. Im Hinblick auf den sonst eintretenden Rechtsverlust nach §§ 39, 37 KVO trifft den Empfänger die Obliegenheit, etwaige Fehlbestände oder Schäden in der Quittung zu vermerken[1].

b) Anspruch des Empfängers

3 Der Auslieferungsanspruch steht grundsätzlich dem Empfänger zu, sobald das Gut am Bestimmungsort angekommen ist (§ 25 Abs. 2 S. 1 KVO). Daneben bleibt der Absender anspruchsberechtigt[2]. Empfänger ist die im Frachtbrief angegebene (§ 11 Abs. 1 d KVO) oder durch eine nachträgliche Verfügung des Absenders nach § 27 Abs. 1 d KVO benannte Person[3]. Ob nach der KVO außerhalb des Frachtbriefes wirksam ein Empfänger benannt werden kann, könnte nach dem ursprünglichen Konzept der KVO zweifelhaft erscheinen. Da jedoch der Absender nach § 27 Abs. 1 d formfrei nachträglich einen anderen Empfänger benennen kann, muß ihm sinnvollerweise die Benennung des Empfängers auch dann zugestanden werden, wenn ein entsprechender Eintrag im Frachtbrief fehlen sollte[4]. Die Bestimmung des Empfängers muß im übrigen auch dann möglich sein, wenn ein Frachtbrief überhaupt nicht ausgestellt wird[5]. Wird an eine andere Person als den Empfänger ausgeliefert, liegt Verlust durch Falschausliefe-

---

[1] *Willenberg*[4] Rdn. 8. Siehe § 39 Rdn. 7 f; § 437 Rdn. 2; § 438 Rdn. 26.
[2] KG vom 22. 1. 1959, VersR 1959 342, 343.
[3] Siehe hierzu § 435 Rdn. 1 sowie zur Rechtsstellung des Empfängers dort Rdn. 4 ff; *Willenberg*[4] Rdn. 2.
[4] *Koller*[2] Rdn. 1; dagegen *Willenberg*[4] Rdn. 2.
[5] Siehe § 11 KVO Rdn. 18 und § 15 Rdn. 1 ff.

rung vor[6]. Der nicht berechtigte Empfänger („Zufallsempfänger") hat keine Rechte; die Auslieferung an ihn befreit den Frachtführer nicht[7].

c) Am Bestimmungsort
Der Bestimmungsort wird durch den Frachtbrief (§ 11 Abs. 1 b) oder eine nachträgliche Verfügung des Absenders nach § 27 Abs. 1 oder des vorherigen Empfängers nach § 27 Abs. 4 KVO festgelegt. Siehe auch § 5 KVO.

2. Ausnahme: Nachträgliche Verfügung des Absenders
Da nach § 27 Abs. 1 KVO das Verfügungsrecht des Frachtführers grundsätzlich bis zur Auslieferung des Gutes oder bis zur Zahlung der Fracht fortbesteht, kann der Absender bis dahin den Auslieferungsanpruch des Empfängers durch eine solche Verfügung nachträglich zum Erlöschen bringen (§ 25 Abs. 2 S. 2 KVO). Dies entspricht weitgehend der grundsätzlichen Regelung der §§ 435 S. 3, 433 Abs. 2 HGB. Eine bedeutende Abweichung zur Rechtslage nach § 435 ist nicht anzunehmen, da die Verweigerung der Frachtzahlung auch nach HGB-Landfrachtrecht und § 333 BGB regelmäßig zum Wegfall der Empfängerrechte führt[8].

3. Andere Verfügungen des Empfängers
Anstelle der Auslieferung kann der Empfänger unter bestimmten Voraussetzungen die Ausführung anderer Verfügungen vom Frachtführer verlangen; siehe § 27 Abs. 4 KVO.

II. Sicherungsrechte des Frachtführers

1. Zurückbehaltungsrecht
Der KVO-Frachtführer kann nach § 25 Abs. 1 S. 2 KVO die Übergabe (Auslieferung) des Frachtgutes und Frachtbriefes von der Zahlung der durch den Beförderungsvertrag begründeten Forderung abhängig machen. Maßgeblich für die Forderungen, wegen derer das Zurückbehaltungsrecht geltend gemacht werden kann, ist nicht der Frachtbrief, sondern der Frachtvertrag[9]. Dies entspricht weitgehend § 435 S. 1 HGB; siehe dort Rdn. 13. Auch ein Freivermerk im Frachtbrief nach § 21 KVO schließt das Zurückbehaltungsrecht des Frachtführers nicht aus[10]. Der bei Ablieferung zu erhebende Betrag wird sich in der Praxis aber regelmäßig doch nach dem Frachtbrief richten, weil dieser widerleglichen Beweis für die Richtigkeit der in ihm enthaltenen Angaben erbringt. Dem Empfänger steht es frei, die Annahme zu verweigern, wenn er sich nicht selbst zur Zahlung gegenüber dem Frachtführer verpflichtet hat. Der Frachtführer ist nicht zur Zurückbehaltung verpflichtet. Hat er sich gegenüber dem Absender nicht zur Nachnahmeerhebung verpflichtet, kann er das Gut auch ohne Zahlung ausliefern und seine Ansprüche gegen den Absender geltend machen; siehe § 21 Rdn. 3.

2. Pfandrecht
In der KVO, Anh. II nach § 452, ist keine Regelung des Frachtführer-Pfandrechts enthalten. Daher gilt insoweit unverändert die Regelung des HGB; siehe dazu §§ 440–443 HGB und die dortige Kommentierung.

---

[6] Siehe § 429 Rdn. 24; *Willenberg*[4] Rdn. 3.
[7] OLG Düsseldorf vom 22. 2. 1973, BB **1973** 819 f (zu § 435 HGB); *Willenberg*[4] Rdn. 13.
[8] Siehe § 435 Rdn. 22; zum Verhältnis der Verfügungsrechte von Absender und Empfänger siehe § 27 KVO Rdn. 36.
[9] *Koller*[2] Rdn. 3; **a. A.** *Willenberg*[4] Rdn. 10.
[10] Zutreffend *Koller*[2] Rdn. 3 gegen *Willenberg*[4] Rdn. 10.

III. Zahlungspflicht des Empfängers

9 Mit der Annahme von Frachtbrief und Gut wird der Empfänger nach § 25 Abs. 2 S. 3 Schuldner der frachtvertraglichen Zahlungspflichten. Die Übergabe des Frachtbriefs ist konstitutiv[11]. Die Annahme nur des Gutes durch den Empfänger verpflichtet diesen nicht[12]. Gläubiger ist der Unternehmer (KVO-Frachtführer). Maßgeblich für die Leistungspflicht des Empfängers ist nicht – wie beim Zurückbehaltungsrecht; siehe Rdn. 7 – der Frachtvertrag, sondern ausschließlich der Frachtbrief[13]. Mit der Auslieferung von Gut und Frachtbrief an den Empfänger verstärkt sich insoweit die Rechtsposition des Frachtführers, als er nunmehr an Stelle seines bis dahin bestehenden Zurückbehaltungsrechts echte Zahlungsansprüche gegen den Empfänger hat – allerdings nur, soweit sich diese aus dem Frachtbrief ergeben. Die Regelung lehnt sich eng an § 436 HGB an[14].

IV. Entladefrist, Wagenstandgeld (§ 25 Abs. 4 S. 1, 2)

1. „Abnahmepflicht" des Empfängers

10 § 25 Abs. 4 KVO ist irreführend. Der Empfänger ist als begünstigter Dritter nicht aus dem Frachtvertrag zur Abnahme des Guts „verpflichtet"[15]. Zur Entladung ist er jedoch verpflichtet, wenn er das Gut annimmt und der Frachtführer keine Entladung schuldet; siehe § 17 Rdn. 44. Wird die Entladung nicht innerhalb der tariflichen Entladefrist bewirkt[16], so tritt eine Erhöhung der Frachtansprüche des KVO-Frachtführers um das tarifliche Wagenstandgeld ein. Wer Schuldner dieses Wagenstandgeldes ist, wird durch § 25 Abs. 4 nicht festgelegt, sondern bestimmt sich nach allgemeinen Gesichtspunkten[17]. Verweigert der Empfänger die Abnahme überhaupt, so liegt ein Ablieferungshindernis i. S. d. § 28 Abs. 5 KVO vor; *Koller*[2] Rdn. 4. Ein fortwährendes Hinauszögern der Abnahme kann als sonstiges Ablieferungshindernis der Abnahmeverweigerung gleichgestellt werden. Jedoch bedeutet die bloße Überschreitung der Entladefrist noch kein Ablieferungshindernis.

2. Tarifliche Entladefrist

11 Die tariflichen Entladefristen ergeben sich aus dem Erlaß des Reichsverkehrsministers vom 29. 10. 1940[18].

---

[11] OLG Düsseldorf vom 30. 12. 1982, TranspR **1984** 10 f = VersR **1983** 951; *Willenberg*[4] Rdn. 20.

[12] BGH vom 7. 12. 1959, VersR **1960** 111, 112; unpräzise demgegenüber BGH vom 5. 7. 1962, VersR **1962** 728, der die Entstehung von Empfängerpflichten nur „insbesondere" im Falle von § 25 Abs. 2 S. 3 annimmt; OLG Düsseldorf vom 27. 11. 1980, VersR **1981** 556. Siehe § 436 Rdn. 5.

[13] BGH vom 23. 1. 1970, WM **1970** 692, 693; OLG Düsseldorf vom 30. 12. 1982, TranspR **1984** 10, 11 = VersR **1983** 951 (bei Freivermerk ergibt sich aus dem Frachtbrief keine Zahlungspflicht des Empfängers); OLG Hamm vom 12. 11. 1973, NJW **1974** 1056 (ähnlich zur CMR); OLG Frankfurt vom 5. 12. 1967, TranspR **1981** 25, 26 (keine Zahlungspflicht bei ungenauen Angaben im Frachtbrief); OLG Düsseldorf vom 27. 11. 1980, VersR **1981** 556 hält es für möglich, daß ein „sonstiges, dem Frachtbrief u. U. gleichzustellendes Papier" ausreicht; unpräzise auch *Willenberg*[4] Rdn. 10, 21.

[14] Siehe dort Rdn. 18, 21; ferner Art. 13 Abs. 2 CMR, Anh. VI nach § 452.

[15] *Koller*[2] Rdn. 4; unklar *Willenberg*[4] Rdn. 22 ff.

[16] § 25 Abs. 4 ist unsorgfältig verfaßt. Mit der Streichung des Abs. 3 („Wegen der Zuführung vgl. § 5") ist nicht geklärt, wozu die „Zuführung" in Abs. 4 noch erwähnt ist. Gemeint ist wahrscheinlich keine Beschränkung auf die sogenannte Zuführung i. S. von § 5, sondern lediglich, daß das Gut am Ort des Empfängers zur Ablieferung angeboten wird.

[17] OLG Düsseldorf vom 30. 12. 1982, TranspR **1984** 10, 11 = VersR **1983** 951, siehe oben Rdn. 9; *Willenberg*[4] Rdn. 30; *Koller*[2] Rdn. 4.

[18] Abgedr. zu § 19 KVO Rdn. 1; siehe im einzelnen *Willenberg*[4] Rdn. 22 ff.

V. Feststellung von Verlust und Beschädigung (§ 25 Abs. 4 S. 3, 4)

§ 25 Abs. 4 S. 3, 4 regeln das Verfahren, wenn der Empfänger Antrag auf Feststellung **12** von Verlust oder Beschädigung stellt[19]. Nimmt der Empfänger das Gut ohne Schadensfeststellung zur Lagerung an, ist die Beweislast für später entdeckte Schäden zweifelhaft[20]. Da in diesem Fall zwischen Frachtführer und Empfänger ein Lagervertrag besteht, richtet sich die Beweislast nach Lagervertragsrecht. Der Frachtführer muß also grundsätzlich beweisen, daß er dem Empfänger/Lagerhalter das Gut intakt übergeben hat.

VI. Nachzählung oder Verwiegung am Bestimmungsort (§ 25 Abs. 5 KVO)

Für die Ablieferung ist eine Abzählung oder Verwiegung nicht durch § 16 KVO vor- **13** geschrieben (siehe § 16 Rdn. 9 ff). Der Absender kann aber nach § 11 Abs. 1 e KVO im Frachtbrief oder auch formlos[21] die Nachzählung oder Verwiegung des Gutes am Bestimmungsort vorschreiben; nach § 25 Abs. 5 ist auch der Empfänger berechtigt, formlos[22] die Abzählung oder Verwiegung zu verlangen, falls geeignete Wiegeeinrichtungen vorhanden sind und die Beschaffenheit des Gutes die Zählung oder Verwiegung gestattet. In jedem der beiden Fälle kann der KVO-Frachtführer eine Gebühr (Wiegegeld, Zählgeld nach Nr. II, III Nebengebührentarif, Abdruck bei *Hein/Eichhoff* u. a. C 525) erheben.

§ 26
Lieferfrist

(1) ¹Die Lieferfrist beginnt für die vom Unternehmer bis um 12 Uhr übernommenen Güter um 18 Uhr, für die nachmittags übernommenen Güter um Mitternacht. ²Die Lieferfrist beträgt für je angefangene 300 km 24 Stunden. ³Ist der auf die Auflieferung des Gutes folgende Tag ein Sonn- oder Feiertag, so beginnt die Lieferfrist einen Tag später. ⁴Ist der letzte Tag der Lieferfrist ein Sonn- oder Feiertag, so läuft die Lieferfrist erst mit der entsprechenden Stunde des nächsten Werktages ab. ⁵Der Absender kann mit dem Unternehmer eine verkürzte Lieferfrist vereinbaren. ⁶Die verkürzte Lieferfrist ist im Frachtbrief zu vermerken.

(2) (weggefallen)

(3) ¹Die Lieferfrist ist gewahrt, wenn vor ihrem Ablauf das Gut dem Empfänger zugeführt worden ist oder aus Gründen, die in seiner Person liegen, nicht zugeführt werden konnte. ²Insbesondere ist sie auch gewahrt, wenn vor ihrem Ablauf der Empfänger von der Ankunft benachrichtigt oder das Gut ihm am Bestimmungsorte zur Abnahme angeboten worden ist.

(4) Der Lauf der Lieferfrist ruht auf die Dauer

a) des Aufenthalts, der durch Zoll- oder sonstige verwaltungsbehördliche Maßnahmen verursacht wird,

b) einer durch nachträgliche Verfügung des Absenders hervorgerufenen Verzögerung der Beförderung,

c) der durch Abladen eines Übergewichtes erforderlichen Zeit,

---

[19] Siehe zur Kostentragung auch § 32 S. 2 KVO, zur Bedeutung der Schadensfeststellung § 39 KVO, zum Verfahren § 37 Abs. 1, 2; *Willenberg*⁴ Rdn. 31 ff.

[20] Für Beweislast des Empfängers *Willenberg*⁴ Rdn. 34; dagegen *Koller*² Rdn. 6.
[21] Siehe § 11 KVO Rdn. 10 ff, 13, 19; *Koller*² Rdn. 6.
[22] *Willenberg*⁴ Rdn. 38.

d) einer ohne Verschulden des Unternehmers eingetretenen Betriebsstörung, durch die der Beginn oder die Fortsetzung der Beförderung zeitweilig verhindert wird,

e) einer behördlich angeordneten Straßensperre, durch die der Beginn oder die Fortsetzung der Beförderung zeitweilig verhindert wird,

f) des Aufenthalts, der ohne Verschulden des Unternehmers dadurch entstanden ist, daß am Gut oder an der Verpackung Ausbesserungsarbeiten vorgenommen oder vom Absender verladene Sendungen um- oder zurechtgeladen werden mußten.

Übersicht

	Rdn.		Rdn.
1. Allgemeines	1	3. Verkürzung der Lieferfrist	7
2. Berechnung der gesetzlichen Lieferfrist	3	a) Tarifliche Grenzen	7
a) Fristbeginn (§ 26 Abs. 1 S. 1, 3)	3	b) Vermerk im Frachtbrief als Voraussetzung der Verkürzung?	8
b) Berechnung der Frist	4	4. Ruhen der Lieferfrist (§ 26 Abs. 4)	9
c) Ende der Lieferfrist	5		
d) Angemessenheit dieser Regelung	6		

1. Allgemeines

1   Die KVO geht – übereinstimmend mit dem Eisenbahnrecht, aber abweichend vom Landfrachtrecht des HGB, der CMR, den AGNB, ADSp und den Bedingungen GüKUMT – von festen gesetzlichen Lieferfristen aus. Diese Fristen sind ein Teil des zum 1. 1. 1994 durch das **Tarifaufhebungsgesetz** außer Kraft gesetzten Tarifsystems[1]. Es ist damit zu rechnen, daß sie bei Anpassung der KVO aufgehoben werden. Jedenfalls werden sie nicht mehr zu Lasten des Kunden nach § 22 Abs. 2 GüKG zwingend sein, weil diese Vorschrift aufgehoben wird. Sie können durch Vertrag (auch durch AGB) abbedungen werden. Die Lieferfrist macht bisher den Frachtvertrag im Güterfernbereich zum Fixgeschäft nach § 361 BGB[2], wenn der Beförderungsvertrag mit der pünktlichen Ablieferung stehen oder fallen soll, nicht dagegen zum absoluten Fixgeschäft, weil die Überschreitung der Lieferfrist die Ablieferung nicht unmöglich macht[3]. Sie hat vor allem haftungsrechtliche Bedeutung im Hinblick auf die Frage, ob der Frachtführer für eine verzögerliche Beförderung zu haften hat. Diese Haftungsfolge ist für Vermögensschäden in § 31 Abs. 1 a und Abs. 2 KVO geregelt. Schäden, die durch Überschreitung der Lieferfrist am Frachtgut selbst entstanden sind, z. B. durch Verderb, sind dagegen nach §§ 29, 35 KVO zu ersetzen[4]. Eine Haftung für Verspätungsschäden kommt grundsätzlich nur in Betracht, wenn die Lieferfrist überschritten ist. Der KVO-Frachtführer darf die ihm gesetzlich gewährte Lieferfrist grundsätzlich ausnutzen[5]. Eine Schadenshaftung kann sich allenfalls ergeben, wenn der Frachtführer Schaden am Gut innerhalb der Lieferfrist befürchten muß, aber den Absender nicht benachrichtigt[6]. Diese Haftung

---

[1] Siehe vor § 1 GüKG, Anh. I nach § 452 Rdn. 1 und § 1 KVO Rdn. 3.

[2] § 376 HGB ist entgegen *Willenberg*[4] Rdn. 3 nicht anwendbar, weil er nur für Kaufverträge gilt.

[3] Siehe dazu § 425 Rdn. 165.

[4] Siehe § 31 KVO Rdn. 11; wohl auch OLG Hamm vom 9. 5. 1952, VersR **1953** 116, 117; dagegen OLG Celle vom 8. 12. 1952, VersR **1953** 114, 115.

[5] RG vom 12. 6. 1920, RGZ 100 50, 53 (zum Eisenbahnrecht); BGH vom 8. 2. 1960, VersR **1960** 304 f; grundsätzlich auch BGH vom 3. 10. 1963, VersR **1963** 1120, 1121 f; bestätigend BGH vom 10. 1. 1968, VersR **1968** 291, 292; OLG Düsseldorf vom 15. 10. 1981, VersR **1982** 800; LG Karlsruhe vom 2. 11. 1982, Spediteur **1983** Heft 12, 26; siehe § 15 Rdn 2, 4; *Willenberg*[4] Rdn. 15; *Koller*[2] Rdn. 5. Siehe ferner zum Eisenbahnrecht eingehend *Goltermann/Konow* EVO § 82 S. 14.

[6] BGH vom 3. 10. 1963, VersR **1963** 1120, 1121 f; vom 10. 1. 1968, VersR **1968** 291, 292; OLG Düsseldorf vom 15. 10. 1981, VersR **1982** 800 f.

richtet sich bei reinen Vermögensschäden nach §§ 31 Abs. 1 c und Abs. 2, 36; bei Güterschäden nach §§ 29, 30, 34, 35 KVO[7]. Auch für die Frage, ob innerer Verderb vorliegt, ist die Lieferfrist von Bedeutung[8].

Die **Rechtsfolgen der Lieferfristüberschreitung** sind teilweise in § 31 Abs. 1 a KVO **2** geregelt, allerdings nur für den Ersatz von Vermögensschäden, die keine Güterschäden sind[9]. Daneben kommt die Güterschadenshaftung nach § 29 KVO in Betracht; siehe § 31 KVO Rdn. 3. Aus der Verspätung der Leistungserbringung könnte ferner auch ein Rücktrittsrecht des Absenders entstehen[10]. Dieses ist für den Fall eines Beförderungshindernisses in § 28 Abs. 2 KVO behandelt. Danach steht dem Absender der Rücktritt auch bei unverschuldeten Beförderungshindernissen zu. Es besteht kein Grund, bei schuldhafter Nichtausführung des Beförderungsvertrages dem Absender den Rücktritt nach § 361 BGB zu versagen[11]. Ein Rücktritt dürfte freilich nur in Betracht kommen, wenn die Beförderung noch nicht begonnen oder irgendwo unterbrochen ist. Kann der Frachtführer die Lieferfrist nicht einhalten, so muß er ebenfalls den Absender benachrichtigen, notfalls Sicherungsmaßnahmen für gefährdete Güter treffen. Auch bei Versäumnis dieser Pflichten kann der Frachtführer haften[12].

2. Berechnung der gesetzlichen Lieferfrist
a) Fristbeginn (§ 26 Abs. 1 S. 1, 3)
Der Beginn der Lieferfrist ist in § 26 Abs. 1 S. 1 genau festgelegt. In S. 3 ist eine Ver- **3** schiebung des Fristbeginns für den Fall vorgesehen, daß der auf die Auflieferung folgende Tag ein Sonn- oder Feiertag ist. Die Verschiebung tritt nicht ein, wenn dieser Tag ein Samstag ist; § 193 BGB gilt nicht für den Fristbeginn und für Fristverlängerungen, sondern nur für die Beendigung der Frist.

b) Berechnung der Frist
Nach § 26 Abs. 1 S. 2 beträgt die Lieferfrist für jeweils angefangene 300 km 24 Stun- **4** den. Dies bedeutet, daß z. B. für eine Beförderung über 350 km bei Verladung um 8 Uhr die Frist bis zum übernächsten Tag 18 Uhr, d. h. praktisch 58 Stunden beträgt, obwohl die Beförderung ohne weiteres am gleichen Tag abgewickelt werden könnte.

c) Ende der Lieferfrist
Fällt das Fristende auf einen Sonntag, so verlängert sich die Frist um 24 Stunden. **5**
§ 193 BGB, nach dem die Fristverlängerung sogar 48 Stunden betragen würde, wenn das Ende der Frist auf einen Samstag fällt, ist nicht anzuwenden[13].

d) Angemessenheit dieser Regelung
Willenberg[4] Rdn. 1 hält die Fristregelung der KVO grundsätzlich für sachlich ange- **6** messen und meint, die festen Fristen versetzten den Absender in die Lage, zuverlässige Dispositionen über die weitere Behandlung des Beförderungsgutes zu treffen. Dem ist nicht zuzustimmen. Innerhalb der langen Lieferfrist kann das Frachtgut früher oder spä-

---

[7] *Koller*[2] Rdn. 6; siehe z. B. die zu § 34 Rdn. 45 angegebene Rechtsprechung.
[8] Siehe § 34 KVO Rdn. 44. Zum Überblick über die Lieferfristhaftung in den verschiedenen Sparten des Frachtrechts siehe § 429 Rdn. 133 ff; ferner *Helm* Haftung, 28 f, 170 f.
[9] Insoweit mißverständlich *Willenberg*[4] Rdn. 3 (abschließende Regelung der Folgen).
[10] Entgegen *Willenberg*[4] Rdn. 3.
[11] So jedoch *Willenberg*[4] Rdn. 3.
[12] Siehe dazu Rdn. 1; *Koller*[2] Rdn. 3.
[13] *Koller*[2] Rdn. 2, der gegen *Willenberg*[4] Rdn. 6 und meine Auffassung in der Voraufl. Anm. 4 zu Recht darauf hinweist, daß der zwar zeitlich ältere, aber speziellere § 26 Abs. 1 S. 4 vorgeht.

ter abgeliefert werden. Je länger die Frist ist, desto schwieriger ist es, die Entladung, Weiterleitung oder Verarbeitung termingemäß einzuplanen. Ist z. B. bei einem Transport über 350 km am Donnerstag um 8 Uhr fertig geladen, so endet die Lieferfrist für die Beförderung außerhalb der Geschäftszeit am Samstag um 18 Uhr; bei Anwendung von § 193 BGB am Montag um 18 Uhr. Der Empfänger müßte sich also für die Entladung am Donnerstagnachmittag, Freitag, Samstag und Montag bereithalten. Dies ist nicht angemessen, zumal § 26 Abs. 4 dem KVO-Frachtführer auch bei kürzeren Fristen zusätzlichen Schutz gewähren würde. In der Praxis werden Güterfernbeförderungen in aller Regel weit schneller durchgeführt, als die langen Lieferfristen dies erfordern[14]. Just-intime Konzepte moderner Prägung werden nach § 26 KVO als grundsätzlich rechtswidrig behandelt. Ein solcher Eingriff in die unternehmerische Gestaltungsfreiheit rechtfertigt sich auch nicht durch den bisherigen Zweck der KVO, die Bundesbahn vor schnellerer Konkurrenz zu schützen[15], zumal diese in den letzten Jahren auf dem Markt wesentlich kürzere Lieferfristen anbietet. Siehe auch zum Milchtransport Rdn. 7.

3. Verkürzung der Lieferfrist
a) Tarifliche Grenzen

7 Die Lieferfristen des § 26 Abs. 1 KVO dürfen zwar nach S. 5, 6 verkürzt werden. Tarifrechtlich stößt jedoch bis zum 1. 1. 1994 die Verkürzung auf enge Grenzen. Nach Nr. 21 Abs. 2 S. 2 der Vorschriften über die Frachtbeförderung (GFT Teil II/1) vom 19. 1. 1958 – Abdruck bei *Hein/Eichhoff* GüKG, Bd. I C 521) ist die Vereinbarung einer festen Ablieferungsstunde unzulässig. Die Frist selbst darf nach S. 1 auch gegen Eilzuschlag nur auf minimal 50% der regulären Frist verkürzt werden. Danach ergibt sich z. B. bei nachmittäglicher Verladung und einem Transport bis 300 km Entfernung eine Lieferfrist, die nicht eher als am nächsten Mittag 12 Uhr ablaufen kann – für LKW-Eiltransporte eine sehr lange Zeit. Jede weitere Verkürzung der Lieferfrist ist als tarifwidrige Vergünstigung nach § 22 Abs. 2 GüKG nichtig; ebenso unzulässig ist die Vereinbarung eines festen Ablieferungstermins; GFT Nr. 21 Abs. 1 S. 2. An ihre Stelle tritt die gesetzliche Lieferfrist; bei Vereinbarung einer festen Stunde evtl. durch Umdeutung die entsprechende prozentual-verkürzte Lieferfrist[16]. Im unveröffentlichten Urteil vom 27. 11. 1968, I ZR 3/67 hat der BGH allerdings für Milchtransporte zu Recht erwogen, daß die tarifliche Lieferfristregelung wegen offensichtlich indiskutabler Ergebnisse nicht zutreffend sein könnte, also eine vertragliche Verkürzung der Lieferfrist ausnahmsweise zulässig sein könnte. Mit dem Wegfall des § 22 Abs. 2 GüKG zum 1. 1. 1994 (siehe § 1 Rdn. 3) ist die vertragliche Fristverkürzung frei zulässig.

b) Vermerk im Frachtbrief als Voraussetzung der Verkürzung?

8 Ob der Vermerk im Frachtbrief Voraussetzung für die Gültigkeit ist, erscheint fraglich. Mindestens einen entsprechenden Antrag des Absenders im Frachtbrief verlangt das Spezialschrifttum zur KVO; siehe statt vieler *Willenberg*[4] Rdn. 11. Der Gesetzestext sieht in § 26 Abs. 1 S. 6 nur eine Pflicht zur Eintragung im Frachtbrief vor, nicht dagegen

---

[14] Ebenso *Muth/Andresen/Pollnow* S. 164; grundsätzlich auch *Koller*[2] Rdn. 1.
[15] So noch mit Einschränkungen *Koller*[2] Rdn. 1; dagegen *Muth/Andresen/Pollnow* S.164. Durch das Tarifaufhebungsgesetz fällt zum 1. 1. 1994 dieser Zweck weg.
[16] BGH vom 8. 2. 1960, VersR **1960** 304 f; dagegen *Koller*[2] Rdn. 3. Siehe § 22 GüKG, Anh. I nach § 452; zur Entstehung eines Anspruchs auf Schnellieferzuschlag BGH vom 27. 11. 1968, I ZR 3/67 (unveröffentlicht). Eintragung im Frachtbrief ist nicht Voraussetzung wirksamer Verkürzung; OLG Celle vom 8. 12. 1952, VersR **1953** 114, 115.

ein Formerfordernis für die Fristverkürzung. Der BGH läßt in mehreren Urteilen[17] die Frage offen. Richtiger erscheint es, die Formbedürftigkeit der Lieferfristverkürzung zu verneinen[18], da sonst der Absender mit einem ihm nicht erkennbaren Nichtigkeitsrisiko belastet würde. Dies gilt umso mehr, als das KVO-Frachtbriefformular weder ein besonderes Feld noch einen Hinweis für Lieferfristfragen vorsieht. Hält man an der Formbedürftigkeit der Lieferfristverkürzung fest, so kann sich für Fälle vor 1994 u. U. ein Schadensersatzanspruch des KVO-Frachtführers nach § 309 BGB ergeben[19].

4. Ruhen der Lieferfrist (§ 26 Abs. 4)

§ 26 Abs. 4 KVO läßt die Lieferfrist bei Vorliegen der unter den Buchstaben a–f **9** umschriebenen Voraussetzungen ruhen. Dies bedeutet, daß sich durch die betreffenden Ruhezeiten das Fristende weiter hinausschiebt. Insbesondere aus Buchstabe d ergibt sich, daß die Dauer unverschuldeter Betriebsstörungen praktisch der Lieferfrist hinzuzurechnen ist. Damit erweisen sich die ohnehin lang bemessenen Fristen als nicht gewährleistet; praktisch besteht danach bei Schäden durch verzögerliche Beförderung kaum mehr als eine Haftung für vermutetes Verschulden; siehe § 31 Rdn. 5. Eine effektivere Haftung könnte nur durch eine enge Interpretation des Begriffes der Betriebsstörung in § 26 Abs. 4 d erreicht werden[20].

V. Abänderung des Beförderungsvertrages

§ 27

Nachträgliche Verfügungen des Absenders und Anweisungen des Empfängers

(1) ¹Der Absender kann bis zur Zahlung der Fracht oder der anderen auf der Sendung lastenden Kosten durch den Empfänger oder bis zur Auslieferung der Sendung an den Empfänger nachträglich verfügen:

a) daß das Gut am Versandort zurückgegeben werden soll,

b) daß das Gut unterwegs angehalten werden soll,

c) daß die Ablieferung des Gutes an den Empfänger ausgesetzt werden soll,

d) daß das Gut an einen anderen Empfänger abgeliefert werden soll,

e) daß das Gut nach dem Versandort zurückgesandt werden soll,

f) daß eine Nachnahme nachträglich auferlegt, erhöht, herabgesetzt oder aufgehoben werden soll,

---

[17] Vom 8. 2. 1960, VersR **1960** 304 f und vom 12. 5. 1960, VersR **1960** 627, 629 (in BGHZ **32** 297 ff weggekürzt); wohl auch im Urteil vom 10. 1. 1968, VersR **1968** 291, 293; dagegen OLG Celle vom 8. 12. 1952, VersR **1953** 114, 115. Siehe generell § 11 KVO Rdn. 11.

[18] *Koller*² § 11 KVO Rdn. 11; *Traumann* BB **1982** 1445 f.

[19] BGH vom 3. 10. 1963, VersR **1963** 1120, 1121. *Koller*² Rdn. 3 will einen solchen Anspruch auf Verschulden bei Vertragsschluß stützen.

[20] Zu behördlichen Kontrollen als Beförderungshindernisse (Buchstabe a) siehe § 28 Abs. 2 KVO; zur nachträglichen Verfügung des Absenders (Buchstabe b) siehe § 27 KVO; zur Abladung von Übergewicht (Buchstabe c) siehe § 17 Abs. 3 KVO und dort Rdn. 40 f; zur Beförderungsverzögerung durch Straßensperren (Buchstabe e) siehe § 28 Abs. 1 KVO und Rdn. 8; zur Ausbesserung der Verpackung und zum Zurechtladen des Gutes (Buchstabe f) siehe §§ 18, 17 KVO. Hinsichtlich weiterer Einzelheiten siehe eingehend *Willenberg*⁴ Rdn. 18–33. Zu den Möglichkeiten, die Auswirkung der Betriebsstörung zu begrenzen: *Koller*² Rdn. 4.

g) daß überwiesene Beträge von ihm selbst anstatt vom Empfänger eingezogen werden sollen,

h) daß ein Gut nach einem anderen Bestimmungsort weitergeleitet werden soll,

i) daß Teile einer Ladung an verschiedenen oder an anderen Ausladestellen, als im Frachtbrief vorgeschrieben war, abgeliefert werden sollen. Eine solche Verfügung ist jedoch nur statthaft, wenn auch die neubezeichneten Ausladestellen für die Frachtberechnung zum selben Gemeindetarifbereich gehören.

²In den vorstehend unter d), e), h) und i) vorgesehenen Fällen kann der Absender für die Weiter- oder Rückbeförderung auch eine andere Beförderungsart oder die Benutzung eines anderen Verkehrsmittels vorschreiben.

³Verfügungen anderer Art sind unzulässig. ⁴Das gleiche gilt für Verfügungen über einzelne Teile der Sendung, ausgenommen den in i) genannten Fall.

(2) Der Unternehmer darf die Ausführung einer ihm ordnungsgemäß zugegangenen nachträglichen Verfügung nur ablehnen, hinausschieben oder in veränderter Weise vornehmen, wenn

a) die Verfügung in dem Zeitpunkt, in dem sie ihm zugeht, nicht mehr durchführbar ist,

b) durch ihre Befolgung der regelmäßige Beförderungsdienst gestört wird,

c) ihrer Ausführung gesetzliche oder sonstige Bestimmungen, insbesondere Zoll- oder sonstige verwaltungsbehördliche Vorschriften entgegenstehen, oder

d) der Wert des Gutes die entstehenden Mehrkosten voraussichtlich nicht deckt und diese Mehrkosten nicht sofort entrichtet oder sichergestellt werden. In diesen Fällen ist der Absender unverzüglich von der Sachlage zu unterrichten.

(3) ¹Verfügt der Absender, daß die Sendung am Bestimmungsort zurückgehalten werden soll, so ist der Unternehmer berechtigt, für jede Verzögerung das tarifmäßige Wagenstand- oder Lagergeld zu erheben.

²Beträgt die Verzögerung mehr als 12 Stunden, so kann der Unternehmer das Gut auf Gefahr und Kosten des Absenders abladen und einlagern; der Absender ist hiervon zu benachrichtigen.

(4) Nach Ankunft des Gutes am Bestimmungsort und nach Erfüllung der aus dem Frachtbrief sich ergebenden Verpflichtungen kann der im Frachtbrief bezeichnete Empfänger Anweisungen erteilen,

a) daß ihm das Gut am Bestimmungsort nach einer anderen als der im Frachtbrief bezeichneten Bestimmungsstelle zugeleitet wird,

b) daß das Gut mit dem Frachtbrief gegen Zahlung der Fracht und der sonst auf dem Gute haftenden Beträge am Bestimmungsort einem Dritten ausgeliefert wird,

c) daß ihm der Frachtbrief gegen Zahlung der Fracht und der sonst auf dem Gut haftenden Beträge, das Gut aber am Bestimmungsort einem Dritten ausgeliefert wird,

d) daß ihm der Frachtbrief, das Gut aber gegen Zahlung der Fracht und der sonst auf dem Gut haftenden Beträge am Bestimmungsort einem Dritten ausgeliefert wird,

e) daß das Gut nach Zahlung oder gegen Nachnahme der Fracht und der sonst auf dem Gut haftenden Beträge mit neuem Frachtbrief vom Bestimmungsort nach einem anderen Ort gesandt wird,

f) daß Teile einer Ladung an verschiedenen oder anderen Ausladestellen, als im Frachtbrief vorgeschrieben war, abgeliefert werden sollen.

(5) Für die Frachtberechnung findet § 20 entsprechende Anwendung.

(6) Wird auf Grund einer nachträglichen Verfügung das Gut unterwegs angehal-

Stand: 1. 7. 1993

ten, so wird neben etwa erwachsenden sonstigen Kosten die Fracht bis zum Unterwegsort erhoben.

(7) Für die Entgegennahme einer nachträglichen Verfügung des Absenders oder einer Anweisung des Empfängers wird die im Tarif vorgesehene Gebühr nur erhoben, wenn eine Neuabfertigung notwendig ist.

Übersicht

	Rdn.		Rdn.
I. Allgemeines	1	3. Durchführungsanspruch und Ablehnungsgründe (§ 27 Abs. 2)	22
II. Das Verfügungsrecht des Absenders (§ 27 Abs. 1, 2)	6	a) Grundsätzliches	22
1. Abschließender Katalog der zulässigen Verfügungen	6	b) Die einzelnen Hinderungsgründe des § 27 Abs. 2 KVO	25
2. Die einzelnen zulässigen Verfügungen	8	aa) Undurchführbarkeit	25
a) Rückgabe am Versandort (Buchst. a)	8	bb) Störung des regelmäßigen Beförderungsdienstes	26
b) Anhaltung auf dem Beförderungsweg (Buchst. b)	9	cc) Entgegenstehende Vorschriften	27
c) Aussetzung der Ablieferung (Buchst. c und Abs. 3)	11	dd) Mangelnde Kostendeckung	28
d) Ablieferung an einen anderen Empfänger (Buchst. d)	13	III. Das Verfügungsrecht des Empfängers (§ 17 Abs. 4 KVO)	29
e) Rücksendung des Gutes (Buchst. e)	16	1. Voraussetzungen der Entstehung des Empfängerverfügungsrechts	30
f) Änderungen von Nachnahmeanweisungen (Buchst. f)	18	2. Die einzelnen Verfügungen des Empfängers	32
g) Änderung des Zahlungleistenden (Buchst. g)	19	IV. Das Verhältnis der Absender- zur Empfängerverfügung	36
h) Weiterleitung an einen anderen Bestimmungsort (Buchst. h)	20	V. Entgelt- und Kostenansprüche (Absätze 5-7)	37
i) Teilauslieferung an verschiedenen Ausladestellen (Buchst. i)	21		

I. Allgemeines

§ 27 KVO enthält Spezialbestimmungen zum frachtrechtlichen Verfügungsrecht, **1** durch die §§ 433, 434, 435 HGB weitgehend verdrängt werden[1]. Die Verfügungsrechte des Absenders nach § 27 Abs. 1 und des Empfängers nach Abs. 4 können sich im Einzelfall überschneiden; siehe Rdn. 36.

Das Verfügungsrecht wird durch **formfreie einseitige Erklärung** gegenüber dem **2** Frachtführer oder seinem zuständigen Personal ausgeübt. Im Zeitpunkt des Wirksamwerdens dieser Erklärung (Zugang, § 130 BGB) treten die Wirkungen der Verfügung ein. Die Nichtausführung der Weisung führt zur Haftung des KVO-Frachtführers nach § 31 Abs. 1 c KVO.

Die Parteien können von Anfang an ein **Zustimmungsrecht eines Dritten** zu nach- **3** träglichen Verfügungen des Absenders vereinbaren; z. B. des Verkäufers, wenn Güter vom Frachtführer im Auftrag des Käufers abgeholt werden. Dies verstößt auch nicht gegen § 22 GüKG[2].

---

[1] Zur Rechtsnatur des Verfügungsrechts und zu anderen grundsätzlichen Fragen siehe § 433 Rdn. 2, 10; zum Weisungsbegriff generell § 425 Rdn. 135.

[2] BGH vom 15. 10. 1959, NJW **1960** 39 f = VersR **1959** 983, 984; *Willenberg*[4] Rdn. 2; dagegen *Koller*[2] Rdn. 1, 2 und 5, der die Entscheidung unzutreffend darstellt.

4 Das Verfügungsrecht des Absenders erlischt nach § 27 Abs. 1 S. 1 KVO mit Zahlung der Fracht und Kosten oder mit der vertragsgemäßen Auslieferung. Es besteht also bis zur Erfüllung einer dieser Voraussetzungen auch nach Ankunft am Bestimmungsort noch fort[3].

5 Die **Kosten**, die durch die Ausführung der Verfügungen entstehen, **treffen den** Absender oder Empfänger; siehe dazu Rdn. 31.

II. Das Verfügungsrecht des Absenders (§ 27 Abs. 1, 2)

1. Abschließender Katalog der zulässigen Verfügungen

6 Im Gegensatz zu der erweiterungsfähigen Aufzählung der zulässigen Absenderverfügungen in § 433 HGB (siehe § 433 Rdn. 9) und in Art. 12 Abs. 1 CMR, Anh. VI nach § 452, enthält § 27 Abs. 1 KVO einen abschließenden Katalog der zulässigen frachtrechtlichen Verfügungen; § 27 Abs. 1 S. 4 KVO.

7 Die meisten Verfügungen betreffen nur die Ausführung des Beförderungsvertrages in seiner ursprünglichen Grundgestalt. Aus § 27 Abs. 1 S. 3 kann aber bei bestimmten Verfügungen der Absender die Benutzung eines anderen Beförderungsmittels vorschreiben. Dann ist der KVO-Frachtführer nur zur Versendung wie ein Spediteur verpflichtet; siehe dazu z. B. Rdn. 13, 16, 20, 21.

2. Die einzelnen zulässigen Verfügungen

a) Rückgabe am Versandort (Buchst. a)

8 Diese Verfügung des Absenders kommt einer Kündigung des Frachtvertrages nach § 649 BGB gleich[4]. Ein Anspruch auf Fracht entsteht jedoch entgegen § 649 BGB nicht. Statt dessen erhält der Frachtführer einen Gebührenanspruch nach XIV A NGT; siehe Rdn. 37. In Betracht kommen nach dem NGT weitere Gebühren wie Wagenstandgeld, Rollgebühren, Wegegeld, Zählgebühr, Gebühr für Packmittel usw. Haftungsrechtlich steht die Rückgabe der Ablieferung an den Empfänger gleich. Siehe auch § 14 Abs. 6 KVO.

b) Anhaltung auf dem Beförderungsweg (Buchst. b)

9 Diese Verfügung berührt die Ausführung des Frachtvertrages nicht endgültig, sondern setzt weitere Verfügungen voraus. Wird eine solche weitere Verfügung nicht oder nicht rechtzeitig getroffen und damit der regelmäßige Beförderungsdienst des KVO-Frachtführers gestört (§ 27 Abs. 2 S. 1 b), so darf dieser das Gut abladen und einlagern[5], ist aber dazu nicht verpflichtet; *Koller*[2] Rdn. 3. Unter der Voraussetzung, daß eine nachträgliche Weisung des Absenders zur Zwischen- oder Nachlagerung vorliegt, haftet der Frachtführer nach § 33 d und e KVO[6].

10 Die **Ansprüche des Frachtführers** richten sich nach dem speziellen Fall: Wird nach der Anhaltung die Beförderung fortgesetzt, so entstehen die betreffenden Frachtansprüche sowie eventuelle zusätzliche Nebengebühren; wird am Anhalteort ausgeliefert, so entsteht ein Anspruch auf Teilfracht nach § 27 Abs. 6 KVO und auf die Gebühr nach XIV A 2 NGT; siehe Rdn. 37.

---

[3] *Willenberg*[4] Rdn. 4, *Koller*[2] Rdn. 2 abweichend von §§ 433, 435 HGB.
[4] *Willenberg*[4] Rdn. 7; *Koller*[2] Rdn. 3.
[5] *Willenberg*[4] Rdn. 8; *Koller*[2] Rdn. 3.
[6] OLG Frankfurt vom 14. 12. 1982, TranspR **1985** 174, 175; *Willenberg*[4] § 33 KVO Rdn. 25, 27–29; siehe auch § 33 Rdn. 12.

Sechster Abschnitt. Frachtgeschäft

Anh. II § 452
(§ 27 KVO)

c) Aussetzung der Ablieferung (Buchst. c und Abs. 3)

Wird vom Absender die Aussetzung der Ablieferung an den Empfänger verfügt, so fragt sich, ob nach § 25 Abs. 2 S. 2 KVO der Auslieferungsanspruch des Empfängers erlischt. Da die Aussetzung der Ablieferung eine vorübergehende Maßnahme ist, wird man zweckmäßigerweise nur ein Ruhen der Empfängeransprüche annehmen können, das bis zur endgültigen Entscheidung des Absenders wirkt. Jedenfalls hindert die Aussetzung der Ablieferung den Empfänger an der Geltendmachung des Auslieferungsanspruchs; a. A. *Koller*[2] Rdn. 3. 11

Der KVO-Frachtführer hat nach § 27 Abs. 3 S. 1 **Anspruch auf das tarifmäßige Wagenstand- und Lagergeld** (VII, VI, 1 NGT; siehe Rdn. 37). Er kann ferner das Gut auf Gefahr und Kosten des Absenders abladen und einlagern, wenn die Verzögerung mehr als 12 Stunden beträgt; er hat aber den Absender davon zu benachrichtigen. Die Einlagerung und Benachrichtigung tritt an die Stelle der Ablieferung nach § 29 KVO. Mit ihr ist daher die Obhutshaftung nach § 29 KVO beendet. 12

d) Ablieferung an einen anderen Empfänger (Buchst. d)

Die Anweisung, das Gut an einen anderen als den ursprünglich (im Frachtvertrag oder bereits durch frühere Absenderverfügungen) benannten Empfänger abzuliefern, bezieht sich zunächst auf einen anderen Empfänger am selben Bestimmungsort. Liegen Wohnsitz oder Geschäftsniederlassung des neuen Empfängers an einem anderen Bestimmungsort, so liegt gleichzeitig eine Verfügung nach § 27 Abs. I S. 1 h vor. Für die erforderliche zusätzliche Beförderung kann der Absender ein anderes Beförderungsmittel vorschreiben; siehe Rdn. 7. 13

Die Anweisung, an einen anderen Empfänger abzuliefern, begründet nach Ankunft des Gutes am Bestimmungsort einen **Auslieferungsanspruch des neuen Empfängers** nach § 25 Abs. 2 KVO. War das Gut bei Wirksamwerden der Verfügung noch nicht am Bestimmungsort angekommen, so erlangt der vorher benannte Empfänger keinerlei Ansprüche. War das Gut bereits angekommen, so erlöschen die mit der Ankunft entstandenen Rechte des zunächst benannten Empfängers nach § 25 Abs. 2 S. 2 KVO. Die Auslieferung an den vorher benannten Empfänger ist dann Falschauslieferung mit der Haftungsfolge des § 31 Abs. 1 b oder – im Falle des Verlustes des Gutes – des § 29 KVO. 14

Die verfügungsgemäße Auslieferung des Gutes an einen anderen Empfänger am gleichen Bestimmungsort begründet einen **Gebührenanspruch** des KVO-Frachtführers nach XIV A 2 NGT; siehe Rdn. 37. 15

e) Rücksendung des Gutes (Buchst. e)

Die Anweisung zur Rücksendung des Gutes ändert in der Regel die Beförderungspflicht des KVO-Frachtführers, die sich um die Rückbeförderung erweitert. In diesem Falle braucht kein neuer Frachtvertrag abgeschlossen und kein neuer Frachtbrief ausgestellt zu werden[7]. Für die erforderliche Rückbeförderung kann der Absender ein anderes Beförderungsmittel vorschreiben; siehe Rdn. 7. Wird die Rücksendeanweisung erst wirksam, wenn das Gut bereits am Bestimmungsort angekommen ist, dann erlöschen die Rechte des Empfängers gem. § 25 Abs. 2 S. 2 KVO. 16

Aus § 27 Abs. 6 KVO ergibt sich, daß die **Tariffracht bis zu dem Ort, von dem aus die Rückbeförderung erfolgt, zu zahlen** ist. Die Rückbeförderung stellt eine zusätzli- 17

---

[7] *Willenberg*[4] Rdn. 16; *Koller*[2] Rdn. 3.

che Leistung dar, für die eine neue Fracht geschuldet wird. Daneben tritt der Gebührenanspruch nach XIV A 2 NGT; siehe Rdn. 37.

f) Änderungen von Nachnahmeanweisungen (Buchst. f)

18 Zur Nachnahmeerhebung siehe § 24 KVO und die dortige Kommentierung sowie § 11 KVO Rdn. 9, 13, 32, ferner § 425 Rdn. 145 und §§ 407–409 Rdn. 128 ff. Die nachträgliche Bestimmung der Pflicht des Frachtführers zur Nachnahmeerhebung schafft die gleiche Rechtslage, wie wenn die betreffende Nachnahmeanweisung von Anfang an gegeben wäre. Sie begründet eine Gebührenpflicht gemäß XIV A 3 NGT; siehe Rdn. 37.

g) Änderung des Zahlungsleistenden (Buchst. g)

19 Siehe hierzu § 21 KVO und zu Einzelheiten *Willenberg*[4] Rdn. 20. Will der Absender umgekehrt dem Empfänger nachträglich eine Frachtzahlungspflicht auferlegen, so kann er nach § 27 Abs. 1 S. 1 f eine nachträgliche Nachnahmeanweisung verfügen; siehe Rdn. 18.

h) Weiterleitung an einen anderen Bestimmungsort (Buchst. h)

20 Die Rechtslage entspricht hier weitgehend der bei Rücksendung gegebenen; siehe Rdn. 16. Auch in diesem Falle kann der Frachtvertrag um eine zusätzliche Beförderungs- oder Versendungspflicht erweitert sein. Im Falle der Weiterbeförderung ist eine neue Frachtberechnung unter Zugrundelegung der Tarifentfernung der Gesamtbeförderung vorzunehmen. Es entsteht ferner ein Gebührenanspruch nach XIV A 2 NGT; siehe Rdn. 37. Die Weiterleitung kann mit der Bestimmung eines neuen Empfängers (Buchst. d, Rdn. 13 ff) gekoppelt sein. Liegt der neue Bestimmungsort in einem anderen Gemeindetarifbereich, dann ist die Anordnung der Weiterleitung einer Teilladung nach Buchst. i unzulässig.

i) Teilauslieferung an verschiedenen Ausladestellen (Buchst. i)

21 Die Anordnung von Teilausladungen an verschiedenen Ausladestellen ist nur im gleichen Gemeindetarifbereich zulässig[8]. Für die erforderliche zusätzliche Beförderung kann der Absender ein anderes Beförderungsmittel vorschreiben; siehe Rdn. 7. Soll ein Teil der Ladung an einem anderen außerhalb dieses Bereiches liegenden Ort ausgeliefert werden, so muß über die erforderliche zusätzliche Beförderung ein neuer Frachtvertrag abgeschlossen werden; siehe Buchst. h.

3. Durchführungsanspruch und Ablehnungsgründe (§ 27 Abs. 2)

a) Grundsätzliches

22 Der Absender hat grundsätzlich einen Erfüllungsanspruch auf Befolgung der zulässigen Weisung. Ausnahmsweise ist jedoch die Weisung für den Frachtführer nicht verbindlich[9]. § 27 Abs. 2 führt – eng angelehnt an § 72 Abs. 5 EVO – die zulässigen Gründe für die Ablehnung vollständig auf.

23 Liegt einer dieser Gründe vor, so kann der Frachtführer entweder die Befolgung der Verfügung ganz **verweigern, verschieben oder sie in veränderter Weise vornehmen**. Die Wahl zwischen diesen Möglichkeiten liegt im Ermessen des Frachtführers; dieser hat

---

[8] *Willenberg*[4] Rdn. 25 unter Hinweis auf BGH vom 15. 10. 1959, NJW **1960** 39 f = VersR **1959** 983, 984.

[9] Für das Vorliegen der Gründe trägt der Frachtführer die Beweislast; *Willenberg*[4] Rdn. 35.

allerdings die Interessen des Absenders wahrzunehmen; *Willenberg*[4] Rdn. 29. Verantwortlich gemacht werden kann der KVO-Frachtführer dabei nur, wenn er gegen die Grundsätze des § 665 S. 1 BGB verstößt. § 665 S. 2 ist jedoch insoweit nicht anzuwenden, als der Frachtführer grundsätzlich nicht die Entschließung des Absenders abzuwarten braucht, sondern diesen erst nach Ausführung der Maßnahme nach § 27 Abs. 2 S. 2 benachrichtigen muß. Jedoch ist ihm wohl, wenn erkennbar gewichtige Interessen auf dem Spiel stehen, eine schnelle Rückfrage, z. B. durch Telefon oder Telefax, und Abwarten mit der Entscheidung zuzumuten; a. A. *Willenberg*[4] Rdn. 34.

Der Frachtführer haftet für Vermögensschäden nach § 31 Abs. 1 c oder b, für Güterschäden nach § 29 KVO[10], wenn er ohne Gründe die Ausführung der Verfügung ablehnt. **24**

b) Die einzelnen Hinderungsgründe des § 27 Abs. 2 KVO
aa) Undurchführbarkeit

Ist die Verfügung nicht mehr durchführbar, weil z. B. das Frachtgut schon abgeliefert, eine Nachnahme bereits in zu hohem Betrag erhoben worden ist oder das Fahrzeug sich auf der Fahrt befindet und nicht mehr angehalten werden kann, dann ist grundsätzlich der Beförderungsvertrag ordnungsgemäß erfüllt, wenn er in der vom Absender ursprünglich vorgeschriebenen Weise ausgeführt wird. Doch ist der Frachtführer nicht völlig frei. Erreicht z. B. am Bestimmungsort die Anhalteverfügung nach Abs. 1 S. 1 b den Fahrer noch, so darf er das Gut nicht ohne Rückfrage an den Empfänger ausliefern. **25**

bb) Störung des regelmäßigen Beförderungsdienstes

Die Formulierung entspricht § 72 Abs. 5 b EVO und paßt daher kaum auf die individuellen Verhältnisse des Güterfernverkehrs, die nach dem Wegfall des RKB einen „regelmäßigen Beförderungsdienst" nicht mehr voraussetzen. Sie wird wohl im Sinne einer Störung des Beförderungsbetriebs (vgl. Art. 12 Abs. 5 b CMR, Anh. VI nach § 452) auszulegen sein. Insbesondere darf der KVO-Frachtführer danach die Befolgung solcher Verfügungen ablehnen, die einer pünktlichen Erfüllung anderer übernommener Beförderungspflichten entgegenstehen. *Koller*[2] Rdn. 5 weist aber zu Recht auf die Möglichkeit des Einsatzes von Subunternehmern zur Behebung der Störung hin. Daß die Kosten der Durchführung einer nachträglichen Verfügung durch die zusätzlichen Tarifansprüche wegen des hohen Arbeits- und Zeitaufwands nicht gedeckt seien, ist kein Ablehnungsgrund. Siehe jedoch dazu die Ausnahmevorschrift des § 27 Abs. 2 S. 1 d. **26**

cc) Entgegenstehende Vorschriften

Dieser Verweigerungsgrund ist an sich selbstverständlich, da die betreffende Weisung bereits nach § 134 BGB nichtig ist. **27**

dd) Mangelnde Kostendeckung

Da das Gut nach § 440 HGB dem Frachtführer als Pfandobjekt für die Fracht und Kostenansprüche dient, benötigt er besondere Sicherheiten, wenn der Wert des Gutes die Vergütung und Auslagen für die nachträgliche Vergütung nicht deckt. **28**

III. Das Verfügungsrecht des Empfängers (§ 17 Abs. 4 KVO)

Inhaltlich entsprechend § 435 HGB kann der Empfänger unter den Voraussetzungen des § 27 Abs. 4 KVO ein eigenes Verfügungsrecht geltend machen. Im Gegensatz zur **29**

---

[10] *Koller*[2] Rdn. 5; unvollständig *Willenberg*[4] Rdn. 8.

Regelung des HGB werden auch hier die einzelnen Verfügungsrechte aufgezählt. Anders als bei den Absenderverfügungen ist jedoch der Katalog der Empfängerverfügungen vom Gesetz nicht abschließend konzipiert[11]. Für die Ausführung von Empfängerverfügungen werden einheitliche Gebühren nach XIV D NGT erhoben.

1. Voraussetzungen der Entstehung des Empfängerverfügungsrechts

30   § 27 Abs. 4 KVO verlangt – darin übereinstimmend mit § 435 S. 1 HGB – als Voraussetzung für die Entstehung des Verfügungsrechtes des Absenders zunächst die Ankunft des Gutes am Bestimmungsort. Anders als nach § 435 S. 1 entstehen jedoch die Empfängerrechte erst mit der Erfüllung der sich aus dem Frachtbrief ergebenden Verpflichtungen, also insbesondere mit der Bezahlung von Fracht und Kosten[12]. Aus § 27 Abs. 1 ergibt sich, daß mit Zahlung oder Ablieferung das Absenderverfügungsrecht erlischt. Nach der KVO muß der Empfänger somit zunächst alle Verpflichtungen aus dem ersten Frachtvertrag erfüllen, bevor er das Verfügungsrecht geltend machen kann, während nach § 435 BGB das Verfügungsrecht bereits mit der Ankunft entsteht und lediglich seine Geltendmachung Zug um Zug von der Erfüllung der Empfängerverpflichtungen abhängig ist. Nach dieser Auslegung gibt es nach KVO somit keine Überschneidungen von Absender- und Empfänger-Verfügungsrecht[13]. Daß nach erfolgter Ablieferung ohne Bezahlung der Fracht noch ein Verfügungsrecht des Empfängers bestehen soll, ist übrigens kaum anzunehmen. In diesem Falle ist der Frachtvertrag von seiten des Frachtführers voll erfüllt[14] – es gibt nichts mehr zu verfügen. Wünscht der Empfänger eine Anschlußbeförderung, muß er einen neuen Beförderungsvertrag abschließen. Nimmt jedoch der Empfänger die ihm zur Ablieferung angebotenen Güter nicht an und trifft stattdessen eine andere Verfügung, so ist dies grundsätzlich zulässig.

31   Umstritten ist, **ob dem Frachtführer auch gegenüber dem Empfängerverfügungsrecht die Verweigerungsrechte zustehen.** Die analoge Anwendung von § 27 Abs. 2 KVO ist zu bejahen[15], weil die Interessenlage sich nicht von der beim Absenderverfügungsrecht bestehenden unterscheidet.

2. Die einzelnen Verfügungen des Empfängers

32   Der Katalog der zulässigen Empfängerverfügungen stimmt mit § 27 Abs. 1 nicht überein, weist aber Parallelen auf.

33   Nach Buchst. a–d sind **Verfügungen über die Zuführung von Gütern nach anderen Entladestellen (§ 5 KVO) und an andere Personen** zulässig. Alle Ziffern betreffen jedoch nur Varianten der Ablieferung am ursprünglichen Bestimmungsort, da Weiterbeförderungen an einen anderen Ort unter Buchst. e fallen; zutreffend *Willenberg*[4] Rdn. 40–42.

34   Die **Verfügung nach Buchst. f** entspricht der nach § 27 Abs. 1 S. 1 i. Die Anordnung der Weiterversendung aus dem Gemeindetarifbereich hinaus fällt jedoch unter Buchst. e.

---

[11] *Koller*[2] Rdn. 6; *Willenberg*[4] Rdn. 39.
[12] *Willenberg*[4] Rdn. 37 will unter unzutreffender Berufung auf BGH vom 21. 12. 1973, NJW 1974 412 = VersR 1974 325 f schon bei Annahme des Frachtbriefs durch den Empfänger vor Ablieferung ein Verfügungsrecht des Empfängers annehmen.

[13] Zur Auswirkung dieses Umstands auf die Legitimation zur Geltendmachung von Schadensersatzansprüchen siehe § 29 KVO Rdn. 20 ff.
[14] Zustimmend *Koller*[2] Rdn. 6.
[15] Wie hier *Koller*[2] Rdn. 6; dagegen *Willenberg*[4] Rdn. 38.

Eine besondere Rolle spielt die **Anweisung der Weiterbeförderung an einen anderen Ort.** Diese setzt, da ein neuer Frachtbrief auszustellen ist, den Abschluß eines neuen Frachtvertrages zwischen dem Empfänger, der nunmehr Absender wird, und dem Frachtführer voraus[16]. Aus § 27 Abs. 4 e muß der Schluß gezogen werden, daß hier ausnahmsweise ein Abschlußzwang des KVO-Unternehmers besteht. Wenn der Frachtführer den Abschluß beliebig verweigern dürfte, weil im Güterfernverkehrsrecht kein Beförderungszwang besteht[17], wäre die ausdrückliche Normierung eines entsprechenden Anweisungsrechts des Empfängers in der KVO sinnlos. Doch wird man wohl die analoge Anwendung des § 27 Abs. 2 KVO befürworten müssen. Folge der Weiterbeförderung durch den ursprünglichen Frachtführer ist eine durchgehende Obhutszeit und Haftung nach §§ 29 ff KVO für die ursprünglich vereinbarte und die nachträglich ausgeführte weitere Beförderung[18]. § 39 Abs. 2 c Nr. 3 KVO zieht die Konsequenz, daß die Präklusion der Ersatzansprüche nach Beendigung der ursprünglichen Beförderung noch nicht eintritt. **35**

IV. Das Verhältnis der Absender- zur Empfängerverfügung

Das Verfügungsrecht des Empfängers setzt außer der Ankunft des Gutes am Bestimmungsort nach § 27 Abs. 4 stets die vorherige Erfüllung der Verpflichtungen nach Maßgabe des Frachtbriefs voraus. Andererseits endigt nach § 27 Abs. 1 S. 1 das Verfügungsrecht des Absenders mit der Zahlung der Fracht und der Kosten durch den Empfänger. Somit kann es zu Überschneidungen im Bereich des Verfügungsrechts nach der KVO nicht kommen. Vielmehr löst das Verfügungsrecht des Empfängers das des Absenders lückenlos ab[19]. Das Empfänger-Verfügungsrecht fällt nach § 333 BGB an den Absender zurück, wenn dieser es zurückweist[20]. **36**

V. Entgelt- und Kostenansprüche (Absätze 5–7)

Hinsichtlich der Entgelt- und Kostenansprüche wird auf die Anmerkungen zu den einzelnen Verfügungen (Rdn. 8–21 und 32–35) verwiesen. Für die Entgelte ist bis zum 1. 1. 1994 grundsätzlich der Nebengebührentarif (NGT, Abdruck bei *Hein/Eichhoff* u. a. C 525) maßgeblich. Eine besondere Gebühr für die „Entgegennahme" einer Verfügung sieht das Tarifrecht nicht vor; vielmehr wird danach die Gebühr für die Ausführung der Verfügung erhoben (XIV NGT). § 27 Abs. 7 KVO ist daher gegenstandslos[21]. **37**

Neue oder ergänzende Frachtansprüche (§ 27 Abs. 5 KVO) können sich ergeben, soweit zusätzliche Beförderungsleistungen (außerhalb des Gemeindetarifbereichs und bei Rückbeförderung an den Absender) erforderlich werden[22]. Diese unterliegen zwingendem Tarifrecht. Entstehen durch die Nichtberechnung von Anschlußfrachten Frachtverkürzungen, verstößt dies gegen § 22 Abs. 3 GüKG[23]. Ab 1. 1. 1994 entfallen alle tariflichen Gebühren; siehe § 1 KVO Rdn. 2 f. Die Ansprüche müssen dann aus dem Vertrag (Entgelt) oder als Aufwendungen (siehe § 425 Rdn. 192 f und Rdn. 181 ff) begründet werden. **38**

---

[16] Insoweit zutreffend *Willenberg*[4] Rdn. 43; siehe auch *Koller*[2] Rdn. 7.
[17] So *Willenberg*[4] Rdn. 43; wie hier *Koller*[2] Rdn. 7.
[18] *Willenberg*[4] § 39 Rdn. 30.
[19] *Koller*[2] Rdn. 1. Siehe zur Überschneidungsmöglichkeit nach §§ 433, 434 die Übersicht in 433 Rdn. 34; auch KG vom 22. 1. 1959, VersR **1959** 342, 343 verneint nur hinsichtlich der Ersatzansprüche die Analogie zu § 95 EVO.
[20] Siehe § 435 Rdn. 29; § 435 Rdn. 22; *Koller*[2] Rdn. 6.
[21] *Willenberg*[4] Rdn. 52 f; *Koller*[2] Rdn. 8.
[22] *Willenberg*[4] Rdn. 50 f.
[23] BGH vom 23. 4. 1960, VersR **1969** 790, 791; *Willenberg*[4] Rdn. 50.

§ 28

Beförderungs- und Ablieferungshindernisse

(1) ¹Stellen sich der Beförderung eines Gutes Hindernisse entgegen, die durch Umleitung oder durch eine Ersatzbeförderung behoben werden können, so ist das Gut dem Empfänger über die Umgehungsstraßen oder mit der möglichen Ersatzbeförderung zuzuführen. ²Die Lieferfrist wird über den ursprünglichen Beförderungsweg errechnet. ³Eine Mehrfracht nach der wirklich ausgeführten Beförderung kann nur erhoben werden, wenn das Gut über eine Umgehungsstraße zugeführt wird und der Absender vor Annahme des Frachtbriefes und des Gutes von dem Unternehmer auf die Notwendigkeit einer Umleitung hingewiesen war.

(2) ¹In allen anderen Fällen, in denen der Beginn oder die Fortsetzung einer Beförderung zeitweilig oder dauernd verhindert wird, hat der Unternehmer den Absender um Anweisung zu ersuchen. ²Der Absender kann daraufhin auch vom Vertrage zurücktreten. ³Trifft den Unternehmer kein Verschulden, so kann er in diesen Fällen Zahlung der Fracht für die zurückgelegte Strecke und der Gebühren für die ausgeführten Neben- und Sonderleistungen verlangen. ⁴Trifft der Absender die Anweisung, daß das Gut zum Versandort zurückbefördert werden soll, so hat der Unternehmer keinen Anspruch auf Fracht und Gebühren.

(3) ¹Erteilt der Absender innerhalb angemessener Frist keine ausführbare Anweisung, so ist nach (5) ff zu verfahren. ²Vom Zeitpunkt der Säumigkeit des Absenders an ist das tarifmäßige Lager- oder Wagenstandgeld verwirkt.

(4) Fällt das Beförderungshindernis vor dem Eintreffen einer Anweisung des Absenders weg, so ist das Gut dem Bestimmungsort zuzuleiten, ohne daß Anweisungen abgewartet werden; der Absender ist hiervon unverzüglich zu benachrichtigen.

(5) ¹Ist nach Eintreffen der Sendung am Bestimmungsorte der Empfänger nicht zu ermitteln oder verweigert er die Annahme oder löst er den Frachtbrief nicht ein oder ergibt sich vor Einlösung des Frachtbriefes ein sonstiges Ablieferungshindernis, so hat der Unternehmer den Absender von der Ursache des Hindernisses unverzüglich zu benachrichtigen und seine Anweisung einzuholen.

²Der Absender kann im Frachtbrief vorschreiben, daß er auf seine Kosten telegrafisch benachrichtigt werden soll. ³Er kann ferner im Frachtbrief vorschreiben, daß ihm das Gut bei Eintritt eines Ablieferungshindernisses ohne vorherige Benachrichtigung zurückgeschickt werden soll oder daß das Gut am Bestimmungsort an einen zu bezeichnenden anderen als den im Frachtbrief genannten Empfänger abgeliefert werden soll.

⁴Der Absender kann im Frachtbrief auch einen Dritten zur Erteilung von Anweisungen über das Gut bevollmächtigen und vorschreiben, daß der Unternehmer diesen Dritten unmittelbar zu benachrichtigen und seine Anweisung einzuholen hat.

(6) Ist die Benachrichtigung des Absenders oder des im Frachtbrief bezeichneten Bevollmächtigten nach den Umständen nicht möglich oder ist der Absender oder sein Bevollmächtigter mit der Erteilung der Anweisung säumig oder ist die Erteilung nicht ausführbar, so kann das Gut unter Einziehung der etwa noch nicht bezahlten Kosten bei einem Spediteur oder in einem öffentlichen Lagerhaus auf Gefahr und Kosten des Absenders hinterlegt werden.

(7) (weggefallen)

(8) ¹Ist der Frachtbrief vom Empfänger eingelöst, so gilt, wenn der Empfänger das Gut nicht abnimmt oder sich ein sonstiges Ablieferungshindernis ergibt, für die Hinterlegung des Gutes bei einem Spediteur oder in einem öffentlichen Lagerhaus Absatz 6 entsprechend mit der Maßgabe, daß überall an die Stelle des Absenders der Empfänger tritt.

Sechster Abschnitt. Frachtgeschäft Anh. II § 452 (§ 28 KVO)

²Zoll- oder steuerpflichtige Güter dürfen erst nach Vornahme der Zoll- oder Steuerbehandlung bei einem Spediteur oder öffentlichen Lagerhaus hinterlegt oder verkauft werden.

³Fällt das Ablieferungshindernis weg, ohne daß eine anderweitige Anweisung des Absenders oder seines Bevollmächtigten bei der Empfangsabfertigung eingetroffen ist, und ist der Empfänger zur Annahme bereit, so wird ihm das Gut abgeliefert. ⁴Von einer nachträglichen Ablieferung ist der Absender oder sein Bevollmächtigter, soweit diesem das Hindernis schon mitgeteilt war, unmittelbar zu benachrichtigen.

Übersicht

	Rdn.
I. Überblick	1
II. Beförderungshindernisse	2
1. Voraussetzungen eines Beförderungshindernisses	2
a) Grundsätzliches	2
b) Beispiele und Arten von Beförderungshindernissen	6
2. Behebbare Beförderungshindernisse (§ 28 Abs. 1 KVO)	8
a) Voraussetzungen	8
b) Rechtsfolgen	9
3. Nicht behebbare Beförderungshindernisse (§ 28 Abs. 2 KVO)	14
a) Voraussetzungen	14
b) Rechtsfolgen	15
aa) Pflicht zur Einholung von Anweisungen	15
bb) Pflicht zur Ausführung on Anweisungen	18
cc) Rücktrittsrecht des Absenders	21
dd) Wegfall des Beförderungshindernisses	22
III. Ablieferungshindernisse	23
1. Voraussetzungen (§ 28 Abs. 5 KVO)	23
2. Rechtsfolgen	25
a) Benachrichtigung und Einholung von Anweisungen	25
b) Anweisungen des Absenders	28
c) Hinterlegungsrecht des Frachtführers (§ 28 Abs. 6 KVO)	29
d) Verfahren bei Verfügungsrecht des Empfängers (§ 28 Abs. 8 S. 1)	30
e) Selbsthilfeverkauf	31

I. Überblick

§ 28 KVO regelt zwei voneinander zu trennende Gruppen von Störungen bei der Erfüllung des Beförderungsvertrages: Beförderungshindernisse (§ 28 Abs. 1–4 KVO) und Ablieferungshindernisse (§ 28 Abs. 5, 6 und 8). Für beide Arten von Hindernissen trifft die KVO eine zeitgemäßere und den Möglichkeiten neuerer Transport- und Nachrichtentechnik etwas besser angepaßte Regelung als das HGB. **1**

II. Beförderungshindernisse

1. Voraussetzungen eines Beförderungshindernisses

a) Grundsätzliches

Beförderungshindernisse sind Umstände, die der ordnungsgemäßen (insbesondere pünktlichen) Erfüllung der Beförderungspflicht entgegenstehen[1]. Sie sind in § 28 Abs. 1–4 geregelt. Diese Bestimmungen stellen leges speciales zu § 428 Abs. 2 HGB dar[2]. **2**

Ein **Beförderungshindernis** im Sinne des § 28 KVO – siehe Abs. 2 S. 1 – ist ein objektiver Umstand, der die Ausführung der geschuldeten Beförderungsleistung „dauernd" oder „zeitweilig" unmöglich macht. Zeitweilig unmöglich ist die Beförderung, wenn sie nicht innerhalb der Lieferfrist (§ 26 KVO) ausgeführt werden kann. Im **3**

---

[1] OLG München vom 28. 6. 1983, TranspR **1984** 186, 187 = VersR **1984** 343 = RiW **1983** 789 ff (ergänzend zu Art. 14 CMR).

[2] Siehe zur Übersicht § 428 Rdn. 14 ff; ferner Art. 14 CMR, Anh. VI nach § 452.

Gegensatz zur KVO-Regelung erfaßt § 428 Abs. 2 HGB nur „zeitweilige" Beförderungshindernisse, nicht dagegen dauernde. Kann die Beförderung auf einer von mehreren Routen durchgeführt werden, liegt überhaupt kein Beförderungshindernis vor[3].

4 **Ein dauerndes Beförderungshindernis** führt somit zur Unmöglichkeit der Hauptleistung, ein vorübergehendes zum Schuldnerverzug, soweit der Frachtführer das Hindernis zu vertreten hat. Auch Hindernisse, die sich bereits vor dem Abschluß des Beförderungsvertrages ergeben, können Beförderungshindernisse im Sinne des § 28 sein[4]. Dies ergibt sich für behebbare Beförderungshindernisse aus § 28 Abs. 1 S. 3 KVO, ist aber auch für die nicht behebbaren zu bejahen, weil es sonst für diese Fälle an den notwendigen Verhaltensregeln fehlen würde. Soweit aber die vereinbarte Beförderung von Anfang an unmöglich war, ist der Frachtvertrag nach § 306 BGB nichtig[5]. Ein Hindernis ist dauernd, wenn sich die Beförderung nicht mehr in der vorgesehenen Frist ausführen läßt. Ist eine solche Ausführung noch möglich, ist § 28 Abs. 1–4 anzuwenden. Es kann sinnvollerweise keinen Unterschied für die Abwicklung des Frachtvertrages machen, ob z. B. eine Verkehrsstörung, die bei Ausführung der Beförderung bemerkt wird, wenige Minuten vor oder nach Abschluß des Frachtvertrages eingetreten ist[6]. Keine Beförderungshindernisse sind dagegen solche Hindernisse, die schon die Annahme durch den Frachtführer verhindern. In diesem Falle kommt es nach der hier vertretenen Realvertragstheorie überhaupt nicht zum Abschluß eines Frachtvertrages[7].

5 **Ohne Bedeutung** für die einer angemessenen Lösung auftretender Probleme dienende Regelung des § 28 Abs. 1–4 ist, **ob der Frachtführer das Beförderungshindernis zu vertreten hat**[8]. Doch kann dieses Kriterium an anderer Stelle, z. B. bei der Berechnung der Lieferfrist oder bei Schadensersatzfragen bedeutsam sein.

b) Beispiele und Arten von Beförderungshindernissen

6 Die KVO nennt keine konkreten Beispiele für Beförderungshindernisse. In Betracht kommen zahlreiche mögliche Umstände[9]: z. B. Straßensperren, Naturereignisse, Streiks, LKW-Blockaden, Betriebsstörungen des Fahrzeugs[10], eintretende Beförderungsunfähigkeit des Gutes, öffentlichrechtliche Bestimmungen.

7 Die KVO unterscheidet aber zwischen zwei Arten von Beförderungshindernissen: solchen, die durch Umleitung oder Ersatzbeförderung behoben werden können (Abs. 1) und solchen, die nicht auf diese Weise behebbar sind (Abs. 2). An diese beiden Arten knüpfen sich unterschiedliche Rechtsfolgen.

2. Behebbare Beförderungshindernisse (§ 28 Abs. 1 KVO)
a) Voraussetzungen

8 Vorausgesetzt ist, daß die Beförderung durch Umleitung des Fahrzeugs – also über einen anderen Weg – oder durch Ersatzbeförderung innerhalb der Lieferfrist bewirkt werden kann. Ersatzbeförderung ist die Beförderung mit einem anderen Fahrzeug, even-

---

[3] OLG München vom 28. 6. 1983, TranspR **1984** 186, 187 = VersR **1984** 343 = RiW **1983** 789 ff mit eingehend begründeter Ablehnung von anderen, bürgerlichrechtlichen Ansprüchen. Zur Unterscheidung zwischen behebbaren und nicht behebbaren Beförderungshindernissen siehe Rdn. 8, 14.
[4] A. A. *Willenberg*[4] Rdn. 1; wie hier *Koller*[2] Rdn. 1.
[5] *Palandt/Heinrichs*[52] § 306 BGB Rdn. 5.
[6] So aber *Willenberg*[4] Rdn. 1, der auf alle Hindernisse, die vor Vertragsabschluß eintreten, § 28 KVO nicht anwenden will und sich zu Unrecht dafür auf OLG München vom 28. 6. 1983, TranspR **1984** 186, 187 = VersR **1984** 343 = RiW **1983** 789 ff beruft. Wie hier *Koller*[2] Rdn. 1.
[7] Siehe § 15 KVO Rdn. 12.
[8] *Willenberg*[4] Rdn. 5.
[9] *Willenberg*[4] Rdn. 4; *Koller*[2] Rdn. 1.
[10] BGH vom 12. 5. 1960, BGHZ **32** 297 ff = NJW **1960** 1617 f = VersR **1960** 627, 629 (Kupplungsschaden).

tuell durch einen anderen Unternehmer, der als Unterfrachtführer tätig wird, gegebenenfalls auch durch eine andere Art von Beförderungsmittel, z. B. durch die Eisenbahn[11]. Beförderungshindernisse, die sich durch andere Maßnahmen beheben lassen, fallen nicht unter § 28 Abs. 1[12]. Da die KVO hierzu keine Regelung enthält, sind die auftretenden Rechtsfragen nach den Regeln des allgemeinen Schuldrechts zu beantworten.

b) Rechtsfolgen

Der KVO-Frachtführer ist verpflichtet, die Beförderung innerhalb der ursprünglichen Lieferfrist (Abs. 1 S. 1) auf einem Umleitungsweg oder durch Ersatzbeförderung auszuführen. Ihm stehen keine zusätzlichen Ansprüche zu, die über die Tariffracht hinausgingen. Bei der Beurteilung der Frage, zu welchen Umwegen oder zu welcher Ersatzbeförderung der Frachtführer verpflichtet ist, muß diesem Umstand Rechnung getragen werden. Ein behebbares Beförderungshindernis und damit eine Pflicht zur Umleitung oder Ersatzbeförderung liegt daher nicht vor, wenn die in Betracht kommenden Maßnahmen nur mit unzumutbaren Kosten ausgeführt werden könnten[13]. Luftbeförderung kann z. B. dem KVO-Frachtführer als Ersatzbeförderung regelmäßig nicht zugemutet werden. Birgt der Ersatz besondere Gefahren (z. B. unzureichende lichte Höhe von Brücken), ist sorgfältigste Prüfung der Gefahren Pflicht des Fahrers[14]. **9**

Der Frachtführer haftet, wenn er seine Pflicht zur pünktlichen Beförderung auf dem Umleitungsweg oder per Ersatzbeförderung nicht oder unzulänglich erfüllt und es dadurch zur **Überschreitung der Lieferfrist** kommt, für primäre Vermögensschäden nach § 31 Abs. 1 a KVO[15], für durch die Lieferfristüberschreitung entstehende Schäden am Frachtgut nach § 29 KVO; siehe § 26 Rdn. 1 f. Die **Lieferfrist wird nicht nach dem längeren Beförderungsweg neu berechnet**; § 28 Abs. 1 S. 2 KVO. Jedoch kann sie nach § 26 Abs. 4 KVO ruhen. Kommt es hierdurch nicht zu einer Lieferfristüberschreitung, so ist der Frachtführer nicht haftbar; siehe § 26 KVO Rdn. 1. **10**

Die KVO gibt dem Frachtführer grundsätzlich **keinen Anspruch auf zusätzliches Entgelt**, auch wenn die Strecke länger ist, außer wenn der Frachtführer den Absender bereits vor Annahme von Gut und Frachtbrief auf das Hindernis hingewiesen hat; § 28 Abs. 1 S. 3. **11**

Die Verhaltensregeln des **§ 28 Abs. 2** können nach dem eindeutigen Wortlaut („in allen anderen Fällen") **nicht analog auf behebbare Beförderungshindernisse angewendet werden**[16]. Grundsätzlich geht die KVO davon aus, daß der Frachtführer die behebbaren Hindernisse eigenständig überwindet. **12**

Läßt der KVO-Frachtführer die **Ersatzbeförderung durch einen anderen Unternehmer** ausführen, so wird dieser als Unterfrachtführer tätig. Der Hauptfrachtführer haftet für ihn nach § 6 KVO; die Haftung richtet sich auch bei Ersatzbeförderung durch die Eisenbahn gem. § 33 c KVO nach den Haftungsregelungen der KVO. **13**

---

[11] Dazu *Willenberg*[4] Rdn. 12 ff. Gibt es mehrere Beförderungswege und ist nur die Benutzung eines von ihnen behindert, liegt gar kein Beförderungshindernis vor und entsteht auch kein Anspruch auf Mehrfracht nach § 28 Abs. 1 S. 3; OLG München vom 28. 6. 1983, TranspR **1984** 186, 187 = VersR **1984** 343 = RiW **1983** 789 ff.
[12] *Willenberg*[4] Rdn. 16; CMR, Anh. VI nach *Koller*[2] Rdn. 2 f, der auf solche Beförderungshindernisse § 28 Abs. 1 KVO analog anwenden will.
[13] Insoweit zutreffend *Koller*[2] Rdn. 2.
[14] BGH vom 26. 10. 1961, VersR **1961** 1108, 1109.
[15] *Koller*[2] Rdn. 3. Siehe § 26 Rdn. 1.
[16] So aber *Koller*[2] Rdn. 3; anders *Koller*[2] Rdn. 4 zum Rücktrittsrecht. Benachrichtigungspflichten können sich jedoch aus Treu und Glauben ergeben; siehe § 425 Rdn. 142.

3. Nicht behebbare Beförderungshindernisse (§ 28 Abs. 2 KVO)
a) Voraussetzungen

14 Nach § 28 Abs. 2 KVO werden alle Beförderungshindernisse (siehe Rdn. 2 f) behandelt, die nicht durch Umleitung oder Ersatzbeförderung behoben werden können; siehe zur Frage der Zumutbarkeit Rdn. 9. *Koller*² Rdn. 4 f will das Problem, daß in vielen Fällen noch nicht feststeht, ob die Erfüllung innerhalb der Lieferfrist noch möglich sein wird, durch eine Art Prognose überwinden. Dies hat den Vorteil, daß die Entstehung der Pflicht des Frachtführers zur Einholung von Anweisungen vorverlegt wird und dadurch die Möglichkeiten des Absenders zur Entscheidung verbessert werden. Andererseits wird hierduch der Frachtführer zusätzlich belastet, weil er bei unerwartetem Wegfall des Hindernisses wieder umdisponieren muß. Im übrigen ist es unbefriedigend, daß die Beförderungspflicht in einem noch ungewissen Zeitpunkt „vorübergehend erlöschen" und später wieder aufleben soll. Näherliegend ist die Interpretation, daß die ursprüngliche Beförderungspflicht zunächst ruht und entweder durch Anweisungen des Absenders geändert, durch Rücktritt in ein Rückgewährschuldverhältnis umgewandelt oder bei rechtzeitigem Wegfall des Beförderungshindernisses doch noch erfüllt wird.

b) Rechtsfolgen
aa) Pflicht zur Einholung von Anweisungen

15 § 28 Abs. 2 S. 1 KVO verpflichtet den Frachtführer in erster Linie, Anweisungen vom Absender[17] einzuholen; siehe dazu auch § 428 Rdn. 25. Eine reine Benachrichtigung genügt nicht. Steht zu erwarten, daß die Beförderung trotz eines vorübergehenden Hindernisses noch innerhalb der Lieferfrist ausführbar sein wird, so liegt zunächst überhaupt kein Beförderungshindernis und damit auch keine Pflicht zur Einholung von Anweisungen vor[18]. Doch kann nach den Umständen des besonderen Falles (etwa bei verderblichen Gütern) die allgemeine Sorgfaltspflicht des Frachtführers eine Benachrichtigung des Absenders dennoch erforderlich machen. Diese Begründung kann wegen der hierfür erforderlichen Berücksichtigung aller Umstände flexibler gehandhabt werden als die von *Koller*² Rdn. 6 vorgeschlagene analoge Anwendung von § 28 Abs. 2 KVO. Für die Nichteinholung von Anweisungen haftet der Frachtführer nach § 31 Abs. 1 c KVO[19].

16 Das **Einholen der Anweisung ist an keine Form gebunden**, hat aber auf schnellem Wege – in der Regel wohl telefonisch – zu erfolgen. Im Frachtbrief können nach § 11 Abs. 2 und 3 keine besonderen Weisungen für den Fall eines Beförderungshindernisses eingetragen werden. § 11 Abs. 2 g sieht Weisungen nur bei Ablieferungshindernissen als eintragungsfähig vor. Es besteht jedoch nach der hier vertretenen Auffassung die Möglichkeit, hierüber außerhalb des Frachtbriefs Vereinbarungen im voraus zu treffen; siehe § 11 KVO Rdn. 10.

17 Der **Frachtführer haftet nach § 31 Abs. 1 c KVO**, wenn er das Einholen von Anweisungen unterläßt[20].

bb) Pflicht zur Ausführung von Anweisungen

18 Der Absender kann die in § 27 Abs. 1 KVO vorgesehenen Anweisungen geben, soweit diese noch ausführbar sind. Da § 28 Abs. 2 nicht auf § 27 Abs. 1 verweist, sind die

---

[17] Die Benachrichtigung des Empfängers reicht nicht aus; OLG Hamburg vom 28. 2. 1952, VRS 4 471, 473.
[18] Siehe zum ganzen Fragenkomplex *Willenberg*⁴ Rdn. 17 ff mit Hinweisen auf ältere, z. T. unveröffentlichte Rechtsprechung der Oberlandesgerichte und Landgerichte.
[19] *Willenberg*⁴ Rdn. 18; *Koller*² Rdn. 6.
[20] *Willenberg*⁴ Rdn. 18; *Koller*² Rdn. 6.

Anweisungen des Absenders nicht auf die dort aufgezählten Maßnahmen beschränkt[21]. Die erteilten Anweisungen sind für den Frachtführer bindend, soweit sie unter den gegebenen Umständen ausführbar (§ 28 Abs. 3, 6) und zumutbar sind. Die Nichtausführung kann Haftung nach § 31 Abs. 1 c KVO zur Folge haben[22]. Eine Pflicht zur Ausführung entfällt allerdings, wenn das Hindernis vor dem Eintreffen der Anweisung wegfällt; siehe Rdn. 22.

Besonders erwähnt ist in § 28 Abs. 2 S. 4 und Abs. 5 S. 3 KVO die naheliegende **Anweisung, das Gut zum Absender zurückzubefördern**. Sie ist eine Konkretisierung der Rückgabepflicht nach § 346 S. 1 BGB. Für die Rückbeförderung wird keine Fracht erhoben; § 28 Abs. 2 S. 4 KVO. Auf die Frage, ob Distanzfracht für den Hinweg gefordert werden kann, ist die Anweisung zur Rückbeförderung ohne Einfluß.

Erteilt der Absender innerhalb angemessener Frist keine oder nur unausführbare Anweisungen, so hat der KVO-Frachtführer nach § 28 Abs. 3 S. 1 das Recht, wie beim Ablieferungshindernis das Frachtgut einzulagern; siehe Rdn. 29. Der Frachtführer hat ferner nach § 28 Abs. 3 S. 2 Anspruch auf Lager- und Wagenstandgeld[23]. Zweifelhaft ist, ob der Frachtführer, wenn er nicht kurzfristig eine Anweisung erhält, das Gut ohne weiteres zum Absender zurückbefördern darf[24]. In der KVO ist dies nicht vorgesehen, kann aber nach den Umständen des Falles als Interessewahrung für den Absender geboten oder zumindest zulässig sein. Eine generelle Entscheidung, was zweckmäßiger ist, läßt sich nicht treffen.

cc) Rücktrittsrecht des Absenders

Der Absender kann, wenn er vom nicht behebbaren Beförderungshindernis Mitteilung erhält, wahlweise vom Beförderungsvertrag zurücktreten; § 28 Abs. 2 S. 2 KVO[25]. Er schuldet, wenn das Beförderungshindernis vom Frachtführer zu vertreten ist, keine Fracht; wenn es von diesem nicht zu vertreten ist, nur die Distanzfracht; § 28 Abs. 2 S. 3 KVO[26].

dd) Wegfall des Beförderungshindernisses

Fällt das Beförderungshindernis nachträglich weg, bevor eine Anweisung des Frachtführers eingetroffen ist, hat der Frachtführer die Beförderung zu Ende zu führen und den Absender davon unverzüglich zu benachrichtigen (§ 28 Abs. 4 KVO). Dies gilt auch dann, wenn die ursprüngliche Lieferfrist bereits überschritten ist. In vielen Fällen wird diese sich durch § 26 Abs. 4 verlängert haben. Für fehlende Benachrichtigung haftet der Frachtführer nach § 31 Abs. 1 c KVO. Fraglich ist, ob bei späterem Wegfall des Hindernisses eine mittlerweile vom Absender erteilte Anweisung noch zu befolgen ist. Die KVO regelt in § 28 Abs. 4 diesen Fall nicht. Sie bestimmt nur, daß der Frachtführer keine Anweisungen mehr abzuwarten braucht. Der Interessenkonflikt ist mit theoretischen Mitteln nicht generell zu lösen. Zweckmäßig und dem Frachtführer zumutbar ist es, wenn er dem Absender den Wegfall des Hindernisses mitteilt und ihn um Entscheidung darüber bittet, ob er die bereits erteilte Anweisung ausführen oder das Gut entsprechend

---

[21] *Willenberg*[4] Rdn. 25; *Muth/Andresen/Pollnow* S. 186 b. Für Einschränkung wohl *Koller*[2] Rdn. 7.
[22] *Willenberg*[4] Rdn. 27; siehe im übrigen § 27 KVO Rdn. 23 f.
[23] Aber auch nur unter der Voraussetzung, daß der Frachtführer Anweisungen eingeholt hat; OLG München vom 4. 6. 1987, TranspR **1987** 384387 = VersR **1987** 932, 933 (ergänzend zur CMR)

[24] Dafür *Willenberg*[4] Rdn. 28.; dagegen *Koller*[2] Rdn. 8. Siehe auch § 12 Abs. 3 AGNB, Anh. III nach § 452 Rdn. 4.
[25] Siehe auch § 26 KVO Rdn. 2 gegen *Koller*[2] § 28 Rdn. 5 und 9.
[26] Siehe im einzelnen *Willenberg*[4] Rdn. 20 ff.

dem ursprünglichen Frachtvertrag zum Empfänger befördern soll. Mit den heutigen Kommunikationsmitteln müßte dies in den weitaus meisten Fällen möglich sein – anders als bei Erlaß der KVO.

III. Ablieferungshindernisse

1. Voraussetzungen (§ 28 Abs. 5 KVO)

23 **Ablieferungshindernisse** sind Umstände, die nur der Erfüllung der Ablieferungspflicht entgegenstehen, dagegen die Möglichkeit der Beförderung nicht berühren. Sie sind in § 28 Abs. 5, 6 und 8 KVO speziell geregelt. Diese Bestimmungen verdrängen teilweise § 437 HGB; siehe zum Überblick dort Rdn. 2. Der Begriff des Ablieferungshindernisses stimmt mit dem des § 437 Abs. 1 überein; siehe dort Rdn. 4. Zusätzlich zu den in § 437 genannten Beispielen, daß der Empfänger nicht zu ermitteln ist oder die Annahme verweigert, stellt § 28 Abs. 5 KVO klar, daß die Nichteinlösung des Frachtbriefs durch den Empfänger, also die Nichtbezahlung der auf ihn überwiesenen Beträge, ein Ablieferungshindernis darstellt; zu weiteren Ablieferungshindernissen siehe § 437 Rdn. 9.

24 **Fällt das Ablieferungshindernis nachträglich wieder weg,** bevor eine Anweisung des Absenders oder seines Bevollmächtigten eingegangen ist, so ist die Ablieferung nach § 28 Abs. 8 S. 3 KVO vorzunehmen. Nach S. 4 ist der Absender oder sein Bevollmächtigter zu benachrichtigen. Die Verletzung dieser Pflicht führt zur Haftung des Frachtführers nach § 31 Abs. 1 c KVO. Ist nach ergangener Anweisung das Ablieferungshindernis weggefallen, ist entsprechend § 28 Abs. 4 zu verfahren; siehe Rdn. 22.

2. Rechtsfolgen

a) Benachrichtigung und Einholung von Anweisungen

25 Die Pflicht zur Einholung von Anweisungen entspricht der in § 28 Abs. 2 für nicht behebbare Beförderungshindernisse vorgesehenen; siehe Rdn. 15. Benachrichtigt der Frachtführer bei Nichteinlösung des Frachtbriefs den Absender nicht, haftet er nach § 31 Abs. 1 c KVO. Gegenüber den Frachterstattungsansprüchen des Frachtführers kann der Absender diese Haftung einwenden[27].

26 Im Frachtbrief kann nach § 28 Abs. 5 S. 2 **telegraphische Benachrichtigung** vereinbart werden. Diese besondere Bestimmung ist überflüssig, da § 11 Abs. 2 g ohnehin solche Frachtbriefeintragungen ermöglicht. Es besteht nach der letzteren Vorschrift auch die Möglichkeit, eine andere Art der Benachrichtigung vorzuschreiben, so z. B. telefonisch oder durch Fernschreiben, Telefax. Bei Anordnungen nach Abs. 5 S. 3 entfällt die Benachrichtigungspflicht.

27 Anstelle des Absenders kann von diesem im Frachtbrief **eine dritte Person bevollmächtigt** werden. Diese ist dann zu benachrichtigen und hat die Anweisungen zu erteilen.

b) Anweisungen des Absenders

28 Anweisungen über die Behandlung des Gutes bei Ablieferungshindernissen kann der Absender im Rahmen seines Verfügungsrechts nach § 27 Abs. 1 KVO erteilen; siehe dazu § 27 KVO Rdn. 1 ff. Gemäß § 28 Abs. 5 S. 3 kann er im Frachtbrief auch die sofortige Rückbeförderung ohne Benachrichtigung oder die Ablieferung an einen anderen

---

[27] AG Lindau vom 13. 1. 1989, DVZ vom 18. 3. 89, S. 8.

Empfänger am Bestimmungsort anordnen; siehe zu diesen Eintragungen § 11 KVO Rdn. 27 f. Die Besonderheit der Anordnung schon im Frachtbrief liegt darin, daß die Benachrichtigungspflicht entfällt. In der Anbringung von Adressen auf den Packstücken, die mit den Frachtbriefangaben nicht übereinstimmen, kann nicht die Angabe einer Notadresse durch den Absender gesehen werden. Ist der frachtbriefmäßige Empfänger nicht zu ermitteln, so muß nach § 28 Abs. 5 und 6 verfahren werden. Auslieferung an den auf den Packstücken angegebenen Adressaten ist Falschauslieferung und führt zum Verlust des Gutes; zutreffend OLG Hamburg vom 13. 3. 1953, VersR **1953** 277 f.

c) Hinterlegungsrecht des Frachtführers (§ 28 Abs. 6 KVO)

29 Ist die Benachrichtigung nicht möglich, der Anweisungsberechtigte mit der Anweisung säumig oder ist diese nicht ausführbar, so kann der KVO-Frachtführer das Gut bei einem Spediteur oder öffentlichen Lagerhaus auf Kosten des Absenders hinterlegen. Diese Regelung entspricht weitgehend § 437 Abs. 1 S. 1 HGB. Obwohl die KVO eine Pflicht zur Benachrichtigung des Absenders von der Hinterlegung nicht vorsieht, muß diese dennoch bejaht werden; unstr., *Willenberg*[4] Rdn. 63. Diese Pflicht läßt sich aus der subsidiären Anwendung des § 437 Abs. 3 begründen.

d) Verfahren bei Verfügungsrecht des Empfängers (§ 28 Abs. 8 S. 1)

30 Löst der Empfänger den Frachtbrief ein, erlischt das Absenderverfügungsrecht nach § 27 Abs. 1 KVO und wird durch das Verfügungsrecht des Empfängers abgelöst; siehe § 27 KVO Rdn. 4, 36. Diesem Umstand trägt § 28 Abs. 8 S. 1 Rechnung.

e) Selbsthilfeverkauf

31 Der 1989 aufgehobene Abs. 7 ermöglichte einen Selbsthilfeverkauf durch den RKB. Es war str., ob dieses Recht auch dem KVO-Frachtführer zustand; siehe die Voraufl. Anm. 15. Dem Frachtführer stehen daher nur die Rechte nach §§ 369 f zu. Der Verkauf kann auch als Geschäftsführung ohne Auftrag (§§ 677 ff, insbesondere 679 BGB) gerechtfertigt sein. In Betracht kommt auch aufgrund besonderen Auftrags des Absenders oder Empfängers ein Kommissionsvertrag.

§ 29
Ersatzpflicht des Unternehmers

Die Unternehmer ersetzen alle an den beförderten Gütern aller Art einschließlich lebenden Tieren entstandenen direkten Schäden und Verluste durch Transportmittelunfälle und Betriebsunfälle (das sind schadenverursachende Ereignisse, die in unmittelbarem Zusammenhang mit einem Betriebsvorgang der Güterbeförderung mittels Kraftfahrzeug stehen) sowie Schäden, die durch gänzlichen oder teilweisen Verlust oder durch Beschädigung des Gutes in der Zeit von der Annahme zur Beförderung bis zur Auslieferung entstehen.

Übersicht

	Rdn.		Rdn.
I. Allgemeines	1	II. Die Tatbestände des § 29 KVO	3
1. Überblick	1	1. § 29 als reine Güterschadenshaftung	3
2. Haftungsgrundsatz: Gewährhaftung	2		

Anh. II § 452
(§ 29 KVO)

	Rdn.		Rdn.
2. Obhutshaftung und Haftung für Transportmittelunfälle und Betriebsunfälle		c) Betriebs- und Transportmittelunfälle im besonderen	10
a) Allgemeines	4	d) Zu ersetzende („direkte") Schäden	18
b) Der Tatbestand der Obhutshaftung im besonderen	5	e) Beweislast	19
aa) Verlust und Beschädigung des Gutes	6	III. Ersatzberechtigter	20
bb) Haftungszeitraum	7	IV. Konkurrierende Haftung aus anderen Tatbeständen	24

I. Allgemeines

1. Überblick

1 Die Haftung nach § 29 setzt als Vertragshaftung einen KVO-Frachtvertrag oder einen Speditionsvertrag, auf den die KVO anzuwenden ist[1], voraus[2]. Zum Verständnis von § 29 KVO müssen die §§ 30–36 KVO, insbesondere die Haftungsausschlüsse des § 34 mit berücksichtigt werden. Die Haftung nach § 29 ff ist zwingend, ab 1994 nur noch zu Lasten des Frachtführers, geregelt[3]. Die Rückgriffsansprüche des KVO-Hauptfrachtführers gegen seine Unterfrachtführer unterliegen ebenfalls der KVO[4], allerdings nur soweit diese auch für die Unterfrachtverträge gilt. Läßt der KVO-Frachtführer diese Transporte jedoch durch nicht dem GüKG unterstehende Unter-Beförderungsverträge ausführen[5], stehen dem Hauptfrachtführer nur die Ansprüche nach Maßgabe des für diese Verträge geltenden Rechts zu[6]. Anwendbar können dann z. B. die AGNB, Anh. III nach § 452 oder die ADSp, Anh. I nach § 415 sein. Zur grundsätzlichen Orientierung über das Haftungssystem der KVO siehe § 429 HGB Rdn. 169 ff. Zur Fälligkeit des Ersatzanspruchs siehe § 37 Abs. 3 KVO und dort Rdn. 13. Wird ein KVO-Frachtvertrag vertragswidrig mit einem anderen Beförderungsmittel ausgeführt, kann es zu einer unbeschränkten Haftung des Frachtführers kommen[7].

2. Haftungsgrundsatz: Gewährhaftung

2 § 29 KVO begründet eine Haftung des KVO-Frachtführers ohne Verschulden[8]. Allgemeine Haftungsgrenze ist die „höhere Gewalt" (§ 34 S. 1 a KVO)[9]. Diese als „Gefährdungshaftung" zu bezeichnen[10], ist jedoch irreführend. Der KVO-Frachtführer haftet zwar ohne Verschulden[11], aber nicht deshalb, weil er das Frachtgut gefährdet[12]. Den Gefahren eines Transports wird es freiwillig durch den Beförderungsauftrag des Absenders unterworfen. Der Grund für die strenge Haftung liegt vielmehr in der Auferlegung einer gesetzlichen Gewähr für die ordnungsgemäße Obhut und technisch einwandfreie Durchführung des Transports. Diese Gewähr wird andererseits durch Risikoausschlüsse

---

[1] Siehe § 1 KVO Rdn. 13–30 und §§ 412, 413 Rdn. 9, 26 ff.

[2] Unstr., siehe schon BGH vom 23. 6. 1955, WM **1955** 1324, 1325; *Willenberg*[4] Rdn. 2.

[3] Siehe § 1 KVO Rdn. 2 und § 26 GüKG, Anh. I nach § 452 sowie § 22 GüKG.

[4] BGH vom 23. 5. 1985, TranspR **1986** 334 = VersR **1985** 831; *Koller*[2] vor § 1 KVO Rdn. 1.

[5] Z. B. durch Beförderung in Fahrzeugen unter 750 kg Nutzlast oder in Teilstrecken im Güternahverkehr; siehe § 1 Rdn. 6.

[6] Insoweit ungenau *Koller*[2] vor § 1 KVO Rdn. 1.

[7] OLG Hamm vom 30. 4. 1959, NJW **1960** 203 f; siehe im einzelnen Anh. V nach § 452 Rdn. 85.

[8] Unstr., siehe u. a. BGH vom 23. 6. 1955, WM **1955** 1324, 1325; vom 12. 5. 1960, BGHZ **32** 297, 300 = NJW **1960** 1617 f = VersR **1960** 627, 628; vom 26. 3. 1962, NJW **1962** 1059 f = VersR **1962** 465, 466.

[9] Dazu § 34 KVO Rdn. 7 ff.

[10] In Literatur und Rechtsprechung üblich: BGH vom 12. 5. 1960, BGHZ **32** 297, 300 = NJW **1960** 1617 f = VersR **1960** 627, 628; *Willenberg*[4] Rdn. 2; *Piper*[6] Rdn. 237; *Muth/Andresen/Pollnow* S. 193.

[11] Unstr., siehe schon BGH vom 23. 6. 1955, WM **1955** 1324, 1325; *Willenberg*[4] Rdn. 2.

[12] Zur Gefährdungshaftung siehe BGH vom 27. 4. 1981, BGHZ **79** 259, 262 (besonderer Adäquanzbegriff ohne verhaltensbedingte Zurechnungsmerkmale).

und Risikobegrenzungen des Frachtführers wiederum eingeschränkt[13]. Die Haftung nach der KVO zeigt eher Verwandtschaft mit der kaufrechtlichen Gewährleistung nach §§ 463, 480 Abs. 2 BGB, die von niemand als Gefährdungshaftung bezeichnet wird. Daher erscheint die Bezeichnung „Gewährhaftung" als zutreffender[14].

II. Die Tatbestände des § 29 KVO
1. § 29 als reine Güterschadenshaftung

3 § 29 betrifft nur Schäden, die an den beförderten Gütern entstehen; siehe Rdn. 18. Primäre Vermögensschäden durch Verletzung des Beförderungsvertrages fallen dagegen unter § 31 KVO, Ansprüche auf Ersatz von Schadensfeststellungskosten unter § 32 S. 2 KVO.

2. Obhutshaftung und Haftung für Transportmittelunfälle und Betriebsunfälle
a) Allgemeines

4 Von zentraler Bedeutung ist der in § 29 erst als zweite Alternative formulierte Tatbestand der Obhutshaftung („Schäden, die durch ... Verlust oder Beschädigung des Guts in der Zeit von der Annahme ... bis zur Auslieferung entstehen"). Dieser Tatbestand, der weitgehend § 429 und den übrigen im Frachtrecht bestehenden Obhutstatbeständen entspricht, würde an sich auch die Fälle der Schadensentstehung durch Transportmittel- und Betriebsunfälle (§ 29 1. Alt.) erfassen. Für die letzteren gelten jedoch nach §§ 34 S. 2, 30 e S. 3 KVO nicht alle Haftungsausschlüsse des § 34 S. 2. Sie sind materiell Anwendungsfälle einer verschärften Haftung und daher in § 29 KVO besonders aufgeführt[15].

b) Der Tatbestand der Obhutshaftung im besonderen

5 Bis auf die Frage des Verschuldens, das in § 29 KVO nicht erforderlich ist, entspricht der Obhutstatbestand des § 29 ganz dem des § 429 Abs. 1 HGB. Daher kann auf § 429 Rdn. 10 ff verwiesen werden. Insbesondere kommt es grundsätzlich nicht darauf an, durch welche Ursache der Schaden entstanden ist. Diese Frage ist nur im Rahmen der Haftungsbefreiungen (§ 34 KVO) von Bedeutung.

aa) Verlust und Beschädigung des Gutes

6 Die Begriffe „Verlust" und „Beschädigung" entsprechen den allgemein frachtrechtlichen[16]. Auch Verluste und Beschädigungen, die durch Überschreitung der Lieferfrist entstehen, fallen unter § 29[17]. Zum Beweis des Verlustes siehe § 37 KVO; zur Verlustfiktion nach Überschreiten der Lieferfrist insbesondere § 37 Abs. 4 KVO und dort . Zum Begriff des „Gutes" siehe § 429 Rdn. 28 ff und Art. 17 CMR, Anh. VI nach § 452. Entgegen dem Wortlaut in § 29 ist die KVO nach § 4 Abs. 1 Nr. 5 GüKG nicht mehr auf den Transport lebender Tiere anzuwenden[18].

bb) Haftungszeitraum

7 Der Haftungszeitraum (Obhutszeit) ist in § 29 KVO und § 429 HGB grundsätzlich inhaltlich gleich umrissen[19]. Die KVO wendet statt des Begriffes „Ablieferung" den

---

[13] Siehe die Erl. zu § 34 KVO; zu den Fällen uneingeschränkter Kausalhaftung siehe § 34 S. 1 a und Abs. 2 KVO.
[14] *Helm* Haftung 103 f.
[15] Zutreffend *Willenberg*[4] Rdn. 9; *Koller* Rdn. 1.
[16] Siehe dazu § 429 Rdn. 11 ff; dort ist auch die Rechtsprechung zur KVO mit verarbeitet.
[17] Unstr., siehe *Koller*[2] Rdn. 6.
[18] Zum Fehler das Verordnungsgebers *Willenberg*[4] Rdn. 32.
[19] Siehe § 429 Rdn. 41–104, wo auch die Rechtsprechung zur KVO mit berücksichtigt ist; zur Annahme insbesondere Rdn. 43 ff; zur Ablieferung Rdn. 42 ff.

unstreitig[20] gleichbedeutenden Ausdruck „Auslieferung" an; Vor Annahme des Gutes kommt nach der KVO kein Frachtvertrag zustande (Realvertragstheorie, siehe § 15 KVO Rdn. 8 ff). Wie in anderen frachtrechtlichen Haftungsordnungen kann nur die Annahme „zur Beförderung" den Beginn der spezifischen transportrechtlichen Obhutszeit begründen – im Gegensatz z. B. zur Annahme zum Verkauf oder zur Verwahrung; siehe Rdn. 8.

8 Die **Annahme des Frachtbriefs** ist keine Voraussetzung für die Annahme des Gutes, sondern ein davon völlig zu trennender Vorgang. Für den Beginn der Obhutszeit ist der Frachtbrief allenfalls als Beweismittel von Bedeutung. In der Rechtsprechung ist mittlerweile unbestritten, daß der Frachtführer im Güterfernverkehr oder der nach §§ 412, 413 wie ein solcher zu behandelnde Spediteur von der Annahme bis zur Ablieferung nach KVO haftet, ohne daß es hierfür darauf ankommt, ob ein Frachtbrief ausgestellt oder an den Frachtführer übergeben war[21]. Nach *Willenberg*[4] Rdn. 10 f soll die Annahme des Gutes und damit die Haftung nach § 29 KVO voraussetzen, daß auch der Frachtbrief dem KVO-Frachtführer übergeben ist, da vorher kein Frachtvertrag bestehe. Die Formalvertragstheorie, auf der diese Auffassung beruht, ist jedoch abzulehnen; siehe § 15 KVO Rdn. 2 ff. War das Frachtgut schon vor Abschluß des Frachtvertrages vom Frachtführer angenommen, so beginnt mit der Annahme gleichwohl schon die Obhut. Durch den Vertragsabschluß wird dann der Beginn der Haftungszeit rückwirkend auf die Zeit zwischen Annahme und Vertragsabschluß mit erstreckt. Es kann eine Vorlagerung nach § 33 d KVO vorliegen; siehe dazu § 33 Rdn. 6 ff. Kommt es nach Annahme des Gutes nicht zum Abschluß des Frachtvertrages, so können auch §§ 29 ff KVO nicht eingreifen, da sie einen Frachtvertrag unter der Herrschaft des GüKG-Fernbeförderungsrechts voraussetzen[22]. In diesem Falle können je nach Lage des Falles die Vorschriften der §§ 989 ff, 823 ff, 812 ff, 677 ff BGB als Haftungsgrundlagen in Betracht kommen. Auch liegt u. U. ein stillschweigend abgeschlossener Lagervertrag vor.

9 Trotz der inhaltlichen **Übereinstimmung der Begriffe „Annahme" und „Ablieferung" („Auslieferung") zwischen KVO und HGB** ergeben sich im einzelnen aus den Sonderbestimmungen der KVO Abweichungen hinsichtlich des Haftungszeitraumes[23].

c) Betriebs- und Transportmittelunfälle im besonderen

10 Die Sonderhaftung für Betriebs- und Transportmittelunfälle setzt einen Unfall als Schadensursache voraus. § 29 KVO versucht in der Klammer-Definition den verwendeten Unfallbegriff wenigstens für den Betriebsunfall genauer zu umreißen. Auch diese Definition trägt indessen zur sachlichen Klärung wenig bei. Eine Abgrenzung zwischen den beiden Arten von Unfällen, deren Begriffe sich weitgehend überschneiden, ist nicht erforderlich, da die KVO sie in den Folgen gleich behandelt. Aber auch ganz allgemein bereitet die Bestimmung dieser beiden Unfallarten erhebliche Schwierigkeiten; siehe dazu eindrucksvoll *Koller*[2] § 34 KVO Rdn. 29.

11 In jedem Fall muß es sich aber um einen **Unfall**, d. h. mindestens ein plötzlich wirksam werdendes Ereignis handeln. *Koller*[2] § 34 KVO Rdn. 29 will bereits auf dieses Merkmal, weil es sinnentleert sei, verzichten und kommt daher zu einer Unfalldefiniton,

---

[20] Zur Gleichbedeutung siehe BGH vom 23. 10. 1981, TranspR **1982** 11 f = VersR **1982** 88; *Willenberg*[4] Rdn. 12; *Koller*[2] Rdn. 4.

[21] So schon deutlich BGH vom 30. 4. 1959, NJW **1959** 1368 f = VersR **1959** 502, 503; siehe im einzelnen § 15 KVO Rdn. 2 ff.

[22] Dazu § 1 Rdn. 6 ff.

[23] Siehe dazu § 429 Rdn. 7341 ff, 170 und speziell § 33 KVO.

die einer bloßen Leistungsstörung mit der Folge eines unmittelbar verursachten Güterschadens entspricht[24]. Dann aber wird die an den Unfallbegriff anknüpfende Sonderregelung des 3 34 S. 2 KVO auf die Abgrenzung beschränkt, wann eine unmittelbare Verursachung eines Güterschadens vorliegt. Demgegenüber hält die Rechtsprechung und die überwiegende Literatur mit Recht an der Plötzlichkeit fest[25]. Daß dieses Ereignis mit mechanischer Gewalt[26] und von außen, also von außerhalb des Fahrzeugs oder des Betriebes[27] einwirken muß, kann nicht gefordert werden. „Mechanische Gewalt" ist keineswegs Bestandteil eines allgemeinen Unfallbegriffs[28]. Sie gehört z. B. nicht zu den Voraussetzungen von Arbeitsunfällen. Auch die „Einwirkung von außen" wird begrifflich von der KVO nicht gefordert. Dem BGH genügte vielmehr als Transportmittelunfall bereits das Umkippen eines Anhängers wegen kopflastiger Beladung[29]. Danach ist Voraussetzung des Transportmittel- oder Betriebsunfalls zumindest das „plötzliche" Einwirken einer Ursache.

12 Der Unfall muß ferner (nach der Klammerdefinition in § 29 KVO) **in unmittelbarem Zusammenhang mit einem Betriebsvorgang der Güterbeförderung mittels Kraftfahrzeugen** stehen. Diese Formulierung kann unterschiedlich ausgelegt werden. Keinesfalls ist sie aber mit der in § 7 StVG entscheidenden Voraussetzung „bei dem Betrieb eines Kraftfahrzeugs" gleichzusetzen. Denn dann wäre der Begriff des Betriebsunfalls neben dem des Transportmittelunfalls überflüssig. Offensichtlich soll aber die Erwähnung des Betriebsunfalls eine Erweiterung der verschärften Haftung bewirken. Da zum Betrieb der Güterbeförderung mit Kraftfahrzeugen auch zusätzliche Tätigkeiten gehören können, muß der Betriebsunfall auch außerhalb der Beförderung liegende Unfälle einschließen.

13 In der Praxis nimmt die Rechtsprechung meist nur eine Betriebsstörung, keinen Unfall an, wenn es nicht zu einem Straßenverkehrsunfall oder einem das Fahrzeug schädigenden Unfall gekommen ist, sondern reine Störungen in der Funktion oder Bedienung des Kraftfahrzeugs oder des Betriebsablaufs unmittelbar Güterschadensfolgen verursachen[30].

14 In den geschilderten Fällen liegen oft **Betriebsstörungen** i. S. d. § 26 Abs. 4 d KVO vor, die, wenn sie unverschuldet sind, **zum Ruhen der Lieferfrist** führen können, so daß eine Lieferfristhaftung nach § 31 Abs. 1 a KVO ausgeschlossen sein kann; siehe § 31 Rdn. 5 ff; § 26 Rdn. 9. Führen etwa eine Reifenpanne und das Abscheren eines Radbolzens nur zu einer Transportverzögerung und erst dadurch zum Verderb der Ladung, liegt kein Unfall, sondern eine reine Betriebsstörung vor[31]. Entsteht aus solchen Störungen allerdings als Folge ein Unfall, liegt ein Transportmittel- oder Betriebsunfall vor; für

---

[24] *Koller*[2] § 34 KVO Rdn. 29.
[25] BGH vom 12. 5. 1960, BGHZ **32** 297, 298 = NJW **1960** 1617 f = VersR **1960** 627 ff (Kupplungsschaden als bloße Betriebsstörung, kein Unfall). *Willenberg*[4] Rdn. 26; *Muth/Andresen/Pollnow* S. 193 f. Unklar *Lenz* Rdn. 532.
[26] OLG Stuttgart vom 20. 12. 1979, VersR **1980** 918, auch zum versicherungsrechtlichen Begriff des „Unfalls des Transportmittels"; *Willenberg*[4] Rdn. 24, 26.
[27] So *Willenberg*[4] Rdn. 24; *Muth/Andresen/Pollnow* § 29 KVO S. 194.
[28] Siehe dazu eingehend *Koller*[2] Rdn. 29.
[29] BGH vom 26. 3. 1962, NJW **1962** 1059 f = VersR **1962** 465, 466.

[30] Reine Betriebsstörungen, keine Unfälle: BGH vom 28. 5. 1965, NJW **1965** 1593 = VersR **1965** 755 ff (Ausfall einer Kühlanlage) und BGH vom 12. 5. 1960, BGHZ **32** 297 ff = NJW **1960** 1617 f = VersR **1960** 627, 629 (Kupplungsschaden). Zur Definition der Betriebsstörung OLG Stuttgart vom 20. 12. 1979, VersR **1980** 918.
[31] Reifenpanne: OLG Stuttgart vom 28. 11. 1951, VersR **1952** 147, 148; Motorschaden: OLG Hamburg vom 28. 2. 1952, VRS **4** 471 f (mit zweifelhafter Begründung); Kupplungsschaden: BGH vom 12. 5. 1960, BGHZ **32** 297, 298 = NJW **1960** 1617 f = VersR **1960** 627 ff; Ausfall einer Kühlanlage: BGH vom 28. 5. 1965, NJW **1965** 1593 = VersR **1965** 755.

daraus entstehende Güterschäden ist nach § 29 verschärft zu haften[32]. Betriebsunfall ist danach in Ergänzung der Formulierung der KVO ein **plötzlich einwirkendes schadensverursachendes Ereignis, das mit einem Betriebsvorgang der Güterbeförderung mittels Kraftfahrzeugen** in unmittelbarem Zusammenhang steht[33].

15 **Betriebsunfälle** sind z. B. das Zurückrollen des LKWs auf abschüssiger Straße und das plötzliche Anziehen der Bremsen mit der Folge schwerer Beschädigung der Anhänger-Deichsel[34].

16 **Keine Betriebsunfälle** sind die im LKW üblichen **Erschütterungen während der Fahrt**, auch bei besonders schlechten Straßenverhältnissen[35].

17 **Transportmittelunfälle** sind alle Unfälle des verwendeten Transportfahrzeugs[36], gleichgültig ob sie sich auf öffentlichen Straßen oder sonstwo ereignet haben[37].

d) Zu ersetzende („direkte") Schäden

18 Unter die Ersatzpflicht fallen nur „direkte" Schäden. Das Wort bezieht sich nicht auf eine besondere Form der Kausalität, sondern bedeutet, daß nur der an den Gütern selbst entstehende Schaden zu ersetzen ist[38]. Es ist davon auszugehen, daß diese Einschränkung, obwohl das Wort „direkt" bei der allgemeinen Haftung für Obhutsschäden nicht wiederholt ist, auch Voraussetzung für deren Ersatz ist[39]. Damit schließt § 29 für beide Varianten des Schadensersatzes – also für Betriebs- und Transportmittelunfälle wie für allgemeine Güterschäden – den Ersatz von Schäden aus, die primär an anderen als den beförderten Gütern entstehen („Vermögensschäden"); siehe dazu Rdn. 3. Zu ersetzen sind wie nach §§ 429, 430 HGB primär nur Güterschäden, d. h. die am Frachtgut entstehenden Schäden. Nicht ersetzt werden Vermögensschäden, die als weitere Folge der Güterschäden eintreten. Verminderungen des Verkehrswerts einer teilbeschädigten Ladung sind daher direkte Schäden, wenn sie eine Folge des in die Ladung geschehenen Eingriffs sind. Erleidet die Gesamtladung einen merkantilen Minderwert, so ist dieser zu ersetzen[40]. Dies gilt auch dann, wenn er auf die als Folge eines Transportmittelunfalls verzögerte Ablieferung zurückzuführen ist. Entgangener Gewinn kann im übrigen nach Maßgabe des § 35 Abs. 1 KVO in Höhe von 10% des Fakturenwertes zusätzlich ersetzt werden[41]. Entscheidend dafür, ob für einen Schaden gehaftet wird, ist, ob die Schadens-

---

[32] BGH vom 26. 3. 1962, NJW **1962** 1059 f = VersR **1962** 465, 466.
[33] Unterschiedliche andere Definitionen bei *Koller*[2] § 34 KVO Rdn. 29 und *Willenberg*[4] Rdn. 28.
[34] OLG Celle vom 8. 12. 1952, VersR **1953** 114, 115.
[35] *Willenberg*[4] Rdn. 30, mit weiteren Hinweisen auf teilweise unveröffentlichte landgerichtliche Rechtsprechung.
[36] Typischerweise also die üblichen Straßenverkehrsunfälle wie Zusammenstöße mit anderen Fahrzeugen oder festen Gegenständen wie Brücken; Umstürzen des Fahrzeugs; BGH vom 26. 3. 1962, NJW **1962** 1059 f = VersR **1962** 465, 466.
[37] Daher trifft z. B. BGH vom 10. 2. 1983, BGHZ **86** 387 = TranspR **1983** 67 = VersR **1983** 629 keine Feststellungen darüber, wo sich der Unfall ereignet hat.
[38] Zutreffend *Willenberg*[4] Rdn. 44; *Muth/Andresen/Pollnow* § 29 S. 198 f; BGH vom 21. 4. 1960, BGHZ **32** 194, 201 = VersR **1960** 530, 533; BGH vom 10. 2. 1983, BGHZ **86** 387, 390 = TranspR **1983** 67 = VersR **1983** 629, 630; OLG Hamburg vom 24. 4. 1978, VersR **1979** 128, 129.
[39] Unstreitig; BGH vom 21. 4. 1960, BGHZ **32** 194, 201 = VersR **1960** 530, 533; *Willenberg*[4] Rdn. 48; *Koller*[2] Rdn. 6.
[40] BGH vom 10. 2. 1983, BGHZ **86** 387, 390 f = TranspR **1983** 67 = VersR **1983** 629, 630 (Verkehrswertminderung bei unbeschädigten Partien von frischgeröstetem Kaffee, die durch den Schadensfall verspätet an die Abnehmer geliefert werden); zustimmend *Willenberg*[4] Rdn. 45 f; *Piper*[6] Rdn. 240; *Koller*[2] Rdn. 6. *Lenz* Rdn. 535 übersieht in seiner Kritik am Urteil des BGH, daß der Schadensersatz nach Frachtrecht als Wertersatz ausgestaltet ist und daher Wertverminderungen zu berücksichtigen sind. Siehe ferner OLG Hamburg vom 17. 11. 1983, TranspR **1984** 9 f. Siehe ferner § 430 Rdn. 27.
[41] BGH vom 21. 4. 1960, BGHZ **32** 194, 202 = VersR **1960** 530, 534.

ursache in die Obhutszeit fällt, auch wenn der Schaden erst nachträglich aus ihr entsteht[42]. Primäre Vermögensschäden werden nur nach § 31 KVO ersetzt; siehe die dortige Kommentierung. Kosten der Schadensermittlung und -feststellung sind nach § 32 S. 2, nicht nach § 29 KVO zu ersetzen[43].

e) Beweislast

Zur Beweislast trifft § 29 KVO keine besonderen Bestimmungen. Der Geschädigte muß daher grundsätzlich die Haftungsvoraussetzungen beweisen; siehe dazu allgemein § 429 Rdn. 105 f (Beweis des Verlustes und der Beschädigung), Rdn. 107 ff (Beweis für den Schadenszeitpunkt, Unversehrtheit bei Übernahme und Schaden bei Ablieferung); wegen der Beweisfunktion des Frachtbriefs § 426 HGB Rdn. 29 ff und § 16 KVO Rdn. 23 ff.

III. Ersatzberechtigter

Zur Frage, wer die Ersatzansprüche geltend machen kann, siehe § 429 HGB Rdn. 140 ff. Auch für den Bereich der KVO ist die Schadensliquidation im Drittinteresse in großzügiger Weise zuzulassen; dazu § 429 Rdn. 157. Die KVO enthält zu dieser Frage keine spezielle Regelung. Es gelten daher allgemeine frachtrechtliche Grundsätze[44].

Nach Rechtsprechung und h. M. kann nach der KVO eine Doppellegitimation von Absender und Empfänger entstehen. Danach ist jedoch die Frage der Ersatzberechtigung nicht durch Interpretation der KVO selbst, sondern durch ergänzende Anwendung der (ebenfalls unklaren) HGB-Regelung zu lösen[45]. An sich ließe sich aus § 37 Abs. 1 und 4 KVO entnehmen, daß die KVO davon ausgeht, der Schadensersatzanspruch werde vom Verfügungsberechtigten geltend gemacht[46]. Der BGH lehnt jedoch diese Auslegung ab[47]. § 37 KVO lasse nur den Schluß zu, daß Ansprüche auch vom Empfänger geltend gemacht werden könnten, besage aber nichts für eine etwa weiterbestehende gleichzeitige Legitimation des Absenders. Wegen des Schweigens der KVO sei Landfrachtrecht des HGB anzuwenden[48]. Da der Empfänger nach § 435 HGB nach Ankunft des Gutes am Bestimmungsort bereits die Rechte aus dem Frachtvertrag geltend machen kann, die entsprechenden Ansprüche des Absenders aber zu diesem Zeitpunkt noch fortbestünden, könne es zu einer Doppellegitimation kommen[49]. Die Auswirkungen der Anwendung von § 435 HGB auf die KVO sind wiederum umstritten. Während *Koller*[50] dem Empfänger die Aktivlegitimation neben dem Absender schon bei Ankunft des Gutes am Bestimmungsort „analog § 435 HGB" zubilligt und *Willenberg*[4] Rdn. 50 eine Empfänger-Legitimation schon vor Ankunft des Gutes bejaht, falls er den Frachtbrief angenommen hat, geht eine andere Meinung davon aus, daß für ihre Entstehung zumindest die Ablieferung des Gutes erforderlich ist[51]. Letztere Lösung erscheint

---

[42] BGH vom 10. 2. 1983, BGHZ **86** 387, 392 f = TranspR **1983** 67, 68 = VersR **1983** 629, 630 f.
[43] BGH vom 9. 11. 1961, VersR **1962** 1110, 1111; *Willenberg*[4] Rdn. 49.
[44] BGH vom 30. 4. 1959, NJW **1959** 1368 f = VersR **1959** 502, 503 f; OLG Oldenburg vom 4. 3. 1976, VersR **1976** 583.
[45] BGH vom 10. 4. 1974, NJW **1974** 1614, 1615 = VersR **1974** 796 ff; BGH vom 1. 10. 1975, VersR **1976** 168, 169; KG vom 22. 1. 1959, VersR **1959** 342, 343. *Willenberg*[4] Rdn. 52 ff.
[46] Siehe dazu *Helm* Haftung 156; gegen diese Vorschläge *Koller*[2] § 29 KVO Rdn. 7.
[47] BGH vom 10. 4. 1974, NJW **1974** 1614, 1615 = VersR **1974** 796 ff; BGH vom 1. 10. 1975, VersR **1976** 168, 169.
[48] BGH vom 10. 4. 1974, NJW **1974** 1614, 1615 f = VersR **1974** 796, 797 f.
[49] Zu deren Folgen siehe § 429 Rdn. 148.
[50] § 29 KVO Rdn. 8; so wohl auch OLG Frankfurt vom 7. 6. 1977, OLGZ **1978** 208 ff.
[51] So für den konkreten Fall BGH vom 21. 12. 1973, NJW **1974** 412 f = VersR **1974** 325, 326; *Muth/Andresen/Pollnow* § 29 KVO S. 188.

sachlich angemessener und aus dem Gefüge der KVO-Vorschriften als leges speciales besser begründbar.

22 Das unerwünschte und unklare Ergebnis ließe sich durch **Koppelung der formellen Ersatzberechtigung an die frachtrechtliche Verfügungsbefugnis** vermeiden; siehe § 429 Rdn. 152. Denn Verfügungsbefugnis des Absenders und des Empfängers nach KVO lösen sich ohne Überschneidung ab; siehe § 27 KVO Rdn. 30. Nach der von der h. M. gebilligten Rechtsprechung des BGH läßt sich jedoch aus § 37 Abs. 4 kein solcher Schluß ziehen. Dies erscheint wenig stichhaltig, da § 37 Abs. 4 zwar den „Verfügungsberechtigten" als Anspruchsteller, dagegen weder Absender noch Empfänger erwähnt. *Koller*[2] § 29 KVO Rdn. 7 lehnt den an sich zulässigen Schluß aus § 37 Abs. 4 KVO ab, weil die Vorschrift nur Randfragen betreffe. Die von ihm zur Füllung der Lücke herangezogenen „allgemeinen Rechtsgedanken" vernachlässigen aber – ebenso wie die Rechtsprechung – die schon sehr lange bestehende Regelung des § 95 Abs. 1 EVO und des Art. 54 § 3 ER/CIM 1980[52], deren Übernahme immerhin wegen der engen Anlehnung der KVO an die EVO naheläge. Die damit bezweckte „Harmonisierung" des Transportrechts bedeutet letztlich nur die Fixierung einer wenig überzeugenden Rechtsprechung und die Anlehnung an die veraltete und nicht eindeutige Regelung des HGB.

23 Die hier für den Bereich der KVO vorgeschlagene Koppelung von Ersatz- und Verfügungsberechtigung löst die Problematik noch nicht zu Ende. Durch sie würde zwar eine Doppellegitimation von Absender und Empfänger vermieden. Denn das **Verfügungsrecht des Absenders „erlischt" nicht endgültig**, wenn die Voraussetzungen des § 433 Abs. 2 S. 1 HGB vorliegen. Es besteht sozusagen „subsidiär" weiter oder lebt wieder auf, wenn der Empfänger die Rechte nicht geltend machen will; siehe § 433 Rdn. 29. Danach müßte auch die formelle Ersatzberechtigung des Absenders wieder aufleben, wenn der Empfänger die Geltendmachung der Rechte gemäß § 333 BGB zurückweist[53].

IV. Konkurrierende Haftung aus anderen Tatbeständen

24 Nach der Rechtsprechung des BGH kann der Geschädigte bei Güterschäden nicht nur aus § 29 KVO, sondern gegebenenfalls auch aus unerlaubter Handlung Ersatz verlangen. Diese Rechtsprechung ist abzulehnen, da sie die in der KVO getroffene Risikoabgrenzung erheblich beeinträchtigt[54]. Auch Ansprüche aus allgemeiner Vertragspflichtverletzung sind bei Vorliegen der Voraussetzungen der Haftung nach § 29 KVO ausgeschlossen; § 429 Rdn. 231 ff. Ebenso scheiden Ansprüche aus Werkvertrag oder Auftrag aus[55].

§ 30
Ersatzpflicht für Güterschäden aus besonderen Gefahren

Im Rahmen des § 29 werden insbesondere ersetzt:

a) Schäden und Verluste durch Regen, Schnee und Hagel sowie Sturmschäden.

---

[52] Siehe dazu § 429 Rdn. 149.
[53] Zutreffend BGH vom 10. 4. 1974, NJW **1974** 1614, 1615 = VersR 1974 796, 798. Für Übertragung dieses Ergebnisses auf die KVO *Willenberg*[4] § 29 Rdn. 52. Zum Luftrecht nach WA im Ergebnis auch OLG Frankfurt vom 12. 7. 1977, VersR **1978** 195 f = RIW 1977 650, 651. Siehe auch § 25 KVO, Anh. II nach § 452 Rdn. 5.
[54] Siehe dazu eingehend § 429 Rdn. 285 ff HGB. Die praktische Anwendung betrifft überwiegend (auch vertragsrechtlich) problematische Fälle des Verladens und Entladens; siehe *Willenberg*[4] Rdn. 7; zu diesen Fällen auch oben die Erl. zu § 17 KVO.
[55] *Willenberg*[4] Rdn. 3; *Muth/Andresen/Pollnow* vor § 29 S. 189.

b) Schäden und Verluste durch Diebstahl, Abhandenkommen und Straßenraub sowohl ganzer Kolli als auch deren teilweisen Inhalts, Schäden durch Diebstahl und Abhandenkommen bei solchen Massengütern, die nur nach Gewicht und unverpackt geladen werden, unter Zugrundelegung der Bedingung „Frei von den ersten 1 1/2 v. H. Verlust", die bei jedem derartigen Verlust unvergütet bleiben.

c) [1]Schäden, die durch beigeladenes Gut (z. B. durch Auslaufen von Flüssigkeiten) hervorgerufen sind. [2]Schäden an unverpackten Gütern, die durch Scheuern und Druck entstanden sind, werden im Höchstfalle mit 1000 DM je Lastzug ersetzt.

d) Schäden durch Unterschlagung, Betrug, Untreue.

e) [1]Schäden durch Bruch. [2]Bruchschäden infolge von Fabrikations- und Materialfehlern werden nicht ersetzt. [3]Bruchschäden an Glasballons (gleich, ob gefüllt oder leer), Glas, Glasflaschen, auch gefüllten, sofern sie nicht in Kisten verpackt sind, Porzellan, Steingut, Steinzeug oder hieraus hergestellten Artikeln werden nur bis zum Betrage von 150 DM je Reise eines Lastzuges ersetzt, es sei denn, daß es sich um Schäden durch Transportmittelunfälle oder Betriebsunfälle handelt. [4]In diesen Fällen greift die vorgenannte Ersatzbeschränkung nicht Platz. [5]Das gleiche gilt für Schäden aus höherer Gewalt, soweit für diese nach § 34 a) eine Ersatzpflicht besteht. [6]Im Falle des Bruches eines Teiles des betroffenen Gegenstandes werden die erforderlichen Wiederherstellungskosten im Verhältnis des beschädigten Teiles zum Gesamtwert des Gegenstandes vergütet.

[7]Im Falle der Wiederherstellung sind Wertminderungsansprüche ausgeschlossen.

f) [1]Schäden durch gewöhnlichen Rinnverlust bei Flüssigkeiten in Fässern, Kannen und Kanistern sowie Verluste an Flüssigkeiten in Flaschen, die in Kisten verpackt sind. [2]Im Schadensfalle werden folgende Freiteile in Abzug gebracht:

bei Flüssigkeiten in eisernen Fässern 1/2 v. H. je Faß,

bei Flüssigkeiten in hölzernen Fässern 3 v. H. je Faß,

bei Flüssigkeiten in Kannen, Kanistern, Dosen und Büchsen und bei den in Kisten verpackten Flaschen wird ein Freiteil nicht abgezogen.

Übersicht

		Rdn.			Rdn.
I.	Überblick	1	a)	Bruchschäden als Folgen von Fabrikations- und Materialfehlern (S. 2)	14
II.	Die einzelnen Schadensarten des § 30	2	b)	Grundsatz der Haftungsbeschränkung für bestimmte Bruchschäden (Buchst. e S. 3, 4)	15
	1. Regen, Schnee, Hagel, Sturm (Buchst. a)	2			
	2. Diebstahl, Abhandenkommen etc. (Buchst. b, 1. Altern.)	4	aa)	Güter, bei denen die Haftungsbeschränkung gilt	16
	3. Massengüter (Buchst. b, 1. Altern.)	5	bb)	Berechnung der Haftungsgrenzen	17
	4. Schäden durch beigeladenes Gut (Buchst. c S. 1)	9			
	5. Schäden an unverpackten Gütern (Buchst. c S. 2)	11	cc)	Ausnahmen von der Haftungsbeschränkung	18
	6. Unterschlagung, Betrug, Untreue (Buchst. d)	12	8.	Rinnverluste (Buchst. f)	19
	7. Bruchschäden (Buchst. e)	13			

I. Überblick

§ 30 KVO ergänzt einerseits § 29 durch Klarstellungen, indem er bestimmte Schadensarten oder Schadensursachen aufzählt, für die ohnehin nach § 29 gehaftet würde. Andererseits enthält er in den Buchstaben b, c, e, f Haftungsausschlüsse bzw. Haftungsbeschränkungen, die besser in §§ 34, 35 KVO geregelt worden wären. Zum Überblick über das System der Haftungsausschlüsse und -beschränkungen siehe Rdn. 40, 42 zu § 429 HGB. Soweit § 30 Haftungseinschränkungen vorsieht, gelten diese nicht im Falle nachgewiesenen Verschuldens des Frachtführers[1].

II. Die einzelnen Schadensarten des § 30
1. Regen, Schnee, Hagel, Sturm (Buchst. a)

2   Grundsätzlich stellt § 30 a KVO klar, daß der KVO-Frachtführer für die dort aufgezählten Witterungseinflüsse[2] im Rahmen des § 29 KVO zu haften hat. Problematisch ist jedoch das Verhältnis von § 30 a zu § 34 S. 1 a KVO. Nach dieser Bestimmung haftet der Frachtführer nicht für Schäden durch höhere Gewalt, soweit nicht die betreffende Schadensursache zu den der Straße und dem Kraftwagen eigentümlichen Gefahren gehört. Da Regen, Schnee, Hagel und Sturm im normalen Umfang[3] zu den typischen Gefahren der Straße und des Kraftwagens zu rechnen sind, soll nach der KVO der Frachtführer bei solchen Schadensursachen grundsätzlich nicht wegen höherer Gewalt von der Haftung befreit sein. Dies entspricht der Definition der höheren Gewalt, nach der sie nicht gegeben ist, wenn der Frachtführer mit der äußersten möglichen Sorgfalt den Schaden hätte abwenden können oder wenn Schadensursache zwar unabwendbar war, aber wegen ihrer Häufigkeit in Kauf genommen werden muß[4]. Praktisch kann danach ein Haftungsausschluß nach § 34 S. 1 a bei Witterungsschäden nur in Betracht kommen, wenn die Witterungsereignisse so außergewöhnlich sind, daß sie nicht mehr zu den Gefahren der Straße gerechnet werden können, etwa bei allgemeinen Naturkatastrophen wie Orkanen, starken Schneefällen im Hochsommer oder ähnlichen Vorfällen. Siehe zu dieser Frage eingehend *Willenberg*[4] Rdn. 2–5 zu § 30 KVO; ferner *Koller*[2] Rdn. 2. Problematisch ist auch das Verhältnis von § 30 a zu § 34 S. 1 c KVO. Richtigerweise ist von einem generellen Vorrang von § 30 a KVO nicht auszugehen. Zwar hat der Frachtführer das Risiko der Sicherung vor Regen zu tragen. Den Absender treffen also keine Verpackungspflichten zum Schutz gegen Regen; er handelt nicht schuldhaft, wenn er das Gut nicht verpackt. Dem Versicherungssenat des BGH kann aber nicht darin zugestimmt werden, daß nach § 34 S. 1 c KVO selbst bei Verschulden des Absenders die Haftung voll besteht[5].

3   Die Haftung für Witterungsschäden kann ferner **gem. § 34 S. 1 c KVO ausgeschlossen** sein, wenn den Verfügungsberechtigten ein Verschulden trifft, wenn er z. B. Güter, die wegen ihrer besonderen Empfindlichkeit in einem geschlossenen Fahrzeug befördert werden müßten, dem Frachtführer zur Beförderung im offenen LKW überläßt. Die Haftung entfällt ferner nach § 18 KVO, wenn die Güter unzureichend verpackt sind, und zwar ohne Rücksicht auf Verschulden des Absenders[6]. Doch gehört es im allgemeinen nicht zu den Obliegenheiten des Absenders, das Gut so zu verpacken, daß es gegen

---

[1] OLG Düsseldorf vom 29. 11. 1979, VersR **1980** 276, 277; *Koller*[2] Rdn. 5, 8; siehe auch § 34 Rdn. 3 ff.

[2] Beispiele: OLG Hamm vom 9. 5. 1952, VersR **1953** 116 (Regen); OLG Hamm vom 24. 1. 1955, VersR **1956** 188 (Regen, Sturm); siehe auch § 34 Rdn. 9, 48.

[3] Höhere Gewalt in Form von Sturm ist nach OLG Hamm vom 9. 6. 1988, TranspR **1988** 429 f bei Böen über 9 Beaufort anzunehmen.

[4] Siehe auch OLG Hamm vom 24. 1. 1955, VersR **1956** 188.

[5] BGH vom 15. 12. 1976, VersR **1977** 174, 175. Zutreffend zu § 30 e KVO: OLG Düsseldorf vom 29. 11. 1979, VersR **1980** 276 f.

[6] Siehe § 18 KVO Rdn. 21 f. Zum gleichen sachlichen Ergebnis kommt BGH vom 15. 12. 1976, VersR **1977** 174, 175 aufgrund Vorrangs des § 30 a vor § 34 S. 1 c KVO.

Witterungseinflüsse geschützt ist. Vielmehr ist es Sache des Unternehmers, diesen Schutz zu übernehmen und evtl. für Schäden einzustehen[7].

2. Diebstahl, Abhandenkommen etc. (Buchst. b, 1. Altern.)

Buchst. b klärt, daß auch für Schäden durch Diebstahl[8] (i. S. des § 242 StGB), Abhandenkommen[9] (i. S. des BGB, z. B. § 935 BGB) und Straßenraub ohne Rücksicht auf Verschulden des Frachtführers oder seiner Leute gehaftet wird. Der KVO-Frachtführer kann sich nur ausnahmsweise von der Haftung befreien, wenn höhere Gewalt vorliegt (§ 34 a KVO). Ein Haftungsausschluß wegen einer zum Diebstahl anreizenden Verpackung (als Verpackungsmangel) kommt grundsätzlich nicht in Betracht[10].

3. Massengüter (Buchst. b, 2. Altern.)

Die Haftung bei Massengütern, die nur nach Gewicht und unverpackt geladen werden, greift nur ein, wenn und soweit der Verlust mehr als 1,5% des Gewichtsverlusts beträgt. Diese Franchise bedeutet somit bei Minimalschäden eine Haftungsbefreiung, bei größeren Schäden eine Haftungseinschränkung. Für den Begriff des Massengutes kommt es nicht auf den Wert, sondern ausschließlich auf die unverpackte Ladung nach Gewicht an; *Willenberg*[4] Rdn. 10. Werden Güter nicht nach Gewicht, sondern nach Rauminhalt verladen, so liegt nach § 30 b KVO an sich kein Massengut vor. Doch ist an eine analoge Anwendung der Franchisebestimmung zu denken.

„Unverpackt" sind Güter nur, wenn sie lose, d. h. unmittelbar in das Fahrzeug verladen sind. Ob die für die Beförderung verwendeten Behältnisse offen oder verschlossen sind, spielt keine Rolle. Die Verladung in offenen Behältern ist daher nicht unverpackt; siehe im einzelnen *Willenberg*[4] Rdn. 11.

Nach einer in der Literatur vertretenen Meinung[11] soll die **Verladung in Silowagen oder Containern** lose Güter nicht zu Massengütern i. S. des § 30 stempeln. Bei Verladung in Silowagen liegen aber die Voraussetzungen der unverpackten Verladung nach Gewicht im Regelfall vor, so daß § 30 b anzuwenden ist; zutreffend *Muth/Andresen/Pollnow* § 30 KVO S. 204. Für Container gilt grundsätzlich das gleiche, wenn sie vom Frachtführer gestellt werden, also Teil des Beförderungsmittels sind; zu dieser Voraussetzung siehe § 429 Rdn. 29 ff. Werden Massengüter, wie meist, vom Frachtführer bereits in Containern zur Beförderung angenommen, sind sie verpackt und fallen nicht unter § 30 b, 2. Altern. KVO.

Zum **Nachweis des Gewichtsverlustes** siehe § 16 KVO Rdn. 9 ff und 13 ff; *Willenberg*[4] Rdn. 17 f.

4. Schäden durch beigeladenes Gut (Buchst. c S. 1)

Für Schäden, die einem Gut durch anderes, auf demselben Fahrzeug verladenes Gut zugefügt werden, hat der KVO-Frachtführer an sich schon nach § 29 KVO zu haften. Hierbei kommt es nicht darauf an, wem das mitverladene Gut gehört. Handelt es sich um Güter desselben Absenders, so kann sich aus § 18 Abs. 3 KVO eine Haftungsbefreiung des Frachtführers ergeben, wenn das schädigende Gut unzureichend verpackt war[12].

---

[7] BGH vom 19. 11. 1959, BGHZ **31** 183 ff = NJW **1960** 337 ff = VersR **1960** 30 ff; *Koller*[2] Rdn. 2.
[8] Selten zitiert, Beispiel: OLG Frankfurt vom 14. 12. 1982, TranspR **1985** 174.
[9] Selten zitiert, Beispiel: LG Bremen vom 31. 10. 1978, VersR **1979** 815.
[10] Siehe § 18 Rdn. 6 und *Koller*[2] § 30 KVO Rdn. 3.
[11] *Willenberg*[4] Rdn. 11; *Koller*[2] Rdn. 4.
[12] Siehe § 18 KVO Rdn. 20; wegen der möglichen Fälle *Willenberg*[4] Rdn. 21 f.

10 Neben den Ansprüchen aus § 29, 30 c KVO können sich aus der Schädigung eines Gutes durch ein Gut eines Dritten **weitere Rechtsfolgen** ergeben. Einmal kann eine Schadensersatzpflicht des Schädigers aus § 823 Abs. 1 und 2 (besonders bei Verstößen gegen Vorschriften über gefährliche Güter), 831 BGB entstehen. Zum anderen kann der KVO-Frachtführer nach § 18 Abs. 3 gegen den Absender des schädigenden Gutes Regreß nehmen, soweit er selbst den Geschädigten entschädigen muß; § 18 Rdn. 20. Der Regreßanspruch kann nach § 67 VVG auf den KVO-Versicherer übergehen.

5. Schäden an unverpackten Gütern (Buchst. c S. 2)

11 Schäden, die durch Scheuern und[13] Druck an unverpackten Gütern entstehen, sind nach § 18 Abs. 3 KVO nur zu ersetzen, soweit die Güter an sich nicht verpackungsbedürftig waren[14]. Nur auf solche Güter bezieht sich § 30 c S. 2. Aus der Formulierung von § 30 c ergibt sich nicht, daß die Bestimmung nur für Druck- und Scheuerschäden, die durch beigeladenes Gut entstehen, anzuwenden ist[15]; denn das Risiko, unverpackte, aber scheuer- bzw. druckempfindliche Güter zur Beförderung aufzugeben, trifft den Absender generell und wird daher mit Recht beschränkt. Es besteht keinerlei Anlaß, gerade für den Fall, daß der Frachtführer (in seinem Interesse) anderes Gut beilädt, eine besondere Haftungsbeschränkung vorzusehen. Die Haftung ist jedoch nach § 34 S. 1 c KVO ausgeschlossen, wenn das Gut vom verladenden Absender nicht ausreichend befestigt worden ist; siehe § 17 Rdn. 24 und § 34 Rdn. 24 ff. Die Bedeutung von § 30 c liegt nicht in der Gewährung des Anspruchs an sich, die sich auch aus § 29 schon ergeben würde, sondern in der Begrenzung der Haftung auf 1000,– DM je Lastzug (und Beförderungsvorgang). Es handelt sich hierbei um eine Haftungsbegrenzung, nicht um eine Pauschalierung, so daß der Schaden im Rahmen der Begrenzung auf 1000,– DM nachgewiesen werden muß. Die Haftungsgrenzen des § 35 gehen der des § 30 c S. 2 vor, wenn der danach zu ersetzende Betrag unter 1000,– DM liegt. Es ist also stets nur der jeweils niedrigere Betrag zu ersetzen.

6. Unterschlagung, Betrug, Untreue (Buchst. d)

12 Die besondere Anführung dieser Schadensursachen ist überflüssig, da sich die Haftung ohnehin aus § 29 ergibt. Die angeführten Delikte setzen stets Vorsatz voraus. Daher gilt auch die Haftungsbeschränkung des § 35 KVO für diesen Fall nicht, wenn man der hier vertretenen Auffassung folgt, nach der § 430 HGB analog anzuwenden ist[16].

7. Bruchschäden (Buchst. e)

13 Buchst. e enthält neben der bedeutungslosen Feststellung in S. 1, daß für Bruchschäden grundsätzlich gehaftet wird[17], ein schwer durchschaubares Konglomerat von Haftungsausschlüssen und -beschränkungen, die ihrerseits wieder von Rückausnahmen durchbrochen sind. Ergänzt wird die Regelung noch durch § 34 S. 1 g KVO. Der KVO-Frachtführer darf erst ab 1. 1. 1994 freiwillig eine über die Haftungsgrenzen hinausgehende Haftung übernehmen. Darin lag bisher eine tarifwidrige Begünstigung nach § 22

---

[13] Zutreffender „oder"; *Willenberg*[4] Rdn. 23; *Koller*[2] Rdn. 5.
[14] *Willenberg*[4] Rdn. 24 f; *Koller*[2] Rdn. 5.
[15] Zutreffend *Willenberg*[4] Rdn. 16; a. A. *Koller*[2] Rdn. 5; ihm folgend *OLG* Düsseldorf vom 16. 6. 1992, TranspR **1993** 97.
[16] Siehe § 430 HGB Rdn. 64 und § 35 KVO Rdn. 4; a. A. *Koller*[2] Rdn. 6; *Willenberg*[4] Rdn. 30.
[17] Die Vorschrift wird daher nur selten zitiert; z. B. vom BGH vom 26. 10. 1961, VersR **1961** 1108.

Abs. 2 GüKG[18]. Die Haftungseinschränkungen des § 30 c KVO gelten nicht im Falle nachgewiesenen Verschuldens des Frachtführers[19].

a) Bruchschäden als Folgen von Fabrikations- und Materialfehlern (S. 2)

Dieser Haftungsausschluß zeigt eine gewisse Ähnlichkeit mit § 34 Buchstaben k und n, weil der Kern zum Schaden bereits im Frachtgut zu sehen ist. Der Haftungsausschluß greift nicht ein bei nachgewiesenem Verschulden des Frachtführers[20]. **14**

b) Grundsatz der Haftungsbeschränkung für bestimmte Bruchschäden (Buchst. e S. 3, 4)

Die Haftungsbeschränkung für Bruchschäden an den in S. 3 aufgeführten empfindlichen Gütern wird auf 150,- DM pro Reise eines Lastzugs beschränkt, soweit sie nicht auf Verpackungsfehler des Absenders zurückzuführen sind[21]. Sie ist unübersichtlich und sachlich wenig überzeugend[22]. **15**

aa) Güter, bei denen die Haftungsbeschränkung gilt

S. 3 führt auf: Leere und gefüllte Glasballons, Glas, leere und gefüllte, nicht in Kisten verpackte Glasflaschen, Porzellan, Steingut, Steinzeug und hieraus hergestellte Artikel. Gläserne Aquarien sind weder Flaschen noch Ballons[23], Pappkartons keine Kisten[24]. Problematisch unter diesen überwiegend technisch definierbaren Begriffen ist der Begriff „Steinzeug". Dieser wurde jedoch durch eine unveröffentlichte Entscheidung des OLG Nürnberg vom 27. 9. 1968 entsprechend dem allgemeinen Sprachgebrauch definiert: Steinzeug setzt sich aus eisenhaltigem Ton, Quarz und Feldspat zusammen und wird bis zur Sinterung gebrannt. Eine erweiterte Auslegung auf andere Materialien ist nicht zulässig[25]. Unter den Begriff Steinzeug fallen also z. B. gebrannte Tonrohre und dergleichen, nicht dagegen Fertigteile oder Bausteine aus Beton, Eternit, Bims usw.; ebensowenig Natursteine wie Marmorplatten und dergleichen[26]. Die Einschränkung „sofern sie nicht in Kisten verpackt sind" bezieht sich nur auf Glasflaschen, nicht auf Flachglas, auch nicht auf Verbundglas, so daß auch in diesem Fall die Haftungsbeschränkung gilt[27]. **16**

bb) Berechnung der Haftungsbegrenzung

Die Haftungsbegrenzung von 150,- DM berechnet sich pro Reise eines Lastzugs, nicht pro Beförderungsvertrag. Treten Bruchschäden bei Gütern verschiedener Absender auf der gleichen Reise auf, so müssen sich diese Absender die begrenzte Entschädi- **17**

---

[18] Siehe dazu Rdn. 3 zu § 22 GüKG, Anh. I nach § 452 HGB und den Beitrag o. V. Deutsche Verkehrszeitung vom 2. 8. 1977, 8.

[19] Speziell zu Buchst. e OLG Düsseldorf vom 29. 11. 1979, VersR **1980** 276, 277; *Koller*² Rdn. 8. Siehe auch § 34 Rdn. 42 ff und Rdn. 52.

[20] Siehe § 34 KVO Rdn. 3; *Koller*² Rdn. 8; auch dann nicht, wenn das Fahrzeug nicht vertragsgemäß war; *Froeb* Beschaffenheitsschäden 95 f.

[21] Siehe § 18 KVO Rdn. 21; *Koller*² Rdn. 7.

[22] *Froeb* Beschaffenheitsschäden 98 f.

[23] OLG Düsseldorf vom 29. 11. 1979, VersR **1980** 276, 277.

[24] Weil die Gleichstellung angesichts der sehr unterschiedlichen Stärken von Pappkartons zu erheblicher Rechtsunsicherheit führen würde: OLG Hamburg vom 24. 1. 1983, TranspR **1983** 80, 81. Dagegen *Willenberg*⁴ Rdn. 35; *Koller*² Rdn. 9 *Muth/Andresen/Pollnow* § 30 KVO S. 207 f; *Froeb* Beschaffenheitsschäden 99.

[25] Siehe dazu eingehend *Willenberg*⁴ Rdn. 37; *Muth/Andresen/Pollnow* S. 208. *Koller*² Rdn. 9 hält in Anknüpfung an *Canaris* Analogien zu den einzelnen aufgeführten „Beispielen" für zulässig. Dem widerspricht, daß es sich um einen Katalog von Ausnahmen zu einer generellen Haftungsregelung handelt, der grundsätzlich nicht erweiterungsfähig ist.

[26] Siehe *Willenberg*⁴ Rdn. 37 f; a. A. *Muth/Andresen/Pollnow* § 30 KVO S. 208.

[27] LG Nürnberg vom 20. 10. 1988, TranspR **1990** 287 f; *Willenberg*⁴ Rdn. 36.

gung teilen. Zu der Schadensberechnung bei Wiederherstellung von teilgeschädigten Gegenständen sowie zum Ausschluß von Wertminderungsschäden bei Wiederherstellung siehe § 30 e S. 6 und 7 sowie *Willenberg*[4] Rdn. 44 f.

cc) Ausnahmen von der Haftungsbeschränkung

18 Die Haftungsbeschränkung nach § 30 e S. 3 gilt nicht, wenn der Schaden durch einen Betriebs- oder Transportmittelunfall (s. dazu § 29 KVO Rdn. 4 ff) verursacht ist. Vielmehr wird nach S. 4 im gewöhnlichen Umfang, also in der Regel in den Grenzen des § 35 KVO gehaftet. Nach S. 5 hält sich die Haftung ebenfalls in diesem Rahmen, wenn die Ursache für den Bruch in höherer Gewalt lag, diese aber zu den der Straße und dem Kraftwagen eigentümlichen Gefahren gehörte (§ 34 a KVO; siehe § 34 Rdn. 12 f). Für andere Ursachen aus dem Bereich der höheren Gewalt wird nach § 34 S. 1 a überhaupt nicht gehaftet.

8. Rinnverluste (Buchst. f)

19 Buchst. f S. 1 bestätigt nur, was sich ohnehin aus § 29 ergeben würde: Auch für Rinnverluste haftet der KVO-Frachtführer nach dem Gewährleistungsprinzip. Werden Flüssigkeiten in unverpackten Glasflaschen befördert und kommt es wegen Springens der Flaschen zu Rinnverlusten, so greift die Haftungsbeschränkung des § 30 e S. 3 KVO ein. S. 2 legt bei gewöhnlichen Rinnverlusten von Flüssigkeiten in Fässern eine Franchise fest[28]. Bis zu 1/2 % des Verlustes bei Eisenfässern bzw. 3 % bei Holzfässern sind danach nicht ersatzfähig. Den Eisenfässern dürften gleich dichte Fässer aus Kunststoffen gleichzustellen sein[29]. Bei höheren Verlusten bleiben diese Prozentsätze bei der Schadensberechnung vorweg außer Ansatz. Sind die vom Absender verwendeten Gefäße undicht, liegt ein Verpackungsmangel vor; der Frachtführer ist nicht dafür haftbar[30]. Die Beförderung von Flüssigkeiten in Tankwagen fällt nicht unter § 30 f KVO, weil die Dichtigkeit des Tankbehälters Risiko des Frachtführers ist[31]. Dagegen ist zweifelhaft, ob die Franchisen des § 30 f für Transporte in vom Absender gestellten Tanks bzw. Tankcontainern oder Tank-Sattelaufliegern gelten. Dies muß jedoch richtigerweise abgelehnt werden, weil Großtanks hinsichtlich der Risiken der Undichtigkeit und normalem Rinnverlust nicht mit Fässern gleichgestellt werden können[32].

§ 31

Ersatz für andere als Güterschäden

(1) Der Unternehmer ersetzt Schäden, die dem verfügungsberechtigten Absender oder Empfänger im Zuge der Beförderung des Gutes entstanden sind:

a) durch Überschreitung der Lieferfrist (§ 26),

b) durch Falschauslieferung,

c) durch schuldhafte, nicht ordnungsgemäße Ausführung des Beförderungsvertrages,

d) durch Fehler bei der Einziehung von Nachnahmen.

---

[28] Siehe zu den Einzelheiten auch *Froeb* Beschaffenheitsschäden 122 ff.
[29] *Willenberg*[4] Rdn. 47; *Koller*[2] Rdn. 10.
[30] *Willenberg*[4] Rdn. 48; *Koller*[2] Rdn. 10. Siehe 18 KVO Rdn. 21.
[31] *Willenberg*[4] Rdn. 49; *Muth/Andresen/Pollnow* § 30 KVO S. 208 a.
[32] A. A. aber *Willenberg*[4] Rdn. 49; *Koller*[2] Rdn. 10.

(2) ¹Schäden der in (1) a)–c) bezeichneten Art werden bei Ladungsgütern bis zu 30 000 DM je Lastzug und bei Stückgütern bis 5 000 DM je Absender und Lastzug ersetzt. ²Schäden nach (1) d) werden bis zur Höhe der Nachnahme, höchstens jedoch mit 5 000 DM je Sendung ersetzt.

Übersicht

	Rdn.		Rdn.
I. Allgemeines	1	b) Keine Haftung für Güterschäden und deren Folgen	16
1. Nur Ersatz von Vermögensschäden	1	c) Haftung nach BGB bei positiver Vertragsverletzung ohne Zusammenhang mit der Beförderung	17
2. Nur Schaden „im Zuge der Beförderung"	2	d) Ergebnis der Abgrenzungen	18
3. Konkurrenzen, insbesondere zu § 29 KVO	3	e) Haftung nur für Verschulden	19
II. Die Tatbestände des § 31 Abs. 1	4	f) Haftungsbegrenzung, Anspruchskonkurrenz	20
1. Die Haftung für Lieferfristüberschreitung (Buchst. a)	5	g) Anwendungsfälle	21
a) Allgemeines	5	4. Haftung für Nachnahmefehler (Buchst. d)	23
b) Verderb von Gütern und Lieferfrist	11	III. Ersatzberechtigter	24
c) Vermögensschäden	12	IV. Begrenzung der Haftung nach § 31 Abs. 2	25
2. Haftung für Falschauslieferung (§ 31 Abs. 1 b)	13		
3. Die Haftung für allgemeine Schlechterfüllung (Buchst. c)	15		
a) Haftung für primäre Vermögensschäden infolge Schlechterfüllung	15		

I. Allgemeines

1. Nur Ersatz von Vermögensschäden

§ 31 KVO betrifft, wie sich aus der Überschrift ergibt, nur solche Schäden, die keine **1** Güterschäden sind, also nicht während der Obhutszeit an den beförderten Gütern entstanden sind. Schäden am beförderten Gut werden dagegen nur nach §§ 29, 35 ersetzt[1]. Diese Vorschriften beschränken sich auf Schäden am Frachtgut, die während der Obhutszeit verursacht sind. Sie gewähren daher keinen Ersatz von primären Schäden an anderen Gütern. Sekundäre Vermögensschäden, die als Folge des Verlustes oder der Beschädigung von Frachtgut an anderen Vermögensgegenständen des Absenders oder Empfängers entstehen (mittelbare „Vermögensschäden"), sind nach § 29 – entsprechend dem System der frachtrechtlichen Haftung als Wertersatz grundsätzlich nicht zu ersetzen[2]. Da § 31 nicht die Aufgabe hat, die Haftungsgrundsätze der Güterschadenshaftung zu erweitern, fallen diese mittelbaren Vermögensschäden auch nicht unter § 31 und bleiben unersetzt[3].

---

[1] Allgemeine Auffassung; *Willenberg*[4] Rdn. 2 f; anders wohl nur OLG Stuttgart vom 28. 11. 1951, VersR **1952** 147, 148; zustimmend *Schmid-Loßberg*, ebenda; ferner wohl die orientierungslosen Urteile des OLG Celle vom 8. 12. 1952, VersR **1953** 114, 115 und OLG Hamm vom 9. 5. 1952, VersR **1953** 116 f.

[2] BGH vom 21. 4. 1960, BGHZ **32** 194, 202 = NJW **1960** 1201 ff = VersR **1960** 530, 534; vom 9. 11. 1961, VersR **1961** 1110, 1111; OLG Hamburg vom 14. 3. 1969, VersR **1970** 51, 52 und vom 24. 4. 1978, VersR **1979** 128, 129; siehe § 430 Rdn. 21 ff; § 29 KVO Rdn. 18; § 35 KVO Rdn. 5 ff.

[3] BGH vom 21. 4. 1960, BGHZ **32** 194, 202 = NJW **1960** 1201 ff = VersR **1960** 530, 534; im Ergebnis, aber nicht im grundsätzlichen Ansatz ebenso *Koller*[2] Rdn. 2.

2. Nur Schaden „im Zuge der Beförderung"

2 § 31 setzt voraus, daß der Schaden „im Zuge der Beförderung" entstanden ist. Für die Fälle des Abs. 1 Buchst. a, b, d ist dieser Zusammenhang ohne weiteres gegeben. Das Merkmal „im Zuge der Beförderung" wirft jedoch im Rahmen des § 31 Abs. 1 c (siehe Rdn. 16 ff) praktisch bedeutsame Probleme auf. Die Rechtsprechung legt es zeitlich und sachlich weit aus und dehnt damit die Haftungsbeschränkung des § 31 Abs. 2 auf zahlreiche Nebenpflichten aus[4]. Für die zeitlich weite Auslegung spricht nicht, daß im Gesetz selbst der Fall der fehlerhaften Nachnahmeeinziehung als „im Zuge der Beförderung" liegend betrachtet wird[5]. Denn diese erfolgt bei korrekter Ausführung vor Ablieferung[6]. Das OLG Düsseldorf legt das Merkmal „im Zuge der Beförderung" auch sachlich weit aus, indem es die Ausstellung einer falschen Spediteur-Übernahmebescheinigung ihm noch unterordnet[7]. Dies ist bedenklich, weil eine solche Empfangsquittung nicht einmal den Abschluß eines KVO-Frachtvertrages voraussetzt und ihre Ausstellung nicht danach, ob sie vor, nach oder unabhängig von der Beförderung ausgestellt ist, unterschiedlicher Haftung unterstellt werden sollte. Auch die Beschädigung von Abladegeräten, die der Empfänger zur Verfügung gestellt hat (sog. „Ameisen") gehört nach der Rechtsprechung noch zum „Zuge der Beförderung"[8]. Das ist zwar zeitlich zutreffend, weil die Obhut erst mit der Beendigung der vom Frachtführer geschuldeten Entladung auf den Empfänger übergeht[9]. Sie ist aber richtigerweise auf die der Zurverfügungstellung zugrundeliegenden Rechtsverhältnisse zu stützen; *Koller*[2] Rdn. 4. Grundsätzlich begrenzt nämlich die Formulierung „im Zuge der Beförderung" die Anwendung von § 31 auf Handlungen des Frachtführers, die sich sachlich auf die Beförderung beziehen und damit auch auf den Zeitraum der Beförderung (Obhutszeit) beschränkt sind[10]. Vermögensschäden, die vom Frachtführer außerhalb der Obhutszeit[11] oder ohne Bezug zum Beförderungsvorgang verursacht sind, werden daher nicht nach § 31 KVO, sondern nach den allgemeinen bürgerlichrechtlichen Grundsätzen beurteilt. Für sie wird also grundsätzlich unbeschränkt gehaftet – § 249 BGB. Damit ist das Risiko solcher Schäden bei Handlungen von Frachtführer, Absender und Empfänger gleich.

3. Konkurrenzen, insbesondere zu § 29 KVO

3 Die Güterschadenshaftung des § 29 hat mit der Beschränkung auf unmittelbare Schäden am Frachtgut, die Haftung für Vermögensschäden nach § 31 mit der in Abs. 2 vorgesehenen Haftungseinschränkung, jeweils eine spezifische Begrenzung. Für beide Haftungsarten gemeinsam gelten jedoch zusätzlich die Haftungsgrenzen des § 35, ebenso auch die Haftungsausschlüsse des § 34 – soweit sie passend sind[12]. Aus der Unterschied-

---

[4] Dagegen *Willenberg*[4] Rdn. 21 ff; *Koller*[2] Rdn. 4.
[5] So aber meine in der Voraufl. vertretene Meinung und OLG München vom 2. 12. 1981, TranspR **1983** 149.
[6] Zutreffend *Koller*[2] Rdn. 4; grundsätzlich auch *Willenberg*[4] Rdn. 21.
[7] Urteil vom 6. 9. 1973, VersR **1975** 232, 233. Die Schlechterfüllung der Nebenpflicht zur Rüge nach § 377 HGB durch den vom Käufer beauftragten Frachtführer wird allerdings vom OLG S. 233 f zu Recht der Beförderung zugeordnet, weil sie bei Annahme geschuldet wird.
[8] BGH vom 18. 11. 1977, VersR **1978** 148 f = DB **1978** 293 f; ablehnend *Willenberg*[4] Rdn. 21, ebenso schon in VersR **1978** 1062 f; siehe auch § 33 KVO Rdn. 5.
[9] Insoweit unzutreffend *Willenberg*[4] Rdn. 21.
[10] Erweitert um den Fall des § 33 b KVO (Mitwirkung des Frachtführers bei Ladearbeiten durch den Empfänger oder Absender); zutreffend OLG Düsseldorf vom 29. 9. 1988, TranspR **1989** 10, 12.
[11] Hiermit gebe ich meine gegenteilige Auffassung in der Voraufl. Anm. 9 auf. Zutreffend das unveröffentlichte Urteil des OLG Hamburg vom 18. 2. 1976, AZ 5 U 49/75.
[12] Siehe im einzelnen zu § 31 a unten Rdn. 25; § 430 Rdn. 11, 15 und zu den Konkurrenzfragen allgemein § 429 HGB Rdn. 231 ff. Zur Anwendung der Haftungsgrenzen des § 35 KVO siehe § 36 KVO und die dortige Kommentierung.

lichkeit der Haftungsbegrenzungen ergibt sich, daß §§ 29 und 31 KVO nicht nebeneinander auf den gleichen Schadensfall anzuwenden sind. Insbesondere kann § 31 in Fällen, in denen der Schaden zunächst am Frachtgut entstanden ist, nicht zur Begründung einer zusätzlichen Haftung für über den Wertersatz hinausgehende mittelbare Vermögensschäden verwendet werden. Dies ist in Rechtsprechung und Literatur weitgehend unstreitig[13].

II. Die Tatbestände des § 31 Abs. 1

Die in § 31 Abs. 1 KVO zusammengefaßten Tatbestände sind heterogen. Strukturell enthalten die Buchstaben a, b und d Haftungstatbestände, die kein Verschulden voraussetzen und ihre Grenze erst bei der höheren Gewalt (§ 34 S. 1 a) finden, während Buchst. c eine Haftung für Verschulden begründet. **4**

1. Die Haftung für Lieferfristüberschreitung (Buchst. a)
a) Allgemeines

Die Lieferfristhaftung ist als Gewährhaftung konzipiert. Sie setzt an sich kein Verschulden voraus und findet ihre Grenze erst bei höherer Gewalt (§ 34 S. 1 a). Dafür ist sie in der Höhe durch § 31 Abs. 2 beschränkt. Vor allem aber ist ihr Tatbestand wegen der lang bemessenen Lieferfristen der KVO (siehe dazu § 26 KVO Rdn. 3 ff) und der Unzulässigkeit der Vereinbarung fester Ablieferungstermine nur selten verwirklicht. Ferner kann der Frachtführer oft den Nachweis einer unverschuldeten Betriebsstörung führen, der ihm eine Verlängerung der Lieferfrist verschafft; siehe § 26 KVO Rdn. 9 ff. Praktisch wird damit die strenge Gewährhaftung weitgehend entwertet. Siehe aber zur möglichen Vereinbarung kürzerer Lieferfristen § 26 Rdn. 7. **5**

Der KVO-Frachtführer **darf die Lieferfrist in jedem Falle ausnutzen** und daher scheidet eine Verspätungshaftung innerhalb der Lieferfrist gänzlich aus, auch wenn es dem Frachtführer möglich gewesen wäre, die Beförderung schneller durchzuführen[14]. **6**

Danach **schuldet der Frachtführer keine über die Einhaltung der gültigen Lieferfrist hinausgehende Sorgfalt hinsichtlich der Beschleunigung der Beförderung**. Diese Rechtsprechung macht es der verladenden Wirtschaft praktisch unmöglich, die technisch durch den Güterkraftverkehr gegebene Möglichkeit der Eilbeförderung in einem rechtlich gesicherten Rahmen auszunutzen. Die Auftraggeber sind darauf angewiesen, die Frachtführer durch außerrechtliche Mittel zu schnellerer Beförderung zu veranlassen. Ein solches System, das wirtschaftlich sinnvolle Tatbestände ohne rechtlichen Schutz läßt und daher in die Illegalität treibt, ist rechtspolitisch nicht vertretbar. **7**

Eine Haftung des KVO-Frachtführers kann sich jedoch ausnahmsweise aus **allgemeinem Schuldrecht** ergeben. **8**

Im unveröffentlichten Urteil des BGH vom 6. 6. 1973, I ZR 64/72 (zu § 412 HGB und KVO) ist die Haftung des Spediteurs/KVO-Unternehmers für Überschreitung einer Lieferfrist auf unzureichende Aufklärung des Absenders über die kapazitätsbedingte wahrscheinliche Verspätung gestützt worden. Dabei ist der BGH in Anwendung **9**

---

[13] Siehe insbesondere BGH vom 21. 4. 1960, BGHZ 32 194, 202 = NJW **1960** 1201 ff = VersR **1960** 530, 534; vom 9. 11. 1961, VersR **1961** 1110, 1111; BGH vom 28. 2. 1975, VersR **1975** 658, 659; Willenberg[4] Rdn. 16; a. A. wohl nur OLG Stuttgart vom 28. 11. 1951, VersR **1952** 147, 148; i. E. auch OLG Hamburg vom 13. 3. 1953, VersR **1953** 277.

[14] In Rechtsprechung und Literatur – in Anlehnung an die Rechtsprechung des Reichsgerichts zum Eisenbahnrecht – allgemein vertreten; siehe hierzu § 26 KVO Rdn. 1 f.

der Realvertragstheorie (siehe § 15 KVO Rdn. 8 ff, insbesondere 13) davon ausgegangen, daß kein KVO-Frachtvertrag abgeschlossen worden ist. Allerdings wurde die Frage des Wagenstellungsvertrages nicht erörtert; siehe dazu § 14 KVO und § 15 Rdn. 10 ff. Grundsätzlich ist dem zuzustimmen. Eine Haftung aus Verschulden bei Vertragsschluß ist anzunehmen, wenn der KVO-Frachtführer den Auftraggeber nicht über die Lieferfrist aufgeklärt hat. Dies gilt besonders, wenn ihm die Verderblichkeit der Güter bzw. die Eilbedürftigkeit des Transportes bekannt war.

10 **Vereinbart der KVO-Frachtführer eine nach Tarifrecht unzulässig verkürzte Lieferfrist** (s. dazu Rdn. 6 ff. zu § 26 KVO), so kommt eine **Haftung wegen Teilnichtigkeit nach §§ 309, 307 Abs. 1 S. 1 BGB** in Betracht. Dies wurde vom BGH im Urteil vom 3. 10. 1963, VersR **1963** 1120 f in Betracht gezogen. Die Haftung schied jedoch nach § 307 Abs. 1 S. 2 BGB aus, da der Auftraggeber als Kaufmann in enger Berührung mit dem Beförderungsgewerbe stand und in erheblichem Umfang Frachtverträge abgeschlossen hatte. Danach hätte er selbst Erkundigungen über die gesetzlichen Vorschriften hinsichtlich der Beförderungsbedingungen einziehen müssen. Auch eine Schadensteilung nach § 254 BGB kommt danach nicht in Betracht. Nach dieser Rechtsprechung, die kaum Anlaß zur Kritik gibt, scheidet vor allem auch jede Haftung des KVO-Frachtführers bei Einschaltung eines Abfertigungsspediteurs aus. Allerdings gehört die Aufklärung des ursprünglichen Absenders durch den Abfertigungsspediteur zu dessen Spediteurpflichten und kann eine Haftung nach Maßgabe des Speditionsvertrages sowie ein Eintreten des Speditionsversicherers begründen. Ab 1. 1. 1994 entfallen alle Auswirkungen des Tarifrechts; siehe § 1 KVO Rdn. 2 f.

b) Verderb von Gütern und Lieferfrist

11 Kommt es wegen verzögerlicher Beförderung zu Schäden an beförderten Gütern, so sind in keinem Fall Ansprüche aus § 31 Abs. 1 a KVO gegeben, da diese Bestimmung nur primäre Vermögensschäden betrifft. Ansprüche wegen Güterschäden aus § 29 KVO können nur bestehen, wenn die Lieferfrist überschritten ist; siehe § 26 KVO Rdn. 1. Ist dies der Fall, dann wird grundsätzlich gehaftet, weil die Ursache des Verlustes oder der Beschädigung in § 29 KVO grundsätzlich keine Rolle spielt. Es können aber haftungsausschließende Gründe – insbesondere innerer Verderb nach § 34 S. 1 k – vorliegen.

c) Vermögensschäden

12 Nach § 31 Abs. 1 a sind nur Schäden, die an anderen als den beförderten Gütern entstehen, also primäre Vermögensschäden zu ersetzen[15]. In Betracht kommen insbesondere Folgeschäden wie Kosten für nutzlose Vorhaltungen von Entladungsmöglichkeiten, Lohnkosten, Produktionsausfälle und dergleichen. Dagegen sind Güterschäden durch Lieferfristüberschreitung nach § 29 KVO zu ersetzen[16]. Ersatz von Körperschäden ist nach § 34 Satz 1 f KVO ausgeschlossen; siehe dort Rdn. 38.

2. Haftung für Falschauslieferung (§ 31 Abs. 1 b)

13 Auch die in § 31 Abs. 1 Buchst. b KVO geregelte Gewährhaftung für Falschauslieferung (siehe § 429 Rdn. 22 f) betrifft nur die daraus primär entstehenden Vermögensschäden. Hierzu gehören insbesondere Schäden aus vorübergehenden Nutzungsverlusten, Kosten für die Wiedererlangung des Guts einschließlich der Prozeßkosten für Herausgabeklagen gegen den Besitzer der Güter. Der KVO-Frachtführer haftet auch für den

---

[15] Siehe oben Rdn. 3 und, speziell zu Buchst. a *Willenberg*[4] Rdn. 10; *Koller*[2] Rdn. 6.

[16] Siehe § 29 Rdn. 6; **a. A.** OLG Stuttgart vom 28. 11. 1951, VersR 1952, 147, 149, das § 31 auf Güterschäden durch Lieferfristüberschreitung anwenden will.

Schaden, der dem absendenden Spediteur dadurch entsteht, daß er wegen der Falschauslieferung Kunden verliert[17] oder daß das Gut vom falschen Empfänger an den richtigen weiterbefördert werden muß[18]. Die Falschauslieferung kann auch zur Lieferfristüberschreitung führen, so daß nebeneinander eine Haftung nach § 31 Abs. 1 a und b anzunehmen ist.

Nicht unter § 31 Abs. 1 b fallen **Güterschäden infolge Falschauslieferung**; siehe oben Rdn. 1. Da die Falschauslieferung keine Auslieferung i. S. des § 29 KVO ist, wird durch sie der Haftungszeitraum des § 29 KVO nicht beendet. Kann z. B. das Gut nach der Falschauslieferung nicht mehr wiedererlangt werden, so liegt Verlust im Sinne des § 29 vor[19]. Wird das Frachtgut wegen der Falschauslieferung beschädigt, so greift ebenfalls § 29 ein. Infolge der Falschauslieferung kann auch die Lieferfrist überschritten werden, so daß Schäden am Frachtgut durch Verderb entstehen könne, die ebenfalls nach § 29 zu ersetzen sind.

3. Die Haftung für allgemeine Schlechterfüllung (Buchst. c)
a) Haftung für primäre Vermögensschäden infolge Schlechterfüllung

Buchst. c legt eine Haftung für schuldhafte Schlechterfüllung bei Ausführung des Beförderungsvertrages fest. Hierbei handelt es sich um eine (Teil-)Kodifizierung der positiven Vertragsverletzung. Die Haftung nach Buchst. c betrifft – wie der ganze § 31 – nur primäre Vermögensschäden. Auf Güterschäden ist die Bestimmung nicht anwendbar. Diese richten sich vielmehr ausschließlich nach § 29[20]. § 31 ist lex specialis gegenüber dem allgemeinen Rechtsinstitut der positiven Vertragsverletzung; dazu Rdn. 17.

b) Keine Haftung für Güterschäden und deren Folgen

Güterschäden (Schäden an den Gütern, die Gegenstand des Beförderungsvertrages sind) sind in §§ 29, 34, 35 – zumindest, soweit Ihre Schädigung in die Obhutszeit des Frachtführers (zwischen Annahme und Ablieferung) fällt – abschließend geregelt. Die Formulierung „andere als Güterschäden" in der Überschrift von § 31 schließt dessen Anwendung auf solche Güterschäden aus. Im übrigen fallen sie nicht unter § 31, weil sie nicht „im Zuge der Beförderung des Gutes" verursacht sind; siehe Rdn. 2. War das Gut vom Frachtführer noch nicht angenommen, bestand nach der herrschenden Realvertrags-Lehre (siehe § 15 Rdn. 8 ff) noch kein Frachtvertrag, so daß § 31 KVO auf diese Zeit nicht anzuwenden ist. War die Beförderung durch die Ablieferung beendet und das Gut grundsätzlich schon der Obhut des Empfängers unterstellt, erfolgen weitere Handlungen der Parteien nicht mehr „im Zuge der Beförderung des Gutes". Daher scheidet die Anwendung von § 31 Abs. 1 a und Abs. 2 auf Güterschäden gänzlich aus, unabhängig davon, wann sie verursacht sind. Solche Schäden werden allerdings vielfach durch andere schuldrechtliche Ansprüche zu erfassen sein, so etwa durch die zwischen Frachtführer und Empfänger (oder Absender) bestehenden besonderen Rechtsverhältnisse wie Werkverträge, Lagerverträge, Aufträge oder Geschäftsbesorgungen und nicht zuletzt durch das allgemeine Institut der positiven Vertragsverletzung – in diesen Fällen ohne Beschränkung der Haftung des Frachtführers.

---

[17] OLG Stuttgart, VRS 6 410, 417 = VersR **1954** 399.
[18] LG Fulda vom 24. 1. 1992, TranspR **1992** 361, 362.
[19] Siehe eingehend § 429 HGB Rdn. 22; *Koller*² Rdn. 7. Dagegen OLG Hamburg vom 13. 3. 1953, VersR **1953** 277, das auch den Verlust durch Falschauslieferung unter § 31 Abs. 1 b bringt.
[20] Siehe dazu Rdn. 3, insbesondere das dort angegebene Urteil des BGH vom 21. 4. 1960, BGHZ **32** 194, 202 = VersR **1960** 530, 534.

c) Haftung nach BGB bei positiver Vertragsverletzung ohne Zusammenhang mit der Beförderung

17 Nicht für alle Ansprüche aus positiver Vertragsverletzung eines KVO-Frachtvertrages ist § 31 lex specialis gegenüber dem allgemeinen Rechtsinstitut der positiven Vertragsverletzung. Nur soweit die Voraussetzungen von § 31 Abs. 1 c vorliegen, sind daher die im Umfang nach BGB unbegrenzten Ansprüche aus allgemeiner positiver Vertragsverletzung durch die nach Abs. 2 begrenzten KVO-Ansprüche verdrängt. Für Schlechterfüllung, die nicht speziell die „Ausführung" des Beförderungsvertrages betrifft bzw. Schäden, die nicht „im Zuge der Beförderung" entstehen, wird nach bürgerlichem Recht gehaftet[21]. Solche auf die Verletzung allgemeiner Vertragspflichten gestützten Ansprüche aus positiver Vertragsverletzung führen zur unbegrenzten Haftung. Dies kommt z. B. für die Schlechterfüllung der privatrechtlichen Versicherungspflicht (siehe § 38 Rdn. 1) in Betracht.

d) Ergebnis der Abgrenzungen

18 (1) Schäden an den Gütern, die Gegenstand des Frachtvertrages sind (Frachtgut), werden von § 31 KVO überhaupt nicht erfaßt. Folgeschäden solcher Güterschäden sind grundsätzlich nicht zu ersetzen.

(2) Schäden an anderen Gütern des Absenders oder Empfängers (Vermögensschäden) werden durch § 31 Abs. 1 c und Abs. 2 erfaßt und nur einer beschränkten Haftung unterworfen, wenn sie vom Frachtführer durch Schlechterfüllung von Nebenpflichten aus dem Frachtvertrag innerhalb der Obhutszeit und in Bezug zum Beförderungsvorgang verursacht sind[22].

(3) Schäden, die außerhalb der Obhutszeit entstehen oder ohne Bezug zum Beförderungsvorgang verursacht sind, werden nach den allgemeinen bürgerlichrechtlichen Grundsätzen beurteilt. Für sie wird also grundsätzlich unbeschränkt gehaftet. Das Risiko solcher Schäden ist bei Handlungen von Frachtführer, Absender und Empfänger gleich.

e) Haftung nur für Verschulden

19 Die Haftung nach § 31 Abs. 1 c KVO setzt Verschulden des KVO-Frachtführers oder eines seiner Gehilfen (§ 6) voraus. Mangels besonderer Regelung ist daher grundsätzlich der Ersatzverlangende mit dem Beweis belastet. Unter Anwendung der von der Rechtsprechung zur positiven Vertragsverletzung entwickelten Beweisgrundsätze muß aber der in Anspruch Genommene die Beweise hinsichtlich derjenigen Vorgänge erbringen, die sich in seinem Verantwortungsbereich ereignet haben[23].

f) Haftungsbegrenzung, Anspruchskonkurrenz

20 Die Haftung nach § 31 Abs. 1 c ist in ihrer Höhe durch § 31 Abs. 2 begrenzt; siehe Rdn. 25. Soweit sie anwendbar ist, kann diese Haftungsbegrenzung auch nicht durch

---

[21] Mit Recht weist Koller[2] Rdn. 5 entgegen Traumann DB 1982 1444, 1447 f darauf hin, daß nicht zwischen typischen und atypischen Nebenpflichten, sondern zwischen „im Zuge der Beförderung" und außerhalb dieses Bereichs auftretenden Nebenpflichten zu unterscheiden ist.

[22] OLG Hamburg vom 14. 3. 1969, VersR 1970 51, 52 (Unterlassung der Mitteilung an den Absender, daß von Dritten übernommenes Fleisch nicht einwandfrei war; Anspruch aus anderen Gründen abgelehnt).

[23] Ebenso Koller[2] Rdn. 8. Siehe zu dieser Rechtsprechung statt vieler Palandt/Heinrichs[52] § 282 Rdn. 8. Diese Rechtsprechung ist auch vom Gesetzgeber in § 11 Nr. 15 a AGBG anerkannt worden.

Zulassung einer unbegrenzten (bürgerlich-rechtlichen) Haftung aus positiver Vertragsverletzung beiseite geschoben werden[24].

Gegenüber der Haftung aus § 31 Abs. 1 c KVO könnte sich zwar der KVO-Frachtführer auf die Haftungsausschlüsse des § 34 berufen, soweit diese passen, wie etwa Buchstaben b, c, f. Allerdings ist zu berücksichtigen, daß nach richtiger Auffassung die Haftungsausschlüsse des § 34 bei nachgewiesenem Verschulden des Frachtführers oder seiner Leute nicht gelten; siehe Rdn. 4 zu § 34; zum Mitverschulden des Absenders oder Empfängers Rdn. 11, 12 zu § 34.

g) Anwendungsfälle

Als Anwendungsfälle des § 31 Abs. 1 c kommen vor allem Verletzungen von Nebenpflichten aus dem Frachtvertrag in Betracht[25]. § 31 Abs. 1 c ist anwendbar beispielsweise in folgenden Fällen: OLG Hamburg vom 14. 3. 1969, VersR **1970** 51, 52 (Unterlassung der Mitteilung an den Absender, daß von Dritten übernommenes Fleisch nicht einwandfrei war, Anspruch aus anderen Gründen abgelehnt); OLG Oldenburg vom 20. 12. 1983, TranspR **1984** 154 (falsche Zollbehandlung); AG Lindau vom 13. 1. 1989, DVZ vom 18. 3. 89, 8 (Unterlassung der Mitteilung von einem Ablieferungshindernis). **21**

Zu Unrecht bejaht wurde § 31 Abs. 1 c nach hier vertretener Auffassung beispielsweise: Im Urteil des BGH vom 18. 11. 1977, VersR **1978** 148 f = DB **1978** 293 f (Leute des KVO-Frachtführers beschädigten die vom Empfänger zur Verfügung gestellten Abladegeräte (Ameisen); die Schadensverursachung war aber keine Verletzung einer Nebenpflicht aus KVO-Frachtvertrag); OLG Düsseldorf vom 6. 9. 1973, VersR **1975** 232, 233 (soweit es die Ausstellung einer unrichtigen Spediteurübernahmebescheinigung betrifft). **22**

4. Haftung für Nachnahmefehler (Buchst. d)

Die Haftung für Fehler bei der Einziehung von Nachnahmen[26] nach Buchst. d ist als Haftung ohne Verschulden konzipiert. Versäumt der KVO-Frachtführer danach die Einziehung einer Nachnahme oder zieht er nicht den richtigen Betrag ein, so braucht der Geschädigte ihm kein Verschulden nachzuweisen. Beweispflichtig ist dieser aber für die Schadensentstehung, insbesondere auch dafür, daß die Nachnahme einbringlich gewesen wäre bzw. in welchem Umfang der Schaden bei Verweigerung der Auslieferung wegen Nichtzahlung der Nachnahme nicht entstanden wäre. Diese setzt insbesondere eine Darlegung der Verwertungsmöglichkeiten für das zurückbehaltene Frachtgut voraus. § 31 Abs. 1 d gilt nur für Fehler „bei der Einziehung" der Nachnahme. Ist die Nachnahme richtig eingezogen, wird der Betrag aber aus anderen Gründen nicht abgeliefert, so ist die Haftung nicht nach § 31 Abs. 1 d KVO beschränkt, sondern unbeschränkt nach bürgerlich-rechtlichen Grundsätzen (§§ 675, 667, evtl. §§ 823 ff)[27]. **23**

---

[24] Zutreffend BGH vom 21. 4. 1960, BGHZ **32** 194, 202 = VersR **1960** 530, 534; OLG Hamburg vom 14. 3. 1969, VersR **1970** 51, 52); OLG Oldenburg vom 20. 12. 1983, TranspR **1984** 154; *Willenberg*[4] Rdn. 16; *Koller*[2] Rdn. 5; *Muth/Andresen/Pollnow* § 31 S. 211; siehe ferner § 429 Rdn. 246, 254, 266. Ohne Nennung von § 31 wohl anderer Auffassung BGH vom 22. 1. 1971, BGHZ **55** 217, 220.

[25] Siehe zur Übersicht (mit Hinweisen auf die KVO) § 425 HGB Rdn. 137 ff; *Willenberg*[4] Rdn. 23 ff.

[26] Zum Recht der Nachnahme siehe allgemein § 24 KVO und die dortige Erläuterung; ferner § 425 Rdn. 145 f; §§ 407–409 Rdn. 128 ff.

[27] *Willenberg*[4] Rdn. 31; *Koller*[2] Rdn. 9; *Muth/Andresen/Pollnow* § 31 S. 212 f.

III. Ersatzberechtigter

24 Ersatzberechtigt ist, da in § 31 Abs. 1 Eingangssatz nichts spezielles bestimmt ist, derjenige, der die Ansprüche aus dem Frachtvertrag geltend machen kann[28]. Der Anspruchsberechtigte kann grundsätzlich im Wege der Drittschadensliquidation auch die Ansprüche des anderen durch Klage auf Leistung an diesen geltend machen. Eine Doppellegitimation von Absender und Empfänger ist insoweit unschädlich.

IV. Begrenzung der Haftung nach § 31 Abs. 2

25 Zu ersetzen ist in alle Fällen der nachgewiesene Schaden bis zu den in § 31 Abs. 2 festgesetzten Haftungsgrenzen. Zu den Begriffen „Ladungsgüter" und „Stückgüter" siehe Rdn. 4 zu § 4 KVO. Hinzuweisen ist wegen der Haftung nach § 31 Abs. 1 a–c auf die zusätzliche Haftungsbeschränkung des § 36 KVO[29]. Die Haftungsgrenzen sollten analog § 430 Abs. 3 nicht eingreifen bei Vorsatz und grober Fahrlässigkeit des Frachtführers[30].

§ 32

Aufwendungen bei Schadensfällen

¹Die Kosten für Aufwendungen und Bergungen zur Abwendung oder Minderung eines zu ersetzenden Schadens, soweit sie den Umständen nach geboten waren, gehen zu Lasten des Unternehmers. ²Das gleiche gilt von den Kosten, die durch die Ermittlung und Feststellung des Schadens entstehen.

Übersicht

	Rdn.		Rdn.
I. Überblick	1	II. Kosten der Schadensabwendung oder -minderung (§ 32 S. 1)	6
1. Funktion von § 32 KVO	1	III. Kosten der Bergung (§ 32 S. 1)	7
2. Verhältnis zu §§ 29 ff, insbesondere § 36 KVO	2	IV. Kosten der Schadensermittlung und -feststellung (§ 32 S. 2)	8
3. Aufwendungen des Frachtführers	4		
4. Aufwendungen des Absenders oder Empfängers	5		

I. Überblick

1. Funktion von § 32 KVO

1 § 32 ordnet die Kosten der Schadensabwendung und -minderung sowie der Schadensermittlung und -feststellung dem KVO-Frachtführer zu. Die Vorschrift regelt nach ihrer Formulierung zunächst nur die Kostentragung. Der Frachtführer hat danach die von ihm selbst geschuldeten eigenen Maßnahmen der Schadensvermeidung und -geringhaltung zu tragen. § 32 rechtfertigt aber auch die Einbeziehung der vom Absender oder Empfänger aufgewendeten Kosten; notwendigerweise in Form einer Überwälzung auf den Frachtführer durch Einbeziehung in den Schadensersatzanspruch des Absenders oder Empfängers. Daß die KVO diese Lösung anstelle eines reinen Kostenerstattungsanspruchs gewählt hat, ergibt sich aus der Stellung von § 32 in der KVO[1].

---

[28] Siehe dazu § 429 HGB Rdn. 140 ff; *Willenberg*⁴ Rdn. 5; *Koller*² Rdn. 1.
[29] Beispielsfall: BGH vom 28. 2. 1975, VersR **1975** 658 = WM **1975** 1073.
[30] Siehe § 430 Rdn. 64; a. A. *Koller*² Rdn. 2.

[1] LG Hamburg vom 25. 2. 1985, TranspR **1985** 188; i. E. auch *Willenberg*⁴ Rdn. 10 und *Koller*² Rdn. 3, 10; i. E. auch *Muth/Andresen/Pollnow* § 32 KVO S. 213.

2. Verhältnis zu §§ 29 ff, insbesondere § 36 KVO

Soweit § 32 sich in Form einer Schadensersatzpflicht des Frachtführers auswirkt, ist grundsätzlich auch § 36 anzuwenden, der klarstellt, daß die Kosten und Aufwendungen zusätzlich zu ersetzen sind. Bei Verlusten und Beschädigungen treten sie daher zu dem nach § 35 Abs. 1–3 berechneten Wert hinzu. Andernfalls wäre § 32 praktisch bedeutungslos. Dies hat wohl auch für die summenmäßige Haftungsgrenze des § 35 Abs. 4 zu gelten.

§ 36 begrenzt den Schadensersatzanspruch des Absenders oder Empfängers durch Verweisung auf die für den Totalverlust zu berechnende Maximalentschädigung. Aus der Bestimmung läßt sich entnehmen, daß die Verweisung sich nicht nur auf die Berechnung nach § 35 beziehen soll, sondern daß die Berechnung des Ersatzwertes für den Totalverlust auch die Geltendmachung höherer Aufwendungen und Kosten nach § 32 abschneidet. Dies ergibt sich daraus, daß § 36 auf § 32 mit Bezug nimmt[2], führt aber dazu, daß im Falle des Totalverlustes der Geschädigte praktisch keinen Ersatz seiner Kosten und Aufwendungen nach § 32 verlangen kann. Diese Lösung befriedigt wenig, wenn der Fakturenwert der Güter weit unter der 80,-DM-Grenze des § 35 Abs. 4 liegt. Auch in diesen Fällen müßte der Geschädigte die u. U. verhältnismäßig hohen Kosten für Schadensermittlung und Schadensfeststellung tragen, obwohl der durch § 35 Abs. 4 KVO abgesteckte Rahmen zumutbarer Haftung nicht erreicht ist. Ist die Schadensfeststellung einfach und zieht der KVO-Frachtführer dennoch einen Sachverständigen heran, so kann im Sichberufen auf die Haftungsbeschränkung des § 36 ein Rechtsmißbrauch liegen.

3. Aufwendungen des Frachtführers

Nach § 32 hat der Frachtführer gegen Absender oder Empfänger keinen Anspruch auf Erstattung der in Abs. 1 und 2 bezeichneten Kosten. Solche Ansprüche stehen aber dem Frachtführer auch nicht wegen Aufwendungen zu, die er zur Erfüllung der ihm nach dem Frachtvertrag obliegenden Verpflichtungen macht (z. B. Ersatzbeförderungen nach § 28 Abs. 1 S. 1 KVO; z. B. Bewachung und Ladungsfürsorge). Die Kostentragung für diese Maßnahmen ergibt sich aus den betreffenden Vorschriften bzw. aus allgemeinen Grundsätzen[3]. Insbesondere trifft dies auch bei durch § 254 Abs. 2 S. 1 BGB geforderten Maßnahmen der Schadensabwendung und -minderung zu; *Koller*[2] Rdn. 1. In diesen Fällen kann § 36 KVO keine Auswirkungen haben[4].

4. Aufwendungen des Absenders oder Empfängers

Kostenerstattungsansprüche des Absenders oder Empfängers, der dem KVO-Frachtführer bei Maßnahmen, die diesem obliegen, behilflich ist, ergeben sich aus allgemeinen Vorschriften, insbesondere aus § 670 BGB oder aus Geschäftsführung ohne Auftrag. Für diese Ansprüche gelten die Haftungsbeschränkungen des § 36 nicht, da es sich nicht um Schadensersatzansprüche handelt.

II. Kosten der Schadensabwendung oder -minderung (§ 32 S. 1)

Droht dem Absender oder Empfänger im Zusammenhang mit dem Beförderungsvertrag ein Schaden, so sind beide Vertragsseiten grundsätzlich verpflichtet, den Schaden

---

[2] *Willenberg*[4] § 36 Rdn. 6.
[3] Siehe z. B. § 28 Rdn. 9; *Willenberg*[4] Rdn. 11.
[4] *Koller*[2] Rdn. 2; a. A. *Willenberg*[4] Rdn. 4.

§ 33

Ersatzpflicht für Schäden aus Hilfsverrichtungen

Der Unternehmer ersetzt im Rahmen der §§ 29, 32 und 34 auch Güterschäden, die eintreten

a) bei der Abholung oder Zuführung der Güter, wenn die Abholung oder Zuführung vom Unternehmer oder durch von ihm Beauftragte besorgt wird,

b) beim Ver-, Aus- oder Umladen der Güter, wenn der Unternehmer oder von ihm Beauftragte dabei mitgewirkt haben,

c) bei einer Beförderung mit der Eisenbahn, die vom Unternehmer innerhalb des von ihm geschlossenen Beförderungsvertrages bewirkt wird,

d) bei einer Vor- oder Nachlagerung im Gewahrsam des Unternehmers nach Übernahme des Gutes vom Absender und vor Auslieferung an den Empfänger, soweit die Lagerung nicht die Dauer von jeweils 15 Tagen – Sonn- und Feiertage nicht mitgerechnet – überschreitet,

e) bei Zwischenlagerungen bis zur Dauer von acht Tagen, die während der Beförderung des Gutes erforderlich werden.

Übersicht

	Rdn.		Rdn.
I. Allgemeines	1	3. Beförderung mit der Eisenbahn (Buchst. c)	7
1. Funktion des § 33 KVO	1	4. Lagerung (Buchst. d, e)	8
2. Bedeutung für die Abgrenzung zwischen Speditions- und Frachtrecht	3	a) Allgemeines	8
II. Die einzelnen Tatbestände des § 33	4	b) Vorlagerung	11
1. Abholung und Zuführung (Buchst. a)	4	c) Nachlagerung	12
2. Laden (Buchst. b)	5	d) Zwischenlagerung	13

I. Allgemeines

1. Funktion des § 33 KVO

1 § 33 KVO ergänzt § 29, indem er teilweise Schadensfälle, die nicht unter die Obhutszeit des § 29 fallen (siehe dazu § 29 Rdn. 7 ff) der Haftung des § 29 unterstellt. Insoweit bewirkt § 33 eine Erweiterung des Anwendungsbereichs des § 29[1]. Teilweise kommt § 33 auch nur klarstellende Bedeutung zu – so hinsichtlich des Transports mit der Eisenbahn (Buchst. d) und in manchen Lagerungsfällen der Buchstaben d und e.

2 Die **Verweisung auf §§ 29, 33, 34** bedeutet nicht nur eine Anwendung des Grundsatzes der Gewährhaftung und der Haftungsausschlüsse. Vielmehr unterliegt die Haftung nach § 33, wie sich aus § 36 deutlich ergibt, zugleich den Haftungsbeschränkungen der §§ 35, 36.

2. Bedeutung für die Abgrenzung zwischen Speditions- und Frachtrecht

3 Vielfach werden zu befördernde Güter Spediteuren zur Versendung übergeben, die aber die Güterfernbeförderung im Selbsteintritt vornehmen (sog. „Gemischtbetriebe").

---

[1] *Koller*[2] § 17 KVO Rdn. 4; *Willenberg*[4] Rdn. 1: „schaffen neue Haftungsgründe"; ebenso *Muth/Andresen/Pollnow* § 33 KVO S. 215.

abzuwenden oder zu mindern. Diese Pflicht ergibt sich für den KVO-Frachtführer aus der frachtvertraglichen Sorgfaltspflicht, für den Absender oder Empfänger aus § 254 Abs. 2 S. 1 BGB. Kosten und Aufwendungen für die betreffenden Maßnahmen können danach zunächst auf beiden Seiten entstehen. Durch § 32 KVO werden sie jedoch dem KVO-Frachtführer zugewiesen, soweit sie den Umständen nach geboten waren und soweit der abzuwendende oder zu mindernde Schaden vom KVO-Frachtführer zu ersetzen gewesen wäre. Dies bedeutet, daß der Frachtführer keinen Ersatz dieser Kosten verlangen kann. Aufwendungen des Absenders oder Empfängers sind dagegen nach dem Schadensersatzkonzept der KVO als mittelbare Schäden zu ersetzen[5] und unterliegen zusammen mit etwaigen Güterschadens-Ersatzansprüchen der Haftungsbegrenzung des § 36[6]. Dies kann nicht befriedigen.

III. Kosten der Bergung (§ 32 S. 1)

Bergung von beschädigtem oder einer Schädigung ausgesetztem Gut kann dann als **7** Schadensminderung betrachtet werden, wenn sie der Entstehung größeren Güterschadens entgegenwirken soll. Bei Totalschaden dient sie dagegen der Erfüllung allgemeiner Verkehrspflichten – etwa als Störungsbeseitigung des Frachtführers als Handlungsstörer oder des Absenders oder Empfängers als Zustandsstörer gemäß § 1004 BGB. Soweit der Frachtführer sie vornimmt, hat er nach § 32 die Kosten selbst zu tragen[7]. Absender oder Empfänger gegenüber haftet er nach § 32 KVO unter den Beschränkungen der Obhutshaftung[8].

IV. Kosten der Schadensermittlung und -feststellung (§ 32 S. 2)

Die Schadensermittlung und -feststellung ist in § 37 Abs. 1 KVO primär dem KVO- **8** Frachtführer zugewiesen. Nach § 32 S. 2 hat er dafür die Kosten (im Rahmen der Haftungsgrenzen des § 36) zu tragen. Erfüllt der Frachtführer seine Pflicht zur Schadensfeststellung nicht und muß stattdessen der Verfügungsberechtigte die Schadensfeststellung veranlassen, dann ergibt sich, falls ein Schaden vorgelegen hat, aus § 32 S. 2 KVO ein Schadensersatzanspruch des Verfügungsberechtigten, der die Erstattung seiner Ermittlungsaufwendungen[9] mit umfaßt, wenn der festgestellte Schaden zu ersetzen gewesen wäre[10]. Dieser unterliegt als Schadensersatzanspruch (siehe Rdn. 3) der Beschränkung nach § 36; *Koller*[2] Rdn. 4. Hat der Frachtführer die Schadensfeststellung vorgenommen, ohne dazu verpflichtet zu sein, kann er den Ersatz etwaiger Aufwendungen nach §§ 683, 670 BGB vom Absender verlangen[11]. Schadensfeststellungskosten sind insbesondere die Kosten eines Sachverständigen, insbesondere eines Havariekommissars[12].

---

[5] BGH vom 28. 5. 1965, 1593 f = VersR **1965** 755, 757 (Aussortierungskosten); BGH vom 10. 2. 1983, TranspR **1983** 67 = VersR **1983** 629, 630 – in BGHZ **86** 387 weggekürzt; *Willenberg*[4] Rdn. 9.
[6] Siehe Rdn. 3; *Koller*[2] Rdn. 3; *Willenberg*[4] Rdn. 10.
[7] Diese Kosten werden von seinem KVO-Haftpflichtversicherer getragen; LG Hamburg vom 14. 12. 1967, VersR **1968** 686 f; *Willenberg*[4] Rdn. 5; *Muth/Andresen/Pollnow* § 32 KVO S. 214.
[8] § 36 KVO ist anzuwenden; *Koller*[2] Rdn. 4.
[9] Bzw. der seines Transportversicherers; LG Hamburg vom 25. 2. 1985, TranspR **1985** 188.
[10] BGH vom 9. 11. 1961, VersR **1961** 1110, 1111. Siehe dazu mit eingehender Begründung auch *Buthke* VP **1959** 5 ff; wohl auch LG Hamburg vom 25. 2. 1985, TranspR **1985** 188; BGH vom 3. 7. 1962, NJW **1962** 1678 = VersR **1962** 725 (zu den AKB).
[11] Daneben unter Umständen die Gebühr nach XIX Nebengebührentarif; *Willenberg*[4] Rdn. 6.
[12] BGH vom 9. 11. 1961, VersR **1961** 1110, 1111; LG Hamburg vom 14. 12. 1967, VersR **1968** 686, 687; *Willenberg*[4] Rdn. 14.

Hier endet die KVO-Haftung des Spediteur-Frachtführers erst mit dem nach § 33 a festzustellenden Zeitpunkt. Der Bestimmung kommt daher die Bedeutung zu, abzugrenzen, wann das in der Obhut des Spediteurs befindliche Gut aus dem zwingenden Haftungsbereich der KVO nach §§ 412, 413[2] in den Bereich der (regelmäßig durch die ADSp abbedungenen) dispositiven Spediteurhaftung überwechselt. Dieser Zeitpunkt wird nach folgendem Prinzip bestimmt: Die zwingende KVO-Haftungszeit des Spediteurs endet in dem Zeitpunkt, in dem bei technisch gleichartigem Verlauf die Haftung eines vom Spediteur beauftragten KVO-Unternehmers geendet hätte. Auch ihr Beginn wird nach dem gleichen Prinzip festgestellt[3]. Für diese Fälle wird in der Literatur angenommen, daß die Hilfsverrichtungen nach § 33 grundsätzlich nur der dispositiven Spediteurhaftung (d. h. den ADSp und dem SVS/RVS) unterlägen; daher gelte auch die Haftungserstreckung des § 33 nicht[4]. Die Rechtsprechung des BGH neigt wohl auch zu dieser Haltung[5]. Sie schließt aber die Einbeziehung von Nachlagerungen nach § 33 d KVO im Lager des Spediteurs nicht aus, wenn auch ein fremdbeauftragter KVO-Unternehmer das Gut nachgelagert hätte[6]. Ausgangspunkt muß danach die konkrete Fallgestaltung sein. Handelt es sich um eine mit der Güterfernbeförderung notwendig zusammenhängende Erweiterung der KVO-Haftung nach § 33, sollte auch der Spediteur ihr unterliegen. Ist dagegen die weitere Behandlung des Gutes typische Spediteurtätigkeit, untersteht sie den ADSp. Zu haften hat danach der Spediteur-Frachtführer beispielsweise für Lade- und Entladetätigkeiten, die nach § 17 KVO dem Frachtführer zugewiesen sind oder für KVO-Zwischenlagerungen nach § 33 e KVO. Dies gilt insbesondere für die in die Frachtführerhaftung mit einbezogenen Ladetätigkeiten. Aber auch soweit ein etwa beauftragter dritter KVO-Unternehmer sich üblicherweise freiwillig zu Ladetätigkeiten verpflichtet hätte, kann nur die KVO-Haftung eingreifen. Andernfalls würde der Versender durch den Selbsteintritt des Spediteurs schlechter dastehen, als wenn dieser die Beförderung an einen Frachtführer übertragen hätte. Der Selbsteintritt würde also die Rechtsstellung des Versenders verschlechtern, insbesondere die zwingende KVO-Haftpflichtversicherung, verbunden mit einer Haftung ohne Verschulden durch die verschuldensabhängige ADSp/SVS-Regelung ersetzen. Entsprechendes gilt für solche mit der Fernbeförderung zusammenhängende Lagerungen, die normalerweise vom beauftragten KVO-Frachtführer mit übernommen worden wären. Für Tätigkeiten, die im Falle der Beförderung durch einen dritten Frachtführer in den Aufgabenbereich des Spediteurs gehört hätten, also z. B. das Laden, soweit der Absender verladepflichtig ist (siehe § 17 KVO), muß es dagegen bei der Anwendung von Speditionsrecht bleiben. Dafür, daß der Schaden nicht während der KVO-Beförderung, sondern während der einer Freizeichnung offenstehenden Lagertätigkeit entstanden ist, hat der Frachtführer/Lagerhal-

---

[2] Siehe §§ 412, 413 Rdn. 25 ff.
[3] OLG Hamburg vom 18. 6. 1992, TranspR **1992** 421.
[4] *Willenberg*[4] Rdn. 2; *Muth/Andresen/Pollnow* § 33 KVO S. 215 f; weniger ausgesprochen OLG Stuttgart vom 18. 3. 1975, VersR **1975** 729, 730.
[5] Zum Vor- und Nachlauf im Nahverkehr BGH vom 13. 6. 1985, TranspR **1985** 329 f (gegen OLG Köln TranspR **1984** 35, 37 f; zu diesem Urteil *Kirchhof* VersR **1983** 614 f); BGH vom 13. 6. 1985, TranspR **1985** 331, 332. Zur Nachlagerung nach § 33 d KVO BGH vom 15. 5. 1985, TranspR **1985** 327, 328 = VersR **1985** 829 ff; vom 11. 7. 1985 TranspR **1985** 333, 334; OLG Hamburg vom 13. 10. 1983, TranspR **1984** 178, 179 = VersR **1984** 235; LG Münster vom 6. 6. 1984, **1984** 180, 181 = VersR **1984** 981.
[6] BGH vom 10. 2. 1983, TranspR **1983** 64, 66 = VersR **1983** 551, 552. Bei entgegengesetzter Sachentscheidung noch grundsätzlich diese Lösung offenhaltend BGH vom 15. 11. 1984, NJW **1986** 378 f = TranspR **1985** 47 f = VersR **1985** 157, 158; vom 15. 5. 1985, TranspR **1985** 327, 328 = VersR **1985** 829 ff. Ohne nähere Begründung OLG Nürnberg vom 10. 12. 1981, TranspR **1984** 177, 178; OLG Hamburg vom 24. 11. 1983, VersR **1984** 637, 638; OLG Frankfurt vom 30. 5. 1984, TranspR **1984** 272 f.

II. Die einzelnen Tatbestände des § 33

1. Abholung und Zuführung (Buchst. a)

Hinsichtlich dieser Begriffe kann auf § 5 KVO und die dortigen Erläuterungen, insbesondere auf Rdn. 3 verwiesen werden. Im praktischen Regelfall der Haus-zu-Haus-Beförderung ist § 29 KVO ohnehin auf die Gesamtstrecke anwendbar; Vor- oder Nachlauf entfallen[8]. **4**

2. Laden (Buchst. b)

Wer für Schäden beim Verladen und Entladen der Güter zu haften hat, ergibt sich grundsätzlich aus §§ 29, 17 KVO. Soweit den KVO-Frachtführer die Verladepflicht trifft, liegt die Annahme bereits vor dem Verladen. In diesen Fällen kann man auch nicht von einem „Mitwirken" des Frachtführers sprechen, da er die Verantwortlichkeit voll übernimmt[9]. Hat der Absender zu verladen, beginnt der Haftungszeitraum erst mit dem Ende der Verladung[10]. Soweit der KVO-Frachtführer die Entladung mit übernommen hat, ist die Ablieferung erst mit der Beendigung des Entladens[11] erfolgt; in der Regel mit der Entladung des entsprechenden Teils der Sendung[12]. § 33 b KVO betrifft dagegen die Mitwirkung des KVO-Frachtführers bei Lade- oder Entladevorgängen, die an sich vom Absender oder Empfänger vorzunehmen sind[13]. Mindestens soweit der KVO-Frachtführer zu dieser Mitwirkung verpflichtet ist, hat er somit auch nach §§ 33 b, 29 KVO ohne Verschulden zu haften[14]. Die Mitwirkungspflichten dürfen nicht zu eng gesehen werden. Wirkt der KVO-Frachtführer mit, ohne daß er dazu nach dem Frachtvertrag verpflichtet wäre, so ist zweifelhaft, inwieweit er dennoch nach § 33 b haftet. Die Literatur und Rechtsprechung zur KVO lehnt in diesen Fällen jede Haftung ab[15]. § 33 b KVO stellt aber an sich nur auf die Mitwirkung als solche, nicht auf die Verpflichtung dazu ab. Angesichts der schwierigen Abgrenzung der Lade- und Entladepflichten ist eine Haftung auch dann nicht unangemessen, wenn eine Mitwirkungspflicht des Frachtführers nicht bestand. Denn auch in diesen Fällen verläßt sich der Ladungsberechtigte vielfach auf die Sachkunde des mitwirkenden KVO-Frachtführers und seiner Leute. Freilich muß es sich stets um Schäden handeln, die auf das Handeln oder Unterlassen des Frachtführers oder seiner Leute zurückzuführen sind. **5**

Die Haftung für **Umladetätigkeiten** im Gewahrsam des Frachtführers ist in § 33 b ebenfalls besonders erwähnt. Überwiegend ist dies rein klarstellend, weil die Umladung **6**

---

[7] Siehe dazu § 1 KVO Rdn. 28; Anh. V nach § 452 Rdn. 24 ff.
[8] Siehe § 5 KVO Rdn. 1; ferner OLG Frankfurt vom 14. 12. 1982, TranspR 1985 174, 175.
[9] Unrichtig daher OLG München vom 23. 11. 1983, VersR 1985 1137, und Koller[2] Rdn. 3, die § 33 b als Anspruchsgrundlage sehen.
[10] Für die Verladung von Tiefkühlkost zutreffend OLG Celle vom 22. 11. 1973, NJW 1974 1095 = VersR 1974 383.
[11] Gegebenenfalls mit Verbringung zum Aufstellplatz des entladenen Gutes; BGH vom 9. 11. 1979, NJW 1980 833 = VersR 1980 181, 182 f.
[12] Dies gilt unabhängig von § 33 b KVO; bedenklich die konzeptionslosen, teilweise nicht entscheidungstragenden Bemerkungen in BGH vom 18. 11. 1977, VersR 1978 148. Siehe zum Überblick über Ladetätigkeit und Obhutszeit § 429 Rdn. 81 ff.
[13] A. A. OLG Celle vom 6. 4. 1955, VersR 1956 93 = RdK 1955 187 f.
[14] Willenberg[4] Rdn. 1. Zur Frage der gegenseitigen Mithilfe siehe § 17 KVO Rdn. 4 ff.
[15] Willenberg[4] Rdn. 14 ff; Koller[2] Rdn. 3; Muth/Andresen/Pollnow § 33 S. 217; ebenso OLG Düsseldorf vom 27. 4. 1955, VersR 1955 547; OLG Hamm vom 9. 3. 1981, AZ 18 U 183/80 (unveröff.); wohl auch OLG München vom 23. 11. 1983, VersR 1985 1137; OLG Celle vom 6. 4. 1955, VRS 10 201, 202; AG Osnabrück vom 4. 4. 1978, VersR 1978 635.

ohnehin in den Haftungszeitraum der KVO-Beförderung gehört, so daß sich die Haftung in der Regel aus § 29 KVO ergibt[16]. Wirken der Frachtführer oder seine Leute bei einer „von hoher Hand" (§ 34 b KVO) veranlaßten Umladung mit, schafft auch dann § 33 b keinen neuen Haftungsgrund[17], weil mit der Beschlagnahme nach richtiger Auffassung die Obhutszeit nicht endet[18]. Dies ist berechtigt, weil der Frachtführer in einem solchen Fall, auch wenn seine Einwirkungsmöglichkeiten gering sein mögen, doch verantwortlich bleiben muß.

3. Beförderung mit der Eisenbahn (Buchst. c)

7 § 33 c stellt klar, daß der KVO-Frachtführer auch dann nach § 29 KVO haftet, wenn er den Transport durch die Eisenbahn als Unterfrachtführer ausführen läßt. Im Verhältnis zum Absender ist die Eisenbahn dann Gehilfe i. S. des § 6 KVO. Das Rechtsverhältnis zwischen KVO-Frachtführer und Eisenbahn bestimmt sich nach § 453 ff HGB und der EVO. § 33 c KVO kann analog auf die Ausführung des Beförderungsvertrages angewendet werden[19]. Aus § 33 c KVO läßt sich kein Schluß darauf ziehen, ob der KVO-Frachtführer sich stets der Eisenbahn als Unterfrachtführer bedienen darf[20]. Dies wird vielmehr regelmäßig von der Art der vorzunehmenden Beförderung und des Beförderungsguts abhängen.

4. Lagerung (Buchst. d, e)
a) Allgemeines

8 In begrenztem Umfang gehört die Verwahrung (Lagerung[21]) von Gütern zu den Nebenpflichten des Frachtführers aus dem Frachtvertrag, wenn die Beförderung nicht sofort ausgeführt wird, das Gut nicht sofort abgeliefert wird oder eine Unterbrechung des Transportvorgangs erforderlich ist. Derartige, vom Frachtführer unter Ausnutzung der Lieferfrist eingeschaltete Lagerungsvorgänge fallen in die Zeit zwischen Annahme zur Beförderung und Ablieferung (Obhutszeit). Für Güterschäden während dieser Lagerzeit wird nach § 29 KVO gehaftet[22]. § 33 d, e ist auf diese Fälle nicht anzuwenden[23]. Lagert der KVO-Frachtführer aus eigenem Antrieb Güter, die er „zur Beförderung" angenommen hat (siehe § 429 Rdn. 44), auf längere Zeit ein, so liegt nur eine verzögerte Ausführung des Beförderungsvertrages vor. Hier greift ebenfalls § 29 unmittelbar ein[24], auch wenn die Fristen des § 33 d, e überschritten sind. Die KVO will solche Eigenmächtigkeiten wohl nicht durch Beendigung der zwingenden Haftung begünstigen.

9 **Sind die in § 33 Buchst. d und e vorgesehenen Fristen abgelaufen**, ist damit nicht etwa die Ablieferung erfolgt. Der Frachtführer haftet jedoch dann bis zur Weiterführung der Beförderung oder bis zur Auslieferung nach dispositivem Lagervertragsrecht, z. B. nach den ADSp, wenn diese vereinbart sind.

---

[16] *Koller*[2] Rdn. 3; *Willenberg*[4] Rdn. 17.
[17] So aber *Koller*[2] Rdn. 3; *Willenberg*[4] Rdn. 17.
[18] Siehe im einzelnen § 429 Rdn. 68.
[19] *Koller*[2] Rdn. 4; *Willenberg*[4] Rdn. 22; wohl auch *Muth/Andresen/Pollnow* § 33 KVO S. 218.
[20] *Koller*[2] Rdn. 4; **a. A.** *Willenberg*[4] Rdn. 19; *Muth/Andresen/Pollnow* § 33 KVO S. 218.
[21] Siehe zum Verhältnis der Lagerung zur Beförderung § 425 Rdn. 140; § 429 Rdn. 98 ff; speziell zu § 33 d und e KVO: *Buthke* VP **1959** 171 ff.
[22] *Koller*[2] Rdn. 5; OLG München vom 20. 10. 1955, NJW **1955** 1930 = VersR **1955** 690 f.
[23] Siehe zu einem entsprechenden schiffahrtsrechtlichen Fall BGH vom 25. 6. 1973, MDR **1973** 1002, 1003: Haftung nur nach Frachtrecht bei vorübergehender Lagerung in einer Hafenschute. Zutreffend *Buthke* VP **1959** 172.
[24] *Koller*[2] Rdn. 5; *Willenberg*[4] Rdn. 25.

Übergibt der Frachtführer die Güter im Einverständnis mit dem Verfügungsberechtigten einem Lagerhalter endgültig zur Einlagerung, gilt das Gut als ausgeliefert, der Haftungszeitraum nach § 29 KVO ist beendet; siehe § 429 Rdn. 90. Dies gilt auch im Falle der Einlagerung wegen Ablieferungshindernissen nach § 28 Abs. 5 KVO; (siehe § 28 KVO Rdn. 29) und bei entsprechenden Verfügungen nach § 27 (siehe § 27 Rdn. 9). Lagert der Frachtführer die Güter auf Anweisung des Verfügungsberechtigten selbst ein, tritt an die Stelle seiner Obhut und Haftung nach Frachtrecht die Obhut und Haftung nach Lagervertragsrecht.

b) Vorlagerung

Vorlagerung i. S. des Buchst. d liegt vor, wenn das Gut vom KVO-Frachtführer zunächst zur Lagerung mit der Absicht späterer Beförderung[25] übernommen wird[26]. Überschreitet die Lagerung die Dauer von 15 Tagen, so ist Lagerrecht anzuwenden.

c) Nachlagerung

Nachlagerung nach Buchst. d ist gegeben, wenn das Gut nach Ausführung der Beförderung aufgrund einer Anweisung des Verfügungsberechtigten[27] eingelagert wird. Auch hier gilt Lagerrecht, wenn die Zeit von 15 Tagen überschritten wird. Ist die KVO gemäß §§ 412, 413 HGB auf einen Spediteur anzuwenden, liegt regelmäßig keine Nachlagerung nach § 33 d KVO vor; siehe Rdn. 3.

d) Zwischenlagerung

Zwischenlagerung im weitesten Sinne ist jede zwischen zwei Beförderungsabschnitten eingeschobene Lagerung. Eine solche fällt an sich in die Obhutszeit nach § 29 KVO[28]. Zwischenlagerung i. S. des Buchst. e ist dagegen eine solche, die während der Beförderung „erforderlich wird". Bei dieser endet die KVO-Haftung mit dem Ablauf der Acht-Tage-Frist. Sie kommt vor allem bei Anhalteverfügungen des Absenders nach § 27 Abs. 1 b KVO[29], eventuell bei Vorliegen von Beförderungshindernissen nach § 28 Abs. 2 vor. Die Bedeutung des § 33 e liegt vor allem darin, daß die Bestimmung eine zeitliche Grenze zieht und die kurze Zwischenlagerung der KVO-Haftung zuordnet. Die längere Zwischenlagerung unterfällt dagegen nicht der KVO, obwohl der Frachtvertrag noch nicht zu Ende ausgeführt und daher die Ablieferung noch nicht erfolgt ist. Der Frachtführer haftet dann bis zur Weiterführung der Beförderung oder bis zur Auslieferung nach dispositivem Lagervertragsrecht, z. B. nach den ADSp, wenn diese vereinbart sind.

§ 34

Ausschluß von der Ersatzpflicht

[1]Ausgeschlossen von der Ersatzpflicht sind:

a) Schäden durch höhere Gewalt, jedoch nicht insoweit, als es sich bei den Schadensursachen um die der Straße und dem Kraftwagen eigentümlichen Gefahren handelt,

---

[25] Nach *Koller*[2] Rdn. 5 setzt, entsprechend seiner Theorie vom Konsensualvertrag (siehe § 15 Rdn. 8 ff), die Vorlagerung den Abschluß eines KVO-Frachtvertrages voraus; a. A. *Willenberg*[4] Rdn. 23.

[26] *Koller*[2] Rdn. 5; *Willenberg*[4] Rdn. 24.

[27] OLG Stuttgart vom 2. 4. 1981, VersR **1982** 90 f; OLG Frankfurt vom 14. 12. 1982, TranspR **1985** 174, 175 *Willenberg*[4] Rdn. 29; unklar OLG Koblenz vom 14. 1. 1983, Spediteur **1986** 199, 201; siehe z. B. § 27 KVO Rdn. 11 f.

[28] Zur CMR siehe OLG Düsseldorf vom 26. 10. 1978, MDR **1979** 405.

[29] OLG München vom 20. 10. 1955, NJW **1955** 1930 = VersR **1955** 690 f; *Willenberg*[4] § 33 Rdn. 31 f; *Koller*[2] Rdn. 7.

b) Schäden jeglicher Art, hervorgerufen durch Kriegsereignisse, Verfügung von hoher Hand, Wegnahme oder Beschlagnahme seitens einer staatlich anerkannten Macht,

c) Schäden, die durch Verschulden des Verfügungsberechtigten entstehen,

d) Schäden an ungemünzten und gemünzten oder sonst verarbeiteten Edelmetallen, Juwelen, Edelsteinen, Papiergeld, Wertpapieren jeder Art, Dokumenten und Urkunden,

e) Schäden an Kunstsachen, Gemälden, Skulpturen und anderen Gütern, die einen Sonderwert haben, sofern der Einzelwert den Betrag von 2 500 DM übersteigt,

f) körperliche Schäden jeglicher Art, die Personen zugefügt werden,

g) Schäden an Umzugsgut durch Bruch von Glas und Porzellan, auch Schrammschäden, Politurrisse, Leimlösungen, Scheuerschäden,

h) Schäden durch Emaille-Absplitterungen,

i) Fehlmengen und Gewichtsverluste, die aus der Eigenart der betreffenden Güter entstehen,

k) innerer Verderb einschließlich Bombieren,

l) Einwirkungen von Frost und Hitze,

m) (weggefallen)

n) Schäden an selbstentzündlichen und explosionsgefährlichen Gütern, soweit die Schäden aus der Selbstentzündlichkeit oder Explosionsgefahr herrühren.

²Die unter g) bis n) genannten Schäden werden jedoch ersetzt, sofern sie durch Transportmittelunfälle oder Betriebsunfälle verursacht sind.

Übersicht

	Rdn.		Rdn.
I. Allgemeines	1	2. Bedeutung der höheren Gewalt als Haftungsgrenze	14
1. Überblick	1	a) Umfang der Haftungsverschärfung gegenüber § 429 HGB ...	14
2. Beweislast für Voraussetzungen der Haftungsbefreiung	2	b) Rechtspolitische Rechtfertigung	15
3. Haftungsausschluß und Verschulden des KVO-Frachtführers	2	3. Andere Schadensursachen neben höherer Gewalt	16
4. Anwendungsbereich der Haftungsausschlüsse, insbesondere bei Transportmittel- und Betriebsunfällen (§ 34 S. 2)	6	4. Abgrenzung der höheren Gewalt im einzelnen	17
		5. Unabwendbarkeit durch äußerste Sorgfalt	19
II. Haftungsausschluß für höhere Gewalt (Buchst. a)	7	6. Beweislast für höhere Gewalt	20
1. Definition der höheren Gewalt ...	7	III. Verschulden des Verfügungsberechtigten (Buchst. c)	22
a) Von außen einwirkendes Ereignis	8	1. Allgemeines	22
b) Außergewöhnliche (nicht wegen ihrer Häufigkeit vom Frachtführer in Kauf zu nehmende) äußere Ereignisse	9	2. Zurechnung von verschuldensfreien Risiken	23
		3. Mitverschulden des Frachtführers .	25
c) Unabwendbarkeit des äußeren Ereignisses oder seiner Schadensfolgen	10	4. Fälle des Mitverschuldens	26
		a) Verladen und Entladen durch den Verfügungsberechtigten	26
d) Höhere Gewalt auch bei vorhersehbarem Ereignis	11	b) Verpackung und Signierung ..	28
e) Negatives Tatbestandsmerkmal: Gefahren der Straße und des Kraftwagens	12	c) Verletzung von Nebenpflichten	29
		d) Annahmeverweigerung durch den Empfänger	30

	Rdn.		Rdn.
IV. Spezielle Haftungsausschlüsse (§ 34 S. 1 Buchst. b, d–n)	31	4. Umzugsgut (Buchst. g)	39
1. Krieg, Verfügungen von hoher Hand, Beschlagnahme (Buchst. b)	31	5. Emailabsplitterungen (Buchst. h)	40
a) Kriegsereignisse	31	6. Fehlmengen und Gewichtsverluste aus der Eigenart des Gutes (Buchst. i)	41
b) Verfügungen von hoher Hand, Wegnahme, Beschlagnahme	32	7. Innerer Verderb (Buchst. k)	42
2. Wertvolle Güter (Buchst. d, e)	34	8. Frost und Hitze (Buchst. l)	48
3. Körperschäden (Buchst. f)	38	9. Selbstentzündliche und explosionsgefährliche Güter (Buchst. n)	52

I. Allgemeines
1. Überblick

§ 34 KVO enthält eine Zusammenstellung von sehr unterschiedlichen Haftungsausschlüssen. Satz 1 Buchst. a formuliert mit der „höheren Gewalt" eine allgemein formulierte Grenze der Haftung in Form eines Haftungsausschlusses. Die gesamte Haftung nach §§ 29, 33 und 31 Abs. 1 a, b, d KVO, die grundsätzlich als Haftung ohne Verschulden (Gewährhaftung) konzipiert ist, findet in § 34 S. 1 a eine Grenze in der höheren Gewalt. § 34 S. 1 c trifft ebenfalls eine allgemeine, dem § 254 BGB verwandte bzw. durch ihn ergänzte Regelung. Die übrigen Buchstaben des § 34 S. 1 enthalten spezielle Haftungsausschlüsse, die sich auf bestimmte Schadensursachen oder Schadensarten beziehen. Dabei handelt es sich um besondere Gefahren, die der Verladerseite zugerechnet werden. **1**

2. Beweislast für Voraussetzungen der Haftungsbefreiung

Der KVO-Frachtführer trägt die **Beweislast** für alle Voraussetzungen des haftungsausschließenden Tatbestandes, auf den er sich beruft[1]. Dies gilt insbesondere auch für das Vorliegen höherer Gewalt[2] und das Verschulden des Verfügungsberechtigten[3]. **2**

3. Haftungsausschluß und Verschulden des KVO-Frachtführers

Die speziellen Haftungsausschlüsse entlasten den Frachtführer von der strengen Haftung ohne Verschulden. Nach ständiger Rechtsprechung des BGH greifen aber die Haftungsausschlüsse der Buchstaben k und l bei Verschulden des KVO-Frachtführers nicht ein, bei Buchst. c führen sie zur Abwägung nach § 254 BGB[4]. Für das Verschulden des Frachtführers trägt der Ersatzberechtigte die Beweislast. **3**

---

[1] Siehe allgemein *Willenberg*[4] Rdn. 65 ff; *Koller*[2] Rdn. 1 und 10; *Baumgärtel/Reinicke* Beweislast Bd. 4 (1988) § 429 HGB Rdn. 4. Zu § 34 S. 1 Buchst. a und c sowie zu der Frage des Anscheinsbeweises BGH vom 22. 12. 1955, VersR **1956** 84 f; BGH vom 15. 12. 1976, VersR **1977** 174, 175; zum Anscheinsbeweis für fehlerhafte Verladung siehe insbesondere BGH vom 4. 10. 1984, NJW **1985** 554 f = TranspR **1985** 125 ff = VersR **1985** 133 f und Rdn. 27; zu § 34 S. 1 k und l: OLG Bremen vom 21. 9. 1967, VersR **1968** 85 f; zu § 34 S. 1 a, c: OLG Düsseldorf vom 11. 4. 1968, VersR **1968** 1134 f; OLG Düsseldorf vom 10. 5. 1979, VersR **1979** 862; OLG Hamburg vom 9. 3. 1954, VersR **1954** 363, 364; OLG Hamburg vom 15. 2. 1990, TranspR **1990** 242 = VersR **1991** 205; OLG Köln vom 13. 5. 1955, NJW **1955** 1320 ff m. Anm. von *Heim; Hannig* VP **1971** 221; *Voigt* VP **1961** 251 ff und 268 ff.

[2] § 34 S. 1 Buchst. a; siehe Rdn. 20 f.

[3] § 34 S. 1 Buchst. c; siehe insbesondere zur mangelhaften Verladung Rdn. 27.

[4] Siehe zu § 34 S. 1 k (innerer Verderb): BGH vom 12. 5. 1960, NJW **1960** 1617 f = VersR **1960** 627, 629 = BGHZ **32** 297, 301; vom 9. 11. 1961, VersR **1961** 1110, 1111; vom 3. 10. 1963, VersR **1963** 1120, 1121; vom 10. 1. 1968, VersR **1968** 291, 292; OLG Bremen vom 21. 9. 1967, VersR **1968** 85 f. Zu § 34 S. 1 l (Frost, Hitze) ebenfalls die Entscheidung vom 12. 5. 1960 aaO; OLG Düsseldorf vom 13. 11. 1957, NJW **1958** 305 = VersR **1958** 39 f.
Zu § 34 S. 1 b (Beschlagnahme) OLG Stuttgart vom 8. 7. 1954, NJW **1954** 1892. Der BGH hat die Frage im Jahre 1957 noch offen gelassen. Zu § 34 S. 1 c siehe Rdn. 25.

4 Bei § 34 S. 1 c (Verschulden des Verfügungsberechtigten) führt das Verschulden des KVO-Frachtführers zur **Schadensteilung nach § 254 BGB**[5].

5 **Die von der Rechtsprechung entwickelte Auslegung führt zu einer sinnvollen Risikoverteilung**, wie sie in einem großen Teil des Frachtrechts durch besondere Bestimmungen verwirklicht ist; siehe dazu eingehend *Helm* Haftung 120 ff. Jedoch müssen die einzelnen Haftungsausschlüsse des § 34 S. 1 differenziert betrachtet werden. Die Rechtsprechung, die bisher nur zu einzelnen Buchstaben des § 34 S. 1 ergangen ist[6], kann auf die meisten anderen Haftungsausschlüsse ausgedehnt werden. Zu Buchstabe b (Beschlagnahme) hat der BGH die Frage, ob Verschulden des Frachtführers die Haftungsbefreiung entfallen läßt, offengelassen[7], jedoch besteht kein Grund, in diesen Fall die Haftungsbefreiung auch bei Verschulden eingreifen zu lassen[8]. Das gleiche gilt für Buchst. n[9]. Bei Körperschäden (Buchst. f) muß die Haftungsfreistellung jedoch ohne Rücksicht auf Verschulden eingreifen; siehe Rdn. 38. Ebenso sind Schäden an besonders wertvollen Gütern nach Buchst. d, e zu behandeln. Verschulden des KVO-Frachtführers führt im übrigen nicht in allen Fällen zum gleichen Ergebnis seiner vollen Haftung. Für Buchst. a kommt der Rechtsgrundsatz ohnehin nicht in Betracht, da bei Verschulden des Frachtführers keine höhere Gewalt mehr vorliegt; siehe Rdn. 7, 10. Bei Buchst. c (Verschulden des Verfügungsberechtigten) führt das Verschulden des Frachtführers in der Regel nicht zur vollen Haftung, sondern zur Anwendung des § 254 BGB (siehe unten Rdn. 25).

4. Anwendungsbereich der Haftungsausschlüsse, insbesondere bei Transportmittel- und Betriebsunfällen (§ 34 S. 2)

6 Alle in § 34 S. 1 KVO aufgeführten Haftungsausschlüsse wirken gegenüber der Obhutshaftung des § 29 und gegenüber der Haftung aus § 31 KVO[10]. Die Haftungsausschlüsse des Abs. 1 Buchst. a–f beziehen sich darüber hinaus auch auf die Haftung für Transportmittel- und Betriebsunfälle[11], während sich der KVO-Frachtführer auf die Haftungsausschlüsse des § 34 S. 1 Buchst. g–n in diesen Fällen nicht berufen kann (§ 34 S. 2). Für das Vorliegen dieser Ausnahmefälle ist der Ersatzverlangende mit der Darlegung und dem Beweis belastet; KG vom 22. 1. 1959, VersR **1959** 342, 344.

II. Haftungsausschluß für höhere Gewalt (Buchst. a)
1. Definition der höheren Gewalt

7 Der Begriff der höheren Gewalt ist gesetzlich nicht definiert. Über seine einzelnen Merkmale besteht in Rechtsprechung und Lehre weder international noch innerhalb Deutschlands volle Einigkeit[12]. Nach der in Deutschland am meisten gebrauchten, dem

---

[5] Siehe die BGH-Urteile vom 21. 4. 1960 und vom BGH vom 26. 3. 1962; unten Rdn. 25. In der Literatur hat die Rechtsprechung des BGH inzwischen weitgehende Zustimmung gefunden; *Willenberg*[4] Rdn. 28 f; *Piper*[6] Rdn. 253; *Wussow* VersR **1964** 1117 f; *Züchner* VersR **1964** 696 ff; *Buthke* VP **1958** 157 ff; dagegen früher noch KG vom 22. 1. 1959, VersR **1959** 342, 344; *Buthke* VP **1958** 157 ff. Zu § 15 AGNB siehe BGH vom 12. 11. 1992, NJW-RR **1993** 606 f.

[6] Siehe *Piper*[6] Rdn. 255. Von einer generell für alle Fälle des § 34 S. 1 maßgeblichen Rechtsprechung gehen aber aus: *Willenberg*[4] Rdn. 3; *Lenz* Rdn. 608 ff.

[7] BGH vom 4. 7. 1957, VersR **1957** 570; die Vorinstanz OLG Hamm vom 3. 10. 1955, VersR **1955** 689 hat wegen Verschulden des Frachtführers den Haftungsausschluß verneint.

[8] Siehe Rdn. 33.

[9] Entzündliche und explosionsgefährdete Güter; siehe Rdn. 52.

[10] Zu § 31 Abs. 1 b siehe z. B. LG Fulda vom 24. 1. 1992, TranspR **1992** 361, 362.

[11] Siehe § 29 KVO Rdn. 10–17.

[12] Siehe zur höheren Gewalt im internationalen Vergleich *Basedow* 398 f, insbesondere zum französischen Recht 394 f; zum österreichischen Recht ObGH vom 16. 3. 1977, SZ **50** 40 (S. 183) =

Eisenbahnrecht entstammenden Definition ist höhere Gewalt „ein von außen her auf den (Bahn-)Betrieb einwirkendes[13], nicht vorhersehbares[14], auch durch äußerste wirtschaftlich zumutbare Sorgfalt nicht abwendbares Ereignis, das auch nicht wegen seiner Häufigkeit von dem (Bahn-)Unternehmen in Kauf genommen werden muß". Der schadensverursachende Umstand muß danach folgende Voraussetzungen erfüllen:

a) Von außen einwirkendes Ereignis

Die Voraussetzung, daß höhere Gewalt nur ein von außen einwirkendes Ereignis sein kann, schließt alle betriebsinternen Ursachen als haftungsausschließende höhere Gewalt aus, auch wenn es nicht in der Macht des Frachtführers lag, sie oder die aus ihnen entstandenen Folgen zu verhindern. Diese im deutschen Recht anerkannte Zurechnung rein objektiver Risiken aus dem Organisationsbereich des Frachtführers[15] ist in ausländischen Rechten nicht durchweg anerkannt. Jedoch spielt dieser Unterschied bei grenzüberschreitenden Straßen- und Eisenbahntransporten keine Rolle, weil CMR und der ER/CIM 1980 mit der Haftung bis zum unabwendbaren Ereignis der französischen Auslegung der höheren Gewalt gefolgt sind[16].

8

b) Außergewöhnliche (nicht wegen ihrer Häufigkeit vom Frachtführer in Kauf zu nehmende) äußere Ereignisse

Von außen kommende Ereignisse werden nach der in der Rechtsprechung verwendeten Formulierung nicht als höhere Gewalt anerkannt, wenn sie nicht außergewöhnlich[17] sind. Nicht höhere Gewalt sind Ereignisse, die mit einer „gewissen Häufigkeit" oder Regelmäßigkeit vorkommen[18]. Solche selten vorkommenden Ereignisse und ihre Folgen werden vom Frachtführer bei seiner Tätigkeit in Kauf genommen. Auf sie kann er sich nicht als Haftungsbefreiungsgründe stützen, auch wenn ihn keinerlei Verschulden trifft. Beispiel war die Hamburger Flutkatastrophe, weil Sturmfluten in Hamburg nicht so außergewöhnlich sind, daß man nicht gelegentlich mit ihnen rechnen muß[19]. Für solche

9

ÖJZ **1978** 101; zum iranischen Recht: *Krüger* RIW/AWD **78** 650; zum spanischen Recht (milde Sorgfaltsanforderungen nach Art. 17 Abs. 2 CMR) Tribunal Supremo vom 20. 12. 1985, ETR **1986** 428, 431; allgemein: *Städtler* Schadensersatz im Falle höherer Gewalt (1986) S. 26. ff, 136 ff (KVO, CMR).

[13] Siehe Rdn. 8.

[14] Mit der Formulierung „nicht vorhersehbares": RG vom 13. 12. 1920, RGZ **101** 94, 95; vom 4. 3. 1922, RGZ **104** 150, 151; vom 6. 1. 1926, RGZ **112** 284, 285; BGH vom 22. 12. 1955, VersR **1956** 84, 85; OLG München vom 16. 1. 1974, ETR **1974** 615, 618; ähnlich zum Haftpflichtgesetz BGH vom 23. 10. 1953, BGHZ **7** 338, 339; vom 15. 11. 1966, VersR **1967** 138, 139; vom 15. 3. 1988, TranspR **1988** 278 f; *Koller*[2] Rdn. 7.
Ohne diese Formulierung: RG vom 13. 11. 1924, RGZ **109** 172, 173 f; BGH vom 28. 2. 1975, NJW **1975** 1597, 1598; OLG München vom 1. 12. 1977, VersR **1978** 319; *Willenberg*[4] Rdn. 5; *Schlegelberger/Geßler*[5] § 454 HGB Rdn. 23; *Heymann/Honsell* § 454 HGB Rdn. 13; *Baumbach/Duden/Hopt*[28] 2 B; *Muth/Andresen/Pollnow* S. 222.

[15] RG vom 23. 9. 1918, RGZ **93** 305 ff (Verschüttung von Bahngleisen durch Felssturz ist bahnintern, wenn nicht unmittelbar vor Durchfahrt des Zuges); RG vom 4. 3. 1922, RGZ **104** 150 ff und vom 16. 2. 1925, RGZ **110** 209, 211 ff (Eisenbahnerstreik ein inneres Betriebsereignis). Im Gegensatz dazu sieht die CMR eine Haftungsbefreiung auch für unabwendbare, aus dem Bereich des Frachtführers kommende Ereignisse vor; siehe Art. 17 Abs. 2 CMR, Anh. VI nach § 452; BGH vom 21. 12. 1966, VersR **1967** 153; OLG München vom 16. 1. 1974, ETR **1974** 615, 618. Zu einem Hotelbrand siehe RG vom 30. 1. 1920, LZ **1920** 647.

[16] *Basedow* 398 zur französischen Doktrin.

[17] Diese Formulierung wird zur Kennzeichnung der nicht wegen ihrer Häufigkeit in Kauf zu nehmenden Ereignisse verwendet und kennzeichnet sie als höhere Gewalt; siehe z. B. *Willenberg*[4] Rdn. 6 f.

[18] Siehe z. B. BGH vom 28. 2. 1975, NJW **1975** 1597, 1598 (abgrenzend zur CMR). Als Kuriosum: Aussteigen eines Schlaftrunkenen aus dem Zug; RG vom 4. 3. 1920, JW **1920** 710.

[19] Zutreffend insoweit OLG München vom 1. 12. 1977, VersR **1978** 319, mit zust. Anm. von *Wodrich*.

immer wieder auftretenden, aber geschäftstypischen Schicksalsschläge haftet also der Frachtführer aufgrund einer partiellen, völlig verschuldensunabhängigen Erfolgshaftung auf der Grundlage des Gewährleistungsgedankens. Er muß die aus ihnen erwachsenden Haftungsbelastungen einkalkulieren, d. h. nach der KVO durch die Haftpflichtversicherungsprämie mit bezahlen; siehe § 38 KVO Rdn. 3 ff. Solche im Einzelfall nicht vorhersehbaren und daher auch meist nicht abwendbaren Schadensereignisse, mit deren gelegentlichem Vorkommen man aber zu rechnen hat, können insbesondere bei Witterungskatastrophen gegeben sein, etwa bei starkem Sturm, überraschend scharfem Frost, aber auch bei Eingriffen Dritter wie bei erfahrungsgemäß immer wieder auftretenden Diebstählen und bei Streiks[20]. Letztlich muß demnach unterschieden werden, ob es sich um außergewöhnliche oder nur selten vorkommende Ereignisse handelt. Daß in diesem Bereich erhebliche Wertungsspielräume bestehen, liegt auf der Hand und wird von *Basedow* 399 mit Recht auch für die an sich milder konzipierte Haftung nach der CMR festgestellt. Dennoch erscheint die Unterscheidung zweckmäßig, weil sie das Risiko dem aufbürdet, der am ehesten zur seiner Ausschaltung durch Vorbeugemaßnahmen imstande ist.

c) Unabwendbarkeit des äußeren Ereignisses oder seiner Schadensfolgen

10 Hätte sich das Ereignis oder die Schadensfolge durch zumutbare Maßnahmen des Frachtführers abwenden lassen, ist es keine höhere Gewalt. Dies ist insbesondere dann der Fall, wenn der Frachtführer vorbeugende oder überwachende Maßnahmen unterlassen hat, etwa eine ausreichende Bewachung des Fahrzeugs oder Lagerraums als Schutz vor Diebstahl. Unabwendbarkeit ist nur anzunehmen, wenn der Schaden trotz Anwendung der äußersten wirtschaftlich zumutbaren Sorgfalt durch den Frachtführer entstanden ist; siehe Rdn. 19.

d) Höhere Gewalt auch bei vorhersehbarem Ereignis

11 Die Zuweisung der wegen Häufigkeit vom Frachtführer in Kauf zu nehmenden Risiken (siehe Rdn. 9) bedeutet, daß es auf die konkrete Vorhersehbarkeit des Ereignisses im Einzelfall nicht ankommt, daß dem Frachtführer also auch Ereignisse zugerechnet werden, deren Eintritt für ihn zumindest zeitlich in hohem Maße ungewiß ist. Entgegen der früher zumindest in Definitionen vertretenen Vorstellung von der höheren Gewalt als nicht vorhersehbarem Ereignis[21] ist es danach konsequenter, das Merkmal „nicht vorhersehbar" aus der Definition herauszunehmen und auch abstrakt vorhersehbare äußere Ereignisse als höhere Gewalt anzusehen, falls es außerhalb der Möglichkeit des Frachtführers lag, sie zu vermeiden oder die Entstehung der Folgen zu verhindern[22]. Der Passus „nicht vorhersehbar" wird in der neueren Literatur und in der Rechtsprechung des BGH vielfach nicht mehr verwendet; siehe Rdn. 7 Fn. 13. Statt dessen wird nur noch darauf abgestellt, daß das Ereignis von außen einwirkt, nicht mit einer „gewissen" Häufigkeit oder Regelmäßigkeit vorkommt (siehe Rdn. 9) und daß es (oder die Schadensfolge) auch mit äußerster zumutbarer Sorgfalt nicht abzuwenden ist[23]. Die Nicht-Vorher-

---

[20] I. E. ebenso *Koller*[2] Rdn. 7; RG vom 4. 3. 1922, RGZ **104** 150 ff und vom 16. 2. 1925, RGZ **110** 209, 211, mit der problematischen Begründung, der Streik der Eisenbahner sei für die Eisenbahn ein inneres Betriebsereignis; *Koller*[2] Rdn. 3, 6, 7; a. A. *Muth/Andresen/Pollnow* S. 222, die übersehen, daß Streiks häufig auftretende Ereignisse sind.

[21] BGH vom 22. 12. 1955, VersR **1956** = 84, 85.
[22] *Koller*[2] Rdn. 7; *Schlegelberger/Geßler*[5] § 454 HGB Rdn. 23.
[23] Siehe z. B. BGH vom 28. 2. 1975, NJW **1975** 1597, 1598 (abgrenzend zur CMR).

sehbarkeit wird damit vom selbständigen Merkmal der höheren Gewalt auf ein Bestimmungselement des Verschuldens (nach verschärftem Maßstab) reduziert. Diese Auffassung stellt zwar den Frachtführer gelegentlich auch wegen abstrakt vorhersehbarer Umstände von der Haftung frei. Sie weist ihm aber letztlich den größten Teil der typischen Beförderungsrisiken, vor allem aber das Risiko der Aufklärung des Schadensfalles zu.

e) **Negatives Tatbestandsmerkmal: Gefahren der Straße und des Kraftwagens**

Gehört die Schadensursache zu den der Straße und dem Kraftwagen eigentümlichen Gefahren, befreit sie den KVO-Frachtführer nicht von der Haftung, auch wenn sie an sich als höhere Gewalt zu qualifizieren wäre. Der Haftungsausschluß setzt also voraus, daß die Schadensursache nicht zu den Gefahren des Kraftwagens und der Straße gehört. Streitig ist, wer das Vorliegen einer der Straße oder dem Kraftwagen eigentümlichen Gefahr nachweisen muß. Sieht man mit *Willenberg*[4] Rdn. 66 die Ursächlichkeit von Gefahren als Rückausnahme zur Haftungsbefreiung, trifft die Beweislast den Geschädigten. Diese Sicht ist aber nicht zu befürworten, weil § 34 S. 1 a KVO die Befreiung nicht nur an das Vorliegen einer besonderen, eingeschränkten höheren Gewalt knüpft. Daher ist der Frachtführer mit dem Beweis des Nichtvorliegens von Gefahren der Straße und des Kraftwagens belastet; zutreffend *Koller*[2] Rdn. 10. In der Praxis dürfte die Streitfrage meist bedeutungslos sein. Denn die Gefahren der Straße müssen eben gerade wegen ihrer Häufigkeit in Kauf genommen werden und sind daher ohnehin keine höhere Gewalt[24]. Insoweit kommt der Einschränkung des § 34 S. 1 a nur klarstellende Bedeutung zu. **12**

Gefahren der Straße und des Kraftwagens sind vor allem Straßenverkehrsunfälle, schlechter Straßenzustand, auf der Straße wirksam werdende Witterungseinflüsse wie Überschwemmungen, Aquaplaning. Nicht dazu gehören allgemeine Transportrisiken, die auch bei anderen Beförderungsmitteln oder bei stehendem Fahrzeug auftreten können[25], wie typische Gefahren der Erschütterung, Witterungseinflüsse, Diebstahl usw. Für diese wird in aller Regel ohnehin gehaftet, weil sie keine höhere Gewalt sind. Siehe auch § 30 KVO Rdn. 2 f. **13**

2. Bedeutung der höheren Gewalt als Haftungsgrenze

a) **Umfang der Haftungsverschärfung gegenüber § 429 HGB**

Die Grenze der Frachtführerhaftung ist durch §§ 29, § 34 S. 1 a KVO gegenüber der des § 429 (vermutetes Verschulden) vorverlegt. In folgenden Bereichen, in denen nach § 429 HGB nicht gehaftet wird, ist die KVO-Haftung nicht ausgeschlossen: **14**

1. Innerbetriebliche unverschuldete Vorgänge;
2. Außerbetriebliche Vorgänge, die wegen ihrer Häufigkeit beim Betrieb des Beförderungsgewerbes in Kauf genommen werden müssen;
3. Außerbetriebliche Vorgänge, wenn der Beförderer und seine Gehilfen zwar die verkehrsübliche, nicht aber die äußerste wirtschaftlich zumutbare Sorgfalt beobachtet haben;
4. Gefahren der Straße und des Kraftwagens, für die ohne Verschulden gehaftet wird.

b) **Rechtspolitische Rechtfertigung**

Die höhere Gewalt als Haftungsgrenze rechtfertigt sich nicht aus einer Gefährdung des Gutes durch den Frachtführer, sondern aus dem Gedanken, daß das Schadensrisiko **15**

---

[24] Zutreffend *Koller*[2] Rdn. 9; siehe auch Rdn. 9.
[25] *Willenberg*[4] Rdn. 11.

eher vom Frachtführer als vom Absender oder Empfänger beherrscht werden kann. Damit dient die Haftung bis zur höheren Gewalt in gesteigertem Maße auch der Schadensprävention. Siehe dazu überzeugend, wenn auch ohne genauere Analyse der Rechtsprechung, *Koller*² Rdn. 3–5, der die moderneren Auffassungen als „objektive Lehren" bezeichnet. Auf die konkrete Vorhersehbarkeit kommt es daher mit Recht grundsätzlich nicht an. Die vom Einzelfall abstrahierte Vorhersehbarkeit („Häufigkeit") bestimmt jedoch über die wirtschaftliche und damit rechtliche Zuweisung seltener von außen kommender Ereignisse. Die konkrete Vorhersehbarkeit und Abwendbarkeit entscheidet nur darüber, ob abstrakt „nicht zu erwartende"[26] Ereignisse als höhere Gewalt in Betracht kommen, indem sie auch diese dem Frachtführer zurechnet, wenn er sie oder ihre Folgen noch mit der äußersten Sorgfalt hätte abwenden können.

3. Andere Schadensursachen neben höherer Gewalt

16 Der KVO-Frachtführer haftet nur dann nicht, wenn die alleinige Schadensursache im Bereich höherer Gewalt lag – unstreitig oder erwiesenermaßen. Wirkte neben dem als höhere Gewalt zu bezeichnenden Umstand eine schuldhafte Handlung des Frachtführers oder seiner Leute schadensverursachend mit, haftet der Beförderer, weil er den Schaden hätte abwenden können, also keine höhere Gewalt vorliegt[27]. Gleiches gilt, wenn die Schadensursache zwar unabwendbar war, aber auf internen Umständen im Bereich des Frachtführers beruhte.

4. Abgrenzung der höheren Gewalt im einzelnen

17 Zur höheren Gewalt gehören nicht die häufiger auftretenden **Witterungseinflüsse** wie Regen, Schnee, Hagel und Sturm. Einwirkungen von Frost und Hitze stellen an sich eine besondere Haftungsbefreiung nach § 34 S. 1 l dar; siehe unten Rdn. 48 ff. Dieser Haftungsausschluß greift aber bei Betriebs- und Transportmittelunfällen nicht durch. Bei ganz außergewöhnlichen außersaisonalen Frost- und Hitzeeinwirkungen, die zu Betriebs- und Transportmittelunfällen führen, kann jedoch ausnahmsweise auch eine Haftungsbefreiung wegen höherer Gewalt eintreten[28].

18 Die wichtigste Gruppe von Ursachen, die zur höheren Gewalt zu rechnen sind, sind die **Einwirkungen betriebsfremder Dritter**, etwa mutwillige Beschädigungen des Kraftfahrzeugs, Terroranschläge, Diebstähle, Raub, Brandstiftung u. ä. Häufiger im Straßenverkehr auftretende Unfälle gehören dagegen zu den typischen Gefahren der Straße, für die der Frachtführer haftet. Streik ist schon deshalb keine höhere Gewalt, weil er vom Frachtführer wegen seiner relativen Häufigkeit in Kauf genommen werden muß; siehe Rdn. 9.

---

[26] So die Formulierung des österr. ObGH vom 16. 3. 1977, SZ **50** 40 (S. 183) = ÖJZ **1978** 101.
[27] Für den Verschuldensfall *Koller*² Rdn. 10; *Finger* Anm. 17 f zu § 82 EVO; *Schlegelberger/Geßler*⁵ § 454 Rdn. 33 f HGB.
[28] Von der Rechtsprechung grundsätzlich als höhere Gewalt anerkannt: **Schneesturm**, RG vom 13. 12. 1920, RGZ **101** 94 ff; **Sturm** mit Böen von Windstärke 10–11 ist höhere Gewalt, OLG Hamm vom 9. 6. 1988, TranspR **1988** 429 f; ähnlich für Windstärke 10 beim Seetransport nach Art. 2, 17 Abs. 2 CMR: Hof van Beroep Antwerpen vom 15. 3. 1989, ETR **1989** 574, 579, 584, 590; OLG Karlsruhe vom 11. 10. 1968, VersR **1969** 607 (zu den AKB, für Windstärke 9); **Gewitterregen** von einer Schwere, mit der durchschnittlich nur alle 20 Jahre zu rechnen ist, OLG Koblenz vom 14. 7. 1978, DB **1978** 1492 (LS, zu § 7 VOB/B); **Kriminelles Verhalten Dritter**, soweit keine Vorsorge möglich, RG vom 13. 11. 1924, RGZ **109** 172 f. Höhere Gewalt verneint: **Plünderung durch Aufständische** bei Möglichkeit zumutbarer Vorkehrung, RG vom 6. 1. 1926, RGZ **112** 284 f; **Sturmflut in Hamburg 1976**, OLG München vom 1. 12. 1977, VersR **1978** 319.

5. Unabwendbarkeit durch äußerste Sorgfalt

Höhere Gewalt ist ausgeschlossen, wenn der schadensverursachende (außerbetriebliche) Umstand oder seine Folgen bei Einsatz der äußersten wirtschaftlich zumutbaren Sorgfalt hätten vorausgesehen und abgewendet werden können. Dieser Sorgfaltsmaßstab liegt weit oberhalb des allgemeinen Standards des § 276 Abs. 1 S. 2 BGB oder des § 347 HGB. Der Unternehmer muß alles technisch und wirtschaftlich Zumutbare zur Verhütung oder Abwendung des Schadens getan haben[29]. Schon das geringste Verschulden des KVO-Frachtführers oder eines seiner Gehilfen (§ 6 KVO) schließt höhere Gewalt und damit die Haftungsbefreiung aus[30]. Die Verneinung der Unabwendbarkeit erlaubt es in klaren Verschuldensfällen, die anderen, schwierigeren Merkmale nicht zu prüfen[31].

6. Beweislast für höhere Gewalt

Der KVO-Frachtführer muß das Vorliegen aller Voraussetzungen höherer Gewalt nachweisen, also vor allem die Schadensursache, aber auch ihre Außergewöhnlichkeit und gänzliche Unabwendbarkeit; aber auch, daß die Schadensursache nicht zu den Gefahren der Straße und des Kraftwagens gehört[32]. Alle denkbaren anderen Ursachen, mit Ausnahme derjenigen, die als höhere Gewalt anzusehen sind, müssen ausgeschlossen werden[33].

Der **Beweisunterschied zur Haftung für vermutetes Verschulden** besteht darin, daß der KVO-Frachtführer zu seiner Entlastung den Nachweis außerbetrieblicher, nicht wegen ihrer Häufigkeit in Kauf zu nehmender, auch durch die äußerste wirtschaftliche zumutbare Sorgfalt nicht vermeidbarer Umstände zu führen hat. Bei der Haftung für vermutetes Verschulden würde dagegen der Nachweis irgendeiner verschuldensfreien, auch innerbetrieblichen Schadensursache ausreichend sein. Der Frachtführer muß bei höherer Gewalt sein Nichtverschulden nachweisen, weil es zu den Voraussetzungen der Haftungsbefreiung gehört. Bei anderen Buchstaben des § 34 S. 1 KVO, z. B. Buchstaben c, k und l kann dies anders liegen, weil der Geschädigte den Beweis für Verschulden des Frachtführers erbringen muß, um die verschuldensunabhängige gesetzliche Risikotragung ausnahmsweise zu durchbrechen[34]. Unrichtig daher die generelle Zuweisung der Beweislast bei *Koller*[2] Rdn. 10.

III. Verschulden des Verfügungsberechtigten (Buchst. c)
1. Allgemeines

Im Gegensatz zum Landfrachtrecht des HGB[35] ist die Mitverschuldensfrage in § 34 S. 1 c KVO speziell geregelt; auch für Transportmittel- oder Betriebsunfälle (siehe Rdn. 6). Verschulden des Verfügungsberechtigten schließt die KVO-Gewährhaftung

---

[29] Siehe etwa schon RG vom 7. 12. 1908, RGZ 70 98 ff (keine Möglichkeit zur Verhinderung von Anschlägen auf die Eisenbahngleise); RG vom 13. 12. 1920, RGZ 101 94 ff (Einstellung des Eisenbahnbetriebs wegen Schneesturm nicht zumutbar); RG vom 6. 1. 1926, RGZ 112 284 f (keine Zumutbarkeit bei Maßnahmen zur Verhinderung der Plünderung durch Aufständische). Für Anwendung des Maßstabs des § 347 HGB dagegen *Koller*[2] Rdn. 8, der aber in der Sache doch verschärfte Anforderungen stellen will.

[30] Siehe z. B. unzutreffend die Haftungsfreistellung bei OLG Hamm vom 9. 6. 1988, TranspR **1988** 429: Fahrer fuhr bei außergewöhnlichem Schneesturm weiter, um Termin einzuhalten. Die falsche Güterabwägung war schuldhaft; *Koller*[2] Rdn. 8.

[31] Beispiel: OLG Hamm vom 24. 1. 1955, VersR **1956** 188, 189 (vorsorgliche Verbesserung der Planen bei Sturm).

[32] Siehe Rdn. 12; *Koller*[2] Rdn. 10.

[33] BGH vom 22. 12. 1955, VersR **1956** 84, 85; siehe auch Rdn. 2; OLG Hamburg vom 9. 3. 1954, VersR **1954** 363 f.

[34] BGH vom 10. 1. 1968, VersR **1968** 291, 292 zu § 34 S. 1 k KVO; siehe dazu auch Rdn. 3.

[35] Siehe § 429 Rdn. 118 f.

aus³⁶. Verfügungsberechtigter kann sowohl der Absender als auch der Empfänger sein. Der Verfügungsberechtigte muß sich – entsprechend § 254 Abs. 2 S. 2 BGB – schuldhafte Handlungen seiner Erfüllungsgehilfen anrechnen lassen. Hierfür kommt neben dem Personal des Betreffenden insbesondere in Betracht: der mit dem Absender nicht identische Ur-Versender (z. B. wenn der Absender Spediteur ist); der mit dem Empfänger nicht identische Endempfänger (insbesondere, wenn der Empfänger Empfangsspediteur ist); ferner die mit der Verladung oder Verpackung von Verladerseite beauftragten Spezialunternehmer; selbstverständlich auch das Personal dieser Personen³⁷. Entgegen BGH vom 15. 12. 1976, VersR **1977** 174, 175 ist § 30 a KVO nicht gegenüber § 34 S. 1 c vorrangig³⁸.

2. Zurechnung von verschuldensfreien Risiken

23 Streitig ist, ob im Rahmen des § 34 S. 1 c KVO dem Ersatzberechtigten nur ein Verschulden oder auch eine andere aus seiner Risikosphäre stammende unverschuldete Schadensursache zuzurechnen ist³⁹. Solche Risikozurechnungen werden unstreitig im Rahmen des Ausgleichs nach § 254 BGB vorgenommen. § 34 S. 1 c KVO spricht jedoch nur von Verschulden und sieht auch eine wesentlich andere Folge vor: Entgegen § 254 entfällt die Haftung des Frachtführers bei Verschulden des Verfügungsberechtigten vollständig. Diese scharfe Konsequenz kann an eine wie auch immer vorgenommene objektive Risikozuweisung nicht angeknüpft werden. Daher ist *Koller*² Rdn. 14 zuzustimmen, der für § 34 S. 1 c KVO Verschulden des Verfügungsberechtigten (oder der Personen, deren Verhalten ihm zuzurechnen ist) fordert. Die von *Willenberg* genannten Beispiele⁴⁰ betreffen ohnehin die CMR. Sie stützen auch seine Auffassung nicht. Weder der Veterinär noch der Zollbeamte sind Gehilfen des Frachtführers oder des Verfügungsberechtigten im Sinne von Art. 17 Abs. 2 oder Abs. 4 c CMR oder § 34 S. 1 c KVO. Bei ihrem Verhalten handelt es sich, soweit sie nicht vom Verfügungsberechtigten oder seinen Gehilfen verschuldet sind, um unabwendbare Ereignisse oder Eingriffe von hoher Hand nach § 34 S. 1 b KVO.

24 Eine Haftungsbefreiung des Frachtführers kann auch in Betracht kommen wegen solcher **Umstände, die der Absender zwar nicht verschuldet, für die dem Absender seinerseits von der KVO eine Schadenshaftung ohne Verschulden auferlegt wird**, z. B. bei unrichtigen Eintragungen im Frachtbrief, § 13 KVO, oder bei Mängeln und Fehlen der Begleitpapiere, § 12 Abs. 1 und 9 KVO⁴¹. Hierin müssen zugleich spezielle, verschuldensunabhängige Haftungsausschlußgründe des Frachtführers gesehen werden, weil es nicht darauf ankommen kann, ob der Schaden im Vermögen des Verfügungsberechtigten oder des Frachtführers eingetreten ist. Im Falle des Zusammenwirkens von

---

³⁶ Siehe § 27 KVO und die dortige Kommentierung; im Zusammenhang mit § 34 S. 1 c speziell OLG Düsseldorf vom 27. 4. 1955, NJW **1955** 1322 = VersR **1955** 547. Im Urteil des BGH vom 26. 10. 1961, VersR **1961** 1108, 1109 wird ein Mitverschulden des Absenders verneint, weil eine Maschine entgegen § 19 Abs. 4 StVO befördert wurde, obwohl feststand, daß sie die im Straßenverkehr zulässige Höhe überragte und es dadurch zu einem Unfall kam. Die Beweislast für das Verschulden des Verfügungsberechtigten trägt der Frachtführer; OLG Hamburg vom 15. 2. 1990, TranspR **1990** 242 f; *Koller*² Rdn. Rdn. 14; siehe Rdn. 2.

³⁷ Siehe auch *Willenberg*⁴ Rdn. 27; *Koller*² Rdn. 14; im versicherungsrechtlichen Rahmen zu § 17 KVO siehe auch OLG Nürnberg vom 24. 9. 1981, VersR **1982** 1166.

³⁸ Siehe § 30 KVO Rdn. 2. Zutreffend zu § 30 e KVO: OLG Düsseldorf vom 29. 11. 1979, VersR **1980** 276 f.

³⁹ Für Zurechnung *Willenberg*⁴ Rdn. 27; dagegen *Koller*² Rdn. 14.

⁴⁰ LG Bremen vom 23. 12. 1988, TranspR **1989** 267 f und LG Hamburg vom 19. 1. 1983, TranspR **1983** 47 f.

⁴¹ Siehe § 13 KVO Rdn. 10 ff sowie die Kommentierung zu § 12 KVO Rdn. 9 ff; *Willenberg*⁴ Rdn. 18, 21; *Koller*² Rdn. 14.

Stand: 1. 7. 1993

5. Unabwendbarkeit durch äußerste Sorgfalt

Höhere Gewalt ist ausgeschlossen, wenn der schadensverursachende (außerbetriebliche) Umstand oder seine Folgen bei Einsatz der äußersten wirtschaftlich zumutbaren Sorgfalt hätten vorausgesehen und abgewendet werden können. Dieser Sorgfaltsmaßstab liegt weit oberhalb des allgemeinen Standards des § 276 Abs. 1 S. 2 BGB oder des § 347 HGB. Der Unternehmer muß alles technisch und wirtschaftlich Zumutbare zur Verhütung oder Abwendung des Schadens getan haben[29]. Schon das geringste Verschulden des KVO-Frachtführers oder eines seiner Gehilfen (§ 6 KVO) schließt höhere Gewalt und damit die Haftungsbefreiung aus[30]. Die Verneinung der Unabwendbarkeit erlaubt es in klaren Verschuldensfällen, die anderen, schwierigeren Merkmale nicht zu prüfen[31].

6. Beweislast für höhere Gewalt

Der KVO-Frachtführer muß das Vorliegen aller Voraussetzungen höherer Gewalt nachweisen, also vor allem die Schadensursache, aber auch ihre Außergewöhnlichkeit und gänzliche Unabwendbarkeit; aber auch, daß die Schadensursache nicht zu den Gefahren der Straße und des Kraftwagens gehört[32]. Alle denkbaren anderen Ursachen, mit Ausnahme derjenigen, die als höhere Gewalt anzusehen sind, müssen ausgeschlossen werden[33].

Der **Beweisunterschied zur Haftung für vermutetes Verschulden** besteht darin, daß der KVO-Frachtführer zu seiner Entlastung den Nachweis außerbetrieblicher, nicht wegen ihrer Häufigkeit in Kauf zu nehmender, auch durch die äußerste wirtschaftliche zumutbare Sorgfalt nicht vermeidbarer Umstände zu führen hat. Bei der Haftung für vermutetes Verschulden würde dagegen der Nachweis irgendeiner verschuldensfreien, auch innerbetrieblichen Schadensursache ausreichend sein. Der Frachtführer muß bei höherer Gewalt sein Nichtverschulden nachweisen, weil es zu den Voraussetzungen der Haftungsbefreiung gehört. Bei anderen Buchstaben des § 34 S. 1 KVO, z. B. Buchstaben c, k und l kann dies anders liegen, weil der Geschädigte den Beweis für Verschulden des Frachtführers erbringen muß, um die verschuldensunabhängige gesetzliche Risikotragung ausnahmsweise zu durchbrechen[34]. Unrichtig daher die generelle Zuweisung der Beweislast bei *Koller*[2] Rdn. 10.

III. Verschulden des Verfügungsberechtigten (Buchst. c)

1. Allgemeines

Im Gegensatz zum Landfrachtrecht des HGB[35] ist die Mitverschuldensfrage in § 34 S. 1 c KVO speziell geregelt; auch für Transportmittel- oder Betriebsunfälle (siehe Rdn. 6). Verschulden des Verfügungsberechtigten schließt die KVO-Gewährhaftung

---

[29] Siehe etwa schon RG vom 7. 12. 1908, RGZ 70 98 ff (keine Möglichkeit zur Verhinderung von Anschlägen auf die Eisenbahngleise); RG vom 13. 12. 1920, RGZ 101 94 ff (Einstellung des Eisenbahnbetriebs wegen Schneesturm nicht zumutbar); RG vom 6. 1. 1926, RGZ 112 284 f (keine Zumutbarkeit bei Maßnahmen zur Verhinderung der Plünderung durch Aufständische). Für Anwendung des Maßstabs des § 347 HGB dagegen *Koller*[2] Rdn. 8, der aber in der Sache doch verschärfte Anforderungen stellen will.

[30] Siehe z. B. unzutreffend die Haftungsfreistellung bei OLG Hamm vom 9. 6. 1988, TranspR **1988** 429: Fahrer fuhr bei außergewöhnlichem Schneesturm weiter, um Termin einzuhalten. Die falsche Güterabwägung war schuldhaft; *Koller*[2] Rdn. 8.

[31] Beispiel: OLG Hamm vom 24. 1. 1955, VersR **1956** 188, 189 (vorsorgliche Verbesserung der Planen bei Sturm).

[32] Siehe Rdn. 12; *Koller*[2] Rdn. 10.

[33] BGH vom 22. 12. 1955, VersR **1956** 84, 85; siehe auch Rdn. 2; OLG Hamburg vom 9. 3. 1954, VersR **1954** 363 f.

[34] BGH vom 10. 1. 1968, VersR **1968** 291, 292 zu § 34 S. 1 k KVO; siehe dazu auch Rdn. 3.

[35] Siehe § 429 Rdn. 118 f.

gegriffen zu werden. Fehlende oder unrichtige **Signierung** kann ebenfalls als Mitverschulden [...] und Frachtbriefangaben nicht übereinstimmen, so kann auch eine Haftungsbefreiung [...] siehe Rdn. 24.

29 Die **nicht ordnungsgemäße Erfüllung von Nebenpflichten** durch den Absender oder seine Gehilfen kann, wenn sie zu Güterschaden führt, ebenfalls zur Haftungsfreiheit des Frachtführers führen. Z. B. ist mangelhafte Untersuchung des Tankwagens durch den Absender vor dem Beladen Mitverschulden nach § 34 S. 1 c KVO[55]. Das OLG Düsseldorf[56] [...]

---

[49] Z. B OLG Köln vom 13. 5. 1955, NJW **1955** 1320 ff; OLG Köln vom 7. 4. 1977, VersR **1977** 860 f; OLG Düsseldorf vom 29. 11. 1979, VersR **1980** 276 f, weitere Nachweise bei Willenberg Rdn. 70.

[50] BGH vom 4. 10. 1984, NJW **1985** 554 f = TranspR **1985** 125 ff = VersR **1985** 133 f (zur CMR); zu den Beweisanforderungen für mangelhafte Verladung auch OLG Düsseldorf vom 7. 12. 1989, TranspR **1979** 100.

[...] vom 29. 11. 1979, VersR **1980** 276 f; OLG München vom 21. 2. 1992, TranspR **1992** [...] he ferner § 18 KVO; § 34 KVO Rdn. 28.

Siehe Rdn. 21; zur ähnlichen Rechtslage bei den Schadensfolgen unrichtiger oder unzureichender [...] von Beförderungspapieren siehe § 12 Rdn. 8.

Siehe dazu § 18 Abs. 5 KVO und dort Rdn. 25 f; LG Fulda vom 24. 1. 1992, TranspR **1992** 361, 362.

[55] OLG Hamburg vom 30. 11. 1973, VersR **1975** 708 f (Der Wagen war überdies zuvor aufgrund selbständigen Reinigungsvertrages vom Absender für den Frachtführer [...])

[56] Urteil vom 6. 12. 1973, VersR **1975** 234 f.

e) Annahmeverweigerung durch den Empfänger

Den Empfänger trifft **kein Mitverschulden**, wenn ihm der zu befördernde PKW 30
ohne Schlüssel durch Abstellen auf der Straße „abgeliefert" wird und er sich weigert, den
Wagen ohne Schlüssel zu übernehmen; OLG Oldenburg vom 4. 3. 1976, VersR **1976**
583 f.

IV. Spezielle Haftungsausschlüsse (§ § 34 S. 1 Buchst. b, d–n)
1. Krieg, Verfügungen von hoher Hand, Beschlagnahme (Buchst. b)
a) Kriegsereignisse

Der Begriff des Kriegsereignisses entspricht dem in § 608 Abs. 1 Ziff. 2 HGB ver- 31
wendeten. Siehe hierzu die Kommentare zum Seerecht des HGB (Angaben vor § 425):
Schaps/Abraham Das Seerecht, Seehandelsrecht 4. Auflage 1978, Anm. 12 zu § 608;
*Prüßmann/Rabe*³ § 608 B 2. Es kommt nicht darauf an, ob der Krieg völkerrechtlich
erklärt ist[58]. Kriegsereignisse müssen einen spezifischen Zusammenhang mit dem Krieg
haben; dieser ist nicht eng zu sehen[59]. In welchen Fällen Bürgerkrieg und bürgerkriegs-
ähnliche Situationen unter Buchst. b fallen, ist schwer abgrenzbar. In der Regel stellen
solche Ereignisse jedoch mindestens auch höhere Gewalt i. S. von Buchst. a dar.

b) Verfügungen von hoher Hand, Wegnahme, Beschlagnahmen

Diese Begriffe gehen unabgrenzbar ineinander über. Die Hauptanwendungsfälle 32
lagen früher, insbesondere in den fünfziger Jahren, im Transitverkehr durch die ehema-
lige DDR[60]. In allen Fällen handelt es sich um Eingriffe öffentlicher Behörden; auch
Rechtssetzungsakte[61]. Auf die Rechtsstaatlichkeit und Legitimiertheit des Eingriffs
kommt es nicht an, da bereits die bloße Wegnahme ausreichend ist. Im innerdeutschen
Bereich können sich die Anwendungsfälle aus vielfältigen öffentlich-rechtlichen Gesetzen ergeben; so etwa aus dem Bereich des Strafrechts, des Umwelt- oder Gefahrenschut-
zes, des Notstandsrechts usw. Rechtsprechung zu solchen Fällen liegt, soweit ersichtlich, nicht vor. Der Haftungsausschluß bezieht sich nicht nur auf den Schaden, der durch
die endgültige Wegnahme entstanden ist (Verlust), sondern auch auf Folgen, die am Gut
durch behördliche Akte entstehen, da der Haftungsausschluß „Schäden jeder Art"
betrifft; zutreffend *Willenberg*⁴ Rdn. 14.

Die Haftungsbefreiungen nach § 31 Buchst. b gelten gem. § 34 S. 2 auch, wenn der 33
Schaden durch Transportmittel- oder Betriebsunfälle verursacht ist; siehe Rdn. 6. Zu
prüfen ist jedoch in jedem Fall, **ob den KVO-Frachtführer ein Verschulden trifft**[62];
dies ist z. B. der Fall, wenn sein Verstoß gegen öffentlich-rechtliche Verpflichtungen die
Beschlagnahme ausgelöst hat[63]. Wird die Beschlagnahme dadurch verursacht, daß der
KVO-Frachtführer die ihm vom Absender übergebenen Begleitpapiere nicht vorlegen
kann, so wird seine Haftung aus § 12 Abs. 9 KVO begründet. Gegenüber dieser Haftung
ist § 34 S. 1 b KVO nicht anzuwenden[64].

---

[58] *Koller*² Rdn. 11.
[59] Siehe schon RGZ **90** 378 ff zur Kriegsklausel im Versicherungsvertrag.
[60] Siehe zu den älteren Fällen BGH vom 4. 7. 1957, VersR **1957** 570; dazu die Vorentscheidung OLG Hamm vom 3. 10. 1955, VersR **1955** 689; *Willenberg*⁴ Rdn. 15.
[61] *Willenberg*⁴ Rdn. 13; *Koller*² Rdn. 12.
[62] *Koller*² Rdn. 12, 13; *Willenberg*⁴ Rdn. 3.
[63] Siehe zu einem DDR-Transit-Fall OLG Hamm vom 3. 10. 1955, VersR **1955** 689 und (offenlassend) BGH vom 4. 7. 1957, VersR **1957** 570.
[64] Siehe BGH vom 4. 7. 1957, VersR **1957** 570; näheres oben Rdn. 24 und § 12 KVO Rdn. 9 ff.

2. Wertvolle Güter (Buchst. d, e)

34 Die Haftungsausschlüsse betreffen im wesentlichen die Fälle des § 429 Abs. 2 HGB[65]. Kunstwerke und Kunstgegenstände unterfallen nach § 1 Nr. 2 der Freistellungs-VO zum GüKG (§ 4 GüKG Rdn. 3) nicht dem GüKG und daher auch nicht der KVO; ebenso die Beförderung von Geld, Gold, Edelmetallen, Edelsteinen und Wertpapieren in polizeilich begleiteten Panzerfahrzeugen. Für diese Transporte gilt, soweit nichts anderes vereinbart ist, das HGB; siehe § 429 Rdn. 124 ff.

35 Als **beförderte Dokumente** kommen nicht der Frachtbrief und Begleitpapiere in Betracht. Siehe zu letzteren § 12 Abs. 9 KVO und dort Rdn. 7 f.

36 Was „Güter, die einen Sonderwert haben", sind, ist zweifelhaft. Gemeint sein kann nicht der hohe Wert eines Stücks an sich, der auch bei gewöhnlichen Handelsgütern sehr hoch sein kann, sondern ein besonders hoher Wert, der in ähnlicher Weise wie bei Kunstwerken und Kunstgegenständen besteht. Maßgeblich wird hierbei ein auf einem allgemeinen Sammler- oder Liebhaberinteresse beruhender besonderer Verkehrswert sein. Für eine Briefmarkensammlung, die insoweit als Ganzes an der Wertgrenze von 2.500 DM zu messen ist, BGH vom 29. 4. 1952, VersR **1952** 284, in BGHZ **6**, 145 ff nicht mit abgedruckt. Übersteigt der Sonderwert die Grenze von 2.500 DM, dann tritt nach § 34 S. 1 e überhaupt keine Haftung ein. Erreicht der Sonderwert diesen Betrag nicht, so wird in den normalen Haftungsgrenzen der KVO (§ 35) gehaftet.

37 Die Haftungsbefreiungen nach Buchst. § 34 S. 1 d, e gelten gem. § 34 S. 2 auch, wenn der Schaden durch Transportmittel- oder Betriebsunfälle verursacht ist; siehe Rdn. 6. Sie sollten **auch bei Verschulden des Frachtführers** eingreifen. Anders als bei den anderen Buchstaben des § 34 S. 1 ist der Grund für die Haftungsbefreiung bei wertvollen Gütern nicht in der typischen Schuldlosigkeit des Frachtführers zu sehen, sondern in der allgemeinen Überlegung, daß solche Gegenstände, deren Wert sie gerade der Gefahr des Diebstahls durch Gehilfen des Beförderers aussetzt und deren Bewachung aus dem Rahmen des normalen Beförderungsbetriebs fallen würde, allgemein von der Haftung ausgenommen sein sollen. Die ratio legis rechtfertigt in diesem Falle zum Schutze des Unternehmers vor allem außerhalb des normalen und tariflich nicht kalkulierten Risikos die Wirksamkeit der Haftungsbefreiung auch bei Verschulden seiner Gehilfen. Aus diesem Grund ist *Züchner* DVZ vom 14. 1. 1964, 4 und VersR **1964** 698 Recht zu geben, der hier einen auch bei Verschulden des Frachtführers wirkenden Haftungsausschluß annimmt. Siehe hierzu auch *Helm* Haftung 125; dagegen *Willenberg*[4] Rdn. 36; *Koller*[2] Rdn. 15.

3. Körperschäden (Buchst. f)

38 Den KVO-Frachtführer trifft keine Gewährhaftung für Körperschäden. Dieser Haftungsausschluß, der gem. § 34 S. 2 auch für Transportmittel- oder Betriebsunfälle gilt (siehe Rdn. 6), ist in der KVO entgegen der Auffassung von *Willenberg*[4] Rdn. 42 durchaus sinnvoll. Zwar betrifft die KVO nicht die Beförderung von Personen. Diese können aber immerhin infolge von Vertragsverletzungen Körperschäden erleiden, die insbesondere nach § 31 Abs. 1 c KVO, eventuell auch nach § 31 Abs. 1 Buchst. a und b zu ersetzen wären; zutreffend *Koller*[2] Rdn. 17. § 34 S. 1 f schließt diese Haftung aus dem Beförderungsvertrag aus. Dies hat entgegen *Koller*[2] Rdn. gerade auch für den Fall des Verschuldens zu gelten; **a. A.** *Koller*[2] Rdn. 17. Der unbedingte Haftungsausschluß bewirkt,

---

[65] Siehe dort Rdn. 124 ff; die Sonderregelungen in § 8 KVO sind aufgehoben.

daß an die Stelle der beschränkten Haftung nach § 31 KVO die bürgerlichrechtliche Haftung aus positiver Vertragsverletzung oder unerlaubter Handlung tritt.

4. Umzugsgut (Buchst. g)

Für die Beförderung von Umzugsgut sind anstelle der KVO die Bed. GüKUMT anwendbar[66]. Eine analoge Anwendung auf Möbelbeförderungen im normalen Güterfernverkehr[67] ist nicht begründbar. Für diese gelten die übrigen Vorschriften der KVO, soweit sie nicht Umzugsgut sind. Wird Umzugsgut im Güterfernverkehr befördert, haftet der Frachtführer nach § 429 HGB oder nach vereinbarten Bedingungen. Die Vereinbarung der KVO als Vertragsinhalt ist wirksam, soweit sie nicht gegen das AGBG verstößt. **39**

5. Emailabsplitterungen (Buchst. h)

Die Vorschrift ist als Haftungsausschluß eng auszulegen. Lackabsplitterungen fallen nicht darunter[68]. Für Verschulden hat der Frachtführer in jedem Fall zu haften, insbesondere, wenn durch unsachgemäßes Laden oder Beladen der Schaden verursacht wird. Die Haftungsbefreiung nach Buchst. h gilt gem. § 34 S. 2 nicht, wenn der Schaden durch Transportmittel- oder Betriebsunfälle verursacht ist; siehe Rdn. 6. **40**

6. Fehlmengen und Gewichtsverluste aus der Eigenart des Gutes (Buchst. i)

Fehlmengen und Gewichtsverluste aus der Eigenart des Gutes sind vor allem solche durch Austrocknen oder Schrumpfen, in der Regel durch Verdunstung eines Teils des Wassergehalts. Für Rinnverluste dagegen wird nach § 30 f KVO gehaftet; siehe Rdn. 15 zu § 30. Treten Fehlmengen oder Gewichtsverluste an derartigen Gütern auf, so kann ein Teil als Austrocknungsverlust nach § 34 S. 1 i unersetzt bleiben. Es kann daneben aber auch Rinnverlust oder sonstiger Verlust vorliegen, der nicht auf der Eigenart der Güter beruht. Dieser Verlust muß vom Berechtigten nachgewiesen werden; zutreffend *Willenberg*[4] Rdn. 47. Der Nachweis, daß der Verlust das nach den physikalischen Gegebenheiten zu Erwartende übersteigt, genügt zur Begründung der Haftung nach § 29. Zu § 30 b bestehen kaum Überschneidungsmöglichkeiten, weil dieser andere Gründe als die für § 34 S. 1 i maßgebliche „Eigenart der Güter" zur Voraussetzung hat. Die aufgetretene Kontroverse im Schrifttum[69] ist daher wohl ohne Bedeutung für die Praxis. Sollte es doch zu einer Überschneidung kommen, geht § 34 S. 1 i als spezielleres Gesetz vor und steht unter dem Vorbehalt des Verschuldens des Frachtführers. Die Haftungsbefreiung nach Buchst. i gilt gem. § 34 S. 2 nicht, wenn der Schaden durch Transportmittel- oder Betriebsunfälle verursacht ist; siehe Rdn. 6. **41**

7. Innerer Verderb (Buchst. k)

Innerer Verderb gehört zu den häufigsten Güterschäden überhaupt. Er beschränkt sich keineswegs auf Lebensmittel und Futtermittel, sondern kann auch durch Oxydieren von Metall und andere chemische oder physikalische Prozesse entstehen; siehe Rdn. 46. Vielfach sind für ihn Klimaeinwirkungen verantwortlich; dann kann sich der Haftungsausschluß mit dem des Buchst. l überschneiden. Bombieren ist das Hervortreten der **42**

---

[66] Siehe § 1 Abs. 4 KVO und dort Rdn. 9.
[67] Befürwortend *Willenberg*[4] Rdn. 44; dagegen *Koller*[2] Rdn. 18.
[68] *Willenberg*[4] Rdn. 45; für Analogie *Koller*[2] Rdn. 19.
[69] *Willenberg*[4] Rdn. 46 ff gegen *Koller*[2] Rdn. 20.
[70] Anwendungsfall: OLG Hamburg vom 28. 2. 1952, VRS 4 471 ff; *Willenberg*[4] Rdn. 53.

Böden von Konservendosen bei der Zersetzung des Inhalts, die mit Gasentwicklung verbunden ist[70]. Das Bombieren ist daher nur ein äußeres Anzeichen inneren Verderbs.

43   Regelmäßig entsteht innerer Verderb durch das Hinzutreten weiterer Ursachen, z. B. durch zu lange Beförderung, unzureichende Kühlung oder Belüftung, Hitze, Feuchtigkeit, direkte Sonnenbestrahlung und dergleichen. In solchen Fällen liegt „innerer" Verderb nur vor, wenn **„die nächste Ursache** für den Schaden die natürliche Beschaffenheit des beförderten Gegenstandes ist"[71]. Danach muß der Verderb durch „eigentümliche aktive und in den Gütern liegende Eigenschaften" verursacht worden sein. Diese aus dem Seeversicherungsrecht übernommene Sonderabgrenzung ist geeignet, die Risiken ausreichend auseinanderzuhalten.

44   **Voraussetzung** für die Haftungsbefreiung nach Buchst. k ist nach den Urteilen des BGH aaO ferner, **daß der Verderb unter den Verhältnissen eintritt, denen das Gut unter den für das Gut dieser Art gewöhnlichen Transportverhältnissen ausgesetzt ist.** Führen dagegen nicht zu erwartende Umstände zum Verderb, so fallen diese in den Gefahrenbereich des KVO-Frachtführers; die Haftungsbefreiung tritt nicht ein. Daher kann sich der Frachtführer bei Ausfall einer Kühlanlage nicht auf den Haftungsausschluß wegen inneren Verderbs berufen[72]. Den KVO-Frachtführer trifft die Darlegungs- und Beweislast dafür, daß der Verderb ein „innerer" war. Beim Verderb von Frischfleisch[73] hielt der BGH im Urteil vom 10. 1. 1968, aaO die vom Absender gewählte Transportart, die keine ausreichende Belüftung zuließ, für maßgeblich. Innerer Verderb lag vor, obwohl die Temperatur für einen nach den Erkenntnissen des Veterinärwesens vorgenommenen Transport zu hoch war. Die Wahl der falschen Transportart hatte also der Absender zu vertreten[74]. Auch die nicht ausreichende Vorkühlung von Tiefkühlgut schließt inneren Verderb aus, weil ordnungsgemäß vorgekühltes Gut bei Transport in Kühlfahrzeugen nicht schadensanfällig ist[75].

45   Mit dieser Rechtsprechung stimmen auch die Urteile zum **Einfluß der Transportdauer auf den inneren Verderb** überein. Hält der KVO-Frachtführer die Lieferfrist ein, und kommt es innerhalb dieser zum inneren Verderb, ist der Frachtführer auch dann nicht ersatzpflichtig, wenn er das Gut innerhalb der Lieferfrist schneller hätte befördern können[76]. Bei Überschreitung der Lieferfrist kann sich der Beförderer nicht auf den Haftungsausschluß wegen innerem Verderbs berufen, wenn der Geschädigte darlegt, daß bei Einhaltung der Lieferfrist das beförderte Fleisch nicht verdorben wäre[77].

46   Als **Fälle inneren Verderbs** nach § 34 S. 1 k wurden anerkannt: Verderb von grünen Erbsen wegen mangelhafter Belüftung (Zurückverweisung wegen Aufklärung der Schuldfrage), BGH vom 9. 11. 1961, VersR **1961** 1110; vom 3. 10. 1963, VersR **1963** 1120, 1121; OLG Hamburg vom 14. 3. 1969, VersR **1970** 51 f. Verderb von Gurken: BGH vom 12. 5. 1960, BGHZ **32** 297 ff = NJW **1960** 1617 f = VersR **1960** 627 ff. Verderb von

---

[71] BGH vom 28. 5. 1965, NJW **1965** 1593 = VersR **1965** 755, 756; BGH vom 10. 1. **1968**, VersR **1968** 291, 292; BGH vom 14. 4. 1976, DB **1976** 2013, 2014 (zu Art. 27 § 3 e CIM); OLG Hamburg vom 14. 3. 1969, VersR **1970** 51, 52. Zum Seeversicherungsrecht siehe OLG Hamburg vom 21. 6. 1979, VersR **1979** 1123 f; *Koller*[2] Rdn. 21; eingehend *Froeb* Beschaffenheitsschäden 88 ff.

[72] BGH vom 28. 5. 1965 aaO; ähnlich OLG Bremen vom 21. 9. 1967, VersR **1968** 85, 86 für Verderb von Frischfleisch.

[73] Zum Verderb bei Kühltransporten siehe *Voigt* VP **1968** 175 ff und 189 ff; *Züchner* DB **1971** 513.

[74] Ähnlich OLG Hamburg vom 14. 3. 1969, VersR **1970** 51, 52.

[75] *Willenberg*[4] Rdn. 57; BGH vom 14. 10. 1964, DB **1964** 1697 (zu § 447 BGB, Frischfleisch).

[76] Siehe § 31 KVO Rdn. 6 ff und § 26 KVO Rdn. 1; BGH vom 8. 2. 1960, VersR **1960** 304; vom 12. 5. 1960, NJW **1960** 1617 f = VersR **1960** 627, 629, in BGHZ **32** 297 nicht mit abgedruckt; vom 3. 10. 1963, VersR **1963** 1120; vom 10. 1. 1968, VersR **1968** 291, 292; OLG Düsseldorf vom 15. 10. 1981, VersR **1982** 800.

[77] BGH vom 14. 4. 1976, DB **1976** 2013, 2014 (Eisenbahnrecht, Art. 27 § 3 e CIM 1970).

Frischfleisch: BGH vom 10. 1. **1968**, VersR **1968** 291, 292. Verderb von Räucherfisch: OLG Stuttgart vom 28. 11. 1951, VersR **1952** 147 ff. Innerer Verderb kann auch an anderen Gütern als Lebensmitteln eintreten, z. B. durch Rosten von Blechen, die bei Verladung bereits naß waren: BGH vom 19. 11. 1959, BGHZ **31** 183 ff = NJW **1960** 337 ff = VersR **1960** 30 ff. Weitere Fälle siehe zu Art. 17 CMR, Anh. VI nach § 452 und bei *Willenberg*[4] Rdn. 52.

Kein innerer Verderb liegt dagegen vor, wenn Eiskrem infolge nicht eingehaltener Temperatur des Kühlwagens verdirbt; BGH vom 28. 5. 1965, NJW **1965** 1593 = VersR **1965** 755, 756.

Die Haftungsbefreiung nach Buchst. k gilt gem. § 34 S. 2 nicht, wenn der Schaden **47** durch **Transportmittel- oder Betriebsunfälle** verursacht ist; siehe Rdn. 6. Auf § 34 S. 1 k kann sich der Frachtführer nicht berufen, wenn er den Schaden schuldhaft verursacht hat; siehe Rdn. 3.

8. Frost und Hitze (Buchst. l)

Frost liegt bei einer Außentemperatur von unter 0 Grad Celsius vor. Eine kühle **48** Temperatur oberhalb des Frostpunktes fällt daher nicht unter Buchst. l, kann aber eine Haftungsbefreiung nach Buchst. k begründen. Ein Frostschaden soll nach dem Urteil des BGH vom 19. 11. 1959, BGHZ **31** 183 ff = NJW **1960** 337 ff = VersR **1960** 30, 31 vorliegen, wenn Bleche rosten, die bei 6–8 °C Wärme verladen sind, nachts einer Kälte von minus 8–10 °C ausgesetzt sind und am nächsten Tag wieder auf plus 8–10 °C erwärmt werden. Es ist jedoch zweifelhaft, inwieweit hierfür gerade der Frost und nicht der bloße Temperaturunterschied verantwortlich war.

Hitzeschäden nach Buchst. l lagen nach der Rechtsprechung vor bei Verderb von **49** Gurken beim Liegenbleiben eines Fahrzeugs wegen einer Betriebsstörung; BGH vom 12. 5. 1960, BGHZ **32** 297, 298; dagegen nicht wegen des Verderbs von Eiskrem bei Ausfall einer Kühlanlage. Hitze ist im übrigen nicht mit einer für das Gut zu warmen Temperatur gleichzusetzen. Unter diesen Begriff fällt vielmehr nur eine oberhalb des generell als angenehm Empfundenen.

Auf Frost und Hitze als Haftungsausschließungsgründe kann sich der KVO-Fracht- **50** führer – wie bei innerem Verderb – nur berufen, **soweit diese bei normalen Beförderungsumständen Schaden verursacht haben**; siehe entsprechend Rdn. 20. Ist die Hitzeeinwirkung dagegen nur deshalb schädlich geworden, weil die Kühlanlage des Kühlwagens nicht funktionierte, dann liegt kein Hitzeschaden vor – ebensowenig wie innerer Verderb. BGH vom 28. 5. 1965, NJW **1965** 1593 = VersR **1965** 755, 756; *Koller*[2] Rdn. 25.

Die Haftungsbefreiung nach Buchst. l gilt gem. § 34 S. 2 nicht, wenn der Schaden **51** durch **Transportmittel- oder Betriebsunfälle** verursacht ist; siehe Rdn. 6. Der Frachtführer kann sich im übrigen nicht auf sie berufen, wenn er den Schaden schuldhaft verursacht hat; siehe Rdn. 3.

9. Selbstentzündliche und explosionsgefährliche Güter (Buchst. n)

Siehe zu den Vorschriften über gefährliche Güter § 425 Rdn. 121. Ausgeschlossen ist **52** die Haftung nur für Schäden an den selbstentzündlichen[78] oder explosiven Gütern selbst, nicht an mitbeförderten Gütern anderer Absender, für die nach § 30 c KVO

---

[78] Verpackte Zündhölzer sind nicht selbstentzündlich; OLG München vom 22. 4. 1966, VersR **1966** 841 f. Siehe eingehender *Froeb* Beschaffenheitsschäden 107 f.

gehaftet wird. Der Haftungsausschluß bezieht sich nur auf Schäden, die aus der explosiven oder selbstentzündlichen Natur der Güter herrührt, nicht dagegen auf Schäden aus anderen Ursachen, z. B. durch Nässe und ähnliches. Die Haftungsbefreiung nach Buchst. n gilt gem. § 34 S. 2 nicht, wenn der Schaden durch Transportmittel- oder Betriebsunfälle verursacht ist; siehe Rdn. 6. Trifft den Frachtführer ein Verschulden, hat er z. B. den Schaden durch Verletzung von Sicherheitsvorschriften verursacht, kann er sich auf den Haftungsausschluß nicht berufen; siehe Rdn. 5.

§ 35
Ersatzpflichtiger Wert

(1) ¹Als Ersatzwert gilt bei den einzelnen Gütern der vom Verfügungsberechtigten nachzuweisende Fakturenwert zuzüglich aller Spesen und Kosten bis zum Bestimmungsort und zuzüglich des nachzuweisenden entgangenen Gewinnes bis höchstens 10 v.H. des Fakturenwertes. ²Vom Ersatzwert sind die durch den Schadensfall etwa ersparten Kosten abzusetzen.

(2) Bei Gütern, die keinen Fakturenwert haben oder nicht Handelsgut sind, soll im Schadensfall bei Meinungsverschiedenheiten über den Ersatzwert der Zeitwert (auch „gemeiner Wert") durch Sachverständigenverfahren ermittelt werden.

(3) ¹Bei teilweiser Beschädigung einer Sendung wird der Schadensersatz nur für den beschädigten Teil in Höhe des festgestellten Minderwertes geleistet, der im Nichteinigungsfalle durch Sachverständigenverfahren zu ermitteln ist. ²Die Errechnung des Minderwertes hat auf Grund des tatsächlichen Schadens zu erfolgen. ³Dem Unternehmer steht es frei, beschädigte Güter, sofern sie nicht gemäß behördlicher Weisung vernichtet werden müssen, gegen volle Ersatzleistung zu übernehmen. ⁴Eine Verpflichtung zur Übernahme besteht jedoch nicht.

(4) Insgesamt werden je Kilogramm des in Verlust geratenen oder beschädigten Rohgewichts nicht mehr als 80 DM erstattet.

Übersicht

	Rdn.		Rdn.
I. Allgemeines	1	c) Sachverständigenverfahren	23
1. Rechtsnatur und Anwendungsbereich	1	III. Wertersatz bei Teilschäden (§ 35 Abs. 3)	24
2. Art und Wirkungsweise der Haftungsbegrenzungen des § 35	4	1. Teilbeschädigung	25
		a) Begriff	25
II. Begrenzung auf Wertersatz	5	b) Sendung	26
1. Verhältnis des § 35 Abs. 1 und 2 zu § 430 Abs. 1	5	c) Minderwert	27
		d) Auswirkungen auf den Gesamtwert der Sendung	30
2. Fakturenwert, Kosten, Spesen, entgangener Gewinn (§ 35 Abs. 1)	6	2. Teilverlust	31
a) Bestimmung des Fakturenwerts	6	3. Verfahren	32
b) Einzelheiten zum Fakturenwert	11	4. Übernahmerecht für beschädigte Güter (§ 35 Abs. 3 Satz 3, 4)	33
c) Entgangener Gewinn	12	IV. Summenmäßige Begrenzung nach Rohgewicht (§ 35 Abs. 4)	34
d) Spesen und Kosten bis zum Bestimmungsort	13	1. Die Haftungsbeschränkung nach Gewicht im Vergleich mit ähnlichen Regelungen	34
e) Ersparte Kosten (§ 35 Abs. 1 S. 2 KVO)	17	2. Rohgewicht	35
3. Berechnung des Schadens nach dem Zeitwert (§ 35 Abs. 2)	18	3. Teilschäden	36
a) Voraussetzungen der Berechnung nach dem Zeitwert	18	4. Wirkung der Haftungsbegrenzung	38
b) Berechnung des Zeitwertes (gemeinen Wertes); § 35 Abs. 2	22		

I. Allgemeines

1. Rechtsnatur und Anwendungsbereich

§ 35 KVO beschränkt die Haftung des KVO-Frachtführers weit stärker als § 430 HGB. Siehe zur Übersicht § 430 Rdn. 1 ff, 18 ff. Da die KVO den Charakter einer Rechtsverordnung hat (siehe § 1 KVO Rdn. 2), handelt es sich bei den Haftungsregeln des § 35 um gesetzliche, die Vertragshaftung einschränkende Sonderregelungen zu §§ 430 HGB und 249 ff BGB. Aus § 276 Abs. 2 läßt sich ihre Unwirksamkeit im Falle von Vorsatz nicht begründen, weil diese Bestimmung nur für vertragliche, nicht für gesetzliche Haftungseinschränkungen maßgeblich ist[1]. § 35 unterliegt aus dem gleichen Grunde auch nicht der Inhaltskontrolle nach dem AGB-Gesetz. Doch kann durch analoge Anwendung des § 430 Abs. 3 der Effekt einer unbeschränkten Haftung im Falle von Vorsatz oder grober Fahrlässigkeit erreicht werden[2]. **1**

Auf **Ansprüche aus unerlaubter Handlung** ist § 35 KVO nach ständiger Rechtsprechung des BGH nicht anwendbar. Für die Praxis bedeutet die Anwendbarkeit der §§ 823 ff BGB eine weitgehende Möglichkeit zur (systemwidrigen) Durchbrechung der Haftungsbeschränkung; siehe Rdn. 6 ff zu § 429. Dagegen ist den Arbeitnehmern des Frachtführers die Berufung auf § 35 KVO gestattet worden; OLG Düsseldorf vom 6. 2. 1984, TranspR **1985** 195, 197; siehe auch § 429 Rdn. 330 ff. **2**

§ 35 KVO ist **zwingendes Recht**. Die Haftungsgrenzen können nach § 26 GüKG nicht wirksam herabgesetzt werden. Auch eine Erhöhung der Haftung ist derzeit (1993) noch als tarifwidrige Vergünstigung nach § 22 Abs. 2 GüKG unwirksam[3]; zum Inkrafttreten des Tarifaufhebungsgesetzes (wirksam ab 1. 1. 1994) siehe vor § 1 GüKG, Anh. I nach § 452 Rdn. 1 und § 1 KVO Rdn. 2 f); siehe § 26 GüKG, Anh. I nach § 452. **3**

2. Art und Wirkungsweise der Haftungsbegrenzungen des § 35

§ 35 enthält mehrere Abweichungen vom allgemeinen Schadensersatzrecht des BGB und des § 430 HGB. **4**

– Der vom Frachtführer geschuldete Ersatz ist stets Wertersatz und die Schadensersatzschuld daher Geldschuld[4]. § 37 Abs. 5 KVO regelt dies ausdrücklich. Damit ist Naturalrestitution und Ersatz mittelbarer Schäden ausgeschlossen. Dies entspricht § 430 HGB und der im gesamten Frachtrecht grundsätzlichen Rechtslage; siehe Rdn. 18 ff.

– Zweitens orientiert sich § 35 KVO in Abs. 1 grundsätzlich am Fakturenwert. Nach allgemeiner Auffassung hat dies den Sinn, die Schadensberechnung im Regelfall, in dem der wirtschaftliche Hintergrund des Transports durch Kaufgeschäfte bestimmt wird, gegenüber § 430 durch eine praktikablere Berechnung zu vereinfachen, indem man davon ausgeht, daß bei Gütern, die einen Fakturenwert haben, mit wesentlichen Abweichungen vom gemeinen Handelswert nicht zu rechnen ist[5]. Auch dies entspricht grundsätzlich § 430 HGB, doch ist die Wertbestimmung nicht die gleiche. Gibt es keinen Fakturenwert oder ist das Gut kein Handelsgut, wird auf § 430 HGB zurückzugreifen sein; str., siehe Rdn. 18 ff.

---

[1] Die entsprechende ältere Rechtsprechung bezieht sich auf eine Zeit, in der die Vorschriften der KVO noch als AGB angesehen wurden; unrichtig daher *Willenberg*[4] Rdn. 2–4; wie hier *Koller*[2] Rdn. 1.

[2] Siehe § 430 Rdn. 62 ff; dagegen für die KVO *Voigt* VP **1961** 60; *Koller*[2] Rdn. 1.

[3] Unzutreffend daher LG Stuttgart vom 20. 8. 1991, TranspR **1992** 31, 32.

[4] In § 37 Abs. 5 KVO ausdrücklich bestimmt; BGH vom 27. 4. 1967, VersR **1967** 897, 898.

[5] BGH vom 4. 11. 1955, VersR **1955** 756; BGH vom 6. 7. 1989, TranspR **1990** 58, 59 = VersR **1990** 181, 182; *Willenberg*[4] Rdn. 7.

- Drittens schließt § 35 KVO – wie § 430 HGB – den Ersatz von mittelbaren Schäden gänzlich aus; siehe § 430 Rdn. 20. Jedoch wird dieser Grundsatz durch die Gewährung des entgangenen Gewinns bis zu 10 % des Fakturenwertes (§ 35 Abs. 1 KVO) durchbrochen; dazu Rdn. 12.
- Viertens unterliegt die Güterschadenhaftung nach § 35 Abs. 4 KVO einer Einschränkung auf DM 80,– pro Kilogramm. Diese Regelung hat im HGB keine Parallele, besteht aber ähnlich in anderen Spezialbestimmungen des Frachtrechts; siehe § 430 Rdn. 3; § 429 Rdn. 188, 199, 212; § 54 ADSp, Anh. I nach § 415 Rdn. 2 ff.
- Fünftens ist auch die Regelung für Teilschäden in § 35 Abs. 3 eine besondere und zusätzliche Haftungsbegrenzung.
  Von den erwähnten Haftungsbegrenzungen (Wert, Gewicht, Teilschäden) ist die im konkreten Falle jeweils niedrigste ausschlaggebend. Die Haftungsbegrenzungen nach § 35 können in gewissem Umfang durch § 32 KVO überschritten werden.

II. Begrenzung auf Wertersatz

1. Verhältnis des § 35 Abs. 1 und 2 zu § 430 Abs. 1

5 § 35 enthält ein geschlossenes System der Begrenzung auf Wertersatz. Primär ist die Haftung nach § 35 Abs. 1 auf den Fakturenwert zuzüglich bis zu 10% entgangenen Gewinn begrenzt. Hat das Gut keinen Fakturenwert oder ist es nicht Handelsgut, dann ist nach § 35 Abs. 2 der durch Sachverständigenverfahren festzustellende Zeitwert (gemeine Wert) maßgeblich. Ob insoweit § 430 HGB anzuwenden ist, wird in Rechtsprechung und Schrifttum nicht einheitlich beurteilt. Die Anwendung von § 430 HGB ist in diesen Fällen geboten; siehe Rdn. 18 ff.

2. Fakturenwert, Kosten, Spesen, entgangener Gewinn (§ 35 Abs. 1)
a) Bestimmung des Fakturenwerts

6 Die Koppelung von Fakturenwert, Kosten, Spesen und entgangenem Gewinn ist ein in sich widersprüchliches Konzept. Geht man davon aus, daß § 35 Abs. 1 eine Erleichterung der Schadensfeststellung bewirken soll (siehe Rdn. 4), kommt als Bemessungsgrundlage in erster Linie die den Warentransport begleitende Faktura, also in der Regel der Rechnungsbetrag, den der Absender vom Empfänger aus dem Kaufgeschäft verlangen kann, in Betracht. Daher sieht die ganz überwiegende Auffassung den Betrag, den der Absender dem Empfänger in Rechnung stellt, als Fakturenwert an. Danach stellt § 35 Abs. 1 S. 1 auf das konkrete, der Beförderung zugrundeliegende Umsatzgeschäft ab[6]. Diese Auslegung ist vertretbar und zweckmäßig. Sie steht aber in der Regel im Widerspruch zum Anspruch auf Kosten, Spesen und entgangenen Gewinn, weil diese Posten im Verkaufspreis enthalten sind. Der Gewinn des Empfängers aus dem Weiterverkauf der Güter liegt dagegen zeitlich und sachlich nach dem Transportgeschehen. Er ist dennoch zusätzlich zu erstatten; siehe Rdn. 12. Kosten und Spesen können freilich in Betracht kommen, wenn sie der Absender als Verkäufer wegen des Schadensfalls aufwenden muß, weil sie dann im Kaufpreis nicht enthalten sind. Unter der Prämisse, daß die zusätzliche Gewährung von Kosten, Spesen und Gewinn nur ausnahmsweise in Betracht kommt, kann man der herrschenden Auffassung zustimmen.

---

[6] BGH vom 28. 2. 1975, VersR **1975** 658, 659; BGH vom 6. 7. 1989, TranspR **1990** 58, 59 = VersR **1990** 181, 182; *Willenberg*[4] Rdn. 7; abweichend die ältere Rechtsprechung: OLG Hamm vom 4. 12. 1953, VersR **1954** 94, 95 und ihm folgend die Revisionsentscheidung BGH vom 4. 11. 1955, VersR **1955** 756 f; wohl auch noch *Koller*[2] Rdn. 3.

7 Der Fakturenwert setzt eine **bei Schädigung bestehende Faktura (Rechnung oder Preis im Kaufvertrag)** voraus; nachträglich ausgestellte Rechnungen können als Grundlage nicht akzeptiert werden, weil durch sie die Ersatzwerte manipuliert werden[7]. Maßgeblich ist grundsätzlich der vom Absender (oder Speditions-Versender) abgeschlossene Verkaufsvertrag, nicht der Einkaufspreis des Absenders[8]. Handelt es sich um ein subventioniertes Exportgeschäft, ist die entgangene Subventionsleistung wirtschaftlich Teil des Verkaufspreises und daher diesem hinzuzurechnen[9]. Dabei kommt auch eine nicht an den Empfänger, sondern an den Endabnehmer ausgestellte Rechnung in Betracht[10]. Irgendwelche **Listenpreise** können nur zugrundegelegt werden, wenn sie Inhalt des Kaufvertrages geworden sind. Sie sind nicht bindend und spiegeln im Hinblick auf die üblichen Diskonte auch nicht den wahren erreichbaren Verkaufspreis wider[11].

8 Schwierigkeiten bereitet die Feststellung des Fakturenwertes, wenn dem Transport ein **mehrstufiges Absatzgeschäft** zugrunde liegt. Allerdings besteht in der Literatur und Rechtsprechung keine einheitliche Vorstellung von mehrstufigen Geschäften[12]. Wird das Gut an den ersten Käufer/Empfänger zur Weiterleitung an seinen Abkäufer versandt, ist Fakturenwert der Verkaufspreis, den der Absender vom Empfänger zu beanspruchen hätte[13], auch wenn die Ware schon von diesem weiterverkauft ist. Zu gleichen Ergebnissen kommt man, wenn man für die Bemessung des Fakturenwertes von der Person dessen ausgeht, der das Preisrisiko im Sinne des Kaufrechts trägt. Jedenfalls bei der meist vorliegenden Schickschuld ist der Käufer der Geschädigte (§ 447 BGB)[14]. Daher ist sein an den Verkäufer zu zahlender Einkaufspreis, für den er die Ware wieder kaufen kann, der Fakturenwert.

9 Von den normalen Fällen des Weiterverkaufs ist die Lage beim echten **Streckengeschäft** zu unterscheiden, wenn also der Verkäufer nach dem Inhalt des Vertrages unmittelbar an den Abkäufer seines Käufers zu liefern hat[15] und einen entsprechenden Frachtvertrag mit dem KVO-Frachtführer abschließt. Der BGH hat für das Streckengeschäft die Frage des Fakturenwerts ausdrücklich offen gelassen[16]. In diesem Fall ist die an den Abkäufer gestellte Rechnung maßgeblich[17]. Denn der einheitliche Charakter des Geschäfts, der auch zu unmittelbarem Eigentumserwerb des Abkäufers durch Geheißerwerb führt, macht ihn zum wirtschaftlichen Risikoträger des Transports.

10 **Kein Fakturenwert besteht, wenn bezüglich der betreffenden Güter kein konkretes Umsatzgeschäft vorliegt**; z.B. bei der Versendung zwischen zwei Filialen des Absenders, von einem Herstellerwerk des Absenders zu einem anderen oder an ein Auslieferungslager des Absenders[18]; ferner bei Transporten zur Erfüllung von Mietverträgen

---

[7] So grundsätzlich auch *Willenberg*[4] Rdn. 8.
[8] BGH vom 6. 7. 1989, TranspR **1990** 58, 59 = VersR **1990** 181, 182.
[9] BGH vom 6. 7. 1989, TranspR **1990** 58, 59 = VersR **1990** 181, 182 (Bestätigung von OLG Hamburg vom 7. 1. 1988, TranspR **1988** 193 ff); a. A. OLG Düsseldorf vom 12. 1. 1984, TranspR **1984** 106, 108.
[10] BGH vom 6. 7. 1989, TranspR **1990** 58, 59 = VersR **1990** 181, 182. Insoweit zutreffend auch BGH vom 4. 11. 1955, VersR **1955** 756 f und *Koller*[2] Rdn. 3.
[11] So aber im Hinblick auf die damals noch bestehende Preisbindung für Markenartikel BGH vom 4. 11. 1955, VersR **1955** 756 f und OLG Hamm vom 4. 12. 1953, VersR **1954** 94, 95.
[12] *Willenberg*[4] Rdn. 8 f; *Koller*[2] Rdn. 3; BGH vom 6. 7. 1989, TranspR **1990** 58, 59 = VersR **1990** 181, 182.
[13] Zur Schadensliquidation im Drittinteresse siehe § 429 Rdn. 157 ff.
[14] BGH vom 29. 1. 1968, BGHZ **49** 356 ff.
[15] Siehe § 377 Rdn. 38 (*Koller*); *Karsten Schmidt* Handelsrecht[3] § 28 II 4 b (S. 720 f).
[16] BGH vom 6. 7. 1989, TranspR **1990** 58, 59 = VersR **1990** 181, 182.
[17] *Koller*[2] Rdn. 3. Ebenso *Willenberg*[4] Rdn. 8, der allerdings das dem Urteil des BGH vom 6. 7. 1989, TranspR **1990** 58, 59 = VersR **1990** 181, 182 zugrundeliegende Geschäft zu Unrecht als Streckengeschäft ansieht.
[18] BGH vom 28. 2. 1975, VersR **1975** 658, 659 (Versendung an ein Auslieferungslager des Herstellers); *Koller*[2] Rdn. 3; *Willenberg*[4] Rdn. 16.

und anderen Geschäften und selbstverständlich bei Transporten auf Grund unentgeltlicher Grundgeschäfte. In diesen Fällen besteht keineswegs eine Lücke in der KVO-Regelung[19], die unmittelbar zur Anwendung von § 430 Abs. 1 führt. Vielmehr bestimmt sich der Ersatz nach § 35 Abs. 2[20]. Das in dieser Vorschrift nicht näher spezifizierte Sachverständigenverfahren ist hierbei kein Hinderungsgrund[21]. Letztlich führt § 35 Abs. 2 allerdings materiell auf § 430 HGB. Er sieht zwar ein Verfahren vor, das in § 430 nicht geregelt ist, nimmt aber ohne eigene Definition auf den in § 430 Abs. 1 verwendeten Begriff des gemeinen Wertes Bezug, der im kaufmännischen Bereich dem gemeinen Handelswert entspricht; siehe dazu § 430 Rdn. ; für Gewährung von Spesen und Kosten *Koller*[2] Rdn. 6.

b) Einzelheiten zum Fakturenwert

11 Fakturenwert ist der Netto-Rechnungswert ohne Mehrwertsteuer. Die MWSt ist allerdings einzuschließen, wenn der Geschädigte nicht zum Abzug der Vorsteuern berechtigt ist[22]. Rabatte sind abzuziehen, Skonti dagegen nicht; *Willenberg*[4] Rdn. 10. Für die Ermittlung des Fakturenwertes kommt es nicht darauf an, ob der in der Faktura berechnete Preis über oder unter dem Herstellungspreis liegt. Daher hat der BGH im Urteil vom 28. 2. 1975, VersR **1975** 658, 659 beim Verlust einer Ladung Zeitschriften den Abgabepreis des Verlags zugrunde gelegt, obwohl dieser die Kosten der Herstellung nicht deckte. Ebensowenig ist ein höherer Wiederbeschaffungspreis zu berücksichtigen; *Willenberg*[4] Rdn. 12.

c) Entgangener Gewinn

12 Wenn § 35 Abs. 1 S. 1 KVO zusätzlich entgangenen Gewinn in Höhe von 10% des Fakturenwertes für ersatzpflichtig erklärt, so handelt es sich hierbei um den Weiterveräußerungsgewinn des Empfängers. Denn der Gewinn des Absenders ist im Fakturenwert bereits enthalten; siehe Rdn. 12. Durch die Gewährung des dem Empfänger entgangenen Gewinns wird daher die Differenz im Schadensersatz ausgeglichen, die im Vergleich mit § 430 HGB durch die Nicht-Zugrundelegung des Ablieferungsorts und der Situation des Empfängers als Weiterverkäufers entsteht. Ein solcher Gewinnentgang entsteht aber zumeist nicht, weil der Käufer einer Ware seine Abkäufer durch Ersatzlieferungen befriedigen kann, die er aus der Schadensersatzleistung des Frachtführers finanzieren kann, und ihm daher kein Geschäft entgeht; zutreffend *Willenberg*[4] Rdn. 30. War der KVO-Unternehmer im Auftrag des Käufers mit der Abholung betraut, dann gilt ebenfalls die Rechnung aus dem Kaufvertrag als Maßstab des Fakturenwerts; wie hier *Willenberg*[4] Rdn. 7; *Voigt* VP 1965, 55. Entgangener Gewinn kommt nur in Frage, wenn die Güter weiterveräußert werden sollten; *Willenberg*[4] Rdn. 27.

d) Spesen und Kosten bis zum Bestimmungsort

13 Spesen und Kosten sind ebenfalls nur zu ersetzen, soweit sie dem Geschädigten entstehen. Ist z. B. die Fracht im Fakturenwert bereits enthalten, so kann sie nicht nochmals berechnet werden[23]. Entstehen Fracht- oder Lagerkosten durch Beauftragung Dritter, hat der Frachtführer diese Kosten zu ersetzen. Fracht, Lagerkosten und Nebengebüh-

---

[19] So aber BGH vom 4. 11. 1955, VersR **1955** 756 f und OLG Hamm vom 4. 12. 1953, VersR **1954** 94, 95; *Willenberg*[4] Rdn. 17.
[20] Zutreffend *Koller*[2] Rdn. 5.
[21] Entgegen OLG Hamm vom 4. 12. 1953, VersR **1954** 94, 95; *Koller*[2] Rdn. 5.
[22] *Willenberg*[4] Rdn. 10.
[23] *Willenberg*[4] Rdn. 24; *Koller*[2] Rdn. 4.

ren, die der Frachtführer bereits erhalten hat, sind zurückzuerstatten, soweit sie der Geschädigte dem KVO-Frachtführer geschuldet hat; z. B. nach zwingendem Tarifrecht. Soweit durch den Verlust der Güter der Frachtanspruch entfällt, besteht kein Ersatzanspruch; siehe eingehender *Willenberg*[4] Rdn. 22.

Kosten bis zum Bestimmungsort können auch Steuern und Zölle sein[24]. Zölle oder **14** Steuern, die erst durch den Verlust des Gutes fällig werden, fallen nicht unter die Spesen und Kosten. Sie sind nicht ersatzfähige mittelbare Schäden[25].

Zu den Spesen und Kosten gehören ferner auch die **Kosten für die Beschaffung der 15 nach § 37 Abs. 2 zum Schadensnachweis erforderlichen Belege**[26]. Dagegen ausgesprochen hat sich *Koller*[2] in Anlehnung an seine zu Art. 23 Abs. 4 CMR entwickelte, aus der Entstehungsgeschichte des Art. 31 § 1 CIM alter Fassung begründete Lösung[27]. Ein Gesetz durch die zurückverfolgte Vorgeschichte eines Jahrzehnte später in Kraft getretenen anderen Gesetzes aus einem damals bestehenden dritten Gesetz auszulegen, ist methodisch jedoch nicht überzeugend. Auszugehen ist vielmehr vom Wortlaut und Zusammenhang der Bestimmung. Danach ist der Begriff der Kosten in § 35 Abs. 1 KVO nicht auf solche eingeschränkt, die den Wert des Gutes erhöhen, wie etwa Transportkosten. Prinzipiell kann man zwar davon ausgehen, daß nach der KVO mittelbarer Schaden wie nach § 430 HGB nicht zu ersetzen ist; siehe Rdn. 20. Die Kosten der Schadensfeststellung sind jedoch eine Folge des Verlustes oder der Beschädigung und beziehen sich auf die Ermittlung des unmittelbaren Schadens am Gut. Sie dienen nicht nur der Anspruchsdurchsetzung, sondern auch der späteren Verwertung beschädigter Güter und der Erlangung von den Güterwert ersetzenden Versicherungsleistungen. Sie sind daher wertmäßig dem unmittelbaren Güterschaden zuzuordnen[28]. Angesichts der starken Einschränkung des Schadensersatzes gegenüber §§ 249 ff BGB sollte § 35 nicht enger als erforderlich ausgelegt werden. Dem BGH ist daher zuzustimmen.

Wer die Spesen und Kosten aufgewendet hat, ist ohne Bedeutung; zutreffend *Wil-* **16** *lenberg*[4] Rdn. 23; i. E. auch OLG Hamburg vom 13. 7. 1950, VersR **1950** 164.

e) **Ersparte Kosten (§ 35 Abs. 1 S. 2 KVO)**

Die Anrechnung konkret ersparter Kosten entspricht § 430 Abs. 1 HGB und dem **17** ohnehin ergänzend anzuwendenden bürgerlich-rechtlichen Grundsatz der Vorteilsausgleichung[29]. Die dafür geltenden Grundsätze sind heranzuziehen. Inwieweit Anteile von Fixkosten in die Berechnung einzubeziehen sind, ist umstritten[30]. Maßgeblich muß sein, ob sie den betreffenden Gütertransporten eindeutig zugeordnet werden können; in der Regel daher keine Berücksichtigung. Kosten der Verwertung beschädigter Güter sind vom anzurechnenden Vorteil wieder abzuziehen; BGH vom 13. 12. 1968, NJW **1968** 893 = VersR **1969** 228 ff.

---

[24] LG Hamburg vom 25. 1. 1950 und OLG Hamburg vom 13. 7. 1950, VersR **1950** 164 f; *Willenberg*[4] Rdn. 23 mit weiteren Hinweisen.

[25] OLG Düsseldorf vom 12. 1. 1984, TranspR **1984** 106, 108; *Willenberg*[4] Rdn. 23; *Koller*[2] Rdn. 4 aaO.

[26] BGH vom 13. 12. 1968, NJW **1968** 893 = VersR **1969** 228, 230; *Willenberg*[4] § 32 KVO Rdn. 19.

[27] *Koller*[2] Rdn. 4 und Art. 23 CMR Rdn. 10; *Koller*[2] VersR **1989** 2, 5 ff.

[28] Siehe auch zur Möglichkeit ihrer Erstattung auf der Grundlage von § 32 dort Rdn. 8.

[29] BGH vom 4. 11. 1955, VersR **1955** 756, 757; *Willenberg*[4] Rdn. 25. Zur Anrechnung des Werts des Schrotts einer beschädigten Maschine siehe BGH vom 27. 4. 1967, VersR **1967** 897, 898.

[30] *Willenberg*[4] Rdn. 33 für ihre Einbeziehung; dagegen *Koller*[2] Rdn. 4.

3. Berechnung des Schadens nach dem Zeitwert (§ 35 Abs. 2)
a) Voraussetzungen der Berechnung nach dem Zeitwert

18 Für „Güter, die keinen Fakturenwert haben", wird der Schadensersatz nach dem Zeitwert berechnet. Hierunter fallen nach richtiger Auffassung alle Güter, über die keine Fakturen ausgestellt sind, also insbesondere bei Lieferungen zwischen verschiedenen Niederlassungen der gleichen Person, aber auch solche, die nicht zu Verkaufszwecken, sondern zu anderen Zwecken, z. B. für Ausstellungen, zur Vermietung oder zur Verarbeitung versandt werden. Für diese Güter kommt die Berechnung nach § 35 Abs. 1 nicht in Betracht, wenn man zu Recht davon ausgeht, daß Fakturenwert immer nur der konkrete auf den betreffenden Transport bezogene Preis aus dem zugrundeliegenden Verkaufsgeschäft ist. Es hat zwar nicht an Versuchen gefehlt, aus Markt- oder Listenpreisen einen fiktiven Fakturenwert zu bilden[31]. Dies ist aber nicht diskutabel; siehe Rdn. 7. Für den Ersatz von Schäden an diesen Gütern ist danach der Zeitwert nach § 35 Abs. 2 maßgeblich. Dieser entspricht im Ergebnis dem gemeinen Handelswert bzw. gemeinen Wert nach § 430 Abs. 1 HGB; siehe Rdn. 20, 22 . Jedoch werden Spesen und Kosten nach der Formulierung der KVO dann nicht zusätzlich ersetzt. Ferner ist fraglich, ob der gemeine Wert am Abgangsort (nach § 35 Abs. 1 KVO) oder am Bestimmungsort (nach § 430 HGB) maßgeblich sein soll. Durch die erstere Lösung können Verkürzungen der Haftung eintreten, weil der durch den Transport erzielte Wertzuwachs – falls in diesen Fällen überhaupt ein solcher entsteht – nicht erfaßt wird.

19 In der älteren Rechtsprechung, aber auch in neuerer Literatur[32] wurde versucht, dieses Problem durch **Uminterpretation des Gesetzes** zu lösen, indem die Formulierung „Güter, die keinen Fakturenwert haben" in § 35 Abs. 2 so zu lesen sei, als laute sie: „Güter, die nach ihrer Natur nicht geeignet sind, fakturiert zu werden". Danach würde für Handelsgüter, über die keine Faktura ausgestellt ist (Transporte zwischen Zweigstellen, vom oder zum Lager oder zur Vermietung; siehe Rdn. 10), aber fiktiv eine ermittelt werden könnte, die Anwendung von § 35 Abs. 2 ausgeschaltet. Da § 35 Abs. 1 aber mangels Faktura nicht angewendet werden kann, bestünde in der KVO-Regelung eine Lücke, was zur Anwendung von § 430 HGB führen würde. Diese willkürliche Uminterpretation des § 35 Abs. 2, die zwischen den Absätzen 1 und 2 des § 35 eine Lücke aufreißen soll, ist jedoch als unbegründet abzulehnen[33]. Um § 430 HGB anzuwenden, bedarf es dieser Auslegungsanstrengungen nicht. Man muß davon ausgehen, daß die gesamte Regelung des § 35 Abs. 1 (Fakturenwert, Spesen, Kosten, entgangener Gewinn) damit steht und fällt, daß eine reale Beziehung zwischen Wertersatz und zugrundeliegendem Kaufgeschäft besteht. Dies ist einleuchtend, weil der Kaufpreis – als durch den Markt ermittelter konkreter Verkäuflichkeitswert – ein geeignetes Bemessungsäquivalent für den Wertersatz ist. Fehlt es daran, kann die additive Wertermittlung nach § 35 zu keinen angemessenen Ergebnissen führen. Daher ist als Grundlage für den gemeinen Wert des nunmehr anwendbaren § 35 Abs. 2 auf § 430 HGB zurückzugreifen. Der Auffassung von *Koller*[2] Rdn. 5, man müsse auch bei Gütern, die keinen Fakturenwert haben, ein dem Gedanken des § 35 Abs. 1 KVO angenähertes Ergebnis anstreben, entbehrt der rechtspolitischen Begründung ihres positiven Wertes.

---

[31] BGH vom 4. 11. 1955, VersR **1955** 756; *Willenberg*[4] Rdn. 11 m. w. Hinweisen; dagegen *Koller*[2] Rdn. 3.

[32] OLG Hamm vom 4. 12. 1953, VersR **1954** 94, 95 und ihm folgend die Revisionsentscheidung des BGH vom 4. 11. 1955, VersR **1955** 756 f; zustimmend *Willenberg*[4] Rdn. 34; *Muth/Andresen/Pollnow* S. 233. Dagegen *Krabbe* VersR **1954** 95.

[33] *Koller*[2] Rdn. 5; siehe auch oben Rdn. 10.

Die Anwendung der §§ 35 Abs. 2 KVO, 430 HGB führt zu folgendem **Ergebnis**: Zu **20** ersetzen ist nur der gemeine Wert des verlorenen oder beschädigten Handelsguts; Spesen, Kosten und entgangener Gewinn werden nicht zusätzlich erstattet (siehe § 430 Rdn. 20). Da der in § 35 Abs. 2 genannte gemeine Wert bei Handelsgütern (ohne Fakturenpreis) der gemeine Handelswert ist und sich nach den Bedingungen der Handelsstufe des Geschädigten zu richten hat, entsprechen sich insoweit grundsätzlich der gemeine Wert in § 35 Abs. 2 und der gemeine Handelswert in § 430 HGB; siehe Rdn. 22. Fraglich ist, ob (der Sache nach) für die Wertbestimmung Ort und Zeit der Absendung (analog § 35 Abs. 1 KVO) oder der Bestimmungsort (§ 430 Abs. 1 HGB) maßgeblich sein sollen. Grundsätzlich ist es in individuellen Fällen richtig, daß ein Gut durch den Transport eine Werterhöhung erfährt; dies aber nur, weil es nach dem Verkaufsplan zu dem Abnehmer zu verbringen ist, der dafür den Preis zahlt. Fehlt es wie hier am Umsatzgeschäft, steht in keiner Weise fest, ob das Gut am Ort B innerhalb Deutschlands wertvoller ist als am Ort A. Bei der Berechnung des gemeinen Handelswerts besteht daher kein Grund zur Abweichung von § 430 HGB. Ebensowenig ist ein Grund für den Zuschlag von Spesen und Kosten zu sehen, die keine auch nur zu vermutende werterhöhende Wirkung haben. Entgangener Gewinn kann bei Gütern, die nicht verkauft werden, ohnehin nach § 35 weder angenommen noch bestimmt werden. Nicht einmal die Begrenzung auf 10 % des Fakturenwerts läßt sich bemessen. Es bleibt daher bei der unveränderten Anwendung von § 430 HGB[34].

Güter, die nicht Handelsgut sind, werden wie nicht fakturierte Handelsgüter **21** behandelt. Das Gesetz macht zwischen diesen beiden Gruppen keinen Unterschied in der Folgenbestimmung. Der Zeitwert, nicht der Fakturenwert, ist für sie maßgeblich, auch wenn über sie eine Rechnung ausgestellt ist. Da für sie eindeutig der gemeine Wert, nicht der Fakturenwert maßgeblich ist, können individuelle Besonderheiten des Falles nicht berücksichtigt werden. Auch bei diesen Gütern führt daher § 430 HGB zu einem pauschalen Verfahren mit vertretbaren Ergebnissen.

b) Berechnung des Zeitwertes (gemeinen Wertes); § 35 Abs. 2

Die Ausdrücke „Zeitwert" = „gemeiner Wert" entsprechen den in § 430 Abs. 1 HGB **22** verwendeten. Bei Handelsgütern, die keinen Fakturenwert haben, entspricht der gemeine Wert dem „gemeinen Handelswert" des § 430 Abs. 1. Wie in § 430 Abs. 1 HGB ist in § 35 Abs. 2 KVO der Verkäuflichkeitswert zugrunde zu legen[35]. Somit kann auf Rdn. 11 zu § 430 verwiesen werden. Da in § 35 Abs. 2 KVO der Verkäuflichkeitswert in der Person des Geschädigten zugrunde gelegt wird, kann kein zusätzlich entgangener Gewinn berücksichtigt werden. Jedoch sind ersparte Kosten nach dem Grundsatz der Vorteilsausgleichung auch hier abzuziehen[36].

c) Sachverständigenverfahren

Das in § 35 Abs. 2 vorgesehene Sachverständigenverfahren ist kein schiedsrichterli- **23** ches Verfahren nach §§ 1025 ff ZPO. Es dient nur der Schadensfeststellung; der Richter ist an die Sachverständigenfeststellungen nicht gebunden. Nach zutreffender Auffassung

---

[34] Wie hier insoweit *Willenberg*[4] Rdn. 36; *Muth/Andresen/Pollnow* Anm. 3 (S. 234); a. A. *Koller*[2] Rdn. 5.

[35] Siehe beiläufig BGH vom 28. 2. 1975, VersR **1975** 658, 659 = DB **1975** 1073 f; zutreffend *Voigt* VP **1965** 55; *Willenberg*[4] Rdn. 38; zu § 430 HGB siehe dort Rdn. 26.

[36] Siehe zu § 430 HGB Rdn. 32. Zu § 35 Abs. 1 KVO siehe BGH vom 27. 4. 1967, VersR **1967** 897, 899 (Anrechnung des Schrottwertes einer beschädigten Maschine, nicht des Teilwerts unbeschädigt gebliebener Teile).

ist das Sachverständigenverfahren nicht zwingend; insoweit entsprechend der ausdrücklichen Vorschrift des § 35 Abs. 3 S. 1. In Fällen, in denen der Wert ohne Sachverständige leicht festgestellt werden kann, ist das Sachverständigenverfahren gänzlich entbehrlich. Das Gericht kann aufgrund eigener Sachkenntnis entscheiden; zutreffend *Willenberg*[4] Rdn. 42. Sachlich bringt diese Verfahrensvorschrift keinen Unterschied zu § 430 HGB.

III. Wertersatz bei Teilschäden (§ 35 Abs. 3)

24 § 35 stellt in Gestalt des Fakturenwertes (Abs. 1) und des gemeinen Werts (Abs. 2) nur Haftungsgrenzen auf, die sich am Totalverlust orientieren. Im Falle des Totalverlustes deckt sich diese Grenze mit dem zu ersetzenden Schaden. Für Beschädigung und Teilverlust stellt Abs. 3 besondere Regeln für die Bemessung des zu ersetzenden Werts auf.

1. Teilbeschädigung
a) Begriff

25 § 35 Abs. 3 trifft Sonderregelungen für die Wertfeststellung im Falle einer teilweisen Beschädigung einer Sendung. Dieser ungenaue Begriff soll wohl jede Art von Beschädigung umfassen: sowohl die eines Teils der Sendung als auch die der ganzen Sendung. Denn für den letzteren Fall sieht die KVO keine spezielle Regelung vor. Wahrscheinlich wird insoweit der Begriff der Teilbeschädigung im Gegensatz zur Totalbeschädigung zu sehen sein[37], die jedoch allgemein unter den frachtrechtlichen Begriff „Verlust" fällt; dazu § 429 Rdn. 20 f.

b) Sendung

26 Ist kein Frachtbrief ausgestellt, ist eine Sendung die unter dem gleichen Vertrag versandte Menge von Gütern[38]. Zum Fall des Teilverlustes siehe Rdn. 31; zur Schadensberechnung bei Teilschäden siehe Rdn. 36.

c) Minderwert

27 § 35 Abs. 3 KVO beschränkt den Schadensersatz auf den Minderwert des beschädigten Teils der Sendung[39]. Minderwert ist die Differenz zwischen dem realen Wert im geschädigten Zustand und dem für den Fall des Totalverlustes nach Abs. 2 maßgeblichen gemeinen Wert. Zwar wäre es auch möglich, bei Handelsgütern, die einen Fakturenwert im Sinne von § 35 Abs. 1 haben, die Differenz zu diesem zugrundezulegen. Die allgemeine Auffassung in Literatur und Rechtsprechung geht jedoch in allen Fällen vom gemeinen Wert aus[40]. Die Bezugnahme auf den „tatsächlichen" Schaden in Abs. 3 S. 2 legt diese Auslegung nahe. Somit wird der Zeitwert (gemeine Wert) der Sendung oder des Sendungsteils mit dem Restwert nach Schädigung verglichen. Fraglich ist hierbei, welcher Restwert anzusetzen ist. Sinnvollerweise wird man als Ort der Bewertung den gleichen wie bei Totalverlust anzunehmen haben, also nach hier in Rdn. 18 ff vertretener Auffassung entsprechend § 430 HGB der Wert am Bestimmungsort. Der Wert des geschädigten Gutes bestimmt sich ebenso wie der Wert vor der Schädigung nach dem Bestimmungsort[41]. Maßgebend für die Schadensberechnung ist der Zeitpunkt des Schadensaus-

---

[37] *Willenberg*[4] Rdn. 43.
[38] Zu diesem Begriff siehe § 430 Rdn. 47 ff; § 20 KVO.
[39] Während § 430 HGB das Problem des überproportionalen Schadens an der Sachgesamtheit der Sendung nicht regelt; siehe § 430 Rdn. 51.
[40] OLG Düsseldorf vom 14. 6. 1973, VersR **1973** 1163; OLG Düsseldorf vom 6. 9. 1973, VersR **1975** 232, 234; *Willenberg*[4] Rdn. 55; a. A. *Koller*[2] Rdn. 7.
[41] *Willenberg*[4] Rdn. 55. A. A. *Koller*[2] Rdn. 7 (Versandort).

gleichs, also z. B. der Reparatur oder der Ersatzbeschaffung; BGH vom 27. 4. 1967, VersR **1967** 897, 898.

Bei **Beschädigung des (gesamten) Guts** ist der konkrete Schaden nachzuweisen. **28**
§ 35 Abs. 3 KVO schließt Naturalrestitution und Ersatz der Reparaturkosten aus[42]. Zu ersetzen ist aber der **technische Minderwert**[43], wenn der Schaden sich nicht oder nicht voll beseitigen läßt, aber auch wenn der Geschädigte die Sache nicht reparieren läßt. Der technische Minderwert besteht bei reparaturfähigen Sachen (d. h. wenn kein Totalschaden vorliegt) in der Regel zunächst in Höhe der erforderlichen Reparaturkosten[44]. Wenn man berücksichtigt, daß sie als Indiz für die Wertminderung in Betracht kommen, ist die Rechtsprechung des BGH insoweit nicht zu beanstanden[45]. Jedenfalls wenn die Reparaturunwürdigkeit nach dem Kenntnisstand nach Schädigung angenommen werden mußte, kommt stattdessen Totalschaden in Betracht, der gem. § 35 Abs. 1 im Fakturenwert besteht; BGH vom 27. 4. 1967, VersR **1967** 897, 898. Das gilt auch dann, wenn die Maschine sich nachträglich doch als reparierbar herausstellt, weil der Geschädigte sie auf eigene Kosten und eigenes Risiko doch wieder instand setzt. Allerdings stellt sich in solchen Fällen wegen des Restwertes der beschädigten Maschine die Frage nach der Vorteilsanrechnung. Der Geschädigte darf den beschädigten Gegenstand nicht reparieren lassen, wenn die Kosten den nach § 35 Abs. 1 bzw. 2 zu ersetzenden Fakturenwert oder gemeinen Wert übersteigen würden. Denn in diesen Fällen liegt ein wirtschaftlicher Totalschaden vor, für den Abs. 3 nicht gilt[46].

Auch der **merkantile Minderwert** ist in bestimmten Fällen zu ersetzen[47], wenn nach **29**
Beseitigung aller technischen Schäden noch ein Wertverlust im Handel bleibt[48]. Er ist kein ideeller, sondern ein materieller, unmittelbarer Schaden. Dies wird bei Gütern, die zum Verkauf bestimmt sind, ganz deutlich, kann aber bei anderen Gütern ebenfalls nicht anders entschieden werden. Denn der Geschädigte muß so gestellt werden, daß er in der Verwendung des Gutes freibleibt. Die KVO rechtfertigt keine gegenteilige Lösung.

d) Auswirkungen auf den Gesamtwert der Sendung

Bei Beschädigung eines Teils der Sendung sind die Auswirkungen dieser Schäden auf **30**
den Gesamtwert dieser Sendung nicht zu berücksichtigen[49]. Was in diesem Zusammenhang als „Teil" anzusehen ist, wird allerdings in § 35 Abs. 3 KVO nicht genauer bestimmt. Teilweise treffen hierfür die zu § 35 Abs. 4 gemachten Ausführungen im Urteil des BGH vom 7. 5. 1969, VersR **1969** 703 ff zu. Danach kommt es (für die Berechnung der gewichtsmäßigen Haftungsgrenze) nicht auf die Verpackungseinheiten (Ballen mit Fellen), sondern auf die einzelnen Stücke (einzelne Felle) an. Trotz eingehender

---

[42] BGH vom 13. 2. 1980, VersR **1980** 522, 523 = NJW **1980** 2021; Willenberg[4] Rdn. 53; wohl auch Koller[2] Rdn. 7.
[43] Eingehend Willenberg[4] Rdn. 49 ff.
[44] Insoweit von BGH vom 13. 2. 1980, VersR **1980** 522, 524, anerkannt, als die Reparaturkosten im Wertminderungsanspruch eingeschlossen sind. Die ältere Rechtsprechung ging in unklarer Weise von der unmittelbaren Erstattung der Reparaturkosten aus; in der Sache kein großer Unterschied: OLG Hamburg vom 17. 11. 1983, TranspR **1984** 9; OLG Düsseldorf vom 6. 9. 1973, VersR **1975** 232, 234 (einschließlich Unternehmergewinn bei Instandsetzung der beschädigten Sache durch den Geschädigten selbst); nach erfolgloser Prüfung der Reparaturfähigkeit auch stattdessen die Neu-

anschaffungskosten und die Kosten der erforderlichen Montagen.
[45] Koller[2] Rdn. 7; zu kritisch insoweit Willenberg[4] Rdn. 53.
[46] Beiläufig wohl gegen diese Auffassung OLG Hamburg vom 17. 11. 1983, TranspR **1984** 9.
[47] OLG Hamburg vom 17. 11. 1983, TranspR **1984** 9; OLG Frankfurt vom 15. 1. 1991, NJW-RR **1991** 670; Heuer Haftung des Frachtführers nach der CMR, **1975** 121; Willenberg[4] Rdn. 57 f; Muth/Andresen/Pollnow S. 235. Siehe auch § 430 Rdn. 27.
[48] OLG Hamburg vom 17. 11. 1983, TranspR **1984** 9.
[49] Koller[2] Rdn. 8.

Begründung klärt die Entscheidung nicht vollständig, nach welchen Kriterien eine Sendung in Teile aufzugliedern ist. Möglich wäre, auf den Begriff der Teilbarkeit in § 752 BGB zurückzugehen. Dieser Begriff kann jedoch auf § 35 KVO nicht übertragen werden, weil in § 752 BGB die Teilbarkeit jede Teilung ausschließen soll, die zur Wertminderung der Sachgesamtheit führt. In § 35 KVO soll dagegen gerade in Fällen, in denen die Sachgesamtheit eine Wertminderung erleidet, diese Wertminderung vom Ersatz ausgeschlossen werden. Zweckmäßiger ist demnach von einer sachenrechtlichen Betrachtungsweise auszugehen. „Teile" einer Sendung müssen selbständige Sachen sein. Damit ist bei Beschädigung von Bestandteilen die Gesamtsache beschädigt[50]. Bestimmend ist danach die Verkehrsauffassung, die auch eine wirtschaftliche Betrachtungsweise zuläßt. Zusammen verpackte Sachen sind danach ein „Teil" der Sendung, wenn sie nur zusammen handelsfähig sind (z. B. Gebinde mit Lebensmittel-Kleinpackungen; zusammengehörige Werkzeugsätze u. dgl.). Siehe zu der hiermit verwandten Frage, wann Beschädigungen und wann Teilverlust vorliegt; § 430 Rdn. 46 ff.

2. Teilverlust

31 Teilverlust und Teilbeschädigung sind an sich zu unterscheiden; § 430 HGB 46 ff. Jedoch muß in § 35 KVO davon ausgegangen werden, daß beide entsprechend zu behandeln sind. Das Urteil des BGH vom 7. 5. 1969, VersR **1969** 703 ff behandelt Teilverlust und Teilbeschädigung, die im betreffenden Fall nebeneinander vorlagen, unterschiedslos nach gleichen Grundsätzen. Zumindest bei der summenmäßigen Haftungsbegrenzung des § 35 Abs. 4 kann der Formulierung des Textes entnommen werden, daß die Haftungsbeschränkung sich am Gewicht des verlorenen Teils orientiert. Da auch für Teilbeschädigungen die wertmäßige Haftungsbegrenzung des § 35 Abs. 3 sich nur nach dem Wert des beschädigten Teils richtet, ist für Teilverlust ebenso zu verfahren[51]. Maßgebend ist also nur der Wert des verlorenen Teils einer Sachgesamtheit. Ist dagegen ein Bestandteil einer einheitlichen Sache verloren gegangen, so liegt eine Beschädigung der Gesamtsache vor, deren Wert dann die Haftungsgrenze bildet.

3. Verfahren

32 Nach § 15 Abs. 3 S. 2 ist der tatsächliche Schaden zugrunde zu legen. Die maßgebliche Methode ist also die konkrete Schadensberechnung. Im Nichteinigungsfalle ist ein Sachverständigenverfahren vorgesehen. Es ist nicht zwingend vorgeschrieben, die Parteien können wirksam auf seine Durchführung verzichten[52].

4. Übernahmerecht für beschädigte Güter (§ 35 Abs. 3 Satz 3, 4)

33 Das Übernahmerecht besteht nur bei „voller Ersatzleistung". Darunter ist nicht schon die Ersatzleistung im Rahmen der Grenzen des § 35 Abs. 4 zu verstehen, sondern die Ersatzleistung nach Maßgabe der §§ 249 ff BGB. Eine Übernahmepflicht besteht nicht; d. h., daß der Frachtführer, wenn der Empfänger trotz ordnungsgemäßer Schadensfeststellung (§ 37) die Annahme beschädigter Güter verweigert, diese Verweigerung als Ablieferungshindernis nach § 28 KVO behandeln kann[53]. Das Übernahmerecht des

---

[50] Siehe z. B. den Fall OLG Düsseldorf vom 14. 6. 1973, VersR **1973** 1163, 1164 (Beschädigung eines Konstruktionsteils einer Maschine); wie hier *Voigt* VP **1961** 8. Siehe zu der Frage, wann eine sonderrechtsfähige Sache und wann ein Bestandteil vorliegt, die Kommentarliteratur zu § 93 BGB, insbesondere die listenmäßige Aufstellung bei *Palandt/Heinrichs*[52] § 93 Rdn. 5 ff.

[51] Zutreffend *Muth/Andresen/Pollnow* Anm. 5, S. 236; *Voigt* VP **1961** 8.

[52] OLG Hamburg vom 17. 11. 1983, TranspR **1984** 9 f; siehe auch Rdn. 23.

[53] Zutreffend *Züchner*, VersR **1963** 618 ff; *Willenberg*[4] Rdn. 64.

Frachtführers setzt voraus, daß das Gut in rechtmäßiger Weise verwertet werden kann[54]. Markenhersteller können die Übernahme beschädigter Produkte nicht mit der Begründung verweigern, ihr Absatz schade ihrem Markenansehen; dies gilt zumindest, wenn die Ware ohne Hinweis auf den Hersteller verwertbar ist. Der übernehmende Frachtführer kann wegen Mängeln der beschädigten Ware keine kaufrechtlichen Ansprüche geltend machen[55].

IV. Summenmäßige Begrenzung nach Rohgewicht (§ 35 Abs. 4)

1. Die Haftungsbeschränkung nach Gewicht im Vergleich mit ähnlichen Regelungen

Die Beschränkung der Haftung nach äußerlich gegebenen Merkmalen, insbesondere nach Gewicht, ist eine auch in anderen Bereichen des Frachtrechts übliche Methode der Haftungsbegrenzung. Im Vergleich zu anderen Regelungen ist die KVO-Haftungsgrenze relativ hoch[56]. Im Gegensatz zu anderen Regelungen (Art. 24 CMR; Art. 31 CIM; § 90 EVO; Art. 22 Abs. 2 S. 2 WA; § 46 Abs. 2 LuftVG) sieht die KVO keine Möglichkeit der Deklarierung eines höheren Wertes vor. Der Schutz gegen höhere Schäden kann daher bei der Güterfernbeförderung durch Kraftfahrzeuge nur durch entsprechende (Güter-)Transportversicherung erreicht werden. Wie bei anderen Haftungsbeschränkungen hat der KVO-Frachtführer zu behaupten und beweisen, daß ihre Voraussetzungen gegeben sind[57]. **34**

2. Rohgewicht

Unter Rohgewicht ist das Bruttogewicht der Sendung (Nettogewicht plus Tara) zu verstehen[58]. **35**

3. Teilschäden

§ 35 Abs. 4 bezieht sich auf das Kilogramm „des in Verlust geratenen oder beschädigten Rohgewichts". Die Haftungsgrenze ist also nicht nach dem Gesamtgewicht der Sendung, sondern nach dem Gewicht der verlorenen oder beschädigten Teile zu berechnen. Wird z. B. beim Transport eines Druckers das 500 kg schwere Hauptteil beschädigt, bemißt sich die Haftungsgrenze nach dessen Gewicht auf 40 000 DM; OLG Frankfurt vom 2. 12. 1975, VersR **1976** 655, 656. Bei Teilverlusten, die keine andere Ladungsteile erfassenden Entwertungsfolgen haben, ist die Haftungsgrenze leicht zu bestimmen, da nur vom effektiv verlorenen Teil der Sendung auszugehen ist[59]. Werden dagegen einzelne Teile aus Packungen oder Paletten beschädigt oder gehen Teile aus einer Sachgesamtheit verloren, die dadurch ihren Wert verliert, kommt der Frage, welche Teile des Guts als beschädigte Sachen anzusehen sind, beträchtliche Bedeutung zu. Je größer die zusammengehörige Sachgesamtheit angenommen wird, desto höher wird die nach dem **36**

---

[54] Siehe zur Frage, in welchem Umfang angetautes Speiseeis und Tiefkühlkost noch verwertbar ist, OLG Schleswig vom 18. 3. 1983, TranspR **1983** 148 f; *Willenberg*[4] Rdn. 61 ff.

[55] LG Frankfurt vom 25. 11. 1983, TranspR **1984** 135 f; *Willenberg*[4] Rdn. 63.

[56] Siehe § 430 HGB Rdn. 5; als praktisches Beispiel BGH vom 6. 7. 1989, TranspR **1990** 58, 59 = VersR **1990** 181, 182 (Luftrecht/KVO).

[57] Beispiel: OLG Düsseldorf vom 20. 6. 1985, TranspR **1985** 254, 256.

[58] Siehe insbesondere BGH vom 7. 5. 1969, VersR **1969** 703, 704; BGH vom 30. 1. 1981, BGHZ **79** 302 ff = TranspR **1981** 129 f = VersR **1981** 473, 474 (zu Art. 23 CMR); *Willenberg*[4] Rdn. 65.

[59] Beispiel: ein Karton mit Wollpullovern aus einer größeren Sendung wird nach seinem Gewicht entschädigt; OLG Frankfurt vom 7. 6. 1977, OLGZ **1978** 208, 211.

Gewicht bemessene Haftungsgrenze. Dagegen wird in § 35 Abs. 3 allenfalls der überproportionale Wertverlust der Sachgesamtheit von der Haftung ausgeschlossen.

37 Der BGH hat sich im Urteil vom 7. 5. 1969, VersR **1969** 703 ff[60] eingehend mit dem **Problem der Bestimmung der Haftungsgrenzen des § 35 Abs. 4 bei Teilverlust und Teilbeschädigung** auseinandergesetzt. Danach kommt es bei in Ballen verpackten Rohfellen nicht auf die Packungseinheit an. Maßgeblich ist vielmehr das einzelne Fell zuzüglich eines anteiligen Taragewichts. Sachlich abweichend hat der BGH jedoch zu einen entsprechenden CMR-Fall entschieden[61]: Sind mehrere Teile verloren, werden nicht die kg-Grenzen der einzelnen Teile, sondern wird das Gesamtgewicht der verlorenen Teilladung der Berechnung zugrundegelegt. Liegt der kg-Wert einzelner verlorener Teile unter der Entschädigungsgrenze, hat dies keinen Einfluß auf die nach dem Gesamtverlust zu berechnende Entschädigungsgrenze. Diese Grenze wird ausgeschöpft, wenn der Durchschnittswert wegen des Verlustes relativ wertvoller Teile über dieser Grenze liegt. Mit der Rechtsprechung des BGH ist im übrigen nicht abschließend gesagt, daß nicht Packungseinheiten doch als beschädigte Teile anzusehen sind, soweit die Verkehrsanschauung in ihnen einheitliche Sachen sieht[62]. Eine einheitliche Grenzziehung ist hierbei kaum denkbar. So ist z. B. die einzelne Zigarette jedenfalls nur Bestandteil der Packung, wohl auch die einzelne Packung innerhalb einer Stange mit Zigarettenschachteln. Bei großen Gebinden ist die Rechtslage zunehmend zweifelhaft. Die Haftungsgrenze des § 54 a Nr. 2 ADSp wird nach dem jeweils beschädigten Kollo berechnet. Auch damit sind freilich die Probleme nicht ausgeräumt[63].

4. Wirkung der Haftungsbegrenzung

38 Die nach § 35 Abs. 4 KVO bestimmte Haftungssumme begrenzt die Schadensersatzschuld des KVO-Frachtführers. Sie stellt die oberste Grenze der Gesamtentschädigung dar. Über diese hinaus sind auch weder Kosten und Spesen noch entgangener Gewinn nach § 35 Abs. 1 zu ersetzen. Zinsansprüche können jedoch nach den allgemeinen Grundsätzen über die Verzinsung von Schulden zusätzlich geltend gemacht werden; *Willenberg*[4] Rdn. 69 f. § 35 Abs. 4 begrenzt auch die Vermögensschadenhaftung nach § 31 KVO mit Ausnahme des § 31 Abs. 1 d; siehe § 36 KVO. Eine Möglichkeit, die Haftungssumme durch Wertdeklaration zu durchbrechen, ist in der KVO nicht vorgesehen.

§ 36
Begrenzung der Ersatzpflicht

¹Ist auf Grund der §§ 29–34 Ersatz zu leisten, so wird in keinem Falle, und zwar auch nicht beim Zusammentreffen verschiedener Schadensursachen, mehr als für gänzlichen Verlust des Gutes ersetzt. ²Das gilt jedoch nicht für Schäden der in § 31 (1) d) bezeichneten Art, für die in jedem Fall Ersatz beansprucht werden kann.

I. Allgemeines, Rechtsnatur der Haftungsbegrenzung des § 36

1 § 36 KVO stellt für Schäden, die nicht unmittelbar die beförderten Güter betreffen, eine Begrenzung der Ersatzpflicht auf, die sich an § 35 KVO orientiert. Die Haftungs-

---

[60] Dem Urteil vom 7. 5. 1969 hat ein Teil der Literatur zugestimmt: *Willenberg*[4] Rdn. 67; *Piper*[6] Rdn. 262; *Muth/Andresen/Pollnow* Anm. 5 (S. 236). Dagegen haben sich ausgesprochen: *Goltermann* VRS **37** 100; *Roesch* VP **1977** 190 ff; derselbe, VersR **1978** 304.

[61] BGH vom 30. 1. 1981, BGHZ **79** 302 ff = TranspR **1981** 129 f = VersR **1981** 473, 474.
[62] Zustimmend *Koller*[2] Rdn. 8; *Willenberg*[4] Rdn. 68.
[63] Siehe § 54 ADSp, Anh. I nach § 415 Rdn. 15 ff.

grenze des § 36 unterscheidet sich strukturell von der des § 35. Während sich die Haftungsbegrenzung in § 35 nach dem konkreten Schaden berechnet, legt § 36 den fiktiv-abstrakt nach § 35 zu berechnenden Höchstbetrag zugrunde. In § 36 wird der gedachte Fall des Totalverlusts des verspäteten Gutes[1] der Berechnung zugrunde gelegt, ohne daß überhaupt Schäden am Gut entstanden sein müßten. Der auf diese Weise berechnete Höchstbetrag der Haftung stellt dann eine rein rechnerisch ermittelte summenmäßige Haftungsbegrenzung dar. § 36 stellt eine **allgemeine obere Haftungsgrenze** für alle Arten von Ansprüchen auf. Erforderlich ist mindestens, daß die gemeinsam begrenzten Ansprüche bei Ausführung einer Beförderungsleistung verursacht sind. Dies ist zwar im Gesetz nicht gesagt, ergibt sich aber aus dem Fehlen jeden anderen Bezugspunktes. Die Formulierung „und zwar auch nicht beim Zusammentreffen verschiedener Schadensursachen" läßt den Schluß zu, daß § 36 nicht auf ein Schadensereignis bezogen ist. Aus § 36 läßt sich ableiten, daß alle anderen Haftungsgrenzen der §§ 29–34 KVO gemeinsam unter der Obergrenze der Verlustentstehung stehen; *Willenberg*[4] Rdn. 2, 10.

Eine **Ausnahme von der generellen Wirkung als Obergrenze** macht nur § 36 S. 2. **2** Nachnahmeschäden können also im Rahmen der in § 31 Abs. 1 d vorgesehenen Höchstgrenze von 5000 auch geltend gemacht werden, wenn zusammen mit anderen Schäden die Grenze des § 36 S. 1 überschritten wird; *Willenberg*[4] Rdn. 9

§ 36 gilt **auch bei Vorsatz** des Frachtführers und seiner Gehilfen[2]. Nach h. M. ist die **3** Vorschrift auf Ansprüche aus unerlaubter Handlung nicht anzuwenden; siehe § 429 Rdn. 285 ff.

II. Anwendungsfälle

§ 36 erfaßt vor allem die Haftung nach § 31 Abs. 1 a bis c KVO. Die Haftungsbegrenzung **4** nach § 36 tritt in diesen Schadensfällen neben die des § 31 Abs. 2 S. 1 KVO. Die jeweils niedrigere Grenze ist maßgeblich. Für Schäden durch Fehler bei der Einziehung von Nachnahmen (§ 31 Abs. 1 d) ist dagegen nur die in § 31 Abs. 2 S. 2 festgelegte Grenze von 5000 DM maßgeblich. Nach § 36 S. 2 unterliegt dieser Haftungsfall nicht der Begrenzung des § 36 S. 1. Betroffen sind ferner die ersatzfähigen Kosten und Aufwendungen nach § 32, die durch § 36 in die Berechnung des Gesamtschadens einbezogen werden müssen[3]. Für reine Güterschäden (§§ 29, 33) ist § 36 nur von Belang, wenn das Gut durch mehrere unabhängige Schadensereignisse geschädigt wird und die Summe der Entschädigungen die Grenzen für einen Totalschaden übersteigt. Ansonsten greift bei ihnen ohnehin die Haftungsbegrenzung des § 35, insbesondere Abs. 4 ein. Treffen Güterschäden mit (selbständigen) Vermögensschäden im Sinne des § 31 Abs. 1 a–c zusammen, so wird der Schaden nach § 36 nur ersetzt, soweit er sich im Rahmen der nach § 35 zu berechnenden Entschädigung für Totalverlust hält. Es muß sich aber um Schäden handeln, die im Zusammenhang mit der Beförderung „des" Gutes, also desselben Beförderungsgegenstandes entstanden sind.

---

[1] Nicht der gesamten Sendung, wenn nur ein Teil nicht verspätet abgeliefert wird; a. A. *Koller*[2] Rdn. 2; zustimmend zu *Koller*[2] in einem Fall des Verlustes der Gesamtsendung OLG Frankfurt vom 28. 8. 1992, TranspR **1993** 102 f.

[2] Siehe § 35 Rdn. 1; *Koller*[2] Rdn. 1; **a. A.** *Willenberg*[4] Rdn. 1.

[3] Siehe dazu § 32 KVO Rdn. 2; *Willenberg*[4] Rdn. 6; *Koller*[2] Rdn. 2.

§ 37
Verfahren in Schadensfällen

(1) Wird ein gänzlicher oder teilweiser Verlust oder eine Beschädigung des Gutes von dem Unternehmer entdeckt oder von dem Verfügungsberechtigten behauptet, so ist die Ursache und nach Möglichkeit der Zeitpunkt des Schadens ohne Verzug durch den Unternehmer schriftlich festzustellen.

(2) Bei Schadensersatzansprüchen sind die erforderlichen Nachweise über die Ursache und Höhe des Schadens von den Anspruchstellern zu liefern. Insbesondere ist der Frachtbrief vorzulegen. Zwecks Feststellung der Höhe des Schadens sind vorhandene Fakturen sowie Schadensrechnung und sonstige den Ersatzanspruch erweisende Belege durch den Anspruchsteller vorzulegen.

(3) Die Ersatzleistung wird nach Beibringung der vorgenannten Belege, sofern sie die Ersatzpflicht des Unternehmers erweisen, spätestens innerhalb 14 Tagen vorgenommen.

(4) Der Verfügungsberechtigte kann das Gut ohne weiteren Nachweis als verloren betrachten, wenn es nicht innerhalb eines Monats nach Ablauf der Lieferfrist abgeliefert oder zur Abholung bereitgestellt worden ist.

(5) Der Ersatzpflichtige leistet Schadensersatz in Geld, sofern in den vorstehenden Bestimmungen nichts anderes gesagt ist.

Übersicht

	Rdn.		Rdn.
I. Überblick	1	IV. Fälligkeit des Ersatzanspruches (§ 37 Abs. 3)	13
II. Schadensfeststellung (§ 37 Abs. 1)	2	V. Nachweis des Verlustes (§ 37 Abs. 4)	14
1. Schadensfeststellungspflicht des Unternehmers	2	VI. Schadensersatz nur in Geld (§ 37 Abs. 5)	15
2. Verfahren der Schadensfeststellung	6		
3. Kostentragung	7		
III. Schadensnachweis (§ 37 Abs. 2)	8		

I. Überblick

1 § 37 KVO enthält unterschiedliche Regelungen, die nur zum Teil verfahrensrechtlicher Natur sind. Abs. 1 regelt die Pflicht zur Schadensfeststellung. Abs. 2, 4 treffen Sonderregelungen für die Beweisführung im Schadensfalle. Abs. 3 befaßt sich mit der Fälligkeit der Schadensersatzforderung. Abs. 5 betrifft den Inhalt des Ersatzanspruchs (Geldersatz); siehe § 35 KVO Rdn. 4. Zur Frage, wem die Ersatzansprüche zustehen, siehe § 429 HGB Rdn. 140 ff. Besondere praktische Bedeutung erlangt § 37 im Zusammenhang mit § 39 KVO.

II. Schadensfeststellung (§ 37 Abs. 1)
1. Schadensfeststellungspflicht des Unternehmers

2 Nach § 37 Abs. 1 trifft bei Güterschäden (Verlust oder Beschädigung; § 29 KVO Rdn. 3, 6) den KVO-Frachtführer die Pflicht zur Feststellung von Schadensursache und Schadenszeitpunkt, wenn er den Schaden entdeckt oder wenn der Verfügungsberechtigte (siehe § 27 Rdn. 1, 6 ff, 30 KVO) einen Schaden behauptet. Die Feststellungspflicht besteht auch, wenn die Behauptung des Schadens durch den Verfügungsberechtigten

sich als unzutreffend erweist[1]. Die Behauptung kann formlos erhoben werden[2]. Jedoch muß mindestens der Schaden in allgemeiner Form bezeichnet werden[3]. Unzureichend sind daher inhaltsarme Standardvermerke und Stempel[4]. Der KVO-Frachtführer hat kein Recht auf Vornahme der Schadensfeststellung. Allerdings kann der Ersatzberechtigte Nachteile erleiden, wenn er dem Frachtführer die Schadensfeststellung nicht ermöglicht. Dem KVO-Versicherer wird jedoch durch § 38 Abs. 2 KVO ein Mitwirkungsrecht bei der Schadensfeststellung eingeräumt; siehe dort Rdn. 12.

Die **Verletzung der Feststellungspflicht** führt vor allem zu einer Beweiserschwerung für den KVO-Frachtführer. Führt die Unterlassung der Schadensfeststellung dazu, daß Ursache und Zeitpunkt nicht mehr aufklärbar sind, so muß der KVO-Frachtführer die für ihn ungünstigere Möglichkeit gegen sich gelten lassen. Schadensursache und Schadenszeitpunkt können im Rahmen der Gewährhaftung nach §§ 29 ff KVO vor allem wegen der haftungsausschließenden und -beschränkenden §§ 30, 34 KVO von Bedeutung sein. Für das Vorliegen dieser Voraussetzungen trägt ohnehin der Unternehmer die Beweislast und erschwert sich den Nachweis selbst durch die Unterlassung der Schadensfeststellung. Als weitere Folge kann sich der KVO-Frachtführer auf das Erlöschen der Ansprüche wegen unbeanstandeter Annahme des Gutes durch den Empfänger (§ 39 Abs. 1) nicht berufen, wenn er selbst schuldhaft die Schadensfeststellung versäumt hat[5].

Die **Behauptung eines Schadens an der Verpackung** ist nicht ohne weiteres zugleich eine die Schadensfeststellung begründende Schadensbehauptung[6]. Dies hängt vielmehr vom Einzelfall ab. Entscheidend ist dabei zunächst, ob aus der Art der Beschädigung der Verpackung darauf geschlossen werden kann, daß das Gut an Wert verloren haben könnte. Das ist einmal der Fall, wenn die Verpackung Teil eines Verkaufskonzepts ist (z. B. Originalverpackung von Markenartikeln oder für den Weiterverkauf oder -transport erforderliche Schutzverpackung); weiter aber auch, wenn nach Art des Verpackungsschadens naheliegt, daß das Gut beschädigt sein könnte[7]. Grundsätzlich bedeutet die Zuweisung der Schadensfeststellungspflicht an den Frachtführer, daß er, falls eine Schadensfeststellung erforderlich ist, das Risiko des Öffnens der Verpackung zu tragen hat, und zwar nicht nur, wenn diese Beschädigung in Abwesenheit des Absenders oder Empfängers festgestellt wird. Daher ist das Urteil des OLG Hamburg vom 7. 5. 1987, TranspR **1988** 235 = VersR **1987** 1087 f, das dem Empfänger zumutet, die Verpackung selbst zu öffnen, um festzustellen, ob das Gut beschädigt ist, vielleicht in der Sache (ein-

---

[1] *Willenberg*[4] Rdn. 9; OLG Hamburg vom 7. 5. 1987, TranspR **1988** 235 = VersR **1987** 1087 f.
[2] A. A. *Willenberg*[4] § 39 KVO Rdn. 27, unter Berufung auf ein nicht veröffentlichtes Urteil des OLG Hamburg vom 11. 2. 1958; offenlassend OLG Oldenburg vom 28. 5. 1990, TranspR **1990** 378.
[3] OLG Hamburg vom 7. 5. 1987, TranspR **1988** 235 = VersR **1987** 1087 f; daher zutreffend auch OLG Oldenburg vom 28. 5. 1990, TranspR **1990** 378; AG Düsseldorf vom 9. 11. 1988, VersR **1989** 414; *Willenberg*[4] Rdn. 9; *Koller*[2] § 39 KVO Rdn. 3.
[4] Wie z. B. „Verpackung beschädigt" (LG Aachen vom 19. 2. 1986, VersR **1987** 1112) oder Stempel wie „angenommen vorbehaltlich nachträglicher Prüfung der Stückzahl, des Gewichts und der Beschaffenheit" (OLG Oldenburg vom 15. 10. 1971, NJW **1972** 691 f) oder „Vorbehalte hinsichtlich Menge und Qualität" (OLG Karlsruhe vom 23. 10. 1980, 9 U 293/78, unveröff.).
[5] § 39 Abs. 2 c Ziff. 2 KVO; *Willenberg*[4] Rdn. 9.
[6] OLG Hamburg vom 7. 5. 1987, TranspR **1988** 235 = VersR **1987** 1087 f; LG Aachen vom 19. 2. 1986, VersR **1987** 1112; *Willenberg*[4] Rdn. 9; *Koller*[2] Rdn. 2.
[7] So ist z. B. nicht ohne weiteres davon auszugehehn, daß kleine Löcher im Dach eines Containers zu Schäden an darin verstauten verpackten Metallteilen führen; LG Duisburg vom 19. 10. 1988, VersR **1989** 531 f (Seerecht).

zelfallbezogen) zutreffend, aber nicht verallgemeinerungsfähig[8]. Es sind durchaus Fälle denkbar, in denen z. B. die stichprobenweise Überprüfung durch Öffnen seitens des Frachtführers gefordert werden kann. Auch nach § 438 HGB muß der dort vorgesehene Sachverständige die Verpackung öffnen. Grundsätzlich wird jedoch dafür eine Rückfrage beim Verfügungsberechtigten gefordert werden müssen.

5   In Ausnahmefällen kann zumindest eine Mitwirkung des KVO-Frachtführers bei der Schadensfeststellung **auch nach Ablieferung** gefordert werden[9]. Eine solche (in § 39 Abs. 2 d KVO vorgesehene) nachvertragliche Pflicht kann den Frachtführer insbesondere treffen, wenn seine Mitwirkung aus Beweisgründen erforderlich ist.

2. Verfahren der Schadensfeststellung

6   Die Schadensfeststellung nach § 37 Abs. 1 KVO setzt kein besonderes Verfahren voraus[10]. Vorgeschrieben ist nur Schriftlichkeit, nicht dagegen die Zuziehung von Sachverständigen oder Zeugen; vgl. den Fall OLG Hamburg vom 2. 12. 1966, VersR **1967** 796, 798. Doch empfiehlt sich nach Lage des Falles im Interesse des KVO-Frachtführers eine solche Hinzuziehung; siehe dazu *Willenberg*[4] Rdn. 4. Im Hinblick auf die Kostentragung ist der Unternehmer grundsätzlich nicht berechtigt, aufwendige Feststellungsmaßnahmen bei klaren und einfachen Schadensfällen zu veranlassen; siehe Rdn. 7.

3. Kostentragung

7   Die Kosten der Schadensfeststellung, also evtl. auch der Zuziehung eines Sachverständigen, hat nach § 32 S. 2 KVO grundsätzlich der KVO-Frachtführer zu tragen. Doch sind sie, wenn der Haftungshöchstbetrag für Totalverlust für den wirklichen Schaden und die Feststellungskosten zusammen nicht ausreicht, nach § 36 wohl zu Lasten der echten Ersatzleistung in den Haftungshöchstbetrag einzubeziehen; siehe § 32 KVO Rdn. 8. In diesem Falle trägt praktisch der Geschädigte die Kosten. Soweit solche Kosten in überflüssiger Höhe entstanden sind (z. B. durch nicht erforderliche Hinzuziehung von Sachverständigen), kann das Sichberufen auf die Haftungsbegrenzung rechtsmißbräuchlich sein.

III. Schadensnachweis (§ 37 Abs. 2)

8   § 37 Abs. 2 geht von der auch das übrige Frachtrecht beherrschenden Regelung aus, wonach der Anspruchssteller grundsätzlich den Schadensnachweis zu führen hat; siehe § 29 KVO Rdn. 19. Der Geschädigte hat im Rahmen des § 29 nachzuweisen, daß Verlust oder Beschädigung vorliegen und daß diese zwischen Annahme und Ablieferung eingetreten sind; evtl. ist auch der Nachweis der Fälle des § 33 KVO erforderlich. Die genaue Schadensursache braucht bei der Haftung nach § 29 KVO nicht nachgewiesen zu werden; vielmehr kann sich der Frachtführer nur seinerseits durch den Nachweis der Haftungsbefreiungsgründe des § 34, evtl. auch einzelner Ziffern des § 30, entlasten. Insoweit geht § 37 Abs. 2 großenteils ins Leere[11].

---

[8] Gegen Öffnungspflicht des Frachtführers *Willenberg*[4] Rdn. 10; LG Hamburg vom 30. 3. 1981, VersR **1982** 709 f und (fallbedingt) OLG Hamburg vom 7. 5. 1987, TranspR **1988** 235 = VersR **1987** 1087 f.

[9] *Willenberg*[4] Rdn. 13 nimmt in diesem Falle bei äußerlich nicht erkennbaren Schäden generell eine Schadensfeststellungspflicht des Frachtführers an.

[10] Anders als § 81 Abs. 1 EVO, Anh. I nach § 460 und Art. 45 CIM 1970 = Art. 52 ER/CIM 1980, Anh. II nach § 460.

[11] *Koller*[2] Rdn. 6; *Willenberg*[4] Rdn. 14.

Die **Vorlage des Frachtbriefes**, die in § 37 Abs. 2 S. 2 vorgeschrieben ist, kann durch **9**
andere Nachweise des Schadens ersetzt werden; siehe § 426 HGB Rdn. 67 ff und § 16
KVO Rdn. 23 ff.

Die Schadenshöhe nach § 35 Abs. 1 KVO ist gem. § 37 Abs. 2 S. 3 grundsätzlich **10**
durch Vorlage der **Faktura** zu belegen[12]. Angesichts der modernen Datenübermittlungstechnik ist es grundsätzlich nicht mehr erforderlich, die Originaldokumente vorzulegen. Vielmehr genügen in der Regel Fotokopien; wohl auch Telefaxe[13]. Auf Verlangen des Frachtführers muß der Anspruchsteller die Originale vorlegen, soweit er dazu in der Lage ist[14]. Können aus sachlichen Gründen die Dokumente nicht vorgelegt werden, so kann auch auf andere Weise der Beweis für den Fakturenwert erbracht werden[15]. Weigert sich der Anspruchsteller, die Faktura vorzulegen, kann er den Schadensumfang nicht beweisen und keinen Schadensersatzanspruch durchsetzen; *Willenberg*[4] Rdn. 17.

Weiterhin sind nach § 37 Abs. 2 S. 3 eine detaillierte **Schadensrechnung und weitere** **11**
Belege erforderlich; etwa auch ein Sachverständigengutachten; *Willenberg*[4] Rdn. 17.

Die **Kosten** für die Beschaffung der nach § 35 Abs. 2 erforderlichen Nachweise sind **12**
im Rahmen des § 35 Abs. 1 ersatzfähig; siehe § 35 Rdn. 15.

IV. Fälligkeit des Ersatzanspruches (§ 37 Abs. 3)

Schadensersatzansprüche aus Vertrag sind grundsätzlich vom Augenblick ihrer Ent- **13**
stehung an fällig (§ 271 BGB). Durch § 37 Abs. 3 KVO wird die Fälligkeit der Ansprüche hinausgeschoben[16]. Die 14-Tage-Frist wird im Falle der Unmöglichkeit der Vorlage der Beweispapiere mit der Vorlage der Ersatzbeweise zu laufen beginnen[17].

V. Nachweis des Verlustes (§ 37 Abs. 4)

Durch § 37 Abs. 4 KVO wird dem Verfügungsberechtigten der Nachweis des Verlu- **14**
stes erleichtert. Er braucht nur nachzuweisen, daß seit Ablauf der Lieferfrist (§ 26) ein Monat vergangen ist, ohne daß das Frachtgut abgeliefert oder zur Abholung bereitgestellt ist[18]. Jedoch muß in einer Schadensanmeldung i. S. v. § 40 Abs. 3 KVO deutlich gemacht werden, daß der Anspruchsteller von dem Recht, das Gut als verloren zu betrachten, Gebrauch macht[19].

VI. Schadensersatz nur in Geld (§ 37 Abs. 5)

Die Vorschrift hat nur klarstellende Bedeutung. Die Schadensersatzpflicht in Geld **15**
ergibt sich bereits aus § 35; siehe dort Rdn. 4; § 430 Rdn. 19.

---

[12] OLG Düsseldorf vom 16. 1. 1969, VersR **1969** 629, 630; BGH vom 1. 2. 1968, NJW **1968** 836, 837 = VersR **1968** 289, 290 (zur KVO-Versicherung).
[13] *Willenberg*[4] Rdn. 16; *Koller*[2] Rdn. 6. Wie üblich die Einreichung von Kopien ist, ergibt sich aus der Rechtsprechung zur Zurücksendung von Belegen bei der Verjährungsunterbrechung; siehe § 40 KVO Rdn. 31.
[14] *Willenberg*[4] Rdn. 16; *Koller*[2] Rdn. 6.
[15] *Willenberg*[4] Rdn. 15 ff und § 35 Rdn. 6. Davon

geht auch BGH vom 1. 2. 1968, NJW **1968** 836, 837 = VersR **1968** 289, 290 (zur KVO-Versicherung) aus.
[16] OLG Düsseldorf vom 16. 1. 1969, VersR **1969** 629, 630; *Willenberg*[4] Rdn. 20.
[17] *Willenberg*[4] Rdn. 21; *Koller*[2] Rdn. 7.
[18] Neuerer Beispielsfall LG Fulda vom 24. 1. 1992, TranspR **1992** 361; siehe auch § 429 Rdn. 15.
[19] OLG Frankfurt vom 8. 6. 1982, VersR **1983** 141 = TranspR **1982** 150 ff und vom gleichen Tag, MDR **1982** 1022.

§ 38
Versicherung

(1) Der Unternehmer ist verpflichtet, sich gegen alle Schäden, für die er nach den vorstehend genannten Bedingungen haftet, zu versichern.

(2) Den Versicherern steht das Recht zu, bei der Schadensfeststellung durch ihre Abwicklungsstelle mitzuwirken.

(3) Der Unternehmer ist berechtigt und auf Verlangen des Verfügungsberechtigten verpflichtet, die ihm aus der Versicherung zustehenden Rechte an den Verfügungsberechtigten abzutreten.

(4) Die Absätze 1 bis 3 gelten nicht für die Beförderung der Deutschen Bundesbahn nach den §§ 45 und 47 des Güterkraftverkehrsgesetzes.

Übersicht

	Rdn.
I. Überblick	1
II. Rechtsnatur und Rechtsgrundlagen der KVO-Haftpflichtversicherung	2
III. Der Deckungsumfang der KVO-Haftpflichtversicherung	3
1. Die nach § 27 Abs. 1 S. 1 GüKG erforderliche Deckung	3
2. Die tatsächlich in der KVO-Versicherung übliche Deckung	7
3. Risikoausschlüsse und Leistungsbefreiungen im Verhältnis zum Geschädigten	9
IV. Mitwirkung des Versicherers bei der Schadensfeststellung (§ 38 Abs. 2 KVO)	12
V. Geltendmachung der Versicherungsansprüche durch KVO-Frachtführer und Geschädigten	13
1. Grundsatz: Kein Anspruch des Geschädigten gegen den Versicherer	13
2. Rückgriff des Versicherers gegen den Frachtführer	14
3. Befriedigung des Geschädigten; Anerkenntnis	15
4. Anspruch des Geschädigten auf Abtretung des Versicherungsanspruchs (§ 38 Abs. 3)	16
VI. Keine Anwendung von § 38 auf die Bundesbahn (Abs. 4)	18

Schrifttum

Buthke Rechtsstellung des Geschädigten gegenüber der KVO-Versicherung des Güterfernverkehrsunternehmers, VP **1959** 82 f; *de la Motte* CMR: Schaden – Entschädigung – Versicherung, VersR **1988** 317 ff; *Heim* Versicherungsschutz und Schutz des geschädigten Dritten in der KVO-Haftpflichtversicherung, VP **1957** 37 ff; *Heuer* in *Willenberg*[4] zu § 38 KVO; Literaturangaben dort vor Rdn. 1; *Johannsen* Zur Zulässigkeit einer unmittelbaren Leistungsklage des Geschädigten gegen den KVO-Versicherer ..., VersR **1978** 108 ff; *Roesch* Haftung im gewerblichen Güterverkehr und die dazugehörigen Versicherungen, VP **1964** 49 ff; *derselbe* Ist der frachtrechtliche Haftpflichtversicherer des Straßenfrachtführers zur Führung „umgekehrter" (aktiver) Haftpflichtprozesse verpflichtet?, VersR **1977** 113 ff; *derselbe* Zur Zulässigkeit einer unmittelbaren Leistungsklage des Geschädigten gegen den KVO-Versicherer, VersR **1977** 891. Siehe ferner vor Anh. I nach § 429; *Roltsch* Die Haftpflichtversicherung des Straßenfrachtführers Diss. Hamburg (1983); *derselbe* Der Direktanspruch des Verfügungsberechtigten gegen den Straßentransport-Haftpflichtversicherer, VersR **1985** 317; *Willenberg* Fragen aus der KVO-CMR-Versicherung, ZVersWiss **1974** 179 ff.

I. Überblick

1 Siehe zum Überblick über die für den Frachtvertrag bedeutsamen Versicherungen Anh. I nach § 429. Ursprünglich war in § 38 Abs. 1 KVO die Versicherung durch den RKB vorgesehen worden. Diese Regelung wurde nach dem 2. Weltkrieg durch § 104

Abs. 2 GüKG aufgehoben[1]. An ihre Stelle ist die Pflichtversicherung durch den KVO-Unternehmer nach § 27 Abs. 1 GüKG getreten. § 38 KVO statuiert zusätzlich eine privatrechtliche Versicherungspflicht. Deckt der KVO-Unternehmer keine alle Haftungsrisiken umfassende Haftpflichtversicherung, haftet er dafür wegen positiver Vertragsverletzung des KVO-Frachtvertrages. Diese Haftung ist nicht durch § 31 c KVO ausgeschlossen, siehe § 31 Rdn. 17. Da die üblichen Policen der KVO-Haftpflichtversicherung generell die Haftung aus Verträgen nach der KVO decken und dazu keine Leistungseinschränkungen enthalten, kann der Geschädigte gegebenenfalls über § 38 Abs. 3 KVO den Haftpflichtversicherer mittelbar auch auf Ersatz der primär nicht versicherten KVO-Schäden in Anspruch nehmen. Der KVO-Unternehmer kann insoweit vom Versicherer Deckung verlangen. Die Deckung einer nicht den §§ 27 Abs. 1 S. 1 GüKG und 38 Abs. 1 KVO entsprechenden Versicherung kann angesichts der anhaltenden Erörterung dieser Probleme seit mindestens 13 Jahren (siehe Vorauft. [1979] Anm. 5) bejaht werden. Jedenfalls den Versicherern muß die Problematik bekannt sein. Gegenüber dem aus dem Versicherungsvertrag Anspruchsberechtigten (Unternehmer als Versicherungsnehmer; Geschädigter nach § 38 Abs. 3) wäre die Berufung auf Unkenntnis rechtsmißbräuchlich. Im übrigen wäre eine Haftung des Versicherers gegenüber dem Unternehmer aus Verschulden bei Vertragsschluß zu bejahen[2].

II. Rechtsnatur und Rechtsgrundlagen der KVO-Haftpflichtversicherung

Die KVO-Versicherung[3] ist – heute unstreitig – eine echte Haftpflichtversicherung[4]. **2** Die KVO-Versicherung unterliegt daher den Vorschriften der §§ 149 ff VVG. Da sie eine Pflichtversicherung ist, sind auf sie auch die zugunsten der Geschädigten erlassenen Sonderbestimmungen der §§ 158 b ff VVG anzuwenden. Siehe zu einem Anwendungsfall des § 158 c VVG: BGH vom 24. 3. 1976, VersR **1976** 480 ff. Dagegen sind die allgemein für Haftpflichtversicherungen üblichen AHB nicht anwendbar, da sie weder speziell noch in den üblichen KVO-Policen durch Bezugnahme vereinbart werden. Die Bedingungen der KVO-Versicherung gehören auch nicht zu den „besonderen Bedingungen" zu den AHB. Die KVO-Versicherung steht wegen der Unterschiedlichkeit der versicherten Risiken zur Güterversicherung nicht im Verhältnis einer Doppelversicherung[5]. Die KVO-Haftpflichtversicherung wird in der Praxis aufgrund unterschiedlicher (stets „laufender") Policen gedeckt. Siehe dazu Anh. I zu § 429 Rdn. 41.

III. Der Deckungsumfang der KVO-Haftpflichtversicherung
1. Die nach § 27 Abs. 1 S. 1 GüKG erforderliche Deckung

Nach § 27 Abs. 1 S. 1 GüKG muß die KVO-Haftpflichtversicherung die Haftung für **3** alle Schäden, für die der Unternehmer „nach den Beförderungsbedingungen" haftet, decken. Demnach ist nur die in der KVO vorgesehene Haftung versicherungspflichtig, diese aber in vollem Umfang. Privatrechtlich ist diese Versicherungspflicht auch gegen-

---

[1] BGH vom 19. 11. 1959, NJW **1960** 337 ff = VersR **1960** 30, 32, in BGHZ **31** 183 nicht abgedruckt.
[2] Siehe § 31 KVO Rdn. 17. *Heuer* in *Willenberg*[4] Rdn. 1, der die privatrechtliche Versicherungspflicht für praktisch bedeutungslos hält, kann daher nicht zugestimmt werden.
[3] Siehe dazu Anh. I nach § 429 Rdn. 42 ff; zur Transporthaftpflichtversicherung dort Rdn. 30 ff und 8 ff.
[4] KG vom 22. 1. 1959, VersR **1959** 342; BGH vom 7. 12. 1961, VersR **1962** 129; vom 12. 3. 1975, VersR **1975** 655, 656; vom 15. 12. 1976, = VersR **1977** 174; OLG Hamm vom 14. 11. 1975, VersR **1978** 80, 81. Zur älteren Rechtsprechung und Literatur siehe *Heuer* in *Willenberg*[4] Rdn. 3; *Koller*[2] Rdn. 2.
[5] BGH vom 7. 12. 1961, VersR **1962** 129 f; siehe eingehend Anh. I zu § 429 Rdn. 63 ff.

über dem Auftraggeber des KVO-Unternehmers festgelegt; siehe Rdn. 1. Die Versicherungspflicht will keine über die KVO hinausgehenden neuen Ansprüche für den Geschädigten schaffen[6]. Sie ist auch nicht auf Güterschäden beschränkt[7].

4 Nicht erforderlich ist die Deckung der **Haftung aus unerlaubter Handlung**, auch nicht, soweit sie mit der KVO-Haftung konkurriert[8]; ebensowenig Ansprüche aus Geschäftsführung ohne Auftrag. Auch die Haftung des Personals des KVO-Frachtführers ist nicht deckungspflichtig und nicht gedeckt[9]. Auch die Haftung aus besonderen Zusagen des KVO-Unternehmers braucht nicht versichert zu werden[10]. Eine solche erweiterte Haftung wäre übrigens als tarifwidrige Vergünstigung nach § 22 GüKG unwirksam[11].

5 **Einen Ausschluß des Versicherungsschutzes für grobe Fahrlässigkeit gestattet die Versicherungspflicht nach § 27 Abs. 1 S. 1 GüKG nicht.** Durch Leistungsausschlüsse für grob fahrlässig verursachte Schäden – auch wenn sie sich nur auf Eigen- oder Repräsentantenverschulden beziehen – verliert die Versicherung den nach § 27 Abs. 1 erforderlichen Deckungsumfang. Sie erfüllt nicht die Voraussetzungen der Erteilung der Fernverkehrskonzession[12]. Durch eine entsprechende Klausel werden Schäden, die nach § 27 Abs. 1 S. 1 GüKG eindeutig deckungspflichtig sind, dem Versicherungsschutz per Abrede zwischen Unternehmer und Versicherer vertraglich entzogen. Dies ist besonders gravierend, weil es sich um schwere Verstöße gegen die KVO handelt, gegen die der Kunde nicht durch die Pflichthaftpflichtversicherung geschützt ist. Eine Versicherungsbestätigung nach § 27 Abs. 2 GüKG und der VO vom 30. 7. 1953 (*Hein/Eichhoff u. a.* C 205) darf der Versicherer nicht ausstellen. Stellt er sie aus, so erfüllt dies den objektiven Tatbestand einer Ordnungswidrigkeit nach § 99 Abs. 1 Nr. 5 GüKG.

6 § 27 Abs. 1 S. 1 GüKG (ebenso privatrechtlich § 38 Abs. 1 KVO) verlangt auch (und erst recht) die Deckung der Versicherung **für vorsätzliche Schädigungen** durch den KVO-Unternehmer. Klauseln in KVO-Policen enthalten hierfür Leistungsausschlüsse. § 27 Abs. 1 S. 1 GüKG ist insoweit unmißverständlich formuliert, als er die Deckung „aller" Schäden, für die nach KVO gehaftet wird, durch die Pflichthaftpflichtversicherung vorschreibt. Daß der KVO-Frachtführer für eigenen und Vorsatz seiner Gehilfen (§ 6 KVO) haftet, liegt auf der Hand. Daher ist die Rechtslage nach § 27 Abs. 1 S. 1 GüKG grundsätzlich die gleiche wie beim Leistungsausschluß für grobe Fahrlässigkeit[13]. Die Auffassung, die Haftung für Vorsatz brauche nicht versichert zu sein, weil „Versicherung nur für begrenzte Gefahren gewährt werden kann"[14], entspricht nicht der Realität. Unbegrenzte Deckung auch für Vorsatz ist z. B. in der Kraftfahrzeughaftpflichtversicherung häufig anzutreffen[15]. Demgegenüber wurde geltend gemacht, daß

---

[6] BGH vom 19. 11. 1959, NJW **1960** 337 ff = VersR **1960** 30, 32, in BGHZ **31** 183 nicht mit abgedruckt.

[7] Daher ist die Bezeichnung der KVO-Versicherung als „Güterschadenhaftpflichtversicherung", z. B. bei *Züchner* VersR **1969** 684 f, irreführend.

[8] *Heuer* in *Willenberg*[4] Rdn. 6; BGH vom 19. 11. 1959, NJW **1960** 337 ff = VersR **1960** 30, 32 (betrifft nicht die Haftung aus unerlaubter Handlung).

[9] *Voigt* VersR **1972** 1006; *Heuer* in *Willenberg*[4] Rdn. 7; siehe zu dieser Haftung § 429 Rdn. 318 ff.

[10] Siehe BGH vom 19. 11. 1959, NJW **1960** 337 ff = VersR **1960** 30, 32, in BGHZ **31** 183 nicht abgedruckt.

[11] Siehe zur Reaktion der Versicherer auf diese Folge Rdn. 7 Fn.

[12] *Heuer* in *Willenberg*[4] Rdn. 12; *Koller*[2] Rdn. 4; *Roltsch* Diss. 23; LG Hamburg vom 20. 10. 1952, VersR **1953** 25. Für die Ausschließbarkeit grober Fahrlässigkeit *Willenberg* ZVersWiss **1974** 186; a. A. für die GüKUMT-Versicherung *Bischof* S. 124.

[13] Siehe Rdn. 5; teilweise a. A. *Bischof* S. 123 f.

[14] *Hein/Eichhoff u. a.*, § 27 GüKG Anm. 6; *Bischof* S. 123 f.

[15] *Stiefel/Hofman* Kraftfahrversicherung[15] § 10 AKB Rdn. 139.

§ 152 VVG eine Deckung der Haftung für Vorsatz des Versicherungsnehmers gesetzlich ausschließe. Die Bestimmung ist jedoch abdingbar, jedenfalls in einer Pflichtversicherung, die nicht so sehr dem Schutz des Versicherungsnehmers, als dem seines Geschäftspartners dienen soll[16]. Die grundsätzlichen Bedenken gegen die Versicherung vorsätzlicher Schädigungen in der Haftpflichtversicherung müssen zurücktreten, weil die Sicherstellung des geschädigten Dritten in der Pflichthaftpflichtversicherung erfordert, daß auch Vorsatzfälle mit in die Versicherung eingeschlossen sind. Dies liegt auch aus materiellen Gründen nahe. Eine Versicherung, die keine vorsätzlichen Schäden deckt, nützt gerade für den besonders schwerwiegenden Fall des Vorsatzes dem Partner nichts[17].

2. Die tatsächlich in der KVO-Versicherung übliche Deckung

Tatsächlich **decken die meisten der in der KVO-Versicherung üblichen Policen nur die Haftung nach der KVO.** Außervertragliche Ansprüche sind in der Regel nicht einbezogen, wenn sie auch in der Praxis häufig mit reguliert werden; siehe aber Anh. I zu § 429 Rdn. 36. Auch die persönliche Haftung des Personals des KVO-Frachtführers ist nicht mit gedeckt; siehe dazu *Voigt* VP **1960** 183 und VersR **1972** 1006. Allerdings hängt die Deckung von außervertraglicher Haftung von der Formulierung der jeweiligen Police ab. So deckt z. B. die BZG-Bundespolice (1993 geltende Fassung) nach Nr. 1 generell „die Haftung des Versicherungsnehmers aus Frachtführertätigkeit im gewerblichen Güterkraftverkehr" und nach Nr. 1.3 auch speziell die Haftung „für mit KVO und CMR konkurrierende Ansprüche nach HGB und BGB", also jedenfalls Güterschadenshaftung nach §§ 823 und 831 BGB[18]. **7**

Zumindest für **eigenen Vorsatz oder Repräsentantenvorsatz des Frachtführers**, teilweise aber auch für deren grobe Fahrlässigkeit wird in den AVB der KVO-Versicherung die Deckung ausgeschlossen[19]; auch Ausschlüsse für Vorsatz und grobe Fahrlässigkeit nicht ordnungsgemäß ausgesuchter und überwachter Gehilfen kommen vor. Gleichzeitig verweisen die Policen in unterschiedlich deutlicher Formulierung wiederum auf § 158 c VVG, wonach die Leistungsfreiheit nicht zu Lasten des Geschädigten gehen kann[20]. **8**

3. Risikoausschlüsse und Leistungsbefreiungen im Verhältnis zum Geschädigten

Bei der **grundsätzlichen Nichtdeckung für Schäden aus Vorsatz** gem. § 152 VVG handelt es sich um einen Risikoausschluß, für den § 158 c nicht gilt; allgemeine Auffassung ist, daß dieser gesetzliche Leistungsausschluß nicht unter § 158 c Abs. 1 VVG fällt[21]. Damit kann der durch die KVO-Haftpflichtversicherung geschützte Kunde des Unternehmers sich auch mit Hilfe dieser gesetzlichen Vorschrift nicht über den Risiko- **9**

---

[16] Überzeugend *Roltsch* Diss. 16 ff, insbesondere S. 18 f. Siehe ferner *Johannsen* in *Bruck/Möller*, VVG[8] Bd. IV Anm. G 220 ff zu §§ 149–148 a VVG; *Prölss/Martin/Voit* VVG[24] § 152 Anm. 3; *Heuer* in *Willenberg*[4] Rdn. 9.

[17] *Heuer* in *Willenberg*[4] Rdn. 9.

[18] Diese Haftung wird aber nach Nr. 3.4 nicht gedeckt, soweit ein Verstoß gegen § 22 Abs. 2 GüKG vorliegt; genauer im Text der Klausel. Siehe auch Rdn. 4.

[19] Z. B. in Nr. 3.1.1 der „Versicherungsgemeinschaft für den gewerblichen Güterkraftverkehr" (führender Versicherer Allianz, Fassung 1991) und Nr. 3.2 der vom Versicherungsmakler Oskar Schunck KG vertretenen VKS-KVO-Police (führender Versicherer Victoria); ähnlich in Nr. 3.1.1 bis 3.1.3 BZG Bundespolice (1993 geltende Fassung).

[20] Siehe z. B. Nr. 3.1.3 BZG Bundespolice (1993 geltende Fassung).

[21] Allgemein zu §§ 158 c siehe *Prölss/Martin/Knappmann* VVG[24], § 158 c Anm. 3; *Roltsch* Diss. 17; *Heuer* in *Willenberg*[4] Rdn. 16; *Koller*[2] Rdn. 4. Zu § 158 c VVG vor Inkrafttreten des § 3 bestehenden Anmeldepflicht beim primär leistungspflichtigen Versicherer nach § 158 c VVG siehe BGH vom 18. 12. 1970, VersR **1971** 238, 239.

ausschluß wegen Vorsatzes des Unternehmers hinwegsetzen. Der in der Vorauflage Anm. 4 angedeutete Lösungsvorschlag, über § 158 c VVG dem geschädigten Kunden eine Durchsetzung seiner Ansprüche in Fällen von Vorsatz zu ermöglichen, wird daher aufgegeben[22]. Gleiches gilt für die vertragliche Ausschließung des Risikos grober Fahrlässigkeit. Möglich ist jedoch eine Inanspruchnahme des Versicherers wegen Verletzung von § 99 Abs. 1 Nr. 5 GüKG als Schutzgesetz zugunsten des Kunden nach § 823 Abs. 2 BGB. Denn durch die Ausstellung einer nicht § 27 Abs. 1 entsprechenden Versicherungsbescheinigung verursacht der Versicherer, daß der Kunde einem nicht ordnungsgemäß versicherten Güterfernverkehrsunternehmer seine Güter anvertraut; siehe Rdn. 5, 6. § 38 Abs. 1 bringt für den Geschädigten keinen zusätzlichen Vorteil, weil der KVO-Frachtführer ohnehin voll im Rahmen der KVO haftet und der Versicherer die Folgen aus dem Verstoß gegen § 38 Abs. 1 nicht deckt; *Heuer* in *Willenberg*[4] Rdn. 1.

10 Möglich ist ferner eine **Überwindung der in den Bedingungen enthaltenen Leistungsausschlüsse für grobe Fahrlässigkeit durch Auslegung oder Inhaltskontrolle**. *Koller*[2] Rdn. 4 will die AVB so interpretieren, daß sie mindestens den von § 27 Abs. 1 S. 1 GüKG vorgeschriebenen Deckungsumfang gewähren wollen. Angesichts des zumeist klaren Wortlauts der Bedingungen ist dies nicht Auslegung, sondern unzulässige Vertragskorrektur oder geltungserhaltende Reduktion. Stattdessen ist an eine Unwirksamkeit dieser Ausschlüsse nach § 9 Abs. 2 Nr. 2 AGBG zu denken. Die Risikoausschlüsse gefährden die Erreichung des Vertragszwecks des Versicherungsvertrages, der maßgeblich durch § 27 Abs. 1 S. 1 GüKG beeinflußt wird: Dem Kunden für alle Vertragsansprüche nach KVO Deckung durch solvente Versicherer zu verschaffen und dem Unternehmer die Erteilung der Genehmigung zum Güterfernverkehr zu ermöglichen. Da es sich um besonders gravierende Versicherungsfälle handelt, sind die Leistungsausschlüsse nach § 9 AGBG unwirksam. Die Inhaltskontrolle von Leistungsausschlüssen in Allgemeinen Versicherungsbedingungen ist nach heute ganz herrschender Auffassung nicht durch § 8 AGBG ausgeschlossen[23]. Der Geschädigte kann zumindest über § 38 Abs. 3 KVO (Abtretung der Versicherungsansprüche, siehe Rdn. 16) den unbeschränkten Deckungsanspruch gegen den KVO-Versicherer geltend machen[24].

11 Handelt es sich demgegenüber um **andere, nachträgliche Leistungsbeschränkungen** nach den AVB, z. B. Obliegenheitsverletzungen des versicherten Unternehmers, kann der Versicherer sie nach § 158 c Abs. 1 VVG dem Geschädigten nicht entgegensetzen. Allerdings gilt dies nicht für Subsidiaritätsklauseln[25] gegenüber der eventuell bestehenden Transportversicherung (§ 158 c Abs. 4 VVG). Der Transportversicherer hat, wenn er den Geschädigten befriedigt, wegen dieser Klauseln nur Regreßansprüche gegen den KVO-Frachtführer selbst. Er kann sich dagegen nicht an den KVO-Haftpflichtversicherer halten; siehe auch Anh. I zu § 429 Rdn. 82. Der Transportversicherer kann überdies den Ersatz des Schadens verweigern, wenn dieser in einer vom Absender genommenen Transportversicherung versichert ist; *Roesch* VP **1979** 158.

---

[22] Dafür *Willenberg* ZVersWiss **1974** 186; ablehnend *Roltsch* Diss. 17; *Heuer* in *Willenberg*[4] Rdn. 16; *Koller*[2] Rdn. 4.

[23] Siehe z. B. BGH vom 28. 11. 1990, NJW-RR **1990** 412, 413 (zur Berufshaftpflichtversicherung); BGH vom 1. 6. 1983, VersR **1983** 821, 822; zu Preispauschalen BGH vom 4. 12. 1986, NJW **1987** 1828 f = WM **1987** 295, 296; *Wolf* § 9 AGBG Rdn. 12; *Prölss/Martin/Prölss* VVG[24], Vorbem vor § 1, Anm. I 6 C (S. 10 f); *Ulmer/Hensen* AGBG[6] Anh. §§ 9–11 Rdn. 855. Siehe auch Anh. I nach § 429 Rdn. 40.

[24] Nicht so deutlich *Roltsch* VersR **1985** 317, 320.

[25] Zu diesen siehe Anh. I zu § 429 Rdn. 75 ff, besonders auch 77.

IV. Mitwirkung des Versicherers bei der Schadensfeststellung (§ 38 Abs. 2 KVO)

Das Recht zur Mitwirkung des KVO-Versicherers bei der Schadensfeststellung (§ 37 KVO) ist durch § 38 Abs. 2 KVO im Frachtvertrag verankert. Der Anspruchsberechtigte hat daher gegenüber dem KVO-Versicherer die gleichen Mitwirkungspflichten, wie sie sich aus § 37 gegenüber dem KVO-Frachtführer ergeben[26]. Der KVO-Versicherer erhält durch § 38 Abs. 2 KVO die Stellung eines durch den Frachtvertrag begünstigten Dritten im Sinne von § 328 BGB. Führt der Versicherer im späteren Verlauf im Rahmen seiner Abwehrpflicht die Schadensersatzverhandlungen mit dem Geschädigten, kann er jedenfalls auch zu Lasten des Frachtführers oder gegen dessen Wunsch handeln, insbesondere auf die Ausübung der Einrede der Verjährung verzichten[27] oder die Schadensfeststellung nach § 37 KVO in eigenem Interesse durchsetzen[28]. 12

V. Geltendmachung der Versicherungsansprüche durch KVO-Frachtführer und Geschädigten

1. Grundsatz: Kein Anspruch des Geschädigten gegen den Versicherer

Die KVO-Versicherung begünstigt als echte Haftpflichtversicherung den Geschädigten nicht unmittelbar, sondern gewährt grundsätzlich nur dem KVO-Unternehmer einen Anspruch auf die Befriedigung begründeter und die Abwehr unbegründeter Schadensersatzansprüche, die gegen ihn erhoben werden; siehe § 429 Anh. I Rdn. 30 ff. Nach dem die Haftpflichtversicherung beherrschenden „Trennungsprinzip" muß grundsätzlich die Rechtsfrage der Haftpflicht im Haftpflichtprozeß zwischen Geschädigtem und KVO-Frachtführer und die Frage der Versicherungsdeckung im Prozeß zwischen KVO-Frachtführer und KVO-Versicherer entschieden werden[29]. 13

2. Rückgriff des Versicherers gegen den Frachtführer

Der **KVO-Versicherer kann gegen den KVO-Frachtführer als Versicherungsnehmer Rückgriff nehmen**, wenn er dem Geschädigten den Schaden – insbesondere im Hinblick auf § 158 c VVG – ersetzt, ohne dem Frachtführer gegenüber zur Deckung verpflichtet zu sein[30]. Leistet der Versicherer an den Geschädigten, ohne dazu verpflichtet zu sein, kann sich sein Regreßanspruch gegen den KVO-Frachtführer aus § 812 BGB ergeben[31]. 14

3. Befriedigung des Geschädigten; Anerkenntnis

Befriedigt der KVO-Frachtführer den Geschädigten, verwandelt sich sein Anspruch auf Versicherungsleistung in einen Zahlungsanspruch gegen den KVO-Versicherer[32]. Inwieweit im KVO-Versicherungsvertrag enthaltene Anerkenntnis- und Befriedigungsverbote wirksam sind, ist zweifelhaft. Die Rechtsprechung, nach der § 154 Abs. 2 a. F. 15

---

[26] Siehe zutreffend und eingehend *Heuer* in *Willenberg*[4] Rdn. 24 f; *Roltsch* Diss. 79.
[27] OLG Düsseldorf vom 14. 7. 1983, TranspR **1984** 16 f (zur CMR).
[28] *Roltsch* VersR **1985** 317, 320 gegen *Willenberg* ZVersWiss 74 188.
[29] *Roltsch* VersR **1985** 317, 318.
[30] Dazu BGH vom 24. 3. 1976, VersR **1976** 480 ff; grundsätzlich auch BGH vom 10. 11. 1966, VersR **1967** 53 ff.
[31] BGH vom 24. 3. 1976, VersR **1976** 480, 481.
[32] BGH vom 15. 12. 1976, VersR **1977** 174; OLG Hamm vom 14. 11. 1975, VersR **1978** 80, 81; siehe auch zum entsprechenden Fall der Abtretung des Versicherungsanspruchs an den Geschädigten Rdn. 16 f.

VVG zwingend gelten sollte³³, war im Hinblick auf die Ausnahme für laufende Versicherungen in § 187 Abs. 2 VVG unzutreffend³⁴. Seit der Neuregelung im Jahre 1990 sind die Beschränkungen der Vertragsfreiheit nach dem VVG auf die Transporthaftpflichtversicherung gem. § 187 VVG³⁵ nicht anzuwenden. Allerdings kann die häufig anzutreffende Regelung, nach der ein Verstoß gegen das Anerkenntnis- oder Befriedigungsverbot zur Leistungsfreiheit des Versicherers führt, im Hinblick auf § 6 VVG auch nach der Neufassung von § 187 VVG unwirksam sein³⁶. Denn das Verbot als solches unterliegt der Inhaltskontrolle nicht nach dem VVG, sondern nach § 9 AGB³⁷. Danach muß Anerkenntnis oder Befriedigung zumindest dann wirksam im Sinne von § 154 Abs. 1 VVG sein, wenn unter Berücksichtigung der Umstände die Nichtanerkennung einer offensichtlich berechtigten Schadensersatzforderung eines Kunden dem Frachtführer nicht zugemutet werden kann³⁸. Die (insoweit dispositive) Regelung des § 154 Abs. 2 hat dabei Leitbildfunktion nach § 9 Abs. 2 Nr. 1 AGBG. Zwar hat *Roltsch* Diss. 94 ff, 102 eine generelle Unwirksamkeit der (in den AVB mittelbar enthaltenen) Abdingung von § 154 Abs. 2 VVG verneint. Er hat jedoch die wirtschaftliche Ausgangslage unzureichend analysiert. Dem KVO-Frachtführer ist es im Hinblick auf die für ihn lebenswichtigen Kundenbeziehungen nicht zuzumuten, eine verzögerliche Behandlung klarer Haftungsfälle in Kauf zu nehmen. Mindestens in diesen Fällen ist die Abdingung von § 154 Abs. 2 VVG daher unwirksam. Da die betreffenden Klauseln nicht teilbar sind, muß von ihrer Vollunwirksamkeit ausgegangen werden. Eine eingehende differenzierende Regelung in den Bedingungen der Transporthaftpflichtversicherung ist daher überfällig.

4. Anspruch des Geschädigten auf Abtretung des Versicherungsanspruchs (§ 38 Abs. 3)

16 Nach § 38 Abs. 3 KVO hat der KVO-Frachtführer dem Geschädigten seine Ansprüche gegen den KVO-Versicherer abzutreten. Nach der Rechtsprechung³⁹ erlangt der Geschädigte durch diese Abtretung Zahlungsansprüche gegen den KVO-Versicherer. Der Anspruch des Frachtführers (als Versicherungsnehmer) gegen den Versicherer auf Befreiung von einer Verbindlichkeit (nämlich von der Schadensersatzpflicht nach KVO) verwandelt sich bei Abtretung an den Gläubiger der betreffenden Verbindlichkeit (Schuldbefreiungsanspruch) in einen Zahlungsanspruch des Geschädigten gegen den zur Befreiung Verpflichteten. Daher kann der Geschädigte in diesen Fällen den KVO-Haft-

---

³³ BGH vom 1. 2. 1968, NJW **1968** 836f = VersR **1968** 289, 290 und beiläufig im Urteil vom 15. 12. 1976, VersR **1977** 174, 175; siehe ferner zu diesem Problemkreis OLG Hamm vom 31. 10. 1975, VersR **1976** 749 f und vom 14. 11. 1975, VersR **1978** 80, 81.

³⁴ Siehe *Roltsch* Diss. 91.

³⁵ I. V. mit Art. 10 Abs.1 Nr. 1 EGVVG und Anh. A Nr. 10 b zum VAG. Die Verweisung in § 27 Abs. 1 S. 2 GüKG in der Fassung vom 28. 6. 1990 auf § 187 VVG wäre nicht erforderlich gewesen.

³⁶ Z. B. in Nr. 7.4 BZG-Bundespolice (1993 geltende Fassung); siehe BGH vom 9. 5. 1984, VersR **1984** 830 ff = TranspR **1984** 215, 217 = NJW **1985** 559 f; dazu § 429 Anh. I Rdn. 40. Zu einem älteren Fall mit Anwendung von § 6 VVG siehe OLG Köln vom 24. 4. 1968, VersR **1968** 1135 f.

³⁷ *Prölss/Martin* VVG²⁴ § 187 Anm. 1 A; Mit Recht weist jedoch *Heuer* in *Willenberg*⁴ Rdn. 20 darauf hin, daß auch ohne Anerkenntnisverbot im Vertrag Leistungsfreiheit bestehen kann, wenn der Frachtführer Ansprüche leichtfertig anerkennt; BGH vom 15. 12. 1976, VersR **1977** 174. Zur Inhaltskontrolle siehe Rdn. 10.

³⁸ Daß die Befriedigung des Anspruchsstellers durch den Frachtführer gegebenenfalls dem Transporthaftpflichtversicherer gegenüber treuwidrig sein kann, ist unbestritten, siehe z. B. OLG Hamm vom 31. 10. 1975, VersR **1976** 749, 750.

³⁹ Ohne nähere Begründung schon BGH vom 1. 12. 1955, VersR **1956** 31; ausführlicher vom 12. 3. 1975, VersR **1975** 655 ff; zustimmend OLG Hamm vom 14. 11. 1975, VersR **1978** 80, 82; siehe auch schon OLG Hamm vom 24. 1. 1955, VersR **1956** 188, 189; Abtretung an den Speditionsversender: OLG Celle vom 8. 12. 1952, VersR **1953** 114, 115. Zum verwandten Fall der zulässigen Befriedigung des Geschädigten durch den Frachtführer BGH vom 15. 12. 1976, VersR **1977** 174.

pflichtversicherer nach Abtretung unmittelbar auf Schadensersatz verklagen. Die Anwendung dieser Grundsätze auf den Fall des § 38 Abs. 3 KVO war zunächst umstritten[40], wird aber nunmehr allgemein anerkannt[41]. Der BGH hat sogar diese Konstruktion auf die CMR-Versicherung übertragen[42] und hierbei auf § 38 Abs. 3 KVO Bezug genommen. Nach Abtretung des Anspruchs an den Geschädigten kann der Versicherer nicht mehr befreiend an den Frachtführer zahlen[43]. Allerdings ist § 407 BGB zu beachten.

Die von der KVO ausdrücklich vorgesehene Abtretung der Versicherungsansprüche ist **auch im Rahmen des KVO-Versicherungsvertrages zu berücksichtigen**. Klauseln in den Policen der Transporthaftpflichtversicherung, die eine Abtretung der Ansprüche aus der Versicherung an Dritte untersagen (regelmäßig als Obliegenheit; siehe Rdn. 15), behindern den Versicherungsnehmer (Frachtführer) in der Ausübung seiner aus § 38 Abs. 3 KVO begründeten Rechte[44]; die Versicherungsverträge entsprechen daher nicht voll den Anforderungen des § 27 Abs. 1 S. 1 GüKG[45]. **17**

VI. Keine Anwendung von § 38 auf die Bundesbahn (Abs. 4)

Die Deutsche Bundesbahn unterliegt zwar der KVO, nicht aber der Versicherungspflicht nach § 27 Abs. 1 S. 1 GüKG. Daher wurde 1989 in § 38 der Abs. 4 eingefügt. **18**

VII. Erlöschen und Verjährung der Ansprüche aus dem Beförderungsvertrag

§ 39

(1) Mit der Annahme des Gutes durch den Empfänger sind alle Ansprüche aus dem Beförderungsvertrag erloschen.

(2) Hiervon sind ausgenommen:

a) Entschädigungsansprüche für Schäden, die durch Vorsatz oder grobe Fahrlässigkeit des Unternehmers herbeigeführt sind;

b) Entschädigungsansprüche wegen Lieferfristüberschreitung, wenn sie innerhalb eines Monats, den Tag der Annahme durch den Empfänger nicht mitgerechnet, beim Unternehmer schriftlich angebracht werden;

c) Entschädigungsansprüche wegen teilweisen Verlustes oder teilweiser Beschädigung,

1. wenn der teilweise Verlust oder die Beschädigung vor der Auslieferung des Gutes nach § 37 festgestellt worden ist;

2. wenn die Feststellung, soweit sie nach § 37 hätte erfolgen müssen, schuldhaft unterblieben ist;

3. wenn eine Ladung nach § 27 neu aufgegeben und der teilweise Verlust oder die Beschädigung erst bei der Ablieferung an den letzten Empfänger festgestellt worden ist;

---

[40] Dagegen *Willenberg* ZVersWiss **1974** 188; *Roesch* VP **1964** 49, 54; OLG Düsseldorf vom 9. 4. 1957, VersR **1957** 579.

[41] Zur Rechtsprechung siehe obige Fn.; *Johannsen* in *Bruck/Möller* § 149–158 a VVG, Anm. B 53; *derselbe* VersR **1978** 108 ff; *Roltsch* VersR **1985** 317 ff; eingehend *Koller*² Rdn. 3; *Heuer* in *Willenberg*⁴ Rdn. 16; grundsätzlich *Prölss/Martin/Voit* VVG²⁴ § 149 Anm. 1 a. Eingehende Darstellung in der Vorauflage. Anm. 7; *Heuer* in *Willenberg*⁴ Rdn. 26 f; *Roltsch* Diss. 73–81; *derselbe* VersR **1985** 317 ff.

[42] BGH vom 13. 2. 1980, VersR **1980** 522, 523.

[43] *Heuer* in *Willenberg*⁴ Rdn. 27; OLG Düsseldorf vom 9. 4. 1957, VersR **1957** 579, 580.

[44] OLG Düsseldorf vom 9. 4. 1957, VersR **1957** 579, 580.

[45] Siehe Rdn. 5; *Heuer* in *Willenberg*⁴ Rdn. 28 f.

d) Entschädigungsansprüche aus solchen Schäden, die bei der Annahme des Gutes durch den Empfänger äußerlich nicht erkennbar waren, jedoch nur unter folgenden Voraussetzungen:

1. daß der Empfänger unverzüglich nach der Entdeckung des Schadens, spätestens aber binnen einer Woche nach der Annahme des Gutes schriftlich durch ihn die Feststellung des Schadens beantragt und

2. daß er beweist, daß der Schaden in der Zeit, in der sich das Gut im Gewahrsam des Unternehmers oder eines von ihm Beauftragten befand, entstanden ist.

Ist dem Unternehmer der Schaden binnen der bezeichneten Frist angezeigt worden, so genügt es, wenn die Feststellung unverzüglich nach der Anzeige beantragt wird;

e) Ansprüche auf Rückerstattung geleisteter Zahlungen an den Unternehmer.

Übersicht

	Rdn.		Rdn.
I. Allgemeines	1	a) Schadensfeststellung	13
1. Verhältnis des § 39 KVO zu anderen Vorschriften	1	b) Schuldhaftes Unterlassen der Schadensfeststellung	14
2. Anwendungsbereich	2	c) Neuaufgabe	15
II. Grundsatz des § 39 KVO: Erlöschen bei Annahme	5	4. Äußerlich nicht erkennbare Schäden (§ 39 Abs. 2 d KVO)	19
1. Annahme	5	a) Nicht erkennbare Schäden	19
2. Annahme unter Vorbehalt	7	b) Fristgemäßer Antrag auf Schadensfeststellung (§ 39 Abs. 2 d Nr. 1)	20
3. Vorbehaltslose Empfängerquittung	8	c) Schadensnachweis (§ 39 Abs. 2 d Nr. 2)	21
III. Ausnahmen vom Erlöschen	9	5. Ansprüche auf Rückerstattung von Zahlungen oder Nachnahmen	22
1. Vorsätzliche oder grob fahrlässige Schädigung (§ 39 Abs. 2 a KVO)	10		
2. Lieferfristansprüche (§ 39 Abs. 2 b KVO)	11		
3. Teilverlust und Beschädigung (§ 39 Abs. 2 c KVO)	12		

I. Allgemeines

1. Verhältnis des § 39 KVO zu anderen Vorschriften

1 § 39 KVO entspricht grundsätzlich § 438 HGB. Die Bestimmung weicht jedoch in zweierlei Weise vom HGB ab: Das Erlöschen der Ansprüche hängt nur von der Annahme der Güter ab. Auf die Bezahlung der Forderung kommt es dagegen nicht an. Zweitens ist die Regelung des § 39 KVO wesentlich genauer als die des HGB-Landfrachtrechts. Ein Rückgriff auf das HGB ist daher durch den speziellen § 39 KVO versperrt. Doch kann hinsichtlich grundsätzlicher Fragen und Begriffe auf die Kommentierung zu § 438 HGB verwiesen werden. § 39 KVO lehnt sich eng an § 93 EVO und Art. 57 ER/CIM 1980, Anh. II nach § 460 (Art. 46 CIM 1970) an. Dagegen ist die entsprechende Vorschrift des Art. 30 CMR insofern anders strukturiert, als die Annahme des Frachtguts nicht zum Verlust der Ansprüche, sondern nur zu einer Beweisverschlechterung führt.

2. Anwendungsbereich

2 Obwohl § 39 KVO uneingeschränkt vom Erlöschen „aller Ansprüche aus dem Beförderungsvertrag" spricht, bezieht sich die Bestimmung doch nur auf Ansprüche gegen den Frachtführer. Forderungen, die dem Frachtführer gegen Absender oder Empfänger zustehen, unterliegen daher keiner derartigen Präklusion. Dies ergibt sich aus

dem Vergleich mit den entsprechenden Vorschriften des § 438 HGB und des § 93 EVO; zutreffend *Willenberg*[4] Rdn. 1. Es ergäbe auch keinen vernünftigen Sinn, z. B. die Frachtzahlungsansprüche des Frachtführers mit der Ablieferung erlöschen zu lassen.

Ansprüche, die sich nicht auf Güter- oder Lieferfristschäden beziehen, insbesondere aus positiver Vertragsverletzung (§ 31 Abs. 1 c KVO), unterliegen nicht dem § 39 KVO. Soweit solche Ansprüche sich auf die Verletzung allgemeiner, nicht frachtvertragstypischer Sorgfaltspflichten stützen, handelt es sich eher um quasi-vertragliche als um echte Frachtvertragsansprüche. Für alle diese Ansprüche paßt § 39 KVO nicht, weil die Annahme des Frachtguts zu ihnen in keiner Beziehung steht[1]. Zur Behandlung anderer Ansprüche des Absenders oder Empfängers, die nichts mit dem Frachtgut im speziellen zu tun haben, siehe § 438 Rdn. 19 ff. **3**

§ 39 KVO bezieht sich ausdrücklich **nur auf vertragliche Ansprüche**. Soweit die Rechtsprechung daneben in freier Anspruchskonkurrenz Ansprüche aus unerlaubter Handlung wegen teilweisen Verlustes oder wegen Beschädigung zuläßt, ist es zwar konsequent, diese keiner Präklusion zu unterwerfen. Grundsätzlich bestehen aber Bedenken gegen die Durchbrechung der Haftungsbeschränkungen durch parallele Deliktsansprüche[2]. **4**

II. Grundsatz des § 39 KVO: Erlöschen bei Annahme
1. Annahme

§ 39 Abs. 1 setzt die Annahme des Gutes durch den Empfänger voraus; siehe § 438 Rdn. 10 ff. Die Einlagerung des Gutes durch den Frachtführer nach § 28 Abs. 6 ersetzt im Rahmen des § 39 KVO nicht die Annahme[3], denn die Präklusion beruht darauf, daß der Empfänger bei Ablieferung Gelegenheit hat, das Gut zu prüfen. Daher kann die bloße Annahme des Frachtbriefs nicht die Präklusion nach § 39 bewirken[4]. Eine auf dem Frachtbrief oder in anderer Weise ausgestellte Empfangsquittung ist auch im Rahmen des § 39 widerlegliches Beweismittel[5]. Umstritten ist, ob der Rechtsverlust schon eintritt, wenn der Empfänger das Gut nur für den Frachtführer zur Verwahrung oder zur Besichtigung abgenommen hat[6]. Entscheidend muß sein, ob mit der Annahme der Haftungszeitraum nach § 29 KVO beendet wird. Übergibt der Frachtführer das Gut in fremde Herrschaft, ohne daß seine Obhutzeit beendet wird, hat er für den, dem er den Besitz übergibt, nach §§ 29, 6 KVO einzustehen. Dies gilt auch dann, wenn er sich des Absenders oder Empfängers als Besitzmittler bedient. Diesen kann er dann aus dem zugrundeliegenden Rechtsverhältnis in Anspruch nehmen und muß seinerseits für die nötigen Beweise sorgen. Bei der Lieferfristhaftung gilt entsprechendes für den Beginn der Präklusionsfrist nach § 39 Abs. 2 b. **5**

---

[1] OLG Oldenburg vom 20. 12. 1983, TranspR **1984** 154, 156; *Koller*[2] Rdn. 2; *Willenberg*[4] Rdn. 2 (anders aber Rdn. 22); *Muth/Andresen/Pollnow* Anm. 1, S. 248; **a. A.** für § 31 Abs. 1 c OLG München vom 2. 12. 1981, TranspR **1983** 149, 151 (Präklusion aber im Ergebnis wegen groben Verschuldens abgelehnt).

[2] Siehe grundsätzlich gegen diese Rechtsprechung § 429 HGB Rdn. 290 ff. Für Anwendung von § 39 KVO auch auf Deliktsansprüche AG Köln vom 18. 3. 1980, VersR **1981** 1172; AG Emmerich vom 26. 7. 1989, TranspR **1989** 427 f; *Willenberg*[4] Rdn. 3 mit dem Hinweis auf weitere Literatur sowie auf das unveröffentlichte Urteil des OLG Düsseldorf vom 15. 7. 1964, 7 U 89/63.

[3] *Willenberg*[4] Rdn. 10; *Koller*[2] Rdn. 3; BGH vom 15. 11. 1965, BGHZ **44** 303, 307 (zu § 611 HGB).

[4] *Willenberg*[4] Rdn. 13; *Koller*[2] Rdn. 3.

[5] *Koller*[2] Rdn. 3; dagegen wohl *Willenberg*[4] Rdn. 12.

[6] Für Präklusion *Koller*[2] Rdn. 3; dagegen *Willenberg*[4] Rdn. 12.

6 Das Erlöschen der Ansprüche nach § 39 KVO ist **von Amts wegen** zu berücksichtigen[7] und nicht zu verwechseln mit der in § 40 KVO geregelten Verjährung, die nur eine Einrede begründet; siehe § 438 Rdn. 9, 24.

2. Annahme unter Vorbehalt

7 Nimmt der Empfänger das beschädigte oder unvollständige Gut unter spezifiziertem Vorbehalt[8] an, schließt dieser die Präklusionswirkung aus, wenn der Frachtführer ihn akzeptiert oder keine Schadensfeststellung trifft[9]. Denn hierin liegt eine Schadensbehauptung des Empfängers nach § 37 Abs. 1 KVO; siehe dort Rdn. 2. Überprüft sie der Frachtführer nicht, versäumt er schuldhaft die Schadensfeststellung; die Präklusionswirkung der Annahme ist nach § 39 Abs. 2 d Nr. 2 ausgeschlossen. Das Akzeptieren einer unrichtigen Schadensbehauptung durch den Frachtführer ist – weil er dem Empfänger einen Vorteil in Form von Schadensersatzleistungen zuwendet – eine tarifwidrige Begünstigung nach § 22 Abs. 2 GüKG. Ab 1. 1. 1994 ist es zulässig.

3. Vorbehaltslose Empfängerquittung

8 Stellt der Empfänger bei Ablieferung des Gutes eine Empfangsquittung ohne Vorbehalt („reine" Quittung) aus, hat er damit keinen Schaden i. S. v. § 37 Abs. 1 KVO behauptet; siehe § 37 Rdn. 2. Bei erkennbaren, aber vom Frachtführer nicht „entdeckten" (§ 37 Abs. 1) Schäden liegt damit der Ausnahmefall des § 39 Abs. 2 d Nr. 2 KVO nicht vor. Der Anspruch ist nach § 39 Abs. 1 erloschen[10]. Daran ändert sich auch nichts, wenn sich später die Quittung als unrichtig nachweisen läßt.

III. Ausnahmen vom Erlöschen

9 § 39 Abs. 2 enthält einen Katalog von Ausnahmen von der Präklusionswirkung. Liegt einer dieser Sonderfälle vor, so erlöschen die Ansprüche nicht mit der Annahme des Gutes.

1. Vorsätzliche oder grob fahrlässige Schädigung (§ 39 Abs. 2 a KVO)

10 Ist der Schaden durch den Unternehmer (oder seine Gehilfen, § 6 KVO[11]) vorsätzlich oder grob fahrlässig verursacht, so unterliegen die Ersatzansprüche nicht der Präklusion nach § 39[12]. Die Beweislast für das grobe Verschulden trägt der Anspruchsteller; *Koller*[2] Rdn. 6.

---

[7] *Koller*[2] Rdn. 5; *Willenberg*[4] Rdn. 5; *Muth/Andresen/Pollnow* Anm. 1.

[8] Unzureichend sind Vermerke wie „Verpackung beschädigt" (LG Aachen vom 19. 2. 1986, VersR **1987** 1112) oder Stempel wie „angenommen vorbehaltlich nachträglicher Prüfung der Stückzahl, des Gewichts und der Beschaffenheit" (OLG Oldenburg vom 15. 10. 1971, NJW **1972** 691 f) oder „Vorbehalte hinsichtlich Menge und Qualität" (OLG Karlsruhe vom 23. 10. 1980, 9 U 293/78, unveröff.). Siehe auch *de la Motte* VersR **1982** 1037.

[9] *Willenberg*[4] Rdn. 6 ff; *Züchner* VersR **1965** 832; *Koller*[2] Rdn. 4; siehe ferner § 438 Rdn. 26. Auch ein einseitiger Hinweis reicht aus; *Roesch* VP **1977** 134.

[10] *Koller*[2] Rdn. 4; *Piper*[6] Rdn. 266; grundsätzlich auch *Willenberg*[4] Rdn. 6; OLG Oldenburg vom 28. 5. 1990, TranspR **1991** 378; LG Ellwangen vom 10. 6. 1974, TranspR **1978** 71; LG Aachen vom 19. 2. 1986, VersR **1987** 1112.

[11] OLG München vom 2. 12. 1981, TranspR **1983** 149, 151; *Willenberg*[4] Rdn. 18; *Koller*[2] Rdn. 6.

[12] Siehe zur groben Fahrlässigkeit § 430 Rdn. 56 ff; speziell zu § 39 Abs. 2 a KVO BGH vom 26. 10. 1961, VersR **1961** 1108, 1109 (Verhalten bei Durchfahrt unter einer Brücke mit zu hoher Ladung); BGH vom 13. 12. 1968, NJW **1968** 893 = VersR **1969** 228, 229 (Vorreinigung eines Tankwagens bei Transport von Feinkorndestillat).

2. Lieferfristansprüche (§ 39 Abs. 2 b KVO)

Ansprüche wegen Überschreitung der Lieferfrist (§ 26 und § 31 KVO Rdn. 5 ff) unterliegen nicht der Präklusion, wenn sie binnen eines Monats nach der Annahme schriftlich[13] angemeldet werden. Diese Sonderregelung ist erforderlich, weil sich der Umfang von Verspätungsschäden bei Annahme der verspäteten Sendung in aller Regel noch nicht übersehen läßt; siehe auch § 438 Rdn. 21. Nur eine Ablieferung im Sinne von § 29 setzt die Monatsfrist in Gang. Denn die Vollständigkeit der Ablieferung ist für die Lieferfristhaftung entscheidend. Bei Vorsatz oder grober Fahrlässigkeit entfällt die Präklusion der Lieferfristansprüche gem. § 39 Abs. 2 a KVO; siehe Rdn. 8.

3. Teilverlust und Beschädigung (§ 39 Abs. 2 c KVO)

Zu den Begriffen des Teilverlustes und der Beschädigung siehe § 429 Rdn. 17 ff; § 29 KVO Rdn. 6; § 35 KVO Rdn. 24 ff.

a) Schadensfeststellung

Bei erkennbaren Teilverlusten und Beschädigungen kann sich der Empfänger vor Rechtsverlusten nach § 39 durch den Antrag auf Schadensfeststellung nach § 37 weitgehend schützen. Erfolgt diese vor der Auslieferung, entfällt die Präklusion nach § 37 Abs. 2 c Nr. 1. Die Eintragung eines Schadensvermerks im Frachtbrief durch den Empfänger reicht als Schadensbehauptung aus. Vor der Auslieferung bedeutet hier vor der Annahme durch den Empfänger, der die Leistung als die geschuldete annimmt. Jedenfalls sind Teilverluste und Beschädigungen, die erst während der Auslieferung erkannt werden, noch rügefähig. Andernfalls müßten sie nach Abs. 2 d behandelt werden – der Anspruchsberechtigte müßte die Entstehung des Schadens während der Obhutszeit nachweisen. Bei Teilverlusten muß der Empfänger seine Rechte wahren, wenn er den entsprechenden Teil der Ware annimmt. Für diesen Zeitpunkt kommt es – nach Lage des Einzelfalls – entscheidend darauf an, daß der Empfänger in der Lage ist, das Teil-Gut zu überprüfen[14]. Insbesondere hinsichtlich der Vollständigkeit des abgelieferten Guts kann die Feststellung regelmäßig erst erfolgen, wenn die letzten Teile der Gesamtsendung oder ein abgeschlossener Teil abgeliefert werden.

b) Schuldhaftes Unterlassen der Schadensfeststellung

Bringt der Empfänger spezifizierte Behauptungen über Schäden vor, dann handelt der Frachtführer schuldhaft, wenn er die Schadensfeststellung nach § 37 KVO nicht vornimmt; siehe § 37 Rdn. 2 ff. Damit ist die Präklusion nach § 39 Abs. 2 c Nr. 2 ausgeschlossen. Gleiches gilt nach § 37 Abs. 1, wenn der Frachtführer den Schaden entdeckt hat. Bestätigt der Frachtführer dem Verfügungsberechtigten den Schaden, ist davon auszugehen, daß er ihn entdeckt hat, auch wenn die Bestätigung auf Wunsch des Empfängers erfolgt.

c) Neuaufgabe

Ziffer 3 des § 39 Abs. 2 c KVO betrifft die Neuaufgabe von Frachtgut aufgrund einer frachtrechtlichen Verfügung gemäß § 27 KVO. Die Vorschrift bezieht sich nicht auf Stückgut, sondern nur auf Ladungsgut; siehe zur Abgrenzung § 4 KVO Rdn. 7 ff. Was unter „Neuaufgabe" zu verstehen ist, wird auch durch die Verweisung auf § 27 nicht voll

---

[13] Auch telegraphisch, durch Telex oder Telefax; Koller[2] Rdn. 7.

[14] Siehe § 438 Rdn. 12. Wenig klar *Willenberg*[4] Rdn. 11.

geklärt, denn diese Bestimmung kennt den Begriff „neu aufgegeben" nicht. Man wird wohl alle Fälle darunter zu fassen haben, in denen die Ablieferung durch einen neuen Vertrag über den Transport des Gutes ersetzt wird; ähnlich *Willenberg*[4] Rdn. 30. Der neue Vertrag kann zwischen dem Empfänger und dem bisherigen, aber auch einem neuen Frachtführer entstehen; siehe dazu § 27 Rdn. 35.

16 Bei **Weiterbeförderung durch den bisherigen Frachtführer** kommt weder der bisherige Empfänger noch eine dritte Person (auch kein neuer Frachtführer) in die Lage, das Frachtgut überprüfen zu können. Der Schaden wird also erst bei der endgültigen Ablieferung festgestellt werden. Würde man die Präklusionswirkung bereits mit der Beendigung des alten und dem Beginn des neuen Frachtvertrages eintreten lassen, so würde der Ersatzberechtigte schutzlos dem Erlöschen aller Ansprüche ausgesetzt werden. Daher reist das Gut während beider Frachtverträge unter der gleichen Obhut; es besteht ein sich über beide erstreckender einheitlicher Haftungszeitraum[15].

17 Wird die Beförderung **durch einen neuen Frachtführer fortgeführt**, ist die Rechtslage unklar. In diesen Falle kann der bisherige Frachtführer das Gut in eigenem Namen für fremde Rechnung weiterversenden; er handelt dann als Spediteur und ist Absender des neuen Frachtvertrages. Er kann aber auch die Weiterversendung in offener Stellvertretung des bisherigen Empfängers vornehmen, der dann Absender wird. Für beide Fälle gilt § 39 Abs. 2 c Ziff. 3 KVO nicht; *Koller*[2] Rdn. 8. In der Voraufl. Anm. 10 wurde erwogen, die Bestimmung erweiternd auszulegen, weil der anweisende Empfänger keine Möglichkeit hat, das unmittelbar an den nächsten Beförderer übergebene Gut zu prüfen und zu reklamieren. Diese Auffassung wird aufgegeben. Übernimmt der neue Frachtführer das Gut aufgrund eines neuen Frachtvertrages, kann und muß er das Gut äußerlich überprüfen und die Schadensfeststellung durch den ursprünglichen Frachtführer nach § 37 KVO veranlassen, weil der erste Frachtführer das Gut an ihn (als Empfänger) ausliefert[16]. Die unbeanstandete Übernahme des Frachtguts durch den nachfolgenden Frachtführer muß mindestens als Anscheinsbeweis für unbeschädigte Ablieferung an diesen gewertet werden. Damit ist der erste Frachtführer bei erkennbaren Schäden durch § 39 KVO entlastet. Der folgende Frachtführer haftet, wenn er den Nachweis nicht erschüttern kann, daß das Gut bei Übernahme durch ihn unbeschädigt war. Bei verpackten Gütern, insbesondere aber bei (meist verplombten) Containern muß man von Schäden ausgehen, die für den Folgefrachtführer nicht erkennbar waren. Dieser verliert also, wenn der Container nicht innerhalb der Wochenfrist des § 39 Abs. 2 d Nr. 1 geöffnet wird, seine Regreßansprüche gegen den vorausgehenden KVO-Frachtführer. Dieses überall im multimodalen Transport begegnende Problem läßt sich jedoch nicht durch Auslegung der KVO lösen; siehe Anh. V nach § 452 Rdn. 42. Im Ergebnis ist also festzuhalten: Wird die Empfängeranweisung zur Weiterbeförderung durch Übergabe an einen anderen Frachtführer ausgeführt, greift die Ausnahmeregelung nach § 39 Abs. 2 c Ziff. 3 KVO nicht ein. Die Ansprüche gegen den ersten Frachtführer wegen erkennbarer Schäden erlöschen nach § 39 Abs. 1.

18 Gleiches gilt für den Fall der **Nachlagerung** durch einen Dritten. Bei einer nicht unter § 33 d KVO fallenden Nachlagerung durch den KVO-Frachtführer selbst kann dieser sich ohnehin nicht auf die bei Lagerung zulässigen Freizeichnungen berufen, wenn er nicht nachweist, daß der Schaden während der Lagerzeit entstanden ist; siehe § 33 KVO Rdn. 3.

---

[15] *Willenberg*[4] Rdn. 30; siehe auch § 27 Rdn. 35.
[16] Zutreffend *Koller*[2] Rdn. 8. Das Gut wird umadressiert an den vom ersten Frachtführer im Auftrag des ersten Empfängers ausgewählten Anschlußbeförderer.

4. Äußerlich nicht erkennbare Schäden (§ 39 Abs. 2 d KVO)
a) Nicht erkennbare Schäden

Diese Ausnahme von der Präklusionswirkung lehnt sich sachlich eng an § 438 Abs. 3 HGB an; siehe dazu § 438 Rdn. 29 ff. Auch die von § 39 Abs. 2 d Nr. 2 ausdrücklich dem Geschädigten auferlegte Beweisbelastung entspricht § 438 Abs. 3 HGB; siehe dort Rdn. 37. Unterschiede zwischen der Regelung der KVO und des HGB ergeben sich jedoch vor allem aus dem abweichenden Schadensfeststellungsverfahren des § 37 KVO[17].

b) Fristgemäßer Antrag auf Schadensfeststellung (§ 39 Abs. 2 d Nr. 1)

Der Empfänger muß das Gut auf äußerlich nicht erkennbare Mängel untersuchen, zwar nicht unverzüglich, aber doch spätestens innerhalb einer Woche. Hat er Mängel entdeckt, ist unverzüglich (§ 121 BGB), spätestens innerhalb einer Woche nach Annahme, der Antrag auf Schadensfeststellung (§ 37 KVO) schriftlich zu stellen. Zur Frage der rechtzeitigen Absendung und des Zugangs siehe § 438 Rdn. 35. Statt dieses Antrags genügt zunächst auch eine formlose[18] Schadensanzeige innerhalb dieser Frist mit unverzüglich nachfolgendem Feststellungsantrag.

c) Schadensnachweis (§ 39 Abs. 2 d Nr. 2)

Die ordnungsgemäße Reklamation des zunächst unerkennbaren Schadens begründet keine Vermutung, daß es sich auch um einen Transportschaden handelt. Vielmehr trifft den Ersatzberechtigten nunmehr die Beweislast dafür, daß der Schaden in der Obhutszeit des Frachtführers entstanden ist.

5. Ansprüche auf Rückerstattung von Zahlungen oder Nachnahmen

Solche Ansprüche des Absenders oder Empfängers[19] fallen nach § 39 Abs. 2 e KVO nicht unter die Präklusion. Rückerstattungsansprüche wegen Nachnahmen können sich besonders dann ergeben, wenn Nachnahmen zu Unrecht oder zu einem zu hohen Wert eingezogen worden sind.

§ 40
Verjährung der Ansprüche aus dem Beförderungsvertrag

(1) ¹Die Ansprüche aus dem Beförderungsvertrag verjähren in einem Jahr.
²Die Verjährungsfrist beträgt indessen drei Jahre:
a) bei Ansprüchen des Absenders auf Auszahlung einer Nachnahme, die der Unternehmer vom Empfänger eingezogen hat;
b) bei Ansprüchen auf Auszahlung des Erlöses eines vom Unternehmer vorgenommenen Verkaufs;
c) bei Ansprüchen wegen eines durch Vorsatz verursachten Schadens.
(2) ¹Die Verjährungsfrist beginnt:
a) bei Ansprüchen auf Zahlung oder Erstattung von Fracht, Frachtzuschlägen, Nebengebühren und sonstigen Kosten mit Ablauf des Tages der Zahlung oder, wenn

---

[17] Siehe als praktische Anwendungsfälle OLG Stuttgart vom 25. 5. 1970, VersR **1972** 532 f (nicht gelungener Beweis); OLG Düsseldorf vom 11. 5. 1988, TranspR **1988**, 340 ff = VersR **1988** 1237 f (LS, zu § 13 GüKUMT).

[18] *Koller*² Rdn. 9; unklar *Willenberg*⁴ Rdn. 34 und *Muth/Andresen/Pollnow* S. 250 f.

[19] Siehe dazu insbesondere § 23 Abs. 5 dort Rdn. 3, 4; zum Nachnahmerecht siehe § 24 KVO.

keine Zahlung stattgefunden hat, mit Ablauf des Tages, an dem das Gut zur Beförderung angenommen worden ist;

b) bei Ansprüchen auf Zahlung oder Rückerstattung von Beträgen, die unter einen auf einen Höchstbetrag beschränkten Freivermerk fallen, mit Ablauf des Tages der Abrechnung über den Freibetrag mit dem Absender;

c) (weggefallen)

d) bei Ansprüchen auf Entschädigung wegen gänzlichen Verlustes des Gutes mit Ablauf des 30. Tages nach Beendigung der Lieferfrist;

e) bei Ansprüchen auf Entschädigung wegen teilweisen Verlusts, Beschädigung oder Lieferfristüberschreitung mit Ablauf des Tages der Ablieferung;

f) bei Ansprüchen wegen Nachnahmen mit dem Ablauf des 14. Tages nach Beendigung der Lieferfrist;

g) bei Ansprüchen auf Auszahlung eines Verkaufserlöses mit Ablauf des Verkaufstages;

h) bei Ansprüchen auf Zahlung eines vom Unternehmer an die Zollbehörde entrichteten Betrags mit Ablauf des Tages, an dem die Zollbehörde den Betrag angefordert hat.

(3) [1]Die Verjährung des Anspruchs gegen den Unternehmer wird, abgesehen von den allgemeinen gesetzlichen Hemmungsgründen, auch durch seine schriftliche Anmeldung gehemmt. [2]Ergeht auf die Anmeldung ein abschlägiger Bescheid, so läuft die Verjährungsfrist von dem Tage an weiter, an dem der Unternehmer oder in den Fällen des § 38 (2) und (3) der Versicherer seine Entscheidung dem Anmeldenden schriftlich bekanntmacht und ihm die der Anmeldung etwa beigefügten Belege zurückgibt. [3]Den Eingang der Anmeldung und des Bescheides und der Rückgabe der Belege hat derjenige zu beweisen, der sich auf diese Tatsachen beruft. [4]Weitere Gesuche, die denselben Anspruch zum Gegenstand haben, hemmen die Verjährung nicht.

(4) Die Unterbrechung der Verjährung regelt sich nach den allgemeinen gesetzlichen Vorschriften.

(5) [1]Die Ansprüche gegen den Unternehmer wegen gänzlichen oder teilweisen Verlustes oder wegen Beschädigung des Gutes oder wegen Überschreitung der Lieferfrist können nach der Vollendung der Verjährung nur aufgerechnet werden, wenn vorher der gänzliche oder teilweise Verlust, die Beschädigung oder die Überschreitung der Lieferfrist dem Unternehmer angezeigt oder die Anzeige an ihn abgesandt worden ist. [2]Der Anzeige an den Unternehmer steht es gleich, wenn gerichtliche Beweisaufnahme zur Sicherung des Beweises beantragt oder wenn in einem zwischen dem Absender und Empfänger oder einem späteren Erwerber des Guts wegen des gänzlichen oder teilweisen Verlustes, der Beschädigung oder der Lieferfristüberschreitung anhängigen Rechtsstreit dem Unternehmer der Streit verkündet wird

Übersicht

	Rdn.		Rdn.
I. Allgemeines	1	2. Ausnahmen: Dreijährige Verjährung (§ 40 Abs. 1 Satz 2 KVO)	8
1. Geltung des § 40 KVO für alle Vertragsansprüche	1	III. Der Beginn der Verjährungsfrist (§ 40 Abs. 2 KVO)	12
2. Keine Geltung für außervertragliche Ansprüche	5	1. § 40 Abs. 2 KVO als Ausnahmeregelung	12
3. Abdingbarkeit	6		
II. Die Dauer der Verjährungsfrist	7	2. Der Beginn der Verjährung in den Sonderfällen des § 40 Abs. 2 KVO	13
1. Grundsatz: Einjährige Verjährung (§ 40 Abs. 1 Satz 1 KVO)	7		

Sechster Abschnitt. Frachtgeschäft

	Rdn.		Rdn.
a) Bei Ansprüchen auf Zahlung oder Erstattung von Fracht und Kosten (Abs. 2 a)	13	1. Anspruchsanmeldung als Voraussetzung der Hemmung	21
b) Beträge, die unter einen Freivermerk fallen (§ 40 Abs. 2 b KVO)	14	a) Form und Inhalt der Anmeldung	21
		b) Zur Anmeldung Berechtigter	23
		c) Adressat der Anmeldung	27
c) Entschädigung wegen gänzlichen Verlusts (§ 40 Abs. 2 d KVO)	15	2. Beginn der Hemmungswirkung	28
		3. Durch die Hemmung Begünstigter	29
d) Entschädigung wegen Teilverlusts, Beschädigung oder Lieferfristüberschreitung (§ 40 Abs. 2 e KVO)	16	4. Endgültige Beendigung der Hemmung durch Ablehnung des Anspruchs	30
e) Nachnahmeansprüche (§ 40 Abs. 2 f KVO)	17	5. Allgemeine Hemmungsgründe (§ 40 Abs. 3 S. 1)	35
f) Auszahlung des Verkaufserlöses (§ 40 Abs. 2 g)	18	V. Unterbrechung der Verjährung (§ 40 Abs. 4)	36
g) Zollauslagen (§ 40 Abs. 2 h KVO)	19	VI. Verwirkung (§ 242 BGB)	37
IV. Hemmung der Verjährung (§ 40 Abs. 2 und Abs. 3 S. 1)	20	VII. Aufrechnung (§ 40 Abs. 5 KVO)	38

I. Allgemeines

1. Geltung des § 40 KVO für alle Vertragsansprüche

§ 40 Abs. 1 KVO erklärt die spezielle Verjährungsregelung[1] für anwendbar auf alle **1** Ansprüche[2] aus dem KVO-Beförderungsvertrag[3]. Es kommt daher nicht darauf an, wem die Ansprüche zustehen, ob dem Frachtführer, z. B. wegen Entgelts[4], dem Absender oder dem Empfänger[5]. Ebenso ist es gleichgültig, gegen wen sich die Ansprüche richten. Auch Ansprüche gegen den Empfänger können nach § 25 Abs. 2 KVO aus dem Frachtvertrag begründet sein. Daher unterliegen auch solche Ansprüche der Verjährung nach § 40 KVO[6]. Insoweit weicht § 40 grundsätzlich von § 439 HGB ab, der nur Ansprüche gegen den Frachtführer betrifft. Es kommt auch grundsätzlich nicht auf die Art des Anspruchs an; allerdings können Dauer und Beginn der Verjährungsfrist nach dieser variieren. Auch hierin weicht § 40 KVO von § 439 HGB ab, der nur Ansprüche wegen Güterschäden und Verspätung betrifft. § 196 Abs. 1 Nr. 3 BGB wird ebenfalls durch § 40 KVO verdrängt. Siehe § 439 Rdn. 12; a. A. *Starosta* TranspR **1992** 97 ff.

Rückgriffsansprüche gegen einen Unterfrachtführer richten sich dann nach der **2** KVO, wenn der Unterfrachtvertrag ihr ebenfalls unterliegt. Das ist z. B. nicht der Fall, wenn er nur einen Teilbereich der Beförderungsstrecke umfaßt und daher kein Güterfernverkehr ist[7]. Unterfrachtverträge haben in der KVO keine Sonderregelung gefunden. Es erscheint daher vertretbar und zweckmäßig, auf sie § 439 S. 2 anzuwenden, um dem von seinem Absender in Anspruch genommenen Hauptfrachtführer die Durchset-

---

[1] Soweit § 41 nichts besonderes regelt, gelten grundsätzlich die allgemeinen Verjährungsregeln des BGB, insbesondere § 202 ff.
[2] Auch aus positiver Vertragsverletzung: OLG Hamm vom 22. 10. 1979, 18 U 49/79 (unveröff.); Verjährungsbeginn mangels besonderer Regelung nach § 198. Rückgabe von Paletten: OLG Köln vom 19. 6. 1985, TranspR **1985** 429 f und AG Minden vom 25. 6. 1991, TranspR **1991** 347.
[3] Für Beförderungen unter BefBMö war daher § 40 KVO nicht anwendbar; BGH vom 26. 4. 1967,

VersR **1967** 997 f; siehe nunmehr § 14 GüKUMT, Anh. IV nach § 452.
[4] Bestärkt durch Abs. 2 S. 1 a KVO. Siehe zu Entgeltansprüchen *Starosta* TranspR **1992** 97 ff.
[5] Für den Empfänger siehe BGH vom 5. 7. 1962, NJW **1963** 102 ff = VersR **1962** 728; *Willenberg*[4] Rdn. 3. Generell *Willenberg*[4] Rdn. 5.
[6] BGH vom 5. 7. 1962, VersR **1962** 728 f; BGH vom 7. 7. 1964, VersR **1964** 1045, 1046.
[7] Siehe § 1 KVO Rdn. 6; mißverständlich *Koller*[2] Rdn. 2.

zung seiner Regreßansprüche gegen den schadensverursachenden Unterfrachtführer auch dann noch zu gewährleisten, wenn sich der Absender erst in letzter Minute entschließt, den Hauptfrachtführer in Anspruch zu nehmen; *Helm* TranspR **1983** 77, 78. Diese Auffassung wird jedoch nicht von der Rechtsprechung geteilt[8].

3 Auf Ansprüche gegen den **Spediteur-Frachtführer nach §§ 412, 413**, insbesondere den KVO-Fixkostenspediteur findet ebenfalls § 40 KVO Anwendung. Die einschränkende Regelung des § 1 Abs. 5 KVO betrifft § 40 nicht, da die Bestimmung keine Haftungsnorm ist; siehe § 1 KVO Rdn. 18. Auch Ansprüche des Fixkostenspediteurs auf Entgeltzahlung unterliegen grundsätzlich der Verjährung nach § 40[9].

4 Der einjährigen Verjährung nach § 40 Abs. 1 KVO unterstehen auch **Nachforderungsansprüche wegen der Tariffracht**, soweit sie auf den Frachtvertrag gestützt sind[10].

2. Keine Geltung für außervertragliche Ansprüche

5 Nicht von § 40 erfaßt werden Ansprüche, die zwar zwischen den am Vertrag Beteiligten bestehen, aber nicht auf den Beförderungsvertrag gestützt sind. Ansprüche aus unerlaubter Handlung verjähren danach gemäß § 852 in 3 Jahren[11]. Soweit diese Ansprüche mit der Haftungsregelung der KVO konkurrieren, ist diese Rechtsprechung abzulehnen[12]. Ansprüche auf Wiedereinforderung von unzulässigen Frachtrückzahlungen oder anderen tarifwidrigen Zuwendungen aus § 812 BGB verjähren nach § 195 BGB in 30 Jahren; § 40 KVO ist nicht anwendbar[13]. Geht ein auf ungerechtfertigte Bereicherung gestützter Anspruch auf das gleiche Ziel wie ein beförderungsvertraglicher Anspruch, so soll jedoch nach Auffassung des BGH die Verjährung des § 40 Abs. 1 eingreifen[14]. Die entsprechende Anwendung von § 40 auf Ansprüche aus Verschulden bei Vertragsschluß, die in engem Zusammenhang mit dem Transportvorgang stehen, wird in der Literatur zu Recht bejaht[15].

3. Abdingbarkeit

6 Die Abdingung des § 40 zugunsten des Frachtführers verstößt gegen § 26 GüKG[16]. Ebenso ist die Abdingung zu Lasten des Frachtführers wegen § 22 Abs. 2 GüKG und eine Verlängerung der Verjährung ohnehin wegen § 225 BGB unwirksam[17]. Allerdings

---

[8] BGH vom 23. 5. 1985, NJW **1986** 132 f = TranspR **1986** 334, 335 = VersR **1985** 831; OLG München vom 31. 12. 1982, TranspR **1983** 75 ff; *Koller*[2] § 439 HGB Rdn. 1; siehe auch § 439 Rdn. 4.

[9] Siehe § 1 KVO Rdn. 18; a. A. *Starosta* TranspR **1992** 97 ff.

[10] BGH vom 29. 10. 1952, BGHZ **8** 66, 71; vom 4. 7. 1957, VersR **1957** 527, 528 (KVO-Fixkosten-Spedition); vom 1. 12. 1965, VersR **1966** 134 f; vom 3. 3. 1972, NJW **1972** 877. Siehe aber hinsichtlich der auf Bereicherungsansprüche gestützten Nachforderungen unten Rdn. 2.

[11] BGH vom 9. 3. 1956, VersR **1956** 349, 350 (noch offenlassend); BGH vom 7. 7. 1964, VersR **1964** 1045, 1046 (eindeutig für Anwendung des § 852 BGB); *Willenberg*[4] Rdn. 1; *Koller*[2] Rdn. 2.

[12] Zutreffend LG Karlsruhe vom 20. 3. 1989, TranspR **1989** 237, 238. Siehe § 429 Rdn. 285 ff.

[13] Siehe BGH vom 19. 10. 1961, VersR **1961** 1107 f; vom 29. 10. 1962, BGHZ **38** 171, 183; BGH vom 15. 12. 1965, VersR **1966** 157, 158; BGH vom 27. 3. 1981, TranspR **1983** 15, 18; OLG Bamberg vom 11. 12. 1964, VersR **1965** 1006, 1008; AG Hamburg vom 5. 3. 1991, TranspR **1991** 435 f; LG Essen vom 24. 10. 1990, TranspR **1992** 326 mit unzutreffender Anm. von *Arens* (zur CMR); *Willenberg*[4] Rdn. 1; *Koller*[2] Rdn. 2; siehe auch § 23 GüKG, Anh. I nach § 452.

[14] BGH vom 27. 5. 1957, VersR **1957** 503, 504; dazu auch OLG Bamberg vom 11. 12. 1964, VersR **1965** 1006, 1008; siehe § 429 Rdn. 315.

[15] Ohne nähere Begründung auch von Autoren, die eine Anwendung auf unerlaubte Handlung ablehnen: *Koller*[2] Rdn. 2; *Willenberg*[4] Rdn. 1.

[16] BGH vom 25. 10. 1962, BGHZ **38** 150, 154 f (zur KVO-Fixkosten-Spedition).

[17] Siehe den Fall BGH vom 14. 7. 1960, VersR **1960** 896.

gilt dies nur für die vorherige Abdingung vor Eintritt der Verjährung. Dagegen bestehen keine Bedenken, wenn der Frachtführer (oder sein Versicherer) im Schadensfall auf die Geltendmachung der Verjährung verzichtet; er ist darin frei, ob er sich auf die Verjährung berufen will oder nicht; daher kann man ihm auch das Recht zum Verzicht zubilligen[18]. Der Verzicht auf die bereits eingetretene Verjährung setzt Kenntnis des Verzichtenden von der Verjährung voraus. Andernfalls fehlt das „für die Wirksamkeit des Verzichtes erforderliche Bewußtsein der Aufgabe eines Rechtes"[19].

II. Die Dauer der Verjährungsfrist

1. Grundsatz: Einjährige Verjährung (§ 40 Abs. 1 Satz 1 KVO)

Einsprüche aus dem KVO-Frachtvertrag verjähren, soweit nicht eine Ausnahme nach § 40 Abs. 1 Satz 2 KVO vorliegt, grundsätzlich in einem Jahr. Gemäß § 224 BGB verjähren Zinsansprüche mit der Hauptforderung. **7**

2. Ausnahmen: Dreijährige Verjährung (§ 40 Abs. 1 Satz 2 KVO)

In § 40 Abs. 1 Satz 2 KVO sind drei Ausnahmefälle angeführt, in denen die Verjährungsfrist auf 3 Jahre verlängert ist. **8**

Der **Anspruch auf Auszahlung einer vom Unternehmer eingezogenen Nachnahme (Buchst. a)** ergibt sich aus §§ 675, 667 BGB[20]. **9**

Der in Buchstabe b vorgesehene Fall der **Abführung des Erlöses aus einem vom Unternehmer vorgenommenen Verkauf** bezog sich vor allem auf den 1989 weggefallenen § 28 Abs. 7 KVO. Siehe § 28 KVO Rdn. 31. Verkauft der Frachtführer das Gut für den Absender oder Empfänger aufgrund besonderen Auftrags, so liegt ein besonderer Kommissionsvertrag vor. § 40 KVO gilt für alle diese Fälle nicht, da die Ansprüche auf Abführung des Erlöses nicht aus dem KVO-Frachtvertrag begründet sind. **10**

Die Verlängerung der Verjährungsfrist auf 3 Jahre nach § 40 Abs. 1 Satz 2 c bezieht sich auf alle Ansprüche aus dem Frachtvertrag wegen (auch bedingt) **vorsätzlich verursachter Schäden**. Hierunter fallen in erster Linie Schäden am Frachtgut und solche durch Lieferfristüberschreitung (§ 29 KVO). Die dreijährige Verjährung gilt aber auch für andere Schadensersatzansprüche, auch für solche, die dem Frachtführer gegen den Absender zustehen, z. B. aus § 12 Abs. 1 Satz 4, § 13 und § 18 Abs. 3 KVO. Vorsatz der Gehilfen steht dem eigenen Vorsatz des betreffenden Vertragspartners gleich; OLG München vom 20. 10. 1955, VersR **1955** 690, 691. Danach ist § 6 KVO dafür maßgeblich, ob der Vorsatz eines Dritten dem KVO-Frachtführer zugerechnet wird. Auf der Seite des Absenders oder Empfängers ist § 278 BGB anzuwenden. Den Beweis für das Vorliegen des Vorsatzes hat die Partei zu führen, die sich auf die verlängerte Verjährungsfrist beruft. Allerdings hat der BGH die Beweislast des Bestellers im ähnlichen Fall der werkvertraglichen Verjährung nach § 638 Abs. 1 S. 1 BGB auf eine Darlegungslast für ein grobes Organisationsverschuldens reduziert[21]. Ähnliches kann vorliegen, wenn der Frachtführer Schäden am Frachtgut, die er bei ordnungsgemäßer Organisation entdeckt hätte, dem Absender oder Empfänger nicht mitteilt. **11**

---

[18] Zutreffend *Willenberg*[4] Rdn. 2; *Koller*[2] Rdn. 1.
[19] BGH vom 13. 10. 1960, VersR **1960** 1076, 1078.
[20] Siehe zum Nachnahmerecht § 24 KVO; § 425 Rdn. 145 f; §§ 407–409 Rdn. 128 ff; § 435 Rdn. 137 und § 436 Rdn. 26. Zum Beginn der Verjährung siehe § 40 Abs. 2 f KVO.
[21] BGH vom 12. 3. 1992, ZIP **1992** 773 ff.

III. Der Beginn der Verjährungsfrist (§ 40 Abs. 2 KVO)

1. § 40 Abs. 2 KVO als Ausnahmeregelung

12 Die in § 40 Abs. 2 KVO getroffenen Bestimmungen über den Beginn der Verjährungsfristen beziehen sich nur auf besondere Ansprüche. Sie stellen Ausnahmen zur BGB-Regelung dar und sind als solche grundsätzlich nicht analogiefähig[22]. Greift keine der Ausnahmen ein, so verbleibt es bei der Grundregel des §§ 198 BGB, wonach die Verjährung grundsätzlich mit der Entstehung des Anspruchs beginnt[23]. Daher beginnt der Lauf der Verjährung bei Ansprüchen aus § 31 Abs. 1 c KVO mit der Entstehung des Anspruchs. Ebenso wie bei Ansprüchen aus positiver Vertragsverletzung ist der Verjährungsbeginn unabhängig davon, ob der Geschädigte das Entstehen des Anspruchs kennt oder kennen kann[24]. Dennoch zutreffend OLG Oldenburg[25], das die Verjährung eines Schadensersatzes wegen Verlustes vorausbezahlter Zölle erst mit der Ablehnung der Erstattung durch die Zollbehörde beginnen läßt[26]. Denn vor der Ablehnung stand nicht fest, ob ein Schaden entstehen würde.

2. Der Beginn der Verjährung in den Sonderfällen des § 40 Abs. 2 KVO

a) Bei Ansprüchen auf Zahlung oder Erstattung von Fracht und Kosten (Abs. 2 a)

13 Bei diesen (§ 40 Abs. 2 a KVO) beginnt die Verjährungsfrist unterschiedlich: Ist im Zusammenhang mit dem Anspruch bereits eine Zahlung geleistet, so beginnt die Verjährung mit dem Zeitpunkt der Zahlung. Dies ist regelmäßig bei Rückerstattungsansprüchen der Fall, aber auch bei Nachforderungen im Falle der Teilzahlung oder der Tarifunterschreitung[27]. Sind dagegen noch keine Zahlungen geleistet, so ist der Ablauf des Tages der Annahme des Guts zur Beförderung maßgebend[28]. Für den Beginn der Verjährung nach § 40 Abs. 2 a ist zu fordern, daß die Annahme vollständig erfolgt ist. Erstreckt sie sich für das aufgrund eines einheitlichen Frachtvertrages anzunehmende Gut über mehrere Tage, so ist der Tag der Beendigung der Annahme maßgeblich. Für viele einzelne Verträge beginnt jeweils eine eigene Frist[29]. Danach beginnt die Verjährung zunächst mit der Annahme des Gutes. Werden Zahlungen geleistet, so beginnt eine neue Verjährungsfrist zu laufen, bei weiteren Zahlungen beginnen jeweils wiederum neue Verjährungsfristen[30]. Dies gilt auch, wenn es sich um die Zahlung der tarifwidrig zu gering bemessenen Fracht als Ganzes handelt[31].

b) Beträge, die unter einen Freivermerk fallen (§ 40 Abs. 2 b KVO)

14 Siehe hierzu § 21 Abs. 3, 4 KVO.

---

[22] A. A. ohne sachliche Begründung Koller[2] Rdn. 5.
[23] Zutreffend OLG Hamm vom 22. 10. 1979, 18 U 49/79 (unveröff.); Willenberg[4] Rdn. 14. Siehe aber auch BGH vom 22. 2. 1979, BGHZ 73 363, 365 = WM **1979** 417, 420.
[24] Koller[2] Rdn. 5; Palandt/Heinrichs[52] § Rdn. 2; BGH vom 10. 7. 1986, WM **1986** 991, 995 (zu § 197 BGB).
[25] Urteil vom 20. 12. 1983, TranspR **1984** 154, 156; zustimmend Willenberg[4] Rdn. 16.
[26] Entgegen Koller[2] Rdn. 5. Siehe auch BGH vom 22. 2. 1979, BGHZ 73 363, 365 = WM **1979** 417, 420, vom 2. 7. 1992, NJW **1992** 2766, 2767 und vom 10. 12. 1992, VersR **1993** 446, 447 (Steuerberater).
[27] BGH vom 27. 5. 1957, VersR **1957** 503, 504; BGH vom 13. 10. 1960, VersR **1960** 1076, 1078; vom 14. 7. 1960, VersR **1960** 896; OLG Hamm vom 11. 1. 1988, TranspR **1989** 13, 16; OLG Düsseldorf vom 11. 1. 1973, BB **1973** 146; OLG Hamburg vom 28. 9. 1989, TranspR **1990** 421, 425.
[28] Zur Annahme § 29 KVO Rdn. 7, § 429 Rdn. 43 ff, § 15 KVO Rdn. 13.
[29] Siehe z. B. OLG Hamm vom 19. 11. 1992, TranspR **1993** 99 ff.
[30] Siehe hierzu BGH vom 7. 4. 1960, VersR **1960** 509, 510.
[31] BGH vom 27. 5. 1957, VersR **1957** 503, 504.

c) Entschädigung wegen gänzlichen Verlusts (§ 40 Abs. 2 d KVO)

Hierzu siehe § 29 KVO Rdn. 6 und § 35 KVO Rdn. 24 ff; zur Lieferfrist siehe § 31 KVO Rdn. 5 f. **15**

d) Entschädigung wegen Teilverlusts, Beschädigung oder Lieferfristüberschreitung (§ 40 Abs. 2 e KVO)

Siehe zu den Begriffen Teilverlust und Beschädigung 429 Rdn. 17, 20; § 35 KVO Rdn. 24 ff; zur Lieferfristüberschreitung § 31 KVO Rdn. 5 f. Tag der Ablieferung ist bei Teilauslieferung der Tag, an dem der letzte Teil der Güter ausgeliefert ist[32]. **16**

e) Nachnahmeansprüche (§ 40 Abs. 2 f KVO)

Siehe zum Nachnahmerecht Rdn. 9 (Fn). **17**

f) Auszahlung des Verkaufserlöses (§ 40 Abs. 2 g)

Siehe hierzu oben Rdn. 7. **18**

g) Zollauslagen (§ 40 Abs. 2 h KVO)

Siehe hierzu § 12 Rdn. 14 ff. Die Erstattungsansprüche des KVO-Frachtführers ergeben sich aus §§ 675, 670 BGB. **19**

IV. Hemmung der Verjährung (§ 40 Abs. 2 und Abs. 3 S. 1)

§ 40 Abs. 3 KVO sieht neben der gesetzlichen Hemmung (§§ 202 ff BGB) eine besondere Hemmung der Verjährung durch Anmeldung des Schadens vor. Die Wirkung dieser Hemmung bestimmt sich nach § 205 BGB. Siehe zu der entsprechenden Regelung der CMR Rdn. 8 f zu Art. 32 CMR, Anh. VI nach § 452. **20**

1. Anspruchsanmeldung als Voraussetzung der Hemmung
a) Form und Inhalt der Anmeldung

Voraussetzung der Hemmung ist eine **schriftliche Anmeldung** des Anspruchs beim KVO-Frachtführer. Dazu genügt Fernschreiben oder Telefax[33], aber auch schon die Ablichtung eines an den Versandspediteur gerichteten Fernschreibens[34]. **21**

Inhaltlich muß die Schadensanmeldung vor allem klar machen, daß der Anspruchsteller den Frachtführer auf Haftung in Anspruch nehmen will, auch wenn sich der Umfang des Schadens zum Zeitpunkt der Anmeldung noch nicht sicher feststellen läßt. Die Anmeldung muß sich allerdings auf bestimmte oder bestimmbare Umstände beziehen, aus denen der Anspruch hergeleitet werden soll[35]. Im Rahmen eines Schriftverkehrs ist das früheste Schreiben, das den Voraussetzungen der Schadensanmeldung entspricht, als solche zu werten[36]. Dagegen ist nicht zu fordern, daß der Geschädigte eine konkrete Anspruchsgrundlage nennen muß[37], auch wenn die KVO im Gegensatz zu Art. 32 Abs. 2 CMR die Anmeldung des Anspruchs fordert. Die Schadensanmeldung gibt dem **22**

---

[32] OLG Hamburg vom 3. 2. 1971, VersR **1971** 729, 731 (zu §§ 439, 414 HGB); *Willenberg*[4] Rdn. 15.
[33] *Willenberg*[4] Rdn. 24.
[34] BGH vom 7. 11. 1985, TranspR **1986** 53, 55 = VersR **1986** 287 ff; *Willenberg*[4] Rdn. 24; *Koller*[2] Rdn. 14 (Fernschreiben und Telegramm); OLG Hamburg vom 9. 2. 1989, TranspR **1990** 191, 193 (Fernschreiben).
[35] *Koller*[2] Rdn. 14; LG Hamburg vom 10. 3. 1992, TranspR **1993** 19 f.
[36] BGH vom 7. 11. 1985, TranspR **1986** 53, 55 = VersR **1986** 287 ff.
[37] *Koller*[2] Rdn. 14; im wesentlichen ähnlich OLG Hamburg vom 9. 2. 2989, TranspR **1990** 191, 193.

Frachtführer, wenn die Umstände der Schädigung angegeben sind, auch ohne die juristische Qualifikation die Chance, die Umstände der Schadensentstehung entsprechend durch Beweise zu sichern. Angesichts der Schwierigkeiten der transportrechtlichen Haftungsverhältnisse ist der Geschädigte mit der rechtlichen Einordnung der Schadensfolgen überfordert, so daß er die ihm vom Gesetz gewährte Hemmung oft nicht voll ausnutzen könnte. Zu Unrecht fordert daher das OLG Frankfurt die Angabe, ob Lieferfristüberschreitung oder Verlust geltend gemacht werde[38]. Auch wenn die Anforderungen an den Inhalt der Schadensanmeldung nicht hochzuschrauben sind, genügt allerdings die bloße Beantragung der Schadensfeststellung nach § 37 Abs. 1 KVO nicht[39].

b) Zur Anmeldung Berechtigter

23 Die Anmeldung muß vom Berechtigten vorgenommen werden. Dies ist zwar in der KVO nicht ausdrücklich gesagt, da die Regelung des § 40 Abs. 3 in der Passivform getroffen ist. Man wird aber davon auszugehen haben, daß der Frachtführer nur die Reklamationen von solchen Personen zu beachten hat, die mit dem Schaden zu tun haben. Berechtigte können Absender oder Empfänger sein, je nachdem, wer von beiden anspruchsberechtigt ist, nach h. M. möglicherweise auch beide (Doppellegitimation); siehe § 29 Rdn. 20 ff. Sie müssen jeder für sich und unabhängig voneinander[40] zur Schadensanmeldung berechtigt sein. Es fragt sich, ob die Reklamation des einen Berechtigten die Verjährung der Ansprüche des anderen hemmen kann. Angesichts der für den Geschädigten unübersehbaren Rechtslage, die vielfach erst nachträglich gerichtlich zu klären sein wird, sollte grundsätzlich die Reklamation des einen auch für den anderen Berechtigten als verjährungshemmend anerkannt werden. Sinnvollerweise muß ihre Vornahme aber dem jeweils anderen in Rechtsstandschaft gestattet werden; siehe § 429 Rdn. 164.

24 **Ist ein Spediteur Absender**, kann auch dessen Auftraggeber (Versender) die verjährungshemmende Anmeldung wirksam vornehmen[41]. Zur Begründung hat der BGH zu Recht die Bestimmungen der §§ 407 Abs. 2, 392 Abs. 2 HGB und des § 52 ADSp herangezogen. Danach ist der Versender zwar vor der Abtretung der Ansprüche aus dem Frachtvertrag nicht deren Gläubiger, wohl aber hat er – wirtschaftlich gesehen – die Position des Absenders und kann daher bereits aus eigenem Recht die Schadensanmeldung vornehmen. Das Urteil des BGH vom 6. 2. 1981 aaO bestätigt diese Rechtsprechung. Es entscheidet jedoch zu Recht, daß der (Güter-)Transportversicherer des Versenders Ansprüche des Empfängers nicht geltend machen kann, wenn er es versäumt hat, sich die Ersatzansprüche des Versenders oder Spediteurs rechtzeitig abtreten zu lassen oder durch rechtzeitige Zahlung nach 67 VVG ihren Übergang auf sich zu bewirken. In diesem Falle sind §§ 407 Abs. 2, 392 Abs. 2 nicht anwendbar, da zwischen absendendem Spediteur und Empfänger kein Speditionsvertrag besteht. Der Transportversicherer kann die Ansprüche des Empfängers nur geltend machen, wenn sie rechtzeitig abgetreten worden sind. Undeutlich dazu *Koller*[2] Rdn. 15 (S. 585). Die Regelung der §§ 407 Abs. 2, 392 Abs. 2 kann auch nicht angewendet werden, wenn der Absender, der kein Spediteur ist, wie ein Spediteur den Frachtvertrag in eigenem Namen für einen Auftrag-

---

[38] Urteile vom 8. 6. 1982, TranspR **1982** 150 f = VersR **1983** 141 und vom gleichen Tage, MDR **1982** 1022; zustimmend *Willenberg*[4] Rdn. 25.

[39] *Willenberg*[4] Rdn. 25; zu § 94 Abs. 3 EVO siehe OLG Hamm vom 10. 4. 1978, VersR **1978** 1074.

[40] OLG Düsseldorf vom 16. 12. 1982, VersR **1983** 1032 (zu Art. 32 CMR); wie hier *Koller*[2] Rdn. 14.

[41] BGH vom 20. 2. 1970, VersR **1970** 416 f; OLG Düsseldorf vom 16. 12. 1982, VersR **1983** 1028 f (zu Art. 32 CMR); BGH vom 6. 2. 1981, NJW **1981** VersR **1981** 571 f; *Willenberg*[4] Rdn. 30; *Piper*[6] Rdn. 269; wohl auch *Koller*[2] Rdn. 15 (S. 619), entgegen seiner Auffassung in TranspR **1989** 308, 311.

geber abschließt. Das entsprechende Urteil des OLG Düsseldorf[42] hätte dagegen mit einer Rechtsstandschaft aufgrund offen gelegter wirtschaftlicher Trägerschaft gerechtfertigt werden müssen; siehe § 429 Rdn. 164.

Selbstverständlich kann der **Zessionar** der Schadensersatzforderung die Verjährung durch Schadensanmeldung unterbrechen; das gleiche gilt für den Versicherer, auf den der Anspruch nach § 67 VVG übergegangen ist. Eine nach dem Übergang der **Forderung vorgenommene** Schadensanmeldung unterbricht die Verjährung nicht[43]. **25**

Die **Anmeldung durch einen Nichtberechtigten** wirkt verjährungshemmend, wenn er vom Berechtigten vorher dazu ermächtigt worden ist (§ 185 Abs. 1 BGB)[44]. Sachlich ist dem beizupflichten, wenn auch zweifelhaft ist, ob die Anmeldung des Anspruchs als Verfügung im Sinne des § 185 BGB anzusehen ist. Die Voraussetzung der Ermächtigung sollte in großzügiger Weise nach wirtschaftlichen Gesichtspunkten bestimmt werden; siehe § 429 Rdn. 164 ff. Eine Genehmigung nach § 185 Abs. 2 BGB kommt jedenfalls mit Rückwirkung nicht in Betracht[45], könnte aber mit Wirkung ex nunc zugelassen werden, solange die Verjährung noch nicht eingetreten ist[46]. **26**

c) Adressat der Anmeldung

Die Anmeldung hat **gegenüber dem KVO-Frachtführer** zu erfolgen. Es genügt aber bereits die Anmeldung beim KVO-Versicherer[47]. Werden KVO-Versicherer und Speditionsversicherer durch dasselbe Unternehmen vertreten, dann genügt jedenfalls auch die Anmeldung bei diesem an den Speditionsversicherer gem. Nr. 5.2 SVS/RVS, Neufassung[48]; BGH aaO. Praktisch bedeutet dies, daß der Versender einen Schaden, der möglicherweise in den Deckungsbereich beider Versicherungen fallen könnte, mit der schriftlichen Anmeldung beim Speditionsversicherer auch im Sinne des § 40 Abs. 3 KVO angemeldet hat. **27**

2. Beginn der Hemmungswirkung

Die Hemmungswirkung beginnt nach § 40 Abs. 3 S. 1 KVO mit der Anmeldung, also mit dem Zugang der Anmeldungserklärung, die als (empfangsbedürftige) Rechtshandlung zu betrachten ist[49]. Den Eingang der Anmeldung hat der zu beweisen, der sich auf sie beruft; § 40 Abs. 3 S. 3 KVO. Muß die Verjährungsfrist kurz vor ihrem Ablauf noch gehemmt werden, so ist eine Anmeldung durch Einschreiben mit Rückschein empfehlenswert. **28**

3. Durch die Hemmung Begünstigter

Die Hemmung der Verjährung wirkt grundsätzlich nur gegenüber dem, der den Schaden angemeldet hat. Dies läßt sich zwar § 40 Abs. 3 KVO nicht unmittelbar entneh- **29**

---

[42] Vom 16. 12. 1982, VersR **1983** 1028 f; dagegen Koller[2] Rdn. 15 (S. 619) und TranspR **1989** 308 ff.
[43] Willenberg Rdn. 29; BGH vom 1. 10. 1975, VersR **1976** 618 f (zur CMR); BGH vom 6. 2. 1981, NJW **1981** VersR **1981** 571 f; OLG München vom 21. 7. 1989, TranspR **1989** 324, 326 (zur CMR).
[44] Willenberg[4] Rdn. 28; Koller[2] Rdn. 15 (S. 619); Piper VersR **1988** 201, 203 f.
[45] Koller[2] Rdn. 15 (S. 619); Willenberg[4] Rdn. 28; Braun VersR **1988** 648, 651 Fn. 28; BGH vom 24. 10. 1991, BGHZ **116** 15 ff = TranspR **1992** 177, 179 = VersR **1992** 640 f; ebenso für die CIM: OLG München vom 22. 9. 1977, VersR **1978** 853, 854.
[46] Koller[2] Rdn. 15 (S. 619); für Anwendung OLG Hamburg vom 17. 11. 1983, VersR **1984** 236.
[47] BGH vom 20. 2. 1970, VersR **1970** 416 f; Willenberg[4] Rdn. 26.
[48] Siehe § 429 Anh. II (früher § 5 Ziff. 3 S. 2,3 SVS/RVS; siehe § 5 RVS/SVS, Anh. II nach § 415 Rdn. 11).
[49] Nicht als Willenserklärung; so aber Willenberg[4] Rdn. 32.

men, kann aber damit begründet werden, daß die Dauer der Hemmung nach § 40 Abs. 3 S. 4 von den über den Anspruch geführten Verhandlungen mit dem Reklamierenden abhängt, daher durch Ablehnung diesem gegenüber beendet wird und insoweit personenbezogen ist. Will ein anderer, der behauptet, einen Anspruch gegen den Frachtführer zu haben, die Verjährung hemmen, muß er seinerseits den Schaden anmelden. Zwischen Frachtführer und mehreren behaupteten Anmeldungsberechtigten laufen danach unterschiedliche Verjährungsfristen.

4. Endgültige Beendigung der Hemmung durch Ablehnung des Anspruchs

30 Die Hemmung der Verjährung ist nach § 40 Abs. 3 S. 2 KVO beendet, wenn der KVO-Frachtführer oder sein Haftpflichtversicherer[50] die Ansprüche schriftlich ablehnt und die Belege zurückgibt. Die Ablehnung muß endgültig sein. Bleiben noch Verhandlungen offen, ist die Verjährung weiter gehemmt[51], nicht aber, wenn nach endgültiger Ablehnung die Verhandlungen doch noch einmal aufgenommen werden[52]. In diesem Falle kann aber die spätere Geltendmachung der Verjährung arglistig sein, wenn der Anspruchsteller durch das weitere Verhandeln von der Klageerhebung abgehalten wurde[53]. Die Verjährung beginnt weiterzulaufen mit dem Zugang[54] der Ablehnung gegenüber dem, der den Anspruch anmeldet. Daß mit der Ablehnung des Anspruchs einer Person anderen Berechtigten ihr Recht zur Schadensanmeldung nicht entzogen werden kann, bedarf keiner besonderen Begründung[55], auch wenn es sich um denselben Schaden handelt. Denn wenn einem Nichtberechtigten der Anspruch abgelehnt wird, darf dies die Rechte des wahren Berechtigten nicht beeinträchtigen[56]. Bei teilweiser Ablehnung läuft die Verjährungsfrist für den abgelehnten Teil weiter; *Koller*[2] Rdn. 15.

31 **Werden die Belege nicht zurückgegeben,** so bleibt die Verjährung weiter gehemmt. Diese Regelung entspricht Art. 32 CMR, Anh. VI nach § 452; siehe auch dort. Die Rückgabe von Kopien der Belege ist nicht erforderlich[57].

32 Die **Ablehnung der Ansprüche durch den Haftpflichtversicherer** des Frachtführers beendet die Hemmung der Verjährung. Dies läßt sich aus dem Mitwirkungsrecht des Versicherers nach § 38 KVO begründen und rechtfertigt sich auch grundsätzlich aus der Funktion der Haftpflichtversicherung, die im Ergebnis Verteidigung und Schadensregulierung dem Frachtführer abnimmt.

33 Die **Beweislast** für die Ablehnung (einschließlich ihres Zugangs) und die Rückgabe der Belege trägt nach § 40 Abs. 3 S. 3 der KVO-Frachtführer bzw. sein Haftpflichtversicherer.

34 Die Beendigung der Hemmung der Verjährung ist endgültig. Eine **Wiederholung der Anmeldung** desselben Anspruchs hat nach § 40 Abs. 3 S. 4 KVO keine erneute

---

[50] *Willenberg*[4] Rdn. 34; *Koller*[2] Rdn. 15.
[51] OLG Frankfurt vom 3. 7. 1979, TranspR **1982** 76 = RIW **1980** 367; OLG München vom 10. 10. 1990, TranspR **1991** 138, 141 (beide zu Art. 32 Abs. 2 CMR).
[52] *Willenberg*[4] Rdn. 35; *Koller*[2] Rdn. 15.
[53] Siehe unten Rdn. 37; *Koller*[2] Rdn. 16 (S. 586); siehe zu Art. 32 CMR OLG Hamburg vom 9. 2. 1989, TranspR **1990** 191, 193.
[54] OLG Düsseldorf vom 16. 12. 1982, VersR **1983** 1032 (zu Art. 32 CMR).
[55] So aber mit umständlicher Heranziehung der Entstehungsgeschichte der CMR OLG München vom 21. 7. 1989, TranspR **1989** 324, 326.
[56] OLG Düsseldorf vom 16. 12. 1982, VersR **1983** 1032.
[57] OLG Düsseldorf vom 2. 10. 1980, VersR **1981** 737 (Art. 32 Abs. 2 CMR); *Koller*[2] Rdn. 15 (S. 585); *Willenberg*[4] Rdn. 36. Siehe zu Art. 32 Abs. 2 CMR: OLG Celle vom 13. 1. 1975, WM **1975** 189, 191; OLG Hamburg vom 27. 5. 1982, VersR **1983** 90; OLG München vom 10. 10. 1990, TranspR **1991** 138, 141; LG Mönchengladbach vom 16. 3. 1981, VersR **1982** 340; *Loewe* ETR **1976** 586; *Piper*[6] Rdn. 391.

Hemmung zur Folge. Die Ablehnung des Anspruchs gegenüber einem Berechtigten wirkt, ebenso wie die Anmeldung (siehe Rdn. 29), nicht gegenüber anderen Anspruchstellern[58].

5. Allgemeine Hemmungsgründe (§ 40 Abs. 3 S. 1)

§ 40 KVO verdrängt nicht das allgemeine Recht der Verjährungshemmung. Daher können auch andere Gründe zur Hemmung führen, insbesondere eine Kontokorrentabrede zwischen den Parteien; siehe die Erl. zu § 355 HGB; *Willenberg*[4] Rdn. 44 ff.

V. Unterbrechung der Verjährung (§ 40 Abs. 4)

§ 40 Abs. 4 KVO verweist überflüssigerweise hinsichtlich der Unterbrechung der Verjährung auf die ohnehin geltenden gesetzlichen Bestimmungen, also auf §§ 208 ff BGB. Aus der Anwendung von § 208 ergibt sich, daß ein Anerkenntnis des Frachtführers die Verjährung unterbricht, und zwar auch während sie gehemmt ist[59]. Ein Anerkenntnis nur dem Grunde nach unterbricht die Verjährung des ganzen Anspruchs, wenn es nicht auf einen bestimmten Teil begrenzt ist[60]. Mit dem OLG München vom 31. 12. 1982, TranspR **1983** 75 f mit zust. Anm. von *Helm* kann analog §§ 639 Abs. 1, 477 Abs 2 BGB die Verjährung auch durch ein Beweissicherungsverfahren unterbrochen werden. Ein Argument dagegen kann entgegen *Koller*[2] Rdn. 16 auch nicht die „Wertung des § 40 Abs. 5 S. 2 und der §§ 439, 414 Abs. 3 HGB" liefern. Aus diesen Bestimmungen kann nur geschlossen werden, daß die Aufrechnung des Absenders oder Versenders nach Eintritt der Verjährung auf den Fall vorheriger Anzeige beschränkt sein soll. Zur Frage, wann die Verjährung unterbrochen werden kann, hat dies keine Beziehung, weil die Wirkungen der Verjährungsunterbrechung und der Aufrechnung nicht vergleichbar sind, d. h. keine Übertragung von angeblichen Wertentscheidungen erlauben.

VI. Verwirkung (§ 242 BGB)

Der Anspruchsteller kann – wie auch in anderen Fällen der Verjährung – geltend machen, daß der in Anspruch Genommene sich treuwidrig auf die Verjährung beruft[61].

VII. Aufrechnung (§ 40 Abs. 5 KVO)

§ 40 Abs. 5 KVO entspricht fast wörtlich der Regelung des Landfrachtrechts des HGB (§§ 439 Satz 1, 414 Abs. 3 HGB; siehe dazu § 414 Rdn. 13). Nach § 390 S. 2 BGB muß vor Eintritt der Verjährung die Aufrechnungslage bereits bestanden haben[62]. Davon machen weder die §§ 479 BGB, 414 Abs. 3 HGB noch § 40 Abs. 5 KVO eine Ausnahme. § 40 Abs. 5 beschränkt sich darauf, eine zusätzliche Voraussetzung der Aufrechnung nach dem Eintritt der Verjährung festzulegen. Die Vorschrift ist nur auf die in ihr ausdrücklich genannten Ansprüche anzuwenden[63]. Das Aufrechnungsverbot des § 32 ADSp ist im Gegensatz zur Rechtsprechung des BGH nicht als unwirksam anzuse-

---

[58] *Willenberg*[4] Rdn. 31; OLG München vom 21. 7. 1989, TranspR **1989** 324, 326. Unmaßgeblich, ob Anmeldung oder Ablehnung dem anderen Berechtigten bekannt geworden sind; OLG Düsseldorf vom 16. 12. 1982, VersR **1983** 1032 (zu Art. 32 CMR).

[59] BGH vom 26. 2. 1988, NJW-RR **1988** 730 f; *Koller*[2] Rdn. 15; *Willenberg*[4] Rdn. 41; zur CMR OLG Düsseldorf vom 14. 7. 1983, TranspR **1984** 16 f.

[60] *Willenberg*[4] Rdn. 42; *Palandt/Heinrichs*[52] § 208 Rdn. 5 mit weiteren Hinweisen.

[61] BGH vom 5. 7. 1962, VersR **1962** 728 f; OLG Hamburg vom 9. 2. 1989, TranspR **1990** 191, 193 (zu Art. 32 CMR). Siehe allgemein § 439 Rdn. 1; § 414 Rdn. 9, 28; oben Rdn. 30.

[62] BGH vom 29. 3. 1974, NJW **1974** 1138 f = VersR **1974** 742, 743; *Willenberg*[4] Rdn. 53.

[63] *Willenberg*[4] Rdn. 51.

hen[64]. Allenfalls läßt sich in bestimmten Fällen die Aufrechnungsbeschränkung als ein Tarifverstoß behandeln, *Koller* aaO. Spätestens mit dem bevorstehenden Wegfall der Tarife wird auch dieses Argument entfallen.

Anhang III/1 nach § 452
Allgemeine Beförderungsbedingungen für den gewerblichen Güternahverkehr mit Kraftfahrzeugen (AGNB)
vom 1. Januar 1956

§ 1
Geltungsbereich

1. Die AGNB gelten für alle Beförderungsleistungen im gewerblichen Güternahverkehr.

2. Welche Beförderungsleistungen als Güternahverkehr anzusehen sind, ergibt sich aus § 2 des Güterkraftverkehrsgesetzes (GüKG) vom 17. Oktober 1952 (BGBl. I, S. 697).

3. Die AGNB gelten auch bei den Beförderungsleistungen des Güternahverkehrs von und nach der sowjetischen Besatzungszone sowie von und nach dem Auslande, soweit nicht zwingende Rechtsvorschriften entgegenstehen.

4. Die AGNB gelten nicht für

a) die Beförderung von Umzugsgut, Erbgut oder Heiratsgut in Spezial-Möbelwagen, die unter die allgemeinen Beförderungsbedingungen des deutschen Möbeltransportes fällt,

b) die Speditionsrollfuhr im Nahverkehr, die unter die ADSp fällt, und den bahnamtlichen Rollfuhrverkehr.

Übersicht

	Rdn.		Rdn.
I. Entstehungsgeschichte der AGNB ...	1	c) Bei Verwendung durch Kunden	17
II. Rechtsnatur der AGNB	2	IV. Der Anwendungsbereich nach der Formulierung des § 1 AGNB	18
1. Allgemeine Geschäftsbedingungen	2	1. Geltung für den Güternahverkehr (§ 1 Abs. 1 und 2 AGNB)	18
2. Kein Handelsbrauch	3	2. Grenzüberschreitender Transport (§ 1 Abs. 3 AGNB)	20
III. Anwendung des AGB-Gesetzes auf die AGNB	5	3. Möbelbeförderung, Umzugsverkehr (§ 1 Abs. 4 a AGNB)	21
1. Einbeziehung in den Vertrag	5	4. Speditionsrollfuhr (§ 1 Abs. 4 b AGNB)	22
2. Auslegung und Vorrang des Individualvertrages	9	5. Bahnamtliche Rollfuhr (§ 1 Abs. 4 b AGNB)	23
3. Inhaltskontrolle	10		
a) Im beiderseits kaufmännischen Bereich	11		
b) Bei Anwendung gegenüber nichtkaufmännischen Kunden	14		

---

[64] Siehe § 32 ADSp, Anh. I nach § 415 Rdn. 12; *Koller*[2] Rdn. 18; *derselbe* VersR **1985** 556, 559; *Bayer* TranspR **1985** 417.

Sechster Abschnitt. Frachtgeschäft **Anh. III/1 § 452**
(§ 1 AGNB)

Schrifttum

Cantrup Allgemeine Beförderungsbedingungen für den gewerblichen Güternahverkehr mit Kraftfahrzeugen[4] (o. J. **nach** 1981), zitiert: *Cantrup*[4]; *Cantrup/Willenberg/Hill*[5], Der gewerbliche Güternahverkehr[5] **1977**, S. 206 ff; *Helm* Haftung für Schäden an Frachtgütern **1966**, insbesondere S. 24 ff; *Herber/Schmuck* Beweislast des Transportunternehmers für grobe Fahrlässigkeit, VersR **1991** 1209 ff; *Herrmann*, AGNB **1969**; *Thume* Die Haftung des Spediteurs für Kardinalfehler und grobe Organisationsfehler, TranspR **1991** 209, 214 f; *Ulmer/Hensen* AGBG[6] Anh. §§ 9–11 Rdn. 25–27; *Widmann*, AGNB, Allgemeine Beförderungsbedingungen für den gewerblichen Güternahverkehr[3] (1988), zitiert: *Widmann*[3]; *Willenberg*, Straßentransportrecht, in: Transportrecht und Gesetz über Allgemeine Geschäftsbedingungen (1988), zitiert: *Willenberg*, Transportrecht und Gesetz über AGB; *Wolf* AGBG[2] § 9 Rdn. F 59–65.

I. Entstehungsgeschichte der AGNB

Die AGNB wurden im Jahre 1955 gemeinsam von der Arbeitsgemeinschaft Güternahverkehr, dem Deutschen Industrie- und Handelstag, dem Gesamtverband des deutschen Groß- und Außenhandels und dem Deutschen Transportversicherungsverband unter Federführung des Deutschen Industrie- und Handelstages aufgestellt und zur Anwendung empfohlen. Ihre verhältnismäßig ausgewogene Regelung lehnt sich in vielen Punkten an die KVO (Anh. II nach § 452) an. Für die AGNB (und die ADSp) wurde vom Bundesgesetzgeber durch die Änderung des GüKG von 1969 bewußt gegenüber der Rechtsprechung des BGH die Vertragsfreiheit im Güternahverkehr wiederhergestellt; *Willenberg*, Transportrecht und Gesetz über AGB 173 f. Tarifliche Bedenken gegen die Zulässigkeit der AGNB bestanden daher zu keiner Zeit[1]. Die AGNB können auch auf Speditionsverträge über Beförderungen im Nahverkehr angewendet werden[2]. Außerhalb des allgemeinen Güternahverkehrs stoßen sie auf die Wirksamkeitsgrenzen der KVO, Anh. II nach § 452, der CMR, Anh. III nach § 452 und der Bedingungen GÜKUMT, Anh. IV nach § 452. **1**

Die AGNB wurden bisher nicht überarbeitet. Da sie auch in Verträgen mit nichtkaufmännischen Kunden verwendet werden, stehen viele ihrer Klauseln im Widerspruch zum AGBG, insbesondere zu § 11 Nr. 7. Sie enthalten auch keine Anpassungen an die Rechtsprechung zum AGB-Recht vor und nach Inkrafttreten des AGB-Gesetzes. In Verträgen mit kaufmännischen Kunden ist ihre Vereinbarkeit mit § 9 AGBG zwar teilweise bestritten. Die Rechtsprechung hat aber – soweit veröffentlicht – bisher keine Klausel für unwirksam erklärt. Siehe zu diesen Fragen Rdn. 10 ff. Die veröffentlichten Urteile betreffen durchweg Verträge mit kaufmännischen Kunden.

II. Rechtsnatur der AGNB

1. Allgemeine Geschäftsbedingungen

Die AGNB haben den **Rechtscharakter allgemeiner Geschäftsbedingungen**[3]. Als solche sind sie in den Verhandlungen zwischen den Verbänden aufgestellt worden. Fraglich ist aber, ob sie ganz oder teilweise Handelsbrauch sind oder kraft Handelsbrauchs als vereinbart gelten. **2**

---

[1] BGH vom 2. 12. 1982, TranspR **1983** 73, 74 = VersR **1983** 339 ff; vom 20. 11. 1986, TranspR **1987** 133, 136 = VersR **1987** 282, 283. Dagegen können im Güterfernverkehr die AGNB nicht anstelle der KVO vereinbart werden; OLG Köln vom 10. 3. 1982, Spediteur **1983** Heft 8 S. 19, 20.

[2] OLG Celle vom 13. 8. 1982, VersR **1983** 724.

[3] Unstr.: *Cantrup*[4] S. 4 ff; *Cantrup/Willenberg/Hill*[5] S. 213 ff; *Koller*[2] vor § 1 AGNB Rdn. 1; *Widmann*[3] S. 10 ff; *Willenberg*, Transportrecht und Gesetz über AGB 175; unrichtig *Roesch* VersR **1978** 300, der dies verneint.

2. Kein Handelsbrauch

3 Den AGNB ist bisher die Geltung als überörtlicher Handelsbrauch allgemein abgesprochen worden[4]. Auch die Rechtsprechung des BGH beanstandete nicht die Feststellung der Berufungsgerichte, nach denen die AGNB kein Handelsbrauch sind[5]. Gelegentlich wurden die AGNB als örtlicher Handelsbrauch anerkannt[6].

4 **Inwieweit die AGNB Handelsbrauch sind, ist eine rein tatsächliche Frage.** Sie kann daher von der Rechtsprechung nicht allgemein beantwortet werden[7]. Der BGH weist zu Recht darauf hin, daß zu diesen Fragen Tatsachenermittlungen getroffen werden müssen[8]; eine Geltung komme unter Umständen durch Handelsbrauch sogar gegenüber einem Nichtkaufmann in Betracht[9]. Jedoch wurde die Geltung als überörtlicher Handelsbrauch in keinem Fall bejaht[10]. Nach alledem steht fest, daß der Durchsetzungsgrad der AGNB nicht so hoch ist, daß sie als überörtlicher Handelsbrauch Geltung beanspruchen könnten.

III. Anwendung des AGB-Gesetzes auf die AGNB
1. Einbeziehung in den Vertrag

5 Die Rechtsnatur der AGNB als allgemeine Geschäftsbedingungen bedeutet, daß ihre Anwendung zwischen den Parteien vereinbart werden muß[11]. Die Vereinbarung wird durch das AGBG zusätzlich erschwert. Zwar gilt § 2 AGBG nicht bei Verwendung der AGNB in Verträgen mit Kaufleuten und der öffentlichen Hand (§ 24 Abs. 1 AGBG). Gegenüber nichtkaufmännischen Kunden (z. B. nicht eingetragenen Landwirten und privaten Bauherren, Kies- und Sandwerken) setzt jedoch die Vereinbarung der AGNB gem. § 2 AGBG den nachgewiesenen ausdrücklichen Hinweis des Frachtführers auf die AGNB und die Verschaffung der Möglichkeit zur Kenntnisnahme voraus. Die Einbeziehung der AGNB durch eine allgemeine Einbeziehungsklausel ist unzulässig[12]. Der Aushang im Geschäftslokal dürfte bei der meist telefonischen oder schriftlichen Auftragserteilung im Güternahverkehr weitgehend ausscheiden; *Widmann*[3] S. 10. Der Hin-

---

[4] Aus der Rechtsprechung siehe BGH vom 1. 3. 1974, NJW **1974** 1246 ff = DB **1974** 1223, 1224; OLG Frankfurt vom 13. 7. 1984, TranspR **1985** 92 (aus tatsächlichen Gründen offenlassend). Aus der Literatur *Koller*[2] § 1 AGNB Rdn. 2.

[5] BGH vom 12. 6. 1964, VersR **1964** 970 ff (die entsprechende Stelle weggekürzt); vom 11. 12. 1968, VersR **1969** 272, 275 und vom 7. 12. 1973, WM **1974** 262, 264; *Willenberg*, Transportrecht und Gesetz über AGB 175.

[6] Für handelsbräuchliche Einbeziehung in Offenbach und Frankfurt: LG Darmstadt vom 27. 3. 1984, TranspR **1984** 201, 203; entgegengesetzt OLG Frankfurt vom 13. 7. 1984, TranspR **1985** 92. Solche Feststellungen wurden vom BGH in der Revision gelegentlich beanstandet, BGH vom 11. 11. 1977, WM **1978** 140 = NJW **1978** 698 (Gründe insoweit unveröff.); gelegentlich wegen der fehlenden Revisibilität der betreffenden Tatsachenfeststellungen auch nicht, BGH vom 8. 12. 1965, VersR **1966** 180, 181. Die Geltung als örtlicher Handelsbrauch wurde verneint: OLG Düsseldorf vom 12. 7. 1979, TranspR **1980** 53.

[7] BGH vom 1. 12. 1965, NJW **1966** 502 ff = WM **1966** 219 f; BGH vom 28. 11. 1969, VersR **1970** 151, 152; ebenso BGH vom 1. 3. 1974, NJW **1974** 1246 ff = DB **1974** 1223, 1224; vom 3. 7. 1981, ZIP **1981** 1220, 1222. Zur Feststellung von Handelsbräuchen im Hotelgewerbe grundsätzlich BGH vom 24. 11. 1976, NJW **1977** 385 ff = WM **1977** 258 ff.

[8] BGH vom 28. 11. 1969, VersR **1970** 151, 152; vom 1. 3. 1974 I ZR 48/73 unveröff.

[9] BGH vom 28. 11. 1969, VersR **1970** 151, 152 (Kies- und Sandwerk).

[10] Im Urteil des BGH vom 11. 11. 1977, WM **1978** 140 = NJW **1978** 698 (Gründe insoweit unveröff.) waren die AGNB für Erdbewegungen im Autobahnbaustellenbereich kein Handelsbrauch.

[11] BGH vom 1. 12. 1965, VersR **1966** 135, 137 verlangte, daß sie „ausdrücklich zum Vertragsbestandteil geworden sind"; berichtigend BGH vom 28. 11. 1969, VersR **1970** 151, 152 (auch eine stillschweigende Vereinbarung möglich).

[12] BGH vom 27. 1. 1983, NJW **1983** 2026 = TranspR **1983** 71, 72; *Willenberg*, Transportrecht und Gesetz über AGB 176.

weis auf die AGNB in Abrechnungen des Auftraggebers reicht nicht zur Einbeziehung[13].

Zur Problematik der Einbeziehung von AGB im Transportrecht siehe vor § 1 ADSp, Anh. I nach § 415 Rdn. 6 ff. Die Rechtsprechung zu den ADSp, wonach **unter Kaufleuten** die Vereinbarung durch „Kennenmüssen" des Auftraggebers ersetzt sein könnte[14], ist auf die AGNB nicht anzuwenden[15]. Wegen des vergleichsweise geringen Anwendungsgrads der AGNB und der weitgehenden Anwendung der ADSp im Güternahverkehr kann nicht davon ausgegangen werden, daß ein Kaufmann als Wareneigentümer, der Güter durch einen Spediteur versenden läßt, mit der Anwendung der AGNB durch einen beauftragten Nahverkehrsunternehmer rechnen muß[16]. Möglich ist aber eine stillschweigende Vereinbarung, insbesondere auch aufgrund laufender Geschäftsbeziehungen[17]. Hierfür können auch Vermerke auf nicht-vertragskonstitutiven Urkunden, z. B. in Versandanzeigen und Rechnungen, ausreichen.

Möglich ist auch eine **Verweisung auf die AGNB in Geschäftsbedingungen eines Generalunternehmers als Auftraggeber**. Doch muß der Subunternehmer diese Bedingungen gekannt haben[18]. Auch durch Rahmenverträge können die AGNB im voraus einbezogen werden[19]. **7**

Die gleichzeitige Vereinbarung von AGNB und ADSp ist zulässig – jedenfalls wenn zwischen ihnen eine Rangfolge festgelegt ist[20]. **8**

2. Auslegung und Vorrang des Individualvertrages

Als AGB unterliegen die AGNB den Vorschriften des AGBG über Auslegung und Vorrang des Individualvertrages. Soweit sie Unklarheiten enthalten, sind sie nach § 5 AGBG zu Lasten des Güternahverkehrsunternehmers auszulegen. Individualvertragliche Vereinbarungen gehen gem. § 4 AGBG den AGNB-Bestimmungen vor[21], auch wenn sie formlos, ggf. sogar stillschweigend getroffen sind. **9**

3. Inhaltskontrolle

Die AGNB unterliegen der **Inhaltskontrolle** nach dem AGBG. Die Aussage: „Die AGNB verstoßen ... in vielfacher Hinsicht gegen das AGBG und sind unwirksam" (*Koller*[2] Vorbem. vor § 1 AGNB, S. 375) ist in dieser Allgemeinheit unzutreffend. Die Inhaltskontrolle betrifft nach § 8 AGBG nur Klauseln, die von den ohne sie anwendbaren Vorschriften des gesetzlichen Rechts abweichen[22]. **Maßstab der Überprüfung ist** zunächst **das Landfrachtrecht der §§ 425–451 HGB**, nur soweit dieses schweigt, das **10**

---

[13] OLG Düsseldorf vom 25. 11. 1982, VersR **1983** 552 f; siehe auch vor § 1 ADSp, Anh. I nach § 415 Rdn. 12.

[14] Vor § 1 ADSp, Anh. I nach § 415 Rdn. 17.

[15] Der Unternehmer muß auch nicht mit ihrer Verwendung rechnen; BGH vom 11. 11. 1977, WM **1978** 140 = NJW **1978** 698 (Gründe insoweit unveröff.); möglicherweise entgegengesetzt BGH vom 3. 7. 1981, ZIP **1981** 1220, 1222; *Koller*[2] § 1 AGNB Rdn. 3.

[16] OLG Düsseldorf vom 30. 6. 1977, VersR **1977** 912, 913.

[17] *Piper* Rdn. 291; siehe hierzu vor § 1 ADSp, Anh. I nach § 415 Rdn. 16; neuestens grundsätzlich bestätigend BGH vom 12. 2. 1992, DB **1992** 1977 ff = ZIP **1992** 404 ff.

[18] Siehe BGH vom 11. 11. 1977, WM **1978** 140 = NJW **1978** 698 (Gründe insoweit unveröff.).

[19] Siehe z. B. BGH vom 2. 12. 1982, TranspR **1983** 73, 74 = VersR **1983** 339 ff; zum Überblick: vor § 1 ADSp, Anh. I nach § 415 Rdn. 14.

[20] BGH vom 2. 12. 1982, TranspR **1983** 73, 74 = VersR **1983** 339 ff; ferner vor § 1 ADSp, Anh. I nach § 415 Rdn. 9. Zur Vereinbarung mehrerer AGB in möglicher Konkurrenz zu den AGNB siehe BGH vom 11. 11. 1979, WM **1980** 164 ff.

[21] OLG Köln vom 11. 1. 1979, Spediteur **1980** Heft 5, 44 f.

[22] Siehe *Ulmer/Brandner* AGBG[6] Anh. § 8 Rdn. 23 ff. *Dylla-Krebs* Schranken der Inhaltskontrolle Allgemeiner Geschäftsbedingungen (1990); *Niebling* WM **1992** 845 ff.

Schuldrecht des BGB. Unrichtig sind daher die Literaturmeinungen, die diesen gesetzlichen Maßstab übersehen und die für bürgerlichrechtliche Verträge entwickelten Kontrollmaßstäbe anwenden wollen[23]; siehe z. B. § 14 AGNB Rdn. 5 und § 16 AGNB Rdn. 2 hinsichtlich mittelbarer Schäden. Siehe zur Einwirkung des AGBG die Kommentierungen zu den einzelnen Bestimmungen der AGNB. Die Inhaltskontrolle führt zu verschiedenen Ergebnissen bei Verwendung der AGNB in Verträgen mit kaufmännischen und nichtkaufmännischen Kunden:

a) Im beiderseits kaufmännischen Bereich

11 **Im Anwendungsbereich gegenüber kaufmännischen Kunden** richtet sich die Inhaltskontrolle nur nach §§ 24, 9 AGBG. Insoweit kann die KVO, die für den Güternahverkehr nicht gilt, als angemessener Standard herangezogen werden; ebenso andere vergleichbare gesetzliche Spezialregelungen des Frachtrechts[24]. Die Ähnlichkeit mit diesen verwandten gesetzlichen Regelungen dürfte bei der Anwendung des § 9 AGBG zugunsten der AGNB die Beurteilung einzelner Klauseln als unangemessene Benachteiligung des Kunden weitgehend ausschließen[25]. *Koller*[2] § 17 Rdn. 1 übersieht, daß ein Vergleich mit der KVO alleine, der zwar für Angemessenheit des § 17 AGNB spricht, unzureichend ist. Vielmehr muß es im kaufmännischen Verkehr zumindest auch darauf ankommen, was in entsprechenden Gesetzen verwandter Frachtgebiete vorgesehen ist: nirgends eine unbeschränkte Haftung. Danach sind die AGNB im Haftungsstandard insgesamt kundenfreundlicher als die von der Rechtsprechung stets als wirksam angesehenen ADSp. Der Mindeststandard der Inhaltskontrolle wird offenkundig durch die etwas verschärfte frühere Rechtsprechung zum Recht der allgemeinen Geschäftsbedingungen bestimmt. Insbesondere ist nach dauernder Rechtsprechung die Freizeichnung für grobe Fahrlässigkeit und Vorsatz leitender Angestellter sowie für grobes Organisationsverschulden unwirksam[26]. Nach § 9 Abs. 2 Nr. 2 AGBG sind Freizeichnungen auch dann unwirksam, wenn eine Verletzung von Kardinalpflichten vorliegt[27].

---

[23] Unrichtig daher *Ulmer/Hensen* Anh. §§ 9–11 Rdn. 26; *Wolf* AGBG[2] § 9 Rdn. F 62.
[24] *Willenberg*, Transportrecht und Gesetz über AGB 176; grundsätzlich auch *Wolf* AGBG[2] § 9 Rdn. F 62 für die CMR als Vergleichsmaßstab.
[25] Siehe vor § 1 ADSp, Anh. I nach § 415 Rdn. 48.
[26] Zu den AGNB siehe BGH vom 2. 12. 1982, TranspR **1983** 73, 75 = VersR **1983** 339 ff; *Ulmer/Hensen* AGBG[6] Anh. §§ 9–11 Rdn. 26. Siehe genauer vor § 1 ADSp, Anh. I nach § 415 Rdn. 39 ff, insbesondere 49 ff. Zu anderen Bedingungen siehe zuletzt BGH vom 11. 11. 1992, NJW **1993** 335 f = WM **1993** 24 ff.
Zur Beweislast für grobes Organisationsverschulden siehe *Herber/Schmuck* VersR **1991** 1209 ff; *Thume* TranspR **1991** 209, 214 f; *Wingbermühle* VersR **1993** 539 ff. Die Beweislast für grobes Eigenverschulden liegt beim Geschädigten; im Anschluß an BGH vom 24. 6. 1987, BGHZ **101** 172, 179 ff = NJW **1988** 640 ff = TranspR **1987** 447, 450 ff = VersR **1987** 1202 ff und BGH vom 12. 3. 1992, ZIP **1992** 773 ff (Beweislast beim Auftraggeber, Darlegungslast bei Werkunternehmer); wohl mittlerweile ganz überwiegend anerkannt; anders noch OLG Hamburg vom 1. 11. 1990, VersR **1992** 984 (durch Nichtannahme der Revision rechtskräftig). Heftig umstritten ist jedoch noch, inwieweit der Spediteur die Umstände darzulegen hat. Siehe die folgende neuere Rechtsprechung:
Darlegungs- und Beweislast nach § 51 b ADSp beim Geschädigten: OLG Düsseldorf vom 2. 4. 1992, TranspR **1992** 331, 333 = Spediteur **1992** 275 ff; vom 8. 10. 1992, TranspR **1993** 72, 74; OLG Hamburg vom 9. 7. 1992, VersR **1993** 380 f; wohl ebenso LG Hamburg vom 24. 2. 1992, TranspR **1993** 120 f; OLG Köln vom 3. 4. 1992, TranspR **1992** 225, 229 f (anders nur bei möglicher und zumutbarer Aufklärung durch Spediteur); für § 64 ADSp wohl auch OLG München vom 30. 10. 1992, TranspR **1993** 148 ff = NJW-RR **1993** 168 f; LG Hamburg vom 4. 12. 1991, TranspR **1992** 143 ff; LG Karlsruhe vom 14. 2. 1992, TranspR **1992** 147 ff.
Beweislast beim Geschädigten, Darlegungslast für Organisation beim Spediteur: OLG Karlsruhe vom 7. 11. 1991, TranspR **1992** 67, 70; und vom 16. 7. 1992, TranspR **1993** 146, 147; OLG Köln vom 31. 3. 1992, TranspR **1992** 284 f und vom 3. 4. 1992, Spediteur **1992** 242 ff.
**Beweislast beim Geschädigten, Darlegungslast für Organisation offenlassend wegen ausrei-

In der Literatur wird darüber hinaus auch eine **Vollnichtigkeit** jeder Klausel angenommen, wenn die AGB keinen Hinweis auf die mögliche Nichtigkeit bei Verstößen gegen Kardinalpflichten oder auf die nach der Rechtsprechung bestehende unbeschränkte Haftung bei grobem Eigenverschulden[28] enthalten. *Koller*[29] vertritt die Auffassung, der fehlende Hinweis auf die volle Haftung bei grobem Eigenverschulden des Unternehmers oder seiner leitenden Angestellten führe zur Vollnichtigkeit von zahlreichen Klauseln. Dies entspricht allerdings weder dem Zitat von *Ulmer/Hensen*[30] noch der Rechtsprechung. Diese nimmt zwar stets (und nicht nur für die AGNB) Unwirksamkeit von Freizeichnungen im Falle solchen groben Eigenverschuldens an[31]. Eine Obliegenheit des Klauselverwenders, für jede von der Rechtsprechung entwickelte fallbedingte Ausnahme eine spezielle informatorische Ausnahmeklausel in AGB zu entwickeln, ist bisher auch in den von *Koller*[2] zitierten Urteilen nicht einmal erwogen worden[32] – abgesehen von den seltenen Verfahren nach § 13 AGBG[33]. Sie würde zu einer nicht mehr überschaubaren Aufblähung der AGB-Werke führen. Die Haltung der Rechtsprechung, die, wenn kein grobes Eigenverschulden vorliegt, die Freizeichnungen weiterhin anwendet, also keineswegs Vollnichtigkeit annimmt[34], ist daher konsequent. *Koller*[35] sieht zu Unrecht einen Widerspruch zwischen den Urteilen vom 2. 12. 1977 und vom 20. 11. 1986[36]. Das erste der beiden Urteile betraf einen Fall, in dem grobes Eigenverschulden vorgelegen haben konnte. Der zweite Fall bot dafür keine Anhaltspunkte. Der BGH ging daher auf die Konsequenzen eines solchen Verschuldens nicht ein, sondern klärte, daß § 26 AGNB wirksam sei. Auf die von *Koller* ZIP **1986** 1089, 1098 vertretene Sondermeinung brauchte er dabei nicht einzugehen.

Die **Bevorzugung der AGNB als „fertig bereitliegende Rechtsordnung"**, wie sie in der Rechtsprechung des I. Senats des BGH vertreten wird[37], **ist zumindest bei der Einbeziehung nicht zu akzeptieren**. Zwar teilen diese mit den ADSp ihre gemeinsame Aufstellung durch die kaufmännischen Verbände; sie haben jedoch die für eine solche bevorrechtigte Stellung erforderliche breite Anwendung nicht erreichen können. Dagegen können die Grundsätze des I. Senats des BGH für die Anwendung von § 9 AGBG auf die ADSp zumindest insoweit auch auf die AGNB übertragen werden, als die Unangemessenheit einer Klausel nach dem Gesamtbild der AGNB zu beurteilen ist[38]. Denn

---

chender Darlegung: OLG Düsseldorf vom 24. 9. 1992, TranspR **1993** 70, 71 ff; OLG München vom 31. 7. 1992, TranspR **1993** 29 f = NJW-RR **1993** 167 f (zu § 64 ADSp).

[27] Ständige Rechtsprechung des BGH und der OLGe; siehe zuletzt BGH vom 11. 11. 1992, NJW **1993** 335 f = WM **1993** 24 ff.

[28] *Koller*[2] § 15 AGNB Rdn. 1.

[29] *Koller*[2] Rdn. § 17 AGNB Rdn. 1; § 26 AGNB Rdn. 1. Die Verweisung auf BGH vom 2. 12. 1982, TranspR **1983** 73, 75 = VersR **1983** 339 ff ist irreführend. In diesem Urteil wird keine Vollnichtigkeit erwogen.

[30] AGBG[6] Anh. §§ 9–11 Rdn. 26, der keine Vollnichtigkeit vertritt und auch § 6 AGBG nicht erwähnt.

[31] Siehe oben Fn. 26; zutreffend dargestellt von *Ulmer/Hensen* AGBG[6] Anh. §§ 9–11 Rdn. 26, der § 17 AGNB für unwirksam hält, „wenn" grobes Eigenverschulden vorliegt.

[32] Auch die Entscheidung des BGH vom 23. 2. 1984, WM **1984** 1224 ff = BB **1984** 939 f (VII. Senat zur Textilveredelung) sieht eine Vollnichtigkeit wegen fehlenden Hinweises auf die Haftung für grobes Eigenverschulden nicht vor. Sie bezieht sich nicht auf die den Frachtvertragsrisiken entsprechende Probleme.

[33] Z. B. BGH vom 26. 11. 1984, NJW **1985** 623, 627.

[34] Zu den ADSp siehe vor § 1 ADSp, Anh. 1 nach § 415 Rdn. 51; an dieser Rechtsprechung hat sich bisher nichts geändert; siehe zuletzt OLG Karlsruhe vom 16. 7. 1992, TranspR **1993** 146, 147; Zu den AGNB siehe z. B. § 26 Rdn. 4.

[35] *Koller*[2] § 26 AGNB Rdn. 1.

[36] BGH vom 2. 12. 1977, NJW **1978** 1918 ff = VersR **1978** 175 ff und TranspR **1987** 133, 136 = VersR **1987** 282, 283.

[37] Insbesondere im Grundsatzurteil vom 9. 10. 1981, VersR **1982** 486 ff = NJW **1982** 1820 f (gekürzt); dazu vor § 1 ADSp, Anh. I nach § 415 Rdn. 41 ff.

[38] BGH vom 9. 10. 1981, VersR **1982** 486 ff = NJW **1982** 1820 f (gekürzt); vom 10. 2. 1983, TranspR **1983** 63, 64 = VersR **1983** 482 f; dazu vor § 1 ADSp, § Anh. I nach 415 Rdn. 41.

auch die AGNB sind ein Gesamtregelungswerk, das von den beteiligten Verbänden entwickelt worden ist und das sich, insoweit kundenfreundlicher als die ADSp, im wesentlichen an die für den gleichen Gewerbebereich im Fernverkehr geltende Rechtsverordnung KVO anlehnt.

b) Bei Anwendung gegenüber nichtkaufmännischen Kunden

14 Im Anwendungsbereich gegenüber nichtkaufmännischen Kunden richtet sich die Inhaltskontrolle nach allen Vorschriften des AGBG, insbesondere §§ 10, 11. Da die AGNB auch in Verträgen mit nichtkaufmännischen Auftraggebern verwendet werden, können auch Verbraucherverbände gegen sie vorgehen; die Prüfung erfolgt dann im Verfahren nach § 13 AGBG nach den Maßstäben für den nichtkaufmännischen Kundenbereich.

15 Besonders **§ 11 Nr. 7 AGBG** läßt hier die gegenüber den §§ 429–451 HGB vorgesehenen Haftungsbeschränkungen und Haftungsausschlüsse der AGNB im Falle grober Fahrlässigkeit auch einfacher Gehilfen unwirksam werden. Denn nach ganz überwiegender, wenn auch in der Rechtspraxis keineswegs durchgehend verwirklichter Meinung darf die Wirkung von Klauseln, die in einem Teilgebiet ihres Anwendungsbereichs kraft Gesetzes unwirksam sind, durch die Gerichte nicht in einem anderen Teilgebiet, in dem sie an sich in zulässiger Weise wirken würden, aufrechterhalten werden. Ihr Anwendungsbereich darf also durch die Gerichte nicht auf den zulässigen Rahmen reduziert werden. Dies wäre allenfalls möglich, wenn die Einschränkungen so formuliert wären, daß zwischen den Fällen grober Fahrlässigkeit und Vorsatz einerseits und allen anderen Fällen im Text unterschieden würde[39]. Würden die AGNB – was bisher noch nicht geschehen ist – an das AGBG angepaßt, müßten die Haftungseinschränkungen des § 15 AGNB für die Anwendung gegenüber Nichtkaufleuten auf Fälle beschränkt werden, in denen kein grobes Verschulden vorliegt. In der gegenwärtigen Fassung entwickeln jedoch vor allem die Haftungseinschränkungen des § 15 in Verträgen mit Nichtkaufleuten überwiegend keine Wirkung[40].

16 Bei Klauseln, die nicht im Widerspruch zu §§ 10, 11 AGBG stehen, ist **§ 9 AGBG der Kontrollmaßstab**. Hierbei ist, ähnlich wie im beiderseits kaufmännischen Verkehr, hinsichtlich der Angemessenheit der Bestimmungen auf die durch verwandte gesetzliche Regelungen gebildeten Standards Rücksicht zu nehmen; siehe Rdn. 11.

c) Bei Verwendung durch Kunden

17 Werden die AGNB durch Kunden in den Vertrag eingeführt, hat ebenfalls eine Kontrolle anhand des AGBG stattzufinden. Hierfür gelten aber die Maßstäbe für die Verwendung in Verträgen mit kaufmännischen Partnern. Denn Frachtführer sind regelmäßig Kaufleute nach 1 Abs. 2 Nr. 5 HGB. Auch soweit sie Minderkaufleute nach § 4 HGB sind, gelten die für Verträge mit Kaufleuten maßgeblichen Kontrollmaßstäbe; § 24 AGBG[41]. Die weitgehende Ähnlichkeit mit der Rechtsverordnung KVO[42] wird in der

---

[39] Speziell zu den AGNB *Ulmer/Hensen* AGBG⁶ Anh. §§ 9–11 Rdn. 26. Allgemein zum AGBG *Wolf* AGBG² § 11 Nr. Rdn. 27; *Ulmer/Hensen* AGBG⁶ Anh. § 11 Nr. 7 Rdn. 28; *Löwe/v. Westphalen* AGBG² § 11 Nr. 7 Rdn. 34 f.

[40] Mit der Folge allerdings, daß dann aber die Einschränkungen nach §§ 429 ff HGB eingreifen; siehe Rdn. 10.

[41] *Wolf/Horn* AGBG² § 24 Rdn. 6; *Ulmer/Brandner* AGBG⁶ § 24 Rdn. 14.

[42] Diese Argumentation kann problematisch werden, wenn die KVO aufgehoben werden sollte, etwa im Rahmen der Reform des Frachtrechts.

Regel ergeben, daß die AGNB nicht unangemessen im Sinne von § 9 AGBG ist. Dabei kommt es im Verkehr zwischen Kaufleuten nicht auf die einzelne Klausel an, sondern auf das gesamte Bild, wie dies der BGH für die ADSp eingehend begründet hat[43]. Daher kann *Koller*[2] nicht gefolgt werden, der Einzelklauseln, die sich haftungsverschärfend für den Frachtführer auswirken, bei Einbringung der AGNB durch Kunden als unwirksam behandeln will[44].

IV. Der Anwendungsbereich nach der Formulierung des § 1 AGNB
1. Geltung für den Güternahverkehr (§ 1 Abs. 1 und 2 AGNB)

Die AGNB erstrecken nach § 1 Abs. 1, 2 ihre Anwendung – soweit sie überhaupt eingreifen – auf den gewerblichen Güternahverkehr im Sinne von § 2 GüKG (Anh. I nach § 452); zu den dort geltenden Rechtsbestimmungen siehe § 425 Rdn. 35 ff. **18**

Liegen die Voraussetzungen des Güternahverkehrstransports nicht vor oder liegt einer der Fälle der Abs. 3–4 vor, steht der Vereinbarung der AGNB, soweit nicht zwingende Normen gelten, kein grundsätzliches Hindernis entgegen. Vereinbaren die Parteien in Kenntnis des Fehlens der Voraussetzungen die Anwendung der AGNB, ist insoweit § 1 AGNB durch Individualabrede ausgeschlossen. Dies ist z. B. bei nicht dem GüKG unterliegenden Fernverkehrsbeförderungen denkbar; siehe § 4 GüKG, Anh. I nach § 452. **19**

2. Grenzüberschreitender Transport (§ 1 Abs. 3 AGNB)

Der **Anwendung auf den grenzüberschreitenden Verkehr** nach § 1 Abs. 3 steht das zwingende Recht der CMR entgegen; siehe Art. 1 CMR, Anh. III nach § 452. Transporte von und nach den Ländern der ehemaligen DDR unterliegen seit der Wiedervereinigung Deutschlands dem einheitlichen Bundesrecht. **20**

3. Möbelbeförderung, Umzugsverkehr (§ 1 Abs. 4 a AGNB)

§ 1 Abs. 4 a AGNB schließt die traditionell in einer besonderen Rechtsverordnung geregelten Möbelbeförderungen aus. Für **Umzugsgut und Beförderung von Handelsmöbeln** gelten – auch für den Nahverkehr – zwingend die Bedingungen GÜKUMT, Anh. IV nach § 452. **21**

4. Speditionsrollfuhr (§ 1 Abs. 4 b AGNB)

Die **Speditionsrollfuhr** unterliegt regelmäßig den (ebenfalls vereinbarungsbedürftigen) ADSp, Anh. I nach § 415. Das bedeutet, daß die AGNB gegenüber den ADSp subsidiär sein wollen. Maßgeblich ist dabei die Abgrenzung in § 2 ADSp; *Koller*[2] § 1 AGNB Rdn. 8. Ein Spediteur kann aber auch die AGNB vereinbaren, jedenfalls soweit der Speditionsauftrag im Nahverkehr ausgeführt wird[45]. Zwischen Spediteur und von ihm beauftragtem Rollfuhrunternehmen können die AGNB vereinbart werden; § 1 Abs. 4 b gilt nicht für diesen Fall[46]. Zur Kollision von AGNB und ADSp siehe vor § 1 ADSp, Anh. I nach § 415 Rdn. 9 f; LG Bremen vom 10. 9. 1991, TranspR **1991** 445 f. **22**

5. Bahnamtliche Rollfuhr (§ 1 Abs. 4 b AGNB)

Im Verhältnis zwischen Eisenbahn und Rollfuhrunternehmer gelten die Rollfuhrbedingungen der Eisenbahn. Für den Rollfuhrunternehmer haftet die Eisenbahn nach Eisenbahnrecht; § 41 Abs. 3, 4 EVO; siehe dort, Anh. I nach § 460. **23**

---

[43] Siehe Rdn. 13.
[44] Z. B. *Koller*[2] § 15 AGNB Rdn. 1; § 16 AGNB Rdn. 1, 2.
[45] OLG Celle vom 13. 8. 1982, VersR **1983** 724. Dies kann allerdings den Deckungsausschluß der Speditionsversicherung nach Nr. 5.5 SVS/RVS zur Folge haben.
[46] LG Hamburg vom 1. 7. 1977, VersR **1977** 1052.

§ 2
Vertragsgegenstand

1. Ein Vertrag im Sinne dieser Bedingungen wird zwischen dem Unternehmer des Güternahverkehrs – nachfolgend „Unternehmer" genannt – und dem Auftraggeber geschlossen.

2. Der Vertrag kann geschlossen werden als

a) Beförderungsvertrag, der die Beförderung von Gütern mit einem Kraftfahrzeug zum Gegenstand hat (§ 3),

b) Lohnfuhrvertrag, der die Stellung eines bemannten Kraftfahrzeuges durch den Unternehmer nach Weisung des Auftraggebers zum Gegenstand hat (§ 25).

1 Siehe zur Unterscheidung zwischen Beförderungsvertrag (Frachtvertrag) und Lohnfuhrvertrag unten zu § 25 AGNB und § 425 Rdn. 94.

2 Der Absender im Sinne des Frachtvertrages oder Mieter im Sinne des Lohnfuhrvertrages wird in den AGNB als **Auftraggeber**, der Frachtführer oder Vermieter als **Unternehmer** bezeichnet.

§ 3
Beförderungsvertrag

1. Der Beförderungsvertrag nach § 2, 2 a ist abgeschlossen, wenn sich Unternehmer und Auftraggeber darüber einig sind, daß der Unternehmer ein Gut mit der Sorgfalt eines ordentlichen Frachtführers gegen eine Vergütung vereinbarungsgemäß befördern soll.

2. Zwischen Auftraggeber und Unternehmer wird vereinbart, ob die Vergütung ganz oder teilweise vom Auftraggeber gezahlt oder vom Empfänger erhoben wird. Ist die Höhe der Vergütung nicht vereinbart, so ist bei Bestehen eines Tarifs die tarifmäßige Vergütung, in Ermangelung eines solchen die übliche Vergütung als vereinbart anzusehen.

3. Hat der Empfänger die Vergütung zu zahlen, verweigert aber die Zahlung, so ist der Auftraggeber zur Begleichung verpflichtet. In diesem Falle darf der Unternehmer nur mit Einwilligung des Auftraggebers das Gut an den Empfänger abliefern.

4. Die Vergütung wird mit der Ablieferung des Gutes fällig, soweit nichts anderes vereinbart ist. Der Unternehmer ist berechtigt, vom Zeitpunkt der Fälligkeit ab Verzugszinsen in Höhe von 2 v. H. über dem jeweiligen Diskontsatz der Bank Deutscher Länder zu verlangen.

1. Abschluß des Beförderungsvertrages (3 Abs. 1)

1 § 3 Abs. 1 stellt klar, daß der Frachtvertrag in Übereinstimmung mit dem HGB und der CMR ein reiner Konsensualvertrag sein soll; siehe zum KVO-Frachtvertrag als Realvertrag § 15 KVO Rdn. 8 ff, Anh. II nach § 452; zur CMR Art. 4 CMR, Anh. III nach § 452. Gleichzeitig ergibt § 3 Abs. 1, daß die Ausstellung eines Frachtbriefes kein Wirksamkeitserfordernis ist; siehe dazu § 15 KVO, Anh. II nach § 452 Rdn. 2 ff. Die Ausstellung von Frachtbriefen ist im Güternahverkehr nicht üblich[1].

2 Die Vereinbarung der Ausführung „mit der **Sorgfalt eines ordentlichen Frachtführers**" ist in § 3 Abs. 1 als Anwendungsvoraussetzung formuliert. Im Hinblick auf § 429

---

[1] *Cantrup/Willenberg/Hill*[5] S. 230; *Widmann*[3] S. 33.

Abs. 1 HGB ist dies mangels besonderer Vereinbarungen stets Vertragsinhalt. Insoweit hat § 3 Abs. 1 keine praktische Bedeutung. Sollte zwischen den Parteien ein abweichender, insbesondere geringerer Haftungsmaßstab vereinbart sein, ist die Bestimmung insoweit nach § 4 AGBG individualvertraglich abbedungen. Die AGNB gelten dann mit der vereinbarten Modifikation[2]. Im übrigen weicht § 3 Abs. 1 nicht von der Regelung des Landfrachtrechts ab.

2. Vereinbarungen über die Zahlung der Fracht
a) Allgemeines
Siehe zum Anspruch auf Zahlung der Vergütung („Fracht" im Sinne des HGB oder „Mietzins" im Sinne von § 535 S. 2 BGB) § 425 Rdn. 171 ff; zur Zahlungspflicht des Empfängers siehe § 436 Rdn. 1 ff. **3**

b) Frachtinkasso
Bei Vereinbarung der Zahlung der Vergütung durch den Empfänger bleibt auch ohne § 3 Abs. 3 S. 1 der Auftraggeber zur Frachtzahlung verpflichtet; siehe § 425 Rdn. 171. Von praktischer Bedeutung ist jedoch die Klarstellung, daß der Frachtführer durch § 3 Abs. 3 S. 2 verpflichtet wird, das Gut ohne Zahlung nicht auszuliefern. **4**

c) Fälligkeit und Fälligkeitszinsen
5 § 3 Abs. 4 legt die Fälligkeit entsprechend dem ohnehin maßgeblichen[3] § 641 BGB **5** fest. Fälligkeitszinsen sind in Verträgen mit kaufmännischen Kunden ohnehin gemäß § 353 HGB zu zahlen. Sie verstoßen nicht gegen § 11 Nr. 4 AGBG; BGH vom 24. 4. 1992, ZIP **1992** 939 ff. Die Zinshöhe von 2 % über dem Diskontsatz der Bank Deutscher Länder bezieht sich auf deren Rechtsnachfolgerin, die Deutsche Bundesbank. Ihre Höhe ist unter Kaufleuten nicht zu beanstanden[4]. Der Zinssatz wird sich während des Verzugs mit dem Diskontsatz der Bundesbank jeweils ändern, abweichend von § 29 Abs. 3 ADSp[5].

§ 4
Beförderungsart

1. Der Unternehmer ist zur Stellung eines gedeckten oder mit Planen versehenen Fahrzeuges nur verpflichtet, wenn es vom Auftraggeber ausdrücklich verlangt wird oder wenn er bei Anwendung der im Verkehr erforderlichen Sorgfalt erkennen muß, daß Art oder Beschaffenheit des zu befördernden Gutes die Verwendung eines solchen Fahrzeuges erfordert.

2. Soweit nichts anderes vereinbart ist, werden alle Güter von einem nur mit einem Fahrer besetzten Fahrzeug, also ohne Begleiter, befördert.

Die Umschreibung der Leistungspflichten des AGNB-Frachtführers kann durch Vertrag geändert werden. Solche Änderungen sind grundsätzlich nach § 8 AGBG nicht kontrollfähig und daher wirksam[1]. **1**

Ob die Regelung über die Art des zu stellenden Wagens in Abs. 1 nur durch eine **aus- 2 drückliche** Vereinbarung abbedungen werden kann, ist wegen des Vorrangs des Indivi-

---

[2] So i. E. wohl auch *Koller*[2] § 3 AGNB Rdn. 1.
[3] BGH vom 22. 10. 1959, VersR **1960** 28, 29.
[4] BGH vom 7. 3. 1991, VersR **1991** 1080, 1982 (zu § 29 S. 3 ADSp).
[5] BGH vom 7. 3. 1991, VersR **1991** 1080, 1982.

[1] BGH vom 19. 11. 1991, NJW **1992** 688 f mit Hinweisen auf frühere Rechtsprechung.

dualvertrages nach § 4 AGBG zweifelhaft². Die Behandlung dieser Fragen ist im AGB-Recht am Beispiel der Schriftformklauseln umstritten³. Sie ist im Sinne eines Vorrangs auch stillschweigender Vereinbarungen zu entscheiden⁴, wobei allerdings den Auftraggeber die Beweislast trifft. Abweichungen von den Leistungsbeschreibungen können sich auch aus vertraglichen Treuepflichten ergeben; grundsätzlich zutreffend *Widmann*³ S. 55. Die Stellung eines offenen Wagens, wenn der Frachtführer die Erforderlichkeit eines gedeckten Wagens erkennen konnte (etwa bei besonderer Empfindlichkeit des Transportguts) wäre ohnehin vertragswidrig. § 4 Abs. 1 AGNB wird dem gerecht.

3 Die Besetzung des Fahrzeugs mit nur einem Fahrer ist im Güternahverkehr üblich. Je nach Lage des Falles kann der Frachtführer aber trotz § 4 Abs. 2 verpflichtet sein, eine zweite Person zu stellen⁵, so z. B. bei Übernahme des Entladens schwerer Packstücke.

§ 5
Übergabe des Gutes

1. Das Gut ist dem Unternehmer in beförderungsfähigem Zustand zu übergeben. Es muß so beschaffen sein, daß es bei ordnungsmäßiger Verladung an anderen mitgeführten Gütern keinen Schaden anrichten kann. Stückgüter sind vom Auftraggeber haltbar und deutlich in der Weise zu kennzeichnen, daß Absender und Empfänger feststellbar sind.

2. Der Unternehmer hat das Gut so unterzubringen, daß es normalerweise gegen Beschädigung geschützt ist.

3. Sollen ätzende, giftige, feuergefährliche oder explosive Güter oder solche, deren Transport nur mit polizeilicher Erlaubnis oder unter polizeilicher Bewachung gestattet ist, befördert werden, so ist der Auftraggeber verpflichtet, den Unternehmer bei Auftragserteilung davon zu unterrichten. Unterbleibt die Unterrichtung, so haftet der Auftraggeber dem Unternehmer für Schäden, die infolge fehlender Unterrichtung bei der Beförderung dieser Güter entstehen.

4. Entspricht das Gut nicht den Vorschriften des Absatzes 1, so kann der Unternehmer die Annahme ablehnen. Die vergebliche An- und Abfahrt und die damit verbundene Zeitversäumnis sind ihm in diesem Falle zu vergüten. Lassen sich Mängel der Verpackung ohne größere Aufwendungen beseitigen, so ist der Unternehmer berechtigt, aber nicht verpflichtet, diese Mängel auf Kosten des Auftraggebers zu beheben.

5. Der Unternehmer ist nur dann verpflichtet, Güter, die offensichtliche Zeichen von Beschädigung aufweisen, anzunehmen, wenn ihm der Zustand des Gutes bei dessen Übergabe schriftlich bestätigt wird.

1. Beschaffenheit des Gutes bei Annahme (§ 5 Abs. 1 S.1)

1 § 5 Abs. 1 S. 1 und Abs. 3 regeln die Frage der Verpackungs-, und Sicherungs- und Informationspflicht des Absenders und der Haftung für Verletzung dieser Pflicht in Übereinstimmung mit anderen frachtrechtlichen Regelungen¹. Zur Verpackungspflicht hinsichtlich eines 81 m langen Förderbandes siehe § 15 AGNB Rdn. 7.

---

² *Koller*² § 4 AGNB Rdn. 1 hält sie für unwirksam.
³ Siehe z. B. *Wolf/Horn/Lindacher* AGBG² § 4 Rdn. 32 ff.
⁴ So zur Schriftformklausel eindeutig *Ulmer*⁶ § 4 Rdn. 26, 33; *Löwe/Trinkner* § 4 Rdn. 26.
⁵ *Koller*² § 4 AGNB Rdn. 2

¹ Siehe dazu § 425 Rdn. 198.

2. Kennzeichnungspflicht des Absenders

Zu § 5 Abs. 1 S. 2, Abs. 4 siehe § 425 Rdn. 196 f; vergleichend § 18 Abs. 5 KVO, Anh. II nach § 452 und dort Rdn. 25 f.

3. Unterbringung des Gutes (§ 5 Abs. 2)

Siehe hierzu die Kommentierung zu § 6 AGNB. § 5 Abs. 2 kann zu Auslegungsschwierigkeiten führen, weil nicht eindeutig feststeht, ob sich die „Unterbringung" auf die Verladung auf dem Fahrzeug oder auf eventuelle Lagerung bezieht[2]. Mit der Rechtsprechung ist jedoch davon auszugehen, daß die Klausel eine zu § 6 Abs. 3 ergänzende Klarstellung der Sorgfaltspflichten des Frachtführers beim Laden enthält[3]. Es handelt sich daher um eine durchaus sinnvolle Vorschrift. Möglicherweise soll sich die Klausel aber auch auf eine Unterbringung außerhalb des Fahrzeugs (z. B. auf einem Lager) beziehen. Sie würde dann nur eine selbstverständliche Nebenpflicht umschreiben[4].

4. Beförderung gefährlicher Güter (§ 5 Abs. 3)

Siehe hierzu § 425 Rdn. 17, ferner die Kommentierung zu § 8 KVO, Anh. II nach § 452. Die Unterrichtungspflicht bei Auftragserteilung ist sinnvoll und muß so gesehen werden, daß sie nicht vor, sondern unmittelbar nach Auftragserteilung zu erfüllen ist. Damit erledigen sich die Bedenken von *Koller*[2] § 5 AGNB Rdn. 5, der meint, die Haftungsfrage sei bezogen auf ein Verschulden bei Vertragsschluß und daher in AGB vor Vertragsschluß nicht regelbar. Die Haftung ist auf positive Vertragsverletzung zu stützen; siehe § 16 AGNB Rdn. 6.

5. Ablehnungsrecht des Unternehmers

Nach § 5 Abs. 4 und 5 AGNB kann der Frachtführer die Annahme nicht ordnungsgemäß verpackter oder gekennzeichneter oder beschädigter Güter ablehnen. Dies verstößt nicht gegen § 9 AGBG, weil der Frachtführer ein berechtigtes Interesse daran hat, dem Absender keine Schäden zuzufügen[5] – selbst wenn er nicht dafür haftbar wäre. Aus § 5 Abs. 5 kann nicht geschlossen werden, daß der Unternehmer im Schadensfall die Beweislast dafür trägt, daß Güter bei der Annahme beschädigt waren[6].

§ 6
Beladen, Entladen, Ladearbeit auf dem Fahrzeug

1. Soweit nicht nach Vereinbarung oder örtlicher Übung etwas anderes gilt, ist das Be- und Entladen von Gütern durch den Auftraggeber bzw. Absender oder Empfänger vorzunehmen. Hierbei ist unter Beladen die Bewegung des Gutes bis zum Wagenboden, unter Entladen die Bewegung des Gutes in umgekehrter Richtung zu verstehen.

2. Wenn der Unternehmer das Be- und Entladen ganz oder teilweise vornimmt, so kann er hierfür entsprechend seiner Leistung eine angemessene Vergütung verlangen. Für den Fall, daß das Be- und Entladen vom Unternehmer ganz oder teilweise vorgenommen wird, gilt das Gut schon bei Beginn des Beladens als angenommen und erst nach Abschluß des Entladens als abgeliefert.

---

[2] *Cantrup/Willenberg/Hill*[5] S. 232.
[3] BGH vom 23. 3. 1977, VersR **1977** 517, 518.
[4] *Cantrup/Willenberg/Hill*[5] S. 232; *Koller*[2] § 5 AGNB Rdn. 4, die meinen, sie könne sich nur auf diesen Fall der Unterbringung beziehen.
[5] *Koller*[2] § 5 AGNB Rdn. 6.
[6] Daher zutreffend *Koller*[2] § 5 AGNB Rdn. 7 gegen OLG Düsseldorf vom 27. 10. 1983, TranspR **1984** 109, 110 und *Piper* Rdn. 292; siehe auch § 7 AGNB Rdn. 1.

3. Die betriebssichere Verladung des Gutes auf dem Fahrzeug obliegt dem Unternehmer; ebenso die Ladearbeit auf dem Fahrzeug, soweit hierüber nichts anderes vereinbart ist.

4. Auftraggeber bzw. Absender oder Empfänger haben die erforderlichen Ladevorrichtungen zur Verfügung zu stellen. Der Unternehmer hat die ortsübliche Hilfe zu leisten.

Übersicht

	Rdn.		Rdn.
I. Allgemeines	1	5. Übernahme der Verladepflicht durch den Frachtführer	6
II. Verteilung der Pflicht zum Laden und Entladen	2	III. Einfluß der Lade- und Entladepflicht auf den Haftungszeitraum	7
1. Verladepflicht	2	IV. Hilfsverpflichtungen	8
2. Betriebssichere Verladung	3		
3. Beförderungssichere Verladung	4		
4. Ausnahmen von der grundlegenden Pflichtenverteilung	5		

I. Allgemeines

1 Das Beladen und Entladen des Fahrzeugs wird in § 6 anders als in § 17 KVO geregelt. Auf die dortige Kommentierung kann daher nur teilweise verwiesen werden. Zum Überblick über die Haftungsfragen siehe § 429 Rdn. 83 ff. Die Regelung des § 6 versucht, die in der KVO zu komplizierten Abgrenzungen der Ladepflicht sinnvoller zu regeln und wird vom BGH in einem Fall, in dem die AGNB nicht galten, als Beispiel angeführt[1]. § 6 gilt auch für den Lohnfuhrvertrag[2]. Die Regelung ist durch Individualvertrag oder abweichende AGB-Klauseln abdingbar. „Örtliche Übung" bedeutet Handelsbrauch oder Verkehrssitte (§§ 346 HGB, 157 BGB).

II. Verteilung der Pflicht zum Laden und Entladen

1. Verladepflicht

2 Nach § 6 Abs. 1 hat grundsätzlich der Absender zu verladen und der Empfänger zu entladen. Dabei ist das Stauen, Bewegen und Befestigen des Gutes auf dem Wagen nicht in die Pflichten von Absender und Empfänger einbezogen, sondern fällt in den Aufgabenbereich des Frachtführers (Abs. 3)[3].

2. Betriebssichere Verladung

3 In § 6 Abs. 3 AGNB wird – ebenso wie in § 17 KVO – die Verantwortlichkeit des Frachtführers für betriebssichere Verladung festgelegt.

3. Beförderungssichere Verladung

4 Hinsichtlich der beförderungssicheren Verladung weicht § 6 Abs. 3 Hs. 2 jedoch erheblich von § 17 KVO ab; siehe dort insbesondere Rdn. 25 ff. Mit der Zuweisung der Ladearbeit auf dem Fahrzeug ist der Frachtführer zusätzlich für beförderungssichere Verladung verantwortlich. Die Pflicht, das Gut auf dem Fahrzeug so „unterzubringen", daß es gegen Beschädigungen geschützt ist[4], wird in § 5 Abs. 2 zusätzlich klargestellt[5].

---

[1] Urteil vom 8. 11. 1967, VersR **1968** 342, 343 f, in BGHZ **49** 218 nicht mit abgedruckt.
[2] BGH vom 22. 4. 1977, VersR **1977** 662, 663; *Piper* Rdn. 294.
[3] OLG Düsseldorf vom 27. 10. 1983, TranspR **1984** 109, 111.
[4] BGH vom 23. 3. 1977, VersR **1977** 517, 518 in einem transportversicherungsrechtlichen Ausgangsfall.
[5] BGH vom 23. 3. 1977, VersR **1977** 517, 518; ebenso BGH vom 9. 4. 1981, VersR **1981** 748, 749 f.

Der Absender ist dagegen grundsätzlich nicht verantwortlich[6]. Beim Stauen, Bewegen und Befestigen und Beladen hat der Frachtführer auf die ihm bekannte Art des Gutes zu achten[7]. Verletzt der Absender seine Pflicht zur betriebssicheren und der Frachtführer die Pflicht zur beförderungssicheren Verladung, kommt es zur Schadensteilung nach § 254 BGB; BGH vom 12. 11. 1992, NJW-RR **1993** 606 f.

4. Ausnahmen von der grundlegenden Pflichtenverteilung

In Sonderfällen macht die Rechtsprechung je nach Lage des Falles Ausnahmen von § 6 Abs. 3 AGNB, die nicht die Lade- und Staupflicht insgesamt verlagern, sondern nur modifizieren. Diese Abweichungen können mit einer stillschweigenden Vereinbarung, Verkehrssitte oder Handelsbrauch begründet werden (siehe Rdn. 1). Das LG Heilbronn erlegt bei tonnenschwerem Stückgut dem Absender die Befestigungspflicht auf[8]. Gleiches hat für die Beförderung eines 81 m langen Förderbandes zu gelten[9]. Der BGH[10] nimmt im Rahmen einer auf unerlaubte Handlung gestützten Haftung eine außervertragliche Befestigungspflicht des Auftraggebers eines Lohnfuhrvertrages an, abweichend von der vertraglichen Pflichtenlage nach §§ 25 und 6 Abs. 3 AGNB. Diese Rechtsprechung muß jedoch auf Ausnahmefälle beschränkt bleiben. Die Verteilung der Lade- und Staupflichten nach § 6 ist bei Aufstellung der AGNB bewußt in Abweichung von der KVO vorgenommen worden. Diese Gestaltung sollte nicht dadurch unterlaufen werden, daß § 6 im Sinne des § 17 KVO uminterpretiert wird; zutreffend BGH vom 23. 3. 1977[11].

5. Übernahme der Verladepflicht durch den Frachtführer

Der Frachtführer kann das Laden und Entladen auch vollständig übernehmen. Hierfür kann er eine besondere Vergütung verlangen, § 6 Abs. 2 S. 1. Dies kann auch wirksam vereinbart sein[12], ohne daß hierfür eine besondere Vergütung in Rechnung gestellt worden ist. Insbesondere bei sehr schwerem Stückgut kann eine Mithilfe des Absenders bei der Befestigung des Guts auf dem Wagen als stillschweigend oder kraft Ortsüblichkeit vereinbart betrachtet werden[13]. Diese Auffassung wird auch durch § 4 AGBG gestützt, wonach die Individualvereinbarung Vorrang vor den Klauseln der AGB hat, auch wenn sie stillschweigend getroffen ist. Selbst wenn sich hieraus eine Ladepflicht des Absenders ergibt, so trifft doch auch den Frachtführer ein Verschulden, wenn er bei tonnenschwerem Gut die Fahrt ohne gehörige Befestigung antritt und unvorsichtig fährt[14].

---

[6] BGH vom 23. 3. 1977, VersR **1977** 517, 518; ebenso BGH vom 9. 4. 1981, VersR **1981** 748, 749 f (Frachtführer bzw. Fahrer waren nach §§ 6 AGNB und 17 KVO alleine für die Betriebssicherheit verantwortlich; der Fahrer hätte bei Verzicht auf Befestigung des Gutes langsamer fahren müssen); siehe ferner LG Karlsruhe vom 21. 3. 1980, TranspR **1982** 76 f. Unter Bezugnahme auf den nicht anwendbaren § 6 Abs. 3 AGNB bejaht das OLG Düsseldorf vom 14. 7. 1987, VersR **1987** 1132 f = TranspR **1987** 432 ff eine Verantwortlichkeit des Frachtführers für die richtige Plazierung schweren Frachtguts.

[7] OLG Düsseldorf vom 27. 10. 1983, TranspR **1984** 109, 111.

[8] LG Heilbronn vom 29. 9. 1977, VersR **1977** 1025, 1026.

[9] OLG Düsseldorf vom 15. 11. 1990, TranspR **1991** 9, 11; siehe auch § 15 Rdn. 7; bestätigt durch BGH vom 12. 11. 1992, NJW-RR **1993** 606 f.

[10] In den beiden Revisionsurteilen zum gleichen Fall vom 17. 1. 1975, VersR **1975** 369 ff und vom 22. 4. 1977, VersR **1977** 662, 663.

[11] DB **1977** 1500 f = VersR **1977** 517, 518; LG Karlsruhe vom 21. 3. 1980, TranspR **1982** 76 f. Siehe zu dieser Frage – vom Standpunkt des Güternahverkehrsgewerbes aus – eingehend *Cantrup/Willenberg/Hill*[5] S. 232 ff.

[12] Zutreffend BGH vom 23. 3. 1977, VersR **1977** 517, 518 und (beiläufig) vom 22. 4. 1977, VersR **1977** 662, 663.

[13] BGH vom 22. 4. 1977, VersR **1977** 662, 663; LG Heilbronn vom 29. 9. 1977, VersR **1977** 1025, 1026 (mit weiteren Hinweisen).

[14] OLG Düsseldorf vom 4. 6. 1976, 18 U 73/76 (unveröffentlicht): Schadensteilung zwischen Frachtführer und Absender im Verhältnis 3:1.

III. Einfluß der Lade- und Entladepflicht auf den Haftungszeitraum

7 Die Haftung des Frachtführers erstreckt sich nach § 14 b AGNB auf die Zeit zwischen Annahme und Ablieferung. Dieser Obhutszeitraum beginnt im Normalfall gemäß § 6 Abs. 1 S. 2 mit dem Niedersetzen des Guts durch den Absender auf den Wagenboden. Er endet mit dem Anheben des Guts auf den Wagenboden durch den Empfänger. Hat der AGNB-Frachtführer dagegen das Laden oder Entladen übernommen, so liegt die Annahme bereits mit dem Beginn des Ladens vor und die Ablieferung ist erst („frühestens") mit dem Abschluß des Entladens vollzogen; § 6 Abs. 2 S. 2. Diese Regelungen geben im wesentlichen die nach allgemeinem Frachtrecht aus der Verteilung der Ladetätigkeit ohnehin sich ergebenden Konsequenzen wieder. Die Wirkung der Ladepflichtregelung entspricht der des § 33 b KVO; *Willenberg* TranspR **1983** 57, 59.

IV. Hilfsverpflichtungen

8 § 6 Abs. 4 legt die Hilfspflichten der beiden Parteien fest. Verletzungen dieser Pflichten führen zu Schadensersatz wegen positiver Vertragsverletzung. Siehe hierzu § 17 KVO Rdn. 12 ff. Die Haftung nach den AGNB ergibt sich aus § 16 AGNB; siehe die dortige Kommentierung.

§ 7
Angaben über das Gut, Überlastung

1. Der Unternehmer ist im Rahmen der Sorgfaltspflicht eines ordentlichen Frachtführers verpflichtet, nachzuprüfen, ob das Gut nach Zahl, Art, Inhalt und Gewicht mit den Eintragungen des Absenders im Beförderungspapier übereinstimmt. Zur Prüfung von geschlossenen Behältnissen oder Verpackungen ist der Unternehmer nicht verpflichtet.

Etwaige Kosten der Nachwiegung hat der Auftraggeber zu tragen, wenn er keine oder unrichtige Gewichtsangaben gemacht hat.

2. a) Der Unternehmer ist dafür verantwortlich, daß das Fahrzeug nur im Rahmen des zulässigen Gesamtgewichtes beladen wird.

b) Wird eine Überlastung des Fahrzeuges festgestellt, die auf unrichtigen Gewichtsangaben oder auf anderen vom Auftraggeber zu vertretenden Gründen beruht, die dem Unternehmer nicht erkennbar sind, so hat der Auftraggeber alle dem Unternehmer durch die Überbelastung erwachsenen Schäden und Kosten zu tragen. Wird die vom Auftraggeber zu vertretende Überlastung des Fahrzeuges am Versandort festgestellt, so hat der Auftraggeber die Abladung des Übergewichts vorzunehmen. Wird dem Verlangen des Unternehmers auf Abladung des Übergewichts nicht entsprochen oder wird die Überlastung des Fahrzeuges aus Gründen, die der Auftraggeber zu vertreten hat, erst unterwegs festgestellt, so erfolgt die Abladung des Übergewichts für Rechnung und Gefahr des Auftraggebers.

c) Von einer durch den Unternehmer vorgenommenen Abladung des Übergewichts ist der Auftraggeber in jedem Falle unverzüglich zu benachrichtigen.

d) Erfolgt im Falle des Buchstaben b) die Abladung des Übergewichts, so wird für das auf dem Fahrzeug verbleibende Gewicht die Vergütung vom Versand- bis zum Bestimmungsort berechnet. Für den abgeladenen Teil wird die Vergütung für die gefahrene Strecke anteilig berechnet. Wenn auf Anweisung des Auftraggebers der abgeladene Teil weiter- oder zurückbefördert wird, so ist diese Beförderung als besondere Beförderungsleistung zu behandeln und zu vergüten.

I. Überprüfung des Frachtguts bei Annahme (Abs. 1)

Anders als nach § 16 KVO ist der AGNB-Frachtführer bei allen Arten von Gütern bei Annahme zur Nachprüfung der Übereinstimmung der Güter mit den Angaben[1] im „Beförderungspapier" verpflichtet. Für diese Nachprüfungsverpflichtung kommt es darauf an, ob irgendein Beförderungspapier (insbesondere Frachtbrief) mitgegeben[2] worden und was in ihm eingetragen ist[3]. Fehlt – wie weithin üblich – ein Frachtbrief oder anderes Beförderungspapier, entfällt die Prüfungspflicht[4].

II. Haftung

Die Haftung des Frachtführers ergibt sich aus § 16 c (positiver Vertragsverletzung). Die Pflichtverletzung wird aber vor allem dem Frachtführer bei der Güterschadenshaftung nach §§ 14 f AGNB zugerechnet. Sie bewirkt dort, daß der Frachtführer sich Fehlbehandlungen des Frachtguts aufgrund der mangelnden Überprüfung als Verschulden zurechnen lassen muß. Ferner kann sich die Beweislage bei Unvollständigkeit oder Mängeln des Frachtguts zu Lasten des Frachtführers verschlechtern. Zur Haftung des Auftraggebers, die nach § 254 BGB zu berücksichtigen ist, siehe § 9 AGNB Rdn. 2.

III. Überlastung des Fahrzeugs (Abs. 2)

Siehe hierzu § 17 Abs. 2, 3 KVO und dort Rdn. 40. Die Vermeidung der Überlastung ist nach § 6 Abs. 3 und nach Straßenverkehrsrecht ohnehin Sache des Unternehmers (Frachtführers). Die Haftung des Absenders ist zwar in Abs. 2 b S. 1 vorgesehen. Dort ist aber nicht bestimmt, nach welchen Grundsätzen sich die Haftung richten soll. Es ist davon auszugehen, daß diese sich aus dem dafür maßgeblichen Gesetzesrecht regeln soll. Danach ist die Haftung des Absenders für unrichtige und unvollständige Frachtbriefeinträge nicht verschuldensabhängig; siehe § 426 Rdn. 81. In den anderen Fällen ist verschuldensabhängige positive Vertragsverletzung Anspruchsgrundlage. Eine Entscheidung der Frage nach der Unklarheitenregelung (§ 5 AGBG) ist danach nicht erforderlich[5]; sie würde auch zu dem unangebrachten Ergebnis einer unterschiedlichen Rechtslage führen, je nachdem, wer die AGNB in den Vertrag einführt.

§ 8

Wartezeit

1. Für Wartezeiten wird die vereinbarte oder angemessene Entschädigung berechnet. Als Wartezeit gilt die Zeit von der Bereitstellung des Fahrzeuges zum Be- und Entladen bis zum Beginn des Ladegeschäftes und jede nicht vom Unternehmer verursachte Unterbrechung des Ladegeschäftes.

2. Ist eine Abholzeit vereinbart und dauert bei der Abholung des Gutes die Wartezeit unangemessen lange, so braucht der Unternehmer den Vertrag nicht zu erfüllen. Für die vergebliche An- und Abfahrt und die damit verbundene Zeitversäumnis steht ihm die vereinbarte oder angemessene Vergütung zu.

---

[1] Nicht zur Überprüfung der Papiere an sich; insoweit mißverständlich *Koller*[2] § 7 AGNB Rdn. 1.
[2] Siehe § 9 AGNB Rdn. 1.
[3] Siehe im übrigen die Kommentierung zu § 16 KVO, Anh. II nach § 452, insbesondere Rdn. 10 ff.
[4] Unrichtig (unter Verweisung auf die mißverständliche Kommentierung in der Vorauflage) OLG Düsseldorf vom 27. 10. 1983, TranspR **1984** 109, 110.
[5] So aber *Koller*[2] § 7 AGNB Rdn. 2.

3. Hält der Unternehmer eine vereinbarte Abholzeit nicht ein, so braucht der Auftraggeber nach Ablauf einer angemessenen Frist den Vertrag nicht zu erfüllen. In diesem Falle kann der Unternehmer keine Ansprüche stellen.

I. Wartezeiten; Standgeld

1   Im Güternahverkehr sind gesetzlich keine Lade- oder Entladefristen vorgeschrieben. Die in § 8 AGNB getroffene Regelung stellt primär auf die Vereinbarung ab. Doch geht immerhin Abs. 1 von der grundsätzlichen Pflicht zu einer angemessenen Entschädigung aus. Inwieweit ein bestimmtes Standgeld im Nahverkehr aus der Verkehrssitte oder dem Handelsbrauch zu begründen ist, kann nur aufgrund rechtstatsächlicher Ermittlungen entschieden werden. Siehe zum Standgeld allgemein § 425 Rdn. 180 ff.

II. Leistungsverweigerung des Unternehmers nach § 8 Abs. 2 S. 1

2   Das Recht, den Vertrag nicht zu erfüllen, bringt nur dann einen Sinn, wenn der Vertrag endgültig aufgehoben wird. Soweit es sich um einen Frachtvertrag handelt, ist an eine Kündigung gem. §§ 642, 643 BGB zu denken. Einer Nachfristsetzung bedarf es in diesem Falle nicht, weil bei der Schnelligkeit der Vertragsabwicklung im Güternahverkehr nach längerem Warten des Unternehmers keine angemessene Frist mehr denkbar ist. Die Bestimmung, die in Verträgen mit nichtkaufmännischen Kunden wegen Verstoßes gegen § 11 Nr. 4 AGBG unwirksam ist, ist in Verträgen mit kaufmännischen Kunden nach § 9 AGBG mit dem AGBG vereinbar[1]. Bei Lohnfuhrverträgen ist von § 326 BGB auszugehen. Danach gerät der Unternehmer bei Nichteinhaltung einer vereinbarten Leistungszeit gem. § 284 Abs. 2 in Verzug und kann häufig nach § 326 Abs. 2 BGB ohne Nachfristsetzung vom Vertrag zurücktreten. Auch in diesem Falle ist jedoch in Verträgen mit nichtkaufmännischen Kunden ein Verstoß der Klausel gegen § 11 Nr. 4 AGBG anzunehmen, weil Konstellationen denkbar sind, in denen das Interesse des Frachtführers an der Erfüllung noch besteht. In Verträgen mit kaufmännischen Kunden ist die Vereinbarkeit der Klausel zweifelhaft.

III. Leistungsverweigerung des Auftraggebers nach § 8 Abs. 3 S. 1

3   Die Leistungsverweigerung des Auftraggebers entspricht § 428 Abs. 2 HGB. Sie ist im Rahmen des Güternahverkehrs angemessen und daher in Verträgen mit kaufmännischen und nichtkaufmännischen Kunden mit dem AGBG vereinbar; *Koller*[2] § 8 AGNB Rdn. 4.

§ 9
Papiere

1. Der Auftraggeber hat dem Unternehmer die Beförderungs- und Begleitpapiere mitzugeben, die zur ordnungsmäßigen Durchführung der Beförderungsleistung und zur Erfüllung von Zoll-, Steuer- und Polizeivorschriften erforderlich sind, soweit nicht der Unternehmer auf Grund von öffentlich-rechtlichen Vorschriften für deren Mitwirkung verantwortlich ist.

2. Der Auftraggeber haftet für die Schäden, die aus dem Fehlen von Papieren oder aus unrichtigen Angaben in den von ihm ausgefüllten Papieren entstehen. Er haftet auch dann, wenn der Unternehmer nach Angaben des Auftraggebers das Papier ausfüllt und der Auftraggeber diese Angaben unterzeichnet.

---

[1] *Koller*[2] § 8 AGNB Rdn. 3.

3. Der Unternehmer haftet für die Schäden, die dadurch entstehen, daß er nicht die von ihm mitzuführenden und ihm vom Auftraggeber mitgegebenen Beförderungs- und Begleitpapiere bei sich führt.

I. Pflicht zur Mitgabe von Papieren

Zur **Pflicht des Absenders, die Beförderungs- und Begleitpapiere mitzugeben**, siehe vergleichend § 427 HGB, § 12 Abs. 1, 2 KVO und dort Rdn. 2 ff. Welche Papiere erforderlich sind, ist gesetzlich nicht vorgeschrieben. Nach § 426 HGB kann der Frachtführer vom Absender die Ausstellung eines Frachtbriefs verlangen; siehe dort Rdn. 74 ff. Mitzugeben sind auch Lieferscheine, Ladelisten und ähnliche Papiere; ebenso die Frachtbriefe für die vorausgehenden Beförderungsabschnitte. Inwieweit öffentlich-rechtliche Papiere erforderlich sind, ergibt sich aus der Art der Gutes und den jeweils geltenden Vorschriften.

II. Haftung des Auftraggebers

Die Haftung nach § 9 Abs. 2 AGNB ist in ihren Voraussetzungen nicht genauer umschrieben. Daher ist auf § 427 Abs. 2 HGB zurückzugreifen; siehe dort Rdn. 7 ff. Die Haftung des Auftraggebers ohne Verschulden ist keine Folge des § 9 AGNB, sondern der Anwendung des ohnehin maßgeblichen dispositiven Rechts. § 9 Abs. 2 AGNB ist also eine rein deklaratorische Klausel, die gem. § 8 AGBG keiner Inhaltskontrolle unterliegt[1]. Die Haftung des Frachtführers für nicht ordnungsgemäße Verwendung, insbesondere auch Nichtmitführen der Begleitpapiere, ergibt sich aus § 16 c AGNB.

III. Haftung des Unternehmers

Die Haftung des Unternehmers nach § 9 Abs. 3 ist in ihren Voraussetzungen ebenfalls nicht genauer umschrieben. Sie ist daher nach den Regeln des Allgemeinen Schuldrechts als positive Vertragsverletzung verschuldensabhängig[2]. Die Klausel weicht nicht von der gesetzlichen Rechtslage ab und ist daher nach § 8 AGBG nicht zu beanstanden. Sie steht allerdings in Konkurrenz mit § 14 AGNB.

§ 10

Zeitliche Abwicklung der Aufträge

1. Beförderungsverträge sind innerhalb der vereinbarten Fristen, im übrigen unverzüglich auszuführen.

2. Die Abholung und Anlieferung hat in der ortsüblichen Geschäftszeit zu erfolgen, falls nichts anderes vereinbart worden ist.

Im Güternahverkehr existiert keine zwingende Lieferfristregelung. Daher unterscheidet sich § 10 grundsätzlich von § 26 KVO. § 10 Abs. 1 AGNB drückt nur aus, was sich auch aus § 271 BGB ergeben würde. Die sofortige Fälligkeit bedeutet auch nach dieser Vorschrift nur Leistungspflicht wie nach den Umständen möglich. § 10 Abs. 2 entspricht § 358 HGB und ist daher überflüssig. Siehe zur Auslieferung von Gütern beim Empfänger außerhalb der Geschäftszeit auch § 13 Abs. 3 AGNB.

---

[1] Siehe z. B. *Niebling* WM **1992** 845, 848 f. Überflüssig daher die Ausführungen bei *Koller*² § 9 AGNB Rdn. 2. Siehe auch § 12 KVO Rdn. 8.
[2] Siehe § 427 Rdn. 13.

§ 11
Nachnahme

Der Auftraggeber kann das Gut bis zur Höhe seines Wertes zuzüglich seiner Frachtkosten mit Nachnahme belegen. In diesem Falle darf der Unternehmer das Gut nur gegen Zahlung des Nachnahmebetrages in bar ausliefern. Der nachgenommene Betrag ist dem Auftraggeber unverzüglich zuzuleiten. Aufrechnungsansprüche des Unternehmers gegenüber dem Auftraggeber bleiben unberührt.

1   Zum Nachnahmerecht siehe § 425 Rdn. 145 und §§ 407–409 Rdn. 128 ff mit weiteren Verweisungen; zur Haftung für Fehler bei der Einziehung von Nachnahmen siehe § 16 b und 17 Abs. 2 b AGNB.

§ 12
Beförderungshindernisse

1. Beförderungshindernisse sind solche Umstände, welche die Beförderung des Gutes nach seiner Übergabe vor Ankunft am Bestimmungsort zeitweilig oder dauernd verhindern.

2. Bei Beförderungshindernissen hat der Unternehmer den Auftraggeber unverzüglich zu benachrichtigen und dessen Weisung einzuholen.

3. Ist nachweisbar die Benachrichtigung des Auftraggebers oder die Einholung seiner Weisung nicht möglich, so kann der Unternehmer das Gut nach seiner Wahl zum Auftraggeber zurückbefördern oder einlagern.

4. Hat der Auftraggeber das Beförderungshindernis zu vertreten, so hat er die Vergütung für die zurückgelegte Strecke und eine etwaige Rückbeförderung sowie etwa entstehende Nebenkosten zu tragen. Hat der Unternehmer das Beförderungshindernis zu vertreten, so kann der Auftraggeber nicht mit irgendwelchen Kosten belastet werden.

1   Zu den Beförderungshindernissen **siehe § 28 KVO** Rdn. 2 ff, Anh. II nach § 452.

2   **Abs. 1 definiert die Beförderungshindernisse** ohne Rücksicht auf Verschulden des Frachtführers. Als reine Definition ist die Klausel nicht nach dem AGBG zu beanstanden.

3   Abs. 2 statuiert eine sinnvolle **Benachrichtigungspflicht** des Unternehmers im Interesse des Auftraggebers. Eine solche Pflicht wird sich vielfach schon aus allgemeinem Schuldrecht ergeben; siehe § 425 Rdn. 141 f.

4   Abs. 3 enthält eine angemessene **Regelung für Maßnahmen des Frachtführers im Falle des Beförderungshindernisses**. Der Frachtführer hat die Entscheidung nach billigem Ermessen zu treffen. Im Nahverkehr ist die Zurückbeförderung in der Regel die schonendste Maßnahme; siehe auch § 28 KVO Rdn. 20.

5   Nach Abs. 4 S. 1 ist der Auftraggeber zur **Erstattung der Fracht und der Kosten** verpflichtet, wenn das Beförderungshindernis von ihm zu vertreten ist. Diese Pflicht ließe sich ohne die Klausel aus positiver Vertragsverletzung begründen. Welches Verschulden er zu vertreten hat, bestimmt sich nach §§ 276 ff BGB.

Stand: 1. 7. 1993

Sechster Abschnitt. Frachtgeschäft

§ 13
Ablieferungshindernisse

1. Ablieferungshindernisse sind solche Umstände, welche nach Ankunft des Gutes am Bestimmungsort dessen Ablieferung verhindern.

2. Beim Vorliegen eines Ablieferungshindernisses finden die Bestimmungen des § 12 Absätze 2 bis 4 entsprechende Anwendung.

3. Wenn der Unternehmer, ohne daß es vereinbart ist, außerhalb der ortsüblichen Geschäftszeit das Gut anliefert und aus diesem Grunde seinen Beförderungsauftrag nicht ausführen kann, liegt kein Ablieferungshindernis vor. In diesem Falle hat der Unternehmer die Anlieferung innerhalb der nächsten Geschäftszeit erneut vorzunehmen.

Zu den Ablieferungshindernissen siehe § 437 und die dortige Kommentierung sowie **1** § 28 KVO, Anh. II nach § 452 Rdn. 23–30. Hinterlegung und Selbsthilfeverkauf sind in den AGNB nicht speziell vorgesehen. Werden jedoch die Güter durch den Absender nicht mehr entgegengenommen, dann hat der Frachtführer die Rechte nach § 437.

§ 14
Ersatzpflicht des Unternehmers

Der Unternehmer haftet

a) für alle an dem Gut entstandenen unmittelbaren Schäden und Verluste durch Transportmittelunfälle oder Betriebsunfälle; Betriebsunfälle sind Ereignisse, die in unmittelbarem Zusammenhang mit einem Betriebsvorgang der Güterbeförderung mittels Kraftfahrzeug stehen;

b) für alle Schäden, die durch gänzlichen oder teilweisen Verlust oder durch Beschädigung des Gutes, auch durch beigeladene Güter, in der Zeit von der Annahme zur Beförderung bis zur Ablieferung entstehen.

I. Allgemeines

Zum **Überblick über die Haftungsregelung** der AGNB siehe § 429 Rdn. 181 ff. § 14 **1** ist auch auf Lohnfuhrverträge anzuwenden; siehe § 25 Rdn. 2. Die Beweislast für die Übernahme in unbeschädigtem Zustand trifft auch nach den AGNB den Absender[1]. Die Ausstellung einer Quittung erbringt grundsätzlich Beweis für die Annahme des Gutes[2].

Die **Haftungsregelung stimmt inhaltlich voll mit § 29 KVO** überein; siehe daher **2** die Kommentierung zu dieser Vorschrift, Anh. II nach § 452. Diese Übereinstimmung führt in **Verträgen mit kaufmännischen Kunden** grundsätzlich dazu, daß die Haftungsregeln mit § 9 AGBG vereinbar und daher wirksam sind; siehe § 1 AGNB Rdn. 11 f.

In **Verträgen mit Nichtkaufleuten unterliegen die Haftungsregeln,** soweit sie den **3** Standard der §§ 425 ff HGB unterschreiten, **der vollen Inhaltskontrolle nach §§ 10, 11 AGBG**; siehe § 1 AGNB Rdn. 13. Soweit sie über § 429 hinausgehen, könnten sie allen-

---

[1] Unzutreffend die Gegenauffassung des OLG Düsseldorf vom 27. 10. 1983, TranspR **1984** 109, 110; siehe § 7 Rdn. 1; zur Beweislast allgemein § 429 Rdn. 105 ff.

[2] Dazu § 429 Rdn. 109. Zu den AGNB siehe OLG Frankfurt vom 13. 7. 1984, TranspR **1985** 92; LG Köln vom 23. 7. 1984, TranspR **1985** 69, 70.

falls gem. § 9 AGBG unangemessen sein. Dies ist aber in Würdigung des Gesamtsystems und der Ähnlichkeit mit der KVO nicht anzunehmen; *Koller*[2] § 13 AGNB Rdn. 1.

II. Die Haftungstatbestände des § 14 AGNB

4 § 14 AGNB ist eine sprachlich verbesserte Fassung von § 29 KVO, die im Inhalt keine Abweichungen enthält.

1. Haftung für Verlust und Beschädigung

Die Haftung nach § 14 Buchst. b ist eine über § 429 HGB hinausgehende Gewährhaftung. Sie ist auch in Verträgen mit Nichtkaufleuten voll mit dem AGBG vereinbar. Wegen ihrer wörtlichen Übereinstimmung mit § 29 KVO siehe dort, Anh. II nach § 452 Rdn. 1 ff. Der Obhutszeitraum ist mit der Bestimmung der Übernahme- und Ablieferungszeitpunkte in § 6 Abs. 2 AGNB entsprechend den allgemeinen frachtrechtlichen Begriffen präzisiert. Jedoch sind mit der veränderten Ladepflicht nach § 6 Abs. 1 AGNB die Grenzen verschoben.

2. Haftung für Transportmittel- und Betriebsunfälle

5 Die Haftung nach § 14 Buchst. a geht ebenfalls über § 429 HGB hinaus und entspricht 29 KVO; siehe § 29 KVO, Anh. II nach § 452 Rdn. 10 ff. Die Verwendung des Wortes „unmittelbar" statt „direkt" hat keine sachliche Bedeutung. Daß für mittelbare Schäden nicht gehaftet wird, entspricht dem Wertersatzprinzip des § 430 HGB[3]. Da keine Ausnahme für den Fall von Vorsatz und grober Fahrlässigkeit des Frachtführers in den AGNB enthalten ist, könnte in Verträgen mit nichtkaufmännischen Kunden die Haftungsregelung des 14 a AGNB als Verstoß gegen § 11 Nr. 7 AGBG angegriffen werden[4]. Jedoch ist insoweit davon auszugehen, daß die Klausel hier die Regelung des § 430 HGB übernehmen will und daher der Haftungsausschluß bei Vorsatz und grober Fahrlässigkeit gem. § 430 Abs. 3 nicht gilt. Die Gesamtregelung ist daher in dieser naheliegenden Auslegung mit dem AGBG vereinbar.

3. Konkurrenzen

6 Die AGNB enthalten keine Klausel, die eine Haftung aus unerlaubter Handlung oder anderen außervertraglichen Haftungsgründen ausschließt oder einschränkt. Nach der Rechtsprechung ist daher der Auftraggeber nicht gehindert, neben der Vertragshaftung Ansprüche aus §§ 823, 831 BGB geltend zu machen[5].

§ 15
Ausschlüsse von der Ersatzpflicht

1. Von der Ersatzpflicht gemäß § 14 a) und b) sind ausgeschlossen:

a) Schäden durch höhere Gewalt, jedoch nicht insoweit, als es sich bei den Schadensursachen um die der Straße und dem Kraftwagen eigentümlichen Gefahren, um Schäden und Verluste durch Regen, Schnee, Eis, Hagel oder Sturm sowie um Schäden durch Straßenraub handelt;

---

[3] Siehe dort Rdn. 20. Der merkantile Minderwert ist unmittelbarer Schaden; OLG Frankfurt vom 15. 1. 1991, NJW-RR **1991** 670; siehe § 18 AGNB Rdn. 5; § 430 Rdn. 45.

[4] Ohne Eingehen auf §§ 429, 430 HGB für Unwirksamkeit: *Ulmer/Hensen* AGBG[6] Anh. §§ 9–11 Rdn. 26. I. E. ebenso *Koller*[2] § 14 AGNB Rdn. 1; wohl auch *Willenberg*, Transportrecht und Gesetz über AGB 177.

[5] BGH vom 17. 1. 1975, VersR **1975** 369 ff und vom 22. 4. 1977, VersR **1977** 662 f; *Koller*[2] § 14 AGNB Rdn. 1; siehe auch § 429 Rdn. 285 ff.

Stand: 1. 7. 1993

b) Schäden durch Kriegsereignisse, Verfügungen von hoher Hand oder Beschlagnahme;

c) Schäden in dem Umfang, in dem sie durch ein Verschulden des Auftraggebers, Absenders, Empfängers oder deren Erfüllungsgehilfen verursacht worden sind;

d) Bruchschäden am Gut infolge von Fabrikations- und Materialschäden;

e) Schäden an ungemünzten und gemünzten oder sonst verarbeiteten Edelmetallen, Juwelen, Edelsteinen, Papiergeld, Wertpapieren jeder Art, Dokumenten und Urkunden, an Kunstsachen, Gemälden, Skulpturen und anderen Gütern, die einen Sonderwert haben, sofern der Einzelwert den Betrag von 2500,– DM übersteigt.

2. Soweit der Unternehmer nachweist, daß er mit der Sorgfalt eines ordentlichen Frachtführers gehandelt hat, sind von der Ersatzpflicht gemäß § 14 b) ausgeschlossen

a) Schäden an Umzugsgut durch Bruch von Glas oder Porzellan sowie Schrammschäden, Politurrisse, Leimlösungen, Scheuerschäden;

b) Schäden durch Emailleabsplitterungen;

c) Fehlmengen und Gewichtsverluste, die aus der Eigenart der betreffenden Güter entstehen;

d) innerer Verderb einschließlich Bombieren;

e) Schäden an lebenden Tieren durch Tod oder Seuchen;

f) Schäden an selbstentzündlichen und explosionsgefährlichen Gütern, soweit die Schäden aus der Selbstentzündlichkeit oder Explosionsgefahr herrühren;

g) Einwirkungen von Frost und Hitze.

3. Bei Vor-, Zwischen- und Nachlagerungen haftet der Unternehmer für solche Schäden nicht, die nach dem 15. Tage der Lagerung eintreten, es sei denn, daß die Dauer der Lagerung über den 15. Tag hinaus durch sein Verschulden notwendig wurde.

I. Allgemeines

Zum Überblick über die Haftungsregelung der AGNB siehe § 429 Rdn. 181 ff. **1**

Die Haftungsausschlüsse des § 15 **lehnen sich eng an die KVO** an, weichen jedoch in **2** Einzelheiten ab.

Sie sind **in Verträgen mit Kaufleuten** wegen der Ähnlichkeit mit der für den Güter- **3** fernverkehr geltenden gesetzlichen Regelung AGB-rechtlich nicht zu beanstanden; siehe § 1 Rdn. 11. *Koller*[2] § 15 AGNB Rdn. 1 hält die Klausel, wenn die AGB vom Kunden vereinbart sind, wegen der Einführung der Haftung bis zur höheren Gewalt für unwirksam gem. § 9 AGBG. Die Bezugnahme auf die allgemeine Bemerkung von *Löwe/von Westphalen/Trinkner*, AGBG[2] Bd. III 24.4 Rdn. 1 kann diese Auffassung nicht begründen.

In Verträgen mit Nichtkaufleuten unterliegen Klauseln, die die Güterschadenshaf- **4** tung einschränken, der Inhaltskontrolle insbesondere nach § 11 Nr. 7 AGBG. Sie sind daher insoweit unwirksam, als sie die Haftung des Frachtführers im Falle von Vorsatz oder grober Fahrlässigkeit ausschließen oder einschränken[1]. Ein Abwägungsspielraum besteht dabei nicht. Soweit die Güterschadenshaftung in ihren Voraussetzungen großzügiger als die gesetzliche Regelung der §§ 429 ff ist, kann sie an sich durch AGB partiell wieder ausgeschlossen oder im Umfang beschränkt werden, da in diesem Fall die Voraussetzungen des § 8 AGBG nicht vorliegen. § 11 Nr. 7 AGBG bewirkt dennoch in solchen Fällen **Vollnichtigkeit** der haftungseinschränkenden Klausel[2].

---

[1] Siehe § 1 Rdn. 14.
[2] Siehe § 1 AGNB Rdn. 14.

II. Die einzelnen Haftungsausschlüsse

1. Haftungsausschlüsse für die allgemeine Obhutshaftung und die Haftung für Transportmittel- und Betriebsunfälle (§ 15 Abs. 1)

a) Höhere Gewalt (Abs. 1 Buchstabe a)

5 **Buchstabe a** entspricht § 34 S. 1 a KVO und § 30 a, b KVO. Siehe § 30 KVO Rdn. 3–4 und § 34 KVO Rdn. 7 ff. Der Haftungsausschluß für **höhere Gewalt** ist kundenfreundlicher als in § 429 HGB vorgesehen. Die Haftung ist für der Straße und dem Kraftwagen eigentümliche Gefahren, Schäden und Verluste durch Regen, Schnee, Eis, Hagel oder Sturm und für Straßenraub, selbst wenn diese höhere Gewalt sein sollten, aufrechterhalten[3]. Die Haftung in diesen Ausnahmefällen ist eine reine Kausalhaftung. § 15 a AGNB ist in Verträgen mit kaufmännischen und nichtkaufmännischen Kunden wirksam[4]. Die Haftung für Diebstahl ist nur ausgeschlossen, wenn dieser nach Lage des Falles höhere Gewalt oder eine Gefahr der Straße darstellt. Sogar in diesem Falle wird aber für höhere Gewalt gehaftet, wenn der Diebstahl Folge einer der Straße eigentümlichen Gefahr ist; z. B. nach Unfällen oder bei Pannen.

b) Krieg u.a. (Abs. 1 Buchstabe b)

6 **Buchstabe b** entspricht § 34 S. 1 b KVO; siehe § 34 KVO Rdn. 6. Die Klausel schließt die gesamte Haftung in den genannten Fällen aus, nicht nur die Haftung für höhere Gewalt. Vielfach hätten aber die Folgen der haftungsbefreienden Umstände durch Sorgfalt des Frachtführers vermieden werden können. Dabei kann auch grobes Verschulden mitspielen. Daher ist die Klausel in Verträgen mit nichtkaufmännischen Kunden gem. § 11 Nr. 7 AGBG voll unwirksam; siehe § 1 Rdn. 14 f; in Verträgen mit kaufmännischen Kunden nur, soweit grobes Eigenverschulden vorliegt[5].

c) Verschulden des Auftraggebers (Abs. 1 Buchstabe c)

7 Zu **Buchstabe c** siehe § 34 S. 1 c KVO und § 34 KVO Rdn. 22 ff. Die Klausel ist unter Heranziehung der dazu entwickelten Grundsätze auszulegen. Verlädt der Auftraggeber das Gut ohne beförderungssichere Verpackung (§ 5 Abs. 1), so haftet der Frachtführer nach § 14 b nicht[6]. Zweifelhaft ist die Entscheidung des OLG Düsseldorf vom 6. 12. 1973, VersR **1975** 234 f, die eine in besonderem Auftrag erfolgte Reinigung eines Tankwagens durch den Absender diesem nicht als Mitverschulden anrechnet.

8 **Verschulden des Empfängers** wird nur angerechnet, soweit dieser als Verfügungsberechtiger nach §§ 434, 435 handelt oder vom Absender in den Vertrag eingeschaltet ist[7] – in letzterem Falle als dessen Erfüllungsgehilfe.

9 Die Formulierung „nur in dem Umfang" muß so verstanden werden, daß der Weg zu § 254 BGB aufrechterhalten bleibt[8]. **Buchst. c ist daher nicht unwirksam nach AGB-Recht**[9].

---

[3] Vgl. § 34 KVO, Anh. II nach § 452 Rdn. 12 f. *Koller*[2] § 15 AGNB Rdn. 3 begründet dies mit § 5 AGBG.

[4] *Koller*[2] § 15 AGNB Rdn. 3 hält die Klausel bei Verwendung der AGNB durch Auftraggeber für unwirksam; siehe dazu Rdn. 3.

[5] Siehe § 1 Rdn. 12. **A. A.** *Koller*[2] § 15 AGNB Rdn. 4.

[6] OLG Düsseldorf vom 15. 11. 1990, TranspR **1991** 9, 10 f und bestätigend BGH vom 12. 11. 1992, NJW-RR **1993** 606 f. Dabei ist bei einem 81 m langen Förderband die dieses versteifende und tragende Stahlkonstruktion Verpackung; OLG Düsseldorf aaO.

[7] *Koller*[2] § 15 AGNB Rdn. 5.

[8] OLG Düsseldorf vom 27. 10. 1983, TranspR **1984** 109, 111; BGH vom 12. 11. 1992, NJW-RR **1993** 606 f (Abwägung mit der Pflicht des Frachtführers zur zur betriebssicheren Verladung); *Koller*[2] § 15 AGNB Rdn. 5.

[9] *Willenberg*, Transportrecht und Gesetz über AGB 178; unzutreffend *Wolf* AGBG[2] § 9 Rdn. F 61.

Zur **Anpassung** des Haftungsausschlusses **an die besonderen Verhältnisse des** **10**
Lohnfuhrvertrages gem. § 25 Abs. 2 AGNB siehe dort Rdn. 2. Stellt der Frachtführer
aufgrund des Vertrages nur die Zugmaschine, nicht aber den Sattelauflieger, kann sich
auch ohne Anwendung von § 15 Abs. 1 c der Frachtführer auf Nichtverschulden berufen; das OLG Hamburg gewährt in einem solchen Fall dem Unternehmer die Möglichkeit, sich nach § 429 Abs. 1 S. 2 HGB zu entlasten; in der Sache wohl zutreffend[10].

d) Bruch wegen Fabrikations- oder Materialfehlern (Abs. 1 Buchstabe d)

Zu Buchst. d vgl. § 30 e S. 2 KVO; siehe § 30 KVO Rdn. 14 ff. Zur Vereinbarkeit mit **11**
dem AGBG siehe Rdn. 6.

e) Kostbarkeiten (Abs. 1 Buchstabe e)

Buchstabe e betrifft die in § 34 Buchstabe d und e KVO geregelten Fälle; siehe § 34 **12**
KVO, Anh. II nach § 452 Rdn. 34 ff. Die Klausel ist mit § 429 Abs. 2 HGB nicht in allen
Einzelheiten vereinbar. Vor allem schließt sie die Haftung für Schäden an Kostbarkeiten
im Wert von über 2500 DM gänzlich aus. Demgegenüber sieht § 429 Abs. 2 eine Haftung bei Angaben des Absenders über Wert oder Beschaffenheit vor. Die Klausel ist in
Verträgen mit kaufmännischen Kunden wirksam, in Verträgen mit nichtkaufmännischen Kunden dagegen wegen des Fehlens einer Ausnahme für grobe Fahrlässigkeit
dagegen nicht; siehe § 1 Rdn. 11 ff.

2. Haftungsausschlüsse nur gegenüber der allgemeinen Obhutshaftung
(§ 15 Abs. 2 AGNB)

§ 15 Abs. 2 sieht Haftungsausnahmen nur für den Fall vor, daß die Haftung sich auf **13**
den allgemeinen Obhutstatbestand des § 14 b AGNB stützt. Insoweit entsprechen die in
§ 15 Abs. 2 zusammengefaßten Haftungsbefreiungsgründe denen des § 34 S. 1 g–n und
Abs. 2 KVO: Sie greifen gegenüber der Haftung aus Transportmittel- und Betriebsunfällen nicht durch. Auch gegenüber der Obhutshaftung kann sich der Frachtführer auf
sie nur berufen, wenn er gleichzeitig den Nachweis des Nichtverschuldens führt.

Die Haftungsausschlüsse des § 15 Abs. 2 a–g entsprechen wörtlich denen des § 34 **14**
S. 1 g–n KVO[11]. Sie reduzieren die Frachtführerhaftung auf eine Haftung für vermutetes
Verschulden. Sie verschlechtern daher die Haftungslage gegenüber § 429 HGB nicht[12],
sondern beseitigen nur die durch § 14 b verschärfte Haftung. Daher weichen sie nicht
vom anwendbaren dispositiven Recht ab. Eine Inhaltskontrolle findet gem. § 8 AGBG
nicht statt. Somit sind sie in Verträgen mit nichtkaufmännischen und kaufmännischen
Kunden gleichermaßen wirksam[13].

3. Vor-, Zwischen- und Nachlagerung (§ 15 Abs. 3 AGNB)

§ 15 Abs. 3 ähnelt § 33 d, e KVO[14]. Die Präzisierung der frachtvertragsinternen **15**
Lagerzeiten benachteiligt den Kunden nicht. Sie enthält eine sinnvolle Leistungsbeschreibung, weil sie die nicht mehr frachtvertragstypischen Lagerungen aus der Fracht-

---

[10] OLG Hamburg vom 4. 7. 1991, TranspR **1992** 16, 17 (Urteil ohne ausreichende Sachverhaltsangaben). Das Gericht nimmt an, daß § 15 Abs. 1 c nicht anzuwenden ist, wenn der Trailer dem Unternehmer vom Auftraggeber vorgeschrieben worden war; siehe auch § 25 AGNB Rdn. 2.

[11] Der dem § 15 Abs. 2 e entsprechende § 34 S. 1 m ist mittlerweile aufgehoben worden.

[12] *Koller*[2] § 15 AGNB Rdn. 9.

[13] *Willenberg*, Transportrecht und Gesetz über AGB 178; *Koller*[2] § 15 AGNB Rdn. 9.

[14] Siehe dazu § 33 KVO, Anh. II nach § 452 Rdn. 8 ff und § 425 Rdn. 97, 140.

führerhaftung herausnimmt. Problematisch ist allerdings, daß dies in die sprachliche Form eines Haftungsausschlusses gekleidet ist und daher eine Inhaltskontrolle in Verträgen mit nichtkaufmännischen Kunden begünstigt[15].

§ 16
Ersatz für andere als Güterschäden

Der Unternehmer ersetzt auch Vermögensschäden, die nicht im Zusammenhang mit einem Güterschaden entstehen und die dem verfügungsberechtigten Auftraggeber oder Empfänger entstanden sind

a) durch Falschauslieferung;

b) durch Fehler bei der Auftragserledigung von Nachnahmen;

c) durch sonstige Verletzungen des Beförderungsvertrages, in diesem Falle jedoch nur bei Verschulden des Unternehmers.

I. Allgemeines

1. Einordnung der Klauseln

1   § 16 hat vor allem klarstellende Funktion. Das Bestehen der aufgeführten Ansprüche läßt sich ohnehin aus den Regeln des Allgemeinen Schuldrechts bzw. des Frachtrechts ableiten. § 16 entspricht weitgehend § 31 Abs. 1 KVO; die Haftungsbeschränkung ist jedoch nicht in § 16 selbst, sondern in § 17 Abs. 2 b, c AGNB geregelt. Im Unterschied zu § 31 KVO betrifft § 16 nicht nur Vermögensschäden, die „im Zuge der Beförderung des Guts entstanden" sind. Nach dem Wortlaut soll die Bestimmung vielmehr für alle Arten von Verletzungen des Beförderungsvertrages gelten. Siehe dazu § 31 KVO Rdn. 2. Zur Nachnahmeerhebung siehe § 11 AGNB.

2. Haftungsprinzip

2   Nach welchem Grundprinzip die Haftung in § 16 organisiert ist, ergibt sich nicht sicher aus der Vorschrift. Aus der Stellung der Klausel und dem Wort „auch" im Eingangssatz ist zu folgern, daß die Haftungsvoraussetzungen nach § 16 grundsätzlich, also in Buchst. a und b, aus §§ 14, 15 AGNB abzuleiten sind. Insoweit besteht also **Haftung ohne Verschulden** bis zur höheren Gewalt. Damit ist teilweise der nach Frachtrecht bzw. allgemeinem Schuldrecht bestehende Rahmen überschritten. Da § 16 den Ersatz mittelbaren Vermögensschadens als Folge von Güterschaden nicht ausschließt, berührt er diesen nicht. Die Klausel kann daher nicht aus diesem Grunde gegen das AGBG verstoßen[1]. Die verwirrenden Ausführungen von *Koller*[2] § 16 AGNB Rdn. 1 scheinen auf der Annahme zu beruhen, man könne aus § 16 AGNB zunächst einen Ausschluß der Haftung für mittelbare Vermögensschäden als Folge primären Güterschadens ableiten; das Fehlen einer § 430 Abs. 3 HGB entsprechenden Ausnahme soll die Klausel vollunwirksam machen. Die hergeholte Begründung würde sich gegen den durch § 16 AGNB grundsätzlich begünstigten Kunden wenden. Sie wird durch Zitate beliebiger Urteile über die Haftung bei grobem Eigenverschulden begründet, die zu den aufgestellten Thesen nichts aussagen. Siehe zu dieser Problematik jedoch § 1 Rdn. 12 ff; § 14 Rdn. 5.

---

[15] *Koller*[2] § 15 AGNB Rdn. 8, 4 hält die Klausel daher für unwirksam.

[1] So aber *Koller*[2] § 16 AGNB Rdn. 1.

In Buchst. c ist **Verschulden als Voraussetzung** gefordert. Da es sich hierbei um einen Anwendungsfall der positiven Vertragsverletzung handelt, ergibt sich die Beweislast aus den hierfür aus § 282 BGB abgeleiteten Grundsätzen der Aufteilung nach Gefahrenbereichen.

II. Die einzelnen Haftungsfälle

1. Vermögensschaden durch Falschauslieferung (Buchst. a)

Falschauslieferung bedeutet in vielen Fällen Verlust des Gutes[2]. Dafür wird nach den Regeln der Obhutshaftung, also nach § 14 b AGNB gehaftet, so daß die mittelbaren Schäden von der Obhutshaftung nicht erfaßt werden. Nach der Rechtsprechung sind jedoch die durch Falschauslieferung nicht als Folge eines Güterschadens, sondern daneben entstehenden Schäden nach positiver Vertragsverletzung zu ersetzen[3]. Darüber geht § 16 zugunsten des Kunden wegen der durch ihn vorgesehenen Haftung bis zur höheren Gewalt hinaus. Die Klausel ist daher ohne weiteres mit dem AGBG vereinbar, auch wenn die AGNB von Auftraggebern in den Vertrag eingebracht worden sind[4]. **4**

2. Nachnahmefehler (Buchst. b)

Die Haftung für Fehler bei Nachnahmen ist regelmäßig ebenfalls positive Vertragsverletzung. Auch bei ihr ist die Einführung der Gewährhaftung günstiger als die gesetzlich vorgesehene Haftung[5]. Die Klausel ist daher mit dem AGBG vereinbar. Die Regelung ist auch bei Zugrundelegung der AGNB durch Auftraggeber wirksam; siehe § 1 AGNB Rdn. 17. **5**

3. Sonstige Vertragsverletzungen (Buchst. c)

Von besonderer Bedeutung ist die Verletzung von Nebenpflichten. Diese ergeben sich teilweise aus den ausdrücklichen Bestimmungen der AGNB, z. B. aus § 5 Abs. 3; § 6 Abs. 4; § 9 AGNB. Im übrigen sind sie aus den allgemeinen schuldrechtlichen Regeln abzuleiten; siehe zu den typisch frachtrechtlichen Pflichten § 425 Rdn. 137 ff. **6**

Zu den sonstigen Verletzungen des Beförderungsvertrages gehört auch die **Verspätung, d. h. die Abweichung von vereinbarten Lieferfristen**[6]. Diese in § 429 HGB gemeinsam mit der Obhutshaftung für Güterschäden geregelte Sonderhaftung spielt im Nahverkehr keine besondere Rolle. Sie ist dort Haftung für vermutetes Verschulden. § 16 c AGNB weicht vom dispositiven Recht dadurch ab, daß er die Beweislast dem Auftraggeber auferlegen will. Dies ist in Verträgen mit nichtkaufmännischen Kunden unwirksam; siehe § 15 Rdn. 4. **7**

§ 17
Haftungsbeschränkungen

1. Haftungsbeschränkungen bei besonderen Gefahren
I. Bei Haftung nach §§ 14 a) und b), 15.
a) Entstehen bei Gütern, die nur nach Gewicht und unverpackt geladen werden, Schäden durch Diebstahl und Abhandenkommen, bleiben die ersten 1 1/2 v. H. Verlust bei der Schadenersatzleistung außer Ansatz.

---

[2] Siehe § 429 Rdn. 24.
[3] Siehe § 429 Rdn. 248; BGH vom 27. 10. 1978, NJW **1979** 2473 f = TranspR **1982** 108 f = VersR **1979** 276 ff.
[4] Siehe dazu § 1 Rdn. 17. *A. A. Koller*[2] § Rdn. 1.
[5] Siehe §§ 407–409 Rdn. 131; § 425 Rdn. 145; § 429 Rdn. 255.
[6] *Widmann*[3] S. 211; *Cantrup*[4] S. 81.

b) Schäden an unverpacktem Gut, die durch Scheuern oder Druck entstanden sind, werden nur bis zum Höchstbetrage von 1000,– DM je Lastzug ersetzt.

II. Bei Haftung nach §§ 14 b), 15.

a) Entstehen Schäden durch Rinnverluste bei Flüssigkeiten in Fässern und anderen Behältern, werden folgende Freiteile in Abzug gebracht:

aa) Bei Flüssigkeiten in hölzernen Fässern 3 v. H. je Faß;

bb) bei Flüssigkeiten in anderen Behältern 1/2 v. H. je Behälter.

b) Bruchschäden an Glas, Glasflaschen, sofern sie nicht in Kisten oder Kästen verpackt sind, Glasballons, Porzellan, Steingut, Steinzeug oder hieraus hergestellte Artikel werden nur bis zum Höchstbetrag von 150,– DM je Schadensereignis ersetzt. Im Falle des Bruches eines Teiles der betroffenen Sendung werden die erforderlichen Wiederherstellungskosten im Verhältnis des beschädigten Teiles zum Gesamtwert der Ladung vergütet. Im Falle der Wiederherstellung sind Wertminderungsansprüche ausgeschlossen.

2. Allgemeine Höchstgrenzen

a) Schäden an beförderten Sendungen werden je Schadensereignis im Höchstfall mit 100 000,– DM ersetzt.

b) Vermögensschäden gemäß § 16 werden je Schadensereignis bis zum Höchstbetrag von 10 000,– DM ersetzt.

c) Übersteigt der Schadensbetrag je Schadensereignis die Summe von 100 000,– DM bei Güterschäden oder 10 000,– DM bei Vermögensschäden, so werden die Schäden mehrerer Beteiligter anteilig ersetzt.

I. Allgemeines

1   Die Haftungsbeschränkungen des § 17 AGNB sind der KVO nachgebildet, aber systematisch anders geordnet. **Im Verhältnis zu kaufmännischen Kunden** können sie nicht als unwirksam angesehen werden, da sie sich an die KVO als Gesetz im materiellen Sinne anlehnen[1]. Die Haftungsbeschränkungen sind allerdings im Falle groben eigenen Verschuldens oder groben Verschuldens leitender Angestellter und bei grobem Organisationsverschulden unwirksam. Jedoch ergibt sich daraus keine Vollnichtigkeit der Regelungen; siehe § 1 Rdn. 12.

2   Soweit sich der Frachtführer **gegenüber nichtkaufmännischen Kunden** auf sie beruft, sind die Haftungsbeschränkungen schon bei Vorsatz und grober Fahrlässigkeit seiner (selbständigen und unselbständigen) Erfüllungsgehilfen nach § 11 Nr. 7 und Nr. 8 AGBG unwirksam; siehe § 1 AGNB Rdn. 15.

3   Zur Möglichkeit, die Haftungsbegrenzungen der AGNB durch **Ansprüche aus unerlaubter Handlung** zu durchbrechen, siehe § 14 Rdn. 6; § 429 Rdn. 267 ff.

II. Die besonderen Haftungsbeschränkungen des § 17 Abs. 1

1. Gemeinsame Haftungsgrenzen für Obhutsschäden und Schäden aus Transportmittel- und Betriebsunfällen (§ 17 Abs. 1 I)

a) Diebstahl und Abhandenkommen (Buchst. a)

4   Buchst. a entspricht § 30 b KVO; siehe dazu § 30 KVO Rdn. 4. Die Klausel verstößt nicht gegen das AGBG; *Koller*[2] § 17 AGNB Rdn. 2.

---

[1] *Willenberg*, Transportrecht und Gesetz über AGB 178; siehe auch § 1 AGNB Rdn. 11.

b) Scheuer- und Druckschäden an unverpackten Gütern (Buchst. b)

Buchst. b hat in § 30 c S. 2 KVO seine Parallele; siehe § 30 KVO Rdn. 11. Die Klausel **5** ist in Verträgen mit nichtkaufmännischen Kunden wegen Verstoßes gegen § 11 Nr. 7 AGBG unwirksam; siehe § 1 Rdn. 15. In Verträgen mit kaufmännischen Kunden schützt sie ihre Ähnlichkeit mit § 30 c S. 2 KVO vor Unwirksamkeit; siehe § 1 AGNB Rdn. 11. Das durch die Klausel dem Absender auferlegte Sonderrisiko für typische Folgen des Fehlens einer Verpackung dient auch der Schadensprävention; auch deshalb ist die Regelung mit § 9 AGBG vereinbar[2].

2. Spezielle Haftungsbeschränkungen für die Obhutshaftung nach § 17 Abs. 1 II

Die **Beschränkungen des § 17 Abs. 1 II** greifen nur gegenüber der Obhutshaftung **6** § 17 b durch und lassen die Haftung für Transportmittel- und Betriebsunfälle unberührt.

a) Rinnverluste (Buchst. a)

Abs. 1 II a ähnelt § 30 f KVO; siehe § 30 KVO Rdn. 19. **7**

b) Bruchschäden (Buchst. b)

Die Klausel lehnt sich eng an § 30 e S. 3–7 KVO an[3]. Sie betrifft ein von Natur aus **8** sehr hohes Risiko, das vom Frachtführer nur schwer beherrscht werden kann. Die Beschränkung der Haftung auf sehr niedrige Beträge dürfte daher im Verkehr mit kaufmännischen Kunden nicht gegen § 9 AGBG verstoßen[4]. In Verträgen mit nichtkaufmännischen Kunden ist sie unwirksam[5].

III. Die besonderen Haftungseinschränkungen (§ 17 Abs. 2)

1. Höchstgrenze pro Schadensereignis (Buchst. a)

Für Schäden an beförderten Gütern sieht § 17 Abs. 2 a eine **Höchstgrenze der Haf- 9 tung je Schadensereignis** in Höhe von 100 000,– DM vor. Hierin weichen die AGNB von der KVO, die ihre allgemeine Haftungsgrenze in § 35 Abs. 4 am Gewicht der Sendung orientiert, erheblich ab. Die ähnliche Teilklausel des § 54 a Nr. 1 und 2 ADSp, die nur eine Haftungsgrenze von 4750,– DM pro Schadensfall vorsieht, ist von der Rechtsprechung (im kaufmännischen Verkehr) bisher nicht als „unanmessen" beanstandet worden; sie ist daher im kaufmännischen Verkehr wohl wirksam[6].

2. Höchstgrenze für Vermögensschäden (Buchst. b)

Die **Begrenzung der Haftung für Vermögensschäden** (§ 17 Abs. 2 b) ähnelt § 31 **10** Abs. 2 KVO. Sie ist daher in Verträgen mit kaufmännischen Kunden nicht zu beanstanden, verstößt aber in Verträgen mit nichtkaufmännischen Kunden gegen § 11 Nr. 7 AGBG[7].

3. Verteilung des Höchstschadensersatzes auf mehrere Beteiligte (Buchst. c)

Die Klausel entspricht gesetzlichen Vorbildern vor allem im Bereich der Drittscha- **11** denshaftung, etwa in der seerechtlichen Haftungsbeschränkung der §§ 486 ff HGB und

---

[2] A. A. *Koller*[2] § 17 AGNB Rdn. 3.
[3] Siehe § 30 KVO Rdn. 15 ff.
[4] Siehe § 1 Rdn. 11; a. A. *Koller*[2] Rdn. 5.
[5] Siehe § 1 Rdn. 15; *Koller*[2] § 17 AGNB Rdn. 4.
[6] Siehe § 54 ADSp, § Anh. I nach 415 Rdn. 4; für Unwirksamkeit *Koller*[2] § 17 AGNB Rdn. 6.
[7] Siehe § 1 Rdn. 15; für gänzliche Unwirksamkeit *Koller*[2] Rdn. 6.

des HBÜ[8] oder der Begrenzung der Haftung nach § 12 StVG und § 37 LuftVG. Auch insoweit ist die Klausel in Verträgen mit kaufmännischen Kunden nicht unwirksam; a. A. *Koller*[2] Rdn. 6.

§ 18
Ersatzpflichtiger Wert

1. Als Ersatzwert gilt bei den einzelnen Gütern der vom Auftraggeber nachzuweisende Fakturenwert zuzüglich aller Spesen und Kosten bis zur Ablieferungsstelle und zuzüglich des von ihm nachzuweisenden entgangenen Gewinnes bis höchstens 10 v. H. des Fakturenwertes, soweit der Fakturenwert nicht schon den Gewinn einschließt. Vom Ersatzwert sind die durch den Schadensfall etwa ersparten Kosten abzusetzen.

2. Soweit für Güter, die Handelsgut sind, eine Faktura noch nicht ausgestellt ist, gilt der allgemeine Handelswert am Schadenstag als Ersatzwert. Der gemeine Handelswert basiert auf Großhandelspreisen.

3. Bei Gütern, die keinen Fakturenwert haben oder nicht Handelsgut sind, ist im Schadensfalle der Zeitwert (auch „gemeiner Wert" genannt) zu ersetzen.

4. Bei teilweiser Beschädigung einer Sendung wird der Schadenersatz nur für den beschädigten Teil in Höhe des festgestellten Minderwertes geleistet. Die Errechnung des Minderwertes hat auf Grund des tatsächlichen Schadens zu erfolgen. Dem Unternehmer steht es frei, beschädigte Güter, soweit sie nicht gemäß behördlicher Weisung vernichtet werden müssen oder Markenartikel darstellen, gegen volle Ersatzleistung zu übernehmen. Bei Markenartikeln steht dem Auftraggeber auf Basis von Wiederverwendungswerten ein Vorkaufsrecht zu.

I. Allgemeines

1. System des § 18 AGNB

§ 18 AGNB regelt die Bestimmung des zu ersetzenden Wertes. Grundsätzlich stimmt der Ausgangspunkt mit dem des § 430 HGB und aller anderen frachtrechtlichen Haftungsordnungen überein: Zu ersetzen ist nur der Wert des verlorenen oder beschädigten Gutes, Folgeschäden (insoweit kundengünstiger) zusätzlich in geringem Umfang. § 18 wählt in Anlehnung abweichend vom HGB, aber ähnlich § 35 KVO den Fakturenwert (Rechnungswert) als Grundlage, der sich in der Praxis relativ leicht nachweisen läßt. Auch in Haftungsordnungen, die dem System des HGB ähneln, wird von den Gerichten vielfach offen oder versteckt auf den Fakturenwert zurückgegriffen[1]. Der Fakturenwert schließt im Regelfall keinen Gewinn, sondern nur den Verkaufspreis des Absenders = Einkaufspreis des Käufers ein. Der nachgewiesene entgangene Gewinn ist bis 10 % des Fakturenwerts zu ersetzen. Dies soll aber nicht gelten, wenn der Fakturenwert schon den Gewinn einschließt. Dieser Fall ist von der Rechtsprechung nach § 35 KVO schon seit langem ebenso behandelt worden[2]. Die AGNB entsprechen daher der langjährigen praktischen Handhabung der KVO.

2. Vereinbarkeit mit dem AGBG

In Verträgen mit kaufmännischen Kunden ist die Regelung insgesamt nicht zu beanstanden, da sie wohl meist für den Kunden günstiger ist als § 430 HGB und der verwand-

---

[8] Dazu *Herber* Das neue Haftungsrecht der Schiffahrt (1989) S. 9 ff; *Prüßmann/Rabe*[3] Art. 9 HBÜ (S. 118) Anm. A.

[1] Siehe Art. 23 CMR, Anh. III nach § 452.
[2] Siehe § 35 KVO, Anh. II nach § 452 Rdn. 12.

ten gesetzlichen Regelung des Art. 35 KVO entspricht; siehe § 1 AGNB Rdn. 11. In Verträgen mit nichtkaufmännischen Kunden kann die Wirksamkeit insbesondere im Hinblick auf § 11 Nr. 7 AGBG zweifelhaft sein³.

II. Die Beschränkungsregeln im einzelnen

1. § 18 Abs. 1

Zu Abs. 1 siehe den inhaltsgleichen § 35 Abs. 1 KVO und dort Rdn. 5 ff. Die Zugrundelegung des Fakturenwerts kann zu geringerem, aber auch zu höherem Schadensersatz führen. Das Fehlen einer Ausnahme für den Fall groben Verschuldens führt daher in Verträgen mit nichtkaufmännischen Kunden zur Unwirksamkeit⁴. Die Vollnichtigkeit kann aber auch zu dem Kunden nachteiligen Folgen führen, wenn der Fakturenwert über dem gemeinen Wert liegt oder wenn ihm ein Gewinn entgangen ist. 3

2. § 18 Abs. 2 und 3 (Handelswert, Zeitwert)

Absätze 2 und 3 sind genauer als § 35 Abs. 2 KVO ausgestaltet; siehe § 35 KVO Rdn. 22 ff. Sie verwenden teilweise Begriffe aus § 430 HGB; siehe dort Rdn. 26 ff. Zur Vereinbarkeit mit dem AGBG siehe Rdn. 2. 4

3. § 18 Abs. 4 (Ersatz bei Teilbeschädigung)

§ 18 Abs. 4 lehnt sich an § 35 Abs. 3 KVO an, sieht aber Sondervorschriften für beschädigte Markenartikel vor⁵. Der merkantile Minderwert ist unmittelbarer Schaden und daher nach Art. 14 a zu ersetzen⁶. 5

§ 19
Haftung für Dritte

Der Unternehmer haftet für seine Leute und für andere Personen, deren er sich bei Ausführung der von ihm übernommenen Beförderung bedient.

Die Bestimmung gleicht § 431¹. Sie gilt auch für den Lohnfuhrvertrag². 1

§ 20
Aufwendungen bei Schadensfällen

Kosten der Bergung und andere Aufwendungen zur Abwendung oder Minderung eines zu ersetzenden Schadens sowie Kosten, die durch Ermittlung oder Feststellung des Schadens entstehen, gehen zu Lasten des Unternehmers.

Siehe hierzu die Kommentierung zu § 32 KVO, Anh. II nach § 452.

---

³ Siehe § 1 AGNB Rdn. 15; § 15 Rdn. 4; *Koller*² § 18 AGNB Rdn. 1.
⁴ Siehe § 1 AGNB Rdn. 15; § 15 Rdn. 4; *Koller*² § 18 AGNB Rdn. 1.
⁵ Siehe im einzelnen § 35 KVO Rdn. 24 ff; § 430 Rdn. 46 ff; zur Vereinbarkeit mit dem AGBG oben Rdn. 2.
⁶ OLG Frankfurt vom 15. 1. 1991, NJW-RR **1991** 670; siehe auch § 430 Rdn. 45.

¹ Siehe BGH vom 2. 12. 1982, TranspR **1983** 73, 75 = VersR **1983** 339 ff und die Kommentierung zu § 431.
² BGH vom 8. 12. 1965, VersR **1966** 180, 182.

§ 21
Versicherung

1. Der Unternehmer hat sich gegen alle Schäden, für die er nach diesen Beförderungsbedingungen haftet, zu versichern, andernfalls kann er sich nicht auf diese berufen.

2. Im Schadensfalle ist der Unternehmer auf Verlangen des Schadensersatzberechtigten verpflichtet, die ihm aus der Versicherung zustehenden Rechte an diesen abzutreten.

1 § 21 AGNB entspricht in der verhängten Sanktion (Nichtberufen auf die AGNB) dem § 41 c ADSp[1].

2 Jedoch ist die AGNB-Versicherung keine dem SVS/RVS inhaltlich entsprechende Versicherung, sondern eine **Transporthaftpflichtversicherung**[2]. Sie ist kein Ersatz für die AGNB-Haftung, sondern schützt primär nur den Frachtführer gegen sein Haftpflichtrisiko. Der Kunde ist nicht Versicherungsnehmer; er hat keinen unmittelbaren Anspruch aus dem Versicherungsvertrag gegen den AGNB-Versicherer. Im Schadensfall muß er seine Schadensersatzansprüche gegen den Frachtführer geltend machen. Diese richten sich – auch insoweit anders als nach dem SVS/RVS – nicht nach den gesetzlichen Bestimmungen, sondern nach den AGNB. Wie bei der KVO-Haftpflichtversicherung handelt es sich bei der privatrechtlichen (vertraglichen) Versicherungspflicht des AGNB-Frachtführers nur um eine Insolvenzsicherung im Interesse der Kunden[3]. Um dem Ersatzberechtigten diese Sicherheit gegebenenfalls besser zugänglich zu machen, hat der AGNB-Frachtführer ihm nach § 21 Abs. 2 die Versicherungsansprüche auf Verlangen abzutreten. Dies entspricht § 38 Abs. 3 KVO.

3 Nach § 21 Abs. 1, 2. HS. **verliert der nicht haftpflichtversicherte Frachtführer alle Vorteile aus den AGNB**. Dagegen ist dem Kunden die Berufung auf ihm günstige Klauseln der AGNB nicht verwehrt[4]. Dies ergibt sich schon aus der Wortauslegung, jedenfalls aber aus § 5 AGBG. Werden beim Vertragschluß die AGNB vereinbart in Kenntnis beider Parteien davon, daß der Frachtführer keine Haftpflichtversicherung abgeschlossen hat oder abschließen wird, ist fraglich, ob die AGNB ohne ihren § 21 vereinbart sind[5]. Es ist nämlich die Frage, ob dem Kunden – in manchen Fällen vielleicht auch dem Frachtführer – Existenz oder Tragweite des § 21 bzw. des Abschlusses der Versicherung bewußt sind. Jedenfalls kann eine AGB-Klausel nicht automatisch zu Lasten des Kunden in den Inhalt des Individualvertrages einbezogen werden.

§ 22
Erlöschen der Ansprüche aus dem Beförderungsvertrag

1. Mit Annahme des Gutes durch den Empfänger erlöschen alle Ansprüche gegen den Unternehmer aus dem Beförderungsvertrag.

2. Ausgenommen sind

a) Ansprüche des Auftraggebers aus § 16;

---

[1] Siehe § 415 Anh. I Rdn. 27; § 429 Anh. I Rdn. 48; ferner die Erl. zu § 38 KVO, Anh. II nach § 452.
[2] Zur AGNB-Versicherung siehe § 429 Anh. I Rdn. 51; *Lenz* Rdn. 873.
[3] Unscharf insoweit *Koller*[2] § 21 AGNB Rdn. 1.
[4] Zutreffend *Widmann*[3] S. 237.
[5] So aber *Widmann*[3] S. 237.

Stand: 1. 7. 1993

b) Ansprüche für vom Unternehmer nachweislich vorsätzlich oder grob fahrlässig herbeigeführte Schäden;

c) Ansprüche wegen Verlust oder Beschädigung des Gutes, wenn sich der Empfänger bei der Annahme den Anspruch ausdrücklich vorbehalten hat;

d) Ansprüche aus solchen Schäden, die bei der Annahme des Gutes durch den Empfänger äußerlich nicht erkennbar waren unter der Voraussetzung, daß der Empfänger unverzüglich nach der Entdeckung und spätestens innerhalb einer Woche nach Annahme des Gutes den Schaden beim Unternehmer geltend macht.

I. Allgemeines

§ 22 entspricht teilweise § 39 KVO, Anh. II nach § 452, teilweise auch § 438 HGB. Bei Schäden am Frachtgut ergeben sich Abweichungen von der KVO daraus, daß die AGNB keine Regeln über die Schadensfeststellung enthalten. An deren Stelle tritt daher nach § 22 Abs. 2 c der einfache Vorbehalt der Ansprüche; insoweit kundengünstiger als § 438 HGB. **1**

In Verträgen mit kaufmännischen Kunden ergeben sich durch die weitgehende Ähnlichkeit mit der KVO keine Bedenken hinsichtlich der Vereinbarkeit mit dem AGBG; siehe § 1 AGNB Rdn. 11. **2**

In Verträgen mit nichtkaufmännischen Kunden sichert der aus § 438 Abs. 5 HGB stammende Ausschluß der Anwendbarkeit der Präklusionsklausel (§ 22 Abs. 2 b AGNB) die einzelnen Teilklauseln vor der Vollnichtigkeit wegen Verstoßes gegen § 11 Nr. 7 AGBG; siehe § 1 AGNB Rdn. 15. **3**

II. Die einzelnen Klauseln

1. Erlöschen bei Annahme (§ 22 Abs. 1 AGNB)

§ 22 Abs. 1 AGNB entspricht in der Rechtsfolge § 438 Abs. 1 HGB. Durch den Wegfall der dort vorgesehenen Voraussetzung der Frachtzahlung kann aber das Erlöschen sehr viel leichter eintreten. Die Übereinstimmung mit § 39 KVO führt aber dazu, daß die Klausel einer Inhaltskontrolle nach § 9 AGBG standhält; § 1 Rdn. 11. **4**

2. Vermögensschäden (§ 22 Abs. 2 a)

Die Ausnahme der auf § 16 AGNB gestützten Ansprüche von der Präklusion durch § 22 Abs. 2 a ist sachgerechter als die globale Regelung der KVO; siehe dazu § 39 KVO Rdn. 3 und § 438 Rdn. 19. Auch § 22 Abs. 2 a AGNB ist mit § 9 AGBG vereinbar. **5**

3. Grobes Verschulden (§ 22 Abs. 2 b)

Siehe § 1 AGNB Rdn. 11. Die Bestimmung ist so auszulegen, daß die Ansprüche bei grobem Verschulden nicht nur des Frachtführers, sondern auch seiner Gehilfen (§ 19 AGNB), nicht erlöschen. Dies entspricht § 438 HGB. **6**

4. Vorbehalt bei Annahme (§ 22 Abs. 2 c)

Die Erhaltung der Ansprüche durch Vorbehalt ist kundenfreundlicher als § 438 Abs. 3 HGB und daher mit § 9 AGBG vereinbar[1]. Ausdrücklich ist ein Vorbehalt auch dann, wenn er mündlich gegenüber dem Fahrer erfolgt[2]. **7**

---

[1] OLG Düsseldorf vom 11. 6. 1987, TranspR **1987** 430 f (betr. Verträge mit Kaufleuten).

[2] OLG Düsseldorf vom 27. 10. 1983, TranspR **1984** 109, 111.

5. Verdeckte Schäden (§ 22 Abs. 2 d)

8 Diese Vorschrift ist einfacher und daher auch kundenfreundlicher als § 438 Abs. 3 HGB und mit § 9 AGBG vereinbar.

§ 23
Pfandrecht des Unternehmers

1. Der Unternehmer hat wegen aller durch den Beförderungsvertrag begründeten Forderungen gegen den Auftraggeber einschließlich aller Auslagen und Vorschüsse ein Pfandrecht an dem Gut. Es besteht, solange der Unternehmer das Gut im Besitz hat.
2. Der Pfandverkauf richtet sich nach den Bestimmungen des Bürgerlichen Gesetzbuches.
3. Soweit ein Pfandrecht nicht zur Entstehung gelangt ist, steht dem Unternehmer an dem Gut ein Zurückbehaltungsrecht zu.
4. Der Auftraggeber bestellt dem Unternehmer außerdem ein Pfandrecht an dem Gut auch wegen dessen Forderungen, die sich nicht auf die betreffende Sendung beziehen, soweit diese nicht strittig sind oder für den Fall, daß die Vermögenslage des Schuldners die Erfüllung der Forderung des Unternehmers gefährdet.

I. Allgemeines

1 Die Klauseln § 23 wollen ein vertragliches Pfandrecht neben dem gesetzlichen Frachtführer-Pfandrecht begründen. Sie lehnen sich eng an § 50 ADSp an. Siehe daher § 410 Rdn. 34 ff. Die ADSp-Regelung gilt nur in Verträgen mit kaufmännischen Kunden. Sie verstößt dennoch teilweise gegen § 9 AGBG. Da die AGNB auch für nichtkaufmännische Kunden gelten, ist insoweit die Inhaltskontrolle noch schärfer als gegenüber § 50 ADSp.

II. Die einzelnen Klauseln

1. Voraussetzungen des Vertragspfandrechts (23 Abs. 1)

2 Die Voraussetzungen des Vertragspfandrechts entsprechen inhaltlich denen des § 50 a ADSp; siehe § 410 Rdn. 36 ff.

2. Zurückbehaltungsrecht (23 Abs. 3)

3 Die Klausel über das Zurückbehaltungsrecht entspricht dem in § 50 a und b ADSp vorgesehenen. Sie ist teilweise unwirksam; siehe § 410 Rdn. 59.

3. Erstreckung des Pfandrechts auf inkonnexe Forderungen (23 Abs. 4)

4 Die Erstreckung des Pfandrechts auf inkonnexe Forderungen des Spediteurs ist unwirksam, soweit das Gut dem Auftraggeber nicht gehört und er keine Verpfändungsbefugnis hat. Abs. 4 widerspricht insoweit der st. Rspr. zu § 50 ADSp in der Fassung vor dem AGBG und verstößt daher gegen § 9 AGBG[1].

---

[1] Siehe dazu § 410 Rdn. 41 ff; *Willenberg*, Transportrecht und Gesetz über AGB 180 f; *Ulmer/Hensen* AGBG[6] Anh. §§ 9–11 Rdn. 27; *Koller*[2] § 23 AGNB Rdn. 1.

Sechster Abschnitt. Frachtgeschäft

§ 24
Erfüllungsort und Gerichtsstand

Erfüllungsort und Gerichtsstand für alle Ansprüche aus dem Beförderungsvertrag ist der Sitz des Unternehmers.

§ 24 ist uneingeschränkt gültig, soweit er den **Erfüllungsort** betrifft. Die entsprechende Klausel in § 65 ADSp wurde vom BGH sogar als mittelbare Gerichtsstandklausel gem. Art. 5 Abs. 1 Nr. 1 EuGVÜ zur Begründung eines Gerichtsstands bei CMR-Anwendung erfolgreich verwendet[1]. **1**

Die **Gerichtstandsklausel** verstößt jedoch im Verhältnis zu Nichtkaufleuten gegen § 38 Abs. 3 ZPO[2]. In diesem Falle gelten nur die gesetzlichen Gerichtsstände der §§ 12 ff ZPO. **2**

§ 25
Lohnfuhrvertrag

1. Der Lohnfuhrvertrag ist abgeschlossen, wenn sich Unternehmer und Auftraggeber darüber einig sind, daß der Unternehmer ein bemanntes Fahrzeug zur Verwendung nach Weisung des Auftraggebers stellt.

2. Auf den Lohnfuhrvertrag (§ 2, 2 b) finden die Beförderungsbedingungen entsprechende Anwendung mit der Maßgabe, daß der Unternehmer nicht für Schäden haftet, die durch den Auftraggeber verursacht worden sind.

Siehe zum Lohnfuhrvertrag § 2 b AGNB; § 425 Rdn. 94. **1**

§ 25 Abs. 2 verweist auf die gesamte Regelung der AGNB. Die Ausnahme, daß der Unternehmer nicht für Schäden haftet, die durch den Auftraggeber verursacht worden sind, bedeutet, daß er schon dann gem. § 15 Abs. 1 c AGNB von der Haftung befreit ist, wenn der Auftraggeber den Schaden nur verursacht hat. Der Haftungsausschluß des § 15 Abs. 1 c AGNB ist beim Lohnfuhrvertrag der konkreten Pflichtenlage des Vertrages anzupassen, nach der in der Regel den Lohnfuhrunternehmer weniger eigene Verantwortung für die Ausführung der Beförderung trifft als einen Frachtführer[1]. Hat der Absender (Mieter) durch fehlerhafte Anweisungen einen Schaden verursacht, so ist ein Verschulden des vom Unternehmer gestellten Fahrers mit der Verursachung durch den Mieter nach § 254 BGB abzuwägen[2]. § 25 Abs. 2 führt auch dazu, daß den Absender eine größere Verantwortung für die betriebssichere Verladung treffen kann[3]. Hat der Mieter dem Unternehmer die Benutzung eines bestimmten Trailers vorgeschrieben, haftet dieser nicht für Fehler des Trailers; von der Haftung nach § 14 kann er sich unter entsprechender Anwendung von § 429 Abs. 1 HGB entlasten[4]. **2**

---

[1] BGH vom 17. 10. 1984, VersR **1985** 56 ff; dazu § 65 ADSp, Anh. I nach § 415 Rdn. 6 f.
[2] Zu einer mit der Einbeziehung der AGNB gekoppelten Gerichtsstandklausel BGH vom 27. 1. 1983, NJW **1983** 2026 = TranspR **1983** 71, 72; im übrigen *Lenz* Rdn. 1094; *Willenberg*, Transportrecht und Gesetz über AGB 181; *Koller*[2] § 24 AGNB Rdn. 1; *Ulmer/Hensen* AGBG[6] Anh. §§ 9–11 Rdn. 27.

[1] *Koller*[2] Rdn. 1.
[2] BGH vom 8. 12. 1965, VersR **1966** 180, 181 f; a.A LG Hamburg vom 1. 7. 1977, VersR **1977** 1052.
[3] BGH vom 22. 4. 1977, VersR **1977** 662, 663, erlegt im Rahmen eines Anspruchs aus unerlaubter Handlung dem Absender eine Verpflichtung zur Befestigung von Gut auf dem Fahrzeug – entgegen der Regelung des § 6 Abs. 3 – auf.
[4] OLG Hamburg vom 4. 7. 1991, TranspR **1992** 16 ff; im entschiedenen Fall war fraglich, ob ein Lohnfuhrvertrag vorlag; siehe auch § 15 Rdn. 10.

3 Aus einem Lohnfuhrvertrag ergibt sich **keine Pflicht des Lohnfuhrunternehmers zur Rückgabe beförderter und an den Empfänger ausgelieferter Paletten**[5].

4 Lohnfuhrverträge unterstehen grundsätzlich den Vorschriften des GüKG. Sie sind insoweit wie Frachtverträge zu behandeln. Hieraus ergeben sich gegebenenfalls Folgen für die Haftung des Unternehmers[6].

§ 26
Verjährung

1. Alle Ansprüche aus Beförderungs- und Lohnfuhrverträgen verjähren in sechs Monaten.

2. Die Verjährung beginnt mit der Fälligkeit des Anspruchs bzw. der Kenntnis des eingetretenen Schadens seitens des Berechtigten, spätestens jedoch mit der Ablieferung des Gutes.

I. Allgemeines

1 § 26 AGNB verschärft die Verjährungsfristen gegenüber der gesetzlichen Regelung in §§ 439, 414 HGB und dehnt die kurze Verjährung auch auf Ansprüche des Frachtführers aus. Die Klauseln des § 26 sind die in der Rechtsprechung am häufigsten behandelten. Ihre Anwendung setzt eine Vereinbarung der AGNB voraus; dazu § 1 AGNB Rdn. 5 ff. Zur Frage der rechtsmißbräuchlichen Berufung auf § 26, wenn der Unternehmer den Auftraggeber bewußt in Unkenntnis der Verjährungsregelung hält; LG Hamburg vom 24. 2. 1982, VersR **1983** 164.

II. Einzelheiten des § 26 AGNB
1. Anwendungsbereich

2 § 26 AGNB gilt nach seinem Abs. 1 für alle Ansprüche aus Beförderungs- und Lohnfuhrverträgen, die den AGNB unterliegen. Er betrifft also – abweichend von §§ 439, 414 HGB – sowohl Ansprüche des Auftraggebers oder des Empfängers gegen den Unternehmer wie auch umgekehrt solche des Unternehmers gegen seine Vertragspartner[1]. Auch Ansprüche aufgrund von Grundsätzen des Allgemeinen Schuldrechts fallen darunter, insbesondere solche aus positiver Vertragsverletzung. Gegen diese Erweiterung, die den Auftraggebern verengte Grenzen für die Geltendmachung ihrer Ansprüche auf Ersatz von primären Vermögensschäden zieht, sind bisher keine Bedenken geltend gemacht worden. Sie entspricht grundsätzlich der Regelung von § 40 KVO und Art. 32 CMR.

3 Auf **außervertragliche Ansprüche** nimmt § 26 AGNB keinen Bezug. Die abgekürzte Verjährung gilt nach der herrschenden Rechtsprechung auch nicht entsprechend für Ansprüche aus unerlaubter Handlung[2].

---

[5] OLG Frankfurt vom 17. 9. 1981, TranspR **1984** 248, 249.

[6] BGH vom 17. 1. 1975, VersR **1975** 369, 370; KG vom 13. 3. 1970, VRS **39** 143.

[1] OLG Celle vom 13. 8. 1982, VersR **1983** 724; insoweit dort nicht mit abgedruckt; LG Darmstadt vom 27. 3. 1984, TranspR **1984** 201, 203.

[2] Siehe zu § 26 AGNB speziell BGH vom 22. 4. 1977, VersR **1977** 662, 663; vom 2. 12. 1982, TranspR **1983** 73, 75 = VersR **1983** 339 ff; OLG Düsseldorf vom 30. 6. 1977, VersR **1977** 912 f; OLG Hamburg vom 25. 10 1984, TranspR **1985** 95, 97; zur Anspruchskonkurrenz allgemein § 429 Rdn. 285 ff; zur Auswirkung von AGB auf Deliktsansprüche § 429 Rdn. 310 ff; *Piper* Rdn. 304.

2. Fristdauer

Die Verkürzung der Verjährung auf sechs Monate in § 26 AGNB ist **tariflich zulässig**[3] **und mit dem AGBG vereinbar**[4]. Eine Verkürzung auf 3 Monate wurde vom BGH für tarifwidrig und gegen § 9 Abs. 2 Nr. 1 AGBG verstoßend erklärt[5]. Die weitere Verkürzung auf zwei Monate durch Individualvertrag kann sogar mit § 138 BGB vereinbar sein und geht dann nach § 4 AGBG der AGNB-Regelung vor[6]. Bei Vorsatz und grober Fahrlässigkeit leitender Angestellter und bei grobem Organisationsverschulden kann sich der Nahverkehrsunternehmer nicht auf die verkürzte Verjährung berufen[7]. Vollnichtigkeit wurde bisher von der Rechtsprechung aus dem Fehlen einer Ausnahme für grobes Eigenverschulden[8] in keinem Falle hergeleitet[9]. Dem ist beizupflichten[10].

Wird zur Prüfung der Höhe der Fracht eine Frachtenprüfstelle eingeschaltet, so kann dies zwar nicht den Beginn der Verjährung beeinflussen[11], wohl aber aufgrund der Vereinbarungen zwischen den Parteien zu einer **Hemmung der Verjährung** führen[12]. Zur vertraglichen Verlängerung der Verjährung siehe OLG Hamm vom 10. 11. 1983, VersR **1984** 259, 260 f.

3. Fristbeginn

Auch der Fristbeginn kann gegenüber §§ 439, 414 Abs. 2 HGB vorverlegt sein, z. B. wenn ein Schaden vor der Ablieferung bereits bekannt ist[13]. Auch gegen diese durchaus sinnvolle Vorverlegung sind bisher keine Bedenken geltend gemacht worden[14].

4. Arglisteinwand

Gegen die Einrede der Verjährung kann unter den dafür von der Rechtsprechung entwickelten Voraussetzungen der Einwand der Arglist erhoben werden; siehe § 414 Rdn. 28.

---

[3] BGH vom 1. 3. 1974, NJW **1974** 246 ff = DB **1974** 1223, 1224; vom 20. 11. 1986, TranspR **1987** 133, 136 = VersR **1987** 282, 283; vom 19. 5. 1988, TranspR **1988** 355 ff = VersR **1988** 845 ff. Für eine individualvertragliche Verkürzung auf zwei Monate: OLG Köln vom 11. 1. 1979, Spediteur **1980** Heft 5, 44; *Piper* Rdn. 300.

[4] Unstr., BGH vom 20. 11. 1986, TranspR **1987** 133, 136 = VersR **1987** 282, 283; vom 19. 5. 1988, TranspR **1988** 355 ff = VersR **1988** 845 ff; zum Binnenschiffahrtsrecht BGH vom 17. 11. 1980, VersR **1981** 229, 231. Unbeanstandete Anwendung auch durch OLG Hamm vom 10. 11. 1983, VersR **1984** 259, 260; LG Darmstadt vom 27. 3. 1984, TranspR **1984** 201, 203; *Piper* Rdn. 300, 302; *Willenberg*, Transportrecht und Gesetz über AGB 181 f; *Wolf* AGBG[2] § 9 Rdn. F 65. Siehe auch § 414 Rdn. 23 und BGH vom 6. 12. 1990, TranspR **1991** 114, 117 = VersR **1991** 480 ff.

[5] BGH vom 19. 5. 1988, TranspR **1988** 355 ff = VersR **1988** 845 ff zu AGB eines Auftraggebers; Verstoß gegen AGB-Inhaltskontrolle schon BGH vom 20. 3. 1978, VersR **1978** 557, 558 und vom 24. 9. 1979, VersR **1980** 40, 41 (beide zum Binnenschiffahrtsrecht). Dagegen noch nicht beanstandet: BGH vom 28. 4. 1977, VersR **1977** 717 f.

[6] OLG Köln vom 11. 1. 1979, Spediteur **1980** Heft 5, 44 f für Baustellenverkehr; auf drei Monate: OLG Hamm vom 10. 10. 1977, DB **1978** 1399.

[7] BGH vom 2. 12. 1982, TranspR **1983** 73, 75 = VersR **1983** 339 ff (Organisationsverschulden wegen mangelnder Kontrolle des Fahrers hinsichtlich Betrügereien bei der Ablieferung von Gütern); OLG München vom 30. 10. 1992, TranspR **1993** 148 ff = NJW-RR **1993** 168 f; vom 31. 7. 1992, NJW-RR **1993** 167 f (beide zu § 64 ADSp); siehe auch § 414 Rdn. 13.; siehe auch § 1 AGNB Fn. 26.

[8] Siehe § 1 AGNB Rdn. 12.

[9] Siehe dazu § 1 AGNB Rdn. 12; *Piper* Rdn. 303.

[10] Siehe § 1 AGNB Rdn. 12; zur gegenteiligen Auffassung von *Koller*[2] § 26 AGNB Rdn. 1.

[11] BGH vom 20. 11. 1986, TranspR **1987** 133, 135 = VersR **1987** 282, 283.

[12] BGH vom 20. 11. 1986, TranspR **1987** 133, 136 = VersR **1987** 282, 283 f.

[13] Zur Kenntniserlangung BGH vom 20. 11. 1986, TranspR **1987** 133, 136 = VersR **1987** 282, 283.

[14] Unbeanstandet angewendet: OLG Hamm vom 10. 11. 1983, VersR **1984** 259, 260. Zu § 64 ADSp (Unzulässigkeit eines Verjährungsbeginns bei Annahme): BGH vom 6. 12. 1990, TranspR **1991** 114, 118 = VersR **1991** 480 ff.

Anhang III/2 nach § 452 HGB
Änderungen der
Allgemeinen Deutschen Spediteurbedingungen (ADSp)

1   Die ADSp sind zum 1. Januar 1993 geändert worden.

§ 2

a) (unverändert)

b) Die ADSp finden keine Anwendungen insoweit, als der Spediteur lediglich als Erfüllungsgehilfe eines Beförderungsunternehmens aufgrund der besonderen Bedingungen (z. B. EVO, KVO) oder nach dem Bahnspeditionsvertrag als bahnamtlicher Rollfuhrunternehmer tätig ist. Die ADSp gelten ferner nicht für die Betätigung des Spediteurs im Möbeltransport mit geschlossenen Möbelwagen, es sei denn, daß es sich um den Verkehr von und nach dem Ausland handelt; auch insoweit finden die ADSp nur Anwendung, als es sich um eine nach verkehrsüblicher Beurteilung reine Speditionstätigkeit handelt. Die ADSp sind nicht auf eine Möbellagerung aufgrund der Allgemeinen Lagerbedingungen des deutschen Möbeltransports anzuwenden. Die ADSp gelten ferner nicht für Geschäfte, die ausschließlich Verpackungs-, Kran- oder Montagearbeiten oder Schwer- oder Großraumtransporte zum Gegenstand haben; unberührt davon bleibt der Binnenumschlagverkehr des Spediteurs.

c) Weichen besondere örtliche oder bezirkliche Handelsbräuche oder gesetzliche Bestimmungen von den ADSp ab, so gehen die ADSp vor, es sei denn, daß die gesetzlichen Bestimmungen zwingender Natur sind. (Satz 2 wurde ersatzlos gestrichen.) Bei Betätigung des Spediteurs in See- oder Binnenschiffahrtstransporten können abweichende Vereinbarungen nach den dafür etwa aufgestellten besonderen Beförderungsbedingungen des Spediteurs getroffen werden.

d) (unverändert)

§ 5

a) Gut, welches Nachteile für andere Güter oder sonstige Gegenstände, Tiere oder Personen zur Folge haben kann oder welches schnellem Verderben oder Fäulnis ausgesetzt ist, ist mangels schriftlicher Vereinbarung von der Annahme ausgeschlossen.

b) Wird derartiges Gut dem Spediteur ohne besonderen Hinweis übergeben, so haftet der Auftraggeber auch ohne Verschulden für jeden daraus entstehenden Schaden.

c) Der Spediteur kann, sofern die Sachlage es rechtfertigt, derartiges Gut im Wege der Selbsthilfe nach seiner Wahl öffentlich oder freihändig, möglichst jedoch unter Benachrichtigung des Auftraggebers, verkaufen lassen oder zur Abwendung von Gefahren ohne vorherige Benachrichtigung des Auftraggebers vernichten.

§ 7

a) Der Auftraggeber hat im Auftrag Adressen, Zeichen, Nummern, Anzahl, Art und Inhalt der Packstücke, Eigenschaften des Gutes im Sinne von § 5 und alle sonstigen erkennbar für die ordnungsmäßige Ausführung des Auftrags erheblichen Umstände anzugeben. Der Spediteur ist nicht verpflichtet, diese Angaben nachzuprüfen oder zu ergänzen, es sei denn, daß dies geschäftsüblich ist. Die Packstücke sind vom Auftraggeber deutlich und haltbar mit den für ihre auftragsmäßige Behandlung erforderlichen Kennzeichen zu versehen, wie Adressen, Zeichen, Nummern, Symbolen für Handhabung und Eigenschaften; alte Kennzeichen müssen entfernt oder unkenntlich gemacht sein.

Darüber hinaus ist der Auftraggeber verpflichtet,

1. zu einer Sendung gehörende Packstücke als zusammengehörig leicht erkennbar zu kennzeichnen;

2. Packstücke aufzuliefern, die einen Zugriff auf den Inhalt ohne Hinterlassen äußerlich sichtbarer Spuren nicht zulassen (Klebeband, Umreifungen oder ähnliches sind nur ausreichend, wenn sie individuell gestaltet oder sonst schwer nachahmbar sind, eine Umwicklung mit Folie nur, wenn diese verschweißt ist);

3. bei einer im Spediteursammelgutverkehr abzufertigenden Sendung, die aus mehreren Stücken oder Einheiten mit einem Gurtmaß (größter Umfang zuzüglich längste Kante) von weniger als 1 m besteht, diese zu größeren Packstücken zusammenzufassen;

4. bei einer im Hängeversand abzufertigenden Sendung, die aus mehreren Stücken besteht, diese zu Griffeinheiten in geschlossenen Hüllen zusammenzufassen;

5. auf Packstücken von mindestens 1000 kg Rohgewicht die durch das Gesetz über die Gewichtsbezeichnung an schweren, auf Schiffen beförderten Frachtstücken vorgeschriebene Gewichtsbezeichnung anzubringen.

b) Der Spediteur ist verpflichtet,

1. an Schnittstellen die Packstücke auf Vollzähligkeit und Identität sowie äußerlich erkennbare Schäden und Unversehrtheit von Plomben und Verschlüssen zu überprüfen und

2. Unregelmäßigkeiten zu dokumentieren (z.B. in den Begleitpapieren oder durch besondere Benachrichtigung).

c) Schnittstelle ist jeder Übergang der Packstücke von einer Rechtsperson auf eine andere oder aus einer zur Obhut verpflichtenden Vertragsordnung in eine andere.

Packstücke sind Einzelstücke oder vom Auftraggeber zur Abwicklung des Auftrags gebildete Einheiten, z.B. Kisten, Gitterboxen, Paletten, Griffeinheiten, geschlossene Ladegefäße, wie gedeckt gebaute oder mit Planen versehene Waggons, Auflieger oder Wechselbrücken, Container, Iglus.

d) Die Folgen einer Verletzung der unter a) genannten Pflichten fallen dem Auftraggeber, der unter b) genannten Pflichten dem Spediteur zur Last; § 254 BGB gilt entsprechend.

§ 8

a) Auf Verlangen des Auftraggebers erteilt der Spediteur eine Empfangsbescheinigung.

In der Empfangsbescheinigung bestätigt der Spediteur nur die Anzahl und Art der Packstücke, nicht jedoch deren Inhalt, Wert oder Gewicht. Bei Massengütern, Wagenladungen und dgl. enthält die Empfangsbescheinigung im Zweifel keine Bestätigung der Menge.

b) Als Ablieferungsnachweis hat der Spediteur vom Empfänger eine Empfangsbescheinigung über die im Auftrag oder in sonstigen Begleitpapieren genannten Packstücke zu verlangen. Weigert sich der Empfänger, eine Empfangsbescheinigung zu erteilen, so hat der Spediteur Weisung einzuholen. Ist das Gut beim Empfänger bereits ausgeladen, so ist der Spediteur berechtigt, es wieder an sich zu nehmen.

§ 16

a) Der Spediteur ist zur Verwiegung, Untersuchung, Erhaltung oder Besserung des Gutes und seiner Verpackung mangels schriftlicher Vereinbarung nur im Rahmen des Geschäftsüblichen verpflichtet. § 388 Abs. 1 HGB wird hierdurch nicht berührt.

b) (unverändert)

§ 20

Angebote des Spediteurs und Vereinbarungen mit ihm über Preise und Leistungen beziehen sich stets nur auf die namentlich aufgeführten eigenen Leistungen und/oder Leistungen Dritter und, wenn nichts anders vereinbart ist, nur auf Gut normalen Umfangs, normalen Gewichts und normaler Beschaffenheit; sie setzen normale unveränderte Beförderungsverhältnisse, ungehinderte Verbindungswege, Möglichkeit unmittelbarer sofortiger Weiterversendung sowie Weitergeltung der bisherigen Frachten, Valutaverhältnisse und Tarife, welche der Vereinbarung zugrunde lagen, voraus, es sei denn, die Veränderungen sind unter Berücksichtigung der Umstände vorhersehbar gewesen. Die üblichen Sondergebühren und Sonderauslagen gelangen außerdem zur Erhebung, vorausgesetzt, daß der Spediteur den Auftraggeber darauf hingewiesen hat; dabei genügt ein genereller Hinweis, wie etwa „zuzüglich der üblichen Nebenspesen".

§ 24

Hat der Spediteur eine Auslandssendung bis ins Haus des außerdeutschen Empfängers zu einem festen Prozentsatz des Fakturenwertes einschließlich Zoll, Steuern oder sonstiger Abgaben übernommen, so ist der Auftraggeber verpflichtet, den vollen Fakturenwert, ohne Rücksicht auf einen eingeräumten Kassenskonto, einschließlich Zoll, Steuern oder sonstiger Abgaben, Fracht und Verpackung anzugeben.

§ 25

a) Der Auftrag zur Versendung nach einem Bestimmungsort im Ausland schließt den Auftrag zur zollamtlichen Abfertigung ein, wenn ohne sie die Beförderung bis zum Bestimmungsort nicht ausführbar ist.

b) Für die zollamtliche Abfertigung kann der Spediteur neben den tatsächlich auflaufenden Kosten eine Provision erheben.

c) (unverändert)

d) (unverändert)

§ 26

Der Auftrag, ankommendes Gut in Empfang zu nehmen, ermächtigt den Spediteur, verpflichtet ihn aber nicht, auf dem Gut ruhende Frachten, Wertnachnahmen, Zölle, Steuern und sonstige Abgaben sowie Spesen auszulegen.

§ 31

Durch vom Spediteur nicht zu vertretende öffentlich-rechtliche Akte werden die Rechte des Spediteurs gegenüber dem Auftraggeber nicht berührt; der Auftraggeber bleibt Vertragspartner des Spediteurs und haftet, auch wenn ihn kein Verschulden trifft,

Stand: 1. 7. 1993

dem Spediteur für alle aus solchen Ereignissen entstehenden Folgen. Etwaige Ansprüche des Spediteurs gegenüber dem Staat oder einem sonstigen Dritten werden hierdurch nicht berührt.

§ 40

Der Auftraggeber unterwirft sich sowie alle Personen, in deren Interesse oder für deren Rechnung er handelt, allen Bedingungen des SVS/RVS bzw. der nach § 39 a abgeschlossenen Versicherung. Insbesondere hat er für rechtzeitige Schadensanmeldung zu sorgen (Ziff. 11 SVS/RVS). Erfolgt die Schadensmeldung beim Spediteur, so ist dieser zur unverzüglichen Weiterleitung an die/den Versicherer verpflichtet.

§ 44

a) Das Betreten des Lagers ist dem Einlagerer nur in Begleitung des Lagerhalters oder eines vom Lagerhalter Beauftragten erlaubt.
b) (unverändert)

§ 45

a) (unverändert)
b) Der Lagerhalter behält sich das Recht vor, die Handlungen, die der Einlagerer mit dem Gut vorzunehmen wünscht, selbst auszuführen.

§ 47

a) (unverändert)
b) Eine Kündigung ohne Kündigungsfrist ist insbesondere solchen Guts zulässig, das andere Güter gefährdet; im übrigen bleibt § 422 Abs. 2 HGB unberührt.
c) Entstehen dem Lagerhalter Zweifel, ob seine Ansprüche durch den Wert des Gutes sichergestellt sind, so ist er berechtigt, dem Einlagerer eine angemessene Frist zu setzen, in der dieser entweder für Sicherstellung der Ansprüche des Lagerhalters oder für anderweitige Unterbringung des Gutes Sorge tragen kann. Kommt der Einlagerer diesem Verlangen nicht nach, so ist der Lagerhalter zur Kündigung ohne Kündigungsfrist berechtigt.

§ 48

A. (unverändert)
B. a) (unverändert)
   b) (unverändert)
   c) Eine Abtretung oder Verpfändung der Rechte des Einlagerers aus dem Lagervertrag ist gegenüber dem Lagerhalter erst wirksam, wenn sie ihm schriftlich vom Einlagerer mitgeteilt worden ist. In solchen Fällen ist dem Lagerhalter gegenüber nur derjenige, dem die Rechte abgetreten oder verpfändet worden sind, zur Verfügung über das Gut berechtigt.
C. (unverändert)
D. (unverändert)
E. (unverändert)

§ 53

a) Die Haftung des Spediteurs für von ihm angerolltes Gut ist beendet, sobald es dem Empfänger vor seinem Grundstück zur Abnahme bereitgestellt und abgenommen ist.

b) Auf Verlangen des Empfängers und auf seine Gefahr sind Packstücke bis zu 50 kg, sofern ihr Umfang nicht die Beförderung durch einen Mann ausschließt, in Höfe, Keller und höhere Stockwerke abzutragen. Anderes Gut ist dem Empfänger zu ebener Erde oder, soweit dies der Umfang, das Gewicht oder die Notwendigkeit einer besonderen Behandlung (wie bei Weinfässern, Maschinen, Ballons) verbieten, auf dem Fahrzeug vor seinem Grundstück zur Verfügung zu stellen.

§ 54

a) Soweit der Spediteur haftet, gelten die folgenden Höchstgrenzen für seine Haftung:

1. DM 5,– je kg brutto jedes beschädigten oder in Verlust geratenen Packstücks, höchstens jedoch DM 4750,– je Schadensfall.
2. Für alle sonstigen Schäden, mit Ausnahme der Ziffer 3, höchstens DM 4750,– je Schadensfall.
3. DM 65 000,– je Schadensfall für Schäden, die auf Unterschlagung oder Veruntreuung durch einen Arbeitnehmer des Spediteurs beruhen. Hierzu gehören nicht gesetzliche Vertreter und Prokuristen, für deren Handlungen keine Haftungsbegrenzung besteht.

Ein Schadensfall im Sinne der Vorschrift der Ziffer 3 ist jeder Schaden, der von ein und demselben Arbeitnehmer des Spediteurs durch Veruntreuung oder Unterschlagung verursacht wird, gleichviel, ob außer ihm noch andere Arbeitnehmer des Spediteurs an der schädigenden Handlung beteiligt sind und ob der Schaden einen Auftraggeber oder mehrere voneinander unabhängige Auftraggeber des Spediteurs trifft. Der Spediteur ist verpflichtet, seinem Auftraggeber auf Verlangen anzugeben, ob und bei welcher Versicherungsgesellschaft er dieses Haftungsrisiko abgedeckt hat.

b) (unverändert)
c) (unverändert)
d) (unverändert)

§ 56

a) Bei Gut, dessen Wert mehr als DM 65,– für das kg brutto beträgt, sowie bei Geld, Urkunden und Wertzeichen haftet der Spediteur für jeden wie auch immer gearteten Schaden nur, wenn ihm eine schriftliche Wertangabe vom Auftraggeber so rechtzeitig zugegangen ist, daß er seinerseits in der Lage war, sich über Annahme oder Ablehnung des Auftrages und über die für Empfangnahme, Verwahrung oder Versendung zu treffenden Vorsichtsmaßregeln schlüssig zu werden.

b) Die Übermittlung einer Wertangabe an Fahrer oder sonstige gewerbliche Mitarbeiter ist ohne rechtliche Wirkung, solange sie nicht in den Besitz des Spediteurs oder seiner zur Empfangnahme ermächtigten kaufmännischen Mitarbeiter gelangt ist, es sei denn, daß eine andere Vereinbarung getroffen ist.

c) (unverändert)
d) (unverändert)
e) (unverändert)

Sechster Abschnitt. Frachtgeschäft

§ 57

a) Konnte ein Schaden den Umständen nach aus einer im folgenden bezeichneten Gefahr entstehen, so wird vermutet, daß er aus dieser Gefahr entstanden sei:
1. Aus nicht oder mangelhaft erfolgter Verpackung der Güter.
2. Aus der Aufbewahrung im Freien, wenn solche Aufbewahrung vereinbart oder eine andere Aufbewahrung nach der Art der Ware oder nach den Umständen untunlich war.
3. Aus (das Wort „besonders" wurde gestrichen) schwerem Diebstahl im Sinne der §§ 243 und 244 oder aus Raub im Sinne des § 249 StGB.
4. Aus höherer Gewalt, Witterungseinflüssen, Schadhaftwerden irgendwelcher Geräte oder Leitungen, Einwirkung anderer Güter, Beschädigung durch Tiere, natürlicher Veränderung des Gutes.

Der Spediteur haftet in diesen Fällen nur insoweit, als nachgewiesen wird, daß er den Schaden schuldhaft verursacht hat.

b) (unverändert)

c) (unverändert)

§ 60

a) Ist bei Ablieferung ein Schaden am Gut äußerlich erkennbar, so hat der Empfänger dieses unter Angaben allgemeiner Art über den Verlust oder die Beschädigung in einer von beiden Seiten zu unterzeichnenden Empfangsbescheinigung festzuhalten.

Äußerlich nicht erkennbare Schäden hat der Empfänger dem anliefernden Spediteur unverzüglich, spätestens am sechsten Tag nach Ablieferung, schriftlich anzuzeigen.

b) Verletzt der Empfänger eine ihn nach der vorstehenden Bestimmung treffende Pflicht, so gilt ein Schaden als erst nach der Ablieferung entstanden. Der Spediteur kann sich hierauf nicht berufen, wenn er seinerseits die ihn danach treffende Pflicht verletzt hat.

c) (aufgehoben).

Anhang III/3 nach § 452 HGB
Schwergutbedingungen

Allgemeine Geschäftsbedingungen der Bundesfachgruppe Schwertransport und Kranarbeiten (BSK)

1. Geschäftsbedingungen, Besondere Abreden

1.1 Allen unseren Geschäften liegen die nachstehenden Bedingungen zugrunde, soweit nicht zwingende Vorschriften entgegenstehen (z. B. KVO-Kraftverkehrsordnung-, CMR-Übereinkommen über den Beförderungsvertrag im internationalen Straßengüterverkehr).

1.2 Abweichende Abreden oder Geschäftsbedingungen gelten nur, wenn sie im Einzelfall ausdrücklich vereinbart werden.

1.3. Wir sind berechtigt, andere Unternehmer zur Erfüllung der übernommenen vertraglichen Verpflichtungen einzuschalten, es sei denn, daß bei Übernahme des Auftrages etwas anderes vereinbart wurde.

Johann Georg Helm

Schrifttum

Koller Transportrecht[2] S. 662; *Bartels* Zur Haftungsbeschränkung nach den Schwergutbedingungen, VersR **1990** 355 ff; *de la Motte* Jeder Transport ist ein Einzelgeschäft, DVZ Nr. 144 vom 2. 12. 1989, S. 28, 30; *Gröning* Haftungsklauseln: Probleme mit der Anlagenindustrie, DVZ Nr. 144 vom 2. 12. 1989, S. 30; *Heuer* Verkehrshaftungsversicherungen, in: *DGTR* Gütertransport und Versicherungen 31, 45 f; *Rauschert* Der Absender trägt die Hauptverantwortung, DVZ Nr. 144 vom 2. 12. 1989 S. 27, 29; *Willenberg* Straßentransport, in: *DGTR* Transportrecht und Allgemeine Geschäftsbedingungen (1988), S. 182 ff.

1 Die BSK-Bed. sind empfohlene Verbandsbedingungen, vom Bundeskartellamt veröffentlicht in BAnz Nr. 69 vom 11. 4. **1980**[1]. Sie bezeichnen sich zutreffend als **AGB**. Die **Einbeziehung** in den Vertrag folgt den allgemeinen Grundsätzen des AGB-Rechts[2]. Soweit der Auftraggeber Kaufmann oder eine juristische Person des öffentlichen Rechts (oder Sondervermögen) ist, gelten die Erleichterungen nach § 24 AGBG. Daß die BSK-Bed. als Handelsbrauch wirken, ist bisher von der Rechtsprechung nicht bestätigt. Die Rechtsprechung zu den ADSp, wonach **unter Kaufleuten** die Vereinbarung durch „Kennenmüssen" des Auftraggebers ersetzt sein könnte[3], ist auf die BSK-Bed. nicht anzuwenden. Die BSK-Bed. enthalten keine Klausel über ihren eigenen Anwendungsbereich; sie können daher auch für andere Arbeiten als Schwerguttransporte und Kranarbeiten vereinbart werden; *Koller*[2] Rdn. 1.

2 Die BSK-Bed. beanspruchen – wenn sie vereinbart sind – in Nr. 1.2 grundsätzlich **Vorrang vor anderen AGB**[4]. In § 2 b ADSp ist dies seit 1978 vorgesehen. Die AGNB enthalten keine Vorrangklausel[5]. Der **Vorrang des Individualvertrags** nach § 4 AGBG wird zwar in Nr. 1.2 BSK-Bed. bestätigt; die Vorrangwirkung gegenüber konkludenten Individualabreden verstößt aber gegen § 4 AGBG; zutreffend *Koller*[2] Rdn. 1. Dies ist vor allem dann wichtig, wenn in früheren Verträgen unter gleichen Umständen eine bestimmte Handhabung vereinbart war.

3 Der **Vorrang zwingenden Rechts** in Nr. 1.1 hat nur deklaratorischen Charakter[6]. Da die KVO nur beispielsweise genannt ist, muß ab 1. 1. 1994 ihre nur noch eingeschränkte zwingende Wirkung zugrundegelegt werden, die nur noch die Unterschreitung der Haftungskonditionen verbietet. Damit kann sich der Anwendungsbereich der BSK-Bed. erweitern.

4 Der **Einsatz von Subunternehmern** ist in Nr. 1.3 wirksam generell gestattet; auch § 4 AGBG ist beachtet; *Koller*[2] Rdn. 3. Für die Subunternehmer wird nach § 431 HGB gehaftet; ein (unwirksamer) Haftungsausschluß entsprechend § 52 ADSp ist nicht vorgesehen[7].

---

[1] Zu wirtschaftlichem Hintergrund und Geschichte siehe *de la Motte* DVZ Nr. 144 vom 2. 12. 1989, S. 28, 30; *Gröning* DVZ Nr. 144 vom 2. 12. 1989, S. 30. Vor 1980 wurden Schwergutbeförderungen zum Teil unter Vereinbarung der AGNB vorgenommen; BGH vom 8. 12. 1965, VersR **1966** 180 ff.

[2] Siehe vor § 1 ADSp, Anh. I nach § 415 Rdn. 5 ff; § 1 AGNB, Anh. III/1 nach § 452 Rdn. 5 ff.

[3] Vor § 1 ADSp, Anh. I nach § 415 Rdn. 17.

[4] Zur Kollision mehrerer AGB siehe vor § 1 ADSp, Anh. I nach § 415 Rdn. 9 ff. Die ADSp können zusätzlich vereinbart werden; die BSK-Bed. sehen dies aber nicht vor; dem Urteil des OLG Hamburg vom 12. 2. 1981, VersR **1982** 1204, 1205 f lag offenbar eine frühere Fassung der BSK-Bed. mit Verweisung auf die ADSp zugrunde.

[5] Siehe als Fall der Anwendung der AGNB OLG Düsseldorf vom 15. 11. 1990, TranspR **1991** 9 ff.

[6] *Koller*[2] Rdn. 1; zu Schwerguttransporten unter KVO siehe OLG Hamm vom 31. 3. 1980, VersR **1980** 966 ff; OLG Düsseldorf vom 13. 3. 1984, TranspR **1984** 197 f = VersR **1985** 946; unter CMR: OLG Hamburg vom 9. 2. 1989, TranspR **1990** 191 ff.

[7] Siehe dazu § 52 ADSp, Anh. I nach § 415 Rdn. 10 ff.

2. Behördliche Genehmigungen

2.1 Verträge, deren Durchführung der Erlaubnis oder Genehmigung der zuständigen Behörde bedürfen, insbesondere gemäß §§ 18 Abs. 1 Satz 2, 22 Abs. 2, Abs. 4, 29 Abs. 3, 46 StVO und 70 STVZO, werden unter der aufschiebenden Bedingung der Erlaubnis oder Genehmigung geschlossen.

2.2 Gebühren und Kosten behördlicher Aufwendungen oder entstanden durch behördliche Auflagen sowie Polizeibegleitgebühren oder sonstige behördlich angeordnete Sicherheitsvorkehrungen trägt der Auftraggeber, soweit nichts anderes ausdrücklich vereinbart wurde.

1 Die generelle Vereinbarung der aufschiebenden Bedingung in Nr. 2.1 ist AGB-rechtlich zulässig; *Koller*² Rdn. 4.

2 Die Kostentragungsklausel in Nr. 2.2 ist zulässig. Der beanspruchte Vorrang vor stillschweigenden Individualabreden verstößt gegen § 4 AGBG[8].

3. Rücktritt vom Vertrag

3.1 Wir sind, vorbehaltlich der Vorschriften der KVO, berechtigt – unter Ausschluß von Schadensersatzansprüchen –, vom Vertrag zurückzutreten,

3.1.1 wenn nach sorgfältiger Prüfung vor oder während des Einsatzes von Fahrzeugen, Geräten oder Arbeitsvorrichtungen aller Art wesentliche Schäden an fremden und/oder eigenen Sachen und/oder Vermögenswerten zu besorgen sind.

3.1.2 Das Rücktrittsrecht entfällt, wenn der Unternehmer die Sorgfalt eines ordentlichen Kaufmanns (Frachtführers) nicht beachtet hat.

3.2 Im Falle des 3.1.1 wird bei Kranarbeiten das Entgelt anteilig berechnet. Im Güternahverkehr findet § 28 KVO entsprechende Anwendung.

1 Die **Vereinbarung eines Rücktrittsrechts** entspricht § 346 BGB, verstößt aber in der vorgesehenen allgemeinen Form in Verträgen mit nichtkaufmännischen Auftraggebern gegen § 10 Nr. 3 AGBG. Gegenüber Kaufleuten ist sie wirksam, weil die in Nr. 3.1.1 angegebenen Gründe hinreichend genau bestimmt sind[9] und das Rücktrittsrecht nach Nr. 3.1.2 bei Verletzung der Sorgfaltspflicht durch den Unternehmer ausgeschlossen ist; *Koller*² Rdn. 6.

2 **Nr. 3.2** ist wirksam, ebenso die Verweisung auf § 28 KVO (aber Vorrang für Nr. 3.1 BSK-Bed.); *Koller*² Rdn. 6.

4. Verpflichtungen des Auftraggebers

4.1 Der Auftraggeber

4.1.1 ist verpflichtet, das zu behandelnde Gut in einem für die Durchführung des Auftrages bereiten und geeigneten Zustand zu halten;

4.1.2 hat die richtigen Maße, Gewichte und besonderen Eigenschaften des Gutes (z. B. Schwerpunkt, Art des Materials usw.) sowie die Anschlagpunkte im Falle von Kranarbeiten rechtzeitig anzugeben;

4.1.3 darf nach Auftragserteilung ohne unsere Zustimmung dem von uns eingesetzten Personal keine Weisungen erteilen, die von den vertraglichen Vereinbarungen in Art und Umfang abweichen.

4.2 Verletzt der Auftraggeber die vorgenannten Verpflichtungen (4.1.1–4.1.3), so hat er alle daraus entstehenden Schäden zu übernehmen.

---

[8] Zutreffend *Koller*² Rdn. 5; siehe oben Rdn. 2 zu Nr. 1.

[9] Siehe dazu *Wolf* AGBG² § 10 Nr. 3 Rdn. 52 ff; *Ulmer/Brandner*⁶ § 10 Nr. 3 Rdn. 18.

1 **Nr. 4.1. unterliegt nach § 8 AGB keiner Inhaltskontrolle**, da durch die Klausel nur Vertragspflichten festgelegt werden[10]. Auch wenn man der Auffassung ist, sie unterläge der Inhaltskontrolle nach § 9 AGBG, ist sie wirksam, weil die Pflichten den Grundstrukturen des Frachtrechts entsprechen.

2 **Zweifelhaft ist, ob die Haftung nach Nr. 4.2 Verschulden voraussetzt.** Gem. § 5 AGBG kann grundsätzlich nicht ohne weiteres von einer Haftung ohne Verschulden ausgegangen werden; *Koller*[2] Rdn. 7. Die Anwendung des HGB-Frachtrechts führt jedoch in diesen Fällen teilweise zur Haftung ohne Verschulden; siehe § 425 Rdn. 198 m. w. H.

5. Haftungsbestimmungen

5.1 Von uns übernommene Aufträge über die Beförderung von Gütern, Kranarbeiten sowie Flurtransporten sind Frachtverträge im Sinne des HGB.

5.2 Für Verluste oder Beschädigungen am übernommenen Gut haftet der Unternehmer nach den gesetzlichen Bestimmungen (§ 430 Abs. 1–2 HGB). Für sich daraus ergebende Folgeschäden ist die Haftung des Unternehmers je Schadensereignis auf 250 000 DM begrenzt, soweit nicht infolge Vorsatzes oder grober Fahrlässigkeit des Unternehmers, seiner leitenden Angestellten oder deren Erfüllungsgehilfen darüber hinaus zwingend gehaftet wird.

Für Verluste oder Beschädigungen des übernommenen Gutes oder sonstige Sachschäden, die bei der Durchführung des Auftrages entstehen, haftet der Unternehmer bis maximal 1 Mio. DM je Schadenereignis.

Diese Regelung gilt nur insoweit, als nicht nach zwingendem Recht eine andere Haftung gegeben ist (KVO, CMR, etc.).

5.3 Ausgeschlossen von der Haftung sind, soweit gesetzlich zulässig,

5.3.1 Schäden, soweit sie durch eine Schadenversicherung dem Grunde und der Höhe nach gedeckt sind;

5.3.2 unvorhersehbare Schäden durch Verzögerungen und Nichteinhaltung von Terminen, Ausfall von Fahrzeugen, Geräten oder Arbeitsvorrichtungen oder durch ähnliche Sachverhalte sowie durch Streik oder Straßensperren. Verletzt der Unternehmer die Sorgfalt eines ordentlichen Kaufmanns, haftet er bis zur Höhe des vereinbarten Auftragsentgeltes.

5.3.3 Ebenfalls von der Haftung ausgeschlossen sind nicht vom Unternehmer schuldhaft verursachte Schäden, entstanden durch die Bodenverhältnisse der Einsatzstellen sowie der Zufahrtswege, ausgenommen öffentliche Straßen oder Plätze.

1 Nr. 5.1 bezeichnet die Aufträge über die Beförderung von Gütern, Kranarbeiten und Flurtransporte **als Frachtverträge im Sinne des HGB**. Dies ist auch für Kranarbeiten zutreffend, da auch für sie das Kriterium der Ortsveränderung gegeben ist[11].

2 Ob die **Haftung nach Nr. 5.2. grundsätzlich kein Verschulden voraussetzt, also gegenüber der Haftung für vermutetes Verschulden nach § 429 verschärft sein soll, ist zweifelhaft.** Aus **Nr. 5.3.3**, der die Haftung im Nichtverschuldensfall für bestimmte Fälle ausschließt, könnte an sich ein solcher Schluß gezogen werden. Dennoch kann nicht angenommen werden, daß die Unternehmer eine allgemeine freiwillige Haftungsverschärfung auf sich nehmen wollten. Danach ist generell von einer Haftung für vermutetes Verschulden i. S. von § 429 HGB auszugehen[12].

---

[10] Zur Kontrollfähigkeit nach § 8 AGBG siehe *Wolf* AGBG[2] § 8 Rdn. 11 f; *Ulmer/Brandner*[6] § 8 Rdn. 22.

[11] Siehe § 415 Rdn. 74; *Koller*[2] BSK-Bed. Rdn. 2.

[12] *Koller*[2] Rdn. 8; wohl auch *Bartels* VersR **1990** 355; zur Haftung nach § 429 siehe dort Rdn. 112 ff.

Sechster Abschnitt. Frachtgeschäft

Hinsichtlich des **Haftungsumfangs** verweist Nr. 5.2 grundsätzlich auf § 430 Abs. 1 **3** und 2. Diese deklaratorische Verweisung ist ausdrücklich subsidiär gegenüber zwingenden Normen, insbesondere KVO und CMR. Die KVO-Haftung ist auch nach dem Inkrafttreten des Tarifaufhebungsgesetzes[13] zwingend zugunsten des Frachtführers[14].

Über § 430 hinaus sieht Nr. 5.2 S. 2 auch eine **beschränkte Vermögensschadenhaf- 4 tung** vor. Diese Regelung ist nach dem Inkrafttreten des Tarifaufhebungsgesetzes auch wirksam, soweit die KVO anzuwenden ist. Denn mit dem Wegfall des Tarifrechts, insbesondere auch des §§ 22 GüKG, ist die Vereinbarung einer besseren Haftung als nach KVO nicht mehr unzulässig, sind also die Haftungsgrenzen der KVO und des HGB nicht mehr zwingend[15]. Die Gewährung einer vollen Haftung bei Vorsatz und grober Fahrlässigkeit bleibt hinter § 430 Abs. 3 HGB zurück[16] und ist auch im Anwendungsbereich gegenüber Kaufleuten zu beanstanden, jedenfalls bei grobem Eigen- und Organisationsverschulden des Unternehmers[17]. Vollnichtigkeit der Klausel (auch bei geringerem Verschulden) ist abzulehnen[18].

Nr. 5.2 S. 3 **beschränkt die Haftung** für Schäden an übernommenen (wie auch an **5** sonstigen, nicht übernommenen) Gütern **auf höchstens eine Million DM**. Diese Begrenzung ist unter Kaufleuten an sich wirksam, wenn kein grobes Eigenverschulden bzw. Organisationsverschulden des Unternehmers vorliegt[19]. Allerdings ist damit zu rechnen, daß von der Rechtsprechung – wegen der Begrenzung auch in diesen Sonderfällen – Vollnichtigkeit der Klausel angenommen werden wird[20].

Nr. 5.3.1 statuiert vollständige **Freizeichnung, soweit der Schaden dem Grunde 6 und der Höhe nach durch eine „Schadenversicherung" gedeckt ist**. Unter Zugrundelegung des umfassenden Begriffs der Schadenversicherung in §§ 49 ff VVG greift diese Regelung sowohl bei Schadensdeckung durch die Transportversicherung (Güterversicherung) als auch durch eine Transporthaftpflichtversicherung oder Speditionsversicherung[21] ein. Diese Klausel gewährt besseren Schutz als § 41 a ADSp, weil sie den Kunden nicht auf eine möglicherweise den Schaden nicht voll deckende Versicherung verweist (und daher partiell Haftungsfreizeichnung ist[22]), sondern den Ersatz nur im Rahmen der wirklichen Schadensdeckung ausschließt. Sie ist daher entsprechend der Rechtsprechung zu dieser Bestimmung grundsätzlich nicht zu beanstanden[23], soweit es sich um eine Haftpflicht- oder Speditionsversicherung handelt[24]. Für die Versicherung des Schadens durch Güterversicherung (Transportversicherung) wird die Unwirksamkeit der Klausel damit begründet, daß dem vom Kunden beauftragten Transportversicherer in unzulässiger Weise der Regreß abgeschnitten werde[25]. Dies ist aber nicht der Fall, wenn es sich

---

[13] Wirksam ab 1. 1. 1994, siehe vor § 1 GüKG, Anh. I nach § 452 Rdn. 1.
[14] Siehe zu § 26 GüKG, Anh. I nach § 452.
[15] Siehe § 1 KVO, Anh. II nach § 452 Rdn. 3; § 26 GüKG, Anh. I nach § 452 Rdn. 2.
[16] Siehe dort Rdn. 65.
[17] Siehe vor § 1 ADSp, Anh. I nach § 415 Rdn. 49; § 54 ADSp Rdn. 6 ff; § 1 AGNB, Anh. III/1 nach § 452 Rdn. 11; nicht ganz eindeutig Koller[2] Rdn. 8, der Wirksamkeit der Klausel (wohl auch bei grobem Eigenverschulden) annimmt.
[18] Siehe § 1 AGNB, Anh. III/1 nach § 452 Rdn. 12.
[19] Siehe vor § 1 ADSp, Anh. I nach § 415 Rdn. 49; § 1 AGNB, Anh. III/1 nach § 452 Rdn. 11; Bartels VersR 1990 355, 356; Koller[2] Rdn. 8 sieht sie offenbar als generell wirksam an.
[20] Siehe Koller[2] BSK-Bed. Rdn. 9; dazu kritisch § 1 AGNB, Anh. III/1 nach § 452 Rdn. 12.
[21] Siehe zum Überblick Anh. I nach § 429, insbesondere Rdn. 6 ff; zur Versicherung nach BSK Heuer in: DGTR Gütertransport und Versicherungen 63 f.
[22] Siehe dazu § 41 ADSp, Anh. I nach § 415 Rdn. 24.
[23] Siehe dazu § 41 ADSp, Anh. I nach § 415 Rdn. 23 ff.
[24] Generell ablehnend Bartels VersR 1990 355, 357; Koller[2] Rdn. 8, 9.
[25] Bartels VersR 1990 355, 358; auf diesen verweisend Koller[2] Rdn. 8. Rechtspolitisch diskutabel, aber unzutreffend für die Ersetzung der Haftung durch Speditionsversicherung nach der bisherigen Rechtsprechung ist die Annahme von Bartels

bei den BSK-Bed. um einen üblichen Haftungsausschluß handelt; was möglicherweise in ihrem speziellen Anwendungsbereich (Schwergut und Verkranungen) zu bejahen ist.

7   Nr. 5.3.2 will die **Haftung bei nicht vorhersehbaren Störungen** (insbesondere Verzögerungen) ganz ausschließen (S. 1), bei vorhersehbaren dagegen auf das Vertragsentgelt beschränken. Im (etwas konstruierten) Fall einer zwar nicht vorhersehbaren, aber abwendbaren und infolge grob fahrlässigen oder vorsätzlichen Verhaltens des Spediteurs oder seiner leitenden Angestellten eingetretenen Schädigung mag diese Klausel unwirksam sein. Sie für allgemein nichtig zu erklären, weil sie für solche Fälle keine Ausnahme enthält[26], zeigt deutlich die Übertreibungswirkung der Vollnichtigkeitslehre[27].

8   Nr. 5.3.3 **schließt für die genannten nichtverschuldeten Schäden die Haftung ganz aus.** Dies verstößt nicht gegen das AGBG[28].

6. Diese Geschäftsbedingungen beziehen sich auf alle Ansprüche, gleichviel, aus welchem Rechtsgrund. Auf sie können sich auch die beauftragten Zweitunternehmer und alle mit der Ausführung beschäftigten Arbeitskräfte berufen.

1   Nr. 6 S. 1 entspricht einer in der Gesetzgebung und in AGB schon weithin verwirklichten Forderung. Siehe insbesondere § 429 Rdn. 272 ff, 310 ff. Gegen ihre Wirksamkeit bestehen bisher keine Bedenken, soweit die betreffenden Freizeichnungen in ihrem eigentlichen Anwendungsbereich (für vertragliche Ansprüche) gültig sind[29].

2   Nr. 6 S. 2 bezieht, ähnlich wie zahlreiche gesetzliche Vorschriften und AGB des Frachtrechts sowie die Rechtsprechung zu diesen Regelungen, auch abhängige und unabhängige Gehilfen des Unternehmers in die Schutzwirkung der Haftungseinschränkungen der BSK-Bed. ein. Siehe dazu § 429 Rdn. 318 ff, insbesondere 330 ff. Sie ist mit dem AGBG vereinbar; *Koller*[2] Rdn. 12.

7. Rechnungen

7.1 Unsere Rechnungen sind nach Erfüllung des Auftrages sofort fällig und netto Kasse zu begleichen.

7.2 Eine Aufrechnung oder Zurückbehaltung ist nur mit unbestrittenen oder rechtskräftig festgestellten Forderungen zulässig.

1   Nr. 7.1 ist mit dem AGBG vereinbar; zu **Nr. 7.2** siehe die Komm. zu § 32 ADSp, Anh. I nach § 415.

8. Gerichtsstand

8.1 Gerichtsstand – auch für Scheck- und Wechselklagen – ist der Ort unserer Niederlassung, an die der Auftrag gerichtet ist.

8.2 Alle Verträge unterliegen dem deutschen Recht. Dies gilt auch für ausländische Auftraggeber.

1   Zu **Nr. 8.1** siehe § 65 ADSp, Anh. I nach § 415 Rdn. 3 ff; zu **Nr. 8.2** siehe § 65 ADSp Rdn. 10 und § 425 Rdn. 58 ff.

S. 359, Ersetzung der Haftung durch Versicherung komme nicht in Betracht bei Organisationsverschulden. Soweit die Speditionsversicherung den Schaden deckt, bleibt es auch in solchen Fällen bei der Freizeichnung des § 41 a ADSp, soweit der Schaden tatsächlich gedeckt ist; siehe § 41 ADSp, Anh. I nach § 415 Rdn. 23.

[26] So aber *Koller*[2] Rdn. 10.
[27] Dazu § 1 AGNB, Anh. III/1 nach § 452 Rdn. 12.
[28] *Willenberg* in *DGTR* Transportrecht und Allgemeine Geschäftsbedingungen (1988), S. 182, 185.
[29] *Willenberg* in *DGTR* Transportrecht und Allgemeine Geschäftsbedingungen (1988), S. 182, 185; *Koller*[2] Rdn. 12.

Sechster Abschnitt. Frachtgeschäft

Anh. IV § 452
(Vor § 1 GüKUMT)

Anh. IV nach § 452
Beförderung von Umzugsgut und Handelsmöbeln (GüKUMT)

Güterkraftverkehrstarif für den Umzugsverkehr und für die Beförderung von Handelsmöbeln in besonders für die Möbelbeförderung eingerichteten Fahrzeugen im Güterfernverkehr und Güternahverkehr (GüKUMT)

vom 3. August 1983 (BAnz Nr. 151 v. 16.8.1983)
zuletzt geändert durch die Verordnung TSU Nr. 1/90 v. 26. April 1990
– BAnz 1990, S. 2461 –

Teil I

Beförderungsbedingungen

Allgemeine Bedingungen

Vorbemerkungen

Schrifttum

Siehe zu § 425; ferner: *Bischof*, Güterkraftverkehrstarif für den Umzugsverkehr und für die Beförderung von Handelsmöbeln (1986), zit. „Bischof"; *Busche* Zur Haftung im Umzugsverkehr und bei Beförderung von Handelsmöbeln, DB **1988** 2395 ff; *Demuth* Behinderung der Schadensrüge nach dem GüKUMT, TranspR **1990** 101 f; *Herzog* GüKUMT ist Rechtsnorm, nicht AGB, TranspR **1988** 8 ff; *Koller*[2] Transportrecht S. 623–661; *Kraus* Tarifhandbuch für den Möbeltransport (Stand Oktober 1992); Zeitschrift „Der Möbelverkehr"; *Runge* Die Neuregelung des Möbeltransports, TranspR **1983** 110 f; *Scheel* Wenig Gerichtsurteile über Beförderung von Neumöbeln, DVZ Nr. 17 vom 11. 2. 1992 S. 12 f; *Sievers* Transport- und Verkehrshaftungsversicherung beim Möbeltransport, TranspR **1982** 3 f; *Widmann* GüKUMT (1988).

I. Allgemeines
1. Rechtsnatur, Geltungsgrund

1 Die Bedingungen GüKUMT, Beförderungsbedingungen Anlage zu § 1 (zit. „Bed. GüKUMT" oder nur „GüKUMT") sind **durch VO TSU Nr. 3/83 vom Bundesverkehrsminister erlassen** worden und ab 22. 8. 1983 an die Stelle der Vorgängerbedingungen BefBMö (von 1961) getreten[1]. Sie gelten als Rechtsverordnung[2] aufgrund der Ermächtigung der §§ 40 Abs. 1 S. 4 und 84f Abs. 4 i. V. m. § 20a GüKG. Durch Art. 1 Nr. 14, 21, 43 Tarifaufhebungsgesetz[3] werden die genannten Ermächtigungsgrundlagen im GüKG zum 1. 1. 1994 aufgehoben. Die Bedingungen GüKUMT gelten fort. Für ihre Anpassung an den Wegfall der Tarife bildet § 20 GüKG n. F. eine neue Ermächtigungsgrundlage. Die Anpassung soll noch im Jahre 1993 erfolgen und sich auf die tarifrechtlichen Bestimmungen beschränken. **1**

---

[1] Abdruck in der Vorauflage, § 452 Anh. 4; zu den Änderungen *Runge* TranspR **1983** 110, 111. Zu diesen siehe *Bischof* S. 1–8. Auch die BefBMö galten schon als Rechtsverordnung; *Bischof* S. 4.
[2] OLG Frankfurt vom 17. 3. 1992, TranspR **1992** 409, 410; OLG Düsseldorf vom 10. 10. 1991,

TranspR **1992** 269, 271; LG Bonn vom 24. 7. 1990, TranspR **1991** 25, 26; AG Krefeld vom 18. 5. 1990, TranspR **1990** 429, 430; AG Hamburg vom 24. 11. 1987, VersR **1988** 693; *Koller*[2] § 1 Rdn. 1.
[3] Siehe vor 1 GüKG, Anh. I nach § 452 Rdn. 1 ff.

(695) Johann Georg Helm

2   Da die Bed. GüKUMT Rechtsnormen, **keine AGB** sind, gilt das AGBG für sie nicht[4]. Die Anwendung der Bed. GüKUMT kann jedoch für Fälle **vereinbart** werden, in denen die gesetzlichen Anwendungsvoraussetzungen nicht vorliegen, insbesondere im tariffreien Raum des grenzüberschreitenden Umzugsverkehrs[5]. Die Bed. GüKUMT erlangen damit den Charakter von AGB und unterliegen der Inhaltskontrolle nach dem AGB-Gesetz; siehe § 1 KVO, Anh. II nach § 452 Rdn. 30. Daß die Grundgedanken des AGB-Rechts die Überprüfung den Rechtsverordnungs-Bedingungen über Art. 3 Abs. 1 GG ohne weiteres rechtfertigen, ist nicht als Versuch einer akzeptabel und für die recht ausgewogenen Bed. GüKUMT auch nicht zu bejahen[6]. Die Rechtsprechung hat diese Möglichkeit bisher nicht erwogen.

2. Zwingende Wirkung

3   Die Bed. GüKUMT sind zwingendes Recht[7]. Dies ist bisher einerseits in § 26 GüKG (Verbot von Haftungseinschränkungen) festgelegt[8]. Durch Art. 1 Nr. 15 Tarifaufhebungsgesetz wird diese Bestimmung unter Streichung des Klammerzusatzes „(§ 20)" aufrechterhalten. Damit ist der Wille des Gesetzgebers erkennbar, die Haftungsregeln der Bed. GüKUMT als zwingenden Mindeststandard aufrechtzuerhalten. Mangels einer neuen Ermächtigungsgrundlage kann die angewandte Gesetzgebungstechnik Probleme bereiten. Die Abweichungen bei Nicht-Haftungsbestimmungen wurden bisher, soweit sie zugunsten des Kunden vereinbart wurden, wegen Verstoßes gegen § 22 Abs. 2, GüKG (Verbot tarifwidriger Begünstigungen) als unwirksam behandelt[9]. Mit der Aufhebung der Tarifvorschriften ist ab 1. 1. 1994 jede den Kunden begünstigende Abweichung von den Bed. GüKUMT zulässig, soweit sich nicht (bei Zugrundelegung abweichender Auftragsbedingungen durch den Kunden des Unternehmers) aus der Anwendung des AGB-Gesetzes, vergleichbar mit der VOB, ein Verstoß gegen § 9 AGBG ergibt. Soweit die in der Praxis verwendeten Bedingungen für den Umzugsverkehr vom GüKUMT abweichen, hängt ihre Wirksamkeit von dem geltenden Rahmen der zwingenden Wirkung ab.

3. Ergänzend anzuwendende Normen

4   **§§ 425 ff HGB sind** nur verdrängt, soweit die Bed. GüKUMT Rechtsfragen regeln, im übrigen aber ergänzend anwendbar. Es ist nicht davon auszugehen, daß die Bed. GüKUMT eine abschließende Regelung treffen wollen[10]. Die Bestimmungen der KVO sind dagegen nicht ergänzend anzuwenden[11]. KVO und GüKUMT stehen als Schwesterbedingungen auf weitgehend gleicher Ermächtigungsgrundlage. § 1 Abs. 4 KVO schließt die Anwendung der KVO auf den Umzugsverkehr ausdrücklich aus. In Betracht käme daher allenfalls eine analoge Anwendung, soweit durch Fehlen ergänzender Bestimmungen in HGB und BGB eine Rechtslücke besteht.

---

[4] KG vom 4. 2. 1986, berichtet von *Herzog* TranspR **1988** 8 ff; OLG Frankfurt vom 17. 3. 1992, TranspR **1992** 409, 410; AG Krefeld vom 18. 5. 1990, TranspR **1990** 429, 430. *Koller*[2] Rdn. 2; *Scheel* DVZ Nr. 17 vom 11. 2. 1992 S. 12 gegen AG Darmstadt vom 3. 5. 1989 (unveröff.); zu Unrecht für analoge Anwendung des AGBG: *Busche* DB **1988** 2395, 2396.

[5] LG Köln vom 27. 10. 1988, TranspR **1989** 226, 227. Siehe zum grenzüberschreitenden Umzugsverkehr Rdn. 11.

[6] Entgegen *Busche* DB **1988** 2396 f.

[7] Unstr.; KG vom 4. 2. 1986, berichtet von *Herzog* TranspR **1988** 8, 9; AG Krefeld vom 18. 5. 1990, TranspR **1990** 429 f; *Koller*[2] § 1 Rdn. 1.

[8] Siehe schon zu den BefBMö OLG Düsseldorf vom 30. 10. 1980, VersR **1982** 76 f.

[9] *Koller*[2] § 1 Rdn. 1.

[10] *Koller*[2] § 1 Rdn. 9 und § 16 Rdn. 1.

[11] *Koller*[2] vor § 1 GüKUMT Rdn. 9; unrichtig aber zu § 5 Rdn. 1, § 19 Rdn. 1.

Die KVO ist nicht ergänzend anzuwenden, da offene Fragen durch die Anwendung allgemeiner bürgerlichrechtlicher und handelsrechtlicher Normen zu lösen sind. In Betracht kommt allenfalls eine entsprechende Anwendung; jedoch bestehen stets Bedenken, weil damit der Ermächtigungsrahmen der KVO verlassen wird. **5**

II. Geltungsbereich

Die Bed. GüKUMT regeln ausschließlich Frachtverträge. Sie gelten aber gem. §§ 412, 413 auch für den Spediteur-Frachtführer[12]. Die Vorschläge von *Koller*[2] § 6 GüKUMT Rdn. 1 und VersR **1987** 1058, 1062 für eine verminderte Anwendung von Frachtrecht nach den Regeln über gemischttypische Verträge genügen den Ansprüchen an Rechtssicherheit nicht und wurden von der Rechtsprechung bisher nicht aufgegriffen. Die Bed. GüKUMT gelten für zwei sehr unterschiedliche Bereiche des Frachtvertrages: für den vor allem Nichtkaufleute betreffenden **Umzugsvertrag** und den vollkaufmännischen **Transport von Handelsmöbeln** in speziellen Möbelfahrzeugen. Dieser Aufgabe begegnen die Bed. GüKUMT dadurch, daß sie in §§ 1–15 („Allgemeine Bedingungen") die Hauptregeln für den Gesamtbereich, insbesondere über Haftung und Verjährung, in §§ 16–18 („Bedingungen für den Umzugsverkehr") das spezielle Recht des Umzugsverkehrs, insbesondere den Umzugsvertrag und besondere Haftungsausschlüsse und in §§ 19–21 („Bedingungen für Handelsmöbel") die Sonderbestimmungen für diese Beförderungsart, insbesondere hinsichtlich des Frachtbriefs, des Beladens und Entladens und des Pfandrechts regeln. Insgesamt bedeutet diese Regelungstechnik eine gewisse Unübersichtlichkeit und den Verzicht auf allgemeine Bestimmungen über den Frachtbrief. **6**

1. Güterfern- und -nahverkehr

Zur **Beförderung im Güterfern- und Nahverkehr** siehe §§ 2, 3 GüKG, Anh. I nach § 452, die auch durch das Tarifaufhebungsgesetz (vor § 1 GüKG, Anh. I nach § 452 Rdn. 1 ff) insoweit nicht verändert werden. **7**

2. Umzugsverkehr

Umzugsverkehr ist nach der Legaldefinition des § 37 GüKG „die Beförderung von Umzugsgut, Erbgut und Heiratsgut[13], auch wenn es sich um Geschäftsumzüge handelt[14] mit einem Kraftfahrzeug für andere"; diese Bestimmung bleibt auch nach Inkrafttreten des Tarifaufhebungsgesetzes erhalten. Eingeschlossen sind auch Nebenleistungen aus dem Umzugsvertrag, für die eine tarifliche Vergütungspflicht besteht[15]. Der Umzugsvertrag ist demnach eine besondere, über den reinen Transport hinausgreifende Art von Frachtvertrag[16]. Der Umzugsverkehr unterliegt auch dann dem GüKUMT, wenn die Beförderung in nicht besonders für den Möbeltransport eingerichteten Fahrzeugen erfolgt[17]. **8**

3. Beförderung von Handelsmöbeln

Handelsmöbel sind solche, die typischerweise Gegenstand des Handels sind[18]. Dagegen kommt es nicht darauf an, ob ihr Transport Gegenstand eines konkreten Handels- **9**

---

[12] Siehe §§ 412, 413 Rdn. 9; zu den BefBMö OLG Frankfurt vom 10. 7. 1979, TranspR **1981** 20 f.
[13] *Bischof* S. 12–14; *Kraus* zu § 1.
[14] *Bischof* S. 13; *Kraus* zu § 1.
[15] AG Krefeld vom 18. 5. 1990, TranspR **1990** 429 ff; *Koller*[2] § 1 Rdn. 1.
[16] OLG Düsseldorf vom 10. 10. 1991, TranspR **1992** 269, 271; *Scheel* DVZ Nr. 17 vom 11. 2. **1992** S. 12; siehe auch § 8 Rdn. 3.
[17] *Bischof* S. 17; ; *Kraus* zu § 1; *Runge* TranspR **1983** 110, 111.
[18] *Bischof* S. 15 Rdn. 30; *Koller*[2] vor § 1 Rdn. 6.

geschäfts ist. So unterliegen etwa Transporte von Neumöbeln zwischen zwei Lagern eines Händlers durch gewerbliche Frachtführer den Bed. GüKUMT. Auch gebrauchte Möbel, z. B. Antiquitäten, können Handelsmöbel sein[19].

10 Voraussetzung für die Anwendung des GüKUMT auf die Beförderung von Handelsmöbeln ist bereits nach dem Titel des GüKUMT: „Beförderung in **besonders für die Möbelbeförderung eingerichteten Fahrzeugen** im Güterfernverkehr und Güternahverkehr". Dabei kommt es darauf an, ob die Fahrzeuge handelsüblicherweise hierfür verwendet werden[20]. Die Verwaltungspraxis bietet dafür wohl Anhaltspunkte, kann aber nicht entscheidend sein, weil sonst der illegale Güterfernverkehr nicht unter den GüKUMT fallen würde. Die typische Einrichtung besteht vor allem in der Innenpolsterung und in verschließbaren Türen.

4. Grenzüberschreitender Verkehr

11 Für die **grenzüberschreitende Beförderung von Umzugsgut** gilt die CMR nach ihrem Art. 1 Abs. 4 c CMR nicht. Soweit der Tarif dafür gilt[21], sind bei kollisionsrechtlicher Geltung deutschen Rechts[22] die Bed. GüKUMT anzuwenden. Davon geht § 16 Abs. 3 Nr. 13 aus. Nach richtiger Ansicht steht dem das Territorialitätsprinzip entgegen[23]. Bis zur Aufhebung der Ermächtigungsgrundlagen für die Bed. GüKUMT durch das Tarifaufhebungsgesetz (siehe Rdn. 1) soll eine neue, außertarifliche und auch für den Auslandsverkehr tragfähige Grundlage geschaffen werden. Die rechtspolitische Begründung für die Aufrechterhaltung der Umzugsbedingungen ist in ihrem Verbraucherschutzgedanken zu sehen; dazu *Koller*[2] Rdn. 2. Für den Auslandsverkehr werden häufig AGB vereinbart[24].

12 Für die **grenzüberschreitende Beförderung von Handelsmöbeln** gilt die CMR, da diese nicht unter die Ausnahme des Art. 1 Abs. 4 c CMR fallen. Einer ergänzenden Anwendung der Bed. GüKUMT steht nach richtiger Auffassung das Territorialitätsprinzip entgegen; siehe Rdn. 11. Jedoch ist eine Vereinbarung als AGB zulässig, soweit die CMR keine Regelung trifft; siehe Rdn. 2.

III. Charakteristika der Bed. GüKUMT

13 Die Bed. GüKUMT benutzen eine von HGB **abweichende Terminologie**. Sie bezeichnen den Frachtführer durchgängig als „Unternehmer"[25], den Absender (Vertragspartner des Frachtführers) als „Auftraggeber"[26]. Siehe hierzu eingehend *Bischof* § 1 GüKUMT Rdn. 27–38.

14 Der **Frachtbrief** wird in den Bed. GüKUMT nicht allgemein vorausgesetzt, jedoch für die Beförderungen von Handelsmöbeln im Güterfernverkehr durch § 19 GüKUMT

---

[19] *Bischof* S. 15 Rdn. 31; *Koller*[2] vor § 1 Rdn. 6.
[20] Siehe zu einem versicherungsrechtlichen Fall BGH vom 20. 6. 1990, TranspR **1990** 343, 344; *Bischof* S. 15 Rdn. 32; *Koller*[2] vor § 1 Rdn. 6.
[21] LG Bonn vom 24. 7. 1990, TranspR **1991** 25, 26. *Koller*[2] vor § 1 Rdn. 4.
[22] Siehe § 425 Rdn. 58 ff.
[23] Siehe § 1 KVO Rdn. 10 ff; *Bischof* S. 17 Rdn. 43; a. A. *Koller*[2] Rdn. 4. Ohne Prüfung dieser Fragen wendet LG Bielefeld vom 11. 11. 1986, TranspR **1987** 338 ff auf grenzüberschreitende Beförderung von Handelsmöbeln § 7 GüKUMT an. Die Anwendung der Vorgängerbedingungen im grenzüberschreitenden Transport wurde von den Gerichten durchweg bejaht; siehe z. B. OLG Celle vom 12. 6. 1981, VersR **1981** 1183 f; OLG Düsseldorf vom 2. 12. 1982, VersR **1983** 1055; OLG Düsseldorf vom 3. 5. 1984, TranspR **1984** 198 f = VersR **1984** 1089 f.
[24] Siehe die Allgemeinen Bedingungen für Umzugstransporte von und nach Übersee, BAnz **1988** 4513 f (Nr. 194/88). Diese Bedingungen wollen nur subsidiär gegenüber dem etwa anwendbaren GüKUMT gelten und ähneln diesem in vielen Punkten.
[25] Wie KVO und AGNB.
[26] Wie die ADSp und die meisten AGB anderer Sparten.

gefordert. Bei Beförderung von Umzugsgut tritt an seine Stelle der schriftliche **Umzugsvertrag**, in Gestaltung und Inhalt ähnlich; § 16 GüKUMT.

Die Bed. GüKUMT haben vor allem eine gewisse Bedeutung im **Verbraucherschutz**, soweit sie die Beförderung von Umzugsgut für Nichtkaufleute betreffen[27]. Nach Inkrafttreten des Tarifaufhebungsgesetzes am 1. 1. 1994 (siehe vor § 1 GüKG, Anh. I nach § 452 Rdn. 1 ff) ist dies jedenfalls ihr gesetzgeberischer Hauptgrund. Dieser gilt jedoch nicht für die Beförderung von Handelsmöbeln.

15

IV. Kommentierung der Bed. GüKUMT

Die Bed. GüKUMT können hier nur im begrenzten Umfang kommentiert werden – in erster Linie durch Verweisung auf die Erläuterungen zum HGB, zur KVO und zur CMR. Im übrigen muß auf den gründlichen Kommentar von *Bischof*, Güterkraftverkehrstarif für den Umzugsverkehr und für die Beförderung von Handelsmöbeln (1986) verwiesen werden, mit Hinweisen auf unveröffentlichte Rechtsprechung. Zu den Bed. GüKUMT gibt es wenig veröffentlichte Rechtsprechung. Teilweise verwertbar ist jedoch noch die Rechtsprechung zu den entsprechenden oder ähnlichen Bestimmungen der Vorgängerbedingungen BefBMö.

16

§ 1
Vertrag

Der Vertrag wird zwischen dem Unternehmer und dem Auftraggeber geschlossen.

§ 1 GüKUMT ist sachlich identisch mit dem früheren § 1 I BefBMö. Aus der Vorschrift ergibt sich, daß der Vertrag ein reiner Konsensualvertrag ist. Der Abschluß eines schriftlichen Umzugsvertrages (§ 16 GüKUMT) oder die Ausstellung eines Frachtbriefs über die Beförderung von Handelsmöbeln (§ 19 GüKUMT) ist kein Wirksamkeitserfordernis des Vertrages; §§ 16 Abs. 4, 19 Abs. 6 GüKUMT[1]. Der Abschluß eines Umzugsvertrages für die gemeinschaftliche Wohnung durch einen Ehepartner fällt wohl nicht unter § 1357 BGB, verpflichtet also den anderen Ehepartner nur bei Bevollmächtigung durch den anderen Partner[2].

1

§ 2
Beladen und Entladen

(1) Der Unternehmer ist zum Be- und Entladen verpflichtet.

(2) ¹Hat der Auftraggeber vertraglich das Be- und Entladen übernommen, so haftet er dem Unternehmer für alle durch seine Tätigkeit schuldhaft verursachten Schäden. ²Für die betriebssichere Beladung der Fahrzeuge bleibt der Unternehmer verantwortlich.

---

[27] *Koller*[2] vor § 1 GüKUMT Rdn. 2.

[1] Ausstellung (noch) tariflich zwingend, aber kein Wirksamkeitserfordernis: *Bischof* Rdn. 13 ff.

[2] *Bischof* Rdn. 36 mit Angaben zu unveröff. Rechtsprechung; a. A. *Kraus* zu § 1.

Anh. IV § 452
(§ 3 GüKUMT)   Drittes Buch. Handelsgeschäfte

I. Pflicht zum Be- und Entladen

1 In § 2 Abs. 1 GüKUMT[1] ist eine typische Besonderheit der Möbelbeförderung geregelt: Im Hinblick auf die besondere Empfindlichkeit von Möbeln und Umzugsgut und das Erfordernis besonders sorgfältiger, fachmännischer Verstauung auf dem Fahrzeug sowie auf den schwierigen Transport zum Fahrzeug ist die Zuweisung der gesamten Verantwortung an den Unternehmer sinnvoll. Das Laden und Entladen umfaßt auch Heranschaffen des Gutes zum Fahrzeug, bzw. vom Fahrzeug zum Ablieferungsplatz[2]. Die Haftungsperiode erstreckt sich daher nach § 8 Nr. 1 GüKUMT auch auf den Zeitraum der dem Unternehmer obliegenden „Behandlung" des Gutes. Demnach umfaßt der Haftungszeitraum grundsätzlich auch Lade- und Entladungstätigkeit[3]. Für die Beförderung von Handelsmöbeln engt § 20 Abs. 1 GüKUMT die Begriffe des Beladens und Entladens ein. Das Beladen wird tariflich vergütet. Die Ladepflichten sind – zugleich mit auch tariflicher Wirkung – abdingbar.

2. Haftung des Auftraggebers; § 2 Abs. 2 S. 1

2 § 2 Abs. 2 S. 1 GüKUMT ändert grundsätzlich nichts an der Verantwortlichkeit des Unternehmers nach Abs. 1, begründet aber eine Art Gegenhaftung des Auftraggebers für nachgewiesenes Verschulden. Risiken, für die nach § 8 GüKUMT der Unternehmer zu haften hat, werden also durch §§ 2 Abs. 2 S. 1 nur im Falle nachzuweisenden Verschuldens dem Auftraggeber zugewiesen, d. h. aus der Haftung nach § 8 ausgeschlossen. Die Regelung gilt für Güterschäden wie primäre Vermögensschäden; *Koller*[2] Rdn. 2. Der Auftraggeber haftet besonders auch für Schäden, die dem Unternehmer entstehen, z. B. am Fahrzeug; *Bischof* Rdn. 11.

3. Haftung des Unternehmers für betriebssichere Verladung; § 2 Abs. 2 S. 1

3 § 2 Abs. 2 S. 1 GüKUMT (identisch mit dem früheren § 4 Abs. 2 S. 2 BefBMö) erhält die Verantwortlichkeit des Unternehmers ohne Verschulden für die betriebssichere Beladung des Fahrzeugs aufrecht[4]. Die Haftung nach § 8 Abs. 1 GüKUMT erstreckt sich also bei Selbstverladung durch den Absender (unabhängig vom zeitlichen Rahmen) auf die Kontrolle der betriebssicheren Verladung. Zur Haftung des Absenders siehe allgemein § 425 Rdn. 195.

§ 3
Nachträgliche Weisungen des Auftraggebers und des Empfängers

(1) ¹Der Auftraggeber darf nachträglich Weisungen erteilen. ²Er kann insbesondere den Unternehmer anweisen, die Sendung an einem anderen als dem vorgesehenen Ort oder an einen anderen als den im Vertrag angegebenen Empfänger abzuliefern oder die Sendung unterwegs anzuhalten.

(2) ¹Dieses Recht erlischt, wenn der Empfänger die Sendung angenommen hat. ²Von diesem Zeitpunkt an hat der Unternehmer die Weisungen des Empfängers zu befolgen. ³Der Empfänger kann nur verlangen, daß die Sendung am Bestimmungsort

---

[1] Sachlich identisch mit dem früheren § 4 Abs. 1 S. 1 BefBMö.
[2] *Widmann* S. 27 f; *Koller*[2] Rdn. 1.
[3] Vorsichtig dazu noch OLG Hamburg vom 18. 3. 1931, HRR **1931** Nr. 1699.
[4] Siehe dazu § 17 KVO, Anh. II nach § 452 Rdn. 25 ff.

ganz oder zum Teil an einer anderen als der vereinbarten Stelle oder an einen Dritten abgeliefert wird.

(3) Hat der Empfänger in Ausübung seines Weisungsrechts die Ablieferung der Sendung an einen Dritten verlangt, so ist dieser nicht berechtigt, seinerseits Weisungen zu erteilen.

(4) [1]Wer nach Absatz 1 oder 2 eine Weisung erteilt (Weisungsgeber), hat dem Unternehmer für die Ausführung der Weisung das tarifmäßige Entgelt zu entrichten. [2]Soweit der Tarif hierfür ein Entgelt nicht vorsieht, hat der Weisungsgeber dem Unternehmer alle durch zweckentsprechende Ausführung der Weisung entstandenen Aufwendungen zu ersetzen.

(5) [1]Der Unternehmer kann die Ausführung einer nachträglichen Weisung ablehnen, wenn der gewöhnliche Betrieb seines Unternehmens gehemmt oder andere Auftraggeber geschädigt werden. [2]In diesem Fall hat er unverzüglich den Weisungsgeber zu benachrichtigen.

1. Allgemeines

Weisungen erteilt der Auftraggeber aufgrund seines frachtvertraglichen Verfügungsrechts; siehe § 433 Rdn. 1 ff. Sie können formlos erteilt werden[1]. Die Weisung ist einseitige empfangsbedürftige Willenserklärung[2]. **1**

2. Inhalt des Weisungsrechts; § 3 Abs. 1

Der Inhalt des Weisungsrechts ist in § 3 Abs. 1 nicht abschließend bestimmt. Die dort genannten Weisungen sind nur Beispielsfälle; Einschränkungen bestehen grundsätzlich nicht[3]. Dies entspricht der allgemein anerkannten Regelungstechnik von § 433 Abs. 1 HGB[4]. **2**

3. Weisungsberechtigter; § 3 Abs. 1, 2

Weisungsberechtigt ist nach § 3 Abs. 1 S. 1 zunächst der Auftraggeber als Partner des Vertrages. An seine Stelle tritt nach § 3 Abs. 2 S. 1, 2 in begrenztem Umfang der Empfänger, wenn er die Sendung angenommen hat. Das Weisungsrecht von Empfänger und Auftraggeber können sich danach nicht überschneiden. Zu Recht weist *Koller* darauf hin, daß der allgemeine Begriff der Annahme in § 3 GüKUMT nicht gemeint sein kann[5], weil dieser zu spät liegt, nämlich nach Erbringung der vollen Leistungen des Unternehmers. Daher ist die Ankunft[6] und die Erklärung der Annahmebereitschaft durch den Empfänger gemeint. **3**

4. Ablehnungsrecht des Unternehmers; § 3 Abs. 5 GüKUMT

Siehe hierzu § 27 Abs. 2 KVO und dort Rdn. 22 ff. Der Unternehmer kann die Weisung ohne Annahmeerklärung ausführen. Bei Vorliegen von Ablehnungsgründen kann er die Beförderung fortführen, muß aber den Weisungsgeber unverzüglich benachrichtigen. **4**

---

[1] *Bischof* Rdn. 7.
[2] *Bischof* Rdn. 8.
[3] *Koller*[2] Rdn. 3 zu Unrecht gegen *Widmann* S. 44 f und *Bischof* Rdn. 13, der jedoch die gleiche Auffassung vertritt. Siehe aber zu den grundsätzlichen Grenzen § 433 Rdn. 10.
[4] Siehe dort Rdn. 3 ff und 9 ff; zum Grundcharakter des Weisungs- und Verfügungsrechts Rdn. 1 ff. Siehe ferner die Erläuterungen zu § 434 HGB sowie § 435 Rdn. 8 mit Hinweisen auf ähnliche Spezialvorschriften des Frachtrechts.
[5] *Koller*[2] Rdn. 2; wohl a. A. *Bischof* Rdn. 13 ff.
[6] Siehe § 435 Rdn. 9 f.

5. Ansprüche des Unternehmers; § 3 Abs. 4 GüKUMT

5 Der Weisungsgeber (Rdn. 3) hat dem Unternehmer das tarifmäßige Entgelt und, soweit der Tarif keines vorsieht, die Aufwendungen zu ersetzen, die ebenfalls eine Vergütung gewerbsmäßiger Tätigkeiten umfassen[7]. Nach Inkrafttreten des Tarifaufhebungsgesetzes am 1. 1. 1994 (vor § 1 GüKG, Anh. I nach § 452 Rdn. 1 ff) entfällt der Anspruch auf die tarifmäßige Vergütung. Es bleibt dann beim Kostenersatz. Vereinbarungen über eine Vergütung sind jedoch dann möglich.

§ 4
Beförderungs- und Ablieferungshindernisse

(1) Bei Beförderungshindernissen, die sich nicht alsbald beheben lassen, sowie bei Ablieferungshindernissen hat der Unternehmer die Weisungen des Berechtigten (§ 3) unverzüglich einzuholen.

(2) Erhält der Unternehmer in angemessener Frist keine Weisungen oder sind diese nicht ausführbar, so ist § 437 Abs. 2 und 3 des Handelsgesetzbuches anzuwenden.

(3) [1]Der Unternehmer hat Anspruch auf Erstattung der Aufwendungen, die ihm dadurch entstehen, daß er Weisungen zweckentsprechend ausführt oder ohne Weisung Maßnahmen nach Absatz 2 trifft. [2]Dies gilt nicht, wenn er das Beförderungs- oder Ablieferungshindernis zu vertreten hat.

1 Siehe die Anmerkungen zu §§ 428 Abs. 2 und 437 HGB, ferner zu § 28 KVO und Art. 14, 15 CMR. § 4 GüKUMT ist fast identisch mit dem früheren § 6 BefBMö. § 6 Abs. 1 und 2 BefBMö nahmen auf Eintragung im Frachtbrief Bezug.

2 Nach § 4 Abs. 1 hat der Unternehmer **Weisungen** des Weisungsberechtigten einzuholen. Dies entspricht § 437 Abs. 1 HGB; siehe dort Rdn. 10 ff. Zumutbare Weisungen sind ausführbar und daher stets vom Unternehmer zu befolgen, wenn nicht ein Ablehnungsgrund nach § 3 Abs. 5 vorliegt[1]. Die Haftung für Unterlassung der Einholung bestimmt sich bei Güterschäden nach § 8 Nr. 1, für andere Schäden nach Nr. 2; *Bischof* Rdn. 16 ff.

3 Auch § 4 Abs. 2 verweist für die **Rechte des Unternehmers** Beförderungs- und Ablieferungshindernisse unterschiedslos auf § 437 Abs. 2 und 3 HGB[2].

4 § 428 Abs. 2 ist nicht anzuwenden[3].

§ 5
Empfangsbescheinigung

Die Sendung ist dem Empfänger gegen Empfangsbescheinigung zu übergeben.

1 Anstelle der noch in § 7 BefBMö auf dem Frachtbrief vorgesehenen Quittung hat der Unternehmer eine besondere Empfangsbescheinigung zu erteilen. Auch diese ist Quit-

---

[7] Siehe § 433 Abs. 1 S. 2 HGB und dort Rdn. 17 f.

[1] Ebenso *Koller*[2] Rdn. 4 gegen *Bischof* Rdn. 35; zur unausführbaren Weisung LG Köln vom 27. 10. 1988, TranspR **1989** 226, 227.

[2] Siehe dort Rdn. 17 ff; Beispiel zu § 4 Abs. 2 GüKUMT: LG Köln vom 27. 10. 1988, TranspR **1989** 226, 227.

[3] Zutreffend *Koller*[2] Rdn. 3 gegen *Bischof* Rdn. 23.

tung i. S. v. § 368 BGB¹. Auch der Empfänger ist (entsprechend § 368 BGB) auf Verlangen des Unternehmers verpflichtet, eine Quittung (Empfangsbescheinigung) zu erteilen².

§ 6
Zoll- und sonstige Verwaltungsvorschriften

¹Der Unternehmer hat den Auftraggeber über die zu beachtenden Zoll- und sonstigen Verwaltungsvorschriften zu unterrichten. ²Der Auftraggeber hat dem Unternehmer die Urkunden zur Verfügung zu stellen, die für die Zoll- und sonstige amtliche Behandlung notwendig sind, und ihm alle erforderlichen Angaben zu machen. ³Der Unternehmer ist nicht verpflichtet zu prüfen, ob die vom Auftraggeber gelieferten Urkunden und Angaben richtig und vollständig sind.

§ 6 GüKUMT ist sachlich identisch mit dem früheren § 3 BefBMö. Siehe die Erläuterungen zu § 427 HGB und zu § 12 KVO, Art. 11 CMR. **1**

Die **Unterrichtungspflicht des Unternehmers** hängt auch von den Verhältnissen des Falles ab. Es trifft jedoch nicht zu, daß der nach §§ 412, 413 dem GüKUMT unterworfene Spediteur den Auftraggeber nicht zu unterrichten hat¹. Vielmehr hat dieser seinen Versender (Auftraggeber) zu unterrichten, der ihm die nötigen Urkunden zu besorgen hat. Freilich ist davon auszugehen, daß der Spediteur seinerseits beauftragt ist, in speditionsüblicher Weise die Papiere zu beschaffen. **2**

Ein **Verstoß gegen die Unterrichtungspflicht** führt grundsätzlich zur Haftung nach § 8 GüKUMT. Deren Haftungsausschluß nach § 9 Abs. 1 Nr. 2 steht unter dem Vorbehalt des §§ 15 Abs. 2 GüKUMT und des Mitverschulden nach § 254 BGB². **3**

Zu § 6 S. 2 siehe § 427 und die dortige Kommentierung. **4**

§ 7
Aufrechnung

Gegen Ansprüche des Unternehmers ist eine Aufrechnung nur mit fälligen Gegenansprüchen zulässig, denen ein Einwand nicht entgegensteht.

§ 7 entspricht § 32 ADSp. Das Aufrechnungsverbot betrifft ausschließlich die Aufrechnung gegen Ansprüche des Unternehmers, auch Ansprüche nicht frachtrechtlicher Art, die mit dem Umzugsvertrag zusammenhängen¹. Hierauf erstreckt sich allerdings die Ermächtigung für die Rechtsverordnung nicht, soweit die Ansprüche nicht sachlich mit dem GüKUMT-Frachtvertrag zusammenhängen. § 7 ist daher einschränkend ermächtigungskonform auszulegen; er kann Ansprüche, die in keinem Zusammenhang mit einem GüKUMT-Frachtvertrag stehen, nicht erfassen. § 7 ist, auch wenn die Bed. GüKUMT aufgrund einer Vereinbarung gelten², als AGB-Klausel grundsätzlich wirksam³. Zur ergänzenden Anwendung im grenzüberschreitenden Verkehr siehe vor § 1 Rdn. 11 f. **1**

---

¹ Zur Quittung siehe § 426 Rdn. 29, 44 f; § 429 Rdn. 109; § 16 KVO Rdn. 24 f.
² Bischof Rdn. 3; Koller² Rdn. 2.

¹ So aber Koller² Rdn. 1 gegen Bischof Rdn. 2.
² Dazu § 9 Rdn. 1; Koller² Rdn. 2.

¹ AG Krefeld vom 18. 5. 1990, TranspR **1990** 429, 431 (Schreinerarbeiten); Koller² Rdn. 1.
² Siehe vor § 1 GüKUMT Rdn. 2, 11 f.
³ Siehe § 32 ADSp, Anh. I nach § 415 Rdn. 9 f und BGH vom 26. 2. 1987, TranspR **1987** 287 ff.

2 Eine **Zurückbehaltung** ist durch § 7 grundsätzlich nicht ausgeschlossen. § 7 GüKUMT kann daher, auch soweit die Bed. GüKUMT kraft Vereinbarung gelten, nicht mit dem AGBG in Konflikt kommen. Jedoch ist die Ausübung eines Zurückbehaltungsrechts in Fällen, in denen die Aufrechnung unzulässig ist, u. U. unzulässig[4].

3 § 37 Abs. 3 KVO (Verschiebung der Fälligkeit) kann nicht ergänzend analog angewendet werden[5], weil § 271 BGB die Fälligkeit regelt[6].

§ 8
Haftung

Der Unternehmer haftet

1. [1]für Verlust oder Beschädigung des Gutes, sofern der Verlust oder die Beschädigung während der dem Unternehmer obliegenden Behandlung oder Beförderung des Gutes eintritt. [2]Dies gilt auch für verkehrsbedingte Vor-, Zwischen- und Nachlagerungen. [3]Wer berechtigt ist, Schadensersatz wegen Verlustes zu fordern, kann das Gut als verlorengegangen behandeln, wenn es nicht binnen dreißig Tagen nach Ablauf der vereinbarten Lieferfrist oder, falls keine Frist vereinbart worden ist, nicht binnen sechzig Tagen nach der Übernahme des Gutes durch den Unternehmer abgeliefert worden ist;

2. für sonstige Schäden
   a) aus der Überschreitung einer im Vertrag enthaltenen Lieferfrist;
   b) durch Falschauslieferung;
   c) aus schuldhafter, nicht ordnungsgemäßer Ausführung des Vertrages;
   d) durch Fehler bei der Einziehung von Nachnahmen.

I. Allgemeines

1 § 8 entspricht im Grundsatz der früheren Regelung in § 9 BefBMö, ist aber in Anlehnung an §§ 29, 31 und an Art. 20 Abs. 1 CMR weiterentwickelt. Siehe zum Überblick § 429 HGB Rdn. 192–202. Grundsätzlich setzt die Haftung nach § 8 (mit Ausnahme von Nr. 2 c) kein Verschulden voraus[1]. Zur Frage der Haftungsausschlüsse und des Unternehmerverschuldens siehe §§ 9, 18 Abs. 2 GüKUMT; zu den Haftungsbeschränkungen § 10 GüKUMT. Bei Umzugsverträgen, die von einem Ehepartner für einen gemeinsamen Umzug abgeschlossen werden, ist davon auszugehen, daß beide Partner verpflichtet werden und daher auch Ansprüche geltend machen können[2].

II. Haftung für Güterschäden (Verlust und Beschädigung, § 8 Nr. 1 S. 1)

2 § 8 Nr. 1 S. 1 entspricht sachlich dem früheren § 9 Ans. 2 BefBMö. Der Haftungsgrundsatz ist inhaltlich mit dem des § 429 Abs. 1 vergleichbar; siehe daher zu den Begriffen des Gutes § 429 Rdn. 28 ff; zu Verlust und Beschädigung dort Rdn. 11 ff, zum Haftungszeitraum grundsätzlich dort Rdn. 41 ff.

3 Der **Haftungszeitraum** ist entsprechend § 2 GüKUMT auf das Laden und Entladen und die **Behandlung des Gutes** erweitert. „Behandlung" umfaßt zahlreiche eng mit dem

---

[4] OLG Frankfurt vom 17. 3. 1992, TranspR **1992** 409, 410; *Palandt/Heinrichs*[52] § 273 BGB Rdn. 14.
[5] *Koller*[2] Rdn. 1.
[6] Siehe § 1 Rdn. 5. Wie hier *Koller*[2] Rdn. 1 gegen *Bischof* § 7 Rdn. 20.

[1] *Koller*[2] Rdn. 1.
[2] Siehe den Fall OLG Düsseldorf vom 10. 10. 1991, TranspR **1992** 269, 271.

Beförderungsvertrag zusammenhängende Nebentätigkeiten[3] wie Be- und Entladen, Verpacken[4], Auspacken[5], Zerlegen und Zusammensetzen, Aufhängen von Möbeln oder anderen Einrichtungsgegenständen[6]. Die Haftung für Behandlung setzt noch keine alleinige Obhut, wohl aber Verantwortlichkeit für das Gut voraus. Der Unternehmer muß noch keinen Alleinbesitz am Gut haben[7]. Es kommt nur darauf an, wann die Schadensursache gesetzt wird, nicht, wann der Schaden entsteht[8]. Schäden, die nur bei Gelegenheit von dessen Behandlung an anderen Gegenständen entstehen, fallen unter Nr. 2 c[9]. Die Übernahme der unter Behandlung fallenden Nebenpflichten durch den Unternehmer hat der Anspruchsteller zu beweisen[10].

§ 8 Nr. 1 S. 2 bezieht auch **verkehrsbedingte Vor-, Zwischen- und Nachlagerungen** mit ein; dazu § 429 Rdn. 98 ff. Nicht verkehrsbedingte Lagerungen fallen unter Lagerrecht, nicht unter GüKUMT[11]. Verkehrsbedingt sind stets weisungsgemäße Zwischenlagerungen, wenn sie nur für die Dauer eines Beförderungs- oder Ablieferungshindernisses erfolgen, nicht dagegen Lagerungen, denen keine Beförderung mehr folgen soll, oder die aus anderen als mit der Beförderung zusammenhängenden Gründen erfolgen[12]. Das OLG Düsseldorf vom 10. 10. 1991, TranspR **1992** 269, 272 unterwirft eine für wenige Tage eingeschobene Zwischenlagerung, für die ein besonderer Lagervertrag abgeschlossen wurde, nach § 242 BGB der Haftung und Verjährung nach § 8 GüKUMT. Es ist in der Tat nicht zu akzeptieren, wenn der Unternehmer den Auftraggeber dazu bringt, für eine Zeit, die an sich eine verkehrsbedingte Zwischenlagerung darstellt, das Gut aus der zwingen Haftung herausnimmt. Daher ist *Bischof* Rdn. 37 nicht zuzustimmen, der formal auf den Abschluß des Lagervertrages abstellt.

§ 8 Nr. 1 S. 3 sieht – entsprechend Art. 20 Abs. 1 CMR – eine **Verlustfiktion** von 30 bzw. 60 Tagen vor, je nachdem, ob eine Lieferfrist vereinbart war oder nicht; siehe die dortige Erl. in Anh. VI nach § 452.

II. Haftung für sonstige Schäden

„Sonstige Schäden" sind solche, die nicht am beförderten Gut, sondern an anderen Vermögensbestandteilen des Geschädigten entstanden sind[13]. Für diese wird, da in den Haftungsausschlüssen des § 9 GüKUMT weder Nichtverschulden noch höhere Gewalt oder unabwendbares Ereignis enthalten ist (mit Ausnahme von § 8 Nr. 2 c), ohne Verschulden[14] gehaftet. Zum Haftungsumfang siehe § 10 Abs. 6 Nr. 1 GüKUMT.

---

[3] OLG Düsseldorf vom 10. 10. 1991, TranspR **1992** 269, 271.

[4] OLG Düsseldorf vom 10. 10. 1991, TranspR **1992** 269, 271. Schon zu § 9 Abs. 1 BefBMö: OLG Düsseldorf vom 20. 12. 1984, TranspR **1985** 154 f (Auspacken); OLG Düsseldorf vom 9. 5. 1985, TranspR **1985** 284, 285).

[5] *Koller*[2] Rdn. 3. Anders noch OLG Hamburg vom 18. 3. 1931, HRR **1931** Nr. 1699 auf der Grundlage von § 429 HGB.

[6] *Koller*[2] Rdn. 3.

[7] *Koller*[2] Rdn. 3; a. A. *Widmann* S. 101; unklar *Bischof* Rdn. 15, 17.

[8] *Koller*[2] Rdn. 3 gegen *Bischof* Rdn. 20.

[9] *Bischof* Rdn. 19; *Koller*[2] Rdn. 3. Siehe dazu § 429 Rdn. 96 ff.

[10] Davon geht offenbar auch OLG Düsseldorf vom 10. 10. 1991, TranspR **1992** 269, 271 aus; der Sache nach (noch zu § 9 Abs. 1 BefBMö) OLG Düsseldorf vom 9. 5. 1985, TranspR **1985** 284, 285.

[11] Für sie Lagervertragsrecht; OLG Düsseldorf vom 9. 7. 1992, TranspR **1993** 17 f. Meist werden die Allgemeinen Lagerbedingungen des deutschen Möbeltransports (ALB) vereinbart, Kommentierter Abdruck § 424 Anh. IV; zu Neufassung *de la Motte* TranspR **1987** 327 ff.

[12] Z. B. Lagerung von Mobiliar zeitweilig wegen Hausrenovierung ausquartierter Mieter; LG Duisburg vom 9. 1. 1991, TranspR **1991** 345, 346.

[13] Siehe § 31 KVO Rdn. 1; zum grundsätzlichen Ausschluß von Schäden, die als Folge von Güterschäden an anderem Vermögen entstanden sind, siehe § 430 Rdn. 20.

[14] Zur Lieferfristhaftung *Koller*[2] Rdn. 7; *Bischof* Rdn. 70 ff.

1. Verspätungshaftung; Nr. 2 a

7 § 8 Nr. 2 a läßt den Unternehmer für die Überschreitung einer vereinbarten Lieferfrist haften. **Die Vereinbarung einer Lieferfrist** ist weder im Umzugsvertrag (§ 16) noch im Frachtbrief für Handelsmöbel (§ 19) als Gegenstand einer Eintragung vorgesehen. Sie kann jedenfalls formlos erfolgen[15]. Nach richtiger Auffassung ergibt sich die Fälligkeit des Beförderungsanspruchs aus § 428 Abs. 1 HGB; siehe dort Rdn. 2–7. Aus der Formulierung „im Vertrag enthaltene Lieferfrist" läßt sich nicht entnehmen, daß § 8 Nr. 2 a nur für eine in den schriftlichen Umzugsvertrag nach § 16 eingetragene Lieferfristvereinbarung anzuwenden ist[16].

8 Die Verspätungshaftung nach § 8 Nr. 2 a setzt nur eine objektive Überschreitung der Frist voraus. **Verschulden ist nicht Haftungsvoraussetzung**[17]. Dies kann nicht als eine besonders schwerwiegende Haftung angesehen werden, weil die Haftung durch § 10 Abs. 6 Nr. 1 auf maximal 5000 DM beschränkt ist.

9 Verspätungsschäden können neben Güterschäden geltend gemacht werden. § 10 Abs. 5 schließt dies nicht aus, sondern schließt nur Vermögensschäden als mittelbare Folge von Güterschäden aus[18].

2. Falschauslieferung; Nr. 2 b

10 Die Haftung entspricht § 31; siehe dort, Anh. II nach § 452 Rdn. 13. Sie betrifft ausschließlich Vermögensschäden. Verluste oder Beschädigungen durch Falschauslieferung fallen unter die Güterschadenshaftung nach Nr. 1. Zur endgültigen Falschauslieferung als Verlust siehe § 429 Rdn. 24 f.

3. Schuldhafte Schlechtleistung; Nr. 2 c

11 Dieser Haftungstatbestand entspricht § 31 c KVO; siehe dort, Anh. II nach § 452 Rdn. 15 ff. Die Haftungsvoraussetzung „im Zuge der Beförderung" fehlt jedoch. Dadurch wird der Anwendungsbereich erheblich erweitert. Jedoch muß das Merkmal „Ausführung des Vertrages" eng im Sinne spezifischer Vertragspflichten ausgelegt werden. Es handelt sich um eine in der Höhe durch § 6 Nr. 1 GüKUMT begrenzte Haftung für Schlechterfüllung. Der Tatbestand ist für den Unternehmer extrem günstig, weil er die unbeschränkte Haftung aus bürgerlichrechtlicher positiver Vertragsverletzung als lex specialis ausschließt. Obwohl der Wortlaut eher das Gegenteil nahelegt, ist in diesem Fall die Beweislast nach der für die positive Vertragsverletzung geltenden Regeln zu bestimmen, deren Gerechtigkeitsgehalt unbestritten ist[19]. Die Kosten der Feststellung für Güterschäden fallen nicht unter Nr. 2 c[20].

4. Nachnahmefehler; Nr. 2 d

12 Siehe zur verschuldensfreien Haftung für Nachnahmefehler § 31 KVO, Anh. II nach § 452 Rdn. 23. Zur Haftungsbeschränkung siehe § 10 Abs. 6 Nr. 2 GüKUMT. Nachnahmevereinbarungen sind formlos gültig[21].

---

[15] *Koller*[2] Rdn. 5.; *Bischof* Rdn. 74; **a. A.** *Widmann* S. 105.
[16] Zutreffend *Koller*[2] Rdn. 5 gegen *Widmann* S. 105; siehe zur Wirksamkeit nicht eingetragener Lieferfristabreden nach KVO dort § 11 KVO Rdn. 11; § 26 Rdn. 8.
[17] Zur Lieferfristhaftung *Koller*[2] Rdn. 7.
[18] *Koller*[2] Rdn. 6; mißverständlich *Bischof* Rdn. 80 ff.
[19] Siehe § 31 KVO, Anh. II nach § 452 Rdn. 19; ebenso *Koller*[2] Rdn. 9 gegen *Bischof* Rdn. 102.
[20] Zutreffend *Koller*[2] Rdn. 9; *Bischof* Rdn. 152.
[21] *Bischof* Rdn. 104; *Koller*[2] Rdn. 10.

Sechster Abschnitt. Frachtgeschäft

§ 9
Haftungsausschlüsse

(1) Der Unternehmer haftet nicht für Schäden, entstanden

1. ¹durch Verschulden des Auftraggebers oder des Weisungsberechtigten. ²§ 254 BGB bleibt unberührt;

2. durch Krieg oder kriegsähnliche Ereignisse sowie Verfügungen von hoher Hand, insbesondere durch Beschlagnahme;

3. durch Kernenergie und

4. an radioaktiven Stoffen.

(2) Hat der Unternehmer die erforderliche Sorgfalt beachtet, so haftet er nicht für

1. ¹Verluste oder Beschädigungen des in Behältern aller Art zu befördernden Gutes, sofern es der Unternehmer nicht verpackt hat. ²Entsprechendes gilt für Güter in Fahrzeugen und anderen Ladeeinheiten, wenn der Unternehmer das Be- oder Entladen nicht übernommen hat;

2. Schäden, die infolge der natürlichen oder der mangelhaften Beschaffenheit des Gutes entstehen, wie z. B. Lösen von Verleimungen, Rissig- oder Blindwerden der Politur, Oxydation, innerer Verderb, Lecken oder Auslaufen;

3. Beschädigung der Güter während des Be- oder Entladens, wenn ihre Größe oder Schwere den Raumverhältnissen an der Be- oder Entladestelle nicht entspricht, der Unternehmer den Auftraggeber oder Empfänger vorher darauf hingewiesen und der Auftraggeber auf der Durchführung der Leistung bestanden hat.

Der Unternehmer kann sich nicht auf diese Haftungsausschlüsse berufen, wenn Verluste oder Beschädigungen auf Fahrzeugmängeln oder auf den der Straßen eigentümlichen Gefahren beruhen.

I. Allgemeines

§ 9 GüKUMT entspricht etwa dem früheren § 10 BefBMö. Wesentlicher Unterschied ist das Fehlen des allgemeinen Haftungsausschlusses für höhere Gewalt oder unabwendbares Ereignis, wie er in § 34 S. 1 a KVO bzw. in Art. 17 Abs. 2 enthalten ist. Daher ist die Haftung nach § 8 grundsätzlich Gewährhaftung ohne Verschulden[1]. Zu den Haftungsausschlüssen siehe § 429 Rdn. 59, ferner die ähnlichen Formulierungen in §§ 34 KVO, 15 AGNB, Art. 17 Abs. 2 und 4 CMR. Systematisch ähnelt § 9 GüKUMT der Regelung in § 15 AGNB, wo ebenfalls ein Teil der Ausschlüsse nur die verschuldensfreie Haftung beseitigt; siehe § 15 AGNB, Anh. III/1 nach § 452 Rdn. 14. Alle Haftungsausschlüsse stehen unter dem Vorbehalt des § 15 Abs. 2 GüKUMT in den Fällen von Vorsatz oder grober Fahrlässigkeit. Bei einfacher Fahrlässigkeit des Unternehmers ist der Schaden gem. § 254 zu teilen[2]. **1**

1. Verschulden des Auftraggebers oder des Weisungsberechtigten; § 9 Abs. 1 Nr. 1

Dieser Haftungsausschluß entspricht dem für Verschulden des Verfügungsberechtigten in Art. 17 Abs. 2 CMR bzw. Verschulden des Verfügungsberechtigten in § 34 S. 1 c KVO; siehe dort Rdn. 22 ff. Die Anwendung von § 254 ist in der KVO nicht erwähnt, wird aber von der Rechtsprechung praktiziert; siehe § 34 KVO, Anh. II nach § 452 Rdn. 22. **2**

---

[1] *Bischof* § 8 Rdn. 8 und § 9 Rdn. 1.
[2] Siehe § 34 KVO, Anh. II nach § 452 Rdn. 3 ff;
  *Koller*² § 6 Rdn. 2.

2. Krieg, Verfügungen von hoher Hand, Beschlagnahmen; § 9 Abs. 1 Nr. 2

3 Siehe hierzu den ähnlichen Haftungsausschluß in § 34 S. 1 Buchst. b KVO und dort Rdn. 31 ff. Auch in diesem Falle ist § 254 BGB anzuwenden, auch wenn dies im Gegensatz zu Nr. 1 nicht erwähnt ist[3]. Allerdings ist es im Hinblick auf die Spezialregelung in § 15 Abs. 2 abzulehnen, das mögliche Mitverschulden des Unternehmers so hoch zu bewerten, daß der Haftungsausschluß praktisch entfällt[4].

3. Kernenergie, radioaktive Stoffe; § 9 Abs. 1 Nr. 3 und 4

4 Zu Kernenergie und radioaktiven Stoffen siehe § 425 Rdn. 22. Der Ausschlußtatbestand ist weder in der KVO noch in der CMR entsprechend vorhanden.

4. Haftungsausschlüsse wegen besonderer Verhältnisse des Frachtguts; § 9 Abs. 2
a) Grundsätzliches; Ausnahmen

5 Die Haftungsausschlüsse nach § 9 Abs. 2 betreffen Schäden, die wegen der besonderen Eigenart des Gutes entstehen. Sie weisen zwei Besonderheiten auf:
(1) Sie gelten nicht im Falle von Verschulden des Unternehmers und **reduzieren daher nur die Erfolgshaftung des § 8 auf eine Haftung für vermutetes Verschulden**. Die Beweislast für Nichtverschulden trägt also der Unternehmer[5]. Hat der Unternehmer die erforderliche Sorgfalt beachtet, so haftet er überhaupt nicht.
(2) Beruht der Güterschaden auf **Fahrzeugmängeln oder auf den der Straßen eigentümlichen Gefahren**[6], greifen die Haftungsausschlüsse nicht ein. Insoweit bleibt es bei der reinen Erfolgshaftung nach § 8 GüKUMT.

b) Laden, Entladen, Verpacken des Guts durch Auftraggeber oder Dritten; § 9 Abs. 2 Nr. 1

6 Die umständlich formulierten Haftungsausschlüsse nehmen dem Unternehmer global das besondere Risiko aus der Lade-, Entlade- und Verpackungstätigkeit anderer Personen ab. Hat der Unternehmer nicht zu ver- oder entladen, haftet er i. E. nicht für Schäden, die während dieser Zeit entstehen[7]. Die Haftungsbefreiung für fremdverladene oder -entladene Güter nach § 9 Abs. 2 Nr. 1 bezieht sich daher wohl nur auf Schäden, die während der Obhut des Unternehmers aufgrund von Verlade- oder Entladefehlern eintreten; *Koller*[2] Rdn. 6. Sie wird jedoch durch gewichtige Rückausnahmen[8] eingeschränkt: Der Unternehmer haftet, auch wenn er nicht verladen hat, jedenfalls für die Gefahren des Kraftfahrzeugs und der Straße; § 9 Abs. 2 letzter Satz[9]. Kann er sich nicht entlasten, greift ohnehin der Haftungsausschluß nicht ein. Sind – gemäß der Risikozuweisung des § 9 Abs. 2 GüKUMT die Schäden sowohl durch Auftraggeberrisiken als durch Unternehmerrisiken verursacht, ist § 254 BGB anzuwenden[10].

---

[3] Zutreffend *Koller*[2] Rdn. 3.

[4] So aber *Koller*[2] Rdn. 3 gegen *Bischof* Rdn. 10, der darüber aber keine Aussage macht.

[5] So schon zu § 10 Abs. 2 BefBMö: OLG Düsseldorf vom 7. 3. 1985, TranspR **1985** 190 = VersR **1986** 573 f; OLG Düsseldorf vom 9. 5. 1985, TranspR **1985** 284, 285 f; zum GüKUMT *Koller*[2] Rdn. 1, 5; für Darlegungslast des Auftraggebers AG Hamburg vom 24. 11. 1987, VersR **1988** 693. Siehe dazu auch § 15 AGNB, Anh. III/1 nach § 452 Rdn. 14.

[6] § 9 Abs. 2 letzter Satz. Siehe § 34 KVO, Anh. II nach § 452 Rdn. 12 f und § 15 AGNB Rdn. 5.

[7] Siehe § 2 Rdn. 2; *Koller*[2] Rdn. 6.

[8] Zu diesen Ausnahmen siehe Rdn. 5.

[9] Dies scheint das KG vom 4. 2. 1986, berichtet von *Herzog* TranspR **1988** 8, 9 übersehen zu haben. Zur § 10 Abs. 2 S. 2 BefBMö siehe schon OLG Düsseldorf vom 9. 5. 1985, TranspR **1985** 284, 286.

[10] Der allgemeine Hinweis auf § 254 BGB in § 10 Abs. 3 BefBMö ist zwar aufgehoben worden. Siehe jedoch die Rechtsprechung zu § 34 KVO dort, Anh. II nach § 452 Rdn. ff.

c) Beschaffenheitsmängel; § 9 Abs. 2 Nr. 2

§ 9 Abs. 2 Nr. 2 entspricht Art. 17 Abs. 4 d CMR[11] und § 34 S. 1 Buchst. h, i und n KVO[12]. Daher ist das Risiko nur dann dem Auftraggeber oder Empfänger zugewiesen, wenn es sich um eine unter den dem Vertrag zugrundeliegenden Beförderungsverhältnissen besonders risikobehaftete Ladung handelt[13].

d) Ver- oder Entladen schwerer und großer Güter; § 9 Abs. 2 Nr. 3

Dieser Haftungsausschluß[14] betrifft das besonders bei Umzugsgut bestehende Sonderrisiko der erschwerten Beförderung von der Übernahmestelle (z. B. einer Wohnung) zum Fahrzeug und von dort zum Endpunkt der Beförderung. Als Beispiel ist der Umzugstransport eines Flügels von einer Wohnung zur anderen über Treppen. In solchen Fällen ist mit dem Hinweis auf das besondere Risiko und der Zustimmung des Auftraggebers Klarheit geschaffen, daß der Transportversuch auf Risiko des Auftraggebers geht. Der Unternehmer ist jedoch von der Haftung nicht befreit, wenn ihn Verschulden trifft (siehe Rdn. 5). Er hat also alle ihm zumutbaren Vorkehrungen zu treffen, um das Risiko einzuschränken[15].

§ 10

Haftungsbeschränkungen

(1) Die Haftung des Unternehmers für Verlust oder Beschädigung von Gütern ist beschränkt

1. auf den Betrag von 4000 DM je Möbelwagenmeter, der zur Erfüllung des Vertrages benötigt wird,

2. auf den vom Auftraggeber im Vertrag angegebenen Wert der Sendung, wenn dieser höher ist als der nach Nummer 1 errechnete Betrag.

(2) Der Unternehmer hat den Auftraggeber über die Haftungsbestimmungen und über die mit der Angabe des Wertes der Sendung verbundenen Rechtsfolgen schriftlich zu unterrichten.

(3) Hat der Unternehmer auf Grund des Vertrages für Verlust des Gutes Ersatz zu leisten, so ist der gemeine Handelswert, und in dessen Ermangelung der gemeine Wert zu ersetzen, welchen Gut derselben Art und Beschaffenheit am Orte der Ablieferung zu dem Zeitpunkt hatte, in welchem die Ablieferung zu bewirken war; hiervon kommt in Abzug, was infolge des Verlustes an Zöllen und sonstigen Kosten sowie an Fracht erspart ist.

(4) Im Falle der Beschädigung richtet sich die Entschädigung nach dem Unterschied zwischen dem Verkaufswert des Gutes in beschädigtem Zustand und dem gemeinen Handelswert oder dem gemeinen Wert, welchen das Gut ohne die Beschädigung am Ort und zur Zeit der Ablieferung gehabt haben würde; hiervon kommt in Abzug, was infolge der Beschädigung an Zöllen und sonstigen Kosten erspart ist.

---

[11] In Art. 18 Abs. 2 S. 1 CMR so zusammenfassend bezeichnet. Aus der Rechtsprechung: BGH vom 20. 10. 1983, TranspR **1984** 100, 101 und 212 ff = VersR **1984** 262 f = ETR **1985** 160 ff; vom 4. 10. 1984, NJW **1985** 554 f = TranspR **1985** 125, 126 = VersR **1985** 133 f; KG vom 13. 3. 1980, TranspR **1980** 948 f; OLG Hamburg vom 28. 2. 1985, TranspR **1985** 188, 189; OLG Hamm vom 18. 10. 1984, TranspR **1985** 107, 109. Der österr. ObGH vom 2. 9. 1987, SZ **1960** 159, S. 158 spricht von „besonderem Beförderungsrisiko" und „typischer erhöhter Beförderungsgefahr".

[12] Siehe dort, Anh. II nach § 452 Rdn. 40 ff, insbesondere 42; ferner die Erl. zu Art. 17 Abs. 4 CMR, Anh. VI nach § 452.

[13] So auch *Koller*[2] Rdn. 7 mit eingehender Begründung. Von dieser Auslegung geht wohl auch *Widmann* S. 121 f aus.

[14] Er entspricht dem früheren § 10 Abs. 2 Nr. 5.

[15] *Koller*[2] Rdn. 8; *Widmann* S. 122.

(5) Der Unternehmer haftet nicht für Schäden, die als Folge des Verlustes oder der Beschädigung des Gutes eintreten.

(6) Die Haftung des Unternehmers für andere als Güterschäden ist beschränkt

1. in den Fällen des § 8 Nr. 2 Buchstabe a bis c auf die Höhe des nach dem Vertrag geschuldeten Entgelts, höchstens auf den Betrag von 5000 DM;

2. im Falle des Nachnahmeversehens auf den Betrag der Nachnahme, höchstens auf den Betrag von 5000 DM.

(7) Der Unternehmer ist berechtigt, die Entschädigung in Geld zu leisten.

(8) Als ein Möbelwagenmeter gilt der Laderaum von 5 Kubikmeter Rauminhalt.

I. Allgemeines

1 Die Haftungsbeschränkungen[1] sind teilweise Übernahmen aus dem HGB (Abs. 3, 4) oder aus der KVO. Die summenmäßige Haftungsbeschränkung ist jedoch mit der Anknüpfung an das Raummaß des Möbelwagenmeters eine Besonderheit. Die Haftungseinschränkung gelten nicht bei Vorsatz oder grober Fahrlässigkeit des Unternehmers oder seiner Leute; § 15 Abs. 2 GüKUMT. Siehe zu § 10 GüKUMT generell § 429 Rdn. 199 sowie die Anmerkungen zu den §§ 430 HGB, §§ 31 Abs. 2, 35, 36 KVO; Art. 23–26 CMR.

II. Allgemeine Bestimmungen zur Schadensberechnung

1. § 10 Abs. 3 und 4 GüKUMT

2 Die Regeln über die Berechnung des Schadensersatzes bei Verlust und Beschädigung (§ 8 Nr. 1 GüKUMT) sind nahezu wörtliche Übernahmen aus dem HGB. Abs. 3 des § 10 GüKUMT entspricht § 430 Abs. 1; Abs. 4 entspricht § 430 Abs. 2 HGB. Daher kann voll auf die Erläuterungen zu § 430 Rdn. 26 ff und Rdn. 45 ff verwiesen werden.

2. § 10 Abs. 5, 7 GüKUMT

3 In § 10 Abs. 5 ist der allgemeine frachtrechtliche Grundsatz des Wertersatzes und damit des Ausschlusses mittelbarer Schäden aus der Güterschadenshaftung ausgesprochen, wie er auch § 430 HGB zu Grunde liegt; siehe dort Rdn. 20. Abs. 7 spricht überflüssigerweise aus, daß der Unternehmer nur Geldersatz schuldet. Schadensersatz – auch soweit kein Güterschaden vorliegt (§ 8 Nr. 2 GüKUMT) – ist Geldersatz; dazu für Güterschäden § 430 Rdn. 19. Daß die Wertersatzschuld Geldschuld ist, wird in Abs. 4 geklärt[2]. Dem Geschädigten steht danach kein Recht auf Selbstreparatur von Schäden zu. § 249 BGB ist nicht anzuwenden[3]. Wenn der Geschädigte einverstanden ist, kann der Unternehmer auch Naturalrestitution leisten[4].

III. Spezielle Haftungsbegrenzung für Güterschäden; § 10 Abs. 1, 2 und 5 GüKUMT

4 Die Güterschadenshaftung nach § 8 Abs. 1 GüKUMT ist in einer doppelten Weise begrenzt: Nach der nach dem Transportraum bemessenen Haftungshöchstsumme (Abs. 1 Nr. 1) und nach der Wertangabe des Auftraggebers. Von diesen gilt – zugunsten

---

[1] § 10 GüKUMT weitgehend § 11 BefBMö; insoweit kann die ältere Rechtsprechung herangezogen werden.

[2] OLG Frankfurt vom 17. 3. 1992, TranspR 1992 409, 410.

[3] Zutreffend *Koller*[2] Rdn. 1. **A. A.** *Bischof* § 8 Rdn. 21 ff, § 10 Rdn. 45.

[4] Zutreffend *Koller*[2] Rdn. 2 gegen die mit der Tarifvorschrift des § 22 Abs. 2 GüKG begründete Gegenauffassung von *Bischof* Rdn. 45.

des Geschädigten – der jeweils höhere Betrag. Erstattungsfähig ist innerhalb dieser Grenzen nur der nachweisbar entstandene Güterschaden. Die niedrigen Haftungsgrenzen werden den oft sehr viel höheren Werten der beförderten Güter nicht immer gerecht; dies gilt insbesondere beim Transport von EDV-Anlagen bei Geschäftsumzügen[5]. Da den Unternehmer nach § 10 Abs. 2 eine strenge Unterrichtungspflicht über die Haftungsumstände trifft, kann der Auftraggeber durch entsprechende Wertangaben eine höhere Haftung sicherstellen oder eine entsprechende Güterversicherung decken[6]. Damit wird die am globalen Raumbedarf orientierte Haftungsbegrenzung den Wertverhältnissen der Güter angepaßt.

1. Unterrichtungspflicht des Unternehmers; § 10 Abs. 2

Die schriftliche Unterrichtungspflicht des Unternehmers betrifft sowohl die Haftungsbestimmungen, insbesondere die Haftungsgrenze nach Abs. 1 Nr. 1 als auch eine Belehrung über die Auswirkung der Wertangabe. Da § 10 Abs. 2 allgemein von Haftungsbestimmungen spricht, ist fraglich, ob die Unterrichtung auch die Grundsätze der Haftung (§ 8), die Haftungsausschlüsse (§§ 9, 15) und auch die Haftungsgrenzen für Nicht-Güterschäden betreffen soll. Aus der Stellung von Abs. 2 innerhalb von § 10 kann der Schluß gezogen werden, daß die Unterrichtungspflicht sich nur auf die vorausgehenden Regelungen des Abs. 1 bezieht[7]. 5

Inwieweit die bei *Koller*[2] Rdn. 2 entwickelten hohen **Anforderungen an den Inhalt der Unterrichtung** gerechtfertigt sind, ist zweifelhaft[8]. Die Anforderungen sind aus der Rechtsprechung zum AGB abgeleitet[9]. Die Voraussetzungen von § 2 AGBG liegen bei Anwendung der Haftungsbeschränkungen der Rechtsverordnung GüKUMT nicht vor. In § 11 Abs. 2 GüKUMT handelt es sich nicht um Hinweise auf vom Verwender einseitig gestellte Bedingungen, sondern um eine Unterrichtung über den Inhalt materieller Gesetzesvorschriften. Hierfür gelten die AGB-rechtlichen Maßstäbe nicht; siehe vor § 1 Rdn. 2. *Koller* und dem OLG Düsseldorf ist jedoch im Ergebnis zuzustimmen[10]. Jedenfalls genügt der Unternehmer seiner Unterrichtungspflicht nicht, wenn er lediglich auf der Rückseite des formularmäßigen Umzugsvertrages den Text des GüKUMT, Anh. IV nach § 452 abdruckt. Das hätte auch zu gelten, wenn dabei eine große Schrift verwendet und auf der Vorderseite einen Hinweis auf den umseitigen Abdruck gegeben hätte. „Unterrichtung" bedeutet eine Aufklärung, die dem Verständnis des Kunden entsprochen hätte. Bei der Beförderung von Handelsmöbeln und bei kaufmännischen Umzügen ist die Verständnismöglichkeit eines ordentlichen Kaufmanns, bei Privatumzügen eines normalen Bürgers zugrundezulegen. Unterrichtung bedeutet sicherlich auch, Rückfragen richtig zu beantworten. Die von *Koller*[2] Rdn. 2 vorgeschlagene Analogie zu § 2 S. 2 HausTWG ist akzeptabel, wenn sie sich nur auf die „drucktechnisch deutliche Gestaltung" bezieht, läßt sich aber nicht auf andere Aussagen des § 2 HausTWG ausdehnen. Diese Bestimmung ist einer Rechtsmittelbelehrung nachgebildet und bezieht sich auf einen sozial völlig anderen Fall, den der Überrumpelung, während der Umzugsvertrag aus eigener Initiative des Auftraggebers abgeschlossen und in aller Regel gründlich vor- 6

---

[5] Siehe dazu *Walchner* DVZ Nr. 9 vom 22. 1. **1992** S. 21.
[6] Siehe dazu § 429 Anh. I Rdn. 52; (noch zu den damaligen BefBMö) *Sievers* TranspR **1982** 3 f.
[7] *Bischof* Rdn. 81; wohl auch *Koller*[2] Rdn. 2, der die Bestimmung im Abschnitt „Güterschäden" behandelt; entsprechend *Widmann* S. 128 f. siehe jedoch *Koller*[2] § 18 Rdn. 1.

[8] Formularmäßige Unterrichtung wird in der Rechtsprechung weitgehend als unproblematisch behandelt; s. z. B. OLG Stuttgart vom 15. 1. 1986, TranspR **1986** 149 f; siehe auch § 13 Rdn. 11.
[9] Entsprechend OLG Düsseldorf vom 16. 2. 1989, TranspR **1989** 265 f (zu § 13 Abs. 3 GüKUMT). Dagegen zutreffend *Demuth* TranspR **1990** 101.
[10] Ebenso *Demuth* TranspR **1990** 101 f.

besprochen wird. Grundsätzlich trifft eine vertragschließende Partei keine Pflicht, den Vertragspartner über die gesetzliche Rechtslage umfassend aufzuklären. Die für die entsprechende Anwendung einer Ausnahmevorschrift wie § 2 HausTWG erforderliche Ähnlichkeit der Interessenlage liegt hier nicht vor. Eine informativ über den reinen Verordnungstext hinausgehende sachliche Unterrichtung ist daher ausreichend.

7 **Rechtsfolgen des Verstoßes** gegen die Unterrichtungspflicht gibt § 10 Abs. 2 nicht an. Grundsätzlich ist die Verletzung dieser Pflicht positive Vertragsverletzung. Damit wird sie an sich durch die Haftungsnorm des § 8 Nr. 2 b mit der Folge beschränkter Haftung nach § 10 Abs. 6 Nr. 1 GüKUMT erfaßt; *Bischof* Rdn. 84. Dies bedeutet, daß der Ersatz möglicherweise weitreichender Schadensfolgen auf das Entgelt, höchstens aber 5000 DM beschränkt werden. *Koller*[2] Rdn. 2 will dem Unternehmer mit verbraucherschutzrechtlichen Argumenten die Berufung auf die Haftungsbeschränkung abschneiden. Demgegenüber hält *Widmann* S. 131 f die unbeschränkte Haftung nach § 15 Abs. 2 GüKUMT wegen grober Fahrlässigkeit ganz regelmäßig für gegeben. Dem ist zuzustimmen, weil die Versäumung oder nicht ordnungsgemäße Ausführung der schriftlichen Unterrichtung wohl stets auf ein grobes Organisationsverschulden zurückzuführen ist. Sollte ausnahmsweise nur leichte Fahrlässigkeit vorliegen, ist auch die Haftungsbeschränkung akzeptabel.

2. Summenmäßige Haftungsbegrenzung, § 10 Abs. 1 Nr. 1, 8 GüKUMT

8 Die Begrenzung der Haftung auf 4000 DM je Möbelwagenmeter nimmt Bezug auf den für den Umzugs- oder Möbeltransport benötigten[11] Raum im Kraftfahrzeug. § 13 Abs. 8 bestimmt den Möbelwagenmeter mit einem Laderaum von 5 Kubikmeter Rauminhalt. Angefangene Möbelwagenmeter sind anteilig zugrundezulegen[12], wie dies teilweise auch im Entgelttarif der Fall ist. Der benötigte Raum wird zum Maßstab genommen. Wird das Gut lockerer als nötig geladen, zählt der zusätzliche Raumbedarf also nicht mit.

3. Wertangabe des Auftraggebers; § 10 Abs. 1 Nr. 2

9 Die Haftungsgrenze bestimmt sich nach dem vom Auftraggeber im Vertrag angegebenen Wert. Daraus ist nicht zu folgern, daß der Betrag im schriftlichen Umzugsvertrag (§ 16 Abs. 3 Nr. 9) oder im Frachtbrief für Handelsmöbel (§ 19 Abs. 2 Nr. 10) angegeben sein muß. Dies ergibt sich aus §§ 16 Abs. 4 und 19 Abs. 6 GüKUMT[13]. Die Wertangabe kann somit zwar formlos, aber nur durch Vereinbarung mit dem Unternehmer erfolgen. Konkludenter Vertragsabschluß ist daher möglich, auch die nachträgliche Wertvereinbarung durch Abänderung eines bereits abgeschlossenen Vertrags. Der angegebene Wert ist nur eine Höchstgrenze der Haftung, keine Pauschale. Erforderlich ist innerhalb dieses Rahmen der Nachweis der Schadenshöhe nach § 10 Abs. 3–5.

IV. Haftungsbegrenzung für andere als Güterschäden; § 10 Abs. 6

10 Die Vorschrift entspricht hinsichtlich der Beschreibung § 31 Abs. 1 KVO[14]. Die Haftungsgrenzen unterscheiden sich in Einzelheiten von § 31 Abs. 2 KVO[15]. Sie gelten gem. § 15 Abs. 1 GüKUMT auch für konkurrierende Ansprüche, insbesondere aus unerlaub-

---

[11] Nicht auf den gestellten Laderaum; OLG Stuttgart vom 15. 1. 1986, TranspR **1986** 149 f unter Bezugnahme auf die tarifliche Entgeltregelung in § 24 Abs. 2 GüKUMT.
[12] *Bischof* Rdn. 55; *Koller*[2] Rdn. 3.
[13] Zutreffend *Koller*[2] Rdn. 3.
[14] Siehe dazu § 31 KVO, Anh. II nach § 452 Rdn. 4 ff.
[15] Siehe zu diesen § 31 KVO, Anh. II nach § 452 Rdn. 25.

ter Handlung. Die Beträge sind im Hinblick auf große Schäden – insbesondere bei § 8 Nr. 2 c GüKUMT – entschieden zu niedrig[16]. Bei Vorsatz und grober Fahrlässigkeit scheidet die Haftungsbegrenzung aus; § 15 Abs. 2 GüKUMT.

§ 11
Haftung für Dritte

Der Unternehmer haftet für seine Bediensteten und für andere Personen, deren er sich bei Ausführung der von ihm übernommenen Leistungen bedient.

§ 11 GüKUMT entspricht inhaltlich § 456 HGB, Art. 3 CMR und Art. 50 § 1 ER/CIM 1980 und (mit Abweichungen) § 607 HGB[1]. Die Vorschrift hat ihre Bedeutung überall, wo es auf Verschulden des Unternehmers ankommt[2]. Soweit der Unternehmer ohne Verschulden haftet, kommt es auf § 11 an, wenn das objektive Verhalten der Gehilfen zuzurechnen ist. Der Unternehmer hat auch für Verschulden selbständiger Unternehmer, z. B. für Unterfrachtführer, einzustehen[3]. **1**

§ 12
Abtretung

Der Unternehmer ist auf Verlangen des Ersatzberechtigten verpflichtet, die ihm aus dem von ihm abzuschließenden Versicherungsvertrag zustehenden Rechte an den Ersatzberechtigten abzutreten.

§ 12 GüKUMT entspricht Art. 38 KVO[1]. **1**

§ 13
Erlöschen der Ansprüche

(1) Mit der Annahme des Gutes durch den Empfänger erlöschen alle Ansprüche gegen den Unternehmer.

(2) Ausgenommen sind Ansprüche aus
1. offensichtlichen Verlusten, Teilverlusten oder Beschädigungen des Gutes, wenn diese spätestens bei der Ablieferung schriftlich gerügt werden;
2. äußerlich nicht erkennbaren Schäden, wenn sie binnen zehn Tagen nach Annahme des Gutes schriftlich angezeigt werden und der Ersatzberechtigte beweist, daß sie während der dem Unternehmer obliegenden Behandlung des Gutes entstanden sind;
3. anderen als Güterschäden, sofern sie innerhalb eines Monats, gerechnet vom Tage der Ablieferung, schriftlich geltend gemacht werden.

---

[16] *Koller*[2] Rdn. 4.

[1] Siehe § 431 Rdn. 8 ff.
[2] *Koller*[2] Rdn. 1 gegen *Bischof* Rdn. 22. Siehe auch § 6 KVO, Anh. II nach § 452 Rdn. 6. Z. B. in § 8 Nr. 2 c; 9 Abs. 2, 15 Abs. 2; zur groben Fahrlässigkeit nach dem früheren § 11 Abs. 2 BefBMö siehe OLG Frankfurt vom 10. 7. 1979, TranspR **1981** 20 f.
[3] Noch zur Vorgängerbestimmung § 12 BefBMö: OLG Düsseldorf vom 3. 5. 1984, TranspR **1984** 198, 199 = VersR **1984** 1089 f. Siehe auch § 16 GüKUMT Rdn. 5.

[1] Siehe § 38 KVO, Anh. II nach § 452, insbesondere Rdn. 13 ff. Zur GüKUMT-Versicherung allgemein: Anh. I nach § 429 Rdn. 13, 38, 52; *Bischof* S. 122 ff. Anwendungsfall: AG Hamburg vom 24. 11. 1987, VersR **1988** 693.

(3) ¹Der Unternehmer ist verpflichtet, den Empfänger spätestens bei der Ablieferung des Gutes auf die Rechtsfolgen der Annahme des Gutes, auf die Rügepflicht sowie die Schriftform und Frist der Rüge hinzuweisen. ²Unterläßt er diesen Hinweis, so kann er sich nicht auf Absatz 1 berufen.

I. Grundsatz und Anwendungsbereich
1. Grundsatz

1 § 13 Abs. 1 GüKUMT regelt den Grundsatz der in allen Bereichen des Frachtrechts vorgesehenen Präklusion der Ersatzansprüche[1] abweichend von § 438 HGB, aber angelehnt an § 39 Abs. 1 KVO[2] und § 22 AGNB[3]. Die Zahlung von Fracht und anderen Forderungen ist nicht Voraussetzung für das Erlöschen der Ansprüche gegen den Unternehmer.

2. Anwendungsbereich

2 Es erlöschen nur die Ansprüche gegen den Unternehmer. Eingeschlossen sind aber auch alle mit der Ausführung des GüKUMT-Vertrages zusammenhängenden Ersatzansprüche, insbesondere auch Ansprüche aus unerlaubter Handlung; § 15 Abs. 1 GüKUMT. § 13 ist nicht anzuwenden im Falle von Vorsatz oder grober Fahrlässigkeit des Unternehmers; § 15 Abs. 2. Auf § 13 können sich auch die Gehilfen des Unternehmers berufen; § 15 Abs. 3.

3. Zwingende Wirkung

3 Bis zur Aufhebung des Tarifrechts[4] kann § 13 nicht durch Vertrag ausgeschlossen werden; § 22 Abs. 2 GüKG[5]. Ein Verzicht des Unternehmers auf die Rechte aus § 13 GüKUMT ist bisher als Verstoß gegen § 22 Abs. 2 GüKG unwirksam; ab 1. 1. 1994 kann von § 13 zugunsten des Kunden abgewichen werden; siehe vor § 1 Rdn. 3.

II. Schadensrüge oder -anmeldung: Ausnahmen vom Erlöschen; § 13 Abs. 2

4 Der Auftraggeber (oder Empfänger) kann durch rechtzeitige Schadensrüge, Schadensanmeldung oder Geltendmachung des Schadens das Erlöschen der Ansprüche nach Abs. 1 verhindern. § 13 Abs. 2 regelt dies in einer insbesondere terminologisch nicht sehr glücklichen Weise in den drei Ziffern des Abs. 3 und unterscheidet dabei zwischen „offensichtlichen", „äußerlich nicht erkennbaren" und nicht am Frachtgut entstandenen Schäden; *Koller*[2] Rdn. 2.

1. Offensichtliche Verluste, Teilverluste oder Beschädigungen des Gutes; § 13 Abs. 2 Nr. 1

5 Diese Schäden[6] müssen spätestens bei der Ablieferung schriftlich **gerügt** werden. Die Rüge muß schriftlich erfolgen, bedarf aber keiner Unterschrift[7], weil es sich nicht um eine schriftformbedürftige Willenserklärung handelt. Der Auftraggeber oder Empfänger muß in dieser Rüge die Art des Schadens genau bezeichnen, wenn auch der Schadensum-

---

[1] Siehe dazu § 438 Rdn. 1–8.
[2] Siehe die dortige Erl., Anh. II nach § 452.
[3] Anh. III nach § 452.
[4] Tarifaufhebungsgesetz (wirksam ab 1. 1. 1994), siehe vor § 1 GüKG, Anh. I nach § 452 Rdn. 1 ff).
[5] LG Düsseldorf vom 4. 11. 1987, TranspR **1988**
114 f; LG Bonn vom 13. 5. 1988, TranspR **1989** 16, 17; AG Seligenstadt vom 25. 9. 1991, TranspR **1992** 221 f; *Demuth* TranspR **1990** 101, 102.
[6] Zu den Begriffen des Verlustes, des Teilverlustes und der Beschädigung siehe § 429 Rdn. 11 ff.
[7] *Koller*[2] Rdn. 2.

fang erst später festgestellt werden kann. Die Rüge ist eine einseitige Wissenserklärung und braucht vom Unternehmer nicht bestätigt zu werden[8]. Der Zugang der Rüge ist vom Auftraggeber oder Empfänger zu beweisen[9]. Auf die Unterlassung der Rüge kann sich der Unternehmer nicht berufen, wenn er Schäden arglistig verschwiegen hat[10]. Ein schriftliches Anerkenntnis der Mangelfreiheit des Kunden bewirkt, daß er sich nur noch auf äußerlich nicht erkennbare Mängel berufen kann. Dazu genügt die Unterschrift eines der umziehenden Ehepartners zwar nicht nach § 1357 BGB, es kann jedoch eine stillschweigende Bevollmächtigung oder Anscheinsvollmacht bejaht werden[11].

„Offensichtlich" ist ein Schaden, wenn er ohne nähere Untersuchung auffällt, also **6** bei Verlusten ohne Zählen im einzelnen, bei Beschädigungen ohne Einzelprüfung der Möbelstücke. Dabei sind die Umstände des Falles heranzuziehen[12]. Angesichts der Umstände eines Umzugs muß der Begriff so ausgelegt werden, daß ein Schaden, wenn er sich nicht gerade aufdrängt (z. B. ein zerbrochener Spiegel) im Zweifel nicht offensichtlich ist, so daß dem Auftraggeber die Möglichkeit einer Prüfung und späteren Schadensanmeldung nach Nr. 2 bleibt.

Der **begriffliche Gegensatz zwischen Nr. 1 und Nr. 2** ist im Text nicht klar zum **7** Ausdruck gekommen, weil der Gegensatz zu „offensichtlich" sprachlich richtig „nicht offensichtlich", nicht aber „äußerlich nicht erkennbar" heißen müßte. Man muß davon ausgehen, daß zwischen den beiden Absätzen Nummern des § 13 ein Verhältnis des Entweder-Oder bestehen soll. Daher sollte als äußerlich nicht erkennbar jeder nicht offensichtliche Schaden angesehen werden[13]. Daß hier äußerliche Erkennbarkeit und Offensichtlichkeit zusammenfallen, läßt sich damit begründen, daß dem Auftraggeber oder Empfänger beim Umzugstransport keine nennenswerten sofortigen Überprüfungen zugemutet werden können. Solche kann man von Privatpersonen im Durcheinander des Umzugs nicht erwarten[14]. Hinzu kommt, daß die Bed. GüKUMT keine Möglichkeit eines Schadensvorbehalts wie nach § 22 Abs. 2 c kennt[15].

Die **Rüge** hat „bei Ablieferung", also **am Ende des Obhutszeitraums zu erfolgen**. **8** Dabei kommt es darauf an, welche Pflichten der Unternehmer übernommen hat[16].

2. Äußerlich nicht erkennbare Schäden; § 13 Abs. 2 Nr. 2

Äußerlich erkennbar ist nur, was mit den **handelsüblichen Untersuchungsmetho- 9 den** von außen nicht festgestellt werden kann[17]. Geht man davon aus, daß der Kunde beim Umzug kaum in der Lage ist, Untersuchungen anzustellen, muß sich die Überprüfung auf eine sehr oberflächliche beschränken; siehe Rdn. 7. Bei verpackten Gütern sind Schäden des Inhalts nicht äußerlich erkennbar, wenn die Verpackung nicht deutlich beschädigt war[18] oder durch Klirren oder andere auffallende Zeichen erkennbar ist. Wird die nach §§ 187 ff zu berechnende[19] Rügefrist von 10 Tagen versäumt, tritt der

---

[8] *Koller*[2] Rdn. 2 gegen *Bischof* Rdn. 22.
[9] *Koller*[2] Rdn. 2. Siehe zu den Besonderen Bedingungen für den BefBMö: OLG Düsseldorf vom 7. 3. 1985, TranspR **1985** 190 191 f = VersR **1986** 573 f: Absendung genügt zur Fristwahrung.
[10] *Koller*[2] Rdn. 2 a. E. analog § 377 Abs. 5 HGB.
[11] So jedenfalls i. E. *Kraus* zu § 13 S. 27 mit Hinweis auf AG Uelzen vom 2, 7. 184 (unveröff.).
[12] *Koller*[2] Rdn. 2; OLG Düsseldorf vom 11. 5. 1988, TranspR **1988** 340 ff.
[13] So wohl auch *Koller*[2] Rdn. 2; AG Hamburg vom 24. 11. 1987, VersR **1988** 693 (offensichtlich ist gleich äußerlich erkennbar).

[14] Ebenso *Koller*[2] Rdn. 2. Trotz Festhaltens am Untersuchungsbegriff des § 438 im Ergebnis wegen der Fallumstände ebenso OLG Düsseldorf vom 11. 5. 1988, TranspR **1988** 340 ff. Anders wohl AG Hamburg vom 24. 11. 1987, VersR **1988** 693.
[15] OLG Düsseldorf vom 11. 5. 1988, TranspR **1988** 340, 341. Siehe § 22 AGNB, Anh. III/1 nach § 452 Rdn. 7.
[16] Zutreffend *Koller*[2] Rdn. 2; siehe § 2 Rdn. 1.
[17] Siehe § 438 Rdn. 30 ff.
[18] *Koller*[2] Rdn. 3.
[19] LG Bonn vom 24. 7. 1990, TranspR **1991** 25, 26.

Anspruchsverlust ein. Es kommt dann auch nicht mehr darauf an, ob der Schaden bis dahin erkennbar geworden ist[20].

3. Andere als Güterschäden; § 13 Abs. 2 Nr. 3

10 Die Monatsfrist gilt für alle Schäden, die nicht am Frachtgut entstanden sind, insbesondere Vermögensschäden nach § 8 Nr. 2 GüKUMT, sondern auch für Ansprüche aufgrund anderer Anspruchsgrundlagen, z. B. aus unerlaubter Handlung, sofern sie keine Verluste und keine Beschädigungen des Guts betreffen[21].

III. Unterrichtung über die Rügepflicht; § 13 Abs. 3

11 Die Hinweispflicht auf die gesetzliche Rügeobliegenheit soll insbesondere den nichtkaufmännischen Auftraggeber des Umzugsvertrages vor der den Rechtsverlust begründenden Wirkung der Rügeversäumis schützen. Dies ist vor allem deshalb erforderlich, weil § 13 Abs. 1 sich nicht mit einer Verschlechterung der Beweislage für die nicht gerügten Schäden begnügt[22], sondern die zumindest im nichtkaufmännischen Bereich überzogene Erlöschenswirkung anordnet; siehe Rdn. 1. Für die Gestaltung des schriftlichen Hinweises wird allgemein ein für den Kunden verständlicher Hinweis in gut lesbarer Schrift gefordert[23]. Dazu genügt z. B. ein dem Auftraggeber vor oder nach Abschluß der Umzugs zur Abzeichnung vorgelegtes „Schadenszertifikat", in dem auf die Frist und die Rüge hingewiesen und auf dessen Rückseite der Text des GüKUMT abgedruckt ist[24]. Allerdings darf der Hinweis auf den drohenden Anspruchsverlust nicht in der Unterrichtung fehlen. Eine zusätzliche mündliche Aufklärung genügt dem Erfordernis des § 13 Abs. 3 nicht[25]. Sie kann aber dazu führen, daß die Berufung des genau informierten Kunden auf § 13 Abs. 3 rechtsmißbräuchlich ist. Bei ausländischen, der deutschen Sprache nicht kundigen Auftraggebern genügt der schriftliche Hinweis in deutscher Sprache. Es ist Sache des Auftraggebers, sich eine Übersetzung zu besorgen[26]. Der ausländische Kunde trägt, wie bei allen deutschen Gesetzen, das Sprachrisiko. Dies rechtfertigt sich durch die entsprechende Behandlung Deutscher im Ausland.

12 Hat der Unternehmer zur Unterrichtung nach Abs. 3 nicht vorgetragen, kann er sich nicht auf Abs. 1 berufen. Die **Darlegungs- und Beweislast** trifft den Unternehmer[27].

§ 14
Verjährung der Ansprüche

(1) Schadensersatzansprüche aus dem Vertrag verjähren in einem Jahr.

(2) Die Verjährungsfrist beginnt mit dem Tage der Ablieferung der Sendung, bei gänzlichem Verlust drei Monate nach der Annahme der Sendung zur Beförderung.

---

[20] So für eine Computeranlage LG Bonn vom 13. 5. 1988, TranspR **1989** 16 f; *Koller*² Rdn. 3.
[21] *Koller*² Rdn. 4.
[22] Wie Art. 30 CMR; siehe dort zu Beginn der Erl.
[23] OLG Düsseldorf vom 16. 2. 1989, TranspR **1989** 265 f; *Demuth* TranspR **1990** 101 f; *Koller*² Rdn. 5.
[24] Siehe dazu *Walchner* DVZ Nr. 9 vom 22. 1. 1992 S. 21; weitere Rechtsprechungshinweise bei *Scheel* DVZ Nr. 17 vom 11. 2. 1992 S. 12 f. Offenbar das gleiche Papier wurde auch vom KG vom 4. 2. 1986, berichtet von *Herzog* TranspR **1988** 8, 9 als ausreichend anerkannt; ebenso für ein „Haftungszertifikat" LG Düsseldorf vom 4. 11. 1987, TranspR **1988** 114; LG Bonn vom 24. 7. 1990, TranspR **1991** 25, 26; AG Hamburg vom 24. 11. 1987, VersR **1988** 693. Siehe auch § 10 Rdn. 6.
[25] Daher ist das Urteil des LG Bonn vom 13. 5. 1988, TranspR **1989** 16 ff abzulehnen; dazu aber zustimmend *Demuth* TranspR **1990** 101 f.
[26] KG vom 4. 2. 1986, berichtet von *Herzog* TranspR **1988** 8, 9.
[27] So wohl OLG Düsseldorf vom 9. 7. 1992, TranspR **1993** 17, 18.

(3) ¹Die Verjährung des Anspruches gegen den Unternehmer wird, abgesehen von den allgemeinen gesetzlichen Hemmungsgründen, auch dadurch gegenüber dem Unternehmer gehemmt, daß der Anspruch schriftlich geltend gemacht wird. ²Lehnt der Unternehmer den Anspruch ab, so läuft die Verjährungsfrist von dem Tag an weiter, an dem der Unternehmer dies demjenigen, der den Anspruch geltend gemacht hat, schriftlich mitteilt, spätestens jedoch, wenn seit Geltendmachung des Anspruchs 12 Monate vergangen sind.

(4) Die Verjährung anderer Ansprüche aus dem Vertrag regelt sich nach den allgemeinen gesetzlichen Vorschriften.

I. Allgemeines

§ 14 GüKUMT[1] betrifft ausdrücklich nur Schadensersatzansprüche beider Seiten. **1** Für andere Vertragsansprüche gelten die allgemeinen gesetzlichen Vorschriften. Nach § 15 Abs. 1 GüKUMT verjähren auch Schadensersatzansprüche aus anderen Rechtsgründen, z. B. aus unerlaubter Handlung nach § 14; siehe § 15 Rdn. 1. Da die Verjährung als Haftungseinschränkung zeitlicher Art zu sehen ist, gilt die kurze Verjährung der Haftung des Unternehmers – nicht dagegen des Auftraggebers oder Empfängers – gem. § 15 Abs. 2 GüKUMT nicht im Falle von Vorsatz oder grober Fahrlässigkeit des Unternehmers; siehe § 15 Rdn. 2. Die Verjährung nach § 14 betrifft auch Ansprüche Dritter, die der Auftraggeber als Drittschäden liquidieren kann; ebenso für damit konkurrierende Ansprüche aus unerlaubter Handlung[2].

II. Verjährungsfrist; § 14 Abs. 1

Die einjährige Verjährungsfrist entspricht §§ 439 Abs. 1 S. 1, 414 Abs. 1. S. 1. Eine **2** vertragliche **Verlängerung** der Frist zu Lasten des Kunden widerspricht § 26 GüKG; zugunsten des Kunden ist sie als tarifwidrige Begünstigung nach § 22 Abs. 2 GüKG unwirksam. Nach Inkrafttreten des Tarifaufhebungsgesetzes am 1. 1. 1994 (vor § 1 GüKG, Anh. I nach § 452 Rdn. 1 ff) kann sie wirksam vereinbart werden, da insoweit § 414 Abs. 2 HGB ergänzend gilt.

Eine **Verkürzung** für Ansprüche des Kunden ist nach § 26 GüKG unwirksam, für **3** Ansprüche gegen ihn nach Inkrafttreten des Tarifaufhebungsgesetzes grundsätzlich zulässig, durch seine AGB aber nur in begrenztem Umfang; siehe § 414 Rdn. 22 ff und § 26 AGNB, Anh. III/1 nach § 452 Rdn. 4.

III. Beginn der Verjährungsfrist; § 14 Abs. 2

1. Regelbeginn

Grundsätzlich beginnt die Verjährung mit dem Tage der Ablieferung. Dies entspricht **4** § 414 Abs. 2, 1. Altern. HGB. Siehe zum Fall einer durch eine Zwischenlagerung unterbrochenen Beförderung OLG Düsseldorf vom 10. 10. 1991, TranspR **1992** 269, 272.

2. Ausnahme: gänzlicher Verlust

Der Begriff „gänzlicher Verlust" ist nicht mit dem des „Verlustes" identisch. Er **5** bezeichnet nur den Fall, daß überhaupt kein Gut abgeliefert wird[3], im Gegensatz zur in Deutschland herrschenden Definition, nach der auch bei Ablieferung völlig zerstörter

---

[1] Wörtlich der Vorgängervorschrift § 13 BefBMö.
[2] Für Schmuck der Ehefrau des Auftraggebers mit zu genereller Begründung LG München I vom 30. 10. 1989, TranspR **1990** 19; zur Drittschadensliquidation siehe § 429 Rdn. 157 ff.
[3] *Koller*² Rdn. 2.

Güter Verlust vorliegt[4]. Dies ergibt sich aus dem Zweck dieser Ausnahme, die verhindern soll, daß die Verjährung gar nicht erst beginnt und daher mit einer zusätzlichen Dreimonatsfrist an den Tag der Annahme der Sendung durch den Unternehmer anknüpft.

III. Hemmung; § 14 Abs. 3

6 Neben der regulären Hemmung nach §§ 202 f BGB sieht § 14 Abs. 3 eine besondere Hemmung der Verjährung durch schriftliche Geltendmachung des Anspruchs vor. Dies entspricht grundsätzlich den Regelungen der KVO[5] und der CMR[6]. Der Weiterverlauf der Frist ist in S. 2 jedoch einfacher geregelt. Auf die Rücksendung der Belege als Voraussetzung wird verzichtet. Im Zeitalter von Fotokopien und Datenfernübertragung ist sie weitgehend bedeutungslos geworden. Die Begrenzung der Hemmung auf maximal 12 Monate ist ebenfalls eine zweckmäßige Verbesserung. Ebenso wie nach KVO und CMR begründet eine weitere Reklamation keine neue Hemmung[7]. Mit Hemmung und Unterbrechung könne sich erheblich verlängerte effektive Verjährungsfristen ergeben[8].

§ 15

Außervertragliche Ansprüche, Haftungsausschlüsse und -beschränkungen

(1) Die Haftungsausschlüsse und -beschränkungen finden Anwendung auf alle Ersatzansprüche ungeachtet des Rechtsgrundes der Haftung.

(2) Der Unternehmer kann sich nicht auf die in diesen Bedingungen stehenden Haftungsausschlüsse und -beschränkungen berufen, wenn der Schaden durch Vorsatz oder grobe Fahrlässigkeit verursacht worden ist.

(3) Auf die in diesen Bedingungen stehenden Haftungsausschlüsse und -beschränkungen können sich auch die Bediensteten sowie die Personen berufen, für die der Unternehmer gemäß § 11 haftet, es sei denn, sie haben den Schaden durch Vorsatz oder grobe Fahrlässigkeit verursacht.

1. Anwendung der Haftungseinschränkungen auf andere Ansprüche; § 15 Abs. 1

1 § 15 Abs. 1 unterwirft alle Ersatzansprüche den Haftungsausschlüssen und -beschränkungen der Bed. GüKUMT. Dies entspricht etwa der Regelung in Art. 28 Abs. 1 CMR und weiteren im Transportrecht bestehenden Bestimmungen[1]. Die Erstreckung der Haftungsvergünstigungen kommt nur für Ansprüche gegen den Unternehmer in Betracht, die mit dem Frachtvertrag in einem sachlichen Zusammenhang stehen. Insoweit erfaßt sie auch Ansprüche aus im GüKUMT nicht geregelten vertraglichen Ansprüchen. Ob sich § 15 GüKUMT im bisherigen Ermächtigungsrahmen dieser Rechtsverordnung hält, ist zweifelhaft[2].

2 Da die Verjährung als Haftungsbeschränkung zeitlicher Art zu sehen ist[3], werden durch die nicht den Bed. GüKUMT entstammenden Schadensersatzansprüche aus ande-

---

[4] Siehe § 429 Rdn. 21 ff.
[5] § 40 Abs. 3 KVO, Anh. II nach § 452; siehe dort Rdn. 20 ff.
[6] Art. 32 Abs. 2 CMR, Anh. VI nach § 452.
[7] Siehe Art. 13 Abs. 2 S. 4 CMR und § 40 Abs. 3 S. 4 KVO; siehe dort, Anh. II nach § 452 Rdn. 30.
[8] OLG Düsseldorf vom 10. 10. 1991, TranspR **1992** 269, 272.

[1] Siehe § 429 Rdn. 272 ff, insbesondere Rdn. 278.
[2] *Koller*[2] Rdn. 1. Zu diesem Rahmen Rdn. 1 vor 1 GüKUMT.
[3] Siehe § 414 Rdn. 24; BGH vom 4. 6. 1987, TranspR **1987** 454, 456 = VersR **1987** 1130 ff.

ren Rechtsgründen, z. B. aus unerlaubter Handlung nach § 14 der Verjährung nach § 14 GüKUMT unterworfen[4] – nicht dagegen Ansprüche gegen Auftraggeber oder Empfänger.

2. Ausnahme: Vorsatz oder grobe Fahrlässigkeit; § 15 Abs. 2

Diese Einschränkung der Wirkungen von Haftungseinschränkungen im Falle von Vorsatz oder grober Fahrlässigkeit des Unternehmers entspricht moderneren transportrechtlichen Regeln, insbesondere Art. 29 Abs. in der durch das deutsche Recht ergänzten Anwendung[5]. Die Beweislast für das schwere Verschulden trifft den Anspruchsteller[6]. Dabei ist Gehilfenverschulden i. S. v. § 11 GüKUMT dem Unternehmer zuzurechnen[7]. Dies gilt zunächst für die Einschränkungen der §§ 9, 10 GüKUMT, aber auch für das Erlöschen der Ansprüche nach § 13 und die kurze Verjährung der Haftung des Unternehmers – nicht dagegen des Auftraggebers oder Empfängers – nach § 14[8]. Für die Haftungsausschlüsse des § 9 kommt bei leichter Fahrlässigkeit eine Haftungsteilung nach § 254 BGB in Betracht; siehe § 9 Rdn. 1.

3

3. Anwendung der Haftungsvergünstigungen zugunsten von Gehilfen; § 15 Abs. 3

Diese Bestimmung entspricht etwa Art. 28 Abs. 2 CMR und weiteren frachtrechtlichen Sonderordnungen[9]. Sie beschränkt die Ausdehnung der Haftungsprivilegien auf Bedienstete und nach § 11 GüKUMT zuzurechnende Personen. Die Kritik von *Koller*[2] Rdn. 3 beruht wohl auf einer Fehlinterpretation.

1

Vor §§ 16–18
Bedingungen für den Umzugsverkehr

Vorbemerkung vor §§ 16–18: Die besonderen Bedingungen der §§ 16–18 ergänzen die §§ 1–15 GüKUMT nur für den Umzugsverkehr, nicht dagegen für die Beförderung von Handelsmöbeln, für die §§ 19–21 ergänzende Regelungen treffen. Siehe zu den Sondervoraussetzungen vor § 1 GüKUMT Rdn. 8 ff.

1

§ 16
Umzugsvertrag, Rechnung

(1) ¹Der Umzugsvertrag ist für jede Sendung abzuschließen. ²Als eine Sendung gelten die Güter, die für einen Auftraggeber von einem Versandort an einen Empfänger nach einem Bestimmungsort bei einer Fahrt befördert und an dem Bestimmungsort entladen werden.

---

[4] *Koller*[2] § 14 GüKUMT Rdn. 1.
[5] Siehe die dortigen Erl.; ferner § 430 Abs. 3 HGB, § 48 LuftVG, Anh. VII/1 nach § 452, § 91 EVO, Anh. I nach § 460; § in einem vergleichbaren Zusammenhang auch § 11 Nr. 7 AGBG.
[6] OLG Stuttgart vom 15. 1. 1986, TranspR **1986** 149, 150; zur ähnlichen Problematik bei AGB siehe § 1 AGNB, Anh. III/1 nach § 452 Rdn. 11.
[7] Siehe *Koller*[2] Rdn. 2; *Widmann* S. 180. Zum früheren § 11 Abs. 5 BefBMö siehe OLG Frankfurt vom 10. 7. 1979, TranspR **1981** 20, 21 und OLG Celle vom 12. 6. 1981, VersR **1981** 1183 f (Fahrzeugdiebstahl in Italien).
[8] *Lenz* TranspR **1989** 396, 397 f; *Koller*[2] § 14 Rdn. 1 mit leichten Zweifeln; siehe auch § 414 Rdn. 24.
[9] Siehe § 429 Rdn. 330 ff.

(2) ¹Der Umzugsvertrag ist in schriftlicher Form festzuhalten. ²Das Dokument ist von dem Auftraggeber und dem Unternehmer zu unterzeichnen. ³Je eine Durchschrift erhalten der Unternehmer, der Auftraggeber und der Empfänger; die Erstschrift ist für die Tarifüberwachung bestimmt. ⁴Der Unternehmer hat eine nach dem Tarif aufgegliederte Rechnung zu erteilen, die in dem Dokument oder einer Anlage zu diesem auszustellen ist.

(3) Das in Absatz 2 genannte Dokument muß folgende Angaben enthalten:
1. Ort und Tag des Vertragsabschlusses,
2. Name und Anschrift des Unternehmers,
3. Tag der Übernahme des Gutes zur Beförderung,
4. die für die Berechnung des Beförderungsentgeltes notwendigen Angaben,
5. Art des Gutes,
6. den voraussichtlich benötigten Laderaum in Möbelwagenmetern (ggf. Umzugsgutliste),
7. Vereinbarungen über die zu erbringenden Leistungen, (Leistungsbeschreibung),
8. die mit der Beförderung verbundenen Kosten (Beförderungsentgelt, Entgelte für Nebenleistungen, Zölle und andere Kosten), die vom Vertragsabschluß bis zur Ablieferung anfallen,
9. gegebenenfalls den Sendungswert,
10. Name und Anschrift der Versicherungsgesellschaft, bei der sich der Unternehmer nach § 27 Abs. 1 in Verbindung mit § 41 des Güterkraftverkehrsgesetzes versichert hat,
11. den Betrag einer bei der Ablieferung des Gutes einzuziehenden Nachnahme,
12. die Kosten, die der Auftraggeber zu übernehmen hat,
13. im grenzüberschreitenden Verkehr die Grenzübergangsstellen und das Bruttogewicht der Sendung,
14. amtliches Kennzeichen, Art des Aufbaus und Laderaum in Möbelwagenmetern für das Kraftfahrzeug und den Anhänger,
15. Name und Anschrift des Auftraggebers,
16. Name und Anschrift des Empfängers,
17. Versandort mit Postleitzahl und Beladestelle(n), Bestimmungsort mit Postleitzahl und Entladestelle(n).

(4) Das Fehlen oder Mängel des in Absatz 2 genannten Dokuments berühren weder die Gültigkeit noch den Inhalt des Vertrages.

(5) ¹Der Unternehmer kann einem anderen Unternehmer (Zweitunternehmer) die Durchführung des Vertrages ganz oder teilweise übertragen, wenn der Auftraggeber sich damit einverstanden erklärt. ²Beauftragt der Unternehmer einen Zweitunternehmer mit der Beförderung, so hat er diesem vor Beginn der Beförderung eine Ausfertigung des Umzugsvertrages auszuhändigen. ³Name und Anschrift des Zweitunternehmers sind in den Umzugsvertrag einzutragen. ⁴Der Zweitunternehmer hat den ihm ausgehändigten Umzugsvertrag ebenfalls zu unterzeichnen.

(6) Der Auftraggeber haftet für die Richtigkeit und Vollständigkeit seiner zum Vertrag zu machenden Angaben.

1. Umzugsvertrag

1 Der in § 16 geregelte schriftliche Umzugsvertrag tritt an die Stelle des Frachtbriefs, wie er im Güterfernverkehr und auch für die Beförderung von Handelsmöbeln zwingend auszustellen war. Ebenso wie dieser ist der Umzugsvertrag auch (noch) Instrument der Tarifkontrolle (Abs. 2 S. 3), andererseits aber bietet er dem Auftraggeber eine gewisse Sicherheit, insbesondere für den Nachweis des Vertragsinhalts. Für die Wirksamkeit des Vertrages und seines Inhalts ist er nicht maßgeblich, begründet jedoch wie andere Vertragsurkunden die Vermutung seiner Vollständigkeit[1]. Der Vertrag ist also auch ohne die schriftliche Vertragsurkunde formlos gültig; § 16 Abs. 4[2]. Ebenso sind nicht im Umzugsvertrag getroffene Nebenabreden formlos gültig; *Bischof* Rdn. 12. Kostenvoranschläge gehen dem Umzugsvertrag in der Regel voraus. Sie sind in der Regel nicht verbindlich; der Unternehmer haftet aber für fahrlässige Falschschätzung[3].

2. Sendung; § 16 Abs. 1

Für jede Sendung ist ein Vertrag auszustellen. Der Begriff der Sendung[4] weicht vom sonst üblichen dadurch ab, daß er sich auf eine Fahrt beschränkt.

2

3. Angaben im Umzugsvertrag; § 16 Abs. 1

Diese entsprechen etwa den Angaben in einem Frachtbrief, an die Besonderheiten des Umzugs angepaßt und erweitert; siehe zum Vergleich § 11 KVO, Anh. II nach § 452 und die dortige Kommentierung. Falsche Angaben des Unternehmers im Umzugsvertrag begründen seine Haftung aus Verschulden bei Vertragsschluß oder positiver Vertragsverletzung; § 8 Nr. 2 c[5]. § 16 Abs. 3 Abs. Nr. 13 gibt einen Hinweis darauf, daß die Bed. GüKUMT auch für den grenzüberschreitenden Verkehr gelten sollen[6].

3

4. Haftung des Auftraggebers; § 16 Abs. 6

Die Haftung des Auftraggebers ist Haftung ohne Verschulden; sie entspricht der nach § 426 Abs. 3 bestehenden Haftung des Absenders für Angaben im Frachtbrief; siehe dort Rdn. 81 ff.

4

5. Zweitunternehmer; § 16 Abs. 5

Der Auftraggeber kann nach dieser Bestimmung die Durchführung des Vertrages einem „Zweitunternehmer" übertragen. Dabei handelt es sich nicht um eine Substitution, sondern um die Einschaltung eines Unterfrachtführers im Sinne von § 432. Für diesen haftet – bereits unabhängig von der Übergabe des Frachtbriefs – der Erstunternehmer nach § 11 GüKUMT. Erfüllt der Erstunternehmer die Anforderungen nach Abs. 5 S. 2–4, tritt damit der Zweitunternehmer als Unterfrachtführer in den Frachtvertrag ein. Folge ist die Anwendbarkeit der gesamtschuldnerischen Haftung und der Regreßvorschriften des § 432 Abs. 2 und 3 HGB; siehe dort Rdn. 46 ff, 56 ff. Dabei ist vorausgesetzt, daß es sich bei dem schriftlichen Umzugsvertrag um einen Frachtbrief handelt. Dies kann angesichts der großen Ähnlichkeit der auszustellenden Urkunden und auch der sachlich gleichen Behandlung des Zweitunternehmers als nachfolgender Unterfrachtführer in § 19 Abs. 5[7] bejaht werden[8]. Es kommt dabei nicht darauf an, daß das Papier anders benannt ist.

5

---

[1] Zutreffend *Scheel* DVZ Nr. 17 vom 11. 2. **1992** S. 12 f unter Berufung auf AG Köln vom 10. 4. 1990 (unveröff.).

[2] *Koller*[2] Rdn. 1; *Scheel* DVZ Nr. 17 vom 11. 2. **1992** S. 12.

[3] Zur Unverbindlichkeit eines Kostenvoranschlags OLG Frankfurt (Kassel) vom 18. 10. 1988, zur fahrlässigen Kostenschätzung AG Siegen vom 22. 12. 1989, beide berichtet von *Scheel* DVZ Nr. 17 vom 11. 2. **1992** S. 12.

[4] Siehe § 429 Rdn. 28, 84; § 20 KVO, Anh. II nach § 452 Rdn. 1; § 35 KVO Rdn. 26.

[5] Siehe zum Beispiel falscher Angaben über den benötigten Laderaum (§ 16 Abs. 3 Nr. 6) *Koller*[2] Rdn. 1.

[6] LG Bonn vom 24. 7. 1990, TranspR 1991 25, 26.

[7] Die entsprechende Aushändigung des Originialfrachtbriefs an den Zweitunternehmer entspricht der des Umzugsvertrages in § 16 Abs. 5.

[8] Zutreffend *Koller*[2] Rdn. 1 gegen *Bischof* Rdn. 25 ff.

§ 17
Fälligkeit

Der Rechnungsbetrag ist, soweit keine abweichende Vereinbarung getroffen wurde, bei Inlandstransporten vor Beendigung der Ausladung, bei Auslandstransporten vor Beginn der Beladung fällig.

1 Das Landfrachtrecht des HGB enthält keine Sonderregeln über die Fälligkeit des Frachtanspruchs. Daher sind diese grundsätzlich nach § 641 BGB mit der Auslieferung fällig[1]. Dieser Grundsatz wird durch § 17 GüKUMT für Inlandstransporte vom Umzugsgut präzisiert. Für Auslandstransporte ist die Vorleistungspflicht des Auftraggebers zweckmäßig, weil sich auch durch das Pfandrecht des Unternehmers (§§ 440 HGB) und sein Zurückbehaltungsrecht oft nur mit großen Schwierigkeiten und neuen Kostenrisiken die Zahlung sicherstellen läßt.

§ 18
Haftungsausschlüsse

(1) Der Unternehmer haftet nicht für Schäden an Edelmetallen, Juwelen, Edelsteinen, Geld, Briefmarken, Münzen, Wertpapieren jeder Art, Dokumenten und Urkunden.

(2) Hat der Unternehmer die erforderliche Sorgfalt beachtet, so haftet er nicht für
1. Funktionsschäden an Rundfunk-, Fernseh- oder ähnlich empfindlichen Geräten;
2. Schäden an Pflanzen oder Tieren;
3. Schäden, die durch explosive, feuergefährliche, strahlende, selbstentzündliche, giftige, ätzende Stoffe, durch Öle, Fette sowie Tiere entstehen, sofern diese Güter dem Unternehmer vom Auftraggeber übergeben worden sind.

1 § 18 ergänzt die allgemeinen Haftungsausschlüsse des § 9 durch einige spezifische, auf das Umzugsgeschäft abgestimmte Fälle. Auch in diesen kann der Haftungsausschluß nach § 15 Abs. 2 entfallen.

2 § 18 Abs. 1 geht über § 429 Abs. 2 hinaus, weil er auch bei Mitteilung von Wert und Beschaffenheit gilt[1]. Allerdings fehlt es für eine derzeitige Regelung an einer Ermächtigung; siehe § 429 Rdn. 126. Zur Belehrungspflicht des Unternehmers siehe § 10 Abs. 2 GüKUMT und dort Rdn. 5 ff.

3 § 18 Abs. 2 ändert gegenüber § 8 GüKUMT den Grundsatz der Erfolgshaftung in eine Haftung für vermutetes Verschulden[2].

Vor §§ 19–21
Bedingungen für Handelsmöbel

1 **Vorbemerkung vor §§ 19–21:** Die besonderen Bedingungen der §§ 19–21 ergänzen die §§ 1–15 GüKUMT nur für die Beförderung von Handelsmöbeln, nicht dagegen für den Umzugsverkehr, für den §§ 16–18 ergänzende Regelungen treffen. Siehe zu den Sondervoraussetzungen vor § 1 GüKUMT Rdn. 9 f.

---

[1] Siehe § 425 Rdn. 176.

[1] § 34 S. 1 d, e KVO geht der Sache nach über § 18 GüKUMT hinaus. Siehe dort Rdn. 34 f. Siehe schon zu § 10 Abs. 2 Nr. 7 BefBMö OLG Düsseldorf vom 9. 5. 1985, TranspR **1985** 284, 285 f.

[2] Siehe § 8 Rdn. 1, § 9 Rdn. 1; *Koller*[2] Rdn. 2.

Sechster Abschnitt. Frachtgeschäft

§ 19
Frachtbrief

(1) ¹Bei Beförderung im Fernverkehr im Sinne des § 3 GüKG ist für jede Sendung vor Beginn der Beförderung ein Frachtbrief auszustellen. ²Der Frachtbrief ist vom Auftraggeber und vom Unternehmer zu unterzeichnen. ³Die Unterschriften können gedruckt oder gestempelt werden. ⁴Als eine Sendung gelten die Güter, die für einen Auftraggeber von einem Versandort an einen Empfänger nach einem Bestimmungsort bei einer Fahrt befördert und an dem Bestimmungsort entladen werden. ⁵Der Unternehmer darf die Sendung zwecks Umladung zwischenlagern.

(2) Der Frachtbrief muß folgende Angaben enthalten:

1. Ort und Tag der Ausstellung;
2. Name und Anschrift des Auftraggebers;
3. Name und Anschrift des Unternehmers;
4. Tag der Übernahme des Gutes zur Beförderung;
5. Versandort mit Postleitzahl und Beladestelle(n), Bestimmungsort mit Postleitzahl und Entladestelle(n) sowie die für die Berechnung des Beförderungsentgelts zugrunde zu legenden Eisenbahntarifbahnhöfe und die Tarifentfernung;
6. Name und Anschrift des Empfängers;
7. tarifmäßige Bezeichnung der Art des Gutes;
8. den Rauminhalt der beförderten Frachtstücke in Kubikmetern;
9. die mit der Beförderung verbundenen Kosten (Beförderungentgelt, Entgelte für Nebenleistungen, Zölle und andere Kosten, die vom Vertragsabschluß bis zur Ablieferung anfallen);
10. gegebenenfalls den Sendungswert;
11. Name und Anschrift der Versicherungsgesellschaft, bei der sich der Unternehmer nach § 27 Abs. 1 des Güterkraftverkehrsgesetzes versichert hat;
12. den Betrag einer bei der Ablieferung des Gutes einzuziehenden Nachnahme;
13. die Kosten, die der Auftraggeber übernimmt;
14. im grenzüberschreitenden Verkehr die Grenzübergangsstellen und das Bruttogewicht der Sendung;
15. Vereinbarungen über tarifliche Nebenleistungen;
16. amtliches Kennzeichen, Standort, Bezeichnung und Nummer der Genehmigung sowie Laderaum in Möbelwagenmetern für das Kraftfahrzeug und den Anhänger.

(3) ¹Der Frachtbrief ist mit drei Durchschriften auszufertigen. ²Die Erstschrift ist für die Tarifüberwachung bestimmt; je eine Durchschrift erhalten der Empfänger, der Unternehmer und der Auftraggeber. ³Die Erstschrift und eine Durchschrift sind bei der Beförderung mitzuführen.

(4) ¹Die Eintragungen im Frachtbrief müssen in deutscher Sprache deutlich und unauslöschbar geschrieben sein. ²Im Frachtbrief darf nicht radiert werden. ³Durchstreichungen und Änderungen sind nur zulässig, wenn sie durch Unterschrift anerkannt sind.

(5) ¹Beauftragt der Unternehmer einen Zweitunternehmer mit der Beförderung, so hat er diesem vor Beginn der Beförderung drei Ausfertigungen des Frachtbriefes auszuhändigen. ²Name und Anschrift des Zweitunternehmers sind im Frachtbrief einzutragen. ³Der Zweitunternehmer hat den ihm ausgehändigten Frachtbrief ebenfalls zu unterzeichnen.

(6) Das Fehlen oder Mängel des Frachtbriefes berühren weder die Gültigkeit noch den Inhalt des Vertrages.

(7) Der Auftraggeber haftet für die Richtigkeit und Vollständigkeit seiner Angaben.

1 § 19 entspricht weitgehend der für den Umzugsvertrag geltend Regelung des § 16 GüKUMT. Hinsichtlich der Einzelheiten wird auf die Kommentierung zu § 11 KVO, Anh. II nach § 452 verwiesen. § 11 KVO ist jedoch nicht ergänzend anzuwenden; siehe vor § 1 GüKUMT Rdn. 5. Die Pflicht zur Ausstellung des Frachtbriefs ergibt sich aus § 426 HGB Rdn. 74 ff. Die Eintragungspflicht im Frachtbrief ist vor allem tarifrechtlich begründet. Formlose Abreden sind nach § 19 Abs. 6 gültig, soweit sie nicht gegen § 26 GüKG oder (bis 31. 12. 1993, Tarifaufhebungsgesetz; (siehe vor § 1 GüKG, Anh. I nach § 452 Rdn. 1 ff) gegen § 22 Abs. 2 GüKG verstoßen[1].

§ 20
Beladen und Entladen

Das Be- und Entladen umfaßt nicht das Heranbringen zum Fahrzeug und das Fortschaffen vom Fahrzeug.

1 § 20 engt § 2 Abs. 1 GüKUMT für die Beförderung von Handelsmöbeln auf den eigentlichen Beladevorgang ein. Abweichende Vereinbarungen sind wie bei § 2 zulässig.

§ 21
Pfandrecht

(1) ¹Der Unternehmer hat wegen aller fälligen Ansprüche, die ihm aus dem Vertrag zustehen, ein Pfandrecht und ein Zurückbehaltungsrecht an den in seiner Verfügungsgewalt befindlichen Gütern. ²Das Pfandrecht kann auch wegen unbestrittener Forderungen aus früheren Beförderungsverträgen geltend gemacht werden.

(2) Macht der Unternehmer von seinem Recht zum Pfandverkauf der in seinen Besitz gelangten Gegenstände Gebrauch, so genügt für die Pfandverkaufsandrohung mit Einhaltung einer sechswöchigen Frist die Absendung einer schriftlichen Benachrichtigung an die letzte dem Unternehmer bekannte Anschrift des Auftraggebers.

1 § 21 Abs. 1 erweitert das Pfandrecht, nach § 440 auf inkonnexe, unbestrittene Forderungen aus früheren Beförderungsverträgen. Diese Erweiterung bleibt im Umfang hinter § 50 ADSp zurück[1]. Nach der uneingeschränkten Formulierung kann sich § 21 auch auf Dritteigentum in der Verfügungsgewalt des Unternehmers beziehen. Es ist zumindest zweifelhaft, ob der Verordnungsgeber dieses im Gegensatz zur Rechtsprechung des BGH zu entsprechenden Vertragsklauseln stehende Ergebnis wollte; *Koller*[2] Rdn. 1.

2 § 21 Abs. 2 GüKUMT sieht Änderungen zu § 440 Abs. 4 HGB vor. Inwieweit diese durch die Verordnungsermächtigung gedeckt sind, ist zweifelhaft.

Teil II
Entgelte und Berechnungsvorschriften

1 Die §§ 22–28 werden im Hinblick auf die bevorstehende Aufhebung des gesamten Tarifsystems durch das Tarifaufhebungsgesetz am 1. 1. 1994 nicht mehr abgedruckt. Siehe dazu die vor § 1 angegebene Literatur.

---

[1] *Bischof* Rdn. 1 und § 16 Rdn. 12.   [1] Siehe dazu § 410 Rdn. 43 ff.

Sechster Abschnitt. Frachtgeschäft

Anh. V § 452
(spartenübergr. Transp.)

Anhang V nach § 452 HGB
Spartenübergreifende Transporte

(insbesondere Multimodale Transporte, unbenanntes Beförderungsmittel, Behälter-, Paletten- und Huckepack-Verkehr; Einsatz vertragswidriger Beförderungsmittel)

Übersicht

	Rdn.
A. Grundsätzliches	1
B. Multimodaler Transport	5
I. Praktische Fallgruppen, Begriff, Rechtsnatur	6
1. Praktische Fallgruppen	6
a) Gebrochener Verkehr	7
b) Echter Durchfrachtvertrag	9
2. Begriff des multimodalen Transports	10
3. Rechtsnatur des multimodalen Frachtvertrages	12
a) Grundtyp: Frachtvertrag	12
b) Gemischter Vertrag	13
c) Vertrag sui generis	14
II. Allgemeine Regeln	15
1. Anwendbare Rechtsnormen	16
2. Abweichende Vereinbarungen	17
III. Anwendbare Haftungsnormen	18
1. Internationale Grundregel: das Network-System	19
2. Die deutsche Rechtsprechung	20
a) Das Network-System	21
b) Abweichende Rechtsprechung	27
3. Lösungsvorschläge im Schrifttum	28
a) Vertrag sui generis	29
b) Bündelungstheorie	30
c) Einheitstheorie, Schwerpunktlehre	32
d) Koller (freie Lösung nach Grundsätzen typengemischter Verträge)	33
e) Ebenroth/Fischer/Sorek (Quotelung)	34
4. Eigene Auffassung	35
IV. Einzelfragen	38
1. Haftungsmaßstab	39
2. Haftungsgrenzen	40
3. Verjährung	41
4. Reklamation	42
5. Dokumente und Frachtzahlung	43
V. Gesetzliche Sonderregeln für einzelne Arten multimodaler Transporte	44
1. CIM und EVO	45

	Rdn.
2. CMR	48
3. Innerdeutsches Landtransportrecht	50
4. Luftrecht	51
VI. Internationales Einheitsrecht, MT-Konvention der UN	52
VII. Typische Vertragsbedingungen für multimodale Transporte	53
1. Durchfrachtverkehr der Reedereien	54
2. Kombinierter Großcontainer-Verkehr der europäischen Eisenbahnen	55
3. Das FIATA Combined Transport B/L (FBL)	57
VIII. Dokumente des multimodalen Transports	58
1. Allgemeines	59
2. Die in der Praxis benutzten Dokumente des multimodalen Transports	59
a) Echte, von Verfrachtern ausgestellte Durchkonnossemente	60
b) Das FIATA Combined Transport Bill of Lading (FBL)	61
c) Das MT-Dokument der Internationalen Handelskammer	62
3. Wertpapierrechtliche Eigenschaften der Dokumente des multimodalen Transports	63
C. Haftung bei Beförderung mit vertragswidrigem Beförderungsmittel	65
I. Grundlagen	65
1. Anwendungsvoraussetzungen frachtvertraglicher Sonderordnungen	65
2. Einsatz nicht dem Vertrag entsprechender Transportmittel	67
a) Einverständlich	67
b) Ohne Einverständnis des Absenders	68
3. Hauptanwendungsfall: Luftfrachtgut auf der Straße	69

		Rdn.				Rdn.
a)	Gesetzliche Regelungen des Luftrechts	70		c)	Luftbeförderung bei multimodalem Transportvertrag	77
	aa) Beförderung innerhalb eines Flughafens	70		d)	Luftbeförderung bei Frachtvertrag mit unbestimmtem Beförderungsmittel	78
	bb) Verladungs-, Ablieferungs- und Umladungsbeförderungen	71		e)	Luft- und Straßenbeförderung durch Spediteur-Frachtführer nach §§ 413, 412 HGB	79
	cc) Notbeförderungen auf der Straße	72	4.		Vereinbarungen entgegen zwingendem Straßenfrachtrecht	80
b)	Ersatzbeförderung auf der Straße („trucking", „Luftfrachtersatzverkehr")	73	II.		Problemlösung	81
	aa) Vereinbarung der Beförderung auf der Straße	74		1.	Grundsatz: BGH vom 17. 5. 1989	81
	bb) Ersatzbeförderung auf der Straße kraft vereinbarter Ersetzungsbefugnis	75		2.	Ursprünglich zugrundeliegendes Recht, wenn günstiger	82
				3.	Kumulative Haftung	83
				4.	Positive Vertragsverletzung	84
	cc) Ersatzbeförderung ohne vertragliche Gestattung	76		5.	Beweislast	85

Schrifttum

Buchveröffentlichungen: *DVWG/Rielke/Herber* Haftung beim kombinierten Verkehr – Schriftenreihe der Deutschen Verkehrswissenschaftlichen Gesellschaft e.V., B 89, Bergisch-Gladbach **(1986)**; *Ganten* Die Rechtsstellung des Unternehmers beim kombinierten Verkehr (CTO), Diss. Hamburg **(1978)**; *Kröger* Haftungsprobleme in Übersee-Container-Verkehr, Hamburg **(1967)**; *Norf* Das Konnossement im gemischten Warenverkehr (1976); *Ramberg* The Law of Carriage of Goods – Attempts at Harmonization, ETR **1973** Beiheft; *Richter-Hannes* Die UN-Konvention über die Internationale Multimodale Güterbeförderung, Wien **(1982)**; *Scheer* Die Haftung des Beförderers im gemischten Überseeverkehr, Studien zum Container-Durchfrachtverkehr **(1969)**; *Schneider* Verkehrshaftungsversicherungen (1992) S. 454, 145 ff; *Steenken* Der Containerverkehr aus der Sicht des deutschen Seerechts – Diss. München **(1972)**; *Steinschulte* Haftungskonflikte beim sogenannten Durchfrachtverkehr – Diss. Bochum **(1980)**.

Zusammenhängende Erörterungen in Kommentaren: *Prüßmann/Rabe*[3] § 656 HGB Anh. C 1; *Heymann/Horn* § 363 HGB Rdn. 39 ff; *Koller*[2] § 407 Rdn. 46 und Teil I „Multimodaler Verkehr", S. 875 ff.

Aufsätze: *Andrés* El transporte combinado de mercancias, Rivista de Derecho Mercantil **1975** 48; *Blaschczok* Die Haftung beim Einsatz vertragswidriger Transportmittel, TranspR **1987** 401 ff; *Blaschczok* Ladungsschäden im Mehrpersonenverhältnis, VersR **1980** 1104 ff; *Capelle* Haftungsfragen des internationalen kombinierten Güterverkehrs, FS Felgentraeger **(1969)**, 261 ff; *Chrispeels* The United Nations Convention on International Multimodal Transport of Goods: A background note, ETR **1980** 355 ff; *de la Motte* Transport- und Verkehrshaftungsversicherung im multimodalen Güterverkehr, TranspR **1981** 63 ff; *Dielmann/Larsen* Die Multimodalkonvention von 1980, VersR **1982** 85 ff; *Ebenroth/Fischer/Sorek* Haftungsprobleme im internationalen multimodalen Gütertransport, VersR **1988** 756 ff; *Ebenroth/Fischer/Sorek* Die Haftung im multimodalen Gütertransport bei unbekanntem Schadensort, DB **1990** 1073 ff; *ECE/IMCO* Entwurf eines Übereinkommens über die gemischte Beförderung im internationalen Güterverkehr (Übereinkommen TCM), ETR **1972** 702 ff; *Eilenberger* „Haftung beim kombinierten Verkehr" – Symposium in Hamburg am 21./22. 11. 1985 TranspR **1986** 12 f; *Freise* Multimodaler Verkehr unter Beteiligung der Eisenbahn, Original **(1986)**; *Gleisberg* Die Prüfung von Dokumenten des kombinierten Transports beim Dokumentenakkreditiv (1980); *Glöckner* Anhörung zum UN-Übereinkommen, TranspR **1981** 66 f; *Helm* Combined Transport by Road and Rail, ETR **1975** 700 ff; *Helm* Das Dokument des kombinierten Transports – ein neues Wertpapier, FS Hefermehl (1976), 57 ff = ETR 1977 679 ff; *Helm* Auswirkungen der MT-Konvention für das Speditionsgewerbe, TranspR 1981 45 ff; *Herber* Empfiehlt sich eine Kodifizierung des deutschen Transportrechts? JZ 1974 629 ff; *Herber* Haftung beim multimodalen Transport, TranspR 1990 4 ff; *Herber* Einführung in das VN-Übereinkommen über den internationalen multimodalen Güterverkehr, TranspR 1981 37 ff; *Herber* Probleme des Durchfrachtvertrages und des Speditionsrechts – Prüfsteine des deutschen Frachtrechts, VersR 1981 993 ff; *Herber* VN-Übereinkommen über den internationalen multimodalen Gütertransport, HANSA 1980 950 ff; *Jaegers* Probleme der Beförderer- und Spediteurhaftung im Container- und Trägerschiffsleichterverkehr, (Diss. Nürnberg 1986); *Koller* Die Bedeutung des § 662 HGB für den multimodalen Transport, VersR 1982 1 f; *Koller* Die Haftung bei unbekanntem Schadensort im multimodalen Verkehr, VersR 1989 769 ff; *Larsen* Die „Multimodalkonvention" von 1980, VersR 1982 417 ff; *Loewe* Der IMCO/ECE-Entwurf eines Übereinkommens über die gemischte Beförderung im internationalen Güterverkehr, ETR 1972 650 ff; *Naveau* Combined Transport and the Airlines, ETR 1975 721 ff. Siehe zu den künftigen ERA UCP 500 eingehend *Nielsen* Die Aufnahmefähigkeit von Transportdokumenten im Akkreditivgeschäft, WM Sonderbeilage zu Heft 3/1993; *Poole* Insurance aspects of Combined Transport, ETR 1975 741 ff; *Ramberg* The present state of the Freight Forwarder as Multimodal Transport Operator, FIATA Information März 1992 S. 2 f; *Richter-Hannes* Rechtsbeziehungen und Leistungsbedingungen im multimodalen Gütertransport, TranspR 1982 85 ff; *Richter-Hannes* UNCTAD-Konvention über den internationalen multimodalen Gütertransport verabschiedet, DDR-Verkehr 1980 298 ff; *Roschmann* Can the FIATA FBL be insured worldwide?, FIATA Information März 1992 S. 4 f; *Scheer* Die Haftung des Beförderers im gemischten Überseeverkehr, Schriftenreihe für den kombinierten Verkehr I (Hamburg 1969); *Steenken* Der Containerverkehr aus der Sicht des deutschen Seerechts (Diss. München 1972); *Steinschulte* Haftungskonflikte beim sogenannten Durchfrachtverkehr (Diss. Bochum 1980); *Tantin* Les documents de transport combiné, ETR 1980 367 ff; *Thume* Haftungsprobleme beim Containerverkehr, TranspR 1990 41 ff; *Ullman* Combined Transport to and from the United States, ETR 1975 731 ff; *Verde* Trasporti successivi e combinati, Rivista del diritto commerciale 1980 157 ff; *Vreede* Combined Transport – Inland Navigation, ETR 1975 663 ff; *Weipert* Internationales Transportrecht, in: Münchner Vertragshandbuch³ Bd. 2 (1992); *Willenberg* Zur Rechtsstellung des Nahverkehrsunternehmers im nationalen und grenzüberschreitenden kombinierten Straßengüterverkehr, TranspR 1986 309 ff; *Züchner* Zur Rechtsnatur des Beförderungsvertrags beim Huckepackverkehr, VersR 1966 900.

Kongresse: *Referate des Antwerpener Kongresses* vom 26.–29. November 1975, Europäisches Transportrecht 1975 561–766 (überwiegend in englischer Sprache); *Seminario sui Trasporti Combinati*, Genova 23.–16. Mai 1972 Selci Umbro Perugia (1974) Referate auch abgedruckt in: Il Diritto Marittimo 1972 146 ff (in englischer, französischer und italienischer Sprache).

A. Grundsätzliches

Moderne Verkehrstechniken, insbesondere Behälter-, Paletten- und Huckepackverkehr ermöglichen es, Güter in rationeller Weise in mehreren aufeinanderfolgenden Beförderungsmitteln zu transportieren. Daher sind besonders seit den sechziger Jahren sog. „kombinierte" (heute überwiegend als „multimodale" bezeichnete) Transporte in steigendem Maße in den Vordergrund des Interesses getreten[1]. Unter multimodalen (gemischten, kombinierten) Transporten (englisch multimodal transport, intermodal transport, combined transport; französisch: transport intermodal, transport multimode, transport combiné, transport mixte) versteht man die Beförderung von Sendungen mit

1

---

[1] Innerhalb Europas ist die Kontingentierung im multimodalen Transport unzulässig; EuGH vom 7. 5. 1991, EuZW 1991 322.

zwei oder mehreren aufeinanderfolgenden verschiedenartigen Transportmitteln, die einem insgesamt einheitlichen Beförderungszweck dienen; siehe Rdn. 10. Für sie gibt es kein spezielles Recht. Die Anwendungsbereiche transportrechtlicher Regelungen sind (wohl in allen Ländern der Welt) auf solche Beförderungen begrenzt, die von einer bestimmtem Art von Beförderungsmitteln, zumindest aber nach Land-, Eisenbahn-, Luft-, See- und Binnenschiffsbeförderung unterschieden, ausgeführt werden[2]. Dieser Zustand ist im grenzüberschreitenden Verkehr durch das spartengebundene internationale Einheitsrecht weitgehend festgeschrieben. In Deutschland besteht – ähnlich wie in anderen Ländern – kein allgemeines, für alle Beförderungszweige geltendes Frachtrecht.

2 Unter „Huckepack-Verkehr" wird vor allem die Beförderung von beladenen Lastkraftwagen durch die Eisenbahn verstanden[3]. Eine entsprechende Rechtslage besteht jedoch auch in anderen Fällen, in denen ein beladenes Beförderungsmittel auf einem anderen Beförderungsmittel transportiert wird, z. B. beim Transport von Eisenbahnwaggons auf Schiffen oder auf Kraftfahrzeugen oder von Leichtern auf Trägerschiffen.

3 **Allgemeine, auf alle Frachtverträge ohne Rücksicht auf das Verkehrsmittel anwendbare Gesetzesbestimmungen** gibt es weder im innerdeutschen Bereich noch in dem überwiegend durch zwischenstaatliche Abkommen geregelten grenzüberschreitenden Frachtverkehr. Im Falle des multimodalen Transports steht somit grundsätzlich keine den gesamten Transport umfassende einheitliche Regelung zur Verfügung. Vielmehr reisen die Frachtgüter – von wenigen Sonderfällen abgesehen – für jede Beförderungsstrecke unter separater rechtlicher Ordnung: die Seebeförderung untersteht dem Seerecht, die Eisenbahnbeförderung dem nationalen oder internationalen Eisenbahnrecht, die Straßenbeförderung der CMR oder KVO usw. Dieser Umstand erschwert die Kalkulation einer einheitlichen Haftung sowie die Versicherung und macht es unmöglich, mit einem der gesetzlich vorgesehenen Transportdokumente alle multimodalen Transporte zu erfassen.

4 Verträge über multimodale Transporte überschneiden sich vielfach mit anderen Sonderformen der Beförderung. Beim **Transport mit unbestimmtem Beförderungsmittel**[4] kann z. B. der Beförderer bei der Ausführung mehrere verschiedenartige Beförderungsmittel verwenden und damit zum multimodalen Beförderer werden. Für den Spediteur-Frachtführer nach §§ 412, 413 HGB, insbesondere den Fixkostenspediteur, gilt wegen seiner gesetzlichen Unterwerfung unter das Frachtrecht ebenfalls das Recht des multimodalen Transports[5]. Container- und anderer Behälterverkehr ist nicht notwendig, aber seiner Eigenart nach sehr häufig, zugleich multimodaler Transport. Wegen der engen Zusammenhänge dieser Transportarten werden sie im folgenden zusammen behandelt.

B. Multimodaler Transport

5 Der einheitliche Transport mit mehreren unterschiedlichen Transportarten bereitet erhebliche rechtliche Schwierigkeiten, weil für ihn keine einheitliche gesetzliche Regelung besteht; siehe Rdn. 1. Schwerpunkt ist dabei das unübersichtlich und meist zwingend geregelte Recht der Haftung für Güterschäden.

---

[2] Siehe im einzelnen § 425 Rdn. 3, 26 ff; *Basedow* 93 ff.
[3] Siehe dazu § 3 GüKG, Anh. I nach § 452 sowie Art. 2 CMR, Anh. VI nach § 452; *Züchner* VersR **1966** 900 ff, dessen Ausführungen zum GüKG allerdings überholt sind.
[4] Siehe § 425 Rdn. 8.
[5] Siehe Rdn. 22 und §§ 412, 413 Rdn. 15 ff; *Herber*, VersR **1981** 994.

I. Praktische Fallgruppen, Begriff, Rechtsnatur
1. Praktische Fallgruppen

Je nach Gestaltung der Rechtsbeziehungen zwischen den beteiligten Personen lassen sich Grundtypen der Durchführung multimodaler Transporte unterscheiden, die auch auf die Anwendbarkeit der betreffenden Normen Einfluß haben.

a) Gebrochener Verkehr

Als gebrochenen Verkehr bezeichnet man die multimodale Beförderung, wenn jeder beteiligte Beförderer die vertraglichen Pflichten nur für seinen eigenen Beförderungsabschnitt übernimmt. Solche Transporte kommen in unterschiedlicher Gestalt vor. Der Verlader kann die verschiedenen aufeinanderfolgenden Verträge mit den Beförderern selbst oder durch Bevollmächtigte in eigenem Namen abschließen. Er kann sich auch eines Spediteurs bedienen, der dann in eigenem Namen auftritt (siehe §§ 407–409 Rdn. 39 ff). Häufig – vor allem im Seeverkehr – wird auch der anschließende Frachtvertrag vom vorhergehenden Beförderer im eigenen Namen für Rechnung des Absenders abgeschlossen – der Frachtführer handelt dann hinsichtlich des selbst ausgeführten Transportweges als Frachtführer, hinsichtlich des weiteren Abschnittes als Spediteur. Dieses Verfahren ist insbesondere im gemischten Überseeverkehr gebräuchlich und wird durch ein sog. „unechtes Durchkonnossement" dokumentiert[6].

Wird das Frachtgut (im Behälter oder auch anders) von einem Beförderungsmittel in das des nächsten Beförderers umgeladen, so besagt dies für die Rechtsnatur des zugrundeliegenden Beförderungsvertrages zunächst noch nichts. Wird es dabei einem anderen Frachtführer übergeben, und hat für die Gesamtbeförderung kein multimodaler Beförderer die einheitliche Verpflichtung zur Ausführung übernommen, reist es aufgrund eines neuen Frachtvertrages weiter. Demnach gilt für jede Strecke die betreffende maßgebliche Haftungsordnung und es wird gegebenenfalls das jeweils passende Beförderungsdokument (Konnossement, Ladeschein, Frachtbrief) ausgestellt. Deshalb sind **die vom multimodalen Beförderer mit seinen einzelnen Unterfrachtführern abgeschlossenen Unterfrachtverträge keine multimodalen, sondern unimodale**, die jeweils nur der für sie gültigen Haftungsordnung unterliegen. Möglich ist freilich, daß der multimodale Beförderer seinerseits die Beförderung ganz oder teilweise an Unter-Multimodalbeförderer weiterüberträgt, so daß auch im Verhältnis zwischen diesen multimodale Unterfrachtverträge vorliegen.

b) Echter Durchfrachtvertrag

Im Vordergrund des Interesses steht in der Praxis der echte Durchfrachtvertrag (MT-Vertrag). Nach dem Prinzip der Vertragsfreiheit kann ein Beförderungsunternehmer die gesamte multimodale Beförderung als eigene Verpflichtung übernehmen und sie über die einzelnen Streckenabschnitte entweder selbst ausführen oder durch Unterfrachtführer ausführen lassen. Der Beförderer wird in diesem Falle nach neuerer international üblicher Terminologie als Multimodal Transport Operator (MTO)[7] bezeichnet. Der MT-Vertrag wird häufig so gestaltet, daß der MTO zwar die Beförderung von einem Ort an einen anderen bestimmten Platz übernimmt, sich aber die Bestimmung der zu verwendenden Transportmittel und des Beförderungsweges sowie die Auswahl der Unter-

---

[6] Siehe dazu eingehend *Scheer* aaO; *Prüßmann/Rabe*[3] Anhang nach § 656 HGB Anm. B 2.
[7] Früher übliche Bezeichnung: „Combined Transport Operator (CTO)" bzw. „entrepreneur du transport combiné (ETC)".

frachtführer vorbehält[8]. Verträge solcher Art sind vor allem im Großcontainertransport üblich. Der MT-Vertrag ist gesetzlich nicht geregelt; seine vertragliche Ausgestaltung durch allgemeine Geschäftsbedingungen stößt innerhalb des überwiegend zwingenden Transportrechts der verschiedenen Sparten auf erhebliche rechtliche Schwierigkeiten. Grundsätzlich gilt hier, daß die Vertragsbeziehungen, insbesondere die Haftung für selbst ausgeführte Beförderungsteile, dem jeweils dafür bestimmten zwingenden Recht unterliegen (Network-System; siehe Rdn. 19, 21 ff). Gleiches gilt für die Rechtsbeziehung zwischen MTO und Unterfrachtführer, da insoweit der MTO Absender ist[9]. Inwieweit für den MT-Vertrag selbst, also den Vertrag zwischen Absender und MTO, das zwingende Recht der durch Unterfrachtführer ausgeführten Beförderungen ebenfalls zu gelten hat, hängt davon ab, ob sich – wie dies überwiegend der Fall ist – die zwingenden Bestimmungen des für die Ausführung geltenden Frachtrechts durchsetzen; siehe dazu Rdn. 19 ff.

2. Begriff des multimodalen Transports

10 Unter multimodalem Transport versteht man international die Beförderung von Gütern mit zwei oder mehreren aufeinanderfolgenden, verschiedenartigen Beförderungsmitteln, die einem insgesamt einheitlichen Beförderungszweck dienen. Die Definition in Art. 1 Abs. 1–3 des UN-Übereinkommens über den multimodalen Transport (siehe Rdn. 52) entspricht dem inhaltlich. Multimodaler Transport ist also beispielsweise die durch einen einheitlichen Vertrag erfaßte Beförderung mit dem Kraftwagen zur Eisenbahn, von dort zum Seehafen, dann nach Übersee mit dem Seeschiff, mit anschließenden Eisenbahn- oder Kraftwagentransporten im oder zum Bestimmungsland. Dabei kommt es nicht darauf an, ob die Güter in Containern oder mit anderen Transporthilfsmitteln zusammengefaßt sind. Auch die Beförderung mit Umladung kann daher multimodaler Transport sein. Zu den multimodalen Transporten gehört auch der Trägerverkehr, insbesondere der sogenannte Huckepack-Verkehr und der Trägerschiffs-Leichterverkehr (LASH-Verkehr)[10].

11 **Ob ein multimodaler Transport vorliegt,** wenn untergeordnete Kurztransporte als Nebenpflichten übernommen sind, etwa Zubringerdienste mit Binnenschiffen zum auf der Reede liegenden Seeschiff oder mit Kraftfahrzeugen zur Eisenbahn, ist problematisch. Teilweise bestehen dafür besondere Regelungen, so z. B. § 1 Abs. 5 KVO[11]; die Rechtsprechung hält ebenfalls noch an der Unterordnung des Nahverkehrs-Zubringertransports unter die CMR nach dem Grundsatz der Gesamtbetrachtung fest; siehe Rdn. 22.

3. Rechtsnatur des multimodalen Frachtvertrages
a) Grundtyp: Frachtvertrag

12 Der **Vertrag über multimodale Beförderung von Gütern ist seinem Typus nach Frachtvertrag.** Er setzt als typisierenden Hauptinhalt die Übernahme der Verpflichtung zum Transport vom Übernahme- zum Ablieferungsort, also Ortsveränderung voraus. Er ist damit typmäßig Werkvertrag; siehe § 425 Rdn. 74, 102. Soweit über seine Rechtsnatur Streit besteht, bezieht sich dieser ausschließlich auf die Anwendbarkeit spezialgesetzlicher Regelungen, insbesondere einzelner zwingend geregelter Sonderord-

---

[8] Siehe § 425 Rdn. 8.
[9] Siehe zur Haftung für Schaden am Container: *Scheer* BB **1969** 117 ff.
[10] Siehe zu diesem *Jaegers* Probleme der Beförderer- und Spediteurhaftung im Container- und Trägerschiffsleichterverkehr, (Diss. Nürnberg 1986).
[11] Siehe dazu § 1 KVO, Anh. II nach § 452 und §§ 412, 413 HGB, Rdn. 21–27.

nungen für unimodale Transporte. Die Qualifikation als Frachtvertrag schließt nicht aus, daß solche Verträge auch Pflichten enthalten, die für Frachtverträge nicht durchweg typisch sind, so z. B. hinsichtlich grenzüberschreitender Transporte besondere Geschäftsbesorgungspflichten[12], insbesondere speditionelle (transportorganisatorische) Pflichten und weitere Nebenpflichten wie Verladung, Verpackung, Zwischenlagerung etc.

b) Gemischter Vertrag

Der multimodale Frachtvertrag ist, solange für ihn keine gesetzliche Sonderregelung **13** – etwa einer Multimodalkonvention – in Kraft ist (siehe dazu Rdn. 52), ein **gemischter**[13], aber **nicht ohne weiteres auch typengemischter**[14] **Vertrag.** Er enthält Komponenten unterschiedlicher gesetzlicher Vertragstypen: von Fracht-, möglicherweise auch Lager- und Speditionsverträgen sowie von nicht spezialisierten Werkverträgen. Diese sind aber nicht vermischt, da sie sich auch abtrennen, also als selbständige Verträge denken lassen. Der multimodale Transportvertrag kann daher ebenso gut zu den Untergruppen der Vertragsverbindung wie der Typenmischung gehören[15]. Mit der Feststellung, daß es sich um einen gemischten oder sogar typengemischten Vertrag handelt, wird im übrigen nicht mehr ausgesagt, als daß er nicht ohne weiteres den für einzelne Vertragsteile geltenden vertragstypischen Regeln (z. B. der CMR, der KVO oder dem Seefrachtrecht des HGB) unterliegt. Im übrigen ist die Leerformel vom gemischten Vertrag ausfüllungsbedürftig. An verläßlichen, allgemein anerkannten Regeln für das auf gemischte Verträge anzuwendende Recht fehlt es völlig[16]. Dies hat seinen Grund darin, daß die aus der Vertragspraxis entstehenden Verträge in sehr unterschiedlicher Form Elemente von Spezialtypen des besonderen Schuldrechts und Handelsschuldrechts, aber auch des allgemeinen Schuldrechts kombinieren. Die hierzu entwickelte Typologie kann keinen Anspruch auf Richtigkeit oder auch nur Vollständigkeit erheben. Die Frage nach den richtigen Rechtsnormen muß nach Maßgabe der Zwecke des Spezialrechts, also der ihnen zukommenden Funktionen beantwortet werden. Wertende Entscheidungen sind dabei unvermeidlich.

c) Vertrag sui generis

Streitig ist vor allem, ob der multimodale Frachtvertrag ein **Vertrag sui generis** (ein **14** **aliud** gegenüber geregelten Frachtverträgen) oder ein aus typisierten Vertragsteilen zusammengesetzter Vertrag ist. Hinter der Behauptung vom Vertrag sui generis steht meist der Versuch, den multimodalen Frachtvertrag aus der Herrschaft des für unimodale Frachtverträge überwiegend geltenden zwingenden Rechts zu lösen und so die Vertrags- und damit Freizeichnungsfreiheit gegenüber den Eingriffen zwingenden Rechts wiederherzustellen[17]. Sicherlich ist die Enge der einzelnen Sonderrechte ein überwindungsbedürftiger Zustand. Gegen diesen Versuch sprechen aber mehrere entscheidende Gründe[18]:

---

[12] Siehe § 425 Rdn. 103.
[13] Weitgehend unstr., siehe *Koller*[2] S. 878; *Koller* VersR **1989** 769, 770; *Herber* TranspR **1990** 10.
[14] So aber *Koller* aaO; *Koller* VersR **1989** 770; *Ebenroth/Fischer/Sorek* VersR **1988** 756, 759 und DB **1990** 1073 f (typengemischter Vertrag sui generis).
[15] *Esser/Schmidt*, Schuldrecht I[6] (1984) 183.
[16] Siehe dazu eindrucksvoll *Medicus* Besonderes Schuldrecht[5] § 120 und 121 II.

[17] Freizeichnungen kommen in erheblichem Umfang im Seetransport und hinsichtlich der Haftung von multimodalen Fixkostenspediteuren (ADSp) vor. Danach ist es wenig sinnvoll, mit *Basedow* 60 und *Ebenroth/Fischer/Sorek* VersR **1988** 756, 760, das Freizeichnungsproblem herunterzuspielen.
[18] Dazu überzeugend *Basedow* 59 f; *Herber* TranspR **1990** 8 ff.

(1) Die zwingenden Regelungen der unimodalen Sonderordnungen verordnen dem Transportgeschäft in ihren Anwendungsbereichen weitgehend international vereinheitlichte Vertragskonditionen, sorgen also für Markttransparenz im Konditionenbereich. Diese gewollte Situation würde empfindlich gestört, wenn z. B. der multimodal eingebundene Lufttransport dem zwingenden WA nicht mehr unterliegen würde. Insbesondere bestünde – angesichts der nicht zu übersehenden Abgrenzungsschwierigkeiten[19] – die Gefahr, sehr viele Transporte durch Definition dem zwingenden Recht zu entziehen.

(2) Die Theorie vom Vertrag sui generis ist allenfalls für den Vertrag zwischen dem Multimodalfrachtführer und seinem Auftraggeber (Absender) denkbar. Der Multimodalfrachtführer schließt dagegen meist mit den von ihm eingesetzten Unterbeförderern unimodale Frachtverträge ab; beim Spediteur-Frachtführer (§§ 412, 413) ist dies aus seiner grundsätzlichen Spediteurstellung heraus selbstverständlich. Gewährt man dem MTO Freizeichnungsfreiheit, wird eine Inkongruenz zwischen seiner Haftung und seinen Regreßansprüchen gegen die Einzelbeförderer erzeugt, die wirtschaftlich und rechtlich bedenklich ist[20].

(3) Die eingeführten zwingenden Regelungen lassen sich zumindest teilweise als Kompromißformeln gegenüber allgemeinen Geschäftsbedingungen erklären (insbesondere den Vertragsbedingungen im Seefrachtrecht und im frühen Eisenbahnrecht). Sie sind daher (auch) Instrumente der AGB-Inhaltskontrolle. In dieser Funktion würden sie bei ihrer Überwindung durch die bisher nicht vereinheitlichten Sonderbestimmungen über AGB ersetzt werden, beispielsweise durch das deutsche AGBG. Dies würde im grenzüberschreitenden Verkehr zu einem Rückschritt von der (gewiß inhaltlich nicht überzeugenden) Herrschaft des nach Branchen gespaltenen internationalen Einheitsrechts zu der völlig unübersehbaren Herrschaft nationalen AGB-Sonderrechts führen – ein gewaltiger Verlust an Rechtssicherheit.

(4) Die überwiegend internationalen Anwendungsbereiche des multimodalen Transports erfordern im Interesse des internationalen Handelsverkehrs einen möglichst einheitlichen Ansatzpunkt. Dieser liegt (solange keine Multimodalkonvention in Kraft ist; siehe dazu Rdn. 52) in Form des Network-Systems überwiegend vor. Es erscheint für Deutschland zweckmäßig, insoweit keine Sonderrolle zu spielen.

II. Allgemeine Regeln

15 Das Bestehen unterschiedlicher Spezialvorschriften legt es nahe – besonders im Schadensfall – zunächst zu prüfen, welche Sonderbestimmungen gelten könnten[21]. Erst wenn diese fehlen, ist auf die großenteils umstrittenen allgemeinen Grundsätze des Rechts des multimodalen Transports zurückzugreifen[22].

1. Anwendbare Rechtsnormen

16 Für alle Rechtsfragen des multimodalen Transports stellt sich die Frage, welche einzelnen Rechtsnormen anwendbar sind. Allerdings beziehen sich die praktischen Fälle und die rechtswissenschaftlichen Erörterungen fast gänzlich auf Güterschadensfälle. Daher wird die Problematik der Feststellung der anwendbaren Rechtsnormen anhand des Schadensersatzrechts erörtert. Grundsätzlich kommen alle gesetzlichen Teilregelungen des Frachtrechts in Betracht. Sie setzen sich im Rahmen ihrer Anwendbarkeitsbereiche durch, soweit sie zwingend sind. Dagegen können dispositive Bestimmungen durch

---

[19] Siehe insbesondere oben Rdn. 3 f, 69 ff.
[20] Siehe §§ 412, 413 Rdn. 56; *Basedow* 60.
[21] Siehe Rdn. 44–51.
[22] Beispiel BGH vom 14. 12. 1988, TranspR **1989** 141, 143 = VersR **1989** 309, 311 (Art. 2 CMR vor Network-System).

Einzelvertrag und AGB grundsätzlich abbedungen werden, so z. B. die meisten Normen des Landfrachtrechts des HGB, des Speditionsrechts und des Binnenschiffahrtsrechts[23]. Gleiches gilt, wenn eine gesetzliche Regelung für den gesamten Transport vereinbart wird, auch dann aber nur, soweit dadurch kein zwingendes Recht abbedungen wird[24].

2. Abweichende Vereinbarungen

Abweichende Vereinbarungen werden überwiegend **durch allgemeine Geschäftsbedingungen** getroffen. Sie unterliegen damit, jedenfalls soweit deutsches Recht Vertragsstatut ist, der Kontrolle nach §§ 24, 9 AGBG. Zu speziellen Bedingungen dieser Art siehe 53 ff. **17**

III. Anwendbare Haftungsnormen

Die Haftung beim multimodalen Transport ist gekennzeichnet durch eine Reihe von typischen Sonderproblemen, die zum Teil auf den Containereinsatz und die international üblichen Zollbehandlungen zurückzuführen sind. **18**

1. Internationale Grundregel: das Network-System

Grundsätzlich hat sich weltweit bisher das sogenannte Network-System durchgesetzt[25]. Inwieweit sich daran durch internationale Rechtsvereinheitlichung auf der Ebene von Staatsverträgen, Geschäftsbedingungen und Handelsbräuchen etwas ändern wird, ist ungewiß. Das Network-System geht davon aus, daß das Frachtgut beim multimodalen Transport nach und nach die Geltungsbereiche verschiedener Normengruppen durchläuft. Für den Schaden ist daher jeweils das Recht des Schadensorts – seinerseits bestimmt durch den Schadenszeitpunkt – maßgeblich. Daraus ergibt sich die weltweit uneinheitlich oder gar nicht gelöste Problematik des unbekannten Schadensorts mit den für sie typischen Beweislastproblemen. Naheliegend ist, daß im Prozeß jede Partei den Schaden unter der ihr günstigsten Sonderordnung entstanden sehen will. Da die Haftung für einzelne Transportbereiche durch zwingende Normen unterschiedlicher Strenge geregelt ist, wird der Geschädigte in der Regel behaupten, der Schaden sei da entstanden, wo das Gut durch die strengste Haftung geschützt war. Dagegen wird der Beförderer möglichst behaupten, der Schaden sei unter den in dispositiven Bereichen gültigen Freizeichnungsklauseln – so unter einer weniger strengen Haftungsordnung oder beim keiner zwingenden Regelung unterworfenen Verladen und Umladen – entstanden[26]. In der Wissenschaft wird nach einem gerechten Ausgleich dieser Probleme gesucht. Die am Frachtgeschäft Beteiligten versuchen, die Unsicherheiten durch geeignete Versicherung zu überbrücken – was allerdings die Probleme vielfach nur in den Bereich des Versicherer-Regresses verlagert[27]. **19**

2. Die deutsche Rechtsprechung

In der deutschen Rechtsprechung gibt es bisher nur wenige veröffentlichte Urteile. Der Grund dafür dürfte vor allem darin liegen, daß Schadensersatzprozesse vor 1987 **20**

---

[23] Deutlich BGH vom 24. 6. 1987, TranspR **1987** 447, 449 f = BGHZ **101** 172, 179 ff = NJW **1988** 640 ff = VersR **1987** 1212 ff (Untersuchung der Abdingbarkeit von Seerecht durch Vereinbarung der ADSp); OLG Karlsruhe vom 5. 12. 1986, TranspR **1987** 184 = VersR **1987** 901 (ADSp für Umschlag oder Landtransport in England).
[24] Ungenau dazu LG Krefeld vom 15. 12. 1987, VersR **1988** 1021 f (CMR-Vereinbarung auf der Grundlage der „Gesamtbetrachtung").
[25] *Herber* TranspR **1990** 8 ff.
[26] Die Problematik wird allerdings weitgehend erledigt sein, falls die UN-Multimodalkonvention doch in Kraft treten sollte; siehe Rdn. 52.
[27] Siehe *de la Motte* TranspR **1981** 63 ff.

wegen der unsicheren Erfolgsaussichten relativ selten waren oder selten durch Urteil entschieden wurden[28]. Die in jüngerer Zeit ergangene klärende Rechtsprechung ist in der Literatur noch umstritten.

a) Das Network-System

21 Der BGH hat sich in einem **Grundsatzurteil aus dem Jahre 1987** eindeutig für das Network-System entschieden und sich damit im internationalen Rahmen gehalten[29]: „In den Fällen des kombinierten (multimodalen) Verkehrs richtet sich die Ersatzpflicht des mit der Beförderung über die gesamte Strecke beauftragten Frachtführers – in den Fällen der §§ 412, 413 die Ersatzpflicht des Spediteurs – stets nach der für das jeweilige Beförderungsmittel geltenden Haftungsordnung"[30].

22 Dem Urteil ist zunächst zu entnehmen: **Dieser Haftung unterworfen** sein soll **nicht nur** der echte **Multimodal-Frachtführer**, also wer als Frachtführer die Ausführung der Beförderung vertraglich übernommen hat, **sondern auch der „Spediteur-Frachtführer"**, der nach §§ 412, 413 dem Frachtrecht unterliegt. Diese Fälle wurden bis dahin von der Rechtsprechung nach den umstrittenen Grundsätzen der „Gesamtbetrachtung" behandelt, nach denen die gesamte Beförderung einheitlich dem Recht des überwiegenden Beförderungsabschnitts unterworfen wurde; dazu §§ 412, 413 Rdn. 43 ff, insbesondere Rdn. 51. Diese Rechtsprechung war schon bisher erheblicher Kritik begegnet; §§ 412, 413 Rdn. 52–59. Sie wird vom BGH noch für den Güterfernverkehr mit Kraftfahrzeugen aufrechterhalten, um die sonst unter dispositivem Frachtrecht stehenden Vor- und Nachtransporte im Nahverkehrsbereich zwingendem Recht zu unterwerfen[31].

23 Wie im einzelnen das anzuwendende Recht bestimmt wird, ist im Urteil zwar grundsätzlich dargelegt. Abweichend vom Text der Urteilsgründe heißt es aber im offiziösen Leitsatz präziser: „... richtet sich ... die Ersatzpflicht ... nach der Haftungsordnung für das Beförderungsmittel, bei dessen Verwendung der Schaden eingetreten ist." Dieser Formulierung hat sich ein weiteres BGH-Urteil angeschlossen[32]. Danach kommt es auf die Verwendung des Beförderungsmittels, nicht dagegen auf seine vorherige Vereinbarung an. Der multimodale Beförderer müßte in jedem Fall **nach dem Recht des tatsächlich verwendeten Beförderungsmittels** haften. Dies schließt aber u. U. eine Haftung nach dem Recht des ursprünglich vereinbarten Beförderungsmittels nicht aus, wenn die Beförderung mit dem nicht vorgesehenen Beförderungsmittel vertragswidrig war; siehe Rdn. 65 ff.

24 Von entscheidender Bedeutung für den Ersatz von Schäden mit unbekanntem Schadensort sind die im Grundsatzurteil vom 24. 6. 1987 angewendeten **formalen Beweisregeln**[33]. Der BGH geht für den Schadensort von einer weitgehenden Beweislastumkehr

---

[28] Im Jahre 1970 lag die Regreßquote nur bei 12,8 %; 58 % aller Regresse scheiterten am unbekannten Schadensort; *de la Motte* TranspR **1981** 65. Anfang der 80er Jahre ging man davon aus, daß 80 % aller eingeklagten Schäden unbekannte Schadensorte betrafen; *Herber* TranspR **1981** 37.

[29] BGH vom 24. 6. 1987, BGHZ **101** 172 ff = NJW **1988** 640 ff = TranspR **1987** 447 ff = VersR **1987** 1202 ff; BGH vom 14. 12. 1988, TranspR **1989** 141, 143 = VersR **1989** 309, 311; dem folgend auch OLG Düsseldorf vom 29. 9. 1988, TranspR **1989** 10, 11; LG Duisburg vom 14. 2. 1990, TranspR **1991** 71, 72; ; LG Stuttgart vom 20. 8. 1991, TranspR **1992** 31.

[30] BGHZ **101** 172, 178; so i. E. schon OLG Hamburg vom 12. 1. 1984, TranspR **1984** 158 ff = VersR **1984** 1090 f (ADSp für Landbeförderung in Afghanistan); LG Stuttgart vom 20. 8. 1991, TranspR **1992** 31.

[31] BGHZ **101** 172, 177 f; LG Krefeld vom 15. 12. 1987, VersR **1988** 1021 f sieht diese Ausnahme – in der Begründung unrichtig – zugunsten der „Gesamtbetrachtung" auch bei einem Containertransport per LKW-Seeschiff-LKW nach England an, wenn die Parteien die CMR vereinbart haben.

[32] BGH vom 14. 12. 1988, TranspR **1989** 141, 143 = VersR **1989** 309, 311.

[33] BGH vom 24. 6. 1987, BGHZ **101** 172, 179 ff = NJW **1988** 640 ff = TranspR **1987** 447, 450 ff = VersR **1987** 1202 ff.

zu Lasten des multimodalen Beförderers aus: Aus allgemeinen Regeln des Beweisrechts ergebe sich, daß der Gläubiger die Darlegung- und Beweislast für die rechtsbegründenden, der Schuldner für die rechtsverhindernden, rechtsvernichtenden oder rechtshemmenden Tatsachen trägt. Wolle der Gläubiger seinerseits Einwendungen, die durch solche (rechtshindernden usw.) Tatsachen ausgefüllt werden, entkräften, sei er wiederum für das Vorliegen der Gegennormen beweispflichtig. Dabei sei für die Frage, ob eine Norm, eine Einwendung oder eine Gegennorm vorliege, entscheidend, wer jeweils einen Regelfall und wer eine Ausnahme behaupte[34]. Zutreffend stellt der BGH beim multimodalen Frachtvertrag – auch im Falle des nach Frachtrecht zu beurteilenden Speditionsvertrages (§§ 412, 413 HGB) – fest, daß der Frachtführer mit der Übernahme der durchgehenden Beförderung auf der gesamten Strecke die Verantwortung übernommen habe. Der BGH sieht daher den Regelfall zunächst darin, daß der Frachtführer in voller Höhe für Güterschäden innerhalb der Obhutszeit zu haften habe. Demgegenüber bildeten Haftungsfreistellungen oder -beschränkungen die Ausnahme. Wer geltend mache, daß der Schadensort unbekannt sei (und damit die Anwendung des ihm günstigsten Rechts erreichen wolle), berufe sich auf eine solche Ausnahme und sei für das Vorliegen der sie begründenden Tatsachen beweisbelastet. Wenn offen bleibt, wo der Schaden entstanden ist, wird damit der Auftraggeber der ihm jeweils günstigsten Haftungsordnung unterstellt[35].

Diese formelle beweisrechtliche Situation wird **materiell** unterstützt durch das Argument der **Beweisnähe**: Da der Schaden im Organisations- und Pflichtenbereich des Frachtführers entstehe, sei dieser näher am Beweis als der Geschädigte[36]. Diese Beweisregelung wird vom BGH als nicht durch AGB abdingbar – also AGB-fest – behandelt. Sie kann daher nach §§ 24, 9 AGBG nicht durch Klauseln ausgeschlossen werden. § 51 a S. 4 ADSp ist insoweit unwirksam[37]. **25**

Auf der Grundlage dieses Urteils **braucht** somit **der Geschädigte nicht** einmal **zu behaupten, der Schaden sei zu einer Zeit entstanden, zu der das Frachtgut unter der Herrschaft der ihm günstigsten Haftungsordnung gestanden habe**. Vielmehr soll die Behauptung der Schadensentstehung innerhalb der multimodalen Obhutszeit genügen. Die Darlegungs- und Beweislast für die Voraussetzungen der Haftungseinschränkungen trifft dann den multimodalen Frachtführer oder Spediteur-Frachtführer. **26**

b) Abweichende Rechtsprechung

Vor der Grundsatzentscheidung des BGH vom 24. 6. 1987 (siehe Rdn. 21 ff) wurde in der Rechtsprechung kein einheitliches Konzept vertreten. Teilweise wurden multimodale Transporte der Gesamtbetrachtung und damit einem an sich nur für einen Teilabschnitt geltenden Sonderfrachtrecht unterworfen[38]. Dieser Rechtsprechung lagen allerdings meist Fälle zu Grunde, in denen ein Spediteur wegen Fixkostenvereinbarung **27**

---

[34] BGH vom 16. 6. 1983, BGHZ **87** 393, 399 f.
[35] BGH vom 24. 6. 1987, aaO in Übereinstimmung mit *Scheer, W.*, Die Haftung des Beförderers im gemischten Überseeverkehr (1969) 71–73; ebenso schon LG Hamburg vom 1. 8. 1978, ETR **1980** 444, 450 f (Haftung des Fixkostenspediteurs für multimodalen Übersee-Containertransport).
[36] BGH vom 24. 6. 1987, BGHZ **101** 172, 181 ff = NJW **1988** 640 ff = TranspR **1987** 447, 450 ff = VersR **1987** 1202 ff; kritisch dazu *Ebenroth/Fischer/Sorek* VersR **1988** 756, 760; naiv aber die Meinung, bei „unbekannten Schadensort könne niemand den Beweis führen": ob der Schadensort unbekannt bleibt, kann – zumindest auch – vom Willen der Parteien abhängen.
[37] AaO, BGHZ **101** 172, 181 ff = TranspR **1987** 447, 450 ff.
[38] OLG Düsseldorf vom 13. 7. 1978, VersR **1978** 1016 f (Eisenbahn/KFZ-Beförderung unter CMR); OLG Schleswig vom 25. 5. 1987, NJW-RR **1988** 283, 284; LG Krefeld vom 15. 12. 1987, VersR **1988** 1021 f (CMR-Vereinbarung auf der Grundlage der „Gesamtbetrachtung"); OLG Hamburg vom 25. 10. 1979, VersR **1981** 527, 528

oder Sammelladungsversendung als Frachtführer haftete[39]. Das OLG Karlsruhe vom 15. 6. 1984, Justiz **1984** 341 f, wendet das Network-System an, erlegt aber dem Geschädigten die Beweislast für den Schadensort auf (Günstigkeits-Prinzip). Das auch im Ergebnis unrichtige Urteil des LG Duisburg vom 15. 11. 1992, TranspR **1992** 150 f, nimmt für einen Deckungsanspruch gegen den Speditionsversicherer Beweislast des Speditions-Versenders (Absenders) an. Es beruht auf Unkenntnis der Rechtslage, weil es die Anspruchsgrundlage für den Versicherungsanspruch zu Unrecht in § 41a ADSp sieht und daher die an sich maßgebliche Beweislastverteilung nach §§ 2, 3 SVS/RVS nicht einmal erörtert[40]. Eine Klausel in AGB, durch die für den Fall des unbekannten Schadensortes rechtswirksam eine bestimmte Haftungsordnung vereinbart gelten sollte, wurde im Seerecht anerkannt[41].

3. Lösungsvorschläge im Schrifttum

28 Die Literatur hat – besonders in letzter Zeit – eine Fülle von Lösungsvorschlägen gebracht[42].

a) Vertrag sui generis

29 Vertreten wird die Auffassung, der multimodale Frachtvertrag sei ein Vertrag sui generis[43]. Gegen diese Theorie sind schwerwiegende Bedenken angebracht[44].

b) Bündelungstheorie

30 *Basedow* hat vorgeschlagen, dem multimodalen Frachtvertrag einen **Doppelcharakter** zuzuweisen. Danach soll der Multimodalfrachtführer mit seinem Auftraggeber ein Bündel von Verträgen abschließen: einen Multimodalfrachtvertrag und für jedes spezielle Beförderungsmittel zusätzlich einen unimodalen Frachtvertrag; *Basedow* 60 f. Diese Konstruktion ermöglicht zwar eine dogmatisch befriedigende Lösung eines Teils der Haftungsprobleme, erscheint aber gegenüber der Vertragspraxis als gekünstelt – die Parteien wollen wohl ziemlich sicher keine Bündel von Verträgen abschließen. Die Lösung ist in der Wirkung weitgehend mit dem Network-System identisch, vermeidet aber auch nicht die dort auftretenden Abgrenzungsprobleme; *Koller* VersR **1989** 770.

31 Gänzlich unzutreffend ist die angeblich in der Rechtsprechung und Literatur vertretene[45] Vorstellung, Grundlage multimodaler Transporte **sei ein Bündel jeweils selbstän-**

(Seerecht auf Beförderung von Deutschland über Antwerpen nach Nigeria [obiter dictum]). Zur vertragswidrigen Luftfrachtbeförderung auf der Straße: LG Bremen vom 28. 1. 1986 und OLG Bremen vom 10. 7. 1986, VersR **1986** 1120 f (Luftfrachtrecht, Ausschaltung der ADSp).

[39] OLG Düsseldorf vom 13. 7. 1978; zur Ähnlichkeit der Problemlage zwischen multimodalem Transport und „trucking" siehe LG Bremen vom 28. 1. 1986 und OLG Bremen vom 10. 7. 1986, VersR **1986** 1120 f (Gesamtbetrachtung bei Luftfracht-Speditionsvertrag).

[40] Siehe dazu die Neufassung des SVS/RVS, § 429 Anh. II und die Erl. zu § 5 SVS/RVS, Anh. II nach § 415.

[41] OLG Düsseldorf vom 11. 2. 1982, VersR **1983** 483 (Seerecht der Haager Regeln, also deutsches Seefrachtrecht).

[42] Dazu eingehend *Koller* VersR **1989** 769 ff; *Koller*[2] S. 4 ff.

[43] Siehe zum internationalen Bereich *Basedow* 59; *Richter-Hannes* Die UN-Konvention 21.

[44] Siehe oben Rdn. 14. In der Rechtsprechung hat nur das OLG Köln vom 4. 4. 1986, TranspR **1986** 432, 433 = VersR **1987** 723 für den Fall des Frachtvertrages mit unbestimmtem Beförderungsmittel von dieser Argumentation Gebrauch gemacht.

[45] *Ebenroth/Fischer/Sorek* VersR **1988** 756 Fn. 31 und DB **1990** 1073 Fn. 20 beziehen sich auf Urteile, die diese Auffassung nicht vertreten, insbesondere auch auf das Urteil des BGH vom 24. 6. 1987, BGHZ **101** 172, 179 ff = NJW **1988** 640 ff = TranspR **1987** 447, 450 ff = VersR **1987** 1202 ff, das von einem einheitlichen Vertrag, aber gespaltenen Haftungsordnungen ausgeht. Auch die von *Ebenroth/Fischer/Sorek* VersR **1988** 756, 759 Fn. 32 und DB **1990** 1073 Fn. 20 zitierte Literatur bezieht sich nicht auf ein Modell der Bündelung selbständiger Verträge, sondern auf einen Vertrag unter der Herrschaft mehrerer Haftungsordnungen (Network-System).

diger Frachtverträge für jedes verwendete Transportmittel[46]. Ein solches Modell widerspräche für den in der Praxis vollständig dominierenden Fall des echten Durchfrachtvertrages[47] eindeutig dem Vertragswillen von Absender und Multimodalbeförderer, denen daran liegt, das Transportgeschäft als wirtschaftlich einheitliches Geschäft zu organisieren. Es wird daher ganz überwiegend abgelehnt.

c) Einheitstheorie, Schwerpunktlehre

Die Auffassung, der multimodale Frachtvertrag müsse einem einheitlichen Sonderfrachtrecht unterworfen werden, ist zwar rechtspolitisch durchaus sinnvoll[48], aber de lege lata kaum inhaltlich ausgestaltbar[49]. Sie entspricht im Ergebnis der von der Rechtsprechung entwickelten Gesamtbetrachtung[50]. Gegen sie sprechen die Einwände, die gegen die früher dominante Rechtsprechung zum Spediteur-Frachtführer geltend gemacht worden sind; siehe §§ 412, 413 Rdn. 56. **32**

d) Koller (freie Lösung nach Grundsätzen typengemischter Verträge)

Koller[51] hat eine weitgehend freie, nur an die sehr vagen „allgemeinen Rechtsgrundsätze über die Behandlung typengemischter Verträge" gebundene Festlegung der anzuwendenden Rechtsnormen vorgeschlagen. Mit dieser Lösung kommt er zwar teilweise zu Ergebnissen, die, der neuen BGH-Rechtsprechung entsprechend, sachlich die Diskussion fördern, eröffnet aber beachtliche Rechtsunsicherheiten; ähnlich wie hier *Herber*, TranspR **1990** 10. Sein Vorschlag, die Haftung für mittelbare Schäden auszuschließen, entspricht ohnehin den Ergebnissen aller anderen Lösungsansätze, weil dieser Grundsatz in jeder frachtrechtlichen Haftungsordnung grundsätzlich verwirklicht ist – siehe dazu § 430 Rdn. 19 f. Die von ihm vorgeschlagene freie Bestimmung der Sachfragen, insbesondere die von ihm in Grenzen dem Multimodalfrachtführer zugestandene Freiheit zur Haftungsbeschränkung und Festlegung der Verjährung durch AGB ist zwar mit dem AGBG vereinbar, aber im Hinblick auf die darin liegende Umgehung zwingenden Unimodal-Frachtrechts abzulehnen. **33**

e) Ebenroth/Fischer/Sorek (Quotelung)

Um zu gerechten Ergebnissen zu kommen, wurde auch eine Quotelung nach Wegstrecken vorgeschlagen[52]. Das vorgeschlagene Verfahren ist allenfalls für die Haftungsgrenzen brauchbar, aber nicht imstande, eine Auswahl aus den subtilen Einzelheiten zu treffen. Das Haftungslimit ist vielleicht das auffallendste, aber nicht das einzige Charakteristikum der jeweiligen frachtrechtlichen Sonderordnung. **34**

4. Eigene Auffassung

Der vom BGH und im wesentlichen entsprechend von *Herber*, TranspR **1990** 4 ff, vertretenen Lösung über das Network-System ist zuzustimmen[53]. Für den Fall des **35**

---

[46] *Koller* VersR **1989** 769, 770; *Ebenroth/Fischer/Sorek* VersR **1988** 756, 759 und DB **1990** 1073 f lehnen eine solche Deutung des multimodalen Vertrages ebenfalls ab.

[47] Siehe Rdn. 9.

[48] *Richter-Hannes* Die UN-Konvention 21; kritisch aber *Capelle* FS Felgentraeger (1969), 261, 272 f.

[49] *Herber* TranspR **1990** 8; siehe zu den Schwierigkeiten der Rechtsvereinheitlichung im übrigen Ganten 39 ff; *Herber* VersR **1981** 999; *Ebenroth/Fischer/Sorek* VersR **1988** 756, 760 f und DB **1990** 1073 1075.

[50] Siehe Rdn. 22 und §§ 412, 413 Rdn. 43 ff, insbesondere Rdn 51.

[51] Transportrecht 812 ff; VersR **1989** 770 ff.

[52] *Ebenroth/Fischer/Sorek* VersR **1988** 756, 759 und DB **1990** 1073 ff. Dazu kritisch *Koller* VersR **1989** 769, 772 f; *Herber*, TranspR **1990** 9 f.

[53] Im Ergebnis aus Gründen der Praktikabilität jetzt teilweise auch *Koller*[2] S. 880 ff.

bekannten Schadensortes gibt es keinen Grund, die Schadensersatzfrage dem dafür geschaffenen Spezialfrachtrecht zu entziehen. Man kann sinnvollerweise auch nicht bestreiten, daß z. B. der Seestreckenanteil der Reise grundsätzlich dem Seerecht untersteht, der grenzüberschreitende Straßentransport der CMR usw. Für Schäden mit unbekanntem Schadensort kann die BGH-Rechtsprechung mindestens Praktikabilität für sich beanspruchen. Es ist sicherlich schon nützlich, wenn der BGH dem Beweisspiel um die der jeweiligen Partei günstigere Sonder-Rechtsordnung ein Ende gemacht hat. Es mag sein, daß der multimodale Beförderer in vielen Fälle dem Beweis auch nicht viel näher steht als der Geschädigte. Immerhin organisiert er den Transport und weiß wenigstens, wer die Beförderung durchgeführt hat, kann sich daher gegebenenfalls um Beweismittel mit mehr Erfolg bemühen. Auch scheidet mit dieser Rechtsprechung die bewußte Zurückhaltung von Informationen als Verteidigungsstrategie aus. Ferner ist der Anreiz zur Schadensverhütung durch sorgfältige Auswahl der Einzelbeförderer oder zur besseren Dokumentation sinnvoll. Die Abwägung zwischen Rechtssicherheit (Vorhersehbarkeit eines Prozeßausgangs) und hier ohnehin kaum zu verwirklichender Einzelfallgerechtigkeit fällt daher nicht allzu schwer. Überdies liegt die Ursache für die häufige Unaufklärbarkeit des Schadenshergangs vor allem in der Verpackungs- und Containertechnik, die ihrerseits sowohl der Verladerseite (durch Vermeidung schadensträchtigen und zeitraubenden Umladens sowie von Zollproblemen) wie auch dem multimodalen Beförderer (durch Beschleunigung, Ersparnis von Zwischenlagerungen und rationellen Verkehrsmitteleinsatz) nützt. Komplizierte und in ihrem Ergebnis schwer vorhersehbare Einzelabgrenzungen erhöhen die Prozeßrisiken und -kosten und verhindern schnelle Schadensabwicklung. Grundsätzlich können sich Transportversicherer und Transporthaftpflichtversicherer auf die neue Rechtsprechung einstellen, die Regreßkosten vermindert. Auf längere Sicht können die Schadenskosten zwischen der Verlader- und Bedörererseite durch den Markt neu verteilt werden.

36 Problematisch bleibt jedoch das Schicksal der **international üblichen Beförderungsbedingungen für multimodale Transporte**; *Herber* TranspR **1987** 453. Diese können zwar nach wie vor bei bekanntem Schadensort die jeweils vorhandenen Gestaltungsmöglichkeiten (insbesondere Freizeichnungsspielräume) nutzen. Bei unbekanntem Schadensort wird jedoch der Freizeichnung kaum noch Spielraum geboten, wenn das Gut auf einer Teilstrecke mit einem zwingender und härterer Haftung unterworfenen Transportmittel befördert worden ist. Der Mindeststandard der Haftung wird durch das de facto bestehende Wahlrecht des Geschädigten auf die ihm im Einzelfall günstigste Haftungsordnung bestimmt.

37 Denkbar wäre – abweichend von der jetzigen Beweislastregel – die **Vereinbarung einer die Interessen beider Teile angemessen berücksichtigende Haftungsregel** für den unbekannten Schadensort als wirksam anzuerkennen – so z. B. die Vereinbarung des Seefrachtrechts oder der FBL-Regeln für den unbekannten Schadensort. Zu den (wenigen) frachtrechtlichen Regeln, die für die Inhaltskontrolle maßgeblich sein könnten, hat sich *Herber*, TranspR **1990** 10 f, dezidiert geäußert: Haftung für Leute/Erfüllungsgehilfen, mindestens für vermutetes Verschulden, Begrenzung auf den Handelswert und damit auch Ausschluß mittelbarer Schäden. Der Beförderer haftet somit nicht unbegrenzt, sondern kann sich mindestens auf die dem Verlader günstigste in Betracht kommende Haftungsbegrenzung berufen, ebenso auf die längste Sonderverjährung; dazu *Herber*, TranspR **1990** 11 f, insbes. 13. Allerdings hat *Herber* gegen die im FBL für multimodale Transporte ohne Seestreckenanteil vorgesehene Haftungsgrenze von 2 SZR =

ca. 4,50 DM doch erhebliche Bedenken aus der Sicht des AGB-Rechts geäußert und die Höhe der CMR-Haftung von 8,33 SZR = ca. 18–19 DM als Untergrenze angesehen[54].

IV. Einzelfragen

Die Festlegung der anzuwendenden Haftungsordnungen bewirkt zwar, daß der multimodale Transport haftungsrechtlich weitgehend wie alle der betreffenden Regelung unterstehenden Fälle zu behandeln ist. In vielen Einzelfragen führt dies allerdings nicht zu befriedigenden Ergebnissen. Hierzu hat insbesondere *Koller* spezielle Vorschläge gemacht[55]. Diese beruhen auf dem von ihm zugrundegelegten, aber in Literatur und Rechtsprechung nicht anerkannten Konzept des gemischten Vertrags; siehe Rdn. 33 und der von ihm vorgeschlagenen Möglichkeit, Problemfragen durch AGB zu lösen. Auf dieser Basis hat er beachtliche Lösungsmöglichkeiten aufgezeigt.

38

1. Haftungsmaßstab

39

Der Haftungsmaßstab soll nach *Koller* zur Erzielung von Fallgerechtigkeit „von Fall zu Fall wertend" geprüft und in einer Art Querschnitt aus den in Frage kommenden Regelungen festgelegt werden[56]. Wegen der sehr großen Kombinationsmöglichkeiten und einer im Einzelfall zu treffenden Typisierung von Haftungsgrundsätzen, die sich in vielen Details unterscheiden, könnte bei diesem Verfahren nur die Rechtsprechung des BGH Lösungen entwickeln, die den Geboten der Rechtssicherheit genügten. Dazu besteht wegen der sehr geringen Zahl einschlägiger Revisionsverfahren kaum eine Möglichkeit. Wegen der großen Bedeutung der Versicherung muß auch gefordert werden, daß die Risiken in einer hinreichenden Weise verläßlich typisiert werden. Die durchaus erwünschte Fallgerechtigkeit muß demgegenüber zurücktreten.

2. Haftungsgrenzen

Hinsichtlich der Haftungsgrenzen hat *Koller* in VersR **1989** 769, 774 zunächst auf das überall im Frachtrecht ausgeprägte Prinzip des Wertersatzes zurückgegriffen[57]. Die von ihm vorgeschlagene Bestimmung der Haftungshöhe nach dem durchschnittlichen Ladungswert der Multimodaltransporte läßt sich freilich kaum verwirklichen, weil zuverlässige statistische Angaben noch nicht einmal in Deutschland, geschweige denn international vorliegen und sich durch diese Methode ständig die Haftungsgrenzen aufgrund schwer überprüfbarer Grundlagen ändern würden. Daher hat er seinen Vorschlag aufgegeben und befürwortet nunmehr das Günstigkeitsprinzip für den Geschädigten[58] – im Ergebnis ähnlich der BGH-Lösung. Die vorgeschlagene Festlegung solcher Grenzen durch die Beförderer in ihren AGB widerspricht dem zwingenden Charakter der betroffenen Haftungsordnungen. Praktikabler wäre de lege ferenda die Möglichkeit, daß die Beförderer eine bestimmte Haftungsordnung wählen; dabei müßte aber der Verminderung der Haftung durch Wahl der „billigsten" Ordnung vorgebeugt werden. Insgesamt ist die Lösung des BGH vorzuziehen.

40

---

[54] TranspR **1987** 453 und TranspR **1990** 13.
[55] *Koller* VersR **1989** 769, 774 ff; modifiziert *Koller*² Rdn. S. 880 ff.
[56] *Koller* VersR **1989** 769, 773 f; *Koller*² S. 881.
[57] Siehe zu den erheblichen Unterschieden der Sonderordnungen § 430 Rdn. 53.
[58] *Koller*² S. 881.

3. Verjährung

41 Zur Verjährung hat *Koller* eine sogenannte mittlere Lösung (durch AGB) vorgeschlagen[59]. Auch dies würde Probleme der Rechtssicherheit und der Vereinbarkeit mit unabdingbarem Unimodalfrachtrecht aufwerfen. Damit wäre die rechtsberuhigende Wirkung der Verjährung empfindlich beeinträchtigt. Die konkreten Vorschläge von *Koller*[2] aaO sind zwar diskutabel, würden aber einen Kraftakt richterlicher Rechtsfortbildung erfordern.

4. Reklamation

42 Hinsichtlich der Reklamation auf das Recht des letzten Beförderungsmittels abzustellen[60] (das dann auch über die Folgen ihrer Versäumung entscheiden würde), ist empfehlenswert, weil Schadensrügen nach jeder Teilbeförderung bei Containerbeförderung nicht durchführbar sind. Hier wäre von der Rechtsprechung der Grundsatz zu entwickeln, daß die Schadensrüge bei äußerlich nicht erkennbaren Schäden erst gegenüber dem letzten Frachtführer erfolgen muß. Die unbeanstandete Übernahme des Frachtguts durch den nachfolgenden Frachtführer kann schon jetzt mindestens als Anscheinsbeweis für unbeschädigte Ablieferung an diesen gewertet werden. Denn auch der abliefernde Frachtführer braucht Schutz vor der Gefahr, wegen späterer Schäden in Anspruch genommen zu werden. Läßt sich aber der Schadensort feststellen, so besteht im Rahmen einer vernünftigen Interessenabwägung kein Grund, die Ansprüche gegen den vorhergehenden KVO-Frachtführer als erloschen zu behandeln.

5. Dokumente und Frachtzahlung

43 Gegenstand der Erörterungen waren häufig Fragen zur **Rechtsnatur der Dokumente** des multimodalen Transports oder Durchkonnossemente[61]. Fragen der Frachtzahlung sind selten Gegenstand der Rechtsprechung[62] und werden in der Literatur kaum erörtert.

V. Gesetzliche Sonderregeln für einzelne Arten multimodaler Transporte

44 In bescheidenem Maße und nur für Sondersituationen erlauben die geltenden Bestimmungen die Anwendung eines einheitlichen Rechts auf multimodale Transporte.

1. CIM und EVO

45 Nach Art. 2 § 2 ER/CIM 1980 und Art. 3 §§ 2 und 3 COTIF (früher Art. 2 § 1–3 CIM) besteht die **Möglichkeit**, das Eisenbahnnetz ergänzende **Schiffahrts- und Kraftwagenlinien in die** beim Zentralamt in Bern geführte **Streckenliste einzutragen**. Auf den multimodalen Transport kann **dann einheitlich die CIM angewandt** werden. Für Eisenbahn/See-Beförderungen können nach Art. 48 ER/CIM 1980, Anh. I nach § 460 (früher Art. 63 CIM) seerechtliche Haftungsbefreiungen vertraglich vereinbart werden.

---

[59] VersR **1989** 769, 774 f; *Koller*[2] S. 881 f; a. A. *Herber* TranspR **1990** 4, 12; *Prüßmann/Rabe*[3] Anh. § 656 HGB Anm. C 7.

[60] *Koller* VersR **1989** 769, 774; *Koller*[2] S. 881; *Herber* TranspR **1990** 4, 12; *Ebenroth/Fischer/Sorek* DB **1990** 1073, 1077. Für Anwendung von § 611 HGB bei multimodalen Transporten mit Seestreckeneinschluß *Prüßmann/Rabe*[3] Anh. § 656 HGB Anm. C 6. Siehe auch zur kaufrechtlichen Schadensrüge beim Streckengeschäft BGH vom 29. 3. 1978, NJW **1978** 2394 f.

[61] LG Hamburg vom 17. 12. 1985, TranspR **1986** 237 f (FBL).

[62] LG Hamburg vom 17. 12. 1985, TranspR **1986** 237 f.

Von der Möglichkeit, einheitlich die CIM auf multimodale Transporte anzuwenden, wird vor allem im Eisenbahn-See-Verkehr Gebrauch gemacht. Eingetragene Kraftwagenlinien sind dagegen selten.

Für den internationalen Containerverkehr erweitern Art. 8 § 2 ER/CIM 1980, Anh. I nach § 460 (früher Art. 60 § 2 CIM 1970), und Art. 2, 3 der **Ordnung für die Internationale Eisenbahnbeförderung von Containern (RiCo)** (Anlage III zur CIM) den Anwendungsbereich der CIM auf die Abholungs- und Zuführungstransporte mit anderen Verkehrsmitteln, soweit diese von der Eisenbahn übernommen werden. Damit ist die einheitliche Herrschaft der ER/CIM 1980 für internationale Containertransporte innerhalb Europas ermöglicht[63]. Die europäischen CIM-Eisenbahnen (einschließlich der osteuropäischen CIM-Mitgliedsländer) wickeln diese Transporte durch ihre gemeinsame internationale Container-Gesellschaft „Intercontainer" ab[64]. Jedoch ist die Anwendung der CIM/RiCo auf den ganzen Transport nicht möglich, soweit die Abholung oder Zuführung nicht durch die Eisenbahn oder in deren Auftrag, sondern durch einen selbständigen Kraftverkehrsunternehmer im Auftrag des Absenders oder Empfängers erfolgt. **46**

Für das **innerdeutsche Recht** läßt die EVO in § 2 Abweichungen praktisch überhaupt nicht zu. Innerdeutsche Anschlußtransporte mit der Eisenbahn können daher dem Haftungssystem des Hauptbeförderungsmittels (z. B. Seeschiff) nicht unterstellt werden. Als Beförderungsdokumente können jedoch nach § 55 Abs. 2 EVO abweichende Dokumente (also insbesondere Durchfrachtdokumente) zugelassen werden. Eine Erstreckung des Eisenbahnrechts auf die Kraftfahrzeugzubringerstrecken im Containerverkehr ist ebenfalls im innerdeutschen Recht nicht vorgesehen. Daher ist die innerdeutsche Annahmeorganisation der Deutschen Bundesbahn für Großcontainerverkehr (Transfracht GmbH in Frankfurt) als Landfrachtführer tätig (§ 1 Abs. 2 Transfracht-AGB) und beschäftigt die Deutsche Bundesbahn als Unterfrachtführer. Im Verhältnis zum Absender wird dann jedoch die eisenbahnrechtliche Haftung vertraglich vereinbart (§ 16 Abs. 1 Transfracht-AGB). Dies ist im Hinblick auf die dispositive Gestaltung des deutschen Landfrachtrechts zulässig. Im Hinblick auf die Bahnreform ist die künftige Rechtslage jedoch unsicher. **47**

2. CMR

Die CMR unterstellt in Art. 2 den Huckepackverkehr ihrer Regelung. Das Beförderungspapier für den gesamten Transport ist demnach der CMR-Frachtbrief. Für die Haftung des Beförderers gilt nach Art. 2 Abs. 1 S. 2 das zwingende Frachtrecht des den LKW befördernden Transportmittels, wenn der Schaden nachweislich durch ein Ereignis verursacht worden ist, das nur während oder wegen der Beförderung durch dieses Transportmittel und nicht durch eine Handlung oder Unterlassung des Straßenbeförderers eingetreten sein kann. Die unaufklärbaren Fälle und die während der Straßenbeförderung eingetretenen Schäden unterliegen dagegen ausschließlich der CMR. Im Innenverhältnis zwischen dem CMR-Frachtführer und dem Huckepackbeförderer des LKW, also etwa im Verhältnis CMR-Frachtführer/Eisenbahn oder CMR-Frachtführer/Verfrachter ist das Recht des Trägerbeförderungsmittels maßgeblich. **48**

---

[63] Wenig aufschlußreich *Spera* Internationales Eisenbahnrecht 8.4 und *Goltermann/Konow* zu Art. 8 ER/CIM 1980.

[64] Dieses Monopol ist weitgehend durchbrochen; Transfracht vermarktet nunmehr auch selbst Internationale Containertransporte; siehe zuletzt DVZ Nr. 53 vom 6. 5. 1993, S. 2.

49 Daß die Güter in Containern oder auf Paletten befördert werden, reicht für die Anwendung von Art. 2 CMR, Anh. VI nach § 452, **nicht aus**. Werden also Container oder Paletten vom Schiff, der Schiene oder vom Flugzeug auf die Straße umgeladen und umgekehrt, so ist für jeden Teil der Beförderung die betreffende Regelung (CMR, CIM, Haager Regeln, WA oder nationale Rechte) maßgeblich. Eine Ausnahme macht der Container-Abhol- oder Zubringerdienst der Eisenbahn, welcher der CIM/RiCo unterliegt; siehe Rdn. 45.

3. Innerdeutsches Landtransportrecht

50 Im innerdeutschen Bereich gestattet § 3 Abs. 2 GüKG für den Huckepack- und Behälterverkehr dem Straßenfrachtführer, die Eisenbahnbeförderung vertraglich mit zu übernehmen. Zwischen ihm und dem Absender gilt dann Kraftwagenfrachtrecht (KVO). Beförderungsdokument ist der KVO-Frachtbrief. Die Haftung des Straßenbeförderers für Teilstrecken, die er mit der Eisenbahn ausführen läßt, kann nach § 33 c KVO auch außerhalb des Huckepack- und Behälterverkehrs dem Kraftfahrzeugfrachtrecht unterliegen[65].

4. Luftrecht

51 Bei Beförderungen, die Luftrecht unterliegen, ist die Haftung sowohl im internationalen (Art. 23 WA) wie auch im innerstaatlichen Recht (§ 49 LuftVG) zwingend geregelt.

VI. Internationales Einheitsrecht, MT-Konvention der UN

52 Die Konvention der Vereinten Nationen über die Internationale Multimodale Güterbeförderung vom 24. 5. 1980 (MT-Konvention)[66] ist bisher nur von Chile und Mexiko (statt der erforderlichen mindestens 30 Staaten) ratifiziert worden[67] und daher noch nicht in Kraft getreten. Ob es noch einmal zu ihrer Geltung kommt, ist zweifelhaft. Die Bestrebungen zur Vereinheitlichung des Rechts der multimodalen Transporte haben bisher nur im Bereich des öffentlichen Rechts zu einem Erfolg geführt, nämlich zu dem Abkommen über sichere Container[68]. Um die Schaffung eines internationalen Abkommens über den Containerverkehr haben sich bereits mehrere Institutionen erfolglos bemüht: **1956** das römische Institut für die Vereinheitlichung des Privatrechts (UNIDROIT); **1965** das Comité Maritim International (CIM); ferner die Europäische Wirtschaftskommission (ECE) und die Internationale Beratende Maritime Kommission (IMCO). ECE und IMCO haben auf der Weltcontainerkonferenz von **1972** einen gemeinsamen Entwurf eines internationalen Übereinkommens über die Haftung im internationalen multimodalen Verkehr (TCM) zur Unterzeichnung vorgelegt. Die Annahme dieses Entwurfes scheiterte jedoch am Widerspruch der Entwicklungsländer und der sozialistischen Staaten. Am ehesten erfolgversprechend war bisher der Versuch der Internationalen Handelskammer in Paris (ICC), die einheitliche Regeln für ein

---

[65] Siehe § 33 KVO, Anh. II nach § 452 Rdn. 7.
[66] Abdruck in den maßgeblichen Originalsprachen ETR **1980** 487; deutsche Übersetzungen in TranspR **1981** 67 ff; *Richter-Hannes* Die UN-Konvention, 237 ff. Zu ihrem Haftungskonzept siehe *Richter-Hannes* S. 119 ff; *Herber* TranspR **1981** 37, 42 ff.
[67] *Thume* TranspR **1990** 41, 43; zur Ablehnung durch die beteiligten Wirtschaftskreise siehe *Glöckner* TranspR **1981** 66 f.
[68] Fundstellennachweis B, BGBl II Nr. 6a vom 25. 2. 1993 S. 435 f. Dazu *Herber* Hansa **1973** 7 ff sowie *Franz und Hartwig* Hansa **1973** 345.

Dokument des Multimodalen Transports ausgearbeitet und empfohlen hat[69]. Die MT-Konvention sieht in Art. 6 die Schaffung eines übertragbaren, dem Konnossement vergleichbaren Dokuments für multimodale Transporte vor.

VII. Typische Vertragsbedingungen für multimodale Transporte

Das Ineinandergreifen der verschiedenen Rechtsordnungen macht den multimodalen Transport zu einem Vorgang, dessen rechtliche Zusammenhänge vielleicht von einem großen Speditionsunternehmen noch überschaut werden können, der aber für normale Verlader ein reines Spiel des Zufalls ist. Nach dem Scheitern des TCM-Projekts übernahmen daher in zunehmendem Maße private Institutionen und Dokumente die Aufgabe, dem Verlader praktische und überschaubare Möglichkeiten der Haftung, Versicherung und Dokumentation anzubieten. **53**

1. Durchfrachtverkehr der Reedereien

Seit langem stellen Reedereien Durchkonnossemente von unterschiedlicher Art aus. Soweit die Reeder im Dokument die Beförderungspflicht für die ganze Stecke einschließlich der Land- und Eisenbahnanschlußtransporte übernehmen, sind diese Durchkonnossemente in Wahrheit Dokumente des multimodalen Transports. Inwieweit es möglich ist, die Dokumentationswirkung von Konnossementen auf Landtransporte zu erstrecken – was auch die Anwendbarkeit der seerechtlichen Haftungsordnung auf Landtransporte mit sich bringen würde – ist in Einzelheiten seit langem umstritten[70]. **54**

2. Kombinierter Großcontainer-Verkehr der europäischen Eisenbahnen

Für den internationalen Bereich haben die europäischen Eisenbahnen die Abwicklung ihres Verkehrs mit Großcontainern einer gemeinsamen Organisation, der „Intercontainer", mit Sitz in Brüssel, übertragen. Diese übernimmt – im allgemeinen durch die entsprechenden nationalen Gesellschaften als Agenten – Güter im Container oder stellt Container zur Beladung ab. Sie stellt dem Verlader ein besonderes Dokument, den Intercontainer-Übergabeschein, aus. Aus ihren Geschäftsbedingungen ergibt sich, daß Intercontainer die Rolle eines Beförderers übernehmen will. Intercontainer überträgt jedoch die Beförderung auf andere Beförderer weiter, und zwar in der Regel auf die beteiligten Eisenbahnen aufgrund der CIM/RiCo. Sie tritt dem Verlader ihre Ansprüche gegen Eisenbahn oder andere Beförderer ab, ohne für deren Strecken eine Haftung zu übernehmen. Daneben wird nur eine begrenzte Haftung für Eigenverschulden vertraglich akzeptiert. Diese Lösung ist zumindest nach deutschen Recht bisher frei zulässig, während in Auslandsrechten, z. B. im französischen im Hinblick auf die zwingende Spediteurhaftung u. U. Probleme entstehen können. Für den gesamten Container-Transport ab Übernahme durch Intercontainer gilt nach dieser Organisation des Transports im Regelfall, also eventuell von Haus zu Haus, reines Eisenbahnfrachtrecht; insbesondere besteht durchweg die CIM/RiCo-Haftung, wenn der Container-Transport nur durch Eisenbahnen und ihre beauftragten Unternehmer erfolgt. Allerdings ist Intercontainer frei, andere Beförderer oder Transportmittel als die Eisenbahn einzusetzen. Es ist daher auch möglich, daß Intercontainer die Güter nur bis zu einem Container-Terminal auf der Grundlage des CIM-Frachtbriefs versendet, von dort jedoch die Beförderung einem **55**

---

[69] Dazu Rdn. 62. Zu den Rechtsvereinheitlichungsbestrebungen siehe neben der oben in Rdn. 1 angegebenen Literatur insbesondere *Herber* Hansa **1973** 7 ff, ferner die Stellungnahme des Zentralamts für den internationalen Eisenbahnverkehr, IZ **1974** 126–140.
[70] Dazu eingehend *Scheer* 36 ff. Zur Übersicht *Prüßmann/Rabe*³ Anh. zu § 656 HGB.

selbständigen Kraftfahrzeugfrachtführer überträgt, wonach dann entweder CMR oder nationales Kraftfahrzeugfrachtrecht anzuwenden ist. Somit sichert die von den Eisenbahnen gewählte Konstruktion nicht die einheitliche Anwendung gleichen Rechts auf den gesamten Transport.

56   Für den reinen Binnenverkehr und für den deutschen Seehafen-Container-Verkehr **hat die Deutsche Bundesbahn die Abwicklung des Großcontainer-Transports auf ihre Tochtergesellschaft Transfracht GmbH, Frankfurt, übertragen.** Diese übernimmt die Container-Beförderung aufgrund des Transfracht-Übergabescheins und der Transfracht-Geschäftsbedingungen. Transfracht verpflichtet sich zur Beförderung als Landfrachtführer und beschäftigt die Deutsche Bundesbahn als Unterfrachtführer. Für die Beziehung zwischen Transfracht und Verlader wird nach den Geschäftsbedingungen die eisenbahnrechtliche Haftung nach EVO vereinbart. Die hierfür in § 18 Abs. 1 Transfracht-Geschäftsbedingungen vorgenommene Verweisung auf das Eisenbahnrecht ist zulässig, da § 2 Abs. 2 GüKG für diesen Fall nicht paßt. Der Transfracht-Übergabeschein wird ausdrücklich als Landfrachtbrief nach § 426 bezeichnet – allerdings mit atypischem Inhalt[71]. Insgesamt läßt sich aus diesen Vertragsgestaltungen erkennen, daß die Container-Gesellschaften der europäischen Eisenbahnen zwar die Stellung eines MT-Operators übernehmen, aber eine Eigenhaftung für Beförderungsschäden, insbesondere bei ungeklärtem Schadensort, ablehnen. Nicht einmal eine durchgehende Haftung nach CIM/RiCo ist garantiert.

3. Das FIATA Combined Transport B/L (FBL)

57   Für multimodale Transporte, zunächst vor allem für den multimodalen See/Landverkehr hat der Internationale Spediteurverband FIATA ein besonderes Durchkonnossement geschaffen. Dieses ist kein Konnossement im Sinne der Haager Regeln oder auch des deutschen Seefrachtrechts, sondern ein von einem Spediteur ausgestelltes Dokument, durch das der Spediteur als Unternehmer im multimodalen Transport (MTO) die Beförderung und Haftung übernimmt. In der Ausgestaltung der auf diesem Dokument aufgedruckten Geschäftsbedingungen ähnelt es dem **1972** gescheiterten TCM-(Network-)System. Die einzelnen Beförderer, darunter die Eisenbahn- und Kraftwagenbeförderer, von denen die Teile des multimodalen Transports ausgeführt werden, sind Vertragspartner des MTO (Spediteurs) und haften ihm nach Maßgabe der jeweils geltenden Rechtsnormen (Seerecht, Luftrecht, CIM, CMR, SMGS, nationale Rechtsordnungen). Der Spediteur selbst übernimmt als MTO eine begrenzte primäre Haftung für alle Schäden. Für Schadensfälle, die sich im Obhutsbereich eines bestimmten Beförderers ereignet haben, haftet der Spediteur dem Auftraggeber nach Maßgabe des für diesen Beförderer geltenden zwingenden Rechts. Für die unaufgeklärten Fälle verbleibt es bei der MTO-Haftung im Rahmen der Grenzen des FBL. Dieses Haftungssystem kann ergänzt werden durch eine vom Spediteur genommene Haftpflichtversicherung, welche die Haftung des Spediteurs gegenüber seinem Auftraggeber deckt, und, wenn nötig, die Ansprüche des Spediteurs gegen einzelne Beförderer im Regreßwege geltend macht[72]. In einem Schadensfall haftet somit nach dem FBL-System praktisch zunächst der Transportversicherer; dieser wendet sich im Regreßweg an den Spediteur bzw. dessen Haftpflichtversicherer, dieser wiederum im Regreß gegen den einzelnen Beförderer oder dessen Haftpflichtversicherer. Alle entstehenden Rechtsunsicherheiten können somit aus der Sicht

---

[71] Siehe hierzu Rdn. 2, 3, 4, 6, 13 zu § 426.
[72] *Schneider* Verkehrshaftungsversicherungen (1992) 145 ff; zu den Erfahrungen und Problemen dieser Versicherung siehe *Roschmann* FIATA Information März **1992** S. 4 f.

des Verladers durch die Transportversicherung ausgeschaltet werden. Dadurch wird jedoch nur eine Verlagerung des Schadensersatzprozesses in den Regreßbereich erreicht[73]. Die Bedingungen des FBL dürften der Inhaltskontrolle nach dem AGBG standhalten; *Koller*[2] S. 883.

VIII. Dokumente des multimodalen Transports
1. Allgemeines

Für multimodale (multimodale) Transporte[74] ist bisher gesetzlich weder im innerdeutschen noch im internationalen Bereich ein besonderes, alle Beförderungsabschnitte umfassendes Dokument vorgesehen. Konnossement und Ladeschein können nur jeweils die Seetransportstrecke bzw. den Transport durch das Binnenschiff (theoretisch), nicht aber durch den Kraftwagen dokumentieren. Für eine durchgehende Dokumentation multimodaler Transporte werden teilweise besondere Frachtbriefe verwendet, so z. B. im multimodalen Containerverkehr der Eisenbahnen. Teilweise werden jedoch echte, die Sendung repräsentierende Wertpapiere ausgestellt, die dem Ladeschein oder Konnossement entsprechen sollen. Solche Papiere beruhen auf freier vertraglicher Schaffung. Ihr Inhalt wird durch allgemeine Geschäftsbedingungen festgelegt. Sie sind dazu bestimmt, als akkreditivfähige Dokumente im Rahmen von Dokumentenakkreditiven zu dienen. Siehe besonders das FIATA-FBL, Anh. IV nach § 415 Rdn. 13 ff.

58

2. Die in der Praxis benutzten Dokumente des multimodalen Transports

Hervorzuheben sind folgende in der Praxis benutzten bzw. von internationalen Organisationen empfohlene Papiere:

59

a) Echte, von Verfrachtern ausgestellte Durchkonnossemente

Durchkonnossemente kommen mit sehr unterschiedlichen Bedingungen vor[75]. Insbesondere bestehen wegen der sehr ähnlichen Dokumentenlage keine Bedenken gegen die Verbriefung einer kombinierten See/Binnenschiffahrtsstrecke in einem Durchkonnossement[76]. Nicht als Dokumente des multimodalen Transports können solche Durchkonnossemente betrachtet werden, in denen die frachtrechtlichen Rechte nur für die Seestrecke verbrieft sind, während der Verfrachter die Anschlußtransporte nur als Spediteur zu besorgen verspricht („unechte" Durchkonnossemente). Solche Durchkonnossemente genügen den Anforderungen zwar für die Seestrecke, können aber nicht angenommen werden, soweit die Akkreditivbedingungen ein durchgehendes Dokument des multimodalen Transports vorschreiben. Denn für die Anschlußstrecken verbriefen diese Papiere weder Auslieferungs- noch Haftungsansprüche.

60

b) Das FIATA Combined Transport Bill of Lading (FBL)

Dieses Dokument wird weltweit von Spediteuren aufgrund der vom internationalen Spediteurverband FIATA im Jahre 1970 herausgegebenen Geschäftsbedingungen ausge-

61

---

[73] Zur wertpapierrechtlichen Qualifikation des FBL siehe Rdn. 10 zu § 444.
[74] Zu dieser Transportart eingehend Anh. V nach § 452.
[75] Siehe hierzu insbesondere *Prüßmann/Rabe*[3] § 656 HGB Anm. C 1 und Anh. 656; *Scheer* Die Haftung des Beförderers im gemischten Überseeverkehr, 36 ff; *Capelle* Festschrift für Felgentraeger 1969, 266 ff; *Abraham* Seerecht, 4. Aufl. 1974, 211 ff; *Schaps/Abraham* Anhang I zu § 656 HGB; *Prüssmann* Seehandelsrecht, 1968, Anhang B zu § 656; *Zahn* Zahlung und Zahlungssicherung im Außenhandel, 5. Aufl. 1976, 116 ff.
[76] Siehe dazu etwa RG vom 5. 10. 1932, RGZ 137 301, 304 f.

stellt[77]. Der dem FBL zugrundeliegende Vertrag ist als MT-Vertrag ein echter Frachtvertrag mit unbestimmten Beförderungsmittel. Im FBL verbrieft der ausstellende Spediteur als Beförderer im multimodalen Verkehr (MTO) einen Beförderungsanspruch über die gesamte multimodale Strecke, einen Auslieferungsanspruch sowie begrenzte Haftung nach dem Network-System; siehe Rdn. 21. Im Gegensatz zum FBL sind die üblichen Spediteurkonnossemente oder Spediteurdurchkonnossemente, in denen der Spediteur nur eine Empfangsbestätigung unter Übernahme speditioneller Pflichten (z. B. unter Verweisung auf die ADSp) übernimmt, keine Dokumente des multimodalen Transports. Zu diesen Papieren gehört z. B. das FIATA Through Bill of Lading (FCT), abgedruckt Anh. IV nach § 415 zu Rdn. 11.

c) Das MT-Dokument der Internationalen Handelskammer

62 Die internationale Handelskammer in Paris (ICC) hat 1973 „Einheitliche Regeln für ein Dokument des kombinierten Transports" (ICC Rules) aufgestellt, die 1975 revidiert und veröffentlicht worden sind[78]. Die „ICC Rules" haben keine Gesetzeskraft, sondern sind nur von der IHK empfohlene Geschäftsbedingungen, die sich möglicherweise zu internationalen Handelsbräuchen entwickeln können. Auch nach ihnen übernimmt der MTO die volle Beförderungspflicht für den gesamten multimodalen Transport und eine Haftung nach dem Network-System. Gemeinsam mit der UNCTAD hat die internationale Handelskammer 1991 ein weiteres Dokument entworfen (UNCTAD/ICC Rules for Multimodal Transport Documents)[79], das ausgestellt werden kann, wenn für das Seerecht das System der Visby-Regeln[80] oder das der Hamburg-Regeln[81] zugrundegelegt werden soll. Die Anerkennung auch diese Dokuments im Rahmen von Dokumenten-Akkreditiven[82] ist durch die Mitwirkung der ICC wohl meist garantiert.

3. Wertpapierrechtliche Eigenschaften der Dokumente des multimodalen Transports

63 Alle hier erwähnten MT-Dokumente, also sowohl die echten Durchkonnossemente, aber auch das FBL und das MT-Dokument der IHK sollen eine dem Konnossement entsprechende Dokumentation für multimodale Transporte ermöglichen. Sie sind nach den Vertragsbedingungen als Order- oder Inhaberpapiere, teilweise auch als Rektapapiere vorgesehen. Sie enthalten Angaben über die vom MTO übernommene Ladung, die sich bei Gütern, die in Containern verladen sind, in aller Regel der Überprüfung durch den MTO entziehen, also auf den Angaben des Absenders beruhen. Der aus dem Papier Berechtigte erhält gegen den MTO den Auslieferungsanspruch und (begrenzte) Ersatzansprüche im Falle von Verlust, Beschädigung oder Nichtübereinstimmung mit der im Dokument eingetragenen Warenbeschreibung. Diese Haftung gegenüber dem aus dem

---

[77] Abdruck der englischen Fassung 1987 in TranspR **1988** 87 f; siehe zur vorherigen Fassung Anh. IV nach § 415 Rdn. 13–16; dort auch Abdruck des Formulars mit englischsprachigen Bedingungen; siehe auch *Schneider* Verkehrshaftungsversicherungen (1992) 54.

[78] Uniform Rules for a Combined Transport Document (ICC Rules), Dokument Nr. 298, Oktober 1975.

[79] ICC-Publication Nr. 482 (**1992**); Abdruck auch in ETR **1991** 620 ff.

[80] Abdruck bei *Prüßmann/Rabe*[3] Anhang III nach § 663a HGB; zur komplizierten internationalen Rechtslage im Seerechts dort vor § 556 HGB Anm. D und E; *Herber* TranspR **1986** 247, 252 ff; TranspR **1990** 173 ff; TranspR **1992** 381 ff.

[81] Abdruck bei *Prüßmann/Rabe*[3] Anhang IV nach § 663a HGB.

[82] „Einheitliche Richtlinien und Gebräuche für Dokumentenakkreditive (ERA)"; siehe § 426 Rdn. 65. Siehe zu den künftigen ERA UCP 500 eingehend *Nielsen* WM Sonderbeilage zu Heft **3/1993**.

Papier Berechtigten kann der MTO übernehmen, weil er nach den Bedingungen einen Regreßanspruch gegen den Absender im Falle falscher Angaben im MT-Dokument hat. Die MT-Dokumente garantieren auch, daß der Absender keine anderweitigen Verfügungen über das Frachtgut mehr treffen kann, wenn das Papier weiter übertragen ist. Sie sichern somit den aus dem Papier Berechtigten dagegen, daß die Ware auf Weisung des Absenders zurückbefördert, angehalten, oder an einen Dritten ausgeliefert wird (Sperrfunktion; siehe § 426 Rdn. 62 ff).

64 Die **Übertragung des Papiers** ist nach deutschem Recht unproblematisch, wenn es auf den Inhaber gestellt ist, da in diesem Falle §§ 793 ff BGB anwendbar sind. Soweit die Papiere an Order gestellt sind, können sie nach dem im deutschen Recht geltenden numerus clausus keine echten Orderpapiere sein[83]. Die von *Canaris* befürwortete begrenzte Analogiefähigkeit der §§ 363 ff und damit auch des §§ 450 ist für den internationalen Handelsverkehr problematisch, weil sie die unterschiedslose Neuschaffung von Repräsentations- und Traditionspapieren begünstigt. Zur Traditionswirkung des Kfz-Briefs siehe ablehnend BGH vom 8. 5. 1978 aaO. Es ist jedoch möglich, eine der Übertragung durch Indossament sehr weitgehend angenäherte Wirkung durch Anwendung des bürgerlichen Rechts (Abtretung) zu erzielen. Dies ist für den sog. „zivilen Orderlagerschein" schon von der Rechtsprechung des Reichsgerichts anerkannt worden. Siehe zum Namenslagerschein § 424 Rdn. 26 ff (*Koller*). Auch ein weitgehender Gutglaubensschutz für den Dritterwerber sowie eine Legitimationsfunktion des Papiers erscheint auf ähnliche Weise durch die Vertragsbedingungen als gesichert. Echte Traditionswirkung kann dem Dokument des multimodalen Transports nicht zukommen. Doch die Anwendung des § 931 kann auch insoweit zu stark angenäherten Ergebnissen führen[84]. Nach deutschem Recht erfüllen die MT-Dokumente somit praktisch alle an ein handelbares Papier zu stellenden Anforderungen, wenn man den betreffenden Bedingungen und dem Parteiwillen eine verkehrsfreundliche Auslegung gibt. In ihrer Inhaberversion sind die Papiere vom deutschen Recht voll anerkannt; in der Orderversion lassen sich die Wirkungen eines echten Orderpapiers mit Hilfe des BGB-Rechts in allen wesentlichen Punkten nahezu vollständig erreichen.

C. Haftung bei Beförderung mit vertragswidrigem Beförderungsmittel
I. Grundlagen
1. Anwendungsvoraussetzungen frachtvertraglicher Sonderordnungen

65 Problematisch ist die Frage, welche Regelung anwendbar ist, wenn die geschuldete Beförderung mit einer anderen als der ursprünglich vorgesehenen Art von Beförderungsmittel ausgeführt wird – z. B. auch durch Unterfrachtführer (vgl. § 432 HGB). Dies ist insbesondere wegen der unterschiedlichen Ausgestaltung der Haftungsregelungen von Bedeutung. *Blaschczok* und *Koller* haben in kontroversen Aufsätzen versucht, allgemeine frachtrechtliche Lösungen zu diesem Problem zu entwickeln[85]. Zunächst sind jedoch die speziellen Vorschriften zur Anwendbarkeit der vereinbarten oder ver-

---

[83] BGH vom 15. 12. 1976, WM **1977** 171, 172 und vom 8. 5. 1978, WM **1978** 900, 901 (beiläufig); dazu § 363³ Rdn. 2 ff (*Canaris*). Völlig übersehen wird diese Frage vom OLG Düsseldorf vom 13. 11. 1980, VersR **1982** 89 f bei einem sogenannten, von einem Spediteur über eine Landstrecke ausgestellten „Durchkonnossement", dessen Rechtscharakter unklar bleibt.

[84] Siehe auch § 450 Rdn. 8. Zu den wertpapierrechtlichen Fragen eingehender *Helm* Festschrift für Hefermehl (1976), 63 ff.

[85] *Blaschczok* TranspR **1987** 401–409; *Koller* VersR **1988** 432–439; zum Spezialbereich des Luftrechts („trucking") *Brautlacht* TranspR **1988** 187 ff. Auch meine kurze Bemerkung in der Voraufl., § 425 Anm. 3 ist so zu verstehen.

wendeten Beförderungsmittel anzuwenden[86]. Die jeweils für die betreffenden Haftungsbestimmungen geltenden besonderen Anwendungsbedingungen sind zu berücksichtigen. Hierbei spielt insbesondere bei der Güterschadenshaftung der von der Sonderordnung festgelegte Haftungszeitraum eine maßgebliche Rolle.

66 Die frachtrechtlichen **Sonderordnungen legen ihre Anwendungsbereiche selbst fest.** Sie sind regelmäßig anzuwenden auf Frachtverträge, die (neben anderen Voraussetzungen) eine Beförderung mit dem betreffenden Beförderungsmittel zum Inhalt haben[87]. Der Frachtführer, der den Frachtvertrag mit einem anderen als dem vereinbarten Beförderungsmittel ausführt, kann gegenüber seinen Vertragspartnern nach den für die ursprünglich vorgesehene Beförderungsart geltenden Grundsätzen haften. § 33 c KVO sieht dies ausdrücklich vor, wenn der KVO-Frachtführer die Beförderung mit der Eisenbahn bewirkt. Die Anwendungsbereiche der einzelnen Haftungsregelungen hängen vom vertraglich vorgesehenen Beförderungsmittel, von der Entfernung (Güterfern- oder Nahverkehr) und der Beförderungsstrecke (internationale Beförderung nach CMR, CIM, WA) und von anderen Einzelheiten ab[88]. Nur in engen Grenzen kann die Haftungsregelung frei vereinbart werden (im Güternahverkehr mit Kraftfahrzeugen und im Binnenschiffahrtsrecht). Im übrigen wird mit dem Abschluß des Frachtvertrages die anwendbare frachtrechtliche Sonderordnung zwingend festgelegt.

2. Einsatz nicht dem Vertrag entsprechender Transportmittel
a) Einverständlich

67 Erfolgt die Beförderung mit einem ursprünglich nicht vorgesehenen Beförderungsmittel im Einverständnis mit dem Absender, kann darin eine Änderung des Frachtvertrages, evtl. auch die Gestattung einer abweichenden Bestimmung der Leistung durch den Beförderer nach § 315 BGB liegen[89]. Soweit zwingendes Recht für Transporte mit dem ausführenden Beförderungsmittel besteht, kann dessen Anwendung in solchen Fällen nicht abbedungen werden. Es wäre sonst möglich, zwingendes Recht einer bestimmten Sparte dadurch auszuschließen, daß man die Beförderung mit einem anderen Transportmittel als dem tatsächlich einzusetzenden vereinbart[90]. Eine derartige Umgehungsmöglichkeit darf schon im Hinblick auf die Wettbewerbsgleichheit nicht eröffnet werden. Auch Konzessionszwang – wie etwa nach dem GüKG – verhindert die Umgehung nicht – der Frachtführer kann einen konzessionierten Unternehmers als Unterfrachtführer beauftragen. Auch dann ist der Frachtvertrag zwischen Absender und Hauptfrachtführer nach dem für den Hauptfrachtvertrag maßgeblichen zu behandeln.

---

[86] So im Ansatz, aber ohne konsequente Durchführung auch *Koller* VersR **1988** 432–439. Zu den Gestaltungsmöglichkeiten für die Bestimmung des zu verwendenden Beförderungsmittels siehe § 425 Rdn. 6, 8 f.

[87] Siehe zu den Sonderordnungen im Überblick § 425 Rdn. 26 ff.

[88] Siehe als Beispiel die Regelungen zur Luftfrachtbeförderung auf der Straße, Rdn. 69 ff.

[89] Siehe § 425 Rdn. 6.

[90] Dieses Argument verwendet schon BGH vom 28. 5. 1971, VersR **1971** 755 f gegen die Ausführung von Güterfernverkehrsbeförderungen im gespaltenen Güternahverkehr an. Es bildete lange Zeit die Grundlage für die Anwendung der KVO auf den Spediteur-Frachtführer; deutlich BGH vom 13. 10. 1983, TranspR **1984** 172, 173 f: Im Falle der Sammelladungsspedition gilt nach dem Grundsatz der Gesamtbetrachtung die KVO für den gesamten Beförderungsvertrag. Der Absender braucht nicht damit zu rechnen, daß durch Einsatz der Eisenbahn, also eines von der Vereinbarung abweichenden Beförderungsmittels, die ADSp zur Anwendung gebracht würden. „Andernfalls hätte der Auftragnehmer durch die Teilung der Beförderungsstrecke und die Wahl des Beförderungsmittel die Möglichkeit, auf die für den Auftraggeber bei Vertragsabschluß vorhersehbare und von diesem zugrunde gelegte Haftungslage zu nehmen". Diese Gedanken bestätigte der BGH nochmals im Urteil vom 24. 6. 1987, BGHZ **101** 172, 176 f = NJW **1988** 640 ff = TranspR **1987** 449 = VersR **1987** 1202 ff. Siehe dazu grundsätzlich §§ 412, 413 Rdn. 43 ff.

b) Ohne Einverständnis des Absenders

Ändert der Frachtführer die Transportart ohne ausdrückliche oder stillschweigende Billigung des Absenders, liegt darin eine Vertragsverletzung[91]. Dem Absender wird selbst bei gleich schneller Beförderung eine andere Leistung – etwa eine Beförderung auf LKW – anstelle der teureren und erschütterungsärmeren Luftbeförderung untergeschoben. Dies ist ein vorsätzlicher Vertragsbruch, der nur deshalb vielfach hingenommen wird, weil er meist ohne nachweisbare materielle Schadensfolgen bleibt. **68**

3. Hauptanwendungsfall: Luftfrachtgut auf der Straße

Das Luftfrachtrecht unterstellt Beförderungen mit Kraftfahrzeugen nur sehr eingeschränkt seinen Haftungsregelungen. **69**

a) Gesetzliche Regelungen des Luftrechts
aa) Beförderung innerhalb eines Flughafens

Diese Kraftfahrzeugbeförderungen gehören in den Haftungszeitraum des Luftfrachtvertrages. Für sie haftet daher der Luftfrachtführer nach Art. 18 Abs. 2 und Abs. 1 WA, § 44 Abs. 2 LuftVG[92]. **70**

bb) Verladungs-, Ablieferungs- und Umladungsbeförderungen

Abholung, Zubringung oder Umladung erfordern ebenfalls Transporte auf der Straße. Diese werden vom Luftrecht schon nicht mehr als Teile der Luftbeförderung behandelt; Art. 18 Abs. 3 S. 1 WA; es wird nur widerleglich vermutet, daß Güterschäden nicht auf dieser Strecke, sondern während der Luftbeförderung entstanden sind; Art. 18 Abs. 3 S. 2 WA. Demnach unterliegen sie nur im Zweifelsfall der Haftungsregelung des WA. Praktisch haftet danach der Luftfrachtführer bei unbekanntem Schadensort nach Luftrecht; ist der Schaden auf der Straße entstanden, nach dem maßgeblichen Straßentransportrecht[93]. Nach innerdeutschem Luftrecht fallen diese Beförderungen ebenfalls nicht in den Zeitraum der Luftbeförderung; § 44 Abs. 2 S. 2 LuftVG. Eine Beweisvermutung wie im WA ist nicht vorgesehen[94]. **71**

cc) Notbeförderungen auf der Straße

Eine Beförderung auf der Straße kann erforderlich werden, wenn die Luftfahrt, z. B. durch Wettereinflüsse behindert ist. Für diese Beförderungen, die nicht in den Obhutszeitraum der Luftbeförderung fallen, ist str., ob auf sie die Vermutung nach Art. 18 Abs. 3 S. 2 WA entsprechend anzuwenden ist[95]. **72**

b) Ersatzbeförderung auf der Straße („trucking", „Luftfrachtersatzverkehr")

Die Luftbeförderung wird auch häufig aus wirtschaftlichen Gründen auf der Straße ausgeführt, insbesondere wenn Flugzeuge nicht ausreichend ausgelastet sind oder nicht zur Verfügung stehen, eventuell auch, weil die Straßenbeförderung auf kürzeren Strek- **73**

---

[91] LG Bremen vom 28. 1. 1986 und OLG Bremen vom 10. 7. 1986, VersR **1986** 1120 f (Gesamtbetrachtung bei teilweise auf der Straße ausgeführtem Luftfrachtvertrag).
[92] Dazu *Giemulla/Schmidt*, Warschauer Abkommen, Stand Juli 1989, Art. 18 WA Rdn. 23.
[93] *Giemulla/Schmidt*, Art. 18 WA Rdn. 23; *Ruhwedel*, Der Luftbeförderungsvertrag² (1987) 135; siehe auch Art. 11 S. 3 ff ABB-Fracht (*Ruhwedel*

S. 271). Unzutreffend LG Stuttgart vom 21. 2. 1992, TranspR **1993** 141 f, das die luftrechtliche Obhutshaftung auf die Straßenzuführung ausdehnt und den Luftfrachtführer für ausführende Spediteure als ihre „Leute" haften läßt.
[94] Siehe zu diesem Fragenkomplex *Giemulla/Schmidt*, Art. 18 WA Rdn. 23; *Ruhwedel*, Der Luftbeförderungsvertrag² (1987) 136.
[95] *Giemulla/Schmidt*, Art. 18 WA Rdn. 24.

ken schneller erfolgen kann; gelegentlich auch aus anderen Gründen[96]. Diese Beförderungen unterliegen nach Art. 18 Abs. 3, 31 Abs. 1 WA eindeutig nicht dem WA, sondern grundsätzlich dem zuständigen Straßentransportrecht[97]. In solchen Fällen wird dann zum Preis einer Luftbeförderung die sehr viel billigere Straßenbeförderung durchgeführt (sog. „trucking" oder „Luftfrachtersatzverkehr")[98]. Diese Praxis ist weitgehend üblich[99]. Ob sie vertragswidrig ist, hängt davon ab, was mit dem Absender vereinbart worden ist bzw. ob wegen der weitgehenden Üblichkeit dieser Praxis die stillschweigende Vereinbarung einer Leistungsänderung durch den Luftfrachtführer nach § 315 anzunehmen ist; siehe dazu § 425 Rdn. 6, 8. Die Vereinbarkeit nit der IATA-Resolution 507 B, die bei Mangel an Laderaum jederzeitige Beförderung von Luftfrachtgütern auf der Straße gestattet, mit dem Luftfrachtvertrag ist problematisch, weil es sich bei dieser um AGB des internationalen Luftfahrtkartells IATA handelt, die der Überprüfung nach dem AGBG unterliegen[100].

aa) Vereinbarung der Beförderung auf der Straße

74 Die Parteien können vereinbaren, daß die gesamte Beförderung auf der Straße durchgeführt werden soll. In diesem Falle liegt, auch wenn etwa ein Luftfrachtbrief ausgestellt sein sollte, ein Landfrachtvertrag vor, der von Anfang an dem Landfrachtrecht unterliegt. Eine solche Vereinbarung liegt unter branchenkundigen Partnern häufig stillschweigend vor; siehe OLG Hamburg vom 24. 10. 1991, TranspR **1992** 66.

bb) Ersatzbeförderung auf der Straße kraft vereinbarter Ersetzungsbefugnis

75 Möglich ist auch, daß nach dem Vertrag dem Luftfrachtführer die Befugnis zustehen soll, Teile der Luftbeförderung auf der Straße auszuführen. Mit der Wahrnehmung einer solchen Gestaltungsbefugnis wird der Luftfrachtführer zum Straßenfrachtführer, auch wenn er die Beförderung nicht mit eigenem Kraftfahrzeug ausführt.

cc) Ersatzbeförderung ohne vertragliche Gestattung

76 Fehlt es an einer solchen Vereinbarung, dann macht sich der Luftfrachtführer einer vorsätzlichen Verletzung des Luftfrachtvertrages schuldig.

c) Luftbeförderung bei multimodalem Transportvertrag

77 Ist vereinbart, daß nur ein Teil der Beförderung auf der Straße, der Rest aber als Luftbeförderung ausgeführt werden soll, dann liegt ein multimodaler (kombinierter) Transport vor; das WA gilt bei diesen Transporten nur für die reine Luftbeförderung; Art. 31 WA; im innerdeutschen Luftrecht ergibt sich dies aus den Grundsätzen des Rechts des multimodalen Transports[101]. Zu dieser Gruppe gehören auch die oben genannten

---

[96] LG Bremen vom 28. 1. 1986 und OLG Bremen vom 10. 7. 1986, VersR **1986** 1120 f (angenommene Gefahrgut-Gründe).

[97] Unstr., OLG Hamburg vom 24. 10. 1991, TranspR **1992** 66 (CMR).

[98] Siehe dazu *Ruhwedel*, Der Luftbeförderungsvertrag[2] (1987) 136; *Giemulla/Schmidt*, Art. 18 WA Rdn. 24. Andere Fälle: Vertragswidrige, billigere Ausführung eines CMR-Vertrags mit dem Schiff, OLG Hamburg vom 30. 8. 1984, VersR **1985** 832; Umladung einer Maschine vom LKW auf die Eisenbahn, OLG Hamm vom 30. 4. 1959, NJW **1960** 203.

[99] Im Jahre 1987 betrug der Anteil des Luftfrachtersatzverkehrs mit 248 295 to über 27 % des Gesamtumschlags; Frankfurter Luftfrachtbrief 2/88 S. 3

[100] Positiv zu dieser Regelung LG Frankfurt vom 26. 2. 1981 und das bestätigende Berufungsurteil des OLG Frankfurt vom 11. 11. 1981, beide in VersR **1982** 697 f.

[101] BGH vom 24. 6. 1987, BGHZ 101 172 ff = NJW **1988** 640 ff = TranspR **1987** 447, 449 = VersR **1987** 1202 ff; ähnlich schon LG Bremen vom 28. 1. 1986 und OLG Bremen vom 10. 7. 1986, VersR **1986** 1120 f (Gesamtbetrachtung bei teilweise auf der Straße ausgeführtem Luftfrachtvertrag).

Abhol-, Zubringer- und Umladungstransporte, wenn die Vermutung für die Schadensentstehung während der Luftbeförderung widerlegt ist – auch wenn nach den üblichen Definitionen Abhol- und Zubringertransporte mit anderen Transportmitteln einen Transport noch nicht zum multimodalen machen[102]. Ob eine solche Vereinbarung angesichts der weitgehenden Üblichkeit des Truckings bei Luftfrachtverträgen als stillschweigend erfolgt behandelt werden kann, ist zweifelhaft. Die Formulierung in Art. 11 Sätze 5, 6 ABB-Fracht deckt eine solche Auslegung nicht[103]. Man kann zwar davon ausgehen, daß der Absender, wenn er darauf angesprochen würde, in Notfällen eine Beförderung auf der Straße tolerieren würde. Dagegen ist kaum anzunehmen, daß er eine in den ABB-Fracht nicht vorgesehene Ersetzung der Luft- durch Straßenbeförderung stillschweigend akzeptiert – insbesondere, wenn er die volle Luftfracht dafür bezahlen muß. In diesen Fällen ist daher auf die Straßenbeförderung schon nach der Vereinbarung kein Luftrecht anwendbar.

d) Luftbeförderung bei Frachtvertrag mit unbestimmtem Beförderungsmittel

78 Auch bei dieser Vertragsart (§ 425 Rdn. 8) kann teilweise mit Luftfahrzeugen befördert werden. Sobald dies geschieht, hat der Frachtführer sein Recht zur Leistungsbestimmung ausgeübt; der Luftbeförderungsteil fällt unter die luftrechtliche Haftung. Die Straßenbeförderung in einem anderen Teil bedeutet insoweit die Ausübung des Leistungsbestimmungsrechts für diesen Teil, auf den Straßentransportrecht anzuwenden ist.

e) Luft- und Straßenbeförderung durch Spediteur-Frachtführer nach §§ 413, 412 HGB

79 Werden Teile der vom Spediteur-Frachtführer zur Besorgung übernommenen Beförderung durch Luftfahrzeuge ausgeführt, so gilt hierfür nach der Rechtsprechung für jeden Beförderungsabschnitt das spezifische Frachtrecht, also für die Luftstrecke zwingendes Luftrecht, für die Straßenstrecke Straßenbeförderungsrecht; siehe §§ 412, 413 Rdn. 8 f, 12.

4. Vereinbarungen entgegen zwingendem Straßenfrachtrecht

80 Luftbeförderungsbedingungen sehen teilweise die Vereinbarung der Anwendung von Luftfrachtrecht auch auf Straßenbeförderungen vor; siehe z. B. Art. 11 S. 3 ABB-Fracht. Diese Vereinbarung ist nur wirksam, soweit das auf diese Transportteile anzuwendende Straßenfrachtrecht abdingbar ist.

II. Problemlösung
1. Grundsatz: BGH vom 17. 5. 1989

81 Die kontrovers ausgetragene Streitfrage nach der Haftungsordnung für Beförderungen mit vertragswidrigem Beförderungsmittel ist durch das Urteil des BGH vom 17. 5. 1989, TranspR 1990 19, 20 = VersR 1990 331, 332 am Beispiel eines durch LKW im Fernverkehr innerhalb Deutschlands ausgeführten Luftfrachtvertrags („trucking") zutreffend entschieden worden: War die Verwendung des vom Luftfrachtvertrag abweichenden Transportmittels vertragsgemäß, haftet der Luftfrachtführer nach KVO als dem zuständigen zwingenden Recht. War diese Ausführung vertragswidrig, kann sich der

---

[102] Z. B. Art. 1 Abs. 1 S. 2 der UN-Multimodal-Konvention.

[103] *Ruhwedel*, Der Luftbeförderungsvertrag² (1987) 135.

Luftfrachtführer wegen seiner schuldhaften Vertragsverletzung nicht zu seinen Gunsten auf die günstigeren Haftungsregeln des Luftfrachtrechts berufen[104]. Die Kontroverse zwischen *Blaschczok* und *Koller*[105] ist damit zwar entschärft, aber die Frage nicht für alle Fallmöglichkeiten gelöst. *Blaschczok* will den Frachtführer aus dem Gedanken des frachtrechtlichen receptums kumulativ nach den Sonderordnungen für das vereinbarte und das ausführende Transportmittel sowie unbeschränkt nach positiver Vertragsverletzung haften lassen. *Koller* ist der Auffassung, daß sich der Haftungsrahmen alleine nach dem vereinbarten Beförderungsmittel richten soll. Nur in den Fällen, in denen die Sonderordnung des vereinbarten Transportmittels den Rückgriff auf allgemeine Vorschriften gestattet bzw. eine verschärfte Haftung selbst vorsieht, soll es zu einer erweiterten Haftung kommen. Ausnahmsweise sollen die Haftungseinschränkungen, die für das vereinbarte Beförderungsmittel gelten, eingeschränkt werden, soweit sie transportmittelspezifischer Art sind. Hierfür soll der Absender die Beweislast tragen.

2. Ursprünglich zugrundeliegendes günstigeres Recht

82 Unstreitig ist in diesem Bereich zunächst, daß die Haftungsordnung für das zwischen den Parteien vereinbarte Transportmittel stets anzuwenden ist, soweit sie dem Absender günstiger ist[106]. Die von *Blaschczok* vorgeschlagene kumulative Anwendung der beiden Sonderordnungen führt im Ergebnis dazu, daß die für das vereinbarte Transportmittel geltenden Einschränkungen der Haftung entfallen, falls die nach der für das ausführende Beförderungsmittel maßgeblichen Sonderordnung eine für den Absender günstigere Regelung enthält. Ihm ist nicht zuzustimmen, soweit er die kumulative Haftung auf den Gedanken des receptums stützt. Der „Obhutsgedanke" ist schon seit langem auf eine Begrenzung der Verantwortlichkeitsperiode (Haftungszeitraum) reduziert[107]. Die Anwendung von positiver Vertragsverletzung eröffnet andererseits eine unbeschränkte Haftung, wie sie für Güterschäden nach den Sonderordnungen des vereinbarten wie des benützten Beförderungsmittels und auch im Landfrachtrecht allenfalls bei Vorsatz und grober Fahrlässigkeit vorkommt; siehe § 430 Rdn. 55 ff.

3. Kumulative Haftung

83 Insgesamt ist der vom BGH zugrunde gelegte Grundgedanke der kumulativen Haftung nach beiden Sonderordnungen, und für bestimmte Fälle auch der einer unbegrenzten Haftung nach positiver Vertragsverletzung[108] richtig. Der Beförderer, der ein anderes als das vereinbarte Beförderungsmittel benutzt, stellt sich außerhalb des von ihm vereinbarten vertraglichen Rahmens. Das Sichberufen auf die Haftungsbeschränkungen der für das vereinbarte Beförderungsmittel geltenden Sonderordnung ist als unzulässige Rechtsausübung anzusehen. Gleiches gilt für die Beschränkungen, die (nur) für das eingesetzte Beförderungsmittel gelten. Daher liegt es nahe, dem Absender die Vorteile aus dieser Fallgestaltung nicht zu entziehen, ihm aber den Schutz, der bei ursprünglicher Vereinbarung des für die Ausführung benutzten Beförderungsmittels bestehen würde, zusätzlich zu gewähren. Die generelle einseitige Inanspruchnahme des Einsatzes einer anderen Beförderungsart ist von schwerem Gewicht. Sie verändert das Transportrisiko

---

[104] Insoweit aus Praktikabilitätsgründen zustimmend *Koller*² § 425 HGB Rdn. 2.
[105] *Blaschczok* TranspR **1987** 401–409; *Koller* VersR **1988** 432–439.
[106] Grundsätzlich gilt zunächst das Recht des vereinbarten Beförderungsmittel, unstr. *Blaschczok* 401 f; *Koller* VersR **1988** 432, 437. Zu Art. 1 WA OLG Düsseldorf vom 31. 7. 1986, TranspR **1986** 341, 343.
[107] Zur Receptumshaftung eingehend *Koller* VersR **1988** 432, 434 ff.
[108] Insoweit *Blaschczok* aaO folgend.

erheblich, eröffnet z. B. bei Beförderung von Luftfrachtgut auf der Straße das gesamte Risiko typischer Erschütterungen und Bremswirkungen, des langen Straßentransports[109] und der erhöhten Diebstahlsgefahr. Entgegen Koller kann es aber nicht darauf ankommen, ob die Haftungsbeschränkung für das vereinbarte Transportmittel für dieses spezifisch ist. Für jedes Transportmittel enthält die Haftungsregelung einen (mehr oder auch weniger ausgewogenen) komplizierten Kompromiß zwischen Haftungsgrund, Haftungsbeschränkungen und teilweise auch tariflichen Entgeltregelungen. Daraus können keine transportmittelspezifischen Einzelregelungen für die Haftung herausisoliert werden. Es stellt sich daher nicht die Frage, ob Einzelnormen ausnahmsweise anzuwenden sind, sondern, aus welchen Normen das Grundkonzept der Haftung zu entnehmen ist und mit welchen anderen Haftungsregelungen dieses konkurriert. Die von Koller vorgeschlagene Haftungsabgrenzung müßte zu einer weiteren Aufsplitterung der Haftungsordnung führen und erscheint daher auch vom Ergebnis her nicht glücklich. Auch eine Entscheidung nach der Beweislast für den transportmittelspezifischen Charakter der Haftungsbeschränkung ist abzulehnen, weil dieser keine Tatsache, sondern eine Rechtsfrage des anzuwendenden deutschen Rechts wäre, für die es keine Beweislastregelungen geben kann.

84 Die in Ergänzung der BGH-Rechtsprechung **hier vorgeschlagene kumulative Anwendung scheitert auch nicht daran, daß grundsätzlich für eine Beförderung das Recht des vereinbarten Beförderungsmittels gilt.** Zwar ist dies vom Gesetzgeber i. d. R. – wenn auch nicht immer – so vorgesehen. Es ist jedoch erkennbar die Ausgangslage dieser überwiegend international begründeten Rechtsnormen, daß die Beförderung mit dem vereinbarten Beförderungsmittel auch ausgeführt wird. Soweit es Anhaltspunkte dafür gab, daß andere Transportmittel mitverwendet werden sollten, ist dies in den Abkommen bzw. den entsprechenden innerstaatlichen Sonderordnungen zum Gegenstand besonderer Regelungen gemacht worden. Das WA unterwirft z. B. die Beförderung von Luftfrachtgut auf der Straße grundsätzlich nicht seiner Herrschaft; siehe Rdn. 69 ff.

4. Positive Vertragsverletzung

85 Daß der Einsatz eines vertragswidrigen Beförderungsmittels eine Vertragsverletzung ist, läßt sich nicht bestreiten[110]. Die Grundsätze über die **positive Vertragsverletzung** sind auf sie anzuwenden. Die frachtrechtlichen Sonderordnungen gehen zwar, soweit sie eine Frage regeln, dem ergänzend anwendbaren nationalen Recht vor[111]. Da im gegebenen Fall eine Regelungslücke besteht, steht der Rückgriff auf positive Vertragsverletzung offen. Die Folge ist jedoch nur, daß der Absender so zu stellen ist, wie wenn korrekt verfahren worden wäre. Eine generell unbegrenzte Haftung für den Güterschaden, wie sie bei positiver Vertragsverletzung regelmäßig begründet ist, kommt aber nur in

---

[109] LG Bremen vom 28. 1. 1986 und OLG Bremen vom 10. 7. 1986, VersR **1986** 1120 f (Verderb von Epoxid-Klebern bei Straßentransport in Saudi-Arabien). Ob die Fracht bei Benutzung eines billigeren Transportmittels herabzusetzen ist, muß nach anderen Gesichtspunkten entschieden werden. Das SchweizBG vom 2. 6. 1981, TranspR **1983** 50 f lehnt dies ab für den Fall (schadloser) verzögerter Straßenbeförderung durch den Versuch, ein vertragswidriges billigeres Beförderungsmittel (Schiff statt LKW) einzusetzen.
[110] Siehe z. B. OLG Hamm vom 30. 4. 1959, NJW **1960** 203 (grob fahrlässige Umladung einer Maschine vom LKW auf die Eisenbahn); VersR **1985** 832. Für die Haftung des CMR-Frachtführers für vertragswidrige, billigere Beförderung mit dem Schiff nahm das OLG Hamburg im Urteil vom 30. 8. 1984, VersR **1985** 832 als Haftungsgrundlage positive Vertragsverletzung an; anders jedoch OLG Hamburg vom 31. 12. 1986, TranspR **1987** 142, 145 für einen Kurierdienst-Fall, in dem der Schaden nicht speziell durch die Beförderung auf der Straße entstanden war.
[111] *Koller* VersR **1988** 432, 436 f.

Betracht, wenn der Schaden ohne den Verstoß, also bei Benutzung des vereinbarten Beförderungsmittels nicht entstanden wäre, etwa beim Austrocknen des Gutes wegen im Flugzeug nicht einwirkender Klimaeinflüsse[112]. Nur in solchen Fällen ist es berechtigt, den Absender, dessen Güter einem von ihm nicht gewünschten Risiko ausgesetzt wurden, voll zu entschädigen[113]. Die Ansprüche sind jedoch durch die Anforderungen von Kausalität und Verschulden[114] begrenzt. Handelt es sich bei dem Schaden um einen solchen, der nicht durch die Vertragswidrigkeit entstanden ist, also auch entstanden wäre, wenn mit dem ursprünglich vereinbarten Beförderungsmittel befördert worden wäre, wird für ihn nicht nach positiver Vertragsverletzung gehaftet[115]. Besteht der Schaden nur darin, daß ein Schadensfall wegen der Vertragswidrigkeit nur einer anderen Haftungsordnung unterfällt, bleibt es bei der kumulativen Anwendung beider Haftungsordnungen. Zur Begründung von Schadensersatzansprüchen aus positiver Vertragsverletzung muß sich das Verschulden grundsätzlich auf die Schadensentstehung beziehen; diese muß also vorhersehbar gewesen sein. Dies wird dann der Fall sein, wenn die Risikoveränderung durch den Wechsel des Beförderungsmittels ihrerseits vorhersehbar war.

5. Beweislast

86 Von wesentlicher Bedeutung ist die Frage der Beweislast für die Schadensentstehung hinsichtlich des Ortes und der Schadensursache. Grundsätzlich ist mit dem BGH[116] davon auszugehen, daß der Frachtführer hierfür die Darlegungs- und Beweislast trägt. Sämtliche den Transport betreffenden Umstände, auch der Schadensort und die Schadensursache, liegen ausschließlich in seinem Einflußbereich. Bei Ausführung der Beförderung mit vertragswidrigem Beförderungsmittel liegt dies sogar noch näher als beim multimodalen Transport, weil der Beförderer nicht nur näher am Beweis ist, sondern die unklare Beweislage außerdem auf seinem Vertragsbruch beruht, also seinem Verantwortungsbereich i. S. v. § 11 Nr. 15 AGBG in einer eindeutigen Weise zuzurechnen ist.

---

[112] Verderb von Epoxid-Kleber bei langem Straßentransport in Saudi-Arabien statt geschuldeter Luftbeförderung; LG Bremen vom 28. 1. 1986 und OLG Bremen vom 10. 7. 1986, VersR **1986** 1120 f.

[113] Im Ansatz ähnlich *Koller* VersR **1988** 432, 436 f.

[114] Für Haftung ohne Verschulden nach den Rechtsgedanken der §§ 687 Abs. 2 678 BGB: *Ruhwedel*² 136.

[115] OLG Hamburg vom 31. 12. 1986, TranspR **1987** 142, 145 läßt in diesem Fall nur die beschränkten Ansprüche aus LuftVG zu und lehnt grobe Fahrlässigkeit ab, die eine Anwendung von PVV gem. § 48 Abs. 1 S. 2 LuftVG ermöglicht hätte.

[116] BGH vom 24. 6. 1987, BGHZ **101** 172 ff = NJW **1988** 640 ff = TranspR **1987** 447 ff = VersR **1987** 1202 ff; ebenso *Blaschczok* TranspR **1987** 406 f.

Hinweis

Das hier folgende Sachregister des Bandes 7/1: §§ 425–452 (mit Versicherungen, SVS/RVS 1989, GüKG, KVO, AGNB, ADSp, SchwergutBed., GüKUMT, spartenübergr. Transp.) wird hinter die Kommentierung der §§ 425–452 (mit Versicherungen, SVS/RVS 1989, GüKG, KVO, AGNB, ADSp, SchwergutBed., GüKUMT, spartenübergr. Transp.) (Lieferung 15) in Band 7/1 eingebunden.

Der Verlag

Sachregister

Abbestellung
  beim Wagenstellungsvertrag
    Anh. II 425 § 14 KVO 26 f
Abfallbeförderung 425 14, 57, 76 f, 81, 100, 136
Abhandenkommen des Frachtguts
    Anh. II 452 § 30 KVO 4
Abholung 425 143
  ADSp-Anwendung **Anh. II 452 § 1 KVO** 26
  frachtvertragliche Pflicht
    Anh. II 452 § 5 KVO 4
  gelagerter Güter 425 97
  Güter- bei der Bahn über kurze Strecke 425 90
  Güterschäden bei – **Anh. II 452 § 33 KVO** 4
  KVO-Unternehmerpflicht
    Anh. II 452 § 5 KVO 7 ff
  Luftfrachtbeförderung **Anh. V 452** 71
Abladegerät des Empfängers
  Beschädigung **Anh. II 452 § 31 KVO** 2
Abladen 429 65
Abladeort 425 76
Ablader 425 68
Ablieferung (Auslieferung)
  Abgrenzung 429 14
  Abgrenzung im einzelnen 429 82–104
  Ablieferungsstelle statt Empfänger 425 71
  Abnahmeverweigerung 429 61
  auf absehbare Zeit nicht mögliche 430 38
  ADSp, Hindernisse 437 2
  AGNB, Hindernisse **Anh. III/1 452 § 13** 1; 437 2
  an anderen Empfänger
    Anh. II 452 § 27 KVO 13 ff; 433 14
  Annahme und – **Anh. II 452 § 29 KVO** 9
  Anspruch 425 134; 429 55
  Ausführung 429 63 f
  Ausladung, – hiernach 429 89
  Auslieferung 429 42, 52, 170
  Aussetzung (Absenderverfügung)
    Anh. II 452 § 27 KVO 11 f
  Beförderungshindernis und Hindernis der – 437 4
  Begriff 429 52
  Besitzdiener 429 75, 80
  bloßes Abstellen, Ausladen 429 65, 66

CMR **Anh. II 452 § 5 KVO** 1; 429 69; 437 2
Dritt-Einlagerung 425 143
Einlagerung als – **Anh. II 452 § 33 KVO** 10
Eisenbahnfrachtrecht 429 52
Empfänger 435 18
Empfänger gem. Frachtbrief
  Anh. II 452 § 11 KVO 18
Empfängeranspruch
  Anh. II 452 § 25 KVO 1 ff;
  Anh. II 452 § 27 KVO 14
Empfängerstellung 425 71
Empfangsspediteur 429 68
Entladeobliegenheit und Begriff der –
  Anh. II 452 § 17 KVO 44
Erfüllung des Anspruchs 425 134; 429 55
Erfüllungshandlung 429 74
Ersatzablieferung 429 71, 79
Falschauslieferung keine –
  Anh. II 452 § 31 KVO 13, 14
falscher Empfänger 429 60
Frachtbrief 433 25
Frachtführerhaftung bei – 442 3 ff
Frachtgut 429 24, 25, 42, 52
frachtvertragliche Verpflichtung, Ladescheinverpflichtung 446 2
Geschäftszeit, – außerhalb 429 59
GüKUMT **Anh. IV 452 § 4** 1;
  Anh. II 452 § 5 KVO 1; 437 2
Hauptpflicht 429 242
Hindernisse **Anh. IV 452 § 4 GüKUMT** 1 ff;
  Anh. III/1 452 § 13 AGNB 1;
  Anh. II 452 § 28 KVO 23 ff;
  425 163–165, 188, 193; 437 2, 4 ff
Hinterlegung 429 71
Kaufrecht 429 54
KVO **Anh. II 452 § 27** 11;
  Anh. II 452 § 28 23 ff; 429 170; 437 2
Landfrachtrecht (HGB)
  Anh. II 452 § 5 KVO 1
Nachnahme **Anh. I 452 § 11 AGNB** 1;
  Anh. II 452 § 24 KVO 1 ff; 440 9
Nachzählen **Anh. II 452 § 25 KVO** 13
Nicht-Geltendmachung des Pfandrechts 442 6
an Nichtberechtigten 429 60
ohne Bezahlung 442 5

(755)

Abl   Sachregister

Ablieferung (Auslieferung) (Forts.)
  Ort **428** 30, 31; **429** 57, 58
  Ort der – und erlöschendes Verfügungsrecht **433** 22
  Pfandrechtsgeltendmachung 3 Tage nach – **440** 18
  Pflicht zur – **425** 156
  Realakt **429** 74
  Rechtsgeschäft **429** 72 ff
  Rückgriffsverlust **442** 11 ff
  Schaden bei –, Beweislast **429** 110
  Schadensfeststellung vor – **438** 26
  Schadensrüge, Schadensreklamation **429** 164
  Seefrachtrecht **429** 52
  Tank-, Silotransporte **429** 67
  tatsächlicher Vorgang **429** 73
  Teilablieferung **429** 56
  Tilgungswirkung **429** 74
  undurchführbare Anweisung **429** 251
  verhindernde Umstände **437** 4
  Verlust, Abgrenzung **429** 14
  Verwiegung **Anh. II 452 § 25 KVO** 13
  Weiterversendung **425** 143
  Wirkungswille **429** 78
  Zahlungsübernahme **436** 34
  Zeit **429** 57, 59; **430** 31
  Zollbehörde **429** 69
  Zug-um-Zug- gegen Ladescheinrückgabe **448** 1 ff
Abnahme
  Empfängerpflicht **Anh. II 452 § 25 KVO** 10
  Frachtvertrag **425** 176
  Verweigerung **429** 61
Abschleppen 425 95 f
Abschluß
  Frachtvertrag **429** 47 ff
Absender 425 17, 113
  Abfallbeförderung **425** 14
  Ablader **425** 68
  Ablieferungshindernis, Benachrichtigung des – **437** 10
  Adressierung an sich selbst **425** 105
  ADSp **425** 68
  Änderung des Beförderungsmittels ohne Einverständnis des – **Anh. V 452** 68
  AGNB **Anh. III/1 452 § 2 AGNB** 2;
    Anh. III/1 452 § 5 AGNB 1; **425** 68
  Aktivlegitimation **429** 260
  Anhaltung der Beförderung **433** 12
  Ankunft des Gutes, Rechtsstellung vor – **435** 9
  Anweisungen **Anh. II 452 § 28 KVO** 28
  Anweisungen, erwartete
    Anh. II 452 § 28 KVO 15

Auftraggeber AGNB **Anh. III/1 452 § 1 AGNB** 2
Auslieferungsänderung **433** 14
Beförderungsmittel, unterbliebene Angabe **425** 8
Befrachter **425** 68
Begleitpapiere, Beschaffungspflicht **427** 1 ff
Begleitpapiere, Haftung **427** 7 ff
Begriff, Bestimmung **425** 69
Benachrichtigung **425** 141
CMR **425** 68
Containergestellung **429** 33
Drittschäden, Geltendmachung durch – **429** 160
Eigentum am Frachtgut **440** 6
Eisenbahnrecht **425** 68
Empfänger und –, Doppellegitimation **429** 148
Empfänger, kein Rechtsnachfolger des – **435** 5
Empfänger- und -verfügungsrecht **433** 31
Empfängerbezeichnung **425** 70
Empfängerverfügung und Verfügung des – **Anh. II 452 § 27 KVO** 36
Entziehung der Empfängerrechte **435** 23
Erfüllungsanspruch bezüglich Weisungen **Anh. II 452 § 27 KVO** 22
Erlöschen seiner Ansprüche (Präklusion) **438** 19
Ermittelungsproblem **425** 69
Ersatzansprüche **429** 149
Ersatzberechtigter
  Anh. II 452 § 29 KVO 21 f
Ersatzberechtigter, frachtrechtlicher **429** 141, 147
Frachtbriefangaben
  Anh. II 452 § 11 KVO 20
Frachtbriefeintragungen
  Anh. II 452 § 16 KVO 33
Frachtführer und – **446** 1, 3, 14
Frachtführer-Abschrift **445** 3
Frachtführeransprüche gegen –
  Anh. II 452 § 12 KVO 6
Frachtführerrisiken und Risiken des –
  Anh. II 452 § 18 KVO 10 ff
Frachtnachzahlung **Anh. II 452 § 23 KVO** 4
Frachtschuldner **Anh. II 452 § 21 KVO** 1; **425** 171
Frachtzahlung durch – **436** 22
Gefahrgut **425** 17
Geltendmachung fremden Schadens **429** 157
GüKUMT **425** 68
Haftung des Absenders
  s. Haftung (Absender)
Kommissionär **429** 155

(756)

fette Zahl = §, magere Zahl = Rdn. **Adr**

Absender (Forts.)
Konkurs 425 125
KVO
s. Kraftverkehrsordnung (KVO)
Ladepflicht **Anh. II 452 § 33 KVO** 5
Ladeschein, Bedeutung für – 444 4
Ladescheininhaber 447 10 ff
Ladescheininhaber, – und Frachtführer 446 3
Landfrachtrecht 425 68
Luftfracht 425 68
Mängelrüge für – 425 149
Mitverschulden **Anh. II 452 § 34 KVO** 26 ff
Mitwirkung, unterlassene 425 189
Multimodal Transport Operator **Anh. V 452** 9
Nachnahmeanweisung **Anh. II 452 § 21 KVO** 3
Nachnahmeauskehrung an – **Anh. II 452 § 24 KVO** 7
Nebenpflichten 425 194 ff
Nebenpflichtenverletzung **Anh. II 452 § 34 KVO** 29
Pflichten 425 171-175
Post als – 452 3
Rückgabeforderung 433 13
Rücknahme 438 13
Rücktritt bei Transporthindernissen 428 11, 18 ff
Selbstverlader- 429 44
Selbstverladung **Anh. II 452 § 17 KVO** 25
Spediteur 425 69; 427 5; 429 155
Speditions-Versender **Anh. V 452** 27
Stückgut oder Ladungsgut **Anh. II 452 § 4 KVO** 7
Stückgut, Signierung **Anh. II 452 § 4 KVO** 5
Stückgutverladung **Anh. II 452 § 17 KVO** 18
Teilverlust und Rechte des – 435 10
Tod 425 128
Transportstörungen 425 00
Unterfrachtführer, Rechtsbeziehungen 432 28 ff
Unterfrachtführer-Haftung 432 37
Verantwortlichkeit 431 7
Verfügung, nachträgliche **Anh. II 452 § 25 KVO** 5
Verfügungen 425 132
Verfügungen, Zulässigkeit frachtrechtlicher 433 10
Verfügungsrecht, KVO-frachtvertragliches **Anh. II 452 § 27 KVO** 1 ff
Verkaufswert für den – 430 28
Verladepflicht **Anh. II 452 § 6 AGNB** 2; **Anh. II 452 § 17 KVO** 6, 9
Verladepflicht bei Ladungsgütern **Anh. II 452 § 17 KVO** 12

Verladung **Anh. II 452 § 1 KVO** 24; **Anh. II 452 § 17 KVO** 24; 429 83 f
Verladung, nicht beförderungssichere **Anh. II 452 § 17 KVO** 31, 33
Verlust des Gutes 435 9
Verpackungspflicht **Anh. II 452 § 18 KVO** 1
Verschulden, Mitverschulden 429 122
Versicherungsansprüche des –, Forderungsübergang **Anh. I 429** 107 ff
Vertragspartner 425 68
Vormann 442 8, 13
Wagenstellungsvertrag **Anh. II 452 § 14 KVO** 6
Weisungsrecht 425 135
Zahlungspflicht des –, des Empfängers 436 30
Zollvorschriften **Anh. II 452 § 12 KVO** 16
Zurückbeförderung **Anh. II 452 § 28 KVO** 19
Abstellen
Frachtgutzurverfügungstellung 429 65
Abtretung
Absenderrechte an Empfänger 435 5
Arbeitnehmer-Freistellungsanspruch 429 323
Befreiungsanspruch des Versicherungsnehmers **Anh. I 429** 31
CMR-Anprüche gegen Versicherer **Anh. I 429** 46
Deckungsanspruch des Versicherungsnehmers **Anh. I 429** 32
Drittschadensersatzanspruch 429 161
Empfängerrechte 435 6
Ersatzberechtigtenansprüche gegen Dritte an Frachtführer 430 42 ff
Forderung an Versicherer trotz § 67 VVG **Anh. I 429** 111
formell Berechtigter 429 143, 145
frachtrechtliche Gläubigerstellung statt – 429 140
durch Rechtsstandschafter 429 166
Rektaladeschein 444 3
Speditionsversicherung, Ausschluß der – **Anh. I 429** 122
vom Versicherer bereits befriedigter Schadensersatzansprüche **Anh. I 429** 112
Versichererregreß **Anh. I 429** 91, 111 ff
Abwehransprüche
und Obhutspflicht 429 160
ADNR 425 16
ADR
Europäisches Übereinkommen Gefahrgut 425 16
Adreßspediteur
s. Empfangsspediteur

ADS

Adreßspediteur (Forts.)
ADSp 425 36, 44 f
s. a. Spediteur, Speditionsvertrag
Abholung **Anh. II 452 § 1 KVO** 26
Ablieferungshindernis 437 2
Abschluß des Vertrags 425 115
Absender 425 68
Beförderungshindernisse 428 14
Deliktshaftung 429 274 ff
Empfänger-Rechtsstellung 435 8
Empfänger-Zahlungspflicht 436 4
Fixkostenspediteur 429 97
Frachtführer, Zwischenfrachtführer 425 143
frachtrechtliche Verfügung 433 3
Gefahrgut 425 199
Gehilfenhaftung 431 8, 12
Gesamtbeförderungsvorgang und Freizeichnung durch − **Anh. II 452 § 1 KVO** 19
Gesamtsystem 425 44
Geschäftsbedingungen, andere neben − 429 276
Güternahverkehr 429 274
Haftung nach −
s. Haftung (Frachtführer)
HGB-Landfrachtrecht und − 429 3
KVO-Verkehr und Geltung der − 429 275
Lagerung, Anwendung der − **Anh. II 452 § 1 KVO** 26
Lieferfristbestimmung 428 7
Lieferfristen **Anh. II 452 § 26 KVO** 1
Nachlagerung **Anh. II 452 § 1 KVO** 26
Obhutszeit, Beendigung 429 94
Organisationsverschulden **Anh. II 452 § 1 KVO** 27
Paketbeförderung für nichtkaufmännische Kunden 425 45
Paketdienstunternehmer 425 44
Pfandrecht 440 2
Regreßklauseln **Anh. I** 429 121
Schadenfeststellung und Rechtsverlust 438 5
Spediteur 425 66
Spediteurhaftung als Nahverkehrsfrachtführer 429 191
Speditionsrollfuhr **Anh. III/1 452 § 1 AGNB** 22
Speditionsversicherung und − 425 44
Transportschaden 429 155
Unterfrachtvertrag **Anh. II 452 § 29 KVO** 1; 432 12
Verjährung 439 2, 9
Vorlagerung **Anh. II 452 § 1 KVO** 26
Vorlauf- und Nachlaufbeförderungen **Anh. II 452 § 5 KVO** 16
Wertermittlung bei Beschädigung 430 54
Zuführung **Anh. II 452 § 1 KVO** 26
Zwischenlagerung **Anh. II 452 § 1 KVO** 26

ADSp-Freizeichnung
KVO-Haftung des Frachtführers und − **Anh. II 452 § 12 KVO** 13
Transportschäden 429 155
zwingende Spediteurhaftung und −, KVO-Abgrenzung **Anh. II 452 § 1 KVO** 19, 21 ff

AGB

Abwehr von Haftungsgrenzen in − des Transportgewerbes 429 265
ADSp und konkurrierende − 429 276
AGNB als − **Anh. III/1 452 § 1 AGNB** 2, 5 ff, 30
Binnenschiffahrtsfrachtrecht 429 219
Deliktsansprüche, Ausschluß 429 276
Deliktstatbestände, Freizeichnungen für konkurrierende − 429 310 ff
Deutsche Bundespost Postdienst 452 4
Drittwirkung zugunsten von Gehilfen 429 331, 334
FBL-Bedingungen **Anh. V 452** 57
Freizeichnung von allgemeinen Schuldrechtsansprüchen 429 261
Geschäftsunfähigkeitsklausel der Banken 429 297
Güternahverkehr (Übersicht) 425 35 ff
Haftung für mittelbare Schäden, Ausklammerung 429 298
Haftungsbegrenzungen, feste 430 5
KVO als − **Anh. II 452 § 1 KVO** 30
Mehrheit von − 429 276
Mehrheit von −, Bezugnahme des Frachtführers 425 40
Multimodaler Vertrag **Anh. V 452** 14, 17
Paketbeförderung in Bundespost-Konkurrenz 425 42
Regreßsperren in Beförderungsbedingungen **Anh. I** 429 123
Risikobeschränkungen 429 297
Standzeitvereinbarungen 425 186
Verjährungsregelungen 439 2 ff

AGBG

Inhaltskontrolle **Anh. II 452 § 1 KVO** 30; 425 186; 429 261; **Anh. I** 429 40; 452 4; **Anh. V 452** 14, 17, 57
KVO, keine Anwendung des − **Anh. II 452 § 1 KVO** 5
Unklarheitenregel 429 311, 313
unwirksame Klauseln (Binnenschiffahrtsfrachtrecht) 429 220 ff
unwirksame Klauseln (CMR-Versicherung) **Anh. I** 429 40, 47
unwirksame Klauseln (Regreßsperre) **Anh. I** 429 123

AGNB 425 37

AGNB (Forts.)
Abhandenkommen Anh. III/1 452 § 17 4
Ablehnungsrecht des Frachtführers
  Anh. III/1 452 § 5 5
Ablieferungshindernisse Anh. III/1
  452 § 13 1; 437 2
Absender Anh. III/1 452 § 2 2; 425 68
ADSp und –, gleichzeitige Vereinbarung
  Anh. III/1 452 § 1 8
ADSp, Subsidiarität der – Anh. III/1
  452 § 1 22
AGB-Charakter Anh. III/1 452 § 1 2, 5
AGB-Gesetz und – Anh. III/1 452 § 1 1 ff,
  5 ff
Annahme Anh. III/1 452 § 22 4
Annahme unter Vorbehalt Anh. III/1
  452 § 22 7
Anwendungsgrad, geringer Anh. III/1
  452 § 1 6, 13
Aushang im Geschäftslokal Anh. III/1
  452 § 1 5
Be- und Entladen 429 93
Beförderungs-, Begleitpapiere Anh. III/1
  452 § 9 1
Beförderungsart Anh. III/1 452 § 4 1
Beförderungshindernisse Anh. III/1
  452 § 11 1; Anh. III/1 452 § 12 1 ff;
  428 14
beförderungssichere Verladung Anh. III/1
  452 § 6 4
Beförderungsvertrag, Abschluß Anh. III/1
  452 § 3 1
Beförderungsvertrag (Frachtvertrag)
  Anh. III/1 452 § 2 1
Beschädigung Anh. III/1 452 § 14 4
Betriebs-, Transportmittelunfall 429 186
betriebssichere Verladung Anh. III/1 452 6 3
Betriebsunfall Anh. III/1 452 § 14 5;
  Anh. III/1 452 § 15 13
Bruchschäden Anh. III/1 452 § 17 8
CMR-Recht, entgegenstehendes Anh. III/1
  452 § 1 20
Diebstahl Anh. III/1 452 § 15 5; Anh. III/1
  452 § 17 4
Druckschäden Anh. III/1 452 § 17 5
Einbeziehungsklausel, allgemeine Anh. III/1
  452 § 1 5
Eisenbahn Anh. III/1 452 § 1 23
Empfänger-Rechtsstellung 435 8
Empfänger-Zahlungspflicht 436 4
keine Entladefristen Anh. III/1 452 § 8 1
Entladepflicht Anh. III/1 452 § 6 7
Erfüllungsort Anh. III/1 452 § 24 1
Erlöschen der Ansprüche Anh. III/1
  452 § 22 1 ff

Ersatzpflichtiger Wert Anh. III/1
  452 § 18 1 ff
Fabrikationsfehler Anh. III/1 452 § 15 11
Fahrzeugbesetzung Anh. III/1 452 § 4 3
Fahrzeugüberlastung Anh. III/1 452 § 7 3
Fakturenwert Anh. III/1 452 § 18 3
Falschauslieferung Anh. III/1 452 § 16 4
Frachtführer als Kaufleute Anh. III/1
  452 § 1 17
Frachtgutbeschaffenheit Anh. III/1 452 § 5 1
Frachtgutüberprüfung bei Annahme
  Anh. III/1 452 § 7 1
Frachtinkasso Anh. III/1 452 § 3 4
frachtrechtliche Verfügung 433 3
Frachtvereinbarung Anh. III/1 452 § 3 3
Freizeichnungen Anh. III/1 452 § 1 11, 12
Gefährliches Gut Anh. III/1 452 § 5 4
Gehilfenhaftung 431 8
Gerichtsstandsklausel Anh. III/1 452 § 24 2
Gesamtregelungswerk Anh. III/1 452 § 1 13
Gewährhaftung 429 183
Grenzüberschreitender Transport Anh. III/1
  452 § 1 20
GüKUMT-Vorrang Anh. III/1 452 § 1 21
Güternahverkehr Anh. III/1 452 § 1 18, 21
Güternahverkehr, -Anwendung Anh. III/1
  452 § 1 AGNB 18
Haftpflichtversicherung Anh. I 429 41, 51
Haftung nach AGNB
  s. Haftung (Frachtführer)
Handelsbrauch Anh. III/1 452 § 1 2 f
Handelswert Anh. III/1 452 § 18 4
und HGB-Landfrachtrecht 429 3
Hinweis auf – Anh. III/1 452 § 1 5
höhere Gewalt Anh. III/1 452 § 15 5
Individualvertrag, Vorrang Anh. III/1
  452 § 1 9
Inhaltskontrolle Anh. III/1 452 § 1 10, 11;
  Anh. III/1 452 § 9 2; Anh. III/1
  452 § 14 3; Anh. III/1 452 § 15 4;
  Anh. III/1 452 § 22 4
Kaufmännischer (beiderseits) Bereich
  Anh. III/1 452 § 1 11
Kausalhaftung Anh. III/1 452 § 15 5
Kennzeichnungspflicht Anh. III/1 452 § 5 2
Kostbarkeiten Anh. III/1 452 § 15 12
Krieg Anh. III/1 452 § 15 6
kundenfreundlicher Anh. III/1 452 § 1 11
Kundenverwendung Anh. III/1 452 § 1 17
KVO-Anlehnung Anh. III/1 452 § 1 1, 17;
  429 181
KVO-Heranziehung Anh. III/1 452 § 1 11
keine Ladefristen Anh. III/1 452 § 8 1
Ladepflicht Anh. III/1 452 § 6 5, 7
Ladeschein, nicht vorgesehener 444 1
Ladetätigkeit 429 85

AGNB (Forts.)
Lagerung (Vor- und Nachlagerung) 429 99
Lagerungsrecht, Frachtrecht 425 140
Landfrachtrecht als Maßstab Anh. III/1 452 § 1 10
Leistungsverweigerung Anh. III/1 452 § 8 2, 3
Lieferfristbestimmung 428 7
Lieferfristen Anh. II 452 § 26 KVO 1
Lieferfristen, vereinbarte Anh. III/1 452 § 16 7
Lieferfristregelung, keine zwingende Anh. III/1 452 § 10 1
Lohnfuhrvertrag Anh. III/1 452 § 2 2; Anh. III/1 452 § 8 2; Anh. III/1 452 § 15 10; Anh. III/1 452 § 19 1; Anh. III/1 452 § 25 1 ff; 425 94
Materialfehler Anh. III/1 452 § 15 11
Mittelbare Vermögensschäden Anh. III/1 452 § 16 2
Möbelbeförderung Anh. III/1 452 § 1 21
Nachlagerung Anh. III/1 452 § 15 15
Nachnahme Anh. III/1 452 § 11 1
Nachnahmefehler Anh. III/1 452 § 16 5
Nebenpflichtenverletzung Anh. III/1 452 § 16 6
Nichtkaufmännische Kunden Anh. III/1 452 § 1 14 ff
Obhutshaftung 429 182 ff
Obhutshaftung, Haftungsausschlüsse Anh. III/1 452 § 15 13 f
Obhutshaftung, Haftungsbeschränkung Anh. III/1 452 § 17 6
Pfandrecht des Unternehmers Anh. III/1 452 § 23 1 ff
Positive Vertragsverletzung Anh. III/1 452 § 7 2; Anh. III/1 452 § 9 3
Präklusion Anh. III/1 452 § 22 3
Realvertrag Anh. III/1 452 § 3 1
Rinnverluste Anh. III/1 452 § 17 7
Rüge statt Sachverständigenverfahren 438 27
Schadensfeststellung und Rechtsverlust 438 5
Scheuerschäden Anh. III/1 452 § 17 5
Sorgfalt ordentlichen Frachtführens Anh. III/1 452 § 3 2
Speditionsrollfuhr Anh. III/1 452 § 1 22
Speditionsverträge Anh. III/1 452 § 1 1
Standgeld Anh. III/1 452 § 8 1
Staupflicht Anh. III/1 452 § 6 5
Tarifrecht und – Anh. III/1 452 § 1 1
Teilbeschädigung Anh. III/1 452 § 18 5
Transporthaftpflichtversicherung Anh. III/1 452 § 21 2
Transportmittelunfall Anh. III/1 452 § 14 5; Anh. III/1 452 § 15 13
Umzugsgut Anh. III/1 452 § 1 21
Unerlaubte Handlung Anh. III/1 452 § 14 6; Anh. III/1 452 § 17 3; Anh. III/1 452 § 26 3
Unterbringung Anh. III/1 452 § 5 3
Unterfrachtvertrag Anh. II 452 § 29 KVO 1
Unternehmer Anh. III/1 452 § 2 2; 425 66
verdeckte Schäden Anh. III/1 452 § 22 8
Verjährung Anh. III/1 452 § 26 1 ff ; 439 2, 9
Verjährungsklausel und deliktische Ansprüche 429 312
Verladepflicht Anh. III/1 452 § 6 2, 6
Verlust Anh. III/1 452 § 14 4
Vermögensschäden außerhalb Frachtguts 429 189
Verpackung, beförderungssichere Anh. III/1 452 § 15 7
Versicherungspflicht Anh. I 429 39
Verspätung Anh. III/1 452 § 16 7
Verspätungshaftung 429 135
Vertragsfreiheit Anh. III/1 452 § 1 1
Vorbehalt bei Annahme Anh. III/1 452 § 22 7
Vorlagerung Anh. III/1 452 § 15 15
Wartezeit Anh. III/1 452 § 8 1
Wert, zu ersetzender Anh. III/1 452 § 18 1 ff
Wertermittlung bei Beschädigung 430 53 f
Wertersatzprinzip Anh. III/1 452 § 14 5
Zeitwert Anh. III/1 452 § 18 4
Zufallshaftung 429 173, 233
Zugmaschine ohne Sattelauflieger Anh. III/1 452 § 15 10
Zurückbehaltungsrecht Anh. III/1 452 § 23 3
Zwischenlagerung Anh. III/1 452 § 15 15

Aktivlegitimation (Frachtgutschäden)
AGNB 429 187
anspruchserhaltende Maßnahmen 429 144, 146
Assekuradeur 429 143, 161, 163, 166
CMR 429 217
doppelte 429 141, 148-154, 159, 168
Drittschadensliquidation 429 157-162, 167 f
formell Legitimierter 429 142, 146 f, 155, 168
gespaltene 429 141
GüKUMT 429 201
gegenüber Hauptfrachtführer 429 154
KVO 429 176
Legitimation 429 142
gegenüber Unterfrachtführer 429 154

fette Zahl = §, magere Zahl = Rdn.　　　　**Ans**

Aktivlegitimation (Versichererregreß)
　Anh. I 429 90 ff, 103 ff
Allgemeine Deutsche Binnentransportversicherungsbedingungen ADB Anh. I 429 17
Allgemeine Deutsche Seeversicherungsbedingungen ADS Anh. I 429 17
Allgemeine Deutsche Spediteurbedingungen (ADSp) 425 36
Allgemeine Einheitsversicherungsbedingungen EVB Anh. I 429 18
Altöl 425 76
Amtlich bestellter Sachverständiger
　Feststellungsantrag bezüglich Schaden 438 33
　Schadensfeststellung vor Annahme 438 26
Andere Personen des Frachtführers
　bei der Beförderung tätige 431 16
Anerkenntnis
　Frachtgutschaden durch Frachtführer 438 28
Anfechtung
　der Annahme von Frachtbrief, Frachtgut 432 49
　Annahme des Frachtguts 436 11
Anhalten des Frachtguts
　durch Absender 433 12
Anhaltung auf Beförderungsweg
　Anh. II 452 § 27 KVO 9
Anknüpfungspunkte
　Rechtswahl 425 60
Ankunft des Frachtguts
　am Bestimmungsort
　　Anh. II 452 § 27 KVO 30; 435 9
　Notweisungsrecht des Empfängers vor – 434 4
　am Ort der Ablieferung 433 23
　Teile einer Sendung 433 24
　Teilsendung 435 10
Anlieferungsfahrten 425 97
Annahme (Empfangnahme, Übernahme)
　Ablieferung durch Frachtführer gleich – 436 7; 438 13
　und Ablieferung (Frachtgut) 429 41 ff
　AGNB Anh. III/1 452 § 22 4, 7
　zur Beförderung 429 45
　Anfechtbarkeit 436 11
　Anspruchserlöschen bei – 438 10 ff
　beschädigter Güter Anh. II 452 § 18 KVO 24
　Besitzdiener 429 76
　durch Dritte 436 10
　Empfänger-Zahlungspflicht 436 5 ff
　Frachtbrief Anh II 452 § 29 KVO 8; 436 15 ff
　Frachtbrief, Frachtgut
　　Anh. II 452 § 25 KVO 9
　Frachtgut 429 42, 43 ff, 51

von Frachtgut, Frachtbrief 432 46 ff
KVO
　s. Kraftverkehrsordnung (KVO)
Realvertragscharakter 425 87
Rechtsnatur 436 14
und Rücknahme 438 13
Schadensfeststellung vor – 438 26 ff
Teilannahme 436 8; 438 12
Unversehrtheit 429 108
vor Verladung 429 88
als vertragsgemäße Leistung 436 9
Verweigerung Anh. II 452 § 34 KVO 30; 425 176; 437 7
Verweigerung bei Verpackungsmängeln
　Anh. II 452 § 18 KVO 15
unter Vorbehalt 436 12
vorbehaltlose 429 110
und Zahlungsübernahmewille 436 34
Anschlußbeförderung
　als Güterfernverkehr Anh. II 452 § 5 KVO 7
Anspruchskonkurrenz
　ABG-Regelungen 429 272, 274-277, 283, 310-313
　AGNB 429 284
　allgemeine Vertragshaftung 429 231 f
　ausländische Auffassungen 429 302
　CMR 429 236, 273
　doppelte Haftung 429 271
　Eigentümer-Besitzer-Verhältnis 429 314
　ER/CIM 1980 429 279
　EVO 429 238, 284
　Folgen 429 271
　Frachtvertrag und Delikt 249 267-313
　gesetzliche Regelungen 429 272-282
　GoA 429 229
　GüKUMT 429 278
　Haftungsumfang 429 257, 258, 259, 263
　KVO 429 237, 284
　Luftrecht 429 281
　Multimodaler Transport 429 282
　Nichtvertragspartner (Rechte) 429 304-309
　PVV 429 231, 246-253
　PVV und Obhutshaftung 429 233-241
　Rechtsprechung zu Vertrag, Delikt 429 285 f, 288
　Risikoveränderung 429 232
　Schuldnerverzug 249 231
　Seerecht 249 280
　Sonderhaftungskonkurrenz 429 266
　Ungerechtfertigte Bereicherung 249 315
　Unmöglichkeit 249 231, 246, 256
　Verspätungs- und Obhutshaftung 429 139
　Verspätungs- und Unmöglichkeitshaftung 429 245
　Verspätungs- und Verzugshaftung 429 242-244

(761)

Anspruchskonkurrenz (Forts.)
Verspätungshaftung 249 264
Vertrag vor Delikt 249 230
Vertragsstrafen 249 263
Vorrang frachtvertraglicher Haftung
249 230
zwingendes Recht 429 264 f
Anspruchsverbriefung
wertpapierrechtliche 429 153
Antauen von Tiefkühlkost 429 19, 22
Antransport, Abtransport
Zubringer-Verkehrsmittel 429 97
Anwartschaft des Empfängers
vor Ankunft 435 1
Pfändbarkeit 435 6
Anweisungen
vom Frachtführer einzuholende
Anh. II 452 § 28 KVO 15
Anzeige des Schadens
an Frachtführer 438 34
Arbeitnehmer
Arbeitgeber-Haftungsbeschränkungen auch
zugunsten – 429 333
Freistellungsanspruch 429 323 ff
Haftung für Transportschäden 429 320,
323 ff
Überlassung und Fahrzeugmiete 425 92
Assekuradeur
Geltendmachung frachtrechtlicher Ansprüche 429 163
Atom- und Strahlenschutzrecht 425 22
Aufbauraum
Beförderung frei – im Güterfernverkehr
429 87
Aufforderung zur Abholung 429 63
Aufklärungspflichten 429 250 f
Aufrechnung
Befriedigung des Ersatzinteresses 429 166
Frachtzahlung gegen Haftung 425 169
Auftrag
Frachtvertrag 425 98, 130
Auftraggeber
Absender als – 425 68
Aufwendungsersatz
Frachtführer 425 192
nach Frachtführerweisungen 433 18
für Schadensabwendung, Schadensminderung Anh. II 452 § 32 KVO 2
Standgeldabrede und CMR- 425 185
Ausführung der Beförderung 431 16
Ausländischer Frachtführer
Kabotage 425 16, 62
Kabotagetransport, GüKG- und KVO-
Anwendung Anh. II 452 § 1 KVO 8
Ausländisches Recht
Rechtswahl 425 58

Auslandsbeförderung
und Notweisungsrecht 434 3
Auslandsfahrt
risikoreiche 425 182
Auslandspaketbeförderung 452 4
Auslieferung
s. Ablieferung (Auslieferung)
Außervertragliche Schutzpflichten 429 268
Austrocknen Anh. II 452 § 34 KVO 41
Auswahl, Überwachung 429 268

bare-boat-charter 425 92
bare-hull-charter 425 92
Bedienstete des Frachtführers
Einstehen für – 431 14
BefBMö 429 194
Beförderer
s. Frachtführer
Beförderung
Abholung, Zuführung und –
Anh. II 452 § 5 KVO 1
Ablieferungshindernis und Hindernis der –
437 4
Ablieferungshindernisse
Anh. II 452 § 28 KVO 23 ff
alsbaldige 429 45
Anhaltung (Absenderverfügung)
Anh. II 452 § 27 KVO 9
Annahme zur – 429 45
Ausführung 431 16
nicht ausgeführte 425 179
Beförderungspapiere, Absenderpflicht zur
Mitgabe Anh. III/1 452 § 9 AGNB 1
Besorgung der – statt – 425 90
von Containern 425 99
Dauer, überlange 429 19
Definitionsmerkmal 425 74
Dokumentation 425 46
durch Dritte 429 102
endgültige Verhinderung 428 21
Entladen, Ausdehnung 429 87
Erfolg 425 74 f
Ersatzbeförderung Anh. II 452 § 28 KVO 8
Fahrzeug-Betriebssicherheit
Anh. II 452 § 17 KVO 27, 31
Frachtvertrag und Durchführung der –
Anh. II 452 § 6 KVO 3
Frachtvertrag, Speditionsvertrag 425 82
frei Aufbauraum im Güterfernverkehr
429 87
von Gütern 425 80
als Hauptpflicht 425 79, 82, 91, 130, 131
Hindernis 425 161
Hindernisse Anh. III/1 452 § 12 AGNB 1 ff;
425 161-165, 188, 193; 428 14 ff

fette Zahl = §, magere Zahl = Rdn.   **Bes**

Beförderung (Forts.)
Hindernisse (behebbare, nicht behebbare)
   Anh. II 452 § 28 KVO 8 ff, 14 ff
Hindernisse (dauernde, vorübergehende)
   Anh. II 452 § 28 KVO 2 ff
„im Zuge der –" **Anh. II 452 § 31 KVO** 2
zu Lande 425 84, 85
Leistungsgegenstand 425 75
als Nebenpflicht 425 99
nichtausgeführte 425 179
Nichterfüllung 429 244
durch Nichtvertragspartner 429 102 f
von Personen 425 80
von Trailern 425 96
Übernahme 425 82 ff
Umleitungsweg **Anh. II 452 § 28 KVO** 9
im ungeeigneten Fahrzeug
   Anh. II 452 § 14 KVO 18
Unmöglichkeit 425 165
durch Unterfrachtführer 425 83
Verhinderung 428 20
Verladung, beförderungssichere
   Anh. II 452 § 17 KVO 25, 27, 31
Verpackung und Gefahren der –
   Anh. II 452 § 18 KVO 5 ff
bei Verpackungsmängeln
   Anh. II 452 § 18 KVO 18, 22
Verzögerung 425 123
Weg 425 131
Weg, Mittel, Zeit 425 131
Zeit 425 131; 428 1 ff
zeitweilige Verhinderung 428 21
zusätzliche 425 177
Beförderungsmittel
s. a. einzelne Mittel wie Fahrzeug usw.
Beförderung im nicht vereinbarten –
   429 104, 228, 252; **Anh. I 429** 27
Charter, Miete von – 425 91 ff
Einsatz nicht vereinbarter – 425 11
fest vereinbartes 425 6
als Frachtgut 429 30
und Frachtrecht 425 4 f
Frachtvertrag 425 78
Haftungsordnungen, Kollision 425 8
Kraftfahrzeug 425 27 ff
Lagerung im – 429 98
multimodale Beförderung 425 7, 54
Option 425 9
Übersicht 425 6 ff
unbestimmtes 425 8; **Anh. V 452** 4
Verkehrsmittel, anderes als vereinbartes
   429 104
und Verkehrsrecht 425 4 f
Vertragliche Vereinbarung 425 6
Vertragstypus 425 9

vertragswidriges – 429 252;
   Anh. V 452 65 ff
Verwendung nicht geeigneten –
   Anh. I 429 27
Wahl 425 8
Beförderungsvertrag
als Oberbegriff **Anh. II 452 § 3 KVO** 1;
   425 63
Beförderungszeit
s. Lieferfrist
Befrachter 425 68
Begleitpapiere
Absenderhaftung **Anh. II 452 § 12 KVO** 8
Absenderpflicht zur Mitgabe **Anh. III/1
   452 § 9 AGNB** 1
Besorgungspflicht 427 1 ff
und Frachtbriefeintragung
   Anh. II 452 § 11 KVO 7
als Frachtgut 429 39
Haftung für Fehlen usw. 427 7 ff
KVO-Frachtführerhaftung
   Anh. II 452 § 12 KVO 9 ff
KVO-Pflicht zur Beigabe
   Anh. II 452 § 12 KVO 3
KVO-Prüfungspflicht
   Anh. II 452 § 12 KVO 4 ff
öffentlich-rechtliche Bestimmungen 427 16
Behälterverkehr 432 20; **Anh. V 452** 1, 50
Beigeladenes Frachtgut
Schäden durch – **Anh. II 452 § 30 KVO** 9
Beitrittsgebiet 425 61
Beladen des Frachtguts
s. Verladen des Frachtguts
Benachrichtigung
Absender, Empfänger bei Ablieferungshindernis 437 10 ff
Absender, Empfänger von Hinterlegung und
   Selbsthilfeverkauf 437 21
Frachtvertrag 425 141 ff
Bergungskosten Anh. II 452 § 32 KVO 7;
   429 249
Beschädigung des Frachtguts 429 19, 21, 27,
   105, 170, 182, 186, 195, 204; 430 6;
   435 20; 438 30
Abgrenzung zum Teilverlust, Verlust
   429 21, 27
AGNB **Anh. III/1 452 § 14 AGNB** 4
Begriff 429 19
Beispiele 429 10, 19
Beweislast 429 19, 105
GüKUMT **Anh. IV 452 § 8 GüKUMT** 2 ff;
   Anh. IV 452 § 13 GüKUMT 2
irreparable 429 21
KVO **Anh. II 452 § 25 KVO** 12;
   Anh. II 452 § 29 KVO 6;
   Anh. II 452 § 39 KVO 12; 429 170

Beschädigung des Frachtguts (Forts.)
　Teilbeschädigung 429 20
　Teilverlust, Abgrenzung 429 27
　Verjährung 439 6
　Verlust, Abgrenzung 429 21
Beschaffenheitsangabe
　Kostbarkeiten 429 130
Beschlagnahme des Frachtguts
　　Anh. IV 452 § 9 GüKUMT 3;
　　Anh. II 452 § 34 KVO 32; 429 70; 437 9
Besitz
　Empfänger 440 20
　Empfängerannahme 436 7
　Frachtführer 429 314; 440 5
　Frachtgut und Ladeschein 450 4
　am Ladeschein 447 7
　am Ladeschein, Übertragung 450 1, 5
　Wille hierzu 429 44
Besitzdiener
　Frachtgutablieferung, -annahme 429 75 f, 80
Besitzerwerb 429 44, 47
Besitzlage
　und frachtrechtliche Verfügung 433 2
Besitzmittlung 429 64
Besitzverlust
　Frachtführer 440 16
Besitzverschaffung 429 63
Besorgungspflicht
　Begleitpapiere 427 1 ff
Bestimmungsort Anh. II 452 § 25 KVO 4; 433 14
Betriebsmittelunfall
　s. Transportmittelunfall
Betriebssichere Verladung § 17 KVO 26 f; Anh. II 452 § 17 KVO 7
Betriebsstörung
　oder Unfall Anh. II 452 § 29 KVO 13 ff
Betriebsunfall
　Haftungsausschluß Anh. II 452 § 34 KVO 6
Betrug Anh. II 452 § 30 KVO 12
Beweis, Beweislast
　für Adäquanz 429 115
　bei Delikt 429 269, 270
　Frachtbriefangaben Anh. II 452 § 4 KVO 4; 429 106, 172, 182
　für Gehilfenverschulden 429 118
　Güterschaden Anh. II 452 § 29 KVO 19
　bei Haftungsausschlüssen 429 207
　höhere Gewalt Anh. II 452 § 34 KVO 20 f
　Identitäts-, Mengenangaben Anh. II 452 § 16 KVO 23 ff
　für intakte Güter bei Annahme 429 108
　für Kausalität 429 115, 117, 207
　Quittung 429 109
　für Schaden bei Ablieferung 429 110

Schadensentstehung bei vertragswidrigem Beförderungsmittel Anh. V 452 86
Schadensort (KVO, ADSp-Abgrenzung) Anh. II 452 § 1 KVO 26 ff
Schadensort (multimodaler Transport) Anh. V 452 24; Anh. II 452 § 1 KVO 28
　für schadensverursachenden Umstand 429 116
　für Schadenszeitpunkt 429 107
　Verladung, nicht betriebssichere Anh. II 452 § 34 KVO 27
　für Verlust oder Beschädigung 429 105
　vermutetes Verschulden 429 112
　für Verschulden 429 115, 119
　für Verschuldensform 430 58
　bei Wechsel der Haftungsordnung 429 111
　Wert des Frachtguts 430 34
Binnenschiffahrt
　Ablieferungshindernis 437 3
　ADNR 425 16
　AGB-Gesetz 429 220 ff
　Ausstellung eines Ladescheins 425 72
　Beförderungszeit 428 1
　Deliktshaftung 429 284, 286
　Empfänger-Rechtsstellung 435 8
　Empfangnahme 429 42
　Frachtführer als Reederei 465 66
　Frachtrecht 425 53
　frachtrechtliche Verfügung 433 7
　Gehilfenhaftung 431 8
　Haftungsbeschränkung bei Beschädigung, Verlust 430 1
　Konsensualvertrag Anh. II 452 § 15 KVO 11
　Ladeschein 444 1, 4, 8
　Landfrachtführer als Hauptfrachtführer 432 16
　Landfrachtrecht und – 425 85
　Lieferfrist 428 1
　Mietchartertverträge 425 92
　Notweisungsrecht des Empfängers 434 3
　Rechtsgrundlage 429 219
　Schadenfeststellung und Rechtsverlust 438 8
　Seefrachtrecht und – 425 52
　Übersicht 425 48 ff
　Unternehmer, vom Frachtführer beauftragter 431 18
　Verjährung 439 3
　Verspätungshaftung 429 137
Bodenaushub 425 76
Botenbeförderung 425 84
Bringschuld 435 18
Bruchschäden Anh. II 452 § 30 KVO 13 ff
Brüsseler Konnossementsabkommen 425 51
Bündelungstheorie
　multimodaler Transport Anh. V 452 30

fette Zahl = §, magere Zahl = Rdn.   **Con**

Bundesamt für Güterverkehr
   Anh. I 452 § 54 GüKG 1

Carrier 425 67
Chartervertrag 425 87, 91-94
Chassis 425 96
Chemikalienbeförderung 425 15; 429 19
CIM
   s. Eisenbahnfrachtrecht
CMR 426 84
   s. a. Internationales Einheitsrecht
   Abholung-Beförderung-Zuführung
      Anh. II 452 § 5 KVO 1
   Ablieferung an Zollbehörde 429 69
   Ablieferungshindernis 437 2
   Absender 425 68
   Absenderansprüche, Empfängeransprüche
      429 150
   Absenderaufklärung, unzureichende
      429 251
   Abtretung der CMR-Versicherung
      Anh. I 429 46
   keine AGNB-Anwendung Anh. III/1
      452 § 1 AGNB 20
   Allgemeine Schuldrechtsnormen 429 261
   Aufwendungsersatz 425 185
   Auswahlverschulden bei unversichertem
      -Frachtführer Anh. I 429 49
   Beförderungshindernisse 428 15
   Benachrichtigung 425 141
   Beweisverschlechterung statt Anspruchs-
      erlöschen 438 22
   Container, Paletten-Umladung auf Straße
      Anh. II 452 49
   Containermängel 429 36
   Dauer- oder Rahmenvertrag 425 109
   Delikthaftung 429 273
   Empfänger-Rechtsstellung 435 8
   Empfänger-Unterfrachtführer 432 32
   Empfänger-Zahlungspflicht 436 4
   Europäisches Gemeinschaftsrecht und –
      425 57
   Fahrzeugmängel 429 210
   Frachtbrief, fehlender
      Anh. II 452 § 15 KVO 7
   Frachtbrief, Notify-Feld 425 71
   Frachtführer 465 66
   Frachtminderung 425 169
   frachtrechtliche Verfügung 433 6, 9
   Fremdunternehmer-Versicherung
      Anh. I 429 48 ff
   Fremdunternehmerversicherer, Regreßver-
      zicht Anh. I 429 124
   Gefahrgut 125 17, 199
   Gehilfenhaftung 431 9

   Güternahverkehrsunternehmer, Unter-
      frachtvertrag 432 48
   Güterschäden 425 168
   Haftpflichtversicherung Anh. I 429 41, 45 ff
   Haftung nach CMR
      s. Haftung (Frachtführer)
   Hauptfrachtführer (Unterfrachtführer)
      432 2, 15
   Huckepackverkehr Anh. II 452 48
   Kabotage 425 62
   Konsensualvertrag Anh. II 452 § 15 KVO 11
   Kostbarkeiten 429 125
   KVO und – Anh. II 452 § 1 KVO 1, 10 ff;
      Anh. II 452 12 KVO 1
   Laden, Ausladen 429 86
   Ladeschein, nicht vorgesehener 444 1
   Ladetätigkeit 429 95
   Lagerung 429 101
   Leistungsstörungen 425 155
   Lieferfristen Anh. II 452 § 26 KVO 1; 428 8
   Lieferfristhaftung und Vertragsstrafe
      429 264
   Lieferinteresse und feste Haftungsbegren-
      zung 430 14
   Lohnfuhrvertrag 425 94
   mittels Fahrzeugen 425 84
   Nichtausführung eines CMR-Vertrages über
      Rückfracht 429 256
   Obhutshaftung 429 204, 236
   Personal 429 318
   Pfandrecht des Frachtführers 440 2, 21
   positive Vertragsverletzung 429 240
   Postübereinkommen 452 3
   Rechtsnatur 425 56
   Schadenfeststellung und Rechtsverlust 438 7
   Schadensersatz, unbegrenzter 429 246
   Schadensreklamation, verjährungs-
      hemmende 429 165
   Spediteurhaftung nach Frachtrecht
      Anh. I 429 99
   Spedition nach – Anh. II 452 § 1 KVO 14
   Standgeldabrede 425 183 ff
   Totalverlust, Totalbeschädigung 429 23
   Übernahme 429 42
   Verjährung 429 262; 439 2, 4
   Verlust des Gutes 435 9, 10
   Verschuldenshaftung 429 114
   Versicherungspflicht Anh. I 429 39, 45
   Verspätungshaftung 429 137, 214 ff, 236
   weisungswidriges Verhalten 429 254
   Wertermittlung bei Beschädigung 430 53 f
   Zollbehandlung Anh. II 452 § 12 KVO 15
Containertransport 425 81
   Binnenschiffsbeförderung 432 16
   Fahrzeugbestandteil 429 34
   Fahrzeugersatz 429 32

(765)

Containertransport (Forts.)
  Frachtberechnung 429 31
  als Frachtgut 429 31 ff
  Frachtvertrag 425 152 b
  Gestellung durch Absender 429 33
  Großcontainer-Verkehr Europäischer Eisenbahnen **Anh. V 452** 55
  Internationale Eisenbahnbeförderung **Anh. V 452** 46
  internationaler Verkehr **Anh. V 452** 46
  Mängel 429 35
  Mietvertrag 429 34, 36
  Multimodal Transport Operator **Anh. V 452** 9
  multimodaler Transport **Anh. V 452** 4
  Obhutshaftung für – 429 31
  Packrichtlinien 425 196
  Stauen, Fehler hierbei 429 37
  Stauen in selbst gestelltem – 429 32
  Stellen des Containers 429 34
  Umladen und CMR-Anwendung **Anh. V 452** 49
  Verladung loser Güter **Anh.II 452 § 30 KVO** 7
  Versendung durch Spediteur zu festen Kosten **Anh. I 429** 101
  Vertragsgestaltung 429 34
  Weltcontainerkonferenz **Anh. V 452** 52
COTIF
  s. Eisenbahnfrachtrecht
CRTD 425 16

Dauerfrachtvertrag 425 108, 109
DDR, frühere
  Beitritt 425 61
Deliktshaftung
  s. Unerlaubte Handlung
Deutsche Bundesbahn
  Großcontainer-Verkehr **Anh. V 452** 56
  GüKG-Gestaltung **Anh. II 452 § 1 KVO** 4
  Güterfernverkehr **Anh. II 452 § 1 KVO** 4
  Güterfernverkehr mit Kraftfahrzeugen **Anh. II 452 § 7 KVO** 1
  KVORb **Anh. II 452 § 1 KVO** 4; 425 41
Deutsche Bundespost
  s. a. Post
  AGB-Postdienst 452 4
  Frachtrechtsanwendung 452 3
  Konkurrenz im Paketdienst 425 42
  Neustrukturierung 452 1
  Privatisierung 429 297
Deutscher Frachtführer
  Rechtswahl 425 60
Diebstahl Anh. II 452 § 30 KVO 4
Dienstmann 425 89

Dienstvertrag
  Unterfrachtvertrag oder – 432 24
Dingliche Verfügung
  frachtrechtliche Verfügung keine – 433 2
Distanzfracht 425 153, 177
Dokumentation der Beförderung 425 46; **Anh. V 452** 58 ff
Dokumente Anh. II 452 § 34 KVO 34
Dokumentenakkreditiv 425 151
Doppellegitimation
  Absender und Empfänger gegenüber Frachtführer 429 148
Doppelversicherung Anh. I § 429 63 ff
DPD-Paketdienst Anh. II 452 § 1 KVO 16
Dritte
  Versicherungsregreß gegen – **Anh. I 429** 119
Dritteinfluß, betriebsfremder
  als höhere Gewalt **Anh. II 452 § 34 KVO** 18
Dritteinlagerung 425 143
Drittpersonen, Haftung
  s. Haftung Dritter wegen Transportschäden
Drittrechte
  und Frachtführer-Haftungsbeschränkung 429 309
Drittschaden
  Gefahrguttransport 425 18
Drittschadensliquidation
  durch Absender 429 160
  Anwendung, weite 429 159
  durch Assekuradeur 429 163
  Begriff 429 157
  durch Empfänger 429 160
  durch Käufer 429 160, 162
  KVO-Ersatzansprüche **Anh. II 452 § 29 KVO** 20
  Nichtanerkennung 429 160
  durch Obhutsausübenden 429 160
  Prozeßstandschaft, Abgrenzung 429 163
  Rechtsstandschaft, Abgrenzung 429 158
  durch Spediteur 429 160
Drittzahlung der Fracht
  Präklusionswirkung 438 18
Durchfrachtgeschäft 432 23; **Anh. V 452** 9
  der Reedereien **Anh. V 452** 54
Durchkonnossement
  multimodaler Transport **Anh. V 452** 59 ff

ECE-Entwurf
  zum multimodalen Verkehr **Anh. V 452** 52
Echter Durchfrachtvertrag Anh. V 452 9
Edelmetalle, Edelsteine
  Anh. II 452 § 34 KVO 34
EG-Recht
  s. Europarecht

fette Zahl = §, magere Zahl = Rdn. **Emp**

EG-Staaten
Kabotagetransport ausländischer Frachtführer Anh. II 452 § 1 KVO 8
Eigentümer-Besitzer-Verhältnis
Anspruchskonkurrenz 429 314
Gehilfenhaftung 431 5
Eigentum
Frachtgut 440 6; 450 7
Eigentumsverletzung
Frachtgut 429 268, 286
Einlagerung Anh. II 452 § 19 KVO 5; 425 97; 437 2
Eintritt
des Unterfrachtführers in Hauptfrachtvertrag 432 46 ff
Einziehungsermächtigung 429 164
Eisenbahnfrachtrecht
Ablieferung 429 52
Ablieferungshindernis 437 3
Abnahme 429 42
Absender 425 68
Aufklärung, unterlassene über Haftungsgrenzen 429 250
bahnamtliche Rollfuhr Anh. III/1 452 § 1 AGNB 23
Behälterverkehr 432 20
CIM, ER/CIM 425 48, 113
CIM 1970 425 48
COTIF 425 48; Anh. V 452 45
Eisenbahnverkehrsordnung (EVO) 425 49; 429 238, 299; Anh. V 452 47
Empfänger-Rechtsstellung 435 8
Empfänger-Zahlungspflicht 436 4
Empfängerbezeichnung 435 1
Formalvertragstheorie
Anh. II 452 § 15 KVO 5, 8; 429 48
Frachtbrief und Zahlungspflicht 436 24
Frachtführerbegriff, Anwendung 432 21
Gefahrgutrecht 425 16
Gehilfenhaftung 431 10
Gepäckträger 425 89
Gewährhaftung 429 114
grenzüberschreitender Verkehr 425 48
Großcontainer-Verkehr Europäischer Eisenbahnen Anh. V 452 55
Güterbeförderung auf der Straße durch – 425 41
Güterbegriff 425 81
Haftung 429 224
Haftungsbegrenzung, feste bei Beschädigung, Verlust 430 5
Huckepackverkehr 432 20
innerstaatlicher Bereich 425 49
Internationale Containerbeförderung (RiCo) Anh. V 452 46, 55
Kraftwagenführer, Einsatz 432 18

KVO-Abholung, Zustellung und –
Anh. II 452 § 5 KVO 1
KVO-Frachtführer, Eisenbahn als Unterfrachtführer Anh. II 452 § 33 KVO 7
KVO-Regelung und –
Anh. II 452 § 15 KVO 11
Landfrachtrecht und – 425 85
Landfrachtvertrag, Ausführung 432 20
Lieferfristen Anh. II 452 § 26 KVO 1; 428 6
multimodaler Transport Anh. V 452 45
kein Notweisungsrecht des Empfängers 434 3
Obhutshaftung 429 238
positive Vertragsverletzung bei fehlerhafter Aufklärung über Haftungsgrenzen 429 250
positive Vertragsverletzung bei Güterschadensfällen 429 238
railway, chemin de fer 425 67
Real- und Formalvertragscharakter 425 114
Realvertragslösung
Anh. II 452 § 15 KVO 12
Schadenfeststellung und Rechtsverlust 438 8
Schienenersatzverkehr 432 19
Übersicht 425 48 ff
Unterfrachtvertrag mit Landfrachtführer 432 17 ff
Verjährung 439 5
Verlust des Gutes 435 10
Verschuldensform und Haftungsbegrenzung 429 299
Wertermittlung bei Beschädigung 430 53
Wettbewerbsschutz Anh. II 452 § 1 KVO 3
Zubringer-Verkehrsmittel 429 97
Emailabsplitterungen Anh. II 452 § 34 KVO 40
Empfänger
Ablieferung und – 429 78
Ablieferungshindernis, Benachrichtigung des – 437 13
Abnahmepflicht Anh. II 452 § 25 KVO 10
Abnahmeverweigerung 429 61
Absender und – Doppellegitimation 429 148
Absender- und -verfügungsrecht 433 31
Absender-Rechtsnachfolger, Empfänger kein solcher 435 5
Absendereinwendungen 435 12
Absenderverfügung und Verfügung des –
Anh. II 452 § 27 KVO 36
Adreßspediteur 429 24
ADSp 435 8; 436 4
AGNB 435 8; 436 4
Annahme des Frachtguts 436 6 ff
Annahmeverweigerung
Anh. II 452 § 34 KVO 30; 433 29; 437 7
Anwartschaft vor Ankunft 435 1

Empfänger (Forts.)
Auslieferung an anderen – 433 14
Auslieferungsanspruch 435 18;
  Anh. II 452 § 25 KVO 1 ff
Bedeutung 425 73
Begriff 425 70
begünstigter Dritter 425 104 f
Benachrichtigung 425 141
Besitz 440 20
Bestimmung 425 7
Binnenschiffahrt 435 8
CMR 432 32; 435 8; 436 4
doppelte Ersatzberechtigung bei Unterfrachtvertrag 429 154
Drittschäden, Geltendmachung durch – 429 160
Eisenbahnfrachtrecht 435 1, 8; 436 4
Endempfänger 429 24
Entladeobliegenheit
  Anh. II 452 § 17 KVO 47
Erlöschen seiner Ansprüche (Präklusion) 438 19
Ersatzansprüche 429 149; 435 20
Ersatzberechtigter
  Anh. II 452 § 29 KVO 21 f
Ersatzberechtigter, frachtrechtlicher 429 141
Frachtbrief Anh. II 452 § 11 KVO 18
Frachtbrief, Frachtvertrag 435 15
Frachtbrief, Frachtvertrag und Zahlungspflicht 436 20 f
Frachtbriefübergabe 435 17
Frachtführer als – 429 73
Frachtnachzahlung Anh. II 452 § 23 KVO 4
Frachtschuldner Anh. II 452 § 21 KVO 1; 425 171
Frachtvertrag und -pflichten 435 13
Frachtvertrag, – keine Partei 435 4, 12 f
Frachtvertragsrechte, geltend zu machende 435 14 ff
Frachtzahlung, Überweisung an – 425 145 f
GüKUMT 435 8; 436 4
Klageerhebung und Verfügungsrecht 433 26, 31
KVO
  s. Kraftverkehrsordnung (KVO)
Ladeschein 435 2
Ladeschein und Bestimmung des – 446 4 ff; 447 3
Legitimationskonkurrenz 435 20
Mitwirkung als Rechtsgeschäft 429 77
Mitwirkung, unterlassene 425 189
Nachnahmeerhebung Anh. II 452 24 KVO 4
Nichtermittelbarkeit 437 7
Notweisungsrecht an Frachtführer 434 1 ff; 435 9

Person 435 1, 11
Post als – 452 3
Rechtsgeschäft auf seiten des – 429 77 ff
Rechtsstellung als – 435 1, 4 ff
Schadenentstehung und -zugehörigkeit 429 308
als Spediteur 429 155
Teilverlust 435 10
typische Pflichten 436 26
Übersicht 435 4 ff
Unterfrachtführer und –, Rechtsbeziehungen 432 31 ff
Unterfrachtvertrag 432 34, 35
Untersuchungsanspruch 438 26
Verantwortlichkeit 431 7
Verfügungen 425 132
Verfügungsrecht, frachtrechtliches
  Anh. II 452 § 27 KVO 29 ff; 433 30 ff
Verpflichtungen 435 7
Verschulden, Mitverschulden 429 122
Versicherungsansprüche des –, Forderungsübergang Anh. I 429 108
Wegfall seiner Rechte 435 22 f
Weisungen an Frachtführer 434 1 ff
Zahlung leisten 436 19
Zahlungspflicht Anh. II 452 § 25 KVO 9; 436 4
Zahlungspflicht des –, des Absenders 436 30 ff
Zahlungspflicht nach Frachtgutannahme 436 5 ff
Zahlungspflicht und Ladeschein 446 6
Zahlungsübernahme 436 34
Zufallsempfänger 425 71
Zug-um-Zug geltend zu machende Rechte 435 12
Zurückweisung 435 22
Empfangnahme 429 42
  s. Annahme
Empfangsspediteur 425 70, 145; 429 24; 435 3
Ablieferung an den – 429 68
Employment-Klausel 425 94
Endempfänger 429 24
Energielieferungsrecht 429 292, 297
Entgangener Gewinn Anh. II 452 § 29 KVO 18
Fakturenwert (Wertersatz) und –
  Anh. II 452 § 35 KVO 12
Entgegennahme 429 44
Entgeltlichkeit
des Frachtvertrags 425 98
Entladefrist Anh. II 452 § 25 KVO 10
Entladen des Frachtguts 429 83 ff, 87
AGNB Anh. III/1 452 § 6 7
Fahrer Anh. II 452 § 6 KVO 11
Frachtvertrag 425 139

fette Zahl = §, magere Zahl = Rdn.

Entladen des Frachtguts (Forts.)
  GüKUMT Anh. IV 452 § 2 1;
  Anh. IV 452 § 9 6; Anh. IV 452 § 20 1
  Güterfernbeförderung
    Anh. II 452 § 1 KVO 22
  KVO Anh. II 452 § 17 5 ff;
    Anh. II 452 § 25 11; Anh. II 452 § 27 33;
    Anh. II 452 § 34 26
  keine KVO-Regelung
    Anh. II 452 § 17 KVO 2, 4
  Mitverschulden Anh II 452 § 34 KVO 26
  Pflicht hierzu 429 91
  Spediteur-Frachtführer
    Anh. II 452 § 33 KVO 3
  bei Tank- und Silotransporten 429 67
  Unterbrechung 429 56
Entlastungsbeweis 429 268
Entschädigung
  des Frachtführers bei Absenderrücktritt
    428 25
  für Frachtgut-Totalverlust 430 26 ff
Entsorgungstransport 425 14, 76
Entwertung
  Frachtgut 429 22
ER/CIM 1980 425 48
  Delikthaftung 429 279
  Gehilfenhaftung 431 10
  Haftung, verschärfte für Frachtgutverlust
    430 63
  Haftungsbegrenzung, feste bei Beschädigung, Verlust 430 5
  multimodaler Transport Anh. V 452 45
  Schadensfeststellung und Rechtverlust 438 8
  Wertermittlung bei Beschädigung 430 54
Erfüllung des Frachtvertrags
  durch Ablieferung 429 74
  Surrogate 429 71
  Theorien zur Erfüllung 429 73
Erlaubnisrecht in GüKG 465 66
Erlöschen von Ansprüchen
  Absender-, Empfängeransprüche 438 19
  AGNB Anh. III/1 452 § 22 1 ff
  Annahme des Guts 438 10 ff
  Frachtführer-Pfandrecht 440 14 ff
  frachtrechtliches Verfügungsrecht 433 28 ff
  Frachtzahlung 438 14 ff
  GüKUMT Anh. IV 452 § 13 1
  KVO Anh. II 452 § 39 5 ff
  Vermeidung des – 438 23
Ersatzablieferung 429 71, 79
Ersatzbeförderung Anh. II 452 § 28 KVO 8, 13
Ersatzberechtigung (Frachtvertragsschäden)
  s. Aktivlegitimation
Ersatzempfänger 425 70

Fah

Erschütterungen des Straßenverkehrs
  als Risikofaktor Anh. II 452 § 18 KVO 12
Erschütterungen während der Fahrt
  Anh. II 452 § 29 KVO 16
Ersetzungsbefugnis
  des Frachtführers 425 9
Europäisches Übereinkommen
  internationale Beförderung gefährlicher
    Güter auf der Straße 425 16
  Schlachttiertransport 425 24
  Tierschutz bei internationalem Transport
    425 24
Europarecht
  EG-KabotageVO 425 62
  EuGH und einheitliche Verkehrspolitik
    425 57
  Gefahrguttransport (EG-Richtlinien)
    425 16
  Kältekontrolle, EG-Richtlinie 425 19
EVO
  s. Eisenbahnfrachtrecht
Explosionsgefährliche Güter
  Anh. II 452 § 34 KVO 52
Expreßgut 429 250

Fährverkehr 429 30
Fälligkeit
  der Fracht 425 176
Fahrer
  als abliefernde Person 429 80
  Empfangsbestätigung 429 109
  Gefälligkeit von Hilfeleistungen
    Anh. II 452 § 17 KVO 10
  Gefahrgut 425 17
  Lade-, Entladetätigkeit
    Anh. II 452 § 6 KVO 11
  Quittungserteilung Anh. II 452 § 6 KVO 15;
    Anh. II 452 § 16 KVO 27
  Schmuggel 429 246
Fahrlässigkeitsbegriff 429 120
Fahruntüchtigkeit
  Freizeichnung 429 221
Fahrzeug
  AGNB-Frachtführer Anh. III/1
    452 § 4 AGNB 1 ff
  Betriebssicherheit des beladenen –
    Anh. II 452 § 17 KVO 26 ff
  CMR 425 84
  und Frachtvertrag 425 84
  Güterschutz durch ordnungsgemäßes –
    Anh. II 452 § 18 KVO 7
  Laderaum und Ladungsgut
    Anh. II 452 § 4 KVO 9
  Mängel 429 210
  Miete des – und Arbeitnehmerüberlassung
    425 92

Fah Sachregister

Fahrzeug (Forts.)
  Schutz bei gefährlichen Gütern
    Anh. II 452 § 18 KVO 13
  Überführung 425 84
  Überladung **Anh. II 452 § 17 KVO** 40 f
  Überlastung **Anh. III/1 452 § 7 AGNB** 3
  Wagenstellungsvertrag
    Anh. II 452 § 14 KVO 9 ff
Fakturenwert
  Schadensberechnung (Wertersatz)
    Anh. II 452 § 35 KVO 6 ff
Falschauslieferung 429 12, 24, 60, 189, 200, 248
  s. a. Haftung (Frachtführer)
  AGNB **Anh. II/1 452 § 16** 4
  GüKUMT **Anh. IV 452 § 8** 10
  KVO **Anh. II 452 § 31 KVO** 13 f; 429 178
  Landfrachtrecht (HGB) 429 24
Fehler 426 82
Fehlmengen Anh. II 452 § 34 KVO 41; 429 174
Feststellungsvermerk
  Stückzahl, Gewicht
    Anh. II 452 § 16 KVO 24
FIATA Combined Transport B/L (FBL)
  multimodaler Transport **Anh. V 452** 57 ff
Fixkostenspedition 429 97; 432 3, 7
  Frachtbrief, fehlender 432 47
  KVO **Anh. II 452 § 1 KVO** 17, 26
  multimodaler Transport **Anh. V 452** 4, 27
Fleischhygienegesetz 425 19
Forderungsübergang (gesetzlicher)
  Absenderansprüche auf Versicherer
    Anh. I 429 107 ff
  frachtrechtliche Gläubigerstellung statt –
    429 140, 143, 221
Form
  Nebenvereinbarungen zum KVO-Frachtvertrag **Anh. II 452 § 11 KVO** 9 ff
Formalvertragstheorie
  Anh. II 452 § 15 KVO 15; 425 114; 429 48
Fracht, Frachtzahlung
  Anspruch 425 171
  Aufrechnung des Anspruchs gegen Haftung 425 169
  Fälligkeit 425 176
  Frachtgut und – 429 296
  Höhe 425 172 ff
  Nachzahlung **Anh. II 452 § 23 KVO** 1 ff
  Präklusion durch Zahlung der – 438 14 ff
  Rechtsverlust, Vermeidung 438 23
  Tarifrecht, Tarifaufhebungsgesetz
    s. dort
  Teilstrecken 425 177
  Überweisung an Empfänger 425 145 f

Frachtbrief
  ABB-Fracht 426 84
  Ablieferung des –, Erlöschen des Verfügungsrechts 433 25
  Abreden, besondere 426 59
  Abschlußbeweis 426 34, 37
  Absender 425 69; 426 30, 45, 70
  Absender, Beweiswirkung 426 47, 63
  Absender, Frachtzahlung 436 22
  Absender und Transportablauf 426 65
  Absender, Verfügungsrechte 462 64
  Absenderangaben **Anh. II 452 § 11 KVO** 20
  Absenderanweisungen 426 59
  Absenderausfertigung 426 78; 429 148; 444 4; 462 64
  Absenderausfertigung und Sperrwirkung 426 67 f
  Absenderbenachrichtigung
    Anh. II 452 § 28 KVO 25 f
  Absendereigenschaft, Beweis 426 37
  Absendereintragungen
    Anh. II 452 § 16 KVO 33
  Absendererklärung 426 12 ff
  Absenderhaftung für – 426 81
  Absenderhaftung für Angaben im –
    Anh. II 452 § 13 KVO 1 ff
  Absendernachweis für Vertragsabschluß 462 63
  Absenderrechte und Absenderausfertigung 426 72
  ADSp 426 76
  AGNB 426 76
  Akkreditiv und – 426 65
  andienungsfähiges Dokument 426 65
  Annahme **Anh. II 452 § 25 KVO** 9;
    Anh. II 452 § 29 KVO 8; 426 77; 432 47
  Annahme durch Empfänger 436 15 ff
  Annahme durch KVO-Frachtführer
    Anh. II 452 § 15 KVO 15 ff
  Anschlußbeförderung
    Anh. II 452 § 5 KVO 7
  Art des Frachtguts, Beweis 426 46
  Aufgabenverteilung und – 426 50
  Ausfertigung 462 62, 63
  Ausfertigung, Übergabe 426 65
  Ausfertigungen 426 2
  Ausfüllung, nicht ordnungsgemäße 426 70
  Aussteller 426 2, 12
  Ausstellung und Annahme 426 74
  Ausstellung, gültige 426 25
  Ausstellungsanspruch 426 74
  Ausstellungsort, Ausstellungstag
    Anh. II 452 § 11 KVO 16
  Ausstellungspflichten 426 70
  Bedeutung 426 1
  BefBMö 426 66

(770)

fette Zahl = §, magere Zahl = Rdn.   **Fra**

Frachtbrief (Forts.)
  Begriff 426 2
  Berechtigungsnachweis anders als durch –
    426 68
  Bestimmungsort **Anh. II 452 § 11 KVO** 17;
    Anh. II 452 § 25 KVO 4
  Beweis unversehrten Gutes 429 106
  als Beweispapier 426 29 ff
  Beweisrecht, allgemeines 426 29, 34
  Beweisurkunde **Anh. II 452 § 10 KVO** 4;
    Anh. II 452 § 15 KVO 18 f; 426 72
  Beweiswirkung 426 19, 78
  Beweiswirkung von Vermerken 426 30
  Bezeichnung der Sendung
    Anh. II 452 § 11 KVO 19
  Binnenschiffahrtsrecht 426 54
  CIM 426 67
  CMR 426 2, 6, 14, 20, 22, 24, 26, 27,
    28, 32, 35, 37, 55, 58; 462 62
  CMR-, Notify-Feld 425 71
  Container-Beförderungsbedingungen
    426 51
  durchgehender 432 47
  Durchschrift für Empfänger 462 62
  Eigentumslage 426 71
  Eintragungsverstöße 426 6
  Eisenbahnfrachtrecht 426 15, 27
  Eisenbahnrecht 426 28, 52, 57, 75, 76;
    436 24; 462 62
  Elektronische Datenträger statt – 426 1
  Empfänger-Übergabe 435 17
  Empfängerausfertigung 426 2
  Empfängerbezeichnung
    Anh. II 452 § 11 KVO 18; 435 1
  Empfängerrechte, Empfängerpflichten
    426 69
  Empfängerstellung, Beweis 426 39
  Entladepflicht **Anh. II 452 § 17 KVO** 45
  ERA 426 65
  ER/CIM 426 32, 84
  Ersatzansprüche 426 67
  EVO 426 32, 67, 84
  FCR 426 5
  Fehlen des – 426 27
  fehlende Angaben im KVO-
    Anh. II 452 § 11 KVO 6 ff
  Feststellungsvermerke
    Anh. II 452 § 16 KVO 20 ff
  Formularvertrag 426 27
  Frachtberechnung 426 61
  Frachtbriefdoppel 426 67; 462 62
  Frachtbriefformulare 426 80
  Frachtführer, Ausfüllung 426 84
  Frachtführer, Ausstellungsanspruch 426 74
  Frachtführer, Beweis des Abschlusses 426 38
  Frachtführer, Beweiswirkung 426 48

Frachtführer, Überprüfungsobliegenheit
  426 49
Frachtführererklärung 426 18 ff
Frachtführerpersonal, Eintragungen 426 45
Frachtführervermerke 426 56 ff
Frachtgutübernahme, Beweis 426 41, 63
frachtrechtliche Verfügungsrechte 426 64
Frachtvertrag und –
  Anh. II 452 § 11 KVO 1;
  Anh. II 452 § 15 KVO 2 ff; 426 27, 32,
  34 ff; 435 15; 436 21 ff
Frachtvertrag, Abschlußbeweis 426 34
Frachtvertragsinhalt, Beweis 426 40
Frankaturklauseln 436 22
Funktionen 426 27 ff
Gewicht **Anh. II 452 § 4 KVO** 4
Gewichtsangabe **Anh. II 452 § 16 KVO** 14
Grundtypus 426 4
GüKG 426 70
GüKUMT 426 2, 14, 22, 27, 75; 462 62
Hilfstätigkeit beim Ausstellen
  Anh. II 452 § 6 KVO 13
Identitätsbeweis 426 46
Identitätsprüfung **Anh. II 452 § 16 KVO** 3 ff
Inhalt 426 5, 80
Innerdeutsches Straßenfrachtrecht 426 66
Kasse gegen Dokumente 426 65
Kaufrecht 426 65
Klage auf Ausstellung 426 74
Kommunikationsmittel, neue 426 1
Kostentragung 426 61
Kostentragungsklauseln 436 22
KVO 426 8, 14, 19, 22, 25, 27, 28, 30,
  32, 35, 36, 57 f, 66, 67, 74, 75, 76;
  436 24; 462 62
KVO-, Beweiskraft 429 172
KVO-, Inhalt **Anh. II 452 § 11 KVO** 1 ff
KVO-Pflicht zur Ausstellung
  Anh. II 452 § 10 KVO 1 ff
KVO-Unternehmer, Ausfüllung
  Anh. II 452 § 13 KVO 7 ff
KVO-Unternehmer-Unterschrift
  Anh. II 452 § 15 KVO 16 f
Ladeschein und – 444 2, 4
Ladungsschäden 426 67
Landfrachtrecht 426 14, 17, 18, 27, 29,
  50, 56, 75
Landfrachtverkehr 426 1
Legitimationswirkung 433 25
Lieferfristverkürzung
  Anh. II 452 § 26 KVO 8
Luftfrachtbrief 426 2, 6, 16, 22
Luftfrachtrecht 426 53
Mängelvermerk 426 57
Mängelvermerk und Haftung 432 55
Mengenbeweis 426 46

Frachtbrief (Forts.)
Merkmale und Wirksamkeit 426 3 ff
Mindestvoraussetzungen 426 9
Möbeltransport 426 75
Nebenvereinbarungen des KVO-Vertrags
 Anh. II 452 § 11 KVO 9 ff
Nichtausstellung, Folgen 426 26
Nichtausstellung des KVO-
 Anh. II 452 § 15 KVO 6
öffentlich-rechtliche Funktion 426 70
öffentlich-rechtliche Pflicht
 Anh. II 452 § 13 KVO 13
Rechtsnachteile bei fehlendem – 426 26
Rechtsnatur 426 72
Risikoverteilung und – 426 50
Seefrachtbrief 426 1
Sicherungswirkung 426 65
Spartenübertragung (gültige Ausstellung) 426 25
Spediteur-Übernahmebescheinigung 426 66
Sperrpapier 426 65 ff
Sperrwirkung 426 78
Stichproben 426 50
Stückgut, Ladungsgut
 Anh. II 452 § 4 KVO 8
Stückzahl **Anh. II 452 § 4 KVO** 4
Stückzahlangabe **Anh. II 452 § 16 KVO** 14
Stückzahlbeweis 426 46
stückzahlmäßige Überprüfung
 Anh. II 452 § 11 KVO 19
Tarifüberwachung mittels – 426 70
Transfracht-Übergabeschein **Anh. V 452** 56
Transportablauf 426 65
Übereignungsgeschäft 426 71
Übergabe, konstitutive
 Anh. II 452 § 25 KVO 9
Übernahme des Frachtguts, Beweis 426 41, 63
Überprüfung der Angaben 426 48
Überprüfungsobliegenheit 426 49
Umzugsverkehr 426 27
Unbekannt-Vermerke 426 58
Unterfrachtführer, Eintritt in Hauptfrachtvertrag 432 47
Unterfrachtvertrag 426 60
Unterschrift 426 13 f, 19 ff, 29, 45
Unterschrift, fehlende 426 31, 36, 38
Unterschriften, fehlende 426 23
Unterzeichnung **Anh. II 452 § 11 KVO** 3
Unvollständigkeit 426 7
Urkunde 426 4, 29, 34
Urkunde, konstitutive 426 27, 28
ursprünglicher 432 47
Verfügungshinderndes Papier 462 62
Verladung ohne Antrag im KVO-
 Anh. II 452 § 17 KVO 14

Verpackungsmängel
 Anh. II 452 § 18 KVO 17; 426 57
Versandort **Anh. II 452 § 11 KVO** 17
Verzicht auf – 426 76
Vorlage **Anh. II 452 § 37 KVO** 9
Vorrang 436 27
WA 426 10, 16, 21, 27, 32, 53
Warenbegleitende Ausfertigung 426 2
Wertpapiercharakter, fehlender 426 7
Willenserklärung 426 11
Wissenserklärungen 426 29
Zahlung leisten nach Maßgabe des – 436 20 ff
Zahlungssicherung 426 62 ff
Zeichen der Annahme 426 19
Zustand des Frachtguts, Beweis 426 46
Frachtcharter 425 93
Fracherstattung Anh. II 452 § 23 KVO 5 ff
Frachtführer 425 113
Abfallbeförderung 425 14
Abladeort, Bestimmung durch – 425 76
Ablehnungsrecht **Anh. III/1
 452 § 5 ANGB** 5
Ablieferung ohne Wahrung von Vormännerrechten 442 1 ff
Ablieferungshindernis, Rechtsstellung des – 437 10 ff
Absender und – 427 16; 446 1, 3, 14
Absender, Ladescheinhaber und – 446 3
Absenderrisiken und Risiken des –
 Anh. II 452 § 18 KVO 10 ff
Andere Personen als Gehilfen des – 431 16
Anerkennung eines Schadens 438 28
Anweisungen, einzuholende
 Anh. II 452 § 28 KVO 15
Arbeitnehmer 429 320, 323 ff
ausländischer **Anh. II 452 § 1 KVO** 8
ausliefernder –, Haftung 442 3 ff
Bedienstete des – 431 14
Beförderungsmittel, Ersetzungsbefugnis 425 9
Beförderungsmittel, Wahl 425 8
Begleitpapiere 427 6
Begleitpapierprüfung
 Anh. II 452 § 12 KVO 4 ff
Begriff 425 63
Berufsbezeichnung 425 64
Besitzdiener 429 80
Besitzer, berechtigter 429 314
betriebssichere Verladung
 Anh. II 452 § 17 KVO 7
Doppellegitimation gegenüber – 429 148
als Empfänger 429 73
Empfänger und –, Ladeschein 446 4 ff; 447 3
Entsorgungstransport 425 76

fette Zahl = §, magere Zahl = Rdn.　　　　**Fra**

Frachtführer (Forts.)
Frachtbrief-Ausfüllung
　Anh. II 452 § 13 KVO 7 ff
Frachteinziehungspflicht 436 37
Gefahrgut 425 17
Gehilfen 431 1 ff
Gelegenheits- 451 1
gewerbsmäßiger 425 116; 451 1
Gewerbsmäßigkeit 425 89
Haftpflichtversicherung
　s. Versicherung
Haftung
　s. Haftung (Frachtführer)
Hauptpflichten 425 129
Hinterlegungsrecht
　Anh. II 452 § 28 KVO 29; 437 15
Kabotage 425 62
Kaufmann kraft Gesetzes 425 65
Kette von –, Pfandrecht der Vormänner
　441 3 ff
Konkurs 425 126
KVO- Anh. II 452 § 3 KVO 1;
　Anh. II 452 § 5 KVO 3
Ladeschein-Unterzeichnung 445 2
Landfrachtrecht-Anwendung 425 64
letzter – in Kette von – 441 11 ff
Leute des – 431 13 ff
Luftfrachtführer 425 67
Möbelspediteur 425 64
keine persönliche Verpflichtung 432 4
Personal 429 318
Personal des –, Versichererregreß gegen
　Anh. I 429 117
Pfandrecht
　s. dort
Pflichtenübernahme, weitere 431 19
Prüfungsrecht Anh. II 452 § 16 KVO 4
Reederei 465 66
Risikosituation 429 268
Rückgriffsverlust 442 12 ff
Samtfrachtführer 432 11
Schadensfeststellungspflicht
　Anh. II 452 § 37 2 ff
Selbsthilfeverkauf Anh. II 452 § 28 KVO 31;
　437 19, 20
Sicherungsrechte des KVO-
　Anh. II 452 § 25 KVO 7 ff
Sorgfaltspflichtverletzung 429 119
als Spediteur 425 115
Spediteur- Anh. II 452 § 33 KVO 3
vom Spediteur- beauftragter –
　Anh. II 452 § 6 KVO 9
Teilfrachtführer 432 10
Tod 425 127
Übernahmerecht Anh. II 452 § 35 KVO 33
Unterfrachtführer 425 83; 432 6

Unterfrachtführereinsatz durch – 432 4
Unterlassungen 429 268
Unternehmer 465 66
Unternehmer, für – tätige 431 18
Verfrachter 425 67
Verladepflicht Anh. III/1 452 § 6 AGNB 6;
　Anh. II 452 § 17 KVO 6
Verladung durch – 429 84
Verpackungsmängel, Rechte des –
　Anh. II 452 § 18 KVO 15 ff
Verschuldensvermutung 429 115
Versichererregreß Anh. I 429 92 ff
Wahlrecht Beförderungsmittel 425 8
Weisungen 433 16 ff
Zollrechtsvorschriften
　Anh. II 452 § 12 KVO 15
Zurückbehaltungsrecht 435 13
Zwischenfrachtführer 432 9
Frachtgut
　s. a. Abhandenkommen; Abholung; Ablieferung; Abnahme; Absender; Abstellen; Anhalten; Annahme; Ankunft; Begleitpapiere; Beschädigung; Beschlagnahme; Empfänger; Entladen; Haftung; Versicherung (Transportrisiko); Hinterlegung; Packen; Pfandrecht; Reparatur; Rückgabe; Teilablieferung; Teilnahme; Teilausladungen; Teilbeschädigung; Teilverlust; Totalverlust; Verfügungsrecht; Verladen; Verlust; Verpackung; Weiterleitung; Weiterversendung
Beförderungsentgelt, keine Risikoprämie für
　das – 429 296
Gutsbegriff 429 28 ff; 430 47
multimodaler Transport Anh. V 452 8
Sonderbestimmungen – Übersicht 425 14 ff
Umladung Anh. V 452 8
Frachtrecht
　s. a. ADSp; AGNB; Binnenschiffahrt; CMR; Eisenbahnfrachtrecht; GüKUMT; Güterfernverkehr; Güterkraftverkehrsgesetz; Güternahverkehr; Kraftverkehrsordnung (KVO); Landfrachtrecht (HGB); Luftfrachtrecht (HGB); Luftfrachtrecht; Möbelbeförderung; Multimodaler Transport; Seefrachtrecht; Spediteur; Speditionsvertrag
Übersicht 425 3 ff
Beförderungsmittel, fehlende Bestimmung
　425 8
Binnenschiffahrt 425 53
GüKG 425 30
Güterart, beförderte 425 14 ff
Internationalität der Beförderung 425 12
Spartenübersicht 425 3 ff

Fra   Sachregister

Frachtrecht (Forts.)
und Verkehrsmittelverwendung 425 4 f
Frachtrechtliche Gläubigerstellung
s. Aktivlegitimation
Frachtvertrag
Abschluß 425 47, 48, 112
Absenderrücktritt und Entschädigungsanspruch 428 25
Absenderverfügungen und Inhalt des – 433 10
Änderung durch Absenderverfügung 433 11
Änderung des Beförderungsmittels **Anh. V 452** 67
AGNB- **Anh. III/1 452 § 3 AGNB** 1
Annahme des Frachtguts und Abschluß des – 429 47 ff
Anspruchserlöschen 438 9 ff
Auftrag und – 425 98
Auftragsrecht, ergänzendes 425 130
Aufwendungsersatz 425 185, 192
Ausführungsverweigerung 425 159
Beendigung 425 121 ff
Beförderung **Anh. II 452 § 6 KVO** 3; 425 74, 79
Beförderungsentgelt 429 296
Beförderungshindernis 425 161
Beförderungsleistungen als Nebenpflichten 425 99
Beförderungsmittel 425 78
Beförderungspflicht 425 130
Beförderungsübernahme 425 82 ff
Beförderungsvertrag als – **Anh. II 452 § 3 KVO** 1
Beförderungsvertrag als Oberbegriff 425 63
Beförderungsweg, -mittel, -zeit 425 131
Begleitpapiere 427 1 ff
Bündelungstheorie (multimodaler Transport) **Anh. V 452** 31
Dauerfrachtvertrag 425 108
Deliktsrecht und – 429 285 ff, 290 ff
Dienstvertrag 432 4
Dritteinlagerung 425 143
Durchfrachtvertrag **Anh. V 452** 9
Eigentümer-Besitzer-Verhältnis 429 314 ff
Einwendungen und Ladeschein 446 10 ff
Empfänger keine Partei des – 435 4, 12 f; 436 1 ff
Entgeltlichkeit 425 98
Entladen, Laden, Packen 425 138 ff
Erfüllung **Anh. II 452 § 6 KVO** 11; 429 55, 74; 433 20
Ersatzanspruch 430 8
Fixgeschäft **Anh. II 452 § 26 KVO** 1

Formalvertrag, Formalvertragstheorie **Anh. II 452 § 5 KVO** 4;
Anh. II 452 6 KVO 12;
Anh. II 452 § 15 KVO 2, 4 f; 429 48
Formen 425 107 ff
Frachtbrief und – **Anh. II 452 § 11 KVO** 1;
Anh. II 452 § 15 KVO 2 ff; 436 21 ff
Gefälligkeiten 429 90
Gefahrgut 425 16 ff
gemischter Vertrag 425 106
Gepäcktransport bei Personenbeförderung 425 101
Geschäftsbesorgung 425 103, 116, 130, 132, 192
GüKG, FreistellungsVO GüKG 425 77
Güterfernverkehr **Anh. II 452 § 1 KVO** 15
Gut, Güter 425 80, 81
Handeln außerhalb des – (Verladung) **Anh. II 452 § 17 KVO** 14
Hauptfrachtführer/Unterfrachtführer 425 69
Hauptpflichten 425 179
Interessenwahrungspflicht 425 103
IPR 425 58
Kaufvertrag und – 425 100
konkludentes Handeln 425 116
Konsensualvertrag **Anh. III/1 452 § 3 ANGB** 1; 425 114
Kostenrisiko 425 193
Kündigung **Anh. II 452 § 27 KVO** 8; 425 122
KVO- **Anh. II 452 § 3 KVO** 2;
Anh. II 452 § 15 KVO 1 ff
KVO-Anwendung 425 43
Laden, Verpacken 425 195 f
Ladeschein 446 1 ff
Lagerung 429 98
Lagervertrag und – 425 97, 156
zu Lande, auf Binnengewässern 425 85
Leistungsgegenstand 425 64
Leistungsstörungen 425 153 ff
Lieferfrist 428 1 ff
Lohnfuhrvertrag und – 425 94
Mängelhaftung nach Werkvertragsrecht 425 167 ff
Mängelrüge 425 149, 150
Mietvertrag und – 425 92
multimodaler 425 64; **Anh. V 452** 12
Nebenpflichten 425 137
Nebenvereinbarungen **Anh. II 452 § 11 KVO** 9 ff
Nichtigkeit **Anh. II 452 § 28 KVO** 4; 425 119
Obhut 425 86 f, 133, 140; 429 50
Obhutszeit 429 42, 48 f
Paletten (Rückführung) 425 152 a

fette Zahl = §, magere Zahl = Rdn.   **Geh**

Frachtvertrag (Forts.)
    Rahmenvertrag 425 108
    Realvertrag Anh. II 452 § 5 KVO 4;
        Anh. II 452 § 14 KVO 2, 8;
        Anh. II 452 § 15 KVO 1, 8, 9 ff; 425 87,
        113
    Rechtsnatur 425 102, 114
    Rechtswahl 425 58
    Risikozuteilung 429 295 ff
    Rückdatierung 429 49
    Sammelladungsspedition und –, Abgrenzung
        Anh. II 452 § 4 KVO 14
    Schleppvertrag und – 425 95 f
    Schutzkreisbestimmung 429 156
    Schweigen 425 116
    Sondertypen 425 136
    Spediteurtätigkeit, zusätzliche 425 143
    Speditionsvertrag, Abgrenzung
        Anh. II 452 § 33 KVO 3; 425 42, 64, 82,
        90
    Standgeld 425 180 ff
    Tarifrecht und Frachtrecht
        Anh. II 452 § 5 KVO 5
    Teilfrachtvertrag 425 107
    Unmöglichkeit 425 165
    Unterfrachtvertrag 425 107
    unvorhergesehene Kosten 425 193
    Verbriefung von Ansprüchen 429 153
    Verbringung von Ort zu Ort 425 75, 76
    Verkehrsmittel Anh. V 452 3
    Verschulden bei Vertragsabschluß 425 120
    Versicherungsabschluß 425 147 f
    Vertrag mit Schutzwirkungen Dritter
        429 156
    Vertrag zugunsten Dritter 425 104 f;
        429 141; 433 20; 434 1
    Verwahrungsvertrag 425 133
    Verzollung 425 144
    Vorrang des Frachtbriefs 436 27
    Wagenstellungsvertrag und –
        Anh. II 452 § 14 KVO 1 ff
    Werkvertrag und – 425 156
    Werkvertrag (Sonderfall) 425 75, 87
    Zahlungspflicht 436 19 ff
    Zeit der Leistung 428 1 ff
    Zustandekommen vor Übergabe
        Anh. II 452 § 13 KVO 9
    Zustellungspflicht Anh. II 452 § 5 KVO 4
    Zwischenfrachtvertrag 425 107
Frachtvertraglicher Rechtsverlust
    Annahme des Guts 438 10 ff
    Zahlung der Fracht, sonstiger Forderungen
        43 14 ff
Frachtvertragliches Verfügungsrecht
    s. Verfügungsrecht

Frachtzahlung
    s. Fracht, Frachtzahlung
Franchisen
    als Teilverluste 429 17 f
Frankaturklauseln 436 22
Frei-Haus-Vermerk Anh. II 452 § 17 KVO 43,
    46
Freihändiger Verkauf
    Frachtgut 429 26
Freistellungsanspruch
    arbeitsrechtlicher 429 323 ff
FreistellungsVO GüKG
    Anh. I 452 § 4 GüKG 3 f; 425 14, 15,
    22, 24, 77
Frist
    für Gutsübernahme 428 5
    Lieferfrist
    s. dort
Frost Anh. II 452 § 34 KVO 48; 429 74
    als Risikofaktor Anh. II 452 § 18 KVO 11

Gebrochener Verkehr
    multimodale Beförderung Ah. V 452 7
Gefälligkeit
    Frachtvertrag-Nebenpflichten 429 90
Gefahränderung Anh. I 429 25
Gefahren der Straße, des Fahrzeugs 429 173,
    175, 183, 198
Gefahrgut
    ADSp 425 199
    AGNB Anh. III/1 452 § 5 AGNB 4
    Begleitpapiere 427 16
    CMR 425 199
    fehlende allgemeine internationale Haf-
        tungsregelung 425 18
    Seerecht 425 199
    Zersplitterung des Rechts der Beförderung
        425 16
Gefahrgutpapiere 425 17
Gefahrgutrecht Anh. II 452 § 18 KVO 13
Gefahrguttransport Anh. II 452 § 12 KVO 1
Gefahrgutverordnung
    frachtvertragliche Haftung 425 17
Gefahrgutverordnung Straße – GGVS 425 16,
    17
Geflügelfleischhygienegesetz 425 19
Gehilfen des Frachtführers 431
    bei Ausführung der Beförderung 431 16
    außerhalb der Ausführung der Beförderung
        431 17 f
    frachtrechtliche Spezialregeln 431 8 ff
Gehilfenbereich Anh. II 452 § 6 KVO 9
    Haftung des Frachtführers für –
        Anh. II 452 § 6 KVO 1 ff; 429 102; 431
    Haftungsausnahmen zugunsten –
        429 330-335

Geh   Sachregister

Gehilfen des Frachtführers (Forts.)
   für Transportschäden 429 318 ff
   Verschuldenzurechnung 431 1 ff
Geld Anh. II 452 § 34 KVO 34; 429 129
Gelegenheitsfrachtführer 425 63, 89; 451 1
Gemeiner Wert
   Entschädigung bei Totalverlust 430 26 ff
   Wertersatz Anh. II 452 § 35 KVO 22
Gemischter Vertrag
   Frachtvertrag 425 106
   multimodaler Transport Anh. V 452 13
Genehmigung
   rechtserhaltender Rügen 429 165
Genfer ECE-Übereinkommen (RTD) 425 16
Gepäckträger 425 89
Gepäcktransport
   bei Personenbeförderung 425 101
Gesamtgläubigerschaft
   Frachtvertrag 429 140
Gesamtschuld
   Absender-, Empfängerzahlungspflicht 436 30 f
Geschäftsbesorgungsvertrag
   Frachtvertrag 425 103, 116
   Frachtvertrag als – 425 192
   Hauptleistung 425 130
Geschäftsführung ohne Auftrag
   Frachtführererstattungsanspruch 436 36
   Frachtvertrag, Aufwendungsersatz 425 192
Gewährhaftung
   AGNB 429 183
   GüKUMT 429 196
   KVO 429 173
Gewerbliche Paketbeförderung
   kein Postmonopol 425 42
Gewerbliche Unternehmer
   Güterfernverkehr 425 34
   Güternahverkehr 425 35 ff
Gewerbsmäßiger Frachtführer 425 63, 89, 116
Gewicht
   Feststellungsvermerk
     Anh. II 452 § 16 KVO 24
   Haftungsbegrenzung nach Roh-
     Anh. II 452 § 35 KVO 34 ff
   KVO-Abholungspflicht
     Anh. II 452 § 5 KVO 8 ff
   Prüfung Anh. II 452 § 16 KVO 9 ff
   Überladung Anh. II 452 § 17 KVO 40 f
   Verlust Anh. II 452 § 34 KVO 41
Gewinn, entgangener Anh. II 452 § 29 KVO 18
   Fakturenwert (Wertersatz) und –
     Anh. II 452 § 35 KVO 12
GFT
   Standgeldanspruch 425 187

Gift
   s. Gefahrgut
Giftdeponie 425 76
Gleichrangigkeitsproblem
   Vertragsrecht, Deliktsrecht 429 290 ff
Gold Anh. II 452 § 34 KVO 34
Grenzüberschreitender Verkehr
   CMR
     s. dort
   Eisenbahnfrachtrecht COTIF 425 48
   Güterkraftverkehr Anh. I 452 § 103 GüKG
Grobe Fahrlässigkeit 429 177, 199, 211, 222, 239
GüKUMT
   Abholung-Beförderung-Zuführung
     Anh. II 452 § 5 KVO 1
   Ablieferungshindernisse Anh. IV 452 § 4 1; 437 2
   Absender 425 68
   Abtretung Anh. IV 452 § 12 1
   AGB-Charakter bei Vereinbarung
     Anh. IV 452 Vor 2
   Aufrechnung Anh. IV 452 § 7 1
   Auftraggeber Anh. IV 452 Vor 13
   Auftraggeber, Haftung Anh. IV 452 § 2 2
   Be- und Entladen 429 92
   BefBMö 1961 als Vorgängerbedingungen
     Anh. IV 452 Vor 1
   Beförderungshindernisse Anh. IV 452 § 4 1
   Beladen Anh. IV 452 § 20 1
   Beladen, Entladen 425 138
   Beschädigung Anh. IV 452 § 8 2 ff;
     Anh. IV 452 § 13 5
   Beschaffenheitsmängel Anh. IV 452 § 9 7
   Beschlagnahmen Anh. IV 452 § 9 3
   Bestimmungsort, Änderung 433 14
   Bundesverkehrsminister, Erlaß
     Anh. IV 452 Vor 1
   CMR und – Anh. IV 452 Vor 11, 12
   Dauer- oder Rahmenvertrag 425 109
   Dritthaftung Anh. IV 452 § 11 1
   Ehepartner Anh. IV 452 § 1 1
   Empfänger-Rechtsstellung 435 8
   Empfänger-Zahlungspflicht 436 4
   Empfangsbescheinigung Anh. IV 452 § 5 1
   Entladen Anh. IV 452 § 2 1;
     Anh. IV 452 § 9 6; Anh. IV 452 § 20 1
   Erlöschen der Ansprüche Anh. IV 452 § 13 1
   Fälligkeit der Fracht Anh. IV 452 § 17 1
   Fahrzeuge Anh. IV 452 Vor 10
   Fahrzeugmängel Anh. IV 452 § 9 5
   Falschauslieferung Anh. IV 452 § 8 10
   Frachtbrief Anh. IV 452 Vor 14;
     Anh. IV 452 § 1 1; Anh. IV 452 § 19 1
   Frachtbrief, fehlender
     Anh. II 452 § 15 KVO 7

fette Zahl = §, magere Zahl = Rdn.　　**Güt**

GüKUMT (Forts.)
 frachtrechtliche Verfügung 433 5, 9
 Frachtvertrag **Anh. IV 452 Vor** 6
 Gehilfenhaftung 431 9
 Gewährhaftung 429 114, 196
 Grenzüberschreitenden Verkehr
  Anh. IV 452 Vor 11
 Große Güter **Anh. IV 452 § 9** 8
 Güterfernverkehr, Güternahverkehr
  Anh. IV 452 Vor 7
 Güterschadenshaftung, begrenzte
  Anh. IV 452 § 10 4
 Haftpflichtversicherung **Anh. I 429** 41, 52
 Haftung nach GüKUMT
  s. Haftung (Frachtführer)
 Handelsmöbel, grenzüberschreitend
  Anh. IV 452 Vor 12
 HGB-Terminologie und – **Anh. IV 452
  Vor** 13
 Kernenergie **Anh. IV 452 § 9** 4
 Konsensualvertrag **Anh. IV 452 § 1** 1;
  Anh. II 452 § 15 KVO 11
 Kostbarkeiten 429 126
 Krieg **Anh. IV 452 § 9** 3
 KVO und – **Anh. IV 452 Vor** 4, 5
 Laden **Anh. IV 452 § 9** 6; 429 85
 Ladungspflicht **Anh. IV 452 § 2** 1
 Lagerrecht **Anh. IV 452 § 8** 4
 Lagerungsrecht, Frachtrecht 425 140
 Lieferfristen **Anh. II 452 § 26 KVO** 1; 428 7
 Mittelbarer Schaden, Ausschluß
  Anh. IV 452 § 10 3
 Möbelförderung 428 14
 Nachlagerung **Anh. IV 452 § 8** 4
 Nachnahmefehler **Anh. IV 452 § 8** 12
 Obhutshaftung 429 195 ff
 Pfandrecht **Anh. IV 452 § 21** 1, 2
 Pfandrecht des Frachtführers 440 2
 Quittung **Anh. IV 452 § 5** 1
 radioaktive Stoffe **Anh. IV 452 § 9** 4
 Rechtsnormen **Anh. IV 452 Vor** 2
 Rechtswahl 425 62
 Rechtswahl und Anwendung 425 59
 Rüge statt Sachverständigenverfahren
  438 27
 Schaden, äußerlich nicht erkennbarer
  Anh. IV 452 § 13 9
 Schaden, offensichtlicher **Anh. IV 452 § 13** 6
 Schadensfeststellung und Rechtsverlust
  438 6
 Schadensberechnung **Anh. IV 452 § 10** 2 ff
 Schadensrüge **Anh. IV 452 § 13** 4
 Schäden, sonstige **Anh. IV 452 § 8** 6
 Schlechtleistung **Anh. IV 452 § 8** 11
 Schwere Güter **Anh. IV 452 § 9** 8
 Sendung **Anh. IV 452 § 16** 2

 Spediteur-Frachtführer **Anh. IV 452 Vor** 6
 statt KVO **Anh. II 452 § 34 KVO** 39
 Straßengefahren **Anh. IV 452 § 9** 5
 Tarifaufhebungsgesetz **Anh. IV 452 Teil II**;
  Anh. IV 452 Vor 1, 3, 7;
  Vor Anh. I 452 1
 Teilverlust **Anh. IV 452 § 13** 5
 Umzugsgut, grenzüberschreitend
  Anh. IV 452 Vor 11
 Umzugsverkehr, Begriff **Anh. IV 452 Vor** 8
 Umzugsvertrag **Anh. IV 452 § 16** 1 ff
 Unerlaubte Handlungen **Anh. IV 452 § 15** 2;
  429 278
 Unternehmer **Anh. IV 452 Vor** 13; 425 66
 Verbraucherschutz **Anh. IV 452 Vor** 15
 Verfügungen von hoher Hand
  Anh. IV 452 § 9 3
 Verjährung **Anh. IV 452 § 14** 1 ff; 439 2, 4,
  9
 Verladung, betriebssichere **Anh. IV 452 § 2** 3
 Verlust **Anh. IV 452 § 8** 2 ff;
  Anh. IV 452 § 13 5
 vermutetes Verschulden **Anh. IV 452 § 9** 5
 Verpacken **Anh. IV 452 § 9** 6
 Verschuldensform und Haftungsbegrenzung
  429 299
 Verspätungshaftung **Anh. IV 452 § 8** 7
 Verspätungsschäden 429 134, 200
 Vorlagerung **Anh. IV 452 § 8** 4
 Weisungsrecht **Anh. IV 452 § 3** 1 ff;
  Anh. IV 452 4 2
 Wertermittlung bei Beschädigung 430 54
 Zollschriften, Unterrichtung
  Anh. IV 452 § 6 1
 Zufallshaftung 425 33; 429 196, 233
 zwingendes Recht **Anh. IV 452 Vor** 3
 Zwischenlagerung **Anh. IV 452 § 8** 4
Günstigkeitsprinzip Anh. V 452 27
Güterart
 Sonderbestimmungen 425 14 ff
Güterbeförderer als Frachtführer 465 66
Güterfernverkehr
 Abschlußzwang, fehlender
  Anh. II 452 § 7 KVO 1
 Aufspaltung in Nahverkehrsteilstrecken
  Anh. II 452 § 1 KVO 29
 Beförderung durch gewerbliche Unternehmer 425 34
 Begriff 425 34
 Deutsche Bundesbahn
  Anh. II 452 § 1 KVO 4
 Entladen, Umladen nach Beförderung
  Anh. II 452 § 1 KVO 22
 Frachtvertrag eines Spediteurs im –
  Anh. II 452 § 1 KVO 15

Güterfernverkehr (Forts.)
GFT (Güterfernverkehrstarif)
  Anh. II 452 § 1 KVO 1
GüKG, KVO-Anwendung
  Anh. II 452 § 1 KVO 6
Inlandstransport ausländischer Frachtführer
  Anh. II 452 § 1 KVO 8
Konzession **Anh. II 452 § 1 KVO 7**
mit Kraftfahrzeugen, Verordnung TSF
  Nr. 2/89 **Anh. II 452 § 1 KVO 1**
KVO
  s. Kraftverkehrsordnung (KVO)
KVO-Anwendung 425 43
Möbelbeförderung im normalen –
  Anh. II 452 § 34 KVO 39
Tarifrecht 425 174
Umzugsverkehr, Handelsmöbel
  Anh. IV 452 Vor § 1 GüKUMT 7
Güterkraftverkehrsgesetz (GüKG) Anh. I 452
Abfalltransport 425 77
Begleitpapiere 427 16
Dauer- oder Rahmenvertrag 425 109
Erlaubnisrecht 465 66
Fassung ab 1. 1. 1994 **Anh. I 452**
Fracht über/unter Tarif 425 175
Frachtbriefmuster **Anh. II 452 § 10 KVO 2**
Frachtnachzahlung **Anh. II 452 § 23 KVO 1**
Frachtrecht (HGB) – Anwendung statt –
  425 30
FreistellungsVO **Anh. II 452 § 1 KVO 6;**
  Anh. II 452 § 34 KVO 34; 425 14, 15,
  22, 24, 30
GüKG-Kabotage-VO vom 29. 3. 1991
  Anh. II 452 § 1 KVO 8
HGB-Vertrag bei Fernstrecke
  Anh. II 452 § 15 KVO 10
innerdeutsches Kraftfahrzeug-Frachtrecht
  425 29
Kabotagetransport ausländischer Frachtführer **Anh. II 452 § 1 KVO 8**
Kurierdienst 425 46
KVO-Anwendung und Geltung des –
  Anh. II 452 § 1 KVO 6
KVO-Geltung **Anh. II 452 § 1 KVO 1**
Lieferfristen **Anh. II 452 § 26 KVO 1**
Nachforderungszwang 436 26
Nichtigkeit von Nebenabreden
  Anh. II 452 § 11 KVO 12
Scheintatbestand 425 100
Spediteur-Selbsteintritt
  Anh. II 452 § 1 KVO 16
Tarifaufhebungsgesetz und –
  Anh. I 452 Vor GüKG 1 ff
Tarifaufhebungsgesetz
  Anh. II 452 § 1 KVO 2, 3, 4
Tarifrecht 425 174

Text der Fassung ab 1. 1. 1994 **Anh. I 452**
Umgehung **Anh. II 452 § 1 KVO 29**
Versicherungspflicht **Anh. I 429 38**
Verspätungshaftung 429 138
Güternahverkehr
AGNB
  s. dort
AGNB-Anwendung **Anh. III/1**
  452 § 1 AGNB 18
Allgemeiner – **Anh. I 452 § 80 GüKG**
Beförderung durch gewerbliche Unternehmer 425 35 ff
Beförderungsbedingungen, zwingende
  425 35
Geschäftsbedingungen (lokale, spezielle)
  425 39
mit Kraftfahrzeugen, AGNB 425 37
mit Kraftfahrzeugen, Lieferfristbestimmung
  428 7
Landfrachtrecht (HGB) 429 3
Lohnfuhrvertrag 425 94
Obhutshaftung 429 181 ff
Paketbeförderung, gewerbliche 425 42
Spediteurbeförderung
  s. ADSp
Tarifrecht 425 35, 175
Umzugsverkehr, Handelsmöbel
  Anh. IV 452 Vor § 1 GüKUMT 7
Verspätungshaftung 429 138
Verspätungshaftung des Landfrachtrechts
  429 138
Güterschaden
Frachtvertrag 425 168
Güterschadenshaftung
  s. Haftung (Frachtführer)
Güterversicherung
  s. Versicherung (Transportrisiko)
Gut, Güter 425 80, 81
Gutgläubiger Erwerb
Ladeschein und Frachtgut 450 6
Gutsübernahme 428 4

Haager Regeln
Seefrachtrecht 425 51
Haftpflichtversicherung (Frachtführer)
  s. Versicherung
Haftung (Absender)
Beförderungs- und Begleitpapiere
  Anh. III/1 452 § 9 AGNB 2;
  Anh. II 452 § 12 KVO 8; 427 9 ff
Frachtbriefeinträge (unrichtige, unvollständige) **Anh. III/1 452 § 8 AGNB 3;**
  Anh. II 452 § 13 KVO 1 ff; 426 81 ff
Haftungsbegrenzung und Ersatz weitergehenden Interesses 430 14

fette Zahl = §, magere Zahl = Rdn.   **Haf**

Haftung (Absender) (Forts.)
Haftungsbegrenzungen und Deliktsschutz 429 299
Verpackungsmängel
  Anh. II 452 § 18 KVO 19 ff
Haftung (Arbeitnehmer des Frachtführers)
für Güterschäden, Verspätungsschäden 429 318 ff, 333 ff
Haftung (Eigentümer-Besitzer-Verhältnis)
Frachtvertrag und – 429 314
Haftung (Frachtführer)
Abfall, Schutt 430 30
Ablieferung ohne Bezahlung 442 5 ff
Absenderschutz und Haftungsbegrenzungen 429 299
Abtretung gem. § 255 BGB 430 42
ADSp – unbeschränkte Haftung 430 64
ADSp-Freizeichnung
  Anh. II 452 § 1 KVO 19
ADSp-Haftung 429 191
ADSp-Haftung und Deliktsrecht 429 274, 284
ADSp-Haftung und KVO-Haftung
  Anh. II 452 § 12 KVO 13; 429 111
ADSp-Haftung für vermutetes Verschulden 429 114
ADSp-Haftung, verschärfte für Frachtgutverlust 430 64
ADSp-Haftungsbegrenzung 430 5
ADSp-Haftungsbeschränkung bei Beschädigung, Verlust 430 1
ADSp-Haftungsrisiken, nicht ausgeschlossene Anh. I 429 56 f
AGB-Abwehrklauseln 429 265
AGB-Freizeichnungen 429 66, 261
AGB-Freizeichnungen und Deliktsrecht 429 310 ff
AGB-Haftungsbegrenzungen 429 298
AGNB – unbeschränkte Haftung 430 64
AGNB-Haftung für Frachtgutüberprüfung
  Anh. III/1 452 § 7 AGNB 2
AGNB-Haftungsausschlüsse Anh. III/1 452 § 15 AGNB 1 ff; 429 185
AGNB-Haftungsbeschränkungen
  Anh. III/1 452 § 17 AGNB 1 ff; 429 188
AGNB-Obhutshaftung Anh. III/1 452 § 14 AGNB 1 ff, 13 f; 429 182 ff
AGNB-Verspätungshaftung 429 135
Aktivlegitimation
  s. dort
Andere-Personen-Haftung Anh. III/1 452 § 19 AGNB 1; 431 16
Annahme und Ablieferung (Obhut) 429 41
Annahme des Frachtguts und Rechtsverlust
  Anh. II 452 § 39 KVO 1 ff; 438 9 ff
Anspruchserhaltende Rügen 438 1 ff

Auskunft, falsche 429 250
des ausliefernden Frachtführers 442 3 ff
Beratungspflicht 429 251
Beschädigung 430 45
für Betriebs- oder Transportmittelunfall 429 186
Betriebsunfall Anh. II 452 § 4 KVO ff;
  Anh. III/1 452 § 14 AGNB 5;
  Anh. II 452 § 29 KVO 10 ff
Beweislast (Obhutshaftung) 429 105 ff
BGB-Haftung und Obhutshaftung 429 113
Binnenschiffahrt 430 1
Binnenschiffahrtsfrachtrecht 429 219 ff
CMR-Haftung und Deliktsrecht 429 273
CMR-Haftungsausschlüsse 429 207 ff
CMR-Haftungsbeschränkungen 429 212 ff
CMR-Obhutshaftung 429 204, 236, 240
CMR-Verspätungshaftung 429 137, 214 ff, 244
CMR-weisungswidriges Verhalten 429 254
Container, Mängel derselben 429 31 ff
Container-Gesellschaften Europäischer Eisenbahner Anh. V 452 56
Delikts- und Vertragsrecht 429 285 ff; 438 3 ff
Deliktshaftung und Frachtrecht- 429 267 ff; 431 5
Direkter Schaden Anh. II 452 § 29 KVO 18
dreifache Beschränkung 430 19
Drittschadensliquidation 429 157 ff
Eigentümer-Besitzer-Verhältnis 429 314; 431 5
Eisenbahnfrachtrecht 429 224, 238, 250; 430 5
ER/CIM 1980-Haftung und Deliktsrecht 429 279
Erlöschen Anh. IV 452 § 13 GüKUMT 1 ff
Erlöschen der Ansprüche
  Anh. II 452 § 39 KVO 1 ff; 438 19 ff
Ersparnisse 430 32
Falschauslieferung Anh. II 452 § 6 KVO 7;
  Anh. IV 452 § 8 GüKUMT 10;
  Anh. III/1 452 § 16 AGNB 4;
  Anh. II 452 § 31 KVO 13 ff; 429 12, 24, 60, 189, 200, 248
Folgeschäden Anh. II 452 § 31 KVO 18
Fracht als Mindestschaden 430 30
Frachtbrief, fehlerhafte Ausfüllung
  Anh. II 452 § 13 KVO 10 ff
Frachtgut, Haftungsbeschränkung auf Wert 430 18 ff
Frachtgutüberprüfung, Verletzung 429 247
Freizeichnungen 429 261
Gefährdungshaftung, Gewährhaftung
  Anh. II 452 § 29 KVO 2; 429 114, 173, 183, 196

Haf Sachregister

Haftung (Frachtführer) (Forts.)
für Gehilfen **Anh. IV 452 § 11 GüKUMT** 1;
430 59; **431** 1 ff
Gehilfenhaftung (KVO, AGNB, CMR)
429 175, 184, 206
Gemeiner Wert 430 26 f
Gemeiner Wert, fehlender 430 30
Gewinn, entgangener
Anh. II 452 § 35 KVO 12
Grobe Fahrlässigkeit **Anh. IV 452 § 15 GüKUMT** 3
Grobe Fahrlässigkeit, Wegfall der Haftungsbeschränkung 430 56 ff
GüKG und Verspätungshaftung **429** 138
GüKUMT-Haftung und Deliktsrecht
429 278
GüKUMT-Haftungsausschlüsse
Anh. IV 452 § 9 GüKUMT 1 ff;
Anh. IV 452 § 18 GüKUMT 1 ff; **429** 197
GüKUMT-Haftungsbeschränkungen
Anh. IV 452 § 10 GüKUMT 1 ff; **429** 199
GüKUMT-Obhutshaftung
Anh. IV 452 § 8 GüKUMT 1 ff;
429 192 ff, 195, 195 ff
GüKUMT-Verspätungshaftung
Anh. IV 452 § 8 GüKUMT 7 ff; **429** 200
Güterfernverkehr-Obhutshaftung
429 169 ff
Güterfernverkehr-Obhutshaftung
s. a. Haftung (Frachtführer) – KVO
Güternahverkehr-Verspätungshaftung
429 138
Güternahverkehr-Verspätungshaftung
s. a. Haftung (Frachtführer) – AGNB
Güterschaden als Eigentumsschaden
429 286 ff
Güterschadenshaftung
Anh. II 452 § 29 KVO 3; **429** 10 ff;
Anh. II 452 § 31 KVO 16
Haftungsbeschränkung, Wegfall 430 55 ff
Haftungsbeschränkungen 430 1 ff
Haftungsbeschränkungen und Drittrechte
429 309
Haftungsbeschränkungen als Risiko
429 295
Haftungsgrenzen, unzureichende **429** 263
als Hauptfrachtführer 432 38 ff
HGB-Frachtrecht **429** 1, 3, 4, 5, 6, 7, 9
Information, falsche **429** 250
Konkurrenz allgemeine – und frachtvertragliche Sonderhaftung **429** 229 ff
Kostbarkeiten (Obhutshaftung) **429** 124 ff
KVO – unbeschränkte Haftung 430 64
KVO-Ersatzpflicht für Schäden aus Hilfseinrichtungen **Anh. II 452 § 33 KVO** 1 ff

KVO-Falschauslieferung, Schlechterfüllung
Anh. II 452 § 31 KVO 13 ff
KVO-Gehilfenhaftung
Anh. II 452 § 6 KVO 1 ff
KVO-Gewährhaftung
Anh. II 452 § 29 KVO 2 ff
KVO-Haftung und ADSp-Haftung
Anh. II 452 § 12 KVO 13; **429** 111
KVO-Haftung für Begleitpapiere
Anh. II 452 § 12 KVO 9 ff
KVO-Haftung und Deliktsrecht **429** 275, 284
KVO-Haftung, ersatzpflichtiger Wert
Anh. II 452 § 35 KVO 1 ff
KVO-Haftung, Spediteuranwendung
Anh. II 452 § 1 KVO 18 ff
KVO-Haftungsausschlüsse
Anh. II 452 § 34 KVO 1 ff; **429** 300
KVO-Haftungsbefreiung
Anh. II 452 § 18 KVO 21
KVO-Haftungsbeschränkungen
Anh. II 452 § 31 KVO 20;
Anh. II 452 § 35 KVO 4 ff;
Anh. II 452 § 36 KVO 1 ff
KVO-Kausalhaftung **Anh. II 452 § 6 KVO** 6
KVO-Lieferfristüberschreitung
Anh. II 452 § 31 KVO 5 ff; **429** 134
KVO-Mitverschulden
Anh. II 452 § 34 KVO 22 ff
KVO-Obhutshaftung
Anh. II 452 § 29 KVO 4 ff;
Anh. II 452 § 33 KVO 1; **429** 169 ff, 237, 240
KVO-Schadensarten, Gewährhaftung für bestimmte – **Anh. II 452 § 30 KVO** 1 ff
KVO-Verspätungshaftung
Anh. II 452 § 6 KVO 7
Lagerung und Obhutszeit **429** 240
Leute-Haftung **Anh. IV 452 § 13 GüKUMT** 1; **Anh. III/1 452 § 19 AGNB** 1;
431 13 ff; 432 43 ff
Luftfrachtführer **Anh. V 452** 70
Luftfrachtrecht **429** 226
Luftfrachtrecht – Haftung und Deliktsrecht
429 281
Mittelbarer Schaden **Anh. IV 452 § 10 GüKUMT** 3; **Anh. III/1 452 § 16 AGNB** 4;
429 298; 430 20; **Anh. V 452** 33
Mitverschuldensfrage
Anh. II 452 § 34 KVO 22 ff
Modellcharakter und HGB-Regelung **429** 6
Multimodaler Transport **429** 227;
Anh. V 452 18 ff, 19 ff
Multimodaler Transport und Deliktsrecht
429 282

fette Zahl = §, magere Zahl = Rdn. **Haf**

Haftung (Frachtführer) (Forts.)
multimodaler Transport, Haftungsmaßstab und Haftungsgrenzen **Anh. V 452** 40 f
Nachnahmeeinziehung **429** 179, 189, 200, 216, 255
Nachnahmefehler **Anh. IV 452 § 8 Gü-KUMT** 12; **Anh. III/1 452 § 16 AGNB** 5; **Anh. II 452 § 31 KVO** 23
Naturalrestitution, Ausschluß **430** 19
Nebenpflichten **Anh. III/1 452 § 16 AGNB** 5; **Anh. II 452 § 31 KVO** 21
Nebenpflichtverletzungen **429** 246 ff
Network-System **Anh. V 452** 18 ff, 19 ff
Nichterfüllung **429** 244 f
Obhutshaftung – Haftungsbegrenzung **430** 10 ff
Obhutshaftung (HGB) **429** 10, 112, 137, 169 f, 182
Obhutszeit **Anh. II 452 § 29 KVO** 7
Pflichtwidrigkeit und Verschulden **429** 119 ff
Positive Vertragsverletzung **Anh. III/1 452 § 7 AGNB** 2, 3; **Anh. III/1 452 § 9 AGNB** 3; **Anh. II 452 § 31 KVO** 17; **429** 233 ff, 240 f, 246 ff
Postive Vertragsverletzung **Anh. V 452** 85
Rechtsverlust **438** 1 ff
Regreßvereitelung **429** 253
Rückgriffsverlust des ausliefernden Frachtführers **442** 11 ff
Sammelladungsversendung **Anh. V 452** 27
Schaden am Frachtgut **429** 40
Schaden unter Wertgrenze **430** 24 f
Schadensfeststellung **Anh. II 452 § 37 KVO** 1 ff; **438** 26 ff
Schadensort, unbekannter **Anh. V 452** 24
Schlechterfüllung **Anh. IV 452 § 8 Gü-KUMT** 11; **Anh. II 452 § 31 KVO** 15 ff
Schuldrecht, allgemeines **429** 234
Schuldrecht, Haftungsumfang nach allgemeinem **429** 257 ff
Schwergutbedingungen **429** 283; **Anh. III/1 452 Nr. 5** 1 ff
Seefrachtrecht **429** 225
Seerecht-Haftung und Deliktsrecht **429** 280
Sonderrecht, frachtrechtliches **429** 114, 123, 134 ff, 230 ff
für Spediteurverschulden **432** 9
Speditionsrollfuhr-Verspätungshaftung **429** 136
Teilschaden **Anh. II 452 § 35 KVO** 25 ff
Teilverlust, Teilbeschädigung **430** 46 ff
Totalverlust **430** 26 ff
Transporthilfsmittel als Frachtgut **429** 31 ff

Transportmittelunfall **Anh. III/1 452 § 14 AGNB** 5; **Anh. II 452 § 29 KVO** 4, 10 ff
trucking **Anh. V 452** 81
Umweltschäden **429** 249
Ungerechtfertigte Bereicherung **429** 315
Unmöglichkeit **429** 245
Unmöglichkeit, nachträgliche **429** 256
für Unterfrachtführer **432** 43 ff
Verhaltenspflichten **429** 119
Verjährung **Anh. IV 452 § 14 GüKUMT** 1 ff; **Anh. III/1 452 § 26 AGNB** 1 ff; **Anh. II 452 § 40 KVO** 1 ff; **439** 1 ff; **Anh. V 452** 41
für Verlust oder Beschädigung (Obhutshaftung) **429** 10; **430** 6 ff
Vermögensschäden **Anh. II 452 § 31 KVO** 1, 18
Vermögensschäden, nicht am Frachtgut entstandene **429** 189
Vermögensschäden, positive VV **429** 246 ff
vermutetes Verschulden **429** 233
für vermutetes Verschulden (Obhutshaftung) **429** 112 ff, 205
für Verrichtungsgehilfen **Anh. II 452 § 6 KVO** 14
Verschulden **Anh. II 452 § 31 KVO** 19; **Anh. II 452 § 34 KVO** 3
Verschulden bei Vertragsabschluß **431** 6
Verschulden **429** 189
Verspätungshaftung **429** 214 ff
Verspätungshaftung und Frachtgutschaden **429** 139
Verspätungshaftung – Haftungsbegrenzung **430** 10 ff
Verspätungshaftung und Schuldnerverzug **429** 242
Verspätungshaftung und Vertragsstrafe **429** 264
Verspätungsschäden **429** 133 ff, 200
Vertrag mit Schutzwirkung für Dritte **429** 156
Vertrags- und Deliktsrecht **429** 285 ff
Vertragsstrafen und Haftungsgrenzen **429** 264
Vertragswidriges Beförderungsmittel **429** 228, 252; **Anh. V 452** 65, 65 ff
Verursachung (Obhutshaftung) **429** 116 ff
Verzug und Verspätungshaftung **429** 242
Vorsatz **Anh. IV 452 § 15 GüKUMT** 3
Vorsatz, Wegfall der Haftungsbeschränkung **430** 55 ff
Weisungswidriges Verhalten **429** 254
Wertersatz **Anh. II 452 § 35 KVO** 5 ff
Zufallshaftung **429** 173, 196, 233

Haf

Haftung (Frachtführer) (Forts.)
  Zurechnung des Gehilfenverschuldens
    431 20
Haftung (Gehilfen des Frachtführers)
  für Güterschäden, Verspätungsschäden
    429 318 ff, 330
  KVO-Unternehmer
    Anh. II 452 § 6 KVO 1 ff
Haftung (Ladetätigkeit)
  Anh. II 452 § 6 KVO 11, 12
  aus dem Ladeschein entspricht Frachtvertragshaftung 444 7
Haftung (Obhutshaftung)
  CMR 429 236
  Deliktshaftung und – 429 270
  Haftungsbegrenzung, feste bei Beschädigung, Verlust 430 10 ff
  Hinterlegungsrecht, nicht gebrauchtes 437 18
Haftung (Spediteur)
  FIATA-Combined Transport
    Anh. V 452 57 ff
  als Hauptfrachtführer 432 42
  KVO-Haftung Anh. II 452 § 1 KVO 19
  multimodaler Transport Anh. V 452 21 f
Haftung (Unterfrachtführer)
  Haftungsordnungen, verschiedene 432 14
  Haftungstrennung Haupt- und Unterfrachtführer 432 33
Haftung (Unterfrachtverhältnis)
  Absenderstellung 432 37
  Empfängerstellung 432 35
  Gehilfenhaftung, Solidarhaftung 432 34
  Gesamtschuld nach Eintritt 432 54 f
  Hauptfrachtführerhaftung 432 38 ff
  Hauptfrachtführerhaftung für Unterfrachtführer 432 43 ff
  Trennung Haupt- und Unterfrachtführer 432 33
  Unterfrachtführer als andere Person 432 43
  aus Unterfrachtvertrag 432 34
Haftung (Verkehrsteilnehmer)
  für Güterschaden, Verspätungsschaden
    429 17
Haftung (Wagenstellungsunternehmer)
  Anh. II 452 § 14 KVO 17 ff
Haftungsausschlüsse
  Anh. III/1 452 § 15 AGNB 1 ff;
    429 10, 131, 137, 169, 174, 183, 197, 200, 207-211

Sachregister

Haftungsbeschränkungen
  Anh. III/1 452 § 17 AGNB 1 ff;
  Anh. II 452 § 31 KVO 20;
  Anh. II 452 § 34 KVO 1 ff;
  Anh. II 452 § 35 KVO 4 ff;
  Anh. II 452 § 36 KVO 1 ff; 429 10, 133, 169, 177, 179, 188, 199, 212 ff, 298
Haftungseinschränkendes Frachtrecht
  Deliktsrecht und – 429 287
Haftungsfälle, typische 426 82
Haftungsgrundsatz, verschärfter
  und beschränkter Haftungsumfang 430 12
Haftungsordnungen, verschiedene
  Beförderungsmittel, Kollision der – 425 8
  als Frachtführer-Risikobeschränkung
    429 292, 295
  und Landfrachtführer-Unterfrachtvertrag 432 14
Hagel
  Schadensart Anh. II 452 § 30 KVO 2
Hamburgische Kai-Betriebsordnung 429 311
Handelsbrauch
  AGNB kein – Anh. III/1 452;
    § 1 AGNB 3 f
Handelsmöbel
  s. a. GüKUMT
  Beförderung in normalen Lastkraftwagen, in Pkw 429 193
  Beförderungsbedingungen, zwingende
    GüKUMT 425 33, 35
Handelsübliche Untersuchungsmethoden
  438 31
Handelswert, gemeiner
  Entschädigung bei Totalverlust 430 26 ff
Haus-zu-Haus-Beförderung
  Anh. II 452 § 5 KVO 1;
  Anh. II 452 § 33 KVO 4; 433 22
Hinterlegung des Frachtguts
  Anh. II 452 § 28 KVO 29; 429 71;
    437 15
Hitze Anh. II 452 § 18 KVO 11;
  Anh. II 452 § 34 KVO 49
Höhere Gewalt
  Begriff Anh. II 452 § 34 KVO 7 ff
  Haftungsgrenze
    Anh. II 452 § 34 KVO 14 ff; 429 173, 175, 183, 196
  Witterungseinflüsse Anh. II 452 § 30 KVO 2
Huckepack-Verkehr 429 30; 432 16, 20;
  Anh. V 452 1, 2
  CMR Anh. V 452 48
  innerdeutscher Anh. V 452 50

IATA-Bedingungen
  Luftfrachtführer 425 67
  Zubringerdienste 429 97

IATA-Empfehlung 425 54
Identitätsangaben
  Beweislage Anh. II 452 § 16 KVO 23 ff
Identitätsprüfung
  des Frachtguts mit Frachtbriefangaben
  Anh. II 452 § 16 KVO 3 ff
IMCO-Entwurf
  zum multimodalen Verkehr Anh. V 452 52
Industrieabfall 425 76
Inhaberladeschein
  s. Ladeschein
Innerdeutscher Güternahverkehr
  Beförderung durch gewerbliche Unternehmer 425 35 ff
Innerdeutsches Kollisionsrecht 425 61
Innerer Verderb Anh. II 452 § 34 KVO 42 ff; 429 174
Internationale Beförderungen 425 12 f, 28, 48, 50 ff, 54, 56 ff; Anh. V 452 45 ff
Internationale Handelskammer (ICC)
  MT-Dokument 1973 Anh. V 62
Internationale Postübereinkommen 452 3
Internationale Zuständigkeit 425 111
Internationaler Spediteurverband FIATA
  Gefahrgutbeförderung 425 17
Internationales Einheitsrecht
  s. a. CMR
  Anwendung 425 12, 28
  deutsches Recht, ergänzend anzuwendendes 425 13
  IPR und – 425 56
  MT-Konvention der UN Anh. V 452 52
Internationales Privatrecht 425 58 ff
Internationalität der Beförderung 425 12

Just-in-time-Vertrag 425 180

Kabotagebeförderung 425 60, 62
  ausländischer Frachtführer
  Anh. II 452 § 1 KVO 8; 425 16
  Haftpflichtversicherung Anh. I 429 54
Kaffee 429 22
Kasse gegen Dokumente 436 34
Kauf
  Benachrichtigungspflicht 425 142
Kaufmännische Kunden
  AGNB-Kontrolle Anh. III/1
  452 § 1 AGNB 11 f
Kaufmann
  Frachtführer als – kraft Gesetzes 425 65
Kaufvertrag
  Ablieferung 429 54
  Fakturenwert (als Wertersatz)
  Anh. II 452 § 35 KVO 6 ff
  palettierte Güter 425 152 a
  als Tarifumgehung 425 100

Kausalhaftung nach KVO
  Anh. II 452 § 12 KVO 6
Kausalität 429 115 ff
Kennzeichnung
  übergebener Stückgüter
  Anh. II 452 § 18 KVO 25
Klageerhebung, Empfänger 433 26, 31
Körperschäden, Haftungsausschluß
  Anh. II 52 § 34 KVO 38
Kombinierte Transporte
  s. Multimodaler Transport
Kommissionär
  als Absender 429 155
Konkludentes Handeln
  Frachtvertrag 425 116
Konkurs
  des Absenders 425 125
  des Frachtführers 425 126
Konnossement 445 1, 3; 446 1;
  Anh. V 452 58 ff
Konsensualvertrag 425 114
Kostbarkeiten
  Haftung für – 429 124 ff
Kosten
  der Bergung Anh. II 452 § 32 KVO 7
  Schadensabwendung, Schadensminderung
  Anh. II 452 § 32 KVO 2
  Schadensermittlung, Schadensfeststellung
  Anh. II 452 § 32 KVO 8
  Schadensfeststellungsverfahren 438 38
Kostennachnahmen
  und Frachtführer-Pfandrecht 440 9
Kostenrisiko
  Frachtvertrag 425 193
Kostentragungsklauseln 436 22
Kraftfahrzeuge
  s. a. Lastkraftwagen
  eigentümliche Gefahr
  Anh. II 452 § 34 KVO 12 f
  GüKG-Anwendung 425 30
  Güterfernverkehr
  s. Kraftverkehrsordnung (KVO)
  Güterfernverkehr mit –, VO TSF Nr. 2/89
  Anh. II 452 § 1 KVO 1
  Güternahverkehr mit – 428 7
  Güternahverkehr, AGNB 425 37
  internationaler Transport mit – 428 8
  Landfrachtrecht, Spezialnormen 425 1
  Miete 425 91
  Unfall bei Güterbeförderung
  Anh. II 452 § 29 KVO 12; 429 317
  Zubringerdienste 425 5
Kraftverkehr
  grenzüberschreitender 425 28
  Haus-zu-Haus-Beförderung
  Anh. II 452 § 5 KVO 1

Kraftverkehrsordnung (KVO)
Abfertigungsspediteur, Einschaltung
  Anh. II 452 § 31 10
Abhandenkommen Anh. II 452 § 30 4
Abholung Anh. II 452 § 5 2 ff;
  Anh. II 452 § 33 4
Abholungspflicht Anh. II 452 § 5 7 ff
Ablieferung, Aussetzung Anh. II 452 § 27 11
Ablieferungshindernisse
  Anh. II 452 § 28 23 ff; 437 2
Ablieferungstermin, fester Anh. II 452 § 31 5
Abnahmepflicht Anh. II 452 § 25 10
Absatzgeschäft, mehrstufiges (Fakturenwert)
  Anh. II 452 § 35 8
Abschluß des Frachtvertrags 425 113
kein Abschlußzwang Anh. II 452 § 7 1
Absender 425 68
Absender als Frachtschuldner
  Anh. II 452 § 21 1
Absender, Rücktrittsrecht
  Anh. II 452 § 28 21
Absender als Spediteur Anh. II 452 § 40 24
Absender, Verfügungsrecht
  Anh. II 452 § 27 6 ff
Absender, Verladung Anh. II 452 § 17 24
Absender, Verpackung Anh. II 452 § 18 1 ff
Absender-Empfänger, Ersatzberechtigter
  Anh. II 452 § 29 21
Absender-Empfängervergütung
  Anh. II 452 § 27 36
Absender-Frachtführer
  Anh. II 452 § 17 29 f;
  Anh. II 452 § 18 10 ff
Absenderansprüche, Empfängeransprüche
  429 152
Absenderhaftung für Frachtbriefangaben
  Anh. II 452 § 11 1 ff
Absenderhaftung (Verpackung)
  Anh. II 452 § 18 19 f
Absenderverfügung, nachträgliche
  Anh. II 452 § 25 5
Abtretung des Versicherungsanspruchs
  Anh. II 452 § 38 16
Abweichende Vereinbarungen
  Anh. II 452 § 17 16 ff
Abweichungen von der – Anh. 452 § 1 3
ADSp-Freizeichnung Anh. II 452 § 1 19
ADSp-Haftung und Haftung nach –
  429 111
AGB-Gesetz Anh. II 452 § 1 4, 30
Anhalten Anh. II 452 § 27 9
Annahme, Ablieferung Anh. II 452 § 29 9
Annahme und Anspruchserlöschen
  Anh. II 452 § 39 5 ff
Annahme beschädigter Güter
  Anh. II 452 § 18 24

Annahme des Gutes, des Frachtbriefs
  Anh. II 452 § 15 13 f
Annahme unter Vorbehalt Anh. II 452 § 39 7
Annahmeverweigerung Anh. II 452 § 18 15;
  Anh. II 452 § 34 30
Anweisungen (Ablieferungshindernis)
  Anh. II 452 § 28 28
Anweisungen (Beförderungshindernis)
  Anh. II 452 § 28 15 ff
Aufrechnung Anh. II 452 § 40 38
Aufwandsersatz Anh. II 452 § 32 1 ff
Auslandsfrachtführer aus EG-Staaten
  Anh. II 452 § 1 8
Auslieferung 429 42, 52
Auslieferung durch Einlagerung
  Anh. II 452 § 33 10
Auslieferung und Entladung
  Anh. II 452 § 17 44
Auslieferung, Falschauslieferung
  Anh. II 452 § 31 14
Auslieferungsanspruch Anh. II 452 § 25 1 ff
Austrocknen Anh. II 452 § 34 41
Beförderungsbeschleunigung
  Anh. II 452 § 31 7
Beförderungshindernisse
  Anh. II 452 § 28 2 ff; 428 14
Beförderungsvertrag Anh. II 452 § 3 1
Beförderungsvertrag, Abschluß
  Anh. II 452 § 15 1 ff
Beförderungsvertrag, Änderung
  Anh. II 452 § 27 1 ff
Begleitpapiere Anh. II 452 § 10 2 ff
Begleitpapiere, Haftung 427 11 f
Beigeladenes Gut, Schaden hierdurch
  Anh. II 452 § 30 9
Bergungskosten Anh. II 452 § 32 7
Beschädigung Anh. II 452 § 39 12; 429 170
Beschädigungsfeststellung
  Anh. II 452 § 25 12
Beschlagnahme Anh. II 452 § 34 32 f
Bestimmungsort, Änderung 433 14
Betriebs-, Transportmittelunfälle
  Anh. II 452 § 29 10 ff; 429 170
Betriebssicherheit Anh. II 452 § 17 26 ff
Betriebsstörung oder Unfall
  Anh. II 452 § 29 13
Betriebsunfall Anh. II 452 § 34 47, 51
Betriebsunfall, Haftungsausschluß
  Anh. II 452 § 34 6
Betrug Anh. II 452 § 30 12
Beweislast für Haftungsbefreiung
  Anh. II 452 § 34 2
Beweislast für höhere Gewalt
  Anh. II 452 § 34 20
BGB-Verhältnis Anh. II 452 § 1 1
Bruchschaden Anh. II 452 § 30 13 ff

fette Zahl = §, magere Zahl = Rdn.

Kraftverkehrsordnung (KVO) (Forts.)
CMR Anh. II 452 § 10 1, 14
CMR-Anwendung Anh. II 452 § 1 10, 12
CMR-Geltung Anh. II 452 § 1 1
Container Anh. II 452 § 30 7
Containermängel 429 36
Dauer- oder Rahmenvertrag 425 109
DDR-Transitverkehr Anh. II 452 § 34 32
Deckungsumfang der KVO-Haftpflicht
 Anh. II 452 § 38 3
Deliktshaftung 429 275
Deutsche Bundesbahn Anh. II 452 § 1 4;
 Anh. II 452 § 7 1; Anh. II 452 § 38 18
Diebstahl Anh. II 452 § 30 4
Dritteinwirkung (betriebsfremde)
 Anh. II 452 § 34 18
Druck-, Scheuerschäden Anh. II 452 § 30 11
Einlagerung Anh. II 452 § 39 5
Eisenbahn als Unterfrachtführer 432 20
Eisenbahnrecht und – Anh. II 452 § 15 12
Eisenbahntransport Anh. II 452 § 33 7
Emailabsplitterung Anh. II 452 § 34 40
Empfänger, Abnahmepflicht
 Anh. II 452 § 25 10
Empfänger, anderer Anh. II 452 § 27 13
Empfänger, Annahmeverweigerung
 Anh. II 452 § 34 30
Empfänger, Auslieferungsanspruch
 Anh. II 452 § 25 3 ff
Empfänger, Verfügungsrecht
 Anh. II 452 § 27 29 ff
Empfänger, Zahlungspflicht
 Anh. II 452 § 25 9
Empfänger-Absender, Ersatzberechtigter
 Anh. II 452 § 29 21
Empfänger-Absendervergütung
 Anh. II 452 § 27 36
Empfänger-Rechtsstellung 435 8
Empfänger-Zahlungspflicht 436 4
Entladefrist Anh. II 452 § 25 11
Entladen Anh. II 452 § 34 26
Entladepflicht Anh. II 452 § 17 5 ff
Entladestelle, andere Anh. II 452 § 27 33
Entladung Anh. II 452 § 17 42 ff
Erfüllung Anh. II 452 § 6 11
Erlöschen der Ansprüche
 Anh. II 452 § 39 5 ff
Ersatzberechtigter (Güterschaden)
 Anh. II 452 § 29 20 ff
Ersatzpflicht, Ausschlußfälle
 Anh. II 452 § 34 1 ff
explosionsgefährliche Güter
 Anh. II 452 § 34 52
Fabrikationsfehler Anh. II 452 § 30 11
Fälligkeit des Ersatzanspruchs
 Anh. II 452 § 37 13

Fahrzeugschutz Anh. II 452 § 18 13
Fakturenwert Anh. II 452 § 35 6 ff
Fakturenwert, fehlender Anh. II 452 § 35 18
Falschauslieferung Anh. II 452 § 31 13, 14;
 429 178
Fehlmengen Anh. II 452 § 34 41
Fixkostenspediteur 429 97
Folgeschäden von Güterschäden
 Anh. II 452 § 31 18
Formalvertragstheorie Anh. II 452 § 5 4;
 Anh. II 452 § 15 1 ff; 429 48
Frachtberechnung Anh. II 452 § 20 1
Frachtbrief Anh. II 452 § 1 7;
 Anh. II 452 § 6 13; Anh. II 452 § 10 1 ff
Frachtbrief als Beweisurkunde
 Anh. II 452 § 15 18 f
Frachtbrief und Entladepflicht
 Anh. II 452 § 17 45
Frachtbrief, Feststellungsvermerke
 Anh. II 452 § 16 20 ff
Frachtbrief, Nichtausstellung
 Anh. II 452 § 15 6
Frachtbrief, Vorlage Anh. II 452 § 37 9
Frachtbrief und Zahlungspflicht 436 24
Frachtbriefangaben, Haftung
 Anh. II 452 § 11 1 ff
Frachtbriefannahme Anh. II 452 § 15 15 ff;
 Anh. II 452 § 39 5
Frachtbriefannahme und Gutsannahme
 Anh. II 452 § 29 8
Frachtbriefeintragungen Anh. II 452 § 15 17
Frachtbriefinhalt Anh. II 452 § 11 1 ff
Frachterstattung Anh. II 452 § 23 5 ff
Frachtführer, Verladung Anh. II 452 § 17 23
Frachtführer-Absender
 Anh. II 452 § 17 29 f;
 Anh. II 452 § 18 10 ff
Frachtführer-Sicherungsrechte
 Anh. II 452 § 25 7 ff
Frachtführerpflichten, veränderte 433 15
Frachtgut, kein Handelsgut
 Anh. II 452 § 35 21
Frachtnachzahlung Anh. II 452 § 22 1 ff
Frachtrecht, Speditionsrecht (Abgrenzung)
 Anh. II 452 § 33 3
frachtrechtliche Verfügung 433 4, 9
Frachtschuldner Anh. II 452 § 21 1
Frachtvertrag Anh. II 452 § 3 1;
 Anh. II 452 § 15 KVO 1 ff
Frachtvertrag, Handeln außerhalb
 Anh. II 452 § 17 14 ff
Frachtvertrag, Wagenstellungsvertrag
 Anh. II 452 § 14 1 ff
FreistellungsVO Anh. I 452 § 4 GüKG 3 f;
 425 14, 15, 22, 24
Frost Anh. II 452 § 34 48

Kraftverkehrsordnung (KVO) (Forts.)
Frostgefahr Anh. II 452 § 18 11
Gehilfenhaftung Anh. II 452 § 6 1 ff; 431 9
Gemeiner Wert Anh. II 452 § 35 22
Geschäftsführung ohne Auftrag
  Anh. II 452 § 38 4
Gewährhaftung Anh. II 452 § 29 2;
  Anh. II 452 § 31 5, 13;
  Anh. II 452 § 37 3; 429 114, 173
Gewicht Anh. II 452 § 35 34
Gewichtsprüfung Anh. II 452 § 16 9, 12
Gewichtsverlust Anh. II 452 § 30 8;
  Anh. II 452 § 34 41
Gewinn, entgangener Anh. II 452 § 35 12
Grenzüberschreitende Beförderung
  Anh. II 452 § 1 10 ff
Grobe Fahrlässigkeit Anh. II 452 § 38 5, 10;
  Anh. II 452 § 39 10
GüKG und – Anh. II 452 § 9 1
GüKG und Aufrechterhaltung der –
  Anh. II 452 § 1 1
GüKUMT-Anwendung Anh. II 452 § 1 9
Güter, unverpackte Anh. II 452 § 30 11
Güterbeförderung auf der Straße durch
  Eisenbahn 425 41
Güterfernverkehr Anh. II 452 § 1 6 ff;
  Anh. II 452 § 3; 425 34, 43
Güterfernverkehr, – als zwingendes
  Recht Anh. II 452 § 1 3
Güterfernverkehrstarif, Bestandteil
  Anh. II 452 § 1 1
Gütermenge Anh. II 452 § 5 8, 12
Güternahverkehrsunternehmer, Unter-
  frachtvertrag 432 48
Güterschadenshaftung Anh. II 452 § 29 3 ff
Güterschäden, abschließende Regelung
  Anh. II 452 § 31 16
Haftpflichtversicherung
  Anh. II 452 § 38 2 ff; Anh. I 429 41, 42
Haftung nach KVO
  s. Haftung (Frachtführer)
Haus-zu-Haus-Beförderung
  Anh. II 452 § 5 1; Anh. II 452 § 33 4
HGB-Landfrachtvertrag Anh. II 452 § 15 7
HGB-Verhältnis Anh. II 452 § 1 1
Hinterlegungsrecht Anh. II 452 § 28 29
Hitze Anh. II 452 § 18 11;
  Anh. II 452 § 34 49
höhere Gewalt, Haftungsausschluß
  Anh. II 452 § 34 7 ff
Identitätsangaben, Beweislage
  Anh. II 452 § 16 23 ff
Identitätsprüfung Anh. II 452 § 16 3
Innerer Verderb Anh. II 452 § 34 42
Kabotagetransport Anh. II 452 § 1 8

Kaufvertrag (Rechnung, Preis)
  Anh. II 452 § 35 7
Kennzeichnung Anh. II 452 § 18 25
Kfz-Transport, moderner Anh. II 452 § 5 3
Körperschäden Anh. II 452 § 34 38
Konzession Anh. II 452 § 1 7
Kostbarkeiten 429 126
Kosten bis Bestimmungsort
  Anh. II 452 § 35 13 ff
Kosten, ersparte Anh. II 452 § 35 17
Kosten der Schadensfeststellung
  Anh. II 452 § 37 8
Kostenersatz Anh. II 452 § 32 1 ff
Kraftwagengefahren Anh. II 452 § 34 12
Kriegsereignisse Anh. II 452 § 34 31
Kühlanlage, Ausfall Anh. II 452 § 34 44
Kurierdienst 425 46
KVORb Anh. II 452 § 1 4; Anh. II 452 § 7 1
Ladefristüberschreitung Anh. II 452 § 19
Laden Anh. II 452 § 33 5
Laden, Entladen 429 96
Ladepflicht, Verteilung
  Anh. II 452 § 17 12 ff
Ladeschein, nicht vorgesehener 444 1
Ladestelle Anh. II 452 § 5 2
Ladetätigkeit Anh. II 452 § 6 12; 429 85
Ladungsgut Anh. II 452 § 4 1 ff;
  Anh. II 452 § 16 12; Anh. II 452 § 17 12
Lagerhalter Anh. II 452 § 6 10
Lagerhalter, Übergabe Anh. II 452 § 33 10
Lagerung Anh. II 452 § 33 8
Lagerung (Vor- und Nachlagerung) 429 99
Lagerungsrecht, Frachtrecht 425 140
Leistungsstörungen 425 154
Leistungsstörungen (Wagenstellung)
  Anh. II 452 § 14 9 ff
Lieferfrist, unzulässig verkürzte
  Anh. II 452 § 31 10
Lieferfrist und Verderb Anh. II 452 § 31 11
Lieferfristansprüche, Präklusion
  Anh. II 452 § 39 11
Lieferfristen Anh. II 452 § 26 1 ff; 428 6
Lieferfristüberschreitung Anh. II 452 § 26 2;
  Anh. II 452 § 28 10; Anh. II 452 § 31 5 ff
Lieferfristverkürzung Anh. II 452 § 26 7 f
Lohnfuhrvertrag 425 94
Massengüter, Gewichtsverlust
  Anh. II 452 § 30 5 ff
Materialfehler Anh. II 452 § 30 14
Mengenangaben, Beweislage
  Anh. II 452 § 16 23 ff
Merkantiler Minderwert Anh. II 452 § 35 29
Minderwert Anh. II 452 § 35 27
Mittelbarer Schaden Anh. II 452 § 31 1
Mitverschulden Anh. II 452 § 34 22, 25 ff

fette Zahl = §, magere Zahl = Rdn.   Kra

Kraftverkehrsordnung (KVO) (Forts.)
  Mitwirkung bei Verladung
    Anh. II 452 § 17 7 ff
  Modernisierungsziel der – Anh. II 452 § 5 5
  Nachlagerung Anh. II 452 § 33 12
    durch Dritten Anh. II 452 § 39 18
  Nachnahmeanweisungen
    Anh. II 452 § 27 18
  Nachnahmeerhebung Anh. II 452 § 24 1 ff
  Nachnahmefehler Anh. II 452 § 31 2, 23
  Nachzählung Anh. II 452 § 25 13
  Nahverkehrsteilstrecken, Aufteilung
    Anh. II 1 20
  Nebenpflichtenverletzung
    Anh. II 452 § 31 21; Anh. II 452 § 34 29
  Neuaufgabe Anh. II 452 § 39 15
  Nutzungsverlust Anh. II 452 § 31 13
  Obhutshaftung Anh. II 452 § 29 4 ff;
    429 170, 237
  Obhutszeit Anh. II 452 § 29 7 ff;
    Anh. II 452 § 31 1, 2; Anh. II 452
    § 33 1, 8
  Paketbeförderung 425 42 f
  Partner Anh. II 452 § 3 2
  Personal 429 318
  Pfandrecht Anh. II 452 § 25 8
  Positive Vertragsverletzung
    Anh. II 452 § 31 15, 17;
    Anh. II 452 § 34 38; Anh. II 452 § 39 3;
    429 240
  Präklusion Anh. II 452 § 39 5 ff
  Prüfung der Sendung Anh. II 452 § 16 3
  Quittung Anh. II 452 § 16 24 ff
  Rabatte, Skonti Anh. II 452 § 35 11
  Realvertragstheorie Anh. II 452 § 15 8 ff;
    Anh. II 452 § 31 9, 16
  Rechnungswert (netto) Anh. II 452 § 35 11
  Rechtsnatur Anh. II 452 § 1 1
  Rechtsverlust Anh. II 452 § 39 5
  Rechtswahl und Anwendung 425 2, 59, 62
  Regen, Schnee, Hagel, Sturm
    Anh. II 452 § 30 2
  Rinnverlust Anh. II 452 § 30 19;
    Anh. II 452 § 34 41
  Risikoverteilung Anh. II 452 § 34 5
  Risikozurechnung Anh. II 452 § 34 23
  Rohgewicht, Haftungsbeschränkung
    Anh. II 452 § 35 34 ff
  Rückerstattungsansprüche
    Anh. II 452 § 39 22
  Rückgabe Anh. II 452 § 27 8
  Rückgriff des Versicherers
    Anh. II 452 § 38 14
  Rücksendung Anh. II 452 § 27 16
  Sachverständigenverfahren
    Anh. II 452 § 35 23

Sammelgut-Verladung 429 86
Sammelladungsbeförderung
  Anh. II 452 § 5 1
Schaden „im Zuge der Beförderung"
  Anh. II 452 § 31 2
Schadenberechnung (Zeitwert)
  Anh II 452 § 35 18
Schadenersatz (Güterschaden)
  Anh. II 452 § 29 18 ff
Schadensabwendung, -minderung
  Anh. II 452 § 32 1
Schadensarten, Schadensursachen
  Anh. II 452 § 30 1 ff
Schadensermittlung, -feststellung
  Anh. II 452 § 32 1, 6, 8
Schadensfeststellung Anh. II 452 § 37 2 ff;
  Anh. II 452 § 39 13, 20
Schadensfeststellung und Rechtsverlust
  438 4
Schadensnachweis Anh. II 452 § 37 8;
  Anh. II 452 § 39 21
Schadensreklamation, verjährungs-
  hemmende 429 165; Anh. II 452 20 ff
Schäden, äußerlich nicht erkennbare
  Anh. II 452 § 39 19
Schlechterfüllung Anh. II 452 § 31 55 ff;
  429 178
Schrumpfen Anh. II 452 § 34 41
Selbstentzündliche Güter
  Anh. II 452 § 34 52
Selbsthilfeverkauf Anh. II 452 § 28 31
Sendung Anh. II 452 § 20 1;
  Anh. II 452 § 35 26
Signierung Anh. II 452 § 18 25;
  Anh. II 452 § 34 28
Silowagen Anh. II 452 § 30 7
Sonderwerte Anh. II 452 § 34 36
Spediteur als Absender Anh. II 452 § 40 24
Spediteur als – Unternehmer Anh. I 429 56
Spediteur-Frachtführer Anh. II 452 § 5 6
Spediteur-KVO-Haftungszeit
  Anh. II 452 § 33 3
Spediteure Anh. II 452 § 1 13 ff
Spediteurhaftung Anh. II 452 § 1 19 ff
Spediteurhaftung nach Frachtrecht
  Anh. II 452 § 5 16; Anh. I 429 99
Spediteursammelgut Anh. II 452 § 4 13
Spconditions- und Frachtrecht, Abgrenzung
  Anh. II 452 § 33 3
Speditionsvertrag 425 43
Spesen bis Bestimmungsort
  Anh. II 452 § 35 13 ff
Standgeldanspruch 425 187
Straßengefahren Anh. II 452 § 34 12
Straßenverkehr, Erschütterungsgefahr
  Anh. II 452 § 18 12

(787)

Kraftverkehrsordnung (KVO) (Forts.)
Straßenverkehrsunfall Anh. II 452 § 34 13
Streckengeschäft, Fakturenwert
  Anh. II 452 § 35 9
Stückgüterverladung Anh. II 452 § 17 18
Stückgut, Ladungsgut Anh. II 452 § 4 1 ff;
  Anh. II 452 § 17 12
Stückgutkennzeichnung Anh. II 452;
  § 18 26
Stückzahlprüfung Anh. II 452 § 16 9 f
Subsidiarität in der -Versicherung
  Anh. I 429 84
Tarifaufhebungsgesetz Anh. II 452 § 1 2;
  Anh. II 452 § 16 1; Anh. II 452 § 20 2;
  Anh. II 452 § 26 1; 425 29, 31;
  Vor Anh. I 452 1
Tarifrecht: Stückgut oder Ladungsgut
  Anh. II 452 § 4 6, 12
Teilauslieferung Anh. II 452 § 27 21
Teilbeschädigung Anh. II 452 § 35 25 ff, 37
Teilschäden Anh. II 452 § 35 36
Teilschäden, Wertersatz
  Anh. II 452 § 35 24 ff
Teilverlust Anh. II 452 § 35 31, 37;
  Anh. II 452 § 39 12
Transportdauer und Verderb
  Anh. II 452 § 34 45
Transportgefahren Anh. II 452 § 18 5
Transportmittelunfall Anh. II 452 § 29 10 ff;
  Anh. II 452 § 34 47, 51
Transportmittelunfall, Haftungsausschluß
  Anh. II 452 § 34 6
Überladung Anh. II 452 § 17 40 f
Übernahmerecht bei Beschädigung
  Anh. II 452 § 35 33
Umladung Anh. II 452 § 33 6
Umsatzgeschäft und Fakturenwert
  Anh. II 452 § 35 10
Umzugsgut Anh. II 452 § 1 9;
  Anh. II 452 § 34 39
Unabwendbarkeit Anh. II 452 § 34 19
Unerlaubte Handlung Anh. II 452 § 6 14;
  Anh. II 452 § 34 38; Anh. II 452 § 35 2;
  Anh. II 452 § 38 4; Anh. II 452 § 40 5;
  429 275, 284 f
Unfall Anh. II 452 § 17 28;
  Anh. II 452 § 29 11
Ungerechtfertigte Bereicherung
  Anh. II 452 § 40 5
Unmöglichkeit Anh. II 452 § 28 4
Unterfrachtführer Anh. II 452 § 6 9
Unterfrachtvertrag Anh. II 452 § 29 1;
  Anh. II 452 § 33 7
Unternehmer Anh. II 1; 425 66; 429 170
Unterschlagung, Untreue
  Anh. II 452 § 30 12

Verderb Anh. II 452 § 34 42 ff
Verderb von Gütern und Lieferfrist
  Anh. II 452 § 31 11
Verdunsten Anh. II 452 § 34 41
Vereinbarung der – Anh. II 452 § 1 30
Verfügung von hoher Hand
  Anh. II 452 § 34 32
Verfügungsberechtigter, Verschulden
  Anh. II 452 § 34 22 ff
Verfügungsrecht des Empfängers
  Anh. II 452 § 27 29 ff
Verfügungsrecht, frachtvertragliches
  Anh. II 452 § 27 1 ff, 6 ff
Verjährung Anh. II 452 § 40 1 ff; 439 2, 4, 9, 14
Verkehrssicherheit Anh. II 452 § 17 26 ff
Verladen Anh. II 452 § 34 26
Verladepflicht Anh. II 452 § 17 5 ff;
  Anh. II 452 § 33 5
Verladung Anh. II 452 § 17 1 ff
Verladung, beförderungs- und betriebssichere Anh. II 452 § 17 25 ff
Verladung (nicht betriebssichere)
  Anh. II 452 § 34 27
Verladung in Silowagen, Containern
  Anh. II 452 § 30 7
Verlust Anh. II 452 § 29 6; 429 170
Verlustfeststellung Anh. II 452 § 25 12
Verlustnachweis Anh. II 452 § 37 14
Vermögensschäden an anderem als Frachtgut Anh. II 452 § 31 12
Vermögensschäden, mittelbare
  Anh. II 452 § 29 18; Anh. II 452 § 31 1;
  Anh. II 452 § 35 4
Vermutetes Verschulden Anh. II 452 § 34 21
Verpackung Anh. II 452 § 34 28
Verpackung, Haftung bei unzureichender
  Anh. II 452 § 18 19 ff
Verpackungsbeschädigung 438 32
Verpackungserforderlichkeit
  Anh. II 452 § 18 8 ff
verpackungslose Güter Anh. II 452 § 30 11
Verpackungsmängel, Frachtführerrechte
  Anh. II 452 § 18 15 ff
Verpackungspflicht Anh. II 452 § 18 1 ff
Verpackungsschaden Anh. II 452 § 37 4
Verrichtungsgehilfe Anh. II 452 § 6 14
Verschulden Anh. II 452 § 31 19;
  Anh. II 452 § 34 3
Verschulden des Verfügungsberechtigten
  Anh. II 452 § 34 22 ff
Verschulden für Versicherungsfall
  Anh. II 452 § 38 5 f
Verschulden bei Vertragsabschluß
  Anh. II 452 § 31 9

fette Zahl = §, magere Zahl = Rdn. **Lad**

Kraftverkehrsordnung (KVO) (Forts.)
Verschuldensform und Haftungsbegrenzung
429 299, 300
Versicherungsansprüche
Anh. II 452 § 38 13 ff
Verspätungsschäden Anh. II 452 §31 5 ff;
429 134, 178
Verwiegung Anh. II 452 § 25 13
Verwirkung Anh. II 452 § 40 37
Vorbehaltsannahme Anh. II 452 § 39 7
Vorbehaltslose Empfängerquittung
Anh. II 452 § 39 8
Vorlagerung Anh. II 452 § 33 11
Vorlaufphase, Nachlaufphase
Anh. II 452 § 5 4
Vorsätzliche Schädigung Anh. II 452 § 38 6, 8, 9; Anh. II 452 § 39 10
Wagenstandgeld Anh. II 452 § 19 4;
Anh. II 452 § 25 10
Wagenstellungsvertrag Anh. II 452 § 4 11;
Anh. II 452 § 14 1 ff; Anh. II 452 § 31 9;
425 154
Wegnahme Anh. II 452 § 34 32 f
Weisungsbefolgung Anh. II 452 § 27 22
weisungswidriges Verhalten 429 254
Weiterbeförderung Anh. II 452 § 39 16
Weiterleitung Anh. II 452 § 27 20
Wertermittlung bei Beschädigung 430 53 f
Wertersatz, Begrenzung hierauf
Anh. II 452 § 35 5 ff
Wertersatz bei Teilschäden
Anh. II 452 § 35 24 ff
Wertvolle Güter Anh. II 452 § 34 34
Wiedererlangungskosten Anh. II 452 § 31 13
Witterungseinflüsse Anh. II 452 § 30 2 ff;
Anh. II 452 § 34 17
Zahlungspflicht des Empfängers
Anh. II 452 § 25 9
Zeitwert (Schadenberechnung)
Anh. II 452 § 35 18
Zollbehandlung Anh. II 452 § 10 14
Zubringer-Verkehrsmittel 429 97
Zufallshaftung 429 173, 233
Zuführung Anh. II 452 § 5 1 ff;
Anh. II 452 § 33 4
Zurückbehaltungsrecht Anh. II 452 § 25 7
Zustellung Anh. II 452 § 5 2 ff
Zwischenlagerung Anh. II 452 § 33 13
Kriegsereignisse Anh. II 452 § 34 KVO 31;
429 174
Kriegswaffenbeförderung
KWKG 425 21
Kühlfahrzeug
Kältekontrolle 425 19
Kündigung
Frachtvertrag Anh. II 452 § 27 KVO 8

Kunstwerke, Kunstgegenstände
Anh. II 452 § 34 KVO 34; 429 129
Kurierdienst 425 46
KVO
s. Kraftverkehrsordnung (KVO)
KVORb Anh. II 452 § 1 KVO 4;
Anh. II 452 § 7 KVO 1; 425 41

Ladefrist-Überschreitung
Anh. II 452 § 19 KVO 1 ff
Laden des Frachtguts
s. Verladen des Frachtguts
Ladeschein
Absender 444 4
Absender-Verfügungsrechte 447 1
Absenderabschrift 445 3
Absenderverpflichtung, wertpapierrechtliche
446 2
Angabenkatalog 445 1
Anspruchsberechtigung, materielle 447 2
Auslieferungsverpflichtung, frachtvertragliche und Verpflichtung aus – 446 2
Ausstellung 425 72
Beweiswirkungen 444 7
Binnenschiffahrt 444 8
Eigentumsübertragung des Frachtguts 450 7
Einwendungen 446 11, 13
Einwendungen gegen Ansprüche aus –
446 10
Empfänger 447 7 ff
Empfängerbestimmung 446 4
Empfängerbezeichnung 435 2
Empfängerlegitimation 447 1
formelle Legitimation 447 2
Frachtbrief und – 444 5
Frachtführer-Absender 446 14
Frachtführer-Empfänger 446 5
Frachtführer-Rechtsbeziehungen 446 3
Frachtgutrepräsentanz 450 4
Freizeichnung 444 6
Gutgläubiger Erwerb 450 6
Haftung aus – 444 7 ff
Inhaber-Ladeschein 446 12; 447 6, 9;
450 1, 5
Konnossement und – 446 1
Lastenfreier Erwerb 450 6
Legitimation 450 5
MT-Dokument 450 8
Multimoder Transport Anh. V 452 58 ff;
444 10
Namensladeschein 448 2
Orderladeschein 446 10; 447 3, 8; 450 1, 5
Rechtsnatur 444 2
Rechtsstellung des Inhabers 447 1 ff
Rektaladeschein 447 3, 7; 450 1, 5

Ladeschein (Forts.)
  Repräsentationstheorie 450 2
  Rheinschiffahrt 444 5
  Schadenhaftung und – 444 6
  Traditionswirkung 450 2
  Übergabe 450 5
  Übernahme des Frachtguts 450 4
  Übertragung 444 3
  Übertragung, nicht wirksame 447 4
  Unterfrachtführer 449 1 f
  Unterzeichnung 445 2
  Verfügungsrecht des Inhabers 447 10
  Verlust 448 4
  Zug-um-Zug-Leistung, Rückgabe des – 448 1 ff
Ladestelle Anh. II 452 § 5 KVO 2, 10
Ladungsgut Anh. II 452 § 4 KVO 1 ff;
  Anh. II 452 § 17 KVO 12
Ladungsuntüchtigkeit 429 221
Lagergeld
  bei Aussetzung der Ablieferung
  Anh. II 452 § 27 KVO 12
Lagerhalter
  Frachtgutobhut als – 429 50
  KVO-Gehilfe Anh. II 452 § 6 KVO 10
Lagerung des Frachtguts
  ADSp-Anwendung Anh. II 452 § 1 KVO 26
  AGNB 425 140; 429 199
  CMR 429 101
  Einlagerung als Auslieferung
  Anh. II 452 § 33 KVO 10
  Frachtvertrag 425 140, 156
  fremdausgeführte Nach-, Spediteurhaftung
  Anh. II 452 § 1 KVO 19
  GüKUMT 425 140
  Güterschäden während –
  Anh. II 452 § 33 KVO 8
  KVO Anh. II 452 § 1 23; Anh. II 452 § 33 8, 11 ff; 425 140; 429 99
  Lagervertrag 425 97, 140; Anh. V 452 13
  Landfrachtrecht (HGB) 429 98
  Schäden 429 240
Lagerversicherung Anh. I 429 20
Landfrachtrecht (HGB)
  Abgrenzungen 425 85
  Abholung-Beförderung-Zuführung
  Anh. II 452 § 5 KVO 1
  Absender 425 68
  Anwendung, Bedeutung 425 1
  Begriffe 429 7
  Binnenschiffahrt und – 425 85
  dispositives Recht 429 1
  Doppellegitimation 429 151
  Eisenbahnfrachtrecht und – 425 85
  Frachtführer und Anwendung des – 425 64
  Gelegenheitsfrachtführer 425 63

  Güternahverkehr 429 3
  Haftung für vermutetes Verschulden
  429 112 ff, 133
  Haftungsbeschränkung bei Beschädigung, Verlust 430 1
  Haftungsfolgen (Verlust, Beschädigung) 429 132
  Haftungsrecht 429 1, 3, 4, 5, 6, 7, 9
  KVO als lex specialis Anh. II 452 § 1 KVO 1
  KVO-Frachtvertrag ohne Frachtbrief
  Anh. II 452 § 15 KVO 7, 10
  Ladeschein 444 1
  Lieferfrist Anh. II 452 § 26 KVO 1; 428 1
  Pfandrecht des Frachtführers 440 2; 441 2
  kein Realvertrag Anh. II 452 § 15 KVO 11
  Schadensfeststellung und Rechtsverlust
  438 1, 2
  Sonderordnungen gegenüber – 425 26 ff
  Sparten und Sonderordnungen 429 1
  Speditionsversicherung 429 5
  Verjährung 439 1 ff
Landfrachtrecht (Sonderverordnungen)
  Übersicht 425 26 ff
Landwirtschaftliche Sonderverkehre
  Anh. I 452 § 89a GüKG
Lastenfreier Erwerb
  Ladeschein und Frachtgut 450 6
Lastkraftwagen
  GüKG-Freistellung Anh. II 452 § 1 KVO 6
  Handelsmöbeltransport mit normalen –
  429 193
  Umladen vom eigenen Fernverkehrs- auf fremdes Nahverkehrsfahrzeug
  Anh. II 452 § 1 KVO 20
Lebensmittel 425 19
Leerfracht 429 248
Leichentransport 425 20
Leistungsstörungen
  Frachtvertrag 425 153 ff; 428 11
Leute des Frachtführers
  Einstehen für – 431 15
Leute des Unterfrachtführers
  Hauptfrachtführerhaftung für – 432 44
Lieferfrist 428 1 ff; 429 133 f, 214 f
  AGNB Anh. III/1 452 § 10 AGNB 1;
  Anh. III/1 452 § 16 AGNB 7;
  Anh. II 452 § 26 KVO 1; 428 1, 7
  beschädigtes Frachtgut 429 139
  Bestimmung, Möglichkeiten hierzu 428 2 ff
  Binnenschiffahrt 428 1
  CMR Anh. II 452 § 26 KVO 1; 428 8
  Eisenbahnfrachtrecht
  Anh. II 452 § 26 KVO 1; 428 6
  GüKUMT Anh. II 452 § 26 KVO 1; 428 7

fette Zahl = §, magere Zahl = Rdn.

Lieferfrist (Forts.)
Haftung des Frachtführers
s. Haftung (Frachtführer) unter Verspätungshaftung
innerer Verderb Anh. II 452 § 34 KVO 45
KVO Anh. II 452 § 26 KVO 1 ff; 428 6;
Anh. II 452 § 26 KVO 3 ff
Ruhen Anh. II 452 § 29 KVO 14
Systeme der Lieferfristbestimmung 428 6 ff
Tarifrecht, unzulässig verkürzte –
Anh. II 452 § 31 KVO 10
Tarifsystem, Tarifaufhebungsgesetz
Anh. II 452 § 26 KVO 1
Überschreitung der –, Folgen 428 10 ff
Lohnfuhrunternehmer 425 94
Lohnfuhrvertrag 425 92, 94
Unterfrachtvertrag, Abgrenzung 432 26
Luftfrachtrecht
Ablieferung, Verladung, Umladung
Anh. V 452 71
Absender 425 68
Beförderungsmittel, unbestimmtes
Anh. V 452 78
Deliktshaftung 429 281
Ersatzbeförderung auf der Straße
Anh. V 452 73
Frachtführer 425 67
Gehilfenhaftung 431 11
Haftung, verschärfte für Frachtgutverlust
430 63
Haftungsbegrenzung, feste bei Beschädigung, Verlust 430 65
Haftungsregelung Anh. V 452 51
Kostbarkeiten 429 125
Leute-Begriff 431 14
Luftfrachtgut auf der Straße
Anh. V 452 70 ff
Mietchartervertrag 425 92
multimodaler Transport Anh. V 452 77
Rechtsgrundlage 425 54
Schadensfeststellung und Rechtsverlust
438 8
Übersicht 425 48 ff
Verjährung 439 5
Luftfrachtrecht (WA)
Beförderungszeit 428 9
Beschädigung oder Teilverlust 429 27
Frachtbrief, fehlender
Anh. II 452 § 15 KVO 7
Haftung 429 226
Haftungsbegrenzung, feste bei Beschädigung, Verlust 430 5
Luftfrachtvertrag 425 54, 57
multimodaler Transport Anh. V 452 14
Schadensfeststellung und Rechtsverlust
438 8

Möb

Straßentransportrecht, anzuwendendes
Anh. V 452 73
Verjährung 439 5
Luftverkehrsgesetz 425 54

Mängel
Container 429 35
handelsüblicher Verpackung Anh. I 429 26
Schadensfeststellung 438 26 ff
Transportfahrzeug 429 205
der Verpackung 425 196
der Verpackung, Frachtführerrechte
Anh. II 452 § 18 KVO 15 ff
Mängelrüge
Frachtvertrag, – für Absender 425 149
Massengüter
Gewichtsverlust Anh. II 452 § 30 KVO 5
Laden, Verladen 429 91
Materiell Geschädigter 429 142, 146, 155, 168
Prozeßstandschaft 429 142, 159, 163, 164, 167 f
Rechtsstandschaft 429 142, 146, 159, 164-166
rückwirkende Aktivlegitimation 429 145
Schadensreklamation 429 144, 165
wertpapierrechtliche Verbriefung 429 153
Mengenangaben
Beweislage Anh. II 452 § 16 KVO 23 ff
Merkantiler Minderwert
Anh. II 452 § 29 KVO 18
Wertersatz Anh. II 452 § 35 KVO 29
Mietchartervertrag 425 92
Mietvertrag
Container – 429 34, 36
und Frachtvertrag 425 92
Milchtransport Anh. II 452 § 26 KVO 7
Minderung des Frachtguts 429 18
Verjährung 439 6
Minderwert
beschädigten Gutes
Anh. II 452 § 35 KVO 27
merkantiler Anh. II 452 § 29 KVO 18
technischer Anh. II 452 § 35 KVO 28
Mittelbarer Besitz
des Absenders, Verletzung 429 268
am Frachtbrief 433 25
Frachtführerkette 441 4
Mittelbarer Schaden Anh. II 452 § 31 KVO 1
Frachtrecht, kein Ersatz 429 298
Haftungsausschluß 430 20
Mitverschulden
KVO-Regelung Anh. II 452 § 34 KVO 22
Möbelbeförderung
s. a. GüKUMT
Beförderungshindernisse 428 14

Möb

Möbelbeförderung (Forts.)
GüKG-Bestimmungen 425 175
KVO-Anwendung **Anh. II 452 § 1 KVO** 9
Laden, Entladen 429 92
Lagerung 429 100
Spediteur als Frachtführer 425 64
Wertermittlung bei Beschädigung 430 53
Multimodaler Transport
AGB **Anh. V 452** 17
Beförderungsmittel, vertragswidriges
  Anh. V 452 65
Beförderungsmittel, verwendetes
  Anh. V 452 23
Begriff **Anh. V 452** 1, 5, 10
Begriff des Vertrags über – **Anh. I 429** 100
Beweislast für Schadensort
  Anh. II 452 § 1 KVO 28
Beweisregeln **Anh. V 452** 24
Bündelungstheorie **Anh. V 452** 30
CIM und EVO **Anh. V 452** 45
CMR **Anh. V 452** 48
Containerverkehr, internationaler
  Anh. V 452 46, 49
Deliktshaftung 429 282
Deutsche Bundesbahn **Anh. V 452** 56
Dokumente 444 10; **Anh. V 452** 43, 58 ff
Doppelcharakter **Anh. V 452** 30
Durchfrachtverkehr der Reedereien
  Anh. V 452 54
Durchfrachtvertrag, echter **Anh. V 452** 9
Durchkonnossement **Anh. V 452** 57, 60, 63
keine Einheitsregelung **Anh. V 452** 3
Einheitstheorie **Anh. V 452** 32
Europäische Eisenbahn **Anh. V 452** 55
FIATA Combined Transport **Anh. V 452** 57, 61
Frachtvertrag **Anh. V 452** 12
Frachtzahlung **Anh. V 452** 43
gebrochener Verkehr **Anh. V 452** 7 f
gemischter Vertrag **Anh. V 452** 13
Großcontainer-Verkehr **Anh. V 452** 55 ff
Haftpflichtversicherung **Anh. I 429** 55
Haftung 429 227
Haftungsgrenzen **Anh. V 452** 40
Haftungsnormen, anwendbare
  Anh. V 452 18 ff
Haftungsordnung, anzuwendende
  Anh. V 452 38
Haftungsordnung, geltende 425 7
Huckepackverkehr **Anh. V 452** 2, 48, 50
Innerdeutsches Landtransportrecht
  Anh. V 452 50
Intercontainer **Anh. V 452** 55
international übliche Beförderungsbedingungen **Anh. V 452** 36
Internationales Einheitsrecht **Anh. V 452** 52

Luftfrachtgut auf der Straße **Anh. V 452** 69
Luftrecht **Anh. V 452** 51
MT-Dokument 450 8
MT-Dokument Internationaler Handelskammer **Anh. V 452** 62
Network **Anh. V 452** 19 ff
Palettenbeförderung **Anh. V 452** 49
Rechtsnormen, anwendbare **Anh. V 452** 16
Reklamation **Anh. V 452** 42
Schadensort, unbekannter **Anh. V 452** 35
Schwerpunktlehre **Anh. V 452** 32
Seehafen-Container-Verkehr **Anh. V 452** 56
Spediteur-Frachtführer **Anh. V 452** 22
Transfracht GmbH **Anh. V 452** 56
typische Vertragsbedingungen
  Anh. V 452 53 ff
UN-Konvention MT **Anh. V 452** 52
UN-Übereinkommen 432 23
Verjährung **Anh. V 452** 41
Versichererregreß **Anh. I 429** 102
Vertrag sui generis **Anh. V 452** 14, 29
Wechsel der Haftungsordnung 429 111
Wertpapiere **Anh. V 452** 63

Nachlagerung
ADSp **Anh. II 452 § 1 KVO** 26
Güterschäden **Anh. II 452 § 33 KVO** 12
Nachnahme
AGNB **Anh. III/1 452 § 11 AGNB** 1;
  Anh. II/1 452 § 16 AGNB 5
Einziehung durch Frachtführer 425 145
und Frachtführer-Pfandrecht 440 9
GüKUMT **Anh. IV 452 § 8 GüKUMT** 12
KVO, – durch Absender
  Anh. II 452 § 21 KVO 3
KVO, Änderung **Anh. II 452 § 27 KVO** 18
KVO, Auslieferung Zug-um-Zug gegen Erhebung der – **Anh. II 452 § 24 KVO** 1 ff
KVO, fehlerhafte Einziehung
  Anh. II 452 § 31 KVO 2, 23
Nichteinziehung 429 255
Spediteur 425 145
Nachrichtenverbindung
lückenlose 434 3
Nachvertragliche Pflichten 429 246
Nahbeförderung, speditionelle 425 1
Nahverkehrsfrachtführer
Spediteurhaftung 425 35 ff; 429 191
Nahverkehrsteilstrecken
Fernverkehrs-Aufspaltung in –
  Anh. II 452 § 1 KVO 29
Naturalrestitution
Ausschluß 430 19
Grobes Verschulden bei Frachtgutverlust
  430 61

Nebenpflichten
  des Absenders **Anh. II 452 § 34 KVO** 29;
  425 194 ff
  Erfüllung von – (Verladetätigkeit)
  Anh. II 452 § 17 KVO 20
  oder Gefälligkeiten
  Anh. II 452 § 17 KVO 10
  multimodaler Transport **Anh. V 452** 11
  positive Vertragsverletzung **429** 246
Nebenvereinbarungen
  KVO-Frachtvertrag
  Anh. II 452 § 11 KVO 9 ff
Nicht-Geltendmachung des Pfandrechts 442 6
Nichtausstellung des KVO-Frachtbriefs
  Anh. II 452 § 15 KVO 6
Nichtberechtigter
  Frachtgutauslieferung **429** 24
Nichterfüllung der Beförderungsleistung
  429 244
Nichtermittelbarkeit
  des Empfängers **437** 7
Nichtkaufmännische Kunden
  AGNB-Kontrolle **Anh. III/1**
  452 § 1 AGNB 14 ff
Nichtkaufmann
  als Beförderer **451** 3
Nichtvertragspartner
  Beförderung durch – **429** 102
  Deliktsansprüche **429** 304 ff
Notify-Feld eines CMR-Frachtbriefs 425 71
Notweisungsrecht
  des Frachtgutempfängers **434** 1 ff; **435** 9
Nukleares Material 425 18, 22
Nutzungsunterbrechung 425 180

Obhut
  des Spediteurs **Anh. II 452 § 1 KVO** 19
Obhutshaftung
  s. Haftung (Frachtführer)
Obhutspflicht
  und Abwehransprüche **429** 160
  Frachtvertrag **425** 86 f, 133, 140
Obhutsübernahme
  Frachtgut **429** 46
Obhutszeit
  AGNB **Anh. III/1 452 § 6 AGNB** 7
  Frachtführer allgemein **429** 42
  und Frachtvertragsabschluß **429** 48 f
  Güterschäden außerhalb – **429** 240 ff; **430** 16
  Hinterlegungsrecht, nicht gebrauchtes **437** 18
  KVO **Anh. II 452 § 29 KVO** 7;
  Anh. II 452 § 31 KVO 7
  Laden, Entladen **429** 83
  Lagerung **Anh. II 452 § 33 KVO** 8

  Schadensentstehung während – **438** 37
  und verschiedene Sonderordnungen **429** 50
Öffentliches Recht
  Fahrzeugbelastung **Anh. II 452 § 17 KVO** 3
Ölverschmutzungsrisiken 425 18
Österreich
  HGB-Geltung **425** 1
Omnibusreise 425 101
Orderladeschein
  s. Ladeschein
Ordnungswidrigkeiten
  Begleitpapiere, Ausstellung **427** 16
  Gefahrgutrecht **425** 18
  GüKG-Bestimmungen
  Anh. I 452 § 99–§ 102a
Ortsveränderung, Ortsbestimmung
  Frachtvertrag und – **425** 74 ff
Oxydation 429 19

Packen des Frachtguts 429 96
Paketbeförderung
  gewerbliche –, kein Postmonopol **425** 42 ff
Paketdienst
  DPD- **Anh. II 452 § 1 KVO** 16
  und HGB-Landfrachtrecht **429** 3
  Unterfrachtvertrag **432** 12
Paletten Anh. V 452 1
  Frachtberechnung **429** 31
  Frachtvertrag und – **425** 152 a
  Umladen und CMR-Anwendung
  Anh. V 452 49
Personenbeförderung
  Gepäcktransport **425** 101
Personenbeförderungsvertrag
  Beförderungsvertrag als Oberbegriff **425** 63
Personenkraftwagen
  Beförderung in –, GüKG-Freistellung
  Anh. II 452 § 1 KVO 6
  Handelsmöbeltransport **429** 193
Pfandrecht des Frachtführers
  Ablieferung ohne Wahrung Vormännerrechte **442** 1 ff
  bevorrechtigte Klasse **443** 5 f
  Dauer, Erlöschen **440** 14 ff
  Forderungen, gesicherte **440** 8 ff
  gesetzliches – **440** 1 ff
  Inhalt, Rang **440** 12, 13
  Kette aufeinanderfolgender Frachtführer
  441 1 ff
  KVO-Frachtführer **Anh. II 452 § 25 KVO** 8
  Mittelbarer Besitz, kein Fortbestand erforderlich **441** 4
  Nicht-Geltendmachung **442** 6
  Rangordnungen und Vorrechte **443** 1 ff
  Spediteureinschaltung **441** 8 ff

Pfandrecht des Frachtführers (Forts.)
  Vertragliche Verbindung zwischen Kettengliedern 441 5
  Vormänner-Nachmänner-Kette 441 7
  Vormännerbefriedigung, Rechtsübergang 441 20
  Vormännerrechte, Fortdauer 441 19
  Vormännerrechte, Geltendmachung 441 11 ff
  wirtschaftlich-technische Betrachtung 441 6
Pferdefuhrwerk
  Gesetzesorientierung am – 428 1
Polizeivorschriften
  Begleitpapiere 427 5
Positive Vertragsverletzung
  Ablieferung an Empfangsspediteur 429 68
  analoge Anwendung § 282 BGB 429 112
  Auskünfte, Informationen (unrichtige) 429 250
  Beförderungsmittel, vertragswidriges Anh. V 452 83 ff
  Eisenbahnfrachtrecht 429 238, 250
  Falschauslieferung 429 24
  Frachtgutschaden außerhalb Obhutszeit 430 16
  Frachtgutüberprüfung 429 247
  Frachtrechtsregeln, spezielle 429 254
  Frachtvertrag 425 159, 166
  Gefahrgut 425 199
  Güterschäden außerhalb Obhutszeit 429 240
  Güterschäden innerhalb Obhutszeit, keine – 429 235
  Guteigenschaft 425 197
  Haftungsbegrenzung 429 257
  keine Haftungsverschärfung gegenüber – 429 113
  KVO-Ansprüche Anh. II 452 § 31 KVO 17
  Laden, Ausladen 429 86
  nachvertragliche Pflichten 429 246
  Nebenpflichtverletzungen 429 246
  Obhutshaftung auch als Fall – 429 233
  keine Präklusion 438 21
  Regreßvereitelung 429 253
  Sonderordnungen und grobes Eigenverschulden 429 239
  Umweltschäden 429 249
  Verjährung der Ansprüche 439 9
  vertragswidriges Beförderungsmittel 429 252
Postdienst-AGB 452 4
Postmonopol
  gewerbliche Paketbeförderung, kein – 425 42
Postprivatisierung 452 1 f
Postrecht 429 297

Präklusionswirkung, frachtvertragliche 429 42, 180, 190, 202, 218
  Annahme des Guts 438 10 ff
  Vermeidung 438 23
  Zahlung der Fracht, sonstiger Forderungen 438 14 ff
Prozeßstandschaft
  und Drittschadensliquidation 429 167
  frachtrechtliche Ansprüche 429 163
  zugunsten des Versicherers Anh. I 429 114

Quittungen
  außerhalb des Frachtbriefs 429 109
  Ausstellung unrichtiger – Anh. II 452 § 16 KVO 26
  Feststellungsvermerk (Stückzahl, Gewicht) Anh. II 452 § 16 KVO 24

Realvertragstheorie Anh. II 452 § 17 KVO 6
  KVO-Frachtvertrag Anh. II 452 § 15 KVO 8, 9 ff
Rechtserhaltende Rügen, Reklamationen 429 165
Rechtsfortbildung
  KVO-Vertrag als Konsensualvertrag Anh. II 452 § 15 KVO 12
Rechtsstandschaft
  Frachtrecht 429 158, 164 ff
Rechtsverlust, frachtvertraglicher
  Annahme des Guts 438 10 ff
  Zahlung der Fracht, sonstiger Forderungen 438 14 ff
Rechtswahl
  fehlende wirksame – 425 60
  Frachtvertragsrecht 425 58
  Kabotage 425 62
Reederei
  Durchfrachtverkehr Anh. V 452 54
  als Frachtführer 465 66
Regen
  Schadensart Anh. II 452 § 30 KVO 2
Regreß
  aufeinanderfolgende Frachtführer 432 57 ff
Regreß des Versicherers
  s. Versicherung
Regreßvereitelung 429 253
Reichs-Kraftwagen-Betriebsverband (RKB)
  Anh. II 452 § 1 KVO 1;
  Anh. II 452 § 14 KVO 4
Reichskraftwagentarif (RKT)
  Anh. II 452 § 1 KVO 1
  Vorläufer des GFT Anh. II 452 § 1 KVO 1
Rektaladeschein
  s. Ladeschein
Reparatur des Frachtguts 429 21 ff
Rettungskosten Anh. I 429 126

fette Zahl = §, magere Zahl = Rdn. **Sch**

Rheinschiffahrt
  Ladeschein, Frachtbrief 444 5
RiCo
  Ordnung für internationale Eisenbahnbeförderung von Containern Anh. V 452 46, 55
Rinnverluste Anh. II 452 § 30 KVO 19;
  Anh. II 452 § 34 KVO 41
Risikoaussetzung
  bewußte – 429 307
Risikoteilung Anh. II 452 § 33 KVO 5
Risikozuweisung 426 81
Rohgewicht
  Haftungsbegrenzung nach –
  Anh. II 452 § 35 KVO 34 ff
Rollfuhrversicherungsschein
  SVS/RVS 1989 (Text) Anh. II 429
Ro/Ro-Verkehr 429 30
Rückbeförderung 429 62
  bei Beförderungshindernissen
  Anh. II 452 § 28 KVO 19
Rückgabe des Frachtguts
  durch Absender Anh. II 452 § 27 KVO 8;
  433 13; 438 13
Rückgriffsverlust
  ausliefernden Frachtführers 442 12 ff
Rücksendung des Frachtguts
  Anh. II 452 § 27 KVO 16 f; 425 118;
  437 2
Rücktransport
  s. Rücksendung
Rücktritt
  Ablieferungshindernisse, Beförderungshindernisse Anh. II 452 § 28 KVO 21;
  425 160 ff; 428 11

Sachersatzinteresse
  und Haftpflicht, Interessenidentität
  Anh. I 429 69, 74; Anh. I 492 3 ff
Sachverständigenverfahren
  zur Schadensfeststellung
  Anh. II 452 § 35 KVO 23
  Schadensfeststellung vor Annahme 438 26
Sammelgut
  Verladung durch Sammelladungsspediteur
  429 86
Sammelladung 435 3, 11
Sammelladungsspedition 432 3
  Frachtführerhaftung Anh. V 452 27
  KVO Anh. II 452 § 1 KVO 17, 26
Samtfrachtführer 432 11, 36
Sattelauflieger 429 38
Schaden durch Fehler des – 426 82 f
Schadensanerkennung
  durch Frachtführer 438 28
Schadensanzeige
  an Frachtführer 438 34

Schadensersatz
  des Absenders 425 194
  Anspruchserhaltung 438 26 ff
  Begleitpapiere, Fehlen usw. 427 8
  direkter Schaden Anh. II 452 § 29 KVO 18
  Empfängerverfügungsrecht, verletztes
  433 32
  entgangener Gewinn
  Anh. II 452 § 29 KVO 18
  Fakturenwert Anh. II 452 § 35 KVO 4, 6 ff
  Folgeschäden Anh. II 452 § 31 KVO 12
  Frachtbriefangaben, fehlerhafte
  Anh. II 452 § 13 KVO 5
  Frachtgutschaden, unmittelbarer 429 40
  Frachtgutverlust, -beschädigung 429 132
  Geldschuld Anh. II 452 § 35 KVO 4
  Güterschadenshaftung
  Anh. II 452 § 29 KVO 3, 18 ff;
  Anh. II 452 § 31 KVO 1; 429
  Güterschäden Anh. II 452 § 31 KVO 12, 14,
  16; 425 168
  Haftpflichtversicherung Anh. I 429 31
  „im Zuge der Beförderung"
  Anh. II 452 § 31 KVO 2
  Merkantiler Minderwert
  Anh. II 452 § 29 KVO 18
  Mittelbarer Vermögensschaden
  Anh. II 452 § 31 KVO 1
  wegen Nichterfüllung 429 245
  Schäden an anderen als Frachtgütern
  Anh. II 452 § 31 KVO 12
  Standgeld als Schaden 425 191
  Vermögensschaden, weiterer
  Anh. II 452 § 29 KVO 18
  Vermögensschäden
  Anh. II 452 § 31 KVO 12
  Verspätungsschäden 429 133
  Verzug (Beförderungsverzögerung)
  425 158
  Wertersatz Anh. II 452 § 35 KVO 4
  Wertersatz oder Naturalrestitution 430 61
  Wertersatz statt Naturalrestitution 430 19
  Zeitwert (Wertersatz)
  Anh. II 452 § 35 KVO 18 ff
Schadensfeststellung
  zum Anspruchserhalt 438 26
  bei Güterschäden Anh. II 452 § 37 2 ff
  Sachverständigenverfahren
  Anh. II 452 § 35 KVO 23
  Schadensnachweis Anh. II 452 § 37 KVO 8 ff
Schadensort
  Beweislast Anh. II 452 § 1 KVO 27, 28
  multimodaler Transport und unbekannter –
  Anh. V 452 35
Schadensrüge, Schadensreklamation
  Rechtsstandschaft im Frachtrecht 429 165

Sch

Schienenersatzverkehr 432 19
Schlachttiertransport 425 24
Schlechterfüllung
   Frachtführerhaftung
      Anh. II 452 § 31 KVO 15 ff
      KVO 429 178
Schleppvertrag 425 84, 87, 95 f
Schnee
   Schadensart **Anh. II 452 § 30 KVO** 2
Schrumpfen **Anh. II 452 § 34 KVO** 41
Schweigen
   Frachtvertrag, Entstehungstatbestand
      425 116
Schwergut
   Haftpflichtversicherung **Anh. I 429** 53
Schwergutbedingungen 425 38
   AGB-Charakter **Anh. III/3 452 Nr. 1** 1
   Anwendungsbereich **Anh. III/3 452 Nr. 1** 1
   Auftraggeberpflichten **Anh. III/3
      452 Nr. 4** 1, 2
   behördliche Genehmigungen **Anh. III/3
      452 Nr. 2** 1 f
   Deliktshaftung 429 283
   Flurtransport **Anh. III/3 452 Nr. 5** 1
   Gerichtsstand **Anh. III/3 452 Nr. 8** 1
   Haftung und Verschulden **Anh. III/3
      452 Nr. 5** 2
   Haftungsbestimmungen **Anh. III/3
      452 Nr. 5** 1 ff
   Haftungsumfang **Anh. III/3 452 Nr. 5** 3
   Individualvertrag, Vorrang **Anh. III/3
      452 Nr. 1** 2
   Kranarbeiten **Anh. III/3 452 Nr. 5** 1
   Rechnungen **Anh. III/3 452 Nr. 7** 1
   Rücktrittsrecht **Anh. III/3 452 Nr. 3** 1, 2
   Schäden, nichtverschuldete **Anh. III/3
      452 Nr. 5** 8
   Subunternehmer **Anh. III/3 452 Nr. 1** 4
   Tarifaufhebungsgesetz **Anh. III/3
      452 Nr. 5** 4
   Vermögensschadenshaftung **Anh. III/3
      452 Nr. 5** 4
   Versicherung **Anh. III/3 452 Nr. 5** 6
Schwerguttransport 425 23
Seefrachtrecht 425 50 ff, 85; 426 81
   Annahme, Auslieferung 429 42
   Auslieferung 429 52
   und Binnenschiffahrtsrecht 425 52
   Deliktshaftung 429 280, 287
   Gefahrgut 425 199
   Konsensualvertrag **Anh. II 452 § 15 KVO** 11
   Landfrachtführer, Untervertrag mit Verfrachter 432 22
   Mietchartervertäge 425 92
   Schadenfeststellung und Rechtsverlust 438 8
   Verfrachter 425 67

Sachregister

   Verjährung 439 5
   Wertermittlung bei Beschädigung 430 53
Selbsteintritt
   Spediteur **Anh. II 452 § 1 KVO** 16
   des Spediteurs **Anh. II 452 § 1 KVO** 16;
      Anh. II 452 § 33 KVO 3
   des Spediteurs, KVO-Haftung
      Anh. II 452 § 33 KVO 3
Selbstentzündliche Güter
   Anh. II 452 § 34 KVO 52
Selbsthilfeverkauf
   des Frachtführers **Anh. II 452 § 28 KVO** 31;
      437 2, 19, 20
Selbstladen 425 195
Sendung **Anh. II 452 § 20 KVO** 1;
   Anh. II 452 § 35 KVO 26
Silofahrzeug **Anh. II 452 § 11 KVO** 13;
   Anh. II 452 § 17 KVO 8, 17, 46;
   Anh. II 452 § 30 KVO 7
Silotransport
   Ablieferung 429 67
Sonderwert **Anh. II 452 § 34 KVO** 36
Sorgfaltspflichtverletzung
   Frachtführer 429 119 ff
Spediteur, Speditionsvertrag
   Absender 425 69; 427 5; 429 155
   als Absender, Empfänger 435 3
   ADSP
      s. dort
   AGB-Verwender **Anh. II 452 § 1 KVO** 28
   Beförderung durch –, Frachtführerausführung 432 3
   Beförderung im Güterfernverkehr
      Anh. II 452 § 5 KVO 16
   Beförderungsmittel 425 8
   Begriff 425 66
   Container-Versendung zu festen Kosten
      Anh. I 429 101
   Fixkostenspedition 429 97; 432 3
   als Frachtführer 425 115; **Anh. V 452** 79
   Frachtführer, Zwischenfrachtführer
      425 143
   Frachtführerkette und Einschaltung des –
      441 8
   Frachtgutabsender, -empfänger als –
      429 155
   Frachtgutobhut als – 429 50
   Frachtrecht 425 90
   Frachtrechtshaftung **Anh. I 429** 99
   Frachtvertrag und – 425 64, 82, 90
   oder Frachtvertrag 425 43
   Frachtvertrag, Abgrenzung
      Anh. II 452 § 33 KVO 3
   Gefahrgut 425 17
   Gefahrverlagerung bei Einschaltung
      429 160

fette Zahl = §, magere Zahl = Rdn. **Sub**

Spediteur, Speditionsvertrag (Forts.)
Güterfernverkehr
 Anh. II 452 § 1 KVO 15 ff, 20
Haftpflichtversicherung
 s. Versicherung
Haftung als Hauptfrachtführer **432** 42
Haftungsbegrenzung **430** 8
Haftungsrisiken und Haftpflicht
 Anh. I 429 56
Haftungswechsel **429** 111
KVO-Anwendung **Anh. II 452 § 29 KVO** 1;
 425 43
KVO-Geltung **Anh. II 452 § 1 KVO** 3, 13 ff
KVO-Haftung oder ADSp-Freizeichnung
 Anh. II 452 § 1 KVO 19
KVO-Regeln, anzuwendende
 Anh. II 452 § 1 KVO 18
Möbelspediteur **425** 64
multimodaler Transport **Anh. V 452** 22
multimodaler Transport, FIATA-Durchkonossement **Anh. V 452** 57 ff
Nachnahmen-Einziehung **425** 145
Paketdienstunternehmer **425** 44
Pfandrecht **440** 2; **441** 1; **443** 6
Rechtsstandschaft **429** 158
Sammelladungs- **429** 86
Sammelladungsspedition **432** 3
Selbsteintritt, KVO-Haftung
 Anh. II 452 § 33 KVO 3
Speditionsversicherung **Anh. I 429** 14;
 Anh. II 429
Transportversicherung, Deckung durch –
 Anh. I 429 108
Unterfrachtvertrag, Abgrenzung **432** 25
Versichererregreß gegen – **Anh. I 429** 94 ff
Vor- oder Nachlagerung auf eigenem Lager
 Anh. II 452 § 1 KVO 23
als Vormann, Nachmann in Frachtführerketten **441** 9 f
Spediteur-Übernahmebescheinigung 425 151
Auslieferung ohne – **429** 25
Ausstellung falscher **Anh. II 452 § 31 KVO** 2
Spediteursammelgut
als Ladungsgut **Anh. II 452 § 4 KVO** 13
Speditions- und Rollfuhrversicherung
 Anh. I 429 61
Haftungsbeschränkung bei Güterschäden
 430 2
Neufassung SVS/RVS **Anh. II 429**
Speditionshaftpflichtversicherung
 Anh. I 429 56 ff
Speditionsrecht
Aufwendungsersatz **425** 192
Speditionsrollfuhr
ADSp, AGNB **Anh. III/1 452 § 1 AGNB** 22
Verspätungshaftung **429** 136

Speditionsversicherung
 s. Speditions- und Rollfuhrversicherung
 HGB-Landfrachtrecht **429** 5
Standgeld Anh. III/1 452 § 8 AGBN 1;
 425 180 ff
Steuervorschriften
Begleitpapiere **427** 5
Straße
eigentümliche Gefahr
 Anh. II 452 § 34 KVO 12
Luftfrachtersatzverkehr **Anh. V 452** 73
Luftfrachtgut auf der – **Anh. V 452** 69 ff
Straßenfahrzeuge
Ladungssicherheit (VDI-Richtlinien)
 Anh. II 452 § 17 KVO 3
Straßenfrachtrecht
 s. GüKG
Straßenverkehr
Erschütterungen als Risikofaktor
 Anh. II 452 § 18 KVO 12
Schleppverträge im – **425** 96
Straßenverkehrsunfall
 Anh. II 452 § 34 KVO 13
Streitverkündung
Hauptfrachtführer **429** 157
Stückgut
Absenderverladung
 Anh. II 452 § 17 KVO 18
Anzahl- und Gewichtsprüfung
 Anh. II 452 § 16 KVO 10 f
Kennzeichnung **Anh. II 452 § 18 KVO** 25 ff
Ladefrist-Überschreitung
 Anh. II 452 § 19 KVO 3
Laden, Verladen **429** 91
und Ladungsgut, Unterscheidung
 Anh. II 452 § 4 KVO 1 ff
sperriges, überschweres, empfindliches –
 Anh. II 452 § 17 KVO 18
Verladepflicht des KVO-Unternehmers
 Anh. II 452 § 17 KVO 12
Stückzahl
Feststellungsvermerk
 Anh. II 452 § 16 KVO 24
Überprüfung des Frachtguts
 Anh. II 452 § 11 KVO 19
Sturm
Schadensart **Anh. II 452 § 30 KVO** 2
Subsidiarität
zwischen Versicherungen **Anh. I 429** 75 ff,
 87 ff
Subunternehmer
des Frachtführers **429** 319
Haftpflicht, eigene **Anh. I 429** 37
Versichererregreß **Anh. I 429** 93, 116 f

SVS/RVS 1989
Speditions- und Rollfuhrversicherungsschein
(Text) **Anh. II 429**

Tankfahrzeug Anh. II 452 § 11 KVO 13;
 Anh. II 452 § 17 KVO 8, 17, 43, 46
Tanktransport
 Ablieferung 429 67
Tarifaufhebungsgesetz 425 29, 174
 Begleitpapiere 427 16
 Frachtguteigenschaft 429 31
 GüKG-Bedeutung 425 31
 KVO, GüKUMT 425 62
 KVO-Anpassung **Anh. II 452 § 9 KVO** 1
 KVO-Frachtberechnung
  Anh. II 452 § 20 KVO 1, 2
 KVO-Geltung **Anh. II 452 § 1 KVO** 3
 Lieferfristen **Anh. II 452 § 26 KVO** 1
 Prüfung der KVO-Sendung
  Anh. II 452 § 16 KVO 1
 Rechtswahl und – 425 59
 Tarife GFT und GüKUMT **Vor Anh. I 452** 1
 Weisungserteilung und Frachtansprüche
  433 17
Tarifrecht 425 174 f
 Abholung, Zuführung
  Anh. II 452 § 5 KVO 7
 Aufhebung zum 1. 1. 1994 428 1
 Bestimmungsort, Versandort
  Anh. II 452 § 11 KVO 17
 Bezeichnung der Sendung
  Anh. II 452 § 11 KVO 19
 Dauervertrag, Rahmenvertrag 425 109
 Entladefrist **Anh. II 452 § 25 KVO** 11
 Frachtrecht und – **Anh. II 452 § 5 KVO** 5
 Frachtvertrag, Sammelladungsspedition
  Anh. II 452 § 4 KVO 14
 GüKG 425 174
 Güterfernverkehrstarif (GFT)
  Anh. II 452 § 1 KVO 1
 Güternahverkehr **Anh. I 452 § 2**; 425 35
 KVO **Anh. II 452 § 1 KVO** 1
 Ladegebühr **Anh. II 452 § 17 KVO** 13
 Lieferfristen, Verkürzung gesetzlicher
  Anh. II 452 § 26 KVO 7
 Lieferfristverkürzung, unzulässige
  Anh. II 452 § 31 KVO 10
 Standgeldabrede 425 184
 Stückgut, Ladungsgut
  Anh II 452 § 4 KVO 6 f, 12
 Übersicht 425 17 ff
Tarifumgehung
 Kaufvertrag als – 425 100
TCM-Entwurf
 zum multimodalen Verkehr **Anh. V 452** 52
Teilablieferung des Frachtguts 429 56

Teilannahme des Frachtguts 438 8
Teilausladung des Frachtguts
 Absenderanordnung
  Anh. II 452 § 27 KVO 21
Teilbeschädigung des Frachtguts
 Anh. IV 452 § 13 GüKUMT 5;
 Anh. III/1 452 § 18 AGNB 5;
 Anh. II 452 § 35 KVO 24 ff, 36; 429 20;
 430 46
Teilfrachtführer 432 10
Teilfrachtvertrag 425 107
Teilsendung
 Absenderrechte bei Ankunft – 435 10
 als Frachtgutankunft 433 24
Teilstrecke
 Fracht für – 425 177
Teilverlust des Frachtguts Anh. II 452 § 35
 KVO 31, 37; 429 17 f, 27; 430 46, 51;
 435 10
Textil-Lohnveredelungsaufträge
 Einheitsbedingungen 425 99
Tiefkühlkost 429 22
Tierseuchengesetz 425 24
Tiertransport 425 24
 GüKG-Freistellung **Anh. II 452 § 1 KVO** 6
Tod
 des Absenders 425 128
 des Frachtführers 425 127
Totalverlust des Frachtguts 429 21, 22;
 430 26 ff
Traditionswirkung
 des Ladescheins 450 2, 3
Trageumzug 425 84
Trailer 425 96
Transfracht GmbH Anh. V 452 56
Transitverkehr, früherer
 Anh. II 452 § 34 KVO 32
Transporteur 425 67
Transporthilfsmittel
 als Frachtgut 429 31 ff
Transportmittel
 s. Beförderungsmittel
Transportmittelunfall
 AGNB-Haftung 429 186
 Frachtführerhaftung
  Anh. II 452 § 29 KVO 10 ff
 Haftungsausschluß **Anh. II 452 § 34 KVO** 6
 KVO-Haftung 429 170, 174
Transportverpackungen
 s. Verpackungen
Treu und Glauben
 Verlade-Mitwirkungspflichten
  Anh. II 452 § 17 KVO 8
Trucking Anh. V 452 73

fette Zahl = §, magere Zahl = Rdn.　　　　**Unt**

Überladung des Fahrzeugs
　Anh. II 452 § 17 KVO 40 f
Übernahme der Beförderung 425 82 ff
Übernahme des Frachtguts
　s. Annahme
Übernahme der Obhut 425 86 f
Übernahmebestätigung
　Frachtgut 429 109
Übernahmerecht
　für beschädigte Güter
　Anh. II 452 § 35 KVO 33
Überprüfungspflicht 429 247
Überweisung
　Frachtzahlung an Empfänger 425 145 f
Umladen des Frachtguts
　Container, Paletten- Anh. V 452 49
　nach Güterfernbeförderung
　　Anh. II 452 § 1 KVO 22
　Güterschäden Anh. II 452 § 33 KVO 6
　Luftfrachtgut Anh. V 452 71
Umleitungsweg Anh. II 452 § 28 KVO 9
Umweltschäden 429 249
Umzugsgut
　s. a. GüKUMT
　Beförderungsbedingungen, zwingende
　　GüKUMT 425 33, 35
　keine KVO-Anwendung
　　Anh. II 452 § 1 KVO 9
　Lagerung 429 100
　Versicherungspflicht Anh. I 429 38
Unbestimmtes Beförderungsmittel 425 8;
　Anh. V 452 4
UNCTAD Anh. V 452 62
Unerlaubte Handlung
　ADSp 429 274
　AGB-Freizeichnungen 429 310 ff
　Anspruchsabtretung an Versicherer
　　Anh. I 429 111
　Arbeitnehmer 429 320
　CMR 429 273
　Delikts- und Vertragsrecht 429 285 ff,
　　290 ff
　Dritthaftung wegen Transportschäden
　　429 318
　Entlastungsbeweis 429 268
　ER/CIM 1980 429 279
　Frachtrecht, haftungseinschränkendes und –
　　429 287, 292 ff
　frachtrechtlich Ersatzberechtigter 429 141
　frachtrechtliche Obhutshaftung und –
　　429 270
　Gefahrgutrecht 425 18
　Gehilfenhandlung als – 431 5
　GüKUMT Anh. IV 452 § 15 GüKUMT 2;
　　429 278
　Güterschäden 429 268

Haftpflichtversicherung, Deckung
　Anh. I 429 36
Haftungsbeschränkung, frachtrechtliche und
　– 430 65
Haftungsbeschränkungen
　Anh. II 452 § 35 KVO 2
　KVO 429 275
　Luftfrachtrecht 429 281
　Multimodaler Transport 429 282
　Nichtvertragspartner 429 304 ff
　Rechtsverlust nicht bei Annahme, Frachtzahlung 438 3, 20
　Subunternehmer des Frachtführers 429 319
　Verrichtungsgehilfe des KVO-Frachtführers
　　Anh. II 452 § 6 KVO 14
　Versichererregreß Anh. I 429 105
Unfall
　Begriff Anh. II 452 § 29 KVO 11
　Betriebsmittel-, Transportmittel-
　　Anh. II 452 § 29 KVO 10 ff
　oder Betriebsstörung
　　Anh. II 452 § 29 KVO 13 ff
　Kraftfahrzeug-Güterbeförderung
　　Anh. II 452 § 29 KVO 12
Ungerechtfertigte Bereicherung
　Frachtführererstattungsanspruch 436 36
　Frachtvertrag und – 429 315
　keine Präklusion 438 20
　Zahlungen, nach Frachtbrief nicht – geschuldete 436 28
Unikate 430 30 a
Unmöglichkeit
　Ansprüche aus nachträglicher 429 256
　Beförderungsleistung
　　Anh. II 452 § 28 KVO 3 f
　Frachtvertrag 425 165
　Wagenstellung Anh. II 452 § 14 KVO 24
Unterfrachtführer 425 82, 107; 432 6
　Annahme von Gut, Frachtbrief (Eintritt)
　　432 46 ff
　Ausgleich, Rückgriff 432 56 ff
　Deutsche Bundesbahn Anh. V 452 56
　Eintritt in Hauptfrachtvertrag 432 46 ff
　Eisenbahn und Landfrachtführer 432 17 ff
　Eisenbahn/KVO-Frachtführer
　　Anh. II 452 § 33 KVO 7
　Empfänger, doppelte Ersatzberechtigung
　　429 154
　Ersatzbeförderung Anh. II 452 § 28 KVO 13
　Frachtgutübernahme aufgrund Ladescheins
　　449 1 f
　als Frachtvertrag ohne Empfänger 432 35
　Freizeichnung im Hauptvertrag 432 29
　Gehilfenhaftung, Solidarhaftung 432 33
　Gesamtschuld nach Eintritt 432 54 f

Unterfrachtführer (Forts.)
Haftung
s. Haftung (Unterfrachtverhältnis)
KVO- **Anh. II 452 § 6 KVO** 9
KVO-Anwendung **Anh. II 452 § 29 KVO** 1
Ladescheininhalt, Änderung 446 9
Landfrachtführer mit Binnenschiffer 432 16
Landfrachtführer-Verfrachter, Luftfrachtführer 432 22
Lohnfuhrvertrag, Abgrenzung 432 26
Multimodal Transport Operator
Anh. V 452 9
multimodaler Transport **Anh. V 452** 8
Rechtsbeziehungen 432 27 ff
Speditionsvertrag, Abgrenzung 432 25
Streckenabschnitthaftung 432 34
Vertragspartner 432 24
zwischen Landfrachtführern 432 12 ff
Unterlassungen des Frachtführers
Rechtswidrigkeit 429 268
Unternehmer
Frachtführer 425 66
KVO- **Anh. II 452 § 3 KVO** 1
Unterschlagung Anh. II 452 § 30 KVO 12
Unterschrift, fehlende 426 81
Untersuchungsmethoden
handelsübliche 438 31
Untreue Anh. II 452 § 30 KVO 12
Unverpacktes Frachtgut
Anh. II 452 § 30 KVO 6, 11
Unversehrtheit
des Frachtguts bei Annahme 429 108

VDI-Richtlinien
Ladungssicherung **Anh. II 452 § 17 KVO** 3
Verderb Anh. II 452 § 31 KVO 11;
Anh. II 452 § 34 KVO 42 ff; 430 15
Vereinte Nationen
MT-Konvention **Anh. V 452** 52
Verfrachter 425 67
Verfügungsrecht, frachtvertragliches
Ablieferungsort 433 22 f
Absender- und Empfänger- 433 31; 435 19
Absender- und Notweisungsrecht des Empfängers 434 1
Absenderverfügung, Zulässigkeit 433 10
Anhaltung 433 9, 12
Ankunft des Gutes 433 22
Ankunft von Teilen 433 24
Aufwandsersatz 433 18
Auslieferung an anderen Empfänger 433 14
Begriff 433 2
Binnenschiffahrtsrecht 433 7
CMR 433 6
Eisenbahnrecht 433 2, 6
Empfänger, Klageerhebung 433 26 f

Empfängeränderung 433 9
des Empfängers 433 30 ff; 435 19
Entziehung der Empfängerrechte 435 23
Erlöschen 433 20 ff
Frachtbrief, Ablieferung 433 25
Frachtbriefübergabe an Empfänger 435 17
Frachtvertragsänderung 433 11
GüKUMT 433 5
Güternahverkehr 433 3
Inhalt 433 9
KVO 433 2, 4, 15
Ladescheininhaber 447 10
Möglichkeiten der Ausübung 433 9
Ortsänderung 433 14
Rückgabeverlangen 433 9, 13
Schadenfolgen 433 19
Schuldrechtliche Natur 433 2
Verfügungsbegriff, unrichtiger 433 2
Verteilung des – (Übersicht) 433 34
Weisungen und Frachtführer-Ansprüche
433 16 ff
Weisungsinhalt, zulässiger 433 10
Vergütung des Frachtführers
s. Frachtzahlung
Verhinderung
der Beförderung 428 20 f
Verjährung
Allgemeines Schuldrecht 429 262
gegen Frachtführer 439 6 ff
Frachtführeransprüche 439 10 ff
frachtrechtliche Ersatzansprüche 429 144 ff,
158, 165
Verkauf
freihändiger des Frachtguts 429 26
Verkehrstechnik, moderne
und kombinierter Transport **Anh. V 452** 1
Verkehrsunfall
Güterschaden als Folge 429 317
Verladen des Frachtguts 425 195
Absender, Frachtführer, Empfänger 429 83
Absender, Selbstladen 425 195
Absender-Verladepflicht
Anh. II 452 § 17 KVO 12
AGNB 429 85
Art des – **Anh. II 452 § 4 KVO** 10
beförderungssicheres **Anh. III/1**
452 § § 6 AGNB 4
betriebssicheres **Anh. III/1 452 § 6 AGNB** 3
CMR 429 95
Fahrertätigkeit **Anh. II 452 § 6 KVO** 11
Frachtvertrag 425 138
Gefahrgut 425 17
GüKUMT **Anh. IV 452**;
Anh. IV 452 § 2 GüKUMT 1 ff; § 9 GüKUMT 6; 429 85
Güterschäden bei – **Anh. II 452 § 33 KVO** 5

(800)

fette Zahl = §, magere Zahl = Rdn.　　　　　**Ver**

Verladen des Frachtguts (Forts.)
KVO Anh. II 452 § 33 KVO 5; 429 85
KVO-Verteilung Anh. II 452 § 17 KVO 12, 22 ff
Ladefrist-Überschreitung
　Anh. II 452 § 19 KVO 3
ladungssichere Anh. II 452 § 17 KVO 25 ff
Mitverschulden Anh. II 452 § 34 KVO 26
nichtbetriebssichere
　Anh. II 452 § 34 KVO 27
ohne KVO-Frachtbriefantrag
　Anh. II 452 § 17 KVO 14
Sicherheit der Verladung
　Anh. II 452 § 17 KVO 25
Signierung Anh. II 452 § 18 KVO 26
Spediteur, eingeschalteter Anh. I 429 94 ff
Spediteur-Frachtführer
　Anh. II 452 § 33 KVO 3
Spediteursammelgut als –
　Anh. II 452 § 4 KVO 13
und Stückgut Anh. II 452 § 4 KVO 1 ff
im ungeeigneten Fahrzeug
　Anh. II 452 § 14 KVO 18
VDI-Richtlinien Anh. II 452 § 17 KVO 3
Wiege- und Zählpflicht
　Anh. II 452 § 16 KVO 12 ff
Verladepflicht
AGNB Anh. III/1 452 § 6 AGNB 2, 6
betriebssichere Verladung
　Anh. II 452 § 17 KVO 7
KVO-Vertrag Anh. II 452 § 17 KVO 5 ff, 12 ff
als Nebenpflichtenerfüllung
　Anh. II 452 § 17 KVO 20
Sorgfaltspflichten und Verladepflicht
　Anh. II 452 § 17 KVO 22 ff
Sorgfaltspflichten, zusätzliche
　Anh. II 452 § 17 KVO 11
Vereinbarung, abweichende über anderweitige – Anh. II 452 § 17 KVO 16
Verlust des Frachtguts 429 12 ff, 21, 105, 170
AGNB Anh. III/1 452 § 14 AGNB 4
CMR 435 9, 10
Eisenbahnfrachtrecht 435 10
GüKUMT Anh. IV 452 § 8 GüKUMT 2 ff;
　Anh. IV 452 § 13 GüKUMT 5
KVO Anh. II 452 § 25 KVO 12;
　Anh. II 452 § 29 KVO 6;
　Anh. II 452 § 37 KVO 14; 429 170
Ladeschein 448 4
Verjährung 439 6
Verlustfiktion
für Frachtgut 429 15
Verminderung
s. Minderung

Vermutetes Verschulden
Haftung für – 429 112 ff
und höhere Gewalt
　Anh. II 452 § 34 KVO 14, 21
Verpackung des Frachtguts 425 195, 196
Absenderhaftung bei mangelhafter –
　Anh. II 452 § 18 KVO 19 ff
AGNB Anh. III/1 452 § 5 AGNB 1
Annahmeverweigerung bei Mängeln der –
　Anh. II 452 § 18 KVO 15
beschädigte 438 32
Container, Stauen im 429 37
Erforderlichkeit Anh. II 452 § 18 KVO 4
Erforderlichkeit, Handelsüblichkeit
　Anh. II 452 § 18 KVO 9
Frachtbriefangaben zu Mängeln
　Anh. II 452 § 18 KVO 17
Frachtführerrisiken
　Anh. II 452 § 18 KVO 8, 10 ff
Frachtgut als – 429 29
GüKUMT Anh. IV 452 § 9 GüKUMT 6
KVO-Frachtgut Anh. II 452 § 18 KVO 1 ff
Mängel der – und Frachtführerrechte
　Anh. II 452 § 18 KVO 15 ff
Mitverschulden Anh. II 452 § 34 KVO 28
Rückbeförderung 425 25
Schaden, behaupteter
　Anh. II 452 § 37 KVO 4
Schadensdeckung Anh. I 429 26
Transportgefahren
　Anh. II 452 § 18 KVO 5 ff
Verpflichtung oder Obliegenheit
　Anh. II 452 § 18 KVO 3
Vervollständigung auf Absenderkosten
　Anh. II 452 § 18 KVO 16
Zweck-Mittel-Verhältnis
　Anh. II 452 § 18 KVO 2
Versandort
Stückzahlprüfung Anh. II 452 § 16 KVO 11
Verschulden
Ablieferungshindernis 437 6
AGNB Anh. III/1 § 1 11 ff
Beförderungshindernis
　Anh. II 452 § 28 KVO 5
Benachrichtigung, unterlassene 437 14
des Berechtigten 429 122
culpa levissima 429 323
Deckungsverlust Anh. I 429 24
Eigenverschulden, grobes Anh. III/1
　§ 1 11 f; 429 239
Frachtführer für Begleitpapiere 427 9 ff
Frachtführer-Gehilfen 431 1 ff
Gehilfen- und Frachtgutverlust 430 59
grobe Fahrlässigkeit Anh. III/1 § 1 11 f, 15;
　430 57
Haftung ausliefernden Frachtführers 442 9

(801)

Verschulden (Forts.)
Haftungsbeschränkungen bei Frachtgutverlust 430 55 ff
KVO-Frachtführer
Anh. II 452 § 31 KVO 19;
Anh. II 452 § 34 KVO 33
Leute des Frachtführers 431 15
mittlere Fahrlässigkeit 429 323
mitwirkendes – Anh. II 452 § 18 KVO 22
Regreßverlangen bei Unterfracht 432 64
Schadenherbeiführung und Rechtsverlust 438 25 ff
Transporthindernis (Verhinderung) 428 18, 26
Verfügungsberechtigter
Anh. II 452 § 34 KVO 22 ff
vermutetes – 429 112, 115
verschärfte Haftung, Haftungsbegrenzungen 429 299 ff
Vorsatz 430 57
Weisungen, nichtbefolgte 437 14
Zurechnung von –, Haftung für Personen
Anh. II 452 § 6 KVO 6; Anh. III/1 § 19; 431 1 ff
Versendungskauf 429 155
Versicherung (Transportrisiko)
Absender als Versicherungsnehmer
Anh. I 429 107
Abtretung von Ersatzansprüchen
Anh. I 429 91
Abtretung neben Forderungsübergang
Anh. I 429 111
AGB-Kontrolle Anh. I 429 29, 40, 47
AGNB-Haftpflicht Anh. I 429 39, 41, 51
Allgefahrendeckung Anh. I 429 23
Allgemeine Deutsche Binnentransportversicherungsbedingungen Anh. I 429 17
Allgemeine Deutsche Seeversicherungsbedingungen Anh. I 429 17
Allgemeine Einheitsversicherungsbedingungen Anh. I 429 18
Arten Anh. I 429 1
Beförderungsmittel, anderes als vereinbartes
Anh. I 429 27
Beförderungsmittel, ungeeignetes
Anh. I 429 27
Beförderungszeit, Beförderungsobhut
Anh. I 429 15
Bewachungsklausel Anh. I 429 24
CMR-Fremdunternehmer-Haftpflicht
Anh. I 429 48 ff
CMR-Haftpflicht Anh. I 429 39, 41, 45 ff
COMECON-Verkehr, früherer
Anh. I 429 19
Deckung, globale (ADS, ADB, EVB)
Anh. I 429 23

Deckungs-Kollisionen und Subsidiarität
Anh. I 429 77
Deckungsanspruch (Haftpflicht)
Anh. I 429 32
Deckungsumfang (Güterversicherung)
Anh. I 429 21 ff
Deckungsumfang (Haftpflicht)
Anh. I 429 32
Deckungsumfang (Speditionsversicherung)
Anh. I 429 56, 73
Deckungswegfall Anh. I 429 24
Doppelversicherung Anh. I 429 63 ff
Dritte, Haftung aus Regreß Anh. I 429 119
Drittschadensliquidation Anh. I 429 109
Empfänger als Versicherungsunternehmer
Anh. I 429 108
Ersatzansprüche, Übergang Anh. I 429 16
Europa-Police Anh. I 429 54
Folgeschäden Anh. I 429 22
Forderungsübergang § 67 VVG
Anh. I 429 107
Frachtführer, außervertragliche Haftung
Anh. I 429 36
Frachtführer, Regreß Anh. I 429 16
Frachtführer-Haftung (Haftpflicht)
Anh. I 429 30 ff
Frachtrecht-Haftungsregelungen
Anh. I 429 16
Gefahränderung Anh. I 429 25
GüKG Anh. I 429 38, 41
GüKUMT-Haftpflicht Anh. I 429 41, 52
Güterschadens- und Haftpflichtversicherung
Anh. I 429 72
Güterversicherer, Regreß Anh. I 429 92 ff
Güterversicherung Anh. I 429 15 ff
Güterversicherung als Transportversicherung Anh. I 429 7
Güterversicherungen, Konkurrenz
Anh. I 429 80
Haftpflicht und Sachersatz Anh. I 429 3
Haftpflichtversicherung Anh. I 429 30 ff
Haus-zu-Haus-Deckung Anh. I 429 21
Herbeiführung, schuldhafte Anh. I 429 24
Integritätsinteresse Anh. I 429 15, 30
Interessen, versicherte Anh. I 429 1, 8
Kabotageversicherung Anh. I 429 38, 54
Kfz- und KVO-Haftpflichtversicherung
Anh. I 429 82, 84
Kombinierter Transport Anh. I 429 55
Konkurrenzen Anh. I 429 79 ff
KVO-Haftpflicht Anh. I 429 38, 41 ff
KVO-Versicherung Anh. I 429 9
KVO/CMR-Haftpflicht Anh. I 429 36
Lagerschäden Anh. I 429 83
Lagerversicherung Anh. I 429 20
Leistungseinschränkungen Anh. I 429 23

Versicherung (Transportrisiko) (Forts.)
Multimodaler Transport **Anh. I 429** 100, 102
Obliegenheiten **Anh. I 429** 28
Personal, Haftung aus Regreß **Anh. I 429** 117
Prozeßstandschaft **Anh. I 429** 114
Regreß des Haftpflichtversicherers **Anh. I 429** 115
Regreß und Subsidiarität **Anh. I 429** 87 ff
Regreß des Versicherers **Anh. I 429** 86 ff
Regreßausschluß **Anh. I 429** 88 f
Regreßforderung, Aktivlegitimation **Anh. I 429** 90 ff, 103 ff
Regreßsperrende Klauseln **Anh. I 429** 121
Regreßverzicht **Anh. I 429** 88
Rettungskosten **Anh. I 429** 126
Rückwärtsversicherung **Anh. I 429** 21
Sachersatzinteresse **Anh. I 429** 2, 69
Sachinteresse **Anh. I 429** 8
Sachversicherungsregeln **Anh. I 429** 4
Schadensersatz, frachtvertraglicher **Anh. I 429** 31
Schuldbefreiung des Frachtführers **Anh. I 429** 31
Schwergut-Haftpflicht **Anh. I 429** 53
Sonderregeln in VVG- **Anh. I 429** 6
Spediteur, Haftung aus Regreß **Anh. I 429** 94 ff
Speditions- und Rollfuhrversicherung **Anh. I 429** 61
Speditions- und Rollfuhrversicherungsschein **Anh. II 429**
Speditionshaftpflicht **Anh. I 429** 56, 81
Speditionsversicherer, Haftung aus Regreß **Anh. I 429** 118
Speditionsversicherer, Regreß **Anh. I 429** 120
Speditionsversicherung **Anh. I 429** 14
Subsidiarität **Anh. I 429** 75 ff
Subunternehmer, Haftung aus Regreß **Anh. I 429** 93, 116
Transporthaftpflichtversicherung **Anh. I 429** 8
Transporthaftungsrisiko **Anh. I 429** 8
Transportversicherung, Differenzierung **Anh. I 429** 8
Trennungsprinzip **Anh. I 429** 31
Übersicht **Anh. I 429**
Umladung **Anh. I 429** 27
Unerlaubte Handlung **Anh. I 429** 36
Verkehrshaftpflichtversicherungen, Kombinationen **Anh. I 429** 41
Verlader **Anh. I 429** 97, 102
Verpackungsmängel **Anh. I 429** 26
Versicherungen, übliche **Anh. I 429** 41

Versicherungspflicht (Haftpflicht) **Anh. I 429** 38 f, 42
Versicherungsaufsichtsrecht **Anh. I 429** 6, 10 f, 14
Vertragsfreiheit **Anh. I 429** 8
VVG-ausgenommene Güterversicherung **Anh. I 429** 29
Versicherungsaufsichtsrecht
Transportversicherungen **Anh. I 429** 6 ff
Versicherungsvertragsrecht
Transportversicherungen **Anh. I 429** 8, 9, 11, 12, 13, 29
Verspätung 439 6
s. Lieferfrist
Verspätungshaftung
s. Haftung (Frachtführer)
Vertrag zu Lasten Dritter
Empfänger-Zahlungspflicht als Fall des – **436** 22
Vertrag mit Schutzwirkung für Dritte
Transport- und Lagerrecht **429** 156
Vertrag zugunsten Dritter
Frachtgutempfänger **429** 141
Frachtvertrag **425** 104
Frachtvertrag als – **435** 22; **436** 1, 2, 3
Hinterlegungsvertrag Frachtführer (Verwahrer) **437** 16
Vertragshaftung
Obhutshaftung und allgemeine – **429** 233 ff
Vertragsrecht, Deliktsrecht
Gleichrangigkeitsproblem **429** 290 ff
Vertragsstrafe
Vereinbarung **429** 263 ff
Verwahrungsvertrag
Frachtgutbesitz aufgrund – **429** 64
Frachtvertrag und – **425** 133
Verweigerung der Annahme 437 7
Verzug (Gläubigerverzug)
Absender **428** 22
Annahmeverweigerung **437** 8
Frachtgutbeschädigung **429** 23
Nichtannahme durch Empfänger **435** 18
Verzug (Schuldnerverzug)
Beförderung, zeitweilige Verhinderung **428** 21
Beförderungshindernis, zeitweiliges **Anh. II 452 § 28 KVO** 4
Frachtvertrag (Verspätungshaftung) **425** 157 ff
Lieferzeit und – **428** 3
Lieferzeitüberschreitung **428** 11
Standgeldforderung **425** 190
Verspätungshaftung, Vorrang gegenüber – **429** 242 ff
Völkerrecht
Gefahrguttransport **425** 16, 56

Vorbehaltsannahme 436 12
Vorlagerung
  ADSp Anh. II 452 § 1 KVO 26
  Güterschäden Anh. II 452 § 33 KVO 11
Vorteilsausgleichung
  Wiederauffindung verlorenen Gutes 430 40

Wagenstandsgeld Anh. II 452 § 19 KVO 4;
  Anh. II 452 § 25 KVO 10
  bei Aussetzung der Ablieferung
  Anh. II 452 § 27 KVO 12
Wagenstellungsvertrag
  Anh. II 452 § 4 KVO 11;
  Anh. II 452 § 15 KVO 10
  und Frachtvertrag Anh. II 452 § 14 KVO 1 ff
  Haftungsbeschränkungen der DBB 429 294
  KVO und – 425 154
Wahlrecht
  des Beförderers 425 8
Warschauer Abkommen
  s. Luftfrachtrecht (WA)
Wartezeiten Anh. III/1 452 § 8 AGNB 1;
  425 180
Wechselaufbauten
  und Frachtberechnung 429 31
Wegnahme
  Haftungsausschluß
  Anh. II 452 § 34 KVO 32
Wegstrecke
  multimodaler Transport und Quotelung der
  – Anh. V 452 34
Weisungen bezüglich Frachtgut
  Empfänger – 434 1 ff
  Frachtansprüche, Aufwendungen als Folge
  von – 433 16 ff
  frachtrechtliche Verfügung als – 433 2
  Frachtvertrag 425 135
  Weisungswidriges Verhalten 429 254
Weiterleitung
  Absenderverfügung
  Anh. II 452 § 27 KVO 20
Weiterversendung 425 143
Werksfernverkehr 425 99
Werkverkehr
  GüKG-Sondervorschriften
  Anh. I 452 § 48 GüKG 1
Werkvertrag
  Frachtvertrag und – 425 156
  Frachtvertrag und Mängelhaftung nach –
  425 167 ff
  Frachtvertrag als Sonderfall 425 75, 87, 98,
  102
  multimodaler Transport Anh. V 452 12, 13
  Nichtkaufmann als Beförderer 451 3
  Wagenstellungsvertrag
  Anh. II 452 § 14 KVO 7

Wertersatzschuld
  statt Naturalrestitution 430 19
Wertpapiere Anh. II 452 § 34 KVO 34;
  429 129
  Ladeschein 444 2
  multimodaler Transport Anh. V 452 58 ff
  Verbriefung frachtrechtlicher Ansprüche
  429 153
Wiederauffindung des Frachtguts 429 16;
  430 36 ff
Wiederausladung des Frachtguts
  Anh. II 452 § 19 KVO 5
Wiederherstellung des Frachtguts 429 19
Wiegen des Ladungsgutes
  Anh. II 452 § 16 KVO 12 ff
Witterungseinflüsse
  und höhere Gewalt Anh II 452 § 34 KVO 17
  Schadensursache Anh. II 452 § 30 KVO 2

Zählen des Ladungsgutes
  Anh. II 452 § 16 KVO 12 ff
Zahlung der Fracht
  Präklusionswirkung 438 14 ff
Zahlungshalber erbrachte Leistungen
  Präklusionswirkung 438 15
Zahlungspflicht
  des Absenders 436 30
  des Empfängers 436 18 ff
Zeitpunkt
  für Gutsübernahme 428 5
Zeitweilige Verhinderung
  der Beförderung 428 21
Zeitwert
  Wertersatz Anh. II 452 § 35 KVO 18 ff
Zerstörung des Frachtguts 429 12
Zollangelegenheiten
  Verzollung als Frachtführeraufgabe 425 144
Zollbehörde
  Ablieferung an – 429 69
Zollvorschriften
  Begleitpapiere 427 5
  KVO-Frachtführer
  Anh. II 452 § 12 KVO 15
Zubringer-Verkehrsmittel 429 97
Zubringertransport
  mit Kraftwagen 425 5
  Luftfracht Anh. V 452 71
  multimodaler Transport Anh. V 452 11
Zufallsempfänger 425 71
Zufallshaftung 429 173, 196, 233
Zuführung
  ADSp-Anwendung Anh. II 452 § 1 KVO 26
  Güterschäden bei – Anh. II 452 § 33 KVO 4
Zug-um-Zug-Auslieferung 435 10, 12
  gegen Ladescheinrückgabe 448 1 ff

fette Zahl = §, magere Zahl = Rdn.

Zug-um-Zug-Auslieferung (Forts.)
  gegen Nachnahmeerhebung
    Anh. II 452 § 24 KVO 1 ff
Zurückbehaltungsrecht
  des Frachtführers **435** 13
  des KVO-Frachtführers
    Anh. II 452 § 25 KVO 7
Zurücksendung des Frachtguts
    Anh. II 452 § 27 KVO 16 f
Zurückweisung des Frachtguts
  durch Empfänger **435** 22

Zustellung (Zuführung)
  frachtvertragliche Pflicht
    Anh. II 452 § 5 KVO 4;
    Anh. II 452 § 6 KVO 12
  KVO-Unternehmerpflicht
    Anh. II 452 § 5 KVO 7 ff
Zwischenfrachtführer 425 107; **432** 9, 25
Zwischenlagerung
  ADSp **Anh. II 452 § 1 KVO** 26
  Güterschäden **Anh. II 452 § 33 KVO** 13

2. Verhältnis zu §§ 29 ff, insbesondere § 36 KVO

Soweit § 32 sich in Form einer Schadensersatzpflicht des Frachtführers auswirkt, ist grundsätzlich auch § 36 anzuwenden, der klarstellt, daß die Kosten und Aufwendungen zusätzlich zu ersetzen sind. Bei Verlusten und Beschädigungen treten sie daher zu dem nach § 35 Abs. 1–3 berechneten Wert hinzu. Andernfalls wäre § 32 praktisch bedeutungslos. Dies hat wohl auch für die summenmäßige Haftungsgrenze des § 35 Abs. 4 zu gelten.

§ 36 begrenzt den Schadensersatzanspruch des Absenders oder Empfängers durch Verweisung auf die für den Totalverlust zu berechnende Maximalentschädigung. Aus der Bestimmung läßt sich entnehmen, daß die Verweisung sich nicht nur auf die Berechnung nach § 35 beziehen soll, sondern daß die Berechnung des Ersatzwertes für den Totalverlust auch die Geltendmachung höherer Aufwendungen und Kosten nach § 32 abschneidet. Dies ergibt sich daraus, daß § 36 auf § 32 mit Bezug nimmt[2], führt aber dazu, daß im Falle des Totalverlustes der Geschädigte praktisch keinen Ersatz seiner Kosten und Aufwendungen nach § 32 verlangen kann. Diese Lösung befriedigt wenig, wenn der Fakturenwert der Güter weit unter der 80,-DM-Grenze des § 35 Abs. 4 liegt. Auch in diesen Fällen müßte der Geschädigte die u. U. verhältnismäßig hohen Kosten für Schadensermittlung und Schadensfeststellung tragen, obwohl der durch § 35 Abs. 4 KVO abgesteckte Rahmen zumutbarer Haftung nicht erreicht ist. Ist die Schadensfeststellung einfach und zieht der KVO-Frachtführer dennoch einen Sachverständigen heran, so kann im Sichberufen auf die Haftungsbeschränkung des § 36 ein Rechtsmißbrauch liegen.

3. Aufwendungen des Frachtführers

Nach § 32 hat der Frachtführer gegen Absender oder Empfänger keinen Anspruch auf Erstattung der in Abs. 1 und 2 bezeichneten Kosten. Solche Ansprüche stehen aber dem Frachtführer auch nicht wegen Aufwendungen zu, die er zur Erfüllung der ihm nach dem Frachtvertrag obliegenden Verpflichtungen macht (z. B. Ersatzbeförderungen nach § 28 Abs. 1 S. 1 KVO; z. B. Bewachung und Ladungsfürsorge). Die Kostentragung für diese Maßnahmen ergibt sich aus den betreffenden Vorschriften bzw. aus allgemeinen Grundsätzen[3]. Insbesondere trifft dies auch bei durch § 254 Abs. 2 S. 1 BGB geforderten Maßnahmen der Schadensabwendung und -minderung zu; *Koller*[2] Rdn. 1. In diesen Fällen kann § 36 KVO keine Auswirkungen haben[4].

4. Aufwendungen des Absenders oder Empfängers

Kostenerstattungsansprüche des Absenders oder Empfängers, der dem KVO-Frachtführer bei Maßnahmen, die diesem obliegen, behilflich ist, ergeben sich aus allgemeinen Vorschriften, insbesondere aus § 670 BGB oder aus Geschäftsführung ohne Auftrag. Für diese Ansprüche gelten die Haftungsbeschränkungen des § 36 nicht, da es sich nicht um Schadensersatzansprüche handelt.

II. Kosten der Schadensabwendung oder -minderung (§ 32 S. 1)

Droht dem Absender oder Empfänger im Zusammenhang mit dem Beförderungsvertrag ein Schaden, so sind beide Vertragsseiten grundsätzlich verpflichtet, den Schaden

---

[2] *Willenberg*[4] § 36 Rdn. 6.
[3] Siehe z. B. § 28 Rdn. 9; *Willenberg*[4] Rdn. 11.
[4] *Koller*[2] Rdn. 2; a. A. *Willenberg*[4] Rdn. 4.

abzuwenden oder zu mindern. Diese Pflicht ergibt sich für den KVO-Frachtführer aus der frachtvertraglichen Sorgfaltspflicht, für den Absender oder Empfänger aus § 254 Abs. 2 S. 1 BGB. Kosten und Aufwendungen für die betreffenden Maßnahmen können danach zunächst auf beiden Seiten entstehen. Durch § 32 KVO werden sie jedoch dem KVO-Frachtführer zugewiesen, soweit sie den Umständen nach geboten waren und soweit der abzuwendende oder zu mindernde Schaden vom KVO-Frachtführer zu ersetzen gewesen wäre. Dies bedeutet, daß der Frachtführer keinen Ersatz dieser Kosten verlangen kann. Aufwendungen des Absenders oder Empfängers sind dagegen nach dem Schadensersatzkonzept der KVO als mittelbare Schäden zu ersetzen[5] und unterliegen zusammen mit etwaigen Güterschadens-Ersatzansprüchen der Haftungsbegrenzung des § 36[6]. Dies kann nicht befriedigen.

III. Kosten der Bergung (§ 32 S. 1)

Bergung von beschädigtem oder einer Schädigung ausgesetztem Gut kann dann als **7** Schadensminderung betrachtet werden, wenn sie der Entstehung größeren Güterschadens entgegenwirken soll. Bei Totalschaden dient sie dagegen der Erfüllung allgemeiner Verkehrspflichten – etwa als Störungsbeseitigung des Frachtführers als Handlungsstörer oder des Absenders oder Empfängers als Zustandsstörer gemäß § 1004 BGB. Soweit der Frachtführer sie vornimmt, hat er nach § 32 die Kosten selbst zu tragen[7]. Absender oder Empfänger gegenüber haftet er nach § 32 KVO unter den Beschränkungen der Obhutshaftung[8].

IV. Kosten der Schadensermittlung und -feststellung (§ 32 S. 2)

Die Schadensermittlung und -feststellung ist in § 37 Abs. 1 KVO primär dem KVO- **8** Frachtführer zugewiesen. Nach § 32 S. 2 hat er dafür die Kosten (im Rahmen der Haftungsgrenzen des § 36) zu tragen. Erfüllt der Frachtführer seine Pflicht zur Schadensfeststellung nicht und muß stattdessen der Verfügungsberechtigte die Schadensfeststellung veranlassen, dann ergibt sich, falls ein Schaden vorgelegen hat, aus § 32 S. 2 KVO ein Schadensersatzanspruch des Verfügungsberechtigten, der die Erstattung seiner Ermittlungsaufwendungen[9] mit umfaßt, wenn der festgestellte Schaden zu ersetzen gewesen wäre[10]. Dieser unterliegt als Schadensersatzanspruch (siehe Rdn. 3) der Beschränkung nach § 36; *Koller*[2] Rdn. 4. Hat der Frachtführer die Schadensfeststellung vorgenommen, ohne dazu verpflichtet zu sein, kann er den Ersatz etwaiger Aufwendungen nach §§ 683, 670 BGB vom Absender verlangen[11]. Schadensfeststellungskosten sind insbesondere die Kosten eines Sachverständigen, insbesondere eines Havariekommissars[12].

---

[5] BGH vom 28. 5. 1965, 1593 f = VersR **1965** 755, 757 (Aussortierungskosten); BGH vom 10. 2. 1983, TranspR **1983** 67 = VersR **1983** 629, 630 – in BGHZ **86** 387 weggekürzt; *Willenberg*[4] Rdn. 9.
[6] Siehe Rdn. 3; *Koller*[2] Rdn. 3; *Willenberg*[4] Rdn. 10.
[7] Diese Kosten werden von seinem KVO-Haftpflichtversicherer getragen; LG Hamburg vom 14. 12. 1967, VersR **1968** 686 f; *Willenberg*[4] Rdn. 5; *Muth/Andresen/Pollnow* § 32 KVO S. 214.
[8] § 36 KVO ist anzuwenden; *Koller*[2] Rdn. 4.
[9] Bzw. der seines Transportversicherers; LG Hamburg vom 25. 2. 1985, TranspR **1985** 188.

[10] BGH vom 9. 11. 1961, VersR **1961** 1110, 1111. Siehe dazu mit eingehender Begründung auch *Buthke* VP **1959** 5 ff; wohl auch LG Hamburg vom 25. 2. 1985, TranspR **1985** 188; BGH vom 3. 7. 1962, NJW **1962** 1678 = VersR **1962** 725 (zu den AKB).
[11] Daneben unter Umständen die Gebühr nach XIX Nebengebührentarif; *Willenberg*[4] Rdn. 6.
[12] BGH vom 9. 11. 1961, VersR **1961** 1110, 1111; LG Hamburg vom 14. 12. 1967, VersR **1968** 686, 687; *Willenberg*[4] Rdn. 14.

§ 33
Ersatzpflicht für Schäden aus Hilfsverrichtungen

Der Unternehmer ersetzt im Rahmen der §§ 29, 32 und 34 auch Güterschäden, die eintreten

a) bei der Abholung oder Zuführung der Güter, wenn die Abholung oder Zuführung vom Unternehmer oder durch von ihm Beauftragte besorgt wird,

b) beim Ver-, Aus- oder Umladen der Güter, wenn der Unternehmer oder von ihm Beauftragte dabei mitgewirkt haben,

c) bei einer Beförderung mit der Eisenbahn, die vom Unternehmer innerhalb des von ihm geschlossenen Beförderungsvertrages bewirkt wird,

d) bei einer Vor- oder Nachlagerung im Gewahrsam des Unternehmers nach Übernahme des Gutes vom Absender und vor Auslieferung an den Empfänger, soweit die Lagerung nicht die Dauer von jeweils 15 Tagen – Sonn- und Feiertage nicht mitgerechnet – überschreitet,

e) bei Zwischenlagerungen bis zur Dauer von acht Tagen, die während der Beförderung des Gutes erforderlich werden.

Übersicht

	Rdn.		Rdn.
I. Allgemeines	1	3. Beförderung mit der Eisenbahn (Buchst. c)	7
1. Funktion des § 33 KVO	1	4. Lagerung (Buchst. d, e)	8
2. Bedeutung für die Abgrenzung zwischen Speditions- und Frachtrecht	3	a) Allgemeines	8
II. Die einzelnen Tatbestände des § 33	4	b) Vorlagerung	11
1. Abholung und Zuführung (Buchst. a)	4	c) Nachlagerung	12
2. Laden (Buchst. b)	5	d) Zwischenlagerung	13

I. Allgemeines

1. Funktion des § 33 KVO

1 § 33 KVO ergänzt § 29, indem er teilweise Schadensfälle, die nicht unter die Obhutszeit des § 29 fallen (siehe dazu § 29 Rdn. 7 ff) der Haftung des § 29 unterstellt. Insoweit bewirkt § 33 eine Erweiterung des Anwendungsbereichs des § 29[1]. Teilweise kommt § 33 auch nur klarstellende Bedeutung zu – so hinsichtlich des Transports mit der Eisenbahn (Buchst. d) und in manchen Lagerungsfällen der Buchstaben d und e.

2 Die **Verweisung auf §§ 29, 33, 34** bedeutet nicht nur eine Anwendung des Grundsatzes der Gewährhaftung und der Haftungsausschlüsse. Vielmehr unterliegt die Haftung nach § 33, wie sich aus § 36 deutlich ergibt, zugleich den Haftungsbeschränkungen der §§ 35, 36.

2. Bedeutung für die Abgrenzung zwischen Speditions- und Frachtrecht

3 Vielfach werden zu befördernde Güter Spediteuren zur Versendung übergeben, die aber die Güterfernbeförderung im Selbsteintritt vornehmen (sog. „Gemischtbetriebe").

---

[1] *Koller*[2] § 17 KVO Rdn. 4; *Willenberg*[4] Rdn. 1: „schaffen neue Haftungsgründe"; ebenso *Muth/Andresen/Pollnow* § 33 KVO S. 215.

Hier endet die KVO-Haftung des Spediteur-Frachtführers erst mit dem nach § 33 a festzustellenden Zeitpunkt. Der Bestimmung kommt daher die Bedeutung zu, abzugrenzen, wann das in der Obhut des Spediteurs befindliche Gut aus dem zwingenden Haftungsbereich der KVO nach §§ 412, 413[2] in den Bereich der (regelmäßig durch die ADSp abbedungenen) dispositiven Spediteurhaftung überwechselt. Dieser Zeitpunkt wird nach folgendem Prinzip bestimmt: Die zwingende KVO-Haftungszeit des Spediteurs endet in dem Zeitpunkt, in dem bei technisch gleichartigem Verlauf die Haftung eines vom Spediteur beauftragten KVO-Unternehmers geendet hätte. Auch ihr Beginn wird nach dem gleichen Prinzip festgestellt[3]. Für diese Fälle wird in der Literatur angenommen, daß die Hilfsverrichtungen nach § 33 grundsätzlich nur der dispositiven Spediteurhaftung (d. h. den ADSp und dem SVS/RVS) unterlägen; daher gelte auch die Haftungserstreckung des § 33 nicht[4]. Die Rechtsprechung des BGH neigt wohl auch zu dieser Haltung[5]. Sie schließt aber die Einbeziehung von Nachlagerungen nach § 33 d KVO im Lager des Spediteurs nicht aus, wenn auch ein fremdbeauftragter KVO-Unternehmer das Gut nachgelagert hätte[6]. Ausgangspunkt muß danach die konkrete Fallgestaltung sein. Handelt es sich um eine mit der Güterfernbeförderung notwendig zusammenhängende Erweiterung der KVO-Haftung nach § 33, sollte auch der Spediteur ihr unterliegen. Ist dagegen die weitere Behandlung des Gutes typische Spediteurtätigkeit, untersteht sie den ADSp. Zu haften hat danach der Spediteur-Frachtführer beispielsweise für Lade- und Entladetätigkeiten, die nach § 17 KVO dem Frachtführer zugewiesen sind oder für KVO-Zwischenlagerungen nach § 33 e KVO. Dies gilt insbesondere für die in die Frachtführerhaftung mit einbezogenen Ladetätigkeiten. Aber auch soweit ein etwa beauftragter dritter KVO-Unternehmer sich üblicherweise freiwillig zu Ladetätigkeiten verpflichtet hätte, kann nur die KVO-Haftung eingreifen. Andernfalls würde der Versender durch den Selbsteintritt des Spediteurs schlechter dastehen, als wenn dieser die Beförderung an einen Frachtführer übertragen hätte. Der Selbsteintritt würde also die Rechtsstellung des Versenders verschlechtern, insbesondere die zwingende KVO-Haftpflichtversicherung, verbunden mit einer Haftung ohne Verschulden durch die verschuldensabhängige ADSp/SVS-Regelung ersetzen. Entsprechendes gilt für solche mit der Fernbeförderung zusammenhängende Lagerungen, die normalerweise vom beauftragten KVO-Frachtführer mit übernommen worden wären. Für Tätigkeiten, die im Falle der Beförderung durch einen dritten Frachtführer in den Aufgabenbereich des Spediteurs gehört hätten, also z. B. das Laden, soweit der Absender verladepflichtig ist (siehe § 17 KVO), muß es dagegen bei der Anwendung von Speditionsrecht bleiben. Dafür, daß der Schaden nicht während der KVO-Beförderung, sondern während der einer Freizeichnung offenstehenden Lagertätigkeit entstanden ist, hat der Frachtführer/Lagerhal-

---

[2] Siehe §§ 412, 413 Rdn. 25 ff.
[3] OLG Hamburg vom 18. 6. 1992, TranspR **1992** 421.
[4] *Willenberg*[4] Rdn. 2; *Muth/Andresen/Pollnow* § 33 KVO S. 215 f; weniger ausgesprochen OLG Stuttgart vom 18. 3. 1975, VersR **1975** 729, 730.
[5] Zum Vor- und Nachlauf im Nahverkehr BGH vom 13. 6. 1985, TranspR **1985** 329 f (gegen OLG Köln TranspR **1984** 35, 37 f; zu diesem Urteil *Kirchhof* VersR **1983** 614 f); BGH vom 13. 6. 1985, TranspR **1985** 331, 332. Zur Nachlagerung nach § 33 d KVO BGH vom 15. 5. 1985, TranspR **1985** 327, 328 = VersR **1985** 829 ff; vom 11. 7. 1985 TranspR **1985** 333, 334; OLG Hamburg vom 13. 10. 1983, TranspR **1984** 178, 179 = VersR **1984** 235; LG Münster vom 6. 6. 1984, TranspR **1984** 180, 181 = VersR **1984** 981.
[6] BGH vom 10. 2. 1983, TranspR **1983** 64, 66 = VersR **1983** 551, 552. Bei entgegengesetzter Sachentscheidung noch grundsätzlich diese Lösung offenhaltend BGH vom 15. 11. 1984, NJW **1986** 378 f = TranspR **1985** 47 f = VersR **1985** 157, 158; vom 15. 5. 1985, TranspR **1985** 327, 328 = VersR **1985** 829 ff. Ohne nähere Begründung OLG Nürnberg vom 10. 12. 1981, TranspR **1984** 177, 178; OLG Hamburg vom 24. 11. 1983, VersR **1984** 637, 638; OLG Frankfurt vom 30. 5. 1984, TranspR **1984** 272 f.

Sechster Abschnitt. Frachtgeschäft

II. Die einzelnen Tatbestände des § 33
1. Abholung und Zuführung (Buchst. a)
Hinsichtlich dieser Begriffe kann auf § 5 KVO und die dortigen Erläuterungen, insbesondere auf Rdn. 3 verwiesen werden. Im praktischen Regelfall der Haus-zu-Haus-Beförderung ist § 29 KVO ohnehin auf die Gesamtstrecke anwendbar; Vor- oder Nachlauf entfallen[8].

2. Laden (Buchst. b)
Wer für Schäden beim Verladen und Entladen der Güter zu haften hat, ergibt sich grundsätzlich aus §§ 29, 17 KVO. Soweit den KVO-Frachtführer die Verladepflicht trifft, liegt die Annahme bereits vor dem Verladen. In diesen Fällen kann man auch nicht von einem „Mitwirken" des Frachtführers sprechen, da er die Verantwortlichkeit voll übernimmt[9]. Hat der Absender zu verladen, beginnt der Haftungszeitraum erst mit dem Ende der Verladung[10]. Soweit der KVO-Frachtführer die Entladung mit übernommen hat, ist die Ablieferung erst mit der Beendigung des Entladens[11] erfolgt; in der Regel mit der Entladung des entsprechenden Teils der Sendung[12]. § 33 b KVO betrifft dagegen die Mitwirkung des KVO-Frachtführers bei Lade- oder Entladevorgängen, die an sich vom Absender oder Empfänger vorzunehmen sind[13]. Mindestens soweit der KVO-Frachtführer zu dieser Mitwirkung verpflichtet ist, hat er somit auch nach §§ 33 b, 29 KVO ohne Verschulden zu haften[14]. Die Mitwirkungspflichten dürfen nicht zu eng gesehen werden. Wirkt der KVO-Frachtführer mit, ohne daß er dazu nach dem Frachtvertrag verpflichtet wäre, so ist zweifelhaft, inwieweit er dennoch nach § 33 b haftet. Die Literatur und Rechtsprechung zur KVO lehnt in diesen Fällen jede Haftung ab[15]. § 33 b KVO stellt aber an sich nur auf die Mitwirkung als solche, nicht auf die Verpflichtung dazu ab. Angesichts der schwierigen Abgrenzung der Lade- und Entladepflichten ist eine Haftung auch dann nicht unangemessen, wenn eine Mitwirkungspflicht des Frachtführers nicht bestand. Denn auch in diesen Fällen verläßt sich der Ladungsberechtigte vielfach auf die Sachkunde des mitwirkenden KVO-Frachtführers und seiner Leute. Freilich muß es sich stets um Schäden handeln, die auf das Handeln oder Unterlassen des Frachtführers oder seiner Leute zurückzuführen sind.

Die Haftung für **Umladetätigkeiten** im Gewahrsam des Frachtführers ist in § 33 b ebenfalls besonders erwähnt. Überwiegend ist dies rein klarstellend, weil die Umladung

---

[7] Siehe dazu § 1 KVO Rdn. 28; Anh. V nach § 452 Rdn. 24 ff.
[8] Siehe § 5 KVO Rdn. 1; ferner OLG Frankfurt vom 14. 12. 1982, TranspR **1985** 174, 175.
[9] Unrichtig daher OLG München vom 23. 11. 1983, VersR **1985** 1137, und Koller[2] Rdn. 3, die § 33 b als Anspruchsgrundlage sehen.
[10] Für die Verladung von Tiefkühlkost zutreffend OLG Celle vom 22. 11. 1973, NJW **1974** 1095 = VersR **1974** 383.
[11] Gegebenenfalls mit Verbringung zum Aufstellplatz des entladenen Gutes; BGH vom 9. 11. 1979, NJW **1980** 833 = VersR **1980** 181, 182 f.
[12] Dies gilt unabhängig von § 33 b KVO; bedenklich die konzeptionslosen, teilweise nicht entscheidungstragenden Bemerkungen in BGH vom 18. 11. 1977, VersR **1978** 148. Siehe zum Überblick über Ladetätigkeit und Obhutszeit § 429 Rdn. 81 ff.
[13] A. A. OLG Celle vom 6. 4. 1955, VersR **1956** 93 = RdK **1955** 187 f.
[14] Willenberg[4] Rdn. 1. Zur Frage der gegenseitigen Mithilfe siehe § 17 KVO Rdn. 4 ff.
[15] Willenberg[4] Rdn. 14 ff; Koller[2] Rdn. 3; Muth/Andresen/Pollnow § 33 S. 217; ebenso OLG Düsseldorf vom 27. 4. 1955, VersR **1955** 547; OLG Hamm vom 9. 3. 1981, AZ 18 U 183/80 (unveröff.); wohl auch OLG München vom 23. 11. 1983, VersR **1985** 1137; OLG Celle vom 6. 4. 1955, VRS **10** 201, 202; AG Osnabrück vom 4. 4. 1978, VersR **1978** 635.

Anh. II § 452
(§ 33 KVO)   Drittes Buch. Handelsgeschäfte

ohnehin in den Haftungszeitraum der KVO-Beförderung gehört, so daß sich die Haftung in der Regel aus § 29 KVO ergibt[16]. Wirken der Frachtführer oder seine Leute bei einer „von hoher Hand" (§ 34 b KVO) veranlaßten Umladung mit, schafft auch dann § 33 b keinen neuen Haftungsgrund[17], weil mit der Beschlagnahme nach richtiger Auffassung die Obhutszeit nicht endet[18]. Dies ist berechtigt, weil der Frachtführer in einem solchen Fall, auch wenn seine Einwirkungsmöglichkeiten gering sein mögen, doch verantwortlich bleiben muß.

3. Beförderung mit der Eisenbahn (Buchst. c)

7   § 33 c stellt klar, daß der KVO-Frachtführer auch dann nach § 29 KVO haftet, wenn er den Transport durch die Eisenbahn als Unterfrachtführer ausführen läßt. Im Verhältnis zum Absender ist die Eisenbahn dann Gehilfe i. S. des § 6 KVO. Das Rechtsverhältnis zwischen KVO-Frachtführer und Eisenbahn bestimmt sich nach § 453 ff HGB und der EVO. § 33 c KVO kann analog auf die Ausführung des Beförderungsvertrages angewendet werden[19]. Aus § 33 c KVO läßt sich kein Schluß darauf ziehen, ob der KVO-Frachtführer sich stets der Eisenbahn als Unterfrachtführer bedienen darf[20]. Dies wird vielmehr regelmäßig von der Art der vorzunehmenden Beförderung und des Beförderungsguts abhängen.

4. Lagerung (Buchst. d, e)

a) Allgemeines

8   In begrenztem Umfang gehört die Verwahrung (Lagerung[21]) von Gütern zu den Nebenpflichten des Frachtführers aus dem Frachtvertrag, wenn die Beförderung nicht sofort ausgeführt wird, das Gut nicht sofort abgeliefert wird oder eine Unterbrechung des Transportvorgangs erforderlich ist. Derartige, vom Frachtführer unter Ausnutzung der Lieferfrist eingeschaltete Lagerungsvorgänge fallen in die Zeit zwischen Annahme zur Beförderung und Ablieferung (Obhutszeit). Für Güterschäden während dieser Lagerzeit wird nach § 29 KVO gehaftet[22]. § 33 d, e ist auf diese Fälle nicht anzuwenden[23]. Lagert der KVO-Frachtführer aus eigenem Antrieb Güter, die er „zur Beförderung" angenommen hat (siehe § 429 Rdn. 44), auf längere Zeit ein, so liegt nur eine verzögerte Ausführung des Beförderungsvertrages vor. Hier greift ebenfalls § 29 unmittelbar ein[24], auch wenn die Fristen des § 33 d, e überschritten sind. Die KVO will solche Eigenmächtigkeiten wohl nicht durch Beendigung der zwingenden Haftung begünstigen.

9   **Sind die in § 33 Buchst. d und e vorgesehenen Fristen abgelaufen**, ist damit nicht etwa die Ablieferung erfolgt. Der Frachtführer haftet jedoch dann bis zur Weiterführung der Beförderung oder bis zur Auslieferung nach dispositivem Lagervertragsrecht, z. B. nach den ADSp, wenn diese vereinbart sind.

---

[16] *Koller*[2] Rdn. 3; *Willenberg*[4] Rdn. 17.
[17] So aber *Koller*[2] Rdn. 3; *Willenberg*[4] Rdn. 17.
[18] Siehe im einzelnen § 429 Rdn. 68.
[19] *Koller*[2] Rdn. 4; *Willenberg*[4] Rdn. 22; wohl auch *Muth/Andresen/Pollnow* § 33 KVO S. 218.
[20] *Koller*[2] Rdn. 4; a. A. *Willenberg*[4] Rdn. 19; *Muth/Andresen/Pollnow* § 33 KVO S. 218.
[21] Siehe zum Verhältnis der Lagerung zur Beförderung § 425 Rdn. 140; § 429 Rdn. 98 ff; speziell zu § 33 d und e KVO: *Buthke* VP **1959** 171 ff.
[22] *Koller*[2] Rdn. 5; OLG München vom 20. 10. 1955, NJW **1955** 1930 = VersR **1955** 690 f.
[23] Siehe zu einem entsprechenden schiffahrtsrechtlichen Fall BGH vom 25. 6. 1973, MDR **1973** 1002, 1003: Haftung nur nach Frachtrecht bei vorübergehender Lagerung in einer Hafenschute. Zutreffend *Buthke* VP **1959** 172.
[24] *Koller*[2] Rdn. 5; *Willenberg*[4] Rdn. 25.

- Binnenschiffahrt 223
- CMR 218
- GüKUMT 202
- Hemmung 144, 165
- KVO 180
- Unterbrechung 143, 144, 145, 158, 163

Verladen 170
Verlorengehen 12
Verlust 12–17, 22
- Abgrenzung zur Beschädigung 21
- Begriff 11–13
- Beschlagnahme 70
- Beweislast 105
- Endgültigkeit 13
- Entwertung, völlige 22 f
- Falschauslieferung 24
- Grenzfälle 14
- Reparaturunfähigkeit 21, 23
- Reparaturunwürdigkeit 21, 23
- Wiedererlangung 12

Verlustfiktion bei Nichtablieferung 15, 171
Vermögensschaden 250
Vernichtung des Guts 59
Verpackung 33, 45
Verpackungen als Frachtgut 29
Verpackungsmängel 35
Verrosten 19
Verschmutzung 19
Verschulden des Berechtigten 122 f
Verschulden des Frachtführers 112 f
Versicherer (siehe auch „Assekuradeur") 140

Verspätungshaftung 133–139, 169, 178, 214 f, 264 f
Verspätungsschäden 200
Vertrag mit Schutzwirkung für Dritte 142, 156, 168
Vertrag zu Gunsten Dritter 141
Vertragsstrafe 263 f
Vertragswidrige Umladung 248
Vertreter ohne Vertretungsmacht 143
Verwahrungsvertrag 64
Verwertung beschädigten Gutes 19
Vorlagerung 98–101, 170
Vorlauf 111
Vorsatz 177, 199, 211, 222, 239

Wechselaufbauten 31 f
Weisungswidriges Verhalten 254
Wertangabe 130
Wertersatz 13, 139
Wertminderung 19
Wertpapiere 129
Wertsachen 250
Wertvolle Güter 128

Zerdrücken 19
Zerkratzen 19
Zerstörung 12
Zollbehörde 69
Zubringerdienst 97
Zuführung 170
Zurechnung von Gehilfenverhalten 175, 184, 198, 206
Zwischenlagerung 98–101, 170

Vorbemerkung (Übersicht)

Die §§ 429–431 HGB sind unstreitig dispositives Recht. Sie **waren früher die zentrale Regelung der wichtigsten Fragen des Landfrachtrechts.** Ihre Bedeutung ist vor allem durch die fast überall eingreifenden gesetzlichen Bestimmungen der frachtrechtlichen Sonderordnungen der einzelnen Sparten (KVO, GüKUMT, CMR) stark gemindert; siehe zu diesen § 425 Rdn. 26 ff sowie die kommentierten Texte in den Anhängen nach § 452. **1**

Soweit kein zwingendes Sonderfrachtrecht gilt, schränken **Allgemeine Geschäftsbedingungen** (insbesondere ADSp und AGNB) die Haftung stark ein. Die AGB unterliegen jedoch der Inhaltskontrolle nach dem AGBG; siehe dazu die Kommentierung dieser Bedingungen; zum Grundsätzlichen vor § 1 ADSp, Anh. I nach § 415. **2**

Uneingeschränkt angewendet werden die Bestimmungen des HGB-Landfrachtrechts noch im Güternahverkehr, wenn dem Frachtvertrag weder die AGNB, noch die ADSp noch andere Bedingungen zugrunde liegen. Auch die Haftung von Paketdiensten kann sich, soweit ihre Geschäfte nicht als Speditionsverträge organisiert sind (siehe § 425 Rdn. 43 f) oder der KVO unterliegen (siehe § 1 KVO, Anh. II nach § 452 Rdn. 13 ff), nach § 429 richten[1]. **3**

Ausnahmsweise wurden die §§ 429 ff als **zwingendes Recht** angesehen im Bereich des § 1 Abs. 5 KVO in der Zeit vom 1. 10. 1978 bis 9. 7. 1979; siehe §§ 412, 413 Rdn. 23. **4**

---
[1] OLG Hamburg vom 25. 5. 1988, TranspR **1989** 55 = VersR **1989** 382.

§ 429 Drittes Buch. Handelsgeschäfte

5   Gewisse praktische Bedeutung hat die HGB-Haftungsregelung in der **Speditionsversicherung**. Soweit diese überhaupt Güterschäden ersetzt, richtet sich die Schadensdeckung durch den Speditionsversicherer – im Rahmen der Leistungsgrenzen der Speditionsversicherung – in Voraussetzungen und Umfang nach den gesetzlichen Haftungsbestimmungen. Besondere Bedeutung hat dies für die Speditionsrollfuhr[2]. Als Bemessungsgrundlage für die Versicherungsleistungen der Speditions-Rollfuhrversicherung, durch die die Frachtführerhaftung des Berufsspediteurs ersetzt wird, dient daher grundsätzlich die im HGB gesetzlich geregelte Frachtführerhaftung[3].

6   Die Haftungsregelung durch § 429 als ganzes hat heute auch **kaum mehr Modellcharakter**, da die betreffenden Spezialnormen anderen Grundsätzen folgen. Das Gleiche gilt für die Haftungsbeschränkung des § 430 HGB, die zwar teilweise noch gilt, aber durch engere, in der Regel summenmäßige Begrenzungen praktisch überall unterboten ist.

7   Eine Reihe von **grundsätzlichen Begriffen des HGB-Landfrachtrechts** entspricht jedoch denen der frachtrechtlichen Sondernormen, so daß die dazu ergangene Rechtsprechung jeweils auch in anderen Spezialbereichen verwertbar ist. Eine generelle Erläuterung dieser Elemente des § 429 soll daher – sozusagen als „Allgemeiner Teil" des Frachthaftungsrechts – hier versucht werden.

8   Um dem Leser einen groben **Überblick über die Gesamtregelungen des Frachtrechts**, insbes. des Landfrachtrechts zu verschaffen, wird den Kommentierungen der §§ 429–431 ein Überblick über die speziellen Haftungsregelungen vorangestellt. Einzelheiten sind den betreffenden Kommentierungen der Anhänge nach § 452 zu entnehmen.

9   Das **Verhältnis zwischen der HGB-Regelung und den speziellen Normen** wird jeweils bei der betreffenden Frage erörtert. Grundsätzlich ist jedoch davon auszugehen, daß jede speziellere Regelung das HGB-Landfrachtrecht verdrängt. So gelten z. B. die Haftungsausschlüsse der KVO nicht zusätzlich zur, sondern anstelle der Kostbarkeitenregelung des § 429 Abs. 2. Soweit Regelungskomplexe von den Spezialnormen nicht behandelt werden (z. B. zum Frachtführerpfandrecht), ist nach wie vor das allgemeine Landfrachtrecht des HGB ergänzend anzuwenden[4].

A. Die Haftung des Frachtführers nach § 429 HGB
I. Haftung für Verlust und Beschädigung des Frachtguts (Obhutshaftung)

10 § 429 sieht für die am Frachtgut entstandenen Schäden eine Haftung des Frachtführers für vermutetes Verschulden vor. Diese Haftung erstreckt sich auf das Verschulden der Gehilfen nach § 431. Sie ist im Umfang durch § 430 beschränkt. Das HGB-Landfrachtrecht enthält jedoch – anders als die meisten Sonderfrachtrechte – keine speziellen fallgruppenbedingten Haftungsausschlüsse oder Haftungsbeschränkungen.

1. Verlust oder Beschädigung

11 Die Begriffe des „Verlusts" und der „Beschädigung" sind von der Rechtsprechung

---

[2] Siehe zu den Bestimmungen Nr. 3.1 SVS/RVS (entsprechend § 3 SVS/RVS 1978); zu letzterem siehe Anh. II nach § 415; Abdruck der Neufassung 1989 in Anh. II nach § 429.
[3] Siehe als Beispielsfälle für die Bedeutung dieser Regelung OLG München vom 27. 6. 1984, TranspR **1987** 77 ff; kritisch dazu Bischof TranspR **1987** 423 ff; OLG Düsseldorf vom 1. 10. 1992, TranspR **1993** 117 ff.
[4] Ablehnend zur Anwendung auf einen Luftfrachtvertrag: BGH vom 13. 4. 1989, TranspR **1989** 327 ff = VersR **1989** 1066 ff.

und Lehre von jeher als gemeinsame Grundlage für alle Sparten des Frachtrechts verstanden worden[5]. Sie entsprechen grundsätzlich auch den in §§ 390 Abs. 1, 407 Abs. 2, 417 Abs. 1 vorausgesetzten. Allerdings können sich Unterschiede aus der abweichenden Struktur dieser Geschäfte ergeben; siehe *Heymann/Kötter*[21] Anm. 1.

a) Verlust

Verlust ist der Untergang (Zerstörung) und das Verlorengehen der zu befördernden **12** Sache. Der Frachtführer muß (nicht nur vorübergehend; siehe Rdn. 15) außerstande sein, das Gut abzuliefern, aus welchem Grunde auch immer[6]. Es kommt nicht darauf an, ob das Gut körperlich noch vorhanden ist und ob der Absender es nachträglich wieder auffinden konnte und in irgendeiner Weise wieder an sich gebracht hat[7]. Verlust liegt danach auch vor, **wenn das Frachtgut auf absehbare Zeit nicht ausgeliefert werden kann**[8], nicht aber, wenn der Frachtführer nur vorübergehend zur Auslieferung des Gutes nicht in der Lage war[9]. Zum Verlorengehen führen häufig Diebstähle und Unterschlagungen, Beschlagnahmen und Falschauslieferungen. Doch kommt es auf die Klärung der Ursache vielfach nicht an, wenn feststeht, daß der Frachtführer das Gut nicht abliefert.

Koller[10] will demgegenüber **Verlust nur** annehmen, **wenn der Frachtführer das Gut** **13** **im Moment der letzten mündlichen Verhandlung auf unabsehbare Zeit nicht weisungsgemäß dem Absender oder Empfänger zur Verfügung stellen kann**. Im Klartext: Der Geschädigte hätte das Gut möglicherweise noch nach Jahren zurückzunehmen und würde – mindestens teilweise – den Ersatzanspruch verlieren. Damit würde ihm unzumutbar das Verwertungsrisiko der ihm nachträglich an Stelle der Entschädigung zur Verfügung gestellten Vertragsleistung „Frachtgut" zugewiesen. Diese Auffassung entspricht weder dem System des Frachtrechts noch den Grundgedanken des Rechts der Leistungsstörungen. Das von *Koller* zitierte Urteil des BGH vom 27. 4. 1967 besagt zur Frage, ob ein Totalschaden (Verlust) vorliegt, das Gegenteil. Der Zeitpunkt der letzten mündlichen Verhandlung wird nur für die Schadensberechnung als subsidiär möglicherweise maßgeblich erwähnt. Das von *Koller* ebenfalls angeführte BGH-Urteil vom 27. 10. 1978 weist mit Recht darauf hin: der Verlustbegriff wird durch Art. 20 Abs. 1 CMR „verdeutlicht". Obwohl nach HGB-Landfrachtrecht eine solche feste Regelung fehlt, ist die Grundlage dennoch die gleiche. Der Geschädigte wird regelmäßig Ersatz beschaffen oder sonst Vorsorge treffen. Daher kann von ihm nicht erwartet werden, daß er das Frachtgut nach Auffindung wieder anstelle des Wertersatzes akzeptiert. Es bleibt beim

---

[5] Dazu *Helm* Haftung 95 ff; *Lenz* Rdn. 513 ff.
[6] Im Grundsatz unbestritten für alle Sparten des Frachtrechts: Zur KVO *Willenberg*[4] Rdn. 33; zum Seerecht *Prüßmann/Rabe*[3] § 606 HGB Anm. D 1 a; OLG Hamburg vom 13. 3. 1953, VersR **1953** 277.
[7] BGH vom 27. 10. 1978, NJW **1979** 2473 = VersR **1979** 276, 277. Insbesondere ist auch deshalb Diebstahl in der Regel Verlust; *Heymann/Honsell* Rdn. 5 ff; *Willenberg*[4] § 29 KVO Rdn. 33.
[8] Z. B. durch endgültige behördliche Beschlagnahme; *Willenberg*[4] § 29 KVO Rdn. 34; durch Versinken im Meer; OLG Hamburg vom 10. 4. 1986, TranspR **1986** 389, 390 (zu den ADS Güterversicherung 1973); nicht, wenn der Berechtigte die zumutbare Möglichkeit hat, die Güter wiederzuerlangen, OLG Hamburg vom 25. 6. 1981, VersR **1982** 138; BGH vom 15. 2. 1982, VersR **1982** 394; siehe auch OLG Hamburg vom 10. 12. 1981, VersR **1982** 592 f (Untergang eines Schleppkahns als Verlust).
Aus der umfangreichen Literatur siehe *Schlegelberger/Geßler*[5] Rdn. 3; *Heymann/Honsell* Rdn. 5; *Koller*[2] Rdn. 3; *Lenz* Rdn. 518, jeweils m. w. Hinweisen. Siehe auch Rdn. 24.
[9] BGH vom 28. 2. 1975, VersR **1975** 658 (Diebstahl und Wiederauffindung eines Lastzugs mit Zeitschriften fällt unter die Lieferfristhaftung nach KVO); *Piper*[6] Rdn. 244.
[10] *Koller*[2] Rdn. 3, unter Bezugnahme auf BGH vom 27. 4. 1967, VersR **1967** 897, 898 und BGH vom 27. 10. 1978, NJW **1979** 2473 = VersR **1979** 276, 277. Wie *Koller* aber OLG Hamburg vom 17. 11. 1983, TranspR **1984** 188 = VersR **1984** 258.

§ 429   Drittes Buch. Handelsgeschäfte

Geldersatz, weil man den Geschädigten nicht zwingen kann, nochmals umzudisponieren; zu dieser Interessenlage zutreffend BGH vom 27. 4. 1967 aaO. Daher muß davon ausgegangen werden, daß Verlust i. S. v. § 429 HGB jedenfalls dann endgültig vorliegt, wenn Absender oder Empfänger nach einer angemessenen Wartezeit den Anspruch auf Schadensersatz geltend machen. Dies entspricht auch der Wertung des Allgemeinen Schuldrechts in § 326 BGB. *Heuer* 69 weist zu Recht darauf hin, daß die Nichtauslieferung zunächst Schuldnerverzug sein kann. Nach Ablauf einer angemessenen Frist könnte daher der Geschädigte sich in der Regel auf Interessewegfall berufen und statt der Auslieferung des Gutes gem. § 326 Abs. 2 BGB Schadensersatz wegen Nichterfüllung verlangen. Siehe zum Fall der Wiederauffindung eingehend § 430 Rdn. 36 ff.

14   **Grenzfälle des Verlustes** ergeben sich vielfach aus der **Abgrenzung der Ablieferung**. Tritt nach der Ablieferung ein Verlust ein, so ist dafür nicht zu haften, weil die Obhutszeit bereits beendet war. Daher kommt es in solchen Fällen darauf an, ob eine ordnungsgemäße Ablieferung etwa in einem Fall des Diebstahl bereits erfolgt war. Verlust liegt z. B. vor, wenn das Gut dem Empfänger durch Abladen vor dem Geschäftslokal nur zur Verfügung gestellt und dort gestohlen wurde, bevor es übernommen war. Zur Ablieferung siehe Rdn. 52 ff.

15   Bestimmte Spezialvorschriften des Frachtrechts sehen eine **Fiktion des Verlustes** vor, wenn innerhalb einer bestimmten Frist das Gut nicht abgeliefert wird[11]. Kann das falsch ausgelieferte Frachtgut innerhalb dieser Frist nicht wieder beschafft werden, so kann es vom Anspruchsberechtigten als verloren behandelt werden[12]. Ähnliches muß auch dort gelten, wo eine entsprechende Regelung nicht vorhanden ist; in diesem Fall muß eine Lage bestehen, in der eine Wiederauffindung nicht mehr zu erwarten ist[13].

16   Auch eine spätere **Wiederauffindung** kann, wenn der Geschädigte zu Recht die Sache als verloren erklärt, daran nichts ändern. Der Verlust ist nicht etwa ein vorübergehender Zustand[14], sondern ein Definitivum, auf das sich der Geschädigte einstellen muß, indem er z. B. die verlorene Sache neu beschafft oder andere sonst nicht erforderliche Dispositionen trifft. Daher muß ihm grundsätzlich auch die Gewißheit verschafft werden, daß er seine schadensbegrenzenden Maßnahmen nicht mehr zurückzunehmen braucht. Dies gilt insbesondere auch deshalb, weil der Frachtführer ihm ohnehin nur beschränkt haftet, also etwaige Folgeschäden des „vorübergehenden" Verlustes grundsätzlich nicht ersetzt werden. Wenn sich der Geschädigte für die Verlustentschädigung entschieden und diese geltend gemacht hat, kann man davon ausgehen, daß seine geschäftliche Disposition die Wiedererlangungsmöglichkeit nicht mehr einschließt. Das schließt nicht aus, daß ihm die Sondervorschriften eine Option geben, dennoch die verlorene Sache wieder herauszuverlangen – wegen der beschränkten Haftung vielfach ein Gebot der Gerechtigkeit.; siehe dazu Art. 20 CMR.

b) Teilverlust

17   In § 429 nicht besonders erwähnt ist der Teilverlust[15], d. h. der Verlust eines Teils der übernommenen Sendung. Die Vorschrift setzt jedoch voraus, daß für diesen nach den

---

[11] § 37 Abs. 4 KVO, Anh. II nach § 452; § 8 Nr. 1 GüKUMT, Anh. IV nach § 452; Art. 20 Abs. 1 CMR, Anh. VI nach § 452 ; § 87 Abs. 1 EVO, Anh. I nach § 460; Art. 39 § 1 ER/CIM 1980, Anh. II nach § 460 = Art. 30 § 1 CIM 1970; Art. 13 Abs. 3 WA.

[12] Siehe z. B. OLG Frankfurt vom 30. 3. 1977, VersR **1978** 169, 170 f; zur Rechtslage bei Wiederauffindung siehe § 430 Rdn. 36 ff.

[13] Siehe zum Luftrecht des WA OLG Frankfurt vom 3. 8. 1982, RiW **1982** 913.

[14] Davon scheint aber die Rechtsprechung gelegentlich auszugehen; siehe z. B. österr. ObGH vom 17. 2. 1982, SZ **55** 20 S. 107 f = *Greiter* 127.

[15] In § 430 Abs. 1 HGB als „teilweiser Verlust" bezeichnet; ebenso in Art. 23 Abs. 1 CMR, Anh. VI nach § 452. Siehe zum Lagervertrag BGH vom 8. 7. 1955, BGHZ **18** 98 ff.